Thomas/Putzo
Zivilprozeßordnung

Zivilprozeßordnung

mit Gerichtsverfassungsgesetz, den Einführungsgesetzen und
europarechtlichen Vorschriften (EuGVVO, EheVO,
ZustellungsVO, ZustDG, AVAG)

Mitbegründet von

Prof. Dr. Heinz Thomas †

ehem. Vorsitzender Richter am Oberlandesgericht München

fortgeführt von

Prof. Dr. Hans Putzo

Vizepräsident des Bayer. Obersten Landesgericht a. D.

gemeinsam mit

Dr. Klaus Reichold

Vorsitzender Richter am
Bayer. Obersten Landesgericht

Dr. Rainer Hüßtege

Vorsitzender Richter am
Oberlandesgericht München

25., neubearbeitete Auflage

Verlag C. H. Beck München 2003

Verlag C. H. Beck im Internet:
beck.de

ISBN 3 406 50613 5

© 2003 Verlag C. H. Beck oHG
Wilhelmstraße 9, 80801 München
Druck: Druckerei C. H. Beck Nördlingen
(Adresse wie Verlag)

Gedruckt auf säurefreiem, alterungsbeständigem Papier
(hergestellt aus chlorfrei gebleichtem Zellstoff)

Vorwort zur 1. Auflage

Die vorliegenden Erläuterungen zur ZPO sind für die Praxis und die juristische Ausbildung geschrieben. Sie sind bewußt knapp gehalten. Wir haben aber das, was für die Praxis, Ausbildung und Prüfung wichtig ist, eingehend behandelt. Auf Systematik und Übersichtlichkeit wurde Wert gelegt. Die ZPO ist vollständig erläutert, das GVG nur, soweit es die Zulässigkeit des Rechtsweges, die Zuständigkeit, den gesetzlichen Richter, die Geschäftsverteilung und die Gerichtsferien betrifft. Für Hinweise und Anregungen jeder Art sind wir dankbar.

München, im Januar 1963   Die Verfasser

Vorwort zur 25. Auflage

Am 3. August 2002 ist Heinz Thomas im dreiundachtzigsten Lebensjahr verstorben. Es war ihm nicht vergönnt, die vorliegende Jubiläumsauflage mitzuerleben. An der 24. Auflage hatte er noch mitgearbeitet. Vor vierzig Jahren legte er eine erläuterte Ausgabe der Zivilprozessordnung als Mitautor vor und hat damit nicht nur eine Marktlücke geschlossen, sondern auch einen neuen Typ von Prozessrechtskommentar geschaffen, der für die Ausbildung wie für die Praxis gleichermaßen geeignet ist und dabei das wissenschaftliche Fundament aufzeigt. Das Buch ist seitdem beständig gewachsen, nicht allein im Umfang. Heinz Thomas hat sein überragendes juristisches Können, seine reiche richterliche Erfahrung, seinen sicheren Blick für die pragmatische Lösung und nicht zuletzt seine weithin gerühmten didaktischen Fähigkeiten in dieses Werk eingebracht. Das wird fortwirken. Mit seinem Tod betrauern wir einen schmerzlichen Verlust. Wir wollen das Buch so weiterführen, wie er es von uns erwartet hat. Zum Gedenken an Heinz Thomas ist das Vorwort zur 1. Auflage vorangestellt.

Gemeinsam mit dem Verleger und dem Lektorat haben wir davon abgesehen, die 24. Auflage nochmals nachzudrucken und uns entschlossen, die Neubekanntmachung der ZPO nicht abzuwarten, da ungewiss ist, wann sie veröffentlicht wird. Die vorliegende 25. Auflage berücksichtigt alle seit dem vergangenen Jahr verkündeten Gesetzesänderungen, vor allem das Gesetz zur Änderung der Vertretung vor den Oberlandesgerichten. Zudem ist die gesamte seither veröffentlichte Rechtsprechung eingearbeitet, besonders berücksichtigt sind die Entscheidungen zu den vom ZPO-Reformgesetz betroffenen Teilen.

Vorwort

Selbstverständlich ist auch das aktuelle Schrifttum aufgenommen. Die Grundsätze, die wir pflegen und anwenden, müssen an dieser Stelle nicht wiederholt werden. Dieses Mal wird auf das Vorwort zur 1. Auflage verwiesen.

Wir bedanken uns hier auch für die Hinweise, Anregungen und Beanstandungen, die wir erhielten. Sie waren in aller Regel nützlich und haben zur Verbesserung beigetragen. Dem Verleger, seinen Mitarbeitern und der vortrefflichen Druckerei danken wir für die schnelle und gediegene Herstellung.

München, im April 2003   Die Verfasser

Hinweise für den Gebrauch

Paragraphen ohne nachfolgende Angabe eines Gesetzes sind (auch in den Erläuterungen zum GVG, EGGVG, zur EGZPO, EuGVVO und EheVO) solche der ZPO.

Artikel ohne nachfolgende Angabe sind solche der EuGVVO bzw der EheVO.

Arabische Ziffern bedeuten die Randnummer der Anmerkungen, auf die verwiesen ist, auch wenn die Abkürzung Rn fehlt, zB ist 10 vor § 1 die Randnummer der Vorbemerkung zum § 1.

Einführungen und Vorbemerkungen sind durch das Wort vor (auch mit einer Ziffer verbunden) bezeichnet, wenn es vor einen Paragraphen gestellt ist (zB 1 vor § 1).

Verweisungen innerhalb des Buches sind nur nach Randnummern, nicht nach der Anmerkungsnummer ausgeführt.

Städtenamen ohne eine damit verbundene Bezeichnung (wie insbesondere AG oder LG) bedeuten das Oberlandesgericht mit dem Sitz in der genannten Stadt.

Literatur, die verarbeitet wurde, ist im Wesentlichen im Abkürzungsverzeichnis aufgeführt. Sie ist bezeichnet nach Verfasser, Titel und Erscheinungsjahr der letzten Auflage oder nach Verfasser und Fundstelle.

Literaturzitate mit Ziffern bedeuten die Anmerkung oder Randnummer zu dem selben Paragraphen, die Seite, wenn die Ziffer hinter dem Buchstaben S steht.

Entscheidungen sind regelmäßig mit der Seite zitiert, an der ihr Abdruck beginnt; hinter dem Schrägstrich steht die Seite, auf die in besonderem Maße Bezug genommen ist.

Überschriften zu den Paragraphen bzw Artikeln, die in eckige Klammern gesetzt sind, sind nicht amtlich.

Bearbeiterverzeichnis

Zitiervorschlag: Bearbeiter in Thomas/Putzo

Inhaltsverzeichnis

Zivilprozessordnung
vom 30. Januar 1877 idF der Bek. vom 12. September 1950

Inhaltsverzeichnis

Inhaltsverzeichnis

Inhaltsverzeichnis

Gesetz, betreffend die Einführung der Zivilprozessordnung
vom 30. Januar 1877

Gerichtsverfassungsgesetz
vom 27. Januar 1877 idF der Bek. vom 9. Mai 1975

Inhaltsverzeichnis

Einführungsgesetz zum Gerichtsverfassungsgesetz
vom 27. Januar 1877

Verordnung (EG) Nr. 44/2001 des Rates über die gerichtliche Zuständigkeit und die Anerkennung und Vollstreckung von Entscheidungen in Zivil- und Handelssachen
vom 22. Dezember 2000

Inhaltsverzeichnis

Verordnung (EG) Nr. 1347/2000 des Rates über die Zuständigkeit und die Anerkennung und Vollstreckung von Entscheidungen in Ehesachen und in Verfahren betreffend die elterliche Verantwortung für die gemeinsamen Kinder der Ehegatten

vom 29. Mai 2000

Verordnung (EG) Nr. 1348/2000 des Rates über die Zustellung gerichtlicher und außergerichtlicher Schriftstücke in Zivil- oder Handelssachen in den Mitgliedstaaten

vom 29. Mai 2000

Inhaltsverzeichnis

**Gesetz zur Durchführung gemeinschaftsrechtlicher
Vorschriften über die Zustellung gerichtlicher und
außergerichtlicher Schriftstücke in Zivil- oder
Handelssachen in den Mitgliedstaaten
(EG-Zustellungsdurchführungsgesetz – ZustDG)**
vom 9. Juli 2001 1919

**Gesetz zur Ausführung zwischenstaatlicher Verträge
und zur Durchführung von Verordnungen der
Europäischen Gemeinschaft auf dem Gebiet der
Anerkennung und Vollstreckung in Zivil- und
Handelssachen (Anerkennungs- und
Vollstreckungsausführungsgesetz – AVAG)**
vom 19. Februar 2001

Inhaltsverzeichnis

Abkürzungsverzeichnis

aA	andere Ansicht
aaO	am angegebenen Ort
abl	ablehnend
ABl	Amtsblatt (der Europäischen Union)
Abs	Absatz
abw	abweichend
AcP	Archiv für civilistische Praxis (Band und Seite)
ADSp	Allgemeine Deutsche Speditionsbedingungen
aE	am Ende
aF	alte Fassung
AFG	Arbeitsförderungsgesetz
AG	Amtsgericht, Ausführungsgesetz oder Aktiengesellschaft (je nach Zusammenhang)
AGB	Allgemeine Geschäftsbedingungen
AGBG	Gesetz zur Regelung des Rechts der Allgemeinen Geschäftsbedingungen
AK	Alternativkommentar zur ZPO, 1987
AktG	Aktiengesetz
AktO	Aktenordnung
allgM	allgemeine Meinung
Alt	Alternative
AnfG	Anfechtungsgesetz
Anh	Anhang
Anm	Anmerkung
AnwBl	Anwaltsblatt (Jahr und Seite)
Anz	Anzeiger
AO	Abgabenordnung 1977
AP	Arbeitsrechtliche Praxis (Nummer, ggf Stichwort zu demselben Paragraphen)
ArbG	Arbeitsgericht
ArbGG	Arbeitsgerichtsgesetz
Art	Artikel
Aufl	Auflage
AVAG	Anerkennungs- und Vollstreckungsausführungsgesetz
AWD	Außenwirtschaftsdienst des Betriebsberater
B	Bundes-
BAG	Bundesarbeitsgericht (mit Ziffern; amtliche Sammlung, Band und Seite)

Abkürzungsverzeichnis

Abkürzungsverzeichnis

Abkürzungsverzeichnis

Abkürzungsverzeichnis

Abkürzungsverzeichnis

Abkürzungsverzeichnis

Abkürzungsverzeichnis

Abkürzungsverzeichnis

Abkürzungsverzeichnis

S	Satz; bei Literaturangabe: Seite
SachRÄndG	Sachenrechtsänderungsgesetz
SAE	Sammlung arbeitsrechtlicher Entscheidungen (Jahr und Seite)
Schack	Internationales Zivilverfahrensrecht, 3. Aufl. 2002
SchiedsVfG	Gesetz zur Neuregelung des Schiedsverfahrensrechts vom 22. 12. 1997 (BGBl 3224)
SchlHA	Schleswig-Holsteinische Anzeigen (Jahr und Seite)
Schlosser	Zivilprozessrecht Erkenntnisverfahren, 2. Aufl, 1991; in der EuGVVO EU-Zivilprozessrecht, Kommentar, 2. Aufl., 2003
Schneider/Herget	Streitwert-Kommentar für den Zivilprozess, 11. Auflage 1996
Schuschke/Walker	Vollstreckung und vorläufiger Rechtsschutz Band I 3. Auflage 2002, Band II 2. Auflage 1999
SchuVVO	Schuldnerverzeichnisverordnung
Schwab	Die eingetragene Lebenspartnerschaft, 2002
Schwab/Walter	Schiedsgerichtsbarkeit, 6. Aufl. 2000
SGB	Sozialgesetzbuch, mit römischer Ziffer das betreffende Buch
SGG	Sozialgerichtsgesetz
SigG	Gesetz über Rahmenbedingungen für elektronische Signaturen und zur Änderung weiterer Vorschriften vom 16. 5. 2001 – Signaturgesetz – (BGBl S 876)
SL	Sicherheitsleistung
SMG	Gesetz zur Modernisierung des Schuldrechts vom 26. 11. 2001 (BGBl S 3138)
Soergel	Bürgerliches Gesetzbuch mit Einführungsgesetz und Nebengesetzen, 12. Aufl. 1987 ff. 13. Aufl. 2000 ff
sof	sofortig(e)
sog	sogenannte(r) (s)
St, Sts	Strafsachen
st	ständig(e)
StAnz	Staatsanzeiger
StJ	Stein/Jonas, Kommentar zur ZPO, 21. Auflage seit 1993, bearbeitet von Berger, Bork, Brehm, Grunsky, Leipold, Münzberg, H. Roth, Schlosser und Schumann, 22. Aufl. §§ 704–827 u §§ 916–1068 und EGZPO
Stöber	Forderungspfändung, 13. Aufl. 2002
StPO	Strafprozessordnung

Abkürzungsverzeichnis

Abkürzungsverzeichnis

Abkürzungsverzeichnis

Einleitung
Prozessuale Grundbegriffe

Übersicht

I. Wesentliche Prozessgrundsätze

1. Parteiherrschaft. Sie umfasst:

1 **a) Verhandlungsgrundsatz** (Beibringungsgrundsatz). Er ist das prozessuale Korrelat der materiellrechtlichen Freiheit zur Ausübung eines Rechts und zur Verfügung darüber (Grunsky § 3). Er betrifft die Beibringung des Tatsachenstoffes, der Entscheidungsgrundlage sein soll, und die Feststellung der Wahrheit. Er gilt grundsätzlich im ganzen Bereich der ZPO, auch für Verbandsklagen nach UWG und UKlaG. – **aa) Inhalt.**
2 Nur die Parteien können den Streitstoff in den Prozess einführen, über seine Feststellungsbedürftigkeit entscheiden und seine Feststellung betreiben. Inhalt von Strafakten, für die die Parteien ein Einsichtsrecht haben, müssen die Parteien vortragen, das Gericht ist zur Beiziehung nicht verpflichtet (Hamm NJW-RR 02, 504). Das Gericht darf Tatsachen (13 vor § 284), die nicht von einer Partei vorgetragen sind, bei der Entscheidung nicht berücksichtigen, auch nicht als Möglichkeit, außer wenn sie Folge einer Erfahrung ist (BGH MDR 78, 567). Es darf die Wahrheit einer Tatsachenbehauptung nur feststellen, wenn sie bestritten ist (§ 313 Rn 16–18), und darf zum Zwecke dieser Feststellung grundsätzlich Beweis nur erheben, wenn die Partei ihn angeboten
3 hat (2 vor § 284). – **bb) Grund.** Der Verhandlungsgrundsatz erklärt sich daraus, dass kein öffentliches Interesse daran besteht, die Wahrheit von Tatsachen zu ermitteln, die privatrechtlichen Rechtsbeziehungen zugrunde liegen, über die die Parteien die Verfügungsfreiheit besitzen. Die Beschaffung und Feststellung des Streitstoffes ist bei der gegensätzlichen Interessenlage der Parteien im kontradiktorischen Verfahren unter Geltung der Wahrheitspflicht (§ 138) und des Rechts auf Gehör (Rn 9 ff) besser gewährleistet als durch gerichtliche Untersuchung. Überdies wirkt das Gericht in mannigfacher Weise bei der Stoffsamm-
4 lung mit, zB §§ 139, 141, 273. – **cc) Unanwendbarkeit.** Der Verhandlungsgrundsatz gilt nicht, soweit der Untersuchungsgrundsatz (Rn 6, 7) gilt. Ferner nicht, soweit es sich nicht um die Stoffsammlung handelt, also bei der Rechtsanwendung (BGH WM 69, 165; aA Baur, Festschrift für Bötticher, S 1/10; kritisch dazu Häsemeyer ZZP 85, 207), der Beweiswürdigung (§ 286), der rechtlichen Würdigung des Parteivorbringens und den Schlussfolgerungen, die das Gericht daraus zieht, der Anwendung von Erfahrungssätzen (15 vor § 284). – **b) Dis-**
5 **positionsmaxime** (Verfügungsgrundsatz), im Schrifttum vielfach auch unter den Begriff des Verhandlungsgrundsatzes gebracht, ist ebenfalls ein Ausfluss der Parteiherrschaft. Sie betrifft die Verfügungsfreiheit der

Parteien über den Streitgegenstand und damit über Gang und Inhalt des Verfahrens. Auch sie gilt grundsätzlich in der ganzen ZPO. Sie hat ihrem Inhalt nach nichts mit der Stoffsammlung zu tun. Die Parteien eröffnen durch Klage (Antrag, Gesuch) bzw Rechtsmittel das Verfahren bzw eine weitere Instanz und beenden sie durch Rücknahme (§§ 269, 516, 565) oder Vergleich (§ 794 Rn 26); sie bestimmen im UrtVerfahren den Umfang der rechtlichen Nachprüfung durch die Sachanträge (§§ 308, 528 S 2, 557 Abs 1), durch Anerkenntnis (§ 307), Verzicht (§§ 306, 515, 565) und Versäumnis (§§ 330 ff). Gegensatz ist die Offizialmaxime, gültig im Strafprozess, die Gang und Inhalt des Verfahrens der Herrschaft der Beteiligten weitgehend entzieht.

2. Untersuchungsgrundsatz (Ermittlungsgrundsatz). Er betrifft wie **6** der Verhandlungsgrundsatz die Stoffsammlung und Feststellung der Wahrheit. Im Gegensatz zum Verhandlungsgrundsatz ist aber wegen des öffentlichen Interesses das Ger berechtigt und verpflichtet, ohne Rücksicht auf Parteivortrag und -verhalten oder Beweisangebote vAw Tatsachen zu erforschen, in die Verhandlung einzuführen und ihre Wahrheit festzustellen. Der Untersuchungsgrundsatz ist nicht zu verwechseln mit der Prüfung vAw (12 vor § 253). – **Er gilt: a)** in allen **7** Prozessen bei der Ermittlung unbekannter Erfahrungssätze (15 vor § 284) sowie des ausländischen, Gewohnheits- und Satzungsrechts (§ 293); – **b)** in allen Ehe- und Kindschaftsverfahren des 6. Buches nach Maßgabe der §§ 616, 640 I, 640 d; – **c)** im Aufgebotsverfahren; – **d)** teilweise in der Zwangsvollstreckung (31 vor § 704). – **e)** im Insolvenzverfahren (BGH ZIP 00, 1343).

3. Grundsatz der Unmittelbarkeit. Er bedeutet, dass Verhand- **8** lung und Beweisaufnahme unmittelbar vor dem erkennenden Gericht und ohne Dazwischentreten einer richterlichen Mittelsperson stattfinden. Das Ger soll seiner Entscheidung unter dem eigenen, unmittelbaren Eindruck von Verhandlung und Beweisaufnahme treffen, nicht auf dem Umweg über den Bericht einer Mittelsperson. Vgl. §§ 309, 355. Hand in Hand damit geht regelmäßig der Grundsatz der Mündlichkeit (§ 128 Rn 1 ff).

4. Rechtliches Gehör wird verfassungsrechtlich garantiert durch **9** Art 103 Abs 1 GG, in einzelnen Landesverfassungen und Art 6 Abs 1 EMRK. In der ZPO ist der Grundsatz des rechtlichen Gehörs in zahlreichen Vorschriften zum Ausdruck gekommen, insbes in den §§ 118, 136–139, 141, 337, 547 Nr 4. Sie stehen mit Art 103 Abs 1 GG nicht in Widerspruch und regeln das rechtliche Gehör je nach Prozessart und -stadium, schließen die vorhergehende Gewährung manchmal auch zulässig aus (allgM), zB § 834. – **a) Anwendungsbereich. aa) Verfahren.** **10** Alle Prozessarten (Einl V) und alle Rechtszüge; auch in Nebenverfahren, zB Kostenfestsetzung (BVerfG NJW 90, 1104). Nur Verfahren vor dem Richter; für solche vor dem Rechtspfleger ist Gehör nach dem Grundsatz des fairen Verfahrens (Rn 26) zu gewähren (BVerfG NJW 00, 1709). – **bb) Personen.** Das rechtliche Gehör steht Parteien und Ne- **11**

benintervenienten zu; anderen Dritten nur, wenn sie von den Urteilswirkungen rechtlich betroffen sind, zB bei Auflösungsklage einer GmbH nicht verklagte Mitgesellschafter (BVerfG NJW 82, 1635). Anderen Dritten steht das rechtliche Gehör jedenfalls dann zu, wenn sie am Prozess beteiligt sind und Entscheidungen gegen sie ergehen, zB dem Zeugen in den Fällen der §§ 380, 387, dem RA in § 135 Abs 2. –

12 **b) Inhalt.** Partei und Nebenintervenient dürfen sich im Prozess zum gesamten Prozessstoff äußern und nur solcher Prozessstoff darf der Entscheidung zugrundegelegt werden, zu dem Gehör gewährt wurde. Prozessstoff ist der gesamte Tatsachenvortrag, auch offen- und gerichtskundige Tatsachen, jede Beweisfrage, aber auch jede Rechtsfrage (hM). Überraschungsentscheidungen sind nach Maßgabe des § 139 Abs 2 ver

13 boten. – **c) Gewährung.** Das Gericht muss den Parteien grundsätzlich vor seiner Entscheidung, nicht notw unverzüglich, Gelegenheit geben sich zu äußern, bei notw mdl Vhdlg (§ 128 Abs 1) mdl, sonst auch schriftlich, wobei formlose Mitteilung grundsätzlich genügt. Mitteilung von Schriftstücken an den ProzBev reicht idR aus (vgl aber BVerfG NJW 90, 1104). Bei unterbliebener Äußerung ohne Empfangsbescheinigung muss sogar mit Verlust bei der Post gerechnet werden (BVerfG NJW 93, 2095). Ferner muss das Gericht die Ausführungen der Parteien zur Kenntnis nehmen, auch die rechtlichen (BVerfG stRspr NJW 96, 3202 mwN), und sich mit umstrittenen Rechtsfragen im Urteil auseinandersetzen (BVerfG NJW-RR 95, 1033). Das gilt auch für ordnungsgemäß eingegangene Schriftsätze (BVerfG NJW 83, 2187), im schriftlichen Verfahren für die bis zum Erlass der Entscheidung eingegangenen (BVerfG NJW 93, 51). Das Gericht muss sie, soweit sie erheblich sind, bei der Entscheidung berücksichtigen, dh in Erwägung zie

14 hen (BVerfG NJW 93, 1314). – **d) Präklusion.** Ist sie gesetzmäßig (§§ 296, 530–532), liegt kein Verstoß gegen Art 103 GG vor (hM; BVerfG NJW 84, 2203). Ein Verstoß setzt voraus, dass das Verhalten der Partei nicht vorwerfbar ist (BVerfG NJW 92, 678 und 680) und die Verfahrensvorschriften in nicht mehr vertretbarer Weise ausgelegt und angewendet werden (BayVerfGH NJW 89, 215). Das kann bei fehlerhafter Anwendung durch Zurückweisung von Vorbringen gegeben sein (BVerfG NJW 87, 1621), auch im frühen ersten Termin oder bei einer Replik (BVerfG NJW 86, 1149), sogar bei § 296a (BVerfG NJW-RR 93, 636). Ein Verstoß liegt vor, wenn die Präklusion dazu benutzt wird, verspätetes Vorbringen auszuschließen, obwohl dieses für die Verzögerung offenbar nicht kausal ist (BVerfG NJW 95, 1417). Die Verzögerung darf nicht durch das Gericht mitverursacht sein, zB durch unzulängliche Verfahrensleitung (BVerfG NJW 00, 945: unterlassener Hinweis auf unvollständiges Beweisangebot). Eine danach fehlerhafte Präklusion verstößt gegen Art 103 GG, wenn nicht nur einfaches Verfahrensrecht, sondern das Grundrecht verletzt ist (BVerfG NJW 87,

15 2733). – **e) Fristen.** Das Gericht darf zur schriftlichen Äußerung Fristen setzen, muss es aber eindeutig tun (BVerfG NJW 82, 1453). Das ist in zahlreichen Fällen vorgesehen, zB in §§ 275, 276. Das Gericht muss sie, falls sie zu knapp bemessen waren, verlängern, wenn es die Partei rechtzeitig beantragt. Dass die Partei von ihrem Recht, sich zu äußern auch Gebrauch macht, ist nicht notwendig. Fristgerechtes Vorbringen ist zu berücksichtigen. Äußert sich die Partei nicht, darf entschieden werden, sobald die Frist abgelaufen ist. – **f) Zeitpunkt und Wiederholung.** Wann und wie oft das rechtliche Gehör in einem Rechtsstreit gewährt werden muss, hängt vom Einzelfall ab, mindestens aber einmal, iü wiederholt und so lange, bis zu allen Tatsachen und Beweisergebnissen, die der Entscheidung zugrunde gelegt werden, jede Partei Gelegenheit hatte, sich durch Vortrag oder Gegenerklärung zu äußern. Wann das rechtliche Gehör gewährt wird, hängt von der Prozessart ab. Bei mdl Vhdlg (§ 128 I) im hierzu bestimmten Termin, im schriftlichen Verfahren und bei freigestellter mdl Vhdlg eine ausreichende Zeit vor Erlass der Entscheidung. – **g) Ausschluss** des vorherigen rechtlichen Gehörs ist bei Eilverfahren zulässig, zB bei Arrest und einstw Vfg, einstw Anordnungen und bei einer Forderungspfändung (§ 834). Hier wird das rechtliche Gehör im nachfolgenden Verfahren gewährt, das durch Rechtsbehelf eröffnet ist. – **h) Nachprüfung.** Ob das rechtliche Gehör gewährt wurde, hat das Gericht vor der Entscheidung zu prüfen, später auf Grund einer Rüge gemäß § 321 a (s dort), im Rechtsmittelverfahren oder auf Verfassungsbeschwerde (Rn 25). Brauchbare Indizien dafür, dass das rechtliche Gehör gewährt wurde, sind insbes: wenn das zugeleitete Schriftstück mit Nachweis zugestellt, eine Empfangsbescheinigung erteilt ist oder der Zugang sich aus einem Erwiderungsschriftsatz feststellen lässt. Darüber hinaus genügen Absendervermerke von Justizbediensteten auf dem Original stets dann, wenn sich aus sonstigen Gründen nicht Zweifel am Zugang des Schriftstücks ergeben. – **i) Typische Verstöße:** Übersehen von Anträgen (insbes Klage- und Beweisanträgen); pflichtwidrig unterbliebene Kenntnisnahme von Parteivortrag (BVerfG NJW 00, 131 mwN) und von eidesstattlichen Versicherungen (BVerfG NJW 88, 250), auch bei globaler Bezugnahme (vgl BVerfG NJW 87, 485); unterbliebene Anhörung des Gegners (audiatur et altera pars); Fristfehler; wegen § 379 unterbliebene Beweisaufnahme (BVerfG NJW 86, 1150); Ausschluss von Beweismitteln gemäß § 356 wegen Fristversäumung (BVerfG NJW-RR 94, 700); ungerechtfertigte Präklusion (Rn 14); Überraschungsentscheidung (BVerfG NJW 02, 1334; BayVerfGH NJW-RR 91, 702); überzogen hohe, überraschende Anforderungen an den Sachvortrag (BVerfG NJW 91, 2823), insbes an die Schlüssigkeit der Klage (BVerfG NJW 94, 1274); Verwertung beigezogener Akten ohne Beweisantritt und ohne Kenntnis der nachteilig betroffenen Partei (BVerfG NJW 94, 1210). – **k) Kausalität.** Erheblich ist nur der Verstoß, auf dem die Entscheidung beruht (BayObLG NJW-RR 89, 1090), dh sie müsste möglicherweise anders ausgefallen sein, wenn das Gehör gewährt worden wäre (BVerfG 13, 132 [144]). Die Partei muss alles Zumutbare tun, um den Verstoß abzuwenden. Sie muss insbes die gebotenen Anträge stellen (BVerfG NJW 93, 2367 mwN) oder die Rüge gemäß § 321 a erheben. – **l) Hei-**

21 **lung.** Sie kann auf zweierlei Weise geschehen: **(1) Nachträgliche Gewährung** des Gehörs (allgM), insbes nach Einspruch (§ 338) oder durch das Berufungs- oder Beschwerdegericht, auch im Wege des § 321 a. Bei Revision ist das aber nur in Bezug auf Rechtsansichten und solche erheblichen Tatsachen möglich, die das Revisionsgericht berücksichtigen darf. **(2) Verzicht** der Partei, ausdrücklich oder stillschweigend (§ 295); denn es steht ihr frei, von der gewährten Gelegenheit Gebrauch zu machen. Sie kann bewusst oder aus Nachlässigkeit

22 ihre Äußerung unterlassen. – **m) Rechtsbehelfe.** Es muss je nach der

23 Lage und dem Stand des Rechtsstreits unterschieden werden: – **aa) Abhilfeverfahren** (Gehörsrüge) gem § 321 a, wenn die Rüge statthaft ist

24 (§ 321 a Abs 4). – **bb) Rechtsmittel.** Es kann, je nach Art der Entscheidung, das nach der ZPO statthafte Rechtsmittel (Berufung, Revision, sofortige Beschwerde, Rechtsbeschwerde) eingelegt werden. Der Rechtsstreit kann vom Rechtsmittelgericht zurückverwiesen werden (§§ 538 Abs 2, 563, 572 Abs 3, 577 Abs 4), wenn es das rechtliche Ge-

25 hör nicht selbst gewährt. – **cc) Verfassungsbeschwerde.** Sie ist erst zulässig, wenn der Rechtsweg erschöpft ist (§ 90 Abs 2 BVerfGG). Das setzt voraus, dass eine zulässige Rüge gemäß § 321 a erhoben und erfolglos geblieben ist, weil ein Verstoß verneint wird und kein Rechtsbehelf, insbes kein Rechtsmittel der ZPO mehr zulässig ist (Müller NJW 02, 2743 mwN). Bei Zurückverweisung ist der Rechtsweg noch

26 nicht erschöpft (BVerfG NJW 00, 3198). – **dd) Menschenrechtsbeschwerde** (Art 34, 35 EMRK) kann zulässig sein erst dann eingelegt werden, wenn der Verfassungsrechtsweg erschöpft ist. Zu den Voraussetzungen und zum Verfahren Meyer-Ladewig/Petzold NJW 99, 1165.

27 **5. Gebot des fairen Verfahrens** gem Art 2 Abs 1 GG iVm dem Rechtsstaatsprinzip als allgemeines Prozess-Grundrecht (BVerfG NJW 94, 1853 zu § 167, NJW 94, 1854 zu § 233, EGMR NJW 95, 1413 zu § 448, BVerfG NJW 98, 2044 zu §§ 296, 139, BGH NJW 00, 3284: Wiedereinsetzung nach Auslandszustellung). Danach darf der Zugang zu den Gerichten und den Instanzen nicht in unzumutbarer Weise erschwert werden. Das Ger darf sich nicht widersprüchlich verhalten, es darf aus eigenen oder ihm zuzurechnenden Fehlern oder Versäumnissen keine Verfahrensnachteile für die Beteiligten ableiten und ist ihnen gegenüber in ihrer konkreten Situation zur Rücksichtnahme verpflichtet (BVerfG NJW 98, 2044). Die Anforderungen des Ger an die Parteien zum zügigen Betreiben des Verfahrens müssen in einem vernünftigen Verhältnis zur Gesamtdauer des Verfahrens stehen (BSG NJW 96, 677), insbesondere soweit diese auf das eigene Verhalten des Ger zurückzuführen ist. Das Prinzip der Waffengleichheit ist zu beachten (EGMR NJW 95, 1413, BGH NJW 99, 352, Bamberg FamRZ 94, 1045, Zweibrücken NJW 98, 167).

28 **6. Verfahrensdauer.** Art 2 Abs 1 GG iVm dem Rechtsstaatsprinzip (Art 20 Abs 3 GG) und Art 6 Abs 1 EMRK gebieten zur Gewährleistung eines wirkungsvollen Rechtsschutzes, dass streitige Rechtsverhältnisse in angemessener Zeit geklärt werden. Überlange Verfahrensdauer kann deshalb gegen die genannten Bestimmungen verstoßen (BVerfG NJW 01, 214 und 961, EGMR NJW 01, 211, 213).

II. Streitgegenstand (prozessualer Anspruch)

1. Neueres Schrifttum zur Frage, ob die Lehre vom Begriff des **1** Streitgegenstands unter dem Einfluss der Rspr des EuGH neu überdacht oder sogar geändert werden müsse: *Rüßmann, Walker, Heiderhoff* je ZZP 111, 399 bzw 429 bzw 455.

2. Praktische Bedeutung. Sie ist für den Zivilprozess außeror- **2** dentlich groß. Der Streitgegenstand als der zentrale Begriff des Prozesses überhaupt ist maßgebend für die Bestimmtheit der Klage (§ 253 Abs 2 Nr 2), für die sachliche (§§ 23–23 b GVG), gelegentlich auch für die örtliche Zuständigkeit (§§ 23 ff), für die Frage, ob es sich um objektive Klagehäufung (§ 260), dh um mehrere Streitgegenstände, um Klageänderung (§§ 263 ff), dh ob es sich um einen anderen Streitgegenstand handelt; ebenso für anderweitige Rechtshängigkeit (§ 261) und Rechtskraft (§ 322), dh ob um diesen Streitgegenstand schon ein anderer Prozess läuft bzw ob über ihn bereits in einem früheren Prozess rechtskraftfähig entschieden ist. Der Streitgegenstand ist endlich maßgebend für den Streitwert und damit für die Kosten des Rechtsstreits.

3. Lehrmeinungen. Wegen der großen Bedeutung, des uneinheit- **3** lichen Sprachgebrauchs in der ZPO, fehlender Gesetzesdefinition und der Schwierigkeit der Materie gehören Begriff und Wesen des Streitgegenstands zu den seit langem am weitesten umstrittenen Problemen des Zivilprozessrechts. Bei allen Verschiedenheiten im Einzelnen lassen sich für die Beantwortung der Frage, wie der Streitgegenstand zu bestimmen ist, folgende Hauptrichtungen unterscheiden: – **a) Materiell.** Der **4** Streitgegenstand wird bestimmt durch die Behauptung eines materiellen Rechts oder Rechtsverhältnisses. – **b) Prozessual.** Der Streitgegen- **5** stand wird ohne jede Rücksicht auf materielle Rechtsbehauptungen gebildet durch den Klageantrag und den vom Kläger zur Begründung vorgetragenen konkreten Sachverhalt (= Klagegrund, § 253 Rn 10). – **c) Allein der Antrag** ist entscheidend für den Streitgegenstand. – **6** **d) Im Schrifttum** sprechen sich Baumgärtel, Grunsky, Henckel, **7** Rimmelspacher wieder mehr für einen materiellrechtlich orientierten oder angenäherten Streitgegenstandsbegriff aus. Da auch sie aber Streitgegenstand nicht mit materiellrechtlicher Anspruchslage gleichsetzen, ist die praktische Auswirkung der unterschiedlichen Auffassungen nicht allzu groß, zumal sie – mit guten Gründen – zumindest teilweise die Möglichkeit einer einheitlichen Begriffsdefinition für die ganze ZPO überhaupt ablehnen und den Begriff Streitgegenstand unterschiedlich auffassen, ausgehend von dem Zweck der jeweiligen Norm. Danach ist für Rechtshängigkeit und Rechtskraft, die Nahtstellen zum materiellen Recht, ein mehr am Sachverhalt oder am materiellen Recht orientierter Streitgegenstandsbegriff am Platz als bei den Bestimmungen, die der

8 Prozessökonomie dienen, wie Klageänderung, Klagehäufung. – **e) Von den Verfahrensgrundsätzen her** (Einl I) versucht Jauernig (§ 37 VII) zu einer Klärung des Begriffs beizutragen. Danach soll bei Verfahren mit Untersuchungsgrundsatz ein mehr globaler Streitgegenstandsbegriff gelten, während in den Verfahren mit Verhandlungsgrundsatz dem Sachverhalt eine differenzierte nach Art der Klage unterschiedliche Be-
9 deutung zukommt. – **f) Die Verschiedenheit in den praktischen Auswirkungen** zeigt sich vor allem bei den Fragen, ob Klagehäufung oder Klageänderung vorliegt, ob der Anspruch bereits rechtshängig ist und wie weit die Rechtskraft des Urt reicht. Nach der Meinung a (Rn 4) deckt sich die Zahl der Streitgegenstände mit der der materiellrechtlichen Anspruchsgrundlagen, auf die der Kläger sich stützt. Nach der Meinung b (Rn 5) und teilweise auch nach der Meinung d (Rn 7) kommt es mit darauf an, wieviele verschiedene Sachverhalte der Klä-ger vorträgt und was man unter dem Sachverhalt versteht. Nach der Meinung d (Rn 7) sehen Henckel und Baumgärtel das entscheidende Kriterium darin, ob der materiellrechtliche Anspruch ein einheitlicher Verfügungsgegenstand ist, dh ob er nur einheitlich für alle denkbaren Anspruchsgrundlagen abgetreten werden kann. Nach der Meinung c (Rn 6) ist entscheidend nur, wieviele verschiedene Anträge der Kläger stellt.

10   **4. Negative Abgrenzung.** Unter Streitgegenstand ist nicht zu verstehen das Objekt selbst, um das der Prozess geführt wird, zB die herauszugebende Sache. Nicht lediglich der konkrete Sachverhalt, der zu dem Prozess geführt hat. Nicht der materiellrechtliche Anspruch (§ 194 BGB) im Unterschied zum prozessualen Anspruch (näher Rn 11–14).

11   **5. Begriff** des Streitgegenstands oder prozessualen Anspruchs. Nach richtiger, herrschender Meinung ist der Begriff ein rein prozessualer (BGH NJW 99, 1407, NJW 01, 157). Es handelt sich nicht um ein subjektives, gegen einen privaten Gegner gerichtetes Recht wie beim
12 materiellrechtlichen Anspruch. – **a) Rechtsschutzbegehren.** Nach RoSchw/Gottwald § 95 IV ist der prozessuale Anspruch ein Begehren an das Ger um Rechtsschutz, die Form, in der im Proz das materielle Recht geltend gemacht wird, ein Hilfsmittel zu dessen Durchsetzung. –
13 **b) Rechtsbehauptung.** Habscheid S 141 ff sieht im „Gegenstand des Anspruchs" (§ 253 Abs 2 Nr 2) eine in erster Linie an den Bekl gerichtete Rechtsbehauptung, die sich zusammensetzt aus der Verfahrensbehauptung (= Rechtsschutzform, zB Feststellungs- oder Leistungsklage) und der Rechtsfolgenbehauptung (Behauptung eines Rechts mit bestimmtem Inhalt, zB Anspruch auf Zahlung; nicht eines Rechts be-
14 stimmter Art, zB Darlehensanspruch). – **c) Bestimmung.** Gleichgültig, ob man unter Streitgegenstand ein Begehren des Kl an das Ger um Entscheidung oder eine an den Bekl gerichtete Rechtsbehauptung versteht, einhellig und folgerichtig ist die Auffassung, dass allein der **Kläger den Streitgegenstand bestimmt,** während es auf die Einlassung des Bekl dafür nicht ankommt, außer im Falle der Widerklage, deren

Gegenstand ausschließlich er bestimmt. Ebenfalls nach beiden Auffassungen übereinstimmend ist der Streitgegenstand ein anderer, je nachdem ob Feststellung oder Leistung begehrt wird. Der Übergang von der ersten zur letzteren Klage ist Klageänderung, während umgekehrt der Streitgegenstand der Leistungsklage den der Feststellungsklage mit umfasst (BGH NJW 89, 2064).

6. Bedeutung des Klageantrags. Er kennzeichnet jedenfalls Begehren oder Rechtsbehauptung des Kl und ist deshalb entscheidend für die Bestimmung des Streitgegenstands. Er bezeichnet nämlich sowohl die Rechtsschutzform wie die Rechtsfolge, die der Kl für sich in Anspruch nimmt. Zwei inhaltlich (nicht nur der Formulierung nach, BGH WM 87, 367) verschiedene Anträge ergeben zwei prozessuale Ansprüche, weil zwei Rechtsbehauptungen aufgestellt, zwei Entscheidungen begehrt werden. Dagegen handelt es sich um einen prozessualen Anspruch, um ein und denselben Streitgegenstand, wenn der einzige Klageantrag bei demselben Lebenssachverhalt sich auf mehrere materiellrechtliche Anspruchsgrundlagen stützt oder stützen lässt **(Anspruchskonkurrenz)** oder wenn eine von ihnen die an sich erfüllten anderen ausschließt **(Gesetzeskonkurrenz).** Sie sind prozessual gesehen mehrere rechtliche Gesichtspunkte, unter denen der (einzige) Streitgegenstand zu prüfen ist. Bsp: Ersatz der Heilungskosten aus Beförderungsvertrag, Haftpflicht und unerlaubter Handlung; Anspruch auf Verwendungsersatz aus Geschäftsführung ohne Auftrag, ungerechtfertigter Bereicherung und Eigentümer-Besitzer-Verhältnis. Schadensausgleich aus Amtspflichtverletzung und rechtmäßigem Verhalten der Ordnungsbehörde (BGH WM 96, 2063). Die Maßgeblichkeit des Antrags für den Streitgegenstand gilt für alle Arten von Klagen.

a) Leistungsklagen. – aa) Individualleistung. Einzahl oder Mehrzahl der Anträge ergibt sich aus ihrem Inhalt. Begehrt der Kläger bei gleich bleibendem Sachverhalt eine Einzahl, dann ein Streitgegenstand, begehrt er eine Mehrzahl (zB Herausgabe mehrerer bestimmter Gegenstände, Abgabe mehrerer bestimmter Willenserklärungen, Feststellung der Nichtigkeit mehrerer Gesellschafterbeschlüsse, BGH NJW-RR 92, 227), dann Mehrheit und Verschiedenheit der Streitgegenstände. – Das gilt auch für die **Unterlassungsklage.** Der Streitgegenstand ist individual durch die konkret gefassten Unterlassungsanträge bestimmt. Da sich aber der Verletzer nicht durch jede Änderung der Verletzungsform dem Unterlassungs- oder Verbotsurteil entziehen kann, ist festzustellen, ob die Änderung den Kern der Verletzungsform unberührt lässt und sich deshalb innerhalb der durch Auslegung zu ermittelnden Grenzen des Urteils hält, von seiner Rechtskraftwirkung (§ 322 Rn 20) also mitumfasst ist (BGH 5, 189; teilw aA Schubert ZZP 85, 29). Auch sonst gibt es Fälle, in denen ein Antrag einen anderen mitumfasst, weil dieser inhaltlich ein qualitatives Weniger ist (BGH NJW-RR 87, 683). – **bb) Geld oder Gattungsschulden.** Wird hierauf geklagt, so ist dem Wortlaut des Antrags allein nicht anzusehen, wieviele Rechtsbehauptungen der Kläger aufstellt, ob er mit einem Antrag eine Entscheidung begehrt oder ob in Wahrheit mehrere Anträge verschiedene Entscheidungen begehren. Was äußerlich in einer Gesamtsumme als Einheit erscheint, kann eine Mehrheit prozessualer Ansprüche sein. Der vom Kläger vorgetragene Sachverhalt ergibt in solchen Fällen Klarheit über Einheit oder Mehrheit von Klageanträgen und damit Streitgegenständen. Bsp: 6000.– € Schmerzensgeld wegen eines Unfalls ist ein Streitgegenstand; 6000.– € wegen eines Unfalls und zwar je 2000.– € für Heilungskosten (Personenschaden), Verdienstausfall (Vermögensschaden) und Schmerzensgeld (Nichtvermögensschaden) sind in Wahrheit drei Anträge und deshalb drei Streitgegenstände (BGH 30, 7/18 für Schmerzensgeld, BGH 18, 149). –

20   **cc) Unerheblich ist,** auf welche und wieviele materiellrechtliche Anspruchsgrundlagen sich die Klage stützt oder stützen lässt.

21   **b) Feststellungsklagen. – aa)** Soll das **(Nicht)Bestehen eines Rechts** oder Rechtsverhältnisses festgestellt werden, ergibt bei dem selben Sachverhalt der Wortlaut des Antrags die Einheit oder Mehrheit des Streitgegenstandes. Bsp: Feststellung, dass der Kläger Eigentümer dreier bestimmter Gegenstände ist, sind drei Streitgegenstände; Feststellung, dass außerordentliche und dass ordentliche Kündigung unwirksam, sind zwei Streitgegenstände (BAG MDR 77, 787, München NJW-RR 95, 740); ebenso Feststellung des Bestehens eines Arbeitsverhältnisses und Feststellung einer Lohnforderung zur Insolvenztabelle (BGH NJW 89, 170). – **bb)** Soll das **(Nicht)Bestehen einer Rechts-**

22   **folge** festgestellt werden, die auch Gegenstand einer Leistungsklage sein könnte, gilt das in Rn 17–20 Gesagte. Bsp: Klage auf Feststellung des Anspruchs auf Ersatz künftiger Schadensfolgen.

23   **c) Gestaltungsklagen.** Bei ihnen ergibt sich der Streitgegenstand aus dem Wortlaut des Antrags ohne weiteres. Begehrt der Kläger mehrere oder hilfsweise verschiedene Gestaltungen, handelt es sich um mehrere Streitgegenstände. Bsp: Klage auf Auflösung einer OHG, hilfsweise auf Ausschluss eines Gesellschafters sind zwei prozessuale Ansprüche; ebenso das Verlangen auf Scheidung, hilfsweise auf Aufhebung der Ehe.

24   **7. Klagebegründender Sachverhalt. – a) Bedeutung.** Das tatsächliche Geschehen, das zur Klage geführt hat („„Grund des erhobenen Anspruchs" in § 253 Abs 2 Nr 2) ist nach überwiegender Meinung (BGH 117, 1, NJW 99, 1407; 01, 157, RoSchw/Gottwald § 95 III 2, StJSchumann § 253 Rn 44) der zweite Faktor zur Bestimmung des Streitgegenstandes. Schwab (Der Streitgegenstand im Zivilprozess S 199) stellt dem entgegen allein auf den Antrag ab. Auch er kann aber nicht auf den der Klage zugrundeliegenden Sachverhalt zur Individualisierung des Streitgegenstands verzichten. Er greift dort, wo der Wortlaut des Antrags den Streitgegenstand nicht bestimmt, auf den Sachverhalt zurück. Dadurch wird aber nach seiner Meinung der Sachverhalt nicht zum Bestandteil des Streitgegenstands, er dient vielmehr lediglich der Auslegung des klägerischen Vorbringens dahin, ob ein oder meh-

rere Anträge gestellt, ob die Anträge in mehreren Prozessen verschieden oder identisch sind. Vor allem ist auch nach seiner Ansicht zur Abgrenzung des Umfangs der materiellen Rechtskraft und der Präklusionswirkung (§ 322 Rn 21 ff, 36 ff) der Sachverhalt nötig.

b) Kritik. Der Vorzug gebührt der überwiegenden erstgenannten 25 Meinung. Braucht man nämlich jedenfalls in vielen Fällen den zugrundeliegenden Sachverhalt neben dem Antrag zur Bestimmung des Streitgegenstands doch, dann setzt er sich eben aus diesen zwei Gliedern zusammen. Dass diese Zweigliedrigkeit bei der Klagehäufung und -änderung, was den Klagegrund betrifft, Schwierigkeiten bereitet, lässt sich leider nicht vermeiden.

c) Bestimmung. Was unter dem Sachverhalt zu verstehen ist, der 26 als „Grund des erhobenen Anspruchs" (§ 253 Abs 2 Nr 2) Bestandteil des Streitgegenstands ist, lässt sich in einer in jedem Einzelfall praktikablen Begriffsbestimmung nicht festlegen. – **aa) Negative Abgren-** 27 **zung.** Nicht ist darunter zu verstehen der **Tatbestand des Urteils** (§ 313 Abs 1 Nr. 5). Dieser muss nämlich einerseits nicht alles vorprozessuale Geschehen enthalten, das zum Sachverhalt gehört, während er andererseits die Anträge und Prozessgeschichte wiedergibt, die nicht zum Sachverhalt gehören. – Nicht sind darunter zu verstehen lediglich die Tatsachen, die die **Tatbestandsmerkmale einer Anspruchs-** 28 **grundlage** ausfüllen, also nur das, was zur Schlüssigkeit und Substantiierung der Klage vorgetragen ist. Diese Auffassung wäre einerseits zu eng und würde andererseits den Begriff Sachverhalt und damit auch Streitgegenstand zu sehr an den einzelnen materiellrechtlichen Anspruch binden. – Ebenso **nicht ein isolierter historischer Einzel-** 29 **vorgang.** Auch das wäre zu eng. – **bb) Positiv.** Der Sachverhalt 30 (Klagegrund, § 253 Abs 2 Nr 2) umfasst den **Lebensvorgang** (BGH 117, 1). Das ist das ganze dem Klageantrag zugrundeliegende **tatsächliche Geschehen,** das bei natürlicher vom Standpunkt der Parteien ausgehender Betrachtungsweise zu dem durch den Vortrag des Kl zur Entscheidung gestellten Tatsachenkomplex gehört oder bei lückenhaftem Vertrag zur Substantiierung gehört hätte (BGH NJW 95, 967; 99, 1407; 00, 1958). Die Präklusionswirkung der Rechtskraft braucht sich damit nicht zu decken (§ 322 Rn 36 ff). Insbes bei Sachverhalten von gewisser Dauer, ferner bei Gestaltungs- und Feststellungsklagen ist der Begriff Sachverhalt weit zu verstehen, will man nicht Lebenszusammenhänge auseinanderreißen (BGH NJW 02, 3465 für aktienrechtliche Nichtigkeits- u Anfechtungsklage). Bei den Rechtsgeschäften des täglichen Lebens wird der Sachverhalt meist enger abzugrenzen sein. Nach der Verkehrsauffassung, ein leider unsicherer Maßstab, ist zu beurteilen, ob es sich um eine Einheit oder Mehrheit der Lebensverhältnisse handelt. Musielak (NJW 00, 3593) stellt in engerer Anlehnung an das materielle Recht darauf ab, ob sich der entscheidungserhebliche Kern der zu beurteilenden Sachverhalte wesentlich unterscheidet oder nicht. – **cc) Beispiele für denselben Lebensvorgang:** Im Arzthaftungspro- 31 zess gehören sämtliche in gewissem zeitlichen und räumlichen Zusammenhang stehenden Fehler während des Behandlungsverlaufs zum selben Lebensvorgang (Saarbrücken MDR 00, 1317). Bei Klage auf Zahlung des Kaufpreises für gelieferte und inzwischen verbrauchte Ware ist bei nicht beweisbarem Vertragsschluss der Übergang zum Anspruch aus ungerechtfertigter Bereicherung keine Änderung des Klagegrundes (BGH NJW 90, 1795 mit aA betrifft eine andere Fallgestaltung); ebenso nicht Übergang von der Wechsel/Scheckklage zur Wechsel/Scheck-Bereicherungsklage (Hamm WM 92, 642); vom Erfüllungs- zum Schadensersatzanspruch wegen Nichterfüllung, innerhalb derselben Schadensart der Austausch der Berechnungsgrundlage (BGH NJW-RR 91, 1279) oder von Rechnungsposten (BGH NJW-RR 96, 891), Übergang vom „kleinen" zum „großen" Schadensersatzanspruch (§ 260 Rn 4). Keine Änderung des Streitgegenstands, wenn der Mindestbetrag einer Schmerzensgeldklage im Laufe des Proz ohne Änderung des Sachverhalts erhöht wird (NJW 02, 3769). Streitgegenstand einer Werklohnklage ändert sich nicht durch Vorlage einer neuen Schlussrechnung (BGH NJW-RR 02, 1596). Klage auf Feststellung der Nichtigkeit und Anfechtungsklage gegen den selben Hauptversammlungsbeschluss (BGH ZIP 99, 580); hierbei ist Streitgegenstand die Übereinstimmung des Beschlusses in Inhalt und Zustandekommen mit Gesetz und Satzung (BGH NJW 02, 3465). Einheitl ist der Streitgegenstand einer Unterlassungsklage gem §§ 1, 8 UKlaG, gleichgültig auf welche Verbotsgründe er gestützt wird (BGH ZIP 93, 926). Nicht jeder neue Verstoß schafft notwendig einen neuen Streitgegenstand (KG NJW-RR 99, 789). – **dd) Anderer Lebensvorgang:** Klagen aus dem Wechsel (BGH NJW-RR 87, 58), Scheck (BGH NJW 92, 117) oder abstrakten Schuldanerkenntnis einerseits und aus dem Grundgeschäft andererseits; die Zahlungsklage aus eigenem Vertrag und die aus abgetretenem Recht (BAG NJW 03, 1068, Saarbrücken VersR 02, 1091); Klage auf Ersatz materiellen und immateriellen Schadens (BGH NJW 93, 2173); Schmerzensgeld wegen Schleudertraumas der Halswirbelsäule und wegen Psychose als Folge des Unfallerlebnisses (BGH NJW 98, 1786); Schadensersatzanspruch der Gesellschaft bürgerlichen Rechts und Individualanspruch des Gesellschafters auf Ersatz des in der Wertminderung seines Anteils liegenden eigenen Schadens (BGH NJW 99, 1407); Nachbesserungs- und Gewährleistungsansprüche wegen unterschiedlicher Mängel desselben Bauwerks (BGH BB 98, 916); Minderungs- und Wandlungsklage (BGH NJW 90, 2682); Vorschuss zur Mangelbeseitigung und Schadensersatz (BGH NJW-RR 98, 1006); Klage auf Abschlags- und auf Schlusszahlung (BGH NJW 99, 713; anders NJW 85, 1840); die Klage auf Unterhalt nach geschiedener Ehe und der Titel auf Unterhalt während des Getrenntlebens vor der Ehescheidung (BGH NJW 82, 2072); die Stützung der VollstrGegenklage auf Aufrechnung mit abgetretenem Kaufpreisanspruch und auf Anspruch aus unerlaubter Handlung (BGH 45, 231); nach BGH MDR 97, 1021 auch verschuldensabhängiger Delikts- und nachbarrechtlicher Ausgleichsanspruch.

d) Klarstellung zur Vermeidung von Missverständnissen. In Rn 33
24–33 ist nur vom Sachverhalt als Bestandteil des Streitgegenstands die
Rede. Keinesfalls ist der Sachverhalt selbst Streitgegenstand. Sein zweites Glied ist der Klageantrag (Rn 15–23).

III. Prozesshandlungen der Parteien

Schrifttum: *Baumgärtel,* Wesen und Begriff der Prozeßhandlung ei- 1
ner Partei im Zivilprozeß, 2. Aufl, 1972; *Schlosser,* Einverständliches
Parteihandeln im Zivilprozeß, 1968; *Arens,* Willensmängel bei Parteihandlungen im Zivilprozeß, 1968; *Schwab,* Probleme der Prozeßhand-
lungslehre, FS Baumgärtel, 1990, S 503; *Wagner,* Prozeßverträge, 1998.

1. Allgemeines. Im Zivilprozessrecht werden die Prozesshandlun- 2
gen des Gerichts (insbes die Entscheidungen) unterschieden von den
Prozesshandlungen der Parteien und der Nebenintervenienten oder ihrer Vertreter (Parteihandlungen). Nur diese werden hier dargestellt. –
a) Begriff. Prozesshandlungen sind alle prozessgestaltenden Betätigun- 3
gen der Parteien und Nebenintervenienten oder ihrer Vertreter, unabhängig davon, ob sie in ihren Voraussetzungen und Wirkungen vom
Prozessrecht geregelt sind (funktioneller Prozesshandlungsbegriff: Mü-
Ko/Lüke Einl 261 mwN). Prozesshandlungen wirken auf den Prozess
ein, für den sie vorgenommen werden. Sie sind idR einseitig, können
aber vertragsmäßig sein (Prozessverträge; Rn 6). Sie können in einem
Handeln oder einem (bewussten) Unterlassen bestehen. Eine Prozesshandlung kann zugleich ein Rechtsgeschäft sein (zB Prozessvergleich).
Die Prozesshandlungen hier in Erwirkungs- und Bewirkungshandlun-
gen aufzuteilen, hat keinen praktischen Zweck und wird daher unterlassen. Wo es sich auswirkt, dass eine Prozesshandlung vorliegt, ist bei
unseren Erläuterungen jeweils das Wort Prozesshandlung ausdrücklich
verwendet und idR auf Einl III verwiesen. – **b) Prozesshandlungen** 4
sind insbes: Klage, Berufung, Revision, Einspruch, Nebenintervention,
Anerkenntnis, Behaupten, Gestehen, Bestreiten, Beweisantritt, Anträge
an das Gericht, Widerruf und Rücknahme von Prozesshandlungen, Verzicht, Empfangsbekenntnis. – **c) Keine Prozesshandlungen** sind 5
Realakte und Rechtsgeschäfte, insbes die bürgerlich-rechtlichen Willenserklärungen, vor allem Aufrechnung, Anfechtung, Kündigung,
Rücktritt. Werden sie im Prozess erklärt, so sind sie als Rechtsgeschäfte
erklärt und zugleich (insoweit Prozesshandlung) im Rechtsstreit als
Tatsache geltend gemacht.

2. Prozessverträge sind Vereinbarungen, die von den Parteien ei- 6
nes (auch zukünftigen, BGH NJW 82, 2027) Rechtsstreits abgeschlossen werden und die auf den Rechtsstreit einwirken. Für die Einordnung als Prozessvertrag kommt es auf den Vertragsinhalt an (Wagner
S 46). Für das Zustandekommen und ihre Wirksamkeit (zB Anfechtung, Nichtigkeit) gelten grundsätzlich die Vorschriften des bürgerlichen Rechts (insbes §§ 119, 123, 134, 138, 139, 142, 145 ff BGB).
Zwingende prozessuale Vorschriften dürfen nicht entgegenstehen,

ebenso wenig zwingende materiell-rechtliche Vorschriften, wenn die Parteien Vereinbarungen über präjudizielle Rechtsverhältnisse treffen, die das Gericht binden sollen (umstr; Baumgärtel ZZP 87, 121 [135] mwN). Als Prozesshandlungen sind die Parteierklärungen nur dann zu behandeln, wenn die Parteien sie im Rechtsstreit vor oder gegenüber dem Gericht abgeben; dann ist auch auf die Prozesshandlungsvoraussetzungen, insbes die Postulationsfähigkeit abzustellen. Das gilt nicht für die außergerichtlichen Verträge, insbes solche, die eine Pflicht zur Rücknahme von Rechtsmitteln begründen (BGH FamRZ 89, 368). –

7   **a) Unmittelbare Wirkung.** Prozessverträge können auf den Prozess unmittelbar einwirken und das Gericht binden: Prozessvergleich (§ 794 Rn 3); Zuständigkeitsvereinbarung (1 vor § 38); Schiedsvereinbarung **8** (§ 1029); Fristvereinbarung (§ 224 Abs 1). – **b) Mittelbare Wirkung.** Prozessverträge können lediglich die Parteien (ggf Dritte als Vertragspartner) verpflichten: Beweislastvertrag (38 vor § 284); Parteivereinbarungen über Sicherheitsleistung (§ 108 Rn 3); Verpflichtung zur Rücknahme von Klage oder Rechtsmitteln (§ 269 Rn 2, § 516 Rn 2); Verzicht auf Einwendungen (49 vor § 253), zB auf Aufrechnung (BGH 38, 254); Verpflichtung, streitige Ansprüche nur in einem bestimmten Rechtsstreit geltend zu machen (BGH WM 73, 144). Das Gericht berücksichtigt den Vertrag nur, wenn er von einer Partei (wie eine Einrede) geltend gemacht wird (49 vor § 253); es trifft dann die dem Vertrag entsprechende Entscheidung, indem es zB die Klage als unzulässig abweist (vgl § 269 Rn 2) oder das Rechtsmittel verwirft (BGH stRspr, **9** zB NJW-RR 87, 307). – **c) Rechtsnachfolge.** Ob Prozessverträge für und gegen den Rechtsnachfolger wirken, ist bei Gesamtrechtsnachfolge uneingeschränkt zu bejahen, bei Einzelrechtsnachfolge zT umstritten (vgl Wagner S 303 ff).

10   **3. Voraussetzungen.** Damit eine Prozesshandlung wirksam ist, müssen die nachfolgenden Voraussetzungen erfüllt oder beim Fehlen einer dieser Voraussetzungen muss der Mangel geheilt sein (vgl Rn 18). – **a) Prozesshandlungsvoraussetzungen** sind: – **aa) Allgemeine:** Parteifähigkeit (§ 50); Prozessfähigkeit (§ 52); Prozessvollmacht (§ 80); Postulationsfähigkeit 4 vor § 78); gesetzliche Vertretungsmacht (§ 51 Rn 3), sofern die Partei prozessunfähig ist. – **bb) Besondere** sind für einzelne Prozesshandlungen im Gesetz an zahlreichen Stellen vorgeschrie- **11** ben, zB §§ 70, 73. – **b) Form.** Die Vornahme einer Prozesshandlung ist grundsätzlich formfrei, auch durch schlüssiges Verhalten möglich. Vielfach ist eine bestimmte Form vorgeschrieben, insbes schriftlich, zu Protokoll der Geschäftsstelle, Erklärung in mdl Vhdlg. Dies ist bei den jeweils anzuwendenden Vorschriften erläutert, für Schriftsätze in § 129 **12** Rn 6–14, auch für FAX (dort Rn 13). – **c) Zugang.** Wirksam wird die Prozesshandlung erst, wenn sie dem jeweiligen Empfänger zugeht. Grundsätzlich ist wahlweise dem Gericht oder dem Prozessgegner gegenüber zu erklären, jedoch ist vielfach ein bestimmter Adressat vorgeschrieben (häufig ausschließlich das Gericht); oft ist Zustellung notwen-

dig. – **d) Frist.** Grundsätzlich ist die Vornahme bis zum rechtskräftigen 13
Abschluss des Rechtsstreits möglich. Häufig sind aber bestimmte Fristen
vorgeschrieben. Bei Stillstand des Verfahrens ist § 249 Rn 6 zu beachten. – **e) Bedingungslosigkeit.** Von einer echten Bedingung (unge- 14
wisses künftiges Ereignis) darf eine Prozesshandlung nur abhängig gemacht werden, wenn Gegenstand der Bedingung ein innerprozessualer
Vorgang ist, zB beim zulässigen Hilfsantrag idR die Erfolglosigkeit des
Hauptantrags (vgl § 260 Rn 8). Sonst sind Bedingungen ebenso wie
eine Zeitbestimmung (Befristung) unzulässig und machen die Prozesshandlung unwirksam. – **f) Vorgeschriebener Inhalt.** Er ist zwangsläufig 15
je nach Prozesshandlung verschieden und bei den jeweils zutreffenden Vorschriften erörtert. Stets ist der Inhalt auslegungsfähig (Rn 16). –
g) Auslegung einer mehrdeutigen Prozesshandlung. Ist der vorge- 16
schriebene Inhalt (Rn 15) nicht erfüllt und Neuvornahme (Rn 19) ausgeschlossen, kann die Prozesshandlung ausgelegt werden. Dies obliegt
dem jeweils erkennenden Gericht. Die Regeln für die Auslegung von
Willenserklärungen, vor allem § 133 BGB, gelten entsprechend. Dabei
ist der wirkliche Wille der Partei zu erforschen (BGH NJW-RR 94,
568). Es kommt also insbes auf den Wortlaut, den erklärten Willen, den
Standpunkt des Erklärungsempfängers und die für ihn erkennbaren
Umstände an (vgl BGH NJW 00, 3217). Bestehen Zweifel, ist dahin
auszulegen, was nach der Rechtsordnung vernünftig ist und der Interessenlage der Partei entspricht (BGH NJW-RR 96, 1210). Versagt die
Auslegung, bleibt Umdeutung möglich (Rn 20).

4. Mängel von Prozesshandlungen. – a) Unwirksam sind sie 17
von vornherein und von selbst, wenn eine ihrer Voraussetzungen (Rn
7–16) fehlt. Im Einzelfall muss auch zurückgewiesen werden, zB § 71.
Grundsätzlich ohne Einfluss auf die Wirksamkeit der Prozesshandlungen sind: Willensmängel (hM), insbes Abgabe zum Schein, infolge Irrtums, Täuschung oder Drohung, Verstoß gegen gesetzliches Verbot,
gute Sitten oder Treu und Glauben (vgl Rn 23). Nur im Einzelfall
(dann jeweils erörtert) können diese Umstände auf die Prozesshandlung,
den Prozess und seine Entscheidung Einfluss haben. – **b) Geheilt** wer- 18
den kann eine unwirksame Prozesshandlung durch Genehmigung der
Betroffenen (vgl zB § 51 Rn 17; § 89 Rn 13), Rügeverzicht (§ 295)
oder über § 189, sofern der Mangel in der Zustellung liegt (vgl Rn 12).
Eine Prozesshandlung wird grundsätzlich nicht dadurch wirksam, dass
eine der Voraussetzungen später erfüllt wird (Ausnahmen: § 51 Rn 17;
§ 89 Rn 9). – **c) Neuvornahme** der Prozesshandlung mit fehlerfreier 19
Erfüllung aller Voraussetzungen ist grundsätzlich möglich, solange die
Frist (Rn 13) nicht versäumt ist und der Rechtsstreit andauert. Auch
eine inhaltliche Berichtigung ist nicht ausgeschlossen (vgl BGH NJW-
RR 94, 568). – **d) Umdeutung** einer fehlerhaften und deshalb un- 20
wirksamen Prozesshandlung wird durch das erkennende Gericht analog
140 BGB vorgenommen (hM; BGH NJW 01, 1217). Sie setzt voraus:
(1) Auslegung (Rn 16) scheidet wegen Eindeutigkeit aus. **(2)** Die Vo-

raussetzungen einer anderen, dem gleichen Zweck dienenden Prozesshandlung müssen erfüllt sein. **(3) Erkennbarkeit eines entspr Parteiwillens. (4)** Kein entgegenstehendes schutzwürdiges Interesse des Prozessgegners.

21 **5. Beseitigung und Änderung.** Prozesshandlungen können grundsätzlich durch eine nachfolgende Prozesshandlung widerrufen, ergänzt, geändert oder berichtigt werden. Diese Regel ist aber von zahlreichen Ausnahmen durchbrochen, solange der Rechtsstreit noch anhängig ist. –

22 **a) Widerruf** einer Prozesshandlung ist grundsätzlich möglich. Nicht oder nicht frei widerruflich oder nicht frei abänderungsfähig sind jedoch Prozesshandlungen, durch die der Prozessgegner eine Rechtsstellung erlangt oder auf Grund deren er seine Rechtsstellung eingerichtet hat, zB Klage, Rechtsmittel, Anerkenntnis, Geständnis, Rücknahme. Der Widerruf (vom Gesetz oft auch Rücknahme genannt) beseitigt die Prozesshandlung zwar rückwirkend, kann aber seinerseits grundsätzlich nicht widerrufen werden; es bleibt dann nur eine Neuvornahme

23 (Rn 19). – **b) Anfechtung** wegen Irrtums, Drohung oder Täuschung ist (abgesehen von Prozessverträgen, vgl Rn 6) ausgeschlossen (hM; RoSchwGottwald § 65 V 3). Sofern Prozesshandlungen darauf beruhen, ist derjenige, der sie abgibt, durch die Möglichkeit zu widerrufen geschützt. Die ZPO berücksichtigt jedoch die genannten Willensmängel, die nur nach Prozessrecht behandelt werden dürfen, zB in §§ 290, 580 Nr 4.

IV. Vermögensrechtliche und nichtvermögensrechtliche Streitigkeiten

1 **1. Vermögensrechtlich** ist der Rechtsstreit, wenn der prozessuale Anspruch auf Geld oder geldwerte Gegenstände (Sachen oder Rechte) gerichtet ist, dann ohne Rücksicht auf die Natur des zugrundeliegenden Rechtsverhältnisses (BGH 14, 72 [74]) oder wenn der prozessuale Anspruch auf einem vermögensrechtlichen Rechtsverhältnis beruht, das also auf Gewinn oder Erhaltung von Geld oder geldwerten Gegenständen gerichtet sein muss; auch wenn der prozessuale Anspruch auf eine Leistung, Feststellung oder Gestaltung geht, die nicht in Geld oder

2 Geldwert besteht. **Beispiele:** Feststellung der Echtheit einer Mietvertragsurkunde; Schadensersatz- und Unterlassungsklagen des gewerblichen Rechtsschutzes; Ausschluss von der Geschäftsführung; Anmeldung bei Kapital- und Handelsgesellschaften sowie Genossenschaften; bei ideellen und wirtschaftlichen Vereinen, wenn der Kläger vermögensrechtliche Belange verfolgt (BGH 13, 5); Anfechtung von Hauptversammlungsbeschlüssen einer AG.

3 **2. Nichtvermögensrechtlich** ist ein Rechtsstreit, der nicht unter Rn 1 und 2 fällt. Er wird nicht dadurch vermögensrechtlich, dass der

4 Kläger die Hauptsache für erledigt erklärt (BGH NJW 82, 767). **Beispiele:** Ehesachen; Kindschaftssachen; Widerrufs- und Unterlassungsansprüche, die allein den persönlichen und sozialen, nicht den wirt-

schaftlichen oder kaufmännischen Geltungsanspruch des Klägers in der Öffentlichkeit vor drohender Beeinträchtigung schützen sollen (BGH stRspr, zB NJW 86, 3143 mwN), insbes aus Verletzung der beruflichen Ehre ohne bestimmte wirtschaftliche Nachteile (BGH NJW 91, 847) oder des Namensrechts (auch eines ideellen Vereins); Ausschluss aus einem Verein, wenn dadurch in erster Linie Ehre, ideelle Interessen, Achtung und persönliche Geltung berührt werden; Anspruch auf Gegendarstellung nach PresseG (BGH NJW 63, 151), aus Verletzung des Persönlichkeitsrechts grundsätzlich, insbesondere des Rechts am eigenen Bild (BGH NJW 96, 999).

V. Prozessarten

Die ZPO regelt das Verfahren für die bürgerlichen Rechtsstreitigkeiten 1 iS des § 13 GVG. Es zerfällt in das Erkenntnisverfahren und das Vollstreckungsverfahren (1 vor § 704). Sie sind voneinander unabhängig und können nebeneinander laufen. Das eine ist weder notwendige Voraussetzung noch notwendige Folge des anderen. Für den **Erkenntnis- 2 prozess** ist das Urteilsverfahren (§§ 253–510b) der Regelfall. Die ZPO sieht aber je nach der Natur des Rechtsstreits besonders ausgestaltete Arten des Urteilsverfahrens vor, nämlich den Urkunden-, Wechsel- und Scheckprozess (§§ 592–605a), den Familienprozess (§§ 606–639), den Kindschaftsprozess (§§ 640–641i), das Verfahren über den Unterhalt (§§ 642–660), das Verfahren in Lebenspartnerschaftssachen (§ 661), Arrest und einstweilige Verfügung (§§ 916–945) und das Aufgebotsverfahren (§§ 946–1024). Daneben gibt es noch das **Mahnverfahren** 3 (§§ 688–703d), das unter bestimmten Voraussetzungen nur eine besondere Einleitungsform des Urteilsverfahrens darstellt, und das **schiedsrichterliche Verfahren** (§§ 1025–1066), das nur zT die Tätigkeit 4 staatlicher Gerichte betrifft. Für alle Prozess-(Verfahrens)arten gelten grundsätzlich die allgemeinen Vorschriften (§§ 1–252) und zT die Normen des GVG.

VI. Auslegung des Prozessrechts

Die Normen des Prozessrechts sind wie die des materiellen Rechts 1 auslegungsfähig. Hierbei wird auf folgende Grundsätze hingewiesen:

1. Wortlaut. Davon ist auszugehen. Es ist aber zu beachten, dass der 2 Sprachgebrauch in der ZPO vielfach uneinheitlich ist. Manchmal haben die Begriffe einen anderen Inhalt als gleich lautende des BGB.

2. Zweckmäßigkeit. Ziel und Zweck des Prozessrechts ist es, dass 3 die Prozesse schnell und möglichst gerecht entschieden werden. Prozessrecht ist nicht Selbstzweck. Daher sind die Normen des Prozessrechts so auszulegen, dass sie ein praktisches Verfahren ermöglichen, das diesem Ziel dient. Die Formvorschriften sind so auszulegen, wie es dem Formzweck am besten entspricht. Eine sachlich nicht gebotene Formstrenge ist zu vermeiden, wenn die Rechtssicherheit nicht darunter leidet.

4 3. **Prozessgrundsätze** (Einl I) können zur Auslegung der einzelnen Vorschriften herangezogen werden. Hierbei ist vorsichtig abzuwägen; es darf nicht einseitig nur ein einzelner Grundsatz herangezogen werden, da viele Gesetzesstellen sich auf mehrere Grundsätze beziehen.

5 4. **Verfassungsmäßigkeit.** Da das GG über der ZPO steht, ist diese verfassungskonform auszulegen (allgM). Prozessrecht, das dem GG widerspricht, wird vom GG außer Kraft gesetzt. Zur Problematik der Folgen vgl E. Schumann, Bundesverfassungsgericht, Grundgesetz und Zivilprozess, 1983.

6 5. **Analogie** ist nach den allgemeinen Grundsätzen (Gesetzeslücke – rechtsähnliche Lage – allgemeiner Rechtsgedanke) für die Anwendung von Vorschriften im Prozessrecht zulässig, auch der Umkehrschluss. Versagt die Analogie, so muss der Richter die Gesetzeslücke schließen, indem er das Recht frei findet. Dabei muss er die Zweckmäßigkeit (Rn 3), die Prozessgrundsätze (Rn 4) und die Verfassung (Rn 5) beachten.

VII. Reform

1 1. **ZPO-RG.** Am 1. 1. 2002 ist das Gesetz zur Reform des Zivilprozesses vom 27. 7. 2001 (BGBl I S 1887) in Kraft getreten. Einen Überblick über die zahlreichen Änderungen bietet Hartmann NJW 01, 2577. Die 25. Aufl des Kommentars enthält durchgehend den Gesetzesstand zum 1. 1. 2002, hinsichtlich der Auswirkungen des Gesetzes zur Reform des Verfahrens bei Zustellungen im gerichtlichen Verfahren – ZustRG – vom 25. 6. 2001 (BGBl I S 1206) den Gesetzesstand ab 1. 7. 2002.

2 **Die erklärten Hauptanliegen** der Reform sind folgende: Stärkung der ersten Instanz, die den Rechtsstreit möglichst endgültig und mit besserer Akzeptanz des Ergebnisses durch die Parteien erledigen soll. Die Mittel dazu sollen sein: Grundsätzlich notwendige Güteverhandlung zu Prozessbeginn mit der Möglichkeit eines schriftlich abgeschlossenen Vergleichs, konzentrierte materielle Prozessleitung, erweiterte Zuständigkeit des Einzelrichters am LG, Abhilfeverfahren bei Verletzung des Anspruchs auf rechtliches Gehör, wenn Berufung nicht zulässig ist. Außerdem einige Veränderungen, die der Beschleunigung und Vereinfachung des Verfahrens dienen, etwa Entscheidung über Ablehnungsgesuche gegen Richter am AG durch anderen Richter am AG (§ 45 Abs 2), Verhandlung und Beweisaufnahme per Videokonferenz (§ 128 a), Anordnung zur Vorlegung von Urkunden und Augenscheinsobjekten (§§ 142, 144), fingierte Zustimmung zur Klagerücknahme bei unterbliebenem Widerspruch (§ 269 Abs 2), weitere Erleichterungen bei der Urteilsabfassung (§ 313 a). – Die **Berufungsinstanz** soll in erster Linie der Überprüfung auf Rechtsfehler dienen, der Überprüfung der tatsächlichen Feststellungen nur bei ernsthaften Zweifeln an deren Richtigkeit und Vollständigkeit. Neu geschaffen wird die Zulassungsberufung bei Beschwerdewert unter 600 Euro. Die Berufungsbegrün-

3

dungsfrist beträgt 2 Monate ab Urteilszustellung. Berufungsrücknahme ist ohne Zustimmung des Gegners wirksam; der Kostenbeschluss ergeht vAw (§ 516). Wiedereingeführt wird die unverzügliche einstimmige Zurückweisung der Berufung durch Beschluss unter bestimmten Voraussetzungen (§ 522 Abs 2). Dem Einzelrichter kann eine Sache auch zur Entscheidung übertragen werden (§ 526). – In der **Revisionsins-** 4 **tanz** tritt an die Stelle der Streitwert- die Zulassungsrevision mit Nichtzulassungsbeschwerde. Das Rechtsmittel ist zuzulassen, wenn die Sache grundsätzliche Bedeutung hat oder wenn die Fortbildung des Rechts oder die Sicherung einer einheitlichen Rechtsprechung eine Entscheidung des Revisionsgerichts erfordern. Die Revisionsbegründungsfrist beträgt 2 Monate ab Urteilszustellung. – Das **Beschwerde-** 5 **verfahren** wird wesentlich verändert. Es gibt nur noch die sofortige Beschwerde mit Notfrist zur Einlegung von 2 Wochen, im Prozesskostenhilfeverfahren einem Monat gegen Entscheidungen in 1. Instanz. Neu sind der notwendige Inhalt der Beschwerdeschrift, das Begründungserfordernis als Sollvorschrift, die Möglichkeit der Abhilfe durch das Ausgangsgericht und der Fristsetzung zum Vorbringen von Angriffs- und Verteidigungsmitteln mit Präklusionswirkung, Vertretung auch durch einen nicht beim zuständigen OLG zugelassenen RA. Über die Beschwerde entscheidet grundsätzlich originär der Einzelrichter, wenn die angefochtene Entscheidung von einem ER oder Rechtspfleger erlassen wurde. An die Stelle der weiteren Beschwerde tritt die revisionsrechtlich ausgestaltete Rechtsbeschwerde zum BGH, die der Zulassung durch das BeschwGer oder den BGH bedarf (§ 574).

2. Zustellungen. Im ZustRG wird der Titel 2 im Abschnitt 3 des 6 Buches 1 (§§ 166–213 a) durch die völlig neu gefassten §§ 166–195 ersetzt. Der Titel wird in zwei Untertitel (1. Zustellungen von Amts wegen und 2. Zustellungen auf Betreiben der Parteien) gegliedert. Es sind dadurch zahlreiche, meist redaktionelle Folgeänderungen in anderen Gesetzen erforderlich. Die neuen Paragrafen sollen das seit Inkrafttreten der ZPO kaum geänderte Zustellungsverfahren den gewandelten Lebensverhältnissen und der technischen Entwicklung anpassen, außerdem die Poststrukturreform berücksichtigen. Ferner soll das Zustellungsrecht vereinfacht, die Wahl unter mehreren, auch neuen Formen der Zustellung ermöglicht und der Einsatz elektronischer Kommunikationsmittel geregelt werden. Das Gesetz ist am 1. 7. 2002 in Kraft getreten. Die bis dahin geltenden Zustellungsvorschriften sind nicht mehr abgedruckt. Für Erläuterungen dazu wird auf die 23. Aufl verwiesen.

3. Elektronische Signatur. Das Gesetz zur Anpassung der Form- 7 vorschriften des Privatrechts und anderer Vorschriften an den modernen Rechtsgeschäftsverkehr (FormVAnpG) vom 13. 7. 2001 (BGBl I S 1542) ist am 1. 8. 2001 in Kraft getreten. Es ermöglicht als Option zur Schriftform ein elektronisches Dokument, das als Substitut zur eigenhändigen Unterschrift mit einer qualifizierten elektronischen Signatur gemäß dem Gesetz über rechtliche Rahmenbedingungen für

den elektronischen Geschäftsverkehr (SigG) vom 16. 5. 2001 (BGBl I
S 876) versehen ist. Nach Aufbau der notwendigen technologischen
Infrastruktur werden dann die Prozessbeteiligten ihre Schriftsätze und
Erklärungen als elektronisches Dokument bei Gericht einreichen kön-
nen.

8   Die dazu erforderlichen Änderungen der ZPO betreffen folgende Paragrafen: Geändert werden §§ 130 Nr 6, 133 Abs 2, 299 a, 371. Neu eingefügt werden §§ 130 a, 292 a.

9   **4. Übergangsregelungen. a)** Das **ZPO–RG** enthält in § 26 Nrn 1–
11 zahlreiche Übergangsvorschriften, teils für Regelungen im Verfahren
der 1. Instanz, vor allem aber für die Rechtsmittelverfahren. Soweit die
bisherigen Vorschriften über die entfallenen Rechtsmittel der Diver-
genzberufung (§ 511 a Abs 2 aF) oder des Rechtsentscheids (§ 541 aF)
noch anwendbar bleiben (§ 26 Nr 5 u 6), wird auf die 23. Aufl verwie-
10 sen. – **b) „Experimentierklausel".** § 119 Abs 3 GVG ermächtigt die
Bundesländer, durch Landesgesetz für die Jahre 2002 bis einschließlich
2007 zu bestimmen, dass die Oberlandesgerichte alleinige Berufungs-
und Beschwerdegerichte sind. Von dieser Befugnis können die Länder
regional und/oder sachlich beschränkt Gebrauch machen.

Zivilprozeßordnung

Vom 30. Januar 1877 (RGBl 83) in der Fassung der Bekanntmachung
vom 12. 9. 1950, zuletzt geändert durch Art. 1
OLG-VertretungsänderungsG vom 23. 7. 2002 (BGBl I S 2850)
[Stand: 1. März 2003]

Buch 1. Allgemeine Vorschriften

Abschnitt 1. Gerichte

Titel 1. Sachliche Zuständigkeit der Gerichte und Wertvorschriften

Vorbemerkungen

I. Begriff der Zuständigkeit

Aus der Zuständigkeit folgt, welches Gericht und welches Rechts- **1**
pflegeorgan im einzelnen Fall (insbes in einem Rechtsstreit) die Gerichtsbarkeit auszuüben hat. Davon zu unterscheiden ist die Zulässigkeit
des ordentlichen Rechtsweges (§ 13 GVG). Daraus ergibt sich, was vor
die ordentlichen Gerichte (§ 12 GVG) gehört. Dadurch wird die Zuständigkeit gegenüber den Verwaltungs-, Finanz-, Arbeits- und Sozialgerichten abgegrenzt.

II. Arten der Zuständigkeit

1. Funktionelle Zuständigkeit (im Gesetz nicht ausdrücklich er- **2**
wähnt). Sie bezieht sich darauf, welches Rechtspflegeorgan in ein und
derselben Sache (dem Rechtsstreit) tätig zu werden hat. Bsp: Die
Zuständigkeit im Rechtsmittelzug, die sich aus der Überordnung der
Gerichte ergibt (§§ 72, 119 GVG); die des Prozessgerichts, des Einzelrichters, des beauftragten Richters, des Rechtspflegers, des Urkundsbeamten, des Gerichtsvollziehers; die des Prozess-, Arrest-, Vollstre-
ckungs-, Insolvenzgerichts; auch die der KfH und des Familiengerichts.

2. Sachliche Zuständigkeit (zur Regelung vgl § 1). Sie bezieht **3**
sich darauf, welches Gericht in erster Instanz die Sache (den Rechtsstreit) wegen deren Art zu erledigen hat. Das kann im Bereich der ordentlichen Gerichtsbarkeit das LG oder das AG sein. Bei negativem
Zuständigkeitsstreit gilt § 36 Abs 1 Nr 6. Durch welche Richter das
Gericht entscheidet, ist allein der Geschäftsverteilung (Rn 8) zu entnehmen.

4　　**3. Örtliche Zuständigkeit** (zur Regelung vgl §§ 12–35). Sie bezieht sich darauf, welches Gericht erster Instanz (AG oder LG) wegen seines örtlichen Sitzes die Sache (insbes einen Rechtsstreit) zu erledigen hat. Maßgebend ist der Gerichtsbezirk; er ist landesrechtlich geregelt.

5　　**4. Internationale Zuständigkeit.** Lit: Geimer, IZPR 4. Aufl 2001; Nagel/Gottwald, Internationales Zivilprozessrecht, 5. Aufl 2003. **a) Begriff.** Sie bezieht sich darauf, inwieweit die Gerichte eines Staates dessen Gerichtsbarkeit ausüben und wie dies im Verhältnis zu den Gerichten anderer Staaten begrenzt wird. Sie ist von den anderen Prozessvoraussetzungen, insbes der Gerichtsbarkeit (§§ 18–20 GVG), der sachlichen und örtlichen Zuständigkeit (Rn 3, 4) zu unterscheiden. Sie betrifft nur die Frage, ob die deutschen Gerichte oder ausländische Ge-

6　richte zuständig sind. – **b) Regelung.** Die internationale Zuständigkeit deutscher Gerichte ergibt sich allgemein aus den Regeln der ZPO über die örtliche Zuständigkeit (§§ 12–35), so dass grundsätzlich ein örtlich zuständiges deutsches Gericht auch international zuständig ist (hM; BGH 63, 219 u stRspr, zB NJW 91, 3092 mwN). Im Anwendungsbereich der EuGVVO (dort 5 ff vor Art 1) und der EheVO (dort 1 ff vor Art 1 gehen diese vor (4 vor Art 1 EuGVVO; 7 vor Art 1 EheVO). Die internationale Zuständigkeit deutscher Gerichte kann mit der ausländischer Gerichte konkurrieren, ist nur selten ausschließlich, kann aber trotz bestehender örtlicher Zuständigkeit ausgeschlossen sein, in vermögensrechtlichen Streitigkeiten insbes durch Prorogation (5–7 vor § 38).

7　Wahlfeststellung ist möglich. – **c) Prüfung** erfolgt in der 1. Instanz in jeder Lage des Verfahrens von Amts wegen. Ob dies auch für die Berufungs- und Revisionsinstanz gilt, ist wegen § 513 Abs 2 (dort Rn 3) und § 545 (dort Rn 13) umstritten (Piekenbrock/Schulze PRax 03, 1). Jedenfalls im Anwendungsbereich der EuGVVO und der EheVO dürfte wegen Art 25 EuGVVO und wegen Art 9 EheVO die internationale Zuständigkeit auch in der höheren Instanz zu prüfen sein (bejahend BGH NJW 03, 426; ZöGummer § 513 Rn 8). Schlüssige Behauptung reicht aus (BGH 124, 237). Bindung an eine Verweisung gem § 281 besteht nicht (Karlsruhe NJW-RR 89, 187).

III. Abgrenzung zur Geschäftsverteilung

8　　Die Geschäftsverteilung (in den §§ 21 a ff GVG geregelt) zählt nicht zur Zuständigkeit iS der ZPO und des GVG. Durch sie wird bestimmt, welcher Spruchkörper und welche Personen im Einzelfalle das Gericht repräsentieren. Bsp: Welche Zivilkammer oder welche KfH als LG zu entscheiden hat und mit welchen Richtern sie besetzt ist; welcher Richter beim Amtsgericht, welcher Rechtspfleger und Urkundsbeamter berufen ist, die betreffende Sache zu erledigen. Eine Prorogation (§ 38) hinsichtlich der Geschäftsverteilung, zB dass eine bestimmte Kammer oder ein bestimmter Richter zuständig sein soll, ist unzulässig (allgM). Bei Verstoß gegen die Vorschriften zur Geschäftsverteilung oder gegen den Geschäftsverteilungsplan vgl §§ 16, 21 e GVG.

IV. Ausschließliche Zuständigkeit

Sie bedeutet, dass die Zuständigkeit eines Gerichts oder Rechtspfle- **9**
georgans der Parteivereinbarung entzogen ist (§ 40 Abs 2) und andere
Zuständigkeiten nicht wirksam werden lässt, insbes bei Widerklage
(§ 33 Abs 2). Die funktionelle Zuständigkeit (Rn 2) ist immer ausschließlich, die sachliche und örtliche ist es stets in nichtvermögensrechtlichen Sachen (§ 40 Abs 2) und wenn das Gesetz die Zuständigkeit
für ausschließlich erklärt. Dies kann für die sachliche und örtliche Zuständigkeit gemeinsam geschehen (§ 606, über § 802 die §§ 731, 767),
aber auch für die sachliche (zB § 23 Nr 2a, § 71 Abs 2 GVG) oder die
örtliche allein (zB §§ 24, 29a, 771 Abs 1), so dass dann jeweils die nicht
ausschließliche örtliche oder sachliche Zuständigkeit vereinbart werden
darf (vgl § 40 Rn 6). Auch die internationale Zuständigkeit (Rn 5)
kann ausschließlich sein; im Verhältnis der Vertragsstaaten der EuGV-
VO ist sie gesetzlich geregelt durch deren Art 16, 17.

V. Die Behandlung der Zuständigkeit **10**

1. Prüfung. Für die volle Zuständigkeit eines Gerichts oder
Rechtspflegeorgans muss die funktionelle, sachliche, örtliche und internationale Zuständigkeit zusammentreffen. Das Gericht muss seine eigene Zuständigkeit von Amts wegen prüfen. Dem sind zugrunde zu legen: der gestellte Antrag und die Tatsachenbehauptungen, auf die er
gestützt ist (vgl 12 vor § 253, RoSchwGottwald § 39 I 2a). Die Zuständigkeit ist für die Klage Prozessvoraussetzung (18 vor § 253), Zulässigkeitsvoraussetzung für die Zwangsvollstreckung (40 vor § 704)
und für alle anderen Verfahren (zB § 691 Abs 1 S 1 Nr 1).

2. Fehlende Zuständigkeit. Es wird die Klage abgewiesen, die be- **11**
antragte Zwangsvollstreckungsmaßnahme abgelehnt, der Mahnantrag
zurückgewiesen. Soweit die §§ 281, 506 anwendbar sind, wird die Sache jedoch vom unzuständigen Gericht an das zuständige verwiesen, im
Mahnverfahren an das als zuständig bezeichnete Gericht (§§ 690 Abs 1
Nr 5, 692 Nr 1) abgegeben, soweit die §§ 696 Abs 1, 700 Abs 3 anzuwenden sind. Jedenfalls darf bei fehlender Zuständigkeit keine Sachentscheidung ergehen. Wird das Fehlen der Zuständigkeit übersehen,
so kommt es für die Folgen hinsichtlich der getroffenen Entscheidung
oder Maßnahme auf den Einzelfall an. Sie kann zur Nichtigkeit (zB
§ 764 Rn 5) oder zur Anfechtbarkeit führen. Letzteres ist die Regel
(RoSchwGottwald § 39 III). Fehlende Zuständigkeit kann aber auch
bedeutungslos sein (zB § 513 Abs 2; § 8 RPflG). Die konkreten Folgen
sind bei den einzelnen Vorschriften behandelt.

§ 1 Sachliche Zuständigkeit

**Die sachliche Zuständigkeit der Gerichte wird durch das
Gesetz über die Gerichtsverfassung bestimmt.**

Der Begriff der sachlichen Zuständigkeit ist in 2 vor § 1 dargelegt. **1**
Die des AG ergibt sich aus §§ 23–23c GVG, die des LG aus § 71

GVG. Die funktionelle Zuständigkeit (2 vor § 1) der Rechtsmittelgerichte ergibt sich für das LG aus § 72 GVG, für das OLG aus § 119 GVG, für das BayObLG aus § 8 EGGVG, Art 11 BayAGGVG, für den BGH aus § 133 GVG.

§ 2 Bedeutung des Wertes

Kommt es nach den Vorschriften dieses Gesetzes oder des Gerichtsverfassungsgesetzes auf den Wert des Streitgegenstandes, des Beschwerdegegenstandes, der Beschwer oder der Verurteilung an, so gelten die nachfolgenden Vorschriften.

1   **1. Allgemeines.** Wert ist der sich ergebende Betrag, der in Geld
2 ausgedrückt wird. Man unterscheidet im Zivilprozess: **a) Zuständigkeitsstreitwert** ist der Wert des Streitgegenstandes, der für die Abgrenzung der sachlichen Zuständigkeit (§§ 23 Nr 1, 71 Abs 1 GVG)
3 maßgebend ist. – **b) Rechtsmittelstreitwert** ist der Wert des Beschwerdegegenstandes (§ 511 Abs 2 Nr 1, § 567 Abs 2). Dieser Wert muss für die Zulässigkeit eines Rechtsmittels erreicht sein. Er richtet sich nach den Anträgen des Rechtsmittelklägers (§ 14 Abs 1 S 1 GKG),
4 ohne solche nach der Beschwer (§ 14 Abs 1 S 2 GKG). – **c) Gebührenstreitwert** ist der Wert, aus dem die Gebühren für Gericht (nach GKG) und RA (nach dem Gegenstandswert, § 7 BRAGO) errechnet werden.

5   **2. Anwendungsbereich** der §§ 3–9: – **a) Direkt** und ausschließlich für den Zuständigkeitsstreitwert; für den Rechtsmittelstreitwert, soweit
6 nicht Sonderregeln bestehen. – **b) Subsidiär** (vgl § 12 Abs 1 GKG, § 8 Abs 1 S 1 BRAGO) für den Gebührenstreitwert. Die §§ 12–22 GKG gehen insoweit als Sonderregeln vor.

7   **3. Streitwertfestsetzung.** Zuständig ist hierfür das Gericht, bei dem das betreffende Verfahren stattfindet, ggf der Einzelrichter (§§ 348, 348 a), bei der KfH der Vorsitzende (§ 349 Abs 2 Nr 11). Der Beschluss, durch den der Streitwert festgesetzt wird, ist spätestens in der (Nicht-)Abhilfeentscheidung (§ 572 Abs 1) zu begründen (Hamm Rpfleger 89, 104). Fehlende Begründung kann zur Zurückverweisung
8 führen (§ 572 Abs 3). – **a) Für die Zuständigkeit** (Rn 2) kann sie (muss aber nicht) durch gesonderten Beschluss erfolgen, jedoch auch (ohne Aufnahme in die Formel) in den Gründen des Endurteils und in Entscheidungen nach §§ 280, 281, 506 (dann aber bindend, §§ 318, 281 Abs 2). Gesonderter Beschluss (§ 329) kann jederzeit vor Entscheidung in der Hauptsache ergehen, ist aber nicht eher bindend, als die Entscheidung in der Hauptsache bindend (§ 318) geworden ist (§ 329). Anfechtung des Beschlusses nur mit der Hauptentscheidung (hM; Mün-
9 chen MDR 01, 713 mwN). – **b) Für das Rechtsmittel** (Rn 3) wird über den Streitwert für Berufung und Beschwerde von den Rechtsmittelgerichten entschieden, für die Mindesthöhe in den Gründen der Entscheidung über die Hauptsache oder denen eines Zwischenur-

teils (§ 303), auch ausdrücklich durch gesonderten Beschluss (entspr den Grundsätzen der Rn 8 hinsichtlich der Bindung). – **c) Für die Ge-** 10
bühren. Kommt nicht nur im Urteilsverfahren, sondern in jedem Verfahren der ZPO in Betracht. Der Streitwert wird, wenn es auf ihn für die Gebühren ankommt (§ 25 Abs 1 GKG), durch gesonderten Beschluss festgesetzt (§ 25 Abs 2 S 1 GKG; § 10 Abs 1 BRAGO), und zwar auch ohne Antrag einer Partei, eines RAs, eines anderen Beteiligten oder der Staatskasse, von Amts wegen, wenn über den gesamten Streitgegenstand entschieden oder das Verfahren anderweitig erledigt ist. Voraussetzung ist, dass nicht schon gem § 24 GKG der Streitwert für die Zuständigkeit (Rn 8) oder für die Zulässigkeit eines Rechtsmittels (Rn 9) festgesetzt und auch für die Gebühren maßgebend oder nicht bindend ist (§ 25 Abs 2 S 1 GKG). Ist in dieser Entscheidung der Streitwert nicht in bestimmter Höhe festgesetzt (oder trifft § 24 S 2 GKG zu), darf Beschluss nach § 25 Abs 2 S 1 GKG, § 10 Abs 1 BRAGO ergehen, doch bleibt (außer in den Fällen des § 24 S 2 GKG) die Zuständigkeits- oder Rechtsmittelstreitwertfestsetzung wegen § 24 S 1 GKG maßgebend, zB bei bejahter Zuständigkeit des LG mindestens 5000 € wegen §§ 23 Nr 1, 71 Abs 1 GVG; bei zulässiger Berufung mindestens 600 € wegen § 511 Abs 2 Nr 1. Änderung des Beschlusses ist möglich (§ 25 Abs 2 S 2, 3 GKG).

4. Anfechtbarkeit der Entscheidungen über den Gebührenwert 11
(Rn 10). Gegen den Beschluss nach § 25 Abs 2 S 1 GKG findet Beschwerde statt, wenn ihn nicht das Rechtsmittelgericht (LG als Berufungs- oder Beschwerdegericht) erlassen hat (§ 25 Abs 3 S 2 GKG). Sie ist besonders geregelt und befristet: innerhalb von 6 Monaten ab formeller Rechtskraft (§ 705) der Hauptsacheentscheidung oder anderweitiger Erledigung des Verfahrens (§ 25 Abs 3 S 3 und Abs 2 S 3 GKG), ausnahmsweise verlängert nur nach Maßgabe des § 25 Abs 3 S 3 Hs 2 GKG, sonst nicht (Nürnberg NJW-RR 99, 653). Eine Beschwerde an den BGH ist ausgeschlossen (§ 25 Abs 3 S 1 Hs 2, § 5 Abs 2 S 3 GKG). Der RA kann aus eigenem Recht Beschwerde einlegen (§ 9 Abs 2 BRAGO). Gegen den Beschluss nach § 10 Abs 1 BRAGO (Wertfestsetzung für die RA-Gebühren auf Antrag) findet Beschwerde mit 2-Wochen-Frist statt (§ 10 Abs 3 S 1–4 BRAGO), weitere Beschwerde an das OLG nach Maßgabe von § 10 Abs 3 S 5 u 6 BRAGO. Der Beschluss, durch den der Streitwert vorläufig festgesetzt wird (§ 25 Abs 1 S 1 GKG), kann nicht mit Streitwertbeschwerde (§ 25 Abs 3 GKG) angefochten werden, weil § 25 Abs 1 S 2 GKG die Anfechtung in das Verfahren nach § 6 GKG verweist.

5. Beschwerdeentscheidung. Das Beschwerdegericht ist an die 12
Anträge nicht gebunden (wegen § 25 Abs 2 S 2 GKG). Das Verbot der reformatio in peius gilt daher nicht. An einer Streitwertänderung ist das Beschwerdegericht nicht dadurch gehindert, dass die Prozesskostenverteilung rechtskräftiger Urteile falsch wird (umstr; Düsseldorf NJW 90,

844 mwN und NJW-RR 02, 211; aA Düsseldorf NJW-RR 92, 1532:
nur Ermäßigung zulässig).

13   **6. Grundsätze der Streitwertberechnung** (E. Schumann NJW
82, 1257). – **a) Ausgangspunkt** zur Höhe. – **aa) Zuständigkeitsstreitwert.** Es ist unmittelbar vom Streitgegenstand (Einl II) auszugehen. Wird eine Geldsumme verlangt, so ist diese Summe der Streitwert.
Wird etwas anderes verlangt, so ist nach den §§ 4–9 oder § 182 InsO
zu berechnen. Sind diese Vorschriften nicht anwendbar, so ist nach
freiem Ermessen (§ 3) festzusetzen, wobei das jeweilige Interesse des
Klägers am Streitgegenstand zugrunde zu legen ist (Rn 18), nicht das In-
14 teresse des Beklagten. – **bb) Rechtsmittelstreitwert** (auch Beschwer
oder Beschwerdewert genannt). Es ist das Interesse des Rechtsmittelklägers am Erfolg seines Rechtsmittels zugrunde zu legen. Dieses ergibt
sich, wenn man den in der Vorinstanz gestellten Antrag des Rechtsmittelklägers mit der daraufhin ergangenen Entscheidung vergleicht
und die Differenz daraus am Rechtsmittelantrag misst (vgl § 14 GKG).
Soweit dieser die Differenz deckt, reicht der Rechtsmittelstreitwert, der
demzufolge nur bei Antragserweiterung höher sein kann als der Streitwert der Vorinstanz (vgl § 14 Abs 2 GKG). Dies gilt, wenn der Kläger
Rechtsmittelführer ist. Beim Beklagten ist nur das Unterliegen in der
Vorinstanz und sein Rechtsmittelantrag maßgebend. Bei hilfsweise erklärter Aufrechnung und Entscheidung über Bestehen oder Nichtbestehen der Aufrechnungsforderung ist zusammenzurechnen. Beziehen sich
die Anträge nicht auf Geld, so ist der Wert gemäß den §§ 4–9 festzusetzen, soweit sie anwendbar sind; wenn nicht, dann gemäß § 3, also nach
15 freiem Ermessen (vgl Rn 13). – **cc) Gebührenstreitwert.** Zugrundezulegen ist der Zuständigkeitsstreitwert (Rn 13) oder der Rechtsmittelstreitwert (Rn 14). Es gehen die §§ 12–22 GKG und § 247 AktG
den §§ 3–9 ZPO als Sonderregeln vor, so dass der Gebührenstreitwert
oft anders bemessen ist als der Zuständigkeits- oder Rechtsmittelstreit-
16 wert. – **b) Maßgebender Zeitpunkt** der Wertberechnung. Er ist für
den Zuständigkeits- und Rechtsmittelstreitwert dem § 4 Abs 1 Hs 1 zu
17 entnehmen. Für den Gebührenstreitwert gilt § 15 GKG. – **c) Parteiangaben** zum Streitwert sind, selbst wenn sie übereinstimmen, für das
Gericht nicht bindend, aber wichtiges Indiz. Der Streitwert wird nach
freiem Ermessen des Gerichts bei freigestellter Beweisaufnahme (vgl
§ 3) festgesetzt. Auch die Partei ist an ihre Angaben zur Höhe des
Streitwerts nicht gebunden und darf, nachdem sie im Rechtsstreit unterlegen und mit den Kosten belastet ist, die frühere Angabe des Streit-
18 werts als unzutreffend darstellen. – **d) Interesse des Klägers** (Rn 13).
Soweit es darauf ankommt, ist bei Gegenständen der objektive allgemeine Verkehrswert zugrunde zu legen. – **e) Mehrheit** von Ansprüchen oder Parteien: § 5. – **f) Teilklagen.** Es kommt nur auf den eingeklagten Teil an (§ 21 GKG).

§ 3 Wertfestsetzung nach freiem Ermessen

Der Wert wird von dem Gericht nach freiem Ermessen festgesetzt; es kann eine beantragte Beweisaufnahme sowie von Amts wegen die Einnahme des Augenscheins und die Begutachtung durch Sachverständige anordnen.

1. Allgemeines. Zu Arten, Verfahren und Grundsätzen der Streitwertfestsetzung: § 2. – **a) Anwendungsbereich:** § 3 Hs 1 gilt, soweit nicht in den §§ 4–9 ZPO und den §§ 12–22 GKG oder in anderen Gesetzen Sonderregelungen für die dort bestimmten Fälle aufgestellt sind (vgl § 2 Rn 15). – **b) Freies Ermessen** bedeutet nicht Willkür, sondern nur, dass bei der Streitwertfestsetzung eine Schätzung zugelassen wird, eine Beweisaufnahme freigestellt ist (Rn 3) und keine Bindung an Parteiangaben besteht (§ 2 Rn 17). Die in § 2 Rn 13–18 dargestellten Grundsätze sind beim freien Ermessen zu beachten. Der Streitwert darf nicht so hoch angesetzt werden, dass dem Rechtsuchenden der Zugang zu Gericht unzumutbar erschwert wird (BVerfG stRspr NJW 97, 311). – **c) Beweisaufnahme** ist freigestellt (Hs 2). Es gilt Freibeweis (6 vor § 284). Außer bei Augenschein und Sachverständigen (§ 144 Abs 1) darf Beweis nur auf Parteiantrag erhoben werden. Das Gericht braucht aber trotz des Antrags den Beweis nicht zu erheben. Es ist auch darin frei. Kosten einer Schätzung durch Sachverständige: § 26 GKG; andernfalls sind es Kosten des Rechtsstreits (§ 91). 1 2 3

2. Werthöhe im Einzelfall für den Wert des jeweiligen Streitgegenstands ohne Nebenforderungen (§ 4) und Zusammenhang (§ 5). Jeder Hinweis gilt primär für den Gebührenstreitwert (§ 2 Rn 4); grundsätzlich auch für den Zuständigkeitsstreitwert (§ 2 Rn 2), insbes wenn bei dem jeweiligen Stichwort ein mit ZStrW versehener Hinweis angebracht und Abweichendes ausgeführt ist. 4

Abänderungsklage: § 323 Rn 33.

Abberufung eines Geschäftsführers oder Vorstandsmitglieds ist von der Beendigung des Dienstverhältnisses zu unterscheiden und nach § 3 zu bewerten (BGH NJW-RR 90, 1123 mwN zur Beschwer). 5

Abgabe einer Willenserklärung (vgl § 894). Interesse des Klägers an antragsgemäßer Abgabe nach § 3 zu schätzen: vermögens- oder nichtvermögensrechtlicher Erfolg, der herbeigeführt wird. Bsp: bei Auflassung eines Grundstücks dessen Verkehrswert. 6

Ablehnung. Richter: § 46 Rn 2; Schiedsrichter: § 1037 Rn 7; Sachverständiger (§ 406): wie § 46 Rn 2, ein Bruchteil dann, wenn sich der Sachverständigenbeweis nur auf einen Teil des Rechtsstreits bezieht. 7

Abnahme von Sachen: Interesse des Klägers an Befreiung vom Besitz, nach § 3 zu schätzen. § 6 gilt nicht (Stuttgart Rpfleger 64, 162). Bei Verbindung mit Kaufpreisanspruch: § 5 Rn 8. 8

9   **Abrechnung** (zB § 87 c HGB, § 259 BGB): nach § 3 zu schätzen.
Bei Stufenklage (§ 254) gilt § 18 GKG (nicht für ZStW).

10   **Abschluss** eines Vertrags: nach § 3 zu schätzen; auch bei Miet- und
Pachtverträgen gilt § 16 GKG nicht.

11   **Absonderungsrecht** (§§ 49, 50 InsO). Es gilt § 6.

12   **Abtretung** von Rechten; je nach deren Art gilt § 6 (BGH NJW-
RR 97, 1562) oder der ihm vorgehende § 9.

13   **Allgemeine Geschäftsbedingungen.** Unterlassungs- und Wider-
rufsanspruch nach § 3. Grenze (§ 12 Abs 1 S 2 GKG). Bei Verbandsklagen kommt es wie bei solchen aus § 13 UWG auf das Interesse der
Allgemeinheit an (Rn 77).

14   **Anfechtungsklage.** Nach AnfG: gem § 3 Interesse des Klägers an
Rückgewähr, begrenzt durch den Betrag der Forderung des Klägers
einschließlich Zinsen und Kosten. Es gilt entspr § 6 der Wert der herauszugebenden Sache, wenn dieser geringer ist (hM: BGH WM 82,
435).

15   **Anmeldung zum Handelsregister.** Mitwirkung hierzu: nach § 3
zu schätzen; nicht mit Höhe oder Wert der Einlage oder des Anteils
gleichzusetzen (vgl BGH Rpfleger 79, 194).

15 a   **Arbeitszeugnis.** Ein Monatsverdienst (§ 3; LAG Köln MDR 99,
1336 mwN), bei Berichtigung ein Abschlag (LAG Köln MDR 01,
717).

16   **Arrest.** Über § 20 Abs 1 S 1 GKG nach § 3 zu schätzen. Niedriger
als der Wert der zu sichernden Forderung, idR $^1/_3$ der Hauptsacheforderung, bei ausländischen Schuldnern $^1/_2$ (E. Schneider MDR 74, 271
[273] mwN). Das gilt für Anordnung, Bestätigung und Aufhebung; bei
Änderung ist der betreffende Umfang zu schätzen, idR niedriger. Bei
§ 934 kommt es auf das Interesse des Schuldners an. Die Kostenpau-
schale ist wegen § 4 Abs 1 nicht hinzuzurechnen; ebenso eine gem
§ 930 Abs 1 verbundene Forderungspfändung. Bei wiederkehrenden
Leistungen bildet § 17 GKG die oberste Grenze.

17   **Aufgebotsverfahren** (§§ 946–1024): nach § 3 zu schätzen; § 6 gilt
nicht. Erheblich niedriger als der Forderungsbetrag der betreffenden
Urkunde (vgl LG Berlin Rpfleger 88, 549).

18   **Auflassung.** Es gilt grundsätzlich § 6, somit der Verkehrswert (zu
erzielender Erlös iF der Veräußerung) des Grundstücks zZ der Klageerhebung (§ 4 Abs 1). Ansprüche auf Zustimmung: § 3 (BGH NJW 02,
684); solche gegen weitere Beklagte bleiben außer Ansatz. Bei Klage
auf Entgegennahme der Auflassung ist das Interesse des Klägers gem § 3
maßgebend. Wegen Zurückbehaltungsrecht und Grundpfandrechten
vgl § 6 Rn 2, 4.

19   **Aufrechnung.** Für den ZStrW ist allein die Klageforderung maßgebend. Für den GStrW ist zu unterscheiden: **Keine Werterhöhung.**
Wird unbedingt primär (nicht hilfsweise) aufgerechnet oder ist die Ge-

genforderung, mit der aufgerechnet wird, unstreitig, verbleibt es beim Streitwert der Klageforderung (Hamm MDR 00, 296). Primäraufrechnung liegt auch vor, wenn gegen die Klageforderung nur Aufrechnung eingewendet und für den Fall unzulässiger Aufrechnung Hilfs(Eventual)widerklage erhoben wird (BGH NJW-RR 99, 1736). **Zusammenrechnung.** Ist die Klageforderung bestritten, wird hilfsweise aufgerechnet und ergeht über die bestrittene Aufrechnungsforderung rechtskraftfähige Entscheidung (§ 322 Abs 2, aber nur dann, BGH NJW-RR 97, 1157), so sind die Werte von Klageforderung und (Aufrechnungs)Gegenforderung, soweit Aufrechnung erklärt wurde, zusammenzurechnen (§ 19 Abs 3 GKG); aber wenn die Gegenforderung die Klageforderung übersteigt, nur soweit über diese entschieden wurde (Düsseldorf NJW-RR 94, 1279). Das gilt auch für jede von mehreren hilfsweise voneinander zur Aufrechnung gestellten Gegenforderungen, soweit für sie § 322 Abs 2 zutrifft (BGH NJW-RR 92, 316 mwN), auch wenn sie in einem Vergleich erledigt wurden (§ 19 Abs 3 und 4 GKG), aber nicht, wenn die Verteidigung sich auf prozessuale Rügen beschränkt (Karlsruhe NJW RR 99, 223). Wird teilweise unbedingt und iü hilfsweise aufgerechnet, erhöht sich der Wert nur um den Betrag der hilfsweisen Aufrechnung (Köln Büro 94, 495). **Veränderungen.** Verwandelt sich eine Hilfsaufrechnung während des Prozesses zur Primäraufrechnung, entfällt von da an die werterhöhende Wirkung (Dresden MDR 99, 119 mwN; bestr). Wird die Aufrechenbarkeit verneint, so erhöht sich der Wert nicht. Der Wert kann in der höheren Instanz anders sein (vgl Kanzlsperger MDR 95, 883 mwN).

Ausgleichsanspruch des Handelsvertreters (§ 89 a HGB): bei unbeziffertem Antrag der Betrag, der bei Zutreffen aller tatsächlichen Behauptungen des Klägers maßgebend wäre. **20**

Auskunftsanspruch (auch Buchauszug). Ist nach § 3 zu schätzen. **21** **Für die Klage:** Bruchteil (vom Wert des Anspruchs), dessen Geltendmachung er vorbereiten soll. Das ist von Fall zu Fall verschieden hoch. Die Rechtsprechung reicht von $^1/_{10}$ bis $^1/_4$ (KG VersR 97, 470 mwN), im Einzelfall auch weniger. § 9 ist anzuwenden (BGH NJW 97, 1016). Steht nur ein Zurückbehaltungsrecht im Streit, gilt Rn 186. **Für Rechtsmittel** des zur Auskunft Verurteilten bemisst sich der Wert an dem Interesse, die Auskunft nicht erteilen zu müssen (BGH stRspr [GS] 128, 85 mwN). Hierbei ist grundsätzlich (auch bei isoliertem Auskunftsanspruch, BGH NJW 97, 2528) nur der für eine sorgfältig erstellte (BGH NJW-RR 92, 322) Auskunft erforderliche Aufwand zu berücksichtigen (BGH [GS] stRspr 128, 85 mwN). Dieser umfasst den persönlichen Zeitaufwand (BGH NJW 99, 3050) und den Aufwand für eine Fremdleistung (BGH NJW 01, 1284), ggf den einer Hilfskraft (BGH NJW-RR 94, 660), bei notwendigem sachkundigen Rat auch die Kosten für einen RA (BGH NJW-RR 93, 1026) oder Steuerberater (BGH NJW-RR 93, 1027). Das Kosteninteresse des Prozesses bleibt außer Betracht (BGH [GS] 128, 85). Daneben ist ein nur ausnahmsweise bestehendes Geheimhaltungsinteresse zu berücksichtigen (BGH NJW 99, 3049 sowie NJW-RR 93, 1313 und 95, 764), das nicht mit dem Regress eines Dritten begründet werden kann (BGH NJW 97, 3246). Außer Betracht bleibt das Interesse, die Hauptleistung nicht erbringen zu müssen (BGH [GS] 128, 85). Das alles ist verfassungsrechtlich nicht zu beanstanden (BVerfG NJW 97, 2229). Für Rechtsmittel des Klägers verbleibt es beim Wert der Klage (BGH aaO).

22   **Ausländische Währung.** Umrechnungsbetrag in Euro zZ der Klageerhebung (§ 4 Abs 1). Für ZStW endgültig (§ 261 Abs 3 Nr 2). Für GStW gilt § 15 GKG; bei Währungsverfall der Tag der letzten mdl Vhdlg (Frankfurt NJW 91, 643).

23   **Ausscheiden und Ausschließung** eines Gesellschafters oder Vereinsmitglieds. Es gilt § 3, wobei Interesse des Klägers an Feststellung des Ausscheidens oder an der erstrebten Ausschließung (insbes § 140 HGB) zu schätzen ist; idR Verkehrswert des Anteils (BGH 19, 172). Bei Ausschließung aus Idealverein gilt § 12 Abs 2 S 1 GKG, so dass es auf den Einzelfall ankommt.

24   **Aussetzung** (§ 252): nicht Streitwert der Hauptsache, sondern Interesse an der Aussetzung (§ 3; BGH 22, 283); idR $1/5$ (Hamburg MDR 02, 479), keinesfalls höher als $1/3$.

25   **Bauunternehmerhypothek.** Bei Klage auf Bewilligung (§ 648 BGB): Wert der zu sichernden Forderung (vgl § 6 Rn 8).

26   **Baulandverfahren** nach BauGB. **Enteignung:** Bei Streit um die Rechtmäßigkeit des Verwaltungsaktes (Zulässigkeit der Enteignung) gilt § 6 (BGH NJW 00, 80), ebenso analog bei Antrag auf Einleitung des Enteignungsverfahrens. Maßgebend ist der objektive Verkehrswert (Rn 55). **Umlegungsverfahren:** objektiver Verkehrswert des vom Antragsteller abzugebenden Grundstücks oder -teiles, wenn der Antragsteller sich gegen die Einbeziehung in das Umlegungsverfahren wendet (§ 6 entspr). Erstrebt er ein günstigeres Ergebnis der Umlegung oder ficht er den Umlegungsplan an, beträgt der Wert (§ 3) $1/5$ des Verkehrswerts des vom Umlegungsplan betroffenen Eigentums (Fläche, Bauten und Anpflanzungen) oder anderer dinglicher Rechte des Antragstellers (BGH 49, 317; 51, 341). **Vorzeitige Besitzeinweisung:** gem § 3 idR $1/5$ des Verkehrswerts (BGH 61, 240/51); oder kleinerer Bruchteil bis zu $1/10$.

27   **Bedingte Rechte.** § 3, wobei Wahrscheinlichkeit des Bedingungseintritts oder -ausfalls zu schätzen ist (StJRoth 42).

28   **Befreiung von Verbindlichkeit:** allein § 3, nicht § 9 oder §§ 16, 17 GKG (BGH NJW 74, 2128). IdR ist der Wert gleich (nie höher) dem Betrag der Schuld (Köln MDR 85, 769), insbes bei Bürgschaft und Hypothek, wobei persönliche und dingliche Haftung nicht zusammengerechnet werden. Bei Unterhaltspflicht ist auf die voraussichtliche Dauer und Höhe abzustellen (BGH NJW-RR 95, 197). Bei Gesamtschuldnern im Innenverhältnis ist es der Wert des übernommenen An-

teils (Hamburg Büro 80, 279). Zinsen des Anspruchs, von dem Befreiung begehrt wird, bleiben Nebenforderungen iS des § 4 (BGH NJW
60, 2336), nicht aber Kosten des Vorprozesses (BGH MDR 76, 649).

Befristete Rechte: Wert zZ der Geltendmachung des Rechts, wo 29
bei der Zeitpunkt des Eintritts (Fälligkeit) oder des Wegfalls (Untergang) zu berücksichtigen ist (§ 3).

Bereicherungsanspruch. Bei Sachen gilt § 6, iü § 3 (idR Nenn 30
betrag der Forderung).

Besitz. Herausgabe (Räumung): § 6, bei Miete und Pacht § 16 31
Abs 2, 3 GKG. Entziehung (§ 861 BGB): § 3, bei Miete und Pacht
§ 16 Abs 2 GKG. Störung: Interesse des Klägers an der Beseitigung
oder Unterlassung (§ 3).

Beweisaufnahme. Erheblich nur für die Beweisgebühr des RAs 32
(§ 31 Abs 1 Nr 3 BRAGO). Der Streitwert richtet sich nach dem Gegenstand des Beweises; wenn er sich nur auf einen Teil der Klage bezieht, ist er nur aus diesem Teil zu entnehmen (§ 8 Abs 1 S 1 BRAGO,
§ 21 Abs 1 GKG). Wird für verschiedene Teile der Klage nochmals
Beweis erhoben, fällt nicht mehr an, als die Beweisgebühr für die ungeteilte Klage ausmachen würde (§ 13 Abs 3 BRAGO).

Beweisverfahren (selbständiges, §§ 485 ff): gem § 3. Interesse des 33
Antragstellers an der beantragten Beweisaufnahme (§ 485 Abs 1) oder
Feststellung (§ 485 Abs 2); idR voller Wert der Hauptsache ohne prozentualen Abschlag (hM; Koblenz NJW-RR 93, 1085; Rostock NJW-
RR 93, 1086; Köln NJW-RR 00, 802; Jagenburg NJW 95, 1716;
Wirges Büro 97, 565 mwN; aA Schleswig MDR 94, 950: Bruchteil)
oder der Teil, auf den sich das Verfahren bezieht (Köln Rpfleger 94,
306). Unerheblich ist der Erfolg und das Ergebnis des Verfahrens
(Dresden OLG-NL 02, 120).

Bezugsverpflichtung. Bei Klage auf Erfüllung oder Feststellung 34
bemisst sich der Wert am Gewinn (Interesse des Klägers), nicht am
Umsatz (§ 3; Bamberg MDR 77, 935).

Buchauszug und -einsicht: § 3; entspr den Grundsätzen für Aus 35
kunftsanspruch (Rn 21; BGH MDR 92, 1007).

Bürgschaft: § 6 Rn 5. Werden Hauptschuldner und Bürge als 36
Streitgenossen verklagt, wird nicht zusammengerechnet (§ 5 Rn 8). Bei
Rückgriffsklage sind die vom Bürgen bezahlten Zinsen und Kosten
nicht Nebenforderungen. Wird der Bürge in Anspruch genommen, gilt
für Zinsen und Kosten § 4 Abs 1 (BGH MDR 58, 765). Fällt die
Hauptschuld unter §§ 16, 17 GKG (Miete usw), gelten diese Vorschriften auch, wenn der Bürge allein verklagt wird. Bürgschaftsurkunde: Rn 86.

Dauerschuldverhältnisse. Grundsätzlich gilt § 3, insbes bei Fest 37
stellungsklagen (vgl Rn 41). Für Miete-, Pacht- und ähnliche Nutzungsverhältnisse gilt § 16 GKG, für Unterhaltsrenten § 17 Abs 1,

Abs 2 GKG, für wiederkehrende Leistungen aus Dienstverhältnissen § 17 Abs 3 GKG. Bei Arbeitsverhältnissen ist vor den Arbeitsgerichten § 12 Abs 7 ArbGG anzuwenden. Für den ZStrW gelten §§ 8, 9.

38   **Dauerwohnrecht.** Es gilt § 16 GKG (Frankfurt MDR 63, 937 für § 12 GKG aF), wenn es nicht um die Inhaberschaft des Rechts geht (hierfür § 9).

39   **Deckungsprozess** gegen Versicherer: Es gelten §§ 3, 9 ZPO, nicht § 17 Abs 2 S 1 GKG (BGH NJW 74, 1710). Obere Grenze ist die vereinbarte Versicherungssumme (Hamm Büro 91, 1536).

40   **Dienstbarkeit** (§ 1090 BGB). Es gilt § 3, nicht § 16 GKG oder § 7 (Grunddienstbarkeit).

41   **Dienstverhältnis:** § 3 bei Feststellung und Streit über Beendigung (vgl Rn 37). Für Entgelt: § 17 Abs 3 GKG. Für ZStrW: § 9. Abberufung: s dort. § 12 Abs 7 ArbGG gilt nur für Arbeitsverhältnisse (Köln NJW-RR 95, 318; KG NJW-RR 97, 544).

42   **Drittschuldnerprozess** (§ 840): Wert der überwiesenen Forderung (§ 3). Dieser wird durch die Höhe der beizutreibenden Forderung begrenzt (E. Schneider MDR 90, 20).

43   **Drittwiderspruchsklage:** § 771 Rn 25.

44   **Duldungsklage.** Bei Klage auf Duldung einer Handlung gilt § 3, auf Duldung der Wegnahme von Sachen (zB § 997 BGB) oder Duldung der Zwangsvollstreckung gilt § 6 (KG AnwBl 79, 229). Für Zinsen und Kosten ist § 4 Abs 1 anzuwenden. Neben Leistungsklage gilt § 5 Rn 8.

45   **Ehesachen.** Hierfür gilt § 12 Abs 2 S 2 GKG.

46   **Ehewohnung:** § 20 Abs 2 S 2 GKG für das Verfahren nach § 620 S 1 Nr 7. § 100 Abs 3 KostO für § 621 Abs 1 Nr 7.

47   **Ehrverletzung.** Unterlassung, Widerruf und Gegendarstellung sind nichtvermögensrechtlich (§ 12 Abs 2 S 1 GKG; vgl Rn 109). Bei Verbindung mit Geldanspruch gilt § 12 Abs 3 GKG (allein der höhere Wert), nicht § 5.

48   **Eidesstattliche Versicherung** nach § 259 Abs 2 BGB: Aufwand an Zeit und Kosten, welche die Abgabe erfordert (BGH stRspr NJW 00, 2119); nach den selben Grundsätzen zu berechnen wie die Auskunft (BGH NJW 92, 2020). Gefahr strafrechtlicher Verfolgung und Schadensersatzansprüche bleiben außer Betracht (BGH WM 96, 466). Nach § 807: Rn 114, § 57 II Nr 4 BRAGO.

49   **Eigentum:** § 6 (dort Rn 4). Bei bloßer Störung (§ 1004 BGB) gilt § 3 für den Gebühren-, Rechtsmittel- und Zuständigkeitswert; konkret das Interesse an Abwehr der Störung (BGH NJW 98, 2368), für die Beschwer des Beklagten dessen Interesse, sich gegen die Kosten einer Ersatzvornahme zu wehren (BGH NJW 94, 735).

Eigentumsvorbehalt. Es gilt § 6 S 1, auch wenn der Verkäufer **50** bei geringem Restkaufpreis auf Herausgabe klagt (Frankfurt NJW 70, 334).

Einstweilige Anordnung. Unterhalt gem § 620 Nr 4 und 6, **51** § 641 d, § 644: es gilt § 20 Abs 2 S 1 GKG. Ehewohnung: Rn 46. Sonstige Angelegenheiten des § 620: § 12 Abs 2 GKG.

Einstweilige Verfügung. Für Anordnung, Abänderung oder Auf- **52** hebung ist nach § 3 zu schätzen (§ 20 Abs 1 S 1 GKG), nämlich stets das Interesse des Antragstellers (nie des Gegners) an der Sicherung des Anspruchs; idR $^1/_3$ des Werts der zu sichernden Forderung. Nichtvermögensrechtliche Streitigkeiten: § 12 Abs 2 S 1 GKG. Der Wert kann dem der zu sichernden Forderung nahe kommen, wenn im Verfahren der einstw Vfg der Streit praktisch endgültig erledigt wird (§ 93 b Rn 16). Das angedrohte oder verhängte Ordnungsgeld (§ 890) ist kein Indiz für den Streitwert.

Eintragungsbewilligung. Maßgebend ist der zugrundeliegende **53** Anspruch, zB gilt bei Eigentum und Grundpfandrechten § 6, bei Grunddienstbarkeit § 7, bei Reallast § 9.

Elterliche Sorge: § 12 Abs 2 S 3 GKG (als Scheidungsfolgesache) **54** oder § 30 Abs 2 KostO (als isolierte Familiensache).

Enteignung: objektiver Verkehrswert (§ 6), auch bei Antrag über **55** die Zulässigkeit der Enteignung, ohne Zinsen auf den Entschädigungsbetrag. Der Differenzbetrag (zwischen verlangter und festgesetzter Entschädigung), wenn lediglich eine höhere Entschädigung verlangt wird (§ 3). Bei Teilflächen der Wert dieser (BGH NJW 63, 2173).

Erbauseinandersetzung: bei Klage auf Zustimmung zum Ausei- **56** nandersetzungsplan nicht der Wert des Nachlasses, sondern das Interesse (Erbquote) des Klägers (BGH NJW 75, 1415). Bei Streit um einzelne Gegenstände nur der Wert dieser (BGH NJW 69, 1350).

Erbbaurecht. Der Heimfallanspruch ist entspr § 6 nach dem objek- **57** tiven Verkehrswert des Grundstücks zu bemessen (hM; Bamberg Büro 85, 1705). Für Erhöhungsklage gilt § 9.

Erbenhaftung. Ihre Beschränkung (§§ 780–786) vermindert den **58** Streitwert nicht. Macht ein Miterbe als Nachlassgläubiger den Anspruch geltend, ist sein Anteil abzuziehen. Klagt er gegen einen Miterben auf Leistung zum Nachlass, ist dessen Anteil abzuziehen (BGH NJW 67, 443). Es ist nur der Anteil des Miterben zu berücksichtigen, wenn er negative Feststellungsklage gegen Dritte erhebt (BGH Rpfleger 55, 101).

Erbenstellung. Bei Feststellungsstreit hierüber ist der Wert (unstrei- **59** tiger) Pflichtteilsansprüche abzuziehen (BGH Rpfleger 75, 127).

Erbschein: bei Klage auf Herausgabe oder Feststellung nur das In- **60** teresse des Klägers (§ 3) daran, die über §§ 2366, 2367 BGB drohenden Nachteile zu verhindern.

61   **Erbunwürdigkeitsklage:** nach § 3 die vom Kläger erstrebte Besserstellung; bei Miterben daher auf ihren Anteil beschränkt (BGH LM Nr 16; aA BGH NJW 70, 197: Wert des vom Beklagten zu verlierenden Anteils).

62   **Erledigung der Hauptsache:** § 91 a Rn 57–62.

63   **Ermessensanträge** (unbezifferter Klageantrag; vgl § 253 Rn 12). Maßgebend ist der gem § 3 zu schätzende Betrag, der auf Grund des vom Kläger vorgetragenen Sachverhalts zuzusprechen wäre, wenn die Klage begründet ist (allgM). Ob ein angegebener Mindestbetrag die untere Grenze bildet, ist umstr (vgl BayObLG Büro 89, 681 für die Beschwer).

64   **Familiensachen** (§ 621): Rn 45, 46, 51, 84, 134, 151, 160.

65   **Feststellungsklage.** Für jede Bemessung gilt § 3 (wirtschaftliches Interesse des Klägers an begehrter Feststellung). Der Wert ist nie höher als der einer entsprechenden Leistungsklage aus dem gesamten Rechtsverhältnis. Wird zugleich auf Feststellung des gesamten Rechtsverhältnisses und auf eine Teilleistung aus diesem geklagt, so wird nicht zusammengerechnet; es ist allein der höhere Wert maßgebend. **Positive** (behauptende): idR 20% Abschlag gegenüber der entsprechenden Leistungsklage (hM; BGH NJW-RR 88, 689), auch bei Erfüllungsbereitschaft des Beklagten (BGH NJW-RR 99, 362). Im Einzelfall kann der Abschlag auch höher sein, zB bei Unwahrscheinlichkeit, dass der Anspruch durchgesetzt werden kann. Bei Feststellung einer Schadensersatzpflicht ist auf die Höhe des drohenden Schadens, auf das Risiko des Schadenseintritts und der tatsächlichen Inanspruchnahme des Beklagten abzustellen (BGH NJW-RR 91, 509). Bei Eigentumsfeststellung gilt § 6. Der größere Spielraum besteht meistens im Bestimmen des Umfangs der aus dem Rechtsverhältnis erwachsenen oder noch erwachsenden Ansprüche. **Negative** (leugnende): so hoch wie eine Leistungsklage auf Ansprüche, deren Nichtbestehen rechtskraftfähig (§ 256 Rn 23) festgestellt wird (hM; BGH NJW 70, 2025), zB Unwirksamkeit einer Darlehenskündigung (BGH NJW 97, 1787); Nichtigkeit eines Kaufvertrags (Frankfurt NJW-RR 00, 187). Das gilt auch bei wiederkehrenden Leistungen (§ 17 GKG; § 9). Zweifel an der Zahlungsfähigkeit des Klägers mindern den Wert nicht, ebenso wenig eine Zug-um-Zug-Leistung (Nürnberg Büro 66, 876).

66   **Firma:** Rn 106.

67   **Forderungen:** § 6; daher der Nennbetrag der Geldforderung (Rn 72) oder der Wert der Sachforderung, wenn auf Erfüllung geklagt wird.

68   **Freistellung:** Rn 28; von einer Verpfändung: § 6 Rn 8.

69   **Gegendarstellung** (nach PresseG): nicht vermögensrechtlich (§ 12 Abs 2 GKG; vgl Rn 109).

70   **Gegenforderung.** Es besteht grundsätzlich kein Einfluss auf den Streitwert (hM), auch nicht, wenn sie in Geld besteht, so dass es bei

Übereignungs- und Übergabeklage aus Kauf nur auf den Wert der Sache (§ 6) ankommt (dort Rn 2). Bei Aufrechnung: Rn 19. Bei Zurückbehaltungsrecht: Rn 187.

Gehaltsforderungen: Rn 100. 71

Geldforderungen: bei bezifferten der Nennbetrag (§ 6 Rn 5), bei 72
ausländischer Währung der Umrechnungskurs zZ des Eintritts der Rechtshängigkeit (§ 4 Abs 1 Hs 1; für ZStrW endgültig wegen § 261 Abs 3 Nr 2), für GStrW Beginn der Instanz, auch wenn der Umrechnungskurs sich später erhöht (§ 15 GKG). Unbezifferte: Rn 63. Zinsforderung mit ungewisser Dauer: § 3.

Gemeinschaft: bei Aufhebung § 3, also Interesse des Klägers hieran. 73
Bei Verteilungsstreit: Wert des zu Verteilenden, wobei der Anteil des Klägers außer Betracht bleibt.

Genossenschaft. Bei Ausschließung: Rn 23. Bei Anfechtung von 74
Beschlüssen (§ 51 GenG) gilt § 3.

Gesamtschuldner. Werden sie gemeinsam verklagt, wird nicht zu- 75
sammengerechnet (§ 5 Rn 8).

Gesellschaft. Ausscheiden und Ausschließung: Rn 23. Auflösung: 76
Wert der Beteiligung des Klägers (§ 3); voller Wert nur, wenn die Klage bezweckt, den Verlust des Einlagewerts zu verhüten (Köln DB 88, 281); sonst ein Bruchteil, erhöht durch das weitere Interesse an der Auflösung (Köln BB 82, 1384). Klage eines Gesellschafters gegen die Gesellschaft auf Leistung: voller Wert der Forderung ohne Abzug des Kläger-Anteils (RG 171, 51). Gesellschafterbeschlüsse: § 247 AktG bei Aktiengesellschaften. Für andere Gesellschaften ist die entspr Anwendung von § 247 AktG umstr (vgl Emde DB 96, 1557 mwN).

Gewerblicher Rechtsschutz. Es besteht im Rahmen des § 3 ein 77
weiter Spielraum. **Unterlassungsanträge.** Es ist stets auf das Interesse des Klägers abzustellen. Es ist der betroffene Umsatz zu berücksichtigen, wobei auf das Interesse gem § 3 abzustellen ist. Für die Umsatzschmälerung des Klägers ist zu berücksichtigen: wirtschaftliche Bedeutung des Gegners, insbes sein Umsatz (Marktstellung), Umfang von dessen Werbung, Art und Verbreitung der Verletzungshandlung (hM). Wertmindernd ist zu berücksichtigen, dass Art und Umfang der Sache einfach ist (§ 23 a UWG). **Verbandsklagen.** Maßgebend ist idR das Interesse eines Mitbewerbers bei § 13 Abs 2 Nr 2 UWG (BGH NJW-RR 98, 1421), das der Allgemeinheit bei § 13 Abs 2 Nr 3 UWG (BGH MDR 78, 28). **Veröffentlichungsbefugnis:** Rn 158. **Wertherabsetzung** zugunsten wirtschaftlich unterlegener Parteien ist möglich: §§ 23 a, 23 b UWG, § 142 MarkenG, § 144 PatentG.

Grundbuch: Ansprüche auf Eintragungsbewilligung (§ 19 GBO) 78
und Berichtigung (§ 894 BGB) sind grundsätzlich nach dem Wert des betroffenen Rechts anzusetzen (vgl §§ 6, 7 und 9).

Grunddienstbarkeit: § 7. 79

80   **Grundpfandrechte:** § 6 Rn 7.

81   **Grundurteil** (§ 304): voller Streitwert der Hauptsache.

82   **Handlungen** (vertretbare und unvertretbare, §§ 887, 888): § 3; nur das Interesse des Klägers, nicht die Kosten der Vornahme.

83   **Hauptversammlung** einer Aktiengesellschaft: § 247 AktG, auch für den Wert der Beschwer (BGH NJW-RR 95, 225).

84   **Hausrat.** Für das Verfahren der einstw Anordnung (§ 620 S 1 Nr 7): § 20 Abs 2 S 3 GKG. Für die Familiensache (§ 621 Abs 1 Nr 7): Geschäftswert gem § 100 Abs 3 KostO; vgl Rn 46.

85   **Heimfallanspruch** bei Erbbaurecht: Rn 57.

86   **Herausgabe.** Es wird unterschieden: **Sachen** (vgl § 6 Rn 1–3). Es gilt grundsätzlich § 6 bei Miete, Pacht und ähnlichen Nutzungsverhältnissen, bei Wertpapieren der Wert des verbrieften Rechts, insbes Kurswert. **Urkunden,** die nicht wie Wertpapiere das Recht verkörpern. Es gilt § 3 (BGH NJW-RR 94, 758 mwN). Abzustellen ist auf das Interesse des Klägers, je nach dem, was er anstrebt, zB alleinige Verfügungsgewalt, Beweisführung, Abwehr von Ansprüchen, bei Kfz-Brief dessen Kosten und die daraus herzuleitende Verfügungsgewalt über das Kfz mit einem Bruchteil dessen Verkehrswerts (Düsseldorf MDR 99, 891 mwN: 1/3). Bei Sparbüchern ist der Nennwert die oberste Grenze (KG Rpfleger 70, 96). Bei Bürgschaftsurkunden wird meist ein Bruchteil von 25% der Schuld angenommen (umstr; vgl Köln MDR 94, 101), ähnlich bei Schuldschein (Köln NJW-RR 97, 381); der volle Wert, wenn durch die Herausgabe die Inanspruchnahme verhindert wird (BGH NJW-RR 94, 758). **Geschäftspapiere:** für Rechtsmittel wie bei Auskunft (Rn 21, BGH NJW 99, 3049).

87   **Hinterlegung.** Bei Klage auf Vornahme: § 3. Bei Klage auf Einwilligung zur Herausgabe: § 6, nämlich Wert der Sache oder die Gesamtsumme. Dieselbe Höhe (aber § 3), wenn auf Feststellung der Berechtigung (§ 13 Abs 2 Nr 2 HinterlO) geklagt wird. Zinsen sind keine Nebenforderungen iS des § 4 (BGH NJW 67, 930).

88   **Hypothek:** § 6 Rn 6.

89   **Immissionen** (§ 906 BGB): vgl. Rn 49. Unterlassungsklage: § 3; die bei voraussichtlicher Dauer beim Kläger eintretende Wertminderung (vgl Koblenz Büro 95, 27 mwN). Für den Gebühren- und Zuständigkeitswert nicht maßgebend sind die Aufwendungen des Beklagten (Schleswig Büro 73, 637), wohl aber für dessen Beschwer und den Rechtsmittelstreitwert (vgl BGH NJW 94, 733).

90   **Insolvenz.** Maßgebend ist der bei Verteilung der Insolvenzmasse zu erwartende Betrag (§ 182 InsO).

91   **Jagdrecht.** Streit um Ausübung: § 3. Bei Streit über Bestehen oder Beendigung der Pacht: § 16 Abs 1 GKG, für die Zuständigkeit § 8.

Kindschaftssachen: § 12 Abs 2 S 3 GKG. Bei Verbindung mit 92
Unterhaltsanspruch gilt § 12 Abs 3 GKG.

Klageänderung (§ 263). Es ändert sich auch der Streitwert. Es wird 93
nicht zusammengerechnet, sondern für den jeweiligen Zeitraum getrennt berechnet und festgesetzt (allgM).

Klagenhäufung. Bei §§ 59, 60 und § 260 gilt § 5. 94

Klagerücknahme. Bei Streit über ihre Wirksamkeit: Wert der 95
Hauptsache. Bei unstreitiger: § 3. Wert sind idR die bis dahin entstandenen Kosten (umstr).

Kosten. Es sind § 4 Abs 1 Hs 2 und § 22 GKG anzuwenden. 96

Kündigung von Dauerschuldverhältnissen: Rn 37. 97

Leasingvertrag. Es ist § 16 Abs 1 und 2 GKG anzuwenden (Celle 98
MDR 93, 1020).

Löschung von Rechten im Grundbuch. **Grundpfandrechte:** der 99
Nennbetrag ohne Rücksicht auf Bestand oder Höhe der gesicherten
Forderung (hM; Düsseldorf MDR 99, 506). Dagegen zutreffend für
Begrenzung auf Valutierung, Löschungsinteresse und Grundstückswert:
Celle NJW-RR 01, 712. **Andere Rechte:** § 3; bei Auflassungsvor-
merkung ein jedenfalls unter der Hälfte des Grundstückswerts liegender
Bruchteil (hM; zB 1/10 Köln MDR 83, 495; 1/4 Nürnberg NJW 77,
857); ebenso bei Vormerkung für Hypothek (Musielak/Smid 34). Auch
bei Arresthypothek ist § 3 über § 20 Abs 1 S 1 GKG anzuwenden.

Lohn- und Gehaltsforderungen. Für ZStrW § 9 Rn 2. Für 100
GStrW § 12 Abs 7 ArbGG oder § 17 Abs 3 und 4 GKG, auch bei
Vertretungsorganen einer Handelsgesellschaft (BGH NJW 81, 2465).

Mietstreitigkeiten (auch Untermiete). Für den ZStrW gilt § 8, bei 101
Wohnraum § 23 Nr 2a GVG. Für den GStrW gilt § 16 GKG. **Bestand und Dauer** (auch Fort- oder Nichtbestand) des Mietverhältnisses: höchstens der einjährige Mietzins (§ 16 Abs 1 GKG), auch bei beweglichen Sachen. Für die Beschwer gilt § 8. **Mietklage:** nur Miete
und vereinbarte Umlagen, sog Kaltmiete, nicht Heizung, Wasser, Gas
und Strom (Oldenburg ZMR 91, 142; Köln VersR 99, 251; aA Düsseldorf ZMR 93, 223; München ZMR 99, 172 Anm Schmid; Dresden
ZMR 97, 527: zuzüglich Nebenkostenpauschale). Der geforderte Betrag ist Streitwert, auch im Falle des § 259 (Stuttgart NJW-RR 97,
1303). Für Erhöhungs- und Feststellungsklage auf künftige Miete bei
unbestimmter Dauer ist der Wert nicht höher als § 16 Abs 1 GKG. Bei
Erhöhung der Wohnraummiete gilt § 16 Abs 5 GKG, bei bestimmter
Vertragsdauer § 3: Interesse des Vermieters an erstrebter Verpflichtung
des Mieters (Karlsruhe MDR 77, 407; Hamm Rpfleger 76, 435; aA
BGH NJW 66, 778). **Mietanpassung:** Zustimmung hierzu gemäß § 3
der Gesamtsumme der Erhöhungen (BGH NZM 99, 561). **Räumung**
(Grundstück, Gebäude oder Gebäudeteile, insbes Räume): § 16 Abs 2
GKG. Maßgebend ist die Nettomiete (§ 16 Abs 2 GKG; LG Rostock

NJW-RR 02, 1523 mwN; sehr umstr), mit Umsatzsteuer (KG NJW-RR 00, 966), aber ohne Nebenkosten (LG München II NZM 00, 759; LG Münster ZMR 97, 146 mwN; aA LG Cottbus ZMR 99, 829; München NZM 99, 304; LG Mainz MDR 96, 1080 mwN; differenzierend Schieter MDR 95, 343 mwN), hingegen unter Einschluss von Kosten der Entfernung von Einrichtungen (BGH ZMR 95, 245). Der Wert der Beschwer und der ZStrW richten sich nach § 8, wenn auch über Bestand und Dauer des Mietverhältnisses gestritten wird (BGH NZM 99, 794). **Sozialklausel** (§§ 574–574b BGB) bewirkt Streit über Bestehen und Dauer (also § 16 Abs 1 GKG); im selben Prozess gegen Räumungsklage geltend gemacht, wird nicht zusammengerechnet (§ 16 Abs 3 GKG). **Mieterhöhungsklage** bei Wohnraum: § 16 Abs 5 GKG; bei sonstigen Räumen § 9 (dort Rn 2; hM; Frankfurt MDR 93, 697 mwN). **Duldung** von Maßnahmen (§ 554 BGB): einjähriger Betrag der voraussichtlichen Mieterhöhung oder Mietminderung entspr § 16 Abs 1 GKG (LG Frankfurt/Oder NZM 00, 757; aA LG Aachen ZMR 95, 161 mwN; LG Hamburg ZMR 99, 403: 3½facher Jahresbetrag). **Instandsetzung:** 3½facher Jahresbetrag (§ 9) der Minderung (BGH NJW 00, 3142 und NZM 03, 158 mwN). **Kaution:** zugewachsene Zinsen sind hinzuzurechnen (LG Köln WuM 95, 719).

102   **Minderung.** Maßgebend ist der Betrag, um den Herabsetzung des Kaufpreises oder Werklohns beantragt oder erwartet wird (§ 3; vgl Rn 63), nach § 441 nF BGB geschehen ist. Keinesfalls ist § 19 Abs 3 GKG anwendbar (Köln MDR 79, 413). Bei Miete: Rn 101 Instandsetzung.

103   **Nacherbe.** Klagen des Vorerben auf Zustimmung sind nach § 3 zu schätzen (vgl Schleswig Rpfleger 68, 325).

104   **Nachforderungsklage** (§ 324): § 6, wegen Sicherheitsleistung.

105   **Nachverfahren** (§ 600): Streitwert wie die Forderung aus dem Vorbehaltsurteil (München MDR 87, 766), soweit für den Anspruch Vorbehaltsausspruch (§ 599) besteht.

106   **Namensrecht:** § 12 Abs 2 GKG, soweit Unterlassung aus § 12 BGB verlangt wird. Im gewerblichen Bereich liegt vermögensrechtlicher Anspruch vor, insbes bei Firma. Es gilt dann § 3.

107   **Nebenforderungen:** § 4; für GStrW § 22 Abs 1, 2 GKG beachten.

108   **Nebenintervention.** Für die Beteiligung am Rechtsstreit (durchgeführte Nebenintervention) und für den Zwischenstreit (§ 71) ist das Interesse des Nebenintervenienten gem § 3 zu schätzen. Das ist das Interesse am Obsiegen der unterstützten Partei (Hamburg Büro 92, 249 mwN) oder an der Durchsetzung der Anträge (Köln VersR 93, 80), somit der Wert der Nebeninterventionswirkung (§ 68; Koblenz MDR 83, 59 mwN; bestr; aA München NJW-RR 98, 420: wie die Hauptsache, wenn der Nebenintervenient in Bezug auf sie dieselben Anträge wie die Partei stellt). Auf den Antrag des Nebenintervenienten kommt es immer dann an, wenn er allein das Rechtsmittel eingelegt und durchgeführt hat (Koblenz aaO). Dabei ist insbes die Höhe der Regressforderung zu berücksichtigen (Koblenz Büro 82, 1879). Der Wert ist nie höher als der der Hauptsache (Koblenz Rpfleger 77, 175). Für die Beschwer wird grundsätzlich nicht addiert (BGH NJW 01, 2638).

Nichtvermögensrechtliche Ansprüche: § 12 Abs 2 S 1 GKG; vgl **109** insbes Rn 152, 177. Danach wird auch die Zuständigkeitsabgrenzung (§ 23 Nr 1 GVG) im Einzelfall zu bewerten sein (dort Rn 7).

Nießbrauch. Klage auf Einräumung: § 3 (BGH NJW 88, 395 **110** mwN; bestr). Erfüllung, Aufhebung und Löschung: § 3 (hM). Es ist der Nettoertrag für die voraussichtliche Dauer des Nießbrauchs zugrunde zu legen. §§ 7, 9 sind unanwendbar (hM).

Notweg: über § 3 entspr Anwendung des § 7 (umstr). **111**

Nutzungen. Als Nebenforderungen: § 4. Wiederkehrend als **112** Hauptsache: § 9.

Nutzungsverhältnis. Ist es ähnlich wie Miete und Pacht, gilt § 16 **113** Abs 1 und 2 GKG (vgl Rn 101). Für den Rechtsmittelstreitwert § 3, nicht § 8 (BayObLG Büro 95, 27).

Offenbarungsversicherung. Nach BGB: Rn 48. Nach § 807, **114** § 883 Abs 2 und § 889: § 900 Rn 38.

Ordnungsmittel. Bei Parteien (§ 141), Zeugen (§ 381), Sachver- **115** ständigen (§ 409 Abs 1, § 411 Abs 2) und Sitzungspolizei (§ 178 GVG) ist der verhängte Betrag maßgebend. Bei § 890: Interesse des Gläubigers an der Unterlassungsvollstreckung, jeweils nach § 3 zu schätzen (hM; München MDR 83, 1029 mwN), idR so hoch wie der Wert der Hauptsache aus dem zu vollstreckenden Titel, mindestens ein erheblicher Bruchteil davon (hM). Für den Beschwerdewert bildet das festgesetzte Ordnungsmittel die untere Grenze (vgl Düsseldorf MDR 77, 676). Androhung und Festsetzung gehen ineinander auf.

Pachtstreitigkeiten: wie Rn 101. **116**

Patent: Rn 77. **117**

Persönlichkeitsrecht: bei Unterlassungs- und Widerrufsklagen: **118** § 12 Abs 2 GKG (vgl Rn 109). Bei Schadensersatz: Rn 132.

Pfandrecht: § 6 Rn 6–8. **119**

Pflichtteilsanspruch: bei Leistungsklage Rn 72, bei Feststellungs- **120** klage Rn 65.

Prozessvoraussetzungen. Auch wenn nur darüber gestritten und **121** entschieden wird, ist der Wert der Hauptsache maßgebend, selbst wenn abgesonderte Verhandlung (§ 280) stattfindet (hM).

Räumung: bei Miete und Pacht Rn 101. Bei anderen Ansprüchen **122** (insbes allein § 985 BGB) gilt § 6 (Herausgabe), jedoch § 16 GKG, wenn der Beklagte das Bestehen eines Mietverhältnisses einwendet, selbst wenn aus § 985 BGB herausverlangt wird (hM).

123   **Räumungsfrist** ist bei Räumungsprozess (§ 721 Abs 1) kein zusätzlicher Wert. Im Beschlussverfahren (§ 721 Abs 2–6, § 794 a): Schätzung nach § 3; idR Nutzungsentschädigung für den betreffenden Zeitraum.

124   **Rangfolge** im Grundbuch (§ 879 BGB) und bei Pfandrechten: § 3; dabei kann § 23 Abs 3 1 KostO entspr angewendet werden, nicht aber § 24 KostO (Frankfurt Rpfleger 82, 157).

125   **Ratenzahlung.** Im Hauptsachestreit kein zusätzlicher Wert. Bei Vorliegen eines Titels: § 3 (Wert der Ratenvereinbarung).

126   **Reallast:** § 9. Keine Zusammenrechnung (§ 5), wenn Rente und zur Sicherung dieser eine Reallast verlangt wird (§ 5 Rn 8).

127   **Rechnungslegung.** Es ist der Wert der voraussichtlichen Arbeit zur Unterlagenbeschaffung ohne Rechnungslegung zu schätzen (§ 3). Das ist regelmäßig ein niedriger Bruchteil (in der Praxis $1/10$ bis $2/5$) der Leistungsklage, die damit vorbereitet werden soll. Kann der Anspruch ohne Rechnungslegung nicht verfolgt werden, kann der Streitwert annähernd den des Anspruchs selbst erreichen. Streit über den Grund des Anspruchs erhöht den Wert nicht (BGH NJW 64, 2061). Bei Verbindung mit Herausgabeanspruch in Stufenklage (§ 254) gilt § 18 GKG (vgl Rn 141).

128   **Rechtsmittel:** § 14 Abs 1 und 2 GKG. Zulassung und Nichtzulassung: § 14 Abs 3 GKG.

129   **Regelbetrag:** § 17 Abs 1 S 2 GKG.

130   **Renten:** grundsätzlich § 9 (insbes für den ZStrW). Für den GStrW geht § 17 GKG vor. Bei Abänderung ist auf den entspr Differenzbetrag abzustellen. Bei positiven Feststellungsklagen gilt der übliche Abschlag (Rn 65). Bei Hochbetagten vgl § 9 Rn 4.

131   **Rücknahme** gelieferter Sachen. Es gilt § 3, nicht § 6. Rücknahme der Klage: Rn 94.

132   **Schadensersatz.** Geld: der verlangte Betrag (Rn 72). Unbezifferte Klage: Rn 63. Auf Naturalrestitution: nach § 3 zu schätzen, ggf § 6.

133   **Scheidung:** Rn 45.

134   **Scheidungsfolgesachen** (§ 623 Abs 1 S 1): Je nach Gegenstand: § 12 Abs 2, § 17 Abs 1 und 4, § 17a GKG; § 30 Abs 2, § 99 Abs 3 KostO. Zusammenrechnung mit der Scheidungssache gem § 19a GKG.

135   **Schiedsgerichtsverfahren** (§ 1025). **Bildung** des Schiedsgerichts (§§ 1034–1039): kleiner Bruchteil der Hauptsache; gem § 3 zu schätzen. **Vollstreckbarerklärung** (§ 1060): idR Wert des Schiedsspruchs; daher bei Teilerfolg aus dem zugesprochenen Teil, bei beschränktem Antrag der betreffende Teil (Düsseldorf Rpfleger 75, 257 für § 1042a aF). **Aufhebungsklage** (§ 1059): Hauptsachewert ohne Zinsen und Kosten (§ 4).

Schmerzensgeld: Geldforderungen Rn 72; Ermessensanträge 136
Rn 63.

Schuldbefreiung: Rn 28. 137

Sicherheitsleistung: Bei Ausländersicherheit (§ 110) Wert der 138
Hauptsache (BGH NJW 62, 345); auch bei Zwischenurteil gem § 113
(Hamburg MDR 74, 53).

Sicherungsübereignung: § 6 Rn 5, 6. 139

Streitgenossen: § 5 Rn 1. 140

Stufenklage (§ 254). Für ZStrW gilt § 5 Hs 1 (Brandenburg OLG-NL 141
02, 167 mwN). Für GStrW ist allein der höhere Anspruch maßgebend
(§ 18 GKG). Das ist die beanspruchte Leistung, nach den Erwartungen des
Klägers zu schätzen (hM; StJRoth § 5 Rn 15; aA KG NJW-RR 98,
1615 mwN: nach den Erkenntnissen am Ende des Rechtszugs). Die
erste Stufe ist idR ein Bruchteil (ZöHerget Rn 16). Das gilt auch bei
unbeziffertem Leistungsantrag (aA Schleswig MDR 95, 643 mwN).

Teilklage: nur der geltend gemachte Teilanspruch (vgl § 21 Abs 1 142
GKG; § 2 Rn 18), auch für Handlungen, die nur einen Teil des Streitgegenstandes betreffen.

Testamentsvollstrecker. Für Bestehen oder Beendigung des Amtes 143
§ 3, nicht § 12 Abs 2 GKG, weil eine vermögensrechtliche Streitigkeit
vorliegt. IdR ein Bruchteil des Nachlasswertes.

Tierhaltung. Erlaubnis oder Unterlassung: § 3. Keine nichtvermö- 144
gensrechtliche Streitigkeit (Dallemund/Balsam WuM 97, 23 mwN).

Überbau. § 7 ist entspr anzuwenden, wenn ein Recht zum Über- 145
bau geltend gemacht wird. § 3 bei Beseitigungsklage; daher die durch
den Überbau bewirkte Wertminderung des Grundstücks und nicht § 7
(BGH NJW-RR 86, 737). Bei Renten: § 9.

Übergabe von Sachen: § 6 (wie Herausgabe). 146

Übereignung: § 6, auch wenn nur um die Gegenforderung gestrit- 147
ten wird (Nürnberg Rpfleger 70, 249; Rn 186).

Überweisung einer Forderung (§ 835): § 6. 148

Unbezifferte Anträge: Rn 63. 149

Unlauterer Wettbewerb: Rn 77. 150

Unterhalt. Für ZStrW gilt § 9, nicht bei Familiensachen (§ 621 151
Abs 1 Nr 4, 5). Für den GStrW gilt § 17 Abs 1 und 4 GKG, aber nicht
für Klagen gegen Dritte wegen Verursachung einer Unterhaltspflicht
(BGH WM 94, 182). Wird **Kapitalabfindung** im Vergleich vereinbart, verbleibt es bei § 17 GKG; die Höhe der Abfindung ist unerheblich (Frankfurt Rpfleger 71, 116). **Teilstreit.** Der Klageantrag ist
auch dann maßgebend, wenn der Unterhalt zum Teil unstreitig ist und
bezahlt wird (Braunschweig NJW-RR 96, 256; bestr; vgl Bamberg
FamRZ 93, 457 mwN). Liegt für den sog Sockelbetrag bereits ein Titel
vor, ist nur auf den streitigen Mehrbetrag abzustellen. Bei **Abände-**

rungsklage (§ 323) ist der niedrigere Gesamtbetrag der beantragten Abänderung zugrunde zu legen. **Einstweilige Anordnung** (§ 620 Nr 4, 6, § 641 d, § 644). Es gilt § 20 Abs 2 GKG.

152   **Unterlassung.** Grundsatz: Interesse des Klägers am Verbot der Handlungen, die unterlassen werden sollen (§ 3). Nichtvermögensrechtlich (§ 12 Abs 2 S 1 GKG), wenn wegen immaterieller Rechtsgüter prozessiert wird, insbes Ehre, Persönlichkeitsrecht. Vermögensrechtlich (auch für ZStrW): § 3, insbes gegeben bei Klagen aus § 824 BGB. Bei gewerblichem Rechtsschutz Rn 77. Bei Grunddienstbarkeit gilt § 7.

153   **Urkunden:** grundsätzlich § 3, insbes bei Feststellung der (Un)Echtheit und Vorlegung zur Einsicht. Herausgabe: Rn 86.

154   **Vaterschaft:** § 12 Abs 2 S 3 GKG.

155   **Verbindung** (§ 147). Sie ist auf die vor ihr bestehenden Streitwerte und entstandenen Gebühren ohne Einfluss: vgl § 5.

156   **Verein.** Ausschließung: Rn 23. Bei Idealvereinen liegt auch bei Klagen wegen Wahl und Beschlüssen eine nichtvermögensrechtliche Streitigkeit vor (§ 12 Abs 2 S 1 GKG).

157   **Vergleich.** Wert aller (auch der nicht rechtshängigen) Ansprüche (§ 5), die durch den Vergleich erledigt oder geregelt werden, nicht der Betrag oder Wert, auf den sich die Parteien vergleichen (allgM). Für Aufrechnung gelten die allg Regeln (Rn 19). Bei sonstigen Gestaltungsrechten und Umgestaltung von unstreitigen Rechtsverhältnissen ist das Interesse an der Ausübung des Gestaltungsrechts oder der Umgestaltung maßgebend (§ 3). Ratenzahlung: Rn 125. Fortsetzung des Rechtsstreits wegen Anfechtung oder Nichtigkeit: Streitwert der ursprünglichen Anträge. Kosten des Vergleichs sind beim Hauptsachevergleich nicht hinzuzurechnen. Beim Kostenvergleich (nur über Kosten): alle bis zum Vergleich entstandenen Kosten.

158   **Veröffentlichungsbefugnis:** § 3, unabhängig von den Kosten der Veröffentlichung. Ist dem Unterlassungs-, Widerrufs- oder Schadensersatzanspruch hinzuzurechnen (§ 5; umstr; aA: kein gesonderter Wert).

159   **Versicherungsschutz.** Deckungsprozess: Rn 39. Befreiungsanspruch: Rn 28. Bei Klage auf Leistung: Höhe der Geldforderung (Rn 72). Bei Klage auf künftige Leistung geringfügiger Abzug gem § 3.

160   **Versorgungsausgleich:** § 17 a GKG.

161   **Verteilungsverfahren** (§ 872). Für Gerichtsgebühren: der hinterlegte Betrag mit Zinsen ohne Abzug der Kosten; bei Überschuss für den Schuldner der verteilte Betrag mit Kosten.

162   **Verzugszinsen.** Werden sie selbständig eingeklagt, ist § 3 anzuwenden, nicht § 9 (BGH 36, 144 [147]).

163   **Vollstreckbarerklärung.** Ausländische Urteile (§§ 722, 723): wie die Hauptsache, ohne Zinsen und Kosten (§ 4).

Vollstreckungsabwehrklage: § 767 Rn 32. **164**

Vollstreckungsklausel: Klage aus § 731; dort Rn 9; aus § 768: dort **165** Rn 11. Erinnerung aus § 732: dort Rn 12.

Vorkaufsrecht. Feststellungsklage: Rn 65; dabei ist Wert der Sache **166** zu berücksichtigen (§ 3; BGH 23, 342 und WuM 97, 643). Bei Herausgabestreit wegen ausgeübtem Vorkaufsrecht: § 6. Aufhebung und Löschung: § 3.

Vormerkung. Eintragung und Löschung: § 3; idR kein größerer **167** Bruchteil als $1/3$–$1/4$ des Grundstückverkehrswerts. Es sollte auf das dargelegte konkrete Interesse abgestellt werden (E. Schneider MDR 83, 638). Bei anderen dinglichen Rechten der entspr Teil ihres Wertes, insbes der zu sichernden Forderung.

Vorschusszahlungen sind von der Klageforderung nicht abzuziehen, wenn sie unter Vorbehalt erfolgt sind. **168**

Wahlschuld (§ 262 BGB). Steht das Wahlrecht dem Kläger zu, der **169** höhere Anspruch, steht es dem Beklagten zu, der niedrigere. Besteht nur Streit darüber, wem es zusteht, der Differenzbetrag (§ 3).

Wahlweise Verurteilung (Ersetzungsbefugnis, Befreiung durch andere Leistung)· stets der geringere Wert. **170**

Wandelung. Bei Klage auf Einverständnis (§ 465 aF BGB): § 3; **171** Interesse am Rückgängigmachen des Kauf- oder Werkvertrags (Hamm NJW-RR 00, 587). Bei Klage auf Rückgewähr (§ 467 aF BGB): Wert der Geldforderung (Rn 72) oder Wert der Sache (§ 6). Bei Klage auf Rücknahme: § 3 bei unstreitiger Wandlung. Leistung und Gegenleistung nicht zusammenrechnen.

Wärmelieferung: § 3, nicht § 8 entspr (BGH NJW-RR 89, 381). **172**

Wechselanspruch. Wechselsumme: wie Geldforderung (Rn 72). **173** Nebenforderungen: § 4 Abs 2. Herausgabe des Wechsels: Interesse am Erlangen der Urkunde (§ 3; BGH NJW 88, 2804; bestr).

Wegnahme eingebauter Sachen: Rn 44. **174**

Wertpapiere: Rn 85. **175**

Widerklage: § 5 Rn 2 und 5; § 33 Rn 31. **176**

Widerruf. Einer **Äußerung:** § 3, idR nicht geringer als Unterlas- **177** sung (Rn 152) zu bewerten, sondern um 50% höher (LG Oldenburg Büro 95, 369); nichtvermögensrechtlich: § 12 Abs 2 S 1 GKG (vgl Rn 109); einer **Willenserklärung:** § 3, also Interesse des Klägers an der Rechtsfolge.

Widerspruch: (§ 894 BGB): § 3 für Eintragung (auch über **178** § 20 Abs 1 GKG) und Löschung.

Widerspruchsklage: § 771 Rn 25. **179**

Wiederaufnahmeklage (§§ 578, 579): nicht höher als das aufzu- **180** nehmende Verfahren. Zinsen und Kosten sind nicht hinzuzurechnen (Hamburg MDR 69, 228).

180 a   **Willenserklärung** s Abgabe Rn 6; Widerruf Rn 177.

181   **Wohnrecht.** § 16 GKG ist anwendbar (hM; München ZMR 99, 173). Ist es unentgeltlich, gilt § 3 (BGH NJW-RR 94, 909). Maßgebend ist der behauptete Umfang (BGH aaO).

182   **Wohnungseigentum.** Bei Vermietung: Rn 101. Bei Entziehung (§ 18 WEG): Verkehrswert einschließlich der Anteile (hM). Herausgabeklage aus Kauf: § 6 (BGH WM 67, 662).

183   **Zeugnis** (§ 630 BGB): wird in der Praxis gem § 3 mit einer Monatsvergütung bewertet, mit einer halben das Zwischenzeugnis (LAG Rheinland-Pfalz MDR 02, 954).

184   **Zeugnisverweigerung** (Zwischenstreit, § 387): § 12 Abs 2 S 1 GKG. Der Wert des Beweisgegenstands ist zu schätzen, dabei die Hauptsache oder der betreffende Teil zu berücksichtigen (vgl KG NJW 68, 1937).

185   **Zinsen:** für ZStrW § 4. Für Gebühren vgl § 22 Abs 1 und 2 GKG. Als Hauptforderung geltend gemacht: Rn 72. § 9 ist nicht anzuwenden.

186   **Zug-um-Zug-Leistung.** Grundsätzlich ist der Klageanspruch allein maßgebend (hM). Er stellt zugleich die obere Grenze dar (BGH NJW 82, 1048). Betrifft der Streit nur die Gegenleistung, die den Klageanspruch nicht übersteigt, so ist deren wirtschaftlicher Wert maßgebend (BGH NJW 99, 723), auch im Rechtsmittelverfahren (BGH NJW-RR 91, 1083). Das kann der volle Wert der Klageforderung sein (BGH NJW-RR 95, 1340), bei Herausgabe § 6 (Müller MDR 03, 248).

187   **Zurückbehaltungsrecht** (§ 273 BGB). Der Klageanspruch ist auch dann allein maßgebend, wenn das Zurückbehaltungsrecht nur hilfsweise geltend gemacht wird (BGH NJW-RR 96, 828).

188   **Zwangsvollstreckung.** Für den Zeitpunkt gilt § 15 Abs 2 GKG. **Geldforderungen:** für den RA bei Pfändungen grundsätzlich der Betrag, weswegen vollstreckt wird, ggf ein Teil bei Teilbeträgen (§ 21 GKG), einschließlich Zinsen und Kosten (§ 57 Abs 2 Nr 1 BRAGO), bei Pfändung bestimmter Sachen oder Rechte ggf der geringere Wert des betreffenden Gegenstands (§ 57 Abs 2 Nr 1 BRAGO). Bei Pfändung künftigen Arbeitseinkommens ist der Wert des § 17 Abs 1 und 2 GKG maßgebend (§ 57 Abs 2 Nr 1 BRAGO). Für Gerichtsvollzieher gelten Festgebühren, gestaffelt nach dem Gegenstandswert gemäß § 13 GVKostG. **Herausgabe:** Für den RA gilt § 57 Abs 2 Nr 2 BRAGO (Wert der Sache, begrenzt durch den Wert des Herausgabe- und Räumungsanspruchs). Für Gericht und Gerichtsvollzieher fallen nur Gebühren in bestimmter Höhe an. **Handlungen** (§§ 887, 888) und ihre Duldung: das Interesse des Gläubigers an der Vornahme (§ 3; § 57 Abs 2 Nr 3 BRAGO), idR Wert der Hauptsache. Nicht: Höhe von Zwangsgeld oder Kosten der Vornahme. **Unterlassungen** (§ 890): wie für Handlungen (vgl auch Rn 115). **Duldung** der ZwVollstr: § 6 Rn 8. **Einstellung** (insbes §§ 707, 719, 769): Wert des im Titel ent-

haltenen Anspruchs, soweit er vollstreckt werden kann; bei Teilen gilt
§ 21 GKG, ohne Zinsen und Kosten (§ 22 Abs 1 GKG); bei abgewiesener Klage jedoch nur die Kosten (BGH 10, 249). Beschwerdewert
(§ 3): ein Bruchteil, idR $^1/_5$ der Hauptsache (BGH NJW 91, 2280); gegen Anordnung der Sicherheit $^1/_{10}$ (München Rpfleger 81, 371). **Vollstreckungsschutz:** § 3; Anträge im Hauptsacheprozess bleiben ohne Ansatz. § 765a: dort Rn 24. § 813b: dort Rn 15. **Erinnerung (§ 766):** dort Rn 30.

Zwischenfeststellungsklage (§ 256 Abs 2): wie Rn 65. Zusam- **189** menrechnung: § 5 Rn 8.

Zwischenstreit: wegen Ablehnung Rn 7, Nebenintervention **190** Rn 108, Prozessvoraussetzungen Rn 121, Zeugnisverweigerung Rn 184.

§ 4 Wertberechnung; Nebenforderungen

(1) Für die Wertberechnung ist der Zeitpunkt der Einreichung der Klage, in der Rechtsmittelinstanz der Zeitpunkt der Einlegung des Rechtsmittels, bei der Verurteilung der Zeitpunkt des Schlusses der mündlichen Verhandlung, auf die das Urteil ergeht, entscheidend; Früchte, Nutzungen, Zinsen und Kosten bleiben unberücksichtigt, wenn sie als Nebenforderungen geltend gemacht werden.

(2) Bei Ansprüchen aus Wechseln im Sinne des Wechselgesetzes sind Zinsen, Kosten und Provision, die außer der Wechselsumme gefordert werden, als Nebenforderungen anzusehen.

1. Bedeutung. § 4 bestimmt den maßgebenden Zeitpunkt für die **1** Wertberechnung und -festsetzung in allen Fällen, für die Hauptforderung (Rn 2–6) und die Nebenforderungen (Rn 7–11). – **a) Im ersten 2 Rechtszug: – aa) Sachliche Zuständigkeit** (3 vor § 1). Maßgebend ist der Tag, an dem die Klageschrift (§ 253 Abs 2) eingereicht wird oder (zB bei Arrest, einstw Verfügung) ein entspr Antrag. Im Mahnverfahren ist auf § 696 Abs 1 S 4 abzustellen (dort Rn 25). Bei einer späteren Erweiterung des Streitgegenstandes (Einl II) ist auf § 261 Abs 2 in der Weise abzustellen, dass der Zeitpunkt maßgebend ist, an dem der Schriftsatz eingereicht oder in mdl Vhdlg der Anspruch geltend gemacht wird; dies kann zur Verweisung nach § 506 führen. Eine spätere Verminderung des Streitgegenstandes ist wegen § 261 Abs 3 Nr 2 für die Zuständigkeit ebenso bedeutungslos, wie die (davon zu unterscheidende) Veränderung des Streitwertes bei unverändertem Streitgegenstand (zB durch Wertverminderung der herausverlangten Sache), die Trennung (§ 145) oder Verbindung (§ 147). – **bb) Gebührenstreit- 3 wert.** Maßgebend ist der Zeitpunkt, an dem der verfahrenseinleitende Antrag (insbes Klage) bei Gericht eingeht (§ 15 GKG). Bei wiederkehrenden Leistungen (insbes Unterhalt) gilt für PKH die Sonderregel des § 17 Abs 4 S 2 GKG. – **b) Im höheren Rechtszug. – aa) Rechtsmit- 4**

telsumme (§§ 511 Abs 2 Nr 1, § 567 Abs 2). Es kommt auf den Tag an, an dem das Rechtsmittel eingelegt wurde (§ 15 GKG). Sinkt der Wert später (zB bei Wertpapierkurs) oder ändern sich die Umstände und bedingen sie eine Einschränkung des Antrags, zB durch einen Teil-
5 vergleich, so ist das bedeutungslos. **bb) Antragsänderungen.** Wird der Antrag ohne einen solchen prozessualen Anlass später herabgesetzt und sinkt unter die Berufungs- oder Beschwerdesumme oder wird er erstmals unter dieser Summe gestellt, so wird das Rechtsmittel unzulässig (BGH NJW 83, 1063), auch dann, wenn die Antragsänderung darauf beruht, dass der Rechtsmittelführer den Gegner ganz oder zT freiwillig befriedigt hat (BGH NJW 51, 275). Die Berufungssumme ist gewahrt, wenn bei unbeschränkt eingelegter Berufung die zunächst unter dieser Summe gebliebenen Anträge in der Berufungsbegründung auf einen Betrag erweitert werden, der die Berufungssumme erreicht (BGH NJW 61, 1115). Richtet sich das Rechtsmittel gegen eine abgewiesene Zinsforderung, sind die bis zur Erfüllung der Hauptschuld auflaufenden Zinsen gemäß § 3 hinzuzurechnen (Koblenz NJW-RR 93, 1024; vgl Rn 9). Die Rechtsmittelsumme lautet nicht auf den vollen Klagebetrag, wenn statt beantragter sofortiger Zahlung zur Fälligkeit auf einen späteren Zeit-
6 punkt verurteilt wird (BGH WM 95, 2060). **cc) Gebührenstreitwert.** Es gelten die Sonderregeln der §§ 14, 15 GKG.

7   **2. Nebenforderungen** (Abs 1 Hs 2, Abs 2). Gilt für die Zuständigkeit und bei Rechtsmitteln; auch für den Gebührenstreitwert mit Son-
8 derregeln in § 22 GKG und § 57 Abs 2 Nr 1 BRAGO. – **a) Begriffe.** Nebenforderungen sind neben dem Hauptanspruch, aus dem sie in Abhängigkeit entstanden sind, von derselben Partei geltend gemachte Forderungen, selbst wenn sie ausgerechnet und dem Hauptanspruch ziffernmäßig zugeschlagen sind (BGH NJW 98, 2098 mwN). Früchte: § 99 BGB. Nutzungen: § 100 BGB. Zinsen: alle, gleich aus welchem Rechtsgrund (auch Vorfälligkeitszinsen, BGH aaO) und die auf sie entfallende Mehrwertsteuer (vgl Rn 11). Kosten: alle vorgerichtlichen und außergerichtlichen Kosten (München Büro 94, 745), zB für Mahnungen, Privatgutachten, Bearbeitungsgebühren (Köln VersR 74, 605), aber nicht diejenigen Kosten, die der Versicherte im Deckungsprozess mit dem Versicherer als Schadensersatz fordert, auch wenn sie gesondert neben der Hauptforderung geltend gemacht werden (BGH Rpfleger
9 76, 207; München NJW-RR 94, 1485). – **b) Selbständige Hauptforderungen** werden die Nebenforderungen erst, wenn der Hauptanspruch, von dem sie abhängen, erledigt ist (allgM) auch wenn dies nur zT geschah, zB bei Zinsen für den erledigten (BGH 26, 174) oder außer Streit stehenden Teil, selbst wenn der restliche Teil der Forderung noch im selben Rechtszug anhängig ist (hM; BGH NJW 94, 1869 mwN). Eingeklagte Zinsen einer vorprozessual erledigten Forderung sind von vornherein Hauptforderung. Auch wenn sie mit einer Anschlussberufung geltend gemacht werden, behalten weitere Zinsen der Hauptforderung ihren Charakter als Nebenforderungen.

3. Wechsel (Abs 2). Gilt auch für Scheck (allgM). Bei allen Klagen 10 werden Zinsen, Kosten und Provisionen entgegen Art 49 WG, 46 SchG als Nebenforderungen fingiert. Abs 2 gilt sowohl im ordentlichen Verfahren als auch im Wechsel- und Scheckprozess, einschließlich Nachverfahren (§ 600).

4. Berechnung des Werts. Unberücksichtigt bleiben die Nebenfor- 11 derungen (Rn 8) grundsätzlich. Hinzuzurechnen gem § 5 sind dem Streitwert alle nicht in Rn 8 genannten Nebenforderungen, zB Zubehör (§ 97 BGB), Zuwachs (§ 946 BGB), auch die Mehrwertsteuer, aber nicht die aus den Nebenforderungen der Rn 8, ferner Aufwendungen wie Lagergelder, Frachten, Zölle (BGH Rpfleger 76, 427).

§ 5 Mehrere Ansprüche

Mehrere in einer Klage geltend gemachte Ansprüche werden zusammengerechnet; dies gilt nicht für den Gegenstand der Klage und der Widerklage.

1. Allgemeines. Lit. J. Frank, Anspruchsmehrheiten im Streitwert- 1 recht, 1986. – **a) Anwendbar** in allen Verfahrensarten der ZPO, für den Zuständigkeitsstreitwert direkt, für den Rechtsmittelstreitwert (§ 2 Rn 3) aber nur der Hs 1 entspr (vgl Rn 2, 6), für den Gebührenstreitwert subsidiär (vgl § 12 Abs 1 S 1 GKG). Bei Anspruchshäufung (§ 260) und Klagenhäufung (Streitgenossenschaft, §§ 59–62) ist § 5 auch dann anwendbar, wenn in einer Widerklage mehrere Ansprüche geltend gemacht werden und ein Rechtsmittel von mehreren oder gegen mehrere Streitgenossen eingelegt wird (BGH 23, 333/8). – **b) Nicht** 2 **anwendbar:** nach Hs 2 im Verhältnis Klage und Widerklage, deren Streitwert für die Zuständigkeit nicht zusammengerechnet werden darf, so dass also der höhere Wert der Klage oder der Widerklage dafür allein zugrunde zu legen ist (vgl Rn 5). Für den Gebührenstreitwert gilt § 19 Abs 1 S 1 GKG. Die Rechtsmittelbeschwer ist für Kläger (Widerbeklagten) und Beklagten (Widerkläger) getrennt festzustellen. Das Unterliegen ein und derselben Partei ist aus Klage und Widerklage zusammenzurechnen (hM; BGH NJW 94, 3292; vgl § 511a Rn 9), wenn nicht teilweise oder wirtschaftliche Identität (Rn 7, 8) vorliegt (§ 19 Abs 1 S 3; E. Schumann NJW 82, 2800). Unanwendbar bei Verbindung durch das Gericht (§ 147) hinsichtlich der Zuständigkeit (vgl § 261 Abs 3 Nr 2); anwendbar aber dann für die Gebühren. Von vorneherein unanwendbar bei mehreren materiellrechtlichen Anspruchsgrundlagen (konkurrierenden Ansprüchen). – **c) Zulässigkeit** der An- 3 spruchs- oder Klagenhäufung richtet sich nach den §§ 260, 59, 60.

2. Zusammengerechnet wird grundsätzlich, soweit § 5 anwendbar 4 ist (Rn 1), insbes bei Anspruchs- und Klagenhäufung von vermögensrechtlichen Ansprüchen (Rn 1), auch Haupt- und Hilfsanspruch (§ 19 Abs 1 S 2 GKG) soweit nicht Identität (Rn 8) vorliegt (§ 19 Abs 1 S 3 GKG); bei Stufenklage (§ 254) aber nur für den Zuständigkeitsstreitwert, da für Gebühren § 18 GKG gilt; bei Nebenforderungen, die unter § 4 Rn 11 fallen; beim Zusammentreffen von vermögensrechtlichen und nicht vermögensrechtlichen Ansprüchen, soweit nicht § 12 Abs 3 GKG für den Gebührenstreitwert zutrifft; bei Ehrverletzung durch mehrere Beklagte (München MDR 93, 286). Bei Hilfsaufrechnung gilt § 19 Abs 3 GKG (vgl § 3 Rn 19). Zusammengerechnet wird bei Scheidungs- und Folgesachen (§ 623 Abs 1 S 1) mit Sonderregelung in § 19 a Abs 1, 2 GKG.

5   **3. Nicht zusammengerechnet** werden, idR mit der Folge, dass bei streitwertabhängiger Zuständigkeit (§ 23 Nr 1 GVG) der jeweils höhere Streitwert für die sachliche Zuständigkeit allein maßgebend ist:
– **a) Klage und Widerklage** (Hs 2; Rn 2). Für Gebühren gilt aber § 19 Abs 1 S 1 GKG, auch für die Hilfswiderklage (Koblenz MDR 97, 405). Als Ausnahme hierzu bei Räumungsklage und Widerklage auf Fortsetzung gem §§ 574, 574 a BGB gilt § 16 Abs 3 GKG. Auch für den
6   Rechtsmittelstreitwert gilt Hs 2 nicht (Rn 2). – **b) Haupt- und Hilfsantrag** (§ 260 Rn 8). Für den Zuständigkeitsstreitwert ist bei streitwertabhängiger Zuständigkeit der höhere Wert maßgebend (hM; aA Fleischmann NJW 93, 506: immer getrennt und zunächst nur der Hauptantrag). Für den Gebührenstreitwert ist der Hauptantrag allein maßgebend, wenn nur über ihn entschieden wird (§ 19 Abs 1 S 2 GKG). Eine Addition von Haupt- und Hilfsantrag findet jedoch statt (vgl Rn 4), wenn auch über den Hilfsantrag entschieden wird (§ 19 Abs 1 S 2 GKG), aber nur wenn deren Gegenstände nicht identisch sind (§ 19 Abs 1 S 3 GKG; vgl Rn 2, 4) oder wenn die Zulässigkeit des Hauptantrags nicht offen gelassen wird (BGH NJW-RR 99, 1157). Addiert wird für den Rechtsmittelstreitwert (Beschwer) dann, wenn Haupt- und Hilfsantrag gestaffelt geltend gemacht und abgewiesen werden (BGH NJW 84, 371). Hilfsbegründungen sind unbeachtlich. –
7   **c) Mehrere Anträge** werden (in Ausnahme zu Rn 4) nicht zusammengerechnet. – **aa) Bei Teilidentität:** wenn der eine im anderen mitenthalten ist oder sich auf ein präjudizielles Rechtsverhältnis bezieht, zB bei Leistungs- und Zwischenfeststellungsklage (§ 256 Abs 2; BGH NJW-RR 92, 698); bei negativen Feststellungswiderklagen (BGH NJW-RR 92, 1404); bei vermögensrechtlichen Ansprüchen, die aus nichtvermögensrechtlichen Ansprüchen hergeleitet werden (§ 12 Abs 3 GKG), insbes Kindschafts- und Regelbetragsklagen (KG NJW 73, 1050).
8   **bb) Bei Vollidentität** (§ 19 Abs 1 S 3 GKG) ist auf den höheren Wert abzustellen. Bsp: Ansprüche (auch bei Streitgenossen), wenn sie wirtschaftlich denselben Gegenstand haben, zB bei Gesamtgläubigern und Gesamtschuldnern; Unterlassen von Immissionen gegenüber Miteigentümern (BGH Rpfleger 87, 205); Kaufpreiszahlung und Abnahme der gekauften Sache; bei Herausgabe wegen Eigentumsvorbehalt und Restkaufpreiszahlung; Klagen auf Leistung und Duldung der ZwVollstr, auch gegen verschiedene Personen; Klage aus Forderung und aus der dafür bestellten oder zu bestellenden Sicherheit, zB Werklohnforderung

und Bauunternehmerhypothek; Feststellung des Annahmeverzugs neben dem Leistungsantrag (offengelassen von BGH NJW-RR 89, 826).

§ 6 Besitz; Sicherstellung; Pfandrecht

[1] **Der Wert wird bestimmt: durch den Wert einer Sache, wenn es auf deren Besitz, und durch den Betrag einer Forderung, wenn es auf deren Sicherstellung oder ein Pfandrecht ankommt.** [2] **Hat der Gegenstand des Pfandrechts einen geringeren Wert, so ist dieser maßgebend.**

1. Rechtsstreit um Sachen. Das ist jeder Streit um Besitz (Rn 3) **1** oder Eigentum (Rn 4). – **a) Anwendbar** ist § 6 für den Zuständigkeits-, Rechtsmittel- und Gebührenstreitwert (vgl § 2 Rn 2–4). Bei Miet- und Pachtverträgen geht § 8 vor (BGH NJW-RR 94, 256), für die Gebühren § 16 Abs 2 GKG bei Räumung (§ 3 Rn 101). – **b) Grundsatz.** **2** Maßgebend ist der allgemeine objektive Verkehrswert der beweglichen oder unbeweglichen Sache. Er ist nach § 3 zu schätzen und ist der Betrag, der sich erzielen lässt, wenn die Sache veräußert werden würde (BGH NJW-RR 91, 1210), zB bei Goldbarren der Ankaufspreis (BGH aaO). Dingliche Belastungen sind dann abzuziehen, wenn sie den wirtschaftlichen Wert und die Nutzung des Grundstücks beeinträchtigen (hM). Ob auch Hypotheken und valutierte Grundschulden abzuziehen sind, ist umstritten (StJRoth 14 mwN). Richtig dürfte sein, den Verkehrswert ohne Abzug von Grundpfandrechten anzunehmen (München MDR 81, 501; Bamberg Büro 90, 773). Bei Wertminderung durch die Herausgabe (zB Abriss, Ausbau) ist der geminderte Wert maßgebend (BGH NJW 91, 3221). Bei Leistungsverweigerung ist regelmäßig der volle Wert der Klage anzusetzen (hM; Hamm MDR 02, 1458 mwN; Frankfurt NJW-RR 96, 1471; München MDR 97, 599 mwN; aA Braunschweig NJW 73, 1982; MüKo/Lappe 12). Das ist grundsätzlich anders bei der Festsetzung des Rechtsmittelstreitwerts (§ 2 Rn 14; vgl BGH NJW 95, 1340). – **c) Besitz** (S 1 Hs 1): jede Art von **3** Besitz, insbes bei Herausgabeklagen zu Eigentum, auch bei Vorbehaltseigentum. Bei Teil- oder Mitbesitz (§§ 865, 866 BGB) entspr Teilwert (vgl § 3 Rn 143). Der Herausgabe entspricht die Duldung der Wegnahme (BGH NJW 91, 3221). § 6 gilt nicht bei bloßer Besitzstörung (§ 862 BGB) und bei Räumung (vgl § 3 Rn 31). – **d) Eigentum** (bei **4** Miteigentum entspr Teilwert). § 6 gilt, soweit Übereignung, insbes Auflassung (auch Rückauflassung, Schleswig Rpfleger 80, 239), Feststellung des Eigentums oder Grundbuchberichtigung begehrt wird, nicht bei bloßer Störung (vgl § 3 Rn 39, 89). Wird die Auflassung nur wegen einer umstrittenen Restforderung verweigert, kommt es gemäß § 3 auf deren Wert an (sehr umstr; Frankfurt NJW-RR 96, 636 mwN; München NJW-RR 98, 142; aA Celle NJW-RR 98, 141). Bei Sicherungseigentum gilt wegen des pfandrechtsähnlichen Charakters S 1 Hs 2 und S 2 (Rn 5–8).

5 **2. Rechtsstreit um Forderungen.** Das sind idR Geldforderungen.
Sachforderungen fallen unter Rn 1–4. § 6 ist anwendbar wie Rn 1.
Maßgebend ist grundsätzlich der Betrag oder Teilbetrag der Forderung
(§ 3 Rn 72), wenn sie selbst zur Erfüllung geltend gemacht wird oder
sichergestellt werden soll (zB der Anspruch aus § 1389 BGB, München
Rpfleger 77, 176), insbes durch Sicherungseigentum, Sicherungsabtretung oder Bürgschaft. Gleichgültig ist, ob diese Rechte bereits geltend
gemacht oder erst bestellt werden sollen.

6 **3. Rechtsstreit um Pfandrecht.** § 6 ist anwendbar wie Rn 1. –
a) Grundsatz. Maßgebend ist der Forderungsbetrag (wie Rn 5), bei
Grundschulden der Nennbetrag. Ist aber der Wert des Pfandgegen-
stands (auch Sicherungseigentum) geringer, dann dieser (S 2). Ist er eine
Sache, gilt Rn 1, 2. Ist er eine Forderung, gilt Rn 5. Ist er ein sonstiges
7 Recht, so ist dessen Wert nach § 3 zu schätzen. – **b) Pfandrecht:** ge-
setzlich oder vertraglich, an beweglichen Sachen und Rechten, auch
8 Hypotheken, Grundschulden, Rentenschulden. – **c) Klagen.** Der
Grundsatz der Rn 6 (Wert der Forderung oder niedrigerer Wert des
Pfandgegenstandes) gilt, wenn auf Bestellung, Feststellung, Duldung der
ZwVollstr (BGH NJW-RR 99, 1080), auf Befriedigung aus oder Frei-
stellung von einem Pfandrecht (BGH NJW-RR 95, 362) geklagt wird.
Bei Löschung einer Hypothek gilt deren Nennwert, auch wenn die
Valutierung geringer ist als der den Streitwert bestimmende Nennbetrag
(hM; Saarbrücken MDR 01, 897 mwN).

§ 7 Grunddienstbarkeit

**Der Wert einer Grunddienstbarkeit wird durch den Wert,
den sie für das herrschende Grundstück hat, und wenn der Betrag, um den sich der Wert des dienenden Grundstücks durch
die Dienstbarkeit mindert, größer ist, durch diesen Betrag bestimmt.**

1 Gilt für §§ 1018–1029 BGB. Die entspr Anwendung auf ähnlich
wirkende nachbarrechtliche Beschränkungen nach §§ 912, 917 BGB ist
umstr (vgl § 3 Rn 111, 145). § 7 ist anzuwenden, wenn der Rechtsstreit um Bestellung, Ausübung (bei Streit um Bestand und Umfang)
und Feststellung des Bestehens einer Grunddienstbarkeit geht. Der jeweilige Wert ist nach § 3 zu schätzen.

§ 8 Pacht- oder Mietverhältnis

**Ist das Bestehen oder die Dauer eines Pacht- oder Mietver-
hältnisses streitig, so ist der Betrag der auf die gesamte streitige
Zeit entfallenden Pacht oder Miete und, wenn der 25fache Betrag des einjährigen Entgelts geringer ist, dieser Betrag für die
Wertberechnung entscheidend.**

1 **1. Anwendungsbereich.** § 8 gilt nur für den Zuständigkeits- und
Rechtsmittelstreitwert sowie den Wert der Beschwer; nicht für den

Gebührenstreitwert, bei dem § 16 GKG vorgeht (vgl § 3 Rn 101). Die ausschließliche Zuständigkeit des AG (§ 23 Nr 2a GVG) ist zu beachten. – **a) Miet- und Pachtverhältnisse** iS der §§ 535, 581 BGB; also **2** auch Untermiet- und -pachtverhältnisse sowie Leasing, bei allen Sachen oder Rechten. Nicht, auch nicht entspr für ähnliche Nutzungsverhältnisse (allgM), wie zB Leihe, Nießbrauch, altrechtliches Nutzungsverhältnis (BayObLG Büro 95, 27). – **b) Rechtsstreitigkeiten** zwischen den **3** (auch nur vermeintlichen) Vertragsparteien, wenn über Bestehen oder Dauer des Miet- oder Pachtverhältnisses gestritten wird. Daher gilt § 8 nicht, wenn ein solcher Vertrag unstreitig ist oder unstreitig nicht mehr besteht. Es ist dann § 6 anzuwenden (Karlsruhe WuM 94, 338). § 8 gilt aber insbes, wenn auf Räumung geklagt und die Wirksamkeit oder der Zeitpunkt des Wirksamwerdens der Kündigung bestritten wird (BGH NJW-RR 92, 1359).

2. Berechnung des Werts. – **a) Miete und Pacht** ist die im Ver- **4** trag vereinbarte, nicht die als angemessen anzusehende Gegenleistung des Mieters oder Pächters, in der Höhe, wie in der Klage behauptet, einschließlich aller Nebenleistungen, zB übernommene öffentliche Abgaben, Versicherungsprämien, aber nur soweit sie sich üblicherweise auf die Überlassung des Gegenstandes beziehen; also nicht Kosten für Heizung, Lift, Warmwasser; ebenso wenig die mittelbaren Kosten der Räumung (BGH MDR 94, 100). – **b) Streitige Zeit** ist die gesamte Zeit, **5** für die der Mieter zahlen soll. Beginn: bei Räumungsklage mit Klageerhebung (BGH NJW-RR 99, 1385), im Rechtsmittelzug nicht erst ab Einlegung des Rechtsmittels (BGH NJW 59, 2164). Ende: bei bestimmter Vertragsdauer der Ablauf; bei unbestimmter der Tag, auf den derjenige hätte kündigen können, der die längere Bestehenszeit behauptet (hM; BGH NJW-RR 92, 1359 mwN) oder der gekündigt hat (BGH NZM 99, 21), bei Mieterschutz (zB § 549 Abs 2 BGB) der vom Mieter beanspruchte Endzeitpunkt (BGH NJW-RR 92, 1359 für § 556a aF). – **c) Höchstbetrag** (letzter Hs) ist der 25fache Jahreszins. **6**

§ **9** Wiederkehrende Nutzungen oder Leistungen

[1]**Der Wert des Rechts auf wiederkehrende Nutzungen oder Leistungen wird nach dem dreieinhalbfachen Wert des einjährigen Bezuges berechnet.** [2]**Bei bestimmter Dauer des Bezugsrechts ist der Gesamtbetrag der künftigen Bezüge maßgebend, wenn er der geringere ist.**

1. Anwendungsbereich. – **a) Grundsatz.** § 9 gilt für den Zustän- **1** digkeits- und Rechtsmittelstreitwert, soweit nicht § 23 Nr 2 GVG vorgeht oder eine ausschließliche Zuständigkeit besteht, für den Gebührenstreitwert nur, soweit die Sonderregeln § 16 Abs 1, 5, § 17 GKG nicht eingreifen. – **b) Recht** iS des § 9: Nutzungen wie § 100 BGB, **2** Leistungen wie § 241 BGB. Sie müssen wiederkehrend, nicht notwendig in regelmäßigen Abständen fällig werden, annähernd gleichmäßig

sein und auf einem einheitlichen Rechtsgrund beruhen. Bsp: Renten aller Art, auch Altenteil und aus unerlaubter Handlung (§§ 843, 844 BGB); Reallasten (Frankfurt Rpfleger 82, 157); Unterhaltsansprüche (BGH NJW 97, 1016; für den GStrW aber § 17 GKG); Lohn und Gehalt (für GStrW vgl § 3 Rn 100); Erbbauzinsen (München Büro 77, 1003); künftige Miete und Pacht (Stuttgart WuM 97, 278; bestr), zB deren Erhöhung (LG Kiel ZMR 94, 480; aA LG Köln WuM 97, 279: § 3), insbes bei gewerblichen Räumen (Brandenburg NJW-RR 96, 844). Nicht: Wohnrecht (§ 3 Rn 181); Nießbrauch (§ 3 Rn 110); Jagd- und Fischereirecht (§ 3 Rn 90); Schadensersatzanspruch gegen einen RA wegen schuldhaften Verlusts eines unter § 9 fallenden An-
3 spruchs (BGH Rpfleger 79, 59). – **c) Klageart.** § 9 ist nur anwendbar, wenn das Recht selbst geltend gemacht wird, nicht nur Einzelleistungen oder Rückstände daraus. Es muss auf Leistung, Abtretung oder Abänderung (§ 323) geklagt werden. Bei einer Feststellungsklage gibt § 9 die Höchstgrenze; idR ist ein Abschlag vorzunehmen (§ 3 Rn 65). –
4 **d) Ungewisse Bezugsdauer.** Darauf ist S 1 zugeschnitten und auch anwendbar, wenn ein dreieinhalbjähriger Bezug nicht sicher zu erwarten und zweifelhaft ist. Keinesfalls darf ein Abschlag vorgenommen werden.

5   **2. Berechnung** der Höhe. Bei ungleichmäßigen Beträgen ist der höchste der streitigen Jahresbeträge maßgebend (hM). Bei Naturalien
6 wird ihr Wert nach § 3 geschätzt. – **a) Bestimmte Dauer** des Bezugsrechts: Gesamtbetrag der künftigen Leistungen; aber Höchstgrenze
7 ist der dreieinhalbfache Jahresbetrag. – **b) Unbestimmte Dauer** ist gegeben bei Gewissheit des Wegfalls zu ungewisser Zeit, insbes wenn das Bezugsrecht mit dem Tode entfällt: Wert ist der dreieinhalbfache Jahresbetrag (S 1). Bsp: Monatlich 500 € bedeutet 21 000 € Wert.

§ 10 *(aufgehoben)*

§ 11 Bindende Entscheidung über Unzuständigkeit

    Ist die Unzuständigkeit eines Gerichts auf Grund der Vorschriften über die sachliche Zuständigkeit der Gerichte rechtskräftig ausgesprochen, so ist diese Entscheidung für das Gericht bindend, bei dem die Sache später anhängig wird.

1   **1. Voraussetzungen.** – **a) Anwendbar** ist § 11 für die sachliche (3 vor § 1), und entspr für die funktionelle Zuständigkeit (2 vor § 1), auch im Verhältnis der streitigen zur freiwilligen Gerichtsbarkeit (BGH 97, 287). Nicht anwendbar für die örtliche Zuständigkeit (hM; BGH NJW
2 97, 869). – **b) Rechtskräftiger Ausspruch** der Unzuständigkeit durch Urteil oder Beschluss, soweit er der materiellen Rechtskraft fähig ist (§ 329 Rn 13; StJRoth 6). Rechtskraft (vgl § 19 EGZPO) muss formell (§ 705) und materiell (§ 322) gegeben sein, insbes wenn die Klage wegen sachlicher Unzuständigkeit als unzulässig abgewiesen wurde. Für

Verweisungsbeschlüsse gelten die Sonderregeln in § 281 Abs 2 und § 506.

2. Wirkung. Jedes Gericht (auch das selbe), bei dem die Sache spä- 3 ter anhängig wird, ist an die ausgesprochene Unzuständigkeit gebunden, nicht aber an einen Ausspruch, dass ein bestimmtes Gericht zuständig sei. Erklärt sich auch das später angegangene Gericht für unzuständig, ist nach § 36 Abs 1 Nr 6 zu verfahren.

Titel 2. Gerichtsstand

Vorbemerkungen

I. Begriff des Gerichtsstands

Unter Gerichtsstand iS dieses Titels ist grundsätzlich die örtliche Zu- 1 ständigkeit (4 vor § 1) zu verstehen. Der Sprachgebrauch der ZPO ist jedoch uneinheitlich, da mit Gerichtsstand in § 40 Abs 2 S 1 und in § 802 auch die sachliche Zuständigkeit umfasst wird. Die Vorschriften über die örtliche Zuständigkeit sind nicht nur in den §§ 12 34 geregelt. Zahlreiche Vorschriften sind in der ZPO verstreut (zB §§ 64, 603, 606, 764), finden sich aber auch in vielen anderen Gesetzen. Sie begründen oft eine ausschließliche Zuständigkeit (9 vor § 1) und sind besonders zu beachten (vgl Rn 6). Ergibt sich für den Rechtsstreit keine Zuständigkeit eines deutschen Gerichts, so fehlt die internationale Zuständigkeit (5 vor § 1).

II. Arten der Gerichtsstände

1. Allgemeiner Gerichtsstand einer Person ist derjenige, der für alle 2 Klagen gegen diese Person gilt (§§ 12–19 a), sofern nicht im Einzelfall ein ausschließlicher Gerichtsstand bestimmt ist.

2. Besondere Gerichtsstände sind solche, die nur für einzelne be- 3 stimmte Klagen gegeben sind. Das sind die der §§ 20–34 sowie die sonstigen Zuständigkeitsvorschriften des ZPO oder der besonderen Gesetze (vgl Rn 1).

3. Ausschließliche und nicht ausschließliche Gerichtsstände (vgl 9 4 vor § 1). Dieser Unterschied ist bedeutsam für die Wahl (§ 35) und Vereinbarung (§§ 38–40) des Gerichtsstandes (vgl Rn 7).

4. Sonstige Einteilungen in persönliche und sachliche, sowie in 5 gesetzliche (§§ 12–34), gerichtlich bestimmte (§ 36) und vereinbarte (§§ 38–40) Gerichtsstände sind mehr von theoretischer Bedeutung.

III. Behandlung der örtlichen Zuständigkeit 6

1. Grundsatz. Für jede Klage und für jeden Streitgegenstand (Einl II) ist auf Grund der vorgebrachten Tatsachen das örtlich zuständige Gericht von Amts wegen festzustellen, da es sich um eine Prozessvoraussetzung handelt (12 vor § 253). Fehlt dem angegangenen Gericht die örtliche Zuständigkeit, ist nach 11 vor § 1 zu verfahren.

7   **2. Konkurrenz mehrerer Gerichtsstände.** Für die Feststellung der örtlichen Zuständigkeit des angegangenen Gerichts genügt es, dass der allgemeine (§§ 12–18) oder ein besonderer Gerichtsstand (vgl Rn 3) gegeben ist und nicht ein anderes Gericht ausschließlich (9 vor § 1) zuständig ist (§ 12); denn zwischen mehreren zuständigen Gerichten darf der Kläger wählen (§ 35). Es ist also stets zu prüfen, ob für den Streitgegenstand eine ausschließliche Zuständigkeit besteht. Es genügt für das Urteil, dass die örtliche Zuständigkeit allein aus diesen Umständen folgt.

8   **3. Konkurrenz von Ansprüchen** (vgl Einl II Rn 16). Kommen bei einem Streitgegenstand mehrere Anspruchsgrundlagen in Betracht, also verschiedene rechtliche Gesichtspunkte für die Begründung eines prozessualen Anspruchs (zB Zahlung von 1000 € aus Vertrag, unerlaubter Handlung und ungerechtfertigter Bereicherung) und ist das Gericht (zB wegen § 29 oder § 32) nur aus einer Anspruchsgrundlage zuständig, so durfte nach früher hM nur diese berücksichtigt werden (BGH, stRspr NJW 86, 2436 mwN). Wegen § 17 Abs 2 GVG wird zunehmend die Ansicht vertreten, dass jedenfalls bei einem einheitlichen Sachverhalt über die konkurrierenden Anspruchsgrundlagen mit entschieden werden darf (BayObLG NJW-RR 96, 508). Dem ist aus Gründen der Praktikabilität zuzustimmen und daher ein Gerichtsstand des Sachzusammenhangs anzunehmen (ZöVollkommer § 12 Rn 20, 21 mwN; Schwab Fs für Zeuner S 499; vgl auch § 32 Rn 6; aA Musielak/Smid § 12 Rn 8–10; mit Einschränkungen Spiekholt ZZP 109, 493).

§ 12 Allgemeiner Gerichtsstand; Begriff

Das Gericht, bei dem eine Person ihren allgemeinen Gerichtsstand hat, ist für alle gegen sie zu erhebenden Klagen zuständig, sofern nicht für eine Klage ein ausschließlicher Gerichtsstand begründet ist.

1   Für natürliche Personen ergibt sich der allg Gerichtsstand aus den §§ 13–16, für juristische Personen aus § 17, für den Staat (Fiskus) aus den §§ 18, 19. Es ist auf den Gerichtsstand abzustellen, der für die jeweils beklagte Person zutrifft. Ausschließliche Gerichtsstände (9 vor § 1) gehen stets vor (letzter Hs; vgl 7 vor § 12).

§ 13 Allgemeiner Gerichtsstand des Wohnsitzes

Der allgemeine Gerichtsstand einer Person wird durch den Wohnsitz bestimmt.

1   **Wohnsitz** ist für § 13 den §§ 7–11 BGB zu entnehmen. Danach kommt es auf den Ort an iS des § 7 BGB als kleinste politische Einheit

(Gemeinde, Stadt), in der die Wohnung liegt (Palandt § 7 Rn 1). Das ist nicht ein Seeschiff (aA LG Hamburg NJW-RR 95, 184). Bei mehrfachem Wohnsitz sind ebenso viele allgemeine Gerichtsstände gegeben; es gilt § 35. Wegen der Grenzen der deutschen Gerichtsbarkeit kommt für § 13 nur der Wohnsitz im Inland in Betracht (Köln IPRax 03, 459). **International.** Die Staatsangehörigkeit der Person ist gleichgültig; daher gilt § 13 auch für Ausländer mit Wohnsitz im Inland. Auch die EuGVVO (dort Art 2) stellt auf den Wohnsitz ab. **2**

§ 14 (weggefallen)

§ 15 Allgemeiner Gerichtsstand für exterritoriale Deutsche

(1) ¹**Deutsche, die das Recht der Exterritorialität genießen, sowie die im Ausland beschäftigten deutschen Angehörigen des öffentlichen Dienstes behalten den Gerichtsstand ihres letzten inländischen Wohnsitzes. ²Wenn sie einen solchen Wohnsitz nicht hatten, haben sie ihren allgemeinen Gerichtsstand am Sitz der Bundesregierung.**

(2) **Auf Honorarkonsuln ist diese Vorschrift nicht anzuwenden.**

Exterritoriale: entspr dem in §§ 18, 19 GVG dargestellten Begriff. **1**
Öffentlicher Dienst: neben Beamten, Richtern und Soldaten auch Angestellte und Arbeiter aller Dienststellen des Bundes, der Länder, sonstiger Körperschaften, Anstalten und Stiftungen des öffentlichen Rechts sowie öffentlich-rechtlicher Sondervermögen. **Wohnsitz:** wie § 13; gilt **2** auch für den abgeleiteten Wohnsitz des § 11 BGB. **Zweck.** § 15 soll die Ausübung der deutschen Gerichtsbarkeit auch gegenüber diesen Personen sichern (Köln IPRax 03, 59). **Wirkung.** § 15 regelt nur den allgemeinen Gerichtsstand; die besonderen Gerichtsstände (§§ 20–34) bestehen unabhängig von § 15. **3**

§ 16 Allgemeiner Gerichtsstand wohnsitzloser Personen

Der allgemeine Gerichtsstand einer Person, die keinen Wohnsitz hat, wird durch den Aufenthaltsort im Inland und, wenn ein solcher nicht bekannt ist, durch den letzten Wohnsitz bestimmt.

Voraussetzung. Die Person darf weder im Inland noch im Ausland **1** einen Wohnsitz haben, also überhaupt keinen (Köln IPRax 03, 59), dh dass ein Wohnsitz nicht bekannt ist, sei es entweder ein solcher im Inland oder im Ausland. Steht die Aufgabe des Wohnsitzes fest, ist § 16 solange anzuwenden, bis klargestellt ist, dass ein neuer Wohnsitz begründet wurde (StJ Schumann 13 mwN; unklar Zweibrücken Rpfleger 99, 499). Wohnsitzlos ist auch, wer seinen dauernden Aufenthalt auf einem Seeschiff hat (aA LG Hamburg NJW-RR 95, 194; vgl § 13

2 Rn 2). **Wirkung.** Für den Gerichtsstand ist in erster Linie der Aufenthaltsort im Inland zZ der Klageerhebung (§ 253 Abs 1) maßgebend. Späterer Wechsel verändert die Zuständigkeit nicht (§ 261 Abs 3 Nr 2), auch wenn der Aufenthalt nur vorübergehend oder unfreiwillig ist. Ist ein Aufenthaltsort der wohnsitzlosen Person im Inland nicht bekannt, so ist der letzte Wohnsitz (§ 13 Rn 1) allgemeiner Gerichtsstand, sofern er im Inland lag.

§ 17 Allgemeiner Gerichtsstand juristischer Personen

(1) [1]**Der allgemeine Gerichtsstand der Gemeinden, der Korporationen sowie derjenigen Gesellschaften, Genossenschaften oder anderen Vereine und derjenigen Stiftungen, Anstalten und Vermögensmassen, die als solche verklagt werden können, wird durch ihren Sitz bestimmt. [2]Als Sitz gilt, wenn sich nichts anderes ergibt, der Ort, wo die Verwaltung geführt wird.**

(2) **Gewerkschaften haben den allgemeinen Gerichtsstand bei dem Gericht, in dessen Bezirk das Bergwerk liegt, Behörden, wenn sie als solche verklagt werden können, bei dem Gericht ihres Amtssitzes.**

(3) **Neben dem durch die Vorschriften dieses Paragraphen bestimmten Gerichtsstand ist ein durch Statut oder in anderer Weise besonders geregelter Gerichtsstand zulässig.**

1 **1. Anwendbar** ist § 17: – **a) Persönlich** auf alles, was passiv parteifähig ist (vgl § 50 Rn 2), mit Ausnahme von natürlichen Personen, Bund und Ländern (vgl § 18); insbes auf alle anderen juristischen Personen öffentlichen und privaten Rechts (zB Gemeinden, Gemeindeverbände, AG, GmbH, Genossenschaften, Stiftungen), ferner auf oHG, KG, Partnerschaftsgesellschaft, nichtrechtsfähige Vereine (§ 50 Abs 2), auch auf die BGB-Gesellschaft sofern sie im Rechtsverkehr nach außen hervorgetreten ist (§ 50 Rn 4; LG Bonn NJW-RR 02, 1399). Über § 10 ArbGG ist in der Arbeitsgerichtsbarkeit § 17 auf weitere Verbände und Stellen anwendbar. Abs 2 ist für die bergrechtli-
2 che Gewerkschaft praktisch gegenstandslos. – **b) Zeitlich** vom Entstehen der Partei bis zur Beendigung der Liquidation oder dem Ende der Parteifähigkeit.

3 **2. Wirkung.** Der Gerichtsstand ist nicht ausschließlich und wird idR bestimmt durch den in der Satzung (Statut) festgelegten Sitz der Partei (zB § 23 Abs 3 Nr 1 AktG), hilfsweise den Ort, an dem die Verwaltung geführt wird (Abs 1 S 2), dh wo die geschäftliche Leitung durch die gesetzlichen Vertreter ständig ausgeübt wird (fingierter Sitz). Das gilt entspr für die BGB-Gesellschaft (Wertenbruch NJW 02, 324). Über Abs 3 kann noch ein weiterer allgemeiner Gerichtsstand neben dem des Abs 1 geschaffen werden, Nebensitz genannt. Außer Satzung (Statut) kommen Gesetz und VO in Betracht.

§ 18 Allgemeiner Gerichtsstand des Fiskus

Der allgemeine Gerichtsstand des Fiskus wird durch den Sitz der Behörde bestimmt, die berufen ist, den Fiskus in dem Rechtsstreit zu vertreten.

Fiskus ist der Staat (Bund oder Land). Welche Behörde ihn gesetz- **1** lich vertritt, ist im Einzelfall den jeweils geltenden Gesetzen oder VOen zu entnehmen (vgl § 51 Rn 7). Dies ist für jeden Streitgegenstand gesondert festzustellen: **Sitz:** ist durch Gesetz oder VO bestimmt; sonst **2** wie in § 17 Rn 3 festzustellen, wobei das Dienstgebäude maßgebend ist. **Besondere Gerichtsstände** bleiben daneben unberührt, insbes § 29.

§ 19 Mehrere Gerichtsbezirke am Behördensitz

Ist der Ort, an dem eine Behörde ihren Sitz hat, in mehrere Gerichtsbezirke geteilt, so wird der Bezirk, der im Sinne der §§ 17, 18 als Sitz der Behörde gilt, für die Bundesbehörden von dem Bundesminister der Justiz, im übrigen von der Landesjustizverwaltung durch allgemeine Anordnung bestimmt.

Gilt nur für Behörden, nicht für andere unter § 17 fallende Parteien. **1**

§ 19 a Allgemeiner Gerichtsstand des Insolvenzverwalters

Der allgemeine Gerichtsstand eines Insolvenzverwalters für Klagen, die sich auf die Insolvenzmasse beziehen, wird durch den Sitz des Insolvenzgerichts bestimmt.

Allgemeiner Gerichtsstand: 2 vor § 12. **Insolvenzverwalter:** ab **1** Bestellung (§ 56 InsO) bis zur Entlassung (§ 59 InsO). Bei Wechsel besteht die Zuständigkeit fort (§ 261 Abs 3 Nr 2). **Insolvenzmasse:** Le- **2** galdefinition in § 35 InsO. Umfang: § 36 InsO. **Klagen** aller Art, wenn sie gegen den Insolvenzverwalter gerichtet sind und sich auf die Insolvenzmasse beziehen, zB auf Aussonderung (§ 47 InsO) und Absonderung (§§ 49–51 InsO), ferner alles, was zu ihrer Verwaltung gehört (§ 148 Abs 1 InsO); jedenfalls Passivprozesse (Schleswig MDR 01, 1375). Für Klagen, die der Insolvenzverwalter erhebt, verbleibt es bei den allgemeinen Zuständigkeitsregeln. Nicht unter § 19 a fallen die Feststellungsklagen zur Tabelle (§ 179 InsO); für diese gilt die ausschließliche Zuständigkeit des § 180 InsO. **Sitz des Insolvenzgerichts:** § 3 InsO.

§ 20 Besonderer Gerichtsstand des Aufenthaltsortes

Wenn Personen an einem Ort unter Verhältnissen, die ihrer Natur nach auf einen Aufenthalt von längerer Dauer hinweisen, insbesondere als Hausgehilfen, Arbeiter, Gewerbegehilfen, Studierende, Schüler oder Lehrlinge sich aufhalten, so ist das Gericht des Aufenthaltsortes für alle Klagen zuständig, die gegen

diese Personen wegen vermögensrechtlicher Ansprüche erhoben werden.

1   **Personen:** nur natürliche, In- und Ausländer. **Aufenthalt.** Er muss auf längere Dauer berechnet sein (nicht nur vorübergehend, wie zB bei Geschäftsreisenden, Gastspiel eines Schauspielers), ohne dass ein Wohnsitz begründet wird. Weitere Bsp: Ferien- und Wochenendhaus (Koblenz NJW 79, 1308); längerdauernder Aufenthalt in Krankenhaus, Justizvollzugsanstalt (BGH NJW 97, 1154); Teilnahme an Lehrgängen, Beamten-
2   tenvorbereitungsdienst. **Vermögensrechtliche Ansprüche:** Einl IV Rn 1, 2, auch solche, die zum Aufenthalt keine Beziehung haben.

§ 21 Besonderer Gerichtsstand der Niederlassung

(1) **Hat jemand zum Betriebe einer Fabrik, einer Handlung oder eines anderen Gewerbes eine Niederlassung, von der aus unmittelbar Geschäfte geschlossen werden, so können gegen ihn alle Klagen, die auf den Geschäftsbetrieb der Niederlassung Bezug haben, bei dem Gericht des Ortes erhoben werden, wo die Niederlassung sich befindet.**

(2) **Der Gerichtsstand der Niederlassung ist auch für Klagen gegen Personen begründet, die ein mit Wohn- und Wirtschaftsgebäuden versehenes Gut als Eigentümer, Nutznießer oder Pächter bewirtschaften, soweit diese Klagen die auf die Bewirtschaftung des Gutes sich beziehenden Rechtsverhältnisse betreffen.**

1   1. **Voraussetzungen.** Es müssen vorliegen: – **a) Gewerbebetrieb** des Beklagten. Das ist im weitesten Sinne zu verstehen; auch freie Be-
2   rufe. Für Landwirtschaft gilt Abs 2. – **b) Niederlassung** ist ein bestimmter Ort, an dem das Gewerbe ausgeübt wird (als einzige Stelle, Zentrale oder Zweigniederlassung); hierzu ist mindestens ein Raum oder Grundstücksteil nötig. Sie muss auf eine längere Dauer angelegt sein (hM). Diese Voraussetzung kann bei einer ausländischen Handelsgesellschaft durch eine im Handelsregister eingetragene inländische Niederlassung (Düsseldorf Rpfleger 97, 32) oder die in Form einer deutschen GmbH betriebenen Generalrepräsentanz einer ausländischen Firma erfüllt werden (München WM 75, 872); ebenso durch ein mit mehreren Angestellten besetztes Büro einer ausländischen Fluggesellschaft (Düsseldorf MDR 78, 930). Nicht bei einer Bausparkasse das Geschäftslokal ihres Vermittlungsvertreters (BayObLG MDR 89, 459) oder bei einer Versicherung das Schadensbüro (LG Karlsruhe VersR 97,
3   384). – **c) Selbständigkeit** der Niederlassung, nämlich (mindestens vorgesehener) endgültiger und selbständiger Abschluss von Geschäften, unmittelbar von ihr aus (BGH NJW 87, 3081), wobei dies nicht nur ausnahmsweise oder nur für untergeordnete Geschäfte geschehen darf, sondern für einen Großteil der Geschäfte üblich sein muss (für Verkaufs- und Montagebüro bejaht von Frankfurt MDR 79, 1026). Wa-

renlager, Annahmestellen und Vertretungen genügen daher in der Regel nicht, insbes, wenn sie nur Vertragsangebote vermitteln (BGH aaO). Es kommt auf den äußeren Anschein an (hM; AG Köln NJW-RR 93, 1503 mwN). – **d) Bezug** der Klage auf den Geschäftsbetrieb der **4** Niederlassung, und zwar unmittelbar auf deren Zweck, gleich aus welchem Rechtsgrund. Nicht notwendig ist, dass das Geschäft aus dem Betrieb der Niederlassung hervorgegangen, am Ort der Niederlassung selbst oder von ihr aus abgeschlossen ist und die für eine Niederlassung erforderliche **Selbständig**keit erkennen lässt (BGH NJW 75, 2142). Für die arbeitsgerichtliche Zuständigkeit muss sich der Arbeitsvertrag gerade auf die Niederlassung beziehen. Nicht genügt, dass sich Sachen in der Niederlassung befinden und dort verwahrt werden, wenn das Geschäft, aus dem der Anspruch stammt, nicht von oder für diese Niederlassung abgeschlossen wurde (BGH 4, 62). § 21 ist nicht auf Geschäfte anwendbar, die den Betrieb der Niederlassung erst ermöglichen sollen (LG Hamburg MDR 76, 760; Hamm OLGZ 91, 79; aA StJSchumann 15).

2. Wirkung. Nur für Passivprozesse des Unternehmens; daher nicht **5** für den Mahnantrag (BayObLG Rpfleger 02, 528). Es wird neben dem allgemeinen Gerichtsstand (§§ 13, 17) ein besonderer Gerichtsstand begründet. Prozesspartei ist nicht die Niederlassung, sondern deren Inhaber. § 21 führt auch zur internationalen Zuständigkeit (vgl 5, 6 vor § 1). Im Anwendungsbereich der EuGVVO ist deren Art 5 Nr 5 (dort Rn 15–17) zu beachten.

§ 22 Besonderer Gerichtsstand der Mitgliedschaft

Das Gericht, bei dem Gemeinden, Korporationen, Gesellschaften, Genossenschaften oder andere Vereine den allgemeinen Gerichtsstand haben, ist für die Klagen zuständig, die von ihnen gegen ihre Mitglieder als solche oder von den Mitgliedern in dieser Eigenschaft gegeneinander erhoben werden.

1. Anwendungsbereich. Er sollte restriktiv gehandhabt werden **1** und umfasst alle Parteien, die unter § 17 fallen (vgl dort Rn 1), auch die BGB-Gesellschaft (vgl § 17 Rn 1; LG Bonn NJW-RR 02, 1399) GmbH-Vorgesellschaft und nichtrechtsfähige Vereine (StJSchumann 6), ferner VVaG (hM), auch überregionale Vereine und Großverbände. Arbeitnehmer-Gewerkschaften fallen als Vereine unter § 22 (hM; BGH NJW 80, 343). Mitglieder: insbes Gesellschafter; auch der Insolvenzverwalter (Karlsruhe ZIP 98, 1005 für § 37 KO). Zeitlich wie § 17 Rn 2. Alle Streitigkeiten, auch nichtvermögensrechtliche (Einl IV Rn 3, 4).

2. Wirkung. – a) Grundsatz. Der dem § 22 zu entnehmende Ge- **2** richtsstand gilt für alle Klagen, die sich auf Mitglieder (auch ausgeschiedene und Rechtsnachfolger) als solche beziehen, dh aus dem Rechtsverhältnis ihrer Mitgliedschaft folgen, und zwar für Klagen zwischen der jeweiligen Partei iS des § 17 (dort Rn 1) und ihren Mitgliedern (zB auf Beiträge, Ausschluss, Aufwendungsersatz); auch für Klagen der Mitglieder untereinander, insbes bei oHG und KG, zB auf Ausgleich wegen § 421 BGB, § 128 HGB). § 22 gilt aber nicht, wenn der Insolvenzverwalter den Kommanditisten nach § 171 HGB belangt (Schleswig

3 ZIP 80, 256 für Konkursverwalter). – **b) Ausschluss** des § 22. Gesetzlich bestimmte besondere Gerichtsstände, insbes in den §§ 132, 246, 249 AktG, § 51 Abs 3 GenG, § 61 Abs 3 GmbHG bewirken ausschließliche Zuständigkeit (10 vor § 1) und sind daher zu beachten.

§ 23 Besonderer Gerichtsstand des Vermögens und des Gegenstands

[1] **Für Klagen wegen vermögensrechtlicher Ansprüche gegen eine Person, die im Inland keinen Wohnsitz hat, ist das Gericht zuständig, in dessen Bezirk sich Vermögen derselben oder der mit der Klage in Anspruch genommene Gegenstand befindet.** [2] **Bei Forderungen gilt als der Ort, wo das Vermögen sich befindet, der Wohnsitz des Schuldners und, wenn für die Forderungen eine Sache zur Sicherheit haftet, auch der Ort, wo die Sache sich befindet.**

1 **1. Allgemeines.** E. Schumann ZZP 93, 408 fordert mit beachtlichen Gründen eine restriktive Anwendung. – **a) Zweck:** erleichterte Rechtsverfolgung für die Gläubiger von Personen, die im Ausland woh-

2 nen oder sich wohnsitzlos im Inland aufhalten. – **b) Anwendungsbereich:** nur vermögensrechtliche Ansprüche (Einl IV Rn 1, 2), einschließlich Arrest, einstweiliger Verfügung und ZwVollstr. Nur wenn der Beklagte im Inland keinen Wohnsitz (§§ 7–11 BGB) hat. Seine Staatsangehörigkeit ist ebenso wie die des Klägers gleichgültig. § 23 gilt auch, wenn der Kläger Ausländer ist (hM; dagegen stark einschränkend E. Schumann aaO S 432). § 23 gilt auch für die internationale Zuständigkeit (5 vor § 1; BGH NJW 97, 325 mwN), bei der 1. Alt aber nur, wenn der Rechtsstreit einen hinreichenden Inlandbezug aufweist (BGH 115, 90 = ZZP 105, 314 mit Anm von W. Lüke = JZ 92, 51 mit abl Anm von Schack; BAG NZA 97, 1182; Fricke NJW 92, 3066). Ein (zusätzlicher) Inlandbezug ist entbehrlich, wenn ein sonstiger Gerichtsstand im Inland nicht besteht (BGH NJW 97, 325 = JZ 97, 362 mit Anm von Schlosser). Zur Bestimmung des Inlandbezugs Mack/Ziegenhain NJW 92, 3062. Obwohl der Wortlaut im Gesetzestext die Beschränkung auf natürliche Personen (§ 13) nahelegt, wird § 23 auch auf juristische Personen angewendet (BAG NJW 85, 2911 mwN) und dabei auf Sitz oder Niederlassung abgestellt (München NJW-RR 93, 701). Keinesfalls darf die juristische Person mit ihrem Alleingesellschaf-

3 ter gleichgesetzt werden (BGH NJW 93, 2683). – **c) Unanwendbar** ist § 23 für die internationale Zuständigkeit im Geltungsbereich der EuGVVO (dort Art 3 Rn 1). Wegen Subsidiarität ist § 23 unanwendbar, soweit §§ 15, 16, § 17 Abs 3 oder § 20 erfüllt sind (StJSchumann

8–10; aA die hM: § 35). – **d) Abdingbarkeit** des § 23 ist jedenfalls zu **4** bejahen (BGH 94, 158). – **e) Prüfung** der Voraussetzungen des § 23 geschieht von Amts wegen (Rn 12 vor § 253). Behauptungs- und Beweislast trifft den Kläger. Schlüssiger Vortrag genügt (Schlosser JZ 97, 364).

2. Gerichtsstand des Vermögens (S 1, 1. Alt). – **a) Maßgebender** **5** **Zeitpunkt:** Klageerhebung (§ 253 Abs 1); jedoch genügt es, wenn zZ der letzten mdl Vhdlg (§ 296 a) Vermögen im Gerichtsbezirk ist. – **b) Vermögen** ist grundsätzlich jeder geldwerte Gegenstand; er muss **6** einen selbständigen Verkehrswert haben (für restriktive Auslegung Geimer JZ 84, 979). Es wird auch auf möglichen Vollstreckungszugriff abgestellt (München NJW-RR 93, 701). Daher nicht: Gestaltungsrechte (StJSchumann 12), Aktenstücke, Briefe, Auskunftsanspruch. Der Gegenstand muss gegenwärtig sein. Das sind auch bedingte und befristete Rechte (insbes Anwartschaftsrechte), gem § 923 erbrachte Arrestsicherheiten (Frankfurt OLGZ 83, 99), eine nicht valutierte Grundschuld (BGH NJW 89, 1154); nicht aber künftige Rechte, dh solche, deren rechtserzeugende Tatsachen noch nicht eingetreten sind. Unerheblich ist, ob die im Inland belegenen Vermögensstücke für den Klaganspruch ausreichen (BGH NJW-RR 91, 425) und ob sie in einem angemessenen Verhältnis zum Streitwert stehen (BGH NJW 97, 325 mwN; aA bei extrem niedrigem Vermögen Celle NJW-RR 99, 1722). Eine unbestrittene Forderung des Beklagten gegen den Kläger kann ausreichen (vgl Saarbrücken NJW 00, 670). Zweifelhaft und umstr ist, ob ein Bankguthaben auch dann Vermögen ist, wenn eine Aufrechnungslage besteht (bejahend Düsseldorf NJW 91, 3103). – **c) Maßgebender Ort** **7** bei einer Sache ist der, wo sie liegt oder sich befindet. Das gilt entspr für Rechte aus Inhaber- und Orderpapieren, insbes Aktien und Wechsel. Bei Forderungen (S 2) kommt es immer auf den Wohnsitz (§§ 7–11 BGB) oder Sitz (§ 17) des Schuldners an, gegen den die Forderung der im Inland wohnsitzlosen Person gerichtet ist. Das kann auch der Kläger sein. Unterhält der Schuldner ein Bankguthaben, so ist der Sitz der Bank maßgebend (BGH NJW-RR 88, 171). Daneben (also nicht alternativ) ist Gerichtsstand der Ort, wo die Sache liegt, falls sie (zB aus Pfandrecht) für die Forderung haftet (S 2).

3. Gerichtsstand des Streitobjekts (S 1, 2. Alt). Deckt diejenigen **8** Fälle ab, in denen die 1. Alt versagt, falls nämlich der beanspruchte Gegenstand nicht zum Vermögen des Beklagten gehört. Es fallen alle Gegenstände (Sachen und Rechte) darunter (allgM). Maßgebender Ort: wie Rn 7. Beansprucht wird der Gegenstand durch jede Leistungs- oder Feststellungsklage, auch eine negative (hM; BGH NJW 77, 1637).

4. Wirkung. Sie bezieht sich auf die internationale wie auf die örtli- **9** che Zuständigkeit. Dem steht nicht entgegen, dass ausländisches Recht anzuwenden ist (BGH NJW 97, 324). Befinden sich Vermögensstücke in mehreren Gerichtsbezirken, so sind mehrere Gerichtsstände gegeben und es gilt § 35. – **a) Arglist.** Der Gerichtsstand des § 23 wird nicht **10**

dadurch begründet, dass der Kläger einen Vermögensgegenstand her-
beischafft, um die Zuständigkeit des § 23 herbeizuführen. Überhaupt ist
11 Treu und Glauben zu beachten (StJSchumann 29). – **b) Fortbestand.**
§ 261 Abs 3 Nr 2 gilt, so dass die Zuständigkeit fortbesteht, wenn der
Beklagte Vermögen oder Streitobjekt wegschafft (hM; für Einschränkung bei Aufrechnung wegen Rückwirkung des § 389 BGB: StJSchu-
12 mann 14). – **c) Doppelte internationale Rechtshängigkeit** (§ 261
Abs 3 Nr 1). Bei positiver Anerkennungsprognose (vgl § 328) ist die
Klage grundsätzlich als unzulässig abzuweisen, wenn der ausländische
Prozess zuerst rechtshängig geworden ist (BGH NJW 86, 2195; Frankfurt IPRax 88, 24).

§ 23 a Besonderer Gerichtsstand für Unterhaltssachen

**Für Klagen in Unterhaltssachen gegen eine Person, die im
Inland keinen Gerichtsstand hat, ist das Gericht zuständig, bei
dem der Kläger im Inland seinen allgemeinen Gerichtsstand
hat.**

1   **Anwendungsbereich:** außer Klagen auch Anträge auf Arrest und
einstweilige Verfügung. Art 5 Nr 2 EuGVVO geht vor und schließt
2 § 23a aus (Art 5 Rn 1 EuGVVO). **Unterhaltssachen:** gesetzliche und
vertragliche Unterhaltsansprüche, also nicht nur von Kindern. Auch für
Klagen und Anträge des Unterhaltsverpflichteten, zB aus § 323 (hM;
BGH NJW-RR 87, 1474; BayObLG 85, 18) sowie für Freistellung und
Erstattungsanspruch des einen gegen den anderen Unterhaltsverpflichteten (BGH 106, 300). **Kein inländischer Gerichtsstand.** Es darf auch
3 nicht der des § 23 gegeben sein; das setzt § 23a voraus. **Allgemeiner
Gerichtsstand:** 2 vor § 12.

§ 24 Ausschließlicher dinglicher Gerichtsstand

(1) **Für Klagen, durch die das Eigentum, eine dingliche Belastung oder die Freiheit von einer solchen geltend gemacht
wird, für Grenzscheidungs-, Teilungs- und Besitzklagen ist,
sofern es sich um unbewegliche Sachen handelt, das Gericht
ausschließlich zuständig, in dessen Bezirk die Sache belegen
ist.**

(2) **Bei den eine Grunddienstbarkeit, eine Reallast oder ein
Vorkaufsrecht betreffenden Klagen ist die Lage des dienenden
oder belasteten Grundstücks entscheidend.**

1   **1. Anwendungsbereich.** Der sog dingliche Gerichtsstand gilt nur
für unbewegliche Sachen. Das sind: Grundstücke mit allen ihren (auch
unwesentlichen) Bestandteilen (§§ 93–96 BGB), also auch den subjektiv-dinglichen Rechten (vgl Abs 2 und § 96 BGB), nicht aber sonstigen
Rechten an Grundstücken. § 24 gilt für grundstücksgleiche Rechte
(wie § 864 Rn 5), Bruchteile von Grundstücken oder grundstücksglei-
chen Rechten. Das sind insbes Miteigentum (§ 1008 BGB) und Woh-

nungseigentum (§§ 1, 2 WEG). Eine Sonderregelung mit ausschließlicher Zuständigkeit besteht für Erbbau- und Ankaufsrechte in § 103 Abs 1 Sachenrechtsänderungsgesetz.

2. Voraussetzungen. Die Klage muss sich auf ein Grundstück oder 2 Recht iS der Rn 1 beziehen. Dass die Zuständigkeit erst nach Klärung der Begründetheit festgestellt werden kann, steht nicht entgegen (Celle VersR 78, 570). Der Streitgegenstand (Einl II) muss unter folgende Gruppen einzuordnen sein: – **a) Aus Eigentum.** Es wird geltend gemacht 3 (Abs 1) insbes durch Anspruch auf Herausgabe (§ 985 BGB), Unterlassung (§ 1004 BGB), Grundbuchberichtigung (§ 894 BGB), auch durch Feststellungsklage (§ 256). Nicht: wenn Übereignung verlangt wird, selbst wenn der Anspruch durch Vormerkung gesichert ist oder wenn aus § 2018 BGB geklagt wird. – **b) Aus dinglicher Belastung.** Das 4 sind insbes die beschränkten dinglichen Rechte des BGB (Hypothek, Grundschuld, Reallast, Vorkaufsrecht usw), ferner die älteren (Art 184 EGBGB) und landesrechtlichen (Art 65 bis 74 EGBGB) Belastungen. Eine Vormerkung (§ 883 BGB) ist es nur, soweit die Wirkung des § 883 Abs 2 BGB gegen Dritte geltend gemacht wird (StJSchumann 16), aber nicht, wenn nur aus dem durch Vormerkung gesicherten Anspruch geklagt wird (allgM). Geltend gemacht wird die Belastung, wenn Feststellung, Zahlung oder Duldung der ZwVollstr, Erfüllung des Rechts, auch Grundbuchberichtigung (§ 894 BGB) verlangt wird; auch wenn der Pfändungsgläubiger einer Hypothek gegen den Eigentümer klagt oder umgekehrt auf Feststellung, dass sein Pfandrecht nicht bestehe (RG 149, 191). Nicht: wenn um die Inhaberschaft (oder Belastung) des belasteten Rechts gestritten oder dessen Übertragung verlangt wird. – **c) Freiheit von einer dinglichen Belastung.** Solche Belas- 5 tungen sind die in Rn 4 genannten Rechte, hier aber auch alle Vormerkungen. Geltend gemacht wird durch negative Feststellungsklage, Anspruch auf Grundbuchberichtigung, insbes Löschung (§ 894 BGB), aber auch durch Klage auf Aufhebung des Rechts aus schuldrechtlichem Anspruch (hM); nicht jedoch, wenn auf Übertragung einer Grundschuld wegen Erlöschens der gesicherten Forderung geklagt wird (BGH NJW 70, 1789). – **d) Besitzklagen:** aus Störung nach §§ 861, 6 862 BGB; nicht: aus anderen Ansprüchen auf Besitzverschaffung. – **e) Grenzscheidungsklagen:** §§ 919–923 BGB. – **f) Teilungskla- gen:** nur wenn der unter Rn 1 fallende Gegenstand (insbes das Grundstück) selbst geteilt werden soll (§§ 752, 753 BGB).

3. Wirkung. – **a) Zuständiges Gericht** ist das, in dessen Bezirk 7 das Grundstück gelegen ist. Nicht maßgebend ist, wo das Grundbuch geführt wird. Bei subjektiv-dinglichen Rechten kommt es auf das dienende Grundstück an (Abs 2). Beim Vorkaufsrecht nur das des § 1094 Abs 2 BGB. – **b) Ausschließliche Zuständigkeit:** 9 vor § 1. Die in- 8 ternationale Zuständigkeit (5, 6 vor § 1) wird im Geltungsbereich der EuGVO als ausschließlich durch dessen Art 22 Nr 1 bestimmt (dort Rn 1, 3), iü durch § 24 nicht ausgeschlossen (BGH NJW 98, 1321), so dass bei ausländischen Grundstücken im Einzelfall ein deutsches Gericht zutändig sein kann (umstr; vgl Wenner Fs Jagenburg 1013).

§ 25 Dinglicher Gerichtsstand des Sachzusammenhanges

In dem dinglichen Gerichtsstand kann mit der Klage aus einer Hypothek, Grundschuld oder Rentenschuld die Schuldklage, mit der Klage auf Umschreibung oder Löschung einer Hypothek, Grundschuld oder Rentenschuld die Klage auf Befreiung von der persönlichen Verbindlichkeit, mit der Klage auf Anerkennung einer Reallast die Klage auf rückständige Leistungen erhoben werden, wenn die verbundenen Klagen gegen denselben Beklagten gerichtet sind.

1   **1. Voraussetzungen.** Für eine Klage (auch die auf Feststellung) aus dinglichen Rechten, auf die sich § 25 bezieht, muss der § 24 zutreffen (vgl dort Rn 2–5). Die Schuldklage (dh die aus der gesicherten persönlichen Forderung) oder die Klage auf Befreiung von dieser persönlichen Schuld (auch negative Feststellungsklage) muss mit dieser Klage verbunden werden (§ 260). Es muss derselbe Beklagte sein. Für mehrere Beklagte ist § 36 Abs 1 Nr 3 anwendbar.

2   **2. Wirkung.** Das Gericht wird, falls nicht schon aus anderen Gründen derselbe Gerichtsstand (wie § 24) gegeben ist, für die gemäß § 260 verbundenen Klagen zuständig. § 25 bewirkt keinen ausschließlichen Gerichtsstand und keinen selbständigen Gerichtsstand für die in § 25 genannten Klagen aus persönlichen Forderungen. Für diese gilt § 26.

§ 26 Dinglicher Gerichtsstand für persönliche Klagen

In dem dinglichen Gerichtsstand können persönliche Klagen, die gegen den Eigentümer oder Besitzer einer unbeweglichen Sache als solche gerichtet werden, sowie Klagen wegen Beschädigung eines Grundstücks oder hinsichtlich der Entschädigung wegen Enteignung eines Grundstücks erhoben werden.

1   **1. Voraussetzungen.** § 26 ist anwendbar auf persönliche Klagen gegen Eigentümer und Besitzer als solche, dh dass sie in dieser Eigenschaft passiv legitimiert sind. Bsp: der Eigentümer bei §§ 994, 888 BGB, auch bei § 648 BGB; der Besitzer bei §§ 867, 1005 BGB, der Miteigentümer bei § 922 BGB (Stuttgart NJW-RR 99, 744). Außerdem bei Klagen wegen Beschädigung eines Grundstücks, gleich ob widerrechtlich oder rechtmäßig, schuldhaft oder nicht. Aber die Beschädigung muss alleiniger Klagegrund sein. Bsp: §§ 823, 867, 904, 989, 1005 BGB. Ferner Klagen auf Enteignungsentschädigung und aus enteignungsgleichem Eingriff.

2   **2. Wirkung.** Der Gerichtsstand ist der des § 24. Er ist nicht ausschließlich, jedoch selbständig, im Gegensatz zu § 25 gegenüber § 24

subsidiär. Für Enteignungsentschädigung bestimmt das jeweilige Landesrecht häufig die ausschließliche Zuständigkeit (§ 15 Nr 2 EGZPO).

§ 27 Besonderer Gerichtsstand der Erbschaft

(1) **Klagen, welche die Feststellung des Erbrechts, Ansprüche des Erben gegen einen Erbschaftsbesitzer, Ansprüche aus Vermächtnissen oder sonstigen Verfügungen von Todes wegen, Pflichtteilsansprüche oder die Teilung der Erbschaft zum Gegenstand haben, können vor dem Gericht erhoben werden, bei dem der Erblasser zur Zeit seines Todes den allgemeinen Gerichtsstand gehabt hat.**

(2) **Ist der Erblasser ein Deutscher und hatte er zur Zeit seines Todes im Inland keinen allgemeinen Gerichtsstand, so können die im Absatz 1 bezeichneten Klagen vor dem Gericht erhoben werden, in dessen Bezirk der Erblasser seinen letzten inländischen Wohnsitz hatte; wenn er einen solchen Wohnsitz nicht hatte, so gilt die Vorschrift des § 15 Abs. 1 Satz 2 entsprechend.**

1. Voraussetzungen. Es ist gleichgültig, wer verklagt wird. Klage 1 und Streitgegenstand (Einl II), müssen sich beziehen auf: – **a) Feststellung** des Erbrechts. Das ist jede unter § 1922 BGB fallende Gesamtrechtsnachfolge, also auch das Nacherbrecht (§ 2100 BGB), aber nicht die Nachfolge bei fortgesetzter Gütergemeinschaft (bestr). Nur Feststellungsklagen (§ 256 Abs 1), die die eingetretene Erbfolge betreffen, zB Nichtigkeit eines Testaments, Höhe eines Erbanteils; aber auch die Gestaltungsklage gem § 2342 BGB. – **b) Erbschaftsbesitzer.** Alle An- 2 sprüche aus den §§ 2018–2031 ohne §§ 2028, 2037, auch aus § 2027 BGB (Nürnberg OLGZ 81, 115 mwN); nicht solche aus § 985 BGB auf Herausgabe einzelner Sachen. – **c) Vermächtnis.** Ansprüche aus §§ 2174, 1932, 1969 BGB. – **d) Sonstige Verfügungen** von Todes 3 wegen: Auflage (§ 2194 BGB); Schenkung von Todes wegen (§ 2301 BGB). – **e) Pflichtteilsansprüche:** alle Klagen, die sich darauf beziehen; insbes aus §§ 2303, 2305, 2314, 2325, 2329 BGB. – **f) Teilung** 4 der Erbschaft: dh Auseinandersetzung unter Miterben (§§ 2042 ff BGB), Ausgleichungspflicht des § 2057 a BGB (BGH NJW 92, 364).

2. Wirkung. Zuständig ist das Gericht, in dessen Bezirk der Erblas- 5 ser zZ des Todes seinen allgemeinen Gerichtsstand hatte. Dieser ist den §§ 13–16 zu entnehmen. Bei mehrfachem Wohnsitz gilt § 35. § 27 begründet keinen ausschließlichen Gerichtsstand.

3. Fehlender allgemeiner Gerichtsstand im Inland (Abs 2). An- 6 wendbar nur für deutsche Staatsangehörige. Voraussetzung ist, dass der Erblasser bei seinem Tod im Inland keinen allg Gerichtsstand (auch nicht den des § 16) hatte, also seinen alleinigen Wohnsitz im Ausland oder überhaupt keinen Wohnsitz bei gewöhnlichen Aufenthalt im Ausland (StJSchumann 4). Örtlich zuständig ist das letzte inländische

Wohnsitzgericht (§ 13). Fehlte ein solcher Wohnsitz, gilt nicht § 16, sondern § 15 Abs 1 S 2.

§ 28 Erweiterter Gerichtsstand der Erbschaft

In dem Gerichtsstand der Erbschaft können auch Klagen wegen anderer Nachlaßverbindlichkeiten erhoben werden, solange sich der Nachlaß noch ganz oder teilweise im Bezirk des Gerichts befindet oder die vorhandenen mehreren Erben noch als Gesamtschuldner haften.

1 **1. Voraussetzungen. – a) Gegenstand** der Klage (somit Streitgegenstand, Einl II) muss eine Nachlassverbindlichkeit sein. Diese fallen zT sowieso schon unter § 27 (§§ 1967, 1968 BGB). Gleichgültig ist, wer klagt oder verklagt wird, ob festgestellt oder zur Leistung verurteilt
2 werden soll. – **b) Zeitliche Begrenzung.** Wegen § 261 Abs 3 Nr 2 kommt es auf den Beginn der Rechtshängigkeit an. – **aa)** Bei Alleinerben, solange noch irgendein Nachlassgegenstand im Bezirk des Gerichts (§ 27 Rn 4) ist; auf seinen Wert kommt es nicht an. Bei Forderungen
3 gilt § 23 S 2 entspr (StJSchumann 4). – **bb)** Bei Erbengemeinschaft ist nur maßgebend, ob die Gesamthaftung (§ 2058 BGB) für die Nachlassverbindlichkeit, die im Streit ist, noch besteht. Das Ende der Gesamthaftung, damit Beginn der anteilsmäßigen Haftung und Wegfall des Gerichtsstands ist den §§ 2060, 2061 BGB zu entnehmen.

4 **2. Wirkung.** Sie entspricht dem § 27 Rn 4. Da § 28 für alle Erben einen besonderen Gerichtsstand schafft, ist ein Antrag gem § 36 Abs 1 Nr 3 unzulässig. Bei arglistigem Herbeischaffen eines Nachlassgegenstandes: wie § 23 Rn 10.

§ 29 Besonderer Gerichtsstand des Erfüllungsorts

(1) Für Streitigkeiten aus einem Vertragsverhältnis und über dessen Bestehen ist das Gericht des Ortes zuständig, an dem die streitige Verpflichtung zu erfüllen ist.

(2) Eine Vereinbarung über den Erfüllungsort begründet die Zuständigkeit nur, wenn die Vertragsparteien Kaufleute, juristische Personen des öffentlichen Rechts oder öffentlich-rechtliche Sondervermögen sind.

1 **1. Allgemeines. – a) Anwendungsbereich.** Grundsätzlich alle Prozessarten (Einl V) und alle Arten von Klagen (2–6 vor § 253). Ausschließliche Gerichtsstände gehen stets vor (9 vor § 1). Sonderregeln bestehen für Ansprüche aus Wechsel und Scheck (§§ 603, 605 a) sowie
2 für das Aufgebotsverfahren (§ 1005). – **b) Internationale Zuständigkeit.** Im Geltungsbereich der EuGVVO ist maßgebend dessen Art 5 Nr 1 (vgl dort). Im Übrigen richtet sich die internationale Zuständigkeit nach den allgemeinen Regeln (vgl 6 vor § 1). Danach ist § 29 grundsätzlich anwendbar (allgM; vgl BGH NJW 96, 1411).

2. Voraussetzungen. – **a) Vertragsverhältnis:** alle schuldrechtli- 3
chen Verpflichtungsverträge (BGH NJW 96, 1411), selbst öffentlich-
rechtliche (StJSchumann 1); auch bei Gesamt- und Sonderrechtsnach-
folge; bei abgeleiteter Haftung (zB §§ 128, 171 HGB) und bei vollmachtlosen Vertretern (Hamburg MDR 75, 227). Nicht: Verträge, die
eine Verfügung enthalten, indem sie unmittelbar ein Recht erzeugen,
verändern, übertragen oder aufheben wie zB dingliche Einigung
(§§ 873, 929 BGB), Forderungsabtretung (§ 398 BGB), Erbvertrag
(§§ 2274 ff BGB), gesetzliche Schuldverhältnisse (zB §§ 677, 812 ff
BGB) und einseitige (zB § 657 BGB), ferner aus Verlöbnis (BGH NJW
96, 1411). – **b) Streitigkeiten.** Die Klage (vgl Rn 1) kann sich be- 4
ziehen auf: **aa)** Bestehen oder Nichtbestehen des ganzen Vertrags oder
einzelner Teile. **bb)** Erfüllung: auch aus § 179 BGB, teilweise Erfüllung, von Nebenpflichten, ferner Bestellung vereinbarter Sicherheiten.
cc) Aufhebung, Umgestaltung und Inhaltsänderung: auch Rücktritt,
vorbehaltener (§ 346 BGB) und gesetzlicher (zB §§ 325, 326 BGB),
Wandelung und Minderung, ferner die Fälle der §§ 315, 317, 343
BGB. **dd)** Schadensersatz: insbes wegen Nicht- und Schlechterfüllung,
aus Verschulden bei Vertragsschluss. – **c) Erfüllungsort. aa) Bestim-** 5
mung. Er ist für die jeweils in Streit stehende Verbindlichkeit einzeln
und gesondert zu bestimmen, daher nicht einheitlich (Einsiedler NJW
01. 1549), grundsätzlich nach § 269 BGB, auch bei Geldschulden
(§ 270 Abs 4). Aus § 269 Abs 1 BGB folgt, dass in erster Linie der vereinbarte Erfüllungsort maßgebend ist, für den aber Abs 2 gilt. Bei fehlender Vereinbarung ist Erfüllungsort der (Wohn)Sitz des Schuldners
zZ des Vertragsabschlusses (BGH NJW 88, 1914). § 29 gibt keinen allgemeinen Erfüllungsort des Vertrags. **bb) Beispiele. (1) Anwaltver-** 6
trag: Für die beiderseitigen Leistungen und Ansprüche, wenn nicht
§ 34 zutrifft, der Ort der Kanzlei (BayObLG NJW 03, 366 mwN; LG
München I NJW 01, 1583; aA LG Frankfurt/Main NJW 01,
2640; Dresden NJW-RR 02, 929; LG München I NJW-RR 02, 206;
Siemon MDR 02, 366: Wohnsitz des Mandanten, bei einem Steuerberater verneint von LG Berlin NJW-RR 02, 204). **(2) Arztvertrag:**
wenn stationär, Ort des Krankenhauses (LG München I MDR 03, 53).
(3) Bauvertrag: für alle Verpflichtungen der Ort, an dem das Bauwerk
errichtet wird (hM; BGH NJW 86, 935 mwN; BayObLG 83, 64);
nicht aber der Ort des Architekturbüros (LG Mainz NJW-RR 99,
670). **(4) Arbeitsvertrag:** einheitlich der Ort der Arbeitsleistung
(ZöVollkommer 25), bei Außendienst einheitlich der Wohnsitz des
reisenden Arbeitnehmers, wenn er regelmäßig von dort aus tätig ist;
sonst Sitz des Arbeitgebers (Müller BB 02, 1094 mwN; umstr; aA zT
24. Aufl).

3. Prüfung durch das Gericht. – **aa) Umfang.** Sie erstreckt sich 7
insbes auf die Voraussetzungen (Rn 3–6) und erfolgt von Amts wegen,
da sie die Zuständigkeit und damit eine Prozessvoraussetzung betrifft
(wie § 23 Rn 4; auch Behauptungs- und Beweislast). § 29 ist wegen

§ 142 BGB für den Hilfsanspruch nicht erfüllt, wenn der Kläger bei einem vertraglichen Erfüllungsanspruch hilfsweise behauptet, der Vertrag sei angefochten (BGH NJW 62, 739). Ergibt sich erst bei der Sachentscheidung, dass der vom Kläger behauptete Vertrag nicht zustandegekommen ist oder nicht mehr besteht, entfällt die aus § 29 abgeleitete
8 Zuständigkeit nicht. – **bb) Vereinbarter Erfüllungsort.** Wird geltend gemacht, dass der Erfüllungsort vereinbart sei, muss wegen § 138 vorgetragen werden, wann, durch wen, mit welchem Inhalt und in welcher Form die Vertragserklärungen abgegeben wurden (LG München I NJW 73, 59); im Säumnisverfahren gilt dieses Vorbringen nicht mehr als zugestanden (§ 331 Abs 1 S 2).

9 **4. Wirkung.** Der Erfüllungsort (Rn 5, 6) bestimmt den Gerichtsstand und begründet die Zuständigkeit, soweit nicht Abs 2 (Rn 10) entgegensteht. Es ist ein besonderer, nicht ausschließlicher Gerichtsstand (3, 4 vor § 12) und gilt nur für die Ansprüche aus Rn 4. Ergeben sich mehrere Erfüllungsorte, gilt § 35.

10 **5. Beschränkung bei vereinbartem Erfüllungsort** (Abs 2). Dessen zuständigkeitsbegründende Wirkung ist beschränkt wie die Gerichtsstandvereinbarung selbst (9 vor § 38). Dadurch wird verhindert, dass § 38 Abs 2 über § 29 umgangen werden könnte. Die bürgerlich-rechtliche Erfüllungsortvereinbarung, die keine Prozesshandlung darstellt, wird in ihrer Wirksamkeit durch Abs 2 nicht berührt. Es wird durch Abs 2 lediglich unterbunden, dass bei privaten Personen und Gewerbetreibenden, die nicht Kaufleute sind, dadurch der Gerichtsstand des § 29 begründet werden kann, gleichgültig wo. Abgrenzung des Personenkreises: wie § 38 Rn 7. Der gesetzliche, durch § 269 BGB bestimmte Erfüllungsort begründet immer den Gerichtsstand des § 29; dem steht Abs 2 nicht entgegen. Das gilt auch, wenn der Schuldner den Wohnsitz später wechselt.

§ 29a Ausschließlicher Gerichtsstand bei Miet- oder Pachträumen

(1) **Für Streitigkeiten über Ansprüche aus Miet- oder Pachtverhältnissen über Räume oder über das Bestehen solcher Verhältnisse ist das Gericht ausschließlich zuständig, in dessen Bezirk sich die Räume befinden.**

(2) **Absatz 1 ist nicht anzuwenden, wenn es sich um Wohnraum der in § 549 Abs. 2 Nr. 1 bis 3 des Bürgerlichen Gesetzbuchs genannten Art handelt.**

1 **1. Allgemeines.** Die Vorschrift betrifft nur die örtliche Zuständigkeit. Die sachliche Zuständigkeit ergibt sich allein aus § 23 GVG. Für die internationale Zuständigkeit vgl Art 22 Nr 1 EuGVVO.

2 **2. Anwendungsbereich. – a) Grundsatz.** (Abs 1). § 29a gilt für alle Streitigkeiten und Ansprüche (Rn 4) aus Miet- und Pachtverhält-

nissen (Rn 5) über alle Arten von Räumen (Rn 6) und über das Bestehen solcher Rechtsverhältnisse (Rn 7). – **b) Ausnahme** (Abs 2). § 29 a **3** ist unanwendbar bei allen Mietverhältnissen, die unter § 549 Abs 2 Nr 1–3, fallen, nämlich Wohnräume zum vorübergehenden Gebrauch, möblierte Räume für Einzelmieter, Häuser und Räume für öffentliche Aufgaben.

3. Voraussetzungen des Abs 1. – **a) Streitigkeiten:** alle Prozess- **4** arten (Einl V), Klagen und Antragverfahren (wie § 29 Rn 1). – **b) Personen:** nur die aus dem Miet- oder Pachtvertrag Verpflichteten. Dritte nur, wenn sie aus diesen Verträgen berechtigt oder verpflichtet sind. Das ist auch der Zessionar und der Überweisungsgläubiger (§ 835; Kalsruhe NJW-RR 02, 1167); nicht der Mietbürge (BayObLG NZM 99, 1141; ZöVollkommer 6). – **c) Ansprüche** aller Art. Darunter ist der prozessuale Anspruch (Einl II) zu verstehen, der sich zB richtet auf Übergabe und Gebrauchsgewährung (§ 535 Abs 1 S 1 BGB), Räumung und Herausgabe (§ 546 Abs 1 BGB), Mietzinszahlung (§ 535 Abs 2 BGB), Vertragsverlängerung (§ 549 Abs 2 BGB), Zustimmung (§ 558 BGB). Die Anspruchsgrundlage kann sich auch außerhalb des Miet- und Pachtrechts ergeben, zB §§ 286, 325, 326, 812, 818, 985 BGB. – **d) Miet- und Pachtverhältnis.** Es muss (wenigstens schlüssig) be- **5** hauptet sein. Der Begriff entspricht dem § 535 und § 581 BGB. Er umfasst auch die Untermiete und -pacht (§§ 540, 581 Abs 2 BGB) und die Zwischenmiete oder -pacht. Der Wortlaut umfasst nicht die Ansprüche auf Abschluss eines Miet- oder Pachtvertrags aus Vorvertrag, Vormiete oder Begründungsoption. – **e) Räume.** Das sind alle Ge- **6** bäude und Innenräume von Gebäuden, vor allem Wohn- und Geschäftsräume aller Art, auch Werkmietwohnungen (§ 576 b), nicht Werkdienstwohnungen des § 576 b BGB (BAG NZA 00, 277), aber auch Garagen, Sporthallen, Vortragsräume usw. Nicht: unbebaute Grundstücke, bewegliche Sachen und deren Innenräume, zB Wohnwagen und Wohncontainer. – **f) Bestehen von Miet- oder Pacht- 7 verhältnissen** (Rn 5). Die Streitigkeit darüber kann insbes als Feststellungsklage (§ 256 Abs 1) geführt werden, auch allein über die Wirksamkeit einer Kündigung oder als Vorfrage, ob das Rechtsverhältnis zustandegekommen und (zB durch Kündigung) beendet ist oder nicht, auch aus § 314 nF BGB, aber nicht wegen Abbruch der Vertragsverhandlungen, weil dann ein Miet- oder Pachtvertrag nicht zustandegekommen ist (LG Frankenthal NJW-RR 97, 334).

4. Wirkung. Die Zuständigkeit des jeweils gemäß § 23 GVG sach- **8** lich zuständigen Gerichts ist örtlich ausschließlich (9 vor § 1), um Gerichtsstandvereinbarungen auszuschließen (§ 40 Abs 2), damit der idR sozial schwächere Mieter geschützt wird (BGH 89, 281) und die bessere Kenntnis der örtlichen Verhältnisse zum Zuge kommt. Bindung durch Verweisung (§ 281 Abs 2 S 5) geht vor. Abgabe (§ 696 Abs 5) bindet nicht.

§ 29 b Besonderer Gerichtsstand bei Wohnungseigentum

Für Klagen Dritter, die sich gegen Mitglieder oder frühere Mitglieder einer Wohnungseigentümergemeinschaft richten und sich auf das gemeinschaftliche Eigentum, seine Verwaltung oder auf das Sondereigentum beziehen, ist das Gericht zuständig, in dessen Bezirk das Grundstück liegt.

1   **Zweck:** Vor allem soll für alle Klagen von Gläubigern der gesamtschuldnerisch haftenden Mitglieder einer Wohnungseigentümergemeinschaft (§§ 10 ff WEG) ein einheitlicher Gerichtsstand geschaffen werden, insbes für gemeinsame Klagen (§§ 59, 60), ferner ein zusätzlicher Gerichtsstand bei Wohnungseigentümern, die ihren allg Gerichtsstand (§§ 12, 13) nicht im Gerichtsbezirk der Wohnungseigentumsanlage ha-
2   ben. **Dritter** ist jeder, der nicht zur betreffenden Wohnungseigentümergemeinschaft gehört, zB Heizöllieferant, Bauhandwerker, Versicherer; idR auch der Verwalter (StJSchumann 3; Steike NJW 92, 2401; aA LG Karlsruhe NJW 96, 1481). Der Dritte muss Kläger sein. Der Wortlaut deckt nicht den Fall, dass ein früherer Wohnungseigentümer
3   Kläger ist. **Klage:** gemäß § 253, also nicht Antragsverfahren (§ 43 WEG) mit Beziehung auf das gemeinschaftliche Eigentum (§ 1 Abs 5, § 5 Abs 2, 3 WEG), dessen Verwaltung (§ 21 Abs 1 WEG) oder das Sondereigentum eines einzelnen Wohnungseigentümers (§ 1 Abs 2, 3, § 5 Abs 1 WEG). Für systematische Beschränkung auf schuldrechtliche
4   Verträge als Klagegrund: ZöVollkommer 3. **Wirkung.** Zuständiges Gericht: wie § 24 Rn 7. Es wird ein besonderer Gerichtsstand (3 vor § 12) neben dem allgemeinen (2 vor § 12) begründet. Kein ausschließlicher Gerichtsstand, so dass insbes das Wahlrecht (§ 35) verbleibt und dem § 29 a vorgeht. § 29 b bewirkt die gleiche örtliche Zuständigkeit wie § 43 Abs 1 WEG, berührt diese Vorschrift aber nicht (Hansens NJW 91, 953).

§ 29 c Besonderer Gerichtsstand für Haustürgeschäfte

(1) [1] Für Klagen aus Haustürgeschäften (§ 312 des Bürgerlichen Gesetzbuchs) ist das Gericht zuständig, in dessen Bezirk der Verbraucher zur Zeit der Klageerhebung seinen Wohnsitz, in Ermangelung eines solchen seinen gewöhnlichen Aufenthalt hat. [2] Für Klagen gegen den Verbraucher ist dieses Gericht ausschließlich zuständig.

(2) § 33 Abs. 2 findet auf Widerklagen der anderen Vertragspartei keine Anwendung.

(3) Eine von Absatz 1 abweichende Vereinbarung ist zulässig für den Fall, dass der Verbraucher nach Vertragsschluss seinen Wohnsitz oder gewöhnlichen Aufenthalt aus dem Geltungsbereich dieses Gesetzes verlegt oder sein Wohnsitz oder gewöhnlicher Aufenthalt im Zeitpunkt der Klageerhebung nicht bekannt ist.

Zweck: Schutz des Verbrauchers vor wohnsitzferner Inanspruch- 1
nahme. **Haustürgeschäfte** sind in § 312 nF BGB legal definiert. Nicht
darunter fällt, dass die vom Verbraucher erteilte Vollmacht in einer
Haustürsituation erklärt wurde (BGH NJW 02, 1425 für § 7 Haus-
TWG). Auch Umgehungsgeschäfte (§ 312f BGB). Liegt zugleich ein
als Haustürgeschäft abgeschlossener Realkreditvertrag vor, war § 7
HausTWG wegen dessen § 5 Abs 2 nicht anwendbar (BGH NJW 02,
2029). **Klagen:** § 29 c gilt für alle Ansprüche, die mit dem Rechtsgeschäft zusammenhängen, das unter den Begriff (Rn 2) fällt, gleichgültig
ob der Verbraucher (§ 13 BGB) oder der Unternehmer (§ 14 BGB)
klagt, auch für Ansprüche aus c.i.c. und aus unerlaubter Handlung 2
(BGH WM 03, 605). **Gerichtsstand.** § 29 c betrifft nur die örtliche
Zuständigkeit (4 vor § 1). Sie ist ausschließlich (9 vor § 1) nur für Klagen gegen den Verbraucher. Für Klagen gegen den Unternehmer
schafft § 29 c einen weiteren Gerichtsstand zur Wahl des Verbrauchers
(§ 35). **Bestimmung:** Wohnsitz (§ 13) des Verbrauchers, wenn
wohnsitzlos, der Aufenthaltsort (§ 16), und zwar zum Zeitpunkt der
Klageerhebung (§ 253 Abs 1); späterer Wechsel ist belanglos. **Widerklage** (Abs 2). Da durch wird die Vertragspartei des Verbrauchers von
der Einschränkung des § 33 Abs 2 befreit. **Gerichtsstandvereinbarung**
(Abs 3). Damit wird die Rechtsfolge des § 40 Abs 2 wegen der Aus- 3
schließlichkeit (Abs 1) durchbrochen, um dem Unternehmer zu ermöglichen, sich vor einer erschwerten Rechtsverfolgung zu schützen.
Die Anmerkungen zu § 38 Abs 3 Nr 2 gelten sinngemäß (dort Rn 19–
21). Es gilt die Form des § 38 Abs 2 S 2. Rechtsfolge: Das vereinbarte
Gericht ist zuständig, vorausgesetzt dass der Gerichtsstand des § 13 oder
§ 16 im Inland entfallen ist.

§ 30 Besonderer Gerichtsstand der Schiffsbergung

**Für Klagen wegen Ansprüchen aus Bergung nach dem Ach-
ten Abschnitt des Fünften Buches des Handelsgesetzbuchs gegen eine Person, die im Inland keinen Gerichtsstand hat, ist
das Gericht zuständig, bei dem der Kläger im Inland seinen
allgemeinen Gerichtsstand hat.**

Inkrafttreten: am 8. 10. 2002, zusammen mit dem internationalen 1
Bergungsübereinkommen von 1989 (Art 10 Gesetz vom 16. 5. 01); vgl
BGBl I 1944. **Ansprüche:** insbes Bergelohn (§ 742 HGB), Sonderver-
gütung (§ 744 HGB) und Ausgleich (§ 747 HGB). **Fehlender Ge-** 2
richtsstand des Anspruchsgegners: Er darf im Inland (BRep) keinen
allgemeinen oder besonderen Gerichtsstand haben (vgl 2, 3 vor § 12).
Gerichtsstand ist gegeben am allgemeinen Gerichtsstand (2 vor § 12)
des Klägers, aber nur, wenn dieser im Inland liegt. Andernfalls fehlt die
internationale Zuständigkeit (5–7 vor § 1). Der Gerichtsstand ist nicht
ausschließlich.

§ 31 Besonderer Gerichtsstand der Vermögensverwaltung

Für Klagen, die aus einer Vermögensverwaltung von dem Geschäftsherrn gegen den Verwalter oder von dem Verwalter gegen den Geschäftsherrn erhoben werden, ist das Gericht des Ortes zuständig, wo die Verwaltung geführt ist.

1 **Vermögensverwaltung:** gleich ob gesetzlich, vertraglich oder ohne Rechtsgrund. Setzt eine Mehrheit von zu besorgenden Angelegenheiten voraus; einzelne Geschäfte genügen nicht. Das Vermögen kann aber 2 ein einzelner Gegenstand sein. **Geführt** wird die Verwaltung, wo der Verwalter regelmäßig tätig ist, insbes einen Geschäftsraum und die Buchführung hat. **Wirkung:** wie § 29 b Rn 4.

§ 32 Besonderer Gerichtsstand der unerlaubten Handlung

Für Klagen aus unerlaubten Handlungen ist das Gericht zuständig, in dessen Bezirk die Handlung begangen ist.

1 **1. Voraussetzungen.** Klage (auch auf Feststellung) und Streitgenstand (Einl II) müssen sich beziehen auf: – **a) Unerlaubte Handlungen** nach den §§ 823 ff BGB, insbes Verstöße gegen Schutzgesetze (§ 823 Abs 2 BGB), §§ 824–826, 831, 833 BGB; gleich ob gegen Allein- oder Mittäter (BGH NJW 95, 1225 mwN), Anstifter oder Gehilfen geklagt wird (vgl § 830 BGB). § 32 gilt auch, wenn haftende Gesellschafter verklagt werden (§ 128 HGB; BayObLG Rpfleger 80, 156), ferner bei Rechtsnachfolge und Rückgriff (München NJW 67, 55). Die unerlaubte Handlung muss als begangen behauptet und dargelegt sein (BGH NJW 02, 1425). Vorbereitungshandlungen genügen nicht. Bei § 826 BGB wegen erschlichenen Vollstreckungsbescheids ist für die Herausgabe- oder Unterlassungsklage die Handlung da begangen, wo er erlassen wurde (BGH NJW-RR 87, 941), wo die ZwVollstr betrieben wird (Düsseldorf NJW-RR 88, 939) oder am Wohnsitz des Schuldners 2 (Schleswig NJW-RR 92, 239). – **b) Gesetzliche Gefährdungshaftung.** Auch diese fällt unter § 32. Daneben bestimmen § 14 HaftpflichtG, § 56 LuftVG und § 20 StVG praktisch den gleichen Gerichtsstand. § 32 gilt auch für den Direktanspruch aus § 3 Nr 1 PflVG (BGH 3 NJW 83, 1799). – **c) Widerrechtliche Verletzung absoluter Rechte,** sofern mangels Schuld § 823 BGB nicht zutrifft, insbes von Urheber-, Patent- und Kennzeichenrechten. Nach hM nicht der Gegendarstel- 4 lungsanspruch (aA Stadler JZ 94, 642). – **d) Schadensersatzansprüche** wegen ZwVollstr aus später aufgehobenen Titeln; dh für die Ansprüche aus § 302 Abs 4, § 600 Abs 2, § 717 Abs 2, § 945, wenn sie in selbständiger Klage erhoben werden (hM).

5 **2. Internationale Zuständigkeit.** Liegt bei Gesamtschuldnern der gemeinsame Gerichtsstand (insbes der des Unfallorts) im Ausland, bleibt er außer Betracht, wenn ein inländischer Gerichtsstand gegeben ist (BayObLG NJW 88, 2184 mwN). Die aus § 32 abgeleitete internationale Zuständigkeit (vgl 5 vor § 1) begründet sie nicht auch für damit

zusammenhängende vertragliche und vertragsähnliche Ansprüche, sog Annexzuständigkeit (hM; BGH NJW 96, 1411 mwN und 03, 828). Im Geltungsbereich der EuGVVO ist der Gerichtsstand der unerlaubten Handlung durch Art 5 Nr 3, 4 EuGVVO erweitert (vgl dort). Das geht der ZPO vor (Art 5 EuGVVO Rn 1).

3. Wirkung. Die Zuständigkeit ist nicht ausschließlich (9 vor § 1). **6** Daher ist eine Gerichtsstandvereinbarung nicht ausgeschlossen, auch durch AGB möglich (Ehricke ZZP 111, 145). – **a) Umfang.** Gleichgültig ist, wer klagt (BGH NJW 90, 2316). Keine entspr Anwendung auf vertragliche Unterlassungsansprüche (BGH NJW 74, 410). Bei Anspruchskonkurrenz war umstr, ob die Zuständigkeit auch die anderen Anspruchsgrundlagen umfasst (vgl 8 vor § 12). Das war noch offen gelassen von BGH NJW 02, 1425 mwN und ist jetzt durch BGH NJW 03, 828 entschieden: Das gem § 32 zuständige Gericht ist im Rahmen des einheitlichen prozessualen Anspruchs befugt, nach allen rechtlichen Gesichtspunkten zu prüfen und zu urteilen, zB aus Verschulden bei Vertragsschluss, ungerechtfertigter Bereicherung, allg für konkurrierende Ansprüche (wie § 17 Abs 2 GVG) vgl 24. Aufl. und für einen vertraglichen Schadensersatzanspruch – **b) Zuständig** ist das Gericht, in **7** dessen Bezirk die Handlung begangen ist (Tatort). Das ist jeder Ort, an dem eines der wesentlichen Tatbestandsmerkmale verwirklicht wurde, insbes da, wo eine adäquate Ursache gesetzt wurde und der Erfolg (nicht ausreichend bloße Schadensfolgen) eingetreten ist (vgl BGH 52, 108), regelmäßig, aber nicht immer (vgl München NJW-RR 93, 701) am Wohnsitz des Verletzten (vgl BGH NJW 90, 1533). Bei Druckschriften ist es der Erscheinungsort und jeder Ort, an dem sie bestimmungsgemäß verbreitet wurden, bei Persönlichkeitsrechtsverletzungen nicht unabhängig davon der Wohn- oder Aufenthaltsort des Verletzten (BGH NJW 77, 1590). Häufig sind also mehrere Tatorte gegeben, so dass dann § 35 gilt. Liegt ein Verstoß gegen das UWG und zugleich eine unerlaubte Handlung (§ 823 BGB) vor, so ist der Gerichtsstand des § 32 neben den Gerichtsständen aus § 24 Abs 1 und 2 UWG gegeben und das Gericht kann über beide Anspruchsgrundlagen entscheiden.

4. Prüfung sowie Behauptungs- und Beweislast: wie § 23 Rn 4. **8** Wie bei § 29 Rn 7 genügt es für die Zuständigkeit, wenn Tatsachen behauptet werden, aus denen bei rechtlich zutreffender Würdigung eine unerlaubte Handlung folgt (hM; dagegen kritisch Würthwein ZZP 106, 51).

§ 32 a Ausschließlicher Gerichtsstand der Umwelteinwirkung

¹Für Klagen gegen den Inhaber einer im Anhang 1 des Umwelthaftungsgesetzes genannten Anlage, mit denen der Ersatz eines durch eine Umwelteinwirkung verursachten Schadens geltend gemacht wird, ist das Gericht ausschließlich zuständig,

in dessen Bezirk die Umwelteinwirkung von der Anlage ausgegangen ist. [2]Dies gilt nicht, wenn die Anlage im Ausland belegen ist.

1   **Zweck:** soll einheitliche Beweisaufnahme und Entscheidung bei Mehrzahl von Geschädigten ermöglichen (RoSchwGottwald § 36 II 9).

2   **Anwendbar** nur bei Schadensersatzansprüchen sowohl aus § 1 UmwelthaftungsG (gem dessen Anh 1 bei zahlreichen Anlagen, insbes der Wärme- und Energieerzeugung, Herstellung und Bearbeitung verschiedenster Stoffe) als auch aus Vertrag oder unerlaubter Handlung (Pfeiffer

3   ZZP 106, 159). Nur bei inländischen Anlagen (S 2). **Inhaber** ist diejenige Person, gegen die als solche der Anspruch geltend gemacht wird, weil sie die Anlage betreibt, dh auf eigene Rechnung benutzt und darüber verfügt (ZöVollkommer 5). **Wirkung:** ausschließliche örtliche Zuständigkeit (9 vor § 1). Ob und inwieweit § 32a auch für die internationale Zuständigkeit gilt, ist umstr (vgl Pfeiffer ZZP 106, 159).

§ 33 Besonderer Gerichtsstand der Widerklage

(1) Bei dem Gericht der Klage kann eine Widerklage erhoben werden, wenn der Gegenanspruch mit dem in der Klage geltend gemachten Anspruch oder mit den gegen ihn vorgebrachten Verteidigungsmitteln in Zusammenhang steht.

(2) Dies gilt nicht, wenn für eine Klage wegen des Gegenanspruchs die Vereinbarung der Zuständigkeit des Gerichts nach § 40 Abs. 2 unzulässig ist.

Übersicht

1. Allgemeines. – a) Bedeutung. § 33 begründet in Abs 1 (einge- **1** schränkt durch Abs 2) einen besonderen Gerichtsstand, aber nicht eine besondere Prozessvoraussetzung für die Widerklage. Dafür spricht im Wesentlichen die Stellung im Gesetz (Abschnitt über den Gerichtsstand), das Wesen der Widerklage (Rn 8) und der Abs 2, der sich sinnvoll nur auf den Gerichtsstand beziehen kann, da in nichtvermögensrechtlichen Streitigkeiten eine Widerklage zT ausdrücklich nur beschränkt zugelassen wird, wie zB in § 632 Abs 2 (wie hier StJSchumann 6; ZöVollkommer 2; aA BGH 40, 185 und NJW 75, 1228; RoSchwGottwald § 98 II 2d; vermittelnd Rimmelspacher FS Lüke S 655). Bedeutungslos ist daher § 33, wenn für die Widerklage sowieso aus anderen Vorschriften (zB §§ 12, 13) derselbe Gerichtsstand gegeben ist (vgl Rn 19). – **b) Zweck.** Das Gericht soll Klagen, die in Zusam- **2** menhang (Rn 4) stehen, auch zusammen verhandeln und entscheiden können, damit widersprechende Entscheidungen vermieden werden. Als Gegenangriff ist die Erhebung der Widerklage privilegiert (insbes durch Abs 1 und § 261 Abs 2). – **c) Abdingbarkeit.** § 33 begründet **3** keinen ausschließlichen Gerichtsstand. Daher geht die Prorogation (§ 38) vor; insbes gilt § 39. Auch Derogation der internationalen Zuständigkeit ist zulässig (BGH NJW 81, 2644). Wird für den Klageanspruch die internationale Zuständigkeit durch Prorogation als ausschließliche Zuständigkeit begründet (vgl § 38 Rn 32), so ist die Widerklage wegen fehlender örtlicher Zuständigkeit unzulässig (vgl BGH 52, 30). In diesem Fall wird der Gerichtsstand des § 33 nicht ohne weiteres dadurch wieder hergestellt, dass der ausländische Vertragspartner vor einem deutschen Gericht klagt und der Beklagte sich rügelos einlässt (BGH NJW 81, 2644; dagegen krit Pfaff ZZP 96, 334). Bewirkt die Prorogation im Einzelfall keine ausschließliche Zuständigkeit und klagt die deutsche Partei trotz vereinbarten deutschen Gerichtsstands im Ausland, so kann dort Widerklage erhoben werden, ohne dass die Prorogation entgegensteht (BGH 59, 116).

2. Zusammenhang. Es ist ein prozessualer Zusammenhang ge- **4** meint, der nicht eng ausgelegt werden darf, auch den unmittelbaren wirtschaftlichen Zusammenhang umfasst und sich weitgehend mit dem des § 273 BGB deckt. – **a) Bestehen** muss er (alternativ): – **aa) Beim** **5** **Streitgegenstand.** Entweder zwischen den prozessualen Ansprüchen (Einl II); dh wenn mindestens eine der anspruchsbegründenden Tatsa-

chen der Klage und der Widerklage demselben zur Entscheidung gestellten Sachverhalt (Tatsachenkomplex) entnommen wird. Bsp: Klage
auf Zahlung des Kaufpreises und Widerklage auf Schadensersatz wegen
Nichterfüllung; Rechtsfolgen aus Gültigkeit oder Ungültigkeit desselben Vertrags, zB Klage aus ungerechtfertigter Bereicherung wegen
Nichtigkeit und Widerklage auf Erfüllung des Vertrags; Klage auf Löschung der Hypothek und Widerklage auf Zahlung aus ihr; Ansprüche
aus mehreren Rechtsgeschäften, die zusammengefasst, einheitlich oder
untrennbar erscheinen; Klage und Widerklage aus Ansprüchen des Eigentümer-Besitzer-Verhältnisses; Ansprüche die sich gegenseitig bedin
6 gen oder ausschließen. – **bb) Bei Verteidigungsmitteln,** die gegen
den Klageanspruch geltend gemacht werden. Sie müssen mit dem prozessualen Anspruch der Widerklage (Gegenanspruch) zusammenhängen.
Verteidigungsmittel sind hier nur selbständige, nämlich Einwendungen,
Einreden und Repliken (vgl 48, 49 vor § 253, also nicht Beweismittel).
Sie müssen prozessual und materiellrechtlich zulässig, nicht notwendig
begründet sein. Bsp: Der Beklagte wendet Aufrechnung ein und begehrt mit Widerklage Zahlung des überschießenden Betrages seiner
Forderung, mit der er aufgerechnet hat (BGH NJW 02, 2182). Das
kaufmännische Zurückbehaltungsrecht (§§ 369–372 HGB) wird geltend gemacht. Bei einer Besitzschutzklage kann das Fehlen eines Zusammenhangs mit einer petitorischen Widerklage nicht aus § 863 BGB
hergeleitet werden (hM; BGH 53, 166; ZöVollkommer 29 mwN). –
7 **b) Fehlen.** Fehlt ein Zusammenhang und ist das Gericht der Hauptklage nicht aus anderen Vorschriften (vgl § 35) zuständig, so kommt es
darauf an, ob der Kläger rügelos zur Hauptsache verhandelt (§§ 38, 39).
Tut er das nicht, ist die Widerklage unzulässig, daher abzuweisen, oder
es ist zu verweisen (§ 281). Wenn man den Zusammenhang als besondere Prozessvoraussetzung ansieht (vgl Rn 1), ist ggf § 295 (Rügeverzicht) anzuwenden (RoSchwGottwald § 98 II 2 c).

8   **3. Wesen und Wirkung** der Widerklage. Sie ist zulässig, wenn alle
Prozessvoraussetzungen gegeben sind (Rn 17–21). – **a) Begriff.** Sie ist
eine Klage, die vom Beklagten im selben Verfahren gegen den Kläger
erhoben wird (allgM), ist eine selbständige Klage und setzt ihrerseits
eine Klage voraus (Rn 23). Eine Widerklage ist begrifflich nicht gegeben, wenn der Beklagte gegen Dritte als Streitgenossen des Klägers
(oder isoliert, vgl Rn 10, 11) zusammen mit einer Widerklage Klage
erhebt oder wenn Dritte als Streitgenossen des Beklagten zusammen
mit dessen Widerklage den Kläger verklagen. Diese Fälle sind als Parteierweiterung (25 vor § 50) nach den Regeln über Streitgenossenschaft
(§§ 59, 60), Verbindung (§ 147) und Trennung (§ 145 Abs 1) zu behandeln (Rn 10). Der BGH sieht diese Fälle als sog Drittwiderklage an
9 (zB NJW 84, 2104). – **b) Parteien.** Die Widerklage kann nur vom
Beklagten gegen den Kläger erhoben werden, vom Kläger als Widerbeklagten (durch die Widerklage veranlasst) gegen den Widerkläger als die
sog Wider-Widerklage (Rn 14) mit den Privilegien des § 33 (BGH

NJW-RR 96, 65), auch hilfsweise (BGH MDR 59, 571). Bei bereits bestehender Streitgenossenschaft kann Widerklage von jedem der Streitgenossen gegen jeden der anderen Seite, der ihn seinerseits verklagt hat, erhoben werden, aber nicht innerhalb seiner Seite gegen einen eigenen Streitgenossen. Nie kann ein Nebenintervenient für die unterstützte Partei Widerklage erheben (§ 67); ebenso wenig darf gegen ihn in dieser Eigenschaft Widerklage erhoben werden; er ist dann ggf Beklagter als Streigenosse des Widerbeklagten (vgl § 67 Rn 5). – c) **Prozessvollmacht** für die Klage erstreckt sich von selbst für beide **9 a** Parteien auf die Widerklage (§ 81 Hs 1).

4. Beteiligung Dritter (sog Drittwiderklage; vgl Rn 8). Dazu ge- **10** hören folgende Fälle: (1) Der Beklagte verklagt Dritte als (neue) Streitgenossen des Klägers oder nur einen Dritten ohne gegen den Kläger Widerklage zu erheben (BGH NJW 01, 2094; isolierte Drittwiderklage). (2) Dritte verklagen als (neue) Streitgenossen des Widerklägers den Kläger und (oder) Dritte als (neue) Streitgenossen des Klägers. (3) Dritte verklagen als (neuen) Streitgenossen des Wider-Widerklägers (vgl Rn 9) den Beklagten und (oder) Dritte als dessen Streitgenossen. **a) Zweck:** **10 a** entweder eine einheitliche, schnellere, auch kostengünstigere Entscheidung zu erzielen oder Zeugen auszuschalten (Luckey MDR **02**, 743). – **b) Zulässigkeit.** In allen diesen Fällen liegt eine Parteierweiterung vor **11** (25 vor § 50), die entweder durch die jeweilige Kläger über § 59, 60 (vgl StJSchumann 30) oder durch das Gericht über § 147 (Verbindung) herbeigeführt werden kann. Die neuen hinzuverbundenen Klagen sind keine Widerklagen (Rn 8). Bei der isolierten Drittwiderklage fehlt es mangels Streitgenossenschaft an der Zulässigkeit der Verbindung (§§ 59, 60; aA offenbar BGH NJW 01, 2094 insoweit ohne Begründung) wenn sie das Gericht nicht aus § 147 ableitet. – **c) Vorausset-** **12** **zungen.** Die Zulässigkeit und die Rechtsfolgen richten sich allein nach den Regeln über die Parteierweiterung (auch Parteibeitritt genannt; 25 vor § 50); daher ist § 263 unanwendbar (anders BGH 131, 76 mwN: § 263 entspr). Der Beitritt in der Berufungs- und Revisionsinstanz ist unzulässig (26 vor § 50). An der grundsätzlichen Zulässigkeit dieser Art der Parteierweiterung dürften keine Zweifel bestehen, weil die §§ 59, 60 die Zulässigkeit der Streitgenossenschaft nicht auf die Klägerseite beschränken. Zudem muss das Gebot der Waffengleichheit die Möglichkeit gemeinschaftlicher Klage auch den Streitgenossen auf der Beklagtenseite einräumen (Wieser ZZP 86, 36 [39]). Demgegenüber hat der BGH die Zulässigkeit dieser Art der Parteierweiterung insofern eingeschränkt, als er die Zustimmung des Dritten oder eine Sachdienlichkeit iS des § 263 verlangt (BGH stRspr, zB NJW 91, 2838 mwN und 96, 196). In jedem Fall muss die Zulässigkeit der Streitgenossenschaft (§§ 59, 60) gegeben sein (BGH NJW 75, 1228). Dass der Dritte Nebenintervenient ist, steht nicht entgegen (vgl Rn 9; BGH NJW 96, 196). – **d) Wirkung.** Die Privilegien der Widerklage (insbes §§ 33, 261 Abs 2) **13** gelten für die Klagen Dritter nicht (einschränkend Wieser ZZP 86, 36

[42]; in BGH 40, 185 nicht angesprochen; aA Nieder MDR 79, 10).
§ 263 ist in diesem Zusammenhang nicht anzuwenden, insbes kommt
es nicht auf Zustimmung oder Sachdienlichkeit an (Wieser aaO 37; aA
BGH 40, 185 [189] und Rn 12). Die Zuständigkeit kann jedenfalls
nicht aus § 33 Abs 1 abgeleitet werden (BGH NJW 91, 2838 und 93,
2120; aA Dresden OLG-NL 03, 65). Bei fehlender örtlicher Zuständigkeit einzelner Streitgenossen ist § 36 Abs 1 Nr 3 anwendbar (BGH
aaO). Dem Gericht bleibt es unbenommen, § 145 Abs 1 anzuwenden.
Keinesfalls darf allein wegen unzulässiger Verbindung die Klage als unzulässig abgewiesen werden. Es ist nach § 145 zu trennen (Wieser aaO
40; BGH LM Nr 12), nicht die Klage der beigetretenen Partei deshalb
als unzulässig abzuweisen, weil sie (auf Beklagtenseite erhoben) keine
Widerklage ist, wenn die Klage sich nur gegen den bisherigen Beklagten, nicht gegen den beigetretenen (vermeintlichen) Widerkläger richtet (aA oder übersehen von Karlsruhe aaO).

14   **5. Eventualwiderklage** (Hilfswiderklage) ist zulässig (BGH stRspr
NJW 96, 2165 mwN); das gilt auch für die Wider-Widerklage (StJ-
Schumann 25). Das Eventual(Hilfs)verhältnis muss sich aber darauf beziehen, dass die Klage (bzw die erste Widerklage) erfolgreich oder erfolglos ist (hM; BGH aaO; StJSchumann 26, 27), zB infolge einer Aufrechnung (BGH NJW 61, 1862); iü bestehen Beschränkungen nur wie
bei einem Hilfsantrag (§ 260 Rn 8; zweifelhaft LG Kassel NJW-RR
95, 889 mwN). Ist das Hilfsverhältnis durch ein Rechtsmittel aufrechterhalten oder begründet worden, vgl § 260 Rn 18.

15/16   **6. Trennung und Verbindung.** Klage und Widerklage können
getrennt (§ 145 Abs 2) und verbunden (§ 147) werden; über die eine
oder andere kann getrennt (durch Teilurteil, § 301) entschieden werden. Sind Prozesse derselben Parteien mit umgekehrter Parteirolle miteinander verbunden, so wird die später erhobene der beiden Klagen zur
Widerklage des nunmehr verbundenen Prozesses (vgl § 147 Rn 9).
Unerheblich ist, welches Aktenzeichen der verbundene Prozess führt.

17   **7. Allgemeine Prozessvoraussetzungen der Widerklage.** Es
sind die gleichen wie bei der Klage (15 vor § 253). Es ist besonders zu
beachten: – **a) Ordnungsgemäße Klageerhebung.** Sie ist durch § 261
Abs 2 (vgl dort) erleichtert. Das gilt auch in der Berufung (§ 525). –
18   **b) Sachliche Zuständigkeit.** Sie bleibt von § 33 unberührt. Fehlt sie,
ist die Widerklage als unzulässig abzuweisen, wenn nicht Verweisung
beantragt wird (§ 281 Abs 1). Ist das LG für die Klage sachlich zuständig, so ist es dies auch für die Widerklage, die in die Zuständigkeit des
AG fiele, insbes einer solchen mit einem Wert bis 5000 € (allgM). Eine
ausschließliche Zuständigkeit des AG geht vor, führt zur Trennung
(§ 145) und Verweisung (§ 281) oder Abweisung als unzulässig. Das
AG hat, falls der Streitwert der Widerklage die Zuständigkeitsgrenze
überschreitet, nach § 506 an das LG zu verweisen; es darf dabei aber
19   nicht den Streitwert zusammenrechnen (§ 5 Hs 2). – **c) Örtliche
Zuständigkeit** kann sich schon aus den §§ 12–34 ergeben, so dass ein

Wahlrecht (§ 35) besteht (Zweibrücken NJW-RR 00, 590). Ist für die Zuständigkeit der Zusammenhang des Abs 1 erforderlich, so ist Voraussetzung, dass die Klage mindestens für einen von mehreren prozessualen Ansprüchen beim örtlich zuständigen Gericht erhoben ist, weil sonst bei unzulässiger Klage der Zweck (Rn 2) verfehlt wird. IdR wird aber § 39 anzuwenden sein (vgl dort Rn 2 aE). Wegen Abs 2 gewährt § 33 für die Widerklage jedoch keine örtliche Zuständigkeit in den Fällen des § 40 Abs 2, nämlich in nichtvermögensrechtlichen Streitigkeiten (Einl IV 3) und bei ausschließlichen Gerichtsständen. § 33 gilt nicht für eine Drittwiderklage (vgl Rn 13). – **d) Internationale Zuständigkeit** (5 vor § 1). Auch sie wird durch § 33 begründet (BGH stRspr NJW 02, 2182 und NJW-RR 87, 228 mwN; StJSchumann 41). Bei Prorogation vgl Rn 3. Für die sog Drittwiderklage (vgl Rn 10), die in Wirklichkeit eine gewillkürte Parteierweiterung darstellt (25 vor § 50) und daher die Privilegien der Widerklage nicht genießen kann (Rn 13), wird dies auch von BGH NJW 81, 2642 zutreffend verneint. Soweit die EuGVVO gilt, ist deren Art 6 Nr 3 anzuwenden (dort Rn 4–6). – **e) Anderweitige Rechtshängigkeit** wäre gegeben, wenn in der Widerklage derselbe Streitgegenstand (Einl II) mit entgegengesetztem Antrag geltend gemacht wird. Bsp: Gegen eine Klage auf Feststellung des Eigentums wird Widerklage mit dem Antrag erhoben, der Kläger sei nicht Eigentümer (zulässig wäre der Widerklageantrag, der Beklagte sei nicht Eigentümer). Mit der Widerklage wird die Feststellung begehrt, der Klageanspruch bestehe (teilweise) nicht (BAG NZA 90, 987). Hier liegen falsch formulierte Anträge auf Klagabweisung vor. 20

21

8. Besondere Prozessvoraussetzungen der Widerklage. Ihr 22 Fehlen wird durch Rügeverzicht (§ 295) geheilt in den Fällen der Rn 24 und 25. – **a) Rechtshängigkeit der Klage** (Vor- oder Hauptklage 23 genannt) ist erforderlich. Sie muss daher schon (nicht notwendig ordnungsgemäß) erhoben (§ 261 Abs 1), also zugestellt sein (§ 253 Abs 1). Es müssen für sie nicht alle Prozessvoraussetzungen vorliegen (vgl Rn 19). Die Klage darf aber noch nicht zurückgenommen (§ 269), rechtskräftig entschieden (§ 705; BGH NJW-RR 01, 60) oder sonstwie erledigt sein, zB durch Vergleich (§ 794 Abs 1 Nr 1) oder durch beiderseitige Erledigterklärung (§ 91a Abs 1), nicht erst durch den Beschluss gem § 91a (ZöVollkommer 17; mwN; bestr). Nach Rechtshängigkeit der Widerklage ist diese vom Fortbestand der Klage unabhängig, insbesondere nach Rücknahme (§ 269) oder Abweisung durch Teilurteil (§ 301). – **aa) Im ersten Rechtszug** ist Widerklage nur bis 24 zum Schluss der letzten mdl Vhdlg statthaft (allgM; BGH NJW-RR 92, 1085), auch noch im Nachverfahren nach Vorbehalts- (§§ 302, 599) oder nach Grundurteil (§ 304). Sie kann dadurch zulässig werden, dass die mdl Vhdlg wiedereröffnet wird (BGH NJW 00, 2512). – **bb) In** 25 **der Berufungsinstanz** ist eine Widerklage zulässig (§ 525), aber nur unter den besonderen Voraussetzungen des § 533. – **cc) In der Revi-** 26 **sionsinstanz** findet Widerklage wegen § 559 Abs 1 grundsätzlich nicht

statt, nur ausnahmsweise, nämlich in den Fällen § 302 Abs 4, § 600
27 Abs 2, § 717 Abs 2, 3 (vgl § 717 Rn 15). – **b) In derselben Prozessart** (Einl V) wie die Klage muss die Widerklage erhoben werden und
zulässig sein. Im Urkunden-, Wechsel- und Scheckprozess findet Widerklage nicht statt (§ 595 Abs 1), zT nicht im Ehe- und Kindschaftsprozess (§ 610 Abs 2, § 632 Abs 2, § 640 c Abs 1 S 2). Gegen
eine im ordentlichen Verfahren erhobene Klage wird eine Widerklage
im Urkundenprozess zugelassen (BGH NJW 02, 751). Arrest und
einstw Verfügung sind keine Klage, auch eine andere Prozessart (Einl
V) als das ordentliche Verfahren, so dass Widerklage ausgeschlossen ist
28 (allgM). – **c) Parteiidentität.** Zwischen den Parteien der Klage muss
die Widerklage erhoben sein (vgl Rn 9 und 10).

29   **9. Sonstiges** zur Behandlung von Widerklagen. – **a) Urteilsformel.**
In ihr wird die Widerklage genau so behandelt wie die Klage (vgl § 313
30 Rn 8–11). – **b) Kosten.** Es darf nur einheitlich, ggf nach Bruchteilen,
nie nach Kosten der Klage und Widerklage getrennt entschieden wer-
31 den (§ 92 Rn 3). – **c) Streitwert:** für Zuständigkeit § 5 Hs 2; für
Rechtsmittel § 5 Hs 1; für Gebühren § 19 Abs 1 GKG. Bei Hilfswiderklage ist § 19 Abs 1 S 2 GKG anzuwenden (Hamm Büro 89, 1005). –
32 **d) Gebühren** fallen einheitlich nur einmal aus dem ggf zusammenge-
rechneten Streitwert von Klage und Widerklage an (§ 19 Abs 1 GKG,
§ 8 Abs 1 S 1 BRAGO). Keine Vorschusspflicht (§ 65 Abs 1 S 4
GKG).

§ 34 Besonderer Gerichtsstand des Hauptprozesses

**Für Klagen der Prozeßbevollmächtigten, der Beistände, der
Zustellungsbevollmächtigten und der Gerichtsvollzieher wegen
Gebühren und Auslagen ist das Gericht des Hauptprozesses
zuständig.**

1   **1. Voraussetzungen** sind: – **a) Streitgegenstand und Klage** müssen sich auf Gebühren und Auslagen (auch vereinbarte) beziehen, die
eine der in Rn 2 genannten Personen von ihrem Auftraggeber, dessen
Rechtsnachfolger oder Bürgen verlangt. Die Gebühren und Auslagen
müssen in einem der ZPO unterliegenden Rechtsstreit entstanden sein.
Bei einem Arbeitsgerichtsprozess sind die ordentlichen Gerichte zustän-
2 dig (BAG NJW 98, 1092; bestr). – **b) Kläger** muss sein: Prozessbevollmächtigter (§ 80), also nicht notwendig ein RA; auch Verkehrsanwalt
(§ 52 BRAGO); Unterbevollmächtigter (§ 53 BRAGO); Beweisanwalt
(§ 54 BRAGO); die Fälle der §§ 20, 52 Abs 2 und § 56 BRAGO;
Beistand (§ 90); Zustellungsbevollmächtigter (§ 184); Gerichtsvollzieher
(§ 154 GVG). Gilt auch für die Rechtsnachfolger dieser Personen.

3   **2. Wirkung.** Für RAe hat § 34 geringe praktische Bedeutung, da
meistens das einfachere Verfahren des § 19 BRAGO offensteht. Zuständig ist sachlich und örtlich (aber nicht ausschließlich) das Gericht
des Hauptprozesses, dh das Gericht des ersten Rechtszuges (ggf die

KfH) und zwar ohne Rücksicht auf den Wert des Streitgegenstandes (Hansens NJW 89, 1131 [1136]), je nach Geschäftsverteilung, nicht notwendig derselbe Spruchkörper. Wird die Honorarklage am Gerichtsstand des § 34 erhoben, nimmt die hM bei Familiensachen die Zuständigkeit der allgemeinen Prozessabteilung an (BGH 97, 79 = FamRZ 86, 347 mit Anm von Bosch). § 34 gibt einen zusätzlichen Wahlgerichtsstand (§ 35).

§ 35 Wahl unter mehreren Gerichtsständen

Unter mehreren zuständigen Gerichten hat der Kläger die Wahl.

Wahlrecht besteht zwischen mehreren allgemeinen und besonderen **1** Gerichtsständen (vgl 7 vor § 12), sofern nicht ein ausschließlicher besteht (9 vor § 1; BGH NJW 93, 2810); auch zwischen mehreren ausschließlichen (zB mehreren Wohnsitzen §§ 12, 13). Der Kläger muss keinesfalls das Gericht wählen, bei dem die geringere Kosten entstehen (KG Rpfleger 76, 323; Karlsruhe Justiz 90, 463). **Ausgeübt** wird es durch **2** Klageerhebung (§ 253 Abs 2), Bezeichnung im Mahnantrag (§ 690 Abs 1 Nr 5) oder Verweisungsantrag (§ 281 Abs 1 S 1). Die getroffene Wahl ist für den Prozess endgültig und unwiderruflich (allgM; BayObLG NJW-RR 91, 187), sobald die Rechtshängigkeit eingetreten ist (BayObLG MDR 99, 1461). Nicht ausgeübt wird das Wahlrecht durch Gesuch um Arrest und einstweilige Verfügung (hM; Karlsruhe NJW 73, 1509 mwN). **Neuentstehung** des Wahlrechts nach Erlöschen durch **3** Ausübung tritt nur ein durch Rücknahme der Klage oder durch ihre Abweisung als unzulässig (umstr; vgl StJSchumann 5; aA KG NJW-RR 01, 61: nachträgliche Kenntnis einer unerlaubten Handlung).

§ 35a Besonderer Gerichtsstand bei Unterhaltsklagen

Das Kind kann die Klage, durch die beide Eltern auf Erfüllung der Unterhaltspflicht in Anspruch genommen werden, vor dem Gericht erheben, bei dem der Vater oder die Mutter einen Gerichtsstand hat.

Voraussetzungen. Kläger muss ein Kind (auch adoptiert) sein. Bei- **1** de Elternteile müssen gemeinschaftlich (§ 59), nicht notwendig gleichzeitig verklagt werden. Auf Unterhalt muss geklagt werden, gleich ob aus Gesetz oder aus Vertrag. **Wirkung.** Es wird die Rechtsverfolgung **2** erleichtert, weil gegen einen Elternteil ein zusätzlicher Gerichtsstand begründet wird. Die gemeinschaftliche Klage, die dadurch oft erst möglich wird, verbilligt den Rechtsstreit und lässt eine sachgemäße Haftungsverteilung zu.

§ 36 Gerichtliche Bestimmung der Zuständigkeit

(1) Das zuständige Gericht wird durch das im Rechtszuge zunächst höhere Gericht bestimmt:

1. wenn das an sich zuständige Gericht in einem einzelnen Falle an der Ausübung des Richteramtes rechtlich oder tatsächlich verhindert ist;
2. wenn es mit Rücksicht auf die Grenzen verschiedener Gerichtsbezirke ungewiß ist, welches Gericht für den Rechtsstreit zuständig sei;
3. wenn mehrere Personen, die bei verschiedenen Gerichten ihren allgemeinen Gerichtsstand haben, als Streitgenossen im allgemeinen Gerichtsstand verklagt werden sollen und für den Rechtsstreit ein gemeinschaftlicher besonderer Gerichtsstand nicht begründet ist;
4. wenn die Klage in dem dinglichen Gerichtsstand erhoben werden soll und die Sache in den Bezirken verschiedener Gerichte belegen ist;
5. wenn in einem Rechtsstreit verschiedene Gerichte sich rechtskräftig für zuständig erklärt haben;
6. wenn verschiedene Gerichte, von denen eines für den Rechtsstreit zuständig ist, sich rechtskräftig für unzuständig erklärt haben.

(2) Ist das zunächst höhere gemeinschaftliche Gericht der Bundesgerichtshof, so wird das zuständige Gericht durch das Oberlandesgericht bestimmt, zu dessen Bezirk das zuerst mit der Sache befaßte Gericht gehört.

(3) [1] Will das Oberlandesgericht bei der Bestimmung des zuständigen Gerichts in einer Rechtsfrage von der Entscheidung eines anderen Oberlandesgerichts oder des Bundesgerichtshofs abweichen, so hat es die Sache unter Begründung seiner Rechtsauffassung dem Bundesgerichtshof vorzulegen. [2] In diesem Fall entscheidet der Bundesgerichtshof.

1   **1. Voraussetzungen** der Entscheidung. – **a) Anwendungsbereich.**
Es muss sich um irgendein Verfahren der ZPO handeln, gleich welcher Prozessart (allgM), insbes auch FGG-Familiensachen (§ 621a Rn 4; BGH NJW-RR 95, 514 mwN). Gilt über § 46 Abs 2 ArbGG auch im arbeitsgerichtlichen Verfahren (vgl Rn 5; BAG NZA 98, 1189). § 36 ist entspr anwendbar bei einem Zuständigkeitsstreit zwischen Gerichten verschiedener Rechtswege, wenn eine Entscheidung nach § 17a GVG nicht mehr angefochten werden kann (BGH NJW 01, 3631; aA 24. Aufl) oder die Rechtssicherheit es gebietet (BGH NJW-RR 02, 713). § 36 umfasst PKH-Verfahren (BGH stRspr FamRZ 91, 1172; Dresden NJW 99, 797), Mahnverfahren (BGH NJW 93, 2752), selbstständige Beweisverfahren (§ 485; BayObLG NJW-RR 99, 1010), Kostenfestsetzung (BayObLG Rpfleger 87, 124), Forderungspfändung

(BayObLG 85, 397), Insolvenzverfahren (München NJW-RR 87, 382 für KO), Vollstreckbarerklärung ausländischer Titel (BayObLG NJW 88, 2184). Entspr Anwendung auf andere Fälle als Abs 1 Nr 1–6 ist grundsätzlich ausgeschlossen (vgl aber Rn 20). – **b) Antrag** einer Partei **2** ist grundsätzlich erforderlich (§ 37 Rn 1). Die Vorlage eines Gerichts (ggf des Rechtspflegers, BayObLG NJW-RR 00, 959) genügt ausnahmsweise bei Nr 6 (stRspr; BGH NJW 79, 1048), nicht aber bei Nr 3 (BGH NJW-RR 91, 767). Das Gericht ist an den Antrag nicht gebunden (Hamm FamRZ 80, 66). – **c) Zeitraum.** Nach § 36 kann **3** verfahren werden, sobald und solange die Sache anhängig ist, grundsätzlich schon vor Rechtshängigkeit; bei Nr 6 nur ausnahmsweise (BGH NJW 83, 1062), insbes wenn nicht zu erwarten ist, dass die beteiligten Gerichte den Streit beilegen (Dresden NJW 99, 797 mwN; Brandenburg OLG-NL 02, 167). Das ist aber erst nach einer rechtskräftigen Entscheidung möglich (Rn 23), bei Nr 3 noch nach Eintritt der Rechtshängigkeit (§ 253 Abs 1), nicht mehr nach Beweisaufnahme zur Hauptsache oder Endentscheidung gegen einen der Streitgenossen (BGH NJW 78, 321). Unterbrechung (7 vor § 239) steht jedenfalls bei Nr 3 nicht entgegen (BayObLG NJW 86, 389). – **d) Prozessvoraus- 4 setzungen** (10 vor § 253) für den Rechtsstreit selbst werden nicht geprüft, sondern nur die Prozesshandlungsvoraussetzungen (Einl III Rn 9) des Antrags (Rn 2). Die Prozessfähigkeit ist zu unterstellen (§ 37 Rn 3). Für den Antrag muss ein schutzwürdiges Interesse bestehen (ZöVollkommer 8 mwN).

2. Zuständigkeit des bestimmenden Gerichts. **a) Grundsatz** (Abs **5** 1). Zuständig ist das im Rechtszug übergeordnete Gericht. Dieses ist nach dem GVG zu bestimmen. Gemeinschaftlich nächsthöheres Gericht für Nr 2–6 ist das LG für die AGe seines Bezirks. Das OLG ist es für die AGe verschiedener LG-Bezirke und für die LGe seines Bezirks; außerdem im Verhältnis Familiengericht zu Vormundschafts- oder Streitgericht, weil auf die Rechtsmittelzuständigkeit abzustellen ist (BGH NJW 79, 2249 mwN). Daraus wird man folgern müssen, dass im Fall des § 119 Abs 3 das OLG statt des LG zuständig ist. Das LAG tritt im arbeitsgerichtlichen Verfahren (vgl Rn 1) an Stelle des OLG (BAG NZA 98, 1189). – **b) Verschiedene Oberlandesgerichtsbezirke 6** (Abs 2). – **aa)** Es ist dasjenige OLG zuständig, zu dessen Bezirk das zuerst mit der Sache befasste Gericht gehört, auch wenn das OLG selbst dieses Gericht ist und der Zuständigkeitsstreit sich daher auf der Ebene des OLG befindet (BGH NJW-RR 99, 1081). – **bb)** Zuerst befasst: Das ist nur hinsichtlich der am Zuständigkeitsstreit beteiligten Gerichte zu beurteilen (Brandenburg OLG-NL 99, 95). Bei Einleitung im Mahnverfahren ist es dasjenige OLG, in dessen Bezirk das Streitverfahren anhängig geworden ist (BayObLG NJW-RR 99, 1294; Köln NJW-RR 99, 1440). – **cc)** Zuständigkeitsbestimmung gem Abs 1 Nr 3: Der Wortlaut **6 a** des Abs 2 ist darauf nicht zugeschnitten, weil es ein zuerst und später befasstes Gericht idR nicht gibt. Hier ist keinesfalls der BGH zuständig

(BGH NJW 99, 221), sondern dasjenige OLG (in Bayern das Bay-ObLG), an das sich der Antragsteller (zuerst) wendet (BayObLG NJW-RR 99, 1246; Karlsruhe NJW 98, 3359), sofern einer der Streitgenossen in dessen Bezirk seinen allg Gerichtsstand hat. Fehlt es daran, ist das
7 Gesuch abzulehnen. – **c) Bayerisches Oberstes Landesgericht** (§ 9 EGZPO). Es ist (auch für die Fälle der Nr 3) von vorneherein zuständig, wenn die Gerichte in verschiedenen bayerischen OLG-Bezirken liegen (allgM; BayObLG NJW-RR 99, 1296 mwN). Außerdem tritt es für die Zuständigkeitsbestimmung nach Abs 2 an die Stelle desjenigen bayerischen OLG, welches zur Entscheidung zuständig wäre (§ 9 EGZPO nF), ist also auch im Verhältnis zu außerbayerischen Gerichten
8 zur Entscheidung berufen. – **d) Bundesgerichtshof.** Er ist gem Abs 1 zuständig im Fall des Abs 1 Nr 1, wenn das zur Bestimmung zuständige Gericht verhindert ist (Sommer NJW 98, 3551), was kaum praktisch werden dürfte; außerdem beim Zuständigkeitsstreit von Gerichten verschiedener Gerichtszweige, wenn der BGH in analoger Anwendung von Abs 1 Nr 6 zuerst angegangen wird (BGH NJW 01, 3631 mwN).

9 **3. Vorlage** an den BGH (Abs 3) dient der Rechtseinheit in der Zuständigkeitsbeurteilung. – **a) Anwendbar** nur dann, wenn der BGH das höhere gemeinschaftliche Gericht ist (BGH NJW 00, 3214), wenn das OLG oder das BayObLG entscheidet und wenn ein Fall der Nr 1–6
10 (Rn 12–28) vorliegt (BGH NJW 00, 80). – **b) Voraussetzung** ist, dass
11 das Gericht in einer Rechtsfrage abweichen will. – **c) Folgen.** Das OLG (oder BayObLG) legt durch Beschluss mit Begründung seiner Rechtsauffassung und Bezeichnung der Entscheidung, von der das Gericht abweichen will, dem BGH vor. Durch die zulässige Vorlage wird der BGH zur unmittelbaren Entscheidung des Zuständigkeitsstreits berufen (Abs 3 S 2).

12 **4. Nr 1. Rechtliche Verhinderung** durch Ausschließung (§ 41) oder Ablehnung (§§ 42 ff), auch tatsächlich durch Krankheit; es müssen aber auch alle gerichtsverfassungsmäßig bestellten Vertreter verhindert sein. Wird kaum praktisch.

13 **5. Nr 2. Ungewissheit über die Gerichtsbezirksgrenzen** oder wo der zuständigkeitsbegründende Ort (zB bei § 32) liegt. Wird so gut wie nie praktisch.

14 **6. Nr 3. Streitgenossen mit verschiedenem Gerichtsstand. – a) Anwendbarkeit.** Nr 3 gilt nicht bei verschiedenen Rechtswegen (Rn 1). Bezieht sich auf Grund von Zweckmäßigkeitserwägungen auch auf die sachliche Zuständigkeit (BGH 90, 153 mwN) und auf das selbständige Beweisverfahren (BayObLG NJW-RR 99, 1010; Zweibrücken NJW-RR 00, 1082), auf das Verhältnis der KfH zur Zivilkammer dahin, dass nur die Zivilkammer, nicht die KfH für zuständig erklärt werden darf (Frankfurt NJW 92, 2900; Düsseldorf MDR 96, 524). Nr 3 gilt auch für Abänderungsklagen (§ 323; BGH NJW 86, 3209) sowie im Mahnverfahren nach Abgabe (§ 696 Abs 1, § 700 Abs 3) und vor dem Antrag auf Streitverfahren (BayObLG Rpfleger 03, 139), auch

schon vor Abgabe, wenn mit Durchführung des Streitverfahrens zu rechnen ist (BayObLG Rpfleger 80, 436). Eine Wahlmöglichkeit zur Bestimmung ist nicht erforderlich (BGH NJW 91, 2838). – **b) Voraussetzungen** sind: – **aa) Klageabsicht gegen Streitgenossen,** die im allgemeinen Gerichtsstand (§§ 12–18) verklagt werden sollen, nicht in einem besonderen Gerichtsstand. Dass bereits Klage erhoben ist, steht nicht entgegen, solange das Verfahren nicht zu weit fortgeschritten ist (allgM; BayObLG NJW-RR 94, 890 mwN). Auf die Schlüssigkeit der Klagen kommt es nicht an (BayObLG MDR 89, 180), ebenso wenig darauf, ob wegen § 61 Rn 7 ein Streitgenosse als Zeuge entfällt (BayObLG NJW-RR 93, 1291). Die Art der Streitgenossenschaft (§§ 59, 60, 62) ist gleichgültig (hM); jedoch müssen die in Anspruch genommenen Personen einem gemeinschaftlichen Gegner gegenüberstehen (BGH NJW 92, 981) und die Voraussetzungen der §§ 59, 60 schlüssig behauptet sein (Dresden OLG-NL 03, 47). Aus Zweckmäßigkeit ist weit auszulegen (BGH NJW 98, 685). Gilt auch für die sog Drittwiderklage (§ 33 Rn 10–13; BGH NJW 91, 2838 und 00, 1871; KG NJW-RR 00, 1374), aber nur wenn der Dritte als Streitgenosse eines Klägers belangt werden soll (BGH NJW 92, 982; BayObLG NJW-RR 00, 1375). – **bb) Gerichtsstände im Inland.** Jeder Streitgenosse muss im Inland seinen allgemeinen oder einen besonderen Gerichtsstand haben (BGH NJW 88, 646) und die deutschen Gerichte müssen international zuständig sein (BGH NJW 80, 2646). Dies ist erweitert durch gesetzliche Zuständigkeit (ohne Bestimmung durch das Gericht) infolge des Art 6 Nr 1 EuGVÜ (dort Rn 2). – **cc) Fehlen eines gemeinsamen Gerichtsstands.** Die Streitgenossen dürfen keinen gemeinschaftlichen Gerichtsstand haben (allgM). Das gilt auch im Fall der nachträglichen Parteierweiterung (25 vor § 50; sog Drittwiderklage (BGH NJW 00, 1871). Haben sie einen solchen, auch einen gem § 38 vereinbarten, ist aber mit einem ein anderer Gerichtsstand vereinbart (§ 38 Rn 4), so darf Nr 3 angewendet werden, wenn es dem anderen Streitgenossen zugemutet werden kann (Zweibrücken NJW-RR 00, 1082), nicht aber, um diesen Streitgenossen dem vereinbarten Gerichtsstand zu entziehen (BGH NJW 83, 996), auch nicht, um den vereinbarten Gerichtsstand einem anderen Steritgenossen aufzudrängen (BayObLG NJW-RR 00, 660). Hingegen gilt Nr 3 entspr, wenn einer oder mehrere der beteiligten Streitgenossen in einem besonderen ausschließlichen Gerichtsstand verklagt werden müssten (BGH NJW 90, 155 [159]); dann kann das ausschließlich zuständige (BayObLG NJW-RR 00, 1592), insbes das prorogierte Gericht (BGH NJW 88, 646) bestimmt werden, auch wenn dort keiner der Beklagten seinen allg Gerichtsstand hat (vgl BGH NJW 87, 439 und Rn 12). Nr 3 gilt auch, wenn (nur) für den Hilfsantrag kein gemeinschaftlicher Gerichtsstand besteht. – **c) Bestimmung.** Nur ein solches Gericht darf als zuständig bestimmt werden, bei dem einer der Beklagten seinen allg Gerichtsstand hat (BGH NJW 87, 439), im Verhältnis zur KfH nur die Zivilkammer (vgl Rn 14). Ausnahme bei ausschließlichem Gerichtsstand

(Rn 17). Ist ungewiss, welches Gericht sachlich zuständig ist, darf nur die örtliche Zuständigkeit bestimmt werden (BayObLG NJW-RR 90, 1020). Die Auswahl erfolgt iü nach Zweckmäßigkeit (Bornkamm NJW 89, 2713 [2718]), zB nach bereits geschehenen Bestellung von RAen (Hamm NJW 00, 1947), bei selbständigen Beweisverfahren (§ 485) nach dem Gericht der Hauptsache (BayObLG NJW-RR 98, 209).

19   **7. Nr 4. Dinglicher Gerichtsstand.** Gilt auch im Aufgebotsverfahren (BayObLG Rpfleger 77, 448) und bei Gesamthypothek.

20   **8. Nr 5. Positiver Kompetenzkonflikt.** Es muss sich um denselben prozessulen Anspruch handeln. Gilt für die sachliche, örtliche und funktionelle Zuständigkeit (vgl 2–4 vor § 1). Die widersprechenden Entscheidungen müssen rechtskräftig (§ 705), die gegebenen Rechtsbehelfe erschöpft sein. Ein Endurteil, das eine Sachentscheidung trifft, genügt aber für § 36 nicht, weil dessen Zweck es ist, eine Sachentscheidung zu ermöglichen.

21   **9. Nr 6. Negativer Kompetenzkonflikt. – a) Anwendung.** Für entsprechende: Rn 26–28. – **aa) Zu bejahen** bei Streit über sachliche, örtliche oder funktionelle Zuständigkeit (BayObLG Rpfleger 87, 124 mwN), soweit sie nicht in der Geschäftsverteilung (§ 21 e GVG) zu regeln und vom Präsidium zu entscheiden ist (BGH 71, 264); nur ausnahmsweise entspr anwendbar bei einem Zuständigkeitsstreit zwischen Gerichten verschiedener Rechtswege (BGH NJW 01, 3631 und NJW-RR 02, 713) wegen § 17 a Abs 5 GVG (BGH NJW 02, 2474). Entspr anwendbar auch bei Entscheidungen von Rechtspflegern verschiedener Gerichte (Celle Rpfleger 96, 278 mit Anm Meyer-Stolte). Gilt auch **21 a** bei Rechtsmittelgerichten (BGH stRspr, NJW 86, 2764). – **bb) Zu verneinen:** im Regelfall des § 17 a GVG (BGH NJW 02, 2474) für Streit über internationale Zuständigkeit (Schleswig JZ 00, 793 Anm Mankowski); wenn eine Sache an das Untergericht zurückverwiesen ist, dieses die Rücknahme verweigert und dem Obergericht die Sache zurückgibt (BGH NJW 94, 2956); bei einem Zuständigkeitsstreit zwischen **22** Richter und Rechtspfleger (§§ 7, 28 RPflG). – **b) Voraussetzungen** sind: – **aa) Zuständigkeitsstreit,** frühestens nach Zustellung oder Mitteilung einer Antragsschrift (BGH stRspr NJW-RR 93, 130 mwN), welche die Rechtshängigkeit (BGH NJW-RR 97, 1161) oder eine ihr entsprechende Verfahrenslage herbeiführt (Karlsruhe VersR 91, 125); in FGG-Familiensachen nicht vor Mitteilung des Antragsschriftsatzes und Anhörung aller Beteiligter (BGH NJW-RR 95, 514). Nur ausnahms- **23** weise vor Rechtshängigkeit (vgl Rn 3). – **bb) Rechtskräftige Entscheidung.** Dafür kommt insbes in Betracht: Verweisung gem § 281 (BGH 71, 69) und § 17 a GVG (BGH NJW 01, 3631); Abgabe im Mahnverfahren (BayObLG Rpfleger 02, 528), gem § 621 Abs 3 (BayObLG FamRZ 80, 1034) oder gem § 46 Abs 1 WEG (BayObLG NJW-RR 90, 1431); ausdrückliche Unzuständigkeitserklärung (BGH NJW 80, 1282). Nicht genügen: interne, den Parteien nicht bekannt gemachte Verfügungen, insbes Aktenabgaben (BGH stRspr NJW-RR

92, 1154), Rücksendung der Akten (BGH NJW 89, 461 und NJW-RR 92, 1154) oder deren Weiterleitung (BayObLG NJW-RR 94, 1428); Unzuständigkeitserklärungen vor Eintritt der Rechtshängigkeit grundsätzlich (BGH NJW 80, 1281; vgl aber Rn 3, 22 25 aE); Ersuchen um Rückübernahme (BayObLG FamRZ 81, 62). **cc) Gegebene** **24** **Zuständigkeit.** Es muss eines der Gerichte, die sich für unzuständig erklärt haben, wirklich zuständig sein (BGH NJW 95, 534). Ist ein bisher am Zuständigkeitsstreit nicht beteiligtes Gericht zuständig, so kann dieses sofort bestimmt werden, wenn nicht noch Tatsachen vorzubringen sind, nicht „zu ermitteln" (so BGH aaO mit krit Anm von Jauernig NJW 95, 2017), rechtliches Gehör gewährt und Verweisungsantrag (§ 281 Abs 1 S 1) gestellt ist, insbes wenn das Gericht ausschließlich zuständig (BGH 71, 69 [72] und NJW-RR 94, 1282) oder bereits ein bindender Verweisungsbeschluss ergangen ist (BGH NJW-RR 93, 701). Fehlt es daran, kann der Verweisungsbeschluss aufgehoben und die Sache an das Gericht zurückverwiesen werden, das vorgelegt hat (BGH NJW 95, 534; vgl § 37 Rn 4). – **c) Bindungswirkung:** **25** **aa) Zu bejahen:** bei Verweisungsbeschluss (§ 281 Abs 2 S 2; § 17a Abs 2 S 3 GVG), auch bei gesetzwidrigen Verweisungen (BGH NJW-RR 02, 2474), so dass das Gericht, an welches bindend verwiesen ist, als zuständig bestimmt werden muss. Diese Bindung besteht auch, wenn das Gericht, das verwiesen hat, ausschließlich zuständig ist (BayObLG NJW-RR 02, 1152); wenn der Beschluss von der hM abweicht (BGH NJW-RR 02, 1498). **bb) Zu verneinen:** beim AG im Verhältnis Prozess- und Familiengericht (BayObLG NJW-RR 93, 9 mwN) und allgemein bei funktioneller Unzuständigkeit (BayObLG Rpfleger 89, 80), bei Verweisungsbeschlüssen, die vor Rechtshängigkeit erlassen wurden (BayObLG NJW-RR 92, 569 mwN; Jauernig NJW 95, 2017), denen jede gesetzliche Grundlage fehlt und die daher willkürlich sind (BGH NJW 02, 3634). Für fehlende Bindung auch in anderen Fällen: Fischer NJW 93, 2417. – **d) Entsprechende Anwen-** **26** **dung** wird praktiziert: – **aa) Zivilkammer** im Verhältnis zur KfH (allgM; Brandenburg NJW-RR 01, 429); sowie von Zivilkammer zur Kammer für Baulandsachen (Oldenburg MDR 77, 497), auch bei Abgaben vor Rechtshängigkeit (BGH NJW 83, 1062). Keine entspr Anwendung im Verhältnis Berufungskammer zu erstinstanzlicher Zivilkammer (BGH NJW 00, 80). **bb) Freiwillige Gerichtsbarkeit** im **27** Verhältnis zur streitigen (hM), jedenfalls soweit es Wohnungseigentumssachen betrifft (BGH NJW 84, 740 = JR 84, 159 Anm Kuntze; Köln NZM 99, 314) und Vormundschaftssachen (Althammer NJW 02, 3522). Zur Entscheidung zuständig (vgl Rn 7) ist das OLG in Bayern das BayObLG anstelle des OLG (BayObLG NJW-RR 90, 1431). Entspr anzuwenden ist Nr 6 außerdem im Verhältnis zu Landwirtschaftssachen (BGH 104, 363) sowie innerhalb der freiwilligen Gerichtsbarkeit, soweit es sich nicht um die örtliche Zuständigkeit (vgl § 5 FGG) handelt, auch bei FGG-Familiensachen (BGH FamRZ 91, 50). **cc) Familiengericht** im Verhältnis zum Streitgericht (allg Prozessab- **28** teilung), zum Vollstreckungsgericht (BayObLG FamRZ 91, 212), zum Vormundschaftsgericht (BGH NJW 81, 126) und auch unmittelbar zum LG (BayObLG NJW-RR 93, 9). Das gilt auch, wenn bei einer Beschwerde die Zuständigkeit des LG statt der des OLG in Betracht kommt (BayObLG FamRZ 85, 945). Zur Entscheidung zuständig ist das OLG, in Bayern das BayObLG (Althammer NJW 02, 3522).

29   **10. Wirkung.** Bereits der Antrag hemmt die Verjährung (§ 204 Nr 13 BGB). Das gemäß § 36 bestimmte Gericht wird zuständig, die bereits begründete Rechtshängigkeit geht auf dieses Gericht über. Die Rechtskraft der entgegenstehenden Entscheidung bei Nr 5 und 6 wird durchbrochen. Gebunden ist das als zuständig bestimmte Gericht im Rahmen der getroffenen Entscheidung (zB die Zivilkammer oder die KfH im Fall Rn 26) unter allen Umständen (StJSchumann § 37 Rn 4). Davon Ausnahmen zuzulassen (zB bei Wegfall oder irriger Annahme der Voraussetzungen, unwahren Angaben), widerspricht dem Sinn und Zweck des § 36, nämlich bald eine Sachentscheidung zu ermöglichen, außerdem der Über- und Unterordnung der Gerichte. Allerdings muss bei Nr 3 die beabsichtigte Klage auch tatsächlich in dem der Zuständigkeitsbestimmung zugrundegelegten Umfang erhoben werden (hM; München NJW-RR 88, 128 mwN).

§ 37 Verfahren bei gerichtlicher Bestimmung

(1) **Die Entscheidung über das Gesuch um Bestimmung des zuständigen Gerichts ergeht durch Beschluss.**

(2) **Der Beschluß, der das zuständige Gericht bestimmt, ist nicht anfechtbar.**

1   **1. Allgemeines.** Es handelt sich um Rechtspflege, nicht um Justizverwaltung (allgM). – **a) Gesuch** (Antrag) kann als Vorlage auch von einem Gericht ausgehen (§ 36 Rn 2). Von der Partei ist es schriftlich oder zu Protokoll der Geschäftsstelle zu stellen. Kein Anwaltszwang nach § 78 (allgM). Der Antrag kann von einer Partei oder ihrem Nebenintervenienten gestellt werden, vom Beklagten auch im Fall des § 36 Abs 1 Nr 6 (Düsseldorf NJW-RR 90, 2021), aber nicht in den Fällen des § 36 Abs 1 Nr 3 (BGH NJW 90, 2751) und 4. Bei § 36 Abs 1 Nr 3 kann der Rechtsstreit schon anhängig sein (BGH NJW 87, **2** 439, vgl § 36 Rn 3). – **b) Inhalt des Gesuchs.** Das Gericht, das für zuständig erklärt werden soll, kann, muss aber nicht bezeichnet sein. Es sind die Tatsachen und Beweismittel anzugeben.

3   **2. Entscheidung** ergeht stets durch Beschluss (Abs 1). § 308 Abs 1 gilt nicht. – **a) Verfahren.** Prozessvoraussetzungen müssen grundsätzlich nicht geprüft werden. Prozessfähigkeit ist zu unterstellen, wie für den Streit um diese selbst (BGH NJW-RR 87, 757; Bornkamm NJW 89, 2713 [2715]); dies gilt auch für Begründung und Aufgabe des Wohnsitzes (§ 7 BGB) zur Feststellung des Gerichtsstands (BGH NJW-RR 88, 387). Keine Amtsermittlung, aber Freibeweis (vgl 6 vor § 284). Recht-

liches Gehör ist zu gewähren. – **b) Inhalt.** Das Gesuch (der Antrag) 4
wird zurückgewiesen, wenn eine der Voraussetzungen der Entscheidung (§ 36 Rn 1–5) fehlt oder keiner der Fälle des § 36 Abs 1 Nr 1–6
vorliegt; andernfalls wird in der Formel des Beschlusses das zuständige
Gericht bestimmt. Bei mehreren beteiligten Gerichten ist iF des § 36
Abs 1 Nr 6 das zuständige Gericht, wenn es ausschließlich zuständig ist,
unmittelbar zu bestimmen, auch wenn dieses Gericht bisher nicht beteiligt war (BGH 71, 69). Fehlen die Voraussetzungen des § 36 Abs 1,
ist die Sache zurückzugeben an das letzte mit ihr befasste Gericht (Jauernig NJW 95, 2017); das ist idR das vorlegende. – **c) Kostenentscheidung.** Unterbleibt grundsätzlich, insb bei § 36 Abs 1 Nr 6, weil die 5
Kosten dieses Verfahrens solche des Rechtsstreits der Parteien sind
(§ 91; Düsseldorf MDR 83, 846), ergeht aber bei § 36 Abs 1 Nr 3,
wenn das Gesuch abgelehnt (BayObLG NJW-RR 00, 141) oder zurückgenommen wird analog § 269 (BGH NJW-RR 87, 757). Der
Wert beträgt dann einen Bruchteil der Hauptsache (BayObLG Büro 89,
132). – **d) Rechtsbehelfe.** Der stattgebende Beschluss ist unanfechtbar 6
(Abs 2); gegen den zurückweisenden des LG findet sofortige Beschwerde statt (§ 567 Abs 1 Nr 2). Gegen den Beschluss eines OLG oder des
BayObLG ist die Rechtsbeschwerde (§ 574 Abs 1 Nr 2) ausgeschlossen
(BayObLG NJW 02, 2888 mwN; aA 24. Aufl).

Titel 3. Vereinbarung über die Zuständigkeit der Gerichte

Vorbemerkung

1. Grundlagen und Begriffe. Die Zuständigkeit eines Gerichts 1
erster Instanz kann durch Verhalten der Prozessparteien begründet oder
ausgeschlossen werden durch Gerichtsstandvereinbarung (§ 38) und
nach Klage durch rügelose Verhandlung des Beklagten zur Hauptsache
(§ 39). Prorogation ist die Vereinbarung, dass ein an sich unzuständiges
Gericht zuständig werde, Derogation, dass ein an sich zuständiges Gericht nicht zuständig sein soll. Gerichtsstandvereinbarungen sind im
Grundsatz unzulässig (Rn 10).

2. Rechtsnatur der Gerichtsstandvereinbarung. Sie ist ein Prozess- 2
vertrag (Einl III Rn 6; RoSchwGottwald § 37 I 1; ZöVollkommer
§ 38 Rn 4). Nach aA ist sie ein bürgerlich-rechtlicher Vertrag dann,
wenn die Gerichtsstandvereinbarung vor dem Prozess abgeschlossen
wird (BGH 49, 384 und 59, 27). Es gelten für sie auch als Prozessvertrag grundsätzlich die Regeln des BGB über Rechtsgeschäfte (vgl
Einl III Rn 6), insbes über Zustandekommen (§ 151 BGB), Vertretung, Anfechtung, Nichtigkeit (zB §§ 134, 138 BGB). Die Prozesshandlungsvoraussetzungen (Einl III Rn 10), insbes die Postulationsfähigkeit müssen nur vorliegen, wenn die Erklärungen zur
Gerichtsstandvereinbarung vor oder gegenüber dem Gericht abgege-

ben werden. Ihre Zulässigkeit und Wirkung (§ 38 Rn 30–33) richtet sich im Übrigen sowieso nach Prozessrecht. An der entspr Anwendung der BGB-Vorschriften wird auch vom Standpunkt der Meinung aus, die in der Prorogation stets eine Prozesshandlung sieht, kaum gezweifelt.

3   **3. Anwendungsbereich** der §§ 38–40. – **a) Sie gelten:** nur im ersten Rechtszug für die sachliche und örtliche, entspr für die internationale Zuständigkeit (allgM, vgl Rn 5); in jedem Verfahren, das der ZPO **4** unterliegt, insbs auch für Arrest und einstw Verfügung. – **b) Sie gelten nicht:** für die funktionelle Zuständigkeit (2 vor § 1), für die Geschäftsverteilung (§ 21 e GVG) und wenn der Gerichtsstand durch eine Rechtsnorm bestimmt wird.

5   **4. Besonderheiten für internationale Zuständigkeit** (Begriff: 5 vor § 1). – **a) Grundsatz.** Die Parteien eines internationalen Rechtsstreits können die (auch ausschließliche) Zuständigkeit eines deutschen oder eines ausländischen Gerichts frei vereinbaren (BGH NJW 71, 325), soweit das Schutzbedürfnis des Arbeitnehmers nicht entgegensteht auch in der Arbeitsgerichtsbarkeit (BAG NJW 73, 963). In der Vereinbarung der ausschließlichen Zuständigkeit eines ausländischen Gerichts liegt die Derogation der internationalen Zuständigkeit deutscher Gerichte; dieser Rechtsschutzverzicht ist jedoch nur unter bestimmten Voraussetzungen wirksam und bedarf der Form des § 38 Abs 2 S 2 (BAG NJW 84, 1320; vgl aber § 38 Rn 8). Die Zuständigkeit eines deutschen Gerichts kann auch vereinbart werden, wenn beide Parteien Ausländer sind (Köln BB 73, 405). Im Anwendungsbereich der EuGVVO geht deren Art 17 als Spezialgesetz dem § 38 Abs 1 und 2 vor **6** (hM). – **b) Anzuwendendes Recht.** Es ist zu unterscheiden: – **aa) Für das Zustandekommen** der Gerichtsstandvereinbarung, die nicht vor dem Prozessgericht abgeschlossen wird, ist dasjenige Recht anzuwenden, das nach den Regeln des internationalen Privatrechts gilt. Hierbei ist darauf abzustellen, in Bezug auf welches Rechtsverhältnis (insbes Vertrag) die Gerichtsstandvereinbarung abgeschlossen wurde (BGH 59, 23), sodass die Wirksamkeit der Gerichtsstandvereinbarung nach dieser Rechtsordnung zu beurteilen ist (BGH NJW 89, 1431). In der Wahl deutschen Rechts liegt nicht auch die Vereinbarung der Zu- **7** ständigkeit deutscher Gerichte (Saarbrücken NJW 00, 670). – **bb) Für die Zulässigkeit** der Gerichtsstandvereinbarung und ihre Wirkung auf die Zuständigkeit eines deutschen Gerichts ist deutsches Recht anzuwenden (hM; BGH aaO; Geimer NJW 71, 323 mwN). Dies gilt auch dafür, ob die Zuständigkeit deutscher Gerichte ausgeschlossen ist (vgl BGH NJW 86, 1438 mit Anm von Geimer) und die eines ausländi- **8** schen Gerichts vereinbart (BGH aaO). – **c) Wirkung.** Auch die internationale Gerichtsstandvereinbarung bewirkt im Zweifel die ausschließliche Zuständigkeit (9 vor § 1) des prorogierten Gerichts; so auch Art 17 EuGVVO (dort Rn 21). Umstritten ist, ob diese Ausschließlichkeit auch anzunehmen ist, wenn das Urteil insbes wegen fehlender Verbürgung der Gegenseitigkeit (§ 328 Abs 1 Nr 5) nicht anerkannt werden würde. Von der hM wird das bejaht (BGH 49, 124 und NJW 71, 325; dagegen Walchshöfer NJW 72, 2164 und ZZP 82, 302 mwN).

5. Grundsatz des Prorogationsverbots. – a) Zweck. Die Vereinbarung eines von den §§ 12–16 abweichenden Gerichtsstandes, der für die davon betroffene Partei ungünstig gelegen ist, kann für diese ein erheblicher Nachteil sein. Davor sollen wirtschaftlich Schwächere (insbes Privatpersonen, Verbraucher) geschützt werden. – **b) Gestaltung.** Die §§ 38–40 sind so gefasst, dass als (ungeschriebener) Grundsatz das Verbot von Gerichtsstandvereinbarungen besteht, § 38 sie in begrenztem Umfang zulässt, § 39 bei rügelosem Verhandeln zur Hauptsache für alle Prozesse die Zuständigkeit begründet und § 40 unter bestimmten Voraussetzungen jede Gerichtsstandvereinbarung verbietet. Ferner wird durch § 29 Abs 2 eine Umgehung des Prorogationsverbots verhindert. – **c) Wirkung.** Verbotswidrige Prorogationen sind nichtig (§ 134 BGB). Klagt die Partei, die durch das Prorogationsverbot geschützt werden soll (Rn 9), am vereinbarten Gerichtsstand, so ist die Rüge fehlender Zuständigkeit durch die andere Partei wegen Rechtsmissbrauchs unerheblich; es gilt § 39, bei Säumnis des Beklagten auch analog (Bülow VersR 76, 415).

§ 38 Zugelassene Gerichtsstandsvereinbarung

(1) **Ein an sich unzuständiges Gericht des ersten Rechtszuges wird durch ausdrückliche oder stillschweigende Vereinbarung der Parteien zuständig, wenn die Vertragsparteien Kaufleute, juristische Personen des öffentlichen Rechts oder öffentlich-rechtliche Sondervermögen sind.**

(2) **[1]Die Zuständigkeit eines Gerichts des ersten Rechtszuges kann ferner vereinbart werden, wenn mindestens eine der Vertragsparteien keinen allgemeinen Gerichtsstand im Inland hat. [2]Die Vereinbarung muß schriftlich abgeschlossen oder, falls sie mündlich getroffen wird, schriftlich bestätigt werden. [3]Hat eine der Parteien einen inländischen allgemeinen Gerichtsstand, so kann für das Inland nur ein Gericht gewählt werden, bei dem diese Partei ihren allgemeinen Gerichtsstand hat oder ein besonderer Gerichtsstand begründet ist.**

(3) **Im übrigen ist eine Gerichtsstandsvereinbarung nur zulässig, wenn sie ausdrücklich und schriftlich**

1. **nach dem Entstehen der Streitigkeit oder**
2. **für den Fall geschlossen wird, daß die im Klageweg in Anspruch zu nehmende Partei nach Vertragsschluß ihren Wohnsitz oder gewöhnlichen Aufenthaltsort aus dem Geltungsbereich dieses Gesetzes verlegt oder ihr Wohnsitz oder gewöhnlicher Aufenthalt im Zeitpunkt der Klageerhebung nicht bekannt ist.**

1 **1. Allgemeines.** Dem § 38 ist das grundsätzliche Verbot von Gerichtsstandvereinbarungen zu entnehmen (vgl 9–11 vor § 38); denn § 38 lässt sie nur in beschränktem Umfang zu. Anwendungsbereich: **3**
2 und 4 vor § 38. – **a) Unabdingbarkeit.** § 38 ist zwingend und unverzichtbar. Trotz des Prorogationsverbots kann im Einzelfall die Zuständigkeit durch § 39 begründet werden. – **b) Prüfung.** Die Behauptungs- und Beweislast für das Vorliegen einer Gerichtsstandvereinbarung entspricht der für die Zulässigkeit der Klage (13 vor § 253), da es um die Zuständigkeit, daher um eine Prozessvoraussetzung geht. Die Gerichtsstandvereinbarung muss deshalb durch Tatsachenvortrag (§ 138 Abs 1) dargelegt und vorgetragen werden, wann, durch wen, mit welchem Inhalt und in welcher Form sie zustande gekommen ist. Dasselbe gilt für erforderliche Tatsachen zu § 38 (zB Kaufmannseigenschaft bei Abs 1). Im Säumnisverfahren gelten diese Tatsachen nicht als zugestanden (§ 331 Abs 1 S 2; vgl dort Rn 3).

4 **2. Zulässigkeit** von Gerichtsstandvereinbarungen. – **a) Allgemeines.** Sie sind in den 4 Fallgruppen der Rn 7, 12, 16 und 19 zulässig. Prorogation und Derogation (1 vor § 38) sind auch verbunden möglich. Derogation ist aber nur zulässig, solange noch ein zuständiges
5 Gericht verbleibt. – **b) Voraussetzungen** sind: – **aa)** Bezug auf ein bestimmtes Rechtsverhältnis (§ 40 Abs 1). – **bb)** Einer nichtvermögensrechtlichen Streitigkeit darf § 40 Abs 2 S 1 Nr 1 nicht entgegenstehen. – **cc)** Es darf keine ausschließliche Zuständigkeit bestehen (§ 40 Abs 2 S 1 Nr 2). – **dd)** Ein bestimmtes oder bestimmbares Gericht
6 muss der Gerichtsstandvereinbarung zu entnehmen sein. – **c) Mehrere Gerichtsstände** können vereinbart werden mit der Rechtsfolge des § 35 (allgM). Dies gilt auch für den Beklagten (BGH NJW 83, 996).

7 **3. Gerichtsstandvereinbarung von prorogationsbefugten Parteien** (Abs 1). Das sind alle Kaufleute (Rn 9) und jur Personen, auch solche des öffentlichen Rechts, sowie Sondervermögen (Rn 11). Es müssen beide Parteien prorogationsbefugt sein, so dass auch nicht zugunsten einer Partei, die nicht prorogationsbefugt ist, prorogiert wer-
8 den kann (Klunzinger JR 74, 271). – **a) Form.** Prorogation ist formfrei; dies folgt direkt aus Abs 1. Es ist daher Rn 25 anzuwenden. Für einen
9 internationalen Rechtsstreit vgl Rn 12 ff. – **b) Kaufleute.** Das sind: – **aa)** Inhaber eines Handelsgewerbes (§ 1 HGB) oder eines im Handelsregister eingetragenen Unternehmens (vgl § 5 HGB). Außerdem alle Handelsgesellschaften (§ 6 HGB) und die persönlich haftenden Gesellschafter von OHG und KG (StJBork 4). Maßgebender Zeitpunkt für die Kaufmannseigenschaft ist derjenige der Vereinbarung (Köln NJW-RR 92, 571 mwN), nicht der der Rechtshängigkeit. Alle Kaufleute sind auch prorogationsbefugt, wenn das Rechtsverhältnis kein Handelsgeschäft (§ 343 HGB) betrifft, sondern ein privates Rechtsgeschäft. –
10 **bb) Nicht:** Inhaber eines Gewerbebetriebs, das keinen kaufmännisch eingerichteten Geschäftsbetrieb erfordert (§ 1 Abs 2 HGB) Gewerbetreibende iS des § 2 HGB, Land- oder Forstwirte iS des § 3 HGB, die

nicht im Handelsregister eingetragen sind, ferner Unternehmer, die kein Handelsgewerbe (§ 1 Abs 1 HGB) betreiben und nicht gemäß § 2 HGB in das Handelsregister eingetragen sind, Angehörige freier Berufe (zB RAe, Ärzte, Architekten, Steuerberater), auch eingetragene Vereine. – **c) Öffentlich-rechtliche Parteien.** Juristische Personen sind: alle **11** Körperschaften, Anstalten und Stiftungen, sowie Sondervermögen. Prorogationsbefugnis besteht sowohl untereinander als auch gegenüber Kaufleuten.

4. Gerichtsstandvereinbarung für internationalen Rechtsstreit 12 (Abs 2). Grundlagen: 5–8 vor § 38. – **a) Anwendungsbereich:** alle **13** natürlichen und juristischen Personen ohne Rücksicht auf Staatsangehörigkeit. Es kommt nur auf den allgemeinen Gerichtsstand an (§§ 12–18). Er muss für mindestens eine der Parteien nicht im Inland liegen. Auf besondere Gerichtsstände (§§ 21–34) kommt es nicht an. – **b) Sonderregelungen** gehen vor (allgM). Abs 2 gilt daher nur, soweit nicht **14** durch internationale Abkommen Gerichtsstandvereinbarungen ausgeschlossen, beschränkt oder erleichtert sind. Das ist insbes durch Art 17 EuGVVO geschehen (vgl dort). – **c) Form** (Abs 2 S 2): schriftlich oder **15** schriftlich bestätigt. Die Schriftform ist jedoch auch dann gewahrt, wenn die Erklärungen in getrennten Schriftstücken (insbes Schriftwechsel) enthalten sind (StJBork 16, 17; RoSchwGottwald § 37 I 3; noch offengelassen von BGH 116, 77). Unterschrift ist nicht nötig (StJBork aaO). Schriftlich bestätigt wird der mündliche Vertragsabschluss, wenn er von einer Partei schriftlich abgefasst und unterzeichnet ist, der anderen Partei zugeht (wie § 130 BGB) und von ihr nicht widersprochen wird. Düsseldorf NJW-RR 98, 1145 fordert einen zeitlichen Zusammenhang. Welche Vertragspartei bestätigt, ist gleichgültig (BGH NJW 86, 2196). Diese Form gilt nicht für Kaufleute (Rn 9). Für diese bleibt Abs 1 (Rn 8) anwendbar (Saarbrücken NJW-RR 89, 829 mwN; sehr bestr; aA Nürnberg NJW 85, 1296 mwN; vgl ZöVollkommer 25). – **d) Wahl** der Gerichtsstände (Abs 2 S 3). Sie ist grundsätzlich frei, begrenzt wird sie nur auf die gesetzlichen Gerichtsstände der inländischen Partei, vor denen deren Gegner sowieso klagen könnte. Dies dient dem Schutz der inländischen Partei und bewirkt Ausschließlichkeit (9 vor § 1).

5. Nachfolgende Gerichtsstandvereinbarung (Abs 3 Nr 1). – **16 a) Anwendungsbereich.** Gilt für alle natürlichen und juristischen Personen, ohne Rücksicht auf Geschäftsgewandtheit und Schutzbedürfnis, wenn sie nicht nach Abs 1 prorogationsbefugt sind (Rn 9, 11). – **b) Form** (Abs 3): ausdrücklich und schriftlich (Rn 27). – **c) Streitig- 17 keit.** Diese erfordert nicht einen anhängigen Rechtsstreit. Es genügt die Äußerung unterschiedlicher Ansichten (beider Parteien) über die Rechtsfolgen aus dem Rechtsverhältnis, das sich die Prorogation bezieht (umstr; vgl ZöVollkommer 33). – **d) Entstehen der Streitig- 18 keit:** mit Zugang derjenigen Äußerung, an der sich die im Vergleich zur vorangegangenen Äußerung unterschiedliche Ansicht der Parteien ergibt. Bezieht sich die Streitigkeit auf einen Vertrag, kann sie erst nach dessen Abschluss entstehen, so dass Nr 1 nicht gilt, wenn die Prorogation zugleich mit dem Vertrag abgeschlossen wird (BGH NJW 86, 1438 mit Anm von Geimer). Eine Prorogation für eine bestimmte Streitigkeit gestattet nicht die Ausdehnung der Prorogation für weitere noch nicht entstandene Streitigkeiten. Die Prorogation kann bis zur Bindung infolge Rechtshängigkeit (§ 261 Abs 3 Nr 2), im Mahnverfahren bis zur Abgabe gemäß § 696 Abs 1 S 1 (BayObLG MDR 95, 312), beim zuständigen Gericht, beim unzuständigen Gericht auch noch nach Rechtshängigkeit vorgenommen werden, solange nicht § 39 entgegensteht (BGH NJW 76, 626).

19   **6. Gerichtsstandvereinbarung bei erschwerter Rechtsverfolgung** (Abs 3 Nr 2). – **a) Anwendungsbereich:** alle natürlichen Personen, die nicht Kaufleute sind und deshalb unter Abs 1 fallen (Rn 9). Die Vorschrift ist insbes auf Gastarbeiter zugeschnitten. Bezieht sich nur

20   auf die örtliche Zuständigkeit. – **b) Form:** wie Rn 17. – **c) Voraussetzungen.** Anspruch: damit ist der prozessuale Anspruch (Einl II) gemeint; umfasst insbes auch Feststellungs- und Gestaltungsklagen. Vertragsschluss: bezieht sich auf den bürgerlich-rechtlichen Vertrag, der aber (anders als bei Nr 1, vgl Rn 18) regelmäßig mit der Gerichtsstandvereinbarung zusammenfällt. Wohnsitz: § 13. Gewöhnlicher Aufenthaltsort: wie § 606 Abs 1 S 1. Nicht bekannt: Der Kläger darf trotz zumutbarer Nachforschungen eine zustellungsfähige Anschrift nicht kennen. Hierfür wird genügen, dass eine Auskunft der bei Vertragsschluss als Wohnort angegebenen Stadt oder Gemeinde erteilt ist, wonach der Beklagte dort nicht bekannt oder mit unbekannter Anschrift verzogen ist. Der Nachweis, dass keine neue Anschrift mitgeteilt ist, darf

21   nur unter besonderen Umständen verlangt werden. – **d) Wirkung.** Der vereinbarte Gerichtsstand gilt nur hilfsweise für den Fall, dass der bei Vertragsschluss gegebene allgemeine Gerichtsstand im Inland (§ 13 oder § 16) nachträglich entfallen ist.

22   **7. Allgemeine Voraussetzungen** einer wirksamen Gerichtsstandvereinbarung. Sie muss zulässig (Rn 4–21) und stets als Vertrag (vgl 2 vor § 38) gem §§ 145–156 BGB wirksam zustande gekommen sein.

23   Außerdem ist zu beachten: – **a) Identität.** Die Parteien des Rechtsstreits müssen auch die des Vertrags sein oder ihre Rechtsvorgänger. Ihre Rechtsnachfolger müssen nicht prorogationsbefugt sein (hM; Köln NJW-

24   RR 92, 571 mwN). – **b) Zeitpunkt.** Grundsätzlich kann erst prorogiert werden, sobald ein bestimmtes Rechtsverhältnis (auch als künftiges) festgelegt werden kann. Bei Abs 3 Nr 1 ist es jedoch erst später zulässig, weil die Streitigkeit bereits entstanden sein muss (Rn 18). Ab Rechtshängigkeit kann eine gegebene Zuständigkeit nicht mehr durch Prorogation beseitigt werden (§ 261 Rn 16). Nach Verweisung ist eine

25   Gerichtsstandvereinbarung stets wirkungslos (§ 281 Rn 2). – **c) Form.** Es ist zu unterscheiden: **aa) Formlos,** insbes mündlich, auch stillschweigend ist die Gerichtsstandvereinbarung nur unter Prorogationsbefugten wirksam (Abs 1; Rn 8), insbes auch auf Grund von AGB, Formularvertrag, Satzung, VOB, Handelsbrauch. Die widerspruchslose Entgegennahme von Rechnungen genügt idR nicht (Karlsruhe NJW-RR 93, 567 mwN; umstr). **bb) Schriftlich oder schriftlich bestätigt** 26 (Abs 2). Das ist die Form für den internationalen Rechtsstreit (Rn 15). **cc) Ausdrücklich und schriftlich** (Abs 3; Rn 16, 19). Ausdrücklich: 27 Der Wortlaut muss die Begriffe Zuständigkeit und Gericht umfassen oder so deutlich umschreiben, dass die Wirkung der Zuständigkeitsvereinbarung auch von Laien unmittelbar erkannt wird. Schriftlich: Ob damit die Schriftform des § 126 BGB gemeint ist, also Unterzeichnung auf derselben Urkunde (§ 126 Abs 2 BGB) oder ob die auf getrennten Urkunden genügt, ist umstr (vgl BGH 116, 77 mwN). Vorzuziehen ist die Gleichstellung mit Abs 2 S 2 („schriftlich"). Danach ist § 126 Abs 2 BGB nicht anzuwenden, so dass die schriftliche Erklärung in getrennten Schriftstücken (insbes Schriftwechsel) enthalten sein kann (StJBork 32). Elektronische Form (§ 126 Abs 3 BGB) ist nicht ausgeschlossen. Einseitige schriftliche Bestätigung genügt nicht. Es genügt die Bezugnahme auf verbundene oder umseitige schriftliche Erklärungen oder andere individuelle Verträge, wenn die Bezugnahme von einer Unterschrift gedeckt ist. Die idR nicht unterschriebene Vereinssatzung genügt nicht. Hingegen können unterschriebene AGB und Formularverträge diese Form erfüllen. – **d) Inhalt.** In den Fällen Abs 1, 2 und 3 Nr 1 genügt, 28 dass in der Vereinbarung das Gericht bestimmt oder das Rechtsverhältnis wenigstens durch Bezugnahme oder durch räumliche Verbindung (zB Vertragsurkunde) identifiziert wird. Die Wahl zwischen zwei örtlich verschiedenen Gerichtsständen kann auch für den Beklagten offen bleiben (BGH NJW 83, 996). Für Abs 3 Nr 2 genügt nicht die Formulierung „soweit gesetzlich (oder: nach § 38 Abs 3) zulässig"; der Fall Nr 2 muss vielmehr wörtlich bezeichnet sein (Löwe NJW 74, 473). – **e) Allgemeine Geschäftsbedingungen.** Die Vereinbarkeit mit den 29 §§ 305–309 BGB ist nur im Anwendungsbereich (§ 310 BGB) erheblich.

8. Wirkung. Sie erfordert die Wirksamkeit der Gerichtsstandver- 30 einbarung. Vorausgesetzt, dass darüber nicht gestritten wird, ist sie unabhängig von der Wirksamkeit des Rechtsgeschäfts oder Rechtsverhältnisses, für das oder in dessen Rahmen die Gerichtsstandvereinbarung abgeschlossen ist; denn sie soll gerade für den Fall gelten, dass über das Rechtsgeschäft oder -verhältnis gestritten wird, auch über dessen Zustandekommen. – **a) Umfang.** Die Wirkung beschränkt sich auf die 31 Zuständigkeit des prorogierten und die Unzuständigkeit des derogierten Gerichts; sie ist für diese bindend. Sie tritt nur für die in der Gerichtsstandvereinbarung bezeichneten Ansprüche ein. Der Umfang ist durch Auslegung zu ermitteln und erstreckt sich im Zweifel auf vertragliche und deliktische Ansprüche (hM; Mansel ZVglRWiss 87, 1/23 mwN). Ist sie in AGB oder Formularverträgen getroffen, umfasst sie iZw nur die vertraglichen Ansprüche, nicht solche aus unerlaubter Handlung

(Stuttgart BB 74, 1270). Sie gilt für die Klage beider Parteien, idR auch für die gem § 128 HGB haftenden Gesellschafter (BGH NJW 81, 2644). Wird Gerichtsstand München vereinbart, ist das AG München

32 oder LG München I gemeint (BGH MDR 97, 91). – **b) Ausschließlichkeit** des Gerichtsstands (9 vor § 1). Ob dies vereinbart ist, hängt vom Inhalt der Vereinbarung ab. Sie ist ggf auszulegen (Einl III Rn 16). Im Zweifel ist die Zuständigkeit ausschließlich (bestr); idR ist sie es auf Grund des Art 23 EuGVVO (dort Rn 21). Die Klausel „Gerichtsstand ist jeweils das Land des Klägers" bewirkt keine ausschließliche, sondern eine zusätzliche Zuständigkeit (München IPRax 85, 341 mit Anm von Jayme/Haack 323). Die Ausschließlichkeit kann zur beschränkten Zu-

33 lässigkeit der Streitverkündung führen (vgl § 72 Rn 3 a). – **c) Unwirksam** sind alle Gerichtsstandvereinbarungen, die dem Prorogationsverbot unterliegen (9–11 vor § 38).

§ 39 Zuständigkeit infolge rügeloser Verhandlung

[1] **Die Zuständigkeit eines Gerichts des ersten Rechtszuges wird ferner dadurch begründet, daß der Beklagte, ohne die Unzuständigkeit geltend zu machen, zur Hauptsache mündlich verhandelt.** [2] **Dies gilt nicht, wenn die Belehrung nach § 504 unterblieben ist.**

1 **1. Allgemeines. – a) Anwendungsbereich:** wie 3, 4 vor § 38. § 39 gilt und wirkt auch in allen Fällen, in denen eine Gerichtsstandvereinbarung durch § 38 nicht zugelassen ist. Gilt auch im schriftlichen Verfahren gem § 128 Abs 2 (BGH NJW 70, 198), in dem die rügelose schriftliche Einlassung dem mündlichen Verhandeln entspricht (Rn 7). Für die internationale Zuständigkeit gilt § 39 grundsätzlich entspr (BGH NJW 93, 1270 mwN); denn der Beklagte unterwirft sich über § 39 auch der deutschen Gerichtsbarkeit. Im Geltungsbereich des EuGVÜ

2 geht dessen Art 18 (dort Rn 1) dem § 39 vor. – **b) Zweck.** Es soll nicht im Belieben einer Partei stehen, den Prozess in einem späteren Stadium noch an ein anderes Gericht zu bringen. Deshalb steht § 39 einer erst nach Rechtshängigkeit zustande gekommenen Prorogation (§ 38 Rn 16) nicht entgegen, wenn sie getroffen wird (BGH NJW 76, 626), bevor die Wirkung (Rn 11) eintritt.

3 **2. Voraussetzungen.** Als selbstverständlich vorausgesetzt ist die Unzuständigkeit des Gerichts, vor dem verhandelt wird. Das gilt auch für die internationale Zuständigkeit (Rn 1). Für die zuständigkeitsbe-

4 gründende Wirkung (Rn 11) ist notwendig: – **a) Rechtshängigkeit** muss zz des rügelosen Verhandelns vorliegen. Bei Mehrheit von prozessualen Ansprüchen (§ 260, § 33) ist dabei auf den jeweiligen Anspruch

5 abzustellen. – **b) Verhandeln zur Hauptsache** von Seiten des Beklagten, ohne Rücksicht darauf, ob ihm bewusst ist, dies zu tun. Ist der Kläger säumig, genügt einseitiges Verhandeln. In diesem Fall ist der Antrag auf Versäumnisurteil (§ 330) oder auf eine Sachentscheidung gem § 331 a ausreichend, weil dadurch die Klage als unbegründet abgewiesen würde (vgl § 330 Rn 4). Der Beklagte kann die Wirkung des § 39 aber durch Antrag auf Prozessurteil (§ 330 Rn 3) vermeiden. **aa) Hauptsache:** der prozessuale Anspruch (Streitgegenstand: Einl II). **6** Bei Anspruchshäufung (§ 260), erst recht bei Streitgenossenschaft (§§ 59, 60) ist für jeden Anspruch gesondert festzustellen, ob zur Hauptsache verhandelt ist. Es sind Erklärungen tatsächlichen oder rechtlichen Inhalts zum Streitgegenstand erforderlich, zB die Einigung der Parteien über die Durchführung einer Beweisaufnahme (Oldenburg MDR 82, 856). **bb) Verhandeln.** Ausreichend ist der Antrag, der dar- **7** auf abzielt, die Klage nicht als unzulässig, sondern als unbegründet abzuweisen (StJBork 5), auch dass Widerklageantrag bei einem nur nach § 33 zuständigen Gericht ohne vorangegangene Rüge gestellt wird (RoSchwGottwald § 37 II 1). Erklärungen zur Zulässigkeit der Klage und zu sonstigen Verfahrensfragen (zB Richterablehnung) genügen nicht, erst recht nicht Vergleichsverhandlungen (Bamberg MDR 88, 149). Im schriftlichen Verfahren (§ 128 Abs 2) entspricht dem mdl Verhandeln das Einreichen von Schriftsätzen (Rn 1), jedoch wird bei der Einverständniserklärung gem § 128 Abs 2 der Vorbehalt der Zuständigkeitsrüge verlangt (BGH NJW 70, 198). – **c) Unterlassene Gel- 8 tendmachung.** Die Unzuständigkeit des angegangenen Gerichts ist gem § 282 Abs 3 geltend zu machen. Ein vom Beklagten vor Verhandlung zur Hauptsache erklärter Verzicht, die Unzuständigkeit geltend zu machen, ist nur zulässig und wirksam, soweit nach § 38 eine Gerichtsstandvereinbarung zulässig wäre. Hat der Beklagte rechtzeitig gerügt, kann er auch zur Hauptsache verhandeln, ohne dass die Wirkung des § 39 eintritt. Nachgewiesen werden kann die Rüge außer durch Protokoll (§ 165) auch durch den Tatbestand (§ 314 S 1; BGH NJW 91, 1492). Unter besonderen Umständen kann die Rüge konkludent erhoben sein (Prütting MDR 80, 368). Es ist kein Rechtsmissbrauch, wenn die Parteien im Gerichtsbezirk keinen Gerichtsstand haben (aA verfehlt LG Berlin NJW-RR 97, 378). – **d) Rechtzeitige 9 Belehrung** gem § 504 bei Verfahren vor dem AG (S 2). Dies gilt nicht für die internationale Zuständigkeit (Frankfurt NJW 79, 1787).

3. Wirkung. Sie ist der Rn 11 zu entnehmen. – **a) Eintritt** bei **10** Vorliegen der Voraussetzungen (Rn 3–9): ohne Rücksicht auf den (auch entgegenstehenden) Willen und die Kenntnis der Parteien oder ihrer Vertreter. Das gilt selbst dann, wenn die Parteien eine abweichende Zuständigkeit vereinbart haben (BGH NJW 97, 397 mwN). Es darf aber § 40 Abs 2 nicht entgegenstehen. – **b) Umfang.** Das Gericht, vor **11** dem verhandelt wurde, wird örtlich, sachlich und international zuständig. Diese Zuständigkeit wird ohne eine fingierte oder unwiderlegbar vermutete Gerichtsstandvereinbarung bewirkt. Die Unzuständigkeitsrüge kann wegen § 282 Abs 3 nicht mehr nachgeholt werden. Auf jeden Fall geht § 39 vor, auch für die internationale Zuständigkeit bei versäumter Klageerwiderungsfrist (§ 276 Abs 1 S 1; BGH NJW 97, 397).

§ 40 Unwirksame und unzulässige Gerichtsstandsvereinbarung

(1) **Die Vereinbarung hat keine rechtliche Wirkung, wenn sie nicht auf ein bestimmtes Rechtsverhältnis und die aus ihm entspringenden Rechtsstreitigkeiten sich bezieht.**

(2) [1] **Eine Vereinbarung ist unzulässig, wenn**

1. **der Rechtsstreit nichtvermögensrechtliche Ansprüche betrifft, die den Amtsgerichten ohne Rücksicht auf den Wert des Streitgegenstandes zugewiesen sind, oder**
2. **für die Klage ein ausschließlicher Gerichtsstand begründet ist.**

[2] **In diesen Fällen wird die Zuständigkeit eines Gerichts auch nicht durch rügeloses Verhandeln zur Hauptsache begründet.**

1   **1. Allgemeines. – a) Zweck.** Durch Abs 1 sollen unnötige Verweisungen (§ 281) vermieden werden. – **b) Anwendungsbereich.** § 40 gilt für die sachliche, örtliche und auch für die internationale Gerichtsstandvereinbarung, soweit nicht Art 23 EuGVVO vorgeht (dort Rn 2). Abs 1 und 2 S 1 gelten nur für Gerichtsstandvereinbarungen (§ 38); **2** Abs 2 S 2 bezieht sich auf § 39. – **c) Wirkung.** Abs 1 und 2 S 1 führen zur Unwirksamkeit der Gerichtsstandvereinbarung. Bei Abs 1 kann, wenn der Mangel entdeckt wird, das Rechtsverhältnis nachträglich (mit Wirkung ex nunc) bestimmt werden. Abs 2 S 2 schließt die zuständig-**3** keitsbegründende Wirkung des § 39 aus (dort Rn 11). – **d) Prüfung** von Amts wegen: wie § 38 Rn 3. Daher sind die Voraussetzungen (Rn 4–6), insbes die ausschließliche Zuständigkeit eines anderen Gerichts wegen Abs 2 S 1 Nr 2 bis zur Entscheidung zu beachten. Diese lautet ggf auf Abweisung der Klage (als unzulässig) oder auf Verweisung (§ 281).

4   **2. Voraussetzungen. – a) Bestimmtes Rechtsverhältnis** (Abs 1). Begriff: § 256 Rn 5–9. Bestimmt ist es, wenn es von anderen Rechtsverhältnissen abgegrenzt werden kann. Es kann auch ein künftiges sein, wenn es bestimmbar ist. Das Rechtsverhältnis kann mehrere Ansprüche (wie § 260), auch mehrere, neben- oder nacheinander erhobene Klagen umfassen. Ein Kontokorrentverhältnis ist ein bestimmtes Rechtsverhältnis, nicht aber der ganze Geschäftsverkehr zweier Parteien oder alle **5** Streitigkeiten von Aktionären (Koblenz ZIP 92, 1234). – **b) Zulässigkeit bei nichtvermögensrechtlicher Streitigkeit** (Abs 2 S 1 Nr 1). Nichtvermögensrechtlich: Einl IV Rn 3, 4: auch wenn die Zuständigkeit hierfür nicht ausschließlich ist. Dem AG zugewiesen: § 23 Nr 2 GVG; § 23a GVG. Durch die Neufassung kann die Zuständigkeit des AG oder des LG vereinbart werden, ohne Rücksicht auf den Wert. – **6** **c) Kein ausschließlicher Gerichtsstand** Abs 2 S 1 Nr 2; vgl 9 vor § 1. Praktisch wichtig ist § 29a. Die Ausschließlichkeit kann sachlich, örtlich und international sein (5 vor § 1; BGH 49, 124 = ZZP 82, 302 Anm Walchshöfer). Ist der Gerichtsstand nur in einer Beziehung (zB örtlich) ausschließlich, so ist eine Gerichtsstandvereinbarung iü zugelassen.

Titel 4. Ausschließung und Ablehnung der Gerichtspersonen

Vorbemerkungen

I. Anwendungsbereich

Die §§ 41–48 gelten in allen Prozessarten der ZPO; unmittelbar nur für Richter der Zivilgerichtsbarkeit, auch für ehrenamtliche Richter, zB Handelsrichter (§§ 107 ff GVG). Entsprechend gelten die §§ 41–48 für Rechtspfleger (§ 10 RPflG); zu Einzelheiten vgl Marx Rpfleger 99, 518) und Urkundsbeamte (§ 49). Sondervorschriften gelten für Gerichtsvollzieher (§ 155 GVG), Schiedsrichter (§§ 1036, 1037), Sachverständige (§ 406) und Dolmetscher (§ 191 GVG).

II. Allgemeine Voraussetzungen und Wirkung

1. Richter iS der §§ 41–48 ist immer nur eine bestimmte Person, nie das Gericht als solches (vgl BGH NJW 74, 55). Ausschluss und Ablehnung beziehen sich immer nur auf einen bestimmten Rechtsstreit; bei Mehrheit von Prozessrechtsverhältnissen (Streitgenossen, §§ 59, 60) wirken sie, wenn sie bei einem vorliegen, für alle Prozesse, solange sie verbunden sind. An Stelle des ausgeschlossenen oder abgelehnten Richters tritt sein Vertreter gemäß Geschäftsverteilung (§ 21 e GVG Rn 21).

2. Prozesshandlungen (Einl III). – **a) Gericht.** Hat sie der ausgeschlossene Richter vorgenommen oder hat er in Kammer oder Senat daran mitgewirkt, können sie von oder mit dem Vertreter (Rn 2 aE) wiederholt werden, aber nur, wenn das Gericht nicht daran gebunden (§ 318) und der Rechtszug noch nicht beendet ist. Kann dies nicht geschehen, so sind Rechtsmittel begründet (§ 529 Abs 2, § 547 Nr 2), bei Rechtskraft die Nichtigkeitsklage (§ 579 Nr 2). Dabei ist stets zu beachten, ob der ausgeschlossene Richter mitgewirkt hat; es genügt zB nicht, dass er lediglich verkündet (§ 310 Abs 1 S 1). § 295 Abs 1 ist unanwendbar (vgl dort Rn 3 aE). Beim abgelehnten Richter gilt grundsätzlich das Gleiche, sobald der Beschluss erlassen ist, der das Gesuch für begründet erklärt (§ 47 Rn 4). – **b) Partei.** Ihre Prozesshandlungen (Einl III Rn 3) sind nicht deshalb unwirksam, weil sie vor oder gegenüber einem ausgeschlossenen oder abgelehnten Richter vorgenommen wurden (allgM).

§ 41 Ausschluss von der Ausübung des Richteramtes

Ein Richter ist von der Ausübung des Richteramtes kraft Gesetzes ausgeschlossen:

1. **in Sachen, in denen er selbst Partei ist oder bei denen er zu einer Partei in dem Verhältnis eines Mitberechtigten, Mitverpflichteten oder Regreßpflichtigen steht;**

2. in Sachen seines Ehegatten, auch wenn die Ehe nicht mehr besteht;
2 a. in Sachen seines Lebenspartners, auch wenn die Lebenspartnerschaft nicht mehr besteht;
3. in Sachen einer Person, mit der er in gerader Linie verwandt oder verschwägert, in der Seitenlinie bis zum dritten Grad verwandt oder bis zum zweiten Grad verschwägert ist oder war;
4. in Sachen, in denen er als Prozeßbevollmächtigter oder Beistand einer Partei bestellt oder als gesetzlicher Vertreter einer Partei aufzutreten berechtigt ist oder gewesen ist;
5. in Sachen, in denen er als Zeuge oder Sachverständiger vernommen ist;
6. in Sachen, in denen er in einem früheren Rechtszuge oder im schiedsrichterlichen Verfahren bei dem Erlaß der angefochtenen Entscheidung mitgewirkt hat, sofern es sich nicht um die Tätigkeit eines beauftragten oder ersuchten Richters handelt.

1   **1. Allgemeines.** Richter: 2 vor § 41. Der Ausschluss wirkt kraft Gesetzes, ohne Rücksicht auf Kenntnis. Die Aufzählung in § 41 ist erschöpfend und gestattet keine entspr Anwendung (BGH NJW 91, 425). Daneben bleibt Ablehnung (§ 42) möglich. Es wird von Amts wegen durch Beschluss entschieden, wenn Zweifel bestehen, ob § 41 erfüllt ist (§ 48 Rn 2). Zuständigkeit: wie § 45. Die Parteien können den Ausschluss nach § 42 Abs 1, § 44 geltend machen. Bei Verstoß gegen § 41 gilt 3 vor § 41.

2   **2. Ausschließungsgründe** sind allein: – **a) Nr 1. Partei** ist auch der Nebenintervenient und jeder, auf den sich die Rechtskraft erstreckt. Regresspflicht: § 72 Rn 7. Mitgliedschaft bei der selben juristischen Person fällt nicht unter Nr 1 (allgM), wohl aber bei der Gesellschaft, die Partei ist und beim nichtrechtsfähigen Verein (§ 50 Abs 2; ZöVollkommer 7 mwN), nicht bei einer Gewerkschaft (BAG NJW 61, 2371), kann **3** aber die Ablehnung begründen. – **b) Nr 2. Ehe.** Umfasst alle Fälle, auf die sich Nr 1 erstreckt; nur kommt es hier auf den (auch früheren) Ehegatten an. – **c) Nr 2 a. Lebenspartnerschaft** gemäß § 1 LPartG; **4** entspr der Nr 2. – **d) Nr 3. Verwandtschaft und Schwägerschaft.** An Stelle des Ehegatten (vgl Rn 3) treten hier Verwandte (§ 1589 BGB) und Verschwägerte (§ 1590 BGB). Diese Begriffe richten sich allein nach BGB (Art 51 EGBGB). Grad ist die Anzahl der die Verwandtschaft oder Schwägerschaft vermittelnden Geburten. Nur Ablehnung (§ 42) kann begründen: Verwandtschaft und Schwägerschaft mit anderen Prozessbeteiligten; entferntere Verwandtschaft und Schwägerschaft; auch wenn Verwandte oder Ehegatten eines Verschwägerten beteiligt sind. Durch Adoption entsteht und erlischt Verwandtschaft (§§ 1754–1756 BGB; Ausnahme § 1770 BGB); ebenso durch Aufhebung der Adoption (§ 1764 BGB). – **e) Nr 4. Vertreter.** Es muss nicht der selbe Prozess sein; es genügt der selbe Streit oder Streitpunkt. Prozessbevollmächtigte (§ 80): auch Unterbevollmächtigte und die Vertreter nach § 53 BRAO. Beistand: § 90. Gesetzlicher Vertreter: § 51 Rn 3. – **f) Nr 5. Zeuge und Sachverständiger.** Er muss wirklich 6 vernommen, nicht nur benannt sein. Sache: nur bei ein und demselben Prozessrechtsverhältnis (1 vor § 50); das ist auch noch bei Wiederaufnahmeklage gegeben. – **g) Nr 6. Frühere Mitwirkung. aa) Aus-** 7 **schluss.** Es muss dasselbe Prozessrechtsverhältnis gegeben sein. Angefochten: also nur Rechtsmittel. Mitgewirkt: beim Erlass (nicht lediglich bei der Verkündung) der angefochtenen Entscheidung. Nur diese ist maßgebend; das ist auch das gem § 343 aufrechterhaltene Versäumnisurteil (BAG NJW 68, 814). **bb) Kein Ausschluss** (aber uU Ableh- 8 nung, vgl § 42 Rn 13): Mitwirkung bei Beweisbeschluss und Beweisaufnahme, vorangegangenem Zwischenurteil (§ 303), Grundurteil (§ 304) für das Betragsverfahren (BGH NJW 60, 1762), Vorbehaltsurteil für das Nachverfahren in höherer Instanz (RG 148, 199), erteilte Vollstreckungsklausel (Frankfurt NJW 68, 801); Entscheidung gem § 732 bei Klage aus § 767 (BGH NJW 76, 2135), ebenso wenig bei Abänderungs- (§ 323) und Wiederaufnahmeklage (§ 578; hM; BGH NJW 81, 1273 mwN); auch Mitwirkung bei Berufung im Verfahren des Arrests oder der einstweiligen Verfügung für Berufung gegen das bestätigende Urteil (Rostock NJW-RR 99, 1444; Hamburg MDR 02, 537; bestr) oder das in der Hauptsache (BVerfG NJW 01, 3533). Selbst wenn der Richter bei der angefochtenen Entscheidung mitgewirkt hat, darf er für die höhere Instanz als beauftragter oder ersuchter Richter tätig sein (letzter Hs). Keine analoge Anwendung im Regressprozess, wenn zu prüfen ist, ob die Berufung gegen die frühere Entscheidung des Richters begründet gewesen wäre (Düsseldorf NJW-RR 98, 1763).

§ 42 Ablehnung eines Richters

(1) **Ein Richter kann sowohl in den Fällen, in denen er von der Ausübung des Richteramts kraft Gesetzes ausgeschlossen ist, als auch wegen Besorgnis der Befangenheit abgelehnt werden.**

(2) **Wegen Besorgnis der Befangenheit findet die Ablehnung statt, wenn ein Grund vorliegt, der geeignet ist, Mißtrauen gegen die Unparteilichkeit eines Richters zu rechtfertigen.**

(3) **Das Ablehnungsrecht steht in jedem Falle beiden Parteien zu.**

1. Zulässigkeit des Ablehnungsgesuchs (hierzu Günther NJW 1 86, 281). Es ist als Prozesshandlung nur wirksam, wenn deren Voraussetzungen vorliegen (Einl III Rn 10). Das Gesuch ist widerruflich bis zum Erlass der Endentscheidung (Einl III Rn 22). Zulässigkeitsvoraussetzungen sind: – **a) Statthaftigkeit.** Die §§ 41 ff müssen überhaupt anwendbar sein (1 vor § 41). Die Ablehnung muss sich auf einen oder

mehrere bestimmte Richter, sie darf sich nicht auf ein ganzes Gericht
oder einen Spruchkörper als solchen beziehen (2 vor § 41; BGH NJW-
RR 02, 789). Das Gesuch muss von einer Partei (Abs 3) oder einem
Nebenintervenienten (§ 66) gestellt werden; denn das Ablehnungsrecht
steht nicht dem Prozessbevollmächtigten als solchem zu (BayObLG 74,
2   446), dem Richter selbst nur nach § 48. – **b) Zeitpunkt.** Das Gesuch
kann ab Anhängigkeit und jedenfalls noch bis zur Endentscheidung gestellt werden. Auch noch danach, wenn dagegen Rechtsmittel eingelegt
3   ist, bis zur Rechtskraft (vgl BayObLG FamRZ 88, 743). – **c) Form**
des Gesuchs: § 44 Abs 1. Wenn diese Vorschrift eingehalten ist, machen Beschimpfungen, herabsetzende Äußerungen und negative Wertur-
4   teile das Gesuch nicht unzulässig (Stuttgart NJW 77, 112). – **d) Kein
Verlust des Ablehnungsrechts:** aus § 43 zu entnehmen. Dies gilt
nicht, wenn abgelehnt wird, weil die Voraussetzungen des § 41 vorlie-
5   gen. – **e) Fehlen von Missbrauch.** Ein solcher liegt zB vor bei Ver-
schleppungsabsicht (hierzu Günther NJW 86, 281 [286]), bei mehrmals
wiederholten Ablehnungen (vgl Rn 6; Naumburg OLG-NL 97, 262)
oder bei Ablehnung eines Richters lediglich wegen Zugehörigkeit zu
einem bestimmten Gericht (BGH NJW 74, 55). Hierbei ist sehr zurückhaltend zu verfahren (LG Frankfurt/Main NJW-RR 00, 1086);
jedoch kann das Fehlen einer Substantiierung genügen (BVerwG NJW
97, 3327). Keinesfalls reicht der bloße Umstand, dass das iü zulässige
Gesuch auch Beleidigungen enthält (Stuttgart NJW 77, 112; vgl Rn 3)
oder die Behauptung, dass der Richter sich prozessordnungswidrig ver-
6   halten habe (Hamburg NJW 92, 1462). – **f) Keine entgegenstehende Rechtskraft.** Wiederholung des Gesuchs ist daher nur bei Angabe
7   neuer Ablehnungsgründe zulässig. – **g) Rechtsschutzbedürfnis.** Es
fehlt, wenn der Richter mit der Sache nicht, nicht mehr oder nicht
wieder befasst werden kann (BFH NJW-RR 96, 57 mwN).

8   **2. Begründet** ist das Ablehnungsgesuch, wenn folgende Voraussetzungen erfüllt sind: – **a) Ausschluss vom Richteramt.** Das sind alle
Fälle des § 41, nicht jedoch diejenigen, bei denen die Vorschriften über
den gesetzlichen Richter verletzt sein sollen, zB § 21g GVG. Dann ist
nur über § 539, § 551 Nr 1 oder § 579 Abs 1 Nr 1 vorzugehen. –
9   **b) Besorgnis der Befangenheit** (Abs 2). Der Grund, der das Misstrauen rechtfertigt, muss, vom Standpunkt der Partei aus objektiv und
vernünftig betrachtet (allgM; Saarbrücken NJW-RR 94, 763), vorliegen, ah mindestens glaubhaft gemacht sein (vgl § 294). Rein subjektive, unvernünftige Vorstellungen und Gedankengänge des Antragstellers
scheiden daher aus. Andererseits sollte im Zweifel einem Ablehnungsgesuch stattgegeben werden, um auch im Einzelfall das Vertrauen in die
Rechtspflege zu erhalten oder um den abgelehnten Richter einer persönlichen Kritik des Antragstellers zu entziehen, selbst wenn sie unberechtigt ist. Dies wird aus missverstandener Kollegialität von Richtern
oft zu wenig beachtet. Beispiele für gerechtfertigte Ablehnung (nicht
10   schematisch anwenden, sondern stets den Einzelfall beachten): **aa) Im**

Verhältnis zur Partei, ihrem gesetzlichen Vertreter oder zum Nebenintervenienten: Verlöbnis, Liebesverhältnis, persönliche Freundschaft grundsätzlich, aber nicht stets (BayObLG NJW-RR 87, 127); entferntere Verwandtschaft und Schwägerschaft (vgl § 41 Rn 4), engere Bekanntschaft (BGH LM Nr 2) oder Feindschaft regelmäßig; bei KfH Zugehörigkeit zur selben Kammer (hM; Hamm MDR 78, 583 mwN; aA Schleswig MDR 88, 236). Eine Mitgliedschaft des Richters bei juristischer Person oder einer ihrer Organe (vgl hierzu BGH NJW-RR 88, 766) wird idR Besorgnis der Befangenheit begründen, aber nicht bei Vereinen mit größerer Mitgliederzahl (BGH NJW 03, 281). Wechselseitige Strafanzeigen wegen Rechtsbeugung und Beleidigung (umstr; vgl LG Ulm MDR 79, 1028 mwN). Mitgliedschaft bei derselben oder einer anderen politischen Partei nur unter besonderen Umständen (Koblenz NJW 69, 1177; VGH Mannheim NJW 75, 22); wohl aber dann, wenn die betreffende politische Partei eine der Prozessparteien ist. Die bloße Mitgliedschaft eines Richters bei einer Gewerkschaft genügt nicht (BVerfG NJW 84, 1874), wohl aber die beim selben Rotary-Club, dem die Prozesspartei oder deren Vorstandsmitglieder angehören (aA Karlsruhe NJW-RR 88, 1534; Frankfurt NJW-RR 98, 1764).

bb) Im Verhältnis zum Prozessbevollmächtigten: eine Ehe (Jena MDR 00, 540), Lebenspartnerschaft, Verwandtschaft und Schwägerschaft (wie § 41 Nr 3, aA KG NJW-RR 00, 1164), Verlöbnis und Liebesverhältnis immer; bei Feindschaft regelmäßig; bei (nicht provozierten) persönlichen Spannungen uU (Karlsruhe NJW-RR 87, 126 mwN), insbes dann, wenn die ablehnende Einstellung des Richters in dem betreffenden Verfahren selbst in Erscheinung getreten ist, in einem anderen Rechtsstreit nur dann, wenn sie auch darin auftrat (Nürnberg OLGZ 94, 209). **cc) Verhalten des Richters:** Häufung von Verfahrensfehlern mit dem Anschein unsachgemäßer Verfahrensleitung zuungunsten der den Richter ablehnenden Partei (Schleswig NJW 94, 1227; München NJW-RR 02, 862); unsachliche, insbes auf Voreingenommenheit gegen eine Partei deutende Äußerungen, auch verletzender Art (Frankfurt NJW-RR 95, 890) oder Unmutsäußerungen (Hamburg NJW 92, 2036; aA Köln MDR 96, 1180 m abl Anm von E. Schneider), aber nicht schon der Hinweis auf frühere vor demselben Richter anhängige Prozesse der Partei. Besprechung mit Zeugen über den Prozessstoff in Abwesenheit der Parteien (Frankfurt NJW 72, 2310; Giessler NJW 73, 981); Ablehnung eines begründeten Verlegungsantrags (München NJW-RR 02, 862), insbes mit dem Hinweis, die Sache sei unbedeutend und solle „vom Tisch" (Zweibrücken MDR 99, 113 mit Anm E. Schneider); einseitige Protokollierung von Anträgen (Köln NJW-RR 99, 288); Verstoß gegen § 47 (Köln NJW-RR 00, 591); bei wesentlichen Punkten falsche Tatsachendarstellung in dienstlicher Äußerung (Frankfurt MDR 78, 409); Hinweis auf Einrede (LG Berlin NJW 86, 1000), insbes Verjährungseinrede (Hamburg NJW 84, 2710; Bremen NJW 86, 999, jedenfalls bei Vertretung durch RA; sehr bestr; vgl E. Schneider NJW 86, 1316; differenzierend Köln NJW-RR 90,

11

12

192; LG Darmstadt MDR 82, 236 mit Anm E. Schneider); Ablehnung
der Bindungswirkung, wenn das Rechtsmittelgericht zurückverwiesen
hat (Frankfurt MDR 88, 415 Anm E. Schneider). Untätigbleiben entgegen der Anweisung des Rechtsmittelgerichts (Rostock NJW-RR 99,
13 1507). **dd) Vorangegangene Tätigkeit des Richters.** Soweit der
Richter nicht gem § 41 Nr 6 ausgeschlossen ist (vgl § 41 Rn 7), kann
seine frühere Tätigkeit in derselben Sache nur bei Hinzutreten weiterer
die Besorgnis der Befangenheit begründender Umstände ein Ablehnungsgesuch begründen (hM). Verfahrensfehler in einer anderen Sache
derselben Partei können es idR nicht sein (Köln NJW-RR 86, 419).
Die weitergehenden Ausschließungsgründe der §§ 22, 23 StPO rechtfertigen keine Ablehnung gem § 42 (M. Schmid NJW 74, 729 mwN;
Karlsruhe Justiz 75, 310; bestr). Die Mitwirkung bei vorangegangenen
Entscheidungen in derselben Sache (zB Beweisbeschluss, einstw Verfügung, Zwischen-, Grund- und Vorbehaltsurteil) begründet die Ablehnung nur, wenn bei der Tätigkeit hierfür ein Ablehnungsgrund durch
das Verhalten des Richters (Rn 10) entstanden ist oder der Richter
nunmehr zu erkennen gibt, er sei nicht bereit, erneut zu prüfen und
ggf seine Meinung zu ändern (M. Schmid aaO; weitergehend LG
Würzburg NJW 73, 1932). Das gilt auch für Wiederaufnahmeklagen
(Hamburg FamRZ 88, 186), bei Zurückverweisung (vgl Frankfurt
MDR 84, 408) und im Regressprozess (Düsseldorf NJW-RR 98,
1763). Vorangegangenes erfolgreiches Ablehnungsgesuch, das auf Voreingenommenheit des Richters gegen die betreffende Partei gestützt
war, begründet Besorgnis der Befangenheit für gleichzeitig anhängige
Verfahren (Karlsruhe Justiz 87, 144). Auch ein wiederholter Verstoß
gegen die Wartepflicht des § 47 kann Ablehnung begründen (Bay-
ObLG FamRZ 88, 743; Karlsruhe NJW-RR 97, 1350).

14   **3. Unbegründetes Ablehnungsgesuch. – a) Grundsatz.** Das
Gesuch ist zurückzuweisen oder für unbegründet zu erklären (vgl § 46
Abs 2), wenn die vorgebrachten Tatsachen keinen Ablehnungsgrund
ausfüllen oder nicht glaubhaft gemacht sind (vgl § 294), insbes auch,
wenn sich die fehlende Glaubhaftmachung aus einer vorangegangenen
15 Entscheidung ergibt (VerwG Stuttgart JZ 76, 277). – **b) Beispiele:**
bloße Häufung von Verfahrensfehlern (Günther DRiZ 94, 374; bestr);
unrichtige oder für unrichtig gehaltene Rechtsansichten eines Richters,
wenn sie nicht auf Willkür oder unsachlicher Einstellung beruhen
(BAG NJW 93, 879), auch wenn die Rechtsansicht veröffentlicht ist
(BSG NJW 93, 2261; Köln NJW-RR 00, 455) oder von ihm in einem
öffentlichen Seminar vertreten wird (BGH NJW 02, 2396); Würdigung
der Prozessaussichten (Köln NJW 75, 788), auch mit eindeutiger Stellungnahme zum Ausgang des Verfahrens (Karlsruhe Justiz 86, 491);
Verstoß gegen Denkgesetze (Hamburg OLGZ 89, 204); Rat und
Empfehlung im Rahmen der Aufklärungspflicht (vgl zu den Einzelhei-
ten Rn 12 und § 139 Rn 3–5); Formulierungshilfe für Anträge (Köln
OLGZ 94, 210); richterliche Ermahnung, die Wahrheit zu sagen

(Zweibrücken FamRZ 93, 576); übermäßig lange Dauer des Verfahrens (OVG Münster NJW 93, 2259; bedenklich bei Eilverfahren, vgl Bamberg FamRZ 99, 445 Anm Heilmann); Äußerungen über den Wert eines Beweismittels; Mitwirkung bei für die Partei ungünstigen Entscheidungen, insbes bei vorangegangener einstweiliger Verfügung (Köln NJW 71, 569) und im Vorprozess der Wiederaufnahmeklage (aA Düsseldorf MDR 71, 765) oder im PKH-Verfahren (Frankfurt NJW-RR 97, 1084); Unterbinden weiteren Vortrags nach längerer, angemessener Anhörung (Köln NJW 75, 788); dienstaufsichtliche Tätigkeit in Bezug auf eine Partei (LG Bonn NJW 73, 2069); Anregung nach Beweisaufnahme, weitere Zeugen zu vernehmen (Frankfurt NJW 76, 2025); verweigerte Terminsverlegung (BayObLG NJW-RR 88, 191; Köln NJW-RR 97, 828; Brandenburg NJW-RR 99, 1291); Proberichter im Prozess gegen seinen Dienstherrn (KG NJW-RR 96, 1403).

§ 43 Verlust des Ablehnungsrechts

Eine Partei kann einen Richter wegen Besorgnis der Befangenheit nicht mehr ablehnen, wenn sie sich bei ihm, ohne den ihm bekannten Ablehnungsgrund geltend zu machen, in eine Verhandlung eingelassen oder Anträge gestellt hat.

1. Allgemeines. § 43 betrifft die Zulässigkeit des Ablehnungsgesuchs (§ 42 Rn 4) und nur § 42, nicht § 41. Grundsätzlich kann ein Ablehnungsgesuch bis zum Erlass der Endentscheidung des Rechtszuges gestellt werden (§ 42 Rn 2), zulässig jedoch nur, soweit § 43 nicht entgegensteht. Sind die Ablehnungsgründe später entstanden oder bekannt geworden, ist dies glaubhaft zu machen (§ 44 Abs 4). Der Verlust des Ablehnungsrechts wirkt nicht in einem anderen, insbes späteren Rechtsstreit (Karlsruhe NJW-RR 92, 572 mwN; bestr). **1**

2. Voraussetzungen für einen Verlust des Ablehnungsrechts: – **2** **a) Bekannter Ablehnungsgrund.** Es genügt Kenntnis des gesetzlichen Vertreters oder des Prozessbevollmächtigten. Kennen müssen reicht nicht. Auch die Person des Richters muss bekannt sein (erheblich bei § 128 Abs 2). – **b) Nicht geltend gemacht** sein darf der Ablehnungsgrund (§ 44 Rn 2). Dies müsste durch das Gesuch (§ 44 Abs 1) geschehen sein. – **c) Eingelassen** in eine Verhandlung vor dem betreffenden Richter, auch nur über Verfahrensfragen. **aa) Zu bejahen** für jede Äußerung, die der Erledigung des betreffenden, nicht eines anderen Rechtsstreits dient. Das ist auch der Abschluss eines Vergleichs (Frankfurt FamRZ 91, 839), im Verfahren gem § 128 Abs 2 die Einverständniserklärung (München MDR 80, 146), auch sind es Fragen in der Beweisaufnahme (Köln NJW-RR 96, 1334). **bb) Zu verneinen** für solche Prozesshandlungen, die durch ein gesetzwidriges Verhalten des Gerichts ausgelöst werden (Köln NJW-RR 00, 591), die allein der Verhinderung eines Versäumnisurteils dienen (KG NJW 76, 1842), ein Gesuch von Akteneinsicht (BayObLG NJW-RR 01, 642) **3** **4**

oder die Beschwerde gegen eine vom abgelehnten Richter
(mit)beschlossene PKH-Entscheidung (aA Koblenz MDR 86, 60). −
5 **d) Anträge.** Sachanträge müssen gem § 297 gestellt sein, nämlich verlesen, zu Protokoll erklärt oder in Bezug genommen. Prozessanträge
(§ 297 Rn 2) genügen grundsätzlich; aber nicht ein Vertagungsantrag
(ZöVollkommer 5 mwN; bestr).

§ 44 Ablehnungsgesuch

(1) **Das Ablehnungsgesuch ist bei dem Gericht, dem der
Richter angehört, anzubringen; es kann vor der Geschäftsstelle
zu Protokoll erklärt werden.**

(2) **[1] Der Ablehnungsgrund ist glaubhaft zu machen; zur
Versicherung an Eides Statt darf die Partei nicht zugelassen
werden. [2] Zur Glaubhaftmachung kann auf das Zeugnis des abgelehnten Richters Bezug genommen werden.**

(3) **Der abgelehnte Richter hat sich über den Ablehnungsgrund dienstlich zu äußern.**

(4) **Wird ein Richter, bei dem die Partei sich in eine Verhandlung eingelassen oder Anträge gestellt hat, wegen Besorgnis der Befangenheit abgelehnt, so ist glaubhaft zu machen,
daß der Ablehnungsgrund erst später entstanden oder der Partei bekanntgeworden sei.**

1   **1. Ablehnungsgesuch** (Abs 1) ist Zulässigkeitsvoraussetzung (§ 42
Rn 3). Angebracht wird es zu Protokoll der Geschäftsstelle (Abs 1),
aber auch schriftlich oder mündlich in der Verhandlung; dann auf Antrag ins Protokoll aufzunehmen (§ 160 Abs 4 S 1). Das Gesuch steht
außer Anwaltszwang (§ 78 Abs 5).

2   **2. Ablehnungsgrund** (Abs 2). Das sind die Tatsachen, auf welche
die Ablehnung gestützt wird. Der Richter muss namentlich bezeichnet,
mindestens identifiziert werden. Glaubhaftmachung: § 294. Eidesstattliche Versicherung der ablehnenden Partei ist ausgeschlossen (S 1 Hs 2).
Zeugnis des Richters ist die dienstliche Äußerung gemäß Abs 3. Tatsachenvortrag und Mittel der Glaubhaftmachung können bis zur Entscheidung nachgebracht werden. Unterlassene Glaubhaftmachung muss
nicht dazu führen, dass das Gesuch unbegründet ist, wenn die behaupteten Tatsachen sich aus der dienstlichen Äußerung als überwiegend
wahrscheinlich (vgl § 294) darstellen (insoweit offenbar verfehlt von
Frankfurt NJW 77, 767).

3   **3. Dienstliche Äußerung** (Abs 3) erfolgt schriftlich, mündlich nur,
wenn mdl Vhdlg angeordnet ist (§ 46 Rn 1). Der Richter hat sich nur
zu den Tatsachen zu äußern, weil er Zeugnis gibt (Abs 2 S 2). Er ist
hierzu verpflichtet (E. Schneider MDR 98, 454). Ausführungen, ob das
Gesuch zulässig und begründet sei, sind nicht veranlasst, idR auch unangebracht; desgleichen die Feststellung des Richters, er halte sich für

befangen oder nicht. Die dienstliche Äußerung ist der ablehnenden Partei idR vor der Entscheidung zur Kenntnis zu bringen (§ 46 Rn 1).

4. Nachträgliche Kenntnis (Abs 4). Die des Vertreters steht der 4 der Partei gleich (vgl § 166 BGB, § 51 Abs 2, § 85 Abs 2). Die Regelung beruht auf § 43, ist daher bei Ausschluss (§ 41) nicht anzuwenden. Glaubhaft gemacht werden kann hier auch im Gegensatz zu Abs 2 mit eidesstattlicher Versicherung des Antragstellers; jedoch nur in Bezug auf den Zeitpunkt der Kenntnis. Entsteht der Ablehnungsgrund durch das Verhalten des Richters in der mündlichen Verhandlung, so muss das Ablehnungsgesuch sogleich angekündigt und spätestens bis zum Schluss der mdl Vhdlg gestellt werden (Frankfurt OLGZ 79, 452). Die Verhandlung mit Sachantrag darf nur unter Vorbehalt fortgesetzt werden. Nach Beendigung der Instanz ist das Gesuch trotz nachträglicher Kenntnis unzulässig (StJBork 5).

§ 45 Entscheidung über das Ablehnungsgesuch

(1) **Über das Ablehnungsgesuch entscheidet das Gericht, dem der Abgelehnte angehört, ohne dessen Mitwirkung.**

(2) [1]**Wird ein Richter beim Amtsgericht abgelehnt, so entscheidet ein anderer Richter des Amtsgerichts über das Gesuch.** [2]**Einer Entscheidung bedarf es nicht, wenn der abgelehnte Richter das Ablehnungsgesuchs für begründet hält.**

(3) **Wird das zur Entscheidung berufene Gericht durch Ausscheiden des abgelehnten Mitglieds beschlussunfähig, so entscheidet das im Rechtszug zunächst höhere Gericht.**

1. Zuständig (Abs 1) für die gemäß § 46 zu treffende Entscheidung 1 ist das Gericht, dem der abgelehnte Richter (Rechtspfleger) angehört. Das gilt für alle Gerichte. Bei den Kollegialgerichten ist die Kammer oder der Senat berufen, der oder dem der Abgelehnte angehört, wenn nicht die Geschäftsverteilung (§ 21 e Abs 1 S 1 GVG) einen anderen Spruchkörper bestimmt. Beim AG gilt Abs 2 S 1. Der Abgelehnte darf nicht mitwirken, auch nicht bei missbräuchlichen Gesuchen. Wird das Gericht dadurch beschlussunfähig, gilt Abs 3 (Rn 5).

2. Ablehnung beim Amtsgericht (Abs 2). – **a) Vorlage** an den 2 gemäß Geschäftsverteilung (§ 21 e Abs 1 S 1 GVG) zuständigen anderen Richter des AG, auch wenn ein Rechtspfleger abgelehnt wird. Die Vorlagepflicht entfällt nur dann, wenn der abgelehnte Richter (nicht der abgelehnte Rechtspfleger) das Gesuch für begründet hält (Rn 3). – **b) Zuständig** ist der gemäß Geschäftverteilung (§ 21 Abs 1 S 1 GVG) 3 berufene Richter; bestimmt sie darüber nichts, hat der berufene Vertreter (§ 21 e Rn 20, 21) zu entscheiden. Versagt die Vertretungsregelung am ganzen AG, gilt Abs 3 (Rn 5). – **c) Keine Entscheidung** 4 (Abs 2 S 2) ergeht, wenn der abgelehnte Richter das Gesuch (§ 44 Abs 1) für begründet hält. Es genügt ein Aktenvermerk und der Vertreter tritt an die Stelle des Abgelehnten. Das gilt nur für Richter eines

AG. Auf Richter in Spruchkörpern (auch wenn sie als Einzelrichter tätig sind) ist das nicht entspr anwendbar, ebensowenig auf Rechtspfleger.

5   **3. Zuständigkeit des übergeordneten Gerichts** (Abs 3) tritt ein, wenn das gem Abs 1 zuständige Gericht, dem der abgelehnte Richter angehört, infolge der verbotenen Mitwirkung (Abs 1) beschlussunfähig wird, dh keine ordnungsgemäße Besetzung (§§ 22, 75, 105, 122 GVG) aufbieten kann. Dafür müsste auch die Vertretungsregelung (§ 21 e Rn 20, 23) erschöpft sein. Die Überordnung ergibt sich aus dem Rechtsmittelzug, so dass das OLG in den Fällen des § 119 Abs 1 Nr 1 für die Ablehnung beim AG zuständig ist, in Familiensachen der Familiensenat (BGH FamRZ 86, 1197 für aF).

§ 46 Entscheidung und Rechtsmittel

(1) **Die Entscheidung über das Ablehnungsgesuch ergeht durch Beschluss.**

(2) **Gegen den Beschluß, durch den das Gesuch für begründet erklärt wird, findet kein Rechtsmittel, gegen den Beschluß, durch den das Gesuch für unbegründet erklärt wird, findet sofortige Beschwerde statt.**

1   **1. Verfahren.** Es gilt der Untersuchungsgrundsatz (Einl I Rn 6, 7). **a) Mündliche Verhandlung** (Abs 1) ist idR entbehrlich und in der Praxis unüblich. Gehör der Gegenpartei ist geboten, wenn das Gesuch begründet sein kann. Zur dienstlichen Äußerung (§ 44 Abs 3) ist der ablehnenden Partei grundsätzlich Gehör zu gewähren (BVerfG NJW 68, 1621), nur dann nicht, wenn die dienstliche Äußerung keine über den unstreitigen Sachverhalt hinausgehenden Angaben enthält und die Ablehnungsentscheidung nicht auf solche Tatsachen oder Beweisergebnisse gestützt wird, die der dienstlichen Äußerung entnommen wur-
2   den (BVerfG aaO). – **b) Wert** des Ablehnungsverfahrens entspricht dem der Hauptsache (BGH NJW 68, 796; Düsseldorf NJW-RR 94, 1086 mwN; Koblenz NJW-RR 98, 1212 mwN; bestr). Das gilt auch für die Beschwerde.

3   **2. Entscheidung** ergeht stets durch Beschluss. Es gilt § 329. Bis dahin kann das Gesuch in der Form des § 44 Abs 1 zurückgenommen werden. – **a) Formel.** Gesuche, die unzulässig (§ 42 Rn 1) oder unbegründet (§ 42 Rn 14) sind, werden zurückgewiesen, begründete Gesu-
4   che (§ 42 Rn 8) für begründet erklärt. – **b) Kostenentscheidung** ergeht keine, da es sich um Kosten des zugrunde liegenden Rechtsstreits (§ 91) handelt; das gilt auch für den zurückweisenden Beschluss (bestr). Erst recht ist eine Kostenerstattung im Ablehnungsverfahren ausgeschlossen (München Rpfleger 94, 382; aA Nürnberg MDR 80, 1026). Anders ist dies bei erfolglosen Beschwerden (Rn 9).

5   **3. Rechtsbehelfe.** Es ist zu unterscheiden – **a) Stattgebender Beschluss.** Er ist unanfechtbar (Abs 2 Hs 1), auch wenn er auf sofortige

Beschwerde hin ergangen ist. Davon wird eine Ausnahme gemacht und sofortige Beschwerde zugelassen, wenn das rechtliche Gehör (Einl I Rn 9 ff) verletzt wurde (Rn 1) und dadurch eine Verfassungsbeschwerde vermieden werden kann (Oldenburg NJW-RR 95, 890 mwN; ZöVollkommer 13). – **b) Zurückweisender Beschluss: aa) Sofortige Be- 6 schwerde** (Abs 2; § 567 Abs 1 Nr 1), auch wenn das Gesuch als unzulässig zurückgewiesen wurde (entgegen dem Wortlaut des schlecht redigierten Abs 2; Frankfurt FamRZ 93, 1467). Ausgeschlossen ist die sofortige Beschwerde, wenn das LG im Berufungsverfahren entschieden hat (Celle Nds RpfL 02, 364). Anwaltszwang besteht für die Einlegung nur, soweit nicht § 569 Abs 3 und § 78 Abs 5 zutreffen. Anwaltszwang besteht daher insbes, wenn der Rechtsstreit in erster Instanz vor dem LG zu führen ist oder war (§ 569 Abs 3 Nr 1). Für das Verfahren gilt Anwaltszwang nach Maßgabe von § 571 Abs 4. **bb) Rechtsbe- 7 schwerde** gegen die Beschlüsse des OLG und des LG im Berufungs- und Beschwerdeverfahren findet im Einzelfall statt, wenn sie zugelassen wird (§ 574 Abs 1 Nr 2). **cc) Unanfechtbar** sind die Entscheidungen des OLG und des LG im Berufungs- und Beschwerdeverfahren, wenn die Rechtsbeschwerde (Rn 7) nicht zugelassen wurde. **dd) Unzulässig 8** wird das Rechtsmittel wegen fehlenden Rechtsschutzbedürfnisses, wenn der abgelehnte Richter bei dem Gericht oder dem zuständigen Spruchkörper ausscheidet (hM). Die sofortige Beschwerde wird nicht dadurch unzulässig, dass inzwischen der Rechtszug durch Endentscheidung beendet wird und der (erfolglos) abgelehnte Richter mitwirkt, auch wenn die Hauptsacheentscheidung unanfechtbar ist (Koblenz NJW-RR 92, 1464 mwN für aF; bestr). – **c) Kosten des Rechts- 9 mittels.** Bei erfolgloser Beschwerde gilt § 97 Abs 1. Es ist insoweit Kostenerstattung vorzunehmen (Frankfurt Rpfleger 81, 408 mwN; Koblenz Büro 91, 1509; aA Hamm MDR 89, 917); Anwaltskosten nur soweit notwendig (Nürnberg NJW-RR 02, 720). Bei erfolgreicher Beschwerde sind deren Kosten solche des Rechtsstreits (vgl Rn 4 und § 97 Rn 8). Wenn auf Grund dessen der Gegner des Beschwerdeführers die Kosten zu erstatten hat oder der Beschwerdeführer trotz erfolgreicher Beschwerde deren Kosten trägt, liegt das im allgemeinen Prozessrisiko (hM; Frankfurt NJW-RR 86, 740; aA Celle Rpfleger 83, 173).

§ 47 Unaufschiebbare Amtshandlungen

Ein abgelehnter Richter hat vor Erledigung des Ablehnungsgesuchs nur solche Handlungen vorzunehmen, die keinen Aufschub gestatten.

1. Bis zur Entscheidung über das Ablehnungsgesuch, und zwar ab 1 Eingang (BGH NJW 01, 1502) bis zu dessen rechtskräftiger Erledigung (hM; BayObLG FamRZ 88, 743; Brandenburg NJW-RR 00, 1089 mwN) gilt: – **a) Vornahme von Handlungen.** Der abgelehnte Richter darf nur unaufschiebbare Prozesshandlungen vornehmen; zB

Arrest, einstw Verfügung (auch durch Urteil), Durchführung des Zwangsversteigerungstermins ohne Zuschlag (Celle NJW-RR 89, 569 für Rechtspfleger; umstr), selbständiges Beweisverfahren nur bei § 485 Abs 1 2. Alt; Sitzungspolizei (§ 176 GVG); auch bei dringenden Endentscheidungen denkbar. Dies gilt auch für unzulässige Gesuche (vgl § 42 Rn 1). Nicht unaufschiebbar ist idR eine Terminsbestimmung (aA LG Leipzig MDR 00, 106 mit abl Anm von E. Schneider). Selbstverständlich hat der abgelehnte Richter jede Handlung zu unterlassen, die darauf abzielt, die Entscheidung über sein Ablehnungsgesuch zu beein-

2 flussen. – **b) Wirksamkeit.** Der abgelehnte Richter ist für den Rechtsstreit noch nicht ausgeschlossen (vgl Rn 4; Jena OLG-NL 99, 202 mwN). Die vorgenommenen Handlungen bleiben bei Befangenheitsablehnung (§ 42) wirksam, selbst wenn diese erfolgreich ist, vorausgesetzt, dass die Handlungen wirklich unaufschiebbar waren (hM). Bei Ausschluss (§ 41) sind und bleiben auch unaufschiebbare Handlungen unwirksam.

3   **2. Ab Entscheidung** über das Ablehnungsgesuch gilt: – **a) Zurückgewiesenes Gesuch.** Der Richter darf bis zur Rechtskraft des Beschlusses nur nach Maßgabe des § 47 tätig werden (vgl Rn 1), danach
4 uneingeschränkt. – **b) Für begründet erklärtes Gesuch** (auch auf sofortige Beschwerde hin). Ab Erlass des Beschlusses (§ 46 Rn 3) steht der abgelehnte Richter dem ausgeschlossenen (§ 41) gleich (3 vor § 41).

5   **3. Rechtsmittel.** Wirkt der abgelehnte Richter unter Verstoß gegen § 47 mit (insbes im Falle der Rn 3), so ist das Rechtsmittel in der Hauptsache jedenfalls begründet, wenn die sofortige Beschwerde (§ 46 Rn 6) Erfolg hat (vgl ZöVollkommer 6, 7 mwN). Ist Rechtskraft eingetreten, bleibt Nichtigkeitsklage (§ 579 Abs 1 Nr 3). Das Rechtsmittel in der Hauptsache kann aber nicht darauf gestützt werden, dass eine Ablehnung begründet sei, wenn das Verfahren nach § 46 nicht durchgeführt oder wenn eine sofortige Beschwerde (§ 46 Rn 6) zurückgenommen wurde.

§ 48 Selbstablehnung; Ablehnung von Amts wegen

Das für die Erledigung eines Ablehnungsgesuchs zuständige Gericht hat auch dann zu entscheiden, wenn ein solches Gesuch nicht angebracht ist, ein Richter aber von einem Verhältnis Anzeige macht, das seine Ablehnung rechtfertigen könnte, oder wenn aus anderer Veranlassung Zweifel darüber entstehen, ob ein Richter kraft Gesetzes ausgeschlossen sei.

1   **1. Voraussetzungen** der Entscheidung: – **a) Selbstablehnung.** Das Verhältnis, von dem Anzeige zu machen ist, kann sich sowohl auf Ausschluss (§ 41) wie auf Besorgnis der Befangenheit (§ 42 Abs 2) beziehen (vgl § 41 Abs 1). Es kommt für § 42 Abs 2 allein auf den vom Richter zu erkennenden Standpunkt der Partei an (allgM; Saarbrücken NJW-RR 94, 763; vgl § 42 Rn 9), nicht darauf, ob er selbst sich für

unbefangen hält. Die Besorgnis der Befangenheit kann sich jedoch aus der Selbstablehnung ergeben (Karlsruhe NJW-RR 00, 591). Der Richter hat die Amtspflicht zur Anzeige der betreffenden Tatsachen, wenn er ausreichend sichere Kenntnis von einem Verhältnis iS des § 48 hat (bestr). Auch das Mitglied eines Kollegialgerichts hat die Pflicht zur Anzeige. Es darf dann einfach der Vertreter herangezogen werden, wenn die Ausschließung (§ 41) zweifellos gegeben ist (StJBork 2). –
b) Zweifel über Ausschluss (§ 41): zB auf Anregung eines Richters **2** oder Prozessbeteiligten. Dann kommt es zur Entscheidung von Amts wegen. Nur bei zweifellosem Ausschluss (§ 41) scheidet der Richter ohne weiteres aus (Rn 1 aE).

2. Verfahren. Die Zuständigkeit entspricht dem § 45. Den Parteien **3** ist die Selbstablehnung in vollem Umfang (BGH NJW 95, 403; Frankfurt FamRZ 98, 377) zur Stellungnahme mitzuteilen. Amtsermittlung und Freibeweis (6 vor § 284). Für die Tätigkeit des Richters gilt § 47 entspr. Entschieden wird durch Beschluss, in dem die Anzeige für begründet oder für unbegründet erklärt wird. Keine Kostenentscheidung. Der Beschluss ist den Parteien mitzuteilen und nicht unanfechtbar, sondern nach § 46 Abs 2 zu behandeln (BGH NJW 95, 403; Karlsruhe NJW-RR 00, 591; Vollkommer NJW 94, 2007, jeweils für aF).

§ 49 Urkundsbeamte

Die Vorschriften dieses Titels sind auf den Urkundsbeamten der Geschäftsstelle entsprechend anzuwenden; die Entscheidung ergeht durch das Gericht, bei dem er angestellt ist.

Gilt für jede Tätigkeit als Urkundsbeamter: insbes Protokoll (§§ 159– **1** 165), vollstreckbare Ausfertigung (§ 724). Für den Rechtspfleger gelten die §§ 41–48 über § 10 RPflG entspr.

Abschnitt 2. Parteien

Vorbemerkung

I. Prozessrechtsverhältnis

Es besteht zwischen den Parteien zueinander und zum Gericht (hM; **1** vgl RoSchwGottwald § 2 II 1). Zur (geringen) praktischen Bedeutung G. Lüke ZZP 108, 427. Das Prozessrechtsverhältnis ist öffentlichrechtlicher Natur und entsteht in allen Verfahrensarten der ZPO, also zB auch im Mahnverfahren und in der ZwVollstr. Es beginnt und endet mit dem jeweiligen Prozess (Rechtsstreit). An einem Prozessrechtsverhältnis müssen zwei Parteien beteiligt sein. Es können aber nicht mehr als zwei Parteien sein, so dass bei Streitgenossenschaft eine Mehrheit von Prozessrechtsverhältnissen besteht (1 vor § 59).

II. Begriff der Partei

2　　Parteien im Zivilprozess sind diejenigen Personen, von welchen und gegen welche die staatliche Rechtsschutzhandlung (insbes Urteil und ZwVollstr) im eigenen Namen begehrt wird (RoSchwGottwald § 40 I 1). Partei ist also immer der Vertretene, nicht der Vertreter. Wer Partei ist, kann in demselben Prozessrechtsverhältnis (Rn 1) nicht Nebenintervenient (§ 66) und nicht Zeuge (§ 373) sein. Vom Parteibegriff ist zu unterscheiden, ob die Partei auch parteifähig ist (§ 50), ob sie die richtige Partei ist (vgl § 51 Rn 19), ob sie im Rechtsstreit richtig gesetzlich vertreten ist (§ 51 Rn 3) und ob sie richtig bezeichnet ist (mit richtigem Namen oder richtiger Firma). Von der Partei zu unterscheiden ist die Nichtpartei (Rn 9) und die Scheinpartei, die Person, die durch Prozesshandlungen des Gerichts als Partei behandelt wird, ohne es zu sein (vgl Rn 5).

III. Bestimmung der Partei

3　　**1. Grundlagen.** Wer im einzelnen Rechtsstreit Partei ist, dh Kläger oder Beklagter (idR im Urteilsverfahren), Gläubiger oder Schuldner (ZwVollstr), Antragsteller oder Antragsgegner (für alle anderen Verfahren passend), ist aus der den Rechtsstreit einleitenden Prozesshandlung zu entnehmen, insbes der Klage (§ 253), dem Mahnantrag (§ 690), dem 4　Vollstreckungsantrag (§ 754), dem Arrestgesuch (§ 920). – **a) Methode.** Bestimmt wird die Partei danach, wie sie bezeichnet ist, nämlich mit Namen oder Firma nebst Zustellungsadresse als Kläger, Beklagter, Antragsteller und –gegner, Gläubiger und Schuldner. Welche Person als solche, regelmäßig durch ihren Namen, Beruf und genauen Wohnort bezeichnet ist, soll möglichst eindeutig sein, notfalls durch Auslegung (Einl III Rn 16) entnommen werden können. Nur wenn der Formvorschriften (zB §§ 253 Abs 4, 130 Nr 1, 690 Nr 1) eingehalten sind, werden vermeidbare Mängel und Komplikationen im Laufe des Prozesses unterbunden. Außer der Bezeichnung in dem Schriftstück, das den Rechtsstreit einleitet (insbes der Klageschrift) und dem darin enthaltenen Tatsachenvorbringen kann zur Bestimmung der Partei auch dasjenige auslegend herangezogen werden, was später im Prozess geschieht. Stets ist die Bestimmung, wer Partei ist, objektiv vom Standpunkt des Gerichts und des Antragsgegners (insbes Beklagten) aus vorzunehmen (BGH stRspr NJW 98, 1496 mwN; Hamburg NJW-RR 98, 357; Hamm NJW-RR 99, 469 mwN). Das gilt auch dafür, wer Antragsteller (insbes Kläger) ist. Ist die Parteibezeichnung in Einzelheiten unvollständig (zB bei Gesellschaft bürgerlichen Rechts, BGH NJW 97, 1236), falsch oder ungenau, so kann sie jederzeit berichtigt werden, auch in jedem Rechtszug (BGH NJW 81, 1454; Hamm NJW-RR 99, 469). Es muss jedoch die Identität derjenigen Partei gewahrt bleiben, die durch die Bezeichnung erkennbar betroffen werden sollte (BGH NJW 88, 1585), denn anderenfalls läge eine Parteiänderung (Rn 11) 5　vor. – **b) Beispiele: aa) Zustellungsfehler.** Ist die Klageschrift oder

der Mahnbescheid an eine andere Person, als in ihr als Beklagter oder Antragsgegner bezeichnet ist, zugestellt worden, so wird der, an den nur zugestellt ist, dadurch nicht Partei (allgM; BGH NJW-RR 95, 764 mwN; vgl Rn 2 aE). Beteiligt sich diese Person (Scheinpartei, Rn 2 aE) am Prozess bis klargestellt ist, dass sie nicht verklagt ist, muss über ihre Kosten durch Beschluss nach dem Veranlassungsprinzip entschieden werden (BGH aaO; Brandenburg NJW-RR 96, 1214 mwN). Erstattungspflichtig ist regelmäßig der Kläger. Es ist auch Zwischenurteil (§ 303) möglich (Rn 10). **bb) Bezeichnungsirrtum.** Eine für alle **6** Beteiligten erkennbare Falschbezeichnung ist unschädlich (BGH NJW 98, 1496; Stuttgart NJW-RR 99, 216; vgl § 253 Rn 7). Ist in der Klageschrift irrtümlich eine andere Person als Beklagter bezeichnet, gegen den der Kläger gar keinen Rechtsstreit führen wollte, so wird diese Person trotzdem Partei; die Klage ist dann gegen diesen Beklagten unbegründet, und zwar wegen fehlender Passivlegitimation (vgl 39 vor § 253). Um das zu erreichen, kann der Beklagte auch Rechtsmittel einlegen (Naumburg NJW-RR 98, 357). **cc) Firma.** Wird die Partei **7** unter ihrer Firma bezeichnet (§ 17 HGB), so ist Partei nicht die Firma, sondern der Inhaber, und zwar (bei Inhaberwechsel bedeutsam) derjenige, der bei klagender Firma die Klage eingereicht hat (bestr), und bei beklagter Firma derjenige, der zZ des Eintritts der Rechtshängigkeit Inhaber ist oder war (München NJW 71, 1615).

2. Identität von Partei und der als solche handelnden Person ist von **8** der Bestimmung der Partei (Rn 3) zu unterscheiden. – **a) Prüfung.** Die Identität ist von der Nichtexistenz (vgl § 50 Rn 13) zu unterscheiden und grundsätzlich von Amts wegen in jeder Verfahrenslage dann zu prüfen, wenn sich Bedenken ergeben, im Anwaltsprozess (§ 78 Abs 1) aber wegen § 88 Abs 2 nur auf Rüge (RoSchwGottwald § 41 IV). – **b) Nichtpartei.** Nimmt eine Person, die nicht Partei ist (Rn 2 aE), als **9** solche Prozesshandlungen (Einl III) vor, so sind sie unwirksam, berühren also die wirkliche Partei nicht. – **c) Scheinpartei** (Rn 2 aE). Ihre Prozesshandlungen sind wirksam, aber nicht für die wirkliche Partei.

3. Streit, ob eine Person, die im Prozess als Partei auftritt oder als **10** solche behandelt wird (Rn 5), auch wirklich Partei ist oder nicht, wird durch Zwischenurteil entschieden (§ 303; RoSchwGottwald § 41 IV; StJBork 13). Besteht Einigkeit darüber, dass die Person nicht Partei ist, werden ihre Prozesshandlungen nicht beachtet, da sie unwirksam sind (Rn 9).

IV. Parteiänderung umfasst den Parteiwechsel und die Parteier- **11** weiterung (vgl Rn 12). Schrifttum: Henckel, Parteilehre und Streitgegenstand im Zivilprozess (S 215 bis 247), 1961; Rosenberg, ZZP 70, 1; Groß ZZP 76, 200; Franz NJW 72, 1743; Roth NJW 88, 2977.

1. Allgemeines zur Parteiänderung. – **a) Begriffe.** Parteiwechsel **12** liegt vor, wenn eine neue Partei an Stelle einer ausscheidenden Partei in den Rechtsstreit eintritt; dabei bleibt das bisherige Prozessrechtsverhältnis erhalten. Parteierweiterung liegt vor, wenn eine weitere Partei als Streitgenosse einer Partei neu in den Rechtsstreit eintritt oder neu verklagt wird; damit wird ein neues weiteres Prozessrechtsverhältnis begründet (1 vor § 59). Von der Parteiänderung ist die Berichtigung der Parteibezeichnung zu unterscheiden (Rn 4; Dresden OLG-NL 96,

13 119). – **b) Grund.** Parteiänderung hat Sinn und Zweck, wenn sich herausstellt, dass die bisherige Partei nicht, nicht mehr oder nicht allein die richtige Partei ist, weil ihr entweder die Prozessführungs- oder die

14 Sachbefugnis fehlt (vgl § 51 Rn 20–23). – **c) Wirkung.** Auseinanderzuhalten ist einerseits Ausscheiden und Eintritt der Partei, andererseits die Frage, ob die bisherigen Entscheidungen und Prozesshandlungen für oder gegen die neue Partei wirken und sie binden. Die Parteiänderung ist zT gesetzlich geregelt; jedoch nicht der in der Praxis häufige Fall gewillkürter Parteiänderung ohne vorangegangene Rechtsnachfolge (Rn 20–26).

15   **2. Meinungsstand zur gewillkürten Parteiänderung.** Das RG sah sie in stRspr (zB 108, 350; 157, 369 [377]) als Klageänderung an. Daraus folgt, dass sie auch ohne Zustimmung des neuen oder alten Beklagten zugelassen wird, wenn sie das Gericht als sachdienlich (§ 263) ansieht. Dafür hält meistens die (oft missverstandene) Prozessökonomie her. Dem gegenüber hielt von jeher eine andere Meinung den Parteiwechsel nur in der Weise für zulässig, dass die Klage vom bisherigen Kläger gegen den bisherigen Beklagten zurückgenommen (§ 269) und von einem neuen Kläger oder gegen einen neuen Beklagten neu erhoben wird (§ 253). Das Schrifttum schloß sich dem weitgehend an. Der BGH folgte dem RG (LM § 264 Nr 8), gab aber in 21, 285 diesen Standpunkt zunächst auf, unterstellt den Parteiwechsel für die Berufungsinstanz nicht mehr dem § 263, sondern macht in Analogie zu § 265 Abs 2 S 2 den Parteiwechsel von der Zustimmung des alten und des neuen Beklagten abhängig, hält sie aber für entbehrlich, wenn sie aus Rechtsmissbrauch verweigert wird (auch BGH NJW 62, 633 [635]). Für den ersten Rechtszug hält der BGH die Zustimmung des neuen Beklagten überhaupt für entbehrlich (NJW 62, 347; offengelassen in NJW 74, 750) und hat auch die Anwendung des § 263 für die sog Drittwiderklage (§ 33 Rn 10) offengelassen (BGH NJW 75, 1228). Diese Rspr des BGH ist inkonsequent und bedenklich, soweit sie unterschiedslos an der entspr Anwendung des § 263 festhält. Eine differenzierte analoge Anwendung des § 263 unter Beachtung des § 269 vertritt Roth NJW 88, 2977. Die folgende Darstellung berücksichtigt den Grundsatz, dass niemand ohne seine Zustimmung einen laufenden Rechtsstreit übernehmen muss, wenn er an dessen Lage und bisherigen Ergebnisse, die ohne ihn zustande kamen, gebunden werden soll (für bestimmte Fallgruppen aA Roth aaO 2980).

16   **3. Gesetzlicher Parteiwechsel.** Er ist in jedem Rechtszug möglich. Man unterscheidet: – **a) Parteiwechsel kraft Gesetzes.** Das sind die Fälle der Gesamtrechtsnachfolge, insbes der Erbfolge (vgl § 239); ferner wenn bei einer Partei kraft Amtes (§ 51 Rn 25, 26) die Verwaltung (zB Insolvenz) beginnt oder endet; ebenso wenn der gewillkürte Prozessstandschafter stirbt (vgl § 51 Rn 38; aA BGH NJW 93, 3072: gewillkürter Parteiwechsel). Mit dem gesetzlich bestimmten Ereignis (zB Tod, Aufnahme) wechselt die Partei. Bei einer Erbengemeinschaft spaltet sich das Prozessrechtsverhältnis des Erblassers in diejenigen der Miterben auf. – **b) Gesetzlich geregelter Parteiwechsel.** Das sind **17** die Fälle der §§ 75 bis 77, 265, 266, 640g. Hier hängt der Wechsel vom Willen der Parteien ab und wird nur unter bestimmten Voraussetzungen wirksam. – **c) Wirkung.** Die eintretende Partei muss den **18** Rechtsstreit in der Lage aufnehmen und fortsetzen, in der er sich befindet. Die ergangenen Entscheidungen und die Prozesshandlungen der ausgeschiedenen Partei bleiben weiter wirksam. Das ergibt sich aus der Rechtsnachfolge.

4. Gesetzliche Parteierweiterung ist nur in § 856 vorgesehen. **19**

5. Gewillkürter Parteiwechsel. Die erforderlichen Erklärungen **20** (insbes Zustimmungen) sind Prozesshandlungen (Einl III), entweder in mdl Vhdlg zu erklären oder in zuzustellendem Schriftsatz. Das ist aus § 261 Abs 2 zu folgern. Für die Zustimmung des Beklagten gilt § 267 entspr. Sie ist nur ausnahmsweise entbehrlich, wenn sie unter Rechtsmissbrauch verweigert wird (BGH 21, 285; NJW 74, 750; 76, 239 und 81, 989 jeweils für die Berufungsinstanz). Sofern außer dem Parteiwechsel auch der Streitgegenstand (Einl II) geändert wird, muss § 263 außerdem erfüllt sein. Kommt ein Parteiwechsel nicht zustande (zB wegen Fehlens einer notwendigen Zustimmung), wird der Prozess zwischem den bisherigen Parteien fortgesetzt (BGH NJW 98, 1497; Jauernig § 86 II aE). – **a) Im ersten Rechtszug. aa) Auf der Klägerseite.** Es **21** sind Parteiwechselerklärungen des bisherigen (München NJW-RR 98, 788) und des neuen Klägers erforderlich; die Zustimmung des Beklagten nur, wenn der bisherige Kläger bis zum Beginn der mdl Vhdlg zur Hauptsache seinen Austritt aus dem Rechtsstreit erklärt (entspr § 269 Abs 1). Der Beklagte kann die Zustimmung nicht aus Rechtsmissbrauch verweigern (vgl Rn 20). Nach stRspr des BGH (NJW 96, 2799 mwN) kann die Zustimmung des Beklagten wegen Sachdienlichkeit (§ 263) ersetzt werden. Der neue Kläger ist an die vorgefundene Prozesslage gebunden (Roth NJW 88, 2977 [2981]). Die bisher im Rechtsstreit vorgenommenen Prozesshandlungen und Beweisaufnahmen bleiben grundsätzlich wirksam. Der neue Kläger kann aber Geständnisse seines Vorgängers widerrufen; § 290 gilt insoweit nicht; ebenso wenig § 296 (aA Roth aaO), weil diesen Wirkungen der Kläger durch einen neuen Rechtsstreit entgehen könnte. Materielle Folgen der Rechtshängigkeit gelten nur ab Eintritt des neuen Klägers. Die Kostenentscheidung ergeht nur im Verhältnis zwischen dem neuen Kläger und dem Beklagten, weil der Rechtsstreit gegen den Beklagten (anders als bei Rn 22) mit denselben Kosten und Gebühren fortgesetzt wird. In analoger Anwendung des § 269 Abs 3 erscheint es gerechtfertigt, den bisherigen Kläger für die bis zu seinem Ausscheiden entstandenen Kos

ten gegenüber dem Beklagten mithaften zu lassen (vgl Stuttgart NJW
73, 1756) und ihm die entstandenen Mehrkosten aufzuerlegen (hM;
22　Zweibrücken NJW-RR 01, 360). **bb) Auf der Beklagtenseite.** Es ist
die Erklärung des Klägers nötig, dass er die Klage nur noch gegen den
neuen Beklagten richte. Zustimmen muss nur der bisherige Beklagte,
wenn der Kläger den Beklagtenwechsel nach Beginn der mdl Vhdlg zur
Hauptsache vornimmt (entspr § 269 Abs 1). Der neue Beklagte muss
nicht zustimmen. Tut er es nicht, wird er zwar Partei, aber die Prozesshandlungen seines Vorgängers und die bisherigen Prozessergebnisse
wirken nicht für oder gegen ihn; es ist neu zu verhandeln. Stimmt er
zu, ist er an die bisherigen Prozessergebnisse ebenso gebunden wie der
neue Kläger in Rn 21. Die Kosten des ausscheidenden Beklagten sind
entspr § 269 durch Beschluss dem Kläger aufzuerlegen (RoSchwGott-
23　wald § 42 III 6). – **b) Im Berufungsrechtszug** ist immer eine zulässige Berufung Voraussetzung (BGH NJW 94, 3358). In dem Rechtsmittel kann die stillschweigende Erklärung liegen, den Rechtsstreit als
Partei zu übernehmen (BGH NJW 96, 2799). Hinsichtlich der Klägerseite ist es wie im ersten Rechtszug (Rn 21; BGH 71, 217). Auf der
Beklagtenseite ist die Zustimmung des bisherigen (wegen § 269 Abs 1,
BGH NJW 81, 989) wie des neuen Beklagten notwendig (BGH 71,
217), weil nunmehr eine Tatsacheninstanz genommen wird. Entbehrlich ist sie nur, wenn sie aus Rechtsmissbrauch verweigert wird (BGH
NJW 98, 1496 mwN; stRspr; vgl Rn 20). Für die Wirkung der bisherigen Prozessergebnisse gilt die Rn 21. Gleichgültig bleibt, wer Rechts-
24　mittelführer ist. – **c) Im Revisionsrechtszug** ist gewillkürter Parteiwechsel nicht möglich, weil er notwendig neuen Tatsachenvortrag
erfordert, der in der Revision ausgeschlossen ist (§ 559 Abs. 1). Anders
ist das, wenn eine Prozessstandschaft (§ 51 Rn 24) kraft Gesetzes endet
(vgl BGH NJW-RR 90, 323).

25　　**6. Gewillkürte Parteierweiterung.** Zum Begriff: Rn 12. – **a) Im
ersten Rechtszug** ist sie unter den Voraussetzungen der §§ 59, 60
oder des § 640 e Abs 1 S 2, aber nicht bedingt, zulässig (RoSchwGottwald § 42 III 3). Nach BGH NJW 96, 196 (für die sog parteierweiternde Drittwiderklage) ist sie wegen Anwendung von § 263 an Sachdienlichkeit gebunden (vgl § 33 Rn 12). Es wird durch ordnungsgemäße Klage ein neues (weiteres) Prozessrechtsverhältnis (Rn 1) begründet.
Der Rechtsstreit beginnt insoweit neu und ist mit dem der Streitgenossen zum Zwecke gleichzeitiger Verhandlung und Entscheidung verbunden, entweder gem §§ 59, 60 durch die Partei oder gem § 147
durch das Gericht (Folgen vgl 1 vor § 59). Eine Zustimmung der Beklagtenseite ist nicht erforderlich. Beim Parteibeitritt auf der Klägerseite
muss der bisherige Kläger zustimmen (RoSchwGottwald § 42 III 3 a
mwN), aber nicht im Falle des § 147. An die bisherigen Prozessergebnisse, insbes an eine Beweisaufnahme, ist der neue Kläger immer, der
neue Beklagte grundsätzlich nicht gebunden. Nach BGH NJW 96, 196
(für die sog parteierweiternde Widerklage, § 33 Rn 8) kann er min-

destens bei Beeinträchtigung die Ergänzung oder Wiederholung einer Beweisaufnahme verlangen. – **b) Im Berufungs- und Revisions- 26 rechtszug** ist eine gewillkürte Parteierweiterung ausgeschlossen. Wegen der funktionellen Zuständigkeit (2 vor § 1) der Rechtsmittelgerichte darf ein neues Prozessrechtsverhältnis nicht in der höheren Instanz begründet werden (Jauernig § 86 III). Für die Revisionsinstanz ist das wegen § 559 Abs 1 allgemeine Meinung. Eine Berufung kann neben der alten Partei nicht auf eine neue Partei ausgedehnt werden, selbst wenn diese zustimmt und notwendiger Streitgenosse (§ 62) wäre; denn eine Berufung ist nicht statthaft, weil insoweit kein Urteil erster Instanz vorliegt (§ 511; BGH NJW 99, 62). Eine Klage wäre unzulässig, weil dem Berufungsgericht die funktionelle Zuständigkeit fehlt (aA Stuttgart NJW-RR 01, 970). Für die Berufungsinstanz ist aA der BGH in NJW 88, 2298 [2299] und 97, 2885 (dort Klageerstreckung genannt). Es wird sogar § 263 und § 264 angewendet, obwohl vor dem Beitritt weiterer Kläger und einer Inanspruchnahme weiterer Beklagter nicht einmal ein Prozessrechtsverhältnis zwischen diesen und dem Beklagten oder Kläger besteht. Immerhin lehnt der BGH in NJW-RR 00, 1114 eine Parteierweiterung im Wege der Anschlussberufung ab.

7. Entscheidung nach Parteiänderung. – **a) Bei Parteiwechsel 27** (Rn 16 und 20). Ob er eingetreten ist, hängt zunächst von seiner wirksamen Vornahme und seiner Zulässigkeit ab. Entscheidungen des Gerichts wirken aber immer zwischen den Parteien, für und gegen die sie ergehen, auch wenn der Parteiwechsel nicht wirksam vorgenommen oder unzulässig war. Am Prozessrechtsverhältnis beteiligt sein kann nur die bisherige oder die neue Partei. Ein Streit kann durch Zwischenurteil entschieden werden. Gesetzliche Sonderregelungen (zB § 239) gehen vor. **aa) Zulässiger Parteiwechsel.** Es wird durch Endurteil zwi- **28** schen den neuen Parteien entschieden, wobei Zwischenurteil („Der Parteiwechsel ist wirksam") vorangehen kann, und zwar gem § 280 Abs 2 (BGH NJW 81, 989). Bei gewillkürtem Parteiwechsel ergeht im Verhältnis zur ausgeschiedenen Partei auf Antrag Beschluss gem § 269 (Rn 21, 22). **bb) Unzulässiger Parteiwechsel.** Es ergeht Endurteil **29** nur zwischen den bisher beteiligten Parteien. Diesem kann ein Zwischenurteil gem § 280 Abs 2 (vgl Rn 28: „Der erklärte Parteiwechsel ist unwirksam") vorangehen. War aber der Parteiwechsel nur deshalb unwirksam, weil die erforderliche Zustimmung des neuen Gegners fehlt, so ergibt lediglich Urteil im Verhältnis zur neuen Partei. Darin wird die Klage als unzulässig abgewiesen. Gegenüber der bisherigen Partei ergeht Beschluss gem § 269 (wie Rn 28). **cc) Rechtsmittel.** Auch die **30** Partei, die gemäß der Entscheidung des Gerichts als durch den Parteiwechsel ausgeschieden behandelt wird, kann diese Entscheidung mit den gewöhnlichen Rechtsmitteln anfechten, aber nur mit dem Ziel, anstelle der im Prozess verbliebenen Partei den Rechtsstreit weiterzuführen. – **b) Bei Parteierweiterung** (Rn 19 und 25). Da das Pro- **31** zessrechtsverhältnis zwischen den bisherigen Parteien nicht berührt wird, ist nur in dem neuen Prozessrechtsverhältnis (also in Bezug auf den neuen Kläger oder neuen Beklagten) zu entscheiden. Wird die Zulässigkeit der Parteierweiterung verneint, so ist gemäß §§ 59, 60 Rn 7 zu verfahren, also zu trennen (§ 145), bei Verstoß gegen Rn 26 das Rechtsmittel zu verwerfen, falls Klage erhoben ist, diese abzuweisen. Wird die Zulässigkeit der Parteierweiterung bejaht, so ist der Rechtsstreit durch Endurteil zu entscheiden, je nachdem, wie die Klage zu beurteilen ist. Vorher ist Zwischenurteil gem § 280 Abs 2 möglich (vgl Rn 28).

Titel 1. Parteifähigkeit; Prozeßfähigkeit

§ 50 Parteifähigkeit

    (1) **Parteifähig ist, wer rechtsfähig ist.**

    (2) **Ein Verein, der nicht rechtsfähig ist, kann verklagt werden; in dem Rechtsstreit hat der Verein die Stellung eines rechtsfähigen Vereins.**

1   **1. Begriff.** Parteifähigkeit ist die Fähigkeit, im Rechtsstreit Partei (2 vor § 50) zu sein. Sie entspricht im Wesentlichen der Rechtsfähigkeit des bürgerlichen Rechts. Der Begriff gilt für alle Verfahrensarten der ZPO. Die Parteifähigkeit ist für Deutsche nach deutschem Recht zu beurteilen, für Ausländer nach dem Heimatrecht (hM; BGH 51, 27).

2   **2. Voraussetzungen.** Auf Grund ihrer Rechtsfähigkeit sind parteifähig: – **a) Menschen** (Abs 1; § 1 BGB), weil jeder rechtsfähig ist, von Vollendung der Geburt bis zum Tod; aber auch uU die Leibesfrucht 3 oder ein noch nicht Erzeugter (§§ 1912, 1913 BGB). – **b) Juristische Personen** des öffentlichen und privaten Rechts. Es sind nur sie, nicht ihre Mitglieder Partei: insbes die Bundesrepublik, das Land, rechtsfähige Vereine, GmbH, AG, Genossenschaften. Sie sind parteifähig vom Erwerb bis zum Verlust ihrer Rechtsfähigkeit, also auch noch in der Liquidation (Abwicklung) bis zu deren Abschluss (hM; auch ZöVollkommer 4 mwN). Ist eine GmbH oder Genossenschaft wegen Vermögenslosigkeit im Handelsregister gelöscht, so ist sie unter Fiktion ihres Fortbestandes bis zur Rechtskraft der Hauptsache (als sog Nachgesellschaft) passiv parteifähig (BGH NJW-RR 94, 542; BAG NZA 03, 60; Bork JZ 91, 841 mwN). Aktiv parteifähig ist sie, solange sie abwicklungsbedürftig ist oder noch Vermögen (dh materiell-rechtliche Ansprüche) hat und im Rechtsstreit geltend macht (hM; Hamm NJW-RR 96, 1375; Koblenz NJW-RR 99, 40; Lindacher FS für Henckel S 549/56). Auch wird die Vor-GmbH (in Gründung) als aktiv wie passiv parteifähig angesehen (BGH NJW 98, 1079 mwN; jedenfalls wenn sie im Rechtsverkehr als solche aufgetreten ist (vgl LG Köln NJW-RR 93, 1385), wohl aber nur bis zur rechtskräftigen Zurückweisung des Eintragungsantrags (Köln 4 NJW-RR 98, 1047). – **c) Gesellschaften,** die nicht juristische Personen sind, vor allem die Handelsgesellschaften, die oHG (§ 124 Abs 1

HGB), die KommG (§ 161 Abs 2 HGB) und entspr die Reederei (§ 493 Abs 3 HGB) sowie die Partnerschaft (§ 7 Abs 2 PartnerschaftsG, § 124 HGB). Die BGB-Gesellschaft, die am Rechtsverkehr teilnimmt, ist aktiv und passiv parteifähig (jetzt hM; BGH NJW 01, 1056; K. Schmidt NJW 01, 993; Wertenbruch NJW 02, 324 nwN, Kraemer NZM 02, 465; Pohlmann WM 02, 1421 mwN). Das gilt auch für ausländische Gesellschaften (BGH NJW 02, 3539). Bei allen Gesellschaften ist diese als solche Partei. Die einzelnen Gesellschafter können als deren Streitgenossen verklagt werden, auch die der BGB-Gesellschaft. Aus dem Titel gegen die BGB-Gesellschaft findet die Zwangsvollstreckung nur in das Gesellschaftsvermögen statt (vgl § 736). Eine Gesellschaft verliert ihre Parteifähigkeit nicht dadurch, dass das eröffnete Insolvenz-(Konkurs)verfahren mangels Masse (§ 207 InsO; vorher § 204 KO) eingestellt wird (BGH NJW 95, 196). – **d) Gewerkschaften** (Zusam- 5 menschlüsse von Arbeitnehmern) sind parteifähig vor den Arbeitsgerichten (§ 10 Abs 1 ArbGG), aber auch in der ordentlichen Gerichtsbarkeit (BGH 50, 325); ebenso Unterorganisationen (Bezirks- oder Kreisverbände), wenn sie körperschaftliche Verfassung haben und eigenständig tätig sind (Düsseldorf NJW-RR 86, 1506). – **e) Politische 6 Parteien** und ihre Gebietsverbände der höchsten Stufe, sofern die Satzung nichts anderes bestimmt, sind parteifähig (§ 3 ParteienG). Die anderen Gebietsverbände (insbes Ortsvereine) sind nichtrechtsfähige Vereine (Bamberg NJW 82, 895), passiv (hM), aber nicht aktiv parteifähig (Frankfurt MDR 84, 1030; dagegen Kainz NJW 85, 2616), wenn sie nicht (ausnahmsweise) im Vereinsregister eingetragen und daher rechtsfähig sind.

3. Nichtrechtsfähige Vereine (§ 54 BGB) sind nur beschränkt 7 Interesse parteifähig, nämlich passiv (Abs 2). – **a) Als Beklagter.** Unter § 50 Abs 2 können auch Untergliederungen eines rechtsfähigen Vereins fallen (BGH 90, 331). Für die Wohnungseigentümergemeinschaft gilt Abs 2 auch nicht analog (Koblenz NJW 77, 55). Als Beklagter steht ein nichtrechtsfähiger Verein im Rechtsstreit einem rechtsfähigen gleich, wird also durch den Vorstand gesetzlich vertreten und ist selbst Partei; dies sind nicht seine einzelnen Mitglieder, die daher Nebenintervenienten und Zeugen sein können. Der Verein kann Widerklage erheben, auch die besonders geregelten Widerklagen (§ 33 Rn 15), und Rechtsmittel einlegen, ferner nach hM auf Wiederaufnahme (§ 578), sowie nach §§ 767, 768 klagen. Er kann alle sonstigen, auf den Rechtsstreit bezogenen Rechtsbehelfe ergreifen, zB §§ 731, 732, 766, 793 (zT bestr), aber nicht Nebenintervenient sein. Für die ZwVollstr gilt § 735. – **b) Als Kläger.** Seit der BGH die BGB-Gesellschaft als parteifähig an- 8 sieht (vgl Rn 4), ist die aktive Parteifähigkeit umstr (vgl Kempfler NZG 02, 411 mwN). Bis zu einer Änderung des Abs 2, wird man annehmen müssen: Will ein nichtrechtsfähiger Verein klagen, kann er es nicht selbst, da ihm das Gesetz aktive Parteifähigkeit versagt und diese im Wege der ausdehnenden Analogie nicht herbeigeführt werden darf

(BGH 109, 15; K. Schmidt NJW 84, 2249). Daraus folgt: Grundsätzlich müssen alle Mitglieder (als notwendige Streitgenossen, § 62) klagen (oft undurchführbar), weil sie nur alle zusammen Prozessführungsbefugnis haben (RG 78, 101). Kläger sind alle Mitglieder, die in der Klageschrift oder zZ der letzten mündlichen Verhandlung als solche aufgeführt sind (RoSchwGottwald § 43 II 2a). Ausscheiden und Eintreten von Mitgliedern fällt unter § 265 Abs 2 S 1, da Anwachsung (§ 738 BGB) stattfindet. Eine einfachere (aber sehr bestr) Lösung ist die, dass einzelne Mitglieder (nicht notwendig die Vorstände) in gewillkürter Prozessstandschaft (§ 51 Rn 31) das Recht des Vereins geltend machen, insbes auf Leistung an ihn klagen (im Einzelfall ablehnend Koblenz NJW-RR 93, 697).

9   **4. Nicht parteifähig** sind die Gemeinschaft (§ 741 BGB), insbes die Wohnungseigentümergemeinschaft (hM; BGH NJW 77, 1686), die Insolvenzmasse (BGH 88, 335 für Konkurs) und der Nachlass (allgM). Zur BGB-Gesellschaft vgl Rn 4.

10   **5. Bedeutung.** Die Parteifähigkeit ist Prozessvoraussetzung (10 vor § 253) und Prozesshandlungsvoraussetzung (Einl III Rn 10). Prüfung und Folgen sind dort behandelt. Die Parteifähigkeit muss als Prozessvoraussetzung mindestens zZ der letzten mdl Tatsachenverhandlung vorliegen, im schriftlichen Verfahren (§ 128 Abs 2) zur entspr Zeit. Wird die Parteifähigkeit während des Rechtsstreits (auch wieder) hergestellt, so kann der Mangel durch Genehmigung (wie § 51 Rn 17)
11 heilen (BGH 51, 27). – **a) Streit** über die Parteifähigkeit (sog Zulassungsstreit) bewirkt, dass bis zu dessen rechtskräftiger Erledigung die Partei als parteifähig zu behandeln ist (allgM; BGH 24, 91) und sie insbes
12 Rechtsmittel einlegen kann (BGH NJW 93, 2943). – **b) Übersehen** der Parteiunfähigkeit kann Nichtigkeitsklage entspr § 579 Abs 1 Nr 4 begründen. Ist die Klage versehentlich als unbegründet abgewiesen worden, muss die klagende Partei in der Rechtsmittelinstanz als parteifähig behandelt und die Klage als unzulässig abgewiesen werden (Düsseldorf MDR 77, 759). Ist der Titel rechtskräftig, haftet für die Kosten derjenige, der für die Partei tatsächlich gehandelt hat (Düsseldorf Rpfleger 80, 437). – **c) Nichtexistenz** einer Partei ist von der Parteifähig-
13 keit zu unterscheiden, ebenso von der Nichtpartei (parteifähige Person, die nicht Partei ist, Vorbem 9). Nichtexistenz führt zu einem wirkungslosen Urteil (17 vor § 300) oder, falls vorher erkannt, zur Abweisung der Klage oder des Antrags als unzulässig (allgM; BGH 24, 91; Frankfurt NJW-RR 96, 1213 mwN). Existiert die Klagepartei nicht, sind die Kosten demjenigen aufzuerlegen, der das Verfahren veranlasst (hM; Frankfurt aaO mwN) und der behauptet hat, sie existiere, zB demjenigen, der als gesetzlicher Vertreter aufgetreten ist (BGH WM 76, 686) oder tatsächlich gehandelt hat (Düsseldorf MDR 80, 853). Der Kostenerstattungsanspruch bei abgewiesener Klage im Falle der Rn 12 steht derjenigen Person zu, welche die Nichtexistenz geltend gemacht hat und die aufgetreten ist (Hamburg MDR 76, 845). Dieser Anspruch

kann nicht gemäß den §§ 103, 104 geltend gemacht werden, sondern ist einzuklagen (Brandenburg Rpfleger 02, 381). – **d) Wegfall** der Par- **14** teifähigkeit während des Prozesses führt wegen Fehlens einer Prozessvoraussetzung zur Unzulässigkeit der Klage, zB bei Erlöschen eines eingetragenen Vereins (BGH 74, 212). Verliert der Beklagte während des Prozesses seine Parteifähigkeit und ist bis dahin die Klage zulässig und begründet, so ist die Hauptsache erledigt (BGH NJW 82, 238; vgl § 91 a Rn 4); uU ist Parteiwechsel (20 vor § 50) geboten.

§ 51 Prozeßfähigkeit; gesetzliche Vertretung; Prozeßführung

(1) **Die Fähigkeit einer Partei, vor Gericht zu stehen, die Vertretung nicht prozeßfähiger Parteien durch andere Personen (gesetzliche Vertreter) und die Notwendigkeit einer besonderen Ermächtigung zur Prozeßführung bestimmt sich nach den Vorschriften des bürgerlichen Rechts, soweit nicht die nachfolgenden Paragraphen abweichende Vorschriften enthalten.**

(2) **Das Verschulden eines gesetzlichen Vertreters steht dem Verschulden der Partei gleich.**

Übersicht

1   **I. Allgemeines.** Die Prozessführung ist von der ZPO unsystematisch und nur unvollkommen geregelt. Die Bedeutung des § 51 erschöpft sich darin, dass er einerseits (zT gegenstandslos) auf das bürgerliche Recht verweist und andererseits den Vorrang der ZPO bestimmt (letzter Hs). Man hat zu unterscheiden: die Prozessfähigkeit (Rn 2), die gesetzliche Vertretung Prozessunfähiger (Rn 3), die Vertretung auf Grund einer Prozessvollmacht (§§ 78–90) und die Prozessführungsbefugnis (Rn 19). Jeder dieser Begriffe ist streng vom anderen zu trennen; denn Voraussetzungen und Wirkung sind verschieden.

2   **II. Prozessfähigkeit** ist die Fähigkeit, Prozesshandlungen (Einl III) selbst oder durch selbstbestellte Vertreter wirksam vorzunehmen oder entgegenzunehmen (RoSchwGottwald § 44 I). Das Gesetz nennt dies (Hs 1) unvollkommen und undeutlich, die Fähigkeit einer Partei vor Gericht zu stehen. Das bürgerliche Recht enthält keine Vorschrift zur Prozessfähigkeit. Diese ist für den Zivilprozess allein über § 52, ergänzend durch § 53, festzustellen.

3   **III. Gesetzliche Vertretung** prozessunfähiger Personen. Gesetzliche Vertretung ist diejenige Vertretungsmacht, die unmittelbar auf Gesetz oder staatlicher Anordnung beruht, vom Willen des Vertretenen also nicht abhängt. Ist eine prozessunfähige Person Partei (2 vor § 50), so muss sie im Prozess durch ihren (im Einzelfalle berufenen) gesetzlichen Vertreter vertreten werden; andernfalls fehlt es an einer Prozessvoraussetzung (vgl 10 vor § 253), da die gesetzliche Vertretung die fehlende Prozessfähigkeit ersetzen soll. Zugleich ist die gesetzliche Vertretung Prozesshandlungsvoraussetzung (Einl III Rn 10).

4   **1. Bestimmung.** Wer gesetzlicher Vertreter ist, muss für natürliche und juristische Personen sowie sonstige parteifähige Prozessparteien (vgl § 50 Rn 4, 5 und 7) des Privatrechts nach bürgerlichem Recht (insbes BGB, HGB, GmbHG, AktG, PartnerschaftsG), für juristische Personen des öffentlichen Rechts jedoch nach dem jeweils zutreffenden öffentlichen Recht (zB GemeindeO) bestimmt werden. Auch dies ist gem § 56 von Amts wegen zu prüfen. Die gesetzliche Vertretung ausländischer Personen richtet sich nach dem jeweils zutreffenden ausländischen Recht (vgl Art 7 Abs 1 EGBGB), bei Staatenlosen nach Art 5 Abs 2 EGBGB. Wer als gesetzlicher Vertreter auftritt, ohne es zu sein, ist durch Beschluss aus dem Rechtsstreit zu weisen (KG NJW 68, 1635). Wird jemand vom Gericht als gesetzlicher Vertreter behandelt, obwohl er es nicht ist, kann er sich durch Antrag und Beschwerde dagegen wehren (Köln Rpfleger 76, 323). Fehlt ein gesetzlicher Vertreter, so kann nach § 57 (vgl dort) einer vom Gericht bestellt werden. Es werden vertreten: – **a) Natürliche Personen:** Minderjährige durch die 5 Eltern (§ 1629 BGB), einen Elternteil (insbes gemäß § 1629 Abs 1 S 4 und § 1680 Abs 1 BGB), den Vormund (§ 1793 Abs 1 BGB) oder den Ergänzungspfleger (§ 1909 BGB); Volljährige durch den Betreuer (§ 1902 BGB) oder Pfleger (§§ 1909, 1911, 1915, 1793 Abs 1 BGB), ebenso die Leibesfrucht und Unbekannte (§§ 1912, 1913 BGB); unbekannte Erben durch den Nachlasspfleger (§§ 1960, 1961 BGB). – **b) Juristische Personen des Privatrechts.** Es vertritt der Vorstand 6 den rechtsfähigen Verein (§ 26 Abs 2 BGB), die Stiftung (§ 86 BGB), die AG (§ 78 Abs 1 AktG), ihr Abwickler im Falle des § 265 Abs 2 und 3 AktG, ihr Aufsichtsrat im Falle des § 112 AktG (BGH NJW 87, 254), auch im Prozess mit ausgeschiedenen Vorständen (BAG NJW 02, 1444). Vertreten wird durch ihren Vorstand die Genossenschaft (§ 24 GenG), aber durch ihren Aufsichtsrat im Falle des § 39 Abs 1 GenG (BGH NJW 98, 1646 mwN); durch ihren Geschäftsführer die GmbH (§ 35 Abs 1 GmbHG; Ausnahme: § 46 Nr 8) oder ihren Liquidator (§ 66 GmbHG). – **c) Gesellschaften:** die oHG, KG und BGB-Gesellschaft (vgl § 50 Rn 4) durch den oder die geschäftsführenden Gesellschafter (§§ 125, 161 Abs 2 HGB, § 714 BGB); die Partnerschaft durch die Partner (§ 7 Abs 3 PartnerschaftsGG, § 125 HGB). – **d) Juristische** 7 **Personen des öffentlichen Rechts:** nämlich Körperschaften, Anstalten und Stiftungen. Wer sie im Prozess gesetzlich vertritt, ergibt sich aus dem Gesetz, der VO oder Satzung, welche die juristische Person organisiert. Das ist insbes für die Gebietskörperschaften (Gemeinden, Landkreise usw) landesrechtlich verschieden, insbes durch die GemeindeO geregelt. Ist die juristische Person ihrerseits gesetzlicher Vertreter, handelt für sie der jeweils befugte Vertreter. Im Einzelfall ist die jeweilige Vertretungsbefugnis oft schwierig festzustellen. Soweit in der Klageschrift wegen §§ 253 Abs 4, 130 Nr 1 die Angabe des gesetzlichen Vertreters verlangt ist, schadet seine falsche Bezeichnung nicht. IdR wird im vorprozessualen Verkehr die Behörde oder die Person, die zur Vertretung im Zivilrechtsstreit jeweils berufen ist, von dieser Seite benannt werden, insbes auf Auskunftsverlangen.

2. Voraussetzungen gesetzlicher Vertretungsmacht: – **a) Vorliegen** 8 muss sie als Prozessvoraussetzung mindestens zZ der letzten mdl Vhdlg

(§ 296 a), im schriftlichen Verfahren zum entspr Zeitpunkt, als Prozesshandlungsvoraussetzung zudem grundsätzlich zZ der Prozesshandlung
9 (Einl III Rn 10). Prüfung: 12 vor § 253; vgl § 56. – **b) Beginn und
Ende** der Vertretungsmacht ist den jeweils geltenden Vorschriften
(Rn 4) zu entnehmen. Sie richten sich regelmäßig nach dem Grund-
10 verhältnis, zB Vormundschaft, Geschäftsführung. – **c) Einzelvertretungsmacht** besteht, wenn einer allein zur gesetzlichen Vertretung berechtigt ist. Es genügt, auch wenn mehrere Einzelvertreter bestellt sind
(zB bei den Handelsgesellschaften), dass einer im Prozess vertritt, doch
11 können es auch mehrere nebeneinander. – **d) Gesamtvertretung** besteht, wenn mehrere (meist zwei) nur gemeinschaftlich zur Vertretung
berechtigt sind. Es ist zu unterscheiden: zur Vornahme von Prozesshandlungen (Einl III) müssen die Gesamtvertreter gemeinschaftlich
handeln, so dass sie auch im Prozess zusammen vertreten. Zur Entgegennahme genügt es, dass die Prozesshandlung einem Gesamtvertreter
12 gegenüber vorgenommen wird. – **e) Prozessfähigkeit** (§ 52) des gesetzlichen Vertreters muss gegeben sein (hM). Nur dann kann er Prozesshandlungen wirksam vornehmen (ZöVollkommer 10 mwN).

13   **3. Umfang** der gesetzlichen Vertretungsmacht. Er richtet sich nach
dem Grundverhältnis (Rn 9) und den jeweils dafür geltenden Vorschriften. Der Rechtsstreit muss sich auf eine Angelegenheit beziehen,
die in den (meist unbeschränkten) Wirkungskreis des gesetzlichen Vertreters fällt. Eine besondere Ermächtigung für einzelne Prozesshandlungen kann nötig sein (§ 54), auch für die Prozessführung im Ganzen, zB
bei § 607 ZPO.

14   **4. Wirkung** der gesetzlichen Vertretungsmacht. Sie ersetzt als Prozessvoraussetzung die fehlende Prozessfähigkeit der vertretenen Partei. –
a) Partei ist nur der Vertretene, nicht der gesetzliche Vertreter. Da er
die Partei aber vertritt, hat er grundsätzlich dem Gericht und dem Gegner gegenüber die Stellung der Partei, insbes die gleichen Pflichten und
Rechte. Es darf aber nicht in sein Vermögen vollstreckt werden und
15 Kosten des Rechtsstreits dürfen ihn selbst nicht treffen. – **b) Handlungen und Unterlassungen**, insbes die Prozesshandlungen wirken für
und gegen den Vertretenen. § 164 BGB gilt insoweit auch im Prozessrecht. Der gesetzliche Vertreter führt den Prozess selbst oder durch
16 Prozessbevollmächtigte (§§ 78–90). – **c) Fehlende Vertretungsmacht**
bewirkt, dass die Prozesshandlungen des vermeintlichen gesetzlichen
Vertreters unwirksam sind (Einl III Rn 17). Eine Klage für oder gegen
die prozessunfähige Partei ist unzulässig (10, 20 vor § 253), entspr ein
Antrag (zB Arrestgesuch, Mahnantrag), und daher abzuweisen. Anderenfalls sind Rechtsbehelfe, insbes Berufung (§ 538 Abs 2 Nr 3), Revision (§ 547 Nr 4) und Nichtigkeitsklage (§ 579 Nr 4) begründet. Kos-
17 ten: § 89 Rn 10. – **d) Genehmigung.** Der gesetzliche Vertreter kann
die Prozessführung des prozessunfähigen Vertretenen genehmigen, aber
nur ganz, nicht unter Ausnahme einzelner Prozesshandlungen. Die Genehmigung ist eine Prozesshandlung (Einl III; BGH 41, 104/7). Sie

liegt insbes in der rügelosen Fortsetzung des Prozesses. Wird die vertretene Partei selbst prozessfähig, tritt ihre Genehmigung an die Stelle der des gesetzlichen Vertreters (§ 108 Abs 3 BGB entspr). Es kann auch der gesetzliche Vertreter genehmigen, wenn er vorher ohne Vertretungsbefugnis gehandelt hat (BGH 41, 104). – **e) Verschulden** des ge- **18** setzlichen Vertreters (Abs 2) für die gesamte Prozessführung, alle Prozesshandlungen und Unterlassungen, insbes Säumnis (5 vor § 330) wird behandelt, wie wenn die vertretene Partei das Verschulden trifft. Das gilt in allen Verfahrensarten, insbes auch im Kindschaftsprozess (BGH FamRZ 93, 308 mwN und kritischer Anm v Bosch). Zweck dieses von jeher geltenden Grundsatzes „Verschulden des Vertreters gleich Verschulden der Partei" ist, das Prozessrisiko nicht zu Lasten des Gegners einer gesetzlich vertretenen Partei zu verschieben. Verschulden: § 233 Rn 12, 13.

IV. Prozessführungsbefugnis **19**

1. Allgemeines. – a) Begriff. Die Prozessführungsbefugnis ist das **20** Recht, einen Prozess als die richtige Partei im eigenen Namen zu führen. Sie ist in der ZPO nirgends grundlegend geregelt; auch der § 51 betrifft sie an sich nicht. Sie ist von der Sachbefugnis (39 vor § 253) streng zu unterscheiden. Die hM (zB BGH 36, 187 [191]) rechnet die Prozessführungsbefugnis zu den allgemeinen Prozessvoraussetzungen (22 vor § 253). Dass sie erforderlich sein soll, wird andererseits in Frage gestellt. – **b) Wesen.** Die Prozessführungsbefugnis steht grundsätzlich **21** dem Träger des streitigen Rechtsverhältnisses zu; das ist derjenige, der aus dem Rechtsverhältnis unmittelbar berechtigt und verpflichtet ist. Welche Person das ist, ergibt sich aus den Vorschriften, die für das betreffende Rechtsverhältnis gelten und kann nur in Bezug auf den jeweiligen Streitgegenstand (Einl II) festgestellt werden. Wenn danach die Prozessführungsbefugnis nicht dem Rechtsträger, sondern einem anderen zusteht, liegt Prozessstandschaft vor, dh die Befugnis, im eigenen Namen einen Prozess über ein fremdes Recht zu führen. Aus diesen Begriffen folgt, dass die Prozessführungsbefugnis für das Prozessrecht dem entspricht, was die Verfügungsbefugnis für das bürgerliche Recht bedeutet. – **c) Wirkung.** Liegt kein Fall der Prozessstandschaft **22** vor, so fallen Prozessführungs- und Sachbefugnis in einer Person zusammen. Besteht das Recht nicht oder steht es nicht dem Kläger gegen den Beklagten zu, so ist die Klage stets als unbegründet abzuweisen. Fehlt insbes in den Fällen der Prozessstandschaft dem Kläger die Prozessführungsbefugnis, so ist die Klage oder der Antrag unzulässig. Fehlt sie dem Beklagten, so ist die Klage unbegründet, weil die falsche Partei verklagt wurde, wenn die Klage nicht schon wegen fehlenden Rechtsschutzbedürfnisses (27 vor § 253) unzulässig ist. Die Prozessführungsbefugnis ist keine Prozesshandlungsvoraussetzung (Einl III Rn 10), so dass die Prozesshandlungen der Partei wirksam sind, auch wenn ihr die Prozessführungsbefugnis fehlt. Verliert eine Partei ihre Prozessführungsbefugnis während des Rechtsstreits, so kommt Parteiwechsel (20 vor

23 § 50) in Betracht. – **d) Prüfung.** Sie hat von Amts wegen nach 12 vor
§ 253 zu erfolgen, weil die Prozessführungsbefugnis als Prozessvoraussetzung anzusehen ist (vgl Rn 20). Als solche muss die Prozessführungsbefugnis mindestens zZ der letzten mdl Tatsachenverhandlung (§ 296a;
BGH NJW-RR 93, 442 mwN vorliegen, im schriftlichen Verfahren
zum entsprechenden Zeitpunkt § 128 Rn 33). Dass sie zu diesem Zeitpunkt vorlag, kann auch noch im Revisionsrechtszug erstmals festgestellt werden (BGH 30, 162/7).

24   **2. Gesetzliche Prozessstandschaft.** Sie beruht unmittelbar auf
Gesetz, zB § 265 ZPO; § 1629 Abs 3, §§ 1368, 1422 BGB; § 13 Abs 1
UWG; § 75 VVG (Hamm NJW-RR 96, 1375), § 27 Abs 2 Nr 5
WEG (Hamm NZM 99, 1152). Danach richtet sich auch Beginn und
Ende. Es gelten grundsätzlich Rn 20–23. Rechtskraft wirkt das Urteil
grundsätzlich nur für und gegen den Prozessführungsbefugten, nicht für
und gegen den Rechtsträger (§ 325; RG 119, 163/9). Häufige Ausnahmen bestehen: bei Rechtsnachfolge (§§ 265, 325 Abs 1) und wenn
der Prozessführungsbefugte ohne Zustimmung des Rechtsträgers verfügen darf oder dieser der Prozessführung zugestimmt hat (wie Rn 33).
ZwVollstr wie Rn 44.

25   **3. Prozessführung durch Verwalter.** Es war und ist in gewissem
Umfang immer noch umstritten, ob der Gemeinschuldner im Falle der
Insolvenz (§ 80 Abs 1 InsO, früher § 6 KO), der Erbe im Falle der Testamentsvollstreckung (§§ 2212, 2213 BGB) und der Nachlassverwaltung
(§ 1984 BGB), der Grundstückseigentümer im Falle der Zwangsverwaltung (§ 152 ZVG) durch den Testamentsvollstrecker, Insolvenz-,
Nachlass- oder Zwangsverwalter gesetzlich vertreten wird oder ob die
genannten Verwalter sog Parteien kraft Amtes sind. Zu den angewen-
26 deten Theorien vgl RoSchwGottwald § 40 II 1. – **a) Rechtsstellung**
des Verwalters. **aa) Amtstheorie** (hRspr). Sie fordert die Parteistellung
aus Zweckmäßigkeitserwägungen: damit der Insolvenz(Gemein)schuld-
ner als Zeuge vernommen werden kann und der Prozess nicht durch
dessen Tod unterbrochen wird. §§ 116 Nr 1, 748, 749, ferner § 2213
27 BGB gehen von der Amtstheorie aus. **bb) Vertretertheorie** (Bley ZZP
62, 113). Danach ist der Verwalter der gesetzliche Vertreter des Rechtsträgers. Diese Theorie wird in der Praxis nicht angewendet, hat auch
in der Literatur kaum noch Anhänger. Ihre wesentlichen Argumente sind: Vollstreckung, Kostenlast, PKH-Voraussetzungen (§ 116
Nr 1) treffen nicht den Verwalter, sondern das verwaltete Vermögen
(also den Gemeinschuldner, Erben, Grundstückseigentümer); nur diese,
nicht die Verwalter werden durch deren Handlungen berechtigt und
28 verpflichtet, sodass also eine Fremdwirkung eintritt. **cc) Organtheorie.**
Sie versucht zwischen Vertreter- und Amtstheorie zu vermitteln, indem sie das verwaltete Vermögen (die Masse) als parteifähiges Gebilde
ansieht (Bötticher JZ 63, 582). Wird von der Praxis nicht angenommen.
dd) Neue Vertretertheorie. Sie betont die neutrale, objektbezogene
Stellung des Verwalters. Er ist bei juristischen Personen und Handelsge-

sellschaften obligatorischer Drittliquidator, bei natürlichen Personen gesetzlicher Vertreter, beschränkt auf die verwaltete Vermögensmasse (K. Schmidt KTS 84, 395 und NJW 95, 911 mwN). Wird in der Praxis nicht angewendet. – **b) Stellungnahme.** Der neuen Vertretertheorie 29 gebührt eigentlich der Vorzug. Die hM vertritt aber die Amtstheorie, die Praxis so gut wie ausnahmslos. Im Wesentlichen beruht dies auf der stRspr des RG (von 29, 29 bis 120, 189). Auch der BGH (zB 38, 282) vertritt die Amtstheorie mit dem absonderlichen Ergebnis, dass der Verwalter Streitgenosse seiner selbst sein könne (BGH 100, 346; hierzu kritisch K. Schmidt KTS 91, 211). – **c) Wirkung.** Nach den Vertre- 30 tertheorien würde es sich um Fälle von Prozessunfähigkeit handeln (Rn 2), soweit die Vertretung (bzw Verwaltungs- und Verfügungs-befugnis) reicht, für die § 53 entspr angewendet wird. Nach der Amts-theorie handelt es sich prozessual um eine Frage der Prozessführungs-befugnis (Rn 19), die dem Verwalter zusteht, dem Träger des Rechts (Insolvenzschuldner, Erbe, Eigentümer) aber fehlt. Das ist ein Fall von gesetzlicher Prozessstandschaft (Rn 24), wenn er mit § 265 Abs 2 S 1 zusammentrifft, von doppelter (BGH NJW 86, 800).

V. Gewillkürte Prozessstandschaft

1. Begriff und Zulässigkeit. Gewillkürte Prozessstandschaft ist ei- 31 ne besondere Form der Prozessführungsbefugnis (Rn 20), daher eine Prozessvoraussetzung (Rn 32). Sie liegt vor, wenn die Prozessführungs-befugnis durch Rechtsgeschäft vom Rechtsträger auf die Partei des Rechtsstreits übertragen ist. Die Zulässigkeit ist fast unumstritten. Ge-gen die Beibehaltung sind Frank ZZP 92, 321 und Koch JZ 84, 809. Die hM folgt im Wesentlichen der Rspr des RG (91, 390; 166, 218/38) und des BGH (100, 217 und NJW 90, 1117). Sie lässt die ge-willkürte Prozessstandschaft nur eingeschränkt zu. Diese Auffassung wird im Folgenden dargestellt.

2. Voraussetzungen. Sie sind, weil die Prozessführungsbefugnis 32 eine Prozessvoraussetzung ist (22 vor § 253), von Amts wegen in jeder Lage des Verfahrens auf Grund der von den Parteien vorgetragenen Tatsachen zu prüfen (BGH NJW 00, 738; vgl 12, 13 vor § 253), auch bei Fällen mit Auslandsberührung grundsätzlich nach deutschem Recht (lex fori; BGH NJW 94, 2549). – **a) Zustimmung** oder Ermächti- 33 gung (entspr § 185 Abs 1 BGB) des Rechtsträgers zur Prozessführung, nicht zur materiell-rechtlichen Verfügungsbefugnis (Bork ZGR 91, 25/41), durch den Prozessstandschafter in dessen eigenem Namen. Die Zustimmung, eine Willenserklärung (§§ 105 ff BGB), kann noch bis zum Schluss der letzten mdl Vhdlg (§ 296 a) oder dem entspr Zeitpunkt (§ 128 Rn 33) erklärt werden. Sie kann im Beitritt zu einem Verein mit entspr Satzung liegen (BGH 48, 12). – **b) Eigenes rechtsschutz-** 34 **würdiges Interesse** des Prozessstandschafters, das fremde Recht gel-tend zu machen (hM; BGH 96, 151 und NJW 00, 738; stRspr). Es ist nur dann zu bejahen, wenn die Entscheidung die eigene Rechtslage des

Prozessführungsbefugten beeinflusst (RoSchwGottwald § 46 III 1). Der Prozessgegner darf aber durch die Prozessstandschaft nicht unbillig benachteiligt werden (vgl BGH NJW 89, 1932). Das ist idR der Fall, wenn durch Vermögenslosigkeit des Prozessstandschafters der Kostenerstattungsanspruch des Gegners gefährdet wird (BGH 96, 151; BAG NZA 03, 60); anders zu beurteilen, wenn der Vermögensverfall während des Prozesses eintritt (BGH NJW 95, 3186; Frahm VersR 96, 163) oder wenn das Interesse einer natürlichen Person, die Zedent ist, als Prozessstandschafter sich darauf richtet, ihre Verbindlichkeiten zu vermin-
35 dern (BGH NJW 99, 1717). **aa) Zu bejahen** ist das rechtsschutzwürdige Interesse bei der auf § 185 BGB beruhenden Einziehungsermächtigung, wenn Provision gewährt wird (hM; aA Rüßmann AcP 172, 520 mwN), anders bei der Inkassozession (vgl Rn 35 b und Michalski BB 95, 1361); bei Befreiung von einer Verbindlichkeit im Falle des Obsiegens (Brandenburg NZM 99, 222); beim Verkäufer einer Forderung, nachdem er sie an den Käufer abgetreten hat (BGH NJW 79, 924); bei einem Verband iS des § 13 Abs 1 UWG für Unterlassungsansprüche seiner Mitglieder (BGH NJW 83, 1559); bei dem beherrschenden Gesellschafter einer GmbH für ein ihr zustehendes Recht (BGH NJW-RR 87, 57); beim Gesellschafter einer Gesellschaft (§ 705 BGB) für deren Ansprüche
35 a (BGH NJW 88, 1585). **bb) Zu verneinen** ist das rechtsschutzwürdige Interesse idR bei einer überschuldeten vermögenslosen GmbH oder GmbH & Co KG, wenn sie eine abgetretene Forderung für den Zessionar geltend macht (BGH 96, 151; vgl aber Rn 34). Das ist anders bei natürlichen Personen zu beurteilen, wenn dem Prozessgegner für die Kostenerstattung eine Bankbürgschaft angeboten wird (BGH NJW 90, 1117) oder kein Rechtsmissbrauch vorliegt (BGH NJW 99, 1717; vgl Rn 34 aE). Dem Unterhaltsgläubiger fehlt das rechtsschutzwürdige Interesse, wenn der Anspruch gem § 91 BSHG auf den Sozialhilfeträger
35 b übergegangen ist (Köln NJW-RR 96, 258). **cc) Nicht zu prüfen** ist das Interesse des Inkassozessionars (Palandt § 398 Rn 26), weil er wegen § 398 BGB Rechtsinhaber und deshalb nicht Prozessstandschafter ist
36 (hM; BGH NJW 80, 991; Klinger NJW 93, 3165). – **c) Abtretbarkeit** des Rechts selbst oder seiner Ausübung (BGH NJW 64, 2296). Das ist ohne weiteres gegeben beim dinglichen Herausgabeanspruch (BGH NJW-RR 86, 158; hierzu Werner JuS 87, 855). Prozessstandschaft ist unzulässig, wenn ein Abtretungsverbot dahin auszulegen ist, dass das Recht nicht durch einen Dritten gerichtlich geltend gemacht werden
37 darf (Köln WM 87, 1279). – **d) Verfahrensart.** Sie ist gleichgültig, weil die gewillkürte Prozessstandschaft bei jeder Art von Klage (2 vor § 253) zulässig ist, auch bei Gestaltungsklagen (bestr). Die Feststellungsklage bezüglich der Rechtsverhältnisse Dritter (§ 256 Rn 9) ist keine in Prozessstandschaft erhobene Klage.

38   **3. Wirkung.** Es gilt grundsätzlich die Rn 22. Die Prozessstandschaft kann durch Pateiwechsel während des Rechtsstreits beginnen und enden (Naumburg NJW-RR 03, 212). Sie endet durch Widerruf oder

Insolvenz des ermächtigenden Rechtsinhabers (BGH NJW 00, 738), aber auch durch Tod des Prozessstandschafters; an dessen Stelle tritt der Rechtsinhaber (BGH NJW 93, 3072; Rn 20). – **a) Klageantrag.** Ob **39** bei Leistungsklage der Antrag auf Leistung an den Kläger (Prozessstandschafter) gestellt werden muss oder nur auf Leistung an den Rechtsträger gestellt werden kann, hängt davon ab, ob der Beklagte an den Kläger befreiend leisten kann oder nicht. Das ist dem § 362 Abs 2 BGB zu entnehmen. Ist diese Einwilligung (§ 185 Abs 1 BGB) erteilt (zB bei der Einziehungsermächtigung, Palandt § 398 Rn 29), so kann statt Leistung an den Rechtsträger die an den Kläger verlangt werden. – **b) Materielle Rechtskraft** (§ 322). Sie wirkt auch gegen den **40** Rechtsträger, sofern er der Prozessführung zugestimmt hat (vgl Rn 24; BGH NJW 80, 2461). Der Klage des Rechtsträgers steht auch schon die Rechtshängigkeit entgegen (§ 261 Abs 3 Nr 1; BGH NJW 93, 3072 mwN). – **c) Parteivernehmung** (§§ 445 ff) findet nur in der **41** Person des Prozessstandschafters statt; der Rechtsträger kann Zeuge sein (hM; aA Rüßmann AcP 172, 520/42). Dem Gericht bleibt hier § 286. **d) Prozesskostenhilfe** (§ 114) setzt voraus, dass neben dem Prozess- **42** standschafter auch der Rechtsträger hilfsbedürftig ist (§ 114 Rn 12). – **e) Kostenerstattung** (§§ 91 ff) kommt nur im Verhältnis der Prozess- **43** parteien in Betracht (hM). Derjenige, der seine Forderung einklagen lässt, muss sich aber den Kostenerstattungsanspruch des Beklagten aufrechnungsweise entgegenhalten lassen (KG MDR 83, 752). Außerdem bleibt die Pfändung eines Freistellungsanspruchs gegen den Rechtsträger als Drittschuldner möglich (Rüßmann AcP 172, 520/48). – **f) Widerklage** (§ 33) gegen den Rechtsträger wird jedenfalls in den **44** bei § 33 Rn 10–13 dargelegten Formen zuzulassen sein (vgl BGH 40, 185; Rüßmann aaO). – **g) Zwangsvollstreckung** findet für und ge- **45** gen den im Titel als Partei ausgewiesenen Prozessstandschafter statt (hM; Becker-Eberhard ZZP 104, 413 mwN). Vollstreckungsklausel für den Rechtsinhaber ist möglich (§ 727 Rn 3).

§ 52 Umfang der Prozeßfähigkeit

Eine Person ist insoweit prozeßfähig, als sie sich durch Verträge verpflichten kann.

1. Voraussetzungen. Begriff der Prozessfähigkeit: § 51 Rn 2. Die **1** Fähigkeit, sich durch Verträge zu verpflichten, ist nach bürgerlichem Recht (insbes nach §§ 104–115 BGB) zu entscheiden, für Ausländer nach ihrem Heimatrecht (vgl § 55). Prozessfähig können idR nur natürliche Personen sein. Prozessunfähig sind: – **a) Geschäftsunfähige 2** (§ 104 BGB). – **b) Minderjährige** (§ 106 BGB), soweit nicht § 607 Abs 1, § 640b S 1 ZPO, § 112 oder § 113 BGB zutrifft. In diesen Fällen besteht Prozessfähigkeit, soweit diese Vorschriften reichen, also ggf nur für den Ehe- und Kindschaftsprozess und die Prozesse, die aus dem Erwerbsgeschäft, dem Dienst- oder Arbeitsverhältnis entstanden sind, nicht für andere Streitgegenstände (Einl II), auch wenn sie im selben

Rechtsstreit (zB durch Widerklage) geltend gemacht werden sollen. Die Prozessfähigkeit umfasst dann auch die Zwangsvollstreckung aus
3 diesen Titeln. – **c)** **Betreute** stehen nur im Rahmen des Aufgabenkreises, für den ein Betreuer bestellt ist (§ 1896 Abs 1, § 1902 BGB), einem Prozessunfähigen gleich, wenn der Betreuer den Prozess als gesetzlicher Vertreter führt (§ 53 Rn 3). Materiell-rechtlich behalten sie iü Geschäftsfähigkeit und Verfügungsbefugnis (Bork MDR 91, 97). –
4 **d)** **Juristische Personen und Gesellschaften** sind prozessunfähig, da sie nur durch gesetzliche Vertreter handeln können (vgl § 51 Rn 3, 6, 7). Eine Ausnahme bildet die Anwalts-GmbH in der Eigenschaft als
5 ProzBev (§ 79 Rn 4). – **e)** **Geschäftsfähige** sind prozessunfähig, wenn § 53 zutrifft.

6   **2. Bedeutung** der Prozessfähigkeit. – **a)** **Allgemein.** Sie ist Prozesshandlungsvoraussetzung (Einl III Rn 10) und zugleich Prozessvoraussetzung (20 vor § 253), die durch die gesetzliche Vertretung ersetzt wird (§ 51 Rn 14). Sie ist von Amts wegen zu prüfen (12 vor § 253; vgl Rn 8) und muss für jede Instanz mindestens zZ der letzten mündlichen Verhandlung vorliegen, im schriftlichen Verfahren zum entspr Zeitpunkt (vgl § 128 Rn 33). Sie kann auch noch in der Revisionsin-
7 stanz geprüft werden (BGH NJW-RR 86, 157). – **b)** **Streit** über die Prozessfähigkeit (Zulassungsstreit) führt dazu, dass bis zu dessen rechtskräftiger Erledigung die prozessunfähige Partei als prozessfähig zu behandeln ist (BGH 35, 1 [6]), aber nur für den Streit um die Prozessfähigkeit (vgl § 57 Rn 9) und soweit sie für die Prozesshandlungen in diesem Rechtsstreit bedeutsam ist (Köln NJW 71, 569). Die prozessunfähige Partei kann mit dem Ziel, als prozessfähig behandelt zu werden, auch Rechtsmittel einlegen (allgM; BGH 86, 184 und 110, 294). Sie kann es auch, um ihre Prozessunfähigkeit geltend zu machen (BGH aaO). Das Rechtsmittel ist nicht deshalb unzulässig, weil die als prozessfähig behandelte Partei eine andere Sachentscheidung erstrebt (BGH NJW 00, 289; Düsseldorf NJW-RR 97, 1350). War die Partei schon zZ der Klageerhebung prozessunfähig, so ist die Klage (nicht das Rechtsmittel) unzulässig und abzuweisen (BGH aaO). Die prozessunfähige Partei kann durch ihren RA Zustimmung zur Klagerücknahme erklären und Kostenantrag stellen lassen (Karlsruhe Justiz 76, 470). Generell zur Rechtsbehelfsbefugnis des Prozessunfähigen: Hager ZZP 97, 174. Für den Rechtsstreit, soweit er nicht allein um die Prozessfähigkeit geht, ist die prozessunfähige Partei nur nach Maßgabe des § 56 Abs 2
8 zugelassen. – **c)** **Beweis** wird von Amts wegen erhoben (Rn 6; BGH NJW 96, 1059; BAG NZA 00, 613), und zwar im Freibeweis (6 vor § 284; BGH NJW 00, 289). Wer sich auf Prozessunfähigkeit beruft, muss entspr Tatsachen für hinreichende Anhaltspunkte vortragen (BGH NJW 69, 1574). Lässt sich nicht feststellen oder verbleiben nicht klärbare Zweifel (BGH NJW 96, 1059 mwN), ob eine Partei prozessfähig ist, so muss sie als prozessunfähig angesehen werden (hM; BGH 18, 184
9 und NJW 62, 1510; aA Musielak NJW 97, 1736). – **d)** **Verlust** der

Prozessfähigkeit während des Prozesses führt zu Unterbrechung (§ 241) oder Aussetzung auf Antrag (§ 246). – **e) Erwerb** der Prozessfähigkeit **10** während des Prozesses gestattet und erfordert die Fortführung des Prozesses durch die Partei ohne den bisherigen gesetzlichen Vertreter. – **f) Übersehen** der Prozessunfähigkeit begründet Rechtsmittel (vgl **11** §§ 538 Abs 2 Nr 3, 547 Nr 4) und Nichtigkeitsklage (§ 579 Nr 4). – **g) Ermächtigung** durch §§ 112, 113 BGB. Der gesetzliche Vertreter **12** ist nicht vertretungsbefugt und kann nicht für den insoweit Prozessfähigen auftreten (hM), es sei denn, er nimmt die Ermächtigung wirksam zurück. Diese (ex nunc wirkende) Rücknahme kann darin liegen, dass der gesetzliche Vertreter den Rechtsstreit von Anfang an führt oder ihn übernimmt. – **h) Genehmigung** der vorangegangenen Prozessführung des Prozessunfähigen durch den gesetzlichen Vertreter ist möglich (§ 51 Rn 16).

§ 53 Prozeßunfähigkeit bei Betreuung oder Pflegschaft

Wird in einem Rechtsstreit eine prozeßfähige Person durch einen Betreuer oder Pfleger vertreten, so steht sie für den Rechtsstreit einer nicht prozeßfähigen Person gleich.

Anwendbar ist § 53 in allen Verfahrensarten, auch in Ehesachen **1** (Vorbem 2–6 vor § 606) trotz § 607 (BGH 41, 303 für § 612 aF). – **Voraussetzungen.** Eine Betreuung (§ 1896 BGB) oder eine Pfleg- **2** schaft (§§ 1909, 1911, 1913 oder 1960 BGB) muss bestehen. Der Betreuer oder Pfleger muss den Rechtsstreit tatsächlich als gesetzlicher Vertreter führen (§ 51 Rn 3) und der Streitgegenstand (Einl II) muss in den Aufgabenkreis des Betreuers (§ 1896 Abs 1 BGB) oder Pflegers fallen (Bork MDR 91, 97). **Wirkung.** Der Vertretene ist grundsätzlich **3** prozessfähig (§ 52 Rn 1). Nur für den betreffenden Rechtsstreit im Wirkungskreis des Betreuers oder Pflegers ist er einem Prozessunfähigen gleichgestellt. Er bleibt aber für andere Prozesse prozessfähig. Die Prozessführung liegt allein in den Händen des Pflegers (BGH NJW 88, 49 mwN) oder Betreuers. Rechtsstreit ist so zu verstehen wie in 3 vor § 50.

§ 53 a Vertretung eines Kindes durch Beistand

Wird in einem Rechtsstreit ein Kind durch einen Beistand vertreten, so ist die Vertretung durch den sorgeberechtigten Elternteil ausgeschlossen.

Anwendbar nur solange die Beistandschaft (§ 1712 BGB) besteht **1** (§§ 1714; 1715 BGB). Beistand ist das zuständige Jugendamt (§ 1712 Abs 1 BGB). **Wirkung:** Ausschluss der gesetzlichen Vertretungsmacht **2** des sorgeberechtigten Elternteils tritt ein im Aufgabenbereich des Beistands. (Vaterschaftsfeststellung und Unterhalt, § 1712 I Nr 1, 2 BGB). Diese Rechtsfolgen beziehen sich auf die Prozess- und Prozesshandlungsvoraussetzung gesetzlicher Vertretungsmacht (§ 51 Rn 3).

§ 54 Besondere Ermächtigung zu Prozeßhandlungen

Einzelne Prozeßhandlungen, zu denen nach den Vorschriften des bürgerlichen Rechts eine besondere Ermächtigung erforderlich ist, sind ohne sie gültig, wenn die Ermächtigung zur Prozeßführung im allgemeinen erteilt oder die Prozeßführung auch ohne eine solche Ermächtigung im allgemeinen statthaft ist.

1   **Anwendbar** bei gesetzlicher Vertretung. **Wirkung:** § 54 gibt die unbeschränkte Vertretungsmacht wie § 81. **Prozesshandlungen:** Einl III. Solche, die zugleich Rechtsgeschäft sind (zB Prozessvergleiche, § 794 Abs 1 Nr 1), fallen nicht unter § 54; es gilt insbes § 1822 Nr 12 BGB. Anerkenntnis und Verzicht sind ohne besondere Genehmigung wirksam (§ 306 Rn 2).

§ 55 Prozeßfähigkeit von Ausländern

Ein Ausländer, dem nach dem Recht seines Landes die Prozeßfähigkeit mangelt, gilt als prozeßfähig, wenn ihm nach dem Recht des Prozeßgerichts die Prozeßfähigkeit zusteht.

1   **Ausländer** sind prozessfähig, wenn sie nach dem Recht ihres Staates prozessfähig sind (vgl § 52 Rn 1) oder auf Grund des § 55, wenn sie nach deutschem Recht prozessfähig sind. Dies sind sie auch dann, wenn
2 ihnen nach ihrem Heimatrecht die Prozessfähigkeit fehlt. **Staatenlose.** Anzuwenden ist das Recht des gewöhnlichen Aufenthaltsortes (wie § 606 Rn 3), hilfsweise das des Aufenthaltsortes zu dem Zeitpunkt, der für die Prozessfähigkeit jeweils maßgebend ist.

§ 56 Prüfung von Amts wegen

(1) Das Gericht hat den Mangel der Parteifähigkeit, der Prozeßfähigkeit, der Legitimation eines gesetzlichen Vertreters und der erforderlichen Ermächtigung zur Prozeßführung von Amts wegen zu berücksichtigen.

(2) ¹Die Partei oder deren gesetzlicher Vertreter kann zur Prozeßführung mit Vorbehalt der Beseitigung des Mangels zugelassen werden, wenn mit dem Verzuge Gefahr für die Partei verbunden ist. ²Das Endurteil darf erst erlassen werden, nachdem die für die Beseitigung des Mangels zu bestimmende Frist abgelaufen ist.

1   **1. Prüfung von Amts wegen** (Abs 1) gilt grundsätzlich für alle Prozessvoraussetzungen (vgl 12 vor § 253), nicht nur für die in Abs 1 genannten. Die Vorschrift enthält daher nur eine beispielhafte Regelung, da die Prozessvoraussetzungen in der ZPO unsystematisch berücksichtigt sind.

2. Vorläufige Zulassung (Abs 2). – **a) Voraussetzungen: aa) Feh-** 2
len einer der in Abs 1 genannten Prozessvoraussetzungen, mindestens
Zweifel des Gerichts, dass sie erfüllt ist. Die Behebung des Mangels
oder der Nachweis muss in zumutbarem Zeitraum noch möglich
sein. Andernfalls ist die Klage als unzulässig abzuweisen (10 vor § 253).
bb) Gefahr im Verzug, und zwar für die betreffende Partei, aber nur 3
für ihr materielles Recht (Bsp: Fristablauf). Nicht genügt daher als
drohender Schaden die Kostenlast infolge Unterliegens im Prozess. –
b) Entscheidung durch Beschluss (§ 329) des Gerichts (nicht durch 4
Verfügung des Vorsitzenden) ist wegen der Fristsetzung (Abs 2 S 2) nötig (bestr). Für die Frist gelten §§ 222, 224. Rechtsbehelfe: gegen Zulassung keine, gegen Zurückweisung eines Antrags § 567 Abs 1 Nr 2. –
c) Wirkung. Die Zulassung ermächtigt einstweilen zu allen Prozess- 5
handlungen (Einl III), doch bleiben sie nur wirksam, wenn sie später
genehmigt werden (vgl § 51 Rn 17). Während des Laufs der Frist, darf
keine bindende Entscheidung ergehen. Wird im ersten Termin nach
Ablauf der Frist der Nachweis nicht erbracht, ergeht Endentscheidung
über die unzulässige Klage (10 vor § 253).

§ 57 Prozeßpfleger

(1) **Soll eine nicht prozeßfähige Partei verklagt werden, die
ohne gesetzlichen Vertreter ist, so hat ihr der Vorsitzende des
Prozeßgerichts, falls mit dem Verzuge Gefahr verbunden ist,
auf Antrag bis zu dem Eintritt des gesetzlichen Vertreters
einen besonderen Vertreter zu bestellen.**

(2) **Der Vorsitzende kann einen solchen Vertreter auch bestellen, wenn in den Fällen des § 20 eine nicht prozeßfähige
Person bei dem Gericht ihres Aufenthaltsortes verklagt werden
soll.**

1. Voraussetzungen für Bestellung eines besonderen Vertreters; 1
sog Prozesspfleger (Abs 1): – **a) Antrag** des Klägers; schriftlich oder zu
Protokoll der Geschäftsstelle, daher kein Anwaltszwang (§ 78 Abs 3). –
b) Beabsichtigte Klage, auch Gesuch um Arrest, einstweilige Verfü- 2
gung und Mahnbescheid. – **c) Prozessunfähigkeit** (§ 52 Rn 2–5) des 3
Beklagten vor Rechtshängigkeit (§ 261 Abs 1). § 57 gilt auch, wenn
sich die mangelnde Prozessfähigkeit erst im Laufe des Rechtsstreits herausstellt (BGH NJW 90, 1734 mwN). Bei späterem Wegfall der Prozessfähigkeit gilt jedoch die Sonderregelung der §§ 241, 246 (ZöVollkommer 3; aA Stuttgart MDR 96, 198 mwN). – **d) Fehlen eines** 4
gesetzlichen Vertreters (vgl § 51 Rn 3). Es darf überhaupt keiner vorhanden sein, auch wenn dies nur vorübergehend ist (BGH FamRZ 64,
76), oder er muss rechtlich verhindert sein, zB Doppelvertretung (Palandt § 181 Rn 1). Im Fall des Abs 2 kann die Partei auch einen gesetzlichen Vertreter haben, der sich jedoch nicht am Aufenthaltsort (§ 20)
befindet. – **e) Gefahr im Verzug** für den Kläger besteht insbes, wenn 5
ihm ein unverhältnismäßig hoher Schaden droht; wie § 56 Rn 3.

f) Rechtsmittel: nur gegen Ablehnung des Antrags sofortige Beschwerde (§ 567 Abs 1 Nr 2).

6 **2. Bestellung.** Sie erfolgt (wie ihre Rücknahme) durch unanfechtbare Verfügung des Vorsitzenden (§ 329 Rn 14), wenn die Voraussetzungen der Rn 2, 4 und 5 glaubhaft gemacht sind (§ 294; RG 105, 401) und die Prozessfähigkeit nach Prüfung gemäß § 52 Rn 6 fehlt (vgl Dunz NJW 61, 442). Wird der Antrag zurückgewiesen, findet sofortige Beschwerde statt (§ 567 Abs 1 Nr 2). Der bestellte Vertreter (zweckmäßig ein RA) muss das Amt nicht annehmen. Er kann Entgelt, ein RA seine Gebühren verlangen, vom Kläger Kostenvorschuss fordern. Gebühren für die Bestellung: nach GKG keine; für den RA gilt § 37 Nr 3 BRAGO.

7 **3. Wirkung. – a) Bestellung** des besonderen Vertreters. Er hat in dem Rechtsstreit, aber nur in dem, für den er bestellt ist, die Stellung eines gesetzlichen Vertreters (§ 51 Rn 14; München Rpfleger 71, 441). Es ist zweckmäßig, daneben auch an die vertretene Partei Schriftsätze und Entscheidungen zuzustellen, sie auch zu laden (Dunz NJW 61, 442), aber nur, wenn sie für derartige Schriftstücke aufnahmefähig ist. – 8 **b) Wirksamkeit.** Alle von der Vertretungsmacht des besonderen Vertreters umfassten Handlungen bleiben wirksam, auch wenn seine Bestellung zurückgenommen wird, weil die Partei sich später als prozessfähig erweist, ihr allgemeiner gesetzlicher Vertreter eintritt (§ 241 Abs 2 entspr) oder sonstige Voraussetzungen (Rn 1–5) fehlten (RG 105, 9 401). – **c) Prozessfähigkeit** der vertretenen Partei. Sie kann jederzeit geltend machen, sie sei prozessfähig. Für das Verfahren über diese Frage ist sie prozessfähig (§ 52 Rn 7). Sie kann auch wirksam Rechtsmittel einlegen, wenn der Vertreter dies nicht tut (BGH NJW 66, 2210).

§ 58 Prozeßpfleger bei herrenlosem Grundstück oder Schiff

(1) **Soll ein Recht an einem Grundstück, das von dem bisherigen Eigentümer nach § 928 des Bürgerlichen Gesetzbuchs aufgegeben und von dem Aneignungsberechtigten noch nicht erworben worden ist, im Wege der Klage geltend gemacht werden, so hat der Vorsitzende des Prozeßgerichts auf Antrag einen Vertreter zu bestellen, dem bis zur Eintragung eines neuen Eigentümers die Wahrnehmung der sich aus dem Eigentum ergebenden Rechte und Verpflichtungen im Rechtsstreit obliegt.**

(2) **Absatz 1 gilt entsprechend, wenn im Wege der Klage ein Recht an einem eingetragenen Schiff oder Schiffsbauwerk geltend gemacht werden soll, das von dem bisherigen Eigentümer nach § 7 des Gesetzes über Rechte an eingetragenen Schiffen und Schiffsbauwerken vom 15. November 1940 (Reichsgesetzbl. I S. 1499) aufgegeben und von dem Aneignungsberechtigten noch nicht erworben worden ist.**

Voraussetzungen: Antrag wie § 57 Rn 1. Herrenloses Grundstück 1
(§ 928 BGB) oder Schiff (§ 7 SchiffsG). Beabsichtigte Klage aus ding-
lichem Recht (§ 24 Rn 4). **Sonstiges:** Bestellung wie § 57 Rn 6. Der 2
bestellte Vertreter ist gesetzlicher Vertreter des künftigen Eigentümers
(hM). Es gilt § 57 Rn 7–9 entspr. An Stelle des Eintritts der Prozessfähigkeit oder des allgemeinen gesetzlichen Vertreters tritt der Erwerb
durch den neuen Eigentümer. In der Zwangsvollstreckung gilt § 787.

Titel 2. Streitgenossenschaft

Vorbemerkungen

1. Allgemeines. Streitgenossenschaft (auch subjektive Klagenhäu- 1
fung oder Klagenverbindung genannt) liegt vor, wenn in einem Verfahren entweder mehr als ein Kläger oder mehr als ein Beklagter auftreten. Streitgenossen sind diejenigen, die auf derselben Parteiseite stehen. Es bestehen dann mehrere Prozessrechtsverhältnisse (1 vor § 50)
und Prozesse, die in einem Verfahren zu gemeinsamer Verhandlung,
Beweisaufnahme und Entscheidung verbunden sind. Es sind soviele
Prozessrechtsverhältnisse und Prozesse, wie sich jeweils Kläger und Beklagte gegenüberstehen und einander verklagen. (Bsp: Bei einem Kläger
und 2 Beklagten sind es 2 Prozesse; verklagen 2 Kläger 2 Beklagte, so
sind es 4 Prozesse). Es muss indessen nicht jeder Kläger einen jeden Beklagten verklagen. Überhaupt steht es grundsätzlich im Belieben jeder
Partei, ob sie von der Möglichkeit Gebrauch macht, Klagen miteinander zu verbinden; denn es heißt in den §§ 59, 60: „können". Streitgenossenschaft kann auch während des Prozesses entstehen durch
Parteierweiterung (19, 25 und 26 vor § 50). Der Beklagte kann auch
bisher am Prozess nicht beteiligte Dritte neben dem Kläger als dessen
Streitgenossen verklagen (vgl § 33 Rn 10–13).

2. Arten. Man unterscheidet die einfache (auch gewöhnliche oder 2
selbständige genannt) und die notwendige Streitgenossenschaft (auch
besondere oder qualifizierte genannt). Dieser Unterschied ist im Prozess
praktisch bedeutsam, weil § 62 nur für die notwendige Streitgenossenschaft gilt.

3. Gesetzliche Regelung. §§ 59–61 und 63 gelten für jede Streit- 3
genossenschaft, § 62 gilt nur für die notwendige. Die Zulässigkeit der
Streitgenossenschaft (Klagenverbindung) behandeln die §§ 59, 60. Das Verhältnis der Streitgenossen zueinander regelt § 61, die Wirkung der notwendigen Streitgenossenschaft § 62, Prozessbetrieb und Ladung § 63.

4. Anwendungsbereich. Er erstreckt sich auf alle Prozessarten, die 4
der ZPO unterliegen, also auch auf Arrest und einstweilige Verfügung,
Mahnverfahren (4 vor § 688) sowie Zwangsvollstreckung.

5. Dauer der Streitgenossenschaft (vgl § 61 Rn 4). – **a) Beginn:** 5
mit Klageerhebung (§ 253 Abs 1), wenn mehrere Parteien von vorn-

herein gemeinschaftlich klagen oder verklagt werden; mit Parteierweiterung (19, 25 und 26 vor § 50), auch mit Parteiwechsel (16 vor § 50), wenn mehrere Personen Erben einer Partei werden (§ 1922 BGB); mit Verbindung gemäß § 147, die ebenfalls zu einer Parteierweiterung führt
6 (25 vor § 50). – **b) Ende:** wenn der Prozess eines Streitgenossen vor dem des anderen oder denen der anderen (durch Teilurteil, § 301) rechtskräftig abgeschlossen wird oder die Rechtshängigkeit für einen des Streitgenossen sonstwie endet (zB Klagerücknahme, Vergleich); ferner mit Trennung gemäß § 145.

§ 59 Streitgenossenschaft bei Rechtsgemeinschaft oder Identität des Grundes

Mehrere Personen können als Streitgenossen gemeinschaftlich klagen oder verklagt werden, wenn sie hinsichtlich des Streitgegenstandes in Rechtsgemeinschaft stehen oder wenn sie aus demselben tatsächlichen und rechtlichen Grunde berechtigt oder verpflichtet sind.

§ 60 Streitgenossenschaft bei Gleichartigkeit der Ansprüche

Mehrere Personen können auch dann als Streitgenossen gemeinschaftlich klagen oder verklagt werden, wenn gleichartige und auf einem im wesentlichen gleichartigen tatsächlichen und rechtlichen Grunde beruhende Ansprüche oder Verpflichtungen den Gegenstand des Rechtsstreits bilden.

1   **1. Zulässigkeit der Streitgenossenschaft.** Sie ist gegeben, wenn eine gemeinsame Verhandlung und Entscheidung zweckmäßig ist. Das ergibt sich aus der kasuistischen Regelung der §§ 59, 60 sowie aus den §§ 64, 631 Abs 4, 771 Abs 2, 805 Abs 3. Es ist unnötig, die einzelnen Fälle zueinander abzugrenzen. Außerdem werden die §§ 59, 60 von der Praxis extensiv ausgelegt. Unterschiedliche Anträge stehen der Streitgenossenschaft nicht entgegen (BayObLG NJW-RR 90, 1020). –
2   **a) Rechtsgemeinschaft** (§ 59 1. Alt): Gemeinschaft (§ 741 BGB, daher insbes Miteigentum). Gesamthandverhältnisse (Erbengemeinschaft, Gesellschaft, Gütergemeinschaft), Gesamtschuldner und -gläubiger. Weit auszulegen, daher auch Bürge und Hauptschuldner (allgM), Vertragsparteien eines Kaufvertrags, die aus getrennten Verträgen auf Maklerlohn verklagt sind (BGH NJW-RR 91, 381). – **b) Identität des**
3   **Grundes** (§ 59 2. Alt): zB aus demselben gemeinschaftlichen Vertrag, aus derselben unerlaubten Handlung. Es genügt die Identität des präjudiziellen Rechtsverhältnisses (ZöVollkommer 6). – **c) Gleichartigkeit**
4   (§ 60) der Gründe (tatsächliche oder rechtliche), welche für die Ansprüche oder Pflichten geltend gemacht werden, zB Klage des Vermieters gegen mehrere Mieter desselben Hauses aus gleichem Anlass. –
5   **d) Eventuell oder alternativ** (zB Antrag, einer der Streitgenossen werde verurteilt oder er werde verurteilt, wenn die Klage gegen einen

anderen abgewiesen wird) darf Streitgenossenschaft nicht begründet werden (hM; BGH NJW 72, 2302; BAG NJW 94, 1084).

2. Sonstige Voraussetzungen. In derselben Prozessart, zB im Ur- 6 kundenprozess (§ 592), Arrest (§ 916) müssen die Klagen erhoben oder die Anträge gestellt sein. Es darf kein Verbindungsverbot bestehen (zB §§ 610 Abs 2, 640c Abs 1).

3. Prüfung. Die Zulässigkeit der Klage und die der Streitgenossen- 7 schaft (Klageverbindung) sind auseinanderzuhalten. Ist die Klage gegen einen einzelnen Streitgenossen unzulässig (10 vor § 253), so ist sie durch Teilurteil (§ 301) abzuweisen. Ist die Streitgenossenschaft unzulässig, wenn nämlich deren Voraussetzungen (Rn 1–6) nicht erfüllt sind, so werden die Prozesse durch Beschluss voneinander getrennt (§ 145). Aus diesem Grunde muss die Zulässigkeit der Klage (8 vor § 253), also auch die Zuständigkeit (vgl § 5 Rn 1) für jeden Streitgenossen gesondert geprüft werden. Von Amts wegen nach den Grundsätzen von 12 vor § 253 wird die Zulässigkeit der Streitgenossenschaft geprüft, also nicht nur auf Rüge.

§ 61 Wirkung der Streitgenossenschaft

Streitgenossen stehen, soweit nicht aus den Vorschriften des bürgerlichen Rechts oder dieses Gesetzes sich ein anderes ergibt, dem Gegner dergestalt als einzelne gegenüber, daß die Handlungen des einen Streitgenossen dem anderen weder zum Vorteil noch zum Nachteil gereichen.

1. Allgemeines. – a) Unabhängigkeit. Die mehreren Prozess- 1 rechtsverhältnisse und Prozesse (vgl 1 vor § 59) sind voneinander unabhängig. Daher betreibt jeder Streitgenosse seinen Prozess selbständig und unabhängig von seinen anderen Streitgenossen (vgl § 63). – 2 **b) Einzelwirkung.** Was der eine Streitgenosse tut oder unterlässt, berührt die anderen nicht. Dieser in § 61 niedergelegte Grundsatz wird jedoch von mehreren (in Hs 2 ausdrücklich vorbehaltenen) Ausnahmen durchbrochen, insbes bei der notwendigen Streitgenossenschaft. – 3 **c) Anwendbar** ist § 61 nicht nur für die einfache, sondern auch für die notwendige Streitgenossenschaft, jedoch geht bei der Letzteren der § 62 vor. Im Wesentlichen folgen die anschließend dargelegten Regeln aus § 61. Sie gelten voll für die einfache Streitgenossenschaft, für die notwendige grundsätzlich, soweit nicht in § 62 etwas anderes dargestellt ist.

2. Dauer (vgl 5, 6 vor § 59). Jeder Rechtsstreit beginnt und endet 4 unabhängig vom anderen (Rn 1), also nicht notwendig zu gleicher Zeit. Bsp: Es tritt im Klageverfahren die Rechtshängigkeit (§ 261 Abs 1) für jeden der mehreren Prozesse an dem jeweiligen Tag der Klagezustellung ein (§ 253 Abs 1). Die spätere Klage, welche die Streitgenossenschaft herstellt (25 vor § 50), kann bis zum Schluss der letzten mdl Vhdlg (§ 296a) erster Instanz erhoben werden.

5   **3. Prozesshandlungen** (Einl III) wirken nur für den Prozess, in dem sie erklärt werden, nicht im Prozess des anderen Streitgenossen (Rn 1). Sind sie vom Gegner erklärt, wirken sie im Zweifel aber für alle verbundenen Prozesse. Bsp: Das Anerkenntnis eines Streitgenossen kann nur zum Anerkenntnisurteil (§ 307) gegen ihn, nicht auch gegen seinen Streitgenossen führen. Jeder kann seine (aber nur die eigene) Klage jederzeit zurücknehmen (§ 269). Für Prozessvergleiche: § 794 Rn 9.

6   **4. Parteistellung.** Jeder Streitgenosse ist nur in seinem Rechtsstreit Partei. – **a) Nebenintervenient** im Prozess des anderen kann der Streitgenosse sein (allg M). Er kann seinem Streitgenossen auch den Streit verkünden (§ 72), sogar als Nebenintervenient dem Gegner im Prozess gegen einen (einfachen) Streitgenossen beitreten (BGH 8, 72; bestr). –

7   **b) Zeuge** kann er nur für Tatsachen sein, die nicht seinen eigenen Prozess, sondern ausschließlich den eines Streitgenossen betreffen (6 vor § 373; BGH NJW 83, 2508; bestr; für uneingeschränkte Zeugenstellung im Prozess des Streitgenossen: Lindacher JuS 86, 381 mwN). Das gilt auch für eine Widerklage (KG OLGZ 77, 244). Uneingeschränkt kann er Zeuge sein, wenn die Streitgenossenschaft beendet ist (vgl 6 vor § 59). Andernfalls ist nur eine Parteivernehmung zulässig. –

8   **c) Prozessbevollmächtigter** kann ein gemeinsamer, aber auch für jeden ein eigener bestellt werden (für Gebühren § 6 BRAGO). Auch kann ein Streitgenosse für den anderen prozessbevollmächtigt sein. Kostenerstattung: § 100 Rn 5, 6.

9   **5. Verfahrensart** (Einl V). Sie muss wegen §§ 59, 60 Rn 6 die gleiche sein. In das schriftliche Verfahren (§ 128 Abs 2) kann nur für alle verbundenen Prozesse, nicht für einzelne übergegangen werden (StJBork 14; bestr). Es ist daher das Einverständnis (§ 128 Abs 2) aller Streitgenossen nötig. Bei fehlendem Einverständnis einzelner bleibt Trennung möglich (§ 145).

10   **6. Verfahrensvorgänge.** Stillstand, Unterbrechung, Aussetzung, Ruhen und Aufnahme (§§ 239–252) treten in jedem der verbundenen Prozesse voneinander unabhängig ein. Für Ladungen gilt § 63. Fristen laufen für und gegen die Streitgenossen selbständig und unabhängig voneinander. Zustellungen wirken nur für den Prozess, in dem sie vorgenommen sind.

11   **7. Tatsachenvorbringen** eines Streitgenossen gilt grundsätzlich auch in den Prozessen der anderen, sofern nicht der vortragende oder der betroffene Streitgenosse die Geltung ausdrücklich verneint. Jeder Streitgenosse kann vom anderen im Tatsachenvortrag abweichen.

12   **8. Beweis.** Angetreten wird er mit Wirkung wie bei Rn 11. Aufgenommen wird er für alle verbundenen Prozesse nur einmal und einheitlich; bei Parteivernehmung gilt § 449. Gewürdigt (§ 286) wird einheitlich und notwendig mit dem gleichen Ergebnis für alle verbundenen Prozesse. Ausnahme: Von einem Streitgenossen zugestandene

Tatsachen (§ 288) sind in seinem Prozess als solche zu behandeln, in den anderen Prozessen aber frei zu würdigen (§ 286), so dass insoweit eine Tatsache in dem einen Prozess feststehen, im andern für nicht erwiesen erachtet werden kann.

9. Termine (insbes Säumnis). Nur bei einfacher, nicht bei notwendiger Streitgenossenschaft kann einer säumig sein, wenn ein anderer Streitgenosse erschienen ist (vgl § 62). Die Wirkungen der Säumnis (vgl 10 vor § 330) treten dann nur gegen die säumige Partei ein, nicht bezüglich der anderen Streitgenossen. **13**

10. Entscheidung. Sie ergeht regelmäßig in einem einheitlichen Urteil (bzw Beschluss); wenn sie gegenüber nur einem Streitgenossen ergeht, durch Teilurteil (§ 301). Für die Kostenentscheidung gilt § 100. Inhaltlich können Entscheidungen gegenüber jedem Streitgenossen verschieden ausfallen. **14**

11. Rechtsbehelfe (insbes Rechtsmittel). – **a) Fristen.** Sie laufen für jeden Streitgenossen gesondert, können also zu verschiedener Zeit beginnen und enden, je nachdem wann das Urteil oder der Beschluss zugestellt wird (vgl zB §§ 516, 569 Abs 1). – **b) Einlegen** kann jeder Streitgenosse nur in seinem Prozess, im anderen Prozess nur als Nebenintervenient (Rn 6) oder Vertreter (Rn 8), aber nie gegeneinander. Der Gegner von Streitgenossen kann gegen einen, einen Teil von ihnen oder gegen alle Rechtsbehelfe einlegen. **15 16**

12. Rechtskraft. Sie tritt für jeden Prozess gesondert ein, je nachdem wer gegen wen unbeschränkt oder zum Teil Rechtsbehelfe einlegt, je nach dem Lauf der Fristen auch zu verschiedener Zeit (vgl Rn 15). Ihr Umfang richtet sich allein nach §§ 322, 325, also insbes immer nur im Verhältnis der Parteien des jeweiligen Rechtsstreits zueinander. Eine Rechtskrafterstreckung findet also allein auf Grund der Streitgenossenschaft nicht statt (RoSchwGottwald § 48 Abs III 1 d). **17**

13. Nebenentscheidungen. Vorläufige Vollstreckbarkeit: Die §§ 708–720 a gelten für jedes Prozessverhältnis gesondert; vgl auch § 709 Rn 3. Kosten: § 100. Streitwert: vgl § 5 Rn 1 und 8. **18**

14. Gebühren. Für das Gericht entstehen nur einheitliche und einmal berechnete Gebühren (daher gegenüber getrennten Prozessen erheblich verbilligt). Haftung: § 59 S 1 GKG. Der RA, der mehrere Streitgenossen vertritt, erhält erhöhte Gebühren nach § 6 BRAGO. Jeder RA, der einen Streitgenossen vertritt, erhält seine vollen, normalen Gebühren (aus § 5 BRAGO zu schließen), aber nur aus dem auf ihn entfallenden Gegenstandswert (§ 7 Abs 1 BRAGO). **19**

§ **62** Notwendige Streitgenossenschaft

(1) **Kann das streitige Rechtsverhältnis allen Streitgenossen gegenüber nur einheitlich festgestellt werden oder ist die Streitgenossenschaft aus einem sonstigen Grunde eine notwendige,**

so werden, wenn ein Termin oder eine Frist nur von einzelnen Streitgenossen versäumt wird, die säumigen Streitgenossen als durch die nicht säumigen vertreten angesehen.

(2) Die säumigen Streitgenossen sind auch in dem späteren Verfahren zuzuziehen.

1 **1. Allgemeines.** Schrifttum: Schwab, Festschrift für Lent 271 ff; Ekkehard Schumann, ZZP 76, 381 ff; Hassold: Die Voraussetzungen der besonderen Streitgenossenschaft, 1970. – a) **Wesen und Zweck.** In den Fällen der notwendigen Streitgenossenschaft sind die mehreren Prozesse enger miteinander verbunden als bei der einfachen Streitgenossenschaft. Der Grund hierfür ist, dass nach materiellem oder prozessualem Recht die Entscheidung über den Streitgegenstand der beiden oder mehreren Prozesse auf jeden Fall einheitlich sein muss. Allein nach diesem Ziel, nämlich der notwendig einheitlichen Sachentscheidung, ist die prozessrechtliche Regelung der notwendigen Streitgenossenschaft

2 ausgerichtet. – b) **Regelung.** § 62 betrifft zwar ausdrücklich nur Fristen, Termine und Teilnahme am Verfahren. Da aber die Rechtsordnung zu einheitlicher Sachentscheidung zwingt, gelten Verfahrensregeln, die von denen der einfachen Streitgenossenschaft abweichen. § 61 gilt mit allen seinen Erläuterungen gegenüber dem § 62 subsidiär (§ 61

3 Rn 3). – c) **Bestimmung.** Ob notwendige Streitgenossenschaft vorliegt, kann nur vom Streitgegenstand (Einl II) der verbundenen Prozesse her bestimmt werden. Daher kann die Streitgenossenschaft innerhalb des gemeinsamen Rechtsstreits zwischen einzelnen Streitgenossen notwendig, zu anderen einfach sein (Bsp: Zwischen A und B notwendig, von A zu C und B zu C einfach), so dass die Wirkungen der notwendigen Streitgenossenschaft nur zwischen einzelnen der mehreren Streitgenossen eintreten. Bei Anspruchshäufung (§ 260) kann bei Streitgenossen für den einen prozessualen Anspruch (Einl II) notwendige Streitgenossenschaft bestehen, für den anderen prozessualen Anspruch nicht. Die Wirkungen des § 62 treten dann nur für den betreffenden Streitgegenstand ein. Es kann dann auch ein Teilurteil möglich sein

4 (§ 301). – d) **Gruppen** notwendiger Streitgenossenschaft gibt es zwei, nämlich die in der 1. Alt des § 62 (notwendig einheitliche Sachentscheidung, Rn 7) und die in der 2. Alt (notwendig gemeinschaftliche Klage, Rn 11). Beide Gruppen werden grundsätzlich gleich behandelt. Unterschiede ergeben sich nur bei Rücknahme oder Unzulässigkeit der Klage einzelner Streitgenossen (Rn 17, 22). Ob die Streitgenossenschaft aus prozessrechtlichen oder aus materiellrechtlichen Gründen notwendig ist, kann begrifflich nur schwer voneinander abgegrenzt werden

5 und ist ausschließlich von dogmatischem Interesse. – e) **Einordnung.** Die Praxis und auch der BGH neigen aus Pragmatismus und Streben nach Einzelfallgerechtigkeit zu undogmatischer Handhabung und lehnen deshalb notwendige Streitgenossenschaft häufig ab, obwohl sie vor-

6 liegt. – f) **Unterrichtungspflicht** des Gerichts aus Art 103 GG nimmt BVerfG NJW 82, 1635 an für Personen, die notwendige Streitgenossen

wären, wenn sie mit der Partei verklagt würden (GmbH-Gesellschafter bei Auflösungsklage).

2. Notwendig einheitliche Sachentscheidung (Abs 1 1. Alt). 7
Hierbei ist nicht auf ein vorgreifliches Rechtsverhältnis (vgl § 256 Rn 32, 33) abzustellen, sondern auf das Rechtsverhältnis, das den Streitgegenstand bildet (Einl II) und in Rechtskraft erwächst (§ 322). Daher gehören hierher alle Fälle von Rechtskrafterstreckung; denn wenn bei nacheinander geführten Prozessen eine verschiedene Entscheidung unzulässig ist, so muss dies erst recht gelten, wenn die Prozesse verbunden und zugleich entschieden werden. Das Gleiche gilt für Fälle von Identität des Streitgegenstandes und wenn Gestaltungsurteile auch für oder gegen andere Personen als die Parteien wirken (Rn 10). Daher gehören insbes zu dieser Fallgruppe: – **a) Leistungsklagen.** Die 8 Klage gemäß § 856 und die mehrerer nur gemeinsam zur Vermögensverwaltung befugter Personen, zB Mittestamentsvollstrecker (Lindacher JuS 86, 379 [382]). Hingegen besteht keine notw Streitgenossenschaft, wenn eine oHG (entspr die parteifähige BGB-Außengesellschaft, Pohlmann WM 02, 1421/4) und ihre Gesellschafter wegen einer Gesellschaftsschuld verklagt werden; auch dann nicht, wenn kein beklagter Gesellschafter eine persönliche Einwendung erhebt (hM; BGH 54, 251 mwN und NJW 88, 2113). Notwendig ist die Streitgenossenschaft, wenn solche Personen gemeinsam klagen oder verklagt werden, für die Rechtskrafterstreckung eintritt (zB §§ 326, 327). Das gilt nicht im Kfz-Haftpflichtprozess aus § 3 Nr 8 PflVersG (hM; BGH 63, 51; aA Gerhardt FS Henckel S 273 mwN: notwendige Streitgenossenschaft). Notwendig einheitlich ist die Sachentscheidung, wenn der Streitgegenstand unteilbar ist (hM im Schrifttum; aA BGH 92, 351 = JZ 85, 633 mit krit Anm von Waldner), zB wenn Miteigentümer klagen oder verklagt werden (im Ergebnis ebenso BGH NJW 92, 1101) oder wenn Gesamtgläubiger klagen (einschränkend Wieser NJW 00, 1063). – **b) Feststellungsklagen:** der Fall der §§ 179, 183 InsO (RG 96, 251 9 für §§ 146, 147 KO), des § 640h ZPO, des § 241 AktG (BGH NJW 99, 1638) und des § 246 AktG (BGH 122, 211), des § 75 GmbHG und der §§ 51, 96 GenG, ferner die Fälle der Rechtskrafterstreckung (Rn 8). – **c) Gestaltungsklagen:** die Fälle der §§ 1496, 2342, 2344 10 BGB, der §§ 248, 275 AktG.

3. Notwendig gemeinschaftliche Klage (Abs 1 2. Alt). Grund 11 ist die nur gemeinsam bestehende Prozessführungs- oder Sachbefugnis (§ 51 Rn 20 und 39 vor § 253). Einteilung: – **a) Gestaltungsklagen,** 12 wenn das Gestaltungsrecht mehreren gemeinsam zusteht oder gegen mehrere gerichtet ist und außerdem nur durch gemeinsame Klage ausgeübt werden kann. Dazu gehören die Klagen von mehreren Gesellschaftern nach §§ 117, 127, 133, 140 HGB. – **b) Aktivprozesse von** 13 **Gesamthandgemeinschaften,** also wenn sie klagen, sofern die Prozessführungsbefugnis (§ 51 Rn 20) nicht einem der Gesamthänder allein zusteht (zB §§ 432, 1422, 2038 Abs 1 S 2 letzter Hs, 2039 BGB). Bei

nicht parteifähigen Gesamthandgemeinschaften (insbes Gütergemeinschaft und Erbengemeinschaft) müssen also grundsätzlich alle Mitglieder
klagen. Sie können auch immer dann gemeinsam klagen, wenn einer
von ihnen allein prozessführungsbefugt ist (zB § 1422 BGB). Sie
sind auch dann notwendige Streitgenossen (ZöVollkommer 16 mwN;
umstr), jedoch wegen Unteilbarkeit des Streitgegenstandes (Rn 8 aE),
14 weil sie nicht notwendig gemeinsam klagen müssen. – c) **Passivprozesse von Gesamthandgemeinschaften** (dh wenn sie verklagt werden) begründen grundsätzlich nur eine einfache Streitgenossenschaft
(hM; BGH 23, 73), ausnahmsweise eine notwendige dann, wenn eine
Gesamthandsschuld vorliegt wie in § 2059 Abs 2 BGB (RG 157, 33),
wenn ein Grundbuchberichtigungsanspruch (§ 894 BGB) oder eine
dingliche Belastung an einem Grundstück der Gesamthand geltend gemacht wird (BGH NJW 92, 1101 mwN); ferner wenn Wohnungseigentümer auf Abgabe einer gemeinsamen Erklärung verklagt werden
(BGH NJW-RR 91, 333).

15   **4. Einfache Streitgenossenschaft** ist gegeben, wenn die Streitgenossenschaft als notwendige nicht unter Rn 7–14 eingeordnet werden
kann. Das gilt regelmäßig für Gesamtschuldner (vgl § 425 BGB), zB bei
Hauptschuldner und Bürgen (Fenge NJW 71, 1920) und bei gemeinschaftlicher unerlaubter Handlung (§ 840 BGB), ferner wenn der eine
auf Leistung, der andere auf Duldung verklagt wird oder Haupt- und
Untermieter auf Räumung (BGH NJW 01, 1355).

16   **5. Wirkung.** Notwendige Streitgenossenschaft führt nicht zu gemeinsamer Prozessführung und nicht zu gleicher Lage der verbundenen
Prozesse. Es ist vielmehr jeder Streitgenosse selbständig und kann
grundsätzlich nur in seinem Prozess handeln. Es gelten daher die Erläuterungen zu § 61 mit Abweichungen nach Maßgabe der folgenden
Rn 17–30, die gewährleisten sollen, dass Prozessstoff und Sachentscheidung einheitlich sind.

17   **6. Prozesshandlungen** (abweichend von § 61 Rn 5). Klagerücknahme (§ 269) und Erledigung der Hauptsache (§ 91 a) kann auch bei
notwendig gemeinschaftlicher Klage (Rn 11–14) von einem einzelnen
Streitgenossen für sein Prozessrechtsverhältnis wirksam erklärt werden,
selbst wenn er aus dem die notwendige Streitgenossenschaft begründenden Rechtsverhältnis (zB Gesellschaft, nichtrechtsfähiger Verein)
nicht ausgeschieden ist (Rostock NJW-RR 95, 381 mwN; RoSchw
Gottwald § 49 IV 1 a; bestr). Jedenfalls frei steht ihm die Erklärung bei
notwendig einheitlicher Sachentscheidung (Rn 7–10). Anerkenntnis,
Verzicht, Geständnis und Klageänderung wirken als solche nur dann,
wenn sie von allen Streitgenossen übereinstimmend oder von dem
einzigen, der nicht säumig ist, mit der Vertretungsfiktion des Abs 1
(Rn 20) erklärt werden. Widerspricht auch nur ein Streitgenosse oder
wirkt eine solche Prozesshandlung nur in einem der verbundenen Prozesse, so darf sie bloß im Rahmen des § 286 gewürdigt werden (vgl
§ 61 Rn 12). Auch die Folgen der Rechtshängigkeit treten nicht im

Verhältnis zu anderen Streitgenossen ein (BGH NJW 96, 1060 für Verjährungsunterbrechung).

7. Unterbrechung und Aussetzung (ergänzend zu § 61 Rn 10) **18** wirken zwar nur im Prozess des betreffenden Streitgenossen, verhindern aber eine Sachentscheidung auch in den anderen verbundenen Prozessen (hM; RoSchwGottwald § 49 IV 3d; aA BAG NJW 72, 1388: fingierte Vertretung; vgl Rn 20).

8. Fristen (ergänzend zu § 61 Rn 10) laufen zwar getrennt, aber für **19** den Fall, dass sie einer versäumt, gilt § 62 mit folgender wichtiger Besonderheit: Wenn ein Streitgenosse die Frist wahrt, wird fingiert, dass er die anderen dabei vertritt, so dass die Fristen auch für sie gewahrt und die Folgen der Fristversäumnis abgewendet werden (vgl Rn 23).

9. Termine (abweichend von § 61 Rn 13). – **a) Vertretungsfik- 20 tion.** Es wird fingiert, dass derjenige, der den Termin wahrnimmt, diejenigen vertritt, die ihn versäumen. Daraus folgt, dass gegen keinen der notwendigen Streitgenossen Versäumnisurteil (§§ 330, 331, 345), auch keine Aktenlageentscheidung (§ 331a) ergehen darf, wenn nur einer im Termin erscheint und verhandelt. Es ergeht dann immer streitiges Endurteil (RG 90, 42) oder Anerkenntnisurteil, wenn der verhandelnde Streitgenosse anerkennt (§ 307). Die Wirkung des Anerkenntnisses beschränkt sich aber nur auf den Streitgenossen, der anerkannt hat, wenn ein anderer Streitgenosse Berufung einlegt, es sei denn der Anerkennende ist allein verfügungsberechtigt (StJBork 34). Das erklärte Anerkenntnis wirkt dann nach Maßgabe der Rn 17. – **b) Nichterscheinen 21 aller Streitgenossen** gestattet die Versäumnisentscheidung gegen alle. Ist nur ein Teil von ihnen säumig (1–9 vor § 330), so darf jedenfalls keine Sachentscheidung, dh kein Versäumnisurteil gegen einzelne Streitgenossen ergehen, sei es als Kläger oder als Beklagter (bestr).

10. Entscheidung (ergänzend zu § 61 Rn 14). Nur die Sachent- **22** scheidung muss einheitlich sein. Daher darf die Klage grundsätzlich gegen einzelne notwendige Streitgenossen als unzulässig abgewiesen werden, wenn die anderen verurteilt werden oder (als Kläger) obsiegen. Das kann praktisch nur bei notwendig einheitlicher Sachentscheidung (Rn 7–10) vorkommen; denn wegen der notwendig gemeinschaftlichen Klage (Rn 11–14) ist deshalb auch gegen die übrigen Streitgenossen als unzulässig abzuweisen, wenn nur eine der Klagen unzulässig ist (RoSchwGottwald § 49 IV 1b), insbes wenn sie nur von oder gegen einen erhoben ist (BGH 30, 195). Anders als bei einfacher Streitgenossenschaft darf grundsätzlich nicht einer der Streitgenossen durch Teilurteil verurteilt werden (BGH NJW 96, 1060 und 99, 1638). Davon gibt es Ausnahmen (vgl BGH NJW 62, 1722 und 92, 1101).

11. Rechtsbehelfe (ergänzend zu § 61 Rn 15). Das sind Rechts- **23** mittel, Einspruch und Wiederaufnahmeklagen. – **a) Fristen** laufen wie bei einfachen Streitgenossen (§ 61 Rn 15) für jeden getrennt und besonders (RG VZS 48, 417). Jeder kann nur innerhalb seiner Frist frist-

24 wahrend Rechtsbehelfe einlegen und begründen. – **b) Einlegen** kann
    (wie bei § 61 Rn 16) jeder Streitgenosse nur für seinen Prozess oder als
    Nebenintervenient im Prozess der unterstützten Partei (vgl § 67). Nur
    diejenigen Streitgenossen, die den Rechtsbehelf eingelegt haben, sind
    Rechtsbehelfführer. Aber ihr Rechtsbehelf wirkt für alle, insbes für die
    säumigen notwendigen Streitgenossen, hindert den Eintritt der Rechts-
    kraft (Rn 30), bringt alle Prozesse in die nächste Instanz oder versetzt
    sie in die Lage vor der Säumnis zurück (§ 342), erhält auch allen Streit-
    genossen die volle Parteistellung für das weitere Verfahren (BGH NJW
    85, 385; StJBork 40; Schumann ZZP 76, 381/9). RG 157, 33 hat die
    volle Parteistellung nur für denjenigen Fall bejaht, dass die Frist für den
    säumigen Streitgenossen noch lief, als der fristwahrende Rechts-
    behelf eingelegt wurde. Diesen Wirkungen steht nicht entgegen, dass
    einer der Streitgenossen seines Rechtsmittels wegen Rücknahme für
25 verlustig erklärt wird (Koblenz NJW-RR 98, 64). – **c) Verspätete**
    Rechtsbehelfe eines notw Streitgenossen werden (wegen Fristver-
    säumnis) nur verworfen, wenn nicht vorher die Frist durch den
    Rechtsbehelf eines anderen Streitgenossen gewahrt wurde. Sie sind
    entspr § 518 Rn 10, 11 zu behandeln, wie wenn mehrfach derselbe
    Rechtsbehelf eingelegt wäre (Schumann ZZP 76, 381/93). Nur wenn
    der fristwahrende Rechtsbehelf des anderen Streitgenossen zurück-
    genommen oder verworfen wird, muss der den säumigen Streitgenossen
26 (als verspätet) verworfen werden. – **d) Begründet** ein Streitgenosse
    sein Rechtsmittel (§§ 520, 551), so wirkt dies für alle Streitgenossen,
    die Rechtsmittel eingelegt haben, soweit deren Begründungsfrist noch
    läuft. Für ihre Rechtsmittel wird daher diese Zulässigkeitsvoraussetzung
    erfüllt. Sie können aber ihrerseits ihr eigenes Rechtsmittel selbst be-
27 gründen, solange ihre Frist noch offen ist. – **e) Unzulässigkeit** von
    Rechtsbehelfen: Wo nur die Sachentscheidung einheitlich sein muss
    (vgl Rn 22), kann bei mehreren Rechtsbehelfen über deren Zulässig-
28 keit unterschiedlich entschieden werden. – **f) Kosten** trägt bei erfolg-
    losem Rechtsbehelf gem § 97 Abs 1 nur derjenige Streitgenosse, der
29 diesen Rechtsbehelf eingelegt hat. – **g) Rechtsbehelf des Gegners.**
    Er muss gegen alle Streitgenossen (nicht notwendig gleichzeitig)
    Rechtsmittel einlegen, wenn er verhindern will, dass das Urteil im Ver-
    hältnis zu einem rechtskräftig wird; andernfalls wäre sein Rechtsmittel
    unzulässig (BGH 23, 73).

30 **12. Rechtskraft.** Sie tritt erst ein, wenn keiner der Streitgenossen
    (und auch nicht ihr Gegner) mehr das Urteil anfechten kann. Das recht-
    zeitige Rechtsmittel oder der Einspruch eines Streitgenossen hindert die
    Rechtskraft für alle anderen Streitgenossen, auch wenn diese innerhalb
    ihrer Rechtsmittel- oder Einspruchsfrist nicht oder nicht zulässig
    angefochten haben. Nur das zulässige Prozessurteil gegen einen Streit-
    genossen (Rn 22) erlangt unabhängig Rechtskraft. Das gesetzwidrig er-
    gangene Teilurteil (Rn 22 aE) erlangt keine Rechtskraft gegen die an-
    deren Streitgenossen (BGH NJW 96, 1060; ZöVollkommer 31).

§ 63 Prozeßbetrieb; Ladungen

Das Recht zur Betreibung des Prozesses steht jedem Streitgenossen zu; zu allen Terminen sind sämtliche Streitgenossen zu laden.

Anzuwenden bei jedem Fall von Streitgenossenschaft. Nur diejeni- 1
gen Streitgenossen, die aus dem Rechtsstreit ausgeschieden sind (6 vor
§ 59; vgl zB § 61 Rn 17), auch diejenigen, bei denen das Verfahren
ruht, unterbrochen oder ausgesetzt ist (vgl § 61 Rn 10), müssen nicht
geladen werden. **Verstoß** gegen § 63. Es gelten die allgemeinen Vor- 2
schriften: also zB keine Säumnis (1–9 vor § 330) des nicht geladenen
Streitgenossen. Heilung nach § 295 ist möglich.

Titel 3. Beteiligung Dritter am Rechtsstreit

§ 64 Hauptintervention

Wer die Sache oder das Recht, worüber zwischen anderen Personen ein Rechtsstreit anhängig geworden ist, ganz oder teilweise für sich in Anspruch nimmt, ist bis zur rechtskräftigen Entscheidung dieses Rechtsstreits berechtigt, seinen Anspruch durch eine gegen beide Parteien gerichtete Klage bei dem Gericht geltend zu machen, vor dem der Rechtsstreit im ersten Rechtszuge anhängig wurde.

1. Allgemeines. Hauptintervention ist in der Praxis sehr selten und 1
erfordert eine selbständige Klage gegen beide Parteien (§ 253). Sie begründet einen neuen selbständigen Prozess, den sog Interventionsprozess, der mit dem Hauptprozess (dem zwischen den Beklagten des
Hauptintervenienten) nach § 147 verbunden werden kann. Prozessvollmacht: § 82. Zu Einzelfragen Koussoulis ZZP 100, 211.

2. Voraussetzungen der Zulässigkeit. Sie sind besondere Pro- 2
zessvoraussetzungen iS von § 32 vor § 253, daher von Amts wegen zu
prüfen. – **a) Rechtsstreit.** Er muss zwischen anderen Personen anhängig sein. – **b) Anhängigkeit** dieses Rechtsstreits (§ 261 Rn 1) bis zum
Eintritt formeller Rechtskraft der Entscheidung (§ 705) zZ der Klage
des Hauptintervenienten. – **c) Inanspruchnahme** des im Hauptpro- 3
zess umstrittenen Rechts. Hierfür genügt der bloße Antrag; es muss
nicht schlüssig dargelegt werden (Pfeiffer ZZP 111, 131 mwN); das gehört zur Begründetheit der Interventionsklage. In Anspruch genommen
wird auch, indem verlangt wird, die im Hauptprozess geltend gemachte
Forderung zurückzuübertragen (Frankfurt NJW-RR 94, 957).

3. Wirkung. Der Hauptintervenient ist am Hauptprozess nicht be- 4
teiligt. § 64 begründet lediglich einen besonderen Gerichtsstand und
die ausnahmslose Zulässigkeit der Streitgenossenschaft (§§ 59, 60
Rn 1). Für den Interventionsprozess besteht im Falle des § 265 Abs 2
eine weitere besondere Prozessvoraussetzung, nämlich die Zustimmung

(wegen Folgen vgl 32 vor § 253). Die Beklagten des Interventionsprozesses sind Streitgenossen (§§ 59 ff), notwendige aber nur dann, wenn die Klage notwendig gemeinschaftlich ist (§ 62 Rn 11; RG 100, 61). Ist der Hauptprozess schon in höherer Instanz, so ist Hauptintervention zwar zulässig, aber durch Klage im ersten Rechtszug zu erheben.

§ 65 Aussetzung des Hauptprozesses

Der Hauptprozeß kann auf Antrag einer Partei bis zur rechtskräftigen Entscheidung über die Hauptintervention ausgesetzt werden.

1   **Antrag** (Prozesshandlung, Einl III) muss von einer der Parteien des Hauptprozesses ausgehen; der des Hauptintervenienten genügt daher
2   nicht (hM). **Aussetzung** (8 vor § 239) kann auch aus jedem anderen
3   gesetzlichen Grund (zB § 148) erfolgen. **Zweck** ist, widersprechende Entscheidungen zu vermeiden.

§ 66 Nebenintervention

(1) Wer ein rechtliches Interesse daran hat, daß in einem zwischen anderen Personen anhängigen Rechtsstreit die eine Partei obsiege, kann dieser Partei zum Zwecke ihrer Unterstützung beitreten.

(2) Die Nebenintervention kann in jeder Lage des Rechtsstreits bis zur rechtskräftigen Entscheidung, auch in Verbindung mit der Einlegung eines Rechtsmittels, erfolgen.

1   **1. Begriff und Zweck.** Nebenintervention (Streithilfe) ist die Beteiligung eines Dritten an einem Rechtsstreit zur Unterstützung einer Partei. Der Nebenintervenient (Streitgehilfe oder Streithelfer) ist nicht selbst Partei und vertritt nicht die von ihm unterstützte Partei, sondern er handelt im eigenen Namen neben oder anstatt dieser Partei (hM; Windel ZZP 104, 321 mwN). Die Nebenintervention dient dazu, solchen Personen, die in ihrer Rechtsstellung vom Ergebnis eines Prozesses zwischen anderen Personen betroffen werden, Einfluss auf diesen Prozess einzuräumen. Selbstverständlich können einer Partei mehrere Nebenintervenienten beitreten. In der Praxis ist die Nebenintervention meistens Folge einer Streitverkündung (§§ 72–74).

2   **2. Anwendungsbereich.** Nach allgM ist Nebenintervention möglich im Urteilsverfahren, gleich welcher Prozessart, insbes auch im Kindschaftsprozess (vgl § 640 e), bei Arrest, einstweiliger Verfügung. In anderen Verfahren ist Nebenintervention möglich, wenn die ergehende Entscheidung die Rechtslage des Nebenintervenienten rechtlich beeinflussen kann (ZöVollkommer 2; umstr), aber keinesfalls im Kostensetzungsverfahren (Karlsruhe Rpfleger 96, 83). Es muss sich um einen Rechtsstreit handeln. Im selbständigen Beweisverfahren ist Nebenintervention zulässig (hM; BGH NJW 97, 859; Kießling NJW 01, 3668

mwN), auch wenn ein Rechtsstreit nicht anhängig ist (§ 485 Abs 2, § 494 a; hM; Kuntze NJW 96, 102 mwN).

3. Voraussetzungen zulässiger Nebenintervention sind: – 3
a) Rechtsstreit zwischen anderen Personen. Damit sind nur die Parteien gemeint, so dass ein weiterer Nebenintervenient (Rn 1) nicht einem bereits beigetretenen Nebenintervenienten, sondern nur der Partei beitreten kann. Der Nebenintervenient darf nicht selbst im Rechtsstreit (Rn 2) Partei oder gesetzlicher Vertreter einer Partei sein. Bei Streitgenossenschaft darf daher wegen der Mehrheit der Prozesse (vgl § 61 Rn 1 und 6) ein Streitgenosse dem anderen (und sogar dem Gegner im Prozess gegen einen anderen einfachen Streitgenossen, BGH 8, 72; bestr) als Nebenintervenient beitreten (allgM). Insbes kann der Vermögensträger (zB Gemeinschuldner, Erbe) der Partei kraft Amtes (Insolvenzverwalter, Testamentsvollstrecker; vgl § 51 Rn 25) beitreten, der Gesellschafter einer oHG, KG oder GbR der Gesellschaft. – **b) Anhängigkeit des Rechtsstreits.** Beitritt ist also möglich, sobald 4 die Klage oder der Antrag bei Gericht eingereicht ist bis zum Ende der Rechtshängigkeit (vgl § 261) oder dem entsprechenden Zeitpunkt in jeder Instanz (Abs 2), also bis zum Eintritt der Rechtskraft (BGH NJW 91, 229). Der Beitritt ist wieder möglich, wenn Wiederaufnahmeklage erhoben ist (§ 67 Rn 6). – **c) Rechtliches Interesse** am Obsiegen der 5 unterstützten Partei (Interventionsgrund). Der bloße Umstand, dass der Streit verkündet ist (§ 72), reicht hierfür nicht aus. **aa) Gegeben** ist es, wenn die Rechtsstellung des Nebenintervenienten irgendwie durch ein der unterstützten Partei ungünstiges Urteil rechtlich (nicht nur rein tatsächlich oder wirtschaftlich) verschlechtert oder durch ein günstiges Urteil rechtlich verbessert wird. Es wird bei Streitverkündung (vgl § 74 Abs 4) durch eine für die unterstützte Partei günstige Entscheidung nicht ausgeschlossen (BGH NJW 97, 2385). Das Interesse kann sich auf einen Teil des Streitgegenstandes (Einl II) erstrecken (Düsseldorf MDR 66, 852). Es muss nicht notwendig vermögensrechtlich sein; es kann sich auf ein Persönlichkeitsrecht (zB Ehre) oder Familienrecht beziehen. Ein rechtliches Interesse ist insbes gegeben in allen Fällen der Erstreckung von Rechtskraft (zB §§ 325–327) und Gestaltungswirkung (zB § 133 HGB). Das rechtliche Interesse hat auch der Träger des Rechts bei Prozessstandschaft (§ 51 Rn 24, 31). Praktisch am wichtigsten ist der Fall, dass die unterstützte Partei, wenn sie im Rechtsstreit unterliegt, einen Anspruch gegen den Nebenintervenienten hätte (Regressanspruch). Bsp: Der Verkäufer einer Sache hat Ansprüche gegen seinen Lieferanten, wenn er im Prozess gegen den Käufer wegen Sachmangelhaftung unterliegt, so dass der Lieferant ein rechtliches Interesse daran hat, dass der Verkäufer den Rechtsstreit gewinnt. **bb) Fehlen** des rechtlichen Interesses. Ein ideelles oder wirtschaftliches 6 Interesse genügt nicht (Rn 5). Es fehlt beim behaupteten Regressanspruch ausnahmsweise dann, wenn er mit Sicherheit aussichtslos ist (Frankfurt NJW 70, 817). Es fehlt den Gesellschaftern am Prozess der

oHG und KommG, den Mitgliedern, auch den Aktionären am Prozess der juristischen Person, der sie angehören, wenn nicht ein besonderer, über die bloße Mitgliedschaft hinausreichender Grund vorliegt. –

7 d) Prozesshandlungsvoraussetzungen (vgl Einl III Rn 10). Sie müssen beim Nebenintervenienten vorliegen, also die Partei-, Prozess- und Postulationsfähigkeit, sowie die wirksame Prozessvollmacht, falls er

8 sich vertreten lässt. – **e) Beitrittserklärung** gemäß § 70. Sie muss wirksam sein und kann auf einzelne von mehreren Ansprüchen, auf Klage oder Widerklage, sogar auf einen Teil des Streitgegenstandes (Einl II) beschränkt (RoSchwGottwald § 50 II 3), auch nur auf einzelne Streitgenossen bezogen werden. Wird erst danach die Klage erweitert oder Widerklage erhoben, ist ohne (formlos oder schlüssig mögliche, Düsseldorf NJW-RR 97, 443) Erweiterung der Beitrittserklärung eine Beteiligung des Nebenintervenienten nicht anzunehmen.

9 4. Prüfung. Sie setzt voraus, dass überhaupt eine (wenn auch mangelhafte) Beitrittserklärung vorliegt (§ 70), weil erst durch diese Erklärung die Stellung als Nebenintervenient erlangt wird. Geprüft wird:

10 a) Von Amts wegen (nach den Grundsätzen 12 vor § 253) nur das Vorliegen der persönlichen Prozesshandlungsvoraussetzungen (Rn 7; Ausnahme: § 88 Abs 2; RG 163, 361). Fehlt eine, so ist die Nebenintervention unzulässig und wird durch Beschluss (Rechtsbehelf: § 567 Abs 1 Nr 2) zurückgewiesen (RoSchwGottwald § 50 III 1; bestr).

11 Dieser Fall gehört nicht zu § 71. – **b) Nur auf Antrag,** darauf gerichtet, die Nebenintervention zurückzuweisen (§ 71 Abs 1), werden alle anderen Voraussetzungen (Rn 3–6, 8) geprüft; dann wird nach § 71 verfahren. Da § 295 gilt, können aber die Mängel heilen, wenn die Partei mit dem Nebenintervenienten rügelos verhandelt. Das ist praktisch bedeutsam nur für das rechtliche Interesse (Rn 5, 6) und die Beitrittserklärung (Rn 8).

12 5. Dauer. Die Nebenintervention beginnt, sobald die Beitrittserklärung (§ 70) bei Gericht eingereicht ist. Sie endet durch jede Erledigung des Rechtsstreits oder durch Rücknahme der Nebenintervention; jederzeit bis zum Ende des Rechtsstreits möglich, von keiner Zustimmung abhängig und in der Form des § 269 Abs 2 zu erklären. Der Nebenintervenient kann dann der anderen Partei beitreten (Bischof MDR 99, 787). Für die Kosten der Nebenintervention gilt § 269 Abs 3 analog (allgM). Die Wirkung des § 68 bleibt bestehen. Die Prozesshandlungen des Nebenintervenienten werden durch die Rücknahme nicht unwirksam. Die Nebenintervention kann auch durch Wechsel der unterstützten Partei enden (16, 20 vor § 50), aber nicht beim Erbfall.

§ 67 Rechtsstellung des Nebenintervenienten

Der Nebenintervenient muß den Rechtsstreit in der Lage annehmen, in der er sich zur Zeit seines Beitritts befindet; er ist berechtigt, Angriffs- und Verteidigungsmittel geltend zu machen und alle Prozeßhandlungen wirksam vorzunehmen,

insoweit nicht seine Erklärungen und Handlungen mit Erklärungen und Handlungen der Hauptpartei in Widerspruch stehen.

1. Stellung. Der Nebenintervenient ist nicht Partei (§ 66 Rn 1). 1
Die Bezeichnung als Nebenpartei ist irreführend. Er vertritt nicht die unterstützte Partei, sondern handelt im eigenen Namen und hat selbst Anspruch auf rechtliches Gehör (Einl I Rn 11). Die unterstützte Partei kann völlig untätig bleiben und dem Nebenintervenienten die Prozessführung überlassen (StJBork 14). Soweit § 69 für den streitgenössischen Nebenintervenienten nichts anderes bestimmt, folgt daraus:
a) Urteil. Der Nebenintervenient kann nicht verurteilt, ihm kann auch 2
nichts zugesprochen werden. – **b) Unterbrechung und Aussetzung.** 3
Gründe in seiner Person (zB Tod, Insolvenzverfahren) unterbrechen den Rechtsstreit nicht, rechtfertigen auch keine Aussetzung (anders § 69 Rn 2). – **c) Rechtsmittel.** Legt der Nebenintervenient Rechts- 4
mittel ein, so ist er zwar allein Rechtsmittelführer (RG 147, 125), doch ist lediglich die unterstützte Partei auch Partei im höheren Rechtszug (vgl Rn 10). Maßgebend ist nur die Rechtsmittelfrist, die für die Partei läuft. Es gibt keine gesonderte Rechtsmittelfrist für den Nebenintervenienten (anders § 69 Rn 3). Auch die Zustellung an ihn setzt nicht die Rechtsmittelfrist in Lauf (hM; BGH NJW 90, 190 mwN). – **d) Streitgenosse** kann der Nebenintervenient neben seiner Stellung 5
als solcher durch Parteierweiterung (25 vor § 50) werden (vgl § 66 Rn 3). – **e) Zeuge** kann der Nebenintervenient sein, nicht aber wenn er streitgenössischer ist (§ 69 Rn 1).

2. Befugnisse des Nebenintervenienten im Rechtsstreit der unter- 6
stützten Partei. – **a) Prozesshandlungen.** Der Nebenintervenient kann sie grundsätzlich alle vornehmen, soweit sie die unterstützte Partei selbst vornehmen könnte, und zwar mit der Wirkung, als wenn die Partei sie selbst vorgenommen hätte. Daraus folgt: Er kann insbes Tatsachen behaupten, bestreiten und zugestehen, Beweise antreten, Anträge stellen, Dritten den Streit verkünden, Rechtsbehelfe (zB Einspruch, Widerspruch gem § 924) ergreifen, Rechtsmittel einlegen (vgl Rn 4), sie auch für die Partei an deren Stelle begründen (BGH NJW 99, 2046 mwN), solange die Frist für die unterstützte Partei läuft. Er kann aber nicht das Rechtsmittel eines anderen Nebenintervenienten mit Wirkung für diesen begründen. Rechtsmittel einlegen und begründen kann er auch mit seinem Beitritt verbinden (§ 70 Abs 1), darf damit aber nicht im Gegensatz zur unterstützten Partei handeln (Rn 13). Für die Beschwer kommt es auf die unterstützte Partei an (hM). Sein Rechtsmittel kann auch neben dem der unterstützten Partei eingelegt werden (BGH NJW 82, 2069), wobei das Rechtsmittel des Nebenintervenienten neben dem der unterstützten Partei jedoch nicht selbständig ist (BGH NJW 85, 2480). Er kann ferner um Wiedereinsetzung nachsuchen. In die materielle Rechtsstellung der unterstützten Partei darf der Nebenintervenient nicht eingreifen, insbes nicht mit der Forderung der Partei

aufrechnen (Rn 15; Düsseldorf MDR 74, 406). Er kann auch (verbunden mit seinem Beitritt) Wiederaufnahmeantrag (§ 578) stellen, wenn er von der Rechtskraft oder der Nebeninterventionswirkung (§ 68) betroffen ist (umstr; BayObLG NJW 74, 1147 mwN; vgl § 66 Rn 5; aA
7 Windel ZZP 104, 321). – **b) Selbständigkeit.** Dass die unterstützte Partei im Prozess noch selbst tätig wird, ist daneben nicht erforderlich. Ist sie säumig (1–7 vor § 330), so wendet der Nebenintervenient die Säumnisfolgen ab, wenn er verhandelt (allgM). Prozesshandlungen des Gegners kann er, für und gegen die Hauptpartei wirksam, entgegen-
8 nehmen. – **c) Beteiligung** am Rechtsstreit. Der Nebenintervenient ist zum Rechtsstreit zuzuziehen (§ 71 Abs 3) und zu jedem Termin zu laden. Nur dann ist auch die unterstützte Partei ordnungsgemäß geladen iS von § 335 Abs 1 Nr 2. Ist dies unterblieben oder nicht ordnungsgemäß geschehen, so muss vertagt werden, wenn nicht eine voll stattgebende Entscheidung zugunsten der unterstützten Partei ergeht (OGH 1, 254). Das Einverständnis des Nebenintervenienten zu § 128 Abs 2 und zum Antrag gemäß § 348a Abs 2 Nr 2 ist nicht nötig. Er kann es aber erteilen, wenn und solange dies dem Verhalten der unterstützten Partei
9 nicht widerspricht (Rn 12). – **d) Zustellungen.** Es sind alle Schriftsätze, insbes auch Rechtsmittel- und Rechtsmittelbegründungsschriften dem Nebenintervenienten zu übermitteln oder zuzustellen, falls Zustellung an die Partei erforderlich ist. Entscheidungen des Gerichts, die der Vorbereitung oder Fortführung des Prozesses dienen, sind ihm mitzuteilen (Schulze NJW 81, 2663; bestr). Das Urteil muss nicht an ihn
10 zugestellt werden (§ 317 Abs 1 S 1). – **e) Wirkungen.** Legt der Nebenintervenient Rechtsmittel ein, erlangt die unterstützte Partei in der höheren Instanz die Stellung eines Rechtsmittelklägers (BGH NJW 97, 2385 mwN), auch wenn sie völlig untätig bleibt (StJBork 14).

11   **3. Beschränkungen.** Bestimmte Prozesshandlungen sind dem Nebenintervenienten untersagt. Nimmt er sie trotzdem vor, so sind sie
12 unwirksam. Im Einzelnen gilt folgendes: – **a) Bindung an die Lage des Rechtsstreits** zZ des Beitritts. Die bis dahin geschaffene Prozesslage kann der Nebenintervenient nicht mehr ändern; dies gilt insbes für ein Geständnis (Rn 13), Rügeverzicht (§ 295), Zustimmungserklärungen (zB §§ 263, 269), Ablauf von Fristen (zB §§ 283, 339, 517), Verspätungslage (zB § 296; Schulze NJW 81, 2663), wobei jedoch der Partei ein Verschulden des Nebenintervenienten nicht zugerechnet werden darf (Fuhrmann NJW 82, 979), ferner für den Verhandlungsschluss
13 (§ 296a) und die Zuständigkeit (wegen § 39). – **b) Verbot widersprechender Prozesshandlungen,** dh solcher, die denen der unterstützten Partei widersprechen. Hierfür kommt es auf den Schluss der letzten mündlichen Verhandlung an (Bischof MDR 99, 787). Der Widerspruch kann sich ausdrücklich oder aus dem Gesamtverhalten ergeben, im Zweifel ist ein Widerspruch zu verneinen (BGH NJW-RR 91, 358 [361]). Daraus folgt, dass der Nebenintervenient, aber nur, falls er sich damit in Gegensatz zum Willen der unterstützten Partei oder des

streitgenössischen Nebenintervenienten (BGH NJW-RR 99, 285) stellt (BGH NJW 76, 292), nicht darf: die Klage oder das Rechtsmittel der Partei zurücknehmen oder ändern (allgM; Rn 16), Widerklage erheben, gegensätzliche Anträge stellen, wohl aber ergänzende und höhere (Hamm NJW-RR 97, 1156). Der Nebenintervenient darf nicht Prozesshandlungen der unterstützten Partei widerrufen, insbes nicht deren Geständnis (RoSchwGottwald § 50 IV 3a; aA BGH NJW 76, 292), ebenso wenig widersprechende Prozesshandlungen vornehmen, zB eine Tatsache gestehen, welche die Partei bestreitet. Der Nebenintervenient darf auch nicht gegen den Willen oder den Widerspruch der Partei Rechtsmittel einlegen (Rn 16). – **c) Verbot sonstiger Prozesshand-** **14** **lungen,** nämlich solcher, die der Rechtsverfolgung der unterstützten Partei zuwiderlaufen, auch wenn sie nicht als widersprechend unter Rn 13 fallen (hM). Der Nebenintervenient darf daher insbes nicht anerkennen (§ 307) und für die Partei auf Rechtsmittel verzichten. – **d) Materiell-rechtliche Willenserklärungen** darf der Nebenintervenient **15** nur aus eigenem Recht vornehmen, daher nicht solche, die in die Rechtszuständigkeit der unterstützten Partei fallen. Er darf also zB nicht mit deren, sondern nur mit eigenen Forderungen aufrechnen (Rn 6; BGH NJW 66, 930), sofern hierfür die Voraussetzungen des § 387 BGB vorliegen. Die Schuld der unterstützten Partei darf er nur als Dritter erfüllen. Er kann auch nicht mit Wirkung für und gegen die Partei einen Prozessvergleich schließen (hM), wohl aber sich an einem Vergleich der Parteien beteiligen. Die Anfechtungseinrede (§ 146 Abs 2 InsO) kann der Insolvenzverwalter nicht als Nebenintervenient erheben (BGH NJW 89, 985 für § 41 Abs 2 KO).

4. Rechtsbehelfe, insbes Rechtsmittel (vgl Rn 6). Die der unter- **16** stützten Partei darf der Nebenintervenient weder zurücknehmen noch beschränken (Rn 13). Eigene einlegen (Rn 6) darf er auch neben der Partei; über deren Rechtsmittel darf nur einheitlich entschieden werden (BGH NJW 93, 2944 mwN). Der Nebenintervenient darf gegen den ausdrücklich erklärten oder aus dem Gesamtverhalten sich ergebenden Willen der unterstützten Partei nicht Rechtsmittel einlegen (BGH NJW 97, 2385 und 02, 1872), auch nicht, wenn diese auf das Rechtsmittel verzichtet hat (StJBork 13). Ein entgegenstehender Wille kann nicht allein daraus entnommen werden, dass die unterstützte Partei, die Klageabweisung beantragt hatte oder sich außergerichtlich vergleicht (aA Dresden NJW-RR 94, 1550). Ein nachfolgender Rechtsmittelverzicht der Hauptpartei; allein macht aber das bereits eingelegte Rechtsmittel des Nebenintervenienten nicht unzulässig (Hamburg NJW 89, 1362). Allein aus der Zurücknahme des von der Partei eingelegten Rechtsbehelfs folgt noch nicht, dass es dem Nebenintervenienten untersagt ist, sein Rechtsmittel fortzuführen (BGH NJW 88, 712). Insbes kann die unterstützte Partei zu erkennen geben, dass sie den Prozess durch den Nebenintervenienten fortgesetzt haben will (BGH NJW 89, 1357). Ein ausdrücklicher Widerspruch der Partei

macht das Rechtsmittel des Nebenintervenienten unzulässig (BGH
NJW 93, 2944 mwN).

§ 68 Wirkung der Nebenintervention

   **Der Nebenintervenient wird im Verhältnis zu der Haupt-
partei mit der Behauptung nicht gehört, daß der Rechtsstreit,
wie er dem Richter vorgelegen habe, unrichtig entschieden sei;
er wird mit der Behauptung, daß die Hauptpartei den Rechtsstreit mangelhaft geführt habe, nur insoweit gehört, als er
durch die Lage des Rechtsstreits zur Zeit seines Beitritts oder
durch Erklärungen und Handlungen der Hauptpartei verhindert worden ist, Angriffs- oder Verteidigungsmittel geltend zu
machen, oder als Angriffs- oder Verteidigungsmittel, die ihm
unbekannt waren, von der Hauptpartei absichtlich oder durch
grobes Verschulden nicht geltend gemacht sind.**

1   **1. Begriff** der Nebeninterventionswirkung. Ihr Inhalt ergibt sich
unmittelbar aus dem Wortlaut des § 68. Sie ist der Rechtskraftwirkung
ähnlich, aber nicht gleich, weil sie nicht die Entscheidung über den
prozessualen Anspruch, sondern die Richtigkeit dieser Entscheidung
zum Gegenstand hat (RoSchwGottwald § 50 V 3). Sie tritt nur im
Verhältnis vom Nebenintervenienten oder Streitverkündungsempfänger
(§ 74) zur unterstützten Partei ein und wird nur in einem Rechtsstreit
zwischen diesen bedeutsam. Sie wirkt nur zugunsten, nicht zuungunsten der unterstützten Partei (hM; BGH 100, 257 und NJW 87, 2874;
vgl Rn 10) und überhaupt nicht im Verhältnis zu einem weiteren Nebenintervenienten.

2   **2. Voraussetzungen** der Nebeninterventionswirkung. Die zu a
und b können durch Prozessvertrag (Einl III Rn 6) abbedungen werden
(vgl Düsseldorf NJW-RR 93, 1471 mwN). Voraussetzungen sind: –
a) Rechtsstreit zwischen Nebenintervenienten oder Streitverkündungsempfänger (§ 74 Abs 3), nicht deren früherem Prozessgegner (BGH
NJW-RR 90, 121), und unterstützter oder streitverkündender Partei.
Dieser Rechtsstreit wird regelmäßig über einen Regressanspruch geführt (vgl § 66 Rn 5, § 72 Rn 7). Hier muss sich die unterstützte Partei
3   auf die Nebeninterventionswirkung berufen. – **b) Nebenintervention**
oder wirksame Streitverkündung (§ 74 Abs 3) im Vorprozess, wobei
von den Voraussetzungen in § 66 Rn 3–8 lediglich die persönlichen
Prozesshandlungsvoraussetzungen (§ 66 Rn 7) vorliegen mussten. Ist
der Nebenintervenient nach Streitverkündung beigetreten, kommt es
auf die Wirksamkeit der Streitverkündung (entgegen § 74 Rn 4) nicht
an (BGH WM 76, 56). Rücknahme der Nebenintervention (§ 66
Rn 12) hindert nicht den Eintritt der Nebeninterventionswirkung (RG
4   61, 286), wohl aber eine Zurückweisung (§ 71). – **c) Rechtskräftige
Entscheidung** (formell gemäß § 705) im Vorprozess. Es genügt ein
Grundurteil nach § 304 (RG 123, 95), ein Teilurteil nach § 301 für

den entspr Teil des Streitgegenstands (StJBork 5), nicht ein Prozessurteil (hM). Fehlende Begründung (§ 313a) muss nicht entgegenstehen. Die Rechtskraft kann auch darauf beruhen, dass Rechtsmittel infolge eines Prozessvergleichs zurückgenommen werden (BGH NJW 69, 1480; offen gelassen in NJW 88, 712). Es genügt jedoch nicht ein Prozessvergleich, auch wenn ein Urteil (insbes in der Vorinstanz) vorausgegangen war (RG 159, 86; BGH WM 67, 198), sei es auch mit gleichem Inhalt.

3. Umfang (Hs 1). – **a) Bindung.** Das Gericht ist im Rechtsstreit **5** an die das Urteil tragenden tatsächlichen und rechtlichen Feststellungen im Vorprozess gebunden, soweit sie (1.) im neuen Prozess streitig sind sowie zugunsten der unterstützten Partei wirken und (2.) das frühere Urteil auf ihnen (objektiv nach zutreffender Rechtsauffassung, Hamm NJW-RR 96, 1506) beruht, nämlich auf dessen ausreichenden und notwendigen Voraussetzungen. Bestehen verschiedene Begründungsmöglichkeiten, erstreckt sich die Nebeninterventionswirkung auf diejenigen Feststellungen, die für den beschrittenen Weg notwendig waren (Köln NJW-RR 92, 119). Die Bindung besteht insbes nicht für die überschießenden Feststellungen (ZöVollkommer 10). Das Gericht muss die bindenden Feststellungen der Entscheidung des Prozesses zwischen Nebenintervenienten und unterstützter Partei zugrundelegen. Bei zulässiger Nebenintervention im selbständigen Beweisverfahren (§ 66 Rn 2) kann im nachfolgenden Prozess dem Streitverkündungsempfänger das Beweisergebnis entgegengehalten werden (BGH NJW 97, 859). – **b) Unaufklärbare Tatsachen.** Ist die Hauptpartei im Vorprozess **6** wegen nicht erbrachten Beweises unterlegen, so steht nicht das Gegenteil der nicht festgestellten Tatsache fest, sondern nur, dass sie nicht bewiesen sei (BGH 85, 252). Daher kann die Partei im Folgeprozess erneut aus Gründen der Beweislast unterliegen, selbst dann, wenn das Gericht des Vorprozesses die Beweislast falsch beurteilt hat (BGH aaO). – **c) Präjudizielle Rechtsverhältnisse** (§ 256 Rn 32, 33). Auch darauf **7** erstreckt sich die Nebeninterventionswirkung. Sie tritt in vollem Umfang auch dann ein, wenn nur über einen Teil der Forderung entschieden ist, zB durch Teilurteil oder auf eine Klage, mit der nur eine Teilforderung geltend gemacht ist (BGH NJW 69, 1480; StJBork 5). Die Nebeninterventionswirkung tritt dann für die volle Forderung ein. – **d) Unteilbarkeit.** Ob die Nebeninterventionswirkung in der Weise **8** unteilbar ist, dass sie, wenn die Partei sich auf sie beruft, nicht allein auf die ihr günstigen Teile beschränkt wird, sondern auch auf die für sie ungünstigen erstreckt werden muss, ist umstritten (dafür StJBork 12; dagegen die hM; BGH NJW 87, 1894 und 2874 mwN). Jedenfalls ist die Partei gehindert, sich einzelne ihr günstige Feststellungen herauszusuchen (Köln NJW-RR 95, 1085).

4. Einrede der mangelhaften Prozessführung (Hs 2). Der Ne- **9** benintervenient kann im Rechtsstreit gegen die unterstützte Partei die Nebeninterventionswirkung ganz oder zT beseitigen, wenn er behauptet und nötigenfalls beweist (Rn 10 und 11, alternativ): – **a) Verhinde-** **10**

rung, nämlich dass er verhindert war, bestimmte Angriffs- und Verteidigungs-, insbes Beweismittel oder Rechtsbehelfe geltend zu machen, und zwar wegen § 67 Rn 12–14 (BGH NJW 82, 281). Dem steht der Fall gleich, dass er nur mit geringer Erfolgsaussicht die Folgen einer Erklärung der unterstützten Partei (zB Geständnis) wieder beseitigen

11 könnte (BGH NJW 76, 292). – **b) Fehlende Kenntnis,** nämlich dass ihm Angriffs- und Verteidigungs(Beweis)mittel unbekannt waren, die von der unterstützten Partei absichtlich oder grobfahrlässig nicht vorge-

12 bracht wurden (was selten geschieht). – **c) Geeignetheit.** Zusätzlich zu Rn 10 oder 11: dass das betreffende Angriffs-, Verteidigungs- oder Beweismittel oder der Rechtsbehelf geeignet war, eine andere Entscheidung im Vorprozess herbeizuführen (RoSchwGottwald § 50 V 4 b).

§ 69 Streitgenössische Nebenintervention

Insofern nach den Vorschriften des bürgerlichen Rechts die Rechtskraft der in dem Hauptprozeß erlassenen Entscheidung auf das Rechtsverhältnis des Nebenintervenienten zu dem Gegner von Wirksamkeit ist, gilt der Nebenintervenient im Sinne des § 61 als Streitgenosse der Hauptpartei.

1   **1. Stellung.** Der streitgenössische Nebenintervenient ist zwar selbständiger als der einfache, ist aber auch nicht Partei, sondern lediglich Nebenintervenient (§ 67 Rn 1). Er ist nur in einzelnen Beziehungen als Partei anzusehen und wird als Partei gemäß §§ 445 ff vernommen, nicht

2 als Zeuge (allgM). – **a) Unterbrechung und Aussetzung.** Gründe hierfür, die in seiner Person eintreten (§§ 239, 241, 244, 246) wirken sich wie die der Partei auf den Rechtsstreit aus (RoSchwGottwald § 50

3 VI 2 b). – **b) Rechtsmittel.** Hierfür gilt grundsätzlich § 67 Rn 4. Auch der streitgenössische Nebenintervenient wird durch das allein von ihm eingelegte Rechtsmittel nicht Partei, jedoch läuft durch Zustellung an ihn eine Rechtsmittelfrist gesondert (BGH NJW-RR 97, 919 mwN). Ist er in erster Instanz nicht beigetreten, kann er das statthafte Rechtsmittel einlegen (BGH NJW-RR 97, 865), jedoch nur in der für die unterstützte Partei geltenden Frist (BGH aaO). Diesem Rechtsmittel kann sich ein weiterer (auch streitgenössischer) Nebenintervenient nicht anschließen (vgl § 67 Rn 6); er kann nur gem § 66 der Partei beitreten (BGH NJW-RR 99, 285; § 66 Rn 3).

4   **2. Voraussetzungen.** Es sind die gleichen wie bei § 66 Rn 3–8. Hinzu kommt, dass die Rechtskrafterstreckung oder die Gestaltungswirkung des Urteils das Rechtsverhältnis zwischen Nebenintervenienten und Prozessgegner der unterstützten Partei betreffen muss. Fälle von Rechtskrafterstreckung sind zB §§ 326, 327, 640h, solche von Gestaltungswirkung zB § 2342 BGB, §§ 127, 133 HGB, § 61 GmbHG.

5   **3. Wirkung** des Beitritts. – **a) Befugnisse** des streitgenössischen Nebenintervenienten: wie § 67 Rn 6–10; jedoch ist sein Einverständnis zu § 128 Abs 2 und zum Antrag gemäß § 348 a Abs 2 Nr 2 nötig; auch

muss das Urteil an ihn zugestellt werden. Mehrere streitgenössische Nebenintervenienten sind selbständig und voneinander unabhängig. – **b) Beschränkungen** unterliegt der streitgenössische Nebeninterve- **6** nient nur wie in § 67 Rn 12 und 15. Er darf auch nicht die Klage zurücknehmen oder ändern, Rechtsmittel der Partei (wohl aber das eigene, BGH NJW-RR 99, 285; aA M. Vollkommer/G. Vollkommer WuB 99, 667: nicht gegen den Widerspruch des weiteren streitgenössischen Nebenintervenienten) zurücknehmen oder beschränken, Zwischenfeststellungs- und Widerklage erheben, den Prozess selbst weiterführen (BGH NJW 65, 760), anerkennen oder verzichten (bestr). Aber er darf gestehen, wo die Partei bestreitet und seinerseits bestreiten, was die Partei gestanden hat. – **c) Befugnisse.** Der streitgenössische Neben- **7** intervenient darf Angriffs-, Verteidigungs- und Beweismittel im Widerspruch zur unterstützten Partei geltend machen und gegen den erklärten Willen der unterstützten Partei Rechtsmittel einlegen (BGH DtZ 94, 29 mwN), auch ein Anerkenntnis der unterstützten Partei durch Widerspruch unwirksam machen (Schleswig NJW-RR 93, 930; RoSchwGottwald § 50 VI 2b). – **d) Beweiswürdigung.** Wird eine **8** Tatsache von der Partei zugestanden und bestreitet sie der Nebenintervenient (oder umgekehrt), so ist nach § 286 zu verfahren. – **e) Neben- 9 interventionswirkung** (§ 68). Sie tritt ein, aber soweit die Rechtskraft sich erstreckt und sich mit ihr deckt, ist eine Beseitigung durch die Einrede der schlechten Prozessführung (§ 68 Rn 9–12) nicht möglich (StJBork 13).

§ **70** Beitritt des Nebenintervenienten

(1) [1]**Der Beitritt des Nebenintervenienten erfolgt durch Einreichung eines Schriftsatzes bei dem Prozeßgericht und, wenn er mit der Einlegung eines Rechtsmittels verbunden wird, durch Einreichung eines Schriftsatzes bei dem Rechtsmittelgericht.** [2]**Der Schriftsatz ist beiden Parteien zuzustellen und muß enthalten:**
1. **die Bezeichnung der Parteien und des Rechtsstreits;**
2. **die bestimmte Angabe des Interesses, das der Nebenintervenient hat;**
3. **die Erklärung des Beitritts.**

(2) **Außerdem gelten die allgemeinen Vorschriften über die vorbereitenden Schriftsätze.**

1. Beitrittserklärung ist eine Prozesshandlung (Einl III). Sie erfor- **1** dert daher die dort (Rn 10–16) genannten Voraussetzungen. Es gilt insbes § 78 Abs 1. Wird der Beitritt mit einem Rechtsmittel verbunden (Abs 1 S 1), muss der Schriftsatz auch alle Erfordernisse des Abs 1 S 2 erfüllen (BGH NJW 97, 2385). – **a) Form:** beim AG auch zu Proto- **2** koll (§ 496), sonst schriftlich. Mit Prozessgericht ist das Gericht gemeint, bei dem der Prozess gerade anhängig ist, also auch das der höheren In-

stanz, wenn bereits eine Partei Rechtsmittel eingelegt hat. Wegen
3 Abs 2 gelten die §§ 130–133. – **b) Inhalt:** Abs 1 S 2 Nr 1–3. Die Angabe muss so genau sein, dass der Rechtsstreit (ggf der Umfang des
Beitritts, vgl § 66 Rn 8) bestimmt werden kann. Das Interesse ist durch
Tatsachen anzugeben. IdR genügt es, auf die Streitverkündung zu verweisen (Düsseldorf NJW-RR 97, 443). Das Wort Nebenintervention
ist nicht erforderlich. In der bloßen Rechtsmitteleinlegung als vermeintliche Partei (BGH NJW 01, 1217) oder „im Namen des Streit-
verkündeten" kann der Beitritt gesehen werden (BGH NJW 94, 1537;
hierin zu kleinlich: Hamm NJW-RR 94, 1277). Glaubhaftmachung
4 (§ 71 Abs 1S 2) ist erst im Zwischenstreit notwendig. – **c) Zustellung**
(Abs 1 S 2) von Amts wegen. Sie ist nicht nötig, um die Stellung als
5 Nebenintervenient zu erlangen (vgl § 66 Rn 12). – **d) Zeitraum:** solange der Rechtsstreit anhängig ist (§ 66 Rn 4). Beitritt ist nicht mehr
mit einem Wiedereinsetzungsantrag (§ 234) möglich.

6   **2. Sonstiges** zum Beitritt. – **a) Mängel** werden nicht von Amts
wegen beachtet und heilen über § 295 (vgl § 66 Rn 11). Sie können
auch bis zur Rechtskraft des zurückweisenden Zwischenurteils (§ 71)
7 behoben werden. – **b) Rücknahme** des Beitritts ist möglich (§ 66
Rn 12). Danach kann der Nebenintervenient auch ohne Einverständnis
der Parteien dem Gegner der bisher unterstützten Partei beitreten
8 (BGH 18, 110). – **c) Gebühren.** Für das Gericht keine; für den RA,
der den Nebenintervenienten vertritt, die normalen Gebühren für den
Rechtsstreit.

§ 71 Zwischenstreit über Nebenintervention

    **(1) [1]Über den Antrag auf Zurückweisung einer Neuninter-
vention wird nach mündlicher Verhandlung unter den Parteien
und dem Nebenintervenienten entschieden. [2]Der Nebenintervenient ist zuzulassen, wenn er sein Interesse glaubhaft macht.**

    (2) Gegen das Zwischenurteil findet sofortige Beschwerde statt.

    **(3) Solange nicht die Unzulässigkeit der Intervention recht-
kräftig ausgesprochen ist, wird der Intervenient im Hauptverfahren zugezogen.**

1   **1. Zwischenstreit.** Beantragt niemand, die Nebenintervention zurückzuweisen, so wird sie, wenn der Beitritt nicht wegen Fehlens von
Prozesshandlungsvoraussetzungen unwirksam ist (§ 66 Rn 10), stillschweigend zugelassen. Entschieden wird nur, wenn ein Zwischenstreit
2 entsteht. Hierfür gilt: – **a) Antrag** auf Zurückweisung ist Sachantrag
(§ 297), kann nur von der unterstützten Partei oder ihrem Gegner ausgehen, nicht vom Nebenintervenienten, selbst wenn er auf Grund einer
Streitverkündung (§ 72) beigetreten ist (vgl Bischof MDR 99, 787).
Der Antrag kann jederzeit bis zur Beendigung des Rechtsstreits gestellt
und auf das Fehlen einer der Voraussetzungen des § 66 Rn 3–6, 8
gestützt werden. Wird der Antrag auf das Fehlen von Prozesshand-

lungsvoraussetzungen gestützt (§ 66 Rn 7), ist bei freigestellter mündlicher Verhandlung durch Beschluss zu entscheiden (§ 66 Rn 10). – **b) Mündliche Verhandlung** ist notwendig, schriftliches Verfahren 3 gemäß § 128 Abs 2 möglich, auch die nicht widersprechende Partei daran zu beteiligen. Erscheinen des Nebenintervenienten ist nicht notwendig (BAG NJW 68, 73). § 78 Abs 1 gilt. Hauptsacheerledigung ist möglich (§ 91a Rn 7). – **c) Glaubhaft gemacht** wird das Interesse 4 (§ 66 Rn 5) nach § 294. Gelingt es nicht, ist die Nebenintervention unzulässig (BAG aaO).

2. Entscheidung ergeht durch Zwischenurteil, das mit dem End- 5 urteil verbunden werden darf. Sie ist auch stillschweigend denkbar (BGH NJW 63, 2027). Beschluss ergeht außerhalb eines Urteilsverfahrens (vgl § 66 Rn 2) und im Falle § 66 Rn 10. – **a) Inhalt.** Das Zwi- 6 schenurteil lautet auf Zulassung der Nebenintervention (ohne Kostenentscheidung wegen § 101 Abs 1; bestr), wenn alle Voraussetzungen (§ 66 Rn 3–8) vorliegen und das Interesse des Nebenintervenienten, auf das es allein ankommt, glaubhaft gemacht ist (Rn 4), andernfalls auf Zurückweisung, wobei zugleich die Kosten dem Nebenintervenienten aufzuerlegen sind (wegen § 101 Abs 1; nach BAG NJW 68, 73 entspr § 91 Abs 1 S 1). Es fallen keine Gerichtsgebühren an, da das Zwischenurteil nicht im KV enthalten ist. – **b) Rechtsmittel** (Abs 2): § 567 7 Abs 1 Nr 1; wenn das LG im Berufungs- oder Beschwerdeverfahren entschieden hat, kann es die Rechtsbeschwerde zulassen (§ 574 Abs 1 Nr 2). Abs 2 gilt aber nicht, sondern § 99 Abs 1, wenn bei zurückgewiesener Nebenintervention nur die Kostenentscheidung angefochten wird (Nürnberg MDR 94, 834). Beschwert ist bei Zulassung nur der Antragsteller, bei Zurückweisung sind es der Nebenintervenient und die unterstützte Partei (Frankfurt NJW 70, 817; bestr). Am Beschwerdeverfahren sind alle zu beteiligen (vgl Rn 3). Gebühren: Für das Gericht KV 1900; für RA § 61 Abs 1 Nr 1 BRAGO.

3. Beteiligung am Rechtsstreit (Abs 3). Sie wirkt in den Rechts- 8 mittelinstanzen fort (BGH NJW 02, 1872). Dies entspricht dem Recht des Nebenintervenienten (§ 67 Rn 8). Er hat es solange, bis die zurückweisende Entscheidung (Rn 6) formell rechtskräftig ist (§ 705). Erst ab Rechtskraft kann er nicht mehr wirksam Prozesshandlungen vornehmen; die bis dahin vorgenommenen bleiben aber wirksam (hM).

§ 72 Zulässigkeit der Streitverkündung

(1) **Eine Partei, die für den Fall des ihr ungünstigen Ausganges des Rechtsstreits einen Anspruch auf Gewährleistung oder Schadloshaltung gegen einen Dritten erheben zu können glaubt oder den Anspruch eines Dritten besorgt, kann bis zur rechtskräftigen Entscheidung des Rechtsstreits dem Dritten gerichtlich den Streit verkünden.**

(2) **Der Dritte ist zu einer weiteren Streitverkündung berechtigt.**

1 **1. Allgemeines. – a) Begriff.** Streitverkündung ist die förmliche Benachrichtigung eines Dritten von einem anhängigen Rechtsstreit (sog Vorprozess) durch eine Partei (RoSchwGottwald § 51 II). Die Partei ist dann Streitverkünder, der Dritte Streitverkündungsempfänger, auch Streitverkündungsgegner, oder (sprachlich falsch) Streitverkündeter ge-
2 nannt. – **b) Zweck** ist vor allem, im Folgeprozess (Rn 4) die Nebeninterventionswirkung herbeizuführen (§§ 74, 68). Daneben treten mate-
3 riellrechtliche Wirkungen ein (§ 74 Rn 3). – **c) Anwendungsbereich.** Er deckt sich mit dem der Nebenintervention (§ 66 Rn 2). Streitverkündung wird auch im selbständigen Beweisverfahren (§ 485) zugelassen (hM; BGH 134, 190 mwN). § 72 gilt auch nicht entspr im Grund-
3 a buchverfahren (BayObLG Rpfleger 80, 153). – **d) Beschränkung** der Streitverkündung ist möglich durch Prozessvertrag (Einl III 6), indem ihre Zulässigkeit entweder auf das Verfahren vor einem bestimmten Gericht beschränkt oder ganz ausgeschlossen wird (Mansel ZZP 109, 61 mwN). Das kann in der Vereinbarung eines ausschließlichen Gerichtsstands liegen (Mansel aaO).

4 **2. Voraussetzungen.** Sie werden im anhängigen Prozess (Vorprozess) nicht geprüft (allgM; zB München NJW 93, 2756 mwN), sondern nur im späteren (Folgeprozess), wenn es zwischen Streitverkünder und Streitverkündungsempfänger zum Rechtsstreit kommt. Dasselbe
5 gilt für die Zulässigkeit der Streitverkündung (Rn 3 a). – **a) Anhängiger Rechtsstreit,** in dem der Streitverkünder Partei ist (wie § 66 Rn 3 und 4). Rechtshängigkeit (§ 261 Abs 1) ist nicht nötig (BGH 92, 251). Es können beide Parteien dem Streitverkündungsempfänger den Streit verkünden. Ob und wem er beitritt (§ 70), bleibt ihm überlassen.
6 – **b) Streitverkündungsgrund** (großzügige Auslegung durch die Rspr) muss auf Seiten des Streitverkünders bestehen und darin liegen, dass im Falle des Unterliegens im Vorprozess (Rn 4) eine der beiden nachfolgenden Voraussetzungen (Rn 7 oder 8) für einen möglichen Folgeprozess (Rn 4) zutrifft. Es kommt dabei nicht darauf an, wie der Vorprozess (Rn 4) dann tatsächlich ausgeht. Es steht auch nicht entgegen, dass es dem Interesse des Streitverkünders nicht in vollem Umfang entspricht, wenn sein Vorbringen unterstützt wird (Köln NJW-RR 91,
7 1535). **aa) Anspruchsgegnerschaft.** Es muss ein Anspruch gegen den Streitverkündungsempfänger entstehen können, nämlich auf Gewährleistung oder Schadensersatz (aus Gesetz oder Vertrag), Regressanspruch genannt. Dazu gehört auch der Fall, dass Prozessgegner oder Streitverkündungsempfänger dem Streitverkünder auf Schadensersatz alternativ haften (BGH 8, 72 u VersR 85, 569), nicht notwendig aus derselben Rechtsgrundlage oder aus einem nach Umfang und Inhalt identischen Anspruch (BGH 65, 127). Das ist insbes dann gegeben, wenn die Vertragspartnerschaft (alternativ) entweder aus § 164 Abs 1 oder 2 BGB folgt (BGH NJW 82, 281). Hingegen ist der verklagte alternative Schuldner nicht zur Streitverkündung an den anderen möglichen Schuldner berechtigt (Häsemeyer in Anm zu BGH aaO in ZZP 107,

228). Streitverkündung ist hingegen zulässig, wenn Streitverkünder und Streitverkündungsempfänger als Verursacher des selben Schadens in Betracht kommen (Köln NJW-RR 91, 1535). Es darf zZ der Streitverkündung nicht eine gesamtschuldnerische Haftung von Prozessgegner und Streitverkündungsempfänger bestehen (BGH 70, 187). **bb) Anspruchsinhaberschaft.** Ein Anspruch des Streitverkündungs- **8** empfängers gegen den Streitverkünder auf Gewährleistung oder Schadensersatz muss entstehen können, nämlich in den Fällen der §§ 75–77, und wenn der Streitverkünder (auf Grund Gesetzes, Rechtsgeschäfts oder Verwaltungsakts) über ein Recht des Streitverkündungsempfängers den Prozess führt, zB der Frachtführer in Drittschadensliquidation gegen den Unterfrachtführer über den Schadensersatzanspruch des Absenders (BGH 116, 95). – **c) Ordnungsgemäße Streitverkündung.** Sie **9** muss den Voraussetzungen des § 73 entsprechen.

3. Weitere Streitverkündung (Abs 2). Unter den gleichen Voraus- **10** setzungen (Rn 4–9) kann der Streitverkündungsempfänger seinerseits einem Dritten (auch anderen Nebenintervenienten) den Streit verkünden, auch ohne selbst dem Rechtsstreit beizutreten. Die Nebeninterventionswirkung tritt immer nur im Verhältnis zur Partei ein (ZöVoll kommer 11).

§ 73 Form der Streitverkündung

[1] **Zum Zwecke der Streitverkündung hat die Partei einen Schriftsatz einzureichen, in dem der Grund der Streitverkündung und die Lage des Rechtsstreits anzugeben ist.** [2] **Der Schriftsatz ist dem Dritten zuzustellen und dem Gegner des Streitverkünders in Abschrift mitzuteilen.** [3] **Die Streitverkündung wird erst mit der Zustellung an den Dritten wirksam.**

1. Voraussetzungen. Als Prozesshandlung erfordert die Streitver- **1** kündung die der Einl III Rn 10–15. § 78 gilt nicht. – **a) Form:** schriftlich, beim AG auch zu Protokoll möglich (§ 496). Einzureichen beim Prozessgericht (wie § 70 Rn 2). – **b) Inhalt.** Er erfordert: **2** **aa) Erklärung,** dass der Streit verkündet wird. Dies kann nur unbedingt geschehen (Einl III Rn 14), jedoch muss das Wort „hilfsweise" keine Bedingung darstellen (BGH NJW-RR 89, 766). **bb) Grund** der **3** Streitverkündung. Das sind die Tatsachen, die die Voraussetzung des § 72 Rn 6–8 ausfüllen. **cc) Lage** des Rechtsstreits, nämlich in wel- **4** chem Stadium er sich befindet, welche Entscheidungen schon ergangen, welche Rechtsbehelfe ergriffen sind, welche Termine anstehen; ferner Beweisergebnisse. – **c) Zustellung** (S 2) von Amts wegen (§§ 166 ff). **5** Die Mitteilung an den Prozessgegner ist für wirksame Streitverkündung nicht notwendig. Wirksam wird sie allein durch die Zustellung an den Streitverkündungsempfänger (S 3). – **d) Zeitpunkt.** Er ist auf die Ne- **6** beninterventionswirkung (§ 68) zu beziehen. Daher ist eine Streitverkündung idR dann verspätet, wenn sie in einer nicht revisiblen Sache nach Schluss der mdl Vhdlg geschieht (Köln MDR 83, 409).

7   **2. Mängel** können nach § 295 geheilt werden (hM); jedenfalls soweit es sich um eine unvollständige Angabe der Gründe und um die
fehlerhafte Angabe der Lage des Rechtsstreits handelt (BGH NJW 76,
292). Maßgebend ist dann die erste Verhandlung, an der der Streitverkündungsempfänger teilnimmt, als Nebenintervenient oder Partei im
neuen Rechtsstreit (Folgeprozess).

8   **3. Kosten** der Streitverkündung gehören grundsätzlich nicht zu denen des anhängigen Rechtsstreits und treffen den Streitverkünder, weil
sie seiner Rechtsverfolgung gegen den Streitverkündungsempfänger
dienen (hM; München MDR 89, 548). Ausnahme bei § 75 und § 841.
Gebühren: nur für die Zustellung. Tätigkeit des RA gehört zum
Rechtszug (§ 37 BRAGO). Sonst gilt § 56 Abs 1 Nr 1 BRAGO.

§ 74 Wirkung der Streitverkündung

(1) **Wenn der Dritte dem Streitverkünder beitritt, so bestimmt sich sein Verhältnis zu den Parteien nach den Grundsätzen über die Nebenintervention.**

(2) **Lehnt der Dritte den Beitritt ab oder erklärt er sich nicht,
so wird der Rechtsstreit ohne Rücksicht auf ihn fortgesetzt.**

(3) **In allen Fällen dieses Paragraphen sind gegen den Dritten
die Vorschriften des § 68 mit der Abweichung anzuwenden,
daß statt der Zeit des Beitritts die Zeit entscheidet, zu welcher
der Beitritt infolge der Streitverkündung möglich war.**

1   **1. Allgemeines.** Werres NJW 84, 208. – **a) Möglichkeiten** des
Streitverkündungsempfängers. Es steht ihm frei, ob er untätig bleibt
(Abs 2), beitritt und damit Nebenintervenient wird (Abs 1) oder einen
Parteiwechsel herbeiführt (§§ 75–77). Tritt er dem Gegner des Streitverkünders bei, wirkt dies dem Streitverkünder gegenüber wie ein unterlassener Beitritt (BGH NJW 83, 820) und die Nebeninterventions-
2   wirkung (§ 68) besteht gegenüber beiden Prozessparteien. – **b) Folgen.**
Dass die Wirkungen (Rn 3 und 4) auch ohne Beitritt als Nebenintervenient eintreten, erfordert eine Streitverkündung, die den Anforderungen des § 72 Rn 4–9 entspricht und daher zulässig ist (hM; BGH
65, 127 und 70, 187), selbstverständlich auch eine nach § 73 wirksam
vorgenommene. Die Wirkungen treten nur im Verhältnis des Streitverkünders zum Streitverkündungsempfänger ein (BGH 70, 187 und
NJW-RR 90, 121) und entfallen bei Klagerücknahme. Die prozessuale
Wirkung (Rn 4) entfällt auch, wenn der Streitverkündungsempfänger
beitritt, aber zurückgewiesen wird (§ 71). Die Wirkungen treten unabhängig vom Ausgang des Rechtsstreits ein, insbes auch dann, wenn der
Streitverkünder den Vorprozess gewinnt (BGH 36, 212/6).

3   **2. Materiell-rechtliche Wirkung.** Die Verjährung wird gehemmt
(§ 204 Abs 1 Nr 6 BGB), auch im selbständigen Beweisverfahren
(§ 204 Abs 1 Nr 7 BGB), und die Ansprüche wegen nicht vertragsge-
mäßer Leistung bleiben erhalten (vgl § 218 Abs 1 BGB).

3. Prozessuale Wirkung (Abs. 3) ist die des § 68, also die Neben- **4**
interventionswirkung, auch wenn der Streitverkündungsempfänger
nicht als Nebenintervenient beigetreten ist oder wenn der Streitverkünder nicht unterlegen ist (BGH 36, 212). Sie tritt aber nur unter den
Voraussetzungen des § 68 Rn 2–4 ein und nicht zuungunsten des
Streitverkünders (hM; BGH 100, 257). Maßgebender Zeitpunkt ist
nicht der des Beitritts, sondern der, zu dem der Beitritt infolge der
Streitverkündung möglich war, also regelmäßig eine angemessene, kurze Zeit (etwa einige Tage) nach Zustellung und Kenntnis der Streitverkündung. Das ist wichtig für § 68 Rn 10.

§ 75 Gläubigerstreit

[1] **Wird von dem verklagten Schuldner einem Dritten, der die
geltend gemachte Forderung für sich in Anspruch nimmt, der
Streit verkündet und tritt der Dritte in den Streit ein, so ist der
Beklagte, wenn er den Betrag der Forderung zugunsten des
streitenden Gläubiger unter Verzicht auf das Recht zur Rücknahme hinterlegt, auf seinen Antrag aus dem Rechtsstreit unter
Verurteilung in die durch seinen unbegründeten Widerspruch
veranlaßten Kosten zu entlassen und der Rechtsstreit über die
Berechtigung an der Forderung zwischen den streitenden
Gläubigern allein fortzusetzen.** [2] **Dem Obsiegenden ist der
hinterlegte Betrag zuzusprechen und der Unterliegende auch
zur Erstattung der dem Beklagten entstandenen, nicht durch
dessen unbegründeten Widerspruch veranlaßten Kosten, einschließlich der Kosten der Hinterlegung, zu verurteilen.**

1. Zweck. Der in der Praxis seltene Fall soll es dem beklagten **1**
Schuldner, der das Bestehen der Forderung nicht bestreitet, aber den
wahren Gläubiger nicht kennt, ermöglichen, aus dem Rechtsstreit aus-
zuscheiden und ihn den beanspruchenden Gläubigern (Prätendenten)
zu überlassen. Dies entspricht materiell-rechtlich dem § 372 S 2 BGB.

2. Voraussetzungen. – a) Leistungsklage eines Gläubigers gegen **2**
den Schuldner einer Forderung auf Geld oder andere hinterlegungs-
fähige Sachen (StJBork 3). – **b) Forderungsidentität:** Inanspruchnahme **3**
der selben Forderung (BGH NJW 96, 1673), ganz oder zT, durch
einen Dritten als Gläubiger, sei es durch Klage, Mahnung oder sonstige
Handlungen, insbes Erklärungen. – **c) Streitverkündung** des Beklag- **4**
ten an den Dritten (Prätendenten) gemäß §§ 72–74. – **d) Eintritt** des **5**
Prätendenten in den Prozess wie ein Hauptintervenient (§ 64); andernfalls wird der Prozess fortgesetzt und es gelten die §§ 74, 68.

3. Wirkung. – a) Parteiwechsel (17 vor § 50) erfolgt (RG 63, **6**
319), wenn nunmehr der beklagte Schuldner den vollen Betrag hinterlegt (§ 372 S 2, § 376 Abs 2 Nr 1 BGB) und auf seinen Antrag durch
Endurteil (RoSchwGottwald § 133 I 1 a) aus dem Rechtsstreit entlassen
wird (so auch die Urteilsformel). Der Klagantrag ist wegen § 13 Abs 2

HinterlO zu ändern auf Einwilligung in die Auszahlung des hinterlegten Betrages. Dasselbe kann der eingetretene Prätendent und neue Be-
7 klagte durch Widerklage beantragen. – **b) Hauptintervention** (§ 64) findet statt, wenn der Beklagte nicht hinterlegt oder keinen Entlassungsantrag stellt.

8   **4. Kostenpflicht.** Im Urteil (Rn 6) sind dem ursprünglichen Beklagten nur solche Kosten aufzuerlegen, die er durch Bestreiten des Bestandes der Forderung (nicht der Aktivlegitimation) verursacht hat. Im Endurteil, das zwischen den Prätendenten ergeht, ist über alle noch nicht erledigten Kosten zu entscheiden, auch über die des zuerst beklagten Schuldners (insoweit ggf nach § 93).

§ 76 Urheberbenennung bei Besitz

(1) ¹**Wer als Besitzer einer Sache verklagt ist, die er auf Grund eines Rechtsverhältnisses der im § 868 des Bürgerlichen Gesetzbuchs bezeichneten Art zu besitzen behauptet, kann vor der Verhandlung zur Hauptsache unter Einreichung eines Schriftsatzes, in dem er den mittelbaren Besitzer benennt, und einer Streitverkündungsschrift die Ladung des mittelbaren Besitzers zur Erklärung beantragen. ²Bis zu dieser Erklärung oder bis zum Schluß des Termins, in dem sich der Benannte zu erklären hat, kann der Beklagte die Verhandlung zur Hauptsache verweigern.**

(2) **Bestreitet der Benannte die Behauptung des Beklagten oder erklärt er sich nicht, so ist der Beklagte berechtigt, dem Klageantrage zu genügen.**

(3) ¹**Wird die Behauptung des Beklagten von dem Benannten als richtig anerkannt, so ist dieser berechtigt, mit Zustimmung des Beklagten an dessen Stelle den Prozeß zu übernehmen.** ²**Die Zustimmung des Klägers ist nur insoweit erforderlich, als er Ansprüche geltend macht, die unabhängig davon sind, daß der Beklagte auf Grund eines Rechtsverhältnisses der im Absatz 1 bezeichneten Art besitzt.**

(4) ¹**Hat der Benannte den Prozeß übernommen, so ist der Beklagte auf seinen Antrag von der Klage zu entbinden.** ²**Die Entscheidung ist in Ansehung der Sache selbst auch gegen den Beklagten wirksam und vollstreckbar.**

1   **Anwendbar** nur bei Leistungsklage gegen einen Besitzer (Abs 1), insbes auf Herausgabe aus §§ 985, 1007 Abs 2 BGB; nicht bei schuldrechtlichen Ansprüchen (hM). Der Streitverkündung (§ 73) ist die Be-
2 nennung des mittelbaren Besitzers (§ 868 BGB) anzufügen. **Verhalten des Benannten** (Abs 2). Bestreitet oder schweigt er, so ist der Beklagte
3 ihm gegenüber von jeder Haftung frei. **Übernahme** des Prozesses (Abs 3) führt zum Parteiwechsel (17 vor § 50), falls der Beklagte ausscheidet (Abs 4). Zustimmung ist nur bei Anspruchskonkurrenz

erforderlich, wenn auch eine schuldrechtliche Anspruchsgrundlage in
Betracht kommt (vgl Rn 1). Wird sie verweigert, so ist nur Nebenintervention möglich. **Ausscheiden** des Beklagten (Abs 4) erfolgt ohne   **4**
besondere Entscheidung. Zurückweisung des Entbindungsantrags geschieht durch Zwischenurteil (§ 303; allgM), das nur zusammen mit
dem Endurteil angefochten werden kann (hM; Düsseldorf OLGZ 92,
254). Der Beklagte bleibt Streitgenosse des Eingetretenen. S 2 erstreckt
die Rechtskraft (§ 322) und Vollstreckbarkeit; daher ist in die Klausel
(§ 724) wegen § 750 der frühere Beklagte aufzunehmen.

§ 77 Urheberbenennung bei Eigentumsbeeinträchtigung

**Ist von dem Eigentümer einer Sache oder von demjenigen,
dem ein Recht an einer Sache zusteht, wegen einer Beeinträchtigung des Eigentums oder seines Rechtes Klage auf Beseitigung der Beeinträchtigung oder auf Unterlassung weiterer
Beeinträchtigungen erhoben, so sind die Vorschriften des § 76
entsprechend anzuwenden, sofern der Beklagte die Beeinträchtigung in Ausübung des Rechtes eines Dritten vorgenommen
zu haben behauptet.**

Hierunter fallen insbes die Klagen aus § 1004 BGB und aus dessen   **1**
entspr Anwendung. Rechte eines Dritten: insbes Miet- oder Pachtvertrag, Arbeits-, Dienst- oder Werkvertrag, Auftrag.

Titel 4. Prozessbevollmächtigte und Beistände

Vorbemerkungen

1. Prozessvollmacht. Sie ist die auf Rechtsgeschäft (nach hM auf   **1**
Prozesshandlung) beruhende, dem ProzBev erteilte Vertretungsmacht
im Prozess. Sie ist für alle im Inland zu führenden Prozesse nach deutschem Recht zu beurteilen und nur Prozesshandlungsvoraussetzung
(Einl III Rn 10), keine Prozessvoraussetzung (hM; BGH 111, 221;
RoSchwGottwald § 56 II 1; StJBork § 80 Rn 3), weil ihr Mangel für
sich allein die Klage nicht unzulässig macht. Nur wenn sie bei der Klageerhebung fehlt, ist die Klage wegen Fehlens einer anderen Prozessvoraussetzung, nämlich der wirksamer Klageerhebung unzulässig (16
vor § 253). Es ist zu unterscheiden: – a) **Außenverhältnis,** nämlich   **2**
die Wirkung der vom ProzBev im Prozess vorgenommenen Prozesshandlungen und Rechtsgeschäfte für und gegen den Vertretenen (vgl
§ 85). – b) **Innenverhältnis,** nämlich das der Prozessvollmacht   **3**
zugrunde liegende Rechtsgeschäft zwischen Vollmachtgeber und Proz-
Bev. Es ist meistens ein Geschäftsbesorgungsvertrag (§ 675 BGB), insbes
wenn ein RA zum ProzBev bestellt wird. Im Einzelfall ist ein Dienst-
oder Arbeitsvertrag möglich, zB beim Prokuristen oder einem Angestellten, auch ein Auftrag (§ 662) bei unentgeltlicher Tätigkeit. Dies ist
allein nach materiellem Recht zu beurteilen.

4   **2. Postulationsfähigkeit** ist die Fähigkeit, dem prozessualen Handeln die rechtserhebliche Erscheinungsform zu geben (RoSchwGottwald § 45 I 2). Sie ist nur Prozesshandlungsvoraussetzung (Einl III Rn 10), keine Prozessvoraussetzung, aus dem gleichen Grund wie Rn 1. Grundsätzlich ist jede prozessfähige Person auch postulationsfähig, aber nicht im Anwaltsprozess (Anwaltszwang, § 78), sondern nur im Parteiprozess (§ 79) sowie für Prozesshandlungen, die außer Anwaltszwang stehen (§ 78 Abs 5). Postulationsunfähigkeit kann sich außerdem ergeben bei Unfähigkeit zum geeigneten Vortrag (§ 157 Abs 2) oder zur Äußerung in der Gerichtssprache (§ 187 GVG), ferner durch Ausschluss von der Verhandlung (§ 157 Abs 1). Im Streit um die Postulationsfähigkeit ist eine Partei als postulationsfähig zu behandeln, auch wenn sie es nicht ist (Frankfurt FamRZ 94, 1477 mwN).

§ 78 Anwaltsprozess

(1) [1]**Vor den Landgerichten müssen sich die Parteien durch einen bei einem Amts- oder Landgericht zugelassenen Rechtsanwalt vertreten lassen.** [2]**Vor den Oberlandesgerichten müssen sich die Parteien durch einen bei einem Oberlandesgericht zugelassenen Rechtsanwalt vertreten lassen.** [3]**Ist in einem Land auf Grund des § 8 des Einführungsgesetzes zum Gerichtsverfassungsgesetz ein oberstes Landesgericht errichtet, so müssen sich die Parteien vor diesem Gericht durch einen bei einem Oberlandesgericht zugelassenen Rechtsanwalt vertreten lassen.** [4]**Vor dem Bundesgerichtshof müssen sich die Parteien durch einen bei dem Bundesgerichtshof zugelassenen Rechtsanwalt vertreten lassen.** [5]**Die Sätze 2 bis 4 gelten entsprechend für die Beteiligten und beteiligte Dritte in Familiensachen.**

(2) **Vor den Familiengerichten müssen sich die Ehegatten in Ehesachen und Folgesachen. Lebenspartner in Lebenspartnerschaftssachen nach § 661 Abs. 1 Nr. 1 bis 3 und Folgesachen und die Parteien und am Verfahren beteiligte Dritte in selbständigen Familiensachen des § 621 Abs. 1 Nr. 8 und des § 661 Abs. 1 Nr. 6 durch einen bei einem Amts- oder Landgericht zugelassenen Rechtsanwalt vertreten lassen.**

(3) **Am Verfahren über Folgesachen beteiligte Dritte und die Beteiligten in selbständigen Familiensachen des § 621 Abs. 1 Nr. 1 bis 3, 6, 7, 9, 10, soweit es sich um ein Verfahren nach § 1600 e Abs. 2 des Bürgerlichen Gesetzbuchs handelt, sowie Nr. 12, 13 und des § 661 Abs. 1 Nr. 5 und 7 brauchen sich vor den Oberlandesgerichten nicht durch einen Rechtsanwalt vertreten zu lassen.**

(4) **Das Jugendamt, die Träger der gesetzlichen Rentenversicherungen sowie sonstige Körperschaften, Anstalten oder Stiftungen des öffentlichen Rechts und deren Verbände einschließ-**

lich der Spitzenverbände und ihrer Arbeitsgemeinschaften brauchen sich als Beteiligte für die Nichtzulassungsbeschwerde und die Rechtsbeschwerde nach § 621 e Abs. 2 nicht durch einen Rechtsanwalt vertreten zu lassen.

(5) Diese Vorschriften sind auf das Verfahren vor einem beauftragten oder ersuchten Richter sowie auf Prozesshandlungen, die vor dem Urkundsbeamten der Geschäftsstelle vorgenommen werden können, nicht anzuwenden.

(6) Ein Rechtsanwalt, der nach Maßgabe der Absätze 1 und 2 zur Vertretung berechtigt ist, kann sich selbst vertreten.

§ 78 ist neu gefasst durch den Art 1 Nr 2 OLG-Vertretungsänderungsgesetz vom 23. 7. 02 (BGBl I 2850); in Kraft seit 1. 8. 02. Wegen der seit 1999 vorangegangenen Änderungen vgl 24. Aufl.

1. Allgemeines. Der Anwaltszwang ist seit 1. 1. 2000 im gesamten **1** Bundesgebiet für alle RAe einheitlich geregelt. Durch die seit 1. 8. 02 geltende Neufassung ist der Lokalisationszwang auch für die Vertretung vor dem OLG und dem BayObLG aufgehoben. Eine ausschließliche Zulassung mit Lokalisierungszwang gibt es nur noch vor dem BGH. – **a) Begriff.** Anwaltszwang ist die Notwendigkeit der Vertretung einer Prozesspartei oder eines Dritten durch einen RA. Das verstößt nicht gegen Art 2 Abs 1 GG (BVerfG NJW 93, 3192). Der Anwaltszwang betrifft die Postulationsfähigkeit (Vorbem 4). – **b) Wirkung.** Nur zu- **2** gelassene RAe sind postulationsfähig. Zugelassen ist der RA ab Aushändigung der Zulassungsurkunde (§ 12 Abs 2 S 1 BRAO), nicht erst ab Eintragung in die Liste (BGH NJW 92, 2706). Dem Anwaltszwang unterliegende Prozesshandlungen können nur von zugelassenen RAen wirksam vorgenommen werden, von RA-Gesellschaften durch den für sie handelnden RA, der die erforderliche Zulassung hat (§ 591 S 3 BRAO). Nimmt sie eine andere Person, insbes die Partei selbst vor, so ist die Prozesshandlung unwirksam, kann aber durch Genehmigung (§ 89 Rn 13) eines postulationsfähigen ProzBev heilen und muss nicht wiederholt werden. Das gilt insbes auch für die Klageschrift (hM; BGH 111, 339). Eine Rückwirkung ist jedoch abzulehnen (hM). Nur innerhalb der Frist genehmigungsfähig sind fristgebundene Prozesshandlungen, insbes Rechtsmittel. Bei ihnen tritt keine Heilung nach § 295 ein, weil der Mangel nicht verzichtbar ist (§ 295 Rn 3). – **c) Fingierte 3 Zulassung** des beim LG zugelassenen RAs beim übergeordneten OLG tritt befristet ein gem § 26 Nr 1 EGZPO, wenn eine Berufung oder Beschwerde gegen eine Entscheidung des AG vor dem 1. 1. 2008 eingelegt wird und das OLG aufgrund der Experimentierklausel des § 119 Abs 3–5 GVG zuständig ist.

2. Umfang des Anwaltszwanges. Er gilt für: – **a) Gerichte.** Bei **4** allen Kollegialgerichten, nämlich LG, OLG, BayObLG und BGH, auch vor dem Einzelrichter (§§ 348, 348 a) und dem Vorsitzenden der KfH (§ 349). Vor dem AG nur beim Familiengericht (Abs 2) mit den Aus-

5 nahmen der Abs 3 und 4 (Rn 13, 14) – **b) Parteien:** für alle Parteien, auch beteiligte Dritte (Abs 2), insbes Nebenintervenienten und wenn ein RA Partei kraft Amtes oder gesetzlicher Vertreter ist, sofern er nicht
6 selbst beim Prozessgericht zugelassen ist (vgl Abs 6). – **c) Verfahren:** für das ganze, sei es mündlich oder schriftlich, grundsätzlich ab Anhängigkeit bei dem betreffenden Gericht bis zum Ende der Rechtshängigkeit. Ausnahmen bestehen für die Rücknahme der Klage (vgl § 269 Rn 7), der Berufung und Revision (§ 516 Rn 5, § 565 Rn 3) samt
7 Kostenantrag. – **d) Prozesshandlungen** (Einl III). Der Anwaltszwang gilt, soweit nicht die Ausnahmen des Abs 5 zutreffen, in der Verhandlung und in den Schriftsätzen, auch für den Prozessvergleich (§ 794 Rn 12). Die Partei darf aber Erklärungen zu Tatsachen abgeben (vgl § 85 Abs 1). Sie kann insbes behaupten (wegen Geständnis vgl § 288 Rn 4), Tatsachenbehauptungen und Geständnisse des ProzBev nach § 85 Abs 1 S 2 widerrufen oder berichtigen, sich ferner gemäß § 137 Abs 4, § 279 Abs 3 und § 613 erklären. Widersprechen sich ProzBev und Partei, so ist nach § 286 zu würdigen, wobei regelmäßig der Erklärung der Partei der Vorzug zu geben ist, da der ProzBev seine Information meist von ihr erhält. Wirksam entgegennehmen kann die Partei Zustellungen und Erklärungen außerhalb der Verhandlung, soweit nicht § 172 entgegensteht.

8 **3. Anwaltszwang vor Kollegialgerichten** (Abs 1). – **a) Landgericht** (Abs 1 S 1). Der RA muss bei irgendeinem AG oder LG zugelassen sein. **b) Oberlandesgericht** (Abs 1 S 2). Der RA, der auftritt, muss bei einem OLG zugelassen sein, gleichgültig bei welchem. Bei einer Sozietät muss der handelnde RA an einem OLG zugelassen sein. **c) Oberstes Landesgericht** (Abs 1 S 3): nur in Bayern (vgl § 8 EGGVG). Der RA, der auftritt, muss bei irgendeinem deutschen, nicht notwendig bayerischen OLG zugelassen sein. **d) Bundesgerichtshof** (Abs 1 S 4). Wirksam vertreten kann nur ein beim BGH zugelassener RA. Das gilt entspr für Beteiligte und Dritte in Familiensachen, mit den Ausnahmen des Abs 5 (Rn 14).

9 **4. Anwaltszwang in Familiensachen** (entspr Lebenspartnerschaftssachen). Grundsätzlich besteht der Anwaltszwang vor dem OLG, dem
10 BayObLG und dem BGH (Abs 1 S 5). – **a) Familiengericht** (Abs 2) der RA muss bei irgendeinem AG oder LG zugelassen sein, um wirksam vertreten zu können. **aa) Ehegatten:** in allen Rechtszügen, für beide, unabhängig davon, dass der Ehegatte, der Beklagter oder Antragsgegner ist, keinen RA beauftragt (vgl Rn 15); aber nur in Ehesachen (§ 606 Abs 1 S 1) und Folgesachen (§ 623 Rn 3), so dass der gesamte Scheidungsverbund des § 623 unter Anwaltszwang steht, ferner selbständige Familiensachen des § 621 Abs 1 Nr 8 (Ansprüche aus dem ehelichen Güterrecht), nicht die anderen, für die Anwaltszwang nur in
11 den höheren Rechtszügen besteht (Abs 1 S 5). **bb) Lebenspartner:** in allen Rechtszügen nur in Lebenspartnerschaftssachen des § 661 Abs 1 Nr 1 Nr 1–3 und Folgesachen auf Grund entspr Anwendung (§ 661

Abs 2) gemäß § 623 (vgl § 661 Rn 18 ff), sowie für Ansprüche aus dem Güterrecht (§ 661 Abs 1 Nr 6). Für die anderen Lebenspartnerschaftssachen besteht Anwaltszwang nur im höheren Rechtszug (Abs 1 S 5). Wie bei Ehegatten muss der Beklagte oder Antragsgegner keinen RA beauftragen (vgl Rn 15). **cc) Dritte,** die in Folgesachen (§ 623 Abs 1 **12** S 1) und an selbständigen Familien- oder Lebenspartnerschaftssachen des Güterrechts (§ 621 Abs 1 Nr 8 oder § 661 Abs 1 Nr 6) beteiligt sind, müssen auch vor dem Familiengericht durch einen beim AG oder LG zugelassenen RA vertreten werden. **b) Familiensenat** des OLG. **13** Es besteht für die Parteien, Beteiligten und beteiligte Dritte grundsätzlich Anwaltszwang (Abs 1 S 5). Davon ausgenommen sind gemäß Abs 3 Dritte, die an Folgesachen (§ 623 Abs 1 S 1) beteiligt sind und die Beteiligten von selbständigen (dem FGG unterliegenden) Familiensachen des § 621 Abs 1 Nr 1–3, 6, 7, 9, 10 (nur Verfahren nach § 1600 e Abs 2 BGB) 12, 13 sowie Lebenspartnerschaftssachen des § 661 Abs 1 Nr 5 und 7. Hingegen besteht Anwaltszwang bei der Unterhaltpflicht (§ 621 Abs 1 Nr 4, 5 sowie § 661 Abs 1 Nr 4), in Kindschaftssachen (§ 621 Abs 1 Nr 10; außer § 1600 e Abs 2 BGB) und bei Ansprüchen der nicht verheirateten Mutter gegen den Vater (§ 621 Abs 1 Nr 11). **c) Bundesgerichtshof.** Es besteht grundsätzlich Anwaltszwang (Abs 1 **14** S 5), auch für beteiligte Dritte. Ausgenommen sind nur gemäß Abs 4 die dort aufgeführten Behörden, juristische Personen des öffentlichen Rechts und Verbände. Sie müssen sich nicht durch einen BGH-RA vertreten lassen, wenn sie gegen eine Beschwerdeentscheidung des Familiensenats die (zugelassene) Rechtsbeschwerde (§ 621 e Abs 2 S 1 Nr 1) oder die Nichtzulassungsbeschwerde (§ 621 e Abs 2 S 1 Nr 2) einlegen (Abs 4).

5. Unterlassene Anwaltsbestellung in Ehesachen (§ 606 Abs 1 **15** S 1) und Lebenspartnerschaftsaufhebungs- und Feststellungssachen (§ 661 Abs 1 Nr 1 und 2). Dem Beklagten oder Antragsgegner steht es frei, einen RA zu bestellen. In Ehesachen (entspr in Lebenspartnerschaftssachen, § 661 Abs 2) ist jedoch ein Versäumnisurteil unzulässig (§ 612 Abs 4). Das gilt insbes für Scheidungssachen. Bestellt der Antragsgegner keinen RA, bleibt Beiordnung eines RA durch das Gericht möglich (§ 625). Unterbleibt dies, kann der Antragsgegner ohne RA nicht wirksam Prozesshandlungen vornehmen, auch nicht in den Folgesachen und auch nicht nach Abtrennung (§ 628). Er ist auf die persönliche Anhörung (§ 613) beschränkt.

6. Ausnahmen vom Anwaltszwang (Abs 5; § 79) bestehen für: – **16** **a) Gerichte.** Das Verfahren vor dem AG (Ausnahme: Familiengericht, Rn 8–14) steht außer Anwaltszwang. Dies gilt grundsätzlich für das gesamte Verfahren. – **b) Rechtspflegeorgane.** Das Verfahren vor dem **17** beauftragten oder ersuchten Richter (Abs 5), insbes Verfahren nach § 278 Abs 5, §§ 361, 362, 372, 375, 434, 479. Der beauftragte und der ersuchte Richter dürfen nicht mit dem Einzelrichter verwechselt werden (vgl Rn 4). Das gesamte Verfahren vor dem Rechtspfleger

und dem Urkundsbeamten ist vom Anwaltszwang befreit (§ 13 RPflG,
18 § 153 GVG). – **c) Prozesshandlungen,** die zu Protokoll der Geschäftsstelle erklärt werden können (Abs 3), zB § 44 Abs 1, § 91 a Abs 1
S 1, § 118 Abs 1, § 486 Abs 1, § 920 Abs 3, § 936. Es ist aber nur die
betreffende Prozesshandlung vom Anwaltszwang befreit, nicht das sich
anschließende Verfahren, soweit es dem Anwaltszwang unterliegt. Für
die Beschwerde gilt die Sonderregel in § 569. Keinesfalls unterliegt die
Rücknahme der gem Abs 3 vom Anwaltszwang befreiten Prozesshandlung dem Anwaltszwang. Vom Anwaltszwang befreit sind insbes
Zustellungsaufträge (§ 191, 176), Streitverkündung (§ 73) und Urkun-
denniederlegung (§ 134).

19   **7. Selbstvertretungsrecht** des RAs (Abs 6). Es besteht, wenn er
selbst Partei ist (auch Partei kraft Amtes). Das gilt für alle Fälle, die seine
Postulationsfähigkeit umfasst, wenn er als ProzBev vertreten würde. Ob
er sich selbst vertritt oder postulationsfähig im eigenen Namen handelt,
ist nur begrifflich, nicht praktisch von Belang. Die Unterbrechung gemäß § 244 Abs 1 tritt auch in eigenen Sachen ein (BGH 111, 107).
Abs 4 ist nicht entspr anwendbar auf andere Personen (BGH NJW-RR
87, 1086). Kostenerstattung: § 91 Abs 2 S 4.

20   **8. Vertretung des Rechtsanwalts.** Es sind folgende Fälle zu
unterscheiden: – **a) Untervertretung.** Hier muss der Untervertreter
auch beim Prozessgericht als RA vertreten können (§ 52 Abs 1
21 BRAO). – **b) Allgemeiner Vertreter** (§§ 53, 161 BRAO). Der selbst
bestellte muss beim selben Gericht zugelassen sein (§ 53 Abs 1, 2 S 1
BRAO). Der von der Landesjustizverwaltung bestellte (§ 53 Abs 2 S 2,
Abs 5 BRAO) hat nach § 53 Abs 7 BRAO die Befugnisse des vertretenen RAs, so dass damit dem § 78 genügt ist. Der Vertreter sollte, muss
aber nicht, beim Auftreten im Rechtsstreit sein Handeln als allgemeiner
Vertreter durch ausdrückliche Erklärung erkennbar machen (BGH
NJW 99, 364), wenn sich das Handeln als Vertreter nicht schon aus den
22 Umständen ergibt (BGH NJW 93, 1925). – **c) Kanzleiabwickler**
(§ 55 BRAO). Auch er hat die gleichen Befugnisse (§ 55 Abs 2 S 3
BRAO) und ist daher ebenso wie der allgemeine Vertreter zu behan-
23 deln (Rn 23). **d) Beistandleisten** in Anwesenheit des RAs (§ 52 Abs 2
BRAO), insbes die mündlichen Ausführungen übernehmen, ist kein
Fall von Untervertretung (Rn 22). Das kann jeder RA, auch der europäische (Rn 26). Ferner kann der Stationsreferendar nach § 59 Abs 2
S 1 BRAO die Ausführungen übernehmen. Vertreten kann er nur außerhalb des Anwaltszwangs (§ 59 Abs 2 S 2 BRAO).

24   **9. Europäische Rechtsanwälte,** die Staatsangehörige eines der
Mitgliedstaaten der EU oder des Abkommens über den Europäischen
Wirtschaftsraum sind, können gemäß § 78 postulationsfähig sein nur
nach Maßgabe des Gesetzes vom 9. 3. 2000 (BGBl I S 182), in Kraft
seit 14. 3. 2000. Zu den Voraussetzungen: Lach NJW 00, 1609. Es ist
25 zu unterscheiden: – **a) Niedergelassener europäischer Rechtsanwalt** (§ 2). Er muss in die für den Niederlassungsort zuständige Rechts-

anwaltskammer aufgenommen und bei einem Gericht zugelassen sein. Sind diese Voraussetzungen erfüllt, ist er insoweit postulationsfähig iS des § 78 und verhandelt selbst. – **b) Dienstleistender europäischer** **26** **Rechtsanwalt** (§ 25). Ist auf vorübergehende Tätigkeit ohne Niederlassung abgestellt. Für die Tätigkeit vor Gericht und zur Postulationsfähigkeit bei Vertretung einer Prozesspartei ist das Einvernehmen eines zugelassenen RAs erforderlich (§ 28). Der vom Gesetz so genannte Einvernehmensanwalt steht im Vertragsverhältnis nur mit dem europäischen RA, der ihn beauftragt. In der mündlichen Verhandlung darf der europäische RA als ProzBev dem Einvernehmensanwalt gemäß § 52 Abs 2 BRAO die Ausführungen überlassen (§ 28 Abs 4).

§ 78a *(aufgehoben)*

§ 78b Notanwalt

(1) **Insoweit eine Vertretung durch Anwälte geboten ist, hat das Prozeßgericht einer Partei auf ihren Antrag durch Beschluß für den Rechtszug einen Rechtsanwalt zur Wahrnehmung ihrer Rechte beizuordnen, wenn sie einen zu ihrer Vertretung bereiten Rechtsanwalt nicht findet und die Rechtsverfolgung oder Rechtsverteidigung nicht mutwillig oder aussichtslos erscheint.**

(2) **Gegen den Beschluß, durch den die Beiordnung eines Rechtsanwalts abgelehnt wird, findet die sofortige Beschwerde statt.**

Anwendbar: wenn Vertretung durch RA geboten ist, also Anwalts- **1** zwang nach § 78 besteht. **Nicht mutwillig:** wie § 114 Rn 12. Da die Partei den RA bezahlen muss, bleibt der finanzielle Gesichtspunkt (Schutz der Staatskasse) außer Betracht. **Aussichtslos:** wenn die Erfolglosigkeit offenbar ist und ein günstigeres Ergebnis auch bei Beratung durch einen RA nicht erzielt werden kann (BGH FamRZ 88, 1153). **Nichtfinden** eines zur Vertretung bereiten RA. Das darf nicht nur auf **2** fehlender Vorschusszahlung beruhen (BGH MDR 00, 412) oder darauf, dass die Rechtsmittelbegründung allein den Vorstellungen der Partei entsprechen solle (BGH NJW 95, 537). Es müssen nicht alle am Prozessort zugelassenen RAe ersucht worden sein, aber eine gewisse Anzahl von RAen, die namentlich zu benennen sind. Das Nichtfinden ist jedenfalls dem Gericht nachzuweisen (BGH NJW-RR 95, 1016). **Entscheidung.** Der stattgebende Beschluss ist unanfechtbar. Er spricht **3** nur aus, dass ein RA beizuordnen ist. Die Auswahl trifft der Vorsitzende nach § 78 c Abs 1. Erteilung der Prozessvollmacht durch die Partei (§ 80 Abs 1) ist daneben immer noch nötig. Der RA ist zur Übernahme verpflichtet (§ 48 Abs 1 Nr 2 BRAO). **Sofortige Beschwerde:** **4** Abs 2 (§ 567 I Nr 1). Gegen die Beschwerdeentscheidung kann: der Rechtsbeschwerde zugelassen werden (§ 574 Abs 1 S 2). Wert: der der Hauptsache. **Kosten:** kein Erstattungsanspruch (wie § 118 Rn 12; hM;

5 München Rpfleger 93, 304). **Wiedereinsetzungsfrist** des § 234
Abs 1, wenn der RA zur Wahrung einer Notfrist gebraucht wird: 234
Rn 11.

§ 78 c Auswahl des Rechtsanwalts

(1) **Der nach § 78 b beizuordnende Rechtsanwalt wird durch
den Vorsitzenden des Gerichts aus der Zahl der bei dem Prozeßgericht zugelassenen Rechtsanwälte ausgewählt.**

(2) **Der beigeordnete Rechtsanwalt kann die Übernahme der
Vertretung davon abhängig machen, daß die Partei ihm einen
Vorschuß zahlt, der nach der Bundesgebührenordnung für
Rechtsanwälte zu bemessen ist.**

(3) [1] **Gegen eine Verfügung, die nach Absatz 1 getroffen
wird, steht der Partei und dem Rechtsanwalt die sofortige Beschwerde zu.** [2] **Dem Rechtsanwalt steht die sofortige Beschwerde auch zu, wenn der Vorsitzende des Gerichts den Antrag,
die Beiordnung aufzuheben (§ 48 Abs. 2 der Bundesrechtsanwaltsordnung), ablehnt.**

1   **Anwendbar** in den Fällen des § 78 b und des § 625 (da aber nur
Abs 1 und 3), ferner bei § 121 Abs 4, weil dort die Lage dem § 78 c
2 entspricht (Karlsruhe FamRZ 99, 306). **Auswahl** (Abs 1). Sie steht im
sachgemäßen Ermessen des Vorsitzenden oder des Familienrichters bei
3 § 625. **Beiordnung:** durch Verfügung. Es darf nur ein RA, keine
Sozietät beigeordnet werden, auch eine RA-Gesellschaft (§ 591 S 1
BRAO). Der RA ist zur Übernahme der Vertretung verpflichtet (§ 48
4 Abs 1 Nr 2 BRAO). **Vorschuss** (Abs 2): nach § 17 BRAGO zu be-
messen. Zahlt ihn die Partei nicht, ist Aufhebung der Beiordnung auf
5 Antrag des RA geboten (§ 48 Abs 2 BRAO). **Sofortige Beschwerde**
(Abs 3 S 1, 2). Sie findet gegen die Verfügung (Abs 1) statt, für die
Partei mit dem Ziel, einen anderen RA beigeordnet zu erhalten, für
den RA mit dem Ziel, sogleich seine Beiordnung aufzuheben. Dem
Rechtsmittel ist nur bei Vorliegen sachlicher Gründe stattzugeben.
Dem beigeordneten RA steht zudem der Antrag nach § 48 Abs 2
BRAO offen („wichtige Gründe"); gegen dessen Ablehnung findet
ebenfalls sofortige Beschwerde statt (Abs 3 S 2). Sie steht auch der Par-
6 tei zu (Düsseldorf FamRZ 95, 241; bestr). Anfechtbarkeit nur nach
Maßgabe des § 574.

§ 79 Parteiprozeß

**Insoweit eine Vertretung durch Anwälte nicht geboten ist,
können die Parteien den Rechtsstreit selbst oder durch jede
prozeßfähige Person als Bevollmächtigten führen.**

1   **1. Anwendungsbereich.** Die Vertretung durch RAe ist nicht geboten im Umfang des § 78 Rn 16–18. Es gilt § 79 also insbes für das

gesamte Verfahren des AG (mit Ausnahme des Familiengerichts, § 78
Abs 2). § 79 gilt auch für den Nebenintervenienten (§ 66).

2. Prozessführung durch die Partei selbst, wenn sie prozessfähig   2
ist (§ 52), sonst durch ihren gesetzlichen Vertreter (§ 51 Rn 3). Es muss
jedoch die Postulationsfähigkeit (4 vor § 78) gegeben sein. Für die Prozessführung steht die Partei einem ProzBev gleich.

3. Prozessführung durch Prozessbevollmächtigte. Dies kann   3
geschehen durch: – **a) Rechtsanwälte** (und deren Vertreter, wie § 78
Rn 22–25) sowie RA-Gesellschaften (§ 591 BRAO) ohne Rücksicht
darauf, bei welchem Gericht sie zugelassen sind. Es kann jeder RA bei
jedem Gericht vertreten. – **b) Prozessfähige Personen** (§ 52; vgl   4
§ 80 Rn 5), also nicht juristische Personen (§ 51 Rn 6, 7) mit Ausnahme der Anwalts-GmbH (§ 591 S 3 BRAO; Henssler NJW 99, 241).
Ist eine andere juristische Person bevollmächtigt, so ist dies im Zweifel
als Vollmacht für den jeweiligen gesetzlichen Vertreter (§ 51 Rn 4) anzusehen. Auch Personen, die nach § 157 nicht postulationsfähig sind,
kann wirksam Prozessvollmacht erteilt werden. Wegen Wirksamkeit
von ihr vorgenommener Prozesshandlungen vgl Einl III Rn 10 und
§ 157 Rn 4. Der ProzBev darf nicht selbst Prozessgegner der vertretenen Partei sein oder zugleich diese vertreten.

§ 80 Prozeßvollmacht

(1) **Der Bevollmächtigte hat die Bevollmächtigung durch
eine schriftliche Vollmacht nachzuweisen und diese zu den
Gerichtsakten abzugeben.**

(2) [1]**Das Gericht kann auf Antrag des Gegners die öffentliche
Beglaubigung einer Privaturkunde anordnen.** [2]**Wird der Antrag
zurückgewiesen, so ist dagegen kein Rechtsmittel zulässig.**
[3]**Bei der Beglaubigung bedarf es weder der Zuziehung von
Zeugen noch der Aufnahme eines Protokolls.**

1. Erteilung der Prozessvollmacht (1 vor § 78) ist in der ZPO nicht   1
ausdrücklich geregelt. Davon zu unterscheiden ist die Vertretungsmacht
der Person, welche die Prozessvollmacht erteilt (BGH NJW 90, 3088).
a) Vornahme. Erteilt wird die Prozessvollmacht durch eine Pro-   2
zesshandlung (Einl III) des Vollmachtgebers (hM; RoSchwGottwald
§ 55 II 1). Sie ist gegenüber dem ProzBev, dem Gericht oder dem Prozessgegner zu erklären; wird mit Zugang wirksam (entspr § 130 BGB).
Ein Verstoß gegen das Verbot der Berufstätigkeit (§ 45 BRAO) steht
der Wirksamkeit grundsätzlich nicht entgegen (BGH NJW 93, 1926). –
b) Form. Die Vollmachtserteilung ist formlos (vgl § 89 Abs 2), auch   3
durch schlüssiges Verhalten gegenüber Bevollmächtigtem, Prozessgeg-
nern oder Gericht möglich (BGH FamRZ 95, 1484); denn § 80 befasst
sich nur mit dem Nachweis, nicht mit formgültiger Erteilung. Für den
Nachweis gilt Rn 8. – **c) Vollmachtgeber** können Parteien, Neben-   4
intervenienten und am Zwischenstreit beteiligte Dritte sein, auch deren

Vertreter, die im Namen des Vollmachtgebers die Prozessvollmacht erteilen. Wird deren Vertretungsmacht gerügt, ist § 88 anzuwenden. –
5   **d) Fähigkeit,** ProzBev zu sein, haben die in § 78 Rn 2 oder § 79 Rn 4 aufgeführten Personen, sofern sie prozessfähig sind (§ 79 Rn 4; hM; BVerfG NJW 74, 1279 mwN). – **e) Arten.** Die Prozessvollmacht kann Teil einer umfassenden, auch auf Rechtsgeschäfte sich erstreckenden Vollmacht sein, zB Generalvollmacht, Prokura. Auch Untervollmacht ist zulässig (vgl § 81 Hs 2; allgM). Der Unterbevollmächtigte handelt im Namen der Partei, nicht im Namen des ProzBev, der ihm Untervollmacht erteilt hat, wohl aber regelmäßig in dessen Auftrag (In-
6   nenverhältnis, 3 vor § 78). – **f) Inhalt.** Bezeichnung des Rechtsstreits, des Vertreters und die schlüssige, nicht notwendig wörtliche Erklärung der Bevollmächtigung reichen aus. Ein besonderer Inhalt ist für Ehesachen vorgeschrieben (§ 609 Abs 1). – **g) Abgabe** zu den Akten (Abs 1).

7   **2. Nachweis** (Abs 1, 2). Gilt auch für die Untervollmacht. Wann die Prozessvollmacht von Amts wegen und wann auf Rüge zu prüfen ist, ergibt sich aus § 88. Bei mangelndem Nachweis gilt § 89. Zum
8   Nachweis ist erforderlich und ausreichend: – **a) Schriftform,** dh eine vom Vollmachtgeber oder dessen Vertreter eigenhändig unterschriebene Urkunde, welche die Bevollmächtigung enthält (München OLGZ 93, 223), also eine die Prozessführung umfassende Erklärung (zB auch eine Generalvollmacht). Die Schriftform wird durch eine öffentliche Urkunde (§ 415), insbes eine notarielle voll ersetzt. Elektronische Form (§§ 126 Abs 3, 126a BGB) ist nicht ausgeschlossen. Ein Datum in Schriftform ist für die Wirksamkeit entbehrlich, kann aber bedeutsam sein, wenn es auf den Nachweis für die Wirksamkeit vorgenommener Prozesshandlungen ankommt. Vollmachterteilung zum Sitzungsprotokoll (§ 160 Abs 2) genügt immer (allgM) und umfasst die Genehmigung vorangegangener Prozesshandlungen. – **b) Öffentliche Beglau-**
9   **bigung** (§ 129 BGB) der Vollmacht kann nur nach Abs 2 verlangt
10 werden. – **c) Sonstige Fälle.** Es genügt Handelsregisterauszug bei Prokuristen, in der Zwangsvollstreckung die Angabe als ProzBev im Vollstreckungstitel (da § 81 die ZwVollstr umfasst), im Prozess, wenn der ProzBev sich auf die Vollmacht im Akt des Prozessgerichts beruft (StJBork 36). Im Mahnverfahren gilt § 703.

§ 81 Umfang der Prozeßvollmacht

Die Prozeßvollmacht ermächtigt zu allen den Rechtsstreit betreffenden Prozeßhandlungen, einschließlich derjenigen, die durch eine Widerklage, eine Wiederaufnahme des Verfahrens und die Zwangsvollstreckung veranlaßt werden; zur Bestellung eines Vertreters sowie eines Bevollmächtigten für die höheren Instanzen; zur Beseitigung des Rechtsstreits durch Vergleich, Verzichtleistung auf den Streitgegenstand oder Anerkennung des von dem Gegner geltend gemachten Anspruchs; zur Emp-

fangnahme der von dem Gegner oder aus der Staatskasse zu erstattenden Kosten.

1. Rechtsstreit (Hs 1). Darunter ist ein bestimmt bezeichnetes Verfahren zu verstehen. – **a) Umfang** der Prozessvollmacht: nach Hs 1 Widerklage (§ 33), Wiederaufnahme (§§ 579 ff) und Zwangsvollstreckung (28, 29 vor § 704) einschließlich der aus ihrem Anlass entstehenden selbständigen Klagen (zB §§ 731, 767, 771) und Rechtsbehelfe (hM); Nebenverfahren gem § 82; alle Rechtszüge und Verweisungen; das Kostenfestsetzungsverfahren (§§ 103 ff). – **b) Nicht umfasst** werden Klagen aus §§ 323, 324, 893, Klagen aus §§ 302, 600, 717, 945 nur dann wenn sie selbständig, nicht im anhängigen Rechtsstreit erhoben werden (hM); das Verfahren nach § 19 BRAGO im Verhältnis zum früheren ProzBev (München Büro 84, 394). – **c) Fortbestand.** Die Prozessvollmacht bleibt auch bestehen, wenn Parteiänderung (12 vor § 50) eintritt, die Klage geändert oder erweitert wird (§§ 263, 264). Die vom Nebenintervenienten erteilte Prozessvollmacht besteht fort, wenn die Klage auf ihn erstreckt wird (BGH 57, 105). 1 2 3

2. Prozesshandlungen (Einl III). Die Prozessvollmacht ermächtigt zur Abgabe und Entgegennahme aller Prozesshandlungen. Insbes kann der ProzBev: Klage (auch Widerklage) erheben, ändern und zurücknehmen; Tatsachen behaupten, bestreiten und zugestehen; Zustimmung erklären (zB § 128 Abs 2, § 265 Abs 2, § 349 Abs 3); Rechtsmittel einlegen, zurücknehmen, auf sie verzichten; alle Anträge stellen, zur Zwangsvollstreckung beauftragen; nach Hs 3 Vergleiche schließen, anerkennen (§ 307) und verzichten (§ 306); zur Zustellung beauftragen und sie entgegennehmen. 4

3. Rechtsgeschäfte und geschäftsähnliche Handlungen (vgl Rn 6). Hierfür ermächtigt die Prozessvollmacht zur Vornahme auch außerhalb des Prozesses. Die Befugnis ergibt sich im Einzelfall aus dem Zusammenhang mit dem Gegenstand des Rechtsstreits und umfasst nicht die Verfügung über Vermögensgegenstände, die sich nicht im Rechtsstreit befinden (BGH NJW 92, 1963 mwN), insbes nicht zum Erwerb der eingeklagten Forderung durch Zustimmung zur Abtretungserklärung (BGH Rpfleger 94, 24). Die Prozessvollmacht ermächtigt: – **a) Zur Klage:** soweit sie diese begründen oder zu ihrer Abweisung führen sollen, zB Aufrechnung (hM; Musielak JuS 94, 817 mwN), Genehmigung, Kündigung (auch deren Empfangnahme, BGH NJW-RR 00, 745), Anfechtung, Rücktritt, außergerichtlicher Vergleich (hM, BAG NJW 63, 1469), auch die wettbewerbsrechtliche Abmahnung als geschäftsähnliche Handlung (vgl Dresden OLG-NL 99, 88 mwN), nicht aber Schuldanerkenntnis (§ 781 BGB) und Erlass (§ 397 BGB). – **b) Zur Untervollmacht:** ausdrücklich nach Hs 2, entweder ganz (StJBork 14), nur für einen Teil oder für einzelne Handlungen (vgl § 80 Rn 5) bis zur wirksamen Beendigung gem § 87 (BGH NJW 80, 999), ermächtigt nicht zur weiteren Prozessvollmacht an einen anderen zur Vertretung für den Prozess im Ganzen neben dem 5 6 7

bestellten ProzBev (BGH NJW 81, 1727 mwN). Der postulationsfähige Unterbevollmächtigte handelt im Namen der Partei (BGH NJW-RR
8 03, 51). – **c) Zur Empfangnahme** der Kosten (Hs 4), also nicht der Hauptsache, wenn die Vollmacht nicht, wie es idR geschieht, auf die Hauptsache erstreckt ist und vorgelegt wird. Zur Hauptsache muss die im Einzelfall erteilte Prozessvollmacht ausdrücklich ermächtigen (allgM; Rn 9). Das gilt auch für die ZwVollstr (Pawlowski DGVZ 94, 177); idR geschieht es durch das verwendete Formular.

9 **4. Erweiterte Vertretungsmacht** kann dem ProzBev nach § 167 BGB eingeräumt werden (ZöVollkommer 12 mwN), insbes zum Empfang der Hauptsache (vgl Rn 8). Für Beschränkungen gilt § 83.

§ 82 Geltung für Nebenverfahren

Die Vollmacht für den Hauptprozeß umfaßt die Vollmacht für das eine Hauptintervention, einen Arrest oder eine einstweilige Verfügung betreffende Verfahren.

1 Auch auf Verfahren nach §§ 620, 620b, 641d, 644 anwendbar. Die Prozessvollmacht kann beschränkt auf diese Nebenverfahren erteilt werden (allgM). Im Anwaltsprozess (§ 78 Abs 1, 2) kann die Vollmacht für den Hauptprozess nicht so beschränkt werden, dass sie die Verfahren des § 82 nicht umfasst (§ 83). Für das materiell-rechtliche Innenverhältnis (4 vor § 78) gilt § 82 nicht.

§ 83 Beschränkung der Prozeßvollmacht

(1) Eine Beschränkung des gesetzlichen Umfanges der Vollmacht hat dem Gegner gegenüber nur insoweit rechtliche Wirkung, als diese Beschränkung die Beseitigung des Rechtsstreits durch Vergleich, Verzichtleistung auf den Streitgegenstand oder Anerkennung des von dem Gegner geltend gemachten Anspruchs betrifft.

(2) Insoweit eine Vertretung durch Anwälte nicht geboten ist, kann eine Vollmacht für einzelne Prozeßhandlungen erteilt werden.

1 **1. Durchführung.** Beschränkt wird: – **a) Bei Erteilung** der Prozessvollmacht (§ 80 Rn 2) durch ausdrückliche Erklärung an Gericht oder Gegner; in die Vollmachtsurkunde (§ 80 Rn 8) aufzunehmen. Es genügt auch die bloße Aufnahme in diejenige Urkunde, die dem Ge-
2 richt vorgelegt wird. – **b) Nach Bevollmächtigung** kann nur beschränkt werden durch ausdrückliche, unzweideutige Erklärung (Prozesshandlung, Einl III), die mit Zugang an den Prozessgegner auch dem Gericht gegenüber wirksam wird (BGH NJW 01, 1356).

3 **2. Wirksamkeit.** Im Innenverhältnis (3 vor § 78) ist die Beschränkung der Vollmacht in jedem Umfang zulässig und wirksam. Im Au-

ßenverhältnis (2 vor § 78), also dem Prozessgegner und dem Gericht gegenüber, damit für den Rechtsstreit maßgebend, muss unterschieden werden: – **a) Im Anwaltsprozess** (§ 78) kann die Prozessvollmacht **4** grundsätzlich nicht beschränkt werden (Abs 1), insbes nicht auf die erste Instanz (BGH NJW 01, 1356). Nur Vergleich (§ 794 Abs 1 Nr 1), Anerkenntnis (§ 307) und Klageverzicht (§ 306) können von der Prozessvollmacht nach außen wirksam ausgenommen werden. Von selbst auf Klage oder Widerklage beschränkt ist die Prozessvollmacht des Haftpflichtversicherers, wenn er für beide Parteien haftet (BGH 112, 345). – **b) Im Parteiprozess** (§ 79) gilt Abs 1 nicht, sondern nur Abs 2. Die **5** Prozessvollmacht kann beliebig beschränkt, sogar nur für einzelne Prozesshandlungen erteilt werden. Häufig ist Terminsvollmacht. Sie ermächtigt zu allen zweckgerechten, im Termin vorkommenden Prozesshandlungen.

3. Wirkung. Ist wirksam beschränkt, so fehlt eine Prozesshand- **6** lungsvoraussetzung (Einl III Rn 10; 1 vor § 78) mit der Folge, dass die vollmachtlos abgegebene oder entgegengenommene Prozesshandlung unwirksam ist (vgl § 89). Abs 2 gestattet nicht die Genehmigung einzelner Prozesshandlungen ohne Genehmigung der gesamten vollmachtlosen Prozessführung (ZöVollkommer 5).

§ 84 Mehrere Prozeßbevollmächtigte

[1] **Mehrere Bevollmächtigte sind berechtigt, sowohl gemeinschaftlich als einzeln die Partei zu vertreten. [2] Eine abweichende Bestimmung der Vollmacht hat dem Gegner gegenüber keine rechtliche Wirkung.**

1. Voraussetzung. Es müssen mehrere bevollmächtigt sein. Es kann **1** nebeneinander und nacheinander einzeln Vollmacht erteilt werden oder mehreren gleichzeitig. Bei der Anwaltssozietät (§ 59a BRAO) ist diese Mitbevollmächtigung idR anzunehmen, auch dann, wenn nur einem, der ihr angehört, das Mandat (BGH 56, 355) und damit die Vollmacht erteilt wird. Dies gilt aber nicht ohne weiteres bei der überörtlichen Sozietät (vgl Düsseldorf NJW-RR 95, 376) und nicht bei einer vor Gründung der Sozietät dem einzelnen RA erteilten Vollmacht (BGH NJW 88, 1973). Bei der RA-Gesellschaft (§ 59l BRAO) ist nur diese bevollmächtigt. § 84 gilt nicht bei gesetzlicher Gesamtvertretung (zB § 35 Abs 2 GmbHG); diese geht vor (hM). Das ist im Prozess unpraktisch, so dass sich in solchen Fällen Bevollmächtigung empfiehlt.

2. Wirkung. Prozessvollmacht hat jeder, für sich allein und voll. **2** Gleichzeitig erteilt werden muss sie nicht (Rn 1). Prozesshandlungen erklären und entgegennehmen kann jeder wirksam allein. – **a) Wider-** **3** **sprechende** Prozesshandlungen und Rechtsgeschäfte (vgl § 81 Rn 4, 5). Die frühere Erklärung gilt, wenn es sich um bindende, dh nicht frei widerrufliche Erklärungen handelt, zB Geständnis (§ 290; vgl § 85 Abs 1 S 2), Anerkenntnis (§ 307), empfangsbedürftige Willenserklärun-

gen (§ 130 BGB). Die spätere gilt bei allen anderen Erklärungen, insbes
frei widerruflichen Willenserklärungen und Tatsachenbehauptungen
(vgl § 85 Abs 1 S 2). Bei gleichzeitiger Abgabe sind die sich widerspre-
4 chenden Erklärungen wirkungslos. – **b) Zustellung und Zugang** von
Prozesshandlungen und Willenserklärungen. Es genügt der Empfang
durch einen der mehreren ProzBev. In der Anwaltssozietät ist grundsätzlich jeder für jeden zur Entgegennahme berechtigt (BGH NJW 95,
1841 mwN). Für den Fristbeginn ist bei Zustellung an verschiedene
ProzBev einer Partei allein die Erste maßgebend (BVerwG NJW 84,
2115).

§ 85 Wirkung der Prozeßvollmacht

(1) [1]Die von dem Bevollmächtigten vorgenommenen Prozeßhandlungen sind für die Partei in gleicher Art verpflichtend,
als wenn sie von der Partei selbst vorgenommen wären. [2]Dies
gilt von Geständnissen und anderen tatsächlichen Erklärungen,
insoweit sie nicht von der miterschienenen Partei sofort widerrufen oder berichtigt werden.

(2) **Das Verschulden des Bevollmächtigten steht dem Verschulden der Partei gleich.**

1 **1. Unmittelbare Stellvertretung.** Das ist der Grundsatz, den
Abs 1 S 1 aufstellt. – **a) Anwendungsbereich.** Alle Prozesshandlungen (Einl III). Das ist im weitesten Sinne zu verstehen, umfasst daher
alle Handlungen und Unterlassungen (Versäumnisse), die sich auf den
Rechtsstreit beziehen (StJBork 2), darüberhinaus auch diejenigen
Rechtsgeschäfte, welche die Prozessvollmacht umfasst (§ 81 Rn 5). –
2 **b) Kenntnis** von tatsächlichen Umständen. Soweit es in Bezug auf den
Rechtsstreit darauf ankommt, ist § 166 BGB entspr anzuwenden
(allgM), bei Handeln auf Weisung der Partei kommt es daher auf deren
3 Kenntnis an (§ 166 Abs 2 BGB; RG 146, 348). – **c) Wirkung.** Sie
umfasst die Vornahme wie die Entgegennahme von Prozesshandlungen
sowie Rechtsgeschäften (Rn 1) und besteht darin, dass die Partei unmittelbar berechtigt, verpflichtet und gebunden wird, soweit gesetzlich
Bindung besteht. Von dieser Bindung besteht eine Ausnahme für Erklärungen tatsächlichen Inhalts (Abs 1 S 2; Rn 4).

4 **2. Widerruf und Berichtigung** (Abs 1 S 2) von Erklärungen tatsächlichen Inhalts (§ 138 Abs 1–4, § 288 Abs 1) gegenüber den Gerichten. Hierfür besteht vom Grundsatz (Rn 1) eine Ausnahme. Sie gilt
für alle Erklärungen über Tatsachen, daher nicht für das Anerkenntnis
(§ 307). Es ist davon auszugehen, dass die Partei sie besser weiß als der
5 von ihr informierte ProzBev. Es muss unterschieden werden: –
a) Sofort widerrufen und berichtigt (Abs 1 S 2). Zeitlich ist dies erfüllt, sobald die Partei zu Wort kommt (StJBork 5), im Anwaltsprozess
(§ 78 Abs 1) während des Termins gemäß § 137 Abs 4, im Parteiprozess (§ 79) jederzeit, weil die Partei hier postulationsfähig bleibt. Im

schriftlichen Verfahren (§ 128 Abs 2) bedeutet sofort unverzüglich
(§ 121 BGB) nach Kenntnis des Schriftsatzes. Der Widerruf wirkt wie
die Berichtigung sofort, unmittelbar und ohne die gesetzlichen Beschränkungen (insbes § 290). – **b) Später** sind Widerruf und Berichti- **6**
gung nur nach den allgemeinen Regeln (Einl III Rn 21) möglich und
wirksam (auch durch den ProzBev wegen Rn 1), aber nicht mit der
Wirkung, dass allein die Erklärung der Partei gilt (wie bei Rn 5), sondern dass nach § 286 zu würdigen ist (§ 78 Rn 7).

3. Vertreterverschulden (Abs 2) wird wie Verschulden der Partei **7**
behandelt. Abs 2 ersetzt insoweit den aufgehobenen § 232 für die gewillkürte Vertretung; für die gesetzliche gilt § 51 Abs 2. – **a) Anwendbar:** auf die gesamte Prozessführung (wie § 51 Rn 18) und während
der gesamten Vertretungsdauer (Rn 13). Abs 2 gilt auch in Familiensachen (BGH NJW 79, 1414 und FamRZ 93, 308; aA Köln NJW-
RR 94, 1093) sowie im PKH-Verfahren (BGH NJW 01, 2720 mwN;
bestr). – **b) Maßstab.** Umfaßt Vorsatz und Fahrlässigkeit (wie § 276 **8**
BGB). Abzustellen ist nicht auf die äußerste oder größtmögliche, sondern nur auf die übliche Sorgfalt (hM; ZöVollkommer 12 a mwN).

4. Vertreter (Bevollmächtigter). Für eine enge Auslegung gegen- **9**
über der hM: Karl, Der Bevollmächtigte nach § 85 Abs 2 ZPO, 1993.
– **a) Allgemeines.** Abs 2 setzt das Bestehen einer wirksamen Vollmacht voraus; auch im Falle einer Beiordnung gem § 121 (BGH NJW
87, 440). Vertreter ist insbes der ProzBev. Auch der Nichtanwalt kann
Vertreter sein (BGH NJW-RR 01, 427), auch der Untervertreter
(BGH VersR 84, 239), zB als Urlaubsvertreter (Stuttgart VersR 02,
465), insbes der allgemeine Vertreter (§ 53 BRAO; BGH NJW 94,
2957), jedoch nicht mehr nach dem Tod des RAs (BGH NJW 82,
2324; vgl aber § 54 BRAO), auch der Referendar (BAG NJW 73,
343), insbes der gem § 53 Abs 4 S 2 BRAO bestellte Stationsreferendar
(BGH VersR 76, 92). Ferner der angestellte RA oder der als freier Mit-
arbeiter tätige RA, sofern er selbständig den Rechtsstreit bearbeitet
(BGH stRspr, zB NJW-RR 93, 893; BVerwG NJW 86, 1178; BAG
NJW 87, 1355). – **b) Anwaltssozietät** (§ 59 a BRAO; vgl § 84 Rn 1). **10**
Das Mandat kann auf einen einzelnen der RAe beschränkt werden
(BGH NJW 94, 2302). Vertreter sind aber idR alle RAe, die der So-
zietät angehören, auch wenn nur einer der ihr angehörenden RAe das
Mandat annimmt (BGH stRspr NJW 95, 1841 mwN). Das gilt ohne
Rücksicht auf ihre Zulassung beim betreffenden Gericht (BGH 124, 47
[52]), auch bei untergeordneter Tätigkeit (BGH NJW 95, 1841) und
wenn der betreffende RA nicht Sachbearbeiter ist oder war (BGH
VersR 75, 1028), ferner wenn ein RA nach Mandatserteilung in die
Sozietät eingetreten ist (BGH 124, 47). Das gilt nicht, wenn ein RA
bei PKH beigeordnet ist, für die anderen der Sozietät angehörenden
RAe (BGH NJW 91, 2294). Bei überörtlicher Sozietät ist auf den RA
abzustellen, der die Partei im Prozess vertritt (BGH NJW 94, 1878). –
c) Anwaltsgesellschaft (§ 591 S 1 BRAO). Ist diese als Prozessbe- **11**

vollmächtigter beauftragt, kommt es auf das Verschulden ihrer Organe und Vertreter an (§ 591 S 2 BRAO). Im Einzelfall muss sich die Prü-
12 fung des Verschuldens nicht auf alle beziehen. − **d) Sonstige Fälle.** Vertreter ist der Verkehrsanwalt (§ 91 Rn 26; BGH NJW 82, 2447); der Urlaubsvertreter des RAs sowie der Nichtanwalt, der für die Partei mit dem ProzBev die Korrespondenz führt (BGH VersR 85, 1186). Ferner der Zustellungsbevollmächtigte (§ 174) und der vollmachtlose Vertreter, wenn später genehmigt wird (§ 89 Rn 13; RG 138, 346/54).

13   **5. Keine Vertreter** sind: das Büropersonal des ProzBev, insbes des RAs; dessen nicht unterbevollmächtigter, nur mit vorbereitender oder unselbständiger Tätigkeit beauftragter juristischer Mitarbeiter (vgl Rn 9; BGH NJW-RR 92, 1019; Hamburg NJW 96, 2939), wenn er zB nur mit Terminsvollmacht versehen ist; ein in Bürogemeinschaft arbeitender RA (BGH VersR 79, 160); der Beistand (§ 90); Ersatzpersonen iS von § 178, zB die Ehefrau (LAG München NJW 87, 2542).

14   **6. Vertretungsdauer.** Solange das Innenverhältnis (3 vor § 78) währt, beim RA also von der Annahme des Mandats (BGH 47, 320) bis er es niederlegt oder bis es vom Mandanten gekündigt wird (BGH VersR 85, 1185), ohne Rücksicht auf den Fortbestand der Vollmacht nach § 87 Abs 1. Der beigeordnete RA ist nicht Vertreter, bevor ihn die Partei bevollmächtigt (Rn 9, § 78 b Rn 3; § 625 Rn 8). Das Mandat des erstinstanzlichen RA endet nicht, bevor er der Partei das Urteil übersandt, dessen Zustellung mitgeteilt und auf Rechtsmittel hingewiesen hat (BGH NJW 90, 189). Der Berufungsanwalt ist jedenfalls noch Vertreter, solange er nicht dem Mandanten das Zustellungsdatum des Berufungsurteils mitgeteilt hat (BGH VersR 78, 1159).

§ 86 Fortbestand der Prozeßvollmacht

Die Vollmacht wird weder durch den Tod des Vollmachtgebers noch durch eine Veränderung in seiner Prozeßfähigkeit oder seiner gesetzlichen Vertretung aufgehoben; der Bevollmächtigte hat jedoch, wenn er nach Aussetzung des Rechtsstreits für den Nachfolger im Rechtsstreit auftritt, dessen Vollmacht beizubringen.

1   **1. Fortdauer der Prozessvollmacht** (Hs 1), bis zum Ende des Rechtsstreits (§ 87 Rn 7; BAG NZA 00, 613). Das setzt nicht voraus, dass der ProzBev zZ des Todes seines Mandanten die Sache bereits anhängig gemacht hat. § 86 gilt auch, wenn erst danach Klage erhoben wird (BAG NZA 03, 60 mwN). Die Prozessvollmacht endet nicht: durch Tod der vertretenen Partei; an deren Stelle treten die Erben (§ 1922 BGB) mit der Folge des § 246; durch Veränderung in der Prozessfähigkeit oder gesetzlichen Vertretung der vertretenen Partei infolge Erwerbs oder Verlusts der Prozessfähigkeit vor oder nach Rechtshängigkeit (BGH 121, 263; BAG NZA 00, 613), ferner nicht infolge

Wegfalls oder Wechsels des gesetzlichen Vertreters (Koblenz NJW-RR 99, 40); auch hier ist die Folge in § 246 geregelt. Die Vollmacht dauert auch in den anderen Fällen des § 246 fort.

2. Vollmacht des Rechtsnachfolgers (Hs 2). Auch durch Aussetzung (§ 246) erlischt die Vollmacht nicht (hM). Tritt danach derselbe ProzBev für den Nachfolger auf, muss er dessen Vollmacht nachweisen (§§ 80, 88). Damit soll nur klargestellt werden, dass der Nachfolger die Prozessvollmacht nicht widerrufen hat. **2**

§ 87 Erlöschen der Vollmacht

(1) **Dem Gegner gegenüber erlangt die Kündigung des Vollmachtvertrags erst durch die Anzeige des Erlöschens der Vollmacht, in Anwaltsprozessen erst durch die Anzeige der Bestellung eines anderen Anwalts rechtliche Wirksamkeit.**

(2) **Der Bevollmächtigte wird durch die von seiner Seite erfolgte Kündigung nicht gehindert, für den Vollmachtgeber so lange zu handeln, bis dieser für Wahrnehmung seiner Rechte in anderer Weise gesorgt hat.**

1. Erlöschungsgründe. Der § 87 ist schlecht gefasst; seine Terminologie ist überholt. – **a) Ende der Prozessvollmacht.** Sie endet regelmäßig durch: Widerruf (Rn 4) oder mit dem Ende des Rechtsstreits (Rn 7), außerdem durch Tod des ProzBev mit Ausnahmen beim RA gem §§ 54, 55 BRAO. – **b) Beendigung des Vertrags,** welcher der Prozessvollmacht zugrundeliegt (vgl 3 vor § 78), zB Kündigung des Mandats (BGH VersR 83, 54) beendet auch die Prozessvollmacht, entspr § 168 BGB (ähnlich StJBork 1; bestr). Das wird aber dem Gegner und dem Gericht gegenüber wirksam wie beim Widerruf (Rn 4) erst zu dem in Abs 1 genannten Zeitpunkt (wie Rn 4–6); im Falle des Abs 2, wenn der ProzBev das Grundrechtsverhältnis kündigt, bis ein neuer postulationsfähiger ProzBev bestellt ist oder (im Falle des § 79) der Vollmachtgeber als Partei selbst handeln kann. – **c) Insolvenz des Vollmachtgebers** beendet wegen §§ 115–117 InsO die Prozessvollmacht kraft Gesetzes (hM für § 23 KO). Sie gilt nicht als fortbestehend iS des Abs 1 (BGH NJW-RR 89, 183). **1** **2** **3**

2. Widerruf ist eine einseitige und empfangsbedürftige formlose Erklärung des Vollmachtgebers (vgl § 80 Rn 1–3). Der Widerruf, dem Gericht oder dem ProzBev gegenüber zu erklären, ist jederzeit möglich. – **a) Vornahme.** Der Widerruf liegt noch nicht in der bloßen Bestellung eines neuen, anderen ProzBev (BGH NJW 80, 2309; BSG NJW 01, 1598) oder allein darin, dass die Partei in der ZwVollstr selbst Prozesshandlungen vornimmt (aA LG Trier Rpfleger 88, 29), zB Schuldnerschutzantrag stellt (aA LG Berlin MDR 94, 307). Er wird, falls der Rechtsstreit bereits begonnen hat, dem Gericht und Gegner gegenüber wirksam (Abs 1): im Parteiprozess (§ 79) ab formloser Anzeige des Widerrufs (Erlöschen der Vollmacht); dem Gericht und **4** **5**

dem Gegner mitzuteilen; im Anwaltsprozess (§ 78 Abs 1) ab formloser Anzeige der Bestellung eines anderen zugelassenen RAs anstelle des bisherigen (vgl Frankfurt Rpfleger 86, 391). Der neue RA darf sich
6 aber nicht nur für einen abgegrenzten, nebensächlichen Teil des Rechtsstreits bestellen, zB für eine Streitwertbeschwerde. – **b) Wirkung.** Bis zum Erlöschen können Prozessgegner und Gericht dem bisherigen ProzBev gegenüber wirksam handeln; insbes muss an ihn zugestellt werden (§ 172). Das gilt auch für das Gericht. Nachdem sich ein anderer ProzBev bestellt hat, kann an den bisherigen ProzBev nicht mehr wirksam zugestellt werden (§ 172; Hamm NJW 82, 1887). Der frühere ProzBev kann bis zum Erlöschen seinerseits noch wirksam Prozesshandlungen für die Partei, die die Vollmacht widerrufen hat, vornehmen (hM; BGH 43, 135; BAG NJW 82, 2519). Das alles gilt aber nur, soweit der Anwaltszwang (§ 78) reicht, nicht im Kostenfestsetzungsverfahren (München Rpfleger 79, 465 mwN; Schleswig Büro 87, 1547), so dass nach Kündigung der Vollmacht und Mitteilung an das Gericht die Zustellung des Kostenfestsetzungsbeschlusses nicht wirksam ist (aA Bremen NJW-RR 86, 358).

7 **3. Beendigung des Rechtsstreits.** Die Vollmacht erlischt grundsätzlich mit Rechtskraft des Urteils oder sonstiger endgültiger Erledigung des Rechtsstreits, wirkt aber weiter nach Maßgabe des § 81, insbes für Zwangsvollstreckung, Kostenfestsetzung und Wiederaufnahme. Die beschränkte Vollmacht (§ 83 Abs 2) endet, sobald der Zweck erreicht und keine Handlung durch die Prozessvollmacht mehr gedeckt sein kann. Nicht erlischt sie mit Beendigung des Rechtszugs, auch wenn der ProzBev für die nächste Instanz nicht mehr postulationsfähig ist (allgM).

8 **4. Befugnisse und Pflichten nach Kündigung** durch den ProzBev (Abs 2). Die sog Mandatsniederlegung bewirkt das Erlöschen der Vollmacht erst zu dem in Rn 2 dargestellten Zeitpunkt. Der ProzBev bleibt bis dahin zu allen Prozesshandlungen, auch zu Rechtsgeschäften (vgl § 81 Rn 5) befugt. Soweit sie geboten sind, sollte er sie auch vornehmen, insbes um eine Haftung nach § 671 Abs 2 BGB abzuwenden. Jedenfalls hat der ProzBev die Pflicht, seine Partei von jeder wegen § 172 wirksamen Zustellung zu unterrichten (BGH NJW 80, 999 für § 176 aF).

§ 88 Mangel der Vollmacht

(1) **Der Mangel der Vollmacht kann von dem Gegner in jeder Lage des Rechtsstreits gerügt werden.**

(2) **Das Gericht hat den Mangel der Vollmacht von Amts wegen zu berücksichtigen, wenn nicht als Bevollmächtigter ein Rechtsanwalt auftritt.**

1 **1. Allgemeines. – a) Mangel der Vollmacht** mit den Folgen des § 89 liegt vor, wenn nicht nachgewiesen wird (vgl § 80 Rn 7–10), dass Prozessvollmacht überhaupt oder im erforderlichen Umfang erteilt

ist (vgl § 80 Rn 1 und § 81), ferner wenn sie erloschen ist (vgl § 87). –
b) Anwendbar ist § 88 in jeder Lage des Rechtsstreits, auch in zweiter   2
Instanz. Ausnahme § 703; einschließlich der Kostenfestsetzung, auch für
die Vollmacht des Vertreters, der seinerseits Prozess- oder Untervollmacht erteilt hat. – **c) Rüge** ist eine formlose Prozesshandlung (Einl   3
III). Sie betrifft alle von der Prozessvollmacht gem § 81 gedeckten Prozesshandlungen, muss in der Rechtsmittelinstanz nicht wiederholt
(BGH NJW-RR 86, 1252) und kann wirksam zurückgenommen werden (Köln NJW-RR 92, 1162).

2. Im Parteiprozess (Abs 2; § 79) ist der Mangel (Rn 1) von Amts   4
wegen zu beachten und das Vorliegen der Prozessvollmacht wie bei 12
vor § 253 zu prüfen. Das gilt nicht, wenn ein RA vertritt, oder eine
RA-Gesellschaft (§ 591 BRAO). Dann ist Abs 2 (Rn 5) anzuwenden.
Jede Partei kann durch Rüge die Prüfung anregen.

3. Im Anwaltsprozess (§ 78) und im Parteiprozess (Rn 4), wenn   5
ein RA oder eine RA-Gesellschaft (§ 591 BRAO) vertritt, ist der Mangel (Rn 1) in jeder Lage des Rechtsstreits (Abs 1) nur auf Rüge des
Gegners, eines Nebenintervenienten, auch der vertretenen Partei (Saarbrücken NJW 70, 1464; bestr) zu prüfen (nach den Grundsätzen vor 12
vor § 253), ferner wenn deren ProzBev selbst Zweifel an der Bevollmächtigung äußert (BGH NJW 01, 2095). Dies gilt auch für Handlungen, die nicht dem Anwaltszwang unterliegen (zB in der ZwVollstr;
hM) oder wenn kein Anwaltszwang besteht.

§ 89 Vollmachtloser Vertreter

(1) [1]**Handelt jemand für eine Partei als Geschäftsführer ohne
Auftrag oder als Bevollmächtigter ohne Beibringung einer
Vollmacht, so kann er gegen oder ohne Sicherheitsleistung für
Kosten und Schäden zur Prozeßführung einstweilen zugelassen
werden.** [2]**Das Endurteil darf erst erlassen werden, nachdem die
für die Beibringung der Genehmigung zu bestimmende Frist
abgelaufen ist.** [3]**Ist zu der Zeit, zu der das Endurteil erlassen
wird, die Genehmigung nicht beigebracht, so ist der einstweilen zur Prozeßführung Zugelassene zum Ersatz der dem Gegner infolge der Zulassung erwachsenen Kosten zu verurteilen;
auch hat er dem Gegner die infolge der Zulassung entstandenen Schäden zu ersetzen.**

(2) **Die Partei muß die Prozeßführung gegen sich gelten lassen, wenn sie auch nur mündlich Vollmacht erteilt oder wenn
sie die Prozeßführung ausdrücklich oder stillschweigend genehmigt hat.**

1. Allgemeines. Vollmachtlose Vertretung entspricht dem Mangel   1
der Vollmacht (§ 88 Rn 1). Darunter fällt, dass eine erteilte Vollmacht
überschritten ist (vgl § 81), dass sie überhaupt nicht oder nicht wirksam

erteilt wurde, zB nicht vom richtigen gesetzlichen Vertreter oder einem seinerseits vollmachtlosen Vertreter, oder dass sie erloschen ist. § 89 gilt auch, wenn der Vertreter Vollmacht hat, sie aber nicht nachweisen kann (§ 80), obwohl er nach Maßgabe des § 88 muss.

2 **2. Bewusst vollmachtlose Vertretung.** Dafür gelten Abs 1 und 2. **a) Voraussetzung** ist das Auftreten eines vollmachtlosen Vertreters (Rn 1; überholte Terminologie in Abs 1 S 1 Hs 1). Er muss erklären,
3 dass er (noch) keine Prozessvollmacht habe. – **b) Einstweilige Zulassung.** Sie steht im freien Ermessen des Gerichts (BAG NJW 65, 1041) und erfolgt durch Beschluss. Dieser ist unanfechtbar (ZöVollkommer 3) und muss eine Frist (§§ 224, 225) enthalten, innerhalb der die Genehmigung der bisherigen Prozessführung und (oder) eine Prozessvollmacht (gem § 80) beigebracht werden muss (vgl Abs 1 S 2). Die Sicherheitsleistung (Abs 1 S 1), gem §§ 108, 109 zu behandeln, steht im
4 Ermessen des Gerichts („kann"). – **c) Wirkung.** Der einstweilen zugelassene Vertreter ist von Gericht und Gegner als ProzBev zu behandeln. Wird bis zum Schluss der letzten mündlichen Verhandlung (§ 296 a), wegen § 231 Abs 2 also nicht notwendig innerhalb der Frist, die Vollmacht erteilt oder nachgewiesen, so wird normal weiterverfah-
5 ren. – **d) Kosten- und Schadensersatzpflicht** (Abs 1 S 3) tritt ein, wenn die Vollmacht nicht beigebracht oder nicht nachgewiesen wird, ohne Rücksicht auf Verschulden. Die Kostenpflicht wird im Urteil ausgesprochen. Der Schadensersatz (bürgerlich-rechtlicher Anspruch) ist in
6 einem neuen Rechtsstreit geltend zu machen. – **e) Zulässigkeit von Entscheidungen** (Abs 1 S 2). Unter Endurteil sind auch Urteile gem §§ 280 Abs 2, 302, 304, 330–331 a, 599 sowie Beschlüsse gem § 281 zu
7 verstehen. – **f) Wirksamkeit** der bisherigen Prozessführung gegenüber der vertretenen Partei (Abs 2) besteht, wenn diese (vorher) bereits mündlich Prozessvollmacht erteilt hatte oder durch Genehmigung (Abs 2; Rn 15).

8 **3. Vermeintlich berechtigte Vertretung.** Sie ist in § 89 nicht geregelt und umfasst alle Fälle, in denen jemand als ProzBev auftritt, ohne bevollmächtigt zu sein, auch die Verfahren ohne notwendige mündliche Verhandlung. Wenn die Prozessführung nicht gem Abs 2 geneh-
9 migt wird, gilt: – **a) Prozesshandlungen** (Einl III), die von oder gegenüber dem vollmachtlosen Vertreter vorgenommen werden, sind wegen der fehlenden Prozesshandlungsvoraussetzung (Einl III Rn 10) unwirksam, aber heilbar (Rn 13). Insbes ist die Klage nicht wirksam erhoben (Folge: 10 vor § 253) und ein Rechtsmittel unzulässig (BGH 111, 219). Hierfür gilt auch dann keine Ausnahme, anders als bei gesetzlicher Vertretung (§ 52 Rn 7), wenn die Partei durch ihr Rechtsmittel geltend machen will, Prozessvollmacht sei wirksam erteilt gewesen (BGH aaO mwN). Termine sind für die Partei versäumt (Folge: 10
10 vor § 330). – **b) Entscheidungen** ergehen, auch wenn das Fehlen der Vollmacht erkannt ist, für und gegen die (auch vollmachtlos vertretene) Partei; sie sind wirksam. Wegen des Verfahrensmangels sind aber

Rechtsmittel regelmäßig begründet. Nach Rechtskraft findet Nichtigkeitsklage statt (§ 579 Abs 1 Nr 4). − **c) Kosten** sind (ggf abweichend **11** von den §§ 91ff) demjenigen aufzuerlegen, der das Auftreten des vollmachtlosen Vertreters veranlasst hat (hM; sog Veranlassungsprinzip; BGH 121, 397; Karlsruhe NJW-RR 97, 1290 mwN). Veranlasser kann sein: die vertretene Partei (Köln aaO); ihr gesetzlicher Vertreter; ihr Gegner; der vollmachtlose Vertreter selbst (BGH NJW-RR 00, 1499; Karlsruhe FamRZ 96, 1335 Anm Vollkommer/Schwaiger); nicht ein am Verfahren unbeteiligter Dritter (LG Heidelberg NJW-RR 92, 316). Das gilt auch für die höhere Instanz, wenn der vollmachtlose Vertreter Rechtsmittel eingelegt hat (BGH NJW 83, 883). − **d) Rechtsmittel.** Für den mit Kosten belasteten Dritten, insbes **11a** den vollmachtlosen Vertreter (Jena OLG-NL 99, 259) käme nur die sofortige Beschwerde in Betracht (BGH NJW 88, 49 mwN). − **e) Zurückweisung** des vollmachtlosen Vertreters kann durch Be **12** schluss oder in den Gründen der Endentscheidung erfolgen (BAG NJW 65, 1041).

4. Heilung durch Genehmigung der vertretenen Partei. Gilt in **13** allen Fällen (Rn 2−12). Sie wirkt zurück (BGH 92, 137/40), aber nicht mehr, wenn bereits ein vollmachtlos eingelegtes Rechtsmittel wegen fehlender Vollmacht als unzulässig verworfen wurde (GemSOGB NJW 84, 2149). − **a) Erklärung.** Die Genehmigung ist dem Gericht, Geg **14** ner oder Vertreter gegenüber zu erklären, auch stillschweigend möglich durch rügelose Weiterführung des Prozesses oder Bevollmächtigung des bisher vollmachtlosen Vertreters in Kenntnis der Prozesslage (BGH 10, 147). − **b) Wirkung.** Die Genehmigung kann nur die **15** gesamte Prozessführung umfassen, nicht einzelne Prozesshandlungen (BGH 92, 137).

§ 90 Beistand

(1) **Insoweit eine Vertretung durch Anwälte nicht geboten ist, kann eine Partei mit jeder prozeßfähigen Person als Beistand erscheinen.**

(2) **Das von dem Beistand Vorgetragene gilt als von der Partei vorgebracht, insoweit es nicht von dieser sofort widerrufen oder berichtigt wird.**

Stellung. Der Beistand (nicht der des § 53a) ist nicht ProzBev, son **1** dern nur zum Vortrag (Rn 2) befugt, neben der Partei (auch Nebenintervenienten) oder ihrem gesetzlichen Vertreter. Das gilt nur im Parteiprozess (§ 79). Der Beistand ist nicht neben einem ProzBev zugelassen (hM). Ausnahme: Beiordnung eines RA gem § 625. Legitimiert wird er, indem ihn die Partei in dem Prozess als Beistand benennt. Zurückweisung ist nach § 157 Abs 1, 2 möglich. **Vortrag** (Abs 2). Was der **2** Beistand an (allen) Prozesshandlungen erklärt, ist Vortrag der Partei, sofern diese nicht sofort widerspricht (wie § 85 Rn 5).

Titel 5. Prozesskosten

Vorbemerkungen

1 **I. Allgemeines.** Die §§ 91–113 gelten grundsätzlich für alle der ZPO unterliegenden Verfahren; jedoch sind die (nicht seltenen) jeweiligen Sondervorschriften zu beachten. Es müssen die nachfolgenden Begriffe auseinandergehalten werden.

2 **II. Prozesskosten** sind die unmittelbaren Aufwendungen der Parteien für das Betreiben des Rechtsstreits. Nicht dazu gehören die Schäden, die eine Partei aus Anlass des Rechtsstreits erleidet. Jede Partei hat zunächst die ihr erwachsenen Prozesskosten selbst zu tragen, endgültig erst dann, wenn sie einen Erstattungsanspruch (Rn 7) nicht hat oder nicht realisieren kann. Prozesskosten zerfallen in:

3 **1. Gerichtskosten,** die nach dem GKG anfallen. Sie bestehen aus: – **a) Gebühren.** Das sind öffentlich-rechtliche Abgaben für das Tätigwerden der Rechtspflegeorgane. Sie werden nach den Anlagen 1 und 2 zum GKG erhoben und richten sich nach dem Streitwert (Anl 2), wenn nicht im KV (Anl 1) ein bestimmter Geldbetrag vorgesehen ist 4 (vgl § 11 GKG). – **b) Auslagen.** Das sind die geldwerten Aufwendungen der Gerichte, insbes für Ausfertigungen und Abschriften (Schreibauslagen), Zeugen, Sachverständige, Beförderungskosten, Haftkosten, bestimmte Postgebühren. Ansatz und Höhe richten sich nach dem KV 9000–9010.

5 **2. Außergerichtliche Kosten.** Das sind insbes die Anwaltskosten (§ 91 Rn 19), Ausgaben für sonstige ProzBev und Beistände, Gerichtsvollzieherkosten (nach GVKostG), sowie die Parteikosten (§ 91 Rn 15).

6 **III. Kostenschuld** ist die öffentlich-rechtliche Pflicht gegenüber dem Staat, die Gerichtskosten (Rn 3, 4) zu entrichten. Sie folgt unmittelbar aus dem Gesetz (§§ 49–69 GKG). Es bestimmt, wer Kostenschuldner ist, wann die Kostenschuld fällig wird, wann und wofür Vorschuss zu zahlen ist. Von der Kostenschuld befreit sind Bund, Länder sowie bestimmte Anstalten und Kassen (§ 2 Abs 1 GKG), ferner weitere Personen nach Maßgabe des § 2 Abs 2 GKG. Die Kostenschuld erlischt nicht dadurch, dass der Kostenschuldner seinerseits einen Kostenerstattungsanspruch (Rn 7) hat oder der Kostenentscheidung (Rn 17) zufolge keine Kosten tragen muss.

7 **IV. Kostenerstattungsanspruch** ist der Anspruch einer Partei oder eines Nebenintervenienten gegen die andere Partei oder einen Nebenintervenienten, die entstandenen Prozesskosten (Rn 2) zu erstatten. Es ist zu unterscheiden:

8 **1. Prozessualer Kostenerstattungsanspruch.** Er beruht allein auf den Vorschriften der ZPO, ist aber ein privatrechtlicher Anspruch (hM), der nur in dem Rechtsstreit, in dem er entsteht, im Kostenfestsetzungsverfahren (Rn 20), nicht aber in einem selbständigen Prozess

verfolgt werden kann (BGH 28, 302 [308]). Eine Klage, auch auf einzelne Posten beschränkt, ist wegen der Unzulässigkeit der Verfahrensart ausgeschlossen, weil hierfür allein das Kostenfestsetzungsverfahren zulässig ist (StJBork 11; Köln MDR 81, 763). Sind einzelne Posten übersehen oder übergangen worden, ist ein weiteres Gesuch zulässig (§ 103 Rn 18), keine Klage. – **a) Entstehung: aa) Aufschiebend bedingt** **9** ab Rechtshängigkeit (hM). Bedingung ist Erlass der Entscheidung, die dem Gegner die Kosten auferlegt (BGH NJW 83, 284; vgl Rn 10). Der Anspruch ist zwar weder fällig noch aufrechenbar (Düsseldorf NJW 62, 1400), kann aber bereits abgetreten (BGH NJW 88, 3204), verpfändet, gepfändet oder bei Insolvenz angemeldet werden. Der Wirksamkeit einer Abtretung steht nicht entgegen, dass der Zedent später im eigenen Namen die Kosten festsetzen lässt (BGH aaO). **bb) Auflösend be-** **10** **dingt** mit Erlass der Kostenentscheidung, wenn diese (ggf vorläufig) vollstreckbar ist (vgl insbes §§ 704 ff). Bedingung ist Aufhebung oder Unwirksamwerden der Entscheidung. Mit Erlass der Entscheidung ist der Kostenerstattungsanspruch fällig und aufrechenbar, im selben Rechtsstreit aber nur, wenn er festgesetzt (§ 104) oder der Höhe nach unbestritten ist (BGH NJW 63, 714; Karlsruhe NJW 94, 593 mit Anm von Schmitz 567); dann auch, wenn Sicherheitsleistung angeordnet und noch nicht erbracht ist (Düsseldorf MDR 88, 782). **cc) Endgültig** und **11** unbedingt mit Rechtskraft (§ 705) der Kostenentscheidung, kraft Gesetzes nach § 269 Abs 4, § 516 Abs 3, § 565 oder mit Wirksamkeit eines Prozessvergleichs (vgl § 794 Rn 9–13). – **b) Erlöschen und** **12** **Hemmung** tritt wie bei jedem anderen Anspruch ein (43, 44 vor § 253).

2. Materiell-rechtlicher Kostenerstattungsanspruch. a) Grund- **13** lage. Der Anspruch kann auf Vertrag beruhen, indem darin Kosten eines Prozesses übernommen werden. Er kann auch als Aufwendungs- oder als Schadensersatzanspruch bestehen (BGH 111, 168 [178]), insbes aus § 286 und § 823 BGB (BGH aaO mwN). – **b) Umfang.** Der **14** Anspruch richtet sich nach dem Vertragsinhalt, nach § 670 oder § 249 BGB und ist durch § 91 nicht begrenzt (hM), wohl aber durch § 12 a Abs 1 S 1 ArbGG (BAG NZA 92, 1101). Die §§ 91 ff sind auch nicht entspr anwendbar (hM; BGH NJW 88, 2032 mwN = ZZP 101, 298 mit Anm von Becker-Eberhard). Auch kann der materiell-rechtliche Kostenerstattungsanspruch über den prozessualen hinausgehen (BGH 111, 168). – **c) Geltendmachung:** grundsätzlich in einem eigenen **15** Rechtsstreit. Er kann jedoch auch durch Anspruchshäufung (§ 260) und im anhängigen Rechtsstreit durch Klageänderung, ggf auch gem § 264 Nr 3 geltend gemacht werden (BGH NJW 94, 2895). Die Klage ist aber wegen fehlenden Rechtsschutzbedürfnisses unzulässig (26 vor § 253), soweit sich der materielle Anspruch mit dem prozessualen deckt und nach Rn 8 im Kostenfestsetzungsverfahren geltend gemacht werden kann (BGH 75, 230 [235] und 111, 168 mwN). Soweit der materiell-rechtliche Erstattungsanspruch bereits tituliert ist, dürfen diese

Kostenpositionen nicht mehr im Wege des § 104 festgesetzt werden
(Karlsruhe NJW-RR 98, 861). Das Rechtsschutzbedürfnis ist zu bejahen bei Kosten, die nicht gemäß § 104 festgesetzt werden können, zB
solche die vorprozessual zur Abwendung des Rechtsstreits aufgewendet
wurden (Vorbereitungskosten; BGH WM 87, 247; vgl § 91 Rn 8) und
Verzugszinsen für den Gerichtskostenvorschuss (Gödicke Büro 01, 512;

16   vgl § 91 Rn 62) – **d) Rechtskraft.** Die Klageabweisung des materiell-
rechtlichen Kostenerstattungsanspruchs und eine Entscheidung gemäß
§ 91a (BGH NJW 02, 680) stehen einer Geltendmachung derselben
Kostenposition im Festsetzungsverfahren (Rn 8) grundsätzlich nicht
entgegen. Dasselbe gilt umgekehrt, wenn die Erstattungsfähigkeit im
Kostenfestsetzungsverfahren rechtskräftig verneint wurde (BGH 111,
168 mwN). Hingegen soll eine Klage unzulässig sein, wenn bei unverändertem, bereits voll in der Kostenentscheidung berücksichtigtem
Sachverhalt ein dieser Kostenentscheidung widersprechendes Ergebnis
erstrebt wird (BGH 45, 251/7; aA zutreffend Dresden NJW 98, 1872;
Becker-Eberhard JZ 95, 814).

17   **V. Kostenentscheidung** ist der gerichtliche Ausspruch darüber,
wer die Kosten zu tragen hat.

18   **1. Ausspruch.** Über die Kosten ist stets von Amts wegen zu entscheiden (§ 308 Abs 2), und zwar in jedem Vollendurteil, Vorbehaltsurteil, Zwischenurteil gegen Dritte (zB § 71), nur ausnahmsweise im
Teilurteil (§ 301 Rn 5), ferner in jedem Beschluss, der ein Verfahren
(nicht notwendig endgültig) abschließt (zB §§ 522, 922). Wurde die
Kostenentscheidung vergessen, gilt § 321. Keine Kostenentscheidung
darf insbes enthalten: das Zwischenurteil, das zwischen den Parteien
ergeht (§ 303), insbes das Grundurteil (§ 304), der Verweisungsbeschluss (§ 281).

19   **2. Inhalt.** Wem die Kosten aufzuerlegen sind, richtet sich allein
nach der ZPO. Die §§ 91–101 gelten dabei grundsätzlich für alle Verfahren, die der ZPO unterliegen. Daneben gibt es in der ZPO und anderen Gesetzen verstreut zahlreiche Sondervorschriften (zB §§ 281
Abs 3, 344, 380 Abs 1). Parteivereinbarungen über die Kostenpflicht
(an sich zulässig und wirksam) sowie materiell-rechtliche Kostenerstat-
tungsansprüche (Rn 13) haben auf die Kostenentscheidung keinen Einfluss (BGH 5, 251 [258]), auch nicht in einem Vergleich, wenn die
Kostenentscheidung rechtskräftig ist. Eine Ausnahme besteht in Scheidungssachen (§ 93a Abs 1 S 3). Eine nachträgliche Streitwertänderung
(§ 25 Abs 2 S 2, 3 GKG) rechtfertigt nicht eine Änderung der Kostenentscheidung (vgl § 2 Rn 12).

20   **VI. Kostenfestsetzung** ist das gerichtliche Verfahren, durch das der
Betrag der Kosten festgesetzt wird, den die eine Partei der anderen zu
erstatten hat. Es wird für den prozessualen Kostenerstattungsanspruch
(Rn 8) ein Vollstreckungstitel (§ 794 Abs 1 Nr 2) geschaffen, nämlich
der Kostenfestsetzungsbeschluss. Verfahren: §§ 103–107.

§ 91 Grundsatz und Umfang der Kostenpflicht

(1) [1]Die unterliegende Partei hat die Kosten des Rechtsstreits zu tragen, insbesondere die dem Gegner erwachsenen Kosten zu erstatten, soweit sie zur zweckentsprechenden Rechtsverfolgung oder Rechtsverteidigung notwendig waren. [2]Die Kostenerstattung umfaßt auch die Entschädigung des Gegners für die durch notwendige Reisen oder durch die notwendige Wahrnehmung von Terminen entstandene Zeitversäumnis; die für die Entschädigung von Zeugen geltenden Vorschriften sind entsprechend anzuwenden.

(2) [1]Die gesetzlichen Gebühren und Auslagen des Rechtsanwalts der obsiegenden Partei sind in allen Prozessen zu erstatten, Reisekosten eines Rechtsanwalts, der nicht bei dem Prozeßgericht zugelassen ist und am Ort des Prozeßgerichts auch nicht wohnt, jedoch nur insoweit, als die Zuziehung zur zweckentsprechenden Rechtsverfolgung oder Rechtsverteidigung notwendig war. [2]Der obsiegenden Partei sind die Mehrkosten nicht zu erstatten, die dadurch entstehen, daß der bei dem Prozeßgericht zugelassene Rechtsanwalt seinen Wohnsitz oder eine Kanzlei nicht an dem Ort hat, an dem sich das Prozeßgericht oder eine auswärtige Abteilung dieses Gerichts befindet. [3]Die Kosten mehrerer Rechtsanwälte sind nur insoweit zu erstatten, als sie die Kosten eines Rechtsanwalts nicht übersteigen oder als in der Person des Rechtsanwalts ein Wechsel eintreten mußte. [4]In eigener Sache sind dem Rechtsanwalt die Gebühren und Auslagen zu erstatten, die er als Gebühren und Auslagen eines bevollmächtigten Rechtsanwalts erstattet verlangen könnte.

(3) Zu den Kosten des Rechtsstreits im Sinne der Absätze 1, 2 gehören auch die Gebühren, die durch ein Güteverfahren vor einer durch die Landesjustizverwaltung eingerichteten oder anerkannten Gütestelle entstanden sind; dies gilt nicht, wenn zwischen der Beendigung des Güteverfahrens und der Klageerhebung mehr als ein Jahr verstrichen ist.

Übersicht

1. Grundsatz für Kostenentscheidungen (17 vor § 91) ist, dass 1
die Partei, die im Rechtsstreit unterliegt, die Prozesskosten (2 vor § 91)
zu tragen hat. Dies ist in der Urteils- oder Beschlussformel, zweckmäßig in einem eigenen Satz, auszusprechen. Bsp: Der Kläger trägt die
Kosten des Rechtsstreits. – **a) Unterliegen** kann nur eine Partei (2 vor 2
§ 50). Nur sie, nicht ihren RA treffen die Folgen der §§ 91ff, auch
wenn sie nicht partei- oder prozessfähig ist (BGH NJW 93, 1865;
Kempter NJW 93, 2158). Es ist gleichgültig, ob die Partei entgegen
ihren Anträgen, freiwillig (zB infolge Anerkenntnisses, § 307) oder
auf Grund einer gegen die Klageforderung erklärten Aufrechnung unterliegt; ebenso wenn das Unterliegen auf einer während des Rechtsstreits eingetretenen Gesetzesänderung beruht (BGH NJW 62, 1715). –
b) Ausnahmen vom Grundsatz des Abs 1 S 1 enthalten insbes die 3
§§ 93–96, § 97 Abs 2, 3, § 281 Abs 3, § 344. Dem Gericht hierbei
unterlaufene Fehler (bei §§ 281, 344 nicht selten) dürfen nicht im
Wege der Kostenfestsetzung durch Abweichen von der falschen Kostenentscheidung korrigiert werden (hM; Rn 36). – **c) Kostenüber-** 4
nahme. § 91 ist auch maßgebend für den Umfang des Kostenerstattungsanspruchs, wenn in einem Vergleich die Kosten ganz oder zT
übernommen wurden, ohne dass über den Umfang des Erstattungsanspruchs bestimmte einschränkende oder erweiternde Vereinbarungen
getroffen sind. Die einfache Vereinbarung der Kostenübernahme umfasst die durch Verweisung (§ 281) entstandenen Mehrkosten (Karlsruhe MDR 88, 1063).

2. Kosten des Rechtsstreits sind die Prozesskosten (2 vor § 91). 5
Sie bilden grundsätzlich eine Einheit, jedoch können über die §§ 94–
97, § 100 Abs 3, § 101, § 238 Abs 4, § 281 Abs 3, § 344 die Kosten
einzelner Prozesshandlungen, einzelner Prozessabschnitte und die eines
ganzen Rechtszuges gesondert von den übrigen Kosten des Rechtsstreits auferlegt werden (sog Kostentrennung). – **a) Umfang** des 6
Rechtsstreits: Verfahren zur PKH (§ 118 Abs 1); vorangegangenes
Mahnverfahren (§ 696 Abs 1, § 700 Abs 3); Zuständigkeitsbestimmung
(§ 37); Widerklage (§ 33); alle Rechtszüge auf Berufung, Revision, sofortige Beschwerde und Rechtsbeschwerde; Ergänzung und Berichtigung eines Urteils (§§ 319–321) sowie dessen Zustellung, die Rüge des
§ 321a, das selbständige Beweisverfahren (§ 485 Abs 1) im anhängigen
Rechtsstreit (vgl § 494a Rn 5), soweit der Gegenstand (Streitstoff)

identisch ist (§ 494a Rn 4). Nicht: das vorangegangene Verfahren auf Arrest und einstweilige Verfügung über den selben Anspruch (vgl
7 § 926); die ZwVollstr (§ 788). – **b) Sonstige Kosten** der Rechtsverfolgung oder Rechtsverteidigung, die nicht unmittelbar durch den Rechtsstreit entstanden sind, fallen auch unter Abs 1 S 1, zB die Kosten der Vorbereitung des Rechtsstreits, die des Abhilfeverfahrens bei Ansprüchen gegen den Staat; vorprozessuale Anwaltskosten (vgl Dittmar NJW 86, 2087). – **c) Güteverfahren** (Abs 3). Die behördlichen Gebühren sind Kosten des Rechtsstreits, die Anwaltskosten aber nicht (Hamburg MDR 02, 115 mwN und Anm Schütt).

8   **3. Keine Kosten** iS des § 91 Abs 1 sind solche für eine versuchte Abwendung des Rechtsstreits, zB Mahnschreiben, Inkassounternehmen. Diese Kosten sind als Schaden beim materiell-rechtlichen Kostenerstattungsanspruch (13–15 vor § 91) geltend zu machen (München Rpfleger 89, 300; Dresden Rpfleger 94, 260). Weitere Bsp: Kosten eines beantragten, erfolglos gebliebenen Schiedsgerichtsverfahrens (Hamm Rpfleger 73, 369), einer wettbewerbsrechtlichen Abmahnung (Rostock Rpfleger 96, 526 mwN; Hamm MDR 97, 209 mwN; bestr) oder einer Schutzschrift, auf die kein Verfahren folgt (vgl § 935 Rn 10).

9   **4. Notwendige Kosten.** Das sind nur diejenigen für solche Handlungen, die zZ ihrer Vornahme objektiv erforderlich und geeignet erscheinen, das im Streit stehende Recht zu verfolgen oder zu verteidigen (Abs 1 S 1). Es gilt der Grundsatz sparsamer Prozessführung (hierzu Riecke MDR 99, 81), auch dafür, dass die Partei überhaupt einen RA beauftragt und für die von ihm entfaltete Tätigkeit (vgl Rn 21). Die Kosten können auch nach Erlass der Kostenentscheidung (17 vor § 91)
10 entstanden sein (vgl KG MDR 77, 319). – **a) Mehrere Ansprüche.** Die Parteien sind verpflichtet, die Kosten angemessen niedrig zu halten; deshalb sind mehrere Ansprüche aus einem einheitlichen Lebensvorgang grundsätzlich verbunden einzuklagen, soweit es nach § 260 zulässig ist, insbes gleichartige Ansprüche (Stuttgart MDR 02, 118 mwN; umstr). Die Mehrkosten sind erstattungsfähig, wenn vernünftige Gründe für eine getrennte Geltendmachung bestehen (hM; Stuttgart Rpfleger
11 01, 617 mwN). – **b) Mehrere Parteien.** Es steht dem Kläger grundsätzlich frei, solche Ansprüche, die gegen mehrere Personen bestehen, in einem Prozess oder getrennt geltend zu machen (München MDR 87, 677; KG Büro 89, 1697), zB gegen Hauptschuldner und Bürgen
12 (Koblenz Rpfleger 91, 80). Ausnahme: Rechtsmissbrauch. **c) Mehrere Gerichtsstände.** Der Kläger muss grundsätzlich nicht denjenigen Gerichtsstand wählen (§ 35), bei dem die geringsten Kosten anfallen (allgM;
13 § 35 Rn 1). – **d) Entscheidung.** Über Notwendigkeit und Erstattbarkeit wird im Kostenfestsetzungsverfahren (§§ 103–107) entschieden. Es
14 sind dann die konkreten Umstände zu berücksichtigen. – **e) Gerichtskosten** (3, 4 vor § 91) gehören idR zu den notwendigen Kosten. Sie sind zu erstatten, soweit die anspruchsberechtigte Partei auf Grund ihrer Kostenschuld (6 vor § 91) an die Gerichtskasse gezahlt hat.

5. Parteikosten, sind Kosten, die der Partei durch ihre eigene Tä- **15** tigkeit oder die ihrer Organe und leitenden Angestellten, welche an ihrer Stelle handeln, infolge des Rechtsstreits erwachsen, insbes Reisekosten (ggf mit Übernachtung, Dresden MDR 99, 894) und Entschädigung für die versäumte Zeit (zB Verdienstausfall). Diese Kosten sind nach dem ZuSEG zu erstatten (Abs 1 S 2), auch wenn nicht die Partei selbst, sondern ein Vertreter den Termin wahrnimmt (Hamm MDR 97, 206). Dies gilt nicht, wenn Behörden einen Bediensteten entsenden (hM; LG Köln Büro 94, 229). Der Partei gleich steht ihre Versicherung, wenn diese den Prozess für die Partei führt (Koblenz Rpfleger 92, 129). – **a) Teilnahme an Terminen,** nur zur Verhandlung oder zum **16** Beweis, nicht zur Verkündung. Auch wenn die Partei einen ProzBev hat, ist die Teilnahme grundsätzlich erstattungsfähig (Düsseldorf NJW-RR 96, 1342; Hamm MDR 92, 196; Stuttgart Rpfleger 92, 448; Köln Rpfleger 93, 126; bestr), insbes wenn das persönliche Erscheinen der Gegenpartei angeordnet ist (KG NJW 68, 847) oder nach dem Beweisthema mit der Möglichkeit zu rechnen war, dass die Partei aus eigener Kenntnis zur Aufklärung beitragen könnte (Frankfurt MDR 84, 148). Reisekosten: Rn 15. Erstattungsfähig sind auch die Kosten für einen geeigneten bevollmächtigten Vertreter, wenn Anordnung nach § 141 ergangen war. **b) Information** des ProzBev. Für jede Tatsacheninstanz **17** ist grundsätzlich eine Reise erstattungsfähig, aber nur sofern Schriftwechsel wegen schwieriger Sachlage nicht genügt (Koblenz Büro 91, 1519). Berechnet wird wie für eine Reise zum Termin nach ZuSEG (Abs 1 S 2 Hs 2). – **c) Sonstige Kosten.** Mehrkosten, die einem **18** Kaufmann, der Zweigniederlassungen betreibt, durch zentrale Bearbeitung entstehen, sind nicht zu erstatten (Hamm MDR 72, 877), ebenso wenig ein Anteil der allgemeinen Verwaltungskosten (LG Krefeld VersR 74, 556), auch nicht Zinsen, die für die Finanzierung von Prozesskosten aufgewendet wurden (Hamm MDR 72, 960).

6. Anwaltskosten (Abs 2). – **a) Begriff.** Das sind alle Gebühren **19** und Auslagen, die nach der BRAGO und deren Sätzen zu erstatten sind, nicht aber das darüber hinaus gezahlte Honorar (§ 3 BRAGO). – **b) Anwendungsbereich:** alle Prozesse, auch solche außerhalb des **20** Anwaltzwanges (§ 79), insbes Mahnverfahren (hM; Brandenburg OLG-NL 98, 287; aA Nürnberg NJW 98, 388; abl Anm E. Schneider NJW 98, 356) und auch dann, wenn die erstattungsberechtigte Partei eine Rechtsschutzversicherung abgeschlossen hat (allgM). Das gilt auch für Kosten, die dem Mandanten gegenüber noch nicht geltend gemacht sind (hM). – **c) Anlass zur Bestellung** eines RAs besteht grundsätz- **21** lich ab Zustellung einer Klage (§ 253 Abs 1) oder eines anderen gerichtlichen Antrags, zB bei Mahnbescheid auch nach Widerspruch. Für die Berufungsinstanz besteht Anlass für den Berufungsbeklagten ab Zustellung der Berufungsschrift und schon vor Berufungsbegründung (BGH NJW 03, 756), auch wenn in der Rechtsmittelschrift erklärt wird, dass das Rechtsmittel nur vorsorglich zur Fristwahrung eingelegt

werde (BGH aaO). Der Berufungsbeklagte muss nicht abwerten, ob die Berufung durchgeführt wird (BGH aaO). Damit ist die früher umstrittene Frage geklärt (vgl 24. Aufl). Es ist aber nur eine halbe Gebühr erstattungsfähig (vgl § 32 Abs 1 BRAGO), wenn die Berufung vor Begründung (§ 520) zurückgenommen wird (§ 516) und der RA bereits einen Schriftsatz mit Zurückweisungsantrag eingereicht hat (wohl hM; Hamm Rpfleger 91, 476 mwN und NJW-RR 96, 576; Karlsruhe Rpfleger 95, 227 und 97, 128; Köln NJW-RR 98, 1148 mwN; von
22 BGH NJW 03, 756 offen gelassen). – **d) Umfang.** Zu erstatten sind grundsätzlich die Kosten für Reisen zu allen auswärtigen Terminen, idR unbeschränkt, mindestens bis zur Höhe der Kosten für einen Beweisanwalt (Rn 25; KG NJW 65, 1442); ausnahmsweise nicht bei auffälligem Missverhältnis zur Bedeutung der Sache und zur Höhe der sonstigen Prozesskosten. Telekommunikationskosten, welche die Pauschale (§ 26 BRAGO) übersteigen, sind auf das Notwendige zu beschränken (München Rpfleger 93, 39). Auch der Umfang der Tätigkeit des RAs muss notwendig sein. Das ist zB für Hinterlegung verneint von Celle NJW 68, 2246, für Hebegebühr bei Bankbürgschaft von Hamm Büro 75, 1609 und bei Vergleich von München NJW-RR 98,
23 1452. – **e) Mehrwertsteuer** des RAs und bei anderen Kosten. Aus § 104 Abs 2 S 3 folgt, dass die MwSt nur dann erstattungsfähig ist, wenn der Erstattungsberechtigte nicht vorsteuerabzugsberechtigt ist (hM). Das ist plausibel darzulegen (Nürnberg NJW-RR 02, 1728). Sind Streitgenossen teils zum Vorsteuerabzug berechtigt, teils nicht, kommt es auf das Innenverhältnis an (Stuttgart Rpfleger 96, 82; KG NJW-RR 98, 860). Die unberücksichtigt gebliebene Vorsteuerabzugsberechtigung im Wege des § 767 geltend zu machen, lässt LG München I NJW-RR 92, 1342 zu.

24 **7. Mehrere Anwälte** (Abs 2 S 3). Davon werden auch die Fälle der Rn 26–31 (Verkehrsanwalt) und Rn 32–41 (Anwaltswechsel) erfasst. – **a) Grundsatz.** Auch wenn die Partei sich zugleich durch mehrere RAe vertreten lässt, sind nur die Kosten, die für einen entstehen würden, erstattungsfähig. Das gilt auch, wenn eine seltene Spezialmaterie zu bearbeiten ist, der Fiskus durch mehrere Geschäftsbereiche vertreten wird (Köln Rpfleger 80, 157), der Beklagte für die Widerklage einen weiteren RA bestellt (KG MDR 75, 499), neben dem Rechtsmittelanwalt der RA der Vorinstanz tätig wird (Koblenz MDR 97, 508) oder wenn der ProzBev die mündlichen Ausführungen einem weiteren RA überlassen hat (Hamm Büro 77, 76). Von diesem Grundsatz gibt es eine Reihe von Ausnahmen (zB Rn 25, 26). Nebenintervenienten müssen (Interessenkollision wegen § 68) einen eigenen RA haben (§ 100
25 Rn 5). **b) Untervertreter.** Für die unter § 4 BRAGO fallenden Vertreter erhält die Vergütung der vertretene RA, daneben nicht der unterbevollmächtigte Vertreter (LG Kiel NJW-RR 02, 498). Für einen auswärtigen Termin mit RA am Ort der Verhandlung, insbes einer Beweisaufnahme als Untervertreter sind dessen Gebühren und Auslagen

in jedem Fall zu erstatten, soweit sie die ersparten Reisekosten des bestellten ProzBev nicht wesentlich übersteigen (BGH NJW 03, 898).

8. Verkehrsanwalt (Korrespondenzanwalt; § 52 Abs 1 BRAGO). – **26**
a) Begriff. Das ist der RA am Wohnort der Partei (oder in nächster Nähe) zum Verkehr mit dem RA, der den Prozess am auswärtigen Gericht führt (Düsseldorf NJW-RR 97, 190). Kein Verkehrsanwalt ist das Mitglied derselben überörtlichen Sozietät (KG Rpfleger 95, 433; München Rpfleger 95, 432; Karlsruhe NJW-RR 95, 377), der RA der ersten Instanz mit Sitz am Ort des beim Berufungsgericht (OLG) zugelassenen RA (Düsseldorf MDR 76, 406), auch nicht der als RA zugelassene Geschäftsführer einer GmbH, wenn er nicht das Verkehrsmandat hat (KG Büro 77, 63). – **b) Erstattbarkeit.** Kosten des Ver-**27**
kehrsanwalts sind grundsätzlich nicht erstattungsfähig. Sie sind es ausnahmsweise in den Tatsacheninstanzen (im Berufungsrechtszug seltener als im ersten, Rn 30), wenn die Partei geschäftsungewandt, der Prozessstoff ungewöhnlich schwer, ein unmittelbarer Verkehr mit dem ProzBev unmöglich ist oder unzumutbar erschwert. Hierfür ist abzustellen auf Entfernung, Verkehrsverbindung, berufliche Delastung, Informationshäufigkeit, Interesse am Vermeiden der Abwesenheit (hM). Erstattbar ist die Gebühr auch dann, wenn wegen Klagerücknahme ein ProzBev nicht mehr bestellt wird (München AnwBl 78, 110). Eine (weitere) Vergleichsgebühr ist neben der des ProzBev idR nicht erstattbar (Hamm Büro 88, 492; Karlsruhe Justiz 89, 85). Erstattbarkeit wird generell verneint bei größeren Unternehmen mit Rechtsabteilung (Köln Rpfleger 86, 235) und wenn am Prozessort eine Niederlassung besteht, von der aus das Rechtsverhältnis angeknüpft wurde (München MDR 88, 324). – **c) Informationskosten.** Unerheblich ist, ob die Partei für **28**
die Information mehr als einen halben Arbeitstag benötigt hätte (hM; Koblenz MDR 77, 319 mwN; Frankfurt Büro 88, 486). Innerhalb der Bundesrepublik reicht eine weite Entfernung allein nicht aus, da genügend Kommunikationsmittel zur Verfügung stehen. Jedoch sind die Kosten des Verkehrsanwalts bis zur Höhe einer (fiktiven) Informationsreise idR zu ersetzen (hM; Frankfurt MDR 84, 587 mwN; München NJW-RR 98, 1692). Ausnahmen: wenn die Reise entbehrlich gewesen wäre (hM), eine juristische Person ihre Verwaltung nicht am Sitz führt und am Ort der Verwaltung einen Verkehrsanwalt einsetzt und bei einem RA in eigener Sache (Bamberg Büro 80, 295; vgl Rn 43). – **d) Mehrere Parteien.** Diese Grundsätze gelten auch, wenn **29**
Streitgenossen durch einen gemeinsamen ProzBev weitere ProzBev eingespart haben (Düsseldorf Rpfleger 84, 32 mwN; München MDR 91, 256; bestr). Haben die Parteien einen gemeinsamen RA, gilt die Erhöhungsgebühr des § 6 BRAGO auch bei der BGB-Gesellschaft, deren Mitglieder an ihrer Stelle oder neben ihr verklagt werden (hM; Frankfurt Rpfleger 93, 420 mwN). – **e) Rechtsmittelinstanz.** Im Be-**30**
rufungsrechtszug kann die Einschaltung eines Verkehrsanwalts nicht vor Zustellung der Berufungsbegründung erforderlich werden (Düsseldorf

NJW 74, 245) und überhaupt nicht, wenn der Schwerpunkt auf
Rechtsfragen liegt (Koblenz Büro 77, 65); ferner in der Revision (hM;
Dresden MDR 98, 1372 mwN) oder auch, wenn der Prozessstoff in
erster Instanz aufgearbeitet wurde (Dresden OLG-NL 95, 287) und sich
31 nicht verändert hat. – **f) Ausländer.** Der Partei mit (Wohn-)Sitz im
Ausland steht grundsätzlich ein Verkehrsanwalt (Rn 26) für die erste
Instanz zu (hM; Hamburg Büro 88, 1186; einschränkend Düsseldorf
Rpfleger 97, 188; aA München NJW-RR 98, 1692 mwN: wie inländische Partei zu behandeln). Ausnahmsweise keine Erstattung, wenn bei
mehreren zur Wahl stehenden Gerichtsständen nicht am Ort des Verkehrsanwalts geklagt wird (Hamburg MDR 99, 443).

32   **9. Anwaltswechsel** (Abs 2 S 3). Die dadurch entstandenen Mehrkosten sind erstattungsfähig, wenn gewechselt werden musste und die
Partei oder der RA dies nicht verschuldet hat (hM). Kein Anwaltswechsel ist die Weiterbearbeitung durch eine andere Kanzlei der überörtlichen Sozietät (München Rpfleger 95, 432; Frankfurt NJW-RR 99,
435) und das Ausscheiden des bisher sachbearbeitenden RAs aus einer
33 Sozietät (Rostock MDR 97, 204). – **a) Verlust der Anwaltseigenschaft** gleich aus welchem Grund (auch durch Tod), sofern nicht eine
Sozietät mandiert ist (Frankfurt Rpfleger 90, 527; einschränkend Düsseldorf Rpfleger 87, 80), selbst wenn ein Kanzleiabwickler bestellt wurde
(hM; Hamburg Büro 85, 1870). Es genügt Verlust der Zulassung beim
Prozessgericht. Bei freiwilliger Aufgabe der Zulassung vgl Rn 35. –
34 **b) Kündigung** des Mandats, dh des Geschäftsbesorgungsvertrages
(3 vor § 78). Mehrkosten sind nur erstattungsfähig, wenn der RA den
Vertrag nicht ordnungsgemäß erfüllt (im Einzelnen bestr). Bloße falsche
Beratung genügt nicht (Düsseldorf NJW 72, 2311); idR auch nicht eine
Erkrankung (München Rpfleger 70, 142), ebenso wenig bei Erbfolge
mangelndes Vertrauen des eintretenden Erben zum ProzBev (Hamburg
MDR 79, 762). Das gleiche gilt, wenn ein Streitgenosse den bisherigen
gemeinsamen RA wechselt, ohne dass dies ein besonderer Grund rechtfertigt (Hamm Rpfleger 81, 29; großzügiger Düsseldorf MDR 88, 324:
ohne Rechtsmissbrauch). Ferner ist der Anwaltswechsel idR nicht notwendig, wenn ein zum Insolvenz- oder Nachlassverwalter bestellter RA
kündigt, um den Prozess selbst zu führen (allgM; Frankfurt Rpfleger
35 78, 419 mwN). – **c) Mandatsniederlegung** durch den ProzBev, dessen Verschulden sich die Partei zurechnen lassen muss (§ 85 Abs 2). Es
besteht grundsätzlich kein Anspruch auf Ersatz der Mehrkosten, insbes
nicht bei Arbeitsüberlastung, freiwilliger Aufgabe der Zulassung, selbst
wenn ein Kanzleiabwickler bestellt wurde (hM; LG Flensburg Rpfleger
94, 383), mit Ausnahmen im Einzelfall (Koblenz MDR 91, 1098;
Hamm NJW-RR 96, 1343), Benennung oder Vernehmung als Zeuge
mit einer für die vertretene Partei nachteiligen Aussage (Hamm Rpfleger 76, 435); ausnahmsweise aber dann, wenn der ProzBev als Zeuge in
36 einen Interessenkonflikt gerät (Bürcks NJW 69, 907). – **d) Verweisung**
(§ 281). Hier kommt es grundsätzlich auf die Mehrkostenentscheidung

des § 281 Abs 3 S 2 an. Unterbleibt sie versehentlich, ist nach umstrittener Ansicht die getroffene Kostenentscheidung bindend (§ 281 Rn 18). Vertretbar ist die Ansicht, es sei Abs 2 S 3 anzuwenden (Hamm Rpfleger 91, 267 mit abl Anm von Schlamp/Ebmaier; sehr bestr; aA Köln Rpfleger 93, 37 mwN) oder die Anwaltskosten vor dem unzuständigen Gericht seien im Einzelfall als nicht notwendig anzusehen (Düsseldorf NJW-RR 98, 71). Bei einer überörtlichen Sozietät liegt auch bei örtlich beschränkter Prozessvollmacht kein notwendiger Wechsel vor, wenn mit einer Verweisung gerechnet werden musste (vgl Düsseldorf NJW-RR 95, 376). – **e) Mahnverfahren.** Vor dem **37** 1. 1. 2000 war wegen des Lokalisationsgrundsatzes beim Anwaltsprozess (§ 78 I) häufig die Bestellung eines RAs am Prozessgericht (§ 690 Abs 1 Nr 5) erforderlich. Nach hM (Nürnberg NJW 99, 656) waren grundsätzlich die Kosten beider RAe erstattungsfähig, ausnahmsweise nur dann nicht, wenn mit einem Widerspruch (§ 699) und Abgabe (§ 696) gerechnet werden musste (hM). Diese Ausnahme gilt unverändert weiter (Zweibrücken NJW-RR 01, 1001). Seit 1. 1. 2000 ist das wegen der im ersten Rechtszug nicht mehr örtlich beschränkten Anwaltszulassung zu differenzieren. **aa) Grundsatz.** Die Partei, die ihren RA für **38** das Mahnverfahren frei wählen kann, muss für das anschließende Streitverfahren nicht mehr einen anderen, beim Prozessgericht zugelassenen RA mandieren (Stuttgart Rpfleger 01, § 16). Tut sie es dennoch, sind dessen Gebühren und Auslagen jedenfalls bis zur Höhe der ersparten, fiktiven Reisekosten (Rn 42) erstattbar, wenn die Partei damit rechnen musste, dass das Streitverfahren nicht vor dem Gericht stattfindet, bei dem ihr für das Mahnverfahren mandierter RA seinen Kanzleisitz hat. **bb) Mahnanwalt** ist ein vom Antragsteller nur für das Mahnverfahren **39** mandierter RA, der seinen Sitz an einem dritten Ort hat, dh weder am Mahngericht (§ 689 Abs 2 S 1) noch am Prozessgericht (§ 690 Nr 5). Seine Kosten sind nur erstattungsfähig, wenn gegenüber einem am Sitz des Mahngerichts ansässigen RA keine Mehrkosten entstanden sind (Düsseldorf Rpfleger 92, 130) oder wenn mit einem Widerspruch nicht zu rechnen war (Zweibrücken NJW-RR 01, 1001; Brandenburg OLG-NL 98, 287; Nürnberg NJW-RR 00, 1518; aA Frankfurt MDR 93, 1247; Düsseldorf Rpfleger 96, 526 und NJW-RR 98, 1774: ohne Rücksicht auf einen zu erwartenden Widerspruch). Mit Widerspruch ist zu rechnen, wenn ein Inkassobüro ergebnislos eingeschaltet war (Hamm MDR 94, 103) oder ein auch nur teilweise übersetzter Betrag mit hohen Zinsen verlangt wird. Andererseits braucht ein Gläubiger, dessen Schuldner auf Mahnung geschwiegen oder um Stundung gebeten hat, nicht mit einem Widerspruch gegen einen Mahnbescheid zu rechnen (KG NJW 75, 933), insbes nicht bei einem Wechsel- oder Scheckmahnbescheid (München Rpfleger 77, 64). – **f) Arrest und** **40** **einstweilige Verfügung.** Beauftragt der Antragsteller einen RA, der nicht beim Prozessgericht zugelassen ist, so sind die dadurch entstehenden Mehrkosten nicht erstattungsfähig, wenn Anordnung von mündlicher Verhandlung oder Widerspruch zu erwarten war (hM). Das ist

41 idR der Fall (Frankfurt Rpfleger 90, 313). – **g) Zurückverweisung** (§§ 538, 563 Abs 1). Die Mehrkosten sind nur erstattungsfähig, wenn der Wechsel des RAs der unteren Instanz aus anderen Gründen notwendig war (Köln Büro 92, 175).

42   **10. Auswärtiger Anwalt** (Abs 2 S 1 und 2). – **a) Grundsatz.** Hat der ProzBev seine Kanzlei nicht am Gerichtsort oder wohnt nicht dort, so sind seine Reisekosten jedenfalls dann erstattungsfähig, wenn ein rechtfertigender Grund vorlag, gerade diesen RA zu beauftragen (hM). Es gehört zur zweckentsprechenden Rechtsverfolgung, wenn eine zum Gerichtsort auswärtige Partei einen RA beauftragt, der seinen Kanzleisitz am Wohn- oder Geschäftsort der Partei hat (BGH NJW 03, 901). Für alle Fälle ist erstattbar, was dadurch an anderen Kosten (zB Reisen der Partei) erspart wurde (München NJW-RR 01, 997). Der RA muss nicht schon vorgerichtlich in der Sache tätig geworden sein (Düsseldorf NJW-RR 02, 497 mwN; umstr; zT aA 24. Aufl). **b) Überörtliche Sozietät.** Die Reisekosten des Anwalts sind nicht erstattungsfähig, wenn Anwälte der Sozietät am Terminsort ansässig sind (München NJW 02, 1435).

43   **11. Anwalt in eigener Sache** (Abs 2 S 4) als Partei, auch als Partei kraft Amtes (§ 51 Rn 25) und jeder der RAe einer Sozietät, die als Streitgenossen verklagt sind (KG Rpfleger 79, 70). § 6 BRAGO gilt, wenn die Sozietät alle vertritt (LG Aachen Rpfleger 91, 389). Es kann jeder RA der Sozietät für sich nur dann auftreten und Erstattung verlangen, wenn die Interessen nicht deckungsgleich sind (vgl § 100 Rn 5, 13; Düsseldorf Büro 92, 816 mit Anm Mümmler). Gilt entspr für zugelassene Rechtsberater (Rn 44). Auslagen erhält der RA wie eine Partei (Rn 15), dazu die Anwaltskosten (Rn 19, 22). Der RA hat keinen Anspruch auf Verkehrsanwaltsgebühren.

44   **12. Sonstige Prozessbevollmächtigte und Beistände.** Es ist zu unterscheiden: – **a) Zugelassene Rechtsberater** (Art 1 § 1 RBerG), insbes vor dem 27. 8. 80 zugelassene Rechtsbeistände. Erstattungsfähig sind Gebühren und Auslagen gem 3–5 vor § 91. Weil die BRAGO **45** sinngemäß gilt (Art 9 Abs 1 S 1 G zur Änderung und Ergänzung kostenrechtlicher Vorschriften vom 26. 7. 57, BGBl I 861), sind die Rn 10–43 entspr anzuwenden. – **b) Andere Prozessbevollmächtigte,** die weder RA noch Erlaubnisinhaber (Art 1 § 1 RBerG) sind. Erstattungsfähig sind nur Reisekosten und tatsächliche Auslagen. Dasselbe gilt für Beauftragte von Mieter- und Hausbesitzervereinen; für diese dürfen keine Pauschsätze berechnet werden (hM); ebenso für Angestellte der Partei (hM; BLAH 81 mwN; vgl aber Rn 15). – **46** **c) Beistände** (§ 90): wie Rn 45.

47   **13. Patentanwälte.** Erstattungsfähig neben den Kosten für einen RA sind Gebühren sowie notwendige Auslagen nach § 143 Abs 5 PatentG, § 15 Abs 5 GeschmMG, § 27 Abs 5 GebrMG, § 140 Abs 5 MarkenG; ferner in anderen Prozessen, falls es notwendig war, den Patentanwalt zuzuziehen, zB in Wettbewerbssachen (KG NJW 68, 756;

Celle NJW 69, 328; Jena NJW-RR 03, 105: ausnahmsweise), bei schwierigen technischen Streitfragen (Hamm Büro 77, 1007). Entspr Anwendung von Abs 2 S 4 (Rn 43) ist nicht gerechtfertigt (bestr).

14. Sachverständigengutachten. Soweit sie unter die Gerichts- **48** kosten (Rn 14) fallen, sind sie immer notwendig. Anders ist dies bei den durch die Partei von sich aus eingeholten Privatgutachten. Für diese gilt: – **a) Grundsatz.** Als Parteikosten sind sie nur ausnahmsweise **49** erstattbar (hM), wenn das Gutachten vorgerichtlich eingeholt wurde; wenn die Partei sonst nicht ihrer Darlegungs- und Beweislast genügen konnte (Hamm NJW-RR 96, 830); seltener dann, wenn das Gutachten erst während des Prozesses eingeholt wurde (prozessbegleitendes Gutachten, Stuttgart NJW-RR 96, 255 mwN); weniger streng bei einstw Verfügung (KG Rpfleger 87, 171). Es muss in den Prozess eingeführt worden sein (Düsseldorf Rpfleger 95, 39 mwN; München NJW-RR 95, 1470), ihn nicht notwendig gefördert oder die Entscheidung erkennbar beeinflusst haben (Düsseldorf NJW-RR 96, 572 mwN). Es muss auch nicht in einem engen zeitlichen Zusammenhang stehen, wenn es vom Beklagten eingeholt ist (Hamburg Büro 91, 1516). – **b) Einzelfälle:** ein Steuerberater bei schwierigen steuerrechtlichen **50** Fragen (Karlsruhe NJW-RR 02, 499); wenn eine fachunkundige Partei Prozessgegner einer fachkundigen ist und der Rechtsstreit dadurch unmittelbar vorbereitet werden soll (Düsseldorf NJW-RR 96, 572 für Baumängel); um einen Schadensersatzanspruch beziffern zu können (Düsseldorf NJW-RR 97, 1431); Schriftsachverständigen-Gutachten für Echtheit einer vom Gericht angezweifelten Unterschrift (Nürnberg MDR 75, 936); vorprozessuale Schadensgutachten, die eine Versicherung bei begründetem Verdacht einer Manipulation einholt (Koblenz NJW-RR 88, 283); Rechtsgutachten grundsätzlich nicht (Frankfurt NJW-RR 87, 380), wohl aber bei ausländischem Recht (München NJW-RR 01, 1723; Mankowski MDR 01, 194). – **c) Erstattbarkeit.** **51** Beendigung des Prozesses durch Vergleich schließt sie nicht aus (LG Braunschweig MDR 79, 320). Geltendmachung als materiell-rechtlicher Kostenerstattungsanspruch (13 vor § 91) bleibt möglich (Stuttgart NJW-RR 96, 255 mwN). Das gilt auch für Schiedsgutachten, die während des Rechtsstreits für einen anderen, vom Prozess getrennten Zweck eingeholt werden; Kosten iS des § 91 sind sie nicht (Düsseldorf NJW-RR 99, 1667).

15. Zeugen. Werden sie vom Gericht geladen, gehören die für den **52** Zeugen aufgewendeten Kosten zu den Gerichtskosten (Rn 14). Haben die Zeugen dem Gericht gegenüber auf Gebühren verzichtet, so kann die Partei ihre Aufwendungen für den Zeugen unter den Voraussetzungen des § 91 gegen die erstattungspflichtige Partei festsetzen lassen (Karlsruhe Büro 91, 1514; aA Koblenz NJW 98, 717 mwN). Zeugen, die von den Parteien gestellt, dh mitgebracht werden, verursachen notwendige Kosten, wenn sie vom Gericht vernommen wurden (Hamburg MDR 75, 499), eine Beweiserhebung überflüssig machen oder bei

Arrest und einstw Verfügung mit ihrer Vernehmung zu rechnen war, insbes weil dem Tatsachenvorbringen entgegengetreten wurde und nicht erwartet werden durfte, dass eine eidesstattliche Versicherung genügen werde (Koblenz Rpfleger 97, 498). Aufwendungen der Partei für den Zeugen, den sie zum Termin gestellt hat, sind bis zur Höhe festzusetzen, die nach ZuSEG erstattungsfähig ist (KG NJW 75, 1422).

53   **16. Sicherheitsleistung.** Eine für Ausländer (§§ 110, 111) gehört zu den notwendigen Kosten des Rechtsstreits. Eine zur Vornahme der Zwangsvollstreckung ist nach § 788 zu beurteilen (vgl dort Rn 18; offengelassen in BGH NJW 74, 693). Kosten einer Sicherheitsleistung (insbes Bürgschaftsprovision) zur Abwendung der ZwVollstr gehören zu den erstattbaren Kosten des Rechtsstreits (Koblenz Rpfleger 80, 70; Düsseldorf NJW-RR 87, 1201 und 98, 1455 mwN; aA Köln Rpfleger 93, 464: weder § 91 noch § 788, sondern § 717 Abs 2 S 2), auch die Kosten einer vom erfolgreichen Kläger bei § 769 zur Abwendung der Zwangsvollstreckung gestellten Bürgschaft (hM; Düsseldorf Rpfleger 01, 201 mwN).

54   **17. Sonstige erstattbare Kosten.** Es können notwendig iS von Abs 1 S 1 sein: – **a) Zustellungen.** Soweit sie zur zweckentsprechenden, interessenwahrenden Prozessführung erforderlich sind, gehören sie zu den notwendigen Kosten des Rechtsstreits. Mehrkosten infolge Zustellung durch den Gerichtsvollzieher sind nur ausnahmsweise erstattungsfähig (vgl § 191), zB statt möglicher Zustellung gem § 195, wenn sie eilbedürftig ist und sicher sein muss (KG Rpfleger 81, 121 für § 198
55 aF). – **b) Ausfertigungen,** insbes von Entscheidungen und Protokollen. Je 1 Stück ist erstattungsfähig, soweit es nicht gem KV 1900 Nr 2
56 auslagenfrei ist. – **c) Ablichtungen** sind erstattungsfähig, wenn sie im Einverständnis mit dem Mandanten zusätzlich gefertigt sind, es auf den Inhalt der im Schriftstück enthaltenen Erklärung ankommt oder sonst zu einer ordnungsgemäßen Prozessführung notwendig waren (hM; Düsseldorf Rpfleger 01, 618). Davon ist grundsätzlich auszugehen (Koblenz NJW-RR 02, 421 mwN). Soweit eine Urkunde zur Klagebegründung erforderlich ist, sind die Kosten nicht mit der Prozessgebühr abgegolten (Karlsruhe NJW-RR 99, 437; bestr), ebenso wenig die Schriftsätze bei einer Vielzahl von Beklagten, jedenfalls bei mehr als drei (Koblenz aaO mwN). Für den Anspruch auf Erstattung der vom RA vorgenommenen Ablichtungen über § 27 BRAGO ist unerheblich, dass die Partei sie billiger hätte erstellen können (Düsseldorf NJW-RR 96, 576; bestr). Nicht erstattungsfähig sind unverlangte Ablichtungen aus Fachbüchern und -zeitschriften (Schleswig Büro 79, 373). Von den erstattbaren Kosten zu unterscheiden ist, was gem § 27 BRAGO der eigenen Partei gegenüber festgesetzt werden darf (Köln Rpfleger
57 87, 519 mit Anm von Spruth). – **d) Detektivkosten** sind erstattungsfähig nur, soweit die Ermittlungen in den Prozess eingeführt und für das Prozessergebnis ursächlich waren (Düsseldorf NJW 69, 560 mwN; Koblenz NJW-RR 03, 75) oder die Tatsache durch Zeugen nicht be-

weisbar war (enger Hamm MDR 75, 413). Ferner müssen sie (auch im
Umfang, Karlsruhe Büro 96, 430) geboten gewesen (Koblenz aaO) und
angemessen sein in Bezug auf Bedeutung des Rechtsstreits und der Beweisfrage (vgl BGH NJW 90, 2060), zB die Ermittlung der Anschrift
eines bisher unauffindbaren notwendigen Zeugen (Koblenz NJW-RR
99, 1158). Auch vorprozessuale Kosten sind erstattungsfähig, wenn sie
in unmittelbarem Zusammenhang mit einem bestimmten Rechtsstreit stehen (Koblenz NJW-RR 91, 894), zB bei Verdacht eines
vorgetäuschten Verkehrsunfalls (Köln Rpfleger 94, 38 mwN). – **58**
e) Übersetzerkosten für fremdsprachige Schriftstücke zur Vorlage bei
Gericht sind, soweit Übersetzung notwendig war, erstattungsfähig (vgl
Frankfurt MDR 81, 58), auch für Zustellungen, für die Information der
ausländischen Partei mit Korrespondenzanwalt nur ausnahmsweise
(Hamburg Rpfleger 96, 370). – **f) Streitverkündung.** Ihre Kosten **59**
gehören nicht zu denen des Rechtsstreits, in dem der Streit verkündet
wurde (hM; § 73 Rn 8). – **g) Testkauf** als Kosten der Vorbereitung **60**
eines Rechtsstreits. Sie sind grundsätzlich nicht erstattungsfähig (Hamm
MDR 85, 414; sehr bestr; aA Dresden NJW-RR 97, 574 mwN), insbes nicht, wenn der Testkauf den einzigen Zweck hat, die Zuständigkeit eines weiteren Gerichts herbeizuführen (München Rpfleger 76,
219). Wenn festgesetzt wird (§ 104), dann nur Zug-um-Zug gegen
Übereignung der Sache (vgl KG Rpfleger 91, 80). – **h) Fotos,** die **61**
wesentlich zur Darlegung des Streitstoffs beitragen, können erstattungsfähig sein (Hamburg Büro 77, 1444). – **i) Zinsaufwendungen** zur **62**
Finanzierung von Prozesskosten, zB für einen Gerichtskostenvorschuss,
sind prozessual nicht erstattungsfähig (hM; Koblenz Rpfleger 88, 161
mwN und NJW-RR 98, 718), wohl aber materiell-rechtlich (15 vor
§ 91). – **k) Meinungsumfragen,** die privat zur Verwertung im Prozess **63**
eingeholt werden, sind grundsätzlich nicht erstattungsfähig (Hansens
Büro 87, 1441), ausnahmsweise dann, wenn sie für eine einstw Verfügung zur Glaubhaftmachung vorgelegt werden und eine Förderung des
Prozesses zu erwarten war (KG Rpfleger 87, 262). – **l) Beschaffung** **64**
von Beweismitteln, insb von Urkunden und Zeugen. Die Kosten
können erstattungsfähig sein, zB Belohnungen für das Auffinden von
Unfallzeugen (Koblenz NJW 75, 173); sog Fangprämien (München
Büro 92, 335.

§ 91 a Kosten bei Erledigung der Hauptsache

(1) **Haben die Parteien in der mündlichen Verhandlung oder
durch Einreichung eines Schriftsatzes oder zu Protokoll der
Geschäftsstelle den Rechtsstreit in der Hauptsache für erledigt
erklärt, so entscheidet das Gericht über die Kosten unter Berücksichtigung des bisherigen Sach- und Streitstandes nach billigem Ermessen durch Beschluß.**

(2) **¹Gegen die Entscheidung findet die sofortige Beschwerde
statt. ²Dies gilt nicht, wenn der Streitwert der Hauptsache den**

in § 511 genannten Betrag nicht übersteigt. [3]Vor der Entscheidung über die Beschwerde ist der Gegner zu hören.

Übersicht

1. Allgemeines. Überblick: Bergerfurth NJW 92, 1655; Pape/ 1
Notthoff JuS 95, 912 und 1016 sowie 96, 148, 341, 538. Die Erledigung des Rechtsstreits in der Hauptsache (kürzer: Erledigung der
Hauptsache) ist vom Gesetz unvollkommen geregelt. Sie kommt jedoch
in der Praxis sehr oft vor, wird dabei uneinheitlich und nicht selten
falsch behandelt. Vieles ist umstritten. Dem Kläger oder Antragsteller
wird ermöglicht, durch die Erklärung, die Hauptsache sei erledigt, eine
Abweisung ohne Zurücknahme seiner Klage oder seines Antrags mit
ungünstigen Kostenfolgen (§ 91 Abs 1, Art 269 Abs 3) zu vermeiden,
wenn seine Klage oder sein Antrag im Laufe des Rechtsstreits mit oder
ohne sein Zutun ganz oder zT unzulässig oder unbegründet wird.

2. Begriffe. Vor allem ist zu unterscheiden zwischen der Erledigung 2
der Hauptsache (nämlich dem tatsächlichen Ereignis, das die Hauptsache erledigt; Rn 3, 4) und der Erklärung der Parteien, dass die
Hauptsache erledigt sei. Das ist die Prozesshandlung (Einl III), welche
die Parteien auf Grund einer wirklichen oder einer angenommenen
Hauptsacheerledigung vornehmen (Rn 6). – **a) Hauptsache** ist der 3
Streitgegenstand (Einl II) im Urteilsverfahren, in anderen Verfahrensarten ganz allgemein die von der den Rechtsstreit einleitenden Partei
begehrte Rechtsfolge, zB dass auf Erinnerung (§ 766) eine Pfändung für
unzulässig erklärt und aufgehoben werde. Zur Hauptsache gehören
auch die Nebenforderungen (§ 4 Abs 1 Hs 2, Abs 2). Nicht Hauptsache
sind einzelne Klagegründe und die Kosten des jeweiligen Rechtsstreits.
Sie werden auch dann nicht zur Hauptsache, wenn der wirkliche
Streitgegenstand (unrichtig) ohne Kostenregelung vollständig durch
Anerkenntnisurteil oder Vergleich erledigt wird. – **b) Erledigt** ist die 4
Hauptsache, wenn der Antrag des Klägers oder Antragstellers durch ein
Ereignis nach Eintritt der Rechtshängigkeit (§ 261 Abs 1) oder der
Verfahrenseinleitung (§ 128 Rn 14) gegenstandslos wird. Dieses Ereig-
nis muss vor der Erledigterklärung (Rn 6) liegen (vgl BGH NJW 92,
2235). Die Hauptsache kann zwar begrifflich nicht vor Anhängigkeit

erledigt werden. Darauf kommt es aber nicht an, wenn danach und insbesondere nach Eintritt der Rechtshängigkeit übereinstimmend für erledigt erklärt wird (vgl Rn 22). Erledigung tritt nicht ein, wenn zur Abwendung der ZwVollstr geleistet wird (vgl BGH NJW 94, 942). **aa) Zeitpunkt** der Erledigung ist der Eintritt des tatsächlichen Ereignisses, das die Hauptsache erledigt. Bei der Aufrechnung ist das nicht die Aufrechnungslage, sondern die Erklärung gemäß § 388 S 1 BGB
5 (BayObLG NJW-RR 02, 371 mwN; bestr.). **bb) Beispiele.** Die Klageforderung wird vom Beklagten ohne unmittelbaren Zwang erfüllt, auch wenn es unter Vorbehalt der Rückforderung geschieht; die herausverlangte Sache wird vernichtet, herausgegeben oder geräumt (Bamberg NZM 99, 377); das geltend gemachte Recht erlischt während des Prozesses durch Zeitablauf; die eingeklagte Geldforderung erlischt durch Aufrechnung (zu den Folgen Heistermann NJW 01, 3527); die Verjährungseinrede wird erhoben (Peters NJW 01, 2289 mwN); das Rechtsschutzbedürfnis entfällt; der klagende Inhaber eines höchstpersönlichen Rechts stirbt; eine Partei verliert die Parteifähigkeit; das Gesetz wird geändert; die Parteien vergleichen sich außergerichtlich; im Hauptsacheprozess (§ 943) ergeht ein mit dem Arrest oder der einstw Verfügung gleich lautendes (auch nur vorläufig) vollstreckbares Ur-
6 teil. – **c) Erledigterklärung.** Sie ist als Prozesshandlung (Einl III) ein Antrag an das Gericht, der bezweckt, dass der Rechtsstreit ganz oder zT ohne Entscheidung über den Streitgegenstand beendet werden soll. Es steht dem Kläger frei, ob er erledigt erklärt oder den Klageantrag in eine Kostenfeststellungsklage auf Grund des materiell-rechtlichen Kostenerstattungsanspruchs ändert (Fischer MDR 02, 1097 mwN). Die Erledigterklärung tritt an die Stelle des ursprünglichen Antrags und beseitigt ihn zugleich. Die Erledigterklärung kann widerrufen werden, solange der Gegner sich ihr nicht angeschlossen und das Gericht noch nicht darüber entschieden hat (BGH NJW 02, 342). Sie kann unter einer innerprozessualen Bedingung abgegeben werden (Einl III Rn 14; KG NJW-RR 98, 1074) und ist im Urteilsverfahren eine gem § 264 Nr 2 stets zulässige Antragsänderung, wenn und solange der Gegner nicht übereinstimmend für erledigt erklärt (vgl Rn 32). Sie ist keine Klagerücknahme, kein Klageverzicht und keine Rechtsmittelrücknahme; ebenso wenig eine Rücknahme des Antrags auf Durchführung des streitigen Verfahrens. Sie kann auch nicht ohne weiteres in eine dieser genannten Prozesshandlungen umgedeutet werden (Einl III Rn 20), weil es idR dem Willen der erledigt erklärenden Partei nicht entspricht, die damit verbundenen für sie mindestens kostenmäßig ungünstigen Rechtsfolgen herbeizuführen. Das gleiche gilt für die Auslegung (Einl III Rn 16). Eine Erledigterklärung liegt nicht im Abschluss eines Prozessvergleichs, auch wenn er eine Kostenregelung nicht enthält; dann gilt § 98, nicht § 91a (hM; vgl § 98 Rn 3).

7   **3. Anwendungsbereich** des § 91a. – **a) Verfahren:** grundsätzlich alle der ZPO unterliegenden Verfahren, nicht nur das Urteilsverfahren,

auch Arrest und einstweilige Verfügung, ZwVollstr (Koblenz Büro 82, 1897 mwN; bestr), Mahnverfahren (Nürnberg NJW-RR 87, 1278; Wolff NJW 03, 553 bestr), Zwischenstreit mit einem Dritten (zB § 71), Zwangsvollstreckung der §§ 887–890 (BayObLG NJW-RR 97, 489 mwN), Kostenfestsetzungsverfahren (Koblenz Büro 95, 208). Beim selbständigen Beweisverfahren vgl § 494 a Rn 6. Sonderregeln enthalten die ZPO in §§ 619, 640 g, ferner eine Reihe anderer Gesetze. – **b) Instanzen:** in allen Rechtszügen, insbes auch in der Revision, aber **8** nur bei übereinstimmender Erklärung. Es müsste jedoch beachtet werden, dass grundsätzlich nur die Hauptsache, nicht das Rechtsmittel für erledigt erklärt werden kann (jedenfalls zT zustimmend BGH 127, 74; aber anders NJW 98, 2454; StJBork 52, 53 mwN; Rn 29; sehr bestr; aA insbes KG NJW-RR 87, 766; Frankfurt FamRZ 89, 195). Ausnahmsweise wird in analoger Anwendung von § 91 a die Erledigterklärung eines Rechtsmittels zuzulassen sein, wenn die angefochtene Entscheidung richtig wird oder prozessual überholt ist (vgl Rn 42; Frankfurt NJW-RR 98, 1447; MüKo/Lindacher 109; Bergerfurth NJW 92, 1655 mwN; Gaier JZ 01, 445).

4. Voraussetzungen der Erledigterklärung. – a) Allgemeine 9 Prozesshandlungsvoraussetzungen gemäß Einl III Rn 10. – **b) Form.** Es kann auch im Urteilsverfahren außer in mdl Vhdlg **10** (§ 297) schriftlich (wie § 129) oder zu Protokoll der Geschäftsstelle (§ 129 a) und somit ohne Anwaltszwang (§ 78 Abs 5) wirksam für erledigt erklärt werden; auch bei notw mdl Vhdlg bis zum Erlass der Entscheidung möglich (Rn 14). Es muss nicht wörtlich oder ausdrücklich für erledigt erklärt werden. Dies kann auch dadurch geschehen, dass die eine Partei der Erledigterklärung der anderen nicht widerspricht (BGH NJW-RR 91, 1211; Müther MDR 97, 528) und sonst keinen Antrag stellt (vgl Einl III Rn 11). Bleiben Zweifel, genügt bloßes Schweigen nicht (LG Stuttgart NJW-RR 00, 662). Streit über Kosten schließt eine Erledigterklärung nie aus (vgl Rn 6 aE). – **c) Inhalt. aa) Erledi- 11 gungsgrund.** Dieser sollte neben der Erklärung (Rn 10) angegeben werden; das sind die Tatsachen, die den Rechtsstreit in der Hauptsache erledigt haben sollen (Rn 3, 4). Dies ist idR angebracht, aber notwendig nur bei einseitiger, nicht bei übereinstimmender Erledigterklärung (vgl Rn 22). **bb) Hilfsweise** kann für erledigt erklärt werden (Erledi- **12** gungsantrag, vgl Rn 6) nach den Grundsätzen des § 260 Rn 8, 9 vom Kläger, insbes neben dem Klageantrag und den Berufungsanträgen (BGH NJW 75, 539 und NJW-RR 98, 1571), zB für den Fall der Zulässigkeit der Berufung (Hamm NJW 73, 1376); auch für den Fall, dass ein Prozessvergleich widerrufen wird (Frankfurt MDR 78, 499). Ob der Beklagte neben dem Klageabweisungsantrag hilfsweise für erledigt erklären kann (Bergerfurth NJW 92, 1655/1660) ist umstritten, jedenfalls zu bejahen, wenn auch der Kläger hilfsweise für erledigt erklärt (Piekenbrock ZZP 112, 353 mwN). Das alles gilt nicht in der Revision (BGH 106, 359). **cc) Umfang.** Erledigterklärung ohne Einschränkung **13**

betrifft den vollen Streitgegenstand oder alle Streitgegenstände der Klage. Es kann die Erledigterklärung auf einen Teil der Hauptsache be-
14 schränkt werden (Rn 43). – **d) Zeitpunkt.** Abgegeben werden kann die Erledigterklärung ab Anhängigkeit (§ 261 Rn 1). Bei übereinstimmender Erledigterklärung ist es gleichgültig, ob zuerst der Kläger oder der Beklagte die Erklärung abgegeben hat. Sie wird aber nicht vor Rechtshängigkeit wirksam, wenn die Erklärung vorher abgegeben wurde. Außerhalb des Urteilsverfahrens kann erledigt erklärt werden ab Einreichung des Antrags, der das jeweilige Verfahren einleitet (§ 128 Rn 14). Auch bei notwendiger mdl Verhandlung kann jedenfalls bis zum Erlass der Entscheidung schriftlich oder zu Protokoll für erledigt erklärt werden (Abs 1). Das erfordert keine neue mdl Verhandlung (Abs 1 S 2). Darüber hinaus wird man zulassen müssen, dass die Parteien bis zur Rechtskraft wirksam für erledigt erklären können (vgl
15 Rn 27, 28). – **e) Beseitigung.** Die Erledigterklärung kann nicht widerrufen werden, auch nicht übereinstimmend (hM), und nicht angefochten, weil sie Prozesshandlung ist (Einl III Rn 23; ZöVollkommer
16 11 mwN; bestr). – **f) Anwaltszwang** (§ 78) besteht für die Erledigterklärung nur, soweit und solange das Verfahren, in dem für erledigt erklärt wird, unter Anwaltszwang steht. Sie ist durch Abs 1 (Protokollerklärung, § 129a) wegen § 78 Abs 5, wenn sie außerhalb der mdl Vhdlg erklärt wird, vom Anwaltszwang ausgenommen (vgl Rn 10).

17 **5. Wirkung** einer übereinstimmenden Erledigterklärung der Parteien des jeweiligen Rechtsstreits. – **a) Prozessbeendigung** in der Hauptsache ganz oder zT (Rn 43, 44). Der Prozess bleibt nur noch hinsichtlich der Kosten rechtshängig (allgM). Es ist gleichgültig, welche Partei zuerst für erledigt erklärt. Selbst wenn vor dem unzuständigen Gericht für erledigt erklärt wird, darf dieses nicht mehr an das zuständige Gericht verweisen (Frankfurt MDR 81, 676). Auch Klagerücknahme
18 ist nicht mehr möglich (Bamberg FamRZ 97, 1225). – **b) Nebenintervenient.** Seine Zustimmung ist nicht erforderlich. Das gilt auch für den streitgenössischen Nebenintervenienten (§ 69; München
19 OLGR 00, 165 mwN; umstr). – **c) Streitgenossen.** Bei einfachen (§ 61) wie notwendigen (§ 62) wirkt die Erledigungserklärung nur jeweils in ihrem Prozess (§ 61 Rn 1). Jedem Streitgenossen steht es grundsätzlich frei, die Hauptsache für seinen Prozess erledigt zu erklären. Er kann dies auch im Rahmen der Vertretungsfiktion des § 62 mit Wirkung für die anderen Prozesse tun (§ 62 Rn 17). Bei notwendigen Streitgenossen infolge notwendig gemeinsamer Klage (§ 62 Rn 11, 13) kann für die anderen verbundenen Prozesse wirksam nur dann für erledigt erklärt werden, wenn es alle Streitgenossen tun oder es von einem wirksam für alle getan wird (vgl § 62 Rn 17), insbes im Rahmen der
20 Vertretungsfiktion des § 62 Abs 1. – **d) Kostenentscheidung** durch Beschluss ist vorgeschrieben (Rn 25). Nur diesen Fall, nämlich die übereinstimmende Erledigterklärung, trifft § 91a direkt. Je nach Lage des Rechtsstreits ist nach den Grundsätzen der Rn 46–48 zu verfahren.

Ist auf Grund eines außergerichtlichen Vergleichs für erledigt erklärt worden, wird nicht über die Kosten entschieden, wenn die Parteien in diesem Vergleich die Kosten geregelt haben (BGH NJW 69, 1814). Das gilt auch, wenn die Parteien über die Auslegung der Kostenvereinbarung streiten (Hamm MDR 76, 147). – **e) Vorangegangene Ent-** **21** **scheidungen** im Rechtsstreit können nicht mehr rechtskräftig werden und sind mit dem Ende der Rechtshängigkeit (§ 261 Rn 9) wirkungslos (§ 269 Abs 3 S 1 analog). Eine neue Klage wegen des selben Streitgegenstandes (Einl II) bleibt zulässig (Rn 50).

6. Übereinstimmende Erledigterklärung. Nur dafür, nicht für **22** die einseitige (Rn 31), gilt § 91a unmittelbar. – **a) Voraussetzung** ist, dass die Erledigterklärungen der Parteien als Prozesshandlungen (Rn 9–16) wirksam sind. Nur dieses darf das Gericht prüfen. Es ist nicht erforderlich und auch nicht zu prüfen, ob die Hauptsache wirklich erledigt ist (hM). Daraus folgt, dass es bei übereinstimmender Erledigterklärung gleichgültig ist, ob und wann die Hauptsache tatsächlich erledigt wurde (hM). Das folgt auch aus der Dispositionsmaxime (Einl I Rn 5). Die Erledigung kann schon vor Zustellung (hM), sogar vor Einreichung der Klageschrift eingetreten sein, sofern es zur Rechtshängigkeit kommt (nicht für notwendig erachtet von Köln NJW-RR 96, 1023). Dann können die Erledigterklärungen wirksam abgegeben werden (vgl Rn 14). Das bedeutet auch, dass es nicht darauf ankommt, ob die Klage zulässig, von vornherein begründet oder unbegründet war. – **b) Im ersten** **23** **Rechtszug.** Wirksam möglich ist eine Erledigterklärung nach den Grundsätzen der Rn 22. Sie setzt also den Eintritt der Rechtshängigkeit voraus (Brandenburg NJW-RR 01, 1436) und kann bis zum Erlass der Entscheidung erklärt werden, ohne dass die mdl Vhdlg wieder eröffnet werden muss, auch noch bis zum Ablauf der Rechtsmittelfrist (MüKo/ Lindacher Rn 39; Bergerfurth NJW 92, 1655). Die Erledigterklärung kann für den ersten Rechtszug nur bis zur Einlegung des Rechtsmittels erfolgen (vgl Rn 27, 28). Dies gilt nicht für eine einseitige Erledigterklärung (Rn 37). **aa) Mündliche Verhandlung.** Ist in ihr die **24** Hauptsache für erledigt erklärt worden, ergeht die Entscheidung auf Grund der mdl Vhdlg. Sonst ergeht der Beschluss ohne mdl Vhdlg (§ 128 Abs 3) auch dann, wenn die eine Partei in mdl Vhdlg und die andere danach schriftlich oder zu Protokoll der Geschäftsstelle für erledigt erklärt (vgl Rn 14). **bb) Entscheidung** ergeht durch zu begrün- **25** denden Beschluss (Schleswig MDR 97, 1154), der wegen Abs 2 S 1 immer zuzustellen ist (§ 329 Abs 3), auch wenn er verkündet wurde. Ist nur teilweise für erledigt erklärt (Rn 43), so kann über den erledigt erklärten Teil kein Beschluss ergehen (hM). Die Formel muss nur die Kostenentscheidung (nach den Grundsätzen Rn 46–48) enthalten. Der Ausspruch, der Rechtsstreit sei in der Hauptsache für erledigt erklärt, ist nicht nötig, aber empfehlenswert, wenn ein Urteil (zB Versäumnisurteil) vorangegangen ist, um dessen Wirkungslosigkeit (Rn 21) klarzustellen. Auf Antrag wird im Beschluss analog § 269 Abs 3 S 1, Abs 4

26 ausgesprochen, dass das betreffende Urteil wirkungslos ist. **cc) Kosten-anträge** sind nicht erforderlich (StJBork 26; bestr), aber zulässig. Es gilt § 308 Abs 2. Das Gericht muss nicht über die Kosten entscheiden, wenn die Parteien sich darüber vergleichen (§ 794 Rn 18; § 98 Rn 2)

27 oder auch auf eine Kostenentscheidung verzichten. – **c) Im höheren Rechtszug** (Berufung, Revision und Beschwerde). Die Erledigt-erklärung vor Rechtsmitteleinlegung gehört noch zur unteren Instanz

28 (Rn 23). **aa) Zulässigkeit des Rechtsmittels** ist Voraussetzung (allgM; zB BGH 50, 197). Ein unzulässiges Rechtsmittel ist trotz über-einstimmender Erledigterklärung zu verwerfen. Hierfür gelten die ge-wöhnlichen Regeln. Insbes ist die Beschwer in der jeweils notwendi-gen Höhe erforderlich (17 vor § 511). Sie ist auch dann gegeben und bleibt in Höhe der Hauptsache erhalten, wenn die Klage oder der An-trag abgewiesen wurde und die Hauptsache erledigt ist (Rn 3 und 4), nachdem im vorangegangenen Rechtszug entschieden und Rechtsmit-tel eingelegt worden ist (BGH NJW 67, 564). Das gilt auch dann, wenn die Hauptsache bei erfolgreicher Klage noch vor Rechts-mitteleinlegung erledigt wurde (hM; BGH NJW 75, 539; Hamburg NJW-RR 89, 570; Gottwald NJW 76, 2250 mwN). Dem steht § 99 Abs 1 nicht entgegen (Zweibrücken OLGZ 75, 44). Es ist un-nötig, die Kosten als Beschwer anzusehen, weil diese in der Haupt-sache besteht (Gottwald aaO). Ausnahmsweise fehlt die Beschwer aber dann, wenn der Beklagte, bevor das Rechtsmittel eingelegt wurde, oh-ne die Erklärung erfüllt, er leiste nur zur Abwendung der ZwVollstr, und der Kläger die Leistung vorbehaltlos angenommen hat oder wenn der Kläger bei Zug-um-Zug Verurteilung die ihm obliegende Gegen-leistung erbringt und dafür die Leistung empfängt (ZöVollkommer 20).

29 **bb) Erledigterklärung** (Rn 6) ist an Rechtsmitteleinlegung an das Rechtsmittelgericht zu richten (Rn 27). Sie bezieht sich auf die Hauptsache, nicht auf das Rechtsmittel (sehr bestr; vgl Rn 8). Wird das Rechtsmittel für erledigt erklärt, so ist dies als Erledigterklärung der Hauptsache oder als Rechtsmittelrücknahme auszulegen oder umzu-deuten (Einl III Rn 16, 20). Ist in erster Instanz schon über eine einsei-tige Erledigterklärung gestritten und hierüber entschieden worden, ge-nügt im zweiten Rechtszug die Erklärung allein des Beklagten nicht; denn die Erklärung des Klägers ist Feststellungsklageantrag geworden (Rn 31) und neue übereinstimmende Erledigterklärungen sind notwen-

30 dig. **cc) Entscheidung** (Rn 25). Es ist über die Kosten des gesamten Rechtsstreits, also auch die der unteren Instanzen, zu entscheiden (Heintzmann ZZP 87, 199 [223] mwN; aA KG OLGZ 86, 358 [361]). Das gilt ebenso, wenn ein Teilurteil (auch nur teilweise) angefochten und dieser Teil erst in der Rechtsmittelinstanz für erledigt erklärt wird, für den auf die Vorinstanzen entfallenen erledigt erklärten Teil (BGH MDR 76, 379), erst recht für die Teilanfechtung eines Vollurteils (Stuttgart MDR 78, 234). Die bisher, auch im ersten Rechtszug er-gangenen Entscheidungen werden ab Erledigterklärung wirkungslos (allgM; Rn 21).

7. Einseitige Erledigterklärung des Klägers oder des Antragstel- 31
lers (Rn 6) erledigt weder den Prozess noch die Rechtshängigkeit
(hM). § 91 a gilt nicht und es ist noch eine Entscheidung in der Hauptsache erforderlich. Das Verfahren unterliegt voll dem Anwaltszwang
(§ 78); Abs 1 gilt nicht. – **a) Begriff.** Die einseitige Erledigterklärung 32
ist der Antrag an das Gericht, die Erledigung der Hauptsache festzustellen, im Urteilsverfahren eine regelmäßig wegen § 264 Nr 2 als zulässig
anzusehende Klageänderung in eine Feststellungsklage (hM; BGH NJW
02, 442 mwN; bestr). Diese kann wie jede Klage wieder geändert werden (§§ 263, 264; BGH aaO). Der Feststellungsantrag kann auch hilfsweise (§ 260 Rn 8) neben dem Klageantrag zur Hauptsache gestellt
werden oder auch dieser hilfsweise neben dem Feststellungsantrag
(hM). – **b) Verhalten des Beklagten** (Antragsgegners). Er ist keines- 32 a
falls verpflichtet, übereinstimmend mit dem Kläger (Antragsteller) erledigt zu erklären, selbst wenn die Hauptsache wirklich erledigt ist. Es
kann sich aber aus den Umständen ergeben, dass auch ohne ausdrückliche Erklärung der Beklagte der Erledigterklärung zustimmt und dann
eine übereinstimmende Erklärung vorliegt (Müther MDR 97, 528), zB
bei einem Anerkenntnis (Lange NJW 01, 2149). Der Beklagte kann in
jedem Fall auf seinem Klagabweisungsantrag beharren und damit verhindern, dass durch Beschluss nach § 91 a (Rn 22) verfahren wird; denn
der Kläger soll ohne Zustimmung des Beklagten nicht vermeiden
können, dass seine unzulässige oder unbegründete Klage deshalb
nicht abgewiesen wird, weil er die Hauptsache für erledigt erklärt. –
c) Voraussetzungen. Die Feststellungsklage (Rn 32) ist begründet, 33
wenn die Hauptsache erledigt ist. Das ist der Fall, wenn die erledigenden Tatsachen (Rn 4) unbestritten, zugestanden oder bewiesen sind (35
vor § 253). Außerdem muss die Klage zZ des erledigenden Ereignisses
zulässig und begründet gewesen sein (wohl hM; dagegen kritisch Jost/
Sundermann ZZP 105, 261); denn diese Rechtsbehauptung enthält der
Erledigungsantrag des Klägers. Daraus folgt, dass insbes eine von Anfang
an unzulässig oder unbegründet gebliebene Klage trotz Erledigterklärung abzuweisen ist (hM; BGH stRspr NJW 92, 2235 mwN; BAG
stRspr NJW 96, 1980 mwN). Wenn erforderlich, ist darüber Beweis zu
erheben (BGH aaO). Ist die Hauptsache erledigt (Rn 35), so wird dies
festgestellt, andernfalls die geänderte (Feststellungs)Klage abgewiesen. Ist
die Klage bei einem unzuständigen Gericht erhoben, kommt es darauf
an, ob der Beklagte dies rügt (dann ggf § 281) oder rügelos verhandelt
(§ 39 oder § 295; Vossler NJW 02, 2373).

8. Hauptsacheerledigung. Es muss unterschieden werden: – 34
a) Nicht erledigte Hauptsache. Das trifft zu, wenn eine der Voraussetzungen (Rn 33) nicht vorliegt, insbes auch, wenn die Klage von
vornherein unbegründet war oder wenn die Klage wirksam geändert
wurde (§§ 263, 264), nachdem das erledigende Ereignis eingetreten war
(Rn 3, 4) und der Kläger in Bezug darauf für erledigt erklärt. **aa) Grund-** 34 a
satz. Die Klage ist, falls sie infolge Vorliegens der Prozessvoraussetzun-

gen zulässig ist, als unbegründet abzuweisen, weil dem Feststellungsantrag auf Erledigung nicht stattgegeben werden darf (Nürnberg NJW-RR 89, 444). Dies ist aber nur angebracht, wenn der Kläger vorher gemäß § 139 belehrt wurde und auf seinem Erledigungsantrag beharrt,

34 b statt den ursprünglichen Klageantrag zu stellen (vgl Rn 32). **bb) Hilfsantrag.** Für den Kläger ist es am besten, wenn er seinen Klageantrag hilfsweise für den Fall stellt, dass seinem Erledigungsantrag nicht stattgegeben wird (Rn 32). Der Erledigungsantrag kann dann durch Teilurteil (§ 301) abgewiesen werden, wenn der hilfsweise gestellte Klageantrag noch nicht entscheidungsreif ist. Ist der Erledigungsantrag hilfsweise neben dem ursprünglichen Klageantrag gestellt und wird ihm wegen eingetretener Hauptsacheerledigung nicht stattgegeben, so ist über den

35 Hilfsantrag zu entscheiden (wie Rn 35). – **b) Erledigte Hauptsache.** Es kommt auf denjenigen Zeitpunkt an, zu dem das erledigende Ereignis eingetreten ist; **aa) Nach Rechtshängigkeit** (§ 253 Abs 1, § 261 Abs 1) oder Einleitung des Verfahrens. Auch dann ist Endentscheidung zu erlassen (allgM), im Urteilsverfahren also Endurteil (§ 300). Es ist ein Sachurteil (BGH NJW 63, 48). Wäre die für erledigt erklärte Klage (oder der Antrag, zB Braunschweig OLGZ 74, 295) zZ des erledigenden Ereignisses (Rn 4) zulässig und begründet gewesen (ggf durch Beweisaufnahme zu klären, BGH NJW 69, 237), so ist zu entscheiden, dass der Rechtsstreit in der Hauptsache erledigt ist. Wäre sie unzulässig oder unbegründet gewesen, ist die Klage (oder der Antrag) abzuweisen (hM; BGH stRspr; vgl NJW 81, 686 mwN), ohne dass hierfür ein schutzwürdiges Interesse des Beklagten bestehen muss (wohl hM; BGH NJW 69, 237 mwN). Die vorbehaltlose Erfüllung des Klageanspruchs erübrigt nicht die Prüfung der Begründetheit der Klage (BGH

36 aaO), Kostenentscheidung: Rn 39. **bb) Vor Rechtshängigkeit.** Lag das erledigende Ereignis vorher, auch noch zwischen Einreichung und Zustellung der Klageschrift, so scheidet eine Feststellung der Erledigung aus (BGH 83, 12 mwN und NJW-RR 88, 1151; bestr; hierzu Bergerfurth NJW 92, 1655 und Ulrich NJW 94, 2793; aA auch Enders MDR 95, 665). Der Kläger kann bei Rücknahme der Klage infolge der Neufassung des § 269 eine dem § 91a entspr Kostenentscheidung herbeiführen (§ 269 Abs 3 S 3, Abs 4). Für eine Kostenfeststellungsklage fehlt idR das Rechtsschutzbedürfnis (einschränkend Elzer NJW 02, 2006).

37   **9. Einseitige Erledigterklärung im ersten Rechtszug.** Wirksam möglich ist die einseitige Erledigterklärung und somit die Klageänderung (Rn 32) bei notwendiger mdl Vhdlg nur bis zu deren Schluss (§ 296 a), weil § 91 a im Gegensatz zur übereinstimmenden Erledigt-

38 erklärung nicht gilt (vgl Rn 14). – **a) Entscheidung:** gewöhnliches Endurteil (§ 300). Es ist ein Feststellungsurteil im Urteilsverfahren (hM) und kann als Versäumnisurteil ergehen (§ 331), wofür auch die Tatsachen zur Erledigung vorgetragen werden müssen. Auch Anerkenntnisurteil (§ 307) mit günstigen Kostenfolgen wird für möglich gehalten (vgl Seutemann MDR 95, 122), wenn das Anerkenntnis nicht als

Erledigterklärung anzusehen ist (Lange NJW 01, 2149; vgl Rn 32a).
Unterbleibt eine mdl Vhdl (§ 128 Abs 3) wird durch Beschluss entschieden (§ 128 Abs 4). Es ist stets in der Formel der Ausspruch nötig
„Der Rechtsstreit ist in der Hauptsache erledigt", nicht „erledigt erklärt", da es nicht übereinstimmend geschehen ist, wenn nicht (vgl
Rn 35) die Klage abgewiesen wird. Vorangegangene Entscheidungen
zur Hauptsache, insbes Versäumnisurteile (vgl § 343), sind aufzuheben. –
b) Kosten. Darüber ist nicht nach § 91a, sondern nach den §§ 91, **39**
92 ff zu entscheiden (hM; BGH 83, 12; aA MüKo/Lindacher 94: teils
§ 91a), da über die Feststellungsklage geurteilt wird. Das könnte zu un-
billigen Ergebnissen führen, wenn die Hauptsache zwischen Einreichung und Zustellung durch ein Verhalten des Beklagten (insbes Erfüllung) erledigt und die Klage dadurch unbegründet wird (vgl Rn 36).
Für diesen Fall ist wegen § 269 Abs 3 S 3 Klagerücknahme geboten
und kostenunschädlich.

10. Einseitige Erledigterklärung im höheren Rechtszug. – **40**
a) In der Berufung (entspr bei sofortiger Beschwerde). Da
§ 91a Abs 1 nicht gilt (vgl Rn 14), kann nach der letzten mdl Vhdlg
nicht mehr in der ersten Instanz wirksam einseitig für erledigt erklärt
werden (vgl Rn 23, 27), sondern frühestens in Verbindung mit Einlegung des Rechtsmittels (vgl ZöVollkommer 38). Dies ist mit dem Ziel,
die Feststellung der Hauptsacheerledigung zu bewirken, jedenfalls zulässig (BGH NJW-RR 92, 1032), auch dann, wenn die Hauptsache
schon im ersten Rechtszug erledigt wurde und dies erklärt werden
konnte (Schleswig MDR 97, 1159; Nürnberg FamRZ 00, 1025). Das
Rechtsmittel muss auch im Übrigen zulässig sein (wie Rn 28). Für die
Entscheidung gelten die Rn 38 und 39 mit folgenden Besonderheiten:
Ist die Klage abzuweisen (nach Rn 34 oder 35), so ist, je nachdem wie
im ersten Rechtszug entschieden wurde, die Berufung zurückzuweisen
oder das Ersturteil aufzuheben und die Klage abzuweisen (entspr eine
Beschwerde oder ein Antrag). Ist zu entscheiden, dass die Hauptsache
erledigt ist, so muss stets das Urteil aus der ersten Instanz aufgehoben und auch die Erledigung in der Formel ausgesprochen werden (vgl
§ 525). – **b) In der Revision** ist eine einseitige Erledigterklärung als **41**
Klageänderung zulässig (§ 559 Rn 3; BGH NJW 02, 442 mwN), jedenfalls wenn das erledigende Ereignis unstreitig ist und auch dann,
wenn die Erledigterklärung schon in der Berufungsinstanz abgegeben
werden konnte (BGH 106, 359 [368] mwN; ZöVollkommer 51).

11. Einseitige Erledigterklärung des Beklagten oder Antrags- **42**
gegners ist unzulässig, weil nur der Kläger den Streitgegenstand bestimmen kann (hM; BGH NJW 94, 2363 mwN; aA für die Berufung des
Beklagten, wenn die Klage zurückgenommen ist: BGH NJW 98,
2454). Für einen solchen Antrag des Beklagten oder Antraggegners besteht auch kein Rechtsschutzbedürfnis. Er kann mit seinem Abweisungsantrag mehr erreichen und eine ungünstige Sachentscheidung
gegen ihn ist ohnedies nicht möglich, weil im Fall der wirklichen Er-

ledigung die Klage stets unbegründet oder unzulässig geworden ist
(Rn 34). Stellt der Beklagte den (unzulässigen) Erledigungsantrag, so ist
die Klage, falls sie unzulässig oder unbegründet ist, sowieso abzuweisen,
weil ein Abweisungsantrag des Beklagten hierzu nicht erforderlich ist.
In dem Erledigungsantrag des Beklagten kann die vorweggenommene
Zustimmung zur Erledigterklärung des Klägers liegen (vgl Rn 14; Bergerfurth NJW 92, 1655 [1659]). Ist der Beklagte Rechtsmittelführer, so
kann er uU das Rechtsmittel für erledigt erklären (Rn 8; bestr), anerkennen (§ 307), wenn die Klage nunmehr begründet ist, und so § 93
anwendbar machen (MüKo/Lindacher 109).

43   **12. Teilerledigterklärung.** Sie ist zulässig, soweit sie sich auf einen
Teil des Streitgegenstandes (Rn 13) oder auf einen von mehreren
Streitgegenständen bezieht (allgM). Sie hat insoweit die gleichen Vor-
aussetzungen und Wirkungen wie die volle Erledigterklärung (Rn 9–
21). Sie beseitigt also zum entspr Teil die Rechtshängigkeit, zB für den
Auskunftsanspruch bei der Stufenklage (§ 254). Sie kann insbes in der
Beschränkung des Klageantrags liegen (vgl § 264 Rn 6). Bei Stufen-
44   klage vgl § 254 Rn 6. – **a) Übereinstimmende** Teilerledigterklärung.
Es darf kein gesonderter Beschluss ergehen, weil über die Kosten des
Rechtsstreits nur einheitlich entschieden werden darf (allgM). Dies hat
in der Endentscheidung zu geschehen, wobei über die auf den erledigt
erklärten Teil treffende Kostenquote nach § 91a Abs 1 zu entscheiden
ist, über den anderen Teil nach den §§ 91, 92 ff (Bergerfurth NJW 92,
1655 [1660]). Es hat sich nicht aus der Formel zu ergeben, zu welchem
Teil die Kostenentscheidung auf § 91a beruht (vgl Rn 54–56). Bei
restlicher Erledigterklärung in der Rechtsmittelinstanz nach Teilerle-
45   digterklärung in der Vorinstanz: Rn 30. – **b) Einseitige** Teilerledigterklärung. Es gelten die Rn 31–41. In der Endentscheidung wird ggf
die Teilerledigung der Hauptsache ausgesprochen (Bsp: „Im übrigen ist
der Rechtsstreit in der Hauptsache erledigt"). Auch hier ist die Kostenentscheidung einheitlich (wie Rn 44). Grundlagen wie Rn 39: auch für
den erledigten Teil §§ 91, 92 ff.

46   **13. Grundsätze der Kostenentscheidung** (Abs 1 S 1) für jeden
Rechtszug bei übereinstimmender Erledigterklärung. – **a) Bisheriger
Sach- und Streitstand.** Daraus ist zunächst zu entnehmen, dass der
Rechtsstreit nicht entscheidungsreif sein und auch nicht mehr dahin
geführt werden muss. Tatsachenvortrag bleibt nach allgemeinen
Grundsätzen (§ 296a; § 128 Rn 33, 34) zulässig; jedoch muss das Gericht vor seiner Entscheidung den Tatsachenvortrag einer Partei nur
abwarten, um das rechtliche Gehör zu gewähren. Ist der Tatsachenvortrag unstreitig, muss er berücksichtigt werden (Düsseldorf MDR 93,
1120 mwN; bestr). Eine Beweisaufnahme nach übereinstimmender Erledigterklärung ist grundsätzlich unzulässig (umstr). Als neue präsente
Beweismittel sind nur Urkunden zu berücksichtigen. Eine durchgeführte Beweisaufnahme ist nach § 286 zu würdigen. Ferner kann das
Angebot von Zeugen auch im Rahmen des billigen Ermessens (Rn 48)

gewürdigt werden. – **b) Berücksichtigung.** Dies bezieht sich auf den **47**
Sach- und Streitstand, insbes die Feststellung der unbestrittenen Tatsachen, die Beweiswürdigung (§ 286), die Schadensschätzung (§ 287)
und die rechtliche Würdigung, die sich wie bei einer Endentscheidung
über Klage oder Antrag auf Zulässigkeit und Begründetheit erstreckt.
Abzustellen ist auf den voraussichtlichen Ausgang des Rechtsstreits,
wenn die Hauptsache nicht erledigt oder nicht erledigt erklärt worden
wäre. Entfällt eine sonst notwendige Beweisaufnahme, kann das ver-
mutliche Ergebnis gewürdigt werden. Ein unzuständiges Gericht hat
den Sach- und Streitstand nach einer fiktiven Verweisung (§ 281) zugrundezulegen (Stuttgart MDR 89, 1000; MüKo/Lindacher 51; bestr),
nicht ohne weiteres dem Kläger wegen Unzulässigkeit seiner Klage die
Kosten aufzuerlegen (so die überwiegende Meinung; Brandenburg
NJW-RR 96, 955 mwN). Anerkennt die eine Partei die von der anderen geltendgemachte Kostenpflicht, so sind ihr die Kosten ohne weitere Sachprüfung aufzuerlegen (BGH JZ 85, 853; BAG NJW 88, 990).
Ebenso ist grundsätzlich bei freiwilliger Erfüllung des Klageanspruchs zu
verfahren (Frankfurt MDR 96, 426). – **c) Nach billigem Ermessen.** **48**
Hier werden die allgemeinen Grundgedanken des Kostenrechts heran
gezogen. Sie ergeben sich aus den §§ 91–97, 100, 101, ggf § 788, sowie §§ 281, 344 (Dresden OLG-NL 02, 162), so dass insbes derjenige
die Kosten voll trägt, der voraussichtlich unterlegen wäre. Dies darf
aber nicht daraus abgeleitet werden, dass der Beklagte noch vor
Rechtshängigkeit (vgl Rn 36) einen begründeten Anspruch erfüllt und
somit die Klage bei Eintritt der Rechtshängigkeit unbegründet gewesen wäre (Koblenz NJW-RR 00, 1090; aA Celle NJW-RR 94, 1376).
Bei Teilunterliegen kann § 92 angewendet werden, ebenso bei unge-
wissem Prozessausgang (vgl Koblenz NJW-RR 99, 943). Auch der
Grundgedanke des § 93 ist anwendbar (Karlsruhe NJW-RR 90, 978;
Koblenz Büro 93, 560). Wer die Erledigung herbeigeführt hat, ist dabei grundsätzlich unerheblich, ausnahmsweise dann nicht, wenn es
mutwillig geschehen ist (MüKo/Lindacher 44). Wurde die Hauptsache
durch Vergleich erledigt, kann (muss aber nicht) auch der Umfang
des wechselseitigen Nachgebens berücksichtigt werden (München
NJW 73, 716 abl Anm Schumacher). Bei einem außergerichtlichen
Vergleich kann dessen Regelung übernommen oder muss wenigstens
berücksichtigt werden (Brandenburg NJW-RR 99, 654). Fehlt sie,
wird § 98 angewendet (Frankfurt MDR 84, 674; Schleswig Büro 93,
745). Hat der Kläger vor der Klage seinem Gegner eine zu kurze Zeit
zur Anspruchsprüfung eingeräumt, so trifft ihn das Kostenrisiko, wenn
der Klageanspruch alsbald erfüllt wird (München VersR 79, 480 für
Haftpflichtschaden). Ein materiell-rechtlicher Kostenerstattungsanspruch (13 vor § 91) kann berücksichtigt werden (BGH NJW 02,
680; zB aus § 280 Abs 2 BGB (Hamm FamRZ 93, 1343 für § 286
aF). Das gilt auch, wenn bei einer Stufenklage (§ 254) nach erteilter
Auskunft sich ergibt, dass kein Leistungsanspruch besteht (Koblenz
FamRZ 96, 882).

49   **14. Rechtskraft** der Entscheidungen. – **a) Formell** rechtskräftig werden die Entscheidungen stets nach allgemeinen Regeln (vgl § 705).

50   – **b) Materiell** ist zu unterscheiden: ˙**aa) Bei übereinstimmender** Erledigterklärung (Rn 22 ff) erlangt der Beschluss keinerlei materielle Rechtskraft, weil das Gericht nicht über den Anspruch entschieden hat. Es kann daher derselbe prozessuale Anspruch (Einl II) nochmals durch Klage geltend gemacht werden (hM; BGH NJW 91, 2280 mwN), sofern im Einzelfall nicht Arglist oder Treu und Glauben entgegenstehen.

51   **bb) Bei einseitiger** Erledigterklärung (Rn 31 ff) ist die Entscheidung materiell rechtskraftfähig (hM). Sie wirkt bei der Feststellung, dass die Hauptsache erledigt ist, als Feststellungsurteil mit der Folge, dass der Anspruch durch ein bestimmtes Ereignis gegenstandslos geworden und eine neue Klage aus diesem Anspruch unzulässig ist (wohl hM; einschränkend Jost/Sundermann ZZP 105, 261). Bei abgewiesener Klage erwächst auch in Rechtskraft, dass die Klage mit dem vor Erledigterklärung geltend gemachten Streitgegenstand (Einl II), je nach dem Inhalt der Entscheidungsgründe, unzulässig oder unbegründet war, oder aber sich nicht erledigt hat (hM; ZöVollkommer 46 mwN).

52   **15. Rechtsbehelfe. – a) Bei übereinstimmender Erledigterklärung. aa) Statthaftigkeit.** Gegen den Beschluss (Rn 25) findet sofortige Beschwerde statt (Abs 2 S 1; § 567 Abs 1 Nr 1), auch Anschlussbeschwerde (§ 567 Abs 3). Die Beschlüsse der Berufungs- und Beschwerdegerichte sind mit der Rechtsbeschwerde anfechtbar nur, wenn sie zugelassen ist (§ 574 Abs. 1 Nr 2). **bb) Beschwerdesumme** (Abs 2 S 2) richtet sich nach dem Wert der Hauptsache. Es muss die Berufungssumme von 600 Euro (§ 511 Abs 2 Nr 1) erreicht sein. Der Kostenwert (§ 567 Abs 2) ist dabei in aller Regel erfüllt. **cc) Gehör** des Beschwerdegegners ist grundsätzlich vorgeschrieben, kann aber (entgegen Abs 2 S 3) unterbleiben, wenn das Rechtsmittel unzulässig oder

53   unbegründet ist. – **b) Bei einseitiger Erledigterklärung** (auch nur für einen Teil, Rn 45) finden gegen die Entscheidung (Rn 38, 40) die gewöhnlichen Rechtsmittel statt. § 99 Abs 1 gilt (hM, BGH NJW-RR 93, 765 mwN; bestr). Beschwert ist der Beklagte auch, wenn das Gericht feststellt, dass die Hauptsache erledigt und dem Klageabweisungsantrag nicht stattgibt. Die Beschwer richtet sich nach dem Wert der Feststellung (vgl Rn 59). Der Kläger ist in gleicher Höhe beschwert, wenn seine Klage (entgegen seiner Erledigterklärung) abgewiesen wird (vgl Rn 35, 36), der Beklagte, wenn die Klage im Übrigen abgewiesen wird, in Höhe der bis zur Teilerledigung entstandenen und ihm auferlegten Kosten (BGH NJW-RR 93, 765). Die Zulässigkeit des Rechtsmittels ist auch dann nicht in Frage gestellt, wenn es dem die Hauptsache anfechtenden Kläger nur auf die Abänderung der Kosten-

54   entscheidung ankommt (BGH NJW 72, 112). – **c) Bei übereinstimmender Teilerledigterklärung** beruht die gemischte Kostenentscheidung zT auf § 91 a, im Übrigen auf den allgemeinen Vorschriften

55   (Rn 44). Es ist zu unterscheiden: **aa) Kostenrechtsmittel.** Die gesamte, einheitliche Kostenentscheidung allein kann von jedem, der beschwert ist, mit der sofortigen Beschwerde (Abs 2 S 1) angefochten werden. Die Kostenentscheidung darf freilich nur abgeändert werden, soweit sie auf § 91a beruht (vgl BGH 40, 265). Daher ist die sowieso kaum durchführbare Kostenaufspaltung nach § 91a einerseits und §§ 91, 92 ff andererseits in der Formel überflüssig (vgl Rn 44). Das Beschwerdegericht fasst dann ggf die Kostenentscheidung neu.

bb) Hauptsacherechtsmittel. Das Rechtsmittel in der restlichen **56** Hauptsache (also insbes die Berufung, Rn 53) umfasst auch den auf § 91a beruhenden Teil der Kostenentscheidung (hM; Hamm NJW-RR 87, 426 mwN) und ist nicht insoweit unzulässig (KG MDR 86, 241; bestr; aA Schiffer ZZP 101, 25). Es muss daneben nicht auch noch sofortige Beschwerde eingelegt werden (Hamm aaO mwN; Bergerfurth NJW 92, 1655 [1661]; aA München NJW 70, 761).

16. Streitwert. Es ist zu unterscheiden: – **a) Übereinstimmende** **57** **volle Erledigterklärung** (Rn 13, 22). Es ist für den Gebührenstreitwert (§ 2 Rn 10) ab Erledigterklärung auf die entstandenen Kosten abzustellen (allgM). Hierfür ist unerheblich, ob die Erklärungen auf Irrtum beruhen. – **b) Übereinstimmende Teilerledigterklärung** **58** (Rn 44). Es ist erst von da an der Wert des nichterledigten Teils maßgebend. Die anteiligen Prozesskosten des erledigten Teils erhöhen den Wert nicht (BGH NJW-RR 95, 1089 mwN). Bei Vergleich auch über die Kosten neben der Resthauptsache sind dem Vergleichsstreitwert diejenigen Kosten zuzurechnen, die durch den erledigten Teil des Streitgegenstandes erwachsen sind (vgl Bamberg Büro 74, 1440). – **c) Einseitige volle Erledigterklärung.** Es wird vertreten (sehr um- **59** str): **aa) Feststellungswert.** Ab Erledigterklärung ist der Wert wie bei einer positiven Feststellungsklage (Rn 32) zu bestimmen (§ 3 Rn 65), weil dem auf die Hauptsache gerichteten Klageantrag wegen § 308 Abs 1 nicht mehr stattgegeben werden darf. Ein Abschlag von 50% ist angebracht (ebenso Celle NJW 70, 2113; München NJW 75, 2021 und Büro 95, 644; Frankfurt MDR 95, 207; sehr bestr; vgl Nürnberg NJW-RR 87, 1279). **bb) Hauptsachewert.** Es bleibt beim unveränderten **60** Streitwert der Klageforderung (München NJW-RR 96, 956; Köln MDR 95, 163; Brandenburg NJW-RR 96, 1472). Dies nimmt der BGH nur ausnahmsweise an, für den Fall, dass die Erledigterklärung des Klägers auf einer von ihm erklärten Aufrechnung beruht (BGH WM 78, 737) oder die Klage abgewiesen wird, wenn bei Ehrenschutzsachen die Rechtfertigung im Vordergrund steht (BGH NJW 82, 768). **cc) Kostenwert.** Maßgebend ist idR der Wert der Kosten (wohl hM; **61** BGH stRspr NJW-RR 96, 1210 mwN; Stuttgart MDR 89, 266; Dresden NJW-RR 01, 428; Rostock MDR 93, 1019 mwN; Karlsruhe NJW-RR 94, 761; München NJW-RR 95, 1086; Jena OLG-NL 02, 18 mwN). Das sind für den ersten Rechtszug die bis zur Erledigterklärung, für Rechtsmittel alle bis dahin entstandenen (BGH aaO). Dies wird sowohl für den Gebühren- wie für den Rechtsmittelstreitwert an-

gewendet (BGH NJW 61, 1210), grundsätzlich auch für das Rechtsmittel des Beklagten gegen ein die Erledigung feststellendes Urteil
62 (BGH NJW 69, 1173). – **d) Einseitige Teilerledigterklärung.** Dem
Wert der verbliebenen Hauptsache ist der für den erledigten Teil nach
den Rn 59, 60 oder 61 bestimmte Wert hinzuzurechnen (vgl BGH
NJW-RR 88, 1465; umstr; aA Koblenz ZMR 88, 433). Die Kosten
des erledigten Teils bleiben unberücksichtigt (Karlsruhe Justiz 89, 86;
aA BGH aaO: restlicher Betrag der Hauptsache zuzüglich Kosten der
Vorinstanz nach Differenzmethode).

63   **17. Vollstreckbarkeit.** Für den Beschluss gibt § 794 Abs 1 Nr 3 die
Grundlage der Kostenfestsetzung. Für Urteile: §§ 708–714 zur vorläufigen Vollstreckbarkeit; bei Rechtskraft §§ 704 Abs 1, 705.

§ 92 Kosten bei teilweisem Obsiegen

(1) [1] **Wenn jede Partei teils obsiegt, teils unterliegt, so sind
die Kosten gegeneinander aufzuheben oder verhältnismäßig zu
teilen.** [2] **Sind die Kosten gegeneinander aufgehoben, so fallen
die Gerichtskosten jeder Partei zur Hälfte zur Last.**

(2) **Das Gericht kann der einen Partei die gesamten Prozesskosten auferlegen, wenn**
**1. die Zuvielforderung der anderen Partei verhältnismäßig ge-
ringfügig war und keine oder nur geringfügig höhere Kosten
veranlaßt hat oder**
**2. der Betrag der Forderung der anderen Partei von der Fest-
setzung durch richterliches Ermessen, von der Ermittlung
durch Sachverständige oder von einer gegenseitigen Berechnung abhängig war.**

1   **1. Allgemeines.** § 92 führt den Grundgedanken des § 91 (Kostenpflicht des Unterlegenen) für die Fälle durch, in denen eine Partei nur
zT siegt und hinsichtlich des Streitgegenstandes (Einl II) im Rest unterliegt. § 92 gilt entsprechend bei teilweiser Klagerücknahme (BGH
NJW-RR 96, 256; vgl § 269 Rn 13).

2   **2. Teilunterliegen. – a) Umfang.** Maßgebend ist der Gebührenstreitwert (§ 2 Rn 10). Für die Aufteilung ist vom Begriff des Unterliegens (§ 91 Rn 2) auszugehen. Der Streitwert ist für die Teile des Streitgegenstandes, in denen obsiegt und unterlegen ist, getrennt
festzustellen. Je nach dem Verhältnis zueinander ist gem Rn 5–11 zu
entscheiden. Wird der Hauptantrag abgewiesen und dem Hilfsantrag
stattgegeben, ist wegen § 19 Abs 1 S 2 GKG, für die Kostenverteilung
der Wert von Haupt- und Hilfsantrag zusammenzurechnen (vgl Emde
MDR 95, 990), wenn die Anträge nicht (wirtschaftlich) denselben Gegenstand betreffen (§ 19 Abs 1 S 3 GKG); der dem Hauptantrag ent-
3 sprechende Teil ist dem Kläger aufzuerlegen. – **b) Kosteneinheit.**
Dieser Grundsatz (§ 91 Rn 5) gilt auch hier. Daher keine Aufteilung
nach Kosten der Klage und Widerklage, des Haupt- und des Hilfsan-

trags oder einzelner Prozessabschnitte. Auch das vorangegangene selbständige Beweisverfahren gehört zum Rechtsstreit (§ 494 a Rn 5; Karlsruhe Rpfleger 96, 375). Für die Kosten aller Rechtszüge ist das Verhältnis des endgültigen Obsiegens und Unterliegens maßgebend, soweit nicht § 97 eingreift. – **c) Einzelheiten.** Teilunterliegen ist: 4 **aa) Zu bejahen** bei Anspruchshäufung (§ 260), wenn nicht alle Ansprüche zuerkannt sind, auch bei Stufenklage (§ 254; umstr; vgl Kassebohm NJW 94, 2728); dem Hilfsantrag, nicht aber dem Hauptantrag stattgegeben (vgl Rn 2); Zug um Zug statt unbedingt verurteilt (hM; Hensen NJW 99, 395); zur Leistung zu späterem Zeitpunkt anstatt sofort verurteilt; nur in Nebenforderungen (insbes Zinsen) erfolgreich; Zinsen zu kleinerem Satz oder späterem Laufzeitbeginn als beantragt (dann meist Abs 2 anwendbar); der Klage und der Widerklage stattgegeben, beide abgewiesen oder eine von beiden zT abgewiesen; bei abgewiesener Klage greift eine wegen § 19 Abs 3 GKG streitwerterhöhende Hilfsaufrechnung durch (ZöHerget 3 mwN), wobei nach dem Gesamtstreitwert zu quoteln ist. **bb) Zu verneinen,** wenn Räumungsfrist (§ 721) gewährt oder die Klage wegen einer Primäraufrechnung (auch einer im Prozess erklärten) abgewiesen wird, weil die Aufrechnung nicht streitwerterhöhend wirkt (vgl § 3 Rn 19).

3. Gegeneinander aufheben (Abs 1 S 1, 1. Alt) kann das Gericht 5 die Kosten des Rechtsstreits, wenn die Parteien ungefähr, nicht notwendig genau, zur Hälfte obsiegen oder unterliegen. Folge: Ihre außergerichtlichen Kosten trägt jede Partei selbst (5 vor § 91). Nur hinsichtlich der Gerichtskosten (Abs 1 S 2) kommt ein Kostenerstattungsanspruch (8 vor § 91) in Betracht. Die Kostenentscheidung lautet: „Die Kosten werden gegeneinander aufgehoben." Dies ist grundsätzlich vorgeschrieben bei Urteilen in Ehesachen (§ 93a Abs 1 S 1, Abs 3 S 1).

4. Verhältnismäßig teilen (Abs 1 S 1, 2. Alt) muss das Gericht die 6 Kosten des Rechtsstreits, wenn weder Rn 5 noch Rn 7 anzuwenden ist. Es kann durch Bruch oder Prozentsatz geteilt werden: „Der Kläger trägt ¼, der Beklagte ¾ der Kosten des Rechtsstreits." Anstatt die Kosten zur Hälfte aufzuteilen, sollten sie gegeneinander aufgehoben werden (Rn 5); ein Unterschied liegt nämlich vor, wenn die außergerichtlichen Kosten der Parteien verschieden hoch sind. Der Bruch sollte grundsätzlich nur nach dem Verhältnis zum Streitwert (Rn 2) bestimmt werden, auch bei Zug-um-Zug-Verurteilung, wenn Klageanspruch und Gegenleistung streitig sind (Hensen NJW 99, 395). Tabelle für Bruchteile: Held DRiZ 84, 317. Daneben kann ausnahmsweise die Prozessführung der Parteien, vor allem in Bezug auf Kostenverursachung berücksichtigt werden, soweit nicht sowieso §§ 95, 96 eingreifen. Nie dürfen der einen Partei die Kosten der Klage, der anderen die der Widerklage auferlegt werden (Rn 3).

5. Voll auferlegen (Abs 2) kann das Gericht einer Partei die Kosten 7 des Rechtsstreits trotz Teilunterliegens, wenn vorliegt: – **a) Nr 1. Ge-** 8 **ringfügige Zuvielforderung.** Das kann ein kleinerer Bruch als etwa

$^1/_{10}$ sein. Ausserdem dürfen dadurch keine oder nur geringfügig höhere Kosten angefallen sein, insbes durch Überschreiten einer Gebührenstufe, zusätzliche Beweisaufnahme. Das gilt zugunsten des Beklagten auch dann, wenn er nur zu einem geringfügigen Betrag verurteilt und iÜ die Klage abgewiesen ist. Auch auf Zug-um-Zug Verurteilung anwendbar

9 (Henssler NJW 99, 395). – **b) Nr 2. Sonstige Fälle: aa) Ermessensentscheidung:** vor allem bei § 287 (sehr häufiger Fall). IdR darf nicht mehr als 20% vom Antrag abgewichen werden; andernfalls ist verhältnismäßig zu teilen (Rn 6). Zur Anwendbarkeit bei unbezifferten Klageanträgen Husmann NJW 89, 3126. Für den Umfang der Abweichungen ist von den Vorstellungen des Klägers auszugehen (wohl hM;

10 Butzer MDR 92, 539). – **bb) Ermittlung durch Sachverständige:** bei bezifferten und unbezifferten Klageanträgen anwendbar (wie Rn 9). Der Beweis muss zur Höhe, nicht nur zum Grund des Anspruchs erhoben worden sein. Bei zu großer Abweichung vom Antrag: wie Rn 9. –

11 **cc) Abhängigkeit von gegenseitiger Berechnung:** anwendbar wie Rn 9 und 10; trifft zu, wenn die Partei die Höhe einer Gegenforderung nicht kennt.

§ 93 Kosten bei sofortigem Anerkenntnis

Hat der Beklagte nicht durch sein Verhalten zur Erhebung der Klage Veranlassung gegeben, so fallen dem Kläger die Prozeßkosten zur Last, wenn der Beklagte den Anspruch sofort anerkennt.

1   **1. Zweck.** § 93 schützt leistungswillige Beklagte vor den Kosten und gestaltet den Grundsatz des § 91 dahin aus, dass derjenige, der ohne Anlass vor Gericht geht, die Kosten zu tragen hat.

2   **2. Anwendungsbereich. – a) Zu bejahen** in den der ZPO unterliegenden Verfahren, sofern darin wirksam iS des § 307 anerkannt werden kann; auch Arrest und einstweilige Verfügung (hM: LG Hamburg NJW-RR 87, 381 mwN). § 93 gilt auch bei § 259, weil § 93 subjekti-

2 a ven Anlass, nicht objektive Besorgnis fordert. – **b) Zu verneinen** im Mahnverfahren (§ 688), Aufgebotsverfahren (§ 946), bei Klageverzicht (§ 306 Rn 4; Koblenz NJW-RR 86, 1443; LG Hamburg NJW-RR 87, 381; aA Frankfurt NJW-RR 94, 62 mwN); in der Zwangsvollstreckung (anders im daraus sich ergebenden Rechtsstreit, zB §§ 767, 771); in der Kostenfestsetzung und wenn der Streitgegenstand (Einl II) der Parteidisposition entzogen ist, wie bei Ehesachen (Karlsruhe FamRZ 91, 1456) und Kindschaftssachen.

3   **3. Voraussetzungen.** Es dürfen nur die nachfolgenden Voraussetzungen (Rn 4, 8, 9) kumulativ gefordert werden. Nicht darf verlangt werden, dass bei fälligen Ansprüchen mit dem Anerkenntnis die sofortige oder alsbaldige Erfüllung verbunden wird (hM; Hamm FamRZ 93, 1345; Frankfurt MDR 93, 1246; Schleswig MDR 97, 887; MüKo/Belz 6).

4. Fehlender Anlass zur Klage. Der Beklagte darf sich nicht **4**
(ohne Rücksicht auf Verschulden) vor dem Prozess so verhalten haben, dass der Kläger annehmen musste, nur durch Prozess sein Ziel erreichen zu können. Beweislast hat der Beklagte (hM; Naumburg NJW-
RR 00, 1666 mwN; Hamm MDR 99, 956); umgekehrt bei § 257.
a) Regelfall. Der nicht leistende Schuldner gibt idR Anlass zur Klage- **5**
erhebung, insbes bei Geldschulden (hM). Der Klageanspruch muss
grundsätzlich vor Einleitung des Rechtsstreits fällig geworden sein
(Frankfurt NJW-RR 93, 126); jedoch begründet das bloße Überschreiten des Fälligkeitstermins für sich allein nicht ohne weiteres den
Anlass zur Klage. Es muss idR eine Aufforderung des Gläubigers hinzukommen (Frankfurt NJW-RR 93, 1472 mwN; bestr), insbes bei Zustimmungen (Düsseldorf NJW-RR 96, 905). Allein erheblich ist das
vorprozessuale Verhalten (BGH NJW 79, 2040). Zu dessen Beurteilung
kann aber auch das spätere Verhalten des Beklagten, insbes das im Prozess, herangezogen werden (Karlsruhe BB 80, 599 mwN), zB Widerspruch im Mahnverfahren (vgl Rn 7 b). Die materielle Rechtslage, insbes fehlende Schlüssigkeit der Klage (Hamm Büro 90, 915), ist wegen
des Anerkenntnisses unerheblich (MüKo/Belz 7; aA Düsseldorf MDR
93, 809). – **b) Kein Anlass** bestand: **aa) Grundsatz** wenn der **6**
Beklagte weder in Verzug war, noch den Anspruch bestritten oder die
Leistung verweigert hat (Köln NJW-RR 92, 1529). **bb) Einzelfälle:** **6 a**
wenn der Beklagte dem Kläger, der einen Duldungstitel benötigt, von
sich aus eine Erklärung nach § 794 Abs 1 Nr 5 anbietet oder hierzu
nicht aufgefordert wird (Saarbrücken MDR 82, 500 bei Zwangshypothek; aA Köln NJW 77, 256); bei Klage nach § 771, wenn die Freigabe
verweigert wird, solange dem Beklagten die klagebegründenden Tatsachen nicht bekannt (hM) oder nicht ausreichend nachgewiesen sind
(Düsseldorf NJW-RR 98, 790); bei Räumungsklagen nach Fälligkeit
nur dann, wenn der Beklagte vor Klageerhebung räumt, da er andernfalls die Leistung verweigert, ohne Rücksicht darauf, ob er über Er-
satzraum verfügt (vgl aber § 93 b Abs 3). **cc) Abmahnung.** Bei Wett- **6 b**
bewerbsprozessen mit einstweiliger Verfügung ist idR vorher außergerichtliche Abmahnung erforderlich (KG NJW 93, 3337), nicht jedoch
für einen Mitbewerber bei vorsätzlichem Verstoß (KG WRP 80, 203).
Der Abgemahnte muss Unterlassung versprechen (vgl Hamburg NJW
86, 2120), wobei Telefax mit Unterschrift genügt (aA München NJW
93, 3146: Form des § 126 BGB). Er kann auch die Vorlage einer Vollmacht verlangen (Dresden OLG-NL 99, 88), darf aber seinerseits nicht
eine Gegenabmahnung aussprechen (LG Hamburg NJW-RR 93, 173).
Anlass zur Hauptsacheklage darf nicht aus dem Grund verneint werden, dass erst der Erlass der einstweilige Verfügung und der Abschluss-
erklärung abgewartet werden müsse (Hamm NJW-RR 91, 1335). –
c) Anlass bestand: **aa) Regelfälle:** bei Schuldnerverzug, insbes wenn **7**
am bestimmten Kalendertag die fällige Leistung nicht rechtzeitig erbracht wird (Rn 5); Angebot einer unzulässigen Teilleistung (§ 266
BGB, hierzu Palandt Rn 3); wenn in Wettbewerbssachen auf ein Ab-

mahnschreiben nicht reagiert wird (Karlsruhe NJW-RR 93, 126); wenn der Gläubiger auf die Aufforderung des Dritten zur Freigabe (§ 771 Rn 23) nicht antwortet (München VersR 93, 497); für eine Vollstreckungsabwehrklage, wenn eine zweite vollstreckbare Ausfertigung beantragt wurde (Hamm FamRZ 99, 725); bei einem Mietverhältnis über Geschäftsraum, wenn nach Kündigung der Mieter trotz Anfrage sich zur Räumungsabsicht nicht äußert (Stuttgart NZM 00, 95); wenn der Sachversicherer an den Versicherungsnehmer vorprozessual nur einen Abschlag zahlt. **bb) Unterhaltsschulden** (vgl § 93 d).
7 a Dafür gelten die Grundsätze des § 93 auch (Stuttgart NJW 78, 706 Anm Winter; Köln FamRZ 86, 827), wenn verspätet bezahlt wird (hM; München FamRZ 93, 454 mwN). Der Unterhaltsschuldner, der den Unterhalt regelmäßig zahlt, gibt Anlass zur Klage nur, wenn er sich weigert, an einer für ihn kostenfreien Errichtung des Titels mitzuwirken (hM; Düsseldorf FamRZ 94, 1485 mwN; Saarbrücken FamRZ 85, 1280 mwN; Stuttgart NJW-RR 01, 1010). Er gibt aber keinen Anlass für die Klage auf den vollen Betrag, wenn er nur den Spitzenbetrag nicht zahlt (Bremen NJW-RR 90, 6; Stuttgart aaO mwN).
7 b **cc) Widerspruch** im Mahnverfahren ist Indiz für Anlass zur Klageerhebung (vgl Rn 5; Frankfurt MDR 84, 149), auch wenn ein Erbe widerspricht, dem seine Erbenstellung noch unbekannt ist (Köln NJW-RR 94, 767), aber ausnahmsweise nicht, wenn der Widerspruch auf die Kosten beschränkt oder der Anspruch im Mahnbescheid nicht ordnungsgemäß dargelegt ist (Fischer MDR 01, 1396).

8   **5. Anerkenntnis.** Es ist das des § 307 und muss wirksam sein. Dass darüber hinaus der Anspruch erfüllt wird, ist nicht Voraussetzung (Rn 3). Bei der einstweiligen Verfügung ist das Anerkenntnis des Verfügungsanspruchs erforderlich (Hamm NJW 76, 1459 für Bauhandwerkerhypothek). Auch wenn das Anerkenntnis nicht zu einem Aner-
8 a kenntnisurteil führt, gilt § 93. – **a) Beschränktes Anerkenntnis.** Anerkennt der Beklagte die unbedingt geforderte Leistung nur Zug um Zug, so kommt es darauf an, ob er vorher nur die unbedingte Leistung verweigert hat. Ein Anerkenntnis unter dem Vorbehalt der beschränkten Erbenhaftung wird für ausreichend gehalten (hM; München Büro
8 b 95, 659 mwN). – **b) Teilanerkenntnis.** Es gilt § 93 für den betreffenden Teil des Streitgegenstandes (Hamburg FamRZ 93, 101), aber nicht, wenn darin das Angebot einer unzulässigen Teilleistung (vgl Rn 7) liegt (Schleswig FamRZ 84, 187 mwN); für den Rest sind die §§ 91, 92 anzuwenden. Entschieden werden darf über die Kosten aber erst im Schlussurteil (vgl § 307 Rn 12).

9   **6. Sofort** bedeutet grundsätzlich in der ersten mdl Vhdlg, an welcher der Beklagte oder sein Vertreter, insbes sein ProzBev teilnimmt, im schriftlichen Verfahren im ersten Schriftsatz, im schriftlichen Vorverfahren (§ 276) nur binnen der Notfrist (Frankfurt NJW-RR 93, 126) und bis zur Abgabe einer Verteidigungserklärung (hM; Zweibrücken NJW-RR 02, 138; Celle NJW-RR 98, 1370; aA Bamberg NJW-

RR 96, 392 mwN; Schleswig MDR 97, 971; Hamburg MDR 02, 421; Meiski NJW 93, 1904, wo zwischen sofort [Rn 9] und Anlass zur Klage [Rn 4] nicht genügend unterschieden wird); in Handelssachen nur bis zum Verweisungsantrag nach § 98 GVG (aA Saarbrücken MDR 81, 676), weil die Zivilkammer bis dahin zuständig ist. − **a) Nichtbe-** **10** **streiten.** Vor dem Anerkenntnis darf im Prozess nicht bestritten werden, auch nicht in einem vorbereitenden Schriftsatz (Bremen FamRZ 94, 1489 mwN; bestr), und auch nicht unbegründet auf Prozessvoraussetzungen beschränkt (hM). Es sind aber angemessene Prüfungsfristen zuzubilligen, insbes für Glaubhaftmachung des Rechts bei § 771 (vgl StJBork 10), wobei es der beklagte Vollstreckungsgläubiger uU auf eine Beweisaufnahme ankommen lassen kann (München WM 79, 292). − **b) Ergriffene Rechtsbehelfe.** Unschädlich sind Widerspruch im **11** Mahnverfahren (hM; Fischer MDR 01, 1336; vgl aber Rn 7b), Einspruch gegen Versäumnisurteil (§ 338; hM), Widerspruch gegen Arrest oder einstweilige Verfügung nur, wenn sie von vornherein auf die Kosten beschränkt waren (hM; Schleswig MDR 79, 763) und nur dazu dienten, die Folge des § 93 herbeizuführen (vgl Hamm NJW 76, 1459). − **c) Veränderungen im Prozess.** Bei Klageänderung **12** (§§ 263, 264) kommt es auf die erste mdl Vhdlg oder den ersten Schriftsatz nach ihr an, bei der Stufenklage (§ 254) für den Zahlungsanspruch auf die erste mdl Vhdlg darüber (Bamberg Büro 89, 539). Das gleiche gilt, wenn eine zunächst unschlüssige oder unbegründete Klage erst im Laufe des Rechtsstreits schlüssig oder begründet (Frankfurt NJW-RR 93, 126), ein vorgreifliches verwaltungsgerichtliches Verfahren abgeschlossen wird (Nürnberg NJW 97, 699), ebenso bei einem Parteiwechsel (16, 20 vor § 50), zB durch Tod (Zweibrücken NJW 68, 1635). Besteht die Klageänderung darin, dass nunmehr nur Zug-um-Zug-Verurteilung beantragt wird, ist ein Anerkenntnis nicht sofort iS des § 93, wenn der Beklagte vorher in der ersten mdl Vhdlg Klageabweisung und nur hilfsweise Zug-um-Zug-Verurteilung beantragt hatte. − **d) Geldschulden.** Auch sie müssen daneben nicht sofort bezahlt wer- **13** den (Rn 3; Schleswig MDR 87, 940; bestr): jedoch besteht in solchen Fällen idR Anlass zur Klageerhebung (Rn 7).

§ 93 a Kosten in Ehesachen

(1) [1]Wird auf Scheidung einer Ehe erkannt, so sind die Kosten der Scheidungssache und der Folgesachen, über die gleichzeitig entschieden wird oder über die nach § 627 Abs. 1 vorweg entschieden worden ist, gegeneinander aufzuheben; die Kosten einer Folgesache sind auch dann gegeneinander aufzuheben, wenn über die Folgesache infolge einer Abtrennung nach § 628 Abs. 1 Satz 1 gesondert zu entscheiden ist. [2]Das Gericht kann die Kosten nach billigem Ermessen anderweitig verteilen, wenn

1. eine Kostenverteilung nach Satz 1 einen der Ehegatten in seiner Lebensführung unverhältnismäßig beeinträchtigen würde; die Bewilligung von Prozeßkostenhilfe ist dabei nicht zu berücksichtigen;

2. eine Kostenverteilung nach Satz 1 im Hinblick darauf als unbillig erscheint, daß ein Ehegatte in Folgesachen der in § 621 Abs. 1 Nr. 4, 5, 8 bezeichneten Art ganz oder teilweise unterlegen ist.

[3] Haben die Parteien eine Vereinbarung über die Kosten getroffen, so kann das Gericht sie ganz oder teilweise der Entscheidung zugrunde legen.

(2) [1] Wird ein Scheidungsantrag abgewiesen, so hat der Antragsteller auch die Kosten der Folgesachen zu tragen, die infolge der Abweisung gegenstandslos werden; dies gilt auch für die Kosten einer Folgesache, über die infolge einer Abtrennung nach § 623 Abs. 1 Satz 2 oder nach § 628 Abs. 1 Satz 1 gesondert zu entscheiden ist. [2] Das Gericht kann die Kosten anderweitig verteilen, wenn eine Kostenverteilung nach Satz 1 im Hinblick auf den bisherigen Sach- und Streitstand in Folgesachen der in § 621 Abs. 1 Nr. 4, 5, 8 bezeichneten Art als unbillig erscheint.

(3) [1] Wird eine Ehe aufgehoben, so sind die Kosten des Rechtsstreits gegeneinander aufzuheben. [2] Das Gericht kann die Kosten nach billigem Ermessen anderweitig verteilen, wenn eine Kostenverteilung nach Satz 1 einen der Ehegatten in seiner Lebensführung unverhältnismäßig beeinträchtigen würde oder wenn eine solche Kostenverteilung im Hinblick darauf als unbillig erscheint, daß bei der Eheschließung ein Ehegatte allein die Aufhebbarkeit der Ehe gekannt hat oder ein Ehegatte durch arglistige Täuschung oder widerrechtliche Drohung seitens des anderen Ehegatten oder mit dessen Wissen zur Eingehung der Ehe bestimmt worden ist.

(4) Wird eine Ehe auf Antrag der zuständigen Verwaltungsbehörde oder bei Verstoß gegen § 1306 des Bürgerlichen Gesetzbuchs auf Antrag des Dritten aufgehoben, so ist Absatz 3 nicht anzuwenden.

(5) Die Absätze 1 und 2 gelten in Lebenspartnerschaftssachen nach § 661 Abs. 1 Nr. 1 entsprechend.

1　　**1. Allgemeines. – a) Zweck.** § 93a ist für die genannten Verfahren eine den allgemeinen Kostenvorschriften vorgehende Sonderregelung und stellt unter Abwendung vom Erfolgsprinzip (§§ 91, 92) darauf ab, dass die Parteistellung zufällig ist und bei erfolgreichem Antrag keiner unterliegt. Die Regelung zielt auf Gleichstellung mit Ausnahmen

1a　　durch eine Härteklausel. – **b) Sonderregelung** der Abs 1 und 2. Sie ist für Scheidungs- und Scheidungsfolgesachen (§ 623 Abs 1 S 1), entspr

bei Lebenspartnerschaften (Abs 5) abschließend und geht den §§ 91, 92
vor, auch dem § 91 a Abs 1 S 1, zB bei Tod eines Ehegatten (BGH
FamRZ 83, 683; aA Karlsruhe FamRZ 96, 880; Nürnberg FamRZ
97, 763) sowie dem § 269 Abs 3 S 4 (hM; vgl Hamm FamRZ 97,
765 mwN für § 269 aF). In den Fällen der Abs 2 und 4 bleiben
die §§ 91, 92, 95, 96 anwendbar. § 97 Abs 1 gilt stets. § 97 Abs 2
kann entsprechend angewendet werden (vgl BGH NJW 97, 1007). –
c) Anwendbarkeit. Auch in der Berufungsinstanz, insbes auch im 1 b
Scheidungsverbund und wenn nur teilweise angefochten ist oder die
Berufung nur teilweise erfolgreich (ZöHerget 12). Eine entsprechende
Anwendung des § 93 a auf andere Ehe- und Kindschaftssachen ist ausgeschlossen (Koblenz FamRZ 90, 1368; bestr), ebenso bei Lebenspartnerschaftssachen für andere als § 661 Abs 1 Nr 1. § 93 a gilt nicht für
Drittbeteiligte; deren Kosten sind nach § 13 a FGG oder § 20 HausratsVO zu behandeln (vgl § 629 Rn 2).

2. Erfolgreicher Scheidungsantrag (Abs 1). – **a) Voraussetzung.** 2
Es muss dem Scheidungsantrag im Urteil (§ 629 Abs 1) stattgegeben
werden, mit oder ohne Folgesachen iS der §§ 623 Abs 1 S 1, 621 I.
Außerdem ist Abs 1 anzuwenden, wenn über die elterliche Sorge vorweg entschieden wurde (§ 627 Abs 1) oder über eine abgetrennte Folgesache (auch nach Hauptsacheerledigung, Karlsruhe FamRZ 96,
881) gesondert nach dem Scheidungsurteil (§ 628 Abs 1 S 1 Nr 1–3). –
b) Entscheidung. Sie lautet idR auf Kostenaufhebung (Abs 1 3
S 1; § 92 Abs 1). Nur bei Vorliegen von unstreitigen oder bewiesenen Tatsachen zur anderweitigen Verteilung (Rn 4) steht es im billigen Ermessen des Gerichts (wie § 91 a Rn 48) davon abzuweichen. –
c) Anderweitige Verteilung (Abs 1 S 2 und 3) auf Grund einer 4
Härteklausel S 2 Nr 1; Rn 5) oder einer Billigkeitsklausel (S 2 Nr 2;
Rn 6). Die Vorschrift hat Ausnahmecharakter. Es darf nicht dem einen
Ehegatten allein deshalb ein höherer Kostenanteil überbürdet werden,
weil er wirtschaftlich in besserer Lage ist. Auch die situationsbezogene
Schlechterstellung eines Ehegatten infolge der Scheidung durch
die damit verbundene Lebensumstellung genügt für sich allein nicht.
aa) Härteklausel (Nr 1). Es ist auf die Kosten des Scheidungsrechts- 5
streits in ihrer Auswirkung auf die Lebensführung abzustellen, wobei
ein angemessener Zeitraum (etwa 1 Jahr) zugrundezulegen ist. Die Kostenentscheidung muss unabhängig von der PKH erfolgen. Daraus folgt:
Dem wirtschaftlich Stärkeren können alle oder die überwiegenden
Kosten überbürdet werden, wenn der Schwächere ohne PKH in der
Lebensführung unverhältnismäßig beeinträchtigt würde. Zweck: Das
Scheidungsverfahren soll auch nicht zT praktisch auf Kosten der Staatskasse geführt werden. **b) Billigkeitsklausel** (Nr 2). Es kommt auf den 6
speziellen Streitgegenstand der Folgesachen (§ 623 Abs 1; § 621 Abs 1
Nr 4, 5, 8) in der Weise an, inwieweit der darin (auch nur zT) unterle-
gene Ehegatte den Streit verursacht hat, aus welchen Gründen er unterlegen ist und wie er im Prozess Kosten veranlasst hat (§§ 95, 96). Die

ggf ausgesonderten Kosten können dem einen ganz auferlegt oder nach den Grundsätzen des § 92 verteilt werden. Auch Mehrkosten einer Folgesache dürfen auferlegt werden (Köln FamRZ 97, 764; München

7 NJW-RR 99, 366). **cc) Vereinbarung der Parteien** (Abs 1 S 3) über die Kosten, insbes bei einverständlicher Scheidung in einem Vergleich zur Erfüllung des § 630 Abs 3, bindet zwar das Gericht nicht, sollte aber bei der Kostenentscheidung befolgt werden, wenn nicht erhebliche Gründe entgegenstehen.

8 **3. Abgewiesener Scheidungsantrag** (Abs 2). Es wird davon ausgegangen, dass der abgewiesene Antragsteller die Kosten gem § 91 Abs 1 zu tragen hat. Dasselbe gilt auf Grund des Abs 2 S 1 Hs 2 für alle, auch abgetrennte oder gesondert zu entscheidenden Folgesachen (§ 623 Abs 1 S 1). Anderweitig verteilt werden kann auf Grund von Abs 2 S 2 nur bei den Folgesachen der ausdrücklich genannten Art (Unterhaltspflichten und güterrechtliche Ansprüche). Bisheriger Sach- und Streitstand: wie § 91 a Rn 46. Bei der als Ausnahme eng anzuwendenden Billigkeitserwägung wie der Regel des § 91 Abs 1 nur abzuweichen, wenn die volle Kostenpflicht des Antragstellers unbillig erscheint, zB wenn die vom Antragsgegner geltend gemachten Ansprüche unbegründet oder leichtfertig überhöht waren.

9 **4. Erfolgreicher Aufhebungantrag** (Abs 3; § 631). Ist anwendbar nur bei Anträgen (Vorbem 3, 4 vor § 606) zwischen den Ehegatten, nicht bei Aufhebungsanträgen der Verwaltungsbehörde oder Dritter (Abs 4; § 631 Abs 3). Bei Verbindung mit einer Feststellungsklage (§ 632) gilt Abs 3 für den ganzen Rechtsstreit. Bei abgewiesenem Aufhebungsantrag trägt der Kläger die Kosten (§ 91 Abs 1; wie bei Rn 8). Entschieden wird wie bei Rn 3. Die Härteklausel (Abs 3 S 2 1. Alt) ist wie Rn 5 zu behandeln. Bei der Billigkeitsklausel (Abs 3 S 2 2. Alt) kommt es nur auf Kenntnis, widerrechtliches oder doloses Handeln eines der Ehegatten an. Ist es im Einzelfall zu bejahen, dürften idR diesem Ehegatten die gesamten Kosten aufzuerlegen sein. Bei (geringerem) Mitverschulden des anderen Ehegatten ist Aufteilung (zB $1/3$ oder $1/4$) möglich.

10 **5. Anträge der Verwaltungsbehörde oder Dritter** (Abs 4; § 631 Abs 3) betrifft die Fälle, in denen die Antragsberechtigung (§ 1316 BGB) von der Verwaltungsbehörde oder dem Dritten wahrgenommen wird. Abs 3 ist unanwendbar. Es verbleibt bei der Kostenregelung des § 631 Abs 5 und den allgemeinen Regeln der §§ 91, 92, 94–97.

11 **6. Lebenspartnerschaftssachen** (Abs 5). Nur und ausschließlich gelten die Abs 1 und 2 (Rn 2–8) für die Aufhebungssachen (§ 661 Abs 1 Nr 1).

12 **7. Rechtsmittel.** Die Kostenentscheidung kann wegen § 99 Abs 1 nur zusammen mit der Hauptsache angefochten werden. Ist wegen Hauptsacheerledigung nur über die Kosten entschieden worden, wird sofortige Beschwerde entspr § 91 a Abs 2 S 1 zugelassen (Karlsruhe NJW-RR 96, 1477 für § 91 a aF).

§ 93 b Kosten bei Räumungsklagen

(1) [1]Wird einer Klage auf Räumung von Wohnraum mit Rücksicht darauf stattgegeben, daß ein Verlangen des Beklagten auf Fortsetzung des Mietverhältnisses aufgrund der §§ 574 bis 574 b des Bürgerlichen Gesetzbuchs wegen der berechtigten Interessen des Klägers nicht gerechtfertigt ist, so kann das Gericht die Kosten ganz oder teilweise dem Kläger auferlegen, wenn der Beklagte die Fortsetzung des Mietverhältnisses unter Angabe von Gründen verlangt hatte, und der Kläger aus Gründen obsiegt, die erst nachträglich entstanden sind (§ 574 Abs. 3 des Bürgerlichen Gesetzbuchs). [2]Dies gilt in einem Rechtsstreit wegen Fortsetzung des Mietverhältnisses bei Abweisung der Klage entsprechend.

(2) [1]Wird eine Klage auf Räumung von Wohnraum mit Rücksicht darauf abgewiesen, daß auf Verlangen des Beklagten die Fortsetzung des Mietverhältnisses auf Grund der §§ 574 bis 574 b des Bürgerlichen Gesetzbuchs bestimmt wird, so kann das Gericht die Kosten ganz oder teilweise dem Beklagten auferlegen, wenn er auf Verlangen des Klägers nicht unverzüglich über die Gründe des Widerspruchs Auskunft erteilt hat. [2]Dies gilt in einem Rechtsstreit wegen Fortsetzung des Mietverhältnisses entsprechend, wenn der Klage stattgegeben wird.

(3) Erkennt der Beklagte den Anspruch auf Räumung von Wohnraum sofort an, wird ihm jedoch eine Räumungsfrist bewilligt, so kann das Gericht die Kosten ganz oder teilweise dem Kläger auferlegen, wenn der Beklagte bereits vor Erhebung der Klage unter Angabe von Gründen die Fortsetzung des Mietverhältnisses oder eine den Umständen nach angemessene Räumungsfrist vom Kläger vergeblich begehrt hatte.

1. Allgemeines. Rspr-Übersicht: Harsch WuM 95, 246. Die Vorschrift ist eine den §§ 91, 92 ff vorgehende Sonderregelung und bezweckt eine davon abweichende Kostenentscheidung zugunsten des Mieters. Anwendbar nur bei Wohnraum (§ 721 Rn 1), auf den die §§ 574–574 b BGB angewendet werden können. Gilt nur, wenn ein Miet- oder Untermietverhältnis besteht oder bestand und für Klagen (auch Widerklagen) auf Räumung (Herausgabe) und (auch wiederholte) Fortsetzung des Mietverhältnisses (§§ 574–574 b BGB). 1

2. Unterliegen des Mieters (Abs 1) als (Wider)Beklagter bei Räumungsklage; als (Wider)Kläger bei Fortsetzungsklage (gem §§ 574–574 b BGB). – **a) Voraussetzungen** sind neben der Räumungsklage (Rn 2): **aa)** Der Mieter muss Fortsetzung (erstmals oder wiederholt) form- und fristgerecht verlangt haben unter Angabe der Gründe, nämlich objektiv geeigneter, bestimmter Tatsachen, auch wenn dies der Vermieter nicht verlangt hatte. **bb)** Der Anspruch auf Fortsetzung muss wegen der Interessenabwägung (§ 574 Abs 3 BGB) vom Gericht ver- 2 3 4

neint werden, nicht nur wegen Fristversäumnis (§ 574b) oder weil die
5 Gründe des Mieters für sich schon nicht ausreichen. **cc)** Dem beklagten
Mieter müssen, als er Fortsetzung des Mietverhältnisses verlangte, die
Gründe (Tatsachen) unbekannt gewesen sein, die den Fortsetzungsanspruch ausschließen. Die Gründe müssen vom Gericht in Anwendung
des § 574 BGB zugelassen worden sein. Berechtigte Interessen bedeuten diejenigen Tatsachen, die das Gericht bei der Interessenabwägung (§ 574 Abs 1 BGB) zugunsten des Vermieters berücksichtigt. Unverzüglich: ohne schuldhaftes Zögern (§ 121 Abs 1 BGB); die Gründe
6 müssen vollständig bekannt gegeben werden. – **b) Wirkung:** Kostenentscheidung zugunsten des Mieters (abweichend von §§ 91, 92) steht
im Ermessen des Gerichts („kann"); dabei können alle Gründe des
§ 574 Abs 1 BGB, das Prozessverhalten der Parteien und ihre sozialen
Verhältnisse berücksichtigt werden. Bei Anspruchshäufung (§ 260) ist
ggf § 92 anzuwenden, weil § 93b nur für Räumung und Fortsetzung
gilt.

7   **3. Unterliegen des Vermieters** (Abs 2) als (Wider)Kläger bei Räumungsklage oder (Wider)Beklagter bei Fortsetzungsklage (§§ 574–574b
8 BGB). – **a) Voraussetzung: aa)** Erlass eines Gestaltungsurteils auf
Fortsetzung des Mietverhältnisses, auch von Amts wegen (§ 308a) unter Abweisung der Räumungsklage. **bb)** Der Mieter muss die verlangte
Auskunft gem § 574b Abs 1 S 2 BGB nicht oder nicht unverzüglich
(wie § 121 Abs 1 BGB) erteilt haben, oder unvollständig ohne die Tatsachen, die den Fortsetzungsanspruch (§ 574a Abs 1 S 1) bei der Abwä
9 gung begründen. – **b) Wirkung:** wie Rn 6.

10   **4. Anerkenntnisurteil auf Räumung** (Abs 3). Erweitert die in
§ 93 vorgesehene Kostenregelung zugunsten des Mieters. § 93 bleibt,
auch bei Klage auf künftige Räumung (§ 259) anwendbar, insbes dann,
wenn der Vermieter vor dem Rechtsstreit keine außergerichtliche Eini
11 gung versucht hat. – **a) Voraussetzungen** sind: **aa) Sofortiges Anerkenntnis:** wie § 93 Rn 9–12 (abw LG Freiburg NJW-RR 90, 382).
bb) Anlass zur Klage, vom Beklagten gegeben (vgl § 93 Rn 4, 5, 7);
sonst gilt § 93. Der Anlass zur Klage muss aber darin liegen, dass der
Beklagte nicht räumen konnte; daher greift Abs 3 nicht ein, wenn der
Beklagte der Kündigung widerspricht (LG Stuttgart NJW 73, 1377).
12 **cc) Räumungsfrist gewährt,** auf Antrag oder von Amts wegen
(§ 721). Ausnahmsweise entbehrlich, wenn Antrag auf Räumungsfrist
wegen wahrscheinlichen Auszugs unterlassen wird (MüKo/Belz 17).
13 **dd) Vergebliches Verlangen** (Begehren) des Mieters auf angemessene Räumungsfrist oder auf Fortsetzung des Mietverhältnisses gerichtet.
Es muss vor Klageerhebung (§ 253 Abs 1) form- und fristgerecht
(§ 574b BGB), die Fortsetzung des Mietverhältnisses unter Angabe von
Gründen (bestimmte Tatsachen) verlangt worden sein, und zwar auf
eine bestimmte, der Räumungsfrist entspr Zeit (hM; LG Kiel WuM 93,
550 mwN). Dem steht (alternativ) gleich eine vergeblich verlangte angemessene Räumungsfrist (wie Rn 13). Verlangen: formlos, jedoch

muss der Umfang der Frist bestimmt oder bestimmbar sein (hM; Mü-Ko/Belz 18 mwN). Hierfür reichen unbestimmte Angaben über die beabsichtigte Errichtung eines Eigenheims nicht aus (LG Heilbronn NZM 98, 329). Vergeblich: wenn eine angemessene Fortsetzung oder Räumungsfrist ganz oder teilweise verweigert wird. Verweigerung und Gewährung kann auch stillschweigend geschehen, indem zB auf Räumung zu dem verlangten späteren Zeitpunkt geklagt wird. – **b) Wirkung:** wie Rn 6. 14

§ 93 c Kosten bei Klage auf Anfechtung der Vaterschaft

[1] **Hat eine Klage auf Anfechtung der Vaterschaft Erfolg, so sind die Kosten gegeneinander aufzuheben.** [2] **§ 96 gilt entsprechend.**

Allgemeines. Ehelichkeitsanfechtung und Anfechtung der Vater- 1 schaftsanerkennung sind in Vaterschaftsanfechtung zusammengefasst (vgl § 640 Abs 2 Nr 2). **Anwendbar** nur in diesen Kindschaftssachen. **Voraussetzung:** erfolgreiche Klage; wird sie abgewiesen, gilt § 91 Abs 1. **Wirkung:** stets Kostenaufhebung gem § 92 Abs 1 S 2; zwingend. Ab- 2 weichung ist über S 2 möglich; es können nach Ermessen des Gerichts der obsiegenden Partei Kosten einzelner Angriffs- oder Verteidigungsmittel nach dann auferlegt werden, wenn die Kosten gem S 1 gegeneinander aufgehoben werden. Für die Kosten eines Nebenintervenienten gilt § 101 Abs 1; jedoch § 100, wenn eine streitgenössische Nebenintervention vorliegt (§ 101 Abs 1; § 640 e Rn 2). **Anfechtung:** 3 wegen § 99 mit der Hauptsache; auch wenn § 93 c übersehen wurde (Frankfurt MDR 82, 152).

§ 93 d Kosten bei Unterhaltsklagen

Hat zu einem Verfahren, das die gesetzliche Unterhaltspflicht betrifft, die in Anspruch genommene Partei dadurch Anlaß gegeben, daß sie der Verpflichtung, über ihre Einkünfte und ihr Vermögen Auskunft zu erteilen, nicht oder nicht vollständig nachgekommen ist, so können ihr die Kosten des Verfahrens abweichend von den Vorschriften der §§ 91 bis 93 a und 269 Abs. 3 Satz 2 nach billigem Ermessen ganz oder teilweise auferlegt werden.

Allgemeines. Die Vorschrift ist darauf angelegt, dass in Unterhalts- 1 verfahren die Kostenentscheidung gemäß den §§ 91–93 a ergeht. Davon schafft § 93 d eine Ausnahme. **Zweck.** Durch § 93 d soll die 2 außergerichtliche Klärung des Unterhaltsanspruchs gefördert werden. **Anwendbar:** alle Verfahren, in denen eine gesetzliche Unterhaltspflicht 3 besteht und der Anspruch geltend gemacht wird. **Voraussetzungen:** 4 **(1)** Verletzung der Auskunftspflicht durch Nichterteilung oder unvollständige (auch falsche) Erteilung der Auskunft in den Fällen der § 1361 Abs 4 S 3, § 1580 und § 1605 BGB, auch der Ausgaben und Belastun-

gen (Köln FamRZ 00, 622). Zur Auskunft verpflichtet sind sowohl
Anspruchsteller wie -gegner („einander" in § 1605 Abs 1 S 1 BGB). **(2)**
Die Auskunftspflichtverletzung muss für das Verfahren der Anlass (wie
§ 93 Rn 4–7) gewesen sein; daher ist § 93 d im Fall des § 643 unan-
5 wendbar. **Wirkung.** Das Gericht kann in seiner Kostenentscheidung
abweichend von den §§ 91–93 a die Kosten des ganzen Verfahrens voll
oder teilweise dem Auskunftspflichtigen auferlegen. Billiges Ermessen:
Hierbei ist in erster Linie auf das vorprozessuale Verhalten der Parteien
abzustellen. **Anfechtung:** nur mit der Hauptsache; § 99 gilt.

§ 94 Kosten bei übergegangenem Anspruch

**Macht der Kläger einen auf ihn übergegangenen Anspruch
geltend, ohne daß er vor der Erhebung der Klage dem Beklagten den Übergang mitgeteilt und auf Verlangen nachgewiesen hat, so fallen ihm die Prozeßkosten insoweit zur Last,
als sie dadurch entstanden sind, daß der Beklagte durch die
Unterlassung der Mitteilung oder des Nachweises veranlaßt
worden ist, den Anspruch zu bestreiten.**

1 **Einordnung.** § 94 ist ein Fall von Kostentrennung (§ 91 Rn 5;
hM). **Voraussetzungen:** ein (mindestens teilweiser) Prozesssieg des
Klägers. Unterlassen von Mitteilung oder Nachweis muss Ursache des
2 Bestreitens sein. § 94 ist auch ohne Antrag anzuwenden. **Anspruchs-
übergang:** aus jedem Rechtsgrund; entspr für Übergang der Prozess-
3 führungsbefugnis (§ 51 Rn 19). **Kostenentscheidung.** § 94 ist zwingend. Die kostenverursachenden Vorgänge (zB Beweisaufnahme, Vernehmung bestimmter Zeugen) müssen bezeichnet werden. Bsp: „Die
durch die Beweisaufnahme entstandenen Kosten trägt der Kläger, die
übrigen Kosten des Rechtsstreits der Beklagte".

§ 95 Kosten bei Säumnis oder Verschulden

**Die Partei, die einen Termin oder eine Frist versäumt oder
die Verlegung eines Termins, die Vertagung einer Verhandlung, die Anberaumung eines Termins zur Fortsetzung der
Verhandlung oder die Verlängerung einer Frist durch ihr Verschulden veranlaßt, hat die dadurch verursachten Kosten zu
tragen.**

1 **Allgemeines.** Dieser Fall von Kostentrennung (§ 91 Rn 5) wird
selten angewendet und nur praktisch, wenn die Kosten nach § 91 Abs 1
voll oder nach § 92 teilweise nicht ohnedies der säumigen oder schul-
digen Partei aufzuerlegen sind. § 95 ist zwingend, auch ohne Antrag
anzuwenden. § 344 geht aber als Sonderregel vor. Daneben kann das
Gericht nach § 34 Abs 1 GKG (durch besonderen Beschluss) eine Ver-
2 zögerungsgebühr verhängen. **Einzelheiten:** Ist ein Termin (§ 216)
oder eine Frist (jeder Art, § 221) versäumt (1. Fall), kommt es auf Ver-

schulden nicht an. Bei 2.–5. Fall ist Verschulden nötig, entspr § 276 BGB Vorsatz (Wissen und Wollen, auch bedingt) und Fahrlässigkeit (Nichtbeachten der im Prozess erforderlichen Sorgfalt). Verschulden des Vertreters steht dem der Partei gleich (§ 51 Abs 2, § 85 Abs 2). Verursachte Kosten: zB Zeugen- und Sachverständigengebühren, Zeitversäumnisentschädigung, Reisekosten. **Kostenentscheidung:** wie § 94.   3
Sie kann nur in der abschließenden Entscheidung (17–19 vor § 91) ergehen, im Verfahren mit notwendiger mdl Vhdlg daher nur im Urteil (Köln NJW 72, 1999), nicht im Laufe des Verfahrens (Düsseldorf MDR 90, 832).

§ 96 Kosten erfolgloser Angriffs- oder Verteidigungsmittel

Die Kosten eines ohne Erfolg gebliebenen Angriffs- oder Verteidigungsmittels können der Partei auferlegt werden, die es geltend gemacht hat, auch wenn sie in der Hauptsache obsiegt.

Einordnung. Diese Kostentrennung (§ 91 Rn 5) ist auch ohne   1
Antrag möglich und steht im Ermessen des Gerichts. **Anwendbar** nur, wenn die Partei mindestens teilweise obsiegt; auch bei § 91a (LAG Nürnberg NZA-RR 02, 274). Nicht bei Klagerücknahme. **Vorausset-**   2
zung ist, dass ein Angriffs- oder Verteidigungsmittel (wie § 146 Rn 2), insbes in sog Punktensachen (Matthies JR 93, 181), oder ein selbständiges Beweisverfahren (§ 485) erfolglos war (dh ohne einen für die Partei günstigen Einfluss auf die Entscheidung) und dass dadurch besondere Kosten (zB die einer Beweisaufnahme) entstanden sind. **Verschulden**   3
oder Vorhersehbarkeit sind nicht erforderlich (bestr), aber beim Ermessen zu berücksichtigen. **Kostenentscheidung** wie § 94 Rn 3.   4

§ 97 Rechtsmittelkosten

(1) Die Kosten eines ohne Erfolg eingelegten Rechtsmittels fallen der Partei zur Last, die es eingelegt hat.

(2) Die Kosten des Rechtsmittelverfahrens sind der obsiegenden Partei ganz oder teilweise aufzuerlegen, wenn sie auf Grund eines neuen Vorbringens obsiegt, das sie in einem früheren Rechtszug geltend zu machen imstande war.

(3) Absatz 1 und 2 gelten entsprechend für Familiensachen der in § 621 Abs. 1 Nr. 1 bis 3, 6, 7, 9 bezeichneten Art, die Folgesachen einer Scheidungssache sind, sowie für Lebenspartnerschaftssachen der in § 661 Abs. 1 Nr. 5 und 7 bezeichneten Art, die Folgesache einer Aufhebungssache sind.

1. Allgemeines. – a) Anwendungsbereich der Abs 1 und 2: jedes   1
Verfahren, auf das die ZPO anwendbar ist; über Abs 3 auch für FGG-Familiensachen als Folgesache (§ 623 Abs 1 S 1). Alle Rechtsmittel. Das ist im weitesten Sinne zu verstehen: Berufung, Revision, jede Art von

Beschwerde, auch Einspruch und Erinnerung. – **b) Überprüfung** der
Kostenentscheidung der Vorinstanz geschieht von Amts wegen. Es besteht kein Verschlechterungsverbot (Jena NJW-RR 02, 970 mwN).

2   **2. Erfolgloses Rechtsmittel** (Abs 1). – **a) Erfolglos** ist es, wenn es
verworfen oder zurückgewiesen wird. Es ist daher nicht erfolglos, wenn
aufgehoben und zurückverwiesen wird, auch wenn letztlich die neue
Entscheidung zu keinem anderen Ergebnis kommt als die angefochtene
Entscheidung (allgM; vgl Rn 7). Erfolglos ist ein Rechtsmittel auch
dann, wenn es lediglich zu einer Änderung der Kostenentscheidung des
ersten oder zweiten Rechtszugs geführt hat (BGH NJW 92, 2969). –
3   **b) Kostenpflicht.** Sie trifft den Rechtsmittelführer, ggf den Nebenin-
4   tervenienten (BGH 39, 296). – **c) Kostenentscheidung** (17–19
vor § 91). Sie ist in der Formel zu erlassen. Bsp: Der Kläger trägt die
Kosten der Berufung. Kosten des Rechtsmittels sind alle dadurch verur-
5   sachten Prozesskosten (2 vor § 91). – **d) Wechselseitige Rechtsmittel.** Wird über sie gemeinsam verhandelt und entschieden (Anschlussberufung, -revision und -beschwerde), ist in der Kostenentscheidung
6   gemäß § 92 zu verfahren und zu quoteln (hM). – **e) Geltung.** § 97 ist
zwingend und gilt ausnahmslos, auch wenn nach erfolglosem Rechtsmittel der Rechtsstreit (zB bei § 538 Abs 2) weitergeht (BGH 20, 397),
insbes auch, wenn die Berufung gegen ein Grundurteil (§ 304) erfolglos
bleibt (hM; BGH 54, 21 [29]).

7   **3. Erfolgreiches Rechtsmittel.** Es liegt vor, wenn die angefochtene Entscheidung auf das Rechtsmittel hin in der Sache aufgehoben oder
abgeändert wird. Hierfür ist allein die Entscheidungsformel maßgebend.
8   **a) Grundsätze.** Stillschweigend geht die ZPO davon aus, dass die
Kosten erfolgreicher Rechtsmittel Kosten desjenigen Rechtsstreits sind,
in dem das Rechtsmittel eingelegt wurde. Das gilt auch, wenn Dritte
das Rechtsmittel eingelegt haben, zB Zeugen gegen einen Ordnungsmittelbeschluss (Karlsruhe Justiz 77, 97). Die Rechtsmittelkosten unterliegen daher auch ohne besonderen Ausspruch der Entscheidung, die
über die Kosten des Rechtsstreits ergeht. Daraus ergibt sich: Ist die
Klage voll abgewiesen und legt der Kläger unbeschränkt Berufung ein,
gehören die Kosten des voll erfolgreichen Rechtsmittels zu den dem
Beklagten auferlegten Kosten des Rechtsstreits. Hat das Berufungsgericht nach Zurückverweisung durch das Revisionsgericht die (im Ergebnis) selbe Entscheidung getroffen wie im angefochtenen Urteil
(volle Verurteilung), sind dem Beklagten auch die Kosten seiner erfolgreichen Revision aufzuerlegen. Hat der Kläger bei abgewiesener Klage
mit Streitwert 20 000 Euro die Berufung auf den Teilbetrag von
10 000 Euro beschränkt und hat er in dieser Höhe voll Erfolg, sind in
der Kostenentscheidung die Kosten erster Instanz gegeneinander aufzuheben und die der Berufung dem Beklagten voll aufzuerlegen. Abweichungen können sich aus Abs 2 (Rn 10) und aus Fällen der Kosten-
9   trennung (§ 91 Rn 5) ergeben. – **b) Kostenentscheidung** (17–19 vor
§ 91) des Rechtsmittelgerichts unterbleibt, wenn es aufhebt und zu-

rückverweist (zB §§ 538 Abs 2, 563). Ausnahme: bei Teilerfolg der Berufung gegen ein Grundurteil (§ 304); es gilt dann Rn 14. Kostenentscheidung ergeht, wenn das Rechtsmittelgericht in der Sache selbst entscheidet, und zwar über die Kosten des gesamten Rechtsstreits nach den §§ 91–96, 100–101, sofern in der angefochtenen Entscheidung eine Kostenentscheidung erforderlich ist (vgl 18, 19 vor § 91). Dabei sind die Grundsätze der Rn 8 zu beachten.

4. Kostenpflicht der obsiegenden Partei (Abs 2) ist zwingend. Es **10** ist nicht Voraussetzung, dass die letztlich obsiegende Partei im vorausgegangenen Rechtszug unterlegen war (Hamm NJW 73, 198). Abs 2 darf aber nur angewendet werden, wenn das Obsiegen ausschließlich auf dem neuen Vorbringen beruht. Das gilt entspr in Ehesachen bei zwischenzeitlichem Ablauf des Trennungsjahres (BGH NJW 97, 1007; vgl Rn 13). Es muss daher feststehen, dass das Rechtsmittel ohne das neue Vorbringen erfolglos gewesen wäre. Ist dies auch nur offen, darf Abs 2 nicht angewendet werden. – a) **Vorbringen:** alle Angriffs- und **11** Verteidigungsmittel (§ 146 Rn 2), nicht Rechtsansichten; auch nicht eine von Amts wegen durchgeführte Beweisaufnahme (Karlsruhe OLGZ 80, 384). – b) **Kosten der Berufungsinstanz** sind auch diejenigen **12** einer Zurückverweisung (BGH NJW 67, 203). – c) **Imstandesein 13** bedeutet, dass es für die Partei möglich war und für sie Anlass bestand, das Angriffs- oder Verteidigungsmittel (Rn 11) geltend zu machen. Maßstab ist eine sorgfältige Prozessführung der Partei und (oder) ihres Vertreters (§ 51 Abs 2, § 85 Abs 2). Das ist objektiv festzustellen; freie Überzeugung des Gerichts genügt nicht. Für Tatsachen, die erst nach Abschluss der unteren Instanz (§ 296 a) eingetreten sind, gilt Abs 2 nicht, wohl aber, wenn die Partei den Eintritt einer Tatsache schon in erster Instanz hätte herbeiführen können (KG Rpfleger 86, 445), zB Prozessstandschaft (§ 51 Rn 31) erlangen (BGH NJW-RR 92, 431), kündigen (Hamm MDR 90, 450), den Ablauf des Trennungsjahres (§ 1566 BGB) abwarten (BGH NJW 97, 1007 mwN; Nürnberg NJW-RR 97, 388: analog anwendbar) oder wenn der Umstand nicht dem Bereich der Gegenpartei, sondern dem ihren zuzurechnen ist (Frankfurt FamRZ 94, 118). Die Verjährungseinrede musste nicht in erster Instanz erhoben werden, wenn sie rechtlich zweifelhaft war (BGH MDR 74, 36). Die später obsiegende Partei darf darauf vertrauen, dass ihr Gegner ein Bestreiten wider besseres Wissen nicht bis zur Entscheidung aufrechterhält. Es schadet ihr dann nicht, wenn sie das Beweismittel erst im höheren Rechtszug benutzt (Köln MDR 73, 324). – d) **Formel 14** (Bsp): Die Kosten der Berufung trägt der Kläger, die übrigen Kosten des Rechtsstreits die Beklagte.

5. Teilerfolg eines Rechtsmittels. Ob Erfolg vorliegt, ist nach **15** Rn 7 zu beurteilen. – a) **Grundsatz.** Hier ist für den entspr Teil nach Rn 2–6, für den Rest nach Rn 8, 9 zu verfahren, wobei die Grundsätze des § 92 anzuwenden sind. Es ist daher regelmäßig der Streitwert für den Umfang der Rechtsmittel festzustellen und daran der Umfang des

16 Teilerfolges zu messen (§ 92 Rn 2). – **b) Beispiele: (1)** Das AG hat
die Klage auf 3000 Euro voll abgewiesen, das LG zur Zahlung von
600 Euro verurteilt und im Übrigen die Berufung zurückgewiesen. Die
Kostenentscheidung lautet: „Der Kläger trägt $^4/_5$, der Beklagte $^1/_5$ der
17 Kosten des Rechtsstreits" (also einschließlich der Berufung). **(2)** Hatte
der Kläger seine Berufung auf den Betrag von 1200 Euro beschränkt, so
ist zu entscheiden: „Die Kosten der Berufung werden gegeneinander
aufgehoben. Die übrigen Kosten des Rechtsstreits trägt der Kläger zu
18 $^4/_5$, der Beklagte zu $^1/_5$". **(3)** Hat das LG aber anstatt hinsichtlich der
600 Euro zu verurteilen insoweit zurückverwiesen (Rn 9), so ist bei (1)
durch das Gericht des ersten Rechtszugs im Endurteil zu formulieren:
„Der Kläger trägt $^4/_5$ der Kosten der (insoweit erfolglosen) Berufung".
Das restliche Fünftel gehört gemäß Rn 8 zu den Kosten des Rechtsstreits, die der abschließenden Entscheidung unterliegen. Bei (2) ist zu
formulieren: „Der Kläger trägt die halben Kosten der (insoweit erfolglosen) Berufung." Die andere Hälfte der Berufungskosten gehört zu
den Kosten des Rechtsstreits, die nach der endgültigen Kostenverteilung im abschließenden Urteil überbürdet werden.

19   **6. Folgesachen** von Scheidung und Lebenspartnerschaftsaufhebung
(Abs 3) aus dem Bereich der freiwilligen Gerichtsbarkeit werden auch
bei isolierter Anfechtung den Regeln des § 97 unterstellt, um eine einheitliche zivilprozessuale Behandlung der Kosten zu erzielen. Abs 3 ergänzt somit § 93a, der bei erfolgreichem Rechtsmittel anwendbar ist
(§ 93a Rn 1c).

§ 98 Vergleichskosten

**^{1}Die Kosten eines abgeschlossenen Vergleichs sind als gegen-
einander aufgehoben anzusehen, wenn nicht die Parteien ein
anderes vereinbart haben. ^{2}Das gleiche gilt von den Kosten des
durch Vergleich erledigten Rechtsstreits, soweit nicht über sie
bereits rechtskräftig erkannt ist.**

1   **1. Voraussetzungen.** Vorweg ist zu beachten, dass eine im Vergleich getroffene Kostenregelung (Rn 12–15) stets dem § 98 vorgeht
2 (S 1). – **a) Vergleich.** Ein Prozessvergleich (§ 794 Abs 1 Nr 1) muss
wirksam abgeschlossen sein. Bei einem außergerichtlichen Vergleich
gilt § 98 für die Prozesskosten entspr, wenn damit ein Prozess erledigt
wird (hM; BGH NJW-RR 97, 510; Saarbrücken NJW-RR 96, 320
mwN), aber nicht, wenn dies durch Rechtsmittelrücknahme geschieht
3 (Rn 9). – **b) Kostenvereinbarung. aa) Fehlen.** Der Vergleich darf
keine Vereinbarung über die Kosten enthalten; gleichgültig, ob dies
ausdrücklich oder bewusst unterblieben ist, auch wenn die Parteien sich
darüber geirrt haben (Bergerfurth NJW 72, 1840); bei Streit der Partei-
4 en: Rn 11. **bb) Ausschluss** der Anwendung des § 98 (sog negative
Kostenregelung) ist möglich. § 91a ist zwar durch § 98 (lex specialis)
grundsätzlich ausgeschlossen, aber anwendbar, wenn die Parteien in

einem Vergleich (auch einem außergerichtlichen, Köln Rpfleger 00, 208) ausdrücklich die Anwendung des § 98 ausschließen, wörtlich oder indem sie die Kosten im Vergleich ausnehmen und gerichtlicher Entscheidung unterstellen (BGH NJW 65, 103; Bergerfurth NJW 72, 1840 mwN; KG NJW-RR 88, 1406; Brandenburg NJW-RR 95, 1212; aA StJBork 7 b). Die Entscheidung ergeht dann gem § 91 a ohne Rücksicht auf den Grundgedanken des § 98 (hM; Stuttgart NJW-RR 99, 148), wobei der Inhalt des Vergleichs im Rahmen des billigen Ermessens (§ 91 a Rn 48) berücksichtigt werden kann, nicht aber selbst den maßgebenden Sach- und Streitstand bildet (Oldenburg NJW-RR 92, 1466). Abzustellen ist auf den zZ der Erledigterklärung bestehenden Sach- und Streitstand (Stuttgart aaO). Anfechtung: Rn 11. Ist der Rechtsstreit durch Vergleich beendet, kann nicht mehr wirksam erledigt erklärt werden; es verbleibt bei § 98 (Naumburg NJW-RR 96, 2216). – **c) Parteien.** Der Vergleich muss von den Parteien (2 vor **5** § 50)geschlossen sein. Im Verhältnis zu Dritten, die den Vergleich mit abschließen, gilt § 98 nicht. Kosten des Nebenintervenienten: § 101 Rn 4, 5. – **d) Teilvergleich.** Betrifft der Vergleich lediglich einen Teil **6** des Streitgegenstandes (§ 794 Rn 5) oder ist es ein Zwischenvergleich (§ 794 Rn 5), so gilt nur S 1; jedoch können die Parteien die Kostenregelung der Schlussentscheidung unterstellen (wie Rn 4). Betrifft der Vergleich den Rest (bei einem vorangegangenen Teilurteil), so gilt auch S 2. – **e) Ehesachen.** Haben sich Ehegatten, insbes für eine einver- **7** ständliche Scheidung über die Folgesachen (vgl § 630 Abs 3) ohne Kostenregelung verglichen, gilt die Fiktion des S 1, jedenfalls für § 93 a Abs 1 S 3. Im Anordnungsverfahren (§ 620) geht § 620 g vor (dort Rn 3).

2. Wirkung. Die Kostenschuld (6 vor § 91) bleibt unberührt. – **8** **a) Kraft Gesetzes** tritt die Kostenfolge des § 92 Abs 1 S 1 1. Alt ein (§ 92 Rn 5). Zu den Kosten des Rechtsstreits gehören auch die des Vergleichs (hM; München MDR 97, 787 mwN) und die eines selbständigen Beweisverfahrens (§ 485; Nürnberg NJW-RR 98, 1376). Für die Kosten einer vorangegangenen ZwVollstr gilt § 788 Abs. 1 (Rn 13). Der Vergleich bildet die Grundlage für eine Kostenfestsetzung (20 vor § 91). **b) Vorrang.** § 269 Abs 3 und § 516 Abs 3 gehen dem § 98 vor, **9** wenn sich der (Berufungs-)Kläger im außergerichtlichen Vergleich verpflichtet, die Klage oder die Berufung zurückzunehmen (BGH NJW 89, 40 mwN für Berufung § 515 aF; bestr). Andererseits geht § 98 dem § 281 Abs 3 S 2 vor (Frankfurt Rpfleger 88, 78 mwN; LAG Bremen MDR 02, 606; bestr; vgl Düsseldorf Rpfleger 99, 238 mwN), ebenso dem § 344 (Düsseldorf MDR 80, 233). – **c) Rechtskräftig** erkannte **10** Kostenerstattungspflichten (S 2, letzter Hs) bleiben bestehen, auch bei ausdrücklich vereinbarter Kostenaufhebung (Stuttgart MDR 89, 1108; bestr). – **d) Streit** der Parteien über den Inhalt der Kostenregelung. Es **11** ergeht im alten Verfahren (deklaratorischer) Beschluss des Gerichts (Köln Rpfleger 87, 429; Bergerfurth NJW 72, 1840). Dies ist insbes bei außergerichtlichen Vergleichen nicht selten geboten. Der Beschluss ist analog § 99 Abs 2 S 1 und 2 mit sofortiger Beschwerde anfechtbar (Nürnberg MDR 97, 974; bestr).

12   **3. Vereinbarte Kosten** (S 1). Eine im Vergleich getroffene Kostenvereinbarung geht stets vor, auch wenn über die Kosten rechtskräftig entschieden ist oder wenn sie schon festgesetzt sind (Koblenz MDR 87,
13   852). Ausnahme bei Ehesachen: § 93a Abs 1 S 3. – **a) Umfang.** Die Vereinbarung umfasst im Zweifel (Hamm MDR 82, 855) die notwendigen Kosten iS des § 91 Abs 1 S 1, grundsätzlich nicht die der Zw-Vollstr (§ 788; Karlsruhe NJW-RR 89, 1150; Ausnahme: Karlsruhe MDR 96, 271), unabhängig davon, ob die Kosten bekannt sind. Es müssen daher nicht immer alle einer Partei entstandenen Kosten zu erstatten sein. Notwendig sind nicht diejenigen Kosten, die unter § 281 Abs 3 oder § 344 fallen (Zweibrücken MDR 96, 971 mwN für § 281; bestr; vgl Rn 9). Beim Urkundenprozess mit Nachverfahren umfasst die getroffene Vereinbarung im Zweifel den gesamten Rechtsstreit (Hamm
14   Rpfleger 75, 322). – **b) Auslegung.** Ist die Vereinbarung unvollständig, so ist ergänzend auszulegen (§ 157 BGB), notfalls der § 98 für den offenen Rest entspr anzuwenden. Die Auslegung geht den gesetzlichen Regelungen (§ 91 Abs 1, § 281 Abs 3, § 344) in jedem Fall vor (vgl
15   Köln Rpfleger 87, 429). – **c) Streitgenossen.** Haben sie einen gemeinsamen ProzBev (vgl § 6 BRAGO), so steht ihnen bei quotenmäßiger Verteilung insgesamt kein höherer Erstattungsanspruch für die Kosten dieses ProzBev zu als die entspr Quote (München Rpfleger 93, 419).

§ 99 Anfechtung von Kostenentscheidungen

(1) **Die Anfechtung der Kostenentscheidung ist unzulässig, wenn nicht gegen die Entscheidung in der Hauptsache ein Rechtsmittel eingelegt wird.**

(2) [1]**Ist die Hauptsache durch eine aufgrund eines Anerkenntnisses ausgesprochene Verurteilung erledigt, so findet gegen die Kostenentscheidung sofortige Beschwerde statt.** [2]**Dies gilt nicht, wenn der Streitwert der Hauptsache den in § 511 genannten Betrag nicht übersteigt.** [3]**Vor der Entscheidung über die Beschwerde ist der Gegner zu hören.**

1   **1. Allgemeines. – a) Entscheidung in der Hauptsache** ist jede Entscheidung (Urteil oder Beschluss) über den Streitgegenstand (Einl II), in jeder Verfahrensart, insbes auch Arrest und einstweilige Verfügung. Hauptsache iS des § 99 ist auch die eines Nebenverfahrens, zB
2   Kostenfestsetzung (Koblenz NJW-RR 00, 362). – **b) Rechtsmittel** iS des Abs 1 sind Revision, Berufung und jede Beschwerde; nicht Einspruch, Widerspruch und Erinnerung, auch nicht die Verfassungsbe-
3   schwerde (BVerfG MDR 89, 555). – **c) Umfang der Anfechtung.** Wird die Entscheidung in der Hauptsache (auch nur zT) angefochten,

erstreckt sich das Rechtsmittel auch ohne besonderen Antrag auf die ganze zugehörige Kostenentscheidung, die dann abgeändert werden kann, solange das Rechtsmittel zulässig ist und aufrechterhalten wird. Dass es dem Rechtsmittelführer wirtschaftlich nur darauf ankommt, eine andere Kostenentscheidung herbeizuführen, ändert nichts an der Zulässigkeit des Rechtsmittels. – **d) Umgehung** des Abs 1 macht das **4** Rechtsmittel unzulässig. Das liegt vor, wenn es ausgeschlossen erscheint, dass der Rechtsmittelführer an den zur Hauptsache gestellten Anträgen ein schutzwürdiges Interesse hat (BGH NJW 76, 1267) oder wenn es erklärter Zweck ist, nur die Kostenentscheidung anzugreifen (Düsseldorf FamRZ 91, 350).

2. Unanfechtbarkeit (Abs 1). Sie hat zur Folge, dass das Rechts- **5** mittel unzulässig ist. – **a) Kostenentscheidung:** wenn darin über die Kosten neben der Hauptsache (Rn 1) entschieden ist (auch wenn durch Berichtigungsbeschluss geschehen, Karlsruhe NJW-RR 00, 730), nicht wenn nur über die Kosten entschieden (zB § 91 a; BGH stRspr NJW 92, 1513 mwN) oder eine Kostenentscheidung abgelehnt wurde. § 99 gilt auch bei Entscheidung auf einseitige Erledigterklärung (§ 91 a Rn 53). – **b) Parteien.** Nur zwischen ihnen (2 vor § 50), aber auch **6** im Verhältnis zum Nebenintervenienten gilt § 99, nicht aber, wenn im Verhältnis zu Dritten über Kosten entschieden ist (BGH NJW 88, 49 mwN; Düsseldorf NJW-RR 93, 828), zB gemäß § 409 Abs 2, § 380 Abs 3. Eine Partei kann die Kostenentscheidung auch dann nicht isoliert anfechten, wenn ihr Streitgenosse die Hauptsacheentscheidung angefochten hat (Köln VersR 73, 641).

3. Anfechtbarkeit in Ausnahmefällen. § 99 Abs 1 gilt nicht, **7** wenn die Kostenentscheidung (auch nur zT) überhaupt unzulässig (Rn 9) oder unterblieben (allgM; BGH NJW 59, 291; KG Rpfleger 81, 318) und Ergänzung (§ 321) unmöglich ist. – **a) Teilurteil** ohne Kosten- **8** entscheidung. Die Kostenentscheidung im Schlussurteil, das über den Rest der Hauptsache ergeht (§ 301 Rn 5), ist selbständig mit Revision oder Berufung ohne Rücksicht auf die Höhe der Hauptsachebeschwer anfechtbar, wenn die Partei das vorangegangene, kostenentscheidungslose, die erforderliche Höhe der Beschwer erreichende Teilurteil angefochten hat (BGH 20, 252), insbes das Teilurteil gegen einen Streitgenossen (Frankfurt NJW 71, 518). Dies gilt auch dann, wenn über dessen Rechtsmittel schon entschieden ist (StJBork 10; aA BGH WM 77, 1428; Frankfurt MDR 77, 143). Das gegen das Teilurteil gerichtete Rechtsmittel erstreckt sich nicht auf die Kostenentscheidung des Schlussurteils (BGH 20, 252). – **b) Unzulässige Kostenentscheidung.** Sie **9** ist selbständig anfechtbar mit dem gegen die Hauptsacheentscheidung statthaften Rechtsmittel (hM; Düsseldorf MDR 90, 532 mwN).

4. Anfechtbarkeit bei Anerkenntnisurteilen (Abs 2) ist gegen- **10** über dem Grundsatz des Abs 1 die Ausnahme. – **a) Anwendungsbereich: aa) Unmittelbar** bei Anerkenntnisurteilen (§ 307) und bei streitigen Urteilen nach Anerkenntnis in der Hauptsache (Köln FamRZ

89, 877; Düsseldorf MDR 90, 59), nicht aber, wenn nach einem
(unzulässigen) eingeschränkten Anerkenntnis der Klageanspruch oder
das Zurückbehaltungsrecht streitig bleibt (München MDR 92, 184).
bb) Entsprechend anwendbar ist Abs 2: bei einem Verzichtsurteil
(Frankfurt Büro 93, 621); bei einem Urteil in einer Ehesache, wenn
§ 93a unzulässig (dort Rn 2) angewendet wurde (Karlsruhe FamRZ 91,
1456); bei einem streitigen Urteil, das auf einen Einspruch ergeht, der
nur der Kosten wegen eingelegt wurde (Brandenburg MDR 99, 504);
ebenso bei einem auf die Kosten beschränkten Widerspruch gegen Arrest und einstweilige Verfügung (§ 925 Rn 4). **cc) Unanwendbar** ist
Abs 2 bei einem Vorbehaltsurteil (§ 599 Abs 1), das auf Grund eines
darauf beschränkten Anerkenntnisses erlassen wurde (§ 599 Rn 5;
Naumburg NJW-RR 97, 893). – **b) Voraussetzungen.** Es muss gegen das Urteil ein Rechtsmittel stattfinden und die Berufungssumme
(§ 511) erreicht sein (Abs 2 S 2). Das Urteil muss eine Kostenentscheidung enthalten. Ist ein Anerkenntnisurteil erlassen (§ 307), so müssen
11   nicht seine Voraussetzungen vorgelegen haben. – **c) Rechtsmittel**
(Abs 2 S 1). Es findet sofortige Beschwerde statt (§ 567 Abs 1 Nr 1).
Gegen die Beschwerdeentscheidung kann Rechtsbeschwerde zugelassen
werden (§ 574 Abs 1 Nr 2). Die Beschwerdesumme von 100 Euro
(§ 567 Abs 2 S 1) ist zu beachten. Gegenstand der Beschwerdeentscheidung ist nur der Kostenpunkt, nämlich ob § 91 oder §§ 93, 93b anzuwenden sind, ferner ob (bei Teilurteil) über Kosten überhaupt entschieden werden durfte (§ 307 Rn 12).

12   **5. Teilanerkenntnisurteil.** Es kann nicht ohne weiteres Abs 2 angewendet werden. – **a) Ohne Kostenentscheidung.** Im Teilurteil
darf idR nicht über die Kosten entschieden werden (§ 301 Rn 5). Für
die Anfechtbarkeit ist unerheblich, ob die Klage zulässig und begründet
war (Hamm MDR 90, 937). Es kommt darauf an, wie über den Rest
entschieden wird. Die Rechtsfolgen sind umstritten. Es ist zu unterschei-
13   den: **aa) Schlussanerkenntnisurteil.** Es findet gegen die darin
enthaltene Kostenentscheidung sofortige Beschwerde gem Abs 2 statt.
14   **bb) Erledigterklärung** für den Rest der Hauptsache (§ 91 Rn 13).
Ergeht Beschluss nach § 91a (dort Rn 20), so findet einheitliche sofortige Beschwerde gegen die ganze Kostenentscheidung nach § 99 Abs 2
und § 91a Abs 2 statt; ebenso, wenn vor einem Schlussanerkenntnisurteil (Rn 13) die Hauptsache zT für erledigt erklärt wurde (BGH
15   NJW 63, 583; vgl § 91a Rn 55). **cc) Streitiges Schlussurteil** mit
Kostenentscheidung. Ergeht ein solches Urteil, so findet grundsätzlich
das gegen das Schlussurteil gegebene Rechtsmittel statt (vgl Rn 8), das
dann die die auf das Teilanerkenntnisurteil entfallenden Kosten mit umfasst
(vgl BGH 17, 392). Soweit die Kostenentscheidung den anerkannten Teil betrifft, findet sofortige Beschwerde gemäß Abs 2 statt (hM).
16   **dd) Prozessvergleich** (§ 794 Abs 1 Nr 1). Wird ein solcher über den
Rest der Hauptsache geschlossen, so gilt § 98, wenn die Kosten nicht
17   im Vergleich geregelt sind (§ 98 Rn 3, 6). **ee) Klagerücknahme**

(§ 269) für den Rest der Hauptsache. Ergeht unabhängig vom Beschluss
(§ 269 Rn 16) ein Schlussanerkenntnisurteil über die Kosten des quotenmäßig zu bestimmenden, durch Anerkenntnisurteil erledigten Teils,
so gilt Abs 2 (BGH NJW-RR 99, 1741). Anzufechten ist das Schlussurteil mit der sofortigen Beschwerde (BGH aaO); ebenfalls wenn
statt eines Urteils ein Beschluss ergangen ist (Brandenburg OLG-NL 98,
18). – **b) Mit Kostenentscheidung.** Ein Teilanerkenntnisurteil darf **18**
als Teilurteil (§ 301) nur ausnahmsweise eine Kostenentscheidung enthalten (Rn 12). Gleichgültig, ob sie zulässig oder unzulässig war, ist die
Kostenentscheidung mit sofortiger Beschwerde anfechtbar (Abs 2).

6. Teilanerkenntnis- und -streiturteil ist ein nach Teilanerkennt- **19**
nis erlassenes einheitliches Urteil über die gesamte Hauptsache oder
über Teile von dieser (Bsp: Klage 10 000 Euro, 2000 Euro Anerkenntnis, 3000 Euro entscheidungsreifer streitiger Teil der Hauptsache). Soweit die (gemischte) Kostenentscheidung den anerkannten Teil betrifft,
findet sofortige Beschwerde gem Abs 2 statt (BGH 40, 265 für § 91 a;
Koblenz MDR 86, 1032; Köln NJW-RR 94, 767). Jeder Rechtsfehler,
der sich auf diesen Teil der Kostenentscheidung auswirkt, ist zu berücksichtigen (Schleswig Büro 86, 107).

§ 100 Kosten bei Streitgenossen

(1) **Besteht der unterliegende Teil aus mehreren Personen, so
haften sie für die Kostenerstattung nach Kopfteilen.**

(2) **Bei einer erheblichen Verschiedenheit der Beteiligung am
Rechtsstreit kann nach dem Ermessen des Gerichts die Beteiligung zum Maßstab genommen werden.**

(3) **Hat ein Streitgenosse ein besonderes Angriffs- oder Verteidigungsmittel geltend gemacht, so haften die übrigen Streitgenossen nicht für die dadurch veranlaßten Kosten.**

(4) [1] **Werden mehrere Beklagte als Gesamtschuldner verurteilt, so haften sie auch für die Kostenerstattung, unbeschadet
der Vorschrift des Absatzes 3, als Gesamtschuldner.** [2] **Die Vorschriften des bürgerlichen Rechts, nach denen sich diese Haftung auf die im Absatz 3 bezeichneten Kosten erstreckt, bleiben unberührt.**

1. Allgemeines. § 100 regelt die Kostenfolge bei Streitgenossen- **1**
schaft nur unvollständig, nämlich nur für den Fall, dass alle Streitgenossen unterliegen, und nur im Verhältnis zum Prozessgegner, nicht im
Innenverhältnis der Streitgenossen. Für die Kostenschuld (6 vor § 91)
gelten § 59 S 1 und § 60 GKG. – **a) Anwendbar** für alle Fälle von **2**
Streitgenossenschaft (§§ 59, 60), auch für Vollstreckungskosten nach
Maßgabe des § 788 Abs 1 S 3. aber nur wenn die Streitgenossen verurteilt werden, und für streitgenössische Nebenintervenienten (§§ 69,
101 Abs 2). Bei einem Prozessvergleich, in dem die Streitgenossen die
Kosten ganz oder teilweise übernommen haben, gelten nur Abs 1 und

3. Auch wenn die Streitgenossen im Vergleich sich als Gesamtschuldner
(§ 421 BGB) verpflichtet haben, gilt Abs 4 nicht unmittelbar, sondern
3 für § 421 BGB entspr. – **b) Rechtsmittel.** § 100 gilt für die Entscheidung über die Kosten sowohl des Rechtsstreits (§ 91 Rn 5–8) als
auch des Rechtsmittels (§ 97), wenn mehrere Streitgenossen ein
Rechtsmittel einlegen; insbes gilt auch Abs 4 (LG Köln MDR 81, 502).
Legt es nur einer ein, trägt er nach § 97 Abs 1 allein die Kosten seines
Rechtsmittels. Ist es erfolgreich, hat das Rechtsmittelgericht die Kosten
nach Maßgabe des endgültigen Obsiegens und Unterliegens zu verteilen und kann daher die Kostenentscheidung der Vorinstanz ändern,
soweit sie Streitgenossen betrifft, die am Rechtsmittelverfahren nicht
4 mehr beteiligt waren (BGH NJW 81, 2360). – **c) Teilurteil.** Ergeht
nur gegen einzelne Streitgenossen Urteil (nämlich Teilurteil, § 61
Rn 14), so darf es keine Kostenentscheidung enthalten. Wird die Klage gegen einen Streitgenossen durch Teilurteil abgewiesen, so darf und
soll auch über die ihm erwachsenen außergerichtlichen Kosten ent-
5 schieden werden (§ 301 Rn 5). – **d) Klagerücknahme.** Vertritt ein
RA mehrere Beklagte, so kann im Fall des § 269 Abs 3 nur der entsprechende Teil der Gesamtvergütung verlangt werden, wenn die Klage
nicht gegen alle Streitgenossen zurückgenommen wird (Stuttgart Büro
87, 1080).

6 **2. Mehrere Prozessbevollmächtigte. – a) Grundsatz.** Jeder
Streitgenosse kann für sich einen eigenen ProzBev bestellen und Kostenerstattung verlangen (umstr). Davon sind Ausnahmen zu machen mit
Pflicht zur Bestellung eines gemeinsamen ProzBev: bei der RA-Sozietät, wenn sie gegen den Mandanten prozessiert (hM; Köln Rpfleger 93,
369 mwN); im Fall des § 2039 BGB (Frankfurt MDR 81, 149); für den
Kfz-Halter oder -Fahrer, wenn der Haftpflichtversicherer zugleich für
ihn einen gemeinsamen RA mandiert hatte (umstr; Hamm MDR 90,
1019; aA LG München I NJW-RR 98, 1612: nur ausnahmsweise,
wenn ein Interessenkonflikt ausgeschlossen ist), allg bei Rechtsmissbrauch. Streitgenossen, die in erster Instanz einen gemeinsamen RA
hatten, können im Regelfall auch erst in zweiter jeder einen eigenen
7 mandieren (KG Büro 78, 1394). – **b) Anwaltswechsel.** Hatten Streitgenossen einen gemeinsamen RA und mandiert einer in derselben Instanz einen eigenen RA, kann er wegen § 91 Abs 2 S 3 die Kosten nur
eines RAs verlangen, die Kosten beider RAe nur bei notwendigem
Wechsel (§ 91 Rn 32; Düsseldorf Rpfleger 88, 209), zB bei aufgetrete-
ner Interessenkollision (Koblenz MDR 95, 263). Dies gilt auch, wenn
die Streitgenossen ihren gemeinsamen RA im selben Rechtszug gemeinsam wechseln (München Rpfleger 90, 313). Ein Kostenerstattungsanspruch kann aber in allen diesen Fällen wegen Rechtsmissbrauchs entfallen. Bsp: Die mitverklagte Komplementärin einer GmbH
& Co KG bestellt einen eigenen ProzBev (Hamm Rpfleger 78, 329; aA
Düsseldorf Büro 81, 762), obwohl keine Gründe für eine unterschiedliche Einlassung bestehen oder Interessengegensätze fehlen (Stuttgart

Justiz 80, 20). Ebenso bei einer verklagten RA-Sozietät (einschränkend Hamburg Büro 80, 761).

3. Unterliegen aller Streitgenossen. Dies gilt für Kläger wie Be- **8** klagte. – **a) Grundsatz** (Abs 1). Enthält die Entscheidung nur den Ausspruch, dass die Kläger oder die Beklagten die Kosten des Rechtsstreits tragen, so haften sie für die Kostenerstattung (7 vor § 91) nach Kopfteilen, dh zu gleichen Teilen. Klarer ist der Ausspruch (Bsp): „Die Beklagten tragen die Kosten des Rechtsstreits zu je einem Viertel." Von diesem Grundsatz gibt es Ausnahmen. – **b) Unterschiedliche 9 Beteiligung** (Abs 2). Gilt für Kläger wie Beklagte. Es ist ein besonderer Ausspruch in der Urteilsformel erforderlich. Die Entscheidung darf nicht dem Kostenfestsetzungsverfahren überlassen oder darin korrigiert werden (Schleswig SchlHA 83, 173; aA Köln MDR 88, 325). Für Auslegung im Falle samtverbindlicher Verurteilung, wenn eine Partei nicht streitig verhandelt hat: KG MDR 77, 321. Verschiedenheit der Beteiligung: vor allem unterschiedlicher Streitwert, aber auch Verursachen einer Beweisaufnahme oder einer streitigen Verhandlung, insbes wenn einer der Streitgenossen anerkennt oder Versäumnisurteil ergehen lässt. Bsp für Urteilsformel: Der Beklagte zu 1 trägt ein Viertel, der Beklagte zu 2 drei Viertel der Kosten des Rechtsstreits. Der Beklagte zu 1 trägt die durch streitige Verhandlung entstandenen Mehrkosten. – **c) Angriffs- und Verteidigungsmittel** (Abs 3): wie § 146 Rn 2. Auf **10** deren Erfolg kommt es nicht an. Das Gericht muss (kein Ermessen) diese Kosten dem oder den Streitgenossen (von mehreren) auferlegen und darf die anderen damit nicht belasten. Gilt für Kläger wie Beklagte. Ein Fehler in der Urteilsformel darf nicht im Kostenfestsetzungsverfahren (§ 103) berichtigt werden (wie Rn 9; München MDR 89, 166). Abs 3 gilt auch bei einer Gesamtschuld (Rn 11). Ausgenommen ist der Fall, dass sich die Haftung von Streitgenossen nach materiellem Recht uneingeschränkt auf die Prozesskosten erstreckt (Abs 4 S 2). – **d) Gesamtschuldner** (Abs 4). Gilt nur für Beklagte und Widerbe- **11** klagte, nicht für Kläger. Werden (nicht notwendig alle) Beklagte in der Hauptsache (wie § 91a Rn 3) als Gesamtschuldner (§ 421 BGB) verurteilt, so haften sie auch für die Kostenerstattung als Gesamtschuldner, und zwar kraft Gesetzes. Das ist bei der Kostenfestsetzung (20 vor § 91) zu berücksichtigen, auch ohne besonderen Ausspruch in der Kostenentscheidung (vgl Hamm Rpfleger 74, 271). Fehlt in der Formel eine samtverbindliche Verurteilung auch zur Hauptsache, haften die Streitgenossen nach Kopfteilen gem Abs 1 (KG Rpfleger 75, 143). Die Ausgleichspflicht im Innenverhältnis richtet sich idR nach § 426 Abs 1 S 1 BGB. Wie Gesamtschuldner sind Gesellschafter einer oHG, KG oder Partnerschaftsgesellschaft zu behandeln, die neben der Gesellschaft auf Grund von § 128 HGB oder § 8 PartGG verurteilt werden (bestr). Legen die samtverbindlich Verurteilten erfolglose Rechtsmittel ein, so gilt für die Rechtsmittelkosten § 97 Abs 1 (Rn 3). Samtverbindliche Kostenpflicht ist auszusprechen, soweit sich die Rechtsmittel auf die samtverbindliche Verurteilung beziehen. Falsch ist es, Kläger bei abgewiesener Klage samtverbindlich in die Kosten zu verurteilen (Koblenz MDR 91, 257), ebenso beklagte Teilschuldner.

12   **3. Obsiegen aller Streitgenossen** im Rechtsstreit gegen eine einzelne Partei ist durch § 100 nicht geregelt. Die Vorschrift gilt jedoch, wenn auf der Gegenseite auch Streitgenossen stehen; dann sind Rn 8–
13   11 oder Rn 15–19 anzuwenden. – **a) Kostenentscheidung** (17–19 vor § 91) ergeht gemäß § 91, § 92 oder § 93. – **b) Kostenerstattung.** Es kann jeder Streitgenosse für sich die ihm selbst erwachsenen Prozesskosten (2 vor § 91) vom Gegner ersetzt verlangen, wenn die Kosten dem oder den Unterliegenden in der Kostenentscheidung auferlegt werden. Es besteht weder Teil-, Gesamt- noch Mitgläubigerschaft (vgl Palandt 1–4 vor § 420), sondern jeder Streitgenosse hat den Kostenerstattungsanspruch aus den ihm erwachsenen Prozesskosten für sich allein ohne Rücksicht auf sein Innenverhältnis zu den anderen Streitgenossen (umstr; vgl Rn 16–18). Er ist Einzelgläubiger nach Maßgabe seines Anteils, bei gleicher Beteiligung nach Kopfteilen (Köln NJW 91, 1156). Abzustellen ist auf die tatsächlich entstandenen Kosten. Haben Streitgenossen eigene RAe, so ist Rn 5 zu beachten. Die Streitgenossen können von der Gegenseite nicht mehr an Gebühren und Auslagen fordern, als ihnen ihr gemeinsamer ProzBev gemäß § 6 Abs 2 BRAGO insgesamt gekostet hat (Hamburg Büro 77, 199; Düsseldorf Büro 77,
14   659). – **c) Kostenfestsetzung** (20 vor § 91). Sie kann gemeinsam, aber auch von jedem Streitgenossen einzeln betrieben werden. Erwirken die Streitgenossen gemeinsam ohne Angabe eines Beteiligungsverhältnisses einen Kostenfestsetzungsbeschluss, so sind sie Gesamtgläubiger (BGH Rpfleger 85, 321). Die Kosten sind aber für jeden einzeln (getrennt) festzusetzen, wobei unterschiedliche Beteiligung am Rechtsstreit (Rn 9) zu berücksichtigen ist. Aus dem Kostenfestsetzungsbeschluss (§ 104) muss das vollstreckungsfähig (16, 22–24 vor § 704) hervorgehen.

15   **4. Unterliegen einzelner, Obsiegen anderer Streitgenossen. – a) Kostenentscheidung** (17–19 vor § 91). Es ist von folgenden Grundsätzen auszugehen (zur praktischen Anwendung Stegemann-Boehl JuS 91, 320). Es müssen die Gerichtskosten (3, 4 vor § 91) von den außergerichtlichen Kosten (5 vor § 91) getrennt werden. Der siegende Streitgenosse ist von allen Kosten freizustellen. Es ist ihm eine entspr Kostenerstattung (7 vor § 91) einzuräumen, aber der unterlegene Gegner ist nur zum entspr Teil zu belasten. Hier sind §§ 91, 92 kombiniert anzuwenden und es ist nach der sog Baumbach'schen Formel zu entscheiden. Bsp bei gleicher Beteiligung von 2 Beklagten: „Die Gerichtskosten tragen der Kläger und der (unterlegene) Beklagte zu 2 je zur Hälfte. Die außergerichtlichen Kosten des (obsiegenden) Beklagten zu 1 trägt der Kläger; die des Klägers trägt zur Hälfte der Beklagte zu 2; im Übrigen tragen sie die Parteien selbst.“ Der letzte Hs ist entbehrlich. Sind auf einer Seite mehr als zwei Streitgenossen beteiligt, ändern sich

die Bruchteile entsprechend, noch differenzierter bei unterschiedlicher Beteiligung. – **b) Kostenerstattung** (7 vor § 91). Hierbei treten die **16** eigentlichen Schwierigkeiten und Streitfragen auf. Auf jeden Fall ist die zugrundeliegende Kostenentscheidung maßgebend. Die Praxis ist unterschiedlich. Es wird vertreten: **aa) Voller Anspruch.** Haben die **17** Streitgenossen einen gemeinsamen RA, so kann der obsiegende Streitgenosse die vollen von ihm dem RA geschuldeten Kosten ersetzt verlangen mit Ausnahme derjenigen Kosten, die der ProzBev von einem (unterlegenen) Streitgenossen nicht erhalten kann (Nürnberg NJW 75, 2346; Frankfurt Büro 86, 96; Oldenburg Büro 88, 484). Die Ersparnis infolge des gemeinsam einem einzigen RA erteilten Mandats kommt bis zur Obergrenze primär den Streitgenossen zugute. Das ist nicht mehr überwiegende Rspr, wird aber noch vertreten (vgl Hamm Rpfleger 88, 159 und MDR 94, 102). **bb) Anteiliger Anspruch.** Die Erstattung gegenüber dem Gegner erfolgt nach dem entspr Anteil, der auf **18** die einzelnen Streitgenossen entfällt (Karlsruhe NJW 68, 1479 mwN; Dresden NJW-RR 99, 293; Koblenz Rpfleger 81, 122; Braunschweig MDR 79, 62; Stuttgart NJW 77, 2171; KG NJW-RR 01, 1435; Nürnberg Büro 84, 113; Zweibrücken Rpfleger 88, 38; München Rpfleger 93, 418; Nürnberg Rpfleger 94, 384). Dasselbe gilt für den Anspruch des allein voll obsiegenden Streitgenossen (München Rpfleger 94, 179). Ein Streitgenosse, der einen höheren Anteil verlangt, muss glaubhaft machen, dass er einen entspr höheren Anteil bezahlen musste oder bezahlen muss, aber nur wegen Zahlungsunfähigkeit eines Streitgenossen, nicht auf Grund einer Vereinbarung (München Rpfleger 95, 519 mwN). Sind dem obsiegenden Streitgenossen keine Kosten entstanden, weil der Auftrag für den gemeinsamen Anwalt vom unterlegenen Streitgenossen stammt, entfällt ein Kostenerstattungsanspruch. Bei unterschiedlichen Streitwert kann jeder Streitgenosse für denselben RA nur den auf ihn treffenden Teil ersetzt verlangen (Frankfurt Rpfleger 70, 293; München NJW 73, 2070). § 6 BRAGO ist dahingehend zu berücksichtigen, dass zugunsten eines einzelnen Streitgenossen nur der Erhöhungsbetrag, aber insgesamt nicht mehr als die volle Grundgebühr zur Erstattung festzusetzen ist.

5. Teilunterliegen einzelner Streitgenossen. Es ist bei der Kos- **19** tenentscheidung wie bei Rn 15 zu verfahren. Es ist aber dabei § 92 (dort Rn 5–11) anzuwenden und die Bruchteile sind entspr zu bemessen. Das Innenverhältnis, die Vereinbarungen der Streitgenossen und die geleisteten Zahlungen bleiben grundsätzlich außer Betracht (hM; Schleswig Büro 93, 677 mit Anm von Mümmler). Bsp: Die Gerichtskosten tragen der Kläger zu 3/4 und der (zur Hälfte unterlegene) Beklagte zu 2 zu 1/4. Die außergerichtlichen Kosten des (obsiegenden) Beklagten zu 1 und die Hälfte derjenigen des Beklagten zu 2 trägt der Kläger. Die außergerichtlichen Kosten des Klägers trägt zu 1/4 der Beklagte zu 2. Im übrigen tragen die Parteien ihre außergerichtlichen Kosten selbst (dieser Satz ist entbehrlich). Kostenerstattung: wie Rn 16–18.

§ 101 Kosten einer Nebenintervention

(1) **Die durch eine Nebenintervention verursachten Kosten sind dem Gegner der Hauptpartei aufzuerlegen, soweit er nach den Vorschriften der §§ 91 bis 98 die Kosten des Rechtsstreits zu tragen hat; soweit dies nicht der Fall ist, sind sie dem Nebenintervenienten aufzuerlegen.**

(2) **Gilt der Nebenintervenient als Streitgenosse der Hauptpartei (§ 69), so sind die Vorschriften des § 100 maßgebend.**

1 **1. Kostenauferlegung.** Die Kosten der Nebenintervention (Rn 6) dürfen in der Kostenentscheidung nie der unterstützten Partei auferlegt werden, selbst wenn sie die Klage zurücknimmt (Köln NJW-RR 95, 1251), sondern nur dem Gegner der (unterstützten) Hauptpartei oder **2** dem Nebenintervenienten. – **a) Grundsatz** (Abs 1 Hs 1). Dem Gegner aufzuerlegen sind die Kosten, wenn und soweit er die Kosten des Rechtsstreits zu tragen hat (§ 91 Abs 1 S 1), bei § 92 daher nur zum entspr Teil und bei Streitgenossen nach Maßgabe des § 100. Das gilt auch bei Klage- oder Berufungsrücknahme des Gegners (§ 269 Abs 3, § 516 Abs. 3; Dresden OLG-NL 00, 284 für § 515 aF) und bei übereinstimmender Erledigterklärung (§ 91 a; Stuttgart MDR 99, 116). Ist der Nebenintervenient nur zT beigetreten (§ 66 Rn 8) kommt es nur auf die Kostenentscheidung an, die diesen Teil betrifft (MüKo/Belz 13; aA Saarbrücken MDR 96, 967). Soweit dem Gegner keine Kosten des Rechtsstreits aufzuerlegen sind, trägt der Nebenintervenient die Kosten selbst. Dies gilt auch, wenn er die Nebenintervention zurücknimmt (§ 66 Rn 12) und im Falle des § 97 Abs 2, auch wenn er erst im zweiten Rechtszug beigetreten ist (aA Hamm MDR 94, 311), weil er schon **3** im ersten Rechtszug hätte beitreten können. – **b) Kostenentscheidung** (17–19 vor § 91). In ihr ist über die Kosten der Nebenintervention (Rn 6) ausdrücklich (nach Maßgabe von Rn 2) zu befinden, da sie nicht von dem Begriff Kosten des Rechtsstreits umfasst werden und eine Entscheidung hierüber für die Festsetzung der Kosten einer Nebenintervention keine geeignete Grundlage bildet (München Rpfleger 90, 269 mwN). Bsp: „Der Kläger trägt die Kosten des Rechtsstreits und der Nebenintervention zu je $^2/_3$, der Beklagte die des Rechtsstreits zu $^1/_3$, der Nebenintervention zu $^1/_3$." Ist die Entscheidung über diese Kosten übergangen worden, gilt § 321. Die Frist des § 321 Abs 2 läuft ab Zustellung an den Nebenintervenienten (BGH NJW 75, 218).

4 **2. Vergleich** (§ 98 Rn 2). – **a) Ohne Beteiligung** des Nebenintervenienten. Für ihn ist grundsätzlich die im Vergleich zwischen den Parteien getroffene Kostenregelung maßgebend; denn § 98 ist anwendbar (Abs 1 Hs 1; hM; Zweibrücken NJW-RR 03, 142; München NJW-RR 98, 1453; Düsseldorf NJW-RR 98, 1691), auch wenn die Parteien die Kosten der Nebenintervention ausdrücklich von der vergleichsweisen Regelung ausgenommen haben (hM; BGH

NJW 67, 983). Haben die Parteien Kostenaufhebung oder -teilung vereinbart, so bedeutet dies für die Kosten des Nebenintervenienten Kostenteilung zwischen den Parteien in der Weise, dass der Gegner derjenigen Partei, der der Nebenintervenient beigetreten ist, die Hälfte oder den entsprechenden Teil der außergerichtlichen Kosten des Nebenintervenienten trägt und im Übrigen der Nebenintervenient selbst (Dresden NJW-RR 98, 285 mwN; Köln NJW-RR 95, 1215 mwN; Celle NJW-RR 02, 140; Frankfurt NJW-RR 02, 431; Schleswig NJW-RR 00, 1091; Nürnberg MDR 01, 415 mwN; aA Karlsruhe NJW-RR 97, 1293; Dresden NJW-RR 99, 1668 mwN; Frankfurt NJW-RR 00, 1741 mwN: kein Erstattungsanspruch des Nebenintervenienten; Hamm MDR 88, 325: Entscheidung über dessen Kosten gem § 91 a). Gegen diesen Grundsatz der Kostenparallelität kritisch und für § 91 a: Schwarz MDR 93, 1052. Die Parteien können dem Nebenintervenienten im Vergleich keine Kosten auferlegen und auch nicht seinen Erstattungsanspruch dadurch ausschließen oder mindern, dass sie sich nach Erledigterklärung über die Kosten vergleichen (München NJW-RR 98, 1453 mwN) und kollusiv zusammenwirken (Zweibrücken NJW-RR 03, 112). – **b) Mit Beteiligung** des Nebenintervenienten. Maßgebend ist, wie die Kosten der Nebenintervention im Vergleich geregelt sind. Fehlt eine solche Regelung, gilt § 98 (entspr Rn 4). **5**

3. Kosten der Nebenintervention sind die durch sie verursachten, auch die dadurch den Parteien entstandenen. Sie sind von den Kosten des Rechtsstreits (§ 91 Rn 5) zu unterscheiden. Es ist darüber bei der Kostenfestsetzung (20 vor § 91) zu befinden. – **a) Umfang:** alle Aufwendungen des Nebenintervenienten für seine Prozessbeteiligung, insbes die entstandenen Kosten seines ProzBev (Düsseldorf MDR 95, 532). Auch alle durch erfolgreiche Rechtsmittel oder andere Rechtsbehelfe des Nebenintervenienten entstandenen Kosten, wenn die Partei untätig geblieben ist (hM). Sie beteiligt sich am Rechtsmittel bereits, wenn sie einen Schriftsatz einreicht oder an der mündlichen Verhandlung teilnimmt (BGH 49, 196), so dass in diesem Fall die Partei ihre eigenen Kosten trägt. Für erfolglose Rechtsmittel des Nebenintervenienten gilt § 97 Abs 1 (dort Rn 3), für zurückgenommene § 516 Abs 3 (vgl hierzu München Rpfleger 79, 141 für § 515 aF). – **b) Keine Kosten** der Nebenintervention sind die der Streitverkündung (München MDR 89, 548; Köln NJW-RR 02, 1726) oder eines Zwischenstreits gem § 71, ebenso wenig solche, die durch andere Prozesshandlungen als Rechtsbehelfe des Nebenintervenienten entstehen, insbes durch seine Angriffs- und Verteidigungsmittel (§ 67 Rn 6); diese sind Kosten des Rechtsstreits. – **c) Festsetzung** der Kosten des Nebenintervenienten, die der Gegner der unterstützten Partei zu tragen hat, geschieht im Kostenfestsetzungsverfahren (§§ 103–107). Dabei kommt es nicht darauf an, ob die Nebenintervention notwendig war (Nürnberg Büro 95, 593). **6 6a 7 8**

9   **4. Streitgenössische Nebenintervention** (Abs 2). Für die einfache gilt nur Abs 1. Die streitgenössische (§ 69) wird ausschließlich nach § 100 behandelt. Der streitgenössische Nebenintervenient trägt daher, wenn die unterstützte Partei unterliegt, die Kosten des Rechtsstreits nach Kopfteilen (§ 100 Abs 1). Auch Abs 2 und 3 des § 100 sind ggf anzuwenden. § 100 Abs 4 ist unanwendbar. Sind dem Gegner der unterstützten Partei die Kosten des Rechtsstreits auferlegt, umfassen sie wegen der Fiktion des § 69 auch die Kosten des Nebenintervenienten.

§ 102 (aufgehoben)

§ 103 Kostenfestsetzungsgrundlage; Kostenfestsetzungsantrag

(1) **Der Anspruch auf Erstattung der Prozeßkosten kann nur auf Grund eines zur Zwangsvollstreckung geeigneten Titels geltend gemacht werden.**

(2) [1]**Der Antrag auf Festsetzung des zu erstattenden Betrages ist bei dem Gericht des ersten Rechtszuges anzubringen.** [2]**Die Kostenberechnung, ihre zur Mitteilung an den Gegner bestimmte Abschrift und die zur Rechtfertigung der einzelnen Ansätze dienenden Belege sind beizufügen.**

1   **1. Allgemeines.** (Abs 1). Der prozessuale Kostenerstattungsanspruch (7, 8 vor § 91) wird im Kostenfestsetzungsverfahren (§§ 103–107) geltend gemacht (20 vor § 91). Darin wird der Betrag der zu erstattenden Kosten festgesetzt (§ 104 Abs 1 S 1). In der Kostenentscheidung (17–19 vor § 91) für den zugrunde liegenden Rechtsstreit wird nur festgelegt, wer in welchem Umfang die Kosten zu tragen hat. Diese Entscheidung bildet die Grundlage für das Kostenfestsetzungsverfahren. In diesem gelten grundsätzlich die allgemeinen Regeln des 1. Buchs.

2   **2. Vollstreckungstitel** (Abs 1). Ein solcher ist Voraussetzung für den Kostenerstattungsanspruch (7, 8 vor § 91). Nur die formelle Wirksamkeit des Titels ist zu prüfen. Er muss bestehen und zur Zwangsvoll-
2 a streckung geeignet sein. – **a) Geeignet** sind die in 14, 15 vor § 704 aufgeführten Vollstreckungstitel, sofern darin eine Kostenpflicht auferlegt ist (Rn 1). Dazu gehören die Kostenentscheidungen im selbständigen Beweisverfahren (§ 494 a Rn 6; Hamm NJW-RR 97, 959; bestr). Ein Vergleich kann ein geeigneter Titel auch für Kostenfestsetzung
2 b unter Streitgenossen sein (Köln FamRZ 93, 724 mwN). – **b) Nicht geeignet** ist der Titel, wenn er auch nur in der vorläufigen Vollstreckbarkeit aufgehoben ist (§ 717 Abs 1) oder durch einen Prozessvergleich überholt (Bremen NJW-RR 87, 1208). Die Kostenvereinbarung eines im Verbund (§ 623) stehenden Scheidungsfolgenvergleichs ist wegen § 93 a Abs 1 S 3 kein geeigneter Titel (Düsseldorf Rpfleger 92, 83; bestr), ebenso wenig ein Vollstreckungsbescheid (§ 699 Rn 17; KG MDR 95, 530) und ein außergerichtlicher Vergleich (allgM), wie zB der Anwaltsvergleich des § 796 a (hM; Hamburg NJW-RR 94, 1408; München NJW-RR 97, 1294) oder ein richterlicher Protokollvermerk

zu einem Vergleich (München Büro 96, 261). Wird in einem Vergleich ein anderer Rechtsstreit mitverglichen, können die Kosten nur getrennt festgesetzt werden (München Rpfleger 90, 136), einheitlich aber dann, wenn es sich um Arrest oder einstweilige Verfügung und Hauptsacheprozess handelt (KG Büro 85, 137).

3. Aufhebung und Unwirksamkeit des zugrundeliegenden Titels **3** (Rn 2). Der bereits erlassene Kfb wird unwirksam, wenn der zugrundeliegende Titel oder auch nur dessen Kostenentscheidung aufgehoben, auch nur teilweise abgeändert, durch eine neue Entscheidung mit gleicher Kostengrundentscheidung (Frankfurt Rpfleger 83, 456 mwN) oder durch einen Prozessvergleich mit abweichender Kostenverteilung ersetzt wird (KG NJW-RR 00, 518; München NJW-RR 01, 718 mwN; bestr). – **a) Wirkung.** Es wird das ganze Kostenfestsetzungs- **4** verfahren (einschließlich Erinnerung und sofortiger Beschwerde) gegenstandslos und ohne Erledigterklärung beendet (Düsseldorf NJW 74, 1714). Der erlassene Kfb ist zwecks Klarstellung aufzuheben (Hamm Rpfleger 76, 408 mwN). Die im Kostenfestsetzungsverfahren entstandenen Kosten einer Erinnerung oder sofortigen Beschwerde trägt derjenige, der die Kostenfestsetzung betrieben hat (KG Rpfleger 78, 384 mwN). Auf Grund der neuen Kostenentscheidung in der aufhebenden oder sie ersetzenden Entscheidung wird ein neues Kostenfestsetzungsverfahren eingeleitet. – **b) Rückfestsetzung** der auf Grund eines auf- **5** gehobenen Titels erstatteten und zurückzugewährenden Kosten. Sie geschieht durch einen neuen Kostenfestsetzungsbeschluss und wird in entspr Anwendung des § 717 Abs 2, wenn der Schaden allein in den erstatteten Kosten liegt, noch im anhängigen Verfahren zugelassen (hM; Hamm Rpfleger 88, 279; Hansens Büro 87, 967; aA München MDR 93, 1129 mwN), aber nur, wenn die Zahlung auf Grund des Titels vorgenommen wurde und die Höhe der Rückzahlungsforderung nachgewiesen oder unstreitig ist (KG Rpfleger 87, 432; Düsseldorf Büro 98, 309), auch nicht Einwendungen gem § 104 Rn 12 erhoben werden. Die Rückfestsetzung wird dann sogar zugelassen, wenn der Titel durch Vergleich aufgehoben wurde (Hamm Rpfleger 88, 279) und eine neue Kostenfestsetzung nicht in Betracht käme (KG MDR 91, 258). Für die Verrechnung des Prozesskostenvorschusses gilt die Rückfestsetzung aber nicht (KG Rpfleger 80, 438). – **c) Vollstreckbarkeit** des Kfb (§ 794 **6** Abs 1 Nr 2). Er verliert sie, solange die vorläufige Vollstreckbarkeit des zugrundeliegenden Titels (Rn 2) oder seiner Kostenentscheidung entfällt, inbes durch Aufhebung (Rn 3), erbrachte Sicherheitsleistung (§§ 711, 712) oder Einstellung der ZwVollstr (§§ 707, 719). Geltend zu machen über § 775 Nr 1–3. – **d) Nichtigkeit** des Kfb ist von vorn- **7** herein gegeben, wenn es an einer Kostenentscheidung überhaupt fehlt (BAG NJW 63, 1027). Der Kfb muss nicht (deklaratorisch) aufgehoben werden.

4. Zuständigkeit (Abs 2 S 1). Zuständig ist ausschließlich das Pro- **8** zessgericht erster Instanz, funktionell der Rechtspfleger (§ 21 Abs 1

Nr 1 RPflG). Für das Mahnverfahren: § 692 Rn 4. – **a) Prozesskosten** (2–5 vor § 91). Umfasst den gesamten Rechtsstreit, somit die Kosten aller Rechtszüge, auch die eines Wiederaufnahmeverfahrens vor dem Berufungsgericht (München Rpfleger 73, 318). Nicht dazu gehören die Positionen des materiell-rechtlichen Kostenerstattungsanspruchs (13–15 vor § 91). Ist ein Rechtsstreit bei einem anderen (ohne Verbindung,

9 § 147) mitverglichen worden: Rn 2 b aE. – **b) Zwangsvollstreckungskosten** (§ 788) werden, soweit sie nicht nach § 788 ohne Titel beigetrieben wurden, vom Vollstreckungsgericht festgesetzt (§ 788 Abs 2).

10 **5. Antrag** (Abs 2). Er ist entbehrlich nur im Fall des § 105 Abs 2. Er setzt, um zulässig und wirksam zu sein, folgendes voraus: – **a) Prozesshandlungsvoraussetzungen** (Einl III Rn 10). Dass sie im zugrundeliegenden Urteil verneint werden, steht nicht entgegen (Hamburg

11 MDR 89, 826). **b) Form:** schriftlich oder zu Protokoll der Geschäftsstelle; ohne Anwaltszwang (§ 78 Abs 5; § 13 RPflG). – **c) Inhalt.** Erforderlich ist genaue Angabe des Rechtsstreits und die Erklärung, dass

12 Kostenfestsetzung begehrt wird. – **d) Notwendige Anlagen** (Abs 2 S 2): **aa) Kostenberechnung.** Das ist die Zusammenstellung der einzelnen Posten. Für eine ausreichende Substantiierung (vgl Marx Rpfleger 99, 157) ist jede Aufwendung nach Grund, Datum und Betrag einzeln aufzuführen, bei Streitgenossenschaft nach Parteien getrennt (München Büro 81, 1512). Eine Kopie der Kostenberechnung für den

13 Gegner ist beizufügen. **bb) Belege** zur Kostenberechnung, soweit sie nicht im Gerichtsakt sind. Ausnahme: Post- und Telekommunikationsauslagen des RA (§ 104 Abs 2 S 2). Für andere Auslagen genügt die bloße eigene Versicherung nicht (Nürnberg Büro 75, 191); sie sind auch als notwendig glaubhaft zu machen (LG Weiden MDR 75, 669). Eigene, das übliche Maß erheblich übersteigende Auslagen müssen

14 substantiiert werden (KG Büro 76, 814). **cc) Vollstreckungstitel** (Rn 2) in einfacher Ausfertigung, wenn er nicht schon dem zuständigen

15 Gericht (Rn 8, 9) vorliegt. – **e) Antragsbefugnis.** Sie entspricht der Prozessführungsbefugnis (§ 51 Rn 20), jedoch gibt es keine gewillkürte Prozessstandschaft (Bremen NJW-RR 89, 574). Kostengläubiger ist jeder, der einen Kostenerstattungsanspruch (7–9 vor § 91) hat. Partei: jeder Streitgenosse (vgl hierzu München Rpfleger 81, 454), Nebenintervenient, nach Parteiwechsel (16, 20 vor § 50) auch die ausgeschiedene Partei (vgl Hamm Büro 75, 1503), nicht der ProzBev im eigenen Namen. Der Rechtsnachfolger ist antragsbefugt erst, nachdem der Titel (Rn 2) umgeschrieben ist (§§ 727 ff; vgl München Rpfleger 93, 207). –

16 **f) Rechtskraft** (§ 104 Rn 24) eines vorangegangenen Kfb darf nicht entgegenstehen, falls das Gesuch wiederholt wird. Bezieht es sich also auf bereits rechtskräftig aberkannte Posten, so ist es insoweit unzulässig (§ 104 Rn 24). Für noch nicht zur Entscheidung gestellte Posten ist ein neues Gesuch ohne weiteres zulässig (Nachfestsetzung, Rn 18). –

17 **g) Rücknahme** des Antrags ist (auch teilweise) zulässig. Sie ist bindend und unwiderruflich (Koblenz Rpfleger 76, 324). Nach Rücknahme

darf kein KfB mehr ergehen (Hamm Rpfleger 73, 370). Ist er bereits erlassen, wird er bei Rücknahme vor Rechtskraft wirkungslos (entspr § 269 Abs 3 S 1).

6. **Nachfestsetzung** (Nachliquidation) ist die nachgeholte Festset- **18** zung von Kosten aus demselben Titel, die im ersten Gesuch nicht enthalten waren oder bei der Festsetzung versehentlich übergangen wurden (Rn 16; § 104 Rn 24). Diese Kosten können unabhängig von der Frist des § 321 Abs 2 erneut angemeldet (Hamm Rpfleger 80, 482), auch mit Erinnerung geltend gemacht werden (§ 104 Rn 33).

§ 104 Kostenfestsetzungsverfahren

(1) [1]**Über den Festsetzungsantrag entscheidet das Gericht des ersten Rechtszuges.** [2]**Auf Antrag ist auszusprechen, daß die festgesetzten Kosten vom Eingang des Festsetzungsantrags, im Falle des § 105 Abs. 2 von der Verkündung des Urteils ab mit fünf Prozentpunkten über dem Basiszinssatz nach § 247 des Bürgerlichen Gesetzbuchs zu verzinsen sind.** [3]**Die Entscheidung ist, sofern dem Antrag ganz oder teilweise entsprochen wird, dem Gegner des Antragstellers unter Beifügung einer Abschrift der Kostenrechnung von Amts wegen zuzustellen.** [4]**Dem Antragsteller ist die Entscheidung nur dann von Amts wegen zuzustellen, wenn der Antrag ganz oder teilweise zurückgewiesen wird; im übrigen ergeht die Mitteilung formlos.**

(2) [1]**Zur Berücksichtigung eines Ansatzes genügt, daß er glaubhaft gemacht ist.** [2]**Hinsichtlich der einem Rechtsanwalt erwachsenen Auslagen für Post- und Telekommunikationsdienstleistungen genügt die Versicherung des Rechtsanwalts, daß diese Auslagen entstanden sind.** [3]**Zur Berücksichtigung von Umsatzsteuerbeträgen genügt die Erklärung des Antragstellers, daß er die Beträge nicht als Vorsteuer abziehen kann.**

(3) [1]**Gegen die Entscheidung findet sofortige Beschwerde statt.** [2]**Das Beschwerdegericht kann das Verfahren aussetzen, bis die Entscheidung, auf die der Festsetzungsantrag gestützt wird, rechtskräftig ist.**

Abs 1 Satz 2 ist geändert durch Art 2 VO zur Ersetzung von Zinssätzen vom 5. 4. 02 (BGBl I S 1250).

1. Kostenfestsetzungsverfahren. Zu beteiligen ist daran nur, wer **1** antragsbefugt ist (§ 103 Rn 15) oder als der Gegner des prozessualen Kostenerstattungsanspruchs belangt wird. Zuständig ist der Rechtspfleger (§ 21 Nr 1 RPflG) des Gerichts erster Instanz oder des Vollstreckungsgerichts (§ 103 Rn 8, 9), auch für die öffentliche Zustellung (§§ 4, 21 Nr 1 RPflG; München Rpfleger 88, 370).

2. Verfahrensablauf. – a) Gehör des Gegners, schriftlich oder **2** mündlich zu gewähren, zweckmäßig durch Zuleitung des Antrags (§ 103

Rn 10) nebst Kopie der Anlagen (§ 103 Rn 12–14). – **b) Mündliche**
3 **Verhandlung** ist nicht ausgeschlossen (bestr). – **c) Tatsachenangaben**
müssen, soweit sie bestritten sind, mindestens gemäß § 294 glaubhaft
gemacht werden (Abs 2 S 1; hierzu Marx Rpfleger 99, 157); §§ 286,
138 Abs 3 gelten, auch § 287 entspr (München Rpfleger 93, 39). Der
Antragsgegner kann seinerseits gegenteilige Tatsachen glaubhaft machen
(Marx aaO). Bei Auslagen für Post- und Telekommunikationsdienstleistungen genügt die einfache Versicherung des RAs (Abs 2 S 2). Die
bloße Erklärung des Antragstellers genügt für die Nichtabzugsfähigkeit
als Vorsteuer bei der verlangten MWSt (vgl § 91 Rn 23; KG MDR 95,
320; für Prüfung der Plausibilität: Brandenburg AnwBl 96, 544). Diese
Erklärung, die im Laufe des Verfahrens geändert werden kann (München Rpfleger 96, 372), liegt nicht im bloßen Antrag, die MwSt zu erstatten (Hansens Büro 95, 173; bestr). Darüber wird nicht Beweis erhoben (Schleswig Büro 96, 260; Koblenz NJW-RR 96, 767; Düsseldorf
NJW-RR 96, 768). Der Rechtspfleger kann jedoch bei bestrittenen
Tatsachenbehauptungen jeden angebotenen Beweis erheben (allgM),
insbes auch schriftliche Erklärungen von Richtern, Parteien, ProzBev,
Zeugen und Sachverständigen einholen (Koblenz Rpfleger 80, 393). –
4 **d) Anwaltszwang** besteht nicht (§ 13 RPflG). – **e) Gebühren:** für
das Gericht keine; beim RA mit der Prozessgebühr abgegolten (§ 37
Nr 7 BRAGO).

5 **3. Voraussetzungen.** Der Rechtspfleger prüft und entscheidet
selbständig (§ 9 RPflG), zuerst ob der Antrag zulässig (§ 103 Rn 10–16),
6 danach ob er auch begründet ist. Das setzt voraus: – **a) Titel.** Er muss
den Anforderungen des § 103 Rn 2 entsprechen, wirksam sein (§ 103
Rn 3, 4) und einen prozessualen Kostenerstattungsanspruch (7, 8 vor
§ 91) begründen. Daran ist der Rechtspfleger gebunden (hM; Düsseldorf MDR 85, 590). Ob im Titel richtig entschieden ist, hat der
Rechtspfleger nicht zu beurteilen (KG Rpfleger 70, 177). Das gilt insbesondere auch für die Kosten einer Nebenintervention (Nürnberg
NJW-RR 95, 1214). Selbst eine unzulässige Kostenentscheidung gibt
dem Rechtspfleger keinen Grund, die Kostenfestsetzung abzulehnen
(Schleswig Büro 82, 1404). Ist in einem Vergleich (§ 794 Abs 1 Nr 1)
die Kostenerstattung aufschiebend bedingt (§ 794 Rn 17), darf vor
Eintritt der Bedingung nicht festgesetzt werden (München NJW-RR
7 99, 1517). – **b) Identität des Rechtsstreits.** Die verlangten Kosten
(§ 103 Rn 12) müssen in demjenigen Rechtsstreit entstanden sein, den
die Kostenregelung im zugrundeliegenden Vollstreckungstitel (§ 103
Rn 2) betrifft. Er umfasst auch das selbständige Beweisverfahren (§ 91
Rn 6; § 494 a Rn 4). Eine Verbindung mit dem Festsetzungsantrag aus
einem anderen Rechtsstreit (entspr § 147) ist unzulässig (Stuttgart RPfle-
8 ger 01, 617; vgl § 103 Rn 2 b aE). – **c) Notwendigkeit** der Kosten
(§ 91 Rn 9). Sie müssen überhaupt im Rechtsstreit entstanden sein,
nicht außerhalb des Verfahrens (Koblenz NJW 76, 153), wie zB eine
Gebühr aus § 118 BRAGO (Koblenz NJW 78, 1751). Die Notwen-

digkeit ist auch bei Anwaltskosten, für jede einzelne kostenverursachende Maßnahme zu prüfen. Auch sie muss glaubhaft gemacht sein (Rn 3). Hierbei kann die erstattungspflichtige Partei auch geltend machen, dass vom Gegner angemeldete Gerichtskosten zu Unrecht angefordert und bezahlt wurden. Die Parteien können im Vergleich (§ 794 Abs 1 Nr 1) wirksam und bindend vereinbaren, dass bestimmte Kosten als notwendig anzusehen sind (KG MDR 90, 555). – **d) Entstehung.** Die Kosten **9** müssen (auch in der Höhe) tatsächlich erwachsen sein (Nachweis: Rn 3), wobei die Rechtspflicht zur Zahlung genügt (hM). Dass ein Dritter die erstattungsberechtigte Partei von der Zahlungspflicht freistellt, berührt den Erstattungsanspruch nicht (Köln Büro 80, 449). Ob eine geforderte Gebühr erwachsen ist, wird an Hand der Akten oder durch Rückfrage beim Richter festgestellt. – **e) Höhe.** Kommt es dabei auf den Wert an, ist der vom Gericht festgesetzte Wert maßgebend **10** (§ 2 Rn 10). Ist nicht festgesetzt, nimmt der Rechtspfleger den Wert selbständig an (§ 2 Rn 10, 16) oder legt dem Richter zur Wertfestsetzung vor (§ 25 Abs 1 GKG). – **f) Notwendige Anlagen** (§ 103 **11** Rn 12–14) müssen vorgelegt sein.

4. Einwendungen gegen den Erstattungsanspruch. – **a) Ausschluss. 12** Der Rechtspfleger darf nicht prüfen und berücksichtigen, ob die zugrundeliegende Kostenentscheidung unrichtig ist (Rn 6; Bremen NJW 72, 1206), auf einem Irrtum beruht (Koblenz Rpfleger 86, 447) und ob der Kostenerstattungsanspruch durch Einwendungen aus materiellem Recht erloschen oder gehemmt ist (vgl 12 vor § 91; KG Rpfleger 70, 177). Diese Einwendungen sind grundsätzlich nach § 767 oder über § 775 Nr 4, 5 geltend zu machen, wenn Vollstreckung aus dem Kfb droht. Zu diesen Einwendungen gehören insbes: Aufrechnung, Verwirkung (Stuttgart Rpfleger 84, 113 mwN; KG Rpfleger 94, 385; aA die hM, einschränkend Karlsruhe FamRZ 93, 1228 mwN); Verzicht (aA die hM; Hamm Büro 93, 490 mwN); eine von § 269 Abs 3 abweichende außergerichtliche Kostenvereinbarung (Zweibrücken Büro 78, 1882). – **b) Ausnahmen.** Als Einwendung sollten nur berücksichtigt **13** werden: Erfüllung durch Zahlung der betreffenden Kosten, wenn diese Zahlung zugestanden wird (hM; LG Leipzig NJW-RR 99, 222; München NJW-RR 99, 655; aA Oldenburg Rpfleger 92, 407 mwN) oder der Kostenerstattungsberechtigte sich zu dem Einwand trotz gerichtlicher Auflage nicht äußert (KG Rpfleger 76, 23); eine Aufrechnung, wenn die Gegenforderung unstreitig oder rechtskräftig festgestellt ist (hM; Düsseldorf Rpfleger 96, 373 mwN), auch im Fall des § 106 (München Büro 00, 478); ferner eine vom Urteil abweichende, im Prozessvergleich eines anderen Verfahrens enthaltene Kostenregelung (Hamm Rpfleger 76, 143; München Rpfleger 77, 65; LG Heilbronn MDR 94, 729 [im Leitsatz für außergerichtlichen Vergleich]), auch einer Scheidungsvereinbarung (Stuttgart Rpfleger 92, 316). Ein Prozesskostenvorschuss (§ 1360a Abs 4 BGB) kann grundsätzlich nicht verrechnet werden (Düsseldorf MDR 96, 609 mwN; bestr; aA Zweibrücken NJW-RR 98, 1535 mwN; uneingeschränkt), nur dann, wenn er unstreitig erbracht ist (Koblenz Rpfleger 85, 209; Stuttgart FamRZ 87, 968; bestr; jedenfalls bei Einverständnis mit der Verrechnung, Düsseldorf Rpfleger 77, 260) und soweit die Summe aus Erstattungsbetrag und Vorschuss den Gesamtbetrag der den Empfänger treffenden Kosten übersteigt (Nürnberg NJW-RR 99, 1080 mwN).

14 **5. Kostenfestsetzungsbeschluss.** Er ergeht, soweit der Antrag zulässig und begründet ist (vgl Rn 5); andernfalls wird dieser ganz oder im Übrigen mit Angabe der Gründe zurückgewiesen (Rn 20). Die Parteien (hier Antragsteller und -gegner) sind wegen § 794 Abs 1 Nr 2 genau zu bezeichnen (§ 750 Rn 2; Brandenburg NJW-RR 98, 862). Es darf insgesamt nicht mehr und nichts anderes zugesprochen werden als be-
15 antragt ist (vgl Rn 15; München Büro 95, 427). – **a) Titel.** Genaue Angabe (auch AktZ und Datum) des zugrunde liegenden Titels (§ 103 Rn 2). – **b) Gesamtbetrag** der erstattungsfähigen Kosten ziffernmäßig. Einzelposten werden nur aufgeführt, wenn und soweit sie nicht zugesprochen werden. § 308 Abs 1 gilt, aber nur für den Gesamtbetrag,
16 nicht für die einzelnen Posten (allgM). – **c) Zinsen** (Abs 1 S 2). Überblick und Einzelheiten: Schlamann Rpfleger 03, 6. Sie werden nur auf (auch nachholbaren, Hamm Rpfleger 79, 71) Antrag zugesprochen und nicht für die Zeit, bevor der Kostenerstattungsanspruch entstanden (10 vor § 91; KG NJW 67, 1569) und Fälligkeit eingetreten ist (München Rpfleger 72, 148). **aa) Zeitpunkt.** Maßgebend ist der Eingang des ersten Antrags auch dann, wenn er keinen Zinsantrag enthält (KG Rpfleger 77, 217) und wenn die zugrunde liegende Kostenentscheidung in höherer Instanz abgeändert wird, soweit der Kostenerstattungsanspruch bestehen bleibt (hM; Zweibrücken Rpfleger 95, 313 mwN; Karlsruhe Rpfleger 97, 232; Koblenz NJW-RR 00, 70) oder wiederhergestellt wird (KG MDR 85, 238). Dies trifft nicht zu bei einem Beschluss gemäß § 91a (Hamm Rpfleger 92, 315). Beim Prozessvergleich ist zu beachten: Beseitigt er einen früheren Titel (vgl § 103 Rn 3), dürfen Zinsen erst ab einem Antragszeitpunkt nach Vergleichsabschluss festgesetzt werden (hM; München Rpfleger 96, 371; Hamm MDR 93, 585 mwN; bestr). Für die Zinsen aus festgesetzten Vollstreckungskosten (§ 788) gilt Abs 1 S 2 ebenfalls (Hamm Rpfleger 92, 315 mwN; Köln Rpfleger 93, 120 mwN; bestr). **bb) Höhe.** Sie entspricht dem § 288 Abs 1 S 1 BGB und gilt für alle am 1. 10. 2001 anhängigen Kostenfestsetzungsverfahren ohne Rücksicht darauf, wann die Kostenentscheidung ergangen ist (München Rpfleger 02, 2307; aA KG Rpfleger 02, 538). Basiszinssatz: § 247 BGB. § 288 Abs 1 S 2 BGB ist nicht anwendbar (München NJW-RR 02, 141). Keine Nachfestsetzung (§ 103 Rn 18) bei bereits rechtskräftiges Kfb (Hamm Rpfleger
17 02, 539; Düsseldorf Rpfleger 03, 140). – **d) Kosten** fallen idR nicht besonders an (Rn 4). Eine Entscheidung darüber unterbleibt dann als überflüssig. Anders bei sofortiger Beschwerde (vgl Rn 47). –
18 **e) Streitgenossenschaft.** Es muss Aufteilung nach Parteien erfolgen,

insbes wer wem wieviel zu erstatten hat (allgM). Hierbei müssen die zu § 100 dargelegten Kostenerstattungspflichten beachtet werden (KG NJW-RR 01, 1435). Steht ein einziger Kostenerstattungsanspruch mehreren gemeinschaftlich zu, muss im Kfb kenntlich gemacht werden, ob Teil-, Gesamt- oder Mitgläubigerschaft (vgl Palandt 1–4 vor § 420) vorliegt. Bei Teilschuldnerschaft ist gegen jeden Streitgenossen der auf ihn entfallende Betrag festzusetzen (Koblenz Rpfleger 95, 381). – **f) Beschränkungen.** Ist die Kostengrundentscheidung (§ 103 Rn 1) **19** vorläufig vollstreckbar, müssen dieselben Einschränkungen nach §§ 709–712 mit der im Urteil angegebenen Höhe der Sicherheit (hM; Karlsruhe Rpfleger 00, 555 mwN) aufgenommen werden. Bsp: „Der Kfb ist nur vollstreckbar, wenn die für die ZwVollstr des zugrunde liegenden Urteils vom … erforderliche Sicherheit in Höhe von 6000 Euro geleistet wird." Auch der Vorbehalt des § 780 ist ggf aufzunehmen; aber nur wenn er im Titel (Rn 15) enthalten ist (Hamm MDR 82, 855) und sich auf die Kostenentscheidung erstreckt (Koblenz NJW-RR 97, 1160); ebenso die Einstellung der ZwVollstr (§ 103 Rn 6; Stuttgart Rpfleger 88, 39) und vollstreckungsbeschränkende Vereinbarungen (§ 766 Rn 24) eines Vergleichs (München Rpfleger 79, 466). Nicht aufzunehmen ist die Zug-um-Zug-Leistung in der Hauptsache (Frankfurt Rpfleger 80, 481) und die Befugnis des § 720a Abs 3 (Karlsruhe Rpfleger 00, 555). – **g) Gründe** muss der Kfb enthalten, wenn ein **20** Posten umstritten ist, nicht zuerkannt oder trotz Beanstandung durch den Gegner zugesprochen wird (Hamburg MDR 02, 1274). Die Gründe müssen spätestens in der (Nicht)Abhilfeentscheidung (Rn 34–36) dargelegt werden (Hamburg aaO). – **h) Berichtigung** gem § 319 ist **21** möglich (hM; Bamberg Rpfleger 95, 289; vgl § 329 Rn 13), auch Ergänzung (§ 321). Soweit beantragte Kosten vergessen und deshalb nicht festgesetzt wurden, ist § 319 unanwendbar und der zulässige Rechtsbehelf einzulegen (Zweibrücken Rpfleger 03, 101). Bei bewusst anderer Quotelung wird § 319 zugelassen, wenn es versehentlich geschehen ist (München Rpfleger 92, 217), nicht wenn bewusst anders gequotelt wurde (VerwG Hannover Rpfleger 90, 388). – **i) Bekanntmachung** **22** durch Zustellung (Abs 1 S 3 u 4). Stets ist dem ProzBev (§ 172) der ersten Instanz zuzustellen, auch wenn es sich um Rechtsmittelkosten handelt (LG München I Rpfleger 71, 408 für § 176 aF). – **j) Voll-** **23** **streckbarkeit.** Der Kfb ist selbständiger Titel (§ 794 Abs 1 Nr 2), so dass die Vollstreckungsvoraussetzungen (13–27 vor § 704) nur für den Kfb vorliegen müssen; von Rechtskraft (Rn 24) nicht abhängig, so dass eine vollstreckbare Ausfertigung (§§ 795, 724 ff) ab Erlass des Kfb erteilt werden kann, insbes vor der Zustellung gem Abs 1 S 3 (LG Frankfurt Rpfleger 81, 204). Wartefrist: § 798. Einstellung der Zwangsvollstreckung aus dem zugrunde liegenden Titel (§ 103 Rn 1) wirkt auch für die Zwangsvollstreckung aus dem Kfb (§ 103 Rn 6; Stuttgart Justiz 87, 462). – **k) Rechtskraft.** Formelle: wie § 705. Materielle: § 322 gilt, **24** auch § 318 (§ 329 Rn 13), aber nur für die Einzelnen geforderten Posten, soweit sie aberkannt oder zugesprochen sind (§ 103 Rn 16; hM;

Düsseldorf Rpfleger 96, 372 mwN; München MDR 00, 666). Bisher nicht geltend gemachte oder übergangene Posten können erstmals oder erneut zur Festsetzung angemeldet werden (§ 103 Rn 16; hM; München Rpfleger 87, 263 mwN). Das gilt nicht für die Gebührenhöhe (vgl § 107).

25   **6. Anfechtung.** Je nach Höhe des Beschwerdewerts (§ 567 Abs 2 S 2) findet entweder die befristete Erinnerung (Rn 26) oder die sofortige Beschwerde (Abs 3 S 1; Rn 41) statt. Die Geschäftsstelle legt dem Rechtspfleger zur Abhilfeentscheidung (§ 11 Abs 2 RPflG) vor oder dem Gericht (§ 572 Abs 1). Ein falsch bezeichneter Rechtsbehelf kann ausgelegt oder umgedeutet werden (Einl III Rn 16, 20). Nach Verwerfung (§ 572 Abs 2; § 11 Abs 2 S 4 RPflG) wegen Unzuständigkeit oder nicht erreichten Beschwerdewerts stünde einer erneuten Einlegung idR die versäumte 2-Wochenfrist entgegen.

26   **7. Zulässigkeit der befristeten Erinnerung** (Abs 3; § 11 Abs 2 S 1 RPflG). Sie kann erst nach Erlass des Kfb eingelegt werden (vgl **27** § 11 Abs 2 S 4 RPflG). – **a) Statthaft** ist sie gegen den Kfb oder einen Beschluss, durch den die Kostenfestsetzung ganz oder teilweise zurückgewiesen wurde. Die sofortige Beschwerde (Rn 42) muss ausgeschlossen sein, insbes wegen zu niedriger Beschwer. Ist ein Posten versehentlich übergangen worden, ist Ergänzungsantrag zu stellen (Rn 21). – **28 b) Beschwer** (§ 567 Rn 19): nur die einer Partei in Bezug auf den Kostenerstattungsanspruch (§ 103 Rn 15). Die Beschwerdesumme muss unter 50 Euro liegen, weil sonst wegen Abs 3 S 1, § 11 Abs 1 RPflG sofortige Beschwerde stattfindet (§ 567 Abs 1 Nr 1). Einen Mindestbetrag gibt es nicht. Es ist nicht auf den Bewerdewert des § 567 Abs 2 S 1 abzustellen, weil keine Entscheidung über die Kostenpflicht vorliegt. – **29 c) Form:** schriftlich (wie § 128 Rn 5–14) oder zu Protokoll der Geschäftsstelle (§ 11 Abs 2 S 4 RPflG; § 569 Abs 3) des Gerichts, das den Kfb erlassen hat (Koblenz NJW-RR 92, 127). Kein Anwaltszwang **30** (§ 13 RPflG). – **d) Inhalt.** Der angefochtene Kfb muss bezeichnet sein. Nicht notwendig wörtlich ist Erinnerung einzulegen. Sie kann auf **31** einen Teil des Kfb beschränkt werden. – **e) Frist:** 2 Wochen (Abs 3 S 1, § 569 Abs 1 S 1, § 11 Abs 2 S 1 RPflG). Sie ist eine Notfrist (§ 11 Abs 2 S 4 RPflG, § 569 Abs 1 S 1); daher Wiedereinsetzung (auch durch den Rechtspfleger) möglich (§ 233). Beginn: für den Antragsgegner mit Zustellung des Kfb (Rn 22) oder (für den Antragsteller) Zustellung des Beschlusses, der den Antrag ganz oder teilweise zurückweist (Rn 14), spätestens 5 Monate nach Verkündung (§ 569 Abs 1 S 2). Fristberechnung: § 222 Rn 6. Bei versäumter Frist ist eine unselbständige Anschlusserinnerung zulässig (§ 11 Abs 2 S 4 RPflG; § 567 **32** Abs 3). – **f) Erweiterung.** Ist die befristete Erinnerung zulässig, können mit ihr zur Nachfestsetzung (§ 103 Rn 18) weitere Kosten neu geltend gemacht (nachgeschoben) werden (KG NJW-RR 91, 768). Andererseits können im Rahmen einer zulässigen Erinnerung bisher nicht beanstandete Posten des Kfb nachträglich angegriffen werden, wenn nicht insoweit ein Teilverzicht auf die Erinnerung vorliegt (Karlsruhe Büro 92, 546 mwN).

8. Abhilfeverfahren des Rechtspflegers. Es gelten wegen § 11 **33** Abs 2 S 4 RPflG grundsätzlich die Vorschriften über die Beschwerde (§§ 567–577). Anwaltszwang (§ 78) besteht nicht (§ 13 RPflG). Es ist rechtliches Gehör zu gewähren (Rn 2), soweit eine Abänderung zuungunsten des Gegners in Betracht kommt. Aussetzung der ZwVollstr aus dem Kfb durch den Rechtspfleger ist möglich (§ 11 Abs 2 S 4 RPflG, § 570). Rücknahme des Rechtsbehelfs ist jederzeit zulässig. Auf Antrag des Gegners sind dessen außergerichtliche Kosten durch Beschluss des Rechtspflegers dem Beschwerde- oder Erinnerungsführer aufzuerlegen. Gebühren: keine des Gerichts (§ 11 Abs 4 RPflG); nur für den RA (§ 61 Abs 1 Nr 2 BRAGO).

9. Entscheidung des Rechtspflegers. Er kann der befristeten **34** Erinnerung oder der sofortigen Beschwerde abhelfen (Rn 35) oder sie vorlegen (Rn 36). Das folgt aus § 11 Abs 2 S 2 und 3 RPflG. – **35** **a) Abhilfe** durch den Rechtspfleger (§ 11 Abs 2 S 2, § 21 Nr 1 RPflG). Sie ist nur möglich bis zur Vorlage (Rn 36). Der Rechtspfleger ist verpflichtet zu prüfen, ob abzuhelfen ist (Köln Rpfleger 75, 140). Ist der Rechtsbehelf zulässig und begründet, wird abgeholfen, indem der Rechtspfleger den Kfb aufhebt, neu erlässt, abändert oder ergänzt. Das gilt auch, wenn der Rechtsbehelf nur teilweise begründet ist und bei einem Anschluss (Rn 31), wenn nur einer der Rechtsbehelfe begründet ist; dann ist im Übrigen vorzulegen (Rn 36; LG Detmold Rpfleger 96, 238 mit abl Anm von Lappe). Bei voller Abhilfe ist wegen § 308 Abs 2 auch über die außergerichtlichen Kosten des Verfahrens (vgl Rn 33 aE) zu entscheiden (Düsseldorf Büro 89, 1578). Bei teilweiser Abhilfe darf wegen der Vorlage keine Kostenentscheidung ergehen (München Rpfleger 77, 70). Die Abhilfeentscheidung darf den Erinnerungs- oder Beschwerdeführer nicht ungünstiger stellen (Verbot der reformatio in peius, Rn 38; Köln NJW 75, 2347 für §§ 573, 536 aF) und ihm im Gesamtbetrag nicht mehr als beantragt zusprechen (Rn 15). Der Beschluss ist zu begründen, soweit sich der Gegner gegen eine Abhilfe gewandt hat. Bekanntmachung: wie Rn 22. Dieser abändernde Beschluss stellt sachlich einen neuen Kfb dar, auch wenn er inhaltlich den ursprünglichen Kfb wiederherstellt (München Rpfleger 89, 55). Er kann daher von dem (beschwerten) Gegner seinerseits angefochten werden (Hamm MDR 77, 143) (vgl Rn 31). – **b) Vorlage** an den Richter (§ 11 Abs 2 S 3 RPflG) oder an **36** das Beschwerdegericht (§ 572 Abs 1), je nach dem, ob die Beschwer 50 Euro übersteigt oder nicht. Der Beschluss ist zu begründen (München Rpfleger 92, 382), wobei eine Bezugnahme auf den angefochtenen Beschluss genügt, sofern er die passende Begründung enthält. Vorzulegen ist auch, wenn der Rechtspfleger nicht oder nicht ganz abhilft, weil er den Rechtsbehelf für unzulässig oder für (auch nur teilweise) unbegründet hält.

37   **10. Verfahren des Richters** bei vorgelegter befristeter Erinnerung.
Das ist der des Gerichts, dessen Rechtspfleger entschieden hat (§ 28
RPflG). Bei der Zivilkammer ist der Einzelrichter nach Maßgabe des
§ 568 zuständig, bei der KfH der Vorsitzende (§ 349 Abs 2 Nr 12), in
Familiensachen (§ 621) der Familienrichter. Aussetzung der Vollstreckung des Kfb (§ 11 Abs 2 S 4 RPflG, § 570) durch einstweilige Anordnung steht im Ermessen des Gerichts. Sie bleibt nur bis zur Entscheidung über die Erinnerung in Kraft. Rechtliches Gehör muss nicht
wiederholt, aber nachgeholt werden, wenn der Rechtspfleger es unterlassen hat (Rn 33). Anwaltszwang (§ 78) besteht nicht; denn aus § 13
RPflG kann nicht abgeleitet werden, dass durch die Vorlage an die Zivilkammer (KfH, Einzelrichter) Anwaltszwang eintrete (allgM).

38   **11. Entscheidung des Richters** oder richterlichen Spruchkörpers
(§ 11 Abs 2 S 3 RPflG) über die befristete Erinnerung ergeht durch
Beschluss, der begründet werden muss (hM; Bamberg Büro 87, 569
mwN). Es gilt das Verbot der reformatio in peius (Rn 35). Über die
Erinnerungsanträge hinaus darf nicht von Amts wegen in die Kosten-
39 festsetzung eingegriffen werden (KG NJW 73, 2115). – a) **Unzulässige
befristete Erinnerung.** Fehlt eine Voraussetzung ihrer Zulässigkeit (Rn 26–30), so ist sie zu verwerfen (§ 11 Abs 2 S 4 RPflG, § 572
40 Abs 2). Kostenentscheidung: § 97 Abs 1 entspr. – b) **Zulässige und
begründete befristete Erinnerung.** Der Richter entscheidet grundsätzlich in der Sache. Ausnahmsweise (vgl Karlsruhe Rpfleger 93, 484)
kann er auch an den Rechtspfleger zurückverweisen und ihn zur Kostenfestsetzung in bestimmtem Sinne anweisen (§ 572 Abs 3 über § 11
Abs 2 S 4 RPflG); das hat wegen der befristeten Anfechtungsmöglich-
41 keit (Abs 3 S 1, § 569 Abs 1) Rechtskraftwirkung. – c) **Rechtsbehelfe**
Gegen die richterliche Entscheidung (Rn 38) ist idR die sofortige Beschwerde (Abs 3 S 1) unzulässig, weil der Beschwerdewert (50 Euro)
bei richtiger Behandlung (vgl Rn 25) nicht erreicht wird. Nur wenn
der Wert höher ist und daher gegen § 11 Abs 2 S 1 RPflG verstoßen
wurde, ist die sofortige Beschwerde gemäß Abs 3 S 1 zulässig (Rn 43).
Die einstweilige Anordnung (Rn 37) ist ebenso wie ihre Ablehnung
unanfechtbar (hM).

42   **12. Zulässigkeit der sofortigen Beschwerde.** Sie findet unmittelbar gegen die Entscheidungen statt, die über den Kostenfestsetzungsantrag ergangen sind (Abs 3 S 1), auch wenn sie gemäß § 21 Nr 1
RPflG zuständige Rechtspfleger erlassen hat (§ 11 Abs 1 RPflG; vgl
Rn 25). Abhilfe ist seit 1. 1. 2002 vorgesehen durch § 572 Abs 1. Für
die Zulässigkeit der sofortigen Beschwerde gelten die allgemeinen Re-
43 geln gemäß § 572 Abs 2. – a) **Statthaftigkeit.** (Abs 3 S 1; § 11 Abs 1
RPflG). Sie ist auch gegeben, wenn der Richter der ersten Instanz entschieden hat, obwohl das Beschwerdegericht zuständig ist (Rn 40). –
44 b) **Form.** Es gilt § 569 Abs 2, 3 unmittelbar. Kein Anwaltszwang
wegen § 13 RPflG und § 78 Abs 5. – c) **Frist:** 2 Wochen (Abs 3
S 1, § 569 Abs 1) ab Zustellung des Beschlusses (Abs 1 S 3, 4 Hs 1). –

d) Beschwerdesumme: 50 Euro (§ 567 Abs 2 S 2). Sie kann auch **45** durch Summierung erreicht werden, wenn der Rechtspfleger anstatt eines einzigen infolge einer Nachfestsetzung (§ 103 Rn 18) zwei oder mehrere Kfb erlassen hat (Nürnberg Büro 75, 191). Haben beide Parteien Rechtsmittel eingelegt, genügt, dass eine die Beschwerdesumme erreicht; das andere wird Anschlussbeschwerde (§ 567 Abs 3). Bei § 106 kommt es auf den nicht berücksichtigten Betrag an (LG Berlin NJW-RR 98, 215). Der Beschwerdewert muss bei Einlegung erreicht sein, so dass eine Teilrücknahme das Rechtsmittel nicht mehr unzulässig macht (KG Büro 91, 1522). – **e) Anschlussbeschwerde** ist ab Einlegung der **46** Hauptbeschwerde möglich (§ 567 Abs 3), auch mit bisher nicht geltend gemachten Kosten (Nachfestsetzung; § 103 Rn 18) und ohne Rücksicht auf die Beschwerdesumme (Rn 45).

13. Verfahren des Beschwerdegerichts. Es gelten die §§ 568– **47** 573. Die Zuständigkeit richtet sich nach §§ 72, 119 Nr 2, 4 GVG, so dass in Kindschafts- und Familiensachen das OLG Beschwerdegericht ist. Den Parteien ist Gelegenheit zu geben, sich zu einem gegnerischen Schriftsatz zu äußern, damit rechtliches Gehör zu gewähren (Rn 2), wenn neue erhebliche Tatsachen vorgebracht werden. Aussetzung (Abs 3 S 2) der Entscheidung des Beschwerdegerichts bis zur formellen Rechtskraft (§ 705) des dem Kostenfestsetzungsantrag zugrundeliegenden Titels (§ 103 Rn 2) steht im Ermessen des Beschwerdegerichts. Anwaltszwang nach Maßgabe des § 571 Abs 4 (dort Rn 7–9). Gebühren: Gericht KV 1908. RA: § 61 Abs 1 Nr 1 BRAGO. Kostenentscheidung: § 97.

14. Entscheidung des Beschwerdegerichts (durch Beschluss, **48** § 572 Abs 4). Gegenstand ist die Entscheidung des Rechtspflegers (§ 11 Abs 1 RPflG), im Fall der Rn 41 die richterliche Entscheidung. Es kommen in Betracht: – **a) Verwerfung** einer unzulässigen Beschwerde **49** (§ 572 Abs 2), insbes wenn die Frist versäumt wurde, die Beschwer fehlt oder die Form nicht erfüllt ist. – **b) Zurückweisung** einer zuläs- **50** sigen, aber unbegründeten Beschwerde, wenn die angefochtene Entscheidung (auch nur im Ergebnis) richtig ist. – **c) Aufhebung** der an- **51** gefochtenen Entscheidung bei zulässiger und begründeter Beschwerde mit ersetzender Entscheidung in der Sache (also über die Kostenfestsetzung) oder Zurückverweisung (§ 572 Abs 3) an den Rechtspfleger, an den Richter nur, wenn dieser entschieden hat. Es gilt grundsätzlich das Verbot der Schlechterstellung (allgM). – **d) Rechtsbehelfe.** Rechts- **52** beschwerde findet nur statt, wenn sie vom Beschwerdegericht zugelassen ist (§ 574 Abs 3). Anträge auf Berichtigung (§ 319), Ergänzung (§ 321) und Wiederaufnahme (§ 578 Rn 2) sind möglich, auch Vollstreckungsabwehrklage gegen den Kfb (§ 767 Rn 10).

§ 105 Vereinfachter Kostenfestsetzungsbeschluss

(1) ¹**Der Festsetzungsbeschluß kann auf das Urteil und die Ausfertigungen gesetzt werden, sofern bei Eingang des Antrags**

eine Ausfertigung des Urteils noch nicht erteilt ist und eine Verzögerung der Ausfertigung nicht eintritt. [2]Eine besondere Ausfertigung und Zustellung des Festsetzungsbeschlusses findet in diesem Falle nicht statt. [3]Den Parteien ist der festgesetzte Betrag mitzuteilen, dem Gegner des Antragstellers unter Beifügung der Abschrift der Kostenberechnung. [4]Die Verbindung des Festsetzungsbeschlusses mit dem Urteil soll unterbleiben, sofern dem Festsetzungsantrag auch nur teilweise nicht entsprochen wird.

(2) Eines Festsetzungsantrags bedarf es nicht, wenn die Partei vor der Verkündung des Urteils die Berechnung ihrer Kosten eingereicht hat; in diesem Fall ist die dem Gegner mitzuteilende Abschrift der Kostenberechnung von Amts wegen anzufertigen.

1   **1. Verbindung mit Urteil** (Abs 1). Anwendbar auch auf Versäumnisurteile, die nach § 331 Abs 3 ergehen, entspr auf vollstreckbare Beschlüsse und Vergleiche (hM). Der Kfb ist sonst wie nach §§ 103, 104
2   zu behandeln. – **a) Voraussetzungen** (zusätzlich zu denen von § 103 Rn 10–15). Es darf noch keine Ausfertigung des Titels erteilt (Abs 1 S 1), eine quotenmäßige Verteilung der Prozesskosten (§ 106 Abs 1 S 2) nicht erfolgt sein. Der Antrag (§ 103 Rn 10) soll unbeschränkt (nicht nur zT) zulässig und begründet sein (Abs 1 S 4; nur Ordnungs-
3   vorschrift). – **b) Ausführung.** Die rein äußerliche Verbindung steht im Ermessen des Rechtspflegers (hM). Nimmt er sie vor, muss die Urteilsausfertigung (§ 317 Abs 3) für beide Parteien auch die Kostenfest-
4   setzung umfassen. – **c) Wirkung:** keine besondere Vollstreckungsklausel (§ 795 a) und keine Wartefrist (§ 798); sonst wie normaler Kfb zu behandeln.

5   **2. Kostenfestsetzung ohne förmlichen Antrag** (Abs 2). Er liegt hier bereits darin, dass die Kostenberechnung (mit Belegen, § 103 Rn 13) eingereicht wird. Die Regelung ist unabhängig von Abs 1 und unanwendbar bei quotenmäßiger Verteilung (§ 106 Abs 1 S 2).

§ 106 Verteilung nach Quoten; Kostenausgleich

(1) [1]Sind die Prozeßkosten ganz oder teilweise nach Quoten verteilt, so hat nach Eingang des Festsetzungsantrags das Gericht den Gegner aufzufordern, die Berechnung seiner Kosten binnen einer Woche bei Gericht einzureichen. [2]Die Vorschriften des § 105 sind nicht anzuwenden.

(2) [1]Nach fruchtlosem Ablauf der einwöchigen Frist ergeht die Entscheidung ohne Rücksicht auf die Kosten des Gegners, unbeschadet des Rechts des letzteren, den Anspruch auf Erstattung nachträglich geltend zu machen. [2]Der Gegner haftet für die Mehrkosten, die durch das nachträgliche Verfahren entstehen.

1. Allgemeines. § 106 soll eine doppelte Kostenfestsetzung erspa- **1**
ren, indem in einem einheitlichen Beschluss die beiden Kostenerstat-
tungsansprüche (vgl 8 vor § 91) ausgeglichen (verrechnet) werden. – **2**
a) Anwendbarkeit. aa) Zu bejahen bei quoten(bruchteil-)mäßiger
Verteilung der Prozess- oder Gerichtskosten, auch wenn es nur in einem der Rechtszüge geschehen ist (hM; LG Berlin NJW-RR 98, 215
mwN). Es steht nicht entgegen, dass auf einer Seite Streitgenossen als
Gesamtschuldner gemäß § 100 Abs 4 haften (aA Köln Rpfleger 92, 269
mit abl Anm von Schmitz). § 106 gilt auch zwischen Streitgenossen,
wenn auf Grund Prozessvergleichs Kosten zu erstatten sind (München
NJW 75, 1366). Ein unstreitig erbrachter Prozesskostenvorschuss (vgl
§ 104 Rn 13) kann bis zur Höhe der sich aus dem Kostenausgleich ergebenden Betrags aufgerechnet werden (München Rpfleger 95, 84
mwN; Zweibrücken Rpfleger 98, 261; aA KG NJW-RR 02, 140),
auch die rechtskräftig feststehende Geldforderung aus demselben Titel
(München NJW-RR 00, 1524; bestr). **bb) Zu verneinen:** wenn die
Kosten nach Rechtszügen verteilt sind (umstr); wenn einer Partei gem
§ 281 Abs 3 die Mehrkosten, der anderen die Kosten des Rechtsstreits
auferlegt werden (KG Rpfleger 77, 107); wenn einer Partei die Säum-
niskosten, der anderen alle übrigen Kosten auferlegt sind (Köln Rpfleger 92, 448); beim Nebenintervenienten (Hamburg Büro 77, 724); bei
Kostenverteilung in einem außergerichtlichen Vergleich (Karlsruhe
VersR 79, 947). – **b) Voraussetzungen:** Antrag einer Partei auf Kos- **3**
tenfestsetzung und Aufteilung der Prozess- oder Gerichtskosten in der
Kostenentscheidung oder im Vergleich. Es muss dann nach § 106 verfahren werden; kein Ermessen (Hamm Büro 77, 1621).

2. Verfahren. Die Aufforderung gem Abs 1 S 1 ist zwingend und **4**
mit Zuleitung des Festsetzungsantrags in Abschrift zu verbinden. Für
die einwöchige Frist (Abs 2 S 1) gelten §§ 222, 224. Kfb wie § 104
Rn 14–24. Es ergeht ein einheitlicher Beschluss (LG Essen Rpfleger 73,
183). Solange er nicht hinausgegeben ist, muss der verspätet eingegangene Antrag des Gegners berücksichtigt werden (LG Berlin Büro 86,
1093; aA Hamm Rpfleger 96, 261). Als ziffernmäßiger Gesamtbetrag
muss nur der Überschuss, der einer Partei zusteht, festgesetzt werden.

3. Versäumte Wochenfrist (Abs 2). Bei der Entscheidung werden **5**
dann nur die Kosten des Antragstellers berücksichtigt und der Überschuss entspr der Quote festgesetzt. Der Gegner kann für seine aufgewendeten Prozesskosten einen zweiten Kfb erwirken, aber nicht im
Erinnerungs- oder Beschwerdeverfahren geltend machen (vgl Koblenz
NJW-RR 00, 519).

§ 107 Änderung nach Streitwertfestsetzung

(1) [1]**Ergeht nach der Kostenfestsetzung eine Entscheidung,
durch die der Wert des Streitgegenstandes festgesetzt wird, so
ist, falls diese Entscheidung von der Wertberechnung abweicht,
die der Kostenfestsetzung zugrunde liegt, auf Antrag die Kos-**

tenfestsetzung entsprechend abzuändern. [2]Über den Antrag entscheidet das Gericht des ersten Rechtszuges.

(2) [1]Der Antrag ist binnen der Frist von einem Monat bei der Geschäftsstelle anzubringen. [2]Die Frist beginnt mit der Zustellung und, wenn es einer solchen nicht bedarf, mit der Verkündung des den Wert des Streitgegenstandes festsetzenden Beschlusses.

(3) Die Vorschriften des § 104 Abs. 3 sind anzuwenden.

1   **1. Voraussetzungen** (Abs 1). § 107 gilt auch, wenn der Streitwert durch das Gericht erstmals festgesetzt wird, nachdem die Kosten vorher aus einem zu niedrigen oder zu hohen Streitwert rechtskräftig festgesetzt wurden (Mümmler zu Hamm Büro 75, 1107). Die Wertfestsetzung durch das Gericht (§ 2 Rn 10) geht dem vom Rechtspfleger bei der Kostenfestsetzung angenommenen Wert (§ 104 Rn 10) vor, so dass auf Antrag der Kfb zu ändern ist. Diese Änderung kann vor Rechtskraft (§ 104 Rn 24) auch (wahlweise) durch Erinnerung (§ 104 Rn 25) herbeigeführt werden, nach Rechtskraft (§ 705) nur durch Antrag (Abs 2).

2   **2. Änderungsantrag** (Abs 2). Für die Frist gelten §§ 222, 224. Sie schließt nur die erneute Kostenfestsetzung aus. Wird die Frist versäumt, ist weder ein Bereicherungsanspruch (§ 812 BGB) noch Vollstreckungsgegenklage (§§ 767, 795, 794 I Nr 2) ausgeschlossen (hM). Die Frist gilt nur, soweit dem Antrag die Rechtskraft des früheren Kfb entgegensteht (KG Rpfleger 75, 324 mwN; aA München Rpfleger 91, 340).

3   **3. Verfahren:** wie § 104 Rn 1–13. Auch eine Rückfestsetzung (§ 103 Rn 5) wird zugelassen (Düsseldorf Rpfleger 81, 409); der Antrag
4   hierauf wahrt die Frist (Düsseldorf Rpfleger 89, 40). – **a) Entscheidung.** Der Rechtspfleger (§ 21 Nr 1 RPflG) ändert den alten Beschluss (erlässt nicht einen neuen), indem er den neuen Gesamtbetrag einsetzt. Ändern darf er nur die vom Wert beeinflussten Posten, also die Gebüh-
5   ren in ihrer Höhe, nicht in der Erstattbarkeit (hM). – **b) Rechtsbehelf** (Abs 3). Sofortige Beschwerde oder befristete Erinnerung (§ 104 Rn 25).

Titel 6. Sicherheitsleistung

§ 108 Art und Höhe der Sicherheit

(1) [1]In den Fällen der Bestellung einer prozessualen Sicherheit kann das Gericht nach freiem Ermessen bestimmen, in welcher Art und Höhe die Sicherheit zu leisten ist. [2]Soweit das Gericht eine Bestimmung nicht getroffen und die Parteien ein anderes nicht vereinbart haben, ist die Sicherheitsleistung durch die schriftliche, unwiderrufliche, unbedingte und unbefristete Bürgschaft eines im Inland zum Geschäftsbetrieb be-

fugten Kreditinstituts oder durch Hinterlegung von Geld oder
solchen Wertpapieren zu bewirken, die nach § 234 Abs.
1 und 3 des Bürgerlichen Gesetzbuchs zur Sicherheitsleistung geeignet sind.

(2) **Die Vorschriften des § 234 Abs. 2 und des § 235 des Bürgerlichen Gesetzbuchs sind entsprechend anzuwenden.**

1. Allgemeines. § 108 gilt nur für die prozessuale Sicherheitsleis- 1
tung, insbes in den Fällen der §§ 89, 707, 709–712, 769, 921; nicht für
die materiell-rechtliche (§§ 232–240 BGB). Angeordnet wird die
Sicherheit durch das Gericht, welches diejenige Entscheidung erlässt, in
deren Rahmen die Sicherheitsleistung veranlasst ist. Bei der KfH ist der
Vorsitzende zuständig (§ 349 Abs 2 Nr 7). Entschieden wird im Endurteil nur in den Fällen der §§ 709, 711, 712, 925, 927, 939; durch
Zwischenurteil gemäß § 280 Abs 2 (vgl § 110 Rn 1); durch Endurteil
oder Beschluss bei Arrest und einstweiliger Verfügung nach §§ 921,
923, 936. In allen übrigen Fällen wird durch Beschluss entschieden,
wenn Sicherheitsleistung gesetzlich vorgesehen ist.

2. Nachträgliche Änderung oder Ergänzung (unabhängig von 2
der auf Grund Rechtsmittels gegen die Hauptentscheidung) ist bei
Endentscheidungen nur hinsichtlich der Art der Sicherheitsleistung zulässig; zB für die Höhe in vorläufigen Entscheidungen (insbes §§ 707,
769). Erfolgt durch Beschluss desjenigen Gerichts, das die zu ändernde
oder zu ergänzende Entscheidung erlassen hat (hM; Köln MDR 97,
392), möglich auch durch Vertrag (Rn 3).

3. Parteivereinbarungen über Art und Höhe sind (auch außerpro- 3
zessual) als Prozessvertrag (Einl III Rn 6) jederzeit zulässig (Kotzur
DGVZ 90, 161) und gehen der Anordnung (Rn 1) vor. Werden sie in
der Anordnung selbst nicht schon berücksichtigt, können sie durch
Antrag auf Änderung (Rn 2), durch Rechtsbehelf (Rn 17) oder neue
Klage geltend gemacht werden.

4. Höhe. Sie muss ausdrücklich bestimmt und in Geld bemessen 4
werden (vgl 10 vor § 708), wobei die Summe aufgerundet werden
sollte. Das freie Ermessen (Abs 1 S 1) wird an dem drohenden Nachteil
oder dem Schaden, der abgesichert werden soll, ausgerichtet.

5. Art. Das Gericht muss sie nicht ausdrücklich bestimmen, da nach 5
Abs 1 S 2 dann Bankbürgschaft oder Hinterlegung (Rn 6) stattzufinden
hat. Abweichungen von dem gesetzlichen Regelfall sind nur auf Antrag
zweckmäßig, der regelmäßig von den Parteien gestellt wird. Der Austausch von Sicherheiten ist analog § 235 BGB zulässig (Treber WM 00,
333).

6. Hinterlegung (Abs 1 S 2) ist einer der beiden gesetzlichen Re- 6
gelfälle (Rn 5) und geschieht gemäß der HinterlO. Geld: alle gesetzlichen inländischen Zahlungsmittel; Überweisung auf das Konto der
Gerichtskasse genügt; Annahmeanordnung ist aber immer nötig. Wert-

papiere: nur solche des § 234 Abs 1, 3 BGB und deren Berechtigungs-
scheine nach Abs 2 (§ 234 Abs 2 BGB). Umtausch: Abs 2 (§ 235 BGB).

7   **7. Bürgschaft,** (Abs 1 S 2). – **a) Tauglicher Bürge** ist jedes zum
Geschäftsbetrieb im Inland nach dem KWG befugte Kreditinsti-
tut, insbes eine Bank (auch ausländische, Foerste ZBB 01, 483), Sparkasse oder Kreditgenossenschaft. – **b) Form.** Mit „schriftliche" ist die
8   Schriftform des § 766 BGB gemeint. – **c) Inhalt.** Vorauszusetzen ist,
dass die Bürgschaft selbstschuldnerisch sein muss. **aa) Unwiderruflich**
bedeutet, dass die Willenserklärung des Bürgen nicht einseitig aufgeho-
9   ben werden kann und der Bürge daran gebunden ist. **bb) Unbedingt.**
Die Bürgschaft darf keine aufschiebende oder auflösende Bedingung
(§ 158 BGB) enthalten, zB Vorlage einer rechtskräftigen Entscheidung.
10   **cc) Unbefristet.** Das ist an § 163 BGB zu messen. Die Bürgschaft darf
11   daher zeitlich nicht begrenzt sein. – **d) Annahme** des Bürgschaftsan-
gebots (§ 145 BGB) des Kreditinstituts ist zum Vertragsabschluss nötig.
Hierzu ist die sicherungsberechtigte Gegenpartei verpflichtet. Es gilt
§ 151 BGB. Der Sicherungsverpflichtete muss nur die Bürgschaftserklärung übergeben. Das ist auch dem ProzBev gegenüber möglich, insbes von Anwalt zu Anwalt gem § 195 (LG· Augsburg DGVZ 98,
122 mwN für §§ 108, 198 aF), um eine der Fiktion des Zugangs (§ 132
12   Abs 1 BGB) entspr Wirkung herbeizuführen. – **e) Erlöschen** der
Bürgschaft tritt ein durch: **aa)** Anordnung auf Antrag gemäß § 109
Abs 2 und § 715. **bb)** Parteivereinbarung (§ 311 BGB). **cc)** Erlöschen
der Hauptschuld (§ 765 BGB), insbes durch Erfüllung. **dd)** Erledigung
des Sicherungsverhältnisses, insbes infolge Rechtskraft des Titels, Aufhebung des vollstreckbaren Titels ohne vorangegangene Vollstreckung
oder im Falle der Abwendung gemäß § 711, ferner infolge Bestätigung
des gegen Sicherheitsleistung vorläufig vollstreckbaren Urteils durch ein
solches ohne angeordnete Sicherheit, sofern noch nicht vollstreckt ist.

13   **8. Wirkung.** Die Sicherheit haftet nicht der Staatskasse für die Gerichtskosten (Stuttgart MDR 85, 1032). – **a) Vor dem Sicherungs-
fall.** Wird die Sicherheit geleistet, so erlangt der Sicherungsberechtigte
am Hinterlegten ein Pfandrecht (§ 233 BGB), dasselbe bei Verpfändung
von Sachen und Forderungen. Bei der Bürgschaft erlangt er einen
direkten Anspruch gegen den Bürgen (§ 765 BGB). Mit der Übernahme der Bürgschaft anerkennt der Bürge, dass das Prozessergebnis
für ihn verbindlich sei (BGH NJW 75, 1119); deshalb ist es überflüssig,
14   ihm den Streit zu verkünden (BGH aaO). – **b) Eintritt des Siche-
rungsfalls,** zB § 717. Bei § 711 ist es für die Abwendungssicherheit die
Rechtskraft des Urteils (BGH NJW 78, 43). Ebenso bei § 719 (aA
München WM 94, 1899), vorher bereits mit Eröffnung des Insolvenzverfahrens (§ 27 InsO; Koblenz NJW-RR 92, 107 für Konkurs). Der
Sicherungsberechtigte kann je nach Art der Sicherheit entweder Einwilligung zur Auszahlung oder Herausgabe des Hinterlegten verlangen
(§ 13 Nr 1 HinterlO). Er kann auch klagen (vgl § 894), insbes auf Feststellung seiner Berechtigung (§ 13 Nr 2 HinterlO), ferner Pfandverkauf

betreiben (§ 1233 BGB) oder den Bürgen in Anspruch nehmen (BGH NJW 78, 43).

9. Rechtsbehelfe. Es ist zu unterscheiden: – **a) Anordnung** **15** (Rn 1). Sie ist mit dem Rechtsbehelf anfechtbar, der gegen die jeweilige Hauptentscheidung gegeben ist (vgl 16 vor § 708). Die Anfechtung kann grundsätzlich auf die Anordnung, Art oder Höhe der Sicherheitsleistung beschränkt werden. Das ist aber häufig sinnlos, wenn nicht auch die Hauptsache angefochten ist. Wird auch diese angefochten, so kann auf Antrag über die Sicherheit vorab entschieden werden (§ 718). – **b) Nachträgliche Beschlüsse,** die abändern oder ergänzen (Rn 2), **16** sind unanfechtbar. Es bleibt jedoch möglich, einen Antrag auf Abänderung der Entscheidung zu stellen, gegen dessen Ablehnung sofortige Beschwerde (§ 567 Abs 1 Nr 2) stattfindet. – **c) Zurückweisende Be- 17 schlüsse,** auch die, welche Anträge auf Abänderung oder Ergänzung betreffen, werden mit sofortiger Beschwerde angefochten (§ 567 Abs 1 Nr 2).

§ 109 Rückgabe der Sicherheit

(1) Ist die Veranlassung für eine Sicherheitsleistung weggefallen, so hat auf Antrag das Gericht, das die Bestellung der Sicherheit angeordnet oder zugelassen hat, eine Frist zu bestimmen, binnen der ihm die Partei, zu deren Gunsten die Sicherheit geleistet ist, die Einwilligung in die Rückgabe der Sicherheit zu erklären oder die Erhebung der Klage wegen ihrer Ansprüche nachzuweisen hat.

(2) [1]**Nach Ablauf der Frist hat das Gericht auf Antrag die Rückgabe der Sicherheit anzuordnen, wenn nicht inzwischen die Erhebung der Klage nachgewiesen ist; ist die Sicherheit durch eine Bürgschaft bewirkt worden, so ordnet das Gericht das Erlöschen der Bürgschaft an.** [2]**Die Anordnung wird erst mit der Rechtskraft wirksam.**

(3) [1]**Die Anträge und die Einwilligung in die Rückgabe der Sicherheit können vor der Geschäftsstelle zu Protokoll erklärt werden.** [2]**Die Entscheidungen ergehen durch Beschluss.**

(4) Gegen den Beschluß, durch den der im Absatz 1 vorgesehene Antrag abgelehnt wird, steht dem Antragsteller, gegen die im Absatz 2 bezeichnete Entscheidung steht beiden Teilen die sofortige Beschwerde zu.

1. Allgemeines. – a) Zweck. § 109 soll die Rückgabe erleichtern **1** und beschleunigen, niemals erschweren. Zugleich soll die Beendigung des Sicherungsverhältnisses geklärt werden (Pecher WM 86, 1513/5). Die Rückgabe kann auch im Klageweg verfolgt oder es darf im Prozess gegen den Bürgen von diesem das Recht auf Rückgabe eingewendet werden (BGH NJW 79, 417). – **b) Anwendbar:** wie § 108 Rn 1; also **1 a** insbes auch auf § 110. Gilt für alle Arten von Sicherheitsleistung, insbes auch für Bürgschaft. Bei Sicherheitsleistung des Gläubigers für vorläufige Vollstreckbarkeit kann einfacher über § 715 zurückgefordert werden.

2 **2. Voraussetzungen der Fristbestimmung** (Abs 1). – **a) Antrag** des Sicherungsverpflichteten, nicht eines Dritten, insbes nicht des Bürgen (hM). Prozesshandlung (Einl III), außer Anwaltszwang (Abs 3 S 1;
3 § 78 Abs 5). – **b) Wegfall des Anlasses** der Sicherheitsleistung, auch nur für einen Teil des Streitgegenstandes oder des gesicherten Betrags (Düsseldorf MDR 82, 413). **aa) Begriff.** Der Wegfall und der Anlass sind jeweils nach dem Zweck der Sicherheitsleistung zu bestimmen und vom Erlöschen der Bürgschaft (§ 108 Rn 12) zu unterscheiden, deckt sich aber häufig damit. Der Wegfall ist idR zu bejahen, wenn die gesicherten Ansprüche nicht entstanden sind und nicht mehr entstehen können (StJBork Rn 8), zB wenn ein Schaden, vor dessen möglichem Eintritt gesichert werden sollte, nicht mehr entstehen kann (vgl Rn 4 aE; Düsseldorf Rpfleger 96, 165). § 109 geht dem § 318 vor, wenn sich die Verhältnisse wesentlich geändert haben (Hamburg WM 91, 925).
4 **bb) Beispiele** für den Wegfall: Eintritt der Rechtskraft eines gem § 709 für **vorläufig** vollstreckbar erklärten Urteils (Frankfurt NJW 76, 1326); Aufhebung des Urteils oder Vollstreckungsbescheids (Düsseldorf NJW-RR 02, 192), auch bei Zurückverweisung (Stuttgart Rpfleger 78, 63); Karlsruhe OLGZ 85, 81); Abweisung der Klage durch das Berufungsgericht, auch wenn gegen dessen Urteil Revision eingelegt ist (Hamm MDR 82, 942; bestr); dies gilt ab Verkündung, nicht erst ab Rechtskraft (KG Rpfleger 79, 430); bei einem nach dem Urteil abgeschlossenen Vergleich, soweit die Sicherheit den nach dem Vergleich geschuldeten Betrag übersteigt (Frankfurt MDR 87, 239); ein Verzicht des Gläubigers auf die vorläufige Vollstreckbarkeit, auch nur teilweise (München WM 79, 29); bei § 110 rechtskräftige Verurteilung des Beklagten (Stuttgart MDR 85, 1032); endgültiges Feststehen, dass ein Schaden (§ 717) nicht entstanden ist und nicht mehr entstehen kann (BGH 11, 303), wofür nicht genügt, dass der Schuldner unter Vorbehalt geleistet hat, um die Zwangsvollstreckung abzuwenden (KG NJW 76, 1752). Bei Arrest und einstweiliger Verfügung vgl § 943 Rn 3. –
5 **c) Fortbestand des Anlasses** und damit Unzulässigkeit der Fristbestimmung, ist in folgenden Fällen anzunehmen: Entfallen einer einstweiligen Einstellung der ZwVollstr (§ 719 Abs 1, § 707), auf Grund deren eine Bürgschaft gestellt wurde, infolge der Entscheidung über die Berufung (BGH NJW 79, 417); Zurückverweisung nachdem in der Revisionsinstanz gegen Sicherheitsleistung nach § 719 Abs 2 verfahren ist (BGH NJW 82, 1397); bloße Möglichkeit eines entstandenen Vermögensschadens (LG Bielefeld Rpfleger 93, 353); bei Sicherungsvollstreckung (vgl § 720 a) die Bestätigung des Urteils erster Instanz durch ein revisibles Berufungsurteil (München OLGZ 86, 457); vom Sicherungsnehmer erhobene Klage, mit der er die Sicherheit in Anspruch nimmt (Stuttgart NJW 95, 1148).

3. Fristbestimmung. Darüber wird durch Beschluss entschieden 6
(Abs 3 S 2). Er ist zuzustellen (§ 329 Abs 2 S 2). – **a) Zuständig** ist das
Gericht, das die Sicherheit angeordnet hat (§ 108 Rn 1), bei Arrest und
einstw Vfg das Gericht der Hauptsache (§ 943 Abs 2). Es entscheidet
der Rechtspfleger (§ 20 Nr 3 RPflG). – **b) Frist.** Sie ist nach freiem
Ermessen zu bestimmen; es gelten §§ 221, 222, 224. – **c) Inhalt**
(Abs 1). Beizubringen ist die Einwilligung in die Rückgabe oder den
Nachweis der Klageerhebung gegen die andere Partei (zB gem § 717
Abs 2, 3) oder gegen den Bürgen (Köln OLGZ 91, 216). Das begrün-
det eine Auflage, keine Pflicht. Die Folgen müssen nicht angedroht
werden. Fehlt eine Voraussetzung, ist der Antrag abzulehnen (vgl
Abs 4).

4. Voraussetzungen der Rückgabeanordnung (Rn 10) sind: – 7
a) Antrag (Abs 2 S 1 Hs 1): wie Rn 2. **b) Zustellung** des Beschlusses
(Rn 6). Sie muss ordnungsgemäß sein. – **c) Fristablauf.** Das betrifft 8
die Frist, die gem Rn 6 bestimmt ist. – **d) Nichterfüllung der Auflage** (Rn 6 aE). Sie muss nicht fristgemäß erfüllt sein. Auch noch nach
Ablauf der Frist bis zum Erlass der Rückgabeanordnung vermag der
Nachweis der Klageerhebung (gleichgültig deren Aussichten) die Rückgabeanordnung zu hindern (Abs 2). Wird aber die Einwilligung in die
Rückgabe erklärt (Prozesshandlung, Einl III; Form: Abs 3 S 1), erübrigt
sich bei Hinterlegung der Beschluss (Rn 10) nur, wenn die Form der
§ 13 Abs 2 Nr 1, § 14 HinterlO erfüllt ist. – **e) Voraussetzungen der** 9
Fristbestimmung (Rn 2–5). Sie müssen zZ der Entscheidung (Rn 10)
noch vorliegen.

5. Rückgabeanordnung. Beschluss des zuständigen Gerichts (wie 10
Rn 6). Fehlt eine Voraussetzung (Rn 7–9) wird der Antrag zurückgewiesen. – **a) Inhalt.** Es wird angeordnet, dass die (genau bezeichnete) 11
Sicherheit (ggf zum Teil, Frankfurt NJW-RR 87, 447) an den (genau
bestimmten) Empfänger zurückzugeben ist. Bei einer Bürgschaft ist
deren Erlöschen im Beschluss anzuordnen (Abs 2 S 1 Hs 2), nicht mehr
daneben die Rückgabe der Bürgschaftsurkunde, weil der Beschluss vollen Beweis für das Erlöschen der Bürgschaft liefert; sie muss darin bestimmbar bezeichnet werden. Keine Kostenentscheidung (vgl Rn 13). –
b) Wirkung. Bei Hinterlegung erfolgt Herausgabe gemäß § 13 Abs 2 12
Nr 2 HinterlO ab Rechtskraft des Beschlusses. Eine Bürgschaft erlischt.
Im übrigen ist der Beschluss Vollstreckungstitel (§ 794 Abs 1 Nr 3).

6. Kosten der Sicherheitsleistung sind entweder solche des Rechts- 13
streits (§ 91 Rn 52) oder der ZwVollstr (§ 788 Rn 18). Sie müssen
notwendig sein. Für die Kosten der Hinterlegung gilt § 26 HinterlO.
Gebühren: GKG frei; RA § 37 Nr 3 BRAGO (mit Prozessgebühr abgegolten).

7. Rechtsbehelfe. – a) Klage (auch eines Dritten, insbes Bürgen) 14
auf Rückgabe der Sicherheit oder auf Feststellung des Erlöschens der
Bürgschaft ist wegen fehlenden Rechtsschutzbedürfnisses unzulässig (26
vor § 253), solange Aussicht besteht, dass die Sicherheit über § 109 frei

wird. Bei übereilter Klage kann § 93 zutreffen (Pecher WM 86,
1513/5). Auf Rückgabe der Bürgschaftsurkunde kann nicht geklagt
15 werden (Pecher aaO). – **b) Fristbestimmung** (Rn 6) ist unanfechtbar, wenn der Richter sie angeordnet hat. Gegen den Beschluss des
Rechtspflegers findet befristete Erinnerung statt (§ 11 Abs 2 RPflG). –
16 **c) Abgelehnte Fristbestimmung** (Rn 6 aE). Es findet nur für den
Antragsteller die sofortige Beschwerde statt (Abs 4, § 567 Abs 1 Nr 1),
auch wenn der Rechtspfleger entschieden hat (§ 11 Abs 1 RPflG). –
17 **d) Beschlüsse zur Rückgabe** (Rn 10), stattgebende und ablehnende.
Es findet sofortige Beschwerde gegen die Entscheidung des Rechtspflegers (§ 11 Abs 1 RpflG) wie gegen die des Richters statt (§ 567 Abs 1
Nr 1), auch für den Antragsgegner (Abs 4).

§ 110 Prozeßkostensicherheit

(1) **Kläger, die ihren gewöhnlichen Aufenthalt nicht in einem
Mitgliedstaat der Europäischen Union oder einem Vertragsstaat
des Abkommens über den Europäischen Wirtschaftsraum haben, leisten auf Verlangen des Beklagten wegen der Prozeßkosten Sicherheit.**

(2) **Diese Verpflichtung tritt nicht ein:**
1. **wenn aufgrund völkerrechtlicher Verträge keine Sicherheit
verlangt werden kann;**
2. **wenn die Entscheidung über die Erstattung der Prozeßkosten an den Beklagten aufgrund völkerrechtlicher Verträge
vollstreckt würde;**
3. **wenn der Kläger im Inland ein zur Deckung der Prozeßkosten hinreichendes Grundvermögen oder dinglich gesicherte Forderungen besitzt;**
4. **bei Widerklagen;**
5. **bei Klagen, die aufgrund einer öffentlichen Aufforderung
erhoben werden.**

1 **1. Allgemeines.** Die Vorschrift ist den europarechtlichen Erfordernissen angepasst (vgl EuGH NJW 97, 3299). – **a) Zweck.** Schutz
des Prozessgegners. Daher gilt § 110 nur für dessen Kostenerstattungsanspruch, nicht für Gerichtskosten (Stuttgart Rpfleger 85, 375). –
2 **b) Prüfung.** Die Sicherheitsleistung stellt eine (verzichtbare, BGH
NJW-RR 93, 1021) Prozessvoraussetzung dar (30 vor § 253), wenn
Sicherheit verlangt wird. Dies führt aber nicht sofort zur Unzulässigkeit
der Klage, sondern zunächst zur Anordnung gem § 113. Die Voraussetzungen (Rn 5, 6) sind, wenn die Sicherheitsleistung vom Beklagten verlangt wird, von Amts wegen zu prüfen; es gilt jedoch der
Beibringungsgrundsatz (BGH NJW 82, 1223). Beweislast für die
Voraussetzungen des Abs 1 (Rn 5, 6) trägt der Beklagte; die für die
Befreiung von der Sicherheitsleistung (Rn 8) der Kläger (BGH aaO). –
3 **c) Anwendungsbereich.** (Abs 1): nur bei Klagen, daher insbes nicht

bei Arrest und einstweiliger Verfügung, solange nicht mdl verhandelt ist (Leible NJW 95, 2817 mwN; bestr). § 110 ist nicht anwendbar auf Kläger (auch juristische Personen, EuGH NJW 93, 2431) mit gewöhnlichem Aufenthalt (wie § 606a Rn 8) oder Sitz (wie § 17) in einem Mitgliedstaat der EU (am 1. 1. 2003: Belgien, Dänemark, Deutschland, Finnland, Frankreich, Griechenland, Großbritannien, Irland, Italien, Luxemburg, Niederlande, Österreich, Portugal, Schweden, Spanien) oder des EWR (zusätzlich Island, Liechtenstein und Norwegen). Auf die Staatsangehörigkeit kommt es nicht an. – **d) Rückgabe.** Fallen die **4** Voraussetzungen (Rn 4, 5) später weg, so kann (analog § 111) über § 109 die Rückgabe verlangt werden.

2. Voraussetzungen. Sie müssen zum maßgebenden Zeitpunkt der **5** Entscheidung vorliegen (§ 300 Rn 5, 6). Prüfung: Rn 2. – **a) Kläger** muss eine Person sein, auf die § 110 anwendbar (vgl Rn 3) und die nicht nach Rn 7 von der Sicherheitsleistung befreit ist. Kläger ist der des ersten Rechtszuges, selbst wenn er Rechtsmittelbeklagter ist, während der Beklagte, nicht dadurch Kläger wird, dass er Rechtsmittelkläger ist. Der Nebenintervenient des Klägers ist nur sicherheitspflichtig, soweit er nach § 101 kostenpflichtig sein kann. – **b) Beklagter** muss **6** Sicherheit verlangen (hM; Hamburg NJW 90, 650; aA Rützel NJW 98, 2086) und zwar er selbst, nicht der Nebenintervenient. Das Verlangen ist Prozesshandlung (Einl III). Maßgebender Zeitpunkt: § 282 Abs 3; aber auch noch in der Berufung und in der Revision möglich (BGH NJW 01, 3630), insbes im Fall der §§ 111, 112 Abs 3, aber nur wenn die Voraussetzungen erst in dieser Instanz eingetreten sind oder die Einrede (Rn 2) in der Vorinstanz unverschuldet nicht erhoben wurde (BGH aaO). Es gelten aber die §§ 532, 565 (BGH NJW 81, 2646 für §§ 529, 566 aF).

3. Anwendungsfälle. – a) Zur Sicherheitsleistung verpflichtet **7** sind mit dem Vorbehalt der Ausnahmen des Abs 2 (Rn 8) grundsätzlich alle Personen, auch jur Personen, die ihren gewöhnlichen Aufenthalt (wie § 606a Rn 8) oder Sitz (wie § 17) außerhalb der EU oder des EWR (vgl Rn 3) haben (BGH NJW 84, 2762 für aF des § 110). Auf die Staatsangehörigkeit kommt es nicht an. – **b) Von Sicherheits-** **8** **leistung befreit** sind: Kläger, die nach § 110 zur Sicherheitsleistung verpflichtet wären, denen aber PKH bewilligt ist (vgl § 122 Abs 1 Nr 2); heimatlose Ausländer (§ 11 G v 25. 4. 51, BGBl I 269) und internationale Flüchtlinge iS des Art 16 des Genfer Abkommens vom 28. 7. 51 (G v 1. 9. 53, BGBl 53 II 559).

4. Ausnahmen (Abs 2 Nr 1–5) von der Pflicht zur Sicherheitsleis- **9** tung trotz Anwendbarkeit des § 110 (Rn 3, 6) und Vorliegens der Voraussetzungen (Rn 5, 6). Die Partei, die sich auf die Ausnahme beruft, muss sie darlegen. Die bloße Verbürgung der Gegenseitigkeit genügt für Nr 1 und 2 nicht (BGH NJW 01, 1219 mwN). – **a) Verbotene** **10** **Sicherheitsleistung (Nr 1)** auf Grund völkerrechtlichen Vertrags. Der Vertrag muss im Verhältnis zu Deutschland wirksam sein. Darin ist re-

gelmäßig die gegenseitige Freistellung gewährt. Der wichtigste Vertrag ist das Haager Übereinkommen über den Zivilprozess vom 1. 3. 54 (§ 328 Rn 30). Dort sind die Vertragsstaaten aufgeführt. Weitergehende Übersicht: Zöller/Geimer Anh III. In Zweifelsfällen erteilt die Lan-
11 desjustizverwaltung Auskunft. – **b) Vollstreckbarkeit der Kostenentscheidung (Nr 2)** auf Grund völkerrechtlicher Verträge. Sie muss sich auf die Erstattung der betreffenden Prozesskosten an den Beklagten
12 beziehen; sonst wie Rn 9. – **c) Gedeckte Prozesskosten (Nr 3).** Es sind die des Beklagten (wie Rn 10). Inland: Deutschland, nicht EU. Mit Grundvermögen ist das Eigentum an Grundstücken und ein gleichstehendes Recht (zB Erbbaurecht) gemeint. Besitz ist als Inhaberschaft, nicht iS von §§ 854 ff BGB zu verstehen. Dinglich gesicherte Forderungen sind solche, für die eine Grundschuld, Hypothek oder Rentenschuld besteht. Eine Vormerkung (§ 883 BGB) genügt nicht (bestr). –
13 **d) Widerklagen (Nr 4):** § 33 Rn 8. Dazu zählt nicht die sog Drittwiderklage (§ 33 Rn 10), die begrifflich eine Klage darstellt und die nicht
14 wie eine Widerklage privilegiert ist (§ 33 Rn 13). – **e) Öffentliche Aufforderung (Nr 5):** Hierfür kommt nur das Aufgebotsverfahren (9. Buch der ZPO) in Betracht (§ 946).

§ 111 Nachträgliche Prozeßkostensicherheit

Der Beklagte kann auch dann Sicherheit verlangen, wenn die Voraussetzungen für die Verpflichtung zur Sicherheitsleistung erst im Laufe des Rechtsstreits eintreten und nicht ein zur Deckung ausreichender Teil des erhobenen Anspruchs unbestritten ist.

1 **Nachträglich:** nach Eintritt der Rechtshängigkeit (§ 261); auch in
2 höherer Instanz. **Voraussetzungen** sind: **(1)** Nachträglicher Eintritt der Pflicht zur Sicherheitsleistung. Das ist zB der Fall bei Verlegung des gewöhnlichen Aufenthaltsorts in einen Staat außerhalb der EU oder EWR (§ 110 Abs 1) oder Verlust des Grundbesitzes (§ 110 Abs 2 Nr 3).
3 **(2)** Keine Deckung der Prozesskosten durch einen unbestrittenen Teil des erhobenen Anspruchs, den dann der Beklagte einbehalten könnte.
4 **(3)** Verlangen des Beklagten § 110 Rn 6, auch noch nach dem Zeitpunkt des § 282 Abs 3. **(4)** Kein vorangegangener Verzicht auf die Einrede (§ 110 Rn 2; RG 155, 239). **Wirkung.** Der Beklagte hat Anspruch auf Sicherheit.

§ 112 Höhe der Prozeßkostensicherheit

(1) Die Höhe der zu leistenden Sicherheit wird von dem Gericht nach freiem Ermessen festgesetzt.

(2) ¹Bei der Festsetzung ist derjenige Betrag der Prozeßkosten zugrunde zu legen, den der Beklagte wahrscheinlich aufzuwenden haben wird. ²Die dem Beklagten durch eine Wi-

derklage erwachsenden Kosten sind hierbei nicht zu berücksichtigen.

(3) Ergibt sich im Laufe des Rechtsstreits, daß die geleistete Sicherheit nicht hinreicht, so kann der Beklagte die Leistung einer weiteren Sicherheit verlangen, sofern nicht ein zur Deckung ausreichender Teil des erhobenen Anspruchs unbestritten ist.

Anordnung: § 113. Höhe: die bereits aufgewendeten und voraus- 1 sichtlich aufzuwendenden Prozesskosten (2 vor § 91) des Beklagten für eine und die nächsthöhere Instanz (StJBork 6; aA BGH NJW-RR 90, 378: für alle Rechtszüge). Das sind die außergerichtlichen Kosten des Beklagten und die Gerichtskosten der Rechtsmittelinstanz (Söffing MDR 89, 599). Sie sind zu schätzen. **Nachträgliche Erhöhung** 2 (Abs 3): insbes wenn durch ein eingelegtes Rechtsmittel höhere Prozesskosten zu erwarten oder auf andere Weise (zB Klageerweiterung, § 263 Rn 1) bereits entstanden sind. Der Antrag muss rechtzeitig sein, um nicht zurückgewiesen zu werden (§§ 532, 565; BGH NJW-RR 90, 378).

§ 113 Fristbestimmung für Prozeßkostensicherheit

[1] Das Gericht hat dem Kläger bei Anordnung der Sicherheitsleistung eine Frist zu bestimmen, binnen der die Sicherheit zu leisten ist. [2] Nach Ablauf der Frist ist auf Antrag des Beklagten, wenn die Sicherheit bis zur Entscheidung nicht geleistet ist, die Klage für zurückgenommen zu erklären oder, wenn über ein Rechtsmittel des Klägers zu verhandeln ist, dieses zu verwerfen.

1. Entscheidung über Anordnung der Prozesskostensicherheit. – 1 **a) Zwischenurteil** ergeht im Regelfall (§ 280 Abs 2). Ist das Verlangen (§ 110 Rn 6) unbegründet, weil § 110 nicht anwendbar ist oder eine Voraussetzung fehlt (§ 110 Rn 6), so wird im Zwischenurteil ausgesprochen, dass der Kläger keine Sicherheit zu leisten hat. Andernfalls werden die Höhe (§ 112), ggf die Art (§ 108 Rn 5–9) und immer eine angemessene Frist (S 1) bestimmt. Für die Frist gelten §§ 222, 224, 225. Die Sicherheit kann bis zum Schluss der mdl Vhdlg beigebracht werden (BGH WM 82, 881). – **b) Beschluss** ergeht nur, wenn die 2 Voraussetzungen der Sicherheitsleistung unstreitig sind und ihre Höhe vereinbart ist (hM; vgl § 108 Rn 1, 3). Auch hier ist eine Frist (S 1) zu bestimmen.

2. Rechtsbehelfe. – a) Stattgebendes Zwischenurteil (Rn 1). 3 Es ist für den Kläger nicht selbständig anfechtbar (BGH 102, 232; Demharter MDR 86, 186 mwN; umstr). Auch der Beklagte kann es nicht anfechten, wenn er den festgesetzten Betrag für zu niedrig hält (BGH NJW-RR 90, 378; vgl weiter § 280 Rn 7). – **b) Verneinendes** 4 **Zwischenurteil** (Rn 1). Es ist für den Beklagten selbständig anfechtbar

5 (§ 280 Abs 2 S 1). – **c) Beschluss** (Rn 2). Er ist unanfechtbar, wenn er
   dem Antrag stattgibt. Sofortige Beschwerde findet statt, wenn der Auf-
   hebungs- oder Änderungsantrag zurückgewiesen wird (§ 567 Abs 1
   Nr 2).

6   **3. Folgen unterlassener Sicherheitsleistung** (S 2). Sie treten nur
   auf Antrag des Beklagten ein und bei Vorliegen der Voraussetzungen
7 gem § 110 Rn 5, 6. – **a) Im ersten Rechtszug:** Endurteil, das die
   Klage für zurückgenommen erklärt (Wirkung des § 269). Dagegen fin-
8 det Berufung statt. – **b) Im höheren Rechtszug:** wenn der Kläger
   Rechtsmittelbeklagter ist: wie Rn 7. Hingegen ergeht Endurteil auf
   Verwerfung des Rechtsmittels, wenn der Kläger Rechtsmittelführer ist.
   Gegen das Urteil findet Revision nur statt, wenn sie zugelassen ist
   (§ 543).

Titel 7. Prozesskostenhilfe und Prozesskostenvorschuss

Vorbemerkung

Neuere Literatur: Kalthoener/Büttner/Wrobel-Sachs, Prozesskostenhilfe und Beratungshilfe, 3. Aufl 2003; Schoreit/Dehn, Beratungs-
hilfe/Prozesskostenhilfe, 7. Aufl 2001; Walter Zimmermann, Prozesskostenhilfe in Familiensachen, 2. Aufl 2000; Leuschner in Scholz/Stein,
Praxishandbuch Familienrecht, Teil W, Stand 2002.

Durch das Gesetz zur Änderung von Vorschriften über die Prozesskostenhilfe vom 10. Oktober 1994, PKHÄndG (BGBl S 2954), in Kraft
seit 1. 1. 1995, wurden die §§ 114 bis 117, 120 und 127 geändert, die
Anlage 1 zu § 114 (Tabelle) aufgehoben.

Die **Übergangsvorschrift** in Art 3 PKHÄndG bestimmt, dass für
PKH, die vor dem 1. 1. 1995 bewilligt wurde, das bisherige Recht anzuwenden ist. Für weitere Einzelheiten vgl die 20. Aufl.

Künftig wird ab 1. 12. 2004 bei der Auslegung der PKH-Vor-
schriften die EG-Richtlinie Nr. 2002/8 vom 27. 1. 03 (ABl Nr L 26
vom 31. 1. 03 S 41–47) zu beachten sein.

§ 114 Voraussetzungen

**Eine Partei, die nach ihren persönlichen und wirtschaftlichen
Verhältnissen die Kosten der Prozeßführung nicht, nur zum
Teil oder nur in Raten aufbringen kann, erhält auf Antrag Pro-
zeßkostenhilfe, wenn die beabsichtigte Rechtsverfolgung oder
Rechtsverteidigung hinreichende Aussicht auf Erfolg bietet und
nicht mutwillig erscheint.**

1   **1. Anwendbarkeit.** Die Bewilligung der PKH ist für jedes Verfahren zulässig, jeweils für eine Instanz (§ 119 S 1); auch für den Streithelfer (Bamberg OLGR 98, 264) und das selbständige Beweisverfahren,
   §§ 485 ff (Köln VersR 95, 436, Oldenburg MDR 02, 910) – dort auch

für den Antragsgegner (Bamberg OLGR 98, 378) –, das markenrecht-
liche Beschwerdeverfahren (BGH NJW-RR 99, 1419), die Rechtsbeschwerde im PKH-Verf nach §§ 127 Abs. 2, 574 (BGH Rpfleger 03,
199). Einzelheiten im Bereich des Familienrechts vgl Wax FamRZ 85,
10. Funktionelle Zuständigkeit des Rechtspflegers § 20 Nr 4, 5 RPflG.
Nicht für das PKH-Prüfungsverfahren nach § 118 (BGH 91, 311),
auch nicht für die Stellungnahme des Antragsgegners (Nürnberg FamRZ
02, 758; aA Karlsruhe FamRZ 00, 1022), aus praktischen Gründen aber
für Sühneverhandlung und/oder einen Vergleich im Prüfungsverfahren
(Hamm NJW-RR 98, 863, Celle FamRZ 99, 1672), ebenso bei au-
ßergerichtlichem Vergleich im Prüfungsverfahren (Schleswig Büro 02,
85), oder wenn das Gericht den Rahmen des § 118 Abs 1 S 2 überschreitet (Düsseldorf NJW-RR 96, 838); so wenn durch ausnahmsweise Zeugenvernehmung die Hauptsacheentscheidung tatsächlich
präjudiziert wird (Köln JMBlNRW 83, 125). Nicht im Beschwerdeverfahren nach § 127 (Bremen JurBüro 79, 447; aA Celle NdsRpfl 77,
190). Erledigung der Hauptsache vor Entscheidung über den PKH-
Antrag schließt die Gewährung für die im bisherigen PKH-Verfahren
entstandenen notwendigen Kosten nicht aus (Köln FamRZ 84, 916).
Nicht für die Restschuldbefreiung einer natürlichen Person; dafür sehen §§ 4a–4d InsO eine Stundung der Kosten vor. **Nicht** für außergerichtliche Vertragsverhandlungen; dafür gibt es die außergerichtliche
Rechtsberatung Minderbemittelter nach dem Beratungshilfegesetz.

2. Voraussetzungen für PKH. Antrag einer Partei an das Prozess- **2**
gericht. Bewilligung ohne Antrag ist wirksam und kann nur in den
Grenzen der §§ 120 Abs 4, 124 aufgehoben werden (Oldenburg MDR
89, 268, Zweibrücken NJW-RR 03, 3; aA München Büro 84, 1851).
Erklärung über die persönlichen und wirtschaftlichen Verhältnisse, samt
Vorlage von Belegen und Darlegung des Streitverhältnisses (§ 117), auf
Verlangen des Gerichts auch Glaubhaftmachung (§ 118 Abs 2). Das
einsetzbare Einkommen, zu ermitteln gemäß § 115 Abs 1 unter Berücksichtigung der persönlichen und wirtschaftlichen Verhältnisse, und
das Vorhandensein einsetzbaren Vermögens (§ 115 Abs 2) sind nach
Maßgabe der Tabelle in § 115 Abs 1 dafür entscheidend, ob und in
welcher Höhe die Partei Prozesskosten in Raten zu entrichten hat. Die
beabsichtigte Rechtsverfolgung muss hinreichende Erfolgsaussicht bieten und darf nicht mutwillig erscheinen (Rn 3–8). Für Ausländer (LAG
Hessen MDR 01, 478) und Staatenlose bestehen keine Sondervorschriften.

a) Erfolgsaussicht heißt nicht -gewissheit. Die Voraussetzungen **3**
dürfen unter dem grundrechtlichen Aspekt der Rechtsschutzgleichheit
für Bemittelte und Unbemittelte nicht überspannt werden (BVerfG
NJW 91, 413, NJW 92, 889). Erfolgsaussicht kann für beide Parteien
bestehen. Für die **beabsichtigte** Klage zum LG ist PKH abzulehnen,
wenn Erfolgsaussicht nur unterhalb des Zuständigkeitsstreitwerts besteht
(Saarbrücken NJW-RR 90, 575, Brandenburg Büro 02, 650; aA Dres-

den NJW–RR 95, 382). Bejaht das LG für gleichzeitig dort **eingereichte** Klage die Erfolgsaussichten nur unterhalb seiner Zuständigkeitsgrenze, ist PKH insoweit zu bewilligen, der Antrag im Übrigen abzulehnen (München MDR 98, 922; so auch Saenger MDR 99, 850).
Für die Rechtsmittelinstanz ist sie zu verneinen, wenn bei bereits eingelegtem oder erst beabsichtigtem Rechtsmittel der Antrag in der
Rechtsmittelbegründung die Beschwerdesumme nicht erreicht (Seetzen
FamRZ 94, 1509 mwN auch zur Gegenmeinung). Sie kann verneint
werden, wenn das angefochtene Urteil zwar wegen Verfahrensfehlern
keinen Bestand haben kann, materiellrechtlich aber seine Abänderung
im Ergebnis sehr unwahrscheinlich ist (BGH NJW 94, 1160, BVerfG
4 NJW 97, 2745). Maßgebender Zeitpunkt vgl § 119 Rn 4. – **Tatsachenvortrag.** Die Erhebungen nach § 118 müssen hinreichende Aussicht
ergeben, dass schlüssiges Vorbringen beweisbar ist (Köln MDR 87, 62).
Vorweggenommene Beweiswürdigung ist nur in eng begrenztem Rahmen zulässig (BVerfG NJW–RR 02, 1069), so etwa bei Urkunden, bei
Aussagen nur, soweit es um ihren Beweiswert im Sinn des Beweisantrags geht (Köln NJW–RR 95, 1405; enger BGH NJW 88, 266). –
5 **Rechtsfragen.** Die rechtlichen Erwägungen haben sich auf die Zulässigkeit und Begründetheit (Rn 4) zu erstrecken, der Standpunkt des
Antragstellers muss zumindest vertretbar sein. PKH darf nicht versagt
werden, wenn entscheidungserhebliche schwierige Rechts- und Tatfra-
gen bislang nicht hinreichend geklärt sind (BVerfG NJW 94, 241,
NJW–RR 02, 793, BGH NJW 98, 82); dies gilt in gleicher Weise für
eine nach § 543 Abs 1 Nr 1 zugelassene Revision (BGH NJW 98,
1154), wobei der BGH trotz RevZulassung die hinreichende Erfolgsaussicht verneinen kann (BGH NJW–RR 03, 130). Ebenso soll die
Frage der besonderen Härte (§ 1579 BGB) nicht im PKH-Verfahren
entschieden werden (Karlsruhe FamRZ 96, 1288). Bei Klärung der
Prozessfähigkeit des Antragsgegners hat das Gericht mitzuwirken, ggf ist
6 § 57 anzuwenden (Frankfurt FamRZ 94, 1125). – **Familiensachen.**
Der beklagten Partei im Vaterschaftsanfechtungsprozess ist PKH auch
dann zu gewähren, wenn sie der Klage nicht entgegentreten will (Karlsruhe NJW–RR 99, 1456, Koblenz MDR 02, 35; Kalthoener/Büttner
Rn 430; aA Hamm FamRZ 92, 494, Düsseldorf NJW–RR 96, 1157),
der Mutter für den Beitritt als Streithelferin nur, wenn sie eigene oder
Interessen der unterstützten Partei wahren will (Düsseldorf MDR 95,
1038); dem Bekl im Vaterschaftsfeststellungsverfahren ist PKH nur zu
gewähren, wenn er ernsthafte Zweifel an seiner Vaterschaft darlegen
kann (Hamburg NJW–RR 00, 1605). Dem Antragsteller im Scheidungsverfahren ist ohne Vortrag von Härtegründen PKH erst nach Ablauf des Trennungsjahrs zu gewähren (Dresden FamRZ 02, 890); dem
Antragsgegner ist wegen seiner notwendigen Beteiligung am Verfahren
PKH zu gewähren (Stuttgart NJW 85, 207, Bamberg NJW–RR 95, 5),
ein RA beizuordnen, wenn die Vertretung in der Scheidungssache als
Teil einer zweckentsprechenden Rechtswahrung im Verfahrensverbund
angesehen werden kann (Hamburg FamRZ 83, 1133), insbesondere

wenn er selbst Anträge stellen will (Celle FamRZ 78, 606, Düsseldorf FamRZ 78, 914); auch wenn er ohne Erfolgsaussicht Abweisung des Scheidungsantrags (Köln FamRZ 82, 1224, KG FamRZ 85, 621, Bremen u Hamm FamRZ 85, 622) beantragen oder nur die nach Sach- und Rechtslage gerechtfertigte Erklärung abgeben will, er stimme der Ehescheidung zu (Braunschweig FamRZ 79, 731) oder trete ihr nicht entgegen (Karlsruhe FamRZ 79, 841; aA Zweibrücken ebenda). Auch für die beabsichtigte Rücknahme des Scheidungsantrags ist PKH zu gewähren, wenn die Rücknahme zur Vermeidung von Rechtsnachteilen geboten ist (Karlsruhe FamRZ 00, 1020). Ob der Antrag auf PKH für die Scheidung einer Scheinehe rechtsmissbräuchlich ist, ist streitig (PKH ja: Karlsruhe FamRZ 88, 91, Frankfurt FamRZ 96, 615, Hamm FamRZ 01, 1081; PKH nein: Stuttgart FamRZ 92, 194, Nürnberg NJW-RR 95, 901), seine Ablehnung unter diesem Gesichtspunkt ist verfassungsrechtlich nicht zu beanstanden (BVerfG NJW 85, 425).

b) Nicht mutwillig darf die Rechtsverfolgung erscheinen, dh eine   **7** verständige Partei würde auch ohne PKH ihr Recht in gleicher Weise verfolgen. Die Verteidigung gegen mutwillige Rechtsverfolgung ist nur ausnahmsweise selbst mutwillig (Köln NJW-RR 01, 869). – **aa) Beispiele für Mutwilligkeit:** – **Allgemein:** Fehlende Veranlassung zur Klage; Klage zum LG bei unbestrittener Forderung, weil Mahnverfahren genügt (Düsseldorf NJW-RR 98, 503); eine Berufung, die mit Vorbringen begründet wird, das in der Vorinstanz verschuldet unterlassen wurde (Jena MDR 99, 257, Karlsruhe FamRZ 99, 726). Mutwillig ist Widerklage statt der möglichen Aufrechnung (Naumburg NJW-RR 03, 210), die Klage des bedürftigen Zessionars, wenn die Forderung rechtsmissbräuchlich zur Erschleichung der PKH an ihn abgetreten wurde; wenn die Rechtsschutzversicherung wegen Aussichtslosigkeit die Deckung verweigert und der AntrSteller keinen Stichentscheid seines RA eingeholt hat (BGH BB 87, 1845); wenn die ZwVollstr aus dem zu erwartenden Titel auf lange Sicht aussichtslos erscheint (Düsseldorf NJW–RR 98, 503, Hamm NJW-RR 99, 1737; aA Hamm ZIP 97, 248) oder bei ZwVollstr im Ausland eine Anerkennung des deutschen Urteils unwahrscheinlich ist (Celle NJW 97, 532); für den Beklagten, wenn er keine Anträge stellen will, anders für Anerkenntnisurteil (Hamburg FamRZ 88, 1076), wenn Bekl nicht im Verf nach § 118 Abs 1, sondern erst nach Zustellung der Klage Einwendungen vorträgt (Oldenburg FamRZ 02, 1712). Mutwillig Klage eines Ausländers in Deutschland wegen Verkehrsunfalls im Heimatland statt einer Klage am Unfallort (Celle IPrax 99, 171; aA Zweibrücken IPrax 99, 475, Mankowski IPrax 99, 155). – **Familienrecht:** Mutwillig Kla-   **7 a** ge, wenn der Unterhaltsschuldner freiwillig, pünktlich und ohne Vorbehalt bezahlt (Nürnberg NJW-RR 93, 327; bestr), oder Einklagung des vollen Unterhalts, wenn ein Teil freiwillig bezahlt wird (München FamRZ 94, 1126, Jena FamRZ 97, 1016, Karlsruhe FamRZ 03, 102; aA Düsseldorf FamRZ 93, 1217, München FamRZ 94, 313 grundsätzlich) oder bereits tituliert ist (Karlsruhe FamRZ 94, 637); grundsätzlich

Einklagung von Unterhalt, für den deckungsgleich bereits eine einstweilige Anordnung besteht (Stuttgart FamRZ 92, 1195) oder für den Titulierung durch Jugendamtsurkunde wahrscheinlich ist (Köln FamRZ 97, 177); Antrag auf einstw Vfg für Unterhalt oder Unterhaltsklage statt Antrags nach § 644 (Zweibrücken MDR 99, 486, Hamm FamRZ 99, 995); negative Feststellungsklage des Unterhaltsschuldners nur auf Zahlungsaufforderung des Gläubigers hin (Brandenburg FamRZ 02, 1412); mutwillig die Klage auf nachehelichen Unterhalt (Jena FamRZ 00, 100, Brandenburg OLG-NL 02, 141) oder Zugewinnausgleich außerhalb des Scheidungsverbundverfahrens (Brandenburg FamRZ 01, 1083, Dresden FamRZ 99, 601; aA Naumburg FamRZ 01, 1080), außer wenn Aussicht auf außergerichtliche Einigung bestand (Schleswig FamRZ 03, 371); erneute Scheidungsklage kurz nach Rücknahme der ersten Erfolg versprechenden Klage (Karlsruhe FamRZ 98, 485), außer wenn für Rücknahme ernsthafte Gründe vorliegen (Karlsruhe FamRZ 99, 1669). Streitig ist, ob die Klage auf künftigen Unterhalt bei laufendem Sozialhilfebezug mutwillig ist. Ja: Saarbrücken FamRZ 95, 1166, Köln NJW-RR 95, 455, für Antrag auf einstw Vfg Bamberg NJW-RR 95, 579. Nicht mutwillig: Bamberg NJW-RR 95, 579, Hamm NJW-RR 95, 821, Karlsruhe NJW-RR 95, 1285, Nürnberg NJW-RR 95, 1220, Köln NJW-RR 96, 258, Koblenz FamRZ 98, 246. Für die Unterhaltsklage des Bedürftigen nach Rückabtretung der übergegangenen Ansprüche durch den Sozialhilfeträger ist PKH zu versagen: für Rückabtretungen vor dem 1. 8. 1996 wegen Unwirksamkeit der Rückabtretung (BGH NJW 96, 3273, NJW-RR 97, 641), für Fälle nach dem 1. 8. 1996 wegen fehlender Bedürftigkeit infolge § 91 Abs 4 S 2 BSHG (BGBl 96 S 1088); ein Kostenerstattungsanspruch gegen die öffentliche Hand ist gleichwertig einem familienrechtlichen Vorschussanspruch (Celle FamRZ 99, 1284, Karlsruhe NJW-RR 99, 1226, Frankfurt FamRZ 99, 1283, KG FamRZ 03, 99; ZöPhilippi 10; aA Köln FamRZ 03, 100, Hamm FamRZ 98, 174). Zulässig ist PKH, wenn der Bedürftige teils eigene, teils rückübertragene Unterhaltsansprüche einklagt (Karlsruhe NJW-RR 99, 1226, Nürnberg NJW-RR 99, 2376). Mutwillig die Unterhaltsklage des Elternteils, der Leistungen nach dem UVG erhält und in Prozessstandschaft für die Kinder klagen will (Naumburg FamRZ 01, 1081). – **bb) Nicht mutwillig:** – **Allgemein:** Die Klage wegen ärztlichen Behandlungsfehlers ohne vorherige Anrufung einer Gutachterkommission oder anderen Schlichtungsstelle (Düsseldorf NJW 89, 2955, Hamm VersR 02, 1002; aA LG Dortmund JZ 88, 254, abl Giesen aaO); Klage ohne vorherige außergerichtliche Streitschlichtung (Karlsruhe FamRZ 02, 1712); Anerkenntnis des Beklagten unter den Voraussetzungen von § 93 (Hamburg FamRZ 88, 1076). – **Familienrecht:** Die Unterhaltsklage ohne vorherige Auskunftsklage (Hamm FamRZ 98, 1602) oder anstelle des vereinfachten Verfahrens (Naumburg FamRZ 99, 1670; aA Zweibrücken Büro 00, 655), zumindest, wenn vorprozessual mangelnde Leistungsfähigkeit eingewandt wurde (Nürnberg FamRZ 02, 891). Ebenso nicht selbständige Klage außerhalb des Verbundes (aA für Klage auf Zugewinnausgleich Jena FamRZ 98, 1179), wenn einleuchtender Grund für getrennte Klage besteht (Köln FamRZ 99, 1353, Dresden FamRZ 01, 230, Brandenburg FamRZ 01, 1083). Die vermeidbaren höheren Kosten sind bei Festsetzung der RA-Vergütung zu berücksichtigen (Düsseldorf FamRZ 94, 312 u 635; aA Hamm FamRZ 92, 452 mwN, Köln FamRZ 94, 314) oder von der Bewilligung auszunehmen (Zweibrücken FamRZ 00, 756, Köln FamRZ 03, 237). Nicht mutwillig die gegenseitigen Klagen getrennter Eheleute auf Unterhalt für das jeweils bei ihnen lebende Kind (Zweibrücken FamRZ 97, 178), die Klage auf Scheidung einer Scheinehe (Naumburg FamRZ 01, 629).

c) Im Normenkontrollverfahren setzt die Bewilligung von PKH **9** außerdem voraus, dass besondere Gründe die Vertretung durch einen RA geboten erscheinen lassen (BVerfG NJW 89, 1723).

3. Keine Prozesskostenhilfe hat trotz Vorliegens der Vorausset- **10** zungen die Partei zu beanspruchen iF des § 127a (Karlsruhe FamRZ 96, 872); soweit ihr zuzumuten ist, die Kosten der Prozessführung aus ihrem einsatzfähigen Vermögen aufzubringen (§ 115 Abs 2); wenn sie in Kenntnis der Tatsache, dass sie Mittel zur Prozessführung benötigt, Einkünfte od Vermögen vermindert od Beträge als Darlehen weggibt (Karlsruhe FamRZ 85, 414, Stuttgart FamRZ 96, 873); wenn sie ihr zugeflossene bedeutende Beträge aus dem Zugewinnausgleich unentgeltlich weitergibt, obwohl sie davon ausgeht, dass sie weitere Ansprüche im ProzWeg wird durchsetzen müssen (Frankfurt FamRZ 82, 416); wenn sie nach Rechtshängigkeit Verbindlichkeiten eingeht, ohne dass hierfür ein unabweisbares Bedürfnis besteht (Bamberg FamRZ 85, 503); wenn sie die Vermögensminderung grob fahrlässig herbeigeführt hat (Karlsruhe NJW-RR 86, 799). Dass die Partei ihre Mittellosigkeit fahrlässig verschuldet hat, schließt PKH im Allgemeinen nicht aus (Bamberg FamRZ 95, 374), anders wenn sie zumutbare Einkunftserzielung böswillig unterlässt (Koblenz, NJW-RR 97, 389, München OLGR 98, 380). Ferner nicht im Schiedsgerichtsverfahren und nicht im Falle des § 115 Abs 3.

4. Besondere Fälle. Streitgenossen sind grundsätzlich selbständig **11** zu beurteilen (Stuttgart MDR 00, 545). Bei gleicher Beteiligung aller Streitgenossen am Streitgegenstand und gleicher Interessenlage ist aber einer Partei, die sich durch den RA ihrer Streitgenossen mitvertreten lassen kann, PKH nicht zu gewähren (Frankfurt BB 74, 1458). Haben Streitgenossen denselben RA beauftragt, ist aber nur einer von ihnen bedürftig, dann beschränkt sich die Bewilligung bezüglich der RA-Gebühren auf die Erhöhungsbeträge nach § 6 Abs 1 S 2 BRAGO (BGH NJW 93, 1715; aA Bamberg OLGR 01, 28, Rönnebeck NJW 94, 2273). – Bei **Vertretung** entscheiden die persönlichen u wirt- **12** schaftlichen Verhältnisse des Vertretenen (Jena FamRZ 98, 1302). Wird ein **fremdes Recht im eigenen Namen** geltend gemacht, kommt es iF der bloßen Sicherungsabtretung nur auf die Verhältnisse der Partei an

(Hamm VersR 82, 1068); sonst müssen Partei und Rechtsinhaber die persönlichen u wirtschaftlichen Voraussetzungen erfüllen, gleichgültig, in wessen Interesse die Partei den Rechtsstreit führt (BGH VersR 92, 594, Köln VersR 95, 981, Koblenz MDR 99, 831); im Fall von § 1629 Abs 3 BGB wird teils auf die wirtschaftlichen Verhältnisse des Kindes (Bamberg NJW-RR 94, 388, Stuttgart MDR 99, 41, Dresden FamRZ 02, 1412), teils auf die des klagenden Elternteils (Hamm FamRZ 91, 1208, Köln FamRZ 93, 1472, Karlsruhe FamRZ 01, 1080) abgestellt; ausnahmsweise nur die Partei, wenn der materiell Berechtigte wegen ihm gegebener Sicherheiten kein Interesse an der Rechtsverfolgung hat (BGH NJW 87, 783). Bei Abtretung einer Forderung ohne triftigen Grund kommt es auf die Verhältnisse des Zedenten an (Celle NJW-RR 99, 579). Sind noch nicht sämtliche Erben bekannt (Nachlasspfleger), kommt es auf den Bestand des Nachlasses an (BGH NJW 64, 1418, BVerfG RPfleger 98, 525). – **Partei kraft Amtes, juristische**
13 **Personen, parteifähige Personenvereinigungen** vgl § 116.

§ 115 Einsatz von Einkommen und Vermögen

(1) [1]**Die Partei hat ihr Einkommen einzusetzen.** [2]**Zum Einkommen gehören alle Einkünfte in Geld oder Geldeswert.** [3]**Von ihm sind abzusetzen:**
1. **die in § 76 Abs. 2, 2a des Bundessozialhilfegesetzes bezeichneten Beträge;**
2. **für die Partei und ihren Ehegatten oder ihren Lebenspartner jeweils 64 vom Hundert und bei weiteren Unterhaltsleistungen auf Grund gesetzlicher Unterhaltpflicht für jede unterhaltsberechtigte Person 45 vom Hundert des Grundbetrags nach § 79 Abs. 1 Nr. 1, § 82 des Bundessozialhilfegesetzes, der im Zeitpunkt der Bewilligung der Prozeßkostenhilfe gilt; die Beträge sind entsprechend § 82 des Bundessozialhilfegesetzes zu runden; das Bundesministerium der Justiz gibt jährlich die vom 1. Juli des Jahres bis zum 30. Juni des nächsten Jahres maßgebenden Beträge im Bundesgesetzblatt bekannt. Der Unterhaltsfreibetrag vermindert sich um eigenes Einkommen der unterhaltsberechtigten Person. Wird eine Geldrente gezahlt, ist sie anstelle des Freibetrags abzusetzen, soweit dies angemessen ist;**
3. **die Kosten der Unterkunft und Heizung, soweit sie nicht in einem auffälligen Mißverhältnis zu den Lebensverhältnissen der Partei stehen;**
4. **weitere Beträge, soweit dies mit Rücksicht auf besondere Belastungen angemessen ist; § 1610a des Bürgerlichen Gesetzbuchs gilt entsprechend.**
[4]**Von dem nach den Abzügen verbleibenden, auf volle Euro abzurundenden Teil des monatlichen Einkommens (einzusetzendes Einkommen) sind unabhängig von der Zahl der Rechts-**

züge höchstens achtundvierzig Monatsraten aufzubringen, und zwar bei einem

einzusetzenden Einkommen (Euro)	eine Monatsrate von (Euro)
bis 15	0
50	15
100	30
150	45
200	60
250	75
300	95
350	115
400	135
450	155
500	175
550	200
600	225
650	250
700	275
750	300
über 750	300 zuzüglich des 750 übersteigenden Teils des einzusetzenden Einkommens

(2) [1]**Die Partei hat ihr Vermögen einzusetzen, soweit dies zumutbar ist.** [2]**§ 88 des Bundessozialhilfegesetzes gilt entsprechend.**

(3) **Prozeßkostenhilfe wird nicht bewilligt, wenn die Kosten der Prozeßführung der Partei vier Monatsraten und die aus dem Vermögen aufzubringenden Teilbeträge voraussichtlich nicht übersteigen.**

1. Einkommen. Legaldefinition in Abs 1 S 2. An ihm und am Ver-   1
mögen (Abs 2) bemisst sich die Bedürftigkeit für die Gewährung von PKH. Ausgangspunkt sind die monatlichen Bruttoeinkünfte in Geld oder Geldeswert nur der Partei selbst (Koblenz FamRZ 01, 925). –
Zum Einkommen gehören: Arbeitnehmersparzulage, Urlaubs- und   2
Weihnachtsgeld (Düsseldorf NJW 81, 1791, Frankfurt FamRZ 82, 418), Wohngeld (LAG Freiburg FamRZ 82, 847, Bamberg FamRZ 84, 606), Abfindung nach KSchG (Karlsruhe FamRZ 02, 1196), Arbeitslosengeld und -hilfe (Kalthoener/Büttner/Wrobel-Sachs Rn 218), Steuererstattungen (Bremen FamRZ 98, 1180), dem Bedürftigen tatsächlich zufließendes Kindergeld (Naumburg FamRZ 01, 1470, Nürnberg FamRZ 00, 102, Dresden OLG-NL 03, 18; aA Hamm NJW-RR 00, 77, Brandenburg FamRZ 01, 1085), Leistungen nach dem KindererziehungsleistungsG (BGH NJW 92, 364), darlehensweises Unterhalts-

geld oder Ausbildungsförderung (LAG Bremen DB 88, 1067), regelmäßige Zahlungen des Unterhaltspflichtigen zur Finanzierung eines Studiums (Koblenz FamRZ 92, 1197), Taschengeld des Unterhaltsberechtigten (Koblenz RPfleger 96, 73), regelmäßige freiwillige Leistungen Dritter nennenswerten Umfangs (Köln NJW-RR 96, 1404; aA Köln FamRZ 90, 893, Hamburg FamRZ 90, 642), auch wenn sie unter dem Vorbehalt der Rückforderung stehen (Karlsruhe FamRZ 02, 1195). Unterlassener Arbeitseinsatz ist als fiktives Einkommen anzusetzen iF des Rechtsmissbrauchs (Karlsruhe FamRZ 99, 599, Naumburg FamRZ 01, 924), iF seiner Zumutbarkeit (Bremen FamRZ 98, 1180, München NJW-RR 99, 433) und bei Verzicht auf Erwerbstätigkeit zugunsten einer Umschulung (Bremen FamRZ 96, 957). Werden Gründe für unterlassenen Arbeitseinsatz nicht dargelegt, führt dies zur Auferlegung
3 von Raten (Zweibrücken NJW-RR 02, 647). – **Nicht zum Einkommen zählen:** Sozialhilfe (Köln FamRZ 93, 1472 mwN auch für die Gegenmeinung), Familiengeld (KG FamRZ 90, 1120), Erziehungsgeld nach dem BErzGG (Koblenz FamRZ 01, 1153, Nürnberg FamRZ 02, 104), Kindererziehungsleistungen gem SGB VI §§ 294 ff (LSG Berlin FamRZ 93, 343), Pflegegeld gem SGB XI § 37 (Bamberg OLGR 00, 200).

4   **2. Absetzbare Aufwendungen, Abs 1 S 3.** Die Nrn 1 bis 4 sind kumulativ zu verstehen, die daraus ermittelten Beträge vom Bruttoeinkommen des Antragstellers abzuziehen; vgl. etwa Leitlinien des AG Hannover (FamRZ 96, 212).

Nr 1, die in **§ 76 Abs 2, 2 a BSHG** bezeichneten Beträge in voller bzw angemessener Höhe. Sie lauten:

§ 76 Abs 2 BSHG Von dem Einkommen sind abzusetzen
1. *auf das Einkommen entrichtete Steuern,*
2. *Pflichtbeiträge zur Sozialversicherung einschließlich der Arbeitslosenversicherung,*
3. *Beiträge zu öffentlichen oder privaten Versicherungen oder ähnlichen Einrichtungen, soweit diese Beiträge gesetzlich vorgeschrieben oder nach Grund und Höhe angemessen sind,*
4. *die mit der Erzielung des Einkommens verbundenen notwendigen Ausgaben,*
5. *bis zum 30. Juni 2002 für minderjährige, unverheiratete Kinder ein Betrag in Höhe von monatlich 10 Euro bei einem Kind und von monatlich 20 Euro bei zwei oder mehr Kindern in einem Haushalt.*
Abs 2 a Bei Personen, die Leistungen der Hilfe zum Lebensunterhalt erhalten, sind von dem Einkommen ferner Beträge in jeweils angemessener Höhe abzusetzen
1. *für Erwerbstätige,*
2. *für Personen, die trotz beschränkten Leistungsvermögens einem Erwerb nachgehen,*
3. *für Erwerbstätige,*
    a) die blind sind oder deren Sehschärfe auf dem besseren Auge nicht mehr als
       $^1/_{50}$ beträgt oder bei denen dem Schweregrad dieser Sehschärfe gleichzu-

achtende, nicht nur vorübergehende Störungen des Sehvermögens vorliegen, oder

b) *deren Behinderung so schwer ist, daß sie als Beschädigte die Pflegezulage nach den Stufen III bis VI nach § 35 Abs. 1 Satz 2 des Bundesversorgungsgesetzes erhielten.*

Eine geänderte oder neue DVO, die dem § 76 BSHG nF Rechnung **5** trägt und nähere Bestimmungen zu § 76 Abs 2 a BSHG trifft, ist bisher nicht erlassen. Die meisten Zivilsenate des OLG München setzen bei § 76 Abs 2 a Nr. 1 BSHG ½ des Eckregelsatzes (so auch Naumburg FamRZ 01, 1085, Koblenz FamRZ 02, 104), bei § 76 Abs 2 a Nr. 2 BSHG ⅔ des Eckregelsatzes und bei § 76 Abs 2 a Nr. 3 BSHG dem Einzelfall angemessene Beträge ab (teilweise a. A. Hamburg FamRZ 96, 42); zur Berechnung des Freibetrags nach § 76 Abs 2 a Nr 3 b vgl LSG Baden-Württemberg FamRZ 01, 234. Sozialhilferechtlich beträgt der Absetzungsbetrag nach § 76 Abs 2 a Nr 1 BSHG 12,5% des Regelsatzes für einen Haushaltsvorstand zuzüglich 10% des übersteigenden Einkommens (BVerwG 115, 331/338). Arbeitslose können keinen Betrag nach § 76 Abs 2 a Nr 1 BSHG abziehen (Nürnberg FamRZ 99, 1673).

Nr 2. Unterhaltsleistungen auf Grund gesetzlicher Verpflichtung, **6** nicht vertragliche oder freiwillige Leistungen. Die absetzbaren Beträge für den eigenen und für den Unterhalt der gesetzlich Unterhaltsberechtigten sind pauschal zu ermitteln. – **Berechnung.** Ausgangspunkt ist **7** der Grundbetrag des nicht einzusetzenden Einkommens gemäß § 79 Abs 1 Nr 1 BSHG bei der Hilfe in besonderen Lebenslagen. Er wird jährlich zum 1. 7. der Entwicklung entsprechend dem aktuellen Rentenwert angepasst. Der vom Einkommen absetzbare Unterhaltsfreibetrag ergibt sich mit je 64% des Grundbetrages für den Antragsteller und seinen Ehegatten und mit 45% des Grundbetrages für jeden weiteren gesetzlich Unterhaltsberechtigten, dem der Antragsteller Unterhalt, auch durch Betreuung, leistet; dieser Freibetrag gilt auch für einen unterhaltsberechtigten minderjährigen Antragsteller bei einer Unterhaltsklage (Bamberg OLGR 98, 254). Die maßgeblichen Unterhaltsfreibeträge betragen bis 30. 6. 2003 € 360 bzw € 253 (BGBl 02 S 1908). – **Maß- 8 gebender Zeitpunkt** für die Berechnung des Einkommensfreibetrages ist der Erlass des Bewilligungsbeschlusses. Der Betrag bleibt grundsätzlich während der Laufzeit der Ratenzahlungen unverändert. Eine Ausnahme ist nur in § 120 Abs 4 S 1 HS 2 vorgesehen. – **Eigenes Ein- 9 kommen des Unterhaltsberechtigten** ist von dem gemäß vorstehend Rn 7 genannten Unterhaltsfreibetrag abzuziehen. In dieser Höhe vermindert sich also der Betrag, den der Antragsteller von seinem Einkommen absetzen kann. – **Geldrente.** Zahlt der Antragsteller statt gesetzlich **10** geschuldeten Unterhalts eine Rente, so tritt sie an die Stelle des gemäß Rn 7 ermittelten Unterhaltsfreibetrags, soweit sie der Höhe nach angemessen ist. Dies richtet sich nach dem Bedarf und dem Lebenszuschnitt im Einzelfall.

11   **Nr 3.** Die **Kosten der Unterkunft und Heizung** sind vom Einkommen in tatsächlich entstandener Höhe absetzbar. Zu ihnen gehören
Nettomiete, Mietnebenkosten einschließlich vertraglich vereinbarter
Umlagen der Betriebskosten. Bei mehreren verdienenden Bewohnern
sind diese Kosten im Allgemeinen nach Kopfzahl aufzuteilen (Koblenz
NJW-RR 96, 1150, MDR 00, 728); Energie- und Wasserkosten sowie
der Entsorgung sind ebenfalls absetzbar (Karlsruhe FamRZ 99, 599;
aA Nürnberg FamRZ 97, 1542: im Pauschbetrag von Nr 2 enthalten).
Bei Unterbringung in Heimen sind von den monatlichen Kosten die
Verpflegungskosten abzuziehen. Bei eigengenutztem Wohnraum gehören zu den Unterkunftskosten die Belastung durch Fremdfinanzierung
(Karlsruhe FamRZ 98, 488) und durch Instandhaltung (amtliche Be-
12   gründung BT-Drucksache 12/6963 S 12). – **Nicht absetzbar** sind
diese Kosten ausnahmsweise, soweit sie in auffallendem Missverhältnis
zu den Lebensverhältnissen des Antragstellers stehen. Das ist nur dann
der Fall, wenn sie, gemessen an seinem gesamten Lebenszuschnitt,
ohne verständlichen Grund außerordentlich überhöht sind (München
FamRZ 97, 299).

13   **Nr 4. Besondere Belastungen** sind vom Einkommen absetzbar, soweit die Beträge angemessen sind. Es handelt sich um eine Härteklausel, die verhindern soll, dass die Partei sich in ihrer bisherigen
Lebensführung wegen des Prozesses wesentlich einschränken muss. Die
Angemessenheit beurteilt der Richter nach pflichtgemäßem Ermessen.
Kriterien dafür sind Anlass und Höhe der Belastung, auch im Verhältnis
zum Einkommen, und der Zeitpunkt ihrer Entstehung, ob erst kurz
vor dem zu erwartenden Prozess oder schon älter. Die Vermutung des
§ 1610 a BGB kommt kraft Verweisung dem behinderten Antragsteller
zugute, er muss seinen behinderungsbedingten Mehrbedarf bis zur
Höhe der bezogenen Sozialleistungen nicht konkret darlegen. Die
Belastung ist eine „besondere", wenn sie einerseits nicht bereits in den
Nrn 1–3 enthalten, sondern zusätzlich ist („weitere" Beträge), und
wenn sie andererseits nicht durch die allgemeine Lebensführung verur-
14   sacht ist, nicht regelmäßig und üblicherweise eintritt. – **Beispiele. Absetzbar** sind laufende Unterhaltsleistungen, soweit sie einer sittlichen
Pflicht oder einer auf den Anstand zu nehmenden Rücksicht entsprechen (Bremen FamRZ 97, 298); PKH-Raten in einem anderen
Verfahren (BGH NJW-RR 90, 450); Raten auf verhängte Geldstrafe
(Hamburg FamRZ 01, 235); zusätzliche Berücksichtigung der Kindes-
betreuung, wenn die Mutter überobligationsmäßige Einkünfte erzielt
(Hamm FamRZ 88, 308); besondere Belastungen anderer Art iS des
§ 84 Abs 1 BSHG. Zu ihnen gehören zB Zahlungsverpflichtungen,
die der Antragsteller in Unkenntnis des bevorstehenden Prozesses eingegangen ist (Hamm MDR 87, 1031); einmalige Ausgaben im Zusammenhang mit Familienereignissen wie Geburt, Heirat, Tod; Kredittil-
gungsbelastung soweit sie üblicher Höhe entspricht (BGH NJW-RR 90,
450); ferner Aufwendungen für Fort- und Weiterbildung (BR-Drucksache 187/79 S 25), vermögenswirksame Leistungen, Versicherungsbei-

träge, soweit nicht schon in § 76 BSHG berücksichtigt (Frankfurt Fam-RZ 82, 418). – **Nicht absetzbar** sind unangemessene Aufwendungen 15 wie Luxusausgaben, Spekulationsgeschäfte und solche, die in krassem Missverhältnis zu den Einkommens- und Vermögensverhältnissen stehen (Bamberg FamRZ 86, 699) oder ohne Not in Kenntnis des bevorstehenden Prozesses gemacht sind (Koblenz MDR 92, 80), etwa Aufwendungen für einen Pkw, der nicht unbedingt zur Einkommenserzielung benötigt wird (Dresden OLG-NL 02, 144).

3. Einzusetzendes Einkommen, Tabelle, Abs 1 S 4. Es sind zu-16 nächst die absetzbaren Beträge gemäß Nrn 1 bis 4 zu addieren. Diese Summe ist sodann vom monatlichen Bruttoeinkommen abzuziehen und auf volle DM abzurunden. Das so errechnete einzusetzende Einkommen (linke Spalte der Tabelle) ergibt die Höhe der monatlichen Rate (rechte Spalte), die der Antragsteller auf die Prozesskosten zu entrichten hat, bis zu einem verbleibenden Einkommensteil von 30 DM keine Rate. Bei mehreren Antragstellern als Streitgenossen ist für jeden gesondert so zu verfahren. – **Höchstzahl der Monatsraten** 48 für den jeweiligen Prozess im ganzen ohne Rücksicht auf die Zahl der Instanzen, beginnend frühestens ab Bewilligungsbeschluss (KG MDR 99, 510). Gemeint ist nicht die Laufzeit ab Bewilligungsbeschluss, sondern die Zahl der tatsächlich geleisteten Raten (Saarbrücken FamRZ 93, 1335, München Rpfleger 94, 219, Karlsruhe FamRZ 95, 1505, StJ-Bork Rn 81), ratenfreie Monate auf Grund der ursprünglichen Bewilligung iF erst nachträglicher Ratenanordnung wegen Verbesserung der wirtschaftlichen Verhältnisse zählen nicht mit (Stuttgart Rpfleger 99, 82; aA Karlsruhe FamRZ 92, 1449, Köln VersR 93, 1379). Verbundverfahren und einstweilige Anordnungen sind als ein Verfahren zu zählen (Düsseldorf FamRZ 91, 1325). Mindestzahl grundsätzlich 5 (Abs 3). Gerichtliche Festsetzung der Raten § 120. Berücksichtigung des Vermögens der Partei § 115 Abs 2.

4. Vermögen. Damit ist hier gemeint gespartes Geld, geldwerte Sa-17 chen, Rechte, Forderungen, ausgenommen die Einkünfte gemäß Abs 1. Einsetzbar ist davon nur, was in angemessener Zeitspanne durch Veräußerung oder Beleihung in Geld umgesetzt werden kann; abzuziehen sind Schulden (Bamberg FamRZ 97, 299). Zu berücksichtigen sind aber auch Vermögenswerte, die trotz abzusehenden Prozesses anderweitig verwendet wurden (München OLGR 98, 141). Der objektiv zu beurteilenden Einsetzbarkeit können rechtliche oder tatsächliche Hindernisse entgegenstehen. Die Verwertung muss zumutbar sein. Das ist subjektiv und nicht kleinlich zu beurteilen. Kriterien dafür können sein Art, Zweckbestimmung, materieller und ideeller Wert des Gegenstands, Aufwand und Ertrag der Verwertung, Bedeutung und Kosten des Rechtsstreits, für dessen Finanzierung er geopfert werden soll. Zusammenfassend Burgard NJW 90, 3240. – **a) Verwertung zumutbar:** Als-18 bald zu realisierende **Forderungen,** uU auch die, zu deren Durchsetzung PKH begehrt wird (Nürnberg FamRZ 89, 995, Bamberg FamRZ

85, 504, Frankfurt FamRZ 84, 809; aA KG NJW-RR 89, 511), ein nicht unbedingter Titel nur, wenn die Partei zur Sicherheitsleistung in der Lage ist (BGH FamRZ 96, 933), Bundesschatzbriefe (Nürnberg FamRZ 98, 247), Erlös aus der Veräußerung eines Familienheims (Stuttgart FamRZ 96, 873, Schleswig NJW-RR 00, 729), Belastung eines Hausgrundstücks (Koblenz FamRZ 02, 105) oder einer vermieteten Eigentumswohnung (Koblenz MDR 02, 904), verfügungsfreies Bausparguthaben, das die Freibeträge beträchtlich übersteigt, die der Partei nach Abs 2 zu belassen sind, außer wenn sie belegt, dass das Bausparguthaben zu dem vorgesehenen Zweck in einer schon bestimmten oder verbindlich gemachten Weise eingesetzt werden soll (Koblenz FamRZ 86, 82, Dresden Büro 00, 314); auch Witwenrenten-Abfindung (KG FamRZ 82, 623), Rückkaufswert einer Lebensversicherung (Stuttgart FamRZ 99, 598), Deckungszusage auf Versicherungsschutz für die Prozesskosten (BGH NJW 91, 109), Anspruch auf Auslagenvorschuss bei Geltendmachung einer abgetretenen Forderung im Auftrag des Zedenten (Hamburg FamRZ 90, 1119); ausbezahlte Aussteuerversicherung (Köln FamRZ 88, 1297); Anspruch des Gewerkschaftsmitglieds auf Rechtsschutz (LAG Kiel NJW 84, 830), Abfindung bei Auflösung des Arbeitsverhältnisses (LAG Köln MDR 95, 1044) oder nach KSchG (LAG Niedersachsen Rpfleger 98, 527, LAG Nürnberg MDR 00, 588), Taschengeld der Ehefrau (Koblenz MDR 96, 287), ein teurer Pkw (OVG Münster NJW 97, 540, Bamberg FamRZ 99, 1508). –

19 Ferner ein realisierbarer **Anspruch auf Prozesskostenvorschuss** (vgl Palandt/Brudermüller § 1360a Rn 7ff, Palandt/Diederichsen § 1610 Rn 13ff, München FamRZ 96, 1021), auch auf einen Bruchteil davon (Bremen FamRZ 84, 919); besteht er nur ratenweise, kann PKH gegen Auferlegung von Ratenzahlungen gewährt werden (Koblenz FamRZ 91, 346, Nürnberg FamRZ 96, 875). Er ist nicht realisierbar, wenn die vorschusspflichtige Gegenpartei ihrerseits Anspruch auf PKH hat (Rostock OLG-NL 95, 88, Naumburg FamRZ 02, 1711) oder wenn der Prozesskostenvorschuss von der Klärung schwieriger Rechtsfragen abhängt (Naumburg FamRZ 02, 456). Gilt auch für das auf Feststellung der Vaterschaft klagende nichteheliche Kind im Hinblick auf den Unterhaltsanspruch gegen die Mutter (KG NJW 82, 111), für die unterhaltsberechtigte Tochter im Ehescheidungsprozess (KG NJW 82, 112) und für das auf Anfechtung der Ehelichkeit klagende Kind (Karlsruhe FamRZ 96, 872, Koblenz FamRZ 97, 679; aA Hamburg FamRZ 96,

20 224). – Anzurechnen ist der **Lebensunterhalt,** für den der Partner einer nichtehelichen Lebensgemeinschaft aufkommt, in der die Antrags-

21 stellerin den Haushalt führt (Köln MDR 96, 310). – **Schmerzensgeldzahlungen** sind zur Finanzierung eines Rechtsstreits in der Regel nicht (Köln FamRZ 88, 95, MDR 94, 406, Stuttgart Rpfleger 91, 463, Düsseldorf NJW-RR 92, 221; aA Zweibrücken NJW-RR 98, 1616: maßgebend Umstände des Einzelfalls), allenfalls dann einzusetzen, wenn die ProzKosten verhältnismäßig gering sind und der Partei der wesentliche Teil des Schmerzensgeldes verbleibt (Hamm FamRZ 87, 1283, Jena

MDR 00, 852). – **Verwertung nicht zumutbar:** Zahlung auf rück- 22
ständigen Unterhalt, wenn er wirtschaftlich einem Dritten zusteht (Karlsruhe FamRZ 00, 1585) oder wenn zur Rückzahlung eines Überbrü-
ckungsdarlehens verwendet (BGH FamRZ 99, 644); Guthaben eines
mit öffentlichen Mitteln geförderten nicht zuteilungsreifen Bausparver-
trages (LAG Köln MDR 93, 481); das nicht der Pfändung unterworfene
Vermögen (§§ 811, 812); nach der amtlichen Begründung (BR-Drucksache 187/79 S 24) auch das zurzeit der Entscheidung über den PKH-
Antrag vorübergehend nicht oder nicht angemessen zu veräußernde
Vermögen (Frankfurt FamRZ 99, 1671). Das trifft nicht zu, denn als
Übergangshilfe ist die Verwertung als Sicherheit für die Aufnahme eines Darlehens zumutbar (Frankfurt NJW-RR 87, 320, München FamRZ
93, 821, Christl NJW 81, 785/790, Kollhosser ZRP 79, 297; aA Grunsky
NJW 80, 2041, Schneider MDR 81, 793/796). – **Nicht verwertbar** 23
**ist ferner das Vermögen, das unter den Katalog in § 88 Abs 2
Nr 1–8 BSHG** fällt; außerdem soweit die Verwertung für die Partei
oder ihre unterhaltsberechtigten Angehörigen eine Härte bedeuten
würde (§ 88 Abs 3 BSHG, vgl zu § 88 Abs 2, 3 BVerwG NJW 98,
1879). Kein Schonvermögen ist Wohnraum, der erst angeschafft wurde,
als der Anfall von Prozesskosten absehbar war (Nürnberg FamRZ 02,
759).

§ 88 Abs 2 BSHG lautet:

*Die Sozialhilfe darf nicht abhängig gemacht werden vom Einsatz oder von
der Verwertung*

1. *eines Vermögens, das aus öffentlichen Mitteln zum Aufbau oder zur Sicherung einer Lebensgrundlage oder zur Gründung eines Hausstandes gewährt
wird,*

2. *eines sonstigen Vermögens, solange es nachweislich zur baldigen Beschaffung
oder Erhaltung eines Hausgrundstücks im Sinne der Nummer 7 bestimmt
ist, soweit dieses Wohnzwecken Behinderter (§ 39 Abs. 1 Satz 1 und
Abs. 2), Blinder (§ 67) oder Pflegebedürftiger (§ 69) dient oder dienen soll
und dieser Zweck durch den Einsatz oder die Verwertung des Vermögens
gefährdet würde,*

3. *eines angemessenen Hausrats; dabei sind die bisherigen Lebensverhältnisse
des Hilfesuchenden zu berücksichtigen,*

4. *von Gegenständen, die zur Aufnahme oder Fortsetzung der Berufsausbil-
dung oder der Erwerbstätigkeit unentbehrlich sind,*

5. *von Familien- und Erbstücken, deren Veräußerung für den Hilfesuchenden
oder seine Familie eine besondere Härte bedeuten würde,*

6. *von Gegenständen, die zur Befriedigung geistiger, besonders wissenschaftlicher oder künstlerischer, Bedürfnisse dienen und deren Besitz nicht Luxus
ist,*

7. *eines angemessenen Hausgrundstücks, das vom Hilfesuchenden oder einer
anderen in den §§ 11, 28 genannten Person allein oder zusammen mit Angehörigen ganz oder teilweise bewohnt wird und nach seinem Tod bewohnt
werden soll. Die Angemessenheit bestimmt sich nach der Zahl der Bewohner,*

dem Wohnbedarf (zum Beispiel Behinderter, Blinder oder Pflegebedürftiger), der Grundstücksgröße, der Hausgröße, dem Zuschnitt und der Ausstattung des Wohngebäudes sowie dem Wert des Grundstücks einschließlich des Wohngebäudes. Familienheime und Eigentumswohnungen im Sinne der §§ 7 und 12 des Zweiten Wohnungsbaugesetzes sind in der Regel nicht unangemessen groß, wenn ihre Wohnfläche die Grenzen des § 39 Abs. 1 Satz 1 Nr. 1 und 3 in Verbindung mit Absatz 2 des Zweiten Wohnungsbaugesetzes, bei der häuslichen Pflege (§ 69) die Grenzen des § 39 Abs. 1 Satz 1 Nr. 1 und 3 in Verbindung mit § 82 des Zweiten Wohnungsbaugesetzes nicht übersteigt,

8. *kleinerer Barbeträge oder sonstiger Geldwerte; dabei ist eine besondere Notlage des Hilfesuchenden zu berücksichtigen.*

Festsetzung der Zahlungen aus dem Vermögen vgl § 120 Abs 1.

24   **5. Keine Prozesskostenhilfe, Abs 3,** trotz Vorliegens der Voraussetzungen, wenn die Prozesskosten der Instanz (§ 119 S 1) den Betrag von 4 Monatsraten nach der Tabelle und die aus dem Vermögen aufzubringenden Teilbeträge (Abs 2) nicht übersteigen. Dabei handelt es sich um kleine Streitwerte oder um ziemlich gute wirtschaftliche Verhältnisse der Partei (KG FamRZ 88, 1078). Dann ist der Partei zuzumuten, sich die fehlenden erforderlichen Mittel anderweitig, zB durch Kreditaufnahme zu beschaffen; außerdem stünde der mit dem Bewilligungsverfahren verbundene Aufwand in keinem Verhältnis zu dem geringen Nutzen (BR-Drucksache 187/79 S 24).

§ 116 Partei kraft Amtes; juristische Person; parteifähige Vereinigung

[1] **Prozeßkostenhilfe erhalten auf Antrag**
1. **eine Partei kraft Amtes, wenn die Kosten aus der verwalteten Vermögensmasse nicht aufgebracht werden können und den am Gegenstand des Rechtsstreits wirtschaftlich Beteiligten nicht zuzumuten ist, die Kosten aufzubringen;**
2. **eine inländische juristische Person oder parteifähige Vereinigung, wenn die Kosten weder von ihr noch von den am Gegenstand des Rechtsstreits wirtschaftlich Beteiligten aufgebracht werden können und wenn die Unterlassung der Rechtsverfolgung oder Rechtsverteidigung allgemeinen Interessen zuwiderlaufen würde.**
[2] **§ 114 letzter Halbsatz ist anzuwenden.** [3]**Können die Kosten nur zum Teil oder nur in Teilbeträgen aufgebracht werden, so sind die entsprechenden Beträge zu zahlen.**

1   **1. Partei kraft Amtes, Nr 1,** (vgl § 51 Rn 25–30), auch ausländische; § 116 gilt auch für den Sequester nach KO (BGH NJW 98, 3124). Umfassend Pape ZIP 89, 1293. – **a) Persönliche und wirtschaftliche Voraussetzungen:** Die Kosten können aus der verwalteten Vermögensmasse nicht aufgebracht werden, zB kein ausreichender Barbestand nach Abzug der Masseschulden und -kosten (München ZIP 98, 1197). Auch ist den wirtschaftlich Beteiligten nicht zuzumuten, die Mittel aufzubringen; auf ihre Bereitschaft, den Proz zu finanzieren, kommt es nicht an (Hamburg NJW-RR 02, 1054). Wirtschaftlich beteiligt sind diejenigen, deren endgültigem Nutzen der Rechtsstreit dienen soll (BGH NJW 77, 2317), zB die Erben im Aktivprozess des Testamentvollstreckers, diejenigen Insolvenzgläubiger, die bei erfolgreichem Abschluss des konkreten Rechtsstreits wenigstens mit einer teilweisen Befriedigung aus der Masse rechnen können (BGH 119, 372/377, Schleswig ZIP 97, 1427). Für die Zumutbarkeit spielt das Verhältnis des vom Prozess zu erwartenden Nutzens zu den aufzubringenden Kosten eine Rolle (BGH ZIP 90, 1490, Köln VersR 00, 645, Düsseldorf MDR 02, 846), wobei mehrere Insolvenzgläubiger die ProzKosten nur anteilig zu tragen haben (KG ZIP 03, 270). – **Nicht zumutbar** ist die Aufbringung der Kosten für Insolvenzgläubiger, wenn für sie voraussichtlich nur noch eine geringe Quote oder nichts mehr bliebe (BGH NJW 94, 3170); Unterscheidung zwischen bevorrechtigten und sonstigen Gläubigern ist in InsO entfallen (KG NJW-RR 00, 1001); keine generelle Unzumutbarkeit für den Steuer- und Zollfiskus (BGH NJW 98, 1868, Celle NJW-RR 00, 728; kritisch Pape ZIP 98, 791); nicht zumutbar für den Insolvenzverwalter im Hinblick auf seinen Vergütungsanspruch (BGH NJW 98, 1229, Jena ZIP 01, 579); nicht zumutbar für öffentlichrechtliche Insolvenzgläubiger im Hinblick auf ihre Sozialleistungen, mit denen sie die Insolvenzmasse bereits entlasten, wie Arbeitsamt, Sozialversicherung, AOK, Berufsgenossenschaft (BGH 119, 372, BGH NJW 97, 3318; aA Düsseldorf ZIP 90, 938, Köln ZIP 90, 936 und 937), IHK (Frankfurt ZIP 93, 1250); nicht zumutbar für Arbeitnehmer wegen ihrer eingeschränkten wirtschaftlichen Leistungsfähigkeit und der zumeist erbrachten Vorleistungen (BGH 119, 372, München NJW-RR 97, 1327); weitergehend München ZIP 96, 512: für öffentliche Kassen schlechthin, weil keine Haushaltsmittel für Prozesskostenvorschuss vorgesehen sind, zumal zur Finanzierung vorwiegend privater Interessen. Betrifft das Insolvenzverfahren eine der in Nr 2 genannten Parteien, so muss nicht zusätzlich die dort bestimmte weitere Voraussetzung vorliegen (BGH NJW 91, 40). – **b) Die sachlichen Voraussetzungen** sind die gleichen **2** wie in § 114 Rn 3–8. – **c)** Bei **gesetzlicher Prozessstandschaft** in **3** anderen Fällen (vgl § 51 Rn 24) kommt es in erster Linie auf die Partei selbst, sekundär auf den Rechtsträger an (Karlsruhe FamRZ 88, 636), für den Fall des § 1629 Abs 3 BGB vgl § 114 Rn 12.

2. Inländische juristische Person, parteifähige Vereinigung, 4 Nr 2. Auch sie haben bei Vorliegen der Voraussetzungen einen Rechtsanspruch auf PKH. Parteifähige Vereinigung ist zB die OHG. – **a) Wirtschaftliche Voraussetzung** ist, dass weder sie selbst noch die **5** wirtschaftlich Beteiligten (vgl Rn 1) die Prozesskosten aufbringen können (§ 51 Rn 41, Vogel FamRZ 94, 967/969). Auf die Zumutbarkeit kommt es hier nicht an. Wirtschaftlich Beteiligte können sein die Ge-

sellschafter, Gläubiger, stille Teilhaber, Mitglieder von Vorstand und
6 Aufsichtsrat, konzernverbundene Unternehmen (München ZIP 02,
2131). – **b) Sachliche Voraussetzungen** wie in § 114 Rn 3–8. Außerdem müsste (verfassungskonform, BVerfG NJW 74, 229) die Unterlassung der Rechtsverfolgung allgemeinen Interessen zuwiderlaufen.
Das ist dann der Fall, wenn ohne die Durchführung des Rechtsstreits
die juristische Person bzw parteifähige Vereinigung behindert würde,
der Allgemeinheit dienende Aufgaben zu erfüllen oder wenn die Entscheidung größere Kreise der Bevölkerung oder des Wirtschaftslebens
anspricht und soziale Wirkungen wie den Verlust einer größeren Zahl
von Arbeitsplätzen (BGH 25, 183, Hamm NJW-RR 89, 382) oder die
Schädigung einer Vielzahl von Gläubigern nach sich ziehen könnte
(BGH NJW 91, 703: 27), wobei sichergestellt sein muss, dass auf
Grund der Klage eingehende Gelder an die Gläubiger weitergeleitet
werden (Frankfurt NJW-RR 96, 552). Nicht ausreichend ist, dass allgemein interessierende Rechtsfragen unbeantwortet bleiben (BGH DB
90, 678) oder dass das Urteil der Vorinstanz offensichtlich unrichtig ist
7 (LAG Bremen NJW-RR 87, 894). – **c)** Für **ausländische juristische
Personen und parteifähige Vereinigungen** sieht das Gesetz PKH
nicht vor; Ausnahmen wie bei Befreiung von Prozesskostensicherheit
nach § 110 Abs 1, gem Art 44 EuGVÜ, Art 50 EuGVVO und gem
Art 20–24 HZPÜ.

8 **3. Die Art der Prozesskostenhilfe, S 3** entspricht der bei natürlichen Personen. Unter Zugrundelegung der Vermögensmasse entscheidet das Gericht, ob die Partei überhaupt, teilweise oder ganz zu den
Prozesskosten beizutragen hat, bestimmt Höhe und Zeitpunkt der
Zahlung aus dem Vermögen (§ 120 Abs 1) und setzt die Monatsraten
fest. Die dafür in § 115 Abs 1 S 4 festgelegte Höchstzahl von 48 Monatsraten gilt nicht (BR-Drucksache 187/79 S 27; ZöPhilippi 19).

§ 117 Antrag

(1) [1]**Der Antrag auf Bewilligung der Prozeßkostenhilfe ist bei
dem Prozeßgericht zu stellen; er kann vor der Geschäftsstelle
zu Protokoll erklärt werden.** [2]**In dem Antrag ist das Streitverhältnis unter Angabe der Beweismittel darzustellen.** [3]**Der Antrag auf Bewilligung von Prozeßkostenhilfe für die Zwangsvollstreckung ist bei dem für die Zwangsvollstreckung zuständigen
Gericht zu stellen.**

(2) [1]**Dem Antrag sind eine Erklärung der Partei über ihre
persönlichen und wirtschaftlichen Verhältnisse (Familienver-
hältnisse, Beruf, Vermögen, Einkommen und Lasten) sowie entsprechende Belege beizufügen.** [2]**Die Erklärung und die Belege
dürfen dem Gegner nur mit Zustimmung der Partei zugänglich gemacht werden.**

(3) **Der Bundesminister der Justiz wird ermächtigt, zur Vereinfachung und Vereinheitlichung des Verfahrens durch Rechts-**

verordnung mit Zustimmung des Bundesrates Vordrucke für die Erklärung einzuführen.

(4) **Soweit Vordrucke für die Erklärung eingeführt sind, muß sich die Partei ihrer bedienen.**

1. Antrag auf Bewilligung der PKH (Abs 1 S 1). Kein Anwalts- **1** zwang. Ein schriftlicher Antrag muss unterschrieben sein (BGH NJW 94, 2097). Zuständigkeit Abs 1, § 24 Abs 2 Nr 3 RPflG, vor Rechtshängigkeit der Hauptsache das Gericht, bei dem sie der Antragsteller anhängig machen will (BGH NJW-RR 94, 706). Betrifft er die **ZwVollstr,** so ist außer in den Fällen der §§ 887, 888, 890 das Vollstr-Gericht zuständig (Abs 1 S 3), und zwar idR der Rechtspfleger (vgl § 20 Nr 5 RpflG). Der Antrag hemmt die Verjährungsfrist, auch wenn am letzten Tag eingegangen (BGH 70, 235, näher Palandt/Heinrichs § 203 Rn 9). – Bei **Verbindung mit der Klageschrift** muss der An- **2** tragsteller deutlich machen (Auslegungsfrage im Einzelfall, BGH NJW-RR 87, 376), ob die Klage bereits erhoben, das Rechtsmittel bereits eingelegt sein soll oder ob es sich zunächst nur um den PKH-Antrag handelt – **a) Nur Antrag:** Bezeichnung als Klageentwurf bzw Entwurf **3** einer Berufungsschrift, als beabsichtigte Klage (Celle MDR 63, 687), fehlende Unterschrift, die Erklärung, über das in der Klage gestellte Gesuch um PKH solle vorab entschieden werden (Köln FamRZ 84, 916). Das ist dann allerdings auch keine „Einreichung" der Klage im Sinne der §§ 167, 496 (BGH VersR 65, 155) bzw Einlegung des Rechtsmittels (BGH VersR 86, 40). – **b) Auch Klage:** Fehlt diese Klarstellung, so ist **4** auch der Rechtsstreit in Gang gesetzt (BGH 4, 333), das Rechtsmittel eingelegt (BGH FamRZ 90, 995). Die Klage wird nach Bewilligung der PKH (Karlsruhe FamRZ 91, 1459) oder Zahlung des Vorschusses zugestellt. Die formlose Mitteilung im Prüfungsverfahren kann nicht nach § 189 als Klagezustellung aufgefasst werden (BGH VersR 68, 368). Einreichung der Klage, falls PKH bewilligt wird, ist als bedingte Klageeinreichung – wie bei Einlegung der Berufung (vgl § 519 Rn 4) – unzulässig (aA München MDR 88, 972: mit Erlass des voll bewilligenden Beschlusses werde die Klage anhängig); möglich aber Auslegung, dass Zustellung der Klage nur für Bewilligung von PKH beantragt wird (Naumburg OLG-NL 00, 91; ZöPhilippi 10). Ist der PKH-Antrag mit Klageentwurf als Klage behandelt worden und stellt der Kl in der Verhandlung den Antrag aus der Klageschrift, so gilt damit die Klage als eingereicht und mit rügelosem Verhandeln des Bekl als erhoben (BGH NJW 72, 1373). – Beiordnung eines RA auf Antrag im Anwaltsprozess vgl § 78 b, als Beistand ohne Antrag in Scheidungssachen und bei Übertragung der elterlichen Sorge vgl § 625.

2. Die Darstellung des Streitverhältnisses (Abs 1 S 2) soll die ge- **5** richtliche Prüfung der sachlichen Voraussetzungen für die Bewilligung (§ 114 Rn 3–8) im Verfahren nach § 118 vorbereiten und hat den beabsichtigten Antrag, die tatsächlichen Behauptungen und die Angabe der Beweismittel zu enthalten. Eine inhaftierte Partei ist über die Möglichkeit, Erklärungen zu Protokoll abzugeben, zu belehren (Bamberg OLGR 01, 273). In der Rechtsmittelinstanz sind Darlegungen nicht erforderlich (BGH NJW-RR 01, 1146), außer ggf der Darlegung, dass die Rechtsmittelsumme erreicht ist (BGH NJW 56, 1435).

6   **3.** Die **Erklärung der Partei nach Abs 2** unter Beifügung der Belege, Unterschrift nicht erforderlich (Karlsruhe FamRZ 96, 805), soll die gerichtliche Prüfung der persönlichen und wirtschaftlichen Voraussetzungen für die Bewilligung (§ 114 Rn 2, § 115) im Verfahren nach § 118 ermöglichen. Bei einer Unterhaltsklage gem § 1629 Abs 3 BGB hat sie der klagende Elternteil abzugeben (Saarbrücken FamRZ 91, 691). Satz 2 schränkt das Recht des Antragsgegners auf rechtliches Gehör zugunsten des Rechts des Antragstellers auf Persönlichkeits- und Datenschutz ein (so schon BVerfG NJW 91, 2080). Vgl auch § 127 Abs 1 S 3. Fehlen die Belege, so hat das Gericht vor Ablehnung des Antrags auf ihre Vorlage hinzuwirken (München FamRZ 98, 630; aA Oldenburg NJW 81, 1793). Die Vorlage einer behördlichen Bescheinigung ist nicht vorgeschrieben, in Zweifelsfällen kann das Gericht eine Auskunft der zuständigen Behörde einholen (§ 118 Abs 2 S 3). Dem Antrag auf PKH für die Rechtsmittelinstanz ist die Erklärung innerhalb der Rechtsmittelfrist (BGH FamRZ 03, 89) erneut beizufügen oder es ist auf die in erster Instanz abgegebene Erklärung innerhalb der Rechtsmittelfrist (BGH FamRZ 03, 89) zu verweisen (BGH NJW-RR 90, 1212; 93, 451), sofern diese vollständig war (Dresden FamRZ 01, 236), vgl Rn 7.

7   **4. Vordruck** (Abs 3, 4). Der Antragsteller, auch wenn er Sozialhilfeempfänger ist (Hamburg FamRZ 92, 78) oder über sein Vermögen das Insolvenzverfahren eröffnet ist (BGH NJW 02, 2793), muss den Vordruck, der durch die VO vom 17. 10. 94 (BGBl S 3001, PKHVV) eingeführt ist, sorgfältig ausfüllen. Andernfalls kann der Antrag nach erfolglosem Hinweis (enger Stuttgart MDR 84, 58: Noch bestimmte Fragen zu beantworten) abgelehnt werden (BVerfG NJW 00, 275, Hamburg FamRZ 92, 78), falls die Angaben nicht aus beigefügten Anlagen ersichtlich sind (BVerfG NJW 00, 275, München FamRZ 96, 418); ein Konvolut von Anlagen allein reicht aber nicht (Frankfurt FamRZ 97, 682). Nach § 2 Abs 1 PKHVV können minderjährige Kinder in bestimmten Fällen PKH formlos beantragen. In 2. Instanz genügt Bezugnahme auf den abgegebenen Vordruck nur bei unmissverständlichem Hinweis, dass keine Änderungen eingetreten sind (BGH NJW 01, 2720) oder dass sich die Verhältnisse verschlechtert haben (BGH NJW-RR 00, 1520).

§ 118 Bewilligungsverfahren

(1) ¹**Vor der Bewilligung der Prozeßkostenhilfe ist dem Gegner Gelegenheit zur Stellungnahme zu geben, wenn dies nicht aus besonderen Gründen unzweckmäßig erscheint.** ²**Die Stellungnahme kann vor der Geschäftsstelle zu Protokoll erklärt werden.** ³**Das Gericht kann die Parteien zur mündlichen Erör-**

terung laden, wenn eine Einigung zu erwarten ist; ein Vergleich ist zu gerichtlichem Protokoll zu nehmen. [4]Dem Gegner entstandene Kosten werden nicht erstattet. [5]Die durch die Vernehmung von Zeugen und Sachverständigen nach Absatz 2 Satz 3 entstandenen Auslagen sind als Gerichtskosten von der Partei zu tragen, der die Kosten des Rechtsstreits auferlegt sind.

(2) [1]Das Gericht kann verlangen, daß der Antragsteller seine tatsächlichen Angaben glaubhaft macht. [2]Es kann Erhebungen anstellen, insbesondere die Vorlegung von Urkunden anordnen und Auskünfte einholen. [3]Zeugen und Sachverständige werden nicht vernommen, es sei denn, daß auf andere Weise nicht geklärt werden kann, ob die Rechtsverfolgung oder Rechtsverteidigung hinreichende Aussicht auf Erfolg bietet und nicht mutwillig erscheint; eine Beeidigung findet nicht statt. [4]Hat der Antragsteller innerhalb einer von dem Gericht gesetzten Frist Angaben über seine persönlichen und wirtschaftlichen Verhältnisse nicht glaubhaft gemacht oder bestimmte Fragen nicht oder ungenügend beantwortet, so lehnt das Gericht die Bewilligung von Prozeßkostenhilfe insoweit ab.

(3) Die in Absatz 1, 2 bezeichneten Maßnahmen werden von dem Vorsitzenden oder einem von ihm beauftragten Mitglied des Gerichts durchgeführt.

1. Das **Prüfungsverfahren, Abs 1,** beschränkt sich darauf, ob die 1 Voraussetzungen für die Bewilligung (§ 114 Rn 2, § 115) vorliegen. Zuständig sind der Vorsitzende, ein von ihm beauftragter Richter des Kollegiums oder Rechtspfleger, Abs 3, § 20 Nr 4a RPflG. – **a) Recht-** 2 **liches Gehör** (Einl I Rn 9) muss grundsätzlich gewährt werden (BVerfG 20, 347; BayVerfGH NJW 62, 627). Anhörung des Gegners kann mündlich, schriftlich oder zur Niederschrift der GeschSt, dh gem § 24 Abs 2 Nr 3 RPflG idR des Rechtspflegers, erfolgen und erstreckt sich auf die beabsichtigte Rechtsverfolgung; auf die Angaben über die persönlichen und wirtschaftlichen Verhältnisse des Antragstellers nur mit seiner Zustimmung (§ 117 Abs 2 S 2); darüber ist er zu belehren. Ordnungs- (§ 141 Abs 3) und Zwangsmittel sind unzulässig (allg M). – **b) Ladung der Parteien zur mündlichen Erörterung** ist nur 3 (Karlsruhe FamRZ 92, 1198) zulässig, wenn eine Einigung zu erwarten ist. Ordnungs- und Zwangsmittel sind wegen fehlender Verweisung auf § 141 Abs 3 unzulässig wie bei Ladung zum Sühneversuch nach § 279. Kommt eine Einigung zustande, so ist sie als gerichtlicher **Vergleich** 4 zu protokollieren. Er ist VollstrTitel gem § 794 Abs 1 Nr 1. Kein Anwaltszwang (Hamburg FamRZ 88, 1299). Bewilligung der PKH für Sühneverhandlung und Vergleich ist zulässig, vgl § 114 Rn 1. – **c)** Die 5 **Entscheidung** ist alsbald und ohne Zögern zu treffen, sie darf ohne hinreichenden Grund nicht bis zur Entscheidung in der Sache hinausgeschoben werden (Düsseldorf FamRZ 86, 485, Naumburg FamRZ 00, 106). Auch Aussetzung nach § 148 ist unzulässig (München MDR

88, 783). Nicht verfahrensfehlerhaft ist es, über den PKH-Antrag des Beklagten mit der Hauptsache zusammen zu entscheiden, wenn der Beklagte ohne PKH-Entscheidung zur Sache verhandelt (Köln NJW-RR 99, 649). Maßgebender Zeitpunkt vgl § 119 Rn 4, § 127 Rn 8.

6   **2. Die Erhebungen nach Abs 2** betreffen die zur Beweislast des Antragstellers gehörenden (Köln FamRZ 88, 1077) sachlichen (S 1 bis 3) und die persönlichen und wirtschaftlichen (S 4) Voraussetzungen für die Bewilligung der PKH. Zuständigkeit wie Rn 1. Das Gesetz nennt

7   Beispiele. Parteivernehmung nach §§ 445 ff ist unzulässig. – **a) Glaubhaftmachung** der tatsächlichen Angaben (§ 117 Abs 1 S 2) durch den Antragsteller, sofern konkrete Zweifel daran bestehen (Hamm FamRZ

8   96, 417). – **b) Vorlage von Urkunden, Einholung von Auskünften** wie § 273 Abs 2 Nr 1, 2. Schriftliche Auskünfte können nach dem Gesetzeswortlaut auch von Privatpersonen, dh von angebotenen Zeugen und von Sachverständigen eingeholt werden. Das sollte aber im Hinblick auf S 3 vermieden werden, der spätere Prozess soll nicht bereits im Prüfungsverfahren abgewickelt werden (BR-Drucksache 187/79 S 27). –

9   **c) Die Vernehmung von Zeugen und Sachverständigen** ist grundsätzlich unzulässig, insbes zu Einwendungen des Bekl (Brandenburg MDR 03, 111); statthaft zum Vorbringen des Kl nur, wenn sich die sachlichen Voraussetzungen für die Bewilligung auf andere Weise nicht klären lassen. Für die Vernehmung gilt der Grundsatz der Parteiöffentlichkeit § 357. Vernehmung durch ein Rechtshilfegericht (Braunschweig NdsRpfl 87, 251) und Beeidigung sind nicht statthaft.

10   **3. Ablehnung der Bewilligung, Abs 2 Satz 4.** Funktionell zuständig ist der Richter (LAG Düsseldorf RPfleger 96, 295). Die Sanktion für ungenügende Mitwirkung des Antragstellers bei Feststellung seiner persönlichen und wirtschaftlichen Verhältnisse setzt voraus, dass er innerhalb einer vom Gericht gesetzten Frist seine Angaben nicht glaubhaft gemacht oder bestimmte Fragen nicht oder ungenügend beantwortet hat (München MDR 98, 559). Dies geht „insoweit" zu seinen Lasten, dh er erhält überhaupt keine PKH, wenn seine Säumigkeit die Bewilligungsvoraussetzungen betrifft, oder er muss höhere Raten zahlen, wenn seine Säumigkeit einzelne Einkommens- oder Vermögensposten betrifft (Karlsruhe FamRZ 92, 579). Der Antragsteller ist mit dem versäumten Vorbringen nicht endgültig ausgeschlossen, er kann es mangels Rechtskraftwirkung des Ablehnungsbeschlusses mit Beschwerde gegen diesen (Koblenz FamRZ 90, 537; zu Unrecht aA LSG NRW FamRZ 89, 411 mit Anmerkung Gottwald 412) oder mit einem neuen Bewilligungsgesuch nachholen.

11   **4. Kosten** (Abs 1 S 4, 5). – **a) Gerichtsgebühren** entstehen weder im Verfahren nach Abs 1 noch nach Abs 2. Auslagen durch die Erhebungen nach Abs 2 trägt zunächst die Staatskasse. Ihr haftet der Antragsteller nach § 49 GKG. Als Gerichtskosten trägt sie nach Abschluss des

12   Rechtsstreits die unterlegene Partei. – **b) Außergerichtliche Kosten** des Gegners sind in keinem Fall zu erstatten. Kommt es zum Prozess, so

ist umstritten, ob Abs 1 S 4 im Falle des Unterliegens des Antragstellers die Erstattung der außergerichtlichen Kosten des Prüfungsverfahrens der 1. Instanz als Prozesskosten ausschließt; zusammenfassende Übersicht über den Meinungsstand Köln NJW 75, 1286, KG RPfleger 95, 508. Richtig ist wohl die Auffassung, dass die im nachfolgenden Prozess unterlegene Partei, der PKH gewährt war, dem obsiegenden Gegner auch auf Grund der ihr ungünstigen Kostenentscheidung die Kosten des Prüfungsverfahrens nicht zu erstatten hat (Schleswig SchlHA 80, 165), während die obsiegende Partei, der PKH gewährt war, auf Grund der ihr günstigen Kostenentscheidung im Prozess ihre Kosten des Prüfungsverfahrens als Vorbereitungskosten geltend machen kann (Schleswig SchlHA 80, 166, Stuttgart Just 86, 217). – **c) Anwaltsgebühren bei** 13 **Vergleich:** § 23 BRAGO.

§ 119 Bewilligung

(1) ¹**Die Bewilligung der Prozeßkostenhilfe erfolgt für jeden Rechtszug besonders. ²In einem höheren Rechtszug ist nicht zu prüfen, ob die Rechtsverfolgung oder Rechtsverteidigung hinreichende Aussicht auf Erfolg bietet oder mutwillig erscheint, wenn der Gegner das Rechtsmittel eingelegt hat.**

(2) **Die Bewilligung von Prozeßkostenhilfe für die Zwangsvollstreckung in das bewegliche Vermögen umfaßt alle Vollstreckungshandlungen im Bezirk des Vollstreckungsgerichts einschließlich des Verfahrens auf Abgabe der eidesstattlichen Versicherung.**

1. **Zeitliche Geltung** der PKH.   1

a) Sie beginnt mit Wirksamwerden des bewilligenden Beschlusses (§ 329 Rn 6), förmliche Zustellung ist nicht nötig. – **Rückwirkung** 2 kann das Gericht dem Beschluss frühestens auf den Zeitpunkt beilegen, in dem ihm der Antrag samt den erforderlichen Erklärungen und Unterlagen vorlag (BGH NJW 85, 921), im Statusverfahren ausnahmsweise auf einen früheren Zeitpunkt, wenn das Gericht nicht auf die Möglichkeit hingewiesen hat, PKH mit Beiordnung eines RA zu beantragen (Karlsruhe FamRZ 95, 1163). Im Zweifel ist stillschweigende Rückwirkung anzunehmen auf denjenigen Zeitpunkt, zu dem PKH frühestens hätte bewilligt werden können (BGH NJW-RR 98, 642). Die Partei, die danach keine Raten zu leisten hat, hat in diesem Fall Anspruch auf Rückzahlung etwa bezahlter Vorschüsse gegen Gerichtskasse und RA (BGH MDR 63, 827; aA Düsseldorf FamRZ 90, 299). – **Nachträgliche Bewilligung** nach Klagerücknahme (Köln Büro 98, 3 650) und nach, auch rechtskräftiger (Blümler MDR 83, 96/98, Christl MDR 83, 537), Beendigung der Instanz ist bei Vorliegen der Voraussetzungen nur statthaft (aA Oldenburg NJW-RR 91, 189), wenn sie nach vorstehenden Ausführungen mit Rückwirkung ausgesprochen werden darf (BGH NJW 82, 446, BayObLG FamRZ 84, 73, Köln

4 MDR 97, 690). – **Maßgebender Zeitpunkt** für die Beurteilung der Voraussetzungen ist grundsätzlich der der Beschlussfassung (Düsseldorf NJW-RR 89, 383, Jena OLG-NL 97, 286), iF der Verzögerung durch das Gericht der Zeitpunkt der Entscheidungsreife – dazu gehört vollständig ausgefüllter Vordruck (Köln FamRZ 01, 232) – bei ordnungsgemäßem Verfahrensverlauf (Bamberg NJW-RR 90, 1407, Karlsruhe NJW-RR 98, 1228; aA Köln NJW-RR 00, 1606). Dies gilt auch bei Beschwerde (Nürnberg MDR 00, 657) und auch bei übereinstimmender Erledigterklärung der Hauptsache (Rostock NJW-RR 02, 1516). Nach dem Tode ist PKH nicht mehr zu bewilligen (Hamm MDR 77, 409).

5 **b) Sie endet** mit Abschluss des Verfahrens, Aufhebung der Bewilligung (§ 124) od Tod der Partei, der PKH bewilligt war, geht nicht auf die Erben über (Frankfurt NJW-RR 96, 776). Vom Erblasser erbrachte Zahlungen sind auf die Verfahrenskosten anzurechnen, soweit sie den Rechtsnachfolger treffen. Das Bewilligungsverfahren einschließlich eines BeschwVerf erledigt sich mit dem Tod des Antragstellers (hM Karlsruhe FamRZ 99, 240, SächsOVG NVwZ 02, 492, Brandenburg FamRZ 02, 1199; aA Hess LSG Rpfleger 97, 392: rückwirkende Bewilligung möglich). Die PKH erlischt auch bei Ausscheiden der Partei, der sie bewilligt war, aus dem Prozess (KG MDR 69, 849). Die Vollmacht des RA endet nicht, § 86. Für seine Handlungen in schuldloser Unkenntnis des Todes hat er Erstattungsanspruch gegen die Staatskasse entsprechend § 674 BGB (Düsseldorf RPfleger 50, 94). Bei jur Personen und parteifähigen Vereinigungen (§ 116) endet die PKH mit dem Erlöschen, dh nach Beendigung der Liquidation.

6 **c) Mahnverfahren** vgl Rn 12 vor § 688.

7 **d) Aufhebung** der Bewilligung, **Änderung** des Beschlusses §§ 124, 120 Abs 4.

8 **2. Gegenständliche Geltung.** – a) Für das **Verfahren in einem Rechtszug,** was kostenrechtlich zu verstehen ist (§ 27 GKG, Köln
9 NJW 95, 2728). – **Dazu gehören** alle Stufen iF des § 254 (Hamm FamRZ 97, 97, München OLGR 98, 110, Köln FamRZ 98, 1601), wobei die Bewilligung für die letzte Stufe ohne weiteres unter dem Vorbehalt einer Konkretisierung und Erfolgsprüfung steht (Düsseldorf FamRZ 86, 286, Hamm FamRZ 97, 97, München FamRZ 97, 895, Brandenburg MDR 03, 171) oder vorzubehalten ist (Düsseldorf FamRZ 00, 101; aA Koblenz FamRZ 85, 416, Bamberg FamRZ 86, 371, Naumburg FamRZ 94, 1042: Bewilligung jeweils nur für eine Stufe; Celle FamRZ 97, 99, Schneider MDR 86, 552: für die ganze Klage, aber Beschränkung auf den gleichzeitig festzusetzenden Streitwert für die Leistungsstufe; München FamRZ 93, 340, Karlsruhe FamRZ 97, 98: Bewilligung auch für die unbezifferte Leistungsklage, aber neuer Antrag bei Bezifferung erforderlich, soweit diese eine Klageerweiterung ist). Dazu gehören ebenfalls alle 3 Abschnitte im Wiederaufnahmeverfahren (BGH VersR 94, 241; vgl 2 vor § 578). Zum Rechtszug ge-

hören Vergleich im Rahmen von § 122 Abs 3 S 1 BRAGO (Dresden OLG-NL 97, 17), für den Bekl Urkunden- u Nachverfahren (Saarbrücken NJW-RR 02, 1584), Kostenfestsetzung, Beweisaufnahme vor ersuchtem Richter, Urteilsergänzung § 321, Verfahren nach Einspruch, Verweisung (Düsseldorf NJW-RR 91, 63), auch in einen anderen Rechtsweg (Köln NJW 95, 2728) oder Zurückverweisung, Nachverfahren nach Grund- oder Vorbehaltsurteil, Fortsetzung nach Anfechtung eines Prozessvergleichs, außergerichtlicher Vergleich vor Amtszustellung des Urteils (BGH RPfleger 87, 519, Hamm NJW-RR 88, 1151, Düsseldorf OLZ 92, 490; bestr). – **Dazu gehört nicht** ohne gesonderten 10 Ausspruch die ZwVollstr, um nicht die Auszahlung einer weiteren Vergütung des RA nach § 124 BRAGO durch eine möglicherweise erst spätere ZwVollstr zu blockieren (BR-Drucksache 187/79 S 26). Bewilligung für die **ZwVollstr** umfasst alle VollstrHandlungen in das bewegliche Vermögen einschl der Abgabe der eidesstattlichen Versicherung im Bezirk des bewilligenden VollstrGerichts (Abs 2); im Übrigen ist PKH für jede ZwVollstrMaßnahme gesondert zu beantragen (MuFischer 8). Bei der Prüfung nach § 114 steht hierbei die Mutwilligkeit im Vordergrund. Ferner gehören nicht zum Rechtszug selbständige Verfahren wie Arrest und einstw Vfg, wenn die PKH für den Hauptsacheprozess bewilligt ist, einstw Anordnung (Bamberg FamRZ 86, 701), Wiederaufnahmeverfahren, Anschließung an Rechtsmittel; nicht das streitige Verfahren bei Bewilligung im Mahnverfahren (München MDR 97, 891, Oldenburg NJW-RR 99, 579); ferner nicht außergerichtl Vertragsverhandlungen; dafür gibt es die außergerichtliche Rechtsberatung Minderbemittelter nach dem Beratungshilfegesetz.

b) Für den erhobenen **prozessualen Anspruch** (Einl II), also nicht 11 für Klageerweiterung, Widerklage oder Verteidigung gegen sie, Zwischenanträge, Aufhebungsverfahren nach Arrestbefehl, einen über den prozessualen Anspruch hinausgehenden Prozessvergleich, auf den aber das Ger auf Antrag die bewilligte PKH ausdehnen kann.

c) Im Verbundverfahren erstreckt sich die PKH idR auf alle im 12 Zeitpunkt der Bewilligung anhängigen Folgesachen außer den ausdrücklicher Beschränkung (München FamRZ 95, 822, für ausdrückliche Entscheidung Zweibrücken FamRZ 01, 1466), für die Scheidungssache auf die vAw nach § 621 Abs 1 Nr 6 einzuleitende Folgesache Versorgungsausgleich, § 624 Abs 2. Beschränkung auf die Folgesachen und Verweigerung für die Ehescheidungssache auf Seiten des Bekl ist wegen dessen notwendiger Beteiligung unzulässig (Düsseldorf FamRZ 90, 80, Hamm NJW 78, 171, aA Düsseldorf NJW 78, 1865). Die Bewilligung für einstweiliges Anordnungsverfahren (§ 620) erstreckt sich ohne weiteres auf das Abänderungsverfahren des § 620 b (Hamm MDR 83, 847).

3. Erleichterung in höherer Instanz (Abs 1 S 2). Die sachlichen 13 Voraussetzungen (§ 114 Rn 3 bis 8) sind nicht zu prüfen, soweit die Partei, der PKH bewilligt war, in der vorherigen Instanz obsiegt hat;

gilt nicht für den Streithelfer des Revisionsbeklagten (BGH NJW 66, 597). Davon macht die Rspr eine Ausnahme, wenn sich die Sachlage eindeutig geändert hat (BGH 36, 280, Hamm FamRZ 95, 747, Bamberg FamRZ 99, 111) und wenn die beabsichtigte Rechtsverfolgung schlechthin aussichtslos ist, zB bei offensichtlicher Fehlentscheidung der Vorinstanz (Köln VersR 81, 488, Düsseldorf FamRZ 88, 416). Der Beschluss bedarf grundsätzlich einer konkreten Begründung (BVerfG NJW 87, 1619). PKH ist erst zu bewilligen, wenn nach Eingang der Berufungs- bzw Revisionsbegründung feststeht, dass das Rechtsmittel durchgeführt wird und nicht nach §§ 522 Abs 1, 552 Abs 1 zu verwerfen ist (BGH NJW 82, 446, NJW-RR 01, 1009; aA Karlsruhe FamRZ 96, 806) oder für den Rechtsmittelbeklagten, wenn nach Versagung von PKH für den Rechtsmittelkläger dieser das Rechtsmittel nicht zurücknimmt (Hamm FamRZ 97, 181 mit wegen § 119 Abs 1 S 2 unrichtiger Begründung).

14   4. Rechtsmittel: § 127.

§ 120 Festsetzung von Zahlungen

(1) [1] Mit der Bewilligung der Prozeßkostenhilfe setzt das Gericht zu zahlende Monatsraten und aus dem Vermögen zu zahlende Beträge fest. [2] Setzt das Gericht nach § 115 Abs. 1 Satz 3 Nr. 4 mit Rücksicht auf besondere Belastungen von dem Einkommen Beträge ab und ist anzunehmen, daß die Belastungen bis zum Ablauf von vier Jahren ganz oder teilweise entfallen werden, so setzt das Gericht zugleich diejenigen Zahlungen fest, die sich ergeben, wenn die Belastungen nicht oder nur in verringertem Umfang berücksichtigt werden, und bestimmt den Zeitpunkt, von dem an sie zu erbringen sind.

(2) Die Zahlungen sind an die Landeskasse zu leisten, im Verfahren vor dem Bundesgerichtshof an die Bundeskasse, wenn Prozeßkostenhilfe in einem vorherigen Rechtszug nicht bewilligt worden ist.

(3) Das Gericht soll die vorläufige Einstellung der Zahlungen bestimmen,
1. wenn abzusehen ist, daß die Zahlungen der Partei die Kosten decken;
2. wenn die Partei, ein ihr beigeordneter Rechtsanwalt oder die Bundes- oder Landeskasse die Kosten gegen einen anderen am Verfahren Beteiligten geltend machen kann.

(4) [1] Das Gericht kann die Entscheidung über die zu leistenden Zahlungen ändern, wenn sich die für die Prozeßkostenhilfe maßgebenden persönlichen oder wirtschaftlichen Verhältnisse wesentlich geändert haben; eine Änderung der nach § 115 Abs. 1 Satz 3 Nr. 2 Satz 1 maßgebenden Beträge ist nur auf Antrag und nur dann zu berücksichtigen, wenn sie dazu führt, daß

keine Monatsrate zu zahlen ist. [2] Auf Verlangen des Gerichts hat sich die Partei darüber zu erklären, ob eine Änderung der Verhältnisse eingetreten ist. [3] Eine Änderung zum Nachteil der Partei ist ausgeschlossen, wenn seit der rechtskräftigen Entscheidung oder sonstigen Beendigung des Verfahrens vier Jahre vergangen sind.

1. Gerichtliche Festsetzung, Abs 1. Das Prozessgericht setzt in 1 dem Beschluss, der PKH bewilligt, auf Grund der Einkommens- und Vermögensverhältnisse im Zeitpunkt der Entscheidung (Bremen FamRZ 83, 637), fest: – **a) Die Höhe der Monatsraten,** die sich aus der Tabelle (§ 115 Abs 1 S 4) ergibt. Falls keine Raten zu zahlen sind, genügt 2 die Bewilligung allein. Zulässig ist auch der Vorbehalt, Ratenzahlungen nach besserer Prüfung der wirtschaftlichen Verhältnisse noch anzuordnen (Hamm MDR 90, 345, Nürnberg RPfleger 95, 260), die Anordnung muss spätestens bis zur Hauptsacheentscheidung nachgeholt sein (Hamburg FamRZ 96, 1424). Die Verpflichtung zur Ratenzahlung beginnt mit Wirksamwerden des Beschlusses; erstmalige Ratenanordnung in 2. Instanz erstreckt sich nur bei ausdrücklicher Anordnung auf die Kosten der 1. Instanz (Köln FamRZ 97, 754). Eine davon abweichende Bestimmung in Härtefällen ist nicht ausgeschlossen, zB bei einer zeitlich begrenzten besonderen Belastung (§ 115 Abs 1 S 3 Nr 4) oder wenn der Gesamtbetrag insgesamt niedrig ist. – **b) Zahlung aus dem Ver-** 3 **mögen.** Hat die natürliche Partei einen Teil der Prozesskosten aus ihrem Vermögen aufzubringen (§ 115 Abs 2) oder hat eine Partei kraft Amtes, eine juristische Person oder parteifähige Vereinigung die Kosten teilweise oder in Raten zu zahlen (§ 116), so setzt das Prozessgericht die Höhe der zu zahlenden Beträge ziffern- u datumsmäßig (Köln NJW-RR 01, 644) fest. Eine Reihenfolge für die Festsetzung der Ratenzahlungen aus dem Einkommen und der Zahlung eines Teilbetrages aus dem Vermögen ist nicht vorgeschrieben. Für die Fälligkeit bei der gelten die Ausführungen in Rn 2. – **c) Erhöhte Monatsraten** kann das 4 Gericht bereits im Bewilligungsbeschluss ab einem späteren Zeitpunkt festsetzen, wenn es vom Einkommen wegen besonderer Belastungen Beträge abgesetzt hat (§ 115 Abs 1 S 3 Nr 4) und wenn schon bei Bewilligung abzusehen ist, dass die Belastungen innerhalb von 4 Jahren ganz oder teilweise entfallen; ebenso Zahlungen aus Vermögen, wenn gesicherte Einkommens- oder Vermögenszuwächse im Zeitpunkt der Entscheidung über den Bewilligungsantrag abzusehen sind (Düsseldorf MDR 90, 728).

2. Adressat der Zahlungen vgl Abs 2. 5

3. Vorläufige Einstellung der Zahlungen, Abs 3. Für die Anord- 6 nung ist der Rechtspfleger zuständig (§ 20 Nr 4 b RPflG). – Sie ist nach 7 **Nr 1** veranlasst, sobald sich herausstellt, dass die nach Abs 1 geleisteten Zahlungen die anfallenden Kosten decken oder dass diese geringer sind als ursprünglich angenommen, zB wegen teilweiser Klagerücknahme. Bei Bewilligung von Raten darf die Zahlung nicht vor Erreichen der

Regelgebühren des RA gem § 11 BRAGO bzw der Höchstzahl von 48 Raten eingestellt werden (Nürnberg und Saarbrücken FamRZ 89, 301 und 303, Düsseldorf Rpfleger 01, 244, LAG Hamm NJW-RR 98, 201; aA Bamberg FamRZ 88, 192, Düsseldorf MDR 88, 238). – Au-
8 ßerdem nach **Nr 2,** sobald einer der genannten Anspruchsberechtigten ohne Rücksicht auf die Rangfolge (BGH NJW-RR 91, 827) die Kosten gegen einen anderen Verfahrensbeteiligten geltend machen kann. Stellt sich heraus, dass die Kosten anderweitig nicht beitreibbar sind, so bestimmt der Rechtspfleger die Wiederaufnahme der Zahlungen nach Höhe und Zeitpunkt (BGH aaO). Das Gericht kann eine vorläufige Einstellung der Ratenzahlungen wieder aufheben (Hamburg MDR 85, 941), nicht aber eine fälschlich angeordnete endgültige Einstellung (Koblenz Rpfleger 99, 497).

9   **4. Änderung des Bewilligungsbeschlusses, Abs 4** (dazu Büttner Rpfleger 97, 347), ist möglich und iR pflichtgemäßen Ermessens geboten, wenn sich die persönlichen und wirtschaftlichen Verhältnisse des Antragstellers nach Erlass der PKH-Entscheidung (Köln FamRZ 87, 962) wesentlich verbessert oder verschlechtert haben, zB Wegfall oder Eintritt von Arbeitslosigkeit oder eines Unterhaltsberechtigten, Erlangung eines realisierbaren (München FamRZ 98, 631, Dresden OLG-NL 99, 142) oder Wegfall eines Unterhaltsanspruchs (Bamberg NJW-RR 96, 69), Realisierung des mit PKH eingeklagten Forderung, auch nach Abschluss des Rechtsstreits (Hamm FamRZ 93, 1474, Düsseldorf FamRZ 95, 1592), Vermögenserwerb durch Erbfall. Die Bewilligung von PKH mit Ratenzahlung für die 2. Instanz führt nicht automatisch zu Ratenzahlungen auch für die 1. Instanz (Stuttgart FamRZ 03, 106). Wesentlich ist eine Veränderung, wenn sie den Lebensstandard des Hilfsbedürftigen fühlbar verändert hat (Karlsruhe FamRZ 91, 840, Brandenburg FamRZ 96, 1291). Eine Anzeigepflicht des Antragstellers besteht nicht, wohl aber eine Erklärungspflicht ohne Pflicht zur nochmaligen Ausfüllung des Vordrucks gemäß § 117 Abs 2, Abs 3 (Dresden FamRZ 98, 250) auf Verlangen des Gerichts mit der Sanktion in § 124
10 Nr 2. – **Zuständig** ist auch nach rechtskräftiger Entscheidung in der Hauptsache der Rechtspfleger (§ 20 Nr 4 c RPflG) am ProzGer, weil Abs 4 S 1 selbst das Gericht für zuständig erklärt und S 3 ausdrücklich auch nach Rechtskraft der Entscheidung in der Hauptsache (ebenso ZöPhilippi 27, BLAH 28).
11   **a) Nach Verschlechterung der maßgebenden Verhältnisse** setzt das Gericht die Monatsraten entsprechend herab oder streicht sie ganz, auch noch nach Ablauf von 4 Jahren seit Rechtskraft der Entscheidung oder sonstiger Verfahrensbeendigung. Die Änderung wirkt ab Erlass des Beschlusses für die Zukunft, das Gericht ist aber im Interesse des hilfsbedürftigen Partei auch berechtigt, die Änderung des Bewilligungsbeschlusses rückwirkend auf den Zeitpunkt des Eintritts der Veränderung in den maßgebenden Verhältnissen auszusprechen (Köln FamRZ 87, 1167), nicht rückwirkend auf den Zeitpunkt des Bewilligungs-

beschlusses. Aufgrund Veränderung des Unterhaltsfreibetrags (§ 115 Abs 1 S 3 Nr 2 S 1) ist die Änderung des Bewilligungsbeschlusses nur auf Antrag und nur dann zulässig, wenn diese Änderung zur Monatsrate Null führt. Herauf- oder Herabsetzung findet nicht statt. Die Fortdauer der Ratenzahlung soll nicht das Existenzminimum der Partei gefährden.

b) Nach Verbesserung der maßgebenden Verhältnisse setzt das **12** Gericht erstmals Monatsraten fest (Karlsruhe FamRZ 94, 1268) oder erhöht die festgesetzten Raten oder ordnet Zahlungen aus dem Vermögen an (Brandenburg FamRZ 97, 1543). Die Änderung wirkt ab Erlass des Beschlusses für die Zukunft, das Gericht ist aber im Hinblick auf den Zweck des Gesetzes und weil der Hilfsbedürftige PKH auf Kosten der Allgemeinheit sinnvoller Weise nur solange erhalten soll, als er darauf angewiesen ist, berechtigt, ihr Rückwirkung auf den Zeitpunkt der Veränderung der maßgebenden Verhältnisse beizulegen (Düsseldorf FamRZ 92, 837, in selbem Sinn BVerfG NJW 85, 1767; aA Saarbrücken NJW 83, 1068, Frankfurt NJW-RR 86, 358). Vor der Abänderung zu ihren Ungunsten ist der hilfsbedürftigen Partei rechtliches Gehör zu gewähren. Ob Abänderung auch bei zunächst fehlerhafter Beurteilung der Hilfsbedürftigkeit zulässig ist, erscheint zweifelhaft (bejahend Köln FamRZ 82, 1226, Bremen FamRZ 85, 728; aA Hamm FamRZ 94, 1268, Köln NJW-RR 99, 1082, Karlsruhe FamRZ 99, 1145). – Unter Änderung der zu leistenden Zahlungen ist **nicht auch 13 Aufhebung** der Bewilligung zu verstehen, wenn ihre Voraussetzungen in wirtschaftlicher Hinsicht nicht mehr vorliegen (Düsseldorf FamRZ 98, 837, Köln NJW-RR 99, 578, Karlsruhe MDR 99, 1408; bestr). Der Zweck der Vorschrift, von der Staatskasse unberechtigte Zahlungen fernzuhalten (BT-Drucksache 10/6400 Art 7 S 46), rechtfertigt aber die Anordnung der sofortigen Zahlung aller bereits fälligen Kosten (Koblenz RPfleger 96, 206, Zweibrücken Rpfleger 97, 391). Verfassungsrechtlich bestehen dagegen keine Bedenken (BVerfG NJW 85, 1767) und Vertrauensschutz verdient die hilfsbedürftige Partei nur für die Zeit ihrer Hilfsbedürftigkeit. – **Unzulässig** ist der Erlass eines Än- **14** derungsbeschlusses zum Nachteil des Antragstellers nach 4 Jahren ab Rechtskraft der Entscheidung in der Hauptsache – das ist in Verbundverfahren idR die rechtskräftige Entscheidung über die letzte Folgesache (Brandenburg FamRZ 02, 1416) – oder sonstiger Beendigung des Verfahrens in letzter Instanz (München RPfleger 94, 219, Naumburg FamRZ 96, 1425). Eine Hemmung oder Unterbrechung der Frist findet nicht statt (Naumburg OLG-NL 96, 211). – Aufhebung der Bewilligung wegen unrichtiger Angaben und Zahlungsverzug § 124.

§ 121 Beiordnung eines Rechtsanwalts

(1) **Ist eine Vertretung durch Anwälte vorgeschrieben, wird der Partei ein zur Vertretung bereiter Rechtsanwalt ihrer Wahl beigeordnet.**

(2) **Ist eine Vertretung durch Anwälte nicht vorgeschrieben, wird der Partei auf ihren Antrag ein zur Vertretung bereiter Rechtsanwalt ihrer Wahl beigeordnet, wenn die Vertretung durch einen Rechtsanwalt erforderlich erscheint oder der Gegner durch einen Rechtsanwalt vertreten ist.**

(3) **Ein nicht bei dem Prozeßgericht zugelassener Rechtsanwalt kann nur beigeordnet werden, wenn dadurch weitere Kosten nicht entstehen.**

(4) **Wenn besondere Umstände dies erfordern, kann der Partei auf ihren Antrag ein zur Vertretung bereiter Rechtsanwalt ihrer Wahl zur Wahrnehmung eines Termins zur Beweisaufnahme vor dem ersuchten Richter oder zur Vermittlung des Verkehrs mit dem Prozeßbevollmächtigten beigeordnet werden.**

(5) **Findet die Partei keinen zur Vertretung bereiten Anwalt, ordnet der Vorsitzende ihr auf Antrag einen Rechtsanwalt bei.**

1   **1. Regelungsgehalt.** Abs 1 bis 4 regeln die Beiordnung eines Rechtsanwalts, auch einer RA–GmbH (Nürnberg FamRZ 03, 106), und zwar vor dem Prozessgericht in Anwaltsprozessen, in Prozessen ohne RA-Zwang, ferner zum Beweistermin und als Verkehrsanwalt; entsprechend anwendbar im notariellen Vermittlungsverfahren gemäß § 102 SachenRÄndG. Keine Beiordnung eines RA als Unterbevollmächtigten im Termin (BVerwG NJW 94, 3243); als Beistand in Ehescheidungsprozessen und bei Übertragung der elterlichen Sorge, vgl § 625. Die Voraussetzungen für die Bewilligung sind, grundsätzlich auch nach Verweisung, nicht erneut zu prüfen (Düsseldorf NJW-RR 91, 63). Nicht zulässig ist die Beiordnung eines Rechtsbeistands (Düsseldorf MDR 89, 1108).

2   **2. Anwaltsprozess, Abs 1 (§ 78).** In dem Beschluss, der PKH bewilligt, ist der Partei, auch einem RA als Partei kraft Amtes (BGH NJW 02, 2179), der von ihr namentlich benannte beim ProzGer zugelassene (Hamm FamRZ 95, 748) RA ihrer Wahl beizuordnen. Hat sie noch keine Wahl getroffen, ist sie dazu aufzufordern. Sieht sie sich zur Benennung nicht in der Lage, gilt Abs 5. Die Beiordnung als solche gibt dem RA keine Prozessvollmacht; seine Rechtsbeziehungen zur Partei beurteilen sich, wie sonst, nach §§ 164, 675 Abs 1 BGB. Gebührenanspruch des RA gegen die Staatskasse vgl §§ 121 ff BRAGO,
3   einstweilen nicht gegen die Partei (§ 122 Abs 1 Nr 3). – Anspruch auf **Entpflichtung des beigeordneten Rechtsanwalts** hat die Partei ohne weiteres, weil ihr dieser RA nicht gegen ihren Willen aufgezwungen werden kann. Der RA selbst kann die Entpflichtung aus wichtigem Grund gem § 48 Abs 2 BRAO beantragen, zB wegen Kündigung des Mandats oder Entziehung der Vollmacht (BGH NJW-RR 92, 189). Anspruch auf **Beiordnung eines anderen Rechtsanwalts** – auch

noch nach Verfahrensabschluss (Karlsruhe FamRZ 01, 1155) – hat die Partei, wenn der Staatskasse dadurch keine höheren Ausgaben entstehen. Sonst nur dann, wenn das Vertrauensverhältnis zum beigeordneten RA nicht durch sachlich ungerechtfertigtes und mutwilliges Verhalten der Partei gestört worden ist (BGH NJW-RR 92, 189), zB wenn sie das Mandat aus triftigem Grund gekündigt hat (Düsseldorf FamRZ 95, 241), der auch eine Partei, die keine PKH beansprucht, veranlasst hätte, sich von ihrem RA zu trennen (Hamm FamRZ 95, 748). Mit einer Beschränkung seines Gebührenanspruchs ohne sein Einverständnis darf die Beiordnung des neuen RA nicht verbunden werden (Köln NJW-RR 02, 133). – Für die **Beiordnung eines Patentanwalts** in Rechts- **4** streitigkeiten des gewerblichen Rechtsschutzes gilt der 7. Titel weitgehend entsprechend (G v 5. 2. 38, RGBl I 116 idF des § 187 PatAnwO vom 7. 9. 66, BGBl I 557, zuletzt geändert durch 2. ZwVollstrNov).

3. Im Parteiprozess, Abs 2 gelten für die Beiordnung eines RA **5** grundsätzlich die Ausführungen in Rn 2–4 bei Vorliegen einer der beiden genannten Voraussetzungen. – **a)** Ob **Vertretung erforderlich** erscheint, ist auch in Ehelichkeitsanfechtungsverfahren (Köln NJW-RR 95, 386, Hamm FamRZ 95, 747, Bamberg FamRZ 97, 377; aA Bremen FamRZ 89, 1104, Düsseldorf FamRZ 95, 241) im Einzelfall zu beurteilen nach der Schwierigkeit der Sach- und Rechtslage und den persönlichen Verhältnissen der Partei, insbes nach ihrer Fähigkeit, sich mündlich und schriftlich auszudrücken (BVerfG FamRZ 02, 531). Regelmäßig erforderlich ist die Beiordnung im streitigen Vaterfeststellungsverfahren (Schleswig MDR 02, 969), in selbständigen Sorgerechtsverfahren (Düsseldorf FamRZ 81, 695; einschränkend Nürnberg NJW-RR 95, 388, Köln FamRZ 97, 377), bei Entscheidungen über das Umgangsrecht (Nürnberg FamRZ 97, 215), für Unterhaltsklagen, auch im vereinfachten Verfahren nach §§ 645, 655 (s Vorbem § 645 Rn 8), und iF des § 620 (Celle MDR 69, 576); bei Vertretung des klagenden Kindes in einer Kindschaftssache durch das Jugendamt idR nicht (Karlsruhe Just 84, 345, Dresden FamRZ 99, 600). – **b)** Ist der **Gegner** **6** **durch einen RA vertreten**, so ist dem Antragsteller und seinem Streithelfer (Köln FamRZ 02, 1198) im Interesse der Waffengleichheit bei Vorliegen der Voraussetzungen für die Bewilligung der PKH ohne Einschränkung (Zweibrücken NJW-RR 87, 953) ein RA beizuordnen, soweit die anwaltlich vertretene Partei widerstreitende Anträge stellt (Köln NJW-RR 95, 386). Die Vorschrift ist verfassungskonform (BVerfG NJW 88, 2597). Gilt auch, soweit Verfahrensordnungen mit Untersuchungsgrundsatz auf §§ 114 ff verweisen (Hamm u Koblenz FamRZ 85, 623 u 624, Köln FamRZ 98, 251 für isoliertes Sorgerechtsverfahren; einschränkend Nürnberg NJW-RR 95, 388). Nicht analog anwendbar, wenn die andere Partei durch einen Behörden- oder Verbandsvertreter vertreten ist (Brandenburg FamRZ 97, 1285, Hamburg NJW-RR 00, 1605; aA Düsseldorf FamRZ 90, 1361 für Bekl); das kann unter Rn 5 fallen (BVerfG NJW 88, 2597); Nichtanwendung im Insolvenzverfahren ist nicht verfassungswidrig (BVerfG ZIP 89, 719).

7   **4. Ein beim Prozessgericht nicht zugelassener RA** darf im Anwaltsprozess (Celle Büro 00, 480) und im Parteiprozess nur beigeordnet werden, wenn dadurch keine höheren Kosten entstehen (Abs 3); diese Einschränkung muss im Beschluss ausdrücklich ausgesprochen werden (Koblenz NJW-RR 02, 420; aA Naumburg OLG-NL 02, 47). Eine ausdrückliche Zustimmung des Anwalts zur gebührenrechtlichen Einschränkung ist **nicht** erforderlich (Nürnberg FamRZ 02, 106, Hamm MDR 01, 832; aA Düsseldorf FamRZ 93, 819, Jena OLG-NL 01, 119), da in der widerspruchslosen Hinnahme des einschränkenden Beschlusses eine konkludente Einwilligung liegt (Karlsruhe FamRZ 02, 761).

8   **5. Außerhalb des Prozessgerichts, Abs 4** kann dieses im Anwalts- und im Parteiprozess auf Antrag, wenn besondere Umstände es erfordern, wie regelmäßig in Ehesachen (Bamberg FamRZ 90, 644, Brandenburg FamRZ 98, 1301; einschränkend Karlsruhe FamRZ 99, 304), der Partei einen besonderen RA ihrer Wahl für einen **Beweistermin** oder Anhörungstermin gem § 613 Abs 1 S 3 (Köln FamRZ **9** 91, 349) vor dem ersuchten Richter oder einen **Verkehrsanwalt** beiordnen und zwar auch dann, wenn der Partei zu ihrer Vertretung vor dem Prozessgericht kein RA beigeordnet ist. Besondere Umstände können im Beweistermin in der Schwierigkeit der Materie und weiter Entfernung liegen, beim Verkehrsanwalt darin, dass die Partei wegen Schreibungewandtheit oder Rechtsunerfahrenheit oder nicht einfachen Verkehrsverhältnissen Schwierigkeiten bei der Information des Prozessbevollmächtigten hat (Brandenburg Büro 01, 429) oder dass sie während des Verfahrens ihren Wohnsitz wechselt (Koblenz MDR 77, 233). Beiordnung des BerAnwalts als Verkehrsanwalt für die RevInstanz kommt grundsätzlich nicht in Betracht (BGH WM 82, 881). Liegen bes Umstände für die Beiordnung eines Verkehrsanwalts nicht vor, kann PKH für eine Informationsreise zum ProzBevollmächtigten gewährt werden (Celle NdsRpfl 87, 213).

10   **6. Auswahl des RA durch den Vorsitzenden** (Abs 5), falls die Partei nicht in der Lage ist, einen RA ihrer Wahl zu benennen. In diesem Fall ist der beigeordnete RA öffentlichrechtlich zum Vertragsabschluss mit der Partei und zur Fürsorge für sie bereits vor Vollmachterteilung verpflichtet (BGH 27, 166; 30, 226).

11   **7. Rechtsmittel** nur des Antragstellers (Karlsruhe NJW-RR 91, 462) gegen Ablehnung der Beiordnung, § 127 Abs 2 S 2 (Düsseldorf MDR 88, 61); auch des beigeordneten Wahlanwalts gegen Verweigerung der Aufhebung seiner Beiordnung (Zweibrücken NJW 88, 570), gegen rückwirkende Aufhebung seiner Beiordnung (Karlsruhe NJW-RR 96, 1339) und gegen eingeschränkte Beiordnung nach Abs 3 (Brandenburg Büro 00, 481).

§ 122 Wirkung der Prozesskostenhilfe

(1) Die Bewilligung der Prozeßkostenhilfe bewirkt, daß
1. die Bundes- oder Landeskasse
   a) die rückständigen und die entstehenden Gerichtskosten und Gerichtsvollzieherkosten,
   b) die auf sie übergegangenen Ansprüche der beigeordneten Rechtsanwälte gegen die Partei nur nach den Bestimmungen, die das Gericht trifft, gegen die Partei geltend machen kann,
2. die Partei von der Verpflichtung zur Sicherheitsleistung für die Prozeßkosten befreit ist,
3. die beigeordneten Rechtsanwälte Ansprüche auf Vergütung gegen die Partei nicht geltend machen können.

(2) Ist dem Kläger, dem Berufungskläger oder dem Revisionskläger Prozeßkostenhilfe bewilligt und ist nicht bestimmt worden, daß Zahlungen an die Bundes- oder Landeskasse zu leisten sind, so hat dies für den Gegner die einstweilige Befreiung von den in Absatz 1 Nr. 1 Buchstabe a bezeichneten Kosten zur Folge.

1. Wirkung für den Antragsteller, Abs 1. – a) Nr 1. Soweit der 1
Partei nach den Anordnungen des Gerichts gemäß §§ 119, 121 PKH
gewährt ist, kann die Staatskasse Kostenansprüche nach GKG, GVKostG
und § 130 BRAGO (übergegangene Ansprüche) gegen die Partei nur
im Rahmen dieser Anordnungen geltend machen; dies gilt auch gegenüber den Erben der Partei, die den Rechtsstreit nicht aufgenommen haben (Düsseldorf Rpfleger 99, 334); § 122 Abs 1 Nr. 1 b gilt auch für
übergegangene Ansprüche der Gegenpartei (München FamRZ 01,
1156; MuFischer Rn 5; aA 23. Aufl, BGH NJW–RR 98, 70). Insoweit
besteht auch keine Vorschusspflicht, zB nach § 379. Ist die Vernehmung
der Partei oder ihr persönliches Erscheinen angeordnet oder nimmt sie
an einem wichtigen Termin teil, so hat sie Anspruch auf Zusendung einer Fahrkarte (München MDR 97, 194) oder Erstattung der Reisekosten (Celle NdsRpfl 77, 190), nicht des Verdienstausfalls (Frankfurt
MDR 84, 500; aA Stuttgart MDR 85, 852). Die Entscheidung hierüber
vor Bewilligung der PKH ist ein Akt der Rechtsprechung, gegen Ablehnung eines Reisekostenvorschusses gibt es deshalb Beschwerde nach
§ 127 (BGH 64, 139). – **b) Nr 2.** Befreiung von der Sicherheitsleis- 2
tung gemäß §§ 110 ff, auch wenn bereits ein ZwischenUrt nach § 113
ergangen ist (Brandenburg NJW–RR 03, 209). – **c) Nr 3.** Beigeord- 3
nete RÄe haben Anspruch gegen die Staatskasse auf Erstattung von
Auslagen und Gebühren gemäß §§ 121 ff BRAGO. Gegen die Partei
können sie vertragliche Vergütungsansprüche nicht geltend machen,
auch wenn die Gebührentatbestände vor der Beiordnung erfüllt waren
(München MDR 91, 62) oder der Anspruch gegen die Staatskasse verjährt ist (Köln FamRZ 95, 239).

4   **2. Wirkungen für die Gegenpartei, Abs 2.** Legt der Bewilligungsbeschluss der Partei keine Teilzahlungen aus dem Vermögen oder Monatsraten auf die Prozesskosten auf, so ist auch der Gegner von der Zahlung von Gerichts- und Gerichtsvollzieherkosten einstweilen, dh bis
zum Eintritt der Voraussetzungen des § 125 Abs 2 befreit. Dies gilt
nicht, soweit der (Rechtsmittel)Beklagte selbst angreift, zB Widerklage,
Anschlussberufung.

§ 123 Kostenerstattung

**Die Bewilligung der Prozeßkostenhilfe hat auf die Verpflich-
tung, die dem Gegner entstandenen Kosten zu erstatten, keinen
Einfluß.**

1   Die Bewilligung der PKH hat auf den Kostenerstattungsanspruch des
Gegners und damit auf das Kostenfestsetzungsverfahren gemäß §§ 103 ff
auf Antrag des obsiegenden Gegners (Celle NJW 73, 521) keinen Einfluss. Dies ist eine im Schrifttum stark kritisierte Regelung (Kollhosser
ZRP 79, 297) im Interesse des obsiegenden Gegners. Wegen der ihm
zu erstattenden außergerichtlichen Kosten hat die Partei, der PKH bewilligt ist, keinen Erstattungsanspruch gegen die Staatskasse (Hamm
MDR 75, 412).

2   War dem Beklagten, dem durch gerichtliche Entscheidung die Kosten des Rechtsstreits auferlegt sind, PKH bewilligt, so hat der obsiegende Kläger gegen die Staatskasse Anspruch auf Erstattung der von ihm
vor und nach Erlass der Kostenentscheidung geleisteten Vorschüsse auf
die Gerichtskosten (Düsseldorf MDR 99, 1466), und zwar auch dann,
wenn PKH gegen Raten gewährt war (München OLGR 01, 74, Dresden MDR 01, 1073). Gegen den Beklagten hat er keinen Anspruch auf
Erstattung der Gerichtskosten (BVerfG NJW 99, 3186, München Fam-
RZ 01, 779); **anders,** soweit dem Bekl keine PKH gewährt wurde
(Düsseldorf Büro 00, 425) oder der Bekl im Vergleich Gerichtskosten
übernommen hat (BVerfG NJW 00, 3271, Düsseldorf Rpfleger 01, 87,
Stuttgart FamRZ 01, 926; aA Gsell ZZP 01, 473).

§ 124 Aufhebung der Bewilligung

**Das Gericht kann die Bewilligung der Prozeßkostenhilfe auf-
heben, wenn**
**1. die Partei durch unrichtige Darstellung des Streitverhältnis-
ses die für die Bewilligung der Prozeßkostenhilfe maßgebenden Voraussetzungen vorgetäuscht hat;**
**2. die Partei absichtlich oder aus grober Nachlässigkeit unrich-
tige Angaben über die persönlichen oder wirtschaftlichen Verhältnisse gemacht oder eine Erklärung nach § 120 Abs. 4 Satz 2
nicht abgegeben hat;**
**3. die persönlichen oder wirtschaftlichen Voraussetzungen für
die Prozeßkostenhilfe nicht vorgelegen haben; in diesem**

Falle ist die Aufhebung ausgeschlossen, wenn seit der rechtskräftigen Entscheidung oder sonstigen Beendigung des Verfahrens vier Jahre vergangen sind;
4. die Partei länger als drei Monate mit der Zahlung einer Monatsrate oder mit der Zahlung eines sonstigen Betrages im
Rückstand ist.

1. Allgemeines. Beschlussverfahren nach § 127 Abs 1. Falls die Vo- **1**
raussetzungen vorliegen, steht die Aufhebung oder Änderung (Hamburg
FamRZ 96, 874) im pflichtgemäßen Ermessen des Gerichts (Dresden
FamRZ 98, 1522). Es kommt dabei auf die Schwere des Verstoßes bzw
des Verschuldens (Brandenburg Rpfleger 01, 503) und auf die Härte für
die Partei an (Bamberg FamRZ 96, 1427). Rechtliches Gehör ist vor
der Beschlussfassung der Partei, der PKH gewährt ist, und ihrem RA zu
gewähren (Brandenburg FamRZ 02, 1419). Rechtsirrtum des Gerichts
rechtfertigt die Aufhebung der Bewilligung grundsätzlich nicht (Hamm
NJW 84, 2837, Brandenburg FamRZ 00, 1229, Frankfurt MDR 02,
785; weitergehend Bamberg FamRZ 89, 884). Änderung der Bewilligung wegen nachträglicher Veränderung in den persönlichen und wirtschaftlichen Verhältnissen der Partei vgl § 120 Abs 4.

2. Aufhebungsgründe. – a) Nr 1. Die Partei hat vorsätzlich über **2**
das Streitverhältnis unrichtige oder unvollständige Angaben gemacht
(§ 117 Abs 1) oder wesentliche Veränderungen nach Antragstellung
nicht mitgeteilt (München FamRZ 98, 633) und dadurch das Gericht
über die sachlichen Voraussetzungen ursächlich für die Bewilligung der
PKH getäuscht (Oldenburg NJW 94, 807). Zuständig ist der Richter.

b) Nr 2. Die Partei hat vorsätzlich oder grob nachlässig unrichtige, **3**
auch unvollständige (LAG Hamburg Rpfleger 97, 442, Brandenburg
FamRZ 98, 837) Angaben über die für die Bewilligung der PKH maßgebenden persönlichen und wirtschaftlichen Verhältnisse (§ 117 Abs 2)
gemacht oder sie hat trotz gerichtlicher Aufforderung keine Erklärung
über eine nachträgliche Veränderung dieser Verhältnisse abgegeben
(§ 120 Abs 4 S 2; Koblenz FamRZ 00, 104). Diese Erklärung kann sie
auch noch im Beschwerdeverfahren nachholen, selbst wenn der Prozess
inzwischen rechtskräftig abgeschlossen ist (Frankfurt MDR 92, 293,
Hamm FamRZ 00, 1225), die Verspätung muss nicht entschuldigt werden (Stuttgart NJW-RR 97, 1026, Koblenz Rpfleger 02, 319, Düsseldorf FamRZ 99, 1357; aA Koblenz Rpfleger 97, 442, Brandenburg
FamRZ 98, 837). Die Erklärung kann auch in einem neuen PKHAntrag nachgeholt werden (ZöPhilippi 10 a; aA Köln NJW-RR 98,
1775). Die Bewilligung ist nur insoweit aufzuheben, als der Partei bei
richtigen und vollständigen Angaben PKH nicht gewährt worden wäre
(Brandenburg Rpfleger 01, 503; weitergehend Köln FamRZ 87, 1169,
Koblenz Rpfleger 96, 355). Zuständig ist der Rechtspfleger (§ 20
Nr 4 c RpflG).

c) Nr 3. Zuständig ist der Rechtspfleger (§ 20 Nr 4 c RPflG). Nach **4**
pflichtgemäßem Ermessen, wenn die für die Bewilligung maßgebenden

persönlichen und wirtschaftlichen Voraussetzungen (§ 115) im Zeitpunkt der Bewilligung nicht vorgelegen haben (Hamburg MDR 86, 243). Das sind in Abgrenzung zu Nr 2 die Fälle, in denen die Partei das Fehlen der persönlichen und wirtschaftlichen Voraussetzungen, sei es auch aus einfacher Fahrlässigkeit nicht kannte. Nicht anwendbar, wenn die Partei die Angaben richtig und vollständig gemacht hatte (Bamberg FamRZ 84, 1244, Hamburg FamRZ 96, 874). Auf das Fehlen der sachlichen Voraussetzungen für die Bewilligung (§ 114 Rn 3–8) ist hier nicht abgestellt. Zeitliche Grenze für die Aufhebung Ablauf von 4 Jahren seit rechtskräftiger Entscheidung oder sonstiger ProzBeendigung.

5   **d) Nr 4.** Die Partei ist länger als 3 Monate im Rückstand, dh schuldhaftem Verzug (BGH NJW 97, 1077) entweder mit mindestens einer festgesetzten Monatsrate (§ 120 Abs 1) oder mit einer aus dem Vermögen gemäß § 115 Abs 2 (natürliche Partei) oder § 116 (Partei kraft Amtes, jur Person, parteifähige Vereinigung) zu leistenden festgesetzten Zahlung (§ 120 Abs 1). Zuständig ist der Rechtspfleger (§ 20 Nr 4 c RPflG).

6   **3. Wirkung.** Mit der Aufhebung entfallen rückwirkend auf den Zeitpunkt der Bewilligung (Karlsruhe FamRZ 90, 1120) jedenfalls in den Nrn 1 bis 3 alle Wirkungen der PKH gemäß § 122. Bereits entstandene Gebührenansprüche des beigeordneten RA bleiben unberührt (Zweibrücken RPfleger 84, 115). Die Staatskasse kann ohne Beschränkung Gerichts- und Gerichtsvollzieherkosten und die gemäß § 130 BRAGO auf sie übergegangenen Ansprüche des beigeordneten RA erheben, der sie seinerseits, soweit die Staatskasse ihn noch nicht befriedigt hat, gegen die Partei geltend machen kann. Grundsätzlich gibt es nach rechtskräftiger Entziehung der PKH gem Nr 4 keine Neubewilligung (Düsseldorf FamRZ 96, 617, Koblenz FamRZ 96, 1426, LAG Bremen Rpfleger 01, 308); anders aber, wenn nach Entziehung eine Bedürftigkeit eintritt, die die Anordnung von Raten ausschließt (Zweibrücken NJW-RR 02, 1517).

§ 125 Einziehung der Kosten

(1) **Die Gerichtskosten und die Gerichtsvollzieherkosten können von dem Gegner erst eingezogen werden, wenn er rechtskräftig in die Prozeßkosten verurteilt ist.**

(2) **Die Gerichtskosten, von deren Zahlung der Gegner einstweilen befreit ist, sind von ihm einzuziehen, soweit er rechtskräftig in die Prozeßkosten verurteilt oder der Rechtsstreit ohne Urteil über die Kosten beendet ist.**

1   Soweit er dazu rechtskräftig verurteilt ist, können vom Gegner, jetzt als Erstschuldner, die Gerichts- und Gerichtsvollzieherkosten beigetrieben werden, von deren Entrichtung die Partei, der PKH gewährt war, oder er selbst gemäß § 122 Abs 1, Abs 2 einstweilen befreit waren. Die Befreiung des Gegners endet gemäß Abs 2 auch nach Beendigung des

Rechtsstreits ohne Urteil. Hat die Partei, der PKH gewährt war, im ProzVergleich die Kosten übernommen, so haftet der Gegner als Zweitschuldner und kann seinerseits die gesamten an die GerKasse geleisteten Vorschüsse gegen die bedürftige Partei festsetzen lassen (Koblenz BB 87, 1845).

§ 126 Beitreibung der Rechtsanwaltskosten

(1) **Die für die Partei bestellten Rechtsanwälte sind berechtigt, ihre Gebühren und Auslagen von dem in die Prozeßkosten verurteilten Gegner im eigenen Namen beizutreiben.**

(2) **[1]Eine Einrede aus der Person der Partei ist nicht zulässig. [2]Der Gegner kann mit Kosten aufrechnen, die nach der in demselben Rechtsstreit über die Kosten erlassenen Entscheidung von der Partei zu erstatten sind.**

1. Festsetzung und Beitreibung. Es handelt sich hier nicht um 1 den Vergütungsanspruch des beigeordneten RA gegen seine Partei, sondern um deren Erstattungsanspruch gegen die verurteilte Gegenpartei. Er umfasst die volle gesetzliche Vergütung, soweit nicht seine Partei oder die Staatskasse bereits bezahlt haben (KG RPfleger 87, 333).

a) Das **eigene Beitreibungsrecht des Rechtsanwalts** ist vergleich- 2 bar dem Einziehungsrecht in § 835 (vgl Habscheid-Schlosser ZZP 75, 304 ff). Mit Wirkung gegen den beigeordneten RA kann seine Partei während bestehender Verstrickung nicht über den Erstattungsanspruch verfügen (Koblenz RPfleger 96, 252), der Gegner an sie nicht schuldbefreiend zahlen. Diese Verstrickung endet, sobald dem Gegner der Beschluss zugestellt ist, der die Kosten auf den Namen der Partei festsetzt und zwar solange, bis dieser KfB aufgehoben oder durch einen zweiten, auf den Namen des RA erlassenen ersetzt ist (BGH NJW 94, 3292). Einwendungen des Gegners gegen die Beitreibung durch den RA ohne KfB auf seinen Namen sind mit Klage nach § 767 geltend zu machen (BGH 5, 251). Hat der Gegner vor Rechtskraft des Urteils die Kosten an den RA bezahlt und entscheidet die höhere Instanz anders oder vergleichen sich die Parteien – aber nicht mehr nach Rechtskraft (Köln MDR 56, 363) –, treten die Folgen des § 717 Abs 2 ein, gegebenenfalls auch § 945.

b) Als Folge der Verstrickung kann der **Rechtsanwalt** die zu er- 3 stattenden Kosten **auf eigenen Namen** festsetzen lassen. Dann ist er selbst Partei im Festsetzungsverfahren; dieser Wille muss aus dem Antrag klar hervorgehen. Beteiligt am Kostenfestsetzungsverfahren und beschwerdeberechtigt sind in diesem Fall nur der beigeordnete RA und die Gegen-, nicht die eigene Partei, der PKH gewährt war (Hamm NJW 68, 405). Ist für die Partei festgesetzt, bleibt das Recht des RAs auf Festsetzung auf seinen Namen erhalten, er muss dann aber eine Erfüllung an die Partei oder eine Aufrechnung gegenüber der Partei gegen sich gelten lassen (München NJW-RR 98, 214, Düsseldorf FamRZ 98, 847).

4   **c) Umschreibung** des auf den Namen der Partei lautenden Kosten-festsetzungsbeschlusses auf den Namen des RAs ist möglich. Sie fällt nicht unter § 727, sondern schafft einen neuen Titel mit neuer Rechts-mittelmöglichkeit, selbst wenn der zugunsten der Partei ergangene Beschluss schon rechtskräftig war (KG RPfleger 77, 451). Die Um-schreibung wird deshalb teilweise nicht, teilweise nur dann für zulässig gehalten, wenn keine Verwirrung zu befürchten ist. Nachweise zu die-ser Streitfrage vgl StJBork Rn 16–21 und BGH 5, 251.

5   **d)** Soweit die **Staatskasse** den RA bezahlt hat, geht dessen Erstat-tungsanspruch auf sie über (§ 130 Abs 1 BRAGO), auch wenn der Gegenpartei ebenfalls PKH gewährt war (BGH NJW-RR 98, 70).

6   **2. Einwendungen.** Abs 2 S 1 ist verfassungskonform (BGH NJW-RR 91, 254). – **a) Ausgeschlossene Einwendungen.** Der Gegner kann dem beigeordneten RA während der Verstrickung des Erstattungs-anspruchs (vgl Rn 2) keine Einwendungen entgegensetzen, die seine eigenen Rechtsbeziehungen zur anderen Partei betreffen, vor allem also nicht Zahlung an, Aufrechnung durch oder gegen sie (BGH NJW 94, 3292). Ausgenommen sind Abs 2 S 2 lediglich Gegenansprüche auf Kosten desselben Rechtsstreits, die die Partei, der PKH bewilligt war, wegen Teilung (§ 92) oder Aussonderung (zB §§ 94, 95) ihrerseits

7 zu erstatten hat. – **b) Nicht ausgeschlossen** sind Einwendungen des Gegners, die bereits vor Wirksamwerden des Kostentitels entstanden sind und die Entstehung des Erstattungsanspruchs hindern (Frankfurt NJW 69, 144) und Einwendungen, die entstanden sind, nachdem der auf den Namen der Partei (soweit man dies überhaupt für zulässig hält, vgl Rn 3) ergangene Kostenfestsetzungsbeschluss dem Gegner zuge-stellt ist, bis zu dem Augenblick, wo der Umschreibungsbeschluss (vgl Rn 4) zugestellt ist (BGH NJW 94, 3292/3294, KG Büro 02, 374). –

8 **c) Nicht einschlägig** ist Abs 2 für Einwendungen, die in dem Ver-hältnis der Partei zu ihrem beigeordneten RA begründet sind.

§ 127 Entscheidungen

(1) [1]**Entscheidungen im Verfahren über die Prozeßkostenhilfe ergehen ohne mündliche Verhandlung.** [2]**Zuständig ist das Ge-richt des ersten Rechtszuges; ist das Verfahren in einem höhe-ren Rechtszug anhängig, so ist das Gericht dieses Rechtszuges zuständig.** [3]**Soweit die Gründe der Entscheidung Angaben über die persönlichen und wirtschaftlichen Verhältnisse der Partei enthalten, dürfen sie dem Gegner nur mit Zustimmung der Partei zugänglich gemacht werden.**

(2) [1]**Die Bewilligung der Prozeßkostenhilfe kann nur nach Maßgabe des Absatzes 3 angefochten werden.** [2]**Im Übrigen fin-det die sofortige Beschwerde statt; dies gilt nicht, wenn der Streitwert der Hauptsache den in § 511 genannten Betrag nicht übersteigt, es sei denn, das Gericht hat ausschließlich die per-sönlichen oder wirtschaftlichen Voraussetzungen für die Pro-**

zeßkostenhilfe verneint. [3] Die Notfrist des § 569 Abs. 1 Satz 1 beträgt einen Monat.

(3) [1] Gegen die Bewilligung der Prozeßkostenhilfe findet die sofortige Beschwerde der Staatskasse statt, wenn weder Monatsraten noch aus dem Vermögen zu zahlende Beträge festgesetzt worden sind. [2] Die Beschwerde kann nur darauf gestützt werden, daß die Partei nach ihren persönlichen und wirtschaftlichen Verhältnissen Zahlungen zu leisten hat. [3] Die Notfrist des § 569 Abs. 1 Satz 1 beträgt einen Monat und beginnt mit der Bekanntgabe des Beschlusses. [4] Nach Ablauf von drei Monaten seit der Verkündung der Entscheidung ist die Beschwerde unstatthaft. [5] Wird die Entscheidung nicht verkündet, so tritt an die Stelle der Verkündung der Zeitpunkt, in dem die unterschriebene Entscheidung der Geschäftsstelle übergeben wird. [6] Die Entscheidung wird der Staatskasse nicht von Amts wegen mitgeteilt.

(4) Die Kosten des Beschwerdeverfahrens werden nicht erstattet.

1. Verfahren, Abs 1. Sämtliche Entscheidungen im Verfahren über 1 die PKH ergehen ohne mündliche Verhandlung durch Beschluss (§ 128 Abs 4). Zuständig ist das ProzessGer (Einzelrichter § 348 Abs 1, §§ 348a, 526, Vorsitzender der KfH § 349 Abs 2 Nr 7) bzw das Vollstreckungsgericht, ggf der Rechtspfleger (§ 20 Nr 4, 5 RPflG) und zwar des Rechtszugs, in dem das Verfahren anhängig ist. Das Gericht der 1. Instanz ist wieder zuständig, sobald ihm die Prozessakten gemäß § 541 Abs 2 zurückgesandt worden sind (Celle RPfleger 96, 278, Karlsruhe Rpfleger 00, 447). Verkündung (§ 329 Abs 1) bzw Bekanntgabe (§ 329 Abs 2) an Antragsteller, beigeordneten RA (§ 121). Wird PKH abgelehnt oder nur gegen Ratenzahlung bzw Zahlungen aus dem Vermögen gewährt, ist **Zustellung** erforderlich (§ 329 Abs 3). Steht die PKH für Rechtsmittelkläger in Frage, ist wegen § 234 Abs 1 förmlich zuzustellen. Der Beschluss enthält keine Kostenentscheidung (§ 118 Abs 1 S 4, 5). Soweit sofortige Beschwerde statthaft, ist er zu begründen (§ 329 Rn 10). Keine PKH für das Beschwerdeverfahren, vgl § 114 Rn 1.

2. Sofortige Beschwerde des Antragstellers, Abs 2. Kein An- 2 waltszwang, § 569 Abs 3 Nr 2; zur Abhilfeentscheidung gem § 572 Abs 1 S 1 ist das Organ berufen, das die angefochtene Entscheidung erlassen hat (Naumburg Rpfleger 02, 526). – **a) Statthaft** gegen alle ihm ungünstigen Beschlüsse des AG oder LG in 1. Instanz; gegen solche des OLG oder LG in 2. Instanz gibt es bei Zulassung die Rechtsbeschwerde nach § 574, (dafür PKH möglich, BGH Rpfleger 03, 199), bei fehlender Zulassung die Gegenvorstellung entsprechend § 321a (dort Rn 18 und 13–17 vor § 567). Auch gegen die Festsetzung von Raten oder Zahlungen aus dem Vermögen. Auch gegen verfahrenswidrige Anord-

nung einer Beweisaufnahme, wenn darin eine stillschweigende Ablehnung der Bewilligung liegt (Köln NJW-RR 99, 580). Ebenso gegen die Ablehnung der Entpflichtung des beigeordneten RA (Düsseldorf
3 FamRZ 95, 241). Ausnahmen s Rn 6. – **b)** Zur Zulässigkeit genügt materielle **Beschwer** (16 ff vor § 511, vgl auch § 567 Rn 1) ohne Wertgrenze, wenn die persönlichen oder wirtschaftlichen Voraussetzungen für die PKH ganz oder teilweise verneint wurden. Wird die Ablehnung der PKH (auch) auf fehlende Erfolgsaussicht gestützt, muss Streitwert der Hauptsache über 600 € liegen. Dass der Beschwerde gegen die Ablehnung der PKH im Hinblick auf die Zulässigkeit eines neuen Antrags das Rechtsschutzbedürfnis fehle, wenn sie lediglich auf neues Vorbringen gestützt wird (so Karlsruhe MDR 89, 918), trifft nicht zu, weil die Beschwerde für ihre Zulässigkeit überhaupt keiner Begründung bedarf und weil gemäß § 571 Abs 2 S 1 neues Vorbringen zulässig ist
4 (Brandenburg FamRZ 98, 1521). – **c) Frist.** Die sofortige Beschwerde ist innerhalb einer Notfrist von einem Monat einzulegen (Abs 2 S 3); Beginn mit Zustellung des Beschlusses nach § 329 Abs 3, spätestens mit Ablauf von fünf Monaten ab Verkündung (§ 569 Abs 1 S 2). –
5 **d) Nachträgliche Beschwerde** nach Beendigung der Instanz ist zulässig (Karlsruhe MDR 82, 328, KG FamRZ 86, 825, Köln FamRZ 87, 962), auch noch nach rechtskräftigem Abschluss oder Erledigung der Hauptsache (Celle FamRZ 91, 1459), wenn die Frist des Abs 2 S 3 gewahrt ist. Die gegenteilige Auffassung, die Beschwerde sei unzulässig (Düsseldorf OLGZ 89, 255, Oldenburg NJW-RR 91, 189, Karlsruhe FamRZ 95, 240) oder nur zulässig, wenn PKH rückwirkend bewilligt werden dürfe (§ 119 Rn 2; Hamm NJW 69, 1355, KG OLG 69, 445, 446, Koblenz NJW 76, 1460), verwechselt Zulässigkeit der Beschwerde mit Begründetheit des Bewilligungsantrags (zustimmend Köln FamRZ 85, 828, Frankfurt MDR 86, 857, München MDR 87, 240). Das gilt auch, wenn die Vorinstanz PKH mangels Erfolgsaussicht abgelehnt und über die Hauptsache inzwischen rechtskräftig zu Ungunsten des Antragstellers entschieden hat. Die Beschwerde ist dann unbegründet, weil das Beschwerdegericht die sachliche Voraussetzung der Erfolgsaussicht wegen der Rechtskraftwirkung der Hauptsacheentscheidung nicht mehr abweichend beurteilen darf (BFH DB 84, 2495, Köln NJW-RR 98, 511, Naumburg OLG-NL 99, 48, MüKo/Wax 16, ZöPhilippi 50). Die gegenteilige Auffassung, die Erfolgsaussicht könne abweichend vom Ergebnis der Hauptsacheentscheidung beurteilt werden (Karlsruhe NJW-
6 RR 01, 656), lässt die Rechtskraftwirkung außer Acht. – **e) Unstatthaft** gegen Entscheidungen des OLG und des LG im Berufungs- und Beschwerdeverfahren (§ 567 Abs 1; s aber Rn 2), also auch gegen Ablehnung der PKH für eine Wiederaufnahmeklage gegen ein Berufungsurteil, die nach § 584 vor dem LG zu erheben ist (KG JR 63, 387). Verletzung rechtlichen Gehörs macht die Beschwerde entgegen Abs 2 nicht statthaft (BGH FamRZ 89, 265). Ebenso nicht Verzögerung der Entscheidung über das PKH-Gesuch (Karlsruhe FamRZ 89, 767; streitig). Ein Beschwerderecht des beigeordneten RA besteht nur gegen

Entscheidungen nach § 120 Abs 3, ansonsten ist seine Beschwerde unstatthaft (Stuttgart Rpfleger 92, 527, Köln FamRZ 97, 1283, MüKo/Wax 40).

3. Sofortige Beschwerde der Staatskasse. Abs 3 Satz 6 ist verfassungskonform (BVerfG NJW 95, 581). – **a) Statthaft** gegen die unterbliebene Festsetzung von Monatsraten oder von Zahlungen aus dem Vermögen (München FamRZ 93, 821) bei Bewilligung von PKH durch AG oder LG in 1. Instanz, auch gegen die Ablehnung der Abänderung zum Nachteil des Bedürftigen gemäß § 120 Abs 4 (München RPfleger 94, 218, Nürnberg FamRZ 95, 1592). Gleichgültig ist hier, ob der Streitwert der Hauptsache 600 € übersteigt, weil es nur um die Überprüfung der wirtschaftlichen und persönlichen Verhältnisse geht. Die Beschwerde ist nur zulässig, wenn sie darauf gestützt ist, dass die Partei nach ihren wirtschaftlichen und persönlichen Verhältnissen möglicherweise (Frankfurt FamRZ 92, 838) Zahlungen zu leisten hat. Trifft dies zu, so ist die Beschwerde begründet. – **b) Frist.** Auch die Beschw der Staatskasse ist fristgebunden. Die Notfrist von einem Monat (Abs 3 S 3) beginnt mit Kenntnisnahme durch den Bezirksrevisor bei Stichproben. – **c) Unstatthaft** gegen die Bewilligung als solche (BGH NJW 93, 135), gegen die Erstreckung der PKH auf Reisekosten (Nürnberg FamRZ 98, 252); gegen rückwirkende Bewilligung auf einen Zeitpunkt vor Eingang des Antrags (Düsseldorf FamRZ 88, 1299); gegen rückwirkende Bewilligung ohne deren Voraussetzung (KG FamRZ 00, 838); gegen die Beiordnung eines RA (Düsseldorf MDR 89, 827). Außerdem nach Ablauf von 3 Monaten seit Verkündung, ersatzweise seit Übergabe der unterschriebenen Bewilligung an die Geschäftsstelle. Von Amts wegen ist der Beschluss der Staatskasse nicht mitzuteilen. Außerdem unstatthaft gegen Beschlüsse des OLG und des LG im Berufungs- und Beschwerdeverfahren (§ 567 Abs 1); Ausnahme vgl Rn 2 (Karlsruhe FamRZ 99, 307).

4. Entscheidung. Maßgebender Zeitpunkt ist idR die Beschlussfassung über die Beschwerde (Köln MDR 92, 514); in Fällen verfahrensordnungswidriger Verzögerung der Entscheidung über den Antrag in erster Instanz kann es der Zeitpunkt sein, in dem sie ordnungsgemäß über den Antrag hätte entscheiden können (Hamm FamRZ 89, 1202, Karlsruhe FamRZ 92, 195). Trotz Klageabweisung ist nachträglich PKH zu gewähren, wenn ein Vertrauenstatbestand (Klagezustellung; mündl Verhandlung im Verf der einstw Verfügung) geschaffen war (Karlsruhe FamRZ 99, 994). Die Beschränkung in Abs 1 S 3 schützt das Persönlichkeitsrecht des Antragstellers. Davon betroffene Passagen in den Gründen sind nicht zu verkünden bzw zu schwärzen (Brandenburg Büro 00, 366). Vgl auch § 118 Abs 2 S 2. Rechtsbeschwerde nur nach Zulassung durch das BeschwGer statthaft (§ 574 Abs 1 Nr 2).

5. Kosten: Ist die Beschwerde dessen, der PKH beantragt hat, erfolglos, trägt er gem § 49 GKG, 1956 KV ohne Ausspruch die Gerichtskosten. Kostenerstattung gibt es nicht, auch nicht auf Grund der

Kostenentscheidung im Erkenntnisverfahren (KG RPfleger 95, 508). Abs 4 ist nicht verfassungswidrig (Koblenz NJW-RR 95, 768, München NJW-RR 01, 1437).

§ 127a Prozesskostenvorschuss einer Unterhaltssache

(1) **In einer Unterhaltssache kann das Prozeßgericht auf Antrag einer Partei durch einstweilige Anordnung die Verpflichtung zur Leistung eines Prozeßkostenvorschusses für diesen Rechtsstreit unter den Parteien regeln.**

(2) [1] **Die Entscheidung nach Absatz 1 ist unanfechtbar.** [2] **Im übrigen gelten die §§ 620 a bis 620 g entsprechend.**

1 Betrifft nur Unterhaltssachen, insbes § 621 Abs 1 Nr 4, 5. Gleiche Regelung für Ehesachen in § 620 Nr 9, für andere Familiensachen in § 621 f. Für das Verfahren gelten §§ 620 a bis g entsprechend. Vgl dazu § 621 f Rn 1–6. Ob neben § 127 a einstw Vfg zulässig, ist umstritten (§ 940 Rn 9). Kein Anspruch auf Prozesskostenvorschuss zwischen geschiedenen Ehegatten (BGH 89, 33; streitig).

Abschnitt 3. Verfahren

Titel 1. Mündliche Verhandlung

§ 128 Grundsatz der Mündlichkeit; schriftliches Verfahren

(1) **Die Parteien verhandeln über den Rechtsstreit vor dem erkennenden Gericht mündlich.**

(2) [1] **Mit Zustimmung der Parteien, die nur bei einer wesentlichen Änderung der Prozeßlage widerruflich ist, kann das Gericht eine Entscheidung ohne mündliche Verhandlung treffen.** [2] **Es bestimmt alsbald den Zeitpunkt, bis zu dem Schriftsätze eingereicht werden können, und den Termin zur Verkündung der Entscheidung.** [3] **Eine Entscheidung ohne mündliche Verhandlung ist unzulässig, wenn seit der Zustimmung der Parteien mehr als drei Monate verstrichen sind.**

(3) **Ist nur noch über die Kosten zu entscheiden, kann die Entscheidung ohne mündliche Verhandlung ergehen.**

(4) **Entscheidungen des Gerichts, die nicht Urteile sind, können ohne mündliche Verhandlung ergehen, soweit nichts anderes bestimmt ist.**

Übersicht

I. Abs 1 enthält **den Grundsatz der mündlichen Verhandlung.** 1

1. Geltungsbereich. Die Mündlichkeit ist grundsätzlich vorgeschrieben für die Verhandlung der Parteien vor dem erkennenden Gericht. – **a) Verhandlung** zur Hauptsache (§ 39 Rn 5) oder über prozessuale 2 Fragen; streitig oder im Falle der Säumnis einseitig. Die Beweisaufnahme ist nicht Verhandlung. – **b) Partei.** Begriff Rn 2 vor § 50. Dazu zäh- 3 len hier auch die Streithelfer (§§ 66 ff). Der Grundsatz gilt auch bei Zwischenstreitigkeiten mit Dritten, soweit dafür ausdrücklich mdl Vhdl, zB §§ 71, 135 oder Entscheidung durch Urt, zB § 387, vorgeschrieben ist. – **c) Vor dem erkennenden Gericht,** auch Einzelrichter (§ 348 4 Abs 1, §§ 348a, 526) und Vorsitzender der KfH (§ 349 Rn 1). Also nicht vor dem beauftragten oder ersuchten Richter, nicht für Maßnahmen des Vorsitzenden, Rechtspflegers, Urkunds- oder Zustellungsbeamten; nicht für Akte, die ihrem Wesen nach zur Justizverwaltung gehören, zB Richterablehnung (§ 46 Abs 1), PKH-Gesuch.

2. Bedeutung. – **a)** Ohne **mündliche Verhandlung** darf nicht 5 entschieden werden (BAG NJW 96, 2749). Das gilt, von den Ausnahmen in Abs 2, Abs 3 und in §§ 307 Abs 2, 331 Abs 3, 495a abgesehen, für alle Entscheidungen, die durch Urteil ergehen, also über Klagen und Scheidungsanträge, ferner zB §§ 714, 925, 926 Abs 2, 927 Abs 2, für Entscheidungen, die durch Beschluss ergehen, wenn das Gesetz mdl Vhdl vorschreibt, zB §§ 320 Abs 3, 1063 Abs 2. Näheres Rn 11–19. – **b) Entscheidungsgrundlage** darf nur sein, was Gegenstand der münd- 6 lichen Verhandlung war (BGH 116, 47, NJW 97, 397). Dabei gilt der Grundsatz, dass durch Antragstellung und Verhandlung der gesamte bis zum Termin angefallene Inhalt der Gerichtsakten zum Gegenstand der mündlichen Verhandlung gemacht ist (BGH NJW 94, 3295). In der Verhandlung müssen die Sach- und Beweisanträge gestellt, Prozessrügen erhoben, die Ergebnisse einer kommissarischen Beweisaufnahme vorgetragen werden (§ 285 Abs 2). – Daraus folgt, dass bei **Richter-** 7 **wechsel** die Parteien den Inhalt der bisherigen Verhandlung zu berichten haben und dass nur die Richter entscheiden dürfen, vor denen zuletzt verhandelt wurde (§ 309). Einen von keiner Partei vorgetragenen Sachverhalt darf das Gericht bei der Würdigung einer Indiztatsache auch nicht als Möglichkeit berücksichtigen, außer sie stellt sich als Folge

einer allgemeinen Erfahrung dar (BGH WM 78, 244). – Dem Vortrag
8   ist in § 137 Abs 3 (dort Rn 3) die **Bezugnahme auf Schriftstücke** in
mdl Vhdlg gleichgestellt (BGH NJW 97, 397). Schriftliches Vorbringen
ist ausnahmsweise Entscheidungsgrundlage in den Fällen der Abs 2, 3,
der §§ 139 Abs 5, 283, 251 a, 307 Abs 2, § 331 Abs 3, des § 358 a. –
9   **c) Alles mündlich Vorgetragene** muss in der Entscheidung berücksichtigt werden, auch wenn es nicht schriftsätzlich angekündigt wurde
(zB die Sachanträge iF des § 297 Abs 1 S 3). Nicht mehr zulässiges
Vorbringen (zB §§ 296, 531 f) ist in der Entscheidung zurückzuweisen.
10 **3. Verstoß** gegen den Grundsatz der Mündlichkeit ist als wesentlicher Verfahrensmangel durch Rechtsmittel geltend zu machen (BGH
LM Nr. 4). Im Hinblick auf Abs 2 ist Heilung nach §§ 295, 534 möglich.

11 **II. Freigestellte mündliche Verhandlung**
1. Fälle. – **a) Abs 3** stellt die mdl Vhdlg in das Ermessen des Ger,
wenn durch SchlussUrt nur noch über die Kosten des Rechtsstreits zu
entscheiden ist. Bei Entscheidung ohne mdl Vhdlg ist nach Rn 32–36
12 zu verfahren. – **b) Abs 4** stellt klar, dass alle Entscheidungen des Ger,
die nicht Urt sind, ohne mdl Vhdlg ergehen können. Das sind alle Beschlüsse des Kollegiums, des ER, des beauftragten oder ersuchten Richters sowie des Rechtspflegers, ferner alle Verfügungen. Unberührt bleiben Vorschriften, die trotz Beschlussentscheidung mdl Vhdlg anordnen,
13 zB § 320 Abs 3, § 1063 Abs 2. – **c)** Vorsitzender, beauftragter oder ersuchter Richter, UrkBeamter und Rechtspfleger (Rn 4) können für die
von ihnen zu treffenden Entscheidungen mdl Vhdlg anordnen. Sie wird
aber selten erforderlich sein.

14 **2. Anordnung.** – **a) Einleitung des Verfahrens** in der Regel durch
schriftliches Gesuch oder – im Bereich des Anwaltszwangs nur, wenn ausdrücklich zugelassen; dann ohne Anwaltszwang, § 78 Abs 3 – durch
Antrag zu Protokoll der Geschäftsstelle, ausnahmsweise auch von Amts
wegen (zB § 319). Rücknahme des Antrags ist zulässig in den Formen,
15 in denen er gestellt werden kann, oder in mdl Vhdlg. – **b)** Es steht im
Ermessen des Gerichts, ob es mdl Vhdlg anordnet (auch nachträglich)
oder nicht. Sie wird durch Gerichtsbeschluss angeordnet; wenn er die
Terminsbestimmung enthält, ist er förmlich zuzustellen (§ 329 Abs 2
S 2). Anordnung oder Ablehnung der mdl Vhdlg sind nicht beschwerdefähig.

16 **3. Verfahren bei freigestellter Verhandlung.** – **a)** Form und Gang,
ebenso die Beweiserhebung, folgen den allg Regeln der §§ 128 a
bis 165; Anwaltszwang gem § 78. Im Arrest-, einstw Verfgs- und Vollstreckbarerklärungsverfahren für Schiedssprüche steht die freigestellte mdl
Vhdlg, wenn sie angeordnet ist, der notwendigen gleich (§§ 922 Abs 1,
936, 1063 Abs 1, hier aber Entscheidung durch Beschluss). In allen anderen Fällen hat sie nur den Zweck, dem Gericht eine genauere Information und den Parteien eine Ergänzung ihrer schriftlichen Erklärungen

zu ermöglichen. Das in Rn 5–9 Gesagte gilt hier nicht. – **b) Entschei-** 17
dungsgrundlage ist neben dem Ergebnis der Verhandlung und einer
etwaigen Beweisaufnahme der gesamte schriftliche Akteninhalt im
Zeitpunkt des Entscheidungserlasses (§ 329 Rn 5). Es gibt kein Versäumnisverfahren. Die Entscheidung ergeht außer in den Fällen der
Rn 16 durch Beschluss (§ 329 Abs 1).

4. Verfahren ohne freigestellte Verhandlung. Beginn wie Rn 14. 18
Grundsätzlich ist dem Gegner rechtliches Gehör zu gewähren, Art 103
Abs 1 GG. Näheres Einl I Rn 9 ff. Über beweisbedürftige Tatsachen
(1 vor § 284) ist nach den allg Regeln Beweis zu erheben, außer wenn
nach ausdrücklicher Vorschrift Glaubhaftmachung genügt. **Entschei-** 19
dung stets durch Beschluss, Bekanntgabe nach § 329 Abs 2. Entscheidungsgrundlage ist der gesamte Akteninhalt und das Ergebnis einer Beweisaufnahme.

III. Das Verfahren ohne mündliche Verhandlung mit Zustim- 20
mung der Parteien (Abs 2) ist eine Ausnahme von dem in Rn 1–10
erläuterten Mündlichkeitsgrundsatz.

1. Zulässigkeit. – a) Abs 2 gilt für **alle Verfahren** der ZPO mit 21
notwendiger mdl Vhdlg und in allen Instanzen. Er gilt nicht im arbeitsgerichtlichen Urteilsverfahren (§ 46 Abs 2 S 2 ArbGG). – **b)** Da Abs 2 22
der **Vereinfachung** und der **Beschleunigung** dient (BGH 18, 61), ist
das schriftliche Verfahren zur Einsparung einer mdl Vhdlg stets zulässig,
im unmittelbaren Anschluss an sie nur, wenn der Rechtsstreit in Einzelfällen noch nicht zur Entscheidung reif ist, Verkündungstermin ohne
weiteres Vorbringen deshalb nicht angesetzt werden kann. Verstoß
dagegen ist Verfahrensmangel, Revisionsgrund aber nur, wenn das Urteil im Einzelfall auf ihm beruht (BGH 17, 118, NJW 92, 2146). –
c) Unabhängig von § 128 ist im schriftlichen Vorverfahren ohne An- 23
trag Erlass eines Anerkenntnisurteils gemäß § 307 Abs 2 und auf Antrag
des Klägers Erlass einer Entscheidung bei Säumnis des Bekl gemäß
§ 331 Abs 3 zulässig.

2. Zustimmung. – a) Zu erklären durch **beide Parteien** in mdl 24
Vhdlg oder schriftlich, außerhalb des Anwaltszwangs (§ 78) auch zu
Protokoll der Geschäftsstelle. Fernmündlich genügt nicht (BVerwG
NJW 81, 1852). Es genügt auch nicht, wenn eine Partei ihre Zustim-
mung erklärt und erst nach deren Widerruf die andere Partei zustimmt
(BGH NJW 01, 2479). Bei notwendiger **Streitgenossenschaft** (§ 62) 25
müssen alle, bei Erklärung in mdl Vhdlg alle anwesenden Streitgenossen
einverstanden sein. Bei einfacher Streitgenossenschaft (§§ 59 ff) wirkt
die Zustimmung jedes einzelnen Genossen nur für seinen Prozess (§ 61
Rn 5). Stimmt einer nicht zu, ist schriftliche Entscheidung unzweckmäßig, notfalls Trennung nach § 145 oder Teilurteil nach § 301. Die
Zustimmung des Nebenintervenienten ist nicht erforderlich, genügt
aber, wenn die unterstützte Partei, die Gelegenheit zur Äußerung hatte,
nicht widerspricht, § 67 (RoSchw/Gottwald § 109 I 1 a). Die Zustimmung des im Termin anwesenden streitgenössischen Nebenintervenien-

ten ist nötig (§ 69 Rn 5; teilw aA RoSchw/Gottwald aaO). Im Falle
des § 387 ist auch Einverständnis des Zeugen nötig (Frankfurt NJW 68,
26 1240). Im Fall des § 331 Abs 3 genügt Antrag des Klägers. – **b)** Die
Erklärung der Zustimmung **ist Prozesshandlung** (Einl III); sie muss
eindeutig, wenn auch nicht ausdrücklich sein. Schweigen auf die Ankündigung des Gerichts, dass schriftlich entschieden werde, genügt nicht
(München NJW 55, 995). Sie kann nicht von einer Bedingung zB bestimmter Besetzung des Gerichts, Art der erwarteten Entscheidung abhängig gemacht werden und ist widrigenfalls unwirksam (BGH 18, 61).
27 Sie ist nicht anfechtbar. – **c) Widerruf** der Zustimmung ist zulässig, solange die Gegenpartei nicht zugestimmt hat (BGH NJW 01, 2479),
sonst nur bei wesentlicher Veränderung der Prozesslage (Abs 2 S 1), zB
wenn ein Schriftsatz des Gegners mit neuen Sachanträgen, uU auch mit
wesentlich anderen Behauptungen oder Beweismitteln eingeht. Für den
Widerruf gilt iÜ dasselbe wie für die Erklärung des Einverständnisses. –
28 d) Die Zustimmung erstreckt sich nur auf die **nächste Entscheidung**
und wird durch sie verbraucht, wenn sie Endentscheidung ist oder diese
wesentlich vorbereitet, zB Auflagen- und Beweisbeschluss (BGH 31,
210/215). Antrag auf schriftliche Entscheidung vor dem Vorsitzenden
ohne weitere Angabe deckt Entscheidung durch die KfH. Einverständnis mit schriftlicher Entscheidung durch den Einzelrichter deckt nicht
29 Urteil des Senats (BGH 18, 61). – **e) Bei fehlender Zustimmung**
oder wirksam widerrufener darf keine Entscheidung ohne mdl Vhdlg
ergehen. Bei Verstoß unterliegt sie dem gegebenen Rechtsmittel, sofern
sie auf diesem Verfahrensmangel beruht.

30   **3. Entscheidung. – a) Im Ermessen** des Gerichts steht, ob es bei
Vorliegen der Voraussetzungen Rn 21–29 schriftlich entscheidet. Es kann
trotz Zustimmung der Parteien mdl Vhdlg bestimmen, wird dies aber
31 nur tun, wenn es mdl Erörterung für zweckmäßiger hält. – **b) Inhaltlich** kann jede nach Prozesslage zulässige Entscheidung ergehen. Ob
überhaupt einmal mdl verhandelt wurde oder nicht, bleibt im Gegen-
32 satz zu § 251a gleich. – **c)** Die **Anordnung** schriftlicher Entscheidung
ergeht durch Beschluss des Prozessgerichts entweder in mdl Vhdlg oder
alsbald (Abs 2 S 2), das heißt unverzüglich nach Eingang der letzten
Zustimmungserklärung. In dem Beschluss ist der Zeitpunkt zu bestimmen, bis zu dem noch Schriftsätze eingereicht werden können. Dieser
Zeitpunkt setzt, falls EndUrt ergeht, den Schluss der Vhdlg fest, andernfalls den Zeitpunkt, bis zu dem die Parteien gemäß § 282 Abs 1
ihren Vortrag vervollständigen müssen, wenn nicht durch weitere
Fristsetzung nach §§ 273 Abs 2 S 1, 276 Abs 1 S 2, Abs 3 für bestimmtes Vorbringen eine bereits früher ablaufende Frist gesetzt wurde
oder wird. Außerdem ist Verkündungstermin zu bestimmen, der wegen
Abs 2 S 3 nicht später als 3 Monate seit der letzten Zustimmungserklärung angesetzt werden darf. Dadurch wird eine Prozessverzögerung
33 durch das schriftliche Verfahren vermieden. – **d) Dem Schluss der
mündlichen Verhandlung entspricht,** falls EndUrt ergeht, der im

Beschluss gemäß Abs 2 S 2 bestimmte Zeitpunkt, bis zu dem Schriftsätze eingereicht werden können (BT-Drucksache 7/2729 S 55). Der Zeitpunkt ist bedeutungsvoll für die Präklusionswirkung der Rechtskraft (§ 322 Rn 36 ff) und der §§ 323, 767, für die Rechtzeitigkeit des Vorbringens (§ 296 Abs 2), für die Übertragbarkeit des Rechtsstreits an den Einzelrichter gem § 348 a Abs 1 Nr 3 (München NJW-RR 86, 1512). Ist im Einzelfall eine Schriftsatzfrist nicht bestimmt, zB weil nach widerrufenem Vergleich oder nach Beweisaufnahme nicht vor dem erkennenden Gericht ohne weiteres Vorbringen schriftlich entschieden werden soll, so ist maßgebend der Erlass des Beschlusses, der schriftliche Entscheidung und den Verkündungstermin anordnet (aA ZöGreger 14: Verkündungstermin). Verlängerung der Schriftsatzfrist und Verlegung des Termins, der dem Schluss der mündlichen Verhandlung entspricht, ist unter Wahrung der Dreimonatsfrist in Abs 2 S 3 zulässig. Ist dies nicht möglich, vgl Rn 35. – **e) Entscheidungsgrundlage** ist das Ergebnis 34 einer etwaigen mdl Vhdlg und Beweisaufnahme sowie der gesamte Akteninhalt, der in dem in Rn 33 genannten Zeitpunkt vorliegt. Für spätere Schriftsätze gilt § 296 a. Sie können zur nachträglichen Bestimmung eines späteren Zeitpunkts für die Einreichung eines Erwiderungsschriftsatzes, ggf mit Verlegung des Verkündungstermins in der Grenze des Abs 2 S 3 oder zur Wiedereröffnung der mdl Vhdlg gem § 156 führen. Bei Widerspruch zwischen schriftlichen und mdl Erklärungen gilt im Zweifel die spätere. VersU gilt es nicht. – **f) Der Erlass** 35 **der Entscheidung** geschieht wie bei der Entscheidung auf Grund mdl Vhdlg durch Verkündung in einem anberaumten Termin (§ 310). Er ist unabhängig von § 310 Abs 1 S 2 einerseits unter Berücksichtigung des Zeitpunkts für die Einreichung von Schriftsätzen (Abs 2 S 2), andererseits innerhalb der zwingenden Dreimonatsgrenze des Abs 2 S 3 zu bestimmen. Verstoß ist Verfahrensfehler, begründet die Revision aber nur, wenn das Urteil auf ihm beruht (BGH NJW 92, 2146). Kann ausnahmsweise die Dreimonatsfrist nicht eingehalten werden, zB wegen Verlängerung der Schriftsatzfrist (Rn 33), muss Verhandlungstermin bestimmt werden. – **g) Die Besetzung des Gerichts** braucht nicht der 36 bei einer etwaigen mdl Vhdlg zu entsprechen, außer wenn Beweisaufnahme oder von Schriftsätzen abweichender Vortrag, die nicht aktenkundig gemacht wurden, verwertet werden soll; vgl auch § 309 Rn 4.

§ 128 a Verhandlung im Wege der Bild- und Tonübertragung

(1) [1]**Im Einverständnis mit den Parteien kann das Gericht den Parteien sowie ihren Bevollmächtigten und Beiständen auf Antrag gestatten, sich während einer Verhandlung an einem anderen Ort aufzuhalten und dort Verfahrenshandlungen vorzunehmen.** [2]**Die Verhandlung wird zeitgleich in Bild und Ton an den Ort, an dem sich die Parteien, Bevollmächtigten und Beistände aufhalten, und in das Sitzungszimmer übertragen,**

(2) [1]Im Einverständnis mit den Parteien kann das Gericht gestatten, dass sich ein Zeuge, ein Sachverständiger oder eine Partei während der Vernehmung an einem anderen Ort aufhält. [2]Die Vernehmung wird zeitgleich in Bild und Ton in das Sitzungszimmer übertragen. [3]Ist Parteien, Bevollmächtigten und Beiständen nach Absatz 1 gestattet worden, sich an einem anderen Ort aufzuhalten, so wird die Vernehmung zeitgleich in Bild und Ton auch an diesen Ort übertragen.

(3) [1]Die Übertragung wird nicht aufgezeichnet. [2]Entscheidungen nach den Absätzen 1 und 2 sind nicht anfechtbar.

1   **1. Zweck.** Die Vorschrift ermöglicht in Abweichung von § 128 Abs 1 die Durchführung von mdl Vhdlg und Beweisaufnahme durch Videokonferenz. Erklärungen und Prozesshandlungen in der Videokonferenz stehen solchen in mdl Vhdlg (§ 128 Rn 6–9) gleich. Unausgesprochene Voraussetzung dafür ist das Vorhandensein entsprechender technischer Einrichtungen bei Gericht. Ein Anspruch der Parteien auf eine solche Einrichtung besteht nicht.

2   **2. Verhandlung durch Videokonferenz** (Abs 1 S 1) setzt voraus: – **a) Antrag** einer Partei; – **b) Einverständnis** der übrigen Parteien; – **c) Gestattung** durch das Ger nach freiem Ermessen (Abs 3 S 2).

3   **3. Beweisaufnahme durch Videokonferenz** (Abs 2 S 1) ist zuläs-
4   sig – **a)** bei Einverständnis aller Parteien und – **b)** Gestattung durch das Ger nach freiem Ermessen (Abs 3 S 2). **Sinnvoll** vor allem bei Anhörung von Sachverständigen und bei Vernehmung von Zeugen, wenn die Voraussetzungen von § 377 Abs 3 S 1 vorliegen. Unterbleiben sollte diese Art der Beweisaufnahme, wenn der unmittelbare persönliche Eindruck vom Verhalten des Zeugen bei der Vernehmung wichtig ist.

5   **4. Praktische Durchführung.** – **a)** Es ist zulässig, bei der **Verhandlung** nur einzelnen Verfahrensbeteiligten oder allen die Abwesenheit vom Sitzungszimmer zu gestatten. Es kann also sein, dass das Ger allein im Sitzungszimmer sich befindet, während die Parteien und ihre Bevollmächtigten bzw Beistände sich an anderen Orten aufhalten. –
6   **b)** Bei **Beweisaufnahme** kann sowohl der Beweisperson als auch den übrigen Prozessbeteiligten die Abwesenheit vom Sitzungszimmer gestat-
7   tet werden (Abs 2 S 3). – **c)** Es muss aber in jedem Fall sichergestellt sein, dass **alle Beteiligten** das Geschehen in Bild und Ton zeitgleich miterleben können.

8   **5. Dokumentation der Videoverhandlung.** Nach Abs 3 S 1 muss die Übertragung nicht aufgezeichnet werden; untersagt ist es jedoch nicht. Es ist ein Protokoll nach §§ 159, 160 aufzunehmen mit den Einschränkungen des § 161.

9   **6. Anfechtbarkeit.** Die Entscheidung des Gerichts, eine Videokonferenz durchzuführen, ist gem Abs 3 S 2 ebenso wenig anfechtbar wie die Ablehnung eines entsprechenden Antrags (Ausschluss von § 567 Abs 1 Nr 2).

§ 129 Vorbereitende Schriftsätze

(1) **In Anwaltsprozessen wird die mündliche Verhandlung durch Schriftsätze vorbereitet.**

(2) **In anderen Prozessen kann den Parteien durch richterliche Anordnung aufgegeben werden, die mündliche Verhandlung durch Schriftsätze oder zu Protokoll der Geschäftsstelle abzugebende Erklärungen vorzubereiten.**

1. Vorbereitende Schriftsätze dienen der Ankündigung des Vortrags in der Vhdlg. Prozessual wirksam wird das Vorbringen im Bereich des Mündlichkeitsgrundsatzes erst durch Vortrag in der mdl Vhdlg (§ 128 Rn 6–8). Mitteilung an verfahrensbeteiligte Dritte §§ 64 ff, in Scheidungsfolgesachen § 624 Abs 4 S 1. – **a)** Sie sind gem **Abs 1** vorgeschrieben im **Anwaltsprozess** (§ 78 Abs 1, Abs 2). Frist vgl §§ 132, 282 Abs 2. – **b)** Nach **Abs 2** kann im **Parteiprozess** (§§ 78 Abs 3, 79) der Richter durch prozessleitende Verfügung aufgeben, die mdl Vhdlg vorzubereiten entweder schriftsätzlich oder durch Erklärung zu Protokoll eines jeden AG (§ 129a). – **c)** Folgen bei **Verstoß:** VersU ist unzulässig, § 335 Abs 1 Nr 3; Erklärungsfrist nach § 283 kann bestimmt werden; Vertagung nach § 227; außerdem Zurückweisung nach § 296 Abs 2; Kostennachteile nach § 95 und GKG § 34.

2. Bestimmende Schriftsätze kündigen ein Vorbringen nicht nur an, sondern enthalten Parteierklärungen, für die Schriftform vorgeschrieben ist. Mit ihrer Einreichung (§ 270 Rn 7) oder Zustellung ist die Prozesshandlung vollzogen. Hierher gehören insbes die Schriftsätze, die einen Prozess im ganzen oder einen Abschnitt davon eröffnen, zB Klage, Einspruch (BGH 101, 134), Rechtsmittelschrift, Streitverkündung (BGH NJW 85, 328) oder beenden, zB Klagerücknahme, oder wiederaufnehmen, zB nach Aussetzung; ferner die Gesuche in Verfahren ohne oder mit freigestellter mdl Vhdlg (§ 128 Rn 11 ff, BGH NJW 94, 2097: Schriftlicher Antrag auf PKH).

a) Eigenhändige Unterschrift oder qualifizierte elektronische Signatur (§ 130a Abs 1 S 2) ist erforderlich. Bei fristgebundenen Prozesshandlungen, zB Rechtsmitteleinlegung und -begründung, müssen die Formerfordernisse spätestens bei Fristablauf vorliegen (BGH NJW 76, 966, BAG NJW 76, 1285). Eingehende Kritik am Grundsatz der Eigenhändigkeit übt Vollkommer, Formenstrenge und prozessuale Billigkeit, 1973 S 126 ff, 260 ff: Unterschriftsmängel seien bei evidenter Erreichung des Formzwecks unschädlich (§ 295 Rn 8), Mängel seien nachträglich analog §§ 82 Abs 2 VwGO, 65 Abs 2 FGO behebbar (aaO S 419 ff); aA für das geltende Recht Kunz-Schmidt NJW 87, 1296. Für Lockerung des Formzwangs auch Frankfurt NJW 77, 1246, Späth VersR 78, 605, Schneider NJW 98, 1844 u für Widerspruch nach § 694 Abs 1 Oldenburg NdsRPfl 79, 73, im Parteiprozess Karlsruhe FamRZ 88, 82; hier aA LG München II NJW 87, 1340. Demgegenüber halten mit Recht München NJW 79, 2570, BGH NJW 80, 291

am Erfordernis der eigenhändigen Unterschrift unter bestimmenden
Schriftsätzen fest. Für die Schriftform genügt unter Schriftsätzen von
Behörden, Körperschaften und Anstalten des öffentl Rechts die maschinenschriftliche Wiedergabe des Namens des Unterzeichnenden mit Beglaubigungsvermerk, soweit keine Vertretung durch RA erforderlich ist
7 (GemSOGB NJW 80, 172). – **Im Bereich des Anwaltszwanges** (§ 78)
ist Unterschrift durch einen zugelassenen RA oder seinen Vertreter erforderlich. An den Nachweis der Echtheit der Unterschrift eines RA
dürfen nicht zu hohe Anforderungen gestellt werden (BGH NJW 01,
2888). Heilung des Mangels ist, außer bei fristgebundenen Prozesshandlungen nach Fristablauf, nicht ausgeschlossen (BGH 65, 46). Ist außerhalb des RAZwangs ein RA bestellt, so ist dessen Unterschrift erforderlich (BGH 92, 251). Weisungsgemäße Verfertigung des Schriftsatzes
über vorweg erfolgter Blankounterschrift wahrt die Schriftform (BGH
ZZP 80, 315). Faksimilestempel genügt nicht (BGH VersR 92, 76).
Unterschrift des unterbevollmächtigten beim Prozessgericht zugelassenen
RAs genügt (BAG DB 90, 2532). Stellvertretung bei der Unterzeichnung ist zulässig, wenn dabei zum Ausdruck kommt, dass der Unter-
zeichner die volle Verantwortung für den Inhalt übernimmt. Dazu
reicht die Unterzeichnung „i. A.“ nicht aus, wenn der Unterzeichnende
damit zu erkennen gibt, dass er dem Gericht gegenüber nur als Erklä-
8 rungsbote auftritt (BGH NJW 88, 210, NJW 93, 2056). – **Lesbarkeit
der Unterschrift** ist nicht erforderlich. Nötig ist bei Anlegung eines
großzügigen Maßstabs (BGH NJW 97, 3380, BAG NJW 01, 316) ein
die Identität des Unterschreibenden ausreichend kennzeichnender
Schriftzug mit individuellem Charakter, der einmalig ist, sich als Wiedergabe eines Namens darstellt und die Absicht einer vollen Unter-
schriftsleistung erkennen lässt (BGH NJW 94, 55). Dabei kann eine
dem Schriftzug beigefügte Namenswiedergabe in Maschinen- oder
Stempelschrift zur Deutung herangezogen werden (BGH NJW 92,
243). Ob mindestens einige Buchstaben erkennbar sein müssen, ist
streitig (bejahend BGH NJW 85, 1227, verneinend BGH NJW 92,
243, offengelassen BGH NJW 94, 55). Unterzeichnung mit nur einem
Teil eines Doppelnamens kann genügen (BGH NJW 96, 997), nicht
jedoch nur mit dem Vornamen (Karlsruhe NJW-RR 00, 948). Nicht
genügen lediglich eine gekrümmte Linie, auch wenn der RA sie als
seine Unterschrift anerkennt (BGH NJW 74, 1090), eine Buchstaben-
folge, die sich als gewollte Abkürzung oder als sonstiges Handzeichen
(Paraphe) darstellt (BGH NJW 97, 3380), eine senkrechte Linie mit
Aufstrich u wellenförmigem Auslauf, die als Handzeichen zu deuten ist
(BGH NJW 82, 1467). Ob sich ein Schriftzeichen als Unterschrift oder
als Abkürzung, Paraphe darstellt, beurteilt sich nach dem äußeren Erscheinungsbild (BGH NJW 94, 53). Hat derselbe Spruchkörper eine
unlesbare Unterschrift längere Zeit nicht beanstandet, so muss er bei
Änderung seiner Auffassung vorwarnen, bevor er nachteilige Folgen aus
der Unlesbarkeit ableitet (BVerfG NJW 88, 2787). Bleibt die Unterzeichnung mit einer Paraphe jahrelang unbeanstandet, ist die Unter-

zeichnung einer Berufungsschrift in dieser Weise als unverschuldeter Formfehler anzusehen (BGH NJW 99, 60). – **Fehlende Unterschrift** 9 **unter der Urschrift** ist unschädlich, wenn ein anderes gleichzeitig mit Wissen des RA eingereichtes Schriftstück unterschrieben ist, zB Beglaubigungsvermerk unter der Abschrift oder unterschriebene, an den RA zurückgegebene Urschrift (Schleswig VersR 83, 65). Es genügt auch, wenn sie nicht bei den Gerichtsakten bleibt (BGH ZZP 67, 312), wenn rechtzeitig ein anderer Schriftsatz eingeht, der auf den nichtunterschriebenen Bezug nimmt (BGH LM §§ 338, 339 Nr 1). Für die BerBegründung aber § 520 Rn 1.

b) Telefonische Übermittlung genügt der Schriftform nicht (BGH 10 NJW 65, 174).

c) Telegrafische Übermittlung steht der Schriftform gleich (BAG 11 NJW 71, 2190). Das Telegramm kann fernmündlich aufgegeben sein; auch bei schriftlicher Aufgabe ist eigenhändige Unterschrift nicht nötig, weil das Ankunftstelegramm begrifflich nie eigenhändig unterschrieben sein kann (BGHSt 8, 174). Eingereicht ist die telegrafische Erklärung mit Eingang des Ankunftstelegramms bei Gericht oder mit Einlegen in das Postfach des Gerichts (BGH NJW 86, 2646) oder bei fernmündlicher Zusprache, wenn der aufnehmende GeschStBeamte eine amtliche Niederschrift über den Telegramminhalt anfertigt (BGHSt 14, 233). – Mittels **Fernschreiber** ist die Erklärung bei Gericht eingegangen, sobald 12 der Text im Empfängerapparat ausgedruckt wird, auch nach Dienstschluss und wenn die Anlage nicht besetzt ist (BGH 101, 276) bzw sobald der von einer privaten Fernschreibanlage aufgenommene Text bei Gericht eingereicht (§ 270 Rn 7) ist (BayVGH BB 77, 568). Für die Ordnungsmäßigkeit der Form ist kein Unterschied, ob es sich um die Einlegung oder die Begründung des Rechtsmittels handelt (BGH 97, 283, BVerfG NJW 87, 2067). Kommt der Text infolge eines Fehlers der Empfängeranlage unlesbar oder verstümmelt an, so ist er als mit vollständigem Inhalt eingegangen anzusehen, wenn dieser sich nachträglich feststellen lässt (BGH 105, 40). – **Telefax, Telebrief.** Der richtigen 13 Adressierung entspricht die richtige Empfängernummer (BAG NJW 95, 2742). Der Rechtsmittelkläger muss das, was technisch möglich ist, leisten, um die Anforderung der eigenhändigen Unterschrift zu erfüllen. Es genügt also direkte Telefaxübermittlung zum Empfängerapparat des Gerichts oder Übermittlung einer Kopie im Rahmen des Telebriefdienstes an das Gericht durch das Postamt, an das das Schriftstück per Telefax über das öffentliche Telefonnetz gesendet worden ist (BGH NJW 83, 1498); von welchem Apparat aus es abgesendet wurde, spielt keine Rolle (BAG NJW 89, 1822, BFH CR 92, 278). Formwirksam ist auch ein Schriftsatz, der durch elektronische Übertragung einer Textdatei auf ein Faxgerät (Computer-Fax) des Gerichts übermittelt wird, wenn die Unterschrift eingescannt wurde (GemSOGB NJW 00, 2340), § 130 Nr 6. Die Schriftform ist auch gewahrt, wenn die Telekopie einem privaten Zwischenempfänger übermittelt und von diesem dem Gericht zugeleitet wird. Auf der Kopie muss die Unterschrift eines postulationsfähigen RA wiedergegeben sein (§ 130 Nr 6). Verstümmelung des Textes infolge einer technischen Störung im Empfangsgerät des Gerichts ist unschädlich, wenn der der Übertragung zugrundeliegende Inhalt nachträglich einwandfrei feststellbar ist (BGH NJW 94, 1881 u 01, 1581 für Berufungsbegründung) oder die Verstümmelung ihre Ursache im Empfangsgerät des Ger hat (BGH NJW 01, 1581). Eingegangen ist der durch Telefax übermittelte Schriftsatz in dem Zeitpunkt, in dem er vom Empfangsgerät vollständig ausgedruckt ist, falls der Ausdruck nicht durch einen Fehler in seiner Funktion oder Bedienung verzögert worden ist (BGH NJW 94, 2097). Der Nachweis des Zugangs im Empfangsgerät ist durch Vorlage eines Sendeberichts des Absenderapparats nicht zu führen, auch kein Anscheinsbeweis (BGH NJW 95, 665), uU genügt aber unsubstantiiertes Bestreiten des Zugangs nicht (Rostock NJW 96, 1831).

14   **d) Fehlende Unterschrift** kann jederzeit, bei fristgebundenen Prozesshandlungen nur innerhalb der Frist nachgeholt werden. Ob der Mangel auch durch Rügeverzicht oder Unterlassung rechtzeitiger Rüge heilbar ist (BGH NJW-RR 99, 1251), hängt davon ab, ob auch die Gegenpartei wirksam verzichten kann, § 295 Abs 2; dort Rn 1–3.

§ 129 a Anträge und Erklärungen zu Protokoll

(1) **Anträge und Erklärungen, deren Abgabe vor dem Urkundsbeamten der Geschäftsstelle zulässig ist, können vor der Geschäftsstelle eines jeden Amtsgerichts zu Protokoll abgegeben werden.**

(2) **[1]Die Geschäftsstelle hat das Protokoll unverzüglich an das Gericht zu übersenden, an das der Antrag oder die Erklärung gerichtet ist. [2]Die Wirkung einer Prozeßhandlung tritt frühestens ein, wenn das Protokoll dort eingeht. [3]Die Übermittlung des Protokolls kann demjenigen, der den Antrag oder die Erklärung zu Protokoll abgegeben hat, mit seiner Zustimmung überlassen werden.**

1   Die Bestimmung erleichtert, soweit kein RA-Zwang besteht (§ 78 Abs 3), für alle an einem in Gang zu setzenden oder bereits laufenden Verfahren Beteiligten die Antragstellung und die Abgabe von Erklärungen an ein, in aller Regel an das erkennende Gericht. Wirksam wird die zu Protokoll abgegebene Erklärung erst mit Eingang des Protokolls beim erkennenden Gericht, wichtig insbes für fristgebundene Prozesshandlungen. Die unverzügliche Übersendung des Protokolls dorthin ist Aufgabe des aufnehmenden AG mit der aus Abs 2 S 3 ersichtlichen Einschränkung. Vgl auch § 496. Weigert sich der UrkB der GeschSt bzw Rpfl, die Erklärung zu Protokoll zu nehmen, gibt es entweder Dienstaufsichtsbeschwerde oder befristete Erinnerung gemäß § 573 bzw § 11 RPflG (KG NJW-RR 95, 637, BLAH 20).

§ 130 Inhalt der Schriftsätze

Die vorbereitenden Schriftsätze sollen enthalten:

1. die Bezeichnung der Parteien und ihrer gesetzlichen Vertreter nach Namen, Stand oder Gewerbe, Wohnort und Parteistellung; die Bezeichnung des Gerichts und des Streitgegenstandes; die Zahl der Anlagen;
2. die Anträge, welche die Partei in der Gerichtssitzung zu stellen beabsichtigt;
3. die Angabe der zur Begründung der Anträge dienenden tatsächlichen Verhältnisse;
4. die Erklärung über die tatsächlichen Behauptungen des Gegners;
5. die Bezeichnung der Beweismittel, deren sich die Partei zum Nachweis oder zur Widerlegung tatsächlicher Behauptungen bedienen will, sowie die Erklärung über die von dem Gegner bezeichneten Beweismittel;
6. die Unterschrift der Person, die den Schriftsatz verantwortet, bei Übermittlung durch einen Telefaxdienst (Telekopie) die Wiedergabe der Unterschrift in der Kopie.

§ 130 gibt eine Sollvorschrift für den Inhalt aller Schriftsätze. Das gesamte für die mdl Vhdlg beabsichtigte Vorbringen ist anzukündigen. Rechtsausführungen sind nicht nötig, aber zulässig und vielfach zweckmäßig. Bestimmende Schriftsätze müssen unterschrieben sein, § 129 Rn 6–9, und bei Übermittlung per Telefax in der Kopie die Unterschrift enthalten (Nr 6). **1**

§ 130 a Elektronisches Dokument

(1) [1]Soweit für vorbereitende Schriftsätze und deren Anlagen, für Anträge und Erklärungen der Parteien sowie für Auskünfte, Aussagen, Gutachten und Erklärungen Dritter die Schriftform vorgesehen ist, genügt dieser Form die Aufzeichnung als elektronisches Dokument, wenn dieses für die Bearbeitung durch das Gericht geeignet ist. [2]Die verantwortende Person soll das Dokument mit einer qualifizierten elektronischen Signatur nach dem Signaturgesetz versehen.

(2) [1]Die Bundesregierung und die Landesregierungen bestimmen für ihren Bereich durch Rechtsverordnung den Zeitpunkt, von dem an elektronische Dokumente bei den Gerichten eingereicht werden können, sowie die für die Bearbeitung der Dokumente geeignete Form. [2]Die Landesregierungen können die Ermächtigung durch Rechtsverordnung auf die Landesjustizverwaltungen übertragen. [3]Die Zulassung der elektronischen Form kann auf einzelne Gerichte oder Verfahren beschränkt werden.

(3) Ein elektronisches Dokument ist eingereicht, sobald die für den Empfang bestimmte Einrichtung des Gerichts es aufgezeichnet hat.

1 **1.** Alles, was in schriftlicher Form von den Parteien, ihren Bevollmächtigten und von Dritten bei Gericht eingereicht werden kann, darf künftig als elektronisches Dokument an das Ger übermittelt werden.

2 **2. Formale Anforderungen.** Das elektronische Dokument muss, sofern es einen bestimmenden Schriftsatz enthält, mit qualifizierter elektronischer Signatur nach dem SigG versehen sein; in anderen Fällen soll es eine derartige Signatur tragen. Das Dokument muss ferner für die Bearbeitung durch das Ger geeignet sein. Die Anforderungen in dieser Hinsicht werden durch RechtsVO gem Abs 2 festgelegt.

3 **3. Zugang.** Nach Abs 3 ist das elektronische Dokument bei Ger zugegangen, sobald es dort aufgezeichnet ist. Damit treten die Wirkungen der Fristwahrung bei fristgebundenen Schriftsätzen und von § 167 ein.

4 **4. Regelungen durch RechtsVO.** Abs 2 ermächtigt die Bundesregierung für die Bundesgerichte und die Landesregierungen bzw nach Übertragung die Landesjustizverwaltungen für die Gerichte der Länder, den Zeitpunkt und die näheren informationstechnischen Anforderungen, etwa eine bestimmte Verschlüsselung, für die Einreichung elektronischer Dokumente zu bestimmen. Dabei kann die Zulassung auf bestimmte Gerichte oder Verfahrensarten beschränkt werden.

§ 131 Beifügung von Urkunden

(1) Dem vorbereitenden Schriftsatz sind die in den Händen der Partei befindlichen Urkunden, auf die in dem Schriftsatz Bezug genommen wird, in Urschrift oder in Abschrift beizufügen.

(2) Kommen nur einzelne Teile einer Urkunde in Betracht, so genügt die Beifügung eines Auszugs, der den Eingang, die zur Sache gehörende Stelle, den Schluß, das Datum und die Unterschrift enthält.

(3) Sind die Urkunden dem Gegner bereits bekannt oder von bedeutendem Umfang, so genügt ihre genaue Bezeichnung mit dem Erbieten, Einsicht zu gewähren.

1 Die Bestimmung will dem Prozessgegner die Erklärung zu der Urkunde in der mdl Vhdlg ermöglichen. Verstoß hat die gleichen Folgen wie § 129 Rn 4. Im UrkProzess Sondervorschrift in § 593 Abs 2 S 1.

§ 132 Fristen für Schriftsätze

(1) [1]Der vorbereitende Schriftsatz, der neue Tatsachen oder ein anderes neues Vorbringen enthält, ist so rechtzeitig einzureichen, daß er mindestens eine Woche vor der mündlichen

Verhandlung zugestellt werden kann. [2]**Das gleiche gilt für einen Schriftsatz, der einen Zwischenstreit betrifft.**

(2) [1]**Der vorbereitende Schriftsatz, der eine Gegenerklärung auf neues Vorbringen enthält, ist so rechtzeitig einzureichen, daß er mindestens drei Tage vor der mündlichen Verhandlung zugestellt werden kann.** [2]**Dies gilt nicht, wenn es sich um eine schriftliche Gegenerklärung in einem Zwischenstreit handelt.**

1. Gilt nur im Anwaltsprozess (§ 78) für vorbereitende Schriftsätze, die neue Tatsachen (Rn 13 vor § 284) oder anderes neues Vorbringen ankündigen, zB neuen Klageantrag, neue Beweismittel oder Einwendungen. Die **Nichteinhaltung** der Zwischenfrist hat die gleichen Folgen wie § 129 Rn 4. Verhältnis zu § 282 dort Rn 3. **1**

2. Gilt nicht für Rechtsausführungen; im Parteiprozess; wo bes Einlassungsfristen vorgeschrieben sind, zB Klage (§ 274 Abs 3), Rechtsmittel (§§ 523 Abs 2, 553 Abs 2), UrkProzess (§ 593 Abs 2 S 2); ferner im Arrest- und einstw Vfg-Verfahren, weil mit ihrem Zweck nicht vereinbar. **2**

§ 133 Abschriften

(1) [1]**Die Parteien sollen den Schriftsätzen, die sie bei dem Gericht einreichen, die für die Zustellung erforderliche Zahl von Abschriften der Schriftsätze und deren Anlagen beifügen.** [2]**Das gilt nicht für Anlagen, die dem Gegner in Urschrift oder in Abschrift vorliegen.**

(2) **Im Falle der Zustellung von Anwalt zu Anwalt (§ 195) haben die Parteien sofort nach der Zustellung eine für das Prozeßgericht bestimmte Abschrift ihrer vorbereitenden Schriftsätze und der Anlagen bei dem Gericht einzureichen.**

1. Bedeutung. Im Partei- und Anwaltsprozess (Abs 1) wird der Schriftsatz in Urschrift zu den Gerichtsakten mit der erforderlichen Zahl von Abschriften und solcher Anlagen, die dem Gegner nicht in Ur- oder Abschrift vorliegen (Abs 1 S 2), eingereicht (§ 270 Rn 7) oder als elektronisches Dokument dem Ger übermittelt. Die Geschäftsstelle stellt die Abschriften von Amts wegen zu (§ 270 Abs 1) oder fordert sie nach. Bei Vertretung aller Parteien können Schriftsätze samt Anlagen auch von Anwalt zu Anwalt zugestellt werden (§ 195); in diesem Fall ist sofort eine Abschrift zu den Gerichtsakten einzureichen (Abs 2), um rechtzeitige Vorbereitung des Vorsitzenden und Berichterstatters sicherzustellen. – **Nach Schluss der mündlichen Verhandlung** eingereichte Schriftsätze dürfen außer in den Fällen der §§ 139 Abs 5, 283 nicht berücksichtigt werden. Verstoß dagegen ist Verfahrensfehler, beschwert aber nur die Gegenpartei. Sie können (§ 156 Abs 1), und müssen im Fall von § 156 Abs 2 Nr 2 zur Wiedereröffnung der mdl Vhdlg führen. **1**

2

3   **2. Verstoß** gegen § 133 kann zur Vertagung von Amts wegen oder zu Kostennachteilen gem § 95 und GKG § 34 führen, nicht zu sachlichen Nachteilen.

§ 134 Einsicht von Urkunden

(1) Die Partei ist, wenn sie rechtzeitig aufgefordert wird, verpflichtet, die in ihren Händen befindlichen Urkunden, auf die sie in einem vorbereitenden Schriftsatz Bezug genommen hat, vor der mündlichen Verhandlung auf der Geschäftsstelle niederzulegen und den Gegner von der Niederlegung zu benachrichtigen.

(2) [1]Der Gegner hat zur Einsicht der Urkunden eine Frist von drei Tagen. [2]Die Frist kann auf Antrag von dem Vorsitzenden verlängert oder abgekürzt werden.

1   Die Bestimmung gilt im Anwalts- und Parteiprozess, sie will dem Gegner die Einsicht in die Urschrift ermöglichen. Kein Anwaltszwang. Aufforderung zur Niederlegung auf Antrag oder vAw. Das ProzGer darf auch zur Versendung der Urkunde nach auswärts auffordern. Wird die Aufforderung nicht befolgt, treten die Folgen wie § 129 Rn 4 ein. Versäumt der Gegner die Einsichtnahme innerhalb der Frist des Abs 2, können spätere Einwendungen unter § 296 Abs 2 fallen.

§ 135 Mitteilung von Urkunden unter Rechtsanwälten

(1) Den Rechtsanwälten steht es frei, die Mitteilung von Urkunden von Hand zu Hand gegen Empfangsbescheinigung zu bewirken.

(2) Gibt ein Rechtsanwalt die ihm eingehändigte Urkunde nicht binnen der bestimmten Frist zurück, so ist er auf Antrag nach mündlicher Verhandlung zur unverzüglichen Rückgabe zu verurteilen.

(3) Gegen das Zwischenurteil findet sofortige Beschwerde statt.

1   **1. Gilt** im Anwalts- und Parteiprozess, wenn auf beiden Seiten RAe stehen. Die Mitteilung von Anwalt zu Anwalt (§ 195) steht neben der Niederlegung der Urkunde (§ 134) zur Wahl. Rückgabe innerhalb der Fristen des § 134 Abs 2 bzw einer vom RA gesetzten Frist.

2   **2.** Der **Rückgabestreit (Abs 2)** ist ein Zwischenstreit der Partei mit dem RA der Gegenpartei. VersU gibt es nicht. ZwVollstr nach §§ 794 Abs 1 Nr 3, 883. Die sofortige Beschwerde (§ 567) hat keine aufschiebende Wirkung. Die Kosten des Zwischenstreits trägt bei Unterliegen der RA persönlich, andernfalls die Gegenpartei. **Gebühren:**
3   keine; gehört zum Rechtszug, § 37 Nr 3 BRAGO.

§ 136 Prozeßleitung durch Vorsitzenden

(1) Der Vorsitzende eröffnet und leitet die Verhandlung.

(2) [1]Er erteilt das Wort und kann es demjenigen, der seinen Anordnungen nicht Folge leistet, entziehen. [2]Er hat jedem Mitglied des Gerichts auf Verlangen zu gestatten, Fragen zu stellen.

(3) Er hat Sorge zu tragen, daß die Sache erschöpfend erörtert und die Verhandlung ohne Unterbrechung zu Ende geführt wird; erforderlichenfalls hat er die Sitzung zur Fortsetzung der Verhandlung sofort zu bestimmen.

(4) Er schließt die Verhandlung, wenn nach Ansicht des Gerichts die Sache vollständig erörtert ist, und verkündet die Urteile und Beschlüsse des Gerichts.

1. Prozessleitung ist die richterliche Tätigkeit, die zur Vorbereitung 1 der Endentscheidung auf einen gesetz- und zweckmäßigen Verlauf des Verfahrens gerichtet ist. – **a)** Die **formelle Prozessleitung** soll die äußere Ordnung des Prozesses sicherstellen. Dazu gehören der sog Prozessbetrieb, soweit er Amtsbetrieb ist (zB Terminsbestimmung, Ladung), der äußere Gang der mdl Vhdlg (zB §§ 136 Abs 1, Abs 2, Abs 4, 137) und die Aufrechterhaltung der äußeren Ordnung in ihr (zB Sitzungspolizei, §§ 176 ff GVG). Sie ist grundsätzlich Aufgabe des Gerichts (§ 172 GVG), sehr häufig aber vom Gesetz dem Vorsitzenden (Einzelrichter §§ 348, 348 a; Amtsrichter § 495 Rn 2) übertragen, zB §§ 136 Abs 1, Abs 2 S 1, 216 Abs 2. – **b)** Die **sachliche Prozessleitung** soll die innere 2 Ordnung des Verfahrens sicherstellen, zB durch Aufklärung und Fragen (§§ 139, 273), erschöpfende Erörterung (§ 136 Abs 3), auch im RA-Prozess (§ 78) mit den erschienenen Parteien selbst (§ 278 Abs 1 S 2), Beweiserhebung. Auch sie ist grundsätzlich Aufgabe des Ger (§ 139), nur in den vom Gesetz bestimmten Fällen Aufgabe des Vorsitzenden (zB § 136 Abs 3). Im ArzthaftungsProz muss auch die medizinisch sachkundige Partei Gelegenheit erhalten, zu einem mündlich erstatteten Gutachten, das gegenüber einem früheren schriftlichen neue Beurteilungen enthält, nochmals Stellung zu nehmen, ggf nach sachverständiger Beratung und Wiedereröffnung der mdl Vhdlg (BGH NJW 01, 2796). – **c)** Die **Stellung des Vorsitzenden** ist, soweit ihm das Ge- 3 setz die Prozessleitung überträgt, eine selbständige. Er unterliegt nicht der Aufsicht durch das Kollegium. Über Beschwerde gegen seine Maßnahmen entscheidet das übergeordnete Gericht (§§ 569 Abs 1 S 1, 572 Abs 1). Ausgenommen davon sind nur die Fälle, in denen das Gesetz gegen eine prozessleitende Maßnahme des Vorsitzenden die Anrufung des Kollegiums zulässt, zB § 140. Das Verfahren vor dem Vorsitzenden unterliegt im Rahmen des § 78 dem Anwaltszwang.

2. Betrifft die formelle und in Abs 3 auch die sachliche **Prozesslei-** 4 **tung während der Verhandlung.** Sie obliegt außer der Entscheidung über den Schluss der Vhdlg (Abs 4) dem Vorsitzenden. Er kann einzelne Aufgaben unter Beibehaltung des Vorsitzes einem Beisitzer übertragen (zB Zeugenvernehmung) und hat den Beisitzern jederzeit Fragen zu gestatten (Abs 2 S 2). Ist er an der Vhdlgsleitung verhindert, so kann er im Vorsitz nach § 21 f Abs 2 GVG vertreten werden und selbst als Beisitzer fungieren. Vhdlgsschluss (Abs 4), auch stillschweigend, durch Bestimmung eines Verkündungstermins, Verkündung eines Beweisbeschlusses oder Aufruf einer anderen Sache, wenn der Rechtsstreit abschließend erörtert und in tatsächlicher Hinsicht erschöpfend aufgeklärt ist (Bamberg FamRZ 94, 1045).

§ 137 Gang der mündlichen Verhandlung

(1) **Die mündliche Verhandlung wird dadurch eingeleitet, daß die Parteien ihre Anträge stellen.**

(2) **Die Vorträge der Parteien sind in freier Rede zu halten; sie haben das Streitverhältnis in tatsächlicher und rechtlicher Beziehung zu umfassen.**

(3) **[1] Eine Bezugnahme auf Schriftstücke ist zulässig, soweit keine der Parteien widerspricht und das Gericht sie für angemessen hält. [2] Die Vorlesung von Schriftstücken findet nur insoweit statt, als es auf ihren wörtlichen Inhalt ankommt.**

(4) **In Anwaltsprozessen ist neben dem Anwalt auch der Partei selbst auf Antrag das Wort zu gestatten.**

1   **1. Anträge** (Abs 1) werden verlesen oder zu Protokoll gestellt (§ 297 Abs 1). Dass wiederholte Antragstellung erforderlich sei, wenn sich die Besetzung des Gerichts geändert hat (BAG NJW 71, 1332), ist im Hinblick auf die Einheitlichkeit der mdl Vhdlg nicht einzusehen (ebenso Kirchner NJW 71, 2158). Ob die Antragstellung allein schon Vhdlg zur Hauptsache (§ 39) ist, § 333 Rn 2. Erörterung des Sach- und Streitstands ist noch kein Verhandeln (Dresden NJW-RR 97, 765). – **2** Die **Parteivorträge** (Abs 2) dienen der erschöpfenden Erörterung zwischen den Parteien und mit dem Gericht (§§ 136 Abs 3, 139). Gegen Ablesen statt freier Rede kann der Vorsitzende nach § 136 Abs 2, das **3** Ger nach § 157 Abs 2 einschreiten. – Die **Bezugnahme** auf zu den Akten gelangte Schriftstücke (Abs 3) – dazu gehören auch solche, die bei Gericht eingegangen, aber dem Richter noch nicht vorgelegt sind (Düsseldorf NJW-RR 98, 1531) – steht dem Vortrag gleich (BGH NJW 95, 1841). Sie darf nicht dazu führen, dass das Ger sich aus umfangreichen Schriftstücken die wesentliche Klagebegründung heraussuchen müsste (BGH LM Nr 1, Lange NJW 89, 438). Durch Antragstellung und Verhandeln wird der gesamte Akteninhalt bis zum Termin Gegenstand der Verhandlung, auch wenn im Urteil davon nichts erwähnt und nicht Bezug genommen ist (BGH NJW-RR 96, 379).

4   **2.** Die erschienene **Partei** (Rn 2 vor § 50; auch der Streithelfer, § 67) hat auch im Anwaltsprozess das **Recht zu eigenem Vortrag.** Auch ohne Antrag soll sie selbst gehört werden (§ 278 Abs 2 S 3). Gegen Ablehnung des Antrags durch den Vorsitzenden Anrufung des Ger

(§ 140); gesetzwidrige Versagung durch das Ger ist, falls die Partei unter Ausschöpfung der prozessualen Möglichkeiten sich eindeutig zu Wort gemeldet hat (München NJW 84, 1026), als Verfahrensmangel mit Rechtsmittel gegen das Urteil, subsidiär mit Verfassungsbeschwerde als Versagung des rechtlichen Gehörs (BayVerfGH NJW 61, 1523) geltend zu machen. Gegen unsachlichen oder ungeeigneten Vortrag Einschreiten nach §§ 136 Abs 2, 157 Abs 2. – **Widerspruch** zwischen dem **5** Vortrag der Partei und ihres RAs § 78 Rn 7 und § 85 Abs 1 S 2. Dem Patentanwalt ist nach § 4 Abs 1 PatAnwO das Wort zu gestatten.

§ 138 Erklärungspflicht über Tatsachen; Wahrheitspflicht

(1) **Die Parteien haben ihre Erklärungen über tatsächliche Umstände vollständig und der Wahrheit gemäß abzugeben.**

(2) **Jede Partei hat sich über die von dem Gegner behaupteten Tatsachen zu erklären.**

(3) **Tatsachen, die nicht ausdrücklich bestritten werden, sind als zugestanden anzusehen, wenn nicht die Absicht, sie bestreiten zu wollen, aus den übrigen Erklärungen der Partei hervorgeht.**

(4) **Eine Erklärung mit Nichtwissen ist nur über Tatsachen zulässig, die weder eigene Handlungen der Partei noch Gegenstand ihrer eigenen Wahrnehmung gewesen sind.**

I. Abs 1 verpflichtet die Partei zu **Wahrheit** und **Vollständigkeit.** **1**

1. Geltungsbereich und Inhalt. – a) Gilt für alle Verfahren der **2** ZPO und jeweils für das ganze Verfahren; für alle Parteien (ihre Anwälte, Vertreter, Beistände) gegeneinander und gegenüber dem Gericht. Er bezieht sich auf Erklärungen (behaupten, bestreiten, Beweisangebot, Beweiseinrede) über tatsächliche Umstände (13 vor § 284). – **b) Wahr- 3 heit bedeutet** Übereinstimmung von Sachverhalt und Erklärung. Wahrheitspflicht bedeutet die Pflicht zur subjektiven Wahrhaftigkeit. Die Partei darf zu ihren Gunsten keine Erklärungen wider besseres Wissen abgeben, sie darf nicht lügen; der unterhaltsbedürftige Kläger etwa darf eine Verbesserung seiner wirtschaftlichen Verhältnisse nicht verschweigen (BGH NJW 99, 2804). Wahrheitspflicht bedeutet dagegen nicht, dass die Partei nur solche Tatsachen behaupten, die sie als wahr, und nur solche bestreiten dürfte, die sie als unwahr mit Sicherheit oder hoher Wahrscheinlichkeit kennt (BGH WM 85, 736).

2. Umfang. – a) Behaupten darf die Partei demnach auch Tat- **4** sachen, die sie nicht kennt und nicht kennen kann, zB künftiger Schadensverlauf (§§ 842 ff BGB), innere Vorgänge (Kenntnis in § 932 Abs 2 BGB), Ursächlichkeit (§§ 119 Abs 1, 2078 Abs 1 BGB), grundsätzlich auch vermutete Tatsachen (BGH NJW 95, 2111; NJW-RR 02, 1419; § 284 Rn 3). Bei Schilderung des tatsächlichen Vorgangs, der der Klage bzw Einwendung zugrunde liegt, darf sie nicht ihr bekannte Tatsachen verschweigen, weil sie ihr ungünstig sind. Anderseits braucht sie Tat-

sachen, die eine Einwendung ausfüllen (48–50 vor § 253), nicht vorzutragen, sondern kann warten, bis der Gegner sich darauf beruft, muss sich
5 dann aber wahrheitsgemäß dazu erklären. – **b) Bestreiten darf die Partei** nicht nur Tatsachenbehauptungen des Gegners, deren Unwahrheit sie positiv kennt. Es genügen Zweifel an der Wahrheit und fehlende
6 Kenntnis von Wahrheit oder Unwahrheit, Nichtwissen. – **c) Widersprüche im Vorbringen** haben nichts mit der Schlüssigkeit zu tun (BGH WM 95, 1775). Die Partei darf im Eventualverhältnis widersprüchliche Behauptungen aufstellen, solange sie nicht von der Unwahrheit der einen überzeugt ist (BGH BB 95, 1761/1764); sie darf im Lauf des Verfahrens ihr Vorbringen ändern (BGH NJW 02, 1276); eine Beweisaufnahme wird dadurch nicht entbehrlich (BGH NJW-RR 00, 208). Sie darf sich auch hilfsweise das mit ihrem Hauptvorbringen unvereinbare Vorbringen der Gegenpartei zu eigen machen (BGH 19, 387 u NJW 85, 1841). Tut sie dies nicht, darf solches gleichwertiges Gegenvorbringen zu ihren Gunsten nicht verwertet werden (BGH NJW
7 89, 2756; 00, 1641). Haupt- und Hilfsantrag § 260 Rn 8. – **d) Grenzen der Wahrheitspflicht.** Die Partei darf ohne Verstoß gegen Abs 1 ihr ungünstige gegnerische Behauptungen gegen sich gelten lassen, obwohl sie die Unwahrheit kennt (StJLeipold 5; bestr), und ihr günstige Umstände verschweigen. Unzulässig wird dieses Verhalten allerdings bei arglistigem Zusammenspiel mit der Gegenpartei zum Schaden eines Dritten (auch § 288 Rn 1). Keine Partei ist verpflichtet, Tatsachen vorzubringen, die sie der Gefahr strafrechtlicher Verfolgung aussetzen oder
8 ihr Unehre bereiten würden. – **Der Rechtsanwalt** verletzt Abs 1 nicht, wenn er durch Offenbarung der Wahrheit seine eigene Partei der bewussten Unwahrheit und damit des Prozessbetrugs bezichtigen würde (BGH NJW 52, 1148). Erkannt unwahre Behauptungen seiner Partei darf er sich nicht zu eigen machen. Der im Termin nicht informierte RA darf von sich aus nicht urkundlich belegten Vortrag der Gegenseite ins Blaue hinein bestreiten. Tut er es, so führt dies nicht zur Beweiserhebung (Köln NJW-RR 92, 572).

9   **3. Verstoß.** – **a) Prozessual** prüft das Gericht im Rahmen des Verhandlungsgrundsatzes (Einl I Rn 1–4) die Wahrheit einer Parteibehauptung nur, wenn sie bestritten ist. Unbeachtet bleibt eine bewusst unwahre Behauptung bei arglistigem Zusammenspiel (vgl Rn 7; näher Schneider DRiZ 63, 342). Neue Behauptungen, die gleichzeitig mit dem Widerruf der bisherigen unwahren aufgestellt werden, können gem § 296 zurückgewiesen werden. Verzögerungsgebühr nach § 34 GKG. –
10 **b) Privatrechtlich** kann die Lüge zu Schadensersatzansprüchen gem § 826 BGB führen (Eingehend: Prange, Materiell-rechtliche Sanktionen
11 bei Verletzung der prozessualen Wahrheitspflicht, 1995). – **c) Strafrechtlich** kann Prozessbetrug vorliegen. Restitutionsgrund nach § 580 Nr 4. Der RA kann auch anwaltsgerichtlich belangt werden.

12   **II.** Die **Erklärungspflicht (Abs 2)** begründet für jede Partei zur Beschaffung des ProzStoffs, zur Feststellung der Beweisbedürftigkeit

(1 vor § 284) und zur Vermeidung von Rechtsnachteilen die Last, sich zu den Tatsachenbehauptungen der Gegenpartei im Prozess (BGH WM 83, 704) zu erklären. Eine Last zu substantiiertem Bestreiten besteht nicht schlechthin (BGH NJW 99, 1404), sondern nur dann, wenn der Gegner außerhalb des von ihm darzulegenden Geschehensablaufs steht und die maßgebenden Tatsachen nicht näher kennt, während die bestreitende Partei sie kennt und ihr ergänzende Angaben zuzumuten sind (BGH NJW 99, 579; BGH NJW 97, 128 verlangt für Zumutbarkeit besonderen Anknüpfungspunkt), so insbes bei behaupteter weisungswidriger Verwendung von Geld (BGH NJW 99, 714). S auch 18 u 37 vor § 284. Eine allgemeine Aufklärungspflicht der nicht darlegungs- und beweisbelasteten Partei über die Pflicht zum substantiierten Bestreiten (36 vor § 284) hinaus besteht nicht (BGH NJW 90, 3151). Nachholung in der Berufungsinstanz §§ 530 ff.

III. Nichtbestreiten (Abs 3) führt zur **Fiktion des Geständnis- 13 ses.** Für Parteivereinbarungen über Nichtbestreiten gilt das in 41 vor § 284 Gesagte.

1. Voraussetzungen. – a) Gilt nur **im Rahmen des Beibringungs- 14 grundsatzes** (Einl I Rn 5), nicht im Rahmen des Untersuchungsgrundsatzes (Einl I Rn 6) und der Prüfung vAw (12 vor § 253). – **b)** Gilt nur, 15 wenn die **Parteien** im Termin **verhandelt** haben und im schriftlichen Verfahren (§ 128 Abs 2). Im Falle der Säumnis gelten §§ 330 ff, 539. – **c) Nichtbestreiten.** Die Partei darf eine Tatsachenbehauptung des 16 Gegners nicht bestritten haben, und zwar entweder – **aa) ausdrücklich.** Ob einfaches Bestreiten genügt, hängt vom Einzelfall, insbes davon ob, wie substantiiert der Vortrag der Gegenpartei ist und ob die Partei den Geschehnissen so fern steht, dass ihr ein substantiiertes Bestreiten gar nicht möglich ist (BGH JZ 85, 908). Bei mehreren Rechnungsposten muss die Partei substantiieren, welche sie bestreitet und warum, ggf eine substantiierte Gegenrechnung aufmachen (Köln JMBl NRW 75, 176); pauschales Bestreiten ist in solchen Fällen unbeachtlich. Behauptet eine Partei persönliche Wahrnehmungen oder Handlungen der Gegenpartei, ist dieser zuzumuten, dass sie Gegenbehauptungen aufstellt, widrigenfalls die Behauptungen als unbestritten gelten (BGH 12, 50); oder – **bb) konkludent.** Das Gericht muss durch Fragen (§ 139) und 17 Auslegung ermitteln, ob sich aus anderen Erklärungen der Partei die Absicht ergibt, eine Tatsachenbehauptung zu bestreiten. So immer bei widersprechender Gegendarstellung (BGH WM 01, 1721); sie kann bereits in einem vorangegangenen Vortrag liegen (BGH NJW-RR 01, 1294). Kein konkludentes Bestreiten ist bloße Verlesung des Abweisungsantrags mit der Erklärung des BeklVertreters im Termin, er habe keine Information (Schneider MDR 69, 580 gegen die verfehlte Entscheidung des OLG Frankfurt aaO).

2. Wirkung. Liegen die Voraussetzungen Rn 14–17 vor, wird ein 18 Geständnis fingiert. Wirkung § 288 Rn 5. Die Bindungswirkung des § 290 tritt nicht ein, späteres Bestreiten bleibt zulässig, auch in der

Berufungsinstanz (BGH VersR 63, 530; aA ohne Begründung München ZIP 84, 76), soweit nicht als verspätet nach § 531 Abs 2 zurückzuweisen. Unmögliche und bewusst unwahre Behauptungen § 288 Rn 6, 7.

19   **IV.** Die **Erklärung mit Nichtwissen (Abs 4)** steht neben dem Geständnis, Bestreiten und Schweigen (zu Abs 4 im einzelnen Nicoli JuS 00, 584). Abs 4 bezieht sich also nicht auf Tatsachen, für die die Partei die Darlegungs- und Beweislast trägt (BGH WM 88, 1494/1496).

20   **1. Behauptete eigene Handlungen und Wahrnehmungen.** Die Erklärung der Partei mit Nichtwissen ist grundsätzlich **unzulässig,** nur ausnahmsweise zulässig, wenn sie nach der Lebenserfahrung glaubhaft macht, sich an gewisse Vorgänge nicht mehr erinnern zu können (BGH NJW 95, 130). Dabei hat sie eine nicht hoch angesetzte Informationspflicht, sich das Wissen über Geschehnisse im Bereich ihrer eigenen Wahrnehmungsmöglichkeit zu beschaffen (BGH NJW 90, 453, Lange NJW 90, 3233). Über geschäftliche Vorgänge darf sie sich nur dann mit Nichtwissen erklären, wenn sie in ihrem eigenen Unternehmen oder bei den Personen, die unter ihrer Anleitung, Aufsicht oder Verantwortung tätig wurden (BGH NJW 99, 53, NJW-RR 02, 612), ohne Erfolg Erkundigungen angestellt hat; der Ablauf von Aufbewahrungsfristen ist dabei ohne Bedeutung (BGH NJW 95, 130). Der Kfz-Haftpflichtversicherer darf sich im Prozess des Unfallgeschädigten nicht zulässigerweise mit Nichtwissen erklären (Frankfurt VersR 74, 585); nicht der Zessionar über die Umstände, die zur Begründung der abgetretenen Forderung geführt haben (Köln NJW-RR 95, 1407). Die unzulässige Erklärung mit Nichtwissen steht dem Nichtbestreiten nach Abs 3 gleich.

21   **2. Andere Handlungen und Wahrnehmungen.** Insoweit ist Erklärung mit Nichtwissen **zulässig** und bedeutet so viel wie schlichtes Bestreiten ohne Verpflichtung zu näherer Substantiierung; auch wenn die Partei substantiiert, bleibt die Erklärung mit Nichtwissen zulässig und beachtlich (BGH ZIP 88, 1450). Falls die Partei sich nicht erinnert und die vom Gegner behauptete Tatsache nicht gegen sich gelten lassen will, muss und darf sie ohne Verstoß gegen die Wahrheitspflicht mit Nichtwissen bestreiten. Ist ihr oder ihrem Prozessvertreter mangels Information eine sofortige Erklärung nicht möglich, darf sie nicht mit Nichtwissen bestreiten, sondern kann Vertagung, Erklärungsfrist nach § 283 oder Ladung nach § 141 beantragen.

§ 139 Materielle Prozessleitung

(1) ¹**Das Gericht hat das Sach- und Streitverhältnis, soweit erforderlich, mit den Parteien nach der tatsächlichen und rechtlichen Seite zu erörtern und Fragen zu stellen.** ²**Es hat dahin zu wirken, dass die Parteien sich rechtzeitig und vollständig über alle erheblichen Tatsachen erklären, insbesondere ungenügende Angaben zu den geltend gemachten Tatsachen ergänzen, die Beweismittel bezeichnen und die sachdienlichen Anträge stellen.**

(2) [1]Auf einen Gesichtspunkt, den eine Partei erkennbar übersehen oder für unerheblich gehalten hat, darf das Gericht, soweit nicht nur eine Nebenforderung betroffen ist, seine Entscheidung nur stützen, wenn es darauf hingewiesen und Gelegenheit zur Äußerung dazu gegeben hat. [2]Dasselbe gilt für einen Gesichtspunkt, den das Gericht anders beurteilt als beide Parteien.

(3) Das Gericht hat auf die Bedenken aufmerksam zu machen, die hinsichtlich der von Amts wegen zu berücksichtigenden Punkte bestehen.

(4) [1]Hinweise nach dieser Vorschrift sind so früh wie möglich zu erteilen und aktenkundig zu machen. [2]Ihre Erteilung kann nur durch den Inhalt der Akten bewiesen werden. [3]Gegen den Inhalt der Akten ist nur der Nachweis der Fälschung zulässig.

(5) Ist einer Partei eine sofortige Erklärung zu einem gerichtlichen Hinweis nicht möglich, so soll auf ihren Antrag das Gericht eine Frist bestimmen, in der sie die Erklärung in einem Schriftsatz nachbringen kann.

Neuere Literatur: Piekenbrock, Umfang und Bedeutung der richterlichen Hinweispflicht, NJW 99, 1360.

1. Bedeutung. § 139 legt dem Gericht (Einzelrichter §§ 348, 348 a, 526) die Amtspflicht zur Erörterung des Prozesses in rechtlicher und tatsächlicher Hinsicht sowie zur Aufklärung auf. Sie ist der wichtigste Teil der materiellen Prozessleitung (§ 136 Rn 2) und überträgt dem Ger ein hohes Maß an Verantwortung für ein gehöriges, faires Verfahren einschließlich des Beweisrechts im Sinne der Waffengleichheit (BVerfG NJW 79, 1925) und für ein richtiges ProzErgebnis. Dabei bestimmt § 139 nur, was das Ger zur Aufklärung tun muss, er setzt nicht die Grenze dafür, was es tun darf. Diese Grenze wird gezogen durch die Pflicht zur Unparteilichkeit (Rostock NJW-RR 02, 576). Sie ist allerdings kein wertfreies Prinzip, sondern an den Grundwerten der Verfassung orientiert, insbesondere am Gebot sachgerechter Entscheidung im Rahmen der Gesetze unter dem Blickpunkt materieller Gerechtigkeit (BVerfG NJW 76, 1391). Hinweis- u Aufklärungspflicht besteht vor (Abs 4 S 1, § 273) und in jeder mdl Vhdlg – nicht aber gegenüber einer säumigen Partei – und im schriftlichen Verfahren (§ 128 Abs 2), auch nach Durchführung einer Beweisaufnahme (§ 279 Abs 3). **Keine** Pflicht zum Hinweis auf formelle Rechtsmittelerfordernisse (BGH NJW 02, 3410). – **Verletzung** ist Verfahrensmangel, grundsätzlich aber nicht zugleich Verstoß gegen das Recht auf rechtliches Gehör (BVerfG NJW 84, 2147, BGH 85, 288), kann es im Einzelfall aber sein (BVerfG NJW 91, 2823; 92, 678). Maßgeblich ist der materiellrechtliche Standpunkt des Ger ohne Rücksicht auf seine Richtigkeit (BGH NJW 91, 704). Revision kann darauf nur gestützt werden, wenn die Partei im

Einzelnen angibt, was sie noch vorgebracht hätte (BGH NJW-RR 98, 1268/1270). Beruht die Nichtausübung der Frage- und Aufklärungspflicht auf Erwägungen, die bei verständiger Würdigung der das GG beherrschenden Gedanken nicht mehr verständlich sind – objektive Willkür –, so ist Art 3 Abs 1 GG verletzt (BVerfG NJW 76, 1391; 86, 575; 94, 2279).

3 **2. Umfang der Hinweis- und Aufklärungspflicht. – a)** Die Parteien sind zu vollständiger **Erklärung über** alle erheblichen materiellen und prozessualen **Tatsachen** zu veranlassen (auch § 138 Rn 2, 12).

4 Da bei kann es sich handeln um – **aa) Klärung,** zB unklare Ausführungen präzisieren, mehrdeutigen Parteivortrag durch Nachfragen klären (BGH NJW-RR 02, 1071), zweifelhafte Tragweite von Behauptungen klarstellen, Zweifel an Wahrheit oder Ernstlichkeit beheben, Widersprüche klären, auch zwischen Vortrag in mdl Vhdlg u in Schrift-

5 sätzen; klar stellen, was im Einzelnen bestritten wird; – **bb) Vervollständigung,** zB zu allgemein gehaltene Darstellung substantiieren (Frankfurt NJW 89, 722, München NJW-RR 97, 1425), Auflösung von Rechtsbegriffen in Tatsachenbehauptungen, Bestreiten konkretisieren, lückenhaften Vortrag ergänzen. Hierher gehört der Hinweis, dass bestimmte tatsächliche Angaben fehlen, die innerhalb des Streitgegenstands zur Schlüssigkeit des Vortrags zur Klage (BGH NJW 89, 2756, Celle NJW-RR 98, 493) oder zu einer Einwendung (BGH NJW-RR 93, 569 auch im RA-Prozess) gehören. Unterlassener Hinweis auf ungenügende Substantiierung des Vortrags ist Verfahrensfehler (München NJW-RR 97, 1425, Köln NJW-RR 01, 1724) und kann das Recht auf rechtliches Gehör verletzen (BVerfG NJW 91, 2823). –

6 **cc)** Eine **Änderung** des Tatsachenvortrags, die auf den Vortrag eines anderen Lebenssachverhalts und damit auf eine Auswechslung des Streitgegenstands (Einl II Rn 30–33) hinausliefe, muss das Gericht nicht herbeiführen; ebenso ohne Ansatzpunkt im Parteivorbringen nicht Tatsachenvortrag, der eine Einwendung oder ein Gegenrecht ausfüllt, zB Verjährung, Rücktritt, Anfechtung, Aufrechnung (BGH NJW 99, 2890/2892). Ein solcher Hinweis kann im Einzelfall das Gebot der Unparteilichkeit (Rn 1) verletzen; im Rahmen von Vergleichsgesprächen ist der Hinweis auf die Verjährung zulässig (BGH NJW 98, 612, wei-

7 tergehend KG NJW 02, 1732: Hinweis stets zulässig). – **dd) Als willkürliche Vermutung unberücksichtigt** kann eine erkennbar aus der Luft gegriffene Tatsachenbehauptung (BGH NJW 95, 2111) erst dann bleiben, wenn das Ger mit der Partei erörtert hat, welche greifbaren Anhaltspunkte sie für die Behauptung vorbringen will und dieses Vorbringen nicht für ausreichend erachtet (BGH NJW 68, 1233).

8 **b)** Auf **sachdienliche Anträge** ist hinzuwirken. – **aa) Prozessanträge** (§ 297 Rn 2), zB Frage nach Antrag auf VersU; Hinweis auf fehlenden Beweisantrag (BGH WM 93, 1264, Köln NJW 95, 2116), vor allem bei Verkennung der Beweislast (BVerfG ZIP 98, 881) oder möglicher Unklarheit darüber (17 ff vor § 284); Hinweis auf fehlendes oder unzulässiges Beweismittel, auf ungenügende Bestimmtheit des Beweismittels (Zeuge NN) oder des Beweisthemas (§ 284 Rn 2); Nachfrage, ob ein Verzicht auf Zeugen in 1. Instanz auch für Ber gelten soll (BGH NJW-RR 02, 1500); Hinweis, dass erlassener Beweisbeschluss nicht ausgeführt wird, damit Parteien andere Beweisanträge stellen können (Köln MDR 72, 520). Grundsätzlich keine Pflicht, weitere Beweisanträge bzw Gegenbeweisantrag herbeizuführen, wenn der Beweis nach Ansicht des Gerichts, für die Partei erkennbar, nicht geführt bzw (für Gegenbeweisantrag) geführt ist; anders, wenn für die Partei nicht erkennbar (BGH NJW 89, 2756). Genügt allerdings iF der Verwertung von Urk aus anderen Akten dem Gericht der UrkBeweis (§ 286 Rn 11), muss es dem Beweisführer einen Hinweis geben (BGH ZIP 83, 738, Köln VersR 93, 1366). Ebenso Hinweis des BerGer, dass es Zweifel an der Würdigung einer Zeugenaussage durch die Vorinstanz nicht durch eigene wiederholte Vernehmung des Zeugen beheben will, damit die beweisbelastete Partei entsprechenden Antrag stellen kann (BGH NJW 85, 3078). Ein Verstoß gegen den Grundsatz der Unparteilichkeit liegt in einem solchen Hinweis nicht (BGH ZIP 83, 738). Aufforderung zum Nachweis ausländischen Rechts bei fehlenden Erkenntnisquellen (BGH NJW 64, 2012). – **bb) Sachanträge** (§ 297 Rn 1). Der Hinweis dient **9** zum einen ihrer **Klarstellung,** zB schlecht formulierte Anträge verbessern, unklare präzisieren (im Hinblick auf die ZwVollstr), Verhältnis mehrerer Anträge zueinander klarstellen (§ 260), Umfang des Antrags, Widerspruch zwischen Antrag u Begründung klarstellen (Köln NJW 73, 1848), Hinweis auf versehentliche Rücknahme eines sachdienlichen Hilfsantrags (BGH LM § 930 BGB Nr 2) oder der Berufung (BSG MDR 69, 89) oder auf Nichtverlesung eines Antrags. – Zum anderen gehört hierher der Hinweis auf die Möglichkeit einer Änderung des **10** Antrags ohne Änderung des Lebenssachverhalts (Einl II Rn 30–33) zur Erreichung des Prozessziels und zur Vermeidung eines Rechtsmittels oder neuen Prozesses. Bsp: Hilfsantrag anregen, Hinweis, dass Kläger Zahlung nicht an sich allein verlangen kann (Schleswig NJW 82, 2783), Anpassung des Antrags an veränderte Prozesssituation, etwa bei Erledigung der Hauptsache, bei Rechtsnachfolge auf der Klägerseite (§ 265 Rn 13), in den Fällen des § 264 Nr 3 (zu eng BGH 7, 211). Grenze des Aufklärungsrechts ist auch hier die Pflicht zur richterlichen Unparteilichkeit. Führen muss die Partei als mündiger Bürger ihren Prozess selbst; insbes im Anwaltsprozess ist es allein Sache der Partei, auf Hinweise des Ger sachgerecht zu reagieren (BGH NJW-RR 98, 1005). Bei aller Mitwirkungspflicht des Ger sehen GG und ZPO es nicht als Berater der Parteien gegeneinander. Es darf deshalb die Parteien, soweit nicht in ihrem Vortrag ein Ansatzpunkt vorhanden, nicht auf völlig neue Anträge (BGH 24, 269/278, Köln JMBlNRW 76, 6), Ansprüche oder Einreden hinweisen (ebenso Köln MDR 79, 1027 s aber Rn 6), nicht auf die Möglichkeit einer weitergehenden Aufrechnung (BGH NJW 99, 2890/2892) oder der „Flucht in die Säumnis" (München NJW 94, 60; § 340 Rn 9). Das Ger sollte auch keine Klageerweiterung

anregen (BAG BB 72, 222), zB auf Zinsen zum Schmerzensgeldanspruch (Köln MDR 72, 779).

11   c) Auf **rechtliche Bedenken** hat das Ger hinzuweisen, soweit Prüfung vAw stattfindet (Abs 3; 12 vor § 253). Hierher gehören insbes die
prozessualen Tatsachen, von denen die Zulässigkeit der Klage oder Widerklage (BGH 11, 192, NJW 95, 1223) oder des Rechtsmittels (BGH
VersR 76, 192) abhängt, zwingende sachlich-rechtliche Nichtigkeitsgründe und die Schlüssigkeit des Vortrags innerhalb des Streitgegenstands (BGH NJW-RR 97, 441, Celle NJW-RR 98, 493). Wegen
weitergehender rechtlicher Erörterung Rn 16.

12   d) **Vertretung durch Rechtskundige.** Auch da ist Hinweis grundsätzlich nötig, jedenfalls wenn der Prozessbevollmächtigte die Rechtslage
ersichtlich falsch beurteilt oder darauf vertraut, sein Vortrag sei ausreichend (BGH NJW 95, 399, Köln MDR 98, 1306); dies gilt insbesondere, wenn der ProzBev einen ersten Hinweis erkennbar missverstanden (BGH NJW 99, 1264) oder die vom Gegner erhobenen Bedenken
falsch aufgenommen hat (BGH NJW 01, 2548). BayVerfGH (NJW 92,
1094) hält im RA-Prozess Hinweis auf fehlende Zulässigkeit oder fehlendes Beweisangebot nicht für nötig, wenn die Gegenpartei bereits darauf hingewiesen hat (so auch Nürnberg MDR 00, 227, Oldenburg NJW-
RR 00, 949); das ist bedenklich (richtig Köln NJW-RR 01, 1724).

13   e) **Soweit erforderlich** besteht die Aufklärungspflicht. Vertretung
durch Rechtskundige Rn 12. Kein erneuter Hinweis in 2. Instanz,
wenn die erste sich bereits vergeblich bemüht u wegen fehlender Aufklärung abgewiesen hat (BGH NJW 58, 1590).

14   f) Die **Anhörung Dritter** ist vorgeschrieben gemäß § 8 Abs 2
UKlaG bei Klagen auf Unterlassung und Widerruf gegen allgemeine
Geschäftsbedingungen.

15   **3. Verbot der Überraschungsentscheidung.** Die aus Abs 2 sich
ergebende Hinweispflicht gilt für alle Termine und im schriftlichen
Verfahren. Sie besteht auch, wenn im Termin ein sog Kartellanwalt erscheint (Düsseldorf NJW 89, 1489) und auch im Rahmen der Anhörung einer Partei nach § 141 (BGH NJW-RR 99, 605). Abs 2 gilt
entsprechend im FGG-Verfahren (Köln OLGZ 92, 395).

16   a) **Bedeutung.** Neben der Konzentration u Beschleunigung will die
Vorschrift insbes gewährleisten, dass die mdl Vhdlg im Haupttermin die
umfassende Grundlage für eine richtige Entscheidung erbringt. Sie
macht insbes **Überraschungsentscheidungen** unmöglich, will die
rechtliche Grundlage des Urt sicherer machen, indem sie zusammen
mit Abs 1, Abs 3 eine erschöpfende tatsächliche und rechtliche Behandlung des Streitstoffs bereits in erster Instanz sichert.

17   b) **Inhalt.** Vorgeschrieben ist ein – bei Missverständnis wiederholter
und präzisierter (BGH NJW 99, 1264) – Hinweis auf solche Gesichtspunkte rechtlicher oder tatsächlicher Art, die das Ger im Rahmen der
gestellten Anträge voraussichtlich als entscheidungserheblich ansieht und
die die Partei entweder erkennbar übersehen oder für unerheblich gehal-

ten hat oder die das Ger anders beurteilt als die Parteien. – **aa) Recht-** **18**
licher Gesichtspunkt ist jede die Entscheidung tragende Erwägung.
Er betrifft die (Nicht)Anwendbarkeit eines, auch prozessualen (Köln
NJW 95, 2116) Rechtssatzes, einer vertraglichen Vereinbarung oder
deren Auslegung mit ihren Voraussetzungen oder Merkmalen tatsächlicher Art. Außerdem muss das Ger darauf hinweisen, dass und warum es
seine rechtliche Beurteilung gegenüber einem früher gegebenen Hinweis geändert hat (BVerfG NJW 96, 3202), es eine vorinstanzliche
Entscheidung ändern will (BVerfG NJW 02, 1334), es einen erlassenen
Beweisbeschluss nicht ausführen will (Köln MDR 72, 520, Bamberg
NJW-RR 98, 1608), es auf eine durchgeführte Beweisaufnahme
(Hamm NJW-RR 93, 894) oder auf Zeugen, deren Anschrift und für
deren Ladung es Vorschuss verlangt hat (Saarbrücken NJW-RR 98,
1609), nicht ankommt. Neben dem rechtlichen Hinweis muss das Ger
Gelegenheit zur Stellungnahme (BVerfG aaO, München NJW-RR 97,
1425) geben. Dies zwingt das Ger, sich bereits vor dem Termin über die
entscheidungserheblichen Gesichtspunkte klar zu werden. – **bb) Tat-** **19**
sächlicher Gesichtspunkt ist jeder Punkt im Tatsachenvortrag, der
zur Schlüssigkeit des Klagevorbringens oder des Verteidigungsvorbringens erforderlich ist. Das beurteilt sich nach materiellem Recht. Betroffen sind vor allem Lücken, Widersprüche, Unklarheiten im Sachvortrag; fehlende oder unklare Beweisanträge; unklares, nicht genügend
substantiiertes Bestreiten. Die Abgrenzung von rechtlichen Gesichtspunkten ist im Einzelnen nicht immer einfach, für § 139 aber unerheblich. – **cc) Entscheidungserheblich** ist der Gesichtspunkt, wenn das **20**
Ger bei der Entscheidung an der Auseinandersetzung damit nicht vor-
beikommt. Das kann auch eine prozessrechtliche Frage sein, zB Anwendbarkeit des § 296. Nicht gestützt ist das Urt auf ein obiter dictum
und auf offengelassene Rechtsanwendung. – **dd) Erkennbar überse-** **21**
hen oder für unerheblich gehalten. Es kommt nicht darauf an, ob
die Partei oder ihr Vertreter diesen Gesichtspunkt und seine Erheblichkeit hätte erkennen müssen. Muss sich also das Ger im Urt mit einem
rechtlichen Gesichtspunkt auseinandersetzen, auf den keine Partei eingegangen ist, so ist idR davon auszugehen, dass er übersehen ist (BGH
NJW 93, 667). Ist eine Partei darauf eingegangen, bleibt die Möglichkeit, dass die andere ihn für unerheblich gehalten hat. Bei Vertretung
durch Rechtskundigen gilt das jedenfalls dann, wenn der ProzBevollmächtigte die Rechtslage ersichtlich falsch beurteilt (BGH NJW-RR
02, 1436). Sonst darf der Hinweis nur unterbleiben, wenn für den
Richter trotz fehlender Auseinandersetzung mit diesem entscheidungserheblichen rechtlichen Gesichtspunkt kein Zweifel besteht, dass die
Partei ihn weder übersehen noch für unerheblich gehalten hat (ähnlich
BGH WM 89, 278). – **ee) Vom Gericht anders beurteilt als von** **22**
den Parteien. Eine Hinweispflicht des Ger besteht vor Erlass der
Hauptsacheentscheidung auch dann, wenn es einen rechtlichen oder
tatsächlichen Gesichtspunkt abweichend von der Auffassung der Partei-
en beurteilt und der Gesichtspunkt entscheidungserheblich ist.

23   **c) Beispiele:** Das Gericht erwägt eine Tatsachen- und eine entspr
rechtliche Beurteilung oder Auslegung, an die die Parteien bisher nicht
gedacht haben (BVerfG NJW-RR 94, 188, BGH NJW 93, 667), oder
eine von der Vorinstanz abweichende Beweiswürdigung (BVerfG NJW
92, 678) oder eine bisher nicht erwähnte Anspruchsgrundlage. Das Ber-
Ger erwägt, der vom LG wegen Verjährung abgewiesenen Klage stattzugeben, während sich alle Beteiligten bisher nur mit der Verjährungs-
frage befasst haben (BGH NJW 86, 781). Es will ausländisches Recht
anwenden, während Parteien u Vorinstanz stets von der Anwendbarkeit
deutschen Rechts ausgegangen sind (BGH NJW 76, 476). Das Ger darf
nicht ohne Hinweis auf rechtliche Gesichtspunkte abstellen, mit denen
auch ein gewissenhafter und kundiger Prozessbeteiligter nach dem bisherigen Prozessverlauf selbst unter Berücksichtigung der Vielfalt vertretbarer Rechtsauffassungen nicht zu rechnen brauchte (BVerfG NJW-
RR 96, 253). Bedenken gegen die Schlüssigkeit (München OLGZ 79,
355, Schleswig SchlHA 82, 153, aA BGH NJW 84, 310 für RA-
Prozess; ablehnend Deubner NJW 84, 311, Peters JZ 84, 192), jedenfalls in 2. Instanz, wenn die erste die Klage als schlüssig behandelt hat
(BGH NJW-RR 94, 566; 02, 1436). Keine Klageabweisung wegen
mangelnder Substantiierung ohne Hinweis auf den Mangel und ohne
Gelegenheit zur Ergänzung des Klagevortrags (Brandenburg NJW-RR
02, 1215). Bedenken gegen die zugestandene Aktivlegitimation (BGH
NJW-RR 94, 1085). Die Partei begnügt sich mit bloßem Bestreiten
unter Verkennung ihrer Beweislast, insbes nach Gefahrenbereichen
gem den Grundsätzen der Rspr (25–35 vor § 284). Die Partei hält im
Gegensatz zum Ger für die Einwendung der Minderung Vortrag über
Nachfristsetzung aus Rechtsgründen für überflüssig. Das Ger erwägt die
Zurückweisung von Vorbringen als verspätet (§ 296 Abs 1, Abs 2).

24   **d) Ausnahme.** Hinweis u Gelegenheit zur Äußerung sind nicht
nötig, soweit es sich um eine Nebenforderung handelt; Franzki DRiZ
77, 161 stellt für diesen Begriff auf die Definition in der Streitwertvor-
schrift des § 4 Abs 1 ab. Mit Schneider MDR 77, 881/884 ist nach
dem Beschleunigungszweck der Vorschrift „Nebenforderung" darüber
hinaus wirtschaftlich zu verstehen. Der Proz soll nicht verzögert und
verteuert werden wegen eines Teils, der dies im Verhältnis zum Ganzen, worüber zu entscheiden ist, nicht lohnt; Bauer NJW 78, 1238 hält
15% des Hauptsachestreitwerts als obere Grenze für vertretbar.

25   **4. Mittel zur Aufklärung.** Eine Pflicht, sie einzusetzen, besteht nur
im Rahmen der Hinweis- und Aufklärungspflicht („soweit erforderlich"), also nur im Umfang der nach Rn 3 ff und Rn 15 ff vorgeschrie-

26   benen Aufklärung. – **a) Erörterung** ist die allseitige Aussprache zwi-
schen Ger und Parteien in tatsächlicher und rechtlicher Beziehung.
Rechtlich muss sie sich auf die Anträge, die vAw zu berücksichtigenden
Punkte und auf die Ergänzung des tatsächlichen Vorbringens erstrecken.
Dazu gehört die Erörterung der rechtlich in Betracht kommenden Lö-
sungsmöglichkeiten, damit die Parteien darauf abgestellte sachdienliche

Anträge stellen können (BGH NJW 78, 695). Unterbleibt eine weitere
Aussprache über Rechtsfragen, so liegt darin ein Verstoß gegen § 139.
Das Ger sollte verlauten lassen, wie es die Aussichten der Klage beurteilt
und aufgenommene Beweise würdigen wird. Denn es besteht die
Pflicht, die Parteien nicht mit den Urteilsgründen zu überraschen, Abs 2
(Rn 15–24). – **b) Fragen** und **Hinweise** dürfen nicht allgemein ge- **27**
halten sein, etwa ob noch etwas vorzubringen sei. Sie müssen auf bestimmte Tatsachen, Erklärungen, Anträge gezielt und exakt sein, so dass
für die Parteien über Inhalt und Tragweite kein Zweifel besteht (vgl
Rn 15–24). Die Änderung in der Beurteilung eines entscheidungserheblichen Punktes gegenüber einem früher gegebenen Hinweis ist den Parteien bekannt zu geben (BVerfG NJW 96, 3202, BGH NJW 02, 3317/
3320). Sie müssen Gelegenheit bekommen, dem Rechnung zu tragen
(BGH NJW-RR 97, 441, Saarbrücken NJW-RR 98, 1609). – **c) An-** **28**
ordnung des persönlichen Erscheinens § 141. Eine „zur Aufklärung
des Sachverhalts" geladene Partei kann erwarten, dass das Gericht die
notwendigen Hinweise gibt, um unvollständigen Tatsachenvortrag zu
ergänzen (BGH NJW-RR 99, 605).

5. Form und Nachweis der Hinweise. – **a)** Die nach Abs 1–3 er- **29**
forderlichen Hinweise können in Gestalt von vorbereitenden Verfügungen gem § 273 Abs 2, durch Hinweisbeschluss, fernmündlich durch
ein Mitglied des Ger oder mündlich in der Verhandlung gegeben werden. – **b)** Die Erteilung von Hinweisen muss nach Abs 4 S 2 **akten-** **30**
kundig gemacht werden. Bei einer Vfg oder einem Beschluss geschieht
das durch Einfügung der Urschrift oder einer Ausfertigung in die Akten; bei fernmündlichem Hinweis ist ein Aktenvermerk zu fertigen; ein
Hinweis in mdl Vhdlg ist in das Protokoll gem § 160 Abs 2 aufzunehmen. Möglich ist auch eine Wiedergabe im Tatbestand des Urt. Akten-
und Protokollvermerk dürfen sich nicht auf eine Floskel wie „Auf
Bedenken gegen die Schlüssigkeit wurde hingewiesen." beschränken.
Erforderlich ist die Wiedergabe des tatsächlichen oder rechtlichen Gesichtspunkts (Rn 18, 19), zu dem ein Hinweis erteilt wurde. – **c)** Der **31**
Nachweis eines Hinweises kann nur durch die Akten erbracht werden
(Abs 4 S 2). Eine Vernehmung oder schriftliche Stellungnahme der
beteiligten Richter scheidet als Nachweis aus. Schweigen die Akten
über einen Hinweis, wird unwiderlegbar vermutet, dass er nicht erteilt
wurde. Anders nur, wenn eine Fälschung nachweisbar (Abs 4 S 3).

6. Zeitpunkt der Hinweise. – **a)** Sie sind **so früh wie möglich** **32**
zu erteilen; beim Verfahren mit frühem ersten Termin (§ 275) tunlichst
schon nach Klageeinreichung an den Kläger, an den Beklagten sogleich
nach Klageerwiderung; beim schriftlichen Vorverfahren (§ 276) nach
Klageerwiderung an beide Parteien. Sinnvoll ist Fristsetzung für Reaktion der Parteien, die so zu wählen ist, dass bis zum Haupttermin das
Ger noch vorbereitende Maßnahmen nach § 273 Abs 2 Nr 2–5 ergreifen kann. – **b)** Kann ein erster oder wiederholter Hinweis erst in mdl **33**
Vhdlg gegeben werden, muss die betroffene Partei genügend **Gele-**

genheit zur Reaktion bekommen, etwa durch kurze Unterbrechung der Vhdlg. Ist der Partei oder ihrem Vertreter auch dann eine Erklärung nicht möglich, ist auf Antrag eine Schriftsatzfrist gem § 283 zu gewähren (Abs 5) und notfalls zu vertagen (BGH NJW 81, 1378). Erfordert der nachgelassene Schriftsatz eine Erwiderung der Gegenpartei oder weitere Erörterung, ist Wiedereröffnung der mdl Vhdlg (§ 156 Abs 2 Nr 1) geboten (BGH NJW 99, 1867 u 2123).

34   **7. Erfolglose Aufklärung.** Fehlen der Klage die inhaltlichen Erfordernisse des § 253 (dort Rn 6 ff) und wird der Mangel auf Hinweis nicht beseitigt (§ 253 Rn 20) oder wird der Klageantrag einer veränderten Sachlage nicht angepasst (BGH NJW-RR 98, 1005), ist die Klage abzuweisen. Unterbleibt sonst eine verlangte Aufklärung, ist in der Sache zu entscheiden. Den Nachteil trägt die Partei, die die Behauptungs- und Beweislast in diesem Punkte trifft (17 ff vor § 284).

§ 140 Beanstandung von Prozessleitung oder Fragen

Wird eine auf die Sachleitung bezügliche Anordnung des Vorsitzenden oder eine von dem Vorsitzenden oder einem Gerichtsmitgliede gestellte Frage von einer bei der Verhandlung beteiligten Person als unzulässig beanstandet, so entscheidet das Gericht.

1   **1. Gegenstand der Beanstandung. – a) Anordnung** (bloße Unterlassung genügt nicht), die der Vorsitzende in der mdl Vhdlg bei der formellen oder sachlichen Prozessleitung (§ 136 Rn 1, 2) im Rahmen der §§ 136, 137 getroffen hat. Andere Anordnungen in mdl Vhdlg (zB Sitzungspolizei) und die ganze Prozessleitung außerhalb derselben fallen nicht unter § 140 (§ 136 Rn 3); ebenso nicht Anordnungen des Einzelrichters (§§ 348, 348 a, 526). – **b) Frage,** die von einem Gerichtsmit-
2 glied gestellt wurde.

3   **2. Beanstandung. – a) Grund** ist die Unzulässigkeit der Anordnung oder Frage. Das Ger kann also nur deren Zulässigkeit, nicht die Zweck-
4 mäßigkeit oder Erheblichkeit nachprüfen. – **b) Berechtigt zu der Beanstandung** ist jeder an der Vhdlg Beteiligte, also auch Streithelfer, Zeugen, Sachverständige; nicht dagegen die Mitglieder des Gerichts (§§ 177, 178 GVG und § 158).

5   **3. Verfahren.** Mit der Beanstandung wird die Entscheidung des Gerichts beantragt. Sie ergeht durch Beschluss auf mdl Vhdlg, der zu verkünden ist (§ 329 Abs 1) und nicht der Beschwerde unterliegt (§ 567 Abs 1, BGH NJW 90, 840). Die Entscheidung kann nur mit Rechtsmittel gegen das Urteil angefochten werden, andererseits kann ohne Herbeiführung eines Gerichtsbeschlusses das Rechtsmittel gegen das Urt nicht auf die Unzulässigkeit einer prozessleitenden Anordnung oder Frage gestützt werden, auch im Hinblick auf § 295 im Rahmen seiner Anwendbarkeit (dort Rn 2).

§ 141 Anordnung des persönlichen Erscheinens

(1) ¹Das Gericht soll das persönliche Erscheinen beider Parteien anordnen, wenn dies zur Aufklärung des Sachverhalts geboten erscheint. ²Ist einer Partei wegen großer Entfernung oder aus sonstigem wichtigen Grunde die persönliche Wahrnehmung des Termins nicht zuzumuten, so sieht das Gericht von der Anordnung ihres Erscheinens ab.

(2) ¹Wird das Erscheinen angeordnet, so ist die Partei von Amts wegen zu laden. ²Die Ladung ist der Partei selbst mitzuteilen, auch wenn sie einen Prozeßbevollmächtigten bestellt hat; der Zustellung bedarf die Ladung nicht.

(3) ¹Bleibt die Partei im Termin aus, so kann gegen sie Ordnungsgeld wie gegen einen im Vernehmungstermin nicht erschienenen Zeugen festgesetzt werden. ²Dies gilt nicht, wenn die Partei zur Verhandlung einen Vertreter entsendet, der zur Aufklärung des Tatbestandes in der Lage und zur Abgabe der gebotenen Erklärungen, insbesondere zu einem Vergleichsabschluß, ermächtigt ist. ³Die Partei ist auf die Folgen ihres Ausbleibens in der Ladung hinzuweisen.

1. Zweck, Abgrenzung. Die Anordnung des persönlichen Erscheinens ist eine Maßnahme der sachlichen Prozessleitung (§ 136 Rn 2). Sie dient der Feststellung und Aufklärung des Sach- und Streitstandes, insbes auch zur Herstellung der Waffengleichheit bei Vieraugengesprächen (BGH NJW 99, 363), im Rahmen des § 139, auch der Erörterung, wie Abs 3 S 2 zeigt (München MDR 92, 513). In Ehesachen § 613. Abgrenzung zur Parteivernehmung als Beweismittel Rn 2 vor § 445. Persönliches Erscheinen zum Zwecke eines Sühneversuchs § 279. **1**

2. Die Anordnung geschieht in mdl Vhdlg durch Gerichtsbeschluss; Einzelrichter § 348 Rn 1, 2; außerhalb der Vhdlg § 273 Abs 2 Nr 3. Sie ist nur (Köln NJW-RR 97, 1083, Hamm MDR 97, 1061) zulässig zur Verfahrensförderung, insbesondere Aufklärung im Rahmen des § 139. Zu richten an die Parteien, bei Prozessunfähigen an den gesetzlichen Vertreter; auch an streitgenössische Streithelfer (§ 69). Die Anhörung ist Teil der mdl Vhdlg, also nur vor dem ProzGer (StJLeipold 14; bestr). Ob die Anhörung zur Aufklärung geboten ist, im Parteiprozess sicher häufiger als im Anwaltsprozess (§ 78), entscheidet das Ger nach pflichtgemäßem Ermessen. Ist sie geboten, muss das Ger das persönliche Erscheinen, ggf beider Parteien, anordnen, eingeschränkt nach Abs 1 S 2 durch die Zumutbarkeit für die Partei. Auf das Unterbleiben kann keine Verfahrensrüge gestützt werden, wohl aber ggf auf die Verletzung der Aufklärungspflicht (§ 139). Die Anordnung ist unanfechtbar (Stuttgart JZ 78, 689). Die Anhörung löst keine Beweisgebühr aus (Stuttgart MDR 81, 945), auch nicht wenn die protokollierte Erklärung der Partei im Urteil verwertet wird (Hamm MDR 87, 417; aA für einen Sonderfall im Arztprozess Nürnberg NJW-RR 97, 127). **2**

3   **3.** Die **Ladung** der Partei (Abs 2) als Aufklärungsperson steht selbständig neben ihrer sonst etwa erforderlichen Ladung als Prozesssubjekt
(zB § 214). Die Partei ist stets selbst (nicht § 172) unter Hinweis auf die
Folgen ihres Ausbleibens (Abs 3 S 3) formlos zu laden. Gegner und RA
erhalten formlose Mitteilung, soweit die Anordnung nicht verkündet
wurde (§ 329 Abs 3).

4   **4. Zum Erscheinen verpflichtet** ist die ordnungsgemäß geladene
Partei, nicht jedoch vor Einlassung. Die Ladung begründet keine Ein-
lassungspflicht (Celle NdsRPfl 70, 17). Keine Pflicht zur Protokollierung
der Parteierklärungen nach § 160 Abs 3 Nr 4. Im Urt verwertbar ist ihr
Inhalt aber nur, wenn er entweder im Protokoll oder im Urt wiedergegeben ist (BGH NJW 69, 428). Die Partei kann einen voll informierten,
zur Abgabe aller nötigen Erklärungen einschließlich Vergleichsabschluss
bevollmächtigten Vertreter entsenden. Ist er nicht ausreichend informiert oder bevollmächtigt, so genügt er nicht Abs 3 S 2 und die Partei
ist als nicht erschienen zu behandeln (Frankfurt NJW 91, 2090). Eine
Pflicht zur Abgabe von Erklärungen besteht weder für die erschienene
Partei noch für den Vertreter. Bei Weigerung freie Würdigung nach
§ 286. Erscheint im Anwaltsprozess (§ 78) zwar die Partei oder ihr Vertreter, aber nicht der RA, treten die Säumnisfolgen der §§ 330 ff ein.

5   **5. Unentschuldigtes Ausbleiben** der Partei oder eines Vertreters
gem Rn 4 kann das Ger frei nach § 286 würdigen. Außerdem kann es
nach pflichtgemäßem Ermessen Ordnungsgeld festsetzen. Abs 3 ist ver-
fassungskonform (BVerfG NJW 98, 892). Höhe: § 380 Rn 6. Zweck der
Vorschrift ist nicht, eine vermeintliche Missachtung der gerichtlichen
Anordnung oder des Gesetzes zu ahnden (so aber München MDR 92,
513), sondern die Aufklärung des Sachverhalts zu fördern (Frankfurt
FamRZ 92, 72, Düsseldorf OLGZ 94, 576). Das Ger sollte deshalb
Ordnungsgeld nur festsetzen, wenn das unentschuldigte Ausbleiben der
Partei die Sachaufklärung erschwert oder den Prozess verzögert (Köln
FamRZ 93, 338, Brandenburg NJW-RR 01, 1650). Da die Partei,
wenn sie erscheint, nicht zur Abgabe von Erklärungen verpflichtet ist,
darf das Ger das Nichterscheinen auch als Verweigerung der Erklärung
frei würdigen (Schneider MDR 75, 185). Ordnungshaft ist ausgeschlossen (Köln FamRZ 93, 338, Düsseldorf OLGZ 94, 576), auch für
den Fall, dass das Ordnungsgeld nicht beigetrieben werden kann. Auferlegung der Kosten und zwangsweise Vorführung sind keine Ordnungsmittel und deshalb unzulässig (Köln NJW 72, 1999). Abs 3 ist im
Termin zur Verhandlung über den Versorgungsausgleich entsprechend
anwendbar (Stuttgart Just 80, 202). Für den Kostenausspruch im Urt
6   kann ggf § 95 anwendbar sein. – **Voraussetzungen für Ordnungsgeld** sind: Anordnung des persönlichen Erscheinens „zur Aufklärung
des Sachverhalts" ohne nähere Einzelheiten (Frankfurt NJW 91, 2092)
und ordnungsgemäße Ladung mit Hinweis auf die Folgen des Ausbleibens (Rn 2, 3). Außerdem muss sich die Partei zur Sache bereits eingelassen haben (Celle NJW 70, 1689, Naumburg MDR 99, 1020), weil

ihr nicht das Recht genommen werden darf, es auf ein Versäumnisurteil ankommen zu lassen (Hamm MDR 97, 1061), anders wegen des Untersuchungsgrundsatzes iF des § 613 Abs 2 (KG NJW 70, 287). Schließlich unentschuldigtes Nichterscheinen der Partei wie § 380 Rn 3, 4. Verschulden des RA, zB der Hinweis, die Partei brauche trotz Ladung nicht zu erscheinen, sollte trotz § 85 Abs 2 der Partei nicht zugerechnet werden, weil Ordnungsgeld der Sache nach Strafcharakter hat und deshalb eigenes Verschulden erfordert (Schneider NJW 79, 987 gegen die hM). – **Rechtsbehelf:** §§ 381 u 380 Abs 3 gelten entsprechend (KG JR 83, 156, Frankfurt FamRZ 92, 72). 7

§ 142 Anordnung der Urkundenvorlegung

(1) [1]Das Gericht kann anordnen, dass eine Partei oder ein Dritter die in ihrem oder seinem Besitz befindlichen Urkunden und sonstigen Unterlagen, auf die sich eine Partei bezogen hat, vorlegt. [2]Das Gericht kann hierfür eine Frist setzen sowie anordnen, dass die vorgelegten Unterlagen während einer von ihm zu bestimmenden Zeit auf der Geschäftsstelle verbleiben.

(2) [1]Dritte sind zur Vorlegung nicht verpflichtet, soweit ihnen diese nicht zumutbar ist oder sie zur Zeugnisverweigerung gemäß den §§ 383 bis 385 berechtigt sind. [2]Die §§ 386 bis 390 gelten entsprechend.

(3) [1]Das Gericht kann anordnen, dass von den in fremder Sprache abgefassten Urkunden eine Übersetzung beigebracht werde, die ein nach den Richtlinien der Landesjustizverwaltung hierzu ermächtigter Übersetzer angefertigt hat. [2]Die Anordnung kann nicht gegenüber dem Dritten ergehen.

1. Vorlagepflicht, Abs 1. – a) Urkunden (zum Begriff 1 vor § 415) 1 und sonstige Unterlagen, auch Krankenunterlagen (Oldenburg NJW-RR 97, 535), vorzulegen, kann das Ger der **Partei oder einem Dritten** aufgeben, wenn der Betreffende im Besitz der Urkunde ist und eine Partei sich darauf bezogen hat. Dazu muss die Partei schlüssig die Beweisbedürftigkeit und die Beweiseignung der vorzulegenden Unterlagen darlegen (HMS § 142 Rn 8). Vorlagepflicht besteht unabhängig von der Beweislast. – **b) Dritte** können gem Abs 2 Vorlage verwei- 2 gern, die ihnen unzumutbar ist; ferner wenn ihnen ein Recht zur Zeugnisverweigerung gem §§ 383–385 zusteht. **Unzumutbar** ist die Vorlage, wenn sie für den Dritten mit großen Lasten und Schwierigkeiten verbunden wäre, auch im Hinblick auf Zeitaufwand, Kosten, Alter, Gesundheitszustand, zB wenn die Unterlagen nur sehr schwer erreichbar sind. Zur Beibringung einer deutschen Übersetzung von fremdsprachigen Urkunden sind Dritte nicht verpflichtet (Abs 3 S 2).

2. Anordnung der Vorlage in mdl Vhdlg durch Gerichtsbeschluss, 3 außerhalb durch Verfügung. Dabei kann Frist zur Vorlage und zum Verbleiben auf der Geschäftsstelle bestimmt werden (Abs 1 S 2).

4   **3. Erzwingung der Vorlage.** – **a)** Wenn **Dritte** zur Vorlage verpflichtet sind (Rn 2), kann gegen sie zur Erzwingung – ggf nach Durchführung eines Zwischenstreits nach §§ 387–389 – Ordnungsgeld oder Ordnungshaft gem § 390 festgesetzt werden; außerdem sind ihnen die durch die unberechtigte Weigerung verursachten Kosten vAw aufzuer

5   legen (§ 390 Abs 1 S 1). – **b)** Gegen die **Parteien** kann die Vorlage nicht erzwungen werden. Wird eine nach § 273 Abs 2 Nr 5 gesetzte Frist zur Urkundenvorlage nicht eingehalten, gilt § 296 Abs 1 gegenüber der vorlagepflichtigen Partei; daneben ist ggf § 427 bei Nichtvorlage anzuwenden.

6   **4. Übersetzung** von fremdsprachigen Urkunden kann das Ger bei der Partei, nicht aber beim Dritten anfordern. Das Ger kann sich auch selbst eine Übersetzung verschaffen.

§ 143 Anordnung der Aktenvorlegung

Das Gericht kann anordnen, daß die Parteien die in ihrem Besitz befindlichen Akten vorlegen, soweit diese aus Schriftstücken bestehen, welche die Verhandlung und Entscheidung der Sache betreffen.

1   Die Bestimmung meint Akten der Parteien und der RAe. Schriftstücke zur Vorbereitung des Prozesses fallen nicht darunter. Vorlegung von Behördenakten §§ 273 Abs 2 Nr 2, 432.

§ 144 Augenschein; Sachverständige

(1) [1]**Das Gericht kann die Einnahme des Augenscheins sowie die Begutachtung durch Sachverständige anordnen.** [2]**Es kann zu diesem Zweck einer Partei oder einem Dritten die Vorlegung eines in ihrem oder seinem Besitz befindlichen Gegenstandes aufgeben und hierfür eine Frist setzen.** [3]**Es kann auch die Duldung der Maßnahme nach Satz 1 aufgeben, sofern nicht eine Wohnung betroffen ist.**

(2) [1]**Dritte sind zur Vorlegung oder Duldung nicht verpflichtet, soweit ihnen diese nicht zumutbar ist oder sie zur Zeugnisverweigerung gemäß den §§ 383 bis 385 berechtigt sind.** [2]**Die §§ 386 bis 390 gelten entsprechend.**

(3) **Das Verfahren richtet sich nach den Vorschriften, die eine auf Antrag angeordnete Einnahme des Augenscheins oder Begutachtung durch Sachverständige zum Gegenstand haben.**

1   **1. Beweiserhebung von Amts wegen.** Augenschein und Sachverständigengutachten kann das Ger auch in 2. Instanz zur Aufklärung unbestrittener Tatsachen im Rahmen des § 139, auch über den Sachvortrag der Parteien hinaus (BGH WM 95, 341/344), und zur Beweiserhebung anordnen, eine Durchbrechung des Beibringungsgrundsatzes (2 vor § 284). Die Anordnung, außerhalb der mdl Vhdlg nach §§ 273

Abs 2 Nr 5, 358 a Nr 2, 4, 5, steht außer iF der Rn 3 vor § 402 im pflichtgemäßen Ermessen, setzt aber Vortrag ausreichender Anknüpfungstatsachen voraus (Naumburg FamRZ 03, 385); Vorschusspflicht weder nach § 379 noch nach GKG § 68 Abs 3 S 1 (BGH NJW 00, 743). Nichtanordnung eines Ortstermins kann nach Sachlage verfahrensfehlerhaft sein (BGH NJW 92, 2019: Lärmbelästigung). Verfahren nach §§ 371 bzw 402 ff. Ist auf Antrag Beweisbeschluss ergangen, aber der Vorschuss nicht bezahlt, ist das Gericht berechtigt, vAw den Sachverständigen zu laden (Düsseldorf MDR 74, 321) oder das Gutachten einzuholen. Hält das Ger eine Beweiserhebung für nötig und will es sie nicht vAw anordnen, ist ein Hinweis an die beweisbelastete Partei erforderlich (BGH NJW 91, 493). Bleibt er erfolglos, ist das Ger nicht verpflichtet, Sachverständigenbeweis vAw zu erheben (Frankfurt NJW-RR 93, 169).

2. Vorlageanordnung. – a) Abs 1 S 2 befugt das Ger, der Partei **2** oder einem Dritten aufzugeben, den in ihrem Besitz befindlichen Augenscheinsgegenstand oder den zu begutachtenden Gegenstand innerhalb gem § 273 Abs 2 Nr 5 gesetzten Frist vorzulegen. Bei einem unbeweglichen oder schwer beweglichen Gegenstand kann die Duldung des Augenscheins oder der Begutachtung aufgegeben werden; dies gilt wegen Art 13 GG **nicht** für eine Wohnung. – **b)** Gegenüber den **Par- 3 teien** kann die Anordnung nicht zwangsweise durchgesetzt werden. Nichtbeachtung der Vorlagefrist kann aber zu § 296 Abs 1 führen; die Nichtvorlage kann als Beweisvereitelung iS § 371 Abs 3 gewertet werden. – **c)** Gegen einen **Dritten,** dem die Vorlage zumutbar (§ 142 **4** Rn 2) ist und kein Zeugnisverweigerungsrecht nach §§ 383–385 zusteht, können – ggf nach einem Zwischenstreit gem §§ 388–389 – die **Ordnungsmittel** des § 390 festgesetzt werden; außerdem werden ihm nach § 390 Abs 1 S 1 die durch die unberechtigte Weigerung verursachten **Kosten** vAw auferlegt.

3. Beweisverfahren folgt den allgemeinen Regeln (Abs 3): Augen- **5** schein den §§ 371 ff, Begutachtung den §§ 402 ff.

§ 145 Prozeßtrennung

(1) **Das Gericht kann anordnen, daß mehrere in einer Klage erhobene Ansprüche in getrennten Prozessen verhandelt werden.**

(2) **Das gleiche gilt, wenn der Beklagte eine Widerklage erhoben hat und der Gegenanspruch mit dem in der Klage geltend gemachten Anspruch nicht in rechtlichem Zusammenhang steht.**

(3) **Macht der Beklagte die Aufrechnung einer Gegenforderung geltend, die mit der in der Klage geltend gemachten Forderung nicht in rechtlichem Zusammenhang steht, so kann das Gericht anordnen, daß über die Klage und über die Aufrechnung getrennt verhandelt werde; die Vorschriften des § 302 sind anzuwenden.**

Übersicht

I. Trennung

1 **1. Mehrere Ansprüche (Abs 1). – a) Zweck.** Prozessleitende Maßnahme (§ 136 Rn 2) zur besseren Übersicht über den Streitstoff und
zur Vermeidung von Prozessverschleppung wegen Streits über einzelne
2 Teile. – **b) Voraussetzungen.** Parteien- (§§ 59, 60) oder Anspruchshäufung (§ 260). Es darf noch kein Anspruch zur Endentscheidung durch
3 Teilurteil reif sein (BGH NJW 57, 183). – **c) Anordnung.** Das Gericht
muss trennen, wo das Gesetz dies vorschreibt wie in § 623 Abs 1 S 2,
ferner wenn die Verbindung unzulässig ist (§ 260 Rn 13, 14). Dies auch
noch in 2. Instanz (BGH NJW 79, 660). IU steht die Trennung in seinem auf Pflichtgemäßheit nachprüfbaren Ermessen und ist unabhängig
von Parteianträgen. Sie erfordert grundsätzlich mdl Vhdlg; Ausnahme
§ 128 Rn 12. Es darf nicht trennen ohne die Voraussetzungen
in Rn 2 und wenn die Verbindung zwingend vorgeschrieben ist (§ 147
Rn 8). Außerdem ist Trennung unzulässig, wenn der Rechtsstreit teilweise entscheidungsreif ist (München OLGR 00, 279), wenn sie den
Prozess willkürlich, dh ohne erkennbare sachliche Kriterien, in mehrere
Teile aufspaltet, insbesondere wenn dann keines der Urteile mehr
rechtsmittelfähig ist (BVerfG NJW 97, 649). In diesem Fall ist Nichtzulassungsbeschwerde unter Addierung der Einzelstreitwerte statthaft
(BGH NJW 95, 3120). – Anordnung und Ablehnung durch unanfechtbaren Beschluss, dessen Zulässigkeit auf Rechtsmittel gegen das Urteil
auch im Revisionsverfahren nachprüfbar ist (BGH NJW 95, 3120). –
4 **d) Wirkung.** Es entstehen mehrere für die Zukunft in jeder Beziehung
selbständige Verfahren (München NJW-RR 96, 1279). Rechtshängigkeit und Zuständigkeit, auch wenn durch §§ 5 oder 33 begründet, bleiben.

5 **2. Bei Widerklage (Abs 2).** Es gelten die Ausführungen in Rn 1
mit folgenden Abweichungen: Voraussetzung ist hier die Erhebung einer Widerklage, die mit der Klage nicht in rechtlichem Zusammenhang
steht (§ 33 Rn 4). Er besteht stets im Falle des § 256 Abs 2 und bei der

Eventualwiderklage (§ 33 Rn 14). Das Familiengericht muss eine Widerklage trennen und verweisen, deren Gegenstand eine Nichtfamiliensache ist (Düsseldorf FamRZ 82, 511). Die Trennung führt zur Vertauschung der Parteirollen. Widerklage im Urkundenprozess § 595 Abs 1.

3. Bei Aufrechnung (Abs 3). – a) **Zweck** ist, die Verschleppung der **6** Entscheidung über die Klageforderung zu vermeiden. – b) **Vorausset-** **7** **zung.** Geltendmachung der Aufrechnung mit einer Gegenforderung, die mit der Klageforderung nicht in rechtlichem Zusammenhang steht (§ 33 Rn 4). Besteht ein solcher, ist Beschränkung der Vhdlg nach § 146 zulässig. Weder Klage- noch Aufrechnungsforderung dürfen entscheidungsreif sein. – c) Für die **Anordnung** der Trennung gilt Rn 3. – **8** d) **Wirkung.** Keine Aufspaltung in zwei selbständige Prozesse. Viel- **9** mehr wird in einem Verfahren zeitlich und gegenständlich getrennt verhandelt. Wird die Klageforderung zuerst spruchreif, ergeht Vorbehaltsurteil (§ 302) oder klageabweisendes Endurteil über die Klage ohne Berücksichtigung der Aufrechnung. Wird die Gegenforderung zuerst spruchreif, ist eine Entscheidung über sie allein nicht möglich (weder § 301 noch § 303). Der Trennungsbeschluss ist nach § 150 aufzuheben. VersU ist nicht statthaft, wenn Termin nur zur Vhdlg über die Aufrechnungsforderung bestimmt ist. – e) Auf **ähnliche Einwendungen,** zB **10** Zurückbehaltungsrecht, ist § 145 nicht entspr anwendbar.

II. Die Aufrechnung im Prozess. Es ist zu unterscheiden zwi- **11** schen der Erklärung der Aufrechnung und der Geltendmachung der erklärten Aufrechnung im Prozess. Zusammenfassend Musielak JuS 94, 817.

1. Die **Erklärung der Aufrechnung** (§ 388 BGB) ist Ausübung **12** eines privatrechtlichen Gestaltungsrechts. Zulässigkeit, Voraussetzungen und Wirkungen regelt allein das materielle Recht, insbes §§ 387 ff, 204 Abs 1 Nr 5 BGB. Gleichgültig ist dafür, ob die Aufrechnung vor oder im Prozess erklärt ist oder ob sie während des Prozesses außerprozessual erklärt wird.

2. Mit der **Geltendmachung der erklärten Aufrechnung im** **13** **Prozess** erhebt der Beklagte verteidigungsweise die rechtsvernichtende Einwendung (48–50 vor § 253), dass der Klageanspruch durch die Aufrechnung erloschen sei; möglich also auch gegenüber einer positiven Feststellungsklage (BGH 103, 362). – Als **Prozesshandlung** (Einl III) **14** richtet sich die Geltendmachung in Zulässigkeit, Voraussetzungen und Wirkungen allein nach Prozessrecht. Daraus folgt wegen des Bestimmtheitsgrundsatzes (§ 253 Rn 8) und wegen der Rechtskrafterstreckung (§ 322 Abs 2), dass bei der Aufrechnung mit mehreren Forderungen, die betragsmäßig die Klageforderung übersteigen, die Reihenfolge anzugeben ist, in der sie zur Aufrechnung gestellt werden (BGH NJW 02, 2182); bei mehreren Klageforderungen muss zudem angegeben werden, in welcher Reihenfolge diese durch die Aufrechnung getilgt werden sollen (BGH NJW 00, 958). Wird die Aufrechnung erstmals in mdl Vhdlg erklärt, so liegt darin sowohl die Erklärung (Rn 12) wie die prozessuale Geltendmachung (StJLeipold 28). Ein Vertrag, sich im Prozess nicht auf Aufrechnung zu berufen, ist wirksam (BGH DB 73, 1451). Beruft sich die Partei dennoch darauf, so ist sie unzulässig und nicht zu beachten (BGH 38, 254/258 und WM 73, 144).

15   3. Das **Recht zur Geltendmachung** kann einem Prozessbeteiligten (Streithelfer, verklagter Bürge) zustehen, der selbst die Aufrechnung nicht erklären könnte, weil er weder Gläubiger der einen noch Schuldner der anderen Forderung ist. Das Ger kann die Aufrechnung erst berücksichtigen, wenn es die Klageforderung für begründet und andere Einwendungen des Bekl für unbegründet hält **(Eventualaufrechnung)**. Im Eventualverhältnis zueinander stehen auch mehrere nacheinander zur Aufrechnung gestellte Forderungen, nicht aber Teile einer einheitlichen Forderung (BGH NJW-RR 95, 508). Steht die aufgerechnete Gegenforderung fest, so darf nicht die Klageforderung dahingestellt und „jedenfalls" wegen Aufrechnung (§ 389 BGB) abgewiesen werden
16 (§ 300 Rn 3). – Sofortige Abweisung der Klage ist nur bei **Primäraufrechnung** möglich, nämlich wenn der Beklagte sich auf die Aufrechnung beschränkt (zur Kostenentscheidung § 92 Rn 4 bb).

17   4. **Zeitpunkt, nicht ordnungsgemäße Vornahme.** Die Geltendmachung der Aufrechnung ist Verteidigungsmittel (BGH NJW 84, 1964/ 1967), es gelten also §§ 277 Abs 1, 282 Abs 1, für die erstmalige Gel-
18 tendmachung in der Berufungsinstanz § 533. – **Ist die Prozesshandlung nicht ordnungsgemäß vorgenommen,** zB nur schriftlich angekündigt, vor Kollegialgerichten nicht durch einen RA, die Erklärung der Aufrechnung aber materiellrechtlich wirksam, so würde der Bekl nur auf Grund seines prozessualen Fehlers seine Aufrechnungsforderung verlieren; ebenso, wenn das Ger die Aufrechnung wegen Aufrechnungsverbots oder wegen fehlender Sachdienlichkeit für unzulässig hält oder ihre Zulässigkeit offen lässt. In diesen Fällen ist deshalb die materielle Aufrechnungserklärung wirkungslos (RoSchw/Gottwald § 105 III 2a) und die Forderung, mit der aufgerechnet wurde, bleibt bestehen. Da über sie nicht mit der Folge des § 322 Abs 2 entschieden wird (BGH NJW-RR 91, 972), kann der Bekl seine Forderung später durch Leistungsklage noch geltend machen (BGH 16, 140; 17, 126, StJLeipold 56); eine Vollstreckungsabwehrklage kann wegen § 767 Abs 2 auf die Aufrechnung nicht gestützt werden (BGH WM 94, 1185). Hat das Ger die Zulässigkeit der Aufrechnung verneint, sind Ausführungen im Urt zur Begründetheit als nicht vorhanden anzusehen (BGH MDR 83, 1018). Bleibt das der Aufrechnung zugrundeliegende tatsächliche Vorbringen unberücksichtigt (§ 296) oder scheitert sie wegen fehlender Substantiierung, so ist die Aufrechnungsforderung sachlich und rechtskraftfähig (§ 322 Rn 48) aberkannt (BGH NJW-RR 91, 972).

19   5. Die **Geltendmachung der Aufrechnung ist Einwendung.** Daraus folgt: – **a)** Sie hat **keinen Einfluss auf die Prozessvoraussetzungen** der Klage, insbes auf die Zulässigkeit des Rechtswegs, Zuständigkeit des Gerichts, Verweisung zwischen Zivilkammer und Kammer für Handelssachen. **Streitwert** § 3 Rn 19. **Beschwer** § 511 Rn 16. − **b)** Die **20** **Aufrechnungsforderung wird nicht rechtshängig.** Die Geltendmachung der Aufrechnung macht die Einklagung derselben Forderung in einem anderen Prozess nicht unzulässig und umgekehrt. So die hM (BGH 57, 242, NJW 86, 2767, NJW-RR 94, 379, StJLeipold 44, ZöGreger 18; aA Schmidt ZZP 87, 29 39; differenzierend Lindacher JZ 72, 429, Zeiss JR 72, 337, Teubner/Prange JR 88, 401). So kann auch der Zessionar mit einer Forderung hilfsweise aufrechnen, die der Zedent eingeklagt hat (BGH NJW 99, 1179). Auch mit einer durch Vorbehaltsurteil zugesprochenen Wechselforderung, die im Nachverfahren anhängig ist, kann in einem anderen Prozess aufgerechnet werden. Der Kl kann gegen diese Aufrechnungsforderung alle im Nachverfahren gegen den Wechselanspruch noch zulässigen Einwendungen erheben (BGH NJW 77, 1687). − **c)** Wegen **Trennung** und **Beschränkung der Ver-** **21** **handlung** vgl Rn 7−9. Eventualwiderklage § 260 Rn 9.

6. Entscheidung. Die Prozessvoraussetzungen, die bei klageweiser **22** Geltendmachung der Gegenforderung vorliegen müssen, brauchen nicht vorzuliegen. − **a)** Wenn der **ordentliche Rechtsweg** zulässig ist, darf und muss das Ger über den Bestand der Aufrechnungsforderung entscheiden. Ist sie vor einem anderen ZivilGer rechtshängig, so darf dieses nur aussetzen, wenn im anderen Prozess aller Voraussicht nach mit einer Entscheidung über die aufgerechnete Forderung zu rechnen ist, sollte es aber auch dann nur ausnahmsweise tun, weil näher liegend die Aussetzung durch das Ger ist, das über die vor ihm eingeklagte Forderung zu entscheiden hat (Dresden NJW 94, 139). Das Ger muss über die Aufrechnungsforderung auch entscheiden, wenn zur Entscheidung darüber im Falle der Klage ein anderes Zivilgericht ausschließlich zuständig wäre; ebenso bei Aufrechnung mit vermögensrechtlichen Ansprüchen, für die iF der Klage ein **Familiengericht** (BGH NJW-RR 89, 173) und umgekehrt (Köln NJW-RR 92, 1287) oder ein Ger der **freiwilligen Gerichtsbarkeit** im Verfahren nach § 43 WEG (BGH NJW 80, 2466) oder ein Landwirtschaftsgericht (BGH NJW 64, 863) zuständig wäre. − Fehlt die **internationale Zuständigkeit** für die Ent- **23** scheidung über die aufgerechnete Forderung, so ist die Aufrechnung unzulässig und nicht zu beachten (BGH 60, 85, NJW 93, 2753; kritisch Leipold ZZP 107, 216). Für den Geltungsbereich der EuGVVO (dort Rn 1 vor Art 1) vgl dort Art 6 Rn 7. Vor dem Zivilgericht kann nicht mit einer Gegenforderung aufgerechnet werden, wegen deren die Parteien eine **Schiedsabrede** geschlossen haben (BGH 38, 254 gegen 23, 22; bestr). Für den umgekehrten Fall vgl § 1029 Rn 9. Unter den Voraussetzungen des § 148 kann in diesen Fällen das Prozessgericht aussetzen, bis das Schiedsgericht entschieden hat (BGH 23, 26). − **b)** Ist über **24** die Aufrechnungsforderung in einem **anderen Rechtsweg** zu entscheiden, so muss das ProzGer, außer wenn sie unbestritten ist (Düsseldorf VersR 95, 579), wegen § 322 Abs 2 nach § 148 aussetzen (BAG NJW 02, 317), selbst wenn dort die Klage noch nicht erhoben ist, und

zur Klageerhebung eine Frist bestimmen (BGH 16, 124 ff). Bei ergebnislosem Fristablauf ist über die Klage ohne Berücksichtigung der Aufrechnung zu entscheiden, der Aufrechnungseinwand nach § 296 Abs 2
zurückzuweisen. Die Aufrechnungsforderung kann der Bekl dann noch
im zulässigen Rechtsweg geltend machen (BGH 16, 140). Ebenso muss
ein allgemeines oder besonderes VerwaltungsGer aussetzen, wenn dort
mit einer bürgerlichrechtl Forderung aufgerechnet wird (BSG NJW 63,
1844); das SozGer darf über eine Aufrechnungsforderung entscheiden,
die klageweise vor dem VerwGer geltend zu machen wäre (BSG NJW
69, 1368). Die Änderung des § 17 Abs 2 S 1 GVG hat daran nichts geändert (ZöGummer GVG § 17 Rn 10, MuWittscher GVG § 17
Rn 10; aA Schenke/Rüthig NJW 92, 2505, Gaa NJW 97, 3343; s auch
GVG § 17 Rn 9). Danach darf und muss das angegangene Gericht,
wenn der Rechtsweg zu ihm für einen Anspruch zulässig ist, über alle,
auch rechtswegfremde Anspruchsgrundlagen dieses Anspruchs entscheiden, nicht aber zusätzlich über einen weiteren, anderen Anspruch
(ebenso BGH NJW 91, 1686 für Klagehäufung, BAG NJW 02, 317 für
Aufrechnungsforderung, ZöGummer GVG § 17 Rn 6, Rupp NJW 92,
25   3274, Musielak JuS 94, 818/823). – **c)** Die **Geltendmachung** der Aufrechnung kann also **nicht** als **unzulässig** erachtet werden wegen Unzuständigkeit und nicht ohne Prüfung des § 148 wegen Unzulässigkeit des Rechtswegs oder wegen Schiedsgerichtsklausel (Grunsky JZ 65,
26   391). – **d)** Sind **Klage- und Aufrechnungsforderung begründet,** so
ist, soweit sie sich decken, die Klage als unbegründet abzuweisen. Wird
die Aufrechnung erstmals im Prozess erklärt, kann Kläger die Hauptsache
27   für erledigt erklären. – **e)** Aufrechnung **im Wechselprozess** § 598
Rn 4, 5.

28   **7. Rechtskraft.** Die Geltendmachung der Aufrechnung ist in Durchbrechung der Regel die einzige Einwendung, über die rechtskraftfähig
entschieden wird, § 322 Rn 44–48.

29   **8. Aufrechnung durch den Kläger.** Eingehend Pawlowski ZZP
104, 249. – **a) Klagebegründend** (also nicht Einwendung des Bekl)
ist die Behauptung, mit einer Gegenforderung aufgerechnet zu haben,
oder die Aufrechnungserklärung in der Klage, wenn der Kl eine negative Feststellungs- oder eine Vollstreckungsabwehrklage darauf stützt, die
Forderung des Bekl gegen ihn sei wegen Aufrechnung erloschen. § 322
30   Abs 2 gilt in diesen Fällen analog (dort Rn 44–48). – **b)** Erklärt der Kl
gegen die Aufrechnung des Bekl seinerseits die **Gegenaufrechnung**
mit einer weiteren Forderung, so ist dies prozessual unbeachtlich (aA
Braun ZZP 89, 93/100 ff, Pawlowski aaO): Wird die Klage abgewiesen, weil die Klageforderung als solche nicht besteht, so ist schon die
Aufrechnung des Bekl nicht mehr zu prüfen. Wird die Klage wegen
der begründeten Aufrechnung des Bekl abgewiesen, so erlischt damit in
Höhe der Klage die Aufrechnungsforderung und die Gegenaufrechnung des Kl gegen sie geht deshalb ins Leere. Anders iF des § 396
Abs 1 S 2 BGB bei Widerspruch des Kl. Einen solchen sieht Mankow-

ski (JR 96, 223) stets in der Gegenaufrechnung mit der Folge, dass sich die Aufrechnung des Bekl gem § 366 Abs 2 BGB auf die nicht anerkannte weitere Forderung des Kl bezieht.

§ 146 Beschränkung auf einzelne Angriffs- und Verteidigungsmittel

Das Gericht kann anordnen, daß bei mehreren auf denselben Anspruch sich beziehenden selbständigen Angriffs- oder Verteidigungsmitteln (Klagegründen, Einreden, Repliken usw.) die Verhandlung zunächst auf eines oder einige dieser Angriffs- oder Verteidigungsmittel zu beschränken sei.

1. Die **Beschränkung der Verhandlung** bezweckt eine übersicht- 1 lichere Gliederung des Streitstoffes. Sie ist eine Maßnahme der Prozessleitung (§ 136 Rn 2), die als Ausnahme vom Grundsatz der Konzentration und Beschleunigung (ua § 272) nur bei sehr komplexem Streitstoff angebracht ist, der anders schlecht in den Griff zu bekommen ist. Für die Anordnung gilt das in § 145 Rn 3 Gesagte.

2. Voraussetzungen. **a) Angriffs- oder Verteidigungsmittel** ist 2 jedes sachliche und prozessuale Vorbringen, das der Durchsetzung bzw Abwehr des geltend gemachten prozessualen Anspruchs (Einl II) dient, zB Behauptungen, Bestreiten (BGH 12, 49 u JZ 77, 102), Einwendungen, auch Aufrechnung, Einreden einschließlich der Tatsachenbehauptungen und Beweismittel zu ihrer Rechtfertigung (BGH 91, 293/303), Beweisanträge, Beweiseinreden (§ 282 Abs 1). **Keine Angriffsmittel** sind Rechtsausführungen, verfahrensbestimmende Anträge wie Klage, Klageänderung (Karlsruhe NJW 79, 879), Klageerweiterung (BGH NJW 01, 1210), Widerklage (BGH NJW 95, 1223), Erweiterung samt dem Vorbringen zu ihrer Begründung (BGH NJW 85, 3079, WM 86, 864), ferner Parteiänderung, Nachholung der zu ihrer Zulässigkeit notwendigen Aufgliederung des Klageantrags (BGH NJW 93, 193, NJW 97, 870). – **b) Selbständig** ist das Mittel, wenn es für sich allein den Tat- 3 bestand einer materiellen oder prozessualen Rechtsnorm ausfüllt, an die das Gesetz eine selbständige, insbes eine rechtsbegründende, -hindernde, -vernichtende, -hemmende oder -erhaltende Wirkung knüpft (45 vor § 253). Dazu gehören zB ein selbständiger Klagegrund (§ 253 Rn 10), Einwendungen, die einzelne Prozessvoraussetzungen; nicht dagegen einzelne Tatbestandselemente einer Rechtsnorm (zB Verschulden in § 823 BGB), bloßes Bestreiten, Beweismittel. – **c) Auf denselben** 4 **prozessualen Anspruch** (Einl II) müssen sich die mehreren Angriffs- oder Verteidigungsmittel beziehen. Bei mehreren Ansprüchen, Widerklage und nichtkonnexer Aufrechnung § 145 Rn 1 ff.

3. Wirkung. Es tritt eine rein tatsächliche Beschränkung der Vhdlg 5 ein. Weiteres Vorbringen nach Übergang zu einem anderen Streitpunkt bleibt zulässig. Bei Entscheidungsreife ist jederzeit, auch ohne Aufhebung der Beschränkung, Endurteil zu erlassen. VersU ist bei Vorliegen der Voraussetzungen (§§ 330, 331) jederzeit zulässig.

§ 147 Prozessverbindung

Das Gericht kann die Verbindung mehrerer bei ihm anhängiger Prozesse derselben oder verschiedener Parteien zum Zwecke der gleichzeitigen Verhandlung und Entscheidung anordnen, wenn die Ansprüche, die den Gegenstand dieser Prozesse bilden, in rechtlichem Zusammenhang stehen oder in einer Klage hätten geltend gemacht werden können.

1 **1. Voraussetzungen. – a) Mehrere anhängige Prozesse** (§ 261 Rn 1) in gleicher Instanz beim selben Gericht. Auch vor verschiedenen Kammern; wegen §§ 97 ff GVG aber nicht, wenn teils vor Zivil- und
2 teils vor Kammern für Handelssachen. – **b) Zuständigkeit des Pro-**
3 **zessgerichts** und dieselbe Prozessart, § 260 Rn 13. – **c) Rechtlicher Zusammenhang** (§ 33 Rn 4) zwischen den mehreren Ansprüchen oder Zulässigkeit von Parteien- oder Anspruchshäufung (§§ 59, 60 u
4 260). – **d)** Verbindung nur zu gleichzeitiger **Verhandlung und Entscheidung;** also einerseits nicht nur zur Beweisaufnahme oder Vhdlg (Köln VersR 73, 285), andererseits nicht mehr bei Entscheidungs-
5 reife. – **e)** In **Ehesachen** § 610, in Scheidungs-Folgesachen § 623. –
6 **f) In Revisionsinstanz** setzt Verbindung voraus, dass in jedem der Verfahren die Revision zulässig ist. Die Verbindung führt nicht zur Addition der Beschwer und damit zur Statthaftigkeit der (wegen fehlender Beschwer) unstatthaften Nichtzulassungsbeschwerde gegen ein
7 Teil- und gegen ein Schlussurteil (BGH NJW 77, 1152). – **g) Kein Verbindungsverbot** darf bestehen, § 260 Rn 14.

8 **2.** Für die **Anordnung** und Ablehnung gilt § 145 Rn 3 sinngemäß. Die Verbindung muss angeordnet werden in den Fällen §§ 518, 623, 646 Abs 3, 654 Abs 3, §§ 249 Abs 2, 246 Abs 3, 275 Abs 4 AktG, §§ 51 Abs 3, 112 Abs 1 GenG). Allein dadurch, dass ein Dritter (etwa Streithelfer des Bekl), der bisher nicht Partei war, (Wider)Klage gegen den Kl und einen anderen erhebt, tritt eine Verbindung dieses neuen Prozesses mit dem alten (Kl/Bekl) nicht ein (BGH ZZP 86, 67). Lehnt das Ger die Verbindung ab, so ist nicht die neue (Wider)Klage unzulässig (so BGH aaO), sondern es ist in getrennten Verfahren zu entscheiden (so zutr Wieser ZZP 86, 36/41).

9 **3. Wirkung. – a) Gemeinschaftliche Verhandlung,** Beweisaufnahme und Entscheidung in einem für die Zukunft einheitlichen Verfahren wie bei ursprünglicher Parteien- oder Anspruchshäufung. Mehrere auf derselben Seite stehende Parteien werden Streitgenossen mit allen sich daraus ergebenden Wirkungen (§§ 61 ff). Haben dieselben Personen in den verbundenen Prozessen umgekehrte Parteirollen, so wird die später rechtshängig gewordene Klage zur Widerklage, ohne dass
10 es auf deren besondere ProzVoraussetzungen ankäme. – **b)** Die **sachliche Zuständigkeit** wird durch die Verbindung nicht betroffen. Für die künftigen Gebühren ist der neue, durch Zusammenrechnung zu
11 ermittelnde Streitwert maßgebend. – **c) Wird ein Prozess spruchreif,**

ist nicht durch Teilurteil zu entscheiden, sondern die Verbindung zu trennen (auch stillschweigend) und Vollendurteil zu erlassen. – **d) Ist nur zu gemeinschaftlicher Verhandlung verbunden,** so ist 12 durch Auslegung zu ermitteln, ob es sich um eine Verbindung nach § 147 oder nur um eine vorübergehende Maßnahme zur Vereinfachung handeln sollte (BGH NJW 57, 183). Ist unzulässigerweise nur zu gemeinsamer Vhdlg verbunden und auf Grund derselben Vhdlg in mehreren getrennten Urteilen entschieden worden, so sind für die Zulässigkeit eines Rechtsmittels diese als eine einheitliche Entscheidung aufzufassen und die Rechtsmittelstreitwerte (§ 2 Rn 3) der einzelnen Urteile zusammenzuzählen (BGH aaO).

§ 148 Aussetzung bei Vorgreiflichkeit

Das Gericht kann, wenn die Entscheidung des Rechtsstreits ganz oder zum Teil von dem Bestehen oder Nichtbestehen eines Rechtsverhältnisses abhängt, das den Gegenstand eines anderen anhängigen Rechtsstreits bildet oder von einer Verwaltungsbehörde festzustellen ist, anordnen, daß die Verhandlung bis zur Erledigung des anderen Rechtsstreits oder bis zur Entscheidung der Verwaltungsbehörde auszusetzen sei.

1. Die **Aussetzung** ist in vielen Bestimmungen geregelt, zB §§ 152 ff, 1 246 ff, im Eheprozess § 614, im Kindschaftsprozess (erbbiologisches Gutachten) § 640 f. Die wichtigsten **außerhalb der ZPO** sind: – **a)** Hält das Zivilgericht eine anzuwendende Norm für verfassungswidrig, so muss es aussetzen und gemäß Art 100 GG dem BVerfG vorlegen. Ohne Vorlage aussetzen darf es analog § 148, wenn die Norm, wegen deren bereits ein Kontrollverfahren beim BVerfG anhängig ist, nicht für verfassungswidrig hält (BGH NJW 98, 1957). – **b)** Art VIII Abs 8 NTS (BGBl 61 II 1183) mit Art 41 Abs 11 ZAbkNTS (BGBl 61 II 1218), wenn es um die Frage geht, ob eine Handlung eines Mitglieds der Truppe oder zivilen Gefolges in Ausübung des Dienstes begangen worden ist oder ob die Benutzung eines Fahrzeugs der Streitkräfte unbefugt war. – **c)** § 97 Abs 5 ArbGG zur Herbeiführung einer Entscheidung über Tariffähigkeit u -zuständigkeit. – **d)** § 46 Abs 2 WEG, wenn die Entscheidung vom Ausgang eines Verfahrens nach § 43 WEG abhängt. – **e)** § 108 SGB VII, wenn die Entscheidung davon abhängt, ob ein Betriebsunfall vorliegt. – **f)** § 11 GebrMG bei anhängigem Löschungsverfahren. – **g)** § 96 GWB. – **h)** Das Vorabentscheidungsverfahren nach den Europaverträgen, nämlich Art 41 Montanunionvertrag, Art 234 EG (bisher 177 EGV) und Art 150 Euratomvertrag, wenn es um die Gültigkeit von Handlungen der Gemeinschaftsorgane oder um die Auslegung von EG- oder Euratomvertrag geht (näher vgl Schumann ZZP 78, 77, Heß ZZP 108, 59). – **i)** Art 110 deutsch-österreichischer Vermögensvertrag (BGBl 58 II 130). – **k)** § 11 Abs 2 S 2 des G v 19. 6. 68 (BGBl 661), wenn ein Senat eines obersten Gerichtshofs des Bundes in einer Rechtsfrage von der Entscheidung eines anderen obersten Ge-

richtshofs abweichen will und die Rechtsfrage dem Gemeinsamen
Senat vorlegt. – **l)** Art 27–30 EuGVVO, Art 21 LGVÜ bei doppelter
Rechtshängigkeit.

2   **2.** Die **Aussetzung nach § 148** ist prozessleitende Maßnahme zur
Verhinderung überflüssiger Mehrarbeit in parallel geführten Prozessen
und sich widersprechender Entscheidungen. Sie wird nach pflichtgemäßem Ermessen (Düsseldorf NJW 85, 1966, Dresden NJW 00, 442)
vAw unter Gewährung rechtl Gehörs durch Gerichtsbeschluss (Vorsitzender der KfH: § 349 Abs 2 Nr 3) angeordnet, entspr § 248 Abs 2
auch ohne mdl Vhdlg (München OLG 68, 432, Jena OLG-NL 01, 238
für § 149; bestr; vgl auch § 128 Rn 12), ggf auch noch vom RevGericht (BGH MDR 83, 574, WM 92, 1422). Das Ger muss aussetzen,
wenn eine Sachentscheidung nicht möglich ist, weil deren Voraussetzungen im vorliegenden Prozess nicht geklärt werden können (BGH
NJW 86, 1744: Leasing-Dreiecksverhältnis, Köln FamRZ 98, 1303:
Anerkennung einer ausländischen Ehescheidung). Aussetzung bei Aufrechnung vgl § 145 Rn 22 ff.

3   **a) Voraussetzungen: aa) Abhängigkeit** (Vorgreiflichkeit), dh die
Entscheidung muss von einem Rechtsverhältnis abhängen, das im auszusetzenden Prozess Vorfrage ist und das entweder den Gegenstand des
anderen anhängigen Prozesses bildet oder von einer Verwaltungsbehörde festzustellen ist. Rechtskraftwirkung für den auszusetzenden Prozess
ist nicht erforderlich. Es genügt nicht Gleichartigkeit verschiedener
Ansprüche aus einem Vertrag (München NJW-RR 96, 766), nicht die
bloße Möglichkeit widersprechender Entscheidungen (Jena NJW-RR
01, 503), nicht der Umstand, dass der an sich entscheidungsreife Rechtsstreit durch den anderen Prozess gegenstandslos werden könnte (Frankfurt BB 71, 1479). Keine Vorgreiflichkeit – deshalb keine Aussetzung –,
sondern anderweitige Rechtshängigkeit (§ 261) besteht bei Identität der
4 proz Ansprüche in beiden Prozessen. – **bb)** Ein **anderer Rechtsstreit**
muss anhängig sein. In ihm muss über das Bestehen oder Nichtbestehen
einer Rechtsfolge, die im auszusetzenden Prozess Vorfrage ist, mit einer
rechtskraftfähigen Entscheidung zu rechnen sein. Also keine Aussetzung
eines Bauprozesses wegen eines anhängigen selbständigen Beweisverfahrens (Dresden NJW-RR 98, 1101; aA München NJW-RR 98,
576). Die Parteien brauchen nicht dieselben zu sein. Das andere Ger
kann ein Arbeits- oder Schiedsgericht sein. Dass es sein ausländisches
ist, steht der Aussetzung nicht entgegen (StJRoth 140), wenn die Entscheidung nach § 328 anzuerkennen ist (Frankfurt NJW 86, 1443; zurückhaltend Geimer NJW 87, 3085). Aussetzung bei Aufrechnung § 145
5 Rn 22 ff. – **cc)** Oder das Rechtsverhältnis muss **durch eine Verwaltungsbehörde festzustellen** sein, auch durch ein Verwaltungsgericht.
BAG DB 79, 847 bejaht analoge Aussetzung bis zur Feststellung des
Insolvenzverwalters, inwieweit die Masse zur Befriedigung aller Masse-
gläubiger ausreicht, weil von der Quote die Entscheidung des Rechtsstreits abhängt. Für die Klage muss der Rechtsweg offen sein, andern-

falls Prozessabweisung. Doch wird man Aussetzung aus Gründen der Prozesswirtschaftlichkeit zulassen müssen, wenn die Zulässigkeit der Klage von einer Vorentscheidung der Verwaltungsbehörde abhängt (BGH 4, 68/77). Das Verfahren vor ihr muss noch nicht anhängig sein. Eine Bindung des aussetzenden Ger an die Entscheidung der Verwaltungsbehörde tritt nur ein, soweit sie gesetzlich vorgeschrieben ist und im Rahmen der Rechtskraftwirkung verwaltungsgerichtlicher Entscheidungen. Keine Aussetzung bei gerichtl Anfechtung von privatrechtsgestaltenden Verwaltungsakten, solange nicht eine aufschiebende Wirkung des Rechtsmittels angeordnet ist (Zeranski FamRZ 99, 824).

b) Keine Aussetzung gibt es in der ZwVollstr (Rn 30 vor § 704), 6 ferner grundsätzlich wegen der Natur des Eilverfahrens bei Antrag auf Erlass von Arrest und einstw Vfg (ebenso LG Aurich MDR 65, 142, Teplitzky DRiZ 82, 41; aA für §§ 152 bis 154 RoSchw/Gottwald § 127 II 4) und im einstw Anordnungsverfahren nach §§ 620 ff (Frankfurt FamRZ 85, 409), ebenso nicht im UrkProzess (Hamm NJW 76, 246) und im PKH-Verfahren (München MDR 88, 783).

c) Der **Streitwert** ist gem § 3 nach dem Interesse der Parteien an 7 der Entscheidung über die Aussetzung zu schätzen (BGH 22, 283). Richtig ist wohl ein Bruchteil des Hauptsachestreitwerts, der $^1/_5 - ^1/_3$ betragen dürfte (bestr, Schneider MDR 73, 542; Köln MDR 73, 683: grundsätzlich $^1/_5$.

d) Im **Scheidungsprozess** kommt das notwendige Abwarten mit 8 dem weiteren Verfahren gemäß § 627 Abs 2 der Aussetzung in der Wirkung gleich. Aussetzung, wenn Ehe im Ausland rechtskräftig geschieden, § 328 Rn 27.

3. Sonstiges. – a) Entsprechend anwendbar ist § 148 bei Anord- 9 nung eines allgemeinen Verfügungsverbots nach § 21 Abs 2 Nr 2 InsO über das Vermögen des Bekl (Jena NJW-RR 00, 1075). Ferner, wenn das Rechtsverhältnis, das im auszusetzenden Prozess Vorfrage ist, durch das Gericht der **freiwilligen Gerichtsbarkeit** entschieden wird (Düsseldorf NJW-RR 95, 832); jedoch keine Aussetzung des Prozesses, in dem die Wirksamkeit eines Testaments Vorfrage ist, bis zur Entscheidung des NachlassGer im Erbscheinerteilungsverfahren (KG OLGZ 75, 355). Einschlägige gesetzliche Regelungen vgl Rn 1. – Wird eine **erb-** 10 **biologische Untersuchung,** die wegen des Alters des Kindes erst später durchführbar ist, durch Beweisbeschluss angeordnet, so handelt es sich auch ohne ausdrückliche Anordnung und außerhalb einer Kindschaftssache (§ 640 f) um eine Aussetzung. – **b) Nicht entsprechend an-** 11 **wendbar.** Entgegen Düsseldorf NJW 74, 2010 kann das Berufungsgericht nicht entspr § 148 den Prozess gegen den Haftpflichtversicherer, gegen den die 1. Instanz die Klage durch Teilurteil abgewiesen hat, aussetzen, weil die Entscheidung von derjenigen der 1. Instanz gegen den versicherten Schädiger abhängt. Vielmehr ist in diesem Fall das Teilurteil als unzulässig (§ 301 Rn 3) aufzuheben und wegen Verfahrensfehlers zurückzuverweisen (§ 538 Rn 25). – **c)** Für die **Wirkung** 12

der Aussetzung gilt § 249, auch wenn sie sich hinter einer langfristigen
13 Vertagung verbirgt. – **d) Rechtsmittel.** Es gelten § 252 und die Rn dort.
14 – **e) Die Aussetzung endet** im Falle des § 148 entweder mit Wirksamwerden eines gerichtlichen Aufhebungsbeschlusses gem § 150 oder
von selbst mit Erledigung des Verfahrens, wegen dessen ausgesetzt wurde.

§ 149 Aussetzung bei Verdacht einer Straftat

**(1) Das Gericht kann, wenn sich im Laufe eines Rechtsstreits
der Verdacht einer Straftat ergibt, deren Ermittlung auf die
Entscheidung von Einfluss ist, die Aussetzung der Verhandlung
bis zur Erledigung des Strafverfahrens anordnen.**

**(2) ¹Das Gericht hat die Verhandlung auf Antrag einer Partei
fortzusetzen, wenn seit der Aussetzung ein Jahr vergangen ist.
²Dies gilt nicht, wenn gewichtige Gründe für die Aufrechterhaltung der Aussetzung sprechen.**

1   **1. Voraussetzungen** für die Aussetzung. – **a)** Der **Verdacht einer
Straftat** irgendeines Prozessbeteiligten (§ 140 Rn 4), bei einer Partei
auch des Rechtsvorgängers, muss sich im Prozessverlauf ergeben. Ein
2 Strafverfahren muss noch nicht anhängig sein. – **b) Von Einfluss** kann
die Ermittlung der Straftat nur auf die Beweiswürdigung sein, also nicht
mehr in der Revisionsinstanz. Dieser Einfluss kann entgegen Celle
NJW 69, 280 auch bestehen (Einverständnis der Parteien mit der Verwertung der Strafakten, Glaubwürdigkeit bei widersprüchlichen Aussagen), wenn beiden Verfahren der nämliche Sachverhalt zugrunde liegt
(Frankfurt MDR 82, 675, Köln JMBl NRW 73, 106). Ein solcher Einfluss besteht nicht, wenn ein Zeuge die Aussage verweigert im Hinblick
auf ein Ermittlungsverfahren, das gegen ihn im Zusammenhang mit
dem Vernehmungsgegenstand anhängig ist (KG MDR 83, 139). –
3 **c) Keine Aussetzung,** wenn es nicht auf den Inhalt, sondern auf das
Vorhandensein einer Strafentscheidung ankommt (München FamRZ
56, 292), zB im Falle des § 581. Ferner wenn es nicht um die tatsächliche Aufklärung des Sachverhalts, sondern um die Entscheidung
einer Rechtsfrage geht (Düsseldorf MDR 85, 239), oder wenn der
Bekl bei Beachtung der Wahrheitspflicht sich im Hinblick auf das
Ermittlungsverfahren selbst belasten müsste (Frankfurt NJW-RR 01,
1649).

4   **2. Die Aussetzung** liegt **im Ermessen** des Gerichts. Abzuwägen
sind die Interessen der ProzParteien u die Notwendigkeit von Proz
Ökonomie (Düsseldorf NJW 80, 2534), also insbes der Vorteil einer
gründlicheren Klärung im Hinblick auf den Untersuchungsgrundsatz im
Strafprozess gegen den Nachteil der Verzögerung einer Entscheidung
im Zivilprozess (Hamburg MDR 75, 669). Im Arzthaftungsprozess
kommt eine Aussetzung nur ausnahmsweise in Betracht (Köln VersR
91, 1027, Stuttgart NJW 91, 1556). Im Übrigen gelten sinngem Rn 2 ff
zu § 148.

3. Dauer der Aussetzung grundsätzlich bis zum rechtskräftigen Ab- 5
schluss des Strafverfahrens. Hat die Aussetzung 1 Jahr angedauert, kann
jede Partei Fortsetzung des Proz beantragen. Der Antrag darf nur abgelehnt werden, wenn gewichtige, dh schwerwiegende, Gründe die Fortsetzung der Aussetzung rechtfertigen. Gegen die Ablehnung der Fortsetzung durch ein Ger der 1. Instanz sofortige Beschwerde gem § 567
Abs 1 Nr 2.

§ 150 Aufhebung von Trennung, Verbindung oder Aussetzung

**[1]Das Gericht kann die von ihm erlassenen, eine Trennung,
Verbindung oder Aussetzung betreffenden Anordnungen wieder aufheben. [2]§ 149 Abs. 2 bleibt unberührt.**

1. Trennung und **Verbindung,** soweit sie nicht ausnahmsweise 1
angeordnet werden mussten (§ 145 Rn 3, § 147 Rn 8), kann das Gericht auch in 2. Instanz jederzeit nach freiem Ermessen wieder aufheben. Unanfechtbarer Beschluss, der grundsätzlich mdl Vhdlg erfordert.
Ausnahmen: § 128 Rn 12.

2. Die **Aussetzung** endet entweder von selbst mit Eintritt des im 2
Aussetzungsbeschluss angegebenen Beendigungstatbestands, zB § 148
Rn 14; oder durch Aufnahme, zB § 246. IU kann, soweit ihre Anordnung im freien Ermessen des Gerichts stand, nach freiem Ermessen jederzeit wieder aufgehoben werden. Einschränkung des Ermessens durch
§ 149 Abs 2. In den Fällen der notwendigen Aussetzung erfolgt Aufhebung nur nach Wegfall der Voraussetzungen, in den Fällen der §§ 152,
153 nach § 155, auch vAw und ohne Einverständnis des früheren Antragstellers. Soweit die Aussetzung vAw angeordnet wurde, kann sie
vor Wegfall der Voraussetzungen auch vAw aufgehoben werden, bei
notwendiger Aussetzung auf Antrag nur mit Einverständnis des früheren Antragstellers. Beschluss, der grundsätzlich mdl Vhdl erfordert; Ausnahmen: § 128 Rn 12. – **Rechtsmittel** wie § 252. Nicht zu verwech- 3
seln ist die Aufhebung der Aussetzung durch Gerichtsbeschluss mit der
Aufnahme des Verfahrens durch eine Partei (zB §§ 152 bis 154, 246).

§ 151 (aufgehoben)

§ 152 Aussetzung bei Eheaufhebungsantrag

**[1]Hängt die Entscheidung eines Rechtsstreits davon ab, ob
eine Ehe aufhebbar ist, und ist die Aufhebung beantragt, so hat
das Gericht auf Antrag das Verfahren auszusetzen. [2]Ist das
Verfahren über die Aufhebung erledigt, so findet die Aufnahme
des ausgesetzten Verfahrens statt.**

Aufhebbarkeit einer Ehe – nicht notwendig zwischen den Parteien –
ist hier Vorfrage für die Entscheidung des auszusetzenden Rechtsstreits.
Wegen Aufhebbarkeit vgl §§ 1313 ff BGB. Der Aufhebungsantrag muss
rechtshängig sein. Fristsetzung hierfür gibt es nicht. Die Aussetzung en-

det mit Aufnahme gem § 250 nach Erledigung des Aufhebungsverfahrens, ferner durch gerichtlichen Beschluss nach § 155.

§ 153 Aussetzung bei Vaterschaftsanfechtungsklage

Hängt die Entscheidung eines Rechtsstreits davon ab, ob ein Mann, dessen Vaterschaft im Wege der Anfechtungsklage angefochten worden ist, der Vater des Kindes ist, so gelten die Vorschriften des § 152 entsprechend.

1 Die Nichtehelichkeit eines Kindes – es muss nicht Partei sein; ebenso wenig die Eltern – im Falle der §§ 1600 ff BGB, § 640 ist hier Vorfrage des auszusetzenden Prozesses. IÜ gilt § 152. Ein einstweiliges Verfügungsverfahren kann nicht ausgesetzt werden, vielmehr entfällt mit zulässigem Aussetzungsantrag mangels Eilbedürftigkeit der Verfügungsgrund (Düsseldorf FamRZ 82, 1230).

§ 154 Aussetzung bei Ehe- oder Kindschaftsstreit

(1) Wird im Laufe eines Rechtsstreits streitig, ob zwischen den Parteien eine Ehe oder eine Lebenspartnerschaft bestehe oder nicht bestehe, und hängt von der Entscheidung dieser Frage die Entscheidung des Rechtsstreits ab, so hat das Gericht auf Antrag das Verfahren auszusetzen, bis der Streit über das Bestehen oder Nichtbestehen der Ehe oder der Lebenspartnerschaft im Wege der Feststellungsklage erledigt ist.

(2) Diese Vorschrift gilt entsprechend, wenn im Laufe eines Rechtsstreits streitig wird, ob zwischen den Parteien ein Eltern- und Kindesverhältnis bestehe oder nicht bestehe oder ob der einen Partei die elterliche Sorge für die andere zustehe oder nicht zustehe, und von der Entscheidung dieser Fragen die Entscheidung des Rechtsstreits abhängt.

1 In **Abs 1** ist das (Nicht)Bestehen einer Ehe oder einer Lebenspartnerschaft zwischen den Parteien Vorfrage des auszusetzenden Prozesses. Die Feststellungsklage (§ 632) braucht noch nicht rechtshängig zu sein; keine Fristsetzung für ihre Erhebung. Die Aussetzung endet mit Erledigung des Feststellungsprozesses. Die interessierte Partei kann ihn selbst **2** betreiben. Deshalb gilt auch § 155 nicht. – In **Abs 2** ist das (Nicht) Bestehen eines Eltern-Kindesverhältnisses zwischen den Parteien oder das (Nicht)Bestehen der elterlichen Sorge einer Partei für die andere Vorfrage des auszusetzenden Prozesses. Für diese Feststellungsklagen gelten §§ 640 ff. Aussetzung bei Anfechtung der Ehelichkeit nur nach § 153, ausgenommen bei Streit über die (Un-)Wirksamkeit der Vaterschaftsanerkennung (§ 640 Abs 2 Nr 1 Hs 2), der unter Abs 2 fällt.

§ 155 Aufhebung der Aussetzung bei Verzögerung

In den Fällen der §§ 152, 153 kann das Gericht auf Antrag die Anordnung, durch die das Verfahren ausgesetzt ist, aufhe-

**ben, wenn die Betreibung des Rechtsstreits, der zu der Ausset-
zung Anlaß gegeben hat, verzögert wird.**

Die Parteien können in den Fällen der §§ 152 bis 154 unter den dort 1
genannten Voraussetzungen den Rechtsstreit in der Form des § 250
aufnehmen. Sie können außerdem in den Fällen der §§ 152, 153 (nicht
154) bei Verzögerung des anderen Prozesses Aufhebung des Aussetzungsbeschlusses beantragen. Für Verfahren, Beschluss und Rechtsmittel gilt § 150 Rn 2, 3. In dem fortzusetzenden Prozess ist die Ehe als
gültig, das Kind als ehelich anzusehen.

§ 156 Wiedereröffnung der Verhandlung

(1) **Das Gericht kann die Wiedereröffnung einer Verhandlung,
die geschlossen war, anordnen.**

(2) **Das Gericht hat die Wiedereröffnung insbesondere anzuordnen, wenn**

1. **das Gericht einen entscheidungserheblichen und rügbaren
   Verfahrensfehler (§ 295), insbesondere eine Verletzung der
   Hinweis- und Aufklärungspflicht (§ 139) oder eine Verletzung
   des Anspruchs auf rechtliches Gehör, feststellt,**
2. **nachträglich Tatsachen vorgetragen und glaubhaft gemacht
   werden, die einen Wiederaufnahmegrund (§§ 579, 580) bilden, oder**
3. **zwischen dem Schluss der mündlichen Verhandlung und dem
   Schluss der Beratung und Abstimmung (§§ 192 bis 197 des
   Gerichtsverfassungsgesetzes) ein Richter ausgeschieden ist.**

1. Die Wiedereröffnung der Verhandlung wird von Amts we- 1
gen durch unanfechtbaren Gerichtsbeschluss angeordnet. Ist über das
Urteil bereits beraten und abgestimmt, ist bei Entscheidung über die
Wiedereröffnung § 320 Abs 4 S 2, 3 entsprechend anzuwenden (BGH
NJW 02, 1426).

a) Sie muss angeordnet werden, Abs 2: − **aa)** Wenn das Gericht 2
nachträglich einen entscheidungserheblichen Verfahrensfehler feststellt,
zB Verletzung des Rechts auf rechtliches Gehör (BGH NJW 88, 2302)
oder dass bei Schluss der Verhandlung die Sache noch nicht vollständig
erörtert (Bamberg FamRZ 94, 1045) oder ein nötiger Hinweis (§§ 136
Abs 4, 139, 273) oder eine naheliegende Frage unterlassen war (BGH
NJW 95, 1559 u 1560; NJW-RR 02, 1071) oder ein Hinweis erst in
der letzten mündlichen Verhandlung gegeben wurde (BGH NJW 99,
2123) oder andere Versäumnisse oder Missgriffe des Gerichts zu einer
lückenhaften Sachdarstellung geführt haben (BGH WM 93, 177, Köln
OLGZ 80, 356, Schleswig OLGZ 81, 245). Das kann durch den Schriftsatz erkennbar geworden sein, insoweit auch durch Revisionsgericht
nachprüfbar (BGH WM 79, 587, WM 87, 1200/1202). − **bb)** Wenn 3
nachträglich Tatsachen vorgetragen werden, die einen Wiederaufnahmegrund (§§ 579, 580) bilden können. Dies dient der Vermeidung eines

4 Wiederaufnahmeverfahrens. – **cc)** Wenn nach Schluss der Verhandlung, aber vor Entscheidung (§§ 192 ff GVG) ein Richter weggefallen oder verhindert ist. Näher § 309 Rn 4.

5   **b)** Sie muss **außerdem angeordnet** werden: – **aa)** Wenn im Falle des § 283 (dort Rn 7) die Sache noch nicht entscheidungsreif ist. –
6 **bb)** Wenn eine Partei entscheidungserhebliche Unterlagen, deren Vorlegung sie in der Verhandlung zugesagt hat, nachträglich einreicht (BGH
7 FamRZ 96, 1067). – **cc)** Wenn ein Sachverständiger in einem mündlichen Gutachten eine gegenüber dem bisherigen Gutachten neue Beurteilung abgibt und ein – auch nicht nachgelassener – Schriftsatz einer der Parteien Anlass zu weiterer Aufklärung gibt (BGH NJW 01, 2796).

8   **c)** Sie **kann angeordnet werden** nach freiem Ermessen (BGH NJW 00, 142), wenn nach Schluss der Verhandlung dem Gericht andere wesentliche neue Umstände wie Vergleichsbereitschaft, Hauptsacheerledigung bekannt werden, insbes durch Schriftsätze. Sie können unbeachtet bleiben (München NJW 84, 1026). Ein (nicht erforderlicher) Ablehnungsbeschluss ist unanfechtbar.

9   **2.** Die **weitere Verhandlung** kann bei Anwesenheit aller Beteiligten sofort nach Verkündung des Wiedereröffnungsbeschlusses stattfinden; ein Säumnisverfahren gibt es aber in diesem Termin nicht. Die Verhandlung erstreckt sich auf den gesamten bisherigen Prozessstoff und zulässiges neues Vorbringen (§§ 263, 296).

§ 157 Ungeeignete Vertreter; Prozessagenten

(1) [1] **Mit Ausnahme der Rechtsanwälte sind Personen, die die Besorgung fremder Rechtsangelegenheiten vor Gericht geschäftsmäßig betreiben, als Bevollmächtigte und Beistände in der Verhandlung ausgeschlossen.** [2] **Sie sind auch dann ausgeschlossen, wenn sie als Partei einen ihnen abgetretenen Anspruch geltend machen und nach der Überzeugung des Gerichts der Anspruch abgetreten ist, um ihren Ausschluß von der Verhandlung zu vermeiden.**

(2) [1] **Das Gericht kann Parteien, Bevollmächtigten und Beiständen, die nicht Rechtsanwälte sind, wenn ihnen die Fähigkeit zum geeigneten Vortrag mangelt, den weiteren Vortrag untersagen.** [2] **Diese Anordnung ist unanfechtbar.**

(3) [1] **Die Vorschrift des Absatzes 1 ist auf Personen, denen das mündliche Verhandeln vor Gericht durch Anordnung der Justizverwaltung gestattet ist, nicht anzuwenden.** [2] **Die Justizverwaltung soll bei ihrer Entschließung sowohl auf die Eignung der Person als auch darauf Rücksicht nehmen, ob im Hinblick auf die Zahl der bei dem Gericht zugelassenen Rechtsanwälte ein Bedürfnis zur Zulassung besteht.**

1   **1. Ausschluss nach Abs 1. – a) Persönlich** betrifft er alle Vertreter und Beistände, die fremde Rechtsangelegenheiten vor Gericht geschäftsmäßig besorgen. Jede Angelegenheit vor Ger ist Rechtsangelegenheit. „Fremd" ist wirtschaftlich zu betrachten; deshalb darf der Schadensachbearbeiter der Haftpflichtversicherung den Bekl vor dem Amtsgericht vertreten (BGH 38, 71; bestr). Geschäftsmäßig bedeutet nicht notwendig entgeltlich oder hauptberuflich, sondern einerseits selbständig, so dass Angestellte oder Beamte, die ihren Dienstherrn regelmäßig vertreten, nicht darunter fallen; zum anderen ist öftere Wiederholung oder die Absicht hierzu erforderlich (Hamburg MDR 51, 693). Für diese Feststellungen gilt der Freibeweis (Rn 6 vor § 284). Für den erweiterten Begriff „fremd" nach S 2 ist nötig, dass der Abtretungsempfänger in Person, also ohne Vertreter auftritt. – **b) Sachlich** betrifft 2 der Ausschluss nur das Auftreten in mdl Vhdlg, das ist jeder angeordnete Termin einschließlich der **Güteverhandlung.** Der sonstige Prozessbetrieb fällt nicht darunter, zB Schriftsätze, Zustellungen. – **c)** Der Ausschluss **beruht auf Gesetz.** Bei Streit darüber ist der Vertreter insoweit 3 zugelassen. Ausschluss dann durch deklaratorischen Beschluss. Dagegen hat nicht der Vertreter, aber die Partei die sofortige Beschwerde nach § 567 (allgM, zB Schleswig SchlHA 56, 203). – **d) Wirkung** des Ausschlusses. Entweder die anwesende Partei verhandelt selbst oder es treten 4 die Säumnisfolgen ein. Einspruch oder Berufung können darauf gestützt werden, dass die Partei zulässig vertreten war. Als unzulässig abzuweisen ist die von der ausgeschlossenen Person eingereichte Klage nur iF fehlender Postulationsfähigkeit (4 vor § 78). Sonst nicht, denn die Prozessvollmacht ist wirksam; nicht sie, sondern nur das Auftreten in der Vhdlg ist unzulässig. Natürlich kann die Klage aus anderen Gründen unzulässig sein.

2. Nicht ausgeschlossen sind – **a) Rechtsanwälte** und solche 5 natürlichen Personen, die gemäß § 209 BRAO in die RA-Kammer aufgenommen worden sind (vgl § 25 EGZPO). Außerdem die Personen, die für sie in der mdl Vhdlg auftreten dürfen (§ 78 Rn 22–25); am AG im Einzelfall auch Bürovorsteher mit Untervollmacht (LG Oldenburg NJW 58, 1930); ihr dauerndes Auftreten ist unstatthaft (LAG Hamm NJW 71, 2278). – **b)** Patentanwälte in Sachen des gewerblichen Rechts- 6 schutzes (§ 4 PatAnwO). – **c)** Von der Justizverwaltung zugelassene **Pro-** 7 **zessagenten** (Abs 3). Gegen Nichtzulassung ist der Rechtsweg zum OLG (§§ 23 ff EGGVG) gegeben (BVerwG JR 70, 76). Diese Einschränkung der Berufsausübung ist verfassungskonform (BVerfG NJW 76, 1349).

3. Untersagung des Vortrags nach Abs 2 geschieht durch unan- 8 fechtbaren Gerichtsbeschluss. Die mangelnde Fähigkeit kann dauernd oder vorübergehend sein. Für Fremdsprachige und Taube gelten §§ 185 bis 187 GVG. Das Ger trifft die notwendigen Feststellungen im Wege des Freibeweises (6 vor § 284) und entscheidet nach freiem Ermessen, darf seinen Beschluss auch wieder aufheben. Die Untersagung des Vortrags kann nicht im selben Termin, sondern erst in einem (nicht notwendig: im unmittelbar) folgenden zu einem VersU führen, § 158 S 2. **Nicht anwendbar** ist Abs 2 auf die in Rn 5, 6 genannten Personen.

§ 158 Entfernung infolge Prozessleitungsanordnung

[1] Ist eine bei der Verhandlung beteiligte Person zur Aufrechterhaltung der Ordnung von dem Ort der Verhandlung entfernt worden, so kann auf Antrag gegen sie in gleicher Weise verfahren werden, als wenn sie freiwillig sich entfernt hätte. [2] Das gleiche gilt im Falle des § 157 Abs. 2, sofern die Untersagung bereits bei einer früheren Verhandlung geschehen war.

1 **1. Satz 1** setzt voraus, dass ein Beteiligter (§ 140 Rn 4) außer RAe gem § 177 GVG vom Verhandlungsort entfernt worden ist. Gilt entspr, wenn ein RA, gegen den Vertretungsverbot besteht, gem § 156 Abs 2 BRAO zurückgewiesen wurde. Das Gericht kann nach Ermessen vertagen oder auf Antrag die Säumnisfolgen eintreten lassen, zB VersU (§§ 330 ff), Ordnungsmittel gegen Zeugen (§ 380), im Falle des § 141 die Erklärung als verweigert ansehen.

2 **2. Satz 2** setzt voraus, dass in irgendeinem früheren Termin derselben Person der Vortrag bereits einmal und im gegenwärtigen Termin zum zweiten Mal untersagt wurde. Die Folgen sind dann wie Rn 1.

§ 159 Protokollaufnahme

(1) [1] Über die Verhandlung und jede Beweisaufnahme ist ein Protokoll aufzunehmen. [2] Für die Protokollführung ist ein Urkundsbeamter der Geschäftsstelle zuzuziehen, wenn nicht der Vorsitzende davon absieht.

(2) Absatz 1 gilt entsprechend für Verhandlungen, die außerhalb der Sitzung vor Richtern beim Amtsgericht oder vor beauftragten oder ersuchten Richtern stattfinden.

1 **1. Regelungsgehalt.** §§ 159 bis 165 betreffen das **Sitzungsprotokoll,** und zwar, dass eines aufzunehmen ist, seinen Inhalt, das Verfahren bei seiner Anfertigung und Berichtigung und seine Bedeutung.

2 **2. Aufzunehmen** ist es für alle Termine vor dem Prozessgericht, auch bei Beweisaufnahme, Prozessvergleich, Säumnis der Parteien, Entscheidungsverkündung. Ferner für alle Termine, die nicht vor dem Prozessgericht stattfinden (Abs 2).

3 **3.** Es **wird geführt** vom UrkBeamten in eigener Verantwortlichkeit, ausnahmsweise vom Richter. Gemeint ist hier die umfassende Protokollierungstätigkeit im Gegensatz zu der engeren Mitwirkung nach § 163 Abs 1 S 2. Anzufertigen ist es „über" die Verhandlung, nicht notwendig in ihr (§ 160 a Abs 2 S 1). Das gilt auch für die Teile, die den Beteiligten vorzulesen, vorzulegen oder abzuspielen sind (§ 162 Abs 1 S 2). Diese Teile werden aus der Aufzeichnung während der Verhandlung in die spätere Urschrift des Protokolls aufgenommen, das erst mit seiner Unterzeichnung abgeschlossen ist (§ 160 a Abs 2 S 1). Aufzeichnungshilfen vgl § 160 a Abs 1. Berichtigung § 164.

4. Die **Bedeutung** des Protokolls liegt in seiner Beweiskraft (§ 165 4
Rn 4–8) und darin, dass das richterliche Protokoll jede andere Formvorschrift wahrt (§ 127 a BGB). – Die **Wirksamkeit einer Prozesshandlung** hängt von ihrer Beurkundung im Protokoll nicht ab. Ausnahme in § 288 Abs 1 (Geständnis vor beauftragtem oder ersuchtem
Richter; nicht vor Prozessgericht, Hamm WM 90, 1105) und die
Formgültigkeit des Prozessvergleichs (§ 794 Rn 11), weil er zugleich
ein jede andere Formvorschrift wahrendes materielles Rechtsgeschäft
und ein Vollstreckungstitel ist. Dies trifft für Anerkenntnis, Rechtsmittelverzicht und Rechtsmittelrücknahme nicht zu; deshalb und weil sie –
anders als der ProzVergleich – auch mittels Schriftsatz erklärt werden
können, hängt ihre Wirksamkeit nicht von der Aufnahme ins Protokoll, Verlesung und Genehmigung ab (BGH NJW 84, 1465, NJW–RR
86, 1327, Karlsruhe FamRZ 84, 401; aA Düsseldorf FamRZ 83, 721,
Rpfleger 82, 111).

§ 160 Inhalt des Protokolls

(1) Das Protokoll enthält
1. den Ort und den Tag der Verhandlung;
2. die Namen der Richter, des Urkundsbeamten der Geschäftsstelle und des etwa zugezogenen Dolmetschers;
3. die Bezeichnung des Rechtsstreits;
4. die Namen der erschienenen Parteien, Nebenintervenienten,
   Vertreter, Bevollmächtigten, Beistände, Zeugen und Sachverständigen und im Falle des § 128 a der Ort, von dem aus
   sie an der Verhandlung teilnehmen;
5. die Angabe, daß öffentlich verhandelt oder die Öffentlichkeit
   ausgeschlossen worden ist.

(2) Die wesentlichen Vorgänge der Verhandlung sind aufzunehmen.

(3) Im Protokoll sind festzustellen
1. Anerkenntnis, Anspruchsverzicht und Vergleich;
2. die Anträge;
3. Geständnis und Erklärung über einen Antrag auf Parteivernehmung sowie sonstige Erklärungen, wenn ihre Feststellung vorgeschrieben ist;
4. die Aussagen der Zeugen, Sachverständigen und vernommenen Parteien; bei einer wiederholten Vernehmung braucht
   die Aussage nur insoweit in das Protokoll aufgenommen zu
   werden, als sie von der früheren abweicht;
5. das Ergebnis eines Augenscheins;
6. die Entscheidungen (Urteile, Beschlüsse und Verfügungen)
   des Gerichts;
7. die Verkündung der Entscheidungen;
8. die Zurücknahme der Klage oder eines Rechtsmittels;

9. der Verzicht auf Rechtsmittel;
10. das Ergebnis der Güteverhandlung.

(4) [1]Die Beteiligten können beantragen, daß bestimmte Vorgänge oder Äußerungen in das Protokoll aufgenommen werden. [2]Das Gericht kann von der Aufnahme absehen, wenn es auf die Feststellung des Vorgangs oder der Äußerung nicht ankommt. [3]Dieser Beschluß ist unanfechtbar; er ist in das Protokoll aufzunehmen.

(5) Der Aufnahme in das Protokoll steht die Aufnahme in eine Schrift gleich, die dem Protokoll als Anlage beigefügt und in ihm als solche bezeichnet ist.

1   **1. Abs 1** bestimmt, welche Begleitumstände in das Protokoll aufzunehmen sind, darunter die Namen der anwesenden Beteiligten und die Orte, an denen sich bei einer Videokonferenz die nicht im Sitzungszimmer anwesenden Personen aufhalten.

2   **2. Wesentliche Vorgänge (Abs 2)** meinen den Hergang der Verhandlung, nicht ihren Inhalt. Ihn beurkundet der Tatbestand des Urteils (§ 314). Zum Hergang gehören auch Verhandlung gemäß § 285 Abs 1 und Erörterung gemäß § 278 Abs 2 S 2 (BGH NJW 90, 121), auch formlose Anhörung eines Zeugen (Düsseldorf VersR 02, 254). **Kein** wesentlicher Vorgang ist eine kurzfristige Sitzungspause (BFH BB 01, 2043).

3   **3.** Die **Feststellungen im Einzelnen** nach **Abs 3** (Bedeutung § 159 Rn 4):
Nr 1. Anerkenntnis § 307, Verzicht § 306, Prozessvergleich § 794 Rn 11.

4   **Nr 2** betrifft nur die Sach-, nicht die Prozessanträge (§ 297 Rn 1, 2). Ihre Aufnahme in das Protokoll ist auch im RA-Prozess (§ 78) vorgeschrieben. Statt dessen kann, wenn sie in einem vorbereitenden Schriftsatz enthalten sind, dieser dem Protokoll als Anlage beigefügt werden (Abs 5). Ebenso genügt die Feststellung der Verlesung gemäß § 297.

5   **Nr 3.** Von Amts wegen sind festzustellen Geständnis (§ 288) und eine Erklärung über einen Antrag auf Parteivernehmung (§§ 446, 447); ferner sonstige Erklärungen, wenn ihre Feststellung vorgeschrieben ist. Beispiel: Zeugnisverweigerung iF des § 389 Abs 1. Für Geständnis vor dem beauftragten und ersuchten Richter ist die Protokollierung Wirksamkeitsvoraussetzung (§ 288 Abs 1).

6   **Nr 4** gilt, soweit von der Partei die Rede ist, nur für die Parteivernehmung als Beweismittel (§§ 445 ff), nicht für die Anhörung zur Sachaufklärung (§ 141) oder im Rahmen eines Sühneversuchs (§ 279). Der Inhalt der Aussagen ist am besten in direkter Rede wiederzugeben. Feststellung allein, dass Sachverständiger angehört wurde, reicht nicht (BGH NJW 01, 3269). Vereinfachung in den Fällen des § 161. Verstoß dort Rn 5.

Nr 5. Anzugeben sind die Wahrnehmungen (1 vor § 371), nicht die 7
Schlussfolgerungen daraus. Vereinfachung in den Fällen des § 161.
Verstoß dort Rn 5.

Nr 6. Verfügungen des Vorsitzenden fallen nicht darunter. Bei Ur- 8
teilen ist nur die Formel festzustellen. Bei VersU in abgekürzter Form
(§ 313 b Abs 2) genügt „nach Klageantrag". In allen Fällen darf nach
Abs 5 verfahren werden.

Nr 7. Verkündung §§ 310 ff, 329. Aus dem Protokoll oder einer An- 9
lage dazu muss ersichtlich sein, was verkündet worden ist (BGH VersR
90, 637), die Form der Verkündung (Verlesung oder Bezugnahme,
§ 311) braucht nicht genannt zu sein (BGH NJW 94, 3358).

Nr 8 betrifft für die Partei besonders bedeutsame Prozesshandlungen 10
und gilt nur, soweit sie in der mdl Vhdlg erklärt werden. Klagerücknahme § 269, Rücknahme eines Rechtsmittels §§ 516, 565 und § 569
Rn 19 ff.

Nr 9. Es gelten die vorstehenden Ausführungen zu Nr 8. Rechts- 11
mittelverzicht §§ 515, 565.

Die Feststellungen zu Nrn 1, 3, 4, 5, 8, 9 müssen verlesen und genehmigt werden (§ 162 Abs 1).

Nr 10. Das Ergebnis der Güteverhandlung nach § 278 ist aufzuneh- 12
men.

4. Protokollierungsantrag (Abs 4) kann nur bis Schluss der mdl 13
Vhdlg gestellt werden (Frankfurt MDR 89, 550). „Vorgänge" ist gegenüber „Äußerungen" der weitere Begriff. Darunter kann zB fallen
ein bestimmtes Verhalten eines Prozessbeteiligten während der Verhandlung oder der Beweisaufnahme. Unter Äußerungen können zB
fallen Erklärungen, die eine Partei bei ihrer Anhörung nach § 141 oder
bei einem Vergleichsgespräch (§ 279) abgibt oder solche, die im schriftsätzlichen Vortrag nicht enthalten sind, ihn ergänzen oder von ihm abweichen. Den Antrag kann jeder Beteiligte stellen, nicht nur die Partei
oder ihr Vertreter. Die Aufnahme in das Protokoll verfügt der Vorsitzende. – Die **Ablehnung des Antrags** geschieht durch unanfechtba- 14
ren Gerichtsbeschluss. Sie ist gerechtfertigt, wenn das Ger den Vorgang
oder die Äußerung für unwesentlich hält. Nach S 3 ist dieser Beschluss
in das Protokoll aufzunehmen, nicht notwendig der Inhalt des gestellten
Protokollierungsantrags.

5. Protokollanlage (Abs 5) ist für alle Fälle des Abs 3 zulässig. 15
Nötig ist die Bezeichnung als Anlage im Protokoll, nicht auch auf der
Anlage selbst (BGH 10, 329).

§ 160 a Vorläufige Protokollaufzeichnung

(1) **Der Inhalt des Protokolls kann in einer gebräuchlichen
Kurzschrift, durch verständliche Abkürzungen oder auf einem
Ton- oder Datenträger vorläufig aufgezeichnet werden.**

(2) **¹Das Protokoll ist in diesem Fall unverzüglich nach der
Sitzung herzustellen. ²Soweit Feststellungen nach § 160 Abs. 3**

Nr. 4 und 5 mit einem Tonaufnahmegerät vorläufig aufgezeichnet worden sind, braucht lediglich dies in dem Protokoll vermerkt zu werden. [3] Das Protokoll ist um die Feststellungen zu ergänzen, wenn eine Partei dies bis zum rechtskräftigen Abschluß des Verfahrens beantragt oder das Rechtsmittelgericht die Ergänzung anfordert. [4] Sind Feststellungen nach § 160 Abs. 4 unmittelbar aufgenommen und ist zugleich das wesentliche Ergebnis der Aussagen vorläufig aufgezeichnet worden, so kann eine Ergänzung des Protokolls nur um das wesentliche Ergebnis der Aussagen verlangt werden.

(3) [1] Die vorläufigen Aufzeichnungen sind zu den Prozeßakten zu nehmen oder, wenn sie sich nicht dazu eignen, bei der Geschäftsstelle mit den Prozeßakten aufzubewahren. [2] Aufzeichnungen auf Ton- oder Datenträgern können gelöscht werden,

1. soweit das Protokoll nach der Sitzung hergestellt oder um die vorläufig aufgezeichneten Feststellungen ergänzt ist, wenn die Parteien innerhalb eines Monats nach Mitteilung der Abschrift keine Einwendungen erhoben haben;
2. nach rechtskräftigem Abschluß des Verfahrens.

1   1. **Vorläufige Aufzeichnung** ist zulässig für den gesamten Inhalt des Protokolls (§ 160) unter Verwendung eines der in Abs 1 genannten Hilfsmittel. Es kann entweder die ganze Sitzung unmittelbar und wortgetreu aufgezeichnet werden, etwa in der Weise, dass von Beginn bis Ende ein Tonaufnahmegerät mitläuft; vorgeschrieben ist das aber nicht. Oder die Aufzeichnung kann in der Weise geschehen, dass der Richter die Vorgänge und Erklärungen zusammenfasst, indem er zB den wesentlichen Inhalt auf ein Tonaufnahmegerät spricht. Die vorläufige Aufzeichnung wird nicht Anlage zum Protokoll. Für den Fall der nachträglichen Herstellung des Protokolls enthält Abs 2 S 3, 4 dazu nähere Vorschriften.

2   2. **Übertragung in das Protokoll.** Nach Abs 2 gilt iF vorläufiger Aufzeichnung folgendes:
a) Sie hat grundsätzlich **unverzüglich** nach der Sitzung und vollständig zu geschehen (S 1), soweit nicht die nachstehenden Ausnahmen eingreifen.

3   b) Sind auf einem **Tonaufnahmegerät** die Aussagen von Zeugen, Sachverständigen oder Parteien oder die Wahrnehmungen bei einem Augenschein aufgezeichnet, braucht zunächst nur dies in das Protokoll aufgenommen zu werden (S 2). Die nachträgliche Übertragung der vorläufigen Aufzeichnung in das Protokoll ist nur erforderlich in den Fällen des S 3. Sollen im Tatbestand des Urt noch nicht in das Protokoll übertragene vorläufige Aufzeichnungen verwendet werden, so darf gemäß § 313 Abs 2 S 2 auf diese Bezug genommen werden, soweit sie die Vorgänge zuverlässig festhalten, weil ihre Übertragung in das Protokoll nachträglich möglich ist. Ist die vorläufige Aufzeichnung auf

Tonträger zu einem wesentlichen Teil unverständlich oder unvollständig, so fehlt die Grundlage für eine Überprüfung des Urt im Rechtsmittelverfahren (BVerwG MDR 77, 604).

c) Vereinfachung. Sind Zeugen-, Sachverständigen- oder Partei- 4
aussagen sowohl unmittelbar wortgetreu vorläufig aufgezeichnet wie auch in einer vom Richter gegebenen Zusammenfassung des wesentlichen Inhalts, so kann nur die Übertragung der letztgenannten vorläufigen Aufzeichnung in das Protokoll verlangt werden (S 4). Weitere Vereinfachung für die Feststellung von Zeugen-, Sachverständigen- und Parteiaussagen sowie von Wahrnehmungen beim Augenschein in § 161.

3. Die **Aufbewahrung der vorläufigen Aufzeichnungen** (Abs 3) 5
soll sicherstellen, dass eine nachträgliche Übertragung in das Protokoll möglich bleibt und dass sie für eine etwaige Protokollberichtigung (§ 164) verwendet werden können. Tonaufzeichnungen können zu den in Nrn 1, 2 genannten Zeitpunkten gelöscht werden. Um die Frist in Nr 1 in Lauf zu setzen, genügt formlose Mitteilung. Zustellung nach § 329 Abs 2 S 2 ist nicht erforderlich (aA Schmidt NJW 75, 1308), weil die Mitteilung des Protokolls keine Verfügung ist. Die Einzelheiten für die Aufbewahrung von Tonträgern sind durch Anordnungen der Justizverwaltung näher geregelt.

§ 161 Entbehrliche Feststellungen

(1) **Feststellungen nach § 160 Abs. 3 Nr. 4 und 5 brauchen nicht in das Protokoll aufgenommen zu werden,**
1. **wenn das Prozeßgericht die Vernehmung oder den Augenschein durchführt und das Endurteil der Berufung oder der Revision nicht unterliegt;**
2. **soweit die Klage zurückgenommen, der geltend gemachte Anspruch anerkannt oder auf ihn verzichtet wird, auf ein Rechtsmittel verzichtet oder der Rechtsstreit durch einen Vergleich beendet wird.**

(2) [1]**In dem Protokoll ist zu vermerken, daß die Vernehmung oder der Augenschein durchgeführt worden ist.** [2]**§ 160 a Abs. 3 gilt entsprechend.**

1. Abgekürztes Protokoll. In Abweichung von der Regel des 1
§ 160 Abs 3 Nrn 4, 5 erübrigt sich die Feststellung von Zeugen-, Sachverständigen- und Parteiaussagen sowie von Wahrnehmungen beim Augenschein im Protokoll für die in Abs 1 Nrn 1, 2 genannten prozessualen Situationen, weil dann für solche Feststellungen regelmäßig kein Bedürfnis mehr besteht.

Nr 1 gilt nur für Beweiserhebung vor dem ProzessGer, nicht vor be- 2
auftragtem und ersuchtem Richter. Das Urteil unterliegt nicht der Berufung oder Revision, wenn diese unstatthaft sind (§ 511 Rn 3, 4, § 542 Rn 5) oder die nötige BerSumme (§ 511 Abs 2 Nr 1) nicht er-

reicht bzw wenn die Ber nicht zugelassen wurde (§ 511 Abs 2 Nr 2) oder eine Nichtzulassungsbeschwerde nicht stattfindet (§ 544 Rn 2). Bei Richterwechsel und bei Aussagen vor dem nicht allein entscheidenden Einzelrichter bzw Augenschein durch ihn ist im Urt nur verwertbar, was protokolliert ist (§ 285 Rn 2).

3　**Nr 2.** Klagerücknahme vgl § 269, Anerkenntnis § 307, Verzicht § 306, Rechtsmittelverzicht §§ 515, 565, Vergleich § 794 Rn 11. Endet der Rechtsstreit nur teilweise auf derartige Weise, ist das abgekürzte Protokoll nur für diese Teile zulässig, soweit sich die entsprechenden **4** Feststellungen ausgliedern lassen. − Die **Erleichterung** besteht darin, dass im Protokoll nur die Durchführung der Vernehmung oder des Augenscheins zu vermerken ist, nichts über ihren Inhalt. Ist nach Abs 1 die Protokollierung entbehrlich, so genügt eine Auseinandersetzung mit dem Beweisergebnis in den Gründen.

5　**2. Unterbleibt die Protokollierung ohne die Voraussetzungen des Abs 1,** dann muss der Tatbestand des Urt die Aussage bzw Wahrnehmungen beim Augenschein feststellen. Geschieht dies (unrichtig) in den Gründen, ist deutliche Trennung von der Beweiswürdigung nötig (BGH NJW 87, 1200), andernfalls ist § 313 Abs 1 Nr 5 verletzt (BGH 40, 84; 559 Rn 4). Statt dessen ist zulässig die Bezugnahme auf vorläufige Aufzeichnungen (§ 160a), auch auf eine bei den Akten befindliche Aufzeichnung des Berichterstatters, die den Parteien vor Urteilsverkündung mitgeteilt wurde. Verwertung im Urt ohne Mitteilung an die Parteien ist zulässig, wenn das Urt noch am Tage der Beweiserhebung verkündet worden ist (BGH NJW 91, 1547); liegt ein längerer Zeitraum dazwischen, kann ohne Mitteilung an die Parteien und Möglichkeit der Stellungnahme der Grundsatz des rechtlichen Gehörs verletzt sein (BGH NJW 72, 1673). Heilung nach § 295 ist, jedenfalls im Berufungsverfahren, nicht möglich, weil das RevGer ohne Protokoll und ohne Feststellung im BerUrt dieses nicht überprüfen kann (BGH NJW **6** 87, 1200, NJW-RR 93, 1034). − **Nach Zurückverweisung.** Sind die Aussagen nur im Tatbestand festgestellt und ist das Urt − nicht auch das Verfahren − auf Rechtsmittel aufgehoben, so kann das Ger die Aussagen nach Zurückverweisung seinem neuen Urt zugrunde legen, wenn es in derselben Besetzung entscheidet (BGH NJW 62, 960; bestr). − **7** **Berichtigung** oder Vervollständigung der Feststellungen im Urt ist nur durch Antrag nach § 320 erreichbar (BVerwG NJW 77, 313).

8　**3.** Für die **Aufbewahrung vorläufiger Aufzeichnungen** und für die Löschung von Tonaufzeichnungen gilt, obwohl hier eine Übertragung in das Protokoll nicht mehr in Frage kommt, kraft Verweisung in Abs 2 S 2 die Regel des § 160a Abs 3 entsprechend.

§ 162 Genehmigung des Protokolls

(1) [1]**Das Protokoll ist insoweit, als es Feststellungen nach § 160 Abs. 3 Nr. 1, 3, 4, 5, 8, 9 oder zu Protokoll erklärte Anträge enthält, den Beteiligten vorzulesen oder zur Durchsicht**

vorzulegen. [2]Ist der Inhalt des Protokolls nur vorläufig aufgezeichnet worden, so genügt es, wenn die Aufzeichnungen vorgelesen oder abgespielt werden. [3]In dem Protokoll ist zu vermerken, daß dies geschehen und die Genehmigung erteilt ist oder welche Einwendungen erhoben worden sind.

(2) [1]Feststellungen nach § 160 Abs. 3 Nr. 4 brauchen nicht abgespielt zu werden, wenn sie in Gegenwart der Beteiligten unmittelbar aufgezeichnet worden sind; der Beteiligte, dessen Aussage aufgezeichnet ist, kann das Abspielen verlangen. [2]Soweit Feststellungen nach § 160 Abs. 3 Nr. 4 und 5 in Gegenwart der Beteiligten diktiert worden sind, kann das Abspielen, das Vorlesen oder die Vorlage zur Durchsicht unterbleiben; wenn die Beteiligten nach der Aufzeichnung darauf verzichten; in dem Protokoll ist zu vermerken, daß der Verzicht ausgesprochen worden ist.

1. Grundsatz (Abs 1). In den in S 1 genannten Fällen ist den Be- 1 teiligten das endgültige Protokoll, falls in der Sitzung hergestellt, vorzulesen oder zur Durchsicht vorzulegen; sonst sind die vorläufigen Aufzeichnungen (§ 160a) vorzulesen oder abzuspielen, und zwar in dem Wortlaut, in dem sie nachträglich in das Protokoll übertragen werden. Für Sachanträge (§ 160 Abs 3 Nr 2) gilt dies nur, wenn sie zu Protokoll erklärt, nicht wenn sie aus vorbereitenden Schriftsätzen nach § 297 verlesen werden. Außerdem sind im Protokoll festzustellen, dass dies geschehen ist und die Genehmigung (S 3). – Das **Fehlen dieser Fest-** 2 **stellung** nimmt dem Protokoll insoweit die Beweiskraft einer öffentlichen Urkunde, führt aber grundsätzlich (Ausnahme § 159 Rn 4) nicht zur Unwirksamkeit der Prozesshandlung (BGH NJW 84, 1465, NJW 89, 1934), auch nicht zur Unwirksamkeit einer Beurkundung nach § 127a BGB (BGH NJW 99, 2806). Die Versagung der Genehmigung würdigt das Gericht frei. Unterschrift der Beteiligten ist nie erforderlich. Protokollberichtigung § 164.

2. Ausnahmen (Abs 2). – Satz 1. Zeugen-, Sachverständigen- und 3 Parteiaussagen brauchen nicht abgespielt zu werden, wenn sie in Gegenwart der Beteiligten unmittelbar aufgezeichnet worden sind (§ 160a Rn 1), außer auf Verlangen des Beteiligten, dessen Aussage aufgezeichnet wurde. – **Satz 2.** Sind die vorgenannten Aussagen oder die Wahrneh- 4 mungen beim Augenschein in das endgültige Protokoll oder in eine vorläufige Aufzeichnung diktiert worden, so ist Abspielen, Vorlesen oder Vorlage zur Durchsicht entbehrlich, wenn alle Beteiligten nach der Aufzeichnung darauf verzichten. Dieser Verzicht ist im Protokoll zu vermerken. Die in der Praxis teilweise übliche Formulierung „auf Diktat genehmigt" mag entgegen KG Rpfleger 73, 325 (ergangen nach altem Recht) genügen, wenn sie im Einzelfall als Verzicht ausgelegt werden kann, zB nach dem Hinweis auf die grundsätzliche Notwendigkeit der Verlesung usw. Zu empfehlen ist aber jedenfalls die ausdrückliche Feststellung des Verzichts aller Beteiligten im Protokoll.

§ 163 Unterschreiben des Protokolls

(1) [1]Das Protokoll ist von dem Vorsitzenden und von dem Urkundsbeamten der Geschäftsstelle zu unterschreiben. [2]Ist der Inhalt des Protokolls ganz oder teilweise mit einem Tonaufnahmegerät vorläufig aufgezeichnet worden, so hat der Urkundsbeamte der Geschäftsstelle die Richtigkeit der Übertragung zu prüfen und durch seine Unterschrift zu bestätigen; dies gilt auch dann, wenn der Urkundsbeamte der Geschäftsstelle zur Sitzung nicht zugezogen war.

(2) [1]Ist der Vorsitzende verhindert, so unterschreibt für ihn der älteste beisitzende Richter; war nur ein Richter tätig und ist dieser verhindert, so genügt die Unterschrift des zur Protokollführung zugezogenen Urkundsbeamten der Geschäftsstelle. [2]Ist dieser verhindert, so genügt die Unterschrift des Richters. [3]Der Grund der Verhinderung soll im Protokoll vermerkt werden.

1   **1. Unterzeichnung des Protokolls** grundsätzlich durch den Vorsitzenden bzw den allein tätigen Richter (am AG, Einzelrichter nach §§ 348 ff, 526, beauftragter und ersuchter Richter) und durch den Urk-Beamten. Da vorläufige Aufzeichnungen nicht mehr Anlage zum Protokoll werden (§ 160a Rn 1), dieses vielmehr eine einheitliche Urkunde ist, übernimmt der Richter durch seine Unterschrift für die inhaltliche Richtigkeit und Vollständigkeit im Gesamtzusammenhang die Mitverantwortung (ebenso BVerwG MDR 77, 339), während der UrkBeamte die Verantwortung für die Aufnahme und die wortgetreue Übertragung der vorläufigen Aufzeichnung in das Protokoll trägt und durch seine Unterschrift bestätigt. Das gilt entgegen dem zu engen Wortlaut des Abs 1 S 2 auch für die Übertragung stenografischer Aufzeichnungen. Die Richtigkeit der Übertragung von Tonaufzeichnungen bestätigt der UrkBeamte auch dann, wenn er in der Sitzung nicht zugegen war. Unleserliche oder unverständliche Stellen oder Lücken würdigt das Gericht frei. Der Beweis für die Unrichtigkeit der Übertragung ist zulässig. Berichtigung § 164.

2   **2. Verhinderung (Abs 2).** Ist der zur Sitzung zugezogene Protokollführer verhindert, so genügt die Unterschrift des Richters. Ist bei Kollegialgerichten der Vorsitzende an der Unterschrift verhindert, unterzeichnet der älteste beisitzende Richter. Ist der allein tätige Richter (Rn 1) verhindert, genügt die Unterschrift des zur Sitzung zugezogenen Protokollführers. Für die Nachholung der Unterschrift, auch noch im Rechtsmittelverfahren (BVerwG NJW 77, 264), gilt sinngemäß das in § 315 Rn 1 Gesagte. Sind alle Personen verhindert, deren Unterschrift notwendig ist oder genügt, kommt ein formgültiges Protokoll nicht zustande. Abs 2 S 3 ist Ordnungsvorschrift.

§ 164 Protokollberichtigung

(1) **Unrichtigkeiten des Protokolls können jederzeit berichtigt werden.**

(2) **Vor der Berichtigung sind die Parteien und, soweit es die in § 160 Abs. 3 Nr. 4 genannten Feststellungen betrifft, auch die anderen Beteiligten zu hören.**

(3) ¹**Die Berichtigung wird auf dem Protokoll vermerkt; dabei kann auf eine mit dem Protokoll zu verbindende Anlage verwiesen werden.** ²**Der Vermerk ist von dem Richter, der das Protokoll unterschrieben hat, oder von dem allein tätig gewesenen Richter, selbst wenn dieser an der Unterschrift verhindert war, und von dem Urkundsbeamten der Geschäftsstelle, soweit er zur Protokollführung zugezogen war, zu unterschreiben.**

1. Unrichtigkeit (Abs 1) ist nicht im Sinne des § 319 Rn 3 zu verstehen, sondern umfassend. Sie braucht auch nicht offenbar zu sein. **1**

2. Die Berichtigung ist auf Antrag oder vAw jederzeit zulässig, also auch nach Einlegung von Rechtsmitteln und nach Ablauf einer Vergleichswiderrufsfrist. Die Parteien sind in jedem Falle vorher zu hören, Zeugen und Sachverständige, soweit die Feststellungen über ihre Aussagen von der Berichtigung betroffen sind. Sie wird auf dem Protokoll selbst oder in einer Anlage dazu angebracht, auf die im Protokoll zu verweisen ist. Ein förmlicher Beschluss ist nicht erforderlich, ohne Einhaltung der vorgeschriebenen Form nimmt aber die Berichtigung nicht an der Beweiskraft des Protokolls teil (BGH VersR 86, 487). Hinsichtlich eines ProzVergleichs kann das Protokoll nur berichtigt werden, wenn sich nachträglich herausstellt, dass der dort niedergelegte Wortlaut von dem vorgelesenen und genehmigten abweicht, nicht dagegen wegen eines im Vergleich enthaltenen Rechenfehlers (Frankfurt MDR 86, 152). – **Zu unterschreiben** hat die Berichtigung: bei Kollegialgerichten der Richter, der das Protokoll unterschrieben hat; der allein tätig gewesene Richter (§ 163 Rn 1), selbst wenn er an der Unterzeichnung des Protokolls selbst verhindert war; der UrkBeamte, soweit er zur Protokollführung zugezogen war (§ 159 Abs 1 S 2) oder die Übertragung nach § 163 Abs 1 S 2 besorgt hat und dort ein Fehler berichtigt wird. Ist der Richter oder der UrkBeamte verhindert, so sollte eine Unterschrift genügen (aA Franzki DRiZ 75, 101). Sind beide verhindert, gibt es keine Berichtigung. **3**

3. Rechtsmittel gegen die Berichtigung ist **grundsätzlich unstatthaft.** Das RechtsmittelGer wäre zu einer Überprüfung auch gar nicht in der Lage (ebenso Hamm Rpfleger 84, 193). **Sofortige Beschwerde ist statthaft** gegen Berichtigung eines Vergleichswortlauts, wenn der berichtigte Wortlaut nicht vorgelesen und genehmigt wurde, durch den Vermerk „v. u. g." also nicht gedeckt ist (Frankfurt MDR 83, 410). Gegen die Ablehnung eines Berichtigungsantrags ist die sofortige Be- **4 5**

schwerde statthaft, soweit sie nicht die Überprüfung erfordert, ob das Protokoll unrichtig ist. So, wenn über den Antrag nicht die hierzu Berufenen (zB Vorsitzender statt Einzelrichter) entschieden haben, oder wenn der Antrag als unzulässig abgelehnt wurde (Düsseldorf NJW-RR 02, 863; aA Hamm OLGZ 79, 377); soweit eine Überprüfung der Richtigkeit des Protokolls notwendig ist, darf das BeschwGer nur die Äußerungen des Richters und des Protokollführers berücksichtigen (Koblenz MDR 86, 593).

§ 165 Beweiskraft des Protokolls

[1]Die Beachtung der für die Verhandlung vorgeschriebenen **Förmlichkeiten kann nur durch das Protokoll bewiesen werden.** [2]Gegen seinen diese Förmlichkeiten betreffenden Inhalt ist nur der Nachweis der Fälschung zulässig.

1   **1. Anwendungsbereich.** § 165 betrifft den Beweis für die **Förmlichkeiten der Verhandlung,** auch der **Güteverhandlung** nach § 278. Das ist ihr äußerer Hergang im Gegensatz zum Inhalt. Unter § 165 fallen insbesondere die Angaben nach § 160 Abs 1, Abs 2, in Abs 3 Nr 2 die Tatsache der Verlesung bzw der Stellung der Anträge zu Protokoll
2   (§ 297 Abs 1), nach § 160 Abs 3 Nr 7, § 220. – **Nicht darunter fallen** der Inhalt von Parteierklärungen (§ 160 Abs 3 Nr 1, 3, 8, 9; zum Vergleich BGH NJW 99, 2806), Erledigungserklärung und Zustimmung dazu (OVG Berlin NJW 70, 486) –, der Inhalt von Partei-, Zeugen- und Sachverständigenaussagen (BGH NJW 82, 1052), Feststellungen beim Augenschein, Inhalt von Entscheidungen (§ 160 Abs 3 Nr 4–6), die
3   Identität der Erschienenen. – **Nicht anwendbar** ist § 165 bei offensichtlicher Lückenhaftigkeit der Protokollierung; es ist vielmehr in freier Beweiswürdigung zu ermitteln, welcher tatsächliche Vorgang der unvollständigen Protokollierung zugrunde liegt (BGH VersR 86, 487, Frankfurt FamRZ 82, 809).

4   **2. Beweiskraft.** Bei Zuziehung eines Protokollführers nur, wenn die Niederschrift vom Richter und von ihm unterschrieben ist (BGH
5   VersR 89, 604). – **a)** Die **Förmlichkeiten** können nur durch das Protokoll bewiesen werden, jedes andere Beweismittel ist ausgeschlossen. Die positive Feststellung im Protokoll beweist, dass die Förmlichkeit gewahrt ist. Das Schweigen des Protokolls beweist, dass sie nicht gewahrt ist. Insoweit ist die freie Beweiswürdigung (§ 286) ausgeschaltet und der Beweis, dass die Beurkundung objektiv unrichtig sei (§§ 415 Abs 2, Art 418 Abs 2), dahin eingeschränkt, dass das Protokoll gefälscht, dh wissentlich falsch beurkundet (BGH NJW-RR 94, 386) oder nachträglich verfälscht sei. Der Vermerk, dass „anliegendes Urteil verkündet" worden ist, beweist die Tatsache der Verkündung einer schriftlich vorliegenden Urteilsformel, auch wenn die Art der Verkündung (§ 311 Abs 2, Abs 4) nicht angegeben ist (BGH NJW 85, 1782, NJW 94,
6   3358). – **b)** Für den **Inhalt von Parteierklärungen,** die im Tatbestand des Urteils festgestellt sind, gilt § 314. – **c)** Für **sonstige Vor-**

gänge, die nicht unter Rn 5, 6 fallen, gelten §§ 415, 417 ff (BGH NJW-RR 94, 386). – **d) Äußere Mängel** im Protokoll beurteilen sich nach § 419.

Titel 2. Verfahren bei Zustellungen

Vorbemerkung

1. Zustellungsreform. Durch das Zustellungsreformgesetz (ZustRG) **1** vom 25. 6. 01 (BGBl 1206) wurde mit Wirkung ab 1. 7. 02 das Zustellungsrecht neu geordnet. Die Änderung soll das Zustellungsverfahren vereinfachen und den gewandelten Lebensverhältnissen, die neue Möglichkeiten der dauerhaften elektronischen Information eröffnet haben, entsprechend anpassen. Zugleich wird das Zustellungsrecht für alle Rechtswege nur mit geringen rechtswegbedingten Ausnahmen vereinheitlicht. Die Zustellung von Amts wegen ist nunmehr der Regelfall (Untertitel 1, §§ 166–190). Die Zustellung auf Betreiben der Parteien ist als Untertitel 2 in den §§ 191–195 geregelt. Die §§ 166–190 gelten hierfür subsidiär (§ 191). Die Neufassung kommt mit weniger Paragrafen aus als die alte Fassung. Das Reformgesetz ist am 1. 7. 2002 in Kraft getreten (Art 4). Eine Überleitungsvorschrift fehlt, so dass die neuen Vorschriften seit 1. 7. 02 anzuwenden sind, auch wenn die Zustellung an diesem Tag ausgeführt (zB § 193), aber schon vorher eingeleitet worden ist (zB § 176). Für die einzelnen Akte der Zustellung ist das zu diesem Zeitpunkt geltende Recht anzuwenden. Für das alte Recht (§§ 166–213 a aF) siehe 23. Aufl.

2. Begriffe. – a) Zustellung ist die Bekanntgabe eines Schriftstücks **2** an eine Person in derjenigen Form, die in den §§ 166–195 vorgeschrieben ist (§ 166 Abs 1). – **b) Zusteller** ist diejenige Person, welche die **3** Zustellung ausführt (§ 182 Abs 2 Nr 8). Das ist der Urkundsbeamte der Geschäftsstelle (§ 168 Abs 1 und § 153 GVG), ein sonstiger Justizbediensteter, ein Postbediensteter oder ein Gerichtsvollzieher (§ 176). – **c) Zustellungsadressat** ist diejenige Person, der zugestellt werden soll **4** (§ 182 Abs 2 Nr 1). – **d) Zustellungsempfänger** ist diejenige Person, **5** welcher der Brief oder das Schriftstück tatsächlich übergeben wurde (§ 182 Abs 2 Nr 2). – **e) Zustellungsveranlasser** ist diejenige Person, **6** in deren Auftrag zugestellt wird. Für die Zustellung auf Betreiben der Partei ist sie zu vermerken (§ 193 Nr 1), für die von Amts wegen ergibt sie sich aus dem zugestellten Schriftstück.

3. Zweck der Zustellung. Einerseits soll der Zustellungsveranlasser **7** (Gericht oder Person) durch die Zustellungsurkunde (§ 182) nachweisen können, dass der Zustellungsadressat von einem Schriftstück (zB Urteil, Klageschrift) Kenntnis nehmen konnte. Andererseits soll gewährleistet werden, dass der Zustellungsadressat angemessene Gelegenheit hat, von dem Schriftstück tatsächlich Kenntnis zu nehmen. Dies rechtfertigt, dass durch Zustellungen oft Fristen in Lauf gesetzt werden.

Zugleich soll das rechtliche Gehör des Art 103 Abs 1 GG gewährleistet werden.

8   **4. Art** der Zustellung. – **a) Amtszustellung.** Die Zustellungen von Amts wegen sind der gesetzliche Regelfall (Untertitel 1, §§ 166–190).
9 Dies entspricht dem massenhaften Anfall in der Praxis. – **b) Parteizustellung.** Die Zustellung auf Betreiben der Parteien ist vergleichsweise selten und gesondert in Untertitel 2 (§§ 191–195) geregelt; die §§ 166–190 gelten hierfür subsidiär.

10   **5. Ausführung.** Danach sind zu unterscheiden: – **a) Übermittlung** des Schriftstücks. Sie geschieht durch Aushändigung an der Amtsstelle (§ 173), Übersendung oder andere Art der Zuleitung gegen Empfangsbekenntnis (§ 174), Zusendung durch Einschreiben mit Rückschein (§ 175), Übergabe durch Post- und Justizbedienstete sowie Gerichtsvollzieher (§§ 177, 178), Zurücklassen in den Wohn- oder Geschäftsräumen (§ 178), Einlegen in den Briefkasten oder ähnlichen Vorrichtungen (§ 180), Niederlegen zur Abholung (§ 181). – **b) Ersuchen**
11 **von Behörden** bei Zustellung im Ausland (§ 183 Nr 1, 2 und 3). – **c) Aufgabe zur Post** mit Fiktion der Zustellung (§ 184). Das ist nur bei Zustellung im Ausland möglich, wenn kein Zustellungsvollmächtigter benannt ist. – **d) Aushang** an der Gerichtstafel (§ 186 Abs 2
12 S 1). Das ist nur bei öffentlicher Zustellung (§ 185) vorgesehen.

13   **6. Zustellungsadressaten.** Grundsätzlich ist die Zustellung des Schriftstücks an die Person zu richten, der zugestellt werden soll (§ 182 Abs 2 Nr 1), zB der Partei, dem Nebenintervenienten, einem Zeugen.
14 Davon gibt es drei Ausnahmen: – **a) Gesetzlicher Vertreter.** Ist der Zustellungsadressat prozessunfähig (§ 52), muss an den gesetzlichen Vertreter (§ 51 Rn 3–18) zugestellt werden (§ 170 Abs 1 S 1). Bei juristischen Personen kann auch an den Leiter zugestellt werden (§ 170
15 Abs 2). – **b) Bevollmächtigte**, deren Vertretungsbefugnis auf Rechtsgeschäft beruht (§§ 164, 167 BGB). An sie kann mit Wirkung für und
16 gegen den Vertretenen zugestellt werden (§ 171). – **c) Prozessbevollmächtigte**, die für ein bei Gericht anhängiges Verfahren bestellt sind. An sie muss zugestellt werden, soweit der Rechtszug reicht (§ 172 Abs 1) und wenn ein Rechtsmittel eingelegt ist, der Schriftsatz, der dieses enthält, dem ProzBev des Rechtszugs, in dem die angefochtene Entscheidung ergangen ist (§ 172 Abs 2).

17   **7. Wirksamkeit** der Zustellung. Sie ist zu unterscheiden von der Wirksamkeit der Prozesshandlung (Einl III), deren Zugang sie dient. – **a) Wirksam** wird die Zustellung, sobald alle ihre gesetzlichen Voraussetzungen erfüllt sind. Diese sind von den persönlichen Prozesshandlungsvoraussetzungen (Einl III Rn 10) grundsätzlich unabhängig. Davon gibt es Ausnahmen, insbes für die Person des Zustellungsadressaten (Prozessfähigkeit bei § 170 Abs 1, Prozessvollmacht bei § 172) und für
18 das Empfangsbekenntnis (§ 174). – **b) Unwirksam** ist die Zustellung, wenn auch nur eine ihrer Voraussetzungen im Einzelfall fehlt. Bsp: Es ist statt im Parteibetrieb von Amts wegen zugestellt worden; es wurde

nicht an den Zustellungsadressaten (Rn 4), sondern an eine andere Person zugestellt; bei der Ersatzzustellung gehörte der Empfänger nicht zu dem befugten Personenkreis des § 178 Abs 1 Nr 1. – **c) Anfechtung** **19** **und Aufhebung** einer Zustellung (nicht der Prozesshandlung, der sie dient) ist in der ZPO nicht vorgesehen. Über die Rechtmäßigkeit einer Zustellung oder die Pflicht, eine abgelehnte Zustellung vorzunehmen, kann gemäß § 23 EGGVG entschieden werden.

8. Heilung einer unwirksamen Zustellung ist möglich durch: – **20** **a) Rückwirkende Genehmigung** (Einl III Rn 18) des Zustellungsadressaten, wenn an eine andere (falsche) Person zugestellt wurde, zB in den Fällen des § 178 (Ersatzzustellung). – **b) Fiktion** einer Zustellung **21** auch nach Maßgabe des § 189 zu dem Zeitpunkt, an dem das Schriftstück dem Zustellungsadressaten (Rn 4) tatsächlich zugegangen ist. – **c) Rügeverzicht** der Partei (§ 295). Danach können Prozesshandlun- **22** gen, die wegen fehlender oder mangelhafter Zustellung unwirksam sind, wirksam werden, allerdings ohne Einfluss auf den Lauf von Fristen.

9. Wiederholung einer unwirksamen Zustellung hat das Gericht zu **23** veranlassen, wenn eine Zustellung für den Fortgang des Prozesses notwendig ist, insbes wenn es beantragt wird. Solange eine unwirksame Zustellung wiederholt werden kann, darf die Klage nicht aus diesem Grund als unzulässig abgewiesen werden. Die Wirksamkeit der Zustellung tritt erst mit der fehlerfreien Zustellungswiederholung ein oder mit der Heilung (Rn 20–22), nicht rückwirkend.

10. Auslandszustellung. Innerhalb des Geltungsbereichs der EG- **24** VO Nr 1348/2000 (ZustellungsVO mit ZustDG) findet die Zustellung in den Mitgliedstaaten nach diesen Vorschriften statt (Art 1 ZustVO). Für eine Zustellung im übrigen Ausland sind die §§ 183, 184 anzuwenden.

Untertitel 1. Zustellungen von Amts wegen

§ 166 Zustellung

(1) **Zustellung ist die Bekanntgabe eines Schriftstücks an eine Person in der in diesem Titel bestimmten Form.**

(2) **Schriftstücke, deren Zustellung vorgeschrieben oder vom Gericht angeordnet ist, sind von Amts wegen zuzustellen, soweit nicht anderes bestimmt ist.**

1. Allgemeines. – a) Begriff. Die Zustellung ist in Abs 1 legal defi- **1** niert. Es wird dabei auf die formgerechte Bekanntgabe des Schriftstücks abgestellt, nicht auf die Beurkundung (§ 182), die nur dem Nachweis der Zustellung dient (Heß NJW 02, 2417). – **b) Zweck.** Das Zustellungsverfahren soll dem Zustellungsadressaten (Vorbem 4) eine angemessene Gelegenheit geben, von dem zuzustellenden Schriftstück Kenntnis zu nehmen. – **c) Voraussetzungen** einer Zustellung. Dazu **2** gehört nicht die Beurkundung (§ 182), die nur Beweisfunktion hat

(Rn 1). Voraussetzungen sind: **aa)** Anordnung oder Auftrag (vgl § 176) des Zustellungsveranlassers (Vorbem 6), die Zustellung eines bestimmten Schriftstücks auszuführen. **bb)** Ausführung in einer der gesetzlichen Formen, insbes Übermittlung, Übergabe (§ 173), Übersendung durch Einschreiben mit Rückschein (§ 175) oder gegen Empfangsbekenntnis (§ 174), Niederlegung (§ 181). **cc)** Zustellungsempfänger (Vorbem 5). An ihn muss zugestellt worden sein; das bedeutet, dass die Ausführungshandlungen ihm gegenüber vorzunehmen sind. **dd)** Besondere Voraussetzungen der jeweiligen Zustellungsform, zB die der §§ 185, 186 Abs 1 für die öffentliche Zustellung.

3   **2. Zustellung von Amts wegen** (Abs 2) ist die Regel (Vorbem 8). – **a) Vorgeschrieben** wird eine Zustellung durch Gesetz oder Verordnung. Das ist an zahlreichen Stellen geschehen, die hier nicht zusammengefasst werden können. Die wichtigsten der ZPO sind § 253 Abs 1 (Klageschrift), § 317 Abs 1 S 1 (Urteil), § 693 Abs 1 (Mahnbe-
4   scheid). – **b) Angeordnet** werden kann die Zustellung von jedem Gericht, auch wenn sie nicht vorgeschrieben ist, zB durch § 270. Das geschieht idR durch Verfügung des Richters oder Rechtspflegers (vgl
5   § 329). – **c) Schriftstück.** Damit sind nicht nur Urkunden (§§ 415 ff) gemeint, sondern umfassend alle schriftlich (mechanisch oder elektronisch) abgefassten Texte. Ob die Urschrift, eine Ausfertigung, eine beglaubigte oder einfache Abschrift zuzustellen ist, ergibt sich aus der anzuwendenden Vorschrift (Rn 3) oder der Anordnung (Rn 4).

§ 167 Rückwirkung der Zustellung

Soll durch die Zustellung eine Frist gewahrt werden oder die Verjährung neu beginnen oder nach § 204 des Bürgerlichen Gesetzbuchs gehemmt werden, tritt diese Wirkung bereits mit Eingang des Antrags oder der Erklärung ein, wenn die Zustellung demnächst erfolgt.

1   **1. Allgemeines.** Die Vorschrift entspricht inhaltlich und fast wörtlich dem durch das ZustellungsRG Art 1 Nr 5 aufgehobenen § 270 Abs 3. § 167 ist bereits geändert durch Art 5 Abs 4 SMG, weil es seit 1. 1. 02 keine Unterbrechung der Verjährung mehr gibt. – **a) Zweck.** Dem Zustellungsveranlasser (5 vor § 166) soll für die Fristwahrung dadurch Rechtssicherheit gewährleistet werden, dass es darauf ankommt, wann er seinen Antrag oder seine Erklärung zur Zustellung bei der zuständigen Behörde (insbes Gericht) einreicht, weil der Zeitpunkt der Zustellung von Zufällen abhängig und daher ungewiss ist (Verzöge-
2   rungsrisiko). – **b) Wirkung.** Die Zustellung wirkt als an dem Tag vorgenommen, in dessen Lauf der Antrag bei Gericht eingegangen (Rn 6) ist (fingierte Rückwirkung oder Vorwirkung). Die Frist wird gewahrt, die Verjährung gehemmt oder neu in Lauf gesetzt, wenn rechtzeitig eingereicht ist. Für sonstige Wirkungen der Zustellung, zB Eintritt der Rechtshängigkeit gilt das nicht (MüKo/Lüke § 270 Rn 25).

2. Anwendungsbereich. – a) Anwendbar bei Amts- und Partei-　**3**
zustellung in allen Fällen, bei denen eine prozessuale oder materiell-
rechtliche Frist dadurch gewahrt wird, dass ein Schriftstück zugestellt
werden muss und bloßer Zugang (§ 130) nicht genügt. Bsp: Hemmung
der Verjährung (§ 204 BGB); Antrag auf Ehescheidung gemäß § 1408
Abs 2 BGB; Anfechtung eines Hauptversammlungsbeschlusses (BGH
NJW 89, 904 für § 242 Abs 2 AktG). – **b) Entsprechend anwend-**　**4**
bar: für die Frist des § 89 b Abs 2 HGB; für die Wahrung eines Termins, bis zu dem der Beklagte auf die Verjährungseinrede verzichtet hat
(BGH NJW 74, 1285 für § 270 aF). – **c) Unanwendbar** für die Aus-　**5**
schlussfrist des § 121 BGB (BGH NJW 75, 39 für § 270 aF), Ausschluss
des Ehegattenerbrechts gemäß § 1933 S 1 BGB (BayObLG NJW-RR
90, 913 für § 270 aF); für die Abänderung gemäß § 323 Abs 3, weil es
nicht um eine Frist geht (Hamm NJW-RR 86, 626 für § 270 aF); für
den Endtermin, an dem eine Bürgschaft erlischt (BGH NJW 82, 172
für § 270 aF).

3. Eingang des Antrags oder der Erklärung auf dem eingereichten　**6**
Schriftstück in der gesetzlich zugelassenen Form (vgl § 129) oder Erklärung zu Protokoll (§ 129 a). – **a) Tatsächlicher Vorgang.** Maßge-　**7**
bend ist, wann der gerichtliche Gewahrsam am Schriftstück begründet
wird (BVerfG NJW 80, 580 für § 270 aF). Es kommen in Betracht:
persönliche Übergabe an Richter, Rechtspfleger und Urkundsbeamte
(§ 153 GVG), auch in der Sitzung; Abgabe oder Einwurf bei der Einlaufstelle oder im (Nacht)Briefkasten (BGH NJW 81, 1216), auch außerhalb der Dienststunden (BVerfG NJW 91, 2078); Einsortieren in
das Postfach (BGH NJW 84, 1237) oder Gerichtsfach des Anwaltzim-
mers (Köln NJW 86, 859); Einlauf im Wege der Telekommunikation,
soweit diese im Einzelfall den Vorschriften entspricht (vgl § 129). –
b) Zeitpunkt. Maßgebend ist der Tag, an dem das Schriftstück in den　**8**
Einlauf des Gerichts gelangt. Das gilt auch, wenn die Zustellung wiederholt wird (Rn 9; Heß NJW 02, 2417/8). Besteht der Vorgang
(Rn 7) aus mehreren aufeinanderfolgenden Akten, kommt es darauf an,
durch welchen der Gewahrsam der Behörde (des Gerichts) begründet
wird.

4. Zustellung des Schriftstücks. Sie muss wirksam sein (17 vor　**9**
§ 166), ggf durch Wiederholung (22 vor § 166). § 167 ist auch anzuwenden, wenn eine unwirksame Zustellung heilt und dadurch wirksam
wird, durch Rügeverzicht (BGH 25, 75 für § 270 aF), Genehmigung
(20 vor § 166) oder durch gerichtliches Ermessen (§ 189). Zustellungstag ist derjenige, an dem die Heilung eintritt (BGH NJW 78, 1058 für
§ 270 aF). Die Fristwahrung ist Sache der Partei. Das Gericht muss daher nicht für Eile sorgen, sondern darf im gewöhnlichen Geschäftsgang
handeln.

5. Demnächst muss die Zustellung erfolgt sein. – **a) Begriff:** inner-　**10**
halb eines den Umständen nach angemessenen Zeitraums zwischen
dem Ablauf der versäumten Frist oder dem Eintritt der Verjährung und

der (verspäteten) Zustellung (Rn 2; BGH NJW 95, 2230 für § 270 aF).
11 Es kommt also hierfür nicht auf den Eingang (Rn 6) an. – **b) Länge**
des Zeitraums (für Rn 9) ist im Einzelfall verschieden und kann nach
den Umständen auch (aber längstens) mehrere Monate umfassen (BGH
NJW 01, 885 mwN für § 270 aF). Die auf vermeidbare Verzögerungen
im Geschäftsablauf des Gerichts entfallende Zeit wird nicht angerechnet
12 (BGH NJW 00, 2282 für § 270 aF). – **c) Geringfügige Verzögerun-**
gen (2 bis 3 Wochen) sind unschädlich, selbst wenn sie auf Nachlässigkeit beruhen (BGH NJW 93, 2811 für § 270 aF), insbes verzögertes
Befolgen einer vorbereitenden Anordnung, zB Streitwertanfrage (BGH
NJW 94, 1073 für § 270 aF); Abwarten der Anforderung des Gebüh-
13 renvorschusses (BGH NJW 93, 2811 für § 270 aF). – **d) Unterlassen**
zumutbarer Handlungen der Partei oder ihrer ProzBev welche die
Zustellung über den angemessenen Zeitraum (Rn 9) verzögern, hindern die Rückwirkung (Rn 3). Bsp (alle für § 270 aF): übermäßig ver-
zögerte Einzahlung des Vorschusses (BGH NJW 93, 2811; hierzu Wax
NJW 94, 2331); unterbliebene Nachfrage, wenn Vorschussanforderung
ungewöhnlich lange ausbleibt (BGH 69, 361) oder wenn nach Einzahlung die Klageschrift innerhalb vier Wochen noch nicht zugestellt ist
(Hamm NJW-RR 98, 1104); verzögertes Einreichen von Angaben zur
PKH (BGH MDR 69, 132) oder von Abschriften, die zur Klagezustellung notwendig sind (BGH VersR 74, 1106); Fehler oder Lücken zu
der angegebenen Zustellungsanschrift (BGH NJW 71, 891); unterbliebene Anfechtung eines die PKH ablehnenden Beschlusses (BGH NJW
91, 1745).

§ 168 Aufgaben der Geschäftsstelle

(1) [1]**Die Geschäftsstelle führt die Zustellung nach §§ 173 bis**
175 aus. [2]**Sie kann einen nach § 33 Abs. 1 des Postgesetzes be-**
liehenen Unternehmer (Post) oder einen Justizbediensteten mit
der Ausführung der Zustellung beauftragen. [3]**Den Auftrag an**
die Post erteilt die Geschäftsstelle auf dem dafür vorgesehenen
Vordruck.

(2) **Der Vorsitzende des Prozessgerichts oder ein von ihm**
bestimmtes Mitglied können einen Gerichtsvollzieher oder eine
andere Behörde mit der Ausführung der Zustellung beauftra-
gen, wenn eine Zustellung nach Absatz 1 keinen Erfolg ver-
spricht.

1   **1. Allgemeines. – a) Geschäftsstelle** ist die des jeweils zuständigen
Gerichts nach Maßgabe des § 153 GVG. Sie handelt durch Urkundsbeamte (§ 153 Abs 1, 3 GVG), auch stellvertretende (§ 153 Abs 5 GVG).
2 **b) Aufgabenbereich.** Die Geschäftsstelle ist grundsätzlich umfassend
dafür zuständig, dass die Zustellung vorgenommen wird. Der Urkundsbeamte der Geschäftsstelle handelt selbst (Abs 1 S 1) durch Aushändigung (§ 173), Zuleitung gegen Empfangsbekenntnis (§ 174) oder
Einschreiben mit Rückschein (§ 175). Andernfalls (Abs 1 S 1) erteilt

die Geschäftsstelle den Zustellungsauftrag gemäß § 176 Abs 1 der Post oder einem Justizbediensteten, wenn nicht eine Behörde zu ersuchen ist.

2. Zustellung durch die Geschäftsstelle (Abs 1). – **a) Wahl** der **3** Zustellungsart: Aushändigung (§ 173), Zusendung gegen Empfangsbekenntnis (§ 174), Einschreiben mit Rückschein (§ 175) oder Zustellungsauftrag (§ 176). Ist vom Gericht nicht eine bestimmte Art der Zustellung angeordnet, liegt die Auswahl im Ermessen des Urkundsbeamten der Geschäftsstelle. Zu erwägen ist, wie am einfachsten, schnell, sicher und kostengünstig zugestellt werden kann. Beim Einsatz von Justizbediensteten ist die Personallage zu berücksichtigen. Bei Zustellung in einer Vollzugsanstalt sind deren Beamte zu beauftragen. – **b) Bindung** (keine Wahl nach Rn 3) besteht bei richterlicher Anord- **4** nung einer Zustellung im Ausland (§ 183) oder bei einer öffentlicher Zustellung (§§ 185–187). – **c) Beauftragte** können sein: **aa) Post,** in **5** Abs 1 S 2 legal definiert, nicht notwendig die DP. **bb) Justizbediensteter.** Beamter oder Angestellter, nicht zwingend ein Gerichtswachtmeister. – **d) Auftrag.** Das ist der des § 176. Er ist auf dem Vordruck **6** (§ 1 Nr 3 ZustVV Anlage 3) zu erteilen.

3. Zustellung durch richterlichen Auftrag (Abs 2). – **a) Zustän- 7 dig** ist der Vorsitzende des Prozessgerichts (§ 21f Abs 1, § 22 Abs 1 GVG), sein Vertreter (§ 21f Abs 2) oder das vom Vorsitzenden bestimmte Mitglied des Spruchkörpers, idR der Berichterstatter (§ 21g Rn 5 GVG). – **b) Auftrag** wird durch richterliche Verfügung (§ 329 **8** Rn 14) erteilt. Die Anordnung steht im richterlichen Ermessen. Ist der Aufwand unverhältnismäßig, sollte die Anordnung unterbleiben, zB bei kleiner Geldforderung, die geringer ist als die voraussichtlichen Kosten der Zustellung. – **c) Voraussetzung** ist, dass kein regulärer Weg der **9** Zustellung (Abs 1; Rn 3) einen Erfolg erwarten lässt. Das liegt vor nach wiederholten vergeblichen Zustellungsversuchen oder von vornherein bei unregelmäßigem, mobilen Wohnsitz, zB bei Binnenschiffern, Schaustellern. – **d) Ausführung** nur durch den Gerichtsvollzieher (§ 154 **10** GVG), nicht durch andere Justizbedienstete, oder durch Ersuchen einer Behörde (zB der Polizei). Erteilt wird der Auftrag gemäß § 176 Abs 1, ausgeführt nach den §§ 177–181 (§ 176 Abs 2), also Übergabe an jedem Ort (§ 177) oder Ersatzzustellung soweit möglich.

§ 169 Bescheinigung des Zeitpunktes der Zustellung; Beglaubigung

(1) **Die Geschäftsstelle bescheinigt auf Antrag den Zeitpunkt der Zustellung.**

(2) [1]**Die Beglaubigung der zuzustellenden Schriftstücke wird von der Geschäftsstelle vorgenommen.** [2]**Dies gilt auch, soweit von einem Anwalt eingereichte Schriftstücke nicht bereits von diesem beglaubigt wurden.**

1 **1. Zustellungsbescheinigung** (Abs 1). – **a) Anwendbar:** bei der Zustellung von Amts wegen; bei der auf Betreiben der Parteien (§§ 191 ff) auch dann nicht, wenn die Geschäftsstelle den Gerichtsvollzieher beauftragt (§ 192 Abs 3), weil § 193 auch insoweit eine Sondervorschrift darstellt. – **b) Zweck.** Bei der Amtszustellung erhält der Gegner des Zustellungsadressaten keinen Zustellungsnachweis, den er aber wegen § 750 Abs 2, § 798 benötigt, wenn er vollstrecken will. – **c) Antrag:** wegen § 78 Abs 5 außer Anwaltszwang. – **d) Bescheinigung:** schriftlich, vom Urkundsbeamten (§ 153 GVG) unterzeichnet.

4 **2. Beglaubigte Abschrift** (Abs 2). Die Vorschrift bestätigt die Beglaubigungsbefugnis (Rn 7) der Geschäftsstelle in S 1, die des Anwalts in S 2. – **a) Begriff.** Sie ist eine Abschrift, auf der bezeugt wird, dass sie mit der Urschrift (oder ihrer Ausfertigung) übereinstimmt. Das ist idR eine Ablichtung (BGH NJW 74, 1384 für § 170 aF) oder ein Ausdruck. Auch sie bedarf des Beglaubigungsvermerks (Rn 6). Die Abschrift muss grundsätzlich vollständig, sie kann bei einem Urteil abgekürzt sein (§ 317 Abs 2 S 2). Auch dann muss sie die Unterschriften der Richter umfassen (BGH Rpfleger 73, 15 für § 170 aF), wobei maschinenschriftliche Wiedergabe mit oder ohne „gez." genügt, aber nicht in Klammern ohne weiteren Hinweis auf die tatsächlich vollzogene Unterschrift (BGH NJW 75, 781 für § 170 aF). – **b) Beglaubigungsvermerk.** Erforderlich ist ohne besondere Form die Erklärung, die Abschrift werde beglaubigt, dh dass ihr Inhalt mit der Urschrift oder einer Ausfertigung übereinstimmt. In der Regel wird als Überschrift „Beglaubigte Abschrift" verwendet und der Vermerk „für die Richtigkeit". Die handschriftliche Unterzeichnung ist notwendig, nicht Ort und Datum. Bei einer Behörde wird das Dienstsiegel hinzugesetzt. Anders formulierte Erklärungen können genügen, auch die bloße Unterschrift, wenn sie nichts anderes als die Beglaubigung bedeuten kann (BGH NJW 71, 659 für § 170 aF). Der Beglaubigungsvermerk muss sich auf die ganze Urkunde beziehen, auch auf den Vermerk, dass die Abschrift von einer Ausfertigung (nicht von der Urschrift) erteilt wird (zB bei § 317 Abs 2–4), auch Ausfertigungserklärung genannt. – **c) Beglaubigungsbefugnis** hat primär die Geschäftsstelle (Abs 2 S 1), auch für Schriftstücke, die ein Anwalt eingereicht, aber nicht beglaubigt hat (Abs 2 S 2). Daneben ist der Anwalt (auch ein Erlaubnisinhaber, § 25 EGZPO) befugt, die beglaubigte Abschrift der von ihm eingereichten zuzustellenden Schriftstücke herzustellen, insbes von seinen Schriftsätzen. Der Gerichtsvollzieher darf nur bei der Parteizustellung beglaubigen (§ 192 Abs 2). – **d) Ausfertigung** ist eine amtliche Abschrift, die im Rechtsverkehr die Urschrift ersetzt. Sie ist für gerichtliche Entscheidungen vorgesehen (§ 317 Abs 2–4, § 329 Abs 1) und wird in dem Zusammenhang, dass eine Ausfertigung (statt beglaubigter Abschrift) zuzustellen ist, in den §§ 166–195 nicht erwähnt.

9 **3. Mängel** der Abschriften. Unwirksam ist die Zustellung bei fehlender oder mangelhafter Beglaubigung, unvollständiger Abschrift, un-

terlassenem Ausfertigungsvermerk. Abweichungen von der Urschrift machen die Zustellung nur dann unwirksam, wenn der Zustellungsadressat den Inhalt der Urschrift in ihren für den Rechtsstreit wesentlichen Bestandteilen aus der übergebenen Abschrift nicht mehr zweifelsfrei entnehmen kann. Ist die Zustellung danach wirksam, so ist zugunsten des Empfängers der Inhalt der übergebenen Abschrift maßgebend, weil er nur danach seine Entschlüsse fassen kann.

§ 170 Zustellung an Vertreter

(1) [1]**Bei nicht prozessfähigen Personen ist an ihren gesetzlichen Vertreter zuzustellen.** [2]**Die Zustellung an die nicht prozessfähige Person ist unwirksam.**

(2) **Ist der Zustellungsadressat keine natürliche Person, genügt die Zustellung an den Leiter.**

(3) **Bei mehreren gesetzlichen Vertretern oder Leitern genügt die Zustellung an einen von ihnen.**

1. Allgemeines. Die Vorschrift gilt auch für die Parteizustellung 1 (§ 191). Anzuwenden ist § 170, wenn die Zustellung gegenüber einer Person (nicht notwendig der Partei eines Rechtsstreits) vorzunehmen ist, der die Prozessfähigkeit (§ 52) fehlt. Zuzustellen ist in diesen Fällen immer an den oder einen gesetzlichen Vertreter dieser Person. Er ist Zustellungsadressat (4 vor § 166).

2. Gesetzlicher Vertreter (Abs 1 S 1). An ihn ist die Zustellung zu 2 richten und dabei erkennbar zu machen, dass sie an ihn als gesetzlichen Vertreter der identifizierbar bezeichneten prozessunfähigen Person gerichtet ist. Gesetzlicher Vertreter: § 51 Rn 3–7. Die Zustellung wirkt für und gegen die vertretene Person. Fehlt dem Zustellungsadressaten (4 vor § 166) allgemein die Vertretungsbefugnis oder ist sie im Einzelfall ausgeschlossen (zB § 112 AktG; Hager NJW 92, 352), ist die Zustellung für und gegen die betreffende Person unwirksam.

3. Zustellung an Prozessunfähige (Abs 1 S 2). Die Unwirksam- 3 keit der Zustellung ist ausdrücklich bestimmt. Sie setzt insbes keine Rechtsmittelfrist in Lauf, auch wenn die Prozessunfähigkeit nicht erkannt und daher die Person als prozessfähig behandelt wird. Eine Heilung nach § 189 ist ausgeschlossen, im Rahmen des § 295 möglich und jedenfalls dadurch, dass der gesetzliche Vertreter die Zustellung genehmigt (20 vor § 166).

4. Vereinfachungsfälle (Abs 2, 3). – **a) Zustellung an den Leiter** 4 (Abs 2). Ist nicht an eine natürliche Person (§ 1 BGB), sondern an eine juristische Person (§ 51 Rn 6, 7), eine Gesellschaft (§ 51 Rn 6), einen Verein (vgl § 50 Abs 2) oder eine Behörde zuzustellen, daher an den gesetzlichen Vertreter (Abs 1 S 1), so genügt die Zustellung an den Leiter. Das ist vom Gesetzgeber auf den Leiter einer Behörde zugeschnitten, und zwar den Leiter der gesamten Behörde, nicht einer Abteilung. Zur problematischen Anwendung auf eine AG: Tichmann ZIP

5   02, 1879. – **b) Mehrere Vertreter** (Abs 3), insbes die Eltern, Vorstandsmitglieder, Geschäftsführer. Es genügt die Zustellung an nur einen der (auch nur zur Gesamtvertretung ermächtigten) gesetzlichen Vertreter.

§ 171 Zustellung an Bevollmächtigte

[1]**An den rechtsgeschäftlich bestellten Vertreter kann mit gleicher Wirkung wie an den Vertretenen zugestellt werden.** [2]**Der Vertreter hat eine schriftliche Vollmacht vorzulegen.**

1   **1. Allgemeines. – a) Zweck.** Die Zustellung soll erleichtert und direkt an denjenigen Vertreter möglich sein, der rechtsgeschäftlich mit
2   der Angelegenheit befasst ist. – **b) Anwendbar:** in allen, nicht nur invermögensrechtlichen Angelegenheiten; auch bei Parteizustellung (§ 191)
3   und für jede Zustellungsart. – **c) Zustellungsadressat** (4 vor § 166) ist der Vertretene. Die Zustellung wirkt wie beim gesetzlichen Vertreter (§ 170 Rn 1 aE) für und gegen die vertretene Person (S 1).

4   **2. Voraussetzungen** (S 1). – **a) Vertreter.** Der Begriff umfasst alle rechtsgeschäftlichen Formen der Vertretung einer Person (§ 167 BGB), vom Generalbevollmächtigten bis zur Vertretung für ein einzelnes Rechtsgeschäft, in allen Angelegenheiten, die eine Vertretung zulassen. Die Prokura (§ 49 HGB) fällt darunter, auch der mit Postempfangsvollmacht versehene Nachbar (Müko/Wenzel 2). Sind mehrere Vertre-
5   ter bestellt, ist § 170 Abs 3 entspr anzuwenden. – **b) Rechtsgeschäftliche Bestellung** erfolgt nach § 167 BGB, insbes gegenüber dem Zustellungsveranlasser (5 vor § 166). Sie muss wirksam sein, nicht vorher dem Gericht angezeigt werden. Es genügt, wenn die Vollmacht der die Zustellung ausführenden Person (zB dem Postbediensteten) vorgezeigt wird. Das hat praktische Bedeutung, wenn an den Vertreter die Ersatzzustellung (§§ 178–181) nicht ausgeführt werden kann. Damit wird
6   die umständliche Abholung (§ 181) erspart. – **c) Zeitpunkt.** Die wirksame Vollmacht muss zu dem Zeitpunkt vorliegen, an dem die Zustel-
7   lung ausgeführt wird (10 vor § 166). – **d) Schriftform** (entspr § 80 Abs 1) der Vollmacht (§ 167 BGB) ist für die Zustellung durch die Vor-
8   lagepflicht des S 2 notwendig. – **e) Vorlage** der Urkunde (S 2) durch den Vertreter (Rn 4) gegenüber dem Zusteller (3 vor § 166). Der Vertreter ist hierzu verpflichtet, wenn er entgegennimmt. Legt er nicht vor, darf die Zustellung an ihn nicht ausgeführt werden. Beurkundung: § 182 Abs 2 Nr 3.

9   **3. Zustellung. – a) Prüfung** der Voraussetzungen (Rn 4–8) durch den Zusteller beschränkt sich auf die Identität der Person des Vertreters (Rn 4) und die Vorlage einer formgerechten Vollmacht. Im Übrigen steht es im Ermessen des Zustellers, ob er dem Vertreter zustellt oder der Person, der zugestellt werden soll, im Wege der Ersatzzustellung. –
10   **b) Zustellungsadressat** (4 vor § 166) bleibt die vertretene Person. Hingegen ist der Bevollmächtigte Zustellungsempfänger (5 vor § 166). –

c) Verstöße. Mängel der Vollmacht, die zu deren Unwirksamkeit füh- **11**
ren, machen die Zustellung unwirksam. Heilung ist möglich (20–22
vor § 166).

§ 172 Zustellung an Prozessbevollmächtigte

(1) [1]**In einem anhängigen Verfahren hat die Zustellung an
den für den Rechtszug bestellten Prozessbevollmächtigten zu
erfolgen.** [2]**Das gilt auch für die Prozesshandlungen, die das
Verfahren vor diesem Gericht infolge eines Einspruchs, einer
Aufhebung des Urteils dieses Gerichts, einer Wiederaufnahme
des Verfahrens oder eines neuen Vorbringens in dem Verfahren
der Zwangsvollstreckung betreffen.** [3]**Das Verfahren vor dem
Vollstreckungsgericht gehört zum ersten Rechtszug.**

(2) [1]**Ein Schriftsatz, durch den ein Rechtsmittel eingelegt
wird, ist dem Prozessbevollmächtigten des Rechtszuges zuzustellen, dessen Entscheidung angefochten wird.** [2]**Wenn bereits
ein Prozessbevollmächtigter für den höheren Rechtszug bestellt
ist, ist der Schriftsatz diesem zuzustellen.** [3]**Der Partei ist selbst
zuzustellen, wenn sie einen Prozessbevollmächtigten nicht bestellt hat.**

1. Allgemeines. – a) Zweck. Da der ProzBev den Prozess führt, **1**
sollen die umfassenden Informationen über die eingeführten Schriftsätze
und Urkunden, über die erlassenen Entscheidungen und vorgenommenen Prozesshandlungen, unmittelbar und möglichst schnell an ihn gelangen. Der Zugang an ihn soll nachweisbar sein. Die Legitimation folgt
aus dem Umfang seiner Vollmacht (§ 81). – **b) Anwendbar** bei allen **2**
Zustellungen; auch im Parteibetrieb (§ 191), ab Anhängigkeit (§ 261
Rn 1) in jedem der ZPO unterliegenden Verfahren, insbes auch im
selbständigen Beweisverfahren (§ 491 Rn 1) und in der ZwVollstr mit
Ausnahme des § 900 Abs 3 S 1.

2. Voraussetzungen des Abs 1 S 1. – **a) Prozessbevollmächtigte** **3**
sind diejenigen Personen, denen eine Partei für den anhängigen (§ 253
Rn 1) Rechtsstreit Prozessvollmacht (1 vor § 78) erteilt hat. Das kann
auch ein Arbeitnehmer (insbes Justitiar) der Partei sein. Es kommt nicht
darauf an, ob der ProzBev rechtlich in der Lage ist, die Partei zu vertreten (hM), zB wenn er nicht mehr als Anwalt zugelassen ist. Nicht
ProzBev sind der Verkehrsanwalt (vgl BGH NJW-RR 92, 699 für
§ 176 aF), der Untervertreter oder der Terminsbevollmächtigte. Ist die
Prozessvollmacht unwirksam oder nicht erteilt, so muss auf den Anwalt,
der sich vollmachtlos bestellt hat, § 172 trotzdem angewendet werden
(BGH NJW 87, 440 für § 176 aF). – **b) Bestellt** ist der ProzBev, wenn **4**
die vertretene Partei (der Nebenintervenient) oder der ProzBev (Rn 3)
dem Gericht oder dem Gegner (für die Parteizustellung) die Bevollmächtigung zur Kenntnis gebracht haben. Das kann schon vorprozessual geschehen, zB durch die Vollmacht zum Schriftwechsel vor Beginn

des Rechtsstreits (Hamburg NJW-RR 93, 958 für § 176 aF). Die Bestellung ist formlos. Sie kann mit einem Prozesskostenhilfeantrag verbunden sein (BGH NJW 02, 1728 für § 176 aF) und ist auch durch
schlüssige Handlung möglich, zB Auftreten vor Gericht (BGH NJW-
RR 92, 699 für § 176 aF). Die Bestellung gilt immer nur für das jeweilige Verfahren (Karlsruhe NJW-RR 92, 700 für § 176 aF). Maßgebend
ist dass der Zustellungsveranlasser (6 vor § 166) die Bestellung zu dem
Zeitpunkt kennt oder kennen muss, an dem er das Schriftstück zur Zustellung weggibt (BGH NJW 81, 1673); bei Gericht kommt es auf die
Kenntnis des gemäß § 168 zuständigen Urkundsbeamten der Geschäfts-
5 stelle an. – **c) Rechtszug.** Der ProzBev muss für den gesamten
Rechtszug bestellt sein. Dieser beginnt in erster Instanz, sobald der
Rechtsstreit anhängig ist, dh Klage-, Antrags- oder Rechtsmittelschrift
bei Gericht eingereicht sind (§ 261 Rn 1). Der Rechtszug endet mit
der formellen Rechtskraft (§ 705) der abschließenden Entscheidung
(allgM), nicht vor Beginn der Rechtsmittelfrist und sobald danach ein
statthaftes Rechtsmittel eingelegt ist. Die Zustellung der abschließenden
Entscheidung gehört immer zu diesem Rechtszug, auch wenn das
Rechtsmittel sofort oder schon vorher eingelegt wurde.

6   **3. Umfang des Rechtszugs** (Abs 1 S 2, 3). – **a) Dazu gehören**
alle Prozesshandlungen, die in diesem Zeitraum (Rn 5) vorgenommen
werden. Der Rechtszug umfasst auch: Einspruch (§§ 338, 700); Verfahren nach Aufhebung und Zurückverweisung (§§ 538, 563, 566 Abs 8,
572 Abs 3, 577 Abs 4); Wiederaufnahme (§§ 578, 579); Zwangsvollstreckung: das Verfahren vor dem Vollstreckungsgericht (§ 764), dem
Prozessgericht (§§ 887–891); die Klagen aus Anlass der ZwVollstr
(§§ 731, 767, 768, 781–786); die gemäß den §§ 750, 751 Abs 2 erfor-
7 derlichen Zustellungen. – **b) Dazu gehören nicht:** die Nebenverfahren des § 82, bei denen an den ProzBev zugestellt werden kann,
aber nicht muss (Nürnberg MDR 02, 232 für § 178 aF; ZöStöber 18).
Dasselbe gilt für Klagen aus Anlass der ZwVollstr, bei denen eine neue
Partei auftritt (§§ 771–774, 805, 810 Abs 2, 878), obwohl die Vollmacht sich darauf erstreckt (§ 81 Rn 1).

8   **4. Eingelegte Rechtsmittel** (Abs 2). Ein Schriftsatz, durch den
9 eine Berufung (§ 519), eine Revision (§ 549) oder eine Beschwerde
(§§ 569, 575 Abs 1) eingelegt wird, ist zuzustellen an: – **a) Prozessbe-
vollmächtigte des abgeschlossenen Rechtszugs** (Abs 2 S 1), dessen
Entscheidung angefochten wird. Der ProzBev muss (noch) bestellt sein
(Rn 4). Ihm ist grundsätzlich zuzustellen. Ein Verstoß macht das
Rechtsmittel nicht unzulässig, aber die Zustellung unwirksam (Rn 13).
Ist für den Berufungsrechtszug kein Anwalt bestellt, ist an den Proz-
Bev des ersten Rechtszugs zuzustellen, sonst an die Partei (Rn 11). –
10 **b) Prozessbevollmächtigte des höheren Rechtszugs** (Abs 2 S 2).
An ihn ist zuzustellen, wenn er bereits zu dem Zeitpunkt bestellt ist, an
dem die Zustellung des Rechtsmittelschriftsatzes vorgenommen wird.
11 Verstoß: wie Rn 9. – **c) Partei** (Abs 2 S 3). Ihr selbst ist nur dann zu-

zustellen, wenn sie in der abgeschlossenen Instanz keinen ProzBev hatte und für die Rechtsmittelinstanz noch keinen bestellt hat.

5. Wirkung. § 172 begründet für Gericht und Gegner die Pflicht, **12** an den ProzBev zuzustellen, ohne Rücksicht auf die Postulationsfähigkeit (4 vor § 78). Diese Pflicht beginnt mit dem Zeitpunkt der Bestellung (Rn 4), so dass an denjenigen ProzBev die Entscheidung zuzustellen ist, der sich für den Rechtszug bestellt hat, nachdem die Entscheidung erlassen, aber noch nicht zugestellt ist (vgl Köln NJW 83, 460 für § 176 aF). Die Pflicht endet entweder mit dem Erlöschen der Vollmacht (§ 87), im Anwaltsprozess (§ 78 Abs 1 und 2) also erst mit Bestellung eines neuen ProzBev (BGH NJW 75, 120 für § 176 aF), im Parteiprozess (§ 79) bereits mit Anzeige der Mandatsbeendigung (BGH NJW 91, 295 für § 176 aF) oder im höheren Rechtszug mit der Bestellung eines neuen ProzBev.

6. Wirksamkeit. Wenn gegen § 172 (insbes die Reihenfolge) ver- **13** stoßen wird, ist die Zustellung unwirksam (17 vor § 166). Zugleich kann das rechtliche Gehör verletzt sein (Einl I Rn 13; BayVerfGH NJW 94, 2281 für § 176 aF). Heilung ist möglich (20–22 vor § 166). Die Zulässigkeit des Rechtsmittels bleibt von einem Verstoß gegen § 172 unberührt.

§ 173 Zustellung durch Aushändigung an der Amtsstelle

[1]**Ein Schriftstück kann dem Adressaten oder seinem rechtsgeschäftlich bestellten Vertreter durch Aushändigung an der Amtsstelle zugestellt werden.** [2]**Zum Nachweis der Zustellung ist auf dem Schriftstück und in den Akten zu vermerken, dass es zum Zwecke der Zustellung ausgehändigt wurde und wann das geschehen ist; bei Aushändigung an den Vertreter ist dies mit dem Zusatz zu vermerken, an wen das Schriftstück ausgehändigt wurde und dass die Vollmacht nach § 171 Satz 2 vorgelegt wurde.** [3]**Der Vermerk ist von dem Bediensteten zu unterschreiben, der die Aushändigung vorgenommen hat.**

Anwendbar auf alle Zustellungen, an jede Person (nicht nur an **1** RAe), die Zustellungsadressat (4 vor § 166) ist, oder an deren Vertreter (§ 170). **Aushändigung** (S 1) ist persönliche Übergabe mit gewollter **2** Empfangnahme. Das Schriftstück kann offen oder im Umschlag ausgehändigt werden. Aushändigen kann der Urkundsbeamte (§ 153 GVG), der beauftragte Justizbedienstete (§ 176 Abs 1), auch der zuständige Richter, Rechtspfleger oder der Gerichtsvollzieher als Vollstreckungsorgan (zB § 899). **Amtsstelle:** jeder Dienstraum des Gerichts, nicht **3** nur die Geschäftsstelle, ferner jeder Ort, an dem die gerichtliche Tätigkeit gemäß § 219 Abs 1 ausgeübt wird. **Vermerk** (S 2). Ersetzt als **4** Nachweis die Zustellungsurkunde (§ 182). Er ist auf das ausgehändigte Schriftstück und in den Akten, zweckmäßig auf das Original der übergebenen beglaubigten Abschrift zu setzen. **Inhalt:** wenigstens das Wort **5**

„zugestellt" und das jeweilige Datum. Wird einem Vertreter zugestellt
(§§ 170, 171) ist dessen identifizierbare Person zu benennen und ggf
die Vorlage der Vollmacht (§ 171 S 2) zu vermerken. Ein gerichtliches
6 Protokoll ersetzt den Vermerk. **Unterschrift** (S 3): eigenhändig von
7 der Person, die ausgehändigt hat. **Verstöße** machen grundsätzlich die
Zustellung unwirksam, insbes ein fehlender Vermerk. Er kann aber
nachgeholt werden (hM; BGH NJW 83, 884 für § 213 aF). Die Zustellung kann heilen gemäß 20–22 vor § 166.

§ 174 Zustellung gegen Empfangsbekenntnis

(1) **Ein Schriftstück kann an einen Anwalt, einen Notar, einen
Gerichtsvollzieher, einen Steuerberater oder an eine sonstige
Person, bei der aufgrund ihres Berufes von einer erhöhten Zu-
verlässigkeit ausgegangen werden kann, eine Behörde, eine
Körperschaft oder eine Anstalt des öffentlichen Rechts gegen
Empfangsbekenntnis zugestellt werden.**

(2) **¹An die in Absatz 1 Genannten kann das Schriftstück auch
durch Telekopie zugestellt werden. ²Die Übermittlung soll mit
dem Hinweis „Zustellung gegen Empfangsbekenntnis" eingeleitet werden und die absendende Stelle, den Namen und
die Anschrift des Zustellungsadressaten sowie den Namen des
Justizbediensteten erkennen lassen, der das Schriftstück zur
Übermittlung aufgegeben hat.**

(3) **¹An die in Absatz 1 Genannten kann auch ein elektronisches Dokument zugestellt werden. ²Gleiches gilt für andere
Verfahrensbeteiligte, wenn sie der Übermittlung elektronischer
Dokumente ausdrücklich zugestimmt haben. ³Für die Übermittlung ist das Dokument mit einer elektronischen Signatur
zu versehen und gegen unbefugte Kenntnisnahme Dritter zu
schützen.**

(4) **¹Zum Nachweis der Zustellung genügt das mit Datum und
Unterschrift des Adressaten versehene Empfangsbekenntnis, das
an das Gericht zurückzusenden ist. ²Das Empfangsbekenntnis
kann schriftlich, durch Telekopie oder als elektronisches Dokument (§ 130 a) zurückgesandt werden. ³Wird es als elektronisches Dokument erteilt, soll es mit einer qualifizierten elektronischen Signatur nach dem Signaturgesetz versehen werden.**

*Abs 1 S 2, Abs 2 S 3, Abs 3 S 4 und 5 sind aufgehoben, Abs 4 ist ange-
fügt durch Art 1 Nr 3 OLG-Vertr-ÄndG vom 23. 7. 02 (BGBl I S 2850);
in Kraft seit 1. 8. 02. Diese Änderung hat klarstellende Funktion.*

1 **1. Allgemeines.** – a) **Anwendbar** primär bei Zustellung von Amts
wegen, über § 191 auch auf Betreiben der Parteien, für diese mit der
2 Sonderregelung des § 195. – **b) Zweck.** Die Zustellung gegen Empfangsbekenntnis ist eine einfache, praktisch bewährte Form, die neben
Aushändigung (§ 173), Einschreiben (§ 175) und Zustellungsauftrag

(§ 176) mit jeweils beurkundeter Übergabe zur Wahl steht. Auch moderne Kommunikationsmittel sollen eingesetzt werden können (Abs 2 und 3). – **c) Pflicht** zur Mitwirkung (Entgegennahme und Empfangs- **3** bekenntnis) besteht nur standesrechtlich und kann nicht erzwungen werden.

2. Zustellung im Schriftverkehr (Abs 1) ist der gesetzliche Nor- **4** malfall. – **a) Empfangsbefugte Personen** als Zustellungsadressaten (4 vor § 166) sind Anwälte, einschließlich der Erlaubnisinhaber (§ 25 EGZPO) und arbeitsrechtliche Prozessvertreter (§ 50 Abs 2 ArbGG), Notare, Gerichtsvollzieher und Steuerberater in jedem Fall, aber nur beispielhaft aufgeführt. Sonstige Personen (natürliche wie juristische): Wirtschaftsprüfer, Hochschullehrer, Regierungsmitglieder, Bürgermeister und ähnliche öffentliche Mandatsträger; alle Behörden, öffentlich-rechtliche Körperschaften, Anstalten und Stiftungen. – **b) Voraussetzungen** **5** sind: **aa) Zustellungswille** des Urkundsbeamten der Geschäftsstelle. **bb) Hingabe** des zuzustellenden Schriftstücks in beglaubigter Abschrift zum Zwecke der Zustellung durch die Post, Einlegen in das Abholfach oder auf sonstigem Weg, auch durch Boten. **cc) Entgegennahme** durch den Zustellungsempfänger mit der Bereitschaft, das Schriftstück als zugestellt zu empfangen. – **dd) Empfangsbekenntnis** (Abs 1 S 1). **6** Es muss schriftlich in der Form des Abs 4 erteilt und zurückgesandt werden. Es ersetzt als Nachweis die Zustellungsurkunde (§ 182). Inhalt: feststellungsfähige Bezeichnung des zugestellten Schriftstücks; Bestätigung des Empfangs als zugestellt; lesbares Datum (BGH NJW 94, 526 für § 198 aF). Ein bestimmtes Formular, insbes das übersandte, muss nicht benutzt werden (BGH NJW 87, 2679 für § 212a). Die Bezugnahme auf das zugestellte Schriftstück in einem Schriftsatz kann genügen. – **c) Wirksamkeit.** Es müssen alle Voraussetzungen (Rn 5, 6) **7** erfüllt sein. Das Empfangsbekenntnis (Rn 6) ist unverzichtbar (BGH stRspr zu § 212a, NJW 94, 2295 mwN); auch gegenüber demjenigen, der den Mangel verursacht hat (BGH NJW 95, 533 für § 212a). Durch einen Verlust des Empfangsbekenntnisses wird die Zustellung nicht unwirksam. Sie ist jedem Beweis zugänglich. Eine unwirksame Zustellung kann heilen (20–22 vor § 166). – **d) Wirkung.** Die Beweiskraft des **8** Abs 1 S 2 geht bei einem privaten Empfangsbekenntnis über § 416 hinaus und begründet vollen Beweis. Ist eine öffentliche Urkunde erstellt, entspricht die Beweiskraft dem § 418. Zur Unrichtigkeit des Datums kann Gegenbeweis geführt werden (BGH NJW 00, 814 und 01, 2723 für § 212a). Sie muss bewiesen sein; bloße Zweifel an der Richtigkeit genügen nicht (BGH NJW 02, 3027 für § 212a). Ein Eingangsstempel des Anwalts beweist noch nicht die Zustellung an diesem Tag (BAG NJW 95, 2125 für § 212a). Ein früherer Eingangsstempel des Gerichts allein widerlegt noch nicht den vom Empfänger angegebenen Tag (BGH NJW 90, 2125 für § 212a). An den Unrichtigkeitsbeweis sind hohe Anforderungen zu stellen (BGH NJW 96, 2514 und NJW-RR 98, 1442 für § 212a).

9   **3. Zustellung durch Telekopie** (Abs 2: § 130 Nr 6) ist an Stelle des
Schriftverkehrs (Abs 1) zulässig; Form: Rn 14. – **a) Empfangsbefugte
Personen** (S 1) wie Rn 3. – **b) Voraussetzungen.** Sie sind die gleichen wie bei Abs 1 (Rn 4–6). Das Empfangsbekenntnis ist darauf zu
richten, dass der Empfänger das in Telekopie übermittelte Schriftstück
als zugestellt entgegengenommen hat. Das kann auch in Telekopie
an die Geschäftsstelle übermittelt werden (Abs 4), wobei die Kopie der
10   Unterschrift genügt. – **c) Zusätzliche Angaben** (Abs 2 S 2) sind als
Soll-Vorschrift ausgestaltet. Der Hinweis bezweckt, die Aufmerksamkeit des Zustellungsadressaten und seiner Mitarbeiter auf die Zustellung
zu lenken. Die Angaben über die beteiligten Personen dienen der Iden-
11   tifizierung und Nachprüfung. – **d) Aktenvermerk** entspr dem die
§ 173 (dort Rn 4) ist geboten. Er muss das Schriftstück bezeichnen, den
Zustellungsadressaten mit Anschrift und Fax-Nr sowie den Zeitpunkt
12   (Datum und Uhrzeit) der Übermittlung umfassen. – **e) Wirksamkeit**
grundsätzlich wie Rn 7. Ein Verstoß gegen die Soll-Vorschrift (Rn 10)
macht die Zustellung nicht unwirksam, ebenso wenig ein unterlassener
Aktenvermerk (Rn 11). – **f) Wirkung.** Begründet den gleichen Beweis (Rn 8) wie eine nach Abs 1 ausgeführte Zustellung (Rn 4).

13   **4. Zustellung durch elektronisches Dokument** (Abs 3; § 130 a)
soll auch eine zukünftige elektronische Aktenführung erfassen und vereinfachte Zustellungen ermöglichen. Form: Rn 14. Eine gegenwärtige
praktische Bedeutung hat Abs 3, wenn ein Schriftstück auf einer Fest-
platte oder Diskette gespeichert ist. Es kann dann ohne Ausdruck als
E-Mail dem Zustellungsadressaten übermittelt werden. Das Empfangsbekenntnis (Rn 6) kann auch in der Form des Abs 1 oder 2 (schriftlich,
Telekopie) abgegeben werden (vgl Rn 14).

14   **5. Form des Empfangsbekenntnisses** (Abs 4). In jedem Fall genügt eine schriftliche Erklärung mit Unterschrift des Zustellungsadressaten oder seines Vertreters, nicht des Büropersonals (S 1). Telekopie
(Abs 2) und elektronisches Dokument (Abs 3) sind zulässig und wirksam, wenn deren Voraussetzungen erfüllt sind, insb § 130 a Abs 2. Bei
der Telekopie ist die Unterschrift notwendig (vgl S 3).

§ 175 Zustellung durch Einschreiben mit Rückschein

[1] **Ein Schriftstück kann durch Einschreiben mit Rückschein
zugestellt werden.** [2] **Zum Nachweis der Zustellung genügt der
Rückschein.**

1   **Bedeutung:** Die Zustellungsart des § 175 ist eigenständig und steht
neben denen der §§ 173, 174 und § 176 im Rahmen des Ermessens zur
2   Wahl (S 1). **Zweck** ist eine Verminderung des Zustellungsaufwands
und eine Anpassung an das europäische Zustellungsrecht (Art 14
ZustellungsVO, § 2 EG-ZustellungsdurchführungsG vom 9. Juli 2001).
3   **Anwendbar** nur bei Zustellung von Amts wegen (vgl §§ 191, 192
4   Abs 1). **Ausgeführt** ist die Zustellung mit Übergabe an den Adressaten

(4 vor § 166) oder Bevollmächtigten (§ 173), nach den AGB der Post auch an einen Ersatzempfänger: Familienangehörige, in Wohnung oder Geschäft regelmäßig beschäftigte Personen. **Verweigerung** der Ent- **5** gegennahme (auch durch Nichtabholen der Sendung innerhalb von 7 Werktagen) des Briefs führt zur Rücksendung als unzustellbar (Heß NJW 02, 2417/9; bestr). § 179 gilt nicht (Häublein in Hannich/Meyer-Seitz Rn 6). **Rückschein** (S 2) ist der Nachweis der Zustellung, näm- **6** lich des Zugangs an den angegebenen Empfänger mit Datum. Das ist eine private Urkunde (§ 416), welche die Zustellungsurkunde (§ 182) ersetzt.

§ 176 Zustellungsauftrag

(1) **Wird der Post, einem Justizbediensteten oder einem Gerichtsvollzieher ein Zustellungsauftrag erteilt oder wird eine andere Behörde um die Ausführung der Zustellung ersucht, übergibt die Geschäftsstelle das zuzustellende Schriftstück in einem verschlossenen Umschlag und einen vorbereiteten Vordruck einer Zustellungsurkunde.**

(2) **Die Ausführung der Zustellung erfolgt nach den §§ 177 bis 181.**

Anwendbar bei Amtszustellung (vgl §§ 191, 192). **Wahl** der Zu- **1, 2** stellungsart. Gemäß § 176 ist zuzustellen, wenn eine Zustellung gemäß den §§ 173–175 keinen oder keinen sicheren Erfolg verspricht (vgl § 168 Rn 3). **Auftraggeber** ist die Geschäftsstelle (§ 153 GVG) wegen **3** § 168 Abs 1; der Richter nur nach Maßgabe des § 168 Abs 2. **Übergabe** in einem verschlossenen Umschlag mit Vordruck (§ 1 Nr 2 **4** ZustVV Anlage 2) der Urkunde des § 182 geschieht durch den Urkundsbeamten (§ 153 Abs 3, 5 GVG) an die Post (§ 168 Abs 1 S 2) mit Auftrag gemäß § 168 Abs 1 S 3, den Justizbediensteten (§ 168 Rn 5) oder Gerichtsvollzieher (§ 156 GVG). Der ersuchten anderen Behörde ist im gewöhnlichen Schriftverkehr zuzuleiten. **Vermerk** über den er- **5** teilten Zustellungsauftrag nebst Person und Datum ist geboten (wie § 194 Abs 1 S 2). **Ausführung** (Abs 2) hat nach den genannten Vorschriften zu erfolgen. Es gilt auch § 182 (dort Abs 1).

§ 177 Ort der Zustellung

Das Schriftstück kann der Person, der zugestellt werden soll, an jedem Ort übergeben werden, an dem sie angetroffen wird.

Anwendbar bei Zustellung von Amts wegen wie auf Betreiben der **1** Parteien (§ 191). **Ort:** jeder, insbes außerhalb der Wohnung oder des **2** Geschäftsraums, auf der Straße, auch in Gebäuden; jedoch soll der Ort angemessen, die Übergabe zeitgerecht (grundsätzlich nicht zur Nachtzeit) und passend sein. **Angetroffen** werden muss der Zustellungs- **3** adressat (4 vor § 166). Das setzt die persönliche Begegnung mit dem

Zusteller (3 vor § 166) voraus. Dieser muss sich besonders dann über
die Person vergewissern, wenn außerhalb der Wohnung oder des Ge-
4 schäftsraums zugestellt wird. **Verweigerung** der Annahme führt zur
Anwendung des § 179.

**§ 178 Ersatzzustellung in der Wohnung, in Geschäftsräumen
und Einrichtungen**

(1) **Wird die Person, der zugestellt werden soll, in ihrer
Wohnung, in dem Geschäftsraum oder in einer Gemeinschaftseinrichtung, in der sie wohnt, nicht angetroffen, kann das
Schriftstück zugestellt werden**
1. **in der Wohnung einem erwachsenen Familienangehörigen,
   einer in der Familie beschäftigten Person oder einem erwachsenen ständigen Mitbewohner,**
2. **in Geschäftsräumen einer dort beschäftigten Person,**
3. **in Gemeinschaftseinrichtungen dem Leiter der Einrichtung
   oder einem dazu ermächtigten Vertreter.**

(2) **Die Zustellung an eine der in Absatz 1 bezeichneten Personen ist unwirksam, wenn diese an dem Rechtsstreit als Gegner der Person, der zugestellt werden soll, beteiligt ist.**

1   **1. Allgemeines. – a) Zweck.** Bei den häufigen Fällen, in denen
der Zustellungsadressat (4 vor § 166) vom Zusteller (3 vor § 166)
nicht angetroffen wird, soll die Zustellung nicht verzögert werden. –
2 **b) Anwendbar** auch bei Zustellung auf Betreiben der Parteien
(§ 191), bei allen Zustellungen, die auf Grund des § 176 ausgeführt
werden (dort Abs 2). Nicht anwendbar, wenn der Zustellungsadressat
3 bereits tot ist. – **c) Verstöße** führen grundsätzlich zur Unwirksamkeit.
Heilung gemäß 20–22 vor § 166 bleibt möglich.

4   **2. Allgemeine Voraussetzung** einer Ersatzzustellung (Abs 1) ist,
dass der Zustellungsadressat (4 vor § 166) nicht angetroffen wird, weder
in der Wohnung (Rn 7), im Geschäftsraum (Rn 16) noch in der von
5 ihm benutzten Gemeinschaftseinrichtung (Rn 20). – **a) Antreffen** erfordert eine tatsächliche Begegnung des Zustellers mit dem Zustellungsadressaten. Nicht angetroffen ist dieser auch, wenn er die Begegnung
trotz Anwesenheit ablehnt oder an der Annahme des Schriftstücks
durch Krankheit oder vorgehender, dringender Inanspruchnahme ver-
6 hindert ist. – **b) Prüfung** durch den Zusteller (3 vor § 166). Sie beschränkt sich auf den Augenschein und die bloße Auskunft einer
anwesenden Person, dass der Adressat nicht da sei. Keinesfalls sind
Nachforschungen in der Wohnung angebracht.

7   **3. Ersatzzustellung in der Wohnung** (Abs 1 Nr 1). – **a) Wohnung. aa) Begriff.** Wohnung ist der Raum oder sind die Räume, in
denen der Zustellungsadressat (4 vor § 166) zZ der Zustellung für eine
gewisse Dauer lebt, dh seinen räumlichen Lebensmittelpunkt hat (BGH

stRspr, zB NJW-RR 97, 1161 für § 181 aF). Das ist insbes gegeben, wenn er darin zu übernachten pflegt (Schüler DGVZ 79, 1 mwN für § 181 aF); jedoch kann im Einzelfall eine Wohnung auch dann gegeben sein, wenn der Zustellungsadressat dort nicht übernachtet (Köln NJW-RR 89, 443 für § 181 aF). Nur wenn der Zustellungsempfänger am Zustellungsort (§ 177) wohnt, ist die Ersatzzustellung wirksam (Hamm NJW-RR 95, 223 für § 181 aF). **bb) Umfang.** Bei alleinbewohnten **8** Häusern gehören auch Hof und Garten dazu. Es können zugleich mehrere Wohnungen unterhalten werden. Auf den Wohnsitz iS des § 7 BGB kommt es nicht an (BayObLG Rpfleger 84, 105 mwN; für § 181 aF). Vorübergehendes Wohnen genügt. Bei auswärtiger Arbeit kommt es auf die Häufigkeit der Heimkehr an. Nicht genügt, dass der Zustellungsadressat in der Wohnung behördlich gemeldet ist (BGH NJW-RR 86, 1083 für § 181 aF). Die Wohnung des Zustellungsadressaten verliert diese Eigenschaft erst dann, wenn er sie aufgibt, indem er den Lebensmittelpunkt an einen anderen Ort verlegt (BGH NJW-RR 94, 564 für § 181 aF); das setzt einen vom Willen getragenen Akt voraus (BGH NJW 88, 713 für § 181 aF). Bewusst unterlassene Ummeldung kann wegen des Anscheins eine wirksame Ersatzzustellung ermöglichen (Koblenz Rpfleger 96, 165 für § 181 aF). **cc) Einzelheiten.** Auch ein **9** längerer Aufenthalt in Hotel, Pension, Gasthof, Klinik kann genügen. Benützung einer Ferienwohnung reicht idR nicht (Celle Rpfleger 92, 305 mwN für § 181 aF). Reisen, Klinikaufenthalt kürzerer Dauer (BGH NJW 85, 2197 für § 181 aF), Haft von einigen Wochen oder Monaten (vgl BGH NJW 78, 1858 für § 181 aF) heben die Eigenschaft als Wohnung nicht auf, ebensowenig der Wehrdienst (München NJW-RR 91, 1470 für § 181 aF), ein dienst- oder berufsbedingter langdauernder Auslandsaufenthalt (Düsseldorf NJW-RR 99, 1441 für § 181 aF). — **b) Empfangspersonen.** Sie müssen in der Wohnung angetroffen **10** werden, weil dadurch das vorausgesetzte Vertrauensverhältnis begründet wird. **aa) Familienangehörige.** Erwachsen bedeutet nicht not- **11** wendig volljährig (hM); idR nicht unter 14 Jahren. Die Familie ist nicht auf Ehepaare und deren Kinder oder eingetragene Lebenspartner beschränkt. Sie umfasst auch Pflegekinder und in der Familie aufgenommene nahe Verwandte. **bb) Beschäftigte Person.** Erfordert eine Fa- **12** milie (Rn 11). Erwachsen sein (wie Rn 11) wird wegen § 113 BGB vorausgesetzt. Bsp: angestellte Haushälterin, Hausgehilfin, auch die stundenweise, aber dauernd und regelmäßig beschäftigte Putz-, Aufwarte- oder Zugehfrau, die nicht zur Entgegennahme der Post beauftragt ist (Nürnberg NJW-RR 98, 495 für § 181 aF). **cc) Ständige** **13** **Mitbewohner.** Der Begriff umfasst Wohngemeinschaften und unverheiratete Paare gleich welchen Geschlechts. Erwachsen: wie Rn 11. — **c) Ausführung.** Dem Zustellungsempfänger wird das Schriftstück im **14** verschlossenen Umschlag (§ 176 Abs 1) gemäß § 177 übergeben. Die Zustellungsurkunde muss auch den Grund der Ersatzzustellung enthalten (§ 182 Abs 2 Nr 4) und die Person des Empfängers bezeichnen (§ 182 Abs 2 Nr 2).

15   **4. Ersatzzustellung im Geschäftsraum** (Abs 1 Nr 2). – **a) Personenkreis.** Er umfasst: alle Personen, die Geschäftsräume unterhalten, insbes alle Unternehmer, Handwerker, Kaufleute, Notare, Anwälte und andere Freiberufler, auch alle juristischen Personen des öffentlichen
16   Rechts mit allen Behörden. – **b) Geschäftsraum:** jeder Art, zB Büro, Kanzlei, Werkstätte, Lager, Laden, Empfangsraum, Warte- oder Sprechzimmer. Voraussetzung ist, dass die Geschäfte (jeder Art) in dem Raum regelmäßig ausgeübt werden. Der Geschäftsraum kann Bestandteil einer Wohnung sein, auch zeitweise zum Wohnen benutzt wer-
17   den, zB das Arbeitszimmer eines RAs. – **c) Beschäftigte Personen:** alle Arbeitnehmer des Zustellungsadressaten. Die Funktion ist gleichgültig. Auch Auszubildende und Mitarbeiter ohne Arbeitnehmereigenschaft, zB die Ehefrau, oder mit Dienstvertrag Beschäftigte (§ 611 BGB). Ein dem § 113 BGB entspr Lebensalter wird vorausgesetzt. – **d) Ausführung** wie Rn 14.

18   **5. Ersatzzustellung in Gemeinschaftseinrichtungen** (Abs 1 Nr 3). Findet nur statt, wenn der Adressat dort nicht angetroffen (wie Rn 5) wird und ihm daher nicht unmittelbar zugestellt werden kann. – **a) Begriff.** Die Einrichtung muss zum Wohnen von Personen organisiert sein, zB Altenheim, Kaserne, Krankenhaus, Wohnheime für Studenten oder Auszubildende; privat- oder öffentlich-rechtlich betrie-
19   ben. – **b) Wohnen** muss der Zustellungsadressat (4 vor § 166) in der Gemeinschaftseinrichtung (Rn 18). Das ist wie bei den Rn 7–9 zu
20   beurteilen. – **c) Empfangsbefugte Person** ist der Leiter oder eine von ihm formlos ermächtigte Person. Das bedeutet eine Vollmacht (§ 167 BGB). § 170 gilt aber nicht. – **d) Ausführung:** wie Rn 14.

21   **6. Prüfung.** Die zustellende Person prüft und entscheidet, ob die Voraussetzungen des § 178 vorliegen. Kommt es im Rechtsstreit auf die Wirksamkeit der Zustellung an, dann entscheidet das Gericht, ob objektiv die Voraussetzungen vorlagen. Es ist nicht daran gebunden, was der Zustellende angenommen und wie er es beurteilt hat. Die Feststellung, dass der Zustellungsadressat in der Wohnung nicht angetroffen wurde, ist ein beweiskräftiges Indiz dafür, dass er dort wohnt (BGH NJW 92, 1963 für § 181 aF). Behauptungs- und Beweislast trägt derjenige, der sich darauf beruft, dass die Tatsachen unrichtig beurkundet seien, da § 418 für die Zustellungsurkunde gilt (§ 182 Abs 1 S 2), allerdings mit dieser Beweiskraft nicht dafür, dass der Zustellungsadressat unter der Zustellungsanschrift wohnt (BGH aaO; Hamm NJW 95, 223 für § 181 aF).

22   **7. Wirksamkeit** der Ersatzzustellung. Sie tritt ein, wenn ihre Voraussetzungen erfüllt sind, unmittelbar für oder gegen den Zustellungsadressaten, ohne Rücksicht auf dessen Kenntnis mit dem Tag, an dem die Zustellung ausgeführt wurde.

23   **8. Verbotene Ersatzzustellung** (Abs 2) wegen Interessenkollision. – **a) Anwendbar** auf alle Fälle des Abs 1, aber entspr auch für die Zustellung, die nach den §§ 170–174 ausgeführt wird, so dass der Gläubiger nicht an sich als gesetzlichen oder rechtsgeschäftlichen Vertreter des Schuldners wirksam zustellen kann (Celle NJW-RR 00, 485 für § 185 aF). – **b) Gegner:** auch Streitgenosse (§§ 59, 60) und Nebenintervenient (§ 67), bei Rechtskrafterstreckung (§§ 325–327). Weit auszulegen (Düsseldorf NJW-RR 93, 1222 mwN für § 185 aF); daher auch nahe Angehörige (BGH NJW 84, 56 für § 185 aF) und weisungsgebundene Personen (Karlsruhe MDR 84, 151 für § 185 aF), bei Lohnpfändung im Verhältnis Schuldner zu Drittschuldner (Hamm NJW 94, 1036 mwN für § 185 aF; bestr). – **c) Rechtsstreit.** Er muss bereits anhängig sein (§ 261 Rn 1); die Parteistellung (vgl Rn 24) ist gleichgültig. – **d) Rechtsfolge** ist Unwirksamkeit der Zustellung (18 vor § 166). Heilung (20–22 vor § 166) ist nicht ausgeschlossen (vgl Rn 3).

§ 179 **Zustellung bei verweigerter Annahme**

[1] **Wird die Annahme des zuzustellenden Schriftstücks unberechtigt verweigert, so ist das Schriftstück in der Wohnung oder in dem Geschäftsraum zurückzulassen.** [2] **Hat der Zustellungsadressat keine Wohnung oder ist kein Geschäftsraum vorhanden, ist das zuzustellende Schriftstück zurückzusenden.** [3] **Mit der Annahmeverweigerung gilt das Schriftstück als zugestellt.**

Zweck. Der Zustellungsadressat (4 vor § 166) oder sein Vertreter sollen eine wirksame Zustellung nicht verhindern können. **Verweigerung** der Annahme des Schriftstücks setzt voraus, dass der Zustellungsadressat es entgegennehmen könnte, dass aber nicht will und sich dementsprechend verhält. Das Gleiche gilt, wenn eine gemäß § 178 Abs 1 Nr 1 oder 2 befugte Person das Schriftstück nicht entgegen nimmt. **Unberechtigt** muss die Verweigerung (Rn 2) sein. Berechtigt ist sie, wenn nicht zeitgerecht oder an einem unpassendem Urt (vgl § 177) zugestellt werden soll, insbes bei einem Zweifel an der Identität oder wenn die zum Empfang aufgeforderte Person hierzu nicht befugt ist, zB nicht zum Personenkreis des § 178 Abs 1 Nr 1 oder 2 gehört. Grundsätzlich besteht kein Recht, die Annahme zu verweigern. **Zurückgelassen** wird in der Wohnung oder im Geschäftsraum, sonst in der Weise, wie gewöhnliche Briefe behandelt werden (insbes Briefkasteneinwurf). **Wirksamkeit.** Mit Annahmeverweigerung (Rn 2) und Zurücklassen (Rn 4) gilt die Zustellung als bewirkt. Ob und wann der Zustellungsadressat Kenntnis nimmt, ist gleichgültig. Wurde mit Recht die Annahme verweigert (Rn 3), ist die Zustellung unterblieben. Heilung (20–22 vor § 166) ist nicht ausgeschlossen. **Rücksendung** (S 2) an den Absender (Zustellungsveranlasser, 5 vor § 166) ist vorgeschrieben, wenn der Zustellungsadressat keine Wohnung und keinen Geschäftsraum hat. Das trifft insbes im Fall des § 178 Abs 1 Nr 3 zu. **Beurkundung** erfolgt nach § 182 mit Angaben zu § 179 gemäß § 182 Abs 2 Nr 5.

§ 180 Ersatzzustellung durch Einlegen in den Briefkasten

[1]Ist die Zustellung nach § 178 Abs. 1 Nr. 1 oder 2 nicht ausführbar, kann das Schriftstück in einen zu der Wohnung oder dem Geschäftsraum gehörenden Briefkasten oder in eine ähnliche Vorrichtung eingelegt werden, die der Adressat für den Postempfang eingerichtet hat und die in der allgemein üblichen Art für eine sichere Aufbewahrung geeignet ist. [2]Mit der Einlegung gilt das Schriftstück als zugestellt. [3]Der Zusteller vermerkt auf dem Umschlag des zuzustellenden Schriftstücks das Datum der Zustellung.

1 **Zweck.** Es soll der hohe Anteil von Zustellungen durch Niederlegung (§ 181) reduziert, der Zugang an den Adressaten (4 vor § 166)
2 erleichtert und beschleunigt werden. **Anwendbar** nur bei Zustellung in der Wohnung oder im Geschäftsraum (§ 178 Abs 1 Nr 1, 2). In den Fällen des § 178 Abs 1 Nr 3 ist gemäß dem § 181 zu verfahren.
3 **Voraussetzung:** Die Zustellung darf nicht ausführbar (S 1), die Annahme nicht verweigert (§ 179) sein. Auch Ersatzzustellung gemäß § 178 muss erfolglos versucht worden sein. Bsp: die Geschäftsräume sind ver-
4 schlossen; die Wohnung bleibt ungeöffnet. **Ausführung.** Der Zusteller prüft, ob der Briefkasten oder andere Einrichtungen (zB Briefschlitz) für den Postempfang des Adressaten (4 vor § 166) bestimmt sind. Eingelegt wird so, dass ein Zugriff Dritter ausgeschlossen ist. Ist es unaus-
5 führbar, muss nach § 181 verfahren werden. **Wirkung** (S 2). Ist eingelegt und liegen die Voraussetzungen vor (Rn 3, 4), wird die Zustellung mit dem Zeitpunkt des Einlegens unwiderlegbar vermutet. Die feh-
6 lende Kenntnis des Adressaten ist unerheblich. **Vermerk** (S 3) des Zustellers (3 vor § 166) auf dem Umschlag betrifft das Datum und erfor-
7 dert idR den Hinweis „zugestellt" oder „Zustellung". **Beurkundung** umfasst den Grund und den Vermerk (§ 182 Abs 1 Nr 4 und 6).

§ 181 Ersatzzustellung durch Niederlegung

(1) [1]Ist die Zustellung nach § 178 Abs. 1 Nr. 3 oder § 180 nicht ausführbar, kann das zuzustellende Schriftstück
1. auf der Geschäftsstelle des Amtsgerichts, in dessen Bezirk der Ort der Zustellung liegt, oder
2. an diesem Ort mit der Ausführung der Zustellung beauftragt ist, bei einer von der Post dafür bestimmten Stelle
niedergelegt werden. [2]Über die Niederlegung ist eine schriftliche Mitteilung auf dem vorgesehenen Vordruck unter der Anschrift der Person, der zugestellt werden soll, in der bei gewöhnlichen Briefen üblichen Weise abzugeben oder, wenn das nicht möglich ist, an der Tür der Wohnung, des Geschäftsraums oder der Gemeinschaftseinrichtung anzuheften. [3]Das Schriftstück gilt mit der Abgabe der schriftlichen Mitteilung als

zugestellt. [4]Der Zusteller vermerkt auf dem Umschlag des zuzustellenden Schriftstücks das Datum der Zustellung.

(2) [1]Das niedergelegte Schriftstück ist drei Monate zur Abholung bereitzuhalten. [2]Nicht abgeholte Schriftstücke sind danach an den Absender zurückzusenden.

1. Allgemeines. – a) Zweck. Die Ersatzzustellung soll aus den 1 Gründen des § 178 Rn 1 auch möglich sein, wenn sie unter den gewöhnlichen Voraussetzungen unmöglich ist oder aber erfolglos bleibt. – **b) Anwendbar** nur subsidiär gegenüber den §§ 178 Abs 1 Nr 3 und 2 180; bei jeder Art der Zustellung. Eine Pflicht gemäß § 181 zu verfahren, besteht nicht („kann"); jedoch ist der Urkundsbeamte der Geschäftsstelle gehalten, die Zustellung ausführen zu lassen. Unterlässt er das, ist § 23 EGGVG anwendbar.

2. Voraussetzung ist Unausführbarkeit einer Ersatzzustellung in 3 einer Gemeinschaftseinrichtung (§ 178 Abs 1 Nr 3) oder gemäß § 180 in den Fällen des § 178 Abs 1 Nr 1 und 2. Der Grund darf auch nur vorübergehend sein und auf fehlender Mitwirkung des Adressaten (4 vor § 166) oder der Empfangsperson (§ 178 Rn 10, 17) beruhen. § 181 wird nicht dadurch ausgeschlossen, dass der Adressat (4 vor § 166) die Postdienststelle angewiesen hat, die eingehende Post an den Absender zurückzuschicken.

3. Ausführung. Sie umfasst: – **a) Niederlegung** des Umschlags 4 mit dem zuzustellenden Schriftstück bei einer Niederlegungsstelle. Das ist gemäß Abs 1 S 1 Nr 1 die Geschäftsstelle (§ 153 GVG) des AG, in dessen Bezirk der Zustellungsort liegt, gemäß Abs 1 S 1 Nr 2, wenn die Post beauftragt ist (§ 176 Abs 1), die von ihr (§ 168 Abs 1 S 2; § 33 Abs 1 PostG) benannte Stelle. Das kann auch eine Postagentur sein (BGH NJW 01, 832 für § 182 aF). Die Stelle muss am Zustellungsort sein; nach Gemeindegrenzen zu beurteilen. Gibt es sie nicht, muss beim AG niedergelegt werden. – **b) Schriftliche Mitteilung** (Abs 1 S 2) 5 auf dem gemäß § 190 eingeführten Vordruck (§ 1 Nr 4 ZustVV Anlage 4) ist erforderlich. Sie ist auf dem für den gewöhnlichen Briefverkehr üblichen Weg abzugeben, wie er regelmäßig ausgeführt und vom Empfänger hingenommen wird (BVerfG NJW 88, 837 für § 182 aF). Das entspricht dem § 180 Rn 5. Nur wenn das nicht möglich ist, genügt es, dass der Zusteller die Mitteilung an die Tür heftet. – **c) Vermerk** (Abs 1 S 4) des Zustellers (3 vor § 166) wie § 180 6 Rn 7.

4. Zustellungsurkunde. Es ist insbes § 182 Abs 2 Nr 4 und 6 zu 7 beachten. Ihre Beweiskraft (§ 418) erstreckt sich auf die Niederlegung (Rn 8) und auf die schriftliche Mitteilung (Rn 9; Frankfurt NJW-RR 97, 956 für § 182 aF), nicht aber darauf, dass der Adressat unter der angegebenen Anschrift wohnt (BVerfG NJW 92, 224 für § 182 aF).

5. Wirkung. – a) Wirksam wird die Zustellung erst, wenn sie voll 8 ausgeführt ist (Rn 4–6). Unerheblich ist, ob und wann der Zustellungs-

adressat (4 vor § 166) Kenntnis nimmt (BayObLG NJW-RR 99, 1379
für § 182 aF). Heilung (20–22 vor § 166) ist nicht ausgeschlossen. –
9 **b) Zeitpunkt** der Zustellung folgt aus der Fiktion des Abs 1 S 3:
mit Abgabe der Mitteilung (Rn 6), unabhängig vom Empfang. Zweifelhaft ist, ob Fehler bei der Niederlegung (Rn 5) das Wirksamwerden
nicht hindern. Unterbleibt sie, wird die Zustellung nicht wirksam. –
10 **c) Fehlende Kenntnis** berührt zwar die Wirksamkeit nicht, kann aber
Wiedereinsetzung (§ 233) begründen. Verlust der Mitteilung muss
nicht verschuldet sein (BGH NJW 94, 2898 für § 182 aF).
11   **6. Aufbewahrung** (Abs 2) des niedergelegten Schriftstücks, das zur
Abholung durch den Zustellungsadressaten bestimmt ist. Dauer des Be-
reithaltens der Niederlegungsstelle (Rn 5): 3 Monate; nach § 222 zu
berechnen. Rücksendung an den Zustellungsveranlasser (6 vor § 166)
ist Pflicht der Niederlegungsstelle. Ist das zuständige AG auch Prozessgericht, kommt das Schriftstück im Umschlag zu den Akten. Einer späteren Aushändigung steht nichts im Wege.

§ 182 Zustellungsurkunde

(1) **¹Zum Nachweis der Zustellung nach den §§ 171, 177 bis
181 ist eine Urkunde auf dem hierfür vorgesehenen Vordruck
anzufertigen. ²Für diese Zustellungsurkunde gilt § 418.**

(2) **Die Zustellungsurkunde muss enthalten:**
1. **die Bezeichnung der Person, der zugestellt werden soll,**
2. **die Bezeichnung der Person, an die der Brief oder das
   Schriftstück übergeben wurde,**
3. **im Falle des § 171 die Angabe, dass die Vollmachtsurkunde
   vorgelegen hat,**
4. **im Falle der §§ 178, 180 die Angabe des Grundes, der diese
   Zustellung rechtfertigt und wenn nach § 181 verfahren wurde, die Bemerkung, wie die schriftliche Mitteilung abgegeben wurde,**
5. **im Falle des § 179 die Erwähnung, wer die Annahme verweigert hat und dass der Brief am Ort der Zustellung zurückgelassen oder an den Absender zurückgesandt wurde,**
6. **die Bemerkung, dass der Tag der Zustellung auf dem Umschlag, der das zuzustellende Schriftstück enthält, vermerkt ist,**
7. **den Ort, das Datum und auf Anordnung der Geschäftsstelle
   auch die Uhrzeit der Zustellung,**
8. **Name, Vorname und Unterschrift des Zustellers sowie die
   Angabe des beauftragten Unternehmens oder der ersuchten
   Behörde.**

(3) **Die Zustellungsurkunde ist der Geschäftsstelle unverzüglich zurückzuleiten.**

1   **1. Allgemeines. – a) Zweck.** Die Zustellung soll durch die öffentliche Urkunde mit Beweiskraft des § 418 nachgewiesen werden. –

b) Bedeutung. Die Urkunde ist nicht Teil der Zustellung und nicht **2**
deren Wirksamkeitserfordernis. Sie dient dem Nachweis. – **c) Anwend-** **3**
bar für die Zustellung von Amts wegen, für die auf Betreiben einer
Partei (§ 191) subsidiär, da in den §§ 193, 194 Sonderregelungen bestehen. – **d) Öffentliche Urkunde** (§ 415 Abs 1) ist die Zustellungsur- **4**
kunde, auch wenn sie von einem Mitarbeiter der Post ausgestellt wird.
Das folgt aus Abs 1 S 2. – **e) Pflicht,** eine Zustellungsurkunde auszu- **5**
fertigen (Abs 1 S 1) besteht bei Zustellungen an den Bevollmächtigten
(§ 171) und bei der zu beurkundenden Zustellung gemäß § 176, die
nach den §§ 177–181 vorgenommen wird, ferner bei Zustellung
auf Betreiben einer Partei (§ 191), die gemäß § 193 Abs 1 eine Zustellungsurkunde verlangt. – **f) Mängel** der Urkunde können nachträglich **6**
berichtigt, fehlender Inhalt kann ergänzt werden, aber nur vom Zusteller mit einem unterschriebenen Vermerk (BVerwG DGVZ 84, 149 für
§ 190 aF). Heilung (20–22 vor § 166) ist möglich. – **g) Verstöße** **7**
gegen § 182 hindern den Beweis der Zustellung auf dem Weg des
§ 418. Die Zustellung selbst kann trotzdem wirksam sein (vgl Rn 2). –
h) Vordruck (vgl § 190 und § 1 Nr 1 ZustVV Anlage 1) ist stets zu **8**
verwenden (Abs 1 S 1).

2. Inhalt der Urkunde (Abs 2). Er ist zwingend vorgeschrieben. – **9**
a) Nr 1. Zustellungsadressat (4 vor § 166). Er ist so genau zu bezeichnen, dass die Person, der zugestellt werden soll, identifiziert werden kann, idR Vor- und Familienname. Die Parteistellung (zB Beklagter) kann genügen, wenn die Person sich aus der Urkunde eindeutig
ergibt. Die fehlende oder falsche Bezeichnung des gesetzlichen Vertreters (§ 170) ist unschädlich (BGH NJW 97, 1584 für § 191 aF). –
b) Nr 2. Zustellungsempfänger (5 vor § 166). Es ist auf die tatsäch- **10**
lich geschehene Übergabe abzustellen. Bezeichnung wie Rn 9. Sind
Adressat und Empfänger identisch, genügt „selbst" oder „persönlich". –
c) Nr 3. Vollmachtsurkunde des § 171. Sie muss dem Zusteller **11**
tatsächlich vorgelegen haben. Die Übergabe an den Vertreter erübrigt nicht die Bezeichnung des Vertretenen als Adressat gemäß Nr 1
(Rn 10; vgl § 171 Rn 3). – **d) Nr 4. Ersatzzustellung.** Der Grund **12**
hierfür muss durch Tatsachen dargelegt werden, bei § 178 mindestens
„nicht angetroffen", bei § 180 auch die Tatsachen, die eine Unausführbarkeit gemäß § 178 begründen. Bei Niederlegung gemäß § 181 muss
die Abgabe der schriftlichen Mitteilung (§ 181 Rn 9) je nach Art, wie
sie ausgeführt wurde (zB Briefkasten, Anheften), beurkundet werden. Nicht beurkundet wird, dass der Zustellungsadressat tatsächlich da
wohnt. – **e) Nr 5. Verweigerte Annahme** (§ 179). Die betreffende **13**
Person (§ 179 Rn 2) muss identifizierbar bezeichnet werden (wie
Rn 9). Beurkundet wird auch, dass am Zustellungsort (§ 177; zB in der
Wohnung) der Brief zurückgelassen wurde (zB auf dem Küchentisch)
oder gemäß § 179 S 2 zurückgesandt mit der Angabe an wen („Absender" kann genügen). – **f) Nr 6. Zustellungsvermerk.** Das sind die **14**
Vermerke des § 180 S 3 und § 181 Abs 1 S 5. Er dient als Hinweis auf

15 einen Fristbeginn infolge der Zustellung. – **g) Nr 7. Ort und Zeit-punkt** der Zustellung. Ort: wie § 177. Datum als Kalendertag genügt.

16 Uhrzeit nur auf Anordnung im Zustellungsauftrag (§ 176). – **h) Nr 8. Zustellerbezeichnung und Unterschrift.** Die Angabe des Unternehmens (der jeweils beauftragte Postdienst) oder der ersuchten Behörde ist wegen § 176 Abs 1 erforderlich.

17 **3. Rücksendung** der Urkunde (Abs 3) ist an diejenige Geschäftsstelle vorzunehmen, die den Zustellungsauftrag (§ 176) erteilt hat. Der Zusteller sendet selbst und unmittelbar zurück. Unverzüglich: ohne schuldhaftes Zögern (§ 121 Abs 1 BGB). Bei der Zustellung von Amts wegen ist der Zustellungsadressat auf Akteneinsicht angewiesen (§ 299). Bei Zustellung auf Betreiben der Parteien (§ 191) ist eine beglaubigte Abschrift vorgesehen (§ 193 Abs 2).

§ 183 Zustellung im Ausland

(1) **Eine Zustellung im Ausland erfolgt**

1. **durch Einschreiben mit Rückschein, soweit aufgrund völkerrechtlicher Vereinbarungen Schriftstücke unmittelbar durch die Post übersandt werden dürfen,**

2. **auf Ersuchen des Vorsitzenden des Prozessgerichts durch die Behörden des fremden Staates oder durch die diplomatische oder konsularische Vertretung des Bundes, die in diesem Staat residiert, oder**

3. **auf Ersuchen des Vorsitzenden des Prozessgerichts durch das Auswärtige Amt an einen Deutschen, der das Recht der Immunität genießt und zu einer Vertretung der Bundesrepublik Deutschland im Ausland gehört.**

(2) [1]**Zum Nachweis der Zustellung nach Absatz 1 Nr. 1 genügt der Rückschein.** [2]**Die Zustellung nach den Nummern 2 und 3 wird durch ein Zeugnis der ersuchten Behörde nachgewiesen.**

(3) [1]**Die Vorschriften der Verordnung (EG) Nr. 1348/2000 des Rates vom 29. Mai 2000 über die Zustellung gerichtlicher und außergerichtlicher Schriftstücke in Zivil- oder Handelssachen in den Mitgliedstaaten (ABl. EG Nr. L 160 S. 37) bleiben unberührt.** [2]**Eine Zustellung nach Artikel 14 Abs. 1 der Verordnung (EG) 1348/2000 ist unbeschadet weitergehender Bedingungen des jeweiligen Empfangsmitgliedstaates nur in der Versandform des Einschreibens mit Rückschein zulässig.** [3]**Absatz 2 Satz 1 gilt entsprechend.**

1 **1. Allgemeines** (vgl Heß NJW 02, 2417/21). Die Vorschrift lässt die Zustellung durch Einschreiben mit Rückschein (§ 175) zu, soweit es völkerrechtliche Vereinbarungen gestatten, Zustellungen durch die

2 Post zu übersenden. – **a) Zweck.** § 183 soll im internationalen Rechtsverkehr alle erforderlichen Zustellungen ermöglichen, beschleunigen und vereinfachen. − **b) Anwendbar** auf alle Zustellungen im Ausland, 3 aber nur subsidiär. Die internationalen Übereinkommen und Abkommen gehen vor. Die EU-ZustellungsVO hat Vorrang auch gegenüber zweiseitigen Abkommen der Mitgliedsstaaten (Art 20 Abs 1). Parteivereinbarungen über Art und Form der Zustellungen sind demgegenüber unwirksam. − **c) Ausland** ist jedes Land außerhalb der Bundesrepublik. Angehörige der NATO-Streitkräfte: Art 4c Gesetz vom 18. 8. 4 1961 idF von Art 2 Abs 29 des G vom 25. 6. 2001 (BGBl 1206). − **d) Wahlmöglichkeit.** Es kann von vorneherein oder nachträglich zwi- 5 schen Einschreiben (Nr 1) und Ersuchen (Nr 2) gewählt werden. Bei Erfolglosigkeit bleibt öffentliche Zustellung möglich (§ 185 Nr 2, 3).

2. Ausführung der Zustellung (Abs 1). Es ist zu unterscheiden: − 6 **a) Nr 1. Einschreiben mit Rückschein** ist die Zustellungsart des § 175. Sie kann nur angewendet werden, wenn die unmittelbare Übersendung durch die Post aufgrund einer geltenden internationalen Vereinbarung (Rn 3) zulässig ist. Vollzogen ist die Zustellung mit Übergabe an den Adressaten, seinen Ehepartner, Zustellungsbevollmächtigten (§ 184 Abs 1) oder eine Ersatzperson, die als Postempfänger nach den Postvorschriften des betreffenden Staates zugelassen ist. − **b) Nr 2.** 7 **Ersuchen einer Behörde** des fremden Staates oder der diplomatischen wie der konsularischen Vertretung der Bundesrepublik. Das Ersuchen muss vom Vorsitzenden des Prozessgerichts (§ 168 Abs 2) ausgehen. Prozessgericht ist dasjenige Gericht, bei dem der Rechtsstreit bereits anhängig ist oder durch die Zustellung anhängig gemacht werden soll. − **c) Nr 3. Ersuchen des Auswärtigen Amts** bei Immunität gemäß 8 §§ 18−20 GVG und Zugehörigkeit bei einer Vertretung im Ausland (wie Rn 4). Ersuchen durch den Vorsitzenden (wie Rn 7).

3. Nachweis (Abs 2). Erfordert keine Zustellungsurkunde (§ 182). 9 Es ist ausreichend: − **a) Rückschein** im Falle des Abs 1 Nr 1 (vgl § 175 Rn 1), insbes bei Anwendung der EG-ZustellungsVO (Abs 3), die Einschreiben mit Rückschein als Zustellungsart vorschreibt (Art 14 Abs 1; § 2 EG-ZustellungsdurchführungsG vom 9. 7. 2001). Der Rückschein muss den Erledigungsvermerk des Postbediensteten aufweisen, idR auch die Unterschrift des Adressaten. Der Rückschein ist eine private Urkunde (§ 416). − **b) Zeugnis der ersuchten Behörde.** Das ist die 10 eines fremden Staats oder die jeweilige Vertretung der Bundesrepublik (Abs 1 Nr 2) oder das Auswärtige Amt (Abs 1 Nr 3). Form und Inhalt richten sich nach dem für die Behörde geltenden Recht (vgl § 415). Für die Echtheit ausländischer Zeugnisse gilt § 438, für die Beweiskraft § 418 (BGH NJW 02, 522 für § 202 aF).

§ 184 Zustellungsbevollmächtigter; Zustellung durch Aufgabe zur Post

(1) ¹**Das Gericht kann bei der Zustellung nach § 183 Abs. 1 Nr. 2 und 3 anordnen, dass die Partei innerhalb einer angemessenen Frist einen Zustellungsbevollmächtigten benennt, der**

**im Inland wohnt oder dort einen Geschäftsraum hat, falls sie
nicht einen Prozessbevollmächtigten bestellt hat.** [2]**Wird kein
Zustellungsbevollmächtigter benannt, so können spätere Zustellungen bis zur nachträglichen Benennung dadurch bewirkt
werden, dass das Schriftstück unter der Anschrift der Partei zur
Post gegeben wird.**

(2) [1]**Das Schriftstück gilt zwei Wochen nach Aufgabe zur Post
als zugestellt.** [2]**Das Gericht kann eine längere Frist bestimmen.**
[3]**In der Anordnung nach Absatz 1 ist auf diese Rechtsfolgen
hinzuweisen.** [4]**Zum Nachweis der Zustellung ist in den Akten
zu vermerken, zu welcher Zeit und unter welcher Anschrift
das Schriftstück zur Post gegeben wurde.**

1   **1. Allgemeines. – a) Zweck:** einfache, beschleunigte Durchführung
von Zustellungen, die im Ausland nur auf Grund eines Ersuchens vor-
2   zunehmen wären. – **b) Anwendbar** in allen Verfahren der ZPO; nur
bei Auslandszustellungen (§ 183 Rn 4), die im Wege des § 183 Abs 1
Nr 2 und 3 ausgeführt werden. Die Sonderregeln des Art 40 Abs 2
EuGVO und § 5 AVAG gehen vor, ebenso die internationalen Vereinbarungen, die eine unmittelbare Übersendung durch die Post zulassen.

3   **2. Anordnung** (Abs 1). Sie ist mit dem Schriftstück (§ 166) zuzustellen nebst dem Hinweis des Abs 2 S 3 (Rn 12). – **a) Zuständig** ist das
Gericht, bei dem der Rechtsstreit anhängig ist. Da durch Art 2 Abs 4
Nr 1 ZustellungsRG der § 20 Nr 7 a RPflG und damit die Zuständigkeit
des Rechtspflegers aufgehoben ist, muss davon ausgegangen werden, dass
der Vorsitzende zugleich mit dem Ersuchen gemäß § 183 Abs 1 Nr 2
4   und 3 auch die Anordnung trifft. – **b) Zeitpunkt:** ab Anhängigkeit
(§ 261 Rn 1) und bei jedem Ersuchen, das der Vorsitzende gemäß
§ 183 Abs 1 Nr 2 und 3 stellt, aber nicht das zum Zweck der Klagezu-
5   stellung (§ 253; BGH NJW 72, 1004 für § 174 aF). – **c) Voraussetzungen** (Abs 1 S 1). Es muss eine Zustellung im Wege des Ersuchens
vorzunehmen sein. Die Partei darf nicht einen ProzBev (§ 172) bestellt
6   haben. – **d) Benennung** des Zustellungsbevollmächtigten geschieht,
indem Zustellungsvollmacht (§ 171) gemäß § 167 BGB erteilt und dies
mit Person und Postanschrift dem Gericht mitgeteilt wird. Wohnen:
7   wie § 178 Rn 7–9). Geschäftsraum: wie § 178 Rn 15, 16. – **e) Ermessen.** Das Gericht kann, muss nicht anordnen, sollte es jedenfalls nur
dann, wenn hierfür ein Bedürfnis besteht, zB bei schwieriger oder lang-
wieriger Durchführung der Auslandszustellung (§ 183), häufig wech-
8   selndem Wohnsitz. – **f) Frist** zur Benennung. Sie ist eine richterliche
Frist (9 vor § 214) und muss angemessen sein, idR 2 bis 3 Wochen ab
9   Zustellung. Fristwahrung: 10 vor § 214. – **g) Wirkung** der Benennung. Es kann, muss aber nicht dem Zustellungsbevollmächtigten zugestellt werden. Das wirkt für und gegen die vertretene Partei (wie
§ 171). Daneben bleibt Zustellung an die Partei möglich. Die erteilte
10   Vollmacht erlischt, sobald ein ProzBev (§ 172) bestellt ist. – **h) Unterbleiben** der Benennung (Abs 1 S 2). Ist die Frist (Rn 8) abgelaufen,

kann an die Partei durch einfachen Brief zur Post zugestellt werden.
Geht der Brief verloren, darf Wiedereinsetzung (§ 233) nicht allein aus
dem Grund versagt werden, dass die Benennung unterblieben ist (BGH
NJW 00, 3284 für § 175 aF).

3. Zustellungsfiktion und Nachweis (Abs 2). – **a) Wirkung.** Ist 11
das zuzustellende Schriftstück (im Umschlag) zur Post gegeben worden,
so wird fingiert, dass die Zustellung an dem Tag stattgefunden hat, der
2 Wochen danach liegt. Diese Fiktion bewirkt auch den Beginn derjenigen Frist, die durch eine Zustellung in Lauf gesetzt wird (BGH NJW
92, 1701 mwN für § 175 aF). Zustellungsort ist da, wo zur Post gegeben wurde (BGH NJW 99, 1187 mwN für § 175 aF), also im Inland
(BGH NJW 02, 522 für § 175 aF). – **b) Fristberechnung:** § 222 12
Abs 1 (dort Rn 2, 3). Fristende: § 222 Rn 6. Längere Frist (Abs 2 S 2):
im pflichtgemäßen Ermessen des Gerichts, von Amts wegen. Kein Fall
des § 224 Abs 2. Die Frist muss in der Anordnung (Rn 3) bestimmt
sein. – **c) Hinweis** (Abs 2 S 3) ist notwendiger Bestandteil der Anord- 13
nung (Rn 3) und daher Wirksamkeitsvoraussetzung. Inhalt: umfasst die
Folgen einer unterbliebenen Benennung innerhalb der bestimmten Frist
(Rn 9), nämlich den Eintritt einer wirksamen Zustellung, 2 Wochen
nachdem der Brief zur Post gegeben wurde. Auf die sonstigen Folgen,
insbes einer Säumnis, muss nicht hingewiesen werden. – **d) Nachweis** 14
der Zustellung (Abs 2 S 4) geschieht durch Aktenvermerk der Geschäftsstelle mit Unterschrift des Urkundsbeamten (§ 153 GVG), zweckmäßig auf dem Original der zur Post gegebenen beglaubigten Abschrift.
Mindestens das Datum und der Wortlaut der Postanschrift des Adressaten ist anzugeben. Der Vermerk ist eine öffentliche Urkunde mit Beweiskraft des § 418 und ersetzt die Zustellungsurkunde (§ 182).

§ 185 Öffentliche Zustellung

Die Zustellung kann durch öffentliche Bekanntmachung (öffentliche Zustellung) erfolgen, wenn
1. der Aufenthaltsort einer Person unbekannt und eine Zustellung an einen Vertreter oder Zustellungsbevollmächtigten
nicht möglich ist,
2. eine Zustellung im Ausland nicht möglich ist oder keinen
Erfolg verspricht oder
3. die Zustellung nicht erfolgen kann, weil der Ort der Zustellung die Wohnung einer Person ist, die nach den §§ 18 bis 20
des Gerichtsverfassungsgesetzes der Gerichtsbarkeit nicht unterliegt.

1. Allgemeines. – a) Zweck. Es sollen Zustellungen in Fällen er- 1
möglicht werden, die in einer der anderen vorgesehenen Zustellungsarten nicht ausführbar sind. – **b) Anwendbar:** auch bei Zustellung auf 2
Betreiben einer Partei (§ 191), in jeder Verfahrensart der ZPO mit
Ausnahme des Mahnverfahrens (§ 688 Abs 2). Analoge Anwendung auf

3 andere Fälle ist ausgeschlossen. – **c) Allgemeine Voraussetzung.** Der Zustellungsadressat muss noch leben (KG FamRZ 75, 693 für § 203 aF). Bewilligt werden darf immer nur für eine bestimmte Zustellung, **4** nie für das ganze Verfahren. – **d) Durchführung.** § 185 normiert nur die Voraussetzungen. Bewilligung: § 186 Abs 1. Ausführung: § 186 Abs 2, 3. Veröffentlichung: § 187. Zeitpunkt der Zustellung: § 188. – **5 e) Verstoß.** Fehlt für das bewilligende Gericht (§ 186 Rn 1) erkennbar eine Voraussetzung, ist die Zustellung unwirksam (BGH NJW 02, 827 für § 202 aF; Schleswig NJW-RR 02, 714 für § 203 aF; aA Stuttgart NJW-RR 02, 716). Heilung (20–22 vor § 166) ist nicht ausgeschlossen. Der Anspruch auf rechtliches Gehör ist idR verletzt (Einl I Rn 10; BVerfG NJW 88, 2361). Wiedereinsetzung (§ 233) kann begründet sein.

6 **2. Voraussetzung. – a) Nr 1. Unbekannter Aufenthalt. aa) Person.** Damit ist jeder gemeint, der am Verfahren beteiligt ist, insbes **7** Partei, Nebenintervenient, Streitverkündungsempfänger, gesetzlicher Vertreter, nicht aber der ProzBev, Zeuge, Drittschuldner. **bb) Unbekannt** ist der Aufenthalt, wenn er allgemein, nicht nur dem Zustellungsveranlasser (6 vor § 166) nicht bekannt ist (Köln NJW-RR 98, 1682 für § 203 aF). Dass ihn irgendein Dritter kennt, aber nicht bekannt gibt, steht nicht entgegen. Eine ergebnislose Anfrage an das zuletzt als zuständig anzusehende Einwohnermeldeamt oder bei einer Auskunftei genügt idR (LG Berlin NJW-RR 91, 1152; KG MDR 98, **8** 524 für § 203 aF). **cc) Unmöglichkeit** der Zustellung an einen Vertreter (§§ 170, 171) oder Zustellungsbevollmächtigten (§ 184). Ist eine **9** solche möglich, scheidet öffentliche Zustellung aus. – **b) Nr 2. Unausführbare Auslandszustellung.** Betrifft die Fälle des § 183 Abs 1 Nr 1 und 2. **aa) Nicht möglich** ist sie, wenn feststeht, dass die Rechtshilfe abgelehnt wird oder die ersuchten Behörden nicht tätig werden und das **10** mitteilen. **bb) Voraussichtliche Erfolglosigkeit.** Ist die Auslandszustellung eingeleitet, muss mindestens 6 Monate auf Erledigung gewartet werden (Hamm NJW 89, 2803 mit Anm Geimer für § 203 aF). – **11 c) Nr 3. Status der Immunität** (Exterritoriale). Betrifft die Fälle, in denen an Personen zugestellt werden soll, die unter die §§ 18–20 GVG fallen und bei denen der Annahme der Zustellung verweigert wird. Das können Ausländer im Inland und Inländer im Ausland sein. Bei Auslandszustellung muss die Anwendung von § 183 Abs 1 Nr 3 erfolglos sein.

§ 186 Bewilligung und Ausführung der öffentlichen Zustellung

(1) ¹Über die Bewilligung der öffentlichen Zustellung entscheidet das Prozessgericht. ²Die Entscheidung kann ohne mündliche Verhandlung ergehen.

(2) ¹Die öffentliche Zustellung erfolgt durch Aushang einer Benachrichtigung an der Gerichtstafel. ²Die Benachrichtigung muss erkennen lassen

1. die Person, für die zugestellt wird,
2. den Namen und die letzte bekannte Anschrift des Zustellungsadressaten,
3. das Datum, das Aktenzeichen des Schriftstücks und die Bezeichnung des Prozessgegenstandes sowie
4. die Stelle, wo das Schriftstück eingesehen werden kann.

[3]Die Benachrichtigung muss den Hinweis enthalten, dass ein Schriftstück öffentlich zugestellt wird und Fristen in Gang gesetzt werden können, nach deren Ablauf Rechtsverluste drohen können. [4]Bei der Zustellung einer Ladung muss die Benachrichtigung den Hinweis enthalten, dass das Schriftstück eine Ladung zu einem Termin enthält, dessen Versäumung Rechtsnachteile zur Folge haben kann.

(3) In den Akten ist zu vermerken, wann die Benachrichtigung ausgehängt und wann sie abgenommen wurde.

1. Entscheidung über eine öffentliche Zustellung (Abs 1). – **a) Zuständig** ist das Gericht, bei dem der Rechtsstreit anhängig ist (§ 261 Rn 1), nicht der Vorsitzende, aber ggf der Einzelrichter; der Rechtspfleger nur, wenn er für das Verfahren zuständig ist, zB die Kostenfestsetzung (§ 104 Abs 1 S 3, 4). – **b) Form:** Beschluss (§ 329); denn mündliche Verhandlung ist nicht notwendig (Abs 1 S 2). – **c) Voraussetzungen.** Es müssen Tatsachen vorliegen für einen der Gründe des § 185 Nr 1–3, dazu die Erfordernisse des § 185 Rn 3. Ist das erfüllt, so ist zu bewilligen. Keine Ermessensentscheidung trotz „kann" in § 185 (bestr), wohl aber die Fristverlängerung gemäß § 188 S 2 und die zusätzlichen Anordnungen gemäß § 187. Keine Voraussetzung ist die internationale Zuständigkeit (Köln MDR 09, 230). – **d) Inhalt.** Die öffentliche Zustellung wird bewilligt, ggf mit Anordnungen (§§ 187, 188 S 2), oder, falls sie beantragt war, abgelehnt. Gründe sind in jedem Fall aufzunehmen. – **e) Anfechtung.** Nur ein abgelehnter Antrag ist gemäß § 567 Abs 1 Nr 2 anfechtbar; nicht die Bewilligung.

2. Ausführung (Abs 2). Sie besorgt der Urkundsbeamte der Geschäftsstelle (§ 153 GVG). – **a) Aushang** an der Gerichtstafel. Umfasst nur die Benachrichtigung (Abs 2 S 1). – **b) Benachrichtigung.** Sie ist vom Urkundsbeamten (§ 153 GVG) auszufertigen und hat den durch Abs 2 S 2 Nr 1–4 vorgeschriebenen Mindestinhalt. Der Prozessgegenstand (Nr 3) muss nur allgemein angegeben werden, zB Kaufpreisforderung für Kfz aus Vertrag vom 1. 8. 2002; wegen Ehescheidung. – **c) Hinweise** sind in Abs 2 S 2 und 3 vorgeschrieben: darauf, dass öffentlich zugestellt ist und der Zeitpunkt der Wirksamkeit (§ 188). Die Rechtsverluste (zB Rechtsmittel) müssen nicht konkretisiert werden. Dasselbe gilt bei Ladung zu einem Termin (§ 214) für die Rechtsnachteile (zB Versäumnisurteil). – **d) Aktenvermerk** (Abs 3). Die Benachrichtigung (Rn 6) bleibt im Akt. Der Urkundsbeamte vermerkt die Daten zweckmäßig auf der Urschrift und unterzeichnet mit dem Datum des erstellten Vermerks.

§ 187 Veröffentlichung der Benachrichtigung

Das Prozessgericht kann zusätzlich anordnen, dass die Benachrichtigung einmal oder mehrfach im Bundesanzeiger oder in anderen Blättern zu veröffentlichen ist.

1 **Zweck:** eine (lediglich theoretisch) verbesserte Gelegenheit zur Kenntnisnahme durch den Adressaten. **Anwendbar** in allen Fällen bewilligter öffentlicher Zustellung (§ 186). **Zuständigkeit:** wie § 185 Rn 1. **Anordnung:** wie § 186 Rn 2, 3. Sie steht im Ermessen des Gerichts. Anlass besteht nur dann, wenn die Aussicht der Kenntnisnahme durch den Zustellungsadressaten (4 vor § 166) konkret verbessert wird.

3 **Blätter:** damit sind Zeitungen gemeint. **Veröffentlicht** werden muss der gesamte Inhalt der Benachrichtigung mit den Hinweisen (§ 186 Abs 2). **Vermerk** ist entspr § 186 Abs 3 (ggf weiteres Blatt mit Datum) anzubringen.

§ 188 Zeitpunkt der öffentlichen Zustellung

¹Das Schriftstück gilt als zugestellt, wenn seit dem Aushang der Benachrichtigung ein Monat vergangen ist. ²Das Prozessgericht kann eine längere Frist bestimmen.

1 **Anwendbar** wie § 187 Rn 3. **Wirkung** (S 1). Die Zustellung wird für den bestimmten Tag fingiert („gilt") und ist wirksam, wenn die Voraussetzungen der §§ 185, 186 erfüllt sind. **Zeitpunkt** der Zustellung. Die Frist ist eine gesetzliche, die nicht abgekürzt werden kann (§ 224 Abs 2). Verlängerung ist nach S 2 nur im Beschluss (§ 186 Rn 1) möglich und steht im Ermessen des Gerichts. Berechnung der Frist: § 222. Fristbeginn mit vollzogenem Aushang gemäß § 186 Abs 2 S 1.

§ 189 Heilung von Zustellungsmängeln

Lässt sich die formgerechte Zustellung eines Schriftstücks nicht nachweisen oder ist das Schriftstück unter Verletzung zwingender Zustellungsvorschriften zugegangen, so gilt es in dem Zeitpunkt als zugestellt, in dem das Schriftstück der Person, an die die Zustellung dem Gesetz gemäß gerichtet war oder gerichtet werden konnte, tatsächlich zugegangen ist.

1 **1. Allgemeines.** Die Zustellung wird fingiert. Sie steht nicht im Ermessen des Gerichts. Die Wirkung wird auch auf Zustellungen erstreckt, die eine Notfrist in Gang setzen. – **a) Zweck.** Es soll eine Zustellung dann als wirksam angesehen werden, wenn der wesentliche Vorgang, nämlich das tatsächliche Zugehen des Schriftstücks an den Adressaten (4 vor § 166) oder seinen Vertreter (§§ 170–172), stattgefunden hat. Die formalen Erfordernisse, die diesen Zugang absichern sollen, sind dem gegenüber nicht mehr von Bedeutung. – **b) Anwendbar** bei allen Zustellungen, auch im Parteibetrieb (§ 191) und wenn eine Notfrist in

Lauf gesetzt wird. Entsprechende Anwendung dürfte bei Telekopie (§ 174 Abs 2) und elektronischem Dokument (§ 174 Abs 3) zu bejahen sein. § 189 ist auch bei Auslandszustellung anwendbar (MüKo/Wenzel 2). Das wurde für § 187 aF vom BGH NJW 97, 598 mwN verneint. – **c) Sonstige Heilung** von Zustellungsmängeln ist möglich gemäß 20, **4** 22 vor § 166.

2. Voraussetzungen. Sie werden von Amts wegen geprüft, wenn **5** es auf die Wirksamkeit der betreffenden Zustellung ankommt, insbes für Prozess- und Rechtszugsvoraussetzungen. – **a) Zustellungsmängel: 6** jeder Art, insbes Verstoß gegen zwingende Zustellungsvorschriften, die zur Unwirksamkeit (18 vor § 166) führen; fehlender Nachweis, insbes bei Verlust oder Lücken der Urkunde (§ 182); Mängel des zuzustellenden Schriftstücks, zB fehlende Beglaubigung (§ 192 Abs 2, dort Rn 9). – **b) Zustellungswille.** Die Zustellung des Schriftstücks muss **7** vom Veranlasser (6 vor § 166) beabsichtigt, mindestens angeordnet und in die Wege geleitet sein, insbes durch Zustellungsauftrag (§ 176). Es genügt nicht, dass eine formlose Mitteilung des zuzustellenden Schriftstücks veranlasst worden war (hM für § 187 aF). – **c) Tatsächlicher 8 Zugang.** Das Schriftstück muss auf irgendeine Weise so in die Hände des Zustellungsadressaten oder seines Vertreters (§§ 170–172) gelangt sein, dass er vom Inhalt Kenntnis nehmen konnte, nicht notwendig im selben Verfahren. Beim Empfangsbekenntnis (§ 176) muss auch die Bereitschaft zum Empfang (Entgegennahme) bestehen (BGH NJW 89, 1154 für § 198 aF). Kenntnisnahme durch dem Empfänger ist nicht erforderlich.

3. Wirkung ist bei Vorliegen der Voraussetzungen (Rn 6–8) die **9** Fiktion („gilt") einer wirksamen Zustellung mit allen Rechtsfolgen (zB Fristbeginn); zwingend, nicht in das gerichtliche Ermessen gestellt (vgl Rn 1). Maßgebender Zeitpunkt ist der des tatsächlichen Zugangs (Rn 8) ohne Rücksicht auf den Zeitpunkt der Kenntnisnahme vom Inhalt des zugegangenen Schriftstücks. Über den maßgebenden Zeitpunkt entscheidet das Gericht nach allg Beweisgrundsätzen (Heß NJW 02, 2417/21).

§ 190 Einheitliche Zustellungsvordrucke

Das Bundesministerium der Justiz wird ermächtigt, durch Rechtsverordnung mit Zustimmung des Bundesrates zur Vereinfachung und Vereinheitlichung der Zustellung Vordrucke einzuführen.

Die Ermächtigung erfasst den Zustellungsauftrag (§ 168 Abs 1 S 2), die Zustellungsurkunde (§ 182), die Mitteilung (§ 181 Abs 1 S 2) und den Umschlag (§ 176 Abs 1 S 1). Die VO vom 12. 2. 2002 (BGBl 671) ist am 1. 7. 2002 in Kraft getreten. Alte Vordrucke konnten bis 31. 12. 2002 verwendet werden (§ 3 ZustVV).

Untertitel 2. Zustellungen auf Betreiben der Parteien

§ 191 Zustellung

Ist eine Zustellung auf Betreiben der Parteien zugelassen oder vorgeschrieben, finden die Vorschriften über die Zustellung von Amts wegen entsprechende Anwendung, soweit sich nicht aus den nachfolgenden Vorschriften Abweichungen ergeben.

1   **Allgemeines.** Das Zustellungsrecht bestimmt die Amtszustellung (§§ 166 ff) als gesetzlichen Regelfall und die Parteizustellung als Sonderregelung (§§ 191–195). **Zweck.** Die Zustellung soll den Parteien und ihrer Disposition überlassen werden, soweit für eine Zustellung von 2 Amts wegen kein prozessuales Bedürfnis besteht. **Anwendbar:** für Willenserklärungen (§ 132 BGB) und soweit eine Zustellung auf Betreiben einer Partei (auch eines Nebenintervenienten, § 66) durch ein Gesetz (nicht nur die ZPO) zugelassen oder vorgeschrieben ist. Bsp: § 699 Abs 4 S 2 (Vollstreckungsbescheid), § 829 Abs 2 S 1; § 835 Abs 5 (Pfändungs- und Überweisungsbeschluss), § 845 (Vorpfändung), § 922 Abs 2, § 936 (Arrest und Einstweilige Verfügung). Bei allen Vollstreckungstiteln ist wegen §§ 750, 795 die Parteizustellung neben der Amtszustellung (§§ 317, 329) zulässig. **Zustellungsauftrag.** § 176 wird vor 3 ausgesetzt. Auftraggeber ist die Partei, auch wenn die Geschäftsstelle vermittelt (§ 192 Abs 3). Beauftragt werden kann wegen § 192 Abs 1 nur ein Gerichtsvollzieher (§ 154 GVG). Der Auftrag ist auf Vordruck zu erteilen (§ 190). Er ist Prozesshandlung (Einl III), daher im Fall der 4 Unwirksamkeit genehmigungsfähig (Einl III Rn 18). **Ausführung.** Sie richtet sich grundsätzlich nach den §§ 166–190 und erfolgt durch den Gerichtsvollzieher (§ 192 Abs 1), dem der Zustellungsauftrag (§ 176) zu erteilen ist (§ 192 Rn 2). **Gebühren:** § 16 GVKostG.

§ 192 Zustellung durch Gerichtsvollzieher

(1) Die von den Parteien zu betreibenden Zustellungen erfolgen durch den Gerichtsvollzieher nach Maßgabe der §§ 193 und 194.

(2) [1]Die Partei übergibt dem Gerichtsvollzieher das zuzustellende Schriftstück mit den erforderlichen Abschriften. [2]Der Gerichtsvollzieher beglaubigt die Abschriften; er kann fehlende Abschriften selbst herstellen.

(3) [1]Im Verfahren vor dem Amtsgericht kann die Partei den Gerichtsvollzieher unter Vermittlung der Geschäftsstelle des Prozessgerichts mit der Zustellung beauftragen. [2]Insoweit hat diese den Gerichtsvollzieher mit der Zustellung zu beauftragen.

1. Allgemeines. – a) Zweck. Die Partei soll im Rahmen ihrer 1
Disposition den gemäß § 154 GVG zuständigen Zustellungsbeamten
unmittelbar beauftragen können und in beschränktem Umfang auch die
Vermittlung der Geschäftsstelle verlangen (Rn 5). – **b) Anwendbar**
bei allen Zustellungen im Rahmen des § 191 Rn 3.

2. Zuständigkeit (Abs 1). Der Gerichtsvollzieher ist funktional 2
allein zuständig (§ 154 GVG). Er verfährt nach GVO und GVGA. Örtlich zuständig ist der Gerichtsvollzieher, in dessen Bezirk die Zustellung
auszuführen ist. Das ist der Wohnort oder Sitz des Zustellungsadressaten
(4 vor § 166), auch wenn Zustellung durch die Post stattfindet (§ 194).
Der Gerichtsvollzieher hat nicht die Zuständigkeit der Geschäftsstelle
(§ 168), sondern die aus § 176, so dass er nicht gemäß den §§ 173–175
zustellen kann. Es sind also Empfangsbekenntnis (§ 174) und Einschreiben mit Rückschein (§ 175) ausgeschlossen.

3. Übergabe des Schriftstücks (Abs 2), das zugestellt werden soll 3
(§ 166). Es übergibt die Partei oder ihr Vertreter, insbes der ProzBev: –
a) Urschrift. Sie wird insbes bei Urteilen und Beschlüssen durch die
Ausfertigung ersetzt (§ 317 Rn 2). – **b) Abschriften.** Sie sollen von 4
der beauftragenden Partei übergeben werden, auch beglaubigt von
einer hierzu befugten Person, insbes von einem RA (§ 169 Abs 2).
Fehlt die Beglaubigung oder ist sie unzureichend (§ 169 Rn 9) muss
der Gerichtsvollzieher beglaubigen (Abs 2 S 2 Hs 1). Fehlen Abschriften oder sind sie zu wenig, kann er sie herstellen und sollte es tun. Gebühr: § 16 Abs 7 GVKostG.

4. Vermittlung der Geschäftsstelle (Abs 3). Den Zustellungsauf- 5
trag (§ 191 Rn 4) erteilt immer die Partei (oder ihr Vertreter), auch
wenn sie die Vermittlung der Geschäftsstelle (nur die des Prozessgerichts, wie § 168 Rn 1) in Anspruch nimmt. Das steht der Partei neben
dem unmittelbaren Auftrag an den Gerichtsvollzieher zur Wahl; aber
nur im Verfahren vor dem AG (§ 495). Der Urkundsbeamte (§ 153
GVG) ist ermächtigt, den Auftrag im Namen der die Zustellung veran-
lassenden Partei (4 vor § 166) zu erteilen.

§ 193 Ausführung der Zustellung

(1) **¹Der Gerichtsvollzieher beurkundet auf der Urschrift des
zuzustellenden Schriftstücks oder auf dem mit der Urschrift zu
verbindenden hierfür vorgesehenen Vordruck die Ausführung
der Zustellung nach § 182 Abs. 2 und vermerkt die Person, in
deren Auftrag er zugestellt hat. ²Bei Zustellung durch Aufgabe
zur Post ist das Datum und die Anschrift, unter der die Aufgabe erfolgte, zu vermerken.**

(2) **Der Gerichtsvollzieher vermerkt auf dem zu übergeben-
den Schriftstück den Tag der Zustellung, sofern er nicht eine
beglaubigte Abschrift der Zustellungsurkunde übergibt.**

(3) **Die Zustellungsurkunde ist der Partei zu übermitteln, für die zugestellt wurde.**

1   **1. Allgemeines.** Die Vorschrift ergänzt den Inhalt der Zustellungsurkunde (§ 182 Abs 2) um die Bezeichnung der Person, für die zuge-
2 stellt wird (Zustellungsveranlasser, 6 vor § 166). – **a) Zweck.** Es soll dem, der zur Zustellung beauftragt, durch eine öffentliche Urkunde mit der Beweiskraft des § 418 ein sicherer Nachweis verschafft werden. –
3 **b) Anzuwenden:** nur wenn der Gerichtsvollzieher auf Betreiben einer Partei zustellt, nicht wenn er aufgrund des § 176 beauftragt ist. Abs 1 S 2 gilt nur, wenn der Gerichtsvollzieher gemäß Rn 7 zur Post aufgibt. –
4 **c) Geltung** der Vorschriften über die Amtszustellung (hier insbes die §§ 176–182) wird vorausgesetzt. Durch Abs 1 S 1 wird § 182 Abs 1 S 1 abgeändert und § 182 Abs 2 um die Bezeichnung der Person erweitert, für die zugestellt wurde; Abs 2 schreibt den Zustellungsvermerk in allen Fällen vor (nicht nur bei §§ 180, 181) oder die (bei Amtszustellung wegen § 299 nicht vorgesehene) Übergabe einer beglaubigten Abschrift der Zustellungsurkunde. Abs 3 geht dem § 182 Abs 3 vor (§ 191), indem an den Auftraggeber übermittelt, nicht an die Geschäftsstelle zurückgeleitet wird.

5   **2. Ausführung** (Abs 1) der Zustellung. Hierbei wird vorausgesetzt, dass der Gerichtsvollzieher nach den §§ 177–181 verfährt, da eine be-
6 urkundete Zustellung (§§ 191, 176) vorgenommen wird. – **a) Beurkundung** (Abs 1 S 1). Es steht dem Gerichtsvollzieher, wenn er selbst zustellt, zur Wahl, ob er auf der Urschrift des zuzustellenden Schriftstücks beurkundet oder eine vorgedruckte Zustellungsurkunde (§ 182) benutzt; diese muss er mit der Urschrift körperlich verbinden. In jedem Fall muss er schriftlich mit Unterschrift vermerken, für wen er zugestellt hat, indem er identifizierbar den Zustellungsveranlasser (4 vor
7 § 166) bezeichnet. – **b) Aufgabe zur Post** (Abs 1 S 2) ist nur im Fall des § 184, der hier über § 191 gilt, vorgesehen und setzt daher die Anordnung und die Nichtbenennung (§ 184 Abs 1) voraus. Der Vermerk des Gerichtsvollziehers entspricht dem des Urkundsbeamten (§ 184 Abs 2 S 3). Die „Zeit" in § 184 Abs 2 S 4 soll dem Datum des § 193 Abs 1 S 3 entsprechen.

8   **3. Zustellungsvermerk** (Abs 2). Er dient dem Zweck, dem Zustellungsadressaten sichere und genaue Kenntnis von Vorgang und Zeitpunkt der Zustellung zu verschaffen. Der Vermerk entspricht denen von § 180 S 3 und § 181 Abs 2 S 3. Der Vermerk auf der übergebenen Abschrift ist nur notwendig, wenn der Gerichtsvollzieher nicht eine von ihm beglaubigte Zustellungsurkunde (§ 182) dem Empfänger der Zustellung (5 vor § 166) übergibt, was in der Praxis vorzuziehen wäre.

9   **4. Zustellungsurkunde** (§ 182). Sie ist im Original dem Zustellungsveranlasser (4 vor § 166) oder dessen Vertreter zu übermitteln. Die Beförderungsart steht dem Gerichtsvollzieher frei. Im Gegensatz zu § 194 Abs 2 muss der Gerichtsvollzieher nicht unverzüglich handeln, sollte es aber tun.

§ **194** Zustellungsauftrag

(1) [1]**Beauftragt der Gerichtsvollzieher die Post mit der Ausführung der Zustellung, vermerkt er auf dem zuzustellenden
Schriftstück, im Auftrag welcher Person er es der Post übergibt.** [2]**Auf der Urschrift des zuzustellenden Schriftstücks oder
auf einem mit ihr zu verbindenden Übergabebogen bezeugt
er, dass die mit der Anschrift des Zustellungsadressaten, der
Bezeichnung des absendenden Gerichtsvollziehers und einem
Aktenzeichen versehene Sendung der Post übergeben wurde.**

(2) **Die Post leitet die Zustellungsurkunde unverzüglich an
den Gerichtsvollzieher zurück.**

Zweck. Dem Gerichtsvollzieher soll freigestellt sein, ob er zu seiner 1
Entlastung sich der Post mit ihrem auf § 168 beruhenden Befugnissen
zur Zustellung bedient. **Auftrag.** Es gilt wegen § 191 grundsätzlich 2
§ 168 Abs 1 S 3 (Vordruck) und § 176, so dass der Gerichtsvollzieher
das zuzustellende Schriftstück in einem verschlossenen Umschlag der
Post zu übergeben hat, zugleich gemäß § 176 Abs 1 den vorbereiteten
Vordruck der Zustellungsurkunde (§ 182). **Übergabevermerk** (Abs 1 3
S 1) ist auf dem zuzustellenden Schriftstück anzubringen. Unterzeichnung ist nötig. Inhalt: Es ist die Person identifizierbar zu bezeichnen,
für die der Gerichtsvollzieher (4 vor § 166) an die Post zur Zustellung
übergibt. **Übergabezeugnis** (Abs 1 S 2). Es ist auf der beim Gerichts- 4
vollzieher verbleibenden Urschrift des zuzustellenden Schriftstücks anzubringen oder auf dem Übergabebogen (Vordruck, § 190), der mit der
Urschrift körperlich zu verbinden ist. Inhalt: Bezeugt wird die Übergabe der Urkunde an die Post im verschlossenen Umschlag mit der tatsächlich benutzten Anschrift des Zustellungsadressaten (4 vor § 166)
und der Bezeichnung des absendenden Gerichtsvollziehers mit Namen
und Anschrift, sowie einem Aktenzeichen des Gerichtsvollziehers oder
des gerichtlichen Verfahrens (am besten beides). Unterschrift ist notwendig. **Rückleitung** (Abs 2) der von dem Postbediensteten (§ 182 5
Abs 2 Nr 8) gemäß § 182 erstellten Zustellungsurkunde. Unverzüglich:
wie § 121 BGB, ohne schuldhaftes Zögern, immer an den Gerichtsvollzieher; dieser sendet an den Zustellungsveranlasser gemäß § 193 Abs 3.

§ **195** Zustellung von Anwalt zu Anwalt

(1) [1]**Sind die Parteien durch Anwälte vertreten, so kann ein
Schriftstück auch dadurch zugestellt werden, dass der zustel-
lende Anwalt das zu übergebende Schriftstück dem anderen
Anwalt übermittelt (Zustellung von Anwalt zu Anwalt).** [2]**Auch
Schriftsätze, die nach den Vorschriften dieses Gesetzes von
Amts wegen zugestellt werden, können stattdessen von Anwalt
zu Anwalt zugestellt werden, wenn nicht gleichzeitig dem
Gegner eine gerichtliche Anordnung mitzuteilen ist.** [3]**In dem
Schriftsatz soll die Erklärung enthalten sein, dass von Anwalt**

zu Anwalt zugestellt werde. [4]**Die Zustellung ist dem Gericht, sofern dies für die zu treffende Entscheidung erforderlich ist, nachzuweisen.** [5]**Für die Zustellung an einen Anwalt gilt § 174 Abs. 2 Satz 1 und Abs. 3 Satz 1, 3 entsprechend.**

(2) [1]**Zum Nachweis der Zustellung genügt das mit Datum und Unterschrift versehene schriftliche Empfangsbekenntnis des Anwalts, dem zugestellt worden ist.** [2]**§ 174 Abs. 4 Satz 2, 3 gilt entsprechend.** [3]**Der Anwalt, der zustellt, hat dem anderen Anwalt auf Verlangen eine Bescheinigung über die Zustellung zu erteilen.**

Abs 1 S 5 und Abs 2 S 2 sind wegen Änderung des § 174 redaktionell geändert durch Art 1 Nr 4 OLG-Vertr-ÄndG vom 23. Juli 2002 (BGBl I S 2850); in Kraft seit 1. 8. 02.

1 **1. Allgemeines. – a) Zweck.** Dient der Vereinfachung und Beschleunigung des Verfahrens, indem statt über das Gericht oder den Gerichtsvollzieher die ProzBev unmittelbar die Zustellung mit Nach-
2 weis herbeiführen können. – **b) Anwendungsbereich:** grundsätzlich nur für Zustellung im Parteibetrieb (§ 191); wäre von Amts wegen zuzustellen (§ 166), ist § 195 nur anwendbar, wenn nicht zugleich (gleichzeitig) eine gerichtliche Anordnung (zB im Einzelfall § 273) zuzustellen ist (zB § 329 Abs 1). Das wichtigste Anwendungsgebiet ist die Zustellung von Schriftsätzen (nicht der Klageschrift, §§ 253 Abs 5 und 271 Abs 1), auch wenn bei Rechtshängigkeit (§ 261 Abs 1) die Klage geändert oder Widerklage erhoben wird. § 195 gilt auch, wenn durch Zustellung eines Vollstreckungstitels die Voraussetzung der Zwangsvollstreckung geschaffen werden soll (§ 750 Abs 2); jedoch beginnen die Rechtsmittel- und Einspruchsfristen erst mit der Zustellung von
3 Amts wegen (§ 317 Rn 1). – **c) Freie Wahl** hat der Anwalt, der zustellt, zwischen § 195 und dem Auftrag an den Gerichtsvollzieher (§ 192), dieser Weg ist geboten, wenn der Anwalt dem zugestellt werden soll, die Mitwirkung verweigert. Daneben steht Aushändigung ge-
4 mäß § 135 zur Wahl. – **d) Form** für Zustellung und Empfangsbekenntnis. Neben der Schriftform ist Telekopie und elektronisches Dokument zulässig (Abs 1 S 5 und Abs 2 S 2); wie § 174 Rn 9–14.

5 **2. Voraussetzungen** der Zustellung von Anwalt zu Anwalt (Abs 1) **a) Vertretung durch Rechtsanwälte** (oder ihnen gleichstehenden Erlaubnisinhabern, § 25 EGZPO). Es müssen der Zustellungsveranlasser (6 vor § 166) und der Zustellungsadressat (4 vor § 166) als Partei oder Nebenintervenient durch Anwälte vertreten sein, nur im Verhältnis zueinander; denn auf die Vertretung der Streitgenossen und
6 anderen Nebenintervenienten kommt es dabei nicht an. – **b) Vertretung des Anwalts** (mit wirksamer Prozessvollmacht), der zustellt oder dem zugestellt wird, ist nach allgemeinen Grundsätzen zulässig. Es kann ein anderer RA den ProzBev für die gesamte Zustellung oder einzelne ihrer Akte (zB Empfangsbekenntnis, Rn 9) vertreten, insbes der allgemei-

ne Vertreter (§ 53 BRAO), der angestellte RA (BGH NJW 75, 1653 für § 198 aF), bei der Sozietät (BGH NJW 95, 1841 mwN für § 198 aF). Nicht wirksam möglich bei Büropersonal (BGH NJW 94, 2295 für § 198 aF) und Stationsreferendar (BGH NJW 76, 991 für § 198 aF). – **c) Übermittlung des Schriftstücks** mit dem Zwecke und dem Willen der Zustellung in beglaubigter Abschrift (§ 169 Rn 4). Das geschieht durch die Post, das Abholfach, Boten oder auf sonstige Weise an den RA, dem zugestellt werden soll. Als Soll-Vorschrift (Abs 1 S 3) ist der Zustellungsvermerk im zuzustellenden Schriftsatz vorgesehen, dass von Anwalt zu Anwalt (oder „gemäß § 195") zugestellt werde. – **7**

d) Entgegennahme durch den empfangenden Anwalt (Empfangsbereitschaft) erfordert, dass er die Zustellungsabsicht (Rn 7) erkennt (BGH NJW 81, 462 für § 212a aF) und den (gemäß Rn 7 erklärten) Willen hat, die Zustellung als solche entgegenzunehmen. Die Entgegennahme kann vom Büropersonal ausgeführt werden, aber nicht das Empfangsbekenntnis (BGH NJW 94, 2295 für § 198 aF). Zugestellt ist erst, wenn der RA vom Eingang des Schriftstücks zum Zwecke der Zustellung, nicht notwendig vom Inhalt, Kenntnis erlangt (BGH NJW 91, 42 für § 198 aF). Das gilt auch wenn der RA irrtümlich meint, der frühere Eingang in der Kanzlei sei maßgebend (BGH NJW 79, 2360 für § 198 aF). **8**

3. Empfangsbekenntnis (Abs 2 S 1). Es ist für die Wirksamkeit der Zustellung notwendig (vgl Rn 10). Es kann auch nachträglich ausgefertigt, ergänzt und berichtigt werden. – **a) Form:** schriftlich mit Unterschrift. Durch die Verweisung auf § 174 Abs 2–4 ist Telekopie und elektronisches Dokument zugelassen. Die Anm zu § 174 gelten sinngemäß. – **b) Inhalt. aa) Bezeichnung** des zugestellten Schriftstücks (zB Klageerwiderung vom 1. 6. 2001). **bb) Bestätigung** des Empfangs zum Zwecke der Zustellung (vgl Rn 6). **cc) Datum** des Empfangs (Rn 7), lesbar (BGH NJW 94, 526 für § 198 aF). Der Eingangsstempel kann das Datum ersetzen (Koblenz Rpfleger 96, 207 für § 198 aF). – **c) Unterschrift** des RAs, eigenhändig (BGH NJW 89, 823 für § 198 aF), nicht notwendig lesbar, aber individuell unterscheidbar (BGH NJW-RR 92, 1150 für § 198 aF). Eine Paraphe genügt nicht (BGH NJW 95, 535 für § 212 aF). **9 9a 9b 9c**

4. Wirksamkeit der Zustellung tritt erst ein, wenn alle Voraussetzungen (Rn 5–9) erfüllt sind. Einzelheiten: Wird das unterschriebene Empfangsbekenntnis zurückgesandt, so wird vermutet, dass der Empfänger das Schriftstück als zugestellt annehmen wollte. Fehlen Datum oder Unterschrift, ist die Zustellung unwirksam, ebenso wenn sie unleserlich sind (BGH NJW 94, 526 für § 198 aF). Geht das Empfangsbekenntnis verloren, wird die Zustellung dadurch nicht unwirksam; sie kann mit allen Beweismitteln nachgewiesen werden. Heilung ist möglich (20–22 vor § 166). **10**

5. Wirkung. Sie ist die gleiche wie bei der Zustellung durch den Gerichtsvollzieher (§ 191). Es tritt insbes die Rechtshängigkeit einer **11**

geänderten Klage (§§ 263, 264) oder die einer Widerklage (§ 33) ein. –
12 **a) Zeitpunkt.** Er steht mit dem Eintritt der Voraussetzungen fest
(Rn 10). Die Parteien können ihn nicht anders vereinbaren (BGH NJW
13 74, 1469 für § 198 aF). – **b) Pflicht zur Entgegennahme** der Zustellung besteht nicht (hM). Wurde sie aber ordnungsgemäß eingeleitet,
ist der empfangende RA standesrechtlich verpflichtet mitzuwirken.
Verweigert er die Annahme, bleibt nur Zustellung durch den Gerichts-
14 vollzieher (§ 191). – **c) Beweiskraft** des Empfangsbekenntnisses. Es ist
eine Privaturkunde (§ 415), deren Beweiskraft insofern über § 416 hinausgeht, als sie vollen Beweis für die darin bezeugten Vorgänge begründet und eine Zustellungsurkunde (§§ 190, 182) ersetzt (BGH NJW
90, 2125 für § 198 aF). Gegenbeweis (8 vor § 284) ist für jeden Vorgang zulässig (BGH aaO). An den Nachweis, der Zugang sei später erfolgt als das angegebene Datum ausweist, sind strenge Anforderungen
zu stellen (BGH NJW 96, 3014 mwN für § 198 aF). Es muss jede
Möglichkeit ausgeschlossen sein, dass die als unrichtig bezeichneten
Angaben im Empfangsbekenntnis richtig sein können (BGH NJW 96,
2514 und NJW-RR 98, 1442 für § 198 aF; Köln NJW-RR 97, 894
für § 212a aF). Die Handakten des RAs können im Einzelfall genügen
(BGH NJW 87, 325 für § 198 aF).

15 **6. Gegenbescheinigung** (Abs 2 S 3) ist keine Wirksamkeitsvoraussetzung der Zustellung (Rn 10). Ihr Inhalt entspricht dem des Empfangsbekenntnisses (Rn 9). An Stelle der Bestätigung des Empfangs tritt
die Erklärung, dass zugestellt wurde. Da das Zustellungsdatum (Rn 9)
dem zustellenden RA erst später bekannt wird, ist es idR unmöglich,
die volle Bescheinigung mit dem zuzustellenden Schriftstück sogleich
mitzusenden. Weicht das Datum ab, so ist im Zweifel das der Empfangsbescheinigung maßgebend. Der zustellende RA ist auf Grund des
Abs 2 S 3 zur Ausstellung verpflichtet.

§§ 196 bis 213a (weggefallen)

Titel 3. Ladungen, Termine und Fristen

Vorbemerkung

1 **I. Allgemeines** zu Ladung und Terminsmitteilung. Sie haben gemeinsam, dass sie die Prozessbeteiligten von einem Termin (Rn 6) in
Kenntnis setzen sollen und nur von Amts wegen geschehen. Da die
Terminsbestimmung (§ 216) eine Entscheidung (Beschluss oder Verfügung) darstellt, gilt hierfür § 329. Daraus folgt: Bei verkündeter Terminsbestimmung (§ 329 Abs 1) ist eine besondere Ladung (Rn 2) oder
Terminsmitteilung (Rn 3) nicht erforderlich (§ 218). Nicht verkündete
Terminsbestimmungen sind durch Ladung oder Terminsmitteilung zuzustellen (§ 329 Abs 2 S 2). Formlose Mitteilung genügt daher grundsätzlich nicht, nur dann, wenn sie vom Gesetz ausdrücklich zugelassen
ist (zB § 141 Abs 2 S 2, § 357 Abs 2 S 1, § 497 Abs 1).

1. Ladung ist die Aufforderung, in einem Termin zu erscheinen. 2
Sie muss enthalten: **(1)** Das Gericht, das lädt; **(2)** die geladene Person;
(3) den Terminsort (mindestens das Gebäude); **(4)** die Terminszeit (mit
Stunde); **(5)** den Terminszweck (zB Beweisaufnahme) mit Bezeichnung des Rechtsstreits nach Betreff und Aktenzeichen; **(6)** die Aufforderung, im Termin zu erscheinen, nicht notwendig ausdrücklich, aber
erkennbar; **(7)** nur im Fall des § 215 die Aufforderung, einen RA zu
bestellen.

2. Terminsmitteilung ist die Nachricht, dass ein Termin stattfin- 3
det. Sie tritt an die Stelle der Ladung, wo diese nicht ausdrücklich vorgeschrieben ist (zB § 141 Abs 2 S 2, § 357 Abs 2 S 1, § 497 Abs 1). Sie
muss mindestens die in Rn 2 unter (1)–(5) bezeichneten Bestandteile
enthalten.

3. Mängel einer Ladung oder Terminsmitteilung. – **a) Unwirksam** 4
ist sie, wenn ein notwendiger Bestandteil fehlt oder wenn nicht, falls
dies vorgeschrieben ist, wirksam zugestellt wurde (17–19 vor § 166).
Die für das Ausbleiben vorgesehenen Rechtsnachteile (zB Versäumnisurteil) treten dann nicht ein (vgl zB § 335 Nr 2, 4). – **b) Geheilt** wer- 5
den kann die unwirksame Zustellung gemäß 20–22 vor § 166, die unterlassene Zustellung oder Terminsmitteilung, ihr fehlerhafter Inhalt
(Rn 2, 3) und eine nicht eingehaltene Ladungsfrist (§ 217) über § 295.

II. Termin ist ein im Voraus bestimmter Zeitpunkt für ein ge- 6
meinsames Handeln von Gericht und Parteien. Das ist gleichbedeutend
mit Sitzung (vgl zB § 136 Abs 3, § 345). Der Termin kann insbes zur
mündlichen Verhandlung, Beweisaufnahme, auch zur gütlichen Streitbeilegung (§ 278) oder zur Entscheidungsverkündung bestimmt sein.

III. Fristen iS der §§ 221–229 (eigentliche Fristen) sind Zeiträume 7
zur Vornahme einer Prozesshandlung (Handlungsfristen) oder zur Vorbereitung der Partei auf einen Termin (Zwischenfristen). Keine Fristen
iS der §§ 221–229, daher uneigentliche Fristen sind die in § 234 Abs 3,
§ 315 Abs 2 S 1, § 586 Abs 2 S 2, § 614 Abs 4, § 798, § 958 Abs 2.
Berechnet werden sie aber nach § 222.

1. Eigentliche Fristen sind gesetzliche oder richterliche. Sie sind 8
wegen § 224 voneinander zu unterscheiden. – **a) Gesetzliche Fristen.** Ihre Dauer wird vom Gesetz bestimmt. Auseinanderzuhalten sind:
aa) Notfristen. Sie müssen im Gesetz als solche bezeichnet sein (§ 224
Abs 1 S 2). **bb) Gewöhnliche Fristen.** Das sind alle gesetzlichen Fristen, die in der ZPO nicht ausdrücklich als Notfristen bezeichnet sind. –
b) Richterliche Fristen. Ihre Dauer wird nicht vom Gesetz, sondern 9
vom Gericht bestimmt, nach Zeitraum (zB 2 Wochen) oder Endtag
(Datum). Bsp: § 56 Abs 2 S 2, § 89 Abs 1 S 2, § 113, § 273 Abs 2
Nr 1, § 275 Abs 1 S 1, Abs 3, 4, § 276 Abs 1 S 2, Abs 3, § 277 Abs 3,
§ 356, § 769 Abs 2, § 926 Abs 1. Richterlich bestimmte Notfristen gibt
es in § 276 Abs 1 S 3, § 339 Abs 2.

10   **2. Fristwahrung.** Eine fristgebundene Prozesshandlung muss spätestens um 24 Uhr des letzten Tages der Frist dem Gericht gegenüber vorgenommen werden. Fristgebundene Schriftsätze müssen bis dahin tatsächlich in die Verfügungsgewalt des Gerichts gelangen. Besteht für mehrere Gerichte eine gemeinsame allgemeine Einlaufstelle, wahrt der eingegangene Schriftsatz die Frist bei den angeschlossenen Gerichten, aber nur bei dem Gericht, an das adressiert ist (BAG NJW 02, 843 mwN).

§ 214 Ladung zum Termin
Die Ladung zu einem Termin wird von Amts wegen veranlaßt.

1   Ladung: 2 vor § 214. Termin: 6 vor § 214. Von Amts wegen: Die Geschäftsstelle (§ 153 GVG) veranlasst die Ladung, fertigt den Ladungsschriftsatz und sorgt für seine Zustellung (§ 168).

§ 215 Ladung im Anwaltsprozess
In Anwaltsprozessen muß die Ladung zur mündlichen Verhandlung, sofern die Zustellung nicht an einen Rechtsanwalt erfolgt, die Aufforderung enthalten, einen Anwalt zu bestellen.

1   **Anwaltsprozess:** § 78. Gilt nicht nur für die Ladung zur ersten mündlichen Verhandlung, sondern auch für spätere Termine, solange noch kein Anwalt bestellt ist (hM). **Ladung:** 2 von § 214. **Verstoß:** 4 vor § 214.

§ 216 Terminsbestimmung
(1) Die Termine werden von Amts wegen bestimmt, wenn Anträge oder Erklärungen eingereicht werden, über die nur nach mündlicher Verhandlung entschieden werden kann oder über die mündliche Verhandlung vom Gericht angeordnet ist.

(2) Der Vorsitzende hat die Termine unverzüglich zu bestimmen.

(3) Auf Sonntage, allgemeine Feiertage oder Sonnabende sind Termine nur in Notfällen anzuberaumen.

1   **1. Anwendungsbereich:** alle der ZPO unterliegenden Verfahren mit mündlicher Verhandlung (Rn 2), alle Rechtszüge, so dass von Amts wegen auch Termin zu bestimmen ist nach Zurückverweisung (§ 538 Abs 2, § 563 Abs 1) oder nach Rechtskraft eines Grundurteils (BGH NJW 79, 2307).

2   **2. Voraussetzungen.** Sie werden von Amts wegen geprüft, bevor der Termin bestimmt wird. – **a) Einreichung von Schriftsätzen** oder Erklärungen zu Protokoll (vgl § 78 Abs 5), deren Inhalt (Anträge oder Prozesshandlungen) eine mündliche Verhandlung erfordert, entweder kraft Gesetzes (§ 128 Abs 1) oder, wenn sie freigestellt ist, infolge An-

ordnung (§ 128 Abs 3). – **b) Zulässigkeit** der mündlichen Verhand- 3
lung in Bezug auf den Stand des Verfahrens. Ist ein schriftliches Vorverfahren eingeleitet (§ 276), darf der Haupttermin (§ 272 Abs 1) nicht
vor Ablauf des Vorverfahrens (§ 277) bestimmt werden. Ist unterbrochen, ausgesetzt oder das Ruhen angeordnet (vgl 2, 4 vor § 239), so
darf nur Termin bestimmt werden, wenn die Fortsetzung des Verfahrens zulässig ist. Das gilt entspr, wenn geltend gemacht wird, ein Prozessvergleich sei unwirksam (§ 794 Rn 36). – **c) Wirksamkeit** der 4
eingereichten Anträge und Prozesshandlungen (Rn 2). Die in § 253
Rn 19, 20 dargelegten Grundsätze sind für Klagen besonders zu beachten und gelten für andere Anträge als Klagen entspr. – **d) Gebühren-** 5
vorauszahlung, soweit § 65 GKG sie vorschreibt. Von dieser Soll-
vorschrift abzuweichen, besteht nur bei besonderen Gründen Anlass.
Bei Nichtzahlung eines Auslagenvorschusses darf ein Termin nicht
verweigert werden (Köln NJW-RR 99, 290).

3. Ausführung. Zuständig sind der Vorsitzende (Abs 2) oder der 6
Amtsrichter (§ 22 Abs 1 GVG); der Einzelrichter (§§ 348, 348 a, 526,
527); ggf der kommissarische Richter (§ 229); der Rechtspfleger, falls
vor ihm mündlich verhandelt wird (§ 4 Abs 1 RPflG). – **a) Von Amts** 7
wegen. Das zuständige Rechtspflegeorgan handelt, auch ohne Antrag oder Anregung, wenn ein Termin erforderlich wird (Rn 2). –
b) Terminswahl steht grundsätzlich im Ermessen, begrenzt durch 8
Einlassungs- und Ladungsfristen (§ 274 Abs 3, § 217). Der Termin zur
mdl Vhdlg soll auf den frühest möglichen Zeitpunkt bestimmt werden
(§ 272 Abs 3). Der Vorsitzende ist nicht verpflichtet, den Termin so
weit hinauszuschieben, dass auch verspätetes Vorbringen noch ohne
Verzögerung berücksichtigt werden kann (BGH NJW 81, 286).
Grundsätzlich ist die Reihenfolge des Einlaufs und der Stand der Ver-
handlungsreife (vgl §§ 276, 277) zugrunde zu legen. Die allgemeine
Geschäftslage des Gerichts, die voraussichtliche Verhandlungsdauer, die
notwendige Vorbereitungszeit und berechtigte Wünsche der Parteien
dürfen jedoch berücksichtigt werden. Sammeltermine (Vielzahl von
angesetzten Verhandlungsterminen zur selben Terminsstunde) sind zulässig, aber oft nicht empfehlenswert. – **c) Unverzüglich** (Abs 2) be- 9
deutet ohne schuldhaftes Zögern (wie § 121 Abs 1 S 1 BGB) und verpflichtet die Geschäftsstelle zur sofortigen Vorlage. Ein Verstoß kann
lediglich die Amtspflicht verletzen. Bei Verzögerung wegen Überlastung sind Gleichheitsgrundsatz und Verhältnismäßigkeit zu beachten
(Karlsruhe NJW 73, 1510). Das Unterlassen jeglicher Bearbeitung und
Setzen auf eine Warteliste ist ein Verstoß gegen Abs 2 (Schleswig NJW
82, 246), ebenso wenn die Terminierung wegen Vakanz des Vorsitzes
unterlassen wird (LAG Düsseldorf NZA 96, 280) oder wenn bei einer
Scheidungssache mit der Terminierung wegen der Folgesachen zugewartet werden muss (Frankfurt NJW 86, 389). – **d) Entscheidung** 10
ergeht idR durch eine Verfügung (1 vor § 214), in der Tag, Uhrzeit,
Ort und Zweck des Termins angegeben sind. Fehlt eine der Vorausset-

zungen (Rn 2–5), so wird die Terminsbestimmung entweder unterlassen oder, falls ein Termin ausdrücklich beantragt ist, dieser Antrag durch Beschluss des Gerichts abgelehnt. Diesen muss der Vorsitzende herbeiführen. Aus anderen Gründen darf die Terminsbestimmung nicht unterlassen werden, zB nicht wegen einer unzureichenden Besetzung des Spruchkörpers (Karlsruhe NJW 73, 1510; vgl auch Rn 9). – **e) Bekanntmachung** nach § 329 Abs 2 S 2.

11   **4. Rechtsbehelfe.** Zunächst ist um Terminsverlegung (§ 227) nachzusuchen. – **a) Terminsbestimmung.** Sie ist unanfechtbar (allgM). Nur ausnahmsweise findet sofortige Beschwerde statt, wenn der Termin so weit hinausgeschoben wird, dass es einer Ablehnung (Rn 12) gleich steht (§ 252 analog). Bei normalen Prozessen und fortlaufender Terminierung ist das bei 6 Monaten zwischen Einlauf und Termin noch
12   nicht zu bejahen (Köln OLGZ 85, 122). – **b) Abgelehnte und unterlassene Terminsbestimmung.** Es findet sofortige Beschwerde (§ 567 Abs 1 Nr 2; vgl § 252 Rn 6) oder Erinnerung (§ 573) statt (allgM), auch wenn der Rechtspfleger entschieden hat (§ 11 Abs 1 RPflG). –
13   **c) Dienstaufsichtsbeschwerde** (BGH NJW 85, 1471) bei Unterlassung (Rn 10) und wegen der Terminswahl (Rn 8); nur mit dem nach § 26 Abs 2 DRiG zulässigen Ziel (vorzuhalten und zu ermahnen). Dies gilt entspr für den Rechtspfleger (vgl § 9 RPflG).

§ 217 Ladungsfrist

Die Frist, die in einer anhängigen Sache zwischen der Zustellung der Ladung und dem Terminstag liegen soll (Ladungsfrist), beträgt in Anwaltsprozessen mindestens eine Woche, in anderen Prozessen mindestens drei Tage.

1   **Anwendbar** auf alle Ladungen in den der ZPO unterliegenden Verfahren, sofern Parteien, ProzBev und Nebenintervenienten geladen werden; nicht, wenn nur auf eine andere Terminsstunde geladen wird (hM).
2   **Ladungsfrist** ist legal definiert. An ihre Stelle tritt bei Einleitung eines Verfahrens die Einlassungsfrist (§ 274 Abs 3, § 521 Abs 2, § 553 Abs 2). Die Ladungsfrist ist eine gesetzliche Frist iS von 8 vor § 214; sie kann nur abgekürzt (§§ 224, 226), nicht verlängert werden (§ 224 Abs 2). Sondervorschriften über die Dauer der Ladungsfrist: § 604 Abs 2 und 3,
3   § 239 Abs 3. **Berechnung.** Zustellungs- und Terminstag werden nicht
4   eingerechnet. Anwaltsprozess: § 78. **Verstoß.** Wird die Ladungsfrist nicht eingehalten, so ist nicht ordnungsgemäß geladen mit den Folgen von 4, 5 vor § 214.

§ 218 Entbehrlichkeit der Ladung

Zu Terminen, die in verkündeten Entscheidungen bestimmt sind, ist eine Ladung der Parteien unbeschadet der Vorschriften des § 141 Abs 2 nicht erforderlich.

1. Voraussetzungen sind: – **a) Verkündete Entscheidung,** wenn 1
sie die mitverkündete Terminsbestimmung enthält (vgl hierzu § 329
Abs 2 S 2). Die Entscheidung (insbes Fortsetzung der mdl Vhdlg, Beweisbeschluss, Entscheidungsverkündungstermin) kann auch allein aus
der Terminsbestimmung bestehen. – **b) Ordnungsgemäße Ladung** 2
der Partei, des ProzBev oder Nebenintervenienten zu dem Termin, in
dem der neue Termin verkündet wurde (allgM). Sie brauchen nicht
erschienen oder bei der Verkündung anwesend zu sein (allgM). Sind sie
erschienen, muss die Ladung zum Termin nicht ordnungsgemäß gewesen sein. Die Ladung wird ersetzt durch eine Terminsmitteilung (3
vor § 214), wenn sie genügt, oder durch eine vorangegangene Verkündung gemäß § 218. – **c) Ladungsfrist** (§ 217) muss nicht eingehalten 3
werden, weil nicht geladen wird (BGH NJW 64, 658; aA StJRoth
§ 217 Rn 4).

2. Wirkung. Eine Ladung der Parteien, ProzBev und Nebeninter- 4
venienten zu dem verkündeten Termin ist nicht erforderlich, sondern
wird durch die Verkündung ersetzt. Trotz Verkündung gemäß § 218 ist
zu laden bei § 141 Abs 2, § 335 Abs 2, § 337 S 2, § 612 Abs 2, § 640
Abs 1.

§ 219 Terminsort

(1) **Die Termine werden an der Gerichtsstelle abgehalten,
sofern nicht die Einnahme eines Augenscheins an Ort und
Stelle, die Verhandlung mit einer am Erscheinen vor Gericht
verhinderten Person oder eine sonstige Handlung erforderlich
ist, die an der Gerichtsstelle nicht vorgenommen werden kann.**

(2) **Der Bundespräsident ist nicht verpflichtet, persönlich an
der Gerichtsstelle zu erscheinen.**

Gerichtsstelle ist das betreffende Gerichtsgebäude. Außerhalb dür- 1
fen Termine nur unter den Voraussetzungen des Abs 1 abgehalten werden (Lokaltermine). **Entscheidung** durch das Gericht im Rahmen der 2
sachlichen Prozessleitung (§ 136 Rn 2), die insoweit durch § 216 Abs 2
dem Vorsitzenden übertragen ist (wohl hM; BAG NJW 93, 1029). Das
Hausrecht einer Partei oder Dritter wird durch die Anordnung nicht
berührt; die Berechtigten können daher dem Gericht und jedem Beteiligten das Betreten und die Abhaltung der Gerichtshandlungen verweigern. Folgen: 3–5 vor § 371. **Rechtsbehelfe.** Die Anordnung eines 3
Lokaltermins ist unanfechtbar. Gegen die Ablehnung eines darauf gerichteten Antrags einer Partei findet Beschwerde statt (§ 567 Abs 1
Nr 2; bestr).

§ 220 Aufruf der Sache; versäumter Termin

(1) **Der Termin beginnt mit dem Aufruf der Sache.**

(2) **Der Termin ist von einer Partei versäumt, wenn sie bis
zum Schluß nicht verhandelt.**

1   1. **Dauer des Termins** ist nicht identisch mit Dauer der Verhand-
2 lung (§ 137 Abs 1, § 136 Abs 4). − a) **Beginn:** mit dem Aufruf (Abs 1).
Das ist die Erklärung des Vorsitzenden (§ 136 Abs 1) oder von ihm Beauftragten, dass in die Verhandlung der Sache eingetreten wird. Art
und Weise hängen von den konkreten Umständen ab. Der Aufruf ist
ggf auch außerhalb des Sitzungsraums notwendig (vgl BVerfG NJW
77, 1443). Vor der Terminsstunde darf nur aufgerufen werden, falls die
3 Parteien damit einverstanden sind (KG NJW 87, 1338). − b) **Ende:**
mit Verkündung der Entscheidung (§ 136 Abs 4, § 310 Abs 1 S 1,
§ 329 Abs 1 S 1), auch Vertagung (§ 227 Abs 1 S 1) oder Abschluss
eines Prozessvergleichs (§ 794 Abs 1 Nr 1). Das Ende des Termins ist
vom Schluss der Verhandlung (Abs 2; § 136 Abs 4) zu unterscheiden.

4   2. **Versäumter Termin** (Abs 2). Bis zum Schluss: das ist nicht das
Ende des Termins, sondern der Schluss der mündlichen Verhandlung
(§ 136 Abs 4), also noch vor Beratung und Entscheidungsverkündung
(§ 310 Abs 1 S 1; § 329 Abs 1 S 1). Bei Wiedereröffnung (§ 156) ist
der Schluss des wiedereröffneten Teils maßgebend. Verhandeln: wie
§ 333.

§ 221 Fristbeginn

**Der Lauf einer richterlichen Frist beginnt, sofern nicht bei
ihrer Festsetzung ein anderes bestimmt wird, mit der Zustellung des Schriftstücks, in dem die Frist festgesetzt ist, und,
wenn es einer solchen Zustellung nicht bedarf, mit der Verkündung der Frist.**

1   **Gesetzliche Frist** (8 vor § 214). Der Fristbeginn ist jeweils beson-
2 ders im Gesetz bestimmt (zB § 517, § 569 Abs 1 S 2). **Richterliche
Frist** (9 vor § 214). Hierfür gilt § 221. Danach beginnt die Frist grundsätzlich mit dem in der richterlichen Entscheidung bestimmten Ereignis
oder Tag (§ 222 Rn 2 und 7). Falls eine solche Bestimmung fehlt, beginnt sie entweder mit Verkündung der Entscheidung, durch die die
Frist bestimmt wurde (§ 329 Abs 1 S 1), oder bei nicht verkündeten
Entscheidungen mit der dann nach § 329 Abs 2 S 2 notwendigen Zustel-
3 lung von Amts wegen. **Lauf von Fristen.** Gesetzliche und richterliche
Fristen laufen für jede Partei gesondert, sodass insbes die Rechtsmittelfristen getrennt, je nach dem Tag der Zustellung bei der betreffenden
Partei, zu laufen beginnen.

§ 222 Fristberechnung

(1) **Für die Berechnung der Fristen gelten die Vorschriften
des Bürgerlichen Gesetzbuchs.**

(2) **Fällt das Ende einer Frist auf einen Sonntag, einen allgemeinen Feiertag oder einen Sonnabend, so endet die Frist mit
Ablauf des nächsten Werktages.**

(3) **Bei der Berechnung einer Frist, die nach Stunden bestimmt ist, werden Sonntage, allgemeine Feiertage und Sonnabende nicht mitgerechnet.**

1. Anwendungsbereich: alle prozessualen Fristen (7–9 vor § 214), **1** auch die uneigentlichen Fristen (7 aE vor § 214) und die Vergleichswiderrufsfrist (§ 794 Rn 20). Die Verweisung des Abs 1 führt im Wesentlichen zum gleichen Berechnungsergebnis.

2. Berechnungsgrundsätze. Zu berechnen ist nach den §§ 187 bis **2** 189 BGB. – **a) Beginn** (vgl § 221). Ist ein Ereignis (zB Zustellung) oder ein Zeitpunkt im Laufe des Tages (eine Stunde oder Uhrzeit nach 0 Uhr) für den Fristbeginn maßgebend, so wird dieser Tag nicht mitgerechnet (§ 187 Abs 1 BGB). Ist jedoch der Beginn eines Tages (zB „ab 3. März") als Fristbeginn bestimmt so wird dieser Tag in die Frist eingerechnet (§ 187 Abs 2 BGB). – **b) Dauer.** Die Wochenfrist wird **3** nach Rn 6 berechnet. Bei Jahr und Monat wird die im Einzelfall sich ergebende Dauer zugrunde gelegt. Eine Woche sind 7, ein halber Monat sind 15 Tage, ein halbes Jahr 6, ein Vierteljahr 3 Monate (§ 189 Abs 1 BGB). Der Tag dauert von 0–24 Uhr, unabhängig von der jeweiligen Dienstzeit. Zu beachten ist, dass es aus diesem Grunde genügt, wenn das Schriftstück vor 24 Uhr in die Verfügungsgewalt des Gerichts gelangt. Nicht notwendig ist, dass es auch noch ein zuständiger Geschäftsstellenbediensteter amtlich in Empfang nimmt (BVerfG NJW 80, 580).

3. Fristende. Es gilt § 188 BGB. Fristwahrung: 10 vor § 214. – **4** **a) Stundenfristen** werden nach vollen Stunden berechnet; § 187 Abs 1 BGB ist insoweit entspr anwendbar, als die angebrochene Stunde nicht mitgerechnet werden darf. Die Frist endet mit vollem Ablauf der letzten Stunde. Sonn-, Feier- und Samstage bleiben außer Betracht (Abs 3; vgl Rn 8). – **b) Tagesfristen:** mit Ablauf (24 Uhr) des letzten **5** Tages. Der Tag des Fristbeginns wird nicht mitgerechnet (Rn 2; § 187 Abs 1 BGB) Bsp (3-Tage-Frist): Zustellung am Montag; Fristablauf am Donnerstag 24 Uhr. – **c) Wochenfristen:** mit Ablauf des Tages, der **6** dem Tag der vorangegangenen Woche entspricht, in den das Ereignis fiel (§ 188 Abs 2 BGB). Bsp: Zustellung am Mittwoch; Fristablauf am nächsten Mittwoch 24 Uhr. Bei bestimmtem Fristbeginn „ab Mittwoch" (vgl Rn 2 aE) ist Fristablauf nächste Woche Dienstag 24 Uhr (§ 187 Abs 2 BGB). – **d) Monats-, Jahres-** und **Jahresbruchteils- 7 fristen.** Ist auf ein Ereignis (insbes Zustellung) abgestellt (Rn 2), so ist Fristablauf an dem Tag, der in der Bezeichnung nach der Zahl oder dem Monat dem des Ereignisses entspricht (zB Zustellung am 3. März, Ablauf am 3. April 24 Uhr). Fehlt ein entspr Tag, so ist es der letzte Tag des Monats (§ 188 Abs 3 BGB; zB Zustellung am 31. Januar, Ablauf am 28. Februar 24 Uhr). Bei Zustellung am letzten Februartag ist jedoch Ablauf am 28. oder 29. März wegen § 188 Abs 2 (BGH NJW 84, 1358). Ist die Frist ab einem Tag bestimmt (Rn 2 aE), so ist Fristablauf mit dem vorhergehenden Tag, der der Bezeichnung nach der

Zahl entspricht. Bsp: Beginn mit dem 3. März, Ablauf am 2. April
24 Uhr; bei Jahresfrist am 2. März 24 Uhr des nächsten Jahres.

8　**4. Einfluss von Sonn-, Feier- und Samstagen.** Nur gesetzliche
Feiertage. Das ist nicht ein Tag, an dem die Behörden üblicherweise
geschlossen sind, zB 31. 12. (VGH Mannheim NJW 87, 1353) oder
9　24. 12. (OVG Hamburg NJW 93, 1941). – **a) Fristende** (Abs 2). Gilt
nur hierfür; aber auch dann, wenn die Frist verlängert wird, für den
Ablauf der Frist, die verlängert wurde (BGH 21, 43). Bsp: Wenn das
Ende der Berufungsbegründungsfrist auf einen Sonntag oder Samstag
fällt, läuft sie am Montag ab, so dass die Verlängerung am Dienstag für
die bestimmte Zahl von Tagen zu laufen beginnt (§ 224 Abs 3). Bei
Zwischenfristen (insbes Einlassungs- und Ladungsfrist) ist Fristablauf
der Tag vor dem bestimmten Termin (vgl § 217), so dass zB erst am
Mittwoch Termin stattfinden darf, wenn das Fristende auf einen Oster-
10　montag fällt. – **b) Stundenfristen** (Abs 3). Es wird die Frist um volle
24, 48 oder 72 Stunden gehemmt. Bsp: Eine 24 Stunden-Frist, die am
Freitag um 18 Uhr beginnt, läuft am Montag um 18 Uhr ab und über
Ostern am Dienstag. Fällt der Beginn auf einen Samstag (Sonnabend),
so läuft die Frist erst ab Montag 0 bis 24 Uhr.

§ 223 (aufgehoben)

§ 224 Fristkürzung; Fristverlängerung

(1) ¹**Durch Vereinbarung der Parteien können Fristen, mit
Ausnahme der Notfristen, abgekürzt werden.** ²**Notfristen sind
nur diejenigen Fristen, die in diesem Gesetz als solche bezeichnet sind.**

(2) **Auf Antrag können richterliche und gesetzliche Fristen
abgekürzt oder verlängert werden, wenn erhebliche Gründe
glaubhaft gemacht sind, gesetzliche Fristen jedoch nur in den
besonders bestimmten Fällen.**

(3) **Im Falle der Verlängerung wird die neue Frist von dem
Ablauf der vorigen Frist an berechnet, wenn nicht im einzelnen Falle ein anderes bestimmt ist.**

1　**1. Fristabkürzung durch Parteivereinbarung** (Abs 1 S 1). Formloser Prozessvertrag (Einl III Rn 6). Er kann auch außergerichtlich abgeschlossen werden. Abgekürzt (nicht verlängert) werden können gesetzliche und richterliche Fristen (Rn 4), nicht Notfristen (Rn 2) und
uneigentliche Fristen (7 vor § 214). Abgekürzt und verlängert werden
kann die Widerrufsfrist beim Prozessvergleich (§ 794 Rn 20) auch ohne
Protokollierung (hM; E. Schneider MDR 99, 595 mwN; aA LG Bonn
MDR 97, 783), aber nur vor Fristablauf (hM; Hamm FamRZ 88, 535).

2　**2. Notfristen** (Abs 1 S 2). Fristbegriff: 7 vor § 214. Bezeichnet sind
als solche die Fristen in § 276 Abs 1 S 1, § 321 a Abs 2 S 2; § 339
Abs 1, S 2; §§ 517, 548, 569 Abs 1 S 1, § 575 Abs 1 S 1, § 586 Abs 1,

§ 958 Abs 1 S 1. Notfristen laufen trotz Ruhens (§ 251 Abs 1 S 2), anders bei Unterbrechung und Aussetzung (§ 249 Abs 1). Sie sind unabänderlich (Abs 1 S 1). Werden sie unverschuldet versäumt, findet Wiedereinsetzung statt (§ 233).

3. Friständerung durch das Gericht (Abs 2). Zuständigkeit und **3** Verfahren: § 225. Das Gericht kann abkürzen oder (auch wiederholt) verlängern nur unter bestimmten Voraussetzungen (Rn 3–6). Fehlt der Antrag (Rn 4) oder der Grund (Rn 7), so ist die Friständerung dennoch wirksam. – **a) Antrag** (§ 225 Abs 1) einer Partei oder eines Nebeninter- **4** venienten. Anwaltszwang gemäß § 78 (BGH 93, 303 mwN, Karlsruhe NJW-RR 00, 1519). Sonst keine Form; jedoch schriftlich bei Verlängerung von Rechtsmittelbegründungsfristen (§ 519 Rn 13). Der Antrag kann schon vor Fristbeginn gestellt werden. – **b) Fristart.** Es können **5** alle richterlichen Fristen (9 vor § 214) geändert werden, eine gesetzliche Frist (8 vor § 214) nur dann, wenn es ausdrücklich zugelassen ist (zB § 226, § 519 Abs 2 S 3, § 554 Abs 2 S 2), nie eine Notfrist (Rn 2) und eine von den Parteien vereinbarte Frist, zB die Vergleichswiderrufsfrist (vgl Rn 1). – **c) Rechtzeitigkeit.** Der Antrag auf Fristverlän- **6** gerung muss vor Fristablauf gestellt, nicht notwendig die verlängernde Entscheidung vor Fristablauf erlassen werden (BGH 83, 217; vgl § 519 Rn 14). – **d) Erhebliche Gründe** für eine Friständerung müssen vor- **7** liegen und sind glaubhaft zu machen (§ 294). Eine Vereinbarung der Parteien ist kein geeigneter Grund (hM).

4. Berechnung (Abs 3). Die Verlängerung durch einen Zeitraum **8** (zB ein Monat) wird erst im Anschluss an den Ablauf der alten, unverlängerten Frist gerechnet. Fällt zB deren Ende auf einen Sonntag, so läuft sie erst am Montag 24 Uhr ab (§ 222 Abs 2); die Verlängerung läuft dann ab Dienstag 0 Uhr (BGH 21, 43). Diese Berechnung erübrigt sich bei einer Datumsfrist (zB „bis zum 2. Mai"). In der verlängernden Entscheidung (§ 225 Rn 3) kann etwas anderes bestimmt werden.

§ 225 Verfahren bei Friständerung

(1) **Über das Gesuch um Abkürzung oder Verlängerung einer Frist kann ohne mündliche Verhandlung entschieden werden.**

(2) **Die Abkürzung oder wiederholte Verlängerung darf nur nach Anhörung des Gegners bewilligt werden.**

(3) **Eine Anfechtung des Beschlusses, durch den das Gesuch um Verlängerung einer Frist zurückgewiesen ist, findet nicht statt.**

1. Verfahren für Friständerungen gemäß § 224 Abs 2. – **a) Zustän- 1 dig** ist grundsätzlich das Gericht, bei dem die Frist zu wahren ist. Der Vorsitzende ist zuständig in den Fällen § 134 Abs 2, § 226 Abs 3, § 520 Abs 2, § 551 Abs 2 S 4. Ist er zuständig, die Frist zu setzen (zB § 275

Abs 1, § 276 Abs 2 S 2), kann er auch die Frist ändern. Er kann dann auch den Antrag ablehnen (Demharter MDR 86, 797). Im Fall des
2 § 229 ist der kommissarische Richter zuständig. – **b) Gehör** des Antragsgegners ist nur bei Abkürzung (Ausnahme: § 226 Abs 3) und bei wiederholter Verlängerung notwendig (Abs 2). Es genügt Gelegenheit zur schriftlichen Stellungnahme innerhalb angemessener richterlicher Frist.

3   **2. Entscheidung** (Abs 1). Beschluss des Gerichts oder Verfügung des Vorsitzenden (Rn 1). Die Friständerung wird nach einem bestimmten Zeitraum (zB 2 Wochen), nach der Zahl der Tage oder mit dem Datum des geänderten Ablaufs bezeichnet. Gründe entfallen, wenn antragsgemäß entschieden wird und der Antragsgegner nicht widersprochen hat. Das Gesuch darf nicht aus dem Grund zurückgewiesen werden, dass der Gegner nicht zustimmt (BVerfG NJW 00, 944). Bekanntmachung: § 329 Abs 2.

4   **3. Rechtsbehelfe** (Abs 2). Sofortige Beschwerde (§ 567 Abs 1 Nr 2) findet nur gegen die Ablehnung des Abkürzungsantrags statt (Abs 3). Gewährte Verlängerung und Abkürzung sind wegen §§ 512, 557 Abs 2 nicht nachprüfbar. Die Ablehnung des Verlängerungsantrags ist unanfechtbar (Abs 3). Bei Entscheidungen des Rechtspflegers gelten § 11 Abs 1 oder 2 RPflG. Keine Dienstaufsichtsbeschwerde (vgl § 26 DRiG).

§ 226 Abkürzung von Zwischenfristen

(1) **Einlassungsfristen, Ladungsfristen sowie diejenigen Fristen, die für die Zustellung vorbereitender Schriftsätze bestimmt sind, können auf Antrag abgekürzt werden.**

(2) **Die Abkürzung der Einlassungs- und der Ladungsfristen wird dadurch nicht ausgeschlossen, daß infolge der Abkürzung die mündliche Verhandlung durch Schriftsätze nicht vorbereitet werden kann.**

(3) **Der Vorsitzende kann bei Bestimmung des Termins die Abkürzung ohne Anhörung des Gegners und des sonst Beteiligten verfügen; diese Verfügung ist dem Beteiligten abschriftlich mitzuteilen.**

1   **Anwendbar** für die Fristen der §§ 132, 217, 274 Abs 3, § 604. Nur
2 auf Antrag, für den § 224 Rn 4 gilt, nie von Amts wegen. **Verfahren:** wie § 225 mit den dort berücksichtigten Ausnahmen des § 226 Abs 3.
3 **Entscheidung** ergeht regelmäßig zusammen mit der Terminsbestimmung (§ 216) und steht im Ermessen des Vorsitzenden. Stattgeben sollte er nur bei besonderen Gründen, die nicht notwendig glaubhaft zu machen sind (§ 294). Abs 2 ist zu beachten. Ist die Frist zu kurz be-
4 messen, gilt § 337. **Rechtsbehelfe:** wie § 225 Rn 4.

§ 227 Terminsänderung

(1) [1] Aus erheblichen Gründen kann ein Termin aufgehoben oder verlegt sowie eine Verhandlung vertagt werden. [2] Erhebliche Gründe sind insbesondere nicht

1. das Ausbleiben einer Partei oder die Ankündigung, nicht zu erscheinen, wenn nicht das Gericht dafür hält, daß die Partei ohne ihr Verschulden am Erscheinen verhindert ist;
2. die mangelnde Vorbereitung einer Partei, wenn nicht die Partei dies genügend entschuldigt;
3. das Einvernehmen der Parteien allein.

(2) Die erheblichen Gründe sind auf Verlangen des Vorsitzenden, für eine Vertagung auf Verlangen des Gerichts glaubhaft zu machen.

(3) [1] Ein für die Zeit vom 1. Juli bis 31. August bestimmter Termin, mit Ausnahme eines Termins zur Verkündung einer Entscheidung, ist auf Antrag innerhalb einer Woche nach Zugang der Ladung oder Terminsbestimmung zu verlegen. [2] Dies gilt nicht für

1. Arrestsachen oder die eine einstweilige Verfügung oder einstweilige Anordnung betreffenden Sachen,
2. Streitigkeiten wegen Überlassung, Benutzung, Räumung oder Herausgabe von Räumen oder wegen Fortsetzung des Mietverhältnisses über Wohnraum auf Grund der §§ 574 bis 574 b des Bürgerlichen Gesetzbuchs,
3. Streitigkeiten in Familiensachen,
4. Wechsel- oder Scheckprozesse,
5. Bausachen, wenn über die Fortsetzung eines angefangenen Baues gestritten wird,
6. Streitigkeiten wegen Überlassung oder Herausgabe einer Sache an eine Person, bei der die Sache nicht der Pfändung unterworfen ist,
7. Zwangsvollstreckungsverfahren oder
8. Verfahren der Vollstreckbarerklärung oder zur Vornahme richterlicher Handlungen im Schiedsverfahren;

dabei genügt es, wenn nur einer von mehreren Ansprüchen die Voraussetzungen erfüllt. [3] Wenn das Verfahren besonderer Beschleunigung bedarf, ist dem Verlegungsantrag nicht zu entsprechen.

(4) [1] Über die Aufhebung sowie Verlegung eines Termins entscheidet der Vorsitzende ohne mündliche Verhandlung; über die Vertagung einer Verhandlung entscheidet das Gericht. [2] Die Entscheidung ist kurz zu begründen. [3] Sie ist unanfechtbar.

1. Allgemeines. – a) Begriffe. Aufhebung ist die Beseitigung eines **1** Termins, ohne dass ein neuer bestimmt wird. Verlegung ist die Beseitigung eines Termins vor dessen Beginn, wobei gleichzeitig ein neuer

Termin bestimmt wird. Eine Vertagung ist die Bestimmung eines neuen Termins nach Beginn des laufenden Termins (§ 220 Rn 2, 3). –
2   **b) Anwendungsbereich.** Alle Verfahren der ZPO mit notwendiger oder freigestellter mdl Vhdlg (§ 128). Verkündungstermine (§ 310
3   Abs 1 S 1) können nur aufgehoben oder verlegt werden. – **c) Zweck.** Der Ausschluss typischer und häufiger Gründe für eine Terminsänderung (Abs 1 S 2) soll der Bereitschaft der Gerichte entgegenwirken, aus Bequemlichkeit Termine zu ändern. Terminsverlegung in der allgemeinen Urlaubszeit soll nur in nicht eilbedürftigen Sachen stattfinden (Abs 3).

4   **2. Erhebliche Gründe** (Abs 1 S 1). Sie sind am Beschleunigungs- und Konzentrationsgebot sowie am rechtlichen Gehör zu orientieren (BVerwG 95, 1231). Sie müssen für das Gericht erkennbar vorliegen und sind nur auf Verlangen des Vorsitzenden oder des Gerichts gem
5   § 294 glaubhaft zu machen (Abs 2). – **a) Zeugen und Sachverständige:** eine persönliche, auch auf Urlaubsreise beruhende Verhinderung, insbes wenn mündliche Erstattung oder Erläuterung des Gutachtens
6   angeordnet ist (§ 411 Abs 1, 3). – **b) Prozessbevollmächtigte.** Verhinderung durch unvorhergesehene Erkrankung (Köln NJW-RR 90, 1341), aber nicht bei chronischer (BVerwG NJW 01, 2735), unverschuldete Anreiseschwierigkeiten (BVerwG NJW 86, 1057). Es genügt Terminskollision (BSG MDR 96, 633); Urlaub; eine angemessene, der Prozessarbeit vorgehende persönliche Verhinderung, weil eine Vertretung durch einen mit dem Prozessstoff nicht vertrauten anderen Anwalt dem Zweck des Haupttermins widerspricht. Dies gilt auch bei einer
7   Sozietät für den sachbearbeitenden RA. – **c) Parteien:** ihre Verhinderung nur, wenn ihr persönliches Erscheinen, insbes wegen § 141 Abs 1 S 1 (Aufklärung des Sachverhalts) oder wegen Gegenüberstellung mit Zeugen oder der anderen Partei zur Beweiswürdigung (§ 286) erforderlich erscheint (vgl BVerwG NJW 91, 2099); außerdem im Par-
8   teiprozess, wenn die Partei ihn selbst führt. – **d) Sachgründe:** außergerichtliche Vergleichsverhandlung; Zwecklosigkeit eines Termins, weil die Ladungs- oder Einlassungsfrist nicht eingehalten ist oder nicht mehr eingehalten werden kann; wenn der erschienene RA nur aus standesrechtlichen Gründen den Antrag auf Versäumnisurteil unterlässt, weil er es dem gegnerischen RA noch nicht angedroht hat und im Termin die rechtzeitige Androhung ankündigt (vgl § 337 Rn 3); wenn neues Tatsachenvorbringen oder neue Beweismittel erforderlich werden, weil im (Haupt-)Termin neue tatsächliche und rechtliche Erkenntnisse gewonnen wurden (vgl § 279 Abs 3).

9   **3. Keine Gründe** (Abs 1 S 2) sind insbes: – **a) Nr 1: Ausbleiben** der Partei, ihres gesetzlichen Vertreters oder ProzBev, das eines Nebenintervenienten. Dasselbe gilt bei Ankündigung des Ausbleibens (für Aufhebung und Verlegung), insbes wegen einer Verhinderung, die kein erheblicher Grund ist (vgl Rn 6, 7). Das gilt auch, wenn Ausbleiben oder Ankündigung beide Parteien betrifft; es ist dann im Termin

gem § 251a Abs 3 zu verfahren. Ausnahme: „dafür hält" bedeutet freie Überzeugung. Unverschuldet ist eine Verhinderung nur, wenn sie im Einzelfall trotz gewissenhafter, sorgfältiger Prozessführung der Partei oder ihres Vertreters (§ 51 Abs 2, § 85 Abs 2) eingetreten ist. Bsp für fehlendes Verschulden: Verhinderung durch anderen Gerichtstermin, Erkrankung, aber auch Urlaub in angemessenem Umfang, persönliche und religiöse Feiertage. – **b) Nr 2: Mangelnde Vorbereitung** kann **10** sich auf Information über Tatsachen und auf rechtliche Untersuchung beziehen. Partei: wie Rn 9. Ausnahme (Hs 2): genügend entschuldigt wird nur durch Vortrag von Tatsachen, die auf Verlangen gem § 294 glaubhaft zu machen sind (Abs 2). Die vorgebrachten Tatsachen müssen Vorsatz und Fahrlässigkeit (vgl § 233 Rn 12, 13) für die mangelnde Vorbereitung ausschließen. Es genügt hierfür nicht, dass der ProzBev zu spät mandiert wurde, weil dann die Partei idR ein Verschulden trifft. Fehlt eine Entschuldigung, so ist mit allen Konsequenzen (zB § 138, § 282, § 296 Abs 2, § 333) zu verhandeln und die aus der Verhandlung sich ergebende Entscheidung zu treffen. – **c) Nr 3: Einverständnis** **11** **der Parteien.** Dieses allein reicht für eine Terminsänderung nicht aus. Es muss ein erheblicher Grund (Rn 5–8) hinzukommen, zB außergerichtliche Vergleichsverhandlungen (vgl Rn 8), die nicht nur vorgeschützt sein dürfen, um Nr 3 zu umgehen.

4. Zwingende Terminsverlegung (Abs 3) ist als Ersatz für die ab- **12** geschafften Gerichtsferien eingeführt, um den sachbearbeitenden RA, sonstigen ProzBev oder der Partei bei urlaubsbedingter Abwesenheit eine Terminsverlegung ohne Begründungsaufwand zu sichern, indem ihnen ein Anspruch auf Terminsverlegung (nicht auf Vertagung oder Aufhebung) eingeräumt wird. – **a) Anwendbar** auf alle Termine (6 **13** vor § 214), auch solche, die gemäß § 218 verkündet sind (Feiber NJW 97, 160), mit Ausnahme der Entscheidungsverkündungstermine (§ 310 Abs 1 S 1) und auf alle Verfahren, die nicht unter den Ausnahmenkatalog (Abs 3 S 2; Rn 20–28) fallen oder für die Abs 3 S 3 nicht zutrifft (Rn 19). – **b) Voraussetzungen: aa)** Termin (auch ein früher, erster **14** Termin, § 275) muss auf einen Tag vom 1. 7.–31. 8. (einschließlich) bestimmt sein. Das Gericht darf auf diesen Zeitraum gar nicht erst vertagen (Rn 1), wenn ein entspr Antrag (Rn 15) gestellt wird. **bb)** An- **15** trag: Prozesshandlung (Einl III) des ProzBev oder der Partei; es besteht Anwaltszwang gemäß § 78, weil Erklärung zu Protokoll (§ 78 Abs 5) nicht vorgesehen ist. Der Antrag bedarf keiner Begründung. **cc)** Frist- **16** wahrung: eine Woche (§ 222 Rn 6) nach Zugang (Zustellung) der Ladung (2 vor § 214) oder der Terminsbestimmung, wenn eine Ladung nicht stattfindet, wie bei § 218 (Brandenburg NJW-RR 98, 500), nicht erst ab Protokollzugang (aA Feiber NJW 97, 160) oder bei Terminsmitteilung (3 vor § 214). Wird die Frist versäumt, muss das Gericht nicht verlegen, kann es aber, jedoch nur gemäß Abs 1, wofür die bloße Urlaubszeit nicht genügt (Feiber aaO). – **c) Entscheidung:** wie **17** Rn 30 ff. Es darf ohne Antrag nicht auf einen Termin vom 1. 7. bis

31. 8. verlegt werden. Keine bloße Aufhebung des Termins. Für die Gründe genügt die Angabe, dass der Antrag rechtzeitig gestellt wurde und bei Zweifeln oder Streit, ob einer der Ausnahmefälle (Rn 20–28) vorliegt, eine entspr Feststellung. Der ablehnende Beschluss muss die

18 fehlende Voraussetzung darlegen. – **d) Mehrheit von Ansprüchen** (Abs 3 S 2 Hs 2): betrifft im Gegenstand die Nrn 2–6, wenn Anspruchshäufung (§ 260) vorliegt, erst recht bei Anspruchskonkurrenz (§ 260 Rn 5). Umfasst auch die Fälle der Streitgenossenschaft (§§ 59,

19 60). – **e) Besonderes Beschleunigungsbedürfnis** (Abs 3 S 3). Es müsste im Einzelfall dem der Nrn 1–8 entsprechen und darf nicht deshalb verneint werden, weil der Rechtsstreit im angesetzten Termin voraussichtlich nicht erledigt werden kann.

20   **5. Verzeichnis der Ausnahmen** (Abs 3 S 2). Es folgt weitgehend, aber mit erheblichen Abweichungen dem früheren § 200 Abs 2 GVG. Als Belegstelle angegebene Rspr bezieht sich auf diese Vorschrift. –

21 **a) Nr 1. Einstweiliger Rechtsschutz:** Arrest (§ 916), einstw Verfügung (§§ 935, 940) und einstw Anordnung gem §§ 127 a, 620, 621 f, 644, einschließlich der FGG-Familiensachen und aller Rechtsbehelfe. –

22 **b) Nr 2. Rechtsstreit um Räume:** nur solche Streitigkeiten, die um den Besitz der Miet- oder Pachtsache gehen, sowie um Fortsetzung eines Wohnraummietverhältnisses (§§ 574–574 b BGB). Der Wortlaut umfasst auch die Ansprüche aus § 861 und § 985 BGB. Räume: § 29 a Rn 6. Nicht darunter fallen Feststellungsklagen (BGH NJW 85, 588)

23 und auch Schadensersatzansprüche (BGH NJW 80, 1695). – **c) Nr 3. Familiensachen:** § 621 Abs 1 Nr 1–13. Trifft zu, wenn der gesetzliche Unterhaltsanspruch durch Vereinbarung festgelegt oder ausgestaltet (BGH NJW 91, 2709), der Anspruch übergeleitet ist oder Rückstände betrifft (BGH NJW 81, 1564), mit Stufenklage (§ 254) geltend gemacht ist (§ 621 Rn 9; BGH FamRZ 87, 1021). Gilt auch für Vollstreckungsabwehr- (§ 767) und Abänderungsklagen (§ 323), die gegen Unterhaltstitel gerichtet sind (§ 621 Rn 12, 18; BGH NJW-RR 93, 643). Nicht anwendbar sind diejenigen Rechtsstreitigkeiten zwischen Ehegatten, Eltern und Kindern, die nicht den Unterhalt betreffen und

24 nicht Familiensachen sind (vgl § 621, dort Rn 27, 29). – **d) Nr 4. Wechsel- oder Scheckprozesse:** Es wird allein auf die vom Kläger gewählte Prozessart (§§ 602, 605 a) abgestellt; umfasst alle Ansprüche aus Wechsel oder Scheck. Das Nachverfahren (§ 600 ist nicht mehr

25 Wechsel- oder Scheckprozess. – **e) Nr 5. Bausachen:** gleich aus welchem Rechtsgrund, Bauwerk: wie § 648 BGB. Nur anwendbar, wenn ein Bau begonnen ist, aber unterbrochen wird und unfertig liegen

26 bleibt. – **f) Nr 6. Unpfändbare Sache.** Sie muss dem § 811 Abs 1, § 811 c oder § 812 unterliegen. Überlassung: insbes aus Kauf (§ 433 BGB) und Mietverhältnis (§ 535 BGB). Herausgabe: aus jedem Rechtsgrund, insbes § 985 oder § 861 BGB. Der geltend gemachte Anspruch kann sich daneben auch auf andere (pfändbare) Sachen beziehen. –

27 **g) Nr 7. Zwangsvollstreckungsverfahren.** Der Begriff deckt sich

mit § 793 (dort Rn 2) und umfasst nicht die Klagen, welche im 8. Buch geregelt sind, zB §§ 767, 771, 805. Hingegen fällt die Zwangsversteigerung (§§ 15 ff ZVG) unter Nr 7, nicht aber die Teilungsversteigerung (§ 180 ZVG; Karlsruhe Rpfleger 91, 263 mwN). – **h) Nr 8.** **28** **Vollstreckbarerklärung und Schiedsverfahren** umfasst insbes die Fälle der § 722 (Vollstreckungsurteil), § 1060 (Vollstreckbarerklärung von Schiedssprüchen), §§ 796 a–c (Anwaltsvergleich). Richterliche Handlungen: zB §§ 1050, 1062.

6. Entscheidung (Abs 4). Sie ergeht von Amts wegen oder auf **29** (formlosen) Antrag, für den § 78 gilt; im Fall des Abs 3 nur auf Antrag (Rn 15). – **a) Zuständig** ist der Vorsitzende für Aufhebung und Verle- **30** gung des Termins, die Kammer oder der Senat für Vertagung, die sowieso im Termin erfolgt. Beim Einzelrichter (§§ 348, 348 a), bei alleiniger Zuständigkeit des Vorsitzenden der KfH (§ 349) und beim Amtsrichter umfasst die Zuständigkeit alle Terminsänderungen. – **b) Form: 31** Verfügung des Vorsitzenden (Einzel- oder Amtsrichters) bei Aufhebung und Verlegung; Beschluss in allen Fällen der Vertagung. – **c) Gründe 32** (Abs 4 S 2) muss die Entscheidung enthalten, die gem Abs 1 ergeht. Sie dürfen und sollen kurz sein, können sich in bloßer Angabe zB „wegen außergerichtlicher Vergleichsverhandlungen", auch in Bezugnahme auf die Antragsbegründung erschöpfen, müssen nur uU bei gegensätzlichen Anträgen der Parteien umfangreicher sein, ggf eine kurze Würdigung enthalten, ob glaubhaft gemacht (§ 294) worden ist oder nicht (vgl Rn 4). – **d) Gehör** der Parteien (wie § 225 Rn 2) ist idR zu gewäh- **33** ren, nicht aber, wenn die Durchführung der Terminsänderung wegen knapper Zeitspanne (insbes für Umladung von Zeugen) dadurch verfehlt wird. – **e) Bekanntmachung.** Die Aufhebung wird formlos mit- **34** geteilt (§ 329 Abs 2 S 1), die Verlegung wegen der damit verbundenen Ladung zum neuen Termin zugestellt (§ 329 Abs 2 S 2), die Vertagung verkündet (§ 329 Abs 1 S 1), womit die gesonderte Ladung entbehrlich wird (§ 218). Bei kurzer Zeitspanne sollten Aufhebung und Verlegung telefonisch voraus mitgeteilt werden.

7. Rechtsbehelfe. Jede Entscheidung ist unanfechtbar (Abs 4 S 3; **35** beim Rechtspfleger aber § 11 Abs 2 RPflG). Das gilt auch, wenn ein Antrag auf Terminsänderung zurückgewiesen wird (entgegen § 567 Abs 1 Nr 2). Ausnahmen: § 252 Rn 7 aE. Auf Antrag oder von Amts wegen kann die Entscheidung jederzeit abgeändert werden, indem ein neuer Termin bestimmt (§ 216 Abs 1) oder der bestimmte Termin verlegt wird (vgl Rn 1; Zuständigkeit wie Rn 30). Bei Dienstaufsichtsbeschwerden ist § 26 Abs 2 DRiG zu beachten. Abgelehnte Vertagung trotz Vorliegen eines erheblichen Grundes kann das rechtliche Gehör (Einl I Rn 9) verletzen (BVerwG NJW 92, 2042 mwN) und Verfahrensmangel iS des § 538 Abs 2 Nr 1 sein.

§ 228 (weggefallen)

§ 229 Beauftragter oder ersuchter Richter

Die in diesem Titel dem Gericht und dem Vorsitzenden beigelegten Befugnisse stehen dem beauftragten oder ersuchten Richter in bezug auf die von diesen zu bestimmenden Termine und Fristen zu.

1
2 **Befugnisse** des beauftragten (vgl § 278 Abs 5, § 361) und des ersuchten Richters (vgl § 278 Abs 5, § 362) sind die gleichen wie die des Vorsitzenden, insbes für §§ 216, 224, 227. **Rechtsbehelf:** Erinnerung (§ 573), unabhängig davon, ob die Entscheidung des Vorsitzenden anfechtbar wäre.

Titel 4. Folgen der Versäumung. Wiedereinsetzung in den vorigen Stand

Vorbemerkung

1 **1. Anwendungsbereich.** Die §§ 230–238 gelten nur für das Versäumen einer Prozesshandlung (Einl III) der Partei oder des Nebenintervenienten. Nur die ganz allgemeinen Voraussetzungen und Folgen dieser Versäumung sind in § 230 und § 231 geregelt, sonst im Gesetz verstreut (zB § 339 Abs 1, § 522 Abs 1). Die §§ 233–238 regeln die Beseitigung von Versäumungsfolgen bei bestimmten Voraussetzungen durch Wiedereinsetzung in den vorigen Stand.

2 **2. Begriff der Versäumung.** Versäumt ist eine Prozesshandlung (Rn 1), wenn sie nicht innerhalb des für sie vorgeschriebenen Zeitraums vorgenommen wird oder wenn sie innerhalb der Frist lediglich unwirksam
3 vorgenommen wurde. Der Zeitraum ist bestimmt durch: – **a) Fristen** (7 vor § 214), zB in § 339 Abs 1, § 517, § 520 Abs 2. Eine Frist wird gewahrt, wenn bis zu ihrem Ablauf (§ 222 Rn 4–7) die Prozesshandlung wirksam (insbes auch formgerecht) vorgenommen worden ist. Die Frist darf voll ausgenutzt werden, so dass bis zum Ablauf die Prozesshandlung ergänzt, erweitert oder berichtigt werden darf. Dass die Frist noch nicht zu laufen begonnen hat, steht der Vornahme der Prozesshandlung nicht entgegen. Versäumt ist die Frist grundsätzlich mit ihrem
4 Ablauf, ausnahmsweise später nach § 231 Abs 2. – **b) Prozessstadium.** Das kann zB sein: das Stellen der Anträge (§ 43), das Verhandeln zur Hauptsache (§ 39), die nächstfolgende mdl Vhdlg (§ 295 Abs 1), der Schluss der letzten mdl Vhdlg (§ 296 a). In diesen Fällen ist die Prozesshandlung versäumt, wenn sie nicht bis zum Eintritt dieses Ereignisses vorgenommen wird, bei mdl Vhdlg bis zu deren Schluss (§ 136 Abs 4).

§ 230 Allgemeine Versäumnisfolge

Die Versäumung einer Prozeßhandlung hat zur allgemeinen Folge, daß die Partei mit der vorzunehmenden Prozeßhandlung ausgeschlossen wird.

Voraussetzung. Eine Prozesshandlung (Einl III) muss versäumt sein 1
(2–4 vor § 230). Auf Verschulden der Partei oder ihres ProzBev (§ 233
Rn 12, 13) kommt es hierbei nicht an; ausnahmsweise dann, wenn eine
Vorschrift ausdrücklich Verschulden verlangt (zB § 95). **Wirkung.** Sie 2
besteht regelmäßig darin, dass die Partei mit der vorzunehmenden,
versäumten Prozesshandlung ausgeschlossen ist. Diese ist dann unwirksam und unzulässig. Außerdem können eintreten: Kostennachteile gem
§ 95, § 97 Abs 2, § 238 Abs 4; Fiktion einer Prozesshandlung, die für
die säumige Partei am ungünstigsten ist (zB § 138 Abs 3, § 239 Abs 4,
§ 439 Abs 3); sonstige Versäumnisfolgen je nach Vorschrift, zB §§ 39,
113, 295, 701.

§ 231 Keine Androhung; Nachholung der Prozesshandlung

**(1) Einer Androhung der gesetzlichen Folgen der Versäu-
mung bedarf es nicht; sie treten von selbst ein, sofern nicht
dieses Gesetz einen auf Verwirklichung des Rechtsnachteils
gerichteten Antrag erfordert.**

**(2) Im letzteren Falle kann, solange nicht der Antrag gestellt
und die mündliche Verhandlung über ihn geschlossen ist, die
versäumte Prozeßhandlung nachgeholt werden.**

1. Sofortiger Eintritt (Abs 1). Die Folgen (§ 230 Rn 2) treten von 1
selbst kraft Gesetzes ein, ohne Aufforderung, sie durch eine Handlung
abzuwenden (Ausnahmen: zB § 692 Abs 1 Nr 4, § 981). Es erfordert
keinen Antrag (Ausnahmen Abs 2). Die Folge tritt ein, sobald die Prozesshandlung versäumt ist (2–4 vor § 230).

2. Späterer Eintritt (Abs 2). – **a) Voraussetzungen.** Ein auf die 2
Versäumnisfolgen gerichteter Antrag muss vorgeschrieben (zB § 109
Abs 2, § 113, § 239 Abs 4, § 699 Abs 1 S 1) und wirksam gestellt sein
(vgl Einl III Rn 17). – **b) Wirkung.** Der Zeitpunkt, zu dem die Pro- 3
zesshandlung versäumt wird, tritt erst später ein, bei notwendiger mdl
Vhdlg erst zu ihrem Schluss (§ 136 Abs 4). Wird ohne mdl Vhdlg verfahren, gilt § 128 Abs 2 S 2. Bis dahin kann deshalb die Prozesshandlung wirksam und zulässig vorgenommen („nachgeholt") werden.

§ 232 (aufgehoben)

§ 233 Wiedereinsetzung in den vorigen Stand

**War eine Partei ohne ihr Verschulden verhindert, eine Not-
frist oder die Frist zur Begründung der Berufung, der Revision, der Nichtzulassungsbeschwerde oder der Rechtsbeschwerde
oder der Beschwerde nach §§ 621e, 629a Abs 2 oder die Frist
des § 234 Abs 1 einzuhalten, so ist ihr auf Antrag Wiedereinsetzung in den vorigen Stand zu gewähren.**

Übersicht

1. Allgemeines zur Wiedereinsetzung. – **a) Begriff.** Sie ist eine 1
gerichtliche Entscheidung, durch die eine versäumte und nachgeholte
Prozesshandlung als rechtzeitig fingiert wird. Allein darin liegt die Wirkung erteilter Wiedereinsetzung. Es wird nicht die Frist verlängert oder
wieder eröffnet. Wiedereinsetzung ist in den §§ 233–238 geregelt und
spielt in der Praxis eine große Rolle. Die dafür maßgebende Rspr des
BGH ist demzufolge umfangreich Aktueller Überblick: v. Pentz NJW
03, 858. Zudem fühlt sich das BVerfG laufend berufen, die Rspr der
obersten Bundesgerichte auf Verstöße gegen die ZPO im Wege einer
Verletzung des rechtlichen Gehörs (Einl I 4 Rn 9 ff) und des Willkürverbots (Art 3 Abs 1 GG) nachzuprüfen. Dafür bieten versäumte
Fristen und verweigerte Wiedereinsetzung genügend Ansatzpunkte. –
b) Sonstige Beseitigung von Versäumungsfolgen (§ 230 Rn 2) ist 2
außer durch Wiedereinsetzung nur möglich, wenn sie im Gesetz ausdrücklich zugelassen ist, entweder durch Vornahme einer bestimmten
Prozesshandlung (zB § 342) oder durch Nachholen der versäumten
Prozesshandlung unter gewissen Voraussetzungen.

2. Anwendungsbereich. Als Ausnahmeregelung muss § 233 eng aus- 3
gelegt werden und ist keinesfalls analog anwendbar auf andere Fristen, insbes nicht auf die Widerrufsfrist für Prozessvergleiche (§ 794 Rn 20). –
a) Personen. Parteien (2 vor § 50), Nebenintervenienten (§ 66) oder an- 4
dere Dritte müssen eine Frist versäumt haben (2 vor § 230). – **b) Fristen:** 5
Notfristen (§ 224 Abs 1 S 2), Rechtsmittelbegründungsfristen (§ 520
Abs 2 S 1, § 551 Abs 2 S 1), auch Anschlussberufung (§ 524 Abs 2 S 2),
Anschlussrevision (§ 554 Abs 2 S 2) und die Begründung der Nichtzulassungsbeschwerde (§ 544 Abs 2) wie der Rechtsbeschwerde (§ 575 Abs 2);
für befristete Beschwerden in Familiensachen (§§ 621 e, 629 a Abs 2) und
die Wiedereinsetzungsfrist (§ 234 Abs 1). – **c) Prozesshandlungen** 5 a
(Einl III), sofern sie fristwahrend sind, auch rechtzeitig, aber unwirksam
vorgenommen (BGH NJW 00, 3286). Ausnahmsweise kann Wiedereinsetzung gewährt werden zur Nachholung von Verfahrensrügen (§ 551
Abs 3 Nr 2 b) in der Revisionsbegründungsschrift, wenn diese nur unvollständig zum Revisionsgericht gelangt ist (BGH NJW 00, 364).

3. Zulässigkeit des Antrags (§ 236). Sie wird von Amts wegen ge- 6
prüft (wie 12 vor § 253). § 295 ist unanwendbar. – **a) Statthaftigkeit.** 7
Es muss im Anwendungsbereich (Rn 3–5) eine Frist versäumt sein (2
vor § 230). – **b) Zuständigkeit** des angegangenen Gerichts: § 237. –
c) Antrag. Er muss wirksam sein (vgl Einl III Rn 17) und die Frist des 8
§ 234 eingehalten. Die Form muss dem § 236 Abs 1, der Inhalt dem
§ 236 Abs 2 S 1, S 2 Hs 1 entsprechen. Antragsberechtigt ist nur die
säumige Partei oder ihr Nebenintervenient (§ 67), dieser auch aus
Wiedereinsetzungsgründen, die nur ihn betreffen, der streitgenössische
(§ 69) nur aus solchen. – **d) Rechtsschutzbedürfnis.** Es kann insbes 9
fehlen, wenn die Frist gar nicht versäumt, die versäumte Prozesshandlung prozessual überholt ist oder die Versäumung keine nachteiligen
Folgen für den Antragsteller hat.

10   **4. Begründet** ist der Antrag bei unverschuldeter Fristversäumung.
Die Anforderungen dürfen nicht überspannt werden (BVerfG stRspr
NJW 96, 2857 mwN). Prüfung von Amts wegen: wie Rn 6. Voraus-
11   setzungen sind: – **a) Verhinderte Fristwahrung** (10 vor § 214). Sie
kann auf jedem Umstand beruhen, der verhindert hat, dass die fristwahrende Prozesshandlung rechtzeitig vorgenommen wurde. Die dargestellten Einzelheiten sind häufige und typische Verhinderungsfälle. –
12   **b) Ohne Verschulden** bedeutet Fehlen von Vorsatz und Fahrlässigkeit (wie § 276 BGB). **aa) Personen.** Es ist auf die Partei (Rn 4) oder
ihren gesetzlichen Vertreter (§ 51 Abs 2) und auf ihre Bevollmächtigten
(§ 85 Abs 2) abzustellen. Verschulden Dritter, insbes des Büropersonals
eines RAs (§ 85 Rn 12) oder anderer Hilfspersonen (BVerwG NJW
92, 63) hindert die Wiedereinsetzung nicht (allgM). Es genügt, dass
entweder die Partei, den Nebenintervenienten oder ihren Vertreter
(insbes ProzBev) ein Verschulden trifft, auch schon ein Mitverschulden
(BGH NJW-RR 01, 1072), damit die Verhinderung (Rn 11) verschuldet, somit nicht „ohne Verschulden" ist. Bei mehreren Vertretern genügt das Verschulden von einem, zB wenn die Revisionsfrist allein we-
13   gen Verschuldens des Berufungsanwalts versäumt wird. **bb) Maßstab.**
Verschulden umfasst Vorsatz und Fahrlässigkeit (§ 276 BGB) jeder Art.
(1) Rechtsanwälte. Bei ihnen muss auf die für eine Prozessführung
erforderliche, übliche Sorgfalt eines ordentlichen RAs abgestellt werden, und zwar ganz allgemein (BGH NJW 85, 1710 mwN), nicht nur
im Verkehr mit Gericht, Parteien und ihren Vertretern. Ausnutzen der
Frist bis zum letzten Tag erhöht die Sorgfaltspflicht, nicht aber dahin,
dass mit unvorhersehbaren Ereignissen gerechnet werden muss (BGH
NJW 98, 2698). Die Sorgfaltspflicht wird auch nicht durch eine Maßnahme erhöht, die ihrerseits das übliche Sorgfaltsmaß überschreitet
(BGH NJW 95, 1682), zB zusätzliche organisatorische Maßnahmen zur
Fristenkontrolle (BGH NJW 98, 2676). **(2) Andere Personen.** Bei
ihnen muss der Maßstab des Verschuldens auf die vorauszusetzenden
Fähigkeiten der betreffenden Person (subjektiv) angelegt werden. Er ist
daher bei Rechtsunkundigen (je nach Bildung) weit geringer als bei
RAen. Die Gewohnheit, über das gebotene Maß hinaus organisatorisch
zu sichern, führt nicht zur Verschärfung der Sorgfaltspflicht (BGHG
stRspr NJW 92, 1047), ebenso wenig eine zusätzliche, zur Fristwahrung vorgenommene Tätigkeit (BGH NJW-RR 92, 1020). Bei Refe-
rendaren als amtlich bestellte Vertreter eines RAs (§ 85 Rn 9) gilt ein
14   weniger strenger Maßstab als bei RAen. – **c) Ursächlichkeit.** Es muss
auf unverschuldeten Umständen beruhen, dass die Partei oder ihr Vertreter die Frist versäumt haben. Wurde die Fristwahrung auf Grund eines verschuldeten Umstandes verhindert, darf Wiedereinsetzung nicht
gewährt werden, auch wenn andere unverschuldete Umstände mitgewirkt haben (Mitursächlichkeit, BGH NJW-RR 97, 1289 mwN). Das
ist der Fall, wenn das angegangene unzuständige Gericht innerhalb der
offenen Frist die Rechtsmittelschrift nicht an das zuständige Gericht
weitergeleitet hat (BGH NJW 79, 876); denn das Gericht trifft keine

Rechtspflicht, durch Hinweise oder geeignete Maßnahmen rechtzeitig eine Fristversäumung zu vermeiden (hM; Hamm NJW-RR 97, 635 mwN), sondern es muss nur im ordnungsgemäßen Geschäftsgang an das zuständige Gericht weiterleiten (BGH NJW 87, 440). Andererseits steht ein verschuldeter Fehler der Wiedereinsetzung nicht entgegen, wenn sich dieser Fehler auf die Fristversäumung nicht ausgewirkt hat (BGH NJW 00, 3649).

5. Fristenkontrolle. Sie ist im Rahmen des § 233 die wichtigste **15** Pflicht, insbes von RAen. Bei Sozietäten, insbes überörtlichem hat der beim zuständigen Gericht ansässige RA die Kontrolle auszuüben (BGH NJW 97, 3177 mwN). – **a) Grundsatz.** Verschuldet ist das Übersehen oder Vergessen eines Termins, einer Frist oder der Vornahme einer fristwahrenden Handlung. Das gilt jedenfalls dann, wenn die verursachenden Ablenkungen im beruflichen Bereich lagen und nicht außergewöhnlich waren. Nur wenn solche Fehler allein auf das (auch schuldhafte) Verhalten Dritter, insbes des Büropersonals zurückzuführen sind, kommt Wiedereinsetzung in Betracht (Rn 41–50). Dem steht eine fehlerhafte Büroorganisation (Rn 16) nicht entgegen, wenn eine eindeutige Weisung (Rn 43) vorlag, bei deren Befolgen die Frist nicht versäumt worden wäre (BGH NJW-RR 97, 955). Eine doppelte Kontrolle einer Frist ist aber nicht erforderlich (BGH NJW 00, 3006). – **b) Büroorganisation.** Sie muss Urlaub und mögliche Erkrankung des **16** Personals berücksichtigen (BGH NJW 99, 3783), ist in Bezug auf Fristen umfassend vorzunehmen und erstreckt sich auf die Rückgabe von Gerichtsakten (BGH NJW 98, 9570). Fehlerquellen müssen beim Eintragen und Behandeln von Fristen möglichst ausgeschlossen sein (BGH NJW 88, 2804). Klebezettel auf dem Aktendeckel reichen nicht aus (BGH NJW-RR 99, 1336). Ein bestimmtes Verfahren ist nicht vorgeschrieben und die konkrete Organisation bleibt dem RA überlassen (BGH NJW-RR 93, 1213); das erstreckt sich nicht auf den privaten Kurierdienst eines örtlichen Anwaltvereins (BVerfG NJW-RR 02, 1005). Für zwei verschiedene Prozesse darf nicht ein und dieselbe Handakte geführt werden (BGH NJW-RR 99, 716). Es muss stets das tatsächliche Ende der Frist festgehalten werden (BGH NJW 01, 2975). Das wird durch eine sog Vorfrist nicht ersetzt (BGH NJW-RR 98, 1526). Im Einzelfall genügt auch abhaken im Kalender (BGH NJW 93, 3333). Bei EDV muss versehentlichen Erledigungsvermerken vorgebeugt werden (BGH NJW 00, 1997 und 01, 76). **aa) Zustellungstag.** **16 a** Der RA muss dafür sorgen, dass eine Urteilszustellung mit Beginn einer Rechtsmittelfrist zuverlässig festgehalten (BGH stRspr NJW 03, 435) und im Fristenkalender eingetragen wird, bevor ein Erledigungsvermerk in der Akte angebracht werden kann (BGH NJW-RR 92, 826). Der Zustellungstag muss in der Handakte vermerkt sein (BSG NJW 01, 1597), wenn er sich sonst nur auf einer weitergegebenen Urteilsausfertigung befindet (BGH NJW-RR 95, 1025). Auch die 5-Monatsfrist des § 517 ist zu berücksichtigen (BGH NJW 94, 459). **bb) Rechtsmittel-** **16 b**

begründungsfristen. Schon bei Einlegung des Rechtsmittels (BGH NJW 96, 2514 mwN) muss eine Vorfrist für die Rechtsmittelbegründungsfrist vermerkt (BGH NJW 94, 2831; BAG NZA 02, 345), bei Vorlage aber nicht stets sofort erledigt werden (BGH NJW 97, 2825). Wird Antrag auf Fristverlängerung gestellt, darf die endgültige Frist nicht eingetragen werden, bevor die Verlängerung gewährt ist (BGH NJW-RR 99, 1663). Die Akte kann ohne weitere Anweisung zur Registratur zwecks Vorlage am Tag des Fristablaufs zurückgegeben werden (BGH NJW 97, 3243). Dem zur Eintragung zuständigen Büropersonal muss im Einzelfall deutlich gemacht werden, dass eine Rechtsmittelbegründungsfrist vorliegt (BGH aaO) und der Vermerk an Hand der gerichtlichen Eingangsbestätigung überprüft worden ist (BGH NJW 96, 2514), ggf dass der Vorfristvermerk korrigiert wurde (BGH NJW-RR

16 c   97, 1153). **cc) Vorsorge.** Wenn mit Prozessbeginn oder Entscheidungszustellung gerechnet werden muss, ist dafür zu sorgen, dass eine Zustellung zur eigenen Kenntnis gelangt. Der RA muss verhindern, dass ein nicht postulationsfähiger RA (insbes ein nicht am OLG zugelassener) einen fristwahrenden Schriftsatz unterzeichnet (BGH NJW 88, 211). Für Schriftstücke, die sich auf Fristen beziehen, genügt die Kennzeichnung nach Parteien ohne Aktenzeichen (BGH VersR 88, 156). Bei Namensgleichheit von Parteien muss für Unterscheidung vorge-

16 d   sorgt werden (BGH NJW 95, 2562). **dd) EDV-Kontrolle.** Sie kann genügen, auch ohne parallel geführten schriftlichen Fristenkalender, wenn für den Störfall vorgesorgt ist (BGH NJW 97, 327). Das gilt auch für einen wöchentlichen Computerauszug mit handschriftlichen Nachträgen (BGH VersR 96, 387). Ist der Fristenkalender durch EDV ersetzt oder gestützt, muss die Ausführung der Eingabe kontrolliert werden (BGH NJW 95, 1756), zB über Drucker oder Ausgabe eines

17   Protokolls (BGH NJW-RR 97, 698). – **c) Eigentätigkeit.** Ein RA muss die Fristen kennen, grundsätzlich selbst überprüfen und feststellen (vgl BVerfG NJW 00, 1633), insbes den Zustellungstag (Rn 16 a; BGH NJW-RR 98, 786), außerdem berechnen (hM: BAG NJW 95, 3339 mwN; Ausnahme: Rn 45). Er darf sich nicht auf eine telefonische Auskunft des Gerichts verlassen (BVerwG NJW 97, 2614), auch nicht darauf, dass er auf einen offenbar falsch datierten Antrag hingewiesen werde (BGH NJW 98, 2291). Der RA muss den Fristablauf schriftlich vormerken oder vormerken lassen (BGH NJW 91, 2084), und zwar die Endfrist, nicht nur die Vor- oder Bearbeitungsfrist (BAG NJW 93, 1350), wobei die Ausgangskontrolle (Rn 19) auch nicht durch Gewährleistung rechtzeitiger Vorlage zur Bearbeitung ersetzt wird (BAG NJW 93, 2957). Läuft am Montag die Frist ab, darf die unerledigte Handakte nicht mehr am Freitag in den Bürolauf gegeben werden (Frankfurt NJW-RR 99, 717). Beim Empfangsbekenntnis (§ 174) muss der RA auf die Übereinstimmung mit dem tatsächlichen Zustellungsdatum achten (BGH NJW-RR 98, 1442), vorher in den Handakten oder im Fristenkalender die Frist, somit den zweifelsfrei festzustellenden Zustellungstag (Rn 16 a; BGH NJW 96, 1968) vermerken oder vermerken lassen (BGH stRspr NJW 96, 1900). Er muss sich vom Beiliegen der benannten Urkunden überzeugen (BGH VersR 79, 282) und auch kontrollieren, ob die zur Fristwahrung erforderlichen Maßnahmen ergriffen wurden (BGH NJW 89, 1864), in eigener Verantwortung auch, wenn ein Korrespondenzanwalt das Rechtsmittel begründen soll (BGH NJW-RR 97, 824). Der RA muss den Ablauf der Rechtsmittelbegründungsfrist prüfen, wenn ihm die Handakten zur Bearbeitung einer fristgebundenen Prozesshandlung vorgelegt werden (BGH NJW 97, 1311 und 03, 497), aber nicht schon, wenn es aus anderen Gründen geschieht (BGH NJW-RR 98, 1526 und 99, 429), auch nicht bei Vorlage am Vorfristtag. Er muss auch nicht die Akte sofort bearbeiten (BGH NJW 00, 365 mwN). Bei einem Antrag auf Verlängerung der Begründungsfrist muss er nicht mehr die Berufungsfrist prüfen (BGH NJW 01, 2336). Er muss auch nicht bei einem erstmals gestellten und ausreichend begründeten Antrag auf Fristverlängerung nachforschen, ob der Antrag bei Gericht eingelaufen ist, wenn die Entscheidung ausbleibt (BVerfG NJW-RR 02, 1007; BGH NJW 91, 2080 mwN). – **d) Für 18 Rechtsmittel beauftragter Rechtsanwalt.** Ihm ist der Auftrag eindeutig und unmissverständlich zu erteilen (BGH NJW 97, 3244), der Rechtsmittelführer zu bezeichnen (BGH NJW 98, 2221), das Zustellungsdatum des anzufechtenden Urteils nach Prüfung richtig anzugeben (BGH stRspr NJW 00, 1334), und zwar in jeder Zweifel ausschließenden Weise (BGH aaO). Das ist nach telefonischer Bekanntgabe zu kontrollieren (BGH aaO). Der RA darf sich dabei nicht darauf verlassen, dass das Zustellungsdatum dem beauftragten RA vom Gericht oder von der Partei mitgeteilt worden ist; er muss es eigenverantwortlich überprüfen (BGH NJW 01, 1580). Die Annahme des Mandats ist zu überwachen, indem der RA, der beauftragt hat, die Frist als eigene eintragen (BGH NJW 97, 3245 für Verkehrsanwalt) oder die Annahme des Mandats innerhalb der Rechtsmittelfrist bestätigen lässt (BGH stRspr, zB NJW 01, 1576). Diese Pflicht entfällt, wenn die Annahme von Rechtsmittelaufträgen ausnahmslos (BGH NJW 00, 815) oder im Einzelfall abgesprochen ist (BGH NJW 01, 3195), für die Partei, wenn der RA ständig beauftragt ist (BGH NJW 94, 3101). Dann muss nicht nachgeforscht werden, wenn die Bestätigung ausbleibt (BGH NJW 91, 3035); anders beim Kanzleiabwickler (BGH NJW 92, 697). Bei telefonischem Mandat, das der Korrespondenzanwalt dem Berufungsanwalt erteilt, muss er sich vor Fristablauf vergewissern, dass der schriftliche Auftrag den Berufungsanwalt rechtzeitig erreicht (BGH VersR 85, 962). – **e) Ausgangskontrolle.** Sie muss für fristwahrende Schriftsätze und 19 Anträge auf Verlängerung der Rechtsmittelbegründungsfrist vom RA im Rahmen der Büroorganisation (Rn 16) wirksam geschaffen werden (BGH stRspr NJW 94, 3171 mwN), zB durch farbige Sammelumschläge (BGH NJW-RR 98, 1443). Die rechtzeitige Erledigung fristgebundener Sachen muss am Abend eines jeden Arbeitstages (BGH NJW-RR 98, 1604) anhand des Fristenkalenders überprüft werden (BGH NJW 96, 1540). Ob fristwahrende Schriftsätze im Original unterzeichnet sind, darf nicht allein nach der Kopie kontrolliert, sondern muss überwacht werden (BGH NJW 96, 998), nicht notwendig schon durch Kennzeichnung des Originals und der Kopien nach dem Ausdruck (BVerfG NJW-RR 02, 1004). Die Kontrolle darf der Bürokraft (Rn 41) übertragen werden (BGH NJW 89, 589). Eine Frist darf erst gelöscht werden, wenn das fristwahrende Schriftstück postfertig ist (BGH NJW 97, 3446), insbes im Postausgangsfach liegt (BGH NJW 01, 1577). Eine tagsüber mit Anweisung an eine Bürobotin zur Erledigung erfolgte Übergabe erübrigt eine weitere Ausgangskontrolle (BGH 20 NJW-RR 98, 1444). – f) **Vertretung.** Für die Zeit einer längeren Abwesenheit, insbes eines Urlaubs muss ein RA für geeignete Vertretung sorgen, die Fristen berechnen und wahren lassen; auch bei Büroangestellten, die in den Briefkasten werfen (KG NJW 95, 1435). Dies gilt 21 auch für die Vorsorge bei verzögerter Rückkehr. – g) **Ausnutzen der Frist** bis zum letzten Tag erhöht die Sorgfaltspflicht (hM; BGH NJW 89, 2393 mwN; vgl Rn 26). Für Vorfrist vgl Rn 16.

22   **6. Bewusstes Verstreichenlassen** einer Frist. – a) **Verschulden** ist grundsätzlich anzunehmen. Dies gilt auch, wenn der Streitwert erst nach Beschwerde auf einen die Berufungssumme erreichenden Betrag heraufgesetzt, wenn die Berufungsbegründungsfrist nicht verlängert wurde, weil ein erheblicher Grund nicht angegeben war (BGH NJW 92, 2426 und 93, 134), wenn diese Frist nicht oder nicht so verlängert wurde, wie es beantragt war (BGH NJW 94, 55) und eine Verlängerung nicht mit großer Wahrscheinlichkeit erwartet werden durfte (BGH NJW-RR 98, 574) oder wenn ein weisungswidrig zurückgenommenes Rechtsmittel nach dem Fristablauf erneut eingelegt wird 22 a (BGH VersR 88, 526). – b) **Unverschuldet.** Bei Angabe erheblicher Gründe iS von § 520 Abs 2 S 3 darf die Fristverlängerung auf Grund eines ersten Gesuchs erwartet werden (BGH NJW 94, 2957 mwN, 97, 400 und 99, 430; BAG NJW 95, 1446); bei einem zweiten Gesuch nur ausnahmsweise (BGH NJW-RR 00, 947; KG NJW-RR 00, 1083). Stets muss der beantragte Verlängerungszeitraum eingehalten werden (BGH NJW 96, 1350). Bei Berichtigung einer Urteilsformel, wodurch die Beschwer entfällt, muss nicht vorsorglich Rechtsmittel für den Fall eingelegt werden, dass der Berichtigungsbeschluss (§ 319 Abs 3) nach sofortiger Beschwerde aufgehoben wird (BGH NJW-RR 98, 3280). Ausnahmsweise unverschuldet ist die Versäumung bei plötzlichen Hindernissen, zB bei Erkrankung (Rn 40) und Unglücksfällen oder wenn die Kenntnis von Prozess und Urteilszustellung so knapp vor Ablauf der Einspruchsfrist erlangt wird, dass die Fristwahrung nicht mehr zugemutet werden kann (BGH NJW 76, 626).

23   **7. Abhandenkommen von Schriftstücken,** die zur Vornahme der Prozesshandlung notwendig sind, und solchen, die die Prozesshandlung enthalten oder veranlassen sollen. – a) **Verlust.** Läuft das Schriftstück nicht bei Gericht ein, so ist zwar nicht die Art des Verlustes darzulegen, wohl aber, dass der Verlust wahrscheinlich nicht im Ver-

antwortungsbereich der Partei oder ihres ProzBev eingetreten ist (BGH 23, 291). Dazu gehört, dass die geschehene Absendung glaubhaft gemacht wird. – **b) Nachforschung.** Bei Ausbleiben von Reaktionen **24** (insbes die schriftliche oder telefonische Bestätigung), die auf den Empfang des Schriftstücks hin zu erwarten sind (zB Mandatsbestätigung), ist die Partei oder der ProzBev grundsätzlich zur Rückfrage verpflichtet (BGH stRspr 105, 116 mwN), auch bei Mandatsniederlegung während laufender Frist (BGH NJW 98, 3783). Davon gibt es Ausnahmen (Rn 18).

8. Gerichtseinlauf. Der durch den gerichtlichen Einlaufstempel be- **25** gründete Beweis des Zeitpunkts kann durch Glaubhaftmachung widerlegt werden. Wenn der Schriftsatz rechtzeitig in den Gerichtseinlauf gelangt ist, so wurde die Frist gewahrt (10 vor § 214), die Prozesshandlung ist wirksam (vgl § 230 Rn 2) und Wiedereinsetzung scheidet aus. – **a) Verschuldet** ist stets, wenn etwas vergessen wurde (BGH VersR **26** 79, 669). Das Schriftstück muss richtig adressiert sein (BGH NJW-RR 98, 1218); hierauf hat der RA insbes bei Unterzeichnung einer Rechtsmittelschrift zu achten (BGH stRspr, zB NJW 98, 908; BAG NJW 87, 3278), kann aber die Kontrolle auf geeignete Mitarbeiter übertragen (BGH NJW 00, 82). Es steht der Wiedereinsetzung nicht entgegen, wenn mit rechtzeitiger Weiterleitung an das zuständige Gericht gerechnet werden darf (BVerfG NJW 95, 3173; vgl Rn 27) und früh genug abgesandt wurde (BAG NJW 98, 923). Es geht nicht zu Lasten des Absenders, wenn das unzuständige Gericht verzögert (BGH NJW 98, 908) oder falsch weiterleitet (BGH NJW-RR 98, 354). Es muss an einen zur Empfangnahme befugten Bediensteten (BGH 2, 31) oder an einem zur Empfangnahme bestimmten Ort, zB Gerichtsbriefkasten, und zwar beim richtigen, abgegeben werden, nicht notwendig innerhalb der Dienststunden, da die Fristen bis 24 Uhr ausgenutzt werden dürfen. Ist dies nicht möglich, weil an einem Gericht kein Nachtbriefkasten eingerichtet ist, so ist Wiedereinsetzung nur dann zu versagen, wenn die Partei oder ihr Vertreter dies wussten (BGH 23, 307). Bei Boten muss vorher deren Zuverlässigkeit geprüft sein (vgl Rn 27). Der RA darf sich nicht allein auf seine (nachgehende) Armbanduhr verlassen (BGH VersR 78, 1168). – **b) Unverschuldet:** wenn sich ein RA dar- **27** auf verlässt, dass ein als zuverlässig erwiesener Bote (vgl Rn 26) den Auftrag zum Einwurf in den Nachtbriefkasten ausführt (BGH NJW-RR 95, 824) und dass die als zuverlässig erkannte Bürokraft nach Unterzeichnung die falsche Adressierung anweisungsgemäß berichtigt (BGH NJW 82, 2670). Trotz Übersenden an ein für das Rechtsmittel unzuständiges Gericht kann bei pflichtwidrig verspäteter Weiterleitung Verschulden fehlen (vgl Rn 14 und 26), jedenfalls wenn es sich um dasjenige Gericht handelt, bei dem das Verfahren anhängig war (BVerfG NJW 95, 3173).

9. Postweg. – **a) Unverschuldet** ist bei Beförderung von Briefen **28** und Päckchen eine Verzögerung durch die Post (allgM; BVerfG NJW 94, 1854; BGH NJW 99, 2118; BAG NJW 90, 2405 mwN), auch eine nicht normale (BGH NJW 98, 1870) oder nicht aufklärbare Beförderungsdauer (BGH VersR 81, 1160). Mit einer solchen muss nicht ohne weiteres (BVerfG NJW-RR 00, 726) und bis zum vierten Tag nach der Aufgabe gerechnet werden (BVerfG NJW 95, 2546). Ferner ist unverschuldet der Verlust eines einfachen Briefes (BGH NJW-RR 00, 948) und eine Fehlleitung der Post, wenn sie nicht auf unvollständiger oder gar falscher Anschrift beruht (BAG NJW 78, 1495). Dies steht der Wiedereinsetzung dann nicht entgegen, wenn der Brief so frühzeitig aufgegeben wird, dass er trotz der dadurch bedingten Verzögerung noch rechtzeitig eingehen musste (BVerwG NJW 90, 2639). Bei bekanntem Poststreik lässt BGH NJW 93, 1332 (von BVerfG NJW 95, 1210 unbeanstandet gelassen) diese Grundsätze nicht gelten (vgl Rn 29). Unter normalen Umständen muss sich der ProzBer nicht bei Gericht nach dem rechtzeitigen Einlauf der Rechtsmittelbegründungsschrift erkundigen (BVerfG NJW 92, 38; BGH NJW 83, 1741; BAG NJW 95, 2575) und eine Postverzögerung wegen besonderer Beanspruchung der Post nicht einkalkulieren (BVerfG NJW 92, 1962). Wollte der ProzBev sich durch Anruf bei Gericht vergewissern, ob der Schriftsatz eingelaufen ist, darf nicht deshalb die Wiedereinsetzung verweigert werden (BGH NJW 90, 188). Bei Wahl der Beförderungsart darf sich die Partei oder ihr Vertreter auf die Auskunft des Postbediensteten über die voraussichtliche Beförderungsdauer verlassen (BGH NJW-RR 90, 508). Dasselbe gilt für einen amtlichen Aushang (BVerfG

29 NJW 83, 1479). – **b) Verschuldet.** Bei Zweifel an ordnungsgemäßer Postbeförderung (zB Poststreik) muss Eingang durch Nachfrage geklärt werden (BVerfG NJW 95, 1210; BGH NJW 93, 1332 und 1333; vgl auch BAG NJW 95, 548). Am letzten Tag der Frist genügt weder ein Eilbrief noch am vorletzten Tag ein unvollständig adressierter Brief (BAG NJW 87, 3278). Die Partei muss dafür sorgen, dass sie für ihren ProzBev erreichbar bleibt (vgl BGH NJW 88, 2672), auch durch Kennzeichnung ihres Briefkastens (BGH NJW 91, 109).

30 **10. Irrtum** über tatsächliche oder rechtliche Umstände, vor allem in Bezug auf den Lauf einer Frist. – **a) Tatsachenirrtümer** können unverschuldet sein. Auf Auskünfte seines Mandanten über Tatsachen darf sich der RA grundsätzlich verlassen, solange er die Unrichtigkeit weder erkennt noch erkennen muss. Das gilt nicht vorbehaltlos bei Angaben zur Zustellung (BGH NJW-RR 95, 825). Schriftstücke, je nach Prozesslage auch Handakten (BGH VersR 83, 540), müssen genau gelesen und rechtzeitig übersetzt werden (BGH NJW 75, 497). Ob die Adresse richtig ist, muss grundsätzlich (BGH VersR 81, 1126), jedenfalls bei Absendung kurz vor Fristende geprüft werden (BGH VersR 80, 141), auch der Vollzug von Unterschriften (BAG NJW 66, 799). Hierfür ist aber nicht das Unterzeichnen eines Belegexemplars in den Handakten erforderlich (BGH NJW 76, 966), wohl aber die Anweisung an das Büropersonal, beim Auslauf die Unterschrift zu prüfen (BGH NJW 85, 1226). Bei handschriftlicher Berichtigung von Einlaufstempeln ist eine

Kontrolle geboten (BGH NJW 85, 1710). Übermittlung erkennbar falscher Zustellungsdaten durch den RA ist idR verschuldet (Rn 18). – **b) Rechtsirrtümer** eines RAs oder anderer Juristen sind verschuldet **31** und gestatten keine Wiedereinsetzung, wenn die Ansicht unvertretbar ist. Das ist grundsätzlich der Fall bei übersehenem Anwaltszwang (Karlsruhe NJW-RR 00, 1519) und wenn ein Rechtsmittel beim unzuständigen Gericht eingelegt wird (allgM), auch in Kindschaftssachen (Hamm FamRZ 97, 502). Das gilt ausnahmsweise nicht bei unrichtiger Rechtsmittelbelehrung eines OLG-Fachsenats (BGH NJW 93, 3206). Es liegt Verschulden vor, wenn das eingelegte Rechtsmittel irrtümlich zurückgenommen wird (BGH NJW-RR 98, 1446), im Gesetz nicht vorgesehen ist (BGH VersR 81, 77) oder wenn im Fall des § 339 Abs 2 vom Gericht unterschiedliche Einspruchsfristen angegeben werden (BGH NJW 92, 1700). Unverschuldet ist jedoch grundsätzlich ein Rechtsirrtum infolge falscher oder unvollständiger Darstellung in den gängigen Handkommentaren (BGH NJW 85, 495 und 95, 1015), auch bei unsicherer Rechtslage. Rechtsunkundige Parteien müssen von sich aus nach Zustellung anfechtbarer Entscheidungen alsbald sachkundigen Rat über Rechtsmittel oder andere Rechtsbehelfe einholen (BGH NJW 97, 1989). Das gilt auch für PKH (BGH NJW 87, 440). Bedeutungslos ist, dass bei einem erneut und verspätet eingelegtem Rechtsmittel die Rücknahme des ersten Rechtsmittels auf unverschuldetem Rechtsirrtum beruhte (BGH NJW-RR 98, 638). – **c) Postulations-** **32** **fähigkeit.** Seine Zulassung bei einem Gericht, dem gegenüber die RA handelt, muss er selbst prüfen (BGH stRspr zB NJW 01, 1575), auch die Bestellung zum Vertreter, dessen Verschulden dann über § 85 Abs 2 zuzurechnen ist (BGH aaO). Das gilt auch für die amtliche Vertreterbestellung (München MDR 87, 590). – **d) Mandatsniederlegung.** **32 a** Weiß die Partei zZ des Fristablaufs davon nichts, weil sie verreist ist und auch die Kostenrechnung des zweiten RAs nicht bezahlt hat, liegt Verschulden vor (BGH NJW 93, 667).

11. Unkenntnis von Tatsachen liegt vor, wenn (auch irrtümliche) **33** Vorstellungen über den Lauf oder Ablauf einer Frist infolge der Unkenntnis unterbleiben. Das ist grundsätzlich zu behandeln wie ein Irrtum (Rn 30–32 a). Bezieht sich die Unkenntnis auf eine Zustellung, insbes auf ihren Zeitpunkt, so ist Wiedereinsetzung nur zu gewähren, wenn die Unkenntnis nicht auf Verschulden beruht. – **a) Verschuldet** **34** ist das Nichtabholen eines nach § 181 ordnungsgemäß mit Benachrichtigung niedergelegten zuzustellenden Schriftstücks oder das Übersehen der Mitteilung (München NJW-RR 94, 702 für § 182 aF), die unterlassene Vorsorge für Erreichbarkeit nach einem Umzug (BGH NJW 03, 903). Eine Partei, die mehrwöchig verreist, muss Vorsorge dafür treffen, dass ein Rechtsmittel eingelegt werden kann, wenn mit einer (noch nicht bekannten) Entscheidung zu rechnen ist. Das gilt uneingeschränkt jedenfalls dann, wenn in einem Rechtsstreit Zustellungen erfolgen, nachdem rechtliches Gehör gewährt, insbes mündlich verhan-

35 delt ist (BGH NJW 00, 3143 mwN). – **b) Unverschuldet** ist Unkenntnis von einer öffentlichen Zustellung (BGH 25, 11; vgl § 185 Rn 5; aA Guttenberg MDR 93, 1049: nur bei außergewöhnlichen Umständen oder erschwerter Möglichkeit der Kenntnisnahme), nicht aber dann, wenn der Adressat mit unbekanntem Aufenthalt in das Ausland verzieht, ohne für die Nachsendung Vorsorge zu treffen (Köln VersR 93, 1127). Bei Ersatzzustellung, wenn das Schriftstück den Adressaten nicht erreicht (überzogene Anforderungen von BGH FamRZ 87, 925 mit abl Anm Gottwald) und dieser mit der Zustellung nicht rechnen musste (vgl BGH NJW 86, 2958). Bei Kündigung des Mandats durch den ProzBev, wenn dieser eine wegen § 172 wirksame Zustellung nicht mitteilt (BGH NJW 80, 999). Bei erneuter (überflüssiger) Urteilszustellung an den neu bestellten ProzBev nach Sachstandsanfrage, ist die Annahme des RAs, die Frist laufe ab Zustellung an ihn, unverschuldet (BGH NJW 96, 1477), ebenso die unterlassene Nachprüfung bei telefonischem Auftrag zur Berufungseinlegung an Angestellten einer RA-Kanzlei, der dem RA diesen Auftrag nicht übermittelt (BGH NJW 81, 2815).

36 **12. Unvermögen infolge Geldmangels** als Ursache für das Unterbleiben einer Prozesshandlung. Für die Wiedereinsetzung kommt es entscheidend darauf an, ob die Frist des § 234 Abs 1 gewahrt wird (dort Rn 8–10). Diese Frist und die versäumte Frist müssen auseinandergehalten werden. – **a) Unverschuldet** ist die Fristversäumung grundsätzlich (BGH NJW 99, 3270), sofern die Partei bis zum Ablauf der
37 Rechtsmittelfrist, auch noch am letzten Tag (BGH NJW 98, 1230), beim zuständigen Gericht um Bewilligung von PKH nachsucht, nach Ablauf nur, wenn die Verspätung unverschuldet ist (allgM). Ist die Partei rechtsschutzversichert, entfällt die Bedürftigkeit erst mit der Deckungszusage (BGH NJW 91, 109). Entsprechend gilt das für Rechtsmittelbegründungsfristen. Es müssen jedoch innerhalb der Frist auch alle Unterlagen zur Entscheidung über den PKH-Antrag (§ 117) eingereicht sein (BGH NJW-RR 91, 1532 mwN und NJW 98, 1230) oder es muss innerhalb der Frist des § 234 nachgewiesen werden, dass die Partei hieran unverschuldet verhindert war (hierzu BGH NJW 02, 2180). Außerdem müssen dann die Unterlagen unverzüglich nachgereicht werden, nicht notwendig solche, deren verspätete Vorlage die Entscheidung über den PKH-Antrag nicht verzögert. Ist PKH für die erste Instanz bewilligt worden, darf die Partei bei unverändertem Vermögensverhältnissen erwarten, dass sie auch für die zweite Instanz PKH
38 erhält (BGH NJW-RR 00, 1387). – **b) Verschuldet.** Wird PKH verweigert, so ist Wiedereinsetzung nur zu erteilen, wenn dies wegen mangelnder Erfolgsaussicht geschehen ist oder wenn die Partei oder ihr ProzBev nicht damit rechnen musste, der Antrag werde wegen verneinter Bedürftigkeit iS des § 114 abgelehnt werden (BGH stRspr FamRZ 90, 389 und NJW-RR 00, 879). Dass das PKH-Gesuch keine Begründung hatte oder mit einer (unzulässigen) bedingten Berufung

verbunden war (BGH NJW 99, 2823), hindert die Wiedereinsetzung nicht (BGH NJW 93, 732). Bei Einkommenserhöhung kann trotz gewährter PKH für die erste Instanz Verschulden vorliegen, wenn die PKH für die zweite Instanz verweigert wird.

13. Verkehrsbehinderungen bei öffentlichen Verkehrsmitteln oder **39** Benutzung des privaten Kraftfahrzeugs sind unverschuldet, wenn sie nicht vorhersehbar waren und die Prozesshandlung dadurch nicht mehr auf andere zumutbare Weise rechtzeitig vorgenommen werden konnte (BGH NJW 89, 2393).

14. Tod oder Erkrankung der Partei, ihres Vertreters, naher An- **40** gehöriger oder des Büropersonals. Eine Geisteskrankheit, die Schuldunfähigkeit bewirkt, schließt das Verschulden stets aus (BGH NJW 87, 440). Eine andere Erkrankung muss so schwer sein, dass sie die zur Fristwahrung notwendigen Handlungen, insbes die Information des RAs unmöglich oder unzumutbar macht (vgl BGH VersR 89, 931). Ein RA muss ggf rechtzeitig für einen Vertreter sorgen und auch für den Notfall Vorsorge treffen (BGH NJW 96, 1540). Erkrankung des Büropersonals erhöht die Sorgfaltspflicht des RA (BGH NJW-RR 99, 1664). Er kann sich, wenn er die Kanzlei allein weiterführt, nicht auf seine Erkrankung berufen, anders wenn die Art der Erkrankung eine Vertretung nicht erfordert (BGH NJW-RR 98, 639). Tod des ProzBev (auch des Verkehrsanwalts) wenige Tage vor Ablauf der Frist führt idR zu unverschuldeter Säumnis (BGH VersR 84, 988). Ermüdung reicht nicht (BAG NJW 70, 2079), ebenso wenig Leistungsfähigkeitsverlust infolge andauernder Arbeitsüberlastung (BGH NJW 96, 998), wohl aber ein Zustand, in dem der Betroffene nicht in der Lage ist, Rechtsfragen zu erfassen, zB Diabetesschock (BGH NJW 75, 593), schwere psychische Belastung in Ausnahmesituationen (BGH NJW-RR 94, 957), insbes Bewusstseinsstörungen (BGH VersR 85, 888).

15. Büropersonal. Ein Verschulden Dritter ist für die Partei, da es **41** sich nicht um Vertreter handelt (§ 51 Abs 2, § 85 Abs 2), unverschuldet, sofern nicht ein eigenes Verschulden der Partei oder ihres Vertreters, insbes ihres ProzBev oder dessen (Unter)Vertreter gerade darin liegt, dass sie die gebotene Aufsicht verletzt, erforderliche eigene Tätigkeit versäumt, notwendige Anweisungen unterlassen, Schriftstücke auf Diktat-, Übersetzungs- oder Schreibfehler nicht geprüft (BGH NJW 96, 393 und 853) oder einen Organisationsmangel geduldet haben (vgl Rn 15–21). − **a) Grundsätze.** Ein Verschulden fehlt insbes, wenn den **41a** eigenen (Brandenburg OLG-NL 99, 41) sorgfältig ausgewählten und bewährten Büroangestellten (BGH NJW 00, 3649), die mit der übertragenen Aufgabe hinreichend vertraut sind (BGH NJW 96, 319), ohne dass sie im Einzelfall besonders belehrt werden müssen (BGH NJW-RR 97, 951), Fehler unterlaufen, die bei einem organisationsunabhängigen Versagen auch wiederholt (BGH NJW-RR 01, 1072 und 03, 276). Das gilt bei mechanischer Hilfeleistung auch für Dienstkräfte ohne besondere Qualifikation (BGH NJW 88, 2045) und bei einfachen Tätigkeiten (zB kontrollierter Botengang, BGH NJW-RR 97, 951), sogar für Auszubildende (BGH NJW 94, 2958), auch im ersten Lehrjahr (BGH NJW-RR 98, 1140) erst recht, wenn ein RA mit derartigen Tätigkeiten (zB Bote) betraut wird (BVerfG NJW 95, 249). Es haben sich folgende Fallgruppen als typisch herausgebildet. – **b) Beförderungsversehen:** Verwechslung eines Schriftstücks vor dem Einwurf in den Briefkasten (BGH VersR 86, 702), insbes durch Einlegen in einen falschen Umschlag (BGH NJW 94, 2958); Verwechseln von Briefkästen (BGH NJW-RR 89, 126); Verlegen und Vergessen einer Rechtsmittelschrift (BGH VersR 87, 769); unvollständiges Einwerfen der Ausgangspost (BGH NJW-RR 92, 1278); vorzeitiges Einwerfen mit falscher Eintragung des Begründungsfristbeginns (BGH NJW-RR 99, 716). –

43 **c) Anweisungen,** die bestimmt erteilt, aber nicht befolgt wurden. Auf deren Ausführung darf sich der RA grundsätzlich verlassen (BGH NJW 95, 1682 und NJW-RR 98, 787) und muss die Ausführung nicht anschließend überprüfen (BGH NJW 97, 1930), auch wenn dabei von der Büroorganisation (Rn 16) abgewichen wird (BGH NJW 96, 130), auf die es dann auch nicht mehr ankommt (BGH NJW-RR 98, 1360). Eine Einzelanweisung muss so genau und konkret sein (BGH NJW-RR 01, 204), dass sie den Anforderungen einer zuverlässigen Fristwahrung entspricht (BGH NJW 99, 429). Sie genügt mündlich (BGH NJW 97, 1930), im Einzelfall auch dann, wenn eine unzureichende Büroorganisation (Rn 16) vorlag (BGH NJW-RR 97, 955). Bsp: unterlassenes Einwerfen in den Nachtbriefkasten, insbes kurz vor Fristablauf (BGH VersR 85, 668); unterlassene Prüfung, ob der übergebene Schriftsatz unterschrieben ist (BVerfG NJW 96, 309; BGH NJW-RR 03, 277) oder ob ein Telefax nicht abgesandt wurde (BGH NJW-RR 98, 932); unterlassene Korrektur einer falschen Adressierung, wenn der vom RA ursprünglich richtig adressierte Schriftsatz weisungswidrig nicht nochmals vorgelegt wird (BGH NJW 82, 2670). Hingegen darf der RA bei mehreren relevanten Fehlern nicht ohne Kontrolle darauf vertrauen, dass Korrekturen vollständig, rechtzeitig und richtig ausgeführt sind (BGH NJW 95, 263). – **d) Fristenkalender:** unterlassene (BGH NJW 95, 1682) oder falsch (BGH NJW 01, 1578) vorgenommene Einträge, versehentliche Löschung (BGH NJW 92, 2488) und Übersehen einer Frist, wenn die betreffende Person allgemein über Lauf und Berechnung von Fristen unterrichtet ist (BGH stRspr). Ein RA darf sich darauf verlassen, dass eine schriftliche oder mündliche Anordnung, die Frist im Kalender oder im Akt einzutragen, vom Büropersonal befolgt wird (BGH NJW-RR 95, 58) und muss nicht mit einer erstmaligen Eigenmächtigkeit rechnen (BGH NJW 01, 1578). Er muss aber im Rahmen der Büroorganisation (Rn 16) dafür sorgen, dass die Eintragung von Rechtsmittel- und Rechtsmittelbegründungsfristen sich gegenüber gewöhnlichen Fristen deutlich abhebt (BGH aaO) und dass Rechtsmittelbegründungsfristen überprüft und ggf berichtigt werden (BGH NJW 94, 458), auch dafür, dass der abwesende Fristenbuchführer vertreten wird (vgl Rn 46), außerdem dass eine Frist oder

Vorfrist erst gelöscht wird, nachdem die fristwahrende Maßnahme erfolgt ist (BGH NJW 89, 1157 und 90, 2126 mwN); hierfür genügt bei Schriftsätzen, dass sie im Briefumschlag bereitgelegt sind (BGH stRspr NJW-RR 94, 565). Rechtsmittelbegründungsfristen erfordern idR die Eintragung einer Vorfrist von etwa einer Woche vor Ablauf (BGH NJW 94, 2551). Der RA darf sich aber nicht damit begnügen, nur Vorfristen ohne den Fristablauf eintragen zu lassen (BGH NJW 88, 568). Beantragte Fristverlängerungen muss er selbst überprüfen und darf sie erst eintragen lassen, wenn sie gewährt sind (BGH NJW 98, 2291). – **e) Fristberechnung** muss der RA idR selbst vornehmen (Rn 17), darf **45** aber einfache Fristen durch gut ausgebildetes und sorgfältig überwachtes Büropersonal berechnen lassen (BGH stRspr; BAG NJW 95, 3339 mwN). Ist die Berechnung und Notierung einfacher Fristen einer erst vor kurzem ausgebildeten Angestellten übertragen, trifft den RA eine gesteigerte Überwachungspflicht (BGH VersR 88, 157). – **f) Urlaub** **46** eingearbeiteter Angestellter. Die Fristenüberwachung darf nur auf eine zuverlässige Vertretung übertragen werden (BGH VersR 78, 959). Für Urlaub des RAs: Rn 20. – **g) Aktenvorlage** verpflichtet den RA zur **47** eigenverantwortlichen Prüfung der Frist (BGH NJW 92, 841) und der Erledigung seiner Anordnungen (BGH VersR 88, 414 mwN). Geschieht die Aktenvorlage rechtzeitig vor Ablauf der Frist, beruht die Fristversäumung auf Verschulden des RAs, auch wenn er nicht mehr an den Fristablauf erinnert wird, obwohl er dazu Anweisung gegeben hatte (BGH NJW 92, 841 mwN). – **h) Auskünfte** seines Büropersonals, die **48** falsch und weisungswidrig erteilt wurden, hat der RA nicht zu vertreten (BGH NJW 96, 1682). – **i) Anfechtbarkeit einer Entschei-** **49** **dung.** Der RA hat insbes die Beschwer, entweder selbst zu untersuchen oder er muss bei Unterzeichnung der Empfangsbescheinigung überprüfen, was das Büropersonal bei der Eintragung im Fristenkalender (Rn 44) veranlasst oder durchgeführt hat (BGH VersR 78, 255). – **k) Rechtsmittelschriften.** Ihre Anfertigung darf der RA nicht dem **50** Büropersonal übertragen. Er handelt daher schuldhaft, wenn er unterzeichnet, ohne Vollständigkeit und Richtigkeit zu überprüfen (MüKo/ Feiber 60 mwN). Das muss er auch bei der zweiten Vorlage beachten (BGH VersR 93, 79 mwN), insbes die Bezeichnung des Rechtsmittelgerichts, aber nicht dessen Anschrift (BGH NJW-RR 90, 1149). Der RA darf nicht Blankounterschriften geben oder bei einer Rechtsmittelschrift die Überprüfung des angerufenen Gerichts der Bürokraft überlassen (BGH VersR 86, 1209). Er darf sich aber darauf verlassen, dass nach Anfertigung vom Büropersonal nichts mehr eigenmächtig abgeändert (zB die Anschrift, BGH VersR 79, 229) und dass nach Korrektur zur Unterzeichnung nochmals vorgelegt wird (BGH NJW 89, 589). Der RA darf auch zuverlässigen Angestellten die Unterschriftskontrolle übertragen (Rn 19).

16. Telekommunikation. Bei Störfällen muss eine organisatorische **51** Anweisung vorliegen (BGH NJW-RR 98, 1361). – **a) Telefon** (vgl

Rn 27). Bei telefonischer Übermittlung von Aufträgen, insbes zur Einlegung von Rechtsmitteln, darf sich der RA auf die Angaben der erprobten, zuverlässigen Bürokraft verlassen. Eine nachträgliche Kontrolle im Postausgangsbuch ist nicht notwendig (BGH NJW 94, 2958). –

52 **b) Telekopie** (§ 130 Nr 6). **aa) Zugang** erst mit vollständigem Ausdruck beim Empfänger (Einl III Rn 12). **bb) Ausgang.** Das Absenden darf der Bürokraft übertragen werden (BGH NJW 94, 329). Der RA darf sich ohne Verschulden auf die Telefax-Nr in einem gängigen Verzeichnis (BGH NJW-RR 97, 952) und auf einen störungsfreien Betrieb beim Empfänger verlassen (Ebnet NJW 92, 2988 mwN), beim Gericht auch nach Dienstschluss bis 24 Uhr und bei vollständiger Ausnutzung

52a der Frist (BGH NJW 92, 244). **cc) Sendebericht.** Der RA muss anordnen, dass das Gerät im Anschluss an den Sendevorgang einen Sendebericht erstellt und dass dieser überprüft wird (BGH NJW 93, 1655 und 3140), auch auf die richtige Empfängernummer (BGH NJW 97, 948; BAG NJW 95, 2742; BayObLG NJW 95, 668). Der RA darf sich auf den Inhalt des Sendeberichts verlassen und muss ihn nicht selbst überprüfen (BGH NJW 01, 1595). Erst danach darf im Fristenkalender

52b gelöscht werden (BGH aaO mwN). **dd) Kontrolle.** Damit darf die Bürokraft beauftragt werden (BGH NJW 93, 3140), auch ob die Telefax-Nr des Gerichts richtig ist (BGH NJW 95, 2105). Der RA darf sich darauf verlassen, dass die von ihm angegebene richtige Telefax-Nr ver-

52c wendet wurde (BGH NJW-RR 98, 1361). **ee) Beweis** genügender Ausgangskontrolle erfordert neben dem Ausdruck idR die eidesstattliche Versicherung der Bürokraft über Vornahme einer Endkontrolle (BGH NJW 93, 732 und 98, 907; LG Darmstadt NJW 96, 1832), welche auch die Zahl der übermittelten Seiten umfassen muss (BGH

53 NJW 96, 2513). **cc) Scheitern** der Übermittlung. Der RA muss sicherstellen, dass die Änderung gerichtlicher Telefaxnummern berücksichtigt wird (BGH NJW 94, 1660). Verwenden der falschen Nummer ist verschuldet (BGH NJW 94, 2300), aber ausnahmsweise dann nicht, wenn die falsche Nummer von der Telekom ausgegeben wurde (BGH NJW 01, 1594). Eine unvollständige Ankunft muss sich der RA gemäß allgemein erteilter Anweisung (Rn 43) vorlegen lassen (Brandenburg OLG-NL 99, 91). Scheitert die Übermittlung per Telefax, müssen andere fristwahrende Wege benutzt werden (BAG NJW 95, 743; BGH NJW-RR 96, 1273); jedoch darf an eine andere im selben Gebäude befindliche Behörde gefaxt werden (BGH NJW-RR 95, 442). Der RA muss auch nicht eine andere Zugangsart wählen, wenn die Übermittlung scheitert, weil das Empfangsgerät defekt ist (BVerfG NJW 96, 2857); denn dieses Risiko trägt der Absender nicht (BGH NJW-RR 97, 250). Bestätigt der Sendebericht den Empfang, obwohl er gescheitert ist, besteht für die Partei kein Anlass zur telefonischen Kontrolle

54 (BGH NJW 97, 1311). – **c) Elektronisches Dokument** (§ 130a). Sobald sie aufgrund der vorgesehenen VOen eingereicht werden dürfen, gelten die Grundsätze der Rn 52, 53 entspr.

§ 234 Wiedereinsetzungsfrist

(1) **Die Wiedereinsetzung muß innerhalb einer zweiwöchigen Frist beantragt werden.**

(2) **Die Frist beginnt mit dem Tage, an dem das Hindernis behoben ist.**

(3) **Nach Ablauf eines Jahres, von dem Ende der versäumten Frist an gerechnet, kann die Wiedereinsetzung nicht mehr beantragt werden.**

1. Allgemeines. Das Einhalten der Frist des Abs 1 und der Aus- 1
schlussfrist des Abs 3 ist Zulässigkeitsvoraussetzung des Antrags (§ 233
Rn 8). – **a) Wesen.** Die Frist des Abs 1 ist keine Notfrist (BGH 26, 99) 2
und unabhängig von der Frist, die für die versäumte Prozesshandlung
gilt. – **b) Versäumung** der Fristen des Abs 1, 3: keine Heilung (§ 295), 3
aber Wiedereinsetzung (§ 233) bei der Frist des Abs 1; diese muss von
der versäumten Frist unterschieden werden (BGH NJW-RR 99, 430).
Berechnet wird die 2-Wochenfrist nach § 222. – **c) Ergänzung** un- 4
vollständiger und Erläuterung unklarer Angaben ist auch nach Ablauf
der Frist zulässig (§ 236 Rn 6).

2. Beginn (Abs 2). Der Tag, an dem das Hindernis behoben ist, wird 5
bei der Frist nicht mitgerechnet (§ 222 Rn 2; § 187 Abs 1 BGB). –
a) Hindernisbehebung. Behoben ist, sobald die bisherige Ursache der
Verhinderung beseitigt oder solange das Fortbestehen des Hindernisses
von der Partei oder ihrem Vertreter (§ 51 Abs 2, § 85 Abs 2) nicht mehr
verschuldet ist (BGH NJW 80, 1846), nicht erst, wenn das Verschulden
geklärt ist (BGH NJW-RR 98, 639). Unerheblich ist daher die Kenntnis oder das Kennenmüssen Dritter (§ 233 Rn 41), zB des Bürovorste-
hers (BGH VersR 80, 678). Die Frist beginnt daher erst, sobald die
Partei oder ihr ProzBev erkannt hat, dass die fristgebundene Prozesshandlung versäumt ist, oder dies bei gebotener Sorgfalt hätte erkennen
müssen (BGH NJW 92, 2098 mwN und NJW-RR 00, 1591; Köln
FamRZ 99, 1083). Es genügt nicht, dass das Hindernis hätte behoben
werden können (allgM). Die Hinderungsgründe (Rn 6–8) können auch
nebeneinander bestehen. Die Frist beginnt dann erst mit dem Wegfall
des letzten Grundes. Das Hindernis kann vor oder nach Ablauf der zu
wahrenden Frist liegen (BGH NJW-RR 90, 830) und schon vor Ablauf behoben sein (BGH NJW 94, 2831 mwN; bestr). – **b) Fehlende** 6
Kenntnis von Tatsachen. Das Hindernis wird durch Kenntnis oder
Kennenmüssen des betreffenden Vorgangs behoben. Bsp: Bei Verlust
eines Briefes durch die Nachricht, die den Verlust gewiss erscheinen
lässt, ohne eine weitere Zeitspanne für Nachforschungen bei der Post
(BGH NJW 74, 994); bei bekanntem Poststreik durch das Unterlassen
einer Nachfrage zum rechtzeitigen Eingang bei Gericht (BVerfG NJW
95, 1210); bei verspätetem Rechtsmittel durch Erkennen oder Erkennenmüssen, dass die Frist versäumt ist (BGH NJW 92, 2098 und NJW-
RR 99, 430); zB bei fehlender Kenntnis der Zustellung eines verkün-

deten Urteils, wenn der Kostenfestsetzungsbeschluss übermittelt oder die ZwVollstr angedroht wird (BGH NJW 01, 1430); entspr bei Rechtsmittelbegründungsfristen (BGH NJW 98, 1498), bei allen Fristen durch den erneuten Anlass der Fristprüfung (BGH NJW 98, 1498); bei Versäumung der Berufsbegründungsfrist durch die Mitteilung, dass das Gericht dem begründeten Verlängerungsantrag (§ 520 Abs 2) nicht stattgegeben hat (BGH NJW 97, 400) oder beabsichtige, die Berufung
7   zu verwerfen (BGH NJW-RR 90, 379). – **c) Irrtum** über Tatsachen und bei rechtlicher Würdigung (§ 233 Rn 30–32). Die Frist beginnt mit Irrtumsaufklärung oder dem schuldhaften Erkennenmüssen des Irrtums (BGH NJW 00, 592), insbes wenn dem RA der Akt vorgelegt wird (BGH st Rspr NJW 94, 2831) und Anlass besteht, das Ende der versäumten Frist zu prüfen (BFH NJW-RR 02, 860), zB für einen Antrag auf Fristverlängerung (BGH VersR 87, 764 mwN).

8   **3. Mittellosigkeit.** Wer aus Mangel an Geld gehindert ist, die Frist zu wahren, muss PKH gemäß § 117 beantragen (vgl § 233 Rn 36, 37), um Wiedereinsetzung zu erlangen. Ratschläge zur Vermeidung von Fehlern: Meyer NJW 95, 2139. Für den Fristbeginn (Abs 2) ist zu un-
8 a   terscheiden: – **a) Verweigerung der Prozesskostenhilfe.** Die Frist beginnt, wenn nicht schon vorher die Mittellosigkeit entfällt (BGH NJW 99, 799), nach kurzer Zeitspanne, in der überlegt und ein RA beauftragt werden kann (3–4 Tage; BGH stRspr; NJW-RR 90, 451), nachdem die Partei oder ihr Vertreter vom Beschluss, der die PKH versagt, Kenntnis erlangt hat (BGH 26, 99), idR mit Bekanntgabe des Beschlusses (vgl § 127 Rn 1), nicht erst mit Zurückweisung der gegen den ablehnenden Beschluss erhobenen Gegenvorstellung (BGH VersR 80, 86). Gleichgültig ist aus welchen Gründen das PKHGesuch ohne
9   Erfolg blieb (BGH VersR 85, 271). – **b) Bewilligung der Prozesskostenhilfe.** Wird sie auch nur zT bewilligt (BGH NJW-RR 93, 451) oder wurde PKH zunächst versagt (BGH 41, 1), läuft die Frist ab Bekanntgabe des Beschlusses (nicht notw Zustellung, BGH VersR 94, 1324) an die Partei oder ihren Vertreter, also auch ab Mitteilung an den beigeordneten RA (§ 121), aber nur wenn er bereits bevollmächtigt ist (BGH NJW-RR 93, 451), oder an den RA, der das PKHVerfahren betrieben hat (BGH VersR 86, 580), und zwar ohne Überlegungsfrist (BGH NJW 78, 1920). Der RA muss die Wiedereinsetzungsfrist für das Rechtsmittel (Abs 1, § 236 Abs 2 S 2) selbständig prüfen (BGH NJW-RR 99, 1585). Die Frist läuft solange nicht, bis die Partei dem RA Vollmacht erteilt hat (BGH 30, 226). Die Frist beginnt erst ab Bevollmächtigung oder sobald die Partei von der Beiordnung erfährt. –
10   **c) Auflagen,** insbes Vorlegung von Urkunden (§ 118 Abs 2 S 2). Wird nach Ablauf der Rechtsmittelfrist dem Antragsteller des PKHVerfahrens eine Auflage gemacht, so läuft die 2-Wochenfrist nicht vor Ablauf der gesetzten oder einer angemessenen Frist zur Erfüllung der Auflage (BGH NJW 62, 153), bei unbefristeter Auflage nicht vor Zustellung des Beschlusses, der PKH versagt, oder mit Ablauf einer gesetzten

Nachfrist (BGH NJW 71, 808). Eine Äußerungsfrist ist keine Auflage (BGH NJW 76, 330). – **d) Rechtsschutzversicherung.** Die Mittel- **11** losigkeit entfällt und die Frist beginnt erst mit der Deckungszusage (BGH NJW 91, 119). – **e) Verweigerter Notanwalt** (§ 78 b). Entspr verweigerter PKH (Rn 8) beginnt die Frist mit Bekanntgabe der Entscheidung (BGH NJW 96, 2937).

4. Ausschlussfrist (Abs 3). Sie ist eine uneigentliche Frist (7 vor **12** § 214) und kann nicht verlängert werden. Wiedereinsetzung (§ 233) und Heilung sind ausgeschlossen. Die Frist läuft unabhängig von der des Abs 1, auch bei Fortbestehen der unverschuldeten Verhinderung. Ausnahmsweise wirkt die Frist nicht, wenn sie infolge der Dauer eines PKHVerfahrens überschritten wird (BGH NJW 73, 1373 mwN), wenn der Prozessgegner auf den Eintritt der Rechtskraft nicht vertrauen darf (Düsseldorf NJW-RR 03, 136) und den Antragssteller kein Verschulden trifft (Stuttgart NJW-RR 02, 716). Es genügt nicht, wenn eine Berufung erst nach Jahresfrist verworfen wird (Düsseldorf NJW-RR 94, 1215). Berechnung: § 222 Rn 7. Da die versäumte Frist um 24 Uhr des letzten Tages abgelaufen ist, endet die Frist des Abs 3 an diesem Datum ein Jahr später.

§ 235 (weggefallen)

§ 236 Wiedereinsetzungsantrag

(1) **Die Form des Antrags auf Wiedereinsetzung richtet sich nach den Vorschriften, die für die versäumte Prozeßhandlung gelten.**

(2) [1]**Der Antrag muß die Angabe der die Wiedereinsetzung begründenden Tatsachen enthalten; diese sind bei der Antragstellung oder im Verfahren über den Antrag glaubhaft zu machen.** [2]**Innerhalb der Antragsfrist ist die versäumte Prozeßhandlung nachzuholen; ist dies geschehen, so kann Wiedereinsetzung auch ohne Antrag gewährt werden.**

1. Allgemeines. Zu typischen Fehlern: G. Müller NJW 93, 681. **1** Der Antrag ist eine Prozesshandlung (Einl III) und unterliegt den Fristen des § 234, bei dessen Abs 1 mit möglicher Wiedereinsetzung (§ 233). Ein bestimmter Mindestinhalt ist vorgeschrieben (Abs 2 S 1). Demzufolge muss die Partei alle Tatsachen vortragen und glaubhaft machen, welche die Wiedereinsetzung rechtfertigen (Rn 5; BGH NJW-RR 94, 1171 für Ausgangskontrolle). Pauschale Behauptungen genügen nicht (vgl BGH NJW 02, 2107). Der Antrag sollte, muss aber nicht, mit der versäumten und nachzuholenden Prozesshandlung verbunden werden (Abs 2 S 2). Er kann auch noch gestellt werden, wenn über die versäumte Prozesshandlung bereits entschieden ist, sofern nur die Frist des § 234 Abs 1 gewahrt ist. Der Antrag ist entbehrlich nach Maßgabe des Abs 2 S 2. Verstöße gegen Form und Inhalt heilen nicht

nach § 295 Abs 1 (RG 131, 261). Ein Aufklärungshinweis ist nur im
Rahmen des geltend gemachten Grundes geboten (BGH stRspr NJW-
RR 92, 1297). Einstweilige Einstellung des ZwVollstr: § 707.

2   **2. Form** (Abs 1): schriftlich, insbes nach § 340 Abs 1, § 517 Abs 1,
§ 520 Abs 2, § 548, § 551 Abs 2, § 569 Abs 1, § 587. Für den notwendigen Schriftsatz gilt § 129 Rn 6–14. Es besteht Anwaltszwang, wie für
die versäumte Prozesshandlung (§ 78); daher zu Protokoll der Geschäftsstelle nur gemäß §§ 496, 569 Abs 3. Adressat ist das Gericht des § 237;
eingereicht werden kann auch bei dem Gericht, wo die versäumte Prozesshandlung, zB die sofortige Beschwerde, eingelegt werden konnte
(§ 569 Abs 1).

3   **3. Inhalt** (Abs 2 S 1). Es gilt grundsätzlich § 129 Rn 5 und § 130.
Der Antrag, Wiedereinsetzung zu erteilen, muss nicht ausdrücklich und
kann auch hilfsweise (BGH NJW 97, 1312) gestellt werden. Es genügt,
wenn der Wille erklärt wird, die betreffende Prozesshandlung möge
wegen der vorgebrachten Tatsachen als rechtzeitig angesehen werden
(BGH NJW 00, 2280). Dies kann insbes darin liegen, dass sich die Partei wegen der Verspätung entschuldigt; aber nicht im Antrag, eine (in
Wirklichkeit abgelaufene) Rechtsmittelbegründungsfrist zu verlängern,
weil der Antragsteller sich bewusst sein muss, die Frist versäumt zu ha-
4   ben (ZöGreger 4 mwN). Als Inhalt ist vorgeschrieben: – **a) Tatsachen**
(Abs 2 S 1 Hs 1), die für die Versäumung, das Verschulden der in Betracht kommenden Personen und für die Frist des § 234 Abs 1 bedeut-
5   sam sein können. **aa) Umfang** (vgl Rn 1). Es muss sich auch ergeben,
dass nach Behebung des Hindernisses das Wiedereinsetzungsgesuch
rechtzeitig gestellt wurde (BGH NJW 00, 592). Die Tatsachen müssen
vollständig, soweit sie zur Wiedereinsetzung (§ 233) erforderlich sind
(Rn 1), ausdrücklich und bestimmt angegeben werden, nicht etwa
alternativ mit der Möglichkeit einer Fristversäumnis (BGH VersR 82,
144), alle Tatsachen zur Büroorganisation (§ 233 Rn 16; BGH NJW
02, 443), auch subjektive Vorgänge zu Kenntnis und ggf Irrtum, Kausalität und fehlendem Verschulden (BGH NJW 02, 2180), zB erste
Vorlage des Akts nach versäumter Frist (BGH NJW 97, 1079), Mangel
an Geldmitteln (BGH VersR 82, 41), sofern die Tatsachen nicht aktenkundig sind (BGH VersR 80, 264). Die pflichtgemäß organisierte und
durchgeführte Fristenkontrolle muss dargelegt werden und ist nicht im
Rahmen der Rn 6 nachholbar (BGH NJW-RR 92, 1277), auch der
rechtzeitige Ausgang einer Rechtsmittelschrift und das Bestehen einer
zuverlässigen Ausgangskontrolle (BGH NJW 83, 884). Nicht nötig ist
die Angabe, wie und wie oft der RA eine zutreffende Fristenkontrolle
6   seines Personals geprüft hat (BGH NJW 94, 2552). **bb) Zeitpunkt.**
(1) Die Tatsachen müssen innerhalb der Frist des § 234 Abs 1 vorgetragen werden (BGH NJW 98, 907). Das gilt auch für die Beschwerde
(BGH NJW-RR 98, 278). Nur nachträgliche Erläuterung unklarer und
Ergänzung unvollständiger Tatsachen ist zulässig (BGH stRspr NJW 00,
365 mwN), auch in der Beschwerde (BGH NJW 99, 2284). **(2)** Dies

gilt jedoch nicht, wenn die vorgetragenen Tatsachen nach Fristende widerrufen und durch neuen Tatsachenvortrag ersetzt werden (BGH VersR 82, 1168). Auch Nachschieben von Wiedereinsetzungsgründen nach Fristablauf (§ 234 Abs 1) und erstmaliger Vortrag von Tatsachen in der Beschwerde (BGH NJW 97, 1709) sind unzulässig (BGH NJW 97, 2120), erst recht Austausch von Tatsachen (BAG NJW 95, 2125 mwN). – **b) Glaubhaftmachung** (Abs 2 S 1 Hs 2) gemäß § 294. Die **7** Tatsachen müssen also überwiegend wahrscheinlich sein (BGH NJW 98, 1870). Die Mittel müssen nicht, sollten aber ausdrücklich bezeichnet werden. Das ist entbehrlich bei gerichtsbekannten, insbes aktenkundigen Tatsachen. Benannt, vorgelegt oder beigebracht werden müssen die Mittel (insbes eidesstattliche oder anwaltliche Versicherung) noch nicht im Antrag (das ist aber zweckmäßig und erwünscht), sondern erst bis zum Schluss der mündlichen Verhandlung, findet eine solche nicht statt, bis zum entspr Zeitpunkt (§ 128 Abs 2).

4. Nachholen der versäumten Prozesshandlung (Abs 2 S 2 Hs 1). **8** Diese unterliegt voll der für sie vorgeschriebenen Form (wie Rn 2). Die Vornahme ist unentbehrlich, kann aber durch Auslegung (Einl III Rn 16) im Wiedereinsetzungsantrag gesehen werden und ist jedenfalls für den Einspruch (§ 340) idR darin zu sehen (BVerfG NJW 93, 1635). Die Berufungsbegründung kann die unwirksame Berufung ersetzen (BGH NJW 00, 3286). Es genügt, wenn die Prozesshandlung vor dem Antrag vorgenommen wurde oder in Bezug genommen ist, auch dann, wenn bereits über sie (als verspätet) entschieden wurde (Rn 1), ferner wenn innerhalb der Frist des § 234 Abs 1 der Antrag gestellt wird, die Sache an das zuständige Gericht weiterzuleiten (BGH VersR 78, 825). Wiederholung ist unschädlich, auch unnötig. Eine versäumte Rechtsmittelbegründung wird aber nicht ersetzt durch den Antrag, die Frist hierfür zu verlängern (hM; BGH stRspr NJW 99, 3051 mwN; zT aA Ganter NJW 94, 164). Nachholung in Verbindung mit dem Antrag ist zweckmäßig (Rn 1). Die Frist des § 234 Abs 1 gilt.

5. Wiedereinsetzung von Amts wegen (Abs 2 S 2 Hs 2) kann **9** das Gericht (auch das Beschwerdegericht, BGH NJW-RR 00, 1590) nach Ermessen (BAG NJW 89, 2708) gewähren, wenn die sie rechtfertigenden Tatsachen akten- oder offenkundig (§ 291) sind (BGH NJW-RR 93, 1091 mwN; BAG NJW 95, 2125), und die nachzuholende Prozesshandlung (Rn 8) vor oder innerhalb der Frist des § 234 Abs 1 vorgenommen wurde (BGH NJW 82, 1873). Die Frist des § 234 Abs 3 ist nicht anzuwenden (Düsseldorf NJW-RR 03, 136). Tatsachen, die nicht akten- oder offenkundig sind, müssen innerhalb der Frist des § 234 Abs 1 dargelegt werden (BGH VersR 78, 825). Das Gericht kann auch die Partei zu Tatsachenvortrag und Glaubhaftmachung auffordern, wenn sich Anhaltspunkte für eine unverschuldete Fristversäumung ergeben und die Antragsfrist (§ 234 Abs 1) versäumt ist. Hierfür ist nur erforderlich, dass die versäumte Prozesshandlung innerhalb der Antragsfrist vorgenommen wurde.

§ 237 Zuständigkeit für Wiedereinsetzung

Über den Antrag auf Wiedereinsetzung entscheidet das Gericht, dem die Entscheidung über die nachgeholte Prozeßhandlung zusteht.

1   **Regel.** Zuständig ist zB bei versäumter Berufungs- oder Berufungsbegründungsfrist das Berufungsgericht, bei versäumter Frist zur sofortigen Beschwerde das Beschwerdegericht; auch dann, wenn es das verspätete
2   Rechtsmittel bereits verworfen hat. **Ausnahmen.** Das Revisionsgericht kann anstelle des Berufungsgerichts im Revisionsverfahren Wiedereinsetzung für versäumte Berufungs- und Berufungsbegründungsfristen gewähren oder verweigern, wenn das Berufungsgericht die Entscheidung über eine Wiedereinsetzung noch nicht getroffen (BGH stRspr NJW 82, 1873, FamRZ 89, 1064 und VersR 93, 501) oder Wiedereinsetzung verweigert hat (BGH NJW 96, 2581). Das gilt auch für das Gericht der Rechtsbeschwerde (§ 574).

§ 238 Verfahren bei Wiedereinsetzung

(1) [1]Das Verfahren über den Antrag auf Wiedereinsetzung ist mit dem Verfahren über die nachgeholte Prozeßhandlung zu verbinden. [2]Das Gericht kann jedoch das Verfahren zunächst auf die Verhandlung und Entscheidung über den Antrag beschränken.

(2) [1]Auf die Entscheidung über die Zulässigkeit des Antrags und auf die Anfechtung der Entscheidung sind die Vorschriften anzuwenden, die in diesen Beziehungen für die nachgeholte Prozeßhandlung gelten. [2]Der Partei, die den Antrag gestellt hat, steht jedoch der Einspruch nicht zu.

(3) Die Wiedereinsetzung ist unanfechtbar.

(4) Die Kosten der Wiedereinsetzung fallen dem Antragsteller zur Last, soweit sie nicht durch einen unbegründeten Widerspruch des Gegners entstanden sind.

1   **1. Verfahren bis zur Entscheidung. – a) Verbindung.** Die Verhandlung über den Wiedereinsetzungsantrag ist mit der über die Prozesshandlung (Berufung, Einspruch, sofortige Beschwerde) in ein Ver-
2   fahren zu verbinden (Abs 1 S 1). – **b) Mündliche Verhandlung** ist notwendig, wenn das für die nachgeholte Prozesshandlung zutrifft (bei § 586 Abs 1, § 585) oder wenn bei Rechtsmitteln Wiedereinsetzung gewährt wird. Freigestellt ist die mdl Vhdlg, wenn durch Beschluss der Einspruch oder ein Rechtsmittel verworfen, Wiedereinsetzung also versagt wird (§ 341 Abs 2, § 522 Abs 2, § 552, § 572 Abs 2). Ebenso gilt
3   das, wenn nach Rn 3 verfahren wird. – **c) Beschränkung** der Verhandlung (Abs 1 S 2): wie § 146 (vgl dort Rn 1). In diesem Falle darf, bevor der Wiedereinsetzungsantrag erledigt ist, über die Prozesshand-

lung selbst nicht verhandelt oder entschieden werden. Es darf zB nicht die Berufung gem § 522 Abs 2 verworfen werden (BGH NJW 82, 887 für § 519b aF). – **d) Rechtliches Gehör** (Einl I Rn 9) muss dem 4 Gegner gewährt werden (BVerfG NJW 82, 2234). – **e) Anwaltszwang** nach Maßgabe des § 78.

2. Form der Entscheidung (Abs 2 S 1). Über den Wiedereinset- 5 zungsantrag kann ausdrücklich oder stillschweigend entschieden werden, idR verbunden mit der Entscheidung über die nachgeholte Prozesshandlung. Im Einzelnen: – **a) Endurteil** (§§ 300, 301) ergeht, wenn 6 über die nachgeholte Prozesshandlung durch Endurteil zu entscheiden ist. War nach Rn 3 beschränkt, ergeht nur dann Endurteil, wenn Wiedereinsetzung versagt und daher zugleich die Prozesshandlung verworfen oder zurückgewiesen wird. – **b) Zwischenurteil** (§ 303) ergeht, 7 wenn die notwendige oder bei § 341 Abs 2, § 522, § 552 die durchgeführte mdl Vhdlg auf den Wiedereinsetzungsantrag beschränkt war (Rn 3) und ihm stattgegeben wird (Rn 10). Unangebracht (richtig: Endurteil, Rn 6) ist ein Zwischenurteil, wenn das Wiedereinsetzungsgesuch abgelehnt wird (BGH 47, 289). – **c) Versäumnisurteil** ergeht: 8 nur bei notwendiger mdl Vhdlg (Rn 2) oder wenn im Falle der §§ 522, 552 mündlich verhandelt wurde, sofern die Voraussetzungen der §§ 330, 331, 539, 555 vorliegen, gegen den säumigen Antragsteller ohne Rücksicht darauf, ob das Wiedereinsetzungsgesuch zulässig und begründet ist (BGH NJW 69, 845). Ist der Antragsgegner säumig, so wird der Antrag auch von Amts wegen geprüft (§ 233 Rn 10), nicht etwa entspr § 331 verfahren (vgl Rn 11). – **d) Beschluss** (§ 329) er- 9 geht: stets, wenn die mdl Vhdlg freigestellt war (vgl Rn 2, § 128 Rn 16), im Falle von § 341 Abs 2, § 522 Abs 1, § 552 Abs 1 aber nur, wenn nicht mündlich verhandelt wurde (Demharter NJW 86, 2755).

3. Inhalt der Entscheidung. – a) Erfolgreicher Antrag. Ist er zu- 10 lässig (§ 233 Rn 6–9) und begründet (§ 233 Rn 10–14), so wird (nicht notwendig ausdrücklich in der Formel) die Wiedereinsetzung erteilt, dabei die versäumte Frist bezeichnet. Eine Kostenentscheidung unterbleibt (vgl Rn 18–20). – **b) Erfolgloser Antrag.** Ist er unzulässig (§ 233 11 Rn 6–9), wird er verworfen; ist er unbegründet (§ 233 Rn 10–14) oder ist der Antragsteller säumig (vgl Rn 8), wird der Antrag zurückgewiesen. Dadurch erübrigt sich aber nicht etwa die Entscheidung über die nachgeholte oder dann regelmäßig unzulässige Prozesshandlung. Darüber kann (idR zweckmäßig) gleichzeitig entschieden werden. Die Kostenentscheidung umfasst die durch den Antrag verursachten Kosten (Rn 20).

4. Wirkung. Wird Wiedereinsetzung rechtskräftig (§ 705) erteilt, so 12 wird die versäumte Prozesshandlung als rechtzeitig fingiert (§ 233 Rn 1). Eine Entscheidung, welche die Prozesshandlung, für die Wiedereinsetzung erteilt wird, bereits verworfen oder abgewiesen hat, wird durch die erteilte Wiedereinsetzung ohne weiteres beseitigt (BGH NJW 82, 887), kann aber auch noch ausdrücklich aufgehoben werden.

An die Entscheidung, die Wiedereinsetzung erteilt, ist das Gericht, auch wenn durch Beschluss (Rn 9) entschieden wurde, gebunden (§ 318 entspr), jedenfalls grundsätzlich (BGH NJW 95, 2497 mwN).

13   **5. Rechtsbehelfe.** Es ist zu unterscheiden: – **a) Gewährte Wiedereinsetzung.** Die Entscheidung ist unanfechtbar (Abs 3), deshalb für die übergeordneten Rechtsmittelgerichte bindend. Diese können den Eintritt formeller Rechtskraft wegen versäumter Frist in der unteren Instanz nicht entgegen der gewährten Wiedereinsetzung feststellen. Daran ändert auch eine (gesetzwidrig) zugelassene Rechtsbeschwerde nichts; sie

14   ist unzulässig (BGH NJW 03, 211). – **b) Verweigerte Wiedereinsetzung** durch: **aa) Endurteil** (Rn 6). Es finden die gewöhnlichen Rechtsmittel statt, nämlich Berufung, falls § 511 zutrifft, und Revision, falls die

15   §§ 542–544 zutreffen. **bb) Zwischenurteile** (Rn 7). Wenn sie die Wiedereinsetzung gewähren, sind sie unanfechtbar (Abs 3). Wird der Wiedereinsetzungsantrag abgelehnt (falsch wegen Rn 7), findet Berufung

16   oder Revision statt, aber nur wie Rn 14. **cc) Versäumnisurteile** (Rn 8) werden nur mit Berufung oder Revision wie Endurteile angefochten (wie Rn 14), wenn sie gegen denjenigen, der Wiedereinsetzung beantragt

17   hat, ergangen sind (Abs 2 S 2; § 514 Abs 2, § 565). **dd) Beschlüsse** (Rn 9) werden mit der sofortigen Beschwerde (§ 567 Abs 1) oder in Familiensachen mit der befristeten Beschwerde (§ 621 e) angefochten, wenn Wiedereinsetzung versagt wird, Rechtsbeschwerde findet statt (§ 574), wenn die Berufung gem § 522 Abs 1 S 2 ohne mdl Vhdlg verworfen wurde (§ 522 Abs 1 S 3); ebenso bei Verwerfung des Einspruchs (§ 341 Abs 2, § 525). In den anderen Fällen kann der Beschluss nur zusammen mit dem Endurteil (Rn 14) angefochten werden. –

18   **c) Rechtskräftige Entscheidung** (§ 705), gleich ob Urteil oder Beschluss. Sie ist unanfechtbar.

19   **6. Kosten der Wiedereinsetzung** (Abs 4) können nur durch Auslagen der Parteien oder durch Beweisaufnahmen entstehen, da das Verfahren keine besonderen Gebühren verursacht (§ 1 Abs 1 GKG; § 37

20   BRAGO). – **a) Grundsatz.** Die Kosten, die durch die Wiedereinsetzung entstanden sind, trägt der Antragsteller; dies ist in der Kostenentscheidung des Rechtsstreits der Hauptsache durch einen besonderen Ausspruch nur zu berücksichtigen, wenn der Antragsteller nicht sowieso alle Kosten des Rechtsstreits trägt (§ 91 Abs 1). Bsp: Der Kläger trägt die Kosten des Rechtsstreits mit Ausnahme der durch die Wiedereinsetz-

21   zung entstandenen; diese hat der Beklagte zu tragen. – **b) Ausnahme.** Der Antragsgegner trägt die Kosten nur dann, wenn er unbegründet widersprochen hat. Die hier erforderliche Kausalität wird bei der gebotenen Prüfung von Amts wegen (§ 233 Rn 10) nur selten gegeben sein. § 269 Abs 3 S 2 geht dem Abs 4 vor.

Titel 5. Unterbrechung und Aussetzung des Verfahrens

Vorbemerkung

I. Allgemeines zum Stillstand des Verfahrens

1. Anwendungsbereich. Die §§ 239–252 gelten in allen Rechts- **1**
zügen für Urteilsverfahren jeder Prozessart (Einl V), ferner (mit Ausnahme des § 251a, der nur im Urteilsverfahren gilt) in Verfahren mit
freigestellter mdl Vhdlg (§ 128 Rn 11), insbes bei Arrest und einstweiliger Verfügung (StJRoth 2), Kostenfestsetzung (hM; Brandenburg
NJW-RR 02, 265 und KG NJW-RR 00, 791 mwN für § 240), auch
bei § 19 BRAGO (Hamm Rpfleger 75, 446), ferner im Mahnverfahren
(BGH NJW 74, 493) und im selbständigen Beweisverfahren (München
NJW-RR 02, 1053; LG Landau NJW-RR 02, 266 für § 240; aA
Frankfurt NJW-RR 03, 50), jedenfalls zT (KG NJW-RR 96, 1086 für
§ 251; aA Hamm ZIP 97, 552 für § 240). Die Vorschriften gelten in
der Zwangsvollstreckung grundsätzlich nicht (hM; Stuttgart Rpfleger
99, 286; KG NJW-RR 00, 1073 mwN), jedenfalls soweit Sonderregeln
(zB § 779, § 89 InsO) bestehen, auch nicht im PKH-Verfahren (hM;
Karlsruhe MDR 95, 636 für § 251; aA Köln NJW-RR 03, 264 mwN
für § 240).

2. Rechtlicher Stillstand des Verfahrens besteht bei Unterbre- **2**
chung, Aussetzung oder Ruhen (Begriffe: Rn 7–9). Diese haben gemeinsam: – **a) Eintritt** ist nur während der Rechtshängigkeit (§ 261)
möglich; jedoch kann der Anlass der Unterbrechung oder Aussetzung
vorher liegen. – **b) Prozessuale Fristen** hören zu laufen auf und be- **3**
ginnen nach Ende des Stillstandes mit ihrem Lauf von vorne (§ 249
Abs 1). Bei Unterbrechung und Aussetzung gilt dies auch für die Notfristen (§ 224 Abs 1 S 2); diese laufen nur während des Ruhens (§ 251)
weiter. – **c) Handlungen des Gerichts**, die nach außen wirken (ins- **4**
bes Entscheidungen, Ladungen) sind während des Stillstands unzulässig;
werden sie trotzdem vorgenommen, sind sie danach zu wiederholen, um
wirksam zu sein. – **d) Prozesshandlungen** (Einl III), die eine Partei **5**
während des Stillstands vornimmt, sind dem Gegner gegenüber unwirksam (§ 249 Abs 2).

3. Tatsächlicher Stillstand des Verfahrens tritt ein, indem die **6**
Parteien den Prozess nicht weiterbetreiben oder das Gericht ihn nicht
fortsetzt, indem es zB eine Terminsbestimmung unterlässt. Er ist vom
rechtlichen Stillstand (Rn 2) zu unterscheiden und hat nicht dessen
Wirkungen, so dass insbes § 249 unanwendbar ist. Es werden lediglich
die Akten gemäß der AktenO nach 6 Monaten weggelegt.

II. Unterbrechung ist Stillstand des Verfahrens kraft Gesetzes. Sie **7**
tritt ohne Antrag und Anordnung ein, auch unabhängig von der Kenntnis des Gerichts und der Parteien. Sie ist stets von Amts wegen zu beachten (allg M: BGH NJW 02, 2107). Unterbrechung kann eintreten

auf Grund der §§ 239–245. Wirkung: § 249. Beendet wird die Unterbrechung grundsätzlich durch Aufnahme des Rechtsstreits (§ 250).

8   **III. Aussetzung** ist Stillstand des Verfahrens kraft gerichtlicher Anordnung, nämlich eines gerichtlichen Beschlusses, der je nach dem betreffenden Fall von Amts wegen oder auf Antrag, zwingend oder nach dem Ermessen des Gerichts ergeht, aber nur dann, wenn das Gesetz die Aussetzung zulässt. Auf Grund der ZPO ist Aussetzung möglich nach §§ 65, 148, 149, 151–154, 246, 247, 578, 614, 640f, 953; ferner nach zahlreichen Gesetzen außerhalb der ZPO (vgl § 148 Rn 1). Wirkung: § 249. Beendet wird die Aussetzung durch ihre Aufhebung (§ 150) oder durch Aufnahme des Rechtsstreits (§ 250).

9   **IV. Ruhen** ist ein besonders ausgestalteter Fall der Aussetzung (Rn 8). Es tritt auch nur durch gerichtlichen Beschluss ein. Die Anordnung ist allein nach §§ 251, 251a möglich. Wirkung: §§ 249, 251 Abs 1 S 2. Das Ruhen wird beendet durch Aufnahme des Rechtsstreits (§ 250), die bei § 251 Abs 2 von gerichtlicher Zustimmung abhängig ist.

10   **V. Vorlage** einer Rechtsfrage zur Entscheidung durch ein übergeordnetes oder für die Rechtsfrage endgültig zuständiges Gericht ist in der ZPO in § 36 Abs 3 vorgesehen, außerhalb der ZPO durch Art 100 GG (BVerfG) und Art 234 EG-Vertrag (EuGH). Die Vorlage erfordert einen gerichtlichen Beschluss. Sie ist von der Aussetzung (Rn 8) zu unterscheiden (vgl § 148 Rn 1; K. Schmidt Fs Lüke S 721) und führt, wenn nicht zugleich ausgesetzt wird (Art 100 Abs 1 S 1 GG; entspr § 148 bei Art 234 EG-Vertrag) nicht zu einem rechtlichen, sondern bloß tatsächlichen Stillstand des Verfahrens (K. Schmidt aaO 725). Die hM sieht idR einen Vorlagebeschluss als gleichzeitige Aussetzung an. Der Vorlagebeschluss ist jedenfalls unanfechtbar (§ 252 Rn 2), ebenso die Ablehnung der beantragten Vorlage durch Beschluss, weil nicht das Verfahren betroffen ist (§ 567 Abs 1).

§ 239 Unterbrechung durch Tod der Partei

(1) **Im Falle des Todes einer Partei tritt eine Unterbrechung des Verfahrens bis zu dessen Aufnahme durch die Rechtsnachfolger ein.**

(2) **Wird die Aufnahme verzögert, so sind auf Antrag des Gegners die Rechtsnachfolger zur Aufnahme und zugleich zur Verhandlung der Hauptsache zu laden.**

(3) [1]**Die Ladung ist mit dem den Antrag enthaltenden Schriftsatz den Rechtsnachfolgern selbst zuzustellen.** [2]**Die Ladungsfrist wird von dem Vorsitzenden bestimmt.**

(4) **Erscheinen die Rechtsnachfolger in dem Termin nicht, so ist auf Antrag die behauptete Rechtsnachfolge als zugestanden anzunehmen und zur Hauptsache zu verhandeln.**

(5) **Der Erbe ist vor der Annahme der Erbschaft zur Fortsetzung des Rechtsstreits nicht verpflichtet.**

1. Allgemeines. Zum Begriff der Unterbrechung: 2–5, 7 vor § 239. 1
Anwendungsbereich: 1 vor § 239. Beim Tode einer Partei, also mit dem Erbfall, tritt kraft Gesetzes (§ 1922 BGB) der Erbe, die Erbengemeinschaft oder ein anderer Rechtsnachfolger (vgl Rn 5) an die Stelle der Partei (Parteiwechsel, 16 vor § 50). Es steht jedoch mit dem Erbfall und vor der Annahme der Erbschaft noch nicht fest, ob der Erbe, dem die Erbschaft angefallen ist, auch Erbe bleibt, da er ausschlagen kann (§ 1942 Abs 1 BGB) und dann der Nächstberufene als Erbe von Anfang an gilt (§ 1953 Abs 1 und 2 BGB). An diese Rechtslage ist zum Verständnis des § 239 zu denken. Stets ist zwischen Eintritt des Erben und Rechtsnachfolgers (kraft Gesetzes, § 1922 BGB) und der Aufnahme des Rechtsstreits (Abs 1) nach beendeter Unterbrechung zu unterscheiden. Da es sich um Fälle eines gesetzlichen Parteiwechsels handelt, richten sich die Folgen nach 16, 18 vor § 50. Wird die andere Partei Alleinerbe, endet der Prozess von selbst (BGH NJW-RR 99, 1152 mwN), weil das Verbot des Insichprozesses eingreift (RoSchwGottwald § 40 II 1). Kostenentscheidung bleibt möglich (BGH aaO).

2. Voraussetzungen (vgl auch 2–5 vor § 239). Sondervorschriften 2
bestehen für Ehe- und Kindschaftsprozesse (§§ 619, 640 g). – **a) Partei:**
2, 3 vor § 50; aber nur, wenn sie nicht durch einen ProzBev vertreten war (§ 246); nicht der einfache Nebenintervenient (§ 67 Rn 3); hingegen unterbricht der Tod des streitgenössischen Nebenintervenienten den Prozess der von ihm unterstützten Partei (§ 69 Rn 2). Der Tod eines Streitgenossen unterbricht nicht den Prozess der anderen Streitgenossen (§ 61 Rn 10; § 62 Rn 18). Ist eine Partei kraft Amtes (§ 51 Rn 25) gestorben, so gilt § 239 nicht, sondern § 241 (hM). § 239 ist entspr anwendbar, wenn an Stelle der Partei kraft Amtes der Rechtsträger (zB der Erbe bei Testamentsvollstreckung, BGH NJW 64, 2301) als Partei in den Prozess eintritt (RG 155, 350). – **b) Tod.** Diesem ist die 3
Todeserklärung gleichzuachten (§ 9 VerschG), bei juristischen Personen das Erlöschen ohne Liquidation, aber nur wenn eine Gesamtrechtsnachfolge eintritt (hM; StJBork 5 mwN), zB § 46 BGB oder wenn das Gesellschaftsvermögen ohne Liquidation auf den letzten Gesellschafter übergeht (BGH NJW 02, 1207). Nicht entspr anwendbar ist § 239 auf die Fälle übertragender Umwandlung und Verschmelzung von Handelsgesellschaften. Dafür gilt § 241 (K. Schmidt Fs Henckel S 749; aA StJBork 5). Die hM wendet § 239 entspr an (aA auch MüKo/Feiber 17: Parteiwechsel ohne Unterbrechung). § 239 gilt auch nicht entspr, sondern § 241, wenn eine Kapitalgesellschaft ohne Rechtsnachfolge bei anhängigem Verfahren gelöscht wird (Lindacher Fs Henckel S 549/60 mwN). – **c) Rechtsnachfolger** iS des § 239 ist derjenige, der durch 4
den Tod der Partei eine die Sachbefugnis (39 vor § 253) begründende Rechtsstellung erlangt hat. IdR ist das der Erbe (§ 1922 BGB) oder die Erbengemeinschaft (§ 2032 BGB). Statt des Erben kann es aber auch

ein Sonderrechtsnachfolger sein (BGH 69, 395), zB ein Nacherbe, der in den Prozess des Vorerben eintritt (vgl § 242), obwohl er den Vorerben nicht beerbt, bei einem Prozess über Gesamtgut die Anteilsberechtigten der fortgesetzten Gütergemeinschaft (§ 1483 BGB) und der Zessionar einer abgetretenen Forderung, wenn die verstorbene Partei die eingeklagte Forderung für den Fall des Todes abgetreten hat.

5   **3. Dauer der Unterbrechung.** Sie beginnt mit dem Tod oder dem entspr Ereignis (Rn 3). Sie endet, wenn ein Nachlasspfleger, ein Nachlassverwalter oder ein Testamentsvollstrecker bestellt ist, gemäß §§ 243, 241 mit der Anzeige, bei Nachlassinsolvenzverfahren gemäß § 240. Sonst endet die Unterbrechung, indem der Rechtsnachfolger den Rechtsstreit aufnimmt (Rn 6 und 10) oder indem die Aufnahme ersetzt wird (Rn 12).

6   **4. Aufnahme durch den Rechtsnachfolger** (Abs 1 und 5). Aufgenommen wird gemäß § 250. Ein Erbe ist als Rechtsnachfolger zur Aufnahme nicht verpflichtet, bevor er die Erbschaft angenommen hat
7   (Abs 5; vgl hierzu auch § 1958 BGB). – **a) Unterbrechung vor Erlass der Endentscheidung.** Terminsbestimmung erfolgt gemäß § 216. **aa) Bestrittene Rechtsnachfolge.** Bestreitet der Gegner die Tatsachen und werden sie nicht bewiesen, so wird bei notwendiger mdl Vhdlg (§ 128 Abs 1) durch (normal anfechtbares) Endurteil (§ 300) der Antrag auf Fortsetzung des Rechtsstreits zurückgewiesen und dem Antragsteller werden darin die durch die Aufnahme verursachten Kosten auferlegt. Dieses Urteil kann auch als Versäumnisurteil (§§ 330, 331) oder nach § 331a ergehen, wenn der aufnehmende Kläger oder Beklagte säumig ist. **bb) Feststehende Rechtsnachfolge.** Werden die
8   Tatsachen zugestanden, nicht bestritten oder werden sie bewiesen, ergeht Zwischenurteil (§ 303), in dessen Formel die Rechtsnachfolge und Verpflichtung zur Aufnahme des Rechtsstreits festgestellt wird (Düsseldorf OLGZ 79, 457), oder sofort Entscheidung in der Sache, bei der die Rechtsnachfolge in den Gründen festgestellt wird. Durch Versäumnisurteil (§§ 330, 331) oder nach § 331a wird voll in der Sache entschieden, wenn nur der aufnehmende Rechtsnachfolger erscheint oder, falls er seinerseits säumig ist, auf Antrag des erschienenen Gegners, der
9   die Rechtsnachfolge nicht bestreitet. – **b) Unterbrechung nach Erlass der Endentscheidung** bis zur Rechtskraft (§ 705). Es ist zu unterscheiden: **aa) Vor Rechtsmitteleinlegung** kann mit der Wirkung aufgenommen werden, dass der Rechtsstreit zum Zwecke der Entscheidung über die Rechtsnachfolge in der unteren Instanz bleibt (RG VZS 68, 247/55). Wird die Rechtsnachfolge bestritten und nicht bewiesen (Rn 7), so wird wie dort entschieden; die Entscheidung ist selbständig anfechtbar. Wird die Rechtsnachfolge festgestellt, ergeht eine Zusatzentscheidung (RG aaO), die die ergangene Entscheidung dahin ergänzt, dass sie gegen den Rechtsnachfolger wirkt (Musielak/Stadler 10; aA Düsseldorf NJW 70, 1689: Feststellung der Aufnahme genügt). Sie ist selbständig anfechtbar. § 518 S 1 ist unanwendbar (RG

140, 348 für § 517 aF). **bb) Rechtsmitteleinlegung** durch den auf- **10** nehmenden Rechtsnachfolger in Verbindung mit der Aufnahme (BGH 111, 104), also nicht nur, nachdem er zuerst in der unteren Instanz nach § 250 aufgenommen hat. Es wird der ganze Rechtsstreit ein- schließlich der Rechtsnachfolge in die höhere Instanz gebracht. Das Rechtsmittelgericht verwirft das Rechtsmittel des Aufnehmenden als unzulässig, wenn er nicht Rechtsnachfolger und somit nicht Partei ist (Rn 7); sonst verfährt es nach Rn 8. **cc) Nach Rechtsmitteleinle- 11 gung** durch den Rechtsvorgänger. Es wird die Aufnahme in der hö- heren Instanz erklärt, die dann nach Rn 7, 8 verfährt.

5. Aufnahme durch den Gegner (Abs 2–4). Sie ist für den Fall **12** vorgesehen, dass der Rechtsnachfolger die Aufnahme verzögert. – **a) Ende der Unterbrechung** (alternativ): **aa)** Mit Aufnahme durch **13** den Rechtsnachfolger gem § 250 oder indem er sie in mdl Vhdlg er- klärt. **bb)** Mit Rechtskraft der Entscheidung, welche die Rechtsnach- **14** folge feststellt (Rn 20). **cc)** Mit der Fiktion des Abs 4, nämlich dem **15** Schluss des Termins (§ 220 Rn 3), wenn das Gericht in der nachfol- genden Entscheidung die Rechtsnachfolge als zugestanden ansieht; in diesem Falle tritt die Unterbrechung wieder ein, wenn die Entschei- dung aufgehoben wird. – **b) Voraussetzungen: aa)** Aufnahmeverzö- **16** gerung setzt Kenntnis des Rechtsstreits voraus (Zweibrücken NJW 68, 1635) und liegt vor, wenn der Rechtsnachfolger den Rechtsstreit ohne gesetzlichen Grund nicht aufnimmt. Im Fall des Abs 5 ist die Aufnahme bis zum Ablauf der Ausschlagungsfrist (§ 1944 BGB) nicht verzögert. **bb)** Antrag des Gegners auf Ladung (Abs 2); Prozesshandlung (Einl III); **17** § 78 gilt. Der Schriftsatz muss die Tatsachen zur Rechtsnachfolge und die Person des Rechtsnachfolgers (wie § 130 Nr 1) bezeichnen. **cc)** Ladung (2 vor § 214) mit Zustellung des Schriftsatzes (Rn 17) an **18** den oder die (dann an alle) Rechtsnachfolger (Abs 3 S 1). – **c) Unter- 19 brechung vor Erlass der Endentscheidung. aa)** Bestreitet der Ge- ladene die Tatsachen zur Rechtsnachfolge und werden sie nicht be- wiesen, so wird wie nach Rn 7 verfahren. Die Entscheidung ist auch als Versäumnisurteil (§§ 330, 331) oder nach § 331a möglich, wenn der Antragsteller nicht erscheint. Ebenso wird verfahren, wenn eine der Voraussetzungen (Rn 16–18) fehlt. **bb)** Werden die Tatsachen zur **20** Rechtsnachfolge zugestanden (oder gelten sie als zugestanden, Abs 4), werden sie nicht bestritten oder werden sie bewiesen, so wird wie nach Rn 8 verfahren. Das Versäumnisurteil (§§ 330, 331) oder die Entschei- dung nach § 331a ergeht in der Sache, wenn der Geladene nicht er- scheint. – **d) Unterbrechung nach Erlass der Endentscheidung. 21 aa)** Vor Rechtsmitteleinlegung: Der Antrag (Rn 17) kann zum Zwe- cke der Entscheidung über die Rechtsnachfolge nur in der unteren In- stanz gestellt werden (RG VZS 68, 247/55). Trifft dann Rn 19 zu, wird wie dort entschieden; trifft Rn 20 zu, so ergeht eine Zusatzent- scheidung wie bei Rn 9 (Düsseldorf NJW 70, 1689). **bb)** Rechtsmittel **22** in Verbindung mit dem Antrag (Rn 17) einlegen kann der Gegner des

23   Rechtsnachfolgers nicht (§ 249 Abs 2), da erst aufgenommen werden
     muss. **cc)** Nach Rechtsmitteleinlegung: Der Antrag ist im höheren
     Rechtszug zu stellen. Dort gelten die Grundsätze der Rn 19, 20.

§ 240 Unterbrechung durch Insolvenzverfahren

[1]**Im Falle der Eröffnung des Insolvenzverfahrens über das Vermögen einer Partei wird das Verfahren, wenn es die Insolvenzmasse betrifft, unterbrochen, bis es nach den für das Insolvenzverfahren geltenden Vorschriften aufgenommen oder das Insolvenzverfahren beendet wird.** [2]**Entsprechendes gilt, wenn die
Verwaltungs- und Verfügungsbefugnis über das Vermögen des
Schuldners auf einen vorläufigen Insolvenzverwalter übergeht.**

1   **1. Allgemeines.** Zum Begriff der Unterbrechung: 2–5, 7 vor § 239.
     Durch die Eröffnung des Insolvenzverfahrens (§ 27 InsO) verliert der
     Schuldner an den Insolvenzverwalter die Befugnis, sein Vermögen, so-
     weit es zur Insolvenzmasse gehört, zu verwalten und darüber zu verfü-
     gen (§ 80 Abs 1 InsO). Die vom Schuldner erteilte Prozessvollmacht
     erlischt gem §§ 115, 116 InsO (BGH NJW-RR 89, 183 für KO). Bei
     der Aufnahme (Rn 8) tritt ein gesetzlicher Parteiwechsel ein (16, 18
     vor § 50). Für Gläubigeranfechtungsprozesse gilt § 17 AnfG.

2   **2. Anwendungsbereich.** Verfahren: 1 vor § 239. § 240 gilt nur,
     wenn über das Vermögen einer Prozesspartei (wie § 239 Rn 2) das In-
     solvenzverfahren eröffnet wird (§ 27 InsO) und die Insolvenzmasse
     (§ 35 InsO) betroffen ist. Das trifft nicht zu, wenn die Gesellschafter
     Partei sind und die Gesellschaft in Insolvenz fällt (BGH NJW 03, 590:
     entspr § 17 AnfG). § 240 umfasst auch das Nachlassinsolvenzverfahren
     (§§ 315 ff InsO). Gilt entspr, wenn ein verwaltungs- und verfügungs-
     berechtigter vorläufiger Insolvenzverwalter bei allg Verfügungsverbot
     gegen den Schuldner (§ 21 Abs 2 Nr 1 InsO) bestellt ist (S 2), nicht
     aber bei Zustimmungsvorbehalt gemäß § 21 Abs 2 Nr 2, 2. Alt InsO
     (BGH NJW 99, 2822). § 246 schließt die § 240 nicht aus. § 240 gilt
     nicht, wenn eine Partei kraft Amtes Insolvenzschuldner wird.

3   **3. Voraussetzungen.** Unterbrechung kann nur ab Rechtshängig-
     keit (§ 261) eintreten. – **a) Eröffnung** des Insolvenzverfahrens (§ 27
     InsO) oder die Bestellung eines vorläufigen Insolvenzverwalters im Fall
     des § 21 Abs 2 Nr 1 InsO (vgl Rn 2). Wird der Eröffnungsbeschluss im
     Beschwerdeweg aufgehoben (§ 34 Abs 2, 3 InsO), endet die Unterbre-
     chung nur von da an, nicht rückwirkend. Umfasst auch ein im Ausland
     eröffnetes Insolvenzverfahren, wenn das betreffende ausländische Recht
     eine entspr Unterbrechung vorsieht (hM; BGH NJW 97, 2525 mwN
     und 98, 928 für aF; München NJW-RR 96, 385 mwN; Zö-Greger 1 b
4   mwN für aF). – **b) Insolvenzmasse:** § 35 InsO. Sie muss betroffen
     sein. Das ist der Fall, wenn der streitbefangene Gegenstand (Recht oder
     Sache) zur Insolvenzmasse gehört und aus ihr zu leisten oder zu erfüllen
     ist. Es genügt, dass die Insolvenzmasse mittelbar betroffen ist; insbes bei

Feststellungsklagen, die den Hauptanspruch vorbereiten, auch negative Feststellungsklagen. Selbst wenn nur ein Teil die Insolvenzmasse betrifft, ist der gesamte Rechtsstreit einheitlich unterbrochen (BGH NJW 66, 51 für den Konkurs). **aa) Betroffen** ist die Insolvenzmasse: in Aktivprozessen bei allen pfändbaren Forderungen des Gemeinschuldners und bei Herausgabeansprüchen (zB §§ 556, 985 BGB). In Passivprozessen bei Forderungen der Insolvenzgläubiger (§ 38 InsO), auch (wegen § 717) wenn der Kläger vor Eröffnung auf Grund eines vorläufig vollstreckbaren Titels vollstreckt hat; bei Aussonderungs- und Absonderungsansprüchen (§§ 47–51 InsO); wenn der Insolvenzschuldner und Sicherungszedent die abgetretene Forderung als Prozessstandschafter geltend macht (G. Vollkommer MDR 98, 1269); auch bei Unterlassungsansprüchen. Bei Nachlassinsolvenz alle Prozesse der Erben, die sie als solche führen (Köln NJW-RR 03, 47). **bb) Nicht betroffen** ist die Insolvenzmasse: durch alle nicht vermögensrechtlichen Streitigkeiten (Einl IV Rn 3, 4); durch Ansprüche aus dem oder gegen das Vermögen des Insolvenzschuldners, soweit es nicht zur Insolvenzmasse gehört (§ 36 InsO).

4. Dauer der Unterbrechung. Sie beginnt kraft Gesetzes mit der Eröffnung; genauer Zeitpunkt: § 27 Abs 3 InsO. Sie endet entweder durch Aufnahme (Rn 8) oder durch die Beendigung des Insolvenzverfahrens nämlich Aufhebung des Eröffnungsbeschlusses (§ 34 Abs 3 InsO), Aufhebung des Insolvenzverfahrens (§ 200 oder § 258 InsO), Einstellung des Insolvenzverfahrens (§§ 207, 211, 212, 213 InsO) und zwar jeweils mit Bekanntmachung (§ 34 Abs 3, § 200 Abs 2, § 215 Abs 1, § 258 Abs 3 InsO). Erst mit dieser endet die Unterbrechung (BGH NJW 90, 1239 für Konkurs).

5. Aufnahme. Ihre Form richtet sich nach § 250. Ist sie unwirksam, bleibt der Rechtsstreit unterbrochen (BGH NJW-RR 00, 1156). Aufgenommen werden kann vom Insolvenzverwalter (§ 58 Abs 1 S 1, § 86 Abs 1 InsO), vom Gegner (§ 85 Abs 2, § 86 Abs 1 InsO), vom Schuldner nur, wenn der Insolvenzverwalter die Aufnahme ablehnt (§ 85 Abs 2 InsO). Wird über die Wirksamkeit der Aufnahme gestritten, so ergeht Endurteil, das die Unwirksamkeit der Aufnahme ausspricht und die Kosten dem auferlegt, der aufgenommen hat (wie § 239 Rn 7), andernfalls Zwischenurteil (§ 303) oder Feststellung wirksamer Aufnahme in den Gründen des Endurteils. – **a) Aktivprozesse.** Das sind Prozesse, in denen zugunsten des Schuldners ein Recht oder die Befreiung von Pflichten oder Lasten geltend gemacht wird. Sie werden nach § 85 InsO aufgenommen. – **b) Passivprozesse.** Das sind Prozesse, in denen ein Recht gegen den Schuldner geltend gemacht wird: **aa)** Auf Aussonderung (§§ 47, 48 InsO), Absonderung (§§ 49–51 InsO) und Masseverbindlichkeiten (§§ 53–55 InsO) gerichtete Prozesse werden nach § 86 InsO aufgenommen. **bb)** Für Forderungen der Insolvenzgläubiger (§ 38 InsO) geführte Prozesse können aufgenommen werden, wenn die Forderung bestritten wird und zur Tabelle (§ 175 InsO) angemeldet wurde; dann ist nach § 180 Abs 2 InsO aufzunehmen. Sonst kann wegen solcher Forderungen nur am Insolvenzverfahren teilgenommen werden (§ 87 InsO).

12   **6. Fortsetzung des Rechtsstreits.** Sie erfolgt nach dem Ende des Insolvenzverfahrens (Rn 7), auch wenn der Insolvenzverwalter den Rechtsstreit vorher schon aufgenommen hat, durch den Schuldner, der wieder prozessführungsbefugt wird (§ 51 Rn 25), ohne weiteres oder durch Aufnahme (§ 250), wenn der Insolvenzverwalter sie unterlassen hat. Eine vom Insolvenzverwalter erteilte Prozessvollmacht besteht für den Schuldner fort. Ausnahmsweise bleibt der Insolvenzverwalter prozessführungsbefugt, wenn es sich um Beträge nach §§ 203, 205 InsO (Nachtragsverteilung) handelt (StJRoth 37 für § 166 KO).

§ 241 Unterbrechung durch Prozessunfähigkeit

(1) **Verliert eine Partei die Prozeßfähigkeit oder stirbt der gesetzliche Vertreter einer Partei oder hört seine Vertretungsbefugnis auf, ohne daß die Partei prozeßfähig geworden ist, so wird das Verfahren unterbrochen, bis der gesetzliche Vertreter oder der neue gesetzliche Vertreter von seiner Bestellung dem Gericht Anzeige macht oder der Gegner seine Absicht, das Verfahren fortzusetzen, dem Gericht angezeigt und das Gericht diese Anzeige von Amts wegen zugestellt hat.**

(2) **Die Anzeige des gesetzlichen Vertreters ist dem Gegner der durch ihn vertretenen Partei, die Anzeige des Gegners ist dem Vertreter zuzustellen.**

(3) **Diese Vorschriften sind entsprechend anzuwenden, wenn eine Nachlaßverwaltung angeordnet wird.**

1   **1. Allgemeines.** Begriff der Unterbrechung: 2–5, 7 vor § 239. Anwendungsbereich: 1 vor § 239. § 241 betrifft die Fälle, in denen eine prozessunfähige Partei (vgl § 52) im Rechtsstreit (aber nicht anfänglich, Rn 3) ohne gesetzlichen Vertreter ist. Wird die Partei im Laufe des Rechtsstreits prozessfähig, so führt sie ihn ohne weiteres an Stelle des gesetzlichen Vertreters selbst fort (§ 52 Rn 10). Ist ein ProzBev bestellt, so gilt allein § 246.

2   **2. Voraussetzungen** (Abs 1, 3). – **a) Partei:** wie § 239 Rn 2. § 241 gilt auch, wenn eine Partei kraft Amtes (§ 51 Rn 25) prozessunfähig wird, stirbt oder ihr Amt verliert (allgM). Entspr anwendbar ist § 241 bei übertragender Umwandlung und Verschmelzung von Handelsgesellschaften (K. Schmidt Fs Henckel S 749; aA die hM: § 239 analog) oder Löschung einer Kapitalgesellschaft (Lindacher Fs Henckel S 549
3   [560] mwN). – **b) Verlust der Prozessfähigkeit** (vgl § 52). Bei ursprünglicher (von Beginn an bestehender) Prozessunfähigkeit gilt § 241 nicht (allgM; Hamm NJW-RR 98, 470). – **c) Gesetzlicher Vertreter:** § 51 Rn 3–7. Verlust der Vertretungsbefugnis: § 51 Rn 9. Bei Gesamtvertretung (§ 51 Rn 11) wird der Rechtsstreit nur dann unterbrochen,

wenn die verbleibenden gesetzlichen Vertreter zur Vertretung nicht befugt sind. – **d) Nachlassverwaltung** (Abs 3) gem § 1981 BGB. Durch 4 ihre Anordnung verliert der Erbe die Prozessführungsbefugnis (§ 51 Rn 25). Dies gilt aber nur für die Prozesse, die den Nachlass betreffen. War der Prozess noch nach § 239 unterbrochen, als die Nachlassverwaltung angeordnet wurde, besteht die Unterbrechung bis zur Anzeige (Abs 1, 2) fort. – **e) Testamentsvollstreckung.** § 241 ist über § 243 5 anwendbar, soweit es sich um die Aufnahme (Rn 7) handelt; auch sonst wegen der Stellung als Partei kraft Amtes (Rn 2).

3. Dauer der Unterbrechung. – a) Beginn: kraft Gesetzes mit dem 6 Eintritt des Ereignisses (Tod, Verlust der Prozessfähigkeit oder der Vertretungsmacht), ohne Rücksicht auf Kenntnis. – **b) Ende:** mit Einrei- 7 chung der Anzeige (Abs 1) bei Gericht, wenn der gesetzliche Vertreter handelt. Mit Zustellung der Anzeige (Abs 1, § 250), wenn der Gegner den Rechtsstreit fortsetzen will. Die Zustellung (Abs 2) muss an den wirklichen gesetzlichen Vertreter erfolgen (§ 170): das wird im anschließenden Verfahren von Amts wegen geprüft (§ 56; StJRoth Rn 14).

4. Fortsetzung des Rechtsstreits. Der gesetzliche Vertreter führt 8 den Prozess nach den Grundsätzen des § 51 Rn 14–18 weiter. Wird der Prozessunfähige wieder prozessfähig, gilt Rn 1. Endet bei einer Partei kraft Amtes (§ 51 Rn 25) deren Amt, so wird der Rechtsträger, insbes der Insolvenzschuldner Partei (§ 240 Rn 12). Das ist gesetzlicher Parteiwechsel (16 vor § 50). Der Prozess wird nicht analog § 239 unterbrochen oder über § 246 ausgesetzt (§ 239 Rn 2; bestr).

§ 242 Unterbrechung durch Nacherbfolge

Tritt während des Rechtsstreits zwischen einem Vorerben und einem Dritten über einen der Nacherbfolge unterliegenden Gegenstand der Fall der Nacherbfolge ein, so gelten, sofern der Vorerbe befugt war, ohne Zustimmung des Nacherben über den Gegenstand zu verfügen, hinsichtlich der Unterbrechung und der Aufnahme des Verfahrens die Vorschriften des § 239 entsprechend.

Anwendbar: nicht, wenn § 246 zutrifft. Nur bei Aktivprozessen in 1 Bezug auf Nachlassgegenstände, über die der Vorerbe ohne Zustimmung des Nacherben verfügen darf (§§ 2112, 2136 BGB) oder bei denen der Nacherbe der Verfügung zugestimmt hat (vgl § 2120 BGB), also Prozesse, in denen das Urteil für und gegen den Nacherben wirkt (§ 326). **Grund** für die Unterbrechung ist § 326 Abs 2. **Dauer** der 2 Unterbrechung und Aufnahme: entspr § 239 Rn 5, 6, 12.

§ 243 Aufnahme bei Nachlasspflegschaft und Testamentsvollstreckung

Wird im Falle der Unterbrechung des Verfahrens durch den Tod einer Partei ein Nachlaßpfleger bestellt oder ist ein zur

**Führung des Rechtsstreits berechtigter Testamentsvollstrecker
vorhanden, so sind die Vorschriften des § 241 und, wenn über
den Nachlaß das Insolvenzverfahren eröffnet wird, die Vorschriften des § 240 bei der Aufnahme des Verfahrens anzuwenden.**

1   **Anwendbar,** wenn das Verfahren nach § 239 oder nach § 242
(allgM) unterbrochen ist und § 246 nicht vorgeht; ferner beim Nach-
2 lassinsolvenzverfahren (§§ 315 ff InsO) **Wirkung.** § 243 regelt nicht
den Eintritt, sondern lediglich das Ende der Unterbrechung durch Aufnahme. Dafür gilt § 241 (dort Rn 7). Bei Passivprozessen können auch
die Erben den Rechtsstreit gem § 239 aufnehmen (BGH NJW 88,
1390; umstr). Beim Nachlassinsolvenzverfahren ist § 240 Rn 8–11 anzuwenden.

§ 244 Unterbrechung durch Anwaltsverlust

**(1) Stirbt in Anwaltsprozessen der Anwalt einer Partei oder
wird er unfähig, die Vertretung der Partei fortzuführen, so tritt
eine Unterbrechung des Verfahrens ein, bis der bestellte neue
Anwalt seine Bestellung dem Gericht angezeigt und das Gericht die Anzeige dem Gegner von Amts wegen zugestellt hat.**

(2) [1]**Wird diese Anzeige verzögert, so ist auf Antrag des
Gegners die Partei selbst zur Verhandlung der Hauptsache zu
laden oder zur Bestellung eines neuen Anwalts binnen einer
von dem Vorsitzenden zu bestimmenden Frist aufzufordern.**
[2]**Wird dieser Aufforderung nicht Folge geleistet, so ist das Verfahren als aufgenommen anzusehen.** [3]**Bis zur nachträglichen
Anzeige der Bestellung eines neuen Anwalts erfolgen alle Zustellungen an die zur Anzeige verpflichtete Partei.**

1   **1. Allgemeines.** Begriff der Unterbrechung: 2–5 vor § 239. Anwendungsbereich: 1 vor § 239. Grund der Vorschrift ist, dass die Partei
im Anwaltsprozess (§ 78) nicht wirksam handeln kann, wenn sie ohne
RA ist. Verliert sie ihn, ohne dass sie dies veranlasst, wird sie durch
Unterbrechung geschützt.

2   **2. Voraussetzungen** der Unterbrechung. – **a) Anwaltsprozess** ist
ein Rechtsstreit, in dem Anwaltszwang besteht (§ 78 Abs 1, 2). Im
Parteiprozess (§ 79) gilt § 244 auch dann nicht, wenn sich die Partei
3 durch einen RA vertreten lässt (BGH FamRZ 92, 48). – **b) Partei:**
wie § 239 Rn 2. Eine Partei kraft Amtes (§ 51 Rn 25) steht der Partei
gleich. Sie muss dem RA (Rn 4) Prozessvollmacht erteilt haben (1 vor
§ 78); § 244 gilt auch bei Selbstvertretung gem § 78 VI (BGH NJW
4 02, 2107). – **c) Anwalt.** Damit ist der für den Rechtszug bestellte RA
gemeint. Der Rechtszug dauert auf jeden Fall bis zum Beginn der
Rechtsmittelfrist (BGH 23, 172). Andererseits beginnt der höhere
Rechtszug erst mit der Einlegung des Rechtsmittels (hM). Daraus folgt,
dass das Verfahren unterbrochen wird, wenn der ProzBev, nachdem

ihm die Entscheidung (gemäß § 172) zugestellt wurde, verstirbt, bevor das Rechtsmittel eingelegt wird (BAG NJW 76, 1334; BGH NJW 95, 1095 mwN; RoSchwGottwald § 126 IV 1; bestr). Bei Urteilen, die die Instanz noch nicht endgültig abschließen (zB §§ 302, 304), wird nur in dem Rechtszug unterbrochen, für den der weggefallene RA (Rn 5) bestellt war. – **d) Wegfall** des RAs. Das sind die Fälle Rn 6–10, nicht 5 ist es der Entzug der Prozessvollmacht durch die Partei (allgM). Sind mehrere RAe als ProzBev bestellt (insbes Anwaltssozietät), so wird nur unterbrochen, wenn alle wegfallen (BAG NJW 72, 1388). Es wird unterbrochen durch: **aa) Tod:** nicht, wenn ein Vertreter gem § 53 BRAO 6 bestellt ist (hM; BGH 61, 84 und NJW 82, 2324). **bb) Verlust der** 7 **Prozessfähigkeit** (BGH 30, 112; BAG NJW 66, 74; vgl § 80 Rn 5). Ist ein Vertreter gem § 53 BRAO bestellt, wird nicht unterbrochen (vgl Rn 6), im Falle des Todes aber dann mit der Löschung in der Anwaltsliste (BGH 61, 84). **cc) Verlust der Anwaltseigenschaft** (BGH 8 111, 104). Diese tritt ein durch Erlöschen der Zulassung (§ 13 BRAO) oder rechtskräftige Zurücknahme der Zulassung als RA (§ 14 BRAO). Gilt auch bei § 78 Abs 6 (Rn 3; Karlsruhe NJW-RR 95, 626). **dd) Beendigung der Zulassung** bei einem Gericht (§§ 33–35 BRAO), 9 aber erst mit ihrer Rechtskraft (vgl § 42 BRAO). Hier wird nur unterbrochen, wenn der Rechtsstreit vor dem Gericht anhängig ist, bei dem die Zulassung zurückgenommen wurde. **ee) Vertretungsverbot** (§ 114 10 Abs 1 Nr 4, § 114a BRAO), sobald es wirksam wird (vgl § 204 Abs 5 BRAO; BGH 111, 104). Dazu gehören aber nicht die Tätigkeitsverbote der §§ 45–47 BRAO. **ff) Ausschließung** aus der Rechtsanwaltschaft 11 (§ 114 Abs 1 Nr 5 BRAO) mit Rechtskraft (§ 204 Abs 1 BRAO). **gg) Vorläufiges** Berufs- und Vertretungsverbot (§ 150 BRAO). 12

3. Dauer der Unterbrechung. Sie gilt als nicht eingetreten (Fik- 13 tion), wenn dem RA Wiedereinsetzung bei versäumter Rechtsmittelfrist gegen das Ausschlussurteil (vgl § 204 Abs 1 S 1 BRAO) gewährt wird (BGH 98, 325). – **a) Beginn:** mit dem Tod, dem Eintritt der Pro- 14 zessunfähigkeit (Rn 7) oder der Rechtskraft in den Fällen der Rn 8–11, ferner mit der Verkündung bei Rn 12. – **b) Ende:** regelmäßig durch 15 Anzeige (§ 250) des neu bestellten RAs (Abs 1) oder des wieder vertretungsfähig gewordenen (Rn 7–12; RG 141, 169). Die Anzeige ist zuzustellen (Abs 1). Sie kann mit einem Schriftsatz (§ 130) verbunden werden (BGH 30, 112/9) und ist in der Berufungseinlegung zu sehen (BGH 111, 104). Für die Zustellung, mit der die Unterbrechung endet, gilt § 295 Abs 1 (BGH 23, 172). Unterbleibt die Anzeige gem Abs 1, so kann die Aufnahme fingiert werden (Abs 2; Rn 16).

4. Fingierte Aufnahme des Rechtsstreits (Abs 2). Wird die Unter- 16 brechung nicht durch Anzeige beendet (Rn 15), kann der Prozessgegner die Unterbrechung beenden. – **a) Voraussetzungen: aa) Antrag.** 17 Prozesshandlung (Einl III); durch Schriftsatz (§ 129 Rn 5). Es gilt § 78. **bb) Verzögerung** der Anzeige (Rn 15) liegt vor, wenn die Partei 18 oder ihr ProzBev sie unterlässt, obwohl sie geschehen könnte und kein

19 Grund entgegensteht. Keine Überlegungsfrist. − **b) Entscheidung** (Abs 2 S 1). Liegen die Voraussetzungen (Rn 17, 18) vor, so ist, je nachdem, was beantragt ist (Rn 17), gem § 216 Termin zu bestimmen (Abs 2 S 1 1. Alt), wobei im Anwaltsprozess mit der Ladung zur Vhdlg wegen § 215 die Aufforderung, einen RA zu bestellen, verbunden werden muss; oder es ist zur Bestellung eines neuen RA unter Fristbestimmung (9 vor § 214) aufzufordern (Abs 2 S 1 2. Alt). Wird der An-
20 trag abgelehnt, gilt § 567 Abs 1 Nr 2. − **c) Wirkung.** Sobald die Anzeige erfolgt, endet die Unterbrechung gemäß Rn 15. Erscheint im Termin kein RA, im Parteiprozess (§ 79) auch die Partei nicht, kann nach §§ 330, 331 oder § 331 a entschieden werden; denn bereits die Zustellung der Ladung beendet die Unterbrechung (Abs 2 S 1 1. Alt; StJRoth 19). Ist eine Frist bestimmt (Abs 2 S 1 2. Alt), so endet die Unterbrechung, wenn Anzeige (Rn 15) unterbleibt, mit Fristablauf (BGH NJW 60, 819). − **d) Zustellungen** (Abs 2 S 3) erfolgen bis zur (verspäteten) nachträglichen Anzeige an die Partei, die anzuzeigen hat (Rn 15).

§ 245 Unterbrechung durch Stillstand der Rechtspflege

Hört infolge eines Krieges oder eines anderen Ereignisses die Tätigkeit des Gerichts auf, so wird für die Dauer dieses Zustandes das Verfahren unterbrochen.

1   Andere Ereignisse: Naturkatastrophen, Revolutionen. Die Unterbrechung endet, wenn das Gericht wieder tätig wird.

§ 246 Aussetzung bei Vertretung durch Prozessbevollmächtigten

(1) Fand in den Fällen des Todes, des Verlustes der Prozeßfähigkeit, des Wegfalls des gesetzlichen Vertreters, der Anordnung einer Nachlaßverwaltung oder des Eintritts der Nacherbfolge (§§ 239, 241, 242) eine Vertretung durch einen Prozeßbevollmächtigten statt, so tritt eine Unterbrechung des Verfahrens nicht ein; das Prozeßgericht hat jedoch auf Antrag des Bevollmächtigten, in den Fällen des Todes und der Nacherbfolge auch auf Antrag des Gegners die Aussetzung des Verfahrens anzuordnen.

(2) Die Dauer der Aussetzung und die Aufnahme des Verfahrens richten sich nach den Vorschriften der §§ 239, 241 bis 243; in den Fällen des Todes und der Nacherbfolge ist die Ladung mit dem Schriftsatz, in dem sie beantragt ist, auch dem Bevollmächtigten zuzustellen.

1   **1. Allgemeines.** Begriff der Aussetzung: 8 vor § 239. Anwendungsbereich: 1 vor § 239. Wirkung: 2−5 vor § 239. Wenn ein ProzBev bestellt ist, liegt in den Fällen der §§ 239, 241 kein Grund vor, den Rechtsstreit zu unterbrechen, weil die Prozessvollmacht nicht erlischt

(§ 86), ungeachtet dessen, dass bei Tod ein Parteiwechsel eintritt (§ 239 Rn 1). Zweck des § 246 ist es, dem ProzBev Zeit zu geben, sich Anweisungen und Vollmacht (§ 86 Hs 2) des Erben, gesetzlichen Vertreters, Nachlassverwalters oder Nacherben geben zu lassen.

2. Voraussetzungen (Abs 1). – **a) Ereignis** gemäß Aufzählung: Tod **2** der Partei (§ 239 Rn 2), Verlust ihrer Prozessfähigkeit oder ihres gesetzlichen Vertreters sowie Anordnung der Nachlassverwaltung (§ 241 Rn 2–4) und Eintritt der Nacherbfolge (§ 242 Rn 1). – **b) Vertretung** **3** durch einen ProzBev: wie 1 vor § 78, also nicht notw ein RA, wohl aber der nach § 89 zugelassene Vertreter. Wenn ein RA sich gem § 78 Abs 6 selbst vertritt, gilt § 244. Das Mandat (3 vor § 78) muss noch bestehen (BGH NJW 65, 1019). Der ProzBev muss zZ des Ereignisses (Rn 3) für den Rechtsstreit noch postulationsfähig (4 vor § 78), der RA insbes zugelassen sein (BGH 2, 227). Daher ist bei einem ProzBev, der nur beim Gericht des unteren Rechtszuges zugelassen ist, § 246 anwendbar, bis das Rechtsmittel eingelegt ist (BGH NJW 81, 686 mwN). Ist es bereits eingelegt, so wird unterbrochen und es gilt § 246 nicht, wenn für die höhere Instanz noch kein zugelassener ProzBev bestellt ist (BGH 2, 227). – **c) Antrag** gemäß § 248 Abs 1 des ProzBev na- **4** mens der betroffenen Partei (zB des noch unbekannten Erben), nur bei §§ 239, 242 auch des Gegners. Steht im Belieben des Antragsberechtigten. Der Antrag kann nicht allein in der Mitteilung des ProzBev, sein Mandant sei verstorben, gesehen werden (BGH VersR 93, 1375). Der Antrag ist zulässig vom Eintritt des Aussetzungsgrundes bis zur Rechtskraft, jedoch nicht mehr, wenn auf den Aussetzungsantrag durch einseitige Prozesshandlung (Einl III) verzichtet wurde, was idR im vorbehaltlosen Verhandeln zur Hauptsache in Kenntnis des Aussetzungsgrundes zu sehen ist (bestr).

3. Dauer der Aussetzung. – a) Beginn: mit Wirksamkeit der An- **5** ordnung (§ 248 Rn 2). Sie muss ergehen, wenn die Voraussetzungen (Rn 2–4) vorliegen, es sei denn, dass ausnahmsweise Rechtsmissbrauch vorliegt (RoSchwabGottwald § 127 II 1). – **b) Ende** (Abs 2): ohne ge- **6** richtliche Entscheidung durch Aufnahme oder Anzeige wie in den entspr Fällen der Unterbrechung (§ 239 Rn 6 und 12–13; § 241 Rn 7); ferner nach §§ 242, 243. Im Falle von § 239 und § 242 muss nach Abs 2 Hs 2 verfahren werden; andernfalls ist die Ladung nicht ordnungsgemäß.

4. Fortsetzung des Rechtsstreits findet, falls kein Antrag gestellt **7** wird, ohne weiteres statt, sonst nach Schluss der Aussetzung (Rn 6). Ein Streit der Parteien darüber, ob das Verfahren fortzusetzen ist, wird durch Zwischenurteil entschieden (§ 303). Wechsel der Partei oder des gesetzlichen Vertreters unter Fortdauer der Prozessvollmacht: § 86 Rn 1.

§ 247 Aussetzung bei abgeschnittenem Verkehr

Hält sich eine Partei an einem Ort auf, der durch obrigkeitliche Anordnung oder durch Krieg oder durch andere Zufälle von dem Verkehr mit dem Prozeßgericht abgeschnitten ist, so

kann das Gericht auch von Amts wegen die Aussetzung des Verfahrens bis zur Beseitigung des Hindernisses anordnen.

1   **Partei:** wie § 239 Rn 2. **Anordnung:** § 248. Die Aussetzung endet durch einen entspr gerichtlichen Beschluss (hM). **Vom Verkehr abgeschnitten:** ist grundsätzlich nicht schon dann gegeben, wenn sich eine Person im Ausland aufhält.

§ 248 Verfahren bei Aussetzung

(1) **Das Gesuch um Aussetzung des Verfahrens ist bei dem Prozeßgericht anzubringen; es kann vor der Geschäftsstelle zu Protokoll erklärt werden.**

(2) **Die Entscheidung kann ohne mündliche Verhandlung ergehen.**

1   **Antrag** (Gesuch, Abs 1). Gilt nur für §§ 246, 247, nicht für Aussetzung nach §§ 148 ff. Prozesshandlung (Einl III); wegen Abs 1, § 78 Abs 5 außer Anwaltszwang; auch § 129 a gilt. **Zuständig** ist das Prozessgericht, bis ein Rechtsmittel eingelegt ist, das des unteren Rechts-
2 zuges. **Entscheidung** (Abs 2) ergeht grundsätzlich als Beschluss. Es gilt § 329 Abs 1 und 2; daher bei Ablehnung des Antrags zuzustellen. Die Aussetzung wird erst mit Verkündung oder Bekanntgabe des Beschlusses wirksam (BGH 69, 395 und NJW 87, 2379). Inhalt: Entweder wird der Antrag mit Gründen abgelehnt oder der Rechtsstreit ausgesetzt; dann ist der Aussetzungsgrund anzugeben, damit Klarheit besteht, wann und wie aufgenommen werden kann. Abgelehnt werden kann die
3 Aussetzung auch erst im Endurteil (MüKoFeiber 4). **Rechtsmittel:** § 252.

§ 249 Wirkung von Unterbrechung und Aussetzung

(1) **Die Unterbrechung und Aussetzung des Verfahrens hat die Wirkung, daß der Lauf einer jeden Frist aufhört und nach Beendigung der Unterbrechung oder Aussetzung die volle Frist von neuem zu laufen beginnt.**

(2) **Die während der Unterbrechung oder Aussetzung von einer Partei in Ansehung der Hauptsache vorgenommenen Prozeßhandlungen sind der anderen Partei gegenüber ohne rechtliche Wirkung.**

(3) **Durch die nach dem Schluß einer mündlichen Verhandlung eintretende Unterbrechung wird die Verkündung der auf Grund dieser Verhandlung zu erlassenden Entscheidung nicht gehindert.**

1   **1. Anwendungsbereich.** Allgemein: 1 vor § 239. Für alle Fälle von Unterbrechung und Aussetzung (7, 8 vor § 239) gelten Abs 1 und 2, der Abs 3 jedoch nur für die Unterbrechung (Rn 10). Für das Ruhen als Sonderfall der Aussetzung (9 vor § 239) gilt § 249 nicht. Die Wirkungen des § 249 treten nur während der Dauer der Aussetzung und der Unterbrechung ein (vgl zB § 239 Rn 5; § 246 Rn 5, 6).

2. Fristen (Abs 1). Damit sind nur die echten Fristen gemeint (7–9 **2** vor § 214), insbes auch die Notfristen (§ 224 Abs 1 S 2), nicht die uneigentlichen Fristen (7 vor § 214). – **a) Eintritt** der Unterbrechung oder **3** Aussetzung beendet den Lauf der Frist. Solange die Unterbrechung oder Aussetzung andauert, wird verhindert, dass eine Frist weiterläuft oder zu laufen beginnt (BGH 111, 104 [108]). – **b) Ende** der Unter- **4** brechung oder Aussetzung bewirkt, dass mit dem Ende für beide Parteien die volle Frist zu laufen beginnt, aber ohne Rückwirkung und nur, wenn sie nicht schon vorher abgelaufen war (BGH NJW 87, 2379). Hierfür müssen stets die Voraussetzungen des Fristenlaufs erfüllt sein, insbes wirksame Zustellung. Bei Datumsfristen (9 vor § 214) ist neue Fristsetzung geboten, insbes wenn die Unterbrechung über den Endtag hinaus andauert (BGH 64, 1). Bei Rechtsmittelbegründungsfristen läuft jedenfalls die gesetzliche Frist von neuem (BGH aaO).

3. Prozesshandlungen der Parteien (Abs 2; Einl III). – **a) Vo- 5 raussetzungen.** Die Prozesshandlung muss im unterbrochenen oder ausgesetzten Rechtsstreit vorgenommen worden sein. **aa) Hauptsache 6** (prozessualer Anspruch, Einl II). Sie muss betroffen sein. Nicht unter Abs 2 fallen daher Prozesshandlungen, die dazu dienen, den Stillstand des Rechtsstreits geltend zu machen oder zu beseitigen, wie zB Rechtsmittel (BGH NJW 97, 1445 mwN); ferner Schutzanträge gem §§ 707, 719 (Bamberg NJW-RR 89, 576) und das PKH-Verfahren (BGH NJW 66, 1126). **bb) Vornahme.** Die Prozesshandlung muss dem Gericht 6 a oder dem Gegner gegenüber vorgenommen worden sein. Unanwendbar ist Abs 2 auf Rechtsgeschäfte oder Handlungen gegenüber Dritten (zB dem ProzBev), auch wenn sie sich auf den Rechtsstreit beziehen. – **b) Wirkung** des Abs 2. Die Prozesshandlungen (Rn 5–6 a) sind un- **7** wirksam, aber nur dem Gegner, nicht dem Gericht gegenüber. Sie sind also nicht nichtig, sondern heilbar über § 295 oder durch Genehmigung des Gegners (BGH 4, 314/20 und 50, 397). Die Partei, welche die Prozesshandlung vorgenommen hat, kann sich nicht auf deren Unwirksamkeit berufen (BGH 4, 314/20). Das Gericht darf der Prozesshandlung nicht stattgeben, sondern hat sie als unwirksam zu behandeln, bevor es seinerseits handeln darf (Rn 8). Rechtsmittel und Einspruch, die während der Unterbrechung oder Aussetzung eingelegt werden, sind dem Gericht gegenüber nicht unwirksam (BGH st Rspr NJW 97, 1445; bestr), auch nicht allein deswegen unzulässig (StJRoth 21) und müssen nach Ende des Verfahrensstillstands nicht wiederholt werden.

4. Handlungen des Gerichts, die nach außen wirken (insbes eine **8** mdl Vhdlg, Ladungen und Zustellungen) sind grundsätzlich unzulässig und beiden Parteien gegenüber unwirksam (BGH 111, 104), soweit es sich nicht um Zustellungen handelt (vgl Rn 9). Der Verfahrensstillstand ergreift die Kostenfestsetzung (MüKo/Feiber 23 mwN). Zulässig sind: Entscheidung über PKH im Fall des § 244 (BGH NJW 66, 1126);

Vollstreckungsschutz gemäß § 719 Abs 2 (BGH NJW 01, 375); Berichtigung gem § 320 (Schleswig SchlHA 71, 18) oder § 319; Wert-
9 festsetzung (BGH NJW 00, 1199). – **a) Entscheidungen** sind zwar als solche wirksam, aber anfechtbar (BGH NJW 01, 2095) allein wegen des Verfahrensstillstands. Sie müssen grundsätzlich mit den statthaften Rechtsmitteln angefochten werden (StJRoth 28 mwN). Zu diesem Zweck dürfen auch während des Stillstandes die statthaften Rechtsbehelfe ergriffen werden (BGH NJW 95, 2563). Daraufhin darf das Gericht auch Termin bestimmen (§ 216) und eine Entscheidung erlassen, zB ein trotz der Unterbrechung ergangenes Versäumnisurteil aufhe-
10 ben. – **b) Verkündung von Entscheidungen** ist (nur bei Unterbrechung) zulässig (Abs 3), wenn nach dem Schluss der mdl Vhdlg (§ 136 Abs 4), im schriftlichen Verfahren dem entspr Zeitpunkt (§ 128 Abs 2; hM; BFH NJW 91, 2792 mwN), unterbrochen wurde. Wenn ein Rechtsmittel vor der Unterbrechung unzulässig war, darf es (Abs 3 analog) auch während der Unterbrechung verworfen werden (BGH NJW 59, 532). Für Aussetzung und Ruhen gilt Abs 3 nicht (BGH 43, 135); es kann vorher verkündet werden.

§ 250 Form von Aufnahme und Anzeige

Die Aufnahme eines unterbrochenen oder ausgesetzten Verfahrens und die in diesem Titel erwähnten Anzeigen erfolgen durch Zustellung eines bei Gericht einzureichenden Schriftsatzes.

1 **1. Aufnahme.** § 250 gilt auch für das Ruhen (§ 251). – **a) Form.** Schriftsatz: § 129 Rn 5. Anwaltszwang gemäß § 78. Beim Revisionsgericht auch durch den Berufungsanwalt möglich (BGH NJW 01, 1581); beim AG auch zu Protokoll der Geschäftsstelle zulässig (§ 496), ferner ohne Schriftsatz durch Erklärung in mdl Vhdlg, wenn beide Parteien anwesend sind (RG 109, 47), im Falle des § 239 Abs 2 auch, wenn der Gegner des Rechtsnachfolgers abwesend ist (StJRoth 4). –
2 **b) Inhalt:** idR ausdrückliche Erklärung, den Rechtsstreit aufzunehmen oder fortzusetzen. Unnötig ist es, Unterlagen oder Erklärungen zur Rechtsnachfolge oder Prozessführungsbefugnis beizufügen (BGH NJW 95, 2171). Die Aufnahme kann auch stillschweigend erklärt werden, inbes in Verbindung mit Prozesshandlungen, auch mit Berufungs- oder Revisionsschriftsatz (BGH 111, 104) oder einem Wiedereinsetzungsantrag (Köln OLGZ 73, 41), aber nicht schon durch einen Antrag auf
3 PKH (BGH NJW 70, 1790). – **c) Zustellung:** von Amts wegen (§ 270 Abs 1). – **d) Gericht:** dasjenige, bei dem der Rechtsstreit anhängig ist. Bis das Rechtsmittel eingelegt ist, also das des unteren Rechtszuges, mit und ab Rechtsmitteleinlegung das Rechtsmittelgericht). –
4 **e) Heilung von Mängeln:** § 295 Abs 1 (BGH NJW 69, 48), von solchen der Zustellung auch gemäß 20–22 und § 166.
5 **2. Anzeige.** § 250 gilt auch für die Fälle der §§ 241, 243 und 244. Die Rn 1–4 gelten dafür entspr. Auch die Anzeige kann unbedenklich mit einem Rechtsmittelschriftsatz verbunden werden (allgM).

§ 251 Ruhen des Verfahrens

[1]**Das Gericht hat das Ruhen des Verfahrens anzuordnen, wenn beide Parteien dies beantragen und anzunehmen ist, daß wegen Schwebens von Vergleichsverhandlungen oder aus sonstigen wichtigen Gründen diese Anordnung zweckmäßig ist.** [2]**Die Anordnung hat auf den Lauf der im § 233 bezeichneten Fristen keinen Einfluß.**

1. Allgemeines. Begriff: 9 vor § 239. Anwendungsbereich: 1 vor 1
§ 239. Das Ruhen wirkt grundsätzlich wie Unterbrechung und Aussetzung (§ 249), wegen Abs 1 S 2 laufen jedoch die Notfristen (§ 224 Abs 1 S 2), die Rechtsmittelbegründungsfristen und die Frist des § 234 Abs 1. Rechtsbehelfe: § 252. Die Parteien können sich außergerichtlich durch Prozessvertrag (Einl III Rn 6) wirksam verpflichten, das Ruhen des Verfahrens herbeizuführen (BGH NJW 83, 2496). Rn 4–8 gelten auch für das gemäß § 251a angeordnete Ruhen (allgM; LG Berlin MDR 93, 476 mwN).

2. Voraussetzungen (S 1). – **a) Antrag** beider Parteien, auch des 2
streitgenössischen (§ 69), nicht des einfachen Nebenintervenienten.
Prozesshandlung (Einl III); zu stellen in mdl Vhdlg oder schriftlich, nur beim AG auch zu Protokoll (§ 496); § 78 gilt. Bis zur Anordnung (Rn 4) kann der Antrag widerrufen werden. – **b) Zweckmäßigkeit** 3
der Anordnung, insbes wegen (glaubwürdig dargelegter) schwebender Vergleichsverhandlungen; in diesem Fall auch dann, wenn die Sache entscheidungsreif ist.

3. Dauer des Ruhens. – **a) Beginn:** mit dem Beschluss (§ 329 4
Abs 1, 2), durch den das Ruhen angeordnet wird. Er kann ergehen schon bevor eine mdl Vhdlg stattgefunden hat, aber nur bis zur Verkündung der die Instanz abschließenden Entscheidung. Er darf keinen Terminsvorbehalt aufweisen, weil sonst § 227 umgangen werden könnte. – **b) Ende** des Ruhens: Bei zeitlicher Begrenzung in der Anord- 5
nung tritt es mit diesem Zeitpunkt ein. Fehlt ein solcher Zeitpunkt:
aa) Durch einen Beschluss des Gerichts, in dem (ausdrücklich oder 6
sinngemäß) das Ruhen des Verfahrens für beendet erklärt wird. Dies ist jederzeit möglich, wenn die Voraussetzung zu Rn 3 weggefallen ist.
bb) Durch Aufnahme (§ 250) einer Partei, auch eines Nebeninterve- 7
nienten. Das ist ohne weiteres möglich.

§ 251a Säumnis beider Parteien; Entscheidung nach Lage der Akten

(1) **Erscheinen oder verhandeln in einem Termin beide Parteien nicht, so kann das Gericht nach Lage der Akten entscheiden.**

(2) [1]**Ein Urteil nach Lage der Akten darf nur ergehen, wenn in einem früheren Termin mündlich verhandelt worden ist.** [2]**Es darf frühestens in zwei Wochen verkündet werden.** [3]**Das Ge-**

richt hat der nicht erschienenen Partei den Verkündungstermin formlos mitzuteilen. [4]Es bestimmt neuen Termin zur mündlichen Verhandlung, wenn die Partei dies spätestens am siebenten Tage vor dem zur Verkündung bestimmten Termin beantragt und glaubhaft macht, daß sie ohne ihr Verschulden ausgeblieben ist und die Verlegung des Termins nicht rechtzeitig beantragen konnte.

(3) **Wenn das Gericht nicht nach Lage der Akten entscheidet und nicht nach § 227 vertagt, ordnet es das Ruhen des Verfahrens an.**

1   **1. Allgemeines.** § 251a ermöglicht dem Gericht, das Verfahren zu fördern, wenn die Parteien untätig sind. Das Gericht (bei der KfH der Vorsitzende, § 349 Abs 2 Nr 5) kann, wenn Entscheidungsreife besteht, nach Aktenlage entscheiden (Abs 1), vertagen (Abs 3; Rn 13) oder das Ruhen anordnen (Abs 3). Es steht im Ermessen des Gerichts, wie es entscheidet. Ein Absehen von jeglicher Entscheidung ist aber unzulässig. Die Parteien haben diejenigen Rechtsbehelfe, die gegen die betreffende Entscheidung stattfinden, wenn sie auf streitige Verhandlung erlassen wäre.

2   **2. Voraussetzung** jeder Entscheidung (Rn 1) ist Säumnis beider Parteien (ggf auch ihrer Nebenintervenienten) in einem Termin zur mdl Vhdlg. Trotz des Wortlauts („erscheinen oder verhandeln … nicht") müssen die Voraussetzungen der Säumnis vorliegen (1–9 vor § 330), weil eine Entscheidung nach Aktenlage der Partei die Gelegenheit zur (letzten) Anhörung durch das Gericht nimmt. Dem Nichterscheinen steht das Nichtverhandeln gleich (§ 333), das beider Parteien oder der einen erschienenen (oder vertretenen) Partei. Ein Antrag auf Versäumnisurteil (§§ 330, 331) oder auf Entscheidung nach Aktenlage gem § 331a schließt die Anwendung des § 251a aus, desgleichen wenn der Nebenintervenient einer Partei erscheint und verhandelt (vgl § 67), nicht ein Vertagungsantrag.

3   **3. Entscheidung nach Aktenlage,** dh nach dem Stande des Verfahrens. – **a) Voraussetzungen.** Außer derjenigen der Rn 2 und der Entscheidungsreife (Rn 1; für Urteile §§ 300–305) ist erforderlich: mdl Vhdlg zur Sache (wie § 39 Rn 5–7) in einem früheren Termin desselben Rechtszugs ist nur für ein Urteil erforderlich (Abs 2 S 1), so dass Beweis- oder Aufklärungsbeschlüsse auch ohne frühere mdl Vhdlg ergehen können. An der Verhandlung müssen beide Parteien je einmal, auch in verschiedenen Terminen je eine Partei (RoSchwGottwald § 108 II 4a) mdl verhandelt haben, keinesfalls notwendig vor denselben Richtern (§ 309). Es darf dazwischen die Klage nicht geändert worden sein (§ 263; unschädlich im Falle des § 264), insbes auch nicht erweitert
4   (Düsseldorf NJW-RR 94, 892). – **b) Art.** Es kann auch ein streitiges Urteil sein. Dabei ist Abs 2 S 1 zu beachten (Rn 3). Auch Beschlüsse jeder Art, insbes Beweis-, Aufklärungs-, Auflagen- und Trennungsbe-

schlüsse sind möglich. – **c) Grundlage** ist der Prozessstoff aus früheren 5
mdl Vhdlgen, gleichgültig ob protokolliert oder nicht sowie aus dem
gesamten Akteninhalt (Schriftsätze, Protokolle, Urkunden, Gutachten
usw), soweit er nicht durch spätere Erklärungen überholt oder widerrufen ist. Vorbereitende Schriftsätze (§ 129 Abs 1) dürfen nur dann berücksichtigt werden, wenn sie vor dem Termin dem Gegner zugestellt
oder mitgeteilt sind. – **d) Inhalt.** Liegen die Voraussetzungen vor, er- 6
geht zunächst Beschluss, dass nach Aktenlage entschieden werde; zugleich
wird der Verkündungstermin festgesetzt. Bei Urteilen wird dann im
Rubrum (§ 313 Abs 1 Nr 3) statt „auf Grund der mdl Vhdlg vom …"
eingesetzt: „nach Lage der Akten am (Datum des versäumten Termins)";
dies ist auch der für die materielle Rechtskraft maßgebende Zeitpunkt. –
e) Verkündung. Es gilt § 310, wobei dessen Abs 1 S 1 Hs 1 durch die 7
Mindestfrist des Abs 2 S 2 ausgeschlossen ist. Berechnung: § 222. Der
Verkündungstermin ist der nicht erschienenen Partei formlos mitzuteilen (Abs 2 S 3), also beiden Parteien, wenn sie nicht erschienen sind.
Unterbleiben der Mitteilung macht die Entscheidung nicht unwirksam.
Die Entscheidung nach Aktenlage darf nur verkündet werden, wenn
nicht die Voraussetzungen neuer Terminbestimmung (Rn 8) vorliegen.

4. Neue Terminbestimmung (Abs 2 S 4) statt Aktenlageentschei- 8
dung erfolgt gemäß § 216, aber stets durch Beschluss des Gerichts, das
folgende Voraussetzungen zu prüfen hat: – **a) Beschluss,** dass nach Ak- 9
tenlage entschieden werde, muss ergangen sein (Rn 6). – **b) Antrag** 10
einer nicht im Termin erschienenen Partei (Prozesshandlung; Einl III).
Er ist fristgebunden, wobei „am siebten Tage vor …" bedeutet, dass der
Antrag an dem Wochentag bei Gericht eingehen muss, der in der Bezeichnung dem Tage entspricht, an dem in der folgenden Woche Verkündungstermin ist. – **c) Glaubhaftmachung** (§ 294) folgender Tat- 11
sachen: fehlendes Verschulden (wie § 233 Rn 12–14), auch des Vertreters (§ 51 Abs 2, § 85 Abs 2) für das Ausbleiben oder Nichtverhandeln im
versäumten Termin und außerdem auch dafür, dass die Partei am rechtzeitigen Terminverlegungsgesuch (§ 227) verhindert war. Die Gründe
eines bereits zurückgewiesenen Verlegungsantrags sind verbraucht. –
d) Von Amts wegen ohne Antrag bestimmt das Gericht neuen Ter- 12
min (§ 216), wenn es nach dem Aktenlagebeschluss (Rn 6) entdeckt,
dass die Voraussetzungen einer Aktenlageentscheidung (Rn 3) fehlten,
zB keine Säumnis vorlag, weil die Ladung nicht ordnungsgemäß war.
Diese Terminsbestimmung kann mit dem Beschluss, die mdl Vhdlg wieder zu eröffnen (§ 156), als die angekündigte Aktenlageentscheidung
ergehen. Hat die Geschäftsstelle die formlose Mitteilung (Abs 2 S 3) zu
spät hinausgegeben, muss nur der Verkündungstermin zeitgerecht verlegt
werden, dass vor dem neuen Termin die Frist eingehalten werden kann.

5. Vertagung kann anstatt des Beschlusses (Rn 6), nur aus erheb- 13
lichen Gründen erfolgen; denn § 227 ist hier uneingeschränkt anzuwenden. Ein erheblicher Grund ist insbes ein begründeter Zweifel an
ordnungsgemäßer Ladung. Wegen § 218 ist eine Ladung zu dem Ter-

min, auf den vertagt wurde, entbehrlich. Trotzdem wird Ladung oder Benachrichtigung der Parteien vom neuen Termin angebracht sein, wenn das Verfahren gefördert werden soll.

14   **6. Ruhen** des Verfahrens (Abs 3) ist als Sanktion gegen die Parteien gedacht und wird durch Beschluss angeordnet, wenn nicht eine Entscheidung gem Rn 6 ergeht oder wenn nicht gem Rn 13 vertagt wird, weil kein erheblicher Grund vorlag. Die Anordnung ist auch nach Teilurteil für den nicht erledigten Teil möglich, da § 335 Abs 1 Nr 3 nicht gilt (Köln MDR 91, 896). Für Inhalt und Wirkung dieser Entscheidung gilt § 251.

§ 252 Rechtsmittel bei Aussetzung

Gegen die Entscheidung, durch die auf Grund der Vorschriften dieses Titels oder auf Grund anderer gesetzlicher Bestimmungen die Aussetzung des Verfahrens angeordnet oder abgelehnt wird, findet die sofortige Beschwerde statt.

1   **1. Anwendungsbereich. – a) Entscheidungen:** Aussetzung (8 vor § 239), entspr Ruhen (9 vor § 239) und wenn eine Unterbrechung (7 vor § 239) durch Beschluss festgestellt oder verneint wird. Alle Fälle, also auch die der §§ 148–155. Unanfechtbar sind Aussetzungen auf Grund einer Vorlageentscheidung gem Art 100 GG oder Art 177 EWGV (10 vor § 239; MüKo/Feiber 19; krit Pfeiffer NJW 94, 1996 mwN). Wird durch streitiges Endurteil entschieden (§ 248 Rn 2), damit Aussetzung oder Ruhen abgelehnt, ist das Urteil mit den gewöhn-

2 lichen Rechtsmitteln anfechtbar, sofern sie im Einzelfall zulässig sind. – **b) Verfahrensstillstand.** § 252 gilt auch, wenn ein Beschluss in seiner Wirkung dem gleichkommt (Hamm NJW-RR 99, 651 mwN), zB Zurückstellung einer Beweisaufnahme (Bremen NJW 69, 1908), Anordnung gem § 364 (Köln NJW 75, 2349), nicht aber eine Verfassungs-

3 beschwerde (Hamm aaO). – **c) Verfahrensfortgang.** Ferner gilt § 252, wenn der Beschluss die Fortsetzung des Verfahrens bewirkt und dadurch mittelbar einen Aussetzungsantrag ablehnt (allgM).

4   **2. Statthaftigkeit** von Rechtsbehelfen. – **a) Sofortige Beschwerde** (§ 567 Abs 1 Nr 1) findet statt, wenn der Beschluss (des AG oder LG im ersten Rechtszug) die Fortsetzung des Verfahrens bewirkt, zB den Aussetzungsantrag zurückweist, die Aussetzung aufhebt (§ 150), die Aufnahme des Rechtsstreits zulässt, das Ruhen für beendet erklärt. Das gilt auch, wenn der Antrag auf Terminsaufhebung abgelehnt wird, weil die Voraussetzungen des Ruhens verneint werden (München NJW-RR 89, 64). Die sofortige Beschwerde wird gegenstandslos und unzulässig (§ 572 Abs 2), wenn in den Fällen der §§ 148–155 Endurteil ergeht, im Fall der §§ 246, 247, wenn das Endurteil rechtskräftig wird. –

5 **b) Rechtsbeschwerde** (§ 574) findet gegen die Beschwerdeentscheidung statt, wenn das Gericht sie zugelassen hat (§ 574 Abs 1 Nr 2). –

6 **c) Berufung** findet statt, wenn der Aussetzungsantrag im Endurteil abgelehnt wird (Köln NJW-RR 96, 581 mwN).

Buch 2. Verfahren im ersten Rechtszug

Abschnitt 1. Verfahren vor den Landgerichten

Titel 1. Verfahren bis zum Urteil

Vorbemerkung

Übersicht

I. Die **Klage** leitet einen Prozess ein, sie begründet das Prozess- **1** rechtsverhältnis zwischen den Parteien untereinander und zwischen Parteien und Gericht, sie enthält das Gesuch an das Gericht, durch Urteil Rechtsschutz zu gewähren und legt dessen Art (Rn 2 ff) und Umfang (§ 308) fest. – Das **Urteil** gewährt entweder den begehrten Rechtsschutz, indem es der Klage entspricht, oder es versagt ihn, wenn die Klage wegen Mangels einer Prozessvoraussetzung unzulässig (Rn 8 ff) oder sachlich unbegründet (Rn 35 ff) ist.

II. Arten von Klagen und Urteilen

Nach dem Gegenstand, auf den sich das Rechtschutzbegehren des **2** Klägers bezieht, unterscheidet man Leistungs-, Feststellungs- und Gestaltungsklagen und entsprechend -Urteile.

3   **1. Leistungsklagen** dienen der Durchsetzung eines vom Kläger behaupteten Anspruchs zum Zwecke seiner Befriedigung. Der Anspruch kann gerichtet sein auf ein positives Tun, ein Unterlassen (§§ 241, 194 Abs 1 BGB, §§ 1, 2 UKlaG) oder ein Dulden (Haftungsklagen), und zwar auf Duldung der Zwangsvollstreckung (zB § 2213 Abs 3 BGB, § 743) oder auf die reine Sachhaftung, nämlich Befriedigung aus Pfandrecht, Hypothek und Zurückbehaltungsrecht (zB §§ 1147, 1204 Abs 1 BGB, 371 Abs 3 S 1 HGB). Eigene Verfahrensvorschriften für Unterlassungsklagen bei Verbraucherrechtsverstößen enthalten §§ 5–11 UKlaG. Das stattgebende Urteil („der Beklagte wird verurteilt ...") enthält die rechtsbezeugende (deklaratorische), rechtskraftfähige Feststellung, dass der Anspruch besteht und den Leistungsbefehl an den Beklagten als Grundlage für die Zwangsvollstreckung.

4   **2. Feststellungsklagen** (§ 256) dienen nicht der Befriedigung des Klägers für einen Anspruch, sondern der Feststellung, dass zwischen den Parteien ein Rechtsverhältnis besteht (positive) bzw nicht besteht (negative), ferner der Feststellung, dass eine Urkunde echt bzw unecht ist. Sie beschränken sich („es wird festgestellt, dass ...") auf diese rechtsbezeugende, rechtskraftfähige Feststellung; das Urteil enthält keinen Leistungsbefehl. Ihr Ziel reicht also nicht so weit wie bei den Leistungsklagen, ihr Gegenstand ist dagegen umfassender, sie kann Rechte und Rechtsverhältnisse jeder Art betreffen, nicht nur Ansprüche wie bei den Leistungsklagen. Das Feststellungsurteil auf Bestellung eines Erbbaurechts oder Ankauf in den ostdeutschen Ländern erzeugt die gleiche Verbindlichkeit wie ein Vertrag (§ 107 Abs 1, Abs 2 SachenRÄndG). Feststellungsurteile sind auch alle klagabweisenden und die Zwischenurteile. Rechtskraftwirkung grundsätzlich nur unter den Parteien, im Einzelfall auch für und gegen Dritte §§ 640 h, 641 k.

5   **3. Gestaltungsklagen** dienen der Durchsetzung eines vom Kl behaupteten privatrechtlichen Rechts auf Begründung, Änderung oder Aufhebung eines Rechtsverhältnisses (RoSchw/Gottwald § 94 II 2; aA StJSchumann 43 vor § 253, die ein öffentliches, gegen den Staat gerichtetes Recht auf Herbeiführung der Rechtsänderung annehmen). Der Gestaltungsklage liegt kein Anspruch (Verpflichtung des Schuldners zu einem Tun, Unterlassen oder Dulden) zugrunde, sie ist vielmehr darauf gerichtet, durch ein rechtsänderndes (konstitutives) Urt eine bisher nicht vorhandene Rechtsfolge zu schaffen, die mit der formellen Rechtskraft des stattgebenden Urt eintritt. Das Urt ist deshalb in der **6** Hauptsache nicht vollstreckungsfähig (§ 704 Rn 1). – **Wirkung der Gestaltung** für und gegen alle, und zwar mit der Rechtskraft entweder für die Zukunft (zB Ehescheidung, Auflösung der OHG § 133 HGB, Ausschluss eines Gesellschafters § 140 HGB, Unzulässig-Erklärung der Zwangsvollstreckung §§ 767, 771 ZPO, Beseitigung der Vollstreckungsklausel § 768 ZPO) oder auf einen bestimmten Zeitpunkt zurück (zB Ehelichkeitsanfechtungsklage §§ 1600 ff BGB, 640 Abs 2 Nr 2, 640 h ZPO, Erklärung für erbunwürdig, § 2342 BGB, Anfechtung von Hauptversammlungsbeschlüssen § 246 AktG, Bestimmung des Leistungsinhalts §§ 315 Abs 3 S 2, 319 Abs 1 S 2 BGB). – **Anwendbar** 7 ist die Gestaltungsklage überall dort, wo das Gesetz für die Ausübung des Gestaltungsrechts Klage und Urt voraussetzt. Analoge Ausdehnung ist bei Rechtsähnlichkeit mit der gebotenen Vorsicht möglich, zB Auflösungsklage gegen fehlerhafte OHG (BGH 3, 285), Ausschlussklage gegen GmbH-Gesellschafter (BGH 9, 157).

III. Zulässigkeit der Klage und des Verfahrens

Der Erlass eines Sachurteils setzt voraus, dass die Klage (das Verfahren) zulässig ist. Das Gericht darf nicht die Zulässigkeit offen lassen und in der Sache entscheiden (BGH NJW 00, 3718), es darf auch nicht, wenn es die Klage für unzulässig hält, sie auch als unbegründet abweisen (BGH WM 78, 470), weil Gegenstand und Umfang der Rechtskraft im Ungewissen blieben. Bei Verstoß erwächst die Abweisung als unbegründet nicht in Rechtskraft, die Ausführungen dazu gelten als nicht geschrieben (BGH 46, 281/284, WM 91, 2081). Das gilt auch für Zulässigkeit und Begründetheit der Aufrechnung (BGH WM 83, 688). Die Zulässigkeit ist deshalb stets zuerst zu prüfen, jede Sachverhandlung und Beweisaufnahme ist überflüssig und bedeutungslos, wenn sich die Klage als unzulässig herausstellt. Dies ist für den Erlass eines der Klage (teilweise) stattgegebenen Urt ganz hM. Grunsky (ZZP 80, 55), Henckel, Prozessrecht und materielles Recht, 1970, S. 227 ff, Lindacher ZZP 90, 131 halten je nach der Berührung nur des Privatinteresses der Parteien oder auch des Allgemeininteresses bzw je nach dem Zweck, insbes der Schutzfunktion der jeweiligen Prozessvoraussetzung ein die Klage sachlich abweisendes Urteil unter Offenlassen der Zulässigkeit für möglich; aA BGH NJW 00, 3718; vgl auch Rn 26–28 und § 256 Rn 4. – Die **Klage ist zulässig, wenn** sämtliche Prozessvoraussetzungen erfüllt sind. Darüber kann durch Zwischenurteil entschieden werden, § 280.

A. Prozessvoraussetzungen sind diejenigen Umstände, von deren 10 Vorhandensein (positive) oder Fehlen (negative) es abhängt, ob das Verfahren als solches und im ganzen zulässig ist. Die Regelung im Gesetz ist leider lückenhaft und systemlos. Sie sind grundsätzlich in jeder Lage des Verfahrens, auch in der RevInstanz, vAw zu prüfen. Ausnahmen: nur auf Rüge des Bekl die fehlende Sicherheitsleistung (§§ 110 ff) mit der besonderen Folge in § 113, die fehlende Kostenerstattung für den früheren Prozess (§ 269 Abs 6), die primär ein Recht gibt, der Einlassung zur Hauptsache zu verweigern, und die Schiedsgerichtsklausel (§ 1032). Fehlt eine positive Prozessvoraussetzung oder besteht eine negative, so darf keine Sachentscheidung ergehen, die Klage ist als unzulässig abzuweisen, und zwar in jeder Instanz, wenn der Mangel seit Klageerhebung besteht (BGH NJW 00, 289). Sonderregeln in §§ 113 und 269 Abs 6. – Der **maßgebende Zeitpunkt,** zu dem die Klage 11 zulässig sein muss, ist grundsätzlich der Schluss der letzten mündlichen Verhandlung (BGH NJW 80, 520, ZIP 01, 124). BGH 18, 98/106, u

WM 78, 439 entnimmt dem § 563 Abs 3 den allg Rechtsgrundsatz, dass das RevGer, wenn es sich um ProzVoraussetzungen handelt, überall da selbst zu entscheiden hat, wo bei Zurückverweisung das BerGer bei richtiger Rechtsanwendung zu der gleichen Entscheidung kommen müsste, die das RevGer fällen kann, wenn es die neue die ProzVoraussetzung betreffende unstreitige Tatsache berücksichtigt (Wegfall des Feststellungsinteresses oder Rechtsschutzbedürfnisses in 3. Instanz). Keine ProzVoraussetzungen sind die sog Prozesshandlungsvoraussetzungen (Rn 34).

12   **Prüfung von Amts wegen** bedeutet dabei nicht Amtsermittlung der Tatsachen. Es bleibt vielmehr insoweit beim Beibringungsgrundsatz (Einleitung I Rn 1–5, § 138 Rn 14), das Ger hat auf Bedenken aufmerksam zu machen (§ 139 Abs 3), es muss vorgetragene Tatsachen, aus denen sich das Fehlen von ProzVoraussetzungen ergibt, auch ohne Rüge bei der Anwendung des ProzRechts berücksichtigen (BGH NJW 89, 2064). Alle in Frage kommenden Beweise hat es vAw zu erheben, wobei der Grundsatz des Freibeweises (Rn 6 vor § 284) gilt (BGH

13   NJW 96, 1059, NJW 00, 289). – Die **objektive Beweislast**, nicht auch die subjektive Beweisführungslast (BGH NJW 96, 1059, BAG JR 01, 87), liegt für die vAw zu berücksichtigenden ProzVoraussetzungen bei der Partei, die ein ihr günstiges Sachurteil erstrebt; das ist regelmäßig der Kläger, lediglich beim Verzichtsurteil (§ 306) und beim VersU gegen den Kl. (§§ 330, 335 Abs 1 Nr 1) der Bekl. Die Tatsachen, die nur auf Rüge zu beachten sind (Rn 10), hat der Bekl zu beweisen, er trägt aus praktischen Gründen auch die objektive Beweislast für das Vorhandensein einer vAw zu beachtenden negativen ProzVoraussetzung. Liegt die Unaufklärbarkeit eines Vorgangs ausschließlich im internen Gerichtsbereich, so darf dies nicht zu Lasten der Partei gehen (BGH MDR 81, 644). Beweislast für Rechtszugsvoraussetzungen 14 vor § 511.

14   Die **Reihenfolge der Prüfung** ist umstritten, aber für die Praxis bedeutungslos. Die Prozessökonomie gestattet es dem Richter, bei mehreren fraglichen ProzVoraussetzungen diejenigen zuerst zu prüfen, die am leichtesten und schnellsten feststellbar sind (Jauernig § 33 V 6, Harms ZZP 83, 167). Eine praktizierbare Einteilung ist die in allgemeine und besondere.

15   **1. Allgemeine Prozessvoraussetzungen** sind solche, die für jedes Streitverfahren vorliegen müssen.
        a) Ordnungsmäßigkeit der Klageerhebung. § 253.

16   **b) Wirksamkeit der Klageerhebung** als Prozesshandlung im Hinblick auf wirksame gewillkürte Bevollmächtigung (§§ 78 ff, 609, 624 Abs 1) und Postulationsfähigkeit (Rn 4 vor § 78). Beide sind Prozesshandlungsvoraussetzungen (Rn 34). Fehlende Vollmacht und Heilung durch Genehmigung § 89 Rn 8–15. Fehlende Postulationsfähigkeit und Heilung durch Genehmigung § 78 Rn 2.

17   **c) Deutsche Gerichtsbarkeit,** §§ 18–20 GVG.

   d) Zuständigkeit. Örtliche, sachliche und internationale §§ 12 ff, **18**
§§ 23 ff, 71 GVG, 606 a; Rn 5–8 vor § 1.
   e) Existenz und Parteifähigkeit, § 50. Für den Streit hierüber ist **19**
die Partei noch existent u parteifähig (BGH 24, 91, NJW 93, 2943),
wobei eine juristische Person auch nach ihrer Auflösung so lange als
parteifähig zu behandeln ist, als ihre Vermögenslosigkeit nicht feststeht
(BGH NJW-RR 86, 394, Hamburg NJW-RR 97, 1400).
   f) Prozessfähigkeit, §§ 51 ff, in Ehesachen § 607, in Kindschafts- **20**
sachen § 640 b. Die Partei, die sich auf ihr Fehlen beruft, muss Tatsachen darlegen, aus denen sich ausreichende Anhaltspunkte für ihre
Behauptungen ergeben. Für den Streit hierüber gilt das unter Rn 19
Gesagte (BGH 110, 294, NJW 00, 289). Beweislast § 52 Rn 8.
   g) Gesetzliche Vertretung Prozessunfähiger, § 51 Abs 1. Auch für **21**
den Streit hierüber gilt das unter Rn 19 Gesagte (BGH 111, 219).
   h) Prozessführungsbefugnis, § 51 Abs 1. **22**
   i) Keine entgegenstehende Rechtskraft, § 322. **23**
   k) Keine anderweitige Rechtshängigkeit, § 261. **24**
   l) Zulässigkeit des Zivilrechtsweges, § 13 GVG, ist vorab zu **25**
prüfen. Verweisung von Amts wegen, keine Prüfung in der Rechtsmittelinstanz, § 17 a Abs 5 GVG. Innerkirchliche Organisationsfragen
unterliegen nicht der gerichtlichen Kontrolle durch Staatsgerichte
(BVerfG NJW 99, 350).
   m) Rechtsschutzbedürfnis bedeutet ein berechtigtes Interesse des **26**
Kl daran, zur Erreichung des begehrten Rechtsschutzes ein Zivilgericht
in Anspruch zu nehmen (BGH NJW-RR 89, 263). Sein Fehlen führt
zur Klageabweisung als unzulässig. BGH WM 78, 935 lässt Sachabweisung zu, vgl auch Rn 8 u § 256 Rn 4, 20. Bei Klagen auf selbständige
Feststellung (§ 256) und auf künftige Leistung (§§ 257 bis 259) trifft
das Gesetz eine positive Regelung. Bei Leistungsklagen ergibt sich ein
Rechtsschutzbedürfnis idR schon aus der Nichterfüllung eines behaupteten materiellen Anspruchs (BGH WM 93, 1248). – **Das Rechts-** **27**
schutzbedürfnis fehlt für eine Leistungsklage ausnahmsweise, wenn
sie schlechthin sinnlos ist, weil der Kl keinen irgendwie schutzwürdigen
Vorteil erlangen kann (BGH WM 96, 835). Für eine Unterlassungsklage, wenn der Schuldner sich unter Versprechen einer angemessenen
Vertragsstrafe zur Unterlassung verpflichtet (BGH WRP 78, 38), gegen
einen Minderjährigen, weil das stattgebende Urt mangels Verschuldens
(§ 890 Rn 15) nicht vollstreckbar wäre (Düsseldorf MDR 96, 477).
Ferner, wenn der Kl sein Rechtsschutzziel auf einfacherem und billi-
gerem Wege erreichen kann (BGH WM 96, 835), zB durch Fortsetzung des Verfahrens nach unwirksamem ProzVergleich (§ 794 Rn 36,
BGH 142, 253 Anmerkung Münzberg JZ 00, 421), im Kostenfestsetzungsverfahren (BGH NJW 90, 2060) oder er besitzt bereits einen
vollstreckbaren Titel für den Anspruch. Ausnahmsweise besteht in solchen Fällen Rechtsschutzbedürfnis für Leistungsklage, wenn dafür ein
verständiger Grund vorliegt, zB wenn die Durchsetzbarkeit des Titels
zweifelhaft ist (BGH WM 94, 623), wenn mit einer Vollstreckungs-

gegenklage des Schuldners zu rechnen ist (Hamm NJW 76, 246, MDR 89, 266), wenn gegen den Schuldner aus einem ProzVergleich auf Abgabe einer Willenserklärung das umständliche Verfahren nach § 888 nötig wäre (BGH 98, 127). Zahlreiche Beispiele aus der Rechtsprechung: RoSchw/Gottwald § 92 IV 2. Es fehlt Verbänden für Klagen nach § 13 UWG, wenn die Verfolgung der beanstandeten Wettbewerbshandlung außerhalb des Bereichs der durch die Satzung festgelegten Verbandsziele liegt (BGH BB 71, 1297). Zur Klagebefugnis des unmittelbar Verletzten nach § 13 Abs 2 Nr 1 UWG Sack BB 95, 1. Für § 13 Abs 2 Nr 2 UWG genügt es, dass die Gewerbetreibenden mittelbar über die Zugehörigkeit ihres Verbandes oder einer sie einschließenden IHK erfasst werden (Stuttgart NJW 94, 3174). – **Maßgebender**

28 **Zeitpunkt** für das Vorliegen des Rechtschutzbedürfnisses für die Klage ist grundsätzlich der Schluss der RevVerhandlung (Rn 11).

29 **Nur auf Rüge** sind zu beachten:

n) Berufung auf eine **Schiedsklausel,** § 1032.

30 **o)** Verweigerung der Einlassung wegen **fehlender Ausländersicherheitsleistung,** §§ 110 ff mit der Folge des § 113.

31 **p)** Verweigerung der Einlassung wegen **fehlender Kostenerstattung,** § 269 Abs 6; dort Rn 25.

32 **2.** Die **besonderen Prozessvoraussetzungen** sind solche, die für die geplante Verfahrens- oder Klageart zusätzlich vorliegen müssen, damit in der Sache entschieden werden kann, zB Klageänderung §§ 263 ff, Rechtszugsvoraussetzungen (Rn 13–37 vor § 511), Klage im Urkundenprozess §§ 592, 597 Abs 2, Klage auf künftige Leistung §§ 257–259, Feststellungsklage § 256, Wiederaufnahmeklage §§ 578 ff. –

33 Die **Klagbarkeit** kann ausnahmsweise nach ausdrücklicher gesetzlicher Vorschrift, zB §§ 1297, 1958 BGB ausgeschlossen oder an eine bestimmte Frist gebunden, zB § 23 Abs 4 S 2 WEG, § 4 KSchG oder von bestimmten Voraussetzungen abhängig sein, zB außergerichtlicher Schlichtungsversuch (§ 15 a EGZPO), notarielles Vermittlungsverfahren gemäß §§ 88–103 SachenRÄndG in den ostdeutschen Ländern, Vorlage des Vermittlungsvorschlags und des Abschlussprotokolls gemäß § 104 SachenRÄndG, satzungsgemäß vorhergehende Entscheidung eines Vereinsorgans (Nürnberg OLGZ 75, 437), in der Gemeinschaftsordnung der Wohnungseigentümer vorgeschriebenes Vorschaltverfahren (BayObLG NJW-RR 90, 1105), vorgeschalteter kirchlicher Rechtsweg in Fragen des kirchlichen Amtsrechts (BVerfG NJW 99, 349). Klageerhebung vor einem unzuständigen Gericht wahrt die Frist auch bei Verweisung erst nach ihrem Ablauf und bei ausschließlicher Zuständigkeit eines anderen Gerichts (BGH 97, 155, NJW 98, 3648, Hilbrandt NJW 99, 3549). Anders für Antrag nach §§ 15, 305 UmwG (KG ZIP 00, 498). Versäumung der Frist führt mangels Klagbarkeit zur Abweisung als unzulässig (BGH 25, 73). Ist die Klage fristgerecht erhoben, so kann sie ohne Rücksicht auf die dann abgelaufene Frist erhöht und vom Bekl Widerklage erhoben werden (BGH VersR 73, 53). Ist ver-

traglich bei Meinungsverschiedenheiten zunächst ein Schlichtungsversuch vereinbart und beruft sich der Beklagte ohne Treuwidrigkeit (wie § 1032 Rn 2) darauf, so ist die vorher erhobene Klage derzeit unzulässig (BGH NJW 77, 2263: Schlichtungsversuch durch Beirat für Gesellschafter-Streitigkeiten laut Gesellschaftsvertrag; BGH NJW 84, 669 bzw BGH NJW 99, 647: der Landestierärzte- bzw Steuerberaterkammer bei Streit aus Praxisübernahmevertrag; Oldenburg MDR 87, 414: Vereinbarter Schlichter, zu bestellen durch Landwirtschaftskammer). Vertraglicher Ausschluss der Klagbarkeit für ein bestimmtes Rechtsverhältnis (pactum de non petendo) ist bei Gleichbehandlung der Beteiligten iR des Dispositionsgrundsatzes wirksam (StJSchumann 90 vor § 253; aA Celle OLG 69, 1 mit unzulänglicher Begründung) und führt zur Unzulässigkeit der Klage.

B. Prozesshandlungsvoraussetzungen (Einl III Rn 10) sind die-**34** jenigen Umstände, von deren Vorhandensein oder Fehlen es abhängt, ob (nicht das Verfahren als solches und im ganzen, sondern) einzelne ProzHandlungen des Gerichts oder der Parteien wirksam und zulässig sind. Fehlt es an einer ProzHandlungsvoraussetzung, so ist die fehlerhafte ProzHandlung der Partei unwirksam oder als unzulässig zurückzuweisen bzw die ProzHandlung des Gerichts, für die die die Voraussetzungen nicht vorliegen, zu unterlassen. Ist die fehlerhafte ProzHandlung die Klageerhebung selbst, führt dies zur Klageabweisung als unzulässig (Rn 16). Maßgebender Zeitpunkt ist die Vornahme der betreffenden ProzHandlung, allerdings kann spätere Genehmigung (BGH 111, 339) oder Heilung in Frage kommen.

IV. Begründetheit der Klage

A. Verhandlungsgrundsatz (Einl I Rn 1–4). Er gilt mit folgenden **35** Wirkungen:

1. Tatsachenstoff. Begründet ist die Klage, wenn der Entscheidung Tatsachen zugrunde gelegt werden dürfen, die den Klageantrag rechtfertigen. Das dürfen sie nur dann, wenn die Partei sie im Rechtsstreit wirksam, dh unter Vorliegen der ProzHandlungsvoraussetzungen (Rn 34) vorgetragen hat, entweder mündlich in der Verhandlung (§ 128 Abs 1) oder schriftsätzlich im schriftlichen Verfahren (§§ 128 Abs 2, 495 a). Sie müssen unbestritten (§ 313 Rn 16, 17) oder offenkundig (§ 291) oder erwiesen (§ 286) sein. Gleichwertiges Gegenvorbringen § 138 Rn 6.

2. Rechtsansichten der Parteien können eine Klage nie begründen. **36** Es entscheidet allein der Tatsachenvortrag. Als Tatsachen sind auch einfache Rechtsbegriffe, zB Eigentum, Kauf, Miete, anzusehen, wenn sie mit bestimmten tatsächlichen Umständen verbunden sind. In diesem Rahmen können ungreifliche Rechtsverhältnisse (§ 256 Rn 32–34) nicht nur, wenn sie unstreitig sind, sondern auch auf Grund von Vereinbarungen der Parteien das Gericht binden.

3. Maßgebender Zeitpunkt ist der Schluss der letzten mündlichen **37** Tatsachenverhandlung (§§ 296 a, 525, BGH NJW-RR 98, 712), im schriftlichen Verfahren der ihr entsprechende Zeitpunkt (§ 128 Rn 33). Der Entscheidung zugrunde gelegt werden darf nur, was in diesem Zeitpunkt noch vorgetragen ist. Ob es früher bestritten war, ist unerheblich. War die Tatsache früher unstreitig (§ 138 Abs 3) und wird sie nunmehr noch rechtzeitig (§ 296 a) bestritten, so darf sie nicht der Entscheidung zugrunde gelegt werden, wenn sie nicht offenkundig (§ 291) oder erwiesen ist (§ 286). Das Gleiche gilt auch bei einem zulässigen Geständniswiderruf (§ 290).

B. Schlüssigkeit und Sachbefugnis

38   **1. Schlüssig** ist eine Klage, wenn die vom Kläger vorgetragenen Tatsachen den Klageantrag rechtfertigen, also wenn sie in Verbindung mit einem Rechtssatz geeignet und erforderlich sind, die geltend gemachten Rechte als in der Person des Klägers entstanden erscheinen zu lassen (BGH 140, 156, NJW 00, 3286). Nicht nötig ist es, dass der Kl den rechtlichen Gesichtspunkt angibt, auf den er seinen Klageantrag stützt (BGH WM 03, 483). Eine schlüssige Klage ist daher immer begründet, wenn der Beklagte die vom Kläger vorgetragenen Tatsachen nicht bestreitet oder wenn sie offenkundig sind, selbst keine erheblichen neuen Tatsachen vorträgt und keine Einreden erhebt (falsch: Brandenburg NJW-RR 95, 1471). Eine im maßgebenden Zeitpunkt (Rn 37) unschlüssige Klage ist als unbegründet abzuweisen.

39   **2. Sachbefugnis,** auch Sachlegitimation oder Aktiv- und Passivlegitimation, ist von der ProzFührungsbefugnis (§ 51 Rn 20, 21) zu unterscheiden. Zur Begründetheit der Klage gehört, dass das eingeklagte Recht dem Kl zusteht, er Träger dieses Rechts ist, und dass es sich gegen den Bekl richtet, der der materiellrechtlich Verpflichtete ist. Ob dies der Fall ist, beurteilt sich an Hand des Klagegrundes (§ 253 Rn 10).

40   **C. Prüfung der Begründetheit.** Es ist zu unterscheiden: **Tatsachenvortrag.** Hierfür gilt insbesondere § 138. Mit dem Vortrag schlüssiger (Rn 38) Tatsachen ist grundsätzlich der **Darlegungslast** genügt. Nähere Einzelheiten sind nur dann anzugeben, wenn sie für die Rechtsfolgen von Bedeutung sind, der Vortrag infolge der Einlassung des Gegners unklar wird oder die Angabe weiterer Umstände erforderlich ist, um dem Gegner die Nachprüfung der behaupteten Tatsachen und den Antritt von Gegenbeweisen zu ermöglichen (BGH WM 01, 1517). Die Notwendigkeit weiterer Substantiierung im Einzelnen hängt insbesondere davon ab, ob sich die Geschehnisse im Wahrnehmungsbereich der Partei abgespielt haben – dann gesteigerte Darlegungslast (BGH NJW 99, 714) – und inwieweit der Vortrag der Gegenpartei Anlass zu ihrer Aufgliederung, Ergänzung und zu weiterem Vortrag konkreter Einzeltatsachen gibt (BGH NJW 96, 1827, NJW 00, 3286). **Beweisantritt** (2 vor § 284), nämlich Angabe bestimmter Beweismittel für bestimmte Tatsachen durch die Parteien. **Beweislast** Rn 17–40 vor § 284. **Beweisaufnahme** (§§ 355–455) oder Beweiserhebung. Sie geschieht, indem das Gericht die Beweismittel benutzt. **Beweiswürdi-**

gung (§ 286) durch das Gericht, indem es aus dem gesamten Inhalt der Verhandlung einschließlich der Beweisergebnisse entscheidet, ob eine bestrittene Tatsache erwiesen ist oder nicht.

D. Leistungsklage (Rn 3). Sie ist begründet, wenn die Tatsachen, **41** die der Entscheidung zugrunde gelegt werden dürfen (Rn 35), eine den Klageantrag deckende, anspruchsbegründende Rechtsnorm (Anspruchsgrundlage) und keine gegen sie gerichtete Einwendung oder Einrede ausfüllen. Der Kläger muss, um die Klage schlüssig zu gestalten (Rn 38), nur die Sachbefugnis (Rn 39) und die anspruchsbegründenden Tatsachen, nicht das Fehlen von Einwendungen oder Einreden darlegen. Es ergibt sich folgendes Schema:

1. Entstehen des Anspruchs, der den Klagantrag materiell-rechtlich **42** rechtfertigt, ist zu bejahen, wenn alle Voraussetzungen der Anspruchsgrundlage erfüllt sind und keine rechtshindernden Einwendungen vorliegen, dh Tatsachen, die verhindern, dass der Anspruch entsteht, zB Geschäftsunfähigkeit, gesetzliches Verbot, Sittenwidrigkeit, Bösgläubigkeit bei rechtsgeschäftlichem Erwerb.

2. Erlöschen des Anspruchs tritt ein, wenn eine rechtsvernichtende **43** Einwendung erfüllt ist, dh Tatsachen vorliegen, die den entstandenen Anspruch vernichten, zB Anfechtung, Erfüllung, Rücktritt, Hinterlegung, Aufrechnung, Erlass, Eintritt auflösender Bedingung, Verwirkung.

3. Hemmung des Anspruchs tritt ein, wenn der Bekl zu Recht **44** eine Einrede geltend macht, dh die Leistung verweigert und sich auf unbestrittene, offenkundige oder erwiesene Tatsachen beruft, die die Durchsetzung des Anspruchs dauernd oder vorübergehend hemmen, ohne ihn zu vernichten, zB Verjährung, Zurückbehaltungsrecht, nicht erfüllter Vertrag, Stundung, beschränkte Erbenhaftung. In manchen Fällen führt die Einrede nicht dazu, dass die Klage abgewiesen, sondern dass der Bekl zur Leistung Zug um Zug verurteilt wird (§§ 274, 322 BGB).

4. Gegeneinwendungen. Der Kläger kann je nach Rechtslage im **45** Einzelfall den Einwendungen und Einreden durch rechtserhaltende Tatsachen (Replik) die Wirkung nehmen, der Beklagte seinerseits durch weitere Tatsachen die Replik wirkungslos machen (Duplik).

E. Feststellungsklage (Rn 4, § 256). Sie ist begründet, wenn fest- **46** gestellt werden soll: bei einer Urkunde die Echtheit oder Unechtheit, wenn diese Tatsache erwiesen ist; das Bestehen eines Rechtsverhältnisses, wenn die Tatsachen vorliegen, die zum Entstehen des Rechtsverhältnisses vorausgesetzt werden und weder rechtshindernde (Rn 42) noch rechtsvernichtende Einwendungen (Rn 43) erfüllt sind; das Nichtbestehen eines Rechtsverhältnisses, wenn eine Tatsache fehlt, die vorausgesetzt wird, damit das Rechtsverhältnis entsteht, oder wenn eine Einwendung (Rn 42, 43) erfüllt ist.

47   F. **Gestaltungsklage** (Rn 5). Sie ist begründet, wenn der Entscheidung Tatsachen zugrunde gelegt werden dürfen, die das Gesetz zur Voraussetzung dafür macht, dass das Gericht das Rechtsverhältnis im beantragten Sinne gestaltet. Beispiele Rn 6.

G. Einwendungen und Einreden

48   **1. Begriffe.** Das sind iS dieser Vorbemerkung die gebräuchlichen des materiellen Rechts. Die ZPO verwendet die Begriffe Einwendung und Einreden uneinheitlich und in unterschiedlichem Sinne (zB §§ 146, 767, 732, 597 Abs 2). Was jeweils darunter zu verstehen ist, wird bei den einzelnen Vorschriften erläutert.

49   **2. Geltendmachung. – Einwendungen.** Eine Partei, gleichgültig welche, trägt die dafür erforderlichen Tatsachen vor. – Auf **Einreden** muss sich der Beklagte berufen. Dies geschieht nicht notwendig erst im Proz, indem der Beklagte die Leistung verweigert, dabei die einredebegründenden Tatsachen vorträgt oder, falls sie schon vom Kläger vorgetragen sind, übernimmt, sich auch bloß auf die Rechtslage beruft, zB auf die Verjährung oder das Zurückbehaltungsrecht, auch nur Zug um Zug zur Leistung verpflichtet zu sein. Der bloße Klagabweisungsantrag genügt dazu nicht, wohl aber, dass der Kläger vorträgt, der Beklagte habe vor dem Proz die Einrede geltend gemacht. Die Parteien können, auch vor dem Proz, durch ProzVertrag (Einl III Rn 8) auf bestimmte Einwendungen wirksam verzichten.

V. Verfahren im ersten Rechtszug

50   Das 2. Buch regelt im 1. Abschnitt das Verfahren vor dem LG. Es gilt vor dem AG Familiengericht kraft Verweisung in § 608 auch für Ehesachen, in § 621 b Abs 3 ggf für Ansprüche aus ehelichem Güterrecht, in § 624 Abs 3 grundsätzlich für Scheidungsfolgesachen, ferner kraft Verweisung in § 5 UKlaG für die Unterlassungs- u Widerrufsklagen nach §§ 1, 2 UKlaG, ferner kraft Verweisung in §§ 525, 565 grundsätzlich auch für das Ber- und RevVerfahren. Das Verfahren vor dem AG Streitgericht folgt grundsätzlich ebenfalls dem LG-Prozess, soweit nicht der 2. Abschnitt (§§ 495 ff) abweichende Regeln enthält.

§ 253 Klageschrift

(1) **Die Erhebung der Klage erfolgt durch Zustellung eines Schriftsatzes (Klageschrift).**

(2) **Die Klageschrift muß enthalten:**
1. die Bezeichnung der Parteien und des Gerichts;
2. die bestimmte Angabe des Gegenstandes und des Grundes des erhobenen Anspruchs, sowie einen bestimmten Antrag.

(3) **Die Klageschrift soll ferner die Angabe des Wertes des Streitgegenstandes enthalten, wenn hiervon die Zuständigkeit des Gerichts abhängt und der Streitgegenstand nicht in einer bestimmten Geldsumme besteht, sowie eine Äußerung dazu, ob**

einer Entscheidung der Sache durch den Einzelrichter Gründe entgegenstehen.

(4) Außerdem sind die allgemeinen Vorschriften über die vorbereitenden Schriftsätze auch auf die Klageschrift anzuwenden.

(5) Die Klageschrift sowie sonstige Anträge und Erklärungen einer Partei, die zugestellt werden sollen, sind bei dem Gericht schriftlich unter Beifügung der für ihre Zustellung oder Mitteilung erforderlichen Zahl von Abschriften einzureichen.

1. Die **Klageerhebung** vollzieht sich in zwei Akten. – **a) Einreichung der Klageschrift** (§ 270 Rn 7) mit den nötigen Abschriften (Abs 5). Als bestimmender Schriftsatz (§ 129 Rn 5 ff) duldet die Klage keine außerprozessuale Bedingung. Bei mehreren Anträgen oder gleichgerichteten Sachverhalten muss mindestens einer unbedingt geltend gemacht sein (BGH WM 95, 701). Telegrafische und Einreichung mittels moderner Kommunikationswege § 129 Rn 11 ff. Am AG Erleichterungen in § 496. Mit der Einreichung ist die Sache anhängig (§ 261 Rn 1), noch nicht rechtshängig; wegen gewisser Vorwirkungen § 167 (bis 30. 6. 02 § 270 Abs 3). **Ausnahmsweise mündliche Klageerhebung** in den Fällen des § 261 Rn 3–5, ferner § 404 StPO. Verbindung mit PKH-Antrag § 117 Rn 2–4. – **b) Zustellung** einer beglaubigten Abschrift von Amts wegen (§ 271 Abs 1). Erst damit ist die Klage „erhoben" (Abs 1, BGH 7, 268) und treten die Wirkungen der Rechtshängigkeit ein. Nicht dagegen, wenn bei Verbindung mit PKH-Antrag eine noch gar nicht „eingereichte" Klageschrift (§ 117 Rn 2–4) zugestellt wird. Hinweispflicht mit der Zustellung in gewissen Familiensachen gem § 621 b Abs 2. – **c) Terminsbestimmung.** Falls nicht ein schriftliches Vorverfahren (§§ 272 Abs 2, 276) stattfindet, bestimmt der Vorsitzende oder Einzelrichter den Verhandlungstermin (§§ 216, 348, 348 a, 272 Abs 2). Dies und die Ladung der Parteien (§ 274 Abs 1) sind keine Voraussetzungen wirksamer Klageerhebung (BGH 11, 176). – **d) In Scheidungssachen** wird das Verfahren durch eine Antragsschrift eingeleitet, die Parteien werden als Antragsteller und Antragsgegner bezeichnet (§ 622 Abs 1, Abs 3).

2. Notwendiger Inhalt der Klageschrift (Abs 2).

a) Bezeichnung des Gerichts wie in § 130 Nr 1. Gegebenenfalls Bezeichnung der KfH wegen § 96 Abs 1 GVG.

b) Bezeichnung der Parteien. Nötig ist (vgl auch Rn 3, 8 vor § 50) Festlegung der Identität, sodass daran keine Zweifel bestehen und sich die betroffene Partei für jeden Dritten ermitteln lässt (BGH NJW 77, 1686, Düsseldorf BauR 91, 363). Das geschieht am besten durch die näheren Angaben gem Abs 4 mit § 130 Nr 1. Die Bezeichnung allein ist nicht ausschlaggebend, sondern welcher Sinn ihr im Wege der Auslegung bei objektiver Würdigung des Erklärungsinhalts der Klageschrift beizulegen ist (BGH NJW 83, 2448). Bei unrichtiger äußerer Bezeichnung ist grundsätzlich die Person angesprochen, die erkennbar durch die Parteibezeichnung betroffen werden soll (BGH NJW-RR 95, 764, NJW 99, 1871); dabei sind auch Anlagen zur Klageschrift zu berücksichtigen (BAG NJW 02, 459). Zur ordnungsgemäßen Bezeichnung der Parteien gehört, auch auf der Klägerseite im RA-Proz, grundsätzlich die Angabe der ladungsfähigen Anschrift (BGH 102, 332), verfassungsrechtlich nicht zu beanstanden (BVerfG NJW 96, 1272). Als ladungsfähige Anschrift des Bekl genügt die Angabe der Arbeitsstelle, wenn der Bekl und seine dortige Funktion genau genug bezeichnet sind (BGH NJW 01, 885). Im Einzelfall ist davon ausnahmsweise aus schutzwürdigen Geheimhaltungsinteressen abzusehen (KG OLGZ 91, 465). Bei der Inkognito-Adoption ist die Bezeichnung so zu wählen, dass das Inkognito gewahrt, die Identität der Partei aber eindeutig bestimmt ist (Karlsruhe FamRZ 75, 507). Eine Räumungsklage gegen unbekannt ist nur zulässig, wenn die Partei nach räumlichen und zeitlichen Kriterien festgestellt werden kann und es sich nicht um einen wechselnden Personenkreis handelt (Oldenburg NJW-RR 95, 1164).

8   **c) Bestimmte Angabe des Klagegegenstandes** zwingt den Kläger, inhaltlich eindeutig festzulegen, welche Entscheidung er begehrt; das gilt auch bei Aufrechnung mit mehreren Forderungen (§ 145 Rn 14). Dazu ist der bestimmte Antrag erforderlich (Einl II Rn 15). Sondervor-

9   schrift in § 105 SachenRÄndG. – **Mehrere selbständige Ansprüche** oder Einzelpositionen muss der Kl in dem jeweiligen Anspruch zugeordnete Teilbeträge gliedern (BGH WM 98, 933), deren Addition den Betrag des Klageantrags ergibt oder er muss einen Anspruch als Hauptanspruch, die übrigen in genau bezeichneter Reihenfolge als Hilfsansprüche bezeichnen (BGH NJW 90, 2068, 00, 3718). Ebenso muss der Kläger angeblich offene Restbeträge den mehreren Einzelforderungen zuordnen, sodass ersichtlich ist, um welchen Differenzbetrag auf welchen Anspruch es sich jeweils handelt. Dieselbe Zuordnung ist erforderlich, wenn der Kl nur einen Teil seiner angeblich höheren Gesamtforderung, im Falle der Abtretung auch unter Angabe der Rangfolge, geltend macht (Hamburg WM 99, 1628). Andernfalls steht der Streitgegenstand nicht fest, sodass das Urteil nicht der materiellen Rechtskraft fähig ist (BGH 124, 164, NJW 00, 3718). Bei wiederkehrenden Leistungen wie Unterhalt ist aufzuschlüsseln, welcher Gläubiger welche Beträge für welche Zeiträume verlangt (BGH LM Nr 111). Mehrere gegen einen Beklagten aus demselben Ereignis Berechtigte müssen Einzelsummen angeben (BGH 11, 181 u NJW 81, 2462), dürfen aber eine andere Aufteilung auf die einzelnen Kläger im Rahmen des insgesamt geltend gemachten Betrages dem Gericht überlassen (BGH NJW 72, 1716). Bei einer wegen zugestandenen Mitverschuldens erhobenen Teilklage ist die Mithaftungsquote vom Gesamtschaden und nicht vom Klagebetrag abzuziehen (BGH NJW-RR 98, 948). Unklarheiten hat das Gericht aufzuklären (§ 139).

10   **d) Klagegrund** bedeutet den konkreten Sachverhalt, Lebensvorgang (Einl II Rn 24–33), aus dem der Kläger die begehrte Rechtsfolge ableitet. Die Angabe aller klagebegründenden Tatsachen (Substantiierung,

40 vor § 253) gehört zur Schlüssigkeit (38 vor § 253), nicht zur Zulässigkeit der Klage (arg § 264 Nr 1, 282 Abs 1). Für diese genügt, dass der Anspruch als solcher identifizierbar ist (BGH NJW 00, 3492), der der Klage zu Grunde liegende Lebensvorgang feststeht (Düsseldorf MDR 96, 416). Fehlen konkrete Tatsachen überhaupt, ist die Klage unzulässig, auch bei Erhebung in mündl Vhdlg gem § 261 Abs 2 1. Alternative (BAG BB 81, 1528). Nicht ist mit Klagegrund gemeint die rechtliche Qualifizierung, Einordnung unter eine klagebegründende Norm.

e) Bestimmter Klageantrag. Er muss den erhobenen Anspruch **11** nach Inhalt und Umfang konkret bezeichnen und die Art der Klage (Rn 2–7 vor § 253) ergeben. Ausnahme: § 254 und wenn die geschuldete Leistung durch Gestaltungsurteil festzusetzen ist, zB §§ 2048 S 3, 2156 S 2 BGB. Er muss aus sich heraus, wo dies nicht möglich ist durch Aufnahme einer Abbildung in die Klage oder durch Bezugnahme auf Anlagen, die zu den Gerichtsakten zu geben sind (BGH 142, 388), verständlich sein (BGH WM 82, 68), in der Berufungsinstanz auch durch Verteidigung eines zugunsten einer Partei ergangenen Urteils, dessen Gegenstand bestimmt ist (BGH NJW-RR 95, 1119). Er muss so gefasst sein, dass die Zwangsvollstreckung ohne Fortsetzung des Streits im Vollstreckungsverfahren möglich ist (BGH NJW 99, 954). Nicht genügend bestimmt ist ein bloßer Rahmenantrag, dessen Inhalt sich iF der Verurteilung erst im ZwVollstrVerfahren ergeben würde, zB auf Mitwirkung bei der Neufestsetzung des Pachtzinses (BGH BB 73, 266), auf Zahlung des durch ein Schiedsgutachten festzusetzenden Ertragswerts (BGH 125, 41), auf ordnungsgemäße Abrechnung eines beendeten Arbeitsverhältnisses (BAG NJW 01, 3212), auf Unterlassung der Veröffentlichung eines Werbetextes, dessen Inhalt sich in der „überwiegend pauschalen Anpreisung des Firmenangebots" erschöpft (BGH NJW-RR 98, 835). Der Inhalt einer Willenserklärung muss eindeutig feststehen (BGH NJW-RR 94, 1272); ebenso grundsätzlich Inhalt und Umfang eines beantragten Unterlassungsgebots (BGH NJW 91, 1114; 99, 3638; 00, 2195/2197), außer bei fehlender Quantifizier- und Konkretisierbarkeit (BGH 140, 1: Immissionen). Ein Unterlassungsantrag darf nicht so undeutlich gefasst sein, dass der Streitgegenstand und der Umfang der Prüfungs- und Entscheidungsbefugnis des Ger nicht mehr klar umrissen sind und im Ergebnis dem VollstrGer die Entscheidung überlassen bleibt, was dem Bekl verboten ist (BGH NJW-RR 02, 1466). Belege, die der Bekl vorlegen soll, müssen im Antrag bezeichnet werden (BGH NJW 83, 1056). Zahlungsklagen sind zu beziffern; ebenso Antrag auf Freistellung von einer Verbindlichkeit (BGH NJW 01, 155). Bei Antrag auf Verurteilung Zug um Zug muss die Gegenleistung so genau bezeichnet sein, dass sie ihrerseits zum Gegenstand einer Leistungsklage gemacht werden könnte (BGH NJW 93, 324, NJW 94, 586). Antrag bei variablem Zinssatz: Reichenbach MDR 01, 13. – **Unbezifferter Zahlungsantrag** ist zulässig für Regelunter- **12** halt im Prozess des minderjährigen Kindes (§ 645); ferner wenn dem

Kläger die Ermittlung der Höhe seines Anspruchs unmöglich oder unzumutbar ist (BGH NJW 67, 1420). So, wenn der Betrag vom Gericht rechtsgestaltend zu bestimmen (zB §§ 315 Abs 3 S 2, 343 BGB, BAG ZIP 96, 1261) oder durch Beweisaufnahme, insbes Sachverständigengutachten oder durch gerichtliche Schätzung (§ 287) oder nach billigem Ermessen (§ 847 BGB) zu ermitteln ist. Erforderlich ist für die Zulässigkeit der Klage in allen diesen Fällen, dass der Kläger dem Ger durch Darlegung des anspruchsbegründenden Sachverhalts die geeigneten tatsächlichen Unterlagen für die Bezifferung angibt (BGH 4, 138, BGH NJW 82, 340), und zwar innerhalb einer etwa laufenden Ausschlussfrist für die Klageerhebung (BGH MDR 64, 831). Unter der genannten Voraussetzung ist ein unbezifferter Antrag auch im UnterhaltsProz zulässig (bestr; vgl Spangenberg MDR 82, 188). Da das Ger eine etwa, zB durch Streitwertangabe, vorgestellte Größenordnung beim Schmerzensgeld ohne Verstoß gegen § 308 nach oben ohne Grenze überschreiten darf, ist zur Zulässigkeit der Klage nicht mehr erforderlich, dass der Kl zur Höhe seines Anspruchs Angaben macht (v Gerlach VersR 00, 525). Anders bei der Beschwer (23 vor § 511, BGH NJW 96, 2425). Nicht zulässig ist ein unbezifferter Klageantrag, wenn der Kl mit ihm in anderen Fällen das Kostenrisiko (BGH JZ 73, 61) oder das Risiko einer Beweisaufnahme über den Hergang des Unfalls (konkreter Haftungsgrund, § 287 Rn 2) und damit über seine Mitverantwortung gemäß § 254

13 BGB auffangen will (BGH NJW 67, 1420). – Ein **Feststellungsantrag** muss die Identität u damit den Umfang der Rechtskraftwirkung des begehrten Feststellungsanspruchs klar erkennen lassen (BGH VersR 82, 68). Dazu ist genaue Bezeichnung des festzustellenden Rechtsverhältnisses, bei Schadensersatzanspruch bestimmte Bezeichnung des zum Ersatz verpflichtenden Ereignisses nötig (BGH WM 83, 369). Ein Antrag auf Feststellung der Gewährleistungspflicht muss die Mängel im Einzelnen zweifelsfrei bezeichnen (BGH NJW 02, 681). Außerdem gelten die Bestimmtheitserfordernisse in Rn 9. Alternativ- und Hilfsantrag § 260 Rn 7–9.

14 **f) Unterschrift.** Als bestimmender Schriftsatz (§ 129 Rn 5 ff) muss die Klageschrift eigenhändig unterschrieben sein. Heilung des Mangels durch Rügeverzicht oder Nachholung der Unterschrift (Köln MDR 97, 500). Anwaltszwang gem § 78. Bezugnahme auf ein von der Partei zum LG eingereichtes Schriftstück genügt nicht (BGH 22, 256). Dagegen genügt nach Verweisung die Bezugnahme des RA auf eine von der Partei selbst im Mahnverfahren eingereichte, den Erfordernissen des Abs 2 genügende, dem Bekl zugestellte Anspruchsbegründung (BGH NJW 82, 2002).

15 **g)** Klagebegründung **nach Mahnverfahren** u Fristsetzung dafür § 697 Abs 1. Einreichung durch die Partei selbst entsprechend § 253 Abs 2 und Bezugnahme darauf durch RA in mdl Vhdlg vor dem LG reicht für die Zulässigkeit aus (BGH 84, 136).

16 **h) In Scheidungssachen** muss die Antragsschrift weitere Angaben gem § 622 Abs 2, ggf § 630 enthalten.

i) Bei **Unterlassungs- und Widerrufsklagen gegen allgemeine** 17
Geschäftsbedingungen nach § 1 UKlaG muss der Klageantrag den
zusätzlichen Erfordernissen in § 8 Abs 1 UKlaG entsprechen, eine Präzision des Bestimmtheitsgrundsatzes.

3. Instruktioneller Inhalt. Angabe des Streitwerts, Abs 3. Eine 18
Äußerung, ob der Entscheidung der Sache durch den alleinentscheidenden ER Gründe entgegenstehen (§§ 348 Abs 1, 348a Abs 1). Die für
vorbereitende Schriftsätze (§ 129 Rn 1–4) vorgeschriebenen Angaben,
Abs 4 mit §§ 130–133. Es handelt sich lediglich um Ordnungsvorschriften.

4. Mängel der Klageerhebung. – **a)** Ist die **Klageeinreichung** feh- 19
lerhaft, weil die Unterschrift (allgM) oder auf der Klägerseite die Postulationsfähigkeit (Vorbem Rn 16) fehlt, oder weil der Bekl nicht der
deutschen Gerichtsbarkeit unterliegt (München NJW 75, 2144), oder
weil der Kläger offenkundig prozeßunfähig ist, sind Terminsbestimmung und Zustellung abzulehnen bzw erst nach Beseitigung des Mangels, falls möglich, zu verfügen.

b) Mängel im notwendigen Inhalt der Klageschrift (Abs 2) kön- 20
nen in der Tatsacheninstanz (BGH ZZP 71, 478) beseitigt werden
durch Nachholung oder Berichtigung in einem zugestellten Schriftsatz
oder in mündlicher Verhandlung, auch durch nicht gerügte (§ 295) Bezugnahme auf ein von einem nicht zugelassenen RA eingereichtes
PKH-Gesuch in der selben Sache, das den Erfordernissen des Abs 2
entspricht (BGH NJW 96, 1351). Erst damit ist die Klage ordnungsgemäß erhoben (BGH 22, 257). Wird der Mangel nicht beseitigt, ist die
Klage als unzulässig abzuweisen (BGH VersR 84, 538), auch wenn der
Bekl säumig ist. Dagegen sind bloße Rügeverzicht diese Mängel
nicht heilbar (BGH NJW 72, 1373 für KlGegenstand und -Grund; anders noch BGH 22, 257), weil der notwendige Inhalt der Klageschrift
nicht nur zum Schutz des Bekl vorgeschrieben ist, sondern auch im öffentlichen Interesse der Rechtssicherheit, insbes Umfang der Rechtskraft (BGH 65, 46) und weil ohne hinreichend genaue Bezeichnung
des Klagegegenstands ein Urteil nicht der materiellen Rechtskraft fähig
wäre (BGH NJW-RR 97, 441, NJW-RR 99, 70). BAG NJW 86,
3224 lässt fristwahrende (§ 4 KSchG) Heilung ex tunc durch nachträgliche Unterzeichnung der Klageschrift zu.

c) Mängel der Zustellung, Ladung und Terminsbestimmung wer- 21
den durch Nachholung des Fehlenden oder nach § 189 oder nach
§ 295 (BGH 25, 72 u FamRZ 84, 368) rückwirkend geheilt. Das gilt
auch für die Wahrung einer materiellrechtlichen Ausschlussfrist, falls der
Zeitpunkt des Verlustes des Rügerechts noch im Rahmen des § 167
liegt (BGH NJW 72, 1373, NJW 74, 1557). Völlig unterbliebene Zustellung ist außer bei Verzicht auf sie (Zweibrücken NJW-RR 98, 429)
nicht heilbar, es fehlt dann an der Klageerhebung überhaupt. Heilung
tritt ein durch die mdl Erhebung im ersten Termin mit Wirkung von
da an (BGH FamRZ 84, 368). § 167 bleibt unberührt.

§ 254 Stufenklage

Wird mit der Klage auf Rechnungslegung oder auf Vorlegung eines Vermögensverzeichnisses oder auf Abgabe einer eidesstattlichen Versicherung die Klage auf Herausgabe desjenigen verbunden, was der Beklagte aus dem zugrunde liegenden Rechtsverhältnis schuldet, so kann die bestimmte Angabe der Leistungen, die der Kläger beansprucht, vorbehalten werden, bis die Rechnung mitgeteilt, das Vermögensverzeichnis vorgelegt oder die eidesstattliche Versicherung abgegeben ist.

1 **1.** Die **Stufenklage** ist objektive Klagehäufung (BGH WM 99, 746) und erlaubt als Ausnahme zu § 253 Abs 2 Nr 2 in der letzten Stufe einen zunächst unbestimmten Antrag (BGH NJW 00, 1645); unzulässig ist sie, um Klarheit über eine Gegenforderung des Bekl zu erlangen (BGH NJW 02, 2952). Zulässig ist auch Beschränkung auf die beiden 2 ersten Stufen (KG FamRZ 97, 503). – **a) 1. Stufe** ist Antrag auf Rechnungslegung § 259 Abs 1 BGB, zB in den Fällen der §§ 666, 675 Abs 1, 1978 BGB und auf Vorlage eines Verzeichnisses sowie auf Auskunftserteilung § 260 Abs 1 BGB, (Pal/Heinrichs § 261 Rn 8 ff), ferner der Anspruch auf Einsicht in Bücher, zB §§ 118, 166 HGB, auf Buchauszug § 87 c Abs 2 HGB. Vollstr nach § 888. Der Antrag auf Auskunft hat vorbereitenden Charakter, ist Hilfsmittel für die Bezifferung des Zahlungsantrags (BGH NJW 00, 1645). Verbindung mit einer Zwischenfeststellungsklage (§ 256 Rn 26 ff) ist zulässig (BGH WM 99, 3 746). – **b) 2. Stufe** ist Antrag auf Abgabe einer eidesstattlichen Versicherung, zB §§ 259 Abs 2, 260 Abs 2, 2006 BGB. Ihm kann das Rechtsschutzbedürfnis fehlen, wenn der Kläger durch eine vertraglich geschuldete Bucheinsicht schneller, besser und ohne zusätzliche Inanspruchnahme gerichtlicher Hilfe zum Ziel kommt (BGH WM 98, 4 1461). – **c) 3. Stufe** ist Antrag auf Zahlung oder Herausgabe. Der Zahlungsantrag wird mit Erhebung der Stufenklage, nicht erst mit Bezifferung rechtshängig (BGH NJW-RR 95, 513), er kann auch schon beziffert sein auf einen Betrag, den der Kläger jedenfalls glaubt beanspruchen zu können (BGH WM 72, 1121); in einem solchen Fall liegt eine Stufenklage nur wegen des darüber hinaus gehenden Klagebegehrens vor (BGH NJW-RR 03, 68). Aus § 254 ist nicht zu entnehmen, dass der Zahlungsantrag erst nach Erledigung der übrigen Anträge gestellt werden dürfe. Keinesfalls darf er aus diesem Grund zu Beginn als unzulässig abgewiesen werden (Köln NJW 73, 1848). Zulässig ist Stufenklage auch für Anspruch auf Herabsetzung eines Unterhaltstitels nach § 323 (Hamburg FamRZ 83, 626).

5 **2. Verfahren, Entscheidung. – a)** Die **Klage** kann **ganz,** auch der noch unbezifferte Zahlungsantrag, als unzulässig oder unbegründet 6 abgewiesen werden (BGH NJW 02, 1042/1044). – **b)** Andernfalls ist **sukzessiv über jede Stufe** zu verhandeln. Sachliche Entscheidung über eine spätere Stufe, auch dem Grunde nach und auch bei Säumnis oder Anerkenntnis des Bekl ist grundsätzlich unzulässig, solange nicht

die vorhergehende Stufe – meist durch Teilurteil ohne Kostenausspruch (Frankfurt NJW-RR 98, 1536) – erledigt ist (BGH NJW 89, 2821, NJW-RR 94, 1185, Brandenburg FamRZ 98, 1247). Lässt der Kläger den Antrag auf Auskunft fallen, weil er sie nicht mehr benötigt, hält Düsseldorf NJW-RR 96, 839 mwN Erledigterklärung für überflüssig und, falls einseitig, Teilurteil auf Erledigung für unzulässig wegen des bloßen Hilfscharakters des Auskunftsanspruchs, obwohl es sich um einen selbständigen prozessualen Anspruch (BGH 141, 307/317), einen der gehäuften Streitgegenstände handelt (ebenso Koblenz FamRZ 96, 882, StJSchumann 31, MüKo/Lüke 23 mwN). Den angekündigten Antrag in der 2. Stufe kann der Kläger ohne Rücknahme fallen lassen und direkt den Zahlungsantrag stellen (BGH NJW 01, 833). Stellt sich in den beiden ersten Stufen heraus, dass ein in der dritten Stufe zu beziffernder Leistungsanspruch nicht (mehr) besteht, so tritt keine Erledigung der Hauptsache ein, weil der Zahlungsantrag von Anfang an unbegründet war (BGH NJW 94, 2895, iE zustimmend Bork JZ 94, 1011; aA Karlsruhe FamRZ 89, 1100, Kassebohm NJW 94, 2728); § 93 ist nicht entsprechend anwendbar, denkbar ist ein materiellrechtlicher Schadensersatzanspruch wegen verspätet erteilter Auskunft (Jena FamRZ 97, 219), den der Kläger im selben Proz mit Klageänderung geltend machen kann. Auskunftsanspruch im Verbundverfahren § 621 Rn 9. – **Ausnahme.** Steht ein Zahlungsanspruch dem Grunde nach **7** bzw in einer bestimmten Höhe bereits fest, so darf gleichzeitig mit einer früheren Stufe bei Vorliegen der Voraussetzungen (§ 304 Rn 2–4) dem Grunde nach bzw zu einer schon feststehenden Zahlung verurteilt werden (BGH NJW 99, 1706, Peters ZZP 111, 67/74). Verurteilung in der 3. Stufe setzt einen nunmehr bestimmten Antrag voraus, der nicht mit dem Ergebnis der vom Bekl gelegten Rechnung übereinzustimmen braucht. Dient der Auskunftsanspruch der Beschaffung anderer Informationen als der Bestimmbarkeit des Zahlungsantrags, so ist die Stufung als solche unzulässig und der unbezifferte Zahlungsantrag mangels Bestimmtheit als unzulässig abzuweisen. Über den nach § 260 zulässig gehäuften Auskunftsantrag kann in der Sache entschieden werden (BGH NJW 00, 1645). – **Nach Abschluss einer Stufe** wird das Ver- **8** fahren auf Terminsantrag, auch des Beklagten (Karlsruhe FamRZ 97, 1224) fortgesetzt. Falls Vollstr aus früheren Stufen ergebnislos, kann Kläger statt Herausgabe das Interesse fordern (§§ 264 Nr 3, 893). – **c) Be-** **9** **rufungsverfahren.** Hat die erste Instanz über die 1. Stufe entschieden, so darf die BerGer grundsätzlich nicht von sich aus oder auf nur einseitigen Antrag über die 2. Stufe verhandeln und entscheiden (BAG NJW 63, 2142, Celle NJW 61, 786). Ebenso ist wegen des Zahlungsanspruchs zurückzuverweisen, wenn ihn der Kläger erst im Berufungsverfahren zusätzlich zum Rechnungslegungsanspruch erhebt (BGH WM 74, 1162) oder wenn die 1. Instanz die Stufenklage ganz abgewiesen hat und das BerGer der Klage in der 1. Stufe stattgibt (BGH NJW 82, 235, NJW 99, 1706), auch wenn der Kläger in 2. Instanz nur den Antrag der ersten Stufe verliest (BGH NJW 85, 862, NJW-RR 87,

1029). Hat die erste Instanz die Stufenklage ganz abgewiesen und haben die Parteien nach uneingeschränkt eingelegter Ber die 1. Stufe für erledigt erklärt, darf wegen des nunmehr gestellten Zahlungsantrags das BerGer nur mit Erlass eines GrundUrt zurückverweisen (BGH NJW 91,

10 1893). – **d) Bindungswirkung.** Die Verurteilung in der ersten Stufe schafft keine Bindungswirkung nach § 318 oder Rechtskraft für den Grund des Zahlungsanspruchs (BGH NJW 69, 880, WM 99, 746, § 322 Rn 22–27); die materielle Rechtskraft wirkt aber, wenn die unmittelbar ausgesprochene Rechtsfolge (Anspruch auf Rechnungslegung) im späteren Verfahren als Vorfrage von Bedeutung ist, zB für die Pflicht zur Abgabe der eidesstattlichen Versicherung (BGH WM 75, 1086).

11   **3. Streitwert** § 5 Rn 4. Wert der beiden ersten Stufen § 3 Rn 21, 48, 127. – **Der Wert der Beschwer** durch ein Urt nur über die erste Stufe bemisst sich allein nach dem Auskunftsanspruch (BGH NJW 00, 1724). – Die **Kostenentscheidung** bei unterschiedlichem Obsiegen bzw Unterliegen in den verschiedenen Stufen ist streitig (vgl Kassebohm NJW 94, 2728). Wenngleich die beiden ersten Stufen wirtschaftlich als Hilfsansprüche der Vorbereitung des Hauptanspruchs in 3. Stufe dienen, handelt es sich um verschiedene Streitgegenstände, um selbständige prozessuale Ansprüche in objektiver Klagehäufung (Rn 1, BGH 76, 12, StJSchumann 1, MüKo/Lüke 2, 6). Ist der Beklagte in den ersten Stufen durch Teilurteil ohne Kostenausspruch (§ 301 Rn 5, Frankfurt NJW-RR 98, 1536) verurteilt und ergibt die Auskunft, dass ein Leistungsanspruch nicht besteht, so sind iF der Abweisung oder Rücknahme der Klage in 3. Stufe die Kosten des Rechtsstreits entsprechend den für jede Stufe gesondert festzustellenden Streitwerten quotenmäßig zu teilen (ähnlich MüKo/Lüke 29; aA Jena FamRZ 97, 219).

§ 255 Fristbestimmung im Urteil

(1) **Hat der Kläger für den Fall, daß der Beklagte nicht vor dem Ablauf einer ihm zu bestimmenden Frist den erhobenen Anspruch befriedigt, das Recht, Schadensersatz wegen Nichterfüllung zu fordern oder die Aufhebung eines Vertrages herbeizuführen, so kann er verlangen, daß die Frist im Urteil bestimmt wird.**

(2) **Das gleiche gilt, wenn dem Kläger das Recht, die Anordnung einer Verwaltung zu verlangen, für den Fall zusteht, daß der Beklagte nicht vor dem Ablauf einer ihm zu bestimmenden Frist die beanspruchte Sicherheit leistet, sowie im Falle des § 2193 Abs. 2 des Bürgerlichen Gesetzbuchs für die Bestimmung einer Frist zur Vollziehung der Auflage.**

1   **1. Wesen.** Der Antrag auf Fristsetzung ist **Sachantrag** (§ 297) und dient der Beschleunigung. Das Urt ist insoweit rechtsgestaltend, beseitigt Streit der Parteien über die Angemessenheit der Frist, bindet das Gericht nach § 318, schafft aber keine Rechtskraft für das Bestehen weiterer Rechte des Klägers nach ergebnislosem Fristablauf, die auch mit dem Antrag nicht rechtshängig werden (vgl aber § 510b und § 61 Abs 2 ArbGG). Die Frist ist eine materielle, sie beginnt mit Rechtskraft des Urteils. Berechnung nach §§ 186 ff BGB.

2. Anwendungsgebiet. § 255 setzt voraus, dass nach materiellem 2
Recht der Kläger oder ein Ger zur Erfüllung eines Leistungsanspruchs eine Frist setzen dürfen und dass dem Kl nach fruchtlosem Ablauf der Frist neue Rechte erwachsen, und zwar: – **a)** das Recht auf Schadensersatz oder Vertragsaufhebung (Abs 1), zB §§ 250, 281, 323 BGB; – **b)** das Recht auf Anordnung einer Verwaltung (Abs 2), zB §§ 1052, 2128 BGB); – **c)** das Recht auf Bestimmung des Begünstigten gem § 2193 Abs 2 BGB (§ 80 FGG). – **d)** Ähnliche Rechte in **entspr An** 3
wendung (allgM), zB §§ 264 Abs 2, 637, 1003 Abs 2, 1052, 1133 BGB, 375 HGB, 37 VerlG. – **e) Nicht anwendbar** ist § 255, wo die 4
Frist nicht dem Verpflichteten zur Erfüllung einer Leistung, sondern dem Berechtigten zur Ausübung eines Rechts gesetzt werden darf (StJSchumann 9), zB §§ 355, 415 BGB.

3. Verfahren. Fristsetzung nur auf Antrag des Klägers, auch im 5
Laufe des Verfahrens oder in der Berufungsinstanz. Dauer nach Ermessen des Gerichts, aber nicht kürzer als beantragt (§ 308 Abs 1). Liegt keiner der unter Rn 2, 3 genannten Fälle vor, ist der Antrag als unbegründet abzuweisen. Bei Übergehung des Antrags gilt § 321 entspr. Verbindung der Klage auf künftigen Schadensersatz ist am LG (AG: § 510b) nur unter der Voraussetzung des § 259 zulässig (Köln NJW-RR 98, 1682).

§ 256 Feststellungsklage

(1) **Auf Feststellung des Bestehens oder Nichtbestehens eines Rechtsverhältnisses, auf Anerkennung einer Urkunde oder auf Feststellung ihrer Unechtheit kann Klage erhoben werden, wenn der Kläger ein rechtliches Interesse daran hat, daß das Rechtsverhältnis oder die Echtheit oder Unechtheit der Urkunde durch richterliche Entscheidung alsbald festgestellt werde.**

(2) **Bis zum Schluß derjenigen mündlichen Verhandlung, auf die das Urteil ergeht, kann der Kläger durch Erweiterung des Klageantrags, der Beklagte durch Erhebung einer Widerklage beantragen, daß ein im Laufe des Prozesses streitig gewordenes Rechtsverhältnis, von dessen Bestehen oder Nichtbestehen die Entscheidung des Rechtsstreits ganz oder zum Teil abhängt, durch richterliche Entscheidung festgestellt werde.**

Übersicht

I. Selbständige Feststellungsklage, Abs 1

1   Zusammenfassend neuerdings E. Habscheid ZZP 112, 37.

1. Wesen der Feststellungsklage Rn 4 vor § 253. Daraus folgt auch, dass das Feststellungsurteil nicht vollstreckungsfähig ist (§ 704 Rn 1). § 256 gewährt keine sachlichrechtlichen Ansprüche, sondern stellt für bereits bestehende eine besondere Rechtsschutzform zur Verfügung (BGH ZZP 86, 312).

2   **2. Zulässigkeit. – a) Die allgemeinen Prozessvoraussetzungen** (15 ff vor § 253) müssen vorliegen, auch im Verfahren über den Versorgungsausgleich (BGH NJW 82, 387). Gerichtsstand ist jeder für die entsprechende bzw bei negativer Feststellungsklage für die umgekehrte
3   Leistungsklage zulässige. – **b) Besondere Prozessvoraussetzungen** sind: Als Streitgegenstand das behauptete (BGH NJW 72, 198, Balzer NJW 92, 2721/2724) **(Nicht)Bestehen eines Rechtsverhältnisses** oder der (Un)Echtheit einer Urkunde; ferner **rechtliches Interesse** an
4   alsbaldiger Feststellung. – **c) Fehlt eine der Voraussetzungen** unter Rn 2 und Rn 3, so ist die Klage, falls nicht gemäß Abs 2 zulässig, als unzulässig abzuweisen. Davon macht die Rspr Ausnahmen. So BGH 12, 316 u NJW 78, 2031, Bremen MDR 86, 765, Karlsruhe VersR 89, 805 (fehlendes Feststellungsinteresse verhindert nicht ein Sachurteil überhaupt, sondern nur ein dem Kläger günstiges), BGH LM Nr 46 (Abweisung als unbegründet gegen sämtliche Streitgenossen, obwohl gegen einen das Feststellungsinteresse fehlt). Das ist prozesswirtschaftlich zweckmäßig, lässt sich aber mit dem Wortlaut des § 256 („kann Klage erhoben werden, wenn …") und mit dem System der Prozess- als Sachurteilsvoraussetzungen schwerlich vereinbaren (ähnlich Olschewski NJW 71, 551, Jauernig, Festschrift für Schiedermair, 1976 S 289/307). Weiß NJW 71, 1596 will in Ausnahmefällen, für die er aber keine Kriterien geben kann, sogar ein dem Kläger günstiges Sachurteil zulassen, weil das Feststellungsinteresse nur eine unqualifizierte oder bedingte Prozessvoraussetzung sei; ähnlich Grunsky, Grundlagen des Verfahrensrechts, § 39 I 2, weil die Notwendigkeit des Rechtsschutzbedürfnisses das Gericht vor überflüssiger Arbeit schützen wolle, das Gericht auf diesen Schutz aber verzichten könne. E. Habscheid ZZP 112, 37 will noch weitergehend Sachurteil zulassen.

5   **3. Rechtsverhältnis. – a) Begriff.** Rechtsverhältnis ist eine aus dem vorgetragenen Sachverhalt abgeleitete rechtliche Beziehung von

Personen untereinander oder zu einem Gegenstand (BGH 22, 46). Es muss hinreichend konkret bezeichnet sein, sodass über seine Identität und damit über den Umfang der Rechtskraft keinerlei Ungewissheit bestehen kann (BGH NJW 01, 445). Die Parteien können auch auf derselben Seite des Vertrages stehen, zB Klage eines Mitverpächters gegen den anderen (BGH MDR 61, 219). – Es kann sich um **Rechte jeder Art** handeln, insbes bürgerliche wie die Rechtsnatur 6 eines Vertrages (RG 144, 54), die Nichtigkeit eines BGB-Gesellschafterbeschlusses oder die Unrichtigkeit seines festgestellten Ergebnisses (BGH BB 92, 595), die Erfinderschaft bei einem Patent (BGH NJW 79, 269); Inhalt eines für die Leistungsbestimmung durch einen Schiedsgutachter maßgeblichen Rechtsverhältnisses (BGH NJW 82, 1878), Reichweite eines Vollstreckungstitels (BGH NJW 97, 2320), zB weil die Formel für die Zwangsvollstreckung zu unbestimmt ist (BGH NJW 72, 2268) oder im Hinblick auf § 850f Abs 2 nicht ausreicht (BGH NJW 90, 834), oder einer Eintragung in die Insolvenztabelle (BGH NJW 85, 271). Im Verfahren über den Versorgungsausgleich ist die Feststellungsklage nur beschränkt zulässig (BGH NJW 84, 610). Ferner Rechtsverhältnisse des Prozessrechts und des öffentlichen Rechts, soweit für Verurteilungsklagen der Rechtsweg zulässig ist. – Darunter fallen **auch einzelne Folgen** solcher Rechtsbeziehungen, zB ein ein- 7 zelner Anspruch daraus oder die Wirksamkeit eines ausgeübten Gestaltungsrechts; negative Feststellung, dass kein Anspruch aus einer bestimmten selbständigen Anspruchsgrundlage besteht, wenn nach dem Sachverhalt andere, konkurrierende Anspruchsgrundlagen in Frage kommen (BGH NJW 84, 1556); Klarstellung einzelner für die Schlussbilanz streitiger Einzelposten (BGH WM 84, 361), auch Außeransatzlassen eines umstrittenen Einzelpostens in einer Auseinandersetzungsrechnung (BGH WM 71, 1450). – **Gegenwärtig** muss das Rechtsver- 8 hältnis sein. Das ist auch Bestehen oder Nichtbestehen des Rechts auf Entziehung des Pflichtteils (BGH NJW 74, 1084, Saarbrücken NJW 86, 1182), Ankündigung eines Regressanspruchs, falls eine andere rechtliche Auseinandersetzung ungünstig ausgeht (BGH NJW 92, 436). Es darf nicht erst künftig (§ 259 Rn 3), kann aber noch oder betagt sein (BGH 4, 134, NJW 92, 436). Dass es bereits vergangen ist, schadet nicht, wenn der Kl daraus noch Wirkungen herleiten kann (BGH 27, 196, BAG NJW 94, 1751), zB aus Erbvertrag. – **Dritte.** Das 9 Rechtsverhältnis muss nicht zwischen den Parteien, es kann auch zu oder zwischen Dritten bestehen, wenn es auch für die Rechtsbeziehungen der Parteien untereinander von Bedeutung ist und der Kl ein berechtigtes Interesse an dieser Feststellung gerade gegenüber dem Bekl hat (BGH NJW 94, 459, ZIP 00, 679). So im Streit zweier Forderungsprätendenten oder zweier möglicher Schuldner auf Feststellung, welcher von ihnen berechtigt bzw verpflichtet ist (BGH 123, 44). So der Geschädigte auf Feststellung der Deckungspflicht der Haftpflichtversicherung gegenüber dem Schädiger (BGH NJW-RR 01, 316). – **b) Kein Rechtsverhältnis** sind bloße, auch rechtserhebliche **Tatsa-** 10

chen, zB Unwahrheit einer Behauptung (BGH NJW 77, 1288), ferner einzelne **Elemente** oder Vorfragen eines Rechtsverhältnisses (BGH 22, 48 u 68, 331), zB Rechtswidrigkeit (BGH NJW 77, 1288), Verschulden, Schuldnerverzug (BGH NJW 00, 2280), Annahmeverzug außer zu dessen Nachweis bei Verurteilung zu einer Zug-um-Zug-Leistung gem §§ 756, 765 (BGH NJW 00, 2663; aA Schilken JZ 01, 199), Berechnungsgrundlage für einen streitigen Anspruch (BGH NJW 95, 1097), dass die Berufung der Haftpflichtversicherung auf Leistungsfreiheit unzulässig sei (BGH VersR 75, 440), dass ein eingeholtes Schiedsgutachten

11 das vertraglich vorgesehene sei (BGH MDR 85, 37). – Ferner **abstrakte Rechtsfragen** ohne Bezug auf ein konkretes Rechtsverhältnis (BGH NJW 01, 445), zB Schadensersatz für noch gar nicht in Erscheinung getretene Mängel eines Bauwerks (BGH NJW 92, 697), aus Amtspflichtverletzung, wenn die Wahrscheinlichkeit für den Eintritt irgendeines Schadens nicht substantiiert dargetan ist (BGH WM 93, 251/260), Rechtsfragen, die erst für die künftige Entstehung von Rechtsverhältnissen Bedeutung haben, zB das Erbrecht oder einzelne seiner Voraussetzungen nach einer noch lebenden Person (BGH NJW 62, 1723, Frankfurt MDR 97, 481).

12 **4.** Echtheit oder Unechtheit einer **Urkunde** sind die Einzigen durch Urt feststellbaren Tatsachen. Urkunde 1 vor § 415, Echtheit § 437 Rn 1.

13 **5. Rechtliches Interesse** an alsbaldiger Feststellung als besondere ProzVoraussetzung ist die spezielle Ausgestaltung des bei jeder Rechtsverfolgung erforderlichen Rechtsschutzinteresses und deshalb unabhängig von der materiellrechtlichen Begründetheit des Feststellungsbegehrens (BGH NJW 72, 198). Es muss ein eigenes (BGH WM 89, 1546), es darf nicht ein ausschließlich wirtschaftliches oder persönliches sein (Stuttgart NJW 55, 590 für bloße Ehrenrettung). An seine Stelle tritt im Falle des Abs 2 die Vorgreiflichkeit. Bei fehlendem Interesse ist deshalb zu prüfen, ob die Feststellungsklage nach Abs 2 zulässig ist. – Für die

14 **Bejahung** des Feststellungsinteresses genügt drohende Verjährung; wenn ein Schaden durch die schädigende Handlung bereits eingetreten ist, die bloße, auch nur entfernte Möglichkeit künftiger weiterer Folgeschäden (BGH NJW 91, 2707; 98, 160; 01, 1431, v Gerlach VersR 00, 525/531), ihre Wahrscheinlichkeit gehört zur materiellen Klagebegründung. Neben dem allgemein auf Feststellung der Schadensersatzpflicht gerichteten Klageantrag kann rechtliches Interesse auch für einen auf Ersatz einer bestimmten Schadensposition gerichteten speziellen Feststellungsantrag bestehen, der von dem allgemeinen in Inhalt und Umfang nicht umfasst wird (BGH NJW 99, 3774); so etwa Ersatzpflicht für immaterielle Zukunftsschäden neben GrundUrt über Schmerzensgeldanspruch (BGB NJW 01, 3414). Die Feststellungsklage ist insgesamt zulässig, wenn nur eine teilweise Bezifferung möglich wäre, weil der anspruchsbegründende Sachverhalt noch in der Entwicklung ist (BGH NJW 84, 1552). An der so erhobenen Feststellungsklage darf

der Kläger ohne Rücksicht auf die weitere Entwicklung des Schadens festhalten (BGH WM 93, 1241). Die Möglichkeit einer Klage auf künftige Leistung steht dem Feststellungsinteresse nicht entgegen (BGH NJW 86, 2507). Ebenso nicht, dass die Feststellungsklage in einem anderen Verfahren als Widerklage erhoben werden könnte; beide Wege bestehen nebeneinander (Hamm WM 71, 1379). Im **gewerblichen Rechtsschutz und Urheberrecht** besteht ein Feststellungsinteresse für eine Schadensersatzpflicht idR auch dann, wenn der Kl im Weg der Stufenklage auf Leistung klagen könnte (BGH NJW-RR 02, 834). Feststellungsklage des Vermieters auf Fortbestand des Mietverhältnisses zu den bisherigen Bedingungen, wenn Mieter Wegfall der Geschäftsgrundlage behauptet, ist trotz Möglichkeit einer Leistungsklage auf Mietzins zulässig (BGH NJW-RR 02, 1377). Die einseitige Erklärung des Kl, er werde die Entscheidung über die Klage-Teilforderung auch für die vermeintliche weitergehende Forderung als verbindlich anerkennen, nimmt der negativen Feststellungswiderklage nicht das Rechtsschutzbedürfnis (BGH NJW 93, 2609); ebenso nicht eine Anordnung nach § 620 Nr 6 (Saarbrücken FamRZ 80, 277). Für die Kindschaftsklage nach § 640 Abs 2 Nr 1 ist Rechtsschutzbedürfnis nicht erforderlich (BGH NJW 73, 51). Sondervorschrift in § 108 SachenRÄndG. Ob das Interesse besteht, entscheidet das Ger letztlich nach Grundsätzen der Prozesswirtschaftlichkeit (Koblenz BB 80, 855) anhand der beiden folgenden Voraussetzungen Rn 15 und 16.

a) Durch eine **tatsächliche Unsicherheit** muss das Rechtsverhältnis gefährdet sein. So, wenn Streit zwischen den Parteien über Art und Umfang besteht, wenn der Bekl Rechten des Klägers zuwiderhandelt oder sie ernstlich bestreitet (BGH NJW 86, 2507), wenn sich eine Partei eines Rechts gegen die andere berühmt (BGH WM 91, 249), wenn Ablauf der Verjährungsfrist droht (BGH LM Nr 7); für die negative Feststellungsklage, wenn der Gläubiger die Anfrage des Schuldners nicht beantwortet, ob eine geplante im Einzelnen beschriebene Werbemaßnahme gegen eine vereinbarte Unterlassungsverpflichtung verstößt (Düsseldorf GRUR 88, 789); gegen den Zessionar, wenn der Zedent sich der Forderung berühmt, der Zessionar die Abtretung angenommen hat und eine Erklärung zur Berechtigung der Forderung verweigert (BGH 69, 37). Die Gefährdung muss die Sache selbst betreffen, bloß prozessuale Vorteile genügen nicht, zB verhindern, dass ein Beteiligter als Zeuge vernommen wird. Das Feststellungsinteresse entfällt, sobald der Bekl seinen bisherigen Standpunkt als Irrtum erkennt und endgültig aufgibt (BGH WM 68, 762).

b) Das **Urteil** muss mit seiner rein ideellen Rechtskraftwirkung **geeignet** sein, die **Unsicherheit zu beseitigen** (BGH 69, 144 MDR 99, 1439), insbes bestehenden Streit klarzustellen und dem Kläger Richtschnur für sein künftiges Verhalten zu bieten. Dazu ist zB bei gesellschaftsrechtlichem Auseinandersetzungsstreit nötig, dass die Ansprüche und Einzelposten, die Grundlage der Abrechnung sein sollen, konkret bezeichnet werden (BGH WM 72, 1399).

15

16

17   c) „**Alsbald**" bedeutet, dass das Bedürfnis wenigstens in nicht ferner Zukunft besteht.

18   d) **Feststellungsinteresse fehlt**, wenn dem Kl ein einfacherer Weg zur Verfügung steht, um sein Ziel zu erreichen, zB dem Drittschuldner gegen einen Pfändungsbeschluss Erinnerung nach § 766, Negativerklärung nach § 840 und Aufforderung an Pfändungsgläubiger zum Verzicht nach § 843 (BGH 69, 144). Es fehlt auch, wenn bereits ein anderes Verfahren anhängig ist, in dem die begehrte Feststellung ohnedies getroffen werden muss; wenn das Urt nicht zu einer abschließenden Klarstellung des Streits führen würde oder praktisch nichts mehr regeln könnte, zB die Feststellung, dass ein Arrestbefehl ursprünglich rechtmäßig erlassen war, wenn der Arrestbekl wegen Erledigung keinen Aufhebungsantrag mehr stellen kann (BGH NJW 73, 1329; § 926 Rn 11). Es kann fehlen für die Feststellung einer Schadensersatzverpflichtung wegen Wettbewerbsverstoßes, wenn der Kl wegen desselben Verstoßes in gleicher Höhe auf Zahlung von Vertragsstrafe klagen kann (BGH LM § 256 Nr 176). Es fehlt für die negative Feststellungsklage, wenn der Kl positive Leistungsklage erheben kann, die in ihren Voraussetzungen und Risiken für ihn nicht grundlegend verschieden ist (BGH NJW 86, 1815). Es fehlt für die Feststellungsklage, mit der ein Vorrecht für eine Forderung festgestellt werden soll, neben der Klage nach § 181 InsO (BAG NJW 86, 1896 zu § 146 Abs 1 S 1 KO). Es fehlt idR für die Klage auf Feststellung des Rechts zum Getrenntleben eines Ehegatten (München FamRZ 86, 807, KG FamRZ 88, 81). Es fehlt, wenn das Urt in einem ausländischen Rechtsstreit verwendet werden soll, dort aber nicht mit einer Anerkennung zu rechnen ist (BGH WM 82, 619). Es fehlt für die positive Feststellungsklage in der Regel, wenn Klage auf fällige Leistung, insbesondere Bezifferung, möglich und zumutbar ist (Düsseldorf WM 89, 1370), was bei einer Schadensersatzklage auf Naturalrestitution nicht immer zutrifft (BGH ZIP 96, 1395: Beseitigung von Umweltschäden). **Ausnahmen:** Die Feststellungsklage führt im Einzelfall unter dem Gesichtspunkt der Prozesswirtschaftlichkeit zu einer sinnvollen und sachgemäßen Erledigung der aufgetretenen Streitpunkte (BGH NJW 84, 1118, WM 97, 1280). So kann wegen des Wahlrechts gemäß § 249 BGB eine Feststellungsklage auf noch nicht bezifferbaren Schadensersatz in Geld nicht mit dem Hinweis auf eine Leistungsklage auf Naturalrestitution als unzulässig abgewiesen werden (BGH NJW 96, 2725); außerdem wenn der Streit zunächst nur den Anspruchsgrund betrifft und zu erwarten ist, dass der Bekl bei Feststellung seiner Leistungspflicht im Urteil zur Leistung fähig und bereit (Köln VersR 70, 759) ist oder Klärung der Frage, ob und in welcher Höhe dem geschäftsführenden Gesellschafter eine Tätigkeitsvergütung zusteht, bei

19   Streit mit den übrigen (BGH BB 80, 855). – **Feststellungsinteresse entfällt** grundsätzlich für die negative Feststellungsklage, ausgenommen im Anwendungsbereich von Art 27 EuGVVO (dort Rn 5), sobald positive Feststellungs- oder Leistungsklage erhoben wird und einseitig nicht mehr zurückgenommen werden kann (BGH NJW 99, 2516; kri-

tisch Walker ZZP 111, 429/454), außer wenn zu diesem Zeitpunkt die negative Feststellungsklage aus der Sicht der letzten mdl Vhdlg, insbes in einer Rechtsmittelinstanz, entscheidungsreif ist, die Leistungsklage aber noch nicht (BGH NJW 87, 2680) oder wenn feststeht, dass über die Leistungsklage sachlich nicht entschieden werden kann, zB wegen Art 27 Abs 2 EuGVVO; dann bleibt die Feststellungsklage wegen des Prioritätsgrundsatzes zulässig (BGH 134, 201). Gleiches gilt für die positive Feststellungsklage, wenn später Leistungsklage mit gleichem Streitstoff erhoben wird (BGH NJW-RR 90, 1532). Es entfällt für die Feststellungsklage auf Gewährung von Versicherungsschutz, wenn der Versicherer Widerklage auf Erstattung der aufgewendeten Beträge erhebt (Frankfurt NJW 70, 2069). Für die negative Feststellungsklage kann es entfallen, wenn der Bekl auf den behaupteten Anspruch verzichtet (Düsseldorf VersR 00, 992).

e) Maßgebender Zeitpunkt, 11 vor § 253. Jedoch ist bei der Klage   **20** auf Feststellung der Haftung für weitere Unfallschäden maßgebend, dass aus der Sicht der Kl ein bei verständiger Würdigung bei Zustellung der Klage Grund bestehen kann, mit Spätfolgen zu rechnen. Stellt sich im Proz heraus, dass Folgeschäden nicht mehr zu gewärtigen sind, erledigt sich die Hauptsache (BGH VersR 72, 459). Der Kl braucht idR nicht zu einer Leistungsklage überzugehen, wenn sie erst nach zulässiger Erhebung der Feststellungsklage möglich wird (BGH WM 93, 1241).

6. Verfahren. Für die Zulässigkeit muss der Kl einen genügend   **21** konkreten Sachverhalt (§ 253 Rn 10) vortragen, aus dem sich das (Nicht-)Bestehen eines Rechtsverhältnisses ergibt (BGH NJW 72, 198, Balzer NJW 92, 2721/2724). Ob es besteht, ist eine Frage der Begründetheit der Klage. Das Verfahren folgt den allg Regeln. Die Umkehr der Parteirollen bei der negativen Feststellungsklage ändert an der Darlegungs- und Beweislast nichts. Steht fest, dass der streitige Anspruch nicht besteht oder bleibt dies unklar, dann muss der negativen Feststellungsklage stattgegeben werden (BGH NJW 93, 1716). Ist der Streitgegenstand teilbar und ist der vom Bekl behauptete Anspruch teilweise begründet, so ist die negative Feststellungsklage insoweit abzuweisen als der Anspruch besteht, im Übrigen ist ihr stattzugeben (BGH 31, 362, BGH WM 85, 901). Das Ger kann die positive Feststellung treffen, wenn ein bereits entstandener Schaden feststeht oder für künftigen Schaden, gemeint ist im Wege der Auslegung ab Klageeinreichung (BGH NJW 00, 3287), eine gewisse Wahrscheinlichkeit besteht. Die Klage abweisen darf es nur, wenn es überzeugt ist, dass kein Schaden entstanden (BGH Warn 69 Nr 209) oder sein Eintritt ganz unwahrscheinlich ist. Ein positives FeststellungsUrt über einen Schadensersatzanspruch setzt voraus, dass alle im Zeitpunkt der letzten mdl Vhdlg bestehenden Einwendungen gegen seinen Bestand verneint sind; das gilt, anders als beim GrundUrt (§ 304 Rn 9), wegen der Rechtskraftwirkung auch für das mitwirkende Verschulden (BGH NJW 97, 3176). – **Streitwert** § 3 Rn 65.   **22**

23   **7. Rechtskraftwirkung. – a) Das Bestehen des Rechtsverhältnisses** steht fest, wenn das Urt der positiven Klage stattgibt. Das eine negative Feststellungsklage aus sachlichen Gründen abweisende Urt hat bei nämlichem Streitgegenstand dieselbe Rechtskraftwirkung wie ein Urt, das das Gegenteil dessen, was mit der negativen Feststellungsklage begehrt wird, positiv feststellt (BGH NJW 95, 1757). Dies auch dann, wenn das Urt in den Gründen nur auf die Beweislast abstellt (BGH NJW 83, 2032; aA Tiedtke aaO, 2011) oder die Darlegungs- und Beweislast verkennt (BGH NJW 86, 2508, zustimmend Kapp MDR 88, 710, Habscheid NJW 88, 2641; aA Tiedtke NJW 90, 1697, Künzl JR 87, 57, Lepp NJW 88, 806), oder wenn der angebliche Anspruch der Höhe nach noch nicht beziffert oder bezifferbar ist (BGH NJW 75, 1320); in diesem Fall Wirkung wie ein GrundUrt (BGH NJW 86, 2508). Präkludiert sind durch ein die negative Feststellungsklage aus sachlichen Gründen abweisendes Urt auch alle zurzeit der letzten mdl Vhdlg im Prozess bestehenden Einwendungen gegen den bekämpften Anspruch, unabhängig davon, ob sie im Vorprozess Prozststoff waren oder nicht (BGH NJW 95, 1757). Wegen der Rechtskraftwirkung darf bei der Feststellung einer Schadensersatzpflicht die Mitverschuldensquote des Verletzten nicht offen bleiben (BGH NJW 89, 105; differenzierend Piekenbrock MDR 98, 201). Wirkung für und gegen Dritte

24   § 640h. – **b) Das Nichtbestehen des Rechtsverhältnisses** steht fest, wenn das Urt die positive Klage als unbegründet abweist oder der nega

25   tiven stattgibt. – **c)** Dem **Umfang** nach beschränkt sich die Rechtskraftwirkung auf die tatsächlichen Grundlagen des Urt, sie erfasst also nicht einen ergänzenden Sachverhalt, der auf weiteren, nicht vorgetragenen Tatsachen beruht. Ist die Feststellungsklage auf noch nicht überschaubaren Personenschaden aus einem Verkehrsunfall begründet und ergeht daraufhin FeststellungsUrt, so deckt es nicht den Anspruch des Klägers auf Befreiung von gegen ihn gerichteten Schadensersatzansprüchen anderer Verletzter (BGH ZZP 87, 78).

II. Zwischenfeststellungsklage, Abs 2

26   **1.** Ihr **Zweck** ist, da sich die Rechtskraftwirkung des Urt nur auf die Entscheidung über den prozessualen Anspruch selbst bezieht (§ 322 Rn 17, 20), die Ausdehnung der Rechtskraft auf das bedingende Rechtsverhältnis und die tragenden Entscheidungsgründe. Sie kann nur erhoben werden vom Kläger zusammen mit der Leistungsklage oder nachträglich, wodurch Anspruchshäufung entsteht (§ 260) oder vom Beklagten als Widerklage. Form der Erhebung § 253 oder § 261 Abs 2, bis zum Schluss der letzten mündlichen Tatsachenverhandlung (§ 136 Abs 4). Zulässig auch hilfsweise für den Fall der Abweisung des Hauptantrags (BGH NJW 92, 1897), freilich nur, wenn Vorgreiflichkeit besteht (Hager KTS 93, 39/45 ff). § 530 Abs 1 gilt nicht (dort Rn 2). In der RevInstanz unzulässig (BGH NJW 61, 777).

27   **2. Zulässigkeit. – a)** Die **allgemeinen Prozessvoraussetzungen** müssen vorliegen (Rn 15 ff vor § 253). Das LG ist örtlich und sachlich stets **zuständig,** außer es bestünde für eine selbständige Klage ein anderer ausschließlicher Gerichtsstand. Beim AG § 506. – Das **Rechts-** 28 **schutzbedürfnis** liegt regelmäßig in der Vorgreiflichkeit (Rn 32–34). Zu seiner Bejahung genügt die Möglichkeit, dass das inzidenter zu klärende Rechtsverhältnis zwischen den Parteien oder zwischen einer Partei und einem Dritten (Rn 9; BGH WM 97, 2403) noch über den Streitgegenstand hinaus Bedeutung gewinnen kann (BGH 69, 37, WM 94, 1390). Es entfällt für die negative Feststellungswiderklage nicht durch die einseitige Erklärung des Klägers, er werde die Entscheidung über die Klageforderung auch für die weitergehende Forderung, deren er sich berühmt habe, als verbindlich anerkennen (BGH WM 88, 402). – **Es fehlt,** wenn das Rechtsverhältnis keine weiteren Folgen zei- 29 gen kann als die mit der Hauptklage zur Entscheidung gestellten, diese Entscheidung also die Rechtsbeziehungen mit Rechtskraftwirkung erschöpfend klarstellt; das ist nicht der Fall (also Vorgreiflichkeit) bei der negativen Feststellungsklage gegen den Zedenten hinsichtlich des abgetretenen Teils der Forderung (BGH 69, 37); ebenso fehlt es nicht für Kläger oder Beklagten (FeststellungsKl also zulässig), wenn Klage und Widerklage selbständige Ansprüche verfolgen, für die das streitige Rechtsverhältnis vorgreiflich ist, selbst wenn sie in ihrer Gesamtheit alle denkbaren Ansprüche aus dem Rechtsverhältnis erschöpfen (BGH WM 79, 706). Es fehlt, wenn der Kläger auf die Geltendmachung weiterer denkbarer Folgen verzichtet (Nürnberg BayJMBl 53, 67). Das gilt insbes, wenn das Rechtsverhältnis der Zwischenklage bereits Streitgegenstand (Einl II) der Klage oder in diesem enthalten ist, sodass darüber ohnedies mit Rechtskraftwirkung entschieden werden muss. Ebenso fehlt das Rechtsschutzbedürfnis für eine Zwischenfeststellungswiderklage, wenn der Kl bereits Zwischenfeststellungsklage mit entgegengesetztem Antrag erhoben hat (aA Köln DB 72, 1336). – **b) Besondere** 30 **Prozessvoraussetzung** ist: Als Streitgegenstand die Feststellung des (Nicht-)Bestehens eines **Rechtsverhältnisses** (Rn 5), das im Zeitpunkt der Erhebung (Rn 26) der Zwischenklage, wenn auch schon vor dem Proz (BGH NJW-RR 90, 318) **streitig** ist oder bis Verhandlungsschluss streitig wird und von der Entscheidung über den geltendgemachten proz Anspruch **abhängig** ist (Rn 33). Eine zunächst allein erhobene selbständige Feststellungsklage wird zur Zwischenfeststellungsklage, wenn eine Leistungsklage oder Widerklage erst im Verlauf des Rechtsstreits nachgeschoben wird (BGH NJW-RR 90, 318, WM 94, 1390). Fehlt eine besondere ProzVoraussetzung, ist die Zulässigkeit nach Abs 1 zu prüfen, verneinendenfalls als unzulässig abzuweisen. – **c)** Die **Verbindung** mit dem Hauptantrag muss zulässig (§ 260 31 Rn 12) sein. Bei Verstoß ist zu trennen (§ 145), falls die Feststellungsklage als selbständige (Abs 1) zulässig ist. Andernfalls ist als unzulässig abzuweisen, ebenso eine wegen § 595 Abs 1 unstatthafte Widerklage.

3. Vorgreiflichkeit. Sie tritt an die Stelle des alsbaldigen Feststel- 32 lungsinteresses in Abs 1, das daneben nicht bestehen muss. – **a)** Sie be- 33

steht, wenn die Entscheidung des Rechtsstreits, auch für einen von mehreren Klagegründen (§ 253 Rn 10) oder eine Einwendung oder Einrede (BGH 125, 251) von dem Rechtsverhältnis, auch zwischen einer Partei und einem Dritten (Rn 9; BGH WM 97, 2403) abhängig ist, dh wenn über dieses jedenfalls in den Entscheidungsgründen zu befinden wäre. Diese Abhängigkeit muss im Zeitpunkt der Entscheidung über die Zwischenklage wirklich bestehen (BGH NJW-RR 90, 318). Bei alternativer Begründungsmöglichkeit (einmal mit, einmal ohne Vorgreiflichkeit) ist das Ger nicht gehindert, diejenige im Urt zu wählen, für die das Rechtsverhältnis der Zwischenfeststellungsklage vorgreiflich ist (Köln MDR 81, 678). – **b) Vorgreiflichkeit fehlt,** wenn

34 über die Klage ohne Rücksicht auf das festzustellende Rechtsverhältnis entschieden werden kann (BGH NJW-RR 94, 1272); ferner wenn über sie nicht mehr zu entscheiden (Rücknahme) oder insoweit schon entschieden ist, zB Zwischenklage erst im Betragsverfahren (§ 304) über ein Rechtsverhältnis, das nur für den Anspruchsgrund vorgreiflich war (RG JW 39, 366). Durch prozökonomische Erwägungen kann die fehlende Vorgreiflichkeit entgegen BGH WM 79, 706 nicht ersetzt werden (ebenso Hager KTS 93, 39/44). Fehlendes Rechtsschutzbedürfnis trotz Vorgreiflichkeit Rn 29.

35 **4. Verfahren.** Über die Zwischenklage ist im End- oder durch Teil-Urt zu entscheiden. Ihre Abweisung als unzulässig hindert nicht, über das Rechtsverhältnis in den Gründen des Endurteils zu befinden. **Streitwert:** § 3 Rn 189.

§ 257 Klage auf künftige Zahlung oder Räumung

Ist die Geltendmachung einer nicht von einer Gegenleistung abhängigen Geldforderung oder die Geltendmachung des Anspruchs auf Räumung eines Grundstücks oder eines Raumes, der anderen als Wohnzwecken dient, an den Eintritt eines Kalendertages geknüpft, so kann Klage auf künftige Zahlung oder Räumung erhoben werden.

1 **1. §§ 257–259** stellen die **besonderen Prozessvoraussetzungen** (aA Roth ZZP 98, 287) für Klagen auf künftige, dh noch nicht fällige Leistung auf. Liegen sie in der letzten Tatsachenverhandlung nicht vor, ist die Klage ohne Sachverhandlung als unzulässig abzuweisen. Tritt die Fälligkeit im Laufe des Verfahrens ein, selbst in der Revisionsinstanz, so ergeht das Urt ohne Rücksicht auf §§ 257–259. Liegen die bes Voraussetzungen vor und ergibt die Sachprüfung, dass es am Anspruch (nicht nur an seiner Fälligkeit) fehlt, ist die Klage unbegründet. Einwendungen gegen den Anspruch, die zwischen letzter Tatsachenverhandlung und Eintritt der Fälligkeit entstanden sind, muss der Schuldner nach § 767 geltend machen. Übergang von der Klage auf gegenwärtige zu der auf künftige Leistung ist Beschränkung des Klageantrags (§ 264 Rn 3, 4).

2. Zulässigkeitsvoraussetzungen in § 257. Die Klage betrifft 2
entweder – **a)** eine **einseitige Geldforderung.** Dazu gehören auch
reine Haftungs- und Duldungsklagen (3 vor § 253). Der Zahlungsanspruch kann von Anfang an einseitig oder es später geworden sein
(Gegenleistung bereits voll erfüllt), es dürfen ihm keine Einreden aus
§§ 274, 322 BGB entgegenstehen, ein Gegenanspruch auf Quittung
schadet dagegen nicht. – Oder **b) Räumung** eines Grundstücks oder 3
Raumes, der nicht Wohnzwecken dient. Dabei dürfte es keine Rolle
spielen, welcher Art das Nutzungsrecht ist (Leihe, Miete, dingliches
Wohnrecht), denn die zentrale Bedeutung der Wohnung hängt für den
Bewohner nicht von der Rechtsnatur des Wohnrechts ab. Zwar wollte
der Gesetzgeber nur den Mieter nach Wegfall des MSchuG durch ein
neues soziales Mietrecht schützen, im Gesetzeswortlaut kommt aber
eine Beschränkung des § 257 nur auf Mietwohnverhältnisse nicht zum
Ausdruck. Unberührt bleibt die Zulässigkeit der Räumungsklage nach
§ 259 (so auch LG Darmstadt MDR 65, 579; Burkhardt NJW 65,
803). – **c) Kalendermäßig bestimmt** oder bestimmbar muss in bei- 4
den Fällen die Fälligkeit bei der letzten Tatsachenverhandlung sein. Die
tatsächlichen Voraussetzungen muss der Kläger beweisen. Das Urt muss
den Kalendertag für die Leistung angeben. Eine etwa notwendige Kündigung liegt in der Klageerhebung. Auf noch bedingte Ansprüche ist
§ 257 nicht anwendbar. – **d) Nicht erforderlich** ist ein bes Interesse 5
an der verfrühten Klage oder eine Veranlassung durch den Bekl (StJ-
Schumann 3; aA Bittmann FamRZ 86, 420). Bei Anerkenntnis ist § 93
streng anzuwenden.

3. Prozesszinsen § 291 S 1 Hs 2 BGB. **Verzug** § 284 Abs 2 BGB. 6
Vollstreckbarkeit nach allg Regeln. ZwVollstr § 751 Abs 1. **Kosten**
§ 93 b Abs 3. **Räumungsfrist** § 721 Abs 3.

§ 258 Klage auf wiederkehrende Leistungen

**Bei wiederkehrenden Leistungen kann auch wegen der erst
nach Erlaß des Urteils fällig werdenden Leistungen Klage auf
künftige Entrichtung erhoben werden.**

1. Allgemeines § 257 Rn 1, 6. 1

2. Zulässigkeitsvoraussetzungen in § 258. Die Klage muss ge- 2
richtet sein auf erst nach Urteilserlass fällig werdende **wiederkehrende
Leistungen**, nicht nur in Geld. Das sind solche aus einseitigen Verpflichtungen, die sich in ihrer Gesamtheit als Folge ein und desselben
Rechtsverhältnisses ergeben, so dass die einzelne Leistung nur noch
vom Zeitablauf abhängig ist (BGH NJW 86, 3142, MDR 96, 1232), zB
Unterhaltsanspruch, für dessen Titulierung in voller Höhe auch bei bisher regelmäßiger Zahlung Rechtsschutzbedürfnis besteht (BGH NJW
98, 316), Kapitalzinsen, Renten aus §§ 759 ff, 843 ff, 912 BGB; nicht
dagegen Miete-, Pacht- oder Gehaltszahlung. Rückständige Zahlungen
müssen nicht miteingeklagt sein (BGH 82, 246). Die Höhe der künfti-

gen Einzelleistungen nach den Verhältnissen bei UrtErlass muss bestimmbar sein, bei Ungewissheit über die künftige Entwicklung hilft § 323 (BAG NJW 72, 733). Sind die maßgeblichen Umstände nicht mit ausreichender Sicherheit festzustellen, bleibt nur Feststellungsklage (Köln VersR 88, 1185). Besorgnis wie in § 259 ist nicht erforderlich (aA Bittmann FamRZ 86, 420).

3   **3. Vollstreckbarkeit** § 708 Nr 8. **Streitwert** für Zuständigkeit § 9, für Gebührenberechnung § 17 GKG.

§ 259 **Klage wegen Besorgnis nicht rechtzeitiger Leistung**

Klage auf künftige Leistung kann außer den Fällen der §§ 257, 258 erhoben werden, wenn den Umständen nach die Besorgnis gerechtfertigt ist, daß der Schuldner sich der rechtzeitigen Leistung entziehe werde.

1   1. **Allgemeines** § 257 Rn 1, 6.

2   2. **Zulässigkeitsvoraussetzungen in § 259.** Die Klage kann, über §§ 257, 258 hinausgehend, auf Leistungen aller Art gerichtet sein, auch wenn sie von einer im Urt anzugebenden Gegenleistung abhängen. Das Rechtsschutzbedürfnis liegt in der Besorgnis, dass der Schuldner bei Fälligkeit nicht leisten wolle. Böswilligkeit oder Fahrlässigkeit werden nicht verlangt, ernstliches Bestreiten genügt (BGH 5, 342, NJW 99, 954); nicht dagegen genügen voraussichtliche Zahlungsunfähigkeit oder Un-

3   möglichkeit oder Ankündigung einer Aufrechnung. − Der **Anspruch** darf nicht erst künftig entstehen, muss vielmehr in einem Rechtsverhältnis, dessen rechtserzeugende Tatsachen schon eingetreten sind, seine Grundlage finden (BGH NJW 88, 774); die Möglichkeit, dass künftig ein solches Rechtsverhältnis entsteht, reicht nicht (BGH NJW-RR 01, 957). Er braucht aber noch nicht wirksam, dh er kann **bedingt** sein (BGH 5, 342), auch auf künftige Nutzungsentschädigung in Verbindung mit einer Räumungsklage wegen lange anhaltender Nichtentrichtung des Mietzinses (Dresden OLG-NL 99, 114). Fehlt für die begehrte Leistung eine erforderliche behördliche Genehmigung, so kann unter dem Vorbehalt ihrer Erteilung verurteilt werden (BGH NJW 78,

4   1262; zweifelhaft). − Auf gesetzliche **Unterlassungsansprüche** ist § 259 nicht anwendbar (BLAH 4), wohl aber auf vertragliche (BGH LM § 241 BGB Nr 2; offengelassen BGH NJW-RR 89, 263).

5   3. **Abgrenzung: − a)** Hier liegt die Gefahr in der Verweigerung der Erfüllung, beim **Arrest** in der Vereitelung der Vollstr (StJSchu-

6   mann 21). Urteil aus § 259 macht Arrest nicht überflüssig. − **b)** Hier wird künftige Erfüllung, mit der **Feststellungsklage** Klarheit über das gegenwärtige Bestehen des Rechts begehrt. Bestreitet der Schuldner die Verpflichtung, hat der Gläubiger die Wahl zwischen § 256 und § 259 (RG 113, 410).

7   4. **Zwangsvollstreckung** § 726 Abs 1, Art 751 Abs 1.

§ 260 Anspruchshäufung

Mehrere Ansprüche des Klägers gegen denselben Beklagten können, auch wenn sie auf verschiedenen Gründen beruhen, in einer Klage verbunden werden, wenn für sämtliche Ansprüche das Prozeßgericht zuständig und dieselbe Prozeßart zulässig ist.

1. Anspruchshäufung ist die Geltendmachung mehrerer prozessualer Ansprüche (Einl II) zwischen den nämlichen Parteien in einem Verfahren, also Mehrheit von Streitgegenständen bei Einheit des Verfahrens. Zusammenfassend Saenger MDR 94, 860). **1**

a) Sie liegt vor: – aa) Wenn der Kläger im selben Verfahren **mehrere Anträge** stellt, auch wenn sie auf dem selben Sachverhalt beruhen. Ob das geschehen ist, beurteilt sich nach den Erläuterungen in Einl II Rn 15 ff. Prüfstein dafür, dass es sich nicht um mehrere Anträge handelt, ist Unzulässigkeit eines Trennungsbeschlusses und eines Teil-Urt. – **bb)** Wenn der Kl seinen Antrag auf **mehrere Klagegründe** (Sachverhalte; Einl II Rn 24 ff, Beispiele Rn 32) stützt. Nicht zu verwechseln mit mehreren Anträgen (Rn 6–8) und mehreren rechtlichen Gesichtspunkten (Rn 5, 10). Das ist eine Folge des hier vertretenen zweigliedrigen Streitgegenstandsbegriffs. Da der Lebenssachverhalt sehr weit zu fassen ist, sind die Fälle, in denen die Klagehäufung auf einer Mehrheit der Klagegründe bei einem einzigen Antrag beruht, selten. Diese Art der Klagehäufung ist alternativ (Henckel [Einl II 1] S 291), wenn die mehreren Sachverhalte nebeneinander geltend gemacht sind; dem Ger steht frei, aus welchem vorgetragenen Klagegrund es dem Begehren stattgibt, es muss dies aber wegen der Rechtskraftwirkung im Urt klarstellen (Hamm NJW-RR 92, 1279). Sind sie hilfsweise geltend gemacht, ist die Klagehäufung eventuell. In beiden Fällen sind Trennung, TeilUrt oder Abweisung im Tenor hinsichtlich eines Klagegrundes (Sachverhalts) unzulässig, weil der Kl nur eine zusprechende Entscheidung begehrt (BGH 13, 145/154). Nachträgliche Klagehäufung dieser Art ist als Klageänderung zu behandeln (BGH NJW 85, 1841, WM 92, 1169). **2** **3**

b) Sie entsteht durch anfängliche Erhebung mehrerer prozessualer Ansprüche in einer Klage, zB nach § 25; durch nachträgliche Geltendmachung eines weiteren prozessualen Anspruchs im anhängigen Prozess, zB § 256 Abs 2; auch § 263 Rn 1; durch Verbindung mehrerer Prozesse mit Gerichtsbeschluss nach § 147. **4**

c) Sie endet durch Rücknahme der weiteren Klageanträge; durch völlige Erledigung eines Antrags, zB mit Erlass eines TeilUrt; durch gerichtlichen Trennungsbeschluss nach §§ 145, 150. **4 a**

d) Keine Klagehäufung ist es, wenn der Kläger einen Antrag, beruhend auf einem Klagegrund (Lebenssachverhalt) auf mehrere Anspruchsgrundlagen (rechtliche Gesichtspunkte) stützt. Mögen auch mehrere materiellrechtliche Ansprüche bestehen, so handelt es sich doch um einen prozessualen Anspruch (Einl II Rn 15). Bsp: DM 500.– **5**

Sachschaden des verletzten Fahrgastes aus Vertrag, Haftpflicht und unerlaubter Handlung.

6   **2. Arten.** Die Anspruchshäufung kann sein:
   a) kumulativ, wenn der Kläger mehrere prozessuale Ansprüche nebeneinander geltend macht; wegen eines aus mehreren Ansprüchen zusammengesetzten Teilbetrages vgl § 253 Rn 9;

7   **b) alternativ** in den Fällen der Wahlschuld §§ 262 ff BGB. In anderen Fällen sind Alternativanträge wegen fehlender Bestimmtheit (§ 253 Abs 2 Nr 2) unzulässig (BGH WM 89, 1873); alternative Klagegründe Rn 3, mehrere rechtliche Gesichtspunkte Rn 5. Der Fall der Ersetzungsbefugnis des Schuldners, zB § 251 Abs 2 BGB oder wenn der Kl die geschuldete Leistung verlangt, dem Beklagten aber gestattet, sich durch eine bestimmte andere Leistung zu befreien, sind keine alternative Klagehäufung, weil der Kl nur einen Antrag mit einem Klagegrund zur Entscheidung stellt;

8   **c) eventuell,** dh der Kl stellt einen **Hilfsantrag** nach dem Hauptantrag, falls er mit diesem nicht durchdringt. Das ist zulässig, wenn die Antragstellung nicht von einem außerprozessualen Ereignis abhängt und jedenfalls einer der Anträge auch innerprozessual unbedingt erhoben ist (BGH WM 95, 701). Die Anträge dürfen sich widersprechen. Zulässig ist auch, zwei selbständig nebeneinanderstehende Klagegründe (Sachverhalte, Einl II Rn 24 ff) zugleich wechselseitig im Eventualverhältnis geltend zu machen (BGH NJW 92, 2080). Zulässig ist auch ein Hilfsantrag für den Fall, dass der Hauptantrag Erfolg hat (BGH NJW 01, 1285). Nicht hierher zählen die Fälle der §§ 255, 510 b, weil das Eventualverhältnis nicht für das Urteil, sondern erst für die ZwVollstr

9   besteht. Hilfsweise Klagegründe (Sachverhalte) Rn 3. – Hauptantrag auf Klageabweisung und **Eventualwiderklage** § 33 Rn 15.

10   **d) Hilfsbegründung,** dh derselbe Antrag stützt sich bei nämlichem Sachverhalt auf mehrere matrechtliche Anspruchsgrundlagen, ist weder Hilfsantrag noch Anspruchshäufung überhaupt (Rn 5). Widersprechendes tatsächliches Vorbringen und Wahrheitspflicht § 138 Rn 6.

11   **3. Zulässigkeit.** Zunächst müssen **für jeden einzelnen Antrag** sämtliche ProzVoraussetzungen (10–33 vor § 253) erfüllt sein. Sonderbestimmungen enthalten für die örtliche Zuständigkeit § 25, für den Streitwert § 5. Fehlt eine ProzVoraussetzung für einen Antrag, so ist dieser als unzulässig abzuweisen, bei Unzuständigkeit auf Antrag zu ver-

12   weisen. Für die vAw zu prüfende (12 vor § 253) **Zulässigkeit der Ver-**
13   **bindung** bestehen außerdem nur folgende Voraussetzungen: – **a) Identität der Parteien.** Parteienhäufung §§ 59 ff. – **b) Zuständigkeit des Prozessgerichts** für sämtliche Ansprüche u **dieselbe Prozessart.** Unzulässig zB Verbindung von Familien- u Nichtfamiliensache (BGH NJW 79, 426), außer im Verhältnis Haupt-, Hilfsantrag (Verweisung in diesem Fall Rn 17). Unzulässig ferner Verbindung von Hauptsache- und ArrestProz, zusätzliche Erhebung eines Gegendarstellungsanspruchs nach dem bes Verfahren im Berliner PresseGes (KG NJW 67, 2215),

zusätzlicher Feststellungsantrag im Urkunden- (§ 592) oder Arrestprozess, hilfsweise Geltendmachung eines anderen Klagegrundes im WechselProz (BGH 53, 11/17). Zulässig hingegen Urkundenwiderklage im ordentlichen Verfahren (BGH NJW 02, 751). Ist nicht die gleiche ProzArt gewählt, so ist die Verbindung zu trennen oder nach § 597 Abs 2 zu verfahren. – **c) Kein Verbindungsverbot** darf bestehen, zB §§ 578 **14** Abs 2, Art 610 Abs 2, 640 c. Bei Unzulässigkeit kumulierter Anträge (Rn 6) ist zu trennen; eine Klage mit unzulässigen Alternativanträgen ist, wenn nicht Auslegung als Haupt- und Hilfsantrag möglich ist, im Ganzen unzulässig; bei unzulässiger Eventualhäufung (Rn 8) vgl Rn 17. – **d) Heilung** nach § 295 kann bei unzulässiger Anspruchshäufung nicht eintreten (KG NJW 67, 2215).

4. Wirkung. – a) Gemeinsame Verhandlung, Beweisaufnahme **15** und Entscheidung. Das Gericht darf aber analog § 146 die Verhandlung zunächst auf einen Antrag beschränken oder die Verbindung ganz aufheben. – **b)** Durch **Teilurteil** kann das Gericht über einen Antrag **16** entscheiden, Trennung (§ 145) ist zulässig; nicht jedoch bei alternativen Klagegründen (Rn 3). – **c)** Ist **bei der Eventualhäufung** der Haupt- **17** antrag zuzusprechen, so geschieht das durch EndUrt, mit dessen Rechtskraft die Rechtshängigkeit des Hilfsantrags rückwirkend erlischt. Ist der Hauptantrag unzulässig oder unbegründet, kann er durch TeilUrt abgewiesen werden (BGH 56, 79, NJW 95, 2361), außer er ist hilfsweise auch beim Hilfsantrag geltend gemacht (BGH NJW 92, 2080, § 301 Rn 3). Dagegen kann nicht über einen Hilfsantrag entschieden werden, auch nicht durch GrundUrt (BGH BB 98, 916), bevor nicht über den Hauptantrag entschieden oder er anderweitig erledigt ist (BGH NJW 96, 3147/3150). Fehlt für den Hauptantrag die Zuständigkeit, ist sogleich, fehlt sie für den Hilfsantrag, ist nach Erledigung des Hauptantrags auf Antrag zu verweisen (BGH NJW 80, 1283), bei fehlender funktioneller Zuständigkeit, auch des BerGer, abzugeben (BGH FamRZ 81, 1047). – **d) Rechtsmittel.** Hat die Vorinstanz den Hauptanspruch **18** abgewiesen und den Hilfsanspruch zuerkannt, so hat das RechtsmittelGer, wenn es auf Rechtsmittel nur des Kl die Abweisung des Hauptanspruchs aufhebt und die Sache zurückverweist, wegen des Verbots der Schlechterstellung die Verurteilung im Hilfsantrag mangels dagegen eingelegten Rechtsmittels des Bekl bestehen zu lassen; kommt die Vorinstanz dann zur Verurteilung nach Hauptantrag, hebt es die Verurteilung nach Hilfsantrag auf, weil die Bedingung hierfür (Abweisung des Hauptantrags) entfallen ist (BGH 106, 219). Gibt hingegen das RechtsmittelGer dem Hauptantrag statt, hebt es die Verurteilung nach Hilfsantrag vAw auf (BGH NJW 01, 1127/1130). Wird auf die Berufung des Bekl der Streit wegen der Klage an die Vorinstanz zurückverwiesen und steht auf Grund der Bindungswirkung der Rechtsmittelentscheidung fest, dass die Bedingung für die Eventualwiderklage nicht eingetreten ist und nicht mehr eintreten kann, so ist auch die Entscheidung über Widerklage ohne Zurückverweisung aufzuheben, weil in-

soweit kein Entscheidungsspielraum für die Vorinstanz mehr besteht
(BGH NJW 96, 2165). Hat der Kl sowohl gegen die Abweisung des
Hauptantrags auf Herausgabe als auch gegen die Einschränkung der
Verurteilung des Bekl nach Hilfsantrag auf Zahlung nur Zug um Zug
gegen bestimmte Gegenleistungen Rechtsmittel eingelegt, muss das
Gericht iF der Aufhebung und Zurückverweisung wegen des Haupt-
antrags auch über das Rechtsmittel wegen des Hilfsantrags entscheiden
(BGH NJW 93, 1005). Hat Bekl gegen Verurteilung nach dem Haupt-
antrag Rechtsmittel eingelegt, so fällt ohne weiteres der auf einem ein-
heitlichen Sachverhalt beruhende Hilfsantrag der Rechtsmittelinstanz an
(BGH 25, 79/85, MDR 90, 711). Hat Bekl gegen Verurteilung nach
dem Hilfsantrag Ber eingelegt, fällt der Hauptantrag dem BerGericht
nicht an; will Kl seine Abweisung nicht gelten lassen, muss er Ber oder
AnschlussBer einlegen (BGH 41, 38; bestr). Der bisherige Hauptantrag
kann ohne AnschlussBer als Hilfsantrag weiterverfolgt werden (BGH
LM § 561 Nr 40). Ist der Hauptanspruch ohne Entscheidung über den
Hilfsanspruch abgewiesen, kann Kl Ergänzungsurteil nach § 321 beantragen; auch das BerGer kann in diesem Fall über den Hilfsantrag entscheiden, falls Bekl einwilligt oder Sachdienlichkeit zu bejahen ist, § 523
19 mit § 263. – **e) Rechtsmittel bei alternativen Klagegründen** (Rn 3).
Hat das Urt einer auf zwei Klagegründe gestützten Klage aus einem der
Klagegründe stattgegeben, so fällt auf das Rechtsmittel des Bekl auch
der nicht beschiedene Klagegrund dem RechtsmittelGer an (BGH NJW
20 92, 117). – **f) Streitwert:** § 5; auch für Gebührenberechnung (§ 12
Abs 1 GKG, § 8 Abs 1 BRAGO). Hilfsantrag § 5 Rn 6.

§ 261 Rechtshängigkeit

(1) **Durch die Erhebung der Klage wird die Rechtshängigkeit
der Streitsache begründet.**

(2) **Die Rechtshängigkeit eines erst im Laufe des Prozesses
erhobenen Anspruchs tritt mit dem Zeitpunkt ein, in dem der
Anspruch in der mündlichen Verhandlung geltend gemacht
oder ein den Erfordernissen des § 253 Abs. 2 Nr. 2 entsprechender Schriftsatz zugestellt wird.**

(3) **Die Rechtshängigkeit hat folgende Wirkungen:**
1. **während der Dauer der Rechtshängigkeit kann die Streitsache von keiner Partei anderweitig anhängig gemacht werden;**
2. **die Zuständigkeit des Prozeßgerichts wird durch eine Veränderung der sie begründenden Umstände nicht berührt.**

1   **1. Begriff.** Rechtshängigkeit ist das Schweben eines prozessualen
Anspruchs (Einl II) in einem UrtVerfahren ab Klageerhebung. Anhängigkeit tritt ein mit Klageeinreichung (§ 253 Rn 1; Frankfurt NJW 65,
306) bzw Einreichung des Scheidungsantrags (§ 622 Abs 1); außerhalb
des UrtVerfahrens mit Einreichung des verfahrenseinleitenden Antrags

oder Gesuchs (BayObLG 79, 288), zB §§ 690, 754. Von der Anhängigkeit im Allgemeinen ist die Anhängigkeit bei einem bestimmten Gericht zu unterscheiden. Sie kann wechseln, insbes bei Verweisung oder Einlegung von Rechtsmitteln.

2. Eintritt der Rechtshängigkeit. – **a)** Nach Abs 1 mit Klageerhe- **2** bung (§ 253 Rn 1) vor einem deutschen Gericht oder mit Rechtshängigwerden vor einem ausländischen Gericht nach dem dort geltenden Recht (BGH NJW 87, 3083, NJW-RR 92, 642), sofern mit der Anerkennung der Entscheidung zu rechnen ist (BGH NJW 86, 2195). Auch Anhängigmachen in Art 27 EuGVVO ist im Sinne von Rechtshängigkeit zu verstehen (BGH NJW 86, 662), dort aber anderer Streitgegenstandsbegriff (BGH NJW 95, 1758; EuGVVO Art 27 Rn 5; eingehend Krusche MDR 00, 677). Klageschrift und Zustellung müssen formell ordnungsgemäß oder ein bestehender Mangel muss geheilt sein (§ 253 Rn 20, 21). Die Rechtshängigkeit tritt auch ein, wenn eine ProzVoraussetzung, zB Prozessfähigkeit, oder eine ProzHandlungsvoraussetzung (34 vor § 253) fehlt (BGH 69, 323). Bei Stufenklage § 254 Rn 4, bei Arrest u einstw Vfg § 920 Rn 1. Verbindung mit **PKHAntrag** § 117 Rn 2–4.

b) Nach Abs 2. – **aa) Anwendungsbereich.** Im Laufe des Pro- **3** zesses erhobene Ansprüche sind: Nachträgliche Anspruchshäufung § 260, Klageerweiterung § 264 Nr 2, 3, sonstige Klageänderung § 263, Zwischenfeststellungsklage § 256 Abs 2, Ersatzanspruch § 510b und Widerklage § 33; all das auch im Wege der AnschlussBer (§ 524 Rn 17); entsprechend anwendbar auf Scheidungsantrag des beklagten Ehegatten im rechtshängigen (Frankfurt FamRZ 82, 809) oder des Kl im wegen Zustellungsfehlers noch nicht rechtshängig gewordenen Scheidungsverfahren (Brandenburg FamRZ 98, 1439). In den Fällen nachträglicher Klageerhebung ist keine Einlassungsfrist zu wahren. Für Versäumnisurteil gelten §§ 335 Abs 1 Nr 3, 132. Die Klageerhebung kann in 2 Formen geschehen; in beiden Fällen treten die prozessualen und materiellen Wirkungen der Rechtshängigkeit ein. – **bb) Geltend-** **4** **machung in mündlicher Verhandlung,** dh Antragstellung in einer der Möglichkeiten des § 297, auch bei Säumnis der ordnungsgemäß geladenen Gegenpartei. – **cc) Schriftlich** wie im Regelfall (§ 253 **5** Rn 1ff, 6ff), auch durch Zustellung von Anwalt zu Anwalt (BGH 17, 234). Bei Mängeln ist der Schriftsatz bloße Ankündigung der dann mündlich zu erhebenden Klage. Außerdem Heilung nach § 189 (BGH NJW 92, 2235).

c) Im Mahnverfahren vgl § 696 Abs 3, Art 700 Abs 2. **Sonderre-** **6** **gelungen** in §§ 302 Abs 4, 496, 600 Abs 2, 717 Abs 2, Abs 3.

d) Vorwirkungen in §§ 167, 693 Abs 2 treten nur ein, soweit der **7** erhobene prozessuale Anspruch reicht, also nur für den eingeklagten Teil einer Forderung und nicht für präjudizielle Rechtsverhältnisse. Nicht bezifferter Klageantrag (§ 253 Rn 12 und 254 Rn 4), auch mit Mindestbetrag, macht den ganzen Anspruch rechtshängig.

8   **e) Rechtshängigkeit tritt nicht ein** durch Anmeldung im Insolvenzverfahren; durch einrede- oder aufrechnungsweise Geltendmachung im Prozess (§ 145 Rn 20); durch Klage vor Schiedsgericht (BGH NJW 58, 950); für die Hauptsache durch Arrestantrag (2 vor § 916); im Verfahren der freiwilligen Gerichtsbarkeit.

9   **3.** Die **Rechtshängigkeit endet** mit Beendigung des Proz wie dieser, also mit formeller Rechtskraft des Urt (§ 705), ProzVergleich, auch wenn er unwirksam ist (BGH Rpfleger 78, 370), Klagerücknahme; bei Erledigung der Hauptsache § 91 a Rn 17; für übergangenen Anspruch mit Versäumung der Antragsfrist nach § 321; für Hilfsantrag § 260 Rn 17. – **Sie endet nicht** durch außergerichtlichen Vergleich, wenn dieser nur schuldabändernd wirken soll (BGH NJW 02, 1503), mit Nichtbetreiben des Verfahrens, mit Weglegung der Akten gem Aktenordnung (BGH NJW-RR 93, 898), mit Aussetzung des Verfahrens gemäß § 614 und jahrelangem Stillstand (BGH JuS 67, 525); anders bei Aussetzung des Verfahrens vor einem ausländischen Gericht, wenn keine Aussicht auf Wiederaufnahme besteht (BGH NJW 61, 124).

10   **4. Voraussetzungen doppelter Rechtshängigkeit. – a) Zwei Prozesse** werden nacheinander vor einem der in Rn 2 genannten Gerichte rechtshängig gemacht, von denen der Erste zurzeit der letzten TatsachenVhdlg im zweiten noch schwebt. Für den ersten Prozess tritt durch die zweite Klage keine doppelte Rechtshängigkeit ein, dem zwei **11** ten steht anderweitige Rechtshängigkeit entgegen. – **b) Dieselben Parteien,** gleichgültig in welcher Parteirolle. Dem steht gleich, wenn die Rechtskraft des Urt im ersten Prozess in subjektiver Hinsicht sich auf die Parteien des zweiten Proz erstrecken würde (§§ 325 ff). Ausnahme: Ein Prozess gegen die **OHG** macht wegen § 129 Abs 4 HGB **12** den Anspruch gegen die Gesellschafter nicht rechtshängig. – **c) Derselbe Streitgegenstand** (Einl II). Er ist identisch, wenn aus demselben konkreten Lebenssachverhalt (Einl II Rn 24–33) dieselbe Rechtsfolge abgeleitet, dh der nämliche Antrag (Einl II Rn 15–23) gestellt wird (BGH **13** 7, 271). – **Identität:** Positive und negative Feststellungsklage; Klage im UrkProz und zuerst erhobene im ordentlichen Proz (RG 160, 345); Gegenläufige Abänderungsklagen beider Parteien gegen das nämliche Urteil (BGH FamRZ 97, 488). Die zuerst erhobene Leistungsklage auf den vollen Anspruch umfasst den Streitgegenstand einer später erhobenen positiven oder negativen Feststellungsklage (Einl II Rn 14). Auch sonst gibt es Fälle, in denen ein Streitgegenstand den anderen mitumfasst, weil dieser ein qualitatives Weniger ist (BGH WM 87, 367). – **14** **Keine Identität:** Rechtshängigkeit besteht nicht für die Klage aus dem Wechsel gegenüber der Klage aus dem Grundgeschäft (Hamm WM 84, 400); für Leistungsklagen gegenüber zuerst erhobener positiver oder negativer Feststellungsklage (BGH NJW 89, 2064, WM 96, 689), für die dann aber das Feststellungsinteresse neu zu prüfen ist (§ 256 Rn 18); für Klage auf Erstattung des an den Gläubiger geleisteten Betrages ge genüber der Klage auf Befreiung von der Verbindlichkeit gegenüber dem Gläubiger (BGH WM 74, 1245). Keine Rechtshängigkeit besteht, wenn ein quantitativ oder sonst individuell bestimmter Teil eines Anspruchs eingeklagt ist, für die spätere Klage auf einen anderen Teil oder den Rest (BGH WM 71, 83). Nicht reicht für die anderweitige Rechtshängigkeit – anders bei der Rechtskraftwirkung, vgl § 322 Rn 9, 10 – aus, dass der Gegenstand im ersten Prozess für den zweiten Prozess das präjudizielle Rechtsverhältnis oder die Grundlage einer Einrede oder Aufrechnung bildet. In diesem Fall greift § 148 ein.

5. Prozessuale Wirkungen. – a) Abs 3 Nr 1. Die später rechts- **15** hängig gewordene Klage mit demselben Streitgegenstand ist von Amts wegen als unzulässig abzuweisen (BGH NJW 86, 2195). Im Geltungsbereich des EuGVVO (dort Rn 5 vor Art 1) setzt das später angerufene deutsche Geri aus, bis sich das zuerst angerufene ausländische für zuständig erklärt, und erklärt sich dann für unzuständig, Art 27 EuGVVO. Im Übrigen kommt bei ausländischer Rechtshängigkeit Aussetzung analog § 148 in Betracht wegen der unsicheren Anerkennungsprognose (BGH NJW 86, 2195, Geimer NJW 84, 527). Im Falle gleichzeitiger Erhebung sind beide Klagen abzuweisen. Ist die Rechtshängigkeit übersehen und werden beide Urt rechtskräftig, kann gegen das zweite Urt die Restitutionsklage erhoben werden (§ 580 Nr 7 a). Geschieht das nicht oder ist sie unzulässig, so geht wegen der Rechtskraftwirkung das frühere Urt dem späteren vor (BGH NJW 81, 1517); gegen dieses VollstrAbwehrklage (RoSchw/Gottwald § 100 III 1 d, BLAH 26). – **b) Abs 3 Nr 2.** Gleiche Regelung für die Zulässigkeit des Zivilrechts- **16** wegs in § 17 Abs 1 GVG. Die örtliche und sachliche Zuständigkeit des angegangenen Gerichts entfällt nicht durch Veränderung der sie begründenden Umstände nach Eintritt der Rechtshängigkeit; auch dann nicht, wenn die veränderten Umstände eine ausschließliche Zuständigkeit begründen würden (BGH NJW 01, 2477) oder wenn die Parteien nachträglich einen anderen Gerichtsstand vereinbaren (BGH NJW 63, 585). Das gilt auch für die internationale Zuständigkeit (BAG JZ 69, 647 mit Anm Geimer; differenzierend StJSchumann 86, 88), außer wenn durch völkerrechtlichen Vertrag eine ausschließliche Zuständigkeit begründet wird (BGH NJW 02, 2955). Im Bereich des EuGVVO vgl dort Art 2 Rn 8, Art 23 Rn 19. Auch die Rücknahme der Klage hat auf die Zuständigkeit des Ger für eine nach § 33 erhobene Widerklage keinen Einfluss (LG München I NJW 78, 953). Gilt auch für gesetzliche Änderung der Zuständigkeit nach Rechtshängigkeit; das übersieht BGH NJW 00, 2749 (Piepenbrock NJW 00, 3476). Gilt auch für Änderung der höchstrichterlichen Rspr. – **Gilt nicht** für Veränderung **17** des Streitgegenstandes (Einl II), zB Klageerweiterung, Widerklage, Klageänderung, wenn damit die Zuständigkeit entfällt (BGH NJW 90, 53, vgl auch § 506) u nicht für die Abteilung oder den Spruchkörper innerhalb des Ger (BGH NJW 81, 2464). Umgekehrt verhindert die Rechtshängigkeit nicht, dass das angegangene unzuständige Ger durch spätere Veränderung der Verhältnisse, auch durch Vereinbarung der Parteien nach Rechtshängigkeit zuständig wird oder dass die Parteien die Zuständigkeit eines anderen an sich ebenfalls nicht zuständigen Gerichts vereinbaren, an das dann verwiesen werden muss (BGH MDR 76, 378).

§ 262 Sonstige Wirkungen der Rechtshängigkeit

[1] **Die Vorschriften des bürgerlichen Rechts über die sonstigen Wirkungen der Rechtshängigkeit bleiben unberührt.** [2] **Diese Wirkungen sowie alle Wirkungen, die durch die Vorschriften des bürgerlichen Rechts an die Anstellung, Mitteilung oder gerichtliche Anmeldung der Klage, an die Ladung oder Einlassung des Beklagten geknüpft werden, treten unbeschadet der Vorschrift des § 167 mit der Erhebung der Klage ein.**

1   Die **materiellrechtlichen Wirkungen der Rechtshängigkeit** richten sich nach sachlichem Recht. Sie sind rechtserhaltend (zB Unterbrechung von Fristen in §§ 204, 864, 941 BGB) oder rechtsvermehrend (zB §§ 291, 818 Abs 4, 987 ff BGB) oder betreffen die Übertragbarkeit. S 2 stellt sicher, dass die matrechtlichen Wirkungen jedenfalls gleichzeitig mit den prozessualen eintreten, auch wenn nach älteren Gesetzen ein anderer Vorgang maßgebend ist. Wegen gewisser **Vorwirkungen** vgl §§ 167, 207, 693 II.

§ 263 Klageänderung

Nach dem Eintritt der Rechtshängigkeit ist eine Änderung der Klage zulässig, wenn der Beklagte einwilligt oder das Gericht sie für sachdienlich erachtet.

1   **1. Begriff.** Klageänderung bedeutet Änderung des Streitgegenstandes (Einl II), dh anstelle des rechtshängigen (§ 261 Rn 2 ff) prozessualen Anspruchs oder neben ihm (§ 260 Rn 3 aE; BGH NJW 85, 1841, NJW-RR 87, 58) wird ein anderer erhoben.

2   **a) Kriterium. – aa) Anderer Klageantrag** im selben Prozess, auch wenn er auf demselben Sachverhalt beruht; ausgenommen § 264 Nr 2, 3. Ob das geschehen ist, beurteilt sich nach den Erläuterungen in Einl II Rn 15–23. – Weitere Bsp für Antragsänderung bei unverändertem Sachverhalt: Übergang von der Feststellungs- zur Leistungsklage (Koblenz JZ 89, 1075); von der Zahlung in € zur Zahlung in anderer Währung; von der Klage auf Leistung zu der auf Vollstreckbarerklärung des Schiedsspruchs (RG 144, 369/373); von der Klage auf Feststellung zur Insolvenztabelle zu der auf Leistung oder Feststellung einer Masseschuld (BGH NJW 89, 170); von der Klage auf Unterlassung zu der auf

3   Schadensersatzzahlung. – **bb) Anderer Klagegrund** (Lebenssachverhalt; Einl II Rn 24–33; BGH NJW 85, 1841; anders bei eingliedrigem Streitgegenstandsbegriff, Einl II Rn 24). Da der Begriff Lebenssachverhalt weit zu fassen ist, werden die Fälle, in denen die Klageänderung auf

Veränderung des Klagegrundes bei gleich bleibendem Antrag beruht, seltener sein; Bsp Einl II Rn 31, 32. Klageänderung ist es, wenn die Partei ihr tatsächliches Haupt- u Hilfsvorbringen auswechselt (BGH MDR 81, 1012). Änderung des tatsächlichen Vorbringens in Ehesachen § 611.

b) Keine Klageänderung ist es, wenn der Kläger den Klageantrag 4 ohne Änderung seines Inhalts lediglich klarer fasst, präzisiert, wenn der Kläger seinen Antrag ohne Auswechslung des Sachverhalts lediglich auf eine andere materiellrechtliche Anspruchsgrundlage, auf einen anderen rechtlichen Gesichtspunkt stützt. Zwar mögen mehrere materiellrechtliche Ansprüche bestehen, es handelt sich aber dennoch um ein und denselben Streitgegenstand (Einl II Rn 15–23; Bsp wie § 260 Rn 5). Keine Klageänderung, wenn der Kläger bei der haftungsausfüllenden Kausalität (§ 287 Rn 4) im Rahmen derselben Schadensart und des verlangten Betrages lediglich die verschiedenen Berechnungsgrundlagen austauscht (BGH NJW-RR 91, 1279; DB 92, 207) und beim Übergang vom „kleinen" zum „großen" Schadensersatzanspruch in §§ 463, 635 BGB aF (BGH 115, 286). Ferner keine Klageänderung, wenn Kläger das tatsächliche Vorbringen nur ergänzt oder berichtigt (§ 264 Nr 1); wenn er einen früheren Hilfsvortrag zur hilfsweisen Begründung des im Berufungsverfahren verfolgten Klageantrags heranzieht (BGH VersR 83, 60); wenn er die tatsächlichen Behauptungen in Bezug auf ProzVoraussetzungen ändert. Übergang vom Wechsel- zum Urkundenprozess (BGH NJW 93, 3135).

c) Parteiänderung 12 ff vor § 50. 5

2. Zulässigkeit der Klageänderung. Die geänderte Klage muss 6 an sich (8–33 vor § 253), außerdem muss die Klageänderung als solche zulässig sein. Das setzt, abgesehen von § 264, voraus entweder – **a) Einwilligung** des Bekl. Sie ist ProzHandlung, in mdl Vhdlg oder 7 schriftsätzlich zu erklären (BGH NJW 92, 2235). Vgl auch § 267. Oder – **b) Sachdienlichkeit.** Sie ist objektiv im Hinblick auf die 8 ProzWirtschaftlichkeit (BGH NJW 85, 1841; 00, 800/803) und nicht kleinlich zu beurteilen. Die Klageänderung ist als sachdienlich zuzulassen, wenn der bisherige Streitstoff eine verwertbare Entscheidungsgrundlage bleibt und die Zulassung die endgültige Beilegung des Streits fördert und einen neuen Proz vermeidet (BGH NJW 00, 800). Nicht gegen die Sachdienlichkeit spricht, auch in 2. Instanz, dass die Zulassung weitere Erklärungen und Beweiserhebung nötig macht (BGH NJW 75, 1228, NJW-RR 94, 1143). Eine gewisse Verzögerung oder Erschwerung für den Bekl ist hinzunehmen, die Erfolgsaussichten für den Kl spielen keine Rolle. – **Sachdienlichkeit kann verneint wer-** 9 **den,** wenn der Kläger einen völlig neuen ProzStoff vorträgt, der das Gesicht des Rechtsstreits ändern und das bisherige Ergebnis der Prozessführung unverwertbar machen würde (BGH NJW 85, 1841; 00, 800; zweifelhaft Naumburg NJW-RR 00, 391). – **Entscheidung** da- 10 rüber nach Ermessen, bei Bejahung der Sachdienlichkeit **muss** es die

Klageänderung zulassen. In der Revision nachprüfbar ist, ob der Tatsachenrichter bei Verneinung der Sachdienlichkeit die Voraussetzungen und die Grenzen seines Ermessens verkannt hat (BGH 1, 65/71, WM 96, 1507). Das RevisionsGer darf die Sachdienlichkeit selbst prüfen, wenn der Tatrichter dies unterlassen hat (BGH 123, 132). Hat der Kl die Klage auf Anregung des Ger geändert, so darf er darauf vertrauen, dass das Gericht die Klageänderung als sachdienlich zulässt (BGH
11   NJW 88, 128). – **c)** Klageänderung durch **Streithelfer** § 67 Rn 13. In der **Berufungsinstanz** § 530 Rn 3. **Revisionsinstanz** § 561 Rn 3. –
12   **d) Sondervorschriften** regeln die Änderung der Antragsgründe in Ehesachen, § 611. Verboten ist die Klageänderung in § 181 InsO erschwert in § 878, in § 115 ZVG und § 246 Abs 1 AktG durch den
13   Ausschluss später entstandener Klagegründe. – **e) Keine analoge Anwendung** bei unzulässigem Übergang vom Arrest- oder einstw Verfügungsverfahren in den Hauptsacheprozess; § 920 Rn 3.

14   **3. Verfahren und Entscheidung. – a)** Die **Rechtshängigkeit** des neuen Anspruchs richtet sich nach den allg Vorschriften (§ 261 Rn 2–8), auch wenn die Klageänderung unzulässig ist. Gleichzeitig endet mit Einwilligung des Beklagten oder Zulassung der Klageänderung (BGH NJW 92, 2235) die Rechtshängigkeit des früheren Antrags (BGH NJW 90, 2682). Ist die Klageänderung unzulässig, endet die Rechtshängigkeit des früheren Antrags außer bei Klagerücknahme nicht (BGH NJW 88, 128). Bei Klagebeschränkung § 264 Rn 6. Wird die neue Klage kumulativ oder hilfsweise neben die alte gesetzt, tritt Anspruchshäufung ein (§ 260). Zurückweisung der neuen Klage oder des tatsächlichen Vorbringens dazu als verspätet (§ 296 Rn 1 ff, § 146 Rn 2) ist unzulässig.

15   **b)** Alle **Prozessvoraussetzungen** müssen für den neuen Antrag vorliegen. Dazu gehört auch die Zulässigkeit der Klageänderung. Sie muss deshalb vor der Sachentscheidung geprüft werden. Es ist unstatthaft, die Frage ihrer Zulässigkeit offen zu lassen und in der Sache zu entscheiden (BGH LM § 268 Nr. 1). Ebensowenig kann die Klageänderung als unzulässig und der neue Antrag als unbegründet abgewiesen werden; diese Abweisung ist wirkungslos (RG 149, 158/167). Dagegen kann die Frage, ob es sich um eine Klageänderung handelt, offen bleiben, wenn das Gericht sie jedenfalls als sachdienlich zulässt.

16   **c)** Die **Zulässigkeit der Klageänderung** kann durch Zwischenurt (§ 303) oder in den Gründen des Endurteils festgestellt werden, auch stillschweigend durch sachliche Vhdlg und Entscheidung über die geänderte Klage; kein Rechtsmittel, § 268. Bei Klageänderung erst in zweiter Instanz muss das Berufungsgericht auch bei Zulassung selbst entscheiden (BGH WM 83, 766); lässt es die schon in 1. Instanz geänderte Klage erstmals zu, darf es zurückverweisen.

17   **d)** Bei **Unzulässigkeit der Klageänderung** ist die geänderte Klage durch Endurteil ohne Sachprüfung abzuweisen. In beiden Fällen Rn 16 und 17 ist daneben über die ursprüngliche Klage wegen § 308 nicht mehr zu entscheiden, außer wenn sie neben dem neuen Antrag auf-

rechterhalten wird (aA LG Nürnberg-Fürth ZZP 91, 490, Borck WRP 87, 8, Walther NJW 94, 423); das kann sich aus Auslegung je nach Prozesssituation ergeben (BGH NJW 88, 128). – **Bei Zusammentreffen von § 263 und § 264** ist nur die zulässige Klageänderung nach § 264 Nr 2, 3, die zusätzliche Klagehäufung nach §§ 260, 263 zu beurteilen (BGH WM 96, 1507). **18**

§ **264** Keine Klageänderung

Als eine Änderung der Klage ist es nicht anzusehen, wenn ohne Änderung des Klagegrundes
1. **die tatsächlichen oder rechtlichen Anführungen ergänzt oder berichtigt werden;**
2. **der Klageantrag in der Hauptsache oder in bezug auf Nebenforderungen erweitert oder beschränkt wird;**
3. **statt des ursprünglich geforderten Gegenstandes wegen einer später eingetretenen Veränderung ein anderer Gegenstand oder das Interesse gefordert wird.**

1. Allgemeines über Klageänderung § 263 Rn 1–5. § 264 stellt **1** bei unpräziser Formulierung klar, dass Nr 1 keine, Nr 2, 3 eine zulässige Klageänderung darstellen. Diese Änderungen sind also in erster und zweiter Instanz stets ohne weiteres zulässig, im RevVerfahren jedoch nur noch eine Beschränkung des Antrags (§ 559 Rn 3). Alle drei Fälle haben zur Voraussetzung, dass der Klagegrund (§ 253 Rn 10; Einl II Rn 24 ff) derselbe bleibt (BGH NJW 96, 2869). Erhebt der Kläger zusätzlich zu der Änderung nach Nr 2, 3 einen neuen prozessualen Anspruch, beurteilt sich insoweit die Klageänderung nach § 263 (BGH aaO).

2. Das tatsächliche Vorbringen (Nr 1) darf ergänzt u berichtigt **2** werden, zB Angabe näherer Einzelheiten; genaue Substantiierung; Nachträge; Neuordnung; Berichtigung von Wert- oder Zahlenangaben, Parteibezeichnung bei Wahrung der Identität des Vorgangs bzw der Person. Abgrenzung zur Veränderung des Klagegrundes § 263 Rn 3. Bloße Veränderung rechtlicher Gesichtspunkte ist keine Klageänderung.

3. Erweiterung oder Beschränkung des Klageantrags (Nr 2) 3 liegt vor bei quantitativer Erhöhung oder Ermäßigung, ferner dann, wenn der Kläger qualitativ mehr bzw weniger erreichen will. – **Beispiele:** Übergang von Feststellungs- zur Leistungsklage (BGH NJW-RR 02, 283) und umgekehrt, von der Freistellungs- zur Zahlungsklage, wenn beide sich auf dasselbe Rechtsverhältnis beziehen (BGH NJW 94, 944 und 2896); von der Auskunfts- zur Zahlungsklage (BGH NJW 79, 925); von der Klage auf künftige zu der auf sofortige Leistung; Antrag auf Hinterlegung für die Beteiligten statt Zahlung an sich; statt Zahlung an sich Zahlung an einen Dritten (BGH NJW-RR 90, 505) oder an eine Gesamthand. Hingegen handelt es sich um nachträgliche Anspruchshäufung, wenn ein weiterer prozessualer Anspruch geltend ge- **4**

5 macht wird. – **a) Erweiterung.** Der erweiterte Antrag wird rechtshängig nach allg Regeln (§ 261 Rn 2 ff). Für die Verfahrensgebühr gilt § 65 Abs 1 S 3 GKG. Im Falle nachträglich eintretender Unzuständig-
6 keit des AG § 506. – **b) Beschränkung** ändert an der Zuständigkeit nichts. Sie ist, wenn endgültig, als teilweise Erledigterklärung (§ 91 a), Teilrücknahme (§ 269) oder -verzicht (§ 306) auszulegen (BGH NJW 90, 2682). Wenn nicht endgültig, ruht insoweit das Verfahren (§ 251). Klagerücknahme ist anzunehmen, wenn der Kläger erkennen lässt, dass er unberechtigt oder irrtümlich zu viel beantragt hat, Erledigterklärung, wenn vor oder nach Klageerhebung der Anspruch teilweise erfüllt wurde. Dem Beklagten bleibt frei, ob er der Erledigterklärung zustimmt oder den Abweisungsantrag stellt bzw aufrecht erhält, § 91 a Rn 31 ff. Soweit teilweise Klagerücknahme nach Einlassung des Beklagten zur Hauptsache angenommen wird, ist nach dem neben § 264 anwendbaren § 269 die Einwilligung des Beklagten erforderlich (Gross ZZP 75, 93; einschränkend Brammsen/Leible JuS 97, 54/60).

7 **4. Anderer Gegenstand, Interesse (Nr 3).** Der Klagegrund (Rn 1) muss, von der nachträglichen Veränderung abgesehen, derselbe geblieben sein. **Nachträglich** bedeutet, dass die Veränderung nach Erhebung der Klage eingetreten oder dem Kläger bekanntgeworden ist (Hamm MDR 00, 48), mag auch die Unkenntnis auf Fahrlässigkeit beruhen. „**Gegenstand**" ist hier nicht Streitgegenstand (Einl II), sondern das Objekt des prozessualen Anspruchs, also bei Leistungsklage das zu Leis-
8 tende. – **Beispiele:** Kläger verlangt statt der Sache das Surrogat (§ 281 BGB) oder Schadensersatz; statt Vertragserfüllung Vertrauens- oder als Verzugsschaden die Kosten des Rechtsstreits (KG MDR 90, 62), auch mit Feststellungsklage (Hamburg MDR 98, 367); Kläger verlangt wegen angeblich nicht bestehender Schuld statt Herausgabe der Bürgschaftsurkunde nach Zahlung der Bürgschaftssumme deren Rückzahlung wegen ungerechtfertigter Bereicherung (BGH NJW 96, 2869). Nr 3 und Nr 2 können zusammentreffen.

§ 265 Veräußerung oder Abtretung der Streitsache

(1) **Die Rechtshängigkeit schließt das Recht der einen oder der anderen Partei nicht aus, die in Streit befangene Sache zu veräußern oder den geltend gemachten Anspruch abzutreten.**

(2) [1]**Die Veräußerung oder Abtretung hat auf den Prozeß keinen Einfluß.** [2]**Der Rechtsnachfolger ist nicht berechtigt, ohne Zustimmung des Gegners den Prozeß als Hauptpartei an Stelle des Rechtsvorgängers zu übernehmen oder eine Hauptintervention zu erheben.** [3]**Tritt der Rechtsnachfolger als Nebenintervenient auf, so ist § 69 nicht anzuwenden.**

(3) **Hat der Kläger veräußert oder abgetreten, so kann ihm, sofern das Urteil nach § 325 gegen den Rechtsnachfolger nicht wirksam sein würde, der Einwand entgegengesetzt werden,**

daß er zur Geltendmachung des Anspruchs nicht mehr befugt sei.

1. Zweck. §§ 265, 266 regeln, welche Bedeutung die Veräußerung 1 des streitbefangenen Gegenstandes auf den Proz hat. Da sie den Verlust der Sachlegitimation zur Folge hat, müsste sie ohne gesetzliche Regelung zur Klageabweisung als unbegründet und zu einem neuen Proz führen. Dies zu verhindern und den Gegner des Veräußerers zu schützen, indem der Veräußerer grundsätzlich am Proz festgehalten wird, ist der Zweck der gesetzlichen Regelung (eingehend Dinstühler ZZP 112, 61). In Abs 1 ist materiellrechtlich klargestellt, dass Veräußerung und Abtretung nach Rechtshängigkeit zulässig und wirksam sind. Abs 2 ist im markenrechtlichen Widerspruchs- (BGH MDR 99, 109) und im Zustimmungs-Ersetzungs-Verfahren gem § 7 ErbbRVO entsprechend anwendbar (Hamm OLGZ 90, 385).

2. Sache, Anspruch (Abs 1). – **a) Sache** ist nicht nur körperlich, 2 sondern im Sinne von Gegenstand zu verstehen. Auch Rechte fallen darunter (Brandenburg NJW-RR 96, 724). – **b) Streitbefangen** ist 3 eine Sache, wenn auf der rechtlichen Beziehung zu ihr die Sachlegitimation des Klägers oder des Beklagten beruht, wenn also ihre Veräußerung dem Kl die Aktiv-, dem Bekl die Passivlegitimation nimmt. So insbes, wenn Eigentum, ein dingliches Recht oder Besitz streitig sind; ferner wenn der erhobene Anspruch dem Eigentümer, dinglich Berechtigten, Besitzer als solchem zusteht, zB die Klage aus § 1004 BGB gegen den Störer bei Veräußerung des gestörten Grundstücks (BGH 18, 223; nicht wenn der Miteigentümer des störenden Grundstücks seinen Anteil veräußert, Schleswig SchlHA 62, 130) oder sich gegen ihn als solchen richtet, zB Ansprüche gemäß §§ 566, 578 BGB aus dem Mietverhältnis, die den Erwerber als Eigentümer treffen, Ansprüche aus §§ 809, 810 BGB, aus § 771 (Hamburg MDR 69, 673, 4 bestr). – **Nicht streitbefangen** ist die Sache, wenn persönliche Ansprüche geltend gemacht werden, zB auf Rückgewähr nach AnfG (Köln ZIP 91, 1369) oder InsO; das Grundstück im Proz über einen durch Vormerkung gesicherten Anspruch gegen den persönlichen Schuldner (BGH 39, 21). – **c) Der geltend gemachte Anspruch** ist 5 nicht prozessual zu verstehen wie Einl II, sondern materiellrechtlich als subjektives Recht jeder Art, vor allem Ansprüche (§ 194 BGB), Herrschaftsrechte.

3. Veräußerung, Abtretung ist jeder Einzelrechtsübergang unter 6 Lebenden, der einen Wechsel in der Sachlegitimation herbeiführt (39 vor § 253). Abs 2 ist auf die Patent-Nichtigkeitsklage entsprechend anwendbar (BGH NJW 93, 203). **Rechtsnachfolger** ist demgemäß jeder, der abgeleitet oder originär die streitbefangene Sache bzw den rechtshängigen Anspruch nach Rechtshängigkeit erwirbt, so dass er nunmehr sachlich legitimiert ist.

a) Darunter fallen: – aa) Rechtsgeschäftliche Übertragung, 7 Belastung oder Aufgabe eines Rechts oder Anspruchs. Bsp: §§ 929,

873, 398 BGB; Indossament; Bestellung eines dinglichen Rechts; Veränderung des Gesellschafterbestandes einer BGB-Gesellschaft (BGH NJW 00, 291); Übertragung des mittelbaren Besitzes (§ 868 BGB); Umschreibung in der Patentrolle (BGH GRUR 92, 430); Mitübergang der Hypothek bei Abtretung der Forderung (§ 1153 BGB); Aufgabe eines Rechts (§§ 875, 876 BGB) oder des Eigentums (§§ 928 Abs 1, 959 BGB) und Aneignung (§§ 928 Abs 2, 958 BGB; RG 103, 167). –

8 **bb) Übergang, Belastung kraft Gesetzes,** zB §§ 268 Abs 3, 426 Abs 2 (BGH NJW 63, 2067), 566 Abs 1, 774 BGB, § 91 Abs 1 BSHG (Nürnberg FamRZ 95, 236); Entstehung gesetzlicher Pfandrechte. –

9 **cc) Übertragung durch staatlichen Hoheitsakt,** zB Zuschlag in der Zwangsversteigerung; Überweisung der gepfändeten Forderung an Zahlungs statt (§ 835); Übergang des unmittelbaren Besitzes auf den Gerichtsvollzieher nach Sachpfändung (Schleswig SchlHA 75, 47).

10 **b) Darunter fallen nicht** Ausschlagung der Erbschaft und Eintritt des Nächstberufenen (BGH NJW 89, 2885). Befreiende Schuldübernahme, weil sie nicht den Übergang der Berechtigung (Sachlegitimation) betrifft (BGH 61, 140; abl Schwab ZZP 87, 97, zust Zeiss JR 74, 157; Henckel ZZP 88, 329), uU Auslegung als gewillkürter Parteiwechsel; das Gleiche gilt für einen sonstigen rechtsgeschäftlichen Schuldnerwechsel (BGH WM 75, 144); ebenso bei Schuldmitübernahme, Vermögensübertragung vor dem 1. 1. 99 gem dem seitdem aufgehobenen § 419 BGB (Baumgärtel DB 90, 1905), außer sie hat den Verlust der Rechtsfähigkeit beim Rechtsvorgänger (jur Person) zur Folge (Stuttgart NJW 69, 1493). BAG NJW 77, 1119, MDR 91, 648 wendet allerdings iR des BetrVerfG § 265 Abs 2 iF des Betriebsübergangs nach § 613 a BGB an (Weiterführung des Rechtsstreits gegen den alten Arbeitgeber mit Rechtskraftwirkung für und gegen den neuen). Aufschiebend bedingte Veräußerung sowie Erwerb oder Verlust lediglich der Prozessführungsbefugnis (§ 51 Rn 19 ff; BGH 1, 65, ZIP 93, 1411, RoSchw/Gottwald § 46 IV 3; aA Nürnberg ZIP 94, 144, StJ-Schumann 20), weil sie nicht die Sachlegitimation betreffen; also auch nicht Beendigung des Insolvenzverfahrens während des Rechtsstreits (BGH WM 92, 1407) oder Freigabe der Sache, die der Insolvenzverwalter für die Masse in Anspruch genommen hat (BGH 46, 249; aA Nürnberg OLGZ 94, 544). Zu helfen ist durch Parteiwechsel. An die Stelle des Insolvenzverwalters tritt bei Beendigung der Gemeinschuldner oder der neue Gläubiger, an den er die Forderung abgetreten hat (BGH WM 92, 1407). Hypothekengläubiger und Erwerber eines Grundstücks, das unter Zwangsverwaltung gestanden hat, sind nicht Rechtsnachfolger des Zwangsverwalters (BGH LM Nr 2).

11 **c) Nach Rechtshängigkeit** (§ 261 Rn 2 ff) muss die Veräußerung stattgefunden haben. Maßgebend ist der Letzte nach materiellem Recht zum Rechtserwerb nötige Teilakt (BGH NJW 98, 156), zB Übergabe des Hypothekenbriefes (§§ 1117, 1154 BGB), Eintritt der Bedingung. Auf die Veräußerung nach Zustellung des Mahnbescheids ohne Abgabe nach § 696 Abs 3 ist § 265 nicht anwendbar (BGH NJW 75, 929; aA

Bork/Jacoby JZ 00, 135). Im Arrest- und einstw VfgVerfahren ist er anwendbar mit Modifikationen, die sich aus dieser besonderen Verfahrensart ergeben können.

4. Regel: – a) Kein Einfluss auf den Prozess (Abs 2 S 1). Er **12** wird zwischen den bisherigen Parteien unverändert fortgeführt. Der Wegfall der Sachlegitimation macht die Klage nicht unbegründet, das Feststellungsinteresse geht nicht verloren. Der Rechtsvorgänger führt als Partei im eigenen Namen den Rechtsstreit in gesetzlicher Prozessstandschaft weiter, dem Rechtsnachfolger fehlt trotz des Rechtsübergangs auf ihn die Prozessführungsbefugnis (§ 51 Rn 19 ff). Das gilt für alle Prozesshandlungen einschl der Widerklage und der Geltendmachung von Gegenansprüchen gem §§ 302 Abs 4 S 3, 4, 600 Abs 2, 717 Abs 3 S 2–4, auch im Prozess auf Vollstreckbarerklärung eines ausländischen Urteils nach § 722 (BGH 118, 312). Wegen der Wiederaufnahmeklage vgl § 578 Rn 4, 5. Das Urt wirkt für und gegen den Rechtsnachfolger Rechtskraft (§ 325) und Vollstreckbarkeit (§ 727, BGH NJW 84, 806), ein Prozessvergleich bindet ihn. Einer neuen Klage des Rechtsnachfolgers oder gegen ihn (hier aA Dinstühler ZZP 112, 61/88) steht das Prozesshindernis der anderweitigen Rechtshängigkeit entgegen. Als Streithelfer kann er beitreten, trotz Rechtskrafterstreckung aber nur als einfacher (Abs 2 S 3). Pawlowski JZ 75, 681 hält diese Regelung für unvereinbar mit Art 103 Abs 1 GG und meint, der Rechtsnachfolger müsse das Recht haben, als streitgenössischer Streithelfer am Verfahren teilzunehmen.

b) Den **Klageantrag** muss der Kläger bei Rechtsnachfolge auf sei- **13** ner Seite der veränderten materiellen Rechtslage anpassen, also Leistung an den Rechtsnachfolger bzw an sich und den Pfandgläubiger (§ 1281 BGB) verlangen. § 265 will den Gegner des Veräußerers vor prozessualen Nachteilen schützen, nicht aber zu einem sachlich unrichtigen Urt führen. Darauf ist gem § 139 hinzuweisen. Stellt der Kläger den Antrag nicht um, ist die Klage auch ohne Einwand des Beklagten als unbegründet mangels Aktivlegitimation abzuweisen (BGH ZIP 86, 583); dies gilt auch bei der Sicherungsabtretung, außer wenn der Zessionar dem Abtretenden, wie iF der stillen Zession, eine Einziehungsermächtigung erteilt hat (BGH WM 82, 1312). Bei **Rechtsnachfolge aufsei- 14 ten des Beklagten** kann der Kläger, da Verurteilung des am Prozess nicht beteiligten Erwerbers unmöglich ist, entweder den Antrag unverändert lassen und Vollstreckungsklausel gegen den Nachfolger gem § 727 oder § 731 erwirken oder den Antrag gem § 264 Nr 3 auf Ersatzansprüche umstellen (Brandenburg NJW-RR 96, 724); dieses Urt wirkt dann nicht gegen den Nachfolger. Bei Feststellungs- und Gestaltungsklagen schlägt Dinstühler ZZP 112, 61/96 iF der Rechtsnachfolge auf der Beklagtenseite nach Urteilserlass die Möglichkeit eines Zusatzurteils zwischen Kläger und Rechtsnachfolger ähnlich § 239 Rn 9, 21 vor, das die Erstreckung der Feststellungs- bzw Gestaltungswirkung auf den Rechtsnachfolger ausspricht. In der **Revisionsinstanz** ist die Än- **15**

derung des Antrags nur zulässig, wenn das BerUrt die Rechtsnachfolge feststellt (BGH 26, 37).

16 c) **Einwendungen** aus der Person des Rechtsnachfolgers können dem Veräußerer entgegengehalten und müssen berücksichtigt werden, zB Erfüllung an, Stundung durch den Erwerber; Ausnahmen in §§ 406, 407 BGB.

17 **5. Ausnahme: Übernahme des Prozesses** durch den Rechtsnachfolger. – **a) Er darf** anstelle des Veräußerers den Prozess in der gegenwärtigen Lage als Hauptpartei **übernehmen** im Falle des § 266 Abs 1 ohne weiteres; sonst, wenn der Gegner zustimmt (Abs 2 S 2). Die Übernahme wird in mdl Vhdlg oder schriftsätzlich erklärt (StJSchumann 56). Ebenso die Zustimmung, auch durch Einlassung auf die Prozessführung entspr § 267. Sie kann nicht dadurch ersetzt werden, dass das Ger die Übernahme des Proz durch den Rechtsnachfolger für sachdienlich erklärt (BGH NJW 96, 2799; aA Frankfurt NJW-RR 91, 318 falls der Rechtsvorgänger erloschen ist). Eine Zustimmung des Veräußerers verlangt das Gesetz zwar nicht, sie ist aber erforderlich, denn er kann gegen seinen Willen nicht zum Ausscheiden gezwungen werden. Bei Übernahme durch den Rechtsnachfolger scheidet der Veräußerer ohne Entscheidung aus, das Urt ergeht in Hauptsache und Kosten nur für und gegen den Nachfolger. Verweigert der Gegner die Zustimmung, so wird der übernahmebereite Rechtsnachfolger durch Endurteil aus dem Prozess gewiesen und hat dagegen das statthafte Rechtsmittel, zulässig aber nur mit dem Ziel, den Prozess zu übernehmen (BGH NJW

18 88, 3209); vgl auch Rn 30 vor § 50. – **b) Der Rechtsnachfolger muss** den Prozess **übernehmen** im Falle des § 266 Abs 1, wenn der Gegner dies beantragt.

19 **6. Ausnahme infolge Gutglaubensschutzes (Abs 3).** – **a) Veräußert der Kläger** nach Rechtshängigkeit und war sein Rechtsnachfolger gutgläubig in doppeltem Sinne, wie § 325 Rn 8 erläutert, so wirkt das Urt nicht gegen ihn. Infolgedessen hat keine der bisherigen Parteien mehr ein Interesse an der Fortsetzung des Rechtsstreits. Deshalb verliert der Kläger die Sachbefugnis (MüKo/Lüke 104, Zö-Greger 9) und erwirbt in Ausnahme der Regel (Rn 12) auch nicht die Prozessstandschaft. Erklärt er die Hauptsache nicht für erledigt, muss die Klage als unbegründet abgewiesen werden. Der Nachfolger kann selb-

20 ständige Klage (auch § 64) erheben. – **b) Veräußert der Beklagte** an einen Gutgläubigen, gilt Abs 3 nicht. Die Klage mit dem bisherigen Antrag wird also nicht unbegründet. Der Kläger darf zum Ersatzanspruch übergehen (§ 264 Nr 3) oder den Erwerber verklagen.

§ 266 Veräußerung eines Grundstücks

(1) [1] **Ist über das Bestehen oder Nichtbestehen eines Rechts, das für ein Grundstück in Anspruch genommen wird, oder einer Verpflichtung, die auf einem Grundstück ruhen soll, zwischen dem Besitzer und einem Dritten ein Rechtsstreit anhängig, so ist**

im Falle der Veräußerung des Grundstücks der Rechtsnachfolger berechtigt und auf Antrag des Gegners verpflichtet, den Rechtsstreit in der Lage, in der er sich befindet, als Hauptpartei zu übernehmen. [2]Entsprechendes gilt für einen Rechtsstreit über das Bestehen oder Nichtbestehen einer Verpflichtung, die auf einem eingetragenen Schiff oder Schiffsbauwerk ruhen soll.

(2) [1]Diese Bestimmung ist insoweit nicht anzuwenden, als ihr Vorschriften des bürgerlichen Rechts zugunsten derjenigen, die Rechte von einem Nichtberechtigten herleiten, entgegenstehen. [2]In einem solchen Falle gilt, wenn der Kläger veräußert hat, die Vorschrift des § 265 Abs. 3.

1. Anwendungsbereich. § 266 Abs 1 trifft eine von der Regel des 1 § 265 Abs 2 (dort Rn 12–16) abweichende Sonderregelung für folgenden Tatbestand: – **a) Rechtsstreit** zwischen dem Besitzer eines Grundstücks und einem Dritten, in dem entweder das (Nicht-)Bestehen eines Rechts am Grundstück oder einer auf ihm ruhenden Verpflichtung geltend gemacht wird. Darunter fallen insbes: alle, auch die subjektiv dinglichen Rechte und Belastungen, nicht jedoch die Erhebung eines durch Vormerkung gesicherten Anspruchs (BGH 39, 21); nachbarrechtliche Prozesse; Prozesse aus § 894 BGB gegen den Bucheigentümer. Nicht Klage auf Übereignung, auf Herausgabe; persönliche Ansprüche aus Miete und Pacht. – **b) Der Besitzer veräußert** das 2 Grundstück nach Rechtshängigkeit an einen Einzelrechtsnachfolger (Begriff wie § 265 Rn 6 ff). Das Gleiche gilt für die Veräußerung eines Schiffs oder Schiffsbauwerks.

2. Zur Übernahme des Prozesses berechtigt ist der Grund- 3 stückserwerber grundsätzlich in Abweichung von § 265 Abs 2 ohne weiteres. Er ist dazu **verpflichtet** auf Antrag der Gegenpartei. Zur Übernahmeerklärung und ihren Folgen gilt das in § 265 Rn 17 Gesagte außer dem Erfordernis der Zustimmung. Der Erwerber ist zum Termin zu laden. Erscheint er nicht, gilt die Rechtsnachfolge als zugestanden, es kann VersU gegen ihn ergehen.

3. Ausnahme infolge Gutglaubensschutzes. Der Grundstücks- 4 erwerber hat die Rechte und Pflichten gem Abs 1 nicht, wenn er in dem doppelten Sinn, wie § 325 Rn 8 erläutert, gutgläubig war. Er hat kein Interesse an der Übernahme, weil das Urt gem § 325 Abs 2 nicht gegen ihn wirkt. Für die Folgen der Veräußerung durch Kläger bzw Beklagten gilt das in § 265 Rn 19, 20 Gesagte. – **Unterausnahme** sind 5 die Fälle, in denen das Urt gem § 325 Abs 3 ohne Rücksicht auf guten Glauben gegen den Erwerber Rechtskraft wirkt; für sie verbleibt es bei der Regelung des Abs 1 (Rn 1–3).

§ 267 Vermutete Einwilligung in die Klageänderung

Die Einwilligung des Beklagten in die Änderung der Klage ist anzunehmen, wenn er, ohne der Änderung zu widersprechen, sich in einer mündlichen Verhandlung auf die abgeänderte Klage eingelassen hat.

1 **Unwiderlegbar vermutet** wird die Einwilligung in die Klageänderung, wenn sich der Beklagte ohne Widerspruch eingelassen hat. Ob er sich dessen bewusst ist, bleibt gleich. Die Einlassung muss in mdl Vhdlg (nur in den Fällen der §§ 128 Abs 2, 251a, 495a schriftsätzlich) und zur Hauptsache wie in § 39 geschehen. Bei Säumnis ist sie ausgeschlossen. Dagegen ist sie vorweggenommen, wenn Beklagter eine abweichende Sachdarstellung vorbringt und Kläger sie mit der Klageänderung übernimmt. Auf gewillkürten Parteiwechsel auf der Beklagtenseite in der BerInstanz ist § 267 nicht anwendbar (BGH NJW 74, 750). –
2 **Analog anwendbar,** wenn Beklagter über die vom Kläger erklärte Aufrechnung vorbehaltlos verhandelt (BGH WM 90, 1938).

§ 268 Unanfechtbarkeit der Entscheidung

Eine Anfechtung der Entscheidung, daß eine Änderung der Klage nicht vorliege oder daß die Änderung zuzulassen sei, findet nicht statt.

1 **1. Entscheidung bei Klageänderung** § 263 Rn 16. § 268 gilt nicht, falls das Gericht einen Parteiwechsel (12 vor § 50) zugelassen hat (RG 108, 350).
2 **2. Rechtsbehelf: – a) Bei Nichtzulassung** oder wenn das Gericht auf die geänderte Klage überhaupt nicht eingeht, Anfechtung mit dem
3 Endurteil §§ 512, 557 Abs 2; – **b) Bei Zulassung** ebenso trotz abso-
4 luten Verbots, zB § 181 InsO; § 268 gilt nicht. – **c) Unanfechtbar sind** die Entscheidung, dass Klageänderung nicht vorliegt (§ 264) und die Zulassung (§ 263), gleichviel ob ausdrücklich oder stillschweigend, im End- oder Zwischenurteil oder nur in den Gründen.

§ 269 Klagerücknahme

(1) **Die Klage kann ohne Einwilligung des Beklagten nur bis zum Beginn der mündlichen Verhandlung des Beklagten zur Hauptsache zurückgenommen werden.**

(2) [1]**Die Zurücknahme der Klage und, soweit sie zur Wirksamkeit der Zurücknahme erforderlich ist, auch die Einwilligung des Beklagten sind dem Gericht gegenüber zu erklären.** [2]**Die Zurücknahme der Klage erfolgt, wenn sie nicht bei der mündlichen Verhandlung erklärt wird, durch Einreichung eines Schriftsatzes.** [3]**Der Schriftsatz ist dem Beklagten zuzustellen, wenn seine Einwilligung zur Wirksamkeit der Zurücknahme der Klage erforderlich ist.** [4]**Widerspricht der Beklagte der Zurücknahme der Klage nicht innerhalb einer Notfrist von zwei Wochen seit der Zustellung des Schriftsatzes, so gilt seine Einwilligung als erteilt, wenn der Beklagte zuvor auf diese Folge hingewiesen worden ist.**

(3) [1] Wird die Klage zurückgenommen, so ist der Rechtsstreit als nicht anhängig geworden anzusehen; ein bereits ergangenes, noch nicht rechtskräftiges Urteil wird wirkungslos, ohne dass es seiner ausdrücklichen Aufhebung bedarf. [2] Der Kläger ist verpflichtet, die Kosten des Rechtsstreits zu tragen, soweit nicht bereits rechtskräftig über sie erkannt ist oder sie dem Beklagten aus einem anderen Grund aufzuerlegen sind. [3] Ist der Anlass zur Einreichung der Klage vor Rechtshängigkeit weggefallen und wird die Klage daraufhin unverzüglich zurückgenommen, so bestimmt sich die Kostentragungspflicht unter Berücksichtigung des bisherigen Sach- und Streitstandes nach billigem Ermessen.

(4) Das Gericht entscheidet auf Antrag über die nach Absatz 3 eintretenden Wirkungen durch Beschluss.

(5) [1] Gegen den Beschluss findet die sofortige Beschwerde statt, wenn der Streitwert der Hauptsache den in § 511 genannten Betrag übersteigt. [2] Die Beschwerde ist unzulässig, wenn gegen die Entscheidung über den Festsetzungsantrag (§ 104) ein Rechtsmittel nicht mehr zulässig ist.

(6) Wird die Klage von neuem angestellt, so kann der Beklagte die Einlassung verweigern, bis die Kosten erstattet sind.

1. Klagerücknahme ist das Gegenstück zur Klageerhebung (1 vor 1 § 253). Als bloßer Widerruf des Gesuchs um Rechtsschutz in diesem Verfahren (Frankfurt BauR 96, 587) unterscheidet sie sich vom Klageverzicht (§ 306) und von der Erledigterklärung (§ 91 a). Den materiellrechtlichen Anspruch lässt sie völlig unberührt. – **Verpflichtung zur** 2 **Klagerücknahme** formlos (BGH VersR 93, 714 für Berufung) durch Prozessvertrag (Einl III Rn 6) durch die Parteien selbst, auch im RA-Prozess (BGH NJW-RR 89, 802). Aus ihr kann auf Abgabe der Rücknahmeerklärung geklagt werden, im anhängigen Verfahren mit Widerklage; die Rechtskraft des zusprechenden Urteils ersetzt die Erklärung (§ 894). Oder die Rücknahmeverpflichtung wird einredeweise geltend gemacht. Das führt zur Klageabweisung als unzulässig (BGH NJW 84, 805 für Berufung). Diese Wirkungen treten nicht ein, wenn der Bekl die Verpflichtung arglistig herbeigeführt hat, sie treten ein, wenn er den Eintritt einer vereinbarten Bedingung treuwidrig verhindert hat (BGH NJW-RR 89, 802).

2. Zulässigkeit (Abs 1). – **a) Gegenständlich** kann die Rücknahme 3 den ganzen prozessualen Anspruch oder einen Teil davon (§ 301 Rn 1–3) betreffen; sie kann als teilweise Klagerücknahme in der Antragsbeschränkung gem § 264 Nr 2 liegen (dort Rn 6). Auch Parteiwechsel ist Rücknahme durch den bisherigen Kläger bzw gegen den bisherigen Beklagten (15 vor § 50). Die Freigabeerklärung des Insolvenzverwalters im Aktivprozess ist entgegen Stuttgart NJW 73, 1756 kein Parteiwechsel (§ 265 Rn 10). – **b) Zeitlich** ist sie möglich ab 4

Rechtshängigkeit (§ 261 Rn 2 ff) bis zu ihrer Beendigung (Bamberg NJW-RR 97, 1365) ohne Rücksicht auf die Zulässigkeit der Klage; ferner nach Einreichung, aber vor der dann doch erfolgten Zustellung (Hamm JMBlNRW 52, 228); nach nicht ordnungsgemäßer Zustellung, wenn die Klage, bevor der Beklagte von der Rücknahme Kenntnis erlangt, als zugestellt anzusehen ist (§§ 189, 295; Köln MDR 66, 848; einschränkend Nürnberg MDR 99, 1409). Die Rücknahme ist in jeder Lage des Verfahrens, auch nach Eintritt der Erledigungsfiktion in § 619 (München NJW 70, 1799), in allen Instanzen (nicht zu verwechseln mit Rücknahme des Rechtsmittels), also auch noch nach Erlass des BerUrt (Stuttgart VersR 61, 1097) bis zum Eintritt der Rechtskraft zulässig, bedarf aber im Falle Rn 9, 10 der Einwilligung des Beklagten. –

5   Ob **Abs 3** bei „Rücknahme" einer überhaupt **nicht zugestellten** Klage bzw eines Scheidungsantrags samt Folgesachen oder eines Arrestantrags gilt, ist umstr (dagegen Stuttgart NJW-RR 99, 216, Dresden NJW-RR 98, 1688, Nürnberg MDR 03, 410; dafür LG Düsseldorf NJW-RR 03, 213; HMS § 269 Rn 1). Ger kann jedenfalls nach Rückfrage beim Kl Klage samt Rücknahmeschriftsatz an Bekl zustellen und so Anwendung von Abs 3 herbeiführen (ZöGreger 8 c).

6   **3. Erklärung der Rücknahme** (Abs 2). – **a)** Als **Prozesshandlung** (Einl III) muss sie nicht ausdrücklich, aber eindeutig und unzweifelhaft sein (BGH NJW-RR 96, 885). Sie liegt in der Erklärung nach Ablehnung eines PKH-Antrags, die Klage nicht weiterzuverfolgen (Köln NJW-RR 97, 637). Sie kann in einer Beschränkung der Klage liegen (§ 264 Rn 6), im Zweifel aber nicht im Belassen, auch teilweisen, Nichtverhandeln (BGH 4, 339). Erledigungserklärung (§ 91 a Rn 2 ff, 9 ff), Rücknahme des PKH-Gesuchs (Schleswig SchlHA 83, 173), Beschränkung des Rechtsmittelantrags auf einen Teil der Klageforderung (BGH WM 89, 1354) sind idR keine Klagerücknahme. Die Rücknahmeerklärung durch einen gesetzlichen Vertreter einer jur Person unter offensichtlichem Missbrauch seiner Vertretungsmacht ist unwirksam (BGH LM § 515 Nr 13). Nach Eröffnung des Insolvenzverfahrens ist die Rücknahmeerklärung durch Gemeinschuldner unwirksam (BGH WM 78, 521). Bei notwendiger Streitgenossenschaft § 62 Rn 17.

7   **b) Adressat.** Zu richten in dem zu beendenden Rechtsstreit (BGH MDR 81, 1002) an das ProzGer entweder in der mdl Vhdlg oder durch Einreichung eines bestimmenden Schriftsatzes (§ 129 Rn 5 ff), der nur bei erforderlicher Zustimmung dem Bekl (Rn 9) zuzustellen ist (Abs 2 S 3). Am AG § 496. Anwaltszwang gem § 78, und zwar bis zur Einlegung des Rechtsmittels durch den Anwalt der beendeten Instanz an diese, ab Einlegung des Rechtsmittels an das RechtsmittelGer; dort kann der Kl und RechtsmittelBekl, solange sich für ihn noch kein beim RechtsmittelGer zugelassener RA bestellt hat, die Klage durch seinen RA in der Vorinstanz zurücknehmen (BGH 14, 210, Koblenz RPfleger 74, 117). Kein Anwaltszwang für Rücknahme durch am AG nicht vertretenen Kläger nach Verweisung an das LG (Koblenz NJW-RR 00,

1370) und für Rücknahme des Antrags auf Durchführung des streitigen Verfahrens nach Widerspruch auf Mahnbescheid (§ 696 Abs 5 S 2); dem steht gleich Klagerücknahme nach Mahnverfahren u Abgabe an das LG (LG Essen JZ 80, 237).

c) Die Klagerücknahme ist bindend auch ohne Einwilligung des **8** Beklagten, kann aber mit dessen Einverständnis, auch konkludent durch Fortsetzung des Prozesses, zur Vermeidung eines neuen Rechtsstreits rückgängig gemacht werden (einschränkend Saarbrücken MDR 00, 722, Brammsen/Leible JuS 97, 54/57. Kein Widerruf der Rücknahme des Scheidungsantrags wegen der übrigen Beteiligten im Verbundverfahren (München FamRZ 82, 510).

4. Einwilligung des Beklagten. – a) Erforderlich, auch nach Ein- **9** legung eines Rechtsmittels (BGH NJW 98, 3784), sobald er zur Hauptsache mdl verhandelt hat (§ 39 Rn 5–7). Dazu genügt idR einseitige Verhandlung durch Antrag auf Erlass eines VersU Die Wirkung des Verhandelns entfällt aber wegen § 342, soweit der Gegner zulässigen Einspruch eingelegt hat. Sie tritt nicht ein, wenn das Ger dem Antrag auf Erlass eines VersU wegen § 335 Abs 1 Nr 3 nicht entsprochen, sondern vertagt hat (BGH NJW 80, 2313, NJW-RR 87, 1534). Kein Verhandeln ist Vernehmung des nicht vertretenen Antragsgegners im Scheidungsprozess nach § 613 (Köln FamRZ 85, 1060, Zweibrücken NJW-RR 97, 833) und der Erlass eines Beweisbeschlusses auf verantwortliche Vernehmung der Beklagten, die keinen Antrag gestellt hat (Koblenz FamRZ 81, 260).

b) Erklärung der Einwilligung entweder – **aa) ausdrücklich** als **10** Prozesshandlung, für die alles in Rn 6–8 Gesagte sinngemäß gilt. Sie ist in der nächsten mdl Vhdlg oder durch Einreichung eines Schriftsatzes zu erklären. Im Antrag auf Klageabweisung liegt die Verweigerung (BGH ZIP 90, 1124/1126) – oder **bb)** als **fingierte Erklärung,** wenn **11** der Bekl mit der Zustellung des Rücknahmeschriftsatzes über die Folge des unterlassenen Widerspruchs belehrt wurde und innerhalb einer Notfrist (§ 233) von 2 Wochen nicht widerspricht (Abs 2 S 4). Nach Eintritt der Rechtskraft ist die Einwilligung auch für eine vorher zurückgenommene Klage wirkungslos.

c) Auch die **Verweigerung der Einwilligung** ist bindend, sie führt **12** zur Fortsetzung des Prozesses (BGH NJW 98, 3784), ohne dass der Kläger einen früher gestellten Sachantrag wiederholen müsste (BGH 141, 185; aA StJSchumann 17). Sie ist verweigert, wenn bei Rücknahme in der Verhandlung Beklagter nicht bis zu deren Schluss, bei schriftlicher Rücknahme nicht bis zum Beginn der nächsten Vhdlg einwilligt. Einwilligung und Verweigerung können wirksam vor, bindend aber erst nach der Rücknahme erklärt werden.

5. Wirkungen (Abs 3). – **a)** Sämtliche proz **Wirkungen der** **13** **Rechtshängigkeit** (§§ 261 bis 266) entfallen rückwirkend, eine bereits erhobene Widerklage bleibt rechtshängig (LG München I NJW 78, 953). Die materiellrechtlichen Wirkungen (§ 262) entfallen nach sachlichem Recht, zB §§ 204 Abs 2, 941 S 2 BGB, im Zweifel ebenfalls rückwirkend, nicht aber die im Prozess abgegebenen privatrechtlichen Erklärungen wie Aufrechnung.

14   **b) Noch nicht rechtskräftig gewordene Entscheidungen** werden ohne Aufhebung wirkungslos. Entscheidung nach Klagerücknahme ist nichtig (18 vor § 300). Gilt entspr bei Erledigung der Hauptsache (§ 91 a Rn 21) und für eine Entscheidung nach wirksamem ProzVergleich (Stuttgart NJW-RR 87, 128). Abs 3 S 1 Hs 2 gilt nicht entspr für Anordnungsbeschluss des Insolvenzverfahrens (Brandenburg NJW-RR 98, 1739).

15   **c) Kosten** bei – **aa)** Rücknahme **nach Rechtshängigkeit:** Der Kl hat die ganzen, **nicht** aber die durch Säumnis des Bekl entstandenen (Karlsruhe NJW-RR 96, 383, München NJW-RR 01, 1150, Schleswig MDR 02, 1275; aA 23. Aufl mwN) Kosten zu tragen; bei teilweiser Rücknahme den entspr Teil, quotenmäßige Teilung im Kostenausspruch des Urteils. Auch nach Rücknahme des Zahlungsantrags einer Stufenklage hat der Kl die ganzen Kosten zu tragen (Hamm NJW-RR 91, 1407; aA Stuttgart FamRZ 94, 1595; § 254 Rn 6). § 96 findet keine Anwendung (Celle NJW 61, 1363). Ermäßigung der Gerichtsgebühr unter gewissen Voraussetzungen (Nr 1211 KV). Für das KfVerfahren ist der Ausspruch über die Pflicht zur Kostentragung bindend (Hamm NJW 72, 1903). – **bb)** Rücknahme **vor Rechtshängigkeit:**

16   Das Ger hat die Kostenentscheidung nach billigem Ermessen zu treffen, wenn der Anlass zur Klageeinreichung weggefallen ist und der Kl deshalb unverzüglich die Klage zurückgenommen hat. Das betrifft vor allem Fälle, in denen die geschuldete Leistung sich mit der Klageeinreichung kreuzte oder vor Zustellung der Klage bewirkt wurde. Wenn der Bekl sich im Verzug befand, wird es nach dem Sach- und Streitstand idR billigem Ermessen entsprechen, die Kosten dem Bekl aufzuerlegen. – **cc) Entsprechende Anwendung** von Abs 3 S 2 bei

17   Rücknahme aller Anträge mit fakultativer mündlicher Verhandlung (Hamm OLGZ 76, 121), zB des Arrest- bzw Verfügungsantrags (§ 920 Rn 2), auch bei späterem Obsiegen in der Hauptsache (BGH NJW-RR 95, 495); des Antrags auf selbständiges Beweisverfahren (§ 494 a Rn 5).

18   Im Mahnverfahren vgl § 690 Rn 6, § 696 Rn 20. – **dd) Ausnahmen:** Im Unterhaltsprozess gemäß § 93 d; für bestimmte Scheidungsfolgesachen gemäß § 626 Abs 1 S 2; bereits rechtskräftig entschiedene und dem Beklagten aufzuerlegende Kosten; wenn sich die Parteien über die Kosten verglichen haben, s auch § 98 Rn 9.

19   **d) Entscheidung durch Beschluss.** Auf Prozessantrag (wegen Anwaltszwang Rn 6) einer Partei hat das Ger (Vorsitzender der KfH, ER: §§ 349 Abs 2 Nr 4, 527 Abs 3 Nr 1) die vorgenannten Wirkungen Rn 11–15 durch deklaratorischen (Frankfurt MDR 83, 675) Beschluss nach freigestellter mdl Vhdlg (§ 128 Abs 4) auszusprechen. So auch bei Rücknahme gegen einen von mehreren Beklagten; Tenor für Kostenbeschluss etwa: der Kläger hat die außergerichtlichen Kosten des Bekl zu 2 zu tragen (Köln MDR 76, 496); ebenso Quotelung, wenn einer von mehreren Klägern die Klage zurücknimmt, auch wenn sie gemeinsamen RA haben. Eine noch nicht erfüllte vergleichsweise Regelung muss das Gericht bei Erlass des Beschlusses berücksichtigen (BGH MDR 72, 945). Streitige Einwendungen gegen die Kostenerstattungspflicht kann der Kl nicht im Rahmen des Abs 4, sondern nur mit VollstrGegenklage geltend machen (Frankfurt MDR 83, 675). Ist über einen Teil der Kosten durch Urt zu entscheiden, so gilt dies auch (Quotelung) für den auf die Rücknahme treffenden Teil (BGH NJW-RR 99, 1741), zB bei Rücknahme einer Stufenklage im Übrigen, wenn der Auskunftsanspruch durch Teilurteil ohne Kostenausspruch zugesprochen war (Köln JMBlNRW 84, 33). – **Rechtsschutzbedürfnis** **20** fehlt für Kostenbeschluss, wenn Bekl bereits einen VollstrTitel besitzt, wenn die Parteien die Kosten tatsächlich bereits ausgeglichen haben (München MDR 75, 585) oder wenn der Kl eine außergerichtlich vergleichsweise übernommene Kostenpflicht bereits erfüllt hat. Für den Antrag, ein Gestaltungsurteil für wirkungslos zu erklären, kann auch der Kläger ein Rechtsschutzbedürfnis haben (KG NJW 72, 545, Düsseldorf FamRZ 77, 130). Beschlussmäßige Feststellung der Unwirksamkeit eines Statusurteils ist im Hinblick auf das öffentliche Interesse auch ohne Antrag zulässig (Koblenz Rpfleger 74, 117, Karlsruhe Just 76, 513). – Sofortige Beschwerde, auch bei irriger Bezeichnung als Urteil (Hamburg MDR 56, 752), im Kostenpunkt § 567 Abs 2. Dies auch, wenn eine einheitliche Kostenentscheidung im Urteil nach Teilrücknahme nur insoweit angefochten werden soll, als sie auf § 269 beruht (Düsseldorf FamRZ 82, 723). Unstatthaft gegen Beschluss des OLG und des LG im Berufungs- und Beschwerdeverfahren (§ 567 Abs 1). Unzulässig (Abs 5 S 2) ist die Beschw nach Rechtskraft des KfB (§ 104). – **Gebühren:** Für Beschluss keine, gehört zum Rechtszug (§ 37 Nr 7 **21** BRAGO); für Beschwerde 1951 KV, § 61 Abs 1 Nr 1 BRAGO.

e) In **Scheidungssachen** gilt bei Antragsrücknahme Abs 3 auch für **22** die Folgesachen (§ 626 Abs 1 S 1), jedoch mit einer Billigkeitsausnahme bei den Kosten für diejenigen Folgesachen, die den Verfahrensregeln der ZPO folgen (§§ 626 Abs 1 S 2, 621a Abs 1 S 1). Bei teilweiser Rücknahme in einer Folgesache in erster oder zweiter Instanz soll nach Frankfurt FamRZ 85, 823 nicht § 269 Abs 3 S 2, sondern § 93a als Spezialvorschrift analog gelten. Außerdem Beschluss auf Vorbehalt selbständiger Fortführung einer Folgesache (§ 626 Abs 2).

f) Streit über **Wirksamkeit der Klagerücknahme** hat das Ger zu **23** entscheiden, und zwar bei Bejahung stets, auch nach mdl Vhdlg durch Beschluss nach Abs 4 wie Rn 19 (BGH NJW 95, 2229 für § 515 Abs 3 aF; aA Gaul ZZP 81, 273, MüKo/Rimmelspacher AB § 516 Rn 32). Verneint das Ger die Wirksamkeit der Rücknahme, entscheidet es durch Zwischenurteil (§ 303) oder in den Gründen des Endurteils, das auf die fortgesetzte Verhandlung ergeht.

6. Eine **neue Klage** (Abs 6), bei teilweiser Rücknahme auch er- **24** neute Geltendmachung im anhängigen Verfahren (München OLGZ 77,

483) ist zulässig. Sind die Kosten des früheren Prozesses, in dem keine
Sachentscheidung ergangen ist (Oldenburg MDR 98, 61), noch nicht
erstattet, so kann Bekl die Einlassung zur Hauptsache mit demselben
Streitgegenstand verweigern. Das ist auch der Fall, wenn der Kl nicht
die frühere Klage (Leistung) wiederholt, sondern mit einer anderen
Klage, zB VollstrAbwehrklage gegen einen titulierten Anspruch des
Bekl, auch gegen den KfB aus dem Vorprozess, mit dem im Vorprozess
geltend gemachten Anspruch aufrechnet (BGH NJW-RR 87, 61, NJW
92, 2034). Werden die Kosten nicht erstattet, ist die Klage als unzulässig
abzuweisen.

§ 270 Zustellung von Amts wegen

[1] **Mit Ausnahme der Klageschrift und solcher Schriftsätze, die
Sachanträge enthalten, sind Schriftsätze und sonstige Erklärungen der Parteien, sofern nicht das Gericht die Zustellung anordnet, ohne besondere Form mitzuteilen.** [2] **Bei Übersendung
durch die Post gilt die Mitteilung, wenn die Wohnung der
Partei im Bereich des Ortsbestellverkehrs liegt, an dem folgenden, im übrigen an dem zweiten Werktage nach der Aufgabe
zur Post als bewirkt, sofern nicht die Partei glaubhaft macht,
daß ihr die Mitteilung nicht oder erst in einem späteren Zeitpunkt zugegangen ist.**

1   Für Schriftsätze und Parteierklärungen (für gerichtliche Verfügungen
und Beschlüsse § 329 Abs 2, Abs 3) ist in den genannten Fällen förmliche Zustellung vorgeschrieben, im Übrigen genügt formlose Mitteilung
unter den Parteien oder durch das Gericht. Sachantrag (§ 297 Rn 1)
soll hier nach KG NJW 70, 616 nicht nur der sachbestimmende, sondern jeder sachbezogene (im Gegensatz zum reinen Prozessantrag) sein,
zB auf Zurückweisung der Berufung. Die Vermutung in S 2 hat Bedeutung im Fall der Säumnis (§ 335 Abs 1 Nr 3). Gilt auch für AG,
§ 495.

§ 271 Zustellung der Klageschrift

(1) **Die Klageschrift ist unverzüglich zuzustellen.**

(2) **Mit der Zustellung ist der Beklagte aufzufordern, einen
Rechtsanwalt zu bestellen, wenn er eine Verteidigung gegen
die Klage beabsichtigt.**

1   **1.** Die **Klagezustellung, Abs 1,** geschieht nach Einreichung der
Klageschrift (§ 253 Rn 1) von Amts wegen und führt zur Rechtshän-
gigkeit (§ 261). Unverzüglich bedeutet, sobald dies, grundsätzlich nach
Einzahlung der Verfahrensgebühr (§ 65 GKG), auch durch den Bekl
(Düsseldorf OLGZ 83, 117), im ordentlichen Geschäftsgang möglich
ist. Zugestellt wird eine beglaubigte Abschrift nach den Vorschriften in
§§ 166 ff. Mitteilung der Klageschrift an BKartellamt nach § 20 Abs 1
Nr 3 AGBG.

2. **Die Aufforderung nach Abs 2** ist nur im Anwaltsprozess (§ 78) **2**
vorgeschrieben. Infolge der Änderung von § 78 Abs 1 ist die Aufforderung nicht auf einen beim ProzGer zugelassenen RA zu beschränken. Unterbleiben der Aufforderung ist auf die Wirksamkeit der Zustellung ohne Einfluss.

§ 272 Bestimmung der Verfahrensweise

(1) **Der Rechtsstreit ist in der Regel in einem umfassend vorbereiteten Termin zur mündlichen Verhandlung (Haupttermin) zu erledigen.**

(2) **Der Vorsitzende bestimmt entweder einen frühen ersten Termin zur mündlichen Verhandlung (§ 275) oder veranlaßt ein schriftliches Vorverfahren (§ 276).**

(3) **Die Güteverhandlung und die mündliche Verhandlung sollen so früh wie möglich stattfinden.**

1. Der **Haupttermin** (Abs 1) ist das Kernstück des ZivProz. Die **1**
Vorschrift will Konzentration, Rationalisierung, Beschleunigung des Proz und Intensivierung der mdl Vhdlg erreichen. Wo es vom Stoff her irgend möglich ist, muss der Haupttermin der Einzige sein. Das ist nur erreichbar, wenn der Richter seine Pflicht zur umfassenden Vorbereitung ernst nimmt und die Prozessbeteiligten mitmachen. Die Möglichkeiten dazu bieten §§ 129 Abs 2, 273, 275 Abs 1, Abs 4, 276 Abs 1, Abs 3, 358 a. Die Prozessförderungspflicht durch Vorbereitung des Termins für die Parteien folgt aus §§ 129, 277 Abs 1, 282 Abs 2, 3, die Sanktionen im Falle der Verletzung ergeben sich aus § 296. Die Fassung „idR" lässt in engen Grenzen Ausnahmen zu, wie sie etwa in §§ 145 Abs 3, 146, 254, 280 Abs 1, 304 vorgesehen sind.

2. Zwischen 2 **Verfahrensweisen** (Abs 2) kann der Vorsitzende frei **2**
wählen außer in Ehe-, Kindschafts- (§§ 611 Abs 2, 640) und in Arbeitssachen (§ 46 Abs 2 S 2 ArbGG). Das schafft je nach der Fallgestaltung große Beweglichkeit. Maßgebender Gesichtspunkt muss sein, auf welchem Weg im Einzelfall die frühzeitige Sammlung des entscheidungserheblichen Streitstoffs besser herbeizuführen ist. Die Wahl ist spätestens nach Eingang der Klageerwiderung (§ 277 Abs 1 S 2) bzw Ablauf der Frist hierfür zu treffen. Vorheriges rechtliches Gehör dazu ist nicht erforderlich, die getroffene Wahl unanfechtbar (BGH 86, 31, Frankfurt MDR 83, 411), auch wenn der Vorsitzende das schriftliche Vorverfahren durch Terminsbestimmung abbricht (KG MDR 85, 416). Eine spätere Änderung dieser Wahl ist im Interesse klarer prozessualer Verhältnisse unzulässig, für sie besteht auch kein Bedürfnis (ebenso Bischof NJW 77, 1897, Bergerfurth JZ 78, 298, München MDR 83, 324).

a) **Früher erster Termin** bedeutet nicht, dass jedenfalls noch ein **3**
weiterer Haupttermin stattfinden muss, außer es handelt sich erkennbar um einen sog Durchlauftermin (BGH 86, 31, Karlsruhe OLGZ 83, 92). –
Er empfiehlt sich als **Haupttermin** (vgl § 275 Abs 2) in Sachen, in de- **4**

nen ihrer Art nach regelmäßig keine umfangreiche schriftliche Vorbereitung nötig ist, zB Urkundenprozess, Arrest, einstw Vfg, ferner wenn es im Wesentlichen um Rechtsfragen geht oder wenn der Kl schon in der Klage die Einwendungen des Beklagten und seine Replik vorwegnimmt, ferner wenn schon eine weitgehende Klärung und Stoffsammlung in einem vorausgehenden PKH-Verfahren stattgefunden hat. –

5 Als **Vorbereitung des Haupttermins** in Sachen, die wegen der Komplexität, besonderer tatsächlicher oder wirtschaftlicher Schwierigkeit des Sachverhalts oder der schriftlichen Ungewandtheit der Parteien besser mündlich aufzuklären sind. – Schließlich als **Haupt- oder**

6 **Vorbereitungstermin** in Sachen, in denen sich von vornherein eine nicht streitige, insbes eine vergleichsweise Erledigung anbietet. Terminsbestimmung §§ 216 (Rechtsbehelf dort Rn 11), 274 Abs 1, Abs 3 (Einlassungsfrist). Terminsbestimmung nach Mahnverfahren § 697 Abs 2, Abs 3; bei Mängeln der Klageerhebung § 253 Rn 19–21. Zahlung der Verfahrensgebühr vor Terminsbestimmung § 65 GKG. Vorbereitung des Termins und weiteres Verfahren §§ 273, 275.

7 **b) Schriftliches Vorverfahren** empfiehlt sich, wenn der Verhandlungstermin umfassenderer Vorbereitung bedarf u die Parteien schriftlich gewandt oder durch RAe vertreten sind. Zur erforderlichen Konzentration und Beschleunigung ist es regelmäßig nur geeignet, wenn der Richter zu Beginn des Prozesses die entscheidungserheblichen Fragen und Punkte erarbeitet u den schriftsätzlichen Vortrag durch gezielte Aufklärung darauf lenkt. Nach Mahnverfahren § 697 Abs 3, nach Einspruch § 700 Abs 3 S 2. Terminsbestimmung Abs 3, §§ 216, 274 Abs 3. Vorbereitung und weiteres Verfahren §§ 273, 276.

8 **3. Güteverhandlung und mündliche Verhandlung (Abs 3)** sind, von § 128 Abs 2 und § 331 Abs 3 abgesehen, in beiden Verfahrensweisen nötig. Wie früh die mdl Vhdlg möglich ist, hängt neben der Geschäftslast des Spruchkörpers davon ab, ob früher erster Termin, dieser mit oder ohne Schriftsatzfristen nach § 275 Abs 1, Abs 4 bestimmt wird oder ob schriftliches Vorverfahren veranlasst und wann in ihm die Sammlung des entscheidungserheblichen Stoffes vollendet ist. Auf jeden Fall hat ihr eine Güteverhandlung vorauszugehen (§ 278 Abs 2). Abs 3 gilt auch, falls die Parteien gerichtliche Auflagen nicht erfüllen (Hamm NJW-RR 99, 575). Er gilt nicht in den Fällen der §§ 612 Abs 1, 640 Abs 1, ferner §§ 246 Abs 3 S 2 AktG, 51 Abs 3 S 4, 96, 112 Abs 1 S 2 GenG. Für erforderlich werdende weitere Termine zur mdl Vhdlg gilt § 136 Abs 3 Hs 2.

§ 273 Vorbereitung des Termins

(1) **Das Gericht hat erforderliche vorbereitende Maßnahmen rechtzeitig zu veranlassen.**

(2) **Zur Vorbereitung jedes Termins kann der Vorsitzende oder ein von ihm bestimmtes Mitglied des Prozeßgerichts insbesondere**

1. den Parteien die Ergänzung oder Erläuterung ihrer vorbereitenden Schriftsätze aufgeben, insbesondere eine Frist zur Erklärung über bestimmte klärungsbedürftige Punkte setzen;
2. Behörden oder Träger eines öffentlichen Amtes um Mitteilung von Urkunden oder um Erteilung amtlicher Auskünfte ersuchen;
3. das persönliche Erscheinen der Parteien anordnen;
4. Zeugen, auf die sich eine Partei bezogen hat, und Sachverständige zur mündlichen Verhandlung laden sowie eine Anordnung nach § 378 treffen;
5. Anordnungen nach den §§ 142, 144 treffen.

(3) [1] Anordnungen nach Absatz 2 Nr. 4 und, soweit die Anordnungen nicht gegenüber einer Partei zu treffen sind, 5 sollen nur ergehen, wenn der Beklagte dem Klageanspruch bereits widersprochen hat. [2] Für die Anordnungen nach Absatz 2 Nr. 4 gilt § 379 entsprechend.

(4) [1] Die Parteien sind von jeder Anordnung zu benachrichtigen. [2] Wird das persönliche Erscheinen der Parteien angeordnet, so gelten die Vorschriften des § 141 Abs. 2, 3.

1. Zweck, Anwendungsbereich. Die Bestimmung gilt in allen 1 VerfWeisen (§ 272 Abs 2, § 128 Abs 2,). Sie dient der Beschleunigung, Konzentration und Rationalisierung des Prozesses in jeder Phase, insbesondere der Vorbereitung jeder Vhdlg u der schriftl Entscheidung. Sie gibt dem Richter ein gutes Instrument zur gelenkten und frühzeitigen Beschaffung des entscheidungserheblichen Stoffes in die Hand und macht ihm zur Pflicht, davon im normalen Geschäftsgang Gebrauch zu machen; zu Eilanordnungen, um Verspätung der Partei auszugleichen, ist das Ger nicht verpflichtet (BGH NJW 80, 1102). – **Vorbereitende** 2 **Maßnahmen** (Abs 1) können sich auf die Herbeiführung von Prozesshandlungen, insbes Erklärungen der Parteien und auf die Bereitstellung von Beweismitteln erstrecken (Abs 2 Nr 5). Mit der Anordnung kann Fristsetzung für die Parteien (Abs 2 Nr 1), auch im Zusammenhang mit § 275 Abs 1 S 1, Abs 4, § 276 Abs 1 S 1 Hs 2, Abs 3 verbunden werden. Weitere zulässige Anordnungen sind zB Beibringung von Augenscheinsobjekten (Abs 2 Nr 5, § 144), Nachweis fremden Rechts. Noch weitergehende Maßnahmen kann das Gericht zur Vorbereitung oder Durchführung einer Beweisaufnahme durch Erlass eines Beweisbeschlusses schon vor der mdl Vhdlg nach § 358a treffen. – **Bei Kollegialge-** 3 **richten** kann ein Mitglied die Anordnung treffen, wenn das Vorbringen nach seinem Ermessen erheblich sein kann; ob es erheblich ist, entscheidet das Kollegium in der Verhandlung. Dass auf diese Weise ein Zeuge einmal unnötig geladen wird, ist in Kauf zu nehmen (BGH NJW 75, 1744). – **Bei verspätetem Vorbringen** hat das Gericht die 4 Pflicht, die Verspätung durch zumutbare Maßnahmen auszugleichen, also dann, wenn es sich um einfache, klar abgegrenzte Streitpunkte handelt, die sich durch Vernehmung weniger greifbarer Zeugen im

Rahmen der mdl Vhdlg ohne unzumutbaren zeitlichen Aufwand klären lassen (BGH NJW 84, 1964; 99, 3272: Unzumutbar 8 Zeugen zu komplexem Beweisthema). Die Vorbereitung einer Beweiserhebung kommt idR nur dann in Betracht, wenn durch einzelne Beweismittel bestimmte Streitpunkte in der Verhandlung geklärt werden können; ihr Zweck ist nicht, eine umfangreiche, nicht überschaubare Beweisaufnahme in der ersten Verhandlung zu ermöglichen, nur um die säumige Partei davor zu bewahren, dass ihr verspätetes Vorbringen unberücksichtigt bleibt (BGH NJW 80, 1102; 84, 1964; aA Deubner NJW 79, 337, Wolf ZZP 94, 310/315). Das gilt auch für die 2. Instanz (Köln

5 NJW-RR 97, 150). – **Gilt nicht** im Arrest- und Verfügungsprozess wegen der Beschränkung auf präsente Glaubhaftmachung (§ 294 Abs 2; München WRP 78, 400), außer eine arme Partei macht glaubhaft, dass sie den Zeugen zum Termin nicht selbst stellen kann (Teplitzky DRiZ 82, 41).

6 **2. Beispiele zulässiger Maßnahmen (Abs 2): Nr 1** ermöglicht **Herbeiführung weiteren Parteivortrags** zur Aufklärung wie § 139 Rn 3–10. Bei Fristsetzung ist die Verfügung zuzustellen (§ 329 Abs 2 S 2). Sanktion iF der Versäumung § 296 Abs 1. Belehrung der Partei über diese Folge ist nicht vorgeschrieben (Düsseldorf MDR 85, 417). –

7 **Nr 2.** Die **Amtsauskunft** ist ein zulässiges Beweismittel (BGH BB 76, 480). Sie ersetzt je nach Inhalt die Zeugenvernehmung des Amtsträgers oder ein Sachverständigengutachten (BGH MDR 64, 223). Bei Einverständnis der Parteien auch Auskunft einer ausländischen Behörde. Beweisgebühr fällt erst bei Verwertung des Beweismittels an (KG MDR 87, 858; aA Koblenz MDR 87, 410). Vgl auch § 358a Nr 2.

8 **Nr 3, persönliches Erscheinen der Parteien,** ergänzt § 141, der auch in Abs 1 anwendbar ist.

9 **Nr 4.** – **a) Zeugen** darf das Gericht nur laden, verbunden mit einer Anordnung nach § 378, wenn sich eine Partei auf den Zeugen berufen und der Beklagte dem Klageanspruch widersprochen hat (Abs 3 S 1). §§ 377 Abs 1, Abs 2 und 380 gelten (KG NJW 76, 719). Da die Vorschrift nur der Vorbereitung, nicht der Durchführung der Vernehmung dient, erlaubt sie nicht Vernehmung außerhalb der mdl Vhdlg oder Einholung schriftlicher Auskünfte nach § 377 Abs 3. Dies kann durch Beweisbeschluss schon vor der mdl Vhdlg angeordnet werden (§ 358a Nr 1, 3). Erst dadurch fällt die Beweisgebühr an (München NJW 72,

10 2139; KG MDR 75, 500). – **b) Sachverständige** kann das Gericht, ohne dass sich eine Partei darauf berufen hat (§ 144 Abs 1), laden, wenn der Bekl dem Klageanspruch widersprochen hat (Abs 3 S 1). Einholung eines schriftlichen Gutachtens kann durch Beweisbeschluss schon vor mündl Vhdlg angeordnet werden (§ 358a Nr 4). Erst dadurch fällt die

11 Beweisgebühr an. – **c) Vorschuss** kann nach Maßgabe der §§ 402, 379 (dort Rn 1) verlangt werden (Abs 3 S 2).

12 **Nr 5. Vorlage von Urkunden und Augenscheinsobjekten** durch die Parteien oder Dritte gem §§ 142, 144 (s dort) kann angeordnet

werden. Auf die Urkunden oder sonstigen Unterlagen muss sich eine Partei bezogen haben (§ 142 Abs 1 S 1). Anordnungen gegenüber Dritten dürfen nur ergehen, wenn der Bekl dem Klageanspruch widersprochen hat (Abs 3 S 1).

3. Richtiger Zeitpunkt für diese Maßnahmen ist so frühzeitig wie **13** möglich (Abs 1 und § 272 Abs 1). Das kann bei Nrn 1, 3 bereits nach Eingang der Klage sein (insoweit falsch OLG Köln 73, 365). Bei Nrn 2, 4, 5 frühestens nach Eingang der Klageerwiderung, weil dann erst feststeht, inwieweit es im Termin einer Beweiserhebung bedarf. Auch die Anwendung des § 296 setzt eine frühere Ladung nicht voraus (BGH NJW 87, 499).

4. Benachrichtigung der Parteien von den angeordneten Maß- **14** nahmen nach Abs 4. Verwertung ohne Benachrichtigung ist Verletzung des Rechts auf rechtliches Gehör (BVerfG NJW 94, 1210). Beweisaufnahme ohne Benachrichtigung ist wegen des Überraschungseffekts unzulässig (Schleswig NJW 91, 303; aA Giessler NJW 91, 2885), Rügeverzicht und Heilung (§ 295) möglich. Die **Aufnahme der vorbereiteten Beweise,** auch Einnahme eines Augenscheins folgt den allg Regeln §§ 355 ff. Im **arbeitsgerichtlichen Verfahren** ähnliche Regelung in § 56 ArbGG, der aber die Anwendung des § 273 nicht ausschließt (Grunsky JZ 78, 81).

§ 274 Ladung der Parteien; Einlassungsfrist

(1) **Nach der Bestimmung des Termins zur mündlichen Verhandlung ist die Ladung der Parteien durch die Geschäftsstelle zu veranlassen.**

(2) **Die Ladung ist dem Beklagten mit der Klageschrift zuzustellen, wenn das Gericht einen frühen ersten Verhandlungstermin bestimmt.**

(3) [1]**Zwischen der Zustellung der Klageschrift und dem Termin zur mündlichen Verhandlung muß ein Zeitraum von mindestens zwei Wochen liegen (Einlassungsfrist).** [2]**Ist die Zustellung im Ausland vorzunehmen, so hat der Vorsitzende bei der Festsetzung des Termins die Einlassungsfrist zu bestimmen.**

1. Ladung zu jedem Termin von Amts wegen, ausgenommen **1** §§ 218, 497 Abs 2. Bei frühem erstem Verhandlungstermin (§§ 272 Abs 2, 275) ist die Ladung zugleich mit der Klage zuzustellen (Abs 2). Ladung weiterer Beteiligter im Kindschaftsprozeß § 640 e.

2. Die Einlassungsfrist (Abs 3) ist gesetzliche Zwischenfrist nur **2** gegen Beklagten. Sie wird mit erster Klagezustellung auch in Lauf gesetzt, wenn, zB gem § 276, die Terminsladung erst nach der Klage zugestellt wird, weil die Klage auch ohne Terminsbestimmung mit Zustellung wirksam erhoben ist (BGH 11, 176). Berechnung § 222, Abkürzung § 226. Gilt auch für die höheren Instanzen (§§ 523 Abs 2, 553

3 Abs 2). – **Gilt nicht** im Arrest- und einstw VfgsVerfahren, weil mit
ihrem Zweck, rascher Titel, nicht vereinbar. Ferner nicht bei nachträglicher Klageerhebung (§ 261 Rn 3) und Widerklage.

4   **3. Ist die Frist nicht gewahrt,** so hat der Bekl Recht auf Rüge
und Vertagung und es darf gegen ihn kein Versäumnisurteil ergehen
(§ 335 Abs 1 Nr 3).

§ 275 Früher erster Termin

(1) ¹**Zur Vorbereitung des frühen ersten Termins zur mündlichen Verhandlung kann der Vorsitzende oder ein von ihm
bestimmtes Mitglied des Prozeßgerichts dem Beklagten eine
Frist zur schriftlichen Klageerwiderung setzen.** ²**Andernfalls ist
der Beklagte aufzufordern, etwa vorzubringende Verteidigungsmittel unverzüglich durch den zu bestellenden Rechtsanwalt in
einem Schriftsatz dem Gericht mitzuteilen; § 277 Abs. 1 Satz 2
gilt entsprechend.**

(2) **Wird das Verfahren in dem frühen ersten Termin zur
mündlichen Verhandlung nicht abgeschlossen, so trifft das Gericht alle Anordnungen, die zur Vorbereitung des Haupttermins noch erforderlich sind.**

(3) **Das Gericht setzt in dem Termin eine Frist zur schriftlichen Klageerwiderung, wenn der Beklagte noch nicht oder
nicht ausreichend auf die Klage erwidert hat und ihm noch
keine Frist nach Absatz 1 Satz 1 gesetzt war.**

(4) ¹**Das Gericht kann dem Kläger in dem Termin oder nach
Eingang der Klageerwiderung eine Frist zur schriftlichen Stellungnahme auf die Klageerwiderung setzen.** ²**Außerhalb der
mündlichen Verhandlung kann der Vorsitzende die Frist setzen.**

1   **1. Regelungsgehalt, Zweck.** Die Vorschrift regelt die Vorbereitung, vorwiegend durch Fristsetzung, des frühen ersten Termins, der
Haupttermin sein kann, ggf des folgenden Haupttermins (§ 272). Das
schriftliche Vorverfahren zunächst ohne Terminsbestimmung ist in § 276
2   geregelt. Zur Wahlmöglichkeit § 272 Rn 2. – **Abs 1** betrifft die Vorbereitung des ersten Termins gegenüber dem Beklagten, **Abs 2** die
Vorbereitung des ggf folgenden Haupttermins gegenüber beiden Parteien, **Abs 3** schreibt Fristsetzung gegenüber dem Bekl vor, der im ersten
Termin noch nicht ausreichend auf die Klage erwidert hat, **Abs 4** lässt
die Fristsetzung gegenüber dem Kl zu. Diese Anordnungen können
und sollten zweckmäßigerweise mit Maßnahmen nach §§ 139, 273, sie
können geeignetenfalls bereits mit Anordnung und Durchführung einer
3   Beweisaufnahme nach § 358a verbunden werden. – **Ziel** ist Erledigung
des Rechtsstreits in einem Haupttermin und so früh wie möglich
(§ 272 Abs 1, Abs 3). Dabei kann der frühe erste Termin häufig Haupttermin sein (§ 272 Rn 3–6). In ihm können nicht streitig werdende

Sachen durch VersU, AnerkenntnisUrt, Erledigungserklärung, Klagerücknahme, Vergleich erledigt werden. Außerdem bietet der Termin Gelegenheit, mit den Parteien den Streitstoff zu erörtern u einzugrenzen u Beweiserhebungen anzuordnen, falls die Sache noch nicht entscheidungsreif ist. – §§ 275–277 gelten nicht in Arbeitssachen (§ 46 Abs 2 2 ArbGG).

2. Fristsetzung zur Klageerwiderung, Abs 1 S 1, Abs 3. Gilt 4 nicht in Ehe- u Kindschaftssachen, §§ 611 Abs 2, 640. – **a) Vor dem ersten Termin (Abs 1 S 1)** kann der Vorsitzende oder ein von ihm bestimmtes Mitglied des Kollegiums nach Ermessen eine Frist zur Klageerwiderung setzen, am besten gleichzeitig mit der unverzüglichen (§ 216 Abs 2) Bestimmung des Verhandlungstermins. Die Vfg muss ordnungsgemäß unterzeichnet sein – Paraphe genügt nicht (BGH VersR 83, 33) – und ist gem § 329 Abs 2 S 2 zuzustellen, am besten mit der Klage zusammen (§ 271 Abs 1) und der Ladung zum Termin (§ 274 Abs 2), ggf in Verbindung mit Vorbereitungsmaßnahmen nach § 273. Die Fristsetzung ist ein geeignetes Mittel, die Zeit bis zum Verhandlungstermin sinnvoll zu nutzen. Unterbleibt die Fristsetzung, so muss Aufforderung gem Abs 1 S 2 an den Bekl ergehen. – **b) Im ersten** 5 **Termin (Abs 3)** muss das Gericht (ER §§ 348, 348a, Vorsitzender der KfH § 349 Rn 1) dem Beklagten eine Frist zur schriftlichen Klageerwiderung setzen, falls er überhaupt noch nicht oder noch nicht ausreichend auf die Klage erwidert hat u ihm vor dem Termin noch keine Frist nach Abs 1 S 1 gesetzt war. Der Beschluss ist zu verkünden (§ 329 Abs 1 S 1), ggf in Verbindung mit weiteren Vorbereitungsmaßnahmen (Abs 2, §§ 139, 273). – **c) Dauer der Frist** in beiden Fällen mindes- 6 tens 2 Wochen (§ 277 Abs 3) ab Zustellung bzw Verkündung. Diese Mindestfrist ist in RAProz idR zu kurz. Die Fristbemessung richtet sich nach dem Einzelfall (München MDR 80, 147), zB Umfang der Sache u der noch fehlenden Aufklärung, Schwierigkeit bei der Beschaffung nötiger Unterlagen, Wohnort des Beklagten, Besprechung mit RA, Umsetzung in Schriftsatz, dessen Absetzung im Kanzleibetrieb, voraussichtliche Notwendigkeit schriftlicher Erwiderung des Kl. Außerdem ist die Frist mit dem nach der Geschäftslast nächst möglichen (§ 272 Abs 3 für den einzigen, § 278 Abs 4 für weiteren) VhdlgsTermin abzustimmen. Berechnung, Änderung der Frist vgl §§ 222 ff. – **d) Bei Fristversäu-** 7 **mung** gilt, außer wenn die Frist unangemessen kurz gesetzt war (BGH 124, 71), § 296 Abs 1. Darüber ist der Bekl mit der Fristsetzung zu belehren (§ 277 Abs 2). Verhältnis zur Einspruchsbegründungsfrist § 340 Rn 9.

3. Fristsetzung an Kläger, Abs 4. Gilt nicht in Ehe- u Kind- 8 schaftssachen, §§ 611 Abs 2, 640. – **a) Fälle.** Das Gericht (ER § 348 Rn 1, 2, Vorsitzender der KfH § 349 Rn 1) kann dem Kl eine Frist zur schriftlichen Stellungnahme auf die Klageerwiderung setzen u zwar entweder im ersten Termin durch zu verkündenden Beschluss (§ 329 Abs 1 1) oder nach Eingang der Klageerwiderung; dies kann vor oder

nach (Abs 3) dem VhdlgsTermin sein, dann durch zuzustellende Vfg
(§ 329 Abs 2 S 2) des Vorsitzenden (Abs 4 S 2). Verbindung mit anderen Vorbereitungsmaßnahmen nach Abs 2 u §§ 139, 273 ist zweckmä-
9 ßig. – **b)** Für die **Dauer der Frist** (§ 277 Abs 4) u ihre **Versäumung**
gelten Rn 6, 7.

10 **4. Andere Anordnungen, Abs 2,** am besten in Verbindung mit
der Fristsetzung, können erforderlich sein, wenn im frühen ersten Termin die mdl Vhdlg noch nicht abgeschlossen werden kann. In Frage
kommen Anordnungen im Rahmen der sachlichen Prozessleitung, wie
sie in der mdl Vhdlg in § 139, außerhalb der mdl Vhdlg in § 273 vorgesehen sind, ferner Erlass eines Beweisbeschlusses. Ggf ist sofort
Haupttermin zu bestimmen. Die Bestimmung eines Verkündungstermins zum Erlass eines Beweisbeschlusses ist iF des § 283 (dort Rn 7)
denkbar, aber wegen der Möglichkeit seines Erlasses nach § 358 a in
geeigneten Fällen vermeidbar.

§ 276 Schriftliches Vorverfahren

(1) [1] **Bestimmt der Vorsitzende keinen frühen ersten Termin
zur mündlichen Verhandlung, so fordert er den Beklagten mit
der Zustellung der Klage auf, wenn er sich gegen die Klage
verteidigen wolle, dies binnen einer Notfrist von zwei Wochen
nach Zustellung der Klageschrift dem Gericht schriftlich anzuzeigen; der Kläger ist von der Aufforderung zu unterrichten.
[2] Zugleich ist dem Beklagten eine Frist von mindestens zwei
weiteren Wochen zur schriftlichen Klageerwiderung zu setzen.
[3] Ist die Zustellung der Klage im Ausland vorzunehmen, so
bestimmt der Vorsitzende die Frist nach Satz 1.**

(2) **Mit der Aufforderung ist der Beklagte über die Folgen einer Versäumung der ihm nach Absatz 1 Satz 1 gesetzten Frist
sowie darüber zu belehren, daß er die Erklärung, der Klage
entgegenzutreten zu wollen, nur durch den zu bestellenden
Rechtsanwalt abgeben kann.**

(3) **Der Vorsitzende kann dem Kläger eine Frist zur schriftlichen Stellungnahme auf die Klageerwiderung setzen.**

1 **1. Regelungsgehalt, Zweck.** Die Vorschrift regelt das schriftliche
Vorverfahren, während § 275 das Verfahren bei frühem erstem Termin
regelt. Wahlmöglichkeit zwischen beiden Verfahrensweisen § 272
Rn 2. Die Abs 1 u Abs 2 schreiben die an den Bekl zu richtende Aufforderung mit einer Notfrist zur Anzeige und einer richterlichen Frist
zur Klageerwiderung vor, Abs 3 lässt Fristsetzung für die Replik des Kl
zu. Zweck des Vorverfahrens ist, zunächst festzustellen, was nicht streitig wird und diese Sachen nach ergebnislosem Ablauf der Notfrist rasch
durch AnerkenntnisUrt oder VersU im schriftlichen Vorverfahren
(§§ 307 Abs 2, 331 Abs 3) zu erledigen, sowie zugleich streitig blei-
bende Sachen durch konzentrierte und gelenkte Stoffsammlung auf

schriftlichem Weg so vorzubereiten, dass sie so früh wie möglich in einem Haupttermin erledigt werden können (§ 272 Abs 1, Abs 3). Abs 2 S 2, Abs 3 sind auch im schriftlichen Verfahren nach § 128 Abs 2 anwendbar. § 276 gilt nicht in Ehe-, Kindschafts- (§§ 611 Abs 2, 640 Abs 1) und Arbeitssachen (§ 272 Rn 2).

2. Die **Aufforderung** (Abs 1, Abs 2) muss der Vorsitzende (ER **2** §§ 348, 348 a) zugleich mit der unverzüglich vorzunehmenden Klagezustellung (§ 271 Abs 1) ohne Terminsbestimmung an den Bekl richten. Terminsbestimmung schon jetzt ist entgegen Grunsky JZ 77, 203 unzulässig; das wäre eine Vermengung der zwei vom Gesetz deutlich unterschiedenen Verfahrensweisen (sinngemäß § 272 Rn 2). Die richterliche Vfg, zuzustellen nach § 329 Abs 2 S 2 (BGH 76, 236 u NJW 80, 1960), hat folgenden Inhalt: Aufforderung zur Anzeige eines Notfrist (Abs 1 S 1), Fristsetzung zur Klageerwiderung (Abs 1 S 2), 2 Belehrungen nach Abs 2 und 2 Belehrungen nach § 277 Abs 2, am AG zusätzlich Belehrung nach § 499. Die Unterrichtung des Kl (Abs 1 S 1 Hs 2) bezweckt, dass er vom schriftlichen Vorverfahren in Kenntnis gesetzt wird.

3. Die Notfrist zur Anzeige (Abs 1 S 1), dass Beklagter sich ge- **3** gen die Kl verteidigen wolle, beträgt 2 Wochen; bei Klagezustellung im Ausland bestimmt sie der Vorsitzende (Abs 1 S 3) zusammen mit der Einlassungsfrist (§ 274 Abs 3 S 2). Die Zustellung der Vfg im Ausland richtet sich nach § 183; Aufforderung zur Benennung eines Zustellungsbevollmächtigten im Inland ist nach § 184 möglich. Die Notfrist beginnt mit Zustellung der Klage samt Aufforderung, für Streitgenossen ggf unterschiedlich (§ 61 Rn 1–3, § 62 Rn 1–6). Berechnung § 222. Für die Rechtzeitigkeit kommt es auf den Eingang der Anzeige bei dem Gericht als solchem, nicht notwendig bei der Geschäftsstelle des zuständigen Spruchkörpers an (Frankfurt MDR 00, 902; s auch Rn 7).

a) Gibt der Beklagte innerhalb der Frist keine Erklärung ab – **4** im Rahmen des Anwaltsprozesses (§ 78) wirksam nur durch RA –, so folgt auf Antrag des Kl die schriftliche Entscheidung, nämlich VersU gegen Bekl gem § 331 Abs 3 mit der dort genannten Ausnahme oder Klageabweisung durch streitiges Urt (12 vor § 330). Stellt der Kl diesen Antrag nicht, wird Termin zur mdl Vhdlg bestimmt. Über diese Folgen der Versäumung und ggf den RA-Zwang ist der Bekl mit der Aufforderung zu belehren (Abs 2); iF des Unterbleibens ist VersU unzulässig (§ 335 Abs 1 Nr 4). – Zum **Schutz eines bedürftigen Beklagten,** **5** der zunächst PKH beantragt, ist die Ausgestaltung der Frist als Notfrist mit der Möglichkeit der Wiedereinsetzung gegen ihre Versäumung keine geeignete Regelung (Rastätter NJW 78, 95, Kramer ZZP 95, 71). Hat ein RA die Anzeige nach Ablauf der Notfrist abgegeben, so bedarf es zur Vermeidung eines VersU eines Wiedereinsetzungsantrages gegen die Versäumung der Notfrist (§ 233) nicht, weil das bei Eingang der Anzeige der GeschSt noch nicht übergebene Urt nicht mehr erlassen werden darf (§ 331 Abs 3); in diesem Fall nimmt das Vorverfahren seinen Fortgang. War das Urt bei Eingang der Anzeige (KG MDR 89, 1003) der GeschSt bereits übergeben, so wird es erlassen (§ 310 Rn 3); dann hilft dem Bekl die Wiedereinsetzung nicht, denn sie beseitigt nicht das VersU, sondern nur die Versäumung der Anzeigefrist (KG NJW-RR 97, 56). Vielmehr ist der gegebene Rechtsbehelf Einspruch gegen das VersU. Hat der Bekl ohne RA die Verteidigungsanzeige bis zum Erlass des Urt (§ 331 Abs 3) erstattet und PKH beantragt, so ist die Entscheidung über den Antrag des Kl auf Erlass eines VersU in entsprechender Anwendung des § 337 bis zur Entscheidung über den PKH-Antrag und Ablauf einer Überlegungsfrist zurückzustellen (Franzki DRiZ 77, 161, Brandenburg NJW-RR 02, 285).

6   **b) Anerkennt der Beklagte** – im Rahmen des § 78 ebenfalls Anwaltszwang – den Klageanspruch, bevor ein schriftliches Urt erlassen ist (Rn 4; ähnlich Bolander NJW 97, 35), so ergeht bei Vorliegen der Voraussetzungen (§ 307 Rn 10) ohne Antrag des Kl schriftliches AnerkenntnisUrt gem § 307 Abs 2. Kosten bei Anerkenntnis § 93.

7   **c)** Geht die **Anzeige** des Bekl vor Erlass eines schriftlichen Urt ein – RA-Zwang im Rahmen des § 78 –, so nimmt das schriftliche Vorverfahren seinen Fortgang. Dabei muss sichergestellt werden, dass das Urt nicht vor dem Zeitpunkt der GeschSt übergeben wird, bis zu dem eine mit der Post oder bei der allgemeinen Einlaufstelle fristgerecht eingegangene Anzeige bei den Akten ist.

8   **d)** Im **Mahnverfahren** gelten bei Wahl des schriftlichen Vorverfahrens nach Widerspruch oder Einspruch §§ 697 Abs 2, 700 Abs 4.

9   **4. Fristsetzung zur Klageerwiderung, Abs 1 S 2. – a) Zu bestimmen** hat die Frist der Vorsitzende gleichzeitig mit der Aufforderung zur Anzeige gem Abs 1 S 1. Entsprechende Vorschrift nach Mahnverfahren in § 697 Abs 2 S 2. Er kann weitere Vorbereitungsmaßnahmen nach §§ 139, 273 damit verbinden. Dass ein vom Vorsitzenden bestimmtes Mitglied des Kollegiums die Frist setzt, ist hier, anders als in §§ 273 Abs 2, 275 Abs 1 S 1, nicht vorgesehen. Trotzdem handelt es sich in solchem Falle um eine wirksame richterliche Fristsetzung (aA, zu formalistisch, BGH NJW 91, 2774; abl Vollkommer EWiR § 296 1/91, 929). Dass die Frist nur für den Fall der Anzeige gemäß Abs 1 S 1 gesetzt sei (so Düsseldorf NJW 81, 2264), ist weder dem Wortlaut noch dem Sinn der Vorschrift zu entnehmen (ebenso Deubner NJW aaO). – **b) Dauer** mindestens 2 weitere Wochen ab

10   Ende der Notfrist zur Anzeige in Abs 1 S 1. IÜ richtet sich die Bemessung nach dem Einzelfall, vgl ähnlich § 275 Rn 6. Berechnung, Änderung der Frist vgl §§ 222 ff. – **c) Nach Eingang der Klageerwide-**

11   **rung** innerhalb der Frist setzt, wenn nötig, der Vorsitzende dem Kl eine Frist zur Replik (Abs 3) oder/und bestimmt VhdlgTermin so früh wie möglich (§ 272 Abs 3). Damit sind erforderlichenfalls weitere Vorbereitungsmaßnahmen zu verbinden, wie sie § 139 in, § 273 außerhalb der mdl Vhdlg vorschreiben und wie sie weitergehend § 358 a zulässt. –

12   **d) Im Falle der Fristversäumung** bestimmt der Vorsitzende Vhdlgs-

Termin so früh wie möglich (§ 272 Abs 3). Die Zulassung späteren Vorbringens richtet sich nach § 296 Abs 1. Darüber ist der Bekl mit der Fristsetzung zu belehren (§ 277 Abs 2). Verhältnis zur Einspruchsbegründungsfrist § 340 Rn 9.

5. Fristsetzung an Kläger, Abs 3. – a) Frist zur Replik kann **13** der Vorsitzende dem Kl durch zuzustellende Vfg (§ 329 Abs 2 S 2) setzen, auch nach Mahnverfahren, § 697 Abs 2 S 2. Dies kann wirksam erst nach Eingang der Klageerwiderung geschehen (BGH NJW 80, 1167), erforderlichenfalls in Verbindung mit weiteren Vorbereitungsmaßnahmen gem §§ 139, 273. Ohne gleichzeitige Zustellung der Klageerwiderung ist die Fristsetzung unwirksam (Nürnberg MDR 91, 357). Ist eine schriftliche Replik nicht veranlasst, bestimmt der Vorsitzende Vhdlgs-Termin so früh wie möglich (§ 272 Abs 3). Wenn ihm ein Abwarten der Replik nicht veranlasst erscheint, kann er den Vhdlgs-Termin auch schon gleichzeitig mit der Fristsetzung bestimmen. Jedenfalls muss ein längeres Hin- und Herschreiben, zumal ohne richterliche Lenkung vermieden werden. Weitergehende Anordnungen lässt § 358a zu. – **b)** Für die **Dauer** (§ 277 Abs 4) u **Versäumung** gelten **14** Rn 10, 12.

§ 277 Klageerwiderung; Replik

(1) [1]**In der Klageerwiderung hat der Beklagte seine Verteidigungsmittel vorzubringen, soweit es nach der Prozeßlage einer sorgfältigen und auf Förderung des Verfahrens bedachten Prozeßführung entspricht.** [2]**Die Klageerwiderung soll ferner eine Äußerung dazu enthalten, ob einer Entscheidung der Sache durch den Einzelrichter Gründe entgegenstehen.**

(2) Der Beklagte ist darüber, daß die Klageerwiderung durch den zu bestellenden Rechtsanwalt bei Gericht einzureichen ist, und über die Folgen einer Fristversäumung zu belehren.

(3) Die Frist zur schriftlichen Klageerwiderung nach § 275 Abs. 1 Satz 1, Abs. 3 beträgt mindestens zwei Wochen.

(4) Für die schriftliche Stellungnahme auf die Klageerwiderung gelten Absatz 1 Satz 1 und Absätze 2 und 3 entsprechend.

1. Regelungsgehalt. Abs 1 gibt inhaltliche Vorschriften für die **1** Klageerwiderung sowohl bei frühem erstem Termin (§ 275) wie im schriftlichen Vorverfahren (§ 276). Entspr Vorschrift für das Vorbringen beider Parteien in der mdl Vhdlg in § 282 Abs 1 S 1. Verteidigungsmittel § 146 Rn 2. – **Abs 3** schreibt eine Mindestdauer von 2 Wochen **2** für die Klageerwiderungsfrist bei frühem erstem Termin vor; Rn 12. Gleiche Mindestfrist im schriftlichen Vorverfahren in § 276 Abs 1 2. – **Abs 4** erweitert die Inhalts- und die Mindestfristvorschrift auf die **3** schriftliche Replik des Klägers; Rn 13. – **Abs 2** schreibt Belehrungen **4** vor; Rn 9–11. – § 277 gilt auch nach Mahnverfahren (§ 697 Abs 2).

5   **2.** Für den **Inhalt der Klageerwiderung** stellt **Abs 1,** gleichgültig ob eine Frist dafür gesetzt ist oder nicht, eine Prozessförderungspflicht für den Bekl iS einer Konzentration und Beschleunigung auf derart, dass der Proz in einem einzigen Haupttermin erledigt werden kann. Ger u Kl sollen so frühzeitig wie möglich sehen, worauf die Verteidigung des Bekl hinausläuft. Damit soll tröpfchenweise sukzessives Verteidigungsvorbringen zum Zweck der Prozessverzögerung ausgeschlossen und aus Nachlässigkeit lückenhaftes Verteidigungsvorbringen verhindert

6   werden. – **Abzustellen ist auf die Prozesslage,** dh der Bekl muss in der Klageerwiderung auf die schlüssigen und substantiierten Tatsachenbehauptungen, mit denen der Kl seine Klage begründet und auf ev bereits gemachte Auflagen oder Hinweise des Gerichts eingehen. Soweit er also klagebegründende Behauptungen bestreiten will, muss er dies vollständig und substantiiert, ggf mit seiner eigenen abweichenden Tatsachendarstellung unter Antritt seiner Gegenbeweise tun. Ebenso muss er bereits in der Klageerwiderung alle Gegenrechte, auf die er sich berufen will, unter Beweisantritt geltend machen, gleichgültig ob es sich um rechtshindernde, -vernichtende oder -hemmende (Rn 45 vor § 253) handelt (vgl „Einwendungen, Einreden, Beweismittel" in § 282 Abs 1). Das gilt auch für Aufrechnung ohne Rücksicht, ob Konnexität besteht oder nicht, einschließlich der Tatsachenbehauptungen und Beweisanträge zu ihrer Rechtfertigung (BGH NJW 91, 293/303) und für Verjährung (Schneider MDR 77, 793). Das ergibt sich aus dem Ges-Wortlaut in §§ 277 Abs 1, 282 Abs 1 und aus der Pflicht, den Rechtsstreit idR in einem Haupttermin zu erledigen (§ 272 Abs 1). Mit der ProzFörderungspflicht vereinbar ist die bloße Angabe des Verteidigungsmittels noch ohne Einzelheiten, verbunden mit der Anregung einer Aufteilung des Proz in den vom Gesetz selbst vorgesehenen Ausnahmefällen (§ 272 Rn 1 aE); will das Gericht diese Anregung nicht aufgreifen, so muss es entspr Hinweis geben und Vervollständigung des

7   Vorbringens verlangen. – **Mitwirkungspflicht des Gerichts,** so frühzeitig wie möglich bei der Stoffsammlung einschl der Beweisangebote mitzuwirken (§§ 139 Abs 1, 273) und rechtliche Hinweise zu geben (§ 139 Abs 1, 2), das notwendige Korrelat zur ProzFörderungspflicht

8   der Parteien. – **Abs 1 Satz 2** sichert als Gegenstück zu § 253 Abs 3 aE das rechtliche Gehör des Bekl vor Entscheidung der Sache durch den ER (§§ 348, 348 a). Wie diese Bestimmung bei frühem erstem Termin (§ 275) mit der unverzüglichen Terminsbestimmung (§ 216 Abs 2 vor der Kammer? vor dem ER?) in Einklang zu bringen ist, sagt das Gesetz nicht. Man wird „unverzüglich" verstehen können als nach Eingang der Klageerwiderung bzw Fristablauf, was allerdings mit § 274 Abs 2 wieder nicht zusammenstimmt. – Für Rügen, die die Zulässigkeit der Klage betreffen, Sondervorschrift in § 282 Abs 3 2.

9   **3. Vorgeschriebene Belehrungen des Bekl. – a) Im RA-Prozess** über die Notwendigkeit der Anwaltsbestellung sowohl für die Anzeige innerhalb der Notfrist im schriftlichen Vorverfahren (§ 276 Abs 2)

wie für die Klageerwiderung in allen Fällen (Abs 2). – **b) Im RA- u** **10** **Parteiprozess** über die Folgen der Notfristversäumung zur Anzeige im schriftlichen Vorverfahren (§ 276 Abs 2) u über die Folgen der Versäumung jeder für die Klageerwiderung gesetzten Frist (Abs 2). Dies auch, wenn der Bekl zZ der Zustellung der Vfg bereits durch einen RA vertreten ist (BGH 88, 180) oder alsbald danach einen RA beauftragt (BGH NJW 86, 133). Versäumungsfolgen § 276 Rn 4, 5, § 275 Rn 7. – **c)** Als **Inhalt** der Belehrung genügt nicht die bloße Wiederholung des **11** Gesetzeswortlauts, außer der Bekl ist selbst zugelassener RA (BGH NJW 91, 493).

4. Die Mindestfrist für Klageerwiderung, Abs 3 beträgt 2 Wo- **12** chen. Sie gilt bei frühem erstem Termin sowohl für die Frist, die der Vorsitzende vor dem ersten Termin setzen kann (§ 275 Rn 4) wie für die Frist, die das Gericht ggf im ersten Termin setzen muss (§ 275 Rn 5). Bemessung richtet sich nach dem Einzelfall wie § 275 Rn 6.

5. Für die schriftliche Stellungnahme des Kl zur Klageerwide- **13** rung gelten nach **Abs 4** die der Prozessförderung dienende Inhaltsvorschrift des Abs 1 in jedem Fall und die Mindestfrist des Abs 3 sowohl bei frühem erstem Termin (§ 275 Rn 8) wie im schriftlichen Vorverfahren (§ 276 Rn 13), wenn dem Kl eine Frist für die schriftliche Replik gesetzt wurde, entsprechend. Abs 2, Belehrung über die Folgen der Fristversäumung, gilt entsprechend.

§ 278 Gütliche Streitbeilegung, Güteverhandlung, Vergleich

(1) **Das Gericht soll in jeder Lage des Verfahrens auf eine gütliche Beilegung des Rechtsstreits oder einzelner Streitpunkte bedacht sein.**

(2) [1]**Der mündlichen Verhandlung geht zum Zwecke der gütlichen Beilegung des Rechtsstreits eine Güteverhandlung voraus, es sei denn, es hat bereits ein Einigungsversuch vor einer außergerichtlichen Gütestelle stattgefunden oder die Güteverhandlung erscheint erkennbar aussichtslos.** [2]**Das Gericht hat in der Güteverhandlung den Sach- und Streitstand mit den Parteien unter freier Würdigung aller Umstände zu erörtern und, soweit erforderlich, Fragen zu stellen.** [3]**Die erschienenen Parteien sollen hierzu persönlich gehört werden.**

(3) [1]**Für die Güteverhandlung sowie für weitere Güteversuche soll das persönliche Erscheinen der Parteien angeordnet werden.** [2]**§ 141 Abs. 1 Satz 2, Abs. 2 und 3 gilt entsprechend.**

(4) **Erscheinen beide Parteien in der Güteverhandlung nicht, ist das Ruhen des Verfahrens anzuordnen.**

(5) [1]**Das Gericht kann die Parteien für die Güteverhandlung vor einen beauftragten oder ersuchten Richter verweisen.** [2]**In geeigneten Fällen kann das Gericht den Parteien eine außerge-**

richtliche Streitschlichtung vorschlagen. ³Entscheiden sich die
Parteien hierzu, gilt § 251 entsprechend.

(6) ¹Ein gerichtlicher Vergleich kann auch dadurch geschlossen werden, dass die Parteien einen schriftlichen Vergleichsvorschlag des Gerichts durch Schriftsatz gegenüber dem Gericht annehmen. ²Das Gericht stellt das Zustandekommen und
den Inhalt eines nach Satz 1 geschlossenen Vergleichs durch
Beschluss fest. ³§ 164 gilt entsprechend.

1   **1. Regelungsgehalt. Abs 1** unterstreicht die Pflicht des Ger zur
2 Förderung einer Einigung der Parteien durch Vergleich. – **Abs 6** regelt
den Abschluss eines Vergleichs durch Austausch von Schriftsätzen. –
3 **Abs 2** schreibt – ähnlich wie im ArbGerichtsverfahren – eine Güteverhandlung vor der mdl Vhdlg vor und regelt in Verbindung mit **Abs 3, 4**
4 das dabei zu beachtende Verfahren. – **Abs 5 S 1** gibt die Möglichkeit,
die Güteverhandlung einem beauftragten oder ersuchten Richter zu
übertragen. Nach S 2 können die Parteien auf außergerichtliche
Schlichtung (§ 15 a EGZPO) hingewiesen werden.

5   **2. Sühneversuch** soll nach **Abs 1** vorgenommen werden in jeder
Lage des Verfahrens, also auch nach Beweisaufnahme, in den Rechts-
mittelinstanzen, nach Wiedereröffnung der mdl Vhdlg (§ 156). Vor dem
Prozessgericht (Einzelrichter §§ 348, 348 a, 526, 527, Vorsitzender der
KfH § 349) formlos. Vertagung zwecks Sühneversuchs vor bes Einigungs-
ämtern § 27 a Abs 10 UWG. Arbeitsgericht §§ 54, 57 Abs 2 ArbGG.

6   **3. Güteverhandlung** ist nach **Abs 2** stets **vor** der 1. mdl Vhdlg, das
ist früher erster Termin (§ 275) oder Haupttermin nach schriftlichem
Vorverfahren (§ 276), durchzuführen, idR vor dem entscheidenden
Kollegium. Nach **Abs 5 S 1** kann Güteverhandlung auch vor dem beauftragten oder ersuchten Richter (dann durch Beschluss) angeordnet werden. In beiden letztgenannten Fällen kein Anwaltszwang (§ 78
7 Abs 3). – **Ausnahmen.** Keine Pflicht zur Güteverhandlung (Abs 2 S 1
Hs 2), wenn entweder ein Einigungsversuch vor einer außergerichtlichen Gütestelle (§ 15 a EGZPO) bereits stattgefunden hat oder wenn
nach dem Inhalt von Klage, Klageerwiderung und ggf Replik eine güt-
8 liche Beilegung des Rechtsstreits ausgeschlossen erscheint. – Zur **Durchführung** laden die Parteien persönlich vAw mit dem Hinweis nach
§ 141 Abs 3 S 3 zu laden (§ 141 Abs 2), außer es liegt ein Fall des § 141
Abs 1 S 2 vor. Erscheint eine geladene Partei nicht, kann gegen sie gem
§ 141 Abs 3 S 1 Ordnungsgeld verhängt werden, wenn sie nicht einen
geeigneten Vertreter (§ 141 Abs 3 S 2) zur Güteverhandlung entsendet. –
9 Der **Ablauf** der Güteverhandlung entspricht im Wesentlichen dem einer mdl Vhdlg, wie er durch § 139 Abs 1 vorgegeben ist (s dort Rn 1,
3–7). Der Zweck der Erörterung, an der die erschienenen Parteien
persönlich zu beteiligen sind (Abs 2 S 3), ist hier allerdings nicht so sehr
die Vorbereitung der gerichtlichen Endentscheidung, sondern das Erreichen eines prozessbeendenden Vergleichs.

4. Mögliches Ergebnis der Güteverhandlung: – **a)** Im Idealfall 10 endet die Güteverhandlung mit dem Abschluss eines gerichtlichen Vergleichs in der Form des § 160 Abs 3 Nr 1. – **b)** Möglicherweise einigen 11 sich die Parteien nur darauf, dass das Gericht ihnen nach Maßgabe gewisser Eckpunkte einen schriftlichen Vergleichsvorschlag unterbreitet. Dann kann ein Vergleich in der Form des Abs 6 (Rn 15) abgeschlossen werden. – **c)** In geeigneten Fällen, wenn etwa die Mithilfe von Steuer- 12 beratern, Sachverständigen oder anderen Experten erforderlich ist, kann das Ger eine außergerichtliche Streitschlichtung, etwa durch eine nach § 15a EGZPO eingerichtete Gütestelle oder durch einen Mediator vorschlagen. Gehen die Parteien auf den Vorschlag ein, ist das Ruhen des Verfahrens entsprechend § 251 anzuordnen. – **d)** Führt die Güte- 13 verhandlung zu keiner vollständigen Einigung, schließt sich sogleich der frühe erste Termin oder der Haupttermin an (§ 279 Abs 1), sofern das erkennende Ger tätig ist. Der beauftragte oder ersuchte Richter gibt in diesem Fall die Akten an das erkennende Ger zurück. – **e)** Wenn beide 14 Parteien zur Güteverhandlung nicht erscheinen, dh säumig sind iS von §§ 330, 331 (1–9 vor § 330), ist nach **Abs 4** das Ruhen des Verfahrens gem § 251 anzuordnen.

5. Vergleichsabschluss im schriftlichen Verfahren ermöglicht 15 Abs 6. – **a) Formale Voraussetzungen:** ein schriftlicher Vergleichsvorschlag des Ger, nicht allein des Vorsitzenden, muss vorliegen, den beide Parteien durch Schriftsätze an das Ger annehmen. Das Zustandekommen und den Inhalt des Vergleichs stellt das Ger durch Beschluss fest. Demnach erscheint es zulässig, dass die Parteien den gerichtlichen Vorschlag mit übereinstimmenden Modifizierungen annehmen. – **b)** Die **Rechtsnatur** eines derartigen schriftlichen Vergleichs unter- 16 scheidet sich nicht von dem nach § 160 Abs 3 Nr 1 protokollierten. Er ist wie dieser zugleich Prozesshandlung und materielles Rechtsgeschäft (§ 794 Rn 3). – **c) Wirkung** wie beim protokollierten, nämlich 17 unmittelbare Beendigung des Rechtsstreits (§ 794 Rn 26) und Vollstreckungstitel (§ 794 Rn 27); weitere Wirkungen § 794 Rn 28–30. – **d) Streit über Inhalt und Wirksamkeit** des Vergleichs: Der Be- 18 schluss des Ger hat die gleiche Funktion wie das Verhandlungsprotokoll, kann wie dieses nach § 164 berichtigt werden (Abs 6 S 3), ist aber nicht anfechtbar mit sofortiger Beschwerde wegen § 567 Abs 1 Nr 1. Zu den Gründen für eine Unwirksamkeit des Vergleichs und deren Geltendmachung vgl § 794 Rn 34–41.

§ 279 Mündliche Verhandlung

(1) [1]**Erscheint eine Partei in der Güteverhandlung nicht oder ist die Güteverhandlung erfolglos, soll sich die mündliche Verhandlung (früher erster Termin oder Haupttermin) unmittelbar anschließen.** [2]**Andernfalls ist unverzüglich Termin zur mündlichen Verhandlung zu bestimmen.**

(2) **Im Haupttermin soll der streitigen Verhandlung die Beweisaufnahme unmittelbar folgen.**

(3) **Im Anschluss an die Beweisaufnahme hat das Gericht erneut den Sach- und Streitstand und, soweit bereits möglich, das Ergebnis der Beweisaufnahme mit den Parteien zu erörtern.**

1   **1. Die streitige Verhandlung (Abs 1)** schließt sich unmittelbar an die Güteverhandlung an, wenn diese nicht zur vollen Prozessbeendigung geführt hat (nur Teilvergleich) oder eine Partei säumig (1–9 vor § 330) ist. Im letzteren Fall kann sofort VersU nach § 330 oder § 331 2   erlassen werden. – **Terminsbestimmung,** und zwar unverzüglich, hat zu erfolgen, wenn die Güteverhandlung vor dem beauftragten oder ersuchten Richter stattgefunden hat oder wenn in Erwartung einer gütlichen Einigung die Vhdlg nicht ausreichend vorbereitet wurde.

3   **2. Die Beweisaufnahme (Abs 2),** grundsätzlich vor dem Prozessgericht (§ 355), soll im Haupttermin der streitigen Vhdlg unmittelbar folgen. Zur Erreichung dieses Ziels ist das Ger gehalten, von den gegebenen Vorbereitungsmöglichkeiten in §§ 139, 273, 358 a angemessenen Gebrauch zu machen. Hinausgehend über § 285 Abs 1 (s dort Rn 1) hat das Ger mit den Parteien erneut den Sach- u Streitstand zu erörtern (Abs 3), was aus dem Protokoll ersichtlich sein muss (BGH NJW 90, 121), ggf nochmals auf eine gütliche Erledigung hinzuwirken (§ 278 Abs 1). Erst danach darf ein Urteil ergehen (BGH WM 02, 289). Die Ablehnung, einer Partei einen beweiswürdigenden Schriftsatz nachzulassen, verletzt grundsätzlich nicht ihr Recht auf rechtliches Gehör (BGH NJW 91, 1547; vgl auch § 411 Rn 7).

§ 280 Abgesonderte Verhandlung über Zulässigkeit der Klage

(1) **Das Gericht kann anordnen, daß über die Zulässigkeit der Klage abgesondert verhandelt wird.**

(2) [1]**Ergeht ein Zwischenurteil, so ist es in betreff der Rechtsmittel als Endurteil anzusehen.** [2]**Das Gericht kann jedoch auf Antrag anordnen, daß zur Hauptsache zu verhandeln ist.**

1   **1. Abgesonderte Verhandlung** kann durch unanfechtbaren Beschluss angeordnet werden über die Zulässigkeit der Klage. Anlass dazu besteht, wenn sie zweifelhaft ist oder/und die Parteien darüber streiten. Zweifel oder Streit können sich auf jede ProzVoraussetzung (Rn 10–33 vor § 253) beziehen, gleichgültig ob vAw oder nur auf Rüge zu prüfen. Soweit nur auf Rüge zu beachten, §§ 282 Abs 3, 296 Abs 3. Bei der Wiederaufnahmeklage § 590 Rn 1, 2. Die Anordnung ist jederzeit zulässig, auch wenn nur einer von mehreren Klagegründen betroffen ist 2   und leitet einen Zwischenstreit ein. – **Beweislast** Rn 13 vor § 253. 3   **Streitwert** wie Hauptsache. – **Besonderheiten:** Zulässigkeit des Rechtswegs § 17 a GVG. Bei der örtlichen, sachlichen und internatio-

nalen Zuständigkeit sind in höheren Rechtszügen zu beachten §§ 513 Abs 2, 545 Abs 2. Bei Streit über Parteifähigkeit oder Existenz der Partei gilt diese als parteifähig (BGH 24, 91, NJW-RR 86, 157); entsprechend bei Prozessfähigkeit (BGH 110, 234) und gesetzlicher Vertretung (BGH 111, 219). Unter § 280 fällt auch ein ZwischenUrt, das den vom Kl beantragten Parteiwechsel auf der Beklagtenseite in der BerInstanz mit der Wirkung für zulässig erklärt, dass der bisherige Bekl gegen seinen Willen aus dem Rechtsstreit ausscheidet u der neue Bekl gegen seinen Willen in das Verfahren einbezogen wird (BGH NJW 81, 989; auch Rn 27 vor § 50). Schiedsgerichtsklausel § 1032.

2. Entscheidung (Abs 2). – **a) Ist die Klage unzulässig,** so ist sie 4 durch **Endurteil** abzuweisen. Ausnahmen: Im Falle der Unzulässigkeit des Rechtswegs, auch für einen von mehreren prozessualen Ansprüchen (BGH WM 91, 1320), Verweisung vAw durch Beschluss § 17 a Abs 2 GVG. Im Falle der Unzuständigkeit auf Antrag Verweisung §§ 281, 506; im Falle der Ausländer-Sicherheitsleistung ist nach § 113 zu verfahren. – **b) Ist die Klage zulässig,** so ist dies in den Entschei- 5 dungsgründen des Endurteils auszusprechen oder durch **Zwischenurteil,** bei Zulässigkeit des Rechtswegs durch Beschluss § 17 a Abs 3, Abs 4 GVG. Vorsitzender der KfH § 349 Abs 2 Nr 2. Versäumnisurteil ist unter Beachtung der §§ 335 Abs 1 Nr 1, 347 Abs 2 zulässig. Formulierungsvorschläge für den Tenor: Die Klage ist zulässig. Oder beschränkt auf die streitige Prozessvoraussetzung etwa: Der Rechtsweg ist zulässig; der Rechtsstreit ist nicht durch Schiedsrichter zu entscheiden; die Sache ist nicht anderweitig rechtshängig. – Das Zwischenurteil ist **selbständig anfechtbar,** ebenso der Beschluss (§ 17 a Abs 4 GVG). 6 Durch Rechtsmittel gegen das Endurteil wird es nicht berührt. – **Nicht** 7 **anfechtbar** ist ein stattgebendes Zwischenurteil nach § 113 (BGH 102, 232) und ein Zwischenurteil (§ 108 Rn 1), das die zu leistende Sicherheit niedriger bemisst als Bekl dies begehrte (BGH NJW 74, 238). Der Beklagte kann weiterhin die Einlassung wegen ungenügender Sicherheitsleistung verweigern (BGH NJW-RR 90, 378) und nach Leistung der angeordneten Sicherheit ein weiteres Zwischenurteil, das die Klage für zulässig erklärt, erreichen, das dann anfechtbar ist, oder Antrag nach § 112 Abs 3 stellen. Berufungsurteil § 538 Abs 1 Nr 3. – **c) Abgren-** 8 **zung.** Über einen anderen prozessualen Zwischenstreit als die Zulässigkeit der Klage ist nur unselbständiges Zwischenurteil nach § 303 zulässig.

3. Nach Erlass des Zwischenurteils kann das Ger auf Antrag nach 9 mdl Vhdlg durch Beschluss Verhandlung zur Hauptsache anordnen. So insbes bei Dringlichkeit oder geringer Erfolgsaussicht des Rechtsmittels gegen das Zwischenurteil. Regelmäßig (KG MDR 71, 588) steht bis zu dessen Rechtskraft das Verfahren still. Gegen die Ablehnung des Antrags, zur Hauptsache zu verhandeln, ist entspr § 252 sofortige Beschwerde statthaft. Gegen die Anordnung der Hauptsacheverhandlung gibt es kein Rechtsmittel (München NJW 74, 1514, Frankfurt MDR

85, 149; aA Karlsruhe NJW 71, 662: sofortige Beschwerde entspr § 252).
Nach Rechtskraft des ZwischenUrt hat das Gericht Termin vAw zu be-
10 stimmen (BGH NJW 79, 2307 für § 304). – **Rechtsmittel.** Das zur
Hauptsache ergehende Endurteil (auch VersU gegen Bekl) ist auflösend
bedingt durch die Aufhebung des Zwischenurteils (BGH NJW 73, 467;
ähnlich § 302 Rn 17, § 304 Rn 23) und fällt, auch wenn bereits formell rechtskräftig, von selbst weg, wenn das Zwischenurteil in höherer
Instanz aufgehoben und die Klage abgewiesen wird. Rechtskraft des
Endurteils hindert also nicht Rechtsmittel gegen das Zwischenurteil.
Andererseits hindert Rechtsmittel gegen letzteres nicht die Vollstr aus
dem Endurteil. Wird das Zwischenurteil aufgehoben und die Klage abgewiesen, ist Kläger nach § 717 Abs 2 schadensersatzpflichtig. Auf
Rechtsmittel in der Hauptsache ist die Zulässigkeit des Rechtswegs
nicht mehr überprüfbar (§ 17 Abs 5 GVG). Berufung nur gegen das
Endurteil ergreift nicht das noch nicht rechtskräftige Zwischenurteil,
auch die höhere Instanz ist also an letzteres gebunden.

§ 281 Verweisung bei Unzuständigkeit

(1) [1]**Ist auf Grund der Vorschriften über die örtliche oder
sachliche Zuständigkeit der Gerichte die Unzuständigkeit des
Gerichts auszusprechen, so hat das angegangene Gericht, sofern das zuständige Gericht bestimmt werden kann, auf Antrag
des Klägers durch Beschluß sich für unzuständig zu erklären
und den Rechtsstreit an das zuständige Gericht zu verweisen.
[2]Sind mehrere Gerichte zuständig, so erfolgt die Verweisung
an das vom Kläger gewählte Gericht.**

(2) [1]**Anträge und Erklärungen zur Zuständigkeit des Gerichts
können vor dem Urkundsbeamten der Geschäftsstelle abgegeben
werden. [2]Der Beschluß ist unanfechtbar. [3]Der Rechtsstreit wird
bei dem im Beschluß bezeichneten Gericht mit Eingang der
Akten anhängig. [4]Der Beschluß ist für dieses Gericht bindend.**

(3) [1]**Die im Verfahren vor dem angegangenen Gericht erwachsenen Kosten werden als Teil der Kosten behandelt, die
bei dem im Beschluß bezeichneten Gericht erwachsen. [2]Dem
Kläger sind die entstandenen Mehrkosten auch dann aufzuerlegen, wenn er in der Hauptsache obsiegt.**

1   **1. Anwendungsbereich. – a) Innerhalb der ZPO** im Urteilsver-
fahren unmittelbar, sonst entsprechend; auch für Streitsachen nach Ab-
gabe nach Erlass eines Mahn- oder Vollstreckungsbescheids (§§ 696
Abs 5, 700 Abs 3), auch im MahnVerf vor Erlass eines Mahn- (BGH
RPfleger 78, 201) bzw VollstrBescheids (Karlsruhe Just 82, 293), im
ZwVollstrVerfahren (BayObLG MDR 86, 326), im Aufgebots- (RG
121, 20), PKH- (BGH NJW-RR 94, 706), Arrest- u einstw Vfgs-
(BGH FamRZ 89, 847), selbständigen Beweis- § 486 Abs 2 (Frankfurt
NJW-RR 98, 1610), für gerichtliche Hilfe im schiedsrichterlichen

Verfahren § 1062, soweit es sich um die ursprüngliche **örtliche oder sachliche Unzuständigkeit** handelt. § 281 gilt nicht bei internationaler Unzuständigkeit (Düsseldorf WM 00, 2192) und grundsätzlich nicht − Ausnahme allenfalls unter dem Gesichtspunkt der Meistbegünstigung (BGH NJW-RR 97, 55) und bei abweichender, nicht allgemein bekannter spezialgesetzlicher Regelung der Rechtsmittelzuständigkeit (Köln NJW-RR 97, 1351) − bei funktioneller Unzuständigkeit (Brandenburg OLG-NL 00, 187; Rn 2 vor § 1), zB Verweisung zwischen Rechtsmittelgerichten (BGH NJW 86, 2764), auch vom LG als BerGer an OLG wegen nachträglicher Klageerweiterung (BGH NJW-RR 96, 891), von Proz- an VollstrGer (BayObLGZ 88, 305), und Geschäftsverteilung (Rn 9 vor § 1). Verweisung bei nachträglich eintretender Unzuständigkeit § 506, in Familiensachen § 621 Abs 3; § 281 gilt auch für den Verweisungsbeschluss eines FamilienGer wegen örtlicher Unzuständigkeit in einem nicht mit einer Scheidungssache verbundenen Verfahren über eine der in § 621a Abs 1 bezeichneten Familiensachen (BGH 71, 15); bei Verweisung an das gemäß § 143 Abs 2 PatG zuständige LG (BGH 72, 1), bei Verweisung im Insolvenzverfahren, § 4 InsO. Verweisung zwischen Zivilkammer und KfH §§ 97−102 GVG. Zwischen Zivil- und Schiedsgericht gibt es keine gegenseitige Verweisung. − **Nachträgliche Parteivereinbarung** eines anderen Gerichts **2** führt nicht zur Unzuständigkeit des angegangenen zuständigen bzw des Gerichts, an das das angegangene Gericht verwiesen hat (§ 261 Rn 17) und rechtfertigt deshalb nicht Verweisung bzw Weiter- oder Zurückverweisung (München NJW 65, 767, Celle Nds RPfl 69, 106); auch nicht, wenn das zuerst angerufene Gericht nach allgemeinen Regeln zuständig gewesen wäre (Düsseldorf JMinBlNRW 71, 211). Dagegen hat das angegangene unzuständige Gericht auf Antrag an das Gericht zu verweisen, dessen Zuständigkeit die Parteien nach Rechtshängigkeit vereinbart haben (BGH MDR 76, 378). − **b) Im Verhältnis zum Familiengericht** bzw Familiensenat gibt es beiderseits Abgabe (§ 23b **3** GVG Rn 6, 7). § 281 ist nicht anwendbar (BGH 71, 264, NJW-RR 93, 1282). Ebenso zwischen Familien- und Vormundschaftsgericht in FGG-Angelegenheiten (BGH RPfleger 90, 256). Die Abgabe vom LG an das Familiengericht (auch) nach §§ 18a, 18 HausratVO ist bindend (Karlsruhe NJW-RR 93, 71). Wegen der Rechtsmittelzuständigkeit vgl § 119 GVG Rn 5. − **c) Im Verhältnis zur freiwilligen Gerichtsbarkeit** gibt es Abgabe in § 18 HausratsVO, in § 46 WEG, in § 12 **4** LwVG und analog an die Spruchstelle nach § 58 DM-BilanzG (BGH 10, 155) und analog § 46 WEG auch Abgabe vom Ger der freiwilligen Gerichtsbarkeit an das ProzGer vAw mit Bindungswirkung (BGH NJW 89, 714). § 17a GVG gilt entsprechend (BGH NJW 01, 2181). − **d) Im Verhältnis zu anderen Gerichtszweigen** hat das Zivilgericht **5** vAw gem § 17a Abs 2 GVG zu verweisen und umgekehrt. − **e) In Kartellsachen** Verweisung von dem allgemein zuständigen OLG an das **6** für Berufung in Kartellsachen (§§ 92−94 GWB) zuständige (BGH NJW 68, 351).

7   **2. Zulässigkeit der Verweisung. – a) Antrag des Klägers,** auch
nach Erlass eines Vers- oder TeilanerkenntnisUrt (BGH NJW-RR 92,
1091) und in höherer Instanz auf zulässiges Rechtsmittel (BGH 16,
345), auch Hilfsantrag (BGH 5, 107), auch im Verf nach § 36 Nr 6
(BGH NJW 78, 1163). Kein Anwaltszwang (§ 78 Abs 3), außer in
mündlicher Verhandlung. Nach Abgabe im MahnVerf § 696 Rn 25. –
8   **b) Von Amts wegen** Abgabe nach Widerspruch oder Einspruch im
Mahnverfahren (§§ 696 Abs 1, 698, 700 Abs 3) ohne Bindungswirkung
für das Gericht, an das abgegeben wird. – **c)** In beiden Fällen muss das
örtlich und sachlich **zuständige Gericht** bezeichnet sein, iF der Rn 7
hat unter mehreren der Kläger zu wählen. Eine Verweisung, in der das
zuständige Gericht nicht fest bestimmt wird, ist anfechtbar und nicht
9   bindend (Celle MDR 53, 111). – **d) Nur der prozessuale Anspruch**
(Einl II) oder einer von mehreren bei kumulativer Klagehäufung, nicht
wegen einer einzelnen Anspruchsgrundlage (Einl II Rn 15–23) kann
verwiesen werden; so BGH 13, 145/153 für teilweise Unzulässigkeit
des Zivilrechtswegs, BGH NJW 71, 564, Frankfurt ZIP 82, 1247 für
teilweise örtliche, BGH NJW 64, 45 für teilweise sachliche Unzuständigkeit, BGH FamRZ 83, 155 für teilweise Unzuständigkeit des Familiensenats. Verweisung bei eventueller Anspruchshäufung vgl § 260
Rn 17. Alternative Häufung von Klagegründen vgl § 260 Rn 7.

10   **3. Entscheidung** durch Beschluss, idR ohne mündliche Verhandlung (§ 128 Abs 4). Auch außerhalb des Urteilsverfahrens nach rechtlichem Gehör (BVerfG NJW 82, 2367). Im Urteilsverfahren ab Rechtshängigkeit (BGH NJW 80, 1281), nicht schon ab Anhängigkeit (§ 261
Rn 1, 2, BayObLG MDR 64, 767). Vorsitzender der KfH § 349 Abs 2
Nr 1. In der Rechtsmittelinstanz durch Urteil, weil die notwendige
Aufhebung des Urteils erster Instanz nicht durch Beschluss geschehen
11   kann (BGH NJW 86, 1995); deshalb auch auf mdl Vhdlg. – Die erlassene Entscheidung ist, auch wenn fehlerhaft durch Urt (BGH NJW-
RR 00, 1731), grundsätzlich **unanfechtbar,** auch wenn sie auf
Rechtsirrtum beruht oder sonst fehlerhaft ist (BGH 2, 278, NJW 93,
1273), insbes die Verweisung unzulässig ist, zB weil das verweisende
Gericht irrig annimmt, seine Zuständigkeit könne durch Parteivereinbarung nach Rechtshängigkeit noch beseitigt werden (Düsseldorf
OLGZ 76, 475; aA LG Aurich NdsRPfl 79, 147), selbst bei ausschließlicher Zuständigkeit des verweisenden Gerichts (Düsseldorf Rpfleger
75, 102; Frankfurt Rpfleger 79, 390). Die Entscheidung über die Zuständigkeit kann auch nicht mit Rechtsmittel gegen das Urt des neuen
Ger angefochten werden. Unanfechtbar ist auch der Beschluss, der den
Verweisungsantrag ablehnt („Der Beschluss" in Abs 2 S 2, Oldenburg
12   MDR 92, 518). **Anfechtbar** (aA Scherer ZZP 110, 167) ist die Verweisung vor Rechtshängigkeit (BayObLG NJW-RR 00, 1311); wenn
ihr jede gesetzliche Grundlage fehlt, sie also auf Willkür beruht (BGH
1, 341, NJW 93, 1273 u 2810, 96, 3013; Überblick bei Fischer MDR
02, 1401) – Willkür liegt nicht schon vor bei Abweichung von fast ein-

helliger Rechtsauffassung (BGH NJW-RR 02, 1498), anders aber (Willkür) wenn das Ger sich über länger zurückliegende Gesetzesänderung hinwegsetzt (BGH NJW 02, 3634); wenn der Beschluss mangels Begründung nicht erkennen lässt, ob er auf einer gesetzlichen Grundlage beruht und dies auch nicht aus den Akten zu ersehen ist (KG MDR 93, 176, MDR 98, 618); wenn sie schlechterdings nicht als im Rahmen des § 281 getroffene Anordnung angesehen werden könnte, zB Verweisung des Rechtsstreits an ein OLG als 1. Instanz (BGH 2, 278); wenn die Verweisung an ein unzuständiges Gericht oder bei noch nicht geklärter Zuständigkeit auf einer Versagung des rechtlichen Gehörs beruht (BGH 71, 69, VersR 92, 639, FamRZ 97, 171). Die genannten Entscheidungen sind zT unter dem Stichwort des Gerichts (Rn 13) ergangen, die Voraussetzungen für ausnahmsweise Anfechtbarkeit und Nichtbindung sind aber dieselben (aA KG MDR 88, 417).

4. Wirkung. – a) Bindung des neuen Gerichts auch höherer In- **13** stanz hinsichtlich aller Zuständigkeitsfragen, die das verweisende Ger geprüft und bejaht hat (BGH FamRZ 99, 501), ohne Rücksicht auf Ordnungsmäßigkeit und Richtigkeit der Verweisung (Rn 11). Das bedeutet, das neue Ger und dessen Rechtsmittelinstanzen können weder vAw noch auf Rüge den Verweisungsbeschluss aufheben oder abändern, auch das Verfahren (BGH FamRZ 88, 943) und die Zuständigkeit des verweisenden Ger nicht erneut unter anderen rechtlichen Gesichtspunkten überprüfen (Frankfurt OLGZ 79, 451 u NJW-RR 88, 772). Wenn das verweisende Ger, wie regelmäßig, das sachlich und örtlich zuständige, auch Streit- oder Familiengericht bestimmt hat, kann das Ger, an das verwiesen wurde, grundsätzlich auch nicht an ein drittes Ger weiterverweisen (BGH NJW-RR 98, 1220, FamRZ 99, 501); ebenso wenig kann es aGrd übereinstimmenden Antrags oder Wohnsitzänderungen an das verweisende Ger zurückverweisen (BGH FamRZ 94, 437). Hat das OLG-Familiensenat an das LG-Berufungskammer verwiesen, darf diese nicht an das AG zurückverweisen (Karlsruhe FamRZ 83, 1250). Im PKH-Verfahren bindet der Verweisungsbeschluss nur für dieses, nicht für das nachfolgende Klageverfahren (BGH NJW-RR 91, 1342, 92, 59). Für das verweisende Ger ist der Beschluss mit Eingang der Akten bei dem im Beschluss bezeichneten Ger außer der Berichtigung nach § 319 unabänderlich, weil das Verfahren nunmehr dort anhängig ist (BGH NJW-RR 93, 700).

b) Keine Bindung tritt ein: vor Rechtshängigkeit (BayObLG **14** NJW-RR 00, 1311); außerhalb des Anwendungsbereichs von § 281 (Rn 1–6); soweit der Beschluss ausnahmsweise anfechtbar ist (Rn 12; aA Scherer ZZP 110, 167/176: nur bei Wirkungslosigkeit); bei Abgabe nach Mahnverfahren, § 696 Abs 5 S 1; bei Verweisung im PKH-Verfahren für das anschließende Streitverfahren (Rn 13); bei Klage- oder Parteiänderung nach Verweisung, wenn nunmehr ein anderes – auch das vor dem verweisende – Ger zuständig ist (BGH NJW 90, 53, KG MDR 98, 367); über den Verweisungsgrund hinaus, der auch durch

Auslegung zu ermitteln ist, zB nur wegen sachlicher oder auch wegen örtlicher Unzuständigkeit (BayObLG NJW-RR 96, 956); falls das neue Ger sich bereits früher rechtskräftig für sachlich – nicht: örtlich (BGH NJW 97, 869) – unzuständig erklärt hatte, § 11 (München NJW 56, 187). Bei unzulässiger Zurückverweisung gilt § 36 Nr 6 (BGH LM Nr 1).

15   **c) Anhängigkeit vor dem neuen Gericht** ab Eingang der Akten dort, Abs 2 S 3. Das einheitliche Verfahren wird unmittelbar in der Lage fortgesetzt, in der es sich bei der Verweisung befand. Die bisherigen Prozesshandlungen wirken fort. Der Verweisungsbeschluss begründet die sachliche Zuständigkeit des neuen Ger für alle Anspruchsgrundlagen (BGH NJW 64, 45 u 68, 351; BAG NJW 64, 1435). Über ein Rechtsmittel gegen eine dem Verweisungsbeschluss vorausgegangene Entscheidung ist das Ger zuständig, das dem Ger, an das verwiesen wurde, falls dieses nicht selbst abhilft, übergeordnet ist (KG NJW 69,

16   1816). – Eine **Ausschlussfrist** wird gewahrt, falls die Klage vor Ablauf im falschen Gerichtszweig (§ 17 a Abs 2 GVG), beim örtlich oder sachlich unzuständigen Ger – auch bei ausschließlicher Zuständigkeit – erhoben und auf Antrag, auch erst nach Fristablauf (BGH 97, 155) verwiesen wird. Die Ausschlussfrist wird nicht gewahrt, falls die Klage vor Zustellung an das zuständige Ger abgegeben, von diesem zugestellt wird, aber nicht von einem dort zugelassenen RA unterschrieben ist (BGH ZIP 84, 487).

17   **d)** Auch für die **Kosten** (Abs 3) bildet das Verfahren eine Instanz, auch bei Verweisung nach Abgabe im streitigen Verfahren nach Mahnbescheid (§ 696 Abs 5 S 2) und bei Verweisung in einen anderen Rechtsweg (§ 17 b Abs 2 GVG). Die Entscheidung trifft das neue Ger, über die Rechtsmittelkosten bei Verweisung erst in höherer Instanz das

18   Rechtsmittelgericht (BGH 12, 53/70). – **Mehrkosten** sind diejenigen, die über die Kosten hinausgehen, die auch bei anfänglicher Klageerhebung beim zuständigen Ger entstanden wären (München NJW 69, 1217), zB zusätzliche RA-Kosten bei Vertretung durch eine andere Sozietät vor dem übernehmenden Ger (Frankfurt NJW-RR 99, 435); Mahngebühren des beim unzuständigen Ger tätig gewordenen RAs (Koblenz MDR 75, 936). Sie sind unbeschadet des § 344 stets dem Kläger aufzuerlegen, gegebenenfalls durch ErgänzungsUrt, § 321. Ist das nicht geschehen, bleibt die (unrichtige) Kostenentscheidung bindend, der Rechtspfleger kann im Kostenfestsetzungsverfahren daran nichts ändern (hM, zB Hamburg MDR 65, 495, KG MDR 76, 405, Koblenz MDR 87, 681; aA Saarbrücken NJW 75, 982, Frankfurt MDR 88, 869, wonach Korrektur über die Erstattungsfähigkeit als notwendige Kosten möglich sein soll; abl Schmidt NJW 75, 984).

§ 282 Rechtzeitigkeit des Vorbringens

(1) **Jede Partei hat in der mündlichen Verhandlung ihre Angriffs- und Verteidigungsmittel, insbesondere Behauptungen,**

Bestreiten, Einwendungen, Einreden, Beweismittel und Beweiseinreden, so zeitig vorzubringen, wie es nach der Prozeßlage einer sorgfältigen und auf Förderung des Verfahrens bedachten Prozeßführung entspricht.

(2) Anträge sowie Angriffs- und Verteidigungsmittel, auf die
der Gegner voraussichtlich ohne vorhergehende Erkundigung
keine Erklärung abgeben kann, sind vor der mündlichen Verhandlung durch vorbereitenden Schriftsatz so zeitig mitzuteilen, daß der Gegner die erforderliche Erkundigung noch einzuziehen vermag.

(3) ¹Rügen, die die Zulässigkeit der Klage betreffen, hat der
Beklagte gleichzeitig und vor seiner Verhandlung zur Hauptsache vorzubringen. ²Ist ihm vor der mündlichen Verhandlung
eine Frist zur Klageerwiderung gesetzt, so hat er die Rügen
schon innerhalb der Frist geltend zu machen.

1. Abs 1 betrifft die mündliche Verhandlung und begründet **1**
eine **allgemeine Prozessförderungspflicht** für die Parteien als Gegenstück zu der Konzentrations- u Beschleunigungspflicht des Ger.
Eine Verpflichtung der Partei, ihr bisher unbekannte tatsächliche Umstände zu ermitteln, ist daraus grundsätzlich nicht abzuleiten, kann nur
durch besondere Umstände begründet werden (BGH NJW 03, 200/
202). Da der erste Termin der frühestmögliche Zeitpunkt ist, kann
Vorbringen als solches in ihm nicht verspätet sein (BGH NJW 92,
1965). Die Bedeutung des Abs 1 liegt bei folgenden Terminen. Die
Möglichkeit, dass die Prozessförderungspflicht durch fehlende oder
verspätete Ankündigung (Abs 2) oder Versäumung einer gesetzten Frist
(§ 296 Abs 1) verletzt ist, bleibt bestehen. Dabei ist zu bedenken, dass
der frühe erste Termin, wenn er nur die Vorbereitung des Haupttermins bezweckt (§ 272 Rn 6), nicht der Beweisaufnahme dient, die
Partei im Rahmen der allgemeinen ProzFörderungspflicht, dh bei unterbliebener Fristsetzung, also nicht gehalten ist, so frühzeitig vorzutragen, dass das Gericht die Beweisaufnahme für diesen Termin noch vorbereiten kann (BGH NJW 89, 716). Anders, wenn der 1. Termin als
Haupttermin bestimmt ist. Keinesfalls besteht die Pflicht, sich vorsorglich gegenüber einem Sachverhalt zu äußern, der nicht den Gegenstand
des Rechtsstreits bildet (BVerfG NJW 91, 2275). Die in erster Instanz
erfolgreiche Partei verletzt ihre ProzFörderungspflicht, wenn sie
eine nach der abweichenden Ansicht des BerGer erforderliche Ergänzung ihres Vorbringens bei unterbliebenem gerichtlichem Hinweis unterlässt (BGH NJW 81, 1378). – **In der Verhandlung** haben demnach **2**
die Parteien ihre Angriffs- u Verteidigungsmittel (§ 146 Rn 2), auch
die Verjährungseinrede (Hamm NJW-RR 93, 1150) so frühzeitig wie
möglich u vernünftig, also konzentriert u nicht tröpfchenweise vorzubringen. Erst damit werden sie ProzStoff. Es ist keine ordnungsgemäße
ProzFührung, wenn ein „Kartellanwalt" eine Sache streitig verhandelt,
ohne sie zu kennen (Düsseldorf NJW 82, 1888). Zur Vorbereitung des

1. Termins ist die nämliche ProzFörderungspflicht für die schriftliche Klageerwiderung und die Replik des Kl vorgeschrieben (§ 277 Abs 1, Abs 4, dort Rn 5–8). Das gilt ferner für etwaige weitere Termine, soweit es sich um neue oder neu bekannt gewordene Angriffs- oder Verteidigungsmittel handelt; Rechtzeitigkeit der schriftsätzlichen Vorbereitung Rn 3. Der mdl Vhdlg steht im schriftlichen Verf, wenn kein Urt ergeht (sonst: § 296 a) der gemäß § 128 Abs 2 S 2 bestimmte Zeitpunkt gleich. Bei Verstoß gilt § 296 Abs 2.

3   **2. Abs 2 betrifft die schriftsätzliche Vorbereitung: – a) Abgrenzung, Inhalt.** § 129 Abs 1 begründet im Anwaltsprozess die Pflicht zur Terminsvorbereitung durch Schriftsatz. § 132 bestimmt die Frist, die zwischen Zustellung jedes vorbereitenden Schriftsatzes mit neuem Vorbringen und dem Termin liegen muss, damit VersU ergehen kann. Daran ändert § 282 nichts, er betrifft die Fälle, in denen auf Anträge sowie Angriffs- und Verteidigungsmittel eine Gegenerklärung in Frage steht, für die der Gegner erst Erkundigungen einziehen muss (BGH NJW 89, 716). Das neue Vorbringen ist so rechtzeitig schriftsätzlich anzukündigen, dass der Gegner im Termin darauf erwidern kann. Das sind iF der Klagebegründung nach § 697 Abs 1 analog § 274 Abs 3 S 1 zwei Wochen (BGH NJW 82, 1533). Schriftliche Ankündigung ist überflüssig, wenn der Gegner das Vorbringen bereits kennt (BGH MDR 99, 822), insbesondere sich vor der Verhandlung zum einschlägigen Tatsachenstoff schon geäußert hat (BGH WM 84, 924). –

4   **Gilt nicht** für Rechtsausführungen und im Parteiprozess (§ 78 Abs 3), außer bei Anordnung nach § 129 Abs 2 (BVerfG NJW 93, 1319). –

5   **b) Verstoß:** Das Vorbringen kann zurückgewiesen werden, § 296 Abs 2. Wird es zugelassen, so hat die unterlassene Gegenerklärung nicht die Folgen des § 138 Abs 3. Entweder, falls zugleich § 132 verletzt ist, Fristsetzung für nachzureichenden Schriftsatz (§ 283) oder Vertagung (§ 227), ev Verhängung einer Verzögerungsgebühr (§ 34 GKG) oder Kostennachteile (§ 95).

6   **3. Rügen zur Zulässigkeit der Klage (Abs 3)** jedweder Art (8 ff vor § 253) müssen im Interesse der ProzBeschleunigung u -Rationalisierung gleichzeitig u für alle Instanzen (BGH NJW 81, 2646) vor der Vhdlg zur Hauptsache in erster Instanz, ggf bereits im Urkundenprozess (Düsseldorf WM 83, 771) vorgebracht werden. Gilt auch am AG. Abs 3 gilt **nicht** für Einrede der Schiedsvereinbarung (BGH NJW 01, 2176). – **7** **a) Falls eine Klageerwiderungsfrist gesetzt war** (§ 275 Abs 1 1, Abs 3 oder § 276 Abs 1 S 2), innerhalb dieser Frist, auch nach Mahnverfahren (§ 697 Abs 3 S 2 Hs 2). Das gilt entspr für den Kl im Falle der Widerklage oder seines Gegenvorbringens gegen die Zulässigkeitsrüge (zB Kündigung des Schiedsvertrages gegen die Berufung des Beklagten auf die Schiedsabrede; vgl Schröder ZZP 91, 302; aA Weth, Die Zurückweisung verspäteten Vorbringens im ZivProz, 1988, S 79) u einer Fristsetzung an ihn (§ 275 Abs 4 oder § 276 Abs 3). Gleiche Regelung in § 101 Abs 1 2 GVG für Verweisungsanträge zwischen Zivil-

kammer und KfH. Bei Einspruch vgl § 340 Abs 3 S 1, 3. – **b) Sonst** 8
im Termin vor Verhandlung zur Hauptsache (§ 39 Rn 5–7). –
c) Im schriftlichen Verfahren (§ 128 Abs 2) ohne frühere mdl 9
Vhdlg muss die Rüge schriftsätzlich beim Antrag, spätestens bis zu dem
Zeitpunkt erhoben werden, der dem Schluss der mdl Vhdlg vor dem
ersten Verkündungstermin entspricht (§ 128 Rn 33, 44). Dies dürfte
auch der Zeitpunkt sein, den BGH NJW 70, 198 als rechtzeitig bezeichnet. – **d) Gleichzeitig** heißt, dass sämtliche beabsichtigten Rügen 10
bis zum maßgebenden Zeitpunkt (Rn 7–9) erhoben werden müssen. –
e) Verstoß § 296 Rn 39. 11

**§ 283 Schriftsatzfrist für Erklärungen zum Vorbringen des
Gegners**
[1]**Kann sich eine Partei in der mündlichen Verhandlung auf
ein Vorbringen des Gegners nicht erklären, weil es ihr nicht
rechtzeitig vor dem Termin mitgeteilt worden ist, so kann auf
ihren Antrag das Gericht eine Frist bestimmen, in der sie die
Erklärung in einem Schriftsatz nachbringen kann; gleichzeitig
wird ein Termin zur Verkündung einer Entscheidung anberaumt.** [2]**Eine fristgemäß eingereichte Erklärung muß, eine
verspätet eingereichte Erklärung kann das Gericht bei der Entscheidung berücksichtigen.**

1. Die **Nachreichung eines Schriftsatzes** soll die sonst nötige 1
Vertagung vermeiden u hebt das Mündlichkeitsprinzip (§ 128 Rn 1–4)
zum Nachteil der Partei auf, die neues Vorbringen nicht rechtzeitig angekündigt hatte. Ihr eine weitere Frist zur Erwiderung auf die nachzu-
reichende Erklärung zu gewähren, lässt § 283 nicht zu, wohl aber § 128
Abs 2 (Schleswig SchlHA 83, 182). Die andere Partei hat wegen ihrer
Erklärungspflicht gemäß § 138 Abs 2 kein Recht, die Einlassung ganz
zu verweigern u das Ger damit zur Zurückweisung des Vorbringens zu
zwingen (BGH 94, 195/213, BVerfG NJW 89, 705). Ob seine Zulassung den Prozess verzögert, kann erst nach Eingang der Erwiderung
beurteilt werden (BVerfG aaO, BGH NJW 85, 1556/1558, BAG NJW
89, 2213). Auf das Antragsrecht nach § 283 hat das Gericht hinzuweisen (BGH NJW 85, 1539/1543, Düsseldorf NJW 87, 507). Nichtge-
währung einer Schriftsatzfrist trotz Vorliegens der Voraussetzungen ist
nicht mit Beschwerde anfechtbar (§ 567 Abs 1), kann aber Berufungs-
grund gegen das Urteil sein und kann das Recht auf rechtliches Gehör
verletzen (BVerfG NJW 92, 2144). Fristverlängerung gemäß § 225 ist
möglich (BGH NJW 83, 2030).

2. Voraussetzungen. – **a)** Antrag der durch verspätetes Vorbrin- 2
gen überraschten Partei; – **b)** nicht rechtzeitige Mitteilung neuen Vorbringens durch vorbereitenden Schriftsatz. Gilt für Tatsachenbehauptungen, Anträge, Beweismittel, Einwendungen, Rechtsausführungen
(StJLeipold 11, MüKo/Prütting Rn 8, Schneider MDR 98, 137). Auf

die Entscheidungserheblichkeit des neuen Vorbringens kommt es nicht an (Schneider aaO; aA Schmeel MDR 97, 1095), weil sich das Ger die Erklärung zu nicht erheblichem Vorbringen auch im Termin anhören müsste. Die Rechtzeitigkeit ist aus § 132, nicht aus § 282 (aA StJLeipold 13) zu entnehmen. – **c)** Dass die Gegenpartei wegen der nicht rechtzeitigen Mitteilung (andere Gründe scheiden aus) nicht in der Lage ist, im Termin auf das neue Vorbringen zu erwidern. Darüber befindet das Ger nach pflichtgemäßen Ermessen. Mit der Fristsetzung ist

3 Verkündungstermin zu bestimmen. – **d) Statt der Fristsetzung** ist Vertagung möglich, § 227.

4 **3. Weiteres Verfahren. – a)** Geht der **Schriftsatz fristgemäß** ein, so ist die schriftliche Erklärung zu berücksichtigen; nicht jedoch neue Behauptungen im nachgelassenen Schriftsatz, die mit dem verspäteten Vorbringen nicht in Zusammenhang stehen (BGH FamRZ 79, 573, München BauR 84, 637); ferner nicht neue Klageforderungen, neue verzichtbare Zulässigkeitsrügen (BGH NJW 66, 1657) u ein neuer, auch geänderter Klageantrag ohne Wiedereröffnung der mdl Vhdlg (München NJW 81, 1106, Koblenz NJW-RR 01, 65). Der nachgereichte Schriftsatz ist dem Gegner mitzuteilen, seine Berücksichtigung

5 bei der Entscheidung hängt davon aber nicht ab. – **b)** Geht der **Schriftsatz nicht fristgerecht** ein, so steht seine Berücksichtigung im Ermessen des Ger. Es kann u sollte, insbes wenn mit der Vorbereitung der Entscheidung noch nicht begonnen ist, bei geringfügiger, zumal

6 entschuldbarer Fristüberschreitung großzügig verfahren. – **c)** Dem **Schluss der mündlichen Verhandlung** steht im Hinblick auf das vorbehaltene Vorbringen (Rn 4) aufseiten der Partei, der die schriftliche Erklärung vorbehalten ist, der Ablauf der Schriftsatzfrist, im Falle der Berücksichtigung trotz Fristüberschreitung der Tag des Eingangs bei

7 Gericht gleich. – **d)** Die **Entscheidung** ergeht auf Grund mdl Vhdlg, die im Termin stattgefunden haben muss (Schleswig SchlHA 86, 91; § 333 Rn 2), nicht nach § 128 Abs 2. Es wird sich idR um die Endentscheidung handeln. Dass ein Beweisbeschluss überhaupt nicht in Frage komme (so Knöringer NJW 77, 2336), trifft schon im Hinblick auf den Gesetzeswortlaut „einer Entscheidung" nicht zu. Übergibt zB der Bekl die Klageerwiderung erst im Termin und wird dem Kl eine Frist gesetzt, so ist die Verkündung eines Beweisbeschlusses auf Grund der Replik zulässig. Fehlt die Entscheidungsreife, ist wiederzueröffnen, § 156. Dazu kann auch ein nicht zu berücksichtigender Erwiderungs-

8 schriftsatz der Gegenpartei Veranlassung geben. – **e) Rechtsmittel.** Kommt der rechtzeitig eingereichte Schriftsatz nicht zur Kenntnis des Ger, so kommt für die durch die Entscheidung benachteiligte Partei Berufung nach den allgemeinen Vorschriften, bei Beschwer unter der Grenze des § 511 Abs 2 Nr 1 das Abhilfeverfahren nach § 321 a in Betracht.

Vorbemerkung vor § 284
Allgemeines zum Beweis

Übersicht

1. Begriff und Ziel. Beweisführung soll dem Gericht die Überzeu- **1** gung von der Wahrheit oder Unwahrheit einer Tatsachenbehauptung verschaffen. **Beweisbedürftig** sind außer im Falle eines Anerkenntnisses die der Gegenpartei ungünstigen, rechtserheblichen, bestrittenen (§ 313 Rn 16–18) Tatsachenbehauptungen, die noch nicht bewiesen, nicht offenkundig (§ 291) oder nicht Gegenstand einer Vermutung (§ 292) sind. Nicht beweisbedürftig ist also auch sog gleichwertiges (der Gegenpartei günstiges) Vorbringen (§ 138 Rn 6).

2. Die Beweisführung vollzieht sich in zwei Stufen. – **a) Beweis- 2 antrag** durch die Partei (§§ 371, 373, 403, 420 ff, 445, 447), soweit der Verhandlungsgrundsatz (Einl I Rn 1–4) gilt, dh Einführung des Beweismittels für eine bestimmte Behauptung (Beweisthema), gleichzeitig mit deren Aufstellung. In der Berufungsinstanz sind die im 1. Rechtszug angeblich fehlerhaft übergangenen Beweisanträge einzeln und ausdrücklich zu wiederholen, eine allgemeine Bezugnahme auf das Vorbringen im 1. Rechtszug genügt grundsätzlich nicht (BGH 35, 103; aA KG NJW 90, 844). Darauf muss das Ger in der mdl Vhdlg hinweisen (BVerfG NJW-RR 95, 828). Allgemeine Bezugnahme genügt, wenn das ErstGer ein unter Beweis gestelltes Vorbringen als unerheblich oder bereits erwiesen behandelt hat und der BerKl gerade diese Rechtsauffassung angreift und/oder das BerGer die Beweisanträge für erheblich hält (BVerfG NJW 87, 485, NJW-RR 95, 828, BGH NJW 82, 581). In diesem Fall hat es nachzufragen (§ 139), bevor es den Antrag für nicht mehr gestellt erachtet (BGH NJW 98, 155), auch kann in der Stellung der Berufungsanträge die konkludente Bezugnahme auf die Beweisanträge liegen (BGH WM 97, 2046). Förderungspflicht des Ger nach §§ 139, 273. Kein Beweisantritt ist nötig für Augenschein und Sachverständige (§ 144). – **b) Beweiserhebung** durch das Ger, näm- **3** lich: Ihre **Anordnung** durch formlosen Beschluss, falls der Beweis sofort erhoben werden kann, andernfalls und bei Parteivernehmung durch formellen Beweisbeschluss (§§ 358, 358 a, 450 Abs 1 S 1); dann die **Beweisaufnahme** nach §§ 355–455; endlich die **Beweiswürdigung** (§§ 286, 287).

3. Beweisarten. Nach Ziel und Verfahren unterscheidet man: – **4 a) Strengbeweis** soll im Beweisverfahren mit den Beweismitteln

gem §§ 355 ff die volle Überzeugung des Richters herbeiführen (§ 286
5 Rn 2). – **b) Glaubhaftmachung** (§ 294), wo das Gesetz sie zulässt. –
6 **c)** Auch beim **Freibeweis** ist die volle Überzeugung des Ger herbeizuführen, lediglich das Verfahren dabei und die Beweismittel stehen im
Ermessen des Ger (BGH NJW 97, 3319). Er ist zulässig im Prüfungsverfahren nach § 118 (dort Rn 6–9), zur Feststellung ausländischen
Rechts (§ 293 Rn 4), von Erfahrungssätzen (Rn 15; aA Pieper BB 87,
273) und für die Prozess- und Rechtszugvoraussetzungen (BGH NJW
87, 2875, NJW-RR 92, 1338; aA RoSchw/Gottwald § 112 II 3, StJ-
Leipold 21 vor § 355, Peters ZZP 88, 296, Grunsky § 42 I 2). Vorbringen und Beweisanerbieten der Parteien sind vAw voll zu prüfen
(BGH NJW 97, 3319). Reichen die vorgelegten eidesstattlichen Versicherungen zur Feststellung der Zulässigkeit des Rechtsmittels nicht aus,
muss das Ger darauf hinweisen und der beweisbelasteten Partei Gelegenheit zum Beweisantritt durch andere Beweismittel, auch Zeugen,
geben (BGH MDR 00, 290).

7 **4. Beweisrichtung.** – **a)** Durch den **Hauptbeweis** überzeugt die
beweisbelastete Partei das Ger voll von der Wahrheit der Tatsachen, die
die Tatbestandsmerkmale der anzuwendenden Rechtsnorm ausfüllen.
Der Beweisantritt für einen Hauptbeweis darf nicht abgelehnt werden,
weil das Gegenteil auf Grund von Indizien feststehe (BGH NJW-RR
8 02, 1072). – **b)** Durch den **Gegenbeweis** versucht die andere Partei,
deren Unwahrheit darzutun. Er ist bereits geführt, wenn die Überzeugung des Ger von der Wahrheit der beweisbedürftigen Tatsachen erschüttert ist, die getroffenen Feststellungen unsicher werden (BGH BB
78, 1232, NJW 83, 1740), ohne dass es auf die zeitliche Reihenfolge
ankommt. Dazu ist die Parteivernehmung unzulässig (§ 445 Abs 2). –
9 **c)** Der **Beweis des Gegenteils** gegen eine widerlegbare Vermutung
(§ 292) oder gegen die Beweiskraft einer Urkunde (vgl § 415 Rn 6) ist
im vorgenannten Sinne Hauptbeweis; die Möglichkeit der Unrichtig-
10 keit genügt nicht (BGH NJW 02, 3027). – **d) Unmittelbar (direkt)**
können Haupt- und Gegenbeweis geführt werden, dh gerichtet auf Tatsachen, die zum gesetzlichen Tatbestand der anzuwendenden Rechts-
11 norm gehören. – Oder **mittelbar (indirekt)** durch **Indizien** (Anzei-
chen), dh gerichtet auf tatbestandsfremde Tatsachen (zB außergerichtliches Geständnis), aus denen der Schluss auf das (Nicht)Vorliegen eines
Tatbestandsmerkmals gezogen werden soll. Dazu gehören auch die
Hilfstatsachen des Beweises. Sie betreffen die (Un)Zulässigkeit oder
die Beweiskraft eines Beweismittels und sind vor allem Gegenstand der
Beweiseinreden. Der Indizienbeweis ist überzeugungskräftig, wenn andere Schlüsse aus den Indiztatsachen ernstlich nicht in Betracht kommen. Der Richter muss also prüfen, ob er aus der Gesamtheit aller vorgetragenen Indizien, ihre Richtigkeit unterstellt, den möglichen Schluss
auf die Wahrheit der Haupttatsachenbehauptung ziehen will. Wenn ja,
muss er die angebotenen Indizienbeweise erheben (BGH NJW 89,
2947); wenn nein, lehnt er sie ab (BGH 53, 245/260, NJW 93, 1391).

Im Urteil muss er sich mit den Indiztatsachen und dem daraus zu ziehenden Schluss sorgfältig auseinandersetzen (BGH NJW 94, 2289).

5. Beweismittel sind Augenschein, Zeugen, Sachverständige, Urkunden, Parteivernehmung (§§ 355 ff), ferner die amtliche Auskunft gem § 273 Abs 2 Nr 2 (BGH BB 76, 480). Tonbandaufnahme Rn 6 vor § 371. Unzulässiges Beweismittel ist der Lügendetektor, auch bei Einwilligung der Testperson (BVerfG NJW 82, 375, LAG Rheinland-Pfalz MDR 98, 1119). Kein Beweismittel ist das Geständnis (§ 288), das den Beweis überflüssig macht.   **12**

6. Beweisgegenstand. – a) Tatsachen, die unmittelbaren und mittelbaren (Rn 10, 11). Das sind die konkreten, nach Raum und Zeit bestimmten, vergangenen oder gegenwärtigen Geschehnisse und Zustände der Außenwelt und des Seelenlebens (BGH NJW 81, 1562), die das objektive Recht zur Voraussetzung einer Rechtswirkung gemacht hat. Dazu gehören auch innere Tatsachen in der Person des Zeugen selbst; solche, die in einer anderen Person eingetreten sind, sind beweiserheblich idR nur, wenn schlüssig dargelegt wird, auf Grund welcher Umstände der Zeuge von ihnen Kenntnis erlangt hat (BGH NJW 92, 2489). Notwendige Substantiierung Rn 18. Nur beim Augenschein nimmt der Richter die Tatsachen unmittelbar wahr. Bei den anderen Beweismitteln nimmt er nur Aussagen über Tatsachen auf. Deshalb können auch hypothetische, negative und unmögliche Tatsachen Beweisgegenstand sein. Sog jur Tatsachen, zB kaufen, Eigentum (Koblenz OLGZ 93, 234), muss der Richter, wenn nötig, in Einzelvorgänge auflösen. Die Tatsachen müssen konkret als bestimmt geschehen behauptet werden. Unzulässig ist im Bereich des Verhandlungsgrundsatzes der Ausforschungsbeweis (§ 284 Rn 3). – **Nicht Beweisgegenstand sind Werturteile.** Sie ordnen Tatsachen unter Rechtsbegriffe ein oder ziehen Schlussfolgerungen auf Grund besonderen Fachwissens. Für die Abgrenzung dient als Maßstab, dass es sich bei Tatsachen um Vorgänge handelt, die als solche einer Überprüfung mit den Mitteln des Beweises zugänglich sind (BGH NJW 82, 2248). – **b) Erfahrungssätze** sind Regeln der allg Lebenserfahrung oder besonderer Sach- und Fachkunde. Sie dienen entweder der Feststellung von unmittelbaren Tatsachen im Wege der Folgerung aus Indizien oder der rechtlichen Subsumtion, insbes wenn die Rechtsanwendung von Werturteilen abhängt (zB ausbeuten, wichtiger Grund, höhere Gewalt, gegen die guten Sitten). Zur Feststellung ihm unbekannter Erfahrungssätze bedient sich das Gericht des Sachverständigen oder des Freibeweises. Das Bestehen von Erfahrungssätzen unterliegt dem Untersuchungsgrundsatz (Einl I Rn 6, 7) und der Revision. – **c) Rechtssatz** als Beweisgegenstand § 293.   **13**   **14**   **15**   **16**

7. Darlegungs- und Beweislast. Schrifttum: Baumgärtel, Handbuch der Beweislast, 1982, 1. Band in 2. Aufl 1991, Beweislastpraxis im Privatrecht, 1995; Leipold, Beweislastregeln und gesetzliche Vermutungen, Schriften zum Prozessrecht Band 4, 1966, Beweismaß und Beweislast im ZivProz, 1985; Musielak, Gegenwartsprobleme der Beweis-   **17**

last, ZZP 100, 385; Prütting, Gegenwartsprobleme der Beweislast, 1983. – Bei Arrest u einstw Vfg Rn 9 vor § 916.

18 **a)** Der **Anwendungsbereich der Beweislastregeln** betrifft **Tatsachen,** nicht die Ermittlung von Rechtsfolgen (BGH NJW 73, 2207). Stehen alle Tatbestandsmerkmale einer anzuwendenden Rechtsnorm zur Überzeugung des Ger fest, so spielt die Beweislast keine Rolle. Der Tatsachenvortrag muss schlüssig sein (38 vor § 253). Inwieweit Einzelheiten und sonstige Zergliederung notwendig sind, richtet sich nach dem Kenntnisstand der Partei (BGH NJW-RR 88, 1529), nach der Einlassung der Gegenpartei (BGH NJW 84, 2888), nach der Zumutbarkeit (BGH 140, 156) und nach der Bedeutung der näheren Einzelheiten für die Rechtsfolgen (BGH NJW 95, 130), vgl auch 40 vor § 253. Besteht ein Tatbestandsmerkmal einer anspruchsbegründenden Rechtsnorm im Nichtvorhandensein eines tatsächlichen Umstands (Negativbeweis), so kehrt sich die Beweislast nicht um. Vielmehr sind die Umstände zu widerlegen, die nach dem substantiierten Vortrag der Gegenpartei für das positive, dh für das Vorhandensein des tatsächlichen Umstands sprechen (BGH NJW 85, 1774). Steht der Darlegungspflichtige selbst außerhalb des Geschehensablaufs und kann er auch von sich aus den Sachverhalt nicht ermitteln, während die Gegenseite die erforderlichen Informationen hat oder sich leicht beschaffen kann, so genügt nach Treu u Glauben nicht, dass die Gegenseite sich mit einfachem Bestreiten begnügt, sie muss vielmehr im Einzelnen darlegen (sog sekundäre Behauptungslast), dass die von ihr bestrittene Behauptung unrichtig ist, so dass die beweisbelastete Partei den Beweis für die Richtigkeit antreten kann (BGH 140, 156, VersR 00, 1565: ohne rechtlichen Grund). S auch Rn 37. –

19 Das **Bestehen eines Rechts** ist nie Beweisgegenstand. Wer es für sich in Anspruch nimmt, muss, soweit streitig, die Tatsachen beweisen, die für die Entstehung des Rechts maßgeblich sind. Der Gegner hat ggf den Untergang oder Verlust des Rechts zu beweisen (BGH WM 72, 1064). Stehen zB Entnahmen aus Gesellschaftsvermögen fest, hat der Gesellschafter, der sie getätigt hat, die Vereinbarung darzulegen und zu beweisen, die ihn dazu berechtigt (BGH DB 00, 38).

20 **b) Bedeutung. – Vor dem Urteil** hängt von der Beweislast ab, von welcher (richtigen) Partei das Ger Aufklärung oder Bezeichnung der Beweismittel verlangt (§§ 139, 273), ob und wie ein Beweisbeschluss zu erlassen ist und ob eine Parteivernehmung nach § 445 Abs 1 zulässig ist (dort Rn 1). Im Bereich des materiellen Rechts ist auch die Frage der Beweislast materiellrechtlich, keine Verfahrensfrage (BGH BB 88, 799). –

21 **Im Urteil** gewinnt die Beweislast Bedeutung, wenn im Rahmen des Beibringungsgrundsatzes trotz Erschöpfung aller Aufklärung der Sachverhalt in einem wesentlichen Punkt ungewiss bleibt (BGH NJW 73, 2207) und beantwortet die Frage, zu wessen Last die Ungewissheit geht, wer die Folge der Beweislosigkeit zu tragen hat.

22 **c)** Das **Gesetz** bestimmt teilweise die Beweislast. Dies geschieht durch ausdrückliche Vorschriften, wer was zu beweisen hat, zB §§ 179

Abs 1, 2336 Abs 3 BGB, § 1 Abs 4 ProdHaftG. Dem steht in der Wirkung gleich, wenn das Gesetz eine Tatsachen- oder Rechtsvermutung aufstellt (§ 292), zB §§ 130 Abs 3, 131 Abs 2, 132 Abs 3, 133 Abs 1 S 2 InsO.

d) Grundregel, soweit nicht das Gesetz eine Regelung trifft oder **23** aus praktischen Gründen speziellere Regeln (Rn 24–37) eingreifen (ebenso Baumgärtel JA 84, 660): Jede Partei trägt die Behauptungs- und Beweislast dafür, dass der Tatbestand der ihr günstigen Rechtsnorm erfüllt ist. Wer eine Rechtsfolge für sich in Anspruch nimmt, hat die (auch negativen) rechtsbegründenden und rechtserhaltenden Tatsachen zu behaupten und zu beweisen, der Gegner die rechtshindernden (BGH NJW 99, 3481: Nichternstlichkeit), rechtsvernichtenden und rechtshemmenden (BGH NJW 86, 2426; 42–45 vor § 253) einschließlich der tatsächlichen Umstände, die Grundlage einer für sie günstigen Auslegung sind (BGH NJW 99, 1702). Die Parteistellung ist dabei ohne Bedeutung, zB bei der negativen Feststellungsklage (BGH WM 92, 313/317). Zu den anspruchsbegründenden Behauptungen gehört bei Streit, ob Bar- oder Abzahlungsgeschäft, die Behauptung der Einigkeit über Barkauf (BGH NJW 75, 206); bei Streit über Vereinbarung einer aufschiebenden Bedingung der unbedingte Vertragsabschluss bzw der Eintritt der vereinbarten Bedingung (BGH NJW 94, 447; bestr). Die Schwierigkeit in der Praxis liegt in der Klarstellung, ob es sich um eine rechtsbegründende negative Tatsache handelt, zB „ohne rechtlichen Grund" in § 812 BGB (BGH 140, 156) oder um eine rechtshindernde (zB Geschäftsunfähigkeit). In der letztgenannten Richtung gibt die Fassung des Gesetzes vielfach einen Hinweis (zB „es sei denn dass", „ist ausgeschlossen wenn", „gilt nicht, wenn", „beschränkt sich", „wenn nicht"). In den meisten Fällen lässt sich das Verhältnis der rechtsbegründenden zur rechtshindernden Norm zurückführen auf das Verhältnis von Regel und Ausnahme, wie das Gesetz es sieht.

e) Dieses **Regel-Ausnahmeverhältnis** ist analog zu dem vorste- **24** hend Gesagten auch dort, wo das Gesetz nichts sagt, zur Verteilung der Beweislast verwertbar. Wer entgegen der erfahrungsgemäßen Regel eine Ausnahme für sich in Anspruch nimmt, hat ihre tatbestandlichen Voraussetzungen zu beweisen. Steht zB der Vertragsabschluss fest, so hat das Auftreten in fremdem Namen mit Vertretungsmacht vor Erlöschen der Vollmacht (BGH WM 84, 603) derjenige zu beweisen, der dies behauptet (BGH NJW 75, 775; 92, 1768); ebenso eine Vertragsänderung (BGH WM 95, 81), Unvollständigkeit oder Unrichtigkeit einer Vertragsurkunde durch außerhalb liegende Umstände (BGH NJW 99, 1702). Bei mehrdeutigem Wortlaut einer Urkunde hat jede Partei die Beweislast für die von ihr vertretene Auslegung (BGH NJW 02, 1500/1502). In Zweifelsfällen hat die Betriebsbezogenheit einer Erklärung zu beweisen, wer sie nicht für seine Person gelten lassen will (BGH ZIP 94, 1860). Der Volljährige, der materiellrechtliche Geschäftsunfähigkeit behauptet, hat diese zu beweisen (Saarbrücken NJW 73, 2065).

25   **f) Nach Gefahrenbereichen** verteilt aus praktischen Gründen der
Billigkeit und eines gerechten Interessenausgleichs zunehmend die
Rechtsprechung die Beweislast. Danach hat derjenige die maßgebenden
Tatsachen zu beweisen, in dessen ausschließlicher Einflusssphäre sie sich
26 abgespielt haben. – **aa)** Dies gilt für **Ansprüche aus positiver Vertragsverletzung** gem § 280 Abs 1 BGB. Steht fest – insoweit Beweislast beim Gläubiger (BGH 27, 236, VersR 66, 344, BAG DB 71,
2263), wobei ihm die Regeln des prima facie Beweises zugute kommen
können – dass nur eine Schadensursache aus dem Verantwortungsbe-
reich des Schuldners in Betracht kommt, so muss er sich entlasten und
zwar sowohl hinsichtlich der objektiven Pflichtwidrigkeit wie des Ver-
tretenmüssens (BGH VersR 95, 805). So entschieden für Beherber-
gungs- (RG 169, 97) und Gastaufnahmevertrag (RG 160, 155), Beförderungsvertrag (BGH 8, 239), Werkvertrag (BGH 27, 238, VersR 95,
805), Dienstvertrag (BGH 28, 251; vgl aber unten Rn 30), Auftrags-
vertrag (BGH VersR 87, 663), Verwahrungsverhältnis (BGH 3, 174),
je nach Sachlage Mietvertrag (BGH BB 77, 866), Kaufvertrag (BGH
LM § 377 HGB Nr 6 Bl 4), Bankvertrag (BGH WM 72, 584), Ob-
hutspflichtverletzung bei Sicherungsübereignung (BGH BB 67, 434),
Automatenaufstellungsvertrag (BGH WM 70, 683). Die Beweislastverteilung nach Gefahrenbereichen gilt bei positiver Vertragsverletzung
generell (BAG DB 72, 2165) auch im Arbeitsvertragsrecht. So hat bei
feststehendem Kassenfehlbestand der Arbeitnehmer die Ausgaben auf
Veranlassung und für Rechnung des Arbeitgebers zu beweisen (BAG
19, 1/5); steht Schaden des Arbeitgebers durch vertragswidrige Schlecht-
leistung einer Akkordgruppe fest, muss der einzelne Arbeitnehmer dieser Gruppe beweisen, dass er selbst einwandfreie Arbeit geleistet, den
Schaden nicht durch Verletzung vertraglicher Nebenpflichten mitverursacht hat und dass ihn kein Verschulden trifft (BAG NJW 74, 2255). –
27 **bb) Bei anderen vertraglichen Ansprüchen** verteilt die Rechtsprechung die Beweislast nach den gleichen Grundsätzen, soweit eine vergleichbare Interessenlage besteht. So bei culpa in contrahendo (BGH
NJW 62, 31), bei Schadensersatzansprüchen aus § 635 BGB aF (BGH
48, 310, VersR 74, 261); in § 538 BGB hat der Mieter zu beweisen,
dass er die Zerstörung der Mietsache nicht zu vertreten hat (BGH 66,
349); außerhalb des Anwendungsbereichs des AGBG hat der Klausel-
verwender zu beweisen, dass sich der in AGB vereinbarte pauschalierte
Schadensersatz an dem normalerweise entstehenden Schaden orientiert
28 (BGH 67, 312). – **cc)** Auch für **außervertragliche Schadensersatzansprüche** gelten die vorstehenden Grundsätze bei vergleichbarer
Interessenlage. Steht bei Ansprüchen aus § 823 BGB der objektive
Pflichtverstoß fest, so indiziert dies entweder die Verletzung der inneren Sorgfalt oder der Anscheinsbeweis spricht hierfür (BGH NJW 86,
2757). Verletzung eines Schutzgesetzes und von DIN-Normen vgl Pal/
29 Thomas § 823 Rn 174). Steht bei der deliktischen **Produzentenhaf-
tung** (Pal aaO Rn 220) ein Produktfehler und seine Ursächlichkeit für
den entstandenen Schaden fest, so muss der Hersteller beweisen, dass

ihn im Hinblick auf den Fehler kein Verschulden trifft (BGH 51, 91).
Bei Schaden durch **Immissionen** trägt der Emittent die Behauptungs-
und Beweislast dafür, dass seine Emissionen sich im Rahmen der orts-
üblichen Grundstücksbenutzung halten und dass er die wirtschaftlich
zumutbaren Vorkehrungen zur Eindämmung der Umweltbelastung getroffen hat (BGH 90, 255). – dd) Für **ärztliche Behandlungsfehler** 30
(umfassend Müller NJW 97, 3049 u Laumen NJW 02, 3739) gilt unter
dem Gesichtspunkt der positiven Vertragsverletzung und der unerlaubten Handlung: Den objektiven **Fehler** und seine **Ursächlichkeit** für
den Schaden hat der Patient zu beweisen (BGH NJW 88, 2949, VersR
99, 60). Dabei erfordert der Grundsatz der Waffengleichheit, dass der
Arzt dem Patienten Aufschluss über sein Vorgehen in dem Umfang
gibt, in dem dies ohne weiteres möglich ist u insoweit auch zumutbare
Beweise erbringt. Dieser Pflicht genügt der Arzt weithin durch Vorlage
einer ordnungsgemäßen Dokumentation im Operationsbericht oder in
der Patientenkartei, soweit sie im unmittelbaren Zusammenhang mit
der Operation, Behandlung oder Krankenpflege iF eines spezifischen
Pflegebedürfnisses erstellt ist (BGH NJW 78, 1681, NJW 86, 2365). –
Unzulänglichkeit oder Unrichtigkeit der ärztlichen Dokumen- 31
tation über die für Diagnose und Therapie wesentlichen medizinischen
Fakten (BGH NJW 89, 2330) begründet die Vermutung, dass der Arzt
nicht dokumentierte Maßnahmen auch nicht getroffen hat und führt
deshalb zu Beweiserleichterungen für den geschädigten Patienten bzw
seine Erben, die, je nach dem Gewicht der Möglichkeit, dass der Behandlungsfehler zum Misserfolg beigetragen hat und nach dem Ausmaß
der Pflichtwidrigkeit bis zu Beweislastumkehr reichen können (BGH
72, 132, NJW 88, 2949; § 286 Rn 18). Der Patient bleibt aber verpflichtet, darzulegen und ggf zu beweisen, dass ein vom Arzt zu vertretender Fehler als Ursache des eingetretenen Schadens ernstlich in
Betracht kommt (BGH NJW 83, 332). Die gleichen Beweiserleichterungen treten ein, wenn der Verbleib der Krankenunterlagen nicht aufklärbar ist (BGH NJW 96, 779) oder wenn der Arzt die Erhebung und
Sicherung medizinisch zweifelsfrei gebotener Befunde zum Aufschluss
über den Behandlungsverlauf unterlassen hat und dadurch die Aufklärung eines immerhin wahrscheinlichen Ursachenzusammenhangs zwischen Behandlungsfehler und Schaden erschwert (BGH NJW 88,
2949). Die Beweiserleichterung besteht darin, dass auf ein reaktions-
pflichtiges positives Befundergebnis zu schließen ist, wenn ein solches
hinreichend wahrscheinlich ist, regelmäßig aber nicht auch auf eine
Ursächlichkeit der unterlassenen Befundauswertung für den Gesundheitsschaden des Patienten. Eine Beweiserleichterung dafür setzt voraus,
dass sich im Einzelfall zugleich ein so deutlicher und gravierender Be-
fund als wahrscheinlich ergibt, dass seine Verkennung sich als funda-
mental fehlerhaft (grober Diagnosefehler) darstellen müsste (BGH NJW
96, 1589). Ist die Gesundheit des Patienten bei einer Operation durch
einen nicht ausreichend qualifizierten Assistenzarzt oder Berufsanfänger
geschädigt worden, so trifft, falls der Einsatz dieses Arztes fehlerhaft war

(BGH NJW 98, 2736), die Beweislast dafür, dass die Schädigung nicht auf der mangelnden Qualifikation beruht, den Krankenhausträger und die für die Einteilung des Operateurs verantwortlichen Ärzte (BGH 88, 248). – Steht allerdings fest, dass der Arzt einen **groben Behandlungsfehler** gemacht hat, der generell geeignet ist, auch zusammen mit anderen Ursachen (BGH NJW 97, 796), einen Schaden der Art herbeizuführen, wie er tatsächlich entstanden ist und der konkret die Kausalitätsfeststellung erschwert (BGH 85, 212, NJW 88, 2303 u 2949), so trifft ihn die Beweislast für die fehlende Ursächlichkeit im Einzelfall, soweit durch sein Versehen unmittelbar verursachte, haftungsbegründende Gesundheitsbeschädigungen (Primärschäden) in Frage stehen (BGH NJW 88, 2948). Die Beweislastumkehr entfällt, wenn es gänzlich unwahrscheinlich ist, dass der Fehler zum Schadenseintritt beigetragen hat (BGH NJW 95, 1611; 97, 794). Die Beurteilung eines Behandlungsfehlers als grob ist eine auf tatsächlichen Anhaltspunkten beruhende Wertung, die ohne ausreichende Grundlage in den medizinischen Darlegungen des Sachverständigen nicht getroffen werden kann (BGH NJW 01, 2795; 02, 2944). Grob ist ein Organisations- (BGH NJW 96, 2429), Diagnose- oder Behandlungsfehler, wenn er im Einzelfall aus objektiver ärztlicher Sicht bei Anlegung des für einen Arzt geltenden Ausbildungs- und Wissensmaßstabs nicht mehr verständlich und verantwortbar erscheint, schlechterdings nicht unterlaufen darf (BGH NJW 96, 2428), wenn das Verhalten des Arztes eindeutig gegen gesicherte und bewährte medizinische Erkenntnisse und Erfahrungen verstieß (BGH NJW 86, 1540), zB Nichtinformation, unterlassene therapeutische Beratung über eine lebensbedrohliche Diagnose (BGH NJW 89, 2318). – **Die Beweiserleichterungen gelten nur,** falls sich gerade das Risiko verwirklicht hat, dessen Nichtbeachtung den Fehler als grob erscheinen lässt (BGH NJW 81, 2513). Die Beweislast für die Ursächlichkeit des Primärschadens für Folgeschäden, die erst durch den infolge des Behandlungsfehlers eingetretenen Gesundheitsschaden entstanden sein sollen (Sekundärschaden), trägt der Verletzte, außer wenn der Sekundärschaden typische Folge des Primärschadens ist (BGH NJW 88, 2948). – Für das **Verschulden,** auch beim Tierarzt (BGH NJW 77, 1102 u VersR 80, 428), gilt die Beweislastregel des § 282 BGB nicht entsprechend, soweit es um Diagnose und Heilbehandlung geht, weil der Arzt nur kunstgerechtes Bemühen, nicht aber Heilerfolg schuldet (BGH MDR 91, 846). Dagegen gilt § 282 BGB entsprechend, soweit es um Risiken geht, die vom Träger der Klinik und dem dort tätigen Personal voll beherrscht werden können, wie die Organisation des Behandlungsgeschehens und der Zustand der dazu benötigten Geräte und Materialien (BGH aaO mit zahlreichen Einzelfällen; auch Pal/ Thomas § 823 Rn 169 ff). – Die vorstehend dargestellten Regeln der BewLastverteilung sind verfassungskonform (BVerfG NJW 79, 1925). –

35 – **ee)** Für **Verletzung sonstiger Berufspflichten** gilt Gleiches, soweit sie auf die Bewahrung anderer vor Gefahren für Körper und Gesundheit gerichtet sind, zB Hebamme (Braunschweig VersR 87, 76), Krankenpflegepersonal (BGH NJW 71, 241), Schwimmmeister (BGH NJW 62, 959), Inhaber eines Kiosks auf dem Kirmesplatz (Köln OLGZ 70, 311).

g) Bei Verletzung vertraglicher Aufklärungs- und Beratungs- 36
pflicht trägt die Beweislast für den ursächlichen Zusammenhang zwischen der Vertragsverletzung und dem Schaden grundsätzlich der Geschädigte. Dabei hilft in Verträgen mit rechtlichen Beratern der Anscheinsbeweis zugunsten des Geschädigten, dass er sich bei vertragsgerechter Beratung beratungsgemäß verhalten hätte (BGH NJW 92, 240 u 1159) unter der Voraussetzung, dass im Falle sachgerechter Beratung aus der Sicht eines vernünftig urteilenden Mandanten typischerweise eine bestimmte tatsächliche Reaktion im Sinne der erteilten Auskunft nahegelegen hätte (BGH 123, 311). In anderen Verträgen trägt, sofern Aufklärungs-, Hinweis- und Beratungspflicht gerade dazu dienen, dem Vertragspartner ein bestimmtes Risiko bewusst zu machen und ihm Klarheit über die ins Auge gefassten Maßnahmen zu verschaffen, der Auskunftgeber das Risiko der Unaufklärbarkeit. Ihn trifft also die Beweislast dafür, dass der Geschädigte sich bei vertragsgerechter Beratung nicht beratungsgemäß verhalten hätte (BGH 123, 340), die Verletzung seiner Aufklärungspflicht also nicht schadensursächlich war (BGH NJW 94, 512). – **Nach Treu und Glauben** kann es darüber hinaus geboten 37 sein, den besonderen Schwierigkeiten Rechnung zu tragen, die sich ergeben, wenn die darlegungs- und beweisbelastete Partei außerhalb des maßgeblichen Geschehensablaufs steht und den rechtserheblichen Sachverhalt von sich aus nicht ermitteln kann, während die Gegenpartei die erforderlichen Informationen hat oder sich leicht beschaffen kann, etwa bei negativen Tatsachen. Die Gegenpartei hat dann die prozessuale Pflicht, sich in zumutbarer Weise an der Aufklärung des Sachverhalts zu beteiligen, darf sich nicht auf bloßes Bestreiten zurückziehen (oben Rn 18).

h) Parteivereinbarungen über die Beweislast sind, grundsätzlich 38 auch in allgemeinen Geschäftsbedingungen und Formularverträgen, zulässig, denn die Beweislastregeln sind nicht zwingend (BGH DB 74, 1283). Sie unterliegen den Gültigkeitsbestimmungen des AGBG, außerhalb seines Anwendungsbereichs im üblichen Rahmen der Inhaltskontrolle und den Grenzen, die Treu und Glauben und die guten Sitten setzen.

i) Anscheinsbeweis und **Vereitelung der Beweisführung** und 39 die Regeln dazu (§ 286 Rn 12–19) sind keine wirklichen Abweichungen von den Prinzipien der Beweislastverteilung, sondern Fragen der Beweiswürdigung.

k) Beweislast für die Prozessvoraussetzungen 10–33 vor § 253; 40 für **ausländisches Recht** und die anderen Fälle des § 293 dort Rn 4.

8. Parteivereinbarungen über die Beweisführung durch Pro- 41 zessvertrag (Einl III Rn 6) sind, außer in Verfahren mit Untersuchungsgrundsatz (Einl I 2), zulässig, soweit sie den Beweisantritt oder Beweismittel ausschließen oder beschränken (BGH DB 73, 1451), im Wesentlichen ebenso Schlosser, Einverständliches Parteihandeln im ZivProz,

1968, S 25, auch soweit sie den Nachweis bestimmter Indizien (zB Posteinlieferungsschein gilt als Quittung) genügen lassen wollen. Zulässig sind auch Verträge über die Beweislast (Rn 38). Nichtig dagegen sind alle Vereinbarungen, die die freie Beweiswürdigung durch das Gericht betreffen (RG 96, 59; aA Schlosser aaO S 89).

§ 284 Beweisaufnahme

Die Beweisaufnahme und die Anordnung eines besonderen Beweisaufnahmeverfahrens durch Beweisbeschluß wird durch die Vorschriften des fünften bis elften Titels bestimmt.

1   **1. Beweisanordnung** formlos oder durch Beschluss §§ 358–360, 450 Abs 1 S 1. Beweisaufnahme im allg §§ 355–357, 361–370, im bes bei den einzelnen Beweismitteln, §§ 371–484.

2   **2. Umfang der Beweiserhebung.** Die angebotenen Beweise sind zu erschöpfen (BGH NJW 97, 1988, NJW 00, 2024). Im Bereich des Beibringungsgrundsatzes sind auf ordnungsgemäße Beweisanträge konkrete Tatsachen durch bestimmt bezeichnete Beweismittel festzustellen (18 vor § 284), im Bereich des Untersuchungsgrundsatzes (Einl I Rn 6, 7) auch ohne Antrag. In der Berufungsinstanz 2 vor § 284. – Unbe-
3 achtlich ist der **Beweisermittlungsantrag,** der dem **Ausforschungsbeweis** dient (KG NJW-RR 99, 1369; aA Schleswig NJW 92, 3275). Bei ihm will die Partei sich erst die Grundlage für genügend konkreten Tatsachenvortrag beschaffen und ist mangels näherer Bezeichnung der unter Beweis gestellten Tatsachen deren Erheblichkeit nicht zu beurteilen oder sie sind lediglich in das Gewand einer bestimmt aufgestellten Behauptung gekleidet, aber erkennbar aus der Luft gegriffen, ins Blaue hinein aufgestellt, weil jeder tatsächliche Anhaltspunkt fehlt (BGH NJW 92, 1967 u 3106; 95, 2111, NJW-RR 96, 1212). Bei der Annahme solch rechtsmissbräuchlicher Willkür ist Zurückhaltung geboten (BGH NJW-RR 02, 1433/1435). Vgl auch § 372 a Rn 3. Keine unzulässige Ausforschung, wenn eine Partei mangels Kenntnis von Einzeltatsachen, über die nur ein Sachkundiger verfügt, nicht umhin kann, eine zunächst nur vermutete Behauptung in den Prozess einzuführen (BGH NJW 95, 1160, NJW-RR 02, 1419).

4   **3. Ablehnung eines Beweisantrags** ist **zulässig** aus verfahrensrechtlichen oder beweisrechtlichen Gründen in Anlehnung an § 244 Abs 3, Abs 4 StPO (BGH 53, 245/259, NJW 93, 1391) in folgenden Fällen, im Bereich des Untersuchungsgrundsatzes (BGH NJW 91, 2961) ohne den Fall a: – **a)** Wenn der **Beweisantrag** als **verspätet** (§§ 296, 528) oder als **Beweisermittlungsantrag** (Rn 3) zurückzuwei-
5 sen ist. – **b)** Wenn **Beweiserhebung** oder **Beweismittel unzulässig** ist, zB Vernehmung eines zufällig anwesenden Zeugen, der erst im Termin benannt wird, gegen Widerspruch der anderen Partei (Schleswig NJW 91, 303); bei berechtigter Zeugnisverweigerung; bei bindend festgestellten Tatsachen (§§ 108, 112 SGB VII); Zeugenvernehmung

im Urkundenprozess (§§ 592, 595); rechtswidrig gewonnene Beweismittel nach den Grundsätzen in § 286 Rn 7, 8, zB heimliche Tonbandaufnahme (Rn 6–8 vor § 371), Vernehmung eines heimlich in die Wohnung eingeführten (BGH NJW 70, 1848, WM 91, 566) oder eines anderen Lauschzeugen (BGH ZIP 94, 789/795); wenn der Beweisantrag einer Vereinbarung widerspricht, durch die die Beweisführung auf bestimmte Beweismittel beschränkt wird (BGH WM 73, 144); wenn zur Erstellung eines Sachverständigengutachtens eine Operation vorgenommen werden müsste, selbst wenn die Partei damit einverstanden ist (Düsseldorf NJW 84, 2635: Feststellung eines Fehlers bei früherem Sterilisationseingriff). – **c)** Wenn die zu beweisende **Tatsache 6 nicht beweisbedürftig** (Rn 1 vor § 284) oder bereits bewiesen oder zu Gunsten des Antragsteller zu unterstellen ist (BGH NJW 00, 3718). Dass das Gegenteil bereits bewiesen sei, rechtfertigt die Ablehnung nicht. Indizienbeweis vgl Rn 11 vor § 284. – **d)** Wenn das **Beweis- 7 mittel** auf längere Zeit **unerreichbar** oder völlig **ungeeignet** ist. Vor Feststellung der Unerreichbarkeit muss das Ger sich ernstlich bemühen, den Zeugen beizubringen (BGH NJW 92, 1768, Köln MDR 01, 109). Bei der ausnahmsweisen Zurückweisung des Beweismittels als ungeeignet ist größte Zurückhaltung geboten (BVerfG NJW 93, 254, BGH NJW 00, 3718). Dazu müssen die Umstände festgestellt werden, die die zweifelsfreie Wertlosigkeit des Beweismittels ergeben (BGH NJW 51, 481). Ein mittelbarer Zeuge ist kein ungeeignetes Beweismittel (BGH NJW-RR 02, 1433/1435), Verwandtschaft, Beteiligung, Regresspflicht, frühere Verurteilung wegen Meineids, Zeuge bloß vom Hörensagen (BGH VersR 86, 183), Widerspruch zu vorprozessualem Verhalten (BGH NJW-RR 02, 774) reichen für sich allein dazu nicht aus, auch nicht wahrscheinliche Erfolglosigkeit der Beweisaufnahme (BGH 5, 287). Solche und andere vorweggenommene Beweiswürdigung ist Verfassungsverstoß (BVerfG NJW 93, 254) und Verfahrensfehler (BGH NJW 99, 143). – **e)** Wenn die Beweisaufnahme in das **Ermessen des 8 Gerichts** gestellt ist, zB § 287, § 114 GVG oder beim Sachverständigenbeweis, wenn das Gericht selbst die nötige, im Urteil darzulegende Sachkunde besitzt (BGH NJW 82, 2874; auch § 412); – **f)** Nichtbe- 9 rücksichtigung als **willkürliche Vermutung** § 139 Rn 7. **Indizienbeweis** 11 vor § 284.

4. Verstoß gegen die Pflicht zur Erschöpfung der Beweise verletzt 10 § 286 (BGH NJW 52, 931/933) u kann Rechtsmittel begründen. Außerdem verletzt die Nichtberücksichtigung eines erheblichen Beweisantrags, wenn sie im Prozessrecht keine Stütze findet (Rn 4–9), das Recht auf rechtliches Gehör (BVerfG NJW 79, 413; 91, 285, NJW-RR 95, 441).

§ 285 Verhandlung nach Beweisaufnahme

(1) Über das Ergebnis der Beweisaufnahme haben die Parteien unter Darlegung des Streitverhältnisses zu verhandeln.

(2) Ist die Beweisaufnahme nicht vor dem Prozeßgericht erfolgt, so haben die Parteien ihr Ergebnis auf Grund der Beweisverhandlungen vorzutragen.

1   **1. Abs 1** stellt sicher, dass die Parteien grundsätzlich gleich im Anschluss an die Beweiserhebung Gelegenheit zur **Verhandlung über das Beweisergebnis** haben; dazu gehört, soweit bereits möglich, die Mitteilung der Beweiswürdigung durch das Ger. Ausnahmsweise Vertagung § 370 Rn 1. Insbes können sie Beweiseinreden vorbringen. Gilt auch im schriftlichen Verfahren. Ohne diese Gelegenheit darf die Beweisaufnahme im Urteil nicht verwertet werden, außer im Falle der Säumnis bei Entscheidung nach § 251a. Auf ihr Recht zur Verhandlung über das Beweisergebnis können die Parteien verzichten, eine Wiederholung der Antragstellung ist nicht erforderlich (BGH NJW 74, 2322). Über § 285 hinaus schreibt § 279 Abs 3 dem Gericht nach der Beweisaufnahme eine erneute Erörterung des Sach- und Streitstands vor. – **Verstoß** gegen Abs 1 ist grundsätzlich Verfahrensfehler (BGH MDR 01, 830; kritisch dazu E. Schneider MDR 01, 781).

2   **2.** Nach **Abs 2** ist **Vortrag des Beweisergebnisses** nötig, wenn die Beweisaufnahme vor dem beauftragten, ersuchten oder (entspr) Einzelrichter (§§ 349, 527 je Rn 4) oder im Ausland stattgefunden hat. Gilt nicht, wenn die Beweisaufnahme ohne Antrag angeordnet war (§ 144) oder vAw zu beachtende Punkte betraf. Bezugnahme auf die Niederschrift nach § 137 Abs 3. Verwertbar ist nur, woran sich alle an der Entscheidung beteiligten Richter erinnern oder, wenn das Gericht in anderer Besetzung als bei der Beweisaufnahme entscheidet, was aktenkundig ist und wozu die Parteien sich erklären konnten. Eindrücke und Vermerke über die Umstände einer früheren Vernehmung, insbesondere in einem anderen Verfahren und zur Glaubwürdigkeit eines Zeugen, die nicht in das Verhandlungsprotokoll aufgenommen worden sind, zu denen also die Parteien auch nicht Stellung nehmen konnten, sind nicht verwertbar (BGH NJW 90, 3088; 97, 1586; 00, 1420), zB persönlicher Eindruck des vernehmenden Richters (BGH NJW 91, 1302, 92, 1966), Feststellung im Augenscheinsprotokoll; ebenso nach 3   Richterwechsel (BGH 53, 245, NJW 92, 1712). – **Verstoß** gegen Abs 2 kann Rechtsmittel begründen und ist nicht nach § 295 heilbar (BGH ZZP 65, 267), weil Fehler bei Urteilsfällung.

§ 286 Freie Beweiswürdigung

(1) [1]Das Gericht hat unter Berücksichtigung des gesamten Inhalts der Verhandlungen und des Ergebnisses einer etwaigen Beweisaufnahme nach freier Überzeugung zu entscheiden, ob eine tatsächliche Behauptung für wahr oder für nicht wahr zu erachten sei. [2]In dem Urteil sind die Gründe anzugeben, die für die richterliche Überzeugung leitend gewesen sind.

(2) **An gesetzliche Beweisregeln ist das Gericht nur in den durch dieses Gesetz bezeichneten Fällen gebunden.**

Übersicht

1. Allgemeines über Beweisaufnahme, Beweisarten, -mittel, -ge- 1 genstand, -last und Parteivereinbarungen 1 ff vor § 284, Erschöpfung und Ablehnung der Beweisanträge § 284 Rn 2–9.

2. Wesen der freien Würdigung. – a) Beweismaß. Eine Behaup- 2 tung ist bewiesen, wenn das Gericht von ihrer **Wahrheit überzeugt** ist, ohne dabei unerfüllbare Anforderungen zu stellen (BGH WM 98, 1689). Hierfür genügt, da eine absolute Gewissheit nicht zu erreichen und jede Möglichkeit des Gegenteils nicht auszuschließen ist, ein für das praktische Leben brauchbarer Grad von Gewissheit (BGH NJW 93, 935), ein für einen vernünftigen, die Lebensverhältnisse klar überschauenden Menschen so hoher Grad von Wahrscheinlichkeit, dass er den Zweifeln Schweigen gebietet, ohne sie völlig auszuschließen (BGH 53, 245/256, NJW 00, 953). Dies gilt auch, wenn das Gesetz „offenbare" Unmöglichkeit (BGH 7, 120) verlangt, auch im Verfahren mit Untersuchungsgrundsatz (BGH NJW 94, 1348) und für die vAw festzustellenden Prozessvoraussetzungen (BGH VersR 77, 721). Bei der Bildung seiner Überzeugung darf das Ger nicht den Grundsatz des rechtlichen Gehörs (Einl I Rn 9 ff) und den Gleichheitsgrundsatz (Art 3 Abs 1 GG) in seiner Ausprägung als Willkürverbot verletzen. Das ist dann der Fall, wenn seine fehlerhafte Rechtsanwendung unter Berücksichtigung der das GG beherrschenden Gedanken nicht mehr verständlich ist und sich daher der Schluss aufdrängt, dass sie auf sachfremden Erwägungen beruht (BVerfG NJW 94, 2279). – Im Übrigen unterliegt das Ger, außer 2 a im Falle gesetzlicher Vermutungen und Beweisregeln, keiner Bindung, beurteilt vielmehr frei den Gang der Verhandlung, den Wert der einzelnen Beweismittel unter Berücksichtigung der ihnen eigenen Fehlerquellen (BGH NJW 98, 2736), legt Zeugenaussagen aus, folgert von bestrittenen auf unbestrittene Behauptungen, zieht Schlüsse aus Indizien, darf fehlende konkrete Indizien mit Hilfe der allgemeinen Lebenserfahrung überbrücken (BGH NJW 98, 79), zieht Folgerungen aus dem Verhalten von Zeugen und Parteien, darf einer Partei mehr glauben als einem beeideten Zeugen. Ein Beweisantritt zu einer Haupttatsache darf allerdings nicht abgelehnt werden, weil das Gegenteil durch Indizien bewiesen sei (BGH NJW-RR 02, 1072). Es gibt keinen Erfahrungssatz, dass die Aussagen von Sympathisanten eines Unfallbetei-

ligten nur im Zusammenhang mit objektiven Gesichtspunkten einen
Beweiswert haben (BGH NJW 88, 566). Zeugen, die für Tatsachen
zum Nachweis des äußeren Bildes eines Diebstahls gegenüber der Versicherung benannt sind, müssen vernommen werden (BGH NJW 97,
1988). Für diesen Nachweis genügt die hohe Wahrscheinlichkeit eines
Entwendungsfalls, überwiegende Wahrscheinlichkeit von über 50% ist
nicht erforderlich (BGH NJW-RR 93, 797). Befindet sich der Versicherungsnehmer in Beweisnot, ist er anzuhören (§ 141) oder zu vernehmen (§ 448); dann kommt es auf seine Glaubwürdigkeit an (BGH
NJW 97, 1988). Beweiswürdigung bei Streitgenossen § 61 Rn 12.
Anscheinsbeweis Rn 12–16, Beweisvereitelung Rn 17–19. Überprüfung in der Revisionsinstanz § 546 Rn 11.

3   **b) Die leitenden Gründe** und die wesentlichen Gesichtspunkte für
seine Überzeugungsbildung hat das Ger nachvollziehbar im Urteil darzulegen (BGH NJW 91, 1894, NJW 98, 2736: mechanische Aufzeichnungen), zB auf Grund welcher konkreten Umstände (BGH MDR 78,
826) das Ger einem Zeugen glaubt, dem anderen nicht, dem Gutachten
eines anerkannten Fachgelehrten nicht folgt (BGH NJW 61, 2061).
Entscheidet das Ger eine nicht einfach liegende fachliche Frage ohne
Sachverständigen oder weicht es von dessen Gutachten ab, so muss es
seine Sachkunde darlegen bzw seine abweichende Überzeugung begründen und dabei erkennen lassen, dass die Beurteilung nicht von
einem Mangel an Sachkunde beeinflusst ist (BGH NJW 89, 2948; 97,
4   1446; § 411 Rn 5, § 412 Rn 1). – Ein **medizinisches Gutachten**
über ärztliche Behandlungsfehler und Aufklärung des Patienten einschließlich mündlicher Erläuterung hat der Richter mit besonders kritischer Sorgfalt auf Vollständigkeit und Widerspruchsfreiheit zu überprüfen (BGH NJW 94, 1596; 97, 794). Zweifel u Unklarheiten auf
Grund unterschiedlicher Bekundungen im Lauf des Prozesses hat er
durch gezielte Befragung des Sachverständigen zu klären (BGH NJW
01, 2791). Wenn bei widersprüchlichen u ergänzungsbedürftigen Ausführungen auch eine Anhörung des Sachverständigen keine Klarheit
bringt, muss das Gericht einen anderen Sachverständigen beauftragen
(BGH NJW 01, 1787). Es muss dabei auch klären, ob der Sachverständige in zurückhaltenden, vorsichtigen Formulierungen zur Vorgehens-
weise des Arztes Behandlungsfehler anspricht (BGH NJW 93, 1524)
und ob er sich von einer gewissen Voreingenommenheit, beruhend auf
überholten Standesregeln, freigemacht hat (BGH NJW 80, 2751). Eine
abweichende Meinung auf Grund Studiums medizinischer Fachliteratur
kann sich das Ger erst bilden, wenn es sie mit dem Sachverständigen
erörtert oder er sonst dazu Stellung genommen hat (BGH NJW 84,
1408). Außerdem ist sie im Urteil zu begründen (Baumgärtel VersR 75,
5   677). – **Ausführlichkeit.** Dabei muss der Richter nicht auf jedes einzelne Parteivorbringen und Beweismittel ausführlich eingehen, es genügt, dass nach der Gesamtheit der Gründe eine sachentsprechende Beurteilung stattgefunden hat (BGH NJW 87, 1557). Revisionsrechtliche
Überprüfung § 546 Rn 11.

3. Grundlage der Würdigung ist der gesamte Inhalt der Verhand- 6
lung, das sind das Vorbringen, Handlungen, Unterlassungen, persönlicher Eindruck von den Prozessbeteiligten und ihren Vertretern einschl
einer Beweisaufnahme. Nach einer Beweisaufnahme kann auch das
vorprozessuale Verhalten einer Partei berücksichtigt werden (BGH
NJW-RR 02, 774). Bei der Beweiswürdigung ist zu unterscheiden
zwischen der auf die Sachdarstellung bezogenen Glaubhaftigkeit und
der auf die Person bezogenen Glaubwürdigkeit einer Aussage (BGH
NJW 91, 3284). Beweisaufnahme darf nur verwertet werden, soweit
die Ergebnisse in ordnungsmäßigem Verfahren gewonnen wurden und
darüber verhandelt worden ist (§ 285). Das gilt auch, wenn es um Geschäftsgeheimnisse geht, es gibt kein Geheimverfahren (BGH 116, 47,
MüKo/Musielak § 357 Rn 9, Prütting/Weth NJW 93, 576). Ein günstiges Ergebnis muss die Partei sich wenigstens zu eigen machen (BGH
NJW-RR 90, 507); es spricht eine Vermutung dafür, dass die Partei
dies jedenfalls hilfsweise macht (BGH NJW 01, 2177).

a) In rechtswidriger Weise erlangte Beweismittel. Ihre Ver- 7
wertbarkeit ist im Einzelnen streitig (Zeiss ZZP 89, 377, Lenz/Meurer
MDR 00, 73, Helle JR 00, 353, Heinemann MDR 01, 137). Ist das
Beweismittel schlicht rechtswidrig erlangt, ist es verwertbar, insbes soweit entspr § 422, § 810 BGB eine Vorlegungspflicht ohnehin bestand.
Ist das Beweismittel unter Verstoß gegen ein verfassungsrechtlich geschütztes Individualrecht, insbesondere das Persönlichkeitsrecht erlangt,
so liegt in seiner Verwertung grundsätzlich ein unzulässiger Eingriff in
das Grundrecht aus Art 2 Abs 1 iVm Art 1 Abs 1 GG. Ob dieser ausnahmsweise (BGH WM 97, 2046, Karlsruhe NJW 00, 1577) gerechtfertigt ist, richtet sich nach dem Ergebnis der Abwägung zwischen dem
gegen die Verwertung streitenden Persönlichkeitsrecht und einem dafür
sprechenden Interesse des Beweisführers (BVerfG NJW 92, 815). Das
ist nach den Umständen des Einzelfalls zu entscheiden (BGH NJW 94,
2289). Das Interesse allein, sich ein Beweismittel für zivilrechtliche
Ansprüche zu sichern, reicht aber nicht aus (BVerfG NJW 02, 3619/
3624). – **Beispiele:** heimliche Tonbandaufnahme grundsätzlich un- 8
verwertbar (BGH WM 97, 2046); verwertbar, wenn im Einzelfall das
Recht am gesprochenen Wort (Persönlichkeitsschutz des Anrufers)
deutlich geringer wiegt als der Ehrenschutz des Angerufenen und dessen Interesse an der Feststellung der Identität des Anrufers wegen einer
sonst nicht behebbaren Beweisnot hinsichtlich der telefonisch ausgesprochenen Beleidigungen (BGH NJW 82, 277); verwertbar außerdem
bei Einverständnis der davon Betroffenen (Köln NJW-RR 94, 720);
entwendete Tagebuchaufzeichnungen (BGH NJW 64, 1139); heimlicher Zeuge § 284 Rn 5. Das Einverständnis kann nicht nur ausdrücklich, sondern auch stillschweigend erklärt werden. Aus der tatsächlichen
Verbreitung von Mithöreinrichtungen an Telefonen in Verbindung mit
dem Fehlen eines vorsorglichen Widerspruchs allein kann die stillschweigende Einwilligung des nachteilig Betroffenen nicht geschlossen
werden (BVerfG NJW 02, 3619/3623). Ohne Wissen des Täters ange-

fertigte Videoaufnahme einer Körperverletzung ist mangels anderer Beweismittel verwertbar (Düsseldorf NJW-RR 98, 241). Unzulässig ist die Vernehmung eines Zeugen über Mitteilungen, die ihm der Beweispflichtige unter Verletzung seiner Verschwiegenheitspflicht gemacht hat (Köln NJW-RR 93, 1073).

9   **b) Persönliche Eindrücke, Wahrnehmungen beim Augenschein,** wenn nicht das erkennende Gericht in gleicher Besetzung Beweis erhoben hat, § 285 Rn 2. **Private Kenntnisse** darf der Richter für die Feststellung bestrittener Tatsachen nur verwenden bei Offenkundigkeit (§ 291), Anwendung allg Erfahrungssätze (15 vor § 284) oder wenn er seine Kenntnis den Parteien vorher mitgeteilt hat (BGH MDR 67, 745).

10   **c) Ob er Zeugen- bzw Sachverständigen- oder Urkundenbeweis** beantragt, kann der Beweisführer frei wählen. Hat er schriftsätzlich beide Beweisanträge angekündigt und erklärt er sich in mdl Vhdlg mit der Verwertung der Urkunden aus anderen Verfahren einverstanden, so ist ein Zeugen- bzw Sachverständigen-Beweisantrag nicht gestellt (Karlsruhe NJW-RR 86, 846 nimmt Verzicht an, auch für den 2. Rechtszug, falls nicht ausdrücklich widerrufen). Stellt er diesen Antrag in der Berufungsinstanz, so kann er als verspätet zurückgewiesen werden (München NJW 72, 2047, KG NJW 74, 373).

11   **d) Urkunden aus anderen Akten** (Vernehmungsprotokolle, tatsächliche Feststellungen in anderen Urteilen, schriftliche Erklärungen, Sachverständigengutachten) dürfen auf Antrag des Beweisführers nach ordnungsgemäßer Einführung in den Prozess (BGH NJW 93, 2382, Koblenz NJW-RR 95, 726) als Urkundenbeweis verwertet und als solcher, nicht als Zeugen-/Sachverständigenbeweis (BGH NJW 95, 2856) frei gewürdigt, die beantragte Vernehmung kann damit aber nicht abgelehnt werden (BGH 7, 116), die Verwertung der Urkunden anstelle der beantragten Vernehmung ist unzulässig (BGH NJW 97, 3096; 00, 420 und 3072). Widerspricht die Gegenpartei der Verwertung derartiger Urkunden, so kann darin konkludent der notwendige Antrag auf Vernehmung der Zeugen oder Sachverständigen liegen; selbst die Einverständniserklärung mit der Verwertung von Ermittlungsakten bedeutet nicht ohne weiteres Verzicht auf beantragte Vernehmung von Zeugen (Hamm NJW-RR 02, 1653); in solchen Fällen Nachfrage gem § 139. Reichen die Ausführungen eines solchen Gutachtens nicht aus, um die aufklärungsbedürftigen Fragen einer Partei zu beantworten, muss das Gericht eine Ergänzung herbeiführen oder einen Sachverständigen zuziehen (BGH NJW 97, 3381; 02, 2324). Verwertet das Gericht Aussagen von Zeugen aus einem Strafverfahren im Wege des Urkundenbeweises, so darf es die Richtigkeit der Aussage nicht aus Gründen anzweifeln, die sich nicht aus der Urkunde ergeben und für die sich auch sonst keine belegbaren Umstände finden lassen (BGH NJW-RR 92, 1214). Beurteilung der Glaubwürdigkeit der Zeugenaussage an Hand eines Protokolls aus einem anderen Verfahren § 285 Rn 2. Hinweispflicht des Gerichts, wenn ihm der UrkBeweis nicht ge-

nügt, § 139 Rn 8, Verwertungsverbot wegen Verfahrensmangels § 383 Rn 10.

4. Der Anscheinsbeweis (prima facie). – a) Bedeutung. Voraussetzung ist, dass sich unter Berücksichtigung aller unstreitigen und festgestellten Einzelumstände und besonderen Merkmale des Sachverhalts ein für die zu beweisende Tatsache nach der Lebenserfahrung **typischer Geschehensablauf** ergibt (BGH NJW 96, 1828; 01, 1140). Dann kann von einer feststehenden Ursache auf einen bestimmten Erfolg oder umgekehrt geschlossen werden (BGH NJW 97, 528). Das gilt auch bei der Verletzung von Schutzgesetzen und Unfallverhütungsvorschriften, wenn sich im Schadensfall gerade diejenigen Gefahren verwirklicht haben, denen sie entgegenwirken sollen (BGH NJW 94, 945). Die beweisbelastete Partei muss dann nur den eingetretenen Erfolg streng beweisen, der nach der Lebenserfahrung regelmäßig auf eine bestimmte (behauptete) Ursache hinweist. Die Gegenpartei kann die Überzeugung des Gerichts erschüttern, indem sie konkrete Tatsachen behauptet und nötigenfalls beweist (BGH 8, 239), aus denen sich die ernsthafte (BGH VersR 95, 723) Möglichkeit eines vom gewöhnlichen abweichenden Verlaufs, einer anderen Ursache ergibt. Dies ist eine Frage der tatrichterlichen Würdigung; die RevInstanz kann nur prüfen, ob der Begriff der Ernsthaftigkeit verkannt ist (BGH NJW 69, 277). Diese Erschütterung des Anscheinsbeweises kann die beweisbelastete Partei ihrerseits beseitigen, indem sie für ihre Behauptung nunmehr vollen Beweis erbringt (BGH 6, 169). Es handelt sich also nicht um eine Umkehrung, sondern um eine Erleichterung der Beweislast. Ein Anscheinsbeweis, der mehrere mögliche schuldhafte Verursachungen umfasst, kann erst dann als widerlegt gelten, wenn alle unterstellten Möglichkeiten ausgeräumt sind (BGH VersR 62, 69). Zum Anscheinsbeweis bei überhöhter Telefonrechnung Köln, LGe Oldenburg, Kiel, Saarbrücken, AG Hassfurth NJW-RR 98, 1363–1368.

b) Anwendbar ist der Anscheinsbeweis insbes für Ursachenzusammenhang und Verschulden, zB Fahren eines Kfz an einen Baum für Fahrlässigkeit des Fahrers (BGH 8, 239), Verstoß gegen Unfall- und Brandverhütungsvorschriften (BGH VersR 63, 835). Sind mehrere Ursachen möglich, bestehen aber nur für eine davon konkrete Anhaltspunkte, so spricht die Erfahrung für diese Ursache, mag auch die eingetretene Folge nicht typisch sein (BGH 11, 227). – **Nicht anwendbar** ist der Anscheinsbeweis für individuelle Verhaltensweisen in bestimmten Lebenslagen (BGH NJW 83, 1548/1551) wie Freitod (BGH 100, 214; aA Walter, ZZP 90, 270), vorsätzliche Herbeiführung des Versicherungsfalles in der Absicht, den Versicherer in Anspruch zu nehmen (BGH NJW 88, 2040), Vorsatz bei Straftat (BGH NJW 02, 1643/1645. Nicht anwendbar auf die Abgrenzung der groben von der einfachen Fahrlässigkeit (BGH DB 70, 1223) und wenn von mehreren tatsächlichen Möglichkeiten eine lediglich die wahrscheinlichere ist (BGH NJW-RR 88, 789). Wer die Gegenpartei in der Möglichkeit beschnei-

12

13

14

15

det, den Anscheinsbeweis zu führen oder zu widerlegen, kann sich
nicht auf die Grundsätze des Anscheinsbeweis berufen (BGH NJW 98,
79).

16   c) **Umkehr der Beweislast** für die Ursächlichkeit im Bereich der
Arzthaftung Rn 30 vor § 284; für die Einwendungen bei VollstrAbwehrklage § 767 Rn 20.

17   **5. Beweisvereitelung. – a) Begriff.** Man versteht darunter, dass
eine Partei dem beweisbelasteten Gegner die Beweisführung schuldhaft
unmöglich macht oder erschwert, indem sie während des Prozesses
oder vorher vorhandene Beweismittel vernichtet, vorenthält oder ihre
Benutzung erschwert oder indem sie zumindest fahrlässig die Aufklärung eines bereits eingetretenen Schadensereignisses unterlässt, um dadurch die Entstehung eines Beweismittels zu verhindern, obwohl die
spätere Notwendigkeit einer Beweisführung dem Aufklärungspflichti-
gen bereits erkennbar sein musste (BGH NJW 86, 59; 02, 825). Dabei
ist das Verschulden nicht auf die Vernichtung des Gegenstands, sondern
auf die Vereitelung seiner Beweisfunktion zu beziehen (BGH VersR
75, 952). Bei fehlendem Verschulden s Rn 18. Vereitelter Augenschein
§ 371 Abs 3. Verweigerte Entbindung von der Schweigepflicht § 383
Rn 8.

18   **b) Folgen.** Das Gesetz trifft keine allgemeine Regelung. Die Rechtsprechung berücksichtigt das beweiserschwerende Verhalten der Partei
bei der Beweiswürdigung oder billigt Beweiserleichterungen zu, indem
sie das auf Verschulden einer Partei beruhende Fehlen eines Beweismittels als Indiz für die zu beweisende Tatsache oder die Wahrscheinlichkeit ihres Vorhandenseins als Beweis genügen lässt (BGH NJW 87,
1482; 02, 825). Das kann im Einzelfall bis zur Beweislastumkehr führen, wenn nämlich dem Geschädigten die auch nur teilweise Beweislast
für ein pflichtwidriges Verhalten des Gegners billigerweise nicht mehr
zuzumuten ist, weil dieser das Aufklärungshindernis durch grobes Versäumnis verschuldet hat (BGH NJW 86, 59, NJW 87, 1482). Ist der
Partei die allein in ihrem Bereich liegende Erschwerung der Beweisführung im Verhältnis zur beweisbelasteten Gegenpartei nicht als Pflichtverstoß vorwerfbar, so kann es gegen § 242 BGB verstoßen, wenn sie
sich auf deren Beweislast beruft (BGH ZIP 00, 2329: Vernichtung des
Versicherungsantrags nach Mikroverfilmung zur bürotechnischen Rationalisierung).

19   **c) Beispiele.** Der Beweis kann als geführt angesehen werden, wenn
der RA im Prozess seines Mandanten gegen ihn die Handakten nicht
vorlegt (Köln MDR 68, 674); wenn der Gegner pflichtwidrig die Aufbewahrung einer für die Rechtsbeziehungen der Parteien wichtigen
Unterlage (BGH 6, 224, NJW 02, 825) unterlassen hat; wenn die gebotene ärztliche Dokumentation (30 vor § 284) lückenhaft oder unzu-
länglich ist und deswegen für den Geschädigten die Aufklärung des
Sachverhalts unzumutbar erschwert wird (BGH NJW 86, 2365); wenn
der Arzt Röntgenaufnahmen nicht vorlegt (BGH NJW 63, 389); wenn

der Arzt es schuldhaft unterlassen hat, medizinisch zweifelsfrei gebotene Befunde zu erheben und zu sichern, sofern dadurch die Aufklärung des immerhin wahrscheinlichen Ursachenzusammenhangs zwischen Behandlungsfehler und Gesundheitsschaden erschwert wird und die Befundsicherung gerade wegen des erhöhten Risikos des in Frage stehenden Verlaufs geschuldet war (BGH 99, 391); wenn der Arbeitgeber die gem § 2 Abs 1 Nachweisgesetz vorgeschriebene Zustellung einer Niederschrift über die Vergütungsvereinbarung mit dem Arbeitnehmer unterlassen hat (LAG Köln MDR 99, 1074); wenn der Nachweis der Formgültigkeit des Testaments durch dessen Vernichtung unmöglich gemacht ist; wenn der Bekl die allein ihm bekannte Adresse eines Unfallzeugen nicht angibt (BGH NJW 60, 821); wenn der Beweisgegner unberechtigt das Bankgeheimnis ausnützt (BGH NJW 67, 2012); wenn eine Partei ohne plausiblen Grund den beurkundenden Notar nicht von der Verschwiegenheitspflicht entbindet (München NJW-RR 87, 1021); wenn der Kl im Arzthaftungsprozess aus prozesstaktischen Gründen Ärzte u Krankenhauspersonal erst verspätet von der Schweigepflicht entbindet u sich diese Zeugen deshalb nicht mehr genügend erinnern können (Frankfurt NJW 80, 2758); wenn der Bekl im Abstammungsprozess sich der Blutentnahme für ein Blutgruppengutachten entzieht (BGH NJW 86, 2371); wenn die Partei der Gegenpartei den Zutritt verwehrt (§ 357 Rn 1). Beweislast einschl ihrer Umkehr bei ärztlichen Behandlungsfehlern und grober Verletzung sonstiger Berufspflichten 30 vor § 284.

6. Gesetzliche Beweisregeln (Abs 2) schließen die freie Beweiswürdigung aus (aA Britz ZZP 110, 61). Beispiele: Akteninhalt § 139 Abs 4 S 3, Protokoll § 165, Tatbestand § 314, Urkunden §§ 415–418, Zustellung §§ 174 Abs 1 S 2, 184 Abs 2 S 4, 195 Abs 2, 270 S 2, ferner §§ 60, 66 PStG, § 190 StGB (BGH NJW 85, 2644). An landesrechtlichen Beweisregeln gelten nur noch EGZPO §§ 16 Nr 1, 17 Abs 2.

§ 287 Schadensermittlung; Höhe der Forderung

(1) [1]**Ist unter den Parteien streitig, ob ein Schaden entstanden sei und wie hoch sich der Schaden oder ein zu ersetzendes Interesse belaufe, so entscheidet hierüber das Gericht unter Würdigung aller Umstände nach freier Überzeugung. [2]Ob und inwieweit eine beantragte Beweisaufnahme oder von Amts wegen die Begutachtung durch Sachverständige anzuordnen sei, bleibt dem Ermessen des Gerichts überlassen. [3]Das Gericht kann den Beweisführer über den Schaden oder das Interesse vernehmen; die Vorschriften des § 452 Abs. 1 Satz 1, Abs. 2 bis 4 gelten entsprechend.**

(2) **Die Vorschriften des Absatzes 1 Satz 1, 2 sind bei vermögensrechtlichen Streitigkeiten auch in anderen Fällen entsprechend anzuwenden, soweit unter den Parteien die Höhe einer Forderung streitig ist und die vollständige Aufklärung aller**

hierfür maßgebenden Umstände mit Schwierigkeiten verbunden ist, die zu der Bedeutung des streitigen Teiles der Forderung in keinem Verhältnis stehen.

1   **1. Anwendungsbereich Abs 1.** Vgl Arens, Dogmatik und Praxis der Schadenschätzung ZZP 88, 1; Gottwald, Schadenszurechnung u Schadensschätzung, 1979.

2   **a) Schadensersatzanspruch,** gleichgültig ob vertraglich oder gesetzlich, Verschuldens- oder Gefährdungshaftung. Gilt auch für **Entschädigungsanspruch** wegen Aufopferung (BGH 29, 95) und Enteignung (BGH 29, 217). Nicht unter Abs 1 fallen zB Minderung (BGH WM 71, 1382), Bereicherung (BGH GRUR 62, 261), Vertragsstrafe. Der Tatbestand der schädigenden Handlung, ihr Beginn bei fortgesetzter Schädigungshandlung über einen längeren Zeitraum hinweg sowie grundsätzlich das darauf bezogene Verschulden des Schädigers fällt nicht unter § 287, sondern unter § 286 (BGH 4, 192, NJW 85, 1390, NJW-RR 87, 1019).

3   **b) Entstehung des Schadens,** etwa ob ein Gewinn entgangen, das Fortkommen benachteiligt ist. Hängt die Frage, ob ein Schaden entstanden ist, davon ab, wie ein Gericht oder eine Behörde hypothetisch entschieden hätte, ist darauf abzustellen, wie die Entscheidung im Ausgangsverfahren nach Auffassung des jetzt über den Ersatzanspruch entscheidenden Ger richtigerweise hätte lauten müssen; Abs 1 ist auch dann anwendbar, wenn im Vorprozess der Untersuchungsgrundsatz (Einl I Rn 6, 7) galt (BGH NJW 96, 2501).

4   **c) Kausalzusammenhang.** Soweit es um die Verletzung der Rechtsgüter in § 823 Abs 1 BGB geht, fällt bei vertraglichen und deliktischen Ansprüchen die Kausalität des schädigenden Ereignisses für die Rechtsgutverletzung, den ersten Verletzungserfolg, sog Primärschaden (konkreter Haftungsgrund, haftungsbegründende Kausalität) unter § 286 (BGH NJW 98, 3417: Hirnschaden infolge fehlerhafter Geburtseinleitung). Erst die Kausalität zwischen Rechtsgutverletzung und eingetretenem Schaden, also Weiterentwicklung der Schädigung, zB die Ursächlichkeit der Körperverletzung für folgenden Tod (BGH NJW 92, 3298) oder Invalidität (BGH NJW 93, 201), Vermögensschäden als Folge der Verletzung bloßer Vermögensinteressen, fallen als haftungsausfüllende Kausalität unter § 287 (BGH NJW 98, 3417; 00, 1572). Häufig greift hier der Anscheinsbeweis ein (§ 286 Rn 12–16). Die Ermittlung, wieweit ein festgestelltes Verhalten des Geschädigten nach § 254 BGB mitursächlich für die Entstehung des Schadens ist, fällt unter § 286 (BGH NJW 68, 985).

5   **d)** Zur **Höhe des Schadens** gehören alle Berechnungsgrundlagen wie Datum des Schadensereignisses, mutmaßliche Dauer einer Rente (BGH JZ 51, 113), Einfluss mitwirkenden Verschuldens, Verteilung des Schadens soweit keine Gesamtschuldner, Art des Schmerzensgeldes in Kapital oder Rente (BGH NJW 57, 383). Der Anspruch muss nicht auf Geld gehen.

e) Nicht anwendbar, wenn Kl nicht die konkreten Ausgangs- und 6 Anknüpfungstatsachen für die Ausübung des Ermessens schlüssig darlegt und beweist (BGH NJW 95, 1023) oder gar mit ordnungsgemäßer Substantiierung hartnäckig zurückhält u zumutbare Mitwirkung am Beweisverfahren verweigert (BGH NJW 81, 1554).

2. Anwendungsbereich Abs 2. – **a) Sonstiger Anspruch auf** 7 **Geld oder vertretbare Sachen,** zB Vertragsansprüche, die nach Ermessen zu bestimmen sind (§§ 315, 319 BGB), Vertragsstrafe (§ 343 BGB), Minderung (Peters BB 83, 1951), Höhe von Mängelschäden (Köln DB 73, 2343), Bereicherung. Die anspruchsbegründenden Tatsachen fallen auch hier unter § 286. – **b) Streit über die Höhe** der 8 Forderung. **Völlige Aufklärung** muss unverhältnismäßig **schwierig** sein im Vergleich zur Bedeutung der ganzen Forderung oder eines Teils davon, zB unverhältnismäßig hohe Kosten einer Beweisaufnahme.

3. Die **freie Beweiswürdigung** geht unter den obengenannten 9 Voraussetzungen und in den obengenannten Punkten über § 286 in Folgendem hinaus:

a) Substantiierung ist von den Parteien nicht so genau wie sonst zu verlangen (BGH DAR 92, 262). Die Klage darf nicht wegen lückenhaften Vorbringens abgewiesen werden, solange, auch unter Gebrauch des Fragerechts, greifbare Anhaltspunkte für die Ausübung des Ermessens vorhanden sind (BGH NJW-RR 00, 1341), wenigstens zur Schätzung eines gewissen Mindestschadens (BGH NJW 64, 589).

b) Nach **freier Überzeugung** entscheidet der Richter. Dabei darf 10 er in für die Entscheidung zentralen Fragen nicht auf fachliche Erkenntnisse verzichten, die nach Sachlage unerlässlich sind (BGH VersR 76, 389; 01, 1547), darf sich nicht eine Sachkunde zutrauen, über die er nicht verfügen kann (BGH NJW-RR 88, 534); außerdem muss der Tatrichter alle für die Beurteilung maßgeblichen Umstände berücksichtigen (BGH NJW-RR 02, 166). Im Übrigen entscheidet der Richter nach pflichtgemäßem Ermessen, ob er eine Beweiserhebung anordnet oder fortsetzt und in welchem Umfang, muss aber die Ablehnung begründen und alles Parteivorbringen würdigen. Ist bisher ein Beweis nicht einmal ansatzweise geführt und erkennbar, dass die noch zur Verfügung stehenden Beweise nicht ausreichen werden, so ist in diesem Rahmen dem Richter eine vorweggenommene Beweiswürdigung ausnahmsweise erlaubt (BGH WM 96, 1830). Lediglich aus Gründen der Prozessökonomie darf, jedenfalls in Abs 1, eine beantragte Beweiserhebung nicht abgelehnt werden (BVerfG JZ 79, 23). Schadensschätzung setzt voraus, dass der Schaden in einem der Höhe nach nicht bestimmbaren, aber jedenfalls erheblichen Ausmaß bereits entstanden ist und dass genügend Anhaltspunkte dafür vorhanden sind, wie sich das schädigende Ereignis als bleibender Vermögensschaden auswirken wird. Ist dies noch nicht möglich, bleibt nur Feststellungsklage (BGH NJW 92, 1035: Verlust des Versicherungsrabatts nach Verkehrsunfall). – **Im Ur-** 11 **teil** müssen die **tatsächlichen Grundlagen der Schätzung,** für die der Kl die volle Beweislast trägt (BGH NJW-RR 98, 331), und ihre Auswertung in objektiv nachprüfbarer Weise angegeben werden (BGH 6, 63 und VersR 65, 239), die genaue Angabe der im Einzelnen leitenden Gründe (§ 286 Rn 3) ist nicht nötig (BGH 3, 175). Unterbleiben darf die Schätzung nur, wenn sie mangels jeder konkreter Anhaltspunkte völlig in der Luft hinge und deshalb willkürlich wäre (BGH WM 92, 36). Für die richterliche Überzeugungsbildung kann im Rahmen der haftungsausfüllenden Kausalität je nach Lage des Falls eine höhere oder deutlich höhere Wahrscheinlichkeit genügen (BGH NJW 92, 3298; 95, 1023), eine an Sicherheit grenzende Wahrscheinlichkeit ist nicht zu verlangen. Die Frage nach der Beweislast entsteht erst, wenn sich das Ger trotz seiner freien Stellung vom Kausalzusammenhang zwischen konkretem Haftungsgrund und Schadenerfolg nicht überzeugen kann. Bleibt nach den feststehenden Tatsachen alles offen, besteht auch keine deutlich größere Wahrscheinlichkeit für eine der vorhandenen Kausalmöglichkeiten, so gibt auch § 287 nicht das Recht, zugunsten des Beweisbelasteten einen bestimmten Schadenverlauf zu bejahen (BGH JZ 71, 228) oder einen Mindestschaden zu schätzen (BGH NJW 95, 1023). Nur in besonders gelagerten Fällen kann der Richter dann unter teilweisem Absehen von der Beweislast zu einer echten Schätzung kommen, zB über die wertbildenden Eigenschaften einer zerstörten Sache, über die Teilung des Totalschadens des Erstauffahrenden bei doppeltem Auffahrunfall, wenn ungeklärt ist, ob der Totalschaden schon durch die Frontschäden beim ersten Auffahren oder erst durch das Zweitauffahren eingetreten ist (BGH NJW 73, 1283). Das Ermessen ist vom Revisionsgericht nur daraufhin nachprüfbar, ob das BerGer Rechtsgrundsätze der Schadensbemessung verkannt oder seiner Schätzung unrichtige Maßstäbe zugrunde gelegt (BGH NJW-RR 93, 795) oder wesentliche Tatsachen außer Acht gelassen (BGH 6, 63, NJW 86, 1389) oder gegen Denkgesetze verstoßen hat (BGH NJW 91, 1894).

12   **c) Schätzungsvernehmung.** Nur im Falle des Abs 1 und dort nur über die Höhe des Schadens gestattet Abs 1 S 3 die Vernehmung der beweisbelasteten Partei und zwar unter Ablehnung anderer Beweismittel, auch wenn der Schaden nicht genau substantiiert ist und ohne die engeren Voraussetzungen des § 448. Für die Beeidigung gilt § 452 ohne dessen Abs 1 S 2.

§ 288 Gerichtliches Geständnis

(1) **Die von einer Partei behaupteten Tatsachen bedürfen insoweit keines Beweises, als sie im Laufe des Rechtsstreits von dem Gegner bei einer mündlichen Verhandlung oder zum Protokoll eines beauftragten oder ersuchten Richters zugestanden sind.**

(2) **Zur Wirksamkeit des gerichtlichen Geständnisses ist dessen Annahme nicht erforderlich.**

1. Begriff und Gegenstand des gerichtlichen Geständnisses. 1
Es ist Prozesshandlung (Einl III). Es bezieht sich auf Tatsachen (13 vor
§ 284), auch solche, die nicht der Wahrnehmung der Partei unterlagen
(BGH NJW 87, 1947, 94, 3109), oder auf präjudizielle Rechtsverhältnisse (zB Rechtsnachfolge), nicht aber auf reine Werturteile, Erfah-
rungs- und Rechtssätze (Rn 15, 16 vor § 284), Auslegung von Erklärungen und Beweiswürdigung. Tatsachen können auch Rechtsbegriffe
oder -verhältnisse als inhaltlich tatsächliches Vorbringen sein, wenn sie
einfach und allgemein bekannt sind (BGH NJW 92, 906: Schenkung
im konkreten Fall nicht), zB Abschluss eines Vertrages (BGH WM 80,
193). Das Geständnis nimmt dem Ger die Prüfung der Wahrheit einer
Behauptung ab, während sich das Anerkenntnis (§ 307) auf den prozessualen Anspruch (Einl II) bezieht und dem Gericht die rechtliche
Prüfung abnimmt.

2. Voraussetzungen und Erklärung. – a) Behauptung einer ihr 2
günstigen Tatsache durch die beweisbelastete Partei (17 ff vor § 284). –
b) Zugestehen kann die Gegenpartei (auch Rn 4) die ihr ungünstige 3
Behauptung. Das muss zwar nicht ausdrücklich, aber nach dem Zusammenhang des Vorbringens unbedingt und unzweifelhaft mit Ge-
ständniswillen (BGH 140, 156) geschehen, zB durch bloße Hauptauf-
rechnung gegen eine schlüssige Klageforderung (BGH NJW-RR 96,
699). Bloßes Schweigen auf die gegnerische Behauptung genügt nicht
(BGH NJW 91, 1683; BVerfG NJW 01, 1565). Die bloß negative Erklärung, nicht bestreiten zu wollen, kann als positives Geständnis nur
aufgefasst werden, wenn weitere Umstände hinzukommen, die dies nahelegen (BGH NJW 83, 1496; 94, 3109). Als vorweggenommenes hat
es die Wirkung der §§ 288 ff erst, wenn die Gegenpartei die Behauptung übernimmt und der zuerst Behauptende darauf nicht Abweichendes vorträgt (BGH NJW 90, 392, NJW-RR 94, 1405). – **c) Die Er-** 4
klärung geschieht, gleichgültig in welchem sachlichen Zusammenhang
(BGH VersR 96, 583), vor dem erkennenden Gericht in mdl Vhdlg,
auch bei Säumnis des Gegners, vor dem beauftragten oder ersuchten Richter zu Protokoll. Feststellung im Protokoll gemäß § 160 Abs 3 Nr 3,
auch im Wege der Bezugnahme gemäß § 137 Abs 3 (BGH NJW 97,
397). Schriftsätzlich nur in den Fällen der §§ 128 Abs 2, 251 a und bei
freigestellter mdl Vhdlg (§ 128 Rn 11–19). Zugestehen kann die Partei
bzw ihr gesetzlicher Vertreter, bei Gesamtvertretung alle (BGH NJW
87, 1947), der Prozessbevollmächtigte, jeder Streitgenosse für sich selbst,
der Streitgehilfe im Rahmen des § 67. Gilt im RA-Prozess auch dann,
wenn die Erklärung des RA davon abweicht (BGH NJW 87, 1947).
Erklärungen einer Partei bei der Parteivernehmung enthalten kein Geständnis (BGH NJW 95, 1432; kritisch Hülsmann NJW 97, 617); ebenso bei einer Anhörung nach §§ 137 Abs 4, 141 (Hamm WM 96, 669).

3. Wirkung. – a) Die zugestandene **Tatsache** ist nicht beweisbe- 5
dürftig und vom Richter ungeprüft als **wahr** zu berücksichtigen. Insoweit deckt sich die Wirkung mit dem Nichtbestreiten (§ 138 Abs 3).

Darüber hinaus ist die geständige Partei im Rahmen des § 290 **gebunden** (Pawlowski MDR 97, 7), auch für die Berufungsinstanz (§ 532,
6   Düsseldorf MDR 00, 1211). – **b)** Diese **Wirkungen treten nicht ein**
im Bereich des Untersuchungsgrundsatzes (Einl I Rn 6, 7) und bei den
vAw zu berücksichtigenden Tatsachen (12 vor § 253). Ferner, wenn
die zugestandene Tatsache unmöglich, dh jeder Erfahrung zuwider
oder ihr Gegenteil offenkundig (§ 291) ist (BGH NJW 79, 2089). –
7   **c) Das bewusst unwahre Geständnis** ist mit Rücksicht auf die
Verfügungsbefugnis der Parteien über den Prozess grundsätzlich wirksam (BGH 37, 154; aA Olzen ZZP 98, 403/416 ff) und bindend auch
gegenüber dem einfachen Streithelfer (Schleswig NJW-RR 00, 356).
Unwirksam ist es, wenn es der Beklagte arglistig im Einverständnis mit
dem Kläger zum Nachteil eines Dritten abgibt (BGH VersR 70, 826,
Düsseldorf NJW-RR 98, 606).
8   **4.** Das **außergerichtliche Geständnis** ist ebenfalls kein Beweismittel, sondern als Hilfstatsache (Rn 11 vor § 284) Beweisgegenstand, zB
ist die Quittung Indiz für den Leistungsempfang. Es kann außerhalb des
anhängigen Prozesses abgegeben werden oder in diesem ohne die Form
Rn 4.

§ 289 Zusätze beim Geständnis

(1) **Die Wirksamkeit des gerichtlichen Geständnisses wird
dadurch nicht beeinträchtigt, daß ihm eine Behauptung hinzugefügt wird, die ein selbständiges Angriffs- oder Verteidigungsmittel enthält.**

(2) **Inwiefern eine vor Gericht erfolgte einräumende Erklärung ungeachtet anderer zusätzlicher oder einschränkender
Behauptungen als ein Geständnis anzusehen sei, bestimmt sich
nach der Beschaffenheit des einzelnen Falles.**

1   **Umfang des Geständnisses.** Im Falle von Zusätzen oder Einschränkungen gilt der Grundsatz der Teilbarkeit. Selbständige Angriffs- und
Verteidigungsmittel § 146 Rn 2; bei ihnen betrifft der Zusatz einen anderen Sachverhalt als das Geständnis. Ihre Hinzufügung lässt das Geständnis wirksam (Abs 1). Das Gleiche bestimmt Abs 2 für das qualifizierte
Geständnis und verweist im Übrigen auf die allg Regeln über die Beweislast (Rn 17 ff vor § 284). Nach ihnen richtet sich, wer zusätzliche
oder einschränkende Behauptungen zu beweisen hat. Gesteht zB der Beklagte den Vertragsabschluss als solchen, behauptet aber in fremdem Namen aufgetreten zu sein, so ist der Abschluss nicht beweisbedürftig, der
Beklagte hat das Handeln in fremdem Namen zu beweisen (BGH LM
§ 517 Nr 1). Die Hinzufügung von Rechtsansichten ist stets belanglos.

§ 290 Widerruf des Geständnisses

[1] **Der Widerruf hat auf die Wirksamkeit des gerichtlichen
Geständnisses nur dann Einfluß, wenn die widerrufende Partei**

beweist, daß das Geständnis der Wahrheit nicht entspreche und durch einen Irrtum veranlaßt sei. ²In diesem Falle verliert das Geständnis seine Wirksamkeit.

1. Anwendungsbereich. Die Bestimmung bezieht sich auf den 1 einseitigen Widerruf des gerichtlichen Geständnisses (§ 288 Rn 1, 4), nicht auf das außergerichtliche und das Nichtbestreiten (vgl § 138 Rn 18), deren Widerruf jederzeit zulässig und frei zu würdigen ist. Unberührt bleibt der sofortige Widerruf durch die Partei selbst in §§ 85 Abs 1 S 2 und 90 II. Anfechtung nach materiellrechtlichen Vorschriften ist unzulässig, weil Prozesshandlung (aA Orfanides, Die Berücksichtigung von Willensmängeln im ZivProz, 1982, § 5). Widerruf mit Einverständnis des Gegners ist unbeschränkt zulässig.

2. Voraussetzungen des Widerrufs. Die widerrufende Partei 2 muss beweisen, dass die **zugestandene Tatsache unwahr** ist und dass das Geständnis durch **Irrtum** über die Wahrheit der Tatsache veranlasst ist. Sie muss also Tatsachen beweisen, die sie an der Erkenntnis des wahren Sachverhalts hinderten oder die unrichtige Darstellung herbeigeführt haben (Köln NJW-RR 00, 1478). Daraus folgt, dass das bewusst unwahre Geständnis – soweit überhaupt wirksam (§ 288 Rn 7) nicht widerrufbar ist (BGH 37, 154). Ob tatsächlicher oder rechtlicher Irrtum, verschuldet oder nicht, bleibt gleich. Entscheidend ist der Irrtum der Partei selbst oder in analoger Anwendung des § 166 BGB ihres Vertreters, der den RA informiert hat (RG 146, 353) oder des RAs, falls er von sich aus zugestanden hat.

§ 291 Offenkundige Tatsachen

Tatsachen, die bei dem Gericht offenkundig sind, bedürfen keines Beweises.

1. Offenkundigkeit. – a) Allgemeinkundig ist eine Tatsache (1 1 vor § 284), die einer beliebig großen Anzahl von Menschen privat bekannt oder ohne weiteres zuverlässig wahrnehmbar ist. Informationsquelle können Medien sein. Beispiele: Historische oder Ereignisse des Zeitgeschehens, Entfernungen, gegenwärtige Börsenkurse, Zahlenangaben in statistischen Jahrbüchern (BGH NJW-RR 93, 1122), der in der Fachpresse veröffentlichte Lebenshaltungskostenindex (BGH 111, 214), Verständlichkeit von Abkürzungen (KG WM 93, 501). – **b) Gerichts-** 2 **kundig** ist eine Tatsache, die das erkennende Ger selbst amtlich wahrgenommen hat, zB in anderen Prozessen (BGH NJW 98, 3498: spezielle wissenschaftliche Frage), Entzug der RA-Zulassung, oder die ohne weiteres aus Akten desselben Ger ersichtlich ist (BGHSt 6, 292; RoSchw/Gottwald § 114 I 3 b; aA StJLeipold 5; BLAH 5). Verwertung von Protokollen und Gutachten aus anderen Akten § 286 Rn 11. – **c)** Durch **Mehrheitsbeschluss** entscheidet in Rn 1 und Rn 2 jeweils 3 das Ger für die Instanz über die Offenkundigkeit. Die Allgemeinkundigkeit kann, wenn das Ger sie nicht kennt, als Indiz Beweisgegenstand

sein (Rn 11, 13 vor § 284), die Gerichtskundigkeit nicht. Gegenbeweis
(Rn 8 vor § 284) ist stets zulässig (BGH NJW-RR 90, 1376; aA Pantle
4 MDR 93, 1166). – **d) Im Urteil verwertbar** sind diese Tatsachen
nur, wenn das Ger die Parteien dazu gehört hat (BVerfG NJW-RR 96,
183, BGH NJW-RR 93, 1122).

5   **2. Wirkung** der Offenkundigkeit ist, dass die Tatsache nicht beweisbedürftig ist. Bestreiten, Geständnis und Säumnis sind ohne Bedeutung.
Der Rechtsbegriff der Offenkundigkeit ist revisibel, ebenso das Verfahren zu ihrer Feststellung. Diese selbst ist tatsächlicher Art, bindet also
das Revisionsgericht. An Feststellungen, die im Widerspruch zu offenkundigen Tatsachen stehen, ist es nicht gebunden.

§ 292 Gesetzliche Vermutungen

[1] **Stellt das Gesetz für das Vorhandensein einer Tatsache eine
Vermutung auf, so ist der Beweis des Gegenteils zulässig, sofern nicht das Gesetz ein anderes vorschreibt.** [2] **Dieser Beweis
kann auch durch den Antrag auf Parteivernehmung nach § 445
geführt werden.**

1   **1. Gesetzliche Vermutungen** können sich beziehen – **a) auf eine
Tatsache.** Das Gesetz schließt aus einer tatbestandsfremden Tatsache,
meist einem Indiz, auf das Vorliegen eines gesetzlichen Tatbestandsmerkmals, zB aus dem Besitz des Gläubigers am Hypothekenbrief auf
seine Übergabe (§ 1117 Abs 3 BGB). Weitere Beispiele: §§ 938, 1253
Abs 2, 1377 Abs 1, Abs 3, 2009 BGB. An die Stelle freier Beweiswürdigung tritt für den Richter die Anwendung des bindenden Rechtssat-
2 zes. – **b) Auf einen gegenwärtigen Rechtszustand.** Das Gesetz
schließt aus einer Tatsache, vielfach ebenfalls einem Indiz, unmittelbar
auf das (Nicht-)Bestehen eines Rechts für eine bestimmte Person, zB
aus der Tatsache des Besitzes auf das Eigentumsrecht (§ 1006 Abs 1 S 1
BGB). Weitere Beispiele: §§ 891 (1138, 1155), 921, 1006 (1065,
1227), 1362, 1964 Abs 2, 2365 BGB. Der Richter ist der tatsächlichen
Feststellung (Erwerbs- und Untergangstatsachen für das Recht) und ihrer rechtlichen Subsumtion enthoben.

3   **2. Wirkung. – a)** Nur die **Ausgangstatsache** (in beiden obigen
Beispielen den Besitz) muss in beiden Fällen der Rn 1, 2 die beweisbelastete Partei (17 ff vor § 284) behaupten und nötigenfalls beweisen.
Die vermutete Tatsache bzw die Entstehungstatsache für das vermutete
4 Recht brauchen nicht einmal behauptet zu werden. – **b)** Der **Beweis
des Gegenteils** ist, wenn nicht gesetzlich ausdrücklich ausgeschlossen
(zB § 267), zulässig. Er ist seiner Natur nach Hauptbeweis (7 vor
§ 284), also erst dann geführt, wenn (Rn 1) die Unwahrheit der vermuteten Tatsache (BGH MDR 59, 114) bzw (Rn 2) Tatsachen voll
bewiesen sind (BGH NJW 02, 2101), aus denen sich ergibt, dass der
vermutete Rechtszustand nicht oder anders besteht. Die Beweisführung
folgt den allg Regeln.

§ 292a Anscheinsbeweis bei qualifizierter elektronischer Signatur

Der Anschein der Echtheit einer in elektronischer Form (§ 126a des Bürgerlichen Gesetzbuchs) vorliegenden Willenserklärung, der sich auf Grund der Prüfung nach dem Signaturgesetz ergibt, kann nur durch Tatsachen erschüttert werden, die ernstliche Zweifel daran begründen, dass die Erklärung mit dem Willen des Signaturschlüssel-Inhabers abgegeben worden ist.

1. Die Vorschrift begründet einen **Anscheinsbeweis** (§ 286 Rn 12– 1 14) dafür, dass eine Willenserklärung in elektronischer Form, dh ein elektronisches Dokument mit einer qualifizierten elektronischen Signatur (§ 126a Abs 1 BGB), vom Inhaber der Signatur stammt. Das Verfahren zur Vergabe solcher Signaturen ist im SigG vom 16. 5. 01 (BGBl I S 876) geregelt (vgl dazu Roßnagel NJW 01, 1817ff).

2. Gegenstand des Beweises ist die mit dem Dokument verbun- 2 dene Signatur, dh eine Verschlüsselung, die anhand eines vom Zertifizierungsdiensteanbieter veröffentlichten Verzeichnisses überprüft wird (vgl Hähnchen NJW 01, 2831/2833). Dies geschieht im Weg des Augenscheinsbeweises.

3. Zur **Erschütterung** des Anscheinsbeweises muss der nach der 3 Signatur ausgewiesene Autor der Erklärung konkrete Tatsachen vortragen und ggf beweisen, die nicht nur allgemeine, sondern **ernstliche Zweifel** daran begründen, dass die Erklärung mit dem Willen des Inhabers des Signaturschlüssels abgegeben worden. Nach der Erschütterung des Anscheinsbeweises kann der Erklärungsempfänger den Vollbeweis führen, dass die Erklärung mit dem Willen des Autors abgegeben wurde.

§ 293 Fremdes Recht; Gewohnheitsrecht; Statuten

[1]Das in einem anderen Staate geltende Recht, die Gewohnheitsrechte und Statuten bedürfen des Beweises nur insofern, als sie dem Gericht unbekannt sind. [2]Bei Ermittlung dieser Rechtsnormen ist das Gericht auf die von den Parteien beigebrachten Nachweise nicht beschränkt; es ist befugt, auch andere Erkenntnisquellen zu benutzen und zum Zwecke einer solchen Benutzung das Erforderliche anzuordnen.

1. Geltungsbereich. – a) Ausländisches Recht. Das ist solches, 1 das in keinem Teil der Bundesrepublik gilt. Dabei ist nicht nur auf die positiven Rechtsnormen abzustellen, sondern auch die Rechtswirklichkeit auf Grund von Lehre und Rspr zu berücksichtigen (BGH WM 01, 502). Gilt nicht für gesetztes Bundesrecht (Spickhoff JZ 99, 302; zweifelhaft BGH aaO 301). – **b) Gewohnheitsrecht,** auch inländisches; es 2 entsteht aus der Rechtsüberzeugung der Beteiligten durch längere

3 Übung. – **c) Statuten,** auch inländische, sind nur die von autonomen Verbänden schriftlich gesetzten oder geübten Rechtssätze, zB Tarifnormen (BAG 4, 39); nicht Vereinssatzungen (BayObLG MDR 77, 491).

4   **2. Verfahren.** Eingehend Spickhoff ZZP 112, 265. – **a) Nachweis.** Die vorstehenden Rechtssätze sind, wenn der Richter sie nicht kennt, als auf Selbstverwaltung beruhende Rechtsnormen öffentlich-rechtlicher Körperschaften Beweisgegenstand (BGH NJW 75, 2142; Sommerlad/Schrey NJW 91, 1377), auch in der Revisionsinstanz (RG 115, 104). Es gilt aber ohne Rücksicht auf die Beweislast der Untersuchungsgrundsatz (Einl I Rn 6, 7; BGH NJW 92, 2026/2029; 98, 1321) und Freibeweis (6 vor § 284; BGH NJW 66, 296). Umfang, Intensität und Grenzen der Ermittlungspflicht des Gerichts hängen vom Einzelfall ab, wie Komplexität und Fremdheitsgrad des anzuwendenden fremden Rechts, Vortrag und sonstige Beiträge der Parteien (BGH NJW 92, 2026/2029). Das Gericht hat alle zugänglichen Erkenntnisquellen auszuschöpfen und ist gehalten, das Recht als ganzes zu ermitteln, wie es sich in Rechtsprechung und Lehre entwickelt hat und in der Praxis angewendet wird (BGH NJW-RR 02, 1359). Dazu muss es alle in Frage kommenden ausländischen Regelungen vollständig ermitteln, darf sich nicht auf bloße Auslegung einzelner Vorschriften beschränken (BGH NJW 92, 3106). Tragen die Parteien den Inhalt des anzuwendenden ausländischen Rechts übereinstimmend vor, so kann das Ger diesen Vortrag idR ohne Verletzung seiner Ermittlungspflicht als richtig zugrunde legen (BAG NJW 75, 5 2160). – Vor allem kommen **Auskünfte** von Behörden oder **Rechtsgutachten** in Frage, auch im UrkProz (BGH NJW-RR 97, 1154). Bei der Ermittlung ausländischen Rechts steht es dem Ger frei, sich an ausländische Institute zu wenden oder gemäß dem Europäischen Übereinkommen vom 7. 6. 1968 (BGBl II 74, 937) mit Ausführungsgesetz (BGBl I 74, 1433) zu verfahren. Es gilt in Aruba, Belgien, Bulgarien, Costa Rica, Dänemark, Deutschland, Estland, Finnland, Frankreich, Griechenland, Großbritannien, Island, Italien, Liechtenstein, Litauen, Luxemburg, Malta, Niederlande, Norwegen, Österreich, Polen, Portugal, Rumänien, Slowenien, Schweden, Schweiz, Slowakei, Slowenien, frühere Sowjetunion, Spanien, Türkei, Ukraine, Ungarn, Zypern. Danach erteilen die Vertragsstaaten auf Anforderung eines Ger grundsätzlich kostenlos Rechtsauskünfte über Geltung und Anwendung ihres Zivil-, Handels-, gewerblichen Rechtsschutz-, Urheber-, Patent-, Arbeitsrechts und des Verfahrens- und Gerichtsverfassungsrechts auf diesen Gebieten. Anhörung der Auskunftsperson zur Erläuterung ist ausgeschlossen, § 4 AusführungsG. Das Ersuchen des deutschen Ger hat außer den Fragen eine Darstellung des Sachverhalts mit den Angaben zu enthalten, die zum Verständnis und zur richtigen und genauen Beantwortung erforderlich sind. Schriftstücke können in Abschrift beigefügt werden. Übermittlungsstellen sind für Bundesge-

richte das BJM, sonst die Landesjustizministerien. Pflichtgemäßes Ermessen erfordert ggf die Einholung eines schriftlichen oder mündlichen Sachverständigengutachtens (BGH WM 84, 1010, NJW 91, 1418 u 2212); dafür gelten die einschlägigen Vorschriften, auch Anhörung zur Erläuterung (BGH NJW 75, 2142; § 411 Rn 5); Ausnahme siehe vorstehend. – Bei der Ermittlung besteht im Rahmen des Zumutbaren eine **Mitwirkungspflicht der Partei,** insbes wenn sie **6** sich ohne besondere Schwierigkeiten Zugang zu den Erkenntnisquellen des fremden Rechtskreises verschaffen kann (BGH DB 77, 863). Der Auflagebeschluss an eine Partei, ein Gutachten beizubringen, ist nicht beschwerdefähig (Frankfurt MDR 83, 410). – Im **Arrestverfahren** **7** erstreckt sich die Ermittlung und Glaubhaftmachung (Hamburg VersR 89, 1164) auf die präsenten Erkenntnisquellen für das ausländische Recht (Frankfurt NJW 69, 991 mit abl Anmerkung Franz NJW 69, **8** 1539). – Im **Versäumnisverfahren** hält München NJW 76, 489 (abl Küppers aaO) zum Nachweis des ausländischen Rechts für ausreichend, dass der Kläger Beweis für den von ihm behaupteten Inhalt der anzuwendenden Norm anbietet.

b) Anzuwenden ist das deutsche internationale Privatrecht vAw **9** (BGH JZ 98, 1015) und das ausländische Recht so, wie es in dem betreffenden Ausland tatsächlich angewendet wird (BayObLG MDR 72, 876). Lässt sich dies nicht vollständig feststellen, ist das Recht anzuwenden, das dem eigentlich anzuwendenden am nächsten verwandt ist (StJLeipold 63, offengelassen BGH NJW 61, 410). Lässt sich das Bestehen des Rechtssatzes trotz aller Ermittlungen überhaupt nicht feststellen, ist deutsches Recht anzuwenden (Frankfurt FamRZ 00, 37). Führt die Anwendung deutschen oder fremden Rechts nicht zu verschiedenen Ergebnissen, kann es für die Revision, anders als in der Berufungsinstanz, offen bleiben, welches sachliche Recht anzuwenden ist (BGH NJW 91, 2214).

c) Verletzung des § 293 ist revisibel, soweit es sich um die Rechts- **10** begriffe ausländisches, Gewohnheits- und Satzungsrecht, um die Grenzen pflichtgemäßen Ermessens bei Feststellung des Rechtssatzes und seiner konkreten Ausgestaltung in der Rechtspraxis (BGH NJW 92, 2026/2029, WM 01, 502) und um die Vereinbarkeit des festgestellten Rechtssatzes mit dem ordre public in Art 6 EGBGB handelt. Dass dies geschehen ist, auch was die Auslegungsnormen des ausländischen Rechts angeht, muss sich aus den Entscheidungsgründen des Urteils ergeben (BGH NJW-RR 90, 248). Die Verfahrensrüge ist nur berechtigt, wenn eine Parteibehauptung geeignet war, eine Pflicht zur Ermittlung ausländischen Rechts auszulösen, wobei auch von Bedeutung ist, welche Möglichkeiten des Zugangs zu den Erkenntnisquellen die Parteien selbst haben (BGH NJW 95, 1032). Das RevGer kann die Verfahrensrüge fehlerhafter Ermittlung des ausländischen Rechts in vollem Umfang nachprüfen, auch wenn dies die Prüfung ausländischen Rechts voraussetzt (BGH NJW 02, 3335). Vgl auch §§ 545 und 560.

§ 294 Glaubhaftmachung

(1) **Wer eine tatsächliche Behauptung glaubhaft zu machen hat, kann sich aller Beweismittel bedienen, auch zur Versicherung an Eides Statt zugelassen werden.**

(2) **Eine Beweisaufnahme, die nicht sofort erfolgen kann, ist unstatthaft.**

1   **1. Glaubhaftmachung** ist eine Beweisführung, die dem Richter einen geringeren Grad von Wahrscheinlichkeit vermitteln soll. Sie kommt nur in Frage für beweisbedürftige Tatsachen (1, 13 vor § 284). Die Erhebung ist nicht an die Formen der ZPO gebunden (zB schriftli-
2   che Zeugenbekundung), muss aber **sofort** möglich sein (Abs 2), dh im Zeitpunkt der Entscheidung über das Gesuch. Es gibt, ausgenommen § 273 und § 118 Abs 2 S 3 keine Ladung von Zeugen, Beiziehung von Urkunden, Einholung von Auskünften. Vielmehr müssen alle Beweismittel von der Partei zur Stelle gebracht sein (BGH NJW 58, 712). Außer den üblichen Beweismitteln sind eidesstattliche Versicherung der Partei oder Dritter mit eigener Darstellung der glaubhaft zu machenden Tatsachen (BGH NJW 88, 2045), anwaltliche Versicherung über Vorgänge, die der RA in seiner Berufstätigkeit wahrgenommen hat (Köln und Koblenz GRUR 86, 196), zulässig, auch Vorlage unbeglaubigter Kopien von Schriftstücken (Köln FamRZ 83, 709). Den Beweiswert würdigt das Gericht frei.

3   **2. Anwendungsbereich.** Glaubhaftmachung gibt es nur, wo das Gesetz sie erfordert (zB §§ 236 Abs 2, 920 Abs 2, §§ 1994 Abs 2 BGB, 15 II FGG) oder genügen lässt. In den letztgenannten Fällen ist auch die nicht sofortige Beweisführung statthaft. In allen Fällen ersetzt die sofortige volle Beweisführung die Glaubhaftmachung. Entspr Anwendung ist grundsätzlich nicht möglich (offengelassen BGH VersR 73, 186); keinesfalls in Verfahren mit notwendiger mdl Vhdlg (StJLeipold 3). Wenn Glaubhaftmachung für eine Partei zulässig ist, gilt sie auch zur Widerlegung für die Gegenpartei.

§ 295 Verfahrensrügen

(1) **Die Verletzung einer das Verfahren und insbesondere die Form einer Prozeßhandlung betreffenden Vorschrift kann nicht mehr gerügt werden, wenn die Partei auf die Befolgung der Vorschrift verzichtet, oder wenn sie bei der nächsten mündlichen Verhandlung, die auf Grund des betreffenden Verfahrens stattgefunden hat oder in der darauf Bezug genommen ist, den Mangel nicht gerügt hat, obgleich sie erschienen und ihr der Mangel bekannt war oder bekannt sein mußte.**

(2) **Die vorstehende Bestimmung ist nicht anzuwenden, wenn Vorschriften verletzt sind, auf deren Befolgung eine Partei wirksam nicht verzichten kann.**

1. Anwendungsbereich. Die Bestimmung lässt die **Heilung von** 1
Verfahrensmängeln bei einer Prozesshandlung (Einl III) zu, insbes in
ihrer Form; nicht dagegen in ihrem Inhalt, zB Versäumnisurteil trotz
nichtgewahrter Einlassungsfrist; Berücksichtigung einer nichtprotokol-
lierten Zeugenaussage nach Richterwechsel (BGH ZZP 65, 267).
Mängel einer gerichtlichen Prozesshandlung dürfen beide Parteien, solche einer Parteihandlung darf nur der Gegner rügen. Es besteht keine
Rechtspflicht des Ger, rechtzeitig zur Heilung von Formmängeln beizutragen (BGH VersR 85, 767). – **a) Heilbar** (Abs 1) sind nur die 2
Mängel, deren Geltendmachung **verzichtbar** ist, zB Fehler bei Aufnahme des Verfahrens nach Unterbrechung (BGH NJW 57, 713), Verletzung des Unmittelbarkeitsgrundsatzes bei der Beweisaufnahme (BGH
MDR 79, 567), Vernehmung einer Partei als Zeuge (BGH LM Nr 2),
Erstattung eines Gutachtens durch einen anderen als den gerichtlich
bestellten Sachverständigen (Zweibrücken NJW-RR 99, 1368), fehlende Parteiöffentlichkeit (BGH LM Nr 7), irrig bejahtes Zeugnisverweigerungsrecht (BGH NJW 64, 449), Verwertung einer Zeugenaussage trotz unterbliebener Belehrung über Aussageverweigerungsrecht
(BGH NJW 85, 1470), fehlende Unterschrift unter der Klage (BGH
NJW-RR 99, 1251) – anders bei fristgebundenen Prozesshandlungen
wie Rechtsmittelschrift nach Fristablauf (BGH 65, 46) –, ungenügende
Angaben in einer Streitverkündungsschrift (BGH WM 76, 17: Heilung
durch Nichtrüge im Folgeprozess). – **b) Nicht verzichtbar** (Abs 2) ist 3
die Einhaltung der dem öffentlichen Interesse dienenden Normen, vor
allem also aller vAw zu beachtenden Punkte, zB Prozessvoraussetzungen, die Zulässigkeit der Rechtsmittel (BAG DB 77, 216), die
funktionelle Zuständigkeit des RechtsmittelGer (BGH NJW-RR 92,
1152), Einhaltung von Notfristen, Wiedereinsetzung, Urteilszustellung
(BGH LM Nr 4), Ausschließung vom Richteramt, Entscheidung durch
den gesetzlichen Richter, auch im Verhältnis Kollegium/ER (BGH
NJW 93, 600, Jena MDR 99, 501), vorschriftsmäßige Besetzung des
Ger (BPatG GRUR 79, 402), Verstoß gegen die Verfahrensvorschriften über die Ablehnung von Richtern (Frankfurt NJW 76, 1545), Verstoß gegen das Gebot nichtöffentlicher Verhandlung (Köln OLGZ 85,
318).

2. Das **Rügerecht geht verloren** bei Mängeln der in Rn 1 ge- 4
nannten Art für alle Instanzen (§§ 534, 556) – **a) durch Verzicht** auf
die Rüge des Mangels. Er ist Prozesshandlung (Einl III), in mdl Vhdlg
ausdrücklich oder konkludent nach dem Verfahrensverstoß zu erklären
(München NJW-RR 97, 1425). – **b) Durch Unterlassung recht-** 5
zeitiger Rüge. Ein Verzichtswille ist unnötig, sein Fehlen unerheblich
(BGH 25, 70). Die Rüge ist nicht rechtzeitig, wenn die Partei in der
nächsten mdl Vhdlg, die auf Grund des mangelhaften Verfahrens stattfindet oder in der darauf Bezug genommen wird, erscheint und verhandelt (ohne Rücksicht auf Erscheinen des Gegners, vorbehaltlich des
§ 342) und den Mangel bis Schluss der Vhdlg nicht rügt, auch konklu-

dent, obwohl er ihr bekannt oder infolge Fahrlässigkeit (§ 95 Rn 2)
6 nicht bekannt war. – Im **schriftlichen Verfahren** geht das Rügerecht
mit Einreichung des nächsten Schriftsatzes bzw Ablauf der dafür gesetzten Frist (ähnlich Bischof NJW 85, 1143), für die Partei, der keine
Frist bewilligt war, mit der nächsten Entscheidung verloren, wenn bis
dahin nicht gerügt ist (ebenso StJLeipold 31).

7   **3.** Die **Wirkung** besteht in der Heilung des Mangels, außer wenn
dieser erst aus dem Urteil ersichtlich ist (Schleswig MDR 99, 761). Die
fehlerhafte Prozesshandlung ist als von Anfang an gültig zu behandeln
(StJLeipold 32). So wahrt die fristgerechte Einreichung der Klage die
Verjährungs- oder Ausschlussfrist, wenn nach ihrem Ablauf der Beklagte in der demnächstigen ersten Verhandlung die fehlerhafte Zustellung nicht rügt (BGH NJW 74, 1557). Mängel der Klageerhebung
§ 253 Rn 19–21.

8   **4.** Einer **Heilung durch offenbare Zweckerreichung** neben der
durch Rügeverzicht bzw -verlust redet Vollkommer (Nachweis bei
§ 129 Rn 6) S 385 ff das Wort. Danach soll ein Formmangel nicht
schaden, wenn durch die Prozesshandlung in der vorgenommenen
Form der gesetzgeberische Zweck der vorgeschriebenen Form offenbar
erreicht wird. Wenn das Gericht, dem gegenüber eine formgebundene
Prozesshandlung vorzunehmen war, einen Formmangel übersehen bzw
verneint und sachlich entschieden hat, so soll ein (etwaiger) Formmangel geheilt sein und diese Prozesshandlung in einem späteren Prozessstadium nicht mehr als formfehlerhaft beurteilt werden können, auch
nicht in höherer Instanz (aaO S 378 ff). Diese Auffassung gibt doch
wohl dem Streben nach Einzelfallgerechtigkeit zu sehr den Vorzug vor
der Rechtssicherheit.

§ 296 Zurückweisung verspäteten Vorbringens

(1) **Angriffs- und Verteidigungsmittel, die erst nach Ablauf
einer hierfür gesetzten Frist (§ 273 Abs. 2 Nr. 1 und, soweit die
Fristsetzung gegenüber einer Partei ergeht, 5, § 275 Abs. 1
Satz 1, Abs. 3, 4, § 276 Abs. 1 Satz 2, Abs. 3, § 277) vorgebracht
werden, sind nur zuzulassen, wenn nach der freien Überzeugung des Gerichts ihre Zulassung die Erledigung des Rechtsstreits nicht verzögern würde oder wenn die Partei die Verspätung genügend entschuldigt.**

(2) **Angriffs- und Verteidigungsmittel, die entgegen § 282
Abs. 1 nicht rechtzeitig vorgebracht oder entgegen § 282 Abs. 2
nicht rechtzeitig mitgeteilt werden, können zurückgewiesen
werden, wenn ihre Zulassung nach der freien Überzeugung des
Gerichts die Erledigung des Rechtsstreits verzögern würde und
die Verspätung auf grober Nachlässigkeit beruht.**

(3) **Verspätete Rügen, die die Zulässigkeit der Klage betreffen
und auf die der Beklagte verzichten kann, sind nur zuzulassen,
wenn der Beklagte die Verspätung genügend entschuldigt.**

(4) **In den Fällen der Absätze 1 und 3 ist der Entschuldigungsgrund auf Verlangen des Gerichts glaubhaft zu machen.**

Übersicht

1. Anwendungsbereich. Die Bestimmung ist verfassungskonform **1** (BVerfG NJW 85, 3005), weil sie bei richtiger Anwendung eine Zurückweisung von Vorbringen ohne vorwerfbares Verhalten der präkludierten Partei nicht zulässt (BVerfG NJW 92, 680). Sie regelt im Erkenntnisverfahren (München MDR 81, 1025) die Zulassung vor Schluss der mdl Vhdlg (danach § 296 a), aber nicht rechtzeitig vorgebrachter Angriffs- u Verteidigungsmittel (§ 146 Rn 2). Gilt über § 525 auch im Berufungsrechtszug (BGH NJW 81, 1319). – **a) Abs 1 2** schreibt bei Überschreitung bestimmter richterlich gesetzter Fristen die Nichtzulassung zwingend vor, wenn die Zulassung zu einer Verzögerung führen würde (Rn 12–20), außer die Partei entschuldigt die Verspätung (Rn 28). – **b) Abs 2** stellt bei Verletzung allgemeiner Prozess- **3** förderungspflichten die Zulassung, wenn sie zu einer Verzögerung führen würde (Rn 15–19), in das Ermessen des Ger, außer die Verspätung beruht nicht auf grober Nachlässigkeit (Rn 37, 38). – **c) Abs 3 4** enthält eine eigene Regelung für die Präklusion des Bekl mit verzichtbaren Rügen gegen die Zulässigkeit der Klage (Rn 41). Gilt entspr iF des § 101 Abs 1 S 3 GVG. – **d) Nach Abgabe aus dem Mahnver- 5 fahren** ist § 296 gemäß § 697 Abs 3 S 2 anwendbar, also nicht Abs 2 bei verspäteter Antragsbegründung (Nürnberg NJW-RR 00, 445). **Nach Einspruch** gegen VollstrBescheid ist § 296 über § 697 Abs 3 S 2 voll (§ 700 Abs 5), nach Einspruch gegen VersU sind die Abs 1 u Abs 3 entspr anwendbar (§ 340 Abs 3 S 3). Verhältnis der Einspruchsbegründungs- zur versäumten Klageerwiderungsfrist § 340 Rn 9. – **e) Ander- 6 weitige Regelungen** in Ehe- u Kindschaftssachen (§§ 615 Abs 1, 640), im Berufungs- (§§ 531, 532) und Beschwerdeverfahren (§ 571 Abs 3); bei der Aufrechnung § 145 Rn 18; bei örtlicher u sachlicher Unzuständigkeit § 39; in Arbeitssachen §§ 56 Abs 2, 61 a Abs 5, 67 ArbGG, für die Rechtswahloption im internationalen Deliktsrecht Art 40 Abs 1 S 2, 3 EG BGB. – **f) Abdingbar 7** durch Parteivereinbarung ist allenfalls Abs 2 (Schneider NJW 79, 2506), weil Kannvorschrift; nicht Abs 1 und 3, weil diese Mussvorschriften nicht nur den Schutz der Partei, sondern auch das öffentliche Interesse an einer beschleunigten Prozesserledigung im Auge haben. – **g) Keine Zurück- 8 weisung: Im frühen ersten Termin** des Vorbringens als solchen,

allenfalls wegen verspäteter Ankündigung (§ 282 Rn 1). Ferner, wenn es sich nach objektiven Kriterien um einen sog Durchlauftermin handelt (BVerfG NJW 92, 299, BGH 86, 31/39) oder nach der Sach- und Rechtslage eine Streiterledigung in diesem Termin von vornherein
9   ausscheidet (BGH 98, 368). – **Bei unterlassener Mitwirkung des Gerichts,** wenn die Verzögerung des Rechtsstreits durch zumutbare prozessleitende Maßnahmen nach §§ 139, 273 nach dem Gebot eines fairen Verfahrens (Einl I Rn 30) aufzufangen war (BVerfG NJW 90, 2373; 98, 2044, BGH NJW 89, 717). Dabei darf ein in der Sphäre des Ger liegender Grund für die zögerliche Behandlung des Verfahrens, zB Überlastung, nicht über den Begriff der Zumutbarkeit auf die säumige Partei abgewälzt werden (BVerfG NJW-RR 99, 1079). Zumutbar sind Maßnahmen, wenn es sich um einfache und klar abgrenzbare Streitpunkte handelt, die sich im Rahmen der mdl Vhdlg ohne unangemessenen Zeitaufwand klären lassen, zB Vernehmung eines oder mehrerer greifbarer Zeugen zu einem eingegrenzten Beweisthema im Rahmen eines Verhandlungstermins (BVerfG NJW-RR 95, 1469, BGH NJW 91, 1181, 2759; 99, 3272: Unzumutbar 8 Zeugen zu komplexem Beweisthema), bei dessen langfristiger Festsetzung eine entsprechend weiträumige Verhandlungszeit eingeplant werden muss (BVerfG NJW 92, 299). Ferner, wenn es das Ger unterlassen hat, über einen rechtzeitig gestellten Antrag auf Verlängerung der Klageerwiderungsfrist zu entscheiden (Karlsruhe OLGZ 84, 471) oder wenn es sonst einen für die Verspätung des Vorbringens (BGH ZIP 83, 864) oder die Verzögerung mitursächlichen Fehler begangen hat (BVerfG NJW-RR 95, 377, BGH 75, 138). Dazu gehört zB eine unangemessen kurz gesetzte Frist zur Klageerwiderung (BGH 124, 71), der unterlassene Hinweis, Zeugen, die das Ger nicht od nicht mehr laden kann, zum Termin mitzubringen (BGH NJW 80, 1848), auf die verkannte Beweislast (BVerfG NJW 98, 2044), und die Pflicht des Ger, darauf zu achten, dass in der zur Verfügung stehenden Zeit dem Vorbringen der Parteien Rechnung getragen werden kann (BGH NJW 99, 585: Einholung eines Gutachtens), zB den Termin so zu bestimmen, dass eine zu diesem Zeitpunkt erkennbare Beweisaufnahme möglich ist (BVerfG NJW 89, 706). –
10 **Weitere Fälle:** Keine Zurückweisung verspäteten Verteidigungsvorbringens zur Klage, wenn es wegen Sachzusammenhangs (anderenfalls § 145 Abs 2) zugleich zur Begründung einer als sachdienlich zuzulassenden Widerklage dient (BGH NJW 85, 3079; aA Gounalakis MDR 97, 216). Bei Abstandnahme vom Urkundenprozess § 596 Rn 4. Keine Zurückweisung der Zuständigkeitsrüge eines ausländischen Bekl, wenn dadurch deutsche Gerichte trotz fehlender Zuständigkeit nach der EuGVVO entscheiden würden (Köln NJW 88, 2182). Keine Zurückweisung von erneutem Vorbringen in einer späteren Stufe bei einer Stufenklage, nur weil es in einer früheren Stufe als verspätet zurück-
11 gewiesen worden ist (Karlsruhe NJW 85, 1349). – **h) Keine entsprechende Anwendung** auf im Gesetz nicht ausdrücklich genannte Fälle (BGH NJW 82, 1534). Siehe auch Rn 25.

2. Ursächliche Verzögerung in der Erledigung des ganzen (BGH **12** 77, 306; aA Prütting/Weth ZZP 98, 131) Rechtsstreits allein infolge der Zulassung verspätet vorgebrachter Angriffs- und Verteidigungsmittel (§ 146 Rn 2). Zwischen der Verspätung des Vorbringens und der Verzögerung muss ein ursächlicher Zusammenhang in normativem Verständnis bestehen (BGH NJW 82, 2559; 86, 2319; 87, 502 u 1949). Diese Kausalität fehlt, Zurückweisung verspäteten Vorbringens ist also unzulässig, wenn dieselbe Verzögerung auch bei rechtzeitigem Vorbringen eingetreten wäre (BHG NJW-RR 99, 787), die Verspätung also nicht allein kausal für die Verzögerung ist (BVerfG NJW 87, 2733; 95, 1417). So auch, wenn es zur Verzögerung aus Gründen kommt, die dem Prozess allgemein und unabhängig davon innewohnen, ob die Partei rechtzeitig oder verspätet vorgetragen hat, zB ein verspätet angebotener, rechtzeitig geladener Zeuge erscheint im Termin nicht (aA Köln ZIP 84, 759, Schneider MDR 86, 1019). Das Ger muss die Verzögerung nachprüfbar feststellen und erkennen lassen, dass es sich der Möglichkeit bewusst war, sie durch vorbereitende Maßnahmen aufzufangen (BGH NJW-RR 91, 767).

a) Maßstab. Ob eine Verzögerung eintritt, stellt das Ger, bezogen **13** auf den Zeitpunkt des Vorbringens (BGH 75, 138) nach freier Überzeugung fest. Dadurch soll verhindert werden, dass das Ziel einer materiell gerechten Entscheidungsfindung stärker als im Interesse der Verfahrenskonzentration notwendig eingeschränkt wird. Außerdem soll die Feststellung einer Verzögerung jeder Beweiserhebung entzogen sein, die ihrerseits den Prozess unnötig verzögern würde. – Es gilt der **absolute 14 Verzögerungsbegriff.** Danach ist auf den Vergleich abzustellen, ob der Rechtsstreit allein (Rn 12) durch Zulassung des verspäteten Vorbringens länger dauern würde als bei seiner Zurückweisung (BGH 75, 138; 86, 31). Dies soll bei schriftlichem Vorverfahren nicht gelten (München NJW 90, 1371). Verhältnis zu § 283 dort Rn 1. Das Gericht hat die Pflicht, durch Anordnungen gem § 273 die Verzögerung aufzufangen.

b) Verzögerung tritt ein, wenn infolge der Zulassung verspäteten **15** Vorbringens die Erledigung des Rechtsstreits im ganzen verzögert wird. – **Beispiele:** Wenn **Vertagung** – außer ganz kurzfristig (Nürnberg **16** MDR 75, 849) – nötig wird, zB weil der Gegner sich der Vernehmung zum Termin mitgebrachter, nicht angekündigter Zeugen widersetzt, weil er keine Erkundigungen einziehen konnte (Hamm MDR 86, 766). Wenn der nur der Vorbereitung dienende **frühe erste Termin** (§ 272 **17** Rn 3) wegen fehlender Vorbereitung (§ 282 Abs 2) nicht funktionsgerecht zur Förderung des Rechtsstreits genutzt werden kann, so dass ein weiterer Vorbereitungstermin angesetzt oder der Haupttermin hinausgeschoben werden muss (Hamm u München NJW 83, 401, 402, Lange NJW 86, 3043; vgl aber Rn 8); wenn im frühen ersten Termin, der erkennbar nicht bloß Durchlauftermin ist, wegen verspäteter schriftsätzlicher Vorbereitung eine sonst mögliche Endentscheidung nicht ergehen kann (BGH 86, 31, aA Deubner NJW 83, 1026, Leipold ZZP

18 97, 395/405 ff. – **Beweiserhebung.** Wenn wegen verspäteten Beweis-
antritts die Ladung dem Zeugen nicht mehr zugeht (BGH NJW 89, 719).
Wenn das Ger, statt Vernehmung der gemäß § 273 Abs 2 Nr 4 zu ladenden rechtzeitig benannten Zeugen, wegen der verspäteten Benennung die Zeugen nicht mehr laden konnte und deshalb im Haupttermin Beweisbeschluss (statt sonst: Urteil) erlassen müsste. Wenn sich nach
§ 273 vorzubereitende Beweisaufnahme wegen ihres Inhalts oder Umfangs im bereits bestimmten Termin nicht durchführen lässt (BGH MDR
69, 643, Celle NJW 89, 3023). Wenn die Vernehmung eines mitgeb-
rachten Zeugen nicht abgeschlossen werden könnte (BGH NJW 86,
2257) oder bei einer günstigen Aussage weitere Vernehmungen nicht
präsenter Gegenzeugen erforderlich machen würde (BGH 83, 310) oder
andere unter Beweis gestellte Behauptungen entscheidungserheblich
würden und für die Erhebung dieser Folgebeweise das Ger neuen Termin anberaumen müsste (BGH 86, 198). Allgemeine Undurchführbarkeit im Termin wegen Auslastung kann das Unterbleiben der Ladung
19 nicht rechtfertigen (BGH NJW 74, 1512). – Verspätete **Aufrechnung**
im Falle rechtlichen Zusammenhangs (§ 145 Abs 3). Wenn das Ger
eine **beabsichtigte Entscheidung,** auch Grundurteil (BGH MDR 80,
50) nicht aber TeilUrt (BGH 77, 306) zurückstellen muss.

20   **c) Keine Verzögerung** durch Verkündungstermin statt sofortiger
Verkündung, lediglich – das übersieht BayVerfGH NJW 90, 1653 –
durch Gewährung einer Erwiderungsfrist gemäß § 283 (BVerfG NJW
89, 705, BGH NJW 85, 1556, BAG NJW 89, 2213; § 283 Rn 1).
Wenn ein beabsichtigtes TeilUrt nicht erlassen werden kann (BGH 77,
306; abl Deubner NJW 80, 2356, Prütting/Weth ZZP 98, 131). Wenn
ein verspätet angetretener Beweis durch eine Anordnung nach § 273
(dort Rn 4) oder § 358a noch spätestens in der mdl Vhdlg erhoben
werden kann; das beurteilt sich aus der Sicht des Zeitpunkts, in dem die
Anordnung zu treffen gewesen wäre (BGH 75, 138); doch Verzögerung, wenn die Erhebung der auf das verspätete Vorbringen hin angebotenen Gegenbeweise im bereits bestimmten Termin nicht mehr
möglich ist (Köln OLG 86, 488). Auf Eilanordnungen braucht sich das
Ger nicht einzulassen (BGH NJW 80, 1102). Kann das Ger, zB bei
ausländischen Zeugen, die Anordnung nicht treffen, hat es die Partei
aufzufordern, die Zeugen im Termin zu stellen (BGH NJW 80, 1849).
Keine Verzögerung durch verspätete Klageerwiderung, wenn der frühe
erste Termin vom Ger von vornherein nicht als Haupttermin mit Beweisaufnahme, sondern nur als sog Durchlauftermin vorgesehen war
(Karlsruhe NJW 84, 618). Keine Verzögerung, wenn der Rechtsstreit
weder bei Zulassung noch bei Nichtzulassung verspäteten Vorbringens
im ganzen entscheidungsreif ist (BGH NJW-RR 91, 1214), zB verspätetes Zeugenangebot, wenn ohnehin noch ein Sachverständigengutachten einzuholen ist (BGH NJW-RR 99, 787).

21   **3. Das Gericht muss** Angriffs- u Verteidigungsmittel (§ 146 Rn 2)
zurückweisen (Abs 1), wenn die Partei sie nach Ablauf bestimmter

richterlicher Fristen (Rn 22–26) vorbringt, ihre Zulassung die Erledigung des Rechtsstreits verzögern würde (Rn 12–20) und die Partei die Verspätung nicht genügend entschuldigt (Rn 28, 29). Dabei geht es in allen Fällen nicht allein darum, dass die Schriftsätze formell innerhalb der gesetzten Frist eingehen, sondern auch darum, dass sie den nach § 277 Abs 1, Abs 4 genügenden Inhalt haben. Verweisung von der Zivilkammer an die KfH ändert an der Präklusionswirkung nichts (Frankfurt NJW-RR 93, 1084). Wenn keine Frist gesetzt war, gilt Abs 2, für Zulässigkeitsrügen Abs 3.

a) Fristen. – **aa)** Mit vorbereitender Vfg gem **§ 273 Abs 2 Nr 1 und 5** einer Partei gesetzte Frist zur Abgabe einer Erklärung oder Vorlage einer Urkunde (§ 142) oder Vorlegung eines Augenscheinsobjekts (§ 144). – **bb)** Im Verfahren mit frühem erstem Termin eine gem **§ 275 Abs 1 S 1, Abs 3** dem Beklagten zur Klageerwiderung oder eine gem **§ 275 Abs 4** dem Kl zur Replik gesetzte Frist. – **cc)** Eine im schriftlichen Vorverfahren gem **§ 276 Abs 1 2** dem Beklagten zur Klageerwiderung oder gem **§ 276 Abs 3** dem Kl zur Replik gesetzte Frist. – **dd) Entsprechend anwendbar ist Abs 1** gemäß **§§ 340 Abs 3 S 3, 411 Abs 4 S 2, 527, 697 Abs 3 S 2 Hs 2,** wo das Gesetz selbst dies vorschreibt. – **ee) Nicht anwendbar ist Abs 1** in Fällen anderer Fristüberschreitung, zB § 697 Abs 1 S 1 (BGH NJW 82, 1533, Köln NJW 81, 2265, Nürnberg NJW-RR 00, 445), § 283 (BVerfG NJW 92, 679), § 356 (BGH NJW 93, 1926), § 379 (BGH NJW 80, 344; 82, 2559) oder § 132 (BGH NJW 89, 716; 97, 2244). Hier ist allenfalls § 296 Abs 2 anwendbar. **22 23 24 25 26**

b) Verzögerung Rn 12–20. **27**

c) Ungenügende Entschuldigung. Das Verschulden (§ 95 Rn 2) der Partei, ggf ihres gesetzlichen Vertreters (§ 51 Abs 2) oder ProzBev (§ 85 Abs 2) an der Fristversäumung wird vermutet, die Partei muss sich entlasten, und zwar sofort, spätestens im folgenden Termin (Karlsruhe Just 79, 14). Die Partei ist entschuldigt, wenn ihr das verspätet vorgebrachte Angriffs- oder Verteidigungsmittel bis zum Fristablauf nicht bekannt war und sie es auch nicht unschwer durch Erkundigung ermitteln konnte (BGH NJW 88, 60). Außerdem, wenn sie einen gerichtlichen Hinweis infolge unklarer Formulierung missverstanden hat (BGH WM 90, 1421). Das Ger kann Glaubhaftmachung verlangen (Abs 4, § 294). Es muss der Partei dann, idR unter Einräumung einer kurzen Frist, Gelegenheit dazu geben, selbst dann, wenn sie Glaubhaftmachung bereits versucht hat, die dem Ger aber nicht ausreicht (BGH NJW 86, 3193). Die Entschuldigung kann sich ohne weiteres aus den Umständen ergeben, zB dass aus nachträglicher Sicht die gesetzliche oder gesetzte Frist (Rn 22–26) oder die Einspruchsbegründungsfrist nicht angemessen war im Hinblick auf die Fülle oder Schwierigkeit des Stoffes (Dresden NJW-RR 99, 214). Auch bei Beteiligung eines Nebenintervenienten kommt es grundsätzlich auf fehlendes Verschulden der Partei selbst an (Schulze NJW 81, 2663). Nachholung in 2. Instanz § 531 Rn 8–11. – **Entscheidung** nach freier Über- **28 29**

zeugung, so dass es dazu keine verzögernde Beweiserhebung gibt. Einfluss unterbliebener Anordnungen nach §§ 139, 273 vgl Rn 20.

30 **d)** An **Förmlichkeiten** müssen für die Zurückweisung erfüllt sein (BGH 76, 236, NJW 90, 2389): Klar und wirksam gesetzte Frist (BVerfG NJW 82, 1453, BGH NJW 91, 2773 u 2774); Unterzeichnung der fristsetzenden Verfügung durch den zuständigen Richter (§ 276 Rn 9); bloße Paraphe genügt nicht (BGH VersR 83, 33); deren förmliche Zustellung (§ 329 Abs 2 S 2) an den bestellten Prozessbevoll-
31 mächtigten. – **Belehrung** über die Folgen der Fristversäumung ist für die Klagerwiderung (§ 277 Abs 2) und für die Replik des Klägers (§ 277 Abs 4), sinngemäß wohl auch für die Fristsetzung nach § 697 Abs 3 S 2, nicht für die Verfügungen nach § 273 Abs 2 Nr 1 u 5 vorgeschrieben. Die Belehrung muss der Partei klar machen, dass das Ger grundsätzlich nur fristgerechtes Vorbringen berücksichtigen und dass sie wegen Versäumung der Frist den Prozess verlieren kann; die bloße Mitteilung des Wortlauts des § 296 Abs 1 genügt dem nicht (BGH 86, 218, NJW 91, 2774). Gegenüber einem RA genügt der Hinweis auf
32 § 296 (Hamm NJW 84, 1566). – **Fehlt eine notwendige Förmlichkeit** oder Belehrung oder ist sie inhaltlich falsch oder missverständlich, darf verspätetes Vorbringen nicht wegen der Fristversäumung zurückgewiesen werden, keine Heilung nach § 295 (BVerfG NJW 82, 1453, BGH 76, 236, NJW 91, 2774).

33 **4. Das Gericht kann** Angriffs- u Verteidigungsmittel (§ 146 Rn 2) **zurückweisen (Abs 2),** auch früher fallengelassene, später wieder aufgenommene, wenn die Partei sie entgegen ihrer allgemeinen Prozessförderungspflicht nicht rechtzeitig (Rn 34, 35) vorgebracht hat, ihre Zulassung die Erledigung des Rechtsstreits verzögern würde (Rn 12–20) und die Verspätung auf grober Nachlässigkeit beruht (Rn 37, 38). Wenn Frist gesetzt war, gilt Abs 1, für Zulässigkeitsrügen Abs 3.
34 **a) Nicht rechtzeitig** bedeutet: – **aa) In der mündlichen Verhandlung** oder was ihr gleichsteht später als es, abgestellt auf die jeweilige Prozesslage, einer sorgfältigen und auf Förderung des Verfahrens bedachten Prozessführung entspricht (§ 282 Rn 2 u § 277 Rn 5, 6). Bringt die Partei verständliche Gründe dafür vor, dass sie gewisses Vorbringen zunächst zurückgehalten hat, so hat das Ger dem nachzuge-
35 hen (BGH DB 71, 143). – **bb) Vor der mündlichen Verhandlung** (§ 282 Abs 2) in vorbereitenden Schriftsätzen vor jedem Termin später, als dass der Gegner eine erforderliche Erkundigung noch einziehen könnte, § 282 Rn 3, 4. Das gilt auch für Klagebegründung nach Mahnverfahren gem § 697 Abs 2 S 1, ferner für Klageerwiderung und Replik, auch für ihren ausreichenden Inhalt (§ 277 Abs 1, Abs 4), falls keine Frist hierfür gesetzt war (sonst: Abs 1). Auf verfahrensbestimmende Anträge und das Vorbringen zu ihrer Begründung (§ 146 Rn 2) erstreckt sich auch diese Alternative in § 296 Abs 2 nicht.

36 **b) Verzögerung** Rn 12–20.

c) Die **grobe Nachlässigkeit** muss sich gerade auf die ProzFörde- 37
rungspflicht gemäß § 282 Abs 1, Abs 2 beziehen (BGH NJW 82,
1533), auf ihr muss die Verspätung beruhen. Das bedeutet prozessför-
derungswidriges Verhalten durch ausnehmende Sorglosigkeit, Nichtbeachtung dessen, was jeder Partei nach dem Stand des Verfahrens ein-
leuchten muss (BGH NJW 97, 2244). Darüber entscheidet das Ger
nach freier Überzeugung, die Tatsachen hierfür müssen im Urt festgestellt sein (BVerfG NJW 87, 1621, BGH NJW 89, 717). Die Partei
muss Gelegenheit gehabt haben, darzulegen, warum diese Tatsachen
nicht auf ihrer groben Fahrlässigkeit beruhen (BGH NJW 82, 2559; 89,
717). – **Beispiele:** Die Partei fährt während des Rechtsstreits mehrere 38
Wochen in Urlaub, ohne ihren RA zu verständigen oder lässt ihn zu
wichtigen Punkten ganz ohne Information (Köln VersR 72, 985); die
Büroorganisation ermöglicht es, dass das Personal ohne Einschaltung des
RA eine Akte ins „Kartell" gibt u einen nichtinformierten Untervertreter beauftragt (Düsseldorf NJW 82, 1888). Der verspätet, auch erst in
2. Instanz gestellte Beweisantrag ist nicht grob nachlässig, solange die
Partei vertretbar davon ausgeht, dem Ger werden die angebotenen
Vernehmungsprotokolle aus beigezogenen Akten zum Nachweis genügen (BGH NJW 83, 999).

5. Rügen zur Zulässigkeit der Klage (Abs 3). Gilt entsprechend 39
iF des § 101 Abs 1 S 3 GVG. Verzichtbare Rügen muss das Ger zurückweisen, wenn sie verspätet (§ 282 Rn 7, 10; dort auch zum Gegenvorbringen des Kl) vorgebracht werden und der Bekl die Verspätung nicht genügend entschuldigt (Rn 28). Auf eine Verzögerung des
Rechtsstreits infolge der Zulassung kommt es hier nicht an. Auch gesetzwidrige Zulassung ist mit Rechtsmittel anfechtbar (BGH NJW 85,
743). Bei Einspruch § 340 Abs 3 S 1, 3, dort Rn 9.

a) Nicht verzichtbare Rügen, dh soweit das Ger die Zulässigkeit 40
vAw in jeder Lage des Verfahrens zu prüfen hat (Rn 12, 15–28 vor
§ 253), braucht der Beklagte überhaupt nicht zu erheben. Die Rüge ist
als Anregung jederzeit möglich.

b) Verzichtbar (29–31 vor § 253) sind die Zulässigkeitsrügen der 41
fehlenden Ausländersicherheit §§ 110 ff, der fehlenden Kostenerstattung
§ 269 Abs 6 und der Schiedsklausel § 1032; außerdem die Zuständigkeitsrüge bei nicht ausschließlicher Zuständigkeit; insoweit geht aber
§ 39 als Spezialvorschrift vor (Frankfurt ZIP 82, 1490), jedenfalls für die
Rüge der internationalen Zuständigkeit (BGH NJW 97, 397); außerdem der fehlenden Vollmacht (§ 88 Abs 1) für die Klageerhebung (LG
Münster MDR 80, 853; Rn 16, 34 vor § 253).

6. Verfahren. – a) Rechtliches Gehör. Vor der Zurückweisung 42
ist Gelegenheit zur Äußerung zu gewähren, das Parteivorbringen dazu
ist zur Kenntnis zu nehmen (BVerfG NJW 87, 485, BGH NJW 89,
717). Außerdem ist **Hinweis** im Rahmen des § 139 Abs 2, 3 erforderlich (Bamberg NJW-RR 98, 1607). Hinweis und Gehör haben sich in
den Fällen der Abs 1, Abs 2 auf die Frage der Verzögerung und in allen

Fällen auf die Frage des Verschuldens an der Verspätung zu erstrecken (Karlsruhe NJW 79, 879). Die Ansicht des OLG Düsseldorf (MDR 85, 417), iF der obligatorischen Zurückweisung des Abs 1 sei ein Hinweis nicht erforderlich, weil das Ger kraft Gesetzes gehalten sei, in bestimmter Weise zu verfahren, ist falsch, wie sich allein aus § 139 Abs 3 ergibt. Außerdem geht es hier wie in anderen Fällen zwingender Rechtsanwendung darum, dass die Voraussetzungen der anzuwendenden Norm vor der Entscheidung mit den Parteien zu erörtern sind.

43   **b) In den Gründen des Urteils** – nicht: Teilurteils (BGH WM 93, 856) – ist die Zurückweisung auszusprechen. Die Tatsachen, die die ges Voraussetzungen für die Zurückweisung ausfüllen, müssen konkret angegeben werden (BGH NJW-RR 96, 961). Das zurückgewiesene Vorbringen bleibt bei der Entscheidung unberücksichtigt. Soweit es zur Begründung von Anträgen oder Einwendungen dient, werden sie sachlich aberkannt (BGH NJW 61, 115).

44   **c) Verstoß.** Die Zulassung neuen Vorbringens entgegen § 296 Abs 2 ist unanfechtbar und für das RechtsmittelGer bindend (BGH NJW 81, 928, NJW 91, 1896). Ebenso ist die unterbliebene Prüfung, ob das Vorbringen zurückzuweisen ist, in der Rechtsmittelinstanz nicht nachholbar (BGH WM 99, 286/289). Mit Rechtsmittel kann als Verfahrensverstoß gerügt werden, dass für die Zurückweisung die nötigen gesetzlichen Voraussetzungen nicht vorlagen, § 531 Rn 10. Soweit es sich um Ermessensentscheidung handelt, ist das Ermessen in zweiter Instanz voll nachprüfbar, in dritter Instanz nur in seinen Voraussetzungen und Grenzen. Verzögerung, Verschulden und grobe Nachlässigkeit sind revisible Rechtsbegriffe. Verstoß gegen Abs 3 vgl Rn 39. Verfassungsbeschwerde gegen nicht rechtsmittelfähige Urteile § § 531 Rn 19.

§ 296 a Vorbringen nach Schluss der mündlichen Verhandlung

[1]**Nach Schluß der mündlichen Verhandlung, auf die das Urteil ergeht, können Angriffs- und Verteidigungsmittel nicht mehr vorgebracht werden.** [2]**§ 139 Abs. 5, §§ 156, 283 bleiben unberührt.**

1   Zurückweisung verspäteten Vorbringens vor Schluss der mdl Vhdlg (§ 136 Abs 4) oder was dem gleichsteht (§ 128 Rn 33; § 283 Rn 6), ist in § 296 geregelt. Vorbringen nach Schluss der mdl Vhdlg außer iF der §§ 139 Abs 5, 283 darf, auch im Tatbestand (Köln NJW-RR 91, 1536), nicht mehr berücksichtigt werden, weil es nicht mehr Gegenstand der Verhandlung geworden ist. Bezugnahme auf dieses Vorbringen in 2. Instanz ist zulässig (BGH NJW-RR 98, 1514). Die Norm ist verfassungskonform (BVerfG NJW 85, 3005). Das Gericht darf und muss uU die mdl Vhdlg wiedereröffnen (§ 156 Rn 2–7). Auch Widerklage und Klageerweiterung sind als solche nach Schluss der mündlichen Verhandlung nicht mehr zulässig (BGH VersR 92, 1245, NJW 00, 2512).

§ 297 Form der Antragstellung

(1) [1]**Die Anträge sind aus den vorbereitenden Schriftsätzen zu verlesen.** [2]**Soweit sie darin nicht enthalten sind, müssen sie aus einer dem Protokoll als Anlage beizufügenden Schrift verlesen werden.** [3]**Der Vorsitzende kann auch gestatten, daß die Anträge zu Protokoll erklärt werden.**

(2) **Die Verlesung kann dadurch ersetzt werden, daß die Parteien auf die Schriftsätze Bezug nehmen, die die Anträge enthalten.**

1. Anwendungsbereich. – a) Gilt für Sachanträge. Das sind **1** solche, die den Inhalt der Entscheidung betreffen, zB Klageanträge einschl Änderungen, Erledigungserklärung und Antrag nach Klagerücknahme (§ 269 Abs 4), Anträge des Rechtsmittelklägers (BGH NJW 93, 269), Anträge zur Vollstreckbarkeit nach § 714, Anträge auf Arrest und einstw Vfg bei mdl Vhdlg, auf Widerspruch und Aufhebung (§§ 924, 926, 927). – **b) Gilt nicht für Prozessanträge.** Sie betreffen **2** das Verfahren, zB Beweisanträge, Antrag auf Erlass eines Versäumnis- oder Anerkenntnisurteils. Hierher gehören auch die rein leugnenden Gegenanträge auf Abweisung (BGH NJW 65, 397), weil sie den Inhalt der Entscheidung insofern nicht bestimmen, als auch ohne sie bei Unzulässigkeit oder fehlender Schlüssigkeit abgewiesen werden muss.

2. Im Rahmen von Rn 1 ist nötig **Verlesung** der Anträge aus vor- **3** bereitenden (§§ 129 ff, 282) oder zur Protokollanlage erklärten (§ 160 Abs 5) Schriftsätzen oder die **Bezugnahme** darauf oder, wenn der Vorsitzende es gestattet, die **Erklärung zu Protokoll.** Feststellung im Protokoll § 160 Abs 3 Nr 2, Beweis der Verlesung §§ 314, 165. Der bloße Formmangel bei der Antragstellung ist nach § 295 heilbar (StJ-Leipold 20), nicht dagegen der Mangel der Erhebung des Antrags überhaupt nach §§ 253 Abs 2 Nr 2, 308 (§ 253 Rn 20).

§ 298 (aufgehoben)

§ 299 Akteneinsicht; Abschriften

(1) **Die Parteien können die Prozeßakten einsehen und sich aus ihnen durch die Geschäftsstelle Ausfertigungen, Auszüge und Abschriften erteilen lassen.**

(2) **Dritten Personen kann der Vorstand des Gerichts ohne Einwilligung der Parteien die Einsicht der Akten nur gestatten, wenn ein rechtliches Interesse glaubhaft gemacht wird.**

(3) [1]**Soweit die Prozessakten als elektronische Dokumente vorliegen, ist die Akteneinsicht auf Ausdrucke beschränkt.** [2]**Die Ausdrucke sind von der Geschäftsstelle zu fertigen.**

(4) **Die Entwürfe zu Urteilen, Beschlüssen und Verfügungen, die zu ihrer Vorbereitung gelieferten Arbeiten sowie die Schrift-**

stücke, die Abstimmungen betreffen, werden weder vorgelegt noch abschriftlich mitgeteilt.

1   1. Die **Parteien** (Begriff 2 vor § 50) einschl der Streithelfer können – **a)** bei dem Ger, das die Akten bearbeitet oder bei dem sie
aufbewahrt sind, ohne Angabe von Gründen die **Prozessakten einsehen** oder durch beliebige Vertreter einsehen lassen und sich Auszüge u Abschriften anfertigen. Bei elektronischer Aktenführung
beschränkt sich das Einsichtsrecht auf Ausdrucke, die von der Geschäftsstelle zu fertigen sind (Abs 3). Dem vertretenden RA sind in
großzügiger Ermessensausübung (Hamm ZIP 90, 1369) die Akten in
seine Kanzlei auszuhändigen oder zu übersenden (aA Brandenburg
OLG-NL 99, 238). Gleiches gilt für den Rechtsbeistand, der Mitglied
der RA-Kammer ist (BVerfG BRAK-Mitt 98, 282). Entspr Anordnungen trifft der Vorsitzende. Gegen Ablehnung des Gesuchs in 1. Instanz
2   sof Beschw nach § 567 Abs 1 Nr 2. – **b)** Außerdem können sich die
Parteien durch die Geschäftsstelle **Ausfertigungen** (§ 170) usw **erteilen lassen.** Auch hier kein Anwaltszwang. Rechtliches Interesse ist
nicht nötig. Vorschuss für Schreibgebühren § 64 Abs 2 GKG. Verweigert der UrkB die Einsicht: sofortige Erinnerung nach § 573, gegen
Gerichtsbeschluss in 1. Instanz: sof Beschw nach § 567 Abs 1 Nr 2.

3   **2. Dritte** (Abs 2), dh alle, die nicht Partei sind, haben nur das Recht
auf Akteneinsicht (Rn 1), wenn sie ein weit aufzufassendes (enger
Hamm NJW-RR 97, 1489) rechtliches Interesse (§ 256 Rn 13) glaubhaft machen (§ 294) – nur wirtschaftliches genügt nicht (KG NJW 88,
1738) – oder wenn beide Parteien einverstanden sind. Gegeneinander
abzuwägen sind das Interesse der Parteien an der Geheimhaltung des
Prozessstoffes und des Ger an rationeller Aktenführung gegen das Interesse des Antragstellers an der gewünschten Information (München
OLGZ 84, 477). Entsprechend anwendbar nach § 4 InsO, wobei iR
der ermessensfehlerfreien Interessenabwägung dem Schuldner, soweit
möglich und zumutbar, Gelegenheit zu geben ist, sein Geheimhaltungsinteresse geltend zu machen (BGH ZIP 98, 961, Köln ZIP 99,
1449). Die Mitteilung von Entscheidungen mit geschwärzten Namen
der Beteiligten sollte ohne weiteres zulässig sein (Hirte NJW 88, 1698).
Die Genehmigung erteilt der aufsichtsführende Richter bzw Präsident
der Gerichtsbehörde. Gegen Verweigerung: Antrag auf gerichtliche
Entscheidung nach § 23 Abs 1 S 1 EGGVG, daneben Dienstaufsichtsbe-
4   schwerde (KG OLGZ 76, 158). – **Sonderregelungen** für das Schuldnerverzeichnis in § 915 Abs 3, für das Aufgebotsverfahren in §§ 996
Abs 2, 1001, 1016, 1022 Abs 2, 1023, beim Patentamt und Patentgericht
5   richt §§ 31, 99 Abs 3 PatG (BGH NJW 83, 2448). – **Nicht anwendbar** ist Abs 2 auf Behörden wegen Art 35 GG. Sie können ohne Beschränkung Akten zur Einsicht anfordern. Ebenso Holch ZZP 87,
14/17.

6   **3.** Auf die in **Abs 4** genannten Schriftstücke erstrecken sich die vorgenannten Rechte nicht. Ferner nicht auf beigezogene andere Akten,

wenn die übersendende Behörde gebeten hat, sie den Parteien nicht zugänglich zu machen. Sie dürfen dann freilich auch nicht zum Gegenstand der Verhandlung und Entscheidung gemacht werden (BGH NJW 52, 305). Ein Sachverständigengutachten zur Feststellung, ob Grund zur Eröffnung eines Insolvenzverfahrens besteht, fällt nicht unter Abs 3 (Düsseldorf ZIP 00, 322; bestr).

§ 299a Datenträgerarchiv

[1] **Sind die Prozessakten nach ordnungsgemäßen Grundsätzen zur Ersetzung der Urschrift auf einen Bild- oder anderen Datenträger übertragen worden und liegt der schriftliche Nachweis darüber vor, dass die Wiedergabe mit der Urschrift übereinstimmt, so können Ausfertigungen, Auszüge und Abschriften von dem Bild- oder dem Datenträger erteilt werden.** [2] **Auf der Urschrift anzubringende Vermerke werden in diesem Fall bei dem Nachweis angebracht.**

Die Vorschrift ermöglicht, an Stelle der Originalakten als deren Ersatz die Mikroverfilmung aufzubewahren oder die Akten elektronisch zu speichern. Nötig ist ein schriftlicher Nachweis, dass die Wiedergabe mit dem Original übereinstimmt. Ist dies der Fall, können Ausfertigungen usw von der Mikroverfilmung oder von dem elektronischen Speichermedium erteilt werden. Einzelheiten hat die Justizverwaltung zu regeln. 1

Titel 2. Urteil

Vorbemerkung

I. Gerichtliche Entscheidungen. – **a) Urteile** werden in der Form des § 313 und regelmäßig auf Grund notwendiger mdl Vhdlg (§ 128 Rn 1 ff) erlassen. Ausnahmen zB in §§ 922 Abs 1, 936, ferner § 128 Abs 2. – **b) Beschlüsse** sind die Entscheidungen des Gerichts, die idR ohne oder auf freigestellte mdl Vhdlg ergehen. – **c) Verfügungen** erlässt der Vorsitzende, beauftragte oder ersuchte Richter. Sie sind meist prozessleitender Natur. 1 2 3

II. Arten von Urteilen 4

Die Einteilung ist unter verschiedenen Gesichtspunkten möglich.

1. Leistungs-, Feststellungs-, Gestaltungsurteile je nach dem Gegenstand des Rechtsschutzbegehrens. Rn 2–7 vor § 253.

2. Nach der Rechtskraftwirkung: **Prozessurteile,** die nur über die Zulässigkeit der Klage (8 ff vor § 253), **Sachurteile,** die in der Sache selbst entscheiden. 5

3. Nach dem Zustandekommen: **Streitige** und **Versäumnisurteile.** Zu den ersteren gehören auch Verzicht-, Anerkenntnis- und Urteil 6 nach Lage der Akten, zu den letzteren zählen nur die gegen die säumige Partei ergangenen Urteile.

7   **4.** Nach der formalen Bedeutung: – **a) Endurteile** entscheiden für die Instanz endgültig über den Streitgegenstand (Einl II) und zwar entweder zu einem Teil (Teilurteil § 301) oder ganz (Vollendurteil, 8   Schlussurteil § 300). – **b) Zwischenurteile** (§§ 280, 303) erledigen einzelne Streitpunkte und bereiten damit die endgültige Entscheidung vor. Ein Zwischenurteil bes Art ist die Vorabentscheidung über den 9   Grund (§ 304). – **c) Vorbehaltsurteile** (§§ 302, 599) lassen nur noch bestimmte Einwendungen des Beklagten offen. Sie sind auflösend bedingte Endurteile; ebenso die in § 280 Rn 10 und § 304 Rn 23 genannten Endurteile.

10   **III. Fehlerhafte Entscheidungen,** dh unter Verletzung von Verfahrensvorschriften zustande gekommene, sind regelmäßig als staatliche Hoheitsakte voll wirksam (BGH LM § 554 Nr 3). Sie können, wenn im Einzelnen die Voraussetzungen vorliegen, mit Rechtsmitteln oder Nichtigkeitsklage angefochten werden.

11   **1. Nicht(Schein)Urteile.** Bei ihnen fehlt der äußere Tatbestand eines Urteils: – **a)** Es ist **nicht in Ausübung der Gerichtsgewalt** oder durch ein nicht zur Ausübung der Gerichtsbarkeit bestimmtes Organ 12   erlassen. – **b)** Es ist **noch nicht existent,** weil nicht verkündet (Brandenburg NJW-RR 02, 356) bzw zugestellt (BGH NJW 95, 404) oder es erhält ein derartiges Nichturteil aufrecht (BGH NJW 96, 1969). 13   Vgl § 310 Rn 4. – **c) Der Entscheidung fehlt jede Wirkung,** sie beendet die Instanz nicht, erlangt keine auch nur formelle Rechtskraft. Erteilung der Klausel (§ 724) und Zwangsvollstreckung sind unzulässig 14   und über §§ 732 bzw 766 zu beseitigen. – **Rechtsbehelf** ist überflüssig, aber zur Beseitigung des vorhandenen Scheines ohne weitere Zulässigkeitsvoraussetzungen zulässig (BGH NJW 95, 404; 96, 1969). Es erfasst auch das später ergehende wirkliche Urt (BGH NJW 96, 1969, ohne dass der Rechtsbehelf wiederholt werden müsste (BGH VersR 97, 130).

15   **2. Nichtige Urteile.** Im einzelnen sehr streitig, anerkannt aber in folgenden Fällen (RoSchw/Gottwald § 62 II 2): – **a) Die Gerichtsbarkeit fehlt** dem entscheidenden Gericht (gegen Exterritoriale). Fehlende Zuständigkeit gehört nicht hierher. ZwVollstr unzulässig (Rn 40 16   vor § 704). – **b)** Die **ausgesprochene Rechtsfolge** ist dem geltenden Recht überhaupt **unbekannt,** zB Feststellung einer Tatsache, Bestel-17   lung eines dem BGB fremden dinglichen Rechts. – **c)** Das Urt kann **aus tatsächlichen Gründen keine Wirkung** haben, zB gegen nichtexistierende Partei; in sich unverständliches, widerspruchsvolles (BGH 5, 245) oder inhaltlich unbestimmtes Urt (BGH NJW-RR 96, 659); VersU lässt auch mit Hilfe der Klagebegründung den erhobenen Anspruch nicht erkennen (BGH NJW 94, 460). – **d) Urteile im Falle 18**   **des § 269** Rn 14 und in vergleichbaren Fällen, zB § 343 Rn 7, § 249 Rn 9 trotz nicht eingetretener Rechtshängigkeit (KG NJW-RR 87,

1214). – **e) Wirkung:** In den Fällen von Rn 15–18 ist das Urt nicht **19** schlechthin unbeachtlich wie in Rn 11, 13, vielmehr ist das Ger gebunden, die Instanz beendet, formelle Rechtskraft kann eintreten, der Anspruch auf Kostenerstattung entsteht. Materielle Rechtskraft kann die Entscheidung aber nicht erlangen (BGH NJW 94, 460). Ihre Beseitigung ist innerhalb der Frist durch Rechtsmittel, danach durch Wiederaufnahme- oder durch Klage auf Feststellung der Unwirksamkeit möglich, auch kann die Streitsache neu anhängig gemacht werden. In den Fällen von Rn 16, 17 darf keine Klausel erteilt werden (§ 724 Rn 9). In allen Fällen von Rn 15–18 ist sie gem § 766 entspr §§ 775 Nr 1, 776 aufzuheben (§ 775 Rn 5), sobald eine neue, die Wirkungslosigkeit feststellende Entscheidung (zB §§ 256, 269 Abs 4) vorgelegt wird.

§ 300 Endurteil

(1) **Ist der Rechtsstreit zur Endentscheidung reif, so hat das Gericht sie durch Endurteil zu erlassen.**

(2) **Das gleiche gilt, wenn von mehreren zum Zwecke gleichzeitiger Verhandlung und Entscheidung verbundenen Prozessen nur der eine zur Endentscheidung reif ist.**

1. Das **Endurteil** entscheidet endgültig über die ganze Klage oder **1** das Rechtsmittel und beendet die Instanz. Es muss bei Entscheidungsreife (Rn 2) erlassen werden. Das Gleiche gilt (Abs 2) für einen von mehreren nach § 147 verbundenen Prozessen. Für die anderen, weil auf Parteiwillen beruhenden Fälle der Anspruchshäufung (§ 260 Rn 1) gilt das nicht, dort Teilurteil (§ 301 Rn 2, 2a). Das EndUrt erübrigt sich bei Klagerücknahme (§ 269), Prozessvergleich (§ 794) und übereinstimmender Erledigterklärung (§ 91 a).

2. Zur Entscheidung reif ist der Rechtsstreit, wenn nach völliger **2** Aufklärung des Sachverhalts (§ 139) und Erschöpfung der Beweise (§ 284 Rn 2) oder nach Abschneiden weiteren Vorbringens (§§ 296, 531) der Klage stattzugeben oder sie abzuweisen ist. Stattzugeben ist ihr, wenn sie zulässig (8 ff vor § 253) und begründet (35 ff vor § 253) ist; abzuweisen, wenn sie unzulässig oder unbegründet ist. Die Zulässigkeit darf nicht offen bleiben. Treffen mehrere sachliche Abweisungsgründe zusammen, hat das Gericht die Wahl. Dringt eine zur Klageabweisung führende Einwendung durch, braucht die Anspruchsgrundlage nicht mehr geprüft zu werden. – Bei der **Aufrechnung** muss allerdings **3** wegen der Ausdehnung der Rechtskraft (§ 322 Abs 2) festgestellt werden, ob die Klageforderung nicht bestand oder ob sie und die Gegenforderung durch Aufrechnung erloschen sind (§ 145 Rn 15). – **Hilfs- 4 anträge** § 260 Rn 8, 17. Urt unter Vorbehalt ist nur zulässig in den Fällen der §§ 302, 599.

3. Grundlage der Entscheidung und maßgebender Zeitpunkt. – **5** **a) Prozessstoff** Rn 35 vor § 253. – **b) Anzuwendendes Recht. 6**

Maßgebender Zeitpunkt ist der Erlass des Urt (§ 310). Eine Rechtsänderung, die zwischen Schluss der Verhandlung und Urteilsverkündung
eintritt, ist also zu berücksichtigen und zwar auch vom RevGer (BGH
9, 101 u 36, 350) u auch dann, wenn die Vorinstanz die veränderte
Rechtslage noch nicht berücksichtigen konnte (BGH NJW-RR 89,
130).

§ 301 Teilurteil

(1) [1]**Ist von mehreren in einer Klage geltend gemachten Ansprüchen nur der eine oder ist nur ein Teil eines Anspruchs
oder bei erhobener Widerklage nur die Klage oder die Widerklage zur Endentscheidung reif, so hat das Gericht sie durch
Endurteil (Teilurteil) zu erlassen.** [2]**Über einen Teil eines einheitlichen Anspruchs, der nach Grund und Höhe streitig ist,
kann durch Teilurteil nur entschieden werden, wenn zugleich
ein Grundurteil über den restlichen Teil des Anspruchs ergeht.**

(2) **Der Erlaß eines Teilurteils kann unterbleiben, wenn es das
Gericht nach Lage der Sache nicht für angemessen erachtet.**

1   **1. Begriff und Zulässigkeit.** Das Teilurteil ist ein EndUrt über
2 einen Teil des Streitgegenstands. – **a) Es ist zulässig,** wenn dieser Teil
selbständig, zur Endentscheidung reif (§ 300 Rn 2) und von der Entscheidung über den Rest des geltend gemachten prozessualen Anspruchs unabhängig ist, so dass die Gefahr einander widersprechender
Entscheidungen, auch teilweise oder durch das RechtsmittelGer, nicht
besteht (BGH 120, 376, NJW 99, 1035 u 1718; 01, 155). Gilt entsprechend, wenn durch Beschluss entschieden wird (BGH NJW 94, 2235).
Dass das Ger im späteren Urteil die Zulässigkeit der Klage anders beurteilen kann, steht nicht entgegen (Köln NJW-RR 92, 892). **Beispiele:**
Bei kumulativer Anspruchshäufung (§ 260 Rn 6) Entscheidung über
einen der selbständigen Ansprüche oder über mehrere davon teilweise.
Dabei muss das TeilUrt im Hinblick auf die notwendige Bestimmtheit
des Urteilsgegenstandes und damit der Rechtskraftwirkung klar erkennen lassen, über welchen der gehäuften Ansprüche es in jeweils welcher
Höhe entscheidet. Das gleiche gilt für die teilweise Entscheidung über
mehrere Aufrechnungsforderungen (BGH NJW 00, 958). Urt für oder
gegen einen der Streitgenossen bei einfacher Streitgenossenschaft
(§ 59). Gegen einen notwendigen Streitgenossen ist TeilUrt zulässig,
wenn die übrigen erklärt haben, zu der eingeklagten Leistung verpflichtet und bereit zu sein (BGH NJW 62, 1722). Bei Klage und Widerklage (auch nach § 256 Abs 2) Entscheidung nur über eine der beiden (BGH WM 71, 1366) außer im Falle Rn 3. TeilUrt über einen
geschätzten Mindestschaden und Anordnung der Beweiserhebung über
die Höhe des übersteigenden Schadens unter den besonderen Umstän-
2 a den des Falles (BGH NJW 96, 1478). – **Ein Teil eines einheitlichen
Anspruchs (Abs 1 S 2)** darf durch TeilUrt nur zugesprochen werden
bei gleichzeitigem GrundUrt über den Rest des Anspruchs (BGH NJW

01, 760). Damit ist die Gefahr widersprüchlicher Entscheidungen beseitigt. Der einheitliche Anspruch muss teilbar, der zugesprochene Teil muss quantitativ abgrenzbar und eindeutig individualisierbar sein (BGH 108, 256, NJW 92, 1769), was auch bei einem Unterlassungsanspruch der Fall sein kann (BGH NJW-RR 89, 263). Hauptanwendungsfälle sind ein aus mehreren unselbständigen Rechnungsposten zusammengesetzter einheitlicher Anspruch (BGH 107, 236) und Anspruch auf Abschlagszahlung gemäß § 632a BGB oder gemäß Vereinbarung. Im Fall teilweiser Aufrechnung mit einer noch nicht entscheidungsreifen Gegenforderung darf über den überschießenden Teil der einheitlichen Klageforderung TeilUrt nur ergehen, wenn über den mit Aufrechnung bekämpften Teil gleichzeitig Vorbehaltsurteil gemäß § 302 ergeht (BHG NJW 96, 395).

b) Unzulässig ist das Teilurteil, auch als TeilVersU (BGH NJW 3 99, 1718), wenn es davon abhängt, wie der Streit über den Rest ausgeht (BGH 107, 236; 120, 376/380). **Beispiele:** Entscheidung über Hilfsantrag vor Erledigung des Hauptantrags (§ 260 Rn 8, 17), über einen von zwei selbständigen Ansprüchen, die zugleich wechselseitig hilfsweise geltend gemacht sind (BGH NJW 92, 2080, MDR 96, 464) oder im Klagegrund übereinstimmen, weil aus demselben tatsächlichen Geschehen hergeleitet (BGH NJW 97, 2184, Stuttgart MDR 98, 960), bei Häufung von Zahlungs- und Feststellungsantrag, die aus demselben tatsächlichen Geschehen hergeleitet werden, Entscheidung über einen der beiden (BGH NJW 00, 1405; 01, 155). Soweit wegen notwendiger Streitgenossenschaft die Entscheidung (§ 62 Rn 7–10; BGH 131, 376, ZIP 99, 580), oder bei Streitgenossenschaft die Beweiswürdigung (§ 61 Rn 12) einheitlich sein muss (BGH WM 92, 242). Abweisung der Klage gegen beamteten Arzt wegen nur subsidiärer Haftung durch Teilurteil, solange Haftung der mitverklagten Dritten noch offen ist (BGH NJW 93, 784). Bei Provisions- und Ausgleichsanspruch des Handelsvertreters nebeneinander (München NJW-RR 92, 1191). Bei gleichrangigen unterhaltsberechtigten Klägern (Frankfurt FamRZ 87, 1275). Bei Klage auf Erhöhung und Widerklage auf Herabsetzung des Unterhalts (BGH NJW 99, 1718) einer einheitlichen Unterhaltstitels gem § 323 für denselben Zeitraum (BGH NJW 87, 441). Bei Klage auf Herabsetzung des titulierten und Gegenklage auf Nachforderung nichttitulierten Unterhaltsanspruchs (Zweibrücken FamRZ 93, 440); ebenso bei Berufung beider Parteien gegen ein Unterhaltsurteil (Koblenz FamRZ 89, 770). Der Klage oder der Widerklage auf gegenläufige Einwilligung in die Auszahlung des selben hinterlegten Betrages darf nicht durch Teilurteil stattgegeben werden (BGH NJW-RR 92, 1339); wohl auch keine Abweisung, weil entgegengesetzte Entscheidung des RechtsmittelGer möglich ist (vgl BGH NJW 87, 441). Bei Nichtigkeits- und Anfechtungsklage mehrerer Aktionäre gegen einen Hauptversammlungsbeschluss ist TeilUrt über eine der beiden Klagen oder einen Teil davon unzulässig (BGH NJW 99, 1638). Im Rechtsstreit über Werklohnanspruch kein TeilUrt über die Widerklage auf Schadensersatz wegen

Mängeln, soweit für beide die Frage der Abnahme des Werks erheblich ist (BGH NJW 97, 453). Wenn der Zahlungsanspruch aGrd einer Gesamtsaldierung zu ermitteln ist (Köln FamRZ 89, 296: Versorgungsausgleich). Ferner über nicht quantitativ abgrenzbare Teile, zB eine von mehreren Anspruchsgrundlagen, bloße Elemente einer Schadensersatzforderung (§ 260 Rn 5; BGH NJW 92, 2080), einzelne Angriffs- oder Verteidigungsmittel. Wenn dem Beklagten in Höhe des zugesprochenen Betrags ein Leistungsverweigerungsrecht wegen eines Baumangels zusteht, das das BerGer ohne hinreichende Berücksichtigung der Druckfunktion zu gering festgesetzt hat (BGH NJW 92, 1632). Anschlussberufung § 524 Rn 23.

4　**2. Teilurteil. – a)** Sein **Erlass** soll bei Vorliegen der Voraussetzungen die Regel sein, kann aber nach nicht überprüfbarem Ermessen des Ger unterbleiben (Abs 2). Im Falle der Stufenklage (§ 254 Rn 6) und auf Antrag in den Fällen der Säumnis eines einfachen Streitgenossen, des Teilverzichts und -Anerkenntnisses (vgl auch § 307 Rn 12) muss es **5** erlassen werden. – **b) Teilkostenentscheidung** ist nur zulässig, soweit sie unabhängig davon ist, wie der Streit über den Rest ausgeht, zB bei Ausscheiden eines Streitgenossen über dessen außergerichtliche Kosten **6** (München NJW 69, 1123, Düsseldorf NJW 70, 568). – **c) Rechtsmittel** wie gegen Endurteil. Berufung § 538 Rn 25. In der Revision kann die Unzulässigkeit des Teilurteils, außer in Ehesachen, grundsätzlich nur auf eine dem § 551 Abs 3 Nr 2b entspr Verfahrensrüge berücksichtigt werden (BGH 16, 73, NJW 91, 2084).

7　**3. Wirkung.** Das TeilUrt spaltet den Prozess in voneinander unabhängige Teile. Jedes weitere Vorbringen zu dem erledigten Teil im Verfahren über den Rest ist ausgeschlossen (§ 318), bei der Entscheidung über den Rest besteht außer im Falle eines gleichzeitig erlassenen Grund- oder Vorbehaltsurteils (Rn 2a) keine Bindung des Gerichts an seine Rechtsauffassung im TeilUrt. Vollstreckbarkeit, Zulässigkeit von Rechtsmitteln, vor allem für §§ 511, 542, 544 und der Eintritt der Rechtskraft beurteilen sich für jedes Teil- und für das Schlussurteil gesondert und selbständig (BGH VersR 83, 1082, NJW 89, 2757); Ausnahme bei willkürlicher Trennung (§ 145 Rn 3). Anfechtung des Kostenausspruchs im SchlussUrt § 99 Rn 8. Zur Verhandlung über den Rest ist grundsätzlich unverzüglich (Köln JMBlNRW 84, 115) vAw Termin zu bestimmen; bei Stufenklage § 254 Rn 6. Soweit über Folgesachen entschieden ist, Sondervorschrift für Wirksamwerden in § 629d.

§ 302 Vorbehaltsurteil

(1) **Hat der Beklagte die Aufrechnung einer Gegenforderung geltend gemacht, so kann, wenn nur die Verhandlung über die Forderung zur Entscheidung reif ist, diese unter Vorbehalt der Entscheidung über die Aufrechnung ergehen.**

(2) **Enthält das Urteil keinen Vorbehalt, so kann die Ergänzung des Urteils nach Vorschrift des § 321 beantragt werden.**

(3) **Das Urteil, das unter Vorbehalt der Entscheidung über die Aufrechnung ergeht, ist in betreff der Rechtsmittel und der Zwangsvollstreckung als Endurteil anzusehen.**

(4) [1] **In betreff der Aufrechnung, über welche die Entscheidung vorbehalten ist, bleibt der Rechtsstreit anhängig.** [2] **Soweit sich in dem weiteren Verfahren ergibt, daß der Anspruch des Klägers unbegründet war, ist das frühere Urteil aufzuheben, der Kläger mit dem Anspruch abzuweisen und über die Kosten anderweit zu entscheiden.** [3] **Der Kläger ist zum Ersatz des Schadens verpflichtet, der dem Beklagten durch die Vollstreckung des Urteils oder durch eine zur Abwendung der Vollstreckung gemachte Leistung entstanden ist.** [4] **Der Beklagte kann den Anspruch auf Schadensersatz in dem anhängigen Rechtsstreit geltend machen; wird der Anspruch geltend gemacht, so ist er als zur Zeit der Zahlung oder Leistung rechtshängig geworden anzusehen.**

1. Begriff und Zulässigkeit. Das Vorbehaltsurteil will Prozessver- 1 schleppung verhindern. Es ist ein auflösend bedingtes EndUrt (BGH NJW 78, 43). **Voraussetzungen: – a) Aufrechnung** mit einer Ge- 2 genforderung. Sie kann mit der Klageforderung in rechtlichem Zusammenhang stehen oder nicht. Eventualaufrechnung genügt. Verrechnung von Forderungen genügt nicht (Koblenz MDR 02, 715). Trennung nach § 145 Abs 3 braucht nicht beschlossen zu sein. Besonderer Antrag unnötig. – **b)** Die **Klageforderung** muss **entscheidungsreif** und 3 zwar zur stattgebenden – andernfalls EndUrt auf Klageabweisung – Endentscheidung reif sein (§ 300 Rn 2) außer der Aufrechnung. Entscheidungsreife über den Grund genügt (BGH LM § 304 Nr 6; StJLeipold 7; auch § 304 Rn 7). – **c)** Die **Aufrechnungsforderung** darf **noch** 4 **nicht spruchreif** sein. So, wenn Zulässigkeit oder Begründetheit der Aufrechnung noch nicht feststehen. Steht ihre Unzulässigkeit fest, ist EndUrt zu erlassen, der Bekl aber durch VorbehaltsUrt nicht beschwert (BGH 25, 360). Schiedsgerichtsklausel und andere Zuständigkeit § 145 Rn 22–24. – **d) Im Urkundenprozess** § 598 Rn 2, 4. VorbehaltsUrt 5 nach § 302 ist hier zulässig, wenn Bekl sich ausschließlich mit bestrittener Aufrechnungsforderung verteidigt, über die im UrkProz noch Beweis zu erheben ist (Celle NJW 74, 1473).

2. Vorbehaltsurteil. – a) Sein **Erlass** steht im freien, nicht nach- 6 prüfbaren Ermessen des Gerichts, auch zweiter Instanz. Der Vorbehalt ist in die Formel aufzunehmen, er muss die Aufrechnungsforderung möglichst genau bezeichnen, evtl unter Verweisung auf den Tatbestand. Falls er fehlt (Abs 2): Ergänzungsantrag nach § 321 oder Rechtsmittel des Beklagten. Über Kosten und Vollstreckbarkeit muss nach den allg Regeln entschieden werden. Übersteigt die zugesprochene Klageforderung die geltend gemachte Aufrechnungsforderung, ist der Vorbehalt auf die Höhe der Letzteren zu beschränken. – **b) Wirkung:** 7 ZwVollstr wie aus einem Endurteil, einstw Einstellung während des

Nachverfahrens nach § 707. **Bindung** des Ger in allen Instanzen, auch vor Rechtskraft (§ 318). Die Zulässigkeit der Klage (Köln BB 72, 1207) und ihre Begründetheit, ausgenommen nur die Gegenforderung, sind im Nachverfahren schlechthin unnachprüfbar; ebenso die Zulässigkeit der Aufrechnung, soweit im VorbehaltsUrt festgestellt (BGH 35, 248, WM 79, 475), auch wenn wesentliche Gesichtspunkte dazu nicht erörtert wurden oder im Vorbehaltsurteil übersehen sind. Es bleibt nur Rechtsmittel gegen letzteres, der Kläger ist durch die Bindungswirkung

8 beschwert (BGH NJW 61, 1721). **Keine Bindung,** soweit im Nachverfahren die Klage erweitert oder unzulässig wird oder eine neue Einwendung (§ 767 Abs 2) entsteht, ferner, soweit die Zulässigkeit der

9 Aufrechnung nicht geprüft und bejaht ist. – **c) Rechtsmittel** wie gegen ein Endurteil. Mit ihm kann der Beklagte Unzulässigkeit oder Unbegründetheit der Klage und Unzulässigkeit des VorbehaltsUrt (Rn 2, 3), nicht aber seine Unzweckmäßigkeit geltend machen; der Kl die Unzulässigkeit der Aufrechnung mit dem Ziel, dass der Bekl ohne

10 Vorbehalt verurteilt wird (BGH NJW 79, 1046). – **Gegenstand des Rechtsmittelverfahrens** ist grundsätzlich nur der Streitstoff, der im VorbehaltsUrt entschieden ist, nicht die Aufrechnungsforderung. War VorbehaltsUrt unzulässig, weil eine Voraussetzung fehlt, so kann das BerGer entweder aufheben und gem § 538 zurückverweisen (BGH 25, 360, LM Nr 1 unter IV) oder im Rahmen der gestellten Anträge selbst auch über die Aufrechnung entscheiden (BGH ZZP 67, 304, Karlsruhe NJW-RR 87, 254). Aufhebung des VorbehaltsUrt und Klageabweisung erledigen das Nachverfahren und machen ein in ihm ergangenes, auch formell rechtskräftiges Endurteil, weil bedingt durch Aufhebung bzw Rechtskraft des VorbehaltsUrt, ohne weiteres hinfällig (ähnlich § 280

11 Rn 10, § 304 Rn 23). – **d) Keine materielle Rechtskraft,** § 322 Rn 4.

12   **3.** Im **Nachverfahren** (Abs 4) wird vAw Termin bestimmt, zulässig schon vor Rechtskraft des VorbehaltsUrt. Die Parteirollen ändern sich nicht. Die Klageforderung bleibt anhängig, wegen der Bindungswirkung (Rn 7) ist die Verhandlung aber auf die Gegenforderung beschränkt. Mit einer anderen als der vorbehaltenen Forderung kann der Bekl nicht aufrechnen außer nach Klageänderung oder –erweiterung (München MDR 75, 324). Streithilfe, Widerklage, Klageänderung, Klageerweiterung sind nicht ausgeschlossen (BGH 17, 31; 37, 131). –

13 **Säumnis** des Bekl, der jetzt Angreifer ist, beschränkt sich auf die Aufrechnungsforderung, also entfällt entspr § 330 der Vorbehalt. Bei Säumnis des Kl gilt entspr § 331 das Vorbringen des Bekl zur Aufrech-

14 nungsforderung als zugestanden. – **Endurteil:** Ist die Aufrechnung begründet, so ist das VorbehaltsUrt (evtl höherer Instanz) aufzuheben und die Klage abzuweisen, über die Kosten neu zu entscheiden. Die Vollstreckbarkeit des VorbehaltsUrt tritt nach § 717 Abs 1 außer Kraft. Hat die Aufrechnung keinen Erfolg, ist das VorbehaltsUrt unter Wegfall des Vorbehalts aufrecht zu erhalten und über die weiteren Kosten zu entscheiden. Einfluss der Aufhebung des VorbehaltsUrt auf Rechtsmittel

Rn 17. **Gebühren:** Nr 1014 KV, § 13 BRAGO (Hamm MDR 75, **15** 1025).

4. Schadensersatzanspruch (Abs 4). Materiellrechtliche Vor- **16** schrift. Berechtigter und Verpflichteter § 717 Rn 7. Geltendmachung, Umfang, Erlöschen und Hemmung des Anspruchs § 717 Rn 12–15. **Anspruchsbegründende Tatsachen** sind: – **a)** (Teil-)Aufhebung des **17** VorbehaltsUrt und Abweisung der Klage im Nachverfahren. Die Einschränkung für OLG-Urteile in § 717 Abs 3 gilt hier nicht (RoSchw/ Gottwald § 59 V 5 d gegen Düsseldorf JW 33, 1038). Für Aufhebung auf Rechtsmittel im Vorverfahren gilt § 717 Abs 1. – **b)** Vollstr aus dem (auch bereits rechtskräftigen) VorbehaltsUrt oder eine Leistung zu ihrer Abwendung. – **c)** Dadurch verursachter Schaden.

§ 303 Zwischenurteil

Ist ein Zwischenstreit zur Entscheidung reif, so kann die Entscheidung durch Zwischenurteil ergehen.

1. Begriff. Das Zwischenurteil, seiner Natur nach Feststellungs- **1** urteil, entscheidet im Gegensatz zu End- und Teilurteil nicht über den Streitgegenstand, sondern über einen Zwischenstreit und entlastet dadurch das weitere Verfahren und das EndUrt. Ein Zwischenstreit geht entweder zwischen den Parteien oder mit Dritten um einzelne prozessuale, den Fortgang des Verfahrens betreffende Fragen, über die notwendig mündlich zu verhandeln ist. Vollstreckungsfähigen Inhalt hat das ZwischenUrt nicht.

2. Zulässigkeit. – a) Ein **Zwischenurteil** ist **nach § 303 zuläs- 2 sig,** wenn ein Zwischenstreit, noch nicht aber die Hauptsache unter den Parteien entscheidungsreif ist, ausgenommen die Fälle Rn 3. Bsp: Streit über Zulässigkeit eines Rechtsmittels, Rechtsbehelfs oder der Wiedereinsetzung, über Unwirksamkeit eines Prozessvergleichs, wenn der Prozess weitergeht, Widerruf eines Geständnisses. Nicht hierher gehören einzelne Elemente der Begründetheit, etwa die Sachbefugnis (BGH 8, 383), ferner einzelne Angriffs- oder Verteidigungsmittel. Die Erledigung der Hauptsache bei Streit über die Wirksamkeit eines Prozessvergleichs ist durch EndUrt auszusprechen, weil es keine Fortsetzung des Verfahrens gibt (BGH NJW 96, 3345). – **b) Nicht unter § 303 3 fallen** Zwischenurteile, die ergehen können über die Zulässigkeit der Klage (§ 280) einschließlich des Parteiwechsels (§ 280 Rn 3), über den Grund des Anspruchs (§ 304) und zwischen den Parteien und Dritten (§§ 71, 135 Abs 2, 387, 402).

3. Zwischenurteil. – a) Sein **Erlass** steht im freien, nicht nach- **4** prüfbaren Ermessen des Gerichts. Ausnahme: § 280 Rn 3 und § 347 Abs 2. Zuständigkeit des Vorsitzenden der KfH § 349 Abs 2 Nr 2. Kostenentscheidung nur in den Fällen der Rn 3. – **b)** Die **Wirkung** liegt **5** in der **Bindung** für die Instanz (§ 318). Jede erneute Nachprüfung der

6 erledigten Streitpunkte ist ausgeschlossen. – **Keine Bindung** an ein
unzulässig ergangenes ZwischenUrt (BGH 8, 384), zB über einzelne
Angriffs- oder Verteidigungsmittel. Ebenso keine Bindung des BerGer
an sein Urt, das ein unzulässig ergangenes ZwischenUrt bestätigt;
Revision ist in diesem Fall trotz Zulassung unzulässig (BGH 3, 247). –

7 **c) Rechtsmittel:** Gegen ZwischenUrt nach § 303, auch wenn unzulässigerweise ergangen (BGH 3, 246, zustimmend Tiedtke ZZP 89, 64
75), keines. Anfechtung nur zusammen mit dem EndUrt (§§ 512, 557
Abs 2); vgl aber § 238 Rn 15. Im Falle des § 304 dort Rn 22, des § 280
dort Rn 6, 7 im Verhältnis zu Dritten die in Rn 3 aE zitierten Bestimmungen.

§ 304 Zwischenurteil über den Grund

(1) **Ist ein Anspruch nach Grund und Betrag streitig, so kann
das Gericht über den Grund vorab entscheiden.**

(2) **Das Urteil ist in betreff der Rechtsmittel als Endurteil anzusehen; das Gericht kann jedoch, wenn der Anspruch für begründet erklärt ist, auf Antrag anordnen, daß über den Betrag
zu verhandeln sei.**

1 **1. Wesen und Zulässigkeit.** Die Vorabentscheidung über den
Grund ist ein Zwischenurteil eigener Art, das einen Teil des Streitstoffes – nicht zulässig: einen Teil des Sachverhalts (BGH Warn 85, 211) –
erledigt, den geltendgemachten Anspruch aber weder teilweise zu-
noch aberkennt (BGH VersR 79, 25). Es soll den Prozess vereinfachen,
ist also unzulässig, wenn die Tatsachen für Grund u Höhe annähernd
dieselben sind, sich überschneiden oder in so engem Zusammenhang
stehen, dass die Vorwegnahme der Grundentscheidung verwirrend
wäre (BGH VersR 79, 25, Köln FamRZ 95, 1365, Schleswig FamRZ
99, 27) oder wenn das GrundUrt nicht zu einer echten Vorentscheidung des Prozesses führt (BGH MDR 80, 925).

2 **Voraussetzungen: – a) Anspruch auf Zahlung bezifferter
Geldschuld** oder auf Leistung anderer vertretbarer der Höhe nach
summenmäßig bestimmter Sachen (BGH NJW 00, 1572), auch mit
Anfechtungsklage (BGH NJW 95, 1093), auf Duldung der ZwVollstr
wegen einer solchen, Einwilligung in die Auszahlung eines hinterlegten Betrages, Befreiung von bezifferter Geldschuld (BGH NJW 00, 664).
Kein GrundUrt über unbezifferten Feststellungsantrag (BGH NJW 91,
1896; 00, 664 und 1572). Unzulässig bei erbbaurechtlichem Heimfallanspruch (BGH NJW 84, 2213) und bei Ansprüchen aus § 89b HGB
(BGH NJW 67, 2153). Auch über Einwendungen (Aufrechnung) gibt

3 es kein GrundUrt. – **b) Grund und Betrag** müssen **streitig** sein. Nur
einer von beiden genügt nicht (BGH VRS 76, 340; aA LG Mannheim

4 MDR 92, 898: Anerkenntnis-Grundurteil). – **c) Der Streit über den
Grund** muss **entscheidungsreif** sein und zwar zur mindestens teilweise (BGH NJW-RR 92, 1053 für den Fall objektiver Anspruchs-

häufung) stattgebenden Endentscheidung (§ 300 Rn 2), andernfalls
Klageabweisung (BGH NJW 85, 1359). Dazu genügt, dass mit hoher
Wahrscheinlichkeit der Klageanspruch, wenn er sich aus unselbständigen Einzelposten als einheitlicher Anspruch zusammensetzt (BGH 108,
256, NJW 92, 511), in irgendeiner Höhe besteht (BGH 53, 17/23,
NJW 01, 224). Die Höhe darf noch nicht spruchreif sein, sonst EndUrt. Kein GrundUrt bei Schiedsgutachtenabrede (Rn 6 vor § 1029).

2. Zum Grund gehören: – a) Die Zulässigkeit der Klage 5
(Rn 8 ff vor § 253).

b) Alle anspruchsbegründenden Tatsachen müssen festgestellt 6
sein (BGH NJW 01, 224), zB Aktivlegitimation (Abtretung, gesetzlicher
Forderungsübergang), Untergang der Sache im Fall des § 989 BGB
(BGH NJW 64, 2414), haftungsbegründende Kausalität (§ 287 Rn 4),
bei Ersatz des Vertrauensschadens, ob der Getäuschte vom Vertrags-
abschluss überhaupt abgesehen oder einen günstigeren Preis durchge-
setzt hätte (BGH DB 77, 1042). Wenn der Klageanspruch mit hoher
Wahrscheinlichkeit in irgendeiner Höhe besteht (BGH 53, 17/23,
NJW 01, 224), ist es zulässig, einzelne im Tenor oder zumindest in den
Entscheidungsgründen kenntlich gemachte Fragen, die zum Grund des
Anspruchs gehören, der Klärung im Betragsverfahren vorzubehalten
(BGH NJW-RR 96, 700), zB die haftungsausfüllende Kausalität und
die Frage der Ersatzfähigkeit selbständiger Rechnungsposten eines einheitlichen prozessualen Anspruchs auf Sachschadensersatz aus Rechtsgründen (BGH NJW 93, 1793); ferner, ob Schadensersatz in Kapital zu
leisten ist oder als Rente möglichst mit Anfangs- und Endtermin (BGH
59, 139) sowie Ersetzungsbefugnis des Schuldners (BGH NJW 72,
1202).

c) Keine berechtigten Einwendungen gegen den Anspruchs- 7
grund dürfen bestehen, zB **Forderungsübergang,** außer er ist niedriger als der Klageanspruch (BGH VersR 67, 1002); **Haftungsbeschränkung** auf bestimmten Betrag, zB § 158 c Abs 3 VVG (BGH
NJW 79, 1046). **Aufrechnung,** außer sie ist niedriger als die Klageforderung (BGH 11, 63, NJW-RR 94, 379); dabei genügt summarische
Prüfung (BGH VersR 66, 540). – **Verjährung,** außer sie betrifft nur 8
einen Teil der Klageforderung (BGH NJW 68, 2105). – **Mitwirken-** 9
des Verschulden, Mitverantwortung gem Art 77 CISG, außer wenn
sie zweifelsfrei nicht zum Haftungsausschluss führen und vorbehalten
sind (BGH 110, 196, NJW 99, 2440), auch bei der Entstehung einzelner Schadensposten (BGH VersR 74, 1172). Bei einer unbezifferten
Feststellungsklage (BGH NJW 97, 3176) oder wenn zwei wesentlich
verschiedene haftungsbegründende Verläufe in Frage stehen, darf die
Frage mitwirkenden Verschuldens nicht dem Betragsverfahren vorbehalten werden (BGH NJW 79, 1933). – Dagegen hindern **Zug-um-** 10
Zug-Einrede (RG 123, 7), **Pfändung** der Klageforderung (RG 170,
283), **Vorbehalt** beschränkter Erbenhaftung (Schleswig SchlHA 69,
231) den Erlass des GrundUrt nicht.

11   **d) Bei kumulativer Anspruchshäufung** (§ 260 Rn 1, 6) vgl Rn 18. Über einzelne unselbständige Rechnungsposten eines einheitlichen Anspruchs ist ein Teil-Grundurteil unzulässig, außer über den Rest des Anspruchs ergeht gleichzeitig Teilurteil (BGH WM 92, 203). – Über 12 **Hilfsantrag** ist GrundUrt nicht zulässig vor Abweisung des Hauptantrags (BGH NJW-RR 92, 290) oder seiner anderweitigen Erledigung. Unzulässig ist GrundUrt alternativ für Haupt- und Hilfsantrag (BGH 13 NJW 69, 2241). – Bei **Parteienhäufung** (§ 59) muss das Urt angeben, welchem Kläger welcher Anspruch dem Grund nach zusteht (BGH 11, 181).

14   **e) Bei alternativen Anspruchsgrundlagen** für ein und denselben prozessualen Anspruch (§ 260 Rn 5) müssen alle Anspruchsgrundlagen feststehen, also den geltendgemachten Zahlungsbetrag rechtfertigen können und inhaltlich dieselben und alle Anspruchspositionen betreffen (BGH NJW 01, 224). Die Feststellung nur einer Anspruchsgrundlage genügt, wenn sie allein für die Begründung des eingeklagten Betrags ausreicht, andere Anspruchsgrundlagen für die Höhe des Betrags ohne Bedeutung sind (BGH 72, 34). Andernfalls muss der Klageantrag aus einer bestimmten Anspruchsgrundlage für berechtigt erklärt, wegen der übrigen in den Gründen verneint werden (BGH LM Nr 5).

15   **3. Grundurteil.** – **a)** Sein **Erlass** steht, wenn es zulässig ist, im freien, nicht nachprüfbaren Ermessen des Gerichts, auch höherer Instanz (BGH NJW 95, 1093). Formulierung etwa: Der Anspruch des Kl auf Ersatz des Schadens infolge (konkretes Schadensereignis) ist dem Grunde nach (zur Hälfte; im Rahmen des StVG; ab einem bestimmten Zeit-16 punkt, Celle VersR 82, 598) gerechtfertigt. – Ein ziffernmäßig feststehender, nicht gerechtfertigter Teilbetrag des Klageanspruchs, zB im Falle des § 254 BGB oder bei Anspruchshäufung, kann (Koblenz VRS Band 68 S 179: muss) **gleichzeitig** durch **Teilurteil** abgewiesen werden. Notwendig ist, dass dabei jeweils ein quantitativ bestimmter Teil des teilbaren Streitgegenstandes dem abgewiesenen und dem dem Grunde nach gerechtfertigten Teil des Klageanspruchs zugeordnet wird 17 (BGH NJW 89, 2745). – Bei Urteilen über **Schmerzensgeld** hält die Rspr teilweise eine Quotierung (zB die Hälfte des angemessen Schmerzensgeldes) für zulässig (Bremen NJW 66, 781, Nürnberg NJW 67, 1516), teilweise den Ausspruch, dass ein angemessenes Schmerzensgeld unter Berücksichtigung des Mithaftungsanteils des Verletzten geschuldet wird (BGH VersR 70, 624, Düsseldorf VersR 75, 1052). Praktisch ist kein großer Unterschied, dogmatisch richtiger ist die zweitgenannte Ansicht, weil keine Quote eines theoretisch vollen Betrages, sondern ein Betrag zuzusprechen ist, für dessen Billigkeit der Mithaftungsanteil 18 des Verletzten ein bestimmender Bemessungsfaktor ist. – **Teilbeträge, Teilansprüche.** Wird Zahlung mehrerer Teilbeträge derselben Forderung wegen Abtretung an verschiedene Personen verlangt, so genügt, dass eine Forderung in Höhe der insgesamt geltend gemachten Beträge als möglich erachtet wird (BGH NJW 60, 2336). Über mehrere im

Wege kumulativer Anspruchshäufung zusammengefasste selbständige Ansprüche kann ein einheitliches GrundUrt nur ergehen, wenn feststeht, dass jeder der Ansprüche dem Grunde nach gerechtfertigt ist (BGH 89, 383: Mehrere Verletzte, Personen- und Sachschaden). Wird dagegen der eingeklagte Betrag als Teil eines Gesamtanspruchs auf mehrere selbständige Forderungen in bestimmter Reihenfolge gestützt und sind einzelne davon schlechthin unbegründet, so kann GrundUrt ergehen, wenn zu erwarten ist, dass dem Kläger jedenfalls auf die anderen Forderungen im Nachverfahren ein Betrag zuzusprechen sein wird (BGH NJW 93, 1779/1782). – **Unzulässig** (auch Rn 1): ein Grund- **19** Urt, das nur einzelne Elemente der Begründetheit feststellt (BGH 72, 34, NJW 89, 2745); GrundUrt über eine hilfsweise erhobene Forderung, solange noch offen ist, ob vorrangige Hauptforderungen begründet sind (BGH NJW 98, 1140); über einen unbezifferten Feststellungsantrag oder Antrag auf Freistellung von einer unbezifferten Verbindlichkeit (BGH NJW 01, 155); über eine bezifferte Teilklage ohne gleichzeitiges EndUrt über negative Feststellungswiderklage (BGH NJW 02, 1806). Kein Ausspruch über **Kosten** u vorl Vollstreckbarkeit.

b) Wirkung: Keine materielle Rechtskraft (BGH VersR 87, 939). – **20** **aa) Bindung** des Gerichts in allen Instanzen (§ 318), soweit der Anspruch in der letzten mdl Tatsachenverhandlung im Grundverfahren anhängig war, als bestehend festgestellt (BGH NJW 85, 496) und rechtlich eingeordnet ist. Was demnach erkannt ist, ergibt die Auslegung der Urteilsformel in Verbindung mit den Entscheidungsgründen (BGH NJW-RR 97, 188). Auf Streitpunkte, die in das Verfahren über den Grund gehören und dort geltend gemacht werden konnten, kann nicht mehr eingegangen werden (BGH WM 82, 1280). – **bb) Keine** **21** **Bindung** an ein unzulässig ergangenes GrundUrt (Tiedtke ZZP 89, 64/76), zB über eine Einwendung; ferner soweit im Betragsverfahren die Klage erweitert wird (BGH NJW 85, 496) oder Wiederaufnahmegründe gegen das GrundUrt geltend gemacht werden (BGH NJW 63, 587); soweit Prozessvoraussetzungen oder Anspruchsgrundlagen (BGH ZZP 67, 296) im GrundUrt nicht erörtert oder Streitpunkte, gleich ob fehlsam oder zu Recht (BGH NJW 61, 1465), vorbehalten sind; soweit im Betragsverfahren die Klage unzulässig wird oder neue Einwendungen (§ 767 Abs 2) entstehen; ferner soweit das GrundUrt zur Höhe Ausführungen enthält (BGH 10, 361).

c) Rechtsmittel wie gegen ein EndUrt, ausgenommen §§ 61 **22** Abs 3, 64 Abs 7 ArbGG. Nachprüfbar sind Zulässigkeit – auch in der Revisionsinstanz von Amts wegen (BGH NJW 75, 1968, NJW-RR 94, 319) – und inhaltliche Richtigkeit, nicht Zweckmäßigkeit des Grundurteils. Der Beschwerdewert (§ 511 Rn 11) richtet sich nach dem bis zum Grundurteil eingeklagten Betrag. BerUrt § 538 Abs 1 Nr 3.

4. Betragsverfahren. Bindung Rn 20. Ausgeschlossen sind auch **23** alle Einwendungen, die vor Erlass des GrundUrt hätten geltend gemacht werden können, zB Aufrechnung mit einer schon vorher aufre-

chenbaren Gegenforderung (BGH 42, 38 und NJW 65, 1763), Anfechtung des anspruchsbegründenden Vertrages, § 254 BGB. Bei
Säumnis des Kl gelten §§ 330, 347 I, bei Säumnis des Bekl § 331 unter
Berücksichtigung der Bindungswirkung, insbes einer Einschränkung im
GrundUrt. Klageabweisung, weil kein Schaden festzustellen ist (RG
132, 16) oder weil eine dem Betragsverfahren vorbehaltene Einwendung den Anspruch aufzehrt (BGH VersR 89, 592), bleibt möglich. Im
Übrigen gelten für die Fortsetzung des Verfahrens und EndUrt vor
formeller Rechtskraft des GrundUrt die Ausführungen in § 280 Rn 10.

§ 305 Urteil unter Vorbehalt erbrechtlich beschränkter Haftung

(1) **Durch die Geltendmachung der dem Erben nach den
§§ 2014, 2015 des Bürgerlichen Gesetzbuchs zustehenden Einreden wird eine unter dem Vorbehalt der beschränkten Haftung ergehende Verurteilung des Erben nicht ausgeschlossen.**

(2) **Das gleiche gilt für die Geltendmachung der Einreden,
die im Falle der fortgesetzten Gütergemeinschaft dem überlebenden Ehegatten nach dem § 1489 Abs. 2 und den §§ 2014,
2015 des Bürgerlichen Gesetzbuchs zustehen.**

1   **1. Prozessuale Stellung des Erben im Passivprozess: – a) Vor
Annahme der Erbschaft** ist die Klage mangels Klagbarkeit des Anspruchs (§ 1958 BGB; 33 vor § 253) unzulässig (Pal/Edenhofer § 1958
Rn 1, StJLeipold 1; aA BLAH Rn 3: Unbegründet mangels Passivlegi
2   timation). ZwVollstr § 778. – **b) Nach Annahme der Erbschaft** hat
er die aufschiebenden Einreden der §§ 2014, 2015 BGB. Ihre Geltendmachung hindert nicht die unbedingte Verurteilung, sondern führt
nur zur Aufnahme des Vorbehalts der beschränkbaren Erbenhaftung in
die Urteilsformel (näher § 780 Rn 7) auch in der Revisionsinstanz
(BGH 17, 69), ohne Prüfung der Begründetheit der Einrede. Bei
Säumnis des Bekl nur auf entspr eingeschränkten Antrag des Kl. Ausgenommen § 780 Abs 2, wahrt nur der Vorbehalt dem Erben in der
ZwVollstr die Rechte aus §§ 780 Abs 1, 782, 783, 785. Wenn er fehlt:
§ 321 entspr oder Rechtsmittel des Bekl. Auf die in der Person des Erben entstandenen Kosten ist der Vorbehalt nicht zu erstrecken (Köln
NJW 52, 1145). Bei unbeschränktem Antrag gilt § 92. Vgl auch § 308
Rn 3.

3   **2.** Soweit der **überlebende Ehegatte** persönlich nach § 1489 Abs 2
BGB nur wie ein Erbe haftet, gelten die Ausführungen Rn 1, 2 auch
für ihn (Abs 2).

§ 305 a Urteil unter Vorbehalt seerechtlich beschränkter Haftung

(1) [1]**Unterliegt der in der Klage geltend gemachte Anspruch
der Haftungsbeschränkung nach § 486 Abs. 1 oder 3, §§ 487**

bis 487 d des Handelsgesetzbuchs und macht der Beklagte geltend, daß

1. aus demselben Ereignis weitere Ansprüche, für die er die Haftung beschränken kann, entstanden sind und

2. die Summe der Ansprüche die Haftungshöchstbeträge übersteigt, die für diese Ansprüche in Artikel 6 oder 7 des Haftungsbeschränkungsübereinkommens (§ 486 Abs. 1 des Handelsgesetzbuchs) oder in den §§ 487, 487a oder 487c des Handelsgesetzbuchs bestimmt sind,

so kann das Gericht das Recht auf Beschränkung der Haftung bei der Entscheidung unberücksichtigt lassen, wenn die Erledigung des Rechtsstreits wegen Ungewißheit über Grund oder Betrag der weiteren Ansprüche nach der freien Überzeugung des Gerichts nicht unwesentlich erschwert wäre. [2]Das gleiche gilt, wenn der in der Klage geltend gemachte Anspruch der Haftungsbeschränkung nach den §§ 4 bis 5 m des Binnenschiffahrtsgesetzes unterliegt und der Beklagte geltend macht, daß aus demselben Ereignis weitere Ansprüche entstanden sind, für die er die Haftung beschränken kann und die in ihrer Summe die für sie in den §§ 5 e bis 5 k des Binnenschiffahrtsgesetzes bestimmten Haftungshöchstbeträge übersteigen.

(2) Läßt das Gericht das Recht auf Beschränkung der Haftung unberücksichtigt, so ergeht das Urteil

1. im Falle des Absatzes 1 Satz 1 unter dem Vorbehalt, daß der Beklagte das Recht auf Beschränkung der Haftung geltend machen kann, wenn ein Fonds nach dem Haftungsbeschränkungsübereinkommen errichtet worden ist oder bei Geltendmachung des Rechts auf Beschränkung der Haftung errichtet wird,

2. im Falle des Absatzes 1 Satz 2 unter dem Vorbehalt, daß der Beklagte das Recht auf Beschränkung der Haftung geltend machen kann, wenn ein Fonds nach § 5 d des Binnenschiffahrtsgesetzes errichtet worden ist oder bei Geltendmachung des Rechts auf Beschränkung der Haftung errichtet wird.

1. Voraussetzungen des Vorbehalts. – a) Der geltend gemachte **1** Anspruch unterliegt den in Abs 1 genannten see- oder binnenschifffahrtsrechtlichen Haftungsbeschränkungen. – **b)** Der Bekl macht geltend, **2** dass aus demselben Ereignis weitere Ansprüche entstanden sind, für die er die Haftung beschränken kann, und dass die Summe der Ansprüche die Haftungshöchstbeträge übersteigt. – **c)** Die Entscheidung **3** würde bei Berücksichtigung dieser Einwendungen wegen Ungewissheit über Grund oder Betrag der weiteren Ansprüche nicht unwesentlich erschwert. Ob die Voraussetzungen Rn 2, 3 vorliegen, entscheidet das Gericht nach pflichtgemäßem Ermessen ohne sachliche Prüfung im Einzelnen.

4   **2. Bedeutung des Vorbehalts.** Das Urteil verurteilt ohne sachliche
Prüfung der Haftungsbeschränkung unbedingt, es ist kein Vorbehaltsurteil. Der Vorbehalt erhält wie in § 305 dem Bekl die Möglichkeit, im
Zwangsvollstreckungsverfahren die Haftungsbeschränkung geltend zu
machen, § 786 a. Die Fassung des Vorbehalts im Tenor übernimmt
zweckmäßigerweise den Gesetzeswortlaut in Abs 2.

§ 306 Verzicht

**Verzichtet der Kläger bei der mündlichen Verhandlung auf
den geltend gemachten Anspruch, so ist er auf Grund des Verzichts mit dem Anspruch abzuweisen, wenn der Beklagte die
Abweisung beantragt.**

1   **1. Verzicht,** das prozessuale Gegenstück des Anerkenntnisses
(§ 307), ist die unter RA-Zwang stehende (BGH NJW 88, 210) Erklärung des Klägers an das Gericht, dass der geltendgemachte prozessuale Anspruch (Einl II) nicht besteht. Er enthält die endgültige Zurücknahme der aufgestellten Rechtsbehauptung, führt deshalb auf Antrag
zur sachlichen Klageabweisung. Erleichterungen bei der Abfassung des
Urt § 313 b. Seine materielle Rechtskraft steht der Neuerhebung desselben Anspruchs entgegen; anders bei der bloßen Klagerücknahme
(§ 269 Rn 1). Eine Verzichterklärung ist es auch, wenn der Kl als Ber-
Bekl den auf Klageabweisung lautenden Antrag des Bekl und BerKl
„anerkennt" (Braunschweig NdsRPfl 61, 245).

2   **2. Wirksam** auch in Ehescheidungs- und Aufhebungssachen und
Verfahren auf Anfechtung der Ehelichkeit (Braunschweig FamRZ 56,
57). Als Prozesshandlung ist der Verzicht wirksam, auch wenn die nach
materiellem Recht erforderliche Genehmigung des Vormundschaftsgerichts nicht erteilt ist (BGH LM Nr 1). Ebenso beim Anerkenntnis. –
3   **Auch ohne Antrag** des Bekl ergeht ohne Sachprüfung Verzichturteil
auf Klageabweisung als unbegründet, weil der Bekl kein Rechtsschutzinteresse an streitigem Urt hat (BGH 49, 213), auch wenn noch über
die Kosten hinsichtlich rechtskräftig erledigter Teile des Rechtsstreits zu
4   entscheiden ist (BGH 76, 50). – **Kosten** stets § 91. § 93 ist nicht entsprechend anwendbar (BGH LM § 254 Nr 18). Vorl Vollstreckbarkeit
§ 708 Nr 1. Ermäßigung der Gerichtsgebühr Nr 1211 KV.

§ 307 Anerkenntnis

(1) **Erkennt eine Partei den gegen sie geltend gemachten
Anspruch bei der mündlichen Verhandlung ganz oder zum
Teil an, so ist sie dem Anerkenntnis gemäß zu verurteilen.**

(2) **Erklärt der Beklagte auf eine Aufforderung nach § 276
Abs. 1 Satz 1, daß er den Anspruch des Klägers ganz oder zum
Teil anerkenne, so ist er ohne mündliche Verhandlung dem
Anerkenntnis gemäß zu verurteilen.**

1. Begriff und Gegenstand. – **a) Erklärung des Beklagten an** 1
das Gericht, Prozesshandlung (Einl III, BGH 107, 142), dass der vom
Kläger geltend gemachte prozessuale Anspruch (Einl II) besteht, die
aufgestellte Rechtsbehauptung richtig ist. Unterschied zum Geständnis
§ 288 Rn 1. – **b) Gegenstand des Anerkenntnisses** ist der prozes- 2
suale Anspruch selbst, mag er auf Leistung, Feststellung, auch negative
und Erledigungserklärung des Kl (Hamm NJW-RR 95, 1073), oder
richterliche Gestaltung gerichtet sein. Auch ein selbständiger Teil davon
(§ 301 Rn 1). Auf einen nachträglich geänderten Anspruch erstreckt
sich das Anerkenntnis nicht, zB Übergang von Feststellungs- zur Leistungsklage (Frankfurt MDR 78, 583). Die Pflicht zur Tragung der Prozesskosten ist Gegenstand des Anerkenntnisses nur, wenn die Kosten
zur Hauptsache geworden sind. Außerhalb des § 307 kann im Rahmen
der Dispositionsbefugnis der Parteien ein präjudizielles Rechtsverhältnis
Gegenstand eines Anerkenntnisses sein, das dann zwar nicht Grundlage
eines Anerkenntnisurteils sein, aber das Gericht in der Beurteilung des
vorgreiflichen Rechtsverhältnisses binden kann (Schilken ZZP 90, 157/
177).

2. Erklärung und Wirksamkeit. Die Erklärung muss nicht aus- 3
drücklich, aber eindeutig und bedingungslos (BGH NJW 85, 2713/
2716) sein, im bloßen Schweigen oder Nichtverhandeln liegt sie nicht.
Einschränkungen oder Vorbehalte sind möglich (eingehend Schilken
ZZP 90, 157/175). So Vorbehalt beschränkbarer Erbenhaftung, denn
er bezieht sich nicht auf den prozessualen Anspruch. Ferner Zug um
Zug gegen eine Gegenleistung (BGH 107, 142). Möglich ist hilfsweises
Anerkenntnis neben Klageabweisungsantrag wegen fehlender Prozessvoraussetzung, weil sich das Anerkenntnis auf diese nicht bezieht (BGH
DB 76, 1009). Verwahrung gegen die Kosten schadet nicht. Systemwidrig ist an sich wegen des Vorbehalts und weil es sich nicht auf den
prozessualen Anspruch selbst bezieht, Anerkenntnis im UrkundenProz
mit Widerspruch nach § 599 Abs 1, aus praktischen Gründen lässt es
die Rechtsprechung aber zu (§ 599 Rn 5). Das gleiche müsste dann
auch für Anerkenntnis unter Vorbehalt der Aufrechnung (§ 302) gelten.
Annahme durch Gegenpartei ist nicht nötig, wirksam also auch bei deren Säumnis. Aufnahme in das Protokoll (§ 160 Abs 3 Nr 1) ist nicht
Wirksamkeitsvoraussetzung.

a) Nur eine **Partei** (Streitgenosse für sich selbst) kann vor dem er- 4
kennenden Gericht, auch Einzelrichter (nicht Richterkommissar), in jeder Instanz anerkennen. Das Anerkenntnis unterliegt iR des § 78 Abs 1,
Abs 2 dem RA-Zwang (BGH WM 87, 1266 für Verzicht). Die Prozesshandlungsvoraussetzungen (Einl III) müssen bei seiner Erklärung
vorliegen. Es ist vor Erlass der Entscheidung – danach muss Rechtsmittel eingelegt werden – zu erklären in mdl Vhdlg (auch einseitiger) oder
im schriftlichen Vorverfahren (Abs 2) auf die Aufforderung nach § 276
Abs 1 S 1, auch noch nach Ablauf der Notfrist bis zum Erlass eines Urt
(§ 276 Rn. 6) oder im schriftlichen Verfahren nach § 128 Abs 2.

5   **b) Wirksamkeit.** Nur im Bereich der Dispositionsmaxime (Einl I
Rn 5); ausgeschlossen zB in §§ 617, 640 Abs 1; Anerkenntnis einer
Nicht-Masseforderung durch Insolvenzverwalter (Düsseldorf NJW 74,
1517). Unwirksam, wenn der streitgenössische Nebenintervenient
(§ 69) Klageabweisung beantragt (Schleswig NJW-RR 93, 930).

6   **c)** Die anerkannte **Rechtsfolge** muss ihrer Art nach **zulässig** sein,
dh sie darf nicht dem geltenden Recht überhaupt unbekannt, strafbar
oder verboten sein und nicht gegen den ordre public (Art 6 EGBGB)
verstoßen.

7   **d) Zur Wirksamkeit ist nicht nötig,** dass die anerkannte Rechtsfolge mit dem materiellen Recht übereinstimmt. Das arglistig im Zusammenwirken mit der Gegenpartei abgegebene bewusst unrichtige
Anerkenntnis ist unwirksam.

8   **3. Wirkung.** – **a) Bindung der Partei** an das wirksame Anerkenntnis, auch wenn kein Anerkenntnis-, sondern VersU ergeht und
nach Einspruch die Parteien streitig verhandeln (BGH NJW 93, 1717).
Anfechtung und Kondiktion sind unmöglich (Frankfurt NJW-RR 88,
574, Brandenburg NJW-RR 00, 741). **Widerruf** ist mit Einverständnis
des Gegners, ferner bei Rechtsmissbrauch der Berufung auf das Anerkenntnis (Brandenburg aaO) oder wenn das Urteil von einem Restitutionsgrund nach § 580 betroffen ist, ohne die weiteren Voraussetzungen
der Wiederaufnahmeklage (BGH 80, 389) oder eines Abänderungs-
grundes nach § 323 (Schleswig NJW-RR 93, 1416, Bamberg NJW-
RR 93, 1219; aA Karlsruhe NJW-RR 89, 1468) bis zum Erlass des
AnerkenntnisUrt möglich, danach im Wege der Berufung (BGH 80,
398, Düsseldorf NJW-RR 99, 1514), nach Erlass des BerUrt nur Restitutionsklage. § 290 ist nicht analog anwendbar (BGH aaO). Soweit
das Anerkenntnis durch ein offenbares Versehen, zB Schreibfehler, beeinflusst ist, kann es frei zurückgenommen werden (Karlsruhe MDR 74,
9   588). – **b)** Es ist Grundlage für den **Erlass eines Anerkenntnisurteils.** Ein Antrag des Kl ist nicht erforderlich.

10   **4. Entscheidung.** – **a) Anerkenntnisurteil.** Zu prüfen sind nur
die Prozessvoraussetzungen (8 ff vor § 253, BGH 10, 335), in höherer
Instanz auch die Rechtszugvoraussetzungen (13 ff vor § 511, BGH NJW
94, 944) und die Wirksamkeit des Anerkenntnisses (Rn 5), nicht die
Schlüssigkeit und Begründetheit der Klage. Bei fehlender Prozessvoraussetzung ist die Klage abzuweisen (KG FamRZ 88, 300), bei Unwirksamkeit des Anerkenntnisses kann ein AnerkenntnisUrt nicht ergehen.
Das AnerkenntnisUrt ist als solches zu bezeichnen (§ 313b Abs 1). –
11   **Ohne Antrag** des Klägers ist es zu erlassen, weil der Kl kein Rechtsschutzbedürfnis am Erlass eines streitigen Urteils hat (BGH 10, 333). –
12   **b) Teilanerkenntnisurteil** ist über einen selbständigen anerkannten Teil des Streitgegenstandes (§ 301 Rn 1, 4) zulässig. Ist nach Anerkenntnis die Entscheidung über die Kosten noch nicht reif, so erlässt
die Praxis oft Teil-Anerkenntnisurteil zur Hauptsache und entscheidet
über die Kosten gesondert durch Schlussurteil ohne mdl Vhdlg (§ 128

Abs 3); dagegen sofortige Beschwerde, wenn der Hauptsachestreitwert die Berufungssumme (§ 511 Abs 2 Nr 1) übersteigt (§ 99 Abs 2 S 2). Dieses Verfahren entspricht zwar nicht dem § 301, wohl aber einem praktischen Bedürfnis. – **c) Sonstiges.** Entscheidungsbefugnis des Vor- 13
sitzenden der KfH und des ER §§ 349 Abs 2 Nr 4, 527 Abs 3 Nr 1; Verkündung § 311 Abs 2 S 2, im schriftlichen Vorverfahren Zustellung § 310 Abs 3, Abfassung § 313 b. **Kosten** §§ 91, 93, vorl Vollstreckbarkeit § 708 Nr 1. Ermäßigung der Gerichtsgebühr Nr 1211 KV. Anwaltsgebühren: § 33 Abs 1 BRAGO. – **d) Rechtsmittel** wie gegen 14
streitige Endurteile (Düsseldorf NJW-RR 99, 1514) Beschwer des Bekl Rn 19 vor § 511.

§ 308 Bindung an die Parteianträge

(1) ¹**Das Gericht ist nicht befugt, einer Partei etwas zuzusprechen, was nicht beantragt ist.** ²**Dies gilt insbesondere von Früchten, Zinsen und anderen Nebenforderungen.**

(2) **Über die Verpflichtung, die Prozeßkosten zu tragen, hat das Gericht auch ohne Antrag zu erkennen.**

1. Die **Bindung des Gerichts an die Sachanträge** (§ 297 Rn 1) 1
ist ein Ausfluss des Dispositionsgrundsatzes (Einl I Rn 5) und gilt in allen Erkenntnisverfahren, auch im Rahmen des § 938 Abs 1 (dort Rn 1, 2), auch in den höheren Instanzen (§§ 523, 528 S 2, 557 Abs 1). Bindung an Eventualstellung § 260 Rn 17.

a) Das Gericht darf nicht mehr (quantitativ, qualitativ) und nicht 2
etwas anderes zusprechen (der Art nach), als beantragt ist und nichts aberkennen, was nicht (mehr) zur Entscheidung gestellt ist (BGH NJW 91, 1683). Beispiele: VollstrSchutz für Beklagten (§ 712) ohne Antrag, Rente neben Kapitalabfindung (tendenziell ebenso BGH NJW 98, 3411), Geldersatz statt Naturalherstellung, Verurteilung in der Hauptsache, wenn Kläger für erledigt erklärt, Schadensersatz ohne Inzidentantrag (§§ 302 Abs 4, 717 Abs 2), teilweise Entziehung der Vertretungsbefugnis eines Gesellschafters, wenn vollständige Entziehung beantragt war (BGH NJW-RR 02, 540).

b) Das Gericht darf weniger zusprechen als beantragt. Beispiele: 3
Verurteilung Zug um Zug oder unter Vorbehalt der beschränkten Erbenhaftung auf Einrede nach §§ 274, 322 BGB bzw 305, 780 ZPO; Hinterlegung und Duldung der ZwVollstr statt Leistung (BGH NJW 93, 2846/2849), Feststellung statt Leistung (BGH NJW 84, 2295). In allen diesen Fällen ist die Klage im Übrigen abzuweisen (BGH 117, 1). – Das Ger darf bei einheitlichem Streitgegenstand die Einzelnen unselbständigen Posten der Höhe nach ohne Überschreitung der verlangten Endsumme verschieben, auch hinsichtlich einzelner Rechnungsposten über das Geforderte hinausgehen (BGH MDR 90, 698) und innerhalb derselben Schadensart die verschiedenen Berechnungsgrundlagen im Rahmen des verlangten Gesamtbetrages austauschen (BGH WM 91, 609). Ermessen bei unbeziffertem Klageantrag § 253 Rn 12.

4   **c) Auf eine andere Anspruchsgrundlage gestützt,** also unter einem anderen rechtlichen Gesichtspunkt darf das Gericht das Beantragte zusprechen (BAG ZIP 91, 334). Es ist wohl nicht zulässig, dass der Kläger die Prüfung bestimmter Anspruchsgrundlagen bindend ausschließt, etwa unerlaubte Handlung (ebenso StJSchumannmann Einl Rn 297, Kion, Eventualverhältnisse im ZivProzess, 1971, S 120). Die Verfügungsbefugnis der Parteien über den Streitgegenstand als rein prozessualen Begriff (Einl II Rn 11) kann nicht gut nach den dahinterstehenden materiellrechtlichen Anspruchsgrundlagen bestimmt werden (Schneider MDR 75, 801).

5   **d) Verstoß** rechtfertigt Rechtsmittel und ist bei zulässigem Rechtsmittel vAw zu beachten (BGH NJW-RR 89, 1087). Heilung ist dadurch möglich, dass der Kl sich in der Berufungsinstanz die Antragsüberschreitung im ErstUrt auch nur hilfsweise zu eigen macht (BGH NJW 99, 61) oder Zurückweisung der Ber beantragt (BGH NJW 90, 1910); gilt nicht, wenn der Kl Zurückweisung der Revision beantragt, weil er in dritter Instanz die Klage nicht mehr erweitern kann (BGH NJW 93, 925/928). Ist ein Rechtsmittel nicht statthaft, will Schneider NJW 67, 23 mit Vollstreckungsabwehrklage helfen, Johlen NJW 67, 1262 mit Nichtigkeitsklage entsprechend § 579 Abs 3 S 1. Folgt man dem nicht, bleibt Verfassungsbeschwerde gemäß Art 103 Abs 1 GG, § 90 BVerfGG. Klette ZZP 82, 93 hält bei versehentlichem Verstoß nur UrtErgänzung in Analogie zu § 321 für zulässig. Zum Streitwert bei Verstoß gegen § 308 Schneider MDR 71, 437.

6   **e) Ausnahmen** in § 308a und § 641h; ferner in § 106 Abs 1 SachenRÄndG, wonach eine vom Antrag abweichende Feststellung möglich ist, und in § 9 Nrn 3, 4 UKlaG, die im Gegensatz zu den Nrn 1, 2 nicht im Klageantrag enthalten sein müssen (§ 8 Abs 1 UKlaG).

7   **2.** Für die **Kostenentscheidung** sind Anträge überflüssig, außer in den Fällen des § 269 Abs 4. In keinem Fall ist das Gericht an gestellte Anträge gebunden. Fehlt die Kostenentscheidung: § 321; wegen Rechtsmittel dort Rn 6.

§ 308 a   Entscheidung ohne Antrag in Mietsachen

(1) [1]**Erachtet das Gericht in einer Streitigkeit zwischen dem Vermieter und dem Mieter oder dem Mieter und dem Untermieter wegen Räumung von Wohnraum den Räumungsanspruch für unbegründet, weil der Mieter nach den §§ 574 bis 574b des Bürgerlichen Gesetzbuchs eine Fortsetzung des Mietverhältnisses verlangen kann, so hat es in dem Urteil auch ohne Antrag auszusprechen, für welche Dauer und unter welchen Änderungen der Vertragsbedingungen das Mietverhältnis fortgesetzt wird. [2]Vor dem Ausspruch sind die Parteien zu hören.**

(2) **Der Ausspruch ist selbständig anfechtbar.**

1. Bedeutung. Die Bestimmung stellt eine Ausnahme von § 308 **1** dar und durchbricht damit den Dispositionsgrundsatz (Einl I Rn 5) und den weiteren Grundsatz, dass Gegenstand der gerichtlichen Entscheidung und damit der Rechtskraft nur der Anspruch sein kann, der durch Klage und Widerklage erhoben und dadurch Streitgegenstand geworden ist (§ 322 Rn 17 ff). Der Streitgegenstand (Leistungsbegehren des Klägers auf Räumung) wird durch die Klageabweisung erledigt. Darüber hinaus ist das Gericht verpflichtet, dem Bekl etwas zuzusprechen, ohne dass er dies, wie sonst nötig, mit Widerklage oder Gegenantrag (zB §§ 302 Abs 4, 717 Abs 3 S 2) geltend gemacht hat. Er kann dies natürlich tun, zusätzliche Kosten entstehen dadurch nicht (§ 16 Abs 3, Abs 4 GKG).

2. Voraussetzungen: Prozess zwischen Vermieter und Mieter oder **2** zwischen Mieter und Untermieter auf Räumung (Herausgabe) von Wohnraum. Die Klage wird vom Gericht für unbegründet erachtet, weil der Mieter die Fortsetzung des Mietverhältnisses nach §§ 574–574 b BGB verlangen kann; nicht nötig, dass er sie auch verlangt.

3. Entscheidung. – a) Die unbegründete Räumungsklage ist ab- **3** zuweisen. – **b) Die angemessene Weiterdauer des Mietverhältnisses** muss das Gericht auch ohne Antrag des Bekl in jedem Falle im Urteilstenor rechtsgestaltend (Pal/Weidenkaff § 574 a Rn 8) festsetzen, am besten durch Bestimmung des Kalendertages, an dem es enden soll. – **c) Nur unter Änderung gewisser Vertragsbedingungen,** **4** meist wohl der Höhe des Mietzinses, ist im Einzelfall, aber nicht immer die Fortsetzung des Mietverhältnisses dem Kläger zumutbar (§ 574 a Abs 1 BGB); dann setzt das Gericht außerdem im Unteilstenor auch ohne Antrag rechtsgestaltend die veränderten Bedingungen fest. – **d) Rechtliches Gehör** ist vor den Aussprüchen nach Rn 3, 4 zu ge- **5** währen (Einl I Rn 9 ff). Dies brauchte als Selbstverständlichkeit nicht ausdrücklich bestimmt zu werden. – **e)** Für die **Kosten** enthält § 93 b **6** eine Sonderregelung. Ist sie nicht einschlägig, gelten die allgemeinen Vorschriften in §§ 91 ff. **Streitwert** § 16 Abs 3 und 4 GKG. **Vorläufige Vollstreckbarkeit** nach § 708 Nr 7. Mit formeller Rechtskraft tritt für die Aussprüche in Rn 3, 4 die Rechtskraft- und die **Gestaltungswirkung** des Urteils ein (§ 322 Rn 2, 3 und 5 vor § 253). – **f) Bei Säumnis des Beklagten** gilt § 331. Trägt demnach der Kl **7** Tatsachen vor, aus denen sich ergibt, dass der Bekl die Fortsetzung des Mietverhältnisses, sei es auch unter veränderten Vertragsbedingungen, verlangen kann, so muss das Ger sie berücksichtigen (§ 331 Rn 5) und entscheiden, wie oben Rn 3, 4 erläutert. Trägt der Kl keine derartigen Tatsachen vor, ist bei Schlüssigkeit der Klage VersU zu erlassen. Das Gericht darf nicht vAw solche Tatsachen ermitteln, denn § 308 a beseitigt nicht den Verhandlungsgrundsatz zugunsten des Untersuchungsgrundsatzes (Einl I Rn 6, 7). – **g)** Auch mit **Widerklage** kann der Bekl **8** seine Gegenrechte geltend machen. Das Rechtsschutzbedürfnis kann nicht bezweifelt werden, wie sich aus der Fassung „auch ohne Antrag" ergibt. Dieser Antrag, mit dem der Bekl über die Klageabweisung hinaus etwas erreichen will, ist nach allgemeinen Regeln im Wege der Widerklage zu stellen. Man wird aber auch einen einfachen Inzidentantrag analog §§ 302 Abs 4, Art 717 Abs 3 2 für zulässig erachten müssen. Für ihn gilt, was in § 717 Rn 15 gesagt ist, entsprechend. Der Streitwert wird dadurch nicht erhöht, § 16 Abs 3, Abs 4 GKG.

9   **4. Rechtsmittel** ist die Berufung. – **a)** Der **Kläger** kann das klageabweisende Urteil ganz anfechten, also weiterhin seine Räumungsklage verfolgen. Er kann nach Abs 2 die Berufung aber auch auf den Ausspruch über die Fortsetzung des Mietverhältnisses beschränken, also nur darauf abzielen, dass die im Urteil bestimmte Weiterdauer des Mietverhältnisses verringert wird oder dass unterbliebene Vertragsänderungen festgesetzt bzw die festgesetzten zu seinen Gunsten abgeändert werden. Da er der Sache nach insoweit Widerbeklagter ist, genügt materielle Beschwer (19 vor § 511). Sie liegt darin, dass mit der Fortsetzung des Mietverhältnisses sachlich nachteilig gegen ihn entschieden wurde. –

10   **b)** Der **Beklagte** kann das stattgebende Räumungsurteil ganz anfechten. Die Berufung kann sich aber auch beschränken im Falle der Klageabweisung auf den Ausspruch über die Fortsetzung des Mietverhältnisses. Sie zielt dann darauf ab, dass die Weiterdauer gegenüber dem ErstUrt verlängert oder dass die Festsetzung der veränderten Vertragsbedingungen zu seinen Gunsten abgeändert wird oder überhaupt unterbleibt. Die Ber muss, obwohl der Bekl insoweit dem Wesen nach die Stellung eines Widerklägers hat, auch dann für zulässig erachtet werden, wenn das Urt seinem Gegenantrag voll stattgegeben hat. Die sonst nötige formelle Beschwer (19 vor § 511) entfällt hier begrifflich, weil für den Ausspruch kein Antrag nötig, vielmehr von Amts wegen zu entscheiden ist. Materielle Beschwer ist vorhanden, wenn er Abänderung zu seinen Gunsten verlangt. – **c)** Soweit die Voraussetzungen

11   der **§§ 319 bis 321** vorliegen, kann endlich der Ausspruch über die Fortsetzung des Mietverhältnisses berichtigt oder ergänzt werden.

§ 309 Erkennende Richter

Das Urteil kann nur von denjenigen Richtern gefällt werden, welche der dem Urteil zugrunde liegenden Verhandlung beigewohnt haben.

1   **1.** Die Bestimmung ist Ausfluss des Grundsatzes der Mündlichkeit und Unmittelbarkeit. Das Urteil wird „gefällt", dh beschlossen in geheimer Abstimmung nach Beratung gem §§ 192 ff GVG. Auch der ER kann nach mdl Vhdlg vor der Kammer und Zuweisung an ihn nur entscheiden, wenn vor ihm eine weitere Verhandlung stattgefunden hat. Gilt auch für Beschlüsse, die nach mdl Vhdlg ergehen (§ 329 Abs 1). –

2   **Gilt nicht** bei schriftlicher Entscheidung (§ 128 Rn 31), auch wenn früher eine mdl Vhdlg stattgefunden hat (BGH MDR 93, 39), und bei Entscheidung nach Aktenlage (§§ 251 a, 331 a; RG 132, 336) und nicht für die Verkündung, § 310 (BGH 61, 369). Verhinderung oder Weg-

fall eines Richters zwischen Schlussverhandlung und Beschlussfassung zwingt zur Wiedereröffnung nach § 156 Abs 2 Nr 3. – **Verstoß** gegen 3 § 309 ist wesentlicher Verfahrensmangel (Köln NJW 77, 1159, Brandenburg OLG-NL 97, 58), absoluter Revisions- und Nichtigkeitsgrund, §§ 547 Nr 1, 579 Abs 1 Nr 1; nach Erschöpfung des Rechtswegs Verfassungsbeschwerde wegen Verletzung von Art 101 Abs 1 S 2 GG.

2. **Änderung** in der **Besetzung der Richterbank nach Be-** 4 **schlussfassung,** aber vor Verkündung ist bedeutungslos (§ 310 Abs 1). Änderung **nach Verkündung,** aber vor Unterzeichnung § 315 Rn 1. Im **schriftlichen Verfahren** kann ein nach Beschlussfassung verändertes Kollegium ein noch nicht verkündetes Urt (§ 310 Rn 1–3) durch neue Beschlussfassung ändern (BGH MDR 68, 314, BFH NJW 64, 1591).

§ 310 Termin der Urteilsverkündung

(1) ¹**Das Urteil wird in dem Termin, in dem die mündliche Verhandlung geschlossen wird, oder in einem sofort anzuberaumenden Termin verkündet.** ²**Dieser wird nur dann über drei Wochen hinaus angesetzt, wenn wichtige Gründe, insbesondere der Umfang oder die Schwierigkeit der Sache, dies erfordern.**

(2) **Wird das Urteil nicht in dem Termin, in dem die mündliche Verhandlung geschlossen wird, verkündet, so muß es bei der Verkündung in vollständiger Form abgefaßt sein.**

(3) **Bei einem Anerkenntnisurteil und einem Versäumnisurteil, die nach § 307 Abs. 2, § 331 Abs. 3 ohne mündliche Verhandlung ergehen, wird die Verkündung durch die Zustellung des Urteils ersetzt.**

1. **Die Verkündung (Abs 1)** ist unverzichtbar auch im schriftli- 1 chen Verfahren (§ 128 Abs 2), außer iF des Abs 3. Mit ihr ist das Urteil, bis dahin nur Entwurf, existent (BGH VersR 84, 1192) und „erlassen" (§ 318; auch §§ 717 Abs 1, 517, 548). Stets öffentlich (§ 173 Abs 1 GVG), durch den Vorsitzenden (§ 136 Abs 4); im Anschluss an die Verhandlung vor ordnungsgemäß besetztem Gericht, im späteren Verkündungstermin ebenso, nicht notwendig personengleich mit den erkennenden Richtern, § 309 (BGH NJW 74, 144) oder in Abwesenheit der Beisitzer (§ 311 Abs 4). Form § 311 Abs 2. Verstoß gegen die Zeitbestimmung in § 310 Abs 1 ist sanktionslos, Anwesenheit der Parteien nicht nötig (§ 312 Abs 1). Formel und Verkündung sind zu protokollieren (§ 160 Abs 3 Nr 6, 7). Verkündung bei Entscheidung nach Aktenlage § 251a Abs 2, trotz Unterbrechung § 249 Abs 3. – **Abs 2** will 2 auf beschleunigte Absetzung des schriftlichen Urt drängen. Gilt auch im schriftlichen Verfahren, weil § 128 Abs 2 einen Zeitpunkt aufweist, der dem Schluss der mdl Vhdlg entspricht. In vollständiger Form abgefasst

ist das Urt, wenn es in allen seinen Bestandteilen schriftlich niedergelegt und von den beteiligten Richtern unterschrieben ist (München MDR 86, 62). Verstoß berührt die Wirksamkeit der Verkündung nicht (BGH NJW 88, 2046; 89, 1156), kann aber Rechtsmittel begründen, wenn die Absetzung nicht bis zum Beginn der Rechtsmittelbegründungsfrist nachgeholt ist. In Arbeitssachen § 60 ArbGG.

3   **2. Die Zustellung (Abs 3)** einer Ausfertigung des Urt ersetzt die Verkündung bei Anerkenntnis- und VersUrteilen, die im schriftlichen Vorverfahren erlassen werden (§§ 276, 307 Abs 2, 331 Abs 3). Existenz und Wirkungen treten mit der letzten notwendigen Amtszustellung ein (BGH 8, 307, VersR 97, 130). Sie richtet sich nach §§ 166ff. Mit der letzten Zustellung beginnt auch der Lauf der Rechtsmittel- bzw Einspruchsfrist (BGH NJW 94, 3359).

4   **3. Verstoß. – a) Fehlt die Verkündung,** iF des Abs 3 die Zustellung überhaupt, so handelt es sich um einen Entwurf, ein Urt ist noch nicht existent (Rn 12 vor § 300). Sie lässt sich außer nach Ablauf der 3-Monatsfrist in § 128 Abs 2 S 3 (Frankfurt FamRZ 78, 430) jederzeit, auch nach Rechtsmitteleinlegung bis zum Urt der nächsten Rechtsmittelinstanz (BGH 32, 370) für die Zukunft nachholen. Ebenso die fehlende Protokollierung (BGH NJW 58, 1237), alleiniges Beweismittel für die Verkündung, § 165 (BGH VersR 90, 637). Ist ein nicht verkündetes Urt mit Unterschrift versehentlich förmlich zugestellt, handelt es sich um ein Urt mit seinen Rechtswirkungen (BGH ZIP 98,
5   163). Anfechtung von Scheinurteilen Rn 14 vor § 300. – **b) Fehlerhafte Verkündung** ist zwar wirksam, enthält aber einen Verfahrensverstoß, der nur durch Rechtsmittel gerügt werden kann, im Falle der Revision unter Beachtung von § 551 Abs 3 Nr 2b und, wenn das Urt auf ihm beruht – regelmäßig nicht (BAG NJW 66, 175) –, zur Aufhebung und Zurückverweisung führt (BGH GrZS 14, 39). Heilung ist möglich durch fehlerfreie Wiederholung der Verkündung, teilweise
6   auch durch Unterlassung der Rüge (RG 161, 63). – **Beispiele:** Verkündung im Beratungszimmer statt im Sitzungssaal (Hamburg MDR 56, 234), Urteil des Kollegiums verkündet durch ER oder umgekehrt (Düsseldorf MDR 77, 144), Verkündung nicht in dem dazu bestimmten oder nicht ordnungsgemäß bekanntgemachten Termin (BGH GrZS 14, 39), statt Verkündung Zustellung nach Abs 3 oder umgekehrt (Frankfurt NJW-RR 95, 511), Bezugnahme auf die Formel statt ihrer Vorlesung (BGH VersR 85, 45) ohne Vorliegen von § 311 Abs 2 S 2, Verkündung nach § 310 Abs 2 ohne vollständige Abfassung, Unterschriften und später als 3 Wochen nach mündlicher Verhandlung (BGH
7   NJW 89, 1156). – **c) Fehlerhafte Zustellung** (Abs 3) ist unwirksam nur bei Verstoß gegen grundlegende Erfordernisse. Das sind: Übereinstimmung der zugestellten Ausfertigung mit der Urschrift, keine fehlenden Seiten (BGH 138, 166), Mitwirkung des UrkBeamten der GeschSt; Veranlassung der Zustellung durch die GeschSt; außerdem muss wenigstens die Urschrift, zurzeit der Zustellung der Ausfertigung

von den Richtern unterschrieben sein (BGH 42, 94). Andere als grundlegende Fehler berühren die Wirksamkeit der Zustellung und damit das Existentwerden des Urt nicht. – **Beispiele:** Fehlender Aus- 8 fertigungs- oder Beglaubigungsvermerk des UrkBeamten (BGH 15, 142), fehlende Unterschrift des RA auf dem Empfangsbekenntnis gem §§ 174 Abs 1, 195 Abs 2 (BGH NJW 64, 1523).

§ 311 Form der Urteilsverkündung

(1) **Das Urteil ergeht im Namen des Volkes.**

(2) [1]**Das Urteil wird durch Vorlesung der Urteilsformel verkündet.** [2]**Die Vorlesung der Urteilsformel kann durch eine Bezugnahme auf die Urteilsformel ersetzt werden, wenn bei der Verkündung von den Parteien niemand erschienen ist.** [3]**Versäumnisurteile, Urteile, die auf Grund eines Anerkenntnisses erlassen werden, sowie Urteile, welche die Folge der Zurücknahme der Klage oder des Verzichts auf den Klageanspruch aussprechen, können verkündet werden, auch wenn die Urteilsformel noch nicht schriftlich abgefaßt ist.**

(3) **Die Entscheidungsgründe werden, wenn es für angemessen erachtet wird, durch Vorlesung der Gründe oder durch mündliche Mitteilung des wesentlichen Inhalts verkündet.**

(4) **Wird das Urteil nicht in dem Termin verkündet, in dem die mündliche Verhandlung geschlossen wird, so kann es der Vorsitzende in Abwesenheit der anderen Mitglieder des Prozeßgerichts verkünden.**

Abs 1 betrifft die Überschrift des Urteils. Ihr Fehlen ist ohne Belang. 1 **Abs 2 S 1** stellt sicher, dass die Formel vor der Verkündung schriftlich 2 – stenografisch genügt (BGH NJW 99, 794) – abgefasst, nicht notwendig auch unterschrieben ist. Die Vorlesung kann iF des Abs 1 S 2 durch Bezugnahme ersetzt werden. Protokollierung § 160 Abs 3 Nr 7, unterbliebene oder fehlerhafte Verkündung § 310 Rn 4, 5. – **Abs 2 S 3** ist 3 entspr anwendbar auf Urteile, die nach Rücknahme von Einspruch oder Rechtsmitteln ergehen (§§ 346, 516 Abs 3, 565). – **Abs 3** stellt 4 Bekanntgabe der Gründe in das Ermessen des Vorsitzenden (§ 136 Abs 4). Widerspruch mit den schriftlichen Entscheidungsgründen ist unschädlich. – **Abs 4** erleichtert die Verkündung von Urteilen, die 5 nicht im Anschluss an die mdl Vhdl, sondern in einem späteren Termin verkündet werden. Es geht auch ohne Beisitzer. Das Urt wird existent durch die vorliegende schriftliche Urteilsformel und die Bezugnahme darauf entweder mündlich oder im Protokollvermerk (Jauernig NJW 86, 117).

§ 312 Anwesenheit der Parteien

(1) [1]**Die Wirksamkeit der Verkündung eines Urteils ist von der Anwesenheit der Parteien nicht abhängig.** [2]**Die Verkün-**

dung gilt auch derjenigen Partei gegenüber als bewirkt, die den Termin versäumt hat.

(2) Die Befugnis einer Partei, auf Grund eines verkündeten Urteils das Verfahren fortzusetzen oder von dem Urteil in anderer Weise Gebrauch zu machen, ist von der Zustellung an den Gegner nicht abhängig, soweit nicht dieses Gesetz ein anderes bestimmt.

1 Die Verkündung (§§ 310, 311) macht das Urt existent. Ihre Notwendigkeit und ihre Wirksamkeit ist von der Anwesenheit der Parteien unabhängig. Unterbliebene und fehlerhafte Verkündung § 310 Rn 5, 6. Neben der Verkündung ist die Zustellung (§ 317) nötig für den Beginn der Einspruchs- und Rechtsmittelfristen (§§ 339 Abs 1, 517, 548, 569 Abs 1), der Antragsfrist auf Ergänzung (§ 321 Abs 2) und der ZwVollstr (§ 750 Abs 1).

§ 313 Form und Inhalt des Urteils

(1) Das Urteil enthält:

1. die Bezeichnung der Parteien, ihrer gesetzlichen Vertreter und der Prozeßbevollmächtigten;
2. die Bezeichnung des Gerichts und die Namen der Richter, die bei der Entscheidung mitgewirkt haben;
3. den Tag, an dem die mündliche Verhandlung geschlossen worden ist;
4. die Urteilsformel;
5. den Tatbestand;
6. die Entscheidungsgründe.

(2) [1]Im Tatbestand sollen die erhobenen Ansprüche und die dazu vorgebrachten Angriffs- und Verteidigungsmittel unter Hervorhebung der gestellten Anträge nur ihrem wesentlichen Inhalt nach knapp dargestellt werden. [2]Wegen der Einzelheiten des Sach- und Streitstandes soll auf Schriftsätze, Protokolle und andere Unterlagen verwiesen werden.

(3) Die Entscheidungsgründe enthalten eine kurze Zusammenfassung der Erwägungen, auf denen die Entscheidung in tatsächlicher und rechtlicher Hinsicht beruht.

Übersicht

I. Allgemeines

§ 313 enthält die wesentlichen Bestimmungen über den Inhalt des **1** Urt. Er wird ergänzt durch § 311 Abs 1 und § 315 Abs 1, Erleichterungen in §§ 313a, b, 540, 564. Üblich ist außerdem die Bezeichnung des Urt nach seiner Art (ZwischenUrt, VorbehaltsUrt).

II. Im Kopf (Rubrum) enthält das Urt außer dem Aktenzeichen: **2**

Nr 1. Maßgebender Zeitpunkt ist der Schluss der mdl Vhdlg. Zweck der Vorschrift ist die sichere Feststellung der Identität, die für den Umfang der Rechtskraft und für die Zustellung von Bedeutung ist. Verstoß gegen Nr 1 kann als erheblicher Verfahrensmangel (§ 538 Abs 2 S 1 Nr 1) zur Aufhebung des Urt führen, wenn eine Partei nicht identifizierbar oder das Urt nicht zustellbar ist. – **a) Bezeichnung der Par- 3 teien,** dh derjenigen, die tatsächlich eine Parteirolle (Haupt- oder Nebenpartei) innehatten mit Angabe der Parteistellung je nach Verfahrensart (zB Arrestkläger) und Instanz (Kläger und Berufungsbeklagter). Bei Einzelkaufleuten und personenrechtlichen Handelsgesellschaften genügt die Angabe der Firma (§§ 17 Abs 2, 124 Abs 1, 161 Abs 2 HGB); vgl aber § 750 Rn 4. – **b) Bezeichnung der gesetzlichen Vertreter 4** (§ 51 Rn 16), und zwar namentlich. – **c) Bezeichnung der Bevoll- 5 mächtigten,** dh derjenigen, die als solche aufgetreten sind ohne Rücksicht auf den Nachweis der Vollmacht. Die Angaben nach Nr 1 entfallen iF des § 313b Abs 2 S 3.

Nr 2. Bezeichnung des Gerichts nach Behörde und Abteilung. **6** Die Unterschriften (§ 315 Abs 1) ersetzen die zusätzliche Namensangabe der mitwirkenden Richter im Rubrum, wenn kein Zweifel an der Übereinstimmung bestehen kann (BGH FamRZ 77, 124). Wenn die Namen der mitwirkenden Richter außer den Unterschriften auch im Rubrum angegeben sind, müssen sie mit den Unterschriften übereinstimmen. Der Zweck dieser Vorschrift ist ersichtlich aus den Revisionsgründen § 547 Nr 1–3 und aus § 563 Abs 1 S 2. Fehlende oder falsche Angaben können jederzeit, auch noch nach Einlegung von Rechtsmitteln nachgeholt oder berichtigt werden, § 319 (BGH 18,

350). Die Namen der Richter sind entbehrlich iF des § 313 b Abs 2 S 2.

7   **Nr 3. Schluss der mündlichen Verhandlung** oder was dem gleichsteht (§ 128 Rn 33; § 251 a Rn 6). Er ist maßgebend für den Zeitpunkt der materiellen Rechtskraft und für die Präklusionswirkung in §§ 323 Abs 2, 767 Abs 2.

8   **III. Urteilsformel** (Tenor, **Nr 4**). Folgt hinter dem Rubrum äußerlich abgesondert von Tatbestand und Gründen. Sie soll als Quintessenz des Prozesses so kurz, bestimmt (§ 253 Rn 11) und klar wie möglich gefasst und muss aus sich heraus verständlich und der Zwangsvollstreckung zugänglich sein (BGH NJW-RR 94, 1185). Bezugnahme auf Aktenbestandteile ist nur zulässig, wenn sie unvermeidbar ist, etwa weil sich der Entscheidungsgegenstand nicht anders beschreiben lässt (BGH MDR 89, 909, NJW 00, 2207). Außerdem muss die Bezugnahme, auch auf die Entscheidungsgründe, den Gegenstand der Verurteilung
9   bestimmt bezeichnen (BGH WM 92, 966). – **Inhalt:** Bei Endurteilen muss sie alle in letzter mdl Vhdlg gestellten Anträge erschöpfend erledigen, weshalb sich vor ihrer Absetzung ein Vergleich daraufhin mit den gestellten Anträgen unter Beachtung von § 308 empfiehlt. Unbestimmter, widerspruchsvoller oder der Vollstreckung nicht zugänglicher Inhalt der Formel, uU unter Zuhilfenahme der Gründe, führt zur Aufhebung (BGH 5, 240) und erzeugt weder Rechtskraft noch Vollstreckbarkeit (Rn 16–22 vor 704). Bei Widerspruch zu den Entscheidungsgründen hat die Formel Vorrang jedenfalls dann, wenn die Gründe in sich widersprüchlich sind oder teilweise mit der Formel übereinstimmen (BGH WM 97, 3447). Berichtigung § 319, Ergänzung § 321. Er-
10   leichterung iF des § 313 b Abs 2 S 4. – **Formulierung.** Regelmäßig ist in 3 getrennten Ziffern über die zur Hauptsache gestellten Schlussanträge und vom Amts wegen über die Kosten und die Vollstreckbarkeit zu entscheiden. Eine der Klage stattgebende Formel enthält, auf den Einzelfall abgestellt, die deklarative oder rechtsgestaltende Form („der Beklagte wird verurteilt", „es wird festgestellt", „die Zwangsvollstreckung wird für unzulässig erklärt"). Die Klageabweisung geschieht stets mit der Formulierung „die Klage wird abgewiesen", ob als unzulässig, unbegründet oder zurzeit unbegründet, ergibt sich aus den Gründen. Bei teilweisem Obsiegen des Klägers darf die Klageabweisung im Übrigen
11   nicht fehlen. – **Sondervorschriften** für den teilweise über den Klageantrag hinausgehenden (§ 308 Rn 6) Inhalt der Urteilsformel enthalten § 308 a, §§ 7, 9 UKlaG.

IV. Tatbestand, Nr 5, Abs 2

A. Allgemeines

12   Der Tatbestand folgt im Urteil dem Tenor. Er sollte, zumindest bei umfangreichem tatsächlichem Vorbringen in einem einleitenden Satz dem mit der Materie fremden Leser verständlich machen, worum im Kern der Streit geht, zB der Kläger verlangt von den Beklagten als Er-

ben die Erfüllung eines angeblich mit ihrem Vater abgeschlossenen Vertrags auf Lieferung von … Dann folgt eine in sich verständliche, knappe Darstellung der erhobenen Ansprüche und der dazu vorgebrachten Angriffs- und Verteidigungsmittel (§ 146 Rn 2) ihrem wesentlichen Inhalt nach aus der Sicht der Parteien (nicht des Gerichts), ausgehend vom tatsächlichen Vorbringen (nicht von der rechtlichen Würdigung) und abgestellt auf den Schluss der mündlichen Verhandlung bzw den entsprechenden Zeitpunkt (§ 128 Rn 33; § 251a Rn 6). Wenn das Gesetz auf knappe Darstellung nur des Wesentlichen drängt, so will es damit nur die Schreibarbeit erleichtern, nicht die Arbeit, die für den Richter in der gewissenhaften Erfassung und in der gedanklichen Ordnung des Tatbestandes liegt. – **Prozessgeschichte** findet sich 13 im Tatbestand nur insoweit, als sie für die Entscheidung noch gegenwärtige Bedeutung hat, also wo in den Gründen darauf eingegangen werden muss, zB vorangegangene Entscheidungen wie Grundurteil oder Beweisbeschluss, die Tatsachen, aus denen sich die Förmlichkeiten eines Rechtsmittels ergeben, frühere Anträge, wenn der Beklagte sich der Klageänderung widersetzt. – **Entbehrlich** ist der Tatbestand in den 14 Fällen der §§ 313a, 313b, 540.

B. Die Reihenfolge der Darstellung bestimmt sich in erster Linie 15 nach der Verständlichkeit für den Leser. Bewährt hat sich folgende Ordnung:

1. Der unstreitige Sachverhalt, gegebenenfalls nach einem ein- 16 leitenden Satz über den Kern des Rechtsstreits. Unstreitig sind der Geschehensablauf, der von beiden Parteien übereinstimmend geschildert wird; die Tatsachenbehauptungen einer Partei, die von der anderen ausdrücklich (§ 288 Abs 1) oder konkludent (§ 138 Abs 2) mit der Erklärung zugestanden werden, sie nicht bestreiten zu wollen; tatsächliche Behauptungen, zu denen sich die Gegenpartei nicht erklärt hat (§ 138 Rn 13–18). Im letzten Fall ist das Vorbringen als Behauptung einer Partei in den Tatbestand aufzunehmen, zu der sich die andere Partei nicht erklärt hat, im Übrigen spielt es keine Rolle, wer behauptet und wer zugestanden hat. – **Maßgebender Zeitpunkt** ist der Schluss der 17 mdl Vhdlg ohne Rücksicht auf früheres Bestreiten und Beweiserhebung dazu. Dagegen wird ein durch Beweiserhebung in bestimmter Richtung geklärter Sachverhalt nur insoweit unstreitig, als die bisher bestreitende Partei sich das Ergebnis der Beweisaufnahme zu eigen macht.

2. Die bestrittenen Tatsachenbehauptungen des Klägers. Das 18 sind die ausdrücklich, konkludent im Ausnahmefall des § 138 Abs 3 und die zulässig mit Nichtwissen bestrittenen Behauptungen (§ 138 Abs 4). In diesen Absatz gehören auch die Beweisangebote des Kl, soweit sie durch Beweiserhebung nicht erledigt sind und die Andeutung seiner Rechtsansichten, soweit zum Verständnis des Streitstandes ausnahmsweise erforderlich.

19   **3. Die zuletzt gestellten Anträge** der Parteien (Abs 2 S 1), am besten in wörtlicher Wiedergabe und durch Einrücken herausgestellt. Die Kostenanträge (§ 308 Abs 2) und Anträge zur Vollstreckbarkeit, soweit das Gericht vAw zu entscheiden hat (§§ 708, 709, 711 S 1), brauchen nicht wiedergegeben zu werden, früher gestellte Anträge nur, soweit für die Entscheidung noch von Bedeutung.

20   **4. Das Verteidigungsvorbringen des Beklagten** in logischer Reihenfolge, nämlich zuerst das substantiierte Bestreiten klagebegründender Behauptungen, dann Einwendungen und Einreden in der Reihenfolge rechtshindernd, rechtsvernichtend, rechtshemmend (44 vor § 253); dann bestrittene Behauptungen einer etwaigen Widerklage. Endlich die nicht erledigten Beweisanträge des Bekl.

21   **5. Die Erwiderung des Klägers,** nämlich sein substantiiertes Bestreiten zum Verteidigungsvorbringen des Bekl, zB von einredebegründenden Tatsachenbehauptungen und seine Replik, zB rechtserhaltende Einwendungen; endlich Antrag und Verteidigungsvorbringen gegen eine etwaige Widerklage.

22   **6. Die Prozessgeschichte,** soweit sie bei Abschluss der mdl Vhdlg noch von Bedeutung ist, zB § 147, nicht erledigte Prozessanträge und Einverständnis mit schriftlicher Entscheidung, frühere Entscheidungen wie Zwischen- oder Grundurteil. Hierhin gehört vor allem die Bezugnahme auf Beweisaufnahme ohne jede Beweiswürdigung sowie die Erklärungen der Parteien zu erhobenen Beweisen, zB § 439 Abs 1.

23   **C.** Ein **Versäumnisurteil** und das Datum seiner Zustellung sowie der dagegen eingelegte Einspruch nach Form, Adressat, Eingang bei Gericht sind am besten vor den Anträgen zu bringen, weil diese sonst nicht verständlich sind. Zweckmäßig werden diese Feststellungen vor Rn 19 eingeschoben.

24   Im **Berufungsurteil** wird der Tatbestand nach Instanzen getrennt aufgebaut; vgl im Übrigen § 540.

25   **D. Bezugnahmen** sind im Tatbestand nach **Abs 2 S 2** zur Verminderung der Schreibarbeit vorgeschrieben. Unzulässig ist eine pauschale Bezugnahme auf eine Vielzahl von Schriftstücken (Hamburg NJW 88, 2678), vielmehr sind bestimmte in Bezug genommene und zu den Akten gelangte (BGH NJW 95, 1841) Schriftstücke oder Teile von ihnen zweifelsfrei zu bezeichnen. Aus ihnen muss sich der Sach- und Streitstand, den das Gericht insoweit feststellen will, richtig und vollständig ergeben. Verstoß kann die Berufung begründen (BGH NJW 95, 1841). Jedenfalls müssen die erhobenen Ansprüche sowie die Angriffs- und Verteidigungsmittel als der Kern des Prozesses ihrem Wesen nach im Tatbestand selbst gekennzeichnet sein. Die Vorschrift will sicherstellen, dass einerseits überflüssige Schreibarbeit vermieden wird, andrerseits der Tatbestand trotz der Verweisungen im Wesentlichen in sich selbst verständlich ist. Unbedenklich ist stets die Bezugnahme auf das Ergebnis der Beweisaufnahme. Berufungsurteil § 540 Abs 1.

E. Verstoß. Völliges Fehlen des Tatbestandes, Widersprüche, Un- 26
klarheiten und die fehlende Feststellung der wesentlichen tatsächlichen
Grundlagen des Urteils sind ein Verfahrensverstoß, der Berufung und
Revision begründen kann (§§ 538 Abs 2 S 1 Nr 1, 545, 546; BAG
MDR 71, 248). Berichtigung § 320.

V. Die Entscheidungsgründe, Nr 6, Abs 3

A. Darstellung, Inhalt

Sie haben die Aufgabe, die bereits gefundene und im voranstehenden 27
Tenor niedergelegte Entscheidung zu begründen, dürfen also nicht im
Wege des Gutachtens zu einer erst zu findenden Entscheidung hinfüh-
ren. Diese Gedankenarbeit ist abgeschlossen, bevor die Niederschrift
der Gründe beginnt. Sie müssen vielmehr von der bereits gefundenen
Lösung ausgehen und für jede im Tenor getroffene Entscheidung die
tragende rechtliche Begründung geben. Alle Ausführungen, die nicht
geeignet sind, die getroffene Entscheidung zu stützen, sind fehl am
Platz, verkennen das Wesen der Entscheidungsgründe und nehmen ihnen die klare Linie. Auch hier ist auf eine kurze Zusammenfassung der
maßgebenden tatsächlichen und rechtlichen Erwägungen zu achten
(Abs 3, BGH 39, 333). Kürze ist umso mehr möglich, je eingehender
das Gericht im Termin den Streit sachlich u rechtlich erörtert hat,
§ 139. Der Grundsatz des rechtlichen Gehörs (Einl I Rn 9 ff) und des
Willkürverbots (§ 139 Rn 2, § 286 Rn 2) ist zu beachten (BayVerfGH
MDR 97, 882). Entscheidungsgrundlage § 128 Rn 6. – **Bezugnahme** 28
auf früher oder gleichzeitig verkündete Entscheidungen zwischen den
Parteien, die ihnen bekannt geworden sind, ist zulässig; ebenso auf früher ergangene Entscheidungen in einer anderen Sache, die Gegenstand
der mdl Vhdlg waren (BGH WM 91, 789 u 1005). Zulässig ist auch
Bezugnahme auf einen Parteischriftsatz, wenn sie ihrer Art und ihrem
Inhalt nach eindeutig bestimmt ist (BGH aaO) und auf einen Bericht-
erstattervermerk (§ 161 Rn 5). – **Entbehrlich** sind die Entscheidungs- 29
gründe in den Fällen der §§ 313 a, 313 b, 540.

B. Reihenfolge:

1. Die prozessrechtlichen Ausführungen, insbesondere also die 30
Feststellung, dass und weshalb die Klage zulässig ist, soweit in einem
Punkt Zweifel oder Bedenken bestanden haben. Bei Entscheidungen
auf Rechtsbehelf stehen an der Spitze die Feststellungen zur Zulässigkeit des Rechtsbehelfs.

2. Materiellrechtlich steht an der Spitze das in der Formel nieder- 31
gelegte **Ergebnis** des Prozesses mit der **Angabe des Rechtssatzes,**
der dieses Ergebnis trägt (soweit die Klage Erfolg hat) bzw der Able-
nung der bei der Urteilsfindung als in Frage kommend geprüften
Rechtssätze (soweit die Klage abgewiesen wird), zB „der Kläger hat als
Eigentümer Anspruch auf Herausgabe gegen den besitzenden Beklagten
(§ 985 BGB)“. Auf die klare und prägnante Formulierung gerade dieses

ersten Satzes sollte besonderer Wert gelegt werden, denn er gibt den
folgenden Ausführungen die klare Linie.

32   **3.** Es folgt die **Subsumtion** des konkreten Sachverhalts unter die
angewendete Rechtsnorm. Dabei ist auszugehen von den Tatbestands-
merkmalen des angewandten Rechtssatzes, an die die Rechtsfolge geknüpft ist, und festzustellen, durch welche konkreten Tatsachen jedes
einzelne dieser Tatbestandsmerkmale erfüllt ist. Bei den Tatsachen ist
die Grundlage ihrer Feststellung anzugeben, nämlich Geständnis, nicht
bestritten, bewiesen (Beweismittel, Beweiswürdigung mit Angabe der

33   leitenden Gründe, § 286 Abs 1 S 2). – **Bei abweisenden Urteilen** ist
festzustellen, dass es keine Rechtsnorm gibt, die an die vom Kl behaupteten Tatsachen die begehrte Rechtsfolge knüpft (nicht schlüssige
Klage), welches Tatbestandsmerkmal der in Frage kommenden Rechtsnorm nicht erfüllt ist oder welche Einwendung die Klage unbegründet
macht.

34   **4. Einwendungen.** Nach Feststellung der anspruchsbegründenden
Tatsachen folgt, wieder mit vorangestelltem Ergebnis, die Feststellung,
dass die erhobenen Einwendungen oder Einreden nicht begründet sind,
zB „der Beklagte hat auch kein Recht zum Besitz, § 986 BGB". Das
Gleiche gilt für die folgende Behandlung von Repliken des Klägers.

35   **5.** Die Begründung für den Ausspruch von **Nebenfolgen** (zB Zinsen), Kosten und vorl Vollstreckbarkeit folgt zuletzt.

§ 313a Weglassen von Tatbestand und Entscheidungsgrün-den

(1) [1]**Des Tatbestandes bedarf es nicht, wenn ein Rechtsmittel
gegen das Urteil unzweifelhaft nicht zulässig ist.** [2]**In diesem
Fall bedarf es auch keiner Entscheidungsgründe, wenn die
Parteien auf sie verzichten oder wenn ihr wesentlicher Inhalt in
das Protokoll aufgenommen worden ist.**

(2) [1]**Wird das Urteil in dem Termin, in dem die mündliche
Verhandlung geschlossen worden ist, verkündet, so bedarf es
des Tatbestands und der Entscheidungsgründe nicht, wenn
beide Parteien auf Rechtsmittel gegen das Urteil verzichten.**
[2]**Ist das Urteil nur für eine Partei anfechtbar, so genügt es,
wenn diese verzichtet.**

(3) **Der Verzicht nach Absatz 1 oder 2 kann bereits vor der
Verkündung des Urteils erfolgen; er muss spätestens binnen
einer Woche nach dem Schluss der mündlichen Verhandlung
gegenüber dem Gericht erklärt sein.**

(4) **Die Absätze 1 bis 3 finden keine Anwendung:**
**1. in Ehesachen, mit Ausnahme der eine Scheidung ausspre-
chenden Entscheidungen;**
2. in Lebenspartnerschaftssachen nach § 661 Abs. 1 Nr. 2 und 3;
3. in Kindschaftssachen;

4. **im Falle der Verurteilung zu künftig fällig werdenden wiederkehrenden Leistungen;**
5. **wenn zu erwarten ist, dass das Urteil im Ausland geltend gemacht werden wird.**

(5) **Soll ein ohne Tatbestand und Entscheidungsgründe hergestelltes Urteil im Ausland geltend gemacht werden, so gelten die Vorschriften über die Vervollständigung von Versäumnis- und Anerkenntnisurteilen entsprechend.**

1. Zweck. Tatbestand und Entscheidungsgründe dienen der Unterrichtung der Parteien und des Rechtsmittelgerichtes. Der Tatbestand kann deshalb entfallen (Abs 1), wenn ein Rechtsmittel nicht statthaft ist, die Entscheidungsgründe zusätzlich, wenn die Parteien darauf verzichten oder ihr wesentlicher Inhalt in das Protokoll aufgenommen wurde. Ausnahmen bestehen, wenn wegen der Wirkung der Entscheidung ein weitergehendes Interesse vorhanden ist (Abs 4 Nr 1–4) oder wenn später auf die Begründung zurückgegriffen werden muss (Abs 4 Nr 5). Gilt entspr für Beschlüsse (Brandenburg NJW-RR 95, 1212). 1

2. Erleichterungen im Urteil. – a) Der Tatbestand entfällt in streitigen Urteilen (nicht streitig vgl § 313b) in allen Instanzen (§§ 525, 555; vgl außerdem §§ 540, 564) unter der einzigen Voraussetzung, dass gegen das Urteil unzweifelhaft die Berufung überhaupt (§ 511 Rn 4) oder mangels BerSumme u BerZulassung (§ 511 Abs 2) unstatthaft und dass auch keine Beschwerde, zB §§ 71 Abs 2, 387 Abs 3, 402, §§ 91a Abs 2, 99 Abs 2, 269 Abs 5 oder ein anderes Rechtsmittel, wie etwa die Nichtzulassungsbeschwerde (§ 544) gegeben ist. Abs 1 deshalb auch anwendbar auf RevUrt und BerUrt, deren Beschwer die Grenze von § 26 Nr 8 EGZPO nicht übersteigt. – **b) Die Entscheidungsgründe 3 entfallen zusätzlich** bei Verzicht der Parteien. Er ist Prozesshandlung (Einl III), nicht widerrufbar (Frankfurt NJW 89, 841), RA-Zwang im Rahmen des § 78 Abs 1, Abs 2. Kann schon vor UrtVerkündung erklärt werden; sonst in Frist von 1 Woche nach Schluss der mdl Vhdlg oder was dem gleichsteht (§ 128 Rn 33, § 251a Rn 6). Die Frist bezweckt, den Richter die Möglichkeit rascher Urteilsabsetzung zu erhalten. Ihre Überschreitung ist dem Verzicht nicht unwirksam. Die Entscheidungsgründe können ferner entfallen, wenn ihr wesentlicher Inhalt in das Protokoll aufgenommen wurde; ein Verzicht der Parteien ist hierbei nicht erforderlich. – **c) Tatbestand und Entscheidungs- 4 gründe** können auch entfallen bei Urteilsverkündung im Termin der letzten mdl Vhdlg (sog Stuhlurteil), wenn diejenige(n) Partei(en), die das Urt anfechten kann (können), auf Rechtsmittel verzichtet(n). Der Verzicht kann vor UrtVerkündung oder 1 Woche danach erklärt werden. Dafür Ermäßigung der Gebühren gem Nr 1211b KV.

3. Ausnahmen: – Nr 1 Ehesachen (§§ 606 ff) außer dem Schei- 5 dungsausspruch zwischen Inländern, auch in VerbundUrt (BGH FamRZ 81, 947). Fehlen der Entscheidungsgründe für den Ausspruch über

Versorgungsausgleich ist wesentlicher Verfahrensmangel (Hamm NJW
79, 434). – **Nr 2** Lebenspartnerschaftssachen (§ 661 Abs 1 Nr 2 und 3). –
6 **Nr 3** Kindschaftssachen (§§ 640 ff). – **Nr 4** Verurteilung zu künftig
fällig werdenden, wiederkehrenden Leistungen (§ 258). Hier soll im
Hinblick auf Leistung erst in der Zukunft und auf die Möglichkeit einer
Abänderungsklage (§ 323) die Grundlage des Urteils festgehalten wer-
7 den. – **Nr 5** bei Geltendmachung des Urteils im Ausland. Das kann Zw-
8 Vollstr oder sonst eine Wirkung des Urteils sein. – Gem **Abs 5** ist
nachträgliche Vervollständigung durch Tatbestand u Entscheidungsgründe nach den in den AusführungsG zu internationalen Verträgen
enthaltenen Vorschriften, zB § 30 AVAG, über die Vervollständigung
von Anerkenntnis- u VersUrteil möglich.

§ 313b Versäumnis-, Anerkenntnis- und Verzichtsurteil

(1) [1]**Wird durch Versäumnisurteil, Anerkenntnisurteil oder
Verzichtsurteil erkannt, so bedarf es nicht des Tatbestandes
und der Entscheidungsgründe.** [2]**Das Urteil ist als Versäumnis-,
Anerkenntnis- oder Verzichtsurteil zu bezeichnen.**

(2) [1]**Das Urteil kann in abgekürzter Form nach Absatz 1 auf
die bei den Akten befindliche Urschrift oder Abschrift der Klage
oder auf ein damit zu verbindendes Blatt gesetzt werden.** [2]**Die
Namen der Richter braucht das Urteil nicht zu enthalten.** [3]**Die
Bezeichnung der Parteien, ihrer gesetzlichen Vertreter und der
Prozeßbevollmächtigten sind in das Urteil nur aufzunehmen,
soweit von den Angaben der Klageschrift abgewichen wird.**
[4]**Wird nach dem Antrag des Klägers erkannt, so kann in der
Urteilsformel auf die Klageschrift Bezug genommen werden.**
[5]**Wird das Urteil auf ein Blatt gesetzt, das mit der Klageschrift
verbunden wird, so soll die Verbindungsstelle mit dem Gerichtssiegel versehen oder die Verbindung mit Schnur und Siegel bewirkt werden.**

(3) **Absatz 1 ist nicht anzuwenden, wenn zu erwarten ist, daß
das Versäumnisurteil oder das Anerkenntnisurteil im Ausland
geltend gemacht werden soll.**

1   **1. Tatbestand und Entscheidungsgründe entfallen (Abs 1)**,
weitergehend als in § 313a, ausgenommen iF der Rn 2 und des Abs 3,
in echten VersU (11 vor § 330), gleichgültig ob gegen Kl oder Bekl
ergangen, in Anerkenntnis- (§ 307) u VerzichtsUrt (§ 306). Sie müssen
als solche bezeichnet werden (Hamm NJW-RR 95, 186). Gilt für alle
Instanzen, bei VersU für jeden Inhalt (zB § 539). Abs 1 gilt nicht für
streitige Urteile gegen die nicht erschienene Partei (BGH BauR 90,
771).

2   **2. Abgekürzte Form (Abs 2).** In allen Fällen des Abs 1 ermöglicht
Abs 2 weitere Arbeitseinsparungen. Das Urt jeden Inhalts kann nach
S 1 auf die Klageschrift gesetzt u auch so ausgefertigt oder zur Ausferti-

gung vervollständigt werden (§ 317 Abs 4 S 2). Nach S 2 können aus § 313 Abs 1 Nr 2 die Namen der Richter, nach S 3 idR die Bezeichnung der Parteien, ihrer gesetzlichen Vertreter u ProzBev (§ 313 Abs 1 Nr 1) fehlen. Wird nach Klageantrag erkannt, genügt für die Formel (§ 313 Abs 1 Nr 4) Bezugnahme auf die Klageschrift (S 4). VersU bei unbeziffertem Klageantrag § 331 Rn 9. AnerkenntnisUrt muss wegen der Beschwerdemöglichkeit nach § 99 Abs 2 eine Begründung enthalten, wenn die Parteien widersprechende Kostenanträge gestellt haben (Brandenburg OLG-NL 00, 70). Nach Mahnverfahren kann statt der Klageschrift der Mahnbescheid oder der maschinell erstellte Aktenausdruck zur abgekürzten Herstellung des Urt verwendet werden (§ 697 Abs 5).

3. Ausnahme (Abs 3). Die Erleichterungen des Abs 1 gelten nicht 3 für Vers- und Anerkenntnisurteile, die im Ausland geltend gemacht werden sollen (§ 313 a Rn 6). Sie sind in vollständiger Form abzufassen.

4. Nachträgliche Vervollständigung eines in abgekürzter Form 4 abgefassten Vers- oder Anerkenntnisurteils ist gemäß § 317 Abs 4 S 2 und nach den in den Ausführungsgesetzen zu internationalen Verträgen enthaltenen Vorschriften, zB § 30 AVAG, möglich.

§ 314 Beweiskraft des Tatbestandes

[1]**Der Tatbestand des Urteils liefert Beweis für das mündliche Parteivorbringen.** [2]**Der Beweis kann nur durch das Sitzungsprotokoll entkräftet werden.**

1. Die **Beweiskraft des Tatbestandes** einschließlich Verweisun- 1 gen, auch soweit in den Entscheidungsgründen enthalten (BGH 139, 36/39, WM 00, 1871), als öffentl Urkunde (§ 418 Abs 1) ist beschränkt auf das Vorbringen der Parteien in der mdl Vhdlg (BGH NJW 83, 2030), gilt also im schriftl Verfahren nur für etwaiges Vorbringen in einem Termin, das schriftlich in den Akten nicht enthalten ist. § 314 gilt auch in Beschlussverfahren mit mdl Vhdlg für den festgestellten Sachverhalt (BGH 65, 30). Die Beurkundung beweist positiv, dass etwas vorgetragen ist und die Reihenfolge, dass eine Behauptung bestritten ist oder nicht. Das Schweigen des Tatbestandes beweist negativ, dass eine Erklärung nicht abgegeben worden ist (BGH NJW 83, 885, VersR 90, 974). Bei den Anträgen und Beweisen wird nur die Tatsache der Verlesung bzw Erhebung bezeugt. Die Möglichkeit der Berichtigung oder ein entsprechender Antrag (§ 320), auch die Aufhebung des Urt, beseitigen die Beweiskraft nicht. – **Keine Beweiskraft,** soweit die 2 Feststellungen in sich widersprüchlich sind (BGH WM 97, 1092; 00, 1871). Die Darstellung des Parteivorbringens in 1. Instanz im Tatbestand des BerUrt beweist nicht die Tatsache dieses Vorbringens; dies ist nur durch den Tatbestand im ErstUrt zu beweisen (Nürnberg NJW 73, 1049). Der Tatbestand des RevisionsUrt hat keine Beweiskraft, ausgenommen im Falle der Zurückverweisung (BGH NJW 99, 796).

3   2. Der **Gegenbeweis** ist über das sonstige Maß (§ 418 Abs 2) hinaus erschwert. Nur ausdrückliche Feststellung im Sitzungsprotokoll, nicht dessen Schweigen (Düsseldorf OLG 66, 178), nimmt der widersprechenden Beurkundung im Tatbestand jede Beweiskraft (BGH VersR 84, 946). Das gilt aber nur, soweit nicht die Beweiskraft des Protokolls selbst nach § 165 widerlegt ist.

§ 315 Unterschrift der Richter

(1) [1]Das Urteil ist von den Richtern, die bei der Entscheidung mitgewirkt haben, zu unterschreiben. [2]Ist ein Richter verhindert, seine Unterschrift beizufügen, so wird dies unter Angabe des Verhinderungsgrundes von dem Vorsitzenden und bei dessen Verhinderung von dem ältesten beisitzenden Richter unter dem Urteil vermerkt.

(2) [1]Ein Urteil, das in dem Termin, in dem die mündliche Verhandlung geschlossen wird, verkündet wird, ist vor Ablauf von drei Wochen, vom Tage der Verkündung an gerechnet, vollständig abgefaßt der Geschäftsstelle zu übergeben. [2]Kann dies ausnahmsweise nicht geschehen, so ist innerhalb dieser Frist das von den Richtern unterschriebene Urteil ohne Tatbestand und Entscheidungsgründe der Geschäftsstelle zu übergeben. [3]In diesem Falle sind Tatbestand und Entscheidungsgründe alsbald nachträglich anzufertigen, von den Richtern besonders zu unterschreiben und der Geschäftsstelle zu übergeben.

(3) Der Urkundsbeamte der Geschäftsstelle hat auf dem Urteil den Tag der Verkündung oder der Zustellung nach § 310 Abs. 3 zu vermerken und diesen Vermerk zu unterschreiben.

1   **1. Unterschrift.** Sämtliche bei der Entscheidung (nicht bei der Verkündung) mitwirkenden Richter müssen das vollständig abgefasste Urteil mit ihrem vollen Namen unterschreiben, auch die überstimmte Minderheit. Nur bei Kollegialgerichten ist die Unterschrift eines Richters, auch zweier Richter (BGH VersR 92, 1155), die nach Beschlussfassung (§§ 192ff GVG) verhindert oder weggefallen sind, ersetzbar. Der Vermerk muss mit „zugleich" beginnen, die Tatsache und den Grund (BGH VersR 84, 586) der Verhinderung angeben und nach räumlicher Stellung und Fassung zweifelsfrei von dem unterschreibenden Richter stammen (BGH VersR 84, 287). Er soll – bei Fehlen des Wortes „zugleich" muss – vom Vorsitzenden (Beisitzer) unterschrieben sein (BGH NJW 61, 782). Scheidet ein Richter nach der Verkündung aus dem Spruchkörper oder Gericht aus, kann er die Unterschrift nachholen (ebenso Vollkommer Rpfleger 76, 258 mwN; aA Stuttgart OLGZ 76, 241); scheidet er ganz aus dem Richterdienst aus, ist die Unterschrift nicht nachholbar (BayObLG NJW 67, 1578; abl Vollkommer NJW 68, 1309). Die von einem nicht verhinderten Richter verweigerte Unterschrift ist nicht ersetzbar, Aufhebungsgrund nach § 547

Nr 6 (BGH NJW 77, 765). Für die Leserlichkeit der Unterschrift gelten die Ausführungen in § 129 Rn 8 (KG NJW 88, 2807).

2. Verstöße. – a) Das Urteil selbst ist mit Verkündung wirksam 2 ohne Rücksicht darauf, ob es überhaupt und ob es von den mitwirkenden Richtern unterschrieben ist (BGH NJW 89, 1156, NJW-RR 98, 1065). Fehlende bzw Unterschrift durch einen nichtbeteiligten Richter kann jederzeit, auch noch nach Zustellung und Einlegung von Rechtsmitteln nachgeholt bzw gem § 319 berichtigt werden (BGH 18, 351, WM 98, 932). Kann ein verkündetes Urt, dessen Formel vor der Verkündung schriftlich abgefasst war (§ 311 Abs 2), wegen Verhinderung aller Beteiligten oder des Alleinrichters nicht mehr unterschrieben werden, ist es auszufertigen, zuzustellen und zu vollstrecken, unterliegt aber auf Rechtsmittel der Aufhebung und Zurückverweisung (§ 538). Fehlende Verkündung § 310 Rn 4. – **b) Ob die Zustellung wirksam** 3 **ist**, richtet sich nach der zugestellten Ausfertigung, nicht nach der Urschrift (BGH NJW 01, 1653). So ist, auch wenn die Urschrift in Ordnung, die Zustellung nach § 317 wirkungslos, wenn das Datum der Ausfertigung vor dem beurkundeten Verkündungsdatum liegt (BGH BB 93, 1174); wenn auf der Ausfertigung keine oder mit dem Rubrum nicht übereinstimmende Unterschriften der Richter angegeben sind (Nürnberg MDR 67, 311); wenn die Unterschrift eines nicht verhinderten Richters ersetzt (BGH NJW 77, 765) oder der Verhinderungsgrund nicht angegeben ist (BGH NJW 80, 1849). Bei Abweichung des Tenors in der Ausfertigung von der Urschrift ist die Zustellung nur dann unwirksam, wenn der Fehler, wäre er in der Urschrift enthalten, über § 319 nur mit der Folge berichtigt werden könnte, dass die Rechtsmittelfrist neu in Lauf gesetzt wird (BGH VersR 82, 70); § 319 Rn 7. Rechtsmittel bleiben aber unbeschränkt zulässig, weil sie schon vor der Zustellung eingelegt werden können. Fehlerhafte Amtszustellung § 310 Rn 7.

3. Die Frist für die Abfassung (Abs 2) in S 1 mit der Ausnah- 4 meregelung in S 2, 3 gilt für im Verhandlungstermin verkündete Urt. Zweck und Verstoß wie bei der Frist für Urt, die in einem späteren Termin verkündet werden, § 310 Rn 1.

4. Der Verkündungsvermerk auf der Urschrift **(Abs 3)** bezeugt 5 die Übereinstimmung mit der verkündeten Formel, ersetzt aber nicht die Feststellung der Verkündung im Sitzungsprotokoll (§ 160 Abs 3 Nr 7, BGH VersR 89, 604, Brandenburg OLG-NL 99, 94). Der Vermerk muss die Identität und die Legitimierung der unterschreibenden Person erkennen lassen (BGH VersR 93, 723). Das Fehlen des Vermerks auf der Ausfertigung begründet für sich allein keinen Mangel des Urt oder der Zustellung (BGH 8, 303, VersR 87, 680). Ersatz der Verkündung von Anerkenntnis- und VersUrteilen im schriftlichen Vorverfahren vgl § 310 Abs 3. Dementsprechend ist nach der Zustellung auf der Urschrift des Urt der Zustellungsvermerk anzubringen.

§ 316 (weggefallen)

§ 317 Urteilszustellung und -ausfertigung

(1) [1]Die Urteile werden den Parteien, verkündete Versäumnisurteile nur der unterliegenden Partei zugestellt. [2]Eine Zustellung nach § 310 Abs. 3 genügt. [3]Auf übereinstimmenden Antrag der Parteien kann der Vorsitzende die Zustellung verkündeter Urteile bis zum Ablauf von fünf Monaten nach der Verkündung hinausschieben.

(2) [1]Solange das Urteil nicht verkündet und nicht unterschrieben ist, dürfen von ihm Ausfertigungen, Auszüge und Abschriften nicht erteilt werden. [2]Die von einer Partei beantragte Ausfertigung eines Urteils erfolgt ohne Tatbestand und Entscheidungsgründe; dies gilt nicht, wenn die Partei eine vollständige Ausfertigung beantragt.

(3) Die Ausfertigung und Auszüge der Urteile sind von dem Urkundsbeamten der Geschäftsstelle zu unterschreiben und mit dem Gerichtssiegel zu versehen.

(4) [1]Ist das Urteil nach § 313b Abs. 2 in abgekürzter Form hergestellt, so erfolgt die Ausfertigung in gleicher Weise unter Benutzung einer beglaubigten Abschrift der Klageschrift oder in der Weise, daß das Urteil durch Aufnahme der in § 313 Abs. 1 Nr. 1 bis 4 bezeichneten Angaben vervollständigt wird. [2]Die Abschrift der Klageschrift kann durch den Urkundsbeamten der Geschäftsstelle oder durch den Rechtsanwalt des Klägers beglaubigt werden.

1   **1. Amtszustellung (Abs 1)** ist in § 270 Abs 1 für alle Urt aller ordentlichen Gerichte an alle Parteien, für verkündete VersU nur an die unterlegene Partei vorgeschrieben. Amtszustellung, ihre Vornahme, Verhältnis zur Parteizustellung 8, 9 vor § 166, §§ 166 ff. Für Vers-, Anerkenntnis- u VerzichtUrt im schriftlichen Vorverfahren tritt an die Stelle der Verkündung die Zustellung an beide Parteien nach § 310 Abs 3, eine weitere Zustellung ist nicht erforderlich (S 2). Alle Zustellungen haben zeitlich im normalen Geschäftsgang zu erfolgen. Da die Zustellung die Rechtsmittel- bzw Einspruchsfrist in Lauf setzt, können die Parteien, wenn sie den Beginn dieser Fristen, zB wegen Vergleichsverhandlungen verzögern wollen, übereinstimmend beim Vorsitzenden den Antrag nach S 3 stellen, ausgenommen in Ehe- (§ 618), Familien- (§ 621 c) u Kindschaftssachen (§ 640 Abs 1) sowie in § 50 Abs 1 S 2 ArbGG. Der Vorsitzende muss dem Antrag entsprechen.

2   **2. Die Ausfertigung (Abs 2–4,** § 170 Rn 1) wird vAw vom vollständigen Urt erteilt u nach Abs 1 zugestellt. Beantragt die Partei, etwa zum Zweck der ZwVollstr (§ 750 Abs 1 2) eine Ausfertigung, so enthält sie nur Rubrum, Formel u Unterschriften. Die Partei kann auch eine derart abgekürzte beglaubigte Abschrift von einer vollständigen UrtAusfertigung anfertigen u zur Zustellung benützen (BGH MDR 64, 916). Zustellung vor Verkündung ist wirkungslos, wirksam dagegen

Parteizustellung zum Zweck der ZwVollstr nach Verkündung, wenn Tatbestand u Gründe noch nicht vorliegen (BGH 8, 303). – **Abwei-** 3 **chungen.** Unwirksam ist die Zustellung, wenn die zugestellte Ausfertigung bzw Abschrift in wesentlichen Punkten nicht mit der Urt-Urschrift bzw -Ausfertigung übereinstimmt. So muss die Ausfertigung oder Abschrift ersehen lassen, dass die Urschrift überhaupt u von welchen Richtern unterschrieben ist. Dem ersten Erfordernis genügt nicht, dass die Namen der Richter in Maschinenschrift in Klammern angegeben sind; diese Klammerangabe genügt, wenn ein Zusatz „gez" oder ähnlich angebracht ist; ohne solchen Zusatz genügt die Namensangabe ohne Klammern (BGH NJW 75, 781, NJW-RR 87, 377). Dass der Name zwischen Bindestrichen angegeben ist, genügt (BGH FamRZ 90, 1127). Dem zweiten Erfordernis genügt nicht die Angabe „gez Unterschriften". Auch bei Unterzeichnung für einen verhinderten durch einen anderen beteiligten Richter muss die Ausfertigung durch Klammer oder den Zusatz „gez" erkennen lassen, welcher Richter Urteil und Zusatz unterzeichnet hat (BGH NJW 78, 217). Die Ausfertigung muss außerdem ersehen lassen, dass der Ausfertigungsvermerk vom UrkBeamten der GeschSt (BGH VersR 74, 1129) unterschrieben ist, wobei für die Unterschrift die selben Anforderungen wie bei bestimmenden Schriftsätzen (§ 129 Rn 6–9) gelten (BGH NJW 88, 713). Fehlen oder Unlesbarkeit für das Verständnis unwesentlicher Teile schadet nicht (BGH NJW 01, 1653). – Eine bestimmte **äußere Form** 4 ist für den Ausfertigungsvermerk nicht vorgeschrieben (BGH VersR 69, 709). Fehlender Hinweis in der Abschrift auf das auf der Ausfertigung angebrachte Siegel (Abs 3) macht die Zustellung nicht unwirksam (KG NJW 62, 2161). S auch § 315 Rn 3. – Abs 4 lässt für abgekürzte Urt Erteilung der Ausfertigung in gleicher Weise zu, auch nach Mahnverfahren (§ 697 Abs 5). Eine Klageabschrift kann auch der RA oder Erlaubnisinhaber (§ 25 EGZPO) beglaubigen.

3. Unrichtigkeiten der Ausfertigung gegenüber der Urschrift kann 5 der Urkundsbeamte entsprechend § 319 berichtigen; gegen Ablehnung Anrufung des Gerichts, gegen Entscheidung des Ger Rechtsmittel entsprechend § 319 Abs 3.

§ 318 Bindung des Gerichts

Das Gericht ist an die Entscheidung, die in den von ihm erlassenen End- und Zwischenurteilen enthalten ist, gebunden.

1. Anwendungsbereich. – **a) Bindung.** Gebunden ist das Gericht 1 an gewisse eigene Entscheidungen im selben Verfahren, also innerhalb der Instanz, gleichgültig in welcher Besetzung; auch das Kollegium an Entscheidungen des ER. Bindung höherer Instanzen an Entscheidungen des Untergerichts vgl §§ 512, 557 Abs 2. Die Bindung erstreckt sich nur auf die Entscheidung selbst, nicht auf tatsächliche Feststellungen und Gründe. Sie beginnt ohne Rücksicht auf Rechtskraft, mit der sie nichts zu tun hat, mit dem Erlass (§ 310) und bezieht sich auf End-, zulässig ergangene Zwischenurteile und grundsätzlich auf Wiedereinsetzungsbeschlüsse außer bei Verletzung des Rechts auf rechtliches Gehör (BGH 130, 97). Bindung an Vorbehaltsurteil § 302 Rn 7, § 600 Rn 4. –

2 **b) Keine Bindung** an VersU auf Einspruch; früheres EndUrt im Wiederaufnahmeverfahren; verwerfendes RechtsmittelUrt, wenn Wiedereinsetzung gewährt ist; ZwischenUrt über Prozessvoraussetzungen bei veränderter Sachlage (StJLeipold 7). – **c) Gilt nicht** für Verfügungen und grundsätzlich nicht für Beschlüsse (§ 329 Rn 12).

3 **2.** Die **Bindungswirkung** hat doppelten Inhalt: – **a) negativ:** das Ger darf seinen eigenen Entscheidungssatz nicht aufheben oder abän-
4 dern. Berichtigung und Ergänzung §§ 319 ff. – **b) positiv:** das Ger muss die von ihm ausgeprochene Rechtsfolge für das weitere Verfahren zugrunde legen, soweit über gestellte Anträge entschieden ist. Gilt auch für das BerGer in einem 2. BerVerfahren (BGH VersR 87, 939). Neues Parteivorbringen über entschiedene Punkte darf es nicht zulas-
5 sen. – **c) Nicht abdingbar** durch Parteivereinbarung im Interesse der Rechtssicherheit (Baumgärtel MDR 69, 173; aA Schlosser Einverständliches Parteihandeln im Zivilprozess [1968] S 16 ff.

§ 319 Berichtigung des Urteils

(1) **Schreibfehler, Rechnungsfehler und ähnliche offenbare Unrichtigkeiten, die in dem Urteil vorkommen, sind jederzeit von dem Gericht auch von Amts wegen zu berichtigen.**

(2) **Der Beschluß, der eine Berichtigung ausspricht, wird auf dem Urteil und den Ausfertigungen vermerkt.**

(3) **Gegen den Beschluß, durch den der Antrag auf Berichtigung zurückgewiesen wird, findet kein Rechtsmittel, gegen den Beschluß, der eine Berichtigung ausspricht, findet sofortige Beschwerde statt.**

1 **1. Gegenstand der Berichtigung** sind Urteile und Beschlüsse (§ 329), auch Berichtigungsbeschlüsse (BGH NJW-RR 88, 407), grundsätzlich auch Mahnbescheide (Düsseldorf NJW-RR 98, 1077) in allen ihren Bestandteilen. Die Bezeichnung einer nicht existierenden verklagten GmbH kann in OHG (BGH 22, 240/246) oder eine natürliche Person (Frankfurt MDR 90, 639) oder die Gesellschafter der dahinter stehenden BGB-Gesellschaft (Zweibrücken NJW-RR 02, 212) berichtigt, fehlende Mitglieder einer BGB-Gesellschaft können nachgetragen werden (BGH NJW 97, 1236). Die Parteibezeichnung kann berichtigt werden, wenn die betreffende Person Partei geworden ist (Stuttgart NJW-RR 99, 216) und ihre Identität unverändert bleibt (Koblenz NJW-RR 97, 1352). Der Tenor darf in sein Gegenteil verkehrt werden, auch wenn dadurch dem Rechtsmittel der Boden entzogen oder es statthaft wird, wie bei Zulassung der Revision (BGH 78, 22). Der von dem Fehler Betroffene kann, wenn sich der Fehler auf den Tenor oder die Identität der Partei bezieht, ggf auch Rechtsmittel

einlegen, § 511 Rn 6. Einen Rechenfehler, der in einem vorgelesenen und genehmigten Vergleich enthalten ist, kann das Gericht nicht berichtigen (Frankfurt MDR 86, 152). § 319 ist analog anwendbar im FGG-Verfahren, auch sein Abs 3 (BGH 106, 370).

2. Voraussetzung ist offenbare Unrichtigkeit. Die Vorschrift ist im **2** Interesse der Prozesswirtschaftlichkeit und eines besseren Richterspruchs weit auszulegen (BGH NJW 85, 742), außer wenn die Berichtigung ein Merkmal betrifft, an das eine formelle Anknüpfung gebunden ist wie die Zulässigkeit von Rechtsmitteln (BGH MDR 93, 382). Abgrenzung zu § 321 s dort Rn 1. – **a) Unrichtig** in diesem Sinne ist **3** nur eine versehentliche Abweichung der gerichtlichen Willenserklärung von der Willensbildung, auch ein Eingabefehler durch falschen Knopfdruck bei Verwendung eines Computerprogramms zur Berechnung des Versorgungsausgleichs (Bamberg NJW-RR 98, 1620). Fehler, die auf rechtsirriger Willensbildung beruhen, können außer Rechenfehlern nicht mit § 319 beseitigt werden (BGH ZIP 94, 1388), jedenfalls nicht ohne Verstoß gegen § 318 oder die Grundsätze der Rechtskraft. Das übersieht die Rechtsprechung verschiedentlich oder setzt sich darüber hinweg (Köln FamRZ 93, 456). So ist unzulässig „Berichtigung" des Kostenausspruchs im Urteil nach Änderung der Streitwertfestsetzung (Düsseldorf NJW-RR 92, 1532, Köln OLGZ 93, 446 je mwN; Stuttgart FamRZ 02, 679; aA Düsseldorf NJW-RR 02, 211), „Berichtigung" des Kostenausspruchs, der Erhebung und Rücknahme einer Widerklage übersehen hatte (Köln MDR 80, 761), Streichung eines Bekl in Rubrum und Tenor, der in den Gründen verurteilt ist (LG Stade NJW 79, 168). Ferner keine Berichtigung, wenn § 281 Abs 3 S 2 übersehen wurde (München NJW-RR 86, 1447, Hamm NJW-RR 00, 1524). Auch versehentliche Auslassungen im Urteilstenor können unter § 319 fallen, wenn dieser Punkt in den Gründen eindeutig entschieden ist (BGH NJW 64, 1858), zB Teilabweisung oder Kostenausspruch fehlt im Tenor (Bremen VersR 73, 226, Hamm NJW-RR 86, 1444); nicht aber, wenn er auch in den Gründen übergangen ist (dann nur § 321). Dass die Unrichtigkeit von einer Partei veranlasst ist, steht nicht entgegen, zB falsche Parteibezeichnung, nur muss die Identität gewahrt bleiben (Düsseldorf VersR 77, 260, LAG München MDR 85, 170). – **b) Offenbar** ist die Unrichtigkeit, wenn sich der Fehler bereits un- **4** mittelbar aus der Entscheidung selbst (BGH 127, 74, LAG Köln: Verurteilung im Tenor, Klageabweisung in den Entscheidungsgründen) oder aus den Vorgängen bei Erlass und Verkündung auch für Dritte ohne weiteres ergibt (BGH 20, 188/192, 78, 22, NJW-RR 01, 61), auch aus dem Zusammenhang mit jedermann zugänglichen Tabellen (Düsseldorf FamRZ 97, 1407). Dies ist auch anzunehmen, wenn ein Urteil ohne Begründung mit anderem Tenor verkündet wurde als es beraten und in der mdl Vhdlg angekündigt war (BGH NJW-RR 02, 712).

3. Verfahren (Abs 2). VAw oder auf Antrag. Freigestellte mdl Vhdlg **5** (§ 128 Rn 11 ff), Anwaltszwang gem § 78. Die Entscheidung ergeht nach

Anhörung der Parteien (BGH NJW-RR 02, 712) stets durch Beschluss, der auf der Urschrift und den Ausfertigungen zu vermerken ist. „Jederzeit" darf das Ger berichtigen, also auch nach Einlegung eines Rechtsmittels (BGH 18, 350/356) oder selbst zwei Jahre nach Eintritt der Rechtskraft (Hamm NJW-RR 87, 187, Brandenburg NJW-RR 00, 1522; aA Lindacher ZZP 88, 64). Zuständig ist dieselbe Spruchabteilung, die das Urt erlassen hat, nicht notwendig aber in derselben Besetzung. Jedoch darf das Kollegium nicht ein Urt des ER berichtigen und umgekehrt. Zuständig für die Berichtigung eines Urt der Vorinstanz ist auch die Rechtsmittelinstanz, solange der Rechtsstreit dort schwebt (BGH NJW 64, 1858, BAG NJW 64, 1874, Düsseldorf MDR 91, 789).

6   **4. Wirkung.** Die berichtigte Fassung ist **rückwirkend** auf die Verkündung grundsätzlich (s aber Rn 7) die allein maßgebende (BGH NJW 85, 742). Dies kann dazu führen, dass ein zunächst vermeintlich zulässig eingelegtes Rechtsmittel sich später als unzulässig erweist (BGH NJW 94, 2832). Bindungswirkung nach Rechtskraft des Beschlusses vgl Rn 9. Auch der fehlerhafte Berichtigungsbeschluss ist grundsätzlich wirksam und bindend (BGH 127, 74, NJW 95, 1033), außer wenn durch die unzulässige Berichtigung der Willensbildung (Rn 3) zwingende Vorschriften über den Instanzenzug und die Statthaftigkeit von Rechtsmitteln oder über die Abgrenzung zwischen Familien- und allgemeiner Zivilgerichtsbarkeit unterlaufen würden (BGH NJW 94,
7   2832). – **Neue Rechtsmittelfrist** beginnt nur dann, wenn das Urt insgesamt, also einschließlich der Entscheidungsgründe nicht geeignet ist als Grundlage für die Entschließungen und das weitere Handeln der Parteien und für die Entscheidung des Rechtsmittelgerichts (BGH 127, 74, NJW 95, 1033; 01, 211). So wenn sich erst aus der Berichtigung ergibt, dass die erlassene Entscheidung einem Rechtsmittel zugänglich, insbesondere eine Partei beschwert (17–20 vor § 511) ist (BGH 17, 149, NJW 84, 1041; 99, 646). Wird durch die Berichtigung unzulässigerweise anstelle der bisherigen Partei eine andere gesetzt, so beginnt die Rechtsmittelfrist erst mit Zustellung des berichtigten Urt an diese, die 5-Monatsfrist des § 517 Hs 2 erst mit Erlass des Berichtigungsbeschlusses (Düsseldorf MDR 90, 930); ebenso, wenn erst die berichtigte Urteilsfassung klar erkennen lässt, gegen wen das Rechtsmittel zu richten ist (BGH 113, 228), zB weil von 2 Beklagten einer im Urteilsrubrum nicht angegeben ist (BGH MDR 99, 499). Wird dem Bekl mit dem Urt ein Beschluss zugestellt, der den auf einen höheren Betrag lautenden Urteilstenor auf einen niedrigeren Betrag berichtigt, und wird durch spätere Aufhebung des Berichtigungsbeschlusses klargestellt, dass die ursprüngliche, höhere Fassung des Urteilstenors gilt, so beginnt für diese höhere Beschwer der Lauf der Rechtsmittelfrist erst mit Zu-
8   stellung des Aufhebungsbeschlusses (BGH NJW 86, 935). – **Zwangsvollstreckung** nur aus der berichtigten Fassung. Gegen ZwVollstr aus der alten Fassung: § 766. Rückforderung von Beitreibungen nicht nach § 717 Abs 2, sondern nur durch Klage.

5. Rechtsmittel (Abs 3). – a) gegen Berichtigung sofortige Be- 9
schwerde. Ausnahme: Beschlüsse des OLG und des LG im Berufungs-
oder Beschwerdeverfahren (§ 567 Abs 1), selbst wenn sie jeder gesetzlichen Grundlage entbehren (BGH NJW 89, 2625, NJW-RR 90, 893),
außer die RechtsBeschw (§ 574) wurde zugelassen. Gegenstand der
Überprüfung ist nur die Zulässigkeit der Berichtigung, nicht ihre inhaltliche Richtigkeit (StJLeipold 18, Zö/Vollkommer 26). Rechtsbeschwerde nur nach Zulassung durch das BeschwGer (§ 574 Abs 1 Nr 2).
Nach Rechtskraft ist der wirksame (Rn 6) Berichtigungsbeschluss auch
im Rechtsmittelverfahren gegen das Urt bindend (BGH WM 84, 1351),
außer er würde ohne ges Grundlage die Statthaftigkeit eines Rechtsmittels (Zulassung der Revision) herbeiführen (BAG NJW 69, 1871)
oder wenn eine offenbare Unrichtigkeit weder aus der berichtigten
Entscheidung noch aus den Vorgängen bei ihrer Verkündung erkennbar ist (BGH NJW-RR 88, 407). Beschwerde bei greifbarer Gesetzwidrigkeit § 567 Rn 7–9. – **b) gegen Ablehnung** der Berichtigung kein 10
Rechtsmittel. Sof Beschw, wenn Ablehnung nur aus prozessualen
Gründen erfolgte (Düsseldorf NJW-RR 02, 211), oder bei greifbarer
Gesetzwidrigkeit (Koblenz FamRZ 91, 100; Brandenburg NJW-RR
97, 1563, aA Stuttgart FamRZ 02, 679), sofern man die außerordentliche Beschw weiterhin für gegeben hält (§ 567 Rn 7–9).

6. Kosten: solche des Rechtsstreits. **Gebühren:** Keine § 37 Nr 6 11
BRAGO.

§ 320 Berichtigung des Tatbestandes

(1) **Enthält der Tatbestand des Urteils Unrichtigkeiten, die
nicht unter die Vorschriften des vorstehenden Paragraphen
fallen, Auslassungen, Dunkelheiten oder Widersprüche, so kann
die Berichtigung binnen einer zweiwöchigen Frist durch Einreichung eines Schriftsatzes beantragt werden.**

(2) **¹Die Frist beginnt mit der Zustellung des in vollständiger
Form abgefaßten Urteils. ²Der Antrag kann schon vor dem
Beginn der Frist gestellt werden. ³Die Berichtigung des Tatbestandes ist ausgeschlossen, wenn sie nicht binnen drei Monaten
seit der Verkündung des Urteils beantragt wird.**

(3) **¹Auf den Antrag ist ein Termin zur mündlichen Verhandlung anzuberaumen. ²Dem Gegner des Antragstellers ist
mit der Ladung zu diesem Termin der den Antrag enthaltende
Schriftsatz zuzustellen.**

(4) **¹Das Gericht entscheidet ohne Beweisaufnahme. ²Bei der
Entscheidung wirken nur diejenigen Richter mit, die bei dem
Urteil mitgewirkt haben. ³Ist ein Richter verhindert, so gibt
bei Stimmengleichheit die Stimme des Vorsitzenden und bei
dessen Verhinderung die Stimme des ältesten Richters den
Ausschlag. ⁴Eine Anfechtung des Beschlusses findet nicht statt.**

⁵ Der Beschluß, der eine Berichtigung ausspricht, wird auf dem Urteil und den Ausfertigungen vermerkt.

(5) Die Berichtigung des Tatbestandes hat eine Änderung des übrigen Teils des Urteils nicht zur Folge.

1   **1. Anwendungsbereich, Abgrenzung.** Berichtigung nach § 320 ist nur zulässig, soweit die unrichtigen Tatbestandsteile, auch wenn sie sich räumlich in den Entscheidungsgründen befinden (BGH NJW 97, 1931), gem § 314 für das Verfahren Beweiskraft haben (BGH NJW 56, 1480 und 83, 2030; einschränkend Celle NJW 70, 53); § 314 Rn 1, 2. Es können berichtigt werden diejenigen tatsächlichen Feststellungen, die nicht unter § 319 fallen, also die auf irriger Willensbildung beruhenden. Mit Rechtsmittel gegen das Urt ist Berichtigung des Tatbestandes nicht zu erreichen (München BauR 84, 637). § 320 gilt entsprechend für den nachträglich abgefaßten Tatbestand iF des § 313b bei Geltendmachung des Urt im Ausland (§ 32 Abs 3 AVAG). – **Unter**

2   **§ 320 fallen nicht** Fehler in der rechtlichen Subsumtion (LAG Köln MDR 85, 171; dafür Rechtsmittel) und Auslassungen im Tenor (dafür § 321). Die Berichtigung des Tatbestandes darf keine Berichtigung der Entscheidung selbst, also im Tenor, oder der Gründe, also im Subsumtionsschluss, zur Folge haben (RG 122, 332). Deshalb ist Berichtigung tatbestandsloser Urteile (§ 540), die Tatbestandsteile in den Entscheidungsgründen enthalten, unzulässig (Köln OLGZ 89, 78). – **Kosten,**

3   **Gebühren** wie § 319 Rn 11.

4   **2. Verfahren.** Nur auf Antrag, den nach Eröffnung des Insolvenzverfahrens der Gemeinschuldner für ein gegen ihn ergangenes Urt stellen kann (SchlHOLG SchlHA 71, 18). Anwaltszwang gem § 78. Frist zwei Wochen ab Amtszustellung des vollständig abgefassten Urt, auch für Streithelfer mit Zustellung an eine Partei (BGH NJW 63, 1251); längstens drei Monate ab Verkündung, bei Anerkenntnis-, Verzichts- oder VersUrt im schriftlichen Vorverfahren ab Amtszustellung (§ 310 Abs 3). Keine Verlängerung, keine Wiedereinsetzung. Notwendige mdl Vhdlg oder § 128 Abs 2, außer bei Verwerfung des Antrags als unzulässig in der RevInstanz (BGH MDR 99, 434), ohne Beweisaufnahme (Abs 4 S 1). Die Revisionsinstanz kann einen unzulässigen Antrag ohne mdl Vhdlg verwerfen (BGH NJW 99, 796). Maßgebend ist nur die persönliche Erinnerung der Richter. Entscheidung durch Beschluss, in dem ggf der Verhinderungsgrund eines Richters anzugeben ist (Schmidt JR 93, 457). Zuständig ist das Ger in der gleichen Besetzung. Ein verhinderter Richter fällt ersatzlos weg, wegen der Abstimmung für diesen Fall siehe Abs 4 S 3. Verhinderung (§ 315 Rn 1; enger Hirte JR 85, 138) des ER oder aller beteiligten Richter macht Berichtigung unmöglich.

5   **3. Wirkung** wie § 319 Rn 6, 7.

6   **4. Rechtsmittel** gegen Berichtigung und gegen Ablehnung keines, auch nicht im Rahmen von Ber oder Rev.

§ 321 Ergänzung des Urteils

(1) Wenn ein nach dem ursprünglich festgestellten oder nachträglich berichtigten Tatbestand von einer Partei geltend gemachter Haupt- oder Nebenanspruch oder wenn der Kostenpunkt bei der Endentscheidung ganz oder teilweise übergangen ist, so ist auf Antrag das Urteil durch nachträgliche Entscheidung zu ergänzen.

(2) Die nachträgliche Entscheidung muß binnen einer zweiwöchigen Frist, die mit der Zustellung des Urteils beginnt, durch Einreichung eines Schriftsatzes beantragt werden.

(3) [1]Auf den Antrag ist ein Termin zur mündlichen Verhandlung anzuberaumen. [2]Dem Gegner des Antragstellers ist mit der Ladung zu diesem Termin der den Antrag enthaltende Schriftsatz zuzustellen.

(4) Die mündliche Verhandlung hat nur den nicht erledigten Teil des Rechtsstreits zum Gegenstande.

1. Anwendungsbereich, Abgrenzung. Die Vorschrift lässt Ergän- 1 zung eines lückenhaften, nicht Richtigstellung eines falschen Urt oder Beschlusses zu, ist aber auch anwendbar, wenn in der Ergänzung zugleich eine Richtigstellung liegt (BGH NJW-RR 96, 1238). Anwendbar, wenn der Tenor versehentlich ganz oder teilweise (Düsseldorf FamRZ 97, 1407) nicht über einen auch in den Gründen übergangenen Haupt- oder Nebenanspruch entscheidet, der im Tatbestand, auch nach Berichtigung gemäß § 320, als erhoben festgestellt ist oder über die Kosten (Stuttgart NJW-RR 99, 116: des Nebenintervenienten, Hamm NJW-RR 00, 1524: Mehrkosten § 281 Abs 3 S 2). – **Nicht** 2 **anwendbar,** wenn über den Anspruch bewusst nicht entschieden ist (Teilurteil) oder weil das Ger das Begehren der Partei falsch ausgelegt hat (BGH NJW 80, 840); wenn er in den Gründen behandelt ist, dann § 319 (BGH VersR 82, 70, Hamm NJW-RR 86, 1444 für Kostenausspruch); wenn die Erhebung des Anspruchs versehentlich im Tatbestand nicht festgestellt ist (dann § 320); wenn der Tenor entscheidet, aber die Gründe schweigen; ferner wenn ein Angriffs- oder Verteidigungsmittel (BGH NJW-RR 96, 379) oder eine Anspruchsgrundlage übergangen ist (dann Rechtsmittel). – Mit **Rechtsmittel gegen das** 3 **Urteil** selbst ist grundsätzlich die Ergänzung nicht zu erreichen, weil die Beschwer nicht in der getroffenen, sondern in der versehentlich unterlassenen Entscheidung liegt. Möglich ist die Geltendmachung als neuer Anspruch durch Klageerweiterung in der Berufung. Soweit Übergehung die Urt inhaltlich unrichtig macht (zB § 302 Rn 6, § 305 Rn 2), ist neben § 321 auch Rechtsmittel zulässig (BGH NJW-RR 96, 1238, StJLeipold 15).

2. Verfahren. Nur auf Antrag, Anwaltszwang gem § 78. Frist zwei 4 Wochen ab Amtszustellung des vollständigen Urt (§ 317). Setzt die Ergänzung eine vorherige Berichtigung des Tatbestands voraus, beginnt die Frist für den Antrag auf UrtErgänzung erst mit Zustellung des Berichtigungsbeschlusses (BGH NJW 82, 1821). Keine Verlängerung, keine Wiedereinsetzung. Sind die Kosten der Streithilfe übergangen, beginnt die Antragsfrist auf Ergänzung für den Streithelfer mit der Zustellung an ihn (BGH NJW 75, 218). Ergänzung ist auf fristgerechte Antragstellung auch noch nach Rechtskraft des Urt möglich (Köln MDR 92, 301). Notwendige mdl Vhdlg oder § 128 Abs 2. Entscheidung durch ErgänzungsUrt. Zuständig ist das selbe Gericht, nicht nötig in der selben Besetzung. Ende der Rechtshängigkeit § 261 Rn 9. –

5   **Kosten, Gebühren** wie § 319 Rn 11.

6   **3. Wirkung, Rechtsmittel.** Das ErgänzungsUrt ist ein selbständiges TeilUrt, das unabhängig vom HauptUrt den normalen Rechtsmitteln unterliegt, deren Zulässigkeit sich nur nach dem Inhalt des ErgänzungsUrt richtet (BGH NJW 00, 3008). Ausnahme: Enthält es nur die Kostenentscheidung, so ist es trotz § 99 anfechtbar, falls auch das HauptUrt angefochten ist. Die Entscheidung über Kosten und vorl Vollstreckbarkeit im ErgänzungsUrt wird von dem Rechtsmittel gegen das HauptUrt ohne weiteres mitgegriffen. Neubeginn der Berufungsfrist gegen HauptUrt § 517.

7   **4. Entsprechend anwendbar** ist § 321 ausdrücklich in den Fällen §§ 302 Abs 2, 599 Abs 2, 716, 721 Abs 1; nach allg M auf vergleichbare Lücken, zB Vorbehalt beschränkbarer Haftung (§§ 305, 780, 786), Zug-um-Zug-Verurteilung; schließlich auf urteilsähnliche verfahrensabschließende Beschlüsse (Stuttgart MDR 99, 116), Fristbeginn mit Zugehen (Stuttgart ZZP 69, 428, Hamm Rpfleger 73, 409 für Kfb). –

8   **Nicht entsprechend anwendbar** wegen des Eingriffs in die Rechtskraftwirkung und die Rechtssicherheit auf Zulassung der Revision, § 543 Abs 1 (BGH 44, 395, NJW 81, 2755, Saarbrücken NJW-RR 99, 214).

§ 321 a Abhilfe bei Verletzung des Anspruchs auf rechtliches Gehör

(1) **Auf die Rüge der durch das Urteil beschwerten Partei ist der Prozess vor dem Gericht des ersten Rechtszuges fortzuführen, wenn**
1. eine Berufung nach § 511 Abs. 2 nicht zulässig ist und
2. das Gericht des ersten Rechtszuges den Anspruch auf rechtliches Gehör in entscheidungserheblicher Weise verletzt hat.

(2) ¹**Die Rüge ist durch Einreichung eines Schriftsatzes (Rügeschrift) zu erheben, der enthalten muss:**
1. die Bezeichnung des Prozesses, dessen Fortführung begehrt wird;
2. die Darlegung der Verletzung des Anspruchs auf rechtliches Gehör und der Entscheidungserheblichkeit der Verletzung.
²**Die Rügeschrift ist innerhalb einer Notfrist von zwei Wochen bei dem Gericht des ersten Rechtszuges einzureichen.** ³**Die Frist**

beginnt mit der Zustellung des in vollständiger Form abgefassten Urteils, im Falle des § 313a Abs. 1 Satz 2 jedoch erst dann, wenn auch das Protokoll zugestellt ist.

(3) **Dem Gegner ist, soweit erforderlich, Gelegenheit zur Stellungnahme zu geben.**

(4) [1]**Das Gericht hat von Amts wegen zu prüfen, ob die Rüge an sich statthaft und ob sie in der gesetzlichen Form und Frist erhoben ist.** [2]**Mangelt es an einem dieser Erfordernisse, so ist die Rüge als unzulässig zu verwerfen.** [3]**Ist die Rüge unbegründet, weist das Gericht sie zurück.** [4]**Die Entscheidungen ergehen durch kurz zu begründenden Beschluss, der nicht anfechtbar ist.**

(5) [1]**Ist die Rüge begründet, so hilft ihr das Gericht ab, indem es den Prozess fortführt.** [2]**Der Prozess wird in die Lage zurückversetzt, in der er sich vor dem Schluss der mündlichen Verhandlung befand.** [3]**§ 343 gilt entsprechend.**

(6) **§ 707 Abs. 1 Satz 1, Abs. 2 ist entsprechend anzuwenden.**

1. Zweck der Vorschrift ist die Möglichkeit der Selbstkorrektur bei 1
unanfechtbaren Urteilen der 1. Instanz im Falle der Verletzung des
Anspruchs auf rechtliches Gehör (Art 103 Abs 1 GG) und dadurch
mittelbar eine Entlastung des BVerfG. Diese Selbstkorrektur erfolgt
aber nicht vAw, sondern nur auf Rüge der beschwerten Partei.

2. Voraussetzungen des Rügeverfahrens: – a) Statthaft ist es, 2
wenn das Urt des Ger in 1. Instanz **unanfechtbar** ist, dh der Wert der
Beschwer der betroffenen Partei darf den in § 511 Abs 2 Nr 1 genannten Wert nicht übersteigen und die Ber darf nicht nach § 511 Abs 2
Nr 2 zugelassen sein. Wenn die Gegenpartei Ber eingelegt hat (bei
Beschw über dem Wert des § 511 Abs 2 Nr 1 ohne weiteres möglich),
ist das BerVerf entspr § 148 wegen Abs 5 auszusetzen (HMS § 321a
Rn 25). – **b)** Der Anspruch der durch das Urt beschwerten Partei (16–32 3
vor § 511) auf rechtliches Gehör (Einl I Rn 13–19) muss verletzt sein
(Einl I Rn 20). – **c)** Der Verstoß gegen das Gebot rechtlichen Gehörs 4
muss sich auf das Ergebnis des Urt ausgewirkt haben, dh es müsste möglicher Weise anders ausgefallen sein bei Gehörsgewährung (Einl I Rn 21).

3. Anforderungen an die Rügeschrift: – a) Form. Sie ist be- 5
stimmender Schriftsatz (§ 129 Rn 5–14), im Fall des § 78 von einem
RA zu unterschreiben, und muss den fortzuführenden Prozess bezeichnen, am sichersten wie eine BerSchrift nach Gericht, Parteien, Verkündungsdatum und Aktenzeichen (§ 519 Rn 13), außerdem darlegen,
wodurch der Anspruch auf rechtliches Gehör verletzt und in wiefern sich das auf das Ergebnis des Urt ausgewirkt hat. – **b) Frist:** In- 6
nerhalb einer Notfrist von 2 Wochen, beginnend mit Zustellung des
vollständigen Urt, im Fall von § 313a Abs 1 S 2 erst, wenn auch das Protokoll zugestellt ist. – **c) Adressat** ist allein das Ger der 1. Instanz, das 7
den Anspruch auf rechtliches Gehör verletzt haben soll.

8   **4. Verfahren.** – **a)** Das Ger prüft vAw die **Statthaftigkeit** der Rüge
9 (Rn 2) und ihre **Zulässigkeit** (Rn 5–7). – **b)** Ist die Rüge statthaft
10 und zulässig, prüft das Ger ihre **Begründetheit** (Rn 3, 4). – **c)** Dem
Gegner ist **rechtliches Gehör** zu gewähren, soweit erforderlich
(Abs 3), dh wenn die Zulässigkeit bejaht und die Begründetheit der
Rüge nicht verneint wird.

11   **5. Mögliche Entscheidungen:** – **a)** Fehlt die Statthaftigkeit oder
eine andere Voraussetzung der Zulässigkeit, ist die Rüge als unzulässig
12 zu verwerfen (Abs 4 S 2). – **b)** Ist die Rüge zulässig, aber **unbegrün-**
13 **det,** ist sie zurückzuweisen (Abs 4 S 3). – **c)** In beiden Fällen ergeht die
Entscheidung durch Beschluss (Abs 4 S 4) mit freigestellter mdl Vhdlg
(§ 128 Abs 4). Es entsteht eine Gebühr nach Nr 1960 KV zum GKG.
Der Beschluss ist kurz zu begründen und mit ordentlichen Rechtsmitteln nicht anfechtbar. Möglich bleibt Verfassungsbeschwerde zum
14 BVerfG. – **d)** Ist die **Rüge begründet,** dh wurde der Anspruch auf
rechtliches Gehör verletzt – auf ein Verschulden des Ger kommt es dabei nicht an – und beruht das Urt darauf (Rn 4), führt das Ger den Prozess in gleicher Weise fort (Abs 5) wie nach einem VersU und zulässigem
15 Einspruch (§ 342 Rn 2). – **e)** Die **neue Entscheidung** ergeht, wenn
das rechtliche Gehör nachgeholt wurde, nach den Grundsätzen des
§ 343 (Abs 5 S 3): Entweder ist das ursprüngliche Urt zu bestätigen
oder ganz bzw teilweise aufzuheben und durch eine anderweitige Entscheidung zu ersetzen (vgl § 343 Rn 2–7). Kein Verbot der Schlechterstellung (ZöVollkommer 18).

16   **6. Rechtskraft und Vollstreckbarkeit.** – **a)** Eine Rüge nach § 321 a
hemmt den Eintritt der **formellen Rechtskraft** des Urt (§ 705 S 2). –
17 **b)** Die **vorläufige Vollstreckbarkeit** wird dadurch nicht berührt, auf
Antrag kann das Ger entsprechend § 707 Abs 1 S 1 die ZwVollstr gegen oder ohne Sicherheitsleistung vorläufig einstellen. Nach § 707
Abs 2 ergeht die Entscheidung durch nicht anfechtbaren Beschluss.

18   **7. Entsprechende Anwendung** von § 321 a kommt in Betracht
bei BerUrteilen, gegen die eine Nichtzulassungsbeschwerde wegen
§ 26 Nr 8 oder 9 EGZPO nicht zulässig ist (aA Oldenburg NJW 03,
149), sowie bei ablehnenden Zulassungsbeschlüssen des RevGer (§ 544
Abs 5 S 3), wenn der Anspruch auf rechtliches Gehör dabei verletzt
wurde. Bei anderen unanfechtbaren Beschlüssen tritt im Fall der Verletzung von Verfahrensgrundrechten die fristgebundene Gegenvorstellung
entsprechend § 321 a an die Stelle der außerordentlichen Beschwerde
(BGH NJW 02, 1577; BVerwG NJW 02, 2657; Naumburg NJW-RR
03, 353).

§ 322 Materielle Rechtskraft

(1) **Urteile sind der Rechtskraft nur insoweit fähig, als über
den durch die Klage oder durch die Widerklage erhobenen
Anspruch entschieden ist.**

(2) **Hat der Beklagte die Aufrechnung einer Gegenforderung geltend gemacht, so ist die Entscheidung, daß die Gegenforderung nicht besteht, bis zur Höhe des Betrages, für den die Aufrechnung geltend gemacht worden ist, der Rechtskraft fähig.**

Übersicht

1. Begriff, Abgrenzung. Formelle Rechtskraft (§ 705) ist Voraus- **1** setzung für die materielle Rechtskraft. Diese bedeutet, dass der Inhalt der Entscheidung maßgeblich ist für das Gericht und die Parteien, falls es in einem späteren Verfahren um dieselbe Rechtsfolge geht. Es soll verhindert werden, dass um sie oder ihr Gegenteil wiederholt prozessiert und widersprechend entschieden wird. Die Sicherung des Rechtsfriedens unter den Parteien und die Autorität der Gerichte verlangen, dass jeder Streit einmal ein Ende findet und dass die Entscheidung endgültig ist. Dabei muss als geringeres Übel in Kauf genommen werden, dass sie im Einzelfall unrichtig ist. Von diesem Begriff der materiellen Rechtskraft sind **zu unterscheiden: – a) Vollstreckbarkeit** (§§ 704 ff); **– b) Gestal-** **2** **tungswirkung** (6 vor § 253); **– c) Tatbestandswirkung.** Sie besteht darin, dass eine Norm die bloße Existenz eines Urt als Tatbestandsmerkmal enthält und daran bestimmte Rechtsfolgen knüpft, zB § 775 Nr 4 BGB; §§ 302 Abs 4 S 2, 3, 717 Abs 2. Außerdem hat das Zivilgericht außerhalb des § 839 BGB (Pal/Thomas Rn 86) einen existent gewordenen Verwaltungsakt seiner Entscheidung zugrunde zu legen (BGH NJW 79, 597, NJW 98, 3055). **– d) Nebeninterventionswirkung** (§ 68). **– e) Bindungswirkung** des Ger an eigene Entscheidungen (§ 318) und an Unterlassungsgebote gemäß § 11 UKlaG; dazu eingehend Gaul, Festschrift für Beitzke, 1979, S 997 ff.

2. Rechtskraftfähigkeit. – a) Der materiellen Rechtskraft fä- **3** **hig** sind alle endgültigen und vorbehaltslosen Entscheidungen deutscher Gerichte, auch wenn sie (quantitativ) über den Klageantrag hinausgehen oder über einen nicht erhobenen Anspruch entscheiden (BGH NJW 99, 287). Darunter fallen im Wesentlichen die EndUrt, auch VersU (BGH NJW 03, 1044), GestaltungsUrt; auch ProzUrt, das die Klage abweist (BGH NJW 85, 2535) bzw Rechtsmittel oder Einspruch verwirft; seine Rechtskraft beschränkt sich auf die darin entschiedene Prozessfrage (BGH NJW 91, 1116); auch § 522 Rn 11. Ferner Zwi-

schenUrt gegen Dritte (§ 303 Rn 3). Schiedssprüche mit gewissen Abweichungen (§ 1055 Rn 2). Beschlüsse, die der formellen Rechtskraft fähig sind und eine zur materiellen Rechtskraft fähige Entscheidung enthalten, zB Kostenfestsetzungsbeschlüsse; Verwerfungsbeschlüsse nach §§ 522, 552 (BGH NJW 81, 1962); Beschluss, der die Wiedereinsetzung ablehnt; Beschluss nach § 5 KSchG (BAG MDR 84, 83); Beschluss nach § 888 (RG 167, 332); Zuschlagsbeschluss in der ZwVersteigerung (RG 138, 127). Eintragung in die Insolvenztabelle. VollstrBescheid (bestr; Nachweise Vollkommer, Festschrift für Gaul 1997 S 759), weil er gem § 700 Abs 1 einem VersU gleichsteht; dass keine Schlüssigkeitsprüfung vor seinem Erlass stattfindet, ändert daran nichts (BGH 101, 380; zust Grunsky WM 87, 349; aA Grüne NJW 91, 2860). Vgl auch Rn 52, 53. Arrest und einstw Verfügung vgl § 922 Rn 7–11; ausländische Urt vgl § 328. – **b) Nicht der materiellen Rechtskraft fähig**
4 sind Vorbehalts- (§§ 302, 599) und GrundUrt (§ 304), – in der Wirkung steht aber die Bindung gem § 318 gleich; ein Urt ohne hinreichend genaue Bezeichnung des Urteilsgegenstands (BGH NJW-RR 97, 441 u 99, 70). Urteile des RechtsmittelGer, die aufheben und zurückverweisen (§§ 538, 563 Abs 1, 2) oder verweisen (§ 281 Rn 10); ZwischenUrt unter den Parteien (§§ 280, 303).

5   **3. Wesen der materiellen Rechtskraft.** Der Theorienstreit hat für die Praxis keine Bedeutung. – **a)** Die **materiellrechtliche Theorie** besagt, dass das richtige Urt die bisherige Rechtslage bestätige und einen neuen Erwerbs- oder Untergangsgrund schaffe, während das unrichtige Urt das zuerkannte mat Recht zum Entstehen, das aberkannte
6 zum Erlöschen bringe. – **b)** Die **prozessrechtliche Theorie** (BGH 34, 337, BAG NJW 55, 476; vermittelnd StJLeipold 19 ff) überwiegt. Danach spricht das Urteil aus, was Rechtens ist, schafft aber selbst nicht Recht außer das Gestaltungsurteil. Das Wesen der mat Rechtskraft besteht demnach darin, dass im Falle eines späteren Prozesses Gericht und
7 Parteien an die rechtskräftige Entscheidung gebunden sind. – Diese **Bindung** bedeutet, dass eine abweichende Entscheidung verboten und dass jede neue Verhandlung und Entscheidung über die rechtskräftig festgestellte Rechtsfolge ausgeschlossen ist (BGH 36, 365, NJW 85, 2535 u 2825). Dieses ne bis in idem ist die entscheidende Aussage der materiellen Rechtskraft (Schwab JuS 76, 69/73).

8   **4. Wirkung der materiellen Rechtskraft.** Jede neue Verhandlung und Entscheidung über die rechtskräftig festgestellte Rechtsfolge ist ausgeschlossen (BGH WM 96, 1101; auch Rn 36–43). Das bedeutet:
9   **a) Ist die rechtskräftig festgestellte Rechtsfolge vorgreiflich** für die Entscheidung im späteren Prozess über einen anderen Streitgegenstand (Einl II), so besteht Bindungswirkung (BGH NJW 95, 2993), das Ger hat den Inhalt der rechtskräftigen Entscheidung seinem Urt zugrunde zu legen (BGH NJW 93, 3204), jede Verhandlung, Beweiserhebung und Entscheidung über diese Rechtsfolge ist unzulässig (BGH
10 NJW 85, 2535). – **Beispiele:** Ist das Eigentum des Klägers rechtskräftig

festgestellt (§ 256), so ist es ohne weiteres im späteren Herausgabe-
prozess (§ 985 BGB) zugrunde zu legen. Umgekehrt ist mit einem Urteil über den Herausgabeanspruch (§ 985 BGB) nicht rechtskräftig über
das Eigentum entschieden, weil dies nur eine Vorfrage ist (BGH WM
00, 320). Deshalb entscheidet ein Urt über den Grundbuchberichtigungsanspruch auch nicht rechtskräftig über das Bestehen bzw Nichtbestehen des geltend gemachten dinglichen Rechts in der Person des
Kl, weil die Inhaberschaft des dinglichen Rechts nur Vorfrage für die
Klage aus § 894 BGB ist (BGH NJW-RR 02, 516; aA Naumburg
OLG-NL 98, 182, StJLeipold 92, 220). Ist der Herausgabeklage aus Eigentum stattgegeben od ist sie abgewiesen, so ist dies bindend, wenn in
einem späteren Prozess die Entscheidung über einen anderen Anspruch
vom Bestehen oder Nichtbestehen des Herausgabeanspruchs abhängt
(BGH NJW 81, 1517; 83, 164 für Anspruch auf Herausgabe von nach
Rechtshängigkeit gezogenen Nutzungen gemäß §§ 987, 988 BGB).
Abweisung einer Schadensersatzlage auf Naturalrestitution (§ 249 S 1
BGB) wegen Fehlens einer Ersatzpflicht schafft Rechtskraft auch für
den Anspruch auf Geldersatz (§ 249 S 2 BGB). Ebenso schließt im umgekehrten Fall die Verurteilung zur Freistellung von einer Verbindlichkeit Einwendungen des Verurteilten gegen den Grund seiner Schadensersatzpflicht in einem nachfolgenden Zahlungsprozess aus (BGH NJW
91, 2016). Ist die Ersatzpflicht des Kl für einen bestimmten Unfallscha-
den festgestellt, kann im späteren Leistungsprozess die Ursächlichkeit
des Unfalls für diesen Schaden nicht mehr geprüft werden. Ist der Bekl
zur Räumung verurteilt, kann er im folgenden Schadensersatzprozess
wegen unterbliebener Räumung nicht einwenden, er sei zur Räumung
nicht verpflichtet (BGH NJW 69, 1064). Ist der Bekl zur Unterlassung
verurteilt, so steht die Unterlassungspflicht ab Klageerhebung für einen
späteren Schadensersatzprozess wegen Zuwiderhandlung fest (BGH 52,
2). Andererseits geht von der Verneinung einer Schutzrechtsverletzung
im Schadensersatzprozess keine Feststellungswirkung für den Unterlas-
sungsprozess aus u umgekehrt (BGH NJW-RR 02, 1617). Ist der Bekl
zur Rechnungslegung verurteilt, so steht dieser Anspruch fest, wenn es
im weiteren Verfahren um die Pflicht zur eidesstattlichen Versicherung
geht (BGH WM 75, 1086).

b) Ist der Streitgegenstand im späteren Prozess derselbe (Einl II) **11**
wie ein rechtskräftig entschiedenes, so ist in den Grenzen der Rechtskraft (Rn 17, 19) die Klage einer früheren Partei, die die selbe oder gegenteilige Rechtsfolge (kontradiktorisches Gegenteil) begehrt, als unzulässig ohne Sachprüfung durch Prozessurteil abzuweisen (BGH NJW
95, 2993), auch wenn Kl oder Bekl säumig ist. Der im früheren Proz
Verklagte kann nicht das auf Grund des Urt Geleistete als ungerechtfertigte Bereicherung in einem neuen Proz zurückverlangen mit der Begründung, der Proz sei unrichtig entschieden worden, außer auf Grund
von Tatsachen, die nach Schluss der letzten Tatsachenverhandlung entstanden sind (BGH 83, 278 u NJW 95, 967). – **Ausnahme:** Wenn im **12**
Einzelfall aus besonderen Gründen ein Bedürfnis nach einem nochmali-

gen Urt besteht, das dann als Folge der Rechtskraft dem früheren inhaltsgleich sein muss. So wenn der Vollstreckungstitel wegen seines unbestimmten Leistungsausspruchs nicht zur ZwVollstr geeignet (Zweibrücken NJW-RR 97, 1) oder verlorengegangen ist und nicht wieder hergestellt werden kann; war es ein obsiegendes Gestaltungsurteil, ist Klage auf Feststellung seines Inhalts zulässig (BGH 4, 314/321). Wenn eine erneute Feststellungsklage der einzige Weg ist, der drohenden Verjährung zu begegnen (BGH 93, 287). Die frühere rechtskräftige Ablehnung der Vollstreckbarerklärung nach § 722 schafft keine Rechtskraft hinsichtlich der Anerkennung nach § 328 (BGH WM 87, 445).

13   **c) Die Rechtskraft ist von Amts wegen zu beachten,** auch in der RevInstanz (BGH NJW 89, 2133). Dass über den nämlichen Streitgegenstand noch nicht rechtskräftig entschieden ist, ist Prozessvoraussetzung. Ihr Vorliegen darf nicht dahingestellt bleiben (BGH WM 75, 1181). Parteivereinbarung kann einer Entscheidung die Rechtskraft weder verleihen noch nehmen (BSG JZ 61, 504; einschränkend Schlosser, Einverständliches Handeln im Zivilprozess [1968] S 14). Abweichungen beim Schiedsspruch § 1055 Rn 2.

14   **d) Maßgebliches Prozessrecht.** Eintritt und Reichweite der Rechtskraft richten sich nach dem Prozessrecht, das zZ des Eintritts der Rechtskraft für den Gerichtsort gilt. Die Wirkung des rechtskräftigen Urt auf den späteren Prozess richtet sich nach dem zu dieser Zeit geltenden Prozessrecht, also sachlich nach §§ 322, 328, persönlich nach §§ 325ff und den noch geltenden landesrechtlichen Vorschriften (EGZPO § 14, EGBGB Art 55ff).

15   **e)** Über die **Bindung anderer Staatsorgane** an die Rechtskraftwirkung der Zivilurteile und über die Bindung des Zivilrichters an die Rechtskraftwirkung der Entscheidungen anderer Staatsorgane lassen sich keine allg gültigen Regeln aufstellen. Verschiedentlich ist die Frage im Gesetz ausdrücklich geklärt, zB § 121 VwGO, § 108 SGB VII (BGH 129, 195). Das Urteil eines Verwaltungsgerichts, das die Rechtmäßigkeit eines Verwaltungsaktes bejaht, bindet iR seiner Rechtskraftwirkung das Zivilgericht, für das der Gegenstand des VerwaltungsProzesses eine vorgreifliche Vorfrage ist (BGH 95, 28). Vgl § 13 GVG Rn 26. Ein rechtskräftiges Feststellungsurteil ist für das GBA bindend, wenn dort dieselben Beteiligten streiten, wem von ihnen das Recht zusteht (BayObLG 91, 334).

16   **f)** Ist die **Rechtskraft übersehen** und bestehen zwei sich widersprechende Urteile, so gilt das in § 261 Rn 15 Gesagte.

17   **5. Gegenstand der materiellen Rechtskraft** ist die gerichtliche Entscheidung letzter Instanz (BGH 7, 183) über den erhobenen prozessualen Anspruch (Einl II), dh das Bestehen oder Nichtbestehen der mit der Klage oder Widerklage geltend gemachten Rechtsfolge auf Grund des vorgetragenen Tatsachenkomplexes bei Schluss der mündlichen Tatsachenverhandlung (BGH NJW 95, 967, ZIP 99, 404); anders ausgedrückt der Subsumtionsschluss des Ger (§ 313 Rn 32, 33). Um dies und damit den Gegenstand der rechtskräftigen Entscheidung zu erkennen, ist von der Urteilsformel auszugehen. Soweit sie allein nicht ausreicht, sind auch Tatbestand, Entscheidungsgründe und das zu Grunde liegende Parteivorbringen heranzuziehen (BGH 34, 339, NJW 94, 409, NJW-RR 99, 1006). Bei Klageabweisung ist der aus der Begründung zu ermittelnde, die Rechtsfolge bestimmende, ausschlaggebende Abweisungsgrund Teil des in Rechtskraft erwachsenden Entscheidungssatzes und nicht allein ein Element der Entscheidungsbegründung (BGH NJW 93, 3204; BayObLGZ 01, 28/37). Im Falle eines sachlich entscheidenden VersU aus Formel und Vorbringen des Kl (BGH WM 87, 579; differenzierend bei VersU auf künftige Unterhaltszahlungen Maurer FamRZ 89, 445). – Im Falle der **Divergenz zwischen Formel und Entscheidungsgründen** hat nach hM der Ausspruch in der Formel Vorrang mit der Möglichkeit seiner Berichtigung nach § 319 oder Ergänzung nach § 321 (aA Lindacher ZZP 88, 64; offen gelassen in BGH NJW-RR 02, 136). – **Nicht Gegenstand der Rechtskraft** sind die tatsächlichen Feststellungen – an sie ist das RevGericht gem § 559 Abs 2 gebunden –; nicht die Urteilselemente wie Vorfragen, bedingende und Gegenrechte (BGH NJW 95, 967; Rn 28 ff); nicht die Anwendbarkeit oder Auslegung einer bestimmten Rechtsnorm als solche; an die rechtliche Beurteilung ist das Untergericht in §§ 563 Abs 2, 566 Abs 8 gebunden. – **Beispiele:** Die Rechtskraft steht nicht einer Klage entgegen, die aus dem selben Sachverhalt einen anderen prozessualen Anspruch ableitet, zB Leistungsklage nach Rechtskraft des positiven Feststellungsurteils; freilich ist die rechtskräftige Sachabweisung einer Feststellungsklage vorgreiflich (Rn 9) für die spätere Leistungsklage. Andrerseits steht die Rechtskraft entgegen, wenn auf Grund desselben Sachverhalts eine Rechtsfolge begehrt wird, die mit der früher festgestellten in Widerspruch steht (BGH 123, 137, NJW 95, 1757: kontradiktorisches Gegenteil). Wird zB ein konkreter Unterlassungsanspruch rechtskräftig sachlich aberkannt, so wird damit zugleich die Berechtigung des Beklagten zu diesem Handeln bejaht (BGH NJW 66, 42). Wird zu einer konkreten Unterlassung verurteilt, so erstreckt sich die Rechtskraft auf andere, innerhalb des Kerns des Verbots liegende Verletzungsformen (BGH 5, 189; teilw aA Schubert ZZP 85, 29). Lautet das Urteil auf Leistung Zug um Zug gegen eine Gegenleistung und Abweisung der weitergehenden uneingeschränkten Klage, so steht rechtskräftig fest, dass der Anspruch nur in dieser Weise eingeschränkt besteht (BGH 117, 1). Ein Feststellungsurteil, dass der Beklagte den Schaden des Klägers infolge Lohnfortzahlung zu erstatten hat, verhindert eine Abweisung der späteren Leistungsklage mit der Begründung, der Kläger sei zur Lohnfortzahlung nicht verpflichtet (BGH NJW 82, 2257). Weitergehende Bindungswirkung in § 11 UKlaG.

6. Umfang der Rechtskraft (objektive Grenzen). Sie erfasst die Entscheidung über einen durch Klage oder Widerklage erhobenen Anspruch und geht darüber hinaus, wenn das Ger fehlerhaft einen Anspruch zuspricht oder abweist, der nicht geltend gemacht war (BGH WM 85, 1408, VersR 99, 904). Prozessurteil Rn 3.

22   **a) Ist nur über einen Teil des Anspruchs entschieden,** erfasst die Rechtskraft nur diesen Teil, wenn der Anspruch seiner Natur nach teilbar ist (BGH NJW 94, 3165: Zugewinnausgleich). – So ist das Ger nach einem **Teilurteil** frei und muss den Grund des Anspruchs erneut prüfen, wenn es um die Entscheidung über den Rest geht (BGH NJW
23   81, 1045). Vgl auch § 254 Rn 10. – Ebenso bei **Mehrforderungen,** die der Kl nach rechtskräftiger Entscheidung später aus demselben Sachverhalt gegen denselben Bekl erhebt. Dabei brauchte der Kl grundsätzlich keinen Vorbehalt für weitergehende Ansprüche zu machen **(verdeckte Teilklage),** denn das frühere Urt hatte nur im Rahmen des gestellten Antrags (§ 308 Abs 1) zu entscheiden, die Rechtskraft erstreckt sich nicht auf den nicht eingeklagten Rest des teilbaren Anspruchs oder auf andere Ansprüche aus demselben Sachverhalt, selbst wenn sich das Urt darüber auslässt (BGH 135, 178, NJW 97, 3019). Bei der Einklagung wiederkehrender Leistungen auch für die Zukunft spricht die Vermutung gegen eine verdeckte Teilklage mit der Folge, dass der Kl ausdrücklich oder zumindest erkennbar sich eine Nachforderung vorbehalten muss (BGH 94, 145; NJW 94, 3165: Unterhalt, Hamm MDR 97, 1159: Verdienstausfall). Nach rechtskräftiger Entscheidung über uneingeschränktes Schmerzensgeld ist eine neue Klage wegen späterer Verletzungsfolgen nur zulässig, wenn diese in dem früheren Verfahren nicht berücksichtigt werden konnten, weil sie objektiv nicht erkennbar und ihr Eintreten nicht vorhersehbar waren (BGH NJW
24   95, 1614). – Anders nur, wenn der Kl den Betrag in das **Ermessen des Gerichts** gestellt hatte, weil das Urt dann ausspricht, dass der Anspruch
25   nur in dieser Höhe besteht. – **Sonderfälle.** Bei Verurteilung zur Einräumung eines Miteigentumsanteils zu einer bestimmten Quote ist wegen der Einheitlichkeit des Rechts die spätere Nachforderung einer weiteren Quote wegen der Rechtskrafterstreckung nach BGH 36, 365 ausgeschlossen. Ablehnend Brox NJW 62, 1203, Pohle ZZP 77, 98; gegen die Rechtskrafterstreckung auf nicht eingeklagte Teile der Forderung auch Zeiss NJW 68, 1305, Zeuner MDR 72, 84; auch BGH NJW 85, 2825 spricht sich gegen ein zu allgemeines Verständnis des vorgenannten Urt aus und erklärt es damit, dass der Klageantrag den gan-
26   zen Anspruch zum Inhalt hatte. – Das Urt über eine **offene oder erkennbare Teilklage** steht der späteren Einklagung eines anderen Teils oder des Restes nicht entgegen (BGH NJW 94, 3165; 97, 1990 u 3019). Das gilt auch bei eventueller Klagehäufung mit nur einem Antrag (zB 100 €), der nacheinander auf verschiedene Klagegründe (zB primär 100 € Sachschaden, hilfsweise 100 € Schmerzensgeld aus je 200 € behauptetem Anspruch) gestützt ist (§ 260 Rn 3). Werden im Urt die 100 € als Sachschaden verneint und als Schmerzensgeld zugesprochen, so steht einer erneuten Einklagung von je 100 € Restanspruch keine Rechtskraft entgegen (Batsch ZZP 86, 254/287 ff). Zeiss Rn 581, Ludwig FamRZ 99, 384 wollen bei voller oder teilweiser

Abweisung einer Teilklage die Rechtskraftwirkung auf den nicht eingeklagten Rest erstrecken, weil ein insoweit zusprechendes späteres Urt das kontradiktorische Gegenteil des früheren (Rn 11, 12) ausspreche. Das trifft aber nicht zu, denn die andere Rechtsfolge im 2. Prozess ist nicht gegenteilig, weil die jeweils eingeklagten Beträge nicht identisch sind; das zweite gibt dem Kl nicht das nämliche, was ihm das 1. Urt aberkannt hat. – Ist bei Klagehäufung (§ 260) über einen prozessualen Anspruch **versehentlich nicht entschieden** (auch § 321), tritt inso 27 weit keine Rechtskraftwirkung ein (BGH MDR 66, 187).

b) Nicht in Rechtskraft erwachsen die tatsächlichen Feststel 28 **lungen** und die **Beurteilung vorgreiflicher Rechtsverhältnisse** (BGH ZIP 99, 404) und anderer Vorfragen (BGH 123, 137, NJW 95, 2993, BAG NJW 02, 1593/1595), außer wenn sie Gegenstand einer Zwischenfeststellungsklage nach § 256 Abs 2 sind. – **Beispiele:** Nicht 29 rechtskräftig festgestellt werden: Das Eigentum in einem Urt auf Herausgabe (§ 985 BGB); das Bestehen eines dinglichen Wohnrechts bei Verurteilung zur Grundbuchberichtigung (BGH NJW-RR 02, 516); das Nichtbestehen eines dinglichen Wohnrechts bei Verurteilung zur Räumung (BGH NJW RR 99, 376); die 75%ige Erwerbsminderung bei Verurteilung zu einer Unfallrente (RG 126, 240); Zustandekommen und Rechtswirksamkeit des zugrunde liegenden Vertrages bei Verurteilung zu einer vertraglich geschuldeten Leistung; der Unwirksamkeitsbzw Auflösungsgrund in einem Urteil, das das Nichtbestehen bzw die Auflösung eines Vertrages feststellt (BGH NJW-RR 88, 199); Vorsatz oder Fahrlässigkeit bei Verurteilung zu Schadensersatz (BGH LM Nr 2).

c) Nicht in Rechtskraft erwächst die **Entscheidung über Ein** 30 **wendungen und Einreden** des Bekl, auch wenn ihnen ein Gegenanspruch zugrunde liegt, solange er nicht seinerseits durch Widerklage zur Entscheidung gestellt ist. Bsp: Zurückbehaltungsrecht (BGH 117, 1); Einrede des nichterfüllten Vertrages, der Wandlung oder Minderung. Für die Aufrechnung Sonderregelung in Abs 2.

d) Alle materiellrechtlichen Anspruchsgrundlagen, unter denen 31 die Klage auf Grund des vorgebrachten Sachverhalts zu prüfen war (BGH 117, 1; Einl II Rn 15 ff), sind durch die rechtskräftige Entscheidung über den prozessualen Anspruch erledigt (BGH NJW 00, 3492), auch wenn es ein klageabweisendes VersU ist (BGH NJW 03, 1044). Hat das Ger vorgetragenen Prozessstoff tatsächlicher Art als solchen oder seine rechtliche Prüfung unter einer in Frage kommenden Anspruchsgrundlage übersehen, so mag das Urt inhaltlich unrichtig sein, es erwächst aber in Rechtskraft (BGH NJW 00, 3492). – **Beispiele:** Abweisung der Klage des unfallverletzten Fahrgastes auf 32 Schadensersatz aus Haftpflicht und unerlaubter Handlung; die Rechtskraft hindert eine wiederholte Klage, die jetzt auf schuldhafte Verletzung des Beförderungsvertrags gestützt wird. Eine wegen Nichtigkeit des zugrunde liegenden Vertrags rechtskräftig abgewiesene Leistungsklage kann nicht zulässig erneut erhoben werden mit der Begründung, der nichtige Vertrag müsse umgedeutet werden.

33   **e) Anderer Sachverhalt.** Anders als bei Rn 31 steht die rechtskräftige Klageabweisung der Erhebung einer neuen Klage nicht entgegen, die zwar wirtschaftlich dasselbe Ziel mit einem äußerlich gleich lautenden Antrag verfolgt, die aber auf einen anderen, selbständigen, im Vorprozess nicht vorgetragenen Sachverhalt (Einl II Rn 24 ff) gestützt ist. –

34   **Beispiele:** Die Abweisung der Zahlungsklage aus Darlehen bzw Kaufvertrag hindert nicht die Erhebung einer neuen Klage, die auf ein für das Darlehen gegebenes Anerkenntnis bzw auf einen für die Kaufpreisschuld gegebenen Wechsel gestützt ist und umgekehrt; dies auch, wenn die betreffenden selbständigen Sachverhalte im Vorprozess schon hätten vorgetragen werden können. Die Abweisung der Klage mangels Aktivlegitimation hindert nicht die Erhebung einer neuen Klage über denselben Anspruch, gestützt auf nachträgliche Abtretung durch den Berechtigten an den Kläger (BGH WM 85, 1516). Für die Annahme, es liege ein neuer, selbständiger Lebenssachverhalt vor, genügt es **nicht**, wenn die Sachverhaltsdarstellung des Vorproz lediglich abgewandelt, ergänzt od korrigiert wird (BGH NJW 03, 585).

35   **f) Maßgebender Zeitpunkt** dafür, dass auf Grund des festgestellten Sachverhalts die begehrte Rechtsfolge eintritt oder nicht, ist der **Schluss der letzten mündlichen Tatsachenverhandlung** (BGH NJW 85, 2825) oder was dem gleichsteht (§ 128 Rn 33; § 251 a Rn 6; § 283 Rn 6). Daraus ergibt sich die Präklusionswirkung (Rn 36–43).

36   **7. Präklusionswirkung** bedeutet, dass die Parteien mit allem tatsächlichen Vorbringen ausgeschlossen sind, das im Widerspruch zu den Feststellungen des Urt steht. Die der Rechtskraft innewohnende Präklusionswirkung bleibt unberührt und ist zu unterscheiden von der sog rechtskraftfremden Präklusionswirkung (BGH 45, 329), wo das Gesetz sie bestimmt, zB § 767 Abs 3. Die Rechtskraftwirkung hat zwei Seiten: Die eine wirkt sich auf die spätere rechtliche Beurteilung, die andere auf spätere tatsächliche Feststellungen aus.

37   **a) Jede abweichende rechtliche Beurteilung** des Prozessstoffes ist in einem späteren Proz, sei es mit dem nämlichen Streitgegenstand, sei es als Vorfrage, in den subjektiven Grenzen der Rechtskraft (§§ 325 ff) ausgeschlossen. Bsp Rn 10, 20, 29, 30, 32, 34.

38   **b) Im Vorprozess vorgebrachte oder festgestellte Tatsachen** können in einem späteren Proz nicht abweichend festgestellt werden mit dem Ziel, das Gegenteil der früher festgestellten oder abgelehnten Rechtsfolge auszusprechen.

39   **c) Neue Tatsachen,** dh solche, die im maßgebenden Zeitpunkt des VorProz schon vorhanden waren, aber nicht vorgetragen wurden, sind mit dem Ziel, das kontradiktorische Gegenteil der früher festgestellten oder abgelehnten Rechtsfolge auszusprechen, insoweit **ausgeschlossen,** als sie bei natürlicher Anschauung zu dem im VorProz vorgetragenen Lebensvorgang (Einl II Rn 30 ff) gehören (BGH 117, 1; 123, 137,

40   NJW 95, 1757). – **Beispiele:** Der Bekl, der zu einer vertraglich geschuldeten Zahlung rechtskräftig verurteilt ist, kann nicht in einem

neuen Proz das Geleistete mit der neuen Behauptung zurückverlangen, der Vertrag stelle eine unsittliche Knebelung dar oder sei nur zum Schein geschlossen worden. Der Kl, dessen Klage auf Zahlung einer abgetretenen Forderung rechtskräftig abgewiesen ist, kann nicht in einem neuen Proz die nämliche Forderung einklagen und sie nunmehr auf eine andere Abtretungserklärung desselben Zedenten stützen, die er im VorProz bereits hätte geltend machen können, aber schuldhaft nicht geltend gemacht hat (BGH WM 75, 1181). – **Nicht ausgeschlos-** **41** **sen** sind neue Tatsachen, die mit dem im VorProz festgestellten Sachverhalt nicht in Zusammenhang stehen oder ihm nicht widersprechen. – **Beispiele:** Die rechtskräftig abgewiesene Wechselklage steht der Erhe- **42** bung der Klage auf Zahlung des dem Wechsel zugrunde liegenden Kaufpreises nicht im Weg. Ebenso nicht das abweisende Urt über eine rechtsgeschäftliche Verpflichtungserklärung einer Klage aus Vermögensübernahme, auch wenn beiden Prozessen als Ausgangspunkt derselbe Vertrag zugrundeliegt (BGH JR 82, 68).

d) **Nach Schluss der letzten Tatsachenverhandlung entstan-** **43** **dene Tatsachen** sind nicht präkludiert (BGH NJW 95, 1757; 00, 2022), auch dann nicht, wenn sie mit im Vorproz vorgetragenen Tatsachen in Fortsetzungszusammenhang stehen (BGH NJW 98, 374), zB neuer Verstoß gegen ein UnterlassungsUrt (KG NJW-RR 99, 789). Die wegen fehlender Übereignung abgewiesene Herausgabeklage kann erneuert werden mit der Begründung, der Kl sei nach Schluss der Tatsachenverhandlung Alleinerbe des Eigentümers geworden. Der neue Gläubiger kann die wegen fehlender Aktivlegitimation abgewiesene Klage auf Gewährleistung iF der Abtretung nach Schluss der letzten mdl Vhdlg wiederholen (BGH NJW 86, 1046). Ist eine Klage mangels Fälligkeit oder eine Amtshaftungsklage abgewiesen, weil der Verletzte anderweitig Ersatz erlangen könne (im Zweifel heißt das „zZ unbegründet"), so darf sie erneut erhoben werden mit der Behauptung, Fälligkeit sei inzwischen eingetreten bzw der Versuch anderweitigen Ersatzes sei inzwischen misslungen (BGH 37, 375, WM 01, 369). Ein auf Grund rechtskräftigen Urt bezahlter Unterhalt kann zurückverlangt werden, wenn der Unterhaltsanspruch später wegfällt (BGH 83, 278). Ein FeststellungsUrt auf Ersatzpflicht für künftig entstehende Schäden schließt nicht die Aufrechnung mit später entstandenen Gegenforderungen und nicht mit bereits entstandenen gegen die festgestellte später dann entstandene Ersatzforderung aus (BGH NJW 88, 2542). Auch ein späteres verwaltungsgerichtliches Urt feststellenden Charakters kann eine Veränderung der Tatsachenlage bedeuten (BGH NJW 95, 2993). Würthwein (ZZP 112, 447) will nach Schluss der letzten Tatsachenverhandlung entstandene neue wissenschaftliche Erkenntnisse den neu entstandenen Tatsachen gleichstellen, soweit es um zukünftige Leistungen geht.

8. **Aufrechnung (Abs 2).** Erklärung, Geltendmachung im Prozess, **44** Bestimmtheitsgrundsatz und Entscheidung § 145 Rn 11 ff Abs 2 ist eine

positive Ausnahmevorschrift und keiner analogen Anwendung auf andere Einwendungen fähig, auch nicht auf Posten im Rahmen eines Abrechnungsverhältnisses (BGH NJW 92, 317, WM 02, 1249). Er gilt auch, wenn der Kl als Schuldner die Aufrechnung erklärt, so bei der auf seine Aufrechnung gegen die Forderung des Bekl gestützten negativen Feststellungs- oder Vollstreckungsabwehrklage (BGH 89, 349, NJW 92, 982). – **Abs 2 gilt nicht,** wenn der Kl als Gläubiger die Aufrechnung erklärt (BGH NJW 92, 982, zust Tiedtke NJW 92, 1473; abl Zeuner NJW 92, 2870, Foerste NJW 93, 1183); wenn der Bekl sich gegenüber der Klageforderung auf eine vom Kl außerhalb des Rechtsstreits erklärte Aufrechnung beruft (BGH 89, 349); ferner nicht, wenn das Urt die Klageforderung aus anderen Gründen abgewiesen hat oder wenn der beklagte Bürge die Aufrechnung mit Gegenforderungen des Hauptschuld-
45   ners geltend macht (BGH NJW 73, 146). – **a) Die Rechtskraftwirkung** der Entscheidung erfasst die zur Aufrechnung gestellten Gegenforderungen in der geltend gemachten Reihenfolge und Höhe (BGH NJW 98, 995) bis zur Höhe der Klageforderung (Düsseldorf NJW-RR
46   94, 1279) und zwar, – **aa)** soweit das der Klage stattgebende Urt die **Aufrechnung** für **unbegründet erklärt,** auch wegen fehlender Substantiierung (BGH 33, 236, NJW 94, 1538); Wert der Beschwer § 511
47   Rn 16. – **bb)** soweit das Urt die Klage wegen der **begründet erklärten Aufrechnung** abweist. Auch diese Entscheidung, dass die Aufrechnungsforderung nicht mehr besteht, soweit sie verbraucht ist, er-
48   wächst in Rechtskraft (BGH 36, 319; WM 02, 1249). – **cc)** wenn das Gericht das tatsächliche Vorbringen zur **Aufrechnung** als **verspätet** zurückweist (BGH 33, 236, NJW-RR 91, 972; aA Pal/Heinrichs § 388
48 a   Rn 2). – **b) Keine Rechtskraftwirkung** hins der Aufrechnungsforderung, wenn das Urt den Aufrechnungseinwand als solchen nicht zulässt (§ 533 Rn 8) oder die Aufrechnung für unzulässig hält (BGH NJW 94, 1538) oder ihre Zulässigkeit offen lässt, was wegen Unklarheit über die Rechtskraftwirkung fehlerhaft ist (BGH NJW 88, 3210, WM 91, 731). Hat das Ger die Zulässigkeit der Aufrechnung im Urt verneint, sind Ausführungen über die Begründetheit als nicht vorhanden anzuse-
48 b   hen (BGH NJW 84, 128). – **c) Abs 2 gilt entsprechend** für Streitverfahren der freiwilligen Gerichtsbarkeit (Stuttgart NJW-RR 89, 841).

49   **9. Beseitigung der Rechtskraft** ist möglich in den vom Gesetz bes zugelassenen Ausnahmefällen: **Wiedereinsetzung** gegen die Versäumung der Frist für Rechtsmittel, Einspruch oder Gehörsrüge (§§ 233 ff). – **Bestimmung des zuständigen Gerichts** in den Fällen des § 36 Nr 5, 6. – **Abänderungs- und Nachforderungsklage** (§§ 323, 324), § 10 a HärteregelungsG für öffentlichrechtlichen Versorgungsausgleich. – **Wiederaufnahmeklage** (§§ 578 ff, 641 i). – **Bei Rechtsänderung,** wenn das neue Gesetz die Erneuerung des Rechtsstreits ausdrücklich zulässt (RG 147, 389).

50   **10. Beseitigung der Rechtskraft mit § 826 BGB.** In besonderen Ausnahmefällen und bei strengen Beweisanforderungen ist eine neue

Klage zulässig (abl Prütting/Weth, Rechtskraftdurchbrechung bei unrichtigen Titeln, 1988, Rn 109 ff), mit der der Kl das auf Grund des Urt Geleistete zurückverlangt (BGH NJW 86, 1751 u 2047) oder beantragt, den Bekl zur Unterlassung der ZwVollstr, Herausgabe des Titels oder Schadensersatz (BGH 40, 130) zu verurteilen. Keine Einstellung der Zwangsvollstreckung entsprechend § 769, dort Rn 2.

a) Voraussetzung ist, dass das Urt unrichtig – außer die Unrichtig- **51** keit ist auf nachlässige Prozessführung durch den Betroffenen zurückzuführen (BGH NJW-RR 88, 957) – und die vollstreckende Partei sich der Unrichtigkeit, auch nachträglich bewusst ist. Hinzukommen müssen besondere Umstände, die das Verhalten des Schädigers als sittenwidrig erscheinen lassen (BGH NJW 99, 1257). So wenn die Partei das Urt oder seine Rechtskraft durch eine rechts- oder sittenwidrige Handlung im Bewusstsein der Unrichtigkeit herbeigeführt hat oder wenn die Ausnutzung des zwar nicht erschlichenen, aber als unrichtig erkannten Urt in hohem Maße unbillig und geradezu unerträglich ist (BGH 26, 396). Dazu reicht allein der Umstand, dass der Gläubiger mehr erhalten hat, als ihm bei zutreffender Beurteilung der Rechtslage zustand, nicht aus (BGH NJW 112, 54). Ebenso genügt es nicht, dass die unterlegene Partei die Unrichtigkeit des Urt mit den schon im Vorprozess gemachten Ausführungen darlegen oder ihr bisheriges Vorbringen durch tatsächliche Ergänzungen oder zusätzliche Beweisangebote lediglich untermauern will (BGH 40, 130, NJW 74, 557). Gilt auch gegenüber Urt im Einstw-Vfgs-Verfahren (BGH WM 69, 474: Ersatz einer bezahlten Geldstrafe).

b) Vollstreckungsbescheid auf Grund sittenwidrigen Raten- 52 kredit-, Bürgschafts- oder Partnerschaftsvermittlungsvertrages. Sittenwidrig ist die Erwirkung des VB nur dann, wenn zurzeit des Mahnverfahrens erkennbar war (BGH WM 90, 391), uU beschränkt auf die Berechnung der Verzugszinsen (BGH WM 90, 393), dass bei einer Geltendmachung im Klageweg bereits die gerichtliche Schlüssigkeitsprüfung nach § 331 nach dem Stand der Rspr im Zeitpunkt des Antrags auf Erlass des VB zu einer Ablehnung seines Klagebegehrens führen musste (BGH 101, 380, BVerfG WM 93, 1326); zulässig bleibt die ZwVollstr wegen solcher Beträge, die dem Titelgläubiger auch bei Nichtigkeit des Darlehensvertrages gegen den Ratenkreditnehmer zustehen (BGH WM 89, 170). Auch die bloße Ausnützung eines unrichtigen, nicht erschlichenen VB kann das Rechtsgefühl in schlechthin unerträglicher Weise in Extremfällen verletzen (BGH 112, 54, NJW 98, 2818). All dies gilt nur für Fallgruppen, die nach der Art der zugrunde liegenden Rechtsbeziehungen fallgruppentypische Merkmale der Sittenwidrigkeit aufweisen und in denen ein besonderes Schutzbedürfnis des in Anspruch Genommenen hervortritt (BGH 103, 44, NJW 99, 1257). Diese Grundsätze gelten auch für die unverbindliche Partnerschaftsvermittlung (LG Frankfurt NJW-RR 95, 634, Börstinghaus MDR 95, 551). – **§ 826 BGB ist nicht anwendbar,** wenn der Kreditgeber **53** zurzeit des Mahnverfahrens nach dem Stand der höchstrichterlichen

Rechtsprechung mit der Möglichkeit rechnen konnte, bei Vorgehen im Klageweg ein VersU zu erwirken (BGH WM 89, 169); wenn der Ratenkreditnehmer sich unmittelbar nach Abschluss des Darlehensvertrages noch vor Fälligkeit der 1. Rate und während des späteren Mahnverfahrens anwaltlich hat beraten und vertreten lassen (BGH NJW 87, 3259); wenn sich der Darlehensnehmer lediglich auf Abschluss des Kreditvertrages im Reisegewerbe (§§ 55, 56 I Nr 6 GewO) beruft (Köln NJW-RR 92, 304); wenn der Gläubiger bei Antragstellung auf VB noch nicht von der Unverbindlichkeit seines Anspruchs auf Provision für Partnerschaftsvermittlung (Pal/Sprau § 656 Rn 8) ausgehen musste (BVerfG NJW 93, 1125).

54   **c) Restitutionsgrund.** Der Anwendbarkeit des § 826 BGB steht nicht entgegen, dass die vorgetragenen Behauptungen auch einen sachlichen Restitutionsgrund nach §§ 580, 581 ausfüllen (Celle NJW 79, 64, BGH 50, 115; kritisch dazu Zeiss JuS 69, 362, abl Baumgärtel und Scherf JZ 70, 316; aA auch Celle NJW 66, 202).

55   **d) Nicht anwendbar** ist § 826 BGB, wenn das OLG im Klageerzwingungsverfahren nach § 172 StPO die Anklageerhebung wegen Mangels an Beweisen abgelehnt hat (BGH NJW 64, 1672). Ebenso, wenn die unterlegene Partei durch eigene Nachlässigkeit die Vorlage einer Beweisurkunde im VorProz versäumt hat und ihr deswegen die Restitutionsklage (§ 582) gegen die obsiegende Partei verschlossen ist (BGH DB 74, 1158). Nur im Proz gegen sie, nicht gegen einen Dritten, auf den sich die Rechtskraftwirkung des Urt im VorProz erstreckt, ist § 582 entsprechend anwendbar (BGH NJW 89, 1287).

56   **e) Zuständig** ist jedes Ger, in dessen Bezirk ZwVollstrMaßnahmen zu erwarten sind (Hamm NJW-RR 89, 305).

§ 323 Abänderungsklage

(1) **Tritt im Falle der Verurteilung zu künftig fällig werdenden wiederkehrenden Leistungen eine wesentliche Änderung derjenigen Verhältnisse ein, die für die Verurteilung zur Entrichtung der Leistungen, für die Bestimmung der Höhe der Leistungen oder der Dauer ihrer Entrichtung maßgebend waren, so ist jeder Teil berechtigt, im Wege der Klage eine entsprechende Abänderung des Urteils zu verlangen.**

(2) **Die Klage ist nur insoweit zulässig, als die Gründe, auf die sie gestützt wird, erst nach dem Schluß der mündlichen Verhandlung, in der eine Erweiterung des Klageantrages oder die Geltendmachung von Einwendungen spätestens hätte erfolgen müssen, entstanden sind und durch Einspruch nicht mehr geltend gemacht werden können.**

(3) [1]**Das Urteil darf nur für die Zeit nach Erhebung der Klage abgeändert werden.** [2]**Dies gilt nicht, soweit die Abänderung nach § 1360a Abs. 3, § 1361 Abs. 4 Satz 4, § 1585b**

Abs. 2, § 1613 Abs. 1 des Bürgerlichen Gesetzbuchs zu einem früheren Zeitpunkt verlangt werden kann.

(4) Die vorstehenden Vorschriften sind auf die Schuldtitel des § 794 Abs. 1 Nr. 1, 2 a und 5, soweit darin Leistungen der im Absatz 1 bezeichneten Art übernommen oder festgesetzt worden sind, entsprechend anzuwenden.

(5) Schuldtitel auf Unterhaltszahlungen, deren Abänderung nach § 655 statthaft ist, können nach den vorstehenden Vorschriften nur abgeändert werden, wenn eine Anpassung nach § 655 zu einem Unterhaltsbetrag führen würde, der wesentlich von dem Betrag abweicht, der der Entwicklung der besonderen Verhältnisse der Parteien Rechnung trägt.

Übersicht

Neuere Literatur: Brudermüller in Johannsen/Henrich, Eherecht, 3. Aufl 1998; Gerhardt/v. Heintschel-Heinegg/Klein, Handbuch des Fachanwalts Familienrecht, 4. Aufl 2002, Kap. 6 Rn 607–683; Roessink in Scholz/Stein, Praxishandbuch Familienrecht, Teil O Stand 2002; Thalmann in Festschrift für Dieter Henrich 2002, S 621 ff.

1. Abänderungsklage. – a) Rechtsnatur. Sie lässt ausnahmsweise   1
die Beseitigung der Rechtskraft eines früheren Urteils – insoweit prozessuale Gestaltungsklage (5–7 vor § 253) verbunden mit Leistungsantrag (BGH NJW 01, 2259) od negativem Feststellungsantrag – und erneute Entscheidung über denselben Anspruch zu – insoweit gleiche Rechtsnatur und gleicher Streitgegenstand wie die Klage im Vorprozess (Düsseldorf FamRZ 94, 1535, StJLeipold 34; ZöVollkommer 30; aA RoSchw/Gottwald § 158 I 2, 3). Deshalb Titel auf Trennungsunterhalt nicht abänderbar in Titel auf nacheheliches Unterhalt (BGH NJW 80, 2811). Die Norm ist ein prozessualer Anwendungsfall der clausula rebus sic stantibus (BGH NJW-RR 01, 937) und dient der Korrektur von Prognosefehlern; einen materiellrechtlichen Anspruch gibt sie nicht.

b) Abgrenzung zu – aa) Vollstreckungsabwehrklage. Die dog-   2
matisch richtige Unterscheidung – Abänderungsklage für Wegfall oder Veränderung des anspruchsbegründenden Tatbestands, VollstrAbwehrklage für rechtsvernichtende und rechtshemmende Einwendungen – ist praktisch nicht immer durchführbar, beide können sich überschneiden (BGH NJW 78, 753, NJW-RR 89, 322). Im Hinblick auf seinen Zweck und auf die Einschränkungen in Abs 2 u Abs 3 ist § 323 an-

wendbar, wenn es um die Berücksichtigung der im Laufe der Zeit stets
wandelbaren wirtschaftlichen Verhältnisse geht, die bei titulierten Ansprüchen auf wiederkehrende Leistungen typischerweise unter dem
Gesichtspunkt des Wegfalls oder der Veränderung der Geschäftsgrundlage von Bedeutung sind, während § 767 anwendbar ist auf eher punktuell eintretende Ereignisse, die eine Erfüllung, ein Erfüllungssurrogat
oder einen der Erfüllung wirtschaftlich gleichkommenden Vorgang
darstellen (BGH NJW 84, 2826, NJW-RR 91, 1154, StJLeipold 41 ff).
So kann der verurteilte Unterhaltsschuldner geltend machen, dass sich
die Bedürftigkeit des Gläubigers durch den Bezug einer auf dem Versorgungsausgleich beruhenden Rente vermindert, und zwar für die Zeit
ab Klageerhebung nach § 323, für die Zeit davor nach § 767 (BGH
NJW-RR 89, 322). Ebenso der verurteilte Unterhaltsschuldner nach
Abänderungsverhandlungen über rückwirkende Ermäßigung (Frankfurt
FamRZ 91, 1328). Nach Titulierung des nachehelichen Unterhalts gemäß § 1579 BGB entstehende Ausschluss- oder Herabsetzungsgründe
sind mit Abänderungs- **oder** mit VollstrAbwehrklage geltend zu machen (BGH NJW-RR 90, 1410; aA KG FamRZ 90, 187, Köln
FamRZ 01, 1717); ebenso zeitliche Begrenzung des Unterhaltsanspru-
ches gem §§ 1573 Abs 5, 1578 Abs 1 S 2 (BGH NJW 00, 3789). **Umdeutung** ist zulässig (Bamberg FamRZ 99, 942, Brandenburg NJW-
RR 02, 1586). Ebenso **hilfsweise Verbindung** einer Klage nach
§ 323 mit Hauptantrag nach § 767 (BGH FamRZ 79, 573/575) oder
umgekehrt. Voraussetzung ist gleicher Gerichtsstand für beide Klagen.
Unter dieser Voraussetzung darf Ger bei Klage nach § 323 auch rechtsvernichtende Einwendungen nach § 767 ZPO berücksichtigen (BGH
NJW 01, 828).

3   **bb) negativer Feststellungsklage.** Diese ist gegeben für den Verpflichteten gegen Unterhaltstitel aus einstw Anordnung nach § 620
Nr. 4, 6 (Brandenburg FamRZ 02, 1497), ebenso gegen Vergleich, der
die Unterhaltspflicht vorläufig regelt (BGH NJW-RR 91, 1154).

4   **cc) Berufung.** Klage nach § 323 setzt Rechtskraft **nicht** voraus;
deshalb wahlweise neben Berufung möglich, solange noch nicht Ber
eingelegt ist. Bei bereits eingelegter Ber muss BerBekl Anschlussberufung einlegen (BGH NJW 98, 161), s auch Rn 20 u 29.

5   **dd) Korrekturklagen** nach §§ **654, 656** verdrängen das Verfahren
nach § 323 bei Titeln nach §§ 649, 653, auch nach deren Dynamisierung gem Art 5 § 3 Abs 2 KindUG (BGH FamRZ 03, 304). Umdeutung der Korrekturklage in Klage nach § 323 ist zulässig (BGH aaO).

6   **ee) vereinfachtem Abänderungsverfahren nach § 655.** Dieses
Verfahren gilt unter Verdrängung von § 323 (Hamm FamRZ 02,
1051), auch für Rückstände (Nürnberg OLGR 02, 334), bei Unterhaltstiteln minderjähriger Kinder, wenn anzurechnende Leistungen
(§§ 1612b, 1612c BGB) sich ändern. Führt die Abänderung nach
§ 655 zu individuell unangemessenen Verhältnissen, ist Klage nach
§ 323 gegeben (Abs 5, § 656).

7   **ff) Nachforderungsklage** s Rn 47.

2. Anwendungsbereich. – **a) Gegen Leistungsurteile (Abs 1),** 8
auch Anerkenntnis- und Versäumnisurteile (Hamm FamRZ 92, 1201),
Abänderungsurteile, Vollstreckungsbescheide, Schiedssprüche.

b) Gegen klageabweisende Urteile, sofern die Klageabweisung 9
auf einer Prognose beruht (BGH FamRZ 84, 353, s Rn 45, 46 u 50).

c) Gegen andere Titel (Abs 4), nämlich wirksame (Köln FamRZ 10
99, 943) gerichtliche Vergleiche, analog gerichtlich bestätigte Einigung
über nacheheliche Unterhalt in der früheren DDR (BGH NJW 97,
735), vollstreckbar erklärte Anwaltsvergleiche, Schiedsvergleiche (BLAH
66), vollstreckbare Urkunden, die zu genügend bestimmten (Zweibrücken FamRZ 99, 33; § 794 Rn 48 ff) wiederkehrenden Leistungen
verpflichten, Abänderungsbeschluss nach § 655, eingeschränkt gegen
Beschlüsse, gerichtliche Vergleiche und vollstreckbare Urkunden, die
den Regelunterhalt von Kindern betreffen (§ 1612a BGB). Analog gegen vor einem Jugendamt errichtete vollstreckbare Urkunden (BGH
NJW 85, 64, Köln FamRZ 00, 905). Für die Abänderung vollstreckbarer Urkunden brauchen die Voraussetzungen des Abs 1 nicht vorzuliegen, maßgebend ist, ob den Parteien nach den Grundsätzen über den
Wegfall der Geschäftsgrundlage ein unverändertes Festhalten an den
vereinbarten Leistungen nicht mehr zuzumuten ist (BGH NJW-RR
91, 514). Auch wenn derartige Titel gem Art 5 § 3 Abs 2 KindUG
dynamisiert wurden, ist nur Klage aus § 323, **nicht** Korrekturklage
nach § 654 gegeben (BGH FamRZ 03, 304).

d) Gegen Unterhaltstitel (Abs 5), Rn 42. 11

e) Gegen ausländische Urteile. Der deutsche Richter kann auch 12
ausländische Urteile, die im Inland anzuerkennen sind, mit Wirkung im
Inland abändern, sofern das Recht des ausländischen Urteilsstaats eine
Anpassung von wiederkehrenden Leistungen an veränderte Verhältnisse
kennt (Düsseldorf FamRZ 82, 631, Hamm FamRZ 87, 1302). Die
prozessualen Voraussetzungen der Abänderbarkeit richten sich nach
§ 323 (BGH NJW 92, 438, Düsseldorf NJW-RR 93, 136). Der Maßstab der Anpassung nach Art und Höhe ist nach dem materiellen Recht
zu beurteilen, das sich nach Art 18 EGBGB ergibt (BGH NJW 92, 438;
Pal/Heldrich Art 18 EGBGB Rn 17).

f) Gegen Feststellungsurteile gleichen Inhalts (Hamm FamRZ 94, 13
387; 00, 544).

g) Gegen Unterlassungsurteile, wenn das Verbotene später er- 14
laubt wird (BLAH 79).

h) Gegen Schuldenbereinigungspläne, weil § 308 Abs 1 S 2 15
InsO auf § 794 Abs 1 Nr 1 verweist (FK-InsO/Kohte § 308 Rn 23, 24,
HK-InsO/Landfermann § 308 Rn 6; aA Karlsruhe NZI 01, 422).

i) Gegen außergerichtliche Vergleiche, wenn sie vertraglich der 16
Regelung des § 323 unterstellt sind (BGH FamRZ 60, 60, Köln
FamRZ 86, 1018; bestr).

j) Unabhängig von § 323 ist die Abänderungsklage nach § 654 und 17
der Abänderungsantrag nach § 10a VAHRG (BGH NJW-RR 89,
130).

18   **k) Nicht anwendbar** gegen Urt auf Kapitalabfindung statt Rente, zB § 843 Abs 3 BGB (BGH 79, 187), auf öffentlichrechtlichen Versorgungsausgleich (BGH NJW 82, 1646) – dafür Härteregelung in § 10 a HärteregelungsG (BGBl 86, 2317, Wagenitz JR 87, 53) –, gegen einstw Vfgn wegen §§ 936, 927 (§ 924 Rn 7, § 936 Rn 6) und gegen einstw Anordnungen nach § 620 Nr 4, 6, §§ 641 d, 644 oder einen im Anordnungsverfahren geschlossenen Vergleich (BGH NJW-RR 91, 1154), außer er ist endgültig (Stuttgart FamRZ 00, 1377); ggf Umdeutung in Leistungsklage (BGH FamRZ 83, 892). S auch Rn 42–44.

19   **3. Zulässigkeit.** – **a) Die allgemeinen Prozessvoraussetzungen** (8 ff vor § 253) müssen vorliegen. Für die Zuständigkeit gilt nicht
20   § 767 Abs 1 (BayObLG FamRZ 99, 935). – Das **Rechtsschutzbedürfnis fehlt,** wenn die ZwVollstr aus dem früheren Titel beendet ist (KG FamRZ 88, 310, München FamRZ 99, 942). Bis zur Einlegung der Berufung gegen das frühere Urt stehen diese und Klage nach § 323 zur Wahl (KG FamRZ 91, 211). Der Abänderungsklage fehlt das Rechtsschutzbedürfnis, wenn sich die Umstände zwar nach Schluss der mdl Vhdlg, aber zu einem Zeitpunkt geändert haben, in dem der BerKl diese Änderung noch in der aus anderen Gründen ohnehin eingelegten zulässigen Ber (Koblenz FamRZ 88, 302) bzw der BerBekl auf zulässige Ber des Gegners mit AnschlussBer hätte geltend machen können (Hamm FamRZ 96, 1088, Köln FamRZ 97, 507). Die Abänderungsklage wird in diesem Fall erst wieder zulässig nach Rücknahme oder Verwerfung der HauptBer als unzulässig (BGH 96, 205; aA Köln aaO). Maßgebender Zeitpunkt für Abs 3 ist dann die Einlegung der AnschlussBer (BGH NJW 88, 1734). Die Abänderung des früheren Urt kann nur mit Leistungsklage begehrt werden, für eine Feststellungsklage
21   fehlt das Rechtsschutzbedürfnis (BGH NJW 86, 3142). – Zur **Prozessführungsbefugnis** rechnet BGH NJW 83, 684, dass die richtige Partei (Rn 3) verklagt ist.

22   **b) Besondere Prozessvoraussetzungen: – aa)** Es muss sich um einseitige, künftig fällig werdende **wiederkehrende Leistungen** im Sinne des § 258 Rn 1 handeln, also auch Zinsen (Braun ZZP 108, 319). Entspr Anwendung Rn 10. Leistungen, für die die anspruchsbegründenden Tatsachen feststehen, zB Ratenzahlungen, Renten nach §§ 912,
23   917 BGB, fallen nicht darunter. – **bb)** Über denselben Anspruch muss **bereits ein Titel** gem Rn 8 ff vorliegen. Rechtskraft ist nicht nötig (arg:
24   Abs 2; StJLeipold 11). – **cc)** Der Kl muss eine **wesentliche Veränderung** der Umstände (Rn 25–28) nach dem maßgebenden Zeitpunkt (Rn 29–32) behaupten. Fehlt die Behauptung derartiger Tatsachen, ist die Klage unzulässig (BGH FamRZ 85, 376/378), können sie nicht festgestellt werden oder erweisen sich nicht als wesentlich, ist sie unbegründet (BGH NJW 01, 3618).

25   **4. Begründetheit bei Urteilen.** – **a) Die wesentliche Änderung** derjenigen Verhältnisse, auf denen vorausschauend Bejahung des Anspruchs, Inhalt oder Umfang der Verurteilung im früheren Urteil beru-

hen, muss bereits eingetreten sein, eine andere Prognose der künftigen Verhältnisse, die der Verurteilung zugrunde liegt, aus nachträglicher Sicht, reicht nicht aus (BGH 80, 389). Sie kann entweder, abgesehen von den Fällen des Regelunterhalts und der Anpassung im vereinfachten Verfahren (§ 655, Abs 5), allgemeiner Art sein, zB Einkommensänderungen des Bedürftigen od Pflichtigen, Erhöhung der Lebenshaltungskosten (Zweibrücken NJW 94, 527), grundsätzlich Gesetzesänderung (nicht: Einführung von § 1610a BGB, Bamberg FamRZ 92, 185) oder andere Auslegung einer Gesetzesbestimmung durch das BVerfG zur Vermeidung verfassungswidriger Ergebnisse (BGH NJW 90, 3020/3022; 01, 3618) – darunter fällt auch BGH NJW 01, 2254 wegen BVerfG NJW 01, 1185 (Düsseldorf FamRZ 02, 1574, Köln NJW 02, 3640) –, Veränderung des Zinsniveaus (Karlsruhe NJW 90, 1738), oder in der Person des Berechtigten oder Verpflichteten liegen, zB Erhöhung des Einkommens, nicht nur vorübergehende Arbeitslosigkeit (Brandenburg FamRZ 95, 1220, Dresden FamRZ, 98, 767: 6 Monate) trotz Bemühens um Arbeit (KG NJW 85, 869), Wiederverheiratung des Pflichtigen, Wiederzusammenleben getrennter Ehegatten (Hamm FamRZ 99, 30), Verfestigung des Zusammenlebens des unterhaltsberechtigten Ehegatten in einer nichtehelichen Lebensgemeinschaft (Düsseldorf NJW-RR 91, 1347), Wegfall des Unterhaltsanspruchs wegen § 1573 Abs 5 BGB (BGH NJW 00, 389), Aufrücken in eine höhere Lebensaltersstufe der Düsseldorfer Tabelle (Frankfurt NJW-RR 86, 558, Hamm NJW-RR 89, 968), Eintritt der Volljährigkeit (BGH NJW 84, 1613), idR Strafhaft (BGH NJW 82, 1812), außer wenn ein unterhaltsrechtlicher Bezug zwischen dem Fehlverhalten und der Unterhaltspflicht besteht (Koblenz NJW 97, 1588). – Die **Tatsachen,** iF eines **26** VersU auf Grund der Säumnis fingierten (hM: ZöVollkommer 31; Köln NJW-RR 02, 438; aA 24. Aufl.; Oldenburg FamRZ 90, 188), müssen sich geändert haben. Änderung der tatsächlichen oder rechtlichen Beurteilung, Bewertung (BGH NJW-RR 92, 1091) oder der Rechtsprechung (umstr) oder neue Beweismöglichkeiten genügen nicht. Die Änderung im früheren Urt verwendeter Unterhaltsrichtlinien, Tabellen, Verteilungsschlüssel und sonstiger Berechnungsmethoden an sich ist keine solche Tatsache, in der Berufung darauf liegt aber die Behauptung, die allgemeinen wirtschaftlichen Verhältnisse hätten sich in einem der Änderung entsprechenden Maße geändert (BGH NJW 95, 534, Brandenburg FamRZ 02, 1049 für Düsseldorfer Tabelle; vgl auch Rn 32). Hat der Kl im früheren Prozess weniger Unterhalt beantragt als er nach den vom Ger angewendeten Richtlinien hätte beantragen können, so ist er bei eingetretener Änderung der Verhältnisse nicht gehalten, im Abänderungsprozess statt des vollen Unterhalts nur den Anteil geltend zu machen, der dem Verhältnis des seinerzeit verlangten zum damals möglichen Unterhalt entspricht (BGH NJW 84, 1458). Hat das abzuändernde Urt die ehelichen Lebensverhältnisse nicht festgestellt, hat der Richter den angemessenen Unterhalt zu bestimmen (BGH FamRZ 87, 257). – Die **Beweislast** für eine wesentli- **27**

che Änderung trägt der AbänderungsKl. Steht sie fest, so hat der Bekl
die Tatsachen zu beweisen, die auf Grund eines anderen Unterhaltstat-
bestandes die Aufrechterhaltung des Titels rechtfertigen (BGH NJW
90, 2752: Wegfall des Anspruchs auf Betreuungsunterhalt, KG FamRZ
28 94, 765, Hamm FamRZ 00, 904: Eintritt der Volljährigkeit). – **Wesentlich** ist die Änderung, wenn sie, ihre damalige Voraussehbarkeit unterstellt, nach dem Ermessen des Ger schon früher zu einem Urteil geführt
hätte, das zu einem höheren oder geringeren Betrag gekommen wäre,
idR um 10%, im Einzelfall auch weniger (Düsseldorf NJW-RR 94,
520; aA Braun ZZP 108, 319: keine Grenze).

29   **b) Nachträgliche Veränderung, Abs 2,** bedeutet nach Schluss
der Tatsachenverhandlung über einen gestellten Sachantrag (Köln
NJW-RR 96, 1349), iF eines VersU nach Ablauf der Einspruchsfrist
(BGH NJW 82, 1812), iF nicht eingelegter (BGH NJW 86, 383), unzulässiger (Düsseldorf FamRZ 84, 493) oder vor Sachverhandlung zu-
rückgenommener (BGH MDR 88, 569) Ber nach Schluss der mdl
Vhdlg in erster Instanz des Vorprozesses, iF zulässig eingelegter Ber
nach Schluss der mdl Vhdlg vor dem BerGer (BGH 96, 205). Ändern
sich die Umstände nach Rechtskraft eines TeilUrt während des Ber-
Verfahrens über den Rest, so hat die Partei die Wahl, gegen das Teil-
Urt Abänderungswiderklage im BerVerfahren oder selbständige Abänderungsklage zu erheben (BGH NJW 93, 1795, Hamm NJW-RR 98,
222). Auf Umstände, die bereits vorher im Vorprozess eingetreten waren, aber nicht vorgetragen worden sind, kann die Abänderungsklage
auch dann nicht gestützt werden, wenn die Partei sich dies vorbehalten
hat (BGH 136, 374; Ausnahme Rn 31), ebenso nicht auf Fehler, die im
VorProz bei der Beurteilung damaliger Verhältnisse unterlaufen sein
mögen (BGH NJW-RR 01, 937); gilt auch bei vorausgehendem An-
erkenntnis- oder VersUrt (Hamm FamRZ 92, 1201). Dass die Veränderung schon bei Erlass des früheren Urt voraussehbar war, steht der
Klage aus § 323 nicht entgegen (BGH NJW 92, 364), soweit die Veränderung dort nicht tatsächlich bereits berücksichtigt ist (Köln NJW 79,
30 1661; aA anscheinend KG FamRZ 91, 211). – **Im Falle mehrerer
Abänderungsklagen** kann, ohne dass es auf die Parteistellung oder
Zielrichtung des Vorprozesses ankommt, der Kl die spätere Abänderungsklage, gleichgültig ob auf Erhöhung oder Herabsetzung des
Urteilsbetrages gerichtet, nur auf eine Änderung der maßgeblichen
Verhältnisse seit Schluss der Tatsachenverhandlung im letzten Abänderungsprozess stützen (BGH NJW 95, 534, 00, 3789); ebenso wenn ein
Urt einen vorausgehenden Prozessvergleich abgeändert (BGH NJW 92,
364) oder die Abänderungsklage dagegen abgewiesen hat (Koblenz
NJW-RR 99, 1680). Ist danach eine weitere Abänderungsklage zulässig, so schließt Abs 2 sog Alttatsachen, die im früheren Proz nicht
vorgetragen wurden, aber bereits vorhanden waren und noch weiter
bestehen, nicht aus (BGH 136, 374). Verhältnis zur Berufung Rn 4,
20. Maßgebender Zeitpunkt im schriftlichen Verfahren § 128 Rn 33. –
31 Auch beim **Prozessvergleich** ist im Abänderungsprozess keine abwei-

chende Beurteilung der zugrunde liegenden Verhältnisse möglich. Zu berücksichtigen sind aber Änderungen der höchstrichterlichen Rspr (BGH NJW 01, 3618). Ob die Veränderung wesentlich ist – im Einzelfall auch unter 10% (Stuttgart FamRZ 00, 377) – beurteilt sich nach den Grundsätzen bei Wegfall oder Veränderung der Geschäftsgrundlage (BGH NJW 86, 2054), außer wenn die Grundlagen des Vergleichs nicht mehr feststellbar sind (BGH NJW 01, 2259) oder die Parteien im Vergleich die Zulässigkeit einer völligen Neufestsetzung nach Ablauf einer bestimmten Frist vereinbart haben (Zweibrücken FamRZ 92, 839). Auch die Rückforderung materiellrechtlich nicht geschuldeten Unterhalts nach Bereicherungsrecht setzt eine Abänderung des ProzVergleichs voraus (BGH NJW 91, 1154). – **Abs 2 und 3 gelten** **32** **nicht,** wenn der Unterhaltsgläubiger im VorProz bereits vorhandenes Vermögen verschleiert hat und dies weiterhin tut (Koblenz NJW-RR 97, 1229). Sie gelten ferner nicht für bloßes Verteidigungsvorbringen des Bekl, der selbst keine Abänderung verlangt, im Abänderungsprozess; er kann also das frühere Urt mit Gründen verteidigen, die bereits während des VorProz bestanden haben, aber nicht vorgetragen wurden und deshalb unberücksichtigt geblieben sind (BGH NJW 87, 1201; 00, 3789). Da bei Anwendung einer Tabelle wegen deren Schematisierung eine Veränderung der allg wirtschaftlichen Verhältnisse seit ihrer Veröffentlichung bis zum Schluss der mdl Vhdlg im früheren Proz nicht berücksichtigt ist, gilt insoweit Abs 2 nicht (BGH NJW 95, 534).

c) Richtige Parteien sind die des früheren Titels, die, auf die sich **33** seine Rechtskraftwirkung erstreckt (BGH FamRZ 92, 1060) oder auf die der Zahlungsanspruch übergegangen ist (BGH NJW 70, 1319, Zweibrücken NJW 86, 730, Düsseldorf FamRZ 94, 764); wenn nur teilweise, ist die Abänderungsklage gegen Titelgläubiger und Rechts-Teilnachfolger gleichzeitig zu richten (Brandenburg FamRZ 99, 1512). Ob beim ProzVergleich zugunsten eines Dritten auch dieser die richtige Partei ist, ist streitig (offengelassen mit Nachweisen BGH NJW 83, 684). Ist ein ProzVergleich nach § 1629 Abs 3 BGB zugunsten des Kindes geschlossen, kann das Kind nach Scheidung der Eltern selbst nach § 323 klagen (Brandenburg FamRZ 02, 1270).

d) Entsprechende Abänderung bedeutet, dass eine Korrektur des **34** früheren Urteils nur insoweit möglich ist, als sich die Verhältnisse seitdem geändert haben und deshalb eine Korrektur erforderlich ist, im Übrigen bleibt das frühere Urt, auch wenn es fehlerhafte Feststellungen od Beurteilungen enthält (BGH NJW-RR 01, 937), bzw der frühere ProzVergleich bindend (ebenso BGH NJW 79, 1656, Brandenburg FamRZ 02, 1049; aA Hamburg FamRZ 78, 936, Frankfurt FamRZ 79, 238). Die Bindung besteht grundsätzlich auch an fingierte Verhältnisse bei der Unterhaltsberechnung (BGH NJW-RR 94, 115; im Einzelnen dazu Graba FamRZ 02, 6 ff). Keine Bindung besteht an Berechnungshilfsmittel, wie Tabellen, Unterhaltsrichtlinien oder Verteilungsschlüssel (BGH NJW-RR 94, 1115). Die künftige Entwicklung der Verhältnisse ist vorausschauend zu beurteilen (BGH NJW 82, 1812).

35   **e)** Für **Titel gem Abs 4** gelten folgende Besonderheiten: – **aa)** vollstreckbare Vergleiche und vollstreckbare Urkunden, die auf gemeinschaftlicher Parteivereinbarung beruhen, werden nach den Grundsätzen
des Fehlens oder Wegfalls der Geschäftsgrundlage abgeändert (s Rn 31).
Ausgangspunkt sind die Grundlagen der Vereinbarung. Abs 2 u Abs 3
S 1 gelten nicht. – **bb)** Urkunden mit einseitiger Zwangsvollstre-
ckungsunterwerfung (Jugendamts- oder Notarurkunden) oder Titel im
vereinfachten Verfahren haben keine Geschäftsgrundlage; die Anpassung richtet sich nach den derzeitigen Verhältnissen und der derzeitigen
Rechtslage (Köln NJW-RR 02, 436; München FamRZ 02, 1271).

36   **5. Verfahren, Urteil. – a) Streitstoff** sind nur die neuen für Bestand, Höhe und Dauer der Leistungspflicht maßgebenden Umstände.
Die Feststellung der unverändert gebliebenen Verhältnisse ist vorzutragen (Hamburg FamRZ 02, 465) und ohne erneute Prüfung zugrunde
zu legen.

37   **b) Einstellung der Zwangsvollstreckung** ist entspr § 769 zulässig
(BGH LM § 323 Nr 1), soweit das frühere Urt abgeändert werden soll.
Beschwerde nach überwiegender Ansicht unstatthaft (Brandenburg
FamRZ 96, 356).

38   **c) Zeitliche Schranke, Abs 3.** Das stattgebende Urt auf Herabsetzung hebt das frühere ausdrücklich auf und entscheidet neu über den
Anspruch in den Grenzen von Rn 34, und zwar ab dem Tag der Klagezustellung (BGH NJW 90, 709). Dies auch, soweit Änderung erst
während des Prozesses neu geltend gemacht wird. Auch bei vorge-
schaltetem PKH-Verfahren kann nicht auf den Zugang des Gesuchs
oder die Mitteilung der Klage (Bamberg NJW-RR 92, 1413) abgestellt
werden (BGH NJW 82, 1050). Hat die Partei die Veränderung der
Umstände im VorProz mit Anschlussberufung geltend gemacht, die
dann wegen Rücknahme der Hauptberufung wirkungslos geworden ist,
so ist in einem neuen Abänderungsprozess der Zeitpunkt der Anschließung im Vorverfahren maßgebend (BGH NJW 88, 173). Abs 3 gilt als
verfahrensrechtliche Vorschrift auch für die Abänderung rechtskräftiger
Urteile der früheren DDR-Gerichte über nachehelichen Unterhalt
(BGH FamRZ 93, 43).

39   **d) Abs 3 gilt nicht** für Klage auf Erhöhung der in Satz 2 genannten
Unterhaltsansprüche unter Ehegatten und Verwandten. Ferner **nicht**
wegen fehlender Rechtskraftwirkung für Abänderung der in **Abs 4
genannten Titel** (BGH GS 85, 64, BGH NJW 98, 2433). Der Unterhaltsanspruch ist nicht durch ProzVergleich, sondern durch Urteil
geregelt, Abs 3 gilt also, wenn die Parteien in dem ProzVergleich die
Berufungen gegen das Abänderungsurteil des Familiengerichts zurücknehmen (BGH NJW 90, 709). Auch der Gesichtspunkt des Vertrau-
ensschutzes für den Titelgläubiger gebietet keine Einschränkung der
Rückwirkung aus materiellrechtlichen Gründen (BGH NJW 90, 3274;
aA Düsseldorf und Karlsruhe FamRZ 85, 86 und 87, Bamberg FamRZ
88, 640, Braun JuS 93, 353), insbesondere wenn dieser Informations-

pflichten über die Veränderung der Umstände nicht erfüllt hat (Hamm FamRZ 99, 1163). Die zeitliche Schranke des Abs 3 gilt ebenfalls nicht, soweit die Parteien sich, auch konkludent, geeinigt haben, dass der Bekl einen über den titulierten Anspruch hinausgehenden Betrag zu bezahlen hat (KG FamRZ 95, 892).

e) Streitwert: § 9; maßgebend ist die Differenz zwischen dem früheren Urteil und dem jetzigen Antrag. Vollstrbkt bei Rentenurteilen nach § 708 Nr 8. **40**

6. Abs 2 gilt entsprechend im Beschlussverfahren zur Festsetzung des Regelunterhalts (§ 655 Abs 6). **41**

7. Die **Abänderungsklage** ist **eingeschränkt zulässig:** im Falle des **Abs 5, § 656,** wenn der Kl vorträgt, dass die Anpassung an die Veränderung der allgemeinen wirtschaftlichen Verhältnisse zu einem Betrag führen würde, der nach oben oder unten wesentlich (Rn 28) von dem Betrag abweicht, der der nachträglichen konkreten subjektiven Entwicklung der Verhältnisse der Parteien seit Erlass des Titels Rechnung trägt. Eine so begründete Klage kann neben dem vereinfachten Beschlussverfahren erhoben, letzteres kann bis zur Erledigung der Abänderungsklage ausgesetzt werden (§ 655 Abs 4), nicht umgekehrt. **42**

8. Neue Klage. Zusammenfassend und kritisch Gottwald FamRZ 93, 1374/1376. Kriterium für die Frage, ob nach Erlass eines Urteils, das über eine Klage auf künftig fällig werdende wiederkehrende Leistungen entscheidet, eine neue Klage zulässig ist, sei es als Abänderungs-, sei es als neue Leistungs-(Nachforderungs-)Klage, ist grundsätzlich die Rechtskraftwirkung des früheren Urt, das ggf auch ein Abänderungsurteil sein kann. Für Titel nach § 794 Abs 1 Nr 5 kommt es entsprechend Abs 4 darauf an, ob der Unterhaltsgläubiger die Verpflichtung des Unterhaltsschuldners in der Urkunde zurzeit ihrer Errichtung erkennbar als anspruchserfüllende – dann Abänderungsklage zur Erhöhung – angesehen hat oder nicht – dann neue Leistungsklage (Zweibrücken NJW 93, 473). – **Umdeutung** einer „Abänderungs-" in eine neue Leistungsklage ist möglich und ggf geboten (BGH FamRZ 86, 661). Ebenso umgekehrt trotz fehlenden rechtsgestaltenden Abänderungsantrags, falls der frühere Titel genannt und eine wesentliche Änderung der Verhältnisse behauptet wird (BGH NJW 92, 438), auch nachträglich (Hamm NJW-RR 94, 4). Andernfalls ist ein entsprechender rechtlicher Hinweis nötig (Zweibrücken NJW 93, 473). **43 44**

a) Verurteilende Urteile. – aa) Abänderungsklage. Urteile über die Entrichtung einer Unterhaltsrente stellen nicht nur den Rechtszustand in dem für die Entscheidung maßgebenden Zeitpunkt fest, vielmehr entscheiden sie mit Rechtskraftwirkung auch über die erst künftig zu entrichtenden Leistungen, deren Festsetzung auf einer Prognose der künftigen Entwicklung beruht (BGH NJW 85, 1345). Macht der Kläger mit einer neuen Klage eine wesentliche Veränderung der Verhältnisse (Rn 25–28), also eine **von der Prognose des früheren Urteils abweichende tatsächliche Entwicklung** geltend, so handelt es sich **45 46**

um einen Angriff gegen die Richtigkeit des Urteils, das mit Hilfe des § 323 unter Durchbrechung der Rechtskraftwirkung den veränderten Urteilsgrundlagen anzupassen ist. Dabei ist § 323 einschlägig nicht nur, soweit die Rechtskraft des früheren Urteils reicht (§ 322 Rn 22), sondern auch, wenn der Kl einen neuen prozessualen Anspruch geltend macht (BGH 34, 110, NJW-RR 87, 642; aA Roth NJW 88, 1233). Hat der Unterhaltsgläubiger im VorProz einen hinter seinem vollen Unterhalt zurückbleibenden Rentenbetrag geltend gemacht (verdeckte Teilklage, § 322 Rn 23), sei es auch irrtümlich (BGH NJW 86, 3142), und zugesprochen erhalten, so kann er nur, wenn wegen Veränderung der Verhältnisse der Klageweg nach § 323 eröffnet ist, iR dieses Verfahrens nunmehr von dem vollen Unterhaltsanspruch einschl Vorsorgebedarf ausgehen (BGH 94, 145 u 98, 353). Hat der Gläubiger einen Titel auf Zahlung von Vorsorgeleistungen an sich selbst erlangt, so kann der Schuldner den Einwand, wegen bestimmungswidriger Verwendung könne Zahlung nur noch an einen Versicherungsträger verlangt werden, nur im Wege der Abänderungsklage geltend machen (BGH NJW 87, 2229). Auch wenn das frühere Unterhaltsurteil als AnerkenntnisUrt ergangen ist, ist eine neue Klage nur unter den Voraussetzungen des § 323 möglich (aA Bamberg FamRZ 86, 702, weil die Rechtskraftwir-

47 kung des AnerkenntnisUrt weniger weitreichend sei). – **bb) Neue Leistungsklage** ohne die Voraussetzungen des § 323 ist zulässig, wenn sich die für die frühere Verurteilung maßgebenden Verhältnisse objektiv nicht feststellen lassen (Hamm FamRZ 94, 763). Ferner wenn die frühere Klage ausdrücklich oder auf Grund besonderer Umstände erkennbar nur als Teilklage erhoben war (BGH NJW 86, 383, 3142, Karlsruhe NJW 95, 2795, Hamm MDR 97, 1159). Das ist idR bei wiederkehrenden Leistungen nicht anzunehmen (BGH NJW 94, 3165/3166, Hamm VersR 98, 1571), nur ausnahmsweise dann, wenn der Kl Unterhaltsansprüche mit einer zeitlichen Begrenzung geltend macht, für Unterhaltsansprüche in der Folgezeit (Koblenz NJW-RR 86, 1457). Teilklage ist nicht allein deshalb anzunehmen, weil der Unterhaltsgläubiger vorprozessual mehr verlangt hat (Karlsruhe NJW 95, 2795). Ein Urt, das eine Unterhaltsrente über einen freiwillig bezahlten Betrag hinaus zuspricht, entscheidet über eine Teilklage, für Mehrforderungen des Unterhaltsgläubigers oder wenn er den freiwillig bezahlten Unterhalt titulieren lassen will, ist deshalb nicht die Abänderungs-, sondern die Nachforderungsklage gegeben (BGH 93, 330, NJW 91, 429); begehrt der Unterhaltsschuldner eine Herabsetzung des titulierten Betrages, so ist die Abänderungsklage gegeben, falls eine Einschränkung der freiwilligen Zahlungen auf Grund geänderter Verhältnisse nicht mehr ausreicht (BGH NJW 85, 1343). Die Unterhaltsklage für die Zeit nach der Ehescheidung ist nicht eine solche aus § 323 im Verhältnis zu dem Urteil, das über den Unterhalt der getrennt lebenden Ehegatten

48 vor der Scheidung befunden hat (BGH NJW 82, 1875). – **cc) Statt mit Abänderungsklage** kann der Bekl eine Veränderung der Umstände auch in dem nach Zurückverweisung durch das RevGer noch anhängigen BerVerfahren im Wege der AnschlussBer bzw BerErweiterung geltend machen (BGH NJW 85, 2029); ebenso nach Rechtskraft eines TeilUrt im Berufungsverfahren über das SchlussUrt mit Abänderungswiderklage (BGH NJW 93, 1795); ebenso nach Rechtskraft eines TeilanerkenntnisUrt (Hamm FamRZ 97, 890).

b) Klageabweisende Urteile. – aa) Neue Leistungsklage. Ist die **49** frühere Klage abgewiesen, weil der geltend gemachte Unterhaltsanspruch nicht entstanden ist, so liegt der Abweisung keine Prognose der künftigen Entwicklung zugrunde, das Urt hat keine in die Zukunft reichende Rechtskraftwirkung. Tritt hier die früher fehlende Anspruchsvoraussetzung ein, so ist wegen dieser neuen Tatsache eine neue Leistungsklage ohne die Voraussetzungen des § 323 zulässig (BGH 82, 246 für früher fehlende Bedürftigkeit des Klägers, BGH FamRZ 85, 376). Das gleiche gilt, wenn eine Unterhaltsklage als zurzeit unbegründet abgewiesen wurde, weil die künftigen, für die Bemessung maßgebenden Umstände noch nicht überschaubar waren. Für die Feststellung der Rentenhöhe im Rahmen einer neuen Klage auf Grund nunmehr überschaubarer Umstände bestehen keine Bindungswirkungen aus dem früheren Urteil (BGH NJW 67, 2403). Hat das frühere Urt eine Teilklage abgewiesen, mit der eine über einen freiwillig geleisteten Unterhalt hinausgehende Mehrforderung geltend gemacht war, so beruht es nicht auf einer Prognose der künftigen Entwicklung; bei späterer Veränderung der Verhältnisse ist deshalb eine neue Klage ohne die Voraussetzungen des § 323 zulässig (BGH FamRZ 82, 479). – **bb) Abänderungs** **50** **klage.** Hat dagegen das Gericht im früheren Urt den Unterhaltsanspruch für eine bestimmte Zeit zugesprochen und, etwa wegen der Annahme, dass die Bedürftigkeit später wegfällt, ab einem bestimmten in der Zukunft liegenden Zeitpunkt abgewiesen, so beruht die Abweisung auf der Prognose der künftigen Entwicklung; bei späterer abweichender Entwicklung kann der Unterhaltsgläubiger seinen Anspruch nur unter den Voraussetzungen des § 323 geltend machen (BGH FamRZ 84, 353). Ebenso beruht auf der Prognose der künftigen Entwicklung ein Urt gemäß § 323, das ein früheres verurteilendes Rentenurteil wegen Rückgangs oder Fortfalls der Leistungsfähigkeit oder der Bedürftigkeit reduziert oder aufhebt und den Rentenanspruch abweist; eine spätere Klage auf Erhöhung oder Wiedergewährung der Unterhaltsrente ist deshalb ebenfalls nur unter den Voraussetzungen des § 323 zulässig (BGH NJW 85, 1345).

§ **324** Nachforderungsklage zur Sicherheitsleistung

Ist bei einer nach den §§ 843 bis 845 oder §§ 1569 bis 1586 b des Bürgerlichen Gesetzbuchs erfolgten Verurteilung zur Entrichtung einer Geldrente nicht auf Sicherheitsleistung erkannt, so kann der Berechtigte gleichwohl Sicherheitsleistung verlangen, wenn sich die Vermögensverhältnisse des Verpflichteten erheblich verschlechtert haben; unter der gleichen Vorausset

zung kann er eine Erhöhung der in dem Urteil bestimmten Sicherheit verlangen.

1   Das materielle Recht gibt in §§ 843–845, 1585 a BGB Anspruch auf Sicherheitsleistung für Renten. § 324 setzt einen derartigen Anspruch voraus und lässt dafür die Nachforderungsklage zu. Bes Prozessvoraussetzung ist die Behauptung, dass sich die Vermögensverhältnisse des Schuldners nach Schluss der mdl Vhdlg im Rentenprozess wesentlich verschlechtert haben. Die Klage ist für die Zukunft begründet, wenn eine solche Verschlechterung festgestellt wird. Das Urt ist rechtsgestaltend, soweit es eine frühere Abweisung des Antrags auf Sicherheitsleistung aufhebt und LeistungsUrt, soweit es verurteilt. Gleiche Regelung in §§ 618 Abs 3 BGB, 7 Abs 3 HaftPflG, 13 Abs 3 StVG, 38 Abs 3 LuftVerkG. Entspr Anwendung für Klage des Verpflichteten auf Wegfall oder Ermäßigung der Sicherheitsleistung.

§ 325 Subjektive Rechtskraftwirkung

(1) **Das rechtskräftige Urteil wirkt für und gegen die Parteien und die Personen, die nach dem Eintritt der Rechtshängigkeit Rechtsnachfolger der Parteien geworden sind oder den Besitz der in Streit befangenen Sache in solcher Weise erlangt haben, daß eine der Parteien oder ihr Rechtsnachfolger mittelbarer Besitzer geworden ist.**

(2) **Die Vorschriften des bürgerlichen Rechts zugunsten derjenigen, die Rechte von einem Nichtberechtigten herleiten, gelten entsprechend.**

(3) **¹Betrifft das Urteil einen Anspruch aus einer eingetragenen Reallast, Hypothek, Grundschuld oder Rentenschuld, so wirkt es im Falle einer Veräußerung des belasteten Grundstücks in Ansehung des Grundstücks gegen den Rechtsnachfolger auch dann, wenn dieser die Rechtshängigkeit nicht gekannt hat. ²Gegen den Ersteher eines im Wege der Zwangsversteigerung veräußerten Grundstücks wirkt das Urteil nur dann, wenn die Rechtshängigkeit spätestens im Versteigerungstermin vor der Aufforderung zur Abgabe von Geboten angemeldet worden ist.**

(4) **Betrifft das Urteil einen Anspruch aus einer eingetragenen Schiffshypothek, so gilt Absatz 3 Satz 1 entsprechend.**

1   **1. Subjektive Rechtskraftwirkung** des Urteils. – **a) Für und gegen die Partei und die Gegenpartei.** Das sind die Personen, auf die es lautet, nicht zwischen Streitgenossen auf derselben Parteiseite (Düsseldorf NJW-RR 92, 922). Keine Erstreckung der Rechtskraft des Urteils über Vertrag zugunsten eines Dritten auf den Dritten (BGH 3, 385) und des Feststellungsurteils über ein Rechtsverhältnis zu Dritten im Verhältnis zur Vertragspartei (§ 256 Rn 15 aE); auch keine Erstreckung des Urt zwischen Gesellschaftern einer GmbH über die Ausle-

gung der Satzung auf das Verhältnis zwischen Gesellschafter u GmbH (BGH WM 03, 195).

b) Bei Rechtsnachfolge in den rechtshängigen Anspruch, nicht in 2 ein kontradiktorisches Gegenrecht (BGH VersR 96, 390). Zwischen dem Rechtsnachfolger einer Partei und der Gegenpartei oder ihrem Rechtsnachfolger, falls die Nachfolge **nach Rechtshängigkeit** (§ 261 Rn 2) eingetreten ist. Die Bestimmung ergänzt § 265. Gilt für Gesamt- und Sondernachfolger (§ 265 Rn 6), also auch denjenigen, der an einer streitbefangenen Sache (§ 265 Rn 3) nach Rechtshängigkeit Eigenbesitz erlangt hat (BGH NJW 81, 1517, WM 91, 1353) oder Besitzmittler für eine Partei geworden ist. – Ausnahme von der Rechtskraftwirkung Rn 8. Gegen den Nachfolger vor Rechtshängigkeit wirkt die Rechts- kraft in §§ 407 Abs 2 (keine Wirkung für den Rechtsnachfolger, BGH 52, 150), 408, 413 BGB, 372 Abs 2 HGB.

c) Bei Nacherbfolge § 326. 3

d) Bei Prozessführungsbefugnis Rechtsfremder (§ 51 Rn 31) er- 4 streckt sich die Rechtskraft auf den Rechtsträger, soweit er der Pro- zessführung zustimmt, auch wenn die Zustimmung nicht nach außen erteilt und im Rechtsstreit nicht geltend gemacht ist (BGH NJW 85, 2825 für den Fall der Klageabweisung), oder der Prozessführungsbe- fugte über den Streitgegenstand verfügen darf (BGH ZZP 71, 102). Bsp: Inkassozession (RG 88, 293), § 1422 BGB (Pal/Diederichsen Rn 4). Ohne diese Voraussetzungen keine Erstreckung der Rechtskraft, zB des Urteils auf Abweisung der Klage eines Miteigentümers (§ 1011 BGB) gegen die anderen (BGH 79, 245, 92, 351, BGH NJW 85, 2825).

e) Rechtskrafterstreckung auf Dritte in Fällen völliger Abhän- 5 gigkeit ihrer Haftung, zB bei OHG § 129 Abs 1 HGB (BGH WM 80, 102). Rechtskraft der Klageabweisung gegen Hauptschuldner für Bür- gen (§ 768 Abs 1 BGB, BGH NJW 70, 279; zust Fenge NJW 71, 1920, Weber JuS 71, 553). Nicht gegen den Bürgen iF der Verurtei- lung des Hauptschuldners (BGH 107, 92), außer der Bürge erkennt den Ausgang des Proz als auch für sich verbindlich an (Koblenz MDR 98, 1022); so idR der Prozessbürge, weil bei anderer Auslegung der Si- cherungszweck der ProzBürgschaft nicht zu erreichen wäre (BGH NJW 75, 1119). Ferner Eigentümer (§ 1137 BGB) und Verpfänder (§ 1211 Abs 1 BGB). Nach einer in der Literatur vertretenen weiterge- henden Meinung (Zusammenfassung: Huber JuS 72, 621) erstreckt sich die Rechtskraft eines Urteils über ein präjudizielles Rechtsverhältnis dann auf den Dritten, der am abhängigen Rechtsverhältnis beteiligt ist, wenn die Parteien des präjudiziellen Rechtsverhältnisses eine entspre- chende Wirkung für oder gegen den Dritten durch Rechtsgeschäft her- beiführen könnten. Für weitergehende Drittwirkung auch Schwab, Festschrift für Walder (1994) S 267 ff. Gegen die Erstreckung der Rechtskraftwirkung auf Dritte iF materiellrechtlicher Abhängigkeit und zusammenhängen der Entscheidungen Schuck NJW 88, 865.

f) Weitergehende Rechtskraftwirkung, wo das Gesetz es be- 6 stimmt, zB §§ 640 h, 856 Abs 4, InsO §§ 178 Abs 3, 183 Abs 1, AktG

§ 248, PflVG § 3 Nr 8. Inwieweit dies mit dem Grundrecht auf rechtliches Gehör vereinbar ist, wenn der Dritte am Prozess nicht beteiligt
war und von dem Urteil nachteilig betroffen ist, ist eine bisher nicht
gelöste Frage (Marotzke ZZP 100, 164).

7   **g) Zu unterscheiden** von der Rechtskraftwirkung, wenn auch in
ihren Folgen ähnlich, sind die **Gestaltungswirkung** konstitutiver Urteile (Rn 6 vor § 253), die **Tatbestandswirkung** eines Urteils (§ 322
Rn 2), die **Nebeninterventionswirkung** (§§ 68, 74 Abs 3) und die
Bindungswirkung des Gerichts an eigene Entscheidungen (§ 318)
und an Unterlassungsgebote iF des § 11 UKlaG; dazu eingehend Gaul,
Festschrift für Beitzke, 1979, S. 997 ff.

8   **2. Gutglaubensschutz.** – **a)** Nach **Abs 2** wirkt in Ausnahme von
Abs 1 die Rechtskraft nicht gegen den gutgläubigen Rechtsnachfolger.
Der gute Glaube muss sich beim Erwerb vom Nichtberechtigten auf
das Recht bzw die Verfügungsberechtigung (§ 366 HGB) und auf die
fehlende Rechtshängigkeit beziehen (kritisch Olshausen JZ 88, 584),
bei Erwerb vom Berechtigten nur auf letztere. Ob nur positive Kenntnis (§ 892 BGB) oder auch grobfahrlässige Unkenntnis (§ 932 BGB)
bösgläubig macht, entscheidet sich nach dem Rechtsgeschäft, das die
Rechtsnachfolge herbeigeführt hat. Bsp: Die Klage des Hypotheken-
gläubigers ist abgewiesen, weil die Hypothek nicht bestehe. Die
Rechtskraft des Urt wirkt nicht gegen seinen Rechtsnachfolger nach
Rechtshängigkeit, außer diesem war bei der Abtretung die Unrichtigkeit des Grundbuchs oder die im Grundbuch eintragungsfähige
9   Rechtshängigkeit bekannt. – **b)** **Abs 3 S 1** (Abs 4) macht von Abs 2
eine Unterausnahme und stellt die Regel des Abs 1 wieder her. Ein Urt
über einen Anspruch aus einem der genannten eingetragenen Rechte
wirkt also auch gegen den gutgläubigen Erwerber des Grundstücks nach
Rechtshängigkeit. Das Gesetz schützt den Realgläubiger gegen den
Grundstückserwerber, weil dieser sich über das Schweben eines Proz
10   erkundigen kann. – **c)** **Abs 3 S 2** macht wieder eine Ausnahme von
S 1. Ein Urt aus einem der genannten Rechte wirkt gegen den Ersteher
des Grundstücks nur dann, wenn spätestens im Versteigerungstermin
die Rechtshängigkeit angemeldet war, mag sie auch dem Ersteher bekannt gewesen sein (RG 122, 158). Das Gesetz schützt hier den Ersteher gegen den Realgläubiger, der die Rechtshängigkeit anmelden kann.
Gilt nicht entspr, wenn der Prozess im Versteigerungstermin schon
rechtskräftig entschieden ist (StJLeipold 46).

§ 326 Rechtskraft bei Nacherbfolge

(1) **Ein Urteil, das zwischen einem Vorerben und einem
Dritten über einen gegen den Vorerben als Erben gerichteten
Anspruch oder über einen der Nacherbfolge unterliegenden
Gegenstand ergeht, wirkt, sofern es vor dem Eintritt der Nach-
erbfolge rechtskräftig wird, für den Nacherben.**

(2) **Ein Urteil, das zwischen einem Vorerben und einem Dritten über einen der Nacherbfolge unterliegenden Gegenstand ergeht, wirkt auch gegen den Nacherben, sofern der Vorerbe befugt ist, ohne Zustimmung des Nacherben über den Gegenstand zu verfügen.**

1. Rechtskraftwirkung eines Urteils, das im Proz zwischen dem 1 Vorerben und einem Dritten ergangen und **vor Eintritt der Nacherbfolge rechtskräftig** geworden ist: – **a)** Über eine **Nachlassverbindlichkeit** (§§ 1967, 1968 BGB): Das Urt wirkt nur für den Nacherben. § 325 trifft ihn nicht, weil er nicht Rechtsnachfolger des Vorerben ist. – **b) Aktivprozess** des Vorerben: Das ihm günstige Urt wirkt 2 für den Nacherben (Abs 1). Das ihm ungünstige Urt wirkt gegen den Nacherben nur, wenn der Vorerbe ohne Zustimmung des Nacherben über den Nachlassgegenstand verfügen darf (Abs 2), insbes also §§ 2112, 2136 BGB. VollstrKlausel § 728 Abs 1.

2. Wenn die **Nacherbfolge vor Rechtskraft** des Urt eintritt, also 3 während der Rechtshängigkeit des Proz zwischen Vorerben und Dritten, gibt es keinerlei Rechtskrafterstreckung für oder gegen den Nacherben. Für Aktivprozesse §§ 242, 246.

§ 327 Rechtskraft bei Testamentsvollstreckung

(1) **Ein Urteil, das zwischen einem Testamentsvollstrecker und einem Dritten über ein der Verwaltung des Testamentsvollstreckers unterliegendes Recht ergeht, wirkt für und gegen den Erben.**

(2) **Das gleiche gilt von einem Urteil, das zwischen einem Testamentsvollstrecker und einem Dritten über einen gegen den Nachlaß gerichteten Anspruch ergeht, wenn der Testamentsvollstrecker zur Führung des Rechtsstreits berechtigt ist.**

1. Rechtskraftwirkung des Urt, das im Prozess zwischen **Testa-** 1 **mentsvollstrecker** und Drittem ergangen ist: – **a) Aktivprozesse** über ein der Verwaltung des TestVollstr unterliegendes Recht (§ 2212 BGB): Das Urt wirkt für und gegen den Erben (Abs 1). VollstrKlausel § 728 Abs 2. – **b) Nachlassverbindlichkeiten** (§§ 1967, 1968 BGB): 2 Das Urt wirkt für und gegen den Erben, soweit der TestVollstr prozessführungsbefugt ist (Abs 2). Das richtet sich nach § 2213 BGB. ZwVollstr nach §§ 728 Abs 2, 748, 749, 780.

2. Prozessführung des Erben. – a) Für **Aktivprozesse** ist der 3 Erbe nicht prozessführungsbefugt (§ 2212 BGB), sie berühren den TestVollstr überhaupt nicht. – **b) Prozesse über Nachlassverbind-** 4 **lichkeiten:** Die Rechtskraft des dem Erben günstigen Urt wirkt für den TestVollstr, des dem Erben ungünstigen Urt aber nicht gegen ihn (StJLeipold 7, 8).

§ 328 Anerkennung ausländischer Urteile

(1) **Die Anerkennung des Urteils eines ausländischen Gerichts ist ausgeschlossen:**

1. **wenn die Gerichte des Staates, dem das ausländische Gericht angehört, nach den deutschen Gesetzen nicht zuständig sind;**
2. **wenn dem Beklagten, der sich auf das Verfahren nicht eingelassen hat und sich hierauf beruft, das verfahrenseinleitende Schriftstück nicht ordnungsmäßig oder nicht so rechtzeitig zugestellt worden ist, daß er sich verteidigen konnte;**
3. **wenn das Urteil mit einem hier erlassenen oder einem anzuerkennenden früheren ausländischen Urteil oder wenn das ihm zugrunde liegende Verfahren mit einem früher hier rechtshängig gewordenen Verfahren unvereinbar ist;**
4. **wenn die Anerkennung des Urteils zu einem Ergebnis führt, das mit wesentlichen Grundsätzen des deutschen Rechts offensichtlich unvereinbar ist, insbesondere wenn die Anerkennung mit den Grundrechten unvereinbar ist;**
5. **wenn die Gegenseitigkeit nicht verbürgt ist.**

(2) **Die Vorschrift der Nummer 5 steht der Anerkennung des Urteils nicht entgegen, wenn das Urteil einen nichtvermögensrechtlichen Anspruch betrifft und nach den deutschen Gesetzen ein Gerichtsstand im Inland nicht begründet war oder wenn es sich um eine Kindschaftssache (§ 640) oder um eine Lebenspartnerschaftssache im Sinne des § 661 Abs. 1 Nr. 1 und 2 handelt.**

1 **1. Anwendungsbereich.** Die Wirkung („Anerkennung"), dh Rechtskraft-, Gestaltungs- und Tatbestandwirkung (vgl § 325 Rn 7) ausländischer Urteile tritt bei gegebenen Voraussetzungen ohne Ausspruch (Ausnahme Rn 24) ein; bei Streit ist Feststellungsklage zulässig (RG 167, 380). Vollstreckbarkeit vgl §§ 722, 723. In ihrem Anwendungsbereich gehen Staatsverträge (Rn 30 ff) und EG-VO (Rn 52) dem § 328 vor (BGH FamRZ 90, 1100), es gilt aber das Günstigkeitsprinzip (BayObLG NJW-RR 90, 842; Spickhoff ZZP 108, 475). § 328 setzt – im Gegensatz zur Vollstreckbarerklärung nach autonomen Recht (§ 723 Abs 2 S 1) – keine formelle Rechtskraft voraus (ZöGeimer 69; aA Musielak 5). Die Vorschrift bezieht sich auf rechtskraftfähige Urteile eines ausländischen Zivilgerichts. Anfechtbarkeit schließt die Anerkennung nicht aus (BGH NJW 92, 3098). – 2 **a) Urteil** ist jede Entscheidung, die nach geordnetem Prozeßverfahren endgültig über eine aufgestellte Rechtsbehauptung ergeht, daher Prozeßurteil nicht ausreichend (Musielak 5); Form und Bezeichnung sind belanglos. Nicht Vorbehaltsurteile, Arrest und einstw Vfg außer auf Geldzahlung (§ 940 Rn 7), gerichtliche Vergleiche, bei denen das Gericht nur beurkundende Funktion hatte (Schack IZVR Rn 816; Heß JZ 00, 373 zum US-amerikanischen class action settlement), ausl Vollstreckungsakte (Musie-

lak 5). – **b) Der Rechtskraft fähig** ist die Entscheidung, wenn nach 3
ausländischem Recht innerhalb desselben Verfahrens kein Rechtsbehelf
mehr möglich ist (BGH NJW 99, 3198). – **c)** Von einem **Zivilgericht** 4
muss die Entscheidung stammen, dh einer Einrichtung, die von dem
ausländischen Staat zur Erledigung von privaten Rechtsstreitigkeiten
berufen ist, unter diesen Voraussetzungen auch Sonder-, Straf- oder
Verwaltungsgerichte, nicht aber die der freiwilligen Gerichtsbarkeit
(BGH NJW 77, 150); für diese gilt grds § 16 a FGG; ob § 328 oder
§ 16 a FGG anzuwenden ist, ist nach der lex fori zu qualifizieren (BGH
aaO). Die Anerkennung und Vollstreckung ausländischer Schiedssprüche richtet sich nach § 1025 Abs 4 iVm § 1061. Für Ehesachen vgl
Rn 8 c, 24 ff, Art 13 ff EheVO, § 606 a Rn 11 ff. – **d) Ausländisch** ist 5
das Gericht, wenn es im Zeitpunkt des Erlasses der Entscheidung
außerhalb der politischen Grenzen Deutschlands liegt. § 328 gilt entsprechend auch für anzuerkennende Urteile aus der ehemaligen DDR
(BGH NJW 97, 2051; Naumburg FamRZ 01, 1013). – **e) Rechts-** 6
kraftwirkung vgl § 322 Rn 11.

2. Die Voraussetzungen für die Anerkennung (hierzu ausführ- 7
lich Haas IPRax 01, 195) stellt im Rahmen seines Anwendungsberei-
ches § 328 in negativer Fassung erschöpfend auf. Sie sind von Amts
wegen zu prüfen (vgl Rn 12 vor § 253). Darüber hinaus sind schlechthin nichtige oder unwirksame Urteile nicht anerkennungsfähig (BGH
NJW 92, 3098). Die Rechtmäßigkeit der Entscheidung ist nicht nachprüfbar. Fehlt eine der folgenden Voraussetzungen, ist sie schlechthin
unbeachtlich, kann auch nicht Grundlage einer Klage auf Erfüllung,
wohl aber als Urkunde Beweismittel sein (RG 129, 387). Liegen alle
Voraussetzungen vor, steht das ausländische Urteil für die
ZwVollstr (hierfür gelten §§ 722, 723) einem deutschen völlig gleich.
Maßgebend ist, soweit nicht im Folgenden anderes gesagt ist, der Zeitpunkt, in dem die Anerkennung im Inland geprüft wird (BGH 22, 27).
Nr 1 meint die **internationale Zuständigkeit** des fremden Staates, 8
nicht die örtliche und sachliche Zuständigkeit des konkreten Gerichts. –
a) Grundsatz. Geprüft wird, ob ein Gericht dieses Staates, wenn dort 8 a
die deutsche ZPO gegolten hätte, zur Entscheidung zuständig gewesen
wäre (BGH NJW 93, 1073); die Vorschriften, die die internationale
Zuständigkeit der deutschen Gerichte begründen, werden also spiegelbildlich auf das ausländische Verfahren übertragen (BayObLG StAZ 01,
174). Auch zulässige Vereinbarung reicht dazu aus (Geimer IZPR
Rn 2899); rügelose Einlassung nur, wenn ohne sie das ausländische
Gericht unzuständig wäre (BGH aaO; zustimmend Geimer IPRax 94,
187; Basedow IPRax 94, 183; abl Schack ZZP 107, 75) und die Rüge
dort nicht aussichtslos wäre (BGH WM 96, 2037); unterbliebene Belehrung entsprechend §§ 504, 39 S 2 steht nicht entgegen (Frankfurt
NJW 79, 1787; Musielak 11; einschränkend Schröder NJW 80, 473).
Die internationale Zuständigkeit des ausländischen Gerichts ist auch
dann selbständig festzustellen, wenn die sie begründenden Tatsachen

zugleich die Klageforderung inhaltlich stützen; die schlüssige Behauptung der doppelt relevanten Tatsachen genügt insoweit nicht (BGH 124, 237). Dass auch deutsche oder Gerichte eines anderen Staates zuständig sind, schadet nicht, wohl aber die ausschließliche Zuständigkeit solcher Gerichte. Bei Mehrrechtsstaaten ist zu prüfen, ob sich die Anknüpfungspunkte im jeweiligen Einzelstaat mit autonomer Gesetzgebung und Gerichtsorganisation verwirklicht haben (Hamm, RIW 97, 960; aA BGH NJW 99, 3198 (nur für US-amerikanische Bundesgerichte, ohne jedoch zwischen den Voraussetzungen der verschiedenen Zuständigkeiten der Bundesgerichte zu unterscheiden) mit zu Recht abl Anm Roth ZZP 112, 483; Stürner/Bormann JZ 00, 81; Wazlawik IPRax 02, 273; von Hoffmann/Hau RIW 98, 344; aA Geimer IZPR Rn 2900; Haas IPRax 01, 195). An Feststellungen des ausländischen Gerichts über zuständigkeitsbegründende oder -ausschließende Tatsachen ist das deutsche Gericht nicht gebunden (BGH NJW 69, 1536), zumal für das ausländische Gericht dessen Verfahrensrecht, für das deutsche Gericht deutsches Verfahrensrecht maßgebend ist (BGH NJW 70, 387; zustimmend Geimer). – **b) Zeitpunkt.** Maßgebend ist der Zeitpunkt der letzten mündlichen Verhandlung (StJ/Schu Rn 149), wobei § 261 Abs 3 Nr 2 zu beachten ist, soweit er für die internationale Zuständigkeit gilt (vgl § 261 Rn 16). – **c) Ehesachen.** – Nr 1 gilt auch für diese (Bamberg FamRZ 00, 1289; vgl Rn 24 ff), soweit nicht die am 1. 3. 01 in Kraft getretene VO (EG) Nr. 1347/2000 des Rates über die Zuständigkeit und die Anerkennung und Vollstreckung von Entscheidungen in Ehesachen und in Verfahren betreffend die elterliche Verantwortung für die gemeinsamen Kinder der Ehegatten vorrangig anzuwenden ist (EheVO; ABl L 160, 19; Text und Kommentierung im Anh; vgl auch Gruber FamRZ 00, 1129; Hau FamRZ 00, 1333; Kohler NJW 01, 10; Wagner IPRax 01, 79). Die Prüfung nach Nr 1 hat auch dann von Amts wegen zu erfolgen, wenn die bekl Partei des Ehescheidungsverfahrens durch den Antrag auf Anerkennung zu erkennen gibt, die fehlende internationale Zuständigkeit nicht rügen zu wollen (BayObLG NJW 76, 1037; bestr).

9   **Nr 2** lehnt sich an Art 27 Nr 2 EuGVÜ/Art 34 Nr 2 EuGVVO an, so dass beide Vorschriften gleich ausgelegt werden können (BGH LM § 328 Nr 42; vgl Art 34 EuGVVO Rn 3 ff), soweit sie sich decken. Sie schützt bei **Versäumnisentscheidung** den auch ausländischen Bekl ohne Rücksicht auf seinen Wohnsitz. **Keine Anerkennung** einer ausländischen Entscheidung gegen den Bekl unter folgenden Voraussetzungen: – **a) Nichteinlassung** des Bekl auf das Verfahren, dh er hat keine wirksame Prozesshandlung in Bezug auf das Verfahren (zB Zuständigkeitsrüge) oder die Hauptsache vorgenommen (Düsseldorf RIW 96, 1043), auch nicht durch einen gesetzlichen oder rechtsgeschäftlichen Vertreter. Nicht ausreichend ist das Auftreten eines ohne Mitwirken des Bekl bestellten Vertreters (EuGH EuZW 96, 372; Hamm NJW-RR 96, 773). – **b) Geltendmachung,** dh der Bekl beruft sich im Anerkennungsverfahren auf seine Nichteinlassung. Nichteinlegung eines ordentlichen Rechtsmittels gegen die ausl Entscheidung steht der Berufung auf Nr 2 nicht entgegen (BayObLG FamRZ 00, 1170). – **c) Fehlerhafte Zustellung.** Das verfahrenseinleitende Schriftstück **12** (Klage, Antrag; Zustellungen im späteren Verlauf des Verfahrens fallen nicht mehr unter Nr 2, BGH IPRax 87, 236: Erhöhung der Klageforderung, wohl aber unter Nr 4) ist dem Bekl im ausländischen Prozess nicht ordnungsgemäß oder nicht rechtzeitig zugestellt worden. Für die Ordnungsmäßigkeit und die Möglichkeit der Heilung von Zuständigkeitsmängeln sind die am ausländischen Gerichtsort geltenden Zustellungsvorschriften einschl der völkerrechtlichen Verträge maßgebend. Es besteht keine Bindung an die Beurteilung des ausl Gerichts (BayObLG FamRZ 00, 1170). Das Haager Zustellungsübereinkommen vom 15. 11. 65 (BGBl 77, II 1453) sieht keine Heilungsmöglichkeit vor, Verstoß ist nicht entsprechend § 189 nF heilbar (BGH 120, 305; abl Jayme IPRax 97, 195 mwN), außer wenn der Bekl das ausländische Urteil gelten lassen will (BGH NJW 90, 3090: Scheidung). Zur Ordnungsgemäßheit der Zustellung gehört nicht ein bestimmter Klageantrag (BGH NJW 99, 3198/3200). – **d) Rechtzeitigkeit.** Hierfür ist **12 a** maßgebend, dass der Bekl die nötige Zeit hatte, sich zu verteidigen. Das richtet sich nach dem Einzelfall, wobei auch nach der Zustellung bekannt gewordene Umstände (BayObLG FamRZ 02, 1423), die Verfahrensart, die Schwierigkeit der Sache, Entfernung zum Gerichtsort, sprachliche Verständigungsschwierigkeiten zu berücksichtigen sind (Düsseldorf RIW 01, 143 zum dagvaarding nach niederländischem Recht). Dies beurteilt der deutsche Richter ohne Bindung an das Erstgericht (Musielak 18), wobei zu fragen ist, ob durch die gesetzte Frist die Möglichkeit zur Verteidigung unzumutbar erschwert wurde (BGH NJW 99, 3198/3120: 20 Tage mit Verlängerungsmöglichkeit zur Verteidigung vor US-amerikanischem Bundesgericht ist ausreichend; nicht aber 32 Tage bei Haft in Belgien, BayObLG FamRZ 00, 1170). Der Zeitraum beginnt erst zu laufen, wenn der Adressat von dem zugestellten Schriftstück Kenntnis nehmen konnte (BayObLG FamRZ 02, 1423). Der Versagungsgrund entfällt nicht, wenn der Bekl nach Kenntniserlangung von dem ausländischen Urteil keinen nach der Verfahrensordnung des Urteilsstaates zulässigen Rechtsbehelf eingelegt hat (BGH 120, 305). Nr 2 gilt nicht für Streitverkündung und für Widerbeklagten; sie können sich auf Nr 4 berufen (ZöGeimer Rn 145 a, b).

Nr 3 Entgegenstehende Rechtskraft und anderweitige Rechts- 13 hängigkeit. Keine Anerkennung eines ausländischen Urteils: – **a) Bei Unvereinbarkeit** mit einem früheren deutschen **Urteil,** also wenn es mit dessen Ergebnis in Widerspruch steht. Dies gilt auch bei Widerspruch präjudizieller Feststellungen (Musielak 20). Nach dem Gesetzeswortlaut ist Rechtskraft des deutschen Urteils nicht nötig. Hauptanwendungsfall ist aber sicher die entgegenstehende Rechtskraftwirkung eines früheren deutschen Urteils, (vgl § 322 Rn 8–12). Gleiches gilt, wenn das jetzt anzuerkennende ausländische Urteil unvereinbar ist mit

einem bereits anerkannten oder einem anzuerkennenden früheren ausländischen Urteil, gleichgültig ob das Anerkennungsverfahren bereits
14 läuft oder nicht. – **b) Bei Unvereinbarkeit** des dem ausländischen
Urteil zugrunde liegende **Verfahrens** mit einem in Deutschland früher
rechtshängig gewordenen Verfahren (ausführlich Gruber FamRZ 99,
1563; Philippi FamRZ 00, 525). Den Zeitpunkt der ausländischen
Rechtshängigkeit beurteilt das ausländische Recht (BGH NJW 87,
3083; NJW-RR 92, 642). Dies gilt auch für den Fall, dass das deutsche
Verfahren bereits anhängig war, bevor das ausländische Verfahren
rechtshängig geworden ist (hM Frankfurt FamRZ 00, 35; aA Schack
IZVR Rn 757). Das Anerkennungshindernis nach Nr 3 kann durch
Rücknahme der inländischen Klage beseitigt werden (Frankfurt
FamRZ 97, 92). Nr 3 setzt voraus, dass der Streitgegenstand und die
Parteien in beiden Verfahren identisch sind (Hamm FamRZ 01, 1015;
vgl § 261 Rn 7). Nicht entscheidend ist die formale Identität der Anträge, sondern die Frage, ob der Kernpunkt beider Rechtsstreitigkeiten
übereinstimmt (Hamm aaO). Ist das ausländische Verfahren früher
rechtshängig geworden (analog § 261 Abs 3 Nr 1), so steht dieser Einwand dem deutschen Verfahren dann entgegen, wenn das ausländische
Urteil im Inland (voraussichtlich) anerkennungsfähig ist (BGH WM 00,
2399; Bamberg FamRZ 00, 1289). Versagung von PKH im Inland wegen fehlender Erfolgsaussicht reicht nicht (BGH JZ 83, 903). – **c)** Die
Fälle der Nr 3 können mit Nr 4, unter die die Rechtsprechung (zB
BayObLG NJW 83, 1271 für frühere deutsche Rechtshängigkeit) sie
früher eingeordnet hatte, zusammentreffen.

15 Nr 4 ordre public (verfahrens- und materiell-rechtlicher). Die Fassung entspricht Art 6 EGBGB. Maßgebender Zeitpunkt ist der der
Entscheidung des deutschen Gerichts über die Anerkennung (BGH 52,
184/192; BayObLG FamRZ 02, 1638), wobei von den tatsächlichen
Feststellungen des ausländischen Gerichts auszugehen ist. Die Richtigkeit der ausländischen Entscheidung darf grundsätzlich nicht überprüft
werden (Verbot der révison au fond, BGH NJW 92, 3100), soweit sie
verfahrensrechtlich ohne Verletzung des deutschen ordre public getroffen ist (BGH NJW 80, 529). Dabei kommt es nicht auf einen Vergleich
zwischen dem ausländischen und dem deutschen Recht an, sondern nur
darauf, ob das konkrete Ergebnis der Anerkennung des ausländischen
Urteils vom Standpunkt des deutschen Rechts iS der nachstehenden Ausführungen zu missbilligen ist (BGH WM 79, 1392). Hierzu
ist ergänzender Tatsachenvortrag zulässig (BGH NJW 99, 3198/3201). –

16 **a) Offensichtliche Unvereinbarkeit mit wesentlichen deutschen
Rechtsgrundsätzen.** Dieser Begriff reicht weiter als die in der früheren Fassung verwendeten Begriffe gute Sitten und Gesetzeszweck, die
er umfasst. Eine solche Unvereinbarkeit besteht, (1) (materieller ordre
public) wenn die Anerkennung in ihrem Ergebnis im konkreten Fall
die tragenden Grundlagen des deutschen staatlichen, wirtschaftlichen
oder sozialen Lebens angreift (BGH ZIP 99, 483), wenn das Ergebnis
zu den Grundgedanken der deutschen Rechtsordnung und der in ihr

liegenden Gerechtigkeitsvorstellungen in so starkem Widerspruch steht, dass wir es in Deutschland für untragbar halten (BGH NJW 02, 960) oder (2) (prozessualer ordre public) wenn die Entscheidung auf einem Verfahren beruht, das von den Grundprinzipien des deutschen Verfahrensrechts in einem Maße abweicht, dass es nach der deutschen Rechtsordnung nicht als in einer geordneten, rechtsstaatlichen Weise ergangen angesehen werden kann (BayObLG FamRZ 02, 1638). Offensichtlich ist die Unvereinbarkeit, wenn sie eklatant, unzweifelhaft ist, auf der Hand liegt. Die Darlegungs- und Beweislast hierfür trägt derjenige, der die Anerkennung verhindern will (BGH NJW-RR 02, 1151 m Anm Geimer IPRax 02, 378). Die Beseitigung von Verfahrensfehlern des Erstverfahrens muss mit allen Mitteln ohne Erfolg versucht worden sein, um eine Anerkennung zu verhindern (BGH NJW 97, 2051; BayObLG FamRZ 02, 1638; ZöGeimer 158; aA Musielak 29). Dasselbe gilt auch im Falle des Prozessbetrugs (Geimer/Schütze EuZVR Art 27 Rn 61 mwN). – **b) Unvereinbarkeit mit den Grundrechten** 17 ist ein Unterfall von Rn 16, wie aus der Gesetzesfassung „insbesondere" ersichtlich. Grundrechte sind die des GG, der Länderverfassungen und der europäischen Menschenrechtskonvention (EuGH NJW 00, 1853 m Anm Geimer ZIP 00, 863; von Bar JZ 00, 725; Piekenbrock IPRax 00, 364; Matscher IPRax 01, 428; BGH IPRax 98, 205 m Anm Piekenbrock S 177; Bruns JZ 99, 278/285; Gross JZ 00, 1068). Die Anerkennung ist zu versagen, wenn ihr konkretes Ergebnis ein Grundrecht verletzt. – **c) Beispiele** aus der Rechtsprechung: **Anerkennung versagt:** 18 Abweichung von den Grundprinzipien des rechtsstaatlichen deutschen Verfahrensrechts (BGH NJW 92, 3098) wie Versagung rechtlichen Gehörs (BayObLG NJW 74, 418; AG Weilburg NJW-RR 99, 1382), dessen Schutz sich aber nicht auf eine bestimmte, verfahrensrechtliche Ausgestaltung erstreckt, insb nicht auf eine Terminsladung (BGH NJW 99, 3198/3201); vielmehr ist auf die Grundsätze abzustellen, die Art 103 Abs 1 GG schützen will; daher hat der Beklagte alles in seiner Macht Stehende zu tun, um sich zu verteidigen (BGH NJW-RR 02, 1151). Durch Untätigkeit kann er sich dieser Obliegenheit nicht entziehen. Fehlende Voraussetzung für eine öffentliche Zustellung nach deutschem Recht (Köln NJW 01, 1576; zweifelhaft). Zurückweisung eines Rechtsanwalts in einem ausländischen Adhäsionsverfahren gegen einen nicht erschienenen, wegen einer vorsätzlichen Straftat angeklagten deutschen Staatsangehörigen (EuGH NJW 00, 1853 m Anm Piekenbrock IPRax 00, 364; BGH NJW 00, 3289 m Anm Gross JZ 00, 1068). Nichtbeachtung der früheren deutschen Rechtshängigkeit (BGH NJW 83, 514; BayObLG FamRZ 83, 501) bei Scheidung von deutschen Staatsangehörigen (nicht aber, wenn die Scheidung durch das Heimatgericht ausgesprochen wurde, Bamberg FamRZ 97, 95). Wenn die Anerkennung §§ 20, 21 GWB (BGH 46, 365) oder Art 81 EG (BGH NJW 69, 978) außer Acht ließe. Zuerkennung eines pauschalierten, unverhältnismäßig hohen zusätzlichen Strafschadensersatzes („punitive damages") nach amerikanischem Recht

(BGH NJW 92, 3102; kritisch Müller DB 01, 83). Ehescheidungsurteil nach Druck ausländischer staatlicher Behörden auf die Eheleute oder deren nahe Angehörige mit dem Ziel, die Scheidung zu erschweren (BayObLG 92, 195). Verurteilung zum Ersatz von Personenschaden einer Person, die gemäß §§ 104–107 SGB VII von der Haftung freigestellt ist (BGH 123, 268). Verurteilung eines Bürgen, wenn dieser durch das ausl Zahlungsgebot in seiner Handlungsfreiheit in verfassungswidriger Weise eingeschränkt wird, was in besonders krassen Fällen der strukturellen Unterlegenheit in Betracht kommt, er also zum wehrlosen Opfer der Fremdbestimmung gemacht wurde und auf Jahre hinaus auf das wirtschaftliche Existenzminimum der Pfändungsfreigrenzen verwiesen wird (BGH IPRax 99, 371 m Anm Schulze S 342 u Roth JZ 99, 1119). Verurteilung zur Zahlung von Zugewinn, der abweichend vom deutschen Recht durch Festhalten einzelner Kontenbewegungen während der Ehezeit berechnet wurde (Köln FamRZ 95, 306). Arglistiges Umgehen der inländischen Gerichtsbarkeit zum Schaden des Bekl (Hamm FamRZ 96, 951). Verbot der Abänderung eines Unterhaltsurteils (Nürnberg FamRZ 96, 353). Verneinung des nachehelichen Unterhalts der geschiedenen Ehefrau im Fall der Betreuung eines Kindes ohne Möglichkeit, den Lebensunterhalt zu verdienen, ohne das Kind zu vernachlässigen (Zweibrücken FamRZ 97, 93). Zielgerichtete Täuschung des ausländischen Gerichts, wobei die Beweislast beim Bekl liegt (BGH NJW 99, 3198/3201), insb durch gefälschte Urkunden oder durch Falschaussagen (BayObLG FamRZ 00, 836). –

19 **Kein Hindernis für Anerkennung:** Ausschluss des Bekl wegen contempt of court (Frankfurt IPRax 02, 523; BGH 48, 327). Summarisches Verfahren nach Order 14 (BGH 53, 357 mit Anmerkung Cohn NJW 70, 1506). Nichteinholung eines Abstammungsgutachtens im Statusverfahren (BGH FamRZ 86, 665; BSG FamRZ 97, 1010). Unterbliebene Vernehmung der Kindesmutter zur bestrittenen Frage der Beiwohnung innerhalb der Empfängniszeit (Düsseldorf FamRZ 97, 447). Nichtberücksichtigung des Termin- und Differenzeinwands bei im Ausland geschlossenen Börsentermingeschäften sowohl bei Verträgen zwischen börsentermingeschäftsfähigen Partnern (BGH WM 91, 576) als auch bei nicht aufklärungsbedürftigen, nicht termingeschäftsfähigen Inländern (BGH NJW 98, 2358 [Änd d Rspr] m Anm Fischer IPRax 99, 450). Persönliche Verurteilung eines deutschen Beamten zum Ersatz von Sachschaden wegen im Ausland begangener Amtspflichtverletzung (BGH 123, 268). Dem Urteil vorausgehende „pre-trial-discovery" und fehlende Kostenerstattung für die obsiegende Partei (BGH NJW 92, 3099). Nichteinhaltung des ausländischen Verfahrensrechts (Düsseldorf NJW-RR 97, 572). Vorläufige Zahlungsanordnung nach italienischem Recht (ordinanza ingiuntiva di pagamento; Stuttgart NJW-RR 95, 280; Düsseldorf NJW-RR 01, 1575). Nichtberücksichtigung der Aufrechnungsforderung (Frankfurt IPRax 99, 460 m Anm Hau S 437). Der von einem französischen huissier erstellte titre exécutoire (Saarbrücken IPRax 01, 238 m Anm Reinmüller S 207). Druck auf den scheidungswilligen Ehegatten, um ihn zum Abschluss einer Scheidungsvereinbarung zu bewegen (BayObLG StAZ 01, 174). Verurteilung zur Zahlung eines Erfolgshonorars an ausländischen Rechtsanwalt (BGHZ 118, 312; Pisani IPRax 01, 293). – Ob überhöhte Schmerzensgeldbeträge in amerikanischen Urteilen anzuerkennen sind, hängt im Einzelfall vom Grad der Unverhältnismäßigkeit und des Inlandsbezuges der Beteiligten ab (BGH NJW 92, 3100 m Anm Koch S 3073). Art 40 Abs 3 EGBGB (= Art 38 EGBGB aF) ist grundsätzlich im Rahmen von Nr 4 nicht anwendbar (BGH aaO).

Nr 5. Die Gegenseitigkeit ist verbürgt, wenn der ausländische **20** Staat in seiner Anerkennungspraxis, bei ihrem Fehlen in seinem Anerkennungsrecht bei einer Gesamtwürdigung im Wesentlichen gleichwertige Bedingungen für die Vollstreckung eines Urteils gleicher Art schafft (BGH NJW 99, 3198/3201; NJW 01, 524); dies ist auch vom Revisionsgericht festzustellen (BGH 42, 192 u NJW 68, 357). Bei Mehrrechtsstaaten ist auf den konkreten Einzelstaat abzustellen (BGH ZIP 99, 1226/1230; MüKo/Gottwald 119; Schack IZVR Rn 906; Haas/Stangl IPRax 98, 452). Die Darlegungs- und Beweislast für die Gegenseitigkeit trägt der Kläger (BGH aaO S 1231). Hinweise zur Verbürgung der Gegenseitigkeit bei ZöGeimer Anh IV; BLAH Anh nach § 328. Zu Tschechien ist die Gegenseitigkeit nunmehr ausdrücklich verbürgt, vgl IPRax 03, 83.

Ausnahme (Abs 2) von dem Erfordernis der Gegenseitigkeit für **21** nichtvermögensrechtliche Ansprüche (Einl IV) ohne deutschen Gerichtsstand einschl der Kostenentscheidung (RG 109, 387), für Kindschaftssachen (§ 640) u für die Anerkennung von Entscheidungen, die ihrem Wesen nach der freiwilligen Gerichtsbarkeit zuzurechnen sind, da § 16a FGG eine der Nr 5 entsprechende Regelung nicht enthält, für die Anerkennung ausländischer Zwangsvergleichsvergleichsverfahren (BGH NJW 97, 524/527 m Anm Stadler IPRax 98, 91). Die **Gegenseitigkeit ist verbürgt: – a) In Staatsverträgen,** vgl Rn 30 ff. – **22** **b) Außerdem** mit Ägypten (Frankfurt WM 87, 276); Bosnien- **23** Herzegowina (AG München FamRZ 03, 463; MüKo/Gottwald 113; die ältere Rspr ist überholt); Botsuana (Schütze JR 78, 54); Brasilien; British Columbia/Kanada (BGH NJW 01, 524 m Anm Schütze IPRax 01, 441); Ecuador u Syrien (BGH 49, 50) für Urteile in vermögensrechtlichen Prozessen; Japan (wegen § 118 jap ZPO, der § 328 entspricht); Jugoslawien (LG München II NJW 75, 1609); Kalifornien (BGH NJW 92, 3100); Kenia für Zahlungsurteile (Schütze JR 85, 52); Litauen (Art 481 litauische ZPO wird von der dortigen Rspr dahin ausgelegt, dass statt eines bilateralen Anerkennungsvertrags auch die tatsächliche Gegenseitigkeit genügt); Malaysia für Urteile auf Geldzahlung außer bei fehlender internationaler Zuständigkeit (Schütze JR 84, 272); Polen für Abänderungsurteile (BGH FamRZ 91, 718); Ruanda (Schütze JR 86, 98); Serbien (Düsseldorf FamRZ 93, 346; AG Singen FamRZ 02, 113); Südafrika für Urteile auf sofortige Zahlung eines bestimmten Geldbetrages (BGH 42, 194), außer wenn sie im Gerichtsstand des Vermögens oder Erfüllungsortes ergangen sind (BGH 52, 251); Tschechien (wegen § 64 Buchst e Gesetz Nr 97/1963); USA (mit Ausnahme von Mississippi) für Zahlungsurteile (Nagel/Gottwald S 411; einschränkend nunmehr Schütze ZVglRWiss 98, 131). Nicht im Verhältnis zu Lettland, da § 440 lettische ZPO einen bi- oder multilateralen Staatsvertrag verlangt, der mit Deutschland nicht beseht. Weitere Hinweise zur Verbürgung der Gegenseitigkeit bei Zö Anh III; BLAH/Hartmann Anh nach § 328; Nagel/Gottwald S 628 ff.

24   **3. Sonderbestimmungen in Ehesachen** enthält die am 1. 3. 01 in Kraft getretene VO (EG) Nr. 1347/2000 des Rates über die Zuständigkeit und die Anerkennung und Vollstreckung von Entscheidungen in Ehesachen und in Verfahren betreffend die elterliche Verantwortung für die gemeinsamen Kinder der Ehegatten (EheVO; ABl L 160, 19; Text und Kommentierung im Anh; Gruber FamRZ 00, 1129; Hau FamRZ 00, 1333; Kohler NJW 01, 10; Wagner IPRax 01, 79; Helms FamRZ 01, 257; Hausmann EuLF 00/01, 271 u 345). Diese VO ist im Verhältnis zu den EU-Staaten (mit Ausnahme von Dänemark) gegenüber dem Verfahren nach Art 7 § 1 FamRÄndG (BGBl 61, 1221) vor-
25 rangig anzuwenden (Jayme/Kohler IPRax 00, 454/457). **Anerkennungsverfahren nach Art 7 § 1 FamRÄndG.** – Art 7 § 1 FamRÄndG gilt für die Anerkennung von (formell rechtskräftigen, BayObLG FamRZ 90, 897) Entscheidungen aus nicht EU-Staaten und aus Dänemark, die eine Ehe für nichtig erklären, aufheben oder scheiden oder die das (Nicht)Bestehen einer Ehe feststellen. Auch ein Nichtanerkennungsantrag kann gestellt werden. Unter Entscheidung sind nicht nur Urteile staatlicher Gerichte, sondern auch die geistlicher oder religiöser Gerichte zu verstehen. Auch Ehescheidungen durch private Rechtsakte fallen unter Art 7 § 1, sofern eine ausländische Behörde irgendwie, sei es auch nur deklaratorisch mitgewirkt hat (BGH NJW 90, 2194; BayObLG FamRZ 03, 381; Stuttgart IPRax 00, 427 m Anm Rauscher S 391 (talaq-Scheidung)). Eine ausländische Entscheidung dieses Inhalts ist im Inland nur wirksam, wenn die Landesjustizverwaltung festgestellt hat, dass sie anzuerkennen ist. Dies gilt auch bei völlig klarer Rechtslage (ZöGeimer 227; aA BGH IPRax 83, 292; Köln NJW-RR 99, 81) und wenn die Anerkennung der Scheidung Vorfrage im Rahmen einer anderen Ehesache ist (BGH FamRZ 01, 991). Beiden Ehegatten ist zuvor rechtliches Gehör zu gewähren (BayObLG FamRZ 00, 485). Hat ein Gericht des Heimatstaates beider Ehegatten (bei Mehrstaatern darf keiner die deutsche Staatsangehörigkeit besitzen, BayObLG NJW-RR 98, 1538) entschieden, so ist diese Feststellung nicht nötig (Hamm NJW-RR 96, 773), ein gleichwohl gestellter Antrag auf Anerkennung ist aber zulässig (BGH NJW 90, 3081; bestr). Wird in diesem Fall erneut im Inland ein Scheidungsantrag gestellt, so sind die Anerkennungsvoraussetzungen nach § 328 inzident im Rahmen des Rechtsschutzbedürfnisses zu prüfen (AG Weilburg FamZR 00, 169). Die Justizverwaltung entscheidet nach bestehenden Staatsverträgen und nach § 328

iVm § 606a (BayObLG FamRZ 00, 836), die Gegenseitigkeit braucht aber nicht verbürgt zu sein. Für Privatscheidungen gilt Art 17 Abs 1 EGBGB (hierzu BGH NJW 90, 2194; BayObLG FamRZ 03, 381; Palandt Art 17 Rn 35). Die Feststellung, die auf den Zeitpunkt der Rechtskraft des ausländischen Urteils zurückwirkt (BGH FamRZ 61, 427), oder ihre Ablehnung (Geimer NJW 69, 1649) bindet auch die Gerichte. Der Antrag auf Anerkennung kann vor der Landesjustizverwaltung in einen solchen auf Nichtanerkennung geändert werden und umgekehrt (Düsseldorf OLGZ 76, 291). Vor der Anerkennung ist ein derartiges ausländisches Urteil im Inland nicht zu beachten (BGH 64, 19). Die Landesjustizverwaltung kann ihre Entscheidung analog § 18 FGG oder § 48 VwVFG ändern, wenn die Entscheidung über die Anerkennung durch Täuschung erwirkt wurde (BayObLG FamRZ 00, 836). – **Anfechtung.** Gegen die Entscheidung kann – iF 26 der Ablehnung nur vom Antragsteller (KG NJW 69, 382) – das OLG, in Bayern das BayObLG angerufen werden, das im Streitverfahren der freiwilligen Gerichtsbarkeit mit materieller Rechtskraftwirkung entscheidet (BayObLG MDR 67, 923). In entspr Anwendung kann das Ger auch angerufen werden, wenn die Landesjustizverwaltung es ablehnt, eine früher getroffene antragsgemäße Anerkennungsfeststellung wieder aufzuheben (BayObLG 75, 296). Zurückverweisung an die Landesjustizverwaltung in analoger Anwendung von § 538 ist bei Verfahrensfehlern möglich (BayObLG FamRZ 00, 485). – **Scheidet ein 28 ausländisches Gericht deutsche Ehegatten,** so hängt wegen der spiegelbildlichen Anwendung (Rn 8a) von § 606a Nr 2 oder 4 (wegen § 606a Abs 2 S 1 ohne die Einschränkung des 2. Hs von Nr 4) die Anerkennung des Urt davon ab, dass wenigstens einer der Ehegatten im Zeitpunkt der Scheidung seinen gewöhnlichen Aufenthalt im UrtStaat hatte (BayObLG FamRZ 79, 1014). Dieses beurteilt sich ausschließlich nach deutschem Recht (BayObLG NJW 90, 3099). Materiellrechtlich ist ein ausländisches Scheidungsurteil erst dann mit dem ordre public unvereinbar, wenn es für die deutsche Rechtsordnung schlechthin untragbar ist (BayObLG NJW 74, 418). – Ist die Ehe im Ausland rechtskräftig geschieden, so ist ein inländisches Scheidungsverfahren auf Antrag, ggf nach Hinweis gem § 139 (Köln NJW-RR 99, 81), nicht vAw auszusetzen und ggf zur Antragstellung im Anerkennungsverfahren eine Frist zu bestimmen (BGH NJW 83, 514). Ob die Berufung auf die Unwirksamkeit des antragsgemäß ergangenen ausländischen Urteils treuwidrig ist, kann im Anerkennungsverfahren nicht geprüft werden (KG OLGZ 84, 37). – **Drittland.** Die Anerkennungsfähigkeit eines 28 dort ergangenen Ehescheidungsurteils ist an Hand des zurzeit der ausländischen Entscheidung geltenden deutschen Zuständigkeits- und Anerkennungsrechts (BayObLG 90, 217) spiegelbildlich (vgl Rn 8a) zu prüfen (BayObLG FamRZ 79, 1015); erleichtern sich nach Erlass des ausländischen Urt die deutschen Zuständigkeits- und Anerkennungsvorschriften, so an Hand des im Zeitpunkt der Anerkennung geltenden deutschen Verfahrensrechts (BayObLG NJW 88, 2178, FamRZ 90,

1265). § 606a Abs 2 S 2 erweitert bei Ausländerehen ohne Beteiligung eines deutschen Staatsangehörigen (MüKoBernreuther § 606a Rn 175 Fn 280) die Anerkennungsfähigkeit: Selbst wenn in spiegelbildlicher Anwendung von § 606a Abs 1 eine internationale Zuständigkeit des ausländischen Gerichts nicht bestanden hätte, soll die Anerkennung in Deutschland möglich sein, wenn die Entscheidung von den Staaten an-
29 erkannt wird, den die Ehegatten angehören. – **Folgesachen.** Art 7 § 1 gilt nicht für ausländische Entscheidungen, die nicht die Ehe selbst betreffen, sondern mit der Entscheidung über sie getroffen worden sind, zB den Unterhalt, die Personensorge. Die Anerkennung solcher Entscheidungen über die Ehescheidungsfolgen kann erst ausgesprochen werden, wenn festgestellt ist, dass die Entscheidung über die Ehe selbst im Inland anzuerkennen ist (BGH NJW 75, 1072). Geimer NJW 75, 2141 hält bis dahin Aussetzung des Verfahrens über die Anerkennung der ausländischen Entscheidung über die Ehescheidungsfolgen für angebracht, BGH NJW 83, 514 hält in ähnlichem Fall Aussetzungsantrag für nötig. – Für die Anerkennung klageabweisender ausländischer Urteile in Ehesachen gilt § 328 (Habscheid FamRZ 73, 431).

30   **4. Bestehende Staatsverträge. – a) Kollektivverträge.** Für die Kostenentscheidung Art 18 ff **Haager Übereinkommen über den Zivilprozess** vom 1. 3. 54 (BGBl 59 II 1388; 58 II 577) mit dem deutschen Ausführungsgesetz vom 18. 12. 58 (BGBl 58 I 939), bisher ratifiziert von Ägypten, Argentinien, Armenien, Belarus, Belgien, Bosnien-Herzegowina, Dänemark, BRD, Finnland, Frankreich, Georgien, Israel, Italien, Japan, Jugoslawien, Kirgisistan, Kroatien, Lettland, Libanon, Luxemburg, Marokko, Mazedonien, Moldau, Niederlande einschl niederl Antillen, Norwegen, Österreich, Polen, Portugal einschl überseeische Gebiete, Rumänien, Russische Föderation, Schweden, Schweiz, Slowakei, Slowenien, Spanien, Suriname, Tschechische Republik, Tür-
31 kei, Ungarn, Ukraine, Usbekistan, Vatikan, Zypern. **Revidierte Rheinschifffahrtsakte** vom 17. 10. 1868 idF vom 11. 3. 69 (BGBl 69 II 597)
32 mit dem deutschen Gesetz vom 27. 9. 52 (BGBl I 641). **Internationales Übereinkommen über den Eisenbahnfrachtverkehr** vom 25. 2. 61 (BGBl 61 II 1520) und vom 7. 2. 70 (BGBl 74 II 383) mit Ge-
33 setz vom 26. 4. 74 (BGBl II 357). **Internationales Übereinkommen über den Eisenbahn-Personen- und Gepäckverkehr** vom 25. 2. 61 (BGBl 61 II 1898) und vom 7. 2. 70 (BGBl 74 II 495) mit Gesetz zu dem Zusatzübereinkommen dazu vom 26. 4. 74 (BGBl II 357). New
34 Yorker **UN-Übereinkommen über die Geltendmachung von Unterhaltsansprüchen im Ausland** vom 20. 6. 56 (BGBl 59 II 150, Änderung BGBl 71 II 105) mit dem deutschen Zustimmungsgesetz vom 26. 2. 59 (BGBl II 149), bisher in Kraft in Algerien, Argentinien, Australien, Barbados, Belarus, Belgien, Bosnien-Herzegowina, Brasilien, Burkina Faso, Chile, Dänemark, BRD, Ecuador, Estland, Finnland, Frankreich, Griechenland, Großbritannien, Guatemala, Haiti, Irland, Israel, Italien, Jugoslawien, Kap Verde, Kroatien, Luxemburg,

Marokko, Mazedonien, Mexiko, Monaco, Neuseeland, Niederlande einschl Antillen, Niger, Norwegen, Österreich, Pakistan, Philippinen, Polen, Portugal, Rumänien, Schweden, Schweiz, Slowakei, Slowenien, Spanien, Sri Lanka, Suriname, Taiwan, Tschechische Republik, Tunesien, Türkei, Ungarn, Uruguay, Vatikan, Zentralafrikanische Union, Zypern. **Haager Übereinkommen vom 15. 4. 58 über die Aner-** **35** **kennung und Vollstreckung von Entscheidungen auf dem Gebiet der Unterhaltspflicht gegenüber Kindern** (BGBl 61 II 1006) mit deutschem Ausführungsgesetz (BGBl 61 I 1033, geänd d ZPO-RG), wegen des Vorrangs des nachfolgend abgedruckten Übereinkommens ist es nur noch im Verhältnis der BRD zu Belgien, Liechtenstein, Österreich, Suriname und Ungarn anzuwenden. **Haager Übereinkommen über die Anerkennung und Vollstreckung von** **35 a** **Unterhaltsentscheidungen vom 2. 10. 73** (BGBl 86 II 826) iVm AVAG in Kraft in Australien, BRD, Dänemark, Estland, Finnland, Frankreich, Großbritannien, Italien, Luxemburg, Niederlanden, Norwegen, Polen, Portual, Schweden, Schweiz, Spanien, Tschechische Republik, Türkei. **Übereinkommen der Europäischen** **36** **Wirtschaftsgemeinschaft über die gerichtliche Zuständigkeit und die Vollstreckung gerichtlicher Entscheidungen in Zivil- und Handelssachen (EuGVÜ) vom 27. 9. 68** (BGBl 72 II 773, 73 II 60) in der jeweiligen Fassung mit Protokoll (BGBl 72 II 845) und AVAG v. 30. 5. 88 (BGBl 88 I, 662). Zum Geltungsbereich vgl 23. Aufl Rn 1 ff vor Art 1 EuGVÜ. Nach Art 26 werden die Entscheidungen, die in einem Vertragsstaat ergangen sind, in den anderen ohne besonderes Verfahren anerkannt. Art 27, 28 enthalten einen Katalog der Fälle, in denen nicht anerkannt wird. Das EuGVÜ wurde zum 1. 3. 02 durch die EuGVVO (Rn 52) ersetzt (zum Übergangsrecht vgl Art 66 EuGVVO). **Übereinkommen über die gerichtliche Zuständigkeit** **36 a** **und die Vollstreckung gerichtlicher Entscheidungen in Zivil- und Handelssachen vom 16. 9. 88** (Lugano-Übereinkommen, LGVÜ; BGBl 94 II 2658; 95 II 221), vgl hierzu 23. Aufl Rn 17 vor Art 1 EuG-VÜ. **– b) Zweiseitige Verträge. – aa)** Soweit die **EuGVVO** (Rn 52) **37** zur Anwendung kommt (Rn 5 ff vor Art 1 EuGVVO), kann nicht auf die nachfolgenden, durch Art 69 EuGVVO außer Kraft gesetzten Verträge zurückgegriffen werden (BGH NJW 93, 2688). Darüber hinaus gelten sie weiter (Art 70 EuGVVO). Die zulässigen Rechtsbehelfe gegen die Vollstreckbarerklärung ergeben sich aus den jeweiligen Ausführungsgesetzen zu den nachfolgenden Staatsverträgen. **Deutsch-** **38** **belgisches Abkommen** über die gegenseitige Anerkennung und Vollstreckung von gerichtlichen Entscheidungen, Schiedssprüchen und öffentl Urkunden in Zivil- und Handelssachen vom 30. 6. 58 (BGBl 59 II 766 und 60 II 2408) mit dem deutschen Ausführungsgesetz vom 26. 6. 59 (BGBl I 425, geänd d ZPO-RG). **Deutsch-griechischer** **39** **Vertrag** über die gegenseitige Anerkennung und Vollstreckung von gerichtlichen Entscheidungen, Vergleichen und öffentlichen Urkunden in Zivil- und Handelssachen vom 4. 11. 61 (BGBl 63 II 109, 1278) mit

dem deutschen Ausführungsgesetz vom 5. 2. 63 (BGBl I 129, geänd d
ZPO-RG). Abkommen zwischen BRD und dem Königreich von
40 **Großbritannien und Nordirland** über die gegenseitige Anerkennung und Vollstreckung von gerichtlichen Entscheidungen in Zivil-
und Handelssachen vom 14. 7. 60 (BGBl 61 II 302, 1025) mit dem
deutschen Ausführungsgesetz vom 28. 3. 61 (BGBl I 301, geänd d
41 ZPO-RG). **Deutsch-italienisches Abkommen** über die Anerkennung und Vollstreckung gerichtlicher Entscheidungen in Zivil- und
Handelssachen vom 9. 3. 36 (RGBl 37 II 145, wieder in Kraft BGBl
52 II 986) mit der deutschen AVO vom 18. 5. 37 (RGBl II 143, geänd
d ZPO-RG). Vertrag zwischen der BRD u dem Königreich der
42 **Niederlande** über die gegenseitige Anerkennung und Vollstreckung
gerichtlicher Entscheidungen und anderer Schuldtitel in Zivil- und
Handelssachen vom 30. 8. 62 (BGBl 65 II 27, 71 II 11) mit dem
deutschen Ausführungsgesetz vom 15. 1. 65 (BGBl I 17 geänd durch d
43 ZPO-RG). Vertrag zwischen der BRD und **Spanien** über die Anerkennung und Vollstreckung von gerichtlichen Entscheidungen und
Vergleichen sowie vollstreckbaren öffentlichen Urkunden in Zivil- und
44 Handelssachen v 14. 11. 83 (BGBl 87 II, 34, 88 II 207). – **bb)** Soweit
das **LGVÜ** anzuwenden ist, kann nicht auf die nachfolgenden, durch
Art 55 LGVÜ außer Kraft gesetzten Verträge zurückgegriffen werden.
45 Darüber hinaus gelten sie weiter (Art 56 LGVÜ). **Deutsch-norwe-
gischer Vertrag** über die gegenseitige Anerkennung u Vollstreckung
gerichtlicher Entscheidungen v 17. 6. 77 (BGBl 82 II 341, 901) mit
46 AVAG v 19. 2. 01 (BGBl I S 288). **Deutsch-österreichischer Vertrag** über die gegenseitige Anerkennung und Vollstreckung von gerichtlichen Entscheidungen, Vergleichen und öffentl Urkunden in Zi-
vil- und Handelssachen vom 6. 6. 59 (BGBl 60 II 1246, 1523) mit
dem deutschen Ausführungsgesetz vom 8. 3. 60 (BGBl I 169, geänd d
47 ZPO-RG). **Deutsch-schweizerisches Abkommen** über die gegenseitige Anerkennung und Vollstreckung von gerichtlichen Entscheidungen und Schiedssprüchen vom 2. 11. 29 (RGBl 30 II 1066, 1270)
mit der deutschen AVO vom 23. 8. 30 (RGBl II 1209, geänd d ZPO-
48 RG). – **cc) Deutsch-israelischer Vertrag** über die gegenseitige Anerkennung u Vollstreckung gerichtlicher Entscheidungen in Zivil- und
Handelsachen v 20. 7. 77 (BGBl II, 80, 925, 1531) mit AVAG v 19. 2.
49 01 (BGBl I S 288). Vertrag zwischen BRD und **Tunesien** über die
Anerkennung und Vollstreckung gerichtlicher Entscheidungen in Zivil-
und Handelssachen sowie über die Handelsschiedsgerichtsbarkeit vom
19. 7. 66 (BGBl 69 II 890, 70 II 125) mit dem deutschen Ausführungsgesetz vom 29. 4. 69 (BGBl I 333, geänd d ZPO-RG). Art 8 des Abkommens über allg Fragen der Handels- und Seeschifffahrt zwischen der
50 BRD und der ehemaligen **UdSSR** vom 25. 4. 58 (BGBl 59 II 222;
enthält Bestimmungen über die Vollstr von Schiedssprüchen). Art VI
51 Abs 2 des **deutsch-amerikanischen** Freundschafts-, Handels- und
Schifffahrtsvertrages vom 25. 10. 54 (BGBl 56 II 488, 763; enthält
Bestimmungen über die Vollstr von Schiedssprüchen).

5. EG-Recht. In Ehesachen und Sorgerechtsangelegenheiten vgl die 52
in Rn 24 genannte VO. In Zivil- und Handelssachen ist ab 1. 3. 02 die
VO (EG) Nr 44/2001 des Rates v 22. 12. 01 anzuwenden (EuGVVO,
Kommentierung im Anhang), die ab diesem Zeitpunkt das EuGVÜ
ersetzt.

§ 329 Beschlüsse und Verfügungen

(1) [1]Die auf Grund einer mündlichen Verhandlung ergehen-
den Beschlüsse des Gerichts müssen verkündet werden. [2]Die
Vorschriften der §§ 309, 310 Abs. 1 und des § 311 Abs. 4 sind
auf Beschlüsse des Gerichts, die Vorschriften des § 312 und des
§ 317 Abs. 2 Satz 1, Abs. 3 auf Beschlüsse des Gerichts und auf
Verfügungen des Vorsitzenden sowie eines beauftragten oder
ersuchten Richters entsprechend anzuwenden.

(2) [1]Nicht verkündete Beschlüsse des Gerichts und nicht verkündete Verfügungen des Vorsitzenden oder eines beauftragten
oder ersuchten Richters sind den Parteien formlos mitzuteilen.
[2]Enthält die Entscheidung eine Terminsbestimmung oder setzt
sie eine Frist in Lauf, so ist sie zuzustellen.

(3) Entscheidungen, die einen Vollstreckungstitel bilden oder
die der sofortigen Beschwerde oder der Erinnerung nach § 573
Abs. 1 unterliegen, sind zuzustellen.

1. Regelungsgehalt. Enthält unvollständige Vorschriften über **Be-** 1
schlüsse und **Verfügungen,** und zwar in Abs 1 solche, die nach notwendiger oder freigestellter mdl Vhdlg, in Abs 2 solche, die ohne mdl
Vhdlg ergehen. Abs 3 betrifft Entscheidungen, die einen ZwVollstrTi-
tel bilden od einem befristeten Rechtsbehelf unterliegen. Bezeichnung
gerichtlicher Entscheidungen Rn 1–3 vor § 300.

2. Beschlüsse auf Grund mündlicher Verhandlung (§ 128 2
Rn 1–17). – **a)** Für die **Beschlussfassung** gelten die Vorschriften über
Urteile, § 192ff GVG, 309. – **b) Verkündung** ist nötig, es gelten
§§ 310 Abs 1 (dort Rn 1), 311 Abs 4, 312. Protokollierung nach § 160
Abs 3 Nr. 6, 7. § 311 Abs 1–3 gilt nicht. Mit der Verkündung ist der
Beschluss existent (erlassen) und den Parteien gegenüber wirksam; Ausnahme für Folgesachen bei Ehescheidung in § 629d. – **Fehlende, feh-** 3
lerhafte Verkündung § 310 Rn 4, 5. Ist statt der notwendigen Verkündung mitgeteilt worden (Abs 2), so ist der Beschluss wirksam, enthält aber einen durch Rechtsmittel zu rügenden Verfahrensverstoß
(München MDR 54, 424; Schleswig SchlHA 57, 158). Für die Ausfertigung gelten § 317 Abs 2 S 1, 3. Anwendbarkeit anderer Urteilsvorschriften Rn 9–13. – **c)** Die **Amtszustellung** (Abs 3, § 270 Abs 1) ist 4
nötig, um die Rechtsbehelfsfristen in §§ 569 Abs 1, 575 Abs 1 in Lauf
zu setzen. Zum Beginn der ZwVollstr genügt Parteizustellung (§§ 794
Abs 1 Nr 3, 795, 750 Abs 1).

5   **3. Beschlüsse ohne notwendige mündliche Verhandlung** (§ 128 Rn 11–36). **– a) Sie werden existent** (erlassen) und damit beschwerdefähig mit der ersten Hinausgabe aus dem inneren Gerichtsbetrieb, zB Einlegen in das RA- oder Abtragefach der Geschäftsstelle, formlose Mitteilung an eine Partei (BGH NJW-RR 00, 877), telefonische Verständigung der Beteiligten (Frankfurt FamRZ 00, 813) oder des Gerichtsvollziehers. Bis dahin eingegangene Schriftsätze sind zu berücksichtigen (BVerfG NJW 93, 51). Ein die ZwVollstr einstellender Beschluss ist von seiner Existenz an von den VollstrOrganen zu beachten 6 (BGH 25, 62). **– b) Sie werden wirksam** den Parteien und verfahrensbeteiligten Dritten (§ 624 Abs 4 S 2 für Scheidungsfolgesachen) gegenüber mit der gesetzmäßigen Bekanntgabe nach Abs 2. Der Zeitpunkt kann bei verschiedenen Beteiligten unterschiedlich sein. Ausnahme für Wirksamwerden in Folgesachen nach Ehescheidung in § 629 d. Rechtskräftig können sie nicht vor der letzten notwendigen 7 Bekanntgabe werden (BGH FamRZ 95, 552). **– aa) Formlose Mitteilung** genügt regelmäßig, dh Zugang oder Aushändigung oder Einwerfen des Schriftstücks in den Hausbriefkasten, (fern)mündliche Bekanntgabe (BGH NJW RR 00, 877), auch ohne Vermerk in den Akten 8 (BGH 14, 152, 93, 300). **– bb) Förmliche Zustellung** von Amts wegen (§§ 166 ff) ist in den in Abs 2 S 2, Abs 3 und in § 22 ZVG genannten Fällen erforderlich. Sie ist nicht ersetzbar durch formlose Mitteilung oder Verkündung, setzt die Frist des § 569 Abs 1 in Lauf (Nürnberg MDR 72, 429, Frankfurt NJW 68, 404) und genügt als Voraussetzung zur ZwVollstr (München MDR 72, 698). Ausnahme in § 497 Abs 1 S 1. Fehlerhafte Zustellung Rn 14–17 vor § 166.

9   **4. Entsprechende Anwendbarkeit sonstiger Urteilsvorschriften auf Beschlüsse.** § 308 gilt. – §§ 309 bis 312 siehe Rn 2. – § 313 gilt nicht. Die Sache und die Parteien, um die es geht, müssen, auch in der Urschrift, erkennbar (Köln BB 01, 1498), die Formel verständlich 10 sein. **Gründe** sind nötig, wo gesetzlich vorgeschrieben, zB §§ 620 d, 922 Abs 1 S 2. Außerdem, wenn das Prinzip der Rechtsstaatlichkeit sie im Einzelfall erfordert. So, wenn das Ger vom eindeutigen Wortlaut einer Rechtsnorm abweichen will, sofern der Grund hierfür sich nicht ohne weiteres erkennbar aus den Besonderheiten des Falles ergibt (BVerfG NJW 87, 1619). Gleiches gilt für nicht mehr anfechtbare letztinstanzliche Entscheidungen (BVerfG NJW 98, 3484). Wenn ein Antrag abgelehnt oder ein Rechtsmittel statthaft ist (Köln NJW-RR 91, 1280, KG MDR 99, 1151 zu § 11 RPflG; einschränkend Düsseldorf OLG 72, 245, KG NJW 74, 2010: sofern nicht die Begründung sich unmittelbar aus dem Gesetz, dem Streitstoff selbst oder einer gefestigten Rechtsprechung ergibt). Wenn über ein Rechtsmittel entschieden wird. Wenn der Beschluss unmittelbar in Rechte der Parteien oder Dritter eingreift. Die Begründung kann außer bei Beschlüssen, die der sofortigen Beschwerde unterliegen, im Nichtabhilfebeschluss nachgeholt wer-11 den (Karlsruhe Just 76, 300). – § 313 a gilt (Brandenburg NJW-RR 95,

1212). – §§ **314, 315** gelten nicht. Aus dem in § 329 Abs 1 S 2 in Bezug genommenen § 317 Abs 2 S 1 ergibt sich aber die Notwendigkeit der **Unterschrift** (§ 317 Rn 3, Karlsruhe FamRZ 94, 452). Es genügt die des Vorsitzenden oder zusammen mit der des Berichterstatters, wenn deutlich gemacht ist, dass es sich um einen Beschluss des Kollegiums handelt (BGH 148, 55/59; Düsseldorf MDR 80, 943). – § **317 Abs 1** siehe Rn 4, 8. – § **318** gilt grundsätzlich nicht (arg: § 572 Abs 1   **12** S 1). An erlassene (Rn 2, 5) Beschlüsse ist das Gericht ausnahmsweise **gebunden in folgenden Fällen:** – **a)** In §§ 281, 506 weil mit Erlass des Verweisungsbeschlusses die Zuständigkeit endet; – **b)** wenn gegen den Beschluss ein anderer Rechtsbehelf als die Beschwerde gegeben ist, ist eine Abänderung nur auf diesem Wege zulässig, zB Mahn- und VollstrBescheid (§§ 694, 700), Arrest (§§ 924, 926, 927) und einstw VfG (§ 936); – **c)** im Falle des § 522 Rn 3, 6. – § **319** gilt (BGH NJW-RR   **13** 88, 407), auch für bindende Beschlüsse (Düsseldorf JMBlNRW 51, 172). – § **320** gilt für Berichtigungsbeschlüsse (BGH NJW-RR 88, 407). – § **321** gilt, Fristbeginn vgl dort Rn 7. – §§ **322 bis 328** gelten, soweit der Beschluss rechtskraftfähigen Inhalt hat (§ 322 Rn 3). – § **540** gilt für Beschlüsse des BeschwGer (Köln JMBlNRW 83, 64).

5. Für **Verfügungen** gilt das über Beschlüsse Gesagte (Rn 2–13).   **14** Auch sie müssen also vor der Mitteilung unterschrieben sein, die Ausfertigung muss dies erkennen lassen. **Abweichungen:** Sie müssen, auch wenn sie auf Grund mündlicher Verhandlung ergehen, nicht verkündet werden (Abs 1), Bekanntmachung nach Abs 2, 3 genügt. §§ 308–315, 318, 320–328 gelten nicht.

Titel 3. Versäumnisurteil

Vorbemerkung

1. **Begriff und Voraussetzungen der Säumnis.** In diesem Titel   **1** sind Voraussetzungen und Folgen der Totalversäumnis eines Termins zur mdl Vhdlg und, dem gleichstehend, Versäumung der Anzeigefrist im schriftlichen Vorverfahren (§ 276 Abs 1 S 1) geregelt. Versäumung anderer einzelner Prozesshandlungen §§ 230 ff. – **a) Termin zur not-**   **2** **wendigen mündlichen Verhandlung** (§ 128 Rn 1 ff) muss bestimmt sein. Ihr steht gleich die Güteverhandlung (§ 278) sowie die mdl Vhdlg im Arrest- und einstw Vfgs-Verfahren (§§ 922 Abs 1, 936, 937 Abs 2) und im Verfahren auf Vollstreckbarerklärung des Schiedsspruchs (§ 1063 Abs 2). Termin zur Beweisaufnahme vor dem ProzGer (Vorsitzender der KfH: § 349 Abs 2 Nr. 5; ER beim BerGer: § 527 Abs 3 Nr. 2) ist nach deren Erledigung Verhandlungstermin (§ 370). Gleichgültig ist, ob es sich um den ersten oder einen späteren Termin handelt (§ 332). Eine Beschränkung der Vhdlg, zB §§ 280, 347 ist zu beachten; auch § 302 Rn 13 und § 304 Rn 23. – **Vor dem Prozessgericht** (ER: §§ 348,   **3** 348a, 349 Abs 2 Nr 5, 526, 527 Abs 3 Nr 2) muss der Termin be-

stimmt sein, also nicht vor dem beauftragten oder ersuchten Richter.
Auch Sühnetermin gehört nicht hierher, aber Güteverhandlung nach
4 § 278. – **b) Gehörige Anordnung des Termins.** Er muss also entweder verkündet (§ 218) oder die säumige Partei ordnungsgemäß gela-
5 den sein (§ 335 Abs 1 Nr. 2, BAG NJW 94, 3181). – **c) Säumnis der
Partei.** Nach Aufruf am richtigen Ort (§ 219), in richtiger Art und
Weise (§ 220 Rn 4, BVerfG NJW 77, 1443) und nicht vor der festgesetzten Zeit erscheint oder verhandelt sie nicht (§ 333). Im Anwalts-
Proz ist die Partei nicht erschienen, wenn kein zugelassener RA für sie
verhandelt (BGH NJW 99, 2599), am AG, wenn sie weder persönlich
noch für sie ein befugter und zugelassener (§ 157 Abs 1) Vertreter auftritt. Dem stehen gleich freiwillige und sitzungspolizeiliche Entfernung
(§ 158) vor der Antragstellung (danach: § 332 Rn 2) und Untersagung
der Vhdlg (§ 157 Abs 2) in einem früheren Termin (§ 158 S 2). Die
Säumnis wird beendet, wenn die Partei bis Schluss der Verhandlung
(nicht: des Termins) verhandelt, § 220 Abs 2 (BGH NJW 93, 861) oder
wenn ein Streitgehilfe (§ 67) oder notwendiger Streitgenosse (§ 62) ver-
6 handelt. – **d) Rechtzeitige Mitteilung** des tatsächlichen Vorbringens
und der Sachanträge an die säumige Partei (§ 335 Abs 1 Nr. 3). –
7 **e) Kein Grund zur Vertagung** von Amts wegen (§ 337) darf vorlie-
8 gen. Verstoß macht VersU ungesetzlich (BAG DB 77, 919). – **f)** Das
9 **Verfahren** darf **nicht unterbrochen** sein (§§ 239 ff). – **g)** Im **schriftlichen Vorverfahren** muss statt Rn 2–5 die Aufforderung nach § 276
Abs 1 S 1 mit der Belehrung gem Abs 2 zugestellt, die Anzeige des
Bekl darf bis zur Übergabe des von den Richtern unterschriebenen
VersU an die GeschSt nicht eingegangen sein (§§ 331 Abs 3, § 335
Abs 1 Nr 4).

10 **2. Folge der Säumnis** ist, soweit kein Hindernis nach § 335 Abs 1
Nr 1 besteht, auf Antrag VersU (§§ 330, 331) oder Entscheidung nach
Aktenlage (§ 331 a). Die Vereinbarung, kein VersU zu beantragen, ist
11 nichtig. – **Versäumnisurteil** ist nur die gegen die säumige – auch wenn
das Ger dies rechtsirrig annimmt (BGH WM 81, 829) – Partei auf
Grund der Säumnis ergehende Entscheidung, nicht dagegen (streitiges
12 Endurteil, sog **unechtes Versäumnisurteil**) die gegen die erschienene
Partei, zB Abweisung der Klage als unzulässig (BGH NJW 61, 2207),
nicht schlüssig bei Säumnis des Bekl oder unbegründet wegen vom Kl
vorgetragener berechtigter Einwendung der Verjährung (Düsseldorf
NJW 91, 2091) oder die zwar gegen die säumige Partei aber ohne
Rücksicht auf ihre Säumnis ergehende Entscheidung, zB Abweisung
der Klage als unzulässig (München MDR 88, 973) oder Verwerfung
des Einspruchs oder eines Rechtsmittels gegen den säumigen (Rechts-
mittel-)Kläger (BGH NJW 69, 845; RoSchw/Gottwald § 107 II und
III 3 b; StJGrunsky 29 vor § 330). Ein solches streitiges Urt setzt allerdings voraus, dass die säumige Partei Gelegenheit hatte, zu den Bedenken gegen die Zulässigkeit der Klage bzw des Rechtsmittels Stellung zu
nehmen (BGH ZIP 86, 740).

§ 330 Versäumnisurteil gegen den Kläger

Erscheint der Kläger im Termin zur mündlichen Verhandlung nicht, so ist auf Antrag das Versäumnisurteil dahin zu erlassen, daß der Kläger mit der Klage abzuweisen sei.

1. Voraussetzungen für Versäumnisurteil gegen Kläger. – 1
a) Säumnis (1–9 vor § 330). Sonst ist der Antrag auf VersUrt durch Beschluss abzulehnen. – **b) Prozessantrag** (§ 297 Rn 2) des Beklagten 2 auf Erlass eines VersU. Er kann stillschweigend im Antrag auf Klageabweisung als unbegründet liegen (BGH 37, 79/83). Statt dessen kann er Entscheidung nach Aktenlage oder Verweisung nach § 506 (nicht nach § 281) beantragen. – **c) Die Prozessvoraussetzungen** (8 ff vor § 253) 3 müssen vorliegen oder etwaige Mängel geheilt sein, soweit das angängig ist, zB § 39; die Einlassung zur Hauptsache liegt vorbehaltlich des § 342 im Abweisungsantrag aus sachlichen Gründen; in diesem Fall trifft den Bekl die Beweislast für das Vorliegen der Prozessvoraussetzungen (§ 335 Abs 1 Nr 1), eine Fiktion des Geständnisses wie in § 331 gibt es nicht. Gelingt ihm dieser Beweis nicht oder beantragt er Klageabweisung als unzulässig, so ist die Klage durch streitiges Prozessurteil abzuweisen (11, 12 vor § 330).

2. Das Versäumnisurteil muss bei Vorliegen der Voraussetzungen 4 ergehen und ist als solches zu bezeichnen (§ 313b Abs 1). Es ist regelmäßig (Ausnahme: § 347 Abs 2) End- und Sachurteil mit voller Rechtskraftwirkung (BGH 35, 340). Es weist die zulässige – andernfalls streitiges Endurteil, Rn 12 vor § 330 – Klage ohne sachliche Prüfung ab (München MDR 88, 973). Ausnahmen in §§ 632 Abs 4, 640, 881; vgl § 612 Rn 9. Vorsitzender der KfH: § 349 Abs 2 Nr 5; ER beim Ber-Gericht § 527 Abs 3 Nr 2. Vorl Vollstrbkt § 708 Nr 2, Verkündung § 311 Abs 2. Abgekürzte Form §§ 313b, 317 Abs 4. – **Gebühren:** 5 §§ 33, 38 BRAGO. **Rechtsbehelf:** § 338. Im **arbeitsgerichtlichen Verfahren** Abweichungen in §§ 55 Abs 2, 59 ArbGG.

§ 331 Versäumnisurteil gegen den Beklagten

(1) [1]**Beantragt der Kläger gegen den im Termin zur mündlichen Verhandlung nicht erschienenen Beklagten das Versäumnisurteil, so ist das tatsächliche mündliche Vorbringen des Klägers als zugestanden anzunehmen.** [2]**Dies gilt nicht für Vorbringen zur Zuständigkeit des Gerichts nach § 29 Abs. 2, § 38.**

(2) **Soweit es den Klageantrag rechtfertigt, ist nach dem Antrag zu erkennen; soweit dies nicht der Fall ist, ist die Klage abzuweisen.**

(3) [1]**Hat der Beklagte entgegen § 276 Abs. 1 Satz 1, Abs. 2 nicht rechtzeitig angezeigt, daß er sich gegen die Klage verteidigen wolle, so trifft auf Antrag des Klägers das Gericht die Entscheidung ohne mündliche Verhandlung; dies gilt nicht, wenn die Erklärung des Beklagten noch eingeht, bevor das von**

den Richtern unterschriebene Urteil der Geschäftsstelle übergeben ist. ²Der Antrag kann schon in der Klageschrift gestellt
werden.

1 1. **Prozessuale Voraussetzungen für Versäumnisurteil gegen
Beklagten.** Wie in § 330 Rn 1–3. – **a) Säumnis** im Verhandlungstermin (1–9 vor § 330). Dem steht gleich (Abs 3), wenn im schriftlichen
Vorverfahren bis zur Übergabe der von den Richtern unterschriebenen
Entscheidung trotz wirksamer Fristsetzung (§ 296 Rn 30) samt den erforderlichen Belehrungen keine Anzeige des Bekl gemäß § 276 Abs 1
S 1, Abs 2 eingeht (§ 276 Rn 2, 3) oder wieder zurückgenommen wird
2 (Stoffel/Strauch NJW 97, 2372). – **b) Prozessantrag** des Kl, nicht
notwendig ausdrücklich, kann im Sachantrag liegen (Koblenz WM 97,
1566), auch für einen Teil des Anspruchs (§ 301 Rn 2, 2a). Der Sachantrag darf, soweit dies zulässig ist (§ 253 Rn 12), unbeziffert sein
(BGH NJW 69, 1427); s auch Rn 9. Der Antrag kann, muss aber nicht
für den Fall des schriftlichen Vorverfahrens (§ 276) schon in der Klageschrift gestellt werden (Abs 3 S 2). Wird er nachträglich gestellt, ist
neues rechtliches Gehör nicht erforderlich (KG NJW-RR 94, 1344; aA
München MDR 80, 235). Wird er, ggf nach Rückfrage, nicht alsbald
nach Ablauf der Anzeigefrist in § 276 Abs 1 1 gestellt, ist Termin zu
3 bestimmen. – **c) Allgemeine Prozessvoraussetzungen.** Den Kl trifft
die Beweislast für ihr Vorhandensein (ähnlich BGH NJW 61, 2207).
Nach **Abs 1 Satz 2** gelten nicht als zugestanden diejenigen Behauptungen des Kl, aus denen sich die sachliche, örtliche oder internationale
Zuständigkeit des angegangenen Gerichts im Wege einer Vereinbarung
über den Erfüllungsort oder über diese Zuständigkeit ergäbe. Der Kl
muss schlüssige Tatsachen iS der §§ 29 Abs 2, 38 behaupten, das Ger
muss von ihrer Wahrheit überzeugt sein (§ 286). Inwieweit es dafür
Beweise verlangt und welcher Art, unterliegt seiner freien Würdigung.
Das Gesetz verlangt nicht schlechthin einen urkundlichen Nachweis
etwa durch Vorlage eines Handelsregisterauszugs. Das gilt auch für den
4 Urkundenprozess (Frankfurt MDR 75, 232). – **d) Unzulässig ist
Versäumnisurteil** gegen Bekl in den Fällen des Abs 3 S 1 2. Hs, des
§ 335, des § 337, auch in entsprechender Anwendung (§ 276 Rn 4).
Unzulässig iF des Abs 3, sobald Verhandlungstermin bestimmt ist (München MDR 83, 324, KG MDR 85, 416; § 272 Rn 2, 3). Nach vorausgegangenem Mahnverfahren § 276 Rn 8. Unzulässig ferner iF der
§§ 612 Abs 4, 640. Zeitlich unzulässig ist es in Scheidungs-Folgesachen
grundsätzlich vor Erlass des streitigen Scheidungsurteils, §§ 623 Abs 1
S 1, 629 Abs 2 S 1. – Bei nicht behebbaren Mängeln § 330 Rn 3, bei
behebbaren Mängeln § 335.

5   2. **Sachliche Voraussetzung ist die Schlüssigkeit der Klage.**
Das als zugestanden anzusehende tatsächliche Vorbringen des Kl muss
den gestellten Sachantrag rechtfertigen. Das ist nicht der Fall, wenn der
Kl nicht alle anspruchsbegründenden Tatsachen behauptet oder rechtshindernde oder rechtsvernichtende Tatsachen oder seinerseits vorträgt,

dass der Bekl eine rechtshemmende Einrede geltend gemacht hat (BGH
NJW 99, 2120/2123), außer der Kl setzt rechtserhaltende Tatsachenbehauptungen dagegen (38, 45 vor § 253). Die Ergebnisse einer früheren
Beweisaufnahme sind nicht verwertbar. – Bei der **Stufenklage** § 254 6
Rn 6, **Hilfsantrag** § 260 Rn 17. Bei (teilweise) fehlender Schlüssigkeit
ist die Klage (insoweit) durch streitiges Urteil als unbegründet abzuweisen (11, 12 vor § 330). Das gilt, weil das Ger „die Entscheidung" zu
treffen, nicht etwa nur VersU gegen den Bekl zu erlassen hat, auch iF
des Abs 3 (BayVerfGH NJW 91, 2080, Frankfurt MDR 84, 322, Köln
OLGZ 89, 83, LG Berlin NJW-RR 98, 1285; aA Nürnberg NJW 80,
460, Brandenburg NJW-RR, 99, 939). Bei behebbarem Hindernis ist
vorheriger Hinweis gemäß § 139 nötig. – **Als zugestanden gilt** das 7
tatsächliche Vorbringen (Rn 13 vor § 284), das dem Beklagten rechtzeitig mitgeteilt war (§ 335 Abs 1 Nr 3), zur Sache und mit Einschränkungen (Rn 3) zur Zuständigkeit. – **Ausgenommen** von der Wirkung 8
dieses unterstellten Geständnisses sind die Fälle, in denen auch ein
wirklich abgegebenes Geständnis keine Wirkung hätte (BGH NJW 79,
2089); dazu § 288 Rn 6, 7 und vorstehend Rn 4.

3. Das **Versäumnisurteil** muss als solches bezeichnet sein. Tatbe 9
stand und Entscheidungsgründe sind entbehrlich (§ 313b Abs 1). Da
der Tenor den Betrag beziffern muss, kann es bei unbeziffertem Antrag
(Rn 2) in der abgekürzten Form nach § 313b Abs 2 nicht abgesetzt
werden; Beschwer des Kl Rn 22 vor § 511. Es kann bei gegebenen
Voraussetzungen (§ 301 Rn 2–3) als Teil-VersU zusammen mit einem
im Übrigen abweisenden streitigen EndUrt (Rn 5–8) ergehen. Rechtsbehelf für Bekl ist dann Einspruch, für Kl Berufung; beide sind, auch
im Fristenlauf (BGH NJW-RR 86, 1326), unabhängig voneinander.
Ergeht es im schriftlichen Vorverfahren (§§ 276, 331 Abs 3), tritt an die
Stelle der Verkündung die Zustellung (§ 310 Abs 3). VollstrBescheid
steht einem VersU gleich (§ 700 Abs 1). IÜ gilt das zu § 330 Rn 4
Gesagte, auch für die Gebühren.

§ 331 a Entscheidung nach Aktenlage

[1]**Beim Ausbleiben einer Partei im Termin zur mündlichen
Verhandlung kann der Gegner statt eines Versäumnisurteils eine
Entscheidung nach Lage der Akten beantragen; dem Antrag ist
zu entsprechen, wenn der Sachverhalt für eine derartige Entscheidung hinreichend geklärt erscheint.** [2]**§ 251 a Abs. 2 gilt
entsprechend.**

1. Voraussetzungen für Entscheidung nach Aktenlage. – 1
a) Säumnis einer Partei; Rn 1–9 vor § 330. – **b) Prozessantrag** 2
(§ 297 Rn 2) der erschienenen Partei auf Entscheidung nach Aktenlage,
auch für einen Teil des Anspruchs (§ 301 Rn 1 bis 2a). Zulässig auch in
Eventualstellung mit Antrag auf VersU für den Fall der Ablehnung des
jeweils anderen Antrags; inhaltliche Beschränkungen (zB nur Beweisbeschluss) sind unzulässig. Über den Prozessantrag wird durch Beschluss

entschieden; der ablehnende Beschluss ist unanfechtbar (§ 336 Abs 2). –
3 **c) Entscheidungsreife.** Die Sache muss für eine Entscheidung (nicht
nötig Urteil) reif sein (S 1 Hs 2). Das ist eine Frage pflichtgemäßen Ermessens. Nur ihre Verneinung rechtfertigt Ablehnung des Antrags, im
Falle des § 251 a dagegen freies Ermessen. Die Entscheidungsreife fehlt
auch, wenn sich eine Partei zu erheblichem Vorbringen der anderen
4 noch nicht erklärt hat (§ 335 Rn 7). – **d) Falls ein Urteil erlassen
werden soll,** muss außerdem früher eine mdl Vhdlg stattgefunden haben und besonderer Verkündungstermin bestimmt werden, § 251 a
Abs 2. Gilt auch für Prozessurteile, gilt nicht für Verwerfung eines
Rechtsmittels (12 vor § 330) bei Säumnis des (Rechtsmittel-)Bekl (Ro-
SchwGottwald § 108 II 4 b; RG 159 361).

5 **2. Entscheidung.** Für ihr Zustandekommen, ihren Inhalt und den
zu berücksichtigenden Prozessstoff gilt das zu § 251 a Gesagte. Falls sie
ein Urt ist, gelten auch hier (Ausnahmen in Rn 4) die bes Vorschriften
in § 251 a Abs 2. Eine vorher angekündigte Anhörung eines Sachverständigen kann dabei verwertet werden (BGH NJW 02, 301). Besetzung des Gerichts § 309 Rn 1. Vorsitzender der KfH: § 349 Abs 2
Nr 5; ER beim BerGericht: § 527 Abs 3 Nr 2. Vorl Vollstreckbarkeit
6 § 708 Nr. 2. – **Gebühren** des Gerichts: Nr 1201 KV, des RAs: § 33
BRAGO. – Im **arbeitsgerichtlichen Verfahren** Abweichungen in
7 §§ 53, 60 Abs 1 S 3, 64 Abs 7 ArbGG. – Bei **Ablehnung des Antrags**
ist ein neuer Termin zu bestimmen, § 251 a Abs 3 gilt mangels Verweisung nicht (Frankfurt NJW-RR 98, 1288).

§ 332 Begriff des Verhandlungstermins

**Als Verhandlungstermine im Sinne der vorstehenden Para-
graphen sind auch diejenigen Termine anzusehen, auf welche
die mündliche Verhandlung vertagt ist oder die zu ihrer Fortsetzung vor oder nach dem Erlaß eines Beweisbeschlusses bestimmt sind.**

1 **1. Mehrere Termine.** Die Bestimmung stellt wegen der Einheit
der mdl Vhdlg jeden späteren Termin zur Verhandlung der Hauptsache
für die Säumnis dem ersten gleich. Gilt auch für Entscheidung nach
Aktenlage (BGH NJW 64, 658). Das Ergebnis früherer Termine (Verzicht, Geständnis, Anerkenntnis, Beweiserhebung) verliert jede Bedeutung außer der Heilung prozessualer Mängel (§§ 39, 295) und der Bindung des Gerichts an frühere Urteile (§ 318; auch § 302 Rn 13, § 304
Rn 23).

2 **2. Nach Beweisaufnahme** gilt § 370. Hat im Verhandlungstermin
die Partei zunächst verhandelt, stellt sie aber nach Beweiserhebung (zB
Vernehmung von prozessleitend geladenen Zeugen) im selben Termin
keinen Antrag mehr, so ist sie nicht säumig; es ergeht streitiges Urteil
(BGH 63, 94; zustimmend Bassenge JR 75, 200).

§ 333 Nichtverhandeln der erschienenen Partei

Als nicht erschienen ist auch die Partei anzusehen, die in dem Termin zwar erscheint, aber nicht verhandelt.

Völliges Nichtverhandeln steht dem Nichterscheinen gleich. Ein **1** **teilweises Nichtverhandeln** liegt nur, wenn es einen selbständigen Teil des Anspruchs (§ 301 Rn 1–2 a) betrifft, über den ein TeilUrt ergehen kann (BGH NJW 02, 145). Sonst liegt **unvollständiges** Verhandeln vor, für das § 334 gilt. Es genügt jede aktive auf eine Entscheidung in der Sache gerichtete Beteiligung an der Erörterung des Rechtsstreits (Bamberg NJW-RR 96, 317), zB der örtlichen Zuständigkeit (BGH NJW 67, 728); nicht jedoch Antrag auf Vertagung, Aussetzung, Trennung oder Verbindung, Richterablehnung (BGH WM 86, 1127, Köln NJW-RR 86, 1252) oder der Hinweis auf die noch nicht rechtskräftige Zurückweisung eines Ablehnungsgesuchs (Frankfurt OLGZ 92, 479). Verhandelt die Partei nicht mehr oder tritt der RA für sie nicht mehr auf, nachdem im selben Termin zur Hauptsache verhandelt, die Anträge gestellt und eine Beweiserhebung durchgeführt wurden, liegt kein Fall der Säumnis vor (BGH 63, 94); ebenso wenn die Partei ihr Verhandeln im selben Termin „zurücknimmt" oder widerruft (Frankfurt NJW-RR 92, 1405). – **Die bloße Antragstellung** ist nicht unbedingt, aber jedenfalls dann ein Verhandeln, wenn – wie meistens – darin zugleich eine tatsächliche oder rechtliche Stellungnahme, auch durch stillschweigenden Bezug auf früheres oder schriftliches Vorbringen liegt. Im Einzelnen Tatfrage. Kein Verhandeln ist die bloße Antragstellung durch einen erst im Termin auftretenden, über den Gegenstand des Rechtsstreits nicht informierten RA des Bekl, wenn auch eine schriftliche Klageerwiderung noch nicht eingereicht ist (Zweibrücken OLGZ 83, 329, Düsseldorf MDR 87, 852). **2**

§ 334 Unvollständiges Verhandeln

Wenn eine Partei in dem Termin verhandelt, sich jedoch über Tatsachen, Urkunden oder Anträge auf Parteivernehmung nicht erklärt, so sind die Vorschriften dieses Titels nicht anzuwenden.

Unvollständige Erklärung kann nicht zu VersU oder Entscheidung nach Aktenlage führen. Soweit nicht daran das Gesetz bestimmte Folgen knüpft, zB §§ 85, 138 Abs 3, 4, 427, 439 Abs 1, 3, 446, 510, würdigt der Richter die Unterlassungen frei nach § 286. **1**

§ 335 Unzulässigkeit einer Versäumnisentscheidung

(1) Der Antrag auf Erlaß eines Versäumnisurteils oder einer Entscheidung nach Lage der Akten ist zurückzuweisen:
1. wenn die erschienene Partei die vom Gericht wegen eines von Amts wegen zu berücksichtigenden Umstandes erforderte Nachweisung nicht zu beschaffen vermag;

2. **wenn die nicht erschienene Partei nicht ordnungsmäßig, insbesondere nicht rechtzeitig geladen war;**
3. **wenn der nicht erschienenen Partei ein tatsächliches mündliches Vorbringen oder ein Antrag nicht rechtzeitig mittels Schriftsatzes mitgeteilt war;**
4. **wenn im Falle des § 331 Abs. 3 dem Beklagten die Frist des § 276 Abs. 1 Satz 1 nicht mitgeteilt oder er nicht gemäß § 276 Abs. 2 belehrt worden ist.**

(2) **Wird die Verhandlung vertagt, so ist die nicht erschienene Partei zu dem neuen Termin zu laden.**

1   **1. Versäumnisurteil ist unzulässig** in den vier genannten Fällen. Der Antrag darauf ist durch Beschluss, der nicht in der Sache selbst entscheidet, abzulehnen. Rechtsmittel § 336.

2   **Nr 1. Von Amts wegen zu berücksichtigen** (Begriff und Beweislast Rn 12, 13 vor § 253) sind vor allem die Proz- und die bes Zulässigkeitsvoraussetzungen für den Erlass eines VersU. Die Bestimmung gilt nur für Mängel, die die erschienene Partei noch beheben kann und will. Stehen sie endgültig fest, ist die Klage durch streitiges EndUrt als unzulässig (§§ 330, 331 Rn 3) bzw unbegründet (§ 331 Rn 5) abzuweisen, im Falle der Unzuständigkeit auf Antrag zu verweisen (§§ 281, 506).

3   **Nr 2. Ordnungsgemäße Ladung** ist eine der Voraussetzungen der Säumnis (1–9 vor § 330). Gilt nicht, soweit Ladung nicht erforderlich ist (§ 218, § 497 Abs 2). Die Ordnungsmäßigkeit der Ladung beurteilt sich nach §§ 214 ff, der Zustellung nach §§ 166 ff, 191 ff, die Rechtzeitigkeit nach den Bestimmungen über die Ladungsfristen (§ 217).

4   **Nr 3. Sachanträge** (§ 297 Rn 1) sind gemeint, nicht Prozessanträge, auch nicht der Antrag, einen Vollstreckungsbescheid aufrechtzuerhalten (Karlsruhe OLG 68, 292), und nur das zu ihrer Begründung notwendige **Tatsachenvorbringen,** an das sich die Unterstellung des § 331 Abs 1 knüpft (dort Rn 5). Nr 3 gilt also nur, wenn der Bekl säumig ist. Gegen den säumigen Kl bedarf es weder eines Sachantrags noch tatsächlichen Vorbringens zur Klageabweisung, es reicht der Pro-
5   zessantrag nach § 330. – **Rechtzeitigkeit** §§ 132, 274 Abs 3, 226, nicht § 282. Die Frist in § 132 dürfte im Parteiprozess ohne vorbereitende Schriftsätze (§ 129 Abs 2) entspr gelten für Erklärungen zu Protokoll gemäß §§ 496, 129 a. Der Mitteilung bedarf es nicht, wenn die Tatsache oder der Antrag in einer früheren Verhandlung in Anwesenheit des Gegners (StJGrunsky 15) vorgebracht war oder im Protokoll festgehalten ist (RoSchw/Gottwald § 107 III S 2c (3), ZöHerget 4).

6   **Nr 4. Versäumnisurteil im schriftlichen Vorverfahren** (§ 331 Abs 3) ist davon abhängig, dass dem Bekl in der Aufforderung nach § 276 Abs 1 S 1 die Notfrist mitgeteilt und er über die Folge ihrer Versäumung und ggf über den RA-Zwang belehrt worden ist (§ 276 Abs 2).

2. Entscheidung nach Aktenlage. Es gelten die Ausführungen in 7
Rn 1 mit folgenden Abweichungen: Der Ablehnungsbeschluss ist unanfechtbar (§ 336 Abs 2). Zu Nr 1 kann und wird statt des Ablehnungsbeschlusses ein Aufklärungs- und Beweisbeschluss ergehen. Zu Nr 3
muss nur der Sachantrag rechtzeitig mitgeteilt sein. Beim tatsächlichen
Vorbringen spielt der Zeitpunkt der Mitteilung keine Rolle, weil es
ohne Gegenerklärung nicht nach §§ 331 Abs 1, § 138 Abs 3 als zugestanden, andererseits aber auch nicht als bestritten behandelt werden
kann, die Sache also nicht entscheidungsreif ist.

3. Nach Zurückweisungsbeschluss. – **a) Tatsächlicher Still-** 8
stand des Verfahrens bis zu neuem Terminsantrag, wenn der Beschluss
in mündlicher Verhandlung ergeht. Ergeht er im schriftlichen Vorverfahren (Abs 1 Nr 4), ist Termin zur mündlichen Verhandlung zu bestimmen. – **b) Pflicht zur Vertagung** besteht für das Ger vor dem 9
Antrag auf VersU nur unter den Voraussetzungen des § 227, nach diesem Antrag gem § 337. Wird der Vertagungsantrag abgelehnt und kein
VersU beantragt, kann das Ger nach § 251a vorgehen. Die erschienene
Partei kann im Termin nach Zurückweisung des Antrags auf VersU oder
zu ihrer Vermeidung Vertagung beantragen. **c) Neue Ladung.** In 10
allen Vertagungsfällen, in denen eine Versäumungsentscheidung gemäß
diesem Paragraphen nicht ergehen darf, ist die säumige Partei trotz
§ 218 vAw zum neuen Termin zu laden (Abs 2). Dabei ist die Ladungsfrist einzuhalten (München VersR 74, 674). Das Gleiche gilt bei
Zurückweisung des Antrags gem Abs 1 Nr 4.

§ 336 Rechtsmittel bei Zurückweisung

(1) [1] **Gegen den Beschluß, durch den der Antrag auf Erlaß des
Versäumnisurteils zurückgewiesen wird, findet sofortige Beschwerde statt.** [2] **Wird der Beschluß aufgehoben, so ist die nicht
erschienene Partei zu dem neuen Termin nicht zu laden.**

(2) **Die Ablehnung eines Antrages auf Entscheidung nach
Lage der Akten ist unanfechtbar.**

Sofortige Beschwerde gegen Zurückweisung des Antrags auf 1
VersU aus jedem Grund. Dazu gehört auch antragswidrige Vertagung,
auch nach § 337 (Nürnberg MDR 63, 507; Hamm NJW 91, 703). Die
Notfrist beginnt mit der Verkündung des Beschlusses, auch wenn dies
in einem besonderen Termin geschieht (§ 569 Abs 1). Beschwerde unstatthaft, wenn OLG oder LG als BerGer entschieden hat. Zulässiges
Rechtsmittel bei inkorrekter Entscheidung Rn 9 vor § 511. Auf klagabweisendes sog unechtes VersU (12 vor § 330) ist § 336 nicht anwendbar (BGH NJW 87, 1204). Der Säumige ist im Beschwerdeverfahren nicht zu hören. Im Falle der Aufhebung des Beschlusses hat die
untere Instanz von Amts wegen Termin zu bestimmen, zu dem die
säumige Partei nicht zu laden ist (KG MDR 83, 412). Wenn sie trotzdem erscheint, ist sie aber zur Verhandlung aus Gründen der Prozessökonomie zuzulassen (Hamm NJW-RR 91, 703, StJGrunsky 7).

§ 337 Vertagung von Amts wegen

[1]Das Gericht vertagt die Verhandlung über den Antrag auf
Erlaß des Versäumnisurteils oder einer Entscheidung nach Lage
der Akten, wenn es dafür hält, daß die von dem Vorsitzenden
bestimmte Einlassungs- oder Ladungsfrist zu kurz bemessen
oder daß die Partei ohne ihr Verschulden am Erscheinen verhindert ist. [2]Die nicht erschienene Partei ist zu dem neuen
Termin zu laden.

1 **1. Vertagung.** Nach Antragstellung auf VersU oder auf Entscheidung nach Aktenlage muss das Ger vertagen, wenn eine der im Text
genannten Voraussetzungen vorliegt, aber auch nur dann.

2 **a)** Die **Einlassungs- oder Ladungsfrist** muss vom Vorsitzenden
bestimmt (§§ 226, 239 Abs 3, 274 Abs 3, 520 Abs 3 S 2, 555 Abs 2)
und zu kurz bemessen worden sein. Das richtet sich nach den Umständen des Falles. Gilt nicht für die gesetzlichen Fristen (§§ 217, 274 Rn 2).

3 **b) Kein Verschulden** der Partei oder ihres Vertreters (§ 95 Rn 2,
§ 51 Rn 18, § 85 Rn 7–12) am Nichterscheinen; gilt auch iF des § 345
(BGH NJW 98, 3125). Unverschuldet ist auch Nichterscheinen der
bedürftigen Partei, über deren PKH-Antrag noch nicht entschieden ist
(vgl § 276 Rn 5; Brandenburg NJW-RR 02, 285). Die **anwaltliche
Berufsordnung** oder **ständige Übung** unter den RAen (BGH NJW
99, 2120), sofern sie nicht die Funktionsfähigkeit der Rechtspflege und
den Grundsatz der Verhältnismäßigkeit einschränkt (BGH NJW 91,
42), kann für die Frage des Verschuldens von Bedeutung sein. § 13
BerufsO (kein VersU gegen Kollegen ohne vorherige Ankündigung) ist
allerdings wegen des Grundrechts der Berufsfreiheit nichtig (BVerfG
NJW 00, 347). Kein Verschulden, wenn der RA versäptet oder nicht
erscheint im Vertrauen auf eine kollegiale Zusage des Gegenanwalts, zB
er werde im Termin irgendeinen RA bitten, für den nicht erschienenen Kollegen aufzutreten (Karlsruhe NJW 74, 1096). Kein Verschulden, wenn Ladung der Partei und Bestellungsanzeige ihres RA sich
kreuzen und das Ger diesen trotz seiner Bitte vom Termin nicht verständigt (BAG DB 77, 919), wenn die Terminstunde auf dem Aushang
vor dem Sitzungssaal abweichend von der Ladung falsch angegeben ist
(Celle MDR 99, 1345). Kein Verschulden, wenn das Ger den PKH-
Antrag der Partei so spät ablehnt, dass sie keine genügende Gelegenheit
mehr zu der Entscheidung hat, ob sie einen RA beauftragen will (LG
Münster MDR 91, 160); anders, wenn ein RA schon bestellt ist (Koblenz MDR 90, 255). Der säumige RA muss alles Zumutbare für die
Rechtzeitigkeit seines Erscheinens und die Vertretung seiner Partei im
Termin getan haben, für den erschienenen haben die Interessen seiner
Partei Vorrang vor kollegialer Rücksichtnahme (BGH NJW 99, 2120).
Den RA trifft Verschulden, wenn er bei kurzfristiger, nicht vorherseh-
barer Verhinderung am pünktlichen Erscheinen nicht alles Zumutbare
tut, um das Ger noch so rechtzeitig, etwa telefonisch, zu verständigen,
dass es vertagen kann (Hamm MDR 99, 185). Teilt der RA die kurz-

fristige Verhinderung (unüblicher Verkehrsstau) telefonisch mit, muss das Ger mit dem Erlass eines VersU angemessen zuwarten, andernfalls ist das Nichterscheinen unverschuldet (BGH NJW 99, 724).

2. Weiteres Verfahren. Rechtsmittel gegen Vertagung § 336 Rn 1. **4** VersU oder Entscheidung nach Aktenlage unter Verstoß gegen § 337 ist gesetzwidrig (Einspruch bzw § 513 Abs 2), auch dann, wenn dem Ger die Tatsachen nicht erkennbar waren. Die notwendige Ladung der säumigen Partei zum neuen Termin ist eine Ausnahme von § 218. In diesem Termin kann die vorher säumige Partei zur Sache verhandeln (aA LAG Düsseldorf NJW 61, 2371: nur zur Frage der Säumnis) und dadurch die Säumnisfolgen abwenden (StJGrunsky 12; LAG Frankfurt NJW 63, 2046).

§ 338 Einspruch

Der Partei, gegen die ein Versäumnisurteil erlassen ist, steht gegen das Urteil der Einspruch zu.

1. Wesen. Der Einspruch ist kein Rechtsmittel, weil er die Sache **1** nicht an die höhere Instanz bringt und nicht zur Nachprüfung des VersU, sondern zur Nachholung der versäumten Verhandlung führt. Er ist der einzige Rechtsbehelf, der die nachteiligen Folgen totaler Säumnis beseitigt.

2. Der Einspruch ist statthaft – a) nur für die **säumige Partei 2** bei vollständiger (§ 334) Säumnis; die Ausführungen in § 511 Rn 6–8 gelten sinngemäß. **– b) gegen ein echtes Versäumnisurteil,** ausge- **3** nommen §§ 238 Abs 2 und 345 (statt dessen Ber § 514 Abs 2), auch im Rahmen eines VerbundUrt (BGH NJW-RR 95, 257). Nicht gegen ein sog unechtes VersU (12 vor § 330; § 330 Rn 3; § 331 Rn 3, 5) und gegen Entscheidung nach Aktenlage. In diesen Fällen Rechtsmittel. Auf deren Lauf hat iF eines Teilversäumnis-, teilweise streitigen Urt, auch im Verbundverfahren, der statthaft eingelegte Einspruch keinen Einfluss (BGH FamRZ 86, 897). § 99 Abs 1 ist auf den Einspruch nicht anwendbar. Für die Frage, ob streitiges oder VersU erlassen ist, kommt es auf den Inhalt, nicht auf die Bezeichnung an (BGH VersR 76, 251). – **c) Inkorrekte Entscheidung.** Anfechtbarkeit Rn 7 ff vor § 511, **4 Nichturteil** Rn 11 ff vor § 300.

3. Die Beschränkung des Einspruchs auf einen Teil des Streitge- **5** genstandes, der einer Entscheidung durch TeilUrt zugänglich sein würde (§ 301 Rn 1, 2), ist zulässig, § 340 Rn 4.

§ 339 Einspruchsfrist

(1) Die Einspruchsfrist beträgt zwei Wochen; sie ist eine Notfrist und beginnt mit der Zustellung des Versäumnisurteils.

(2) Muß die Zustellung im Ausland oder durch öffentliche Bekanntmachung erfolgen, so hat das Gericht die Einspruchs-

frist im Versäumnisurteil oder nachträglich durch besonderen Beschluß zu bestimmen.

1   **1. Einspruchsfrist** (Abs 1) auch am AG zwei Wochen. Beginn für verkündete VersU mit wirksamer (17 vor § 166, § 170 Rn 3, § 315 Rn 3) Amtszustellung an die unterlegene Partei (§ 317 Abs 1 S 1, 2). Einlegung vor Zustellung ist zulässig, nicht aber vor Verkündung des VersU. Beginn für VersU im schriftlichen Vorverfahren mit der letzten Zustellung (§ 310 Rn 3). Zulässig ist die Einlegung in diesem Fall zur Beseitigung des Rechtsscheins (11–14 vor § 300) auch schon vorher ab erster Hinausgabe durch die GeschSt. Notfrist § 224 Abs 1 S 2, Einreichung § 270 Rn 7.

2   **2. Zustellung im Ausland** (§§ 183 ff) kommt nur in Betracht, wenn entgegen § 184 Abs 1 kein Zustellungsbevollmächtigter ernannt und nicht durch Aufgabe zur Post gem § 184 Abs 2 zugestellt ist (BGH NJW 92, 1701); das ist Inlandszustellung, auch wenn der Adressat im Ausland wohnt (BGH NJW 99, 1187 u 1871). – **Öffentliche Zustel- 3 lung** (§§ 185 ff) nur mit bes Bewilligung, § 186 Abs 1. In beiden Fäl- len bestimmt das Ger, nicht der Vorsitzende, die Einspruchsfrist. Beginn mit Amtszustellung des Urt bzw des verkündeten Beschlus- ses, die die Frist bestimmen. Bei nichtverkündetem Beschluss (§ 329 Abs 2) mit seiner Amtszustellung an die säumige Partei, jedoch nicht vor der Amtszustellung des VersU. Die vom Ger bestimmte Frist, iF eines Widerspruchs in 2 Schriftstücken die längere, ist ebenfalls Notfrist und auch dann maßgebend, wenn die Voraussetzungen des Abs 2 zu Unrecht angenommen worden sind (BGH NJW 92, 1701, NJW 99, 1187/1192).

4   **3.** Im **arbeitsgerichtlichen Verfahren** Abweichungen in §§ 59, 64 Abs 7 ArbGG.

§ 340 Einspruchsschrift

(1) **Der Einspruch wird durch Einreichung der Einspruchs- schrift bei dem Prozeßgericht eingelegt.**

(2) [1]**Die Einspruchsschrift muß enthalten:**
1. **die Bezeichnung des Urteils, gegen das der Einspruch ge- richtet wird;**
2. **die Erklärung, daß gegen dieses Urteil Einspruch eingelegt werde.** [2]**Soll das Urteil nur zum Teil angefochten werden, so ist der Umfang der Anfechtung zu bezeichnen.**

(3) [1]**In der Einspruchsschrift hat die Partei ihre Angriffs- und Verteidigungsmittel, soweit es nach der Prozeßlage einer sorg- fältigen und auf Förderung des Verfahrens bedachten Prozeß- führung entspricht, sowie Rügen, die die Zulässigkeit der Klage betreffen, vorzubringen.** [2]**Auf Antrag kann der Vorsitzende für die Begründung die Frist verlängern, wenn nach seiner freien Überzeugung der Rechtsstreit durch die Verlängerung nicht**

verzögert wird oder wenn die Partei erhebliche Gründe darlegt. ³§ 296 Abs. 1, 3, 4 ist entsprechend anzuwenden. ⁴Auf die
Folgen einer Fristversäumung ist bei der Zustellung des Versäumnisurteils hinzuweisen.

1. Einlegung des Einspruchs bei dem Gericht, das das VersU er- 1
lassen hat, durch Einreichung (§ 270 Rn 7) der Einspruchsschrift oder
protokollierte Bezugnahme auf sie in mündlicher Verhandlung (BGH
105, 197). Nach Zweibrücken MDR 92, 998 genügt Einlegung durch
RA zu richterlichem Protokoll auch ohne Vorhandensein einer Einspruchsschrift, weil die Protokollierung die Schriftform gemäß § 127 a
BGB ersetze; dies gilt indes nur für den richterlichen Vergleich. Im Anwaltsprozess (§ 78 Abs 1, 2) durch RA, am AG auch nach §§ 496,
129 a. Ist bestimmender Schriftsatz (BGH ZIP 87, 1012; § 129 Rn 5–14;
dort auch über eigenhändige Unterschrift). Im arbeitsgerichtlichen Verfahren Abweichungen in §§ 64 Abs 7, 59 S 2 ArbGG, kein Anwaltszwang in der Berufungsinstanz (BAG GS NJW 57, 1652).

2. Inhalt der Einspruchsschrift. – a) Bezeichnung des ange- 2
fochtenen Urteils nach Datum u Aktenzeichen. – **b)** Die **Erklärung,** 3
Einspruch einzulegen. Die Formulierung entscheidet nicht, es muss nur
ersichtlich sein, welche Partei das Urt nicht gelten lassen und das Verfahren fortsetzen will (BGH NJW-RR 94, 1213), zB durch Antrag auf
Wiedereinsetzung gegen die Versäumung der Einspruchsfrist (BVerfG
NJW 93, 1635). Für unvollständige oder fehlerhafte Angaben gelten die
Ausführungen in § 519 Rn 13 und 15 (BGH NJW-RR 99, 938). Dabei sind für die Auslegung des Inhalts mündliche Quellen unbeachtlich
(BGH NJW-RR 94, 1213). Die Umdeutung (Einl III Rn 20) einer
verspäteten Klageerwiderung mit Abweisungsantrag in Unkenntnis
eines ergangenen VersU in einen Einspruch analog § 140 BGB (Braunschweig FamRZ 95, 237 mit Nachweisen auch für die Gegenmeinung)
ist trotz logischer Bedenken zumindest im Ergebnis vertretbar. – **c) Bei** 4
Teilanfechtung die Klarstellung ihres Umfangs. Der Einspruch kann
sich auf einen quantitativen oder qualitativen Teil des VersU oder auf
einzelne Streitgenossen auf der Gegenseite beschränken. Soweit kein
Einspruch eingelegt wurde, wird das Verfahren nicht gem § 342 zurückversetzt und das VersU mit Ablauf der Einspruchsfrist rechtskräftig
(Bamberg NJW-RR 95, 580). – **d) Begründung.** In der Einspruchs- 5
schrift oder in einem während der Einlegungsfrist eingehenden Schriftsatz ist eine Begründung zu geben, die nach der Regel in § 277 Abs 1
(dort Rn 5–8) die Angriffs- u Verteidigungsmittel (§ 146 Rn 2) einschließlich der Rügen gegen die Zulässigkeit der Klage (§ 282 Abs 3)
enthält. Gilt nicht für Einspruch gegen VollstrBescheid (§ 700 Abs 3
S 3). Es handelt sich wie in § 520 Abs 2 S 1 nicht um eine Notfrist
(Frankfurt NJW-RR 93, 1151), weil sie als solche bezeichnet ist
und weil ihre Versäumung nicht zur Unzulässigkeit des Einspruchs
(BGH NJW-RR 92, 957), sondern bei Verzögerung des Prozesses zur
Zurückweisung des Vorbringens führt (BGH 75, 138). Welches Vor-

bringen zur Begründung des Einspruchs nötig ist, richtet sich nach der Lage, in der sich der Prozess befindet. Ist das VersU gegen den Bekl bei Prozessbeginn ergangen, so tritt die Einspruchsbegründung praktisch an die Stelle der Klageerwiderung. Nürnberg NJW 81, 2266 meint deshalb, es gelte nicht die Zweiwochenfrist für die Einspruchsbegründung, sondern dem Bekl müsse die Mindestfrist zur Klageerwiderung von 4 Wochen gegeben werden (§ 276 Abs 1 S 1, 2), falls die eben genannten Fristen nicht wirksam gesetzt waren und VersU deshalb nicht hätte erlassen werden dürfen. Auf Antrag, der innerhalb der Einlegungsfrist des § 339 gestellt sein muss, kann der Vorsitzende die Frist für die Begründung unter den Voraussetzungen in Abs 3 S 2 verlängern; die Bestimmung entspricht dem § 520 Abs 2 S 2 u 3 (dort Rn 10–15). Auch die verlängerte Begründungsfrist ist keine Notfrist.

6   **3. Verstoß:** – **a)** Sind die Erfordernisse des **Abs 1, 2 S 1** nicht innerhalb der Einlegungsfrist des § 339 erfüllt, ist der Einspruch unzuläs-
7   sig. – **b)** Verstoß gegen **Abs 3 S 1, 2** macht den Einspruch nicht unzulässig. Sind die Rügen gegen die Zulässigkeit der Klage nicht innerhalb der gesetzlichen Einlegungsfrist des § 339 oder der vom Vorsitzenden verlängerten Begründungsfrist vorgebracht, gilt § 296 Abs 3, Abs 4 (dort Rn 39–44). Sind die sonstigen Angriffs- u Verteidigungsmittel nicht vorgebracht, gilt § 296 Abs 1, 4 (dort Rn 21–32, 42–44). Die, auch gesetzwidrige, Zulassung verspäteten Vorbringens ist unanfechtbar und für das Rechtsmittelgericht bindend (BGH NJW 81, 928). Gemäß
8   **Abs 3 S 4** ist auf die Folgen der Fristversäumung mit der Amtszustellung des VersU an die unterlegene Partei (§§ 317 Abs 1 S 1, 270 Abs 1) hinzuweisen. Für Förmlichkeiten und Inhalt des Hinweises gilt § 296 Rn 30, 31 (Karlsruhe Just 83, 409). Unterbleiben oder Fehlerhaftigkeit des Hinweises lässt die Einspruchsfrist unberührt, macht aber eine Zurückweisung verspäteten Vorbringens im Einspruchstermin unzulässig (Köln VersR 98, 1302).

9   **4. Verhältnis der Einspruchsbegründungs- zu einer versäumten Klageerwiderungsfrist.** Vorbringen zur Einspruchsbegründung darf nur dann zurückgewiesen werden, wenn seine Zulassung die Erledigung des Rechtsstreits verzögert. Das ist idR nur dann der Fall, wenn es nicht im Einspruchstermin erledigt werden kann. Dass dieser Termin selbst bereits den Prozess verzögert, ist eine ges Folge von VersU und Einspruch und hat bei der Beurteilung der Verzögerung durch Vorbringen zur Einspruchsbegründung außer Betracht zu bleiben. Daraus folgt, dass lediglich die frühere Versäumung einer Klageerwiderung, sogar das bewusste Fallenlassen von Vorbringen dazu zur Vermeidung einer Zurückweisung – Flucht in die Säumnis – nicht ausreichen, um nichtverzögerndes Vorbringen zur Einspruchsbegründung zurückzuweisen (BGH 76, 173). Rügen zur Zulässigkeit der Klage, für die es gemäß § 296 Abs 3 nicht auf Verzögerung ankommt, in der Einspruchsbegründung (Abs 3 S 1) dürfen nicht wegen früher versäumter Klageerwiderungsfrist zurückgewiesen werden. Die aA (München NJW-RR

95, 127) übersieht, dass der Bekl, solange er sich auf den Prozess überhaupt nicht einlässt, keine Frist einzuhalten hat und dass die gesetzte und versäumte Klageerwiderungsfrist durch seine totale Säumnis mit ihrer strengeren Sanktion des VersU überholt ist (ebenso Dresden NJW-RR 99, 214). Zur Terminsbestimmung § 341a Rn 2.

§ 340a Zustellung der Einspruchsschrift

[1]**Die Einspruchsschrift ist der Gegenpartei zuzustellen.** [2]**Dabei ist mitzuteilen, wann das Versäumnisurteil zugestellt und Einspruch eingelegt worden ist.** [3]**Die erforderliche Zahl von Abschriften soll die Partei mit der Einspruchsschrift einreichen.**

Die Zustellung (S 1) und die Mitteilung (S 2) haben informatorischen Charakter, für die Wirksamkeit der Einlegung des Einspruchs sind sie nicht Voraussetzung, ihr Fehlen ist nach § 295 heilbar. Zustellungsadressat ist der RA der Gegenpartei (§ 172 Abs 1), sonst die Partei selbst. Die Schrift ist, außer bei beschränkt eingelegtem Einspruch, allen Streitgenossen auf der Gegenseite, zu deren Gunsten das VersU erging, bzw allen Streitgenossen auf der eigenen Seite, zu deren Ungunsten es erging, ferner den Streitgehilfen zuzustellen. Ausführung vAw oder gem § 195. Fehlende Beglaubigung ist unschädlich.   **1**

§ 341 Einspruchsprüfung

(1) [1]**Das Gericht hat von Amts wegen zu prüfen, ob der Einspruch an sich statthaft und ob er in der gesetzlichen Form und Frist eingelegt ist.** [2]**Fehlt es an einem dieser Erfordernisse, so ist der Einspruch als unzulässig zu verwerfen.**

(2) **Das Urteil kann ohne mündliche Verhandlung ergehen.**

1. Die **Zulässigkeitsprüfung** geschieht vAw (12 vor § 253) u stets vor der sachlichen Prüfung. Beweislast wie Rn 14 vor § 511. Dabei prüft das Gericht in jeder Instanz folgende unverzichtbare **Zulässigkeitsvoraussetzungen** für den Einspruch: – **a)** Statthaftigkeit, § 338; – **b)** Rechtzeitigkeit, § 339; – **c)** Wahrung der Form, § 340 Abs 1, 2; – **d)** kein Verzicht auf den Einspruch, keine Rücknahme, § 346.   **1**

2. Entscheidung, dass der Einspruch zulässig ist. – **a)** Wenn im Termin **beide Parteien verhandeln,** entweder durch Zwischen-Urt (§ 303) oder in den Gründen des späteren End-(auch Vers-)Urt. – **b)** Ist der Gegner der Partei, die Einspruch eingelegt hat, säumig, so ist das VersU aufzuheben, neue Entscheidung (§ 343), ggf VersU gegen ihn zu erlassen und darin die Zulässigkeit des Einspruchs festzustellen. – **c)** Ist die Partei säumig, die ihn eingelegt hat, so ist nach § 345 zu verfahren.   **2**

3. Die **Entscheidung bei unzulässigem Einspruch** lautet auf Verwerfung. BerUrt vgl § 538 Abs 2 S 1 Nr 2. – **Stets durch Endurteil,** auch ohne mdl Vhdlg (Abs 2). Es ist in allen Fällen, also auch bei   **5**

Säumnis der Partei, die den Einspruch eingelegt hat, streitiges Urt (12 vor § 330; BGH NJW 95, 1561; aA StJGrunsky 21, BLAH 9). Jede Sachprüfung ist unzulässig. Kosten: § 97 Abs 1 entsprechend. Vorl Vollstreckbarkeit § 708 Nr 3. Entscheidung nach Aktenlage ist jederzeit zu-
6 lässig, weil mdl Vhdlg entbehrlich ist (RG 159, 361 für Berufung). – **Erneute Einlegung** des Einspruchs ist bei noch offener Frist zulässig. Er wird aber unzulässig, sobald eine frühere den Einspruch als unstatthaft verwerfende Entscheidung Rechtskraft erlangt (§ 322 Rn 3).

7   **4. Rechtsmittel. – a) Wenn der Einspruch für zulässig erklärt ist: – aa) Durch Zwischenurteil,** unanfechtbar. Nachprüfung im
8 Rechtsmittelverfahren gegen das EndUrt. – **bb) In den Gründen des Endurteils.** Rechtsmittel gegen dieses nach allgemeinen Regeln. Hält das Rechtsmittelgericht den Einspruch für unzulässig, so hebt es das
9 EndUrt auf u verwirft den Einspruch gegen das VersU. – **b) Wenn der Einspruch als unzulässig durch Urteil verworfen ist:** Rechtsmittel nach allgemeinen Regeln.

§ 341a Einspruchstermin

Wird der Einspruch nicht als unzulässig verworfen, so ist der Termin zur mündlichen Verhandlung über den Einspruch und die Hauptsache zu bestimmen und den Parteien bekanntzumachen.

1   **1. Kein Termin** wird bei Verwerfung des Einspruchs nach § 341 Abs 2 ohne mdl Vhdlg bestimmt. Ebenso, wenn die Einlegung des Einspruchs als Prozesshandlung unwirksam ist; es gilt sinngem § 253 Rn 19.

2   **2. Termin.** Sonst bestimmt der Vorsitzende (ER) unverzüglich (§ 216 Abs 2) Termin auf so früh wie möglich (§ 272 Abs 3), dh der nächste freie Termin, unter Einhaltung der Ladungsfrist (§ 217) gegenüber beiden Parteien (München VersR 74, 674). Der Termin muss nicht so weit hinausgeschoben werden, dass noch vorbereitende Anordnungen durchgeführt werden können, um bei verspätetem Vorbringen in der Einspruchsbegründung eine Verzögerung (§ 340 Rn 9) aufzufangen (BGH NJW 81, 286). Bekanntmachung des Termins u Zustellung der Einspruchsschrift auch an alle Streitgenossen u Streithelfer, für oder gegen die das VersU ergangen ist. Zeitliche Abfolge bei Rechtsmittel und Einspruch in Scheidungs- und Folgesachen § 629 Abs 2 S 2.

§ 342 Wirkung des zulässigen Einspruchs

Ist der Einspruch zulässig, so wird der Prozeß, soweit der Einspruch reicht, in die Lage zurückversetzt, in der er sich vor Eintritt der Versäumnis befand.

1   **Wirkung des zulässigen Einspruchs. – a) Hemmung der Rechtskraft** (§ 705 S 2). Die ZwVollstr aus dem VersU wird nicht gehindert, kann aber auf Antrag eingestellt werden (§ 719 Abs 1). –

b) Zurückversetzung des Prozesses in die Lage vor Eintritt der 2
Säumnis (5 vor § 330), falls es zur mdl Vhdlg in Anwesenheit beider
Parteien kommt (BGH NJW 99, 2599). Damit werden alle früheren
Prozesshandlungen der Parteien und des Ger, die infolge der Säumnis
bedeutungslos geworden waren (§ 332 Rn 1), wieder erheblich. Umgekehrt entfällt die Wirkung der Prozesshandlung, die die anwesende
Partei im Versäumnistermin vorgenommen hat, insbes die Einlassung
zur Hauptsache (§§ 39, 267), die im Antrag des Bekl auf Klageabweisung aus sachlichen Gründen lag (BGH 4, 339, StJGrunsky 2). – **c) Bei** 3
Teilanfechtung (§ 340 Abs 2 S 2) treten diese Wirkungen nur ein,
soweit der Säumige Einspruch eingelegt hat. IÜ wird das VersU mit Ablauf der Einspruchsfrist rechtskräftig. – **d) Das Versäumnisurteil** 4
selbst wird durch den Einspruch nicht beseitigt (§ 343).

§ 343 Entscheidung nach Einspruch

[1]**Insoweit die Entscheidung, die auf Grund der neuen Verhandlung zu erlassen ist, mit der in dem Versäumnisurteil enthaltenen Entscheidung übereinstimmt, ist auszusprechen, daß
diese Entscheidung aufrechtzuerhalten sei.** [2]**Insoweit diese
Voraussetzung nicht zutrifft, wird das Versäumnisurteil in dem
neuen Urteil aufgehoben.**

1. Anwendungsbereich. Die Bestimmung betrifft nur die Ent- 1
scheidung auf zulässigen Einspruch, wenn die Partei, die ihn eingelegt
hat, verhandelt. Ist sie säumig, gilt § 345. Ist der Einspruch unzulässig,
gilt § 341. Entschieden wird nicht über den Einspruch, sondern über
die Klage (in höherer Instanz über das Rechtsmittel) auf Grund der
neuen Vhdlg.

2. Die neue Entscheidung. Es kommt nicht darauf an, ob das 2
VersU zulässig war und prozessual ordnungsgemäß ergangen ist, sondern nur darauf, ob es inhaltlich richtig ist, ob das auf Grund der neuen
Vhdlg zu erlassende Endurteil zum selben Ergebnis kommt. – **a) So-** 3
weit die neue Entscheidung übereinstimmt mit der im VersU
enthaltenen, ist das VersU aufrecht zu erhalten, gegebenenfalls auch
durch VersU gegen die selbe Partei in einem späteren Termin (§ 345
Rn 2). Ist das VersU teilweise richtig, darf es insoweit nicht aufgehoben
und als EndUrt neu erlassen werden, weil der Rang einer Vollstreckungsmaßnahme verloren ginge (§§ 776, 775 Nr 1). Vielmehr ist
teilweise aufrechtzuerhalten, wenn nötig unter Neufassung der Formel
(ebenso Köln NJW 76, 113). – **b) Soweit die neue Entscheidung** 4
abweicht von der im VersU enthaltenen, ist das VersU aufzuheben
und anderweitig zu entscheiden, gegebenenfalls auch durch VersU gegen die andere Partei. – **c) Kosten.** Bei Rn 3 ist über die weiteren, bei 5
Rn 4 über die ganzen Kosten unter Berücksichtigung von § 344 zu
entscheiden. **Vorl Vollstreckbarkeit** bei Rn 3 nach § 709 S 2, bei
Rn 4 nach § 708 Nr 11 2. Alternative oder nach § 709 S 1 je nach der

6 Höhe der Kosten. – **d)** Ergeht auf Grund der neuen Vhdlg zunächst ein **Zwischenurteil** (§§ 280, 303, 304) oder **Verweisungsbeschluss,** so gilt § 343 nicht, vielmehr entscheidet erst das EndUrt über das Schicksal des VersU. Verweisen darf das Gericht nur, wenn der Einspruch zu-
7 lässig ist. – **e) Ohne Sachentscheidung** des Gerichts endet die weitere Vhdlg, wenn der Prozess unstreitig durch Erledigterklärung, Klagerücknahme oder Vergleich beendet wird. Dann ist in entsprechender Anwendung von § 269 Abs 3 S 1, Abs 4 durch Beschluss die Wirkungslosigkeit des VersU auszusprechen. Aufhebung oder Aufrechterhaltung des VersUrt kommen in diesen Fällen nur in Betracht, wenn das Gericht bei Streit der Parteien die Beendigung des Prozesses verneint (§ 91 a Rn 31–42; § 269 Rn 20; § 794 Rn 36) und in der Sache
8 entscheidet. – **f)** Ist in einer **Scheidungs- und Folgesache** teils Rechtsmittel, teils Einspruch eingelegt, gilt für die zeitliche Abfolge § 629 Abs 2 S 2.

§ 344 Versäumniskosten

Ist das Versäumnisurteil in gesetzlicher Weise ergangen, so sind die durch die Versäumnis veranlaßten Kosten, soweit sie nicht durch einen unbegründeten Widerspruch des Gegners entstanden sind, der säumigen Partei auch dann aufzuerlegen, wenn infolge des Einspruchs eine abändernde Entscheidung erlassen wird.

1 **1. § 344 gilt nicht – a)** wenn der Einspruch verworfen wird (§§ 341, 345); – **b)** wenn das VersU aufrechterhalten wird (§ 343 Rn 3), gleichviel ob es in gesetzlicher Weise ergangen war; – **c)** wenn ein nicht in gesetzlicher Weise ergangenes VersU aufgehoben wird. In den Fällen a) und b) bleibt es für die weiteren, im Falle c) für die ganzen Kosten bei
2 der Regel des § 91. – **d) Bei Vergleich** gilt nur die darin getroffene Kostenregelung (München Rpfleger 79, 345), sonst § 98.

3 **2. § 344 gilt,** wenn ein in gesetzlicher Weise ergangenes (Rn 5) VersU aufgehoben oder abgeändert und zugunsten des Säumigen entschieden wird. Aus den Kosten, die der unterlegene Gegner zu tragen hat, sind die **Kosten der Säumnis** (Habel NJW 97, 2357) einschl des Einspruchs **auszusondern** und der obsiegenden säumigen Partei aufzuerlegen. Formel etwa: „Der Beklagte trägt die Kosten seiner Säumnis, die übrigen Kosten trägt der Kläger" Ebenso, wenn nach Erledigung der Hauptsache nur noch über die Kosten zu entscheiden ist (§ 91 a), und bei Klagerücknahme (§ 269 Rn 15). Übersieht die neue Entscheidung die Aussonderung, so gilt das in § 281 Rn 17, 18 Gesagte sinnge-
4 mäß. – **Ausgenommen von der Aussonderung** sind die durch unbegründeten Widerspruch des Einspruchsgegners verursachten Kosten, zB wenn der Gegner die Zulässigkeit des Einspruchs bestreitet und deshalb darüber eine Beweisaufnahme nötig wird.

5 **3. In gesetzlicher Weise ergangen** ist das VersU, wenn bei Schluss der einseitigen Verhandlung sämtliche prozessualen (§§ 330, 331 Rn 1–3

bzw 1–4), gegen den Bekl außerdem die sachlichen Voraussetzungen (§ 331 Rn 5–8) erfüllt waren. Das ist für die Kostenentscheidung vAw nach rein objektivem Maßstab zu prüfen. Dass dem Gericht das Fehlen einer Voraussetzung unbekannt war, spielt keine Rolle.

§ 345 Zweites Versäumnisurteil

Einer Partei, die den Einspruch eingelegt hat, aber in der zur mündlichen Verhandlung bestimmten Sitzung oder in derjenigen Sitzung, auf welche die Verhandlung vertagt ist, nicht erscheint oder nicht zur Hauptsache verhandelt, steht gegen das Versäumnisurteil, durch das der Einspruch verworfen wird, ein weiterer Einspruch nicht zu.

1. Voraussetzungen für ein zweites VersU im technischen Sinne. – **a) Zulässiger Einspruch** (§ 341 Rn 1) gegen das erste, existent gewordene (11–13 vor § 300, Dresden OLG-NL 96, 143) VersU bzw VollstrBescheid (§ 700). Ist der Einspruch unzulässig, so ist er nach § 341 zu verwerfen (BGH NJW 95, 1561). – **b) Säumnis der Partei,** die den Einspruch eingelegt hat, im Einspruchstermin. Das ist der nach § 341 a bestimmte oder der, auf den vertagt wurde. Für den Begriff des Säumnis gelten die Ausführungen in Rn 1–9 vor § 330, es gilt also auch § 337 (BGH NJW 98, 3125). Verhandeln zur Hauptsache § 333 Rn 1, 2. Verhandeln über die Zulässigkeit des Einspruchs genügt nicht. Um ein technisch erstes VersU handelt es sich dagegen, wenn im Einspruchstermin die andere Partei (Einspruchsgegner) oder wenn in einem späteren Termin dieselbe Partei erneut säumig ist, nachdem inzwischen zur Hauptsache verhandelt worden ist; dass dabei die Anträge gestellt wurden, ist nicht erforderlich. Urteilsformel in diesem Fall nach § 343 Rn 2–6. – **c) Geht Vollstreckungsbescheid voraus,** muss, da eine richterliche Prüfung noch nicht stattgefunden hat, seine verfahrensmäßige Zulässigkeit (BGH 73, 87) und die Schlüssigkeit des Anspruchs festgestellt werden (§ 700 Abs 6). – **d) Falls Versäumnisurteil vorausgeht,** sind dessen Gesetzmäßigkeit sowie Zulässigkeit nicht mehr nachprüfbar, § 342 gilt nicht, weil § 345 als lex specialis vorgeht (BGH NJW 99, 2599, MüKo/Prütting 9–15, MuStadler 4, BLAH 6, Boemke ZZP 106, 371; aA BAG NJW 71, 1198, NJW 74, 1103, Orlich NJW 80, 1782, Braun JZ 99, 1157). Der Beklagte kann es nach BGH aaO (aA Braun aaO) nicht darauf ankommen lassen, sich auf eine unzulässige oder unschlüssige Klage nicht einzulassen; ein bedenkliches, nicht wünschenswertes Ergebnis. – **e) Im Falle der Klageerweiterung** nach Erlass des VersU kann ein zweites VersU nur bis zu dem durch das erste VersU zugesprochenen Teil der Klage, im Übrigen erstes VersU ergehen (Köln NJW-RR 88, 701).

2. Entscheidung. – a) Verwerfung des Einspruchs bei Vorliegen der Voraussetzungen Rn 1, 2 ist echtes VersU, gegen das aber kein Einspruch statthaft ist, sondern nur, falls dafür die übrigen Voraussetzungen vorliegen, Rechtsmittel mit den Beschränkungen gem §§ 514 Abs 2, 565. Weitere Kosten: § 97 Abs 1 entspr. Vorl Vollstrbkt und

7 Gebühren: § 330 Rn 4, 5. – **b) Aufhebung des Vollstreckungsbescheids,** falls eine der Feststellungen gemäß Rn 3 negativ ausfällt. Sog

8 unechtes VersU (12 vor § 330). Kosten § 91. – **c) Unkorrekte Entscheidung** Rn 6–10 vor § 511.

§ 346 Verzicht und Zurücknahme des Einspruchs

Für den Verzicht auf den Einspruch und seine Zurücknahme gelten die Vorschriften über den Verzicht auf die Berufung und über ihre Zurücknahme entsprechend.

1 Vgl die Rn zu §§ 515 und 516.

§ 347 Verfahren bei Widerklage und Zwischenstreit

(1) Die Vorschriften dieses Titels gelten für das Verfahren, das eine Widerklage oder die Bestimmung des Betrages eines dem Grunde nach bereits festgestellten Anspruchs zum Gegenstand hat, entsprechend.

(2) [1]War ein Termin lediglich zur Verhandlung über einen Zwischenstreit bestimmt, so beschränkt sich das Versäumnisverfahren und das Versäumnisurteil auf die Erledigung dieses Zwischenstreits. [2]Die Vorschriften dieses Titels gelten entsprechend.

1 **1. Abs 1** stellt die Widerklage auch im VersVerfahren der Klage gleich. Erhebung erst im Termin § 261 Abs 2. Säumnis im Betragsverfahren § 304 Rn 23, Säumnis nach Vorbehaltsurteil im Nachverfahren § 302 Rn 13, § 600 Abs 3.

2 **2. Abs 2** betrifft nicht Zwischenstreit mit Dritten (§ 303 Rn 1). Die entspr Anwendung der §§ 330 ff besteht darin, dass die Partei, die Versäumnis-Zwischenurteil beantragt, als Kläger, die Gegenpartei als Beklagter behandelt wird.

Titel 4. Verfahren vor dem Einzelrichter

Vorbemerkung

1 Die Zivilkammer entscheidet in 1. Instanz grundsätzlich durch eines ihrer Mitglieder. Als Kollegium entscheidet sie nur, wenn das zum ER berufene Mitglied Proberichter im 1. Jahr ist, wenn der Kammer durch den Geschäftsverteilungsplan ein besonderes Sachgebiet zugeteilt ist oder wenn der ER die Sache an die Kammer übertragen hat. Außerdem hat der Vorsitzende der KfH weitgehende Befugnisse ohne Zuziehung der Handelsrichter, der ER im Berufungsverfahren entscheidende (§ 526) oder vorbereitende (§ 527) Befugnisse. Ziel dieser Regelung ist eine Vereinfachung und Beschleunigung insbesondere des landgericht-

lichen Verfahrens 1. Instanz, eine Entlastung der Zivilkammer zugunsten einer intensiveren kollegialen Bearbeitung der besonders schwierigen oder bedeutenden Prozesse. Dabei regeln im Verfahren 1. Instanz §§ 348, 348a Einsatz und Bestellung des allein entscheidenden ER in der Zivilkammer, § 349 die Befugnisse des Vorsitzenden der KfH ohne Zuziehung der Handelsrichter, §§ 526, 527, 568 Bestellung und Befugnisse des ER in zweiter Instanz.

§ **348** Originärer Einzelrichter

(1) [1]**Die Zivilkammer entscheidet durch eines ihrer Mitglieder als Einzelrichter. [2]Dies gilt nicht, wenn**

1. **das Mitglied Richter auf Probe ist und noch nicht über einen Zeitraum von einem Jahr geschäftsverteilungsplanmäßig Rechtsprechungsaufgaben in bürgerlichen Rechtsstreitigkeiten wahrzunehmen hatte oder**

2. **die Zuständigkeit der Kammer nach dem Geschäftsverteilungsplan des Gerichtes wegen der Zuordnung des Rechtsstreits zu den nachfolgenden Sachgebieten begründet ist:**

   a) **Streitigkeiten über Ansprüche aus Veröffentlichungen durch Druckerzeugnisse, Bild- und Tonträger jeder Art, insbesondere in Presse, Rundfunk, Film und Fernsehen;**

   b) **Streitigkeiten aus Bank- und Finanzgeschäften;**

   c) **Streitigkeiten aus Bau- und Architektenverträgen sowie aus Ingenieurverträgen, soweit sie im Zusammenhang mit Bauleistungen stehen;**

   d) **Streitigkeiten aus der Berufstätigkeit der Rechtsanwälte, Patentanwälte, Notare, Steuerberater, Steuerbevollmächtigten, Wirtschaftsprüfer und vereidigten Buchprüfer;**

   e) **Streitigkeiten über Ansprüche aus Heilbehandlungen;**

   f) **Streitigkeiten aus Handelssachen im Sinne des § 95 des Gerichtsverfassungsgesetzes;**

   g) **Streitigkeiten über Ansprüche aus Fracht-, Speditions- und Lagergeschäften;**

   h) **Streitigkeiten aus Versicherungsvertragsverhältnissen;**

   i) **Streitigkeiten aus den Bereichen des Urheber- und Verlagsrechts;**

   j) **Streitigkeiten aus den Bereichen der Kommunikations- und Informationstechnologie;**

   k) **Streitigkeiten, die dem Landgericht ohne Rücksicht auf den Streitwert zugewiesen sind.**

(2) **Bei Zweifeln über das Vorliegen der Voraussetzungen des Absatzes 1 entscheidet die Kammer durch unanfechtbaren Beschluss.**

(3) [1]**Der Einzelrichter legt den Rechtsstreit der Zivilkammer zur Entscheidung über eine Übernahme vor, wenn**

1. die Sache besondere Schwierigkeiten tatsächlicher oder rechtlicher Art aufweist,
2. die Rechtssache grundsätzliche Bedeutung hat oder
3. die Parteien dies übereinstimmend beantragen.
[2] Die Kammer übernimmt den Rechtsstreit, wenn die Voraussetzungen nach Satz 1 Nummer 1 oder 2 vorliegen. [3] Sie entscheidet hierüber durch Beschluss. [4] Eine Zurückübertragung
auf den Einzelrichter ist ausgeschlossen.

(4) Auf eine erfolgte oder unterlassene Vorlage oder Übernahme kann ein Rechtsmittel nicht gestützt werden.

1   **1. Grundsatz, Abs 1 Satz 1.** In der 1. Instanz entscheidet die Zivilkammer durch eines ihrer Mitglieder, einschließlich des Vorsitzenden, als originären ER. § 348 gilt nicht für Vollstreckung einer von der
Kammer erlassenen einstw Vfg (Koblenz NJW-RR 02, 1724). Im Geschäftsverteilungsbeschluss der Kammer (§ 21 g GVG) muss abstrakt
bestimmt werden, welches Mitglied für welche eingehende Sache zuständig ist. Die neu eingegangene Klage ist von der GeschSt ohne
Umweg über den Vorsitzenden dem zuständigen Kammermitglied zuzuleiten, das sie bis zur Endentscheidung bearbeitet, sofern es nicht
nach Abs 3 verfährt.

2   **2. Ausnahmen:** Die Zivilkammer entscheidet abweichend von
Abs 1 als Kollegium, – **a)** wenn die neu eingegangene Klage ein Kammermitglied trifft, das zu der Zeit als **Richter auf Probe** durch den
Geschäftsverteilungsplan des Ger kürzer als 1 Jahr mit Zivilprozessen
betraut ist (Urlaubs- und Krankheitszeiten werden nicht abgezogen).
Nach dem Ende des einen Jahrs werden die Kammersachen des Probe-
richters automatisch ER-Sachen, es sei denn es liegt ein Fall von S 2
Nr 2 vor; ebenso wenn der Proberichter ausscheidet und durch einen
erfahrenen Richter ersetzt wird. Wird ein erfahrener Richter durch
einen Proberichter ersetzt, werden die vom ausgeschiedenen Richter
bearbeiteten Sachen automatisch Kammersachen; die Kammer kann
dann nach § 348a Abs 1 übertragen (HMS §§ 348, 348a Rn 20, 21).
3   Abs 1 S 2 Nr 1 gilt nicht bei § 568. – **b)** wenn der Rechtsstreit aus einem der in Abs 1 S 2 Nr 2 Buchst a–k genannten **Sachgebieten**
stammt und der Kammer dieses Sachgebiet durch den Geschäftsverteilungsplan des Ger als Zuständigkeit zugewiesen ist. Ob und in welchem
Umfang das Präsidium diese Sachgebiete einzelnen Kammern als Sonderzuständigkeit zuweist, liegt im pflichtgemäßen, durch Rechtsmittel
nicht nachprüfbaren Ermessen des Präsidiums. Dieses hat im Geschäftsverteilungsplan die Sachgebiete nach den Buchst a–i auch näher zu
bestimmen. Die Sachgebiete nach Buchst k ergeben sich aus dem Gesetz (§ 71 Abs 2 GVG u dort Rn 5). Bei **Zweifeln,** ob eine Sache aus
einer Sonderzuständigkeit oder einer allgemeine Zivilsache vorliegt,
entscheidet die Kammer als Kollegium durch unanfechtbaren Beschluss
4   (Abs 2). – **c)** wenn die Kammer nach **Vorlage** durch den originären
ER nach Abs 3 S 1 den Rechtsstreit durch Beschluss (Abs 3 S 3) gem

Abs 3 S 2 **übernommen** hat (im Einzelnen dazu Rn 8–12). – **d)** wenn 5
die Kammer nach Vorlage durch den obligatorischen ER (§ 348 a) den
Rechtsstreit durch Beschluss (§ 348 a Abs 2 S 3) übernommen hat (s dazu
§ 348 a Rn 12).

3. Stellung und Befugnisse des Einzelrichters. – a) §§ 348, 6
348 a betreffen den allein entscheidenden ER in der Zivilkammer der
1. Instanz. KfH § 349, Berufungsgericht §§ 526, 527, Arbeitsgericht
§ 55 ArbGG. In der RevInstanz gibt es keinen ER, § 555 Abs 2. – Vom
Eingang der Klage bis zur Beendigung der Instanz (Abs 1 S 1) bzw bis
zur Übernahme durch die Zivilkammer (Abs 3 S 2) ist der ER **Prozessgericht.** Er vereinigt die Funktionen des Kollegiums und des Vorsitzenden, die während der Dauer des Verfahrens vor dem ER von jeder Prozessleitung und Entscheidung ausgeschaltet sind. Die Befugnisse
des ER beruhen auf Gesetz und sind nicht beschränkbar, er ist der gesetzliche Richter iS des Art 101 Abs 1 S 2 GG. Entscheidungen durch
die Kammer, auch über ein Ablehnungsgesuch gegen einen Sachverständigen, begründen Rechtsmittel, auch wenn der ER an der Entscheidung des Kollegiums mitgewirkt hat (München MDR 83, 498);
über das Ablehnungsgesuch gegen den ER entscheidet das Kollegium.
Die Stellung des ER ist also eine andere als die des beauftragten Richters (§ 355 Rn 2). – **b) Entscheidung.** Ist dem ER eine Sache zuge- 7
wiesen, so hat er die volle Stellung des Prozessgerichts. Er muss also die
Sache, gleichgültig ob vermögensrechtlich oder nicht, bis zur Beendigung der Instanz führen und ggf die Endentscheidung erlassen. Auch
für danach noch nötig werdende Entscheidungen, zB Streitwertfestsetzung, über Kosten, Gebühren, Auslagen, Ergänzungsurteil, Einstellung
der ZwVollstr nach §§ 707, 719, Einwendungen gegen Erteilung der
VollstrKlausel, Beschlüsse im ZwVollstrVerfahren nach §§ 887, 888, 890
bleibt er zuständig (Koblenz MDR 78, 851, Hamm MDR 93, 384). Das
ist nicht auf Verfahren mit notwendiger mdl Vhdlg beschränkt, darunter
fallen auch andere, zB Arrest-, einstw Verfügungs-, PKH-Verfahren.

4. Übernahme durch die Kammer (Abs 3). Betrifft nur Fälle, in 8
denen nicht ohnehin die Zuständigkeit der Kammer nach Abs 1 S 2
Nr 1 (Rn 2) oder nach Abs 1 S 2 Nr 2 (Rn 3) gegeben ist. – **a) Zu-** 9
ständig ist die Kammer, nicht der Vorsitzende (Abs 3 S 2). Mängel
sind nicht heilbar durch Rügeverzicht, weil es um die vorschriftsmäßige
Besetzung des Ger und damit um den gesetzlichen Richter geht (BGH
NJW 93, 600). – **b) Verfahren.** Der ER hat den Rechtsstreit der 10
Kammer zur Entscheidung über eine Übernahme vorzulegen, wenn
entweder die Parteien dies übereinstimmend beantragen oder der ER
die Voraussetzungen von Abs 3 S 1 Nr 1 oder 2 für gegeben hält (dazu
Rn 11, 12). Die Kammer entscheidet dann bei freigestellter mdl Vhdlg
(§ 128 Abs 4) durch unanfechtbaren Beschluss, der keiner Begründung
bedarf. Die Kammer hat dabei kein Ermessen. Wenn die sachlichen
Voraussetzungen (Rn 11, 12) vorliegen, **muss** die Kammer den Rechtsstreit übernehmen. – **c) Sachliche Voraussetzungen,** Abs 3 S 1 11

Nr 1, 2: – **aa) Bei besonderen Schwierigkeiten** tatsächlicher oder
rechtlicher Art. Das Adjektiv „besondere" zeigt, dass sie erheblich über
dem durchschnittlichen Grad liegen müssen. Darunter kann zB fallen
ein in seinen wirtschaftlichen, technischen, wissenschaftlichen Zusammenhängen auffallend schwer überschaubarer und schwer verständlicher
Sachverhalt, insbes wenn voraussichtlich eine Beweisaufnahme nötig
wird, die zur Würdigung widersprüchlicher Aussagen oder Gutachten
führen kann wie etwa im Arzthaftungsprozess (Köln VersR 87, 164);
oder die Lösung ganz ausgefallener oder sehr komplizierter Rechtsfragen, zumal wenn sie in Rechtsprechung und Schrifttum noch wenig

12 erörtert sind. – Oder **bb) Bei grundsätzlicher Bedeutung der**
13 **Rechtssache.** Begriff § 511 Rn 20. – **d)** Nach Übernahme durch die
Kammer ist eine **Rückübertragung** des Prozesses auf den ER ausge-
14 schlossen (Abs 3 S 4). – **e) Rechtsmittel.** Sowohl die Entscheidung
des ER, den Rechtsstreit der Kammer zur Übernahme vorzulegen oder
davon abzusehen, als auch der Beschluss der Kammer, die Sache zu
übernehmen oder die Übernahme abzulehnen, sind unanfechtbar und
auch mit dem Rechtsmittel gegen die Endentscheidung nicht überprüfbar (Abs 4).

§ 348 a   Obligatorischer Einzelrichter

(1) **Ist eine originäre Einzelrichterzuständigkeit nach § 348**
Abs. 1 nicht begründet, überträgt die Zivilkammer die Sache
durch Beschluss einem ihrer Mitglieder als Einzelrichter zur
Entscheidung, wenn
1. **die Sache keine besonderen Schwierigkeiten tatsächlicher**
   oder rechtlicher Art aufweist,
2. **die Rechtssache keine grundsätzliche Bedeutung hat und**
3. **nicht bereits im Haupttermin vor der Zivilkammer zur**
   Hauptsache verhandelt worden ist, es sei denn, dass inzwi-
   schen ein Vorbehalts-, Teil- oder Zwischenurteil ergangen
   ist.

(2) [1]**Der Einzelrichter legt den Rechtsstreit der Zivilkammer**
zur Entscheidung über eine Übernahme vor, wenn
1. **sich aus einer wesentlichen Änderung der Prozesslage beson-**
   dere tatsächliche oder rechtliche Schwierigkeiten der Sache
   oder die grundsätzliche Bedeutung der Rechtssache ergeben
   oder
2. **die Parteien dies übereinstimmend beantragen.**
[2]**Die Kammer übernimmt den Rechtsstreit, wenn die Voraus-**
setzungen nach Satz 1 Nummer 1 vorliegen. [3]**Sie entscheidet**
hierüber nach Anhörung der Parteien durch Beschluss. [4]**Eine**
erneute Übertragung auf den Einzelrichter ist ausgeschlossen.

(3) **Auf eine erfolgte oder unterlassene Übertragung, Vorlage**
oder Übernahme kann ein Rechtsmittel nicht gestützt werden.

1. Geltungsbereich, Stellung des ER. § 348 a betrifft Rechtsstrei- **1**
tigkeiten, in denen eine Zuständigkeit des originären ER nach § 348
Abs 1 S 2 nicht gegeben ist (dort Rn 2 u 3). – Stellung und Befugnisse **2**
des obligatorischen ER sind dieselben wie die des originären ER,
s § 348 Rn 6 u 7.

2. Übertragung auf den Einzelrichter. – **a) Zuständig** ist die **3**
Zivilkammer, nicht der Vorsitzende. Wer von den Mitgliedern des
Kollegiums, den Vorsitzenden eingeschlossen, der zuständige ER ist,
bestimmt sich nach Geschäftsverteilungsbeschluss der Kammer (§ 21 g
Abs 3 GVG). Der ER selbst ist für den Übertragungsbeschluss unzuständig. Mängel sind nicht heilbar durch Rügeverzicht, weil es um die
vorschriftsmäßige Besetzung des Gerichts und damit um den gesetzlichen Richter geht (BGH NJW 93, 600).

b) Verfahren. Da die Parteien sich gem §§ 253 Abs 3, 277 Abs 1 **4**
S 2 zur Frage der Übertragung äußern können, ist zur Übertragung
durch Beschluss (Abs 1) weder eine mdl Vhdlg noch eine weitere Anhörung der Parteien erforderlich (Abs 3). Ebenso wenig ist ein Recht
der Parteien auf Übertragung vorgesehen; sie geschieht im Interesse der
Rechtspflege.

c) Die Entscheidung, dass der Rechtsstreit einem ER übertragen **5**
wird, darf erst nach Eingang der Äußerung des Bekl gem § 277 Abs 1
S 2 ergehen (Karlsruhe VersR 86, 662). Der Beschluss der Zivilkammer bedarf keiner Begründung. Abgesehen von den Ausnahmen in
Rn 7–11 ist die Sache dem ER zu übertragen. – **Bei Zurückverwei- 6
sung** hebt das BerGer ein Urteil des zulässig bestellten ER auf und
verweist an das LG, wieder Kammer noch ER (aA Köln NJW 76, 1101:
an ER; Karlsruhe Just 79, 15: Rückverweisung an die Kammer, sie
kann erneut übertragen; hier aA Schleswig SchlHA 82, 198: fraglich ob
Kammer übertragen kann).

d) Die **Übertragung** ist **ausgeschlossen** in den Fällen des Abs 1 **7**
Nr 1, 2, 3, Abs 2 S 4. – **aa) Bei besonderen Schwierigkeiten** tatsächlicher oder rechtlicher Art. Das Adjektiv „besondere" zeigt, dass sie
erheblich über dem durchschnittlichen Grad liegen müssen. Darunter
kann zB fallen ein in seinen wirtschaftlichen, technischen, wissenschaftlichen Zusammenhängen auffallend schwer überschaubarer und schwer
verständlicher Sachverhalt, insbes wenn voraussichtlich eine Beweisaufnahme nötig wird, die zur Würdigung widersprüchlicher Aussagen oder
Gutachten führen kann wie etwa im Arzthaftungsprozess (Köln VersR
87, 164); oder die Lösung ganz ausgefallener oder sehr komplizierter
Rechtsfragen, zumal wenn sie in Rechtsprechung und Schrifttum noch
wenig erörtert sind. – **bb) Bei grundsätzlicher Bedeutung der** **8**
Rechtssache. Begriff § 511 Rn 20. – **cc) Nach dem Haupttermin** **9**
(§§ 272 Abs 1, 278) vor der Kammer, in dem zur Hauptsache verhandelt wurde (§ 39 Rn 5–7), was bei Säumnis einer Partei nicht der Fall
war. Im frühen ersten Termin ist die Übertragung zulässig, aber nicht
mit Beweisbeschluss der Kammer; aA München NJW 86, 1001, aber

das war dann eben doch Haupttermin (Brandenburg NJW-RR 00, 1338). Haben die Parteien im frühen ersten Termin ohne Verhandlung zur Hauptsache einen dann widerrufenen Vergleich geschlossen und sich gleichzeitig bereit erklärt, einen modifizierten Vergleich zu schließen, bleibt in dem daraufhin anberaumten Termin die Übertragung zulässig (Düsseldorf NJW-RR 96, 638). Außerdem, wenn durch Vorbehalts-, Teil- oder Zwischenurteil eine teilweise oder eine Vorentscheidung bereits gefallen und der Prozess dadurch in eine neue Phase getreten ist. Nach solchen Urteilen kann an den ER bis zum nächsten Haupttermin vor der Kammer übertragen werden. Übertragung entgegen Abs 3 ist ein Verfahrensfehler, der, weil es sich um das ges Richter handelt (Brandenburg NJW-RR 00, 1338) nicht gemäß § 295 heilt (Köln
10   VersR 95, 435) und wegen Abs 3 nicht überprüfbar ist. – **dd) Nach Rückübertragung** des Prozesses durch den ER auf die Zivilkammer
11   (Abs 2 S 4). – **ee) Erst im Zwangsvollstreckungsverfahren** nach §§ 887 ff, wenn im Erkenntnisverfahren die Kammer entschieden hat, weil sie dann das Prozessgericht ist (München MDR 83, 499).

12   **3. Übernahme durch die Kammer (Abs 2).** Es gelten hier die Rn 9–13 zu § 348 entsprechend mit der Abweichung, dass sich die sachlichen Voraussetzungen für die Vorlage und Übernahme (§ 348 Rn 11, 12) durch eine wesentliche Änderung der Prozesslage ergeben müssen, zB durch Klageänderung oder Erhebung einer Widerklage. Vor dem Übernahmebeschluss ist den Parteien rechtliches Gehör zu gewähren (Abs 2 S 3).

13   **4. Rechtsmittel.** Sowohl die Entscheidung der Kammer, eine Sache dem obligatorischen ER zu übertragen oder davon abzusehen, als auch die weiteren Entscheidungen von ER und Kammer über Vorlage und Übernahme der Sache sind nicht anfechtbar und auch mit dem Rechtsmittel gegen die Endentscheidung nicht überprüfbar (Abs 3).

§ 349 Vorsitzender der Kammer für Handelssachen

(1) [1] **In der Kammer für Handelssachen hat der Vorsitzende die Sache so weit zu fördern, daß sie in einer mündlichen Verhandlung vor der Kammer erledigt werden kann.** [2] **Beweise darf er nur insoweit erheben, als anzunehmen ist, daß es für die Beweiserhebung auf die besondere Sachkunde der ehrenamtlichen Richter nicht ankommt und die Kammer das Beweisergebnis auch ohne unmittelbaren Eindruck von dem Verlauf der Beweisaufnahme sachgemäß zu würdigen vermag.**

(2) **Der Vorsitzende entscheidet**
1. **über die Verweisung des Rechtsstreits;**
2. **über Rügen, die die Zulässigkeit der Klage betreffen, soweit über sie abgesondert verhandelt wird;**
3. **über die Aussetzung des Verfahrens;**
4. **bei Zurücknahme der Klage, Verzicht auf den geltend gemachten Anspruch oder Anerkenntnis des Anspruchs;**

5. bei Säumnis einer Partei oder beider Parteien;
6. über die Kosten des Rechtsstreits nach § 91 a;
7. im Verfahren über die Bewilligung der Prozeßkostenhilfe;
8. in Wechsel- und Scheckprozessen;
9. über die Art einer angeordneten Sicherheitsleistung;
10. über die einstweilige Einstellung der Zwangsvollstreckung;
11. über den Wert des Streitgegenstandes;
12. über Kosten, Gebühren und Auslagen.

(3) **Im Einverständnis der Parteien kann der Vorsitzende auch im übrigen an Stelle der Kammer entscheiden.**

(4) **Die §§ 348 und 348 a sind nicht anzuwenden.**

1. Geltungsbereich, Stellung des Vorsitzenden. § 349 überträgt   1
dem Vorsitzenden der KfH Befugnisse zur Tätigkeit ohne Zuziehung
der Handelsrichter. Er bezeichnet ihn dabei zur Vermeidung von Ver-
wechslungen mit dem ER in der Zivilkammer nicht als ER. Gilt nach
der systematischen Stellung im 2. Buch für das Verfahren der KfH in
erster Instanz, §§ 348, 348 a sind daneben nicht anwendbar (Abs 4). Für
die KfH als Berufungsgericht (§ 100 GVG) gelten §§ 526, 527. Soweit
der Vorsitzende befugt tätig wird, entspricht seine prozessuale Stellung
ganz derjenigen des ER, es gelten die Ausführungen in § 348 Rn 6, 7.
Ob der Vorsitzende den ersten Termin vor der vollbesetzten Kammer
oder vor sich allein bestimmt, ist seinem Ermessen überlassen.

2. Einer **Übertragung** der Sache auf den Vorsitzenden wie in   2
§ 348 a bedarf es nur, wenn sie auf Grund mdl Vhdlg durch das Kollegium beschlossen werden soll. In allen anderen Fällen wird der Vorsitzende tätig, auch ohne dass er sich die Sache förmlich zuweist.

3. Die Befugnisse des Vorsitzenden liegen in der Vorbereitung   3
(Abs 1), im Erlass gewisser Entscheidungen (Abs 2) und im Erlass der
Endentscheidung bei Einverständnis (Abs 3).

a) Vorbereitende Tätigkeit. Der Vorsitzende hat den Prozess so   4
zu fördern (Abs 1 S 2), dass das Kollegium nach zusammenfassen-
den Verhandlung entscheiden kann. Das Verfahren vor dem Vorsitzenden ist Teil des einheitlichen Verfahrens in der Instanz und unterscheidet sich von dem vor dem Kollegium nur durch die andere Besetzung
der Richterbank. Insbesondere hat der Vorsitzende eine Güteverhandlung nach § 278 durchzuführen und alle prozessleitenden Anordnungen
zu erlassen. Außerdem darf er Beweiserhebung anordnen und mit den
beiden aus Abs 1 S 2 ersichtlichen Einschränkungen Beweise allein erheben. Seine persönlichen Eindrücke dabei darf die Kammer bei der
Beweiswürdigung nur verwerten, wenn sie im Protokoll niedergelegt
sind (§ 285 Rn 2). § 285 Abs 2 gilt. Er ist auch zu allen im Rahmen
der Beweiserhebung liegenden Entscheidungen befugt, zB §§ 360, 366,
387, 391. Über den Antrag auf wiederholte Vernehmung vor dem
Kollegium entscheidet dieses nach Ermessen (BGH NJW 64, 108). Für
die zwingende Beschränkung in der Beweiserhebung durch den Vorsit-

zenden allein ist maßgebender Zeitpunkt der ihrer Anordnung. Die
Beschränkung dient einer weitgehenden Durchsetzung des Unmittel-
barkeitsgrundsatzes in § 355. Für die Folgen eines Verstoßes, also bei
Beweiserhebung durch den Vorsitzenden allein ohne die Vorausset-
zungen in Abs 1 S 2, gelten sinngemäß die Ausführungen in § 355
Rn 5, 6. Ist die Sache zur Schlussverhandlung reif, so bestimmt der
Vorsitzende Termin hierzu vor der vollbesetzten KfH.

5   **b) Beschränkte Entscheidungsbefugnisse.** Abs 2 überträgt im
Interesse einer zügigen Abwicklung des Prozesses dem Vorsitzenden
allein die Befugnis zum Erlass der dort genannten weniger weitreichenden Entscheidungen, ohne dass es dazu des Einverständnisses der Parteien
en bedarf. Keine ausschließliche Zuständigkeitsregelung im Verhältnis
Kammer-Vorsitzender. Alle dort genannten Entscheidungen kann, falls
sie auf Grund mdl Vhdlg vor ihr ergehen, muss (§§ 329 Abs 2, 309) die
vollbesetzte Kammer treffen. Abs 2 trifft auch keine abschließende Regelung, er kann also auf vergleichbare Fälle entsprechend angewendet
werden (Bergerfurth NJW 75, 331/334), zB Entscheidung eines Zwischenstreits einer Partei mit einem Dritten (§ 303 Rn 1), Urteile nach
§§ 75, 76. Neben Abs 2 gelten andere Bestimmungen, die dem Vorsitzenden allein bestimmte Befugnisse übertragen, wie § 94.

6   **Nr 1** betrifft alle Verweisungen innerhalb der ordentlichen Gerichtsbarkeit und in andere Rechtswege; § 281 Rn 1–6 und § 97 GVG.

7   **Nr 2** betrifft alle Prozessvoraussetzungen, soweit über sie abgesondert
verhandelt wurde (§ 280 Rn 1). Die Entscheidung kann Zwischenurteil, Endurteil auf Prozessabweisung oder Verweisung sein. Entsprechend anwendbar auf die Entscheidung jeden Zwischenstreits zwischen
den Parteien oder mit Dritten (§ 303 Rn 1) und auf Urteile nach
§§ 75–77.

8   **Nr 3** betrifft alle Fälle, in denen das Verfahren nach Vorschriften außerhalb (§ 148 Rn 1) oder in der ZPO auszusetzen oder sein Ruhen
anzuordnen ist (§§ 65, 148 ff, 239 ff, 251, 251 a), ausgenommen diejenigen Fälle, in denen das Gericht die Aussetzung zur Herbeiführung einer
anderweitigen Entscheidung zu beschließen hat (zB Art 100 Abs 1
GG), weil die Beschlussfassung darüber, ob eine solche anderweitige
Entscheidung herbeizuführen ist, der KfH als Prozessgericht obliegt.
Der Vorsitzende kann auch Entscheidungen treffen, die etwa über die
Ordnungsmäßigkeit der Aufnahme eines ausgesetzten oder unterbrochenen Verfahrens nötig werden.

9   **Nr 4** betrifft die Beschlüsse nach Klagerücknahme, § 269 Abs 4; entsprechend nach Rücknahme des Einspruchs oder Verzicht auf ihn,
§ 346; ferner alle in Frage kommenden Entscheidungen (§ 307 Rn 10)
bei Verzicht und Anerkenntnis, §§ 306, 307.

10   **Nr 5** betrifft bei einseitiger Säumnis echte und sog unechte Versäumnisurteile (11, 12 vor § 330; ebenso StJSchumann 21), Entscheidung nach Lage der Akten (§ 331 a), Beschluss nach § 335; ferner Entscheidungen über die Zulässigkeit des Einspruchs (§§ 303, 341, 345)
und über die Wiedereinsetzung gegen die Versäumung der Einspruchs-

frist (§§ 233, 238 Abs 2). Bei zweiseitiger Säumnis Entscheidung nach Lage der Akten oder Ruhen des Verfahrens (§ 251 a).

Nr 6 betrifft die abschließende Kostenentscheidung nach überein- 11 stimmender Erledigterklärung (§ 91 a).

Nr 7 betrifft alle Entscheidungen im PKH-Verfahren (§§ 114 ff). 12

Nr 8 betrifft Wechsel- und Scheckprozesse (§§ 602, 605 a), weil es 13 bei ihnen auf die Sachkunde der Beisitzer nicht ankommt. Der Vorsitzende kann jede in Frage kommende Entscheidung (§ 597 Rn 1–4) treffen. Gilt nicht für andere Urkundenprozesse. Seine Entscheidungsbefugnis erstreckt sich nicht auf das Nachverfahren (§ 600; ebenso Bergerfurth NJW 75, 331/334) bzw das Urt nach Abstandnahme vom UrkProz (§ 596).

Nr 9 betrifft nach Anordnung einer Sicherheitsleistung durch die 14 Kammer die Bestimmung ihrer Art nach § 108.

Nr 10 betrifft die Entscheidung über Anträge auf Einstellung der 15 ZwVollstr, soweit sie der KfH als Prozessgericht obliegen, zB §§ 707, 719, 769.

Nr 11 betrifft Streitwertbeschlüsse. 16

Nr 12 meint alle erstinstanzlichen Entscheidungen, die Kosten, Ge- 17 bühren und Auslagen betreffen, soweit sie in die Zuständigkeit des Richters fallen.

c) Unbeschränkte Entscheidungsbefugnis in Prozessen jeder Art 18 hat der Vorsitzende der KfH bei Einverständnis der Parteien. Für die Einverständniserklärung und ihren Widerruf (BGH 105, 270) gilt das in § 128 Rn 24–27, 29 Gesagte. Das Einverständnis erstreckt sich inhaltlich und zeitlich auf die Endentscheidung (Köln WM 72, 1371) und auf diejenigen Entscheidungen, die danach noch erforderlich werden (§ 348 Rn 7). Erstreckung auf nachträgliche Erweiterung des Streitgegenstandes ist Auslegungsfrage (Nürnberg MDR 78, 323). Es kann auch für Verfahren ohne notwendige mdl Vhdlg erteilt werden. In keinem Falle muss der Vorsitzende bei Einverständnis allein entscheiden. Keines Einverständnisses bedarf es iF des § 944.

§ 350 Rechtsmittel

Für die Anfechtung der Entscheidungen des Einzelrichters (§§ 348, 348 a) und des Vorsitzenden der Kammer für Handelssachen (§ 349) gelten dieselben Vorschriften wie für die Anfechtung entsprechender Entscheidungen der Kammer.

Anfechtbarkeit. Entsprechend der Stellung des ER der Zivilkam- 1 mer (§ 348 Rn 6, 7, § 348 a Rn 2) und des Vorsitzenden der KfH (§ 349 Rn 1) sind ihre Entscheidungen die des ProzGer und wie solche anfechtbar. Eine Anrufung des Kollegiums gegen sie gibt es nicht. Die Zivilkammer nach Übernahme (§ 348 Abs 3, § 348 a Abs 2) bzw die KfH kann sie allerdings abändern, soweit der ER selbst das dürfte; im Rahmen des § 318 sind sie bindend. Überschreitung seiner Befugnisse macht die Entscheidung nicht nichtig, kann aber Grundlage der Anfechtung sein (§§ 538, 547 Nr 1). Der Mangel ist heilbar, soweit es nicht um die Frage des gesetzlichen Richters geht (Düsseldorf NJW 76, 114).

§§ 351– 354 (weggefallen)

Titel 5. Allgemeine Vorschriften über die Beweisaufnahme

Vorbemerkung

1   **Begriff und Ziel,** Allgemeines über die Erhebung des Beweises Rn 3 vor § 284; Beweisantrag Rn 2 vor § 284, § 284 Rn 2; Beweisarten Rn 4–6 vor § 284; Beweisrichtung Rn 7–11 vor § 284; Beweismittel Rn 12 vor § 284; Beweisgegenstand Rn 13–16 vor § 284; Beweislast Rn 17–40 vor § 284; Parteivereinbarungen Rn 41 vor § 284; Umfang der Beweisaufnahme und Ablehnung von Beweisangeboten § 284 Rn 2–9; Beweiswürdigung §§ 286, 287. Der fünfte Titel gibt für alle Beweismittel der ZPO die Verfahrensvorschriften über Anordnung und Erhebung der Beweise. Haager Übereinkommen über die Beweisaufnahme im Ausland in Zivil- u Handelssachen § 363 Rn 3.

§ 355 Unmittelbarkeit der Beweisaufnahme

(1) [1]Die Beweisaufnahme erfolgt vor dem Prozeßgericht. [2]Sie ist nur in den durch dieses Gesetz bestimmten Fällen einem Mitglied des Prozeßgerichts oder einem anderen Gericht zu übertragen.

(2) Eine Anfechtung des Beschlusses, durch den die eine oder die andere Art der Beweisaufnahme angeordnet wird, findet nicht statt.

1   **1. Unmittelbarkeitsgrundsatz.** Die erkennenden Richter selbst haben die Beweisaufnahme durchzuführen. ProzGer ist auch der ER und der Vorsitzende der KfH in den Fällen der §§ 348, 348a, 349 (für Berufung §§ 526, 527). Die Frage, ob Urkunden- oder Zeugenbeweis zu erheben ist (§ 286 Rn 10), betrifft nicht den Unmittelbarkeitsgrundsatz. **Im arbeitsgerichtlichen Verfahren** Sonderbestimmungen in §§ 13, 58, 64 Abs 7 ArbGG.

2   **2. Ausnahmen vom Unmittelbarkeitsgrundsatz. – a) Beauftragter Richter.** Übertragung an ein Mitglied des erkennenden Kollegiums ist nur zulässig, wenn im Einzelfall die Voraussetzungen der §§ 372 Abs 2, 375, 402, 434, 451 vorliegen. Sonst ist die Übertragung der Beweiserhebung auf ein Mitglied des Kollegiums gesetzwidrig, ihr Ergebnis unverwertbar (BGH NJW 00, 2024). Dem Vorsitzenden und Berichterstatter gemeinsam darf die Beweisaufnahme nicht übertragen

3   werden (BGH 32, 233). – **b) Ersuchter Richter.** Die Übertragung an ein anderes Amtsgericht (§§ 156 ff GVG) ist nur in den in Rn 2 genann-

4   ten Fällen zulässig. – **c) Im Ausland wohnende Zeugen** sind idR zulässigerweise (§ 363) im Ausland zu vernehmen (Leipold ZZP 105, 507).

3. Verletzung. – a) Verfahrensfehler. So, wenn ein Sachverstän- 5
diger ohne gerichtliche Ermächtigung Zeugen oder eine Partei ver-
nimmt (§ 404 a Rn 6). Verwertbarkeit von Beweisaufnahmen, die nicht
das erkennende Gericht in derselben Besetzung vorgenommen hat,
§ 285 Rn 2. – **b) Heilung** gemäß § 295 Abs 1 ist im Einzelfall mög- 6
lich (BGH 40, 179, 86, 104), falls die Parteien gewusst haben, dass das
Gericht die fehlerhaft gewonnenen Beweisergebnisse in seiner Entscheidung verwertet (BGH NJW-RR 97, 506). Ob bei systematischer
Umgehung des Abs 1 Heilung durch Rügeverzicht oder durch ausdrücklich erklärtes Einverständnis möglich ist, ist streitig: Verneinend
Werner und Pastor NJW 75, 329, Schneider Büro 75, 442, Düsseldorf
NJW 76, 1103, Köln NJW-RR 98, 1143; einschränkend Dinslage
NJW 76, 1509, Frankfurt NJW 77, 301, Düsseldorf NJW 77, 813,
Rasehorn NJW 77, 789; bejahend Köln JMBlNRW 78, 67, KG VersR
80, 653. – **c) Nicht selbständig anfechtbar** ist die Anordnung der 7
Beweisaufnahme in der einen oder anderen Art und deshalb als solche
auch von den Rechtsmittelinstanzen nicht nachprüfbar (§§ 512, 557
Abs 2). Mit der Anfechtung des Urteils kann aber als Verfahrensverstoß,
falls nicht nach § 295 Abs 1 geheilt, gerügt werden, dass die Voraussetzungen für die Übertragung der Beweisaufnahme (Rn 2, 3) im Einzelfall nicht vorlagen und dass das Urt auf der Verwertung der Beweisergebnisse beruht (BGH 40, 179). Unter der letztgenannten Voraussetzung kann die regelmäßige Durchführung der Beweisaufnahme durch
ein beauftragtes Mitglied der Zivilkammer (Rn 6) zur Aufhebung des
landgerichtlichen Urt und Zurückverweisung führen (Düsseldorf NJW
76, 1103), und zwar an die Zivilkammer (Dinslage NJW 76, 1509), die
dann entweder die Beweise selbst erheben oder die Sache an den allein
entscheidenden ER nach § 348 a Abs 1 zuweisen kann. Köln NJW 77,
249 sieht in der Beauftragung eines Mitglieds des Kollegiums zwar
einen wesentlichen Verfahrensfehler, der aber wegen Abs 2 nur dann
zur Aufhebung des Urt und Zurückverweisung führe, wenn im Einzelfall das Erstgericht in ganz unvertretbarer Weise vorgegangen sei;
ähnlich Düsseldorf NJW 77, 813. Das ist eine praktisch kaum brauchbare Abgrenzung, weil die Kriterien zu wenig konkretisierbar sind.

§ 356 Beibringungsfrist

**Steht der Aufnahme des Beweises ein Hindernis von unge-
wisser Dauer entgegen, so ist durch Beschluss eine Frist zu
bestimmen, nach deren fruchtlosem Ablauf das Beweismittel
nur benutzt werden kann, wenn nach der freien Überzeugung
des Gerichts dadurch das Verfahren nicht verzögert wird.**

1. Voraussetzungen für die Fristsetzung. – a) Das Beweismittel 1
muss **rechtzeitig vorgebracht** worden sein; wenn nicht: § 296. – **b)** Es 2
darf sich **nicht** um **Urkunden** in Händen eines Dritten (§§ 142, 431)
oder um die **Person des Sachverständigen** (freie Auswahl durch das
Gericht) handeln. – **c)** Der Beweisaufnahme muss ein **Hindernis** von 3

ungewisser Dauer entgegenstehen, gleichgültig aus welchem Grund. Beispiel: Fehlende Namens- oder Adressenangabe für einen Zeugen (BGH NJW 98, 2369); der Beweisführer (Karlsruhe OLGZ 90, 241) oder ein Dritter (Nürnberg MDR 83, 942) lehnt die erforderliche Mitwirkung ab. Unterbliebene Vorschusszahlung fällt nur unter § 379 Abs 2 (MükoMusielak 7; in der Tendenz ebenso BGH NJW 98, 761).

4 **2. Fristsetzung und Folgen. – a) Pflicht des Gerichts.** Bei Vorliegen der Voraussetzungen muss (keine Ermessensfrage, BGH NJW 74, 188) das Ger eine Frist (§§ 224, 225) bestimmen, auch vAw, ohne mdl Vhdlg (§ 128 Abs 4). Die Fristsetzung bedarf förmlicher Zustellung (BGH NJW 89, 227), auf die Ausschlussfolge iF der Versäumung ist hinzuweisen (Braunschweig NJW-RR 92, 124). Gilt auch für Bestimmung eines Termins zur ärztlichen Untersuchung der beweisführenden Partei durch Sachverständigen, der sich die Partei entzogen hatte (BGH NJW 72, 1133), und für Fristsetzung, wenn die beweisführende Partei ihr Einverständnis mit der Verwertung einer Röntgenaufnahme widerrufen hat (BGH NJW 81, 1319). Die Norm ist verfassungskonform

5 (BVerfG NJW 85, 3005). **– b) Versäumung.** Die Partei ist ohne Rücksicht auf Verschulden oder nicht (BVerfG NJW 00, 945) mit dem Beweismittel nach fruchtlosem Fristablauf kraft Gesetzes ausgeschlossen (§§ 230, 231), außer wenn durch seine Benutzung nach der freien Überzeugung des Gerichts keine Verzögerung (§ 296 Rn 12–20) eintritt, zB der Zeuge wird sofort gestellt. Der Ausschluss beschränkt sich auf die Instanz (Karlsruhe NJW-RR 94, 512). § 296 ist nicht anwend-

6 bar (BVerfG NJW 00, 945). **– c) Rechtsmittel** gegen Fristsetzung: Keines; gegen ihre Ablehnung: sofortige Beschwerde § 567 Abs 1, weil es sich weder um Anordnung noch um Ablehnung einer Beweiserhebung noch um Änderung eines Beweisbeschlusses handelt (aA Celle NJW-RR 00, 1166). Ablehnung des Beweisangebots oder Zurückweisung als verspätet mangels ladungsfähiger Anschrift ohne vorherige Fristsetzung ist Verfahrensfehler (BGH NJW 93, 1926, Köln NJW-RR 98, 1143); ebenso die Setzung einer unangemessen kurzen Frist (Nürnberg MDR 83, 942). Verfassungsbeschwerde wegen Verletzung des Rechts auf rechtliches Gehör, wenn das Gericht weder ein Hindernis von ungewisser Dauer noch Verzögerung wegen Nichteinhaltung der Frist feststellt (BVerfG NJW 84, 1026, NJW-RR 94, 700).

§ 357 Parteiöffentlichkeit

(1) Den Parteien ist gestattet, der Beweisaufnahme beizuwohnen.

(2) [1]Wird die Beweisaufnahme einem Mitglied des Prozeßgerichts oder einem anderen Gericht übertragen, so ist die Terminsbestimmung den Parteien ohne besondere Form mitzuteilen, sofern nicht das Gericht die Zustellung anordnet. [2]Bei Übersendung durch die Post gilt die Mitteilung, wenn die Wohnung der Partei im Bereich des Ortsbestellverkehrs liegt,

an dem folgenden, im übrigen an dem zweiten Werktage nach der Aufgabe zur Post als bewirkt, sofern nicht die Partei glaubhaft macht, daß ihr die Mitteilung nicht oder erst in einem späteren Zeitpunkt zugegangen ist.

1. Beweistermin. – a) Parteiöffentlichkeit. Die Parteien sind zur 1 Anwesenheit bei der Beweiserhebung berechtigt, ausgenommen sitzungspolizeiliche Entfernung (§ 177 GVG). Sie sind deshalb rechtzeitig zu benachrichtigen, bei erheblichem Grund ist der Termin zu verlegen, § 227. Dies gilt auch für Termine eines Sachverständigen zur Besichtigung eines Gegenstands oder zur Einsichtnahme in Unterlagen zwecks Vorbereitung seines Gutachtens, zur Wahrung rechtlichen Gehörs auch, wenn es um Geschäftsgeheimnisse geht (BGH 116, 47, Köln NJW-RR 96, 1277; § 286 Rn 6). Verhinderung des Zutritts zu ihren Räumen durch eine Partei kann in sorgfältiger Abwägung der hierfür angegebenen Gründe gegenüber dem Grundrecht in Art 13 GG als Beweisvereitelung gewertet werden (München NJW 84, 807, Jankowski NJW 97, 3347). Bei der Untersuchung einer Person durch einen ärztlichen Sachverständigen hat die Parteiöffentlichkeit hinter den Schutz der Menschenwürde zurückzutreten (München NJW-RR 91, 896). Dritte, auch Zeugen (StJBerger § 375 Rn 9) dürfen kraft ihres Hausrechts den Zutritt zu ihren Räumen verwehren. Die Beweisaufnahme kann dann nicht stattfinden. Vgl auch § 357 Rn 1. – **b) Zu benachrichtigen** 2 von dem Termin sind die Prozessbevollmächtigten, § 176. Bei Beweiserhebung vor dem Richterkommissar formlos. Verzicht auf Benachrichtigung ist regelmäßig Verzicht auf Anwesenheit.

2. Verstoß gegen § 357 begründet Recht der Partei auf Wiederho- 3 lung der Beweisaufnahme und Rechtsmittel gegen das Urteil, falls es auf Verwertung der Beweise beruht (BGH VersR 84, 946), außer bei Heilung gem § 295.

§ 357 a (aufgehoben)

§ 358 Notwendigkeit eines Beweisbeschlusses
Erfordert die Beweisaufnahme ein besonderes Verfahren, so ist es durch Beweisbeschluß anzuordnen.

Jede **Beweiserhebung** bedarf der **Anordnung,** regelmäßig auf 1 Grund mdl Vhdlg, zulässig aber auch schon vorher (§ 358 a). Sie ist prozessleitender Natur und enthält keine Entscheidung über Beweislast und Erheblichkeit der Tatsachen. Ein **formeller Beweisbeschluss** 2 (§ 359) ist erforderlich für die Parteivernehmung (§ 450 Abs 1 S 1) und wenn Vertagung nötig ist, die Beweise also nicht sofort erhoben werden können. – Ist dies möglich, so genügt **formloser Beschluss.** Ebenso, 3 soweit Freibeweis zulässig ist (6 vor § 284, § 293 Rn 4). Anfechtung ist in jedem Falle unstatthaft. Wegen Beschwerde gegen Beweisbeschluss, der erbbiologische Untersuchung anordnet, § 148 Rn 13. – **Gebühren** 4 des Gerichts: keine; des RA: § 31 Nr 3 BRAGO.

§ 358 a Beweisbeschluss und Beweisaufnahme vor mündlicher
Verhandlung

[1]Das Gericht kann schon vor der mündlichen Verhandlung
einen Beweisbeschluß erlassen. [2]Der Beschluß kann vor der
mündlichen Verhandlung ausgeführt werden, soweit er anordnet

1. eine Beweisaufnahme vor dem beauftragten oder ersuchten
Richter,
2. die Einholung amtlicher Auskünfte,
3. eine schriftliche Beantwortung der Beweisfrage nach § 377
Abs. 3,
4. die Begutachtung durch Sachverständige,
5. die Einnahme eines Augenscheins.

1   **1. Allgemeines.** Nach § 273 hat der Vorsitzende vor dem Termin
Anordnungen zur Vorbereitung der Beweisaufnahme im Termin zu
treffen. § 358 a gibt darüber hinaus dem Ger nach seinem Ermessen
(Koblenz NJW 79, 374) die Möglichkeit, Beweiserhebung bereits vor
jedem, insbesondere dem frühen ersten (§ 272 Abs 2) oder Haupttermin (§ 272 Abs 1) anzuordnen und die in Nr 1–5 genannten, nicht
aber andere (BGH NJW 86, 2319) Beweiserhebungen auch bereits auszuführen. Damit hat das Ger ein weiteres Mittel, die Zeit bis zum
Haupttermin zu nutzen u den Proz in einem Termin zu erledigen.
Natürlich muss die zu klärende Frage beweisbedürftig (1 vor § 284)
sein. Zu bedenken ist auch, dass mit Erlass des Beweisbeschlusses, auch
wenn er dann nicht ausgeführt wird (Hamburg JurBüro 79, 374), Gebühren anfallen, was den Abschluss eines ProzVergleichs erschweren
kann. Vorschuss kann nach Maßgabe der §§ 402, 379 (dort Rn 1) verlangt werden. Am Unmittelbarkeitsgrundsatz (§ 355) ändert die Bestimmung nichts. Im arbeitsgerichtlichen Verfahren § 55 Abs 4 ArbGG.

2   **2. Die einzelnen Anordnungen. Nr 1** zulässig nur in den Fällen
des § 355 Rn 2, 3. **Nr 2** wie § 273 Rn 8. **Nr 3.** Beweisgebühr fällt
auch hier an (Hamburg MDR 72, 249). **Nr 4** vgl § 273 Rn 11. **Nr 5**
3   auch ohne Beweisantrag (§ 144 Abs 1). – **Nicht zulässig** ist die Zeugenvernehmung vor dem ProzGer vor mdl Vhdlg (BGH WM 86, 867)
außer im selbständigen Beweisverfahren gem §§ 485 ff.

§ 359 Inhalt des Beweisbeschlusses

Der Beweisbeschluß enthält:
1. die Bezeichnung der streitigen Tatsachen, über die der Beweis zu erheben ist;
2. die Bezeichnung der Beweismittel unter Benennung der zu
vernehmenden Zeugen und Sachverständigen oder der zu
vernehmenden Partei;
3. die Bezeichnung der Partei, die sich auf das Beweismittel
berufen hat.

1. Beweisbeschluss. Rechtsnatur und Notwendigkeit § 358 Rn 1, 1
2. Er ergeht entweder auf Grund mdl Vhdlg oder im schriftlichen Verfahren (§ 128 Abs 2) und ist in beiden Fällen zu verkünden. Zulässig auch schon vor mdl Vhdlg (§ 358a), dann nach § 329 bekannt zu machen. Das Ger muss vor einem Erlass die Beweisbedürftigkeit (1 vor § 284) prüfen und gegebenenfalls die beweisbelastete Partei zu sachgemäßem Beweisantritt auffordern. Die Beweise sind möglichst auf einmal im Haupttermin im Anschluss an die mdl Vhdlg zu erheben (§ 278 Abs 2). Der Beweisbeschluss ist **unanfechtbar,** Abänderung § 360.

2. Inhalt. – **a) Bezeichnung des Beweisthemas** nach Gegenstand, 2
Ort und Zeit hinreichend genau, so dass ein Zeuge von sich aus über den Vorgang berichten (Frankfurt NJW-RR 95, 637: Hergang des nach Ort und Zeit bezeichneten Verkehrsunfalls), ein ersuchter Richter ersehen kann, welche Aufklärung die Vernehmung bringen soll, ohne dass er genötigt ist, sich aus den Akten zusammenzusuchen, was er den Zeugen befragen soll (Koblenz NJW 75, 1036). Bezugnahme auf genau bestimmte Stellen in anderen Schriftstücken genügt nur ausnahmsweise (Hamburg OLGZ 35, 85). – **b) Bezeichnung der Beweismittel,** bei 3
Personen nach Namen, Beruf, Anschrift. Ausnahmen in §§ 372 Abs 2, 405. – **c) Bezeichnung des Beweisführers** wegen § 399, hier ohne 4
Rücksicht auf die Beweislast. – **d) Die Art der Beweiserhebung** ist 5
anzuordnen, §§ 355, 361, 362, 364, 377 Abs 3 und gegebenenfalls Termin zu bestimmen, §§ 361, 370. – **e) Auslagenvorschuss.** Der be- 6
weisführenden Partei kann außer bei bewilligter PKH aufgegeben werden, Auslagenvorschuss einzuzahlen. Höhe und Frist sind zu bestimmen (§ 379).

§ 360 Änderung des Beweisbeschlusses

[1] Vor der Erledigung des Beweisbeschlusses kann keine Partei dessen Änderung auf Grund der früheren Verhandlungen verlangen. [2] Das Gericht kann jedoch auf Antrag einer Partei oder von Amts wegen den Beweisbeschluß auch ohne erneute mündliche Verhandlung insoweit ändern, als der Gegner zustimmt oder es sich nur um die Berichtigung oder Ergänzung der im Beschluß angegebenen Beweistatsachen oder um die Vernehmung anderer als der im Beschluß angegebenen Zeugen oder Sachverständigen handelt. [3] Die gleiche Befugnis hat der beauftragte oder ersuchte Richter. [4] Die Parteien sind tunlichst vorher zu hören und in jedem Falle von der Änderung unverzüglich zu benachrichtigen.

1. Nach neuer mündlicher Verhandlung darf das ProzGer (Ein- 1
zelrichter) jederzeit, auch ohne Antrag, den Beweisbeschluss als prozessleitende Anordnung abändern oder aufheben, zB weil es das Beweisthema als unerheblich erkennt.

2. Ohne neue mündliche Verhandlung dürfen ProzGer (Einzel- 2
richter), beauftragter und ersuchter Richter – **a) auf Antrag** mit Zu-

stimmung der Gegenpartei oder vAw mit Zustimmung beider Parteien den Beweisbeschluss beliebig ändern. Die Zustimmung ist Prozesshandlung (Einl III), schriftlich zu erklären und muss die Änderung inhaltlich

3 decken. – **b) Auf Antrag oder von Amts** wegen ohne Zustimmung – **aa)** die Beweistatsachen berichtigen oder ergänzen. Nicht zulässig ist die Auswechslung des Beweisthemas oder die Ausdehnung auf neue Tatsachen, die mit den bisherigen nicht in Zusammenhang stehen; –

4 **bb)** die Zeugen oder Sachverständigen durch andere ersetzen. Bei Zeugen kommt das zB in Frage, wenn das Ger aus einer größeren Zahl von angebotenen zunächst nur einige ausgesucht hatte. Erstattet ein anderer Sachverständiger das Gutachten als der im Beweisbeschluss bezeichnete, so müssen die Parteien Gelegenheit haben, zur Verwertung des Gutachtens oder zur nachträglichen Auswechslung des Sachverständi-

5 digen Stellung zu nehmen (BGH VersR 85, 361). – **c)** Das ProzGer, ferner der Richterkommissar im Rahmen des § 365 dürfen außerdem die Art und Weise der angeordneten Beweiserhebung (§§ 355, 361,

6 362, 364) abändern. – **d) In allen Fällen** sind die Parteien möglichst vor der Änderung zu hören (S 4) und jedenfalls von ihr formlos zu benachrichtigen. Der Mangel heilt nach § 295. Anfechtung ist in jedem Fall unstatthaft (Brandenburg Fam RZ 01, 294).

7   **3. Verhältnis zu § 358 a.** Bei seiner Neueinfügung ist § 360 nicht geändert worden. Wenn das Ger ohne mdl Vhdlg einen Beweisbeschluss neu erlassen kann, so ist als Schluss vom Mehr auf das Weniger gerechtfertigt, dass es erst recht einen erlassenen BewBeschluss nach Anhörung der Parteien beliebig ändern kann. Der Gesetzgeber hat anscheinend übersehen, dass § 360 damit überholt ist (aA MüKoMusielak 11).

§ 361 Beweisaufnahme durch beauftragten Richter

(1) **Soll die Beweisaufnahme durch ein Mitglied des Prozeß-gerichts erfolgen, so wird bei der Verkündung des Beweisbe-schlusses durch den Vorsitzenden der beauftragte Richter be-zeichnet und der Termin zur Beweisaufnahme bestimmt.**

(2) **Ist die Terminsbestimmung unterblieben, so erfolgt sie durch den beauftragten Richter; wird er verhindert, den Auf-trag zu vollziehen, so ernennt der Vorsitzende ein anderes Mit-glied.**

1   **Beweiserhebung durch den beauftragten Richter** wird nur ausnahmsweise in Frage kommen, § 355 Rn 2. Sie ist anzuordnen vom ProzGer (BGH 86, 104) im Beweisbeschluss (§ 359) oder durch dessen nachträgliche Änderung (§ 360; vgl auch § 365). Die Auswahl trifft der Vorsitzende, den Termin bestimmt der beauftragte Richter vAw. Er wird entweder sofort verkündet (§ 218) oder später nach § 357 Abs 2 bekannt gemacht. Ladungsfrist muss wegen § 357 Abs 2 nicht gewahrt werden (aA Teplitzky NJW 73, 1675).

§ 362 Beweisaufnahme durch ersuchten Richter

(1) Soll die Beweisaufnahme durch ein anderes Gericht erfolgen, so ist das Ersuchungsschreiben von dem Vorsitzenden zu erlassen.

(2) Die auf die Beweisaufnahme sich beziehenden Verhandlungen übersendet der ersuchte Richter der Geschäftsstelle des Prozeßgerichts in Urschrift; die Geschäftsstelle benachrichtigt die Parteien von dem Eingang.

Beweiserhebung durch den ersuchten Richter § 355 Rn 3. Sie 1 ist anzuordnen vom ProzGer (auch Einzelrichter) im Beweisbeschluss (§ 359) oder durch dessen nachträgliche Änderung (§ 360; auch § 365). Während seiner Zuständigkeit erlässt der ER das Ersuchungsschreiben. Ablehnung des Ersuchens nur nach § 158 GVG. Terminsbestimmung: § 357 Abs 2, zur Verhandlung nach der Beweisaufnahme: § 370 Abs 2. Abschriften der Beweisprotokolle für die Parteien: § 299.

§ 363 Beweisaufnahme im Ausland

(1) Soll die Beweisaufnahme im Ausland erfolgen, so hat der Vorsitzende die zuständige Behörde um Aufnahme des Beweises zu ersuchen.

(2) Kann die Beweisaufnahme durch einen Bundeskonsul erfolgen, so ist das Ersuchen an diesen zu richten.

1. Beweiserhebung im Ausland ist bei dort wohnenden Zeugen 1 die Regel (Leipold ZZP 105, 507). Sie besorgt auf Ersuchen des Vorsitzenden (auch Einzelrichters) – **a)** grundsätzlich der **deutsche Konsul,** wenn er dazu gem § 15 KonsularG (BGBl 74 I S 2317) ermächtigt und im Rahmen bestehender Staatsverträge befugt oder der ausländische Staat damit einverstanden ist. – **b)** Im Übrigen die zuständige **ausländische Behörde.** Soweit nicht durch zwischenstaatliche Vereinbarung 2 der unmittelbare Geschäftsverkehr zugelassen ist, vermittelt die zuständige deutsche konsularische oder diplomatische Vertretung, im Verkehr mit einigen Staaten die Landesjustizverwaltung die Erledigung der Ersuchen, § 199 Rn 4. – **c)** Das **Haager Übereinkommen über die Be-** 3 **weisaufnahme im Ausland in Zivil- u Handelssachen** vom 18. 3. 70 (BGBl II 77, 1472) enthält dazu Verfahrensvorschriften, in Kraft in Argentinien, Australien, Barbados, BRD, Dänemark, Estland, Finnland, Frankreich, Großbritannien, Israel, Italien, Lettland, Luxemburg, Mexico, Monaco, Niederlande, Norwegen, Portugal, Schweden, Schweiz, Singapur, Slowakei, Spanien, Südafrika, Tschechien, Venezuela, USA, Zypern. – **d)** Für die Beweisaufnahme in einem Mitgliedsstaat der EU, 4 außer Dänemark, gilt ab 1. 1. 2004 die **EGVO Nr 1206/2001** vom 28. 5. 01 (ABl Nr L 174 vom 27. 6. 01 S 1–24). – **e) Nicht zulässig** 5 ist die Einholung einer schriftlichen Aussage des ausländischen Zeugen gem § 377 Abs 3 (BGH NJW 84, 2039).

6   **2. Andere Verfahrensweisen.** Der im Ausland wohnende deutsche Zeuge kann vor das Prozess- oder ein ersuchtes ausländisches Gericht geladen werden (§ 199) oder freiwillig erscheinen.

§ 364 Parteimitwirkung bei Beweisaufnahme im Ausland

(1) **Wird eine ausländische Behörde ersucht, den Beweis aufzunehmen, so kann das Gericht anordnen, daß der Beweisführer das Ersuchungsschreiben zu besorgen und die Erledigung
des Ersuchens zu betreiben habe.**

(2) **Das Gericht kann sich auf die Anordnung beschränken,
daß der Beweisführer eine den Gesetzen des fremden Staates
entsprechende öffentliche Urkunde über die Beweisaufnahme
beizubringen habe.**

(3) [1]**In beiden Fällen ist in dem Beweisbeschluß eine Frist zu
bestimmen, binnen der von dem Beweisführer die Urkunde auf
der Geschäftsstelle niederzulegen ist.** [2]**Nach fruchtlosem Ablauf
dieser Frist kann die Urkunde nur benutzt werden, wenn dadurch das Verfahren nicht verzögert wird.**

(4) [1]**Der Beweisführer hat den Gegner, wenn möglich, von
dem Ort und der Zeit der Beweisaufnahme so zeitig in Kenntnis zu setzen, daß dieser seine Rechte in geeigneter Weise
wahrzunehmen vermag.** [2]**Ist die Benachrichtigung unterblieben, so hat das Gericht zu ermessen, ob und inwieweit der
Beweisführer zur Benutzung der Beweisverhandlung berechtigt
ist.**

1   **1. Beweiserhebung im Ausland** betreibt das Gericht vAw. Es
überlässt sie dem **Parteibetrieb** nur in Ausnahmefällen, etwa wenn
keine Beziehungen zu dem fremden Staat bestehen, seine Behörden
untätig bleiben oder wenn der Parteibetrieb mehr Erfolg verspricht
(BGH MDR 89, 233). Dazu kann das Ger anordnen, dass der Beweisführer, auch wenn ihn nicht die Beweislast trifft (BGH NJW 84, 2039),
binnen bestimmter Frist entweder das amtliche Ersuchen erledigt oder
selbst das Ersuchen und seine Erledigung besorgt oder dass er eine dem
ausländischen Recht entsprechende öffentliche Urkunde über die Beweisaufnahme vorlegt. Die Fristsetzung ist auch zulässig, wenn die vom
Ger eingeleitete ausländische Zeugenvernehmung über ein Jahr lang auf
sich warten lässt und kaum Aussicht auf ihre Durchführung besteht
(BGH NJW 84, 2039). Abs 3 entspricht § 356.

2   **2. Rechtsmittel, Verwertbarkeit.** Die Anordnung des Parteibe-
triebs mit Fristsetzung ist als Bestandteil der Beweisanordnung nicht mit
Beschwerde anfechtbar (LG Neubrandenburg MDR 96, 1186; aA Köln
NJW 75, 2349). Im Falle des Abs 4 S 2 ist wegen des rechtlichen Gehörs und des Grundsatzes der Waffengleichheit die Verwertung der Beweiserhebung idR unzulässig.

§ 365 Abgabe durch beauftragten oder ersuchten Richter

[1]Der beauftragte oder ersuchte Richter ist ermächtigt, falls sich später Gründe ergeben, welche die Beweisaufnahme durch ein anderes Gericht sachgemäß erscheinen lassen, dieses Gericht um die Aufnahme des Beweises zu ersuchen. [2]Die Parteien sind von dieser Verfügung in Kenntnis zu setzen.

Weitergabe. Der Richterkommissar darf Auftrag bzw Ersuchen 1 weitergeben, wenn ihm Gründe bekannt werden, die die Weitergabe an ein anderes deutsches AG sachgemäß erscheinen lassen, zB Wohnsitzwechsel des Zeugen. Weitergabe an das Ausland ist unstatthaft. Weitergabe durch ausländische Behörden richtet sich nach deren Recht.

§ 366 Zwischenstreit

(1) Erhebt sich bei der Beweisaufnahme vor einem beauftragten oder ersuchten Richter ein Streit, von dessen Erledigung die Fortsetzung der Beweisaufnahme abhängig und zu dessen Entscheidung der Richter nicht berechtigt ist, so erfolgt die Erledigung durch das Prozeßgericht.

(2) Der Termin zur mündlichen Verhandlung über den Zwischenstreit ist von Amts wegen zu bestimmen und den Parteien bekanntzumachen.

1. Entscheidung des Prozessgerichts (Einzelrichter) auf Grund 1 mdl Vhdlg durch Zwischenurteil über Streitigkeiten aus Anlass der Beweisaufnahme vor dem Richterkommissar. Terminsbestimmung und Ladung der Beteiligten vAw. **Voraussetzungen: – a)** Streit zwischen 2 den Parteien (§ 303) oder zwischen einer Partei und Zeugen oder Sachverständigen (§§ 387, 389, 400, 402) oder Meinungsverschiedenheiten zwischen den Parteien und dem Richter. – **b)** Von der Erledi- 3 gung des Streits muss die Fortsetzung der Beweisaufnahme abhängen.

2. Entscheidungsbefugnis des Richterkommissars in folgenden 4 Fällen: Sitzungspolizei und Ordnungsstrafgewalt (§ 180 GVG); Art und Weise der Ausführung des Auftrags; Abänderung des Beweisbeschlusses nach §§ 360, 365; Entscheidungen nach §§ 400, 402, 405, 406 Abs 4; Festsetzung der Zeugengebühren (§ 401).

§ 367 Ausbleiben der Partei

(1) Erscheint eine Partei oder erscheinen beide Parteien in dem Termin zur Beweisaufnahme nicht, so ist die Beweisaufnahme gleichwohl insoweit zu bewirken, als dies nach Lage der Sache geschehen kann.

(2) Eine nachträgliche Beweisaufnahme oder eine Vervollständigung der Beweisaufnahme ist bis zum Schluß derjenigen mündlichen Verhandlung, auf die das Urteil ergeht, auf Antrag anzuordnen, wenn das Verfahren dadurch nicht verzögert wird

**oder wenn die Partei glaubhaft macht, daß sie ohne ihr Ver-
schulden außerstande gewesen sei, in dem früheren Termin zu
erscheinen, und im Falle des Antrags auf Vervollständigung,
daß durch ihr Nichterscheinen eine wesentliche Unvollständigkeit der Beweisaufnahme veranlaßt sei.**

1   **1. Abs 1** gilt für ProzGer (auch Einzelrichter) und Richterkommissar, setzt aber gehörige Verkündung des Termins (§ 218) bzw Benachrichtigung der Beteiligten (§§ 176, 357 Abs 2) voraus. IF vorbereiten-
2   der Maßnahmen ist § 273 Abs 4 S 1 zu beachten. – Als **Folge des
Ausbleibens** ist die säumige Partei, wenn die Beweisaufnahme nicht
stattfinden konnte, mit dem Beweismittel für die Instanz, wenn sie
stattfinden konnte, mit ihrem Fragerecht ausgeschlossen. Ausbleiben bei
Parteivernehmung § 454.

3   **2. Nachholung** unterbliebener und **Vervollständigung** durchgeführter Beweisaufnahme ist auf Antrag **zulässig – a)** wenn dadurch
keine Verzögerung eintritt; § 296 Rn 12–20; – **b)** wenn die Gegenpartei einwilligt; – **c)** wenn die im Beweistermin säumige Partei beide
Tatsachen gem Abs 2 glaubhaft macht (§ 294); Entschuldigung § 296
4   Rn 28. – **d) Nur Vervollständigung**, nicht Nachholung kann unter
den vorgenannten Voraussetzungen die nicht gehörig benachrichtigte
Partei verlangen, die ihr Rügerecht gem § 295 verloren hat (BGH LM
5   § 13 StVO Nr 7). – **e) Unabhängig von** § 367 kann das ProzGer
(auch Einzelrichter) und der Richterkommissar nach §§ 398, 402 die wiederholte Vernehmung von Zeugen oder Sachverständigen anordnen.

6   **3. Entscheidung.** Zulassung des Antrags geschieht nach mdl Vhdlg
durch Beweisbeschluss, Ablehnung in den Gründen des Endurteils. Bei
Streit in beiden Fällen auch durch Zwischenurteil. Die Entscheidung ist
stets unanfechtbar. Unterbliebene Nachholung unter **Verstoß** gegen
§ 367, auf dem das Urteil beruht, begründet Rechtsmittel.

§ 368 Neuer Beweistermin

**Wird ein neuer Termin zur Beweisaufnahme oder zu ihrer
Fortsetzung erforderlich, so ist dieser Termin, auch wenn der
Beweisführer oder beide Parteien in dem früheren Termin
nicht erschienen waren, von Amts wegen zu bestimmen.**

1   **Amtsbetrieb** herrscht bis zur Erledigung des Beweisbeschlusses.
Neue Termine sind zu verkünden, § 218; nicht verkündete förmlich
(§ 329 Abs 2 S 2), beim Richterkommissar formlos (§ 357 Abs 2) mitzuteilen.

§ 369 Ausländische Beweisaufnahme

**Entspricht die von einer ausländischen Behörde vorgenom-
mene Beweisaufnahme den für das Prozeßgericht geltenden
Gesetzen, so kann daraus, daß sie nach den ausländischen Gesetzen mangelhaft ist, kein Einwand entnommen werden.**

Ordnungsgemäß ist die im Ausland vorgenommene Beweisauf- 1
nahme, wenn sie entweder den Vorschriften des betreffenden ausländischen oder denen des deutschen Rechts entspricht. Genügt sie beiden
nicht und ist der Mangel nicht nach § 295 geheilt, so würdigt das Gericht den Mangel und das Ergebnis der Beweisaufnahme frei nach
§ 286.

§ 370 Fortsetzung der mündlichen Verhandlung

(1) **Erfolgt die Beweisaufnahme vor dem Prozeßgericht, so
ist der Termin, in dem die Beweisaufnahme stattfindet, zugleich zur Fortsetzung der mündlichen Verhandlung bestimmt.**

(2) [1]**In dem Beweisbeschluß, der anordnet, daß die Beweisaufnahme vor einem beauftragten oder ersuchten Richter erfolgen solle, kann zugleich der Termin zur Fortsetzung der
mündlichen Verhandlung vor dem Prozeßgericht bestimmt
werden.** [2]**Ist dies nicht geschehen, so wird nach Beendigung
der Beweisaufnahme dieser Termin von Amts wegen bestimmt
und den Parteien bekanntgemacht.**

1. Beweistermin vor dem Prozessgericht (Einzelrichter), auch 1
außerhalb der Gerichtsstelle, ist kraft Gesetzes **auch Verhandlungstermin.** Die Schlussverhandlung (§ 285 Abs 1) soll sich also unmittelbar an die Beweiserhebung anschließen. Das ergibt sich auch aus § 279
Abs 2. Nur unter bes Umständen, wenn es der Grundsatz des rechtlichen Gehörs verlangt, ist Vertagung nach der Beweiserhebung angebracht, zB bei Vorlage schriftlicher Zeugenerklärungen in einer un-
geläufigen Fremdsprache erst im Termin (BGH MDR 78, 46), bei
Notwendigkeit der Rücksprache des RA mit seiner Partei auf Grund
nicht voraussehbaren überraschenden Ergebnisses der Beweisaufnahme
(Koblenz NJW-RR 91, 1087). – Die **Verhandlung beginnt** erst nach 2
Erledigung der Beweisaufnahme, vorher ist auch VersU unzulässig,
§ 367 Abs 1. Die Beweisaufnahme ist erledigt, wenn der Beweisbeschluss ganz ausgeführt oder unausführbar geworden ist, auch infolge
Ausbleibens der Partei, zB bei angeordnetem Augenschein an ihr; ferner nach Aufhebung des Beweisbeschlusses oder Verzicht auf die Beweismittel. Ferner nach Erledigung eines Zwischenstreits (§ 387 Rn 2
aE). Ist zum Termin der Zeuge oder Sachverständige nicht erschienen,
so muss vertagt werden, § 368. – Ein nach Beweiserhebung ergehendes 3
Versäumnisurteil berücksichtigt deren Ergebnis nicht (§ 332 Rn 1);
streitig für den Fall, dass sich eine Behauptung des Klägers bei Säumnis
des Beklagten als bewusst unwahr erwiesen hat (§ 288 Rn 7).

2. Abs 2. Die spätere Terminsbestimmung zur Verhandlung ist vAw 4
zuzustellen, die Ladungsfrist zu wahren, § 285 Abs 2 zu beachten.

Titel 6. Beweis durch Augenschein

Vorbemerkung

1   **1. Begriff.** Augenschein ist jede unmittelbare Wahrnehmung (durch jeden, nicht nur den Gesichtssinn) über die Beschaffenheit von Personen und Gegenständen oder über Vorgänge. Der Richter bildet sich das Tatsachenurteil selbst. Zeugenaussagen und Urkunden dagegen vermitteln ihm einen Gedankeninhalt (Rn 13 vor § 284). Anordnung des Augenscheins § 371, Einnahme § 372.

2   **2. Duldung und Verweigerung der Augenscheinseinnahme.** – **a) Nicht erzwingbar**, abgesehen von der Abstammungsuntersuchung (§ 372a), ist die Einnahme des Augenscheins. Dritte sind zur Duldung prozessrechtlich nach Maßgabe des § 144 Abs 2 (dort Rn 4) verpflichtet. Die Parteien sind prozessrechtlich zu ihrer Duldung nicht verpflichtet. Soweit materiellrechtlich eine Vorlegungs- oder Duldungspflicht besteht (zB §§ 809, 810, 495 Abs 2 BGB), kann sie der Beweisführer durch Klage und ZwVollstr (§§ 883, 888, 890) erreichen. Hierzu kann
3   das Gericht eine Frist nach § 356 setzen. – **b) Verweigert der Beweisführer,** bei Anordnung vAw die beweisbelastete Partei (17–40 vor § 284), die Einnahme des Augenscheins, so treten die Ausschlussfolgen der §§ 367, 230 ohne Rücksicht auf den Grund der Verweigerung ein; außerdem kann das Ger die Behauptung des Gegners gem § 371 Abs 3 als bewiesen ansehen. Sonderregelung außerhalb der ZPO (2 vor § 402) in § 641a Abs 4 S 2 BGB, wenn der Werkunternehmer die Besichti-
4   gung des Werks (aaO Abs 3) verweigert. – **c) Verweigert die Gegenpartei** des Beweisführers bzw des Trägers der Beweislast, so kann das Ger dies als Beweisvereitelung nach § 371 Abs 3 werten und erholt gegebenenfalls ein Sachverständigengutachten ohne Augenschein (BGH
5   LM § 32 EheG Nr 3). – **d) Verweigert ein Dritter,** gegen den kein Anspruch auf Duldung besteht, so ist dieses Beweismittel nicht verwertbar. Handelt der Dritte auf Weisung einer Partei, so gelten Rn 3 bzw 4. – **e) Verweigerung des Zutritts** zu den eigenen Räumen § 357 Rn 1.

6   **3. Abnahme technischer Aufzeichnungen** (Lochkarten und -streifen, Schallplatten, Tonbänder und -platten, Bildbänder, audiovisuelle Bänder, Computer, EDV-geführte Handelsbücher). Sie dient der unmittelbaren Wahrnehmung festgehaltener Erklärungen, Geräusche oder Bilder und ist deshalb Augenscheinsbeweis (Pleyer ZZP 69, 322, Baltzer, Gedächtnisschrift für Bruns, 1980, S 73 ff, BGH NJW 82, 277). Solche Aufnahmen sind verwertbar, wenn sie mit Kenntnis des Gesprächspartners gemacht sind (BGH 27, 284). Ohne Kenntnis nach den Grundsätzen über die Verwertbarkeit rechtswidrig erlangter Beweismittel (§ 286 Rn 7, 8) nur ausnahmsweise, wenn der geschützten Eigensphäre überwiegende berechtigte Interessen entgegenstehen (BVerfG NJW 73, 891 für Strafverfahren, NJW 02, 3619 für Zivilverfahren). Die Weigerung des Gesprächspartners, der Verwertung einer Tonband-

aufnahme zuzustimmen, die unter Verletzung seines Persönlichkeitsrechts entstanden ist, kann bei der Beweiswürdigung nicht gegen ihn ausgelegt werden. Auch **Zeugenvernehmung über den Inhalt** heimlicher Tonbandaufnahmen ist unzulässig (Düsseldorf NJW 66, 214 für Strafverfahren), soweit nicht zumutbar ist, die Verletzung des Persönlichkeitsrechts zur Aufklärung der Verletzung eines höherwertigen Rechtsguts hinzunehmen; allein das allgemeine Interesse an einer funktionstüchtigen Straf- und Zivilrechtspflege reicht nicht (BVerfG NJW 02, 3619/3624). – Die gleichen Grundsätze gelten für die Verwertung privater **Tagebuchaufzeichnungen** als Beweismittel gegen den Willen des Verfassers (BGH NJW 64, 1139 für Strafverfahren). **7**

8

§ 371 Beweis durch Augenschein

(1) ¹**Der Beweis durch Augenschein wird durch die Bezeichnung des Gegenstandes des Augenscheins und durch die Angabe der zu beweisenden Tatsachen angetreten. ²Ist ein elektronisches Dokument Gegenstand des Beweises, wird der Beweis durch Vorlegung oder Übermittlung der Datei angetreten.**

(2) ¹**Befindet sich der Gegenstand nach der Behauptung des Beweisführers nicht in seinem Besitz, so wird der Beweis außerdem durch den Antrag angetreten, zur Herbeischaffung des Gegenstandes eine Frist zu setzen oder eine Anordnung nach § 144 zu erlassen. ²Die §§ 422 bis 432 gelten entsprechend.**

(3) **Vereitelt eine Partei die ihr zumutbare Einnahme des Augenscheins, so können die Behauptungen des Gegners über die Beschaffenheit des Gegenstandes als bewiesen angesehen werden.**

1. Anordnung des Augenscheins durch das ProzGer (BGH NJW 90, 2936). – **a) Von Amts wegen**, § 144, insbes auf formlose Anregung der Parteien zur Ortsbesichtigung zwecks allg Unterrichtung des Ger. – **b) Auf Antrag.** Der förmliche Beweisantritt nach § 371 muss die zu beweisenden streitigen Tatsachen und den Gegenstand des Augenscheins genau bezeichnen. Ablehnung dann nur aus den Gründen § 284 Rn 2–9 zulässig; Verstoß ist Verfahrensmangel. – **c) Streit über die Identität** und Unversehrtheit des Augenscheinsobjekts entscheidet das Gericht, die Beweislast für diese Hilfstatsache (11 vor § 284) trägt der Beweisführer, im Falle von Rn 1 die Partei, zu deren Beweislast die durch Augenschein zu beweisende Tatsache gehört (RoSchw/Gottwald § 120 II S 4). **1**

2

3

2. – a) Wenn ein **elektronisches Dokument** Beweisgegenstand ist, muss die Datei vorgelegt oder dem Ger übermittelt werden, damit sie auf einem Computer des Ger sichtbar gemacht werden kann. Dazu kann das Ger vAw einen Sachverständigen zuziehen (§ 372 Abs 1). – **b)** Befindet sich die Datei in Händen des Gegners, sind §§ 421–427 entsprechend anzuwenden. Ist die Datei bei einer Behörde, gilt § 432 **4**

5

6 entsprechend. – **c)** Wenn die Datei für das elektronische Dokument oder ein anderer Gegenstand des Augenscheins sich nach Behauptung des Beweisführers nicht in seinem Besitz befindet, sind §§ 422–432 entsprechend anzuwenden. Das ist das geeignete Verfahren, wenn der Dritte gegenüber dem Beweisführer nach Vorschriften des bürgerlichen Rechts zur Herausgabe oder Vorlegung verpflichtet ist. Wenn eine solche Verpflichtung nicht besteht, kann der Beweisführer eine Anordnung des Ger nach § 144 Abs 1 S 2 beantragen. Eine Durchsetzung einer solchen Anordnung ist allerdings nicht möglich, nur die Verhängung von Ordnungsmitteln (§ 144 Rn 4).

7 **3.** Bei **Vereitelung des Augenscheinsbeweises** durch den Gegner des Beweisführers, etwa durch Verweigerung der Herausgabe, Zerstörung oder Beiseiteschaffen des Objekts, kann das Ger nach Abs 3 die Behauptungen des Beweisführers über die Beschaffenheit des Augenscheinsobjekts als bewiesen ansehen (ähnliche Regelung für Urkunden in § 444).

§ 372 Beweisaufnahme

(1) **Das Prozeßgericht kann anordnen, daß bei der Einnahme des Augenscheins ein oder mehrere Sachverständige zuzuziehen seien.**

(2) **Es kann einem Mitglied des Prozeßgerichts oder einem anderen Gericht die Einnahme des Augenscheins übertragen, auch die Ernennung des zuzuziehenden Sachverständigen überlassen.**

1 **Einnahme des Augenscheins,** auch unter Zuziehung eines gerichtlichen Sachverständigen. – **a) Durch das Prozessgericht.** Falls kein Protokoll aufgenommen wurde, ist das Ergebnis im Tatbestand des Urteils festzustellen (BGH LM § 1362 BGB Nr 2; BAG NJW 57, 1492; wenn nicht: Verstoß gegen § 313 Abs 1 Nr 5), von der Beweiswürdigung abzusondern und nur verwertbar, wenn kein Richterwech-
2 sel stattgefunden hat. – **b) Durch den Richterkommissar** (Abs 2). Die Beschränkungen des § 375 gelten hier nicht (BGH NJW 90, 2936). Feststellung des Ergebnisses im Protokoll, § 160 Abs 3 Nr 5. –
3 **c) Durch eine Hilfsperson** in bes Ausnahmefällen zB wenn die Feststellung bes Fachkenntnisse verlangt (Blutgruppenuntersuchung) oder nicht zumutbar ist (körperliche Untersuchung einer Frau). Beim Bericht über die wahrgenommenen Tatsachen ist der Beweismittler sachverständiger Zeuge, soweit er Schlussfolgerungen zieht, Sachverständi-
4 ger. – **d) Privatgutachter** darf die Partei zu ihrer Beratung zuziehen (München NJW-RR 88, 1534).

§ 372a Untersuchungen zur Feststellung der Abstammung

(1) **Soweit es in den Fällen der §§ 1600c und 1600d des Bürgerlichen Gesetzbuches oder in anderen Fällen zur Feststellung**

der Abstammung erforderlich ist, hat jede Person Untersuchungen, insbesondere die Entnahme von Blutproben zum Zwecke der Blutgruppenuntersuchung, zu dulden, soweit die Untersuchung nach den anerkannten Grundsätzen der Wissenschaft eine Aufklärung des Sachverhalts verspricht und dem zu Untersuchenden nach der Art der Untersuchung, nach den Folgen ihres Ergebnisses für ihn oder einen der im § 383 Abs. 1 Nr. 1 bis 3 bezeichneten Angehörigen und ohne Nachteil für seine Gesundheit zugemutet werden kann.

(2) ¹Die Vorschriften der §§ 386 bis 390 sind entsprechend anzuwenden. ²Bei wiederholter unberechtigter Verweigerung der Untersuchung kann auch unmittelbarer Zwang angewendet, insbesondere die zwangsweise Vorführung zum Zwecke der Untersuchung angeordnet werden.

1. Die Anordnung der Untersuchung ist zulässig nach §§ 144 **1** oder 371 (nicht § 273): – **a) Nur zur Feststellung der Abstammung.** Diese muss nicht selbst Streitgegenstand sein, vielmehr in jedem Prozess, auch als Vorfrage, zB Unterhalts-, Erbschaftsprozess. – **b) Nur, 2 soweit die Untersuchung zu diesem Zweck erforderlich ist,** dh wenn die Frage der Abstammung in diesem Prozess entscheidungserheblich und beweisbedürftig ist (Stuttgart NJW 72, 2226, Oldenburg NJW 73, 1419) und regelmäßig erst, wenn andere Beweismöglichkeiten erschöpft sind und weitere Klärung zu erwarten ist (BGH JZ 51, 643). – **c) Die Untersuchung dient der Beweiserhebung** über Ge- **3** schlechtsverkehr, offenbare Unmöglichkeit der Vaterschaft, Zeugungsunfähigkeit. Es handelt sich dabei um bestimmte Tatsachen, so dass auch im Bereich des Verhandlungsgrundsatzes (Einl I Rn 1–4) ohne Anhaltspunkte für Mehrverkehr nicht von einem unzulässigen Ausforschungsbeweis (§ 284 Rn 3) gesprochen werden kann. Dies gilt nicht nur für die Anordnung einer Blutgruppenuntersuchung (BGH 40, 367, KG NJW 74, 608), sondern auch eines erbbiologischen Gutachtens (BGH NJW 64, 1179, aA Celle NJW 71, 1086). – **d) Rechtsmittel 4** wie § 380 Rn 12. Rechtsbehelf des zu Untersuchenden Rn 16.

2. Die Art der Untersuchung bestimmt das ProzGer, die Durch- **5** führung kann es einem ersuchten Ger übertragen (BGH MDR 91, 33). Die medizinische Wissenschaft hat verschiedene Methoden der Vaterschaftsfeststellung entwickelt. Wegen des unterschiedlichen Beweiswerts empfiehlt sich folgende Reihenfolge (BGH 61, 170); – **a) Die Blut- 6 gruppenuntersuchung** hat den höchsten Beweiswert. Sie kann bei fehlerfreier Durchführung zum sicheren Ausschluss der Vaterschaft mit absolutem Beweiswert führen. Ihre Anordnung darf deshalb nicht mit der Begründung unterbleiben, die Vaterschaft sei bereits durch beidseite Zeugenaussagen (kein Mehrverkehr) erwiesen (BGH NJW 64, 1179). Andererseits kann wegen des geringeren Beweiswerts der Antrag auf Einholung eines erbbiologischen Gutachtens zur Widerlegung des Vaterschaftsausschlusses abgelehnt werden (BGH 45, 234). – **b) Die sero- 7**

statistische Zusatzberechnung, beruhend auf massenstatistischen Untersuchungen, kann für die positive Vaterschaftsfeststellung einen so hohen Wahrscheinlichkeitsgrad erbringen, dass er zusammen mit anderen Indizien oder für sich allein ausreicht (Hamburg DAVorm 72, 30, KG FamRZ 75, 285; aA Hamburg NJW 73, 2255 bei Ausländern). Sie hat Vorrang vor dem erbbiologischen Gutachten (Stuttgart NJW 74, 1432). Lit: Scholl, Biostatistische Vaterschaftswahrscheinlichkeit u Essen-

8 Möller-Verfahren, NJW 79, 1913. – c) **Das erbbiologisch-anthro- pologische Gutachten,** beruhend auf einer vergleichenden Untersuchung erbbedingter Körpermerkmale, kann zur Feststellung (BGH 40, 378) oder zum Ausschluss der Vaterschaft, auch iS einer offenbaren Unmöglichkeit (BGH 7, 120) führen, es kann entgegenstehende Zeugenaussagen widerlegen (BGH NJW 64, 1179), nicht aber ein Blut- gruppengutachten (BGH 45, 234). Zum Beweiswert Oepen/Ritter

9 NJW 77, 2107 und Roth-Stielow NJW 77, 2114. – d) Die **DNA- Analyse** ist neben den herkömmlichen Untersuchungsmethoden ein- setzbar, die dabei gewonnenen Erkenntnisse können zusammen mit den anderen Befunden bei der Klärung der Abstammung zur Feststellung und zum Ausschluss der Vaterschaft verwertet werden (BGH NJW 91, 2961). Zu diesem Zweck kann auch die Exhumierung eines Toten zur Entnahme von Gewebeproben in Betracht kommen (München NJW- RR 00, 1603). Zum Beweiswert Hummel/Mutschler NJW 91, 2929. –

10 e) **Die Feststellung der Zeugungsunfähigkeit** kann einen hohen Grad von Wahrscheinlichkeit für die Vaterschaft auf Grund anderer Un-

11 tersuchungen widerlegen. – f) **Augenschein** (§ 372) ist jede dieser Untersuchungen. Die daraus gezogenen Folgerungen sind Sachverstän- digenbeweis.

12 **3. Duldungspflicht zur Untersuchung** (grundlegend: Sautter AcP 161, 216) besteht für jedermann, wenn die Voraussetzungen Rn 1, 2 vorliegen. Sie ist mit Art 2 Abs 2 3 GG vereinbar (BVerfG 5, 15). In- wieweit die Unzulässigkeit der Beweisanordnung als solcher zur Wei- gerung berechtigt, ist bestr; bejahend für den Fall, dass die Nicht-Vater- schaft bereits rechtskräftig feststeht, München NJW 77, 341 mwN; verneinend für den Fall, dass die Voraussetzungen des § 384 Nr 2 nicht vorliegen, KG NJW 69, 2208. Auch Exhumierung kann in Betracht

13 kommen (Rn. 9). **Einschränkungen: – a) Aufklärung** muss die Un- tersuchung nach anerkannten Grundsätzen der Wissenschaft verspre- chen, dh allgemein und konkret der Klärung der Abstammungsfrage för-

14 derlich sein können. – b) **Zumutbar** muss sie sein, nämlich – aa) ihrer **Art** nach und nach den **Folgen** des Ergebnisses für die zu untersu- chende Person und nahe Angehörige. Gefahr strafgerichtlicher Verfol- gung auf Grund des Untersuchungsergebnisses kann im Einzelfall Wei- gerungsgrund sein (Frankfurt NJW 79, 1257: § 81c StPO gilt nicht), nicht aber im Kindschaftsprozess bei Verdacht einer Sexualstraftat des Bekl (Hamm NJW 93, 474) im Hinblick darauf, dass die Mutter oder Zeugen Mehrverkehr eidlich abgestritten haben (München JZ 52, 426,

KG NJW 87, 2311). Sonstige mittelbar nachteilige Folgen sind kein Weigerungsgrund (Nürnberg NJW-RR 96, 645), zB vermögensrechtliche Nachteile. Der Schutz der Intimsphäre der Mutter hat gegenüber dem vorrangigen Recht des Kindes auf Kenntnis seiner Abstammung zurückzutreten (BGH NJW 82, 381). – **bb) Keinen gesundheitlichen Nachteil** körperlicher oder psychischer Art (Koblenz NJW 76, 379: Spritzenphobie) nach den bes Verhältnissen des zu Untersuchenden darf die Untersuchung befürchten lassen. 15

4. Verweigerung der Untersuchung (Abs 2). Das Recht hierzu übt für einen Minderjährigen ohne die erforderliche Verstandesreife der gesetzliche Vertreter aus (Karlsruhe FamRZ 98, 563). Für ihre Erklärung, Glaubhaftmachung der Gründe, Entscheidung durch Zwischenurteil und seine Anfechtbarkeit gelten §§ 386–389. Ordnungsmittel, zwangsweise Vorführung und Kosten, wenn kein Weigerungsgrund erklärt wurde, gem § 390; wenn einer erklärt wurde, nach rechtskräftiger Feststellung der Duldungspflicht gem §§ 386, 387, 390 (Dresden NJW-RR 99, 84) und nach Belehrung über die Pflichten aus § 372 a und über die Folgen unberechtigter Verweigerung (Zweibrücken FamRZ 79, 1072, Frankfurt NJW-RR 88, 714). Ausbleiben im Untersuchungstermin ist regelmäßig Weigerung; Ordnungsmittel für Nichterscheinen gem § 380 Rn 6 sind unzulässig (Nürnberg MDR 64, 242, Düsseldorf FamRZ 71, 666). Unberechtigte Weigerung kann nach entspr Hinweis als Beweisvereitelung (§ 286 Rn 17–19) angesehen werden (BGH NJW 86, 2371, BGH 121, 266/277). 16

Titel 7. Zeugenbeweis

Vorbemerkung

1. Gegenstand der Beweiserhebung sind Wahrnehmungen über vergangene Tatsachen und Zustände (§ 414; auch 13 vor § 284 und 1 vor § 371). Als die Person, die dabei war, sagt der Zeuge über seine konkreten Wahrnehmungen aus, er kann nicht durch beliebige andere Personen ersetzt werden. Der Sachverständige dagegen vermittelt dem Richter fehlendes Fachwissen zur Beurteilung von Tatsachen (BGH NJW 93, 1796) und ist deshalb durch jede andere Person mit entspr Wissen ersetzbar. Vgl auch Rn 1 vor § 402. Die Hilfsperson beim Augenschein wird wie ein Zeuge behandelt (§ 372 Rn 3). 1

2. Verfahren. – a) Beweisantrag durch eine Partei (§ 373) ist im Bereich des Verhandlungsgrundsatzes (Einl I Rn 1–4) nötig. – **b) Anordnung der Zeugenvernehmung** durch oder ohne formellen Beweisbeschluss (Rn zu §§ 358–359). Umfang der Beweiserhebung und Ablehnung eines Beweisantrags § 284 Rn 2–9. – **c) Zeugenvernehmung** gemäß §§ 375–401. Verlesung früherer Vernehmungsprotokolle § 286 Rn 11. – **d) Beweiswürdigung** vgl die Rn zu §§ 286, 287. Verwendung persönlicher Eindrücke, wenn nicht das erkennende Ge- 2 3 4 5 richt in gleicher Besetzung den Zeugen vernommen hat, § 285 Rn 2 und §§ 349, 524 Rn 4.

6   **3. Zeugnisfähigkeit.** – **a) Zeuge kann nicht sein,** wer im konkreten Proz als Partei zu vernehmen ist (§§ 445 ff), also: regelmäßig die prozessfähige Partei (Begriff 2 vor § 50), ausgenommen einfache Streitgenossen über solche Tatsachen, die ausschließlich andere Streitgenossen betreffen (BGH NJW 83, 2508; § 61 Rn 7); der streitgenössische Nebenintervenient (§ 69); regelmäßig jeder im konkreten Fall befugte gesetzliche Vertreter Prozessunfähiger (§ 51 Rn 3), der aber ausnahmsweise Zeuge sein kann, soweit der Prozessunfähige selbst gem § 455 Abs 2 S 1 als Partei vernommen wird; insoweit kann die prozessunfähi-

7 ge Partei ausnahmsweise nicht Zeuge sein. – **b) Zeuge kann sein,** wer nicht als Partei zu vernehmen ist, also nicht unter Rn 6 fällt, insbes: regelmäßig die prozessunfähige Partei (ausgenommen § 455 Abs 2 S 1); der einfache Streithelfer; der ausgeschiedene Streitgenosse, gegen den eine belastende Kostenentscheidung nicht mehr denkbar ist (Celle NJW-RR 91, 62); Dritte, auch wenn der Rechtsstreit um ihre Interessen geführt wird, zB der Rechtsträger, wenn ein rechtsfremder Prozessführungsbefugter den Proz führt (Gemeinschuldner im Proz des Insolvenzverwalters; Erbe im Proz des Testamentsvollstreckers), nicht vertretungsberechtigte Organe juristischer Personen (zB Aufsichtsrat der AG außer im Falle des § 112 AktG), Mitglieder eines verklagten nicht rechtsfähigen Vereins, Kommanditisten (BGH NJW 65, 2253), nicht vertretungsberechtigte Gesellschafter einer OHG (BGH 42, 230; aA Hueck, Recht der OHG § 22 Abs 3: alle Gesellschafter in ihrer Gesamtheit sind Partei); gewillkürte Vertreter; besondere Vertreter nach § 30 BGB (Barfuss NJW 77, 1273); gesetzliche Vertreter, soweit sie in concreto von der Vertretung ausgeschlossen sind (zB Eltern, soweit ein Pfleger nach § 1909 BGB bestellt ist) oder soweit der Vertretene dane-

8 ben prozessfähig bleibt (zB § 455 Abs 2 S 2). – **c) Maßgebender Zeitpunkt** für die Zeugnisfähigkeit ist die Vernehmung (BGH LM § 448 Nr 4). Die frühere, ausgeschiedene Partei (ebenso: gesetzlicher Vertreter) kann jetzt Zeuge sein, auch wenn noch eine nichtstreitige Kostenentscheidung aussteht (KG MDR 81, 765). Ebenso kann der wegen des Vorprozesses Zeuge gegen den RA sein (BGH 72, 328 u NJW 84, 1240). Die Aussage eines Zeugen, der später als Partei in den Proz eintritt, bleibt Zeugenaussage (Karlsruhe VersR 79, 1033).

9 Ihr Beweiswert ist eine Frage der Beweiswürdigung. – **d) Verstoß** (Vernehmung eines Zeugen als Partei und umgekehrt) ist Verfahrensfehler, der aber nach § 295 heilbar ist und regelmäßig keine Partei belastet (BGH WM 77, 1007); anders uU bei Verweigerung der Aussage wegen der verschiedenen Folgen, die sich daran knüpfen können.

10   **4. Zeugnispflicht** besteht für jeden, der der deutschen Gerichtsbarkeit unterworfen ist. Sie umfasst grundsätzlich die Pflicht zum Erscheinen (§§ 380–382), zur Aussage und zur Eidesleistung (§§ 391–393). Die Erfüllung dieser öffentlich-rechtlichen Pflichten ist erzwingbar

(§§ 380, 390). Pflicht, Untersuchungen zu dulden, § 372a Rn 12. Hat die als Zeuge zu vernehmende Person die Wahrnehmung, über die sie aussagen soll, nicht gemacht, so ist sie als Zeuge ungeeignet und nicht verpflichtet, sich Kenntnis zur Beweisfrage erst zu verschaffen (Köln NJW 73, 1983).

§ 373 Beweisantritt

Der Zeugenbeweis wird durch die Benennung der Zeugen und die Bezeichnung der Tatsachen, über welche die Vernehmung der Zeugen stattfinden soll, angetreten.

Im Bereich des Verhandlungsgrundsatzes (Einl I Rn 1–4) ist **Zeu-** **1** **genbeweis nur auf Antrag zulässig.** Die Person mit ladungsfähiger Anschrift und die zu beweisenden substantiierten Tatsachen (13, 18 vor § 284) sind zu bezeichnen. Der Beweisantrag ist nicht ordnungsgemäß, wenn eine Partei für sich widersprechende Behauptungen Beweis anbietet (BGH VersR 88, 158). Zum Beweis für innere Tatsachen bei einer Person muss die Partei nicht diese selbst als unmittelbaren Zeugen, sie kann auch mittelbare Zeugen benennen, gegenüber denen sich die Person über ihr Wissen und ihre Absichten geäußert hat (BGH II NJW 92, 1899). Ausforschungsbeweis § 284 Rn 3. Erforderlichenfalls Hinweis des Gerichts nach § 139 und Fristsetzung nach § 356 (BGH JR 74, 111). Das Angebot eines nicht zeugnisfähigen Zeugen (6 vor § 373) kann in einen Antrag auf Vernehmung als Partei umgedeutet werden (BGH NJW-RR 94, 1143). Anordnung und Ablehnung der Zeugenvernehmung § 284 Rn 2–9 und §§ 358–359. Verwertung früherer Vernehmungsprotokolle § 286 Rn 11. Vorbereitung der Vernehmung §§ 273 Abs 2 Nr 4, 378.

§ 374 (weggefallen)

§ 375 Beweisaufnahme durch beauftragten oder ersuchten Richter

(1) Die Aufnahme des Zeugenbeweises darf einem Mitglied des Prozeßgerichts oder einem anderen Gericht nur übertragen werden, wenn von vornherein anzunehmen ist, daß das Prozeßgericht das Beweisergebnis auch ohne den unmittelbaren Eindruck von dem Verlauf der Beweisaufnahme sachgemäß zu würdigen vermag, und
1. wenn zur Ausmittlung der Wahrheit die Vernehmung des Zeugen an Ort und Stelle dienlich erscheint oder nach gesetzlicher Vorschrift der Zeuge nicht an der Gerichtsstelle, sondern an einem anderen Ort zu vernehmen ist;
2. wenn der Zeuge verhindert ist, vor dem Prozeßgericht zu erscheinen und eine Zeugenvernehmung nach § 128a Abs. 2 nicht stattfindet;

Reichold   727

3. wenn dem Zeugen das Erscheinen vor dem Prozeßgericht wegen großer Entfernung unter Berücksichtigung der Bedeutung seiner Aussage nicht zugemutet werden kann und eine Zeugenvernehmung nach § 128 a Abs. 2 nicht stattfindet.

(1 a) Einem Mitglied des Prozeßgerichts darf die Aufnahme des Zeugenbeweises auch dann übertragen werden, wenn dies zur Vereinfachung der Verhandlung vor dem Prozeßgericht zweckmäßig erscheint und wenn von vornherein anzunehmen ist, daß das Prozeßgericht das Beweisergebnis auch ohne unmittelbaren Eindruck von dem Verlauf der Beweisaufnahme sachgemäß zu würdigen vermag.

(2) Der Bundespräsident ist in seiner Wohnung zu vernehmen.

1   **1. Grundsatz der Unmittelbarkeit** der Beweisaufnahme und die Folgen seiner Verletzung § 355 Rn 1, 5–7. Zeugen, Sachverständige (§ 402) und Parteien (§ 451) sind demnach grundsätzlich vor dem erkennenden Gericht (auch Einzelrichter, § 348 Rn 1, 2) zu vernehmen, notfalls per Videokonferenz nach § 128 a Abs 2. Verwertung früherer Zeugenprotokolle und Gutachten § 286 Rn 11.

2   **2. Ausnahmen. Vernehmung durch den beauftragten oder ersuchten Richter** (§ 355 Rn 2, 3) ist nur zulässig unter den Voraussetzungen des Abs 1 Nr 1–3, bei Nrn 2 u 3 nur dann, wenn eine Zeugenvernehmung per Videokonferenz nach § 128 a Abs 2 nicht möglich ist.

3   **Nr 1. Vernehmung an Ort und Stelle** ist dienlich, zB wenn nur die Aussage am Tatort ein richtiges Bild vom Geschehen vermittelt oder Gegenüberstellung mit einem verhinderten Zeugen nötig ist. Nicht an der Gerichtsstelle zu vernehmen ist der Bundespräsident (Abs 2).

4   **Nr 2. Verhinderung des Zeugen** muss von einiger Dauer sein, zB Krankheit, hohes Alter. Findet die Vernehmung in der Wohnung des Zeugen statt, so muss er wegen § 357 Abs 1 die Parteien zulassen, sein Hausrecht hat zurückzutreten.

5   **Nr 3. Große Entfernung.** Entscheidend ist nicht nur der Km-Abstand, sondern auch die Verkehrsverhältnisse. Unzumutbar ist die Vernehmung vor dem ProzGer zB bei Gebrechlichkeit oder hohem Alter des Zeugen oder wenn der Aufwand an Zeit und Kosten in keinem Verhältnis steht zur Bedeutung der Aussage, zur Schwierigkeit der Beweisfragen. Die Belastung des ProzGer spielt keine Rolle. Ablehnung des Rechtshilfeersuchens § 158 GVG.

6   **3. Weitere Ausnahme. Dem beauftragten Richter** darf die Vernehmung außerdem unter den 2 kumulativen Voraussetzungen in Abs 1 a übertragen werden. Zur Vereinfachung zweckmäßig ist dies, wenn dadurch Zeit- und Arbeitsaufwand für alle Beteiligten gespart werden kann. Dies ist nicht der Fall, wenn die Beweisaufnahme im

(einzigen) Haupttermin vor dem Kollegium stattfinden kann, was die Regel bleiben soll, oder per Videokonferenz nach § 128a Abs 2 durchgeführt werden kann. Ohne unmittelbaren persönlichen Eindruck kann das Kollegium von vornherein das Beweisergebnis würdigen, zB wenn der Zeuge oder Sachverständige seine Aussage anhand zuverlässiger schriftlicher Unterlagen zu machen hat. Bei der Parteivernehmung kann auf den persönlichen Eindruck idR nicht verzichtet werden (BGH WM 87, 1562). Ebenso, wenn mit widersprüchlichen Zeugenaussagen zu rechnen ist (Köln NJW-RR 98, 1143). Verstoß: § 355 Rn 6. Verwertung im Urteil § 285 Rn 2.

4. Im **arbeitsgerichtlichen Verfahren** Abweichungen in §§ 13, **7** 58, 64 Abs 7 ArbGG.

§ 376 Vernehmung bei Amtsverschwiegenheit

(1) **Für die Vernehmung von Richtern, Beamten und anderen Personen des öffentlichen Dienstes als Zeugen über Umstände, auf die sich ihre Pflicht zur Amtsverschwiegenheit bezieht, und für die Genehmigung zur Aussage gelten die besonderen beamtenrechtlichen Vorschriften.**

(2) **Für die Mitglieder des Bundestages, eines Landtages, der Bundes- oder einer Landesregierung sowie für die Angestellten einer Fraktion des Bundestages oder eines Landtages gelten die für sie maßgebenden besonderen Vorschriften.**

(3) **Eine Genehmigung in den Fällen der Absätze 1, 2 ist durch das Prozeßgericht einzuholen und dem Zeugen bekanntzumachen.**

(4) **Der Bundespräsident kann das Zeugnis verweigern, wenn die Ablegung des Zeugnisses dem Wohl des Bundes oder eines deutschen Landes Nachteile bereiten würde.**

(5) **Diese Vorschriften gelten auch, wenn die vorgenannten Personen nicht mehr im öffentlichen Dienst oder Angestellte einer Fraktion sind oder ihre Mandate beendet sind, soweit es sich um Tatsachen handelt, die sich während ihrer Dienst-, Beschäftigungs- oder Mandatszeit ereignet haben oder ihnen während ihrer Dienst-, Beschäftigungs- oder Mandatszeit zur Kenntnis gelangt sind.**

1. Sonderregelungen für die Vernehmung von Personen im 1 öffentl Dienst (Abs 1, 2). – **a) Abgeordnete, Richter** und **Beamte der Bundesrepublik** bedürfen gemäß § 44c des AbgeordnetenG der Genehmigung des Bundestagspräsidenten bzw gem §§ 61, 62 BBG idF vom 31. 3. 99 (BGBl I S 675), § 46 DRiG grundsätzlich der Genehmigung des (bei ausgeschiedenen Beamten: letzten) Dienstvorgesetzten für die Aussage; hilfsweise Genehmigung des Bundesinnenministeriums, Art 13 G vom 28. 11. 52 (BGBl I 749). Das Gericht hat sie einzuholen, Erteilung und Verweigerung ist Verwaltungsakt (OVG Münster NJW

61, 476). Die **Aussagegenehmigung** darf nur unter bestimmten Voraus-
2 setzungen von der Aufsichtsbehörde versagt werden. − **b)** Für **Bundesminister** gilt gem §§ 6, 7 BMinG v 27. 7. 71 (BGBl S 1166) eine
3 ähnliche Regelung, Genehmigung durch die Bundesregierung. − **c)** Für
Abgeordnete, Richter und **Beamte der deutschen Länder** enthalten die einschlägigen Landesgesetze inhaltlich übereinstimmende Rege-
4 lungen. − **d) Sonstige Beamte,** für die die beamtenrechtlichen Regelungen gelten, zB Kommunal-, Kirchenbeamte.
5   Die **Verweigerung der Aussagegenehmigung** gilt im Zweifel für
alle Instanzen, der Verwaltungsgerichtsweg steht offen (BGH Warn 69,
20).

6   **2. Schweigepflicht über Vorgänge bei der Beratung und Abstimmung** für Richter, auch Laienbeisitzer §§ 43, 45 DRiG, für
Schiedsrichter § 1052 Rn 2. Vernehmung von **Angehörigen ausländischer Streitkräfte** bedarf der Genehmigung iF des Art 38 Zabk-
NTS.

7   **3.** Für **Angestellte und Arbeiter** im öffentlichen Dienst besteht
zwar eine Schweigepflicht nach den Tarifverträgen, aber kein gesetzlicher Genehmigungsvorbehalt.

§ 377 Zeugenladung

(1) [1]**Die Ladung der Zeugen ist von der Geschäftsstelle unter
Bezugnahme auf den Beweisbeschluß auszufertigen und von
Amts wegen mitzuteilen.** [2]**Sie wird, sofern nicht das Gericht
die Zustellung anordnet, formlos übersandt.**

(2) **Die Ladung muß enthalten:**
1. die Bezeichnung der Parteien;
2. den Gegenstand der Vernehmung;
**3. die Anweisung, zur Ablegung des Zeugnisses bei Vermei-
dung der durch das Gesetz angedrohten Ordnungsmittel in
dem nach Zeit und Ort zu bezeichnenden Termin zu erscheinen.**

(3) [1]**Das Gericht kann eine schriftliche Beantwortung der
Beweisfrage anordnen, wenn es dies im Hinblick auf den Inhalt
der Beweisfrage und die Person des Zeugen für ausreichend
erachtet.** [2]**Der Zeuge ist darauf hinzuweisen, daß er zur Vernehmung geladen werden kann.** [3]**Das Gericht ordnet die Ladung des Zeugen an, wenn es dies zur weiteren Klärung der
Beweisfrage für notwendig erachtet.**

1   **1.** Der **Inhalt der Ladung** (Abs 2) soll dem Zeugen die Vorbereitung seiner Aussage ermöglichen und ist wesentlich für Maßnahmen
nach § 380. Ladung von Angehörigen ausländischer Streitkräfte § 376
Rn 6.

2   **2. Die schriftliche Beantwortung der Beweisfrage** (Abs 3) ist
nicht Urkunden-, sondern Zeugenbeweis. − **a) Voraussetzungen.**

Das Gericht hat nach pflichtgemäßem Ermessen zu entscheiden, ob die in Abs 3 genannten Voraussetzungen vorliegen. Wenn möglich, ist eine Vernehmung per Videokonferenz nach § 128 a Abs 2 vorzuziehen, weil dabei dem Zeugen sofort ergänzende Fragen gestellt werden können (vgl Rn 6). Bei der Beweisfrage ist dies der Fall, wenn sie einfach ist, dh für den Zeugen ohne weiteres verständlich und leicht zu beantworten, weil es sich nicht um schwierige Lebensvorgänge handelt, über die er berichten soll; dann wird auch seine Antwort für die Prozessbeteiligten verständlich sein. Bei der Person des Zeugen spielen seine Bildung und Ausdrucksfähigkeit eine Rolle, außerdem das Fehlen eines persönlichen Eindrucks. Geschäftslast des Ger hat außer Betracht zu bleiben. Das selbständige Zustandekommen der schriftlichen Erklärung muss gewährleistet sein. Erzwingbar ist sie nicht; bei Ausbleiben: Vorladung und Vernehmung des Zeugen. – **b)** Die **Anordnung** schriftlicher Beant- 3 wortung durch das ProzGer (Einzelrichter) geschieht im Beweisbeschluss, zweckmäßigerweise mit Fristsetzung. Zustimmung der Parteien ist nicht erforderlich. Zulässig auch iF des § 495 a. Die Anordnung ist auch nachträglich zulässig (Koblenz OLGZ 94, 460). – **c) Verstoß** ge- 4 gen Abs 2, 3 kann mit Rechtsmittel gegen das Urt als Verfahrensverstoß gerügt werden, falls nicht Heilung gem § 295 eingetreten ist. Abs 3 deckt nicht die Verwertung einer schriftlichen Beantwortung, die von der Partei ohne entspr Beschluss des Gerichts besorgt wurde (BGH Warn 69 Nr 290). – **d) Im arbeitsgerichtlichen Verfahren** gering- 5 fügige Abweichungen in § 58 Abs 2 ArbGG.

3. Ladung des Zeugen vAw oder auf Antrag, wenn sich heraus- 6 stellt, dass die schriftliche Beantwortung nicht ausreichend ist, dass es auf den persönlichen Eindruck ankommt, oder wenn eine Partei noch Fragen zu stellen hat, § 397 (LG Berlin NJW-RR 97, 1289). Die Vernehmung ist keine „wiederholte" gem § 398 (MüKoDamrau 17, Schneider MDR 98, 1133; aA früher BGH LM § 377 Nr 4).

§ 378 Aussageerleichternde Unterlagen

(1) [1]**Soweit es die Aussage über seine Wahrnehmungen erleichtert, hat der Zeuge Aufzeichnungen und andere Unterlagen einzusehen und zu dem Termin mitzubringen, wenn ihm dies gestattet und zumutbar ist.** [2]**Die §§ 142 und 429 bleiben unberührt.**

(2) **Kommt der Zeuge auf eine bestimmte Anordnung des Gerichts der Verpflichtung nach Absatz 1 nicht nach, so kann das Gericht die in § 390 bezeichneten Maßnahmen treffen; hierauf ist der Zeuge vorher hinzuweisen.**

1. Zweck. Abs 1 will, ebenso wie beim Sachverständigenbeweis 1 § 406 a, den Erfolg der Beweisaufnahme zur raschen Erledigung des Prozesses dadurch sicherstellen, dass der Zeuge sich auf die Vernehmung durch Einsichtnahme in Aufzeichnungen und andere Unterlagen vor-

bereitet, so dass er über die Vorgänge, über die er aussagen soll und die ihm mit der Ladung gemäß § 377 Abs 2 mitgeteilt sind, voll informiert ist. Außerdem hat er sie zum Termin mitzubringen. Er muss diese Unterlagen nicht selbst in Besitz haben. Befinden sie sich nicht in seinen Händen, so besteht diese Pflicht nur, wenn ihm Einsichtnahme und Mitbringen gestattet ist. Grenze dieser Pflicht ist die Zumutbarkeit. – **Un-**
2 **zumutbar** ist es, wenn die Erfüllung dieser Pflicht für den Zeugen mit großen Lasten und Schwierigkeiten verbunden wäre, auch im Hinblick auf Zeitaufwand, Kosten, andere Pflichten, Alter, Gesundheitszustand, zB wenn die Unterlagen nur schwer erreichbar oder sehr umfangreich
3 sind. – Handelt es sich um **Urkunden in Händen Dritter,** so bleibt ihre Herbeischaffung durch den Beweisführer gemäß §§ 428–431 unberührt. Außerdem kann das Ger durch Anordnung nach § 142 Abs 1 anordnen, dass der Zeuge unabhängig von einer Vernehmung Urkunden und Unterlagen aus seinem Besitz vorlegt.

4 **2. Durchsetzung** (Abs 2). Erfüllt der Zeuge die genannte Verpflichtung ohne Angabe eines Grundes nicht, so treten die Folgen verweigerter Aussage oder Eidesleistung gemäß § 390 ein. Voraussetzung hierfür ist, dass der Zeuge darauf vorher hingewiesen wurde und dass das Gericht eine Anordnung erlassen hatte, in der es die vom Zeugen einzusehenden und mitzubringenden Unterlagen so bestimmt bezeichnet hat, dass kein Zweifel besteht, um welche es sich handelt.

§ 379 Auslagenvorschuss

¹Das Gericht kann die Ladung des Zeugen davon abhängig machen, daß der Beweisführer einen hinreichenden Vorschuß zur Deckung der Auslagen zahlt, die der Staatskasse durch die Vernehmung des Zeugen erwachsen. ²Wird der Vorschuß nicht innerhalb der bestimmten Frist gezahlt, so unterbleibt die Ladung, wenn die Zahlung nicht so zeitig nachgeholt wird, daß die Vernehmung durchgeführt werden kann, ohne daß dadurch nach der freien Überzeugung des Gerichts das Verfahren verzögert wird.

1 **1. Auslagenvorschuss. – a) Die Anordnung** steht im Ermessen des ProzGer (Einzelrichters) zur Deckung der der Staatskasse erwachsenden Auslagen. Dabei ist einerseits das Interesse der Staatskasse, bei Beweiserhebung auf Antrag des Bekl auch das Interesse des Kl an der Sicherstellung der Kosten wegen seiner Haftung nach § 49 S 1 GKG, andrerseits eine mögliche Verzögerung des Verfahrens zu berücksichtigen. Der letztgenannte Gesichtspunkt spielt insbes bei Anordnungen nach § 273, ev auch § 358a eine Rolle. Die Vermeidung der Verfahrensverzögerung sollte idR Vorrang haben. Bestimmung der Höhe und der (richterlichen, § 224) Frist in der Verfügung nach § 273, im Beweisbeschluss oder später; falls nicht verkündet, förmliche Zustellung (§ 329 Abs 2 S 2). Die Frist muss angemessen, der Beweistermin so angesetzt sein, dass die Zeugen trotz geringfügiger Verspätung der Vor-

schusszahlung noch geladen werden können (Frankfurt NJW 86, 731). Auch im ZwangsvollstrVerfahren ist § 379 anwendbar (KG OLG 68, 44). – **b) Vorschusspflichtig** ist der Beweisführer (§ 359 Nr 3). Haben beide Parteien zu demselben Beweisthema dasselbe Beweismittel benannt, dann ist die Partei vorschusspflichtig, die die Beweislast trägt (BGH NJW 99, 2823; 00, 1420). – **c) Keine Vorschusspflicht** außer bei mutwilligem Beweisantrag (Hamm FamRZ 92, 455) gibt es, soweit PKH bewilligt ist (§ 122 Abs 1 Nr 1 a, Abs 2); bei Beweiserhebung vAw, zB § 144 Abs 1 (BGH FamRZ 69, 477, Hamburg FamRZ 86, 195). Auf Grund praktischer Übung und ohne gesetzliche Grundlage beseitigt eine Gebührenverzichtserklärung des Zeugen die Vorschusspflicht. Die Erklärung kann wirksam nur widerrufen werden, wenn Täuschung, Drohung, Erklärungsirrtum vorliegt oder die Geschäftsgrundlage entfallen ist. Dieser Widerruf muss unverzüglich und jedenfalls vor der Vernehmung erklärt werden (München NJW 75, 2108). – **d) Rechtsmittel** nach § 127 Abs 2 gegen die Anordnung für beide Parteien, soweit beschwert (KG OLG 71, 423), wenn einer Partei PKH bewilligt ist, weil darin eine teilweise Entziehung liegt. Sonst sind Vorschussanordnung und unterbliebene Zeugenladung nur mit Rechtsmittel gegen die Hauptsacheentscheidung anfechtbar (Hamm MDR 99, 502). – **e)** Beim **Sachverständigenbeweis** ist § 379 mit Einschränkung (§ 402 Rn 1) anwendbar.

2. Fristversäumung führt, abgesehen von den Fällen der Rn 3, zum Unterbleiben der Ladung, außer sie kann trotz verspäteter Zahlung noch nachgeholt werden. Unterbleiben der Ladung und Entscheidung ohne Beweiserhebung verletzt im letztgenannten Fall das Recht auf rechtliches Gehör (BVerfG NJW 86, 833). Der Termin bleibt bestehen. Erscheint der Zeuge freiwillig oder auf Ladung trotz fehlenden Vorschusses, so ist er zu vernehmen (Frankfurt OLG 68, 436). Erscheint er nicht und bleibt der Beweisantrag aufrechterhalten, kann die Partei mit dem Beweismittel ohne erneute Fristsetzung nur nach § 296 Abs 2 ausgeschlossen werden (BVerfG NJW 00, 1327, BGH NJW 98, 761), außer wenn ohnehin ein weiterer Termin bestimmt und der Vorschuss dazu noch rechtzeitig für eine Ladung des Zeugen einbezahlt wird (Weber MDR 79, 799). Unterlässt das Gericht die Vernehmung wegen Nichteinzahlung, so liegt darin keine Zurückweisung iS der §§ 296, 531 Abs 1 (BGH NJW 80, 343). Je nach Sachlage kann ein Hinweis des Ger auf die Fristversäumung erforderlich sein (Hamm NJW-RR 95, 1151).

§ 380 Folgen des Ausbleibens des Zeugen

(1) **[1]Einem ordnungsgemäß geladenen Zeugen, der nicht erscheint, werden, ohne daß es eines Antrages bedarf, die durch das Ausbleiben verursachten Kosten auferlegt. [2]Zugleich wird gegen ihn ein Ordnungsgeld und für den Fall, daß dieses nicht beigetrieben werden kann, Ordnungshaft festgesetzt.**

(2) **Im Falle wiederholten Ausbleibens wird das Ordnungsmittel noch einmal festgesetzt; auch kann die zwangsweise Vorführung des Zeugen angeordnet werden.**

(3) **Gegen diese Beschlüsse findet die sofortige Beschwerde statt.**

1. Voraussetzungen für Maßnahmen. – **a) Ordnungsgemäße Ladung,** dh Mitteilung gem § 377 Abs 1 (nicht nötig förmliche Zustellung) und vorgeschriebener Inhalt gem § 377 Abs 2 (Frankfurt MDR 79, 236). Das ist auch bei Zeugen notwendig, die gemäß § 273 geladen werden (Celle OLGZ 77, 366). Nachweis der Mitteilung ist nicht verlangt. – **b) Erscheinenspflicht** des Zeugen. Ausnahmen von ihr in §§ 375 Abs 2, Art 377 Abs 3, 382, 386 Abs 3. – **c) Nichterscheinen,** dh Abwesenheit bei Aufruf (§ 220 Abs 1) oder Entfernung vor der Vernehmung (auch § 158). – **d) Fehlende Entschuldigung** für das Ausbleiben (§ 381).

2. Folgen des Ausbleibens. Bei Vorliegen der Voraussetzungen Rn 1–4 hat der Richter, auch der Richterkommissar (§ 400), vAw anzuordnen: – **a)** Verurteilung in die durch das Ausbleiben verursachten vermeidbaren **Kosten,** bei Verspätung an rechtzeitigem Erscheinen Mehrkosten (Nürnberg MDR 98, 1432). Insoweit sind die Parteien antrags- und bei Ablehnung beschwerdeberechtigt. – **b) Ordnungsgeld** kann in Höhe von 5,– bis 1000,– € (Art 6 Abs 1 EGStGB) festgesetzt werden. **Ordnungshaft** von einem Tag bis zu 6 Wochen, zu bemessen nach Tagen (Art 6 Abs 2 EGStGB). Zahlungserleichterungen, Vollstreckung, nachträgliche Anordnungen und Verjährung § 890 Rn 32–34, 23. – **c) Bei wiederholtem Ausbleiben** ist Wiederholung (auch mehrmalige: KG NJW 60, 1726, BLAH 16; aA StJBerger 30, Celle OLGZ 75, 372, Dresden OLG-NL 02, 114) und zwangsweise Vorführung (Abs 2) zulässig. Vollziehung des früheren Ordnungsmittels ist dazu nicht nötig. – **d)** Der **Beschluss** ist dem Zeugen förmlich zuzustellen und ist Titel für den Antrag der Parteien auf Kostenfestsetzung. – **e) Maßnahmen sollen unterbleiben,** wenn das Ausbleiben des Zeugen für Parteien oder Gericht keine nachteilige Wirkung hat, zB wenn sich die Vernehmung erübrigt (Frankfurt NJW 72, 2093; weitere Nachweise, aber aA Frankfurt OLGZ 83, 458).

3. Rechtsbehelfe. – **a) Aufhebung** kann der Zeuge uU mit nachträglicher Entschuldigung beantragen (§ 381 Abs 1 S 2). – **b) Entscheidung des Prozessgerichts** gegen Anordnung des beauftragten oder ersuchten Richters; gegen Entscheidung des Prozessgerichts sofortige Beschwerde (§ 573 Abs 1, 2). – **c) Sofortige Beschwerde** gegen Anordnungen des ProzGer (Einzelrichter) nur in 1. Instanz. Rechtsbeschwerde, auch gegen erstmalige Anordnungen im Berufungsverfahren, nur nach Zulassung gem § 574 Abs 1 (Düsseldorf MDR 03, 230). Beschwerde hat im Falle Rn 7, 8 aufschiebende Wirkung (§ 570 Abs 1). Die Kosten der erfolgreichen Beschwerde sind entspr §§ 46 OWiG,

467 StPO der Staatskasse aufzuerlegen (Hamm MDR 80, 322, Bamberg MDR 82, 585, LG Heilbronn MDR 95, 753; aA Karlsruhe Just 77, 97; LAG Frankfurt MDR 82, 612: solche des Rechtsstreits, fallen unter §§ 91 ff ohne besonderen Ausspruch; Celle NdsRpfl 82, 45, Frankfurt RPfleger 84, 106, Düsseldorf MDR 85, 60: Erstattungsanspruch nach § 11 ZuSEG). – **d) Kein Anwaltszwang** (§§ 569 Abs 3 Nr 3, **13** 78 Abs 3).

§ 381 Genügende Entschuldigung des Ausbleibens

(1) [1]**Die Auferlegung der Kosten und die Festsetzung eines Ordnungsmittels unterbleiben, wenn das Ausbleiben des Zeugen rechtzeitig genügend entschuldigt wird.** [2]**Erfolgt die Entschuldigung nach Satz 1 nicht rechtzeitig, so unterbleiben die Auferlegung der Kosten und die Festsetzung eines Ordnungsmittels nur dann, wenn glaubhaft gemacht wird, dass den Zeugen an der Verspätung der Entschuldigung kein Verschulden trifft.** [3]**Erfolgt die genügende Entschuldigung oder die Glaubhaftmachung nachträglich, so werden die getroffenen Anordnungen unter den Voraussetzungen des Satzes 2 aufgehoben.**

(2) **Die Anzeigen und Gesuche des Zeugen können schriftlich oder zum Protokoll der Geschäftsstelle oder mündlich in dem zur Vernehmung bestimmten neuen Termin angebracht werden.**

1. Unterbleiben und Aufhebung der Maßnahmen nach § 380. – 1 a) Glaubhaftmachung § 294. Bezieht sich nur auf das fehlende Verschulden an der verspäteten Entschuldigung oder Glaubhaftmachung (Abs 1 S 2 u 3). – **b) Unterbleiben** dürfen die Maßnahmen nach § 380 **2** nur, wenn das Ausbleiben des Zeugen rechtzeitig genügend entschuldigt wird. Die Entschuldigung ist **rechtzeitig,** wenn sie dem Ger in einem Zeitpunkt zugeht, in dem die Aufhebung des Termins und die Abladung der anderen ProzBeteiligten noch ohne weiteres möglich ist. **Genügend** ist sie, wenn bei Würdigung aller Umstände dem Zeugen das Erscheinen nicht zugemutet werden kann. Das entscheidet das Ger nach Ermessen. Privaten u beruflichen Pflichten geht die Zeugnispflicht grundsätzlich vor. Außerdem dürfen die Maßnahmen unterbleiben bei **verspäteter** genügender Entschuldigung, wenn der Zeuge glaubhaft macht (§ 294), dass ihn an der Verspätung der Entschuldigung **kein Verschulden** trifft. – **c) Aufgehoben** werden die Maßnahmen nach **3** § 380, wenn die genügende **Entschuldigung nachträglich** erfolgt und das fehlende Verschulden an verspäteter Entschuldigung glaubhaft gemacht wird. Entsprechendes gilt, wenn die Glaubhaftmachung des fehlenden Verschuldens nachgeholt wird. – **d) Rechtsbehelf.** Nach- **4** trägliche Entschuldigung oder sofortige Beschwerde (§ 380 Abs 3) stehen zur Wahl.

2. Aus Abs 2 folgt, dass für die Gesuche und Erklärungen des Zeu- **5** gen kein Anwaltszwang (§ 78 Abs 3) besteht.

§ 382 Vernehmung an bestimmten Orten

(1) **Die Mitglieder der Bundesregierung oder einer Landesregierung sind an ihrem Amtssitz oder, wenn sie sich außerhalb ihres Amtssitzes aufhalten, an ihrem Aufenthaltsort zu vernehmen.**

(2) **Die Mitglieder des Bundestages, des Bundesrates, eines Landtages oder einer zweiten Kammer sind während ihres Aufenthaltes am Sitz der Versammlung dort zu vernehmen.**

(3) **Zu einer Abweichung von den vorstehenden Vorschriften bedarf es: für die Mitglieder der Bundesregierung der Genehmigung der Bundesregierung, für die Mitglieder einer Landesregierung der Genehmigung der Landesregierung, für die Mitglieder einer der im Absatz 2 genannten Versammlungen der Genehmigung dieser Versammlung.**

1 Zu vernehmen ist an der Gerichtsstelle des betreffenden Ortes. Ob durch ProzGer, beauftragten oder ersuchten Richter, hat der Beweisbeschluss zu bestimmen. Die Genehmigung (Abs 3) ist auch dann erforderlich, wenn der Zeuge zum Erscheinen an der Gerichtsstelle des ProzGer bereit ist. Fehlen der Genehmigung verhindert Maßnahmen nach § 380, ist sonst aber prozessual bedeutungslos.

§ 383 Zeugnisverweigerung aus persönlichen Gründen

(1) **Zur Verweigerung des Zeugnisses sind berechtigt:**
1. **der Verlobte einer Partei;**
2. **der Ehegatte einer Partei, auch wenn die Ehe nicht mehr besteht;**
2 a. **der Lebenspartner einer Partei, auch wenn die Lebenspartnerschaft nicht mehr besteht;**
3. **diejenigen, die mit einer Partei in gerader Linie verwandt oder verschwägert, in der Seitenlinie bis zum dritten Grad verwandt oder bis zum zweiten Grad verschwägert sind oder waren;**
4. **Geistliche in Ansehung desjenigen, was ihnen bei der Ausübung der Seelsorge anvertraut ist;**
5. **Personen, die bei der Vorbereitung, Herstellung oder Verbreitung von periodischen Druckwerken oder Rundfunksendungen berufsmäßig mitwirken oder mitgewirkt haben, über die Person des Verfassers, Einsenders oder Gewährsmanns von Beiträgen und Unterlagen sowie über die ihnen im Hinblick auf ihre Tätigkeit gemachten Mitteilungen, soweit es sich um Beiträge, Unterlagen und Mitteilungen für den redaktionellen Teil handelt;**
6. **Personen, denen kraft ihres Amtes, Standes oder Gewerbes Tatsachen anvertraut sind, deren Geheimhaltung durch ihre Natur oder durch gesetzliche Vorschrift geboten ist, in be-**

treff der Tatsachen, auf welche die Verpflichtung zur Verschwiegenheit sich bezieht.

(2) **Die unter Nummern 1 bis 3 bezeichneten Personen sind vor der Vernehmung über ihr Recht zur Verweigerung des Zeugnisses zu belehren.**

(3) **Die Vernehmung der unter Nummern 4 bis 6 bezeichneten Personen ist, auch wenn das Zeugnis nicht verweigert wird, auf Tatsachen nicht zu richten, in Ansehung welcher erhellt, daß ohne Verletzung der Verpflichtung zur Verschwiegenheit ein Zeugnis nicht abgelegt werden kann.**

1. Das **Zeugnisverweigerungsrecht** im Ganzen ist in § 383, das **1** Recht, einzelne Fragen nicht zu beantworten, ist in § 384 erschöpfend geregelt. Abs 1 Nr 6 wird ergänzt durch Art 47 GG, der den Abgeordneten das Recht gibt, das Zeugnis über Personen zu verweigern, die ihnen in ihrer Eigenschaft als Abgeordnete oder denen sie in dieser Eigenschaft Tatsachen anvertraut haben, ebenso über diese Tatsachen selbst. Von dem Recht kann jederzeit, auch nach früherem Verzicht Gebrauch gemacht werden. Vertraglich übernommene Schweigepflichten geben als solche kein Zeugnisverweigerungsrecht (Nürnberg Bay-JMBl 54, 66). Die Zeugnisverweigerung schließt die Verwertung von Niederschriften über frühere Vernehmungen (Hamm NVersZ 98, 44) und die Vernehmung früherer Vernehmungspersonen über den Inhalt der Aussage nicht aus (Köln VersR 93, 335). Die Tatsache der Zeugnisverweigerung darf nicht beweiswürdigend berücksichtigt werden (bestr; aA 23. Aufl). – Einem **erneuten Antrag** auf Vernehmung des **2** Zeugen, der von seinem Zeugnisverweigerungsrecht Gebrauch gemacht hat, ist nur stattzugeben, wenn anzunehmen ist, dass er nunmehr aussagen wird (BGH NJW-RR 87, 445); dazu ist grundsätzlich eine Erklärung des Zeugen erforderlich (Köln NJW 75, 2074, LAG Köln MDR 00, 1337).

2. Nr 1–3. Nahe Angehörige einschl Lebenspartner gemäß LPartG **3** vom 16. 2. 01 (BGBl S 266) haben wegen des Gewissenskonflikts das Verweigerungsrecht schlechthin. Ausnahmen in § 385 Abs 1. Ebenso, wenn das Verhältnis nur zu einem Streitgenossen besteht, ausgenommen die Aussage betrifft nur die Übrigen. Nr 1–3 gelten nicht für Angehörige eines Streithelfers (MuHuber 2; MüKoDamrau 7; aA ZöGreger 2; BLAH 2) und der Partei kraft Amtes (§ 51 Rn 24), weil für sie der Konflikt nicht besteht, und nicht für die Angehörigen des sachlich Betroffenen, weil er nicht Partei ist (zB Gemeinschuldner); in diesem Fall ist aber analoge Anwendung angebracht (StJBerger 32). Das Verlöbnis muss ernstlich sein und darf nicht sittenwidrig, muss im Übrigen aber nicht unbedingt wirksam sein. Nr 2 und 3 entsprechen § 41 Nr 2 und 3.

3. Nr 4 und 6, Art 47 GG. **Personen in besonderer Vertrau- 4 ensstellung** oder im Zusammenhang mit ihr haben, gleichgültig ob die

Kenntnis auf einem besonderen Vertrauensakt beruht oder nicht (BGH
91, 392), das Zeugnisverweigerungsrecht, soweit Geheimhaltung von
5 ihnen erwartet werden darf. – Für **Geistliche (Nr 4)** spielt es keine
Rolle, auf welche Weise sie in Ausübung der Seelsorge ihre Wahrneh-
6 mungen gemacht haben. – „**Anvertraut**" (Nr 6) bedeutet jede Wahrnehmung auf Grund der Vertrauensstellung (Stuttgart MDR 83, 236).
Zu den schweigepflichtigen Personen gehören vor allem Ärzte und andere in der Gesundheitspflege Tätige, Richter (§§ 43, 45 DRiG), Abgeordnete, Beamte, Rechtsanwälte, Verteidiger, Notare (streitig, ob
auch über eigene Amtshandlungen, vgl München MDR 81, 853),
Bankangestellte, Wirtschaftsprüfer, Steuerberater, auch wenn sie für
beide Parteien tätig waren (BGH WM 83, 653), frühere Geschäftsführer einer GmbH (München NJW-RR 98, 1495), Vorstandsmitglieder
einer AG nach Beendigung ihrer Tätigkeit (BGH WM 87, 480), sowie
das Büro- und Hilfspersonal der Genannten. Die Tatsache muss die ver-
7 trauende Person betreffen (Düsseldorf MDR 85, 507). – Der **Umfang
der Verschwiegenheitspflicht** richtet sich primär nach Gesetz, sonst
nach der Natur der Sache. Was darunter fällt, hat der Richter zu beurteilen; maßgebend sind insbes die Verkehrssitte und die berechtigten
Erwartungen der vertrauenden Personen. Die Schweigepflicht des
Arztes endet grundsätzlich nicht mit dem Tode des Patienten, kann
aber abnehmen. Maßgebend ist in erster Linie eine positive Äußerung
des Verstorbenen zu Lebzeiten, ausdrücklich oder konkludent, sonst
sein mutmaßlicher Wille, ob er die Offenlegung gebilligt hätte oder
8 nicht (BGH 91, 392, BayObLG NJW 87, 1492). – Für **Nr 4 und 6**
besteht **keine Schweigepflicht,** soweit der Zeuge von ihr entbunden
(§ 385 Abs 2) oder zur Weitergabe an Dritte ermächtigt ist, in Nr 6
auch, soweit höhere sittliche oder öffentliche Belange entgegenstehen,
zB Aussage über gerichtliche Beratung bei Rechtsbeugung (RG 89,
16). Verweigert der Beweisgegner die Entbindung von der Schweigepflicht, so sind die Umstände frei zu würdigen; Beweisvereitelung
(§ 286 Rn 17–19) ist nur ein vorwerfbares, missbilligenswertes Verhalten (BGH NJW-RR 96, 1534).

9   **4. Nr 5.** Geschützt sind **Redaktionsgeheimnis** und Anonymität
der Informationsquelle im Interesse einer eigenständigen, funktionsfähi-
gen freien Presse (Art 5 Abs 1 GG) unter Verzicht auf volle Ermittlung
der Wahrheit im Einzelfall. **Nicht** unter Nr 5 fällt die Frage nach dem
Wahrheitsgehalt einer Information in einem vom Zeugen selbst ver-
fassten Artikel (Dresden NJW-RR 02, 342). Das Zeugnisverweigerungsrecht über die im Gesetz genannten Wahrnehmungen gilt im
redaktionellen Teil, wo vorwiegend Presse und Rundfunk ihre Kon-
trollfunktion ausüben und ihren Beitrag zur Meinungsbildung leisten,
für den genannten Personenkreis umfassend. Im Anzeigenteil, der vorwiegend eigenen wirtschaftlichen Interessen dient, kann im Einzelfall
nach dem Grundsatz der Verhältnismäßigkeit ein Zeugnisverweigerungsrecht bestehen (BVerfG BB 83, 1430 zur StPO; aA Kunert MDR

75, 385/387). Für Nr 5 ist die Entbindung von der Schweigepflicht belanglos, § 385 Abs 2 gilt dafür nicht; es besteht auch keine Einschränkung des Zeugnisverweigerungsrechts über Mitteilungen mit kriminellem Hintergrund (München NJW 89, 1226) oder in Pressekonferenzen (München OLGZ 89, 327).

5. Die **Belehrung der Angehörigen (Abs 2)** ist in das Protokoll 10 aufzunehmen. Ihr Unterbleiben kann Rechtsmittel begründen, falls nicht Heilung nach § 295 eingetreten ist. Ebenso darf eine Zeugenaussage aus dem strafrechtlichen Ermittlungsverfahren als Urkundenbeweis bei dort unterbliebener Belehrung nicht verwertet werden, außer der Mangel ist geheilt (BGH NJW 85, 1158 u 1470).

6. Abs 3. Die unter Nr 4 bis 6 fallenden Personen darf das Ger von 11 vorneherein nicht über Tatsachen befragen, die offensichtlich unter die Verschwiegenheitspflicht fallen (BGH ZIP 94, 1103/1110), auch wenn kein Zeugnisverweigerungsrecht geltend gemacht wird. Dazu gehören auch die Fälle, in denen nicht ein bestimmter Dritter, sondern die Allgemeinheit an der Schweigepflicht interessiert ist. Das Beweiserhebungsverbot des Abs 3 ist im Falle seiner Verletzung nicht zugleich ein Verwertungsverbot im Urt (BGH NJW 90, 1734; aA Giessler NJW 77, 1185).

§ 384 Zeugnisverweigerung aus sachlichen Gründen

Das Zeugnis kann verweigert werden:
1. **über Fragen, deren Beantwortung dem Zeugen oder einer Person, zu der er in einem der im § 383 Nr. 1 bis 3 bezeichneten Verhältnisse steht, einen unmittelbaren vermögensrechtlichen Schaden verursachen würde;**
2. **über Fragen, deren Beantwortung dem Zeugen oder einem seiner im § 383 Nr. 1 bis 3 bezeichneten Angehörigen zur Unehre gereichen oder die Gefahr zuziehen würde, wegen einer Straftat oder einer Ordnungswidrigkeit verfolgt zu werden;**
3. **über Fragen, die der Zeuge nicht würde beantworten können, ohne ein Kunst- oder Gewerbegeheimnis zu offenbaren.**

1. Allgemeines § 383 Rn 1, 2. Sachliche Gründe geben in § 384 1 dem Zeugen das gegenständlich beschränkte Recht, einzelne Fragen nicht zu beantworten. Das setzt voraus, dass ihm zunächst einmal Fragen gestellt werden (BGH NJW 94, 197). Der Zeuge braucht auch dann nicht zu antworten, wenn nur die Bejahung der Frage ihm Unehre bringen würde, er sie aber verneinen könnte (BGH 26, 391). Schlüsse aus der Zeugnisverweigerung für die Beweiswürdigung zu ziehen, erfordert deshalb Vorsicht und Kenntnis der möglichen Motive des Zeugen. Belehrung über das Recht ist nicht vorgeschrieben (Köln OLGZ 86, 59), aber angebracht.

2   **2. Die einzelnen Fälle: Nr 1. Schaden.** Unmittelbare Ursache für ihn ist die Antwort, wenn sie Tatsachen offenbaren würde, die einen Anspruch gegen den Zeugen oder nahe Angehörige begründen oder seine Durchsetzung erleichtern, zB der Mehrverkehrszeuge im Abstammungsprozess (BGH NJW 90, 2758). Beschränkung des Zeugnisverweigerungsrechts in § 385. Verstoß kann Rechtsmittel begründen (BayObLG NJW 57, 386). Die Befürchtung, sich der Gefahr von Repressalien auszusetzen, begründet kein Aussageverweigerungsrecht (Hamm OLGZ 89, 468).

3   **Nr 2. Unehre** bringt die Antwort, wenn die preiszugebenden Tatsachen nach dem sittlichen Bewusstsein der Rechtsgemeinschaft, wie sie in der Wertordnung des GG zum Ausdruck kommt (OVG Lüneburg NJW 78, 1493), die sittliche Wertschätzung des Zeugen oder eines nahen Angehörigen herabmindern könnten. Das kann auch bei einer Ehebruchszeugin der Fall sein (Karlsruhe NJW 94, 528), selbst wenn sie nicht verheiratet ist (Stuttgart FamRZ 81, 67, Dillenburger/Pauly MDR 95, 340). Aussage entgegen einer vereinbarten Verschwiegenheitspflicht **4** ist nicht unehrenhaft (Hamm FamRZ 99, 939). – **Gefahr der Verfolgung** bringt die Antwort, wenn auf Grund der preisgegebenen Tatsachen, auch in Verbindung mit anderen Umständen, möglicherweise ein Straf-, Bußgeld- oder Wiederaufnahmeverfahren (Celle NJW-RR 91, 62) gegen den Zeugen oder nahe Angehörige eingeleitet oder seine Durchführung erleichtert würde. Gleichgültig ist, wie die Frage zu beantworten wäre, Rn 1. Das Zeugnisverweigerungsrecht besteht auch für die Witwe desjenigen, der nach Nr 2 das Zeugnis verweigern konnte, weil § 383 Nr 2 nicht voraussetzt, dass die Ehe noch besteht (Nürnberg MDR 75, 937).

5   **Nr 3. Geheimnis** kann ein eigenes sein oder ein fremdes, zu dessen Wahrung eine Pflicht besteht, zB für Angestellte. Konkurrenz mit § 383 Abs 1 Nr 6 ist möglich. Gewerbegeheimnis betrifft eine auf Erwerb gerichtete Tätigkeit, jedoch ist ausdehnende Auslegung iS von Geschäftsgeheimnis angebracht (Stuttgart WRP 77, 127); dieses muss einen wirtschaftlichen Wert haben (München NJW-RR 98, 1495). Die Entbindung von der Schweigepflicht gegenüber Dritten beseitigt nicht ein eigenes Geheimhaltungsrecht. „Geheimnis" deckt sich mit den ihrer Natur nach geheim zu haltenden Tatsachen in § 383 Abs 1 Nr 6; dort **6** Rn 6, 7. – **Beispiele, Literatur.** Produktionsvorgang, Bezugsquellen, Einkaufspreise, den Gewerbebetrieb betreffende steuerliche Verhältnisse (Düsseldorf MDR 78, 147). Eingehend Gottwald, Zur Wahrung von Geschäftsgeheimnissen im Zivilprozess, BB 79, 1780, Stürner, Die gewerbliche Geheimsphäre im Zivilprozess, JZ 85, 453 mit Unterscheidung zwischen Geheimnisschutz für Dritte und für die Prozessparteien, Stadler, Der Schutz von Unternehmensgeheimnissen im Zivilprozess, NJW 89, 1202 (Ausschluss der Gegenpartei vom Beweisverfahren).

7   **3. Bei Verletzung des Persönlichkeitsrechts** durch heimliche Tonbandaufnahme (6 vor § 371) hat der Zeuge über den Inhalt des

Gesprächs kein Zeugnisverweigerungsrecht, wenn ihm die Verletzung seines Rechtsguts zur Aufklärung der Verletzung eines höherwertigen Rechtsguts zuzumuten ist (BVerfG NJW 02, 3619/3624).

§ 385 Ausnahmen vom Zeugnisverweigerungsrecht

(1) **In den Fällen des § 383 Nr. 1 bis 3 und des § 384 Nr. 1 darf der Zeuge das Zeugnis nicht verweigern:**

1. **über die Errichtung und den Inhalt eines Rechtsgeschäfts, bei dessen Errichtung er als Zeuge zugezogen war;**
2. **über Geburten, Verheiratungen oder Sterbefälle von Familienmitgliedern;**
3. **über Tatsachen, welche die durch das Familienverhältnis bedingten Vermögensangelegenheiten betreffen;**
4. **über die auf das streitige Rechtsverhältnis sich beziehenden Handlungen, die von ihm selbst als Rechtsvorgänger oder Vertreter einer Partei vorgenommen sein sollen.**

(2) **Die im § 383 Nr. 4, 6 bezeichneten Personen dürfen das Zeugnis nicht verweigern, wenn sie von der Verpflichtung zur Verschwiegenheit entbunden sind.**

Die Bestimmung beschränkt das Zeugnisverweigerungsrecht (§§ 383, 1 384).

1. Nach **Abs 1** müssen die nahen Angehörigen (§ 383 Abs 1 Nr 1–3) und muss ein Zeuge ohne Rücksicht auf unmittelbaren Vermögensschaden (§ 384 Nr 1) in den 4 genannten Fällen aussagen. Die übrigen Verweigerungsgründe bleiben unberührt. – **Nr 2** betrifft nicht die Zeu- 2 gung (RG 169, 48). Verwandtschaft ist nicht erforderlich. – Beispiele für **Nr 3:** Güterrechtliche Vereinbarungen, Unterhaltsansprüche, Überga- 3 be- und Abfindungsverträge, auch allg Verträge, wenn sie in concreto gerade durch das Familienverhältnis bedingt sind (StJBerger 5; bestr). – **Nr 4.** Wegen Rechtsvorgänger vgl die Ausführungen über Rechts- 4 nachfolge in § 325 Rn 2. Vertreter sind alle gesetzlichen oder gewillkürten, nicht aber Beistände (§ 90), Berater, Wortführer (Köln NJW 55, 1561). Zu den eigenen „Handlungen" gehören auch die damit in Zusammenhang stehenden Wahrnehmungen. Zur Aussagepflicht genügt die bloße Behauptung des Beweisführers, dass von dem Zeugen als Rechtsvorgänger oder Vertreter die betreffenden Handlungen vorgenommen „sein sollen".

2. Entbindung von der Schweigepflicht (Abs 2). Die Personen 5 bes Vertrauens (§ 383 Abs 1 Nr 4, 6) müssen aussagen, wenn sie wirksam von der Schweigepflicht entbunden sind. Gilt nicht für § 383 Abs 1 Nr 5. Nötig ist Befreiung durch alle, denen ein Recht auf Verschwiegenheit zusteht oder die es an ihrer Stelle ausüben dürfen, zB Erben in vermögensrechtlichen Angelegenheiten (Stuttgart MDR 83, 236), Verwalter im Insolvenzverfahren (Düsseldorf NJW-RR 94, 958), gesetzlicher Vertreter, Generalbevollmächtigter (Celle NJW 55, 1844;

bestr); Prozessvollmacht genügt nicht (München OLG 23, 182). Die
Befreiung ist dem Zeugen, der Gegenpartei oder dem Gericht gegenüber zu erklären und Prozesshandlung (Einl III). Ihre Versagung ist frei
zu würdigen. Schweigepflicht im allg Interesse (zB gerichtliches Beratungsgeheimnis), ein eigenes Schweigerecht (§ 384 Nr 3) und das Erfordernis der Aussagegenehmigung (§ 376) bleiben unberührt.

§ 386 Erklärung der Zeugnisverweigerung

(1) **Der Zeuge, der das Zeugnis verweigert, hat vor dem zu
seiner Vernehmung bestimmten Termin schriftlich oder zum
Protokoll der Geschäftsstelle oder in diesem Termin die Tatsachen, auf die er die Weigerung gründet, anzugeben und glaubhaft zu machen.**

(2) **Zur Glaubhaftmachung genügt in den Fällen des § 383
Nr. 4, 6 die mit Berufung auf einen geleisteten Diensteid abgegebene Versicherung.**

(3) **Hat der Zeuge seine Weigerung schriftlich oder zum Protokoll der Geschäftsstelle erklärt, so ist er nicht verpflichtet, in
dem zu seiner Vernehmung bestimmten Termin zu erscheinen.**

(4) **Von dem Eingang einer Erklärung des Zeugen oder von
der Aufnahme einer solchen zum Protokoll hat die Geschäftsstelle die Parteien zu benachrichtigen.**

1   **1. Geltendmachung des Zeugnisverweigerungsrechts.** Keine
Berücksichtigung vAw. Erklärung in einer der Formen nach Abs 1 unter Angabe und Glaubhaftmachung der Tatsachen, so dass der Richter
die Berechtigung nachprüfen kann. Die Tatsachen können auch andere
als die gem §§ 383, 384 sein. Abs 2 gibt neben § 294 ein weiteres Mittel zur Glaubhaftmachung. Sie ist überflüssig, wenn sich der Weigerungsgrund aus der Frage ergibt. Gibt der Zeuge irgendwelche Weige-
rungsgründe an, so ist nach § 387 zu verfahren; andernfalls nach §§ 380,
390.

2   **2. Abs 3** befreit den Zeugen, der seine Weigerung ordnungsgemäß
(Rn 1) vorher erklärt hat, von der Pflicht zum Erscheinen, falls das
Weigerungsrecht die ganzen Beweisfragen umfasst. Nur soweit dies
nicht der Fall ist und bei völlig fehlender Angabe von Gründen bleiben
Maßnahmen nach § 380 zulässig. Dass sich die angegebenen Gründe
später als unberechtigt herausstellen, ist unschädlich.

3   **3. Benachrichtigung (Abs 4)** ist wegen § 387 erforderlich. Verstoß ist prozessual belanglos.

§ 387 Zwischenstreit über Zeugnisverweigerung

(1) **Über die Rechtmäßigkeit der Weigerung wird von dem
Prozeßgericht nach Anhörung der Parteien entschieden.**

(2) **Der Zeuge ist nicht verpflichtet, sich durch einen Anwalt vertreten zu lassen.**

(3) **Gegen das Zwischenurteil findet sofortige Beschwerde statt.**

1. Zwischenstreit entsteht, wenn der Zeuge die Verweigerung der 1
Aussage ordnungsgemäß erklärt hat (§ 386 Rn 1; andernfalls §§ 380,
390) und der Beweisführer oder im Falle des § 399 der Gegner das
Zeugnisverweigerungsrecht verneint, ohne vorher rügelos verhandelt
zu haben (BGH NJW-RR 87, 445).

2. Verfahren. Notwendige mdl Vhdlg, bei Anwesenheit des Zeu- 2
gen sofort, bei Ausbleiben in einem vAw zu bestimmenden Termin.
Schriftliches Verfahren mit Zustimmung der Parteien und des Zeugen
(§ 128 Abs 2). Nur für die Parteien Anwaltszwang gem § 78. Säumnisfolgen treten weder für sie noch für den Zeugen ein (§ 388). Parteien
des Zwischenstreits sind der Beweisführer und der Zeuge, Zustellung
des Urteils an ihn (Frankfurt NJW 68, 1240). Die Gegenpartei des
Hauptverfahrens ist Streitgenosse des Zeugen oder des Beweisführers, je
nachdem, wen sie unterstützt (Köln JMBl NRW 73, 209). Der Zwischenstreit ist Teil des Beweisverfahrens, erst nach seiner Erledigung ist
der Termin zur mdl Vhdlg bestimmt (§ 370). – **Entscheidung durch** 3
Zwischenurteil des ProzGer (Vorsitzender der KfH § 349 Rn 7). Tenor etwa: Der Zeuge XY ist wegen (Angabe des vorgebrachten Grundes) zur Zeugnisverweigerung (nicht) berechtigt. Kostenentscheidung
über die zusätzlichen Kosten des Zwischenstreits (München RPfleger
69, 358) entspr § 91. Soweit Beschwerde nicht statthaft (Rn 5), Entscheidung auch in den Gründen des Endurteils. Maßnahmen gegen den
Zeugen sind erst nach Rechtskraft des Zwischenurteils zulässig (§ 390).
Sie erstreckt sich nur auf den jeweils geltend gemachten Weigerungsgrund (Hamm FamRZ 99, 939). – **Gebühren:** Keine (§ 37 Nr 3 BRAGO). 4

3. Sofortige Beschwerde. Vgl zunächst § 380 Rn 12. Statthaft auch, 5
soweit fälschlich im Endurteil entschieden. Frist: § 569 Abs 1. Beginn
mit der jeweiligen Zustellung an Zeugen und Parteien. Form: § 569
Abs 2, 3. Beschwerdeberechtigt ist bei Verneinung des Zeugnisverweigerungsrechts nur der Zeuge (Frankfurt MDR 83, 236; ähnlich BFH
BB 82, 1353), bei Bejahung der Beweisführer und im Falle des § 399
die Gegenpartei. Rechtsbeschwerde nach Zulassung gem § 574 Abs 1
Nr 2.

§ 388 Zwischenstreit über schriftliche Zeugnisverweigerung

**Hat der Zeuge seine Weigerung schriftlich oder zum Proto-
koll der Geschäftsstelle erklärt und ist er in dem Termin nicht
erschienen, so hat auf Grund seiner Erklärungen ein Mitglied
des Prozeßgerichts Bericht zu erstatten.**

Kein Versäumnisverfahren, wenn nach Entstehung eines Zwi- 1
schenstreits (§ 387 Rn 1) der Zeuge im Termin zur mdl Vhdlg darüber
ausbleibt.

§ 389 Zeugnisverweigerung vor beauftragtem oder ersuchtem Richter

(1) Erfolgt die Weigerung vor einem beauftragten oder ersuchten Richter, so sind die Erklärungen des Zeugen, wenn sie nicht schriftlich oder zum Protokoll der Geschäftsstelle abgegeben sind, nebst den Erklärungen der Parteien in das Protokoll aufzunehmen.

(2) Zur mündlichen Verhandlung vor dem Prozeßgericht werden der Zeuge und die Parteien von Amts wegen geladen.

(3) ¹Auf Grund der von dem Zeugen und den Parteien abgegebenen Erklärungen hat ein Mitglied des Prozeßgerichts Bericht zu erstatten. ²Nach dem Vortrag des Berichterstatters können der Zeuge und die Parteien zur Begründung ihrer Anträge das Wort nehmen; neue Tatsachen oder Beweismittel dürfen nicht geltend gemacht werden.

1   Der **Zwischenstreit** (§ 387 Rn 1) kann auch **vor dem Richterkommissar** entstehen. Erklären die Parteien nichts zu Protokoll (Abs 1), so ist das kein Verzicht auf den Zeugen (§ 399). Für **Verfahren vor dem Prozessgericht** und seine Entscheidung gelten Abs 3 und § 387. Der Zeuge ist nicht als solcher, sondern als Dritter im Zwischenstreit zu laden und erhält keine Zeugengebühren, außer wenn er im Termin aussagt. Fehlende Ladung zum Termin begründet Rechtsmittel gegen das Zwischenurteil. Rügelose Vhdlg, obwohl ein Verfahren nach § 389 unterblieben ist, heilt gem § 295. Geschieht die Beweiserhebung auf Grund eines ausländischen Ersuchens, so entscheidet das deutsche Rechtshilfegericht (Frankfurt NJW-RR 88, 714). **Absatz 3 letzter Halbsatz** schließt Erläuterung der Tatsachen und neue rechtliche Gesichtspunkte für die Zeugnisverweigerung seitens des Zeugen sowie neuen Tatsachenvortrag der Parteien für den Ausschluss des Zeugnisverweigerungsrechts nicht aus.

2

§ 390 Folgen der Zeugnisverweigerung

(1) ¹Wird das Zeugnis oder die Eidesleistung ohne Angabe eines Grundes oder aus einem rechtskräftig für unerheblich erklärten Grund verweigert, so werden dem Zeugen, ohne daß es eines Antrages bedarf, die durch die Weigerung verursachten Kosten auferlegt. ²Zugleich wird gegen ihn ein Ordnungsgeld und für den Fall, daß dieses nicht beigetrieben werden kann, Ordnungshaft festgesetzt.

(2) ¹Im Falle wiederholter Weigerung ist auf Antrag zur Erzwingung des Zeugnisses die Haft anzuordnen, jedoch nicht über den Zeitpunkt der Beendigung des Prozesses in dem Rechtszuge hinaus. ²Die Vorschriften über die Haft im Zwangsvollstreckungsverfahren gelten entsprechend.

(3) **Gegen die Beschlüsse findet die sofortige Beschwerde statt.**

1. Voraussetzungen für Maßnahmen. Der Zeuge verweigert im 1 Termin oder vorher das Zeugnis oder die Eidesleistung entweder ohne Angabe eines ernst gemeinten Grundes (bei Angabe eines Grundes: § 387 Rn 1) oder nach Rechtskraft des Urt, das den vorgebrachten Grund für unberechtigt erklärt (§ 387 Rn 3).

2. Folgen der Weigerung bei Vorliegen der Voraussetzungen 2 Rn 1 sind die gleichen wie beim Ausbleiben. Es gilt sinngemäß das in § 380 Rn 5, 6, 8 Gesagte. Die Ordnungsmittel aus §§ 380 und 390 sind unabhängig voneinander. – **Wiederholte Weigerung** (Abs 2) bedeu- 3 tet: aus demselben Grund nach Verhängung einer Maßnahme gem Abs 1; vollstreckt muss sie noch nicht sein. Nur auf Antrag ordnet das Gericht die **Zwangshaft** ohne bestimmte Dauer an. Sie ist Beugestrafe, es gelten §§ 904 ff. Nochmalige Anordnung nach Abs 1 ist unzulässig. Stellt keine Partei Haftantrag, so liegt darin Verzicht auf den Zeugen. Nochmalige Haftanordnung in höherer Instanz ist zulässig, die Gesamt- haft darf aber 6 Monate nicht übersteigen (§ 913). **Gebühren:** Keine. 4

3. Sofortige Beschwerde ist für den Zeugen gegen alle Maßnah- 5 men gegeben. Es gelten sinngemäß die Ausführungen in § 380 Rn 11, 12. Gegen Ablehnung oder Aufhebung der Zwangshaft (Abs 2) hat die beeinträchtigte Partei sofortige Beschwerde (§ 793).

§ 391 Zeugenbeeidigung

Ein Zeuge ist, vorbehaltlich der sich aus § 393 ergebenden Ausnahmen, zu beeidigen, wenn das Gericht dies mit Rücksicht auf die Bedeutung der Aussage oder zur Herbeiführung einer wahrheitsgemäßen Aussage für geboten erachtet und die Parteien auf die Beeidigung nicht verzichten.

1. Beeidigung steht, von den Verboten (Rn 6–8) abgesehen, im 1 pflichtgemäßen Ermessen des Gerichts (BGH NJW 98, 3355), das nicht als solches, wohl aber in der Einhaltung seiner Grenzen in der Revi- sionsinstanz nachprüfbar ist (BGH NJW 65, 1530). – **Anordnung** 2 durch das ProzGer nach der Vernehmung, zulässig auch beschränkt auf gewisse Teile; bei Aussage vor dem Richterkommissar auch schon vor- her im Beweisbeschluss. Dem Richterkommissar steht die Anordnung, außer wenn er vom Prozessgericht ermächtigt ist, nicht zu (RoSchw/ Gottwald § 122 VI; aA StJBerger 21). – **Gesichtspunkte für die Aus-** 3 **übung des Ermessens: a) Bedeutung** des Rechtsstreits und der Aus- sage für seine Entscheidung. – **b) Herbeiführung einer wahrheits-** 4 **gemäßen Aussage** des Zeugen über seine Wahrnehmungen. Auf seine Wahrnehmungsfähigkeit ist der Eid ohne Einfluss. Beim Arbeitsge- richt Abweichungen in §§ 58 Abs 2 S 1, 64 Abs 7 ArbGG. – **c) Re-** 5 **gelmäßig bleibt der Zeuge unbeeidet.** Beeidigung nur, wenn aus besonderen Gründen nötig (BGH DRiZ 67, 361), nämlich wenn die

Aussage bei Widerspruch mit der eines anderen Zeugen oder bei
Zweifeln an der Glaubwürdigkeit des Zeugen – nicht zu verwechseln
mit Glaubhaftigkeit der Aussage – für die Entscheidung erheblich ist.

6   **2. Die Beeidigung hat zu unterbleiben: – a)** Bei **Verbot,** näm-
7 lich in den Fällen des § 393. – **b)** Bei **Verzicht der Parteien.** Er ist
Prozesshandlung (Einl III) und erstreckt sich auf die gemachte Aussage,
nicht auf spätere. Er ist ohne Wirkung im Bereich des Untersuchungs-
8 grundsatzes (§§ 617, 640); – **c)** Bei **Verweigerung,** wenn ein zur
Zeugnisverweigerung Berechtigter (§§ 383–385) die Eidesleistung verweigert (BGH 43, 368). Dass dies statthaft ist, folgt aus § 390 Abs 1 S 1
und dem auch im Zivilprozess anwendbaren Rechtsgedanken in § 63
StPO. Die Weigerung ist frei zu würdigen (§ 286).

9   **3. Verstoß. – a)** Bei **Beeidigung trotz Verbots** ist die Aussage als
10 uneidlich zu werten, andernfalls Verfahrensverstoß. – **b) Unterbleiben
der Beeidigung** trotz gestellten Antrags ist zu begründen, kann Verfahrensfehler sein, der aber nach § 295 heilt (BVerwG NJW 98, 3369). –
11 **c) Falsche Eidesformel.** Hat das Gericht statt des Sachverständigen-
eides den Zeugeneid abgenommen oder umgekehrt, so müssen die
Aussagen als unbeeidet gewertet oder der richtige Eid muss nachgeholt
werden.

§ 392 Nacheid; Eidesnorm

**[1]Die Beeidigung erfolgt nach der Vernehmung. [2]Mehrere
Zeugen können gleichzeitig beeidigt werden. [3]Die Eidesnorm
geht dahin, daß der Zeuge nach bestem Wissen die reine
Wahrheit gesagt und nichts verschwiegen habe.**

1   Der Eid ist nach Abschluss der Vernehmung und Vorlesung der
Aussage zu leisten. Verfahren bei Abnahme des Eides §§ 478 ff. Eidesverweigerung § 391 Rn 8.

§ 393 Uneidliche Vernehmung

**Personen, die zur Zeit der Vernehmung das sechzehnte Le-
bensjahr noch nicht vollendet oder wegen mangelnder Verstandesreife oder wegen Verstandesschwäche von dem Wesen
und der Bedeutung des Eides keine genügende Vorstellung haben, sind unbeeidigt zu vernehmen.**

1   **1.** Das **Verbot der Beeidigung** erstreckt sich auf Eidesunmündige:
Minderjährige vor Vollendung des 16. Lebensjahres stets. Dass eine
Person über 16 Jahre keine genügende Vorstellung hat, ist im Einzelfall
positiv festzustellen.
2   **2. Verstoß** § 391 Rn 9–11. Heilung nach § 295 gibt es nicht. Der
uneidlichen Vernehmung steht das Beeidigungsverbot nicht im Wege.

§ 394 Einzelvernehmung

(1) **Jeder Zeuge ist einzeln und in Abwesenheit der später abzuhörenden Zeugen zu vernehmen.**

(2) **Zeugen, deren Aussagen sich widersprechen, können einander gegenübergestellt werden.**

Abs 1 gilt nicht für Sachverständige und ist nur Ordnungsvorschrift. 1
Verstoß begründet kein Rechtsmittel (Düsseldorf MDR 79, 409). –
Abs 2 gibt den Parteien kein Recht auf Gegenüberstellung; sie steht im 2
freien Ermessen des Gerichts (BAG NJW 68, 566). Gilt auch für Richterkommissar.

§ 395 Wahrheitsermahnung; Vernehmung zur Person

(1) **Vor der Vernehmung wird der Zeuge zur Wahrheit ermahnt und darauf hingewiesen, daß er in den vom Gesetz vorgesehenen Fällen unter Umständen seine Aussage zu beeidigen habe.**

(2) **¹Die Vernehmung beginnt damit, daß der Zeuge über Vornamen und Zunamen, Alter, Stand oder Gewerbe und Wohnort befragt wird. ²Erforderlichenfalls sind ihm Fragen über solche Umstände, die seine Glaubwürdigkeit in der vorliegenden Sache betreffen, insbesondere über seine Beziehungen zu den Parteien vorzulegen.**

Unter **Absatz 1** fällt auch die Belehrung über die Strafbarkeit einer 1
unrichtigen eidlichen oder uneidlichen Aussage. Bloße Ordnungsvorschrift. – **Absatz 2** S 1 schreibt Fragen zur Feststellung der Identität des 2
Zeugen vor. S 2 gestattet weitere Fragen, die für die Glaubwürdigkeit
von Bedeutung sein können. Der Eid erstreckt sich auch auf die Angaben nach Abs 2.

§ 396 Vernehmung zur Sache

(1) **Der Zeuge ist zu veranlassen, dasjenige, was ihm von dem Gegenstand seiner Vernehmung bekannt ist, im Zusammenhang anzugeben.**

(2) **Zur Aufklärung und zur Vervollständigung der Aussage sowie zur Erforschung des Grundes, auf dem die Wissenschaft des Zeugen beruht, sind nötigenfalls weitere Fragen zu stellen.**

(3) **Der Vorsitzende hat jedem Mitglied des Gerichts auf Verlangen zu gestatten, Fragen zu stellen.**

1. Vernehmung zur Sache. Der Zeuge hat zuerst unbeeinflusst 1
mit eigenen Worten im Zusammenhang zu berichten, was ihm über
das Beweisthema bekannt ist. Er darf dazu eigene Notizen benützen,
auch einen schriftlichen Bericht übergeben, der mit ihm durchzusprechen, zu verlesen und als Anlage dem Protokoll beizufügen ist. Ersatz

der Vernehmung durch schriftliche Erklärungen nur nach § 377 Abs 3.
Nach der zusammenhängenden Erzählung können Vorsitzender oder
Beisitzer weitere Fragen stellen. Sie müssen sich im Rahmen des
Beweisbeschlusses, nicht aber engherzig an seinen Wortlaut halten. –

2   **Suggestivfragen,** die dem Zeugen eine bestimmte, beeinflusste Antwort in den Mund legen, sind zu vermeiden. Für den Fall der Beanstandung einer Frage §§ 140, 400. Parteibefragung § 397. – **Verstoß**
gegen Abs 1 ist Verfahrensfehler, heilt aber nach § 295.

3   **2.** Das **Protokoll** muss ergeben, dass Abs 1 eingehalten wurde (RG
142, 119). Im Übrigen §§ 160 Abs 3 Nr 4, 161–165.

4   **3. Absatz 2** ergänzt und konkretisiert die richterliche Aufklärungspflicht gem § 139. Verstoß kann Verfahrensfehler sein (Koblenz NJW-
RR 91, 1471), heilt aber nach § 295.

5   **4. Anwesenheit eines Rechtsbeistands.** BVerfG NJW 75, 103
gibt dem Zeugen aus Art 2 Abs 1 GG ein Recht darauf in einem an
strafverfahrensrechtlichen Grundsätzen ausgerichteten justizförmigen
Verfahren. Die Rechtslage dürfte im Zivilprozess gleich sein, denn auch
hier kann ein besonderes Interesse des Zeugen am Schutz seiner Rechte
(Persönlichkeitsrecht, Zeugnis-, Auskunftsverweigerungsrecht ua) bestehen. Nach dem Grundsatz der Verhältnismäßigkeit ist abzuwägen der
Anspruch des Zeugen mit dem öffentlichen Interesse an der Effizienz
des Zivilprozesses. Der Zeuge bedarf für die Zuziehung eines Rechtsbeistands daher einer besonderen rechtsstaatlichen Legitimation aus der
besonderen Lage, die sich für den Zeugen aus den ihm im eigenen Interesse eingeräumten prozessualen Befugnissen bei der Erfüllung der
allgemeinen staatsbürgerlichen Zeugenpflichten ergibt. Die Kosten trägt
der Zeuge selbst.

§ 397 Fragerecht der Parteien

(1) **Die Parteien sind berechtigt, dem Zeugen diejenigen Fragen vorlegen zu lassen, die sie zur Aufklärung der Sache oder
der Verhältnisse des Zeugen für dienlich erachten.**

(2) **Der Vorsitzende kann den Parteien gestatten und hat ihren Anwälten auf Verlangen zu gestatten, an den Zeugen unmittelbar Fragen zu richten.**

(3) **Zweifel über die Zulässigkeit einer Frage entscheidet das
Gericht.**

1   **1.** Die **Parteien** haben unter dem Aspekt des rechtlichen Gehörs das
Recht, einzelne Fragen stellen zu lassen, nicht den Zeugen zu vernehmen (Kreuzverhör). Der Vorsitzende muss auf Verlangen einer Partei
dem Zeugen eine zulässige Frage vorlegen, auch wenn er sie nicht für
sachdienlich hält (BGH NJW 97, 802). Anspruch auf direkte Fragestel-
lung haben der RA und der Erlaubnisinhaber (§ 25 EGZPO), auch im
Parteiprozess (Abs 2).

2. Abs 3 entspricht § 140. Befugnis des Richterkommissars § 400. – 2
Eine **Frage** ist **unzulässig**, wenn das Gesetz sie (§ 383 Abs 3) oder
ihre Beantwortung (§ 376) verbietet; wenn sie bereits beantwortet ist;
wenn sie nicht auf tatsächliche Wahrnehmungen (13 vor § 284) gerichtet ist; wenn sie in keinerlei Zusammenhang mit dem Gegenstand
des Rechtsstreits steht; ferner Suggestiv- (§ 396 Rn 2) und Ausfor-
schungsfragen (§ 284 Rn 3). Der Beschluss ist unanfechtbar. Rechtsir-
rige Ablehnung oder Zulassung einer Frage durch Beschluss kann bei
sonst gegebenen Voraussetzungen Rechtsmittel gegen das Urteil begründen.

§ 398 Wiederholte und nachträgliche Vernehmung

(1) **Das Prozeßgericht kann nach seinem Ermessen die wiederholte Vernehmung eines Zeugen anordnen.**

(2) **Hat ein beauftragter oder ersuchter Richter bei der Vernehmung die Stellung der von einer Partei angeregten Frage
verweigert, so kann das Prozeßgericht die nachträgliche Vernehmung des Zeugen über diese Frage anordnen.**

(3) **Bei der wiederholten oder der nachträglichen Vernch-
mung kann der Richter statt der nochmaligen Beeidigung den
Zeugen die Richtigkeit seiner Aussage unter Berufung auf den
früher geleisteten Eid versichern lassen.**

1. Wiederholte Vernehmung (Abs 1) desselben Zeugen über den- 1
selben Gegenstand, zu dem er bereits ausgesagt hat (Schleswig OLGZ
80, 58), steht im pflichtgemäßen Ermessen des Tatrichters. Anlass kann
sein Unklarheit der früheren Aussage oder der schriftlichen Erklärung
gem § 377 Abs 3. Gegenüberstellung mit einem anderen Zeugen (§ 394
Abs 2); ferner wenn es dem Berufungsgericht auf die Aussage ankommt,
deren Glaubwürdigkeit die erste Instanz offen gelassen hat (BGH NJW
82, 108). Bei Streitgenossenschaft muss sich wegen der notwendigen
Einheitlichkeit (§ 61 Rn 12) die Wiederholung auf alle Prozessrechtsverhältnisse beziehen (BGH WM 92, 242). Anordnung und Ablehnung
durch unanfechtbaren Beschluss ohne mdl Vhdlg (§ 360 S 2 analog). Eine
„informatorische Anhörung" kann die Vernehmung nicht ersetzen
(BGH NJW-RR 98, 1601).

2. Wiederholung muss angeordnet werden: – a) Wenn die 2
erste Vernehmung verfahrensrechtlich fehlerhaft war (BGH NJW
94, 2960; 00, 2024) und durch Rügeverzicht (§ 295) nicht geheilt oder
nicht heilbar ist (BGH NJW 94, 941: Nichtbeeidigung eines Dolmetschers). Vom BerGer, wenn die **Beweiswürdigung der ersten Instanz völlig ungenügend** ist (BGH NJW-RR 00, 432). – **b) Bei** 3
Ausbleiben einer Partei unter den Voraussetzungen des § 367 Rn 3. –
c) Bei abweichender Würdigung. So, wenn das BerGer die Aussage 4
eines Zeugen im subjektiven Bereich anders (BGH NJW 98, 385) oder
zwar gleich, aber nicht mit gleichgerichteten Erwägungen (BGH NJW

87, 3205) beurteilen oder die Glaubwürdigkeit eines Zeugen abweichend beurteilen (BGH NJW 97, 466) will; wenn es Erklärungen
anders auslegen will als die Vorinstanz dies unter Würdigung von Zeugenaussagen getan hat (BGH NJW 96, 663); wenn es eine protokollierte Aussage anders als das ErstGer verstehen oder ihr ein anderes Gewicht beimessen will (BGH NJW 98, 385; 99, 2972); wenn es die
Aussage des Zeugen hinsichtlich seiner Erinnerungsfähigkeit sowie des
Inhalts und der Tragweite seiner Bekundungen anders würdigen will
(BGH NJW 84, 2629). Ebenso, wenn das BerGer von einer Schadensschätzung der 1. Instanz auf Grund einer Zeugenaussage erheblich abweichen will (BGH NJW-RR 88, 1371) oder wenn es einer ihrem
Wortlaut nach eindeutigen Stelle in der Vernehmungsniederschrift, zu
der das Erstgericht nicht Stellung genommen hat, eine vom Wortsinn
abweichende entscheidungserhebliche Auslegung geben will (BGH
NJW 00, 3718). Hat das Erstgericht einander widersprechende Zeugenaussagen nicht gewürdigt oder hat ein beauftragter Richter die Zeugen vernommen und hängt es nur von ihrer persönlichen Glaubwürdigkeit ab, ob eine Behauptung bewiesen ist, so muss das BerGer sie
erneut vernehmen (BGH NJW-RR 86, 285; 95, 307); ebenso wenn
das LG einen in anderer Besetzung vernommenen Zeugen allein auf
Grund der Vernehmungsniederschrift für unglaubwürdig oder die protokollierte Aussage für widersprüchlich gehalten hat (BGH NJW 95,
1292) oder wenn das BerGer über den protokollierten Inhalt der Zeugenaussage hinaus allein aus dem Gang der Vernehmung die Zuverlässigkeit der Aussage beurteilen will, die das Erstgericht objektiv und subjektiv nicht gewürdigt hat (BGH NJW 86, 2885). Stützt die 1. Instanz
eine Feststellung auf die Aussage mehrerer Zeugen, darf das BerGer
eine hiervon abweichende Feststellung nicht mit der erneuten Vernehmung nur eines dieser Zeugen begründen (BGH NJW 00, 1199). –

5   Gleiches gilt iF der **Parteivernehmung** (BGH NJW 99, 363, BAG
NJW 02, 2196) und wenn das BerGer die Ausführungen des **Sachverständigen** anders als das Erstgericht würdigen (BGH NJW 94, 803) oder
dem protokollierten Ergebnis einer **Augenscheinseinnahme** eine ab-
6   weichende Bedeutung beimessen will (BGH VersR 85, 839). – **d)** Wenn
das Ger einen im Wege der **Rechtshilfe** vernommenen Zeugen ohne
Anhaltspunkt im Protokoll selbst für persönlich unglaubwürdig halten
7   will (BGH NJW 90, 3088). – **e)** Wenn der Zeuge inzwischen **neue
Erkenntnisse** gewonnen hat, die entscheidungserheblich sein können
8   (BGH NJW-RR 86, 284). – **f) Keine „wiederholte" Vernehmung**
ist diejenige nach schriftlicher Beantwortung der Beweisfragen gem
§ 377 Abs 3 (dort Rn 6) oder § 495 a. Ferner nicht Vernehmung desselben Zeugen über andere Beweisfragen, Ablehnung nur nach § 284
Rn 2–9.

9   **3. Wiederholung muss nicht angeordnet werden** bei abweichender Würdigung der Zeugenaussage nur wegen unterschiedlicher
Bewertung objektiver, außerhalb der Aussage liegender Umstände, die

weder Urteilsfähigkeit, Erinnerungsvermögen, Wahrheitsliebe des Zeugen noch Vollständigkeit und Widerspruchsfreiheit seiner Aussage betreffen (BGH NJW 91, 3285; 98, 2222), bei Ermittlung des objektiven Erklärungswerts, ausgehend vom Empfängerhorizont, wenn es bei der der Auslegung vorausgehenden Feststellung des Erklärungstatbestands von demselben Beweisergebnis ausgeht wie die Vorinstanz (BGH NJW 98, 384). Ebenso darf das BerGer eine vom Zeugen bekundete Willenserklärung eines Dritten abweichend auslegen (BGH WM 89, 1344). Hat das BerGer nur einen Teil der Zeugen wiederholt vernommen, darf es das Ergebnis der nicht wiederholten Zeugenvernehmung nur dann unberücksichtigt lassen, wenn die Partei auf das Beweismittel verzichtet hat (BGH NJW 91, 2084).

4. Nachträgliche Vernehmung (Abs 2) im Falle der Ablehnung **10** einer Frage gem § 397 durch den Richterkommissar kann nur das ProzGer anordnen.

5. Über die **Beeidigung** nach wiederholter oder nachträglicher Ver- **11** nehmung entscheidet das Ger frei gem § 391. Statt der Beeidigung kann es nach seinem Ermessen von der Vorschrift in Abs 3 Gebrauch machen. Soll die zweite Aussage schriftlich gemacht werden, so gilt nur § 377 Abs 3.

§ 399 Verzicht auf Zeugen

Die Partei kann auf einen Zeugen, den sie vorgeschlagen hat, verzichten; der Gegner kann aber verlangen, daß der erschienene Zeuge vernommen oder, wenn die Vernehmung bereits begonnen hat, daß sie fortgesetzt werde.

Verzicht auf einen Zeugen durch den Beweisführer (§ 379 Rn 2) **1** ist Prozesshandlung (Einl III) und hat, außer in den Fällen des § 144 und im Bereich des Untersuchungsgrundsatzes (Einl I Rn 6, 7), zur Folge, dass die Vernehmung unterbleibt, grundsätzlich auch im 2. Rechtszug (Karlsruhe NJW-RR 86, 864). Konkludenter Verzicht ist nur ausnahmsweise anzunehmen, wenn das Gericht vernünftigerweise nicht mehr damit rechnen musste, dass die Partei an dem Beweisantrag festhält (BGH NJW-RR 96, 1459), etwa weil sie aus dem Prozessverlauf erkennen konnte, dass das Ger mit der bisher durchgeführten Beweisaufnahme seine Aufklärungstätigkeit als erschöpft ansieht (BGH NJW 94, 329). Bei erneuter Benennung des Zeugen sind §§ 296, 531 zu berücksichtigen. Der Gegner des Beweisführers kann die Vernehmung bzw ihre Fortsetzung durch entspr Antrag erzwingen. Unterlässt er das und benennt er den Zeugen später selbst, gilt ebenfalls § 296. Nach der Vernehmung gibt es keinen Verzicht auf den Zeugen mehr.

§ 400 Befugnisse des mit der Beweisaufnahme betrauten Richters

Der mit der Beweisaufnahme betraute Richter ist ermächtigt, im Falle des Nichterscheinens oder der Zeugnisverweige-

rung die gesetzlichen Verfügungen zu treffen, auch sie, soweit dies überhaupt zulässig ist, selbst nach Erledigung des Auftrages wieder aufzuheben, über die Zulässigkeit einer dem Zeugen vorgelegten Frage vorläufig zu entscheiden und die nochmalige Vernehmung eines Zeugen vorzunehmen.

1   **1. Befugnisse des beauftragten und ersuchten Richters:** –
a) Bei Ausbleiben des Zeugen und Zeugnisverweigerung Maßnahmen nach §§ 380, 390 treffen und wieder aufheben, § 381. Vorläufig über die Zulassung einer Frage (§ 397) entscheiden; endgültig befindet das Prozessgericht, § 398 Abs 2. Wiederholt vernehmen, § 398 Abs 1. Die Aufzählung ist nicht erschöpfend; weitere Befugnisse § 366 Rn 4. –

2   **b) Rechtsbehelf:** Anrufung des ProzGer (§ 576); gegen sitzungspolizeiliche Anordnungen Beschwerde (§ 181 GVG), ebenso gegen Gebührenfestsetzung (§ 16 Abs 2 ZuSEG).

3   **2.** Der **Richterkommissar darf nicht** Zwischenstreit (§§ 366, 386 ff) und über die Frage der Beeidigung (§ 391 Rn 2) entscheiden oder schriftliche Beantwortung anordnen (§ 377 Rn 3).

§ 401 Zeugenentschädigung

Der Zeuge wird nach dem Gesetz über die Entschädigung von Zeugen und Sachverständigen entschädigt.

1   Die Bestimmungen über Umfang, Geltendmachung, Festsetzung, Vorschuss und Wiedereinziehung der Zeugen- und Sachverständigengebühren enthält das ZuSEG. Kurze Erläuterung bei Hartmann Kostengesetze. Ausführlicher Bleutge 3. Aufl 1995, Meyer/Höver/Bach 21. Aufl 2000.

Titel 8. Beweis durch Sachverständige

Vorbemerkung

Neuere Literatur: *Bayerlein,* Praxishandbuch Sachverständigenrecht, 3. Aufl 2002; *Jessnitzer/Ulrich,* Der gerichtliche Sachverständige, 11. Aufl 2000.

1   **1. Gegenstand der Beweiserhebung.** Der Sachverständige vermittelt dem Richter Fachwissen zur Beurteilung von Tatsachen (BGH NJW 93, 1796), auch die fehlende Kenntnis von abstrakten Erfahrungssätzen (15 vor § 284), zB Handelsbräuche, Börsenusancen, seltener von Rechtsnormen (§ 293). Außerdem stellt er, soweit dazu besondere Sachkunde erforderlich ist, Tatsachen fest und zieht im Wege der Wertung aus den zugrunde zu legenden Tatsachen (Rn 6) in Anwendung seines Fachwissens konkrete Schlussfolgerungen (BGH VersR 78, 229). Er beurteilt also die Tatsachen (zB Ursächlichkeit einer Verletzung für eine Erkrankung, Ausmaß und Dauer der Arbeitsunfähigkeit,

Übereinstimmung gelieferter Ware mit der Probe). – **Abgrenzung** 2
zum Zeugenbeweis 1 vor § 373. – **Das Verfahren zur Erteilung**
einer Fertigstellungsbescheinigung nach § 641 a BGB folgt nicht
den Regeln des 8. Titels der ZPO. Es dient nicht der Beweiserhebung
in einem Zivilrechtsstreit, sondern der Beschaffung einer Privaturkunde, die zusammen mit dem für die Bescheinigung erforderlichen
schriftlichen Werkvertrag dem Unternehmer die Möglichkeit der Ver-
gütungsklage im UrkProz eröffnet (Pal/Sprau § 641 a Rn 3).

2. Verfahren. Es gelten sinngemäß die Ausführungen in Rn 2–5 3
vor § 373 mit folgenden Abweichungen: Das Gericht kann und muss,
falls es nicht selbst die nötige, im Urt im Einzelnen darzulegende Sachkunde für die Beurteilung von Spezialfragen besitzt (BGH NJW 82,
2874; 89, 2821/2823; 00, 1946), Sachverständigenbeweis auch ohne
Antrag anordnen (§§ 144 Abs 1, § 372 Abs 1, 273 Abs 2 Nr 4) oder
Hinweis nach § 139 geben; andernfalls Verfahrenverstoß (BGH NJW
93, 1796). Andererseits muss der Richter trotz Antrags das fehlende
Sachwissen nicht von einem Sachverständigen beziehen, er kann es sich
auch verschaffen durch privates Studium der Fachliteratur, soweit sich
daraus das gesuchte Ergebnis unmittelbar, ohne Auswertung, die ihrerseits wieder Fachkenntnisse voraussetzt, entnehmen lässt (BGH VersR
77, 819); andernfalls muss er im Urteil darlegen, dass er die für die
Auswertung der Fachliteratur erforderliche Sachkunde besitzt, was in
Arzthaftungsprozessen idR nicht der Fall ist (BGH NJW 93, 2378; 94,
794 u 2419). Unzulässig auch die Verwertung eines anderwärts früher
erholten, nicht verallgemeinerungsfähigen (BGH NJW 00, 1946) Gutachtens zur Beweisfrage. Das Ger muss seine Erkenntnisquelle den Parteien zur Stellungnahme zugänglich machen (BGH NJW 93, 2382) und
die Einholung eines Sachverständigengutachtens anordnen, wenn im
Arzthaftungsprozess eine Partei die mangelnde Sachkunde der früher
tätig gewordenen Gutachter oder Schlichtungsstelle konkret rügt (BGH
NJW 87, 2300). Verwertung von Gutachten aus anderen Verfahren
§ 286 Rn 11. Ablehnung eines Beweisantrags auf Sachverständigengutachten § 284 Rn 8. – **Zwingend vorgeschrieben** ist die Einholung 4
eines Gutachtens bei Streit über Rahmengebühr nach § 12 Abs 2
BRAGO; Nichtbeachtung kann schwerer Verfahrensverstoß sein
(Bamberg OLGZ 76, 351). Beweisgebühr fällt nicht an, selbst wenn die
Anordnung als Beweisbeschluss bezeichnet ist (Karlsruhe MDR 99,
766). – **Privatgutachten** sind urkundlich belegter substantiierter Par- 5
teivortrag; als Sachverständigenbeweis nur mit Zustimmung beider
Parteien verwertbar (BGH NJW 93, 2382). Einem Widerspruch zum
gerichtlichen Sachverständigen muss das Ger nachgehen, indem es
diesen noch mal anhört oder ein weiteres Gutachten einholt (BGH
NJW 86, 1928; 92, 1459; 01, 77). Bei sich widersprechenden Par-
teigutachten muss das Gericht, wenn es keine eigene Sachkunde besitzt, einen gerichtlichen Sachverständigen zuziehen (BGH NJW 93,
2382).

6   **3. Stellung zu den Parteien.** Zwischen ihnen und dem vom Ger zugezogenen Sachverständigen besteht kein Vertragsverhältnis; anders im schiedsrichterlichen Verfahren (§ 1049 Rn 3). Seine Rechtsbeziehung zum Ger ist öffentlichrechtlicher Natur, er übt aber keine hoheitliche Gewalt aus. Haftung wegen unrichtigen Gutachtens Palandt/Thomas § 823 Rn 117, Haftung für Privatgutachten Palandt/Heinrichs § 328 Rn 34.

§ 402 Anwendbarkeit der Vorschriften für Zeugen

Für den Beweis durch Sachverständige gelten die Vorschriften über den Beweis durch Zeugen entsprechend, insoweit nicht in den nachfolgenden Paragraphen abweichende Vorschriften enthalten sind.

1   Allgemeines zum Beweisverfahren Rn 3–5 vor § 402, § 404 a Rn 5, 6. – § 373 gilt nicht, dafür § 403. – §§ 375, 376 mit den einschlägigen beamtenrechtlichen Vorschriften gelten. – § 377 Abs 1, 2 gelten, Abs 3 (BGH 6, 399) nicht; statt dessen § 411. – § 379 S 1 gilt nur, soweit Beweis angetreten ist, nicht aber bei Beweiserhebung vAw (§ 379 Rn 3), die das Ger bei Ausbleiben des Vorschusses beschließen kann (§ 144 Rn 1). Auch noch nach Beauftragung des Sachverständigen kann das Ger Zahlung eines weiteren Vorschusses aufgeben (München MDR 78, 412). – § 380 gilt nicht, dafür § 409. – §§ 381–384 gelten. – § 385 gilt nicht. – §§ 386–389 gelten. – § 390 gilt nicht, dafür § 409. – § 391 gilt neben § 410 (BGH MDR 99, 112). – §§ 392, 393 gelten nicht, dafür § 410. – § 394 Abs 1 gilt nicht. §§ 394 Abs 2–398 gelten. – §§ 296, 399 gelten, jedoch bleibt Einholung des Gutachtens vAw möglich (§ 144). – § 400 gilt mit der Abweichung, dass nicht nach §§ 380, 390, sondern nur nach § 409 verfahren werden darf. – § 401 gilt nicht, dafür § 413.

§ 403 Beweisantritt

Der Beweis wird durch die Bezeichnung der zu begutachtenden Punkte angetreten.

1   Der Beweisantritt ist wegen des in Rn 3–5 vor § 402 Gesagten in Wirklichkeit nur eine Anregung. Es genügt die **summarische** Angabe der zu begutachtenden Punkte, die Angabe des Ergebnisses, zu dem der Sachverständige kommen soll; die Angabe des Weges dazu und wissenschaftliche Substaniierung sind nicht verlangt (BGH NJW 95, 130).

§ 404 Sachverständigenauswahl

(1) [1]**Die Auswahl der zuzuziehenden Sachverständigen und die Bestimmung ihrer Anzahl erfolgt durch das Prozeßgericht.** [2]**Es kann sich auf die Ernennung eines einzigen Sachverständigen beschränken.** [3]**An Stelle der zuerst ernannten Sachverständigen kann es andere ernennen.**

(2) **Sind für gewisse Arten von Gutachten Sachverständige öffentlich bestellt, so sollen andere Personen nur dann gewählt werden, wenn besondere Umstände es erfordern.**

(3) **Das Gericht kann die Parteien auffordern, Personen zu bezeichnen, die geeignet sind, als Sachverständige vernommen zu werden.**

(4) **Einigen sich die Parteien über bestimmte Personen als Sachverständige, so hat das Gericht dieser Einigung Folge zu geben; das Gericht kann jedoch die Wahl der Parteien auf eine bestimmte Anzahl beschränken.**

1. Auswahl der Sachverständigen nach Zahl und Person ist Teil 1
des Beweisbeschlusses und deshalb unanfechtbar. Anhörung der Parteien ist wegen § 406 nicht nötig, aber zweckmäßig. Bestimmung des Sachverständigen außerhalb der ZPO in § 641a BGB (2 vor § 402). –
a) Bei **Einigung der Parteien** und ihrer Anzeige vor Erlass des Be 2
weisbeschlusses ist das Gericht gebunden. Die Anzeige ist Prozesshandlung (Einl III). Neben den vereinbarten kann das Ger wegen § 412 auch von vornherein frei ausgewählte Sachverständige hören. Halten sich die Parteien nicht an eine vorher oder nachträglich bestimmte zahlenmäßige Beschränkung (Abs 4 letzter Hs), so gilt Rn 3. – **b)** Nach 3
freiem Ermessen wählt sonst das Ger. Änderung in der Person des Sachverständigen § 360 Rn 4. Abs 2 ist nur Ordnungsvorschrift. Die öffentl Bestellung ist teils bundes-, weitgehend landesgesetzlich geregelt.

2. Sachverständige können sein: – **a) Einzelpersonen.** Als Be 4
weismittel – auch im Sinne eines Urkundenbeweises – verwertbar ist ohne Einverständnis der Parteien das schriftliche Gutachten nur, wenn es derjenige Sachverständige verantwortet, den das Ger bestellt hat (BGH NJW 85, 1399, BSG NJW 85, 1422). – **b) Behörden** oder **sonstige** 5
öffentliche Stellen (§ 1 Abs 2 ZuSEG, zB Patentamt (§ 29 PatG, § 58 MarkenG), Gemeindeprüfungsanstalt (BGH NJW 98, 3355), Gutachtenausschuss nach § 192 BauGB (BGH 62, 93), RA-Kammer (§ 12 Abs 2 BRAO). Bei ihnen ist die Abgrenzung zur amtl Auskunft unscharf (Stuttgart Just 87, 29). Die Vorschriften der §§ 402ff gelten entweder gar nicht, zB §§ 406, 410 (Celle MDR 73, 147, Oldenburg FamRZ 92, 451) oder nur angepasst, zB § 411 Abs 3 (BGH 62, 93). Ihr schriftliches Gutachten ist Sachverständigen-, nicht Urkundenbeweis (StJLeipold 11, BGH aaO). – **c) Demoskopisches Gutachten** 6
eines Meinungsforschungsinstituts, wenn es um das Verständnis der angesprochenen Verkehrskreise geht, ist Sachverständigenbeweis. **Auskunft eines Berufs- oder Fachverbandes** ist das geeignete Beweismittel, wenn es um das Verständnis der angesprochenen Fachkreise geht. **Schriftliche Umfrage durch eine Spitzenorganisation der Wirtschaft,** zB DIHT unter Einschaltung der Mitgliedskammern oder -verbände, zB IHK, liegt zwischen beiden und ist als Auskunft (nach BGH NJW 97, 2817 gemäß § 377 Abs 3, der aber nur den Zeugenbe-

weis betrifft) in den Prozess einzuführen. Bei der Befragung Dritter setzt die Verwertung voraus, dass die Grundlagen der Umfrage offengelegt werden. Dazu gehört mindestens die Offenlegung der gestellten Fragen, uU der Zahl u Art der angesprochenen Personen u des Verhältnisses zwischen Angefragten u Auskunftserteilenden (BGH WM 80, 36; offen gelassen: Namen der Angefragten; verneinend Oldenburg BB 73,
7 19). – **d) Die Auswertung eines Fahrtschreiberdiagramms** durch die HerstellungsGmbH setzt BGH JZ 63, 586 den vorstehend genannten Gutachten gleich, obwohl juristische Personen des Privatrechts als solche nicht Sachverständige sein können (Jessnitzer NJW 71, 1075; Düsseldorf FamRZ 89, 1101). Man kann aber den Verfasser als Sachverständigen oder den Mangel gemäß § 295 als geheilt ansehen. –
8 **e) Klinik** ist keine Fachbehörde (München NJW 68, 207). Es ist zulässig, sie als solche zu bestellen und ihrer Leitung die Beauftragung des Spezialisten zu überlassen (BVerwG NJW 69, 1591, Koblenz VersR 98,
9 897). – **f) Sachverständigengruppe.** Das Gutachten kann auch in Zusammenarbeit mehrerer Einzelpersonen (wissenschaftliche Teamarbeit) erstellt werden. Die Sachverständigen für die verschiedenen Gebiete sind vom Ger zu bestellen. Bedenklich ist, wenn einer von ihnen die Verantwortung übernimmt und in der Verhandlung als Sachverständiger vernommen wird (Jessnitzer/Ulrich Rn 105). Richtiger, jeden Teilgutachter zu dem von ihm bearbeiteten und verantworteten Teil des Gutachtens zu vernehmen. Nur das entspricht der Unmittelbarkeit der Beweisaufnahme. Weitergabe des Gutachtenauftrags und Zuziehung von Gehilfen § 407a Abs 2. Der vom Ger bestellte Sachverständige muss das Gutachten selbst verantworten.

§ 404a Leitung der Tätigkeit des Sachverständigen

(1) **Das Gericht hat die Tätigkeit des Sachverständigen zu leiten und kann ihm für Art und Umfang seiner Tätigkeit Weisungen erteilen.**

(2) **Soweit es die Besonderheit des Falles erfordert, soll das Gericht den Sachverständigen vor Abfassung der Beweisfrage hören, ihn in seine Aufgabe einweisen und ihm auf Verlangen den Auftrag erläutern.**

(3) **Bei streitigem Sachverhalt bestimmt das Gericht, welche Tatsachen der Sachverständige der Begutachtung zugrunde legen soll.**

(4) **Soweit es erforderlich ist, bestimmt das Gericht, in welchem Umfang der Sachverständige zur Aufklärung der Beweisfrage befugt ist, inwieweit er mit den Parteien in Verbindung treten darf und wann er ihnen die Teilnahme an seinen Ermittlungen zu gestatten hat.**

(5) [1]**Weisungen an den Sachverständigen sind den Parteien mitzuteilen.** [2]**Findet ein besonderer Termin zur Einweisung**

des Sachverständigen statt, so ist den Parteien die Teilnahme zu gestatten.

1. Zweck. Die Bestimmung will, ebenso wie bei der Zeugenver- 1
nehmung § 378 Abs 1, den Erfolg der Beweisaufnahme zur raschen
Erledigung des Prozesses sicherstellen und gibt dem Gericht zur Erfüllung seiner **Prozessförderungspflicht** eine Reihe von Mitteln in die
Hand: eine allgemeine Leitungs- und Weisungsbefugnis (Abs 1), Klarheit schaffen über die Beweisfrage, den Auftrag an den Sachverständigen (Abs 2) und über die der Begutachtung zugrunde zu legenden Tatsachen (Abs 3), Verhinderung späterer Ablehnungsgesuche durch die
Festlegung, in welchem Umfang der Sachverständige selbständig zur
Aufklärung befugt ist (Abs 4). Schließlich sichert Abs 5 die Unterrichtung der Parteien über getroffene Maßnahmen und ihre Mitwirkung
bei der Einweisung des Sachverständigen. Alles zusammen ist geeignet,
ohne vermeidbare Zeitverluste eine verwertbare Begutachtung auf sicherer Grundlage zu bekommen, berechtigte Einwendungen oder Ablehnungsgründe zu verhindern und Rechtsmittel gegen das spätere Urteil zu reduzieren.

2. Abs 1. Allgemeine Leitungs- und Weisungspflicht des Ger 2
für Art und Umfang der Sachverständigentätigkeit. Was dazu nötig ist,
ergibt sich aus dem Einzelfall, zB Beschädigung der zu untersuchenden
Sache zwecks Entnahme von Proben oder Fehlerfeststellung und anschließende Beseitigung der Beschädigung auf Kosten des Antragstellers
(Düsseldorf NJW-RR 97, 1360). Dabei ist es Pflicht des Sachverständigen, dass die tatsächlichen Voraussetzungen für die Erfüllung seines
Auftrags geschaffen werden und keine schädlichen Folgen zurückbleiben (Frankfurt NJW-RR 98, 2834). Deshalb sollte der Sachverständige
eine zu untersuchende Sache nur nach Weisung des Ger beschädigen.
Keine Weisungsbefugnis des Ger besteht für den Inhalt des Gutachtens.

3. Abs 2 zwingt das Ger, sich selbst und den übrigen Prozessbetei- 3
ligten völlige **Klarheit über die Beweisfragen** und den **Inhalt des
Auftrags** an den Sachverständigen zu verschaffen. Besondere Bedeutung hat dabei die richtige Formulierung der zu begutachtenden Punkte
(§ 403), die dem Richter, der mit dem Fachgebiet nicht oder wenig
vertraut ist, manchmal Schwierigkeiten bereitet. Der Sachverständige
und häufig auch die Parteien (Abs 5), die den Dingen näher stehen,
können dabei wertvolle Hilfe leisten und sollen deshalb im Bedarfsfall
vor Abfassung des Beweisbeschlusses dazu gehört werden, etwa im
Arzthaftungsprozess (Scheppokat/Neu VersR 01, 23). Die Einweisung
des Sachverständigen kann darin bestehen, dass das Ger ihm den Kernpunkt im Streit der Parteien und ihrer unterschiedlichen Beurteilung
klar macht oder dass es ihn auf die haftungsrechtlichen Kausalitäts- und
Beweisanforderungen hinweist (Köln VersR 98, 1249). Bei Zweifeln
des Sachverständigen hat es ihm **auf Verlangen den Auftrag zu erläutern,** so dass der Ausgangspunkt für das Gutachten klar ist.

4   **4. Abs 3** stellt sicher, dass die **tatsächliche Grundlage des Gutachtens** stimmt. Der Sachverständige hat seiner Begutachtung die unstreitigen Tatsachen (§ 313 Rn 16) zugrunde zu legen. Bei streitigen
Tatsachenbehauptungen hat das Ger zu bestimmen, welche es durch
eine vorangegangene Beweiserhebung für bewiesen hält und beurteilt
haben möchte, zB bei widersprechenden Zeugenaussagen über den
jetzt nicht mehr feststellbaren tatsächlichen Zustand einer Sache, wenn
der Sachverständige deren Wert oder Mangel beurteilen soll.

5   **5. Abs 4** stellt ein **gesetzmäßiges Verfahren des Sachverständigen** bei der Vorbereitung seines Gutachtens sicher. Zur Beantwortung
der Beweisfrage kann weitere tatsächliche Aufklärung erforderlich sein.
Das kann der Sachverständige bei seiner Einweisung (Abs 2, Abs 5)
oder später während der Bearbeitung dem Gericht mitteilen. Dieses hat
dann zu bestimmen, ob es diese Aufklärung selbst vornimmt, zB weitere Zeugenvernehmung, Augenschein im Beisein des Sachverständigen, oder dem Sachverständigen überlässt, zB Besichtigung des zu
begutachtenden Gegenstandes, Einsichtnahme in Geschäftsbücher, ärztliche Unterlagen, Konstruktionspläne. Es bestimmt dabei, auch zur
Vermeidung eines Ablehnungsgrundes, den Umfang der Befugnisse des
Sachverständigen, inwieweit er mit den Parteien in Verbindung treten
darf und wann er ihnen die Teilnahme an seinen Ermittlungen zu gestatten hat. In der Praxis wird dem Sachverständigen die Durchführung
eines Ortstermins meist stillschweigend übertragen. Außerhalb der
ZPO (2 vor § 402) ist mindestens ein Besichtigungstermin vorgeschrieben in § 641a Abs 3 S 1 BGB mit Folgen, wenn der Unternehmer die
6   Besichtigung verweigert (aaO Abs 4). – Zur **Vernehmung von Zeugen oder Parteien** über wesentliche Streitpunkte ist der Sachverständige ohne gerichtliche Ermächtigung nicht befugt (BGH NJW 55,
671). Tut er dies dennoch im Einverständnis mit den Parteien zur Vorbereitung des Gutachtens, so muss die Partei, die die gewonnenen Ergebnisse nicht gelten lassen will, Antrag auf gerichtliche Vernehmung
stellen. Andernfalls heilt der Verfahrensmangel (BGH 23, 207). Bei der
Feststellung gegenwärtiger Tatsachen, die besondere Fachkunde erfordert, ist der Sachverständige Augenscheinsgehilfe (§ 372 Rn 3 und
§ 414 Rn 1).

7   **6. Abs 5** stellt die **Information der Parteien** über die getroffenen
gerichtlichen Maßnahmen und damit ihr rechtliches Gehör und die
Möglichkeit ihrer Mitwirkung sicher, insbesondere ihrer Teilnahme an
einem Einweisungstermin. Verstoß ist Verfahrensfehler, der Rechtsmittel begründen kann.

§ 405 Auswahl durch den mit der Beweisaufnahme betrauten Richter

[1]**Das Prozeßgericht kann den mit der Beweisaufnahme be-
trauten Richter zur Ernennung der Sachverständigen ermäch-**

tigen. [2] **Er hat in diesem Falle die Befugnisse und Pflichten des Prozeßgerichts nach den §§ 404, 404 a.**

Soweit nach § 375 (§ 402) ein Richterkommissar mit der Durch- 1 führung der Beweisaufnahme betraut werden darf, kann er auch zur Auswahl der Sachverständigen ermächtigt werden. Auch für ihn gilt dann § 404. Die Ermächtigung ist Teil des Beweisbeschlusses, also unanfechtbar, auch wenn erst nachträglich erteilt.

§ 406 Ablehnung eines Sachverständigen

(1) [1] **Ein Sachverständiger kann aus denselben Gründen, die zur Ablehnung eines Richters berechtigen, abgelehnt werden.** [2] **Ein Ablehnungsgrund kann jedoch nicht daraus entnommen werden, daß der Sachverständige als Zeuge vernommen worden ist.**

(2) [1] **Der Ablehnungsantrag ist bei dem Gericht oder Richter, von dem der Sachverständige ernannt ist, vor seiner Vernehmung zu stellen, spätestens jedoch binnen zwei Wochen nach Verkündung oder Zustellung des Beschlusses über die Ernennung.** [2] **Zu einem späteren Zeitpunkt nur ist die Ablehnung zulässig, wenn der Antragsteller glaubhaft macht, daß er ohne sein Verschulden verhindert war, den Ablehnungsgrund früher geltend zu machen.** [3] **Der Antrag kann vor der Geschäftsstelle zu Protokoll erklärt werden.**

(3) **Der Ablehnungsgrund ist glaubhaft zu machen; zur Versicherung an Eides Statt darf die Partei nicht zugelassen werden.**

(4) **Die Entscheidung ergeht von dem im zweiten Absatz bezeichneten Gericht oder Richter durch Beschluss.**

(5) **Gegen den Beschluß, durch den die Ablehnung für begründet erklärt wird, findet kein Rechtsmittel, gegen den Beschluß, durch den sie für unbegründet erklärt wird, findet sofortige Beschwerde statt.**

1. Ablehnungsgründe wie gegen Richter; gilt auch gegen Dolmet- 1 scher (§ 191 GVG) und Übersetzer (Köln NJW 87, 1091). – **a) Die Fälle, in denen ein Richter kraft Gesetzes ausgeschlossen ist** (§§ 41, 42), ausgenommen § 41 Nr 5. Es bedarf auch in diesen Fällen der Ablehnung, einen Ausschluss des Sachverständigen kraft Gesetzes gibt es nicht. – **b) Besorgnis der Befangenheit.** Begriff § 42 Rn 9. – 2 **aa) Gründe:** Wenn der Sachverständige schon ein entgeltliches Privatgutachten in derselben Sache für eine Partei oder ihre Haftpflichtversicherung (Celle BauR 96, 144) erstattet hat, außer im Arrest- u VfgsVerf, weil das Gesetz selbst Glaubhaftmachung, auch durch Privatgutachten, vorsieht (Nürnberg NJW 78, 954); wenn der Sachverständige Angestellter einer Partei ist oder war; gilt auch bei Behördenangestellten

(München MDR 02, 291; aA OVG Berlin NJW 70, 1390); wenn er sie als Arzt behandelt hat; wenn er wiederholte frühere Tätigkeit als Privatgutachter für die andere Partei verschwiegen hat (Karlsruhe Just 86, 360); wenn der Sachverständige bereits eine ähnliche Tätigkeit für einen am Rechtsstreit beteiligten Dritten erbracht hat und dessen Interessen denen der ablehnenden Partei in gleicher Weise wie der anderen Gegenpartei entgegengesetzt sind (Düsseldorf NJW-RR 97, 1428); grundsätzlich bei Verstoß gegen gerichtliche Weisungen oder Überschreitung erteilter Befugnisse (§ 404 a Abs 2, 4) sowie bei Abweichung vom Beweisbeschluss (München OLGR 97, 10, Celle NJW-RR 03, 135); wenn er bei Ermittlungen nur eine Partei zugezogen (Hamburg MDR 69, 489, Jena MDR 00, 169), wenn er zum Besichtigungstermin nur eine Partei eingeladen hat, außer die andere hatte davon auf andere Weise Kenntnis (Oldenburg MDR 78, 1028); wenn er Informationen (Düsseldorf BB 72, 1248) oder Material (Koblenz MDR 78, 148) verwertet hat, die er sich nur von einer Partei ohne Wissen der anderen ohne namentliche Benennung der Auskunftsperson (§ 407 a Abs 2) verschafft hat (Düsseldorf NJW-RR 86, 740); wenn er bei einer Partei eine Vorrichtung besichtigt, ohne die andere zu verständigen (BGH NJW 75, 1363); wenn er einen fachlichen Berater der Partei zum Ortstermin nicht zulässt (Düsseldorf MDR 79, 409); wenn er ohne Beantwortung der gestellten abstrakten Beweisfrage deren Entscheidungserheblichkeit mangels Schlüssigkeit verneint (Köln NJW-RR 87, 1198); unsachliche Reaktion auf angekündigte Kritik (Zweibrücken NJW 98, 912) oder auf ein von der Partei vorgelegtes Privatgutachten (Oldenburg NJW-RR 00, 1166). Unter Umständen bei geschäftlichen Beziehungen des Sachverständigen zur anderen Partei (München MDR 98, 858) oder zu deren RA (Köln NJW 92, 762). Hält man die Beauftragung einer PrüfungsAG für zulässig, kommt es auf Befangenheitsgründe bei den von ihr bestellten Prüfern an (BayObLG NJW-RR 88, 163). – **bb) Keine Ablehnungsgründe:** Scharfe Reaktion, die durch massive Angriffe einer Partei gegen Leistung und Person des Gutachters provoziert wurde (Düsseldorf NJW-RR 97, 1353, Nürnberg OLGR 03, 21); die Behauptung der Fehlerhaftigkeit oder mangelnder Qualifikation als solche (München Rpfleger 80, 303); die Zuziehung desselben Sachverständigen in der Berufungs- wie in der Vorinstanz (BGH MDR 61, 397); ebenso nicht allein der Umstand, dass der Sachverständige im örtlichen Bereich der Partei ein Unternehmen gleicher oder ähnlicher Art betreibt (München BauR 90, 117); ebenso nicht die zur Wahrung der Menschenwürde unterbliebene Verständigung der Parteien vom Termin zur Untersuchung einer Partei oder eines Dritten durch einen ärztlichen Sachverständigen (München NJW-RR 91, 896) und die Nichtzulassung einer Partei zum Untersuchungstermin (München NJW 92, 1569). – **c) Unzulässig ist die Ablehnung** von Organen und einzelnen Mitgliedern öffentlich-rechtlicher Körperschaften, zu deren gesetzlichen Aufgaben die Gutachtenerstattung gehört (Stuttgart NJW-RR 87, 190, Hamm NJW-RR 90, 1471, Oldenburg FamRZ 92, 449), und von Hilfspersonen des Sachverständigen (Zweibrücken MDR 86, 417). − **d) Selbstablehnung** wie in § 48 gibt es nicht. Der Sachverständige 5 kann aber in den Fällen des § 408 Abs 1 1 S 1 die Begutachtung verweigern, das Gericht kann ihn in anderen Fällen entbinden (§ 408 Abs 1 S 2).

2. Verfahren. − a) Ablehnungsantrag. Zulässig auch im selbstän- 6 digen Beweis- (§ 487 Rn 5) u Arrestverfahren (Nürnberg NJW 78, 954); bedingungsfeindlich (Stuttgart NJW 71, 1090). Adressat ist das Ger, das den Sachverständigen ernannt hat (Abs 2 S 1), also ProzGer (auch ER, §§ 348, 348 a, 526, 527, Vorsitzender der KfH, § 349) in den Fällen des § 405 der Richterkommissar. Kein Anwaltszwang (Abs 2 S 3, § 78 Abs 3). − **b) Zeitpunkt:** Wie in Abs 2 S 1 bestimmt. Nach 7 diesem Zeitpunkt nur unter den erschwerten Voraussetzungen des Abs 2 S 2. Glaubhaftmachung § 294; Abs 3 gilt hier nicht. Sie liegen vor, wenn die Partei den Ablehnungsgrund erst nach der Vernehmung erfahren hat. Unter diesen Voraussetzungen ist Ablehnung auch noch nach Erlass, aber vor Rechtskraft eines rechtsmittelfähigen Urt zulässig (BayObLG MDR 95, 412, Frankfurt FamRZ 95, 1208). Liegt der Ablehnungsgrund im schriftlichen Gutachten, so ist er unverzüglich, dh innerhalb einer angemessenen Überlegungszeit ab Kenntniserlangung (München OLGR 01, 90, Brandenburg NJW-RR 01, 1433; Anhaltspunkt ist Frist des Abs 2 S 1) unabhängig von der Prozesslage und vom Erfolg anderer Anträge geltend zu machen (BayObLG MDR 95, 412, Koblenz NJW-RR 99, 72). Für den Nebenintervenienten ist auf den für die unterstützte Partei maßgebenden Zeitpunkt abzustellen (Koblenz MDR 90, 161). Der Ausschluss der Ablehnung im ersten Rechtszug erstreckt sich auch auf das Beschwerde- (Düsseldorf MDR 00, 1335) und Berufungsverfahren und zwar auch auf einen hier erst zu erläuternden oder zu ergänzenden Punkt (BayObLG FamRZ 86, 829), außer der Ablehnungsgrund ergibt sich erstmals aus dieser Anordnung (Düsseldorf WM 70, 1305). Zeitpunkt bei selbständigem Beweisverfahren § 487 Rn 5, 6. − **c) Glaubhaftmachung** des Ablehnungsgrundes 8 (§ 294), eigene eidesstattliche Versicherung ist ausgeschlossen (Abs 3). − **d) Entscheidung** (Abs 4) nach Anhörung des Sachverständigen je- 9 denfalls dann, wenn die Ablehnung auf Umstände außerhalb des Gutachtens oder der Vernehmungsniederschrift gestützt ist (Koblenz NJW 77, 395, Karlsruhe OLGZ 84, 104), ergeht auf freigestellte mdl Vhdlg (§ 128 Abs 4) durch Beschluss (§ 329), nicht in den Urteilsgründen. Zurückweisung des Ablehnungsgesuchs erst in den Urteilsgründen führt zur Aufhebung und Zurückverweisung (BSG MDR 76, 83, Schleswig MDR 01, 711), außer der Ablehnungsantrag war eindeutig unzulässig (Karlsruhe BB 77, 1424). Zuständigkeit wie Rn 6. − **Gebühren:** Keine (§ 37 Nr 3 BRAGO).

3. Rechtsmittel (Abs 5). − **a) Unanfechtbar** ist die der Ablehnung 10 stattgebende Entscheidung, auch wenn zuständigerweise vom Richterkommissar erlassen (Ausnahme von § 573); auch wenn irrigerweise in

den Urteilsgründen enthalten. Frankfurt MDR 84, 323 lässt sofortige
Beschwerde bei Verletzung des Rechts einer Partei auf rechtliches Ge-
11 hör zu. – **b) Sofortige Beschwerde** gegen den den Ablehnungsantrag
(auch als unzulässig) zurückweisenden Beschluss des Ger in 1. Instanz
(§ 567 Abs 1), im Falle des § 573 nach vorheriger befristeter Erinnerung; neue Ablehnungsgründe sind unzulässig (Düsseldorf NJW-RR
01, 1434). Kein Rechtsmittel gegen Beschlüsse des LG als BerGer und
des OLG (§ 567 Abs 1). Rechtsbeschwerde gegen Beschwerdezurück-
weisung durch LG oder OLG nur nach Zulassung gem § 574 Abs 1
Nr 2. Anfechtung der zurückweisenden Entscheidung erst mit dem Urteil, auch wenn verfahrenswidrig erst in diesem getroffen, ist ausgeschlossen, §§ 512, 557 Abs 2 (BGH 28, 305, NJW 79, 720).

§ 407 Pflicht zur Erstattung des Gutachtens

(1) **Der zum Sachverständigen Ernannte hat der Ernennung
Folge zu leisten, wenn er zur Erstattung von Gutachten der
erforderten Art öffentlich bestellt ist oder wenn er die Wissenschaft, die Kunst oder das Gewerbe, deren Kenntnis Voraussetzung der Begutachtung ist, öffentlich mit Erwerb ausübt oder
wenn er zur Ausübung derselben öffentlich bestellt oder ermächtigt ist.**

(2) **Zur Erstattung des Gutachtens ist auch derjenige verpflichtet, der sich hierzu vor Gericht bereit erklärt hat.**

1   **Grundsätzlich** besteht **keine Pflicht** zur Gutachtertätigkeit, weil
der Sachverständige ersetzbar ist. Davon bestimmt Abs 1 drei **Ausnah-**
2 **men.** – **a)** Öffentl Bestellung § 404 Rn 3. – **b)** Öffentl Ausübung bedeutet der Allgemeinheit gegenüber. Gewerbe ist hier jede auf dauern-
3 den Erwerb gerichtete Tätigkeit. – **c)** Zu dieser Ausübung öffentl bestellt oder ermächtigt sind Personen, die zu ihrer Tätigkeit einer Zulassung bedürfen zB Dozenten, Ärzte, RAe, auch wenn sie den Beruf
4 nicht ausüben. – **d)** Weitere Ausnahme in Abs 2. Bereiterklären kann
sich der Sachverständige auch durch widerspruchslose Annahme des
Auftrags. Verweigerungsrecht in den Fällen von Rn 1–3 vgl § 408.

§ 407 a Weitere Pflichten des Sachverständigen

(1) **[1]Der Sachverständige hat unverzüglich zu prüfen, ob der
Auftrag in sein Fachgebiet fällt und ohne die Hinzuziehung
weiterer Sachverständiger erledigt werden kann. [2]Ist das nicht
der Fall, so hat der Sachverständige das Gericht unverzüglich
zu verständigen.**

(2) **[1]Der Sachverständige ist nicht befugt, den Auftrag auf
einen anderen zu übertragen. [2]Soweit er sich der Mitarbeit
einer anderen Person bedient, hat er diese namhaft zu machen
und den Umfang ihrer Tätigkeit anzugeben, falls es sich nicht
um Hilfsdienste von untergeordneter Bedeutung handelt.**

(3) [1]Hat der Sachverständige Zweifel an Inhalt und Umfang des Auftrages, so hat er unverzüglich eine Klärung durch das Gericht herbeizuführen. [2]Erwachsen voraussichtlich Kosten, die erkennbar außer Verhältnis zum Wert des Streitgegenstandes stehen oder einen angeforderten Kostenvorschuß erheblich übersteigen, so hat der Sachverständige rechtzeitig hierauf hinzuweisen.

(4) [1]Der Sachverständige hat auf Verlangen des Gerichts die Akten und sonstige für die Begutachtung beigezogene Unterlagen sowie Untersuchungsergebnisse unverzüglich herauszugeben oder mitzuteilen. [2]Kommt er dieser Pflicht nicht nach, so ordnet das Gericht die Herausgabe an.

(5) Das Gericht soll den Sachverständigen auf seine Pflichten hinweisen.

1. Zweck. Die Vorschrift will zur Prozessbeschleunigung beitragen und unnötigen Zeitverlust vermeiden (Abs 1, Abs 3 S 1, Abs 4), verbietet Weiterübertragung des Gutachtensauftrags und regelt die Beiziehung von Gehilfen (Abs 2), beugt außerdem der Entstehung unerwarteter Kosten vor (Abs 3 S 2). Die Hinweispflicht des Abs 5 ist Ordnungsvorschrift, deren Verletzung keine verfahrensrechtlichen Folgen hat. **1**

2. Kompetenzprüfung (Abs 1). Unverzüglich heißt ohne schuldhaftes Zögern, also innerhalb einer angemessenen Frist, die der Sachverständige zur Erfassung seines Auftrags und dem dazu etwa nötigen Studium der Akten benötigt. Für die Verständigung im Negativfall kann ihm das Gericht eine Frist setzen. Die Vorschrift soll verhindern, dass die Akten beim Sachverständigen unnötigerweise längere Zeit herumliegen und soll dem Ger die Möglichkeit geben, gegebenenfalls einen zusätzlichen Sachverständigen für das einschlägige Fachgebiet zu bestellen. **2**

3. Übertragung, Gehilfen (Abs 2). Die Ernennung des Sachverständigen ist ausschließlich Aufgabe und Befugnis des Ger. Der Sachverständige darf nicht den Auftrag zur Begutachtung vollständig oder teilweise auf einen anderen übertragen, so dass er (insoweit) aus jeder Tätigkeit ausscheidet. Ist wegen mangelnder Kompetenz die teilweise Übertragung auf einen anderen Sachverständigen nötig, so gilt Rn 2. Verstoß ist heilbar (§ 295 Rn 2). Der Sachverständige darf Hilfskräfte hinzuziehen, zB Vorarbeiten, Durchführung von Messungen, Feststellung eines tatsächlichen Zustands, Exploration, die Ausarbeitung des Gutachtens, soweit es nicht um Beurteilungs- und Ermessensfragen geht, geeigneten Mitarbeiten überlassen, muss aber diese und den Umfang ihrer Tätigkeit dem Ger angeben außer Hilfsdienste von untergeordneter Bedeutung. Seine **persönliche Verantwortung** für das Gutachten insgesamt muss uneingeschränkt gewahrt bleiben (BGH VersR 72, 927, BSG NJW 85, 1422, Frankfurt VersR 94, 610). Dazu genügt die Erklärung, dass er die Arbeit seines qualifizierten Mitarbeiters selbst **3**

4

nachvollzogen hat und sich zu eigen macht (Zweibrücken VersR 00, 605) oder dass das Gutachten unter seiner Oberaufsicht zustande gekommen ist und von ihm vertreten wird (München VersR 00, 639). Dazu genügt nicht, dass er ein von einem Mitarbeiter unterzeichnetes Gutachten nur mit „einverstanden" unterschreibt (BVerwG NJW 84, 2645).

5 **4. Inhaltszweifel, Kosten** (Abs 3). Die Pflicht des Ger, über Inhalt und Umfang des Gutachtenauftrags völlige Klarheit zu schaffen, und die Mittel dazu ergeben sich aus § 404 a Abs 2 (dort Rn 3). Den Sachverständigen trifft die Pflicht, zu dieser Klarheit beizutragen. Die Pflicht des Sachverständigen zum Hinweis auf die Entstehung unverhältnismäßig hoher Kosten oder auf die erhebliche Überschreitung des Vorschusses kann den Parteien Anlass zu der Überlegung geben, ob ihnen die Sache das wert ist.

6 **5. Herausgabe von Unterlagen** (Abs 4). Nur auf Verlangen des Ger hat der Sachverständige die Gerichtsakten, sonstige Unterlagen für die Begutachtung und Untersuchungsergebnisse herauszugeben bzw mitzuteilen. Das kommt nach Fertigstellung des Gutachtens, bei Unterbrechung des Prozesses, bei Verzögerung der Gutachtenerstattung, bei 7 Entziehung des Gutachtensauftrags in Betracht. – **Im Weigerungsfalle** ordnet das Ger durch Beschluss oder Verfügung des Vorsitzenden die Herausgabe der gegenständlich bestimmt zu bezeichnenden Unterlagen an; außerdem Kostensanktion in § 409 Abs 1 S 1.

§ 408 Gutachtenverweigerungsrecht

(1) [1]**Dieselben Gründe, die einen Zeugen berechtigen, das Zeugnis zu verweigern, berechtigen einen Sachverständigen zur Verweigerung des Gutachtens.** [2]**Das Gericht kann auch aus anderen Gründen einen Sachverständigen von der Verpflichtung zur Erstattung des Gutachtens entbinden.**

(2) [1]**Für die Vernehmung eines Richters, Beamten oder einer anderen Person des öffentlichen Dienstes als Sachverständigen gelten die besonderen beamtenrechtlichen Vorschriften.** [2]**Für die Mitglieder der Bundes- oder einer Landesregierung gelten die für sie maßgebenden besonderen Vorschriften.**

(3) **Wer bei einer richterlichen Entscheidung mitgewirkt hat, soll über Fragen, die den Gegenstand der Entscheidung gebildet haben, nicht als Sachverständiger vernommen werden.**

1 **1. Der Sachverständige darf das Gutachten verweigern,** wenn für ihn keine Pflicht nach § 407 besteht oder aus den Zeugnisverweigerungsgründen (§§ 383, 384). Verfahren nach §§ 386–389. Die Entscheidung des ProzGer erübrigt sich, wenn dieses oder der Richterkommissar den Sachverständigen auswechselt (§ 404 Rn 3, § 360 Rn 4).

2 **2. Befreiung von der Gutachtertätigkeit. – a) Zulässig** nach Ermessen des Ger (Abs 1 S 2), auch des Richterkommissars (§ 360 S 3). –

b) Geboten im Falle des Abs 3. Verletzung ist prozessual belanglos. **3** Hierher gehören auch Mitwirkung in einem Schieds-, Ehren- oder Disziplinargericht. Die §§ 386 ff sind in diesen beiden Fällen nicht anwendbar.

3. Beamte usw (Abs 2) bedürfen zur Gutachtertätigkeit der Ge- **4** nehmigung nach den in § 376 Rn 1 genannten Gesetzen.

§ 409 Folgen des Ausbleibens oder der Gutachtenverweigerung

(1) [1]**Wenn ein Sachverständiger nicht erscheint oder sich weigert, ein Gutachten zu erstatten, obgleich er dazu verpflichtet ist, oder wenn er Akten oder sonstige Unterlagen zurückbehält, werden ihm die dadurch verursachten Kosten auferlegt.** [2]**Zugleich wird gegen ihn ein Ordnungsgeld festgesetzt.** [3]**Im Falle wiederholten Ungehorsams kann das Ordnungsgeld noch einmal festgesetzt werden.**

(2) **Gegen den Beschluß findet sofortige Beschwerde statt.**

1. Voraussetzungen für Maßnahmen bei Nichterscheinen. – 1 a) Ladung wie § 380 Rn 1. – **b)** Pflicht des Sachverständigen zum Erscheinen. Sie besteht nur für Personen, die unter § 407 fallen und auch für diese nicht in den Fällen der §§ (402) 375 Abs 2, 382, 386 Abs 3. – **c)** Nichterscheinen und fehlende Entschuldigung wie § 380 Rn 3, 4.

2. Voraussetzung für Maßnahmen bei Weigerung. Wie in § 390 **2** Rn 1. Zusätzlich muss der Sachverständige nach § 407 zur Gutachtertätigkeit verpflichtet sein.

3. Voraussetzung für Maßnahmen bei Zurückbehaltung von 3 Unterlagen. Es handelt um die in § 407 a Abs 4 (dort Rn 7) genannten Unterlagen. Das Ger muss die Herausgabe durch Beschluss oder Verfügung unter Hinweis auf die Kostenpflicht angeordnet haben.

4. Folgen bei Nichterscheinen, Verweigerung des Gutachtens und **4** Zurückhaltung von Unterlagen: Auferlegung der dadurch verursachten Kosten durch Beschluss nach rechtlichem Gehör, Ordnungsgeld, auch mehrmals (§ 380 Rn 7; umstr). – **Rechtsmittel** (Abs 2) wie §§ 380 **5** Rn 12, 390 Rn 5.

§ 410 Sachverständigenbeeidigung

(1) [1]**Der Sachverständige wird vor oder nach Erstattung des Gutachtens beeidigt.** [2]**Die Eidesnorm geht dahin, daß der Sachverständige das von ihm erforderte Gutachten unparteiisch und nach bestem Wissen und Gewissen erstatten werde oder erstattet habe.**

(2) **Ist der Sachverständige für die Erstattung von Gutachten der betreffenden Art im allgemeinen beeidigt, so genügt die**

Berufung auf den geleisteten Eid; sie kann auch in einem schriftlichen Gutachten erklärt werden.

1   **1.** § 410 regelt nur das Wie der **Beeidigung.** Für die Frage, ob zu beeidigen ist, gilt wegen § 402 (BGH NJW 98, 3355) das zu § 391 Gesagte mit geringen Abweichungen: Auch Voreid ist zulässig, er deckt ein späteres schriftliches Gutachten. Bei Zweifeln an der Richtigkeit der Aussage wird nicht der Eid abzunehmen, sondern ein anderer Sachverständiger zu bestellen sein. Die Eidesverbote des § 393 kommen begrifflich nicht in Betracht. Verfahren bei Abnahme des Eides §§ 478 ff. Eidesstattliche Versicherung bei schriftlichem Gutachten § 411 Rn 2. Bei unberechtigter Eidesverweigerung gilt § 409 entspr.

2   **2. Zulässigkeit der allgemeinen Beeidigung** (Abs 2) und das Verfahren dabei sind Sache der Länder.

§ 411 Schriftliches Gutachten

(1) [1] **Wird schriftliche Begutachtung angeordnet, so hat der Sachverständige das von ihm unterschriebene Gutachten auf der Geschäftsstelle niederzulegen.** [2] **Das Gericht kann ihm hierzu eine Frist bestimmen.**

(2) [1] **Versäumt ein zur Erstattung des Gutachtens verpflichteter Sachverständiger die Frist, so kann gegen ihn ein Ordnungsgeld festgesetzt werden.** [2] **Das Ordnungsgeld muß vorher unter Setzung einer Nachfrist angedroht werden.** [3] **Im Falle wiederholter Fristversäumnis kann das Ordnungsgeld in der gleichen Weise noch einmal festgesetzt werden.** [4] **§ 409 Abs. 2 gilt entsprechend.**

(3) **Das Gericht kann das Erscheinen des Sachverständigen anordnen, damit er das schriftliche Gutachten erläutere.**

(4) [1] **Die Parteien haben dem Gericht innerhalb eines angemessenen Zeitraums ihre Einwendungen gegen das Gutachten, die Begutachtung betreffende Anträge und Ergänzungsfragen zu dem schriftlichen Gutachten mitzuteilen.** [2] **Das Gericht kann ihnen hierfür eine Frist setzen; § 296 Abs. 1, 4 gilt entsprechend.**

1   **1. Erstattung des Gutachtens.** Nach Ermessen des Gerichts (Köln VRS 99, 322): − a) **Mündlich** durch Vernehmung des Sachverständigen gemäß §§ 402, 395 ff. Handelt es sich um schwierige, insbesondere medizinische Fragen, zu denen die Partei nicht sachkundig ist, muss sie Gelegenheit haben, nach Vorliegen des Vernehmungsprotokolls noch mal nach Einholung sachverständiger Beratung Stellung zu nehmen (BGH NJW 82, 1335). Dies gilt auch für die sachkundige Partei, wenn die mündliche Vernehmung des Sachverständigen neue Beurteilungen ergibt (BGH NJW 01, 2796). Wenn zur Wahrung des Rechts auf rechtliches Gehör nötig, ist dazu neuer Termin zu bestimmen (BGH

NJW 88, 2302; § 156 Rn 7). – **b) Schriftlich**. Die Beschränkungen in **2**
§ 377 Abs 3 gelten nicht (BGH 6, 399), eidesstattliche Versicherung
(Fassung nach § 410) kann, muss aber nicht verlangt werden. Fakultative Fristsetzung nach Abs 1 S 1. Das Gutachten ist eigenhändig zu unterschreiben und auf der Geschäftsstelle niederzulegen, sein Inhalt ist
von den Parteien vorzutragen (§ 285 Abs 2) oder in Bezug zu nehmen
(§ 137 Abs 3). – **c) Privatgutachten** Rn 5 vor § 402. **3**

2. Ordnungsgeld wegen Fristversäumung (Abs 2) ist zulässig **4**
nach Setzung einer Nachfrist unter Androhung. Wegen des Ordnungsgeldes, seiner Vollstreckung und Wiederholung sowie Rechtsmittel
auch schon gegen die Androhung mit Nachfristsetzung (München
VersR 80, 1078) § 380 Rn 5–13. Hartnäckige Fristversäumung kann als
Weigerung aufgefasst werden und neben § 411 zu Maßnahmen nach
§ 409 oder zur Abberufung des Sachverständigen führen.

3. Zur Erläuterung des Gutachtens kann das Gericht vAw den **5**
Sachverständigen laden (Abs 3) oder eine schriftliche Gutachtenergänzung herbeiführen. Es muss dies, auch im selbständigen Beweisverfahren (Düsseldorf NJW 00, 3364) tun, wenn das Gutachten in einem
entscheidungserheblichen Punkt unklar oder zweifelhaft ist (BGH NJW
82, 2874; 01, 3269), wenn es von einem anderen Sachverhalt ausgeht
als dem, den das Ger seiner Entscheidung zugrunde legen will (BGH
NJW 81, 2009; 97, 1446 u 3096), wenn das gerichtliche Gutachten
und ein danach vorgelegtes Privatgutachten einander in erheblichem
Punkt widersprechen (BGH NJW 02, 1651/1654), oder wenn eine
Partei die Befragung des Sachverständigen beantragt (§§ 402, 397),
auch wenn das Ger eine Erläuterung für nicht notwendig hält (BVerfG
NJW 98, 2273, BGH NJW 97, 802; 98, 162, NJW-RR 03, 208); der
Antrag darf nur abgelehnt werden, wenn er verspätet oder rechtsmiss-
bräuchlich gestellt ist (BVerfG aaO), außer wenn das Ger vAw noch
Aufklärungsbedarf sieht. Zur Auseinandersetzung mit medizinischen
Gutachten § 286 Rn 4. Ladung vAw auch, wenn eine Partei substanti-
ierte, nicht von vorneherein widerlegbare Einwendungen gegen das
Gutachten erhebt (Abs 4, BGH NJW 86, 2886), insbes in Form eines
Privatgutachtens (BGH NJW 02, 1651/1654). Nichtauseinandersetzung
mit abweichenden Privatgutachten kann das Recht auf rechtliches Gehör verletzen (BVerfG NJW 97, 122). Nicht aufgelöste Widersprüche
und Abweichungen, die sich aus einzelnen Erklärungen desselben
Sachverständigen (BGH NJW 93, 269, 2419) oder mehrerer (BGH
NJW 94, 15; 96, 2419), auch privater (BGH NJW 98, 2735, NJW-RR
00, 44) ergeben, muss das Gericht klären (BGH NJW 96, 1597; 97,
794; 01, 3054/3056). Nach der Anhörung und Befragung des Sachverständigen ist nach § 279 Abs 3 (dort Rn 3) zu verfahren. Ist der Sachverständige nach Vorlage des Gutachtens verstorben, ist ein anderer zu
bestellen (BGH NJW 78, 1633). Für die Erläuterung durch einen ausländischen Sachverständigen gilt § 363 (BGH DB 80, 1794). Sind die
Erläuterungen des Sachverständigen zu seinem Gutachten in 1. Instanz

nicht nachprüfbar festgestellt worden, so muss ihn das BerGer erneut anhören (BGH NJW-RR 87, 1197) bzw erstmals, wenn die Anhörung verfahrenswidrig unterblieben ist (BGH NJW 96, 788). Vgl auch § 398

6 Rn 6. – Dem Antrag auf **Vernehmung als sachverständiger Zeuge** über ein beweiserhebliches Thema, zB die Feststellungen des Sachverständigen bei der Besichtigung, muss das Ger jedenfalls stattgeben (BGH ZfBR 90, 277).

7   **4. Einwendungen und Anträge der Parteien,** Abs 4. Die Parteien müssen die für den Einzelfall angemessene Zeit zur Verarbeitung des Gutachtens haben, im Bedarfsfall auch unter Zuziehung eigener Sachverständiger (BGH NJW 82, 1335; 88, 2302). Sie sind dann gehalten, die erläuterungsbedürftigen Punkte hinreichend konkret zu bezeichnen (BVerwG NJW 96, 2318), zB Hinweis auf Lücken, Widerspruch, gegenteilige Auffassung in der Fachliteratur, insbes die zu stellenden Fragen schriftlich anzukündigen; Anträge zu stellen, zB auf Erläuterung oder Ergänzung des Gutachtens im nächsten Termin (BGH NJW 75, 2142), Beeidigung des Sachverständigen, Einholung eines weiteren oder Obergutachtens. Das Ger, nicht allein der Vorsitzende, kann und sollte dafür eine angemessene Frist in unmissverständlicher Form (BGH NJW-RR 01, 1431) setzen. Ihre unentschuldigte Versäumung führt unter den Voraussetzungen des § 296 Abs 1 zur Zurückweisung des verspäteten Vorbringens, außer wenn die Anhörung des Sachverständigen vAw (Rn 5, BGH NJW-RR 97, 1487) geboten ist, auch in 2. Instanz (BGH NJW 92, 1459). Der Antrag ist ferner zurückzuweisen, wenn er rechtsmissbräuchlich gestellt ist, dh wenn er überhaupt nicht oder völlig unsubstantiiert begründet wird (BGH NJW 94, 1286). Gegen Zurückweisung in 1. Instanz sofortige Beschwerde (§ 567 Abs 1 Nr 2).

§ 412 Neues Gutachten

(1) **Das Gericht kann eine neue Begutachtung durch dieselben oder durch andere Sachverständige anordnen, wenn es das Gutachten für ungenügend erachtet.**

(2) **Das Gericht kann die Begutachtung durch einen anderen Sachverständigen anordnen, wenn ein Sachverständiger nach Erstattung des Gutachtens mit Erfolg abgelehnt ist.**

1   **1. Weiteres Gutachten.** Jedes Gutachten unterliegt der freien Beweiswürdigung (§ 286), es ist auf seine Verwertbarkeit, Geschlossenheit, fachliche Stichhaltigkeit und Überzeugungskraft frei nachprüfbar. Unverwertbar ist ein Gutachten nach erfolgreicher Ablehnung des Sachverständigen. Außerdem wegen Verletzung des Rechts auf rechtliches Gehör die Ertragswertschätzung eines Grundstücks, wenn der Gutachter die Vergleichsobjekte und -Preise nicht konkret benennt (BGH NJW 94, 2899: neues Gutachten nötig; BVerfG NJW 97, 1909: Verstoß gegen Art 2 Abs 1 GG). Grundsätzlich ebenso, wenn das Gutachten auf Geschäftsunterlagen beruht, die eine der Parteien nicht auch dem Gegner zur Verfügung gestellt hat und die im Verfahren nicht offen gelegt werden (BGH NJW 92, 1817). Sonst steht die Einholung eines weiteren Gutachtens im Ermessen des Ger und ist nur ausnahmsweise geboten. So darf und muss das Ger, wenn es aus dem Gutachten trotz Ergänzung oder Anhörung des Sachverständigen keine sichere Überzeugung gewinnt (BGH NJW 01, 3054/3056), eine neue Begutachtung anordnen, zB wenn besonders schwierige Fragen zu lösen oder grobe Mängel der vorhandenen Gutachten wie Unvollständigkeit (BGH NJW 96, 730; 01, 1787) nicht zu beseitigen sind, wenn die Sachkunde des früheren Gutachters zweifelhaft ist (BayObLG NJW 86, 2892), wenn es in anderer Weise nicht aufklärbare Widersprüche enthält (BGH VersR 82, 849), wenn der neue Gutachter über überlegene Forschungsmittel verfügt (BGH NJW 99, 1778). – **Verfahren.** Anordnung und 2 Ablehnung eines neuen Gutachtens ergehen ohne mdl Vhdlg, auch durch den Richterkommissar (§ 360 S 2, 3) und sind als Teil des Beweisbeschlusses unanfechtbar (Düsseldorf NJW-RR 98, 933, Köln NJW-RR 00, 729). Mit Widersprüchen der beiden Gutachten muss sich das Urt auseinandersetzen und nachvollziehbar begründen, weshalb es welchem Gutachten folgt (BGH NJW 92, 2291, NJW-RR 96, 783/786).

2. Obergutachten. Die ZPO kennt den Begriff nicht. Das Ger 3 kann es nach pflichtgemäßem Ermessen ausnahmsweise einholen bei besonders schwierigen Fragen (BayObLG RPfleger 80, 189). Wenn mehrere Gutachten (Rn 1) zu unterschiedlichen Ergebnissen kommen und der Richter ohne einleuchtende, logisch nachvollziehbare Begründung nicht dem einen den Vorzug geben kann, muss er die abweichenden tatsächlichen Grundlagen und/oder Wertungen herausarbeiten und versuchen, durch weitere Aufklärung, mündliche Erläuterung, ggf durch Einholung eines Obergutachtens den Widerspruch aufzuklären (BGH VersR 80, 535, NJW 87, 442, Broß ZZP 102, 413/434). Obergutachter sollte ein Sachverständiger sein, der kraft überragender Sachkunde oder besonderer Autorität die durch gegensätzliche Auffassung mehrerer Sachverständiger entstandenen Zweifel klären kann.

§ 413 Sachverständigenentschädigung

Der Sachverständige wird nach dem Gesetz über die Entschädigung von Zeugen und Sachverständigen entschädigt.

Vgl die Rn zu § 401. 1
Der Sachverständige verliert seinen Entschädigungsanspruch, wenn er durch eine vorsätzliche oder grob fahrlässige Pflichtverletzung die Unverwertbarkeit seines Gutachtens herbeiführt, sei es wegen erfolgreicher Befangenheitsablehnung, sei es wegen schwerer inhaltlicher Mängel (Koblenz BB 93, 1975); nicht bei nur leichter Fahrlässigkeit (BGH NJW 76, 1154).

§ 414 Sachverständige Zeugen

   Insoweit zum Beweise vergangener Tatsachen oder Zustände, zu deren Wahrnehmung eine besondere Sachkunde erforderlich war, sachkundige Personen zu vernehmen sind, kommen die Vorschriften über den Zeugenbeweis zur Anwendung.

1   **Abgrenzung der Beweismittel Zeuge und Sachverständiger** Rn 1 vor § 373 und Rn 1, 2 vor § 402. Eine Person, die über die Wahrnehmung vergangener Tatsachen berichtet und daraus Schlüsse zieht, ist Zeuge und Sachverständiger, zB der Arzt, der über früher bei der Untersuchung festgestellte Krankheitssymptome berichtet und daraus Schlüsse auf Ursache und Wirkung der Erkrankung zieht. Soweit es **nur** um die Wahrnehmung vergangener Tatsachen oder Zustände geht, bleibt die Vernehmungsperson Zeuge, auch wenn diese Wahrnehmung besondere Sachkunde voraussetzt; es gelten dann nur die Vorschriften über den Zeugenbeweis, nicht §§ 402 ff. Ebenso, wenn ein von einer Partei zugezogener Sachverständiger nur im Rechtsstreit nur über seine bei der früheren Besichtigung des Streitobjekts getroffenen Feststellungen vernommen wird (BGH MDR 74, 382).

Titel 9. Beweis durch Urkunden

Vorbemerkung

1   **1. Begriff, Beweisgegenstand, Arten. – Urkunde** iS der ZPO ist die Verkörperung einer Gedankenäußerung in Schriftzeichen. Der Begriff ist enger als im Strafrecht. Beweisgegenstand ist der Gedankeninhalt des Schriftstücks. Abgrenzung zum Augenschein Rn 1 vor § 371. Für den Urkundenbegriff spielen keine Rolle das Material, die Art der Herstellung, der Zweck der Errichtung, die Bedeutung des Inhalts und das Fehlen einer Unterschrift (Köln NJW 92, 1774: auch Telefax). Der Art nach sind wegen unterschiedlicher Beweiskraft zu unterscheiden, die öffentliche (§§ 415, 417, 418) und die Privaturkunde (§ 416).

2   **2. Beweisverfahren. – a) Beweisantrag** ist im Bereich des Verhandlungsgrundsatzes (Einl I Rn 1–4) regelmäßig nötig (§§ 420 ff). Ausnahmen: §§ 142, 143, 273 Abs 2 Nr 1, 2; ferner §§ 258 ff, 102 HGB. Der Beweisantritt ist verschieden, je nachdem sich die Urkunde in Händen des Beweisführers (§ 420), seines Gegners (§§ 421–427), eines Dritten (§§ 428–431) oder einer Behörde (§ 432) befindet. Die Partei muss klarstellen, welche Urkunden oder Aktenteile sie für erheblich hält, der Antrag auf Beziehung von Akten anderer Behörden schlechthin genügt nicht. Selbst wenn sie trotzdem beigezogen werden, gehören nur solche Aktenteile zum Prozessstoff, auf die sich eine Partei erkennbar berufen hat und die einen von den Parteien vorgetragenen
3   Sachverhalt betreffen (BGH NJW 94, 3295). – **b) Anordnung der Be-**
4   **weiserhebung** entspr den vorgenannten Modalitäten. – **c) Die Beweisaufnahme** geschieht in mdl Vhdlg durch Vorlage, Vortrag oder

Bezugnahme und Einsichtnahme seitens des Gerichts. Im schriftlichen und Aktenlageverfahren Mitteilung an die Parteien vom Eingang der Urkunde entspr § 362 Abs 2. – **d) Beweiswürdigung.** Für sie gelten 5 primär Beweisregeln (§§ 415–418; Rn 6–8), iÜ die freie Überzeugung des Ger (§§ 419, 286).

3. Beweiskraft hat die Urkunde nur, wenn ihre Echtheit feststeht 6 (§ 437 Rn 1) – **a) Formelle Beweiskraft.** Für sie stellen §§ 415–418 bindende Regeln auf, durch die § 286 ausgeschlossen ist. Sie bestimmen, unter welchen Voraussetzungen der Inhalt der Urkunde (die Abgabe der Erklärung, der Eintritt einer Tatsache) bewiesen ist. – **b) Materielle** 7 **Beweiskraft.** Die Bedeutung der bewiesenen Tatsache für das Beweisthema und für das Urteil entscheidet der Richter frei durch Subsumtion, durch Auslegung (zB ob die bewiesene Erklärung ein Bürgschaftsversprechen ist) oder freie Beweiswürdigung (zB ob die Eintragung in das Geschäftsbuch des Kaufmanns ein genügendes Indiz für den wirklichen Abschluss des Geschäfts ist). – **c) Verwertung von Urkunden** 8 **aus anderen Akten,** zB Vernehmungsniederschriften oder Gutachten als Urkundenbeweis § 286 Rn 11 und Rn 3 vor § 402.

§ 415 Beweiskraft öffentlicher Urkunden über Erklärungen

(1) Urkunden, die von einer öffentlichen Behörde innerhalb der Grenzen ihrer Amtsbefugnisse oder von einer mit öffentlichem Glauben versehenen Person innerhalb des ihr zugewiesenen Geschäftskreises in der vorgeschriebenen Form aufgenommen sind (öffentliche Urkunden), begründen, wenn sie über eine vor der Behörde oder der Urkundsperson abgegebene Erklärung errichtet sind, vollen Beweis des durch die Behörde oder die Urkundsperson beurkundeten Vorganges.

(2) Der Beweis, daß der Vorgang unrichtig beurkundet sei, ist zulässig.

1. Öffentliche Urkunde. – a) Ausstellung durch eine **öffentliche** 1 **Behörde,** dh eine Einrichtung, die auf dem am Ort der Ausstellung geltenden öffentl Recht beruht und die nach ihrer Organisation von einzelnen Beamten unabhängig ist (BGH 6, 306; 3, 116), oder durch eine **mit öffentlichem Glauben versehene Person.** Sie sind durch Gesetz allg oder beschränkt zu Beurkundungen ermächtigt, zB Notare, RAe bei Ausstellung eines Empfangsbekenntnisses nach §§ 174, 195 (BGH NJW 90, 2125), Standesbeamte, Gerichtsvollzieher, Urkundsbeamte, Konsuln; nicht Handelsmakler (§§ 93 ff HGB). Keine öffentliche Behörde ist die Deutsche Post AG (VG Frankfurt NJW 97, 3329; aA Frankfurt NJW 96, 3159). – **b) Innerhalb der Grenzen ihrer Amts-** 2 **befugnisse,** dh unter Einhaltung der vom Gesetz bestimmten sachlichen Zuständigkeit. In diesem Rahmen sind auch Urkunden über private Rechtsgeschäfte öffentl Urkunden (BGH 6, 307). – **c) In der** 3 **vorgeschriebenen Form,** dh unter Einhaltung der zwingenden

Formvorschriften, zB §§ 8 ff BeurkG, muss die Urkunde ausgestellt
sein. Ist sie formunwirksam, kann ihr die Beweiskraft des § 416 zu-
kommen (BGH 136, 357/367).

4   **2. Beweisregel.** Allg Rn 6–8 vor § 415. – **a) Voraussetzung** ist,
dass die öffentl Urkunde echt (§§ 437 ff), äußerlich mangelfrei (§ 419)
und über eine Erklärung errichtet ist, die vor der Behörde oder Urkundsperson abgegeben wurde (zB Auflassung, Ehekonsens). Gilt nicht
für nicht abgezeichnete Änderungen am Rande notarieller Urkunden
(BGH NJW 94, 2768). Öffentl Urkunden anderen Inhalts §§ 417
(Willensäußerung der Behörde selbst) und 418 (Beurkundung anderer
5 Tatsachen als Erklärungen). – **b) Wirkung:** Die formelle Beweiskraft
erstreckt sich ohne Rücksicht auf die Überzeugung des Ger darauf, dass
alle Erklärungen, die Rechtswirkungen erzeugen, vollständig und richtig nach Inhalt und Begleitumständen (Zeit, Ort) wiedergegeben sind
(BGH NJW-RR 98, 1470). Ob die Erklärung inhaltlich richtig (zB
Name und Identität des Erklärenden) und wirksam (zB Anfechtung) ist,
unterliegt der freien Würdigung nach § 286. Für außerhalb der Urkunde
liegende Umstände trägt die Partei die Beweislast, die sich auf sie beruft
(BGH NJW 99, 1702).

6   **3. Gegenbeweis** (Abs 2). – **a) Zulässig** im Umfang der Beweisregel des Abs 1 dahin, dass die Beurkundung objektiv unrichtig ist. Es
muss voll bewiesen werden (BGH 16, 227), dass die Erklärung nicht
oder nach Zeit, Ort oder Inhalt anders abgegeben wurde. Da für die
Beweisregel des Abs 1 die Überzeugung des Ger belanglos ist, genügt
für den Gegenbeweis ihre bloße Erschütterung nicht (BGH NJW 02,
3027). Durch Parteivernehmung kann er nicht geführt werden, § 445
7 Abs 2 (BGH NJW 65, 1714). – **b) Ausnahmen** von Abs 2 sind §§ 165
8 S 2, 314 S 2. – **c) Unabhängig von Abs 2** ist jede Beweisführung
gegen die Echtheit der Urkunde (§ 437) und gegen ihre materielle Beweiskraft (Rn 7 vor § 415), also gegen die Richtigkeit (zB Quittung,
BGH WM 79, 1157) oder die Wirksamkeit (zB Anfechtung, BGH 71,
260) der als abgegeben bewiesenen Erklärung. Für diese Beweisführung
genügt im Gegensatz zu Rn 6, dass die Überzeugung des Ger erschüttert wird (BGH WM 79, 1157).

§ 416 Beweiskraft von Privaturkunden

**Privaturkunden begründen, sofern sie von den Ausstellern
unterschrieben oder mittels notariell beglaubigten Handzei-
chens unterzeichnet sind, vollen Beweis dafür, daß die in ihnen
enthaltenen Erklärungen von den Ausstellern abgegeben sind.**

1   **1. Begriff.** Privaturkunden sind alle Schriftstücke, auch körperlich
nicht verbundene Einzelblätter (BGH 136, 357/367), die zwar Urkunde (1 vor § 415), aber nicht öffentliche Urkunde (§ 415 Rn 1) sind.
Privaturkunde bleibt sie auch bei Beglaubigung der Unterschrift. Vorzulegen ist das Original (BGH WM 93, 1801).

2. Beweisregel. Vgl auch Rn 6–8 vor § 415. – **a) Voraussetzung** 2
ist, dass die Privaturkunde **echt** (§ 437 Rn 1; BGH 104, 172), äußerlich **mangelfrei** (§ 419) und vom Aussteller **unterschrieben** ist. Die
Unterschrift muss den ganzen Text decken, kann auch blanko erteilt
sein und darf keinen Zweifel über die Identität lassen. Familienname
oder Firma genügen regelmäßig, nach Lage des Falles genügt Vor-,
Deck- oder Spitzname. Nicht nötig eigenhändig, ein Vertreter kann
mit dem Namen des Vertretenen unterschreiben, wenn dieser das weiß
und will. Nicht nötig handschriftlich, Unterstempelung, Telegramm, auch
fernmündlich Aufgegebenes und Zugesprochenes, genügen. Ob die
Unterschrift materiellrechtlich wirksam ist, richtet sich nach § 126 BGB.
§ 416 gilt nicht, auch nicht entsprechend, für eine Unterzeichnung am
oberen Rand des Schriftstücks (BGH 113, 48: „Oberschrift") oder neben dem Text (BGH NJW 92, 829: „Nebenschrift"). – **b) Wirkung.** 3
Die formelle Beweiskraft erstreckt sich ohne Rücksicht auf die Überzeugung des Ger (aA Britz ZZP 110, 61) darauf, dass der Aussteller die
in der Urkunde enthaltene, nach allgemeinen Regeln auszulegende (BGH
NJW 95, 1683) Erklärung abgegeben, dh geäußert und abgesendet hat
(BGH VersR 03, 229); nicht dass sie zugegangen, inhaltlich richtig
(BGH NJW 02, 2707) und rechtswirksam ist und – anders in § 415 –
nicht auf die Begleitumstände (Zeit und Ort). Für all das gilt § 286
(BGH NJW 86, 3086, WM 93, 1801), wobei allerdings zwischen den
Vertragsparteien der Erfahrungssatz besteht, dass unterschriebene Ver-
tragsurkunden die vollständigen Willenserklärungen der Vertragspartner
richtig wiedergeben (BGH NJW 99, 1702). Die Vermutung der Vollständigkeit und Richtigkeit einer Urkunde setzt voraus, dass der Ge-
schäftsinhalt zumindest durch Auslegung aus dem Urkundentext bestimmt
werden kann (BGH NJW 02, 3164). Diese Vermutung ist nicht allein
dadurch widerlegt, dass die Urkunde nicht an dem angegebenen, sondern
an einem späteren Datum unterschrieben wurde (BGH WM 87, 938).

3. Gegenbeweis. – a) Richtung. Er richtet sich gegen die formel- 4
le Beweiskraft und ist begrifflich nur dahin denkbar, dass die Urkunde
dem Aussteller entzogen worden sei. Parteivernehmung unzulässig
(§ 445 Abs 2; § 415 Rn 6). – **b) Unabhängig von § 416** ist zu wür- 5
digen die Echtheit der Urkunde (§§ 437 ff), wozu auch Missbrauch einer
Blankounterschrift gehört; ferner ihre materielle Beweiskraft (BGH
WM 88, 524), also Zugehen, Richtigkeit, Vollständigkeit und Wirksamkeit der Erklärung, zB Anfechtung wegen Täuschung, Erschleichen
der Unterschrift, Irrtum, weil nicht gelesen oder nicht verstanden. Beweislast, wer sich darauf beruft (BGH NJW 99, 1702).

**§ 417 Beweiskraft öffentlicher Urkunden über amtliche An-
ordnung; Verfügung oder Entscheidung**

**Die von einer Behörde ausgestellten, eine amtliche Anord-
nung, Verfügung oder Entscheidung enthaltenden öffentlichen
Urkunden begründen vollen Beweis ihres Inhalts.**

1   **1. Voraussetzungen.** Von einer Behörde ausgestellte, öffentliche
Urkunde (§ 415 Rn 1). Sie muss echt (§ 437 Rn 1) und äußerlich
mangelfrei sein (§ 419). Sie muss in Abgrenzung zu § 415 und § 418
eine Willenserklärung der Behörde selbst enthalten, zB Gerichtsurteil,
Verwaltungsanordnung.

2   **2.** Die **Beweiskraft** erstreckt sich darauf, dass die Anordnung, Verfügung oder Entscheidung nach Inhalt und Begleitumständen (Ort,
Zeit, Teilnahme) ergangen, nicht dass sie sachlich richtig ist. Gegenbeweis ist insoweit ausgeschlossen, wegen Fehlens einer dem § 415 Abs 2
entspr Vorschrift auch gegen die Begleitumstände (RoSchw/Gottwald
§ 121 II 2a (2); StJLeipold 3). Unabhängig von § 417 ist jede Beweisführung gegen die Echtheit der Urkunde und gegen die Wirksamkeit
der Anordnung oder Entscheidung (Aufhebung auf Rechtsbehelf).

§ 418 Beweiskraft öffentlicher Urkunden mit anderem Inhalt

(1) **Öffentliche Urkunden, die einen anderen als den in den
§§ 415, 417 bezeichneten Inhalt haben, begründen vollen Beweis der darin bezeugten Tatsachen.**

(2) **Der Beweis der Unrichtigkeit der bezeugten Tatsachen ist
zulässig, sofern nicht die Landesgesetze diesen Beweis ausschließen oder beschränken.**

(3) **Beruht das Zeugnis nicht auf eigener Wahrnehmung der
Behörde oder der Urkundsperson, so ist die Vorschrift des
ersten Absatzes nur dann anzuwenden, wenn sich aus den Landesgesetzen ergibt, daß die Beweiskraft des Zeugnisses von der
eigenen Wahrnehmung unabhängig ist.**

1   **1. Voraussetzungen.** Öffentl Urkunde (§ 415 Rn 1), auch ausländische (BVerwG NJW 87, 1159). Sie muss echt (§ 437 Rn 1) und äußerlich mangelfrei (§ 419) sein. Sie muss in Abgrenzung zu § 415 und
§ 417 eine andere Tatsache als die Abgabe einer Erklärung beurkunden,
nämlich Wahrnehmungen oder Handlungen der Urkundsperson oder
2   Dritter (sog Zeugnisurkunde). – **Beispiele:** Augenscheinsprotokoll, Zustellungsurkunde durch Postbedienstete oder Justizbedienstete (§ 182
Abs 1 S 2, BGH NJW 98, 1716), Gerichtsvollzieherprotokoll (Köln
NJW-RR 86, 863), Wechselprotest gem Art 79 WG (BVerwG NJW
86, 2127), Unterschriftsbeglaubigung, Eingangsstempel der Behörde
3   (BGH NJW 98, 461). – **Nicht hierher gehören** Urkunden, die ein
Urteil abgeben, zB Feststellung des Notars über Testierfähigkeit, Kon-
sulatszeugnis über Staatsangehörigkeit und solche beurkundeten Tatsachen oder Wahrnehmungen, von denen nicht gewährleistet ist, dass die
Urkundsperson sie selbst verwirklicht oder zuverlässig festgestellt hat,
zB dass der Zustellungsempfänger iF der Ersatzzustellung nach § 180
wirklich unter der angegebenen Adresse wohnt (BVerfG NJW 92, 224);
die Beurkundung hat insoweit nur Indizwirkung (Düsseldorf MDR 98,
1499). Rückzahlschein an Postsparer (anders früher BGH WM 93, 744).

2. Beweiskraft. – **a) Bezeugt die Urkunde eine eigene Wahr-** 4
nehmung oder Handlung der Behörde oder Urkundsperson, so ist
diese voll bewiesen. Das in § 415 Rn 5 Gesagte gilt sinngemäß. Die
Zustellungsurkunde beweist nicht, dass der Adressat unter der angegebenen Anschrift wohnt (BGH NJW 92, 1963). – **Gegenbeweis** (§ 415 5
Rn 6) ist gem Abs 2 zulässig, sofern nicht Bundes- (BGH LM § 418
Nr 3; zB §§ 165 S 2, 314 S 2) oder Landesgesetze ihn beschränken
oder ausschließen. Der Beweisantrag muss substantiiert sein, bloßes Be-
streiten der in einer Zustellungsurkunde beurkundeten Tatsachen unter
Benennung des Zustellungsbeamten genügt nicht (BVerwG NJW 85,
1179). Er kann durch Parteivernehmung geführt werden, § 445
Abs 2 (§ 415 Rn 6). An den Beweis für ein falsches Datum auf dem
Empfangsbekenntnis eines RA sind strenge Anforderungen zu stellen
(BGH NJW 87, 1334), weniger strenge für gerichtsinterne Vorgänge
wie Eingangsstempel (BGH NJW 00, 1872); jedoch genügt die bloße
Möglichkeit eines anderen Geschehensablaufs nicht als Gegenbeweis
(BGH NJW-RR 01, 280). Es gilt Freibeweis (6 vor § 284, BGH NJW-
RR 01, 280). Soweit für die bezeugte Tatsache Glaubhaftmachung
genügt, reicht sie auch für die Widerlegung (BGH VersR 73, 186). –
b) Bezeugt die Urkunde eine fremde Wahrnehmung oder Hand- 6
lung (Abs 3), so ist diese voll bewiesen, soweit Bundes- (zB §§ 60, 66
PStG) oder Landesgesetze das vorschreiben. IÜ unterliegen sie freier
Beweiswürdigung. **Gegenbeweis** wie Rn 5.

§ 419 Beweiskraft mangelbehafteter Urkunden

Inwiefern Durchstreichungen, Radierungen, Einschaltungen
oder sonstige äußere Mängel die Beweiskraft einer Urkunde
ganz oder teilweise aufheben oder mindern, entscheidet das
Gericht nach freier Überzeugung.

1. Der **Geltungsbereich** erstreckt sich auf öffentl und private Ur- 1
kunden. Ein äußerer Mangel liegt vor, wenn das äußere Erscheinungsbild eine Änderung der Urkunde nach Unterzeichnung als möglich
erscheinen lässt (BGH NJW-RR 87, 1151). Das sind außer den Beispielen im Text das Fehlen von Teilen, Risse, Flecken, unleserliche, zer-
knitterte oder zusammengeklebte Stellen, auffälliges Schriftbild, unge-
wöhnliche Anordnung der Erklärung auf dem Papier (Köln NJW-RR
99, 1509), Überstempelung des Eingangsstempels mit einem anderen
Datum (BGH WM 91, 2008), Format der Urkunde, das auf nachträgliche Veränderung der ursprünglichen Größe hindeutet (BGH NJW 80,
893). Gleich bleibt, ob die Partei den Mangel genehmigt hat. – **Keine** 2
Mängel sind Änderungen unter Einhaltung gesetzlicher Vorschriften,
die selbst öffentl Urkunden sind (BGH DNotZ 56, 643; zB §§ 12, 22,
29 und 31 PStG). Nicht hierher gehören Formmängel (zB §§ 126
BGB, 8 ff BeurkG).

2. Wirkung der Mängel ist, dass die Beweisregeln in §§ 415–418 3
nicht gelten, vielmehr der Grundsatz freier Beweiswürdigung (§ 286)

wiederhergestellt ist, nicht nur für den Mangel, sondern für die Urkunde als Ganzes (BGH NJW 88, 60). Dafür genügt, dass eine nachträgliche Veränderung der Urkunde nach dem äußeren Erscheinungsbild möglich ist, sie muss nicht feststehen (BGH NJW 80, 893, NJW-RR 87, 1151).

§ 420 Vorlegung durch Beweisführer; Beweisantritt

Der Beweis wird durch die Vorlegung der Urkunde angetreten.

1   **Anwendungsbereich.** § 420 betrifft den Beweis über den Inhalt einer Urkunde, die der Beweisführer (§ 379 Rn 2) im unmittelbaren
2 Besitz hat oder sich ohne Hilfe des Ger verschaffen kann. – **Beweisantritt,** Notwendigkeit und Modalitäten Rn 2 vor § 415. Vorzulegen ist bei Privaturkunden die Urschrift; nur für sie gilt die Beweisregel in § 416 (BGH WM 93, 1801). Eine beglaubigte Abschrift unterliegt freier Beweiswürdigung, § 435 gilt nicht analog (BGH NJW 80, 1047). Das Anerbieten zur Vorlage genügt als Beweisantritt nur im Falle des § 434. Bei umfangreichen Urkunden sind die maßgebenden Stellen oder Blätter zu bezeichnen; der Antrag auf Beiziehung ganzer Akten ist kein echter Beweisantrag (BGH DRiZ 63, 60). Beweisaufnahme Rn 4 vor § 415.

§ 421 Vorlegung durch den Gegner; Beweisantritt

Befindet sich die Urkunde nach der Behauptung des Beweisführers in den Händen des Gegners, so wird der Beweis durch den Antrag angetreten, dem Gegner die Vorlegung der Urkunde aufzugeben.

1   **Anwendungsbereich.** § 421 betrifft den Beweis über den Inhalt einer Urkunde, die der Gegner des Beweisführers angeblich im unmittelbaren oder derart im mittelbaren Besitz hat, dass er sie ohne weiteres erlangen kann, zB Verwahrungsvertrag (StJLeipold 5). Maßgebender
2 Zeitpunkt (auch 8 vor § 373) ist die Antragstellung. – Der **Vorlegungsantrag** (Notwendigkeit und Modalitäten 2 vor § 415, Inhalt: § 424) ist in mdl Vhdlg, im schriftlichen und Aktenlageverfahren schriftsätzlich zu stellen, und zwar von der beweisführenden Partei (dem Streitgenossen), der selbst ein Vorlegungsanspruch zusteht (§§ 422, 423)
3 oder von ihrem Streithelfer. – **Gegner** sind die Streitgenossen auf der Gegenseite und ihre streitgenössischen Streithelfer (§ 69); die Vorlegungspflicht ist aber für jeden getrennt zu prüfen. Eigene Streitgenossen und Streithelfer sowie einfache Streithelfer auf der Gegenseite sind nicht Gegner, sondern Dritte (§§ 428 ff) Beweisanordnung §§ 425, 426;
4 Beweiserhebung 4 vor § 415. – **Unanwendbar** ist § 421 im Urkundenprozess (§ 595 Abs 3).

§ 422 Vorlegungspflicht des Gegners nach bürgerlichem Recht

Der Gegner ist zur Vorlegung der Urkunde verpflichtet, wenn der Beweisführer nach den Vorschriften des bürgerlichen Rechts die Herausgabe oder die Vorlegung der Urkunde verlangen kann.

1. Die prozessuale Vorlegungspflicht des Gegners oder Dritter 1 geht in allen Fällen auf Vorlage der Urkunde an das Gericht. Sie ist im Prozess überhaupt nicht, durch selbständige Klage nur gegenüber Dritten (§ 429 S 2) erzwingbar (Frankfurt WM 80, 1246). Die Folgen der Nichterfüllung durch den Gegner regeln §§ 426 ff.

2. Voraussetzungen der Vorlegungspflicht. – a) Vorlegungs- 2 **anordnung** des Ger; – **b)** ein **Beweisinteresse; – c)** unmittelbarer **Besitz** an der Urkunde; – **d) Vorlegungsanspruch.** Entstehungstatbe- 3 stände für ihn sind – **aa)** prozessrechtlich § 423; – **bb)** die materiell- 4 rechtlichen Ansprüche auf Herausgabe (zB §§ 371, 402, 985, 1144 BGB, Art 50 WG, § 836 Abs 3 ZPO) oder auf Vorlegung der Urkunde (zB §§ 809, 810 BGB, 118, 166, 233 HGB, 111 Abs 2 AktG und wegen § 259 Abs 1 BGB alle Ansprüche auf Rechnungslegung). – **cc)** Öffentlrechtliche Ansprüche (zB §§ 299, 915, ferner § 258 HGB) 5 genügen nicht.

§ 423 Vorlegungspflicht des Gegners bei Bezugnahme

Der Gegner ist auch zur Vorlegung der in seinen Händen befindlichen Urkunden verpflichtet, auf die er im Prozeß zur Beweisführung Bezug genommen hat, selbst wenn es nur in einem vorbereitenden Schriftsatz geschehen ist.

Die Bestimmung begründet einen selbständigen prozessrechtlichen 1 Vorlegungsanspruch, § 422 Rn 2, 3. Verlangt ist Bezugnahme auf die Urkunde als Beweismittel, nicht bloß auf ihren Inhalt. § 134 bleibt unberührt.

§ 424 Antrag bei Vorlegung durch Gegner

[1]Der Antrag soll enthalten:
1. **die Bezeichnung der Urkunde;**
2. **die Bezeichnung der Tatsachen, die durch die Urkunde bewiesen werden sollen;**
3. **die möglichst vollständige Bezeichnung des Inhalts der Urkunde;**
4. **die Angabe der Umstände, auf welche die Behauptung sich stützt, daß die Urkunde sich in dem Besitz des Gegners befindet;**
5. **die Bezeichnung des Grundes, der die Verpflichtung zur Vorlegung der Urkunde ergibt. [2]Der Grund ist glaubhaft zu machen.**

1   **1. Bedeutung.** Betrifft den Inhalt des Vorlegungsantrags (§ 421); damit das Gericht Entscheidungs- und Beweiserheblichkeit, Beweiseignung der Urkunde sowie die Verpflichtung zur Vorlage prüfen kann (BGH WM 89, 278).

2   **2. Inhalt des Antrags.** − **Nr 1** bezweckt Feststellung der Identität der Urkunde nach Aussteller und Datum. Ihre Existenz ist nicht zu beweisen, Gegenbeweis ausgeschlossen; das Verfahren richtet sich nach § 426 (StJLeipold 2). − **Nr 2** Tatsachen Rn 13 vor § 284, Ausforschungsbeweis § 284 Rn 3. − **Nr 3** hat Bedeutung wegen § 427. − **Nr 4** soll dem Gegner die Erklärung über seinen unmittelbaren Besitz (§ 425) ermöglichen. − **Nr 5.** Glaubhaftmachung § 294.

§ 425 Anordnung der Vorlegung durch Gegner

Erachtet das Gericht die Tatsache, die durch die Urkunde bewiesen werden soll, für erheblich und den Antrag für begründet, so ordnet es, wenn der Gegner zugesteht, daß die Urkunde sich in seinen Händen befinde, oder wenn der Gegner sich über den Antrag nicht erklärt, die Vorlegung der Urkunde an.

1   **Entscheidung des Gerichts über einen Vorlegungsantrag.** − **a)** Zuerst ist zu prüfen, ob der Antrag § 424 entspricht oder ob ein Ablehnungsgrund nach § 284 Rn 4−9, insbes Rn 5 vorliegt. Gegebenenfalls Ablehnung durch Beschluss, in den Gründen des Endurteils oder,
2   bei Streit über die Zulässigkeit, durch Zwischenurteil (§ 303). − **b)** Gesteht sodann der Gegner den Besitz der Urkunde und die die Vorlegungspflicht begründenden Tatsachen zu (§ 288) oder erklärt er sich nicht (§ 138 Abs 2, Abs 3), ergeht Beweisbeschluss auf Vorlegung der
3   Urkunde. − **c)** Bestreitet der Gegner den Besitz, ist nach § 426 zu ver-
4   fahren. − **d)** Bestreitet er tatsächlich oder rechtlich seine Vorlegungspflicht (§ 422), Entscheidung durch Zwischenurteil oder in den Grün-
5   den des Endurteils. − **e) Kein Rechtsmittel** gegen die Entscheidung über den Vorlegungsantrag.

§ 426 Vernehmung des Gegners über den Verbleib

[1]Bestreitet der Gegner, daß die Urkunde sich in seinem Besitz befinde, so ist er über ihren Verbleib zu vernehmen. [2]In der Ladung zum Vernehmungstermin ist ihm aufzugeben, nach dem Verbleib der Urkunde sorgfältig zu forschen. [3]Im übrigen gelten die Vorschriften der §§ 449 bis 454 entsprechend. [4]Gelangt das Gericht zu der Überzeugung, daß sich die Urkunde im Besitz des Gegners befindet, so ordnet es die Vorlegung an.

1   **1. Entscheidung. − a) Anordnung der Vorlegungsvernehmung.** Den Gegner des Beweisführers muss eine Vorlegungspflicht treffen

(§ 422 Rn 2–5). Der Vorlegungsantrag darf nicht ohne weiteres gem § 425 Rn 1 ablehnungsreif sein. Der Gegner bestreitet den Besitz oder die Existenz der Urkunde. – **b) Ablehnung der Vernehmung,** auch 2 wenn die Nichtexistenz der Urkunde feststeht (RG 92, 225) durch Beschluss, bei Zwischenstreit durch Zwischenurteil oder in den Gründen des Endurteils. Anfechtung nur zusammen mit letzterem.

2. Für die **Vernehmung** gelten §§ 449–454 und, obwohl nicht mit 3 aufgeführt, § 450 Abs 1 (nicht Abs 2). Sie wird vAw durch Beweisbeschluss angeordnet. Ihr Gegenstand sind Besitz und die Nachforschungen der Partei über den Verbleib der Urkunde. Zu vernehmen ist der Gegner des Beweisführers (§ 421 Rn 3).

3. Entscheidung nach Vernehmung. – a) Besitz bewiesen. 4 Gelangt das Gericht auf Grund der Aussage, ihrer Verweigerung oder der des Eides (§§ 453 Abs 2, 446) oder der Säumnis (§ 454) zu der Überzeugung, dass der Gegner die Urkunde besitzt, ordnet es deren Vorlegung an (S 4). Bei Nichtbefolgung gilt dann § 427. – **b) Besitz** 5 **nicht bewiesen:** Im Falle arglistiger Beseitigung der Urk § 444. Falls die Nachforschungspflicht nicht erfüllt wurde, § 427. Andernfalls ist der Beweis gescheitert. Das kann durch Ablehnung des Vorlegungsantrags wie § 425 Rn 1 zum Ausdruck kommen. – **c) Keine Beschwerde** 6 gegen Anordnung oder Ablehnung der Vorlegung (S 4).

§ 427 Folgen der Nichtvorlegung durch Gegner

[1]**Kommt der Gegner der Anordnung, die Urkunde vorzulegen, nicht nach oder gelangt das Gericht im Falle des § 426 zu der Überzeugung, daß er nach dem Verbleib der Urkunde nicht sorgfältig geforscht habe, so kann eine vom Beweisführer beigebrachte Abschrift der Urkunde als richtig angesehen werden.** [2]**Ist eine Abschrift der Urkunde nicht beigebracht, so können die Behauptungen des Beweisführers über die Beschaffenheit und den Inhalt der Urkunde als bewiesen angenommen werden.**

1. Voraussetzungen. Der Gegner des Beweisführers legt trotz An- 1 ordnung nach § 425 oder § 426 S 4 die Urkunde nicht vor oder das Gericht hält nach freier Überzeugung die Nachforschungspflicht nicht für erfüllt (§ 426 Rn 5).

2. Folgen. Es gibt keinerlei Zwangsmittel, vielmehr hat das Ger im 2 Endurteil frei zu würdigen, auch wenn die Vorlegung vAw angeordnet war (2 vor § 415). Eine vom Beweisführer vorgelegte Abschrift kann als richtig, andernfalls können seine Behauptungen über Beschaffenheit und Inhalt der Urkunde als bewiesen angesehen werden. Welche Schlüsse daraus für das Beweisthema und das Urteil zu ziehen sind, bestimmt sich nach allg Regeln. Gegenbeweis, aber nicht durch Parteivernehmung, § 445 Abs 2, ist zulässig.

Reichold 779

§ 428 Vorlegung durch Dritte; Beweisantritt

Befindet sich die Urkunde nach der Behauptung des Beweisführers im Besitz eines Dritten, so wird der Beweis durch den Antrag angetreten, zur Herbeischaffung der Urkunde eine Frist zu bestimmen oder eine Anordnung nach § 142 zu erlassen.

1   **Anwendungsbereich.** § 428 betrifft den Beweis über den Inhalt einer Urkunde, die angeblich ein Dritter, dh weder der Beweisführer (§ 379 Rn 2) noch sein Gegner (§ 421 Rn 3) im unmittelbaren Besitz
2   hat. – Der **Beweisantrag,** auch schriftlich (Notwendigkeit und Modalitäten 2 vor § 415) ist gerichtet auf Fristsetzung (Inhalt: § 430). Antrag auf Ladung des Dritten als Zeugen mit der Auflage, die Urkunde mitzubringen oder bloßer Antrag auf ihre Herbeischaffung (RG 135, 131)
3   genügen nicht. – **Wahlweise** kann der Beweisführer Antrag auf Vorlegung nach § 142 stellen. Eine Anordnung nach § 142 setzt keinen materiell-rechtlichen Anspruch auf Herausgabe der Urkunde voraus (vgl § 142 Rn 2–4).
4   **Unanwendbar** ist § 428 im Urkundenprozess (§ 595 Abs 3).

§ 429 Vorlegungspflicht Dritter

[1]Der Dritte ist aus denselben Gründen wie der Gegner des Beweisführers zur Vorlegung einer Urkunde verpflichtet; er kann zur Vorlegung nur im Wege der Klage genötigt werden. [2]§ 142 bleibt unberührt.

1   **1. Prozessuale Vorlegungspflicht des Dritten.** Das in § 422 Rn 1–5 Gesagte gilt sinngemäß. An die Stelle der Vorlegungsanordnung tritt hier die Fristbestimmung nach § 430.
2   **2. Durchsetzung** nur durch Klage der Partei, der die Frist nach § 430 gesetzt wurde, gegen den Dritten auf Vorlegung der Urkunde an das Prozessgericht und notfalls ZwVollstr aus dem Urteil nach § 883 (dort Rn 7). § 426 gilt nicht. Für die Zulässigkeit der Klage gilt nichts Besonderes, Begründetheit Rn 1.
3   **3. Anordnung nach § 142** ist daneben möglich und der einzige Weg zur Erlangung von Urkunden, zu deren Vorlegung der Dritte dem Beweisführer gegenüber nicht verpflichtet ist. Zu Voraussetzungen und Verfahren § 142 Rn 2–4.

§ 430 Antrag bei Vorlegung durch Dritte

Zur Begründung des nach § 428 zu stellenden Antrages hat der Beweisführer den Erfordernissen des § 424 Nr. 1 bis 3, 5 zu genügen und außerdem glaubhaft zu machen, daß die Urkunde sich in den Händen des Dritten befinde.

1   Für den Inhalt des Antrags auf Fristsetzung gilt § 424 außer Nr 4. Außerdem ist, falls streitig, der unmittelbare Besitz des Dritten glaubhaft zu machen (§ 294).

§ 431 Vorlegungsfrist bei Vorlegung durch Dritte

(1) **Ist die Tatsache, die durch die Urkunde bewiesen werden soll, erheblich und entspricht der Antrag den Vorschriften des vorstehenden Paragraphen, so hat das Gericht durch Beschluss eine Frist zur Vorlegung der Urkunde zu bestimmen.**

(2) **Der Gegner kann die Fortsetzung des Verfahrens vor dem Ablauf der Frist beantragen, wenn die Klage gegen den Dritten erledigt ist oder wenn der Beweisführer die Erhebung der Klage oder die Betreibung des Prozesses oder der Zwangsvollstreckung verzögert.**

1. Fristsetzung durch Beschluss, auch ohne mdl Vhdlg (§ 128 **1** Abs 4). Er ist kein Beweisbeschluss, bereitet vielmehr die Beweiserhebung erst vor. – a) **Voraussetzungen:** Die zu beweisende Tatsache muss beweisbedürftig sein (1 vor § 284), der Antrag muss § 430 entsprechen. – b) **Rechtsmittel:** Gegen die Fristsetzung keines, gegen **2** ihre Ablehnung in 1. Instanz sofortige Beschwerde (§ 567 Abs 1 Nr 2); Verkürzung und Verlängerung der Vorlegungsfrist nach §§ 224 ff.

2. Fortsetzung des Verfahrens nur auf Terminsantrag. Der Be- **3** weisführer kann ihn jederzeit stellen und entweder die Urkunde vorlegen oder auf das Beweismittel verzichten. Der Gegner kann ihn nach Fristablauf unbeschränkt, vorher nur unter den Beschränkungen gem Abs 2 stellen.

§ 432 Vorlegung durch Behörden oder Beamte; Beweisantritt

(1) **Befindet sich die Urkunde nach der Behauptung des Beweisführers in den Händen einer öffentlichen Behörde oder eines öffentlichen Beamten, so wird der Beweis durch den Antrag angetreten, die Behörde oder den Beamten um die Mitteilung der Urkunde zu ersuchen.**

(2) **Diese Vorschrift ist auf Urkunden, welche die Parteien nach den gesetzlichen Vorschriften ohne Mitwirkung des Gerichts zu beschaffen imstande sind, nicht anzuwenden.**

(3) **Verweigert die Behörde oder der Beamte die Mitteilung der Urkunde in Fällen, in denen eine Verpflichtung zur Vorlegung auf § 422 gestützt wird, so gelten die Vorschriften der §§ 428 bis 431.**

1. Anwendungsbereich. § 432 betrifft den Beweis über den Inhalt **1** der Urkunde, die eine öffentl Behörde (§ 415 Rn 1) oder ein öffentl Beamter, die nicht Prozessgegner sind, im unmittelbaren Besitz hat, außer wenn sich der Beweisführer die Urkunde selbst verschaffen kann (Abs 2), zB Anspruch auf Abschrift, Registerauszug (dann § 420) oder wenn er einen Vorlegungsanspruch hat (Abs 3). – Der **Beweisantrag 2** (Notwendigkeit und Modalitäten Rn 2 vor § 415) ist in mdl Vhdlg zu stellen, braucht nicht den §§ 424, 428, 430 zu entsprechen, muss aber

die Beweistatsachen und Anhaltspunkte für den Besitz der Behörde angeben und die Urkunde so genau bezeichnen, dass die ersuchte Behörde sie auffinden kann. Verhältnis der Anträge auf Verwertung von Urkunden in anderen Akten und auf Zeugenvernehmung § 286 Rn 11. –

3   **Unanwendbar** im Urkundenprozess, § 595 Abs 3.

4   **2. Entscheidung.** – **a)** Entspricht der Antrag den Voraussetzungen
in Rn 1, 2 und liegt kein Ablehnungsgrund nach § 284 Rn 4–9, insbes
Rn 5 vor, ordnet das Gericht durch Beweisbeschluss das Ersuchen an die
Behörde an. Andernfalls lehnt es durch Beschluss oder in den Urteils-
5   gründen die Beweiserhebung ab. – **b) Kein Rechtsmittel.** Die Ablehnung kann nur zusammen mit dem Urteil angefochten werden. –
6   **c) Beweisaufnahme** Rn 4 vor § 415.

7   **3.** Die **Mitteilung der Urkunde** durch die ersuchte Behörde an
das Gericht im Wege der Amtshilfe (§ 168 GVG) richtet sich nach
Verwaltungsrecht. Bei Weigerung keine Beschwerde nach § 159 GVG,
ggf Rechtsbehelf nach Verwaltungsrecht oder Zivilklage auf Vorlage
(Abs 3, § 422).

§ 433 (weggefallen)

§ 434 Vorlegung vor beauftragtem oder ersuchtem Richter

**Wenn eine Urkunde bei der mündlichen Verhandlung wegen
erheblicher Hindernisse nicht vorgelegt werden kann oder
wenn es bedenklich erscheint, sie wegen ihrer Wichtigkeit und
der Besorgnis ihres Verlustes oder ihrer Beschädigung vorzulegen, so kann das Prozeßgericht anordnen, daß sie vor einem
seiner Mitglieder oder vor einem anderen Gericht vorgelegt
werde.**

1   Beweiserhebung Rn 4 vor § 415. § 434 ist eine Ausnahme vom
Grundsatz der Unmittelbarkeit (§ 355 Abs 1). Das Ger kann stattdessen
wahlweise an Ort und Stelle Einsicht in die Urkunde nehmen (§ 219
Abs 1). Ob die Voraussetzungen für § 434 vorliegen, entscheidet es nach
freiem Ermessen. In wessen Händen sich die Urkunde befindet, ist
gleichgültig. Die Anordnung kann selbständiger Beweisbeschluss (zB im
Falle des § 420) oder nachträgliche Abänderung der Art und Weise der
Beweiserhebung (§ 360 Rn 5) sein und ist in jedem Falle unanfechtbar.
Der Richterkommissar nimmt beglaubigte Abschrift zu den Akten und
stellt im Protokoll die für Echtheit und Beweiswert erheblichen Umstände fest.

§ 435 Vorlegung öffentlicher Urkunden in Urschrift oder be-
     glaubigter Abschrift

[1]**Eine öffentliche Urkunde kann in Urschrift oder in einer
beglaubigten Abschrift, die hinsichtlich der Beglaubigung die
Erfordernisse einer öffentlichen Urkunde an sich trägt, vorge-**

legt werden; **das Gericht kann jedoch anordnen, daß der Be-**
weisführer die Urschrift vorlege oder die Tatsachen angebe
und glaubhaft mache, die ihn an der Vorlegung der Urschrift
verhindern. [2]**Bleibt die Anordnung erfolglos, so entscheidet das**
Gericht nach freier Überzeugung, welche Beweiskraft der be-
glaubigten Abschrift beizulegen sei.

Privaturkunden sind in Urschrift vorzulegen, § 420. Beglaubigte 1
Abschrift genügt, falls Gegenpartei die Echtheit der Urkunde und die
Übereinstimmung der Abschrift mit der Urschrift nicht bestreitet (eben-
so StJLeipold 4, ZöGeimer 1). – **Öffentliche Urkunden** sind in Ur- 2
schrift oder öffentl beglaubigter Abschrift (auch Ausfertigung) vorzule-
gen. Letztere steht hinsichtlich der Beweiskraft der Urschrift gleich. Bei
Bedenken kann das Ger im Beweisbeschluss oder nachträglich die An-
ordnung gem S 1 Hs 2 treffen. Nur wenn die Anordnung in beiden
Alternativen erfolglos bleibt, entscheidet der Ger frei (§ 286) über die
Beweiskraft der beglaubigten Abschrift.

§ 436 Verzicht nach Vorlegung

Der Beweisführer kann nach der Vorlegung einer Urkunde
nur mit Zustimmung des Gegners auf dieses Beweismittel ver-
zichten.

Vor der Vorlegung kann der Beweisführer einseitig auf sie verzich- 1
ten, das Recht des Gegners gem § 423 bleibt davon unberührt. Nach
der Beweiserhebung (4 vor § 415) kann dieses Beweismittel nur mit
Zustimmung des Gegners als Erkenntnisquelle wieder beseitigt werden
und darf dann im Rahmen des Beibringungsgrundsatzes (Einl I Rn 1–4)
auch vAw (§§ 142 ff) nicht mehr verwertet werden (StJLeipold 2).

§ 437 Echtheit inländischer öffentlicher Urkunden

(1) Urkunden, die nach Form und Inhalt als von einer öffent-
lichen Behörde oder von einer mit öffentlichem Glauben ver-
sehenen Person errichtet sich darstellen, haben die Vermutung
der Echtheit für sich.

(2) Das Gericht kann, wenn es die Echtheit für zweifelhaft
hält, auch von Amts wegen die Behörde oder die Person, von
der die Urkunde errichtet sein soll, zu einer Erklärung über die
Echtheit veranlassen.

1. Echtheit der Urkunde ist Voraussetzung für ihre Beweiskraft 1
(§§ 415 ff). Sie ist echt, wenn die Unterschrift dem Namensträger zuzuordnen ist und die darüber stehende Schrift vom Aussteller selbst
stammt oder mit dessen Willen dort steht (BGH WM 88, 957). Für die
Feststellung der Echtheit gelten bei Privaturkunden die §§ 439, 440,
bei öffentl §§ 437, 438; §§ 441 ff gelten für beide Arten. Feststellungsklage § 256.

2   **2. Für inländische öffentliche Urkunden** (§ 415 Rn 1) gilt die
Vermutung der Echtheit. Sie erstreckt sich darauf, dass die Urkunde
mit ihrem gegenwärtigen Inhalt vom Aussteller herrührt, soweit sie
keine äußeren Mängel (§ 419) aufweist. Der Beweis des Gegenteils ist
zulässig, § 292. Zweifel kann und muss das Ger vAw durch Anfrage
gem Abs 2 zu klären versuchen. Führt sie zu keinem Ergebnis, bleibt es
bei der Vermutung. Zu der amtlichen Auskunft ist die Behörde bzw
Urkundsperson verpflichtet.

§ 438 Echtheit ausländischer öffentlicher Urkunden

(1) **Ob eine Urkunde, die als von einer ausländischen Behörde oder von einer mit öffentlichem Glauben versehenen Person
des Auslandes errichtet sich darstellt, ohne näheren Nachweis
als echt anzusehen sei, hat das Gericht nach den Umständen
des Falles zu ermessen.**

(2) **Zum Beweise der Echtheit einer solchen Urkunde genügt
die Legalisation durch einen Konsul oder Gesandten des Bundes.**

1   Für **ausländische öffentliche Urkunden** gilt die Vermutung des
§ 437 nicht. Über ihre Echtheit entscheidet ohne Rücksicht auf das
Parteiverhalten (bestreiten, zugestehen) das Ger frei. Die Legalisation
gem Abs 2, dh die Amtsbescheinigung über die Herkunft der Urkunde
genügt stets zum Nachweis der Echtheit. Soweit in Staatsverträgen die
Legalisation für entbehrlich erklärt ist, stehen die ausländischen Urkunden den inländischen gleich. Der Beweis, dass die Legalisation oder die
Urkunde unecht ist, ist zulässig.

§ 439 Erklärung über Echtheit von Privaturkunden

(1) **Über die Echtheit einer Privaturkunde hat sich der Gegner
des Beweisführers nach der Vorschrift des § 138 zu erklären.**

(2) **Befindet sich unter der Urkunde eine Namensunterschrift,
so ist die Erklärung auf die Echtheit der Unterschrift zu richten.**

(3) **Wird die Erklärung nicht abgegeben, so ist die Urkunde
als anerkannt anzusehen, wenn nicht die Absicht, die Echtheit
bestreiten zu wollen, aus den übrigen Erklärungen der Partei
hervorgeht.**

1   **1. Erklärung.** Die Echtheit der vorgelegten Privaturkunden unterliegt der **Parteidisposition.** Deshalb die Pflicht zur Erklärung gem
Abs 1, 2. Beweisführer § 379 Rn 2. Fragepflicht gem § 139, am AG
§ 510. § 296 gilt. Bei nicht unterschriebenen Urkunden bezieht sich
die Erklärung auf die Echtheit des Textes.

2   **2. Wirkung. – a)** Wird die Echtheit nicht anerkannt oder bestritten, gilt § 440. Wird sie anerkannt, so handelt es sich um ein Geständnis; es treten im Hinblick auf die Echtheit der Urkunde die Wirkungen

wie § 288 Rn 5 mit den Ausnahmen dort Rn 6, 7 ein. – **b) Erklärt** 3
sich der Gegner nicht, so tritt die Wirkung des unterstellten Geständnisses (Abs 3) wie in § 138 Abs 3 ein, am AG nur nach Aufforderung gemäß § 510. – **c) Erklärung mit Nichtwissen** ist wie in § 138 4
Abs 4 zu behandeln.

§ 440 Beweis der Echtheit von Privaturkunden

**(1) Die Echtheit einer nicht anerkannten Privaturkunde ist zu
beweisen.**

**(2) Steht die Echtheit der Namensunterschrift fest oder ist
das unter einer Urkunde befindliche Handzeichen notariell beglaubigt, so hat die über der Unterschrift oder dem Handzeichen stehende Schrift die Vermutung der Echtheit für sich.**

1. Beweis der Echtheit einer Privaturkunde kann durch alle 1
normalen Beweismittel (12 vor § 284) und durch Schriftvergleichung
(§§ 441, 442) geführt werden. Freie Beweiswürdigung (Köln DB 83,
104), was die Echtheit des Textes in nicht unterschriebenen Urkunden
und die Echtheit der Unterschrift (§ 437 Rn 1) betrifft. Für diese trägt
die Beweislast, wer die Echtheit behauptet (BGH NJW 95, 1683).

2. Die Vermutung in Abs 2 setzt voraus, dass die Echtheit der 2
Unterschrift feststeht, also anerkannt gem § 439 Abs 2, 3 oder bewiesen, und dass die Urkunde keine äußeren Mängel aufweist (§ 419). Sie
geht dahin, dass der Text über der Unterschrift vom Aussteller stammt
oder mit seinem Willen dort steht. Gilt auch bei Blankounterschrift,
selbst bei behauptetem Missbrauch (BGH NJW 86, 3086; 00, 1179).
Gilt nicht, wenn die Veränderung des Textes nach der Unterzeichnung
unstreitig ist (BGH aaO); ferner nicht für „Oberschrift" und „Nebenschrift" (§ 416 Rn 2), nicht für Ergänzungen, die als nach der Unterzeichnung eingefügt feststehen; ob dies mit Willen des Ausstellers
geschehen ist, unterliegt der freien Beweiswürdigung (BGH WM 65,
1062, BayObLG RPfleger 85, 106). – Der **Beweis des Gegenteils** ist 3
zulässig (§ 292, BGH 104, 172), etwa dahin, dass der Text verfälscht
oder ohne oder gegen eine Vereinbarung nach der Unterzeichnung eingesetzt wurde.

§ 441 Schriftvergleichung

**(1) Der Beweis der Echtheit oder Unechtheit einer Urkunde
kann auch durch Schriftvergleichung geführt werden.**

**(2) In diesem Falle hat der Beweisführer zur Vergleichung
geeignete Schriften vorzulegen oder ihre Mitteilung nach der
Vorschrift des § 432 zu beantragen und erforderlichenfalls den
Beweis ihrer Echtheit anzutreten.**

**(3) [1]Befinden sich zur Vergleichung geeignete Schriften in
den Händen des Gegners, so ist dieser auf Antrag des Beweis-**

führers zur Vorlegung verpflichtet. [2]Die Vorschriften der §§ 421 bis 426 gelten entsprechend. [3]Kommt der Gegner der Anordnung, die zur Vergleichung geeigneten Schriften vorzulegen, nicht nach oder gelangt das Gericht im Falle des § 426 zu der Überzeugung, daß der Gegner nach dem Verbleib der Schriften nicht sorgfältig geforscht habe, so kann die Urkunde als echt angesehen werden.

(4) Macht der Beweisführer glaubhaft, daß in den Händen eines Dritten geeignete Vergleichungsschriften sich befinden, deren Vorlegung er im Wege der Klage zu erwirken imstande sei, so gelten die Vorschriften des § 431 entsprechend.

1   **Schriftvergleichung** ist für die Echtheit öffentl oder privater Urkunden zusätzliches Beweismittel. Sie ist Augenscheinsbeweis, der aber ausnahmsweise den Regeln des Urkundenbeweises folgt. Er wird, je nachdem wer die Vergleichsschrift besitzt, durch deren Vorlage (§ 420) oder durch Antrag auf ihre Vorlegung (§§ 421 ff; 428 ff; 432) geführt. Dafür und für die Feststellung ihrer Echtheit gelten die Regeln des Urkundenbeweises. Steht die Echtheit der Schrift oder der Unterschrift fest, so wird sie mit der Urkunde verglichen. Das Gericht kann auch dem Gegner die Anfertigung einer Vergleichsschrift aufgeben und aus seiner Weigerung Schlüsse für die Beweiswürdigung ziehen.

§ 442 Würdigung der Schriftvergleichung

Über das Ergebnis der Schriftvergleichung hat das Gericht nach freier Überzeugung, geeignetenfalls nach Anhörung von Sachverständigen, zu entscheiden.

1   Das Gericht bildet sich seine Überzeugung frei. Die Zuziehung von Sachverständigen steht, wie sonst (§ 284 Rn 8), in seinem Ermessen, wird aber in aller Regel zweckmäßig sein.

§ 443 Verwahrung verdächtiger Urkunden

Urkunden, deren Echtheit bestritten ist oder deren Inhalt verändert sein soll, werden bis zur Erledigung des Rechtsstreits auf der Geschäftsstelle verwahrt, sofern nicht ihre Auslieferung an eine andere Behörde im Interesse der öffentlichen Ordnung erforderlich ist.

1   Die Urkunde wird nicht Bestandteil der Gerichtsakten, § 420. Urkunden, die möglicherweise unecht oder verfälscht sind, werden jedoch zurückbehalten, um sie im öffentl Interesse an eine andere Behörde (zB Staatsanwaltschaft, Standesamt zur Berichtigung) weitergeben zu können.

§ 444 Folgen der Beseitigung einer Urkunde

Ist eine Urkunde von einer Partei in der Absicht, ihre Benutzung dem Gegner zu entziehen, beseitigt oder zur Benutzung

untauglich gemacht, so können die Behauptungen des Gegners über die Beschaffenheit und den Inhalt der Urkunde als bewiesen angesehen werden.

§ 444 enthält einen **allgemeinen Rechtsgedanken** für alle Fälle, in 1 denen der Gegner der beweisbelasteten Partei die Beweisführung arglistig und über den Wortlaut hinaus fahrlässig (BSG NJW 73, 535) vereitelt (§ 286 Rn 17–19). Rechtswidrigkeit wird nicht vorausgesetzt; der Grundsatz gilt also auch, wenn der Gegner eine Urkunde beseitigt, die sein Eigentum ist.

Titel 10. Beweis durch Parteivernehmung

Vorbemerkung

1. Eingehend Coester-Waltjen ZZP 113, 269. 1
Die Parteivernehmung ist subsidiäres Beweismittel. **Beweisgegenstand** ist der gleiche wie beim Zeugenbeweis (1 vor § 373). Ob jemand als **Partei oder Zeuge** zu vernehmen ist und wegen der Folgen bei Verstoß vgl 9 vor § 373. Unterarten der Parteivernehmung, deren Zulässigkeit selbständig geregelt ist, sind die Schätzungsvernehmung (§ 287 Rn 12), Vorlegungsvernehmung (§ 426) und die Vernehmung im Eheprozess (§ 613). – **Zu unterscheiden** von der Parteivernehmung als 2 Beweismittel für behauptete, streitige Tatsachen ist die **Anhörung der Partei** nach §§ 141, 118 Abs 1 (BGH WM 87, 1562; Lange NJW 02, 476; gegen diese strikte Unterscheidung Schöpflin NJW 96, 2134), die der Aufklärung dient (§ 139). Mit ihr sollen Unklarheiten und Lücken im Parteivortrag beseitigt und geklärt werden, welche Behauptungen aufgestellt und bestritten werden wollen (BGH NJW 02, 2247/2249). Die Aussagen einer Partei hierbei sind nur Prozesserklärungen (Bestreiten, Geständnis, Widerruf), ihre Verwertung als Beweismittel ist ein Verfahrensfehler (BGH MDR 67, 834), iR der Beweiswürdigung dürfen sie verwertet werden (BGH NJW 92, 1558). Die Aussage bei einer Parteivernehmung ist ausschließlich Beweiserhebung (vgl aber § 288 Rn 4 aE). – **Unzulässig** ist die Parteivernehmung im PKH-Verfahren, 3 die Parteivernehmung auf Antrag im Urkundenprozess zum Beweis der anspruchsbegründenden Tatsachen (§ 595 Abs 2), im Wiederaufnahmeverfahren zum Beweis der Restitutionsgründe (§ 581 Abs 2) und zum Gegenbeweis (§ 445 Abs 2).

2. **Verfahren.** – **a) Beweisantrag** der beweisbelasteten Partei auf 4 Vernehmung des Gegners (§§ 445, 446) oder Beweisantrag einer Partei mit Zustimmung der anderen auf Vernehmung der beweisbelasteten Partei (§ 447). Zum Verhältnis beider zueinander Born JZ 81, 775. – **b) Anordnung** der Parteivernehmung, iF des § 448 auch ohne Antrag 5 stets durch formellen Beweisbeschluss (§ 450 Abs 1 S 1; auch Rn 3 vor § 284); im Berufungsrechtszug § 536 und § 527 Rn 4. – **c) Die Vernehmung** (§ 451) folgt im Wesentlichen den Vorschriften für die 6

Zeugenvernehmung, ist aber nicht erzwingbar. Verlesung früherer Ver-
7 nehmungsprotokolle § 286 Rn 11. – **d)** Die **Beweiswürdigung** ist frei,
§§ 286, 287, 446, 453.

§ 445 Vernehmung des Gegners; Beweisantritt

(1) **Eine Partei, die den ihr obliegenden Beweis mit anderen
Beweismitteln nicht vollständig geführt oder andere Beweismittel nicht vorgebracht hat, kann den Beweis dadurch antreten, daß sie beantragt, den Gegner über die zu beweisenden
Tatsachen zu vernehmen.**

(2) **Der Antrag ist nicht zu berücksichtigen, wenn er Tatsachen betrifft, deren Gegenteil das Gericht für erwiesen erachtet.**

1 **1.** Der **Beweisantrag** muss die zu beweisenden konkreten Tatsachen (13, 20 vor § 284) bezeichnen; Ausforschungsbeweis ist unstatthaft
(§ 284 Rn 3). Er ist zu stellen von der beweisbelasteten Partei
(17–40 vor § 284) oder ihrem Streitgehilfen und zu richten auf Vernehmung des Gegners (bei Streitgenossen § 449). Der Antrag kann
zurückgenommen werden (BAG NJW 74, 1349). Antrag auf eigene
Vernehmung § 447, Vernehmung ohne Antrag § 448.

2 **2. Vernehmung des Beweisgegners** ist **zulässig** als subsidiäres
Beweismittel auf Antrag der beweisbelasteten Partei, wenn im Zeitpunkt ihrer Durchführung (BGH JR 65, 146) entweder der Beweis
noch nicht vollständig geführt ist (§ 286 Rn 2) oder wenn der Beweisführer andere Beweismittel nicht angeboten hat, was er nicht von vornherein muss. Tut er es, so muss er nach Erhebung der anderen Beweise
den Antrag auf Parteivernehmung wiederholen; darauf hat das Gericht
ihn hinzuweisen (Oldenburg NJW-RR 90, 125). Werden nachträglich
andere Beweise angeboten, verfährt das Gericht zweckmäßig nach
§ 450 Abs 2; ihre Erhebung ist aber auch noch nach der Parteivernehmung zulässig und nach dem in § 284 Rn 2–9 Gesagten notwendig.

3 **3.** Die **Parteivernehmung ist unzulässig** (Abs 2; auch 3 vor
§ 445) zur Führung des Gegenbeweises (8 vor § 284), also wenn das
Gericht vom Gegenteil der zu beweisenden Tatsache bereits überzeugt
ist. Diese Überzeugung kann beruhen auf Offenkundigkeit (§ 291), auf
einer gesetzlichen Beweisregel (zB §§ 415–418; BGH NJW 65, 1714)
oder auf freier Beweiswürdigung (§ 286). Zulässig ist die Parteivernehmung zum Beweis des Gegenteils gegen eine gesetzliche Vermutung
(§ 292 Rn 4).

§ 446 Weigerung des Gegners

**Lehnt der Gegner ab, sich vernehmen zu lassen, oder gibt er
auf Verlangen des Gerichts keine Erklärung ab, so hat das Gericht unter Berücksichtigung der gesamten Sachlage, insbesondere der für die Weigerung vorgebrachten Gründe, nach freier**

Überzeugung zu entscheiden, ob es die behauptete Tatsache als erwiesen ansehen will.

Die **Parteivernehmung** ist **nicht erzwingbar.** Die Bereitschafts- 1
oder Ablehnungserklärung ist Prozesshandlung (Einl III). Anwaltszwang
gem § 78. Trotz Bereitschaftserklärung des RAs muss die Partei nicht
aussagen. Protokollierung der Erklärung § 160 Abs 3 Nr 3, am AG
§ 510a. Der Ablehnung steht es gleich, wenn die Partei trotz gerichtlichen Verlangens keine Erklärung darüber abgibt, ob sie sich vernehmen
lässt. In beiden Fällen unterbleibt die Anordnung der Vernehmung. Das
Ger zieht unter Berücksichtigung etwa vorgebrachter Weigerungsgrün-
de in freier Würdigung seine Schlüsse. Sie können zum Nachteil der
Partei ausfallen, die ihre Mitwirkung an der Wahrheitsfindung versagt,
wenn sie keine überzeugenden triftigen Gründe dafür angibt oder der
Wahrung anderer Interessen Vorrang einräumt (BGH JR 94, 361/
366).

§ 447 Vernehmung der beweispflichtigen Partei auf Antrag

**Das Gericht kann über eine streitige Tatsache auch die be-
weispflichtige Partei vernehmen, wenn eine Partei es beantragt
und die andere damit einverstanden ist.**

Die **Voraussetzungen** der Parteivernehmung nach § 447 sind die 1
gleichen wie § 445 Rn 1, 2 mit folgender Abweichung: Zulässig ist die
Vernehmung der beweisbelasteten Partei, falls eine (gleichgültig welche) Partei dies beantragt und die andere damit einverstanden ist. Das
Einverständnis ist Prozesshandlung (Einl III), Anwaltszwang gem § 78.
Ob das Ger einem zulässigen, übereinstimmenden Antrag stattgeben
will, steht in seinem nicht nachprüfbaren Ermessen. Antrag und Einverständnis sind nach der Vernehmung nicht mehr widerrufbar (Hamburg
MDR 64, 414).

§ 448 Vernehmung von Amts wegen

**Auch ohne Antrag einer Partei und ohne Rücksicht auf die
Beweislast kann das Gericht, wenn das Ergebnis der Verhandlungen und einer etwaigen Beweisaufnahme nicht ausreicht,
um seine Überzeugung von der Wahrheit oder Unwahrheit
einer zu erweisenden Tatsache zu begründen, die Vernehmung
einer Partei oder beider Parteien über die Tatsache anordnen.**

1. Die Parteivernehmung von Amts wegen ist für die Beweis- 1
führung eine Ausnahme vom Beibringungsgrundsatz (Einl I 1). Sie dient
dem Beweis bestrittener Tatsachenbehauptungen (1–4 vor § 284). Abgrenzung gegenüber der Anhörung nach § 141 s 2 vor § 445. – **Voraus-** 2
setzung, auch iF der Beweisnot ist, dass im Zeitpunkt der Vernehmung
für die zu beweisende Tatsache eine gewisse Anfangswahrscheinlichkeit
besteht (BGH NJW 97, 3230; 98, 814), auch ohne Beweisaufnahme

auf Grund der Lebenserfahrung (BGH 110, 363, MDR 92, 137). Nur diese Ergänzung der Beweisführung ist dem Ger an die Hand gegeben. Stehen sich Parteibehauptungen gänzlich beweislos gegenüber oder ist einziger Anhaltspunkt die vorprozessuale Rüge der beweisbelasteten Partei, ist § 448 unanwendbar (BGH VersR 69, 220, NJW 89, 3222). Außerdem muss das Ger die Ausräumung seiner restlichen Zweifel von der Vernehmung erwarten (BGH NJW 94, 320). Gegen diese einschränkenden Voraussetzungen sind unter dem Gesichtspunkt der Waffengleichheit (Rn 4) Bedenken angebracht (ebenso Coester-Waltjen ZZP 113, 269/290). **Ohne** Voraussetzungen des § 448 ist Parteivernehmung zulässig als Schätzvernehmung gem § 287 Abs 1 S 3.

3   **2.** Die **Anordnung** geschieht stets durch formellen Beweisbeschluss (§ 450 Abs S 1). Das Ger muss sie, falls ihre Voraussetzungen vorliegen, erwägen, bevor es eine Partei für beweisfällig erklärt (BGH NJW-RR 94, 1143). Das Schweigen der Urteilsgründe kann den Schluss zulassen, dass § 448 übersehen wurde (BGH NJW-RR 94, 1143). Jedenfalls muss der Tatrichter im Urt in nachprüfbarer Weise darlegen, weshalb er von einer beantragten Parteivernehmung abgesehen hat, wenn die beweisbelastete Partei sich in Beweisnot befindet (aA Schmidt MDR 92, 637) und für die Richtigkeit ihres Tatsachenvortrags eine gewisse Wahrscheinlichkeit besteht (BGH 110, 363). Ebenso ohne Antrag, wenn sich nach dem Ergebnis der Beweisaufnahme eine Parteivernehmung aufdrängt (BGH FamRZ 87, 152). – Die **Vernehmung beider**
4   **Parteien** oder nur einer und welcher steht ohne Rücksicht auf die Beweislast grundsätzlich im pflichtgemäßen Ermessen des Ger (BGH NJW 99, 363). Nachprüfbarkeit in der Revision § 546 Rn 13. Maßgebend sind vor allem die Wahrscheinlichkeit der Behauptungen, das bisherige Verhandlungsergebnis, das bisherige Verhalten der Parteien im Proz, die vermutlich bessere Kenntnis der Tatsachen, insgesamt also die größere Vertrauenswürdigkeit. Bei entscheidungserheblichen Gesprächen unter vier Augen zwischen dem Zeugen einer Partei und der anderen Partei persönlich ohne Vorhandensein anderer Beweismittel (BGH NJW 99, 363) gebietet der Grundsatz der Waffengleichheit, wenn schon nicht beide Gesprächspartner unabhängig von ihrer prozessualen Stellung ohne Ermessensspielraum des Ger über den Inhalt des Gesprächs zu vernehmen (so EGMR NJW 95, 1413, Zweibrücken NJW 98, 167, Roth ZEuP 96, 484, Schöpflin NJW 96, 2134), so doch im Rahmen der Ermessensausübung zumindest gemäß § 141 persönlich anzuhören (BGH NJW 99, 363, ZIP 03, 594). Ebenso, wenn sich eine Partei durch Abtretung formal die Zeugenstellung verschafft hat (BGH WM 80, 1071). Von der Vernehmung nur der beweispflichtigen Partei ist zurückhaltend und nur dann Gebrauch zu machen, wenn sie alles unternommen hat, den streitigen Sachverhalt auf andere Weise zu klären (Hamburg MDR 70, 58). **Keine** Vernehmung der Partei nach § 448 über ein Gespräch mit einem außenstehenden Dritten (BGH NJW 02, 2247/2249); auch nicht, wenn Beweisnot der Partei darauf

beruht, dass nur der anderen ein Zeuge zur Verfügung steht (BGH NJW 02, 2247/2249).

3. Verstoß. Parteivernehmung ohne die gesetzlichen Voraussetzungen ist Verfahrensfehler. Heilung durch Rügeverzicht ist möglich, aber für die Parteien wird der Fehler vielfach erst durch die Urteilsgründe erkennbar (BGH NJW 99, 363).

§ 449 Vernehmung von Streitgenossen

Besteht die zu vernehmende Partei aus mehreren Streitgenossen, so bestimmt das Gericht nach Lage des Falles, ob alle oder nur einzelne Streitgenossen zu vernehmen sind.

Der Gesetzestext müsste richtig etwa lauten: Stehen auf einer Seite mehrere Streitgenossen. Einfache (§ 61), notwendige (§ 62) Streitgenossen und streitgenössische Streithelfer (§ 69) sind grundsätzlich als Partei, nur ausnahmsweise als Zeugen zu vernehmen, 6, 7 vor § 373, § 61 Rn 7. Für die Parteivernehmung steht es dem Gericht iF des § 448 stets frei, wie viele und welche Streitgenossen es vernehmen will; iF der §§ 445, 447 dann, wenn nicht nur bestimmte Streitgenossen benannt sind. Absehen von ihrer und statt dessen Vernehmung anderer würde den Verhandlungsgrundsatz (Einl I Rn 1–4) verletzen. Sind alle benannt oder die Parteiseite schlechthin, kann das Gericht wählen, Ausnahme vom Grundsatz, dass angebotene Beweise zu erschöpfen sind (§ 284 Rn 2). Nachträgliche Änderung entspr § 360 S 2.

§ 450 Beweisbeschluss

(1) [1]Die Vernehmung einer Partei wird durch Beweisbeschluß angeordnet. [2]Die Partei ist, wenn sie bei der Verkündung des Beschlusses nicht persönlich anwesend ist, zu der Vernehmung unter Mitteilung des Beweisbeschlusses von Amts wegen zu laden. [3]Die Ladung ist der Partei selbst mitzuteilen, auch wenn sie einen Prozeßbevollmächtigten bestellt hat; der Zustellung bedarf die Ladung nicht.

(2) [1]Die Ausführung des Beschlusses kann ausgesetzt werden, wenn nach seinem Erlaß über die zu beweisende Tatsache neue Beweismittel vorgebracht werden. [2]Nach Erhebung der neuen Beweise ist von der Parteivernehmung abzusehen, wenn das Gericht die Beweisfrage für geklärt erachtet.

1. Formeller Beweisbeschluss ist für die Anordnung jeder Parteivernehmung notwendig. Dadurch soll ihre Rechtsgrundlage (zB § 445 oder § 448), auch in Abgrenzung zur bloßen Anhörung (2 vor § 445), klargestellt sein. Erlass und Inhalt § 359 Rn 1–6. Die bei Verkündung nicht anwesende zu vernehmende Partei ist vAw persönlich unter Mitteilung des Beweisbeschlusses zu laden, auch wenn sie einen ProzBevollmächtigten hat. Zustellung der Ladung nicht erforderlich.

2   **2. Zurückstellung (Abs 2).** Jede Parteivernehmung kann als subsidiäres Beweismittel zurückgestellt werden, wenn nach ihrer Anordnung zum gleichen Beweisthema andere, nicht verspätete (§ 296) Beweise angeboten werden. Die Zurückstellung steht im Ermessen des Ger, kann in entspr Anwendung von § 360 S 2 auch ohne mündliche Verhandlung und sollte angeordnet werden, wenn die anderen Beweismittel voraussichtlich eine Klärung der Beweisfrage bringen. Ist dies der Fall, so unterbleibt die Parteivernehmung auch ohne ausdrückliche Aufhebung des Anordnungsbeschlusses. Sämtliche einschlägigen Entscheidungen sind unanfechtbar.

§ 451 Ausführung der Vernehmung

Für die Vernehmung einer Partei gelten die Vorschriften der §§ 375, 376, 395 Abs. 1, Abs. 2 Satz 1 und der §§ 396, 397, 398 entsprechend.

1   **Verfahren.** Für die Parteivernehmung gelten die im Text genannten Bestimmungen über die Zeugenvernehmung entspr. Die nicht für anwendbar erklärten §§ gelten nicht. Der Antrag auf Parteivernehmung kann zurückgenommen werden, was dem Verzicht auf einen Zeugen
2   (§ 399) gleichsteht (BGH NJW-RR 96, 1459). – Anspruch auf **Ersatz der Auslagen** aus der Staatskasse hat die Partei nicht, sie sind aber im Verhältnis zum Gegner notwendige Prozesskosten (§ 91 Abs 1). Ist der Partei PKH gewährt, sind ihr die Auslagen aus der Staatskasse zu ersetzen bzw vorzuschießen.

§ 452 Beeidigung der Partei

(1) [1]Reicht das Ergebnis der unbeeidigten Aussage einer Partei nicht aus, um das Gericht von der Wahrheit oder Unwahrheit der zu erweisenden Tatsache zu überzeugen, so kann es anordnen, daß die Partei ihre Aussage zu beeidigen habe. [2]Waren beide Parteien vernommen, so kann die Beeidigung der Aussage über dieselben Tatsachen nur von einer Partei gefordert werden.

(2) Die Eidesnorm geht dahin, daß die Partei nach bestem Wissen die reine Wahrheit gesagt und nichts verschwiegen habe.

(3) Der Gegner kann auf die Beeidigung verzichten.

(4) Die Beeidigung einer Partei, die wegen wissentlicher Verletzung der Eidespflicht rechtskräftig verurteilt ist, ist unzulässig.

1   **1.** Für die **Beeidigung** der Partei und ihre Anordnung gilt das in § 391 Rn 1–5 Gesagte. Auch hier kommt es auf die Bedeutung des Prozesses und der Aussage für seine Entscheidung an. Der Vorsitzende der KfH bzw ER beim BerGer sollte, außer in den Fällen der alleinigen

Endentscheidung (§§ 349 Abs 3, 526, 527 Abs 4), große Zurückhaltung üben. Eidesabnahme §§ 478 ff.

2. Die **Beeidigung hat zu unterbleiben** – a) bei **Verzicht** des 2
Gegners (Abs 3); auch § 391 Rn 7; – b) **einer Partei,** wenn über die- 3
selbe Tatsache beide vernommen wurden (Abs 1 S 2); welche zu beeiden ist, entscheidet sich ohne Rücksicht auf die Beweislast hier in besonderem Maße nach der größeren Vertrauenswürdigkeit (§ 448 Rn 4).
Bei gleicher Vertrauenswürdigkeit wird es richtig sein, die nicht beweisbelastete Partei (17–40 vor § 284) zu beeiden. Nicht zu beeiden ist
die Partei, deren Vernehmung nicht zulässig war. Im Berufungsverfahren § 536 Abs 2. – c) Bei **Prozessunfähigen**, soweit nicht § 455 Abs 2 4
die Beeidigung zulässt. – d) **Eidesunfähig** ist die Partei, die wegen 5
irgendeines vorsätzlich begangenen Eidesdelikts rechtskräftig bestraft ist.

3. Bei **Verstoß** gilt § 391 Rn 9–11.   6

§ 453 Beweiswürdigung bei Parteivernehmung

(1) **Das Gericht hat die Aussage der Partei nach § 286 frei zu würdigen.**

(2) **Verweigert die Partei die Aussage oder den Eid, so gilt § 446 entsprechend.**

Parteivernehmung, ihre Ablehnung (§ 446), die Verweigerung der 1
Aussage oder des Eides und Säumnis (§ 454) unterliegen der freien Beweiswürdigung (§ 286). Verwertung persönlicher Eindrücke, falls das
Kollegium in anderer Besetzung, ein Richterkommissar oder Einzelrichter vernommen hat, § 285 Rn 2 und §§ 349, 527 Rn 4.

§ 454 Ausbleiben der Partei

(1) **Bleibt die Partei in dem zu ihrer Vernehmung oder Beeidigung bestimmten Termin aus, so entscheidet das Gericht
unter Berücksichtigung aller Umstände, insbesondere auch etwaiger von der Partei für ihr Ausbleiben angegebener Gründe,
nach freiem Ermessen, ob die Aussage als verweigert anzusehen ist.**

(2) **War der Termin zur Vernehmung oder Beeidigung der
Partei vor dem Prozeßgericht bestimmt, so ist im Falle ihres
Ausbleibens, wenn nicht das Gericht die Anberaumung eines
neuen Vernehmungstermins für geboten erachtet, zur Hauptsache zu verhandeln.**

1. **Voraussetzungen der Säumnis.** – a) Der **Termin** muss **zur** 1
Parteivernehmung oder Eidesleistung bestimmt sein; die bloße Anordnung des persönlichen Erscheinens (§§ 141, 273 Abs 2 Nr 3, 279
Abs 2) genügt nicht. – b) **Ordnungsgemäße Verkündung** des Ter- 2
mins in Anwesenheit der Partei oder deren ordnungsgemäße Ladung

3   (§ 450 Abs 1 S 3). – **c) Nichterscheinen der Partei** bis zum Schluss des Termins. Nichtverhandeln (§ 333) scheidet hier aus.

4   **2. Folgen der Säumnis.** Ordnungsmittel, um die Partei zum Erscheinen zu veranlassen, ebenso Verurteilung in die durch ihr Ausbleiben verursachten Kosten (Oldenburg Rpfleger 65, 316) gibt es nicht. Anders im Fall des § 141 Abs 3; zur Abgrenzung vgl 2 vor § 445. Fehlt es an einer der in Rn 1–3 genannten Voraussetzungen, so muss neuer Termin zur Parteivernehmung (Beeidigung) bestimmt werden. Liegen die Voraussetzungen Rn 1–3 vor, so entscheidet unter Würdigung etwa vorgebrachter Gründe für das Ausbleiben das ProzGer frei, ob es die

5   Aussage (Eidesleistung) als verweigert ansehen will. – **a) Bei verweigerter Aussage,** auch weil die angegebenen Gründe keine genügende Erklärung für das Ausbleiben sind, treten die weiteren Folgen der §§ 453 Abs 2, 446 ein. Es ist zur Hauptsache zu verhandeln (Abs 2). –

6   **b)** Ist das **Ausbleiben genügend entschuldigt,** bestimmt das Ger neuen Termin zur Vernehmung (Beeidigung) unter Beachtung von § 450 Abs 1 S 2. Zulässigkeit eines Versäumnisurteils richtet sich nach

7   §§ 367 Abs 1, § 370 Abs 1, 330 ff. – **c)** Kann sich das Ger noch sogleich schlüssig werden, etwa weil die Partei noch keine Gründe angegeben hat, so wird es zweckmäßig nach Verhandlung nicht zu nahen Verkündungstermin ansetzen. Geht keine oder keine genügende Erklärung mehr ein, so gilt Rn 5, andernfalls wird die Anordnung eines neu-

8   en Termins zur Vernehmung verkündet. – **d)** Soll die Vernehmung ausnahmsweise vor dem **Richterkommissar** stattfinden, steht es in seinem Ermessen, ob er neuen Termin bestimmt oder etwas zuwartet oder

9   oder die Akten an das ProzGer zurückleitet. – **e)** Nachholung in der **Berufungsinstanz** § 536.

§ 455 Prozessunfähige

(1) ¹Ist eine Partei nicht prozeßfähig, so ist vorbehaltlich der Vorschrift im Absatz 2 ihr gesetzlicher Vertreter zu vernehmen. ²Sind mehrere gesetzliche Vertreter vorhanden, so gilt § 449 entsprechend.

(2) ¹Minderjährige, die das sechzehnte Lebensjahr vollendet haben, können über Tatsachen, die in ihren eigenen Handlungen bestehen oder Gegenstand ihrer Wahrnehmung gewesen sind, vernommen und auch nach § 452 beeidigt werden, wenn das Gericht dies nach den Umständen des Falles für angemessen erachtet. ²Das gleiche gilt von einer prozeßfähigen Person, die in dem Rechtsstreit durch einen Betreuer oder Pfleger vertreten wird.

1   **1. Regelmäßig** wird anstelle der prozessunfähigen Partei ihr befugter Vertreter (§ 51 Rn 3 ff), bei mehreren nach Wahl des Gerichts, vernommen. Abgrenzung zwischen Partei- und Zeugenvernehmung Rn 6, 7 vor § 373.

2. Ausnahmsweise sind prozessunfähige Minderjährige, die das **2** 16. Lebensjahr vollendet haben, und Volljährige, die durch einen Betreuer oder Pfleger vertreten werden, nach Ermessen des Ger als Partei zu vernehmen und zu beeiden, aber nur über eigene Wahrnehmungen. Auf andere prozessunfähige Personen ist Abs 2 nicht anwendbar.

§§ **456–477** (weggefallen)

Titel 11. Abnahme von Eiden und Bekräftigungen

Vorbemerkung

Der Titel gilt für Zeugen-, Sachverständigen-, Partei- und Dolmet- **1** schereid sowie eidesgleiche Bekräftigung.

§ **478** Eidesleistung in Person
Der Eid muß von dem Schwurpflichtigen in Person geleistet werden.

Jede Vertretung bei Eidesleistung ist unzulässig. Die Identität ist des- **1** halb, soweit nicht schon gem §§ 395 Abs 1, 402, 451 geschehen, festzustellen. Der gesetzliche Vertreter ist selbst schwurpflichtig (§ 455).

§ **479** Eidesleistung vor beauftragtem oder ersuchtem Richter
(1) Das Prozeßgericht kann anordnen, daß der Eid vor einem seiner Mitglieder oder vor einem anderen Gericht geleistet werde, wenn der Schwurpflichtige am Erscheinen vor dem Prozeßgericht verhindert ist oder sich in großer Entfernung von dessen Sitz aufhält und die Leistung des Eides nach § 128 a Abs. 2 nicht stattfindet.

(2) Der Bundespräsident leistet den Eid in seiner Wohnung vor einem Mitglied des Prozeßgerichts oder vor einem anderen Gericht.

Ähnliche Bestimmungen in § 375. Die Beeidigung vor dem Rich- **1** terkommissar setzt voraus, dass eine Beeidigung per Videokonferenz nicht möglich ist. Anordnung durch unanfechtbaren Beschluss, auch ohne mdl Vhdlg (§ 360 S 2). Zwischenstreit über Eidesleistung vor dem Richterkommissar § 366.

§ **480** Eidesbelehrung
Vor der Leistung des Eides hat der Richter den Schwurpflichtigen in angemessener Weise über die Bedeutung des Eides sowie darüber zu belehren, daß er den Eid mit religiöser oder ohne religiöse Beteuerung leisten kann.

1 Der Hinweis auf die religiöse und staatsbürgerliche Bedeutung des Eides und der eidesgleichen Bekräftigung und die Verwarnung vor Eidesdelikten haben dem Bildungsstand des Schwurpflichtigen zu entsprechen.

§ 481 Eidesleistung; Eidesformel

(1) **Der Eid mit religiöser Beteuerung wird in der Weise geleistet, daß der Richter die Eidesnorm mit der Eingangsformel:**
„Sie schwören bei Gott dem Allmächtigen und Allwissenden" vorspricht und der Schwurpflichtige darauf die Worte spricht (Eidesformel):
„Ich schwöre es, so wahr mir Gott helfe."

(2) **Der Eid ohne religiöse Beteuerung wird in der Weise geleistet, daß der Richter die Eidesnorm mit der Eingangsformel:**
„Sie schwören" vorspricht und der Schwurpflichtige darauf die Worte spricht (Eidesformel):
„Ich schwöre es."

(3) **Gibt der Schwurpflichtige an, daß er als Mitglied einer Religions- oder Bekenntnisgemeinschaft eine Beteuerungsformel dieser Gemeinschaft verwenden wolle, so kann er diese dem Eid anfügen.**

(4) **Der Schwörende soll bei der Eidesleistung die rechte Hand erheben.**

(5) **Sollen mehrere Personen gleichzeitig einen Eid leisten, so wird die Eidesformel von jedem Schwurpflichtigen einzeln gesprochen.**

1 Der Richter spricht die Eingangsformel „Sie schwören" und die Eidesnorm vor (Zeugen § 392 S 3, Sachverständige § 410 Abs 1 S 2, Partei § 452 Abs 2, Dolmetscher § 189 Abs 1 GVG). Der Schwurpflichtige spricht mit oder ohne religiöse Beteuerungsformel unter Erhebung der rechten Hand (nur Ordnungsvorschrift) nach „Ich schwöre es".

Eidesgleiche Bekräftigung § 484.

§ 482 (weggefallen)

§ 483 Eidesleistung sprach- oder hörbehinderter Personen

(1) [1]**Eine hör- oder sprachbehinderte Person leistet den Eid nach ihrer Wahl mittels Nachsprechens der Eidesformel, mittels Abschreibens und Unterschreibens der Eidesformel oder mit Hilfe einer die Verständigung ermöglichenden Person, die vom Gericht hinzuzuziehen ist.** [2]**Das Gericht hat die geeigneten technischen Hilfsmittel bereitzustellen.** [3]**Die hör- oder sprachbehinderte Person ist auf ihr Wahlrecht hinzuweisen.**

(2) **Das Gericht kann eine schriftliche Eidesleistung verlangen oder die Hinzuziehung einer die Verständigung ermöglichenden Person anordnen, wenn die hör- oder sprachbehinderte Person von ihrem Wahlrecht nach Absatz 1 keinen Gebrauch gemacht hat oder eine Eidesleistung in der nach Absatz 1 gewählten Form nicht oder nur mit unverhältnismäßigem Aufwand möglich ist.**

Geändert durch Art 1 Nr 5 OLGVertrÄndG mWv 1. 8. 2002.

Die Vorschrift regelt in Ergänzung zu § 186 GVG die Eidesleistung **1** durch Schwerhörige, Taube und Stumme. Abs 1 stellt dafür drei Möglichkeiten zur Wahl, auf die das Ger hinzuweisen hat u unter denen **der Behinderte** wählen kann (Satz 3). Eine die Verständigung ermöglichende Person ist nicht nur ein anerkannter Gebärden-, Schrift- oder Oraldolmetscher, sondern auch jede andere Person, die eine Verständigung mit dem Behinderten ermöglichen kann. Sofern zur Verständigung technische Hilfsmittel erforderlich sind, sind sie vom Ger bereitzustellen (s im Einzelnen § 186 GVG Rn 2).

Dem **Gericht** steht nach Abs 2 die Wahl der Verständigungsmethode u der Art der Eidesleistung zu, wenn der Behinderte keine Wahl **2** getroffen hat, oder die gewählte Art faktisch nicht durchführbar ist, etwa weil die erforderlichen technischen Hilfsmittel nicht zur Verfügung stehen.

Geistig behinderte Personen können wegen § 393 nicht beeidigt **3** werden.

§ 484 Eidesgleiche Bekräftigung

(1) [1] **Gibt der Schwurpflichtige an, daß er aus Glaubens- oder Gewissensgründen keinen Eid leisten wolle, so hat er eine Bekräftigung abzugeben.** [2] **Diese Bekräftigung steht dem Eid gleich; hierauf ist der Verpflichtete hinzuweisen.**

(2) **Die Bekräftigung wird in der Weise abgegeben, daß der Richter die Eidesnorm als Bekräftigungsnorm mit der Eingangsformel:**

„Sie bekräftigen im Bewußtsein Ihrer Verantwortung vor Gericht" vorspricht und der Verpflichtete darauf spricht: „Ja".

(3) **§ 481 Abs. 3, 5, § 483 gelten entsprechend.**

Die Bekräftigung steht für alle, die aus religiösen oder Gewissens- **1** gründen keinen Eid leisten wollen, dem Eid in jeder, auch strafrechtlicher (§ 155 Nr 1 StGB) Beziehung gleich. Die Bekräftigung kann mit religiöser Beteuerungsformel (§ 481 Abs 2 Nr 3) abgegeben werden. Der Richter spricht die Eingangsformel „Sie bekräftigen ..." und die Bekräftigungsnorm (wie § 480 Rn 1), der Beteiligte spricht ohne Erhebung der rechten Hand „Ja".

Titel 12. Selbständiges Beweisverfahren

Vorbemerkung

1   **1. Inhalt.** Das selbständige Beweisverfahren lässt über die Feststellung des Zustands einer Sache hinaus die weiteren Feststellungen gemäß § 485 Abs 2 zu. Außerdem kann das Gericht bei Aussicht auf eine Einigung der Parteien zur mündlichen Erörterung laden und einen Vergleich zu Protokoll nehmen (§ 492 Abs 3). Wenn noch kein Rechtsstreit anhängig ist, sieht § 494 a vor, dass das Ger auf Antrag nach Beendigung der Beweisaufnahme Frist zur Klageerhebung zu setzen und dass der Antragsteller die Kosten zu tragen hat, wenn er dieser Anordnung nicht nachkommt.

2   **2. Zweck.** Das selbständige Beweisverfahren dient der vorsorglichen Beweiserhebung vor Beginn eines möglichen Prozesses oder während eines Urteilsverfahrens, in dem Beweiserhebung noch nicht angeordnet ist oder wegen Ruhens, Aussetzung, Unterbrechung, Anhängigkeit beim Revisionsgericht nicht angeordnet werden kann. Es hat zum Inhalt, den Zustand einer Person oder Sache, deren Wert, die Schadens- oder Sachmangelursache und den Aufwand zur Beseitigung eines Schadens oder Sachmangels zu ermitteln und im Beweisverfahren der ZPO, also im Rahmen der streitigen Gerichtsbarkeit festzustellen. Diese Feststellungen lassen meistens die Beurteilung zu, ob ein Anspruch begründet ist und in welcher Höhe. Damit und mit der Möglichkeit der mündlichen Erörterung mit dem Ger (§ 492 Abs 3) soll das Verfahren auch dazu dienen, die Parteien unter Vermeidung eines Rechtsstreits zu einer raschen und kostensparenden Einigung zu bringen. Weil unvereinbar mit diesem Zweck, gilt § 240 nicht (Hamm JW-RR 97, 723, Frankfurt NJW-RR 03, 50).

3   **3. Nebenintervention, Streitverkündung** § 66 Rn 2. **Streitwert** § 3 Rn 33. **Entsprechend anwendbar** in Wohnungseigentumssachen (BayObLG NJW-RR 96, 528).

§ 485 Zulässigkeit

(1) **Während oder außerhalb eines Streitverfahrens kann auf Antrag einer Partei die Einnahme des Augenscheins, die Vernehmung von Zeugen oder die Begutachtung durch einen Sachverständigen angeordnet werden, wenn der Gegner zustimmt oder zu besorgen ist, daß das Beweismittel verlorengeht oder seine Benutzung erschwert wird.**

(2) **[1]Ist ein Rechtsstreit noch nicht anhängig, kann eine Partei die schriftliche Begutachtung durch einen Sachverständigen beantragen, wenn sie ein rechtliches Interesse daran hat, daß**

1. der Zustand einer Person oder der Zustand oder Wert einer Sache,

2. die Ursache eines Personenschadens, Sachschadens oder Sachmangels,
3. der Aufwand für die Beseitigung eines Personenschadens, Sachschadens oder Sachmangels festgestellt wird. [2]Ein rechtliches Interesse ist anzunehmen, wenn die Feststellung der Vermeidung eines Rechtsstreits dienen kann.

(3) Soweit eine Begutachtung bereits gerichtlich angeordnet worden ist, findet eine neue Begutachtung nur statt, wenn die Voraussetzungen des § 412 erfüllt sind.

1. Zulässigkeitsvoraussetzungen nach Absatz 1. – **a) Antrag** 1 gemäß § 487 an ein zuständiges Gericht (§ 486) während oder außerhalb eines Rechtsstreits auf Anordnung der Beweiserhebung durch die im Text genannten 3 Beweismittel; andere sind in diesem Verfahren unzulässig (Hamm MDR 94, 307). Nach Anordnung, erst recht nach Durchführung (Düsseldorf NJW-RR 97, 1086) ist ein Antrag des Gegners auf Einleitung eines weiteren selbständigen Beweisverfahrens zu demselben Beweisthema außer iF des Abs 3 unzulässig (Köln OLGZ 92, 495). Zulässig, weil vom Gesetz nicht ausgeschlossen und einer raschen und umfassenden Streiterledigung dienlich, sind im Rahmen desselben Tatsachenkomplexes (Nürnberg NJW-RR 01, 859) ein Antrag des Gegners im selben Verfahren auf Erhebung von Gegenbeweis (Köln VersR 94, 1328, Jena MDR 97, 1160, München NJW-RR 96, 1277), Erweiterung der Beweisfrage oder Beweismittel (Düsseldorf BauR 95, 430, RoSchw/Gottwald § 119 III 2, ZöHerget 3) und Ausdehnung auf einen weiteren Antragsgegner bis zur Beendigung des Beweisverfahrens (§ 492 Rn 3, Düsseldorf NJW-RR 95, 1216). – **b) Alternativ. aa) Zu-** 2 **stimmung des Gegners.** Für ihre Erklärung gilt das in § 486 Rn 1 Gesagte sinngemäß. Grundsätzlich unwiderrufbar. Glaubhaftmachung vgl § 487 Rn 4. – **bb) Gefahr,** dass das Beweismittel verloren geht oder 3 seine Benutzung erschwert wird, zB Verderb der zu besichtigenden Sache oder ihre Veränderung, etwa durch Fortschritt der Bauarbeiten, gefährliche Erkrankung, sehr hohes Alter (Nürnberg NJW-RR 98, 575: 84 Jahre), längere Auslandsreise des Zeugen. Im Einzelfall kann der Antrag rechtsmissbräuchlich sein, wenn die unveränderte Erhaltung des Beweismittels möglich und zumutbar ist (Köln OLGZ 94, 349, StJ-Leipold 10). Nach Ablehnung des Beweismittels in der unteren Instanz genügt die Besorgnis des Verlusts für die obere. – **c) Keine Voraus-** 4 **setzung** ist die Erheblichkeit des Beweisthemas (BGH NJW 00, 960) und die Erfolgsaussicht im Hauptprozess (Düsseldorf MDR 01, 50), über die nur im Urteilsverfahren entschieden werden kann; s aber Rn 7a. Hat jedoch das Ger letzter Instanz einen Beweisantrag nach mdl Vhdlg unberücksichtigt gelassen, weil es das Beweisthema für unerheblich hält, so kann es auch den nämlichen selbständigen Beweisantrag ablehnen (München OLGZ 75, 52).

2. Zulässigkeitsvoraussetzungen nach Absatz 2. – **a) Antrag** 5 gemäß § 487 an ein zuständiges Ger (§ 486), nur wenn noch kein

Rechtsstreit anhängig ist und **nur** auf schriftliche Begutachtung durch
6 einen Sachverständigen (München NJW-RR 01, 1652). – **b) Gegenstand der Beweiserhebung** können nur die in Nr 1 bis 3 des Geset-
zestextes genannten Feststellungen sein, in Nr 1 auch der frühere Zustand (Odenburg MDR 95, 746). Der Antragsteller muss die Schadstel-
len und die Schäden beschreiben, die Ursache der Mängel braucht er
nicht zu benennen, damit der Mangel selbst Gegenstand des Verfahrens
wird (BGH NJW-RR 92, 913). Zur Feststellung der Ursache gehören
auch die Verursachungsquote aus technischer Sicht (München MDR
98, 495) und die für die Verantwortlichkeit eines Verursachers maßgeblichen Tatsachen (Düsseldorf NJW-RR 97, 1312). Kommen mehrere, auch alternativ, in Betracht, kann der Antrag gegen alle gerichtet
werden (Frankfurt MDR 94, 1244). Eine Gefahr im Sinn des Abs 1
oder der Veränderung des gegenwärtigen Zustandes ist nicht erforder-
7 lich (Düsseldorf MedR 96, 132). – **c) Rechtliches Interesse** an den
vorstehend genannten Feststellungen durch einen Sachverständigen. Es
ist weit zu fassen, deshalb bereits, aber nicht nur (Celle BauR 92, 403,
Düsseldorf MedR 96, 132), zu bejahen, wenn sie der Vermeidung eines
Rechtsstreits dienen, dh wenn sie Grundlage für Ansprüche des Antragstellers gegen den Antragsgegner oder umgekehrt (KG NJW-RR 00,
513) sein können, auch mittelbar. Für diese Darlegung genügt, dass ein
Rechtsverhältnis und ein möglicher Anspruchsgegner ersichtlich (KG
NJW-RR 92, 574, Bamberg NJW-RR 95, 893) und dass das Gutachten objektiv geeignet ist, die Chancen einer einvernehmlichen Streit-
bereinigung zu fördern (Hamm MDR 99, 184). Weder in Zahnarzt-
haftungssachen (Karlsruhe VersR 03, 374, Köln VersR 03, 375) noch
in Arzthaftungssachen ist das rechtliche Interesse idR ausgeschlossen
(Stuttgart NJW 99, 874, Düsseldorf und Saarbrücken NJW 00, 3438,
7a 3439; aA Köln NJW 99, 875). – Das **rechtliche Interesse fehlt** außer
bei in Frage kommender Wiederaufnahmeklage mangels potentieller
Benutzbarkeit, wenn über den Anspruch bereits rechtskräftig entschieden oder er durch Vergleich erledigt (LG Deggendorf NJW-RR 00,
514) ist, wenn auf der Hand liegt, dass der behauptete Anspruch nicht
bestehen (Karlsruhe MDR 99, 496) oder ein zivilprozessualer Rechtsstreit nicht entstehen kann (Celle NJW-RR 00, 1100) oder wenn das
Sachverständigengutachten in einem etwa folgenden Prozess keine Bedeutung hat, weil nach der Parteivereinbarung der Schaden auf andere
Weise festzustellen ist (Hamm NJW 98, 689). Es kann fehlen, wenn bereits
feststeht, dass ein Rechtsstreit nicht zu vermeiden ist (Köln MDR
98, 224). Das rechtliche Interesse an einem gem Abs 2 von einem anderen Ger angeordneten selbständigen Beweisverfahren (§ 486 Abs 2)
entfällt, wenn das Ger eines später begonnenen Hauptprozesses einen
gleichgelagerten Beweisbeschluss erlässt (ähnlich Dresden NJW-RR 98,
1101), nach LG Hanau NJW-RR 00, 688 bereits mit Klageerhebung im
Hauptsacheprozess. Mündliche Erörterung und Vergleich § 492 Abs 3. –
8 **Beispiele:** Zustand der Sache bei Gefahrübergang bzw Abnahme für
Gewährleistungsansprüche des Käufers bzw Bestellers; Mangelursache

für Regressansprüche eines Baubeteiligten gegen einen anderen; Baufortschritt für Höhe des Vergütungsanspruchs bei vorzeitiger Beendigung des Bauvertrags; Minderwert eines mangelhaften Bauwerks (Hamm NJW-RR 02, 1674); Zustand der Mietsache, Reparaturkosten bei Rückgabe für Ersatzansprüche des Vermieters; Minderwert eines Kfz nach Unfall; Art der Körperverletzungen; eine Duldungspflicht zur Untersuchung durch den Sachverständigen schafft die Bestimmung nicht (Celle NJW-RR 00, 1100).

3. Erneute Begutachtung ist nach **Abs 3** nur unter den Voraus- 9
setzungen des § 412 zulässig, ebenso ein Gegenantrag zu demselben Beweisthema (Köln VersR 92, 1152, Düsseldorf NJW-RR 97, 1086). Die erste Begutachtung kann in einem Prozess oder in einem früheren oder dem nämlichen Beweisverfahren stattgefunden haben.

4. Entscheidung durch Beschluss (§ 490). Wenn die Voraussetzun- 10
gen glaubhaft gemacht sind, **muss** das Gericht das Beweisverfahren anordnen. Schiedsvereinbarung (§ 1029) und Schiedsgutachtenvertrag (4, 5 vor § 1029) stehen der Zulässigkeit des Beweisverfahrens nicht entgegen (Koblenz MDR 99, 502, Pauly JR 96, 269, Bernuth ZIP 98, 2081).

§ **486** Zuständiges Gericht

(1) **Ist ein Rechtsstreit anhängig, so ist der Antrag bei dem Prozeßgericht zu stellen.**

(2) [1]**Ist ein Rechtsstreit noch nicht anhängig, so ist der Antrag bei dem Gericht zu stellen, das nach dem Vortrag des Antragstellers zur Entscheidung in der Hauptsache berufen wäre.** [2]**In dem nachfolgenden Streitverfahren kann sich der Antragsteller auf die Unzuständigkeit des Gerichts nicht berufen.**

(3) **In Fällen dringender Gefahr kann der Antrag auch bei dem Amtsgericht gestellt werden, in dessen Bezirk die zu vernehmende oder zu begutachtende Person sich aufhält oder die in Augenschein zu nehmende oder zu begutachtende Sache sich befindet.**

(4) **Der Antrag kann vor der Geschäftsstelle zu Protokoll erklärt werden.**

1. Antrag. – a) Form. Schriftlich, in mündlicher Verhandlung oder 1
zu Protokoll der Geschäftsstelle (Abs 4). Kein Anwaltszwang (§ 78 Abs 3) außer in mdl Vhdlg gem § 78 Abs 1, 2. – **b) Berechtigt** iF der Woh- 2
nungseigentümergemeinschaft ist jeder Einzelne ohne Ermächtigung zur Feststellung von Mängeln am Gemeinschaftseigentum (BGH DB 80, 204). – **c) Inhalt** § 487. – **d) Wirkung.** Der Antrag führt nicht zur 3
Rechtshängigkeit. Er hemmt, wenn er nicht als unstatthaft zurückgewiesen worden ist (BGH NJW 98, 1305), die Verjährungsfrist, § 204

Nr 7 BGB, auch dann, wenn der Sachverständige einen konkret behaupteten Mangel nicht bestätigt (BGH WM 98, 1980).

4 **2. Zuständigkeit** für Antragstellung und Entscheidung. – a) **Wenn ein Rechtsstreit anhängig ist,** das ProzGer, § 919 Rn 3 und § 943 Rn 1, 2 entsprechend. Auch das Schiedsgericht. Während der Revisionsinstanz entscheidet das BerGer, wenn es sich um Tatsachen handelt,
5 die das RevGer nicht feststellen kann (BGH 17, 117). – b) **Wenn noch kein Rechtsstreit anhängig ist,** das Ger, das – um Streit über die Zuständigkeit zu vermeiden – nach dem Vortrag des Antragstellers zurzeit der Antragstellung, spätere Veränderung unerheblich (München OLGZ 94, 229, Frankfurt NJW-RR 98, 1610), für die Hauptsacheklage zuständig wäre. Das können örtlich mehrere Wahlgerichtsstände sein; iF einer Schiedsgerichtsklausel das Schiedsgericht, wenn es schon bestellt ist oder schnell bestellt werden kann, sonst das AG. Die Zuständigkeit des staatlichen Ger endet mit Beendigung des selbständigen Beweisverfahrens (Nürnberg NJW 89, 235; aA München OLGZ 82, 200, Braunschweig NdsRPfl 83, 141: mit Anhängigwerden des Hauptprozesses). Auf die Unzuständigkeit des Ger des Beweisverfahrens kann sich der Antragsteller im nachfolgenden Streitverfahren vor diesem Ger als Kläger oder Beklagter nicht berufen (Abs 2 S 2, Celle NJW-RR 00,
6 1737). – c) **Bei dringender Gefahr,** dh wenn eine sofort notwendige Beweiserhebung vor dem an sich zuständigen Ger nicht mehr durchführbar wäre (BayObLG 91, 343), in beiden Fällen auch das in Abs 3 bezeichnete AG der Zwangsbereitschaft. Befinden sich die zu begutachtenden Personen oder Sachen in mehreren Gerichtsbezirken, gilt § 36 Nr 3 entsprechend (BayObLG 91, 343, München NJW-RR 86, 1189). Das AG entscheidet nach pflichtgemäßem Ermessen, ob die Gefahr glaubhaft gemacht ist (§ 487 Nr 4).

§ 487 Inhalt des Antrages

Der Antrag muß enthalten:
1. die Bezeichnung des Gegners;
2. die Bezeichnung der Tatsachen, über die Beweis erhoben werden soll;
3. die Benennung der Zeugen oder die Bezeichnung der übrigen nach § 485 zulässigen Beweismittel;
4. die Glaubhaftmachung der Tatsachen, die die Zulässigkeit des selbständigen Beweisverfahrens und die Zuständigkeit des Gerichts begründen sollen.

1 **1. Inhalt des Antrags.** Unverzichtbare Erfordernisse. – **Nr 1** wie
2 § 253 Rn 7. Ist die Bezeichnung unmöglich, gilt § 494. – **Nr 2** entspricht §§ 371, 373, 403. Die Tatsachen (13 vor § 284) sind so konkret wie möglich anzugeben, Beweisermittlungsantrag (§ 284 Rn 3) ist unzulässig (KG NJW-RR 99, 1369). Die Beweisbedürftigkeit ist nicht zu
3 prüfen. – **Nr 3.** Die Zeugen sind namentlich mit ladungsfähiger Anschrift zu benennen, ebenso die zu begutachtenden Personen. Das Au-

genscheinsobjekt ist nach Identität und Aufbewahrungsort zu bezeichnen, ein Sachverständiger nur als Beweismittel, die Auswahl trifft das Gericht gemäß §§ 492 Abs 1, 404. An eine namentliche Benennung im Antrag ist es nicht gebunden (Düsseldorf OLGZ 94, 85, Celle BauR 96, 144; unzutreffend BLAH Rn 6). Andere Beweismittel sind unzulässig. – **Nr 4.** Glaubhaftmachung aller Tatsachen für die Zulässigkeit 4 des selbständigen Beweisverfahrens (§ 485 Rn 1–9, § 487) und für die Zuständigkeit des angerufenen Ger (§ 486 Rn 4–6).

2. Ablehnung des Sachverständigen (§ 406) ist zulässig (Celle 5 NJW-RR 96, 1086, Düsseldorf NJW-RR 97, 1428) und geboten, außer der Zweck des Beweisverfahrens würde ausnahmsweise dadurch vereitelt (Köln NJW-RR 93, 63, Frankfurt OLGZ 93, 330, München BauR 93, 636, Hamm VersR 96, 911). Zeitpunkt § 406 Rn 7, Rechtsmittel § 406 Rn 10, 11. – Die **Ablehnung erst im Hauptprozess** ist 6 nur zulässig, wenn die Partei die behaupteten Ablehnungsgründe im Beweisverfahren noch nicht kannte (München NJW 84, 1048, KG BauR 85, 722, Düsseldorf NJW-RR 86, 63, Köln VersR 93, 1502) oder wenn die Instanzgerichte den Ablehnungsantrag im Beweisverfahren mangels Zuständigkeit nicht sachlich verbeschieden haben (München ZIP 83, 1515). Haben sie dies getan, so kann im HauptProz die Ablehnung nur auf neue Tatsachen gestützt werden (Frankfurt MDR 85, 853 und NJW-RR 90, 768). Die vorstehende Beurteilung beruht darauf, dass § 492 uneingeschränkt auf die Vorschriften über die Beweisaufnahme verweist und dass § 406 Abs 2 die frühzeitige Geltendmachung des Ablehnungsgrundes vorschreibt, die auch einem praktischen Bedürfnis, den Regeln fairer ProzFührung und den Interessen aller Beteiligten, auch im Hinblick auf vermeidbare Nachteile wie Kosten, Verzögerung entspricht.

§§ 488, 489 (weggefallen)

§ 490 Entscheidung über den Antrag

(1) Über den Antrag entscheidet das Gericht durch Beschluss.

(2) [1] In dem Beschluß, durch welchen dem Antrag stattgegeben wird, sind die Tatsachen, über die der Beweis zu erheben ist, und die Beweismittel unter Benennung der zu vernehmenden Zeugen und Sachverständigen zu bezeichnen. [2] Der Beschluß ist nicht anfechtbar.

Entscheidung über den Antrag stets durch Beschluss bei freigestell- 1 ter mdl Vhdlg (§ 128 Abs 4). Rechtliches Gehör ist außer iF des § 494 zu gewähren (München NJW-RR 86, 1189), notfalls nach Erlass des Anordnungsbeschlusses (Karlsruhe MDR 82, 1026). Er ist beiden Parteien mitzuteilen; wenn er eine Terminsbestimmung enthält, zuzustellen (§ 329 Abs 2 S 2). – **a) Der stattgebende Beschluss** ist unan- 2 fechtbar, Abs 2 S 2 (Frankfurt NJW-RR 93, 1341, KG NJW-RR 99,

1369; aA Frankfurt NJW-RR 90, 1023 bei antragsüberschreitender Beweisanordnung). Das Ger kann ihn, auch auf Einwendungen der Gegenpartei, abändern (KG aaO) oder iF der Rn 3 wieder aufheben. Ausdehnung auf Gegenbeweis ist statthaft (Köln VersR 94, 1328). –

3 **b) Das Gesuch ist abzulehnen,** wenn es an einer Zulässigkeitsvoraussetzung (§§ 485–487) fehlt oder wenn der Beweisantrag unzulässig ist (§ 284 Rn 5; BGH NJW 00, 960). Gegen (teilweise) Ablehnung und Wiederaufhebung des stattgebenden Beschlusses ist sofortige Beschwerde statthaft (§ 567 Abs 1 Nr 2), wenn die Entscheidung von einem Ger der 1. Instanz erlassen wurde.

§ 491 Ladung des Gegners

(1) **Der Gegner ist, sofern es nach den Umständen des Falles geschehen kann, unter Zustellung des Beschlusses und einer Abschrift des Antrags zu dem für die Beweisaufnahme bestimmten Termin so zeitig zu laden, daß er in diesem Termin seine Rechte wahrzunehmen vermag.**

(2) **Die Nichtbefolgung dieser Vorschrift steht der Beweisaufnahme nicht entgegen.**

1 Ladung vAw nach den allgemeinen Vorschriften. Eine feste Ladungsfrist ist nicht einzuhalten. Wahrzunehmende Rechte vgl §§ 357, 397, 402. Ist die Ladung unterblieben oder verfahrensfehlerhaft, so wird der Beweis dennoch erhoben, es tritt die Folge des § 493 Abs 2 ein.

§ 492 Beweisaufnahme

(1) **Die Beweisaufnahme erfolgt nach den für die Aufnahme des betreffenden Beweismittels überhaupt geltenden Vorschriften.**

(2) **Das Protokoll über die Beweisaufnahme ist bei dem Gericht, das sie angeordnet hat, aufzubewahren.**

(3) **Das Gericht kann die Parteien zur mündlichen Erörterung laden, wenn eine Einigung zu erwarten ist; ein Vergleich ist zu gerichtlichem Protokoll zu nehmen.**

1 **1.** Das **Verfahren bei der Beweisaufnahme** folgt den allg Vorschriften (§§ 355–370) und den Regeln für die einzelnen Beweismittel (§§ 371 ff). Die Zeugenvernehmung kann ohne weiteres einem Richterkommissar übertragen werden, § 375 gilt nicht (arg: § 486 Abs 2, 3). Schriftliche Beantwortung von Zeugenfragen im Rahmen des § 377 Abs 3, schriftliche Begutachtung durch Sachverständige und Ergänzung sowie Erläuterung des Gutachtens (§ 411 Rn 5, Saarbrücken NJW-RR 94, 787, Düsseldorf NJW 00, 3364) sind im Hinblick auf § 485 Abs 2 und weil § 492 auf die allgemeinen Beweisaufnahmeregeln verweist, zu-
2 lässig. – **Einwendungen** gegen die Zulässigkeit der Beweisaufnahme entscheidet das Ger, das das Beweisverfahren angeordnet hat, stets durch

Beschluss. Er ist anfechtbar nur, soweit §§ 371–414 dies vorsehen. Zwischenurteil gibt es außerhalb des Erkenntnisverfahrens nicht. Ablehnung von Sachverständigen § 487 Rn 5, 6. – Das **Beweisverfahren** 3 **endet** mit seiner sachlichen Erledigung (BGH NJW 93, 851). Dies geschieht durch Verlesung bzw durch Vorlage des Beweisprotokolls oder durch Übersendung des Gutachtens an die Parteien, sofern weder das Ger nach § 411 Abs 4 S 2 eine Frist gesetzt hat noch die Parteien dem Ger nach Erhalt des Gutachtens innerhalb eines angemessenen Zeitraums (höchstens 2 Monate: München MDR 01, 531) Einwendungen dagegen oder Anträge bzw Ergänzungsfragen dazu mitteilen (BGH NJW 02, 1640). Der genaue Zeitpunkt der Beendigung lässt sich erst rückschauend beurteilen (BGH NJW 02, 1640). Außerdem endet das Beweisverfahren mit Rechtskraft des Beschlusses, der den Antrag auf Anordnung als unzulässig ablehnt (Hamburg MDR 78, 845).

2. Erörterung, Vergleich. Abs 3 will erreichen, dass die Parteien ihren Streit ohne Proz nach Feststellung der maßgeblichen Tatsachen mit Hilfe des Ger rasch und kostengünstig beilegen. Davon sollte 4 reger Gebrauch gemacht werden. Eine Einigung ist insbesondere dann zu erwarten, wenn der Antragsgegner der Anordnung des Beweisverfahrens zugestimmt hat; sonst sollte das Ger die Erörterung anregen. Für sie ist Termin zu bestimmen. Ein Vergleich ist zu protokollieren (§ 160 Abs 3 Nr 1) oder schriftlich abzuschließen (§ 278 Abs 6). Er ist VollstrTitel (§ 794 Abs 1 Nr 1). **Gebühren:** Nr 1610 KV, RA: § 48 BRAGO.

§ 493 Benutzung im Prozess

(1) **Beruft sich eine Partei im Prozeß auf Tatsachen, über die selbständig Beweis erhoben worden ist, so steht die selbständige Beweiserhebung einer Beweisaufnahme vor dem Prozeßgericht gleich.**

(2) **War der Gegner in einem Termin im selbständigen Beweisverfahren nicht erschienen, so kann das Ergebnis nur benutzt werden, wenn der Gegner rechtzeitig geladen war.**

1. Die **Benutzung der Beweisaufnahme** (Abs 1) eines inländi- 1 schen (Köln NJW 83, 2779, zweifelnd Meilicke NJW 84, 2017) selbständigen Beweisverfahrens ist **zulässig,** wenn sie selbst gesetzgemäß erfolgt ist, auf die Zulässigkeit der Anordnung des Verfahrens (§§ 485–487) kommt es nicht an. Sie geschieht durch Vortrag oder Bezugnahme in der Verhandlung (§ 285). Sie steht einer Beweiserhebung im Urteilsverfahren gleich, ist also nicht etwa Urkundenbeweis. Ergänzung oder Wiederholung nach § 398 (BGH NJW 70, 1919). Die Beweisgebühr fällt an, wenn das Ger, auch ohne formellen Beweisbeschluss, zum Ausdruck bringt, dass durch die Benutzung des Ergebnisses des selbständigen Beweisverfahrens beweisbedürftige Umstände geklärt werden sollen (Frankfurt MDR 79, 65, Hamburg MDR 99, 765).

2   2. Die **Benutzung** ist **untersagt** (Abs 2), wenn der im Beweistermin nicht erschienene Gegner widerspricht (§ 295) und nicht rechtzeitig (§ 491 Abs 2) oder verfahrensfehlerhaft geladen war. Ebenso ist ein Gutachten nicht verwertbar, wenn eine Partei widerspricht, die von einem Ortstermin des Sachverständigen nicht benachrichtigt war (Köln MDR 74, 589). Verwertbar bleibt die Feststellung unstreitiger Tatsachen (Düsseldorf NJW-RR 94, 283). Grundsätzlich unverwertbar ist das Ergebnis des Beweisverfahrens bei bestehender Schiedsgutachtenabrede über denselben Gegenstand, ausgenommen wenn ein Schiedsgutachten nicht mehr eingeholt werden kann und im Fall des § 319 Abs 1 BGB (Bernuth ZIP 98, 2081/2086).

§ 494 Unbekannter Gegner

(1) **Wird von dem Beweisführer ein Gegner nicht bezeichnet, so ist der Antrag nur dann zulässig, wenn der Beweisführer glaubhaft macht, daß er ohne sein Verschulden außerstande sei, den Gegner zu bezeichnen.**

(2) **Wird dem Antrag stattgegeben, so kann das Gericht dem unbekannten Gegner zur Wahrnehmung seiner Rechte bei der Beweisaufnahme einen Vertreter bestellen.**

1   **Glaubhaftmachung** § 294. Zur Verhinderung von Missbrauch sind
2   strenge Anforderungen zu stellen. – Die **Bestellung eines Vertreters** nach Abs 2 steht im Ermessen des Gerichts, er hat die Stellung eines gesetzlichen Vertreters (§ 51). Die Vergütung trägt nicht die Staatskasse (keine Vorschusspflicht nach § 68 GKG), sondern der Antragsteller; sie ist im nachfolgenden Prozess erstattungsfähig nach § 91.

§ 494a Frist zur Klageerhebung

(1) **Ist ein Rechtsstreit nicht anhängig, hat das Gericht nach Beendigung der Beweiserhebung auf Antrag ohne mündliche Verhandlung anzuordnen, daß der Antragsteller binnen einer zu bestimmenden Frist Klage zu erheben hat.**

(2) [1]**Kommt der Antragsteller dieser Anordnung nicht nach, hat das Gericht auf Antrag durch Beschluß auszusprechen, daß er die dem Gegner entstandenen Kosten zu tragen hat.** [2]**Die Entscheidung unterliegt der sofortigen Beschwerde.**

1   **1. Anordnung der Klageerhebung, Abs 1.** – a) **Antrag** des Antragsgegners oder seines Rechtsnachfolgers nach Abschluss des Beweisverfahrens, wenn kein Rechtsstreit vor einem inländischen (auch Schieds-)Gericht oder vor einem ausländischen Ger anhängig ist, dessen Urteil anzuerkennen ist. Der Streithelfer des Antragsgegners kann nur Klage gegen den Antragsgegner, nicht gegen sich selbst beantragen (Koblenz NJW-RR 01, 1726; aA Kießling NJW 01, 3668/3673). Zu richten an das Ger, das die Beweiserhebung angeordnet hat. Anwaltszwang gem § 78 Abs 1, weil der Antrag nicht wie in § 486 Abs 4 zu

Protokoll der GeschSt zu stellen und weil nicht der Rechtspfleger zuständig ist (Zweibrücken NJW-RR 96, 573, MüKoSchreiber Rn 2; aA Schleswig BauR 96, 590, Düsseldorf NJW-RR 99, 509, Jena MDR 00, 783, BLAH 5, Schmitz BauR 96, 340). – **b) Anordnung** ohne 2 mdl Vhdlg durch Beschluss. Er bestimmt die Frist, Dauer nach pflichtgemäßem Ermessen, für die Klageerhebung durch den Antragsteller des Beweisverfahrens oder seinen Rechtsnachfolger, weist auf die Folgen ihrer Versäumung hin (§ 231 Abs 1) und ist ihm förmlich zuzustellen. Kein Rechtsmittel (§ 567 Abs 1). – **c) Keine Anordnung.** Der Antrag ist mangels Rechtsschutzbedürfnisses abzulehnen, wenn er gegenstandslos geworden ist (aA LG Kleve NJW-RR 97, 1356), weil zwischenzeitlich der Antragsgegner des Beweisverfahrens oder einer von ihnen als Gesamtschuldner (Hamm NJW-RR 00, 732) den Hauptanspruch erfüllt (Düsseldorf MDR 94, 201) oder weil der Antragsteller des Beweisverfahrens ihn fallen gelassen hat (Karlsruhe NJW-RR 96, 1343) oder weil die Parteien sich über ihn anderweitig geeinigt haben (Düsseldorf BauR 95, 279, Dresden NJW-RR 99, 1516). Dagegen sofortige Beschwerde § 567 Abs 1 Nr 2.

2. Klageerhebung. Es gelten sinngemäß die Erläuterungen in § 926 4 Rn 7. Richtige Hauptsacheklage ist nur die der Zielrichtung des Beweisverfahrens entsprechende Klage (Köln NJW-RR 97, 1295; aA Köln NJW-RR 00, 361). Einzuklagen ist also der Anspruch, dessen Vorbereitung oder Abwehr – dann negative Feststellungsklage – das selbständige Beweisverfahren dienen sollte. Parteien sind die des Beweisverfahrens oder ihre Rechtsnachfolger. Zur Fristwahrung ist nur die Erhebung der, in vorstehendem Sinne verstanden, richtigen Klage geeignet (Nürnberg OLGZ 94, 240, Düsseldorf BauR 95, 279). Die Fristversäumung ist entsprechend § 231 geheilt, wenn die Klage bis zum Erlass der Entscheidung über die Kosten zugestellt ist. Anwendbarkeit des § 167 wie § 926 Rn 8. Ist die Klage eingereicht und liegen die Voraussetzungen für ihre Zustellung vor, kann der Erlass des Kostenbeschlusses zurückgestellt werden. Einreden wie Zurückbehaltungsrecht oder Aufrechnung mit der Hauptsacheforderung in einem Prozess umgekehrten Betreffs steht der Klageerhebung nicht gleich (Düsseldorf MDR 94, 201, Köln NJW-RR 97, 1295; aA Köln NJW-RR 00, 361).

3. Kostenentscheidung gemäß §§ 91 ff. – a) Grundsatz: Keine 5 Kostenentscheidung, wenn ein Rechtsstreit in der Hauptsache anhängig oder nach Beendigung des Beweisverfahrens noch nicht anhängig ist, ohne dass ein Antrag gemäß Abs 1 gestellt wurde, oder wenn der Antragsgegner den Hauptsacheanspruch erfüllt (Celle NdsRpfl 02, 84). Die Kosten gehören zu denen des Rechtsstreits in der Hauptsache, nicht eines Eilverfahrens (München NJW-RR 99, 655), und zwar zu den Gerichtskosten (Nürnberg OLGZ 94, 351, Düsseldorf NJW-RR 95, 1108, Jena OLG-NL 00, 115; aA Nürnberg BauR 95, 275; Düsseldorf NJW-RR 97, 856: außergerichtliche Kosten). Das gilt auch bei Klagerücknahme (Frankfurt BB 82, 1171, Koblenz ZIP 84, 375, Düsseldorf BauR 97, 349; aA Koblenz VersR 90, 1135, Köln BauR 94, 411, München NJW-RR 98, 1078). Im Hauptproz ist keine eigene Kostengrundentscheidung über die Kosten des Beweisverfahrens notwendig, vielmehr ist im Rahmen der Kostenerstattung im KfVerfahren zu entscheiden, ob und inwieweit diese Kosten notwendig waren (BGH 132, 96). Das kann nur der Fall sein, soweit Parteien und Streitgegenstand identisch sind (Köln NJW-RR 00, 361) und soweit das Ergebnis des von einem deutschen Ger angeordneten (Hamburg MDR 00, 53) Beweisverfahrens ganz oder teilweise verwertet wurde. Ggf können die Kosten einem Rechtsstreit nur anteilig zugeordnet werden, zB wenn sich das Beweisverfahren auch auf Gegenstände außerhalb des späteren Rechtsstreits (KG MDR 75, 412, Düsseldorf NJW 76, 115) oder mehrerer späterer Prozesse (München MDR 89, 548) erstreckte oder wenn der Antragsteller im Hinblick auf das für ihn nur teilweise günstige Beweisergebnis mit der Klage einen geringeren Anspruch geltend macht (Koblenz NJW-RR 98, 68, MDR 00, 669). Düsseldorf NJW-RR 98, 358 entscheidet über die restlichen Kosten des Beweisverfahrens anteilsmäßig im Hauptsacheurteil analog § 96, soweit der mit der Klage erhobene Anspruch hinter dem im Beweisverfahren geltend gemachten zurückbleibt. Auch wenn die Höhe des Streitwerts im Hauptsacheprozess hinter der im Beweisverfahren nur wegen anderer Bewertung zurückbleibt wenn der Kl auf seinem auf dieselben Mängel bezogenen Schadensersatzanspruch aufgerechnet hat, sind die vollen Kosten nach der Entscheidung im Hauptsacheprozess zu erstatten (München NJW-RR 00, 1237).

6   **b) Ausnahme: Kostenentscheidung.** Ein den Beweisantrag zurückweisender Beschluss darf über die Kosten entscheiden, wenn ein Hauptverfahren noch nicht anhängig (Brandenburg BauR 96, 584, Hamm MDR 00, 790, Karlsruhe MDR 00, 975; aA Koblenz MDR 96, 101) oder nicht mehr zu erwarten ist (Celle MDR 93, 914). Ebenso bei Wiederaufhebung des Beweisanordnungsbeschlusses, zB wegen Nichteinzahlung des Kostenvorschusses (Frankfurt NJW-RR 95, 1150); bei Rücknahme des Antrags (KG NJW-RR 92, 1023, Karlsruhe NJW-RR 92, 1406, Koblenz VersR 00, 478) oder Nichtdurchführung der Beweisaufnahme (München NJW-RR 01, 1439); wenn der Antragsteller den Hauptanspruch fallen lässt (Dresden ZIP 99, 1814, München MDR 01, 108), sodass mangels Rechtsschutzbedürfnis keine Frist zur Erhebung der Hauptsacheklage zu setzen ist (Karlsruhe NJW-RR 96, 1343); bei übereinstimmender Erledigterklärung des Beweisverfahrens (Frankfurt OLGZ 93, 441, München NJW-RR 00, 1455; aA Dresden NJW-RR 99, 1516, Lindacher JR 99, 278); wenn bei mehreren Antragsgegnern derjenige, der den Kostenantrag stellt, den Antrag nach Abs 1 nicht gestellt hatte (Stuttgart MDR 00, 1094).

7   **c) Kostenentscheidung nach Absatz 2.** Beschluss, auch nach fakultativer mdl Vhdlg (§ 128 Abs 4). Voraussetzung ist die unterbliebene Erhebung der Hauptsacheklage trotz wirksamer Anordnung. Rechtliches **8** Gehör ist zu gewähren. – **Der Antrag ist zurückzuweisen,** wenn der

Antragsteller des Beweisverfahrens bis zum Erlass der Kostenentscheidung – auch noch nach Ablauf der Frist zur Klageerhebung (München MDR 01, 833) – die Zustellung der Klage nachweist (Rn 4), oder wenn das Ger bis zu diesem Zeitpunkt hätte zustellen können, auch niedriger als im Antrag auf das Beweisverfahren (Düsseldorf NJW-RR 98, 358 u 359). Außerdem, wenn die Anordnung nach Abs 1 nicht hätte ergehen dürfen (Rn 3).

d) Rechtsmittel in beiden Fällen sofortige Beschwerde, außer wenn 9 der Beschluss von einem RechtsmittelGer erlassen wurde (§ 567 Abs 1).

4. Für die **Streitwertfestsetzung** (§ 3 Rn 33) sind das Ger, bei dem 10 das Beweisverfahren durchgeführt wurde, und die übergeordneten Rechtsmittelgerichte zuständig, nicht andere, bei denen die Beweisverhandlungen benützt werden (Hamm NJW 76, 116). – **Gebühren:** § 48 BRAGO.

Abschnitt 2. Verfahren vor den Amtsgerichten

§ 495 Anzuwendende Vorschriften

Für das Verfahren vor den Amtsgerichten gelten die Vorschriften über das Verfahren vor den Landgerichten, soweit nicht aus den allgemeinen Vorschriften des ersten Buches, aus den nachfolgenden besonderen Bestimmungen und aus der Verfassung der Amtsgerichte sich Abweichungen ergeben.

Das **amtsgerichtliche Verfahren** entspricht grundsätzlich dem LG- 1 Proz erster Instanz (§§ 253 ff). Verschiedenheiten ergeben sich aus der unterschiedlichen Verfassung und aus der relativ geringeren Bedeutung der Prozesse. Die **wesentlichsten Abweichungen** sind: – **a)** Der 2 Amtsrichter vereinigt in sich die Funktionen des ProzGer und des Vorsitzenden. – **b)** Grundsätzlich kein Anwaltszwang; Ausnahmen § 78 3 Abs 2. Daraus folgt eine weitergehende Fürsorgepflicht für die Parteien (zB §§ 499, 504, 510) und die Entbehrlichkeit vorbereitender Schriftsätze (§ 129). – **c)** Verfahrensvereinfachung (§ 495 a) und Erleichterun- 4 gen für die Parteien (§ 496).

§ 495 a Verfahren nach billigem Ermessen

[1]**Das Gericht kann sein Verfahren nach billigem Ermessen bestimmen, wenn der Streitwert sechshundert Euro nicht übersteigt.** [2]**Auf Antrag muss mündlich verhandelt werden.**

1. Anwendungsbereich. Streitwert nicht über 600 €. Die gericht- 1 liche Befugnis entsteht auch, wenn ein zunächst höherer Streitwert während des Prozesses auf 600 € sinkt. Sie endet, sobald er 600 € übersteigt. Die Bestimmung gilt nicht im Verfahren vor dem LG.

2. Verfahren (Abs 1). Das Ger hat die wesentlichen Grundsätze 2 eines rechtsstaatlichen Verfahrens einzuhalten. Insbesondere sind die

Öffentlichkeit der Verhandlung, das Recht auf rechtliches Gehör, auf Gleichbehandlung der Parteien, auf die eigene Neutralität und Unvoreingenommenheit und auf ein faires Verfahren (Einl I Rn 30) zu wahren. Im Übrigen kann das Ger das Verfahren nach billigem, also pflichtgemäßem Ermessen bestimmen. Die Entscheidung ist im Urteil oder im Protokoll (§ 313a Abs 1) nachvollziehbar zu begründen, muss sich mit der Rechtslage eingehend auseinandersetzen und darf nicht jedes sachlichen Grundes entbehren, also nicht objektiv willkürlich sein (BVerfG NJW 95, 2911). Bei dieser Auslegung bestehen gegen die Bestimmung keine verfassungsrechtlichen Bedenken (ähnlich Bergerfurth NJW 91, 961; kritisch Kissel NJW 91, 945/952); mdl Vhdlg ist nur notwendig, wenn eine Partei sie beantragt. Für den Fall der Säumnis gelten keine Besonderheiten (ebenso Peglau NJW 97, 2222, MüKo-Deubner 45; aA BLAH Rn 20, 21, 75, AG Ahrensburg NJW 96, 2516). Eine vom Regelverfahren abweichende Verfahrensweise hat das Ger den Parteien unter Wahrung rechtlichen Gehörs (BVerfG NJW-RR 94, 254) bekannt zu geben (ebenso Städing NJW 96, 691).

3   **3. Urteil** (§ 313a). Bei Streitwert nicht über 600 € (Rn 1) können der Tatbestand ohne weiteres, die Entscheidungsgründe dann entfallen, wenn ihr wesentlicher Inhalt in das Protokoll aufgenommen ist und das AG die Berufung nicht zugelassen hat (§ 511 Abs 2). Im Protokoll geschieht dies im Anschluss an die Feststellung der Urteilsverkündung (§ 160 Abs 3 Nr 6, 7); auch mittels Bezugnahme gemäß § 160 Abs 5, zB auf eine früher gegebene Begründung eines gerichtlichen Vergleichsvorschlags oder auf eine frühere Verfügung mit rechtlichen Hinweisen. Von der Befugnis in § 313a sollte zur Vermeidung von Schreibarbeit und Aktenumlauf umfassend Gebrauch gemacht werden, denn der Anfertigung des Tatbestandes bedarf es nicht, weil die Parteien ihn kennen, den Kern der Entscheidungsgründe erfahren sie. Unberührt bleibt
4   § 313b. **Rechtsmittel** ist regelmäßig unstatthaft (§ 511 Abs 2 Nr 1) außer bei Zulassung der Berufung durch das AG gem § 511 Abs 2 Nr 2. Bei Verletzung des Rechts auf rechtliches Gehör ist die Gehörsrüge nach § 321a möglich (s dort).

5   **4. Kosten, Gebühren.** Es gelten die allgemeinen Vorschriften. Verhandlungsgebühr fällt auch ohne mdl Vhdlg an (LG Stuttgart MDR 93, 86; aA AG Essen RPfleger 94, 519 mit Übersicht über den Meinungsstand).

§ 496 Einreichung von Schriftsätzen; Erklärungen zu Protokoll

Die Klage, die Klageerwiderung sowie sonstige Anträge und Erklärungen einer Partei, die zugestellt werden sollen, sind bei dem Gericht schriftlich einzureichen oder mündlich zum Protokoll der Geschäftsstelle anzubringen.

1   Gestattet für alle Parteierklärungen und analog für alle Gesuche an das Ger neben der schriftlichen Einreichung (§ 253 Rn 1) wahlweise und abweichend vom LG-Verfahren die Anbringung zu Protokoll der GeschSt. Der UrkB, der Rechtspfleger in den Fällen des § 24 Abs 2 RPflG, muss die Partei sachgemäß belehren und darf wegen §§ 270 Abs 3, 129 a die Niederschrift nicht wegen Unzuständigkeit des Gerichts ablehnen. Klageerhebung § 253, Verbindung mit PKH–Gesuch § 117 Rn 2–4. Im Mahnverfahren § 702.

§ 497 Ladungen

(1) [1]**Die Ladung des Klägers zu dem auf die Klage bestimmten Termin ist, sofern nicht das Gericht die Zustellung anordnet, ohne besondere Form mitzuteilen.** [2]**§ 270 Satz 2 gilt entsprechend.**

(2) [1]**Die Ladung einer Partei ist nicht erforderlich, wenn der Termin der Partei bei Einreichung oder Anbringung der Klage oder des Antrages, auf Grund dessen die Terminsbestimmung stattfindet, mitgeteilt worden ist.** [2]**Die Mitteilung ist zu den Akten zu vermerken.**

1. Die **Terminsbestimmung** vAw entspricht dem LG-Verfahren. **1** Vgl dazu und wegen der Ausnahmen § 216. Statt der Bestimmung eines frühen ersten Termins kann der Richter ein schriftliches Vorverfahren einleiten, § 272 Abs 2.

2. Die **Ladung** vAw entspricht dem LG-Verfahren, §§ 214, 274 **2** Abs 1. Abs 1 S 1 lässt in Abweichung von § 329 Abs 2 S 2 die Ladung des Klägers zum ersten Termin durch formlose Mitteilung zu.

3. Ladung ist entbehrlich (Abs 2), wenn der Partei (gesetzlicher **3** und bevollmächtigter Vertreter stehen gleich, soweit ihnen zugestellt werden müsste) der Termin mündlich oder schriftlich bei Einreichung bzw Protokollierung des Antrags mitgeteilt wurde. Dass dies geschehen ist, hat der UrkB in den Akten zu beurkunden, ebenso wenn er abgekürzte Einlassungs- oder Ladungsfrist mitgeteilt hat; wichtig für VersU.

§ 498 Zustellung des Protokolls über die Klage

Ist die Klage zum Protokoll der Geschäftsstelle angebracht worden, so wird an Stelle der Klageschrift das Protokoll zugestellt.

Am AG kann die Klage schriftlich wie am LG oder zu Protokoll **1** (§ 496) eingereicht werden. Im letztgenannten Fall ist dieses zuzustellen. Im Übrigen gelten für Inhalt und Zustellung der Klage, Mängel der Klageerhebung und ihre Heilung §§ 253, 271 Abs 1, 295. Mit der Zustellung ist die Sache rechtshängig, wegen gewisser Vorwirkungen § 167. Über § 495 gelten für frühen ersten Termin oder schriftliches Vorverfahren, für die Fristsetzungen, Aufforderungen u Hinweise die Vorschriften über das LG-Verfahren (§§ 272 ff) im Rahmen ihres Anwendungsbereichs, soweit vor dem Familiengericht Anwaltszwang besteht (§ 78 Abs 2); iÜ gelten sie ohne die auf den Anwaltszwang bezüglichen Vorschriften, zusätzlich gilt § 499.

§ 499 Belehrung über schriftliches Anerkenntnis

Mit der Aufforderung nach § 276 ist der Beklagte auch über die Folgen eines schriftlich abgegebenen Anerkenntnisses zu belehren.

1   Die Bestimmung schreibt für den Fall des schriftlichen Vorverfahrens zusätzlich zu § 276 Abs 2 eine Belehrung über die Folgen des schriftlichen Anerkenntnisses (§ 307 Abs 2) vor.

§ 500 (weggefallen)

§§ 501–503 (weggefallen)

§ 504 Hinweis bei Unzuständigkeit des Amtsgerichts

Ist das Amtsgericht sachlich oder örtlich unzuständig, so hat es den Beklagten vor der Verhandlung zur Hauptsache darauf und auf die Folgen einer rügelosen Einlassung zur Hauptsache hinzuweisen.

1   Die **Hinweispflicht** will die Erschleichung der sachlichen oder örtlichen Zuständigkeit des angegangenen AG verhindern. Unterbleibt der Hinweis und verhandelt der Bekl zur Sache, so wird dadurch die Zuständigkeit des angegangenen AG nicht begründet (§ 39 S 2). Spätere Rüge des Bekl und Verweisung auf Antrag des Kl nach § 281 sind möglich. Gilt auch für die nachträgliche Unzuständigkeit nach § 506 (Müller MDR 81, 11; aA LG Hamburg MDR 78, 940). Gilt nicht für unterbliebene Belehrung einer deutschen Bekl durch ein unzuständiges ausländisches Gericht (Frankfurt MDR 79, 586).

§ 505 (weggefallen)

§ 506 Nachträgliche sachliche Unzuständigkeit

(1) Wird durch Widerklage oder durch Erweiterung des Klageantrages (§ 264 Nr. 2, 3) ein Anspruch erhoben, der zur Zuständigkeit der Landgerichte gehört, oder wird nach § 256 Abs. 2 die Feststellung eines Rechtsverhältnisses beantragt, für das die Landgerichte zuständig sind, so hat das Amtsgericht, sofern eine Partei vor weiterer Verhandlung zur Hauptsache darauf anträgt, durch Beschluß sich für unzuständig zu erklären und den Rechtsstreit an das zuständige Landgericht zu verweisen.

(2) Die Vorschriften des § 281 Abs. 2, Abs. 3 Satz 1 gelten entsprechend.

1. Anwendungsbereich. § 281 betrifft die ursprüngliche örtliche 1
oder sachliche Unzuständigkeit des Gerichts 1. Instanz in allen Verfahren
der ZPO, § 506 die nachträglich eintretende sachliche Unzuständigkeit
des AG im Streitverfahren, verursacht durch Widerklage (§ 33), Klageerweiterung (§ 264 Nr 2, 3) oder Zwischenfeststellungsklage (§ 256
Abs 2). – **Unanwendbar** ist § 506 auf andere Fälle, zB nachträglich 2
erhobene Ansprüche nach §§ 510b, 302 Abs 4 S 4, 600 Abs 1, 717
Abs 2 S 2, Prozessverbindung nach § 147 (Ausnahme in § 112 Abs 2
GenG), bei Klageerweiterung im landgerichtlichen Berufungsverfahren
(Rn 5). Ist das AG schon für die ursprüngliche Klage nicht zuständig,
kann Verweisung nach §§ 281 und 506 zusammentreffen. Es ist an das
örtlich zuständige LG zu verweisen. Das muss nicht das übergeordnete
sein.

2. Zulässigkeit der Verweisung. – a) **Nachträglich eingetrete-** 3
ne sachliche Unzuständigkeit, weil in den Fällen Rn 1 der neu erhobene, bei Klageerweiterung der Gesamtanspruch zur Zuständigkeit
der LGe gehört (§ 71 GVG). – b) **Antrag einer Partei.** Er muss, so- 4
weit Vereinbarung zulässig ist (§ 38 Rn 4–6), vor Vhdlg des Gegners
über den neuen Antrag (§ 39 Rn 5) gestellt werden. – c) Wird erst **in** 5
der Berufungsinstanz (LG) die Klage erweitert od Widerklage erhoben, so ist Verweisung von der Berufungskammer an das nämliche LG,
erstinstanzliche Kammer entgegen Oldenburg NJW 73, 810, LG Stuttgart NJW-RR 90, 704, LG Kassel NJW-RR 96, 1340, LG Aachen
NJW-RR 99, 143) unzulässig (ebenso MuWittschier 1, ZöHerget 4,
Butzer NJW 93, 2649, Schneider MDR 97, 221), weil es in zweiter
Instanz keine sachliche Zuständigkeit mehr gibt, die § 506 regelt, sondern nur noch eine funktionelle. Die aber fehlt dem Berufungsgericht
nicht, denn bei Klageerweiterung gelten §§ 525, 263 ff, für die Widerklage gilt § 533. Gäbe es für das LG als BerGer aber den Begriff der
sachlichen Zuständigkeit, so wäre sie gegeben, also auch deshalb keine
Verweisung möglich (im Ergebnis ebenso LG Zweibrücken NJW-RR
94, 1087, StJLeipold 16 mwN). Ebenso keine Verweisung von LG als
BerGer an OLG bei nachträglicher Klageerweiterung (BGH NJW-RR
96, 891). – d) **Verweisung nach Versäumnisurteil** kann nach § 281 6
oder § 506 in Frage kommen. In diesem Falle prüft das LG, an das verwiesen wird, die Zulässigkeit des Einspruchs.

3. Entscheidung. – a) **Verweisung** durch Beschluss, in höherer 7
Instanz durch Urt. Das in § 281 Rn 10 Gesagte gilt. Die Bindung des
LG erstreckt sich nur auf seine sachliche Zuständigkeit gegenüber dem
AG. – b) **Zurückweisung des Antrags** (zB wegen § 39 oder als un- 8
begründet) durch ZwischenUrt (§ 303) oder in den Gründen des End-
Urt. Wenn der Gegner des neuen Anspruchs den Verweisungsantrag
gestellt hat, durch ZwischenUrt nach § 280. – c) **Ist kein Verwei-** 9
sungsantrag gestellt und die Unzuständigkeit nicht gerügt, greift § 39
bei gegebenen Voraussetzungen ein, wobei auch hier Belehrung nötig
ist (§ 504 Rn 1). Andernfalls ist die ganze erweiterte bzw Wider- bzw

Zwischenfeststellungsklage mangels Zuständigkeit als unzulässig abzuweisen.

10   **4. Das weitere Verfahren** vor dem LG folgt sinngem den Erläuterungen in § 281 Rn 13–18; ebenso wegen der Kosten, wobei aber für die Mehrkosten § 281 Abs 3 S 2 nicht gilt (Stuttgart WM 01, 2206).

§§ 507, 508 (aufgehoben)

§ 509 (weggefallen)

§ 510 Erklärung über Urkunden

Wegen unterbliebener Erklärung ist eine Urkunde nur dann als anerkannt anzusehen, wenn die Partei durch das Gericht zur Erklärung über die Echtheit der Urkunde aufgefordert ist.

1   Abweichung von § 439 Abs 3. Die Aufforderung ist im Tatbestand des Urteils festzustellen.

§ 510a Inhalt des Protokolls

Andere Erklärungen einer Partei als Geständnisse und Erklärungen über einen Antrag auf Parteivernehmung sind im Protokoll festzustellen, soweit das Gericht es für erforderlich hält.

1   Für das Sitzungsprotokoll gelten §§ 159–165. Geständnis und Erklärung über einen Antrag auf Parteivernehmung müssen nach § 160 Abs 3 Nr 3 im Protokoll festgestellt werden. Über die Protokollierung anderer Parteierklärungen entscheidet der Richter nach pflichtgemäßem Ermessen.

§ 510b Urteil auf Vornahme einer Handlung

Erfolgt die Verurteilung zur Vornahme einer Handlung, so kann der Beklagte zugleich auf Antrag des Klägers für den Fall, daß die Handlung nicht binnen einer zu bestimmenden Frist vorgenommen ist, zur Zahlung einer Entschädigung verurteilt werden; das Gericht hat die Entschädigung nach freiem Ermessen festzusetzen.

1   **1. Zweck.** Hat der Kläger Anspruch auf Vornahme einer Handlung und später für den Fall der Nichterfüllung Anspruch auf Schadenersatz, so kann er mit der Klage auf die Handlung die Klage auf Zahlung des Ersatzes nur verbinden, wenn für Letztere die Voraussetzungen des § 259
2   gegeben sind (Köln NJW-RR 98, 1682). – § 510b gestattet zur Beschleunigung in einem Verfahren die **Verbindung** dreier Anträge: Klage auf Vornahme einer Handlung, Antrag auf Fristsetzung für diese Vornahme und Antrag auf Zahlung von Schadenersatz für den Fall fruchtlosen Fristablaufs.

2. Voraussetzungen. – a) Klage auf Vornahme einer Hand- 3
lung am AG oder Arbeitsgericht (§ 61 Abs 2 ArbGG) bzw in der
entspr Berufungsinstanz. Die Handlung müsste nach §§ 887–889 zu
vollstrecken sein, auch wenn die ZwVollstr im Einzelfall unzulässig ist
(§ 888 Abs 3). Auf Duldungs- (§ 890) und Herausgabeklagen (§ 883
Rn 3) ist § 510b nicht entspr anwendbar (BAG 5, 78, Köln MDR 97,
1059, StJLeipold 3). – **b) Antrag des Klägers auf Fristsetzung** im 4
Urt zur Vornahme der Handlung ohne nähere Begründung (vgl auch
§ 255); – **c) Antrag auf Verurteilung zur Zahlung einer Entschä-** 5
digung nach fruchtlosem Fristablauf. § 510b gibt keinen solchen Anspruch, sondern setzt sein Bestehen nach sachlichem Recht voraus
(§ 255 Rn 2). Dieser Antrag schafft zwar kumulative Klagehäufung
(§ 260 Rn 6), führt aber wegen wirtschaftlicher Zweckgleichheit weder
zur Zusammenrechnung der Streitwerte (§ 5) noch, wenn er die sachliche Zuständigkeitsgrenze des AG übersteigt, zur Verweisung nach
§ 506 (allgM), wohl aber zur Rechtshängigkeit (§ 261) des Schadener-
satzanspruchs und deshalb zur rechtskräftigen Entscheidung darüber.

3. Entscheidung über den Entschädigungsantrag. a) Ableh- 6
nung. Das AG kann es in den Urteilsgründen ablehnen, über den Antrag auf Entschädigung zu entscheiden, zB wenn nach seinem Ermessen
eine große Beweisaufnahme nötig wäre. Auf Berufung kann das LG nach
eigenem Ermessen die Entschädigung selbst zusprechen, selbst wenn
der Antrag dort erstmals gestellt wird (StJLeipold 9). – **b) Abweisung** 7
als unzulässig, wenn die Voraussetzungen Rn 3 nicht erfüllt sind. –
c) Abweisung als unbegründet, wenn der Kl keinen Anspruch auf 8
Schadenersatz hat, falls die Handlung nicht vorgenommen wird. Der
Bekl muss alle bestehenden Einwendungen geltend machen (§ 767
Abs 2). Aufrechnen kann er noch nicht, weil der Ersatzanspruch des Kl
erst ein künftiger ist. – **d) Verurteilung** zur Vornahme der Handlung, 9
Fristsetzung dafür am besten mit festem Datum und Verurteilung zur
Zahlung einer Entschädigung für den Fall fruchtlosen Fristablaufs. Das
setzt voraus, dass der Kl nach sachlichem Recht einen durch Einwen-
dungen des Bekl nicht beseitigten Schadenersatzanspruch für diesen Fall
hat. Entstehung und Höhe des Schadens bestimmt, soweit bestritten,
das Ger unter Beachtung von § 308 nach freiem Ermessen (§ 287). Das
Urt ist in allen Teilen nach §§ 708 ff für vorl vollstreckbar zu erklären.

4. Zwangsvollstreckung. – a) Die Klausel ist sofort zu erteilen; 10
bei kalendermäßiger Bestimmung der Frist § 751 Rn 2–4; auch wenn
die Frist ab Zustellung zu berechnen ist, gilt nicht § 726, weil nicht der
Gläubiger die Nichtvornahme der Handlung zu beweisen hat (§ 726
Rn 3). – **b) Die Vornahme der Handlung** darf nicht vollstreckt wer- 11
den, § 888a. Stattdessen Entschädigung. – **c) Einwendungen** gegen 12
den Zahlungsanspruch selbst sind nur im Wege und im Rahmen des
§ 767 geltend zu machen, zB dass der Zahlungsanspruch wegen frist-
gerechter Vornahme der Handlung nicht entstanden oder nach Entstehung infolge Aufrechnung erloschen sei.

Buch 3. Rechtsmittel

Vorbemerkung

Übersicht

I. Wesen

Rechtsmittel im Sinne der ZPO sind nur Berufung, Revision und **1**
sofortige Beschwerde. Mit ihnen bezweckt eine Partei, in Fortsetzung
des Rechtsstreits, eine ihr ungünstige Entscheidung vor Rechtskraft im
Wege der Nachprüfung durch ein höheres Gericht zu beseitigen und
eine ihr günstige anderweitige Entscheidung zu erreichen. Das Gericht
hat den Vortrag sachdienlich so auszulegen, dass die Erreichung dieses
Ziels möglich ist. Das Rechtsstaatsprinzip gebietet, den Zugang zu
Rechtsbehelfsverfahren nicht in unzumutbarer Weise zu erschweren
(BVerfG NJW 93, 1380). Rechtsmittel sind im Gegensatz zu den sonstigen Rechtsbehelfen (Rn 47) gekennzeichnet (aA Gilles ZZP 91, 128)
durch:

1. Suspensiv-(Hemmungs-)wirkung. Die fristgerechte Einlegung **2**
eines statthaften Rechtsmittels hemmt den Eintritt der formellen
Rechtskraft (§ 705 Rn 8; bei teilweiser Anfechtung § 705 Rn 10).

2. Devolutiv-(Abwälzungs-)wirkung. Das Verfahren wird in der **3**
höheren Instanz anhängig, diese ist funktionell zur Entscheidung zuständig. So auch bei der Beschwerde (§§ 72, 119 Abs 1 Nr 1 GVG),
wenn sie nicht der Erstrichter durch Abhilfe (§ 572 Abs 1 S 1 Hs 1) gegenstandslos macht.

II. Mit Rechtsmittel anfechtbar sind grundsätzlich Endurteile, **4**
gewisse Zwischenurteile und in gewissem Umfang Beschlüsse. Für fehlerhafte Entscheidungen gilt Folgendes:

5   1. Schein- und nichtige Entscheidungen vgl 10–19 vor § 300.

6   **2. Inkorrekte Entscheidungen** sind ihrer Form nach zweifelhafte oder falsche. Wenn die Partei dadurch objektiv in Unsicherheit über die Art des statthaften Rechtsbehelfs gerät, gilt der Grundsatz der **Meistbegünstigung** (BGH 98, 362, NJW-RR 95, 379 und 380). Danach darf ein Fehler oder eine Unklarheit des Gerichts nicht zu Lasten **7** der Parteien gehen. Daraus folgt: – **a) Gegen eine ihrer Form nach zweifelhafte Entscheidung** ist jedes Rechtsmittel gegeben, das gegen eine der in Frage kommenden Entscheidungsformen statthaft ist; ebenso, wenn für den Rechtmittelführer Unsicherheit über das einzulegende Rechtsmittel besteht u diese auf Fehler oder Unklarheit der anzufechtenden Entscheidung beruht (BGH NJW-RR 03, 277). Zur Auslegung, welche Entscheidung vorliegt, sind ihr Inhalt, ihre Bezeichnung, die Verwendung üblicher Formen oder Vordrucke, die Beifügung oder Weglassung von Tatbestand und Entscheidungsgründen oder eines Kostenausspruchs mit heranzuziehen. Beispiele: Ist unklar, ob es sich um ein streitiges oder um ein Versäumnisurteil (BGH NJW 99, 583), ob es sich um ein 1. oder 2. Versäumnisurteil (Frankfurt NJW-RR 92, 1468) uU auch umgekehrt (BGH NJW 97, 1448) handelt: wahlweise Berufung oder Einspruch. Handelt es sich nach Auffassung des Berufungsgerichts um ein VersU, so hebt es auf und verweist zur Behandlung als zulässigen Einspruch zurück (Köln FamRZ 95, 888). Ist zweifelhaft, ob das AG als Streit- oder Familiengericht entschieden hat: Berufung wahlweise zum LG oder OLG (BGH NJW-RR 95, 379 und 380). Hat eine Partei ein Rechtsmittel eingelegt gegen eine Entscheidung, wie sie weder erlassen ist noch hätte erlassen werden müssen, so ist das Rechtsmittel falsch gewählt und als solches unstatthaft; wenn möglich ist das zulässige Rechtsmittel als eingelegt anzusehen (Hamburg **8** ZZP 53, 281). – **b) Gegen eine ihrer Art nach falsch bezeichnete Entscheidung** kann die Partei – **aa) entweder** das Rechtsmittel einlegen, das gegen die tatsächlich erlassene Entscheidung statthaft ist. Beispiele: Gegen Urteil, wenn durch Beschluss zu entscheiden war: Berufung, über die dann durch Beschluss zu entscheiden ist (BGH JR 66, 67 im Falle eines Kosten-„Urteils" nach Erledigung der Hauptsache, vgl § 91 a Rn 52); gegen Beschluss, wenn durch Urt hätte entschieden werden müssen: Beschwerde (BGH 21, 147), über die durch Urt zu entscheiden ist (Karlsruhe Just 77, 457). Eine ihrer Art nach unrichtig bezeichnete Entscheidung ist grundsätzlich dann nicht anfechtbar, wenn gegen die in gesetzentsprechender Art ergangene Entscheidung desselben Inhalts ein Rechtsmittel nicht oder nur auf Grund Zulassung statthaft wäre (BGH NJW 69, 845), zB Entscheidung nach § 516 Abs 3 durch Urt statt Beschluss (BGH 46, 112), Entscheidung des OLG durch Beschluss statt durch Urt (BGH NJW-RR 93, 956), Verweisung in erster Instanz durch Urt statt durch Beschluss. Ausnahmsweise ist auch in diesen Fällen die Entscheidung anfechtbar, wenn aus ihr der Partei zusätzliche Nachteile erwachsen (BGH ZZP 92, 362 mit Anm Gottwald: Verurteilg einer Partei zur Vorlegung von Urkunden durch Teilurteil statt eines Zwischenurteils über die Vorlagepflicht nach § 303). – **bb) Oder wahlweise** kann die Partei auch das Rechts- **9** mittel einlegen, das gegen die Entscheidung bei richtiger Bezeichnung statthaft wäre (BGH 98, 362). Beispiel: Gegen Zwischenurteil aus § 303, wenn die Bezeichnung richtig Teil- (§ 301) oder Grundurteil (§ 304) lauten müsste: Berufung. Auf die inhaltliche Unrichtigkeit der Entscheidung kommt es hier nicht an. Hat das Gericht durch VersU entschieden, weil es die Partei unzutreffend für säumig hielt, so ist die Entscheidung nicht inkorrekt, zulässiger Rechtsbehelf also nur der Einspruch (BGH MDR 94, 199). – **c) In allen Fällen** inkorrekter Ent- **10** scheidung darf die Partei zur Vermeidung von Nachteilen alle in Betracht kommenden Rechtsbehelfe einlegen. Die Überprüfungsmöglichkeiten des Rechtsmittelgerichts richten sich aber nach dem richtigen Rechtsbehelf (Brandenburg NJW-RR 98, 1286; zur Überprüfung eines fälschlich so bezeichneten 2. Versäumnisurteils Düsseldorf MDR 01, 833); die Vorteile des einen Rechtsmittels können nicht mit denen des anderen verbunden werden (BGH NJW-RR 02, 1651).

III. Zulässigkeit und Begründetheit

Zum Erfolg jedes Rechtsmittels gehört, dass es zulässig und begrün- **11** det ist, ähnlich wie bei der Klage (8 ff vor § 253). Die Zulässigkeitsvoraussetzungen sind zuerst zu prüfen, ein unzulässiges Rechtsmittel muss ohne Prüfung seiner Begründetheit (BGH 2, 280) durch Prozessurteil oder Beschluss verworfen werden (§§ 522 u 552 je Abs 1 S 2, 572 Abs 2 S 2). Erst wenn die Zulässigkeit bejaht ist, kann die Begründetheit des Rechtsmittels geprüft werden. Nach aA (Köln NJW 74, 1515; zust Gottwald NJW 74, 2241) kann aus prozesswirtschaftlichen Gründen die Zulässigkeit einer Beschwerde, falls erst nach Beweiserhebung zu beurteilen, offen bleiben, wenn sie jedenfalls unbegründet ist; ebenso KG NJW 76, 2353, wenn die Auswirkungen einer Verwerfung wegen Unzulässigkeit die gleichen sind wie bei einer Zurückweisung als unbegründet. Diese Auffassung ist zwar praktisch, aus den Gründen bei Jauernig, Festschrift für Schiedermair S 289 aber bedenklich. – **Zur** **12** **Zulässigkeit gehört** nur, was unter Rn 13–37 ausgeführt ist. **Zur** **Begründetheit gehören** zuerst Zulässigkeitsvoraussetzungen und ordnungsgemäßes Verfahren in der vorhergehenden Instanz (vgl § 557 Rn 3), dann die eigentliche Sachprüfung. Insbes haben die Prozessvoraussetzungen in erster Instanz mit der Zulässigkeit des Rechtsmittels zu tun. Unbegründet ist das Rechtsmittel, wenn das Gericht im Ergebnis genau so zu entscheiden hat wie die untere Instanz, sei es auch aus anderen rechtlichen Gründen. Begründet ist das Rechtsmittel, wenn das Gericht zugunsten des Rechtsmittelklägers zu einer abweichenden Entscheidung kommt, entweder weil der der ersten Instanz prozessual unzulässig oder inhaltlich unrichtig war, oder weil sich die Rechtslage auf Grund zulässigen neuen Vorbringens oder Gesetzesänderung geändert hat.

13   **IV. Die Zulässigkeitsvoraussetzungen (Rechtszugsvoraussetzungen)** sind bes Verfahrensvoraussetzungen (32, 33 vor § 253), ausschließlich von deren Vorliegen es abhängt, ob der Verfahrensabschnitt
(Rechtszug, Instanz) vor dem Rechtsmittelgericht zulässig eröffnet ist.
14   Sie sind vAw zu prüfen (12 vor § 253). – Die **Beweislast** trägt der
Rechtsmittelkläger (BGH VersR 86, 60), wobei uU das Ger zur Aufklärung vAw jedenfalls dann beizutragen hat, wenn es sich um unge-
klärte Vorgänge handelt, die möglicherweise in seinem Verantwor-
tungsbereich liegen (BGH VersR 80, 90). Ist ein allein gerichtsinterner
Umstand nicht aufklärbar, darf dies nicht zu Lasten des Rechtsmittelführers gehen (BGH MDR 81, 644, NJW 01, 1581). Freibeweis (vgl 6
vor § 284). Hierher gehören:

15   **1. Statthaftigkeit,** dh gegen eine Entscheidung dieser Art muss ein
Rechtsmittel überhaupt gegeben (§§ 511, 514 Abs 2, 542–544, 566,
567) und von einer zu seinem Gebrauch befugten Person gegen den
richtigen Gegner eingelegt sein (§ 511 Rn 6–10). Für die Art des
Rechtsmittels kommt es formal darauf an, in welcher Funktion das
Untergericht entschieden hat, nicht in welcher es hätte entscheiden
müssen (BGH ZIP 92, 352). Außerdem muss das Rechtsmittel das Urteil in wenigstens einem Punkt statthaft angreifen; wegen unstatthafter
Angriffe vgl §§ 70, 513 Abs 2, 545 Abs 2. Verletzung rechtlichen Gehörs vgl Einl I Rn 24 u § 321 a. Ohne die gesetzlichen Statthaftigkeitsvoraussetzungen ist ein Rechtsmittel gegen ein Urt auch bei greifbarer
Gesetzwidrigkeit nicht statthaft (BGH NJW 89, 2758, Köln FamRZ
92, 971). Gegen einen Beschluss vgl § 567 Rn 7.

16   **2. Beschwer**
17   **a) Begriff:** Sie gibt regelmäßig das Rechtsschutzbedürfnis für die
Anrufung der höheren Instanz (BGH 50, 261). Nur bei besonderer
Sachlage fehlt ausnahmsweise das Rechtsschutzbedürfnis für das
Rechtsmittel trotz vorhandener Beschwer (BGH WM 74, 665). Sie ist
dadurch gekennzeichnet, dass der rechtskraftfähige Inhalt der angefochtenen Entscheidung als solcher für den Rechtsmittelkläger sachlich
18   nachteilig ist. – **Beim Kläger** ist das regelmäßig dann der Fall, wenn
dieser Inhalt von seinen Anträgen in der unteren Instanz nachteilig abweicht (BGH NJW-RR 95, 839, NJW 02, 212), formelle Beschwer
(BGH NJW 91, 703: Verwerfung einer gar nicht eingelegten Berufung,
BGH ZIP 93, 926: Teilweise Klageabweisung unter Verkennung des
einheitlichen Streitgegenstands). Das ergibt sich meist aus einem quantitativen oder qualitativen Minus des Urteilstenors im Vergleich zu dem
in der unteren Instanz gestellten Antrag. Hatte der Kl allerdings hilfsweise einen Antrag auf mehrere Sachverhalte gestützt (vgl § 260 Rn 3),
ergibt sich die Abweisung der primären und damit die formelle Beschwer nicht aus dem Tenor, sondern aus den Gründen (BGH NJW
19   99, 3564). – **Beim Beklagten** ist auf die materielle Beschwer abzustellen (aA MüKoRimmelspacher AB 14–16 vor § 511), dh jeder nachteilige rechtskraftfähige Inhalt der angefochtenen Entscheidung ohne

Rücksicht auf die Vollstreckungsfähigkeit (Habscheid NJW 64, 234 zutreffend gegen Bremen NJW 64, 259) und auf die in der unteren Instanz gestellten Anträge (BGH NJW 55, 545). Der Grund liegt darin, dass nur der Kl Sachanträge (§ 297 Rn 1) stellt. Nur über sie wird entschieden. Der Prozessantrag des Bekl ist nicht Gegenstand der Entscheidung, mag er auch auf sie von Einfluss sein. Der Bekl kann deshalb auch gegen ein Anerkenntnisurteil Berufung einlegen (BGH NJW 55, 545, Koblenz NJW-RR 93, 462). – **Beim Nebenintervenienten** 20 (§ 66 Abs 2) ist Beschwer der unterstützten Partei erforderlich und genügend, nicht jedoch ein nur für ihn nachteiliger Inhalt der Entscheidungsgründe (BGH NJW 97, 2385).

b) Maßgebend ist der rechtskraftfähige Inhalt der Entschei- 21 **dung,** zu entnehmen aus dem Tenor und den Entscheidungsgründen. Die Beschwer kann nie allein den tatsächlichen Feststellungen oder der nicht in Rechtskraft erwachsenden Begründung entnommen werden, zB Entscheidung über präjudizielle Rechtsverhältnisse, Einwendungen. Zur Zulässigkeit der Ber gehört, dass der Rechtsmittelführer gerade den in der objektiven Beschwer liegenden nachteiligen Inhalt der Entscheidung beseitigen will (BGH NJW 83, 172, NJW 90, 2683); dabei ist maßgebend das Klageziel bei Schluss der mdl Vhdlg (BHG NJW-RR 02, 1435). Der Kl muss also wenigstens teilweise den in 1. Instanz abgewiesenen (auch Hilfs-)Anspruch weiter verfolgen, kann nicht mit der Berufung und noch weniger mit der Revision (BGH NJW 99, 1407) im Wege der Klageänderung lediglich einen anderen Anspruch (vgl Einl II Rn 32) erheben oder den Bekl auswechseln (BGH NJW 96, 527, NJW-RR 96, 1276; 00, 1958, NJW 01, 226; aA StJGrunsky Einl vor § 511 Rn 73; differenzierend Bub MDR 95, 1191); zulässig ist aber Berufung, soweit er seinen erstinstanzlichen Klageantrag nunmehr als Hilfsantrag weiterverfolgt (BGH NJW 01, 226). Ebensowenig kann er nach obsiegendem Feststellungsurteil mit der Berufung lediglich zur schon in 1. Instanz bezifferbaren Leistungsklage übergehen (BGH NJW 88, 827). Dafür gibt es Anschlussberufung und –revision (§§ 524, 554), für deren Zulässigkeit keine Beschwer erforderlich ist. Ist der Kl in 1. Instanz mit der Feststellungsklage als unzulässig abgewiesen, so kann er zulässig die darin liegende Beschwer in der Berufung mit einem auf denselben Lebenssachverhalt gestützten Leistungsantrag beseitigen (BGH NJW 94, 2098). Ist der Kl mit einem von 2 Anträgen abgewiesen und legt er deshalb Berufung ein, so kann er den anderen Antrag erweitern, auch im Verbundverfahren (BGH NJW 83, 172). Bei Abweisung des Auskunfts- oder Feststellungsanspruchs ist Berufung lediglich mit dem geänderten Antrag auf Zahlung oder Herausgabe zulässig, wenn es sich um Vorbereitungsansprüche gehandelt hat (BGH 52, 169, NJW-RR 96, 1020). Zulässig ist auch eine Antragsänderung gem § 264 Nr 2 (BGH WM 98, 1591). Bekl kann bei Verteidigung gegen die Verurteilung eine Widerklage der 1. Instanz ändern oder durch eine neue ersetzen (BGH NJW 98, 2058), nicht aber ohne Angriff gegen die Verurteilung in 1. Instanz erstmals eine Widerklage erheben (Frankfurt MDR 01, 53).

22   c) **Beispiele für vorhandene Beschwer: aa) Für Kläger,** wenn
die Klage als unbegründet statt unzulässig (Zweibrücken NJW-RR 99,
1666) oder mit einem prozessualen Anspruch abgewiesen ist, den der
Kl nicht (mehr) zur Entscheidung gestellt hat (BGH LM § 511
Nr 8, NJW 91, 1683). Wenn nach Hilfsantrag entschieden, der Hauptantrag abgewiesen wurde, außer wenn beide Anträge ausnahmsweise
rechtlich unselbständig und gleichwertig sind, dh die Rechtskraftwirkung einer stattgebenden Entscheidung in beiden Fällen identisch
wäre; auf die wirtschaftliche Gleichwertigkeit, zB Rente oder Kapital
als Schmerzensgeld, kommt es nicht an (BGH VersR 84, 739; zustimmend Lindacher JR 84, 503). Wenn statt beantragter Erledigung der
Hauptsache auf Klageabweisung erkannt ist (§ 91a Rn 25, 38, 53), auch
wenn es dem Kl ausschließlich um eine Änderung der Kostenentscheidung geht (BGH 57, 224). Bei Verurteilung nur Zug um Zug statt
unbedingt, vgl § 3 Rn 186. Bei Verurteilung zu späterer statt sofortiger Zahlung (BGH WM 95, 2060). Bei vollem Erfolg einer Teilklage,
wenn diese auf mehrere Positionen gestützt war und einzelne Positionen für unbegründet erklärt wurden (BGH NJW 99, 3564). Eine Erledigung der Hauptsache zwischen den Instanzen, auch nach Einlegung
des Rechtsmittels, beseitigt die in der Klageabweisung liegende formelle Beschwer des Kl nicht (BGH NJW-RR 92, 1032, Hamburg
NJW-RR 89, 570), auch nicht im summarischen Verfahren (Frankfurt
NJW-RR 92, 493; vgl auch § 91a Rn 25, 53), sie kann aber sein
Rechtsschutzbedürfnis für das Rechtsmittel beseitigen, wenn er selbst
ohne Zutun des Bekl das erledigende Ereignis herbeigeführt hat (BGH
WM 74, 665); hat es der Bekl oder ein Bürge ohne Mitwirkung des
Kl herbeigeführt, bleibt dessen Rechtsschutzbedürfnis für das Rechts-
23 mittel bestehen (BGH NJW-RR 92, 1032). – **Bei unbeziffertem
Klageantrag,** wenn der zuerkannte Betrag wesentlich hinter dem
Rahmen zurückbleibt, den der Kl, gegebenenfalls auf Befragen, in seinem Klagevorbringen vor der Rechtsmitteleinlegung gesetzt hat (BGH
45, 91, NJW 99, 1339; 02, 3769); dazu genügt widerspruchslose
Hinnahme der erbetenen alsbaldigen Streitwertfestsetzung (BGH VersR
82, 96); seine Beschwer ist die Differenz zwischen der angegebenen
Größenordnung (Streitwert) bzw dem auch außerhalb des Klageantrags genannten Mindestbetrag und der UrtSumme (BGH NJW 82,
340, NJW 92, 311). Ohne solche Angabe fehlt dem Kl die Beschwer,
wenn er meint, der zugesprochene Betrag entspreche nicht pflichtgemäßem Ermessen oder der Billigkeit (BGH NJW 99, 1339); anders,
wenn das Gericht von einem Sachverhalt ausgeht, der vom Tatsachenvortrag abweicht oder ihn grob falsch beurteilt (BGH 45, 91/94). –
24 **Bei Vorbehaltsurteil,** soweit es eine dem Kl sachlich nachteilige
Entscheidung mit Bindungswirkung (§ 302 Rn 7, § 600 Rn 4) ent-
25 hält (BGH 35, 248), so die Zulässigkeit der Aufrechnung (BGH NJW
79, 1046) im Vorbehaltsurteil (vgl § 302 Rn 10). – **Bei Anerkenntnisurteil,** wenn der Tenor nach dem Akteninhalt unklar ist und
nicht nach § 319 berichtigt werden kann (Stuttgart Justiz 71, 218). –

Bei Grundurteil, wenn das Gericht, auch ohne Teilabweisung, nur   26
eine schwächere Anspruchsgrundlage bejaht als die vom Kl vorgetragene und sich dies wahrscheinlich auf die Höhe des Anspruchs auswirkt (Frankfurt NJW-RR 87, 191). – Im **Rechtsmittelverfahren**   27
bei Zurückverweisung, selbst wenn sie beantragt war, statt positiver Sachentscheidung (BGH NJW 65, 441). – **bb) Für Beklagten,** wenn die   28
Klage als unzulässig statt unbegründet abgewiesen ist (BGH 28, 349).
Die gegenteilige Auffassung Koblenz NJW 73, 1756 für VollstrAbwehrklage ist nicht einleuchtend begründet. Wenn wegen Unzulässigkeit des ordentlichen Rechtswegs an ein Verwaltungsgericht verwiesen
ist (BGH NJW 59, 436). Wenn die Klage wegen Eventualaufrechnung
statt wegen Nichtbestehens der Klageforderung abgewiesen ist (BGH
NJW 02, 900; wegen Beschwerdewert vgl § 511 Rn 16). Wenn die
Klage nicht endgültig, sondern nur als zurzeit unbegründet abgewiesen
wurde (BGH NJW 00, 2988). Wenn zu vollem Schadensersatz statt zu
angemessener Entschädigung wegen Aufopferung verurteilt wurde
(BGH 22, 46). Bei Zurückverweisung statt Sachabweisung (BGH 31,
361, NJW-RR 95, 123). Wenn im Grundurteil die Feststellung der bestrittenen Ursächlichkeit für einzelne unselbständige Schadensposten
nicht dem Betragsverfahren vorbehalten ist (BGH LM § 548 Nr 8).
Macht der Bekl geltend, die ihm im Urt zuerkannte Art der Nachbesserung entspreche nicht der vom Unternehmer geschuldeten Leistung und
sei ihr auch nicht im Wesentlichen gleichzustellen, vielmehr müsse in
anderer Weise nachgebessert werden, so beschwert ihn das Urt mit dem
vollen Wert der gesamten Mängelbeseitigungskosten (BGH WM 85,
1457). Wenn die Ehe unter Aufhebung des Verbunds vor der Entscheidung über eine Folgesache geschieden wird (BGH NJW 79, 1603).
Leistung nach Urteilserlass nur zur Abwendung der Zwangsvollstreckung ändert an der Beschwer nichts (BGH NJW 94, 942). Auch wenn
von zwei verurteilten Gesamtschuldnern einer den Urteilsbetrag zahlt,
entfällt dadurch nicht ohne weiteres die Beschwer des anderen Gesamt-
schuldners (BGHNJW 00, 1120). Im Falle der **Erledigung der**   29
Hauptsache in der unteren Instanz vgl § 91a Rn 53. Eine Erledigung
der Hauptsache zwischen den Instanzen beseitigt entgegen BGH LM
§ 91a Nr 4 und Warn 75, 234, Hamm NJW 75, 1843, Hamburg
MDR 76, 473 (alle für den Fall der Erfüllung) eine vorhandene Beschwer des Beklagten nicht (Düsseldorf BB 74, 64, KG OLGZ 76, 361,
KG OLGZ 89, 330), weil sich daran nichts ändert, dass der Bekl durch
das ihm nachteilige Urt materiell beschwert bleibt. In diesem Fall fehlt
auch das Rechtsschutzbedürfnis für das Rechtsmittel (vgl Rn 17) jedenfalls dann nicht, wenn der Bekl geltend macht, der Anspruch sei erst
im Zeitpunkt der Zahlung fällig geworden (BGH NJW 75, 539, ähnlich Frankfurt VersR85, 956).

  d) Beispiele für fehlende Beschwer. – aa) Für Kläger, wenn er   30
bei völligem Obsiegen lediglich eine andere Begründung des Urt erreichen (BGH NJW 94, 2697) oder lediglich den Klageantrag ändern
oder erweitern will (vgl Rn 21). Bei unbeziffertem Schmerzensgeld-

antrag, wenn Kl im Antrag oder in der Begründung eine Mindestsumme angegeben hat und sie zugesprochen erhält (BGH NJW 99, 1339), auch wenn dabei dem Kl ein Mitverschulden angelastet wird
31 (BGH NJW 02, 212); vgl auch Rn 23. – **bb) Für Beklagten,** wenn die Klage als unzulässig wegen fehlenden Rechtsschutzinteresses statt wegen Unzulässigkeit des Rechtswegs abgewiesen ist (BGH LM § 511 Nr 6, aA Bettermann aaO S 57). Bei Klageabweisung als unbegründet statt als unzulässig (Bremen DRZ 49, 308). Wenn die Klage als zurückgenommen erklärt (§ 269 Rn 20) statt als unzulässig abgewiesen ist (Stuttgart ZZP 76, 318). Lediglich darin, dass in den Gründen die Verurteilung hilfsweise auf seinen eigenen Sachvortrag gestützt ist (BGH
32 DRiZ 68, 422). – **e) Maßgebender Zeitpunkt** § 4 Rn 4. **Ehesachen:** § 629 Rn 4.

33   **3. Beschwerdewert (Erwachsenheitssumme).** Für Berufung, außer die in § 511 Rn 19, 25 genannten Fälle, und teilweise für sofortige Beschwerde; vgl §§ 511 Abs 2 Nr 1, 567 Abs 2. Berechnung § 2 Rn 14.

34   **4. Einlegung.** Das Rechtsmittel muss in der gesetzlich vorgeschriebenen **Form** (§§ 519, 549, 569 Abs 2, 3) und **Frist** (§§ 517, 548, 569 Abs 1) eingelegt werden.

35   **5. Begründung.** Berufung, Revision und Rechtsbeschwerde müssen außerdem form- und fristgerecht begründet werden (§§ 520, 551, 575 Abs 2–5), die sofortige Beschwerde soll begründet (§ 571 Abs 1) werden. Bei Einlegung und Begründung müssen die **Prozesshandlungsvoraussetzungen** (34 vor § 253), insbes Partei-, Prozess-, und Postulationsfähigkeit vorhanden oder ihr Fehlen, soweit zulässig, durch spätere Genehmigung geheilt sein, zB fehlende Vollmacht mit Rückwirkung (BGH VersR 86, 91). Ist eine vollmachtlos eingelegte Berufung als unzulässig verworfen, nachdem der ProzBevollmächtigte erfolglos zur Vorlage der Vollmacht aufgefordert war, so kann der Mangel nicht durch deren Vorlage in der Revisionsinstanz und Genehmigung geheilt werden (GemSOGB NJW 84, 2148). Für die Einlegung der Ber muss die Postulationsfähigkeit bei Unterzeichnung und büroüblicher Weggabe zur Beförderung, nicht mehr im Zeitpunkt des Eingangs bei Gericht bestehen (BGH NJW 90, 1305). – Geht der Streit der Parteien
36 aber um die **Existenz, Partei-, Prozessfähigkeit oder gesetzliche Vertretung,** so ist für diesen Streit bis zu seiner rechtskräftigen Erledigung die Partei als partei- bzw prozessfähig bzw richtig vertreten zu behandeln (vgl 19–21 vor § 253), also auch für die Einlegung (BGH 24, 91; 35, 6; 111, 219, NJW 93, 2943) und Zurücknahme (BGH LM § 52 Nr 3) des Rechtsmittels, auch wenn sie mit dem Rechtsmittel die Aufhebung eines Sachurteils wegen ihrer Prozessunfähigkeit begehrt (BGH MDR 72, 220). Auch im Falle des § 53, wenn der Pfleger nicht tätig wird (BGH MDR 66, 920). Die genannten Prozesshandlungen dürfen nicht wegen § 249 Abs 2 unwirksam sein. Kann die Prozessfähigkeit in der Berufungsinstanz nicht bejaht werden, ist nicht die Be-

rufung als unzulässig zu verwerfen, sondern die Klage als unzulässig abzuweisen (BGH NJW 00, 289).

6. Kein Verzicht auf das Rechtsmittel darf erklärt sein (§§ 515, 37 565, 567 Abs 3, 574 Abs 4).

V. Entscheidung   38

1. Es entscheidet das Gericht, an das das Rechtsmittel gerichtet ist oder (iF irriger Adressierung) weitergeleitet wurde.

2. Wenn das Rechtsmittel unzulässig ist, wird es verworfen 39 (§§ 522 Abs 1 S 2, 552 Abs 1 S 2, 572 Abs 2 S 2, 577 Abs 1 S 2). Die Entscheidung ergeht im Beschwerde- und Rechtsbeschwerdeverfahren stets durch Beschluss, im Berufungs- und Revisionsverfahren als Beschluss oder Urteil (§§ 522 Abs 1 S 3, 552 Abs 2). Formel etwa: „Die Berufung des Beklagten gegen das Urteil des AG X vom … wird verworfen." Kosten § 97 Abs 1.

3. Wenn das Rechtsmittel zulässig, aber unbegründet ist, wird 40 es zurückgewiesen; im Beschwerdeverfahren stets Beschluss, auf Revision stets Urteil, auf Berufung Urteil oder einstimmiger Beschluss nach § 522 Abs 2. Formel etwa: „Die sofortige Beschwerde des Klägers gegen den Beschluss des AG X vom … wird zurückgewiesen." Kosten § 97 Abs 1.

4. Wenn das Rechtsmittel zulässig und begründet ist, enthält 41 die Formel regelmäßig zwei Aussprüche, am besten in getrennten Ziffern: – **a) Aufhebung** der Entscheidung(en) der Vorinstanz(en), soweit 42 sie unrichtig ist (sind). Bei teilweiser Unrichtigkeit Abänderung; im Falle der Unklarheit ausnahmsweise Aufhebung. – **b) Die weitere Ent-** 43 **scheidung des Rechtsmittelgerichts** kann sein – **aa)** entweder **Zurückverweisung** (§§ 538 Abs 2, 563 Abs 1, 572 Abs 3, 577 Abs 4). Dann hat die untere Instanz neu zu verhandeln und zu entscheiden. Sie ist dabei gebunden an die rechtliche Beurteilung, die der Aufhebung zugrunde liegt (§ 563 Abs 2), in den tatsächlichen Feststellungen und der Rechtsanwendung iü frei. Kosten § 97 Rn 10 ff. Hat das untere Gericht seine Zuständigkeit zu Unrecht bejaht, verweist das Rechtsmittelgericht an das zuständige Gericht (§ 281). Oder – **bb) eigene erset-** 44 **zende Entscheidung** (§§ 538 Abs 1, 563 Abs 3, 577 Abs 5). Dann ist das Verfahren abgeschlossen, außer wenn ein weiteres Rechtsmittel (Revision, Rechtsbeschwerde) eingelegt wird. Kosten § 97 Rn 12. Diese weitere Entscheidung ist nötig, wenn der Entscheidung der ersten Instanz ein Antrag zugrunde lag, über den nunmehr, nach Aufhebung der getroffenen Entscheidung, nicht mehr entschieden und deshalb neu zu entscheiden ist. Ist dagegen die Entscheidung erster Instanz ohne Antrag ergangen, zB Trennung, Verbindung (§§ 145, 147), so ist nach ihrer Aufhebung nichts weiter zu entscheiden. – **Formu-** 45 **lierungsbeispiele:** „1. Auf die Revision des Klägers wird das (klagabweisende) Urteil des OLG X vom … aufgehoben. 2. Die Berufung des Beklagten gegen das (verurteilende) Urteil des LG X vom … wird zu-

rückgewiesen." „1. Auf die sofortige Beschwerde des Beklagten wird
der (ablehnende) Beschluss des AG X vom ... aufgehoben. 2. Das Verfahren wird bis ... ausgesetzt."

46   **VI. Berufung** ist das Rechtsmittel gegen Urteile der AG und LG in
erster Instanz. Sie bezweckt unter grundsätzlicher Bindung an die in
erster Instanz getroffenen Tatsachenfeststellungen eine Fehlerkontrolle
und -beseitigung. Neues Vorbringen ist mit Einschränkungen zulässig
(§ 531 Abs 2). Über die Ber gegen Urteile des AG Streitgericht entscheidet eine Zivilkammer oder KfH des übergeordneten LG (§ 72
GVG), soweit nicht die Zuständigkeit des OLG gegeben ist: stets gegen
Urteile des Familiengerichts (§ 119 Abs 1 Nr 1 Buchst a GVG), auch
wenn es sich nicht um eine Familiensache handelt (BGH NJW 93,
1399: prozessuale Anknüpfung); gegen Urteile des AG mit Auslandsbezug (§ 119 Abs 1 Nr 1 Buchst b u c GVG); gegen die Urteile des LG
(§ 119 Abs 1 Nr 2 GVG), auch iF des § 143 Abs 2 PatG, wenn es sich
nicht um eine Patentstreitsache handelt (BGH 72, 1), in Kartellsachen
ggf das gemeinsame OLG gem §§ 93, 94 GWB; vgl dazu BGH NJW
75, 1840 u BGH 71, 367. Soweit ein Bundesland von § 119 Abs 3
GVG Gebrauch macht, ist das OLG **alleiniges** BerGer. Wegen der
Schifffahrtsgerichte vgl § 11 G über das gerichtliche Verfahren in Binnenschifffahrtssachen vom 27. 9. 52 (BGBl I 641) idF vom 14. 5. 65
(BGBl I 389). In Arbeitssachen §§ 64 ff ArbGG.

47   **VII. Rechtsbehelfe**

Einspruch (§ 338) und **Rüge der Verletzung rechtlichen Gehörs** (§ 321 a) sind Rechtsbehelfe, die zwar den Eintritt der formellen
Rechtskraft hindern, aber nicht zur Überprüfung durch die höhere Instanz führen.

48   **VIII. Verfassungsbeschwerde** nach §§ 90 ff BVerfGG (eingehend
Stürner JZ 86, 526) ist kein Rechtsmittel. Sie findet erst nach Erschöpfung aller in Frage kommenden anderen Rechtsbehelfe statt
(BVerfG NJW 86, 367 u NJW 88, 1255, BayVerfGH NJW 86, 372),
von denen der Beschwerdeführer auch dann Gebrauch machen muss,
wenn ihre Statthaftigkeit umstritten ist (BVerfG NJW 85, 2249 u 2250).
Die beschwerte Partei kann sie nur darauf stützen, dass die gerichtliche
Entscheidung Verfassungsrecht verletzt. Das ist dann der Fall, wenn sie
auf einer grundsätzlich unrichtigen Anschauung von der Bedeutung
und Reichweite eines Grundrechts, insbes vom Umfang seines Schutz-
bereichs beruht oder wenn eine fehlerhafte Rechtsauslegung und
Rechtsanwendung bei verständiger Würdigung der das Grundgesetz
beherrschenden Gedanken nicht mehr verständlich ist und sich daher
der Schluss aufdrängt, dass sie auf sachfremden Erwägungen beruht
(BVerfG NJW 86, 575, NJW 88, 1456 Willkürverbot), oder wenn das
Entscheidungsergebnis selbst Grundrechte eines Beteiligten verletzt
(BVerfG NJW 79, 1925).

IX. ZPO-Reform

Das folgende Buch 3 der ZPO enthält die Gesetzesfassung, wie sie **49** gem dem ZPO-RG seit 1. 1. 2002 gilt. Einen Überblick über die wesentlichen Änderungen enthält Einl VII Rn 3–8. – **Übergangsvorschriften** für Rechtsmittel § 26 Nr 5–10 EGZPO.

Abschnitt 1. Berufung

Neuere Literatur: Doukoff, Die zivilrechtliche Berufung nach neuem Recht, 2. Aufl 2002; Schumann/Kramer, Die Berufung in Zivilsachen, 6. Aufl 2002.

§ 511 Statthaftigkeit der Berufung

(1) **Die Berufung findet gegen die im ersten Rechtszug erlassenen Endurteile statt.**

(2) **Die Berufung ist nur zulässig, wenn**
1. **der Wert des Beschwerdegegenstandes sechshundert Euro übersteigt oder**
2. **das Gericht des ersten Rechtszuges die Berufung im Urteil zugelassen hat.**

(3) **Der Berufungskläger hat den Wert nach Absatz 2 Nr. 1 glaubhaft zu machen; zur Versicherung an Eides Statt darf er nicht zugelassen werden.**

(4) [1]**Das Gericht des ersten Rechtszuges lässt die Berufung zu, wenn**
1. **die Rechtssache grundsätzliche Bedeutung hat oder**
2. **die Fortbildung des Rechts oder die Sicherung einer einheitlichen Rechtsprechung eine Entscheidung des Berufungsgerichts erfordert.** [2]**Das Berufungsgericht ist an die Zulassung gebunden.**

Übersicht

1. Allgemeines. Die Vorschrift regelt die Statthaftigkeit der Beru- **1** fung sowie die alternativen Zulässigkeitsvoraussetzungen der Berufungssumme und der Zulassung.

2. Die **Statthaftigkeit** ist eine Voraussetzung dafür, dass die Beru-
2 fung zulässig ist (13–37 vor § 511). – **a) Berufungsfähig** sind die
Endurteile (7 vor § 300), die vom AG, in Familiensachen soweit das
Verfahren den Regeln der ZPO folgt (§§ 621 Abs 1 Nr 4, 5, 8, 11,
621 a Abs 1, 621 d Abs 1; sonst: Beschwerde § 621 e), oder vom LG
(Kollegium oder Einzelrichter) im ersten Rechtszug erlassen (§ 310
Rn 1 ff) sind. Zu ihnen gehören insbes auch Teil- (§ 301), Vorbehaltsurteil (§§ 302, 599), Urteil gem § 321, Zusatzurteil (§ 239 Rn 10).
Ferner Grundurteil (§ 304). Die Statthaftigkeit beurteilt sich für jedes
Teil- und für das Schlussurteil gesondert und selbständig (BGH NJW
3 89, 2757). – **Scheinurteil** vgl Rn 14 vor § 300. – **Zwischenurteile**
über die Zulässigkeit der Klage (§ 280 Rn 4–8), nicht aber andere
4 Zwischenurteile (§ 303); vgl aber § 238 Rn 15. – **b) Nicht berufungsfähige Endurteile** sind regelmäßig Versäumnis- (§ 514), ferner
Ausschluss- (§ 957 Abs 1), Kostenurteil (§ 99 Abs 2), ferner **Berufungsurteil,** auch wenn es über einen erstmals in 2. Instanz anhängig
gemachten Streitgegenstand (BGH NJW-RR 94, 61) oder gegen einen
erstmals in 2. Instanz einbezogenen Zweitbeklagten (BGH NJW 99, 62)
5 62) entscheidet, und **Revisionsurteil.** – **c) Unstatthaft** ist die **isolierte Kostenanfechtung** (§ 99 Abs 1) außer in den Fällen § 99 Rn 8
und die Berufung in der Hauptsache, die lediglich zur Umgehung des
§ 99 Abs 1 eingelegt wird, wenn das Rechtsmittel also zur unzulässigen
Anfechtung der Kostenentscheidung missbraucht wird (BGH NJW 76,
1267). Anfechtbarkeit des Kostenausspruchs im Urteil nach Teilerledigterklärung der Hauptsache vgl § 91 a Rn 55.

6   **3. Berufungskläger** kann nur sein: – **a)** Die **Partei** in erster Instanz, der Rechtsnachfolger des Kl nur als Streitgehilfe (BGH NJW 96,
2799); maßgebend dafür ist das Urteil (BGH 4, 331). Bei Verwechslung
der Identität kann Partei derjenige sein, der zwar am Prozess nicht beteiligt war, gegen den sich das Urt aber richtet (BGH MDR 78, 307).
Ferner eine als solche nicht parteifähige Personenvereinigung, die im
Ersturteil als parteifähig behandelt und durch das Urt beschwert ist; die
Klarstellung, welche dahinterstehenden Personen Berufungskläger sind,
kann nach Ablauf der Berufungsfrist geschehen (BGH NJW 93, 2943).
Bei Streit über Existenz der Partei, Partei-, Prozessfähigkeit und gesetzliche Vertretung vgl 36 vor § 511. Der Berufung fehlt auch nicht das
Rechtschutzbedürfnis, soweit der Fehler nach § 319 berichtigt werden
kann, weil nicht feststeht, ob dies innerhalb der BerFrist geschieht
(BGH WM 78, 69). Wenn allerdings berichtigt wird, ist das Rechtsmittel von Anfang an unzulässig (BayObLG 68, 190). Parteiänderung in
zweiter Instanz vgl 23, 26 vor § 50. Einfache Streitgenossenschaft § 61
7 Rn 15, notwendige § 62 Rn 23–29. – **b)** Der **Beteiligte,** dessen Ein-
8 tritt als Partei das Urteil abgelehnt hat (§§ 239, 265, 266). – **c)** Der
Streitgehilfe (§ 67 Rn 5), der aber nicht selbst Partei wird, auch verbunden mit dem Beitritt; aber nicht, wenn sein Beitritt bereits rechtskräftig zurückgewiesen ist (BGH NJW 82, 2070) und nicht in Wider-

spruch mit der unterstützten Partei (BGH NJW 93, 2944) außer im Falle der streitgenössischen Nebenintervention (§ 69). Haben Partei und Streithelfer selbständig Ber eingelegt, so handelt es sich um ein einheitliches Rechtsmittel, über das auch nur einheitlich entschieden werden kann; Rücknahme allein durch die Hauptpartei ist ohne Bedeutung (BGH NJW 93, 2944). In der Rücknahme allein liegt nicht die Erklärung, dass die Partei mit der Ber des Streithelfers nicht einverstanden ist; Widerspruch der Partei macht die Ber des Streithelfers unzulässig (BGH NJW 89, 1357). So, wenn die Partei das Rechtsmittel wegen außergerichtlichen Vergleichs mit dem Gegner zurückgenommen hat (BGH NJW 88, 712). – d) **Pfändungsgläubiger** im Falle der 9 Hinterlegungsklage § 856 Abs 2; vgl 19 vor § 50.

4. Berufungsbeklagter kann nur sein, wer in erster Instanz **Ge-** 10 **genpartei** war. Maßgebend ist das Urt. Parteiänderung in zweiter Instanz vgl 23, 26 vor § 50. Unzulässig ist Ber gegen einen eigenen Streitgenossen; aufseiten des Streithelfers gegen die eigene Partei; gegen jeden Dritten, zB Streithelfer.

5. Die Berufungssumme (Abs 2 Nr 1: Wert des Beschwerdege- 11 genstandes) ist außer in den Fällen des Abs 2 Nr 2 und der Rn 25 eine der Voraussetzungen dafür, dass die Ber zulässig ist (33 vor § 511). Sie bestimmt sich nach dem Wert des BeschwGegenstands und muss 600 € übersteigen. Der sog Beschwerdewert (BerStreitwert) entspricht nicht ohne weiteres dem Streitwert der ersten Instanz (vgl näher § 2 Rn 14). Von dessen Festsetzung durch die erste oder auf Beschwerde durch die zweite Instanz hängt die BerSumme nicht ab, weil das BerGer ohne Bindung an diese lediglich kostenrechtliche Festsetzung die BerSumme im Rahmen der Zulässigkeitsprüfung gemäß §§ 2 ff zu beurteilen hat (München VersR 78, 975). Mangels Glaubhaftmachung (Abs 3) hat das BerGer auf Grund eigener Lebenserfahrung und Sachkenntnis nach freiem Ermessen zu schätzen; ein Sachverständigengutachten vAw scheidet aus (BGH NJW-RR 98, 573). Maßgebender Zeitpunkt § 4 Rn 4. – **Berechnung der Berufungssumme** aus zwei Komponen- 12 ten: Einmal aus der Beschwer, dh dem Zurückbleiben der angefochtenen Entscheidung hinter dem in der unteren Instanz gestellten Antrag (näher 16–32 vor § 511; Beschwer bei unbeziffertem Antrag 23 vor § 511); zum anderen aus dem BerAntrag (§ 520 Abs 3 S 2 Nr 1), der den Umfang bestimmt, in dem das Urt abgeändert werden soll. Bsp: Klage auf 2000 €, Urt auf 1000 €, BerAntrag des Kl auf weitere 500 €; die Beschwer des Kl beträgt 1000 €, der BeschwWert 500 €. Dieser kann nicht höher sein als die Beschwer, die ihrerseits (bei völligem Unterliegen) idR nicht höher als der Streitwert der vorhergehenden Instanz sein kann; bei Klage und Widerklage vgl Rn 17. **Bei beiderseitigem Unterliegen** ist die Beschwer **für jede Partei getrennt** zu berechnen (BGH NJW 94, 2900). **Ohne Beschwer** kann ein BeschwWert nicht geschaffen oder erhöht werden (21 vor § 511).

13   **6. Berechnung der Beschwer** durch das RechtsmittelGer (§ 2
Rn 9). Bei Bemessung nach § 3 kann das RevGer nur prüfen, ob das
BerGer sein Ermessen rechtsfehlerhaft ausgeübt hat (BGH NJW-RR
01, 1571). – **a) Grundsatz:** § 2 Rn 14. **Maßgebender Zeitpunkt:**
14   § 4 Rn 4–6. – **b) Einzelheiten:** Vgl die Kommentierung der §§ 2–9.
Anfechtung nach Teil- und Schlussurt: § 301 Rn 7; Grundurt: § 304
15   Rn 22. Erledigung der Hauptsache: § 91a Rn 57 ff. – Bei **Haupt-**
u Hilfsantrag genügt zur Statthaftigkeit, dass einer der beiden die Ber-
16   Summe erreicht (KG OLGZ 79, 348). – **Aufrechnung.** Gibt das Urteil der Klage statt und entscheidet es gleichzeitig, dass eine hilfsweise
zur Aufrechnung gestellte bestrittene Gegenforderung des Bekl nicht od
nicht mehr besteht, so errechnet sich die Beschwer für den Bekl aus der
Addition der zugesprochenen Klage- und der abgesprochenen Gegenforderung, soweit über sie eine der Rechtskraft fähige Entscheidung ergeht (§ 19 Abs 3 GKG). Gilt nicht, wenn der bekl Bürge mit einer Gegenforderung des Hauptschuldners aufrechnet (BGH NJW 73, 146),
ferner nicht wenn der Aufrechnungseinwand nach § 533 nicht zugelassen wurde (BGH NJW 01, 3616). Bejaht das Urt die Klageforderung, zieht davon aber hilfsweise geltendgemachte bestrittene Aufrechnungsforderungen ab, so bemisst sich die Beschwer für den Bekl nach
der Klageforderung plus selbständigen Aufrechnungsforderungen bis zur
Höhe des Klageantrags (BAG NJW 74, 1264, BGH NJW-RR 95,
508). Hat dagegen der Bekl die Klageforderung als solche nicht bestritten und primär die Aufrechnung erklärt, so soll er durch ein der Klage
stattgebendes Urteil nur in Höhe der Verurteilung beschwert sein
(BGH 57, 301). Dagegen mit beachtlichen Gründen Bettermann NJW
72, 2285: auch hier Addition, außer die Aufrechnung wurde für unzulässig gehalten. Wird die Klage auf Grund der Aufrechnung abgewiesen, bestimmt sich die Beschwer des Kl nach der Höhe seiner
abgewiesenen Forderung, die des Bekl nach der Höhe seiner durch
Aufrechnung erloschenen Gegenforderung. Entsprechendes gilt für die
Beschwer bei abgewiesener Vollstreckungsgegenklage, die mit Aufrech-
17   nung begründet wurde (BGH 48, 356). – Ist bei **Klage und Wider-**
klage, die nicht denselben Streitgegenstand betreffen, eine Partei in
derselben Entscheidung mit beiden unterlegen, so sind für die Berechnung ihrer Beschwer außer bei wirtschaftlicher Identität die Werte zu
addieren (BGH NJW 94, 3292). – Betrifft der Streit in höherer Instanz
18   nur noch die **Zug um Zug** zu erbringende Gegenleistung, so ist deren
Wert als Beschwerdewert maßgebend, nach oben begrenzt durch den
Wert des Klageanspruchs (BGH NJW 73, 654). Auch dafür gilt § 4
Abs 1 Hs 2 (BGH NJW-RR 95, 706). – **Gebührenstreitwert** vgl § 3
Rn 19. Nach übereinstimmender Teilerledigterklärung vgl § 91a
Rn 58.

19   **7. Voraussetzung der Zulassung.** Gegen berufungsfähige Urteile
(Rn 2, 3), wenn die Beschwer einer Partei (16–32 vor § 511) 600 €
nicht oder möglicher Weise nicht (Rn 22) übersteigt, **muss** das Gericht

der 1. Instanz für diese Partei (ggf auch für beide Parteien) die Ber zulassen, wenn **eine** der beiden folgenden Voraussetzungen erfüllt ist: – **a) Grundsätzliche Bedeutung** der Rechtssache (Abs 4 S 1 Nr 1) **20** liegt vor, wenn eine für den vorliegenden Rechtsstreit entscheidungserhebliche Rechtsfrage bisher höchstrichterlich oder – bei nicht revisiblem Recht – durch das Berufungsgericht nicht geklärt, klärungsbedürftig und klärungsfähig ist und wenn sie das abstrakte Interesse der Allgemeinheit an der einheitlichen Entwicklung und Handhabung des Rechts berührt (BGH NJW 02, 2957; 02, 3029). Die Auswirkungen der Entscheidung dürfen sich demgemäß in quantitativer Hinsicht nicht in einer Regelung der Beziehungen der Parteien oder in einer von vornherein überschaubaren Anzahl gleichgelagerter Angelegenheiten erschöpfen, sondern müssen eine unbestimmte Vielzahl von Fällen betreffen. In qualitativer Hinsicht dürfen die Auswirkungen der Entscheidung nicht nur auf tatsächlichem Gebiet liegen. So sind etwa Fragen zu nicht mehr geltenden Rechtsnormen in der Regel nicht von grundsätzlicher Bedeutung. – **b)** Die beiden in Abs 4 S 1 Nr 2 genannten weiteren Zulassungsgründe konkretisieren und erweitern zugleich den Zulassungsgrund der grundsätzlichen Bedeutung. Die **Fortbildung des Rechts** erfordert eine Entscheidung des BerGer vor allem dann, wenn eine Rechtsfrage in der Literatur streitig erörtert wird. Die **Sicherung einer einheitlichen Rechtsprechung** erfordert eine Berufungszulassung, wenn Gerichte erster Instanz zu einer Rechtsfrage unterschiedlich entschieden haben oder wenn das Gericht von einer Rechtsprechung eines OLG oder des BGH abweichen will. Denn die Zulassung der Berufung ist auch als erster Schritt zu einer notwendigen Revisionsentscheidung geboten.

8. Entscheidung über die Zulassung – a) Im Urteil des Ge- **22** **richts der 1. Instanz,** richtiger Weise im Tenor, wirksam auch in den Gründen. Die Ber sollte bei Vorliegen von Abs 4 S 1 auch dann zugelassen werden, wenn die Höhe der Beschwer unklar ist (MüKo-RimmelspacherAB 80; weitergehend Fölsch NJW 02, 3758: Entscheidung über Zulassung in jedem Fall erforderlich). Die Nichtzulassung braucht nicht ausdrücklich ausgesprochen zu werden; Schweigen im Urteil genügt jedenfalls dann, wenn keine Partei die Zulassung beantragt hatte. – **Berichtigung** ist zulässig bei Vorliegen der Voraussetzungen (§ 319 Rn 2–4), wenn also der Wille die Ber zuzulassen, schon bei UrtErlass in Erscheinung getreten ist (BGH NJW 80, 2813). – **Ergänzung** ist unzulässig (§ 321 Rn 8). – **b) Beschränkung.** Die Zu- **23** lassung wirkt für diejenige(n) Partei(en), deren Beschwer 600 € nicht übersteigt. Jede Beschränkung muss sich klar, wenn auch nur aus den Entscheidungsgründen, ergeben (BGH NJW 95, 1955, NJW-RR 98, 505). – **Zulässig** bei Beschwer bis zu 600 € auf rechtlich oder tatsächlich selbständige Teile des Streitstoffs, über die abgetrennt im Wege des Teil- (§ 301), Grund- (§ 304) oder selbständig anfechtbaren Zwischenurteils (§ 280; nicht § 303) oder durch Beschluss nach § 17a Abs 3

GVG hätte entschieden werden können (BGH NJW 87, 3264, NJW 93, 1799). – **Unzulässig** ist Beschränkung auf einzelne Rechtsfrage, auf einzelne von mehreren konkurrierenden Anspruchsgrundlagen; Einzelheiten § 543 Rn 8–10. – **c) Wirkung.** Die Zulassung macht eine sonst nicht statthafte Ber zulässig, soweit nicht andere Zulässigkeitsvoraussetzungen (13–37 vor § 511) fehlen. Die Entscheidung ist für das BerGer **bindend** (Abs 4 S 2) und für die Parteien **unanfechtbar** (BGH NJW-RR 98, 1445), gleichgültig, ob sie die Ber zulässt oder nicht. – **Keine Bindung,** wenn die Ber bereits kraft Gesetzes zulässig ist (BGH NJW 84, 927).

25   **9. Weder Berufungssumme noch Zulassung** ist **erforderlich –a)** für Ber gegen Urt der **Schifffahrtsgerichte** (§ 9 Abs 1 G v 27. 9. 52, BGBl I 641 idF v 26. 6. 81, BGBl I 553); – **b)** bei Ber gegen ein **zweites Versäumnisurteil** (§ 514 Abs 2 S 2); – **c)** in **Arbeitssachen** gem § 64 Abs 2 Buchst. c ArbGG; – **d)** in all diesen Fällen ist eine bestimmte BerSumme oder die Zulassung nicht erforderlich, das **Erfordernis der Beschwer** (16–32 vor § 511) bleibt.

§ 512 Vorentscheidungen im ersten Rechtszug

Der Beurteilung des Berufungsgerichts unterliegen auch diejenigen Entscheidungen, die dem Endurteil vorausgegangen sind, sofern sie nicht nach den Vorschriften dieses Gesetzes unanfechtbar oder mit der sofortigen Beschwerde anfechtbar sind.

1   **1. Grundsatz.** Die dem Urt vorangegangenen Entscheidungen unterliegen, wenn Ber eingelegt ist, ohne bes Rüge (BGH 4, 7) der Nachprüfung durch das BerGer. Hierher gehören insbes Zwischenurt nach § 303, VersU außer bei Zurückverweisung nach § 538 Abs 1 Nr 2, Beweisbeschlüsse und andere prozessleitende Beschlüsse (§ 136 Rn 1) des Gerichts (nicht des Vorsitzenden, § 140).

2   **2. Ausnahmen.** Der Nachprüfung des BerGer sind entzogen diejenigen dem Urt vorausgegangenen Entscheidungen, die entweder – **a) selbständig anfechtbar** sind, sei es mit Ber (Zwischenurt nach § 280, Grundurt § 304), sei es mit sofortiger Beschwerde (§ 567). Ob **3** die Vorentscheidung angefochten ist, ist belanglos. Oder – **b)** die **nicht anfechtbar** sind. Das sind die Fälle, in denen das Gesetz jede Anfechtung ausdrücklich ausschließt, zB §§ 46 Abs 2, 268, 281 Abs 2, 348 Abs 4, 348 a Abs 3. An eine unter Rn 2 oder 3 fallende Entscheidung der Vorinstanz ist das BerGer schlechthin gebunden, auch wenn sie in den UrtGründen getroffen (BGH 46, 112 für § 548) oder im Falle Rn 2 noch nicht rechtskräftig ist.

§ 513 Berufungsgründe

(1) **Die Berufung kann nur darauf gestützt werden, dass die Entscheidung auf einer Rechtsverletzung (§ 546) beruht oder**

nach § 529 zugrunde zu legende Tatsachen eine andere Entscheidung rechtfertigen.

(2) **Die Berufung kann nicht darauf gestützt werden, dass das Gericht des ersten Rechtszuges seine Zuständigkeit zu Unrecht angenommen hat**

1. Allgemeines. Die Vorschrift stellt klar, dass die Berufung nicht 1 eine umfassende zweite Tatsacheninstanz eröffnet, sondern in erster Linie einer Fehlerprüfung dient.

2. Abs 1 beschränkt die Prüfungskompetenz des BerGer auf die 2 Anwendung der Normen des materiellen und des Verfahrensrechts (§ 545 Rn 3, 5–9) und bindet das BerGer an die in 1. Instanz getroffenen Tatsachenfeststellungen, soweit sie nicht nach § 529 Abs 1 Nr 1 (Rn 2–5) vom BerGer erneut festgestellt werden dürfen oder nach § 531 Abs 2 (dort Rn 14–17) zuzulassen sind. Gerügt werden kann nur eine solche Rechtsverletzung, die für das Entscheidungsergebnis kausal ist (MüKoRimmelspacherAB 13). Auch das Begehren neuer Tatsachenfeststellungen oder der Vortrag neuer Tatsachen muss zu einem abweichenden Ergebnis führen

3. Abs 2 untersagt dem BerGer die Prüfung der Zuständigkeit des 3 Ger der 1. Instanz in jeder Hinsicht, also die örtliche, sachliche und funktionelle Zuständigkeit; gilt **nicht** für internationale Zuständigkeit (BGH NJW 03, 426); entspr Regelung im RevVerf § 545 Abs 2 und BeschwVerf § 571 Abs 2 S 2. Dadurch soll vermieden werden, dass die in 1. Instanz erarbeitete Sachentscheidung wegen fehlender Zuständigkeit hinfällig wird. – **Nicht anwendbar** auf die Frage des Rechtswegs, 4 wenn das Ger der 1. Instanz trotz Rüge eine Vorabentscheidung unterlassen hat (§ 17a GVG Rn 17). – **Wirkung.** Die Ber ist unzulässig, 5 soweit sie auf eine Verletzung der Normen über die Zuständigkeiten gestützt wird (vgl BGH NJW 98, 1230).

§ 514 Versäumnisurteile

(1) **Ein Versäumnisurteil kann von der Partei, gegen die es erlassen ist, mit der Berufung oder Anschlussberufung nicht angefochten werden.**

(2) [1]**Ein Versäumnisurteil, gegen das der Einspruch an sich nicht statthaft ist, unterliegt der Berufung oder Anschlussberufung insoweit, als sie darauf gestützt wird, dass der Fall der schuldhaften Versäumung nicht vorgelegen habe.** [2]**§ 511 Abs. 2 ist nicht anzuwenden.**

1. Grundsatz (Abs 1). Unstatthaft sind Berufung und An- 1 schlussberufung (§ 524) gegen ein echtes VersU (11 vor § 330). Die säumige Partei hat nur den Einspruch (§ 338). Dagegen gibt es gegen ein unechtes VersU (12 vor § 330; § 331 Rn 4, 6) und Entscheidung nach Aktenlage (§§ 251a, 331a) keinen Einspruch, sondern Ber.

Ist die Klage teilweise abgewiesen, der Bekl teilweise durch VersU verurteilt (Beispiel: § 331 Rn 6), hat Kläger Ber, Beklagter Einspruch. Rechtsbehelfe bei inkorrekter Entscheidung vgl 8–10 vor § 511.

2 **2. Ausnahme (Abs 2). Statthaft sind Berufung und Anschlussberufung** gegen ein echtes zweites VersU, ohne dass die Ber-Summe erreicht sein müsste, S 2. Gilt über § 565 auch für die Revision **3** (BGH NJW 79, 166). Statthaftigkeitsvoraussetzungen: – **a) Einspruch unstatthaft.** Beim technisch zweiten VersU (§ 345) und bei VersU gegen denjenigen, der Wiedereinsetzung beantragt hat (§ 238 Abs 2 S 2).

4 **b) Kein Fall der schuldhaften Versäumung.** Der RechtsmittelKl muss bereits in der BerBegründung schlüssige, konkrete Tatsachen dafür behaupten (BGH NJW 91, 42, Brandenburg NJW-RR 98, 1678), dass eine der Voraussetzungen für die Säumnis (1–5 vor § 330) im Einspruchstermin (§ 345) gefehlt habe. Ein praktisch bedeutsamer Fall ist die unverschuldete Terminsversäumung (vgl § 337 Rn 3, 4), wobei die BewLast beim BerKläger liegt (BGH NJW 99, 2120). Ein Fall der Versäumung liegt in weiter Auslegung außerdem nicht vor, wenn die säumige Partei nicht mit einem VersU rechnen musste, zB wenn kein Prozessantrag auf seinen Erlass gestellt war (BGH NJW 91, 43). Entfernung aus dem Gerichtssaal aus triftigem Grund bei verzögertem Aufruf (vgl LAG Hamm NJW 73, 1950) wird idR nicht genügen, weil Vertagung des Termins beantragt werden kann. Weil die Überprüfungspflicht des Einspruchsrichters und des Berufungsrichters übereinstimmen müssen, kann die Berufung gegen ein nach Erlass eines VB ergangenes zweites VersU auch darauf gestützt werden, dass dieses VersU nicht oder nicht so, weil nicht gesetzmäßig, ergehen durfte, zB weil die Klage im Zeitpunkt der Entscheidung über den Einspruch unzulässig oder unschlüssig war (BGH NJW 91, 43). Dies gilt nicht, wenn dem zweiten ein erstes VersU, kein VB, vorausgegangen ist, weil bei Erlass des ersten VersU dessen materiellrechtlichen und verfahrensrechtlichen Voraussetzungen geprüft wurden (BGH NJW 99, 2599, **5** MuBall 9). – **Nicht hierher gehören** die Fälle, in denen der Erlass des zweiten VersU unzulässig war wegen § 335 Abs 1 Nr 1, 3; VersU nach Ablehnung einer kurz vorher beantragten Terminsverlegung.

6 **c) Entscheidung.** Fehlt die gem Rn 4 erforderliche Behauptung des BerKl oder lässt er sie fallen, ist die Ber als unstatthaft zu verwerfen (BGH NJW 69, 845). Kann ihre Wahrheit nicht festgestellt werden, ist die Ber als unbegründet zurückzuweisen. Auf andere Gründe lässt sie sich nicht stützen. Erweist sich die Behauptung als richtig, ist das VersU aufzuheben und an die untere Instanz zurückzuverweisen (§ 538 Abs 2 Nr 6), bei Entscheidungsreife auch zu Ende zu entscheiden (BGH NJW 91, 43). Lag bei Urteilserlass ein Fall der (ersten) Säumnis vor, so ist auf die Berufung die Bezeichnung („zweites") auch der Tenor abzuändern, wie er (statt Verwerfung des Einspruchs) gemäß § 343 richtig zu fassen gewesen wäre. Dagegen ist dann Einspruch statthaft (Karlsruhe NJW-RR 93, 383) oder das BerGer verweist den Rechtsstreit zur Behandlung als Einspruch an die Vorinstanz zurück (Frankfurt NJW-RR 92, 1468; aA Boemke ZZP 106, 371). Inkorrekte Entscheidung vgl 6–10 vor § 511.

d) Analoge Anwendung im schriftlichen Verfahren (§ 128 Abs 2, 7 § 495 a) oder iF der Verletzung des Rechts auf rechtliches Gehör scheidet wegen des Abhilfeverfahrens nach § 321 a aus.

§ 515 Verzicht auf Berufung

Die Wirksamkeit eines Verzichts auf das Recht der Berufung ist nicht davon abhängig, dass der Gegner die Verzichtsleistung angenommen hat.

1. Rechtsmittelverzicht. – a) Wesen. Prozesshandlung, grund- 1 sätzlich unwiderrufbar und unanfechtbar (BGH FamRZ 94, 300). Die Partei, die ihn erklärt, gibt endgültig (anders bei Rücknahme der Ber § 516) das prozessuale Recht auf, eine ihr ungünstige Entscheidung der unteren Instanz nachprüfen zu lassen. – **b) Umfang.** Er kann sich be- 2 ziehen auf das ganze Urt oder auf einen selbständigen Teil davon (§ 301 Rn 1, BGH VersR 89, 602); auch auf ein Ehescheidungsurteil, das dem Gesetz widerspricht (BGH NJW 68, 794). – **c)** Für **Verzicht** 3 **auf andere Rechtsbehelfe,** insbes Revision, Beschwerde, Gehörsrüge und Einspruch gilt Entsprechendes. Verbundverfahren vgl § 629 a Abs 4. – **d)** Für die **Verpflichtung zum Verzicht** gilt sinngemäß 4 § 269 Rn 2.

2. Verzicht vor oder nach Urteilserlass (vgl § 313 a Abs 2), auch 5 nach Einlegung der Ber, ist nur Prozesshandlung (Einl III) und als einseitige Erklärung mit Zugang an das Gericht perfekt.

a) Die **Erklärung,** für deren Inhalt und Tragweite auf objektive 6 Betrachtung abzustellen ist (BGH NJW 81, 2816), kann ausdrücklich durch schlüssige Handlung oder stillschweigend erfolgen. In jedem Fall muss aber der klare, eindeutige Wille der Partei zum Ausdruck kommen, sie wolle sich ernsthaft und endgültig mit dem Urteil beruhigen und es nicht anfechten (BGH NJW 74, 1248). Vorsicht bei der Auslegung ist geboten; beschränkte Rechtsmittelanträge enthalten im Zweifel keinen Teilverzicht (BGH NJW 01, 146). Die Wirksamkeit des in der Verhandlung erklärten Rechtsmittelverzichts hängt nicht von der Beachtung der Formvorschriften in §§ 160 Abs 3 Nr 9, 162 Abs 1 ab (BGH FamRZ 84, 372). In Verbundverfahren ist bei beiderseitigem Rechtsmittelverzicht der Verzicht auf Anschlussrechtsmittel bereits vor Einlegung des Hauptrechtsmittels wirksam (BGH NJW 84, 2829). – **Verzicht wurde** 7 **bejaht** beim beiderseitigen Verzicht auf Begründung der erstinstanzlichen Entscheidung (Hamm NJW-RR 96, 509, Köln MDR 00, 472), bei Mitteilung an den ProzBevollmächtigten des Gegners, er möge sich nicht bestellen, da die Ber zurückgenommen sei (BGH NJW 02, 2108), bei der Erklärung „Ber wird nicht eingelegt" (BGH NJW-RR 91, 1213), „die Ber wird nur hinsichtlich der Widerklage durchgeführt" als

Teilverzicht (BGH VersR 89, 602), ebenso ausdrückliche Beschränkung der Ber auf einen von mehreren Klageanträgen (BGH NJW 90, 1118), uU in einem abschließenden Vergleich nach Erlass eines teils stattgebenden, teils abweisenden Teilurteils (BGH NJW 69, 700). –

8 **Verzicht wurde verneint** in der Erklärung, es sei nicht beabsichtigt, Rechtsmittel einzulegen (BGH LM Nr 8). Die Zahlung auf Grund vorläufig vollstreckbaren Urteils kann wegen ihrer Mehrdeutigkeit nicht als Rechtsmittelverzicht aufgefasst werden, außer der endgültige Erfüllungswille ergibt sich erkennbar aus den Umständen (BGH MDR 94, 1185). Ebenso deren Ankündigung mit der Bitte, nicht zu voll-

9 strecken. – **Einwilligung** des Berufungsbeklagten ist nicht erforderlich.

10 **b) Empfänger. Das Prozessgericht** (Einzelrichter) schriftlich oder

11 in mdl Vhdlg; nur insoweit Anwaltszwang im Rahmen des § 78. **Der beauftragte oder ersuchte Richter;** kein Anwaltszwang (§ 78 Abs 3). **Der Gegner,** auch in Ehesachen (BGH NJW 74, 1248). Mündlich oder schriftlich; kein Anwaltszwang (BGH FamRZ 97, 999).

12 **c) Widerruf.** Der erklärte Rechtsmittelverzicht ist als ProzHandlung unwiderruflich und unanfechtbar, außer bis zur Rechtskraft des Urt, wenn ein Restitutionsgrund (§§ 580, 581) vorliegt; RA-Zwang (BGH NJW 85, 2334, NJW-RR 94, 386).

13 **d) Wirkung. – aa) Der dem Gericht erklärte Verzicht** macht die Ber unzulässig, sie ist von Amts wegen durch Beschluss zu verwerfen (BGH 27, 60); bei einem teilweisen Verzicht ist ein solcher Beschluss aber nicht möglich, wenn die Ber von Anfang an sich auf diesen Teil gar nicht erstreckte, was an den BerAnträgen festzustellen ist (vgl

14 § 519 Rn 17; BGH NJW 68, 2106). – **bb) Der dem Gegner erklärte Verzicht** zeitigt Wirkung erst mit Mitteilung an das Ger (Rn 5). –

15 **cc) Verzicht beider Parteien** führt zur Rechtskraft des Urteils (Düsseldorf NJW 65, 403).

§ 516 Zurücknahme der Berufung

(1) **Der Berufungskläger kann die Berufung bis zur Verkündung des Berufungsurteils zurücknehmen.**

(2) [1]**Die Zurücknahme ist dem Gericht gegenüber zu erklären.** [2]**Sie erfolgt, wenn sie nicht bei der mündlichen Verhandlung erklärt wird, durch Einreichung eines Schriftsatzes.**

(3) [1]**Die Zurücknahme hat den Verlust des eingelegten Rechtsmittels und die Verpflichtung zur Folge, die durch das Rechtsmittel entstandenen Kosten zu tragen.** [2]**Diese Wirkungen sind durch Beschluss auszusprechen.**

1 **1. Zurücknahme der Berufung** ist Widerruf nur des gegenwärtigen Gesuchs um Nachprüfung des angefochtenen Urt auf Grund dieses Rechtsmittels. Sie ist zu unterscheiden von Rechtsmittelverzicht (§ 515), Klagerücknahme (§ 269) in höherer Instanz, Erledigungserklärung (§ 91 a, Beispielsfall BGH NJW 98, 2453) und Klageverzicht (§ 306). Erneute Einlegung der Ber ist nicht ausgeschlossen (Frankfurt

NJW 74, 1389). – Für die **Verpflichtung zur Rücknahme** gilt sinn- 2
gem § 269 Rn 2.

2. Zulässigkeit. – a) Sachlich kann die Rücknahme den ganzen 3
an die höhere Instanz gebrachten prozessualen Anspruch (Einl II) oder
einen selbständigen Teil davon (wie beim Teilurt § 301 Rn 1) betreffen. Teilrücknahme setzt voraus, dass die Ber vorher in weiterem Umfang eingelegt war und die Anträge beschränkt werden. Erweiterung
auf diesen Teil ist bei noch offener Frist oder im Rahmen der ursprünglichen BerBegründung zulässig (Düsseldorf MDR 93, 802; vgl
§ 520 Rn 19). – **b) Zeitlich** ist sie möglich ab Einlegung (§ 129 Rn 5; 4
§ 270 Rn 4, 7) bis zur Verkündung des Berufungsurteils. Zulässigkeit
des Rechtsmittels ist belanglos (BGH FamRZ 88, 496). – **c) Streithelfer** vgl § 511 Rn 8.

3. Erklärung in mündlicher Verhandlung oder durch Schrift- 5
satz. Bedingungsfeindliche (BGH NJW-RR 90, 67) Prozesshandlung.
Es gilt das in § 269 Rn 6–8 Gesagte. Ein beim Berufungsgericht nicht
zugelassener R A kann eine von ihm eingelegte Berufung wirksam zurücknehmen (BGH NJW-RR 94, 759). Die Wirksamkeit hängt nicht
von der Beachtung der Formvorschriften in §§ 160 Abs 3 Nr 8, 162
Abs 1 ab (vgl § 159 Rn 4; aA Hamm Rpfleger 82, 111). Wirksam
auch, wenn der ProzBevollmächtigte versehentlich (BGH VersR 99,
338) oder weisungswidrig (BGH NJW-RR 98, 1446) zurückgenommen hat. Rücknahme durch Prozessunfähigen vgl 36 vor § 511. Beschränkung des BerAntrags einer antragslos eingelegten Ber ist keine
teilweise Zurücknahme (J. Blomeyer NJW 69, 50; vgl § 520 Rn 17);
anders bei Beschränkung bereits angebrachter Anträge. Ob Erledigterklärung Rücknahme ist, ist Auslegungsfrage (BGH NJW 61,
775). Da es sich bei mehrfacher Einlegung um ein einziges BerVerfahren handelt, erstreckt sich die Rücknahme auf alle Einlegungsakte
außer bei ausdrücklicher Beschränkung auf einen (BSG NJW 98, 2078,
München MDR 79, 409). – **Widerruf der Rücknahmeerklärung** ist 6
auch bei Einverständnis des Gegners nur ausnahmsweise zulässig, wenn
ein Restitutionsgrund vorliegt (RG 150, 395; aA MüKoRimmelspacherAB 13–15: Widerruf unter den Voraussetzungen der Wiedereinsetzung), bei Gründen aus § 580 Nr 1–5 aber nur, wenn ein Strafverfahren durchgeführt ist (§ 581; aA Dresden OLG-NL 02, 283), falls nicht
ein solches unmöglich ist (BGH 12, 286). Im letztgenannten Fall ist
Widerruf später als nach Ablauf von 5 Jahren ab Rechtskraft des Urt
ausgeschlossen (BGH MDR 58, 670). In jedem Fall, auch wenn ein
Strafverfahren noch nicht durchgeführt ist, muss die Rücknahmeerklärung innerhalb eines Monats ab Kenntnis von den zum Widerruf be-
rechtigenden Tatsachen widerrufen werden (BGH 33, 73). Bei weisungswidriger Rücknahme ist Widerruf nur zulässig, wenn der Irrtum
des ProzBevollmächtigten für Gegner und Gericht offensichtlich ist
(BGH NJW-RR 98, 1446). Darüber hinaus ist ein Widerruf wegen
Irrtums im Hinblick auf Rechtskraft und Rechtssicherheit unwirksam

(KG NJW 98, 3357). Ist der Irrtum vom Gegner bzw vom Gericht verursacht, hält OLG Koblenz NJW-RR 97, 514 bzw LG Oldenburg VersR 79, 752, dieses nur für eine anwaltschaftlich nicht vertretene Partei, den Widerruf für zulässig.

7   **4. Einwilligung des Berufungsbeklagten** ist **nicht** erforderlich.

8   **5. Wirkungen. – a) Verlust.** Der RechtsmittelKl verliert für die Zukunft (KG JZ 52, 424) das eingelegte Rechtsmittel. Falls nicht gleichzeitig verzichtet wird (§ 514) und die Frist (§ 516) noch offen ist, kann die Ber erneuert werden (RG GrZS 158, 54; 161, 356). Zeitpunkt, in dem die formelle Rechtskraft des angefochtenen Urt eintritt, vgl § 705 Rn 8, 9.

9   **b)** Die **Kosten** des Rechtsmittels, auch die Kosten des RA der Gegenpartei selbst bei BerEinlegung nur zur Fristwahrung (BGH NJW 03, 756), hat der RechtsmittelKl zu tragen; dies auch, wenn die Verpflichtung zur Rücknahme in einem Vergleich ohne Kostenvereinbarung enthalten ist und die trotzdem nicht zurückgenommene Ber verworfen wird (BGH NJW 89, 39). Umfang und Ausnahmen wie § 269 Rn 15, 18. §§ 92, 101 sind anwendbar, §§ 95–97 nicht. – Die Kosten einer zu-

10   lässigen unselbständigen **Anschlussberufung** treffen grundsätzlich den **Rechtsmittelkläger** (BGH 4, 229; Oldenburg MDR 02, 1208; aA Frankfurt FamRZ 95, 945: § 91 a analog). Dies gilt auch dann, wenn die Anschlussberufung eine Erweiterung des Streitgegenstands bezweckte

11   (Frankfurt NJW 01, 935). – Sie treffen den **Anschlussrechtsmittelkläger** in folgenden Fällen: wenn seine Anschließung selbst unzulässig ist, zB wegen Verstoßes gegen § 524 Abs 1, 3; wenn die Ber durch Beschluss nach § 522 Abs 2 zurückgewiesen wird (Düsseldorf Rpfleger 03, 45; MuBall 17); wenn er sich einer im Zeitpunkt der Anschließung unzulässigen Ber anschließt (Nürnberg MDR 89, 648); wenn bei Anschließung die Ber bereits zurückgenommen ist oder er nicht den Nachweis führen kann, dass die Anschließung vor der BerRücknahme wirksam geworden ist; wenn er die – dann als unzulässig zu verwerfende – Anschlussberufung nach Rücknahme der Hauptberufung weiterverfolgt (BGH NJW 00, 3215). Kosten bei mehrfacher Einlegung vgl § 518 Rn 10, 11.

12   **c) Beschluss.** Die Wirkungen des Abs 3 S 1 hat das BerGer (ER § 526 Abs 1, § 527 Abs 3 Nr 1) **von Amts wegen** durch Beschluss

13   auszusprechen (Abs 3 S 2).– **Gebühren:** Gerichtsgebühr ermäßigt sich unter gewissen Voraussetzungen auf $^1/_2$ (Nr 1221 KV); RA: Gehört zum zweiten Rechtszug (§ 37 Nr 7 BRAGO).

14   **d) Rechtsmittel.** Gegen den Beschluss hat das BerGer unter den Voraussetzungen des § 574 Abs 2 (s dort) die Rechtsbeschwerde zuzulassen (§ 574 Abs 3).

§ 517 Berufungsfrist

Die Berufungsfrist beträgt einen Monat; sie ist eine Notfrist und beginnt mit der Zustellung des in vollständiger Form ab-

gefassten Urteils, spätestens aber mit dem Ablauf von fünf Monaten nach der Verkündung.

1. Berufungseinlegung vor Fristbeginn ist zulässig, nicht aber 1 vor UrtErlass (RG 110, 170, BGH NJW 99, 3269; § 310 Rn 1 ff). Rechtsmittel gegen ein nicht existentes Urt kann aber zur Beseitigung des Scheins zulässig sein (10–19 vor § 300). Ber gegen ein fehlerhaft verkündetes Urt vgl § 310 Rn 5. Einreichung vgl § 270 Rn 7. Wird die Verkündung nach BerEinlegung wirksam nachgeholt, so bezieht sich das eingelegte Rechtsmittel auf das nunmehr mangelfrei erlassene Urt. Eine neue Ber dagegen müsste als unzulässig verworfen werden.

2. Fristbeginn. – a) Am Tage (BGH NJW 84, 1358) wirksamen (8 2 vor § 166, § 166 Abs 2, § 170 Rn 1–5, § 172 Rn 13, § 315 Rn 3) **Amtszustellung** (§ 317 Rn 1) einer vollständigen UrtAusfertigung oder beglaubigten Abschrift, auch wenn sie eine unrichtige Rechtsmittelbelehrung enthält (BGH VersR 92, 515). Kein Fristbeginn, wenn das Urt nicht verkündet (BGH VersR 84, 1192) oder nicht mit Tatbestand und Gründen versehen ist, wo das Gesetz dies nicht zulässt (BGH VersR 91, 85). Bei UrtBerichtigung vgl § 319 Rn 7. Bei mehrfacher Zustellung des Urt ist die erste wirksame Zustellung maßgebend (BGH VersR 00, 1038). Kein Fristbeginn bei Fehlen ganzer Seiten in der zugestellten Urteilsausfertigung (BGH NJW 98, 1959), unschädlich hingegen Fehlen der Angabe nach § 313 Abs 1 Nr 3 (BGH VersR 80, 744) oder Fehlen der letzten Buchstaben pro Zeile auf einer Seite (BGH NJW-RR 00, 1665). Bei Streitgenossen beginnt die Frist für jeden gesondert mit Zustellung an ihn (§§ 61 Rn 15, 62 Rn 23); Nebenintervenient vgl § 67 Rn 4; streitgenössischer Nebenintervenient § 69 Rn 3. Neubeginn der Frist bei Ergänzungsurteil § 517, nicht mit Aufhebung eines landgerichtlichen Verwerfungsbeschlusses durch das BVerfG (vgl § 519 Rn 4). An den Gegenbeweis, dass der RA das Datum auf dem Empfangsbekenntnis (§ 174) unrichtig angegeben hat, sind strenge Anforderungen zu stellen (BGH VersR 83, 1080), es muss sich bei seiner Abgabe nicht in seinem Gewahrsam befinden (BGH VersR 92, 516). – Eine wirksame Zustellung kann nicht durch **Parteiverein-** 3 **barung** ungeschehen gemacht werden, wesentliche Zustellungsmängel sind heilbar (20–22 vor § 166). Wollen die Parteien, zB wegen Vergleichsverhandlungen den Eintritt der Rechtskraft hinausschieben, können sie Antrag nach § 317 Abs 1 S 3 stellen.

b) Spätestens mit Ablauf von 5 Monaten seit Verkündung 4 (§ 310 Abs 1). Auch bei fehlerhafter Verkündung (BGH NJW-RR 94, 127, NJW 99, 143; vgl § 310 Rn 1, 5, 6). Zustellung des vollständigen Urteils später als 5 Monate seit Verkündung setzt die BerFrist nicht erneut in Gang. Fehlende Verkündung vgl § 310 Rn 4. Bei Urteilsberichtigung vgl § 319 Rn 7. Diese 5 Monate sind keine eigentliche Frist, insbes keine Notfrist. § 222 Abs 2 gilt für sie nicht (BAG NJW 00, 2835). Unterbrechung des Verfahrens berührt sie nicht (vgl § 249 Rn 2–4; Celle Rpfleger 57, 85). Gilt entspr im Falle des § 569 Abs 1. –

5 Ausnahme. Kein Fristbeginn, wenn die beschwerte Partei zu dem Verhandlungstermin nicht ordnungsgemäß geladen und in ihm nicht vertreten war, jedenfalls sie keinen Anlass hatte, sich über den Fortgang **6** des Prozesses zu unterrichten (BGH NJW-RR 94, 1022). – **c)** In **Familiensachen** vgl §§ 629 a Abs 3, 629 c.

7   3. Fristende einen Monat nach ihrem Beginn. Berechnung vgl § 222 Rn 4–7. Der Bürger ist berechtigt, prozessuale Fristen bis zu ihrer Grenze auszunützen (BVerfG 74, 220). Die Justizbehörden sind verpflichtet, für die Funktionsfähigkeit von Empfangsgeräten auch nach Dienstschluss zu sorgen. Risiken in dieser Richtung dürfen nicht auf den Bürger abgewälzt werden (BVerfG 69, 381, BGH NJW 88, 2788, BGH CR 92, 87). Notfrist § 224 Abs 1 S 2, Wiedereinsetzung §§ 233 ff. Die Wahrung der Frist ist als eine der Zulässigkeitsvoraussetzungen der Ber vAw zu prüfen. Die Beweislast für den rechtzeitigen Eingang beim zuständigen Gericht trägt der Rechtsmittelkläger (BGH **8** NJW 79, 876). – Im **arbeitsgerichtlichen Verfahren** vgl § 66 Abs 1 ArbGG.

9   4. Fristversäumung führt zur Unzulässigkeit der Ber, falls sie nicht für diesen Fall als zulässige AnschlussBer ausgelegt werden kann, was idR dem Parteiwillen entspricht (BGH FamRZ 87, 800).

§ 518 Berufungsfrist bei Urteilsergänzung

[1] **Wird innerhalb der Berufungsfrist ein Urteil durch eine nachträgliche Entscheidung ergänzt (§ 321), so beginnt mit der Zustellung der nachträglichen Entscheidung der Lauf der Berufungsfrist auch für die Berufung gegen das zuerst ergangene Urteil von neuem.** [2] **Wird gegen beide Urteile von derselben Partei Berufung eingelegt, so sind beide Berufungen miteinander zu verbinden.**

1   1. Anwendungsbereich. – a) § 517 gilt für Ber gegen ein Urt, zu dem später ein ErgänzungsUrt ergeht. Über dessen selbständige Anfechtbarkeit und die Wirkung des Rechtsmittels gegen das HauptUrt vgl § 321 Rn 6. Er gilt ferner für Rechtsmittel gegen andere später ergänzte Entscheidungen, auf die § 321 entspr anwendbar ist (§ 321 Rn 7). Ent- **2** sprechend anwendbar für die Revision (§ 548). – **b) § 517 gilt nicht** im Falle der Berichtigung gem § 319 (BGH MDR 70, 757) oder § 320. Wegen einer Ausnahme vgl aber § 319 Rn 7. Er gilt ferner nicht für das ZusatzUrt (§ 239 Rn 9); nicht für das Urt, das eine beantragte Ergänzung ablehnt; nicht im Umkehrschluss für das Ergänzungs-Urt, das mangels wirksamer Zustellung des HauptUrt vor diesem rechtskräftig werden kann (RAG JW 37, 2863).

3   2. Sondervorschriften. – a) Mit Beginn der BerFrist (§ 517 Rn 2) gegen das ErgänzungsUrt beginnt eine **neue Berufungsfrist** gegen das HauptUrt zu laufen, falls sie bei Erlass des ErgänzungsUrt noch nicht abgelaufen war. Dies auch, wenn das ErgänzungsUrt (zB mangels Beschwer RG 151, 304) nicht anfechtbar oder nicht angefochten ist. Oder wenn gegen das HauptUrt bereits Ber eingelegt war, die zurückgenommen oder verworfen wurde. Weil ErgänzungsUrt möglicherweise erst nach Ablauf der BerFrist gegen das HauptUrt ergeht, ist Ber gegen Letzteres jedenfalls zu empfehlen. Andererseits ist denkbar, dass die selbständige BerFrist gegen das HauptUrt (zB mangels wirksamer Amtszustellung) später endet als die gegen das wirksam zugestellte ErgänzungsUrt. − **b)** Beide Berufungen derselben Partei müssen verbunden werden (§ 147 Rn 8 ff). **4**

§ 519 Berufungsschrift

(1) **Die Berufung wird durch Einreichung der Berufungsschrift bei dem Berufungsgericht eingelegt.**

(2) **Die Berufungsschrift muss enthalten:**
1. **die Bezeichnung des Urteils, gegen das die Berufung gerichtet wird;**
2. **die Erklärung, dass gegen dieses Urteil Berufung eingelegt werde.**

(3) **Mit der Berufungsschrift soll eine Ausfertigung oder beglaubigte Abschrift des angefochtenen Urteils vorgelegt werden.**

(4) **Die allgemeinen Vorschriften über die vorbereitenden Schriftsätze sind auch auf die Berufungsschrift anzuwenden.**

1. Formgerechte Einlegung (Abs 1) ist Voraussetzung für die **1** Zulässigkeit der Ber (Rn 13 ff, insb 34 vor § 511). Die Verantwortung für die ordnungsgemäße Einlegung trifft allein die Partei und ihren RA. Keine Rechtspflicht des Ger, zur Heilung von Mängeln beizutragen (BGH VersR 85, 767), wohl aber Pflicht des Ger, den RA auf das ersichtlich versehentliche Fehlen einer Anlage hinzuweisen, von der die Zulässigkeit der Berufung abhängen kann (BGH MDR 91, 1198).

a) Die **Berufungsschrift** ist bestimmender Schriftsatz (§ 129 Rn 5 ff; **2** dort auch über eigenhändige Unterschrift durch RA, Vertretung, Zusatz, telefonische, telegrafische und Übermittlung durch Fernschreiber, Telefax; § 130 a zur elektronischen Form). Der Nachweis, dass die Schrift von einem beim richtigen BerGer (BGH FamRZ 99, 1497) zugelassenen RA herrührt, kann nur durch dessen Unterschrift geführt werden (BGH VersR 73, 636).

b) Mit ihrer **Einreichung** (§ 270 Rn 7) ist die BerEinlegung per- **3** fekt. Die Zustellung (§ 521) ist für die Wirksamkeit der Ber ohne Belang lang (BGH NJW 88, 2046). − Für die Verbindung der Ber mit **Prozess- 4 kostenhilfeantrag** gilt § 117 Rn 4 sinngem. Entspricht der Schriftsatz allen gesetzlichen Anforderungen an eine Berufungsschrift, so kann er nur dann nicht schon als Berufung angesehen werden, wenn sich dies aus den Begleitumständen mit einer jeden Zweifel ausschließenden Deutlichkeit ergibt (BGH NJW 95, 2563; 02, 1352). So ist eine Ber-

Schrift nicht „eingereicht", wenn mit einem PKH-Antrag verbunden der Entwurf einer BerSchrift oder wenn eine ordnungsgemäße BerSchrift mit dem Zusatz eingereicht wird, Ber werde erst nach Bewilligung der PKH eingelegt, zu deren Begründung werde auf den Entwurf der anliegenden BerSchrift Bezug genommen (BGH NJW-RR 00, 879, Stuttgart FamRZ 00, 240). Einlegung der Ber, falls PKH bewilligt wird, ist als bedingte Ber unzulässig (BGH NJW 95, 2563), die Rücknahme der Bedingung kann aber als Rücknahme der Ber (BGH FamRZ 01, 1703) u als erneute BerEinlegung aufzufassen sein (BGH VersR 93, 713). Der Zusatz, die Ber zunächst zu den Akten zu nehmen, bis über das PKH-Gesuch entschieden ist, ändert nichts an der wirksamen BerEinlegung, wenn der Schriftsatz deren Erfordernissen genügt (BGH NJW 88, 2046).

5   c) **Richtiger Adressat** ist das BerGer, bei Zuständigkeit auswärtiger Spruchkörper auch das Stammgericht (BGH NJW 67, 107), bei Zuständigkeit eines einheitlichen Kartellsenats nach §§ 93, 94 GWB auch das allgemein zuständige OLG, das dann die Sache abgibt (BGH 71, 367). Unrichtig adressiert ist die BerSchrift auch bei Verwechslung der beiden Münchner Landgerichte (BGH NJW-RR 87, 319). Ebenso geht eine Schrift, die in einem an das LG adressierten Umschlag in den Briefkasten des OLG eingeworfen wird, bei Weiterleitung an das LG erst mit dessen Rücksendung an das OLG dort ein (BGH NJW 94, 1354). Entsprechendes gilt bei Angabe einer falschen Telefaxnummer (BAG NJW 95, 2742). Falsche Adressierung an LG schadet nicht, wenn die Schrift nach Weiterleitung fristgerecht beim OLG eingeht (BGH FamRZ 95, 1134); in solchem Fall ist Unterschrift eines beim OLG zugelassenen RA erforderlich (BGH FamRZ 99, 1497). Fristgerechte Einreichung vgl § 270 Rn 7. – Ein bei einer **gemeinsamen Einlaufstelle**

6   eingereichter Schriftsatz ist bei dem Gericht eingegangen, an das er gerichtet ist (BGH FamRZ 97, 172), bei Fehlen des Adressaten bei dem Ger, das als Adressat aus dem Schriftsatz selbst eindeutig zu erkennen ist (BGH NJW 92, 1047); nicht jedoch, wenn er an einen RA adressiert ist (BGH NJW 90, 2822). Der an ein unzuständiges Ger adressierte Schriftatz, auch Telekopie (BGH NJW 90, 990), geht nach Weiterleitung beim zuständigen Ger erst dann ein, wenn er in seine tatsächliche Verfügungsgewalt gelangt ist (BGH NJW-RR 97, 892). Anders, wenn er das Aktenzeichen des zuständigen Ger trägt (BGH NJW 89, 590 für BerBegründung) oder wenn er bei einer nur für das zuständige Ger eingerichteten Briefannahmestelle abgegeben wird (BGH VersR 81, 1182). Ist die nicht irrig an das LG gerichtete Ber rechtzeitig bei der gemeinsamen Einlaufstelle eingegangen, so darf sie nicht ohne Antrag des BerKl oder gerichtl Verweisungsbeschluss kurzhändig an das OLG weitergeleitet werden; dieses kann nicht über die Ber entscheiden (BGH

7   VersR 78, 626). – **Fernschreiben.** Gibt das Rechtsmittelgericht auf seinen Briefbögen die Telexnummer einer anderen Justizbehörde an, so ist ein bei der Fernschreibanlage dieses Ger fristgerecht eingegangenes Rechtsmittel zulässig, auch wenn es erst nach Fristablauf an das Rechts-

mittelGer weitergeleitet wird (BGH NJW 87, 2586). Einlegung durch Fernschreiben auf einem nicht für das RechtsmittelGer eingerichteten Empfänger macht das Rechtsmittel unzulässig, auch wenn die Empfangsstelle das Fernschreiben an das zuständige Ger durch Boten weiterleitet (BGH NJW-RR 88, 893). – **Sonderregelung in Schifffahrts-** 8 **sachen** § 13 G v 27. 9. 52 (BGBl I 641) idF v 26. 6. 81 (BGBl I 553). Für die Fristwahrung ist entscheidend der Eingang beim Schifffahrtsobergericht (BGH MDR 79, 475). – Für die Abgrenzung zwischen **Familiensachen** und allgemeinen Streitigkeiten gilt die zivilprozes- 9 suale Anknüpfung (§§ 72, 119 Abs 1 Nr 1 Buchst a GVG); vgl 46 vor § 511.

d) **Mehrfache Einlegung** derselben Ber, auch durch Telefax und 10 nachgereichten Originalschriftsatz (BGH NJW 93, 3141) ist bei noch offener Frist zulässig (BGH NJW 93, 269, BAG NJW 99, 2989) und kann sich bei Zweifeln über die Ordnungsmäßigkeit der früheren Einlegung empfehlen. Es handelt sich dabei um das nämliche Rechtsmittel, über das das Ger einheitlich zu entscheiden hat (BGH NJW 96, 2659). Die Verlängerung der Begründungsfrist, gleichgültig für welchen Einlegungsakt beantragt, bezieht sich auf die zeitlich erste wirksame Einlegung (BGH NJW 93, 269). Genügt eine Einlegung den gesetzlichen Zulässigkeitserfordernissen, so kommt es auf die Zulässigkeit der übrigen nicht mehr an (BGH VersR 85, 1156). Die isolierte „Zurücknahme" eines Einlegungsaktes betrifft nur diesen, hat deshalb auch nicht die Folgen des § 516 Abs 3 (BGH 24, 179 und MDR 58, 508). Die wiederholte Einlegung, die in der Begründungsschrift gefunden werden kann (BGH 24, 179 und VersR 70, 184), gewinnt Bedeutung erst, wenn der erste Einlegungsakt, zB durch Versäumung der Begründungsfrist, seine Wirkung verliert (BGH NJW 93, 3141). Bei Scheinurteil vgl 13 vor § 300. War die Einlegung wegen Unterbrechung des Verf unwirksam, so kann eine beim RechtsmittelGer eingereichte Aufnahmeerklärung (§ 250) als neue Einlegung des Rechtsmittels angesehen werden (BGH NJW 62, 589). – **Entscheidung.** Ist bei Einlegung 11 der zweiten Berufung mit gleichem Sachantrag gegen dasselbe Urt über die zuerst eingelegte Ber noch nicht entschieden, so muss, da nur ein Rechtsmittel anhängig ist, einheitlich, nicht in getrennten Entscheidungen über 2 Berufungen, entschieden werden (BGH 45, 380, NJW 96, 2659). Erneute Einlegung nach rechtskräftiger Verwerfung vgl § 522 Rn 11. – Haben die **Partei und ihr Streithelfer** Ber eingelegt, gleichgültig in welcher Reihenfolge, so handelt es sich ebenfalls um eine Ber, nämlich die der Partei; es gelten vorstehende Grundsätze (BGH BB 93, 1837).

e) **Einstellung der Zwangsvollstreckung.** § 719 Abs 1 S 1. 12

2. Notwendiger Inhalt der Berufungsschrift (Abs 2). Jeder 13 Mangel macht die Ber unzulässig. Mündliche Quellen sind wegen der vorgeschriebenen Schriftform für die Auslegung einer Rechtsmittelschrift unbeachtlich (BGH NJW 85, 2650, NJW-RR 94, 1213).

Nr 1. Das Urt wird zweckmäßig nach Gericht, Parteien, Verkündungsdatum und Aktenzeichen bezeichnet (BGH NJW 01, 1070). Diesen Erfordernissen ist auch bei falscher oder fehlender Bezeichnung genügt, wenn die Identität des angefochtenen Urt, zB durch Beifügung einer Abschrift (BGH NJW-RR 89, 958, BayVerfGH NJW 91, 3140) oder aus anderen Umständen (BGH NJW 89, 2395) feststeht (BGH NJW 01, 1070), für Ger innerhalb der Einlegungsfrist, für Gegner auch danach (BGH NJW 74, 1658). Beispiele: Verwechslung des rechtskräftigen Vorbehaltsurteils im Urkundenprozess mit dem Urt im Nachverfahren (BGH VersR 75, 928), Verwechslung des Aktenzeichens mit einem anderen zwischen den Parteien anhängigen noch nicht entschiedenen Prozess bei sonst richtigen Angaben (BAG NJW 76, 2039). Berichtigung ist innerhalb der BerFrist zulässig (BGH VersR 76, 1157 für Datumsberichtigung bei einem von zwei im gleichen Prozess ergangenen TeilUrt). Lässt sich aus dem Gesamtinhalt der BerSchrift und Begleitumständen innerhalb der Frist nicht feststellen, welches Urt angefochten ist, so ist die Ber unzulässig (BGH NJW-RR 00, 1371, NJW 89, 2396 bei falscher Bezeichnung des Herkunftgerichts). Das BerGer hat dazu keine Aufklärungspflicht, muss aber auf das Fehlen der als Anlage bezeichneten Urteilsabschrift hinweisen, wenn von ihrer Vorlage die Zulässigkeit des Rechtsmittels abhängt (BGH NJW 91, 2081). Angabe der Parteirollen s Rn 15. Auf ein anderes Urt kann später die eingelegte Ber nicht bezogen werden.

14   **Nr 2.** Das Wort Berufung muss nicht verwendet werden. Auch falsche Bezeichnung (Einspruch, Beschwerde) schadet nicht, wenn der Wille klar erkennbar ist, dass die höhere Instanz in mündlicher Verhandlung das Urt nachprüfen soll (BGH NJW-RR 98, 507). Außerdem muss innerhalb der Rechtsmittelfrist zumindest aus den Umständen (BGH NJW-RR 03, 132) unzweifelhaft erkennbar sein, für und gegen wen die Ber eingelegt ist (BGH NJW-RR 97, 1020), vor allem, wenn beide Parteien beschwert sind oder wenn auf einer Parteiseite mehrere Personen stehen und nicht für oder gegen alle eingelegt ist (BAG NJW 60, 1319). Wenn mehrere einfache Streitgenossen als Unterlegene BerKläger sein sollen, muss ersichtlich sein, welche Ber einlegen (BGH VersR 85, 970). Siegen mehrere Streitgenossen, richtet sich die Ber im Zweifel gegen alle (BGH NJW 69, 928), außer wenn die BerSchrift Beschränkung auf einige erkennen lässt (BGH NJW 84, 58). Angabe der ladungsfähigen Anschrift des BerBekl oder seines RA ist nicht erforderlich (BGH 65, 114, BAG GS NJW 87, 1356). – Fehlende **Angabe der**
15   **Parteirollen** oder unrichtige **Bezeichnung der Parteien** macht die Ber unzulässig (BGH NJW-RR 00, 1371); es reicht aber, dass sie sich durch interessengerechte Auslegung (BGH NJW 99, 1554; 02, 831) aus Unterlagen ergibt, die innerhalb der BerFrist dem BerGer vorliegen (BGH NJW-RR 02, 1075), zB das angefochtene Urt (BGH NJW-RR 00, 1661), uU in Verbindung mit den Namen der ProzBevollmächtigten (BGH NJW-RR 02, 1074), die Gerichtsakten (BGH 21, 168), oder dass sie aus anderen Umständen, wie dem Vorspann der Berufungs-

schrift (BGH NJW-RR 99, 1587), unzweifelhaft erkennbar sind (BGH NJW 99, 291), zB irrtümliche Aufführung eines weiteren Bekl, gegen den die Klage abgewiesen wurde (BGH NJW-RR 90, 801), BerAnträge in der BerSchrift nur gegen einige der unterlegenen Beklagten (BGH NJW 91, 2775); mündliche oder telefonische Bezeichnung genügt aber nicht (BGH NJW 97, 3383). Eine Ermittlungspflicht hat das Ger nicht (BAG NJW 75, 2039, BGH NJW 99, 291). Die Verwerfung der Ber wegen angeblicher Unerkennbarkeit der Parteirollen ist willkürlich und damit verfassungswidrig, wenn die Parteirollen erkennbar sind (BVerfG NJW 86, 2101). Fehlerhafte Parteibezeichnung ist unschädlich, wenn der Fehler für BerGer und Gegner offensichtlich ist und auf Grund der übrigen Angaben keine Zweifel bestehen, zB versehentliche Bezeichnung der gesetzlichen Vertreter als BerKläger anstelle des klagenden Kindes (BGH NJW 96, 320). – Der **Umfang der Berufung,** insbes eine Beschränkung ergibt sich erst aus den BerAnträgen (§ 520 Rn 17 f). Jede **Beifügung einer Bedingung** macht die Ber unzulässig, zB falls dafür PKH gewährt wird (BGH NJW 99, 2823, FamRZ 01, 1703; s auch Rn 4). **Unterschrift** durch einen RA vgl Rn 2. **16**

3. Instruktioneller Inhalt. Abs 3 ist nur Ordnungsvorschrift. Allg **17** Vorschriften über die vorbereitenden Schriftsätze vgl §§ 130 ff.

§ 520 Berufungsbegründung

(1) **Der Berufungskläger muss die Berufung begründen.**

(2) **¹Die Frist für die Berufungsbegründung beträgt zwei Monate und beginnt mit der Zustellung des in vollständiger Form abgefassten Urteils, spätestens aber mit Ablauf von fünf Monaten nach der Verkündung ²Die Frist kann auf Antrag von dem Vorsitzenden verlängert werden, wenn der Gegner einwilligt. ³Ohne Einwilligung kann die Frist um bis zu einem Monat verlängert werden, wenn nach freier Überzeugung des Vorsitzenden der Rechtsstreit durch die Verlängerung nicht verzögert wird oder wenn der Berufungskläger erhebliche Gründe darlegt.**

(3) **¹Die Berufungsbegründung ist, sofern sie nicht bereits in der Berufungsschrift enthalten ist, in einem Schriftsatz bei dem Berufungsgericht einzureichen. ²Die Berufungsbegründung muss enthalten:**
1. **die Erklärung, inwieweit das Urteil angefochten wird und welche Abänderungen des Urteils beantragt werden (Berufungsanträge);**
2. **die Bezeichnung der Umstände, aus denen sich die Rechtsverletzung und deren Erheblichkeit für die angefochtene Entscheidung ergibt;**
3. **die Bezeichnung konkreter Anhaltspunkte, die Zweifel an der Richtigkeit oder Vollständigkeit der Tatsachenfeststellungen im angefochtenen Urteil begründen und deshalb eine erneute Feststellung gebieten;**

4. die Bezeichnung der neuen Angriffs- und Verteidigungsmittel sowie der Tatsachen, aufgrund derer die neuen Angriffs- und Verteidigungsmittel nach § 531 Abs. 2 zuzulassen sind.

(4) Die Berufungsbegründung soll ferner enthalten:

1. die Angabe des Wertes des nicht in einer bestimmten Geldsumme bestehenden Beschwerdegegenstandes, wenn von ihm die Zulässigkeit der Berufung abhängt;

2. eine Äußerung dazu, ob einer Entscheidung der Sache durch den Einzelrichter Gründe entgegenstehen.

(5) Die allgemeinen Vorschriften über die vorbereitenden Schriftsätze sind auch auf die Berufungsbegründung anzuwenden.

1   **1. Formgerechte Berufungsbegründung** ist Voraussetzung für die Zulässigkeit des Rechtsmittels (Rn 13 ff, insb 35 vor § 511). Die Begründung ist bestimmender Schriftsatz (§ 129 Rn 5 ff) und muss entweder in der BerSchrift (§ 519) – auch schon vor Urteilszustellung zulässig (BGH NJW 99, 3269) – oder in einem Schriftsatz enthalten sein, der zur Begründung der Ber bestimmt ist (BGH VersR 86, 91) und innerhalb der Frist (Rn 4–16) ergänzt werden kann. Für Schriftform, Zusätze, Anwaltszwang, Vertretung, Einreichung, Adressat gelten die Ausführungen und Verweisungen in § 519 Rn 2–9. Außerdem muss ersichtlich sein, zu welchem Verfahren die BerBegründung gehört (Karlsruhe VersR 93, 1170). Der Nachweis, dass die BerBegründungsschrift von einem zugelassenen RA herrührt, kann grundsätzlich nur durch seine Unterschrift oder seine qualifizierte elektronische Signatur (§ 130 a Abs 1) geführt werden, ausnahmsweise durch ein von dem RA unterzeichnetes Begleitschreiben, das mit der nicht unterschriebenen BerBegründung fest verbunden ist (BGH NJW 86, 1760); nicht dagegen dadurch, dass der RA in einem anderen innerhalb der BerBegründungsfrist eingereichten unterschriebenen Schriftsatz ausführt, er habe die Ber in einem (nicht unterzeichneten) datierten Schriftsatz begründet (BGH 37, 156); auch nicht durch Einreichung von Abschriften, die lediglich mit Handzeichen beglaubigt sind (BGH VersR

2   01, 915). – Ein an das BerGer gerichteter **Antrag auf Prozesskostenhilfe** oder **Einstellung der Zwangsvollstreckung,** der den Erfordernissen des § 520 Abs 3 entspricht, ist dazu bestimmt, als BerBegründung zu dienen, weil keine Partei die mit der Versäumung einer Rechtsmittelfrist verbundenen Nachteile in Kauf nehmen will (BGH NJW 95, 2112, NJW-RR 01, 789). Anders nur, wenn der Wortlaut eindeutig ist (BGH NJW-RR 02, 646) oder ein anderer Wille ersichtlich ist, zB „Prozesskostenhilfeantrag und Berufungsbegründungsentwurf" (BGH VersR 91, 936) oder wenn der BerKläger in dem PKH-Gesuch, mit dem er die beabsichtigten Berufungsanträge begründet, Verlänge-

3   rung der BerBegründungsfrist beantragt (BGH VersR 95, 1462). – **Die von der Partei eingelegte Ber kann der Streitgehilfe** begründen und umgekehrt. Versäumung der Frist durch die Partei ist deshalb un-

schädlich, wenn der Streithelfer innerhalb seiner Frist die von ihm eingelegte Ber begründet (BGH NJW 85, 2480). Bei notwendiger Streitgenossenschaft vgl § 62 Rn 23.

2. Die Begründungsfrist. – a) **Fristbeginn** am Tage wirksamer 4 Amtszustellung einer vollständigen UrtAusfertigung oder beglaubigten Abschrift (vgl § 517 Rn 1), spätestens mit Ablauf von 5 Monaten seit Verkündung (vgl § 517 Rn 4). Daran ändert nichts, dass ein PKH-Antrag eingereicht ist (BGH 7, 280); dass die BerFrist versäumt, Wiedereinsetzung beantragt und dabei die Einlegung der Ber wiederholt ist (BGH NJW 89, 1155); dass der Ber durch Beschluss des OLG verworfen ist (BGH NJW 98, 1155), auch wenn dieser Beschluss auf Beschwerde wieder aufgehoben wird (BGH JZ 67, 448). Wegen mehrfacher Einlegung der Ber vgl § 519 Rn 10. – **Während Unterbre-** 5 **chung und Aussetzung** des Verfahrens kann die Frist nicht zu laufen beginnen (§ 249 Abs 1). – **Beginn bei Einstellung des Insolvenz-** 6 **verfahrens** vgl § 240 Rn 7.

b) Fristende zwei Monate nach ihrem Beginn. Berechnung vgl 7 § 222 Rn 4–7. Wahrung durch Einwurf in den gewöhnlichen Gerichtsbriefkasten (BGH 80, 62 u NJW 81, 1790). Sie ist keine Notfrist. Trotzdem ist Wiedereinsetzung statthaft (§ 233), selbst wenn das Rechtsmittel bereits als unzulässig verworfen ist. Diese Verwerfung wird mit Erteilung der Wiedereinsetzung ohne weiteres gegenstandslos (BGH ZZP 71, 400). – **Unterbrechung** und Aussetzung des Verfahrens wäh- 8 rend des Fristlaufs führt zu ihrer Unterbrechung (§ 249 Abs 1). Ruhen des Verfahrens ist auf die Frist ohne Einfluss (§ 251 Abs 1 S 2). – Die **Be-** 9 **weislast** für den rechtzeitigen Eingang trägt der Rechtsmittelkläger (BGH VersR 78, 960). Zum Beweis reicht eidesstattliche Versicherung idR nicht aus (BGH NJW 00, 814).

c) Verlängerung nur auf Antrag durch ausdrückliche (BGH NJW- 10 RR 90, 68: nicht stillschweigend) Verfügung des Vorsitzenden. **Kein** Verlängerungsantrag liegt im Antrag auf Ruhen des Verfahrens (BGH NJW-RR 01, 572). Vor Entscheidung über den Antrag darf die Ber nicht wegen Versäumung der Begründungsfrist verworfen werden (BGH VersR 82, 1191). Auch für die Ablehnung des Antrags ist der Vorsitzende zuständig (Demharter MDR 86, 797). Stattgebende und ablehnende Vfg sind unanfechtbar (§ 567 bzw § 225 Abs 3). – **Vorausset-** 11 **zungen.** – **aa) Einwilligung des Gegners** ermöglicht Verlängerung um mehr als einen Monat. – **bb)** Bis zu einem Monat **keine Verzöge-** 12 **rung.** Das entscheidet der Vorsitzende nach freier Überzeugung; idR wird sie eintreten. – Oder **erhebliche Gründe,** die auf Verlangen (BGH NJW 99, 430) glaubhaft zu machen (§ 224 Abs 2) sind, soweit nicht gerichtsbekannt, zB Arbeitsüberlastung, Personalschwierigkeiten in der RA-Kanzlei. Der RA kann idR erwarten, dass seinem ordnungsgemäß begründeten Antrag stattgegeben wird (BVerfG NJW 98, 3703, NJW 00, 1634, BGH NJW 97, 400, BAG NJW 95, 1446), nicht jedoch einem Antrag mit ungenügender (BGH NJW-RR 98, 573) oder ohne Begründung (BGH NJW 92, 2426). Verlängerungsgrund ist stets, wenn der BerKl bei Einlegung noch nicht im Besitz einer vollständigen UrtAusfertigung ist (aA Vogg MDR 93, 293), außerdem Mandatserteilung kurz vor Fristablauf, Vergleichsverhandlungen, Krankheit oder Urlaub des RA oder der Partei (BGH NJW-RR 00, 799), notwendige Rücksprache mit der Partei (BVerfG NJW 01, 812; BGH NJW 01, 3552). Ablehnung des Antrags trotz erheblicher Gründe ist regelmäßig

13 Wiedereinsetzungsgrund (BGH NJW 99, 430). – **Wirksamkeit.** Wirksam auch, wenn Vorsitzender eines nach der GeschVerteilung nicht zuständigen Senats die Verlängerung verfügt hat (BGH 37, 125), wenn länger als beantragt verlängert wurde (BAG NJW 62, 1413). Verlängert der Vorsitzende auf eine kürzere Zeit als beantragt, so liegt darin idR zugleich die Ablehnung des weitergehenden Antrags (BGH NJW-RR 89, 1278). Verkürzung ist wegen § 224 Abs 2 ausgeschlossen, auch Verkürzung der verlängerten Frist (Schleswig SchlHA 76, 28). Für den Antrag gilt Schriftform und Anwaltszwang (§ 78); fehlender oder unwirksamer Antrag macht die Verlängerung nicht wirksam (BGH NJW 85, 1558, NJW 98, 1155, NJW-RR 99, 286). Auf einen innerhalb der Frist eingegangenen Antrag kann die Frist auch nach ihrem Ablauf verlängert werden (BAG GS NJW 80, 309, BGH 83, 217). Wiederholte Verlängerung nur mit Einwilligung des Gegners. Die bloße Verlängerung wird ohne förmliche Zustellung wirksam, weil sie keine Frist in Lauf setzt (BGH NJW 90, 1797); auch mit telefonischer Bekanntgabe an den Antragsteller (BGH NJW 85, 1558; § 329 Rn 5, 14). Aktenvermerk hierüber ist zweckmäßig, aber nicht notwendig (BGH 14, 152). Die zugestellte Ausfertigung bzw telefonische Mitteilung ist maßgebend, wenn sie eine über die Urschrift hinausgehende Verlängerung enthält (BGH NJW-RR 94, 444, NJW 99, 1036). Enthält die zugestellte Ausfertigung versehentlich das neue Fristende nicht, so ist die Bindung an das bisherige Fristende aufgehoben, eine Bindung an das neue Fristende soll nicht eintreten (BGH MDR 87, 651); wann die Frist

14 dann endet, sagt der BGH nicht. – **Wirkung.** Die Verlängerung wirkt nur für die Partei(en), der (denen) sie in der Verfügung bewilligt wurde (BGH ZZP 70, 82, VersR 72, 1128). Verlängerung für Streithelfer wirkt auch für die unterstützte Partei, die zulässig Ber eingelegt hat (BGH NJW 82, 2069) und umgekehrt (BAG ZIP 91, 234). Verlängerung bewirkt nur, dass das Ende der Frist hinausgeschoben wird. Sie beginnt um 0 Uhr des Tages, der dem Tag des normalen Fristablaufs

15 unmittelbar folgt. – **Keine Verlängerung** auf einen verspätet eingegangenen Antrag wegen der mit Fristablauf eingetretenen Rechtskraft (BGH NJW 92, 842). Hier hilft nur Antrag auf Wiedereinsetzung wegen der versäumten Begründungsfrist, wobei insbesondere § 236 Abs 2 S 2 zu berücksichtigen ist (BGH NJW-RR 94, 1212). Beantragt der RA – irrig – Fristverlängerung nach Fristablauf, hält BGH VersR 68, 992 Umdeutung in Wiedereinsetzungsantrag nicht für möglich; dagegen mit guten Gründen Vollkommer DRiZ 69, 244.

16 **d) Wiedereinsetzung** nach Bewilligung von PKH muss nicht nur für die Berufungseinlegung, sondern in vielen Fällen wegen des Fristbeginns nach Abs 2 S 1 auch für die Berufungsbegründung beantragt werden. Wegfall des Hindernisses iS von § 234 Abs 2 für die Begründung sollte in solchen Fällen nicht die Bewilligung der PKH, sondern die Einlegung der Ber sein (HMS § 520 Rn 10; MüKoRimmelspacherAB 26; Zweibrücken MDR 03, 170 hält Verbindung eines Fristverlängerungsantrags mit dem Wiedereinsetzungsgesuch für zulässig). Wiedereinsetzung ist **nicht** zulässig wegen der Unterlassung einer einzelnen prozessualen Rüge in der form- und fristgerecht eingereichten Begründungsschrift (RG 121, 5, BAG NJW 62, 2030, BGH NJW 97, 1309; aA StJGrunsky § 554 Rn 24, Pentz ZZP 76, 183 mwN), **zulässig** aber bei unvollständig übermittelter Begründungsschrift (BGH NJW 00, 364).

3. Notwendiger Inhalt der Begründungsschrift (Abs 3) Nr 1. 17
Berufungsanträge. Erst aus ihnen ergibt sich der Umfang, insbes eine Beschränkung der eingelegten Ber oder ein teilweiser Verzicht auf sie (BGH NJW 83, 1561, BAG DB 94, 1576). Zu empfehlen ist ausdrückliche Formulierung und textliche Absonderung. Jedenfalls muss wegen § 528 aus Ber- und Begründungsschrift zusammen Umfang und Ziel des Rechtsmittels, nötigenfalls durch Auslegung, bestimmt zu entnehmen sein, sodass für BerGer und Gegner ohne weitere Klarstellung ersichtlich ist, in welchen Grenzen das Urt angefochten bzw gem § 537 für vollstreckbar zu erklären ist (BGH NJW 87, 1335, FamRZ 98, 1576, NJW-RR 99, 211). Lediglich der Antrag auf Aufhebung und Zurückverweisung genügt regelmäßig, weil mangels entgegenstehender Anhaltspunkte davon auszugehen ist, dass der BerKläger seinen Antrag erster Instanz weiterverfolgt (BGH NJW-RR 95, 1154). Nur wenn er Zurückverweisung um ihrer selbst willen ohne Angriff in der Sache beantragt, fehlt die Beschwer (BGH NJW 94, 2835). Ziel des Antrags muss Beseitigung der objektiven Beschwer sein, vgl 21 vor § 511. – **Teilanfechtung** in Familiensachen vgl § 629a Abs 3. Ist der Ber- 18
Begründung eindeutig zu entnehmen, dass der BerKl seinen proz Anspruch jedenfalls zu einem bestimmten Teil weiterverfolgen will, bleibt die Ber in diesem Umfang zulässig, auch wenn wegen weitergehender Ansprüche die BerAnträge unklar sind (BGH NJW 75, 2013). – Sind die **Anträge nicht fristgerecht** angegeben, ist die Ber unzulässig. Ände- 19
rung, insbes Erweiterung der hinter der Beschwer durch das ErstUrt zurückbleibenden BerAnträge nach Fristablauf ist, soweit kein Rechtsmittelverzicht erklärt war, im Rahmen der BerBegründung, dh soweit keine neuen Gründe nachgeschoben werden müssen, zulässig (BGH 12, 67, NJW 93, 269 für Anschlussberufung, NJW-RR 96, 690 für Revision), ohne dass die Erweiterung vorbehalten werden müsste (BGH NJW-RR 98, 572), kann aber nicht eine ursprünglich nicht vorhandene Beschwer schaffen (21 vor § 511; § 511 Rn 12). Dies gilt auch für Rechtsmittel gegen VerbundUrt (BGH FamRZ 81, 946). Hamburg FamRZ 84, 706, Koblenz FamRZ 88, 302, FamRZ 88, 1072 halten in solchen Fällen Erweiterung auf Grund von Tatsachen, die nach Ablauf

der Begründungsfrist neu entstanden sind und die eine Abänderungsklage rechtfertigen, im Verbundverfahren und UnterhaltsProz für zulässig. Wegen Beschränkung vgl auch § 516 Rn 3. Einen Teilbetrag
kann der BerKl bis zum Schluss der mdl Vhdlg auf einzelne selbständige
Ansprüche aufteilen (vgl § 253 Rn 9). – **Gilt nicht für Klageerweiterung** in der Berufungsinstanz. Anträge und Begründung hierfür
richten sich nach §§ 525, 533, 264 Nr 2 (BGH NJW 92, 698).

20   **Nr 2–4. Inhaltliche Begründung.** Zweck des Begründungszwangs
ist, eine Zusammenfassung und Beschränkung des Rechtsstoffs zu erreichen (BGH NJW 99, 2435 u 3126; BVerfG NJW-RR 02, 135). Die
Begründung muss zum einen erkennen lassen, in welchen Punkten tat-
sächlicher oder rechtlicher Art das angefochtene Urt nach Ansicht des
BerKl unrichtig ist, zum anderen im Einzelnen angeben, aus welchen
Gründen er die tatsächliche und rechtliche Würdigung des Urt der
1. Instanz in den angegebenen Punkten für unrichtig hält (BGH NJW-
RR 02, 209). Das gilt auch, wenn sich die Ber gegen die Entscheidung
über eine Aufrechnungsforderung wendet (BGH NJW-RR 02, 1499).
Der unterzeichnende RA muss sie nicht selbst verfassen, aber die volle
Verantwortung für den Inhalt übernehmen. Das geschieht durch seine
Unterschrift (BGH NJW 89, 3022). Jeder einschränkende Zusatz, zB
„i. A." macht das Rechtsmittel unzulässig (BGH NJW 88, 210); ebenso
wenn Form und Inhalt des Schriftsatzes das Fehlen einer eigenverantwortlichen Prüfung durch den RA klar erkennen lassen (BGH NJW
89, 394). Bei schriftsätzlicher Trennung von BerEinlegung und Ber-
Begründung muss Letztere zweifelsfrei erkennen lassen, welche von
mehreren zwischen denselben Parteien eingelegten Ber begründet wer-
21 den soll (BGH VersR 75, 473). – Der BerKl kann die Ber auf **Angriffe
gegen das Ersturteil,** dh gegen dessen rechtliche Würdigung oder
tatsächliche Feststellungen stützen (Rn 22, 23, 25–34) und/oder (BGH
NJW-RR 96, 891) auf **neue Angriffs- und Verteidigungsmittel**
(Rn 24), die er in erster Instanz nicht vorgebracht hat. Die Begründung
muss aber gerade die durch das Urteil 1. Instanz gegebene Beschwer
angreifen (vgl 21 vor § 511).

22   **a) Nr 2** verlangt Angabe der Rechtsverletzung (zum Begriff § 546
Rn 1, 2), die zur inhaltlichen Unrichtigkeit des angefochtenen Urteils
geführt hat. Das kann eine unrichtige Anwendung des materiellen
Rechts oder ein Verfahrensfehler sein. Wird Verletzung von § 139 gerügt, muss angegeben werden, was BerKl bei gegebenem Hinweis vorgetragen hätte (BGH NJW-RR 88, 477). Für den Angriff wegen eines
Verfahrensfehlers sind die verletzte Rechtsnorm und die Tatsachen, in
denen die Verletzung liegen soll, zu benennen (BGH VerR 76, 727)
Bei einem verspätet begründeten Urteil (§ 547 Rn 11) genügt Rüge
dieses Umstands (BAG NJW 96, 1430).

23   **b) Nr 3** ist abgestimmt mit § 529 Abs 1 Nr 1 und verlangt **konkrete Angaben,** aus denen sich Unrichtigkeit oder Unvollständigkeit
der Tatsachenfeststellungen in 1. Instanz ergeben. Die Angriffe gegen
die Tatsachenfeststellungen müssen so vertieft sein, dass sie aus sich he-

raus solche Zweifel begründen, die eine ergänzende oder wiederholte Beweiserhebung notwendig erscheinen lassen. Dazu ist etwa erforderlich die Angabe, welche Tatsachenfeststellungen nicht stimmen und weshalb, in welchen Punkten die Beweiswürdigung falsch ist und weshalb. Ein in 1. Instanz übergangener Beweisantrag muss ausdrücklich gerügt werden.

c) **Nr 4** fordert bei **neuen Angriffs- und Verteidigungsmitteln** 24 (§ 146 Rn 2) deren Angabe und die Darlegung der Umstände, die nach § 531 Abs 2 ihre Zulassung ermöglichen (vgl dort Rn 14–16). Klageänderung, Erweiterung oder Widerklage sind keine Anfechtung des Urt (BGH NJW-RR 91, 1279), für das Vorbringen dazu gilt Abs 3 Nr 4 nicht (BGH NJW 94, 944); vgl § 533 Rn 14–17). – **Bei mehreren** 25 **Streitgegenständen** muss, soweit Abänderung beantragt ist, für jeden einzelnen (BGH NJW 93, 3073, WM 97, 2353), **bei teilbarem Streitgegenstand** (§ 301 Rn 1) muss für alle angegriffenen Teile eine Begründung gegeben werden, außer die Entscheidung beruht auf einem einheitlichen, allen Ansprüchen gemeinsamen Rechtsgrund; dann genügt, wenn die Berufungsbegründung nur diesen insgesamt angreift (BGH NJW-RR 01, 789, NJW 01, 2464/2466). Andernfalls ist das Rechtsmittel für den nicht begründeten Teil unzulässig (BGH NJW 90, 1184, NJW-RR 00, 1015); gilt auch für Hilfs- und Nebenanspruch, der im Urt behandelt ist (BGH 22, 278, FamRZ 95, 1138). Erreicht der mit Begründung versehene Teil die BerSumme (§ 511 Abs 2 Nr 1) nicht, dann ist die ganze Ber unzulässig, sofern sie nicht gem § 511 Abs 2 Nr 2 zugelassen ist. – Hat **bei nur einem Streitgegenstand** die 26 1. Instanz die Klage aus mehreren rechtlichen Gründen abgewiesen, so ist zu bedenken, dass die Berufungsbegründung iF ihrer Richtigkeit geeignet sein muss, den Entscheidungsgründen die Tragfähigkeit zu nehmen. Deshalb ist zu unterscheiden: Ist die Klageabweisung auf die Verneinung aller infragekommenden Anspruchsgrundlagen gestützt, so genügt zur Zulässigkeit der Ber, dass sich die Begründung detailliert gegen die Verneinung nur einer Anspruchsgrundlage wendet. Trägt dagegen in den Entscheidungsgründen jede einzelne rechtliche Erwägung selbständig und unabhängig von den anderen die Klageabweisung, zB Verneinung des Anspruchsgrundes und Verjährung, so gehört zur Zulässigkeit der Ber, dass sich die Begründung gegen jede dieser rechtlichen Erwägungen richtet (BGH NJW 98, 1081 u 3126, NJW-RR 00, 685, NJW 00, 947 für Revisionsbegründung). Haben die rechtlichen Erwägungen für die Klageabweisung aber unterschiedliche Reichweite, zB fehlende Fälligkeit und Verjährung der Klageforderung, reicht es zur Zulässigkeit, wenn die BerBegründung nur die Verjährung angreift (BGH NJW 00, 590). Hat die 1. Instanz alle Verteidigungsmittel zurückgewiesen, so reicht es aus, wenn der BerKl gezielte Anfechtungsgründe gegen eines von ihnen geltend macht, im Übrigen auf sein Vorbringen in erster Instanz verweist (Köln WM 92, 485). Der BerKl muss nicht zu allen für ihn nachteilig beurteilten Streitpunkten Stellung nehmen. Die Ber ist insgesamt zulässig, wenn sie zu einem den gesamten Streitge-

genstand betreffenden Punkt eine zulässige Begründung enthält, und
eröffnet dann uneingeschränkt die sachliche und rechtliche Prüfung des
27 Klageanspruchs (BGH NJW 02, 682, NJW-RR 02, 208). – **Formal-
begründungen** genügen nicht (BGH NJW 95, 1559 und 1560), so:
die Feststellungen seien unrichtig (BGH NJW 97, 1787) oder Vorbringen sei nicht oder unrichtig gewürdigt worden; die Beweiswürdigung
sei einseitig oder unzutreffend (BGH NJW-RR 02, 209); die Rechtsansichten seien verfehlt; eine bestimmte Norm sei zu Unrecht (nicht)
angewendet worden; Bezugnahme auf „das gesamte erstinstanzliche
Vorbringen" und Wiederholung unstreitiger Tatsachen (BGH NJW 00,
1576, BVerfG NJW-RR 02, 135); antragswidrig seien Akten nicht beigezogen worden, aus denen sich ein vollständiges Bild ergeben hätte
28 (BGH LM Nr 24). – **Beschränkung** der Ber ist entsprechend der
Erläuterung in § 543 Rn 8–10 zulässig (Müller-Rabe NJW 90, 283),
Beschränkung auf ein einzelnes Urteilselement, zB Verschulden, ist unzulässig weil nach hM die Rechtsanwendung gerade nicht der Dispositionsfreiheit der Parteien unterliegt (aA Grunsky ZZP 84, 129/148).
Beschränkung auf den Ausspruch über die vorl Vollstreckbarkeit ist zu-
29 lässig (vgl 16 vor § 708, Nürnberg MDR 89, 363). – In **Ehesachen**
(vgl 2–6 vor § 606) muss ggf ersichtlich sein, dass die obsiegende Partei
Aufhebung des Urt erstrebt und die zur Aufrechterhaltung der Ehe
nötigen Prozesserklärungen abgeben wird (BGH NJW 70, 46). – Ist im
30 **Urkundenprozess** der Bekl ohne Vorbehalt verurteilt, so genügt der
als Widerspruch gegen den Anspruch auszulegende BerAntrag; einer
weiteren Begründung bedarf es nicht, wenn der Bekl lediglich den Vor-
31 behalt seiner Rechte erreichen will (Hamm MDR 82, 415). – **Bezugnahme** auf andere Schriftstücke ist **weitgehend unzulässig. – Beispiele:** Lediglich **Verweisung auf das Vorbringen in erster Instanz,** selbst wenn es nur um eine einzelne Rechtsfrage geht (BGH
NJW-RR 97, 866) und auf das angefochtene Urt (BGH NJW 90,
2628); denn die Berufung eröffnet keine zweite Tatsacheninstanz mit
voller Prüfung des Urteils der 1. Instanz, sondern ist auf die Kontrolle
und Behebung der gerügten Mängel beschränkt. Bezugnahme auf
übergangene Beweisangebote vgl 2 vor § 284. Die allgemeine Bezugnahme auf das Vorbringen in 1. Instanz verpflichtet das BerGer nicht,
die Akten darauf zu durchforschen, ob sich in ihnen Vorbringen befindet, das zum Erfolg des Rechtsmittels geeignet sein könnte (BGH 35,
32 106). – **Ferner unzulässig die Bezugnahme** auf einen abschriftlich
beigefügten PKH-Antrag, den ein beim BerGer nicht zugelassener RA
unterzeichnet hat (BGH 7, 170 u NJW 81, 1620, unrichtig Rostock
OLG-NL 97, 77); auf ein vom BerAnwalt nicht unterzeichnetes
Rechts- oder Sachverständigengutachten (BGH VersR 63, 565); auf
Schriftstücke der Partei selbst (BGH VersR 69, 617); auf einen nicht
vom BerAnwalt unterzeichneten Entwurf der BerBegründung (BGH
NJW 98, 1647), auf eine zu anderen Akten eingereichte BerBegründung, selbst bei demselben Spruchkörper, bei teilweiser Parteiidentität
und Vertretung durch dieselben ProzBevollmächtigten (BGH VersR 77,

1004); auf einen in einem anderen Rechtsstreit eingereichten Schriftsatz, außer er wird in beglaubigter Abschrift beigefügt (BGH VersR 85, 67). – In engen Grenzen ist **Bezugnahme zulässig.** Bsp: Auf die ord- **33** nungsgemäße Begründung eines Streitgenossen (BGH NJW 93, 3333); auf die mitüberreichte beglaubigte Abschrift einer BerBegründung in einem parallelen Arrestverfahren (BGH 13, 246); auf einen PKH-Antrag oder einen Einstellungsantrag des BerAnwalts in derselben Sache, der den Erfordernissen des § 520 entspricht, zu berücksichtigen auch ohne ausdrückliche Bezugnahme (BGH NJW-RR 89, 184, NJW 95, 2112), oder auf einen PKH bewilligenden Beschluss des BerGer (BGH NJW 93, 3333); auf eine Vielzahl von Urkunden als Anlage, in denen die Partei zur Aufrechnung gestellte Gegenforderungen übersichtlich geordnet belegt (BGH NJW 93, 1866). – **Verstoß:** Fehlen sowohl **34** Gründe der Anfechtung wie neues Vorbringen innerhalb der Frist, ist die Ber unzulässig. Entspricht die Begründungsschrift den inhaltlichen Erfordernissen (Rn 22–30), so dürfen die Gründe auch nach Fristablauf ergänzt und geändert werden (RG 149, 205). Für die Zulassung neuen Vorbringens nach Ablauf der Begründungsfrist gilt § 530.

4. Instruktioneller Inhalt. – Nach **Abs 4 Nr 1** Angabe des **35** BeschwWertes (§ 511 Rn 11) und nach **Abs 4 Nr 2** eine Äußerung, ob der Übertragung der Sache auf den alleinentscheidenden ER Gründe entgegenstehen (§ 526 Abs 1). Nachholung ist auch nach Fristablauf zulässig. – **Abs 5:** Allg Vorschriften über vorbereitende Schriftsätze vgl §§ 130 ff.

§ 521 Zustellung der Berufungsschrift und -begründung

(1) **Die Berufungsschrift und die Berufungsbegründung sind der Gegenpartei zuzustellen.**

(2) [1]**Der Vorsitzende oder das Berufungsgericht kann der Gegenpartei eine Frist zur schriftlichen Berufungserwiderung und dem Berufungskläger eine Frist zur schriftlichen Stellungnahme auf die Berufungserwiderung setzen.** [2]**§ 277 gilt entsprechend.**

Die **Zustellung** (Abs 1) hat informatorischen Charakter, für die **1** Wirksamkeit der BerEinlegung und -Begründung sind sie nicht Voraussetzung (BGH 65, 114), ihr Fehlen ist nach § 295 heilbar (BGH 50, 397). Zustellungsadressat ist der RA der 2. Instanz (§ 176), sonst der 1. Instanz, sonst die Partei selbst. Die Schriften sind, außer bei beschränkt eingelegter Ber, allen Streitgenossen auf der Gegenseite, zu deren Gunsten das Urt erging, bzw allen Streitgenossen auf der eigenen Seite, zu deren Ungunsten es erging, ferner den Streitgehilfen zuzustellen. Ausführung vAw (§ 166 Abs 2).

Schriftsatzfristen (Abs 2). – **a) Zur Erwiderung an Berufungs- 2 beklagten** kann der Vorsitzende oder das Gericht (ER § 526) eine Frist setzen. Es gelten sinngemäß die Ausführungen zur Fristsetzung für die Klageerwiderung in § 275 Rn 4. Der BerBekl kann in der BerErwiderung anders als in der BerBegründung (§ 520 Rn 33) weitgehend auf sein Vorbringen in 1. Instanz Bezug nehmen (BGH NJW 02, 3237/

3 3240). − **b) Zur Replik darauf an Berufungskläger** kann vor jedem Termin der Vorsitzende, im Termin das Gericht eine Frist setzen. Es

4 gelten sinngem die Ausführungen in § 275 Rn 8. − **c) Dauer.** § 277

5 Abs 3 gilt entsprechend. Änderung der Frist vgl §§ 222 ff. − **d)** Im Falle

6 der **Fristversäumung** gelten §§ 530, 296 Abs 1, 4. − **e) Inhalt der Schriftsätze.** Gem der Verweisung in Abs 2 S 2 gilt § 277 Abs 1 S 1, Abs 2, 4 entspr (vgl Rn dort).

§ 522 Zulässigkeitsprüfung; Zurückweisungsbeschluss

(1) [1]Das Berufungsgericht hat von Amts wegen zu prüfen, ob die Berufung an sich statthaft und ob sie in der gesetzlichen Form und Frist eingelegt und begründet ist. [2]Mangelt es an einem dieser Erfordernisse, so ist die Berufung als unzulässig zu verwerfen. [3]Die Entscheidung kann durch Beschluss ergehen. [4]Gegen den Beschluss findet die Rechtsbeschwerde statt.

(2) [1]Das Berufungsgericht weist die Berufung durch einstimmigen Beschluss unverzüglich zurück, wenn es davon überzeugt ist, dass
1. die Berufung keine Aussicht auf Erfolg hat,
2. die Rechtssache keine grundsätzliche Bedeutung hat und
3. die Fortbildung des Rechts oder die Sicherung einer einheitlichen Rechtsprechung eine Entscheidung des Berufungsgerichts nicht erfordert.
[2]Das Berufungsgericht oder der Vorsitzende hat zuvor die Parteien auf die beabsichtigte Zurückweisung der Berufung und die Gründe hierfür hinzuweisen und dem Berufungsführer binnen einer zu bestimmenden Frist Gelegenheit zur Stellungnahme zu geben. [3]Der Beschluss nach Satz 1 ist zu begründen, soweit die Gründe für die Zurückweisung nicht bereits in dem Hinweis nach Satz 2 enthalten sind.

(3) Der Beschluss nach Absatz 2 Satz 1 ist nicht anfechtbar.

1 ## I. Zulässigkeitsprüfung (Abs 1)

1. Sie geschieht von Amts wegen (12 vor § 253; Beweislast beim Ber-Kläger) und stets vor der Prüfung der Begründetheit (12 vor § 511). − Ihr **Umfang** ergibt sich aus 13–37 vor § 511. Eine negative Entscheidung kann nicht ergehen, solange Fehlendes noch fristgerecht ergänzt werden kann. Fehlt eine Voraussetzung, so ist zu prüfen, ob die Ber − ggf nach Umdeutung (BGH VersR 01, 730) − als unselbständige AnschlussBer zulässig (§ 524 Rn 5–11) ist oder noch eingelegt werden kann (BGH NJW 96, 2659). Befugnis des vorbereitenden Einzelrichters vgl § 527 Abs 4.

2 **2. Entscheidung nur durch Kammer oder Senat** (§ 523 Abs 1 S 1). Vor ihrem Erlass ist dem Rechtsmittelkläger rechtliches Gehör zu gewähren (BGH NJW 94, 392). Zustellung der BerSchrift und Antrag-

stellung sind nicht erforderlich (BGH ZIP 91, 42). – **a)** Die **Zulässig-** 3
keit der Berufung kann ausgesprochen werden **auf mündliche Ver-**
handlung in einem ZwischenUrt (§ 303) oder in den Gründen des
EndUrt; **ohne mündliche Verhandlung** durch Beschluss gem Abs 1
S 3: „Die Ber ist zulässig." Er steht einem ZwischenUrt gleich, das Gericht ist also gem § 318 an ihn gebunden (BGH LM § 238 Nr 2,
StJGrunsky 34, MüKoRimmelspacherAB 15; aA BLAH 8), außer wenn
die Ber nach seinem Erlass unzulässig wird. – **Zwischenurteil oder** 4
Beschluss empfehlen sich nur, wenn die Zulässigkeit zweifelhaft oder
unter den Parteien streitig ist. Sie können sich auf den jeweiligen
Streitpunkt beschränken, zB „die Berufungsfrist ist gewahrt". Wiedereinsetzung gegen ihre Versäumung durch Beschluss vgl § 238 Rn 9. –
b) Die **Unzulässigkeit der Berufung** kann ausgesprochen werden 5
auf mündliche Verhandlung nur durch Endurteil. Es ist auch bei
Säumnis des BerKl ein streitiges Urt (12 vor § 330). Formel: „Die Ber
wird verworfen." Entscheidung nach Aktenlage ist jederzeit zulässig,
weil mdl Vhdl entbehrlich ist.

Ohne mündliche Verhandlung – früher kann eine solche zur Sa- 6
che bereits stattgefunden haben (BGH NJW 79, 1891) – nur durch
Beschluss. Wirksamwerden mit förmlicher Zustellung (§ 329 Abs 3).
Ohne mdl Vhdlg sollte nur entschieden werden, wenn die Unzulässigkeit klar und eine Aussprache mit den Parteien überflüssig ist. Rechtliches Gehör ist vor Erlass zu gewähren (BGH VersR 75, 899). Das
Ger ist an den Beschluss gebunden (BGH NJW-RR 95, 765), denn er
vertritt ein Urt (§ 318) und unterliegt der Rechtsbeschwerde (§ 574). –
Auch bei Tod eines Ehegatten im Eheprozess nach Einlegung einer 7
unzulässigen Ber ist diese zu verwerfen, § 619 will nur ein Sachurteil in
diesem Fall ausschließen (BGH NJW 74, 368, im Ergebnis zust
Grunsky ZZP 87, 347). – **c) Mehrfache Berufungseinlegung** § 519
Rn 10–12.

3. Rechtsmittel. – **a) Wenn die Berufung für zulässig erklärt** 8
ist, – **aa) durch Zwischenurteil oder Beschluss:** Nachprüfung nur
auf zugelassene Revision gegen das EndUrt; – **bb) in den Gründen** 9
des Endurteils ausdrücklich oder stillschweigend: Revision nach allg
Regeln. – **b) Wenn die Berufung verworfen ist,** – **aa) durch End-** 10
urteil: Wie Rn 9; aus Gründen der Gleichbehandlung Nichtzulassungsbeschwerde aber ohne die Einschränkungen von § 26 Nr 8, 9
EGZPO (HMS § 522 Rn 16; BGH NJW 02, 3783, NJW-RR 03,
132). – **bb) durch Beschluss:** Gem Abs 1 S 4 nur Rechtsbeschwerde
nach allg Regeln (§ 574 Abs 1 Nr 1; BGH NJW 02, 3178) ohne die
Wertgrenze des § 26 Nr 8 EGZPO (BGH NJW 02, 3783, NJW-RR
03, 132), aber nur, soweit gegen ein Urt gleichen Inhalts die Rev statthaft wäre (BGH NJW 03, 69). – **c) Erneute Einlegung, Wieder-** 11
einsetzung. In allen Fällen der Rn 10 bleibt möglich, erneut fehlerfrei
Ber einzulegen (BGH NJW-RR 99, 287, § 519 Rn 10) oder gesondert, dh neben der Beschwerde gegen den Beschl nach Abs 1 (BGH

NJW 68, 107), Wiedereinsetzung gegen Versäumung der BerFrist zu beantragen. Wird der Wiedereinsetzungsantrag zurückgewiesen, muss dieser Beschluss gesondert neben der Verwerfung der Ber angefochten werden (BGH NJW 02, 2397). Die die Wiedereinsetzung gewährende Entscheidung beseitigt die verwerfende Entscheidung ohne weiteres, es sei denn, dass die letztgenannte auf einem anderen Grund als der Fristversäumung beruht (BGH 72, 1). Die erneute Ber ist wegen entgegenstehender Rechtskraft unzulässig, sobald eine frühere die Ber als unstatthaft (§§ 511, 514 Abs 2) verwerfende Entscheidung Rechtskraft erlangt (§ 322 Rn 3). Ebenso eine erneute auf denselben Sachverhalt gestützte Ber, die denselben Mangel enthält, der der früheren Ber nach dem Inhalt der
12 Verwerfungsentscheidung anhaftete (BGH NJW 91, 1116). – **d) Das Berufungsgericht selbst** kann den Verwerfungsbeschluss nicht ändern oder aufheben (BGH NJW-RR 95, 765).

13 **II. Zurückweisung durch Beschluss (Abs 2)**
1. Allgemeines. Das in Abs 2 geregelte Beschlussverfahren soll das BerGer von unnötigen mündlichen Verhandlungen entlasten und zu schneller Rechtskraft bei offensichtlich aussichtslosen Berufungen führen. Weil der Beschluss nicht anfechtbar ist (Abs 3) und somit mit seinem Erlass zur Rechtskraft des angefochtenen Urt führt, steht der Erlass des Beschlusses nicht im Belieben des BerGer; bei Vorliegen der folgenden materiellen und Verfahrensvoraussetzungen **muss** durch Beschluss entschieden werden.

14 **2. Materielle Voraussetzungen: – a)** Die Berufung darf nach Überzeugung des BerGer **keine Aussicht auf Erfolg** haben. Offensichtliche Unbegründetheit ist nicht erforderlich (Celle NJW 02, 2400 u 2800; diese Auslegung verstößt nicht gegen das GG, BVerfG NJW 03, 281). Keine der in § 529 genannten Prüfungspunkte darf die Möglichkeit eines vollen oder teilweisen Erfolgs eröffnen. Das ist regel-
15 mäßig zu verneinen bei PKH-Gewährung für den BerKl. – **b)** Es darf keine Rechtssache sein, die die Zulassung der Rev rechtfertigt. Eine nach § 511 Abs 4 zugelassene Ber eignet sich nur ausnahmsweise für das Beschlussverfahren, etwa bei zwischenzeitlicher Klärung der die Zulassung begründenden Rechtsfrage.

16 **3. Verfahrensvoraussetzungen: – a)** Das BerGer muss die Voraussetzungen von Rn 14 und 15 **einstimmig** bejahen. Damit scheidet für
17 den ER das Beschlussverfahren aus. – **b)** Vor Erlass des Beschlusses ist die Absicht dazu den Parteien mitzuteilen unter kurzer Darstellung der
18 Gründe dafür. – **c)** Dem BerKl ist zugleich eine Frist zur Stellungnahme zu setzen, die in Anlehnung an § 277 Abs 3 mindestens 2 Wochen
19 betragen sollte. – **d)** Auf die Stellungnahme des BerKl muss der BerBekl
20 rechtl Gehör erhalten (Art 103 Abs 1 GG). – **e)** Dann erst kann der Zurückweisungsbeschluss ergehen; er ist kurz zu begründen, wenn der Hinweis noch nicht begründet war. Bei Fehlerfreiheit des angefochtenen Urteils reicht Bezugnahme auf dessen UrtGründe.

4. Bei **mehreren Streitgegenständen** ist Teilzurückweisung der 21
Berufung nach Abs 2 zulässig; der Gesetzeswortlaut steht dem nicht
entgegen.

5. Rechtsmittel sind gegen den Beschluss nach Abs 2 nicht gegeben 22
(Abs 3). Der Beschluss ist mit seinem Erlass rechtskräftig (§ 329 Rn 5).
Überprüfung allenfalls auf Verfassungsbeschwerde durch das BVerfG.
Bei Verletzung rechtlichen Gehörs entsprechende Anwendung von
§ 321 a (Celle NJW 03, 906).

§ 523 Terminsbestimmung

(1) [1]**Wird die Berufung nicht nach § 522 durch Beschluss
verworfen oder zurückgewiesen, so entscheidet das Berufungsgericht über die Übertragung des Rechtsstreits auf den Einzelrichter.** [2]**Sodann ist unverzüglich Termin zur mündlichen Verhandlung zu bestimmen.**

(2) **Auf die Frist, die zwischen dem Zeitpunkt der Bekanntmachung des Termins und der mündlichen Verhandlung liegen
muss, ist § 274 Abs. 3 entsprechend anzuwenden.**

1. Ist die Berufung zulässig und nicht durch Beschluss zurückzuwei- 1
sen (§ 522 Rn 13–21), hat das BerGer, also die Kammer od der Senat,
zu entscheiden, ob die Sache dem entscheidenden (§ 526) oder dem
vorbereitenden (§ 527) ER übertragen wird.

2. Die unverzügliche (§ 121 Abs 1 S 1 BGB) Terminsbestimmung 2
geschieht durch den Vorsitzenden (§ 216 Abs 2) oder in den Fällen der
§§ 526, 527 durch den ER.

3. Mit der Terminsbestimmung, bei der § 274 Abs 3 zu beachten ist, 3
sind ggf gem §§ 139, 273, 358 a Hinweise zu geben und vorbereitende
Anordnungen zu treffen.

§ 524 Anschlussberufung

(1) [1]**Der Berufungsbeklagte kann sich der Berufung anschließen.** [2]**Die Anschließung erfolgt durch Einreichung der Beru-
fungsanschlussschrift bei dem Berufungsgericht.**

(2) [1]**Die Anschließung ist auch statthaft, wenn der Berufungsbeklagte auf die Berufung verzichtet hat oder die Berufungsfrist verstrichen ist.** [2]**Sie ist zulässig bis zum Ablauf eines
Monats nach der Zustellung der Berufungsbegründungsschrift.**

(3) [1]**Die Anschlussberufung muss in der Anschlussschrift begründet werden.** [2]**Die Vorschriften des § 519 Abs. 2, 4 und des
§ 520 Abs. 3 sowie des § 521 gelten entsprechend.**

(4) **Die Anschließung verliert ihre Wirkung, wenn die Berufung zurückgenommen, verworfen oder durch Beschluss zurückgewiesen wird.**

1   **1.** Die **Anschließung** gibt es bei Ber, Rev (§ 554) und Beschwerde (§ 567 Abs 3). In Familiensachen vgl § 629 c S 2. Sie ist kein Rechtsmittel (BGH 37, 131). – **a) Wesen und Zweck.** Wenn ein Urt beide Parteien beschwert (16–32 vor § 511), können sie beide Ber einlegen. Das Verfahren bleibt einheitlich. Über die getrennten Ber darf idR durch TeilUrt (§ 301) entschieden werden. Statt des eigenen Rechtsmittels kann sich der BerBekl der vom Gegner eingelegten Ber unselbständig (Abs 4) anschließen. Er muss das tun, wenn er seinerseits im Ergebnis mehr erreichen will als die bloße Verwerfung oder Zurückweisung der gegnerischen Ber (BGH NJW 91, 3029), wenn also auch er eine Abänderung des ErstUrt zu seinen Gunsten erreichen will, zB Klageerweiterung, volle anstelle nur teilweiser oder nur derzeitiger (BGH ZZP

2   71, 120) Klageabweisung, Widerklage. – **Unnötig ist Anschlussberufung,** wenn der BerBekl lediglich eine Abänderung des Urt erreichen will, die kein Mehr darstellt (BGH MDR 78, 398 für Antrag auf Zahlung an Dritten statt an sich selbst; Grunsky ZZP 91, 316 hält hier AnschlussBer für nötig, weil diese Antragsänderung eine Klageänderung ist). Wenn er eine günstigere Kostenentscheidung begehrt oder Schadensersatzansprüche aus §§ 302 Abs 4, 600 Abs 2, 717 Abs 2, 3

3   stellt. – **b) Prozesskostenhilfe,** die dem BerBekl bewilligt ist, erstreckt
4   sich nicht auf die Anschließung (§ 119 Rn 10). – **c)** Für die **Kosten** gilt die Anschließung als selbständiges Rechtsmittel (§ 97 Rn 6). Besonderheiten bei Zurücknahme der HauptBer § 516 Rn 10, 11.

5   **2. Zulässigkeitsvoraussetzungen für die Anschlussberufung.** –
a) Hauptberufung muss **eingelegt** sein, die noch nicht als unzulässig verworfen, durch Beschluss zurückgewiesen (§ 522) oder zurückgenommen (§ 516) ist. Unkenntnis von der Zurücknahme ändert nichts an der Unzulässigkeit der Anschließung (BGH 17, 398). Anschließung des BerKl an die unselbständige AnschlussBer des BerBekl ist unzulässig (BGH 88, 360), es handelt sich dann um Erweiterung der Hauptberufung.

6   **b)** Die AnschlussBer muss sich **gegen dasselbe Urteil** – nicht notwendig gegen den nämlichen Anspruch (aA für sozialger Verfahren BSG MDR 70, 271) – oder eine Vorentscheidung davon (§ 512) richten wie die HauptBer. Ist diese gegen das SchlussUrt eingelegt, kann sich die AnschlussBer nicht gegen ein vorausgegangenes Teil-, Grundoder selbständig anfechtbares ZwischenUrt (§ 280) richten. Ebenso ist sie unzulässig lediglich zur Abänderung der Gründe (BGH NJW 58, 868).

7   **c) Berechtigt zur Anschließung** ist nur der BerBekl oder sein Streitgehilfe (§ 67), nicht ein Beteiligter, der nur in erster Instanz Partei war, gegen den aber keine Hauptberufung eingelegt ist (BGH NJW
8   91, 2569). – **Gegner** kann nur sein der BerKl (BGH NJW 91, 2569) oder sein notwendiger Streitgenosse, der § 62 Rn 25 Partei in zweiter Instanz geworden ist. Hat bei einfacher Streitgenossenschaft ein verurteilter Bekl Ber eingelegt, so kann sich nicht der Kl anschließen mit dem Ziel, die Verurteilung auch der übrigen Bekl zu erreichen, ge-

gen die die Klage abgewiesen wurde (BGH-VersR 95, 65). Hier hilft nur HauptBer. Gegen einen anderen als den BerKl kann auch dann die AnschlussBer nicht gerichtet werden, wenn die Voraussetzungen einer gewillkürten Parteiänderung in der BerInstanz (23 vor § 50) vorliegen (BGH NJW-RR 91, 510; aA Rosenberg ZZP 68, 1) oder die Parteierweiterung in 1. Instanz wegen unterbliebener Zustellung gescheitert ist (BGH NJW-RR 00, 1114). Ebenso kann sie nicht gegen einen Streithelfer der Vorinstanz gerichtet werden (BGH NJW 95, 198).

d) Auf die Anschließung darf **nicht verzichtet** worden sein (analog § 515).   **9**

e) Erklärung der Anschließung. – aa) Zeitpunkt: ein Monat   **10** nach Zustellung der Begründungsschrift für die HauptBer (Abs 2 S 2); im Verbundverfahren § 629a Abs 3. Eine Verlängerung der Frist ist ausgeschlossen, möglich Wiedereinsetzung (Celle NJW 02, 2651). – Die **Form** entspricht der der BerEinlegung (Abs 3 S 2). Es gilt das in § 519 Rn 2 Gesagte. – **bb)** Der **Inhalt der Schrift** (Abs 3 S 2) ent-   **11** spricht dem der BerSchrift. Es gilt sinngem das in § 519 Rn 13–17 Gesagte. Ausreichend und notwendig ist die zweifelsfreie Erklärung, dass der BerBekl ebenfalls eine Abänderung des Urt erreichen will, iF der Klageabweisung auf Grund Hilfsaufrechnung, dass sich der BerBekl durch das Urt beschwert fühlt und deshalb durch eigenen Angriff den Streitgegenstand in der BerInstanz erweitert (BGH NJW 90, 447). – **12 Bedingte Anschließung** ist zulässig, wenn die Bedingung ein innerprozessualer Vorgang (Einl III Rn 14) ist, zB Anschließung für den Fall, dass dem Hauptantrag auf Zurückweisung der Ber nicht entsprochen wird (BGH NJW-RR 86, 874) oder dass sonst eine bestimmte Entscheidung des Ger ergeht (BGH NJW 84, 1240: falls Ger vollen Erfüllungsanspruch für berechtigt hält) oder dass die gegen die Abweisung des Hauptantrags gerichtete Hauptberufung ohne Erfolg ist (BGH NJW 01, 1127/1131). Unzulässig ist Hilfsanschlussberufung des Kl für den Fall, dass der Klageanspruch seines einfachen Streitgenossen auf die Berufung abgewiesen wird (BGH WM 89, 997). Die Schrift darf den Anschluss vorbehalten, der Vorbehalt kann in mdl Vhdlg aufgegeben werden (BGH 33, 169/174; ablehnend Baur ZZP 74, 209). – **cc)** Für die   **13 Zustellung** der Anschlussschrift (Abs 3 S 2) gilt § 521. – **dd)** Die **Rechts-   14 hängigkeit** eines neu erhobenen Anspruchs (Rn 17) richtet sich nach § 261 Abs 2.

f) Begründung ist ebenfalls Zulässigkeitsvoraussetzung der An-   **15** schlussBer. Sie muss in der Anschlussschrift geschehen. – **Inhalt.** Es   **16** gilt sinngem das in § 520 Rn 17 ff Gesagte mit folgender Abweichung: Zur Zulässigkeit der Anschließung sind einzelne Anfechtungsgründe und neues Vorbringen nur insoweit nötig, als das Urt angegriffen wird (BGH FamRZ 95, 1138), nicht aber, soweit neue Anträge (Rn 11) gestellt werden (RG 153, 104); außerdem, wenn sich die Anschließung auf einen Punkt bezieht, der den Parteien nach Umfang und Bedeutung bekannt und mit ihnen erörtert ist (BGH NJW 95, 1560).

17   **3. Weitere Zulässigkeitsvoraussetzungen bestehen nicht.** Insbes
ist keine Beschwer erforderlich (BGH ZZP 89, 199). Anschließen kann
sich also der in erster Instanz siegreiche Kl ausschließlich zum Zwecke der
Klageerweiterung (BSG JZ 66, 532), der siegreiche Bekl ausschließlich zur
Erhebung der Widerklage. Die Anschließung kann gerichtet sein auf eine
Abänderung des ErstUrt lediglich im Ausspruch über die Kosten (BGH
17, 392) oder die vorl Vollstreckbarkeit (KG NJW 61, 2357). Auch die
BerSumme (BGH 4, 229) oder eine Zulassung (§ 511 Abs 2) ist nicht erforderlich. Bei nur beschränkt zugelassener Ber (§ 511 Rn 23) ist Anschließung auf einen von der Zulassung nicht erfassten Teil des Streitgegenstands unzulässig (BGH NJW 95, 2034/2036). Verzicht auf eigene
HauptBer (§ 515), Verwerfung oder Zurücknahme einer früheren eigenen HauptBer machen die Anschließung nicht unzulässig (Stuttgart NJW
60, 1161). Anders bei früherer Zurückweisung als unbegründet, weil der
Anschließung dann anderweitige Rechtshängigkeit oder Rechtskraft entgegensteht, außer wenn sie einen anderen Anspruch betrifft; fehlt es in der
Begründung der AnschlussBer am Vortrag entspr Tatsachen, ist sie unzulässig (BGH NJW 61, 1813).

18   **4. Zulässigkeitsprüfung.** Es gilt § 522 Abs 1 (BGH ZIP 91, 42).
Zeitpunkt der Entscheidung Rn 23. Ein Beschluss, der die Anschlussberufung für wirkungslos erklärt, steht ihrer Verwerfung gleich und ist
mit Rechtsbeschwerde anfechtbar (BGH MDR 85, 125).

19   **5. Die Anschließung verliert ihre Wirkung (Abs 4),** ohne dass
ein deklaratorischer Ausspruch vom Anschlussberufungskläger mit Revision angefochten werden kann (BGH NJW 98, 2224), – **a)** wenn die
Hauptberufung zurückgenommen (§ 516) oder auf sie verzichtet
(§ 515) ist (München VersR 68, 1072). So auch, wenn sie vor der Anschließung zurückgenommen wurde und AnschlussBerKl davon keine
Kenntnis hatte (BGH 17, 398). Gilt nicht bei Erledigterklärung (BGH
NJW 86, 852; aA München MDR 84, 320, Habscheid und Lindacher
NJW 64, 2395). Rücknahme der restlichen Hauptberufung nach Erlass
eines positiven oder negativen Teilurteils über sie führt nicht zur Un-
20   wirksamkeit der Anschließung (Celle NJW-RR 86, 357), – **b)** wenn
die **Hauptberufung als unzulässig verworfen** oder durch Beschluss
als unbegründet zurückgewiesen wird (§ 522 Abs 1, 2). Bei Anschlussberufung sind in diesen Fällen die Kosten im Verhältnis der Werte
von Ber und AnschlussBer aufzuteilen (Düsseldorf MDR 03, 288). –
21   **c) Analog** gilt Abs 4 bei Klagerücknahme, Klageverzicht und bei
ProzVergleich über die Hauptsache (BAG NJW 76, 2143), weil
auch da eine Entscheidung über die HauptBer nicht mehr möglich ist. –
22   **d) Verwerfung der Anschlussberufung ist nötig** iF ihrer Unzulässigkeit (Zeitpunkt vgl § 521 Rn 13), selbst wenn sie nicht zugestellt
worden ist und der AnschlussBerKläger in der mdl Vhdlg keinen Antrag gestellt hat (BGH WM 91, 383); außerdem wenn der BerBekl sie
nach wirksamer Rücknahme der Hauptberufung weiterverfolgt (BGH
NJW 00, 3215). – **e) Kosten** vgl § 516 Rn 10, 11.

6. Entscheidung. – a) Zeitpunkt. Wegen Abs 4 kann vor der 23
Entscheidung über die HauptBer nicht durch TeilUrt über die AnschlussBer entschieden werden (BGH 20, 312), weder sachlich noch
Verwerfung als unzulässig (BGH NJW 94, 2235). – **b) Fassung der** 24
Formel wie bei der Ber (38–48 vor § 511). Die Aufhebung des angefochtenen Urt kommt nicht in Betracht, soweit die Anschließung nicht
das Urt bekämpft, sondern neue Ansprüche geltend macht.

7. Zurückweisung verspäteten Vorbringens. – a) Neue prozes 25
suale Ansprüche und das tatsächliche Vorbringen dazu können nicht
zurückgewiesen werden. Widerklage und Aufrechnung vgl § 533. –
b) Unselbständige Angriffs- und Verteidigungsmittel (Behaup 26
ten, Bestreiten, BewMittel) und das tatsächliche Vorbringen dazu müssen bei Vorliegen der Voraussetzungen des § 531 Abs 2 zurückgewiesen
werden.

§ 525 Allgemeine Verfahrensgrundsätze

[1] **Auf das weitere Verfahren sind die im ersten Rechtszuge**
für das Verfahren vor den Landgerichten geltenden Vorschrif
ten entsprechend anzuwenden, soweit sich nicht Abweichun
gen aus den Vorschriften dieses Abschnitts ergeben. [2] **Einer**
Güteverhandlung bedarf es nicht.

1. Die entspr anzuwendenden Vorschriften finden sich vorwiegend, 1
aber nicht ausschließlich in §§ 253–494. Eine Verurteilung nach
§ 510 b ist auch in zweiter Instanz möglich. Das erste Buch gilt unmittelbar im BerVerfahren.

2. Eine eigene Güteverhandlung nach § 278 Abs 2 ist nicht erfor 2
derlich; § 278 Abs 1 gilt aber auch im Berufungsverfahren.

§ 526 Entscheidender Richter

(1) **Das Berufungsgericht kann durch Beschluss den Rechts**
streit einem seiner Mitglieder als Einzelrichter zur Entschei
dung übertragen wenn
1. **die angefochtene Entscheidung von einem Einzelrichter er**
lassen wurde,
2. **die Sache keine besonderen Schwierigkeiten tatsächlicher**
oder rechtlicher Art aufweist,
3. **die Rechtssache keine grundsätzliche Bedeutung hat und**
4. **nicht bereits im Haupttermin zur Hauptsache verhandelt**
worden ist, es sei denn, dass inzwischen ein Vorbehalts-,
Teil- oder Zwischenurteil ergangen ist.

(2) [1] **Der Einzelrichter legt den Rechtsstreit dem Berufungs**
gericht zur Entscheidung über eine Übernahme vor, wenn
1. **sich aus einer wesentlichen Änderung der Prozesslage beson**
dere tatsächliche oder rechtliche Schwierigkeiten der Sache

oder die grundsätzliche Bedeutung der Rechtssache ergeben oder

2. die Parteien dies übereinstimmend beantragen.

[2]Das Berufungsgericht übernimmt den Rechtsstreit, wenn die Voraussetzungen nach Satz 1 Nr. 1 vorliegen. [3]Es entscheidet hierüber nach Anhörung der Parteien durch Beschluss. [4]Eine erneute Übertragung auf den Einzelrichter ist ausgeschlossen.

(3) Auf eine erfolgte oder unterlassene Übertragung, Vorlage oder Übernahme kann ein Rechtsmittel nicht gestützt werden.

(4) In Sachen der Kammer für Handelssachen kann Einzelrichter nur der Vorsitzende sein.

1   **1. Geltungsbereich, Stellung des Einzelrichters.** § 526 betrifft den alleinentscheidenden ER in der Berufungsinstanz. KfH als Berufungsgericht Abs 4, Arbeitsgericht § 55 ArbGG. In der Revisionsinstanz gibt es keinen ER, § 555 Abs 2. – Von seiner Bestellung bis zur Beendigung der Instanz (Abs 1) bzw bis zur Übernahme durch das Kolle-
2 gium (Abs 2) ist der ER das **Prozessgericht.** Er vereinigt die Funktionen des Kollegiums und des Vorsitzenden, die während der Dauer des Verfahrens vor dem ER von jeder Prozessleitung und Entscheidung ausgeschaltet sind. Nach der wirksamen Übertragung der Sache auf ihn beruhen seine Befugnisse auf Gesetz und sind nicht beschränkbar, er ist der gesetzliche Richter iS des Art 101 Abs 1 S 2 GG. Entscheidung durch das Kollegium, auch über ein Ablehnungsgesuch gegen einen Sachverständigen, begründet Rechtsmittel, auch wenn der ER an der Entscheidung durch das Kollegium mitgewirkt hat (München MDR 83, 498); über Ablehnungsgesuch gegen den ER entscheidet das Kollegium (MüKoFeiberAB § 45 Rn 17). Die Stellung des ER ist also eine andere als die des vorbereitenden ER (§ 527). Beauftragt das Kollegium im Beweisbeschluss den Berichterstatter mit der Beweiserhebung „als ER", so erhält er dadurch nicht die Stellung eines entscheidenden ER, sondern nur die des vorbereitenden ER (BGH NJW 00, 2024).

3   **2. Übertragung auf den Einzelrichter. – a) Zuständig** ist das Kollegium, nicht der Vorsitzende. Die Bestimmung des ER aus den Mitgliedern des Kollegiums, einschließlich des Vorsitzenden, geschieht durch den Geschäftsverteilungsbeschluss des Spruchkörpers (§ 21 g Abs 3 GVG); bei der KfH kann nur der Vorsitzende ER sein. Der ER selbst ist für den Übertragungsbeschluss unzuständig. Mängel sind nicht heilbar durch Rügeverzicht, weil es um die vorschriftsmäßige Besetzung des Gerichts und damit um den gesetzlichen Richter geht (BGH NJW 93, 600).
4   **b) Verfahren.** Da die Parteien sich gem § 520 Abs 4 Nr 2 zur Frage der Übertragung äußern können, ist zur Übertragung weder eine mündliche Verhandlung noch eine weitere Anhörung der Parteien erforderlich (§ 128 Abs 4). Ebenso wenig ist ein Recht der Parteien auf Übertragung vorgesehen; sie geschieht im Interesse der Rechtspflege.

c) Die Entscheidung, dass der Rechtsstreit einem ER übertragen 5
wird, ergeht nach pflichtgemäßem Ermessen. Der Beschluss bedarf keiner Begründung, außer wenn sich eine Partei der Übertragung widersetzt (Seidel ZZP 99, 64).

d) Die **Übertragung** ist **ausgeschlossen** gem Abs 1 Nr 1–4 und 6
Abs 2 S 4 in folgenden Fällen: – **aa) Bei Erlass** der angefochtenen Entscheidung durch die **Zivilkammer oder die volle KfH.** – **bb)** Bei 7
besonderen Schwierigkeiten tatsächlicher oder rechtlicher Art. Das Adjektiv „besondere" zeigt, dass sie erheblich über dem durchschnittlichen Grad liegen müssen. Darunter kann zB fallen ein in seinen wirtschaftlichen, technischen, wissenschaftlichen Zusammenhängen auffallend schwer überschaubarer und schwer verständlicher Sachverhalt, insbes wenn voraussichtlich eine Beweisaufnahme nötig wird, die zur Würdigung widersprüchlicher Aussagen oder Gutachten führen kann wie etwa im Arzthaftungsprozess (BGH NJW 94, 801), oder die Lösung ganz ausgefallener oder sehr komplizierter Rechtsfragen, zumal wenn sie in Rechtsprechung und Schrifttum noch wenig erörtert sind. Übertragung unter Verstoß gegen Abs 1 ist Verfahrensfehler, durch Rügeverzicht nicht heilbar, weil es um den gesetzlichen Richter geht (Nürnberg OLGZ 93, 197). – **cc) Bei grundsätzlicher Bedeutung der Rechtssache.** Begriff § 511 Rn 20. – **dd) Nach dem Haupttermin** vor dem Kol- 9
legium, in dem zur Hauptsache verhandelt wurde (§ 39 Rn 5–7), was bei Säumnis einer Partei nicht der Fall war. Übertragung ist wieder zulässig, wenn durch Vorbehalts-, Teil- oder Zwischenurteil eine teilweise oder eine Vorentscheidung bereits gefallen und der Prozess dadurch in eine neue Phase getreten ist. Übertragung entgegen Abs 1 Nr 4 ist ein Verfahrensfehler, der, weil es sich um den ges Richter handelt (Brandenburg NJW-RR 00, 1338), nicht gemäß § 295 heilt (Köln VersR 95, 435) und wegen Abs 3 nicht überprüfbar ist. – **ee) Nach Rück-** 10
übernahme des Rechtsstreits durch das Kollegium (Abs 2 S 4).

e) Rechtsmittel. Die Entscheidung ist **unanfechtbar,** auch wenn 11
sie unter Verstoß gegen Abs 1 ergangen ist (Düsseldorf NJW 81, 352). Gegen die Übertragung auf den ER gibt es keine Beschwerde (Abs 3) außer bei greifbarer Gesetzwidrigkeit (§ 567 Rn 7–10).

3. Befugnisse des Einzelrichters. – **a) Grundsatz: Entschei-** 12
dung. Ist eine Sache auf ihn übertragen, so hat er die volle Stellung des Prozessgerichts. Er muss also die Sache, gleichgültig ob vermögensrechtlich oder nicht, bis zur Beendigung der Instanz führen und ggf die Endentscheidung erlassen. Auch für danach noch nötig werdende Entscheidungen, zB Streitwertfestsetzung, über Kosten, Gebühren, Auslagen, Ergänzungsurteil, Einstellung der ZwVollstr nach §§ 707, 719, Einwendungen gegen Erteilung der VollstrKlausel bleibt er zuständig (Koblenz MDR 78, 851, Hamm MDR 93, 384). „Rechtsstreit" in Abs 1 ist nicht auf Verfahren mit notwendiger mündlicher Verhandlung beschränkt, darunter fallen auch andere, zB Arrest-, einstw Verfügungs-, Prozesskostenhilfeverfahren. Diese Auslegung lässt der

Schluss vom Mehr auf das Weniger und § 349 Abs 2 Nr 7, 9–12 zu.

13   **b) Ausnahme: Rückübernahme.** Der ER muss die Sache unter den Voraussetzungen des Abs 2 Nr 1 oder 2 auf das Kollegium zurückübertragen. Grundsätzliche Bedeutung umfasst hier die Fälle von § 511 Rn 19, 20 (amtl Begründung, BT-Drucks 14/4722 S 99). Nötig ist eine wesentliche Änderung der Prozesslage, zB infolge Klageänderung oder Erhebung einer Widerklage. Ausreichend auch das nachträgliche Auftauchen besonderer tatsächlicher oder rechtlicher Schwierigkeiten oder der übereinstimmende Antrag der Parteien. Der ER legt den Rechtsstreit dem Kollegium vor, dieses entscheidet nach Anhörung der Parteien ohne mdl Vhdlg (§ 128 Abs 4). Wenn das Kollegium den Rechtsstreit übernimmt, darf es die Sache nicht erneut auf den Er über-
14 tragen (Abs 2 S 4). – **Verstoß.** Rückübernahme außerhalb des Abs 2 S 1, 2 ist ein durch Rügeverzicht nicht heilbarer Verfahrensfehler, weil es um den gesetzlichen Richter geht (BGH NJW 93, 600, Jena MDR 99, 501). Auch die Rückübernahme und ihr Unterbleiben sind nach Abs 3 grundsätzlich unanfechtbar; anders, wenn der Rückübernahme jede gesetzliche Grundlage fehlt.

15   **4.** Wenn das **Kollegium** die Sache **nicht** auf den entscheidenden ER **überträgt,** bleibt noch die Möglichkeit der Übertragung auf den vorbereitenden ER nach § 527.

§ 527 Vorbereitender Einzelrichter

(1) [1]**Wird der Rechtsstreit nicht nach § 526 dem Einzelrichter übertragen, kann das Berufungsgericht die Sache einem seiner Mitglieder als Einzelrichter zur Vorbereitung der Entscheidung zuweisen.** [2]**In der Kammer für Handelssachen ist Einzelrichter der Vorsitzende; außerhalb der mündlichen Verhandlung bedarf es einer Zuweisung nicht.**

(2) [1]**Der Einzelrichter hat die Sache so weit zu fördern, dass sie in einer mündlichen Verhandlung vor dem Berufungsgericht erledigt werden kann.** [2]**Er kann zu diesem Zweck einzelne Beweise erheben, soweit dies zur Vereinfachung der Verhandlung vor dem Berufungsgericht wünschenswert und von vornherein anzunehmen ist, dass das Berufungsgericht das Beweisergebnis auch ohne unmittelbaren Eindruck von dem Verlauf der Beweisaufnahme sachgemäß zu würdigen vermag.**

(3) **Der Einzelrichter entscheidet**
1. bei Zurücknahme der Klage oder der Berufung, Verzicht auf den geltend gemachten Anspruch oder Anerkenntnis des Anspruchs;
2. bei Säumnis einer Partei oder beider Parteien;
3. über die Verpflichtung, die Prozesskosten zu tragen, sofern nicht das Berufungsgericht gleichzeitig mit der Hauptsache hierüber entscheidet;

4. über den Wert des Streitgegenstandes;
5. über Kosten, Gebühren und Auslagen.
(4) **Im Einverständnis der Parteien kann der Einzelrichter**
auch im Übrigen entscheiden.

1. Geltungsbereich, Stellung des Einzelrichters. § 527 regelt 1
die Stellung und die Befugnisse des vorbereitenden ER beim Berufungsgericht (OLG, LG-Zivilkammer und KfH). Er gilt nicht im
Verfahren vor dem Baulandsenat (BGH 86, 104) und im arbeitsgerichtlichen BerVerfahren, § 64 Abs 6 S 2 ArbGG. In erster Instanz gelten
für die Zivilkammer §§ 348, 348 a, für die KfH § 349. In der Revisionsinstanz gibt es keinen ER, § 555 Abs 2. Für Beschwerdeverfahren
gilt § 524 nach seiner systematischen Stellung im Abschnitt 1 des Buches 3 nicht, sondern § 568. Für die prozessuale Stellung des ER gilt
das in § 349 Rn 3–5 Gesagte.

2. Zuweisung an den Einzelrichter durch Beschluss des Kolle- 2
giums (Abs 1 S 1). Die Bestimmung des ER geschieht durch den Geschäftsverteilungsbeschluss des Spruchkörpers (§ 21 g Abs 3 GVG). ER
kann in der KfH nur der Vorsitzende (Abs 1 S 2), sonst jedes Mitglied
des Kollegiums sein (Abs 1 S 1). Zur Zuweisung ist weder mdl Vhdlg
noch Anhörung der Parteien erforderlich. Sie steht im Ermessen des
Spruchkörpers. Rechtsmittel gibt es weder gegen die Zuweisung noch
gegen ihr Unterbleiben. Es gelten sinngemäß die Ausführungen in
§ 526 Rn 11.

3. Die Befugnisse des Einzelrichters beim Berufungsgericht lie- 3
gen in der Vorbereitung (Abs 2), im Erlass gewisser Entscheidungen
(Abs 3) und im Erlass der Endentscheidung bei Einverständnis (Abs 4).

a) Für die **vorbereitende Tätigkeit** gilt das in § 349 Rn 4 Gesagte, 4
für die Beweiserhebung mit den folgenden Abweichungen: Der ER
darf nur einzelne Beweise erheben, also zB in Arztprozessen nicht die
gesamte umfangreiche Beweisaufnahme durchführen (BGH NJW 94,
801). Für die Entscheidung besonders wichtige Beweise hat das volle
Kollegium zu erheben. Auch einzelne Beweise darf der ER nur erheben, wenn im Zeitpunkt der Beweisanordnung die beiden zwingenden
einschränkenden Voraussetzungen in Abs 2 S 2 Hs 2 erfüllt sind; vgl
§ 375 Rn 6. Ist die Sache zur Schlussverhandlung reif, legt sie der ER
dem Kollegium vor; der Vorsitzende bestimmt Termin.

b) Beschränkte Entscheidungsbefugnisse. Abs 3 überträgt im 5
Interesse einer zügigen Prozessabwicklung dem ER die Befugnis zum
Erlass der dort genannten weniger weitreichenden Entscheidungen, ohne
dass dazu das Einverständnis der Parteien nötig ist. – **Nr 1** entspricht 6
§ 349 Abs 2 Nr 4, vgl dort Rn 9; außerdem die Beschlüsse nach § 516
Abs 3 S 2 nach Berufungszurücknahme. – **Nrn 2, 4, 5** entsprechen 7
§ 349 Abs 2 Nr 5, 11, 12; vgl dort Rn 10, 16, 17. – **Nr 3** ermächtigt 8
den vorbereitenden ER zu isolierten Kostenentscheidungen, etwa nach
§§ 91 a, 98 (vgl dort Rn 4), 93, wenn das Kollegium AnerkenntnisUrt
nur zur Hauptsache erlassen hat.

9   **c) Unbeschränkte Entscheidungsbefugnis.** Abs 4 entspricht § 349 Abs 3; vgl dort Rn 18. Nach dem Gesetz ist es nicht ausgeschlossen, dass über die Berufung gegen ein vom Kollegium erlassenes Urteil erster Instanz ein ER entscheidet. Wünschenswert ist dies jedoch nicht. Erklären dennoch in einem solchen Fall die Parteien ihr Einverständnis, so sollte der ER, der daran nicht gebunden ist, von Alleinentscheidung absehen und die Sache dem Kollegium vorlegen.

§ 528 Bindung an die Berufungsanträge

[1]Der Prüfung und Entscheidung des Berufungsgerichts unterliegen nur die Berufungsanträge. [2]Das Urteil des ersten Rechtszuges darf nur insoweit abgeändert werden, als eine Abänderung beantragt ist.

1   **1.** Der Rechtsstreit fällt nach **Satz 1** der BerInstanz an in den **Grenzen der Anträge** (§ 520 Rn 17–19), die in mdl Vhdlg gestellt wurden (§ 297). Gegenstand der Vhdlg ist in diesem Rahmen eine Erörterung der gerügten Mängel des angefochtenen Urt einschl des Verfahrens (§§ 520 Abs 3 S 2 Nrn 2, 3, 529 Abs 1 Nr 1 u Abs 2) und vorausgegangener Entscheidungen (§ 512), ferner das zulässige neue Vorbringen (§§ 530, 531 Abs 2). Beschränkung des Streitstoffes auf einzelne Urteilselemente vgl § 520 Rn 26.

2   **2. Satz 2** setzt voraus, dass die Ber zulässig und mindestens teilweise begründet ist und erlaubt eine Änderung des ErstUrt nur in den Grenzen, in denen der Rechtsstreit der 2. Instanz angefallen ist. Sie werden bestimmt durch die zuletzt gestellten (§ 297) Ber- und Anschließungsanträge. Bei einer wirksamen Beschränkung der Ber (§ 520 Rn 28, § 543 Rn 9) auf die Aufrechnungsforderung darf das BerGer die Klageforderung nicht überprüfen (BGH NJW-RR 01, 1572). Ausgenommen ist wegen § 308 Abs 2 die Kostenentscheidung, auch hinsichtlich eines am BerVerfahren nicht mehr beteiligten Streitgenossen (BGH NJW 81, 2360). Im Rechtsmittelverfahren über den öffentlichrechtlichen Versorgungsausgleich gilt § 528 S 2 außer iF der beschränkten Rechtsmitteleinlegung bei Teilbarkeit des Verfahrensgegenstandes nicht (BGH NJW 84, 2879).

3   **3. Die Grenzen der Abänderung** gelten auch, wenn das BerGer nicht selbst in der Sache entscheidet, sondern aufhebt und zurückverweist (Oldenburg NdsRpfl 84, 144, RoSchw/Gottwald § 140 II 2 g). – **a) Bindung an die Berufungsanträge.** Das Ger darf nicht mehr und nichts anderes zusprechen als der BerKläger beantragt hat. Es gilt § 308 Rn 2.

4   **b) Verbot der Schlechterstellung.** Das Ger darf das ErstUrt nicht zum Nachteil des BerKl abändern, außer auf AnschlussBer (§ 524). Gilt auch für Anspruch auf Versorgungsausgleich (BGH 85, 180). Was das angefochtene Urt rechtskraftfähig zuerkannt hat, darf das BerUrt auf die Ber des BerKl nicht aberkennen. Schlimmstenfalls riskiert der BerKl die Zurückweisung des Rechtsmittels. Eine Abänderung lediglich der recht-

lichen Begründung verbietet § 528 S 2 nicht. – **Beispiele für un-** 5
statthafte Schlechterstellung des BerKl: Hat das ErstUrt der Klage
teilweise stattgegeben, darf sie auf die Ber des Kl nicht ganz abgewiesen, auf Ber des Bekl dem Kl nicht mehr zugesprochen werden (RG
161, 171); ist der Bekl zur Leistung Zug um Zug verurteilt, kann auf
Ber des Kl nicht die Klage abgewiesen, der Bekl auf seine Ber nicht
unbedingt verurteilt werden; ist die Klage wegen Hilfsaufrechnung mit
einer Gegenforderung abgewiesen, kann auf Ber nur des Kl die Begründetheit der Klageforderung selbst nicht mehr geprüft werden, auch
nicht auf Revision des durch das BerUrt beschwerten Bekl (BGH
NJW-RR 95, 240). Dies kann der Bekl nur auf eigene oder AnschlussBer erreichen (BGH NJW 90, 447/449). Hat das LG Klage- u
Widerklageforderung zu Unrecht saldiert, darf das BerGer auf Berufung
des Bekl nicht die Forderungen wieder getrennt ausurteilen (BGH
NJW 03, 140). Ist bei unstreitiger Klageforderung die Aufrechnungsforderung für teilweise begründet erachtet, kann sie auf Ber des Auf-
rechnenden nicht für unbegründet oder in geringerer Höhe begründet
erklärt werden (BGH 36, 16). – **Bei Verstoß gegen zwingende Ver-** 6
fahrensvorschriften: Legt nur der Kläger iF teilweisen Obsiegens gegen die Teilabweisung Ber ein, so ist streitig, ob das BerGer wegen
Fehlens einer unverzichtbaren ProzVoraussetzung aufheben und die
Klage ganz abweisen darf (nein: Oldenburg NdsRpfl 84, 144,
RoSchw/Gottwald § 140 II 2 d, StJGrunsky 6, MuBall 17; ja: BGH 18,
198, Köln NJW 67, 114, Bötticher ZZP 65, 467; offen gelassen BGH
NJW 70, 1683). Hat das BerGer unter Verstoß gegen zwingende Verfahrensvorschriften der Ber teilweise stattgegeben, so ist, wenn der
BerKl Revision einlegt, abzuwägen, ob der Beachtung zwingender Verfahrensvorschriften gegenüber dem Verbot der Schlechterstellung Vorrang einzuräumen ist. Das ist nur dann der Fall, wenn der verletzten
Norm größeres Gewicht beizumessen ist als dem Verbot der Schlechterstellung (BGH NJW 86, 1494 für Rechtsbeschwerde im Versorgungs-
ausgleichsverfahren: Verbot der Schlechterstellung bejaht). – **c) Ver-** 7
stöße hat das RevGericht auch ohne Rüge bei zulässiger Revision
vAw zu berücksichtigen (BGH 36, 316/319 und § 308 Rn 5).

4. Das **Verbot der Schlechterstellung gilt nicht, – a) bei not-** 8
wendig einheitlicher Sachentscheidung. So ist ein unzulässiges
(§ 62 Rn 22) TeilUrt auf teilweise Verurteilung eines notwendigen
Streitgenossen auf Ber des Kl gegen die teilweise Klageabweisung ganz
aufzuheben und zurückzuverweisen (Köln VersR 74, 64). – **b) Andere** 9
Fälle. Die Klageabweisung als unzulässig darf das Ger auf Ber des Kl
abändern in Abweisung als unbegründet, wenn nach Sachvortrag und
getroffenen Feststellungen kein anderes Ergebnis möglich erscheint
(BGH 46, 281 u NJW 78, 2031), und umgekehrt (BGH NJW 99,
1113). Ebenso Abänderung von zZ unbegründet in endgültig unbegründet (BGH NJW 88, 1982, WM 96, 1862). In diesen Fällen hat das
ErstUrt dem Kl nichts zuerkannt, was ihm aberkannt werden könnte.

Ebenso Abänderung der Verwerfung der Ber als unzulässig in Zurückweisung als unbegründet (BGH FamRZ 88, 382). Umgekehrt darf auf
Revision des Bekl die Aufhebung des auf Klageabweisung als unzulässig
lautenden BerUrt und Zurückverweisung an das OLG zur unbeschränkten Sachprüfung ausgesprochen werden (BGH ZZP 76, 114).
Ebenso Korrektur eines wegen unbestimmten Inhalts oder wegen
widersprüchlichen Tenors unwirksamen Urteils (17 vor § 300, BGH
10 NJW-RR 96, 659; 01, 1351). – **c)** Für den **Kostenausspruch** wegen
§ 308 Abs 2.

§ 529 Prüfungsumfang des Berufungsgerichts

(1) **Das Berufungsgericht hat seiner Verhandlung und Entscheidung zugrunde zu legen:**
1. **die vom Gericht des ersten Rechtszuges festgestellten Tatsachen, soweit nicht konkrete Anhaltspunkte Zweifel an
der Richtigkeit oder Vollständigkeit der entscheidungserheblichen Feststellungen begründen und deshalb eine erneute
Feststellung gebieten;**
2. **neue Tatsachen, soweit deren Berücksichtigung zulässig
ist.**

(2) **¹Auf einen Mangel des Verfahrens, der nicht von Amts
wegen zu berücksichtigen ist, wird das angefochtene Urteil nur
geprüft, wenn dieser nach § 520 Abs. 3 geltend gemacht worden ist. ²Im Übrigen ist das Berufungsgericht an die geltend
gemachten Berufungsgründe nicht gebunden.**

1   **1. Allgemeines.** Die Vorschrift zieht die Folgerungen aus der Beschränkung des Berufungsverfahrens auf eine Fehlerkontrolle und -be-
seitigung, indem sie das BerGer grundsätzlich an die Tatsachenfeststellungen im Urt der 1. Instanz bindet (Abs 1 Nr 1) und die Überprüfung
von Verfahrensmängeln beschränkt (Abs 2 S 1). Unbeschränkt bleibt
die Überprüfung der Anwendung des materiellen Rechts (Abs 2 S 2).

2   **2.** Die **Bindung** des BerGer an die **Tatsachenfeststellungen** im
angefochtenen Urt gilt ausnahmsweise nicht, wenn – **a) konkrete Anhaltspunkte** für fehler- oder lückenhafte Feststellungen bestehen. Solche Anhaltspunkte können sich aus der Berufungsbegründung (§ 520
Abs 3 S 2 Nr 3), aber auch aus dem angefochtenen Urt selbst ergeben,
wenn etwa die Beweislast verkannt wurde, beweiswürdigende Darlegungen nachvollziehbarer Grundlagen entbehren, wenn gegen Denkgesetze oder allgemeine Erfahrungssätze verstoßen wurde oder wenn
Verfahrensfehler bei der Tatsachenfeststellung unterlaufen sind (Saarbrücken NJW-RR 03, 139). Auch gerichtsbekannte Tatsachen, die
vom Gericht der 1. Instanz übersehen wurden, können solche Anhalts-
3 punkte bieten. – **b)** durch die konkreten Anhaltspunkte **Zweifel** an
der Richtigkeit oder Vollständigkeit der Tatsachenfeststellungen **begründet** werden; dabei ist erforderlich, dass die Anhaltspunkte objektiv

geeignet sind, Zweifel zu wecken. Theoretische Bedenken oder die abstrakte Möglichkeit abweichender Tatsachenfeststellungen reichen nicht aus, das BerGer zur Überprüfung zuveranlassen. – **c)** auf Grund der **4** Zweifel sich die **Notwendigkeit neuer Feststellungen** durch wiederholte oder ergänzende Beweisaufnahme ergibt. Das bedeutet, dass einerseits Bedenken, die nicht ohne weiteres von der Hand zu weisen sind, gegen die Richtigkeit der festgestellten Tatsachen bestehen müssen, dass andererseits aber eine gewisse Wahrscheinlichkeit gegeben sein muss, zu abweichenden Tatsachenfeststellungen zu gelangen. Das erfordert in gewissem Umfang eine vorweggenommene Beweiswürdigung, etwa durch Abschätzung des Beweiswerts neu benannter Beweismittel. Wenn zB das Erstgericht seine Tatsachenfeststellungen auf die Bekundung von unmittelbaren (Tat-)Zeugen stützt, wird ein neu benannter Zeuge vom Hörensagen kaum Anlass bieten, die Beweisaufnahme zu wiederholen oder zu ergänzen. – **d)** die zweifelhaften Feststellungen **5** solche Tatsachen betreffen, die nach der richtigen materiellrechtlichen Beurteilung **entscheidungserheblich** sind.

3. Neue Tatsachen darf und muss das BerGer berücksichtigen, so- **6** weit sie nach § 531 Abs 2 (dort Rn 14–17) zuzulassen sind. Die neuen Tatsachen können unabhängig von Zweifeln an den Tatsachenfeststellungen der 1. Instanz eine wiederholte oder ergänzende Beweisaufnahme erforderlich machen.

4. Verfahrensfehler der 1. Instanz sind nach Abs 2 nur zu berück- **7** sichtigen, wenn sie in der Berufungsbegründung (§§ 520 Abs 3, 524 Abs 3) gerügt wurden, außer der Verfahrensmangel ist vAw zu berücksichtigen. Dies ist der Fall, wenn – **a)** eine nicht nur auf Rüge (Rn 29– **8** 31 vor § 253) zu prüfende **Prozessvoraussetzung** fehlt. – **Beispiele:** Ist in der Vorinstanz VersUrt ergangen, muss die Zulässigkeit des Einspruchs überprüft werden (BGH NJW 76, 1940), weil andernfalls die Rechtskraft des VersUrt dem weiteren Verfahren entgegensteht. Fehlende Bestimmtheit des Klageantrags, weil mehrere Anträge nicht der Reihenfolge nach als Haupt- und Hilfsanträge klargestellt oder weil eine einheitliche Summe nicht ziffernmäßig verteilt waren (BGH 11, 184, 194; vgl § 253 Rn 8, 9), – **b)** das **Ersturteil nicht zulässig** ist. – **9** **Beispiele für Fehler** in dieser Richtung: Urteil gegen eine Person, die im 2. Rechtszug nicht Partei war (BGH NJW 93, 3067). Unzulässiges Grundurteil (BGH NJW 00, 664, § 304 Rn 11, 19). Urt während Unterbrechung des Verfahrens. Urt unter Verletzung von § 563 Abs 2 (BGH 3, 324, NJW 92, 2831) oder § 308 Abs 1 (BGH NJW-RR 89, 1087). Schlechterstellung des BerKlägers lediglich auf seine Ber, § 528 Rn 4–9. Unverständlichkeit des Urteils, weil widerspruchsvoll (BGH 5, 240/245; 17 vor § 300). Ein Mangel, Lücken, Widerspruch, Unklarheit im Tatbestand des Urteils, die seine erschöpfende sachliche Nachprüfung verhindern (BGH 40, 84, NJW 96, 2235; Bsp vgl § 161 Rn 5). Völliges Fehlen des Tatbestandes (BAG NJW 71, 214). Unbestimmtheit der Klageanträge (BGH 135, 1/6) oder der Zug-um-Zug-Gegenleistung (BGH 45, 287).

10   5. Die **sonstige Rechtsanwendung** wird in den Grenzen des
§ 528 vAw und ohne Bindung an die BerBegründung geprüft. Darunter ist zu verstehen die inhaltliche Richtigkeit des Urt (Gegensatz: Der
richtige Weg zum Urt), die richtige Anwendung der richtigen Norm
auf den abzuurteilenden Gegenstand.

§ 530 Verspätet vorgebrachte Angriffs- und Verteidigungs-mittel

**Werden Angriffs- oder Verteidigungsmittel entgegen den
§§ 520 und 521 Abs. 2 nicht rechtzeitig vorgebracht, so gilt
§ 296 Abs. 1 und 4 entsprechend.**

1   **1. Abgrenzung** vgl § 531 Rn 2. – **Anwendungsbereich:** An-
griffs- u Verteidigungsmittel vgl § 146 Rn 2. Es können solche sein, die
schon im 1. Rechtszug vorgebracht wurden, aber zB nicht zum Erfolg
führten oder vom Gericht für unerheblich gehalten wurden; es können
aber auch im BerRechtszug zulässig (§ 531) neue sein. – § 530 regelt
2   den Fall, dass sie **nicht rechtzeitig vorgebracht** werden – **a)** innerhalb
3   der (auch verlängerten) BerBegründungsfrist (§ 520 Abs 2) – **b)** oder
innerhalb einer dem BerBekl zur BerErwiderung bzw dem BerKl zur
Replik darauf gesetzten richterlichen Frist (§ 521 Rn 2–6).

4   **2.** Dieses Vorbringen **muss zurückgewiesen werden** unter den
gleichen Voraussetzungen wie in § 296 Abs 1, Abs 4; vgl sinngem dort
Rn 12–20, 28, 29, 42–44. Gilt nicht in Ehe- u Kindschaftssachen
(§§ 615 Abs 2, 640).

§ 531 Zurückgewiesene und neue Angriffs- und Verteidi-gungsmittel

**(1) Angriffs- und Verteidigungsmittel, die im ersten Rechts-
zuge zu Recht zurückgewiesen worden sind, bleiben ausgeschlossen.**

**(2) [1]Neue Angriffs- und Verteidigungsmittel sind nur zuzu-
lassen, wenn sie
1. einen Gesichtspunkt betreffen, der vom Gericht des ersten
   Rechtszuges erkennbar übersehen oder für unerheblich gehalten worden ist,
2. infolge eines Verfahrensmangels im ersten Rechtszug nicht
   geltend gemacht wurden oder
3. im ersten Rechtszug nicht geltend gemacht worden sind,
   ohne dass dies auf einer Nachlässigkeit der Partei beruht.
[2]Das Berufungsgericht kann die Glaubhaftmachung der Tatsachen verlangen, aus denen sich die Zulässigkeit der neuen An-
griffs- und Verteidigungsmittel ergibt.**

1   **1. Abgrenzung, Anwendungsbereich. – a) § 531 regelt** die Zurückweisung neuen Vorbringens (Rn 12, 13) im 2. Rechtszug und unterscheidet dabei zwischen Erneuerung von Vorbringen, das bereits im

1. Rechtszug ausgeschlossen worden ist (Abs 1, Rn 8–11), und neuem Vorbringen, das im 1. Rechtszug infolge eines Fehlers des Gerichts oder unter Verletzung der allgemeinen Prozessförderungspflicht nicht gebracht wurde (Abs 2, Rn 14–16). Der Ausschluss neuen Vorbringens ist verfassungskonform (BVerfG NJW 74, 133); **nicht** ausgeschlossen ist neues unstreitiges Vorbringen (HMS § 531 Rn 8; MüKoRimmelspacherAB 14; aA Oldenburg NdsRpfl 03, 6). – **b) § 530 regelt** die Zurückweisung von Vorbringen, das innerhalb der BerInstanz nicht während der BerBegründungsfrist oder einer für die BerErwiderung oder die Replik darauf gesetzten richterlichen Frist gebracht wurde; vgl § 530 Rn 2, 3. – **c) §§ 525, 273 Abs 2 Nr 1, 296 Abs 1 regeln** die Zurückweisung einer bestimmten Erklärung nach Ablauf einer dafür vom BerGer gesetzten Frist. – **d) §§ 525, 282, 296 Abs 2 regeln** die Zurückweisung von Vorbringen, das innerhalb der BerInstanz, wenn keine richterlichen Fristen gesetzt waren, später gebracht wurde als nach allgemeiner Prozessförderungspflicht erforderlich (BGH NJW 87, 501). – **e) § 531 gilt nicht,** soweit Sonderregelungen getroffen sind wie in § 532 für Rügen gegen die Zulässigkeit der Klage, § 534 für sonstige Verfahrensrügen, § 533 für Klageänderung, Widerklage und Aufrechnung; er gilt nicht gem §§ 615 Abs 2, Art 640 Abs 1 in Ehe- u Kindschaftssachen. – **f) Parteiänderung** in der BerInstanz (vgl Rn 23, 26 vor § 50) setzt eine zulässige Berufung voraus (BGH NJW 94, 3358). – **g) Keine entsprechende Anwendung** des § 531 auf das Verfahren in erster Instanz oder andere im Gesetz nicht ausdrücklich genannte Fälle (BGH NJW 81, 1217).

2. Werden **im ersten Rechtszug zurückgewiesene Angriffs- und Verteidigungsmittel (Abs 1)** erneut vorgebracht, so ist nur die Berechtigung der Zurückweisung zu prüfen. Dabei ist entscheidend nicht, ob die Partei die Verspätung in erster Instanz iF des § 296 Abs 1 genügend entschuldigt hat (so allerdings grundsätzlich BGH NJW 80, 1102), sondern ob sie aus der jetzigen Sicht des BerGer genügend entschuldigt ist. Das ist sie mit neuen Entschuldigungsgründen nur dann, wenn sie diese trotz rechtlichen Gehörs in 1. Instanz schuldlos nicht mehr vorbringen konnte (BVerfG NJW 87, 2003). Ob die Unterlassung der Begründung für die Verspätung des Vorbringens in 1. Instanz grob fahrlässig war (Fall des § 296 Abs 2), ist ein objektiv festzustellender Umstand, der auf Grund des Vorbringens auch in 2. Instanz vom BerGer zu beurteilen ist (BGH NJW 86, 134). Es ist zu unterscheiden: **a) Geschah die Zurückweisung zu Recht,** lag also der von der 1. Instanz bejahte Zurückweisungsgrund nach § 296 vor, so bleibt das Vorbringen ohne weitere Voraussetzungen ausgeschlossen. Dem BerGer ist kein Ermessensspielraum eingeräumt. Zu einem zu Recht zurückgewiesenen Vorbringen ist ein Zeuge auch dann nicht zu hören, wenn er zu zugelassenem neuen Vorbringen vernommen werden muss (BGH NJW 80, 1102). Auch erst nach Erlass des Urt 1. Instanz bekannt gewordene Indizien für die Wahrheit des zu Recht zurückge-

wiesenen Vorbringens bleiben unberücksichtigt (BGH NJW 87, 499). Wird das Vorbringen ausnahmsweise in 2. Instanz unstreitig, muss es berücksichtigt werden, denn alle Zurückweisungsvorschriften betreffen nur streitiges, beweisbedürftiges Vorbringen (BGH 76, 133/141).

10   **b) Geschah die Zurückweisung zu Unrecht,** lag also der von der 1. Instanz bejahte Zurückweisungsgrund nach Auffassung des Ber-Ger nicht vor, so kann es die Zurückweisung nicht mit anderer Begründung aufrechterhalten (BGH 83, 371/378, NJW 91, 2773). Es muss das neue Vorbringen zulassen und kann unter Einbeziehung dieses Prozessstoffs in der Sache entscheiden (§ 538 Abs 1). Beruht das Urt des Erstgerichts auf einer wesentlichen Verletzung des § 296, so kann das BerGer uU das Urt aufheben u die Sache zurückverweisen (§ 538 Abs 2); in die erneute Vhdlg dort muss das Vorbringen einbezogen werden.

11   **c) Nicht unter Abs 1 fällt** der Ausschluss mit dem Beweismittel kraft Gesetzes gemäß § 356, die bloße Nichtvernehmung von Zeugen wegen unterbliebener Einzahlung des verlangten Vorschusses nach § 379 (BGH NJW 80, 343), ferner Vorbringen nach Schluss der mdl Vhdlg (§ 296 a), das die 1. Instanz nicht zur Wiedereröffnung veranlasst hat. Seine Erneuerung in der BerInstanz, möglich auch durch Bezugnahme (BGH NJW-RR 98, 1514), ist nach Abs 2 zu prüfen (BGH NJW 79, 2109). Ferner, wenn die 1. Instanz verspätetes Vorbringen zulässt, aber als ungenügend substantiiert beurteilt (Köln JMBlNRW 80, 232). Ebenso ist nicht Abs 1, sondern Abs 2 anwendbar, wenn eine Partei trotz Fristsetzung Vorbringen in 1. Instanz zurückgehalten und erstmals in 2. Instanz gebracht hat (BGH NJW 81, 1218).

12   **3. Neues Vorbringen. – a) Angriffs- u Verteidigungsmittel** (§ 146 Rn 2). Nicht darunter fallen auch hier verfahrensbestimmende Anträge, also Ber- und AnschlussBerAntrag mit Klageänderung, -Erweiterung, -Beschränkung, Nachholung der fehlenden, zur Zulässigkeit der Klage notwendigen Aufgliederung (§ 253 Rn 9) des Klageantrags (BGH NJW 97, 870), Widerklage (BGH NJW 85, 3079), -Erweiterung (BGH NJW 86, 2257) und die Ausführungen zu ihrer Begründung. Für sie gelten § 533 und über § 525 die §§ 263 ff (BGH 83,
13 371). – **b) Neu** ist dieses Vorbringen, wenn es im 1. Rechtszug, gleichgültig aus welchem Grund, bis zum Schluss der mdl Vhdlg nicht gebracht (BGH WM 89, 278) – auch ein gemäß § 356 kraft Gesetzes ausgeschlossenes Beweismittel (Karlsruhe NJW-RR 94, 512) – oder dort fallen gelassen wurde (BGH NJW 98, 2977) und im BerRechtszug wieder aufgegriffen wird. Ebenso wenn es im 1. Rechtszug nur angedeutet und erst im BerRechtszug substantiiert wurde (Koblenz NJW-RR 93, 1408). Maßgebend hierfür sind der Tatbestand des angefochtenen Urt (§ 314), die dort in Bezug genommenen Schriftstücke und die Sitzungsprotokolle (BAG NJW 60, 166). Nicht neu ist ein Vorbringen, wenn es den Vortrag in 1. Instanz lediglich konkretisiert (BGH NJW-RR 91, 1214).

4. Zulassung von neuen Angriffs- und Verteidigungsmitteln im **14** 2. Rechtszug ist **nur möglich,** wenn eine der folgenden Voraussetzungen vorliegt: – **a)** Das BerGer beurteilt den Fall **materiellrechtlich anders** als das Gericht des 1. Rechtszugs; deshalb sind andere Tatsachen erheblich als nach der Beurteilung in 1. Instanz. Das BerGer muss in solchem Fall gem §§ 525, 139 seine abweichende Rechtsansicht den Parteien bekannt machen und ihnen Gelegenheit zu ergänzendem Tatsachenvortrag geben (§ 139 Abs 4, 5). – **b) Angriffs- oder Verteidi- 15 gungsmittel** sind im 1. Rechtszug **unterblieben,** weil sie in Folge fehlerhafter Prozessleitung des Gerichts 1. Instanz unerheblich waren. Das betrifft vor allem Fälle, in denen erforderliche Hinweise nach § 139 unterblieben sind oder irreführend waren. Eine Zulassung von neuem Vorbringen in einem solchen Fall ist nur dann gerechtfertigt, wenn das Urt auf dem Verfahrensfehler beruht. – **c)** Die Partei hat **Vorbringen 16** im 1. Rechtszug **unterlassen,** ohne dass dafür ein Fehler des Ger oder eigenes Verschulden ursächlich war. Dieser Fall ist stets gegeben, wenn das neue Angriffs- und Verteidigungsmittel erst nach Schluss der mündlichen Verhandlung entstanden ist. IÜ kommt es darauf an, ob der Partei das Angriffs- und Verteidigungsmittel und seine Erheblichkeit für den Fall bis zum Schluss der mdl Vhdlg hätte bekannt sein müssen. Leichte Fahrlässigkeit der Partei oder ihres Prozessbevollmächtigten (§ 85 Abs 2) steht der Zulassung des Vorbringens entgegen. Die Partei muss sich entlasten.

5. Die **Zurückweisung** neuer Angriffs- und Verteidigungsmittel ist **17 nicht** davon abhängig, dass durch die Zulassung die Erledigung des Rechtsstreits verzögert würde.

6. Für **Verfahren** u **Anfechtung** gelten die Ausführungen in § 296 **18** Rn 42–44. **Abs 2 S 2** ermöglicht dem BerGer durch Verlangen nach Glaubhaftmachung (§ 294) eine frühzeitige Prüfung, ob neu vorgebrachte Angriffs- und Verteidigungsmittel zuzulassen sind. Gelingt dem BerKl, der seine Berufung nur auf neues Vorbringen stützt, die Glaubhaftmachung der Zulassungsvoraussetzungen nicht, so kann bei Vorliegen der weiteren Voraussetzungen nach § 522 Abs 2 verfahren werden. – **Unberechtigte Zurückweisung neuen Vorbringens in nicht 19 rechtsmittelfähigen Urteilen** kann Verfassungsbeschwerde begründen, wenn darin eine Verletzung des Rechts auf rechtliches Gehör (BVerfG NJW 84, 2203, NJW 85, 1150) oder des Gleichheitssatzes in Art 3 Abs 1 GG (BVerfG NJW 80, 1737) liegt; nicht jedoch, soweit sie lediglich auf fehlerhafter Auslegung einfacher Verfahrensvorschriften beruht (BVerfG NJW 80, 277, BayVerfGH NJW 80, 278). Bei Abweichung von höchstrichterlicher Rechtsprechung in der Auslegung von Präklusionsvorschriften muss das Urteil darlegen, dass dies mit verfassungsrechtlichen Anforderungen vereinbar ist (BVerfG NJW 92, 2556). Das Recht auf rechtliches Gehör kann bei fehlerhafter Anwendung von Präklusionsvorschriften nur dann verletzt sein, wenn dadurch eine verfassungsrechtlich erforderliche Anhörung nicht stattgefunden hat

20 (BVerfG NJW 87, 2733). – **Zulassung entgegen** § 531 ist unanfechtbar und für das RevGer bindend (BGH NJW 81, 928, NJW 91, 1896;
aA BGH NJW 97, 397 für die Rüge der internationalen Zuständigkeit).

§ 532 Rügen der Unzulässigkeit der Klage

[1]**Verzichtbare Rügen, die die Zulässigkeit der Klage betreffen und die entgegen den §§ 520 und 521 Abs. 2 nicht rechtzeitig vorgebracht werden, sind nur zuzulassen, wenn die Partei die Verspätung genügend entschuldigt.** [2]**Dasselbe gilt für
verzichtbare neue Rügen, die die Zulässigkeit der Klage
betreffen, wenn die Partei sie im ersten Rechtszug hätte vorbringen können.** [3]**Der Entschuldigungsgrund ist auf Verlangen
des Gerichts glaubhaft zu machen.**

1   **1. Abgrenzung** vgl § 531 Rn 5. – **Anwendungsbereich:** Die
Vorschrift regelt in Anlehnung an § 296 Abs 3 für den BerRechtszug
die Zulassung von Rügen zur Zulässigkeit der Klage, und zwar in S 1
solcher Rügen, die bereits im 1. Rechtszug vorgebracht waren (Rn 4),
in S 2 solcher, die im BerRechtszug erstmals vorgebracht werden
(Rn 5). S 3 betrifft die Glaubhaftmachung (§ 294).

2   **2. Unbeschränkt zuzulassen** sind – **a) nicht verzichtbare Rügen**
(Rn 15–26 vor § 253). Es gelten die Ausführungen in § 296 Rn 40. –
3 **b) verzichtbare Rügen,** wenn der Tatbestand, auf den sie gestützt
werden, erst während des BerVerfahrens eintritt.

4   **3. Das Gericht muss verzichtbare Rügen zurückweisen** (29–31
vor § 253, München OLGZ 92, 217), und zwar – **a) solche, die bereits im 1. Rechtszug vorgebracht waren,** wenn der BerKl sie
nicht in der BerBegründung, der BerBeklagte in einer nach § 521
Abs 2 (dort Rn 2–9) gesetzten Erwiderungsfrist vorbringt u die Partei
die Verspätung nicht genügend entschuldigt (§ 296 Rn 28, 29). War
eine Erwiderungsfrist nicht gesetzt, gelten §§ 525, 282 Abs 3 S 1, 296
5 Abs 3. – **b) Neue Rügen,** dh erstmalig im BerRechtszug erhobene,
wenn sie die Partei im 1. Rechtszug hätte vorbringen können u die
Verspätung nicht genügend entschuldigt (§ 296 Rn 28, 29). Gilt auch
für das Verlangen einer weiteren Ausländersicherheit gem § 112 Abs 3
(BGH NJW-RR 93, 1021). Dass die Partei Argumente für eine ihr
günstige sachliche Entscheidung vorbrachte, ist kein Entschuldigungsgrund für das Unterlassen der ProzRüge (BGH NJW 85, 743). Auf
Verzögerung kommt es nicht an (BGH NJW 85, 743). Verzicht nur für
die 1. Instanz erhält die Rüge nicht für die BerInstanz (Frankfurt NJW
6 69, 380). – **c) Gilt entsprechend** für Gegenvorbringen des Kl gegen
7 die Zulässigkeitsrügen des Beklagten; vgl § 282 Rn 3, 4. – **d) Verstoß,**
dh Berücksichtigung einer Rüge entgegen S 1, 2 kann mit Revision
angefochten werden (BGH NJW 85, 743).

8   **4.** Die Rüge der **Unzuständigkeit des Ger des 1. Rechtszugs** ist
durch § 513 Abs 2 in jeder Hinsicht ausgeschlossen.

§ 533 Klageänderung; Aufrechnungserklärung; Widerklage

Klageänderung, Aufrechnungserklärung und Widerklage sind nur zulässig, wenn
1. **der Gegner einwilligt oder das Gericht dies für sachdienlich hält und**
2. **diese auf Tatsachen gestützt werden können, die das Berufungsgericht seiner Verhandlung und Entscheidung über die Berufung ohnehin nach § 529 zugrunde zu legen hat.**

1. Abgrenzung zu anderem neuen Vorbringen in der BerInstanz 1 vgl § 531 Rn 5.

2. Zulässigkeit von Klageänderung, Aufrechnungserklärung u Wi- 2 derklage ist in der BerInstanz stark eingeschränkt, weil die Ber keine vollständige 2. Tatsacheninstanz ist, sondern vor allem der Fehlerkontrolle und -beseitigung dient. Die Zulassung setzt in jedem Fall eine zulässige Berufung, also einen anderweitigen Angriff gegen das erstinstanzliche Urt unter Bekämpfung der Beschwer voraus. Nach Nr 1 muss entweder – **a)** der Gegner **einwilligen** (s dazu § 263 Rn 7) oder – 3 **b)** das BerGer die Zulassung für **sachdienlich** halten. Dafür ist in erster 4 Linie der Gesichtspunkt der Prozesswirtschaftlichkeit maßgebend (§ 263 Rn 8). Sie kann verneint werden, wenn der spruchreife Prozess durch Zulassung einer nicht spruchreifen Klageänderung, Aufrechnung oder Widerklage verzögert würde (BGH WM 76, 1278). Der Verlust einer Tatsacheninstanz allein ist kein Grund, die Sachdienlichkeit zu verneinen (BGH NJW 92, 2296).

3. Unzulässig sind Klageänderung, Aufrechnungserklärung u Wi- 5 derklage nach Nr 2 stets, wenn sie nicht auf Tatsachen gestützt werden können, die das BerGer der Entscheidung über die Ber nach § 529 Abs 1 (dort Rn 2–5 u § 531 Rn 14–17) zugrunde legen darf.

4. Im Falle der Nichtzulassung ist bei Klageänderung u Wider- 6 klage die (Anschluss-)Berufung insoweit unbegründet, die geänderte Klage (Widerklage) als unzulässig abzuweisen.

5. Bei der **Aufrechnung** ist Folgendes zu beachten: – **a) Neu ist** 7 **die Geltendmachung** der Aufrechnung unter den gleichen Voraussetzungen wie § 531 Rn 13 (BGH MDR 75, 1008; aA Düsseldorf NJW-RR 98, 1288), ferner wenn mit einer anderen Forderung aufgerechnet wird als im 1. Rechtszug. – **Dabei ist zu unterscheiden:** 8 Wird der Aufrechnungseinwand als solcher im Urteil des 1. Instanz gemäß § 296 zurückgewiesen, in zweiter Instanz erneut geltend gemacht und auch hier nicht zugelassen, so ist über die Aufrechnungsforderung nicht entschieden. Hat die 1. Instanz Tatsachenvortrag zur Aufrechnungsforderung gemäß § 296 unberücksichtigt gelassen, der in 2. Instanz erneut vorgetragen, nach § 531 nicht zugelassen wurde, so ist die Aufrechnungsforderung als unsubstanziiert sachlich mit Rechtskraftwirkung aberkannt; vgl § 145 Rn 17, 18. Ist der Aufrechnungseinwand selbst zugelassen, so gelten für die Zurückweisung einzelnen

9 Vorbringens dazu § 530 bzw §§ 525, 282 Abs 1, 2, 296 Abs 2. – **b)** Für **Sachdienlichkeit** und **Einwilligung** gelten die Ausführungen in Rn 3, 4. Bei mehreren Aufrechnungsforderungen hintereinander ist die Sachdienlichkeit für jede Aufrechnungsforderung gesondert zu prüfen (BGH NJW 00, 143). Rechtlicher Zusammenhang mit der Klageforderung begründet allein nicht die Sachdienlichkeit (BGH NJW 77, 49). Geht Kl in der BerInstanz vom UrkProzess in den Normalprozess über (§ 596 Rn 2), ist die Aufrechnung regelmäßig zuzulassen, weil der Bekl andernfalls im Nachverfahren in 1. Instanz ebenfalls aufrechnen könnte (BGH 29, 342, NJW 00, 143).

10 **6. Anfechtbarkeit.** Die Zulassung ist mit der Revision nicht anfechtbar (BGH NJW 00, 3273), also unanfechtbar.

11 **7.** § 533 gilt **nicht** für die Fälle des § 264.

§ 534 Verlust des Rügerechts

Die Verletzung einer das Verfahren des ersten Rechtszuges betreffenden Vorschrift kann in der Berufungsinstanz nicht mehr gerügt werden, wenn die Partei das Rügerecht bereits im ersten Rechtszuge nach der Vorschrift des § 295 verloren hat.

1 **1. Abgrenzung.** Vgl § 531 Rn 5. Nicht anwendbar auf Rügen, die die Zulässigkeit der Klage betreffen; hierfür § 532.

2 **2. Ausschlusswirkungen,** die bis zum Schluss der mdl Vhdlg erster Instanz schon eingetreten waren, bleiben im BerRechtszug bestehen. So auch der Rügeverlust gem § 295. Das erklärt sich daraus, dass die BerInstanz eine Fortsetzung der Vhdlg vor dem ErstGer ist. Mängel seit Schluss der Vhdlg 1. Instanz können gerügt werden. § 295 heilt aber über § 525 auch für die BerInstanz selbst.

§ 535 Gerichtliches Geständnis

Das im ersten Rechtszuge abgelegte gerichtliche Geständnis behält seine Wirksamkeit auch für die Berufungsinstanz.

1 Ausdrückliches Geständnis (§ 288), Bindungswirkung (§ 290) und fingiertes Geständnis (§ 138 Abs 3) wirken in der BerInstanz fort. Nachprüfbar ist, ob das ErstGer zu Recht ein wirksames Geständnis angenommen hat.

§ 536 Parteivernehmung

(1) Das Berufungsgericht darf die Vernehmung oder Beeidigung einer Partei, die im ersten Rechtszuge die Vernehmung abgelehnt oder die Aussage oder den Eid verweigert hatte, nur anordnen, wenn es der Überzeugung ist, dass die Partei zu der Ablehnung oder Weigerung genügende Gründe hatte und diese Gründe seitdem weggefallen sind.

(2) **War eine Partei im ersten Rechtszuge vernommen und auf ihre Aussage beeidigt, so darf das Berufungsgericht die eidliche Vernehmung des Gegners nur anordnen, wenn die Vernehmung oder Beeidigung im ersten Rechtszuge unzulässig war.**

1. Abs 1 ist anwendbar, wenn in 1. Instanz eine Partei vernommen 1 werden sollte (§§ 287 Abs 1 S 3, 445, 447, 448, 426, 613) und entweder die Vernehmung abgelehnt (§ 446) oder die Aussage oder den Eid verweigert hat (§ 453 Abs 2).

2. Parteivernehmung in der Berufungsinstanz ist bei dieser 2 Sachlage nur zulässig, wenn – **a)** die Voraussetzungen dafür nach einer der in Rn 1 genannten Bestimmungen vorliegen und – **b)** nach freier 3 Überzeugung des Ger die Partei zur Weigerung vernünftige Gründe hatte, die seitdem weggefallen sind. Bsp: Ehrenrührige Tatsachen, die inzwischen ohnedies bekannt geworden sind. Die Bestimmung will verhindern, dass die Partei ungünstige Schlüsse, die das ErstUrt gezogen hat, dadurch beseitigt, dass sie jetzt Gewissensbedenken zurückstellt und aussagt. – **c)** Hat das ErstGer das Ausbleiben der Partei als Weigerung 4 aufgefasst (§ 454), muss sich das BerGer zuerst darüber klar werden, ob es dieser Auffassung folgt, und dann nach Rn 2, 3 verfahren.

3. Abs 2 will in Ergänzung zu § 452 Abs 1 S 2 verhindern, dass bei 5 Vernehmung beider Parteien zum selben Beweisthema Eid gegen Eid steht. Gleichgültig ist, wie das ErstGer die beeidigte Aussage gewürdigt hat. Zur Unzulässigkeit der Parteivernehmung vgl § 287 Rn 12 und die Kommentierung zu §§ 445, 447, 448, 613; zur Unzulässigkeit der Beeidigung § 452 Rn 2.

§ 537 Vorläufige Vollstreckbarkeit

(1) [1]**Ein nicht oder nicht unbedingt für vorläufig vollstreckbar erklärtes Urteil des ersten Rechtszuges ist, soweit es durch die Berufungsanträge nicht angefochten wird, auf Antrag von dem Berufungsgericht durch Beschluss für vorläufig vollstreckbar zu erklären.** [2]**Die Entscheidung ist erst nach Ablauf der Berufungsbegründungsfrist zulässig.**

(2) **Eine Anfechtung des Beschlusses findet nicht statt.**

1. Abs 1 dient in erster Linie dem Schutz des BerBeklagten und 1 erklärt sich daraus, dass bei teilweiser Anfechtung auch der nicht angefochtene Teil des ErstUrt noch nicht rechtskräftig wird (vgl § 705 Rn 10; aA Grunsky ZZP 88, 49/57). – **Voraussetzungen für die** 2 **Vollstreckbarerklärung,** wenn das ErstUrt nicht (§ 712 Abs 1 S 2) oder nicht unbedingt (§§ 709, 711, 712 Abs 1 S 1, Abs 2 S 2) für vorl vollstreckbar erklärt ist. – **a) Antrag,** auch außerhalb der mdl Vhdlg. Ihn kann auch der BerKl stellen, wenn das Urt teilweise zu seinen Gunsten ergangen ist (KG MDR 88, 240, Hamm NJW-RR 90, 1470). – **b) Beschränkte Anfechtung** auf einen selbständigen Teil (wie § 301 3 Rn 1) des ErstUrt; daher gilt § 537 nicht für die Kostenentscheidung

4 (Schleswig MDR 85, 679 mwN). – **c) Nicht anwendbar** auf Urt, die ohne Ausspruch vorl vollstreckbar sind, zB Arrest und einstw Vfg (§ 922 Rn 3; § 936 Rn 4).

5   **2. Entscheidung.** Stets durch **Beschluss** ohne mdl Vhdlg (§ 128 Abs 4), aber erst nach Ablauf der BerBegründungsfrist, weil damit erst der Umfang der Ber feststeht (vgl § 520 Rn 17–19). Bei Vorliegen der Voraussetzungen muss der nicht angefochtene Teil des ErstUrt unbedingt und ohne Abwendungsbefugnis für vorl vollstreckbar erklärt werden. Der Erfüllungseinwand ist nur zu beachten, wenn die Erfüllung feststeht (Schleswig SchlHA 87, 172). Der Beschluss muss über die

6 Kosten gem § 91 entscheiden (Hamm NJW 72, 2314). – Er ist **unanfechtbar,** gleichgültig ob stattgebend oder zurückweisend. Herabsetzung der im Ersturteil angeordneten Sicherheitsleistung für die

7 ZwVollstr wegen des angefochtenen Teils ist über § 718 möglich. – **Gebühren:** des Gerichts keine; des RA §§ 49 Abs 2, 37 Nr 7 BRAGO.

§ 538 Zurückverweisung

(1) **Das Berufungsgericht hat die notwendigen Beweise zu erheben und in der Sache selbst zu entscheiden.**

(2) [1]**Das Berufungsgericht darf die Sache, soweit ihre weitere Verhandlung erforderlich ist, unter Aufhebung des Urteils und des Verfahrens an das Gericht des ersten Rechtszuges nur zurückverweisen,**
1. **soweit das Verfahren im ersten Rechtszuge an einem wesentlichen Mangel leidet und aufgrund dieses Mangels eine umfangreiche oder aufwändige Beweisaufnahme notwendig ist,**
2. **wenn durch das angefochtene Urteil ein Einspruch als unzulässig verworfen ist,**
3. **wenn durch das angefochtene Urteil nur über die Zulässigkeit der Klage entschieden ist,**
4. **wenn im Falle eines nach Grund und Betrag streitigen Anspruchs durch das angefochtene Urteil über den Grund des Anspruchs vorab entschieden oder die Klage abgewiesen ist, es sei denn, dass der Streit über den Betrag des Anspruchs zur Entscheidung reif ist,**
5. **wenn das angefochtene Urteil im Urkunden- oder Wechselprozess unter Vorbehalt der Rechte erlassen ist,**
6. **wenn das angefochtene Urteil ein Versäumnisurteil ist oder**
7. **wenn das angefochtene Urteil ein entgegen den Voraussetzungen des § 301 erlassenes Teilurteil ist**
und eine Partei die Zurückverweisung beantragt. [2]Im Fall der Nummer 3 hat das Berufungsgericht sämtliche Rügen zu erledigen. [3]Im Fall der Nummer 7 bedarf es eines Antrags nicht.

1   **1. Allgemeines. – a) Entscheidungsmöglichkeiten** des BerGer vgl Rn 38–45 vor § 511. Grundsätzlich erlässt auf zulässige und begründete Ber das BerGer nach Erhebung der erforderlichen Beweise (§ 529 Abs 1) mit der Aufhebung des ErstUrt die ersetzende Entscheidung selbst (Abs 1). – **b) § 538 regelt** abschließend die Zurückverweisung. Aus anderen, insbes Zweckmäßigkeitserwägungen ist sie, auch mit Einverständnis der Parteien, nicht zulässig. Die Zurückverweisung ist die Ausnahme. – **c) Durch Urteil** geschieht die Zurückverweisung. Es schließt die BerInstanz ab und unterliegt der Revision nach den allg Vorschriften. An einen anderen Spruchkörper des Erstgerichts kann nicht zurückverwiesen werden. Was in Rn 43 vor § 511 über die Bindung der unteren Instanz an das BerUrt gesagt ist, gilt auch für das BerGer selbst, falls die Sache erneut dorthin gelangt, und infolgedessen auch für das Revisionsgericht (BGH 25, 203). Nebenentscheidungen vgl § 97 Rn 12 und § 708 Rn 11.

2. Anwendungsbereich. – a) Den Fällen Nr 2–7 ist gemeinsam, dass das ErstGer über die Klageforderung sachlich nicht oder nicht endgültig entschieden hat, den Parteien also ein Rechtszug verlorenginge, wenn das BerGer dies täte. – **b) Gemeinsame Voraussetzung** ist, dass, außer im Fall von Nr 7, eine Partei die **Zurückverweisung beantragt** und dass in allen Fällen eine weitere Vhdlg zur Sache nötig, der Rechtsstreit also noch nicht spruchreif ist (§ 300 Rn 2) ohne Eingehen auf den in erster Instanz vorgebrachten, dort aber nicht entschiedenen Prozessstoff. – **c) § 538 gilt also nicht,** wenn der Rechtsstreit ohne weitere Vhdlg spruchreif (zB Klageabweisung als unzulässig) oder dem BerGer ohne weitere Sachaufklärung eine Verfahrensentscheidung (zB Nachholung der Aussetzung nach Art 27 Abs 1 EuGVVO) möglich ist (BGH NJW 02, 2795), soweit es sich um neues Vorbringen handelt (§ 531 Rn 12, 13).

3. Die Fälle der Zurückverweisung. – Nr 1. Verfahrensmangel im ersten Rechtszug. – a) Verfahrensmangel ist ein Verstoß gegen eine Verfahrensnorm, ein Fehler, der den Weg zum Urt oder die Art und Weise seines Erlasses betrifft im Gegensatz zum Fehler bei der Rechtsfindung, der den Inhalt des Urt betrifft. Ausgangspunkt für die Prüfung ist der materiellrechtliche Standpunkt des Erstrichters ohne Rücksicht auf seine Richtigkeit (BGH NJW 93, 2318, NJW 00, 142), jedoch darf nicht zurückverwiesen werden, wenn sich der Verfahrensmangel nach der eigenen Rechtsauffassung des BerGers nicht auf die Sachentscheidung auswirkt (BGH WM 72, 1056). – **Kein Verfahrensfehler,** sondern ein materiellrechtlicher ist es, wenn das ErstGer von seinem unrichtigen materiellrechtlichen Standpunkt aus folgerichtig keinen Anlass zu Fragen oder Hinweisen hat (BGH NJW 01, 1500), wenn es die Schlüssigkeit (BGH NJW-RR 99, 1289) oder die genügende Substantiierung der Klage zu Unrecht verneint oder eine Beweiserhebung wegen Verkennung der dem materiellen Recht zuzuordnenden Beweislast unterlassen hat (BGH NJW 95, 3258). Ebenso grundsätzlich Fehler bei der Vertragsauslegung infolge fehlerhafter sachlichrechtlicher Würdigung (BGH NJW 93, 538).

9   **b) Wesentlich** ist der Verfahrensmangel, wenn er für das Urt ursächlich ist (BGH NJW-RR 90, 480; vgl § 545 Rn 12), was bei Vorliegen eines absoluten Revisionsgrundes in § 547 unwiderlegbar vermutet wird (BGH NJW 00, 2508). Außerdem muss der Verfahrensfehler für das Ergebnis erheblich sein (BGH WM 96, 1323). Das ist nicht der Fall, wenn er gemäß § 295 oder durch Genehmigung (Verstoß gegen § 308 Abs. 1: BGH NJW 99, 61) geheilt oder wenn das Urt aus anderen Gründen im Ergebnis inhaltlich richtig ist (BGH NJW 00, 2508). Die Formulierung, wesentlich sei der Fehler, wenn das Verfahren nicht als ordnungsgemäße Entscheidungsgrundlage angesehen werden kann (BGH WM 02, 2433), ist wenig ergiebig (Brehm ZZP 107, 463/474).

10   **c) Beispiele: Verletzung des Rechts auf rechtliches Gehör** oder des Grundsatzes der Waffengleichheit in Art 3 Abs 1 GG durch Ablehnung eines Vertagungsantrags (Köln VersR 72, 179) oder Zurückweisung von Vorbringen ohne die Voraussetzungen des § 296 (BVerfG NJW-RR 95, 1469, Celle aaO 1407). Ebenso, wenn das Gericht den Kern von Parteivorbringen verkennt und deshalb eine entscheidungserhebliche Frage verfehlt oder einen wesentlichen Teil des

11   Klagevortrags übergangen hat (BGH NJW 98, 2053). – **Unterbliebene Aufklärung.** Abstandnahme von einer erforderlichen Beweisaufnahme ohne zulässigen Ablehnungsgrund (Celle NJW-RR 95, 1407, Hamm FamRZ 99, 453), mangelhafte Beweiswürdigung (Köln VersR 97, 712), Nicht- oder Falschanwendung von § 287 ZPO (BGH NJW 96, 2924). Verstoß gegen § 139 (Koblenz NJW 66, 667, München OLGR 00, 325), zB das Erstgericht gibt ohne Hinweis bei Mangel Minderung statt Zurückbehaltungsrecht (Köln MDR 69, 674) oder es tut einen Vortrag als unsubstantiiert ab, ohne vorher Substantiierung verlangt zu haben (Köln NJW-RR 98, 1592). Verstoß gegen § 139 Abs 2 bei ÜberraschungsUrt (Düsseldorf NJW-RR 96, 1021, Bamberg NJW-RR 98, 1608). Unterbliebene Klärung, wer verklagt ist (München NJW 71, 1615). Unterlassene Bemühungen, Unklarheiten und Widersprüche in ärztlichen Gutachten durch Anhörung des Gutachters oder weiteres Gutachten zu klären (Saarbrücken NJW-RR 99, 719). – **Fehler beim**

12   **Urteil.** Unzulässiger Parteiwechsel im Weg der Rubrumsberichtigung (Frankfurt NJW-RR 90, 1471). Erlass eines Urt gegen den Scheinbeklagten (Hamm NJW-RR 99, 217). Verwertung von Zeugen-, Sachverständigenaussagen und Augenscheinsergebnissen ohne Feststellung im Protokoll oder Tatbestand (Karlsruhe Justiz 73, 246). Behandlung einer Klage als Erstklage, obwohl sie als Abänderungsklage hätte behandelt werden müssen (Zweibrücken FamRZ 82, 415). Urteil im schriftlichen Verfahren ohne wirksame Zustimmung beider Parteien (Zweibrücken FamRZ 99, 456). Grundsätzlich Erlass von Grund- oder VorbehaltsUrt ohne deren Zulässigkeitsvoraussetzungen (BGH ZIP 96, 330); dies ist vom BerGer vAw zu prüfen (BGH NJW 99, 1035). Fehlen von Tatbestand und Entscheidungsgründen unter Verstoß gegen § 313 a (Hamm MDR 79, 322). Fehlende oder Fehler bei der Verkündung (§ 310

Rn 4–8). Die Fälle des § 547 (BGH NJW 92, 2099, GemSOGB NJW 93, 2603, Frankfurt MDR 95, 311). Verstoß gegen § 322 Abs 2, indem das ErstUrt Rechtskraftwirkung auch für den die Klagesumme des Vorprozesses übersteigenden Teil der Aufrechnungsforderung annimmt und diese deshalb sachlich nicht prüft (Celle OLGZ 70, 5). Auflösung des Verbunds entgegen § 628 Abs 1 Nr 3 (Düsseldorf FamRZ 88, 312).

d) Eine umfangreiche oder aufwändige Beweisaufnahme muss **13** ferner in Folge des Verfahrensfehlers zur Entscheidungsreife notwendig sein. Umfangreich ist eine Beweisaufnahme, wenn zahlreiche Zeugen oder mehrere Sachverständige zu hören sind; aufwändig ist sie, wenn sie an einem weit entfernten Ort, etwa im Ausland, vorzunehmen ist.

Nr 2, wenn das ErstUrt einen **Einspruch** nach § 341 als unzulässig **14** verworfen hat, das BerGer ihn aber für zulässig hält. Ebenso, wenn das ErstUrt die Wiedereinsetzung gegen Versäumung der Einspruchsfrist abgelehnt hat (§ 238 Abs 2), das BerGer sie aber gewährt.

Nr 3, wenn das ErstUrt nur über die **Zulässigkeit der Klage** ent- **15** schieden oder sie für zurückgenommen erklärt hat (§ 113 S 2). – **a) Anwendbar** sowohl, wenn das ErstGer die Klage als unzulässig abgewiesen wie auch, wenn es sie durch ZwischenUrt (§ 280) für zulässig erklärt hat, gleichgültig um welche Prozessvoraussetzung es geht. Dem BerGer fällt grundsätzlich nur der Zwischenstreit an (BGH NJW-RR 86, 61). Bestätigt das BerGer ein ZwischenUrt gem § 280 (dort Rn 5), so ist Zurückverweisung weder nötig noch möglich (BGH 27, 15/26), weil die Hauptsache in erster Instanz verblieben ist. Sie ist auch dann nicht notwendig, wenn das ErstGer (unzulässig, 8 ff vor § 253) hilfsweise auch aus sachlichen Gründen die Klage abgewiesen hat (RG 158, 145/155). – **Entsprechend anwendbar,** wenn das BerGer ein Aner- **16** kenntnisUrt wegen Unwirksamkeit des Anerkenntnisses aufhebt (LG Nürnberg-Fürth NJW 76, 633, Prütting DRiZ 77, 78); wenn die 1. Instanz wegen entgegenstehender Rechtskraftwirkung die Klage als unbegründet (statt richtig als unzulässig) abweist (BGH NJW 84, 128) und wenn sie eine Nichtigkeitsklage wegen fehlenden Nichtigkeitsgrundes abweist (KG NJW-RR 90, 8; vgl § 590 Rn 2).

b) Nicht entsprechend anwendbar ist Nr 3, wenn das BerGer die **17** Klageabweisung in 1. Instanz aus sachlichen Gründen, zB wegen Versäumung einer materiellrechtlichen Ausschlussfrist oder wegen Verjährung, nicht billigt und deshalb eine weitere sachliche Prüfung für nötig hält; diese hat es selbst vorzunehmen (BGH 50, 25, VersR 00, 1391; aA Hamm MDR 77, 585, ferner Braunschweig MDR 75, 671, Frankfurt VersR 86, 1195, LG Frankfurt NJW 87, 784, die Nr 3 oder 4 in diesem Fall für entsprechend anwendbar halten, jedenfalls nach Teilabweisung als verjährt, wenn die nötige Sachaufklärung für diesen und den noch in 1. Instanz anhängigen Teil identisch ist). Ebenso keine Zurückverweisung, wenn die 1. Instanz mangels Aktivlegitimation abgewiesen hat, das BerGer sie aber für gegeben hält (BGH NJW 75, 1785), oder wenn die 1. Instanz wegen Haftungsausschlusses in AGB abgewiesen hat, das BerGer diesen Ausschluss aber für unwirksam hält

(BGH 71, 226). Ebenso wenn die 1. Instanz wegen des Einwands einer Schiedsgutachterabrede zu Recht als unbegründet abgewiesen hat, zu Beginn der Berufungsinstanz das Schiedsgutachten aber vorliegt (aA Frankfurt MDR 85, 150).

18   **Nr 4** setzt voraus, dass schon in erster Instanz **Grund und Höhe des Anspruchs streitig** waren und ermöglicht Zurückverweisung in folgenden Fällen: – **a)** Wenn das **Erstgericht Grundurteil** (§ 304) er-

19   lassen hat, das vom BerGer bestätigt wird. – **b)** Wenn das **Erstgericht die Klage** als unbegründet wegen fehlenden Anspruchsgrundes **abgewiesen** hat und das BerGer dieses Urt aufhebt. Es erlässt dann Grund-Urt und verweist zurück zur Vhdlg über die Höhe, ggf auch über die Widerklage, wenn sie mit der Klage in unlöslichem Zusammenhang steht (RG 101, 40). Unzulässig ist die Zurückverweisung ohne Entscheidung über den Grund, wenn das ErstGer die Klage aus einem sachlichen Grund abgewiesen hat (BGH NJW 78, 1430: wegen Haftungsausschlusses in AGB), den das BerGer für unzutreffend hält; unzulässig ist die Zurückverweisung mit GrundUrt auch dann, wenn das ErstGer die Klage mangels Schadens abgewiesen hatte (BGH NJW 98,

20   613). – **c) Entsprechend anwendbar** auf **Stufenklage** (vgl § 254 Rn 9). Ferner, wenn die 1. Instanz antragsgemäß ein **Feststellungsurteil** erlassen hat und Kl in 2. Instanz zur Leistungsklage übergeht; das ErstUrt hat dann die Bedeutung eines GrundUrt (Frankfurt NJW-RR 87, 1536). Ferner, wenn das ErstGer zur **Rechnungslegung** verurteilt hat und der Kl erst im BerVerfahren mit Klageerweiterung die Zahlungsklage zusätzlich erhebt (BGH WM 74, 1162). Zur analogen An-

21   wendbarkeit bei Abweisung wegen Verjährung vgl Rn 17. – **d) Keine Zurückverweisung** trotz vorstehender Voraussetzungen iF der Entscheidungsreife, außerdem in beiden Fällen der Nr 4 (Koblenz MDR 92, 805), wenn der Streit über den Betrag in dem Zeitpunkt, in dem das BerGer über den Grund entscheidet, spruchreif (§ 300 Rn 2) ist; ferner wenn die Zahlungsklage als Hilfsantrag erst in 2. Instanz erhoben wurde (BGH WM 73, 296/298). Keine Zurückverweisung ohne GrundUrt, wenn Kl in 2. Instanz von der Auskunfts- zur Zahlungsklage übergeht (BGH NJW 79, 925); ferner bei verbundener Zahlungs- mit Feststellungsklage für den Zukunftsschaden hinsichtlich auch der Letztgenannten, wenn das BerGer wegen der abgewiesenen Zahlungsklage mit Grundurteil zurückverweist (BGH NJW 02, 302).

22   **Nr 5.** Wenn das BerGer ein in erster Instanz erlassenes **Vorbehaltsurteil** im Urkunden-, Wechsel- oder Scheckprozess (§ 599) bestätigt oder wenn es selbst unter Aufhebung des klageabweisenden Urt erster Instanz erstmals ein solches VorbehaltsUrt erlässt, darf es wegen des Nachverfahrens zurückverweisen (München NJW-RR 87, 1024), wenn es nicht gemäß Abs 1 davon absehen will (BGH NJW-RR 88, 61). Vgl auch § 600 Rn 2. Gilt nicht, wenn Kl in der BerInstanz vom UrkProzess zulässig Abstand genommen hat (§ 596 Rn 2). Nr. 5 gilt entsprechend für Vorbehaltsurteil nach § 302 (LAG Düsseldorf DB 75, 2040, München MDR 00, 903, BLAH 18, MuBall 33; teilweise aA StJGrunsky 29).

Nr 6, wenn ein **Versäumnisurteil** auf ausnahmsweise statthafte Ber 23
aufgehoben wird; vgl § 514 Abs 2. Entsprechend anwendbar, wenn ein
trotz fehlenden oder wirksam widerrufenen Anerkenntnisses erlassenes
Anerkenntnisurteil aufgehoben wird (München MDR 91, 795, KG
NJW-RR 95, 958). In **Ehesachen,** wenn ein Urteil aufgehoben wird, 24
das den Scheidungsantrag abgewiesen hat, notwendige Zurückverweisung in den Fällen des § 629b Abs 1.

Nr 7, wenn das Ger der 1. Instanz ein Teilurteil ohne dessen Vo- 25
raussetzungen erlassen hat (§ 301 Rn 2, 3), weil nur so vermieden
werden kann, dass ein an sich einheitlich zu führender Rstreit in zwei
Instanzen gleichzeitig anhängig ist. **Nicht erforderlich** ein Zurück-
verweisungsantrag einer Partei oder eine weitere Beweisaufnahme.

4. Entscheidung stets durch Urt. Mit der Zurückverweisung muss 26
das mangelhafte Verfahren aufgehoben werden, gegebenenfalls teil-
weise, wenn nur ein selbständiger Teil (§ 301 Rn 1) von dem Fehler
betroffen ist oder ein ZwischenUrt eine klare zeitliche Grenze unter
Berücksichtigung des Grundsatzes der Einheitlichkeit der Vhdlg setzt. –
Kosten: § 97 Rn 12. Im Einzelfall kann Niederschlagung der Gerichts- 27
gebühren der Berufungsinstanz nach § 8 GKG in Betracht kommen
(Karlsruhe FamRZ 98, 1310). – **Rechtsmittel:** Revision nach allg 28
Regeln. Beschwert ist jede Partei, die Sachentscheidung erbeten hatte
(BGH 31, 358/361, NJW 96, 2155). Die Revision kann darauf gestützt
werden, dass in 1. Instanz kein wesentlicher ursächlicher Verfahrens-
mangel vorgelegen habe bzw dass er geheilt sei. Sind sachlich-rechtliche
Ausführungen Grundlage der Zurückverweisung, so prüft das Revisionsgericht auch diese nach, allerdings ohne die Bindungswirkung des
§ 563 Abs 2 (BGH 31, 363 und MDR 83, 749).

5. Wirkung der Zurückverweisung – a) Wiedereröffnung der 29
1. Instanz. Sie verhandelt in Fortsetzung der früheren Verhandlung
den Rechtsstreit neu nach den Vorschriften des 1. und 2. Buches. –
b) Für die **Bindung der ersten Instanz** und ihren Umfang gelten 30
entspr § 563 Abs 2 (RoSchw/Gottwald § 140 IV 4) und sinngem die
Erläuterungen in § 563 Rn 2–10. Außerdem ist die 1. Instanz in Fällen
des Abs 2 Nr 4, 5 an ein erstmals vom BerGer erlassenes Grund- oder
Vorbehaltsurteil gebunden. Das Familiengericht ist gemäß § 629b Abs 1
S 2 gebunden. – **c) Für das neue Urteil** der 1. Instanz gilt sinngemäß 31
das in § 563 Rn 11 Gesagte.

§ 539 Versäumnisverfahren

(1) **Erscheint der Berufungskläger im Termin zur mündlichen Verhandlung nicht, so ist seine Berufung auf Antrag
durch Versäumnisurteil zurückzuweisen.**

(2) [1]**Erscheint der Berufungsbeklagte nicht und beantragt der
Berufungskläger gegen ihn das Versäumnisurteil, so ist das zulässige tatsächliche Vorbringen des Berufungsklägers als zugestanden anzunehmen.** [2]**Soweit es den Berufungsantrag recht-**

fertigt, ist nach dem Antrag zu erkennen; soweit dies nicht der Fall ist, ist die Berufung zurückzuweisen.

(3) Im Übrigen gelten die Vorschriften über das Versäumnisverfahren im ersten Rechtszug sinngemäß.

1   **1. Zuerst** ist die **Zulässigkeit der Berufung** zu prüfen, auch bei Säumnis, gleichgültig welcher Partei. Die Zulässigkeitsvoraussetzungen dafür (13 ff vor § 511) sind von der Partei zu beweisen, die ein VersU (SachUrt) begehrt. Es gilt sinngem das in § 330 Rn 3 bzw § 331 Rn 3 Gesagte. Ergibt sich, dass die Ber unzulässig ist, so ist sie gem § 522 Abs 1 zu verwerfen (Brandenburg NJW-RR 98, 1678). Dieses Urt ist, gleichgültig gegen welche Partei es ergeht, ein streitiges, sog unechtes VersU (12 vor § 330, BGH NJW 69, 845, StJGrunsky 4, 6).

2   **2. Sodann** ist die **Zulässigkeit des Verfahrens erster Instanz** zu prüfen, auch bei Säumnis einer Partei, und zwar: – **a)** Die **Zulässigkeit des Urteils.** Es muss als Grundlage des weiteren Verfahrens geeignet sein. Hat die 1. Instanz die Unzulässigkeit des Einspruchs gegen ein vorangegangenes VersU übersehen, so ist das EndUrt aufzuheben und der Einspruch als unzulässig zu verwerfen. Ein trotz Unterbrechung des Verfahrens erlassenes Urt ist aufzuheben, die Sache zurückzuverweisen (Frankfurt OLGZ 94, 77, Köln ZIP 94, 958). Ebenso, wenn die 1. Instanz auf Einspruch gegen einen VollstrBescheid fehlerhaft (§ 700 Rn 17) ohne mdl Vhdlg entschieden hat (Nürnberg NJW-RR 96, 58). – **b)** Die **Zulässigkeit der Klage.** Hat das Erstgericht 3 übersehen, dass eine Prozessvoraussetzung fehlt, ist unter Aufhebung des zusprechenden Urt die Klage als unzulässig abzuweisen, weil jedes 4 VersU eine zulässige Klage voraussetzt. – **c) In beiden Fällen** spielt keine Rolle, welche Partei säumig ist.

5   **3. Versäumnisurteil gegen den Berufungskläger** (Abs 1) setzt, wenn die Voraussetzungen Rn 2, 3 vorliegen, wie in 1. Instanz (§ 330) voraus seine Säumnis (§ 330 Rn 1 und 1 ff vor § 330) und entspr Prozessantrag des BerBekl (§ 330 Rn 2). Das VersU lautet auf Zurückweisung der Ber, auch wenn der BerGegner den Zurückweisungsantrag modifiziert hat (Celle MDR 93, 686). IÜ gilt sinngem, was in § 330 Rn 4 gesagt ist.

6   **4. Versäumnisurteil gegen den Berufungsbeklagten** (Abs 2). – **a) Prozessuale Voraussetzungen:** Es müssen die Voraussetzungen der Rn 1–3 erfüllt sein. Dann Säumnis des BerBeklagten (wie § 330 Rn 1 und 1 ff vor § 330). Endlich ProzAntrag des BerKl (wie § 331 Rn 2). Unzulässig ist VersU gegen Bekl in den Fällen des § 331 Rn 4. – 7   **b) Sachliche Voraussetzung** ist, angeglichen an den 1. Rechtszug, die Schlüssigkeit des Vorbringens des BerKl. Ist es der Kl, so muss sein Klagevortrag schlüssig sein (wie § 331 Rn 5). Ist es der Bekl, so muss sich aus seinem Vortrag die – ggf teilweise – Unbegründetheit der Klage ergeben; § 330 gilt insoweit nicht entsprechend. **Unberücksichtigt** bleibt dabei aber Vorbringen, das nach § 531 Abs 1 ausgeschlossen oder nach § 531 Abs 2 nicht zuzulassen ist.

5. Entscheidung bei Säumnis des Berufungsbeklagten. – a) Ist 8
es der Kläger, so ist unter Aufhebung oder Abänderung des ErstUrt
die Klage durch echtes VersU abzuweisen, soweit der Vortrag des Bekl
(BerKl) dies rechtfertigt. Soweit dies nicht der Fall ist, ist seine Ber durch
durch streitiges Urteil (vgl § 331 Rn 5) zurückzuweisen. – **b) Ist es** 9
der Beklagte, so ist unter Aufhebung oder Abänderung des ErstUrt
durch echtes VersU nach Klageantrag zu erkennen, soweit der Vortrag
des Kl (BerKl) dies rechtfertigt. Soweit dies nicht der Fall ist, ist seine
Ber durch streitiges Urteil, wie Rn 8, zurückzuweisen; vgl auch § 555
Rn 5. – **c) Entscheidungsgrundlage** ist nur das Vorbringen des BerKl 10
im VhdlgsTermin und ein früheres Geständnis (§ 532). Weiteres früheres
Vorbringen des BerBeklagten und Beweisergebnisse beider Instanzen
bleiben unberücksichtigt (BGH WM 79, 784). – **d) In Familiensa-** 11
chen vgl § 612 Abs 4.

6. Nach **Abs 3** gelten im Übrigen die Vorschriften der §§ 330 ff 12
entsprechend, insbes also auch über die Unzulässigkeit eines VersU und
über den Einspruch.

§ 540 Inhalt des Berufungsurteils

(1) [1]**Anstelle von Tatbestand und Entscheidungsgründen enthält das Urteil**
**1. die Bezugnahme auf die tatsächlichen Feststellungen im an-
gefochtenen Urteil mit Darstellung etwaiger Änderungen
oder Ergänzungen,**
**2. eine kurze Begründung für die Abänderung, Aufhebung
oder Bestätigung der angefochtenen Entscheidung.**
[2]**Wird das Urteil in dem Termin, in dem die mündliche Verhandlung geschlossen worden ist, verkündet, so können die
nach Satz 1 erforderlichen Darlegungen auch in das Protokoll
aufgenommen werden.**

(2) **§§ 313 a, 313 b gelten entsprechend.**

1. Hintergrund der Regelung. Die Beschränkung der Berufung 1
auf die Fehlerkontrolle und Fehlerbeseitigung ermöglicht es, von der
entsprechenden Anwendung des § 313 auf das Urt des BerGer abzusehen. Die Vorschrift verbietet allerdings nicht, ein BerUrt nach § 313
abzufassen. Dies empfiehlt sich vor allem, wenn eine Veröffentlichung
vorgesehen ist.

2. Für jedes Berufungsurteil gilt: – **a)** der **Tatbestand** kann er- 2
setzt werden durch Bezugnahme auf die tatsächlichen Feststellungen im
Urt der 1. Instanz, verbunden mit erforderlichen Berichtigungen, Änderungen und Ergänzungen, die sich aus dem Vortrag der Parteien und
aus etwaiger Beweisaufnahme vor dem BerGer ergeben. Unverzichtbar
ist Wiedergabe der Berufungsanträge (MuBall 3). – **b)** die **Entschei-** 3
dungsgründe können beschränkt werden auf die Wiedergabe der we-

sentlichen Erwägungen, die zur Bestätigung, Abänderung oder Aufhebung der angefochtenen Entscheidung geführt haben. Eine vollständige Darstellung der Rechtslage ist demnach nicht erforderlich, freilich nicht ausgeschlossen.

4   **3.** Wird das Urteil im **Anschluss an die mündliche Verhandlung** verkündet (sog Stuhlurteil), können die Darlegungen gem Rn 2, 3 in das Sitzungsprotokoll aufgenommen werden, das gem § 163 zu unterzeichnen ist. Eine gesonderte Urteilsausfertigung entfällt; das Urt besteht aus einer von dem oder den Richtern unterzeichneten Urteilsformel u dem damit verbundenen Protokoll. Unzweckmäßig ist diese Urteilsform bei Zulassung der Rev (ZöGummer 28).

5   **4. Weitere Erleichterungen** ergeben sich aus der entsprechenden Anwendung von §§ 313a, 313b. – **a) Tatbestand** kann ganz entfallen, wenn nach § 26 Nr 8 EGZPO eine Nichtzulassungsbeschwerde nicht zulässig ist (§ 313a Abs 1 S 1) oder wenn bei einem Stuhlurteil die beschwerte Partei auf Rechtsmittel verzichtet (§ 313a Abs 2 S 1, 2). – **6**   **b)** Zusätzlich können die **Entscheidungsgründe** entfallen, wenn ein Fall des § 26 Nr 8 EGZPO vorliegt **und** die Parteien auf sie verzichten oder der wesentliche Inhalt der Entscheidungsgründe in das Sitzungsprotokoll aufgenommen wurde (§ 313a Abs 1 S 2). Diese Form unterscheidet sich von Rn 4 dadurch, dass das Urt nur aus Rubrum u Urteilsformel nebst Hinweis auf § 313a Abs 1 S 2 u der (den) Unterschrift(en) der Richter besteht. Ferner sind die Entscheidungsgründe entbehrlich bei Rechtsmittelverzicht der beschwerten Partei(en) gem **7**   § 313a Abs 2 S 1, 2. – **c) Entsprechend** § 313b können Tatbestand und Entscheidungsgründe und folglich auch ihr Ersatz nach Abs 1 (Rn 2, 3) ganz entfallen beim Vers-, Anerkenntnis- und Verzichtsurteil. Das gilt aber dann nicht, wenn das Vers- oder Anerkenntnisurteil voraussichtlich im Ausland geltend gemacht werden soll (§ 313b Rn 3).

§ 541 Prozessakten

(1) Die Geschäftsstelle des Berufungsgerichts hat, nachdem die Berufungsschrift eingereicht ist, unverzüglich von der Geschäftsstelle des Gerichts des ersten Rechtszuges die Prozessakten einzufordern.

(2) Nach Erledigung der Berufung sind die Akten der Geschäftsstelle des Gerichts des ersten Rechtszuges nebst einer beglaubigten Abschrift der in der Berufungsinstanz ergangenen Entscheidung zurückzusenden.

1   Die Akten sind auf Anforderung des BerGer auch dann zu übersenden, wenn der Rechtsstreit teilweise noch in erster Instanz schwebt. Beglaubigte Abschrift des BerUrt oder des Zurückweisungsbeschlusses (§ 522 Abs 2) ist mitzurückzusenden.

Abschnitt 2. Revision

Vorbemerkung

1. Wesen, Zweck. Revision ist ein Rechtsmittel, für das grund- 1
sätzlich die Vorbemerkungen vor § 511 gelten. Sie richtet sich im. Wesentlichen gegen Berufungsurteile und ermöglicht im Gegensatz zur
Ber nicht eine tatsächliche, sondern nur die rechtliche Nachprüfung.
Sie dient vornehmlich der Wahrung einer einheitlichen Rechtsprechung, die ihrerseits die Rechtssicherheit stärkt, daneben in einge-
schränktem Umfang auch der Einzelfallgerechtigkeit.

2. Revisionsgericht ist der BGH (§§ 123 ff GVG). In Bayern, 2
wenn im Wesentlichen Landesrecht in Betracht kommt, das BayObLG
(§ 8 EGGVG, Art 11 bay AGGVG); gilt auch in streitigen Landwirtschaftssachen (§ 48 Abs 1 LwVerfG). Die Bestimmung des zuständigen
Revisionsgerichts treffen in Bayern bindend die BerGerichte (§ 7 Abs 1
EGZPO); bei der Nichtzulassungsbeschwerde od dem Antrag auf Zulassung der Sprungrevision entscheidet der BGH bindend, ob das Bay-
ObLG zuständig ist (§ 7 Abs 2 EGZPO).

3. Die **Statthaftigkeit** der Revision ist bei den einschlägigen 3
§§ 542–544 erläutert. Zu beachten sind die Übergangsvorschriften in
§ 26 Nr 7–9 EGZPO.

§ 542 Statthaftigkeit der Revision

(1) **Die Revision findet gegen die in der Berufungsinstanz
erlassenen Endurteile nach Maßgabe der folgenden Vorschriften statt.**

(2) [1]**Gegen Urteile, durch die über die Anordnung, Abänderung oder Aufhebung eines Arrestes oder einer einstweiligen
Verfügung entschieden worden ist, findet die Revision nicht
statt.** [2]**Dasselbe gilt für Urteile über die vorzeitige Besitzeinweisung im Enteignungsverfahren oder im Umlegungsverfahren.**

1. Die **Statthaftigkeit** regelt den Zugang zum Revisionsgericht und 1
ist eine Zulässigkeitsvoraussetzung (11–37 vor § 511). – **a) Revisions-** 2
fähig sind nach Maßgabe der folgenden §§: – **aa)** End- und GrundUrt
des BerGer, auch eine Teilkostenentscheidung nach § 91 a, wenn nur
einseitig für erledigt erklärt wurde u deshalb Urteil hätte ergehen müssen (BGH NJW 02, 1500). Ausgenommen sind die Fälle in Rn 5. –
bb) selbständig anfechtbare ZwischenUrt des BerGer (§ 280 Rn 6), 3
nicht aber die ZwischenUrt des § 303; vgl aber § 238 Rn 15; – **cc)** Urt 4
des AG und LG als erste Instanz im Rahmen des § 566 a. – **b) Un-** 5
statthaft ist die Rev gemäß Abs 2 – auch bei Verwerfung der Ber als

unzulässig (BGH NJW 03, 69) u bei greifbarer Gesetzwidrigkeit des Urt (BGH NJW-RR 02, 501) – und in Scheidungsfolgesachen nach Maßgabe des § 629a Abs 1; gegen eine in Urteilsform ergangene gemischte Kostenentscheidung nach § 91a (BGH 113, 362); ferner die isolierte Kostenanfechtung (§ 99 Abs 1); wegen der Sonderfälle s dort Rn 8; schließlich grundsätzlich gegen VersU (§§ 565, 514 Abs 2). –
6   **c) Im arbeitsgerichtlichen Verfahren** vgl § 72 ArbGG.

7   **2. Für die Beteiligten am Revisionsverfahren** gelten § 511 Rn 6–10, für die erforderliche **Beschwer** 16–32 vor § 511.

§ 543 Zulassungsrevision

(1) **Die Revision findet nur statt, wenn sie**
1. **das Berufungsgericht in dem Urteil oder**
2. **das Revisionsgericht auf Beschwerde gegen die Nichtzulassung zugelassen hat.**

(2) [1]**Die Revision ist zuzulassen, wenn**
1. **die Rechtssache grundsätzliche Bedeutung hat oder**
2. **die Fortbildung des Rechts oder die Sicherung einer einheitlichen Rechtsprechung eine Entscheidung des Revisionsgerichts erfordert.**
[2]**Das Revisionsgericht ist an die Zulassung durch das Berufungsgericht gebunden.**

1   **1. Allgemeines.** Die Revision gegen revisionsfähige Urt (§ 542 Rn 2–4) findet nur nach Zulassung durch das BerGer oder das RevGer (BGH oder BayObLG) statt.

2   **2. Voraussetzungen der Zulassung.** Abs 2 bestimmt die Zulassungsvoraussetzungen für die Rev wortgleich mit den Voraussetzungen
3   für die Zulassung der Ber nach § 511 Abs 4. – **a)** Für die **Zulassungsentscheidung des BerGer** gelten deshalb die Ausführungen in § 511
4   Rn 20, 21 sinngemäß. – **b)** Für die **Zulassungsentscheidung des RevGer** ist Abs 2 Nr 1 in gleicher Weise auszulegen (§ 511 Rn 20). Abs 2 Nr 2 ermöglicht dem RevGer anders als dem BerGer die Berücksichtigung der Einzelfallgerechtigkeit. Die **Fortbildung des Rechts** erfordert eine Entscheidung des RevGer nur dann, wenn der Einzelfall Veranlassung gibt, Leitsätze für die Auslegung von Bestimmungen des materiellen oder formellen Rechts aufzustellen oder Gesetzeslücken auszufüllen. Das setzt voraus, dass für die rechtliche Beurteilung typischer Lebenssachverhalte eine richtungweisende Orientierungshilfe ganz oder teilweise fehlt (BGH NJW 02, 3029). Fälle der offenkundigen (BGH NJW 02, 3180) Verletzung von Verfahrensgrundrechten und der offensichtlichen Unrichtigkeit des BerUrt erfordern zur **Sicherung einer einheitlichen Rspr** eine Entscheidung des RevGer aber nur dann, wenn hierdurch die Einheitlichkeit der Rspr insgesamt gefährdet ist, sei es, dass auf Grund konkreter Anhaltspunkte die Gefahr einer Wiederholung desselben Fehlers durch das Ger zu besorgen ist, sei es dass auf

Grund der Publizitätswirkung das Vertrauen in die Rspr als Ganzes erschüttert ist oder dass ein Nachahmungseffekt gegeben ist (BGH NJW 02, 2957, NJW 03, 754 u 831; aA BGH NJW 03, 65/67: solche Fälle begründen die RevZulassung nach Abs 2 S 1 Nr 1) oder wenn ein Fall der Divergenz vorliegt (BGH WM 02, 2344).

Kein Zulassungsgrund für das RevGer ist das Vorliegen eines absoluten RevGrunds iS von § 547 (BAG NJW 01, 3142) oder allein die offensichtliche Unrichtigkeit des Urteils (BGH NJW 03, 831). 5

3. Entscheidung über die Zulassung. – a) Im Urteil des Berufungsgerichts, richtiger Weise im Tenor, wirksam auch in den Gründen (BAG DB 88, 136). Die Nichtzulassung sollte kurz begründet werden, weil dagegen die Nichtzulassungsbeschwerde gem § 544 stattfindet. Schweigt das BerUrt, ist die Zulassung abgelehnt (Celle NdsRpfl 02, 364). – **Berichtigung** ist zulässig bei Vorliegen der Voraussetzungen (§ 319 Rn 2–4), also wenn der Wille des Gerichts, die Rev zuzulassen, schon bei UrtErlass in Erscheinung getreten ist (BGH NJW-RR 01, 61). 6 7

b) Beschränkung. Die Zulassung wirkt für alle Parteien Jede Beschränkung muss sich klar, sei es auch nur aus den Entscheidungsgründen, ergeben (BGH NJW 95, 1955; 00, 1794/1796). – **Zulässig** auf rechtlich oder tatsächlich selbständige Teile des Streitstoffs, über die abgetrennt im Wege des Teil- (§ 301), Grund- (§ 304) oder selbständig anfechtbaren Zwischenurteils (§ 280; nicht: § 303) oder durch Beschluss nach § 17a Abs 3 GVG hätte entschieden werden können (BGH NJW 87, 3264, NJW 93, 1799). – **Beispiele:** Beschränkung auf eine Prozessvoraussetzung (BGH WM 95, 2046), zB Zulässigkeit der Klage (BGH MDR 90, 607), auf oder gegen einzelne einfache Streitgenossen (BGH LM Nr 9). Auf einen von mehreren selbständige vermögensrechtlichen Ansprüchen oder auf einen teilurteilsfähigen Teil des einzigen Anspruchs (BGH NJW 79, 767, NJW 99, 2116). Auf ein Verteidigungsmittel, das einen tatsächlich und rechtlich selbständigen und abtrennbaren Teil des Gesamtstreitstoffes darstellt, auf den auch die Partei selbst die Revision beschränken könnte (BGH 53, 152), zB auf die Verneinung der Aufrechnungsforderung (BGH NJW 96, 527, NJW-RR 01, 1572). Dazu gehört bei einem nach Grund u Höhe streitigen Anspruch auch Beschränkung auf den Grund, wenn nicht mehrere Anspruchsgrundlagen mit sich daraus ergebenden unterschiedlichen Beträgen in Betracht kommen (BGH NJW 82, 2380), oder auf die Höhe, auch wenn kein GrundUrt erlassen war (BGH NJW 79, 551); durfte es erlassen und dabei ausnahmsweise (§ 304 Rn 7) das mitwirkende Verschulden dem Betragsverfahren vorbehalten werden, so ist auch die Beschränkung darauf zulässig (BGH 76, 397, NJW-RR 02, 1148). Unter den vorstehend genannten Voraussetzungen darf die Zulassung der Rev auch in der Weise beschränkt werden, dass sie sich nicht auf das mitwirkende Verschulden bei Entstehung des Schadensereignisses (Zusammenstoß zweier Kfz), sondern nur auf die Entstehung 8 9 des Schadens aus diesem Ereignis (Verletzung der Anschnallpflicht) erstreckt (BGH NJW 81, 287). Anders, wenn sich der Einwand des Mitverschuldens nicht vom Grund der Haftung trennen lässt, weil Grund u Höhe sich aus einem einheitlich zu würdigenden Schadensereignis ableiten (BGH NJW-RR 02, 1148). Beschränkung auf eine Rechtsfrage, die nur für einen von mehreren entschiedenen Ansprüchen erheblich ist, bedeutet Beschränkung auf diesen Anspruch (BGH 48, 134; zwei-

10   felnd BGH Warn 68, 617). – **Unzulässige Beschränkung,** zB auf einzelne von mehreren konkurrierenden Anspruchsgrundlagen (BGH NJW 84, 615, VersR 95, 334), auf die Frage der Verjährung bei einem einzelnen Anspruch (BGH WM 95, 2107), auf die Zulässigkeit der Berufung, weil sie nicht selbständig anfechtbar ist (BGH NJW 87, 3264), ist wirkungslos, in solchen Fällen volle Nachprüfung (BGH VersR 84, 38, WM 90, 693).

11   **c) Wirkung.** Die Zulassung macht eine sonst nicht statthafte Rev zulässig, soweit nicht andere Zulässigkeitsvoraussetzungen (13–37 vor § 511) fehlen. Die vom BerGer zugelassene Rev bleibt statthaft, auch wenn das RevGer die Entscheidungserheblichkeit der für die Zulassung als wesentlich angesehenen Rechtsfrage verneint (BGH DB 68, 351). Im Fall beschränkter Zulassung darf das RevGer den Streitstoff, soweit er nicht von der Zulassung erfasst wird, in keiner Richtung, auch verfahrensrechtlich, mehr nachprüfen; so bei Beschränkung auf einen von mehreren Ansprüchen iF der Anspruchshäufung nach § 260 (BGH NJW 69, 50) oder auf die Aufrechnungsforderung (BGH NJW 96, 527).

12   **d) Die Zulassung durch das Berufungsgericht** ist für das Rev-Ger **bindend** (Abs 2 S 2) und für die Parteien unanfechtbar. Die **Nichtzulassungsentscheidung** kann vom BerGer nicht abgeändert werden (§§ 525, 318).

13   **e) In Bayern** bestimmen gem **§ 7 Abs 1 EGZPO** die BerGer zusammen mit der Zulassung nach Abs 1 Nr 1, ob für die Verhandlung und Entscheidung der Revision der BGH oder das BayObLG zuständig ist (vgl Rn 2 vor § 542). Ist dies unterblieben, kann nach dem Meistbegünstigungsgrundsatz die Revision bei jedem dieser Gerichte eingelegt werden (BGH NJW 94, 1224).

§ 544 Nichtzulassungsbeschwerde

(1) **[1]Die Nichtzulassung der Revision durch das Berufungsgericht unterliegt der Beschwerde (Nichtzulassungsbeschwerde). [2]Die Beschwerde ist innerhalb einer Notfrist von einem Monat nach Zustellung des in vollständiger Form abgefassten Urteils, spätestens aber bis zum Ablauf von sechs Monaten nach der Verkündung des Urteils bei dem Revisionsgericht einzulegen. [3]Mit der Beschwerdeschrift soll eine Ausfertigung oder beglaubigte Abschrift des Urteils, gegen das die Revision eingelegt werden soll, vorgelegt werden.**

(2) ¹ Die Beschwerde ist innerhalb von zwei Monaten nach Zustellung des in vollständiger Form abgefassten Urteils, spätestens aber bis zum Ablauf von sieben Monaten nach der Verkündung des Urteils zu begründen. ² § 551 Abs. 2 Satz 5 und 6 gilt entsprechend. ³ In der Begründung müssen die Zulassungsgründe (§ 543 Abs. 2) dargelegt werden.

(3) Das Revisionsgericht gibt dem Gegner des Beschwerdeführers Gelegenheit zur Stellungnahme.

(4) ¹ Das Revisionsgericht entscheidet über die Beschwerde durch Beschluss. ² Der Beschluss soll kurz begründet werden; von einer Begründung kann abgesehen werden, wenn sie nicht geeignet wäre, zur Klärung der Voraussetzungen beizutragen, unter denen eine Revision zuzulassen ist, oder wenn der Beschwerde stattgegeben wird. ³ Die Entscheidung über die Beschwerde ist den Parteien zuzustellen.

(5) ¹ Die Einlegung der Beschwerde hemmt die Rechtskraft des Urteils. ² § 719 Abs. 2 und 3 ist entsprechend anzuwenden. ³ Mit der Ablehnung der Beschwerde durch das Revisionsgericht wird das Urteil rechtskräftig.

(6) ¹ Wird der Beschwerde gegen die Nichtzulassung der Revision stattgegeben, so wird das Beschwerdeverfahren als Revisionsverfahren fortgesetzt. ² In diesem Fall gilt die form- und fristgerechte Einlegung der Nichtzulassungsbeschwerde als Einlegung der Revision. ³ Mit der Zustellung der Entscheidung beginnt die Revisionsbegründungsfrist.

1. Statthaft – **a)** grundsätzlich gegen jedes BerUrt, das die Rev nicht 1 zugelassen hat. – **b) Ausnahmsweise nicht statthaft** für eine Über- 2 gangszeit bis 31. 12. 2006 gegen BerUrteile, wenn der Wert der mit der Revision geltend zu machenden Beschwer 20 000 € (Berechnung wie § 511 Rn 12: BGH NJW 02, 2720) nicht übersteigt, und gegen BerUrteile in Familiensachen (§ 26 Nr 8, 9 EGZPO, dort Rn 9–17).

2. Beschwerdeberechtigt ist diejenige Partei, die durch das BerUrt 3 materiell oder formell beschwert ist (17–20 vor § 511). Ziel der zuzulassenden Revision muss sein, gerade den in der objektiven Beschwer liegenden nachteiligen Inhalt des BerUrt zu beseitigen (wie 21 vor § 511).

3. Einlegungsfrist beginnt – **a)** am Tage wirksamer (17–19 vor 4 § 166) **Amtszustellung** einer vollständigen UrtAusfertigung oder beglaubigten Abschrift, vgl § 517 Rn 2. – **b) Fristende** einen Monat nach 5 ihrem Beginn, vgl § 517 Rn 7. – **c)** bei unterbliebener oder unwirk- 6 samer Zustellung eines vollständigen Urt **endet Einlegungsfrist** 6 Monate nach Verkündung (§ 310 Abs 1), auch bei fehlerhafter Verkündung. – **d)** Die Einlegungsfrist ist **Notfrist,** so dass bei Versäumung 7 Wiedereinsetzung möglich, §§ 233 ff.

8   **4. Form der Einlegung. – a)** Beschwerdeschrift ist **bestimmender Schriftsatz** (§ 129 Rn 5 ff), zu unterzeichnen durch einen beim
9   BGH zugelassenen RA. – **b) Richtiger Adressat** ist allein der BGH
10   (§ 7 Abs 2 EGZPO). – **c)** Für Verbindung mit **PKH-Antrag** gilt § 519
11   Rn 4 sinngem. – **d) Inhalt** wie bei RevSchrift wegen Abs 6 S 2, § 549
       gilt sinngem. Das beizufügende BerUrt (Abs 1 S 3) soll dem BGH die
       Ermittlung des zuständigen Senats erleichtern.

12   **5.** Die Nichtzulassungsbeschwerde muss **begründet** werden – **a)** in
       einer **Frist** von **2 Monaten** ab Zustellung des vollständigen BerUrt
       (vgl Rn 4), bei unterbliebener oder unwirksamer Zustellung in einer
       Frist von **7 Monaten** ab UrtVerkündung (vgl Rn 6). Verlängerung
       der Begründungsfrist wie bei der Rev, § 551 Rn 2; Wiedereinsetzung
13   §§ 233 ff. – **b)** in der Form eines bestimmenden Schriftsatzes (§ 129
14   Rn 5 ff), unterzeichnet wie die Beschwerdeschrift (Rn 8). – **c)** Die Begründung muss enthalten die Darlegung der Zulassungsgründe (Abs 2 S 3)
       gem § 543 Abs 2 derart, dass das RevGer allein anhand der Beschw-
       Begründung u des BerUrt die Voraussetzungen der Zulassung prüfen kann
       (BGH NJW 03, 65, WM 03, 403), außerdem Vortrag zur Entscheidungs-
       erheblichkeit der aufgeworfenen Rechtsfrage (BGH NJW 03, 831), ferner
       Ausführungen zur erstrebten Abänderung des BerUrt, weil sonst der Be-
       schwerdegegenstand nicht bestimmt werden kann (BGH NJW 02, 2720).

15   **6. Verfahren des Revisionsgerichts. – a)** Nach **Gelegenheit zur
       Stellungnahme** durch den Gegner (Abs 3) Prüfung nur der schlüssig
       dargelegten Zulassungsgründe (BGH NJW 02, 3334, WM 03, 403) u
       dann Entscheidung durch Beschluss ohne mdl Vhdlg (§ 128 Abs 4) mit
16   folgenden Möglichkeiten: – **aa) Verwerfung** als **unzulässig,** wenn
       Form oder Frist der Einlegung oder Begründung nicht eingehalten sind. –
17   **bb) Erklärung eigener Unzuständigkeit** und Abgabe der Akten an
       das BayObLG, wenn die Gründe für die Zulassung im Wesentlichen
       Normen des bayerischen Landesrechts betreffen (§ 7 Abs 2 S 1 EGZPO). –
18   **cc) Zurückweisung der Beschwerde,** wenn Zulassungsgründe gem
       § 543 Abs 2 nicht bestehen. Dieser Beschluss ist idR kurz zu begründen,
       außer wenn er nichts Neues zur Auslegung von § 543 Abs 2 beiträgt
19   (Abs 4 S 2). – **dd) Zulassung** der Revision, dabei muss der Zulas-
       sungsgrund im Zeitpunkt der Entscheidung vorliegen (BGH NJW-RR
20   03, 352); Begründung nicht erforderlich (Abs 4 S 2). – **b)** Die **Entschei-
       dung** des RevGer ist vAw beiden Parteien **zuzustellen** (Abs 4 S 3). –
20a   Für **Zurücknahme** der Nichtzulassungsbeschwerde gilt § 516 Abs 3
       entsprechend (BGH NJW 03, 756).

21   **7. Rechtskraft des Berufungsurteils – a)** wird **gehemmt** durch
       Einlegung der Beschwerde. Einstweilige Einstellung der Zwangsvoll-
       streckung aus dem BerUrt entspr § 719 Abs 2 wie bei Rev (§ 719
22   Rn 6–11) möglich. – **b) tritt ein** mit Zustellung des die Beschwerde
       verwerfenden oder zurückweisenden Beschlusses (Abs 5 S 3).

23   **8. Fortsetzung des Beschwerdeverfahrens** als RevVerfahren,
       wenn die Rev zugelassen wird (Abs 6 S 1). Die Einlegung der Be-

schwerde gilt dann als RevEinlegung. Die RevBegründungsfrist von 2 Monaten (§ 551 Abs 2 S 2) beginnt mit Zustellung des Zulassungsbeschlusses (Abs 6 S 3). Wenn die Begründung der Beschwerde die Anforderungen an eine RevBegründung erfüllt, kann darauf Bezug genommen werden (§ 551 Abs 3 S 2).

9. Die Entscheidung des RevGer, gleich welchen Inhalts, ist **unan- 24 fechtbar.** Eine Gegenvorstellung, soweit sie statthaft ist, muss innerhalb der Monatsfrist des § 93 Abs 1 BVerfGG erhoben werden (BVerwG NJW 01, 1294). Bei Verletzung des Anspruchs auf rechtliches Gehör kommt entspr Anwendung von § 321 a in Betracht.

§ 545 Revisionsgründe

(1) **Die Revision kann nur darauf gestützt werden, dass die Entscheidung auf der Verletzung des Bundesrechts oder einer Vorschrift beruht, deren Geltungsbereich sich über den Bezirk eines Oberlandesgerichts hinaus erstreckt.**

(2) **Die Revision kann nicht darauf gestützt werden, dass das Gericht des ersten Rechtszuges seine Zuständigkeit zu Unrecht angenommen oder verneint hat.**

1. Übersicht. Zur Zulässigkeit der Rev gehört, dass in der Begrün- 1 dungsschrift die Verletzung irgendeiner Rechtsnorm entspr § 551 Abs 3 S 1 Nr 2 a gerügt wird. Begründet (nur davon handelt § 545 Abs 1) ist die Rev nur, wenn das angefochtene Urteil ein revisibles Gesetz (Rn 3–11) verletzt (§ 546) und auf dieser Gesetzesverletzung beruht (Rn 12; § 551). Abs 1 gilt entsprechend im Verfahren nach § 17 a Abs 4 GVG (BGH 133, 240). – **§ 545 gilt nicht** für die Arbeitsgerichtsbarkeit 2 (BAG WM 76, 194).

2. Recht oder **Vorschrift** ist im materiellen Sinn zu verstehen als 3 Rechtsnorm (§ 546), dh als objektiv allgemein verbindliches Recht, gültig geschaffen in den vom öffentlichen Recht vorgeschriebenen Formen. Dazu gehören insbes Gesetze ieS, Rechtsverordnungen, Verwaltungsanordnungen, die über innerdienstliche Anweisungen hinaus für Dritte die Grundlage von Rechtsansprüchen darstellen oder die Entstehung einer bindenden rechtlichen Verpflichtung zur Folge haben (BGH MDR 70, 210), Gewohnheitsrecht, Völkerrecht (Art 25 GG), ratifizierte und verkündete Staatsverträge. – **Nicht Vorschrift sind 4** tatsächliche Feststellungen (zur Abgrenzung vgl § 546) wie Handelsbräuche; Satzungen juristischer Personen des Privatrechts; ferner interne Verwaltungsvorschriften, Dienstanweisungen.

3. Revisibel ist – a) Bundesrecht stets, auch wenn es nicht über 5 ein OLG hinaus gilt. Dazu gehört das von Organen der Bundesrepublik neu geschaffene Recht; früheres Recht, gleichgültig, welche Körperschaft es erlassen hat; dessen Gegenstand entweder heute die ausschließliche Gesetzgebung des Bundes betrifft (Art 124, 73 GG) oder dessen Gegenstand heute die konkurrierende Gesetzgebung von Bund und

Ländern betrifft (Art 74 GG), soweit dieses frühere Recht in einer oder mehreren Besatzungszonen einheitlich galt oder soweit es nach dem

6 8. 5. 45 früheres Reichsrecht abgeändert hat (Art 125 GG). – **b) Sonstiges Recht.** Das ist vor allem Landesrecht seit Bestehen der Bundesrepublik und das frühere, soweit es nicht zum Bundesrecht zählt. Es muss in den Bezirken von mindestens 2 OLG gelten, das BerGer braucht nicht dazu zu gehören. Das Recht muss irgendwo in einem OLG-Bezirk anwendbar sein, außerdem in einem anderen OLG-Bezirk der Bundesrepublik (BGH LM Nr 23) gelten oder gegolten haben (BGH 24, 255). Die Rechtsnormen, die nicht Bundesrecht sind, können (BGH WM 88, 1574), müssen aber nicht auf derselben Rechtsquelle beruhen, ihre Übereinstimmung darf nicht nur zufällig, sondern muss gewollt sein (BGH DtZ 97, 357). Bloß tatsächlich übereinstimmende gesetzliche Regelung genügt nicht (BGH NJW 92, 2769). Ferner seit dem Beitritt der früheren DDR das dortige Recht, das im Zeitpunkt der Revisionsverhandlung auf vor dem 3. 10. 90 begründete Schuldverhältnisse über den Bezirk eines BezG hinaus anwendbar war

7 (BGH 120, 10, ZIP 95, 288). – **Maßgebender Zeitpunkt** für die Revisibilität ist die RevVhdlg (BGH 10, 367), so dass auch die nach der letzten BerVhdlg eingetretenen Rechtsänderungen zu berücksichtigen sind (BGH 36, 350; Bettermann ZZP 88, 365/370).

8   **4. Nicht revisibel ist** demnach insbesondere – **a) lokales Recht,** das nur im Bezirk eines OLG gilt; auch dann, wenn vergleichbares Ortsrecht bundesweit gilt (BGH 97, 231) und wenn Landesrecht auf Bundesrecht verweist, weil darin regelmäßig nur Übernahme als Landesrecht liegt (BGH 10, 371). Ist solches Recht rechtsirrig vom Berufungsgericht nicht berücksichtigt oder nicht ausgelegt worden, ist es vom Revisionsgericht anzuwenden (BGH NJW 96, 3151, VersR 97,

9 1420). – **b) Ausländisches Recht** einschließlich Satzungen, dh ob eine seiner Normen richtigerweise angewendet oder nicht angewendet wurde (BGH WM 71, 1094) einschl Beweislast (BGH WM 69, 858), Auslegungsregeln, allg Rechtsgrundsätzen (BGH WM 69, 1140) und AGB (BGH 112, 204, NJW 94, 1408). Auch wenn es mit dem deutschen Recht übereinstimmt (BGH NJW 59, 1873), auch wenn die Ausführungen des BerGer über das ausländische Recht nicht erschöpfend sind

10 (BGH NJW 88, 647). – **Nachprüfbar ist** die Frage, ob es sich um aus- oder inländisches Recht handelt (BGH 117, 204 für AGB) und ob deutsches oder ausländisches Recht anwendbar ist, also das deutsche IPR (BGH 136, 380/386) und auch diejenigen ausländischen Normen, die auf das deutsche sachliche Recht zurückverweisen (Art 27 EGBGB; BGH NJW 66, 2270), nicht dagegen Weiter- und Rückverweisungen auf anderes ausländisches Recht (BGH 45, 351); nachprüfbar ist, ob das anzuwendende ausländische Recht gegen den deutschen ordre public verstößt. Ferner, ob das BerGer seiner Pflicht, das ausländische Recht zu ermitteln, nachgekommen ist (BGH NJW 88, 647 u 648), ob es Vorbringen, einen Beweisantrag oder das Ergebnis einer Beweiserhe-

bung übersehen hat, auf die es nach seinem Rechtsstandpunkt, den es
für das nichtrevisible Recht eingenommen hat, ankam (BGH WM 71,
1094); s auch § 293 Rn 10. Wegen der Bindung vgl § 560. – **c)** Die **11**
örtliche, sachliche und funktionelle Zuständigkeit des Ger 1. Instanz (Abs 2); internationale Zuständigkeit bleibt revisibel (BGH NJW
03, 426).

5. Die Entscheidung beruht auf einer Rechtsverletzung, ma- **12**
teriellrechtlich wenn die richtige Rechtsanwendung zu einem anderen
Ergebnis führt, verfahrensrechtlich wenn die Möglichkeit nicht ausgeschlossen werden kann, dass sie ohne die Verletzung anders ausgefallen
wäre. Fehlt diese Kausalität, gilt § 561. Das ist vom RevGer frei zu
würdigen außer in den Fällen des § 547. Maßgebend ist, ob das Urt auf
einer Verletzung desjenigen – auch ausländischen (BGH NJW 62, 961)
– Rechts beruht, das auf den abzuurteilenden Anspruch z Zt der Rev-
Entscheidung anzuwenden ist, sodass auch eine Gesetzesänderung nach
Erlass des BerUrt zu seiner Aufhebung führen kann, wenn es nachträglich als nicht mehr gesetzeskonform erscheint (BGH NJW 95, 2170).

6. Abs 2 schließt im Interesse der Prozessökonomie und -be- **13**
schleunigung jede Prüfung der örtlichen, sachlichen und funktionellen
Zuständigkeit des Gerichts des 1. Rechtszugs aus (Rn 11), ebenso, ob
das Landwirtschaftsgericht (BGH 114, 277) zuständig war; gilt **nicht**
für internationale Zuständigkeit (BGH NJW 03, 426). Eine die Bejahung der örtlichen Zuständigkeit angreifende Revision ist unzulässig
(BGH NJW 00, 2822). Wenn das BerGer die Rev wegen der Zuständigkeitsfrage zugelassen hat, ist sie unbegründet (BGH NJW 88, 3267).
Abs 2 gilt auch bei örtlicher Zuständigkeit kraft Sachzusammenhangs
(BGH NJW 98, 988; aA G. Vollkommer ZZP 99, 102). – **Zulässig-** **14**
keit des Zivilrechtswegs ist wegen § 17a Abs 5 GVG nicht nachprüfbar; Ausnahme dort Rn 22.

§ 546 Begriff der Rechtsverletzung

**Das Recht ist verletzt, wenn eine Rechtsnorm nicht oder
nicht richtig angewendet worden ist.**

1. Die Rechtsverletzung kann bestehen – **a) in einem Interpre-** **1**
tationsfehler, nämlich darin, dass das Gericht die abstrakten Tatbestandsmerkmale der Rechtsnorm nicht richtig erkennt oder auslegt, zB
es lässt für bösen Glauben einfache Fahrlässigkeit genügen, § 932 BGB.
Oder – **b) in einem Subsumtionsfehler,** nämlich darin, dass der **2**
festgestellte konkrete Sachverhalt die abstrakten Tatbestandsmerkmale
der angewendeten Norm oder die Merkmale einer nicht angewendeten Norm ausfüllt, zB die festgestellten Tatsachen ergeben keine
grobe Fahrlässigkeit. – **c)** Die Verletzung einer bloßen **Ordnungsvor-**
schrift begründet die Rev nicht.

2. Tatsachenfeststellung und Rechtsanwendung. Die Grenze ist **3**
oft schwer zu ziehen. Das RevGericht ist an die Tatsachenfeststellung

gebunden (§ 559), nur die Rechtsanwendung ist nachprüfbar. **Einzelheiten:**
4   **a) Auslegung. – aa) Prozesshandlungen,** dh die Bedeutung von
Handlungen, Unterlassungen oder Erklärungen verfahrensrechtlichen Inhalts in diesem oder einem anderen Verfahren würdigt das RevGericht
völlig frei (BGH 4, 328/334, NJW-RR 96, 1210), etwa ob ein Geständ-
5   nis vorliegt (BGH NJW 01, 2550). – **bb) für behördliche
Handlungen,** also Entscheidungen, Akte, Erklärungen, Unterlassungen
gilt dasselbe. Beispiele: ob Verwaltungsakt oder privatrechtlicher Vertrag
(BGH 28, 34). Inhalt eines Verwaltungsaktes (BGH 24, 279/294) und
seine Auslegung (BGH NJW 83, 1793), ebenso eines Gemeinderatsbe-
schlusses (BGH NJW 98, 2138). Art einer zwischenstaatlichen Vereinbarung (BGH 32, 76/84). Ob der Vertrag einer Gemeinde mit einem
Bauherren dem öffentlichen oder dem bürgerlichen Recht zugehört
(BGH NJW 61, 1355, BGH 32, 214). Inhalt eines Zuschlagsbeschlusses
(RG 153, 254) oder einer anderen gerichtlichen oder schiedsgerichtlichen
6   Entscheidung (BGH NJW 57, 791, NJW-RR 90,194). – **cc) Privatrechtliche Willenserklärungen.** Dazu gehört auch der materiell-
rechtliche Inhalt eines Prozessvergleichs (BGH MDR 68, 576). Nicht
nachprüfbare Tatsachenfeststellung ist die Erklärungshandlung als solche, insbes ihr Wortlaut. Nachprüfbar ist, ob die Erklärung mehrdeutig
und damit auslegungsfähig ist (BGH 32, 63, NJW-RR 96, 932); unabhängig von einer Revisionsrüge (BGH NJW 98, 3268/3270), ob die
Auslegung gesetzlichen Auslegungsregeln – darunter auch Berücksichtigung alles wesentlichen Auslegungsstoffes (BGH 131, 136, NJW 99,
1022) –, anerkannten Auslegungsgrundsätzen, Erfahrungssätzen, Denkgesetzen oder Verfahrensvorschriften widerspricht (BGH 137, 69/72)
und die Interessenlage der Vertragspartner berücksichtigt (BGH NJW
01, 3777). Das Fehlen einer notwendigen Auslegung oder revisible
Auslegungsfehler führen dazu, dass eine bindende tatrichterliche Auslegung nicht vorliegt (BGH 131, 297/302). Kommen weitere Feststellungen nicht mehr in Betracht, kann das RevGer die Auslegung, auch
als ergänzende (BGH NJW 98, 1219), selbst vornehmen (BGH 65, 107,
7   NJW 99, 1022). – **dd) Inländische allgemeine Geschäftsbedingungen** und Formularverträge (BGH NJW 01, 1270) sind vom Rev-
Ger nachprüfbar, wenn sie über den Bezirk eines OLG hinaus gelten
(BGH NJW 01, 1270), also nicht, wenn sie eine örtliche Gerichtsstandvereinbarung enthalten (BGH NJW 63, 2227). Für ihre Auslegung ist
nicht der Wille der Parteien im Einzelfall maßgebend, sondern ihr
typischer Sinn nach objektiven Maßstäben unter Beachtung des wirt-
8   schaftlichen Zwecks zu ermitteln (BGH NJW 68, 885). – **ee) Vertrags-
werke, die im Rahmen einer gewerblichen Arbeitsgemeinschaft**
zur Regelung einer Vielzahl von Einzelfällen im gesamten Bundesgebiet erarbeitet wurden, zB Bankenabkommen zum Überweisungsver-
kehr, weil hierbei ein Bedürfnis nach einheitlicher Handhabung besteht
9   (BGH NJW 00, 2503). – **ff) Inländische Satzungen.** Von **Stiftungen** stets nachprüfbar, weil von Anfang an für einen unbestimmten

Personenkreis vorgesehen (BGH NJW 57, 708); von rechtsfähigen und nichtrechtsfähigen (BGH 21, 374) Vereinen ebenso, falls die Mitglieder über einen OLG-Bezirk hinaus wohnen; von **Kapitalgesellschaften** 10 frei nachprüfbar, soweit sie körperschaftliche Regelungen enthalten, die von Anfang an für einen unbestimmten Personenkreis vorgesehen sind (BGH LM § 549 Nr 25).

b) Beweiswürdigung. Nachprüfbar sind (Nicht)Anwendung ge- 11 setzlicher Beweisregeln, Vermutungen und anerkannter Grundsätze (zB über den Anscheinsbeweis), rechtliche Möglichkeit, Vollständigkeit und Freiheit der Würdigung von Widersprüchen, Verstoß gegen Erfahrungssätze und Denkgesetze (BGH NJW 93, 935, NJW 98, 2736), auch Einhaltung des von § 286 geforderten Beweismaßes (BGH NJW 99, 486); deshalb im BerUrteil Darlegung der wesentlichen Gesichtspunkte für Überzeugungsbildung erforderlich (BGH NJW 99, 423). Iü gehört die Beweiswürdigung (§ 286) zur nicht nachprüfbaren Tatsachenfeststellung.

c) Denkgesetze und Erfahrungssätze sind nachprüfbar. Sie sind 12 zwar keine Normen, aber geben den Maßstab zur Beurteilung und Wertung von Tatsachen (BGH NJW-RR 93, 653). Anwendung eines nichtbestehenden und Nichtanwendung eines bestehenden Erfahrungssatzes sind nachprüfbar; ebenso die Frage, ob er absolute Geltung und Beweiskraft hat (BGH 12, 25 für Blutgruppengutachten).

d) Ermessen. Nachprüfbar ist nur, ob das Gericht es überhaupt aus- 13 geübt hat (BGH NJW 94, 1143), ob die Voraussetzungen dafür vorlagen und ob die Grenzen eingehalten sind (BGH NJW-RR 92, 866).

e) Rechtsbegriffe sind als solche nachprüfbar, nicht aber die Fest- 14 stellung der sie ausfüllenden Tatsachen. Beispiel: Arglist, Verstoß gegen Treu und Glauben, Verschulden, grobe Fahrlässigkeit (BGH 10, 14), wichtiger Grund.

§ 547 Absolute Revisionsgründe

Eine Entscheidung ist stets als auf einer Verletzung des Rechts beruhend anzusehen,
1. **wenn das erkennende Gericht nicht vorschriftsmäßig besetzt war;**
2. **wenn bei der Entscheidung ein Richter mitgewirkt hat, der von der Ausübung des Richteramts kraft Gesetzes ausgeschlossen war, sofern nicht dieses Hindernis mittels eines Ablehnungsgesuchs ohne Erfolg geltend gemacht ist;**
3. **wenn bei der Entscheidung ein Richter mitgewirkt hat, obgleich er wegen Besorgnis der Befangenheit abgelehnt und das Ablehnungsgesuch für begründet erklärt war;**
4. **wenn eine Partei in dem Verfahren nicht nach Vorschrift der Gesetze vertreten war, sofern sie nicht die Prozessführung ausdrücklich oder stillschweigend genehmigt hat;**

5. **wenn die Entscheidung aufgrund einer mündlichen Verhandlung ergangen ist, bei der die Vorschriften über die Öffentlichkeit des Verfahrens verletzt sind;**
6. **wenn die Entscheidung entgegen den Bestimmungen dieses Gesetzes nicht mit Gründen versehen ist.**

1   **1.** Die **Kausalität der Gesetzesverletzung** für das Urt (§ 545 Rn 12) wird in § 547 bei einigen besonders schweren Verfahrensverstößen **unwiderlegbar vermutet** und insoweit auch § 561 ausgeschaltet (BGH NJW 03, 585). Nachprüfbar ist der Verstoß nur, wenn die Rev zulässig ist (BGH 2, 278). Dazu gehört, soweit es sich nicht um unverzichtbare Prozessvoraussetzungen (15–26 vor § 253) handelt, die ordnungsmäßige Erhebung der Rüge (§ 551 Rn 7). Der Fehler muss, um für das Urt ursächlich zu sein, in der BerInstanz begangen oder es muss von der BerInstanz im Ergebnis, das auf dem Fehler beruht, vom Ger der 1. Instanz übernommen worden sein. Wo § 547 versagt, bleibt die Kausalität nach § 545 zu prüfen.

2   **2. Die absoluten RevGründe**
Nr 1. Vorschriftsmäßige Besetzung des Gerichts. – a) Dazu gehören Befähigung zum Richteramt (§§ 5 ff DRiG) und ordnungsgemäße Bestellung (§§ 8 ff DRiG), richtige Zahl und Vertretung (§§ 22, 70, 75, 105 ff, 116 ff, 122, 192 GVG), richtige Besetzung gem §§ 21 e–g GVG (BGH 126, 63 für § 21 g Abs 2 GVG), 70, 115, 117 GVG (BGH 95, 226 für Hilfsrichter, BGH 95, 246 für Vorsitzenden), § 309 ZPO, Entscheidungsbefugnis des Einzelrichters anstelle des Kollegiums §§ 348, 348 a, 349, 526, 527 (BGH NJW 93, 600; 01, 1357), gesetzmäßiges Zustandekommen der Geschäftsverteilung (BGH NJW 59, 685). Bei Taubheit, ferner Blindheit bei Einnahme eines Augenscheins (BGHSt 4, 191; 5, 354), bei kurzfristiger Abwesenheit eines mitwirkenden Richters (BAG NJW 58, 924) oder Schlaf (BVerwG NJW 66, 467) während der letzten mdl Vhdlg ist das Gericht nicht vorschriftsmäßig besetzt. Wegen Mängeln des Geschäftsverteilungsplans 3   und Fehlern bei seiner Anwendung vgl § 21 e GVG Rn 45–47. – **b)** Sie **bezieht sich auf das erkennende Gericht** in letzter mdl Vhdlg, im schriftl Verfahren bei letzter Beschlussfassung (BGH NJW 86, 2115, BSG MDR 92, 593). Sie ist nicht vAw, sondern nur auf entspr Verfah- 4   rensrüge zu prüfen (BAG NJW 62, 318). – **c) Nicht unter Nr 1 fällt,** wenn ein anderer Spruchkörper statt des nach dem Geschäftsverteilungsplan richtigen entschieden hat (§ 21 e GVG Rn 47); Verletzung des § 39 ArbGG (BAG AP Nr 2 § 39).

5   **Nr 2.** Mitwirkung eines Richters an der Entscheidung, der **vom Richteramt ausgeschlossen** ist (§ 41), außer wenn ein auf diesen Grund gestütztes Ablehnungsgesuch rechtskräftig abgelehnt ist (§ 46 Abs 2).

6   **Nr 3.** Mitwirkung eines Richters an der Entscheidung, der wegen Besorgnis der Befangenheit **erfolgreich abgelehnt** wurde, auch Selbstablehnung (§§ 42–48). Keine analoge Anwendung auf die bloße Möglichkeit erfolgreicher Ablehnung (BGH NJW 81, 1273). Dass der

Richter erfolgreich hätte abgelehnt werden können oder die Selbstablehnung hätte erklären müssen, ohne dass dies geschehen ist, genügt nicht als Revisionsgrund (BGH 120, 141); ebenso nicht, dass der Richter wegen eines Verhaltens nach Unterzeichnung, aber vor Verkündung des BerUrt erfolgreich abgelehnt wurde (BGH NJW 01, 1502).

Nr 4. Mangelnde Vertretung im Prozess. Hierher gehören Auftreten eines Prozessunfähigen ohne gesetzlichen Vertreter. Nicht der richtige gesetzliche Vertreter für den Prozessunfähigen (§ 51 Rn 3) oder nicht der richtige Prozessführungsbefugte (§ 51 Rn 20 f), zB nicht der Insolvenzverwalter (BGH ZIP 88, 446), tritt auf. Jemand anderer tritt unter dem Namen der Partei auf. Ein Dritter wird entgegen zwingender Vorschrift nicht am Verf beteiligt (BGH NJW 02, 2109); ein solcher Fehler ist vAw zu berücksichtigen (BGH NJW 03, 585). Fehlende Prozessvollmacht; analog fehlende Parteifähigkeit (§ 50). – Es handelt sich um eine **Schutzvorschrift** für die Partei, die im Vorprozess nicht vorschriftsmäßig vertreten war (StJGrunsky 21). Die Rüge kann bei sonst zulässiger Rev also nur von ihr erhoben werden. Der Gegenpartei fehlt insoweit auch die Beschwer, die für eine im Vorprozess siegreiche Gegenpartei auch nicht aus der Möglichkeit einer Nichtigkeitsklage gegen sie aus § 579 Abs 1 Nr 4 hergeleitet werden kann (BGH 63, 78). – **Genehmigung** der Prozessführung heilt den 9 Mangel; vgl § 51 Rn 17. 7 8

Nr 5. Verletzung der Öffentlichkeit der Verhandlung ist erfüllt, wenn während der letzten mdl Vhdlg die Öffentlichkeit entgegen Mussvorschriften des Gesetzes ausgeschlossen (§ 169 GVG) oder zugelassen (§§ 170, 171 Abs 1 HS 1, Abs 2) war. Ferner wenn bei dem Verfahren über den Ausschluss § 174 Abs 1 GVG verletzt wurde (RG 128, 217 für fehlende Begründung gem S 3). 10

Nr 6. Fehlende Entscheidungsgründe (§ 313 Rn 27 ff), soweit 11 sie nicht nach §§ 540, 313 a, 313 b entbehrlich sind. Gemeint ist, dass sie überhaupt oder zu wesentlichen Streitpunkten vollständig fehlen, unverständlich oder inhaltslos sind. **Beispiele:** Wenn die UrtGründe bei Ablauf der 5 Monatsfrist in § 548 noch nicht vorliegen, so dass der Partei die 1 Monatsfrist für die Prüfung, ob sie Rev einlegen will, nicht mehr voll verbleiben würde (BGH NJW 91, 1547, GemSOGB NJW 93, 2603). Gilt entsprechend für Beschlüsse nach mdl Vhdlg (BGH MDR 01, 1184) und Beschwerdeentscheidung des LG in Wohnungseigentumssachen (KG OLGZ 94, 405). Es fehlen vollständig Ausführungen zu einem selbständigen Verteidigungsmittel, das zum Erfolg führen kann (BGH WM 90, 1126/1129, zB eine rechtsvernichtende Einwendung (BGH NJW 83, 2318), Aufrechnung (RG 160, 343), Verjährung (BGH VersR 79, 348). Nicht ersetzbare (vgl § 315 Rn 1) fehlende Unterschrift eines Richters (BGH NJW 77, 765). Wenn bei Auslandsberührung das Urt nicht erkennen lässt, welche Rechtsordnung ihm zugrunde liegt (BGH NJW 88, 3097, MDR 96, 105). – **Nicht unter** 12 **Nr 6 fallen** Unrichtigkeit, Unklarheit, Unvollständigkeit der Gründe zu einem an sich behandelten Streitpunkt (RG 156, 227); Abfassung

der Gründe erst nach Ablauf der Antragsfrist gem § 320 Abs 2 S 3
(BGH 32, 17); Bloße, jedoch nachprüfbare Verweisung auf Recht-
sprechung und Schrifttum (BGH NJW 91, 2761); Übergehen eines
Verteidigungsvorbringens, das zur Abwehr der Klage ungeeignet ist. –
13 **Fehlender Tatbestand** vgl § 557 Rn 4. **Bezugnahme** auf andere
Entscheidungen und auf Aktenstücke (vgl § 313 Rn 27).

§ 548 Revisionsfrist

**Die Frist für die Einlegung der Revision (Revisionsfrist) be-
trägt einen Monat; sie ist eine Notfrist und beginnt mit der
Zustellung des in vollständiger Form abgefassten Berufungsurteils, spätestens aber mit dem Ablauf von fünf Monaten nach
der Verkündung.**

1 § 548 entspricht § 517; vgl die Rn dort. Hat das BerGer ein Ergänzungsurt (§ 321) erlassen, gilt § 518 entspr (BGH LM § 517 Nr 1).
Familiensachen vgl § 629 a Abs 3 S 3.

§ 549 Revisionseinlegung

**(1) [1]Die Revision wird durch Einreichung der Revisions-
schrift bei dem Revisionsgericht eingelegt. [2]Die Revisionsschrift muss enthalten:
1. die Bezeichnung des Urteils, gegen das die Revision gerichtet wird;
2. die Erklärung, dass gegen dieses Urteil die Revision eingelegt werde.
[3]§ 544 Abs. 6 Satz 2 bleibt unberührt.**

**(2) Die allgemeinen Vorschriften über die vorbereitenden
Schriftsätze sind auch auf die Revisionsschrift anzuwenden.**

1 **Revisionseinlegung.** Entspricht § 519 Abs 1, 2, 4; vgl die Rn dort.
Rev ist beim BGH durch einen dort zugelassenen RA, gegen die Urteile bayerischer BerGere, in denen die Rev zum BayObLG zugelassen
ist, nur durch einen bei einem bayer. OLG zugelassenen RA einzulegen. Die gemäß § 543 Abs 1 S 1 zugelassene Rev ist in Bayern bei
dem RevGer einzulegen, das das BerGer im BerUrteil als zuständig bestimmt hat, andernfalls ist sie unzulässig (BGH NJW-RR 87, 125, § 7
EGZPO); vgl 2 vor § 542. Einstellung der ZwVollstr § 719 Abs 2.
2 Führt die Nichtzulassungsbeschwerde zum Erfolg, gilt sie gem § 544
Abs 6 S 2 als Revisionsschrift.

§ 550 Zustellung der Revisionsschrift

**(1) Mit der Revisionsschrift soll eine Ausfertigung oder beglau-
bigte Abschrift des angefochtenen Urteils vorgelegt werden, soweit dies nicht bereits nach § 544 Abs. 1 Satz 4 geschehen ist.**

(2) Die Revisionsschrift ist der Gegenpartei zuzustellen.

1 Entspricht §§ 519 Abs 3, 521 Abs 1; vgl die Rn dort.

§ 551 Revisionsbegründung

(1) **Der Revisionskläger muß die Revision begründen.**

(2) [1]**Die Revisionsbegründung ist, sofern sie nicht bereits in der Revisionsschrift enthalten ist, in einem Schriftsatz bei dem Revisionsgericht einzureichen.** [2]**Die Frist für die Revisionsbegründung beträgt zwei Monate.** [3]**Sie beginnt mit der Zustellung des in vollständiger Form abgefassten Urteils, spätestens aber mit Ablauf von fünf Monaten nach der Verkündung.** [4]**§ 544 Abs. 6 Satz 3 bleibt unberührt.** [5]**Die Frist kann auf Antrag von dem Vorsitzenden verlängert werden, wenn der Gegner einwilligt.** [6]**Ohne Einwilligung kann die Frist um bis zu zwei Monate verlängert werden, wenn nach freier Überzeugung des Vorsitzenden der Rechtsstreit durch die Verlängerung nicht verzögert wird oder wenn der Revisionskläger erhebliche Gründe darlegt.**

(3) [1]**Die Revisionsbegründung muss enthalten:**
1. **die Erklärung, inwieweit das Urteil angefochten und dessen Aufhebung beantragt werde (Revisionsanträge);**
2. **die Angabe der Revisionsgründe, und zwar:**
   a) **die bestimmte Bezeichnung der Umstände, aus denen sich die Rechtsverletzung ergibt;**
   b) **soweit die Revision darauf gestützt wird, dass das Gesetz in Bezug auf das Verfahren verletzt sei, die Bezeichnung der Tatsachen, die den Mangel ergeben.**
[2]**Ist die Revision aufgrund einer Nichtzulassungsbeschwerde zugelassen worden, kann zur Begründung der Revision auf die Begründung der Nichtzulassungsbeschwerde Bezug genommen werden.**

(4) **§ 549 Abs. 2 und § 550 Abs. 2 sind auf die Revisionsbegründung entsprechend anzuwenden.**

1. Formgerechte Revisionsbegründung ist Voraussetzung für die 1
Zulässigkeit der Rev. Abs 1 und Abs 2 S 1 entsprechen § 520 Abs 1,
Abs 3 S 1; vgl dort Rn 1.

2. Begründungsfrist beträgt zwei Monate; sie beginnt mit Urt- 2
Zustellung, spätestens fünf Monate ab UrtVerkündung wie § 520 Abs 2
S 1. Im Fall einer erfolgreichen Nichtzulassungsbeschwerde beginnt die
Begründungsfrist mit Zustellung des Zulassungsbeschlusses des RevGer
(§ 544 Abs 6 S 3). **Verlängerung** durch Vfg des Vorsitzenden wie in
§ 520 Abs 2 S 2, 3 mit der Abweichung, dass ohne Einwilligung des Gegners die Begründungsfrist um bis zu zwei Monate verlängert werden darf.

3. Notwendiger Inhalt der Begründungsschrift. – Nr 1, Revi- 3
sionsanträge, § 520 Rn 17–19 gelten sinngemäß. Die Rev ist unzulässig, wenn der verurteilte Erblasser sie eingelegt hat und der Erbe sie
ohne jeden Angriff gegen das BerUrt nur zu dem Zweck weiterführt,
den Vorbehalt der beschränkten Erbenhaftung zu erreichen (BGH 54,

4 204). – **Nr 2. Begründung,** weicht von § 520 Abs 3 Nr 2 ab. Was
dort Rn 22–32 gesagt ist, außer zu den Angriffen gegen das Urt in tatsächlicher Hinsicht und zum neuen Vorbringen, gilt für die RevBegründung entspr. Näher Rn 5 ff.

5 **4. Begründung (Abs 3 Nr 2).** Vgl auch Rn 4. – **a) Bezeichnung
der Umstände, die die Rechtsverletzung ergeben,** prozessual wie
materiell und zwar möglichst bestimmt und genau. Was dafür genügt,
hängt vom Einzelfall ab. Allgemein gültige Regeln gibt es nicht. Die
Begründung muss sich aber mit den tragenden Gründen des Berufungsurteils auseinander setzen (BAG NJW 98, 2470). Nicht genügend ist
lediglich die Rüge, das materielle Recht sei verletzt (BGH VersR 76,
1063). Angabe einer §-Zahl ist genügend, aber nicht nötig; falsche Bezifferung schadet nicht. Als genügend ist anzusehen eine Bezeichnung
des Rechtssatzes seinem Gegenstand nach, zB Auslegungsgrundsatz,
Besitzvorschriften. Soll die Rev ausschließlich auf neue Tatsachen gestützt werden, die vom RevGer berücksichtigt werden dürfen (§ 559
Rn 8–13), genügt deren Angabe (BGH NJW 02, 1130). Ist eine Rüge
zulässig erhoben, muss im Rahmen der Anträge die ganze materielle
Rechtsanwendung vAw nachgeprüft werden (BGH NJW 99, 2817). –
6 **Beschränkung** des Streitstoffes vgl § 520 Rn 28 und § 543 Rn 8–
10.
7 **b) Verfahrensrügen** betreffen den Weg zum Urt im Gegensatz
zum Inhalt des Urt. – Bei ihnen sind die **Einzeltatsachen** anzugeben,
in denen die Gesetzesverletzung gesehen wird. Handelt es sich um gerichtsinterne Vorgänge, muss die Rev zumindest darlegen, dass sie
zweckentsprechende Aufklärung gesucht hat (BGH NJW 92, 512). Der
genaue Prozessvorgang, in dem der Verstoß liegen soll, muss als bestimmt geschehen bezeichnet werden. Ergibt sich daraus nicht ohne
weiteres die **mögliche Kausalität** dieses Vorgangs für das Urt (§ 545
Rn 12), so müssen auch die Tatsachen dafür angegeben werden (BGH
8 MDR 61, 142). – **Beispiele:** Wer Verletzung von § 139 rügt, muss
genau angeben, welche Frage das Ger hätte stellen sollen und wie die
Partei darauf geantwortet hätte (BGH NJW-RR 88, 208). Bei über-
gangenem Beweisangebot muss der Beweisantrag mit Thema und Beweismittel angegeben werden. Im Falle des § 538 muss der RevKläger
angeben, weshalb das BerGer nicht hätte zurückverweisen dürfen, sondern selbst hätte entscheiden müssen (BGH NJW 97, 1710); materiell-
rechtliche Ausführungen im BerUrt kann das RevGer nur nachprüfen,
wenn sie die Grundlage für die Zurückverweisung bilden. Auch in den
Fällen des § 547, soweit es sich nicht um Prozessvoraussetzungen handelt, muss die Rüge ordnungsgemäß erhoben sein (BAG NJW 62, 318;
BGH LM § 551 Ziff 1 Nr 10). Ebenso, dass sich das Ger an die Feststellungen eines Schiedsgerichts gebunden gefühlt habe (BGH 27, 252);
9 Tatsachen für Verkündungsmängel (§ 310 Rn 4–8). – **Keine Rüge ist
erforderlich,** soweit das RevGer vAw zu prüfen hat (§ 557 Rn 3);
ferner, soweit im Eheprozess Beschwer nicht erforderlich ist (§ 629

Rn 4). – Soweit die **Begründung der Nichtzulassungsbeschwerde** 10
diesen Anforderungen genügt, kann im Fall des § 544 Abs 6 die Rev
durch Bezugnahme darauf begründet werden.

c) Verstoß gegen Abs 3 Nr 2 macht diese Rüge unzulässig und da- 11
mit unnachprüfbar. Ist keine Rüge ordnungsgemäß erhoben, ist die
ganze Rev unzulässig (BGH NJW 84, 495). Eine von der Revision zulässig erhobene Verfahrensrüge kommt der Anschlussrevision nicht zugute, außer die Angriffe beider Seiten stehen in untrennbarem Zusammenhang (BGH NJW 94, 801).

Abs 5 mit seinen Verweisungen entspricht §§ 520 Abs 5, 521 Abs 1. 12

5. Neue Revisionsgründe können innerhalb der Begründungsfrist 13
formgerecht unbeschränkt nachgebracht werden.

Nach Ablauf der Begründungsfrist können – **a) neue Verfah-** 14
rensrügen nicht mehr erhoben werden, ausgenommen soweit das
RevGer vAw nachprüft (§ 559 Rn 3). Gegen die Versäumung der Begründungsfrist ist hinsichtlich einzelner Rügen **Wiedereinsetzung** unzulässig, anders bei unvollständig übermittelter Begründungsschrift (vgl
§ 520 Rn 16). – **b)** Die **Verletzung materiellen Rechts** kann un- 15
beschränkt neu gerügt werden, sofern nur die Rev überhaupt zulässig,
insbes also irgendeine prozessuale oder materielle Rüge ordnungsgem
erhoben ist (§ 557 Rn 9).

§ 552 Zulässigkeitsprüfung

(1) [1]**Das Revisionsgericht hat von Amts wegen zu prüfen, ob
die Revision an sich statthaft und ob sie in der gesetzlichen Form
und Frist eingelegt und begründet ist.** [2]**Mangelt es an einem dieser Erfordernisse, so ist die Revision als unzulässig zu verwerfen.**

(2) **Die Entscheidung kann durch Beschluss ergehen.**

Entspricht § 522 Abs 1; vgl dort Rn 1–12. 1

§ 553 Terminsbestimmung; Einlassungsfrist

(1) **Wird die Revision nicht durch Beschluss als unzulässig
verworfen, so ist Termin zur mündlichen Verhandlung zu
bestimmen und den Parteien bekannt zu machen.**

(2) **Auf die Frist, die zwischen dem Zeitpunkt der Bekanntmachung des Termins und der mündlichen Verhandlung liegen
muss, ist § 274 Abs. 3 entsprechend anzuwenden.**

Entspricht § 523 bei frühem erstem Termin. **Gilt nur,** wenn die 1
Revision nicht durch Beschluss nach § 552 Abs 2 als unzulässig verworfen wird. Es gibt kein schriftliches Vorverfahren.

§ 554 Anschlussrevision

(1) [1]**Der Revisionsbeklagte kann sich der Revision anschließen.** [2]**Die Anschließung erfolgt durch Einreichung der Revi-
sionsanschlussschrift bei dem Revisionsgericht.**

(2) [1]Die Anschließung ist auch statthaft, wenn der Revisionsbeklagte auf die Revision verzichtet hat, die Revisionsfrist verstrichen oder die Revision nicht zugelassen worden ist. [2]Die Anschließung ist bis zum Ablauf eines Monats nach der Zustellung der Revisionsbegründung zu erklären.

(3) [1]Die Anschlussrevision muss in der Anschlussschrift begründet werden. [2]§ 549 Abs. 1 Satz 2 und Abs. 2 und die §§ 550 und 551 Abs. 3 gelten entsprechend.

(4) Die Anschließung verliert ihre Wirkung, wenn die Revision zurückgenommen oder als unzulässig verworfen wird.

1   **1. Begriff und Wesen der Anschlussrevision** entspricht ganz dem der AnschlussBer (§ 524 Rn 1), die gesetzliche Regelung weitgehend. Soweit nicht nachfolgend Abweichendes gesagt ist, gelten sinngem die Erläuterungen zu § 524.

2   **2. Zulässigkeitsvoraussetzungen** wie AnschlussBer (vgl § 524 Rn 5–16) mit der Abweichung, dass **Beschwer,** die allerdings keinen bestimmten Wert zu erreichen braucht, durch das BerUrt nötig ist (BGH NJW 95, 2563), weil in der RevInstanz Klageerweiterung und Widerklage unzulässig sind. Allein zu diesen Zwecken kann AnschlussRev nicht eingelegt werden; sie darf auch keinen anderen Lebenssachverhalt betreffen als den der Rev (BGH NJW 01, 3543/3546; 02, 1870/1872). Bei nur beschränkt zugelassener Rev (§ 543 Rn 8, 9) ist die Anschließung auf einen von der Zulassung nicht erfassten Teil des Streitgegenstands unzulässig (BGH NJW 95, 2034/2036). Einzulegen ist sie gegen Urt bayer BerGer bei dem für zuständig erklärten RevGer (BayObLG MDR 72, 235). – AnschlussRev ist auch dann zulässig, wenn

3 die **Revision** für die betreffende Partei vom BerGer oder RevGer nicht zugelassen wurde.

4   **Frist für die Einlegung.** Der RevBeklagte kann sich nur bis zum Ablauf eines Monats nach Zustellung der RevBegründung der Hauptrevision anschließen. Wiedereinsetzung gegen die Versäumung der Einlegungsfrist ist zulässig (BGH LM § 233 Nr 15). Die Begründung muss in der Anschlussschrift enthalten sein, kann aber bis zum Ablauf der Frist für die Einlegung der AnschlussRev nachgebracht und ergänzt werden.

5   **3. Die Anschlussrevision** ist **abhängig** von der HauptRev (Abs 4), also nur als unselbständige möglich.

§ 555 Allgemeine Verfahrensgrundsätze

(1) [1]Auf das weitere Verfahren sind, soweit sich nicht Abweichungen aus den Vorschriften dieses Abschnitts ergeben, die im ersten Rechtszuge für das Verfahren vor den Landgerichten geltenden Vorschriften entsprechend anzuwenden. [2]Einer Güteverhandlung bedarf es nicht.

(2) Die Vorschriften der §§ 348 bis 350 sind nicht anzuwenden.

1. Entspricht § 525. Abweichungen ergeben sich aus den folgen- 1
den Vorschriften. Gewisse Vorschriften des BerVerfahrens sind in § 565
für anwendbar erklärt. Erleichterung für die Gründe der Entscheidung
vgl § 564.

2. Für das **Versäumnisverfahren** bestehen keine eigenen Vorschrif- 2
ten. Reihenfolge und Umfang der Prüfung: – **a)** Die **Zulässigkeit der**
Revision zuerst vAw. Vgl entspr § 539 Rn 1. – **b) Zulässigkeit des** 3
Verfahrens in den Vorinstanzen; vgl entspr § 539 Rn 2, 3. Es ist
also vAw die Zulässigkeit des BerUrt und der Ber zu prüfen, dann die
Zulässigkeit des ErstUrt und der Klage. – **c) Bei Säumnis des Revi-** 4
sionsklägers gilt, wenn die Voraussetzungen vorstehend Rn 2, 3 in
Ordnung sind, § 539 Rn 5 entspr. – **d) Bei Säumnis des Revisions-** 5
beklagten gilt § 539 Abs 2 nicht entspr. Die Rev ist auf ihre Begründetheit zu prüfen. Auf die vAw zu prüfenden Tatsachen ist die Säumnis
ohne Einfluss, andere zulässigerweise neu vorgebrachte Tatsachen
(§ 561 Rn 8–14) gelten unter Beachtung von § 335 Abs 1 Nr 3 als zugestanden (§ 331 Abs 1). Erweist sich die Rev danach als begründet, ist
durch echtes VersU (BGH 37, 79, NJW-RR 96, 113) das BerUrt aufzuheben und weiter zu entscheiden (BGH NJW 86, 3085, Rn 43–45
vor § 511). Erweist sie sich als unbegründet, ist sie durch streitiges End-
Urt zurückzuweisen (BGH NJW 93, 1788). Ein VersU kann begrifflich
nur gegen die säumige Partei ergehen (BGH 37, 79); bei unbegründeter
Rev ergeht das Urteil aber gegen den erschienenen RevKläger.

3. Besonderheiten. – a) Güteverhandlung (§ 278 Abs 2) nicht er- 6
forderlich; § 278 Abs 1 gilt aber auch für das RevGer. – **b) Einzel-** 7
richter gibt es im RevVerfahren nicht.

§ 556 Verlust des Rügerechts

Die Verletzung einer das Verfahren der Berufungsinstanz be-
treffenden Vorschrift kann in der Revisionsinstanz nicht mehr
gerügt werden, wenn die Partei das Rügerecht bereits in der
Berufungsinstanz nach der Vorschrift des § 295 verloren hat.

Entspricht § 534. 1

§ 557 Umfang der Revisionsprüfung

(1) **Der Prüfung des Revisionsgerichts unterliegen nur die**
von den Parteien gestellten Anträge.

(2) **Der Beurteilung des Revisionsgerichts unterliegen auch**
diejenigen Entscheidungen, die dem Endurteil vorausgegangen
sind, sofern sie nicht nach den Vorschriften dieses Gesetzes un-
anfechtbar sind.

(3) [1]**Das Revisionsgericht ist an die geltend gemachten Revi-**
sionsgründe nicht gebunden. [2]**Auf Verfahrensmängel, die nicht**
von Amts wegen zu berücksichtigen sind, darf das angefoch-

tene Urteil nur geprüft werden, wenn die Mängel nach den §§ 551 und 554 Abs. 3 gerügt worden sind.

1   **1. Zuerst** ist von Amts wegen die **Zulässigkeit der Revision** zu prüfen; vgl § 552. § 557 setzt eine zulässige Rev voraus und bestimmt den Umfang, in dem ihre Begründetheit (vgl Rn 12 vor § 511) zu prüfen ist. Er wird bestimmt durch eine zulässige Beschränkung der Revisionszulassung im BerUrt (BGH NJW 96, 527) und durch die zuletzt gestellten (§ 297) Revisions- und Anschließungsanträge, Abs 1; vgl § 528. Mit dem prozessualen Anspruch darf sich das RevGer dabei nur insoweit befassen, als die Vorinstanzen darüber entschieden haben
2   (BGH MDR 86, 130). Neue Anträge § 559 Rn 2–6. – **Im Rahmen der Begründetheit der Revision prüft das Gericht** grundsätzlich ohne Bindung an die geltend gemachten RevGründe (Abs 3 S 1):

3   **2. Von Amts wegen die Zulässigkeit des Verfahrens,** dh Nachprüfung des bisherigen Verfahrens auf Fehler, die eine Vhdlg und Entscheidung zur Sache in der RevInstanz unzulässig oder unmöglich machen. Hierher gehören:
4   **a) Zulässigkeit des Berufungsurteils.** Es muss als Grundlage des RevVerfahrens geeignet sein. – **Beispiele für Fehler** in dieser Richtung: Urteil gegen eine Person, die im 2. Rechtszug nicht Partei war (BGH NJW 93, 3067). Unzulässiges Grundurteil (BGH NJW 00, 664, § 304 Rn 11, 19). Urt während Unterbrechung des Verfahrens. Urt unter Verletzung von § 563 Abs 2 (BGH 3, 324, NJW 92, 2831) oder § 308 Abs 1 (RG 156, 376). Schlechterstellung des BerKl lediglich auf seine Ber, § 528 Rn 3–9. Unverständlichkeit des Urt, weil widerspruchsvoll (BGH 5, 240/245, NJW-RR 01, 1351; 17 vor § 300). Ein Mangel, Lücken, Widerspruch, Unklarheit im Tatbestand des Urt, die seine erschöpfende sachliche Nachprüfung verhindern (BGH 40, 84, NJW 96, 2235; Bsp vgl § 161 Rn 5). Völliges Fehlen des Tatbestandes (BAG NJW 71, 214). Unbestimmtheit der Klageanträge (BGH 135, 1/6) oder der Zug-um-Zug-Gegenleistung (BGH 45, 287). In diesen Fällen ist das BerUrt, soweit es den Mangel enthält (BGH 45, 287), oder ganz (BGH NJW 66, 2356) aufzuheben und zurückzuverweisen.
5   **b) Zulässigkeit der Berufung** (BGH NJW 01, 226) einschl ev Wiedereinsetzung (BAG NJW 62, 1933, BGH WM 97, 2353) und Zulässigkeit der AnschlussBer. Fehlt eine Zulässigkeitsvoraussetzung für die BerInstanz und lautet das BerUrt anders als auf ihre Verwerfung, ist es aufzuheben und die Ber zu verwerfen, falls nicht im Einzelfall das Verbot der Schlechterstellung entgegensteht; vgl § 528 Rn 3–6. Ist der Streitstoff nur teilweise in die Revisionsinstanz gelangt, so ist das RevGer hinsichtlich des nicht dorthin gelangten Teils wegen der Rechtskraftwirkung des BerUrt an die Zulässigkeit der Berufung gebunden (BGH NJW 96, 527).
6   **c) Die Prozessvoraussetzungen** außer den nur auf Rüge zu prüfenden (Rn 29–31 vor § 253). – **Beispiele:** Ist in einer Vorinstanz VersU ergangen, muss die Zulässigkeit des Einspruchs überprüft werden

(BGH NJW 76, 1940), weil andernfalls die Rechtskraft des VersU dem weiteren Verfahren entgegensteht. Fehlende Bestimmtheit des Klageantrags, weil mehrere Anträge nicht der Reihenfolge nach als Haupt- und Hilfsanträge klargestellt oder weil eine einheitliche Summe nicht ziffernmäßig verteilt waren (BGH 11, 184, 194; vgl § 253 Rn 8, 9). – **Fehlt** **7** **eine Prozessvoraussetzung** und lautet das BerUrt im Ergebnis anders als auf Klageabweisung (bzw Verwerfung des Einspruchs), ist es aufzuheben und die Klage abzuweisen bzw der Einspruch zu verwerfen. Ist das Fehlen einer Prozessvoraussetzung noch aufklärungsbedürftig, so kann das RevGer selbst die Aufklärung herbeiführen (BGH ZIP 96, 2090) oder die Sache unter Aufhebung des BerUrt zurückverweisen (BGH WM 86, 58).

3. Die **Verfahrensrügen** werden als nächste geprüft. Die Prüfung **8** beschränkt sich, von der Amtsprüfung in Rn 3–7 abgesehen, auf die ordnungsgemäß und rechtzeitig gerügten (§ 551 Rn 1, 2, 8, 15) Verfahrensfehler des BerGer (Abs 3 S 2) und auf ihre Kausalität für das Urt. Fehler der Beweisaufnahme vor dem LG können grundsätzlich nur gerügt werden, wenn sie vor dem OLG beanstandet wurden (BGH 133, 36/39). Für nicht durchgreifende Verfahrensrügen außer zu § 547 braucht das RevGer im Urteil keine Begründung zu geben, § 564.

4. Die **sonstige Rechtsanwendung** wird in den Grenzen des **9** § 528 (BGH NJW-RR 95, 240) vAw und ohne Bindung an Rev-Rügen geprüft. Darunter ist zu verstehen die inhaltliche Richtigkeit des Urt (Gegensatz: Der richtige Weg zum Urt), die richtige Anwendung der richtigen Norm auf den abzuurteilenden Gegenstand. Voraussetzung ist nur, dass eine (auch verfahrensrechtliche) Rüge ordnungsgemäß erhoben ist. Die Verletzung betrifft hier meist das materielle Recht, etwa die Anforderungen an eine sustantiierte Darlegung von Anspruchsvoraussetzungen (BGH WM 01, 1225). Der abzuurteilende Gegenstand kann aber auch prozessrechtlicher Art sein, zB bei der prozessualen Gestaltungsklage des § 767. Anzuwendendes Recht vgl § 545 Rn 12. Beschränkung auf einzelne Urteilselemente § 543 Rn 9.

Abs 2 entspricht teilweise § 512.

5. Unanfechtbare Vorentscheidungen sind vor allem Beschlüsse **10** und Zwischenurteile des BerGer (§ 567 Abs 1; BGH NJW 95, 403), auch die fehlerhafte Verlängerung der Rechtsmittelbegründungsfrist (BGH WM 88, 72). Eine **Bindung des Revisionsgerichts** besteht nur an die Vorentscheidung als solche, nicht an Folgerungen daraus (BGH LM § 548a F Nr 2). So kann ein abgelehnter Antrag auf Vertagung oder Gewährung von PKH (BGH LM aaO, BSG MDR 98, 1367) oder die Zurückweisung eines Prozessbevollmächtigten gem § 157 (RG 83, 2) als Versagung des rechtlichen Gehörs (Einl I Rn 9 ff) gewertet werden. Keine Bindung des RevGer an GrundUrt des BerGer über Hilfsanspruch, wenn das stattgebende Urt über den Hauptanspruch rechtskräftig wird (BGH NJW 02, 3478).

§ 558 Vorläufige Vollstreckbarkeit

[1]Ein nicht oder nicht unbedingt für vorläufig vollstreckbar erklärtes Urteil des Berufungsgerichts ist, soweit es durch die Revisionsanträge nicht angefochten wird, auf Antrag von dem Revisionsgericht durch Beschluss für vorläufig vollstreckbar zu erklären. [2]Die Entscheidung ist erst nach Ablauf der Revisionsbegründungsfrist zulässig.

1　　Entspricht § 537 Abs 1. Die dortige Kommentierung gilt sinngem.

§ 559 Beschränkte Nachprüfung tatsächlicher Feststellungen

(1) [1]Der Beurteilung des Revisionsgerichts unterliegt nur dasjenige Parteivorbringen, das aus dem Berufungsurteil oder dem Sitzungsprotokoll ersichtlich ist. [2]Außerdem können nur die im § 551 Abs. 3 Nr. 2 Buchstabe b erwähnten Tatsachen berücksichtigt werden.

(2) Hat das Berufungsgericht festgestellt, dass eine tatsächliche Behauptung wahr oder nicht wahr sei, so ist diese Feststellung für das Revisionsgericht bindend, es sei denn, dass in Bezug auf die Feststellung ein zulässiger und begründeter Revisionsangriff erhoben ist.

1　　**1. Allgemeines.** § 559 bestimmt im Zusammenhang mit §§ 545, 557 den Prozessstoff der RevInstanz. Da die Nachprüfung nur eine rechtliche ist, schließt § 559 neues Vorbringen weitgehend aus und bindet grundsätzlich das RevGer an die tatsächlichen Feststellungen des BerGer.

2　　**2. Neue Ansprüche** im Wege der Klageänderung (§ 263), Klageerweiterung (§ 264 Nr 2, 3), Zwischenfeststellungsklage (§ 256 Abs 2) oder Widerklage (§ 33) können in der RevInstanz grundsätzlich nicht erhoben werden (BGH 24, 285, NJW 89, 170). Ebenso ist die Erhebung des Hilfsantrags zum Hauptantrag unzulässig (BGH 28, 131). –

3　　**Zulässig** sind – a) **Klageänderung,** für die die zugrunde liegende Tatsache bereits in einer Vorinstanz festgestellt ist (BGH WM 98, 1689/1691), zB für Umstellung des Klageantrags auf Zahlung an den Abtretungsempfänger (BGH 26, 31/37), für Übergang von der Leistungs- zur Feststellungsklage, wenn sich das Feststellungsinteresse aus dem im BerUrt und Sitzungsprotokoll niedergelegten Parteivorbringen ergibt (BGH DB 66, 978). Modifizierte Einschränkung des Klageantrags, wenn sie auf einen Sachverhalt gegründet ist, den das BerGer bereits in vollem Umfang gewürdigt hat, zB wenn ein bisher kumulierter Hauptantrag nur noch als Hilfsantrag gestellt wird (BGH WM 74, 1185). –

4　　**b) Klageerweiterung** auf einen Antrag, über den das BerGer unter Verstoß gegen § 308 (dort Rn 2) entschieden hat, wenn auf der Grundlage des festgestellten und unstreitigen Sachverhalts ohne Beschränkung der Verteidigungsmöglichkeiten des Gegners eine abschließende Ent-

scheidung möglich ist (BGH NJW 91, 1683). – **c) Feststellung zur** 5
Insolvenztabelle (§ 180 InsO) statt Zahlung (BGH LM Nr 14). –
d) Neu erhobene Ansprüche gem §§ 302 Abs 4 S 3, 600 Abs 2, 717 6
Abs 2, 3.

3. Prozessstoff ist im Rahmen der RevAnträge (§ 557 Abs 1) 7
grundsätzlich nur das Parteivorbringen (§ 146 Rn 2), das sich aus dem
BerUrt (nicht nur aus dem Tatbestand) und den nachprüfbaren vorausgegangenen Entscheidungen (§ 557 Abs 2) einschl der Schriftstücke, auf
die in ihnen Bezug genommen ist (BGH NJW-RR 02, 381), sowie aus
den Sitzungsprotokollen und ihren Anlagen ergibt. Neues Vorbringen
darf in der RevInstanz grundsätzlich nicht berücksichtigt werden (BGH
NJW-RR 93, 774/776), auch dann nicht, wenn es zugestanden ist oder
die Tatsachen erst nach Schluss der BerVhdlg eingetreten sind, zB Abtretung des erhobenen Anspruchs, Veräußerung der streitbefangenen
Sache; inzwischen eingetretene Fälligkeit, außer der Fälligkeitstag ist im
BerUrt festgestellt (BGH LM § 240 BGB Nr 1); Fortdauer des Getrenntlebens der Ehegatten nach Schluss der mdl Vhdlg im BerVerfahren (BGH NJW 79, 105). Ausnahmen vgl Rn 8 ff.

4. Neue Tatsachen sind in folgendem Umfang zu berück- 8
sichtigen: – a) Tatsachen, von denen die **Zulässigkeit der Revi-**
sion selbst (BGH 22, 372; vgl § 552) oder die Ordnungsmäßigkeit und
der Fortgang des RevVerfahrens abhängen. – **Beispiele:** Antrag auf
Wiedereinsetzung gegen Versäumung der Rev- oder Begründungsfrist.
Gründe für Unterbrechung des Verfahrens gem §§ 239 ff. Zurücknahme der Rev oder Verzicht auf sie (BGH WM 68, 377). Klagerücknahme oder -verzicht. Prozessvergleich in der RevInstanz. Fehlendes
Rechtsschutzbedürfnis für die Rev (BGH LM § 546 Nr 21). Wegfall
des Feststellungsinteresses (BGH 18, 98). Anerkenntnis. Tatsachen für
die neu entstandene Rüge mangelnder Sicherheitsleistung für die Prozesskosten (§§ 110–113).

b) Tatsachen, die die vAw zu prüfende **Zulässigkeit des Ver-** 9
fahrens betreffen; vgl § 557 Rn 3. – **Beispiele:** Eröffnung, Einstellung
(BGH 28, 13) und Aufhebung (BGH DB 81, 1770) des Insolvenzverfahrens; Wegfall des Rechtsschutzinteresses (BGH ZIP 98, 1324). Prozessfähigkeit, auch in den Vorinstanzen (BGH NJW 70, 1683, WM 86,
58). Prozessführungsbefugnis (§ 51 Rn 19 ff), die Tatsachen hierfür
müssen grundsätzlich bis zur letzten Tatsachenverhandlung offen gelegt
sein (BGH 31, 279, NJW 88, 1585). Nachweis der Vollmacht des Berufungsanwalts (BGH NJW 02, 1957). Tatsachen zur Einhaltung der
Ber- und Begründungsfrist (BGH 7, 284). Unzulässigkeit des Einspruchs gegen ein VersU in den Vorinstanzen (BGH NJW 76, 1940).

c) Tatsachen, die **zur Begründung einer Verfahrensrüge** ord- 10
nungsgemäß und rechtzeitig vorgetragen sind (BGH NJW-RR 96,
379); vgl § 551 Rn 1, 2, 8, 15 und § 557 Rn 8.

d) Tatsachen, die **zur Begründung einer** beim RevGer erhobe- 11
nen **Wiederaufnahmeklage** (§ 584 Abs 1) dienen oder im schweben-

den Rechtsstreit einen Wiederaufnahmegrund gem §§ 579, 580 ausfüllen; soweit nach § 581 erforderlich, nur nach vorausgegangenem StrafUrt (BGH 5, 299). Das gilt bei Auffinden einer Urkunde § 580 Nr 7 b aber nur ganz ausnahmsweise (BGH 5, 240; 18, 59; vgl § 563 Abs 3).

12   **e) Nicht beweisbedürftige materielle Tatsachen seit Schluss der Berufungsverhandlung** aus prozessökonomischen Gründen, wenn schützenswerte Belange der Gegenpartei nicht entgegenstehen (BGH
13   NJW 98, 2972/2974; 01, 1272). – **Beispiele:** Behördliche Akte wie Veränderung der Patentlage, wenn endgültiger Patentschutz gewährt oder versagt oder das Patent vernichtet, teilvernichtet, klargestellt, beschränkt oder erloschen ist (BGH NJW 64, 590). Entscheidung des EuGH über den Verstoß gegen eine Vertriebsbindung (BGH WM 85, 241). Rechtskräftige Entscheidung einer für das Revisionsverfahren vorgreiflichen Frage in einem anderen Prozess (BGH WM 85, 263). Erteilung einer landwirtschaftsgerichtlichen (BGH MDR 85, 394) oder gemeindlichen (BGH NJW-RR 98, 1284) Genehmigung. Nichtigerklärung eines Bebauungsplans im Normenkontrollverfahren (BGH Warn 81, 1247). Bestandskräftiger Vermögenszuordnungsbescheid (BGH NJW 98, 989). Gebrauchsmuster (RG 155, 321/326). Erwerb der deutschen Staatsangehörigkeit im Scheidungsprozess (BGH 53, 128). Einbürgerung des angeblichen Vaters im Vaterschaftsfeststellungsprozess (BGH NJW 77, 498). Eintritt der Volljährigkeit, des vom Berufungsgericht festgestellten Fälligkeitstermins (BGH NJW 99, 1261). Eintritt der Verjährung, jedenfalls wenn die Einrede bereits in der Tatsacheninstanz erhoben war (BGH NJW 90, 2754). Haftungsbeschränkung des Erben nach Wegfall der Testamentsvollstreckung (BGH MDR 64, 998) oder nach Eintritt des Erbfalls, außer wenn die noch vom Erblasser eingelegte Revision lediglich zur Aufnahme des Vorbehalts im Berufungsurteil fortgeführt wird (BGH 54, 204). Feststehende materiellrechtliche Auswirkungen der Eröffnung des Insolvenzverfahrens (BGH NJW 75, 442: Wegfall eines Anfechtungsverbots) oder der Rechtsnachfolge (BGH WM 96, 1599). Bindung an eine erst nach Einlegung der Rev ergangene Entscheidung über die Anerkennung eines Arbeitsunfalls nach § 108 SGB VII (BGH NJW-RR 94, 90). Eröffnung des seerechtlichen Verteilungsverfahrens (BGH 104, 215).

14   **f) Verfahren.** Die unter Rn 8–13 genannten Tatsachen prüft das Gericht vAw. Begriff: Rn 12 vor § 253. Falls streitig, erhebt das RevGer Beweis nach allgemeinen Vorschriften; Werp DRiZ 75, 278 hält Freibeweis, insbesondere die Einholung amtlicher Auskünfte und dienstlicher Äußerungen für zulässig.

15   **5. Bindung an die tatsächlichen Feststellungen des Berufungsurteils (Abs 2). – a) Grundsatz.** Tatsächliche Feststellungen des BerUrt binden das RevGer. Die Grundlage der Feststellung ist gleichgültig: Offenkundigkeit, gesetzliche Vermutung, Auslegungsregel, zugestanden, nicht bestritten, bewiesen auf Grund freier Beweiswürdi-

gung. – **b) Ausnahme. Keine Bindung,** soweit die Beweiskraft des 16
Tatbestands entfällt (BGH NJW 97, 1917; § 314 Rn 2), das RevGer
selbst Tatsachen feststellen (vorstehend Rn 8–14, BGH DB 80, 201)
oder eine Willenserklärung bei unterbliebener oder fehlerhafter Auslegung selbst auslegen darf (BGH NJW-RR 91, 562; vgl § 546 Rn 6).
Ferner, wenn der RevKl zulässig (§ 551 Rn 1, 2, 8, 15) und begründet
rügt, die Feststellung beruhe auf Gesetzesverletzung. Keine Bindung
auch dann, wenn das unstreitige Parteivorbringen in sich widersprüchlich ist (BGH NJW 00, 3007). – **Beispiele:** Auslegungsfehler iS von 17
§ 546 Rn 6, ferner bei der Beweiswürdigung, bei (Nicht-)Anwendung
von gesetzlichen Vermutungen und Erfahrungssätzen. Verstoß gegen
Denkgesetze. Bezugnahme im Urteil auf Unterlagen, die nicht bei den
Akten sind (BGH NJW 95, 1841). Ermessensmissbrauch. Verkennung
von Rechtsbegriffen wie Offenkundigkeit in § 291 (zu allem vgl § 546
Rn 3 ff). Verletzung der Aufklärungspflicht (§ 139). In sich widersprüchliche Feststellungen (BGH NJW 00, 3133). Ebenfalls keine Bindung, sondern Zurückverweisung, wenn der RevBekl bis zum Schluss
der RevVerhandlung Fehler rügt, die er bei der Feststellung solcher
ihm ungünstiger Tatsachen bemängeln will, durch die er infolge Obsiegens in der Vorinstanz zwar nicht beschwert ist, auf die es aber bei abweichender rechtlicher Beurteilung durch das RevGer ankommt (BGH
MDR 76, 138, BAG NJW 65, 2268).

§ 560 Nicht revisible Gesetze

**Die Entscheidung des Berufungsgerichts über das Bestehen
und den Inhalt von Gesetzen, auf deren Verletzung die Revision nach § 545 nicht gestützt werden kann, ist für die auf die
Revision ergehende Entscheidung maßgebend.**

1. Bindung an die tatsächlichen Feststellungen des Beru- 1
fungsurteils über Bestehen und Inhalt nichtrevisiblen Rechts
(§ 545 Rn 8–10). Daran ist das RevGer wie an Tatsachenfeststellungen
gebunden. Dabei ist gleichgültig, ob es nicht richtig, unvollständig oder
widerspruchsvoll angewendet ist (BGH ZZP 74, 110). Dies gilt ausnahmslos für die Anwendung materiellen Rechts, auch wenn es um
eine irrevisible Vorfrage revisibler Rechtssätze geht (BGH 118, 295).
Ob Feststellungen des BerGer über den Inhalt irrevisiblen Rechts auch
dann bindend sind, wenn sie vAw zu prüfende Prozessvoraussetzungen
betreffen, ist vom BGH widerspruchsvoll entschieden. Die Bindung
wurde bejaht für die Zulässigkeit des Rechtswegs (BGH 21, 214), für
die Parteifähigkeit (NJW 65, 1666). Die Verneinung der Bindung bei
der Frage der internationalen Zuständigkeit deutscher Gerichte (BGH
NJW 67, 443) ist durch § 545 Abs 2 überholt. – **Auch die Art und** 2
Weise, wie das irrevisible Recht oder Fragen, die nach irrevisiblem
Recht zu entscheiden sind, festgestellt wurden, ist nicht nachprüfbar;
auch nicht über Rügen, dass dabei Erfahrungssätze, Denkgesetze, allgemeine Rechtsgedanken, Auslegungsgrundsätze, Beweislastregeln oder

3 die §§ 139, 286, 287 verletzt seien (BGH WM 70, 933). – **Nachprüfbar bleibt** die Anwendung deutschen Prozessrechts darauf, ob das Ber-
Ger den Tatsachenvortrag der Partei zur Schlüssigkeit nach ausländischem Recht erschöpfend gewürdigt (BGH WM 77, 793) und ob es
solche Tatsachen ordnungsgemäß festgestellt hat, die das BerGer selbst
nach seiner Auslegung des irrevisiblen Rechts für erheblich ansieht
(BGH 3, 346). Ist über solche Fragen Beweis erhoben, so ist nachprüfbar, ob das Verfahren dabei den geltenden Vorschriften entsprach
(BGH DB 75, 1937); s auch § 293 Rn 10.

4   **2. Keine Bindung.** Nachprüfbar ist die Frage, **ob revisibles oder
nichtrevisibles Recht anzuwenden ist** (vgl § 545 Rn 10). Hat das
BerGer Letzteres angewendet, obwohl seine Anwendung durch Erste-
res ausgeschlossen ist, so ist revisibles Recht durch Nichtanwendung
verletzt. Nachprüfbar ist eine revisible Vorfrage für einen auf eine irrevisible Anspruchsgrundlage gestützten Anspruch (BGH 118, 295). Hat
das OLG anwendbares irrevisibles Recht nicht angewendet, ohne über
die Unanwendbarkeit eine Feststellung zu treffen, so kann das RevGer
dieses Recht selbst anwenden oder die Sache zurückverweisen (BGH
24, 164; 40, 197).

§ 561 Revisionszurückweisung

**Ergibt die Begründung des Berufungsurteils zwar eine Rechts-
verletzung, stellt die Entscheidung selbst aber aus anderen
Gründen sich als richtig dar, so ist die Revision zurückzuweisen.**

1   **1. Die Revision ist unbegründet** und durch Urteil zurückzuwei-
2 sen – **a)** wenn sie nur auf Verletzung nichtrevisiblen Rechts gestützt ist
3 (§ 545); – **b)** wenn die gerügte Rechtsverletzung (§ 551 Abs 3 Nr 2)
4 nicht besteht; – **c)** wenn das BerUrt nicht auf der Rechtsverletzung beruht (§§ 545 bis 547); – **d)** wenn das BerUrt im Ergebnis inhaltlich
richtig ist (hierzu eingehend Bettermann ZZP 88, 365/372). Die Zurückweisung der Rev schließt nicht aus, die Formel des BerUrt ohne
sachliche Änderung klarzustellen.

5   **2. Unter allen rechtlichen Gesichtspunkten** muss das RevGer
unter Beachtung von § 557 das BerUrt nachprüfen. Kommt es dabei zu
demselben oder zu einem für den RevKl ungünstigeren Ergebnis, ist
die Rev zurückzuweisen. Wegen des Verbots der Schlechterstellung vgl
§ 528 Rn 4 ff.

§ 562 Aufhebung des angefochtenen Urteils

**(1) Insoweit die Revision für begründet erachtet wird, ist das
angefochtene Urteil aufzuheben.**

**(2) Wird das Urteil wegen eines Mangels des Verfahrens auf-
gehoben, so ist zugleich das Verfahren insoweit aufzuheben, als
es durch den Mangel betroffen wird.**

Soweit die Rev begründet ist, ist das BerUrt aufzuheben, in Fami- 1
liensachen bei Teilaufhebung auf Antrag iF des Zusammenhangs weitergehende Mitaufhebung anderer Teile der Entscheidung, § 629 c. IF
des Abs 2 auch Aufhebung der tatsächlichen Feststellungen. Wegen der
weiteren Entscheidung siehe § 563.

§ 563 Zurückverweisung; eigene Sachentscheidung

(1) [1]**Im Falle der Aufhebung des Urteils ist die Sache zur
neuen Verhandlung und Entscheidung an das Berufungsgericht
zurückzuverweisen.** [2]**Die Zurückverweisung kann an einen anderen Spruchkörper des Berufungsgerichts erfolgen.**

(2) **Das Berufungsgericht hat die rechtliche Beurteilung, die
der Aufhebung zugrunde gelegt ist, auch seiner Entscheidung
zugrunde zu legen.**

(3) **Das Revisionsgericht hat jedoch in der Sache selbst zu entscheiden, wenn die Aufhebung des Urteils nur wegen Rechtsverletzung bei Anwendung des Gesetzes auf das festgestellte
Sachverhältnis erfolgt und nach letzterem die Sache zur Endentscheidung reif ist.**

(4) **Kommt im Fall des Absatzes 3 für die in der Sache selbst
zu erlassende Entscheidung die Anwendbarkeit von Gesetzen,
auf deren Verletzung die Revision nach § 545 nicht gestützt
werden kann, in Frage, so kann die Sache zur Verhandlung
und Entscheidung an das Berufungsgericht zurückverwiesen
werden.**

1. Auf **Zurückverweisung** im Rahmen der Aufhebung (§ 562) 1
lautet in der Regel die weitere Entscheidung des RevGer (43–45 vor
§ 511) im Falle einer zulässigen (§ 552) und begründeten (§§ 561, 562)
Rev. Zurückzuverweisen ist auch, wenn das BerUrt die Klage als unzulässig oder nicht schlüssig abweist, das RevGer sie aber für zulässig
bzw schlüssig hält (BGH NJW 86, 2765, NJW 86, 3085, BAG NJW
89, 733; vgl aber § 528 Rn 9); ebenso wenn das BerGer rechtsirrig die
Ber als unzulässig verworfen statt gem § 539 Abs 1 zurückgewiesen hat
(BGH NJW 95, 2563). Hilfsausführungen über die Unbegründetheit
gelten als nicht geschrieben (BGH NJW 99, 794) können deshalb nicht
Grundlage eigener Sachentscheidung des RevGer sein; Ausnahme vgl
Rn 13–15. Zurückverweisung bei Fehlerhaftigkeit nur des Ausspruchs
über die Zug-um-Zug-Gegenleistung vgl § 557 Rn 4. Zurückzuverweisen ist an das BerGer; an das Gericht der 1. Instanz nur im Falle einer
ersetzenden Entscheidung (Rn 15) oder des § 566. Wird schlechthin
zurückverwiesen, kommt die Sache an den nach der Geschäftsverteilung zuständigen Spruchkörper oder ER. Wird an einen bestimmten
Spruchkörper zurückverwiesen, bleibt die Sache dort, auch wenn die
Geschäftsordnung sich geändert hat. Betrifft die Zurückverweisung ein
TeilUrt, hat der bestimmte Senat auch den beim BerGer verbliebenen

Rest mit zu erledigen (RG 152, 262). Abs 1 S 2 ist auf BerUrt nicht anwendbar. In Ehesachen muss im Falle des § 629b Abs 1 zurückverwiesen werden. In keinem Fall ist ein Richter ausgeschlossen, weil er am aufgehobenen Urt beteiligt war.

2   **2. Wirkung der Zurückverweisung. – a) Wiedereröffnung der BerInstanz.** Die Sache wird in Fortsetzung der früheren Vhdlg neu verhandelt. Für das Verfahren gelten §§ 511 ff. Neues Vorbringen ist in den Grenzen der §§ 530 ff zulässig, also auch erstmalige Erweiterung des BerAntrags auf den vollen Umfang der Beschwer (BGH NJW 63, 444).

3   **b) Bindung des Berufungsgerichts** bei gleich bleibenden tatsächlichen Feststellungen an die rechtliche Beurteilung durch das RevGer, die der Aufhebung zugrunde liegt, außerdem an Tatsachenfeststellungen, die das RevGer ausnahmsweise selbst zu treffen hat (BGH

4 NJW 95, 3115). In Familiensachen § 629b Abs 1 S 2. – **aa) Rechtliche Beurteilung** sind die Rechtsausführungen in ihrer Gesamtheit, vor allem über Inhalt, Gültigkeit, Geltungsbereich, Anwendbarkeit von Rechtsnormen, Erfahrungssätzen und Denkgesetzen auf den festgestellten Tatbestand. Bsp: Zulässigkeit der Rev (BGH 22, 370); Auslegung von Prozesshandlungen, zB Klageantrag (BGH NJW 63, 956); Erheblichkeit einer Tatsache für die anzuwendende Norm; Subsum-

5 tion. – **bb) Der Aufhebung zugrunde liegt** die rechtliche Würdigung, die für die Aufhebung unmittelbar (Tiedtke JZ 95, 275) ursächlich ist (BGH 132, 6/10). Diese Kausalität besteht, soweit das Rev-Gericht die rechtliche Beurteilung durch das BerGer für rechtsirrig hält und deshalb das BerUrt aufhebt (BGH 3, 326; 6, 76).

6   **c) Keine Bindung** besteht – **aa) an die rechtliche Beurteilung anderer Ansprüche,** zB neu erhobener oder der restlichen bei Rev gegen ein TeilUrt; wenn sich vor Erlass des neuen Urt die **Rechtslage ändert** (BGH 8, 259) oder das RevGer selbst seine **Rechtsauffassung** inzwischen **geändert** und die Änderung bekanntgegeben hat (Gem-SOGB BGH 60, 392); hinsichtlich der Subsumtion, wenn der jetzt zu beurteilende **Tatbestand** wegen neuen Vorbringens von dem **abweicht,** wie er dem RevGer vorgelegen hat (BGH NJW 51, 524;

7 Oldenburg VersR 90, 1348); – **bb) wenn die rechtliche Beurteilung für die Aufhebung nicht ursächlich ist** (BGH ZIP 95, 570). Bsp: Soweit das RevGer die Rechtsauffassung des BerGer billigt (zB Auslegung eines Testaments), aber aus anderen Gründen (zB ungenügende Prüfung der Irrtumsanfechtung) aufhebt (BGH NJW 69, 661); soweit das RevGer RevRügen dahingestellt lässt oder die Kausalität festgestellter Rechtsverletzungen für das BerUrt verneint; Richtlinien für die wei-

8 tere Vhdlg (BGH FamRZ 90, 282). – **cc) wenn es wegen eines neuen rechtlichen Gesichtspunkts** auf die rechtliche Beurteilung, wegen deren das RevGer aufgehoben hat, nicht mehr ankommt (Karlsruhe NJW-RR 95, 237). – **dd)** Keine Bindung ferner an **technische**

9 **Regeln** oder **Erfahrungssätze,** die das RevGer seiner rechtlichen Beurteilung zugrunde legt (BGH NJW 82, 1049).

d) Bindung des RevGerichts selbst im Rahmen der Rn 3–9, falls 10
die Sache auf Rev gegen das neue BerUrt noch einmal dorthin gelangt
(BGH 25, 203, BAG WM 77, 828). Das gilt entsprechend für das Ber-
Ger, wenn die Sache nach Aufhebung und Zurückverweisung auf erneute Berufung wieder dorthin gelangt; das BerGer ist dann an seine
der Aufhebung zugrunde liegende Rechtsauffassung im ersten BerUrt
gebunden, ebenso ist das RevGer auf Revision gegen das zweite BerUrt
gebunden (BGH NJW 92, 2831; aA Tiedtke JZ 95, 275). – **Keine** 11
Bindung, wenn in einer anderen Sache das RevGer vor seiner zweiten
Entscheidung seine Rechtsauffassung geändert und die Änderung bekannt gemacht hat (GemSOGB BGH 60, 392, BAG ZIP 97, 1429).

e) Das neue Urteil des Berufungsgerichts entscheidet frei, ab- 12
gesehen von der Bindung Rn 3–9 und an die nicht aufgehobenen eigenen Entscheidungen gem § 318. Da das Urt des RevGer das BerUrt
nur insoweit aufheben darf, als es dem RevKl nachteilig und deshalb
angefochten war, kann bei richtiger Sachbehandlung der Fall kaum
eintreten, dass das BerGer im neuen Urt den RevKl schlechter stellen
müsste als in dem früheren, soweit es aufgehoben wurde. Kommt bei
Mitaufhebung eines nicht mit Rev angefochtenen Teils des BerUrt die
Sache an das BerGer zurück, darf insoweit das neue BerUrt den RevKl
ohne Rechtsmittel des Gegners nicht schlechter stellen als das frühere,
denn auch das RevUrt hätte dies nicht gedurft (BGH NJW-RR 89,
1404). Es unterliegt der Rev nach den allg Regeln. Neuer, vAw zu be-
achtender (BGH NJW 92, 2831) RevGrund ist die Verletzung von
§ 563 Abs 2 (vgl § 557 Rn 4). In ihr kann auch ein Verstoß gegen
Art 3 Abs 1 GG liegen (BVerfG NJW 96, 1336: Willkürverbot).

3. Eigene ersetzende Entscheidung (Abs 3). Hier entscheidet 13
das RevGer in der Sache selbst anstelle des BerGer, wenn nur wegen
eines Subsumtionsfehlers (§ 546 Rn 2) aufgehoben wird und die Sache
spruchreif ist (§ 300 Rn 2). Alle zur Beurteilung nötigen Anknüpfungstatsachen müssen sich aus dem angefochtenen Urt, das sie lediglich
falsch oder nicht eingeordnet hat, ergeben, ihre rechtliche Würdigung
nimmt das RevGericht selbst vor (BGH 122, 308/316). – **Beispiele:** 14
Verwerfung der Ber, die das BerGer für zulässig erachtet hatte. Abweisung der Klage als unzulässig, wenn beide Instanzen den Bekl verurteilt
hatten. Abweisung eines von den Vorinstanzen als unzulässig erachteten
Klageantrags als unbegründet, wenn es dazu keiner tatsächlichen Feststellungen bedarf oder hinreichende Feststellungen vom BerGer getroffen und ausnahmsweise verfahrensrechtlich beachtlich sind, nämlich
dann, wenn sie der Tatrichter zur Begründung der Abweisung von
weiteren Klageanträgen als unbegründet getroffen und dabei den
Streitstoff erschöpfend berücksichtigt hat (BGH 46, 281). Zurückweisung der Ber (Abweisung der Klage) als unbegründet, wenn das BerGer
(beide Vorinstanzen) sie für begründet erachtet hat. Zusprechen des
Klageanspruchs, den die Vorinstanzen sachlich abgewiesen hatten. Zusprechen des Klageanspruchs, den das BerGer als unzulässig abgewiesen

hat, wenn das RevGer dem Urt denselben Sachverhalt zugrunde legt, auf dem die ProzAbweisung beruhte und wenn entweder dieser Sachverhalt unstreitig ist (BGH MDR 76, 469) oder die streitigen Tatsachen nicht mehr entscheidungserheblich werden können und weitere Aufklärung nicht erforderlich ist (BGH NJW 92, 436, BAG MDR 02, 777). Zur Zurückverweisung bei Stufenklage vgl § 254 Rn 7 u 9. – Die
15 ersetzende Entscheidung kann aber auch lauten auf **Zurückverweisung an das Ger der 1. Instanz** auf die Ber hin in den Fällen des § 538, wenn das BerGer rechtsirrig selbst entschieden hat (BGH NJW 92, 2099, NJW 00, 575); wenn die Vorinstanzen die Klage für unzulässig hielten (BGH WM 96, 1411); GrundUrt entspr § 538 Abs 1 Nr 4.

16   **4. Abs 4:** Ist auf die ersetzende Entscheidung nichtrevisibles Recht anzuwenden (§ 545 Rn 8–11), ohne dass das BerGer dies getan hat, kann das RevGer nach seiner Wahl zurückverweisen oder – einschl der Feststellung des nichtrevisiblen Rechts – selbst entscheiden (BGH NJW-RR 93, 13).

§ 564 Keine Begründung der Entscheidung bei Rügen von Verfahrensmängeln

[1] **Die Entscheidung braucht nicht begründet zu werden, soweit das Revisionsgericht Rügen von Verfahrensmängeln nicht für durchgreifend erachtet. [2]Dies gilt nicht für Rügen nach § 547.**

1   Die Regelung dient der Entlastung des BGH von weniger wichtigen Aufgaben. Bezieht sich auf alle gerügten Verfahrensmängel außer den absoluten RevGründen in § 547. Daneben gelten über §§ 555, 525 die Erleichterungen in §§ 540, 313 a.

§ 565 Anzuwendende Vorschriften des Berufungsverfahrens

Die für die Berufung geltenden Vorschriften über die Anfechtbarkeit der Versäumnisurteile, über die Verzichtsleistung auf das Rechtsmittel und seine Zurücknahme, über die Rügen der Unzulässigkeit der Klage und über die Einforderung und Zurücksendung der Prozessakten sind auf die Revision entsprechend anzuwenden.

1   **1. Grundsätzlich** folgt das RevVerfahren dem Verfahren vor dem LG in erster Instanz.

2   **2. Anwendbare Bestimmungen über das Berufungsverfahren. – a) Anfechtbarkeit eines Versäumnisurteils** § 514. Danach ist die Rev gg ein zweites VersU ohne Rücksicht auf Beschwer und Zulas-
3   sung statthaft (BGH NJW 79, 166). – **b) Verzicht** § 515 und **Rück-**
4   **nahme der Revision** §§ 516, 524 Abs 4. – **c) Rügen gegen die Zulässigkeit der Klage** § 532. Neu entstehen kann die Rüge mangelnder Sicherheitsleistung für die Prozesskosten (§§ 110 ff). – **d) Einforderung und Rücksendung der Prozessakten** § 541.

§ 566 Sprungrevision

(1) [1]**Gegen die im ersten Rechtszug erlassenen Endurteile, die ohne Zulassung der Berufung unterliegen, findet auf Antrag unter Übergehung der Berufungsinstanz unmittelbar die Revision (Sprungrevision) statt, wenn**
1. der Gegner in die Übergehung der Berufungsinstanz einwilligt und
2. das Revisionsgericht die Sprungrevision zulässt.
[2]**Der Antrag auf Zulassung der Sprungrevision sowie die Erklärung der Einwilligung gelten als Verzicht auf das Rechtsmittel der Berufung.**

(2) [1]**Die Zulassung ist durch Einreichung eines Schriftsatzes (Zulassungsschrift) bei dem Revisionsgericht zu beantragen.** [2]**Die §§ 548 bis 550 gelten entsprechend.** [3]**In dem Antrag müssen die Voraussetzungen für die Zulassung der Sprungrevision (Absatz 4) dargelegt werden.** [4]**Die schriftliche Erklärung der Einwilligung des Antragsgegners ist dem Zulassungsantrag beizufügen; sie kann auch von dem Prozessbevollmächtigten des ersten Rechtszuges oder, wenn der Rechtsstreit im ersten Rechtszug nicht als Anwaltsprozess zu führen gewesen ist, zu Protokoll der Geschäftsstelle abgegeben werden.**

(3) [1]**Der Antrag auf Zulassung der Sprungrevision hemmt die Rechtskraft des Urteils.** [2]**§ 719 Abs. 2 und 3 ist entsprechend anzuwenden.** [3]**Die Geschäftsstelle des Revisionsgerichts hat, nachdem der Antrag eingereicht ist, unverzüglich von der Geschäftsstelle des Gerichts des ersten Rechtszuges die Prozessakten einzufordern.**

(4) [1]**Die Sprungrevision ist nur zuzulassen, wenn**
1. die Rechtssache grundsätzliche Bedeutung hat oder
2. die Fortbildung des Rechts oder die Sicherung einer einheitlichen Rechtsprechung eine Entscheidung des Revisionsgerichts erfordert.
[2]**Die Sprungrevision kann nicht auf einen Mangel des Verfahrens gestützt werden.**

(5) [1]**Das Revisionsgericht entscheidet über den Antrag auf Zulassung der Sprungrevision durch Beschluss.** [2]**Der Beschluss ist den Parteien zuzustellen.**

(6) **Wird der Antrag auf Zulassung der Revision abgelehnt, so wird das Urteil rechtskräftig.**

(7) [1]**Wird die Revision zugelassen, so wird das Verfahren als Revisionsverfahren fortgesetzt.** [2]**In diesem Fall gilt der form- und fristgerechte Antrag auf Zulassung als Einlegung der Revision.** [3]**Mit der Zustellung der Entscheidung beginnt die Revisionsbegründungsfrist.**

(8) [1]**Das weitere Verfahren bestimmt sich nach den für die Revision geltenden Bestimmungen.** [2]**§ 563 ist mit der Maßgabe anzuwenden, dass die Zurückverweisung an das erstinstanzliche Gericht erfolgt.** [3]**Wird gegen die nachfolgende Entscheidung des erstinstanzlichen Gerichts Berufung eingelegt, so hat das Berufungsgericht die rechtliche Beurteilung, die der Aufhebung durch das Revisionsgericht zugrunde gelegt ist, auch seiner Entscheidung zugrunde zu legen.**

1   **1. Zweck der Sprungrevision** ist Beschleunigung des Prozesses, wenn der abzuurteilende Sachverhalt unstreitig, nicht weiter aufklärungsbedürftig ist und die Entscheidung nur von der Beurteilung von Rechtsfragen abhängt. In Arbeitssachen § 76 ArbGG.

2   **2. Zulässigkeitsvoraussetzungen (Abs 1 S 1).** – a) **Statthaft** ist die SprungRev gegen alle (BGH 69, 354) ohne Zulassung berufungsfähigen (§ 511 Abs 2 Nr 1, vgl Rn 2, 3, 19–21) erstinstanzlichen End-, GrundUrt und selbständig anfechtbaren ZwischenUrt (§ 280) des AG und LG, ausgenommen Arrest- und Verfügungsurteile, § 545 Abs 2. Kommt ein Zulassungsgrund nur für einen von mehreren Streitgegenständen in Betracht, muss für diesen die Beschwer 600 € übersteigen (BGH NJW 03, 143).

3   **b) Die weiteren Zulässigkeitsvoraussetzungen** decken sich mit den in 13–37 vor § 511 genannten. Für Frist und Form der Einlegung gelten §§ 548–550 entsprechend (vgl Anm dort).

4   **c) Die schriftliche Einwilligung des Gegners,** handschriftlich unterzeichnet (BGH 92, 76; vgl § 129 Rn 6–9), muss entweder mit der RevSchrift oder innerhalb der RevFrist (BGH 16, 194) vorgelegt werden; eine Fristverlängerung ist nicht möglich. Ist Prozesshandlung (Einl III), abzugeben auch von dem am LG bevollmächtigten (BGH VersR 80, 772), in Baulandsachen von jedem RA (BGH NJW 75, 830); bei Urt des AG auch Erklärung zu Protokoll der GeschSt möglich (Abs 2 S 3 Hs 2). Auch in Arbeitssachen RAZwang (BAG 79, 2188). Die Parteien eines bevorstehenden Prozesses können wirksam persönlich vereinbaren, dass gegen das künftige Urt der ersten Instanz nur SprungRev eingelegt werden darf (BGH NJW 86, 198).

5   **d) Inhalt** des Antrags wie Begründung der Nichtzulassungsbeschwerde (§ 544 Rn 14).

6   **3. Verfahren (Abs 4–7).** – a) **Das Revisionsgericht** entscheidet
7   zunächst über die **Zulassung** durch Beschluss (Abs 5). Zu den Zulassungsgründen vgl § 511 Rn 20 u § 543 Rn 4. – **b) Der mögliche Inhalt** des Beschlusses entspricht dem über die Nichtzulassungsbeschwerde
8   (vgl § 544 Rn 16–19). – **c) Der Beschluss** ist beiden Parteien **zuzustellen** (Abs 5 S 2).

9   **4. Rechtskraft des BerUrt** – a) wird **gehemmt** durch Antrag auf Zulassung der Sprungrevision (Abs 3 S 1). Einstweilige Einstellung der Zwangsvollstreckung aus dem BerUrt entspr § 719 Abs 2 wie bei Rev

(§ 719 Rn 6–11) möglich, – **b) tritt ein** mit Zustellung des die Zu- **10**
lassung ablehnenden Beschlusses (Abs 6).

5. Fortsetzung als RevVerfahren, wenn die Sprungrev zugelassen **11**
wird. Es gelten sinngem die Darlegungen bei der Nichtzulassungsbeschwerde, § 544 Rn 23. – Auf **Verfahrensmängel** kann die Sprung- **12**
rev nicht gestützt werden, ebenso nicht eine Anschlussrev (Abs 4 S 2).
Das gilt jedoch nicht, soweit Prüfung vAw stattfindet (§ 557 Rn 3).

6. Als **Verzicht auf Berufung (Abs 1 S 2)** wirken unwiderlegbar **13**
und ohne Rücksicht auf einen Verzichtswillen die Einlegung der
SprungRev und die Einwilligung des Gegners. Diese Wirkung tritt
bindend ein für den RevKl mit Einreichung der RevSchrift, für den
RevBekl mit Vorlage der Einwilligungserklärung beim RevGer und
Einlegung der Rev durch den Gegner (BGH NJW 97, 2387). Die Ver-
zichtswirkung wird weder durch Unzulässigkeit noch durch Zurücknahme noch durch Nichtzulassung der SprungRev wieder beseitigt
(BLAH 4).

7. Zurückverweisung (Abs 8 S 2) nur an das Gericht der 1. Ins- **14**
tanz; entspr § 563 Abs 1 S 2 wohl auch an eine andere Kammer des LG
oder einen anderen ER beim LG oder AG. Bindung des Ger der
1. Instanz gem § 563 Abs 2 und eines möglichen nachfolgenden Ber-
Ger gem Abs 8 S 3.

8. Abs 3 S 3 will Erteilung des Rechtskraftzeugnisses verhindern **15**
und erklärt sich aus § 706 Abs 2 S 2.

Abschnitt 3. Beschwerde

Vorbemerkung

I. Allgemeines **1**

Die Beschwerde ist ein selbständiges Rechtsmittel, das unabhängig
von Berufung und Revision gegen die weniger wichtigen gerichtlichen
Entscheidungen stattfindet, nämlich Beschlüsse und Verfügungen,
daneben gegen Zwischenurteile (zB § 71 Abs 2; § 387 Abs 3) und
Nebenentscheidungen von Endurteilen (zB § 99 Abs 2).

1. Verfahren. Es ist einfacher gestaltet als die Berufung. Dieser ist **2**
die Beschwerde vergleichbar, da neues Tatsachenvorbringen in Grenzen gestattet (vgl § 571 Abs 2 S 1, Abs 3 S 2) und nur bei Rechtsbeschwerden (Rn 11) ausgeschlossen ist. Grundsätzlich gilt das allgemeine
Rechtsmittelrecht (4–45 vor § 511). Übergangsvorschrift § 26 Nr 10
EGZPO.

2. Anwendungsbereich. Die §§ 567–577 gelten in der gesamten **3**
ZPO. Außerdem schreiben andere Gesetze in verschiedenem Umfang
ihre unmittelbare oder entsprechende Anwendung vor; zB §§ 4, 6, 7
InsO, § 15 Abs 1, § 27 Abs 4 AVAG. Nicht anwendbar sind die
§§ 567–577 auf die Beschwerden nach GBO, FGG, GKG und KostO.

4   **3. Begriffe.** Es sind zu unterscheiden: – **a) Beschwerdegericht** (judex ad quem) ist das Gericht, das über die Beschwerde entscheidet, –
5 **b) Untergericht** (judex a quo) ist das Ger, dessen Entscheidung ange-
6 fochten wird. – **c) Beschwerdeführer** heißt derjenige, der Beschwerde
7 eingelegt hat. – **d) Beschwerdegegner** wird genannt, wer Gegenpartei des Beschwerdeführers ist. In bestimmten Fällen gibt es einen solchen nicht, zB bei Beschwerden von Zeugen (§ 380 Abs 3, § 390 Abs 3). Niemals ist das Ger, dessen Entscheidung angefochten wird, Beschwerdegegner.

II. Arten der Beschwerde

8   **1. Erstbeschwerde** ist eine Beschwerde, mit der erstmals eine bestimmte Entscheidung angefochten wird. Sie ist entweder unbefristet (auch einfache Beschwerde genannt) oder als sofortige Beschwerde befristet auf zwei Wochen (§ 569 Abs 1 S 1). Eine Beschwerdefrist von einem Monat gilt für die PKH-Beschwerde (§ 127 Abs 2 S 3, Abs 3 S 3), die Beschwerde nach § 27 Abs 4 S 2 AVAG, die Nichtigkeitsbeschwerde (§ 569 Abs 1 S 3) und über § 517 die Beschwerde in Familiensachen nach § 621 e Abs 3 S 2.

9   **2. Weitere Beschwerde** ist eine Beschwerde, mit der eine Entscheidung angefochten wird, die über eine erste Beschwerde (Rn 8) getroffen wurde. Die weitere Beschwerde ist der ZPO unbekannt. Es gibt sie aber in den Kostengesetzen (vgl zB § 10 Abs 3 BRAGO, § 14 Abs 3 KostO), in der GBO und im FGG.

10   **3. Anschlussbeschwerde** (§ 567 Abs 3) liegt vor, wenn der Beschwerdegegner (Rn 7) seinerseits Beschwerde einlegt. Sie ist nur als unselbständige Anschlussbeschwerde möglich (§ 567 Abs 3 S 2).

11   **4. Rechtsbeschwerde** ist eine Beschwerde, die wie eine Revision (§ 545) nur darauf gestützt werden kann, dass in der angefochtenen Entscheidung das formelle oder materielle Recht verletzt worden sei (§ 546). Es kann damit also nicht die Tatsachenfeststellung angegriffen werden, wenn sie ohne Rechtsfehler getroffen wurde (vgl § 559 Abs 2). Die ZPO kennt als Rechtsmittel gegen Entscheidungen über eine Erstbeschwerde (Rn 8) nur die Rechtsbeschwerde (§§ 574 ff).

III. Abgrenzung zu ähnlichen Rechtsbehelfen

12   **1. Erinnerung** ist ein gesetzlicher Rechtsbehelf, der dazu führt, dass eine Entscheidung im selben Rechtszug durch dasselbe Gericht nachgeprüft wird. Für sie gelten die §§ 569 Abs 1 S 1 u 2, Abs 2, 570, 572 entsprechend. Erinnerung ist idR gegen Entscheidungen des beauftragten und ersuchten Richters, des Urkundsbeamten und Rechtspflegers gegeben. Sie ist für die ZPO allgemein in § 573 geregelt, in § 766 für die ZwVollstr und in § 11 Abs 2 RPflG für Entscheidungen, die der Rechtspfleger trifft. Es ist erst die Entscheidung über die Erinnerung beschwerdefähig in den Fällen der § 573 Abs 2, § 793. Bei der sofortigen Erinnerung (befristet mit 2 Wochen wie die sofortige Beschwerde,

§ 11 Abs 2 S 1 RPflG) ist die richterliche Entscheidung unanfechtbar, weil sie nur stattfindet, wenn gegen die Entscheidung kein Rechtsmittel gegeben ist (§ 11 Abs 1 S 1 RPflG).

2. Gegenvorstellung ist ein gesetzlich nicht ausdrücklich geregelter **13** Rechtsbehelf, durch den das Gericht, das entschieden hat, veranlasst werden soll, seine Entscheidung aus übersehenen oder neuen tatsächlichen und rechtlichen Gründen zu ändern. Die Gegenvorstellung wird aus einer analogen Anwendung von § 321a abgeleitet. Sie kommt in der Praxis nicht selten vor und muss von der Beschwerde unterschieden werden, da sie nicht in die höhere Instanz führt. Sie ist auch von der Wiederholung der Beschwerde (§ 567 Rn 30) zu unterscheiden und kann nicht in eine sofortige Beschwerde umgedeutet werden (BGH NJW-RR 01, 279).

a) Statthaftigkeit: nur bei Beschlüssen, die nicht mit sofortiger Be- **14** schwerde oder Rechtsbeschwerde anfechtbar sind, wegen Verletzung des rechtlichen Gehörs (vgl Einl I Rn 9 ff), bei Verstößen gegen die Garantie des gesetzlichen Richters (Art 101 Abs 1 S 2 GG; vgl BVerfG NJW 83, 1900 für StPO) oder gegen das Willkürverbot des Art 20 GG und bei greifbar gesetzwidrigen Entscheidungen (BGH NJW 02, 1577; BVerwG NJW 02, 2657; BFH NJW 03, 919; Celle NJW 02, 3715).

b) Weitere Voraussetzungen. Eine Wiederholung der Beschwer- **15** de (§ 567 Rn 30) muss unzulässig sein (Baumgärtel MDR 68, 970). Es darf nicht eine rechtskräftige Entscheidung des Hauptprozesses entgegenstehen (Baumgärtel MDR 68, 970; vgl § 329 Rn 12). Die bloße formelle Rechtskraft hindert die Gegenvorstellung nicht. Einzuhalten ist die **Notfrist des § 321a Abs 2 S 2** (BGH NJW 02, 1577; BFH NJW 03, 919; Celle NJW 02, 3715; MüKoLippAB vor § 567 Rn 13). Das allgemeine Rechtsschutzbedürfnis ist wie bei anderen Rechtsbehelfen erforderlich. Soweit §§ 319, 321 anwendbar sind, ist Gegenvorstellung ausgeschlossen, da es sich um eine Sonderregelung handelt.

c) Verfahren. Es entspricht dem Beschwerdeverfahren. Es ist recht- **16** liches Gehör (Einl I Rn 9) zu gewähren, aber nur bei möglichem Erfolg der Gegenvorstellung geboten.

d) Entscheidung. Formgerechter Beschluss ist nur bei erfolgreicher **17** Gegenvorstellung nötig. Formlose Mitteilung genügt (§ 329 Abs 2 S 1).

3. Dienstaufsichtsbeschwerde ist eine formlose Anregung an den **18** Dienstvorgesetzten eines Richters oder Beamten, dessen dienstliches Verhalten zu überprüfen und ggf Maßnahmen der Dienstaufsicht einzuleiten. Das ist kein Rechtsbehelf der ZPO, sondern gehört zum Justizverwaltungsrecht. Ist die Dienstaufsichtsbeschwerde auf einen Richter bezogen, so ist § 26 DRiG zu beachten.

4. Verwaltungsbeschwerde (Sachaufsichtsbeschwerde) ist ein **19** Rechtsbehelf, der dazu führt, dass Justizverwaltungsakte durch die jeweils übergeordnete Behörde nachgeprüft werden. Auch hierfür gilt die ZPO nicht, sondern Verwaltungsrecht, zT gelten auch Sondervorschriften. Gegen Justizverwaltungsakte findet nach erschöpftem Beschwerdeverfahren (§ 24 Abs 2 EGGVG) Antrag auf gerichtliche Entscheidung statt (§§ 23–30 EGGVG).

Titel 1. Sofortige Beschwerde

§ 567 Sofortige Beschwerde; Anschlussbeschwerde

(1) **Die sofortige Beschwerde findet statt gegen die im ersten Rechtszug ergangenen Entscheidungen der Amtsgerichte und Landgerichte, wenn**
1. dies im Gesetz ausdrücklich bestimmt ist oder
2. es sich um solche eine mündliche Verhandlung nicht erfordernde Entscheidungen handelt, durch die ein das Verfahren betreffendes Gesuch zurückgewiesen worden ist.

(2) [1] **Gegen Entscheidungen über die Verpflichtung, die Prozesskosten zu tragen, ist die Beschwerde nur zulässig, wenn der Wert des Beschwerdegegenstandes einhundert Euro übersteigt.** [2] **Gegen andere Entscheidungen über Kosten ist die Beschwerde nur zulässig, wenn der Wert des Beschwerdegegenstandes fünfzig Euro übersteigt.**

(3) [1] **Der Beschwerdegegner kann sich der Beschwerde anschließen, selbst wenn er auf die Beschwerde verzichtet hat oder die Beschwerdefrist verstrichen ist.** [2] **Die Anschließung verliert ihre Wirkung, wenn die Beschwerde zurückgenommen oder als unzulässig verworfen wird.**

I. Statthaftigkeit

1   **1. Allgemeines.** § 567 gilt nur für Entscheidungen der AGe und LGe **im 1. Rechtszug.** Beschwerdeführer (6 vor § 567) kann nur sein, wer beschwert ist (17 vor § 511): die Parteien des betreffenden Rechtsstreits, nämlich Kläger, Beklagter, Antragsteller, Antragsgegner, Vollstreckungsgläubiger und -schuldner, Nebenintervenienten und Dritte, die durch die anzufechtende Entscheidung betroffen sind, insbes Zeugen, Sachverständige (§§ 380, 387, 390, 402, 409) und Dritte iS von §§ 142, 144 sowie RAe (§ 135 ZPO; § 10 BRAGO).

2   **2. Statthaft nach ausdrücklicher Vorschrift (Abs 1 Nr 1)** ist die sofortige Beschwerde in zahlreichen Fällen, zB § 46 Abs 2, § 71 Abs 2, § 91a Abs 2, § 99 Abs 2, § 127 Abs 2, 3, § 252, § 269 Abs 5 S 1, § 380 Abs 3, § 390 Abs 3, § 409 Abs 2, § 494a Abs 2 S 2, § 793, § 934 Abs 4. IdR handelt es sich um Beschlüsse, in einigen Fällen auch um Urteile, insbes Zwischenurteile, nämlich gegen Dritte (zB § 135 Abs 3, § 387 Abs 3). Die Statthaftigkeit der Beschwerde kann auch durch ein Gesetz außerhalb der ZPO bestimmt sein (2 vor § 567).

3   **3. Statthaft wegen Zurückweisung eines Gesuchs (Abs 1 Nr 2).** Es ist bei den jeweiligen Paragraphen erörtert, wann die Beschwerde

nach dieser Vorschrift stattfindet. Voraussetzungen: – a) **Entscheidung** 4
ohne notwendige mdl Vhdlg (§ 128 Abs 4). Das sind Beschlüsse und
Verfügungen des Gerichts, Vorsitzenden oder Einzelrichters, nicht des
beauftragten oder ersuchten Richters (§ 573). Maßgebend ist nur, dass
die mdl Vhdlg für die Entscheidung nicht notwendig war (§ 128
Abs 4). Hat sie (als freigestellt, § 128 Abs 4), stattgefunden, steht dies der
Anfechtbarkeit nicht entgegen. – **b) Gesuch** (Antrag). Es muss das Ver- 5
fahren betreffen. Das ist der jeweilige Rechtsstreit. Das Gesuch kann
vor oder nach Rechtshängigkeit gestellt sein, von jeder am Verfahren
beteiligten Person (Rn 1) ausgehen. Nur der Gesuch(Antrag)steller ist
beschwert (vgl 18, 19 vor § 511). – **c) Zurückgewiesen** (gleichbe- 6
deutend: abgelehnt oder verworfen): als unzulässig oder unbegründet;
auch nur teilweise. Ist dem Gesuch stattgegeben, so findet Beschwerde,
wenn sie nicht ausdrücklich zugelassen ist (Rn 2), nicht statt, aus Nr 2
auch nicht für den Gegner, der beantragt hat, das Gesuch zurückzuweisen (hM) oder eine getroffene Anordnung bei gleichgebliebenen
Tatsachen wieder aufzuheben. Ein Gesuch kann auch stillschweigend
dadurch zurückgewiesen werden, dass eine andere Entscheidung getroffen wird.

4. Statthaft wegen greifbarer Gesetzwidrigkeit (bisher hM; vgl 7
zuletzt noch BGH NJW 02, 754). Das Rechtsmittel wird dann auch
außerordentliche Beschwerde genannt. Es ist unanwendbar bei rechtskräftigen Urteilen (BGH NJW-RR 02, 501). – **a) Grundsatz.** Ein 8
nach gesetzlichen Vorschriften unanfechtbarer Beschluss (Rn 25–29)
konnte ausnahmsweise mit der (sofortigen) Beschwerde anfechtbar sein,
wenn die Entscheidung jeder gesetzlichen Grundlage entbehrte und inhaltlich dem Gesetz fremd war (BGH 109, 41 mwN). Nach der ZPO-
Reform ist die außerordentliche Beschwerde weitgehend abgelöst
durch die Gegenvorstellung in entspr Anwendung von § 321 a (BGH
NJW 02, 1577; 03, 919; vgl 13–15 vor § 567). – **b) Anwendungs-** 9
fälle. Die außerordentliche Beschw ist wohl nicht ganz entbehrlich.
Denn es sind Fälle denkbar, in denen die greifbare Gesetzwidrigkeit
keinen Verfassungsverstoß darstellt, die Entscheidung aber so offenkundig rechtswidrig ist, dass sie nicht bestehen bleiben kann (vgl etwa
etwa BGH NJW 02, 754). – **c) Untätigkeitsbeschwerde.** Ausnahms- 10
weise zugelassen wird eine Beschw gegen das Untätigbleiben eines Gerichts, das zur Rechtsverweigerung führt, von Karlsruhe NJW 84, 985
und Saarbrücken NJW-RR 99, 1290 mwN, insbes bei tatsächlichem
Verfahrensstillstand (§ 252 Rn 6).

II. Zulässigkeit abhängig von Beschwerdewert 11
Abhängig vom Erreichen einer **Beschwerdesumme** ist die Zuläs-
sigkeit (§ 572 Abs 2) von Beschwerden gegen **Kostenentscheidungen**
(Abs 2).
Zu unterscheiden ist:

1. Entscheidungen über die Kostenpflicht (S 1). Das sind Kos- 12
tenentscheidungen (vgl 17–19 vor § 91), die als Beschluss ergehen und

gegen die sofortige Beschwerde stattfindet, insbes gem § 91 a Abs 2, § 99 Abs 2, § 269 Abs 3. Die Beschwerdesumme beträgt 100,01 €.

13 **2. Andere Kostenentscheidungen (S 2)** sind insbes Beschlüsse, gegen die sofortige Beschwerde stattfindet, zB § 104 Abs 3 und § 107 Abs 3, bei § 793. Außerdem: wenn in einem Vollstreckungsbescheid gemäß § 699 Abs 3 S 1 (dort Rn 17) Kosten nicht aufgenommen wurden (LG Bremen Rpfleger 88, 538; bestr) oder wenn nur über die Beitreibung von Kosten der ZwVollstr (§ 788) entschieden wurde (Köln Rpfleger 93, 146), ferner die Fälle der §§ 5, 25, 34 GKG, § 10, § 19 Abs 2, § 128 BRAGO. Die Beschwerdesumme beträgt 50,01 €.

14 **3. Berechnet** wird nach § 2 Rn 14. BeschwWert ist also die Differenz zwischen dem erlangten oder auferlegten Kostenbetrag und der mit der Beschw erstrebten (beantragten) Abänderung. In Betracht kommen nur die bis zur Einlegung der Beschw angefallenen, nicht aber die künftig zu erwartenden Kosten. Es kommt nur auf die Kosten an, über die entschieden ist; daher dürfen mit der sofortigen Erinnerung (§ 11 Abs 2 RPflG) nachgeschobene Kosten nicht hinzugerechnet werden. Umsatz(Mehrwert)steuerbeträge für RA-Gebühren sind einzurechnen (hM; Koblenz MDR 92, 196 mwN).

15 **4. Maßgebender Zeitpunkt** ist grundsätzlich derjenige der Beschwerdeeinlegung (§ 4 Rn 4). Wird teilweise abgeholfen, kommt es nicht auf die ursprüngliche, sondern auf die nach Abhilfe verbliebene BeschwSumme an (hM; Frankfurt Rpfleger 88, 30). Wird die Beschwerde ohne begründeten Anlass teilweise zurückgenommen (§ 569 Rn 19) und sinkt dadurch der Wert unter die BeschwSumme (Abs 2), so wird das Rechtsmittel unzulässig (hM).

16 **5. Streitwertbeschwerden** (§ 25 GKG; vgl § 2 Rn 11). Beschwerdesumme ist die Kostendifferenz zwischen festgesetztem und erstrebtem Streitwert, nicht die Differenz dieser Streitwerte (allgM).

III. Anschlussbeschwerde

17 **1. Allgemeines.** Die Anschlussbeschwerde ist in Abs 3 gesetzlich in der Weise geregelt, dass § 524 Abs 1 S 2, Abs 2 S 1, Abs 3 wörtlich über-
18 nommen wurde. – **a) Anschließung** ist kein Rechtsmittel (vgl § 524 Rn 1). Anwendbar ist § 567 Abs 3 auf alle Arten von Beschwerden (8–11 vor § 567), außer auf die Rechtsbeschwerde (dafür gilt § 574 Abs 4). Die AnschlussBeschw kann nur vom Beschwerdegegner (7 vor § 567) eingelegt werden. Sie muss sich immer auf den mit der Haupt-Beschw angefochtenen Beschluss beziehen und ist auch als Hilfsan-
19 schließung möglich. – **b) Gegenanschließung** liegt vor, wenn der Hauptbeschwerdeführer, nachdem AnschlussBeschw erhoben ist, seine Anträge erweitert, insbes wenn er sein Rechtsmittel auf von ihm nicht angefochtene Teile erstreckt (vgl § 308 Abs 1). Dies ist keine Anschließung iS von § 567 Abs 3 (vgl § 524 Rn 5; umstr), sondern Erweiterung der HauptBeschw. Als Gegenanschließung ist sie nur zulässig im Verbund von Familiensachen und in § 629 a Abs 3 geregelt (dort Rn 25).

2. Unselbständig ist die Anschlussbeschwerde in jedem Fall, wie **20** sich aus Abs 3 S 2 ergibt.

3. Einlegung nur durch den Beschwerdegegner (7 vor § 567). Es **21** gilt § 569 Abs 1 S 1, Abs 2, 3 ohne Beschwerdefrist. Nach Vorlage (§ 571 Hs 2) kann aber nur beim BeschwGer (4 vor § 567) eingelegt werden (Köln FamRZ 00, 1027). Zeitpunkt: nicht vor Einlegung der Haupt-Beschw und nur bis das BeschwGer entschieden hat (§ 572 Rn 19, 25; § 329 Rn 2, 5), bei mdl Vhdlg (§ 572 Rn 25) bis zu deren Schluss und nur bis zu einer Rücknahme der HauptBeschw (§ 569 Rn 19).

4. Zulässigkeit (S 1). Sie erfordert eine ordnungsgemäße Einlegung **22** (Rn 6). Grundsätzlich gilt zwar § 572 Abs 2; jedoch mit erheblichen Ab-änderungen: Die unselbständige AnschlussBeschw setzt eine gemäß § 572 Abs 2 zulässige HauptBeschw voraus. Es ist keine Beschwer (§ 572 Rn 15) erforderlich und die BeschwSumme muss nicht erreicht sein (vgl § 524 Rn 17). Die unselbständige AnschlussBeschw ist auch nach Fristablauf zu-lässig und ein Verzicht steht nicht entgegen (S 1).

5. Entscheidung. Es gilt § 572 Rn 25. Über HauptBeschw und **23** Anschließung muss nicht zugleich, jedoch darf über die unselbständige Anschließung grundsätzlich nicht vor der HauptBeschw entschieden werden (vgl § 524 Rn 20). Über die Kosten wird einheitlich entschie-den, bei erfolglosen Rechtsmitteln gemäß § 97 Rn 5, bei mindestens teilweise erfolgreichen gemäß § 572 Rn 24.

6. Wirkung von Rücknahme oder Verwerfung der HauptBeschw **24** (S 2). Hat der Beschwerdeführer die HauptBeschw wirksam zurückge-nommen (§ 569 Rn 19 ff), auf sie nach Einlegung (§ 569) verzichtet (§ 572 Rn 17) oder hat das BeschwGer die HauptBeschw als unzulässig verworfen (§ 572 Rn 13), so verliert sie als **unselbständige** ihre Wir-kung kraft Gesetzes zu dem Zeitpunkt, an dem das Ereignis, das den Wirkungsverlust herbeiführt, wirksam wird, zB bei Verwerfung durch den Beschluss (§ 329 Rn 2, 6). Damit ist die Anschließung erledigt, über sie wird nicht mehr entschieden, die Instanz ist abgeschlossen und die angefochtene Entscheidung wird bei der sofortigen Beschwerde formell rechtskräftig (§ 705 Rn 1, 9). Wird die AnschlussBeschw wei-terverfolgt, so ist sie vom BeschwGer wegen versäumter Frist zu ver-werfen (vgl § 572 Rn 13 u § 524 Rn 22).

IV. Unanfechtbarkeit **25**

Das bedeutet, dass eine Entscheidung nicht beschwerdefähig ist.

1. Allgemein ist die Unanfechtbarkeit (auch bei Entscheidungen des AG) in zahlreichen Fällen gegeben, zB in § 46 Abs 2, § 127 Abs 2 S 1, § 225 Abs 3, § 238 Abs 3, § 268, § 281 Abs 2 S 2, § 348 Abs 4, § 348 a Abs 3.

2. Entscheidungen des Landgerichts (Abs 1) im Rechtsmittel- **26** verfahren. – **a) Umfasst** sind alle Beschlüsse und Verfügungen, die im Berufungs- oder Beschwerdeverfahren ergehen, zB zur Aussetzung

(§ 252), Klagerücknahme (§ 269 Abs 3), Einstellung der ZwVollstr (§§ 707, 719, 769). Dies gilt auch für die Entscheidungen über das Rechtsmittel, insbes für § 91a Abs 2, § 99 Abs 2, § 127 Abs 2 S 2,

27   Abs 3, § 269 Abs 5 S 1. – **b) Ausgenommen** von der Unanfechtbarkeit ist die Verwerfung der Berufung durch Beschluss (§ 522 Abs 1 S 4).

28   **3. Entscheidungen des Oberlandesgerichts.** Betrifft Beschlüsse und Verfügungen. Mit Ausnahme des § 621e Abs 2, der Verwerfung der Berufung durch Beschluss und der Verweisungsbeschlüsse wegen Unzulässigkeit des beschrittenen Rechtswegs (§ 17a Abs 4 GVG; ferner § 159 GVG) können Entscheidungen (Urteile, Beschlüsse, Verfügungen) des OLG nie mit Beschw angefochten werden, selbst wenn der Entscheidung eine gesetzliche Grundlage fehlen sollte, erst recht nicht, wenn (auch wesentliche) Verfahrensvorschriften verletzt sind (hM; vgl Rn 9). Der Ausschluss der Beschw betrifft nicht nur die Prozessparteien, sondern auch Dritte, denen durch Entscheidung des OLG Kosten auferlegt sind (BGH NJW 88, 49; hierzu kritisch Smid NJW 89, 1578). Es können lediglich unter den Voraussetzungen von Rn 13–15 vor § 567 Gegenvorstellungen erhoben werden (BGH NJW 00, 590).

29   **4. Ermessensentscheidungen** des Gerichts sind, sofern die Voraussetzungen des Ermessens richtig angenommen wurden, unanfechtbar, selbst wenn ein darauf gerichtetes Gesuch zurückgewiesen wurde (hM; zB Wahl des schriftlichen Vorverfahrens (§ 276 Abs 1 S 1) und Anordnung freigestellter mdl Vhdlg (§ 128 Abs 4).

30   **V. Wiederholung**
Beschwerden können grundsätzlich nicht wiederholt oder erneuert werden. Ist einmal über die Begründetheit der Beschw entschieden worden, so ist der Beschwerdeweg erschöpft und eine Wiederholung unzulässig; die Beschw ist verbraucht (Bamberg NJW 65, 2407; Frankfurt Rpfleger 74, 273). Nur wenn sie als unzulässig verworfen wurde, kann eine neue Beschw eingelegt werden. Neue Tatsachen (veränderte Sachlage) oder Gesetzesänderungen können eine gegen denselben Beschluss wiederholte Beschw nicht rechtfertigen; sie können nur einen neuen Antrag an das Untergericht (5 vor § 567) begründen (hM), auch eine Gegenvorstellung (13 vor § 567). Hiervon zu unterscheiden ist die prozessuale Überholung, die eine andere Zulässigkeitsvoraussetzung entfallen lässt, nämlich das Rechtsschutzbedürfnis (§ 572 Rn 18). Bei wiederholten Eingaben von Querulanten wird zweckmäßig das Rechtsschutzbedürfnis verneint.

§ 568 Originärer Einzelrichter

[1]**Das Beschwerdegericht entscheidet durch eines seiner Mitglieder als Einzelrichter, wenn die angefochtene Entscheidung von einem Einzelrichter oder einem Rechtspfleger erlassen wurde.** [2]**Der Einzelrichter überträgt das Verfahren dem Be-**

schwerdegericht zur Entscheidung in der im Gerichtsverfassungsgesetz vorgeschriebenen Besetzung, wenn
1. die Sache besondere Schwierigkeiten tatsächlicher oder rechtlicher Art aufweist oder
2. die Rechtssache grundsätzliche Bedeutung hat.
³ Auf eine erfolgte oder unterlassene Übertragung kann ein Rechtsmittel nicht gestützt werden.

1. Entscheidender Richter ist im Beschwerdeverfahren an Stelle 1 der Kammer beim LG oder des Senats beim OLG der **Einzelrichter**, wenn die angefochtene Entscheidung, darunter fällt nicht die Abhilfeentscheidung (Düsseldorf MDR 03, 230), – **a)** entweder vom **Rechtspfleger** (§ 3 RpflG) – **b)** oder von einem **Einzelrichter** erlassen wur- 2 de. Das ist stets der Fall beim AG und beim LG beim Vorliegen von §§ 348 Abs 1 S 1, 348a Abs 1, 349 Abs 2, 3 (Feskorn NJW 03, 856; Fölsch MDR 03, 308; aA Karlsruhe NJW 02, 1962, Zweibrücken NJW 02, 2722), **nicht** im Fall von § 3 Abs 3 AVAG, weil der Vorsitzende die Sache nicht nach § 348a Abs 3 der Kammer andienen darf.

2. Die Bestimmung des Einzelrichters aus den Mitgliedern des 3 Kollegiums des BeschwGer, einschließlich des Vorsitzenden, geschieht durch den Geschäftsverteilungsbeschluss des Spruchkörpers (§ 21g Abs 3 GVG); bei der KfH kann nur der Vorsitzende ER sein.

3. Befugnisse des Einzelrichters. – a) Grundsatz: Entscheidung. 4 Der ER hat die volle Stellung des BeschwGer. Er muss also die Sache bis zur Beendigung des BeschwVerf führen und ggf die Endentscheidung erlassen. Auch für danach noch nötig werdende Entscheidungen, zB Streitwertfestsetzung, über Kosten, Gebühren, Auslagen, Einstellung der ZwVollstr, Berichtigung oder Ergänzung der Entscheidung bleibt er zuständig.

b) Ausnahme: Übertragung auf das Kollegium. Der ER muss das 5 BeschwVerf unter den Voraussetzungen des S 2 auf die Zivilkammer, die vollbesetzte KfH oder den Senat übertragen: – **aa) Bei beson- 6 deren Schwierigkeiten** tatsächlicher oder rechtlicher Art. Das Adjektiv „besondere" zeigt, dass sie erheblich über dem durchschnittlichen Grad liegen müssen. Darunter kann zB fallen ein in seinen wirtschaftlichen, technischen, wissenschaftlichen Zusammenhängen auffallend schwer überschaubarer und schwer verständlicher Sachverhalt, insbes wenn voraussichtlich eine Beweisaufnahme nötig wird, die zur Würdigung widersprüchlicher Aussagen oder Gutachten führen kann; oder die Lösung ganz ausgefallener oder sehr komplizierter Rechtsfragen, zumal wenn sie in Rechtsprechung und Schrifttum noch wenig erörtert sind. IdR ist die Beschwerdeentscheidung im PKH-Verfahren auf das Kollegium zu übertragen, wenn die Erfolgsaussicht zu prüfen ist und in der Hauptsache das Kollegium entscheiden müsste (Köln NJW 02, 1436; aA Celle NJW 02, 2329). – **bb) Bei grundsätzlicher Bedeu- 7 tung der Rechtssache.** Begriff § 511 Rn 20. Folglich darf der ER die Rechtsbeschwerde nicht zulassen (BGH WM 03, 701).

8   **4. Verstoß.** Entscheidung durch den ER ohne Vorliegen von S 1 oder Übertragung auf das Kollegium ohne die Voraussetzungen von S 2 sind durch Rügeverzicht nicht heilbare Verfahrensfehler, weil es um den gesetzlichen Richter geht (BGH NJW 93, 600). Allerdings ist die Übertragung auf das Kollegium und ihr Unterbleiben nach S 3 unanfechtbar.

§ 569 Frist und Form

(1) ¹**Die sofortige Beschwerde ist, soweit keine andere Frist bestimmt ist, binnen einer Notfrist von zwei Wochen bei dem Gericht, dessen Entscheidung angefochten wird, oder bei dem Beschwerdegericht einzulegen.** ²**Die Notfrist beginnt, soweit nichts anderes bestimmt ist, mit der Zustellung der Entscheidung, spätestens mit dem Ablauf von fünf Monaten nach der Verkündung des Beschlusses.** ³**Liegen die Erfordernisse der Nichtigkeits- oder der Restitutionsklage vor, so kann die Beschwerde auch nach Ablauf der Notfrist innerhalb der für diese Klagen geltenden Notfristen erhoben werden.**

(2) ¹**Die Beschwerde wird durch Einreichung einer Beschwerdeschrift eingelegt.** ²**Die Beschwerdeschrift muss die Bezeichnung der angefochtenen Entscheidung sowie die Erklärung enthalten, dass Beschwerde gegen diese Entscheidung eingelegt werde.**

(3) **Die Beschwerde kann auch durch Erklärung zu Protokoll der Geschäftsstelle eingelegt werden, wenn**
1. **der Rechtsstreit im ersten Rechtszug nicht als Anwaltsprozess zu führen ist oder war,**
2. **die Beschwerde die Prozesskostenhilfe betrifft oder**
3. **sie von einem Zeugen, Sachverständigen oder Dritten im Sinne der §§ 142, 144 erhoben wird.**

1   **1. Allgemeines.** Die Vorschrift regelt Adressat, Frist und Form der Einlegung der sofortigen Beschwerde.

2   **2. Adressat.** Die sof Beschw kann nach Wahl des BeschwFührers entweder beim **Untergericht** (5 vor § 567) oder beim **Beschwerdegericht** (4 vor § 567) eingelegt werden (Abs 1 S 1). Sinnvoll ist wegen der Abhilfebefugnis nach § 572 Abs 1 S 1 die Einlegung beim Untergericht.

3   **3. Frist (Abs 1 S 1).** Sie ist eine Notfrist (§ 224 Abs 1 S 2); daher findet Wiedereinsetzung statt (§ 233). Die sof Beschw kann erst ab Erlass der Entscheidung, aber schon vor dem Beginn der Frist eingelegt werden. Erlassen ist die Entscheidung mit Verkündung (§ 329 Abs 1 S 1), mangels Verkündung mit der ersten Hinausgabe aus dem Gerichtsbetrieb (§ 329 Rn 5), so dass die Entscheidung schon vor der Zustellung beschwerdefähig ist.

4   **a) Beginn.** Eine formlose Mitteilung verstößt gegen § 329 Abs 3
5   und setzt die Frist nicht in Lauf. – **aa) Mit Verkündung:** 5 Monate nach Verkündung, wenn die Zustellung unterblieben ist oder wenn sie

unwirksam war (Abs 1 S 2). – **bb) Mit Zustellung** für jede Partei ge- 6
trennt (§ 329 Abs 2 S 2). Die zugestellte Ausfertigung oder Abschrift
muss auch bei Beschlüssen die Gründe enthalten. Bei verkündeten
Beschlüssen beginnt die Frist mit Zustellung gem § 329 Abs 3 (Ausnahmen Rn 4 und § 127 Abs 3 S 3).

b) Dauer: zu berechnen nach § 222. – **aa) Zwei Wochen** ist der 7
Regelfall (Abs 1 S 1). – **bb) Ein Monat** für die sofortige Beschwerden 8
im PKH-Verfahren (§ 127 Abs 2 S 4, Abs 3 S 3), nach § 27 Abs 4
AVAG, die befristete Beschwerde in Familiensachen (§ 621 e Abs 3)
und für die Nichtigkeitsbeschwerde (Abs 1 S 3), bei der die Monatsfrist
(§ 586 Abs 1) nach Maßgabe des § 586 Abs 2 S 1 beginnt. Es müssen
die Voraussetzungen der §§ 579–582 erfüllt, nicht nur behauptet sein.
Der Wiederaufnahmegrund muss also wirklich vorliegen, damit die
Nichtigkeitsbeschwerde innerhalb der verlängerten Frist zulässig ist (KG
OLGZ 76, 365). Das Rechtsmittel bleibt aber Beschw, so dass es nur
gegen Entscheidungen der 1. Instanz gegeben ist. Die Ausschlussfrist
des § 586 Abs 2 S 2 ist zu beachten.

4. Beschwerdeschrift (Abs 2 S 1). – **a) Schriftform:** § 129 Rn 5– 9
14. – **b) Anwaltszwang.** Wegen § 78 Abs 1 muss der RA bei dem
Gericht zugelassen sein, bei dem er Beschwerde einlegt (BGH NJW 00,
3956). Für die Anfechtung einer vom AG erlassenen Entscheidung besteht jedoch kein Anwaltszwang (Rn 13). – **c) Inhalt.** Die angefochte- 10
ne Entscheidung muss bezeichnet und dass Beschwerde (nicht notwendig wörtlich, BGH NJW 92, 243) eingelegt wird, muss erklärt sein
(§ 519 Abs 2 entspr).

5. Einlegung zu Protokoll der Geschäftsstelle (Abs 3) eines zu- 11
ständigen Gerichts (Rn 2). Soweit dies zulässig ist, kann ohne Anwaltszwang (Rn 9) die Beschw auch schriftlich eingelegt werden.

a) Form. Das Protokoll wird grundsätzlich vom Urkundsbeamten 12
(§ 153 GVG) aufgenommen oder vom Rechtspfleger (§ 26 RPflG).
Das Protokoll ist erst recht wirksam, wenn es der Richter aufnimmt. Er
ist aber keinesfalls verpflichtet, die Einlegung der Beschw zu protokollieren (vgl § 160).

b) Voraussetzungen für die Zulässigkeit (Abs 3 Nr 1–3). – 13
aa) Rechtsstreit außer Anwaltszwang (§ 78). Das trifft beim AG zu
(§ 79), am Familiengericht jedoch nur unter den Voraussetzungen des
§ 78 Abs 2 und 3. Rechtsstreit ist nicht nur das Urteilsverfahren, sondern jedes Verfahren, das der ZPO unterliegt. Daher ist für Nebenverfahren nicht auf den Hauptsacheprozess abzustellen. Findet es vor dem
Rechtspfleger statt, besteht wegen § 13 RPflG kein Anwaltszwang
(Nürnberg MDR 00, 232). Daher begründet das Erinnerungsverfahren
(§ 766) die Anhängigkeit beim AG, auch wenn das Urteilsverfahren für
den Vollstreckungstitel beim LG begann. War der Rechtsstreit beim
AG anhängig und ist als Anwaltsprozess zu führen, so gilt Abs 3 Nr 1
auch für die Berufungs- und Beschwerdeinstanz, dh für die in ihr eingelegte Beschw (hM; BGH NJW 84, 2413 und FamRZ 88, 1159). Die

Freistellung von Anwaltszwang gem Abs 3 Nr 1 entfällt aber, wenn das Verfahren schon im ersten Rechtszug als Anwaltsprozess zu führen war, zB wenn das AG gem §§ 281, 506, 696, 700 an das LG im ersten Rechtszug verwiesen oder abgegeben hat (BGH NJW 79, 1658). Wird ein Antrag auf Arrest oder einstweilige Verfügung vom LG ohne mdl Vhdlg durch Beschluss abgelehnt, so besteht für die sof Beschw kein

14 Anwaltszwang (§ 922 Rn 6). – **bb) Prozesskostenhilfe.** Die sof Beschwerden nach § 127 Abs 2 S 2 fallen stets darunter (Abs 3 Nr 2).

15 Ebenso sof Beschwerden gemäß § 78 b Abs 2. – **cc) Zeugen, Sachverständige und Dritte iS der §§ 142, 144** (Abs 3 Nr 3), außerdem Untersuchungspflichtige und Parteien, nach § 141 Abs 3, § 142 Abs 2, § 144 Abs 2, § 273 Abs 2, § 279 Abs 2, § 372 a Abs 2 S 1, § 380 Abs 3,

16 § 390 Abs 3, § 409 Abs 2, § 411 Abs 2 S 4, § 613 Abs 2. – **dd) Sondervorschriften** lassen ebenfalls Protokollerklärung zu: § 5 Abs 3 GKG; § 10 Abs 4 BRAGO; § 14 Abs 4, § 156 Abs 4 KostO; § 16 Abs 3 ZuSEG.

17   **c) Wirkung.** Durch Abs 3 wird der Anwaltszwang durchbrochen (§ 78 Abs 3). Das gilt für die Einlegung und für das weitere Verfahren (§ 571 Abs 4 S 2). Außerdem können infolge des Abs 3 in Verbindung mit § 78 Abs 3 auch beim Gericht nicht zugelassene RAe und andere Personen schriftlich Beschwerde einlegen (vgl Rn 11).

18   **6. Zeitpunkt.** Die Beschw kann ab Erlass der Entscheidung eingelegt werden. Erlassen ist diese mit Verkündung (§ 329 Abs 1 S 1). Wird sie nicht verkündet, ist sie erlassen mit der ersten Hinausgabe aus dem Gerichtsbetrieb (§ 329 Rn 5), sodass die Entscheidung schon vor der Zustellung beschwerdefähig ist.

19   **7. Rücknahme** jeder Art von Beschwerde (8–11 vor § 567) ist eine Prozesshandlung (Einl III), gesetzlich nicht geregelt, aber zulässig (allgM)

20 (allgM), auch wenn sie nur zum Teil erfolgt. – **a) Form:** schriftlich (§ 129 Rn 5) oder zu Protokoll der Geschäftsstelle (Rn 11), wenn Rn 13–16 zutreffen; mündlich nur in mdl Vhdlg. Die Rücknahme ist an das Gericht zu richten, bei dem die Beschwerde anhängig ist; das ist

21 bis zur Vorlage das Untergericht (vgl § 572 Rn 11). – **b) Anwaltszwang** (§ 78) besteht grundsätzlich, aber dann nicht, wenn die Beschw außer Anwaltszwang eingelegt werden konnte (Rn 13–17); in diesen Fällen kann sie also auch außer Anwaltszwang zurückgenommen wer-

22 den (vgl § 571 Rn 9). – **c) Voraussetzungen.** Die Entscheidung über die Beschw darf noch nicht erlassen sein (§ 329 Rn 2, 5; Frankfurt FamRZ 96, 420). Eine Einwilligung des Beschwerdegegners ist nicht notwendig. Ist die Beschwerdeentscheidung erlassen, so ist eine Rücknahme unwirksam, auch wenn das BeschwGer nach § 572 Abs 3 zurückverwiesen hat; jedoch kann die Rücknahme in die eines Antrags

23 umgedeutet werden (Einl III Rn 20). – **d) Entscheidung** ergeht durch Beschluss (entspr § 516 Abs 3) desjenigen Gerichts, bei dem die Be-

24 schwerde zZ der Rücknahme anhängig war (Rn 20), vAw. – **e) Wirkung.** Sie entspricht § 516 Abs 3, so dass eine erneuerte Beschw zuläs-

sig sein kann (vgl § 516 Rn 8). – **f) Streit über Wirksamkeit** der 25
Zurücknahme wird durch Beschluss entschieden. Zuständig ist hierfür
stets das BeschwGer. Bei wirksamer Rücknahme: Beschluss entspr
§ 516 Abs 3 (Rn 23). Ist die Rücknahme unwirksam, so wird über die
Beschw entschieden und die Rücknahmeerklärung in den Gründen
behandelt.

§ 570 Aufschiebende Wirkung; einstweilige Anordnungen

(1) **Die Beschwerde hat nur dann aufschiebende Wirkung,
wenn sie die Festsetzung eines Ordnungs- oder Zwangsmittels
zum Gegenstand hat.**

(2) **Das Gericht oder der Vorsitzende, dessen Entscheidung
angefochten wird, kann die Vollziehung der Entscheidung aussetzen.**

(3) **Das Beschwerdegericht kann vor der Entscheidung eine
einstweilige Anordnung erlassen; es kann insbesondere die
Vollziehung der angefochtenen Entscheidung aussetzen.**

1. Aufschiebende Wirkung (Abs 1) hat die Beschwerde grund- 1
sätzlich nicht, so dass sie der Vollstreckung des angefochtenen Beschlusses (zB § 794 Nr 2, 3) oder der Fortsetzung des Rechtsstreits im
Fall des § 252 nicht entgegensteht. Ausgenommen sind die Beschw gegen Festsetzung von Ordnungs- u Zwangsmitteln einschließlich der
zugleich ergangenen Kostenbeschlüsse. Die Beschw wirkt in diesen
Fällen aufschiebend, sobald sie eingelegt ist; dies entfällt, sobald über die
Beschw entschieden ist. Soll die Vollstreckung eingestellt werden, ist
wegen § 775 Nr 2 eine einstweilige Anordnung desjenigen Ger nötig,
bei dem die Beschwerde anhängig ist.

2. Aussetzung des Vollzugs (Abs 2). Auf Antrag oder vAw durch 2
Beschluss; im pflichtgemäßen Ermessen des Ger oder Vorsitzenden
(„kann"). Gilt bei jeder Art von Beschw (8–11 vor § 567). Zuständig
ist das Untergericht (Abs 2) ab Einlegung der Beschw (§ 569 Rn 3) bis
zur Vorlage gem § 572 Abs 1 S 1 Hs 2. Von da an das BeschwGer nach
Abs 3. Der Beschluss kann vAw, auch durch das BeschwGer, jederzeit
aufgehoben oder geändert werden. Von selbst tritt er mit der Beschwerdeentscheidung außer Kraft. Er ist unanfechtbar (§ 567 Rn 29).

3. Einstweilige Anordnung (Abs 3). Nur durch das BeschwGer 3
(3 vor § 567) oder RechtsBeschwGer (§ 575 Abs 5); Letzteres kann
auch die Vollziehung der Entscheidung der 1. Instanz aussetzen (BGH
NJW 02, 1658). Das hängt von Interessenabwägung und Erfolgsaussichten der Beschw bzw RechtsBeschw ab; deshalb Entscheidung erst
nach BeschwBegründung möglich (BGH NJW 02, 1658). Es gilt Rn 2
entsprechend. Inhalt: wie § 707 Rn 10–13. Die Entscheidung kann zB
auch in der Anordnung oder Vornahme neuerlicher Pfändung bestehen
(wegen § 803 Rn 12; § 829 Rn 50), wenn Beschw gegen einen Beschluss eingelegt ist, der eine Pfändung aufhebt oder die Erinnerung
(§ 766) gegen eine Aufhebung zurückweist.

§ 571 **Begründung, Präklusion, Ausnahmen vom Anwaltszwang**

(1) **Die Beschwerde soll begründet werden.**

(2) [1]**Die Beschwerde kann auf neue Angriffs- und Verteidigungsmittel gestützt werden.** [2]**Sie kann nicht darauf gestützt werden, dass das Gericht des ersten Rechtszuges seine Zuständigkeit zu Unrecht angenommen hat.**

(3) [1]**Der Vorsitzende oder das Beschwerdegericht kann für das Vorbringen von Angriffs- und Verteidigungsmitteln eine Frist setzen.** [2]**Werden Angriffs- und Verteidigungsmittel nicht innerhalb der Frist vorgebracht, so sind sie nur zuzulassen, wenn nach der freien Überzeugung des Gerichts ihre Zulassung die Erledigung des Verfahrens nicht verzögern würde oder wenn die Partei die Verspätung genügend entschuldigt.** [3]**Der Entschuldigungsgrund ist auf Verlangen des Gerichts glaubhaft zu machen.**

(4) [1]**Die Beteiligten können sich im Beschwerdeverfahren auch durch einen bei einem Amts- oder Landgericht zugelassenen Rechtsanwalt vertreten lassen.** [2]**Ordnet das Gericht eine schriftliche Erklärung an, so kann diese zu Protokoll der Geschäftsstelle abgegeben werden, wenn die Beschwerde zu Protokoll der Geschäftsstelle eingelegt werden darf (§ 569 Abs. 3).**

1   **1. Begründung** der sof Beschw ist nach Abs 1 erforderlich, damit das BeschwGer sich auf Ziel und Angriffspunkte des Begehrens des BeschwFührers konzentrieren und damit rasch zu einer Sachentscheidung kommen kann. Das Fehlen einer Begründung bedingt zwar nicht die Unzulässigkeit der Beschw („soll"), wird aber idR zu ihrer Unbegründetheit führen. Aus Abs 3 S 1 ist zu schließen, dass eine Frist zur Begründung gesetzt werden kann.

2   **2. Neue Angriffs- und Verteidigungsmittel** (§ 146 Rn 2) kann die BeschwBegründung enthalten. Damit ist klargestellt, dass die
3   BeschwInstanz eine vollwertige 2. Tatsacheninstanz ist. – **a) Zurückzuweisen sind** neue Angriffs- und Verteidigungsmittel, wenn – **aa) sie nach Ablauf** einer nach Abs 3 S 1 gesetzten **Frist** (§ 296 Rn 22, 24, 25, 30–32 gelten entsprechend) vorgebracht werden. BeschwGer ist gem § 568 der ER, sonst die **vollbesetzte** Kammer oder der Senat. –
4   **bb)** durch ihre Zulassung nach der Überzeugung des BeschwGer die Erledigung des Verfahrens **verzögert** würde (§ 296 Rn 12–20 gelten
5   sinngemäß) **und** – **cc)** der BeschwFührer das verspätete Vorbringen **nicht ausreichend entschuldigt** (wie § 296 Rn 28). Die Entschuldigung obliegt dem BeschwFührer, weil sein Verschulden an der Fristversäumung vermutet wird. Das BeschwGer kann Glaubhaftmachung
6   (§ 294) des Entschuldigungsgrunds verlangen (Abs 3 S 3). – **b) Unzulässig** ist die Rüge der Unzuständigkeit des Untergerichts (vgl § 513 Rn 3–5). Eine allein auf diese Rüge gestützte Beschw ist unzulässig.

3. Anwaltszwang (§ 78; vgl § 569 Rn 9, 13) ist nach Maßgabe des 7
Abs 4 beschränkt. – **a) Mündliche Verhandlung.** Wird sie angeord- 8
net, ist auch im Fall Rn 9 ein RA zu bestellen. Er muss aber nicht beim
BeschwGer (OLG) zugelassen sein. Er kann auch alle erforderlichen
schriftlichen Erklärungen abgeben. – **b) Protokoll der Geschäfts-** 9
stelle. Konnte die Beschw durch Protokollerklärung wirksam eingelegt
werden (§ 569 Rn 13–16), ist aus Abs 4 S 2, der die Erklärung zu
Protokoll zulässt, über § 78 Abs 3 zu schließen, dass Parteien und Vertreter, die nicht RA sind, auch schriftlich alle Prozesshandlungen (Einl
III) vornehmen können.

§ 572 Gang des Beschwerdeverfahrens

(1) ¹Erachtet das Gericht oder der Vorsitzende, dessen Entscheidung angefochten wird, die Beschwerde für begründet, so
haben sie ihr abzuhelfen; andernfalls ist die Beschwerde unverzüglich dem Beschwerdegericht vorzulegen. ²§ 318 bleibt unberührt.

(2) ¹Das Beschwerdegericht hat von Amts wegen zu prüfen,
ob die Beschwerde an sich statthaft und ob sie in der gesetzlichen Form und Frist eingelegt ist. ²Mangelt es an einem dieser Erfordernisse, so ist die Beschwerde als unzulässig zu verwerfen.

(3) Erachtet das Beschwerdegericht die Beschwerde für begründet, so kann es dem Gericht oder Vorsitzenden, von dem
die beschwerende Entscheidung erlassen war, die erforderliche
Anordnung übertragen.

(4) Die Entscheidung über die Beschwerde ergeht durch Beschluss.

I. Abhilfeverfahren

1. Abhilfe (Abs 1 S 1 Hs 1) ist ein vom Untergericht durchgeführter 1
Teil des Beschwerdeverfahrens. Abhilfe ist auch allein für die Kosten zulässig. – **a) Voraussetzung** ist eine als Prozesshandlung (Einl III) ge- 2
mäß § 569 wirksam eingelegte Beschw. Sie muss gemäß § 567 statthaft
sein, nicht auch iü zulässig (hM; vgl Rn 7). – **b) Entscheidung.** Bevor 3
das Ger vorlegt (Rn 7), muss es prüfen, ob die Beschw begründet ist.
Neue Tatsachen sind zu berücksichtigen; ggf ist Beweis zu erheben (vgl
§ 571 Abs 2 S 1; Frankfurt NJW 68, 57). Nur wenn Abhilfe möglich
erscheint, ist der Beschwerdegegner zu hören (Einl I Rn 9 ff). Entschieden wird durch Beschluss; wenn ganz und nicht nur zT abgeholfen
wird, auch über die Kosten der Beschw (vgl E. Schneider zu Frankfurt
MDR 75, 669), sofern nicht eine Kostenentscheidung überhaupt zu
unterbleiben hat (vgl § Rn 24). Es gilt § 329. Hält das Ger seinen Beschluss im Ergebnis für richtig, aber aus einem anderen Grund als im
Beschluss dargelegt, so hat es der Beschwerde nicht abzuhelfen, sondern
unter Angabe seiner neuen Gründe (gem Rn 10) vorzulegen (hM). –

4 **c) Wirkung.** Der abhelfende Beschluss erledigt die Beschw voll oder zu
5 einem entspr Teil. – **d) Rechtsbehelfe.** Der abhelfende Beschluss kann
    vom Beschwerdegegner mit der sof Beschw angefochten werden, wenn
6 sie gem § 567 statthaft ist. – **e) Wert** des Beschwerdeverfahrens. Er
    wird durch die (auch teilweise) Abhilfe beeinflusst wie die Beschwer-
    desumme (vgl § 567 Rn 15).

7 **2. Vorlage** (Abs 1 S 1 Hs 2). – **a) Voraussetzungen: – aa)** Die
    Beschw muss (wenigstens möglicherweise) statthaft sein (15 vor § 511),
    also gemäß § 567, nicht aber iü zulässig (Abs 2). Dies zu entscheiden ist
    Sache des BeschwGer. Bei eindeutig unstatthafter Beschw (zB § 567
    Abs 1) entfällt die Vorlagepflicht (bestr). Das Untergericht ist aber nicht
8 gehindert vorzulegen. – **bb)** Das Untergericht hat nicht oder nur zT ab-
9 geholfen (Rn 3). – **b) Zeitpunkt.** Unverzüglich (§ 121 Abs 1 BGB)
10 nach abgelehnter oder nur teilweiser Abhilfe. – **c) Entscheidung.** Es
    ist ein Beschluss notwendig (Stuttgart MDR 03, 110), der dahin lautet,
    dass nicht abgeholfen und die Beschw vorgelegt wird. Gründe sind
    notwendig, wenn die Beschw neues Vorbringen enthält, auf das ein-
    zugehen ist (Hamm FamRZ 86, 1127; Köln FamRZ 02, 893; Bran-
    denburg MDR 02, 844), oder wenn der angefochtene Beschluss keine
    Gründe aufweist. Ob § 329 Abs 2 S 1 gilt, ist umstr. Es ist jedenfalls
    empfehlenswert, den Beschluss mitzuteilen, auch wenn er sich in der
11 Vorlage erschöpft. – **d) Wirkung.** Sobald vorgelegt ist, wird der Rechts-
    streit beim BeschwGer (4 vor § 567) anhängig. Eine nachträgliche Ab-
    hilfe ist ausgeschlossen. Das BeschwGer darf auch ohne ordnungsge-
    mäße Abhilfeentscheidung entscheiden (Stuttgart MDR 03, 110).

12 **3. Keine Abhilfe** zulässig bei sof Beschw gegen Zwischenurteile
    (zB § 387 Abs 3) oder gegen Nebenentscheidungen von Endurteilen
    (etwa § 99 Abs 2), da § 318 entgegensteht.

II. Zulässigkeitsprüfung, Abs 2

13 **1. Allgemeines.** Abs 2 gilt für alle Zulässigkeitsvoraussetzungen
    (Rn 14–18), nicht nur die ausdrücklich genannten (allgM). Wie andere
    Rechtsmittel (39 vor § 511) wird eine unzulässige Beschw verworfen
    (Abs 2 S 2). Die Zulässigkeit (11 vor § 511) darf nicht dahingestellt
    bleiben, wenn die Beschw als unbegründet zurückzuweisen ist (umstr).
    Prüfung vAw: wie 12 vor § 253. Entscheidung durch Beschluss (Abs 4).
    Die Kosten der verworfenen Beschw sind dem Beschwerdeführer auf-
    zuerlegen (§ 97 Abs 1).

14 **2. Zulässigkeitsvoraussetzungen.** Sie müssen zZ der Beschwerde-
    entscheidung (noch) vorliegen. – **a) Statthaftigkeit der Beschwerde:**
    15 vor § 511; § 567 Rn 2–7. Sie darf nicht durch § 99 Abs 1 ausge-
15 schlossen sein. – **b) Beschwer:** 17 vor § 511; vgl § 567 Rn 1. Auch
    die Beschwer muss zZ der Entscheidung (noch) vorliegen. – **c) Be-
    schwerdesumme:** 33 vor § 511; nur bei Kostenbeschwerden (§ 567
16 Abs 2). – **d) Form:** § 569; dabei müssen auch die Prozesshandlungs-
    voraussetzungen (Einl III Rn 10) erfüllt sein (vgl 34 vor § 511). –

e) Frist: § 569 Abs 1 (dort Rn 3–8). – **f) Unterbliebener Verzicht.** 17
Es gilt § 515 mit den dortigen Anm entspr. Der Verzicht auf die Begründung eines Beschlusses ist noch kein Rechtsmittelverzicht (Hamm NJW-RR 95, 1213; Schleswig NJW-RR 98, 1371; aA Brandenburg NJW-RR 95, 1212 jeweils für § 91 a). – **g) Rechtsschutzbedürfnis.** 18
Außer der (fehlenden) Beschwer kann es fehlen wegen Rechtsmissbrauchs durch prozesshemmende sog Verzögerungsbeschwerden (Köln Rpfleger 80, 233) und wegen prozessualer Überholung (oft auch als Gegenstandslosigkeit bezeichnet). Danach wird eine Beschw unzulässig, wenn der Rechtsstreit in eine Lage kommt, in der die mit der Beschw begehrte Entscheidung zwecklos oder gegenstandslos wird, zB abgelehnte Aussetzung infolge Endurteils; beschlossene Aussetzung durch Klagerücknahme (Frankfurt NJW-RR 95, 956); Ablauf der Frist, deren Abkürzung beantragt war; ausgeführte oder beendete ZwVollstrMaßnahme, die angefochten war. In diesen Fällen empfiehlt sich Erledigterklärung (§ 91 a Rn 7, 8). Die Praxis verfährt unterschiedlich (vgl Frankfurt aaO) und erlässt (ohne gesetzliche Grundlage) vielfach Beschlüsse vAw, wonach die Beschw gegenstandslos sei, mit einer Kostenentscheidung analog § 91 a.

III. Begründetheitsprüfung, Abs 3
1. Allgemeines. Gilt für alle Arten von Beschwerden (4–7 vor 19
§ 567). Zum Verhältnis Zulässigkeit-Begründetheit: Rn 13; 11, 12 vor § 511. Ist die Beschw unbegründet, so wird sie mit der Kostenfolge des § 97 Abs 1 zurückgewiesen. Ist sie begründet, so gilt grundsätzlich 12 vor § 511. Diesen Fall regelt Abs 3 nur unvollkommen. Ob das BeschwGer selbst entscheidet oder nach Abs 3 verfährt und zurückverweist, steht in seinem Ermessen. Ist die Sache entscheidungsreif, so unterbleibt die Zurückverweisung. Die Beschwerdeentscheidung ist nur ausnahmsweise anfechtbar (§ 574 Rn 4–8). Unterliegt sie der Rechtsbeschwerde, muss sie den maßgeblichen Sachverhalt wiedergeben (BGH NJW 02, 2648).

2. Zurückverweisung (43 vor § 511). – **a) Voraussetzungen.** Zu- 20
rückverweisen werden sollte nur, wenn das Untergericht schwere Verfahrensverstöße begangen hat. Das kann nicht allein im Fehlen von Beschlussgründen gesehen werden. Außerdem darf die Sache noch nicht entscheidungsreif sein (Rn 1). Bei Rechtsbeschwerde (§ 574 Abs 1) kann auch an die erste Instanz zurückverwiesen werden. – **b) Wirkung.** Das 21
Untergericht ist an die rechtliche Beurteilung entspr § 563 Abs 2 gebunden (allgM). Es darf nicht seinerseits an das Erstgericht weiterverweisen (BayObLG NJW-RR 92, 191). Das Verbot der reformatio in peius gilt für das Untergericht nicht. Im Kostenfestsetzungsverfahren darf der Beschluss des Untergerichts den Beschwerdeführer aber ausnahmsweise dann nicht schlechter stellen, wenn das BeschwGer (fehlerhaft) den angefochtenen Beschluss in weiterem Umfang als beantragt aufgehoben hatte (Köln NJW 75, 2347). – **c) Neuer Beschluss.** Er ist 22
wie der aufgehobene anfechtbar. Dann ist ist das BeschwGer oder das

RechtsBeschwGer an seine frühere Auffassung gebunden (wie § 563 Rn 3–11). Selbstverständlich steht die Bindungswirkung wegen § 571 Abs 2 nicht der Berücksichtigung neuer Tatsachen im Wege (BGH 51, 131).

23 **3. Erforderliche Anordnung.** Wird sie dem Untergericht übertragen, liegt ein Fall der Zurückverweisung vor (Rn 20–22), bei dem das BeschwGer dem Untergericht bindend vorschreibt (BGH 51, 131), entweder nach bestimmten Weisungen in der Sache zu entscheiden, zur Ausführung der getroffenen Entscheidung erforderliche Anordnungen zu treffen oder eine bestimmte Maßnahme auszuführen, zB einen beantragten Pfändungsbeschluss zu erlassen (BGH aaO). Die Anordnung kann, muss aber nicht konkret in der Formel bestimmt werden. Wesentliche Verfahrensmängel setzt diese Art der Zurückverweisung nicht voraus (KG NJW-RR 86, 306).

24 **4. Kostenentscheidung** bei erfolgreicher Beschw. Es gilt § 97 Rn 7–13 entspr. Bei teilweiser Abhilfe ist zu beachten, dass die Beschw zT erfolgreich ist (§ 97 Rn 14–17). Eine Kostenentscheidung unterbleibt, wenn in der angefochtenen Entscheidung selbst nicht über Kosten entschieden werden durfte, zB Streitwertbeschluss wegen § 25 Abs 4 GKG. Die Kosten der Beschw sind in diesen Fällen Kosten des zugrundeliegenden Rechtsstreits.

IV. Form der Entscheidung, Abs 4; rechtliches Gehör

25 **1.** Entscheidung über die Beschw stets durch **Beschluss,** auch wenn mündliche Verhandlung durchgeführt wird (§ 128 Abs 4). Ihre Anordnung ist in der Praxis ein Ausnahmefall, zB bei Beweisaufnahme. Folge: § 216.

26 **2. Rechtliches Gehör** ist zT ausdrücklich vorgeschrieben (zB § 91a Abs 2, § 99 Abs 2), nach Maßgabe der Einl I Rn 13 zu gewähren; insbes sind Beschwerdeschrift und -begründung dem BeschwGegner mitzuteilen, worin schon die Anordnung schriftlicher Erklärung (§ 571 Abs 4 S 2) gesehen werden kann. Das ist nicht notwendig, wenn die Beschw verworfen oder zurückgewiesen wird (BVerfG 7, 95). Eine Entscheidung, die nur darüber befindet, kann sofort ergehen.

§ 573 Erinnerung

(1) [1]**Gegen die Entscheidungen des beauftragten oder ersuchten Richters oder des Urkundsbeamten der Geschäftsstelle kann binnen einer Notfrist von zwei Wochen die Entscheidung des Gerichts beantragt werden (Erinnerung).** [2]**Die Erinnerung ist schriftlich oder zu Protokoll der Geschäftsstelle einzulegen.** [3]**§ 569 Abs. 1 Satz 1 und 2, Abs. 2 und die §§ 570 und 572 gelten entsprechend.**

(2) **Gegen die im ersten Rechtszug ergangene Entscheidung des Gerichts über die Erinnerung findet die sofortige Beschwerde statt.**

(3) **Die Vorschrift des Absatzes 1 gilt auch für die Oberlandesgerichte und den Bundesgerichtshof.**

1. Allgemeines: 12 vor § 567. Anwendbar ist § 573 bei ersuchtem **1** und beauftragtem Richter (§§ 279 Abs 1 S 2, 361, 362) sowie beim Urkundsbeamten (§ 153 GVG), auch des OLG und des BGH (Abs 3); nicht beim Vorsitzenden und Einzelrichter. Für Rechtspfleger gilt die Sonderregelung in § 11 Abs 2 RPflG.

2. Einlegung – a) Frist. Notfrist von 2 Wochen, beginnend wie in **2** § 569 Abs 1 S 2 (dort Rn 4–6). – **b) Adressat.** Entsprechend § 569 **3** Abs 1 S 1 entweder beim beauftragten, ersuchten Richter, beim Urkundsbeamten oder beim **Gericht.** Das ist das Gericht, das ersucht oder beauftragt hat oder dem der Urkundsbeamte angehört. Das kann also zB das VollstreckungsGer sein. – **c) Form:** schriftlich oder zu Protokoll **4** der Geschäftsstelle des Gerichts; außer Anwaltszwang (§ 78 Abs 3). Die Erinnerungsschrift oder die Protokollerklärung muss die angefochtene Entscheidung bezeichnen und die Absicht, Erinnerung einzulegen, erkennen lassen (Abs 1 S 3, § 569 Abs 2). – **d) Abhilfe** durch den Rich- **5** ter oder Urkundsbeamten ist entspr § 572 Abs 1 zulässig. Bei Nichtabhilfe ist die Erinnerung unverzüglich dem zuständigen Ger vorzulegen.

3. Aufschiebende Wirkung hat die Erinnerung wie bei § 570 **6** Abs 1. Wie bei § 570 Abs 2 kann die Vollziehung der angefochtenen Entscheidung ausgesetzt werden (s dort).

4. Entscheidung: Beschluss auf freigestellte mdl Vhdlg (§ 128 **7** Abs 4). Er kann lauten auf Verwerfung als unzulässig, bei Unbegründetheit auf Zurückweisung. Ist die Erinnerung begründet, wird wie bei einer Beschw verfahren (§ 572 Abs 3). IdR wird der Richter oder Urkundsbeamte angewiesen. Kosten: § 572 Rn 24 entspr.

5. Sofortige Beschwerde (Abs 2). Ihre Zulässigkeit richtet sich **8** nach den allgemeinen Regeln (§ 567), ist also nur gegeben gegen Erinnerungsentscheidungen in 1. Instanz. Gegen solche in 2. Instanz gibt es unter den Voraussetzungen von § 574 die Rechtsbeschwerde.

Titel 2. Rechtsbeschwerde

Vorbemerkung

1. Allgemeines. Die Rechtsbeschwerde ermöglicht eine Überprü- **1** fung von Beschwerdeentscheidungen von LG oder OLG, von Beschlüssen des LG oder OLG im Berufungsverfahren und von Beschlüssen des OLG in 1. Instanz, wenn die Klärung einer umstrittenen Rechtsfrage durch den BGH oder das BayObLG erforderlich ist. Sie erfordert wie jedes Rechtsmittel eine Beschwer des RechtsBeschwFührers.

2. Verfahren. Das Verfahren ist seinem Zweck entsprechend weit- **2** gehend dem Revisionsverfahren nachgebildet.

§ 574 Rechtsbeschwerde; Anschlussrechtsbeschwerde

(1) **Gegen einen Beschluss ist die Rechtsbeschwerde statthaft, wenn**

1. **dies im Gesetz ausdrücklich bestimmt ist oder**
2. **das Beschwerdegericht, das Berufungsgericht oder das Oberlandesgericht im ersten Rechtszug sie in dem Beschluss zugelassen hat.**

(2) **In den Fällen des Absatzes 1 Nr. 1 ist die Rechtsbeschwerde nur zulässig, wenn**

1. **die Rechtssache grundsätzliche Bedeutung hat oder**
2. **die Fortbildung des Rechts oder die Sicherung einer einheitlichen Rechtsprechung eine Entscheidung des Rechtsbeschwerdegerichts erfordert.**

(3) [1] **In den Fällen des Absatzes 1 Nr. 2 ist die Rechtsbeschwerde zuzulassen, wenn die Voraussetzungen des Absatzes 2 vorliegen.** [2] **Das Rechtsbeschwerdegericht ist an die Zulassung gebunden.**

(4) [1] **Der Rechtsbeschwerdegegner kann sich bis zum Ablauf einer Notfrist von einem Monat nach der Zustellung der Begründungsschrift der Rechtsbeschwerde durch Einreichen der Rechtsbeschwerdeanschlussschrift beim Rechtsbeschwerdegericht anschließen, auch wenn er auf die Rechtsbeschwerde verzichtet hat, die Rechtsbeschwerdefrist verstrichen oder die Rechtsbeschwerde nicht zugelassen worden ist.** [2] **Die Anschlussbeschwerde ist in der Anschlussschrift zu begründen.** [3] **Die Anschließung verliert ihre Wirkung, wenn die Rechtsbeschwerde zurückgenommen oder als unzulässig verworfen wird.**

1   1. a) Die **Rechtsbeschwerde** hat zwei Funktionen: gegen Beschw-Entscheidungen des LG u des OLG ist sie weitere Beschw; gegen Entscheidungen von LG u OLG im Ber- u BeschwVerfahren, die nach § 567 Abs 1 Nr 2 beschwerdefähig sind, ist sie Erstbeschwerde (MuBall

2   3, 4). – b) **Statthaft** nur – **aa)** in den im **Gesetz** ausdrücklich genannten Fällen (zB §§ 522 Abs 1 S 4, 621e Abs 2, 1065 Abs 1 S 1, §§ 101 Abs 2, 102 ZVG, § 7 InsO, § 17a Abs 4 S 4 GVG: BGH NJW-RR 03, 277). Hier ist als weitere Zulässigkeitsvoraussetzung die

3   Zulassung durch das RechtsBeschwGer erforderlich (Abs 2). – **bb)** wenn das BeschwGer, BerGer oder das OLG in 1. Instanz (zB § 1062) die RechtsBeschw zugelassen hat. Trotz Zulassung ist sie unstatthaft, wenn sie aus anderen Gründen nicht statthaft ist, etwa die RechtsBeschw des Gegners gegen Bewilligung von PKH (BGH NJW 02, 3554), die RechtsBeschw im Kostenansatzverf (BGH NJW 03, 70) oder gegen Wiedereinsetzung (BGH NJW 03, 211).

4   2. **Zulassungsentscheidung.** – **a)** Die Zulassung steht **nicht** im **Ermessen** der Gerichte. Liegt ein Grund vor, muss die RechtsBeschw zugelassen werden. Die **Zulassungsgründe** sind die gleichen wie bei

der Revision (dazu umfassend BGH NJW 02, 3029): – **aa) grund-** 5
sätzliche Bedeutung der Rechtssache (§ 543 Rn 4, § 511 Rn 20) –
sie kann nicht damit begründet werden, dass die Frage der Statthaftigkeit nach Abs 1 von grundsätzlicher Bedeutung sei (BGH NJW 02,
2473) – oder – **bb) Erfordernis** einer **Entscheidung** des Rechts- 6
BeschwGer (§ 543 Rn 4, § 511 Rn 21). Im Fall einer Divergenz muss
der BeschwFührer die Abweichung darlegen. Bei verfahrens- oder materiellrechtlichen Fehlern der angefochtenen Entscheidung ist die Zulassung geboten, wenn der Rechtsfehler zu schwer erträglichen Unterschieden in der Rspr führen kann (BGH NJW 02, 2473) oder wenn
wegen weiterer Abweichungen von einer gefestigten Rechtsansicht Wiederholungsgefahr besteht (BGH NJW-RR 03, 229). – **b)** Das **Beschw-** 7
Ger hat über die Zulassung vAw dann zu entscheiden, wenn **kein** Fall
des Abs 1 Nr 1 vorliegt. Schweigen der BeschwEntscheidung zur Zulassung bedeutet Nichtzulassung; nachträgliche Zulassung ist unzulässig (Koblenz Büro 02, 437). – **c)** Das **RechtsBeschwGer** trifft eine 8
Zulassungsentscheidung auf Antrag (§ 575 Abs 3 Nr 2) des RechtsBeschw-
Führers im Fall des Abs 1 Nr 1. – **d) Anfechtbarkeit.** – **aa)** Die **Zu-** 9
lassung durch das BeschwGer **bindet** das RechtsBeschwGer (Abs 3
S 2). Die **Nichtzulassung** ist **unanfechtbar,** außer im Familienver-
fahren gem § 621 e Abs 2 S 1 Hs 2. – **bb)** Die Nichtzulassung durch 10
das RechtsBeschwGer ist unanfechtbar.

3. Eine **Anschließung** des RechtsBeschwGegners an die Rechts- 11
Beschw ist unter den gleichen formellen Voraussetzungen und mit den
gleichen Wirkungen, nämlich nur als **unselbständige,** wie bei der
Revision (vgl § 554 Rn 1–5) möglich.

§ 575 Frist, Form und Begründung der Rechtsbeschwerde

(1) [1] **Die Rechtsbeschwerde ist binnen einer Notfrist von
einem Monat nach Zustellung des Beschlusses durch Einreichen einer Beschwerdeschrift bei dem Rechtsbeschwerdegericht einzulegen.** [2] **Die Rechtsbeschwerdeschrift muss enthalten:**

1. **die Bezeichnung der Entscheidung, gegen die die Rechtsbeschwerde gerichtet wird und**
2. **die Erklärung, dass gegen diese Entscheidung Rechtsbeschwerde eingelegt werde.**

[3] **Mit der Rechtsbeschwerdeschrift soll eine Ausfertigung oder
beglaubigte Abschrift der angefochtenen Entscheidung vorgelegt werden.**

(2) [1] **Die Rechtsbeschwerde ist, sofern die Beschwerdeschrift
keine Begründung enthält, binnen einer Frist von einem Monat
zu begründen.** [2] **Die Frist beginnt mit der Zustellung der angefochtenen Entscheidung.** [3] **§ 551 Abs. 2 Satz 5 und 6 gilt entsprechend.**

(3) **Die Begründung der Rechtsbeschwerde muss enthalten:**
1. **die Erklärung, inwieweit die Entscheidung des Beschwerde-gerichts oder des Berufungsgerichts angefochten und deren Aufhebung beantragt werde (Rechtsbeschwerdeanträge),**
2. **in den Fällen des § 574 Abs. 1 Nr. 1 eine Darlegung zu den Zulässigkeitsvoraussetzungen des § 574 Abs. 2,**
3. **die Angabe der Rechtsbeschwerdegründe, und zwar**
    a) die bestimmte Bezeichnung der Umstände, aus denen sich die Rechtsverletzung ergibt;
    b) soweit die Rechtsbeschwerde darauf gestützt wird, dass das Gesetz in Bezug auf das Verfahren verletzt sei, die Bezeichnung der Tatsachen, die den Mangel ergeben.

(4) [1]**Die allgemeinen Vorschriften über die vorbereitenden Schriftsätze sind auch auf die Beschwerde- und die Begrün-dungsschrift anzuwenden.** [2]**Die Beschwerde- und die Begrün-dungsschrift sind der Gegenpartei zuzustellen.**

(5) **Die §§ 541 und 570 Abs. 1, 3 gelten entsprechend.**

1   **1. Einlegung. – a)** Innerhalb einer **Notfrist** (Wiedereinsetzung nach § 233 möglich) von **einem Monat** ab Zustellung der Beschwerdeent-
2 scheidung (Abs 1 S 1); – **b)** nur beim RechtsBeschwGer; das ist für die Einlegung allein der **BGH** (§ 133 GVG, § 7 Abs 2 S 2 EGZPO); –
3 **c)** durch einen **bestimmenden Schriftsatz** (Beschwerdeschrift), der von einem beim BGH zugelassenen RA zu unterschreiben ist (BGH NJW 02, 2181).

4   **2. Inhalt der Beschwerdeschrift (Abs 1 S 2, 3).** Sie muss erken-nen lassen die Person des RechtsBeschwFührers, die angefochtene Ent-scheidung. Fehlende oder lückenhafte Angaben können aus der beige-fügten Beschwerdeentscheidung (Abs 1 S 3) ergänzt werden. Ferner muss der Wille, eine Überprüfung der Beschwerdeentscheidung zu erreichen, zu ersehen sein. Das Wort Rechtsbeschwerde ist nicht erforderlich.

5   **3. Begründung.** Eine ordnungsmäßige Begründung der Rechts-
6 Beschw ist Zulässigkeitsvoraussetzung (§ 577 Abs 1 S 2). – **a) Frist: Ein Monat** ab Zustellung der Beschwerdeentscheidung (Abs 2 S 1, 2), also dieselbe Frist wie für Beschwerdeeinlegung. Zulässig Verlängerung wie
7 bei Revision gem § 551 Abs 2 S 5, 6 (dort Rn 2). – **b) Form:** Eigener Schriftsatz, sofern Begründung nicht schon in Beschwerdeschrift ent-halten; Unterschrift eines beim BGH zugelassenen RA erforderlich. –
8 **c) Inhalt: – aa)** Im Fall von § 574 Abs 1 Nr 1 **Darlegung der Zu-lassungsgründe** erforderlich (vgl § 544 Rn 14); – **bb)** im Übrigen sind die Anforderungen die gleichen wie bei der **Revisionsbegrün-dung** (§ 551 Rn 3–9).

9   **4. Verfahren des Rechtsbeschwerdegerichts: – a) Unverzüg-liche Anforderung** der Prozessakten vom BeschwGer nach Eingang
10 der RechtsBeschwSchrift entsprechend § 541 Abs 1. – **b) Zustellung** von Beschw- und Begründungsschrift an RechtsBeschwGegner (Abs 4

S 2). – c) **Aufschiebende Wirkung** und **Aussetzung der Vollzie-** 11
hung wie in § 570 (s Anm dort). – **d) Nach Abschluss** des Verf 12
Rücksendung der Akten an Ger der 1. Instanz wie gem § 541 Abs 2.

§ 576 Gründe der Rechtsbeschwerde

(1) **Die Rechtsbeschwerde kann nur darauf gestützt werden,
dass die Entscheidung auf der Verletzung des Bundesrechts
oder einer Vorschrift beruht, deren Geltungsbereich sich über
den Bezirk eines Oberlandesgerichts hinaus erstreckt.**

(2) **Die Rechtsbeschwerde kann nicht darauf gestützt werden,
dass das Gericht des ersten Rechtszuges seine Zuständigkeit zu
Unrecht angenommen oder verneint hat.**

(3) **Die §§ 546, 547, 556 und 560 gelten entsprechend.**

Die RechtsBeschw kann auf die gleichen eingeschränkten Gründe 1
wie die Rev gestützt werden. Die Anmerkungen zu §§ 545–547, 556,
560 gelten sinngemäß.

§ 577 Prüfung und Entscheidung der Rechtsbeschwerde

(1) [1]**Das Rechtsbeschwerdegericht hat von Amts wegen zu
prüfen, ob die Rechtsbeschwerde an sich statthaft und ob sie in
der gesetzlichen Form und Frist eingelegt und begründet ist.**
[2]**Mangelt es an einem dieser Erfordernisse, so ist die Rechtsbeschwerde als unzulässig zu verwerfen.**

(2) [1]**Der Prüfung des Rechtsbeschwerdegerichts unterliegen
nur die von den Parteien gestellten Anträge.** [2]**Das Rechtsbeschwerdegericht ist an die geltend gemachten Rechtsbeschwerdegründe nicht gebunden.** [3]**Auf Verfahrensmängel, die nicht
von Amts wegen zu berücksichtigen sind, darf die angefochtene Entscheidung nur geprüft werden, wenn die Mängel nach
§ 575 Abs. 3 und § 574 Abs. 4 Satz 2 gerügt worden sind.**
[4]**§ 559 gilt entsprechend.**

(3) **Ergibt die Begründung der angefochtenen Entscheidung
zwar eine Rechtsverletzung, stellt die Entscheidung selbst aber
aus anderen Gründen sich als richtig dar, so ist die Rechtsbeschwerde zurückzuweisen.**

(4) [1]**Wird die Rechtsbeschwerde für begründet erachtet, ist
die angefochtene Entscheidung aufzuheben und die Sache zur
erneuten Entscheidung zurückzuverweisen.** [2]**§ 562 Abs. 2 gilt
entsprechend.** [3]**Die Zurückverweisung kann an einen anderen
Spruchkörper des Gerichts erfolgen, das die angefochtene Entscheidung erlassen hat.** [4]**Das Gericht, an das die Sache zurückverwiesen ist, hat die rechtliche Beurteilung, die der Aufhebung zugrunde liegt, auch seiner Entscheidung zugrunde zu
legen.**

(5) [1]Das Rechtsbeschwerdegericht hat in der Sache selbst zu entscheiden, wenn die Aufhebung der Entscheidung nur wegen Rechtsverletzung bei Anwendung des Rechts auf das festgestellte Sachverhältnis erfolgt und nach letzterem die Sache zur Endentscheidung reif ist. [2]§ 563 Abs. 4 gilt entsprechend.

(6) [1]Die Entscheidung über die Rechtsbeschwerde ergeht durch Beschluss. [2]§ 564 gilt entsprechend.

1   **1. Allgemeines.** Die Regelung des Verfahrens und des Inhalts der möglichen Entscheidungen folgt weitgehend den Vorschriften des Revisionsverfahrens. Die dortigen Anmerkungen gelten sinngemäß.

2   **2. Im Einzelnen: – a) Abs 1** entspricht § 552 Abs 1. – **b) Abs 2** entspricht § 557 Abs 1, Abs 3; § 559 gilt entsprechend. – **c) Abs 3** entspricht § 561. – **d) Abs 4** entspricht §§ 562, 563 Abs 1, 2. – **e) Abs 5** entspricht § 563 Abs 3, 4.

3   **3. Form und Begründung der Entscheidung. – a)** Durch **Beschluss** entscheidet der BGH oder das BayObLG (§ 7 Abs 2 EGZPO)
4 über die RechtsBeschw. – **b)** Eine **Begründung,** außer in den Fällen des § 564 S 1 (dort Rn 1), muss der Beschluss enthalten.

Buch 4. Wiederaufnahme des Verfahrens

Vorbemerkung

1. Wesen, Zweck, Anwendbarkeit. Die Wiederaufnahme des **1**
Verfahrens bezweckt, ein rechtskräftiges Urteil zu beseitigen und die
Sache zu neuer Entscheidung neu zu verhandeln. Dafür müssen bestimmte, abschließend aufgezählte Anfechtungsgründe vorliegen. Die
Gründe für die **Nichtigkeitsklage** (§ 579) liegen in schwersten Verfahrensmängeln ohne Rücksicht auf ihre Ursächlichkeit für das Urteil,
die Gründe für die **Restitutionsklage** (§ 580) darin, dass es auf einer
unrichtigen, insbes einer verfälschten Grundlage beruht. Beide Klagen
begehren ein prozessuales Gestaltungsurteil (5–7 vor § 253) auf Aufhebung des früheren Urteils mit rückwirkender Kraft. Die Klage, die darüber hinaus neue Entscheidung der Hauptsache begehrt, hat die gleiche Rechtsnatur wie die Klage im Vorprozess. Die Wiederaufnahme
hat also sachlich Ähnlichkeit mit den Rechtsmitteln, denen sie in man-
cher Hinsicht nachgebildet ist (zB §§ 583, 587, 589), prozessual leitet die
Klage wie jede andere ein selbständiges Verfahren ein. – **Analog an-** **1a**
wendbar sind §§ 578 ff auf Entscheidungen in echten Streitverfahren
der freiwilligen Gerichtsbarkeit und auf gerichtliche Entscheidungen in
Zulassungssachen nach der BRAO (BGH 125, 288). – **Nicht analog**
anwendbar auf Schiedssprüche (§ 1055 Rn 4), auf Widerruf einer behördlichen Auskunft (BGH 89, 114), auf einstweilige Anordnungen
nach § 769 (Hamm OLGZ 84, 454); ebenso nicht, wenn der EuGH in
einem späteren Urt in anderer Sache eine gegenteilige Rechtsauffassung
vertritt (BFH NJW 78, 511).

2. Das Verfahren wickelt sich wegen der Doppelnatur der Wieder- **2**
aufnahmeklage **in drei Abschnitten** ab, von denen der jeweils folgende erst geprüft werden darf, wenn der vorhergehende geprüft ist und
ein positives Ergebnis gebracht hat (BGH 2, 247). PKH darf ohne Prüfung der beiden ersten abgelehnt werden, wenn die Klage im dritten
Verfahrensabschnitt keinen Erfolg verspricht (BGH NJW 93, 3140). –
a) Die **Zulässigkeit der Klage** ist als erstes zu prüfen; Rn 6 ff. – **3**
b) Sodann ist von Amts wegen zu prüfen, ob der behauptete **Anfech-** **4**
tungsgrund (§§ 579, 580) besteht. – **c)** **Neue Verhandlung** und **5**
Entscheidung des früheren Rechtsstreits, § 590.

3. Zulässigkeitsvoraussetzungen. – **a)** Die **allgemeinen Pro-** **6**
zessvoraussetzungen (10–33 vor § 253) müssen vorliegen. Sondervorschriften zur Zuständigkeit in § 584. Der Rechtsweg ist offen, wenn
er für die frühere Klage gegeben war. Wiederverheiratung eines Ehegatten macht Wiederaufnahmeklage gegen ein ScheidungsUrt nicht unzulässig (aA im Einzelfall wegen fehlenden Rechtsschutzbedürfnisses
Frankfurt FamRZ 78, 922). Daneben bestehen die folgenden besonde-

7 ren Prozessvoraussetzungen: – **b) Statthaftigkeit;** § 578. – **c) Beschwer** des Wiederaufnahmeklägers durch das angefochtene Urteil
(BGH 39, 179), ohne dass eine bestimmte Erwachsenheitssumme erreicht sein müsste, 16–33 vor § 511. Die Notwendigkeit der Beschwer
ergibt sich aus der Ähnlichkeit der Wiederaufnahme mit den Rechtsmitteln. Sie soll nicht in weiterem Umfang zulässig sein als diese. Aus-
8 nahme im Kindschaftsprozess § 641 i Abs 2. – **d) Unverschuldete Unmöglichkeit früherer Geltendmachung des Restitutionsgrundes;**
§ 582. Koblenz NJW-RR 89, 827 meint, dies könne offen gelassen wer-
9 den, wenn die Klage unbegründet ist. – **e)** Wahrung der **Klagefrist;**
§ 586. – **f) Inhalt der Klageschrift;** § 587. – **g)** Es muss ein **zulässi-**
10 **ger Anfechtungsgrund** (§§ 579, 580) **behauptet** sein. – **h) In den
Fällen des** § 580 Nr 1 bis 5 müssen die Voraussetzungen des § 581
erfüllt sein.

§ 578 Arten der Wiederaufnahme

(1) **Die Wiederaufnahme eines durch rechtskräftiges Endurteil geschlossenen Verfahrens kann durch Nichtigkeitsklage und
durch Restitutionsklage erfolgen.**

(2) **Werden beide Klagen von derselben Partei oder von verschiedenen Parteien erhoben, so ist die Verhandlung und Entscheidung über die Restitutionsklage bis zur rechtskräftigen
Entscheidung über die Nichtigkeitsklage auszusetzen.**

1   **1.** Die **Statthaftigkeit** als bes Prozessvoraussetzung ist im ersten
Abschnitt bei der Zulässigkeit zu prüfen (3, 7 vor § 578). Entscheidung
§ 589. Die Wiederaufnahmeklage findet statt: – **a) Gegen rechtskräftige Endurteile** (§ 705), gleichgültig welcher Rechtsnatur und welchen Inhalts, auch VersUrt, VollstrBescheid (§ 584 Abs 2), Eintragung
in die Tabelle (§ 178 Abs 3 InsO). Nicht Vorbehalts- (§§ 302, 599) und
selbständiges Zwischenurteil (§ 280), weil hierfür im Hinblick auf
§ 583 das Bedürfnis fehlt (RoSchw/Gottwald § 159 III 2, StJGrunsky 4
grundsätzlich). Wiederaufnahmegründe gegen ein Zwischenurteil nach
§ 304 sind im Betragsverfahren geltend zu machen (BGH NJW 63,
2 587). – **b)** Analog **gegen Beschlüsse,** die außerhalb eines UrtVerfahrens (wegen § 583) ergehen, rechtskräftig oder unanfechtbar sind und
das Verfahren beenden, zB nach §§ 522 S 3, 552 Abs 2 (BGH 62, 18),
über schuldrechtlichen Versorgungsausgleich (BGH NJW 84, 2364),
ferner in der ZwVollstr, ZwVersteigerung (Hamm OLGZ 84, 454, Oldenburg NJW-RR 91, 61) und in echten Streitsachen nach FGG
(KG OLG 69, 114) und WEG (BayObLG NJW 74, 1147). Gegen Beschlüsse ist die Wiederaufnahme im Beschlussverfahren mit freigestellter
mdl Vhdlg (§ 128 Abs 4) zu beantragen (BGH aaO, StJGrunsky 28 vor
3 § 578). – **c) Unstatthaft** ist die Wiederaufnahme nur im Kostenpunkt
analog § 99 Abs 1 und gegen Prozessvergleich (BSG NJW 68, 2396).
4   **2. Parteien** können grundsätzlich nur die des Vorprozesses sein
(Köln VersR 97, 341), Kläger nur die beschwerte Partei (7 vor § 578),

nach Ehenichtigkeitsprozess auch der Staatsanwalt. Es gelten sinngem, auch für Streithelfer und Streitgenossen, die Ausführungen in § 511 Rn 6–10. An die Stelle der Partei tritt der Gesamtrechtsnachfolger; in Ehesachen ist Wiederaufnahme nach dem Tode eines Ehegatten durch oder gegen die Erben unzulässig (BGH MDR 65, 560). – Bei **Einzel-** 5 **rechtsnachfolge** kann Beklagter stets die Partei des früheren Prozesses – alter Gläubiger, Rechtsvorgänger – sein, gleichgültig, ob die Einzelnachfolge während des Prozesses oder nach dessen rechtskräftiger Erledigung eingetreten ist und auch, wenn dem Rechtsnachfolger eine vollstreckbare Ausfertigung des früheren Urt erteilt worden ist (BGH 29, 329; offen gelassen, ob auch der Rechtsnachfolger – neuer Gläubiger – verklagt werden kann). Der Einzelrechtsnachfolger – neuer Gläubiger – kann nicht Kläger sein (RoSchw/Gottwald § 161 II 2, BLAH 5).

3. Abs 2 enthält ein **Verbot der Klageverbindung.** Die beiden 6 Klagen sind zu trennen (§ 145), die Entscheidung über die Restitutionsklage ist auszusetzen. Anordnung durch Beschluss, grundsätzlich nach mdl Vhdlg (§ 148 Rn 2).

§ 579 Nichtigkeitsklage

(1) **Die Nichtigkeitsklage findet statt:**
1. **wenn das erkennende Gericht nicht vorschriftsmäßig besetzt war;**
2. **wenn ein Richter bei der Entscheidung mitgewirkt hat, der von der Ausübung des Richteramts kraft Gesetzes ausgeschlossen war, sofern nicht dieses Hindernis mittels eines Ablehnungsgesuchs oder eines Rechtsmittels ohne Erfolg geltend gemacht ist;**
3. **wenn bei der Entscheidung ein Richter mitgewirkt hat, obgleich er wegen Besorgnis der Befangenheit abgelehnt und das Ablehnungsgesuch für begründet erklärt war;**
4. **wenn eine Partei in dem Verfahren nicht nach Vorschrift der Gesetze vertreten war, sofern sie nicht die Prozeßführung ausdrücklich oder stillschweigend genehmigt hat.**

(2) **In den Fällen der Nummern 1, 3 findet die Klage nicht statt, wenn die Nichtigkeit mittels eines Rechtsmittels geltend gemacht werden konnte.**

1. Bedeutung der Nichtigkeitsgründe. Allg zu den Wiederauf- 1 nahmeklagen, Verfahren und Zulässigkeit vor § 578. Zur Zulässigkeit der Nichtigkeitsklage gehört, dass ein Prozessverstoß behauptet wird, der unter § 579 eingeordnet werden kann (BFH BB 68, 573, BAG NJW 85, 1485, KG OLG 69, 114 für § 580) und dass er nicht gem Abs 2 unberücksichtigt zu lassen ist. Zur Begründetheit gehört, dass ein solcher Verstoß festgestellt wird.

2. Die Nichtigkeitsgründe. Nr 1 bis 4 entsprechen § 547 Nr 1 2 bis 4. Kl kann nur die Partei sein, die im Vorprozess nicht nach den

Vorschriften des Gesetzes vertreten war (BGH 63, 78). Vgl iÜ § 547 Rn 2 ff. Lediglich in Nr 2 ist hinzugefügt, dass das Ablehnungsgesuch auch nicht durch ein darauf gestütztes Rechtsmittel erfolglos geltend gemacht sein darf. Nr 2 und 3 gelten entspr für UrkBeamte. Nr 4 ist anwendbar auch, wenn im früheren Proz die Prozessfähigkeit ausdrücklich bejaht worden ist (BGH 84, 24). Nr 4 gilt entspr für fehlende Parteifähigkeit und auch, wenn der Bekl unverschuldet bei öffentlicher Zustellung von dem Proz gegen ihn nichts erfahren hat (Hamm MDR 79, 766, KG NJW-RR 87, 1215). Für entspr Anwendung iF der Verletzung des Rechts auf rechtliches Gehör durch ein Versehen des Gerichts Braun NJW 81, 425; aA VGH Kassel NJW 84, 378, Seetzen NJW 82, 2337/2341; erneut Braun NJW 83, 1393.

3   **3. Subsidiär** sind gem Abs 2 die Gründe **Nr 1 und 3.** Die Klage ist unzulässig, wenn der Kl den Nichtigkeitsgrund bei Anwendung der gebotenen Sorgfalt durch Rechtsmittel hätte geltend machen können; dazu § 582. Zum Begriff Rechtsmittel zählen hier auch der Einspruch (RoSchw/Gottwald § 160 I 2, StJGrunsky 9) und die Gehörsrüge nach § 321 a. In den Fällen Nr 2 und 4 kann die Partei wahlweise entweder Rechtsmittel (Einspruch) einlegen oder die Entscheidung rechtskräftig werden lassen und Nichtigkeitsklage erheben (BGH 84, 25).

4   **4. Verfahren.** Ob der behauptete Grund besteht, ist vAw zu prüfen (12 vor § 253) und im Hinblick auf das öffentliche Interesse an der Rechtskraft der Parteidisposition entzogen, ausgenommen lediglich in Nr 4 Genehmigung. Geständnis und Anerkenntnis binden nicht, sind frei zu würdigen. Die Beweislast für den bestehenden Nichtigkeitsgrund trägt der Kläger.

§ 580 Restitutionsklage

Die Restitutionsklage findet statt:

1. **wenn der Gegner durch Beeidigung einer Aussage, auf die das Urteil gegründet ist, sich einer vorsätzlichen oder fahrlässigen Verletzung der Eidespflicht schuldig gemacht hat;**
2. **wenn eine Urkunde, auf die das Urteil gegründet ist, fälschlich angefertigt oder verfälscht war;**
3. **wenn bei einem Zeugnis oder Gutachten, auf welches das Urteil gegründet ist, der Zeuge oder Sachverständige sich einer strafbaren Verletzung der Wahrheitspflicht schuldig gemacht hat;**
4. **wenn das Urteil von dem Vertreter der Partei oder von dem Gegner oder dessen Vertreter durch eine in Beziehung auf den Rechtsstreit verübte Straftat erwirkt ist;**
5. **wenn ein Richter bei dem Urteil mitgewirkt hat, der sich in Beziehung auf den Rechtsstreit einer strafbaren Verletzung seiner Amtspflichten gegen die Partei schuldig gemacht hat;**
6. **wenn das Urteil eines ordentlichen Gerichts, eines früheren Sondergerichts oder eines Verwaltungsgerichts, auf welches**

das Urteil gegründet ist, durch ein anderes rechtskräftiges
Urteil aufgehoben ist;
7. wenn die Partei
a) ein in derselben Sache erlassenes, früher rechtskräftig gewordenes Urteil oder
b) eine andere Urkunde auffindet oder zu benutzen in den
Stand gesetzt wird, die eine ihr günstigere Entscheidung
herbeigeführt haben würde.

1. Übersicht. – a) **Wesen und Zweck,** Zulässigkeitsvoraussetzun- 1
gen und Dreiteilung des Verfahrens vor § 578. Weitere Zulässigkeitsvoraussetzung für Nr 1 bis 5 ist hier § 581. – b) **Verfahren** wie § 579 2
Rn 4. – c) **Bedeutung der Restitutionsgründe** wie § 579 Rn 1
(BAG NJW 99, 82). Zur Zulässigkeit gehört hier außerdem, dass nicht
§ 582 die Berücksichtigung des Grundes ausschließt. – d) Die RestKla- 3
ge ist in jedem Fall **subsidiär,** § 582. – e) **Nr 1–5 haben gemein-** 4
sam, dass für das Urt eine strafbare Handlung ursächlich ist. Nr 6 und 7
betreffen neues Vorbringen, das die Urteilsgrundlage entweder beseitigt
oder vervollständigt.

2. Die Restitutionsgründe: Nr 1, falscher Parteieid. Gemeint 5
ist die Parteivernehmung des Gegners und ein auf die Aussage gem
§ 452 oder § 426 S 3 geleisteter Meineid (§ 154 StGB) oder fahrlässiger
Falscheid (§ 163 StGB). Beteuerung nach § 484 steht gleich, nicht aber
eidesstattliche Versicherung (Nr 4). Der Eid kann in irgendeinem früheren Proz geleistet sein, auf dessen Urt das angefochtene Urt beruht
(BGH NJW 88, 1914). Es genügt im Hinblick auf die Unglaubwürdig-
keit, dass die Aussage teilweise, nur in Nebenpunkten falsch ist (OGH
NJW 50, 105). Nicht nötig ist, dass bei Fortfall der Aussage das Prozessergebnis für den RestitutionsKl günstiger gewesen wäre.

Nr 2, Urkundenfälschung (§§ 267 ff StGB). Wer sie begangen hat, 6
bleibt gleich.

Nr 3, falsches Zeugnis oder Gutachten, auch bei Vernehmung 7
gem § 377 Abs 3. Darunter fallen Vergehen gem §§ 153–156 und
§ 163 StGB. Dolmetscher stehen Sachverständigen gleich (§§ 189, 191
GVG). Im Übrigen gilt, was zur Nr 1 gegen Ende gesagt ist.

Nr 4, Urteilserschleichung. Darunter fallen mit Strafe bedrohte 8
Handlungen, hauptsächlich gem §§ 156, 160, 240, 263, 266 StGB, bei
denen der eigene Vertreter (gesetzlicher: § 51 Rn 3 ff; rechtsgeschäftlicher: § 79 Rn 2), der Gegner oder sein Vertreter Täter oder Beteiligte
sind.

Nr 5, Amtspflichtverletzung eines Richters (UrkBeamten), der 9
bei Erlass des Urt (VollstrBescheids) mitgewirkt hat. Gemeint sind
Handlungen gem §§ 334, 336, 348 StGB. Aufzuheben ist das ganze
Urt, auch wenn von der Rechtsbeugung nur ein teilurteilsfähiger Teil
betroffen ist (KG NJW 76, 1356).

Nr 6, Urteilsaufhebung. Bindung an die frühere Entscheidung ist 10
nicht nötig. Zwischen dem Restitutionsgrund und der mit Restitutions-

klage angegriffenen Entscheidung muss ein Ursachenzusammenhang bestehen (BGH NJW 88, 1914). Das mit Restitutionsklage angefochtene Urt muss in der aufgehobenen früheren Entscheidung irgendwie seine Stütze finden (BGH VersR 84, 453), es genügt, dass sie die Feststellung einer Tatsache, die Beweiswürdigung oder rechtliche Erwä-
11 gungen mitbestimmt hat. – **Analoge Anwendbarkeit** 1 a vor § 578.

12 **Nr 7 a, Auffinden eines früheren Urteils,** auch eines anzuerkennenden ausländischen (§ 328) oder eines Schiedsspruchs (§ 1055). Es muss in derselben Sache erlassen und rechtskräftig sein. Nicht nötig zwischen denselben Parteien, soweit Rechtskrafterstreckung gem §§ 325 ff eintritt.

13 **Nr 7 b, andere Urkunde.** Der praktisch wichtigste Restitutionsgrund.

14 **a) Urkunde** (1 vor § 415) zum Beweis von Tatsachen, nicht nur iS der formellen Beweiskraft, sondern auch mit frei zu würdigendem Beweiswert (BGH NJW-RR 91, 380). Rechtsvorschriften fallen nicht darunter. Unbeglaubigte Fotokopie eines Schriftstücks genügt nicht (KG NJW-RR 97, 123). Als Restitutionsgrund für einen Scheidungsprozess ist ein später ergangenes Ehelichkeitsanfechtungsurteil nicht geeignet, weil es nicht als Beweisurkunde für die Abstammung anzusehen ist (KG FamRZ 75, 624). Einbürgerungsurkunde kann Wiederaufnahmegrund im Vaterschaftsfeststellungsprozess sein (BGH NJW 77, 498). –
15 **Nicht analog anwendbar** auf andere Beweismittel (BGH 65, 300: Fotografie). Auch nicht auf Gutachten mit neuen wissenschaftlichen Erkenntnissen (Koblenz NJW-RR 95, 1278, Würthwein ZZP 99, 447; aA Bamberg FamRZ 70, 593, rechtspolitisch Foerste NJW 96, 345), denn hier soll die entscheidungserhebliche Tatsache nicht im Wege des Urkundenbeweises gerade durch die Urkunde und die ihr innewohnende Beweiskraft, sondern im Wege des Sachverständigenbeweises durch Schlussfolgerungen gezogen werden (ähnlich Frankfurt VersR 74, 61). Neues Gutachten im Kindschaftsprozess § 641 i.

16 **b) Auffinden** bedeutet, dass Existenz oder Verbleib der Urk bis zum maßgebenden Zeitpunkt (Rn 20) dem RestitutionsKl unverschuldet (§ 582) unbekannt war. Bloße Unkenntnis des Inhalts genügt nicht. Die Partei muss sorgfältig suchen. Dagegen genügt, dass die Urk auch bei Anwendung der gebotenen Sorgfalt nicht als erheblich erkannt werden konnte RG 151, 207).

17 **c) Zu benutzen in den Stand gesetzt.** Die Partei kannte Existenz und Verbleib der Urk, konnte sie aber bis zum maßgebenden Zeitpunkt (Rn 20) unverschuldet (§ 582) nicht benützen, zB weil sie unzugänglich oder in Händen eines nicht vorlegungspflichtigen Dritten war. Nr 7 will den nachträglichen UrkBeweis ermöglichen. Die Möglichkeit der Benutzung besteht, sobald der UrkBeweis zulässig angetreten werden kann (2 vor § 415).

18 **d) Eine günstigere Entscheidung** müsste die Urkunde im Vorprozess herbeigeführt haben. Das bedeutet Kausalität. Für die Begründetheit der Klage im zweiten Verfahrensabschnitt (4 vor § 578 und

§ 590) ist nötig, dass eine die Vorentscheidung tragende Tatsachenfeststellung bei Verwendung der Urkunde günstiger ausgefallen wäre. Um diese Feststellung zu treffen, dürfen nur das tatsächliche Vorbringen im Vorprozess und der im Zusammenhang mit der nachträglich aufgefundenen Urkunde, auch iR ihres frei zu würdigenden Beweiswerts (BGH NJW-RR 91, 380) stehende Prozessstoff und als Beweismittel nur die im Vorprozess erhobenen und angetretenen Beweise sowie die neue Urkunde berücksichtigt werden. Eine günstigere Entscheidung konnte grundsätzlich (aber Rn 21) nur durch eine Urkunde herbeigeführt werden, die zZ des Vorprozesses schon vorhanden war (Koblenz NJW-RR 95, 1278). – **Nicht zu berücksichtigen** sind Urkunden, die nur in Verbindung mit anderen im Vorprozess nicht vorgetragenen Beweismitteln oder aber der Einlassung des Restitutionsbeklagten zu einer für den Kläger günstigeren Entscheidung führen können (BGH 38, 333 und 31, 351/356, WM 83, 959). Die Restitutionsklage ist nicht zulässig lediglich zu dem Zweck, auf Grund der nachträglich aufgefundenen Urkunde eine im Vorprozess bestrittene Behauptung des Gegners jetzt zu bestreiten (Celle NJW 62, 1401) oder um die Urkunde anstelle des anderen, keinen Restitutionsgrund bildenden Beweismittels oder neben diesem in den Prozess einzuführen, zB ein nachträgliches Gutachten, das anstelle eines Sachverständigenbeweises oder neben diesem eingeführt werden soll (Frankfurt VersR 74, 61), eine eidesstattliche Versicherung, die im Vorprozess nicht vorgelegt wurde (BGH VersR 74, 168). Ebenso kann die Klage nicht auf eine Privaturkunde gestützt werden, mit der durch die schriftliche Erklärung eines Zeugen der Beweis für die Richtigkeit der in der Erklärung bekundeten Tatsachen geführt werden soll (BGH 80, 389/396), und auch nicht auf die Vorlage einer unbeglaubigten Fotokopie eines Schriftstücks mit Angebot eines Zeugenbeweises für die Urkundenerrichtung (KG NJW-RR 97, 123).

19

e) Maßgebender Zeitpunkt ist der, in dem die Partei die Urkunde spätestens noch hätte benutzen können. Das ist beim nicht berufungsfähigen Urt der Schluss der mdl Vhdlg, beim berufungsfähigen (§ 511 Rn 2, 3) der Ablauf der Berufungsfrist, beim VersUrt der Ablauf der Einspruchsfrist, ggf der Antragsfrist für Wiedereinsetzung. Errichtung der Urkunde nach Schluss der mdl TatsachenVhdlg, aber vor Verkündung eines nicht mehr anfechtbaren Urt stützt die Restitutionsklage regelmäßig nicht, weil Wiedereröffnung der Verhandlung (§ 156) im Ermessen des Gerichts steht (BGH 30, 64). – **Später errichtete Urkunden. In Analogie zu Nr 7 b** darf eine Urkunde, die ihrer Natur nach Tatsachen beweist, die einer zurückliegenden Zeit angehören, insbes eine später errichtete, die zurückliegende gesetzliche Empfängniszeit beweisende Geburtsurkunde (BGH 6, 354 und 46, 300) oder ein Beischreibungsvermerk des Standesbeamten (BGH 5, 157 für Legitimation eines Kindes; KG NJW 76, 245 für nachträgliches Ehelichkeitsanfechtungsurteil; hierzu aA BGH 34, 77) berücksichtigt werden, wenn sich daraus ergibt, dass die Empfängniszeit vor Schluss der mdl Vhdlg –

20

21

hier wegen der pflichtgemäßen Wiedereröffnung nach § 156 Abs 2
Nr 2 ausnahmsweise vor Verkündung des Urt im Vorprozess (Köln
NJW 73, 2031) – liegt, also Ehebruch während des Scheidungsprozesses
in Betracht kommt. Auch in diesem Fall ist aber die Restitutionsklage
unbegründet, wenn nach den im Eheprozess getroffenen Feststellungen
die Verantwortlichkeit der Ehefrau für den Ehebruch zweifelhaft ist
(BGH NJW 70, 1320). Analog anwendbar auch auf Feststellungsbe-
scheid über Schwerbehinderteneigenschaft nach Rechtskraft des Urt im
22 Kündigungsschutzprozess (BAG NJW 85, 1485). – **Nicht analog anwendbar** auf einen nachträglich erlassenen Strafbefehl (BGH NJW 80,
1000), auf den Widerruf einer behördlichen Auskunft (BGH 89, 114).

23   **3. Weiterer Restitutionsgrund** in Kindschaftssachen § 641 i.

§ 581 Besondere Voraussetzungen der Restitutionsklage

(1) **In den Fällen des vorhergehenden Paragraphen Nr. 1 bis 5
findet die Restitutionsklage nur statt, wenn wegen der Straftat
eine rechtskräftige Verurteilung ergangen ist oder wenn die
Einleitung oder Durchführung eines Strafverfahrens aus anderen Gründen als wegen Mangels an Beweis nicht erfolgen kann.**

(2) **Der Beweis der Tatsachen, welche die Restitutionsklage
begründen, kann durch den Antrag auf Parteivernehmung nicht
geführt werden.**

1   **1. Strafurteil (Abs 1).** Zur Zulässigkeit der Restitutionsklage gehört, dass ein Restitutionsgrund behauptet ist (9 vor § 578), in den
Fällen des § 580 Nr 1–5 außerdem grundsätzlich, dass ein rechtskräftiges verurteilendes StrafUrt vorliegt (BGH NJW 83, 230; StJGrunsky
1). Prüfung vAw (12 vor § 253). Aus Billigkeitsgründen ist ein StrafUrt
dann nicht Zulässigkeitsvoraussetzung, wenn aus anderen Gründen als
Mangel an Beweisen kein Strafverfahren stattgefunden hat, zB wegen
Verjährung, Amnestie, Tod des Täters, Geringfügigkeit der Tat. § 581
gilt auch, wenn der Restitutionsgrund im anhängigen Proz geltend ge-
2 macht werden soll (BGH 5, 299), zB § 559 Rn 11. – **Unzulässig ist
die Klage** bei Freispruch im Strafverfahren. Ebenso, wenn kein Strafverfahren durchgeführt wird, weil strafbare Handlungen nach Ansicht
der Strafverfolgungsbehörden nicht vorliegen oder wenn die Staatsanwaltschaft das Ermittlungsverfahren wegen Meineids nach § 153 StPO
eingestellt und dabei die Unrichtigkeit der Aussage nur unterstellt hat
(Koblenz MDR 79, 410) und bei vorläufiger Einstellung nach § 153 a
StPO, solange die Auflagen noch nicht vollständig erfüllt sind (Köln
MDR 91, 452). Das Zivilgericht kann insoweit nicht nachprüfen, ob
eine strafbare Handlung begangen worden ist (BGH VersR 62, 175). –
3 **Zulässig ist die Klage,** wenn das Ermittlungsverfahren gegen den
Zeugen nach § 154 StPO vorläufig eingestellt worden ist (Hamburg
MDR 78, 851; aA für Einstellung nach § 154 Abs 1 StPO Hamm
MDR 86, 679).

2. Beweis (Abs 2). „Tatsachen, welche die Klage begründen", sind 4
die Feststellung eines Restitutionsgrundes gem § 580 Nr 1–7 und Vorliegen der Voraussetzungen des § 582. Das Ger hat das Vorliegen einer
strafbaren Handlung ohne Bindung an das Strafurteil selbst zu prüfen
(BGH NJW 83, 230). Wegen der nötigen Prüfung des Restitutionsgrundes vAw (Beweislast beim Kl) haben insoweit Anerkenntnis und
Geständnis keine Wirkung und ist als Beweismittel der Antrag auf Parteivernehmung (§§ 445, 447) verboten. In engen Grenzen ist Parteivernehmung gem § 448 zulässig (BGH 30, 63), falls dessen Voraussetzungen vorliegen. Ist im Falle des § 580 Nr 7 b erwiesen, dass das
Auffinden der Urkunde einen Restitutionsgrund bildet, so ist zum Beweis für den Zeitpunkt der Errichtung der Urkunde die Parteivernehm-
mung auf Antrag nicht ausgeschlossen (BGH 30, 62).

§ 582 Hilfsnatur der Restitutionsklage

**Die Restitutionsklage ist nur zulässig, wenn die Partei ohne
ihr Verschulden außerstande war, den Restitutionsgrund in
dem früheren Verfahren, insbesondere durch Einspruch oder
Berufung oder mittels Anschließung an eine Berufung, geltend
zu machen.**

1. Subsidiarität. Zur Zulässigkeit der Klage (6 ff vor § 578) gehört 1
(BGH WM 75, 736), dass der Restitutionsgrund nicht früher geltend
gemacht werden konnte (offengelassen Koblenz OLGZ 89, 93; aA
StJGrunsky 1, Köln NJW-RR 99, 363: gehört zur Begründetheit, weil
die fehlende Möglichkeit früherer Geltendmachung als Grund für die
ausnahmsweise Durchbrechung der Rechtskraft nicht der Parteidisposition unterliegt). – Die **Klage ist demnach unzulässig** – a) wenn der 2
beweisbelastete Kl nicht dartut, dass er ohne Verschulden außerstande
war, den Restitutionsgrund im früheren Verfahren geltend zu machen; –
b) wenn der Kl im Vorprozess denselben Grund bereits erfolglos gel- 3
tend gemacht hat und in den Fällen des § 580 Nr 1–5 nach strafgerichtlicher Verurteilung, wenn diese Erfolglosigkeit auf einem Verschulden der Partei beruht (Leipold ZZP 81, 69/72). Geltendmachung
in der Revisionsinstanz § 559 Rn 11.

2. Geltendmachung im Vorprozess. – **a) Dazu ist die Partei** 4
imstande, sobald nach den konkreten Verhältnissen begründete Erfolgsaussicht besteht (StJGrunsky 4). Regelmäßig muss die Partei dazu
die tatsächlichen Geschehnisse, die den Restitutionsgrund abgeben, zuverlässig wissen. – **b) Ohne Verschulden** (des Vertreters: §§ 51, 85 je 5
Abs 2) muss die **Geltendmachung unterblieben** sein. Das ist vAw
(12 vor § 253) nach strengem Maßstab zu prüfen. Der Kl trägt die Beweislast für sein fehlendes Verschulden (BGH WM 74, 264). Nichtgel-
tendmachung trotz Kenntnis des Restitionsgrundes kann entschuldbar
sein, zB Vergessen einer vor längerer Zeit errichteten Urkunde (AG
Berlin Tempelhof-Kreuzberg FamRZ 97, 568), nichtfahrlässiger Irrtum
über ihre Erheblichkeit (RG 151, 207). Andererseits kann die fehlende

Kenntnis vom Restitionsgrund auf Verschulden beruhen. So muss die
Partei ihre Geschäftsunterlagen in Ordnung halten und rechtzeitig und
sorgfältig nach dem Verbleib der Urkunde (§ 580 Nr 7 b) geforscht
(BGH DB 74, 1158), in allg zugängliche Urkunde Einsicht genommen,
erfolgsversprechende Auskünfte eingeholt haben. Verschulden kann es
sein, dass die Partei im Prozess nicht versucht hat, die auf Prozessbetrug
beruhende Rücknahme eines Rechtsmittels zu widerrufen (BGH LM
6   § 515 Nr 10; § 515 Rn 6). – **c) Maßgebender Zeitpunkt** wie § 580
Rn 18–22.

§ 583 Vorentscheidungen

**Mit den Klagen können Anfechtungsgründe, durch die eine
dem angefochtenen Urteil vorausgegangene Entscheidung
derselben oder einer unteren Instanz getroffen wird, geltend
gemacht werden, sofern das angefochtene Urteil auf dieser
Entscheidung beruht.**

1   **Entspricht §§ 512, 557 Abs 2 mit folgenden Abweichungen:**
Die Anfechtungsgründe können auch Vorentscheidungen der unteren
Instanz betreffen. Dass sie nicht beschwerdefähig oder unanfechtbar
sind, steht nicht entgegen. Nötig ist nur, dass das mit Wiederaufnahmeklage angefochtene Endurteil mit auf der angegriffenen Vorentscheidung beruht. Gegen diese selbst ist Wiederaufnahmeklage nicht zulässig
(§ 578 Rn 1). Ist aber die vom Anfechtungsgrund betroffene Vorentscheidung von der höheren Instanz erlassen (zB §§ 538, 563 Abs 3),
richtet sich die Wiederaufnahmeklage gegen diese, denn die untere Instanz kann nicht ein Urteil der höheren nachprüfen.

§ 584 Ausschließliche Zuständigkeit für Nichtigkeits- und Restitutionsklagen

**(1) Für die Klagen ist ausschließlich zuständig: das Gericht,
das im ersten Rechtszuge erkannt hat; wenn das angefochtene
Urteil oder auch nur eines von mehreren angefochtenen Urteilen von dem Berufungsgericht erlassen wurde oder wenn ein in
der Revisionsinstanz erlassenes Urteil auf Grund des § 580
Nr. 1 bis 3, 6, 7 angefochten wird, das Berufungsgericht; wenn
ein in der Revisionsinstanz erlassenes Urteil auf Grund der
§§ 579, 580 Nr. 4, 5 angefochten wird, das Revisionsgericht.**

**(2) Sind die Klagen gegen einen Vollstreckungsbescheid ge-
richtet, so gehören sie ausschließlich vor das Gericht, das für
eine Entscheidung im Streitverfahren zuständig gewesen wäre.**

1   **1. Das Gericht erster Instanz** des Vorprozesses ist grundsätzlich
örtlich und sachlich **ausschließlich zuständig.** Ebenso in § 641 i
Abs 3. War der frühere Proz eine Familiensache, so ist es auch der
WiederaufnahmeProz in allen drei Verfahrensabschnitten (2–5 vor
§ 578, BGH FamRZ 82, 789). Die Mitwirkg des Richters im früheren

Proz ist kein Ausschlussgrund (BGH Warn 80, 869), kann aber ein Ablehnungsgrund sein (zutr Zweibrücken NJW 74, 955, zu weitgehend Düsseldorf NJW 71, 1221, abl Karlsruhe Just 75, 310).

2. Das **Berufungsgericht ist zuständig – a) wenn es eines der** **2** **angefochtenen Urteile selbst erlassen hat.** Das betrifft nur Urteile, die die Berufung für zulässig erachtet und selbst in der Sache entschieden haben. Die Wiederaufnahmeklage geht an die 1. Instanz, wenn das BerGer die Berufung als unzulässig verworfen hat, außer in der verwerfenden Entscheidung selbst wird der Wiederaufnahmegrund gesehen. – **b) Wenn das Revisionsgericht erkannt hat** und es sich um **3** eine Restitutionsklage nach § 580 Nr 1–3, 6, 7 handelt, weil davon tatsächliche Feststellungen betroffen sind; ebenso bei einer Klage nach § 580 Nr 4 gegen Berufungs- und Revisionsurteil, wenn tatsächliche Feststellungen des erstgenannten angegriffen werden (BGH 61, 95). Vgl auch § 641 i Abs 3.

3. Das **Revisionsgericht ist zuständig,** wenn es das angefochtene **4** Urt oder eines der angefochtenen erlassen hat und es sich um eine Nichtigkeitsklage (§ 579) oder um eine Klage aus § 580 Nr 4, 5 handelt; auch dann, wenn von dem Nichtigkeitsgrund auch die Entscheidungen der Vorinstanzen betroffen sind (BGH WM 80, 1350). – **Ebenso in entsprechender Anwendung,** wenn es sich um eine Klage **5** nach § 580 Nr 1–3, 6, 7 gegen ein Urt oder einen Verwerfungsbeschluss des RevGer handelt, in denen dieses selbst tatsächliche Feststellungen (§ 559 Rn 11) getroffen hat (BGH 62, 18). Zurückweisung der Revision ist sachliche Entscheidung, also Zuständigkeit des RevGer (BGH 14, 257). Vgl auch § 641 i Abs 3.

4. Gegen **Vollstreckungsbescheid** im Mahnverfahren, der einem **6** VersUrt gleichsteht (§ 700 Abs 1), ist die Wiederaufnahmeklage an das Gericht zu richten, das im Streitverfahren zuständig gewesen wäre.

§ 585 Allgemeine Verfahrensgrundsätze

Für die Erhebung der Klagen und das weitere Verfahren gelten die allgemeinen Vorschriften entsprechend, sofern nicht aus den Vorschriften dieses Gesetzes sich eine Abweichung ergibt.

Für das **Verfahren** gelten die allg Vorschriften. Die Klageerhebung **1** richtet sich nach § 253, dessen Abs 2 Nr 2 aber durch §§ 587, 588 ersetzt ist. Anwaltszwang gem § 78. Im VorProz erteilte Vollmacht (außer in Ehesachen, § 609) gilt für das Wiederaufnahmeverfahren (§ 81). Zustellungen an den Vertreter vor demselben Gericht im VorProz (§ 172 Abs 1). Klagehäufung (§ 260) ist zulässig, weil die Wiederaufnahme keine des Prozessart ist, zB Schadensersatz, Rückzahlung (BGH LM Nr 53 § 209 BEG 1956, StJSchumann § 260 Rn 33). Hauptsache (zB für § 269) ist schon der zweite Verfahrensabschnitt (Aufhebung; 4 vor § 578). Mitwirkung des Richters im früheren Proz § 584 Rn 1.

§ 586 Klagefrist

(1) **Die Klagen sind vor Ablauf der Notfrist eines Monats zu erheben.**

(2) [1]**Die Frist beginnt mit dem Tage, an dem die Partei von dem Anfechtungsgrund Kenntnis erhalten hat, jedoch nicht vor eingetretener Rechtskraft des Urteils.** [2]**Nach Ablauf von fünf Jahren, von dem Tage der Rechtskraft des Urteils an gerechnet, sind die Klagen unstatthaft.**

(3) **Die Vorschriften des vorstehenden Absatzes sind auf die Nichtigkeitsklage wegen mangelnder Vertretung nicht anzuwenden; die Frist für die Erhebung der Klage läuft von dem Tage, an dem der Partei und bei mangelnder Prozeßfähigkeit ihrem gesetzlichen Vertreter das Urteil zugestellt ist.**

1   **1. Wahrung der Klagefrist** ist Zulässigkeitsvoraussetzung (9 vor § 578). Abs 1 ist Notfrist (§ 224 Abs 1 S 2). Berechnung nach § 222 mit §§ 187 Abs 1, 188 Abs 2 1. Alternative BGB. Klageerhebung zur ersten statt zur höheren Instanz (§ 584) wahrt die Frist (BSG NJW 70, 966); ebenso Klage an ein sonst unzuständiges Ger, falls dieses – auch nach Fristablauf – an das zuständige verweist (Zeihe, NJW 71, 2292). Klageerhebung vor Fristbeginn ist zulässig (KG FamRZ 89, 647). –

2   **a) Die Frist beginnt** mit positiver sicherer Kenntnis der Tatsachen, die den Wiederaufnahmegrund ausfüllen, keinesfalls aber vor Eintritt der Rechtskraft des Urt (§ 705). Diese Kenntnis muss die Partei bzw ihr gesetzlicher Vertreter haben, die des Prozessbevollmächtigten genügt, solange sein Auftrag nicht beendet war (BGH 31, 354). In den Fällen § 580 Nr 1–5 gehört wegen § 581 dazu die Kenntnis, dass eine rechtskräftige Verurteilung ergangen oder ein Strafverfahren unmöglich ist (BGH 1, 155); vorläufige Einstellung des Strafverfahrens genügt nicht (Hamm FamRZ 97, 759). Hierfür genügt die Kenntnis eines zur Erhebung der Restitutionsklage postulationsfähigen RA, der den Auftrag hat, Strafanzeige zur Vorbereitung des angestrebten Restitutionsverfahrens zu erheben (BGH LM Nr 11). Bei Urkunden ist nötig das Auffinden oder sichere Kenntnis von der Benutzbarkeit (§ 580 Rn 17), bei Geburtsurkunde, mit der ein Ehebruch nachgewiesen werden soll, mit Rechtskraft des Urt, das die Nichtehelichkeit des im Ehebruch gezeugten Kindes feststellt (Nürnberg NJW 75, 2024). Bei mehreren Urkunden nacheinander beginnt, solange eine zulässige Klage noch nicht erhoben ist, jedes Mal eine neue Klagefrist, auch wenn mit jeder der Urkunden dieselbe Tatsache bewiesen werden soll (BGH 57, 211). Die Tatsachen sind glaubhaft zu machen (§ 589 Abs 2) und vAw zu prüfen (12 vor § 253). In keinem Fall ist Kenntnis von der rechtlichen Bedeu-

3   tung der Wiederaufnahmetatsachen nötig. – **b) Die Frist endet** nach Ablauf eines Monats. Bei rechtzeitiger Geltendmachung eines bestimmten Restitutionsgrundes kann auf einen anderen, für den die Monatsfrist zZ der Klageerhebung bereits verstrichen war, nicht mehr zu-

rückgegriffen werden (BGH VersR 62, 175). – **c) 5 Jahre ab Rechts-** 4
kraft des Urt im VorProz wird die Klage unzulässig ohne Rücksicht
auf die Kenntnis und darauf, ob die Notfrist des Abs 1 schon zu laufen
begonnen hat, ausgenommen Abs 3. Uneigentliche Frist (7 ff vor § 214).
Keine Verlängerung, keine Wiedereinsetzung, keine Hemmung gem
§ 203 BGB (BGH 19, 20). – **d)** Für die **Fristwahrung** gilt § 167. 5
2. Für **Nichtigkeitsklage wegen mangelnder Vertretung** (Abs 3; 6
§ 579 Nr 4) gilt die Fünfjahresfrist des Abs 2 S 2 nicht. Die Notfrist des
Abs 1 kann ebenfalls nicht vor Eintritt der Rechtskraft des Urt beginnen, läuft aber für den nicht richtig Vertretenen (nicht auch für seinen
Gegner; Schleswig NJW 59, 200) nicht ab Kenntnis vom Wiederaufnahmegrund, sondern ab Zustellung des rechtskräftigen Urt entweder
an die prozessfähige Partei oder an den gesetzlichen Vertreter der prozessunfähigen Partei (KG OLG 71, 63). Ist bei dieser Zustellung das Urt
noch nicht rechtskräftig, beginnt die Frist mit Eintritt der Rechtskraft,
einer erneuten Zustellung danach bedarf es zum Fristbeginn nicht
(Köln JMBl NRW 77, 65). Ohne Zustellung läuft keine Frist (BGH
FamRZ 63, 131).
3. § **586** gilt **nicht** für die auf ein neues Vaterschaftsgutachten ge- 7
stützte Restitutionsklage im Kindschaftsprozess nach § 641 i (dort
Abs 4). § 586 gilt für Nichtigkeitsklagen gem § 579 (BGH NJW 94,
589) u für Restitutionsklagen gem § 580 (Düsseldorf FamRZ 02,
1268).

§ 587 Klageschrift

In der Klage muß die Bezeichnung des Urteils, gegen das die
Nichtigkeits- oder Restitutionsklage gerichtet wird, und die
Erklärung, welche dieser Klagen erhoben wird, enthalten sein.

Notwendiger Inhalt der Klageschrift. Dafür gilt § 253 Abs 2 1
Nr 1. Nr 2 dagegen ist ersetzt durch § 587. Ausdrückliche Bezeichnung, ob Nichtigkeits- oder RestKlage gewollt ist, ist nicht nötig. Es
genügt, dass der Inhalt der Klageschrift die Natur der Klage erkennen
lässt.

§ 588 Inhalt der Klageschrift

(1) **Als vorbereitender Schriftsatz soll die Klage enthalten:**
1. **die Bezeichnung des Anfechtungsgrundes;**
2. **die Angabe der Beweismittel für die Tatsachen, die den**
   Grund und die Einhaltung der Notfrist ergeben;
3. **die Erklärung, inwieweit die Beseitigung des angefochtenen**
   Urteils und welche andere Entscheidung in der Hauptsache
   beantragt werde.

(2) [1]**Dem Schriftsatz, durch den eine Restitutionsklage erho-**
ben wird, sind die Urkunden, auf die sie gestützt wird, in Ur-
schrift oder in Abschrift beizufügen. [2]**Befinden sich die Urkun-**

den nicht in den Händen des Klägers, so hat er zu erklären, welchen Antrag er wegen ihrer Herbeischaffung zu stellen beabsichtigt.

1   **1.** Beim **instruktionellen Inhalt der Klageschrift (Abs 1)** handelt es sich um Ordnungsvorschriften. Verstoß macht die Klage nicht unzulässig.

Nr 1. Mit **Anfechtungsgrund** sind die Tatsachen gemeint. Die Frist des § 586 ist mit Zustellung der Klage gewahrt. Die Gründe können bis zum Schluss der mdl Vdhlg nachgebracht werden, soweit nicht schon bei Klageerhebung die Frist verstrichen war (BGH VersR 62, 175).

2   **Nr 2. Beweismittel** (12 vor § 284) soll die Klage angeben. Der Beweisantritt geschieht in der mdl Vhdlg.

3   **Nr 3. Anträge.** Der zur Hauptsache ist wegen § 308 unentbehrlich. Zur Aufhebung des früheren Urt muss ein ausdrücklicher Antrag nur dann formuliert werden, wenn teilweise Aufhebung begehrt wird (vgl BAG BB 00, 2367).

4   **2. Beifügung von Urkunden (Abs 2)** ist ebenfalls nur Sollvorschrift; zur Zulässigkeit der Klage nicht erforderlich (RG 135, 129).

§ 589 Zulässigkeitsprüfung

(1) [1]Das Gericht hat von Amts wegen zu prüfen, ob die Klage an sich statthaft und ob sie in der gesetzlichen Form und Frist erhoben sei. [2]Mangelt es an einem dieser Erfordernisse, so ist die Klage als unzulässig zu verwerfen.

(2) Die Tatsachen, die ergeben, daß die Klage vor Ablauf der Notfrist erhoben ist, sind glaubhaft zu machen.

1   **1. Die Zulässigkeit der Klage** ist im ersten Verfahrensabschnitt (3 vor § 578) vAw zu prüfen. Die Bestimmung entspricht §§ 522, 552. Entscheidung darüber durch ZwischenUrt (§ 280) oder in den Gründen des EndUrt. Zulässigkeitsprüfung 6 ff vor § 578. Die verworfene Klage kann innerhalb der Frist des § 586 unter Vermeidung des Mangels wiederholt werden.

2   **2. Glaubhaft zu machen** sind in mdl Vhdlg die Tatsachen, aus denen sich die Wahrung der Notfrist des § 586 Abs 1 ergibt. Auch für die Entgegnung des Bekl genügt Glaubhaftmachung (BGH 31, 355).

§ 590 Neue Verhandlung

(1) Die Hauptsache wird, insoweit sie von dem Anfechtungsgrunde betroffen ist, von neuem verhandelt.

(2) [1]Das Gericht kann anordnen, daß die Verhandlung und Entscheidung über Grund und Zulässigkeit der Wiederaufnahme des Verfahrens vor der Verhandlung über die Hauptsache erfolge. [2]In diesem Falle ist die Verhandlung über die Haupt-

sache als Fortsetzung der Verhandlung über Grund und Zulässigkeit der Wiederaufnahme des Verfahrens anzusehen.

(3) **Das für die Klagen zuständige Revisionsgericht hat die Verhandlung über Grund und Zulässigkeit der Wiederaufnahme des Verfahrens zu erledigen, auch wenn diese Erledigung von der Feststellung und Würdigung bestrittener Tatsachen abhängig ist.**

1. Allgemeines über die **Dreiteilung des Verfahrens** 2 vor § 578. – **a)** Das Ger kann über die **Zulässigkeit** der Wiederaufnahmeklage gesondert verhandeln. Prüfung und Entscheidung § 589 Rn 1. – **b)** Danach oder auch zusammen mit der Zulässigkeit (BGH NJW 79, 427) kann die **Begründetheit der Wiederaufnahme** gesondert verhandelt werden. Dabei ist vAw zu prüfen, ob der behauptete Wiederaufnahmegrund (§§ 579, 580) besteht (BGH WM 72, 27). Wenn nicht, ist die Klage als unbegründet abzuweisen; BSG NJW 69, 1079 (Verwerfung als unzulässig) steht nicht entgegen, weil dort schon kein statthafter Restitutionsgrund behauptet war; dies gehört zur Zulässigkeit (9 vor § 578). Wenn ja, ist durch Zwischenurteil (§ 280, BGH NJW 79, 427) oder in den Gründen des EndUrt das frühere Urt aufzuheben, soweit seine Aufhebung beantragt wurde (BAG BB 00, 2367). Hat das ErstGer den Wiederaufnahmegrund verneint, so kann das BerGer das ihn bejaht, mit Zwischenurteil entspr § 538 Abs 2 S 1 zurückverweisen oder gemäß § 538 Abs 1 selbst weiterentscheiden (KG FamRZ 89, 647). – **c) Das Revisionsgericht** kann und muss, wenn dort die Klage erhoben ist (§ 584), zu Rn 1, 2 selbst die notwendigen tatsächlichen Feststellungen treffen. Die Entscheidung fällt es durch Zwischenurteil und verweist zur Neuverhandlung der Hauptsache zurück.

2. **Die Neuverhandlung der Hauptsache** ist eine Fortsetzung des früheren Proz im Zeitpunkt vor Urteilserlass, soweit er von dem Wiederaufnahmegrund betroffen ist. Nicht betroffen kann ein selbständiger oder zeitlich klar abgrenzbarer Teil sein wie in § 538 Rn 26. Neue Behauptungen, Beweismittel und Anträge sind in diesem Verfahrensabschnitt zulässig (BGH WM 83, 959). Bindende Prozesslagen (Geständnis, Anerkenntnis, Mängelheilung gem § 295) bleiben bestehen, soweit nicht der Restitutionsgrund gerade diese Erklärungen betraf. Das Verfahren folgt den Regeln der Prozessart und Instanz, in der es sich befindet.

3. **Die neue Entscheidung.** Grundlage ist das Ergebnis der neuen Verhandlung und was von der früheren bindend geblieben ist. Weicht das neue Ergebnis vom früheren ab, ist das frühere Urt aufzuheben und anderweitig zu entscheiden. Kostenentscheidung einheitlich, weil früheres und neues Verfahren eine Einheit sind. Ist das Ergebnis dasselbe, kann entweder das frühere Urt aufgehoben (Rn 2) und mit gleichem Inhalt neu erlassen (RoSchwGottwald § 161 IV 3 hält dies für nötig) oder das frühere Urt wie in § 343 aufrechterhalten werden (StJGrunsky 10). Die Kosten der Wiederaufnahme trägt der Kl. Was der Bekl des

früheren Prozesses auf Grund des Urt geleistet hat, kann er analog § 717 Abs 3 im Wiederaufnahmeverfahren geltend machen. Bereicherungs- und Schadensersatzansprüche sind durch eigene Klage geltend zu machen, die aber mit der Wiederaufnahmeklage verbunden werden kann (§ 585 Rn 1).

6   **4. Versäumnisverfahren.** Zulässigkeit und Begründetheit der Wiederaufnahme (3, 4 vor § 578) sind vAw zu prüfen. Fehlt es an einer Voraussetzung, ist die Klage bei Säumnis gleichgültig welcher Partei durch streitiges Endurteil abzuweisen (BGH NJW 59, 1780; 12 vor § 330; aA ohne Begründung BGH MDR 66, 40). In der Verhandlung zur Hauptsache gelten §§ 330, 331. Ist die Klage vor dem BerGer des VorProz erhoben, gilt § 539 Abs 2. Auch Entscheidung nach Aktenlage ist möglich.

§ 591 Rechtsmittel

Rechtsmittel sind insoweit zulässig, als sie gegen die Entscheidungen der mit den Klagen befaßten Gerichte überhaupt stattfinden.

1   Das ersetzende Urt kann je nach der Zuständigkeit (§ 584) von einem Ger jeder Instanz erlassen sein und ist deshalb hinsichtlich der Rechtsmittel ein Urt der Instanz, die es erlassen hat. Entscheidend ist der Rechtszustand bei Erlass des neuen Urt (BAG NJW 58, 1605). Gegen ein Urt des RevGer also kein Rechtsmittel. In einem BerUrt muss die Revision ggf zugelassen werden (§ 543 Abs 1 Nr 1, Abs 2). Im Falle der Klageabweisung ist wiederholte Klagerhebung aus einem anderen Anfechtungsgrund zulässig, da die Rechtskraft sich nur auf den geltendgemachten Grund erstreckt.

Buch 5. Urkunden- und Wechselprozess

Vorbemerkung

Der Urkundenprozess ist eine bes Verfahrensart, für deren Zuläs- 1
sigkeit zusätzlich bes Prozessvoraussetzungen erfüllt sein müssen (vgl
§ 592). Verhandlung und Entscheidung sind beschränkt auf den Anspruchsgrund und sofort zu beweisende Einwendungen des Beklagten.
Der Kläger soll rasch zu einem vorl vollstreckbaren (§ 708 Nr 4) Titel
kommen, zur Beschleunigung (§§ 595, 598) sind die Beweismittel beschränkt, Widerklage ist ausgeschlossen. Das Urteil ist in den Fällen der
§§ 597 Abs 2, 599 nur vorläufig. Ein endgültiges Ergebnis bringt erst
das Nachverfahren mit der Gefahr der Schadensersatzpflicht, wenn aus
dem Vorbehaltsurteil vollstreckt wurde (§ 600 Abs 2). – **Eine Unterart** 2
ist der Wechsel- und Scheckprozess, für den die Vorschriften über
den Urkundenprozess gelten. Es tritt eine weitere Beschleunigung
durch kürzere Ladungsfrist (§ 604) und Erleichterung der Beweisführung (§ 605) ein; Berufung auf Schiedsabrede ist – anders als im normalen UrkProz – ausgeschlossen (BGH NJW 94, 136; § 1032 Rn 1). –
Im **arbeitsgerichtlichen Verfahren** gelten die Vorschriften des Bu- 3
ches 5 nicht (§ 46 Abs 2 S 2 ArbGG).

§ 592 Zulässigkeit

[1]**Ein Anspruch, welcher die Zahlung einer bestimmten
Geldsumme oder die Leistung einer bestimmten Menge anderer vertretbarer Sachen oder Wertpapiere zum Gegenstand hat,
kann im Urkundenprozeß geltend gemacht werden, wenn die
sämtlichen zur Begründung des Anspruchs erforderlichen Tatsachen durch Urkunden bewiesen werden können.** [2]**Als ein
Anspruch, welcher die Zahlung einer Geldsumme zum Gegenstand hat, gilt auch der Anspruch aus einer Hypothek, einer
Grundschuld, einer Rentenschuld oder einer Schiffshypothek.**

1. Besondere Prozessvoraussetzungen. Erklärung des Klä- 1
gers, dass er im UrkundenProz klagt (§ 593 Abs 1), bei vorausgehendem Mahnverfahren § 703a; **bestimmter Streitgegenstand** (Rn 3, 4);
Beweisbarkeit bestimmter Tatsachen durch bestimmte Beweismittel (Rn 6). – **Fehlt eine dieser Voraussetzungen,** tritt die Folge des 2
§ 597 Abs 2 ein. Fehlt eine allg Prozessvoraussetzung (8–33 vor § 253),
ist wie sonst die Klage als unzulässig abzuweisen.

2. Nur Leistungsklagen einschl aller Haftungsklagen (vgl 3 vor 3
§ 253) auf **Zahlung einer bestimmten Geldsumme** (wie 2 vor § 803)
oder Leistung anderer vertretbarer Sachen oder Wertpapiere sind im UrkundenProz statthaft; auch Mietzinsforderungen können im UrkProz
geltend gemacht werden (BGH NJW 99, 1408; aA für Wohnraum-

miete Eisenhardt MDR 99, 901). Auch auf künftige Leistung (§§ 257–
259); an Dritte; Zug um Zug; auf Leistung einer Sicherheit durch Hin-
4 terlegung (BGH NJW 53, 1707). – **Unstatthaft** sind Klagen auf individuelle Leistung, auf Herausgabe konkreter Sachen aufgrund Aussonde-
rungsrechts gem § 47 InsO (Düsseldorf ZIP 03, 542), auf Vornahme einer
Handlung oder Unterlassung, ferner Gestaltungs- und Feststellungsklagen
(BGH 125, 251), auch nach § 256 Abs 2 u § 180 InsO (München BB
85, 698). Unstatthaft ist idR das UrkundenVerf für den Rückforderungs-
Proz nach Zahlung für Bürgschaft auf 1. Anfordern (BGH NJW 01, 3549).
Die Wiederaufnahme eines durch InsolvenzVerf unterbrochenen Urkun-
denProz gem § 180 Abs 2 InsO leitet ins ordentliche Verfahren über
(Hamm MDR 67, 929; aA StJSchlosser 2a, Teske ZZP 99, 185). Die
Statthaftigkeit ist vAw zu prüfen und jeder Parteiherrschaft entzogen.

5   **3. Beweisbarkeit. – a) Für die Prozessvoraussetzungen und
sonstige prozessuale Fragen,** zB Richterablehnung, Wiedereinsetzung, Kostenausspruch (Karlsruhe Just 85, 442), bleibt es bei der Prüfung vAw (vgl 12 vor § 253), es gilt weder § 592 noch § 595 (BGH
NJW 86, 2765: Schiedsgerichtsklausel, BGH NJW-RR 97, 1154: aus-
6 ländisches Recht). – **b) Die anspruchsbegründenden Tatsachen,**
auch für Zinsen und Nebenansprüche außer in § 605 Abs 2, müssen,
wenn sie beweisbedürftig sind (1 vor § 284, BGH 62, 286, Jena MDR
97, 975), durch vorlegbare (§§ 593 Abs 2, 595 Abs 3, BGH NJW 94,
3295) Urkunden (1 vor § 415) beweisbar und bewiesen sein. Das gilt
auch, wenn der Bekl im Termin säumig ist. Als zugestanden werden
nur die Echtheit der Urkunde und die Übereinstimmung der Abschrift
mit der Urschrift fingiert, nicht die klagebegründenden Behauptungen
(arg: § 597 Abs 2). Welches die anspruchsbegründenden Tatsachen sind,
ergibt die anzuwendende sachlich-rechtliche Norm (vgl 35 ff vor § 253;
dazu gehört zB auch die Vertretungsbefugnis. Die Urkunde muss nicht
selbst Träger des geltend gemachten Rechts sein, es genügt, dass sie es
nach den Grundsätzen allgemeiner Auslegung (BGH NJW 95, 1683)
und freier Beweiswürdigung mittelbar, zB mittels Indizien (vgl 11 vor
§ 284) beweist (BGH NJW 85, 2953; 02, 2777). Der Bekl muss nicht
an der Errichtung der Urkunde beteiligt sein (RG 142, 306), zB Handels-
7 bücher des Kl. – **Für den Urkundenbeweis gelten** §§ 593 Abs 2,
595 Abs 3, 415–420, 434–437. Die Verwendung von Protokollen über
Augenschein und Vernehmungen und die Verwendung von Sachverständigengutachten, auch aus einem vorangegangenen selbständigen
Beweisverfahren (vgl § 493 Rn 1), ist als Urkundenbeweis unzulässig,
soweit dadurch die unmittelbare Beweiserhebung durch die genannten
Beweismittel ersetzt werden soll (BGH 1, 220, München MDR 98,
1180; vgl auch § 286 Rn 11). Ist ein im UrkundenProz unzulässiger
Beweis erhoben worden, darf das Ergebnis im Urt nicht verwertet wer-
8 den, andernfalls Verfahrensfehler (Karlsruhe BB 71, 1384). – **c) Beweisführung für andere Tatsachen** als anspruchsbegründende und
für die Echtheit von Urkunden vgl § 595 Rn 3.

§ 593 Klageinhalt; Urkunden

(1) **Die Klage muß die Erklärung enthalten, daß im Urkundenprozeß geklagt werde.**

(2) [1]**Die Urkunden müssen in Urschrift oder in Abschrift der Klage oder einem vorbereitenden Schriftsatz beigefügt werden.** [2]**Im letzteren Falle muß zwischen der Zustellung des Schriftsatzes und dem Termin zur mündlichen Verhandlung ein der Einlassungsfrist gleicher Zeitraum liegen.**

1. Die Erklärung nach Abs 1 ist bes Prozessvoraussetzung. Sie 1 muss eindeutig, aber nicht ausdrücklich in der Klageschrift enthalten sein. Nachholung in späterem Schriftsatz oder mdl Vhdlg (Übergang vom Normal- in den UrkundenProz) ist analog § 263 zulässig, aber nur ausnahmsweise sachdienlich (BGH 69, 66). Im Übrigen wird die Klage wie im normalen Verfahren erhoben (§ 253), mit den gleichen Wirkungen wie dort (§ 261). – Eine **vertragliche Verpflichtung** durch 2 Prozessvertrag (Einl III Rn 6–9), den Anspruch nicht im Urkunden-Proz zu verfolgen, macht den trotzdem eingeleiteten UrkundenProz unstatthaft (BGH WM 73, 144).

2. Abs 2 dient der Information und dem Schutz des Bekl. – **a) Die** 3 **notwendigen Urkunden** (§ 592 Rn 6, 7) müssen der Klage oder einem fristgerecht einzureichenden Schriftsatz, auch noch in der Berufungsinstanz im Original oder in beglaubigter Abschrift (Frankfurt WM 95, 2079) beigefügt oder in mdl Vhdlg vorgelegt werden. Formlose Mitteilung des Schriftsatzes genügt (§ 270 Abs 2). – **b) Fehlen diese Ur-** 4 **kunden** oder sind sie dem Bekl nicht rechtzeitig mitgeteilt, ist auf seine Rüge antragsgemäß zu vertagen. Ohne Rüge heilt der Mangel, § 295 (RG 114, 371, StJSchlosser 5; aA bei fehlender Mitteilung RG 142, 304, RoSchw/Gottwald § 163 III 1). Bei Säumnis des Bekl ist auf Antrag des Kl zum Zwecke der Nachholung zu vertagen, andernfalls nach § 597 Abs 2 zu verfahren.

§ 594 (weggefallen)

§ 595 Keine Widerklage; Beweismittel

(1) **Widerklagen sind nicht statthaft.**

(2) **Als Beweismittel sind bezüglich der Echtheit oder Unechtheit einer Urkunde sowie bezüglich anderer als der im § 592 erwähnten Tatsachen nur Urkunden und Antrag auf Parteivernehmung zulässig.**

(3) **Der Urkundenbeweis kann nur durch Vorlegung der Urkunden angetreten werden.**

1. Widerklage ist, auch wenn zum UrkundenProz geeignet (inso- 1 weit aA StJSchlosser 1), **unstatthaft.** Ob sie durch Prozessurteil entspr § 597 Abs 2 abzuweisen oder ob Trennung entspr § 145 Abs 2 möglich

ist, ist streitig (Nachweise bei StJSchlosser aaO). Gegenantrag nach
§ 717 Abs 2 S 2 (dort Rn 15) ist nicht ausgeschlossen, muss aber gemäß
§ 592 zum UrkundenProz geeignet sein. Zulässig ist Urkundenwiderklage im ordentlichen Verfahren (BGH NJW 02, 751).

2   **2. Zulässige Beweismittel. – a) Für Prozessvoraussetzungen**
vgl § 592 Rn 5. – **b) Für die beweisdürftigen anspruchsbegrün-**
3   **denden Tatsachen** vgl § 592 Rn 6. – **c) Andere** als anspruchsbegründende beweisbedürftige (vgl 1 vor § 284) materielle Tatsachen, zB rechtsvernichtende Einwendungen des Bekl oder rechtserhaltende des Kl (BGH
NJW 86, 2767) sowie die (Un-)Echtheit von Urkunden können nur
durch Urkunden oder durch Antrag auf Parteivernehmung (§§ 445, 447)
bewiesen werden (BGH NJW 85, 2953). Ob der Beweisantrag Vertagung
nötig macht, ist gleichgültig. Der Urkundenbeweis kann nur durch Vorlage (§§ 420, 434) oder Bezugnahme auf bereits bei den Gerichtsakten befindliche Urkunden geführt werden, Anträge auf Aktenbeiziehung und
Vorlegungsanträge (§§ 421, 428, 432) sind ausgeschlossen (Abs 3, BGH
NJW 94, 3295). Dagegen kann Beweis durch Urkunden geführt werden,
die bei dem Ger – nicht notwendig bei demselben Spruchkörper – vorhanden sind (BGH NJW 98, 2280). Jedes andere Beweismittel, auch
Schriftvergleichung (§ 441) und Parteivernehmung vAw (§ 448), ist unzulässig, auch wenn es sofort benützbar ist.

§ 596 Abstehen vom Urkundenprozess

> **Der Kläger kann, ohne daß es der Einwilligung des Beklag-**
> **ten bedarf, bis zum Schluß der mündlichen Verhandlung von**
> **dem Urkundenprozeß in der Weise abstehen, daß der Rechts-**
> **streit im ordentlichen Verfahren anhängig bleibt.**

1   **1. Abstandnahme vom Urkundenprozess** geschieht durch Erklärung des Kl, widerrufbar bis Beginn der mdl Vhdlg (Köln WM 95,
1224), bis zu ihrem Schluss in Abwesenheit des Bekl. Der Streitgegenstand ändert sich dadurch nur, wenn der Kl jetzt auch Ansprüche aus
dem Grundgeschäft geltend macht (BGH NJW-RR 87, 58). Die Erklärung ist Prozesshandlung (Einl III); hilfsweise Abstandnahme ist unzulässig (Jena OLG-NL 99, 68). Sie muss eindeutig, aber nicht ausdrücklich sein. Nur im Angebot im UrkundenProz unzulässiger Beweismittel
liegt sie nicht (BGH WM 79, 803). Sie muss sich auf den ganzen
Streitgegenstand oder einen selbständigen Teil davon (vgl § 301 Rn 1)
beziehen; in diesem Fall Trennung nach § 145. Dass der UrkundenProz
statthaft war, ist nicht Voraussetzung. In 1. Instanz ist Einwilligung des
Bekl nicht erforderlich. Hilfsweise Abstandnahme vom Wechselprozess
2   vgl § 602 Rn 1. – In der **Berufungsinstanz** ist, auch soweit die Klage
als unbegründet abgewiesen wurde (Frankfurt MDR 88, 326), die Zulässigkeit der Abstandnahme analog § 263 zu behandeln (BGH 29, 337
und NJW 65, 1599), weil dem Bekl eine Instanz verlorengeht. Lässt das
BerGer die Abstandnahme nicht zu, so bleibt der Proz dort im Urkun-

denProz anhängig (Frankfurt MDR 88, 326). – In der **Revisionsins-** 3
tanz ist Abstand ausgeschlossen. Übergang vom Normal- in den UrkundenProz vgl § 593 Rn 1.

2. Das weitere Verfahren. Der Proz geht ins ordentliche Verfah- 4
ren über (vgl § 600). Ist der Bekl im Termin anwesend, kann sofort im
ordentlichen Verfahren weiterverhandelt oder auf Antrag vertagt werden. Bei Abstandnahme im ersten Termin muss jedenfalls dem Bekl die
Möglichkeit zu sachlichen Einwendungen erhalten bleiben (Hamm
NJW 74, 1515), Beweisangebote des Bekl dürfen nicht als verspätet
zurückgewiesen werden (SächsVerfGH NJW 98, 3266). Bei Säumnis
des Bekl kann VersU entspr §§ 335 Abs 1 Nr 3, 264 nur ergehen, wenn
ihm die Ankündigung des Abstands rechtzeitig mitgeteilt war. Über die
Kosten ist einheitlich zu entscheiden (vgl § 91 Rn 6). Bei zulässiger
Abstandnahme in der Berufungsinstanz (vgl Rn 2) wird das in 1. Instanz
verbliebene Nachverfahren gegenstandslos und der gesamte Streitstoff
in 2. Instanz erledigt, keine Zurückverweisung unter Aufhebung des
Vorbehaltsurteils analog § 538 Abs 2 S 1 Nr 5.

§ 597 Klageabweisung

(1) **Insoweit der in der Klage geltend gemachte Anspruch an
sich oder infolge einer Einrede des Beklagten als unbegründet
sich darstellt, ist der Kläger mit dem Anspruch abzuweisen.**

(2) **Ist der Urkundenprozeß unstatthaft, ist insbesondere ein
dem Kläger obliegender Beweis nicht mit den im Urkundenprozeß zulässigen Beweismitteln angetreten oder mit solchen Beweismitteln nicht vollständig geführt, so wird die Klage als in der gewählten Prozeßart unstatthaft abgewiesen, selbst
wenn in dem Termin zur mündlichen Verhandlung der Beklagte nicht erschienen ist oder der Klage nur auf Grund von
Einwendungen widersprochen hat, die rechtlich unbegründet
oder im Urkundenprozeß unstatthaft sind.**

1. Klageabweisung. – a) Fehlt eine allgemeine Prozessvor- 1
aussetzung (8–33 vor § 253), ist die Klage als unzulässig abzuweisen.
Dem Nachverfahren kann die Entscheidung über ihr (Nicht-)Vorliegen
nicht vorbehalten werden (BGH MDR 86, 130). Rechtskraftwirkung
vgl § 322 Rn 3. – **b) Fehlt eine besondere Prozessvoraussetzung** 2
(Statthaftigkeit vgl § 592 Rn 3, 4; notwendige Beweisführung vgl
§ 592 Rn 6, 7, § 595 Rn 3) oder hat der Kl dem Bekl eine notwendige
Urkunde nicht mitgeteilt (vgl § 593 Rn 4), ist die Klage, außer bei Anerkenntnis, als im UrkundenProz unstatthaft abzuweisen; dies auch,
wenn der Kl oder Bekl säumig ist oder nur unstatthafte (§ 598) oder
unbegründete Einwendungen erhoben (Abs 2) od (analog) die Hilfsaufrechnung erklärt hat; vgl § 598 Rn 3. – **Die Rechtskraftwirkung** ver- 3
hindert einen neuen UrkundenProz über den gleichen Antrag, wenn
wegen Unstatthaftigkeit des Antrags abgewiesen wurde; wurde wegen

unzulässigen Beweises abgewiesen, ist eine neue UrkKlage mit den gleichen Beweismitteln unzulässig; im ordentlichen Verfahren kann die
4 Klage neu erhoben werden (RG 148, 201). – **c) Ist die Klage unbegründet** (nicht schlüssig oder wegen berechtigter Einwendungen des Bekl, Abs 1), so ist sie durch Endurteil in der Sache abzuweisen (Jena OLG–NL 99, 68); ebenso bei Verzicht (§ 306) und Säumnis des Klägers (§ 330). Die Rechtskraft hindert jede erneute Geltendmachung des gleichen Anspruchs. Im Wechselprozess vgl auch § 602 Rn 3.

5   **2. Zusammentreffen mehrerer Abweisungsgründe. – a) Fehlende allgemeine Prozessvoraussetzung** (Rn 1) führt stets zur Abweisung als unzulässig, auch wenn Mängel nach Rn 2 oder 4 vorlie-
6 gen. – **b) Fehlt eine besondere Prozessvoraussetzung** des UrkundenProz (Rn 2) und ist die Klage nach dem unstreitigen Sachverhalt unbegründet (Rn 4), so ist sie als unbegründet abzuweisen (BGH JR 76, 376, StJSchlosser 10; aA RoSchw/Gottwald § 163 III 5 c). –
7 **c) Fehlt der schlüssigen Klage eine besondere Prozessvoraussetzung** des UrkundenProz (Rn 2) und bestreitet der Beklagte eine anspruchsbegründende Behauptung des Kl od bringt er eine bestrittene erhebliche Einwendung vor (Rn 4), so ist nicht Beweis zu erheben, sondern sofort die Klage als im UrkundenProz unstatthaft abzuweisen.

8   **3. Verurteilung** des Beklagten vgl § 599.

§ 598 Zurückweisung von Einwendungen

Einwendungen des Beklagten sind, wenn der dem Beklagten obliegende Beweis nicht mit den im Urkundenprozeß zulässigen Beweismitteln angetreten oder mit solchen Beweismitteln nicht vollständig geführt ist, als im Urkundenprozeß unstatthaft zurückzuweisen.

1   **1. Einwendungen** sind hier die materiellrechtlichen (vgl 45 vor § 253) und Beweiseinreden.

2   **2. Behandlung der Einwendungen,** für die der Bekl die Beweislast trägt. – **a)** Wenn sie beweisbedürftig sind (vgl 1 vor § 284), aber ein **zulässiges Beweismittel nicht angeboten** (vgl § 595 Rn 3) oder der Beweis damit nicht voll geführt ist, sind die Einwendungen in den Gründen des Vorbehaltsurteils als im UrkundenProz unstatthaft zurückzuweisen. Sie können im Nachverfahren weiter verfolgt werden. § 598 gilt auch für die Einwendung der im UrkundenProz nicht zulässig beweisbaren Aufrechnung, selbst wenn sich diese schon aus den vom Kl vorgelegten Urkunden ergibt (BGH MDR 72, 41) und schließt insoweit §§ 145 Abs 3, 302 aus. IF der beweisbaren Aufrechnungsforde-
3 rung vgl Rn 4. – **b) Unbegründete Einwendungen** (nicht schlüssige, durch rechtserhaltende Duplik widerlegte) sind in den Gründen des VorbehaltsUrt endgültig, also auch mit Wirkung für das Nachverfahren (BGH WM 79, 272) als unbegründet zurückzuweisen. Zulässig bleibt im Nachverfahren der Vortrag neuer Tatsachen für die Schlüssigkeit

einer Einwendung, ferner neue Tatsachen und Beweisangebote für ihre Begründetheit sowie gegen die Begründetheit des Klageanspruchs oder gegen rechtserhaltende Dupliken. – **c)** Zur **Beweiserhebung** führt ein 4 zulässiges Beweisangebot für eine beweisbedürftige Einwendung. Ist die Klageforderung entscheidungsreif und kann über die Aufrechnung ein im UrkundenProz zulässiger Beweis nicht sofort erhoben werden, so ist VorbehaltsUrt nach § 302 zulässig. Wird im neuen Termin (noch im UrkundenProz) der Beweis nicht geführt, so ist ein zweites Vorbehalts-Urt, diesmal nach § 599 zu erlassen (Celle NJW 74, 1473). – Werden iF der **Hilfsaufrechnung** zwar die Aufrechnungsforderung, aber nicht 5 die in erster Linie erhobenen Einwendungen mit zulässigen Beweismitteln bewiesen, so ist die Klage als in der gewählten ProzArt unstatthaft abzuweisen (BGH 80, 97).

§ 599 Vorbehaltsurteil

(1) **Dem Beklagten, welcher dem geltend gemachten Anspruch widersprochen hat, ist in allen Fällen, in denen er verurteilt wird, die Ausführung seiner Rechte vorzubehalten.**

(2) **Enthält das Urteil keinen Vorbehalt, so kann die Ergänzung des Urteils nach der Vorschrift des § 321 beantragt werden.**

(3) **Das Urteil, das unter Vorbehalt der Rechte ergeht, ist für die Rechtsmittel und die Zwangsvollstreckung als Endurteil anzusehen.**

1. Ohne Vorbehalt ist der Beklagte zu verurteilen, wenn – 1 **a)** die allg Prozessvoraussetzungen (8–33 vor § 253) vorliegen und der Bekl den Klageanspruch vorbehaltlos anerkennt (§ 307); dann gibt es kein Nachverfahren (Karlsruhe MDR 91, 991). – **b)** die allg und be- 2 sonderen (vgl § 597 Rn 2, 3) Prozessvoraussetzungen und die Voraussetzungen für ein Versäumnisurteil gegen den Bekl vorliegen (vgl § 331), auch wenn er in einem früheren Termin dem Anspruch widersprochen hat (ebenso StJSchlosser 2, ZöGreger 6, BLAH 5). Die Gegenmeinung (Naumburg NJW-RR 95, 1087) wertet § 332 falsch, wonach das Ergebnis eines früheren Termins seine Bedeutung verliert (dort Rn 1).

2. Unter Vorbehalt ist der Beklagte zu verurteilen, wenn die 3 allg (8–33 vor § 253) und die besonderen (vgl § 597 Rn 2) Prozessvoraussetzungen erfüllt sind, ferner die Klage begründet ist und der Bekl in mdl Vhdlg dem Anspruch widersprochen hat. – **a) Widerspruch** ist 4 jede Verteidigung gegen bedingungslose Verurteilung, zB Zug-um-Zug-Einrede. Beschränkung der Haftung als Erbe steht nicht entgegen, denn sie betrifft nicht den Anspruch als solchen, sondern die Frage, mit welchem Vermögen der Bekl haftet, also die ZwVollstr. Der Widerspruch muss nicht begründet werden; eine gegebene Begründung ist sachlich nicht zu prüfen, der Vorbehalt auch bei offensichtlich unberechtigtem Widerspruch aufzunehmen. Ebenso in den Fällen des § 598. –

5 **b)** Ob **Anerkenntnisurteil als Vorbehaltsurteil** ergehen kann, ist streitig (vgl § 307 Rn 3). RoSchwGottwald § 163 III 5 d, Häsemeyer ZZP 85, 207/226, Karlsruhe OLGZ 86, 124, LG Hannover NJW-RR 87, 384 verneinen aus systematischen Gründen. Die Praxis ist aus Zweckmäßigkeitsgründen teilweise aA (so München MDR 63, 603, Schwarz JR 95, 1, MuVoit 6). Der Kostenausspruch kann nicht als Vorbehaltsurteil ergehen wegen § 308 Abs 2 (Karlsruhe Justiz 85, 442).

6 **3. Vorbehaltsurteil. Wesen** vgl § 302 Rn 1–5. – **a) Erlass.** Liegen die Voraussetzungen vor (vgl Rn 3), so muss es erlassen werden, auch vom RevGer (BGH WM 99, 1561/1563. Im Tenor ist dem Bekl die Ausführung seiner Rechte ohne nähere Bezeichnung vorzubehalten. Wenn der Vorbehalt fehlt, hilft wahlweise (Hamm BB 92, 236) § 321 oder Rechtsmittel. Kosten nach § 91, vorl Vollstreckbarkeit § 708 Nr 4. Keine materielle Rechtskraft, vgl § 322 Rn 4. – **b) Zwangs-**
7 **vollstreckung** wie aus einem EndUrt. Einstellung ist nach § 707 zulässig, auch bei rechtskräftigen Vorbehaltsurteilen (BGH NJW 78, 43). –
8 **c) Rechtsmittel** vgl § 302 Rn 9, 10 sinngem. Meint der Kl, der Bekl hätte wegen Unwirksamkeit seines Widerspruchs ohne Vorbehalt verurteilt werden müssen, so muss er Berufung gegen das VorbehaltsUrt einlegen (BGH NJW-RR 92, 254). BerBegründung vgl § 520 Rn 22 ff. Übergang ins ordentliche Verfahren in der Berufungsinstanz vgl § 596
9 Rn 2. BerUrt vgl § 538 Abs 2 S 1 Nr 5. – **d) Nachverfahren** und Bindung an das Vorbehaltsurteil vgl § 600.

§ 600 Nachverfahren

(1) **Wird dem Beklagten die Ausführung seiner Rechte vorbehalten, so bleibt der Rechtsstreit im ordentlichen Verfahren anhängig.**

(2) **Soweit sich in diesem Verfahren ergibt, daß der Anspruch des Klägers unbegründet war, gelten die Vorschriften des § 302 Abs. 4 Satz 2 bis 4.**

(3) **Erscheint in diesem Verfahren eine Partei nicht, so sind die Vorschriften über das Versäumnisurteil entsprechend anzuwenden.**

1 **1.** Das **Nachverfahren** bildet mit dem UrkundenProz eine Einheit. Es kann auch ein Mahnverfahren vorausgegangen sein (§ 703 a Abs 2 Nr 5). Die Wirkungen der Rechtshängigkeit bestehen fort, der Streitgegenstand bleibt derselbe, Klageänderung, -erweiterung und Widerklage sind nicht ausgeschlossen (BGH 17, 31). Die Parteirollen ändern sich nicht. Prozesshandlungen des Ger und der Parteien bleiben wirksam, der Ausschluss einer Partei mit einer Prozesshandlung nur insoweit, als er bereits vor Schluss der mdl Vhdlg im UrkundenProz eingetreten war (zB verspätete Rüge nach §§ 39, 296 Abs 3, 295). Das Nachverfahren beginnt mit Erlass des VorbehaltsUrt ohne Rücksicht

auf seine Rechtskraft, keine Aussetzung bis zu deren Eintritt (BGH NJW 73, 467). Termin wird auf Antrag bestimmt. Abstand vom UrkundenProz und sofortige Weiterverhandlung vgl § 596. – **Neues Vorbringen** wie Behauptungen, Bestreiten, Beweisangebote sind zulässig (BGH 82, 115), auch wenn im UrkundenProz nach § 296 Abs 1, 2 zurückgewiesen, wenn sie im Nachverfahren rechtzeitig gebracht werden. – **Zuständig** ist das Ger 1. Instanz, grundsätzlich auch wenn das VorbehaltsUrt erstmals in höherer Instanz erlassen wurde (BGH NJW-RR 88, 61, München NJW-RR 87, 1024; aA StJSchlosser 14: Zuständigkeit des BerGer mit Befugnis zur Zurückverweisung); vgl § 538 Rn 22.

2. Das Vorbehaltsurteil. – **a) Bindende Wirkung** für das Nachverfahren in allen Instanzen (BGH WM 94, 961), soweit es nicht auf den Beschränkungen der Beweismittel im UrkundenProz beruht (BGH 82, 115, NJW 88, 1468); dies gilt auch für ein Anerkenntnisvorbehaltsurteil (Düsseldorf NJW-RR 99, 68). Bindend sind insbes bejaht die Zulässigkeit der Klage im UrkundenProz (BGH NJW 73, 467), die Prozessvoraussetzungen (vgl § 302 Rn 7), auch wenn das Ger sie fehlerhaft ungenügend geprüft hat (BGH DB 93, 1517), so die Zuständigkeit des ordentlichen Ger, auch wenn sich im Nachverfahren herausstellt, dass die Sache ihrer Natur nach zur Zuständigkeit des Arbeitsgerichts gehört (BGH NJW 76, 330). Deshalb muss auch die Schiedsklausel (§ 1032) für einen Wechselanspruch bereits im Wechselprozess, nicht erst im Nachverfahren eingewendet werden (Düsseldorf NJW 83, 2149). Die Schlüssigkeit der Klage (BGH NJW 91, 1117), die Zulässigkeit des Vorbehalts (BGH LM § 599 Nr 2), die Formgültigkeit des Wechsels (BGH WM 69, 1279). Bindend ist auch die rechtliche Einordnung des Klageanspruchs. Stürner ZZP 72, 424 will demgegenüber die Bindungswirkung auf das vorläufige Vollstreckungsrecht wie beim Arresturteil beschränken, also im Wesentlichen auf die Statthaftigkeit des UrkundenProz. Das trifft nicht zu, denn Streit- und UrtGegenstand ist der Anspruch selbst und nicht, wie im ArrestProz, bloß die Zulässigkeit seiner vorläufigen Sicherung. – **b)** Wegen der **Einwendungen** des Bekl vgl § 598 Rn 2–5. – **c) Keine Bindung,** soweit der Bekl eine Tatsachenbehauptung neu bestreitet, (Brandenburg NJW-RR 02, 1294), neue Tatsachen vorträgt, neue Angriffs- und Verteidigungsmittel, auch die Einrede der Verjährung (BGH NJW-RR 92, 254) geltend macht, weil dies noch nicht Gegenstand gerichtlicher Entscheidung im VorbehaltsUrt war und weil der Bekl für seinen Widerspruch gegen den Klageanspruch im UrkundenProz noch keine Begründung geben musste (BGH 82, 115, NJW 88, 1468). Vgl auch § 302 Rn 8.

3. Entscheidung im Nachverfahren. – **a) Sind die Einwendungen des Beklagten unbegründet** oder ist er säumig, ist das Vorbehaltsurteil unter Wegfall des Vorbehalts aufrechtzuerhalten, die weiteren Kosten trägt der Bekl, vorl Vollstreckbarkeit § 708 Nr 5. Das Gleiche gilt, wenn der Bekl zur Zahlung auf erstes Anfordern (vgl Pal/

Sprau 14 vor § 765 BGB) verurteilt ist, weil er aus materiellrechtlichen Gründen seine Einwendungen gegen die Bürgschaft in Bezug auf die Hauptforderungen nicht im Nachverfahren, sondern erst im Rückfor-
8 derungsprozess geltend machen kann (BGH NJW 94, 380). – **b) Bringt die Einwendung den Klageanspruch zu Fall,** so gilt das in § 302 Rn 14 Gesagte. Die gleiche Entscheidung ergeht nach Abs 3 mit § 330 bei Säumnis des Kl. Ein sog unechtes Versäumnisurteil gegen ihn (12 vor § 330) ist wegen der Bindungswirkung des Vorbehaltsurteils undenkbar, außer wenn die Klage nachträglich unzulässig wird. –
9 **c) Rechtsmittel des Beklagten** gegen das VorbehaltsUrt wird mangels Beschwer unzulässig, sobald im Nachverfahren End-(auch Versäumnis-)Urteil auf Klageabweisung ergeht. Wird im Nachverfahren das VorbehaltsUrt bestätigt, so gilt sinngem das in § 280 Rn 10 Gesagte. Wird in der Rechtsmittelinstanz des UrkundenProz die Klage abgewiesen oder der Bekl ohne Vorbehalt verurteilt, erledigt sich das Nach-
10 verfahren. – **d) Gebühren:** Nr 1014 KV, § 39 BRAGO.
11   **4.** Für den **Schadensersatzanspruch** des Bekl bei Aufhebung des Vorbehaltsurt im Nachverfahren (Abs 2) gelten die Ausführungen in § 302 Rn 16, 17.

§ 601 (weggefallen)

§ 602 Wechselprozess

Werden im Urkundenprozeß Ansprüche aus Wechseln im Sinne des Wechselgesetzes geltend gemacht (Wechselprozeß), so sind die nachfolgenden besonderen Vorschriften anzuwenden.

1   Der **Wechselprozess** ist eine Unterart des UrkundenProz. Übergang vom Wechsel- in den Urkundenprozess ist keine Klageänderung und auch in 2. Instanz ohne weiteres zulässig (BGH NJW 93, 3135). Es ist unzulässig, einen Anspruch primär im Wechselprozess und hilfsweise – etwa als Schuldversprechen – unter Abstandnahme vom Wechselprozess im gewöhnlichen UrkundenProz zu verfolgen. Besteht in einem solchen Fall kein Wechselanspruch, ist die Klage insoweit als unbegründet, im Übrigen als im Wechselprozess unstatthaft abzuweisen (BGH 82, 200). Gleichzeitig können solche Ansprüche nur im gewöhnlichen Urkunden- oder im NormalProz erhoben werden (BGH NJW 82, 2258). Hilfsaufrechnung (vgl § 598 Rn 5) ist zulässig (BGH WM 81, 385), nicht jedoch Einrede des Schiedsvertrags (BGB NJW 94, 136). Die Vorschriften des UrkundenProz gelten mit folgenden **Ab-**
2 **weichungen: – a) Erklärung des Klägers,** dass er im Wechselprozess
3 klagt. § 593 Abs 1 ist ersetzt durch § 604 Abs 1. – **b) Streitgegenstand** muss ein **Anspruch aus einem Wechsel,** insbes ein Zahlungsanspruch sein, der durch die vorzulegende Original-Wechselurkunde (Frankfurt ZIP 81, 1192) selbst verkörpert wird, ein Bereicherungsanspruch nach Art 89 WG (Hamm WM 92, 642) und die nicht auf Zahlung gerichteten Ansprüche gem Art 64 Abs 3, Art 66 Abs 1 S 2,

68 Abs 1 S 2, 90 Abs 1 S 2 WG. Ebenso Ansprüche des zwar nicht
förmlich (Art 16 Abs 1 WG), aber sachlich berechtigten Wechselin-
habers auf Grund Zession oder des Pfändungspfandgläubigers. Ferner
Ansprüche gegen Personen, die, ohne selbst Wechselzeichner zu sein,
kraft Gesetzes aus dem Wechsel haften, zB die Erben (§ 1967 Abs 1
BGB), Gesellschafter (§ 128 HGB), Übernehmer des Handelsgeschäfts
(§ 25 HGB), Ehegatte (§ 1437 BGB) oder die Zwangsvollstreckung
wegen des Wechselanspruchs dulden müssen, zB §§ 737, 739, 743, 745
Abs 2, 748 Abs 2. – **Nicht unter § 602 fallen** die Klage gegen den   4
bürgerlichrechtlichen Bürgen, der Herausgabeanspruch nach Art 16
Abs 2 und der Schadensersatzanspruch nach Art 45 Abs 6 WG. Die
Eigenschaft als Scheckprozess endet, wenn der Kläger im Nachverfahren eine zusätzliche Anspruchsgrundlage einführt (BGH NJW-RR 93,
826). – **c) Besondere örtliche Zuständigkeitsvorschriften** in § 603.   5
Sachlich sind für Wechsel- u Scheckansprüche, die im Rahmen eines
Arbeitsverhältnisses entstanden sind, die ordentlichen, nicht die Arbeitsgerichte zuständig (Hamm NJW 80, 1399 mwN; bestr). – **d) Ver-**   6
kürzte Ladungsfristen nach § 604. – **e) Erleichterungen in der**
Beweisführung nach § 605. – **f) Entscheidungsbefugnis des Vor-**
sitzenden der KfH § 349 Abs 2 Nr 8.

§ 603 Gerichtsstand

(1) **Wechselklagen können sowohl bei dem Gericht des Zahlungsortes als bei dem Gericht angestellt werden, bei dem der
Beklagte seinen allgemeinen Gerichtsstand hat.**

(2) **Wenn mehrere Wechselverpflichtete gemeinschaftlich verklagt werden, so ist außer dem Gericht des Zahlungsortes jedes
Gericht zuständig, bei dem einer der Beklagten seinen allgemeinen Gerichtsstand hat.**

Betrifft nur die **örtliche Zuständigkeit**. Abs 1 gibt wahlweise ne-   1
ben dem allg und den bes Gerichtsständen (§§ 12 ff) den weiteren bes
Gerichtsstand des Zahlungsorts (Art 1 Nr 5, 2 Abs 3 WG; Art 1 Nr 4
ScheckG). Am LG Kammer für Handelssachen, § 95 Nr 2, 3 GVG,
falls beantragt (§§ 96, 98 GVG); zuständig auch der Vorsitzende (§ 349
Abs 2 Nr 8), aber nicht für das Nachverfahren. – **Abs 2** macht daneben   2
wahlweise für verbundene Wechselklagen gegen mehrere Beklagte das
Gericht örtlich zuständig, bei dem ein Bekl seinen allg Gerichtsstand
hat. Die Klage muss gegen den Einen zur Begründung der Zuständigkeit für die Anderen wirksam erhoben sein; ob sie gegen ihn zulässig
und begründet ist, bleibt gleich, ebenso spätere Veränderungen (§ 261
Abs 3 Nr 2).

§ 604 Klageinhalt; Ladungsfrist

(1) **Die Klage muß die Erklärung enthalten, daß im Wechselprozeß geklagt werde.**

(2) ¹Die **Ladungsfrist beträgt mindestens vierundzwanzig Stunden, wenn die Ladung an dem Ort, der Sitz des Prozeßgerichts ist, zugestellt wird.** ²In **Anwaltsprozessen beträgt sie mindestens drei Tage, wenn die Ladung an einem anderen Ort zugestellt wird, der im Bezirk des Prozeßgerichts liegt oder von dem ein Teil zu dessen Bezirk gehört.**

(3) In **den höheren Instanzen beträgt die Ladungsfrist mindestens vierundzwanzig Stunden, wenn die Zustellung der Berufungs- oder Revisionsschrift oder der Ladung an dem Ort erfolgt, der Sitz des höheren Gerichts ist; mindestens drei Tage, wenn die Zustellung an einem anderen Ort erfolgt, der ganz oder zum Teil in dem Landgerichtsbezirk liegt, in dem das höhere Gericht seinen Sitz hat; mindestens eine Woche, wenn die Zustellung sonst im Inland erfolgt.**

1   **1. Abs 1** ersetzt § 593 Abs 1. Die Ausführungen dort gelten sinngem. Die Bezeichung als Wechselklage genügt.

2   **2.** Die **Ladungsfrist** ist in § 217 geregelt. – **Abs 2** enthält davon Ausnahmen für die 1. Instanz. Sie beträgt einen Tag bei Zustellung am Ort des ProzGer. In Anwaltsprozessen drei Tage bei Zustellung an einem anderen Ort, der ganz oder teilweise im Bezirk des ProzGer liegt. –

3   **Verkürzung** der Fristen auf Antrag ist zulässig, § 226. – Für die **Einlassungsfrist** gilt § 274 Abs 3.

4   **3.** In **höherer Instanz** gilt dieselbe Regelung wie Rn 2.

§ 605 Beweisvorschriften

(1) **Soweit es zur Erhaltung des wechselmäßigen Anspruchs der rechtzeitigen Protesterhebung nicht bedarf, ist als Beweismittel bezüglich der Vorlegung des Wechsels der Antrag auf Parteivernehmung zulässig.**

(2) **Zur Berücksichtigung einer Nebenforderung genügt, daß sie glaubhaft gemacht ist.**

1   **Zwei Beweiserleichterungen** in teilweiser Abweichung von § 592 enthält die Bestimmung. – **a) Der Beweis für die Vorlegung des Wechsels,** auch wenn diese anspruchsbegründend ist (zB Verzugszinsen), kann durch den Antrag auf Parteivernehmung geführt werden, soweit es der Protesterhebung nicht bedarf (Anspruch gegen Akzeptanten, Art 53 WG; Rückgriffsanspruch im Falle des Art 46 WG). Bei Säumnis des Beklagten gilt die behauptete Vorlegung als zugestanden. –

2   **b) Für Nebenforderungen** (zB Zinsen, Spesen, Provisionen), soweit beweisbedürftig (vgl 1 vor § 284), genügt Glaubhaftmachung der anspruchsbegründenden Tatsachenbehauptungen nach § 294. Volle Beweisführung mit im UrkundenProz zulässigen Beweismitteln bleibt zulässig. Die Glaubhaftmachung genügt auch für Einwendungen gegen Nebenforderungen.

§ 605 a Scheckprozess

Werden im Urkundenprozeß Ansprüche aus Schecks im Sinne des Scheckgesetzes geltend gemacht (Scheckprozeß), so sind die §§ 602 bis 605 entsprechend anzuwenden.

Es gelten die Anmerkungen zu §§ 602–605 ausnahmslos. Bezeich- **1** nung der Scheck- als Wechselklage ist unschädlich.

Buch 6. Verfahren in Familiensachen

Einführung

1. Allgemeines. Die Verfahren des 6. Buches umfassen besondere **1** Verfahrensarten der ZPO (Einl V), bei denen wegen des öffentlichen Interesses der Verhandlungsgrundsatz (Einl I Rn 1) eingeschränkt, der Untersuchungsgrundsatz (Einl I Rn 6, 7) stärker ausgebildet und zahlreiche besondere Verfahrensvorschriften aufgestellt sind. Die Verfahren sind grundsätzlich Urteilsverfahren wie vor dem LG (§§ 608, 621 b Abs 3, § 624 Abs 3), finden aber ausschließlich vor dem AG als Familiengericht (§§ 23a, 23b GVG) statt. Es gelten grundsätzlich die §§ 253–494, soweit nicht die §§ 606–661 Sonderregeln enthalten. Daneben gibt es auch Beschlussverfahren. In bestimmten Familiensachen (§ 621) gilt teilweise das FGG (§ 621 a).

2. Begriffe. Es sind zu unterscheiden: Ehesachen (2–6 vor § 606), **2** andere Familiensachen (1 vor § 621), Scheidungs- und Folgesachen (1 vor § 622), Eheaufhebungs- und Feststellungsverfahren (1 vor § 631); Kindschaftssachen (1 vor § 640), Unterhaltssachen (§§ 642–660), Lebenspartnerschaftssachen (§ 661).

3. Anwendungsbereich. – a) §§ 606–620 g (Allgemeine Vorschrif- **3** ten für Ehesachen) gelten in allen Ehesachen, insbes in den Scheidungs- und Folgesachen, soweit die §§ 622–630 nicht Sonderregeln enthalten. Sie gelten ferner zT in Kindschaftssachen nach Maßgabe des § 640 Abs 1 und in Lebenspartnerschaftssachen gem § 661 Abs 2. – **b)** §§ 621–621 f **4** (Verfahren in anderen Familiensachen) gelten in allen Familiensachen des § 621 und zT bei den Scheidungsfolgesachen des § 623 Abs 1 S 1; ferner in den Fällen des § 661 Abs 1 Nr 3–7. – **c)** §§ 622–630 (Ver- **5** fahren in Scheidungs- und Folgesachen) gelten nur in diesen Verfahren. Darin werden subsidiär die §§ 606–620 g und zT Vorschriften der §§ 621–621 f angewendet. Wegen § 661 Abs 2 gelten sie auch für die Lebenspartnerschaftssachen. – **d)** §§ 631 und 632 gelten für Verfahren **6** auf Aufhebung und auf Feststellung des Bestehens oder Nichtbestehens einer Ehe. – **e)** §§ 640–641 k gelten für Kindschaftssachen. – **7** **f)** §§ 642–644 gelten nur für Unterhaltssachen der dort näher bezeichneten Art. – **g)** §§ 645–660 gelten für den Unterhalt Minderjähriger. – **8** **h)** § 661 gilt ab 1. 8. 01 für die Lebenspartnerschaftssachen. **9**

Abschnitt 1. Allgemeine Vorschriften für Verfahren in Ehesachen

Vorbemerkung

1. Anwendungsbereich. Die §§ 606–620 g gelten direkt in allen **1** Ehesachen (Rn 2–6), soweit nicht Sonderregeln für Scheidungs- und

Folgesachen (§§ 622–630) sowie Aufhebungsanträge und Ehefeststellungsklagen (§§ 631, 632) vorgehen. Entsprechend gilt ein Teil der Vorschriften in den Kindschaftssachen (§ 640 Abs 1) und den Lebenspartnerschaftssachen (§ 661).

2 **2. Ehesachen** sind (§ 606 Abs 1 S 1). – a) **Scheidungsantrag** (§ 622) ist der Gestaltungsantrag, der bezweckt, dass das Gericht die Ehe aus einem Scheidungsgrund (§§ 1564–1568 BGB) scheidet, und zwar ab
3 Rechtskraft des Urteils (§ 1564 S 2 BGB). – b) **Eheaufhebungsantrag** (§ 631) ist der Gestaltungsantrag, der bezweckt, dass das Gericht eine Ehe aus einem Aufhebungsgrund (§ 1314 BGB) auflöst, und zwar
4 ab Rechtskraft des Urteils (§ 1313 S 2 BGB). – c) **Ehenichtigkeitsklage** war eine bis zum Inkrafttreten des EheschlRG (1. 7. 98) zulässige und seitdem gesetzlich nicht mehr vorgesehene Gestaltungsklage, die bezweckte, dass das Gericht eine Ehe aus einem Nichtigkeitsgrund (früher §§ 16–21 EheG) für nichtig erklärt und sie damit rückwirkend vernichtet. Eine solche Klage kann es aber dann geben, wenn das gem Art 13 Abs 1 EGBGB anwendbare Recht eine nichtige Ehe kennt. –
5 d) **Feststellungsklage** auf Bestehen oder Nichtbestehen einer Ehe (§ 632). Sie unterliegt insbes dem § 256, erfordert also ein Feststellungs-
6 interesse. – e) **Herstellungsklage.** Sie ist als Leistungsklage auf die persönlichen (nicht auf die vermögensrechtlichen) Ansprüche eines Ehegatten gegen den anderen aus §§ 1353–1359 BGB gerichtet. Das Urteil ist nicht vollstreckbar (§ 888 Abs 3). Auch die negative Feststellungsklage aus dem Recht, die eheliche Lebensgemeinschaft zu verweigern (§ 1353 Abs 2 BGB), gerichtet auf die Feststellung des Rechts zum Getrenntleben (zum Rechtsschutzbedürfnis vgl Karlsruhe NJW-RR 89, 1414), fällt darunter und ist daher Ehesache (allgM).

7 **3. Keine Ehesachen** sind: – a) **Vermögensrechtliche Ansprüche** zwischen Ehegatten aus Anlass bestehender oder aufgelöster Ehe, zB Unterhaltsansprüche, Aufwendungsersatz und güterrechtliche Streitigkeiten; sie sind zT Familiensachen (§ 621); ferner Schadensersatzansprüche aus der Verletzung früherer ehelicher Pflichten, die nach Scheidung
8 geltend gemacht werden (Frankfurt FamRZ 80, 274). – b) **Steuerliche Mitwirkungspflichten.** Sie sind kein Herstellungsanspruch (Rn 6), weil sie nicht personenbezogen sind (hM). Bsp: gemeinsame Erstellung der Steuererklärung (Karlsruhe NJW 79, 881); Geldforderung aus pflichtwidrig verweigerter Zustimmung zur gemeinsamen steuerlichen Veranlagung (Düsseldorf FamRZ 84, 805 mwN; Hamm FamRZ 91, 1070); Anspruch auf Zustimmung zur steuerlichen Zusammenveranlagung (Stuttgart FamRZ 92, 1447; Düsseldorf NJW-RR 90, 1027); Zustimmung zum Antrag auf Lohnsteuerermäßigung und das Verlangen, seinerseits einen solchen Antrag zu stellen (BayObLG FamRZ 85, 947);
9 Herausgabe eines Steuerbescheids (Hamm FamRZ 91, 1070). – c) **Ehestörungsklagen** gegen den Ehegatten und (oder) Dritte auf Unterlassung ehewidriger Handlungen im räumlichen, außerpersönlichen Bereich sind allgemeine nichtvermögensrechtliche Streitigkeiten (hM;

ZöPhilippi § 606 Rn 9 mwN); nur die im persönlichen Bereich der ehelichen Lebensgemeinschaften sind Herstellungsklagen (Rn 6).

§ 606 Zuständigkeit

(1) ¹**Für Verfahren auf Scheidung oder Aufhebung einer Ehe, auf Feststellung des Bestehens oder Nichtbestehens einer Ehe zwischen den Parteien oder auf Herstellung des ehelichen Lebens (Ehesachen) ist das Familiengericht ausschließlich zuständig, in dessen Bezirk die Ehegatten ihren gemeinsamen gewöhnlichen Aufenthalt haben.** ²**Fehlt es bei Eintritt der Rechtshängigkeit an einem solchen Aufenthalt im Inland, so ist das Familiengericht ausschließlich zuständig, in dessen Bezirk einer der Ehegatten mit den gemeinsamen minderjährigen Kindern den gewöhnlichen Aufenthalt hat**

(2) ¹**Ist eine Zuständigkeit nach Absatz 1 nicht gegeben, so ist das Familiengericht ausschließlich zuständig, in dessen Bezirk die Ehegatten ihren gemeinsamen gewöhnlichen Aufenthalt zuletzt gehabt haben, wenn einer der Ehegatten bei Eintritt der Rechtshängigkeit im Bezirk dieses Gerichts seinen gewöhnlichen Aufenthalt hat.** ²**Fehlt ein solcher Gerichtsstand, so ist das Familiengericht ausschließlich zuständig, in dessen Bezirk der gewöhnliche Aufenthaltsort des Beklagten oder, falls ein solcher im Inland fehlt, der gewöhnliche Aufenthaltsort des Klägers gelegen ist.** ³**Haben beide Ehegatten das Verfahren rechtshängig gemacht, so ist von den Gerichten, die nach Satz 2 zuständig wären, das Gericht ausschließlich zuständig, bei dem das Verfahren zuerst rechtshängig geworden ist; dies gilt auch, wenn die Verfahren nicht miteinander verbunden werden können.** ⁴**Sind die Verfahren am selben Tage rechtshängig geworden, so ist § 36 entsprechend anzuwenden.**

(3) **Ist die Zuständigkeit eines Gerichts nach diesen Vorschriften nicht begründet, so ist das Familiengericht beim Amtsgericht Schöneberg in Berlin ausschließlich zuständig.**

1. Allgemeines. § 606 regelt nur die örtliche Zuständigkeit und die   **1** Ausschließlichkeit. Die sachliche Zuständigkeit des AG als Familiengericht folgt aus § 23a Nr 4 GVG. Die Zuständigkeit ist Prozessvoraussetzung (11 vor § 1) und daher von Amts wegen zu prüfen (Karlsruhe FamRZ 99, 1085); in der Berufungsinstanz wegen § 513 Abs 2 jedoch nicht mehr (§ 513 Rn 3). Die Ausschließlichkeit (10 vor § 1) bezieht sich auf die sachliche (AG, Abteilung Familiengericht, § 23a Nr 4, § 23b Abs 1 Nr 1 GVG) und auf die örtliche Zuständigkeit. § 606 bezieht sich nur auf Klagen und Anträge. Das örtlich zuständige deutsche Gericht muss auch nach der EheVO v 29. 5. 00 (vgl Anh) oder gem § 606a international zuständig sein. Die internationale Zuständigkeit ist vorweg in jeder Lage des Verfahrens von Amts wegen zu prüfen (BGH NJW 03, 426). Fehlt es an einer internationalen Zuständigkeit der deutschen Gerichte, so ist der Antrag unzulässig (vgl insb Art 7 EheVO). Ehesachen: legal definiert in Abs 1 S 1 (2–6 vor § 606). § 606 gilt für Inländer und für Ausländer, soweit die internationale Zuständigkeit gegeben ist.

2 **2. Örtlich zuständig** ist allein (10 vor § 1) das AG des jeweiligen Bezirks in dieser Reihenfolge, wobei die vorgehende Zuständigkeit jede
3 nachfolgende ausschließt. – **a) Gemeinsamer gewöhnlicher Aufenthalt beider Ehegatten** (Abs 1 S 1), im Inland, und zwar der gegenwärtige (vgl Abs 1 S 2), dh zZ des Eintritts der Rechtshängigkeit, also der Klage(Antrags)erhebung (§ 261 Abs 1, § 253 Abs 1). Gewöhnlicher Aufenthaltsort: wo sich jemand ständig oder für längere Zeit aufhält, nicht nur vorübergehend (zB Reise, Besuch) wohnt oder nächtigt (BayObLG NJW 90, 3099). Die bloße Absicht, dies zu tun, genügt noch nicht. Vorübergehende Abwesenheit beseitigt den Aufenthaltsort nicht (Frankfurt NJW 61, 1586). Dieser ist vom Willen unabhängig, rein tatsächlich; kann an mehreren Orten zugleich sein (BayObLG 80, 52). An- und Abmeldung beim Einwohnermeldeamt genügt allein nicht (vgl BGH NJW-RR 95, 507). Bei Änderung des Aufenthaltsorts nach Rechtshängigkeit: § 261 Abs 3 Nr 2. Es genügt daher, dass einmal von Klageerhebung bis zur letzten mdl Vhdlg der gemeinsame gewöhnliche Aufenthaltsort im Bezirk des angegangenen Gerichts bestand. Unbekannter Aufenthalt ist dem Fehlen eines gewöhnlichen inländischen
4 Aufenthalts gleichzusetzen (Karlsruhe FamRZ 99, 1085). – **b) Gewöhnlicher Aufenthalt des Ehegatten mit den minderjährigen Kindern** (Abs 1 S 2). Aufenthaltsort: Rn 3. Er muss nicht dem Antragsteller bekannt sein, wenn er dem Gericht bekannt ist (Karlsruhe FamRZ 99, 1085). Maßgebend ist, bei welchem Ehegatten sich alle gemeinsame minderjährigen Kinder zZ der Klageerhebung nicht nur vorübergehend befinden, dh Aufenthalt und Wohnung mit ihm teilen. Entspr anwendbar, wenn die Kinder zwar nicht bei dem Elternteil leben, aber im selben Gerichtsbezirk ihren gewöhnlichen Aufenthalt haben (Hamm NJW-RR 89, 1486). Sind die Kinder auf die Eltern verteilt, ist Abs 1 S 2 unanwendbar (BGH FamRZ 87, 1020); es gilt dann Abs 2 S 1 (Rn 5), ebenso wenn alle Kinder bei Dritten sind. Ist nur ein Teil der Kinder bei Dritten und sind die anderen bei einem der Ehegatten, so ist Abs 1 S 2 anwendbar (BGH FamRZ 84, 370; Koblenz FamRZ 86, 1119; anders BGH NJW-RR 92, 902 bei Aufenthalt in verschiedenen Gerichtsbezirken: Abs 2 S 1; Rn 5). Zweck des Abs 1 S 2: Es wird die Zuständigkeitsregel des § 621 Abs 2 Nr 1–4 berück-
5 sichtigt und eine gemeinsame Zuständigkeit bewirkt. – **c) Letzter gemeinsamer gewöhnlicher Aufenthalt der Ehegatten** (Abs 2 S 1): wie Rn 3. Besonderheiten: Wenige Tage genügen, wenn sonst kein gemeinsamer Aufenthaltsort bestand. Abs 2 S 1 setzt zwangsläufig das Fehlen einer Zuständigkeit nach Abs 1 (Karlsruhe FamRZ 99, 1085) und Getrenntleben voraus. Zusätzliches Erfordernis: Einer der Ehegatten muss diesen Aufenthaltsort zZ des Eintritts der Rechtshängigkeit (§ 261 Abs 1)

noch haben oder wieder haben (StJSchlosser 13). – **d) Gewöhnlicher** 6 **Aufenthaltsort des Beklagten** (Antragsgegners) im Inland (Abs 2 S 2). Aufenthaltsort: Rn 3. Dem fehlenden Aufenthaltsort des Antragsgegners im Inland steht gleich, dass er allgemein und tatsächlich unbekannten Aufenthalts ist (BGH NJW 83, 285). Maßgebender Zeitpunkt: § 261 Abs 1. Bei Scheidung und Aufhebung ist statt Beklagter der Antragsgegner zu verstehen. Bei beiderseitigen Klagen (Anträgen) kommt es auf denjenigen Beklagten an, dem die Klage-(Antrags)schrift zuerst zugestellt wurde (§ 261 Abs 1). Bei Gleichzeitigkeit (Abs 2 S 4): §§ 36, 37. Das Gericht, bei dem später rechtshängig geworden ist, muss verweisen (§ 281) oder die Klage (den Antrag) wegen fehlender Zuständigkeit als unzulässig abweisen. – **e) Gewöhnlicher Aufenthaltsort** 7 **des Klägers** (Antragstellers) im Inland (Abs 2 S 2). Aufenthaltsort: Rn 3. Maßgebender Zeitpunkt beiderseitiger Klagen (Anträge) und Folgen: wie Rn 6. Gilt auch, wenn die beklagte Partei (Antragsgegner) unbekannten Aufenthalts ist (hM). – **f) Amtsgericht Schöneberg** in Ber- 8 lin (Abs 3) ist nur dann zuständig, wenn auch der Kläger (Antragsteller) keinen gewöhnlichen Aufenthaltsort im Inland hat.

§ **606a** Internationale Zuständigkeit

(1) [1]**Für Ehesachen sind die deutschen Gerichte zuständig,**
1. **wenn ein Ehegatte Deutscher ist oder bei der Eheschließung war,**
2. **wenn beide Ehegatten ihren gewöhnlichen Aufenthalt im Inland haben,**
3. **wenn ein Ehegatte Staatenloser mit gewöhnlichem Aufenthalt im Inland ist oder**
4. **wenn ein Ehegatte seinen gewöhnlichen Aufenthalt im Inland hat, es sei denn, daß die zu fällende Entscheidung offensichtlich nach dem Recht keines der Staaten anerkannt würde, denen einer der Ehegatten angehört.**
[2]**Diese Zuständigkeit ist nicht ausschließlich.**

(2) [1]**Der Anerkennung einer ausländischen Entscheidung steht Absatz 1 Satz 1 Nr. 4 nicht entgegen, wenn ein Ehegatte seinen gewöhnlichen Aufenthalt in dem Staat hatte, dessen Gerichte entschieden haben.** [2]**Wird eine ausländische Entscheidung von den Staaten anerkannt, denen die Ehegatten angehören, so steht Absatz 1 der Anerkennung der Entscheidung nicht entgegen.**

1. Allgemeines. – a) Anwendungsbereich: Dieser ist durch die 1 zum 1. 3. 01 in Kraft getretene Verordnung (EG) Nr 1347/2000 des Rates v 29. 5. 00 über die Zuständigkeit und die Anerkennung und Vollstreckung von Entscheidungen in Ehesachen und in Verfahren betreffend die elterliche Verantwortung für die gemeinsamen Kinder der Ehegatten (EheVO; ABl L 160, 19; Text und Kommentierung im Anh) erheblich eingeschränkt (vgl Art 7 EheVO). Die Vorschrift ist noch im Rahmen von Art 8 EheVO (dort Rn 2 ff) von Bedeutung und

bei der spiegelbildlichen Prüfung der internationalen Zuständigkeit von Entscheidungen aus Nicht-EG-Staaten und Dänemarks im Rahmen von § 328 Abs 1 Nr 1 (zum Ganzen vgl Hau FamRZ 00, 1333; Kohler NJW 01, 10, Wagner IPRax 01, 73; Puszkajler IPRax 01, 81; Hausmann EuLF 00/01, 271 u 345; Motzer FamRB 02, 149; Helms FamRZ 02, 1593; Sturm StAZ 03, 65). Ferner gilt sie ab 1. 8. 01 für Lebenspart-
2 nerschaftssachen nach Maßgabe des § 661 Abs 3. – **b) Regelung.** Sie ist einseitig auf die deutsche Zuständigkeit formuliert, aber in der Weise allseitig (international) gemeint, dass sie bei der Frage der Anerkennungsfähigkeit ausländischer Entscheidungen spiegelbildlich anzuwenden ist. Für Deutsche (auch ehemalige) gilt die Heimatzuständigkeit (Abs 1 Nr 1), für Ausländer und Staatenlose die Aufenthaltszustän-
3 digkeit (Abs 1 Nr 2–4).– **c) Art der Zuständigkeit.** Abs 1 betrifft nur die internationale (5 vor § 1). Sie ist nicht ausschließlich (Abs 1 S 2), sondern konkurrierend; daher können sich im Ausland wohnende Deutsche, auch von ausländischen Ehegatten, dort scheiden lassen. Zur Wirksamkeit im Inland bedürfen solche Scheidungen aber der Anerkennung
4 gem Art 7 § 1 FamR-ÄndG (vorbehaltlich der Anwendung der EheVO). – **d) Prüfung** erfolgt von Amts wegen in jeder Lage des Verfahrens (BGH NJW 03, 426). Maßgebend hierfür ist der Tag, an dem die Rechtshängigkeit eingetreten ist (§ 261 Abs 3 Nr 2 analog; hM; BGH NJW 84, 1305). Die Staatsangehörigkeit ist vom Gericht festzustellen. Bindend hierfür ist nur ein rechtskräftiges Verwaltungsgerichtsurteil. Pass oder Personen-
5 ausweis können im Einzelfall genügen. – **e) Ausländische Rechtshängigkeit** ist wegen § 261 Abs 1 Nr 1 zu beachten, aber nur, wenn die ausländische Entscheidung im Inland anerkannt werden muss oder müsste (Celle NJW-RR 93, 1413; Schumann IPRax 86, 14 mwN). Außerdem muss Identität des Streitgegenstandes bestehen, die bei Scheidung
6 gegenüber Aufhebung oder Trennung nicht gegeben wäre. – **f) Folgesachen** (§ 623) haben grundsätzlich die Zuständigkeit der Ehesache (§ 621 Abs 2 S 1; BGH PRax 01, 454), wenn nicht zwischenstaatliche Abkommen vorgehen, zB für das Sorgerecht das MSA (BGH NJW 84, 1302) oder für den Unterhalt das EuGVÜ/LGVÜ bzw ab 1. 3. 02 die EuGVVO (vgl Art 1 EuGVVO Rn 2, Art 5 EuGVVO Rn 7).

7 **2. Voraussetzungen.** Die internationale Zuständigkeit ist in folgenden Fällen gegeben: – **a) Nr 1. Heimatzuständigkeit.** Deutscher (iS des § 116 Abs 1 GG, vgl Art 9 Abs 2 Nr 5 FamRAndG) muss einer der Ehegatten zZ des Beginns der Rechtshängigkeit (§ 261 Abs 1) gewesen, bis zum Schluss der Letzten mdl Vhdlg geworden (BGH NJW 70, 1007) oder (sog Antrittszuständigkeit) bei Eheschließung gewesen sein. Deutschen gleichgestellt sind heimatlose Ausländer, Flüchtlinge und Asylberechtigte (vgl Palandt Anh II nach Art 5 EGBGB) und EU-Ausländer nach Maßgabe des Art 8 Abs 2 EheVO (dort Rn 3). Eine weitere Staatsangehörigkeit neben der deutschen (bei sog Doppel- oder Mehrstaatern) bleibt stets außer Betracht (BGH NJW 79, 1776 mwN; Spellenberg IPRax 88, 1/4). Gleichgültig ist, wer klagt oder den Antrag

stellt. – **b) Nr 2. Beiderseitiger Inlandsaufenthalt** von (ausländischen) **8**
Ehegatten. Ausschließlich nach deutschem Recht, also wie § 606 Rn 3
zu beurteilen (BayObLG NJW 90, 3099 für Nr 4; Zweibrücken NJW-
RR 99, 948). Es muss aber nicht ein gemeinsamer Aufenthaltsort bestehen oder bestanden haben. Es genügt nicht der einfache Aufenthalt.
In der Praxis werden idR 6 Monate verlangt (hM: ZöGeimer Rn 48
mwN). Für Asylbewerber ist ein längerer Zeitraum erforderlich (vgl
Hamm NJW 90, 651 zu Nr 4). Ein gesicherter Aufenthaltsstatus ist jedoch nicht zu verlangen (Gottwald FamRZ 02, 1343; Nürnberg FamRZ
02, 324 gegen Bremen FamRZ 92, 962). Die Ablehnung des Asylan-
trags oder die Anordnung der Ausreise lässt den gewöhnlichen Aufenthalt nicht entfallen (Nürnberg aaO). – **c) Nr 3. Staatenlose.** Ist das **9**
nur einer der Ehegatten und der andere nicht Deutscher (sonst Rn 7),
so genügt, dass er seinen gewöhnlichen Aufenthalt (wie Rn 8) im Inland hat. – **d) Nr 4. Einseitiger Inlandsaufenthalt** eines der beiden **10**
(ausländischen) Ehegatten. Gewöhnlicher Aufenthaltsort: wie Rn 8, auch
bei einem US-Armeeangehörigen möglich (Zweibrücken NJW-RR
99, 948); nach längerer Zeit auch bei einem Asylbewerber (vgl Rn 8,
Hamm NJW 90, 651; Spickhoff IPRax 90, 225 mwN), aber nicht bei
abgelehntem Asylantrag (Bremen FamRZ 92, 962). Die Zuständigkeit
ist grundsätzlich gegeben, aber ausnahmsweise ausgeschlossen, wenn die
Scheidung offensichtlich (dh ohne nähere Prüfung oder Ermittlung, vgl
hierzu Nürnberg OLGR 01, 167; Spellenberg IPRax 88, 1/7) nach
dem Heimatrecht keines der beiden Ehegatten anerkannt würde (Celle
NJW-RR 93, 1413), insbes wenn danach die Scheidung generell ausgeschlossen oder ausschließlich eigenen Gerichten vorbehalten ist. Bei
Doppel- oder Mehrstaatern muss die Anerkennungsprognose nicht bei
jedem Staat, sondern nur bei dem der effektiven Staatsangehörigkeit
bestehen (Spellenberg aaO 5).

3. Anerkennung ausländischer Entscheidungen (Abs 2) erfolgt **11**
verfahrensrechtlich bei Entscheidungen aus EG-Staaten (mit Ausnahme
Dänemarks) nach der EheVO (vgl Rn 1), sonst gem Art 7 § 1 Fam-
RÄndG. Die materiellrechtlichen Voraussetzungen der Anerkennung
richten sich nach der EheVO (vgl dort), sonst nach § 328. Dessen Abs 1
Nr 1 ist durch Abs 2 abgewandelt; im Übrigen vgl § 328 Rn 24 ff.

§ 607 **Prozessfähigkeit; gesetzliche Vertretung**

(1) **In Ehesachen ist ein in der Geschäftsfähigkeit beschränkter Ehegatte prozeßfähig.**

(2) [1]**Für einen geschäftsunfähigen Ehegatten wird das Verfahren durch den gesetzlichen Vertreter geführt.** [2]**Der gesetzliche Vertreter ist jedoch zur Erhebung der Klage auf Herstellung des ehelichen Lebens nicht befugt; für den Antrag auf
Scheidung oder Aufhebung der Ehe bedarf er der Genehmigung des Vormundschaftsgerichts.**

1   Beschränkt Geschäftsfähige (Abs 1): § 106 BGB. **Prozessfähig-**
2 **keit:** § 52. **Geschäftsunfähige** (Abs 2): § 104 BGB. **Gesetzliche Ver-**
   tretung: § 51 Rn 3–5. Der gesetzliche Vertreter kann den Scheidungsantrag des prozessunfähigen Ehegatten genehmigen (Hamm FamRZ
   90, 166). § 53 bleibt anwendbar (BGH 41, 303; bestr).

§ 608 Anzuwendende Vorschriften

**Für Ehesachen gelten im ersten Rechtszug die Vorschriften
über das Verfahren vor den Landgerichten entsprechend.**

1   **Ehesachen:** Vorbem 2–6 vor § 606. Verfahren vor den LGen: §§ 253–
494. Dass nur entspr anzuwenden ist, beruht darauf, dass das Verfahren vor dem AG (Familiengericht) stattfindet. § 608 bewirkt, dass die
§§ 495–510 b, die sonst anzuwenden wären, ausgeschlossen sind. Die
Spezialregelungen der §§ 607 ff gehen vor. Es gilt grundsätzlich das
1. Buch (§§ 1–252).

§ 609 Besondere Prozessvollmacht

**Der Bevollmächtigte bedarf einer besonderen, auf das Ver-
fahren gerichteten Vollmacht.**

1   **Anwendbar** für alle Parteien in allen Ehesachen. Erteilung und Nach-
2 weis: wie § 80. **Inhalt:** Die Vollmacht muss die Parteien (Namen) und
   die Art der Klage erkennen lassen, nämlich welche Ehesache (Vorbem
3 2–6 vor § 606) sie betrifft. **Prüfung:** Es gelten iü die §§ 80–89, insbes
   auch § 88, so dass nicht von Amts wegen geprüft wird (hM; Hamm
   NJW 79, 2316 mwN), weil ein Anwaltsprozess vorliegt (§ 78 Abs 2 Nr 1).
4 **Umfang** der Vollmacht für eine Scheidung: § 624 Abs 1. Sie umfasst
   die Verfahren des § 620.

§ 610 Verbindung von Verfahren; Widerklage

(1) **Die Verfahren auf Herstellung des ehelichen Lebens, auf
Scheidung und auf Aufhebung können miteinander verbunden
werden.**

(2) ¹**Die Verbindung eines anderen Verfahrens mit den erwähnten Verfahren, insbesondere durch die Erhebung einer Widerklage anderer Art, ist unstatthaft.** ² § 623 bleibt unberührt.

1   **1. Allgemeines.** § 610 ist zwingend, von Amts wegen zu beachten.
§ 295 ist unanwendbar. Verfahren auf Herstellung, Scheidung und
Aufhebung: 6, 2, 3 vor § 606. Eine Verbindung der Verfahren des
Abs 1 ist nur im Hilfsverhältnis (§ 260 Rn 8) sinnvoll (insbes primär
Aufhebung, hilfsweise Scheidung, auch noch im zweiten Rechtszug,
Köln NJW-RR 99, 1595) da Voraussetzungen und Ziele sich zT ge-
genseitig ausschließen. Aufhebung geht der Scheidung stets vor (§ 631
Abs 2 S 3). Teilurteil über das vorrangige Begehren ist zulässig (ZöPhilippi
12; umstr).

2. Verbindung (Abs 1). Von vorneherein durch Antragsteller oder 2
Kläger im Wege des § 260 oder nachträglich durch das Gericht (§ 147).
Sie ist zulässig nur gem Abs 1 und soweit gem § 623 eine Verbindung
zulässig ist (Abs 2 S 2). Das gilt auch, wenn im Wege der Widerklage
und des Gegen- oder Anschlussantrags verbunden wird.

3. Verbindungsverbot (Abs 2 S 1). Es betrifft alle anderen (nicht in 3
Rn 2 aufgeführten) Verfahren, auch wenn sie, was §§ 147, 260 sowieso
voraussetzen, in der gleichen Verfahrensart eingeleitet werden oder
bereits sind. Das gilt insbes für Widerklagen oder Gegenanträge, soweit
sie nicht den Gegenstand des Abs 1 oder Abs 2 S 2 (Rn 2) haben. Stellen die Ehegatten wechselseitig Anträge in Verfahren nach Abs 1, so ist
nur ein Verfahren zu führen, soweit der Streitgegenstand identisch ist.
Unzulässig gem § 260 verbundene Verfahren sind zu trennen (§ 145),
Widerklagen als unzulässig (unstatthaft) abzuweisen (§ 33 Rn 27). Verbund bei Scheidungs- und Folgesachen (§ 623) geht vor (Abs 2 S 2).

**§ 611 Neues Vorbringen; Ausschluss des schriftlichen Vorver-
fahrens**

(1) **Bis zum Schluß der mündlichen Verhandlung, auf die das
Urteil ergeht, können andere Gründe, als in dem das Verfahren
einleitenden Schriftsatz vorgebracht worden sind, geltend gemacht werden.**

(2) **Die Vorschriften des § 275 Abs. 1 Satz 1, Abs. 3, 4 und
des § 276 sind nicht anzuwenden.**

1. Allgemeines. a) Zweck: Soll Einheitlichkeit der Entscheidung 1
gewährleisten (Karlsruhe FamRZ 99, 454). – **b) Anwendbar** in allen
Ehesachen (2–6 vor § 606), soweit es das uneingeschränkte neue Tatsachenvorbringen betrifft. Daher unanwendbar in der Revision (§ 561).
– **c) Klageänderung,** insbes durch Antragsänderung, ist unter den Voraussetzungen des § 263 stets zulässig und durch § 611 erweitert zugelassen, auch in der Berufungsinstanz (Köln FamRZ 00, 820), auch im
Verhältnis Herstellungsklage und Aufhebungsantrag sowie Scheidungsantrag zu Feststellungsklage auf Bestehen oder Nichtbestehen der Ehe
(hM). Verbindung bleibt wegen § 610 Abs 1 ausgeschlossen.

2. Andere Klagegründe (Abs 1) bedeutet: – **a) Neues Tatsachen-** 3
vorbringen (auch rechtlich qualifiziertes), das in der Klage- oder Antragsschrift noch nicht enthalten war, ist grundsätzlich zulässig bis zum
spätesten Zeitpunkt gem § 296 a. Es muss berücksichtigt werden, soweit
ihm nicht § 615 entgegensteht. – **b) Antrags- und Klageänderung** 4
(auch Widerklage und Anschluss- oder Gegenantrag) im Rahmen des
§ 610 Abs 1 und § 632 Abs 2 sind wegen § 611 stets auch ohne die Voraussetzungen des § 263 zulässig. Das gilt auch für die Berufungsinstanz
(Karlsruhe FamRZ 99, 454). Bei einverständlicher Scheidung: § 630 Rn 4.

3. Terminsvorbereitung (Abs 2). Klageerwiderungsfrist (§ 275 Abs 1 5
S 1) und schriftliches Vorverfahren (§ 276) sind in Ehesachen und im

Verbund (§ 623) ausgeschlossen. Auch § 275 Abs 3, 4 passt nicht zu Abs 1. Aus Abs 2 ist zu folgern, dass auch alle anderen Vorschriften, die ihrerseits § 275 Abs 3, 4, § 276 voraussetzen, unanwendbar sind. § 282 ist nicht ausgeschlossen. Zurückweisung von Angriffs- und Verteidigungsmitteln ist nur gem § 615 zulässig.

§ 612 Termine; Ladungen; Versäumnisurteil

(1) **Die Vorschrift des § 272 Abs. 3 ist nicht anzuwenden.**

(2) **Der Beklagte ist zu jedem Termin, der nicht in seiner Gegenwart anberaumt wurde, zu laden.**

(3) **Die Vorschrift des Absatzes 2 ist nicht anzuwenden, wenn der Beklagte durch öffentliche Zustellung geladen, aber nicht erschienen ist.**

(4) **Ein Versäumnisurteil gegen den Beklagten ist unzulässig.**

(5) **Die Vorschriften der Absätze 2 bis 4 sind auf den Widerbeklagten entsprechend anzuwenden.**

1   **a) Anwendbar** in allen Ehesachen (2–6 vor § 606). Im Scheidungs- und Aufhebungsverfahren ist statt Kläger Antragsteller, statt Beklagter Antragsgegner, statt Widerbeklagter (Abs 5) Anschlussantragsgegner zu
2   lesen (§ 622 Abs 3, § 631 Abs 2 S 2). – **b) Terminsbestimmung** (Abs 1). Weil § 272 Abs 3 nicht anzuwenden ist, muss lediglich in einem angemessenen Zeitraum terminiert werden. § 216 Abs 2 gilt. –
3   **c) Ladung** (Abs 2). Dass sie vorzunehmen ist, stellt eine Ausnahme zu § 218 dar. Dies gilt nur für den Beklagten (Antragsgegner) und Widerbeklagten (Abs 5; Anschlussantragsgegner). Wenn der Kläger (Antragsteller) nicht anwesend war, kann Ladung wegen § 218 unterbleiben. Das ist selbstverständlich auf die ProzBev der Parteien zu beziehen. –
4   **d) Öffentliche Zustellung** (Abs 3). Sie muss ordnungsgemäß gewesen sein, daher den §§ 185–188 entsprechen. Nur dann darf die Ladung (Rn 3) unterbleiben.

5   **2. Säumnis des Beklagten** (Antragsgegners, Widerbeklagten oder Anschlussantragsgegners). Es gilt Abs 4, ggf in Verbindung mit Abs 5. –
6   **a) Erste Instanz.** Ein Versäumnisurteil (§§ 331, 331 a) ist ohne Ausnahme ausgeschlossen (Abs 4). Es findet einseitige mdl Vhdlg mit dem Kläger statt. Das darauf ergehende Urteil ist streitig und kann je nach
7   Sachlage auch abweichenden Inhalt haben. – **b) Berufung.** Ist sie unzulässig, wird verworfen (§ 522 Abs 1 S 2). Ist sie zulässig und der Beklagte Berufungskläger, kann gegen ihn Versäumnisurteil auf Zurückweisung der Berufung (§ 539 Abs 1) ergehen (hM; Hamm FamRZ 82, 295; Karlsruhe FamRZ 85, 505; StJSchlosser 12). Ist er Berufungsbeklagter, so ist ein Versäumnisurteil gegen ihn ausgeschlossen (Abs 4; § 539
8   Abs 3) und nach Rn 3 oder 6 zu verfahren. – **c) Revision:** wie Rn 7 (§ 555 Rn 2–5), so dass auch durch Versäumnisurteil die Revision des Beklagten zurückgewiesen werden kann.

3. Säumnis des Klägers (Antragstellers, Widerklägers oder Anschluss- 9
antragstellers). – **a) Erste Instanz.** Es gelten §§ 330, 331 a, bei Feststellungsklage auf Bestehen oder Nichtbestehen der Ehe aber § 632 Abs 4.
Es kann also in Scheidungs-, Aufhebungs- und Herstellungsverfahren
bei Vorliegen der Voraussetzungen die Klage oder der Antrag durch
Versäumnisurteil abgewiesen werden (Hamm NJW 86, 2061). Das gilt
in Scheidungs- und Aufhebungssachen aber nicht bei Säumnis des An-
schlussantragstellers oder -gegners, denn sonst würde der Grundsatz der
Entscheidungskonzentration (§ 629) verletzt werden; in diesen Fällen ist
wie bei Rn 6 zu verfahren. Das Versäumnisurteil gegen den Kläger
ist allein mit Einspruch anfechtbar (§ 338). – **b) Berufung.** Ist sie un- 10
zulässig, wird sie verworfen (§ 522 Abs 1 S 2). Ist sie zulässig und der
Kläger Berufungskläger, so wird die Berufung durch Versäumnisurteil
zurückgewiesen (§ 539 Abs 1). Ist er Berufungsbeklagter, gilt § 539
Abs 2, so dass ein Versäumnisurteil ergehen kann, dem Abs 4 sowieso
nicht entgegensteht, auf Grund alten, nach § 617 behandelten Vorbringens auf jeden Fall (StJSchlosser 13; aA Prütting ZZP 91, 207: kein VU
sondern streitiges Urteil), zweifelhaft, ob auch auf Grund neuen Vorbringens (bejahend BGH NJW 55, 748). – **c) Revision:** grundsätzlich 11
wie Rn 10. Ist der Kläger Revisionsbeklagter, so ist nach § 555 Rn 2–5
zu verfahren. Versäumnisurteil ist also möglich.

4. Säumnis beider Parteien. Es wird nach § 251 a verfahren; auch 12
im höheren Rechtszug (§§ 525, 555).

§ 613 Persönliches Erscheinen der Ehegatten; Parteiverneh-
mung

(1) ¹Das Gericht soll das persönliche Erscheinen der Ehegatten anordnen und sie anhören; es kann sie als Parteien vernehmen. ²Sind gemeinschaftliche minderjährige Kinder vorhanden, hört das Gericht die Ehegatten auch zur elterlichen Sorge
an und weist auf bestehende Möglichkeiten der Beratung durch
die Beratungsstellen und Dienste der Träger der Jugendhilfe
hin. ³Ist ein Ehegatte am Erscheinen vor dem Prozeßgericht
verhindert oder hält er sich in so großer Entfernung von dessen
Sitz auf, daß ihm das Erscheinen nicht zugemutet werden kann,
so kann er durch einen ersuchten Richter angehört oder vernommen werden.

(2) Gegen einen zur Anhörung oder zur Vernehmung nicht
erschienenen Ehegatten ist wie gegen einen im Vernehmungstermin nicht erschienenen Zeugen zu verfahren; auf Ordnungshaft darf nicht erkannt werden.

1. Allgemeines. – a) Anwendbar in allen Ehesachen (2–6 vor 1
§ 606) und nur bei mdl Vhdlg; auch wenn die Partei nicht durch einen
RA vertreten ist oder im Ausland lebt (Hamm NJW 89, 2203 mit
Anm Geimer). Keine entspr Anwendung auf andere Familiensachen. –

2 **b) Zweck.** § 613 ergänzt und ändert die §§ 141, 448, um eine bessere
Aufklärung von Amts wegen (Untersuchungsgrundsatz, § 616) zu ermöglichen. Verletzung der Vorschrift stellt schwerwiegenden Verfah-
3 rensverstoß dar (Hamm FamRZ 00, 898). − **c) Anordnung:** durch das
Gericht mit Beschluss in mdl Vhdlg oder Verfügung gem § 273 Abs 2
Nr 3. Sie soll idR ergehen, nur ausnahmsweise aus besonderen Gründen unterbleiben (Abs 1 S 1), zB bei unbekanntem oder Auslandsaufenthalt, ohne dass Rechtshilfe möglich ist (ZöPhilippi 4).

4   **2. Anhörung zur Ehesache** (Abs 1 S 1 Hs 1) erfolgt im Rahmen des § 141 (Brandenburg FamRZ 00, 897), ist keine Beweisaufnahme und von der Parteivernehmung (Rn 5) zu unterscheiden. Sie
soll in aller Regel vorgenommen werden (wie Rn 3) und entfällt auch
nicht bei Auslandsaufenthalt einer Partei (Hamm FamRZ 00, 898). Sie
bietet Gelegenheit für den Hinweis nach § 625 Abs 1 S 2. Die Anhörung ist nicht auf bisher vorgetragene Tatsachen beschränkt. Die
Anhörung kann, muss aber nicht gemeinsam erfolgen (Brandenburg
MDR 00, 585). Die Partei muss sich nicht äußern (allgM; vgl Hamburg MDR 97, 596 mit Anm E. Schneider 781). Erscheint sie im Termin nicht, kann ihre Anhörung im Einzelfall unterbleiben und die Ehe
kann ohne Anhörung geschieden werden (Hamm FamRZ 98, 1123).
Dass Anhörung stattgefunden hat, ist gem § 160 Abs 2 zu protokollieren. Der Inhalt der Parteierklärungen ist aufzunehmen, soweit nach
§ 160 Abs 4 Anlass besteht, iü nach dem Ermessen des Gerichts. Die
Erklärungen der Ehegatten können (wie ihr Schweigen) für § 286 verwertet werden. Die Anhörung ist kein Verhandeln iS des § 269 Abs 1
(Köln FamRZ 85, 1060). Die persönliche Anhörung löst eine Beweisgebühr nach § 31 Abs 1 Nr 3 BRAGO aus (Stuttgart FamRZ 01,
695).

5   **3. Parteivernehmung** (Abs 1 S 1 Hs 2) eines oder beider Ehegatten
gem §§ 445–455, von der Anhörung (Rn 4) zu unterscheiden. Sie ist
Beweisaufnahme und muss sich auf bestimmte, beweisbedürftige Tatsachen beziehen. Sie ist nur (durch Beschluss) anzuordnen, wenn es für
die Entscheidung auf diese Tatsache ankommt. Abs 1 S 1 Hs 2 gestattet
die Parteivernehmung von Amts wegen nach Ermessen des Gerichts
und geht dem § 448 vor. Parteivernehmung auf Antrag (§§ 445–447)
wird dadurch nicht ausgeschlossen; durchzuführen nach § 451. Beeidigung (§ 452) ist möglich. Protokollierung: § 160 Abs 3 Nr 4.

6   **4. Anhörung zur elterlichen Sorge** (Abs 1 S 2) dient der Aufklärung der Eltern über die rechtliche Gestaltung der elterlichen Sorge
(§§ 1671, 1672 BGB) und die Beratungsmöglichkeiten des § 17 KJHG
(Art 1 SGB VIII). Anhörung und Hinweise sind zwingend vorgeschrieben. Rn 4 gilt iü entspr. Die Anhörung löst nur dann eine Beweisgebühr nach § 31 Abs 1 Nr 3 BRAGO aus, wenn ein Sorgerechtsverfahren auf Antrag oder von Amts wegen eingeleitet wurde (hM; Nürnberg
FamRZ 02, 1206; Frankfurt FamRZ 01, 506 mwN; Koblenz (15. Zs)
FamRZ 01, 1389; Maurer FamRZ 01, 508; aA Koblenz (13. Zs)

FamRZ 01, 1390). Zur zweckmäßigen Durchführung der Kindesanhörung als Folge: Bergmann/Gutdeutsch FamRZ 99, 422.

5. Verhinderung der Partei (Abs 1 S 3). Bezieht sich auf das per- 7
sönliche Erscheinen vor dem Prozessgericht. Verhinderung: wie § 375
Abs 1 Nr 2. Große Entfernung: wie § 375 Abs 1 Nr 3, jedoch ist bei
§ 613 auf Zumutbarkeit abzustellen, die wegen der großen persönlichen Bedeutung der Ehesachen für beide Ehegatten nur in Ausnahmefällen nahelegt, das Erscheinen für unzumutbar anzusehen. Für ersuchte
Richter (§§ 451, 375) gelten §§ 156 ff GVG. Eine Anhörung (Rn 4)
erfordert nicht, dass das Prozessgericht aufzuklärende Tatsachen bezeichnet (KG OLGZ 90, 379).

6. Ausbleiben eines Ehegatten (Abs 2), dessen persönliches Er- 8
scheinen angeordnet ist (Rn 3). Gilt nur bei Nichterscheinen, nicht
wenn nur die Erklärung (Rn 4) oder Aussage (Rn 5) verweigert wird
(Hamburg MDR 97, 596 mit Anm E. Schneider 781). Durch die Verweisung auf Zeugen (Abs 2 Hs 1) gelten §§ 380, 381. Wegen der Bedeutung der Anhörung (Rn 2) sind an eine Entschuldigung strenge
Anforderungen zu stellen, so dass bei unentschuldigtem Ausbleiben idR
ein Ordnungsgeld zu verhängen ist (Brandenburg MDR 00, 585); jedoch darf nicht, auch nicht ersatzweise auf Ordnungshaft erkannt werden (Abs 2 Hs 2). Vorführung (§ 380 Abs 2) ist zulässig. Beim ersuchten Richter gilt § 400.

§ 614 Aussetzung des Verfahrens

(1) **Das Gericht soll das Verfahren auf Herstellung des ehelichen Lebens von Amts wegen aussetzen, wenn es zur gütlichen Beilegung des Verfahrens zweckmäßig ist.**

(2) ¹**Das Verfahren auf Scheidung soll das Gericht von Amts wegen aussetzen, wenn nach seiner freien Überzeugung Aussicht auf Fortsetzung der Ehe besteht.** ²**Leben die Ehegatten länger als ein Jahr getrennt, so darf das Verfahren nicht gegen den Widerspruch beider Ehegatten ausgesetzt werden.**

(3) **Hat der Kläger die Aussetzung des Verfahrens beantragt, so darf das Gericht über die Herstellungsklage nicht entscheiden oder auf Scheidung nicht erkennen, bevor das Verfahren ausgesetzt war.**

(4) ¹**Die Aussetzung darf nur einmal wiederholt werden.** ²**Sie darf insgesamt die Dauer von einem Jahr, bei einer mehr als dreijährigen Trennung die Dauer von sechs Monaten nicht überschreiten.**

(5) **Mit der Aussetzung soll das Gericht in der Regel den Ehegatten nahelegen, eine Eheberatungsstelle in Anspruch zu nehmen.**

1. Allgemeines. – a) Anwendbar: in allen Rechtszügen, die Abs 1, 1
3–5 nur bei Herstellungsklagen (Vorbem 6 vor § 606), die Abs 2–5 nur

bei Scheidungsanträgen (Vorbem 2 vor § 606). Es genügt nicht, dass der Scheidungsantrag nur hilfsweise nach dem Aufhebungsantrag gestellt wird. Die §§ 148–155, 246–251 gelten außerdem. Die Vorschrift dürfte ggü § 278 Abs 2 lex specialis sein (Schollmeyer FamRB 02, 21).

2   – **b) Umfang.** Die Aussetzung umfasst den gesamten Rechtsstreit ein-
3   schließlich der Folgesachen (§ 623 Abs 1 S 1). – **c) Wirkung** der Aussetzung: § 249; insbes gilt dessen Abs 1. Sie endet mit Ablauf der angeordneten Frist (Rn 7) von selbst. Termin wird dann von Amts wegen bestimmt (§ 216). Anordnungen gem § 620 bleiben zulässig (StJSchlosser
4   15). – **d) Verbotene Endentscheidung.** Hat der Kläger (Antragsteller) die Aussetzung beantragt (Rn 8, 10), darf ohne vorangegangene Aussetzung nur Endurteil ergehen, in dem der Scheidungsantrag abge-
5   wiesen wird. – **e) Eheberatungsstelle** (Abs 5). Die Inanspruchnahme sollte, muss aber nicht im Aussetzungsbeschluss nahegelegt werden.
6   Nicht erzwingbar. – **f) Anordnung des Ruhens** (§§ 251, 251 a) wird durch § 614 nicht ausgeschlossen (Karlsruhe NJW 78, 1388). Dies kann für den Zweck des § 614 (vgl Abs 2 S 1) großzügig gehandhabt werden (Frankfurt FamRZ 78, 919). Die Anordnung ist aber nicht zulässig, wenn Aussetzung nach § 614 beantragt ist und der Antragsteller sichtlich darauf vertraut, es werde nach § 614 verfahren (KG FamRZ 81, 582).

7   **2. Anordnung.** Es gilt grundsätzlich § 248 Rn 2. Bei nicht verkündeten Beschlüssen genügt formlose Mitteilung gem § 329 Abs 2 S 1. Angeordnet wird auf Antrag des Klägers (Antragstellers) wie des Beklagten (Antragsgegners) oder von Amts wegen (Abs 1, 2), auch schon vor der mdl Vhdlg, aber idR nur veranlasst, wenn der Kläger (Antragsteller) es beantragt oder anregt. Es ist eine bestimmte Dauer der Aussetzung anzugeben. Hierbei sind die (uneigentlichen) Fristen des Abs 4 S 2 zu beachten (Rn 13). Wiederholung einer Aussetzung ist auch im Anschluss an die Erste zulässig, aber nur einmal (Abs 4 S 1). Eine Fristverlängerung steht wiederholter Aussetzung gleich.

8   **3. Voraussetzungen bei Herstellungsklage** (13 vor § 606). – **a) Auf Antrag** des Klägers sollte, falls kein Rechtsmissbrauch vorliegt (Bamberg FamRZ 84, 897), ohne weiteres ausgesetzt werden (Abs 3), auch
9   wiederholt (dies wegen Abs 4 S 1 nur einmal) mit Bindung an Höchstdauer (Rn 13). – **b) Von Amts wegen** (Abs 1) nur, wenn es zur gütlichen Beilegung zweckmäßig erscheint. Das ist nach pflichtgemäßem Ermessen zu entscheiden und erfordert eine auf Tatsachen beruhende konkrete Aussicht. Die Aussetzung kann einmal wiederholt werden, wenn das erste Mal auf Antrag ausgesetzt wurde.

10   **4. Voraussetzungen bei Scheidungsantrag** (9 vor § 606). – **a) Auf Antrag** desjenigen Ehegatten, der Scheidung begehrt (Abs 3): wie Rn 8. Haben beide Ehegatten Scheidung beantragt, ist Aussetzungsan-
11   trag beider erforderlich. – **b) Von Amts wegen** (Abs 2). Von der Aussicht auf Heilung der Ehe muss das Gericht überzeugt sein (Düsseldorf FamRZ 78, 609). Es kann sich diese Überzeugung frei bilden, ohne

irgendwelche Mittel des Beweises oder der Glaubhaftmachung, insbes auf Grund des Parteivorbringens und des Verhaltens der Ehegatten bei der persönlichen Anhörung; iü wie Rn 9. Aussicht auf Heilung kann auch noch nach dreijährigem Getrenntleben trotz § 1566 Abs 2 BGB bestehen (vgl Abs 4). – **c) Verbotene Aussetzung** (Abs 2 S 2). Der **12** Widerspruch (Prozesshandlung, Einl III) nur eines der Ehegatten genügt nicht. Getrenntleben: § 1567 BGB. Der Grund für das Aussetzungsverbot ist, dass die Ehe dann in unwiderlegbarer Vermutung gescheitert ist, wenn beide Ehegatten Scheidung beantragen oder der Antragsgegner zustimmt (§ 1566 Abs 1 BGB).

5. Höchstdauer (Abs 4). Die Berechnung der (uneigentlichen) **13** Fristen erfolgt nach § 222. Bei wiederholter Aussetzung muss zusammengerechnet werden. Es kommt auf die tatsächliche, nicht auf die angeordnete Dauer an (Rn 7), wenn die Aussetzung früher endet. Für die Höchstdauer bei dreijähriger Trennung ist auf den Zeitpunkt der Aussetzungsanordnung abzustellen.

6. Aufhebung des Aussetzungsbeschlusses vor Ablauf der darin be- **14** stimmten Dauer ist möglich (§ 150): wenn von Amts wegen ausgesetzt war (Rn 9, 11), bei veränderter Sachlage; wenn auf Antrag geschehen (Rn 8, 10), nur auf Antrag des Klägers (Antragstellers); wenn der Antrag von beiden die Scheidung begehrenden Ehegatten ausgegangen ist (Rn 10), schon auf Antrag eines von beiden.

7. Rechtsmittel. Gegen die Aussetzungsanordnung findet sofortige **15** Beschwerde statt (§ 252). Die Rechtsmittel sind nur bei Beschwer zulässig. Sie fehlt bei Aussetzung dem, der keinen Scheidungsantrag stellt (Hamm FamRZ 98, 1607).

§ 615 Zurückweisung von Angriffs- und Verteidigungsmitteln

(1) **Angriffs- und Verteidigungsmittel, die nicht rechtzeitig vorgebracht werden, können zurückgewiesen werden, wenn ihre Zulassung nach der freien Überzeugung des Gerichts die Erledigung des Rechtsstreits verzögern würde und die Verspätung auf grober Nachlässigkeit beruht.**

(2) **Im Übrigen sind die Angriffs- und Verteidigungsmittel abweichend von den allgemeinen Vorschriften zuzulassen.**

1. Allgemeines. Stellt eine Sonderregelung für nachträgliches Vor- **1** bringen von Angriffs- und Verteidigungsmitteln dar, für den ersten Rechtszug gegenüber § 296, für die Berufungsinstanz gegenüber §§ 530, 531 (Abs 2). – **a) Anwendbar** ist Abs 1 in allen Ehesachen (Vorbem **2** 2–6 vor § 606) und in allen Rechtszügen (§§ 525, 555). In der Revision ist § 615 wegen § 559 von vornherein eingeschränkt. § 615 gilt nicht für die Folgesachen (§ 623 Abs 1 S 1). – **b) Zweck.** Da das Ehe- **3** verfahren als solches nicht dem Ziel einer Beschleunigung unterliegt, wird die Präklusion eingeschränkt und den besonderen Bedürfnissen

4 des Eheverfahrens angepasst. – **c) Verhältnis zu anderen Vorschriften.** § 616 geht vor und gestattet, auch Vorbringen, das nach § 615 auszuschließen wäre, zu berücksichtigen. § 282 ist anwendbar.

5 **2. Voraussetzungen einer Zurückweisung** (Abs 1). Liegen sie vor, so steht die Zurückweisung im Ermessen des Gerichts („können"; hierzu Völker MDR 01, 1325/1326); geschieht in den Urteilsgründen. Angriffs- und Verteidigungsmittel: § 146 Rn 2. Nicht rechtzeitig vorgebracht: § 296 Rn 21–26. Verzögerung infolge Zulassung: § 296 Rn 12; nach freier Überzeugung (§ 287 Rn 10) zu beurteilen. Grobe Nachlässigkeit als Ursache: § 296 Rn 37.

§ 616 Untersuchungsgrundsatz

(1) **Das Gericht kann auch von Amtswegen die Aufnahme von Beweisen anordnen und nach Anhörung der Ehegatten auch solche Tatsachen berücksichtigen, die von ihnen nicht vorgebracht sind.**

(2) **Im Verfahren auf Scheidung oder Aufhebung der Ehe oder auf Herstellung des ehelichen Lebens kann das Gericht gegen den Widerspruch des die Auflösung der Ehe begehrenden oder ihre Herstellung verweigernden Ehegatten Tatsachen, die nicht vorgebracht sind, nur insoweit berücksichtigen, als sie geeignet sind, der Aufrechterhaltung der Ehe zu dienen.**

(3) **Im Verfahren auf Scheidung kann das Gericht außergewöhnliche Umstände nach § 1568 des Bürgerlichen Gesetzbuchs nur berücksichtigen, wenn sie von dem Ehegatten, der die Scheidung ablehnt, vorgebracht sind.**

1 **1. Allgemeines.** Anwendbar in allen Ehesachen (Vorbem 2–6 vor § 606) im ersten Rechtszug, in der Berufung lediglich eingeschränkt durch §§ 528, 529, in der Revision wegen § 559 nicht. Rechtliches Gehör (Einl I Rn 10) ist für die von Amts wegen herangezogenen Tatsachen beiden Parteien zu gewähren. Eine Beweisaufnahme richtet sich iü nach allgemeinen Regeln. Die Beweislast wird durch § 616 nicht berührt.

2 **2. Untersuchungsgrundsatz** (Abs 1). Er gilt nur im Rahmen der Anträge (§ 308 Abs 1) und des Streitgegenstands (Einl II), wobei der Gesetzgeber von der Amtsermittlung als Leitmaxime des Eheverfahrens

3 ausgeht. – **a) Tatsachen:** nur diejenigen, aber auch alle, welche die Parteien nicht vorgebracht haben und von denen das Gericht, zB bei der Anhörung (§ 613 Rn 4), Kenntnis erlangt hat. Ihre Berücksichtigung steht im Ermessen des Gerichts. Sie müssen vom Gericht zum

4 Gegenstand der Vhdlg gemacht und nach § 286 erwiesen sein. – **b) Beweis** kann nach Ermessen des Gerichts von Amts wegen erhoben werden, auch ohne Beweisangebot und in dem Umfang, wie es das Gericht für erforderlich hält.

5 **3. Einschränkung** des Untersuchungsgrundsatzes (Abs 2) gilt nur in den Scheidungs-, Aufhebungs- und Herstellungsverfahren (Vorbem 2,

3, 6 vor § 606). Voraussetzungen sind: – **a) Widerspruch** (Prozesshand- 6
lung, Einl III) derjenigen Partei, die an der Ehe nicht festhalten will.
Kann schon in der Behauptung von Tatsachen liegen, die mit ehe-
feindlichen Tatsachen unvereinbar sind. Ohne einen Widerspruch ist das
Gericht frei. – **b) Ehefeindliche Tatsachen** dürfen vom Gericht nicht 7
berücksichtigt werden, soweit sich der Widerspruch (Rn 6) darauf bezieht. – **c) Beweise** sind in Abs 2 zwar nicht ausdrücklich genannt; jedoch gebietet der Zweck des § 616 über ehefeindliche Tatsachen keinen Beweis von Amts wegen zu erheben (allgM).

4. Ausschluss des Untersuchungsgrundsatzes (Abs 3). In Schei- 8
dungssachen (Vorbem 2 vor § 606) ist der Abs 1 für alle Tatsachen zur
Härteklausel (§ 1568 Abs 1 2. Alt BGB) ausgeschlossen, jedoch nicht
für die Kinderschutzklausel (1. Alt). Es soll dem Antragsgegner bei ge-
scheiterter Ehe überlassen sein, an ihr auf Grund der Härteklausel
(§ 1568 BGB) festzuhalten. Belehrung der Partei durch RA und Gericht wird erwartet.

§ 617 Einschränkung der Parteiherrschaft

**Die Vorschriften über die Wirkung eines Anerkenntnisses,
über die Folgen der unterbliebenen oder verweigerten Erklärung über Tatsachen oder über die Echtheit von Urkunden, die
Vorschriften über den Verzicht der Partei auf die Beeidigung
der Gegenpartei oder von Zeugen und Sachverständigen und
die Vorschriften über die Wirkung eines gerichtlichen Geständnisses sind nicht anzuwenden.**

1. Allgemeines. Anwendbar in allen Ehesachen (Vorbem 2–6 vor 1
§ 606) und in allen Rechtszügen, soweit nicht § 559 entgegensteht.
§ 617 verbietet nur die Anwendung der in Rn 2–7 aufgeführten Vorschriften. Anwendbar bleiben insbes die in Rn 8 zusammengestellten.
§ 617 gebietet nicht, Urteile nur nach Beweiserhebung zu erlassen. Im
Rahmen des § 616 kann das (auch fingierte) Geständnis von Tatsachen
gem § 286 gewürdigt und die Tatsache für erwiesen erachtet werden.

2. Unanwendbar sind: – **a) Anerkenntniswirkung.** Nur ein An- 2
erkenntnisurteil (§ 307) und das Anerkenntnis als alleinige Urteilsgrundlage entfällt (Brandenburg MDR 00, 1380). Ein abgegebenes Anerkenntnis wird nach § 286 gewürdigt. – **b) Unterlassene Parteier-** 3
klärungen (§ 138): gleich ob verweigert oder nur unterblieben. Fiktion von Geständnis (§ 138 Abs 3) oder Echtheit (§ 439) entfällt. Folge:
§ 286. – **c) Beeidigungsverzicht** für Gegenpartei (§ 452 Abs 3), Zeugen 4
(§ 391) und Sachverständige (§ 410). Vereidigung steht daher allein im
Ermessen des Gerichts. – **d) Geständniswirkungen.** Es muss sich nicht 5
deshalb der Beweis erübrigen; denn § 288 gilt nicht (vgl Rn 1). Beweis
kann, muss aber nicht erhoben werden. Widerruf ist entgegen § 290
frei. Geständnis und Widerruf sind nach § 286 zu würdigen. – **e) Pro-** 6
zessvergleiche (§ 794 Abs 1 Nr 1) über den Streitgegenstand der

Ehesache sind grundsätzlich ausgeschlossen, aber nicht, soweit sie Rücknahme von Klage oder Rechtsmittel, Erledigterklärungen, eine vergleichsweise Aussöhnung oder Zustimmung zur Scheidung zum Inhalt
7 haben (StJSchlosser 6). – **f) Materiell-rechtlicher Verzicht** auf Scheidung ist nur insoweit wirksam, als das Scheidungsrecht aus einem bereits entstandenen Scheidungsgrund erlischt, aber aus neuen Tatsachen die Scheidung zulässig ist (hM; BGH NJW 86, 2047 mwN).

8   **3. Anwendbar** oder zulässig (von § 617 unberührt) bleiben insbes: Behauptungs- und Beweislast (17 ff vor § 284), Bindung an Anträge (§§ 308, 528), Verzicht auf Klageanspruch (§ 306), Antrag oder Rechtsmittel nach Verkündung des Urteils; Erledigterklärung der Hauptsache, übereinstimmend (§ 91 a Abs 1) oder einseitig (§ 91 a Rn 31, 32).

§ 618 Zustellung von Urteilen
§ 317 Abs. 1 Satz 3 gilt nicht für Urteile in Ehesachen.

1   Die Zustellung der Urteile findet von Amts wegen statt. Es gilt § 317; nur dessen Abs 1 S 3 ist ausgeschlossen, weil der Zweck dieser Vorschrift (den Parteien Zeit zu Vergleichsverhandlungen zu geben) hier nicht zutrifft (§ 617 Rn 6). Für andere Familiensachen gilt § 621 c.

§ 619 Tod eines Ehegatten
Stirbt einer der Ehegatten, bevor das Urteil rechtskräftig ist, so ist das Verfahren in der Hauptsache als erledigt anzusehen.

1   **1. Allgemeines. – a) Anwendbar** in allen Ehesachen (Vorbem 2–6 vor § 606) und in allen Rechtszügen. Bei Wiederaufnahmeklagen gilt
2 § 619 nur für diese. – **b) Voraussetzung:** Tod einer Partei während der Rechtshängigkeit (§ 261). Ist von Amts wegen zu berücksichtigen.

3   **2. Wirkung.** Es ist zu unterscheiden: – **a) Tod vor Rechtshängigkeit** (§ 261 Abs 1), dh vor Zustellung der Klage oder des Antrags (§ 253 Abs 1). Die Klage oder der Antrag ist wegen Nichtexistenz der Partei unzulässig (§ 50 Rn 13) und muss abgewiesen werden, wenn nicht
4 Rücknahme erklärt wird. – **b) Tod nach Rechtshängigkeit.** Das Verfahren wird unterbrochen (§ 239) oder gem § 246 ausgesetzt, wenn die verstorbene Partei vertreten war (BGH NJW 81, 686). Es gilt § 249 (ZöPhilippi 3). Mit dem Tod des Ehegatten ist die Hauptsache kraft Gesetzes ohne Erklärung der verbliebenen Partei erledigt. In das Prozessrechtsverhältnis (1 vor § 50) treten die Erben ein (§ 239 Rn 1). Über die Kosten wird durch Beschluss gem § 93 a entschieden (hM; BGH FamRZ 86, 253; aA Bamberg FamRZ 95, 1073; Karlsruhe FamRZ 96, 880). Ein deklaratorischer Beschluss über die Erledigung der Hauptsache wird für zulässig gehalten (Zweibrücken FamRZ 95, 619; ZöPhilippi 5; bestr). Ergeht eine Entscheidung in Unkenntnis des
5 Todes, gilt Rn 5 (BGH NJW 81, 686). – **c) Tod nach Hauptsacheentscheidung** und vor formeller Rechtskraft (§ 705). Das angefochtene Urteil wird in der Hauptsache wirkungslos; nur die Kostenentschei-

dung gilt (BGH NJW 81, 686). Ein Rechtsmittel in der Hauptsache ist oder wird wegen fehlender Beschwer unzulässig (BGH aaO). Nach Stuttgart (FamRZ 00, 1029) tritt die Wirkung des § 619 bei bedingter, von der Bewilligung von PKH abhängig gemachter Berufung erst mit der Entscheidung über den Wiedereinsetzungsantrag ein. Gegen die Kostenentscheidung findet sofortige Beschwerde statt, entweder gemäß § 91a Abs 2 oder § 99 Abs 2 entspr (vgl ZöPhilippi 8 mwN; umstr). Tritt der Tod während des Rechtsmittelverfahrens ein, ist über die Kosten nach § 93a zu entscheiden (hM; aA Bamberg FamRZ 95, 1073 mwN). – d) **Wiederaufnahmeklage** ist nach dem Tode eines Ehegatten unzulässig (hM; BGH 43, 239; ZöPhilippi 16 mwN).   **6**

§ 620 Einstweilige Anordnungen

Das Gericht kann im Wege der einstweiligen Anordnung auf Antrag regeln:
1. **die elterliche Sorge für ein gemeinschaftliches Kind;**
2. **den Umgang eines Elternteils mit dem Kinde;**
3. **die Herausgabe des Kindes an den anderen Elternteil;**
4. **die Unterhaltspflicht gegenüber einem minderjährigen Kinde;**
5. **das Getrenntleben der Ehegatten;**
6. **den Unterhalt eines Ehegatten;**
7. **die Benutzung der Ehewohnung und des Hausrats;**
8. **die Herausgabe oder Benutzung der zum persönlichen Gebrauch eines Ehegatten oder eines Kindes bestimmten Sachen;**
9. **die Maßnahmen nach den §§ 1 und 2 des Gewaltschutzgesetzes, wenn die Beteiligten einen auf Dauer angelegten gemeinsamen Haushalt führen oder innerhalb von sechs Monaten vor Antragstellung geführt haben,**
10. **die Verpflichtung zur Leistung eines Kostenvorschusses für die Ehesache und Folgesachen.**

1. Allgemeines. Die §§ 620–620g regeln die einstweilige Anordnung in allen Ehesachen (Vorbem 2–6 vor § 606) ab deren Anhängigkeit abschließend. Es sollen die rechtlichen Beziehungen der Ehegatten während des Eheprozesses vorläufig geregelt und geschlichtet, den betroffenen Personen rasch geholfen werden können. Verfahren auf Erlass einer einstweiligen Anordnung stellen keine Folgesache dar (Köln FamRZ 99, 853).   **1**

2. Anwendungsbereich der §§ 620–620g. Sie gelten in allen Ehesachen (Rn 1) und in allen Rechtszügen, auch während der Revision (vgl § 620a Abs 4 S 2), ab Einreichung der Klage(Antrags)schrift und nicht ohne eine solche (Frankfurt FamRZ 79, 156) oder ab der eines PKHGesuchs (§ 620a Abs 2) bis zur Rechtskraft (Rn 8; § 620a Rn 9). Sie gelten auch während einer Aussetzung, zB gem § 614. Die §§ 620a–g gelten entspr für Prozesskostenvorschüsse in Unterhalts-   **2**

sachen (§ 127 a Abs 2 S 2), die einstweilige Anordnung nach § 644 und in anderen Familiensachen (§ 621 f Abs 2 S 2) außerhalb eines Eheverfahrens. Sie gelten nicht in isolierten (selbständigen) Familiensachen (vgl § 621 a Rn 16). Eine im isolierten Sorgeverfahren nach § 1671 Abs 1 BGB ergangene Regelung darf nicht im Verfahren nach §§ 620 ff auf der Grundlage des § 1696 BGB abgeändert werden (Bamberg NJW-RR 99, 657).

3   **3. Materiell-rechtliche Grundlage** (vgl Rn 10). Eine solche geben die §§ 620–620 g nicht. Sie sind reine Verfahrensvorschriften und schaffen nur einen Vollstreckungstitel (MuBorth 1). Grundsätzlich gelten das BGB und die HausratsVO, ggf anwendbares ausländisches Recht (Art 14–17 EGBGB). Das Gericht darf dem nicht widersprechend regeln (Rn 10). Soweit jedoch eine Regelung fehlt, darf das Gericht allein auf Grund des § 620 ohne materiell-rechtliche Grundlage Anordnungen treffen (ZöPhilippi 8; aA StJSchlosser 2 a; MüKoFinger 10).

4   **4. Verhältnis zu anderen Verfahren,** deren Gegenstand auch unter § 620 fällt: – **a) Freiwillige Gerichtsbarkeit.** Im Bereich der Nr 1–3 ist ab Anhängigkeit einer Scheidungssache ein selbständiges FGG-Verfahren in den Familiensachen des § 621 Abs 1 Nr 1–3 nur dann statthaft, wenn die Folgesache gem § 623 Abs 2 S 3 abgetrennt wurde. FGG-Verfahren ist ferner möglich in Hausratssachen, insbes gemäß § 18 a HausratsVO neben und nach einem Verfahren gemäß Nr 7 (vgl Rn 21; Köln FamRZ 94, 632 mwN; bestr). Darin können auf Grund des FGG einstweilige (vorläufige) Anordnungen erlassen werden (hM; Eckebrecht MDR 95, 114 mwN), in Wohnungs- und Hausratssachen 5 (Nr 7) gemäß § 13 Abs 4 HausratsVO. – **b) Urteilsverfahren** in der Hauptsache. Das Rechtsschutzbedürfnis für eine Klage aus den Ansprüchen der Nr 4, 6, 9 entfällt grundsätzlich nicht (hM). Sie können als Familiensache außerhalb des anhängigen Eheprozesses geltend gemacht werden, insbes Ansprüche auf Unterhalt (BGH NJW 83, 1330), Prozesskostenvorschuss (BGH NJW 79, 1508), auf Rückforderung gezahlten Unterhalts und Feststellung der Nichtschuld (BGH stRspr FamRZ 83, 355). Da die einstweilige Anordnung in Unterhaltssachen (Nr 4, 6) das Unterhaltsverhältnis mangels materieller Rechtskraft nicht abschließend regelt, ist das materielle Unterhaltsverhältnis in einem Hauptsacheverfahren zu klären. Das einstweilige Anordnungsverfahren ist materiell-rechtlich bedeutungslos (allgM). – **c) Einstweilige Verfügung** 6 (§§ 935, 940). Sie ist im FGG-Bereich (Nr 1–3 und 7) ausgeschlossen (vgl § 621 a Abs 1 S 1), iü bis zur Anhängigkeit eines Eheverfahrens zulässig (umstr); für Nr 4 und 6 ist jedoch der Vorrang von § 644 zu beachten (§ 644 Rn 1). Der Antragsteller darf nicht darauf verwiesen werden, Klage zu erheben (für Nr 9 Knops NJW 93, 1237/1242 mwN). Sobald das Eheverfahren anhängig ist, bleibt Antrag auf einstweilige Verfügung ausgeschlossen, insbes im Bereich der Nr 6 (Hamm FamRZ 01, 358; Gießler FamRZ 01, 1269/1271), weil die §§ 620 bis 620 g eine abschließende Sonderregelung darstellen (hM; hierzu kritisch Ecke-

brecht MDR 95, 114 mwN). Das wird anders beurteilt für Gegenstände, die nicht unter § 620 fallen, insbes Belästigungsverbote (Düsseldorf FamRZ 95, 183). Ein Übergang vom Antrag auf einstw Verfügung zu dem aus § 620 sowie eine Überleitung des Verfahrens ist nur bis zur abschließenden Entscheidung erster Instanz möglich (Karlsruhe FamRZ 95, 1424 mwN). – **d) Einstweilige Anordnung nach § 644.** **6a** § 620 statuiert keinen Vorrang bei Anhängigkeit einer Ehesache und Unterhaltsklage. Der Unterhaltsberechtigte hat ein Wahlrecht zwischen beiden Regelungen (MuBorth 17).

5. Allgemeine Voraussetzungen. Wenn sie vorliegen, ist eine **7** einstw Anordnung zu erlassen; es steht nicht im Ermessen des Gerichts. Die Aufzählung der regelbaren Angelegenheiten (Nr 1–9) ist erschöpfend. – **a) Antrag eines Ehegatten** (§ 620a Abs 2) ist ausnahmslos nötig, auch bei der elterlichen Sorge (Nr 1), weil nur noch auf Antrag die elterliche Sorge auf einen Elternteil übertragen wird (vgl § 1671 BGB). – **b) Anhängigkeit** einer Ehesache (wie Rn 2). Ein eingereichter PKH- **8** Antrag gem § 127a genügt (§ 620a Abs 2). Die Anhängigkeit reicht bis zur Rechtskraft der Ehesache; auch im Falle einer anhängig gebliebenen Folgesache (§ 628). Nach rechtskräftiger Scheidung ist eine einstw Anordnung ausgeschlossen (hM; MuBorth 33). Dies gilt wegen § 620a Abs 4 S 2 dann nicht, wenn die Folgesache noch anhängig geblieben ist (MuBorth § 620a Rn 4; aA 22. Auflage; ferner Karlsruhe FamRZ 92, 1454). Es genügt jedenfalls, dass der Antrag vor Rechtskraft der Scheidung gestellt wurde (Kemnade FamRZ 86, 625 mwN). Ab Rechtskraft sind im vorläufigen Rechtsschutz Arrest und einstw Verfügung, im FGG-Bereich (Rn 4) ist einstw (vorläufige) Anordnung zulässig (Eckebrecht MDR 95, 112 mwN). Der Kostenvorschuss kann nur bis zum Abschluss der jeweiligen Instanz angeordnet werden (Karlsruhe FamRZ 80, 1037). – **c) Regelungsbedürfnis.** Es entspricht dem Rechts- **9** schutzbedürfnis (26 vor § 253) und wird im Einzelfall daran gemessen, ob sofort einzuschreiten ist und nicht bis zur endgültigen Entscheidung abgewartet werden darf (ZöPhilippi 5). – **d) Materielle Rechtslage** **10** (vgl Rn 3). Sie muss so gelagert sein, dass der Inhalt der Anordnung nach dem Stand des Verfahrens mit überwiegender Wahrscheinlichkeit der endgültigen Regelung entspricht. Nur ausnahmsweise ist anders zu regeln, wenn der gegenwärtige Zustand eine andere Regelung erfordert. Insoweit besteht Bindung an das materielle Recht (vgl Rn 3; wohl hM; Eckebrecht MDR 95, 9 mwN; Giessler FamRZ 99, 695).

6. Entscheidung. Der Beschluss (§ 620a Abs 1) ergeht „im Wege **11** einstweiliger Anordnung" oder wird als einstweilige Anordnung bezeichnet. Er muss als Vollstreckungstitel (§ 794 Abs 1 Nr 3a oder § 33 FGG) inhaltlich dem Bestimmtheitserfordernis entsprechen (16 vor § 704). § 308 Abs 1 gilt nur für Nr 4–6, 8, 9 (hM). Eine Befristung mit Beginn und Ende der Regelung ist wegen § 620f, der eine lückenlose Regelung auch über die Scheidung hinaus sichern will, nicht aufzunehmen (aA van Els FamRZ 90, 581). Fehlt eine Voraussetzung

(Rn 7–10) oder treffen Nr 1–9 nicht zu, so ist der Antrag zurückzuweisen. Gründe sind nur bei mdl Vhdlg und §§ 620 b, 620 c nötig
(Giessler FamRZ 99, 695). Bekanntmachung: § 329 Abs 3 wegen § 620 c
und § 794 Abs 1 Nr 3 a. Außerkrafttreten: § 620 f. Kosten: § 620 g. Vollstreckung: Nr 1–3 nach § 33 FGG, Nr 4–9 nach ZPO. § 717 Abs 2,
§ 945 gelten nicht (BGH NJW 84, 2095), auch nicht §§ 707, 719, 769,
da § 620 b eine Sonderregelung darstellt (Hamm NJW 83, 460 mwN;
bestr). Aussetzung des Vollzugs: § 620 e.

12   **7. Rechtsbehelfe.** – a) **Antrag** auf Aufhebung oder Änderung ist
jederzeit möglich (§ 620 b Abs 1), Antrag auf mdl Vhdlg nur, wenn eine
13   solche noch nicht stattgefunden hat (§ 620 b Abs 2). – **b) Sofortige
Beschwerde** (§ 620 c) nur bei den Gegenständen der Nr 1–3 und Nr 7
14   bei vollständiger Wohnungszuweisung. Unanfechtbarkeit iü. – **c) Klagen** gemäß § 767 (dort Rn 10), insbes für den Erfüllungseinwand (Heinze
MDR 80, 895). Abänderungsklage (§ 323) ist bei Nr 4 und 6 unzulässig, da Titel nach § 620 in § 323 Abs 4 nicht aufgeführt sind und einstweilige Anordnungen nicht in Rechtskraft erwachsen (BGH FamRZ
83, 355). Unberührt bleibt die Möglichkeit der Hauptsacheklage (vgl
Rn 5). Nach Erlass der einstweiligen Anordnung und noch nach Rechtskraft der Ehescheidung ist aber negative Feststellungsklage zulässig (vgl
§ 620 f Rn 3; Brandenburg FamRZ 02, 1497; vgl aber § 256 Rn 19).

15   **8. Nr 1: Elterliche Sorge** umfasst die Personen- und Vermögenssorge (§ 1626 Abs 1 BGB) sowie die gesetzliche Vertretung (§ 1629
BGB). Die Anordnung wird wegen der Neuregelung durch das Kind-
RG idR auf Teile beschränkt werden (MüKoFinger 15), zB Erziehung
und Aufenthaltsbestimmung (Hamm FamRZ 79, 157). Sie ist am Wohl
des Kindes auszurichten. §§ 1671, 1672 BGB sind anzuwenden (allgM).

16   **9. Nr 2: Umgang mit dem Kind.** Es gelten § 1626 Abs 3, § 1632
Abs 2, § 1684 BGB, so dass die Befugnis zum Umgang nicht nur angeordnet, sondern auch beschränkt und ausgeschlossen werden kann. Das
Wohl des Kindes hat den Vorrang. Nr 2 umfasst auch die Herausgabe
zum Umgang (ZöPhilippi 46), nicht aber die Zustimmung zur Beantragung eines Reisepasses für das gemeinsame Kind (Köln FamRZ 02,
404; es gilt vielmehr Nr 1) Vollzug: § 33 FGG.

17   **10. Nr 3: Herausgabe des Kindes** an den anderen Elternteil im
Rahmen des § 1632 Abs 1 BGB, also nur im Verhältnis der Ehegatten
zueinander, nicht im Verhältnis zu Dritten. Nr 3 umfasst nicht die Herausgabe zum Umgang (Rn 16). Vollzug: § 33 FGG. Für die Sachen
des Kindes gilt Nr 8 oder § 50 d FGG.

18   **11. Nr 4: Unterhaltspflicht** gegenüber dem minderjährigen Kind,
sofern sie beide Ehegatten trifft (§§ 1601–1603 BGB). Es darf nur ab Antrag, nicht für eine vorangegangene Zeit geregelt werden. Nr 4 gilt nur für
minderjährige Kinder oder ihnen gleichstehende (§ 1603 Abs 2 S 2 BGB).
Die Vertretung richtet sich nach § 1629 Abs 2, 3 BGB. Die Entscheidung
wirkt gem § 1629 Abs 3 BGB unmittelbar für und gegen das Kind

(Zweibrücken FamRZ 00, 964). Volljährige Kinder müssen vorläufigen Rechtsschutz im Wege des § 644 suchen oder durch Klage außerhalb des Eheverfahrens als isolierte Familiensache (§ 621 Abs 1 Nr 4) mit einstweiliger Anordnung (§ 644) einen Titel gegen die Eltern oder einen Elternteil erwirken. Die Regelung gemäß Nr 4 unterliegt nicht dem § 323 (vgl Rn 20). Der für das Kind prozessführungsbefugte Ehegatte muss den Anspruch im eigenen Namen geltend machen (§ 1629 Abs 3 S 1 BGB), kann ihn aber nur bis zur Volljährigkeit vollstrecken (AG Viersen FamRZ 88, 1306 mwN); danach ist eine Titelumschreibung auf das Kind nötig (MüKoFinger 64). Der Vollstreckungstitel wirkt unmittelbar für und gegen das Kind, so dass dieses auch selbstständig die ZwVollstr betreiben kann. Nicht anwendbar ist Nr 4 auf Auskunftsansprüche gemäß § 1605 BGB (Stuttgart FamRZ 80, 1138; aA van Els FamRZ 95, 650). Höhe: voller Unterhalt, nicht nur Notbedarf in Höhe des Sozialhilfesatzes (MüKoFinger 37; Luthin FamRZ 01, 357; ZöPhilippi 59; aA Hamm FamRZ 00, 964; AG Tempelhof-Kreuzberg FamRZ 02, 616).

12. Nr 5: Getrenntleben (§ 1353 Abs 2, § 1567 BGB). Auch wenn **19** das Recht, die eheliche Lebensgemeinschaft (§ 1353 Abs 1 BGB) zu verweigern, für die Scheidung unerheblich ist, kann ein bei negativer Feststellungsklage (Vorbem 5 vor § 606) ein Bedürfnis auf Klarstellung bestehen. Nr 5 ist vor allem, aber mit geringer praktischer Bedeutung, auf die Art und Weise des Getrenntlebens anwendbar. Unzulässig sind Anordnungen, die in die Lebensführung eingreifen (hM), zB das Verbot dritte Personen in die Wohnung mit- oder aufzunehmen (Köln FamRZ 95, 1424).

13. Nr 6: Ehelicher Unterhalt (§§ 1360, 1360a BGB), insbes bei **20** Getrenntleben (§ 1361 BGB). Soweit die Anordnung nach § 620f Abs 1 über den Zeitpunkt des Eintritts der Rechtskraft der Ehesache hinauswirkt, werden auch Ansprüche nach §§ 1569ff BGB erfasst (MuBorth 67). Nur ab Antrag, nicht für die vorangegangene Zeit. Regelmäßig ist monatliche Zahlung anzuordnen. Höhe: Rn 18. Für Beträge, die nach materiellem Recht überzahlt sind, besteht ein Bereicherungsanspruch (§ 812 Abs 1 S 1 BGB; BGH NJW 84, 2095; idR steht aber § 818 Abs 3 BGB entgegen, MüKoFinger 55). § 323 gilt nicht (BGH NJW 83, 1330). Auch einmalige und zusätzliche, davon abweichende Beträge können zugesprochen werden. Nicht anwendbar ist Nr 6 auf den Auskunftsanspruch aus § 1361 Abs 4 S 4, § 1605 BGB (Düsseldorf FamRZ 83, 514; aA van Els FamRZ 95, 650). Eine erlassene einstweilige Anordnung kann nicht mit einer negativen Feststellungsklage bekämpft werden, wenn eine nicht mehr einseitig zurücknehmbare Leistungsklage erhoben wurde (Brandenburg FamRZ 99, 1210; vgl § 256 Rn 19). Eine Abänderungsklage (§ 323) ist unzulässig (Bremen FamRZ 00, 1165), wohl aber eine Vollstreckungsabwehrklage (§ 767).

14. Nr 7: Ehewohnungs- und Hausratsverhältnisse (insbes Be- **21** nutzung) gem HausratsVO. Rspr-Übersicht: Brudermüller FamRZ 99,

129 und 193. – **a) Grundlagen.** Nr 7 setzt voraus, dass die Wohnung noch Ehewohnung ist (Karlsruhe FamRZ 99, 1087) und gilt erst ab Anhängigkeit der Ehesache oder sobald ein PKHAntrag gestellt ist (§ 620a Abs 2 S 1). Bei bloßem Getrenntleben gelten materiell-rechtlich die §§ 1361a, 1361b BGB, verfahrensrechtlich über § 18a die §§ 11–18 HausratsVO sinngemäß. Zwischen § 620 und § 13 Abs 4 HausratsVO besteht grundsätzlich Wahlmöglichkeit (Brudermüller aaO 200 mwN; bestr). Ob eine einstw Anordnung in einem anderen Verfahren geändert werden kann, ist str (dafür Brandenburg FamRZ 01, 636 mwN). Der (notwendige) Charakter als Ehewohnung muss nicht dadurch verlorengehen, dass einer der Ehegatten endgültig auszieht (Karlsruhe NJW-RR 99, 730). Der Beschluss muss unzweideutig erkennen lassen, ob er auf § 620 oder auf § 13 Abs 4 HausratsVO beruht (Hamm FamRZ 92, 1455). Das Hausratsverfahren wird ab Anhängigkeit der Ehesache nicht unzulässig (KG NJW-RR 90, 1032). Es kann nach § 620

22 übergeleitet werden (Brudermüller aaO). – **b) Wohnungszuweisung** an einen Ehegatten allein ist nur in Fällen schwerer Härte angebracht (Karlsruhe FamRZ 99, 1087; Brudermüller FamRZ 99, 129 mwN; umstr), auch mit Befristung und Durchführungsmaßnahmen möglich (Karlsruhe FamRZ 94, 1185). Wegen des vorläufigen, summarischen Charakters des einstweiligen Anordnungsverfahrens scheiden Regelungen mit endgültiger Wirkung grds aus (Karlsruhe FamRZ 99, 1087). Neben der Zuweisung ist ein Räumungsausspruch geboten und wegen § 885 Abs 1 erforderlich (LG Itzehoe FamRZ 87, 176). Räumungsfristen gem §§ 2, 15 HausratsVO, nicht nach § 721, sind zulässig (Hamburg FamRZ 83, 1151; Brudermüller FamRZ 87, 109 [122] mwN). Die Wegschaffung von Hausrat fällt dem Gesetzeszweck zufolge da-

22a runter. – **c) Hausrat:** alle beweglichen Sachen, die für die Hauswirtschaft und das Zusammenleben bestimmt sind, also nicht Gegenstände des persönlichen oder beruflichen Gebrauchs (BGH FamRZ 84, 146

23 mwN). – **d) Sonstiges.** Zulässig ist Benutzungsregelung für Pkw, wenn er zum privaten Haushalt gehört (MüKoFinger 76 mwN). Aus praktischen Erwägungen wird die Anwendung von Nr 7 auf Misshandlungs-, Belästigungs- und Bedrohungsverbote erstreckt (Saarbrücken FamRZ 81, 64 mwN). Das Verbot, die Ehewohnung zu betreten, ist zulässig (Hamm NJW 82, 1108), kommt aber nur äußersten Falls in Betracht (Frankfurt FamRZ 78, 53), überhaupt nicht ein Verbot, dritte Personen in die zugewiesene Wohnung mit- oder aufzunehmen (Köln FamRZ 95, 1424; vgl Rn 19). Zustimmung zur Auflösung des Mietverhältnisses fällt nicht unter Nr 7 (allgM; Hamburg FamRZ 83, 621 mwN).

24   **15. Nr 8: Persönliche Gebrauchsgegenstände** ohne Rücksicht auf Eigentumslage: insbes Kleidung, Körperpflegemittel, Schmuck, Arbeits- und Ausbildungsmittel, Urkunden, Sammlungen. Betrifft nicht Hausrat; dafür gilt Nr 7 (Rn 22a). Herausgabe bedeutet Übergabe. Ausnahmsweise ist es angebracht, die abwechselnde Benutzung zu regeln.

16. Nr 9: Die Vorschrift wurde mit Art 4 Nr 2 GewSchG einge- 25
führt. Hiermit soll erreicht werden, dass im Rahmen einer Ehesache auf
Antrag auch bezüglich der Maßnahmen nach dem GewSchG einstweilige Anordnungen ergehen können.

17. Nr 10: Kostenvorschuss. Das ist der des § 1360a Abs 4 S 1 BGB 26
(BGH NJW 79, 1508). Der Anspruch muss nach materiellem Recht bestehen, ggf nach ausländischem (hM). Nr 9 gilt neben den Ehesachen für
alle Folgesachen (§ 623 Abs 1 S 1), auch solche, die dem Verfahren der
freiwilligen Gerichtsbarkeit unterliegen. Für selbständige (isolierte) Familiensachen gilt nicht Nr 9, sondern § 621 f oder § 127 a (BGH NJW 80,
1392). Einer Klage fehlt das Rechtsschutzbedürfnis wegen Nr 9 grundsätzlich nicht (hM; BGH NJW 79, 1508; vgl Rn 5). Auch eine negative
Feststellungsklage ist zulässig (Frankfurt FamRZ 81, 65). Aus der Anordnung kann auch noch nach Beendigung des Prozesses vollstreckt werden
(BGH 94, 316). Nach Beendigung der Instanz kann der Anspruch auf bereits entstandene Kosten als Anspruch auf Prozesskostenvorschuss weiterverfolgt werden, wenn in der Instanz rechtzeitig ein Antrag auf Erlass einer
einstweiligen Anordnung gestellt wurde (Karlsruhe FamRZ 00, 431).

§ 620a Verfahren bei einstweiliger Anordnung

(1) **Das Gericht entscheidet durch Beschluss.**

(2) [1] **Der Antrag ist zulässig, sobald die Ehesache anhängig
oder ein Antrag auf Bewilligung der Prozeßkostenhilfe eingereicht ist.** [2] **Der Antrag kann zu Protokoll der Geschäftsstelle
erklärt werden.** [3] **Der Antragsteller soll die Voraussetzungen für
die Anordnung glaubhaft machen.**

(3) [1] **Vor einer Anordnung nach § 620 Satz 1 Nr. 1, 2 oder 3
sollen das Kind und das Jugendamt angehört werden.** [2] **Ist dies
wegen der besonderen Eilbedürftigkeit nicht möglich, so soll
die Anhörung unverzüglich nachgeholt werden.**

(4) [1] **Zuständig ist das Gericht des ersten Rechtszuges, wenn
die Ehesache in der Berufungsinstanz anhängig ist, das Berufungsgericht.** [2] **Ist eine Folgesache im zweiten oder dritten
Rechtszug anhängig, deren Gegenstand dem des Anordnungsverfahrens entspricht, so ist das Berufungs- oder Beschwerdegericht der Folgesache zuständig.** [3] **Satz 2 gilt entsprechend,
wenn ein Kostenvorschuß für eine Ehesache oder Folgesache
begehrt wird, die im zweiten oder dritten Rechtszug anhängig
ist oder dort anhängig gemacht werden soll.**

1. Allgemeines. Für das Verfahren gilt: – **a) Mündliche Ver-** 1
handlung ist freigestellt (§ 128 Abs 4). Es gelten daher die Grundsätze
des § 128 Rn 11–17. Persönliches Erscheinen ist anzuordnen ist idR angebracht. Es können Beweise jeder Art erhoben werden (§ 12 FGG;
vgl MüKoFinger 24), ohne Beschränkung auf § 294. Den Umfang bestimmt das Familiengericht nach pflichtgemäßem Ermessen (Düsseldorf

2 FamRZ 95, 182 mwN). – **b) Anwaltszwang** besteht grundsätzlich, weil es sich um einen Teil der Ehesache handelt (§ 78 Abs 2 Nr 1), auch außerhalb einer mdl Vhdlg (bestr). Anträge und Erklärungen zu Protokoll (Rn 8) sind davon ausgenommen (§ 78 Abs 3), auch die mdl Vhdlg wegen Prozesskostenvorschusses gemäß § 620 Nr 9 (hM;
3 ZöPhilippi 6 a). – **c) Rechtliches Gehör** (Einl I Rn 10 ff) ist, wenn nicht mündlich verhandelt wird, schriftlich zu gewähren, kann aber bei besonderer Eilbedürftigkeit unterbleiben, weil Änderung oder Aufhe-
4 bung möglich bleibt (§ 620b). – **d) Verfahrensgrundsatz.** In den dem FGG unterliegenden Angelegenheiten (§ 620 Nr 1–3, 7) gilt der Amtsermittlungsgrundsatz gemäß § 12 FGG, für die in § 620 Nr 5 und 8 geregelten Sachen § 616 (MüKoFinger 31; umstr); für die Fälle des § 620 Nr 4, 6, 9 gilt uneingeschränkt der Beibringungsgrundsatz (MüKo-
5 Finger 28). – **e) Vergleiche** iS des § 794 Abs 1 Nr 1 sind in den Gegenständen des § 620 Nr 1 und 3 unzulässig (Einf 6 vor § 606), jedoch wird eine gerichtlich protokollierte Einigung der Eltern für zulässig gehalten (ZöPhilippi 30). Eine solche gestattet allerdings keine ZwVollstr. In den Fällen von § 620 Nr 2 ist ein gerichtl bestätigter Vergleich zulässig. Darüber hinaus sind Vergleiche insbes in Unterhaltssachen (§ 620
6 Nr 4 und 6) zulässig. – **f) Prozesskostenhilfe** (§§ 114–127 a) muss für das Anordnungsverfahren gesondert beantragt und bewilligt werden (allgM). Sie kommt nur für den Zeitraum ab Antragstellung (Abs 2) in Betracht (Düsseldorf FamRZ 82, 1096). Dass für den Antrag kein Anwaltszwang besteht (Rn 2), schließt die Beiordnung hierfür nicht aus
7 (Bamberg FamRZ 79, 527). – **g) Beteiligung Dritter** in den Angelegenheiten des § 620 Nr 7 unterbleibt (Hamm FamRZ 87, 1277). Die Fälle des Abs 3 (Rn 12) stellen eine Sonderregelung dar. – **h) Schutzschriften** (§ 935 Rn 9) sind zulässig (van Els FamRZ 96, 651 mwN; bestr).

8   **2. Antrag** (Abs 2) einer Partei (nicht notwendig des Klägers oder Antragstellers) ist Prozesshandlung (Einl III) und unabdingbare Voraussetzung (§ 620 Rn 7). – **a) Form:** schriftlich oder zu Protokoll (Abs 2
9 S 2); daher kein Anwaltszwang (§ 78 Abs 3). – **b) Zeitraum:** wie § 620
10 Rn 8. – **c) Inhalt.** Es ist eine Anordnung bestimmten Inhalts zu beantragen (wie § 620 Rn 11). Bindung: § 620 Rn 11. Glaubhaftmachung von Tatsachen (§ 294) ist nicht zwingend (Abs 2 S 3), aber idR gebo-
11 ten. – **d) Rücknahme und Erledigterklärung** sind zulässig. Für die Kosten gilt dann § 620 g.

12   **3. Anhörung** (Abs 3). Sie erfolgt nur in den ausdrücklich genannten Fällen; von Rn 3 zu unterscheiden. Für die des Kindes gilt § 50 b FGG, die einer Pflegeperson § 50 c FGG. Die nachträgliche Anhörung kann eine Änderung von Amts wegen (§ 620b Abs 1 S 2) veranlassen. Ein Verstoß gegen Abs 3 hat keine prozessualen Folgen.

13   **4. Zuständigkeit** (Abs 4). Es ist zu unterscheiden: – **a) Ehesachen,** die nicht Scheidungssachen sind (Vorbem 2–6 vor § 606) und solche Scheidungssachen, die (ausnahmsweise) isoliert durchgeführt werden: Zu-

ständig ist in erster Instanz das Familiengericht (§ 23 b Abs 1 S 1 GVG), in der Berufungsinstanz das OLG (Abs 4 S 1). – **b) Folgesachen** (§ 623 **14** Abs 1 S 1). **aa) Im ersten Rechtszug** ist das Familiengericht zuständig (Abs 4 S 1), auch wenn nur in der Ehesache ein Rechtsmittel eingelegt ist; ferner wenn das Anordnungsverfahren noch nicht beendet ist, bevor Berufung oder Beschwerde eingelegt wird (analog einer perpetuatio fori, BGH FamRZ 80, 670). **bb) Rechtsmittelinstanz.** Befindet **15** sich dort die Folgesache im Verbund (§ 623) oder isoliert, so ist das OLG zuständig (Abs 4 S 2, also nicht der BGH), soweit der Gegenstand der einstw Anordnung dem der Folgesache entspricht. Hierbei ist auf die Art des begehrten Rechtsschutzes abzustellen; ein rechtlicher oder tatsächlicher Zusammenhang im weiteren Sinne reicht nicht aus, zB bei § 621 Abs 1 Nr 1 zu § 620 Nr 2, 3. Hingegen entsprechen sich die Gegenstände bei § 620 und § 621 jeweils in den Nrn 1–4, § 620 Nr 6 zu § 621 Abs 1 Nr 5 und § 620 Nr 7 zu § 621 Abs 1 Nr 7. Maßgebend ist eine unmittelbare Kongruenz der Verfahrensgegenstände (Diederichsen NJW 86, 1462 [1465]). – **c) Kostenvorschuss** (Abs 4 S 3; § 620 **16** Nr 9). Er muss sich auf die Ehesache und (oder) auf eine bestimmte Folgesache (§ 623 Abs 1 S 1) beziehen. Zuständig ist das Rechtsmittelgericht zweiter Instanz (OLG), auch wenn sich die Hauptsache in der dritten Instanz befindet (vgl Rn 15).

§ 620 b Aufhebung und Änderung des Beschlusses

(1) [1]Das Gericht kann auf Antrag den Beschluß aufheben oder ändern. [2]Das Gericht kann von Amts wegen entscheiden, wenn die Anordnung die elterliche Sorge für ein gemeinschaftliches Kind betrifft oder wenn eine Anordnung nach § 620 Nr. 2 oder 3 ohne vorherige Anhörung des Jugendamts erlassen worden ist.

(2) Ist der Beschluß oder die Entscheidung nach Absatz 1 ohne mündliche Verhandlung ergangen, so ist auf Antrag auf Grund mündlicher Verhandlung erneut zu beschließen.

(3) [1]Für die Zuständigkeit gilt § 620 a Abs. 4 entsprechend. [2]Das Rechtsmittelgericht ist auch zuständig, wenn das Gericht des ersten Rechtszuges die Anordnung oder die Entscheidung nach Absatz 1 erlassen hat.

1. Voraussetzungen der Anwendung des § 620 b: – **a) Beschluss.** **1** Er muss gem §§ 620, 620 a ergangen sein. Darin muss eine Anordnung erlassen, abgelehnt oder bereits auf Grund des § 620 b geändert worden sein. Entspr anwendbar ist § 620 b bei Vergleichen, die in Verfahren nach § 620 Nr 4, 6 abgeschlossen wurden (BGH FamRZ 83, 892; 91, 1175), soweit durch diesen nichts anderes erreicht werden soll, als eine der beantragten einstweiligen Anordnung entsprechende Regelung (vgl FA-FamR/Gerhardt Kap 6 Rn 632). Das Verfahren kann, so oft wie notwendig, wiederholt werden. Es findet selbstverständlich auch dann statt, wenn eine Anordnung auf Grund des § 620, aber außerhalb seiner Anwendbarkeit erlassen wurde. Die Statthaftigkeit der sofortigen Beschwerde (§ 620 c) schließt § 620 b nicht aus. Unanwendbar ist § 620 b für Abänderung von anderen Unterhaltstiteln, die vor Ehescheidung

2 ergangen sind; es verbleibt bei § 323. – **b) Antrag** (Abs 1 S 1): grundsätzlich wie § 620 a Rn 8–10, also außer Anwaltszwang. Er muss nach Erlass der Entscheidung (§ 620 Rn 11), nicht notwendig nach ihrer Zustellung gestellt werden und setzt keine Beschwer (17–19 vor § 511) durch diese Entscheidung voraus. Der Antrag ist zu begründen (vgl § 620 d) und nur entbehrlich (Abs 1 S 2), wenn der Beschluss den Fall des § 620 Nr 1 betrifft oder die Anhörung gem § 620 a Abs 3 unter-

3 blieben ist. – **c) Veränderung** der tatsächlichen Verhältnisse wird nicht vorausgesetzt, da Abs 1 S 1 die neue Entscheidung in das Ermessen des Gerichts stellt (allgM). Es genügt, dass das Gericht die tatsächlichen und rechtlichen Umstände anders würdigt, insbes im Rahmen der materiellen Rechtslage (§ 620 Rn 10). Das gilt erst recht für das im Fall des

4 Abs 3 zuständig gewordene Berufungsgericht. – **d) Zeitlich** ist Aufhebung und Änderung möglich bis zum Außerkrafttreten der Anordnung (§ 620 f). Dies kann nicht mehr nach rechtskräftiger Scheidung geschehen (hM; BGH NJW 83, 1330; vgl § 620 f Rn 5; dies gilt jedoch nicht für § 644). Ausnahmsweise ist dies aber möglich, wenn die einstweilige Anordnung vor Rechtskraft beantragt und darauf ein Verkündungstermin bestimmt wurde (Stuttgart NJW-RR 86, 558) oder wenn trotz rechtskräftiger Scheidung noch der Rechtsstreit über den nachehelichen Unterhalt anhängig ist (Düsseldorf FamRZ 01, 1229; MuBorth § 620 a Rn 4; MüKo Finger 8; aA ZöPhilippi 6). Neu beantragt werden kann eine einstweilige Anordnung nach Eintritt der Rechtskraft nicht mehr.

5 – **e) Verhältnis zu Klagen,** die denselben Gegenstand betreffen. Das Rechtsschutzbedürfnis fehlt nicht deshalb, weil das Verfahren des § 620 b billiger und einfacher sei (hM; § 620 Rn 5).

6 **2. Zuständigkeit** (Abs 3). Sie ist dem § 620 a Abs 4 angepasst. Es gilt grundsätzlich § 620 a Rn 13–16. Daher ist für die Aufhebung und

7 Änderung zuständig: **a) Familiengericht,** solange die Ehesache oder die betreffende Folgesache bei ihm anhängig ist, also jeweils bis zur Einlegung des Rechtsmittels (vgl § 620 a Rn 13–15) oder nach vorweggenommener Scheidung (§ 628), wenn die Folgesache noch am Familiengericht anhängig geblieben ist (Karlsruhe FamRZ 98, 1380). –

8 **b) Oberlandesgericht,** sobald in der Ehesache Berufung oder in der betreffenden Folgesache Rechtsmittel eingelegt ist, wenn der Gegenstand der Anordnung dem der Folgesache entspricht (vgl § 620 a Rn 14, 15). Auch für den Kostenvorschuss ist das OLG zuständig (vgl § 620 a Rn 16). Dieses kann auch Anordnungen des Familiengerichts aufheben oder ändern (Abs 3 S 2).

9 **3. Verfahren.** Es ist zu unterscheiden: – **a) Aufhebung und Änderung** (Abs 1): grundsätzlich wie § 620 a Rn 1–12. Rückwirkung ist ausgeschlossen, ausnahmsweise möglich für noch nicht bezahlten Un-

terhalt. Es ist auch im Bereich des § 620 Nr 1–3 das Jugendamt zu hören, ggf erneut. § 717 ist auch nicht entspr anwendbar (Oldenburg NdsRPfl 84, 119). – **b) Antrag auf mündliche Verhandlung** (Abs 2): **10** Prozesshandlung (Einl III); ist erst nach Erlass des ersten Beschlusses zulässig und Ausgleich für die weitgehende Unanfechtbarkeit. Anwaltszwang wie § 620a Rn 2. Der Antrag ist zu begründen (§ 620d S 1). Mdl Vhdlg ist dann zwingend vorgeschrieben, wenn die Entscheidung, deren Abänderung beantragt wird, ohne mdl Vhdlg ergangen ist, sei es als erste oder als abändernde Entscheidung (Abs 1). Hierfür ist es gleichgültig, ob diese abändernde Entscheidung (Abs 1) wegen Abs 2 ohne mdl Vhdlg ergehen durfte oder nicht. Lehnt das Gericht entgegen Abs 2 mdl Vhdl ab, findet dagegen sofortige Beschwerde statt (§ 567 Abs 1 Nr 2), die durch § 620c S 2 nicht ausgeschlossen ist (Koblenz FamRZ 93, 1100). Der Antrag auf mdl Vhdlg ist auch zulässig, wenn das Gericht befugt ist, gem Abs 1 S 2 von Amts wegen zu entscheiden.

4. Entscheidung. Grundsätzlich wie § 620 Rn 11. – **a) Formel.** Der **11** vorangegangene Beschluss kann ganz oder teilweise aufgehoben, auch abgeändert werden, an seiner Stelle eine neue Anordnung mit anderem Inhalt erlassen, der Antrag auf Änderung oder Aufhebung ganz oder teilweise zurückgewiesen werden. Bei Antrag auf mdl Vhdlg (Rn 10) ist im erneuten Beschluss der Erste zu bestätigen, aufzuheben oder abzuändern. Unnötig und unangebracht ist es, im Falle der Aufhebung oder Änderung den ersten Antrag ganz oder zT zurückzuweisen; denn im Verfahren nach § 620b ist nur über die hierzu gestellten Anträge zu entscheiden, nicht über die früheren zum ersten Beschluss. – **b) Gründe** **12** sind wegen § 620d unentbehrlich.

§ 620c Sofortige Beschwerde; Unanfechtbarkeit

[1]**Hat das Gericht des ersten Rechtszuges auf Grund mündlicher Verhandlung die elterliche Sorge für ein gemeinschaftliches Kind geregelt, die Herausgabe des Kindes an den anderen Elternteil angeordnet, über einen Antrag nach den §§ 1 und 2 des Gewaltschutzgesetzes oder über einen Antrag auf Zuweisung der Ehewohnung entschieden, so findet die sofortige Beschwerde statt.** [2]**Im übrigen sind die Entscheidungen nach den §§ 620, 620b unanfechtbar.**

1. Sofortige Beschwerde (S 1) gegen Beschlüsse gem §§ 620, 620b. **1** Sie steht nur den Parteien des Eheprozesses zu, nicht Dritten (hM; StJSchlosser 12). Es gelten grundsätzlich §§ 567 ff. Einlegung nur durch einen zugelassenen RA nach Maßgabe des § 78 Abs 2 Nr 1 (hM; Koblenz NJW-RR 99, 575 mwN). Dies folgt auch im Umkehrschluss aus § 569 Abs 3 Nr 1. Abhilfe ist möglich (§ 572 Abs 1 S 1). Beschwerdegericht ist das OLG (§ 119 Abs 1 Nr 1a GVG); dort der ER (§ 568). Rechtsbeschwerde ist nur zulässig, wenn das OLG sie nach § 574 Abs 1 Nr 2, Abs 3 zugelassen hat (Übergangsrecht: § 26 Nr 10 EGZPO). Die sofortige Beschwerde muss innerhalb der Einlegungsfrist begründet wer-

2 den (§ 620 d S 1 Hs 2). Sie setzt zur Statthaftigkeit voraus: – **a) Mündliche Verhandlung.** Sie muss für den angefochtenen Beschluss stattgefunden haben, sei es von Amts wegen angeordnet (§ 620 a Rn 1; § 620 b Rn 9) oder infolge Antrags (§ 620 b Rn 10). Auf Grund mdl Vhdlg ist ein Beschluss nicht ergangen, wenn erst danach für die Entscheidung wesentliche Tatsachen ermittelt und berücksichtigt werden (Karlsruhe FamRZ 94, 1186; aA die hM). Es bleibt dann nur Antrag gem § 620 b Abs 2 (dort Rn 10). –

3 **b) Zulässiger Gegenstand.** Die Anfechtbarkeit ist in diesen Fällen zugelassen, weil sich die Anordnung leicht zur endgültigen Gestaltung entwickelt. Enthält der Beschluss darüber hinaus auch andere Regelun-

4 gen, erstreckt sich das Rechtsmittel nicht darauf. **aa) Elterliche Sorge** (§ 620 Nr 1): ihre Regelung, auch in Teilbereichen (Bamberg FamRZ 83, 82), zB Aufenthaltsbestimmung (KG NJW-RR 96, 455); Beantragung eines Reisepasses (Köln FamRZ 02, 404). Dazu gehört nicht der Umgang (§ 620 Nr 2; Hamburg FamRZ 87, 497). Es genügt nicht, wenn die Änderung einer getroffenen Regelung abgelehnt wurde (Hamm FamRZ 88, 1194; Hamburg FamRZ 93, 1337; bestr). Wird eine Anordnung aufgehoben, so ist der Beschluss nur dann anfechtbar, wenn darin eine Sorgeregelung zugunsten des anderen Ehegatten liegt, sonst nicht (Köln FamRZ

5 83, 733). – **bb) Kindesherausgabe** (§ 620 Nr 3): die angeordnete (nicht die abgelehnte, Düsseldorf FamRZ 81, 480 mwN) und nicht die für

6 den Umgang (Saarbrücken FamRZ 82, 186). **cc) Ehewohnung** (§ 620 Nr 7): materielle Grundlage ist § 1361 b BGB (Karlsruhe NJW-RR 99, 721), somit die vollständige Zuweisung, auch wenn sie nur zeitweise erfolgt (KG FamRZ 86, 1010); nicht Anordnungen zur gemeinsamen Benutzung (Zweibrücken FamRZ 84, 916) und die einer Räumungsfrist (Bamberg FamRZ 93, 1338). Auch die eine Zweisung ablehnende Entscheidung ist nach der Neufassung der Vorschrift anfechtbar. Das Rechtsschutzbedürfnis entfällt für eine Beschwerde nicht durch Vollzug der angefochtenen Entscheidung (Karlsruhe NJW-RR 99, 730 mwN). –

6 a **dd) Antrag** nach §§ 1 u 2 GewSchG (§ 620 Nr 9). Die Beschwerdebefugnis wurde mit der Neufassung auch auf die neuen Verfahrensgegenstände nach § 620 Nr 9 erweitert.

7   **2. Unanfechtbarkeit** (S 2), ist für alle nicht unter S 1 fallenden Entscheidungen bestimmt (vgl Rn 3), insbes für alle ohne mdl Vhdl ergangenen und die einen Antrag zurückweisenden Beschlüsse (hM; KG FamRZ 93, 720 mwN). Das gilt auch für die Nebenentscheidungen, zB über die PKH (hM; vgl § 620 a Rn 6), die isolierte Kostenentscheidung (Brandenburg FamRZ 02, 964), auch wenn sie entgegen § 620 g (dort Rn 5) auf § 91 a gestützt wurde (Karlsruhe FamRZ 02, 965) und eine Zwangsgeldandrohung (Saarbrücken FamRZ 96, 1226; Karlsruhe NJW-RR 99, 7; aA Stuttgart FamRZ 99, 1094: § 19 FGG) § 620 c ist verfassungsrechtlich einwandfrei (BVerfG NJW 80, 386). Als Ersatz einer Anfechtung ist der Antrag auf mdl Vhdlg gedacht (§ 620 b

8 Abs 2). – **a) Zweck** der Regelung ist insbes, Störungen im Fortgang des Hauptverfahrens infolge Aktenabgabe an das Beschwerdegericht zu

unterbinden. Es ist auch davon auszugehen, dass das Prozessgericht die Parteien und ihre Verhältnisse bereits besser kennt oder erkennen kann. Zudem kann das Berufungsgericht seinerseits gemäß § 620 b anders regeln (dort Rn 8). – **b) Ausnahmen** von der Unanfechtbarkeit werden **9** zugelassen bei offenkundigem Fehlen jeder gesetzlichen Grundlage (hM; Brandenburg FamRZ 02, 964). Das ist insbes gegeben bei Auskunftsansprüchen (Düsseldorf FamRZ 83, 514; aA Hamm FamRZ 83, 515), bei Verkennen der gesetzlichen Voraussetzungen (Hamburg FamRZ 79, 528); Fehlen jeglicher Begründung (Hamm FamRZ 93, 219; aA Zweibrücken FamRZ 98, 1379; Giessler FamRZ 99, 695) oder Außerachtlassen des § 620 b (Zweibrücken FamRZ 97, 1167). Ist das rechtliche Gehör entscheidungserheblich verletzt worden, ist § 321 a entsprechend anzuwenden (§ 321 a Rn 18). Berufung findet nach der Meistbegünstigungstheorie auch statt, wenn durch Urteil statt durch Beschluss entschieden wurde (Zweibrücken NJW-RR 92, 904; Brandenburg FamRZ 00, 1421).

§ 620 d Begründung der Anträge und Entscheidungen

[1] **In den Fällen der §§ 620 b, 620 c sind die Anträge und die Beschwerde zu begründen; die Beschwerde muß innerhalb der Beschwerdefrist begründet werden.** [2] **Das Gericht entscheidet durch begründeten Beschluß.**

1. Antragsbegründung (S 1 Hs 1). Sie ist nur für die Anträge des **1** § 620 b (auf Aufhebung oder Änderung) vorgeschrieben; auch wenn nur mdl Vhdlg beantragt ist (§ 620 b Abs 2). Die Begründung kann bis zur Entscheidung nachgereicht werden. Es genügt Angabe von Tatsachen; Rechtsausführungen sind nicht notwendig. Ausreichend ist die Angabe von Gründen, aus denen der Antragsteller eine Überprüfung für erforderlich hält (Düsseldorf FamRZ 78, 807). Fehlende Begründung bewirkt Unzulässigkeit des Antrags (allgM).

2. Beschwerdebegründung (S 1 Hs 2). Das ist diejenige für die **2** sofortigen Beschwerden des § 620 c S 1. Diese ist abweichend von § 571 Abs 1 zwingend. Die Begründung muss nicht mit der Einlegung (§ 569) verbunden sein, muss aber dann innerhalb der Frist (§ 569 Abs 1) nachgereicht werden. Im übrigen gilt für die Beschwerdebegründung dasselbe wie für Anträge (Rn 1). § 571 Abs 2 gilt. Eine fehlende Begründung macht die Beschwerde unzulässig (allgM). Es gibt keine selbstständige Begründungsfrist, so dass auch das Gericht nicht verlängern kann. § 571 Abs 3 ist nicht anwendbar, weil diese Vorschrift nur gilt, wenn eine Begründung nicht zwingend vorgeschrieben ist. Verspätete Begründung steht der fehlenden gleich.

3. Entscheidungsgründe (S 2) sind im Aufhebungs- und Ände- **3** rungsverfahren (§ 620 b Abs 1) vorgeschrieben, auch wenn lediglich mdl Vhdlg beantragt ist (§ 620 b Abs 2) und bei allen Beschwerdeentscheidungen (§ 620 c S 1). Die Gründe müssen auch die angestellten rechtlichen Erwägungen erkennen lassen. Fehlende oder unzureichende Begründung kann Zurückverweisungsgrund sein (§ 572 Abs 3).

§ 620e Aussetzung der Vollziehung

Das Gericht kann in den Fällen der §§ 620b, 620c vor seiner Entscheidung die Vollziehung einer einstweiligen Anordnung aussetzen.

1   **1. Allgemeines.** § 620e ist wegen der besonderen Rechtsbehelfe des Verfahrens notwendig, auch deshalb weil § 570 hierfür nicht aus-
2   reicht. – a) **Anwendbar:** bei Antrag auf Abänderung oder Aufhebung (§ 620b Abs 1 S 1) sowie auf mdl Vhdlg (§ 620b Abs 2), auch wenn von Amts wegen (§ 620b Abs 1 S 2) eine Aufhebung oder Abänderung in Betracht kommt. Ferner gilt § 620e bei sofortiger Beschwerde (§ 620c
3   S 1). – b) **Zuständig** ist das Familiengericht, in den Fällen des § 620b Abs 3 das OLG als Berufungsgericht, in denen des § 620c als Beschwerdegericht ab Einlegung (§ 569) der sofortigen Beschwerde.

4   **2. Entscheidung** ergeht durch Beschluss. Sie steht im Ermessen des zuständigen Gerichts, kann ohne Antrag ergehen, jederzeit aufgehoben oder abgeändert werden und tritt von selbst außer Kraft, wenn die Entscheidung gem § 620b oder die über die Beschwerde (§ 620c S 1)
5   wirksam wird. – a) **Inhalt.** Die Aussetzung der Vollziehung bis zur Entscheidung über den Antrag oder die Beschwerde ist in genau bezeichnetem Umfang auszusprechen, auch für einen Teil des angegriffenen Beschlusses möglich. Eine Anordnung anderen Inhalts (wie bei § 570 Abs 3 zulässig) ist ausgeschlossen, wegen des Wortlauts von § 620e und weil § 620e sonst als Spezialregel sinnlos wäre. Keine Kostenent-
6   scheidung. – b) **Bekanntmachung:** § 329 Abs 1 S 1 oder Abs 2 S 1. –
7   c) **Wirkung.** Die Zwangsvollstreckung ist unzulässig, solange der Beschluss über die Aussetzung der Vollziehung Bestand hat (§ 775 Nr 2). Die betroffene Partei ist auch solange nicht gehalten, der angegriffenen,
8   aber ausgesetzten Anordnung nachzukommen. – d) **Rechtsmittel.** Der Beschluss ist unanfechtbar (wie § 570 Rn 2 aE; hM; Hamburg FamRZ 90, 423 mwN).

§ 620f Außerkrafttreten der einstweiligen Anordnung

(1) [1]**Die einstweilige Anordnung tritt beim Wirksamwerden einer anderweitigen Regelung sowie dann außer Kraft, wenn der Antrag auf Scheidung oder Aufhebung der Ehe oder die Klage zurückgenommen wird oder rechtskräftig abgewiesen ist oder wenn das Eheverfahren nach § 619 in der Hauptsache als erledigt anzusehen ist.** [2]**Auf Antrag ist dies durch Beschluß auszusprechen.** [3]**Gegen die Entscheidung findet die sofortige Beschwerde statt.**

(2) **Zuständig für die Entscheidung nach Absatz 1 Satz 2 ist das Gericht, das die einstweilige Anordnung erlassen hat.**

1. Allgemeines. – a) Anwendungsbereich. § 620 f gilt für alle An- 1
ordnungen, die ergangen sind, entweder nach § 620 oder nach § 620 b,
auch wenn sie in der Berufung (§ 620 a Abs 4) oder auf Beschwerde
(§ 620 c) erlassen wurden, ferner für Vergleiche, die im Verfahren der
einstweiligen Anordnung geschlossen wurden (Frankfurt FamRZ 83,
202). – **b) Wirkung.** Die Anordnung tritt auf Grund des § 620f von selbst 2
außer Kraft, aber nur für die Zukunft, nicht rückwirkend und selbstverständlich nur, soweit sich die Regelungsbereiche decken (Karlsruhe
FamRZ 88, 855). § 620f hindert nicht, die Anordnung in der Dauer ihrer
Wirksamkeit auf einen anderen bestimmten Zeitpunkt festzulegen, zB
Rechtskraft des Scheidungsurteils, Eintritt einer vollstreckbaren Unter-
haltsregelung. §§ 717, 945 gelten nicht (hM; BGH NJW 85, 2095 u MDR
00, 336). – **c) Andere Rechtsbehelfe,** die diese Wirkung (Rn 2) her- 3
beiführen sollen, sind grundsätzlich unzulässig. Es darf nicht in der Unter-
haltshauptsacheklage über §§ 707, 719 oder 769 die Vollstreckung einstweilen eingestellt werden (Hamm FamRZ 98, 1379 mwN; sehr bestr),
insbes nicht über § 323, weil die einstw Anordnung kein Titel iSv § 323
Abs 4 ist (BGH NJW 83, 1330) und § 767 (Düsseldorf FamRZ 91, 721;
Köln FamRZ 99, 1000). Andererseits kann die negative Feststellungsklage
mit dem Antrag auf einstweilige Einstellung der ZwVollstr aus der einstweiligen Anordnung verbunden werden (BGH FamRZ 83, 355 u MDR
00, 336). Anträge gem § 620 b sind offen. Nach Erlass der einstweiligen
Anordnung (Köln FamRZ 98, 1427) und insbes nach Rechtskraft der
Ehesache kann der Verpflichtete aber auf Feststellung klagen, dass er keinen oder weniger Unterhalt schulde (BGH aaO; Düsseldorf NJW-RR 94,
519; vgl § 620 Rn 14, sofern nicht eine einseitig nicht mehr zurücknehmbare Leistungsklage auf Unterhalt erhoben wurde, Brandenburg FamRZ
99, 1210; vgl § 256 Rn 19). Dann kann auch die ZwVollstr aus der Anordnung nach § 707 oder § 769 einstweilen eingestellt werden (BGH aaO
mwN; Düsseldorf aaO mwN). – **d) Rückzahlung** zu viel gezahlten 4
Unterhalts kann durch Klage (Familiensache gem § 621 Abs 1 Nr 5) aus
§ 812 Abs 1 S 1 BGB verlangt werden (BGH NJW 00, 740). §§ 717
Abs 2, 945 sind nicht analog anwendbar, ebenso nicht § 818 Abs 4 BGB
(BGH NJW 00, 740). Zum Anspruchsgrund: Kohler FamRZ 88, 1005.

2. Voraussetzungen des Außerkrafttretens (Abs 1 S 1) sind (nicht 5
kumulativ): – **a) Anderweitige Regelung.** Sie muss rechtskräftig geworden sein (BGH NJW 00, 740). Das gilt sowohl für ein Leistungsurteil (BGH aaO) als auch für ein (negatives) Feststellungsurteil, welches das Bestehen der Unterhaltspflicht verneint (Rn 3) (BGH NJW
91, 705; Köln FamRZ 03, 320). **aa) Gegeben** ist eine anderweitige Rege- 6
lung mit Erlass einer anderen gerichtlichen Entscheidung, insbes der im
Hauptsacheverfahren (BGH NJW 83, 1330), auch außerhalb des
Verbunds (KG FamRZ 85, 722), oder einer abändernden Anordnung
(§ 620 b), auch mit Abschluss einer wirksamen Parteivereinbarung, insbes eines (auch außergerichtlichen) Vergleichs (Köln FamRZ 78, 912);
ob dieser nur eine vorläufige Regelung enthält, muss im Einzelfall geprüft

7 werden (vgl zum Ganzen FA-FamR/Gerhardt Kap 6 Rn 632). **bb) Fehlen** einer anderweitigen Regelung trotz rechtskräftiger Scheidung ist anzunehmen, wenn wegen unterbliebener Klage keine Entscheidung über den Unterhaltsanspruch, der nach § 620 Nr 6 einstweilen geregelt ist, getroffen wurde, wenn im Termin keine Unterhaltsvereinbarung getroffen wurde oder wenn die Unterhaltsklage als unzulässig abgewiesen worden

8 ist (München FamRZ 87, 610). – **b) Rücknahme** des Scheidungs- oder Aufhebungsantrags oder der Klage (§ 269) in dem Verfahren, in welchem die Anordnung ergangen ist. Bei erforderlicher Einwilligung ist maßgebend der Zeitpunkt, zu dem diese wirksam wird. – **c) Rechtskräftige**

9 **Abweisung** von Klage, Scheidungs- oder Aufhebungsantrag. Eintritt formeller Rechtskraft: § 705. Wird Wiedereinsetzung gewährt (§ 233), entfällt die Rechtskraft und die Anordnungen werden wieder wirksam. Bei Rechtskraft stattgebender Urteile tritt grundsätzlich die darin getroffene anderweitige Regelung (Rn 6) in Kraft. Wird Scheidungs- oder Aufhebungsantrag nicht erhoben und das PKHGesuch zurückgewiesen, tritt die einstw Anordnung ebenfalls außer Kraft (Stuttgart FamRZ 84,

10 720; bestr; aA Düsseldorf FamRZ 85, 127 mwN). – **d) Hauptsacheerledigung** der Ehesache. Das sind alle Fälle des § 619.

11 **3. Entscheidung** (Abs 1 S 2) dient der Klarstellung und der Vorlage für § 775 Nr 1. – **a) Zuständig** (Abs 2) ist stets dasjenige Gericht, das die einstw Anordnung gem §§ 620a, 620b als Familiengericht oder als

12 Beschwerdegericht (§ 620c) erlassen hat. – **b) Antrag** (Abs 1 S 2) einer Partei ist notwendig. Es wird nicht von Amts wegen entschieden, selbst wenn die Anordnung von Amts wegen erging oder ergehen

13 konnte. Form: wie § 620a Rn 8. – **c) Verfahren.** Mdl Vhdlg ist freigestellt (§ 128 Rn 11 ff) und nur bei Streit über das Vorliegen der Voraussetzungen des Abs 1 S 1 veranlasst. Rechtliches Gehör (Einl I Rn 10 ff)

14 ist nach allg Grundsätzen zu gewähren. – **d) Inhalt.** Die einstweilige Anordnung ist genau zu bezeichnen, ebenso Umfang und Datum des Außerkrafttretens. Kostenentscheidung unterbleibt wegen § 620g Hs 1.

15 **4. Rechtsmittel und Rechtskraft.** Sofortige Beschwerde (§ 569 Abs 1 Nr 1) findet statt (Abs 1 S 3) sowohl gegen den zurückweisenden Beschluss für den Antragsteller (ZöPhilippi 32; bestr) als auch gegen den stattgebenden für den Antragsgegner. Rechtsbeschwerde findet nach Maßgabe des § 574 Abs 1 Nr 2, Abs 3 statt. Die Entscheidung (Rn 11) erlangt formelle Rechtskraft (§§ 569, 705) und ist bindend. Unanfechtbar ist eine vorläufige Maßnahme für eine Entscheidung gemäß § 620f (Zweibrücken FamRZ 98, 1378).

§ 620g Kosten einstweiliger Anordnungen

Die im Verfahren der einstweiligen Anordnung entstehenden Kosten gelten für die Kostenentscheidung als Teil der Kosten der Hauptsache; § 96 gilt entsprechend.

1 **1. Allgemeines.** Im Verfahren über eine Anordnung fallen neben den Gebühren für die Hauptsache noch besondere Gebühren an (KV

1701, 1702; § 41 Abs 1 b und c BRAGO). – **a) Grundsatz** (Hs 1). Die
einstw Anordnung enthält keine Kostenentscheidung, weil darüber erst
in der Hauptsacheentscheidung befunden wird (Brandenburg FamRZ
02, 964). Die Kosten des Anordnungsverfahrens werden dann so verteilt wie die Kosten in der Entscheidung des Hauptsacheprozesses
(gemäß § 93 a), also nicht danach, wer im Verfahren über die Anordnung obsiegt oder unterliegt. Eine Ausnahme bestimmt Hs 2 (Rn 6). –
b) Hauptsache ist die Ehesache (2–6 vor § 606), in der die Entschei- 2
dung über die Anordnung ergangen ist (§ 620 Rn 1). Im Scheidungsprozess ist das auch bei Verbund mit Folgesachen (§ 623) der Scheidungsantrag.

2. Anwendungsbereich des Grundsatzes (Rn 1). – **a) Gilt** für das 3
gesamte Anordnungsverfahren (§§ 620–620 f), auch für unzulässige Anträge und wenn der Antrag zurückgenommen wird (Frankfurt FamRZ
80, 387, Düsseldorf FamRZ 94, 1187 mwN), einschließlich der (auch
teilweise) erfolgreichen Beschwerde (vgl § 97 Rn 7 und 14), ferner
wenn die Hauptsache (auch erst im Beschwerdeverfahren, Jena FamRZ
96, 880) erledigt (ZöPhilippi 9; aA Bamberg NJW-RR 96, 771: § 91 a
im Beschwerdeverfahren) und wenn allein das Anordnungsverfahren
ohne besondere Kostenregelung durch Vergleich beendet ist (hM;
Stuttgart NJW-RR 87, 253; aA: § 98 geht vor). § 620 g gilt auch,
wenn die Anordnung vom Berufungsgericht erlassen wurde (München
MDR 89, 462). – **b) Gilt nicht** für (auch teilweise) erfolglose Be- 4
schwerden; denn § 97 Abs 1 geht dem § 620 g vor (hM; ZöPhilippi 8
mwN). Bei Rücknahme der Beschwerde gilt § 516 Abs 3 entsprechend
(BayObLG FamRZ 95, 184 zu § 515 aF).

3. Kostenentscheidung ergeht im Anordnungsverfahren grund- 5
sätzlich keine, da für die Kosten die Entscheidung in der Hauptsache
maßgebend ist (vgl Rn 1). Unzulässige Kostenentscheidung ist nach
§ 620 b Abs 1 aufzuheben (Oldenburg FamRZ 00, 759). Ausnahmsweise ist eine besondere Kostenentscheidung durch nachträglichen Beschluss nötig, wenn in der Hauptsache nicht entschieden wird
(Brandenburg FamRZ 02, 964), insbes bei Antrags- oder Klagerücknahme ohne Beschluss gemäß § 269 Abs 4, ferner in der Beschwerdeinstanz bei (auch nur teilweise) erfolgloser Beschwerde (vgl Rn 4).
Unterlässt das Familiengericht eine gebotene Kostenentscheidung, ist
sofortige Beschwerde wegen der Kosten zulässig (Hamm FamRZ 81,
189; bestr).

4. Kosten eines erfolglosen Antrags (Hs 2), der gem §§ 620, 6
620 b gestellt wurde, können nach dem Ermessen des Gerichts anders
als die Kosten des Hauptsacheverfahrens (Rn 1) einer Partei auferlegt
werden, wenn sie diesen Antrag gestellt hat. Das bedeutet die Verweisung auf § 96. Sie gilt nicht nur bei unzulässigen, sondern auch bei offensichtlich unbegründeten Anträgen und erfordert einen gesonderten
Ausspruch über die Kosten des Anordnungsverfahrens.

Abschnitt 2. Allgemeine Vorschriften für Verfahren in anderen Familiensachen

Vorbemerkung

1　　1. **Familiensachen** sind Streitigkeiten und Verfahren zwischen Ehegatten, solche, die ihre Kinder betreffen, sowie zwischen Kindern und mindestens einem Elternteil. Hierfür ist meistens das Familiengericht, im Einzelfall auch das Streit-, Vormundschafts- oder Vollstreckungsgericht zuständig. Der Gesetzgeber hat diejenigen Familiensachen, die in § 23b Abs 1 S 2 Nr 1–13 GVG aufgeführt sind, als Familiensachen iS der ZPO und des GVG dem Familiengericht zugewiesen. Soweit Familiensachen nicht unter § 23b Abs 1 S 2 Nr 1–13 GVG fallen, gelten die allgemeinen Zuständigkeits- und Verfahrensvorschriften.

2　　2. **Zweck der gesetzlichen Regelung.** Familiensachen, die ein und dieselbe Familie oder dieselben Eltern betreffen, sollen durch dasselbe Gericht behandelt und entschieden werden. Außerdem soll durch Entscheidungskonzentration (Rn 4) eine einheitliche, ineinander abgewogene Entscheidung ermöglicht werden.

3　　3. **Anwendbare Verfahrensvorschriften.** Ein Teil der Familiensachen unterliegt auf Grund des § 621a Abs 1 S 1 der ZPO, nämlich die Familiensachen des § 621 Abs 1 Nr 4, 5, 8, 10 mit Ausnahme der Verfahren nach § 1600e Abs 2 BGB und Nr 11, der andere Teil der freiwilligen Gerichtsbarkeit mit dem Verfahrensrecht des FGG und der HausratsVO, nämlich Familiensachen des § 621 Abs 1 Nr 1–3, 6, 7, 9, von Nr 10 nur die Verfahren nach § 1600e Abs 2 BGB, 12 sowie 13. Das Familiengericht hat für diejenigen Familiensachen, die allein der ZPO unterliegen, uneingeschränkt die ZPO anzuwenden. Für die dem FGG und der HausratsVO unterliegenden Verfahren gelten FGG und HausratsVO insoweit, als das GVG und die ZPO nicht vorgehende Sonderregelungen enthalten (§ 621a).

4　　4. **Entscheidungskonzentration** ist bei Scheidungssachen durch den Verbund mit Folgesachen (§ 623 Abs 1) vorgesehen. Dies gilt als Grundsatz nur in Scheidungs- und Folgesachen, nicht in den anderen Familiensachen, in denen jedoch eine konzentrierte Entscheidung (über § 147) möglich ist und oft zweckmäßig sein kann.

5　　5. **Verfahrensüberleitung durch Verweisung oder Abgabe.** Der Vorrang der örtlichen Zuständigkeit einer Ehesache (§ 621 Abs 2 S 1) gegenüber der (davon oft abweichenden) örtlichen Zuständigkeit der anderen Familiensachen (§ 621 Abs 1 Nr 1–12) wird durch § 621 Abs 3 dahin ausgedehnt, dass während der Rechtshängigkeit (§ 261 Abs 1) einer Ehesache, solche Familiensachen, die Folgesachen sein können, an das Gericht der Ehesache von Amts wegen verwiesen oder abgegeben werden müssen (§ 621 Abs 3 S 1). Damit wird auch der Grundsatz der Priorität (§ 261 Abs 3 Nr 1) durchbrochen. Die Verfahrensüberleitung von Amts wegen geschieht aber nur im ersten Rechtszug (§ 621 Abs 3 S 1). Dass auch bei größeren Amtsgerichten mit mehreren Familienrichtern alle übergeleiteten Familiensachen an denjenigen Familienrichter gelangen, vor dem die Ehesache verhandelt wird, wird durch § 23 b Abs 2 GVG gewährleistet.

6. Verhältnis zu anderen prozessualen Ansprüchen, die nicht 6 Familiensache sind. − **a) Getrennte Behandlung.** Anspruchshäufung (§ 260; dort Rn 2; BGH NJW 79, 426) und Widerklage (§ 33) sind wegen der ausschließlichen Zuständigkeit des Familiengerichts und des unterschiedlichen Rechtsmittelzugs unzulässig. Das gilt auch für eine Verbindung (§ 147). Es ist zu trennen (§ 145), auch im Beschwerdeverfahren (BGH NJW 79, 659). Bei Aufrechnung vgl § 145 Rn 22. − **b) Haupt- und Hilfsverhältnis.** Wird ein Anspruch, der nicht Fami- 7 liensache ist, mit einer Familiensache im Haupt- oder Hilfsverhältnis geltend gemacht (§ 260 Rn 8), hat das für den Hauptanspruch zuständige Gericht zunächst zu entscheiden und, wenn es den Hauptantrag abweist, an das für den Hilfsantrag zuständige Gericht zu verweisen (BGH NJW 80, 1283) oder innerhalb desselben Gerichts abzugeben. Erst nach Abweisung des Hauptanspruchs gibt der hierfür zuständige Richter oder Senat an den für den Hilfsanspruch zuständigen ab (BGH NJW 81, 2417).

§ 621 Zuständigkeit des Familiengerichts; Verweisung oder Abgabe an Gericht der Ehesache

(1) **Für Familiensachen, die**

1. **die elterliche Sorge für ein Kind, soweit nach den Vorschriften des Bürgerlichen Gesetzbuchs hierfür das Familiengericht zuständig ist,**
2. **die Regelung des Umgangs mit einem Kind, soweit nach den Vorschriften des Bürgerlichen Gesetzbuchs hierfür das Familiengericht zuständig ist,**
3. **die Herausgabe eines Kindes, für das die elterliche Sorge besteht,**
4. **die durch Verwandtschaft begründete gesetzliche Unterhaltspflicht,**
5. **die durch Ehe begründete gesetzliche Unterhaltspflicht,**
6. **den Versorgungsausgleich,**
7. **Regelungen nach der Verordnung über die Behandlung der Ehewohnung und des Hausrats;**
8. **Ansprüche aus dem ehelichen Güterrecht, auch wenn Dritte am Verfahren beteiligt sind,**
9. **Verfahren nach den §§ 1382 und 1383 des Bürgerlichen Gesetzbuchs,**
10. **Kindschaftssachen,**
11. **Ansprüche nach den §§ 1615 l, 1615 m des Bürgerlichen Gesetzbuchs,**

12. Verfahren nach § 1303 Abs. 2 bis 4, § 1308 Abs. 2 und § 1315 Abs. 1 Satz 1 Nr. 1, Satz 3 des Bürgerlichen Gesetzbuchs betreffen, ist das Familiengericht ausschließlich zuständig,

13. Maßnahmen nach den §§ 1 und 2 des Gewaltschutzgesetzes, wenn die Beteiligten einen auf Dauer angelegten gemeinsamen Haushalt führen oder innerhalb von sechs Monaten vor Antragstellung geführt haben,

betreffen, ist das Familiengericht ausschließlich zuständig.

(2) [1] Während der Anhängigkeit einer Ehesache ist unter den deutschen Gerichten das Gericht, bei dem die Ehesache im ersten Rechtszug anhängig ist oder war, ausschließlich zuständig für Familiensachen nach Absatz 1 Nr. 5 bis 9; für Familiensachen nach Absatz 1 Nr. 1 bis 4 und 13 gilt dies nur, soweit sie betreffen

1. in den Fällen der Nummer 1 die elterliche Sorge für ein gemeinschaftliches Kind einschließlich der Übertragung der elterlichen Sorge oder eines Teils der elterlichen Sorge wegen Gefährdung des Kindeswohls auf einen Elternteil, Vormund oder Pfleger,

2. in den Fällen der Nummer 2 die Regelung des Umgangs mit einem gemeinschaftlichen Kind der Ehegatten nach den §§ 1684 und 1685 des Bürgerlichen Gesetzbuchs oder des Umgangs eines Ehegatten mit einem Kind des anderen Ehegatten nach § 1685 Abs. 2 des Bürgerlichen Gesetzbuchs,

3. in den Fällen der Nummer 3 die Herausgabe eines Kindes an den anderen Elternteil,

4. in den Fällen der Nummer 4 die Unterhaltspflicht gegenüber einem gemeinschaftlichen Kind mit Ausnahme von Vereinfachten Verfahren zur Abänderung von Unterhaltstiteln,

5. in den Fällen der Nummer 13 Anordnungen gegenüber dem anderen Ehegatten.

[2] Ist eine Ehesache nicht anhängig, so richtet sich die örtliche Zuständigkeit nach den allgemeinen Vorschriften.

(3) [1] Wird eine Ehesache rechtshängig, während eine Familiensache der in Absatz 2 Satz 1 genannten Art bei einem anderen Gericht im ersten Rechtszug anhängig ist, so ist diese von Amts wegen an das Gericht der Ehesache zu verweisen oder abzugeben. [2] § 281 Abs. 2, 3 Satz 1 gilt entsprechend.

1   **1. Allgemeines.** Familiensachen (1 vor § 621) können grundsätzlich unabhängig voreinander gerichtlich geltend gemacht werden. Dies kann ohne eine Ehesache (2–6 vor § 606) vor, während oder nach Anhängigkeit einer solchen geschehen. Im Verbund mit einheitlicher Zuständigkeit (§ 623) stehen Familiensachen des Abs 1 Nr 1–9 zwingend nur dann, wenn sie während der Rechtshängigkeit einer Ehesache anhängig **2**   sind oder werden (vgl Abs 3). – **a) Sachliche Zuständigkeit.** Abs 1 bestimmt lediglich, dass für solche Familiensachen, die unter Nr 1–12 fallen, das Familiengericht ausschließlich zuständig ist (vgl Rn 5). Die sachliche Zuständigkeit des AG als Familiengericht ergibt sich aus § 23 a GVG, aus § 11 Abs 1 HausratsVO für die Ehewohnungs- und Hausratssachen (Abs 1 Nr 7) und aus § 64 Abs 1 FGG für die restlichen Familiensachen des Abs 1 (Nr 1–3, 6, 9 und 10 in Verfahren nach § 1600 e Abs 1 BGB) sowie Nr 12. – **b) Örtliche Zuständigkeit.** Sie **3** richtet sich danach, ob für dieselbe Familie (Ehegatten mit oder ohne Kinder) eine Ehesache (2–6 vor § 606) bereits anhängig ist oder war (Abs 2 S 1) oder ob dies nicht zutrifft (Abs 2 S 2). Bei Anhängigkeit einer Ehesache soll durch die einheitliche Zuständigkeit auch der Verbund (§ 623) gewährleistet werden (Abs 2 S 1). Im Übrigen verbleibt es für die örtliche Zuständigkeit bei den allgemeinen Vorschriften (Abs 2 S 2; Rn 42). – **c) Internationale Zuständigkeit.** Sie ist für die Ehe- **4** sachen vorrangig in der EheVO v 29. 5. 00 (vgl Anh; zum Ganzen Hau FamRZ 00, 1333; Kohler NJW 01, 10; Wagner IPRax 01, 73; Puszkajler IPRax 01, 81; Finger JR 01, 177; Hausmann EuLF 00/01, 271 ff u 345 ff), sonst in § 606 a geregelt. Sind sie im Inland anhängig oder waren sie es (BGH IPRax 01, 454; aA Karlsruhe FamRZ 01, 1012), folgt die Zuständigkeit desselben Familiengerichts für die Familiensachen derselben Familie aus Abs 2 S 1 (BGH FamRZ 90, 32), wo zugleich klargestellt ist, dass dadurch keine ausschließliche internationale Zuständigkeit bewirkt wird. Vorrangig sind bei Nr 1–3 die Zuständigkeiten des MSA (hierzu BGH NJW 02, 2955), soweit dieses nicht durch Art 3 EheVO verdrängt wird (vgl Art 3 EheVO Rn 1 ff; Art 37 1. Spiegelstrich EheVO; hierzu auch Oelkers/Kraeft FuR 01, 344), bei Nr 4 und 5 die der Art 5 Nr 2 EuGVVO (dort Rn 13 ff; vgl auch Henrich IPRax 01, 437). Iü indiziert die örtliche Zuständigkeit in isolierten Familiensachen die internationale Zuständigkeit, so dass bei Nr 6 § 45 FGG gilt (BGH FamRZ 88, 1160). – **d) Ausschließliche Zu-** **5** **ständigkeit** (9 vor § 1). Sie ist für die Familiensachen der Nr 1–9 auf das Familiengericht bezogen, bei dem die Ehesache (2–6 vor § 606) anhängig ist (Abs 2 S 1) und betrifft die sachliche wie die örtliche Zuständigkeit (Rn 2, 3), solange wie die Ehesache anhängig ist (Rn 39).

2. Bestimmung der Familiensache iS des Abs 1 Nr 1–13 (Rn 22– **6** 38 b) oder kraft Zusammenhangs (Rn 8–21). Es kommt darauf an, was Streitgegenstand ist (Einl II). Ob eine Familiensache vorliegt, richtet sich grundsätzlich nach deutschem Recht (hM; Hamm FamRZ 93, 211 mwN). – **a) Grundlage.** Es kommt auf den Antrag und die zu seiner Begründung geltend gemachten Tatsachen an (Einl II Rn 15, 24; BGH stRspr zB FamRZ 84, 35; BayObLG FamRZ 85, 947). Es genügt nicht, dass auf Grund von Einwendungen familienrechtliche Fragen entscheidungserheblich sind (BGH NJW 80, 2476), dass ein rechtlicher Zusammenhang mit einer Familiensache besteht (vgl aber Rn 8) oder dass die Aufrechnungsforderung eine Familiensache ist (6 vor § 621; BayObLG FamRZ 85, 1057). Andererseits muss nicht auch die Anspruchsgrundlage dem Familienrecht entstammen, zB ist die Rückforderung zu viel gezahlten Unterhalts aus § 812 Abs 1 BGB Familien-

7   sache (Rn 11). – **b) Anspruchskonkurrenz** ist von Anspruchshäufung (§ 260; 6 vor § 621) zu unterscheiden und setzt voraus, dass für den selben prozessualen Anspruch mehrere Anspruchsgrundlagen in Betracht kommen. Fällt davon eine unter § 621, so hat diese Vorrang und es ist für den ganzen prozessualen Anspruch das Familiengericht zuständig (BGH NJW 83, 1913).

8   **3. Familiensachen kraft Sachzusammenhangs.** Zahlreiche Streitigkeiten innerhalb der Familie fallen nicht wörtlich unter die Nr 1–12, hängen mit den darin aufgeführten Familiensachen aber so eng zusammen, dass sie diese Angelegenheiten betreffen iS des Abs 1 und daher auch Familiensachen sind (BGH stRspr seit NJW 78, 1531/1533). –
9   **a) Auskunftsansprüche,** die sich auf Familiensachen beziehen, zB §§ 1379, 1587 e, 1605 BGB. Der Auskunftsanspruch muss aber zur Durchsetzung eines prozessualen Anspruchs dienen, der Familiensache ist (BGH NJW 84, 2040), insbes bei Stufenklage (§ 254; KG NJW-RR
10   92, 450). – **b) Schadensersatzansprüche** aus Verletzung von Pflichten, die auf Grund einer Familiensache bestehen (Hamm NJW-RR 91, 1349), oder aus Verträgen, durch die Angelegenheiten der Nr 1–12
11   geregelt werden (ZöPhilippi 6 mwN). – **c) Rückgewähransprüche,** die sich auf rechtsgrundlos bezahlte Ansprüche (§ 812 Abs 1 BGB) beziehen, die ihrerseits eine Familiensache darstellen, zB Unterhalt (BGH 71, 264), Zugewinnausgleich (Hamm FamRZ 79, 1036) oder Kostenerstattungsanspruch des Scheinvaters gegen den Erzeuger für den von ihm geführten Vaterschaftsprozess (Koblenz FamRZ 99, 658).

12   **4. Familiensachen kraft Prozesszusammenhangs.** Das sind diejenigen Fälle, in denen das Ausgangsverfahren eine Familiensache ist: – **a) Abänderungsklagen** (§ 323), wenn der Titel eine Familiensache betrifft, insbes Unterhaltsansprüche der Nr 4 und 5 (BGH NJW 78,
13   1924). – **b) Anhangsverfahren** einer Familiensache: die Festsetzung von Streitwert (vgl § 2 Rn 7) und Kosten (§ 104 Abs 1 S 1; BGH FamRZ 78, 585), auch aus § 19 BRAGO, nicht aber die Klage des RA auf
14   Gebühren und Auslagen (hM; BGH 97, 79; mwN). – **c) Arrest und einstweilige Verfügung** (§§ 916, 935), die eine Familiensache betreffen (allgM), auch wenn die Entscheidung am Gerichtsstand der belegenen Sache (§§ 919, 936) beantragt wird (BGH NJW 80, 191). –
15   **d) Beweisverfahren** (§ 485), die sich auf eine Familiensache beziehen, gleich ob ein Rechtsstreit schon anhängig ist oder nicht (§ 486 Abs 1, 2
16   S 1; bestr). – **e) Drittwiderspruchsklagen** (§§ 771–774) sind dann Familiensachen, wenn das mit ihnen der ZwVollstr entgegengehaltene Recht auf einer Familiensache beruht (BGH NJW 85, 3066 für § 1477 Abs 2 BGB; Hamm FamRZ 95, 1072 u München FamRZ 00, 365 für § 1365 BGB). Hingegen kommt es nicht auf den Vollstreckungstitel an
17   (Hamburg FamRZ 84, 804 mwN). – **f) Vollstreckungsabwehrklagen,** wenn der Anspruch des § 767 Abs 1 als Familiensache vom Familiengericht entschieden wurde (BGH stRspr zB NJW 81, 346) und wenn im Fall des § 797 die Urkunde eine Familiensache betrifft (Bay-

ObLG FamRZ 91, 1455). Hingegen genügt nicht, dass die Aufrechnungsforderung eine Familiensache ist (vgl Rn 6; Hamm FamRZ 97, 1493; ZöPhilippi 17 a; bestr). – **g) Prozesskostenhilfe** (§ 117 Abs 1) **18** für eine Familiensache (allgM), nicht aber die Festsetzung der Vergütung für Beratungshilfe (BGH NJW 85, 2537). – **h) Vollstreckungs- 19 klausel.** Alle Rechtsbehelfe auf und gegen ihre Erteilung (§§ 731, 732, 768) sind Familiensache wie der Hauptsachetitel (allgM). – **i) Zwangs- 20 vollstreckung.** Sie wird vom Familiengericht durchgeführt, wenn es Prozessgericht war (§§ 887, 888, 890; Hamburg FamRZ 83, 1252). Im Übrigen verbleibt die Zuständigkeit des Vollstreckungsgerichts (allgM; BGH NJW 79, 1048). – **k) Zwischenverfahren,** wenn das Ausgangs- 21 verfahren Familiensache ist (allgM), insbes Ablehnung von Richtern und Sachverständigen (BGH NJW 79, 1463) und ein Zwischenstreit über Nebenintervention (§ 71 Abs 1) sowie Verweigerung von Zeugnis oder Gutachten (§§ 387 Abs 1, 402).

5. Familiensachen kraft Gesetzes mit ausschließlicher Zuständig- 22 keit des Familiengerichts sind ausschließlich und erschöpfend, außer den Ehesachen (vgl § 23 b Abs 1 S 2 Nr 1 GVG)· – **a) Nr 1. Elter- 23 liche Sorge:** ihre Regelung bei Kindern, soweit nach BGB das Familiengericht zuständig ist. Das trifft insbes zu in den Fällen der §§ 1618 S 4 (hM, BGH NJW-RR 00, 665), 1626 c, 1626 e, 1628, 1632, 1640, 1643, 1666, 1667, 1671, 1672, 1678, 1680, 1681, 1682, 1687, 1688, 1696 BGB. Das gilt im Falle des § 1696 BGB auch, wenn bis zum 30. 6. 98 das Vormundschaftsgericht zuständig war (BayObLG MDR 99, 549). Hingegen ist das Vormundschaftsgericht insbes zuständig in den Fällen der §§ 1683, 1690 BGB für die Auswahl und Bestellung des Vormunds oder Pflegers, die auf Grund der §§ 1773, 1909 BGB dem Vormundschaftsgericht obliegt (vgl BT-Dr 13/4899 S 104), wenn nicht das Familiengericht gem § 1697 BGB handelt. Trotz fehlender Anordnung im BGB liegt eine Familiensache auch beim Streit von nicht miteinander verheirateter Eltern um das gemeinsame Sorgerecht für ihr Kind vor (Stuttgart FamRZ 00, 632). – **b) Nr 2. Umgang:** Seine 24 Regelung obliegt dem Familiengericht, soweit sie nach den § 1632 Abs 3, §§ 1684, 1685 BGB ihm zugewiesen ist, ferner in den Fällen des § 1666 BGB (BGH NJW 84, 2824 für § 1666 BGB aF). – **c) Nr 3. 25 Herausgabe des Kindes** gem § 1632 Abs 1 BGB; wenn es die Eltern verlangen oder ein Elternteil verlangt. Wenn ein Vormund oder Pfleger das Kind herausverlangt, nur dann, wenn dessen Bestellung Folge der familiengerichtlichen Sorgeregelung gemäß §§ 1773, 1909 BGB ist (ZöPhilippi 37, 37 a mwN; umstr). – **d) Nr 4. Verwandtenunter- 26 halt. aa) Umfasst** die gesetzliche Unterhaltpflicht zwischen Verwandten auf- und absteigender Linie (§§ 1601–1615 o BGB), auch wenn die gesetzliche Unterhaltpflicht vertraglich geregelt ist, insbes in einem Vergleich anlässlich Scheidung der Eltern (BGH 71, 264 für Nr 4 aF). Umfasst auch die Abänderung der Unterhaltsbestimmung nach § 1612 Abs 2 S 2 BGB (KG FamRZ 03, 977; umstr); die funktionelle Zuständigkeit hierfür ist umstr, es sprechen jedoch die von Düsseldorf (FamRZ 01, 1306, dort auch zur gegenteiligen Rspr) genannten Argumente für eine Richterzuständigkeit. Ferner den sog Ausgleichsanspruch eines Elternteils gegen den anderen wegen erbrachter, dem anderen obliegender gesetzlicher Unterhaltsleistungen (BGH NJW 78, 2297 für Nr 4 aF) sowie Freistellung hiervon (BGH NJW 79, 552 für Nr 4 aF), auch eine Unterhaltsbeitragspflicht (München FamRZ 78, 704 für Nr 4 aF), ferner wenn die Ansprüche von einem Elternteil gegen den anderen gem § 1629 Abs 3 BGB in gesetzlicher Prozessstandschaft für das Kind geltend gemacht werden und solche, die übergegangen oder übergeleitet sind (ZöPhilippi 39), ferner den Kostenerstattungsanspruch des Scheinvaters für den Ehelichkeitsanfechtungsprozess gegen den Erzeuger (Koblenz 99, 658; aA München FamRZ 78, 439 für Nr 4 aF u 22. Aufl). **bb) Unanwendbar** auf vor dem 1. 1. 99 (vgl Art 33 Nr 16 EGInsO) entstandene Ansprüche aus § 419 BGB, aber nur, wenn bereits ein vollstreckbarer Unterhaltstitel vorliegt (ZöPhilippi 40; bestr); Klagen Dritter aus Aufwendungsersatz für Unterhalt (BGH NJW 79, 660), ferner Ansprüche gegen die geschiedene Ehefrau (BayObLG NJW 79, 1050 für Nr 4 aF). Ferner unanwendbar für eine Klage des Jugendamtes auf Herausgabe des Kindesunterhaltstitels gegen die Mutter wegen eines Anspruchsübergangs nach § 7 Abs 1 UVG (Celle JAmt 02, 272). – **e) Nr 5. Ehegattenunterhalt:** gesetzliche Unterhaltspflicht gem §§ 1360–1361 BGB, auch bei Getrenntleben und die nach Scheidung der Ehe (§§ 1569–1586b BGB). **aa)** Umfaßt auch Ansprüche auf Schuldbefreiung, Schadensersatz und Bereicherungsausgleich, die ihre Wurzel im unterhaltsrechtlichen Verhältnis haben (BGH NJW 94, 1416 mwN); Rückzahlung eines Prozesskostenvorschusses aus § 1360a Abs 4 BGB (Zweibrücken FamRZ 81, 1096); Erstattung außerprozessualer Kosten für geltendgemachte Unterhaltsansprüche (Braunschweig FamRZ 79, 719); Schadensersatzansprüche wegen Verletzung der Unterhaltspflicht (AG Charlottenburg FamRZ 93, 714 mwN); aus Unterhaltsvergleichen, auch wenn sie zugleich die Unterhaltspflichten gegenüber gemeinsamen Kindern im Verhältnis der Ehegatten zueinander regeln (BGH 71, 264; vgl Rn 11); auf Ausgleich von geleistetem Unterhalt, den der andere Elternteil hätte leisten müssen (BGH NJW 78, 2297); Feststellung, dass ein nachehelicher Unterhaltsanspruch nicht bestehe (Hamm FamRZ 82, 721); Anspruch auf Zustimmung zum begrenzten Realsplitting (hM; Hamm FamRZ 87, 489); Ansprüche aus Krankenversicherungsleistungen für den unterhaltsbegünstigten Ehegatten (BGH FamRZ 94, 626). **bb) Unanwendbar** auf eine rein vertraglich begründete Unterhaltsvereinbarung; auf Zahlung einer Abfindung für den Fall der Scheidung (Hamm FamRZ 91, 443); Ansprüche auf Abgabe steuerrechtlicher Erklärungen (Naumburg FamRZ 00, 165), soweit es sich nicht um den Anspruch auf Zustimmung zum begrenzten Realsplitting (Rn 28) handelt (hM; BayObLG FamRZ 85, 947 mwN). – **f) Nr 6. Versorgungsausgleich.** Alle Streitigkeiten zwischen den Ehegatten aus den §§ 1587–1587 p

BGB, also auch die Auskunftsansprüche (BGH NJW 81, 1508 mwN; vgl Rn 9; bestr) und die nach dem VAHRG vom FamG durchzuführenden Verfahren, insbes die Abänderung gem § 10a VAHRG. – **g) Nr 7. Ehewohnung und Hausrat.** Die Vorschrift wurde durch **31** Art 4 Nr 3 GewSchG geändert. Sie soll sicherstellen, dass von ihr alle Verfahrensgegenstände nach der HausratsVO erfasst werden, insb auch Anordnungen nach § 15 HausratsVO. Dies gilt auch soweit Dritte beteiligt sind. Überblick bei Brudermüller FamRZ 99, 193. In diesem Bereich sind Herausgabeklagen unzulässig; es gilt allein die HausratsVO.

aa) Betrifft auch die Fälle des § 1361a BGB, in denen Ehegatten getrennt leben oder getrennt leben wollen und über die Herausgabe oder über die Rückschaffung von eigenmächtig (§§ 858–862 BGB) aus der Ehewohnung entfernten Hausrat streiten (BGH NJW 83, 47; Frankfurt FamRZ 03, 47; bestr) sowie über die Zuweisung der Ehewohnung gem § 1361b BGB (BLAH 20 mwN), ferner der Zutritt in die Ehewohnung zu diesem Zweck (Düsseldorf FamRZ 85, 497); dies alles auch bei Drittbeteiligung (Frankfurt FamRZ 84, 1118). Es können auch Gegenstände von hohem Wert sein (BGH NJW 84, 1758). **bb) Un-** **32** **anwendbar:** auf Ansprüche aus Verträgen über die Auseinandersetzung von Ehewohnung und Hausrat (hM; Dresden FamRZ 01, 173 mwN), insbes aus einem Räumungsvergleich (Karlsruhe FamRZ 96, 36); Schadensersatzansprüche, die sich auf Hausratsgegenstände beziehen (BGH NJW 80, 192), insbes aus deren Veräußerung (BGH FamRZ 88, 155); idR auf einen Pkw (BGH FamRZ 83, 794); auf Nutzungsentgelt nach § 745 Abs 2 BGB für die Wohnung (BGH NJW 1994, 1721; KG FamRZ 00, 304; anders jedoch, soweit Anspruch auf § 1361b Abs 2 BGB gestützt wird, LG Waldshut-Tiengen FamRZ 99, 1088, es sei denn, der Anspruch wird für die Vergangenheit eingeklagt; Hamburg FamRZ 82, 941; BLAH 22; vgl Huber FamRZ 00, 129; Erbarth NJW 00, 1379/1385); auf Ausgleichsansprüche aus § 426 BGB grundsätzlich (BayObLG FamRZ 85, 1057). – **h) Nr 8. Güterrecht-** **33** **liche Ansprüche** sind zivilprozessuale Streitigkeiten, die aus den §§ 1363–1561 BGB folgen (in Einzelfällen umstr) oder dem entspr ausländischen Recht (Hamm FamRZ 92, 963). **aa) Umfasst:** Zugewinnausgleich (§ 1378 Abs 1 BGB; auch vorzeitiger gem §§ 1385ff BGB, MüKoBernreuther 97); Ansprüche aus ehevertraglichen Vereinbarungen (§ 1408 BGB; BayObLG FamRZ 83, 1248), insbes Ansprüche aus Vereinbarungen, mit denen die Ehegatten bestehende güterrechtliche Ansprüche abändern oder die sie bei der Auseinandersetzung über güterrechtliche Ansprüche treffen (BGH NJW 80, 2530); ein Streit über deren Wirksamkeit (BGH NJW 80, 2477) oder über eine Unterhaltsrente, die zur Abgeltung eines Zugewinnausgleichs vereinbart wurde (BGH NJW 82, 941); Auseinandersetzungsklagen der fortbestehenden Gütergemeinschaft aus § 1471 BGB (BGH NJW-RR 98, 1219), Ansprüche aus einem Scheidungsfolgenvergleich über Zugewinnausgleich (BGH NJW 81, 128) und eine damit in Zusammenhang stehende Geschäftsübergabe zwecks Abgeltung des Zugewinnausgleichs

(BGH FamRZ 84, 35); Ansprüche aus beendeter Eigentums- und Vermögensgemeinschaft gemäß FGB-DDR (BGH FamRZ 91, 794 und 1174); Anspruch auf Nutzungsentschädigung für eine in die Gütergemeinschaft eingebrachte Wohnung (Köln NJW-RR 93, 904). **bb) Drittbeteiligung.** Sie kann als Partei gegen nur einen der Ehegatten (BGH 76, 305), als Streitgenosse oder Nebenintervenient eines der Ehegatten bestehen zB die Streitigkeiten über zustimmungsbedürftige Verfügungen des § 1365 Abs 1 BGB (BGH FamRZ 81, 1045; München FamRZ 00, 365; Hamburg FamRZ 00, 1290; Hamm NJW-RR 01, 869). Bei einem von Ehegatten geschlossenen Vertrag zugunsten Dritter ist auch der Anspruch des Begünstigten Familiensache (BGH NJW 83, 928).

35   **cc) Unanwendbar** auf Streitigkeiten, für die das Vormundschaftsgericht zuständig ist, zB § 1365 Abs 2 BGB (BGH NJW 82, 2556), § 1369 Abs 2, §§ 1426, 1452 BGB; Ansprüche aus Rechtsgeschäften der Ehegatten, deren Rechtsfolgen den bestehenden Güterstand unberührt lassen (BGH NJW 78, 1923), zB aus unrechtmäßigen Verfügungen über Hausratsgegenstände (BGH NJW 80, 2476); Ausgleichsansprüche aus § 426 Abs 2 BGB (hM; Hamburg FamRZ 88, 298 mwN); aus vereinbartem Vermögensausgleich trotz Gütertrennung (Frankfurt FamRZ 96, 949); Streitigkeiten aus Miteigentum der in Zugewinngemeinschaft lebenden Ehegatten (BayObLG FamRZ 81, 376 mwN), aus Abhebungen vom Gemeinschaftskonto (Düsseldorf NJW-RR 99, 1090, aus der Pflicht zur Abführung von Einkünften aus einer gesellschaftsrechtlichen Beteiligung (BayObLG FamRZ 83, 198), aus der Auseinandersetzung einer BGB-Gesellschaft (Zweibrücken FamRZ 01, 1011). –

36   **i) Nr 9. Stundung der Ausgleichsforderung und Anrechnung:** §§ 1382, 1383 BGB. Auch wenn die Ausgleichsforderung durch Vereinbarung als Darlehen gewährt und daraus gestritten wird (Karlsruhe FamRZ 79, 56). Das Verfahren unterliegt im Gegensatz zu Nr 8 dem

37   FGG, so dass Trennung von Nr 8 geboten war. – **k) Nr 10. Kindschaftssachen.** Der Begriff richtet sich nach der Legaldefinition in § 640 Abs 2 (dort Rn 1, 2). Gesetzgeberischer Grund für die Neuregelung ist der enge Sachzusammenhang mit der Unterhaltssache (Nr 4; Rn 26). Auch die bis 1. 7. 98 der Zuständigkeit des Vormundschaftsgerichts unterliegenden Abstammungssachen nach dem Tod des Mannes oder Kindes (§ 1600 e Abs 2 BGB), für die das FGG gilt (§ 621 a Abs 1), sind (somit einheitlich) dem Familiengericht zugewiesen. –

38   **l) Nr 11. Ansprüche der nicht verheirateten Mutter gegen den Vater** anlässlich der Geburt auf Unterhalt (§ 1615l BGB), ferner auf Beerdigungskosten (§ 1615 m BGB). Die Zuständigkeit des Familiengerichts ist aus dem engen Sachzusammenhang mit Vaterschaft und Unter-

38 a   halt des Kindes begründet. – **m) Nr 12. Verfahren aus Anlass der Eheschließung.** Betrifft die Ehefähigkeit (§ 1303 Abs 2–4 BGB), Befreiung von Eheverboten (§ 1308 Abs 2 BGB) und Zustimmung zur Bestätigung einer aufhebbaren Ehe (§ 1315 Abs 1 S 1 Nr 1, S 3 BGB).

38 b   Das Verfahren unterliegt dem FGG (§ 621 a Abs 1 S 1). – **n) Nr 13. Maßnahmen nach §§ 1 u 2 GewSchG.** Die Vorschrift wurde durch

Art 4 Nr 3 GewSchG eingeführt. Damit ist klargestellt, dass die in §§ 1, 2 GewSchG genannten Maßnahmen Familiensachen sind. Für die Frage der Zuständigkeit des FamG genügt die schlüssige Behauptung des Führens eines auf Dauer angelegten gemeinsamen Haushalts (Schumacher FamRZ 02, 645/657). In den übrigen Fällen verbleibt es bei der Zuständigkeit der allg Zivilgerichte (AG oder LG, abhängig vom Streitwert; Schulz FuR 02, 97). Notwendig ist eine Lebensgemeinschaft, die auf Dauer angelegt ist und über eine reine Wohn- und Wirtschaftsgemeinschaft hinausgeht. Auf geschlechtliche Beziehungen kommt es nicht an. Erfasst werden daher Ehegatten, Partner eheähnlicher Lebensgemeinschaften, auch homosexuelle Partnerschaften und dauerhafte Beziehungen alter Menschen (Palandt Art 1 § 2 GewSchG Rn 2).

6. Örtliche Zuständigkeit während einer anhängigen Ehesache **39** (Abs 2 S 1). Diese Zuständigkeit ist ausschließlich (Rn 5) nur, solange die Ehesache (9–13 vor § 606), zu der die Familiensache der Nr 1–9 gehört, anhängig ist. Ist keine Ehesache anhängig, gilt Abs 2 S 2 (Rn 42). – **a) Anwendbarkeit: aa)** Alle Familiensachen des Abs 1 Nr 5–9 (Rn 28–36). Das sind diejenigen, welche nur die Ehegatten betreffen. bb) Familiensachen, die ein gemeinschaftliches, eheliches Kind betref- **40** fen, nämlich Abs 1 Nr 1–4 (Rn 23–27), soweit sie mit der Ehesache zusammenhängen (Abs 2 S 1 Nr 1–4). Das sind im Einzelnen **(1) Nr 1. Elterliche Sorge:** sämtliche Fälle, deren Gegenstand der (Teil)Entzug der elterlichen Sorge gegenüber einem oder beiden Ehegatten ist, insbes die Übertragung der elterlichen Sorge an einen Ehegatten allein (§§ 1671, 1672 Abs 1 BGB); daneben auch die Übertragung der elterlichen Sorge (oder eines Teils) für ein gemeinschaftliches Kind auf einen Vormund oder Pfleger. **(2) Nr 2. Umgang:** umfasst nicht nur den elterlichen Umgang mit dem gemeinsamen Kind (§ 1684 BGB), sondern auch den Umgang der Großeltern und Geschwister (§ 1685 Abs 1 BGB), auch alle Fälle des § 1685 Abs 2 BGB. Zweck der Vorschrift ist, die Umgangsregelung durch ein und dasselbe Gericht abzustimmen. **(3) Nr 3: Herausgabe** des Kindes, nur die von einem an den anderen Elternteil, nicht der Herausgabeanspruch von und gegen Dritte; zB Vormund, Pfleger, Pflegeeltern. **(4) Nr 4: Unterhalt:** nur der gemeinschaftlicher Kinder. Ausgenommen sind die vereinfachten Verfahren (§§ 645 ff). Für diese verbleibt es bis zur Überleitung in das streitige Verfahren (§ 642 Abs 2) beim Gerichtsstand des § 642 oder § 660 Abs 1. **cc)** Familiensachen nach Nr 13. Nr 5 wurde eingeführt durch Art 4 Nr 3 GewSchG. – **b) Zeitraum:** ab Einreichung der Klage- oder An- **41** tragsschrift in der Ehesache (§ 622 Abs 1), nicht erst ab Zustellung (vgl § 253 Abs 1); ein PKHGesuch genügt nicht (allgM). Wenn die Ehesache im ersten Rechtszug anhängig ist oder war, ist für die örtliche Zuständigkeit aller hier anwendbaren (Rn 39, 40) Familiensachen dasjenige Familiengericht berufen, bei dem die Ehesache noch anhängig ist. Befindet sich diese in höherer Instanz, so ist dasjenige Familiengericht zuständig, welches die Ehesache entschieden hat (Abs 2 S 1). Dadurch wird die gleichlaufende Zuständigkeit der zweiten Instanz erzielt. Dies gilt auch dann, wenn das Familiengericht für die Ehesache nicht örtlich zuständig ist. Die Zuständigkeit erlischt, wenn die Anhängigkeit der Ehesache endet; jedoch gilt § 261 Abs 3 Nr 2 (BGH NJW 81, 126). Auch wenn dann eine Folgesache anhängig bleibt, wird dadurch nicht die Zuständigkeit anderer Familiensachen begründet (BGH NJW 82, 1000); es gilt dann Abs 2 S 2.

42   **7. Fehlen einer anhängigen Ehesache** (Abs 2 S 2). Anhängigkeit: Rn 41. Sie fehlt auch, wenn die Ehesache rechtskräftig beendet ist. Örtlich zuständig ist für die betreffende in Abs 1 aufgeführte Sache das nach allgemeinen Vorschriften zuständige Familiengericht. Hierfür kommen vor allem in Betracht: in den der ZPO unterliegenden Verfahren (§ 621a Rn 9–11) die §§ 12, 13, 23a, 24–29, 33, 35a, auch §§ 38, 39, weil nur die sachliche, nicht die örtliche Zuständigkeit insoweit ausschließlich ist. In den dem FGG und der HausratsVO unterliegenden Verfahren (§ 621a Rn 4), insbes die §§ 43, 45, 64 FGG, § 11 HausratsVO. Es können verschiedene Gerichte zuständig sein (vgl BayObLG FamRZ 00, 165 bei doppeltem Wohnsitz von Kindern im Verfahren nach § 1671 BGB).

43   **8. Verweisung und Abgabe** (Abs 3) erfolgen von Amts wegen (auch bei Nichtfamiliensachen, die beim Familiengericht anhängig gemacht worden sind) gemäß § 281 in den ZPO-Verfahren (Abs 1 Nr 4, 5, 8, 10, 11) und gemäß § 64 Abs 2 FGG in den Verfahren Abs 2 Nr 1–3, Abs 1 Nr 9, in Hausratssachen (Nr 7) gemäß § 11 Abs 3 HausratsVO. § 261 Abs 3 Nr 2 gilt also nicht (Hamm FamRZ 00, 841). Dies hat zur Folge, dass die abgegebene oder verwiesene Sache in den Verbund (§ 623 Abs 1) gelangt (§ 623 Abs 4; dort Rn 23), aber nur, wenn die Voraussetzungen vorliegen (§ 623 Rn 6). Sie kann und soll auch mit bereits anhängigen Familiensachen verbunden werden, soweit es § 147 gestattet, weil damit der Zweck (2 vor § 621) besser erreicht wird. –

44   **a) Nachfolgende Ehesache** (Abs 3). Wird sie rechtshängig (§ 261 Abs 1) während der Anhängigkeit einer Familiensache (Rn 41), so wird von Amts wegen an dasjenige Gericht verwiesen (in ZPO-Verfahren) oder abgegeben (in FGG-Verfahren), bei dem die Ehesache anhängig ist. Das gilt auch, wenn das Gericht der Ehesache zuvor eine Familiensache verwiesen hat. Eine Bindungswirkung nach § 281 Abs 2 S 5 besteht wegen Vorrang des Abs 3 nicht (Hamm FamRZ 00, 841; aA Zöller/Philippi 99). Damit soll die Entscheidungskonzentration (3 vor § 621) ermöglicht und gefördert werden. Der Verweisungsbeschluss (§ 281 Abs 2) und die Abgabe (§ 64 Abs 2 FGG, § 11 Abs 3, § 18 Abs 1 HausrVO) sind unanfechtbar und binden (Abs 3 S 2; § 281 Abs 2). Dem Kläger (Antragsteller) dürfen Mehrkosten nicht auferlegt werden, da auf § 281 Abs 3 S 2 nicht verwiesen ist (BLAH 35). Eine Verweisung an das Gericht der Ehesache ist in einer der ZPO unterliegenden Familiensache zulässig, solange in erster Instanz noch nicht abschließend

entschieden ist (hM; BGH NJW 01, 1499 mwN; Weber NJW 02, 1308/ 1310); dies wird bei Abweisung einer Klage wegen örtlicher Unzuständigkeit verneint von Hamburg NJW-RR 93, 1286. – **b) Bereits anhängige Ehesache.** Wird eine andere Familiensache unter Verletzung der ausschließlichen Zuständigkeit des Abs 2 S 1 vor einem deshalb unzuständigen Gericht anhängig gemacht oder (nach FGG) eingeleitet, so ist stets von Amts wegen zu verweisen oder abzugeben. Abs 3 gilt entspr; jedoch ist § 281 Abs 3 S 2 anzuwenden. – **c) Fehlende Ehesache.** Die trotzdem (irrtümlich) geschehene Verweisung oder Abgabe bindet nicht (BGH NJW-RR 96, 897). 45

46

§ 621 a Anzuwendende Verfahrensvorschriften

(1) [1]**Für die Familiensachen des § 621 Abs. 1 Nr. 1 bis 3, 6, 7, 9, 10 in Verfahren nach § 1600 e Abs. 2 des Bürgerlichen Gesetzbuchs, Nr. 12 sowie 13 bestimmt sich, soweit sich aus diesem Gesetz oder dem Gerichtsverfassungsgesetz nichts Besonderes ergibt, das Verfahren nach den Vorschriften des Gesetzes über die Angelegenheiten der freiwilligen Gerichtsbarkeit und nach den Vorschriften der Verordnung über die Behandlung der Ehewohnung und des Hausrats.** [2]**An die Stelle der §§ 2 bis 6, 8 bis 11, 13, 16 Abs. 2, 3 und des § 17 des Gesetzes über die Angelegenheiten der freiwilligen Gerichtsbarkeit treten die für das zivilprozessuale Verfahren maßgeblichen Vorschriften.**

(2) [1]**Wird in einem Rechtsstreit über eine güterrechtliche Ausgleichsforderung ein Antrag nach § 1382 Abs. 5 oder nach § 1383 Abs. 3 des Bürgerlichen Gesetzbuchs gestellt, so ergeht die Entscheidung einheitlich durch Urteil.** [2]**§ 629 a Abs. 2 gilt entsprechend.**

1. Allgemeines. Die Familiensachen des § 621 unterfallen nach ihrem Gegenstand zum Teil der ZPO (Nr 4, 5, 8, 10 [mit Ausnahme des § 1600 e Abs 2 BGB] und 11), zum anderen Teil dem FGG und der HausratsVO (Nr 1–3, 6, 7, 9 und die Ausnahme § 1600 e Abs 2 BGB in Nr 10 sowie Nr 12 und 13), so dass im Verbund (§ 623) verschiedenes Verfahrensrecht nebeneinander anzuwenden ist (Rn 5). In den Verfahren nach § 621 Abs 1 Nr 1–3 ist eine besondere Sensibilität für die Problematik der Verfahrensdauer erforderlich (BVerfG NJW 01, 961). Für die unter § 621 Abs 1 Nr 4 fallende Abänderung der Unterhaltsbestimmung nach § 1612 Abs 2 S 2 BGB ist aber das FGG anzuwenden (MuBorth § 621 Rn 70; Frankfurt FamRZ 00, 1424). – **a) Grundsatz.** Es ist davon auszugehen, dass für jeden Gegenstand die jeweils zutreffende Verfahrensordnung anzuwenden ist (Einf 3–5 vor § 606). § 621 a betrifft die der ZPO unterliegenden Familiensachen nicht, weil dafür die ZPO sowieso uneingeschränkt gilt. – **b) Wirkung** In den zur freiwilligen Gerichtsbarkeit gehörenden Gegenständen von § 621 Abs 1 Nr 1–3, 6, 7, 9 und die Ausnahme § 1600 e Abs 2 BGB in Nr 10 sowie Nr 12 und 13 wird sichergestellt, dass sie auch vor dem Familiengericht 1

2

3

nach den Grundsätzen der freiwilligen Gerichtsbarkeit (FGG und HausratsVO) behandelt werden (Abs 1 S 1). Zugleich gelten aber (in Form eines Mischsystems) an Stelle bestimmter Vorschriften des FGG die für den Zivilprozess geltenden Verfahrensvorschriften (ZPO und GVG), insbes die §§ 621–621 f und bei Scheidungsfolgesachen Teile der §§ 622–630 als Sonderregeln (Abs 1 S 1 Hs 2, S 2).

4   **2. Vorschriften der freiwilligen Gerichtsbarkeit** (Abs 1 S 1), nämlich des FGG und der HausratsVO. Ihre Anwendung ist für die Gegenstände (Rn 3) der Grundsatz. Das Familiengericht tritt an Stelle des Vormundschaftsgerichts. – **a) Geltung** aus dem FGG: § 7 (Wirksamkeit der Handlungen eines örtlich unzuständigen Gerichts oder ausgeschlossenen Richters), § 12 (uneingeschränkter Untersuchungsgrundsatz), § 13 a (Kosten), § 15 (Beeidigung nach Ermessen des Gerichts), § 16 Abs 1 (Wirksamwerden von Entscheidungen, Bremen NJW 79, 1051), § 18 (Änderung von Entscheidungen), § 20 (Beschwerdeberechtigung), § 24 (aufschiebende Wirkung), § 33 (Zwang und Zwangsgeld, aber nicht beim Versorgungsausgleich, hM), die §§ 49 a, 50 a–50 c (Anhörungen), die §§ 52, 52 a (Einvernehmen, Aussetzung, Vermittlung), die §§ 53 b–53 g (Versorgungsausgleich); § 59 (Verfahrensfähigkeit des minderjährigen Kindes); die §§ 7, 12–15, 17, 18 HausratsVO.

5   – **b) Wirkung.** Im Verbund (§ 623 Abs 1) ist je nach Verfahrens- oder Streitgegenstand teils FGG und HausratsVO (im Mischsystem mit ZPO und GVG) oder Zivilprozessrecht anzuwenden. Diese Rechtslage gebietet oder (mindestens) empfiehlt, bei Verhandlung (insbes im selben Termin) und in der Entscheidung die Gegenstände erkennbar zu trennen. –

6   **c) Zustellungsadressaten** als Beteiligte sind (wegen § 16 Abs 1 FGG) neben dem Antragsteller und -gegner insbes das minderjährige Kind (§ 59 FGG), das örtlich zuständige Jugendamt (§ 49 Abs 3, § 49 a Abs 2 FGG); der Vermieter (HausratsVO), Versicherungsträger oder Besoldungsbehörde, ggf Arbeitgeber, Renten- oder Lebensversicherer (§ 53 b Abs 2 FGG). § 172 gilt nur, wenn ein RA Verfahrensbevollmächtigter ist. – **d) Beteiligung Dritter** am Verfahren nach den

7   Grundsätzen des FGG ist vorgeschrieben, soweit sie betroffen sind, insbes Jugendamt (§ 49 a Abs 1 FGG), Rentenversicherungsträger (§ 53 b Abs 2 FGG). Wird ihnen die Entscheidung zugestellt (Rn 6), so können sie den Verstoß, dass sie bislang nicht zugezogen wurden, nur durch befristete Beschwerde (§ 621 e) geltend machen (BGH NJW 80, 2418).

8   – **e) Beendigung** des Verfahrens geschieht nach allgemeinen Grundsätzen; daher nicht durch Vergleich in Angelegenheiten, die der Disposition entzogen sind, insbes elterliche Sorge, Herausgabe von und Umgang mit Kindern. Es kann nur Rechtsmittelrücknahme oder -verzicht vereinbart werden (vgl BGH FamRZ 88, 277).

9   **3. Vorschriften des Zivilprozessrechts,** nämlich die ZPO und das GVG sind bei den Verfahren in den Familiensachen die § 621 Abs 1 Nr 4, 5, 10 mit Ausnahme § 1600 e Abs 2 BGB und Nr 11 sowieso uneingeschränkt anzuwenden (Rn 2). Für die Gegenstände des

§ 621 Abs 1 Nr 1–3, 6, 7, 9, 10 in Verfahren nach § 1600 e Abs 2 BGB sowie Nr 12 gilt Zivilprozessrecht nur: – **a) Auf Grund Sonderregelung** der ZPO oder des GVG (Abs 1 S 1). Das sind die §§ 621–621 f, teilweise in den §§ 623–630, in den §§ 640–641 k, weiter die § 78 Abs 2, § 93 a Abs 1, 2, §§ 93 c, 93 d sowie § 119 Abs 1 Nr 1 Buchst a), § 133, § 170 GVG. Sie schließen, soweit sie reichen, die Vorschriften des FGG und der HausratsVO aus. – **b) Auf Grund ausdrücklicher** **10** **Bestimmung** (Abs 1 S 2): statt § 2 FGG die §§ 156–168 GVG; statt § 3 FGG der § 15; statt § 4 FGG der § 261 Abs 3 Nr 1 oder § 35; statt § 5 FGG die §§ 36, 37 (BGH NJW-RR 93, 1091; BayObLG FamRZ 03, 315) sowie § 281 (BGH 71, 15); statt § 6 FGG die §§ 41–48; statt §§ 8, 9 FGG die §§ 176–197 GVG; statt § 11 FGG insbes § 78 Abs 3, § 129 und die darauf bezogenen Bestimmungen, auch § 129 a; statt § 13 FGG die §§ 78–90; statt § 14 FGG die §§ 114–127 sowie § 127 a, § 620 S 1 Nr 9, § 621 f; statt § 16 Abs 2 und 3 FGG die § 329 Abs 2, 3 (BGH NJW 02, 2252), § 621 c und die allgemeinen Zustellungsvorschriften (Bamberg NJW-RR 99, 659); statt § 17 FGG der § 222, statt § 22 Abs 2 FGG die §§ 233–238 (BGH NJW 79, 109). – **c) Auf** **11** **Grund fehlender Regelung** im FGG. Beim Versorgungsausgleich gelten die §§ 239–252 (BGH FamRZ 84, 467), auch die §§ 66–74 (BGH NJW-RR 91, 1092) und es sind feststellende Entscheidungen (entspr § 256) möglich (BGH NJW 82, 387).

4. Einheitliches Urteil bei güterrechtlicher Ausgleichsforde- **12** **rung** (Abs 2) infolge Zugewinngemeinschaft (§ 1378 BGB), die als Familiensache (nach ZPO) unter § 621 Abs 1 Nr 8 fällt, wenn sie mit einem Fall des § 621 Abs 1 Nr 9 (nach FGG) zusammentrifft: – **a) Anwendbar** (auch in der Berufungsinstanz) nur in einem Rechtsstreit über die Ausgleichsforderung (§ 1378 BGB). Wird darin Stundung (§ 1382 Abs 5 BGB) oder Übertragung von Vermögensgegenständen (§ 1383 Abs 3 BGB) beantragt, schreibt Abs 2 S 1 zwingend einheitliches (End)Urteil vor, damit gleichzeitige Entscheidung. – **b) Anfech-** **13** **tung** (Abs 2 S 2). Das Urteil unterliegt der Berufung (§ 511) und der Revision (§§ 542, 543; Übergangsrecht § 26 Nr 9 EGZPO beachten). Soll aber nur die Stundung (§ 1382 BGB) oder die Übertragung von Vermögensgegenständen (§ 1383 BGB) angefochten werden, findet befristete Beschwerde oder Rechtsbeschwerde nach Maßgabe des § 621 e (Übergangsrecht § 26 Nr 9 EGZPO beachten) statt (§ 629 a Abs 2 S 1 entspr). Bei nachfolgender Berufung oder Revision in der Hauptsache (Ausgleichsforderung) ist mit der Beschwerdesache wiederum einheitlich zu entscheiden (§ 629 a Abs 2 S 2 entspr).

5. Entscheidungsformen. Hier gilt der Grundsatz, dass in den der **14** freiwilligen Gerichtsbarkeit unterliegenden Gegenständen nach FGG bei schwerwiegenden Eingriffen – wie der Entscheidung über das Sorgerecht – durch zu begründenden (München FamRZ 99, 520) Beschluss oder Verfügung (vgl § 19 FGG), in den der ZPO unterliegenden grundsätzlich durch Endurteil (§ 300) zu entscheiden ist, und zwar jeweils getrennt, soweit nicht Abs 2 (Rn 12) und § 629 Abs 1 (Scheidungs- und Folgesachen) als Ausnahme zwingend ein einheitliches Urteil vorschreiben. Darüber hinaus steht es im Ermessen des Gerichts, in anderen Familiensachen eine verbundene Entscheidung zu erlassen, durch Urteil entspr § 629, wenn darin ein Gegenstand des § 621 Abs 1 Nr 4, 5 oder 8, 10 mit Ausnahme des § 1600 e Abs 2 BGB sowie Nr 11 enthalten ist.

15   **6. Einheitlichkeit der Entscheidung** (im Inhalt) gegenüber allen Beteiligten ist wegen deren Beschwerderechts in den Fällen des § 621 Abs 1 Nr 1–3, 6, 7, 9, 10 in der Ausnahme des § 1600 e Abs 2 BGB sowie Nr 12 erforderlich. Daher darf eine Beschwerdeentscheidung in der Sache erst ergehen, wenn Beschwerde von allen Beteiligten eingelegt oder für die anderen Beteiligten die Rechtsmittelfrist abgelaufen ist (München FamRZ 78, 614).

16   **7. Einstweilige Anordnungen.** Die §§ 620–620g gelten nur, wenn eine Ehesache anhängig ist. Jedoch kann das Familiengericht nunmehr auf Grund des neu eingeführten § 621 g (dort Rn 1) einstweilige Anordnungen in den Fällen des § 621 Abs 1 Nr 1–3 und 7 ab Einleitung des (Haupt)Verfahrens oder Stellung eines PKH-Antrags erlassen. Dasselbe gilt beim Kostenvorschuss (§ 621 f) und beim Zugewinnausgleich (§ 53 a Abs 3 S 1 FGG). Für die ZPO-Verfahren des § 621 Abs 1 Nr 4, 5 und 11 (Unterhaltssachen) ist einstweilige Anordnung nach § 644 möglich.

§ 621 b Güterrechtliche Streitigkeiten

In Familiensachen des § 621 Abs. 1 Nr. 8 gelten die Vorschriften über das Verfahren vor den Landgerichten entsprechend.

1   Für isolierte Güterrechtsprozesse (§ 621 Abs 1 Nr 8) gelten die Vorschriften für das LG (§§ 253–495) entspr, nicht die §§ 495–510 b.

§ 621 c Zustellung von Endentscheidungen

§ 317 Abs. 1 Satz 3 ist auf Endentscheidungen in Familiensachen nicht anzuwenden.

1   Bestimmt dasselbe wie § 618 für Ehesachen. Der Ausschluss des § 317 Abs 1 S 3 durch § 621 c kann sich nur auf Urteile beziehen, weil nur für diese (nicht für Beschlüsse) die Zustellung auf Antrag bis zu 5 Monaten hinausgeschoben werden kann (vgl § 329 Abs 1 S 2).

§ 621 d Zurückweisung von Angriffs- und Verteidigungsmitteln

[1]In Familiensachen des § 621 Abs. 1 Nr. 4, 5, 8 und 11 können Angriffs- und Verteidigungsmittel, die nicht rechtzeitig vorgebracht werden, zurückgewiesen werden, wenn ihre Zulassung nach der freien Überzeugung des Gerichts die Erledi-

gung des Rechtsstreits verzögern würde und die Verspätung auf grober Nachlässigkeit beruht. [2]Im Übrigen sind die Angriffs- und Verteidigungsmittel abweichend von den allgemeinen Vorschriften zuzulassen.

1. Allgemeines. Die bisher an dieser Stelle stehende Regelung über **1** die Statthaftigkeit der Revision in den zivilprozessualen Familiensachen ist nunmehr in den allgemeinen Vorschriften über die Zulässigkeit der Revision geregelt (§§ 542–544). In § 26 Nr 9 EGZPO wird jedoch ergänzend bestimmt, dass die Vorschriften über die Nichtzulassungsbeschwerde bis zum 31. 12. 06 verkündeten, zugestellten oder bekannt gemachten Entscheidungen nicht anzuwenden sind. Die Neufassung von § 621 d entspricht einem Bedürfnis der Praxis, verspätetes Vorbringen in den unterhalts- und güterrechtlichen Streitigkeiten zu präkludieren.

2. Anwendungsbereich. Die Vorschrift ist nur in den in aufge- **2** führten Familiensachen anwendbar und stellt eine Sonderregelung gegenüber §§ 296, 530, 531 dar. Sie entspricht § 615 (vgl dort Rn 1 ff; Völker MDR 01, 1325/1326).

3. Verbund. Verspätetes Vorbringen kann die Entscheidung iSv **3** § 621 d über eine im Verbund gem § 623 stehende Folgesache nur dann verzögern, wenn dadurch die Entscheidung über alle anhängigen Folgesachen hinausgeschoben wird, weil über die Scheidungs- und Folgesache gem § 629 Abs 1 einheitlich entschieden werden muss (BLAH 1).

§ 621 e Befristete Beschwerde; Rechtsbeschwerde

(1) **Gegen die im ersten Rechtszug ergangenen Endentscheidungen über Familiensachen des § 621 Abs. 1 Nr. 1 bis 3, 6, 7, 9, 10 in Verfahren nach § 1600 e Abs. 2 des Bürgerlichen Gesetzbuchs, Nr. 12 sowie 13 findet die Beschwerde statt.**

(2) [1]**In den Familiensachen des § 621 Abs. 1 Nr. 1 bis 3, 6 und 10 in Verfahren nach § 1600 e Abs. 2 des Bürgerlichen Gesetzbuchs sowie Nr. 12 findet die Rechtsbeschwerde statt, wenn sie**
1. **das Beschwerdegericht in dem Beschluss oder**
2. **auf Beschwerde gegen die Nichtzulassung durch das Beschwerdegericht das Rechtsbeschwerdegericht**
zugelassen hat; § 543 Abs. 2 und § 544 gelten entsprechend. [2]**Die Rechtsbeschwerde kann nur darauf gestützt werden, dass die Entscheidung auf einer Verletzung des Rechts beruht.**

(3) [1]**Die Beschwerde wird durch Einreichung der Beschwerdeschrift bei dem Beschwerdegericht eingelegt.** [2]**Die §§ 318, 517, 518, 520 Abs. 1, 2 und 3 Satz 1, Abs. 4, §§ 521, 522 Abs. 1, §§ 526, 527, 548 und 551 Abs. 1, 2 und 4 gelten entsprechend.**

(4) [1]**Die Beschwerde kann nicht darauf gestützt werden, dass das Gericht des ersten Rechtszuges seine Zuständigkeit zu Unrecht angenommen hat.** [2]**Die Rechtsbeschwerde kann nicht da-**

rauf gestützt werden, dass das Gericht des ersten Rechtszuges seine Zuständigkeit zu Unrecht angenommen oder verneint hat.

1   **1. Allgemeines.** § 621 e regelt die befristete Beschwerde und die Rechtsbeschwerde gegen die Beschlüsse (Endentscheidungen) in den der freiwilligen Gerichtsbarkeit unterliegenden Gegenständen des § 621 Abs 1 Nr 1–3, 6, 7, 9, 10 in Verfahren nach § 1600 e Abs 2 BGB sowie Nr 12 und 13. Dadurch wird die Anwendung der §§ 19–30 FGG über § 621 a Abs 1 S 1 als Sonderregelung weitgehend, aber nicht ganz ausgeschlossen. Auch bei einheitlichem Urteil im Verbund des § 623 Abs 1 gilt § 621 e entspr (§ 629 a Abs 2 S 1). Obwohl dem Unterhaltsrecht zugehörig (§ 621 Abs 1 Nr 4, dort Rn 26), ist die Änderung der Unterhaltsbestimmung nach § 1612 Abs 2 S 2 BGB nur nach § 621 e anfechtbar (Zweibrücken FamRZ 02, 1269; ZöPhilippi 1).

2   **2. Zulässigkeit der befristeten Beschwerde** (Abs 1). Beschwerdegericht ist das OLG (§ 119 Abs 1 Nr 1 a GVG). Dort entscheidet grds der Senat, nicht der ER (vgl Rn 11). – **a) Statthaftigkeit. aa) Anwendbar** ist § 621 e auf Endentscheidungen des Familiengerichts im ersten Rechtszug, die Familiensachen der freiwilligen Gerichtsbarkeit betreffen (Abs 1). Das sind Beschlüsse und im Verbund des § 623 Abs 1 Urteile (§ 629 Abs 1, § 629 a Abs 2 S 1), auch Teilendentscheidungen, zB über den Auskunftsanspruch zum Versorgungsausgleich; Bewilligung, Versagung oder Verlängerung einer Räumungsfrist bei Zuweisung der Ehewohnung (Bamberg FamRZ 01, 691 mwN), Einbenennung eines Kindes nach § 1618 BGB (BGH NJW-RR 00, 665; Oelkers/Kreutzfeldt FamRZ 00, 645/647; aA Koblenz FamRZ 00, 690), Entziehung der Vertretungsmacht nach §§ 1629 Abs 2 S 3, 1796 BGB (Köln FamRZ 01, 430), auch Beschlüsse auf einseitige Hauptsacheerledigung in isolierten FGG-Familiensachen (Köln FamRZ 83, 1262). **bb) Unanwendbar** ist § 621 e und statt dessen die einfache 3 Beschwerde (§ 19 FGG) gegeben bei Zwischenentscheidungen, insbes gegen einstweilige Anordnungen (§ 621 a Rn 16; BGH 72, 169 mwN; BGH FamRZ 03, 232), gegen Androhung (BGH NJW 79, 820) und Festsetzung (BGH NJW 81, 177) von Zwangsgeld gem § 33 FGG, gegen die Aussetzung des Versorgungsausgleichs (Dresden FamRZ 02, 1053); gegen familiengerichtliche Genehmigung nach §§ 1643 Abs 1, 1821, 1822 BGB (München OLGR 02, 477). In diesen Fällen gilt § 19 FGG. Sofortige Beschwerde (§ 20 a Abs 2 FGG) findet statt gegen isolierte Kostenentscheidungen bei übereinstimmender Erledigterklärung und An-4 tragsrücknahme (hM; BGH FamRZ 90, 1102 mwN). – **b) Form:** Schriftform (Abs 3 S 1); daher nicht ohne Unterschrift (Karlsruhe NJW-RR 96, 1411 mwN), es sei denn § 130 a liegt vor. Eingereicht werden darf wegen Abs 3 S 1 nur beim Beschwerdegericht (abweichend von § 21 Abs 1 FGG und § 569 Abs 1 S 1. Die beim Familiengericht eingereichte Beschwerdeschrift ist unverzüglich dem Beschwerdegericht vorzulegen (Fristwahrung: Rn 5). Für das Rechtsmittel besteht kein Anwaltszwang (§ 569 Abs 3 Nr 1) mit Ausnahme der Folgesachen (§ 623) gem § 78

Abs 2 Nr 1. – **c) Frist** (Abs 3 S 2). **aa) Einlegung:** Notfrist von einem 5
Monat ab Zustellung gem § 517. Für nicht verkündete Beschlüsse in isolierten FGG-Verfahren beginnt die Frist mit Zustellung an den Rechtsmittelführer und nicht erst mit der letzten Zustellung an einen der Beteiligten (BGH NJW 02, 2252). Die §§ 233–238 gelten auch in diesen
Verfahren (BGH aaO). Die 5-Monatsfrist gilt nicht für solche Dritte (zB
Versorgungsträger), die am Verfahren nicht beteiligt wurden (Stuttgart
FamRZ 01, 549; Naumburg FamRZ 01, 550 u 1542; ZöPhilippi 19 b
mwN; bestr). Die Frist wird gewahrt, wenn die beim Familiengericht
eingelegte Beschwerde (vgl Rn 4) innerhalb der Frist beim Beschwerdegericht eingeht (BGH NJW 78, 1165). Die Frist gilt auch, wenn gerügt werden soll, dass eine Familiensache nicht vorliege (BGH FamRZ
90, 147) oder dass das rechtliche Gehör verletzt wurde (BGH FuR 00,
261). **bb) Begründung.** Diese muss grds binnen zwei Monate nach
Zustellung des Beschlusses erfolgen, spätestens 5 Monate nach Verkündung (§ 520 Abs 2 S 1) mit Verlängerungsmöglichkeit nach § 520 Abs 2
S 2 u 3. Wiedereinsetzung ist möglich. – **d) Beschwer.** Die angefoch- 6
tene Entscheidung muss für den Beschwerdeführer nachteilig sein (17–
19 vor § 511), zB durch Ablehnung eines Antrags auf Genehmigung
des vereinbarten schuldrechtlichen Versorgungsausgleichs (BGH MDR
99, 548). In Hausratssachen muss sie 600 Euro übersteigen (§ 14 HausratsVO). Der Beschwerdeführer muss beschwerdeberechtigt sein (§ 20
FGG; BGH NJW 99, 3719). Dies gilt auch für beteiligte Dritte, zB
Träger der Rentenversicherung (BGH NJW 79, 108). Auch § 57 FGG
gilt. – **e) Beschwerdebegründung** ist durch die entspr Anwendung 7
des § 520 Abs 1, 2 u 3 S 1 vorgeschrieben (Abs 3 S 2). Dem § 520
Abs 3 S 2 muss die Beschwerdebegründung daher inhaltlich nicht entsprechen, auch nicht einen bestimmten Antrag enthalten, da auf diese
Vorschrift ausdrücklich nicht verwiesen wird. Es muss sich aus ihr aber
die Beschwer (Rn 6) ergeben und wie der Beschwerdeführer sie
bekämpfen will (BGH NJW 83, 179). Nach Ablauf der Begründungsfrist können neue Anfechtungsgründe nicht mehr vorgebracht werden
(Köln FamRZ 98, 762). – **f) Anschlussbeschwerde** (auch unselbst- 8
ständige) dürfte in isolierten Familiensachen nach allgemeinen Grundsätzen stattfinden, insbes beim Versorgungsausgleich (BGH NJW 82,
224), aber nicht, wenn der Träger der Versorgungslast oder Rentenversicherung das Hauptrechtsmittel eingelegt hat (BGH 92, 207); nach
Köln (NJW-RR 02, 1299) auch nicht im Verfahren zur Regelung des
Umgangs eines Elternteils mit dem Kind. Der allg Grundsatz dürfte
gelten, obwohl auf § 524 nicht entsprechend verwiesen wird. Aber
auch in der bis 31. 12. 01 geltenden Fassung wurde nicht auf § 521 aF,
der die Anschlussbeschwerde regelte, verwiesen. Gleichwohl wurde allgemein von der Statthaftigkeit der Anschlussbeschwerde ausgegangen
(Köln aaO). Im Verbund (§ 623) gilt die Sonderregelung des § 629 a Abs 3.

3. Beschwerdeverfahren. Es beginnt mit Einreichung der Be- 9
schwerdeschrift (Rn 4). – **a) Abhilfe** ist durch Abs 3 S 2 ausgeschlossen,

10   weil § 318 entspr anwendbar ist. – **b) Zustellung** der Beschwerde-schrift (Rn 4) und der Beschwerdebegründung (Rn 7) ist durch Abs 3 S 2, § 521 Abs 1 vorgeschrieben. Sie hat an alle anderen Beteiligten

11   wegen § 629a Abs 3 zu erfolgen. – **c) Einzelrichter.** Eine Entschei-dung durch diesen ist nur unter den in §§ 526, 527 Abs 3 genannten Voraussetzungen zulässig. Auf § 568 wird in Abs 3 nicht verwiesen. Mündliche Verhandlung ist freigestellt, nicht zwingend vorgeschrieben (Ausnahme: § 629a Abs 2 S 2), in Hausratssachen (§ 13 Abs 2 Hausrats-VO), beim Zugewinnausgleich (§ 53a Abs 1 S 1 FGG) und beim Ver-sorgungsausgleich (§ 53b Abs 1 FGG) nur als Soll-Vorschrift (BGH NJW

12   83, 824). – **d) Rücknahme** der Beschwerde (auch teilweise) ist zuläs-sig, bis die Beschwerdeentscheidung erlassen ist. Die Rücknahme be-darf nicht der Zustimmung anderer Beteiligter. Für die Kostenentschei-dung gilt § 13a FGG (Stuttgart FamRZ 83, 936 mwN; KG FamRZ 95, 376 mwN; bestr; aA: § 516 Abs 3 entspr; Hamm FamRZ 95, 377: keine Kostenentscheidung). Bei Beschwerden gegen einstweilige Anord-nungen (§ 620) ist hingegen § 516 Abs 3 entspr anzuwenden (§ 620g

13   Rn 4). – **e) Zuständigkeitsprüfung** (Abs 4 S 1). Es gilt das zu § 513 Abs 2 Gesagte (dort Rn 3). Daraus folgt auch, dass das Beschwerdege-richt nicht prüfen darf, ob eine Familiensache vorliegt und der Fami-liensenat zuständig ist, wenn das Familiengericht entschieden hat (Ber-gerfurth FamRZ 01, 1493/1494). Hins der internationalen Zuständig-keit ist die Vorschrift ebenso wie §§ 513 Abs 2, 545 Abs 2 auszulegen (hierzu BGH NJW 03, 426), so dass die internationale Zuständigkeit auch im Beschwerdeverfahren zu überprüfen ist (vgl auch MüKoFinger

14   AB § 621e Rn 4). – **f) Entscheidungsreife.** Kann gegenüber mehre-ren Beteiligten nur einheitlich entschieden werden, darf das Beschwer-degericht über das zulässige Rechtsmittel eines Beteiligten in der Sache erst entscheiden, wenn die anderen Beteiligten auf Rechtsmittel ver-zichten oder wenn die Rechtsmittelfrist für sie abgelaufen ist. Ist ein wei-teres Rechtsmittel von einem anderen Beteiligten eingelegt worden, muss

15   einheitlich verfahren und entschieden werden. – **g) Entscheidungs-inhalt.** Im Beschluss (Ausnahme § 629a Abs 2 S 2) darf bei Teilanfech-tung (Rn 2) nur der angefochtene Teil abgeändert werden (BGH 92, 5). An Anträge ist das Gericht sonst grundsätzlich nicht gebunden, ins-bes nicht beim Versorgungsausgleich (allgM). Auf § 528 ist nicht ver-wiesen. Es gilt jedoch das Verbot der Schlechterstellung beim Versor-gungsausgleich (BGH 85, 180 und 92, 5) und in Hausratssachen, nicht bei § 621 Abs 1 Nr 1–3, weil es auf das Wohl des Kindes ankommt und dieses vorgeht (ZöPhilippi 36). Für die Beschlussgründe gilt § 25 FGG. Die Formel richtet sich nach den allgemeinen Regeln. Sie entsprechen den §§ 522 Abs 1, 572 Abs 3. § 538 Abs 2 gilt nicht (Braunschweig MDR 03, 271; MüBorth 26; aA ZöPhilippi 76). Für die Kosten ist § 13a FGG anzuwenden (Karlsruhe FuR 99, 437). Zulassung Rechts-

16   beschwerde: Rn 17. – **h) Bekanntmachung.** Verkündung ist nur vor-geschrieben, wenn mdl Vhdlg stattgefunden hat (Rn 11; § 329 Abs 1 S 1). Es muss zugestellt werden (§ 329 Abs 3). Damit ist die Entscheidung existent und für das Gericht bindend und nicht mehr abänderbar (BGH NJW-RR 00, 877).

4. Zulässigkeit der Rechtsbeschwerde (Abs 2, Abs 3 S 2). – **a) All-** 17
gemeines. Diese wird in den Fällen des Abs 2 durch Verweisung auf die Vorrschriften über die Revision diesem Rechtsmittel grds gleichgestellt. Sie unterliegt nicht den §§ 574 ff. Diese Vorschriften gelten nur im Falle der Verwerfung der befristeten Beschwerde als unzulässig (Abs 3 S 2 iVm 522 Abs 1 S 4). – **b) Zuständigkeit.** Rechtsbeschwerdege- 18
richt ist der BGH (§ 133 GVG). Auch in Bayern ist das Rechtsmittel beim BGH einzulegen, wenn das OLG die Rechtsbeschwerde zum BGH zugelassen hat (§ 7 Abs 1 S 1 EGZPO), ferner wenn Nichtzulassungsbeschwerde eingelegt wird (Abs 2 S 1 Nr 2, § 544 iVm § 7 Abs 2 S 1 EGZPO) oder wenn die Erstbeschwerde als unzulässig verworfen wurde (Abs 3 S 2, 522 Abs 1, 574 Abs 1 Nr 1 iVm § 7 Abs 2 S 1 EGZPO). – **c) Statthaftigkeit.** Diese ist gegeben, falls **aa) Zulassung** 19
durch das OLG (Abs 2 S 1 1. Hs Nr 1). Zulassungsgründe: Abs 2 S 1 2. Hs, § 543 Abs 2 (bei grundsätzlicher Bedeutung oder zur Rechtsfortbildung bzw Sicherung einer einheitlichen Rechtsprechung; hierzu § 543 Rn 2 ff u § 511 Rn 19 ff). **bb) Erfolgreiche Nichtzulassungs-** 20
beschwerde (Abs 2 S 1 1. Hs Nr 2, 2. Hs iVm § 544). Diese Möglichkeit besteht erst für nach dem 1. 1. 07 ergangene Beschlüsse (§ 26 Nr 9 EGZPO). **cc) Verwerfung der Beschwerde** als unzulässig (Abs 3 21
S 2 iVm § 522 Abs 1), ohne Rücksicht auf die gewählte Formulierung (BGH NJW 82, 448). Dies gilt aber nur, wenn das Rechtsmittel verworfen wurde, nicht aber ein Verfahrensantrag als unzulässig erkannt ist (BGH FamRZ 93, 1310). **dd) Zulässiger Verfahrensgegenstand** 22
nach § 621 Abs 1 Nr 1–3 (elterliche Sorge, Umgang mit dem Kind und dessen Herausgabe), Nr 6 (Versorgungsausgleich, soweit nicht durch § 53 g Abs 2 FGG ausgeschlossen), Nr 10 (in Verfahren nach § 1600 e Abs 2 BGB) und Nr 12 (Verfahren aus Anlass der Eheschließung). – **d) Unstatthaft** ist die Beschwerde in den Fällen § 621 Abs 1 Nr 7, 9 23
(Abs 2 S 1 Hs 1), auch wenn die Rechtsbeschwerde als unzulässig verworfen wurde (BGH NJW 80, 402 und FamRZ 80, 670). Dies gilt auch in den Fällen des § 53 g Abs 2 FGG (Versorgungsausgleich). Unstatthaft ist die Rechtsbeschwerde auch bei Zwischenentscheidungen (BGH FamRZ 03, 232; Rn 3), bei isolierten Kostenentscheidungen (BGH FamRZ 90, 1102) und bei Vollstreckungsmaßnahmen des § 33 FGG (BGH NJW 83, 2775). Eine Verletzung des rechtlichen Gehörs (Art 103 Abs 1 GG) macht die Rechtsbeschwerde nicht statthaft (hM; BGH NJW-RR 86, 1263). – **e) Form:** wie Rn 4. Es besteht aber An- 24
waltszwang gem § 78 Abs 2 Nr 1 und 3. – **f) Frist. aa) Einlegung.** In 25
allen Fällen grds Notfrist von einem Monat ab Zustellung. **11) Gegen**
Verwerfung: Abs 3 S 2, §§ 522 Abs 1 S 4, 574 Abs 1 Nr 1, 575 Abs 1.
22) Zulassung durch OLG: Abs 3 S 2, § 548, spätestens jedoch mit
Ablauf von 5 Monaten nach Verkündung. **33) Nichtzulassungbe-**
schwerde: Abs 2 S 1 2. Hs, 544 Abs 1 S 1, jedoch spätestens bis zum

26 Ablauf von 6 Monate nach Verkündung. bb) Begründung. **11) Verwerfung:** Binnen eines Monats nach Zustellung des angefochtenen Beschlusses (§ 575 Abs 2 S 1, 2). **22) Zulassung durch OLG:** Grds 2 Monate nach Zustellung des Beschlusses, spätestens mit Ablauf von 5 Monaten nach Verkündung (Abs 3 S 2, § 551 Abs 2 S 1–3). **33) Nichtzulassungsbeschwerde:** Grds 2 Monate nach Zustellung des Beschlusses, spätestens bis zum Ablauf von 7 Monaten nach der Verkündung (Abs 2 S 1 2. Hs, § 544 Abs 2 S 1). Verlängerung ist jeweils möglich (§§ 544 Abs 2 S 2, 575 Abs 2 S 3 jeweils iVm § 551 Abs 2 S 5 u 6).

27 Wiedereinsetzung ist statthaft (Rn 5). – **g) Beschwer:** wie Rn 6. Sie muss in der Entscheidung des OLG enthalten sein (BGH NJW 84, 2414). –

28 **h) Ordnungsgemäße Beschwerdebegründung.** In § 575 (Verwerfung), § 544 Abs 2 (Nichtzulassungsbeschwerde), § 551 Abs 1 (Zulassung) vorgesehen. Die Begründung muss enthalten: **11) Verwerfung:** § 575 Abs 3. **22) Zulassung durch das OLG:** Abs 2 S 2, § 575 Abs 3; es muss eine kausale Gesetzesverletzung angegeben werden. § 551 Abs 3 gilt nicht, da auf diese Vorschrift in Abs 3 S 2 nicht verwiesen wird. **33) Nichtzulassungsbegründung:** 544 Abs 2 S 3 iVm § 543 Abs 2. –

29 **i) Anschlussbeschwerde:** grundsätzlich wie Rn 8. § 554 Abs 1 gilt entspr (BGH 86, 51). Beschwer ist erforderlich. Eine allein in der Entscheidung erster Instanz enthaltene Beschwer kann damit nicht bekämpft werden (BGH NJW 83, 1858).

30 **5. Verfahren der Rechtsbeschwerde.** Abhilfe ist ausgeschlossen (Abs 3 S 2, § 318). Die Zustellung der Beschwerdebegründung (Rn 28) an den oder die Gegner ist durch Abs 3 S 2, § 551 Abs 4, § 550 Abs 2 vorgeschrieben. Zuständigkeitsprüfung (Abs 4 S 2): Es gilt das zu Rn 13 Gesagte. Das Gericht prüft auch auf Rüge hin nicht, ob eine Familiensache (§ 621) vorliegt (Abs 4 S 2). Dies entspricht der Regelung für die Revision (§ 545 Abs 2). Anwaltszwang gem § 78 Abs 2 S 1 Nr 1 und 3 besteht auch für die bloße Äußerung der Ehegatten und der anderen Beteiligten. Ausnahme: § 78 Abs 2 S 3. Berücksichtigung neuer Tatsachen ist in Ausnahmefällen zulässig (BGH NJW 02, 220 [zum Versorgungsausgleich]), wenn sie von Amts wegen zu beachten oder unstreitig sind und schützenswerte Belange der Gegenpartei nicht entgegenstehen.

31 **6. Unanfechtbar** sind Beschwerdeentscheidungen in den Familiensachen des § 621 Abs 1 Nr 7 und 9 auch dann, wenn das Rechtsmittel als unzulässig verworfen wurde (Rn 19). Das gilt infolge der Verweisung in § 629 a Abs 2 auch, wenn im Verbund (§ 623 Abs 1) durch Urteil entschieden wurde und deckt sich im Rechtsmittelzug durch die Revisionsbeschränkung in § 629 a Abs 1.

§ 621 f Kostenvorschuss

(1) **In einer Familiensache des § 621 Abs. 1 Nr. 1 bis 3, 6 bis 9 sowie 13 kann das Gericht auf Antrag durch einstweilige Anordnung die Verpflichtung zur Leistung eines Kostenvorschusses für dieses Verfahren regeln.**

(2) [1]**Die Entscheidung nach Absatz 1 ist unanfechtbar.** [2]**Im übrigen gelten die §§ 620 a bis 620 g entsprechend.**

Allgemeines. Die Vorschrift ist im Zusammenhang mit § 127 a und 1
§ 620 Nr 10 zu sehen. Sie ist daneben als getrennte Regelung notwendig, weil sie hauptsächlich Gegenstände der freiwilligen Gerichtsbarkeit betrifft, daher von Prozessgericht oder Prozesskostenvorschuss nicht geredet werden könnte und die Vorschusspflicht nicht nur zwischen Ehegatten sondern auch einem Kind gegenüber bestehen kann. **Zweck** 2
des § 621 f ist, den Kostenvorschuss in Familiensachen lückenlos zu ermöglichen, auch in den der freiwilligen Gerichtsbarkeit unterliegenden sowie in den von § 127 a und § 620 Nr 10 nicht erfassten Gegenständen. Es sollen Prozesskostenhilfeverfahren beschleunigt werden und sich erübrigen, wenn Unterhaltsverpflichtete genügend leistungsfähig sind. **Anwendbar** ist § 621 f nur bei den in Abs 1 aufgeführten Familiensa- 3
chen. Damit sollen die nicht schon dem § 127 a oder dem § 620 Nr 10 unterliegenden Fälle erfasst werden. **Voraussetzungen** sind ein Antrag 4
des Berechtigten und ein materiell-rechtlicher Anspruch auf den Vorschuss mit überwiegender Wahrscheinlichkeit (vgl § 620 a Abs 2 S 3). Hierfür kommen vor allem § 1360 a Abs 4 S 1, § 1361 Abs 4 S 4 BGB für Ehegatten und §§ 1601, 1610 Abs 2 BGB für Kinder in Betracht. Der Verpflichtete muss leistungsfähig sein. Die Verpflichtung kann auch gegenüber nicht am Streit beteiligten Personen ausgesprochen werden (zB Großvater). **Entscheidung.** Der Beschluss (einstweilige Anord- 5
nung; vgl § 620 Nr 10; § 620 a Abs 1) darf nur für die erforderlichen Kosten derjenigen (ggf mehreren) Gegenstände ergehen, die zu diesem (auch verbundenen) Verfahren gehören. Die Höhe des (voraussichtlich erforderlichen) Geldbetrages ist in inländischer Währung anzugeben. Weitere Beschlüsse, insbes bei nicht ausreichendem Betrag, sind zulässig (§ 620 b). **Rechtsbehelfe.** Wegen der Unanfechtbarkeit (Abs 2 S 1) ist 6
auch § 620 c S 1 ausgeschlossen. Hingegen ist § 620 b (Antrag auf mdl Vhdlg) anwendbar (Abs 2).

§ 621 g Einstweilige Anordnungen

[1]**Ist ein Verfahren nach § 621 Abs. 1 Nr. 1, 2, 3 oder 7 anhängig oder ist ein Antrag auf Bewilligung von Prozesskostenhilfe für ein solches Verfahren eingereicht, kann das Gericht auf Antrag Regelungen im Wege der einstweiligen Anordnung treffen.** [2]**Die §§ 620 a bis 620 g gelten entsprechend.**

1. Allgemeines. Die Vorschrift wurde durch Art 4 Nr 7 GewSchG 1
eingeführt. Da die §§ 620 ff die Anhängigkeit einer Ehesache voraussetzen (§ 620 Rn 1), sind diese Vorschriften in Familiensachen bisher nicht unmittelbar anwendbar gewesen. Diese Lücke des bisherigen Rechtsschutzsystems, die zuvor schon zT durch Richterrecht geschlossen wurde, soll die Vorschrift beseitigen.

2   **2. Verfahrensgegenstände.** – **a)** Diese sind abschließend aufgezählt, nämlich **(1)** **§ 621 Abs Nr 1** (elterliche Sorge für ein gemeinsames Kind, soweit nach dem BGB das FamG zuständig ist), **(2)** **§ 621 Abs 1 Nr 2** (Regelung des Umgangs mit dem Kind, soweit nach dem BGB das FamG zuständig ist), **(3)** **§ 621 Abs 1 Nr 3** (Herausgabe eines Kindes, für das die elterliche Sorge besteht), **(4)** **§ 621 Abs 1 Nr 7** (Re-

3 gelung der Rechtsverhältnisse an der Wohnung). – **b)** Für die der ZPO unterliegenden Verfahren nach § 621 Abs 1 Nr 4, 5 und 11 ist eine einstweilige Anordnung nach § 644 möglich.

4   **3. Voraussetzung** für den Erlass einer einstweiligen Anordnung ist **(1)** Anhängigkeit eines Verfahrensgegenstandes nach Rn 2 oder ein PKH-Antrag hierfür. **(2)** Antrag einer Partei.

5   **4. Verfahren.** Es gelten die §§ 620a–620g entsprechend. Wird über den Antrag mündlich verhandelt, so sind die Ladungsfristen nach § 217 zu beachten (Dresden FamRZ 02, 1498). Für die sofortige Beschwerde (§ 620c) gilt § 568 (Feskorn NJW 03, 856).

Abschnitt 3. Verfahren in Scheidungs- und Folgesachen

Vorbemerkung

1   **1. Verhältnis zu anderen Verfahren** in Familiensachen. Das Scheidungsverfahren gehört zu den Ehesachen (2–6 vor § 606); daher gelten grundsätzlich die §§ 606–620g. Die Folgesachen (§§ 623 Abs 1 S 1) sind andere Familiensachen (§ 621 Abs 1 Nr 1–9); daher gelten für sie die §§ 621–621f. Für Scheidungsverfahren und Folgesachen gelten die Sonderregeln der §§ 623–630. Soweit diese nichts anderes bestimmen, gelten für das Scheidungsverfahren subsidiär die §§ 606–620g, für die Folgesachen subsidiär die §§ 621–621f.

2   **2. Grundsatz einheitlicher Entscheidung.** Neben den notwendigen Besonderheiten der Scheidungssache (im Unterschied zu den anderen Ehesachen, 2–6 vor § 606) und dem Umstand, dass andere Familiensachen (§ 621 Abs 1 Nr 1–9) idR oder häufig Folge der Scheidung sind, regeln die §§ 623–630 das Verfahren mit dem Ziel einheitlicher Entscheidung (Grundsatz der Entscheidungskonzentration, 4 vor § 621). Dieses ist ausgesprochen in § 623 Abs 1 S 1, § 629 und mit Ausnahmevorbehalt versehen durch die §§ 627, 628. Die durch Rechtsmittel sich ergebenden Besonderheiten sind in den §§ 629a–629c berücksichtigt. Ermöglicht wird die einheitliche Entscheidung insbes auch durch die Verfahrensüberleitung von Amts wegen (5 vor § 621).

3   **3. Einverständliche Scheidung** (§ 1566 Abs 1 BGB). Hierfür sind in § 630 Sonderregeln aufgestellt, die den allg Vorschriften vorgehen.

§ 622 Scheidungsantrag

(1) Das Verfahren auf Scheidung wird durch Einreichung einer Antragsschrift anhängig.

(2) [1] **Die Antragsschrift muß vorbehaltlich des § 630 Angaben darüber enthalten, ob**
1. **gemeinschaftliche minderjährige Kinder vorhanden sind,**
2. **Familiensachen der in § 621 Abs. 2 Satz 1 bezeichneten Art anderweitig anhängig sind.**
[2] **Im übrigen gelten die Vorschriften über die Klageschrift entsprechend.**

(3) **Bei der Anwendung der allgemeinen Vorschriften treten an die Stelle der Bezeichnungen Kläger und Beklagter die Bezeichnungen Antragsteller und Antragsgegner.**

1. Allgemeines. Die Scheidungssache ist Ehesache (Vorbem 2 vor 1 § 606). Das Verfahren wird nicht durch Klage, sondern durch Antrag eingeleitet. Dies hat seinen Grund in der Besonderheit des Scheidungsverfahrens gegenüber dem streitigen Zivilprozess; insbes ist bei einverständlicher Ehescheidung das Ziel der Parteien in ihren Anträgen dasselbe, nämlich die Scheidung. Auch das Verfahren auf Eheaufhebung wird durch eine Antragsschrift anhängig (§ 631 Abs 2 S 1). – **a) An-** 2 **hängigkeit** beginnt mit Einlauf der Antragsschrift bei Gericht (Abs 1). Sie wird zur Rechtshängigkeit mit der unverzichtbaren (Schleswig Fam-RZ 88, 736) Zustellung der Antragsschrift (Abs 2 S 2; § 261 Abs 1) und endet nach allgemeinen Grundsätzen (§ 261 Rn 9). Wird der Antrag wirksam zurückgenommen, so ist ein zu diesem Zeitpunkt anhängiger, aber mangels Zustellung noch nicht rechtshängiger Gegenantrag als Scheidungsantrag zu behandeln (Zweibrücken FuR 99, 295). – **b) Parteistel-** 3 **lung** lautet Antragsteller und -gegner (Abs 3), statt Kläger und Beklagter, Anschlussantragsteller und -gegner statt Widerkläger und -beklagter. Das deckt sich mit der Beteiligtenstellung in Folgesachen, die der freiwilligen Gerichtsbarkeit unterliegen, während es bei den zivilprozessualen Folgesachen (Unterhalt und güterrechtliche Ansprüche, § 621 Abs 1 Nr 4, 5, 8) dabei verbleibt, dass sich (Wider)kläger und (Wider)beklagte gegenüberstehen, so dass die Bezeichnung einer Partei zB lauten kann: Antragsteller, Anschlussantragsgegner, Beklagter und Widerkläger, in der Berufung ggf Berufungsführer und -gegner. In den der freiwilligen Gerichtsbarkeit unterliegenden Verfahren können Dritte als Beteiligte hinzukommen (zB § 53 b Abs 2 S 1 FGG, § 7 Hausrats-VO). – **c) Scheidungsantrag** 4 (§ 1564 S 1 BGB). Er muss in der Antragsschrift enthalten sein.

2. Antragsschrift (Abs 2). Sie entspricht grundsätzlich der Klage- 5 schrift (Abs 2 S 2), so dass subsidiär § 253 gilt, insbes auch dessen Abs 4. Zwingender besonderer Inhalt: – **a) Bei einverständlicher Scheidung** gilt § 630 Abs 1, der weitergehenden Inhalt vorschreibt, zusätzlich. – **b) Angabe über minderjährige Kinder** (Nr 1) hat den Zweck, das 6 Gericht darüber zu informieren, ob eine von Amts wegen einzuleitende Regelung der elterlichen Sorge (§ 623 Abs 3), ggf eine Anordnung gem § 620 Nr 1 in Betracht kommen kann und ob Anhörungs- oder Hinweispflichten (§ 613) bestehen. – **c) Anhängigkeit anderer Fami-** 7 **liensachen** (Nr 2). Diese Angabe bezweckt, den für § 623 Abs 1 vorgeschriebenen Verbund herbeizuführen, indem das Gericht der Scheidungssache das mit der anderen Familiensache befasste Gericht zur Abgabe oder Verweisung (§ 621 Abs 3) veranlasst.

8   3. **Verbindung mit anderen Anträgen und Klagen** ist (nach §§ 610, 260) möglich und, wenn sowieso erforderlich, wegen § 623 Abs 1 S 1 erwünscht, aber wegen der besonderen Verfahrensart nur mit Ehesachen (Vorbem 3–6 vor § 606) und anderen Familiensachen (§ 621 Abs 1). Soweit es dabei nicht um FGG-Anträge oder um einen Aufhebungsantrag (§ 631), sondern um Klagen geht, insbes um Unterhaltsansprüche (§ 621 Abs 1 Nr 4, 5), handelt es sich um eine Antrags- und Klageschrift, für die § 253 gilt. Diese Sachen werden nur nach ZPO-Vorschriften rechtshängig (§§ 253, 261 Abs 2; BGH FamRZ 87, 802). FGG-Sachen werden anhängig durch Eingang des Antrags beim AG (Familiengericht) oder durch Verfahrenseinleitung von Amts wegen.

§ 623 Verbund von Scheidungs- und Folgesachen

(1) [1] **Soweit in Familiensachen des § 621 Abs. 1 Nr. 5 bis 9 und Abs. 2 Satz 1 Nr. 4 eine Entscheidung für den Fall der Scheidung zu treffen ist und von einem Ehegatten rechtzeitig begehrt wird, ist hierüber gleichzeitig und zusammen mit der Scheidungssache zu verhandeln und, sofern dem Scheidungsantrag stattgegeben wird, zu entscheiden (Folgesachen).** [2] **Wird bei einer Familiensache des § 621 Abs. 1 Nr. 5 und 8 und Abs. 2 Satz 1 Nr. 4 ein Dritter Verfahrensbeteiligter, so wird diese Familiensache abgetrennt.** [3] **Für die Durchführung des Versorgungsausgleichs in den Fällen des § 1587 b des Bürgerlichen Gesetzbuchs bedarf es keines Antrags.**

(2) [1] **Folgesachen sind auch rechtzeitig von einem Ehegatten anhängig gemachte Familiensachen nach**
1. **§ 621 Abs. 2 Satz 1 Nr. 1 im Fall eines Antrags nach § 1671 Abs. 1 des Bürgerlichen Gesetzbuchs,**
2. **§ 621 Abs. 2 Satz 1 Nr. 2, soweit deren Gegenstand der Umgang eines Ehegatten mit einem gemeinschaftlichen Kind oder einem Kind des anderen Ehegatten ist, und**
3. **§ 621 Abs. 2 Satz 1 Nr. 3.**
[2] **Auf Antrag eines Ehegatten trennt das Gericht eine Folgesache nach den Nummern 1 bis 3 von der Scheidungssache ab.** [3] **Ein Antrag auf Abtrennung einer Folgesache nach Nummer 1 kann mit einem Antrag auf Abtrennung einer Folgesache nach § 621 Abs. 1 Nr. 5 und Abs. 2 Satz 1 Nr. 4 verbunden werden.** [4] **Im Fall der Abtrennung wird die Folgesache als selbständige Familiensache fortgeführt; § 626 Abs. 2 Satz 3 gilt entsprechend.**

(3) [1] **Folgesachen sind auch rechtzeitig eingeleitete Verfahren betreffend die Übertragung der elterlichen Sorge oder eines Teils der elterlichen Sorge wegen Gefährdung des Kindeswohls auf einen Elternteil, einen Vormund oder einen Pfleger.** [2] **Das Gericht**

kann anordnen, daß ein Verfahren nach Satz 1 von der Scheidungssache abgetrennt wird. [3] **Absatz 2 Satz 3 gilt entsprechend.**

(4) [1] **Das Verfahren muß bis zum Schluß der mündlichen Verhandlung erster Instanz in der Scheidungssache anhängig gemacht oder eingeleitet sein.** [2] **Satz 1 gilt entsprechend, wenn die Scheidungssache nach § 629 b an das Gericht des ersten Rechtszuges zurückverwiesen ist.**

(5) [1] **Die vorstehenden Vorschriften gelten auch für Verfahren der in den Absätzen 1 bis 3 genannten Art, die nach § 621 Abs. 3 an das Gericht der Ehesache übergeleitet worden sind.** [2] **In den Fällen des Absatzes 1 gilt dies nur, soweit eine Entscheidung für den Fall der Scheidung zu treffen ist.**

1. Verbund einer Scheidungssache mit Folgesachen wird durch Abs 1   **1** S 1 bestimmt. – **a) Begriff.** Verbund ist die aus materiellrechtlichen   **1 a** Gründen grundsätzlich zwingende (vgl BGH NJW 91, 1616) Zusammenfassung der Scheidungssache mit den Folgesachen in ein und demselben Verfahren. Ein Verstoß hiergegen kann einen wesentlichen Verfahrensmangel begründen (KG FamRZ 00, 1292). – **b) Zweck.** Der   **1 b** Verbund würde durch § 147 nicht ermöglicht, weil die Folgesachen auch Verfahren der freiwilligen Gerichtsbarkeit umfassen. Diese werden nur auf Grund des § 623 mit einem Scheidungsverfahren im selben Prozess verhandelt und dann mit einer einheitlichen Endentscheidung (Urteil) erledigt (§ 629 Abs 1). – **c) Eintritt** (vgl Rn 15). Der Verbund   **1 c** besteht auch zwischen den Folgesachen. Er tritt ohne Antrag von selbst ein, indem der Anspruch der Folgesache geltend gemacht oder eine Folgesache auf Antrag oder von Amts wegen eingeleitet wird. – **d) Auf-**   **1 d** lösung (vgl Rn 18–21) für Folgesachen ist nur möglich durch Abtrennung auf Grund von Abs 1 S 2, Abs 2 S 2, durch Rücknahme des Scheidungsantrags (§ 626 Abs 2) oder durch Urteil in der Scheidungssache (§ 628 Abs 1, § 629 Abs 3). Die unterlassene Stellung eines Antrags zu einer anhängigen Folgesache ist kein Auflösungsgrund, vielmehr darf in der Ehesache kein Urteil ergehen, sofern nicht über die Folgesache nach §§ 330, 331 a entschieden werden kann (Hamm FamRZ 99, 520).

2. Anwendungsbereich: nur Scheidungsanträge, nicht Eheaufhe-   **2** bungsanträge (§ 631) und Herstellungsklagen (§ 6 vor § 606). Auch wenn diese mit einem Scheidungsantrag verbunden sind (§ 610 Abs 1), treten sie nicht mit Folgesachen in Verbund (Stuttgart FamRZ 81, 579). § 623 gilt auch bei Scheidungssachen, auf die ausländisches Recht anzuwenden ist, für die den deutschen Folgesachen entsprechenden Angelegenheiten (hM; Karlsruhe FamRZ 99, 1680; umstr).

3. Begriff (Abs 1 S 1; Abs 2 S 1; Abs 3 S 1). – **a) Folgesache** ist eine   **3** Familiensache (§ 621 Abs 1 Nr 1–9) zwischen denselben Ehegatten, in der für den Fall der Scheidung vom Familiengericht entschieden werden muss, weil diese Entscheidung von einem Ehegatten rechtzeitig (Abs 4) begehrt (beantragt) wird (Abs 1 S 1) oder von Amts wegen ge-

3 a troffen werden muss (Abs 1 S 3; Abs 3 S 1). − **b) Keine Folgesachen** (sondern selbständige Familiensachen, die ggf abzutrennen sind, Johannsen/Henrich/Sedemund-Treiber Rn 3) sind daher insbes Unterhaltsansprüche für die Zeit der noch bestehenden Ehe (Karlsruhe FamRZ 02, 965), auch wenn sie für den Fall eingeklagt werden, dass die Ehe nicht geschieden wird; auch der Vorsorgeunterhalt des § 1361 Abs 1 S 2 BGB ist keine Folgesache (BGH NJW 82, 1988).

4   **4. Vermögensrechtliche Folgesachen** (Abs 1 S 1) umfassen (einschließlich der Auskunftsansprüche): − **a) Ehegattenunterhalt** (§ 621 Abs 1 Nr 5), nur für die Zeit ab Scheidung (vgl Rn 3), sog Scheidungsunterhalt (§§ 1569 ff BGB). Für eine isolierte Unterhaltsklage kann

5 PKH versagt werden (Schleswig FamRZ 00, 430; umstr). − **b) Versorgungsausgleich** (§ 621 Abs 1 Nr 6). Auch ohne Antrag ist der Wertausgleich von Rentenanwartschaften (§ 1587 b BGB) Folgesache (Abs 1 S 3). Findet im Falle des Art 17 Abs 3 S 2 EGBGB ein Versorgungsausgleich nur auf Antrag statt, wird dieser aber nicht oder nicht rechtzeitig gestellt, so hat im Tenor eine Feststellung, dass ein Versorgungsausgleich nicht stattfindet, zu unterbleiben (München FamRZ 00, 165). Der schuldrechtliche Versorgungsausgleich (§§ 1587 f–1587 n BGB) ist Folgesache nur bei Antrag eines Ehegatten und wenn über den Anspruch (§ 1587 g BGB) bereits entschieden werden kann (ZöPhilippi

6 20 a). − **c) Ehewohnung und Hausrat** (§ 621 Abs 1 Nr 7). Folgesachen sind nur die endgültige Zuweisung der Ehewohnung und die Hausratsteilung (§§ 1–10 HausratsVO), nicht die Regelung während des Getrenntlebens (§ 12 HausratsVO; § 620 Nr 7; vgl Rn 3 a). −

7 **d) Güterrechtliche Ansprüche** (§ 621 Abs 1 Nr 8). Sie sind in diesem Umfang Folgesachen, wenn sie für den Fall der Scheidung geltend gemacht werden, insbes der Anspruch auf Zugewinnausgleich (§ 1378 Abs 1 BGB). Wegen § 621 Abs 3 trifft dies auch auf den vorzeitigen Zu-

8 gewinnausgleich zu (umstr, aA KG FamRZ 01, 166). − **e) Stundung der Ausgleichsforderung und Anrechnung** (§ 621 Abs 1 Nr 9). Diese Streitigkeiten sind Folgesachen, wenn der Güterstand durch Ehescheidung beendet wird, nicht auf andere Weise (vgl § 1372 BGB). −

9 **f) Kindesunterhalt** (§ 621 Abs 2 S 1 Nr 4). Folgesache ist nur die Unterhaltspflicht gegenüber einem gemeinschaftlichen Kind im Verhältnis der Ehegatten zueinander, insbes wenn einer von ihnen den Anspruch des Kindes gem § 1629 BGB dem anderen gegenüber geltend macht.

10   **5. Sorge-, Umgangs- und Herausgabeverfahren** (Abs 2), aber nur im Verhältnis von Ehegatten zueinander. Sie sind Folgesachen, auch wenn im Gegensatz zu Abs 1 S 1 in diesen Fällen nicht die Entscheidung für den Fall der Scheidung beantragt wird. Ein isoliertes Sorgeverfahren ist bei Anhängigkeit eines Scheidungsverfahrens automatisch als Verbundverfahren zu führen (hM; vgl München FamRZ 00, 166; Brandenburg FamRZ 03, 388; Stuttgart FamRZ 01, 166 m zT abl Anm Maurer FamRZ 01, 1225). Im Falle der Abtrennung nach S 4 kann die nunmehr selbständige Familiensache vor Rechtskraft der Scheidung wirksam werden (Bamberg FamRZ 00, 1237). Die Abtrennung (Abs 2 S 2) steht nicht im Ermessen des Gerichts; sie ist zwingend (Frankfurt FamRZ 01, 1227), es sei denn, der Antrag ist rechtsmiss-bräuchlich (München FamRZ 00, 1291; kritisch hierzu Hamm FamRZ 01, 1229). Abs 2 umfasst: – **a) Elterliche Sorge** (Abs 2 S 1 Nr 1), wenn **11** die Eltern nicht nur vorübergehend getrennt leben und ein Elternteil beantragt, die elterliche Sorge ihm ganz oder teilweise zu übertragen (§ 1671 Abs 1 BGB). – **b) Umgangsregelung** (Abs 2 S 1 Nr 2), so- **12** weit es die Ehegatten betrifft, das gemeinschaftliche Kind (§ 1684 BGB) und den Fall des § 1685 Abs 2 BGB. – **c) Herausgabe des Kin- 13 des** (Abs 2 S 1 Nr 3) im selben Umfang wie § 621 Abs 2 S 1 Nr 4 (Rn 9), also im Rahmen des § 1632 Abs 1 BGB nur im Verhältnis der Ehegatten zueinander (Herausgabe von einem Elterteil an den anderen).

6. Gefährdung des Kindeswohls (Abs 3) betrifft die Fälle des § 621 **14** Abs 2 S 1 Nr 1 nur insoweit, als die elterliche Sorge ganz oder zT auf Grund des § 1666 BGB oder iVm § 1671 Abs 3 BGB einem Elternteil allein, einem Vormund oder Pfleger übertragen werden soll, gleich ob das Verfahren auf Antrag oder von Amts wegen eingeleitet worden ist. Auch diese Entscheidungen sollen im Verbund getroffen werden können.

7. Eintritt des Verbunds. Er beginnt sobald die Antrags(Klage)- **15** schrift für Scheidungs- und Folgesache bei Gericht eingereicht ist (§ 622 Abs 1). Von da an ist jede weitere Folgesache, die anhängig gemacht wird, im Scheidungsverfahren durch stets zulässige und freigestellte Antragshäufung gerichtlich geltend zu machen (vgl § 622 Rn 9). Ver-fahren in anderen Familiensachen, die gem § 621 Abs 3 (Verweisung oder Abgabe) übergeleitet werden, treten ohne weiteres in den Ver-bund (Abs 5), wenn diese Familiensache Folgesache ist (Rn 10–14) oder dadurch wird (Rn 4–9), dass ein Ehegatte die Entscheidung für den Fall der Ehescheidung begehrt (Abs 5 S 2). Der eingetretene Ver-bund setzt sich im zweiten Rechtszug fort.

8. Rechtzeitigkeit (Abs 4 S 1). Die Scheidungssache muss noch im **16** ersten Rechtszug anhängig und die letzte mdl Vhdlg darf noch nicht geschlossen sein (wie § 296a). Wird die Folgesache bis dahin vor dem Familiengericht durch Antrag anhängig oder im FGG-Verfahren ein-geleitet (auf Antrag oder von Amts wegen), tritt sie in den Verbund. Das gilt auch für die Überleitung gem § 621 Abs 3 (Abs 5). Danach, insbes in der zweiten Instanz, können Folgesachen nicht mehr in den Verbund einbezogen und müssen isoliert in erster Instanz geltend ge-macht werden (Hamburg FamRZ 00, 842). Der eingetretene Verbund dauert bis zur Gesamterledigung oder Abtrennung (Rn 18).

9. Zurückverweisung (Abs 4 S 2) der Scheidungssache gem § 629b **17** in die erste Instanz eröffnet einen neuen Zeitraum für den Verbund (auch neue Folgesachen) bis zum neuerlichen Verhandlungsschluss (§ 296a; Abs 4 S 1; Rn 16). Daher ist der Verbund auch gegeben, wenn die Folgesache während der Anhängigkeit der Scheidungssache in den ersten Rechtszug zurückverwiesen wird.

18 **10. Abtrennung** aus dem Verbund (gem § 145) soll eine frühere Entscheidung der Folgesache oder einen früheren Scheidungsanspruch ermöglichen und führt bei Folgesachen dazu, dass sie als selbstständige Familiensache fortgeführt werden (vgl Abs 2 S 4; Abs 3 S 3; München OLGR 99, 205). Bisherige Anträge und ergangene Beschlüsse wirken in dem neuen Verfahren nicht mehr fort. Die Voraussetzungen der Abtrennung sind für jede Folgesache, die abgetrennt werden soll, gesondert zu prüfen (Frankfurt FamRZ 88, 966). Abtrennung ist nur in
19 folgenden Fällen möglich: – **a) Unzulässigkeit** des Verbunds, weil keine Folgesache vorliegt (vgl Rn 5) oder eine Nichtfamiliensache (Rn 23). – **b) Beteiligung Dritter** am Prozess über einen unterhalts- oder güterrechtlichen Anspruch (Abs 1 S 2; § 621 Abs 1 Nr 5 und 8 sowie Abs 2 Nr 4), also bei zivilprozessualen Folgesachen. Sie führt in sämtlichen Fällen zur Lösung des Verbunds. Beteiligung: als Streitgenosse oder Nebenintervenient. Dritter ist auch ein gemeinschaftliches Kind der Ehegatten. Für dessen Unterhaltsansprüche (§ 621 Abs 1 Nr 4) ist aus dem gleichen Grunde auch die Prozessstandschaft eines Elternteils in § 1629 Abs 3 BGB zwingend vorgesehen. Es sollen nur die Ehegatten Partei des Scheidungsrechtsstreits sein. Wird in diesem Fall das Kind volljährig, tritt es im Wege des Parteiwechsels kraft Gesetzes (16 vor § 50) in den Prozess ein und übernimmt ihn ohne weitere Erklärung (Rogner NJW 94, 3325). Der Verbund kann dann nicht bestehen
20 bleiben (BGH FamRZ 85, 471). – **c) Abtrennung auf Antrag** (Abs 2 S 2). Diesen kann nur ein Ehegatte stellen. Damit soll eine Entscheidung in der Hauptsache über elterliche Sorge, Umgang und Herausgabe des Kindes (Rn 10) schon während der Trennung bei anhängigem Scheidungsverfahren ermöglicht werden (ausführlich Hagelstein FamRZ 01, 533). Bei Vorliegen der Voraussetzungen besteht kein Ermessen, ob abgetrennt wird (Hamm FamRZ 01, 554). Abtrennung aber unzulässig, wenn für die Dauer des Getrenntlebens eine Sorgerechtsentscheidung vorliegt (Bamberg FamRZ 99, 1434) oder im Falle des Rechtsmissbrauchs (München OLGR 00, 162; aA Hamm FamRZ 01, 1229), nicht aber bei Einigung über elterliche Sorge (Düsseldorf FamRZ 00, 845). Köln (FamRZ 02, 1570) will Abs 2 S 2 einschränkend dahin auslegen, dass Abtrennung nur dem Ziel dienen darf, eine Entscheidung über das Sorgerecht vor Rechtskraft des Scheidungsurteils zu erwirken, nicht aber umgekehrt, um eine schnellere Entscheidung über die Scheidung herbeizuführen. Die getroffene Entscheidung gilt über die Scheidung hinaus fort. Antragsverbindung (Abs 2 S 3) wird für Unterhaltssachen (§ 621 Abs 1 Nr 5 und Abs 2 S 1 Nr 4) zugelassen, weil idR damit ein enger Sachzusammenhang besteht. Auch insoweit besteht für die Abtrennung kein Ermessen (Hamm FamRZ 01, 554). Abs 2 S 4: Fortführung wie Rn 18 (Hs 1). Kosten: Hs 2; wie § 626 Abs 2 S 3 (dort Rn 5). Rechtsmittel bei Antragsablehnung: sofortige Beschwerde gem
21 § 567 Abs 1 Nr 2 (Düsseldorf FamRZ 00, 840 zu § 567 aF). – **d) Abtrennung nach Ermessen** (Abs 3 S 2) des Familiengerichts findet bei eingeleiteten Verfahren der Gefährdung des Kindeswohls (§ 1666 BGB)

statt, damit eine Hauptsacheentscheidung schon im Zeitraum vor der Scheidung möglich wird. Fortführung und Kosten: wie Rn 20 aE. – **e) Sonstige Fälle:** § 626 Abs 2, § 627 und § 628 führen zu einer **22** faktischen Abtrennung auch ohne besonderen Trennungsbeschluss. Außerdem führt eine zulässige Antragsrücknahme in einer Folgesache zur Abtrennung und gleichzeitig zur Erledigung. Dasselbe gilt für einen Erledigungsstreit in einer Folgesache (Zweibrücken FamRZ 97, 504). – **f) Nichtfamiliensachen,** die mit dem Verbund anhängig gemacht, aber **23** darin zwangsläufig nicht enthalten sind, müssen von Amts wegen auch formell abgetrennt und an das zuständige Prozessgericht oder das zuständige Gericht der Freiwilligen Gerichtsbarkeit verwiesen oder abgegeben werden (vgl § 621 Rn 43).

11. Verfahrensüberleitung (Abs 5) durch Verweisung (§ 281) oder **24** Abgabe. Damit wird vorgeschrieben, inwieweit gem § 621 Abs 3 übergeleitete Familiensachen zu Folgesachen werden und dadurch in den Verbund gelangen. Das ist unterschiedlich geregelt: – **a) Auf Antrag** gem Abs 1 S 1 (Entscheidung für den Fall der Scheidung) werden zu Folgesachen die vermögensrechtlichen Familiensachen des § 621 Abs 1 Nr 5–9, Abs 2 Nr 4 (Rn 4–9). Dieser Antrag muss rechtzeitig (vor Schluss der Letzten mdl Vhdlg, § 296 a) gestellt werden. – **b) Kraft Gesetzes** werden Folgesachen die Verfahren gem Abs 2 S 1 und Abs 3.

12. Prozessgrundsätze. Im Verbund können für dieselbe Tatsache **25** der Verhandlungsgrundsatz (Einl I Rn 1; § 621 Abs 1 Nr 4, 5, 8), der eingeschränkte Untersuchungsgrundsatz (Einl I Rn 6; §§ 616, 617) und der Ermittlungsgrundsatz (§ 12 FGG; für § 621 Abs 1 Nr 1, 3, 6, 7, 9) zusammentreffen. Dies kann nur so gelöst werden, dass die über § 12 FGG, § 616 gewonnenen Aufklärungsergebnisse im Verbund auch für die Gegenstände des § 621 Abs 1 Nr 4, 5, 8 verwertbar sind (hM; hierzu Roth ZZP 103, 5). Die Praxis könnte nicht differenzieren und muss die gewonnenen Tatsachenerkenntnisse der Entscheidung insgesamt zugrunde legen. Teilklagen (§ 301) auf Unterhalt und Zugewinn sind auch im Verbund zulässig (Gottwald FamRZ 02, 1266 gegen AG Groß-Gerau).

§ 624 Besondere Verfahrensvorschriften

(1) **Die Vollmacht für die Scheidungssache erstreckt sich auf die Folgesachen.**

(2) **Die Bewilligung der Prozeßkostenhilfe für die Scheidungssache erstreckt sich auf Folgesachen nach § 621 Abs. 1 Nr. 6, soweit sie nicht ausdrücklich ausgenommen werden.**

(3) **Die Vorschriften über das Verfahren vor den Landgerichten gelten entsprechend, soweit in diesem Titel nichts Besonderes bestimmt ist.**

(4) [1]**Vorbereitende Schriftsätze, Ausfertigungen oder Abschriften werden am Verfahren beteiligten Dritten nur insoweit**

mitgeteilt oder zugestellt, als das mitzuteilende oder zuzustellende Schriftstück sie betrifft. ²Dasselbe gilt für die Zustellung von Entscheidungen an Dritte, die zur Einlegung von Rechtsmitteln berechtigt sind.

1   **1. Vollmacht** (Abs 1). Die Prozessvollmacht für die Scheidungssache, gem § 609 zu erteilen, erstreckt sich über den gesetzlichen Umfang der §§ 81, 82 hinaus mit allen Wirkungen von selbst auf alle Folgesachen (§ 623 Rn 2). Zweck ist, die Vertretung der Ehegatten in den Folgesachen von vorneherein sicherzustellen. Es ist nicht ausgeschlossen, die Vollmacht auf Scheidung oder auf einzelne Folgesachen beschränkt zu erteilen. Das ist nur zweckmäßig, wenn in einer übergeleiteten Sache (§ 621 Abs 3) bereits ein RA bestellt ist, den der Ehegatte nicht für den Scheidungsprozess bevollmächtigen will.

2   **2. Prozesskostenhilfe** (Abs 2). Wird sie für das Scheidungsverfahren bewilligt (§ 119 Abs 1 S 1), erstreckt sie sich von selbst ohne besonderen Ausspruch auf die ohne Antrag einzuleitende Folgesache des § 621 Abs 1 Nr 6. Diese kann jedoch ausdrücklich von der PKH ausgenommen werden. Für alle übrigen Folgesachen (§ 623 Abs 1–3) ist PKH besonders zu prüfen und zu bewilligen, gleich ob sie sofort mit dem Scheidungsantrag oder später anhängig gemacht werden. Bei aussichtsloser oder mutwilliger Rechtsverfolgung ist PKH für Scheidungsantrag und/oder Folgesache(n) abzulehnen. Auch wenn eine Verteidigung gegen den Scheidungsantrag nicht beabsichtigt oder aussichtslos ist, darf dem Antragsgegner für das gesamte Verfahren PKH bewilligt werden (hM). Die Beiordnung erstreckt sich nicht auf einen außergerichtlichen Scheidungsfolgenvergleich (KG MDR 98, 1484).

3   **3. Verfahren im ersten Rechtszug** (Abs 3). Diese Vorschrift entspricht § 608 und § 621 b. Sie stellt sicher, dass im Verbund (neben den Vorschriften des FGG und der HausratsVO, § 621 a Abs 1) die §§ 253–494 (Verfahren vor dem LG) gelten.

4   **4. Eingeschränkte Bekanntmachung. – a) Schriftsätze** (Abs 4 S 1). Die Vertraulichkeit des Scheidungsprozesses soll in der Weise gewährleistet werden, dass Drittbeteiligte (auch Kinder) in den der freiwilligen Gerichtsbarkeit unterliegenden Gegenständen Schriftstücke nur erhalten, soweit es sie oder ihre Aufgaben betrifft. Daher dürfen die Schriftsätze und Entscheidungen in Abschrift oder Ausfertigung an die Dritten nur in einem sie betreffenden Auszug erteilt, mitgeteilt oder zugestellt werden, nie darf es das ganze Schriftstück, wenn es nicht ausschließlich den Gegenstand betrifft, an dem der Dritte (zB Versorgungsträger, Jugendamt, Vermieter) beteiligt ist. § 34 FGG wird über § 621 a Abs 1
5   S 1 insoweit eingeschränkt. – **b) Entscheidungen** (Abs 4 S 2). Umfasst Urteile und Beschlüsse, Zustellungen (§ 317 Abs 1, § 329 Abs 3) und formlose Mitteilungen (§ 329 Abs 2 S 1). Dies gilt für beschwerdeberechtigte Minderjährige (§ 59 FGG) und auch für andere Beschwerdeberechtigte, insbes Jugendamt, Versorgungsträger, Vermieter.

§ 625 Beiordnung eines Rechtsanwalts

(1) [1]**Hat in einer Scheidungssache der Antragsgegner keinen Rechtsanwalt als Bevollmächtigten bestellt, so ordnet das Prozeßgericht ihm von Amts wegen zur Wahrnehmung seiner Rechte im ersten Rechtszug hinsichtlich des Scheidungsantrags und eines Antrags nach § 1671 Abs. 1 des Bürgerlichen Gesetzbuchs einen Rechtsanwalt bei, wenn diese Maßnahme nach der freien Überzeugung des Gerichts zum Schutz des Antragsgegners unabweisbar erscheint; § 78 c Abs. 1, 3 gilt sinngemäß.** [2]**Vor einer Beiordnung soll der Antragsgegner persönlich gehört und dabei besonders darauf hingewiesen werden, daß die Familiensachen des § 621 Abs. 1 gleichzeitig mit der Scheidungssache verhandelt und entschieden werden können.**

(2) **Der beigeordnete Rechtsanwalt hat die Stellung eines Beistandes.**

1. Allgemeines. – a) Zweck. In Scheidungs- und Folgesachen kann   1
der Anwaltszwang (§ 78 Abs 2) durch den Antragsgegner umgangen werden, indem er keinen RA bestellt und eine Beiordnung im Wege der Prozesskostenhilfe (§ 121) nicht beantragt. Die Vertretung durch Anwälte ist jedoch in diesen Fällen wegen der Rechtsgefährdung erwünscht und wird durch Abs 1 S 1 ermöglicht. – **b) Anwendbar** nur   2
für Scheidungssachen (§ 622 Rn 1) im ersten Rechtszug, nicht im Verfahren des § 620.

2. Voraussetzungen (Abs 1 S 1) sind außer der Anhängigkeit einer   3
Scheidungssache (§ 622 Rn 1): – **a) Unterbliebene Anwaltsbestellung** aufseiten des Antragsgegners der Scheidung, indem er weder einen RA bevollmächtigt (§ 80 Rn 2) noch um PKH (§ 114) nachgesucht hat. – **b) Unabweisbares Bedürfnis** zum Schutz des Antraggegners. Das hat   4
das Gericht nach freier Überzeugung (§ 287 Rn 10) zu entscheiden und insbes zu bejahen, wenn der Antragsgegner aus Unkenntnis, mangelnder Erfahrung oder infolge Beeinflussung durch den anderen Ehegatten seine Rechte bei der Scheidung und der Übertragung der elterlichen Sorge (oder eines Teils) auf einen Elternteil allein (§ 1671 BGB) in unverantwortlicher Weise gar nicht oder unzureichend wahrnimmt (Hamm FamRZ 98, 1123). Auf die wirtschaftlichen Verhältnisse kommt es nicht an.

3. Verfahren. Es ist in folgender Reihenfolge vorzugehen: – **a) Per-**   5
sönliche Anhörung und Hinweis (Abs 1 S 2). Dies geschieht mündlich (Hamm FamRZ 86, 1122), jedenfalls im ersten Termin zu dessen Beginn, ist aber auch vorher möglich, wenn feststeht, dass der Antragsgegner eine Anwaltsbestellung unterlassen will. Das Gericht hat den Hinweis persönlich zu erteilen, insbes über die Tragweite und die Folgen der Scheidung und ggf der Übertragung der elterlichen Sorge, sowie die Möglichkeit gleichzeitiger Erledigung im Verbund (§ 623). Dem Antragsgegner ist dabei nahezulegen, einen RA zu bevollmächtigen. Die Beiordnung ist auch bei dem Unterbleiben des Hinweises wirk-

6 sam („soll"). – **b) Beiordnung** (durch Verfügung, vgl § 78 c Abs 3) soll erst erfolgen, wenn für das Gericht ersichtlich ist, dass der Antragsgegner keinen RA bestellen wird. Auswahl: § 78 c Abs 1. Anfechtbarkeit: § 78 c Abs 3. Beschwerde wird aber auch gegen die Beiordnung

7 als solche zugelassen (hM; ZöPhilippi 4 mwN). – **c) Umfang.** Abs 1 S 1 lässt die Beiordnung nur für den Scheidungsantrag und die Übertragung der elterlichen Sorge zu, nicht für die anderen Folgesachen und für § 620. Für § 621 Nr 2 und 3 ist sie aber wegen des Sachzusammenhangs geboten (ZöPhilippi 6 mwN; bestr).

8 **4. Wirkung** (Abs 2). Der beigeordnete RA hat die Stellung und Befugnisse eines Beistands (§ 90), solange ihm nicht, was dem Antragsgegner jederzeit freisteht, Prozessvollmacht erteilt wird (§ 80 Rn 2). Vorher kann ihm nicht wirksam zugestellt werden (BGH NJW 95, 1225). Vergütung erhält der RA auch ohne Vollmacht (§ 36 a BRAGO).

§ 626 Zurücknahme des Scheidungsantrags

(1) [1] **Wird ein Scheidungsantrag zurückgenommen, so gilt § 269 Abs. 3 bis 5 auch für die Folgesachen, soweit sie nicht die Übertragung der elterlichen Sorge oder eines Teils der elterlichen Sorge wegen Gefährdung des Kindeswohls auf einen Elternteil, einen Vormund oder einen Pfleger betreffen; in diesem Fall wird die Folgesache als selbständige Familiensache fortgeführt.** [2] **Erscheint die Anwendung des § 269 Abs. 3 Satz 2 im Hinblick auf den bisherigen Sach- und Streitstand in den Folgesachen der in § 621 Abs. 1 Nr. 4, 5, 8 bezeichneten Art als unbillig, so kann das Gericht die Kosten anderweitig verteilen.** [3] **Das Gericht spricht die Wirkungen der Zurücknahme auf Antrag eines Ehegatten aus.**

(2) [1] **Auf Antrag einer Partei ist ihr durch Beschluß vorzubehalten, eine Folgesache als selbständige Familiensache fortzuführen.** [2] **In der selbständigen Familiensache wird über die Kosten besonders entschieden.**

1 **1. Rücknahme.** Der Scheidungsantrag kann in jeder Instanz gem § 269 Abs 1, 2 zurückgenommen werden, nach Beginn der mdl Vhdlg also nur mit Zustimmung des anwaltlich vertretenen Antragsgegners, wenn dieser darin der Scheidung nicht entgegengetreten ist (München NJW-RR 94, 201); anders, falls er nicht durch einen RA vertreten ist, selbst wenn er gem § 623 Abs 1 angehört wurde (Zweibrücken FamRZ 97, 1226). Vorausgesetzt ist in § 626, dass durch die Rücknahme des Scheidungsantrags (§ 269 Abs 1, 2) alle Folgesachen gegenstandslos werden, weil nur für den Fall der Scheidung darüber entschieden werden sollte (§ 623 Abs 1 S 1). Eine Ausnahme gilt für die von einem Antrag unabhängigen Folgesachen nach § 623 Abs 3 (dort Rn 14); diese werden stets als selbständige Familiensachen vom zuständigen Familiengericht fortgeführt. Der ausdrücklichen Rücknahme aller oder

einzelner Anträge (Klagen) in Folgesachen steht Abs 1 S 1 nicht entgegen. Über Abs 1 gilt auch dann § 269 Abs 3–5. Wird eine Folgesache des § 621 Abs 1 Nr 4, 5, 8 selbständig oder zusammen mit dem Scheidungsantrag zurückgenommen, ist Abs 1 S 2 nicht anwendbar.

2. Wirkung der Rücknahme (Abs 1). Es tritt die Fiktion des § 269 **2** Abs 3 S 1 ein und erstreckt sich auf die Folgesachen mit Ausnahme der des § 623 Abs 3 (vgl Abs 1 S 1). – **a) Kostenpflicht** des Antragstellers **3** (§ 269 Abs 3 S 2) gilt grundsätzlich unter Einschluss der Folgesachen, aber nur wenn sie schon rechtshängig sind (Köln FamRZ 86, 278). Andere Verteilung nur nach Abs 1 S 2 in den zivilprozessualen Familiensachen bei Unbilligkeit (wie § 91 a Rn 48) nach Ermessen („kann") des Gerichts. – **b) Beschluss** über alle Wirkungen (Rn 2, 3) ohne notwendige mdl Vhdlg (§ 269 Abs 4 iVm § 128 Abs 4) ergeht auf Antrag **4** eines Ehegatten, nicht notwendig des Antragsgegners (Abs 1 S 3). Anfechtbar mit sofortiger Beschwerde (§ 269 Abs 5).

3. Vorbehalt der Fortführung von Folgesachen (Abs 2). Ist nur **5** anwendbar für geeignete Folgesachen (§ 623 Rn 2), zB Unterhalt (§ 621 Abs 1 Nr 5), nicht Versorgungsausgleich (§ 621 Abs 1 Nr 6). Der Beschluss ergeht ohne notwendige mdl Vhdlg (§ 128 Abs 4) und nur auf Antrag einer Partei (Abs 2 S 1), also nur eines Ehegatten. Analoge Anwendung, wenn Scheidungsantrag durch Tod einer Partei gem § 619 gegenstandslos wird (KG FamRZ 00, 1030; MüKoFinger § 619 Rn 16). Der Antrag ist bis zur Rechtskraft des Beschlusses (Abs 1 S 3; Rn 4) zulässig (Celle FamRZ 84, 301). Mdl Vhdlg ist nicht ausgeschlossen. Die Folgesache kann, muss aber nicht fortgeführt werden, immer nur als selbständige Familiensache nach den §§ 621 a–621 f. Es ergeht darin besondere Kostenentscheidung nach allgemeinen Grundsätzen (Abs 2 S 3), dh in FGG-Verfahren nach § 13 a FGG (München FamRZ 00, 168), im Übrigen nach §§ 91 ff.

§ 627 Vorwegentscheidung über elterliche Sorge

(1) **Beabsichtigt das Gericht, von dem Antrag eines Ehegatten nach § 1671 Abs. 1 des Bürgerlichen Gesetzbuchs, dem der andere Ehegatte zustimmt, abzuweichen, so ist die Entscheidung vorweg zu treffen.**

(2) **Über andere Folgesachen und die Scheidungssache wird erst nach Rechtskraft des Beschlusses entschieden.**

1. Allgemeines. § 627 ist eine Ausnahme von § 623 Abs 1 S 1 (Ent- **1** scheidungskonzentration). Die Regelung der elterlichen Sorge ist häufig eine Kernfrage für das Verhalten der Ehegatten im Scheidungsprozess (insbes für die Härteklausel, § 1568 BGB) und bei den Folgesachen (insbes für die Unterhaltsansprüche). § 627 soll eine sichere Grundlage gewährleisten und ist auch im zweiten Rechtszug anwendbar.

2. Voraussetzungen. Liegen sie vor, muss das Gericht vorweg **2** entscheiden. – **a) Antrag eines Ehegatten** auf (auch nur teilweise)

Übertragung der elterlichen Sorge gemäß § 1671 Abs 1 BGB. Die Zustimmung des anderen Ehegatten kann sich insbes aus der Antragsschrift
3 (§ 622) ergeben oder in mdl Vhdlg erklärt sein. – **b) Abweichende Regelung** ist jede anders geartete Regelung der elterlichen Sorge, insbes wegen Widerspruch des Kindes (§ 1671 Abs 2 Nr 1 BGB) oder aus Gründen des § 1671 Abs 3 BGB, zB aufgeteilter elterlicher Sorge oder Übertragung auf Dritte.

4   **3. Wirkung.** Abs 1 führt praktisch dazu, dass das Gericht im Rahmen des § 12 FGG vor jeder Endentscheidung prüfen muss, ob eine abweichende Regelung (Rn 3) in Betracht kommt. Das vorweg ent-
5 schiedene Verfahren bleibt Folgesache. – **a) Endentscheidung** ergeht durch FGG-Beschluss (nicht Teilurteil), grundsätzlich auf mdl Vhdlg und darf nur über den Gegenstand des § 1671 BGB befinden, nicht über den Umgang mit dem Kinde oder über dessen Herausgabe (§ 621 Abs 1 Nr 2, 3). Dies kann getrennt durch einstw Anordnung gem § 620 Nr 2, 3 geregelt werden. Der Beschluss gem § 627 beendet die Wirkung
6 einer nach § 620 Nr 1 ergangenen Anordnung (§ 620 f). – **b) Anfechtbarkeit** richtet sich nach § 621 e und ist in keiner Weise eingeschränkt
7 (formelle Rechtskraft gem § 621 e Abs 3, § 705). – **c) Entscheidungssperre** (Abs 2). Erst ab formeller Rechtskraft des Beschlusses (vgl Rn 6) darf über die Scheidung und die anderen Folgesachen entschieden wer-
8 den. – d) Verletzung des § 627 begründet die Aufhebung des Verbundurteils (§ 629) und gestattet unter den Voraussetzungen des § 538 Abs 2 Nr 1 die Zurückverweisung.

§ 628 Scheidungsurteil vor Folgesachenentscheidung

[1] **Das Gericht kann dem Scheidungsantrag vor der Entscheidung über eine Folgesache stattgeben, soweit**
1. **in einer Folgesache nach § 621 Abs. 1 Nr. 6 oder 8 vor der Auflösung der Ehe eine Entscheidung nicht möglich ist,**
2. **in einer Folgesache nach § 621 Abs. 1 Nr. 6 das Verfahren ausgesetzt ist, weil ein Rechtsstreit über den Bestand oder die Höhe einer auszugleichenden Versorgung vor einem anderen Gericht anhängig ist,**
3. **in einer Folgesache nach § 623 Abs. 2 Satz 1 Nr. 1 und 2 das Verfahren ausgesetzt ist, oder**
4. **die gleichzeitige Entscheidung über die Folgesache den Scheidungsausspruch so außergewöhnlich verzögern würde, daß der Aufschub auch unter Berücksichtigung der Bedeutung der Folgesache eine unzumutbare Härte darstellen würde.**
[2] **Hinsichtlich der übrigen Folgesachen bleibt § 623 anzuwenden.**

1   **1. Allgemeines.** § 628 ist eine Ausnahme von § 623 Abs 1 S 1 (Verbund) und stellt eine zwingende, abschließende Regelung dar (hM;
2 BGH NJW 91, 1616). – **a) Zweck.** Es soll eine frühere rechtskräftige Scheidung trotz Vorliegen von Umständen ermöglicht werden, die eine einheitliche Entscheidung verhindern oder eine Entscheidung, die be-

reits ausgesprochen werden kann, unzumutbar verzögern. – **b) An-** 3
wendbar im ersten und zweiten Rechtszug, auch wenn die Scheidungssache nicht dorthin gelangt ist (§ 629a Abs 2 S 3). – **c) Übrige Folgesa-** 4
chen. Für diejenigen, welche von § 628 nicht betroffen sind, bleibt es
beim Entscheidungsverbund des § 629 Abs 1 (KG FamRZ 90, 646).
Sie bleiben Folgesachen mit allen Konsequenzen (Hamm NJW 79, 769),
auch in der höheren Instanz (§ 629a Abs 2).

   2. Vorabentscheidung über den Scheidungsantrag, bedeutet Rück- 5
stellung und Abtrennung der noch nicht entscheidungsreifen Folgesachen ab deren Anhängigkeit (vgl § 623 Abs 2 S 1; Zweibrücken FamRZ
98, 1525). – **a) Zulässigkeit** ist gegeben, auch wenn nur der Scheidungsantrag in die zweite Instanz gelangt ist (KG NJW 80, 843). –
b) Zeitpunkt. Ein Beschluss über die Abtrennung kann auch gleich- 6
zeitig mit dem Urteil ergehen. Rechtliches Gehör (Einl I Rn 10) muss
aber vorher gewährt werden (BGH FamRZ 86, 898). – c) Anfecht- 7
barkeit. **aa) Beschluss.** Der Abtrennungsbeschluss ist nicht selbständig
anfechtbar (allgM; Bamberg FamRZ 86, 1011 mwN), ebenso wenig
ein Beschluss, der die Abtrennung ablehnt (hM; Düsseldorf FamRZ 02,
1574 mwN), wenn es nicht einer Aussetzung (§ 252) gleichkommt
(Naumburg FamRZ 02, 331; ZöPhilippi 11m Hinweisen auf die aA).
Für **außerordentliche** Beschwerde wegen Ermessensfehlgebrauch:
Karlsruhe FamRZ 99, 98; Finger MDR 00, 247/250. Bei Verletzung
rechtlichen Gehörs gilt § 321a entsprechend (§ 321a Rn 18). **bb) Ur-** 7a
teil. Wird ohne eine der Voraussetzungen (Abs 1 S 1) abgetrennt oder
einem Scheidungsantrag vor Entscheidung über die Folgesache stattgegeben, schafft dies eine selbständige Beschwer für die Anfechtung des
Urteils (BGH NJW 87, 1772u NJW-RR 96, 1025). Bei dessen zulässiger Anfechtung bildet ein Verstoß gegen § 628 wegen fehlerhaften
Ermessens (KG FamRZ 79, 140) oder irriger Annahme der Voraussetzungen (Rn 8) einen Aufhebungsgrund, oder die Zurückverweisung
unter den Voraussetzungen des § 538 Abs 2 Nr 1 gestattet (hM zu
§ 539 aF; Düsseldorf FamRZ 88, 312). Dieses scheidet dann aus, wenn
der Zweck der Wiederherstellung des Verfahrensverbundes nicht mehr
erreicht werden kann, weil er unwiederherstellbar aufgelöst ist (Düsseldorf FamRZ 02, 1572).

   3. Voraussetzungen (S 1 Nr 1–4). Liegen sie vor, steht es im Er- 8
messen des Gerichts, gem § 628 zu verfahren (Frankfurt FamRZ 79, 62
mwN). Die Voraussetzungen sind im Berufungsverfahren voll nachprüfbar (hM; Düsseldorf FamRZ 80, 1050 mwN). Die Abtrennung
unterliegt nicht der Parteidisposition (vgl Rn 1), so dass übereinstimmende Anträge nicht genügen (Finger MDR 00, 247), auch nicht
bei Folgesachen, über die nur auf Antrag entschieden wird (hM; BGH
NJW 91, 1616 mwN). – **a) Nr 1: Unmöglichkeit einer Entschei-** 9
dung über Versorgungsausgleich oder güterrechtlichen Anspruch (§ 621
Abs 1 Nr 6, 8) bis zur Scheidung der Ehe. Das ist selten und liegt dann
vor, wenn die Folgesache nur auf Grund einer Änderung tatsächlicher

oder rechtlicher Verhältnisse entschieden werden kann, die erst nach der Eheauflösung (durch rechtskräftige Ehescheidung, § 1564 S 2 BGB)

10 eintreten können. – **b) Nr 2: Ausgesetztes Verfahren über den Versorgungsausgleich.** Diese von Familien- oder Berufungsgericht angeordnete Aussetzung muss auf § 53 c FGG beruhen und vorangegangen sein. Mit anderen Gerichten sind insbes die Gerichte der Sozial-,

11 Verwaltungs- und Arbeitsgerichtsbarkeit gemeint. – **c) Nr 3: Aussetzung bei elterlicher Sorge oder Umgang.** Das sind nur Verfahren, welche die elterliche Sorge und den Umgang mit Kindern betreffen (§ 623 Abs 2 S 1 Nr 1 und 2; dort Rn 10–12). Die Aussetzung des Verfahrens muss auf § 52 Abs 2 FGG beruhen. – **d) Nr 4: Außergewöhnliche Verzögerung** durch eine Folgesache gleich welcher Art. Sie darf noch nicht entscheidungsreif sein; dies ist im Beschluss (Rn 6) darzulegen (Düsseldorf NJW-RR 91, 5). Wegen des Zwecks ist Nr 4

12 eng auszulegen (Düsseldorf FamRZ 88, 312). **aa) Verfahrensdauer.** Sie ist grundsätzlich ab Rechtshängigkeit des Scheidungsantrags zu rechnen (Zweibrücken FamRZ 02, 334), und zwar desjenigen Ehegatten, der unzumutbare Härte geltend macht (Stuttgart MDR 98, 290). 1 1/2 bis 2 Jahre sind noch normal (BGH NJW 87, 1772; Düsseldorf NJW-RR 91, 264; Finger MDR 00, 247/248; aA Naumburg FamRZ 02, 331; höchstens 1 1/2 Jahre), darüber hinaus kaum noch (vgl Dresden FamRZ 98, 1526); es sei denn, besondere Umstände treten hinzu (Naumburg aaO). Für den frühesten Eintritt der Verzögerung kommt es auf die Verhältnisse am jeweiligen Familiengericht an (hM; Celle FamRZ 96, 1485 mwN). Die Verzögerung durch eine auf Nr 4 gestützte Berufung bleibt außer Betracht (Düsseldorf FamRZ 79, 160; aA Finger aaO S 248), auch derjenige Zeitraum, um den die Scheidungsklage verfrüht (Trennungsjahr) erhoben ist (Frankfurt FamRZ 81, 579), wobei die Voraussetzungen für jede einzelne Folgesache gesondert zu

13 prüfen sind (Frankfurt NJW-RR 88, 774 mwN). **bb) Unzumutbare Härte.** Sie ist nach den Umständen des Einzelfalles zu würdigen und verlangt eine Interessenabwägung; Beispiele bei Finger MDR 00, 247/248 f. Es ist gleich, woraus sie sich ergibt. Sie erfordert besondere Umstände. Die außergewöhnliche Verzögerung bedeutet für sich allein noch keine solche Härte (Hamburg FamRZ 01, 1228). Diese sind zu verneinen bei der bloßen Verzögerung, die normalerweise durch den Verbund entsteht (Schleswig FamRZ 89, 1106), selbst wenn sie außergewöhnlich sein sollte (Zweibrücken FamRZ 98, 1525) oder wenn die Parteien die gebotene Verfahrensförderung der Folgesache unterlassen haben (Hamm FamRZ 97, 825), zB durch Auskunftsverweigerung (Köln NJW-RR 97, 1367). Die Berücksichtigung der Bedeutung der Folgesache ist auf Grund einer Interessenabwägung an den Belangen des anderen Ehegatten und der Kinder zu orientieren (KG FamRZ 01, 928). Bsp: Scheidung nach langjähriger Trennung zum Zweck baldiger Eheschließung bei Kind aus neuer Partnerschaft (BGH NJW 87, 1772); titulierter Trennungsunterhalt, der wesentlich niedriger ist als der zu erwartende Scheidungsunterhalt (BGH NJW 91, 2491).

4. Wirkung. Die Endentscheidung ergeht einheitlich durch Urteil **14** (§ 629 Abs 1) über Scheidung und sonstige von Abs 1 Nr 1–4 nicht berührte Folgesachen, mit Kostenentscheidung (hM) weil abgetrennt ist (vgl Rn 5). – **a) Abgetrennte Folgesachen** bleiben als solche anhän- **15** gig (allgM), ggf im Teil- oder Restverbund mit weiterer Möglichkeit der Abtrennung (Zweibrücken FamRZ 97, 1231 mwN), Anwaltszwang (§ 78 Abs 2; BGH FamRZ 98, 1505) und späterer Kostenentscheidung gem § 93a. Es kann darüber schon vor Rechtskraft des Scheidungsausspruchs verhandelt und entschieden werden (BGH NJW 79, 1603); das soll idR geschehen (KG FamRZ 82, 320). – **b) Einstwei** **16** **lige Anordnungen** (§ 620) können vom Familiengericht auf Antrag, auch zugleich mit Verkündung des Scheidungsurteils (§ 629 Abs 1) erlassen werden.

§ 629 Einheitliche Endentscheidung; Vorbehalt bei abgewiesenem Scheidungsantrag

(1) **Ist dem Scheidungsantrag stattzugeben und gleichzeitig über Folgesachen zu entscheiden, so ergeht die Entscheidung einheitlich durch Urteil.**

(2) [1]**Absatz 1 gilt auch, soweit es sich um ein Versäumnisurteil handelt.** [2]**Wird hiergegen Einspruch und auch gegen das Urteil im übrigen ein Rechtsmittel eingelegt, so ist zunächst über den Einspruch und das Versäumnisurteil zu verhandeln und zu entscheiden.**

(3) [1]**Wird ein Scheidungsantrag abgewiesen, so werden die Folgesachen gegenstandslos, soweit sie nicht die Übertragung der elterlichen Sorge oder eines Teils der elterlichen Sorge wegen Gefährdung des Kindeswohls auf einen Elternteil, einen Pfleger oder einen Vormund betreffen; in diesem Fall wird die Folgesache als selbständige Familiensache fortgeführt.** [2]**Im übrigen ist einer Partei auf ihren Antrag in dem Urteil vorzubehalten, eine Folgesache als selbständige Familiensache fortzusetzen.** [3]**§ 626 Abs. 2 Satz 3 gilt entsprechend.**

1. Stattgebendes Scheidungsurteil (Abs 1). Es ergeht sowohl im **1** ersten wie im zweiten Rechtszug ein einheitliches Endurteil, das die Scheidung und alle Folgesachen umfasst, soweit sie nicht gem § 628 S 1 abgetrennt sind. Damit wird der Verbund des § 623 Abs 1 S 1 in der Endentscheidung verwirklicht. Das Verbundurteil ist allen Beteiligten zuzustellen, dabei § 624 Abs 4 zu beachten. – **a) Inhalt.** Die Urteils- **2** formel hat alle anhängigen, nicht abgetrennten Folgesachen (§ 623 Rn 2) zu umfassen. Über die Kosten wird gem § 93a entschieden. Soweit Dritte beteiligt sind, ist § 13a FGG oder § 20 HausratVO anwendbar (umstr; vgl § 93a Rn 1 aE; aA: nur ZPO-Vorschriften). Vorläufige Vollstreckbarkeit kommt trotz § 629d für Unterhalts- und Güterrechtsansprüche (§ 621 Abs 1 Nr 4, 5 und 8) in Betracht (hM). – **b) Anfech** **3** **tung.** Das Urteil des Familiengerichts unterliegt der Berufung (§ 511)

unter Einschluss aller Folgesachen, auch der freiwilliger Gerichtsbarkeit
unterliegenden Gegenständen (§ 621 Abs 1 Nr 1–3, 6, 7, 9), so dass
mit einer unbeschränkten Berufung alles in den zweiten Rechtszug gelangt, worüber im angefochtenen Urteil entschieden wurde. Sollen nur
die der freiwilligen Gerichtsbarkeit unterliegenden Gegenstände angefochten werden, findet die befristete Beschwerde des § 621 e statt
(§ 629 a Abs 2 S 1). Das Berufungsurteil ist mit der Revision nur nach
Maßgabe des § 543 (Zulassung durch OLG oder erfolgreiche Nichtzulassungsbeschwerde, wobei hierbei das Übergangsrecht gem § 26 Nr 9
EGZPO zu beachten ist) anfechtbar. Die Zulassungsrevision umfasst
grundsätzlich auch die Folgesachen, aber nicht die des § 621 Abs 1
Nr 7 und 9, bei denen die Revision überhaupt nicht stattfindet, selbst
wenn sie für die Hauptsache und (oder) andere Folgesachen zugelassen
4   wird (§ 629 a Abs 1). Die Teilanfechtung ist in § 629 a geregelt. – **c) Beschwer** als Zulässigkeitsvoraussetzung (16 vor § 511). Grundsätzlich ist
für den Antragsteller formelle Beschwer erforderlich; jedoch kann der
Antragsteller das Urteil mit dem Ziel anfechten, die Ehe aufrechtzuerhalten (hM; Hamm FamRZ 78, 194 mwN) oder im Falle unzulässiger
Abtrennung, mit dem Ziel, das angefochtene Urteil wegen Verletzung
der §§ 623, 628, 629 aufzuheben und die Sache zurückzuverweisen
(Frankfurt FamRZ 83, 1258). Der Antragsgegner kann gegen den
Scheidungsausspruch stets Berufung einlegen, auch mit dem Ziel, die in
erster Instanz erklärte Zustimmung zur Scheidung zu widerrufen und
die Abweisung des Scheidungsantrags zu begehren (BGH 89, 328).

5   **2. Versäumnisurteile** (Abs 2) sind bei stattgebenden Scheidungsurteilen nur bei den Unterhalts- und güterrechtlichen Ansprüchen
(§ 621 Abs 1 Nr 4, 5, 8) zulässig (vgl Zweibrücken FamRZ 96, 1483),
weil bei Scheidungsurteilen § 612 Abs 4 entgegensteht und weil bei
den FGG-Verfahren eine Säumnisentscheidung überhaupt nicht mög-
6   lich ist. § 708 Nr 2 ist trotz § 629 d anwendbar (hM). – **a) Einheitliche Entscheidung** (Abs 2 S 1). Sie ergeht als streitiges End- und
Versäumnisurteil. Gegen dieses Urteil findet Einspruch statt (§ 338),
soweit es (teilweise) als Versäumnisurteil gemäß § 331 ergeht allein der
Einspruch, wenn nur der als Versäumnisurteil ergangene Teil angefochten wird (BGH NJW-RR 95, 247); im Übrigen findet Berufung
7   oder befristete Beschwerde statt (vgl Rn 3). – **b) Doppelte Anfechtung** (Abs 2 S 2). Demjenigen, der beschwert ist, steht es frei, ob er
nur Einspruch einlegt oder nur Berufung (bzw Revision), oder statt
Berufung befristete Beschwerde gem § 629 a Abs 2 S 1. Für den Fall,
dass er außer dem Einspruch auch gegen das Urteil im übrigen Rechtsmittel (Berufung, Revision oder Beschwerde) einlegt, muss zuerst über
den Einspruch und den Teil des Urteils entschieden werden, der als
Versäumnisurteil ergangen ist. Diese Entscheidung darf nur das Gericht
treffen, dessen Urteil angefochten wird. Es gelten die §§ 338–345. Der
eingelegte Einspruch hat keinen Einfluss auf diejenigen Fristen, die für
die mit Rechtsmittel anfechtbaren Teile der Entscheidung laufen (BGH

FamRZ 86, 897). Erst danach kann das Rechtsmittelverfahren (im
Umfang der Anfechtung) weiterbetrieben werden, weil sonst der Verbund (§ 623 Abs 1) nicht aufrechterhalten werden könnte.

3. Abweisendes Urteil über den Scheidungsantrag (Abs 3). Es wird **8**
nach allgemeinen Grundsätzen angefochten (Rn 3). § 629 b ist zu beachten. Nur der Antragsteller ist beschwert (vgl Rn 4). – **a) Inhalt.** Es
wird nur der Scheidungsantrag abgewiesen. Die Folgesachen werden
deshalb gegenstandslos (Abs 3 S 1), weil der Antrag nur für den Fall der
Scheidung gestellt wird (vgl § 623 Rn 2). Sie sind daher nicht in der
Formel aufzuführen, da die Wirkung des Abs 3 S 1 von selbst eintritt,
allerdings nur unter der auflösenden Bedingung, dass das Rechtsmittelgericht das abweisende Urteil aufhebt (§ 629 b Abs 1 S 1). Eine Ausnahme besteht (Abs 3 S 1) für die Folgesachen der Übertragung elterlicher Sorge wegen Kindeswohlgefährdung (§ 1666 BGB; § 623 Abs 3;
dort Rn 14). Diese werden von Amts wegen als selbständige Familiensache fortgeführt. Die Kostenentscheidung des abweisenden Urteils
richtet sich nach § 93 a Abs 2, die Entscheidung über die vorläufige
Vollstreckbarkeit nach § 708 Nr 11, § 709. – **b) Vorbehalt der Fort-** **9**
führung (Abs 3 S 2) einer Folgesache als selbständige Familiensache ist
auf Antrag möglich. Der Vorbehalt ist in das Urteil aufzunehmen. Ist
auch anwendbar, wenn der Scheidungsantrag in einem anderen, insbes
auch einem ausländischen Verfahren, abgewiesen worden ist (BGH NJW
84, 2041). Es gilt § 626 (Rn 5). – **c)** Kostenentscheidung im Fall der **10**
Fortführung (Abs 3 S 3): wie § 626 Rn 5 aE.

§ 629 a Rechtsmittel

(1) **Gegen Urteile des Berufungsgerichts ist die Revision nicht
zulässig, soweit darin über Folgesachen der in § 621 Abs. 1
Nr. 7 oder 9 bezeichneten Art erkannt ist.**

(2) [1]**Soll ein Urteil nur angefochten werden, soweit darin über
Folgesachen der in § 621 Abs. 1 Nr. 1 bis 3, 6, 7, 9 bezeichneten Art erkannt ist, so ist § 621 ein entsprechend anzuwenden.**
[2]**Wird nach Einlegung der Beschwerde auch Berufung oder
Revision eingelegt, so ist über das Rechtsmittel einheitlich als
Berufung oder Revision zu entscheiden.** [3]**Im Verfahren vor
dem Rechtsmittelgericht gelten für Folgesachen § 623 Abs. 1
und die §§ 627 bis 629 entsprechend.**

(3) [1]**Ist eine nach § 629 Abs. 1 einheitlich ergangene Entscheidung teilweise durch Berufung, Beschwerde, Revision oder
Rechtsbeschwerde angefochten worden, so kann eine Änderung
von Teilen der einheitlichen Entscheidung, die eine andere Familiensache betreffen, nur noch bis zum Ablauf eines Monats
nach Zustellung der Rechtsmittelbegründung, bei mehreren
Zustellungen bis zum Ablauf eines Monats nach der letzten Zustellung beantragt werden.** [2]**Wird in dieser Frist eine Abänderung
beantragt, so verlängert sich die Frist um einen weiteren Monat.**

³ Satz 2 gilt entsprechend, wenn in der verlängerten Frist erneut eine Abänderung beantragt wird. ⁴Die §§ 517, 548 und 621 e Abs. 3 Satz 2 in Verbindung mit den §§ 517 und 548 bleiben unberührt.

(4) **Haben die Ehegatten auf Rechtsmittel gegen den Scheidungsausspruch verzichtet, so können sie auf dessen Anfechtung im Wege der Anschließung an ein Rechtsmittel in einer Folgesache verzichten, bevor ein solches Rechtsmittel eingelegt ist.**

1 **1. Allgemeines.** In § 629 a ist die Anfechtung von Verbundurteilen (§ 629) geregelt. Hierbei ist die besondere Interessenlage der Beteiligten berücksichtigt, die sich bei Teilanfechtungen und aus der Ungewissheit ergibt, ob und inwieweit die Verbundentscheidung von den anderen

2 Beteiligten angefochten ist. – **a) Anfechtung.** Es ist davon auszugehen, dass die Entscheidungen in Scheidungs- und Folgesachen (ganz oder teilweise) anfechtbar sind mit Berufung und Revision (§ 629 Rn 3) oder mit befristeter und Rechtsbeschwerde (Abs 2 S 1; § 621 e). Die Rechtskraft tritt bei Verbundurteilen (§ 629) grundsätzlich gleichzeitig ein (vgl § 629d). Nur bei Teilanfechtung (Abs 3) können Teile der Verbundentscheidung nacheinander rechtskräftig werden (vgl Rn 13). –

3 **b) Anschlussrechtsmittel** sind nach allgemeinen Regeln zulässig (§ 621 e Rn 8, 30) und richten sich auf den selben Teil der Verbundentscheidung, der mit dem Hauptrechtsmittel angegriffen wird. Davon zu unterscheiden ist die nachträgliche Teilanfechtung, die sich gegen einen anderen Teil der Verbundentscheidung richtet (vgl Rn 13). –

4 **c) Rechtsmittelverzicht** (vgl Rn 27) umfasst beim Verbundurteil im Zweifel den Scheidungsausspruch und alle Folgesachen (BGH FamRZ 86, 1089). Er steht aber einer Anschließung nicht entgegen (vgl § 524 Abs 2, § 567 Abs 3). Abs 4 gestattet auch einen wirksamen Verzicht auf die Anschließung (vgl Rn 27). Der Verzicht muss nicht den Antrag des § 629 c umfassen, um wirksam zu sein (Hamm FamRZ 95, 943 mwN; bestr).

5 **2. Berufung.** Sie findet statt (§ 511) gegen das Verbundurteil des Familiengerichts, wenn neben dem Scheidungsausspruch auch die anderen Bestandteile angefochten werden. Die Berufung erstreckt sich auf die dem FGG unterliegenden Folgesachen (§ 623 Rn 2). Berufung findet auch statt, wenn mit Teilanfechtung (Rn 13) nur Entscheidungen mit zivilprozessualem Streitgegenstand (§ 621 Abs 1 Nr 4, 5, 8) angefochten werden.

6 **3. Revision** (Abs 1). Gegen das Berufungsurteil kann vom Berufungsgericht die Revision zugelassen werden nach Maßgabe des § 543 Abs 1 Nr 1, Abs 2 für die Scheidungssache und für die Familiensachen des § 621 Abs 1 Nr 4, 8. Auf Grund des Abs 1 darf sie aber nie, auch nicht unter den Voraussetzungen des § 543 Abs 1, zugelassen werden, soweit im Berufungsurteil über Familiensachen des § 621 Abs 1 Nr 7 und 9 entschieden ist. Das gilt auch, wenn die Revision iü zuge-

lassen wurde, selbst wenn es in Bezug auf die Ausgleichsforderung geschehen ist; denn Abs 1 beendet die Rechtszüge beim Berufungsgericht ebenso wie bei § 542 Abs 2. Auch bei (iü zulässiger) Anfechtung des Gesamturteils gelangt der Rechtsstreit, soweit er dem § 621 Abs 1 Nr 7, 9 unterfällt und daher wegen Abs 1 nicht revisionsfähig ist, nicht in die Revisionsinstanz. Wird die Revision nicht zugelassen, so kann der BGH diese auf Beschwerde (§ 543 Abs 1 Nr 2, § 544) zulassen. Dies gilt jedoch nicht für Entscheidungen, die vor dem 1. 1. 07 erlassen wurden (§ 26 Nr 9 EGZPO).

4. Befristete Beschwerde (Abs 2 S 1). Sie findet gemäß § 621 e **7** Abs 1 als Erstbeschwerde gegen das Verbundurteil des Familiengerichts statt, wenn die Entscheidung nur insoweit angefochten wird, wie über Gegenstände entschieden ist, die der freiwilligen Gerichtsbarkeit angehören (§ 621 Abs 1 Nr 1–3, 6, 7, 9). Anwaltszwang nur gemäß § 78 Abs 2 Nr 1 (§ 621 e Rn 4). Für die Einlegung der Beschwerde gilt § 621 e (Rn 4), für die Kosten § 13 a FGG (vgl § 621 e Rn 16; bestr), auch bei Rücknahme (§ 621 e Rn 12; vgl Köln MDR 96, 1302 mwN).

5. Rechtsbeschwerde (Abs 2 S 1) findet (§ 621 e Abs 2) gegen die **8** Entscheidung des Berufungsgerichts statt nach Maßgabe des § 621 c Abs 2, also nur gegen die Folgesachenentscheidungen des § 621 Abs 1 Nr 1–3, 6. Gegen diese kann im Berufungsurteil, auch bei zurückgewiesener Berufung, unter den Voraussetzungen des § 543 Abs 2 die Rechtsbeschwerde (entspr § 621 e Abs 2 S 1) zugelassen werden. Sie ist auch in diesem Fall Rechtsbeschwerde (§ 621 e Abs 2), obwohl sie begrifflich wegen Fehlens einer Erstbeschwerde keine solche ist. Der BGH kann die Rechtsbeschwerde auf Nichtzulassungsbeschwerde (§§ 621 e Abs 2 S 1 Nr 2, 544) zulassen. Dies gilt gem § 26 Nr 9 EGZPO nur für ab dem 1. 1. 07 erlassene Entscheidungen.

6. Nachfolgende Berufung oder Revision (Abs 2 S 2 und 3). **9** Trifft den Fall, dass Berufung (Rn 5) oder Revision (Rn 6) erst eingelegt werden, nachdem Beschwerde (Rn 7) oder Rechtsbeschwerde (Rn 8) erhoben wurden. Hierbei ist es gleichgültig, ob der Beschwerdeführer oder -gegner das Rechtsmittel einlegt. Der Verbund (§ 623 Abs 1) soll auch in der Rechtsmittelinstanz aufrechterhalten werden. Weil der Scheidungsspruch in der Praxis fast nie angefochten wird, war für die Teilanfechtung des Verbundurteils klarzustellen, dass für alle in die höhere Instanz gelangten Folgesachen der Verbund auch ohne Scheidungssache bestehen bleibt. Das ist durch Abs 2 S 2 und 3 in dreierlei Hinsicht geschehen: – **a) Entscheidung durch Urteil** (Abs 2 S 2), **10** einheitlich gem § 629 Abs 1 wie in erster Instanz über alle dem Verbund unterliegenden Sachen, zB Scheidung (§ 622), Personensorge (§ 621 Abs 1 Nr 1) und Versorgungsausgleich (§ 621 Abs 1 Nr 6) oder Unterhaltspflicht (§ 621 Abs 1 Nr 5) und Hausrat (§ 621 Abs 1 Nr 7). Das gilt nicht, wenn nur FGG-Folgesachen in die Rechtsmittelinstanz gelangt sind, weil dann Beschluss ergehen muss. – **b) Fortbestand des** **11** **Verbunds in verschiedenen Instanzen** (Abs 2 S 3). Der Verbund wird nicht dadurch gelöst oder ausgeschlossen, dass die Ehescheidung sich nicht in derselben Instanz befindet wie die Folgesache(n). Das ergibt sich aus Abs 2 S 3 durch die Verweisung auf § 623 Abs 1 und § 629 (Sedemund-Treiber FamRZ 86, 209). Zweck der Regelung ist es, im Verbund aufeinander abgestimmte Regelungen für die einzelnen Scheidungsfolgen zu ermöglichen und zu erzielen. Dies wäre nicht möglich, wenn der Verbund durch eine Teilanfechtung aufgelöst würde und beliebig unangreifbare Teilentscheidungen ergehen könnten. –

12 **c) Lösung des Verbunds** im höheren Rechtszug (Abs 2 S 3). Sie geschieht so wie in der ersten Instanz. Das sagt die Verweisung auf die §§ 627, 628. So wie der Verbund zwischen Scheidung und Folgesache durch das Gericht mit Vorwegentscheidung gelöst werden kann (§§ 627, 628 S 1), soll auch der Verbund zwischen Folgesachen (§ 628 S 2) im höheren Rechtszug gelöst werden können, indem § 628 S 1 Nr 1–4 anwendbar gemacht wird.

13 **7. Nachträgliche Teilanfechtung** (Abs 3). Die einheitliche Verbundentscheidung (§ 623 Abs 1 S 1, § 628 Abs 1 S 2, § 629 Abs 1) kann auf eine oder mehrere der verbundenen Folgesachen (§ 623 Rn 2) beschränkt angefochten werden mit Berufung, Revision, Beschwerde oder Rechtsbeschwerde, während die Verbundentscheidung in einer oder mehreren anderen Folgesachen unangefochten bleibt. Dies setzt Abs 3 als selbstverständlich voraus. Es kommt hinzu, dass auch Dritte (Kinder, Jugendamt, Versorgungsträger) als Beteiligte die Verbundentscheidung anfechten können (§ 621 e Rn 6). Grundsätzlich wird dadurch die Rechtskraft des Scheidungsausspruchs gehindert (Zweibrücken NJW-RR 98, 147); umgekehrt kann die Folgesache vor Rechtskraft des Scheidungsausspruchs nicht wirksam werden (§ 629 d). –

14 **a) Zweck.** Durch Abs 3 will der Gesetzgeber verhindern, dass das Prinzip gleichzeitiger Erledigung von Scheidung und Folgesachen (§ 623 Abs 1) nicht um den Preis durchgesetzt wird, dass die Scheidung, deren Rechtskraft in der Schwebe bleibt, unzumutbar verzögert würde, indem insbes Dritte eine Folgesache in die höheren Instanzen bringen. Dem soll durch Abs 3 begegnet werden. Zudem sollen alle Beteiligten in die Lage versetzt werden, sich gegen spätere überraschende Anfechtungen anderer Beteiligter angemessen zu wehren. Diejenigen Teile der Verbundentscheidung, die alle Beteiligten hinnehmen wollen oder erstreben (insbes die frühzeitige Scheidung), werden gesondert und früher rechtskräftig, dem Verbund endgültig entzogen oder unabhängig von einer allein umstritten bleibenden Folgesache (zB dem Versorgungsausgleich) der Rechtskraft zugeführt. Die Rechtskraft soll eine sichere Grundlage erhalten; insbes sollen Doppelehen vermieden wer-

15 den. – **b) Anwendbar** ist Abs 3 in allen Rechtszügen, auch in dem der Revision und der weiteren Beschwerde, aber nicht, wenn das Rechtsmittel unbeschränkt gegen das ganze Urteil gerichtet ist (BGH FamRZ

16 94, 827). – **c) Hauptrechtsmittel.** Damit sind Berufung, Revision, Beschwerde und Rechtsbeschwerde gemeint. Sie bleiben durch die beschränkte nachträgliche Anfechtung (Abs 3 S 1–3) unberührt (Abs 3 S 4), sind also durch Abs 3 nicht beschränkt. Einer Berufungserweiterung (auch nach Ablauf der Begründungsfrist) steht Abs 3 nicht entgegen (Koblenz FamRZ 90, 769). Die Monatsfristen des § 517 (Berufung), § 548 (Revision) und § 621 e Abs 3 S 2 (Beschwerde und Rechtsbeschwerde) gelten für alle Beteiligten, wenn sie die Verbundentscheidung anfechten wollen. – **d) Voraussetzungen** der befristeten nachträglichen Anfechtung (Abs 3), auch durch Dritte (hiergegen kritisch Schmitz FamRZ 87, 1101), die aber nur Rechtsmittel einlegen dürfen, soweit die Verbundentscheidung sie betrifft, zB den Versicherungsträger nicht die Scheidung (BGH NJW 98, 2679). **aa) Verbundentscheidung** iS des § 629 Abs 1, gleich ob erster oder zweiter Instanz. Nur für eine solche gilt Abs 3. Das ist in Abs 3 S I ausdrücklich vorausgesetzt. Damit sind primär Urteile gemeint, die den Scheidungsspruch umfassen. Weil der Verbund auch für bloße Folgesachen fortbesteht (Rn 9), gilt Abs 3 auch für Urteile und Beschlüsse, die lediglich Folgesachen betreffen (Grund: einheitliche Regelung). Nicht gilt Abs 3 in isolierten Familiensachen sowie für Entscheidungen, die ausnahmsweise außerhalb des Verbunds gesondert ergehen, zB Ablehnung eines Scheidungsantrags (§ 629 Abs 3), Entscheidungen in einer abgetrennten Folgesache (§ 628 Abs 1 S I) und in einer Folgesache, die allein Gegenstand eines Rechtsmittelverfahrens ist. **bb) Anfechtung durch Hauptrechtsmittel** (Rn 16) eines Ehegatten oder Dritten. Das Rechtsmittel muss sich gegen einen anderen Teil der Verbundentscheidung richten. Unterbleibt eine Anfechtung, tritt die Rechtskraft der Verbundentscheidung bereits mit Ablauf der letzten Frist für alle Hauptrechtsmittel ein (Rn 1, 2). – **e) Wirkung.** Die nachträgliche Anfechtung der Verbundentscheidung durch Rechtsmittelerweiterung oder -anschließung ist befristet, wenn im Anwendungsbereich (Rn 15) die Voraussetzungen (Rn 16–19) vorliegen. Damit greift Abs 3 S 1–3 für diejenigen Teile der Verbundentscheidung ein, die nicht schon Gegenstand des Hauptrechtsmittels geworden sind. Dies entspricht dem Zweck des Abs 3 (Rn 14), nämlich weitergehende, noch unsichere Anfechtungsmöglichkeiten zu klären. Die Befristung gilt auch für Dritte, betrifft aber nicht den Gegenstand des Hauptrechtsmittels (zB Ehegattenunterhalt § 621 Abs 1 Nr 5), sondern nur die anderen im Verbund entschiedenen Gegenstände, neben Ehescheidung zB Sorgerechtsregelung (§ 621 Abs 1 Nr 1) und Versorgungsausgleich (§ 621 Abs 1 Nr 6) oder andere Folgesachen. Daraus folgt, dass im Hauptrechtsmittelverfahren unbefristet Rechtsmittelerweiterung und -anschließung zulässig sind, soweit dieselbe Angelegenheit betroffen ist (Sedemund-Treiber FamRZ 86, 209). Das ergibt sich aus Abs 3 S 1 unmittelbar für die anderen Folgesachen und mittelbar für den Gegenstand des Hauptrechtsmittels.

8. Frist bei nachträglicher Teilanfechtung (Abs 3). – **a) Fristbeginn.** Die Monatsfrist (Abs 3 S 1, für alle Rechtsmittel einheitlich) beginnt mit der zeitlich letzten (BGH NJW 98, 2679/2680) Zustellung der

17

18

19

20

21

Rechtsmittelbegründung (§ 521 Abs 1, § 550 Abs 2, § 551 Abs 4, § 621 e
Abs 3 S 2), so dass keine vorzeitige Teilrechtskraft des Verbundsurteils
möglich ist. Daher bei Hauptrechtsmitteln oder mehreren Beteiligten
kein gesonderter Fristbeginn, weil gestaffelte Fristabläufe für den ersten
Zustellungsadressaten nachteilig sein können (Sedemund-Treiber Fam-
RZ 86, 209/211). Auch aus diesem Grunde muss darauf geachtet werden, dass das Verbundurteil an alle wirklich Beteiligten, auch an die
beteiligten Versorgungsträger zugestellt wird, damit der Fristenlauf
beginnt (Kemnade FamRZ 86, 625). Das gleiche gilt für die Zustellung der Rechtsmittelbegründung, aber nur an die wirklich Betroffenen
(Nürnberg FamRZ 86, 923). Zustellungsbescheinigung wird gemäß
22   § 169 erteilt. – **b) Versäumte Frist.** Wiedereinsetzung (§ 233) ist möglich, weil die Monatsfrist zwar keine Notfrist ist (Frankfurt FamRZ 86,
1122; Köln FamRZ 87, 1059), aber wie eine solche behandelt werden
muss (Sedemund-Treiber aaO; Bergerfurth in Anm zu Frankfurt Fam-
RZ 87, 177). Heilung von Zustellungsmängeln gem § 189 ist daher ausgeschlossen (Köln aaO). Wird keine Rechtsmittelerweiterung oder -an-
schließung vorgenommen und die Frist versäumt und Wiedereinsetzung
verweigert, werden alle bislang nicht angegriffenen Teile der Verbundentscheidung rechtskräftig (BGH NJW-RR 93, 260 mwN). Nur soweit
zulässig angefochten wurde, wird die Verbundentscheidung Gegenstand
23   des Rechtsmittelverfahrens. – **c) Gewahrte Frist mit zweiter Stufe**
(Abs 3 S 2). Wird rechtzeitig eine Abänderung der bereits angefochtenen Verbundentscheidung beantragt, so beginnt die zweite Stufe für
zusätzliche nachträgliche Anfechtungen der anderen Beteiligten mit der
Nachfrist von einem weiteren Monat (analog § 554 Abs 2 S 2), gerechnet ab Fristende (vgl Bergerfurth FamRZ 86, 940). Eröffnet ist sie den
Ehegatten und den betroffenen Drittbeteiligten (Sedemund-Treiber
FamRZ 86, 209/211; Philippi FamRZ 89, 1257/1259), jedoch nur im
Rahmen des allgemeinen Rechtsmittelrechts, so dass insbes Beschwer
gegeben sein muss. Bei Anschlussrechtsmittel ist besser auf eine Art Gegenseitigkeit abzustellen (vgl ZöPhilippi 28); eine Hilfsanschließung
genügt (Bergerfurth aaO). Die Anschließungen sind unselbständig mit
der Wirkung des § 524 Abs 4 oder § 567 Abs 3 S 2. Fristbeginn: wie
Rn 21 (Abs 3 S 3). Wirkung: Unterbleibt eine weitere nachträgliche Anfechtung, so werden die bislang nicht angefochtenen Teile der
Verbundentscheidung rechtskräftig (Rn 22). Dagegen eingelegte Rechtsmittel sind als unzulässig zu verwerfen (Frankfurt FamRZ 86, 924).

24   **9. Anschlussrechtsmittel in dritter Stufe** (Abs 3 S 2). – **a) Zulässigkeit.** Wird in der zweiten Stufe (Rn 23) rechtzeitig nachträglich
angefochten, ist nunmehr in der dritten Stufe die nachträgliche Anfechtung für die anderen Beteiligten eröffnet. Auch sonst entspricht die
Rechtslage derjenigen der zweiten Stufe. Weitere Stufen sind theoretisch
25   möglich (Abs 3 S 2), praktisch aber wohl ausgeschlossen. – **b) Gegenanschließung** des Hauptrechtsmittelführers ist zulässig (hM), insbes
wenn ein Drittbeteiligter Hauptrechtsmittelführer ist (Philippi FamRZ

89, 1257 mwN). – **c) Rücknahme** des zeitlich vorangehenden Rechts- 26
mittels macht die befristete Anschließung (Abs 3) unzulässig (BGH
NJW 98, 2679; Hamm FamRZ 89, 414).

10. Verzicht auf Anschlussrechtsmittel gegen den Scheidungs- 27
ausspruch (Abs 4). Dadurch soll den Ehegatten ermöglicht werden, die
beiderseitig gewünschte Scheidung schnell rechtskräftig werden zu
lassen. Ist anwendbar nur bei Verbundverfahren (§ 623 Abs 1, § 629
Abs 1), nicht beim isolierten Scheidungsurteil; dort ist ein wechselseiti-
ger Rechtsmittelverzicht möglich (§ 515). Durch Abs 4 kann der Rechtsmittelverzicht endgültig gemacht werden, indem auf eine Anfechtung
im Wege der Anschließung (Rn 3), die im Rahmen einer Folgesachen-
anfechtung möglich wäre (auch durch Gegenanschließung; Rn 25), von
vorneherein verzichtet wird, nämlich vor Einlegung eines Rechtsmittels in Folgesachen.

§ 629 b Zurückverweisung

(1) [1]**Wird ein Urteil aufgehoben, durch das der Scheidungsantrag abgewiesen ist, so ist die Sache an das Gericht zurückzuverweisen, das die Abweisung ausgesprochen hat, wenn bei
diesem Gericht eine Folgesache zur Entscheidung ansteht.** [2]**Dieses Gericht hat die rechtliche Beurteilung, die der Aufhebung
zugrunde gelegt ist, auch seiner Entscheidung zugrunde zu
legen.**

(2) **Das Gericht, an das die Sache zurückverwiesen ist, kann,
wenn gegen das Aufhebungsurteil Revision oder Beschwerde
gegen die Nichtzulassung der Revision eingelegt wird, auf Antrag anordnen, daß über die Folgesachen verhandelt wird.**

1. Allgemeines. Bei abgewiesenem Scheidungsantrag gelangen die 1
Folgesachen wegen § 629 Abs 3 bei Anfechtung des Urteils nicht in die
höhere Instanz. Auch bei einer derartigen Abspaltung der Scheidungssache soll die gleichzeitige Entscheidung mit den Folgesachen (§ 629
Abs 1) ermöglicht werden. Dies ist zum Verständnis des § 629 b zu beachten. Anwendbar ist § 629 b für aufhebende Urteile des Berufungs-
wie des Revisionsgerichts. Die Vorschrift ist ggü § 538 lex specialis.

2. Voraussetzungen (Abs 1 S 1). – **a) Aufhebung** eines Urteils, in 2
dem der Scheidungsantrag abgewiesen wurde (§ 629 Abs 3), durch das
Rechtsmittelgericht. Umfaßt auch diejenigen Fälle, in denen wegen
zwischenzeitlichen Ablauf des Trennungsjahrs (§ 1565 Abs 1 BGB) das
Berufungsgericht infolge des § 529 Abs 1 Nr 2 das Urteil des Familiengerichts aufheben muss (BGH NJW 97, 1007). Kosten in diesem Fall:
§ 97 Abs 2 analog (ZöPhilippi 7). – **b) Zur Entscheidung anstehen-** 3
de Folgesachen (§ 623 Rn 2), die vom Untergericht für den Fall der
Scheidung entschieden werden müssten. Es sind solche, die wegen
§ 629 Abs 3 auflösend bedingt gegenstandslos wurden. Sie stehen beim
Familiengericht an, wenn dieses den Scheidungsantrag abgewiesen hat,

beim Berufungsgericht, wenn es auf Berufung so entschieden hat, soweit die Folgesachen in die zweite Instanz gelangt sind. Anstehen setzt nicht Anhängigkeit oder Einleitung des FGG-Verfahrens voraus.

4 **3. Wirkung** des § 629 b. – **a) Zwang zur Zurückverweisung** (Abs 1 S 1). Liegen die Voraussetzungen (Rn 2, 3) vor, muss zurückverwiesen werden, um die einheitliche Entscheidung (§ 629 Abs 1) zu ermöglichen (für Ausnahmen, wenn der Zweck des § 629 b nicht zutrifft: Oldenburg FamRZ 98, 1528 mwN). Zurückzuverweisen ist an das Berufungs- oder Familiengericht, je nachdem, wo die Folgesachen **5** anstehen (vgl Rn 3). – **b) Bindung an die rechtliche Beurteilung** (Abs 1 S 2) des aufhebenden Urteils. Das Gericht, an das zurückverwiesen wurde, ist in demjenigen Umfang an die rechtliche Beurteilung des Berufungs- oder Revisionsgerichts gebunden, den dessen Urteil ergibt (entspr § 563 Abs 2; Düsseldorf FamRZ 81, 808). Ist danach die **6** Ehe zu scheiden, ergeht einheitliches Urteil gem § 629 Abs 1. – **c) Verhandlung in Folgesachen** (Abs 2). Hierfür ist davon auszugehen, dass die Revision oder die Nichtzulassungsbeschwerde gegen ein aufhebendes und zurückverweisendes Berufungsurteil dessen Wirkung suspendiert (2 vor § 511) und daher das Familiengericht nicht vor Rechtskraft des Berufungsurteils Termin bestimmen darf. Davon gestattet Abs 2 eine Ausnahme, nämlich Anordnung der Vhdlg über die anstehende Folgesache (Rn 3); sie muss nicht mündlich sein. Dies geschieht durch Beschluss auf Antrag einer Partei oder eines an der Folgesache Beteiligten. Die Anordnung steht im Ermessen des Gerichts („kann"). Abs 2 gestattet nur die Verhandlung bis zur Entscheidungsreife. Ergehen darf die Endentscheidung auch in diesen Fällen nur gem § 629 Abs 1 im einheitlichen Urteil, nachdem auch die Scheidungssache rechtskräftig zurückverwiesen ist.

§ 629 c Erweiterte Aufhebung

[1] **Wird eine Entscheidung auf Revision oder Rechtsbeschwerde teilweise aufgehoben, so kann das Gericht auf Antrag einer Partei die Entscheidung auch insoweit aufheben und die Sache zur anderweitigen Verhandlung und Entscheidung an das Berufungs- oder Beschwerdegericht zurückverweisen, als dies wegen des Zusammenhangs mit der aufgehobenen Entscheidung geboten erscheint. [2] Eine Aufhebung des Scheidungsausspruchs kann nur innerhalb eines Monats nach Zustellung der Rechtsmittelbegründung oder des Beschlusses über die Zulassung der Revision oder der Rechtsbeschwerde, bei mehreren Zustellungen bis zum Ablauf eines Monats nach der letzten Zustellung beantragt werden.**

1 **1. Allgemeines. – a) Zweck.** Entscheidungen der im Verbund stehenden Familiensachen sollen auch dann noch aufeinander abgestimmt werden können, wenn nur eine von ihnen auf Revision oder Rechtsbeschwerde aufgehoben wird. Dies ist geboten, weil diese Rechtsmittel nur insoweit stattfinden, als sie zugelassen werden (§ 543 Abs 1, § 621 e Abs 2). S 2 stimmt die erweiterte Teilaufhebung mit § 629 a Abs 3 ab. – **b) Anwendbar** ist § 629 c nur auf Urteile und Beschlüsse dritter 2 Instanz, also des BGH. Für den Scheidungsausspruch ist S 1 praktisch bedeutungslos geblieben (Sedemund-Treiber FamRZ 86, 209/212), aber möglich (Deneke FamRZ 87, 1214/1217); anders in Folgesachen. – **c) Rechtskraft.** Sie wird durch S 2 hinsichtlich der nicht angefochte- 3 nen Teile hinausgeschoben, weil die Scheidung vor endgültiger Regelung der Folgesachen nicht gegen den Willen des Ehegatten rechtskräftig werden und das Verbundprinzip gewahrt bleiben soll (hM; Deneke aaO 1218 mwN).

2. Voraussetzungen. Auch wenn sie vorliegen, steht die in der 4 Formel auszusprechende, erweiterte Aufhebung im Ermessen des Gerichts: – **a) Antrag** einer Partei des Verfahrens der Revision oder eines Beteiligten der Rechtsbeschwerde, auch des Rechtsmittelführers; Prozesshandlung (Einl III) unter Anwaltszwang. Bis zum Schluss der Verhandlung und bereits in der Revisions- oder Beschwerdebegründung (§§ 551, 621 e Abs 3 S 2) zulässig. Der Antrag ist kein Rechtsmittel (hM; Deneke FamRZ 87, 1214/1219). Auch Verzicht auf ihn ist zulässig (hM). Zeitlich begrenzt (S 2) ist er für den Scheidungsausspruch, um dem § 629 a Abs 3 anzupassen. Fristbeginn: wie § 629 a Rn 21. Soweit die Revision auf Nichtzulassungsbeschwerde zugelassen wurde, beginnt die Frist mit Zustellung des Beschlusses gem § 544 Rn 4. – **b) Teil-** 5 **aufhebung** einer Endentscheidung (Urteil oder Beschluss) auf Revision oder Rechtsbeschwerde (§ 621 e Abs 2) über eine Folgesache. Dies kommt vor allem dann in Betracht, wenn die Entscheidung wegen beschränkter Zulassung (§ 543 Abs 1) nur teilweise angefochten werden konnte. Unerheblich ist, ob das Rechtsmittel in vollem Umfang oder nur teilweise Erfolg hatte. – **c) Zusammenhang** zwischen den Folge- 6 sachen, in denen die Entscheidung wegen Anfechtung aufgehoben wird und derjenigen, auf die sich der Antrag (Rn 4) bezieht. Sie müssen aber in die zweite Instanz, nicht in die dritte gelangt sein (hM). Ein tatsächlicher Zusammenhang genügt (Deneke aaO 1216; bestr), damit eine Gesamtentscheidung (§ 629 Abs 1) ergehen kann.

3. Zurückverweisung (S 1). Sie hat an das OLG zu erfolgen und 7 eröffnet die erneute Nachprüfung durch neue Verhandlung und Entscheidung in allen Folgesachen, die zurückverwiesen sind. Eine Bindung an die rechtliche Beurteilung tritt nur nach allgemeinen Grundsätzen ein; sie wird durch § 629 c nicht erweitert.

§ 629 d Wirksamwerden der Entscheidungen in Folgesachen

Vor der Rechtskraft des Scheidungsausspruchs werden die Entscheidungen in Folgesachen nicht wirksam.

1. Allgemeines. Die Entscheidung über die Folgesachen (§ 623 1 Rn 2) ist von der über die Scheidung abhängig, wenn sie nur für den

Fall der Scheidung getroffen wird (§ 623 Abs 1 S 1) und die Folgesachen mit Ausnahme des § 623 Abs 3 gegenstandslos werden, wenn der Scheidungsantrag abgewiesen wird (§ 629 Abs 3). Deshalb bestimmt § 629 d, dass die Folgesachenentscheidungen, gleich ob im Verbundurteil (§ 629 Abs 1) oder nach Abtrennung (vgl § 628) durch Beschluss getroffen, nicht vor Rechtskraft des Scheidungsurteils (Rn 2) wirksam werden. Das gilt auch, wenn sie unanfechtbar geworden sind (vgl § 629 a Rn 2).

2　　**2. Rechtskraft des Scheidungsausspruchs** tritt mit Unanfechtbarkeit desjenigen Urteils ein, das ihn enthält (vgl § 705). Dies geschieht durch: (1) Unterbliebene oder verspätete Anfechtung des Urteils. (2) Nach Teilanfechtung des Verbundurteils mit Ablauf der Frist des § 629 a Abs 3 oder des § 629 c S 2 zur Anschließung oder Erweiterung auf den Scheidungsausspruch. (3) Rechtsmittelverzicht beider Ehegatten, auch Verzicht auf Anschließung und Erweiterung gemäß § 629 a Abs 4; ferner durch Verzicht auf den Antrag gemäß § 629 c S 2, aber nur dann, wenn die Scheidung Gegenstand einer Berufung ist (ZöPhilippi § 629 a Rn 41).

3　　**3. Wirkung.** Vollstreckbare Regelungen durch einstweilige Anordnungen (§ 620 oder § 24 Abs 3 FGG) bleiben möglich und werden durch
4　　§ 629 d nicht ausgeschlossen (allgM). – a) **FGG-Folgesachen** (§ 621 Abs 1 Nr 1–3, 6, 7 und 9). Die bis zur Rechtskraft (Rn 2) aufgeschobene Wirksamkeit der Folgesachenentscheidung geht dem § 16 FGG vor,
5　　auch im Fall des § 627. – b) **ZPO-Folgesachen** (§ 621 Abs 1 Nr 4, 5, 8). Der Ausschluss vorläufiger Vollstreckbarkeit (§ 704 Abs 2 S 1) gilt nur für den Scheidungsausspruch, nicht für die Folgesachen. Diese sind daher für vorläufig vollstreckbar zu erklären; jedoch muss aus der Urteilsformel erkennbar sein, dass die Verurteilung erst ab Rechtskraft der Scheidung erfolgt (hM; Bamberg FamRZ 90, 184; ZöPhilippi 12).

§ 630 Einverständliche Scheidung

(1) **Für das Verfahren auf Scheidung nach § 1565 in Verbindung mit § 1566 Abs. 1 des Bürgerlichen Gesetzbuchs muß die Antragsschrift eines Ehegatten auch enthalten:**

1. **die Mitteilung, daß der andere Ehegatte der Scheidung zustimmen oder in gleicher Weise die Scheidung beantragen wird;**
2. **entweder übereinstimmende Erklärungen der Ehegatten, daß Anträge zur Übertragung der elterlichen Sorge oder eines Teils der elterlichen Sorge für die Kinder auf einen Elternteil und zur Regelung des Umgangs der Eltern mit den Kindern nicht gestellt werden, weil sich die Ehegatten über das Fortbestehen der Sorge und über den Umgang einig sind, oder, soweit eine gerichtliche Regelung erfolgen soll, die entsprechenden Anträge und jeweils die Zustimmung des anderen Ehegatten hierzu;**

3. **die Einigung der Ehegatten über die Regelung der Unterhaltspflicht gegenüber einem Kinde, die durch die Ehe begründete gesetzliche Unterhaltspflicht sowie die Rechtsverhältnisse an der Ehewohnung und am Hausrat.**

(2) [1]**Die Zustimmung zur Scheidung kann bis zum Schluß der mündlichen Verhandlung, auf die das Urteil ergeht, widerrufen werden.** [2]**Die Zustimmung und der Widerruf können zu Protokoll der Geschäftsstelle oder in der mündlichen Verhandlung zur Niederschrift des Gerichts erklärt werden.**

(3) **Das Gericht soll dem Scheidungsantrag erst stattgeben, wenn die Ehegatten über die in Absatz 1 Nr. 3 bezeichneten Gegenstände einen vollstreckbaren Schuldtitel herbeigeführt haben.**

1. Allgemeines. § 630 ist als Verfahrensbestimmung auf der materiell-rechtlichen Grundlage der offenen Konventionalscheidung zu sehen, nämlich dass eine Scheidung allein auf Grund einjähriger Trennung (die aber nicht entgegen § 138 Abs 1 wahrheitswidrig behauptet oder zugestanden werden darf) und auf übereinstimmenden Antrag der Ehegatten oder auf Antrag des einen mit Zustimmung des anderen vom Gericht auszusprechen ist (§ 1565 Abs 1 S 1, § 1566 Abs 1 BGB). **1**

2. Anwendungsbereich ist nur die Scheidung auf Grund einjährigen Getrenntlebens und Einverständnisses der Ehegatten (§ 1565 Abs 1 S 1, § 1566 Abs 1 BGB), auch in der Berufungsinstanz. § 630 gilt nicht für Fälle, in denen ohne einjähriges Getrenntleben und ohne streitige Anträge der Ehegatten in deren Einverständnis allein nach § 1565 BGB geschieden werden soll; dies ist als streitige Ehescheidung zu behandeln (hM). Auch kann bei einjährigem Getrenntleben streitig geschieden werden, wenn § 630 deshalb nicht anwendbar ist, weil die Ehegatten die in Abs 1 geforderten Voraussetzungen nicht erfüllen (ZöPhilippi 2 mwN). **2**

3. Zweck. Die auch hier gebotene einheitliche Entscheidung (§ 629 Abs 1) soll durch Vereinbarungen der Ehegatten über die wichtigsten Folgesachen vorbereitet, erleichtert und entlastet werden. Außerdem soll die vorangehende, idR notwendige Einigung in den wichtigsten Folgesachen die Ehegatten vor einem übereilten, später sonst bereuten Scheidungsentschluss bewahren. **3**

4. Streitgegenstand. Eine einverständliche Scheidung gemäß § 630 hat keinen anderen Streitgegenstand als eine streitige Scheidung. § 630 stellt auch keine Prozessvoraussetzung dar und macht bei Nichterfüllung der Voraussetzungen den Scheidungsantrag nicht unzulässig (hM). Streitige Scheidungen, die als solche anhängig geworden sind, können nach Eintritt der Voraussetzungen des § 630 im Wege der Antragsänderung (§ 611 Abs 1) als einverständliche Scheidung weitergeführt und erledigt werden. Dasselbe gilt umgekehrt. **4**

5. Inhalt der Antragsschrift (Abs 1). Er kommt zwingend zu dem Inhalt des § 622 Abs 2 hinzu und kann durch ergänzenden (dann zuzustellenden) Schriftsatz nachgeholt werden. Jeder Ehegatte kann die **5**

Einigung über die Gegenstände der Nr 1 und 2 frei widerrufen, die zu Nr 3 nur, wenn sie für den Fall einverständlicher Ehescheidung getroffen sind, nicht aber, wenn sie für jeden Fall der Scheidung vereinbart

6 wurde (hM; ZöPhilippi 11 mwN). – **a) Nr 1: Mitteilung,** dass der andere Ehegatte entweder zustimmen (Abs 2) oder ebenfalls Scheidung beantragen wird. Stellt sich diese Mitteilung später als unrichtig heraus, kann der Antrag auf streitige Scheidung umgestellt und das Verfahren

7 fortgesetzt werden (Rn 4). – **b) Nr 2: Einigung bei elterlicher Sorge und Umgang.** Das setzt voraus, dass die in § 622 Abs 2 S 1 Nr 1 geforderte Angabe zutrifft, gemeinschaftliche minderjährige Kinder seien vorhanden. Es bestehen als Voraussetzung einer Konventionalscheidung

8 zwei Möglichkeiten: **(1) Einigkeit** über den Fortbestand der gemeinsamen Sorge (§ 1626 Abs 1 BGB) und des elterlichen Umgangs (§ 1626 Abs 2, § 1684 BGB); letzterer muss nicht in Einzelheiten festgelegt sein. Die Erklärungen, dass die Ehegatten keine Anträge zur Übertragung der elterlichen Sorge (§ 1671 BGB) und zum Umgang (§ 1684 Abs 3 BGB) stellen, sind in den Antragsschriftsatz aufzunehmen. Fehlt die Erklärung des Antragsgegners, kann er sie in einem eigenen Schriftsatz dem Familiengericht gegenüber abgeben. Auch der Antragsteller kann die Erklärung bis zum Schluss der mündlichen Verhandlung (§ 296 a) nachholen. Bis dahin kann auch ein Antrag (§ 1671 Abs 1, § 1684 Abs 3

9 BGB) noch gestellt und damit die Einigung beseitigt werden. **(2) Zustimmung** zum Antrag des anderen Elternteils, der auf Übertragung der elterlichen Sorge (§ 1671 BGB) oder Regelung des Umgangs (§ 1684 Abs 3 BGB) gerichtet ist. Für Antrag und Zustimmung gilt Rn 8 entspr. Zur Problematik des Anwaltszwangs für den Antrag des Scheidungsantragsgegners: Schüller FamRZ 98, 1287. Der Umgang muss aber im Einzelnen bezeichnet sein. Das Gericht ist in seiner Entscheidung nicht gebunden, wird aber idR dem Antrag folgen können.

10 – **c) Nr 3: Einigung über die Unterhaltspflicht:** gegenüber dem Kind gem §§ 1601, 1602 BGB, wer sie erfüllen oder wie sie zwischen den Ehegatten aufgeteilt werden soll, über die gegenseitige Unterhaltspflicht gem §§ 1569–1586b BGB sowie die Höhe, auch wenn die Ehegatten das Sorgerecht gemeinsam ausüben wollen (KG FamRZ 94, 514). Ferner müssen sich die Ehegatten über die Gegenstände der HausratsVO geeinigt haben. Die Einigung muss bindend, also praktisch schriftlich vereinbart vorliegen, am besten, aber nicht notwendig in der Form des Abs 3 (Rn 17). Die bloße Behauptung der Einigung genügt nicht (hM).

11   **6. Zustimmung** zur Scheidung (Abs 2). Sie ist die des § 1566 Abs 1 2. Alt BGB und ist bei einverständlicher Scheidung für den Fall vorgesehen, dass der Antragsgegner nicht auch seinerseits (übereinstim-

12 mend) Scheidung beantragt (§ 1566 Abs 1 1. Alt BGB). – **a) Erklärung** (Abs 2 S 2). Sie ist eine materiell-rechtliche Willenserklärung und zugleich Prozesshandlung (allgM; BayObLG NJW-RR 96, 650), da ihre Voraussetzungen und Wirkungen auch im Prozessrecht geregelt sind. Sie steht außer Anwaltszwang wegen § 78 Abs 3, weil sie auch zu Pro-

tokoll der Geschäftsstelle erklärt werden kann. Es wird auch die in einem Schriftsatz an das Gericht enthaltene Erklärung eines Ehegatten für ausreichend gehalten (Stuttgart Rpfleger 93, 244; bestr). Die Zustimmung kann außerdem durch den Ehegatten wirksam in mdl Vhdlg, nicht notwendig vom Ehegatten persönlich, zu Protokoll des Gerichts erklärt werden; sie ist darin aufzunehmen (§ 160 Abs 3 Nr 3) und bis zum Schluss der mdl Vhdlg möglich. Die Zustimmung kann auch wirksam im Schriftsatz des Anwalts erklärt werden, weil Abs 2 S 2 nur die Erklärung ohne RA ermöglichen soll. – **b) Widerruf** (Abs 2 S 1). Er **13** hat dieselbe Rechtsnatur wie die Zustimmung (Rn 10) und ist in derselben Form zu erklären. Er steht frei bis zum Schluss der Letzten mdl Vhdlg (wie § 296a), auch noch in den Rechtsmittelinstanzen (hM; BGH NJW 84, 1303). Wird er erklärt, ist das Verfahren als streitige Sache fortzusetzen (Rn 4). Dem Antragsteller steht Rücknahme des Scheidungsantrags (§ 626) jederzeit frei. Der Widerruf schließt eine erneute Zustimmung im selben Verfahren nicht aus (allgM). Er ist vom Widerruf einer Einigung gem Abs 1 Nr 1–3 zu unterscheiden (vgl Rn 5).

7. Verfahren. Es ist dasjenige der §§ 622–629d mit den Sonderre- **14** geln des § 630. Das Fehlen der Voraussetzungen des § 630 hindert nicht den Eintritt der Rechtshängigkeit. Umstr ist aber, ob sie Sachurteilsvoraussetzungen in dem Sinne sind, dass bei ihrem Fehlen der Scheidungsantrag als unzulässig abzuweisen ist (verneinend ZöPhilippi 3 mwN). Für die Folgesachen gelten in gleicher Weise die allgemeinen Regeln, daher subsidiär die §§ 621–621f und die notwendige Beteiligung Dritter, soweit sie von den Folgesachen betroffen sind, insbes das Kind bei Abs 1 Nr 2 (§ 621 Abs 1 Nr 1–4), der Versorgungsträger beim Versorgungsausgleich (§ 621 Abs 1 Nr 6), der Vermieter, wenn das Mietverhältnis mit einem der Ehegatten fortgesetzt werden soll (§ 7 HausratsVO), was im Titel zwischen den Ehegatten (Abs 3) insoweit nicht mit Wirkung gegen den Vermieter geschehen kann. In diesen Fällen kann auch bei einverständlicher Scheidung noch die rechtsgestaltende Entscheidung (§ 2 HausratsVO) im Rahmen der Folgesache ergehen.

8. Entscheidung. Sie kann auch im zweiten Rechtszug ergehen **15** (Rn 2). – **a) Verbund** (§ 623 Abs 1). Für das Urteil gilt § 629, so dass bei einer Folgesache (§ 623 Rn 2) mit einem Gegenstand, der nicht der Disposition der Ehegatten unterliegt (§ 623 Abs 3), das Gericht ggf (vgl § 623 Abs 3) von Amts wegen zugleich über die elterliche Sorge zu entscheiden hat, über andere Folgesachen aber nur, wenn es einer der Ehegatten rechtzeitig beantragt. – **b) Inhalt.** In der Formel sollte die **16** Scheidung als einverständlich gekennzeichnet sein, zB „auf beiderseitigen Antrag" oder „mit Zustimmung des Antragsgegners". Die Begründung zur Scheidung kann sich mit der konkreten Feststellung des dem § 616 unterliegenden einjährigen Getrenntlebens und der Zustimmung oder des beiderseitigen Antrags begnügen.

9. Vorliegen vollstreckbarer Titel (Abs 3). – **a) Voraussetzung.** **17** Sie ist nur für die Gegenstände des Abs 1 Nr 3 (Rn 10) vorgesehen und wegen Ausgestaltung als Soll-Vorschrift zwar keine zwingende Voraussetzung (umstr), das Gericht darf aber nur in Ausnahmefällen davon absehen. Ein Verstoß dagegen begründet kein Rechtsmittel. Das Urteil ist voll wirksam und führt bei Eintritt der Rechtskraft zur Auflösung der Ehe (§ 1564 S 2 BGB). Das Erfordernis entfällt, wenn Ansprüche der in Abs 3 aufgeführten Gegenstände nicht bestehen oder die Ehegatten sich einig sind, dass sie nicht bestehen sollen, zB Erklärung gegenseitigen Unterhaltsverzichts, bereits vollzogene Hausratsteilung. –

18 **b) Titel:** auch Prozessvergleiche vor dem Familiengericht, insbes im selben Verfahren als Teilvergleich abgeschlossen, der trotz Abs 2 S 2 nicht vom Anwaltszwang befreit ist (BGH NJW 91, 1743; bestr). Anwaltsvergleiche (§ 796 a), Vergleiche im PKHVerfahren (ohne Anwaltszwang; ZöPhilippi 15) und notarielle Urkunden (§ 794 Abs 1 Nr 5), nicht Unterhaltsurteile, die während des Getrenntlebens auf Grund des § 1361 BGB ergangen sind, weil es sich dabei um eine andere Anspruchsgrundlage (§ 1569 BGB) und um einen anderen Streitgegenstand handelt (vgl Jost NJW 80, 327/331). Die Titel des Abs 3 dürfen und sollten mit der Bedingung „für den Fall der (einverständlichen) Ehescheidung" versehen sein.

19 **10. Rechtsmittel.** Gegen das Urteil finden Rechtsmittel nach allgemeinen Grundsätzen statt. – **a) Abweisung des Scheidungsantrags.** Es kann nur derjenige Ehegatte Rechtsmittel einlegen, der Scheidung **20** beantragt hat. Erklärte Zustimmung (Rn 9) genügt nicht. – **b) Scheidungsurteil.** Beide Ehegatten, auch derjenige der (allein) Scheidungsantrag gestellt, nicht nur zugestimmt hat, können Rechtsmittel einlegen, aber nur mit dem Ziel, die Ehe aufrechtzuerhalten, insbes durch Rücknahme des Antrags oder Widerruf der Zustimmung (allgM; BGH NJW 84, 1302). Insofern genügt die materielle Beschwer durch den Scheidungsausspruch (§ 629 Rn 4) auch für den Antragsteller. Das Verfahren kann dann als streitige Scheidung weitergeführt werden (§ 611 Abs 1). Unzulässig ist ein Rechtsmittel mit dem Ziel, das Verfahren als solches einverständlicher Scheidung und für ein dementsprechendes Urteil fortzusetzen, sei es in höherer Instanz so abzuschließen oder eine Zurückverweisung zu erreichen. In diesen Fällen fehlt auch die mate-**21** rielle Beschwer. – **c) Folgesachen,** die das Gericht entschieden hat, können mit der befristeten Beschwerde angefochten werden (§ 621 e Abs 1), auch von Minderjährigen ab vollendetem 14. Lebensjahr (§ 59 FGG). Rechtsbeschwerde: § 621 e Abs 2.

Abschnitt 4. Verfahren auf Aufhebung und auf Feststellung des Bestehens oder Nichtbestehens einer Ehe

Vorbemerkung

1 **1. Neuregelung.** Durch Art 3 Nr 8 EheschlRG ist seit 1. 7. 98 der Vierte Abschnitt (früher Titel) an die Änderungen des BGB angepasst und neu gefasst worden, indem er nur noch die beiden neuen §§ 631, 632 enthält und die §§ 633 bis 638 stillschweigend aufgehoben sind. Ehenichtigkeit gibt es nicht mehr.

2. Übergangsregelung (Art 14 EheschlRG). Sie ist im neuen 2 Art 226 EGBGB enthalten. Nach dessen Abs 2 sind für diejenigen Ehenichtigkeits- und Aufhebungsklagen, die vor dem 1. 7. 98 erhoben wurden, die bis 30. 6. 98 geltenden Vorschriften (§§ 631–637) anzuwenden. Für bereits erhobene Feststellungsklagen gilt seit 1. 7. 98 der neue § 632.

3. Grundsatz. Eheaufhebungsanträge (§ 631) und Feststellungskla- 3 gen auf Bestehen oder Nichtbestehen einer Ehe (§ 632) gehören zu den Ehesachen (Vorbem 3, 5 vor § 606). Es gelten daher grundsätzlich die §§ 606–620 g, denen § 631 oder § 632 als Sonderregeln vorgehen.

§ 631 Aufhebung einer Ehe

(1) Für das Verfahren auf Aufhebung einer Ehe gelten die nachfolgenden besonderen Vorschriften.

(2) [1]**Das Verfahren wird durch Einreichung einer Antragsschrift anhängig.** [2]**§ 622 Abs. 2 Satz 2, Abs. 3 gilt entsprechend.** [3]**Wird in demselben Verfahren Aufhebung und Scheidung beantragt, und sind beide Anträge begründet, so ist nur auf Aufhebung der Ehe zu erkennen.**

(3) Beantragt die zuständige Verwaltungsbehörde oder bei Verstoß gegen § 1306 des Bürgerlichen Gesetzbuchs der Dritte die Aufhebung der Ehe, so ist der Antrag gegen beide Ehegatten zu richten.

(4) [1]**Hat in den Fällen des § 1316 Abs. 1 Nr. 1 des Bürgerlichen Gesetzbuchs ein Ehegatte oder die dritte Person den Antrag gestellt, so ist die zuständige Verwaltungsbehörde über den Antrag zu unterrichten.** [2]**Die zuständige Verwaltungsbehörde kann in diesen Fällen, auch wenn sie den Antrag nicht gestellt hat, das Verfahren betreiben, insbesondere selbständig Anträge stellen oder Rechtsmittel einlegen.**

(5) In den Fällen, in denen die als Partei auftretende zuständige Verwaltungsbehörde unterliegt, ist die Staatskasse zur Erstattung der dem obsiegenden Gegner erwachsenen Kosten nach den Vorschriften der §§ 91 bis 107 zu verurteilen.

1. Allgemeines. Die Vorschrift ordnet die Sonderregelung an (Abs 1; 1 Vorbem Rn 3). Die zuständige Verwaltungsbehörde (§ 1316 Abs 1 Nr 1 BGB) tritt an die Stelle des Staatsanwalts (§§ 631, 634 aF). – **a) Anwendungsbereich:** alle Verfahren, in denen die Aufhebung der Ehe (§§ 1313–1317 BGB) beantragt wird; nicht in einem (weiteren) Verfahren über die Folgen der Aufhebung (§ 1318 BGB). – **b) Antrag** 2 nicht Klage (Abs 2 S 2, § 622 Abs 3). Das ist materiell-rechtlich der Antrag des § 1313 S 1 BGB, prozessual der aus Abs 2 S 1 (Rn 5). Die

Antragsberechtigung ergibt sich aus § 1316 (Ehegatten, gesetzliche Vertreter, zuständige Verwaltungsbehörde, bei Doppelehe die dritte
3 Person). Jahresfrist: § 1317 BGB. – **c) Zuständig** ist ausschließlich das AG (Familiengericht) gem § 23 a Nr 4, § 23 b Abs 1 Nr 1 GVG; örtlich gem § 606; international (nicht ausschließlich) gem § 606 a Abs 1, soweit nicht die EheVO vorrangig anzuwenden ist (vgl vor Art 1 Rn 7 und Art 1 Rn 2 EheVO).

4   **2. Verfahren** (Abs 2). Grundsätzlich gelten die §§ 606–620 g. – **a) Anhängigkeit** (Abs 2 S 1). Sie erfordert (wie bei § 622 Abs 1), dass bei Gericht eine Antragsschrift eingereicht ist, in der Eheaufhebung (§§ 1318 ff BGB) beantragt wird. Rechtshängigkeit tritt ein wie bei Klage durch Zustellung der Antragsschrift an den oder die Antragsgeg-
5 ner (§ 261 Abs 1, § 253 Abs 1). – **b) Antragsschrift** (Abs 2 S 2). Es ist nur § 622 Abs 2 S 2 für anwendbar erklärt, obwohl wegen § 1318 Abs 2 S 2 BGB die Anwendbarkeit von § 622 Abs 2 S 1 naheliegt. –
6 **c) Parteistellung** (Abs 2 S 2; § 622 Abs 3). Es gilt § 622 Rn 3 entspr. Auch die zuständige Verwaltungsbehörde kann als Antragssteller Partei
7 Partei sein (vgl Rn 11). – **d) Vorrang der Aufhebung** (Abs 2 S 3). Setzt eine Verbindung mit dem Scheidungsantrag gem § 610 Abs 1 voraus (vgl dort Rn 1 und 2). Diese Verbindung, die als Gegenantrag bei Ungewissheit über das Ausreichen der Gründe anbietet, muss nicht im Hilfsverhältnis (§ 260 Rn 8) geltend gemacht werden. Die Sub-
8 sidiarität des Scheidungsantrags ist zwingend. – **e) Rechtskraft** tritt nach allg Vorschriften ein. Rechtskrafterstreckung auf Dritte (früher §§ 636 a, 638 S 2) ist nicht mehr vorgesehen. Davon unabhängig tritt die Gestaltungswirkung ein (§ 1313 BGB; § 325 Rn 7), weil es sich um einen Gestaltungsantrag handelt (5 vor § 253).

9   **3. Antrag gegen beide Ehegatten** (Abs 3). Die Vorschrift beruht auf der Antragsberechtigung (§ 1316 Abs 1 Nr 1 BGB), derzufolge die zuständige Verwaltungsbehörde mit Ausnahme der Fälle des § 1314 Abs 2 Nr 2–4 BGB bei jedem Aufhebungsgrund, bei Doppelehe (§ 1306 BGB) auch die dritte Person berechtigt ist, Eheaufhebung zu beantragen. Wird dieser Antrag gestellt, muss er gegen beide Ehegatten gerichtet werden. Diese sind als Antragsgegner (Beklagte) notwendige Streitgenossen (§ 62).

10   **4. Beteiligung der zuständigen Verwaltungsbehörde** (Abs 4). Sie wird durch VO der Länderregierungen bestimmt (§ 1316 Abs 1 Nr 1 S 2 BGB). Abs 4 gilt nur für die Fälle des § 1316 Abs 1 Nr 1 BGB. – **a) Unterrichtungspflicht** (Abs 4 S 1). Sie trifft das Gericht, bei dem der Antrag des Ehegatten oder der dritten Person gem § 1316
11 Abs 1 Nr 1 BGB gestellt worden ist. – **b) Parteistellung** als Antragsteller erlangt die Behörde, wenn sie selbst den Antrag stellt (Rn 6), als (notwendiger) Streitgenosse einer Partei (§ 62), wenn sie sich durch eigenen Antrag anschließt oder Rechtsmittel einlegt. Die Behörde unterliegt auch als Partei nicht dem Anwaltszwang (§ 78 Abs 2 S 3; dort Rn 15). Sie kann für oder gegen den Bestand der Ehe eintreten. –

c) Verfahrensbeteiligung der zuständigen Behörde (Abs 4 S 2) besteht 12
auch ohne Parteistellung (Rn 6, 11) in der Weise, dass die Behörde das
Verfahren, insbes durch Anträge und Schriftsätze betreiben kann und an
der mdl Vhdlg teilnimmt. Sie wird dadurch nicht Nebenintervenientin.
Anträge stellen (Rn 11), Rechtsmittel einlegen und damit Partei werden
kann die Behörde auch, wenn sie bisher das Verfahren nicht betrieben hat.
Für Rechtsmittel gelten dann die für die Parteien laufenden Fristen.

5. Kosten (Abs 5). Entspr dem früheren § 637. **Anwendbar** nur 13
wenn die Verwaltungsbehörde als Partei aufgetreten ist (Rn 6, 11 und
12). Bei Aufhebung der Ehe ist § 93a Abs 3 dann nicht anzuwenden
(§ 93a Abs 4). Es ist nach den §§ 91–101 zu entscheiden. Dasselbe gilt,
wenn die Verwaltungsbehörde unterliegt; dh die Staatskasse hat die außergerichtlichen Kosten der oder des Antragsgegner(s) zu tragen: für die
Gerichtskosten gilt § 2 GKG. Kostenfestsetzung: §§ 103–107.

**§ 632 Feststellung des Bestehens oder Nichtbestehens einer
Ehe**

**(1) Für eine Klage, welche die Feststellung des Bestehens oder
Nichtbestehens einer Ehe zwischen den Parteien zum Gegenstand hat, gelten die nachfolgenden besonderen Vorschriften.**

**(2) Eine Widerklage ist nur statthaft, wenn sie eine Feststel-
lungsklage der in Absatz 1 bezeichneten Art ist.**

(3) § 631 Abs. 4 gilt entsprechend.

**(4) Das Versäumnisurteil gegen den im Termin zur mündli-
chen Verhandlung nicht erschienenen Kläger ist dahin zu erlassen, daß die Klage als zurückgenommen gilt.**

Allgemeines. Die Vorschrift ersetzt den früheren § 638. Das Urteil 1
wirkt aber nur inter partes (Habscheid FamRZ 99, 480/482). Für die
Feststellungsklage, die keine Unterart von § 256 ist (Habscheid, Fam-
RZ 99, 480), als Ehesache (Vorbem 5 vor § 606) gelten die §§ 606–
620g (Habscheid aaO). § 632 enthält die Sonderregelung (Abs 1). **An-** 2
wendbar in den (seltenen) Fällen, in denen eine Ehe nicht zustandegekommen, nach früherem Recht für nichtig erklärt, aufgehoben oder
geschieden ist und dies unter den (Nicht)Ehegatten streitig ist oder
nicht nachgewiesen werden kann. **Parteien** sind nur die Ehegatten und 3
ggf die in § 631 Abs 4 genannten (Abs 3; Habscheid FamRZ 99, 480/
481). **Widerklage** (Abs 2). Sie muss dieselbe Ehe betreffen und auf
Bestehen oder Nichtbestehen der Ehe gerichtet sein. Identität des Streitgegenstandes liegt als Ausnahme (vgl § 261 Rn 12) nicht vor (aA Habscheid aaO S 482, der die Widerklage für unzulässig hält). **Unterrich-** 4
tungspflicht (Abs 3): wie § 631 Abs 4 S 1 (dort Rn 10). **Drittbeteili-**
gung (Abs 3) ist nur der zuständigen Verwaltungsbehörde gestattet, im
selben Umfang wie § 631 Abs 4 (dort Rn 12). **Versäumnisurteil** 5
(Abs 4). Die Klage darf nicht abgewiesen werden, damit keine materielle Rechtskraft (§ 256 Rn 23, 24) entsteht. Ein Versäumnisurteil ge-

6 gen den Beklagten ist wegen § 612 Abs 4 unzulässig. **Rechtskraft:** nur zwischen den Parteien (wie § 631 Rn 8).

§§ 633–639 (weggefallen)

Abschnitt 5. Verfahren in Kindschaftssachen

Vorbemerkung

1   **Kindschaftssachen** sind in § 640 Abs 2 legal definiert. Die dafür geltenden Vorschriften (§§ 640–641 i) sind durch das KindRG seit 1. 7. 98 weitgehend geändert. An Kindschaftssachen besteht ein öffentliches Interesse; daher sind sie vorwiegend den Vorschriften des Eheprozesses unterstellt (§ 640 Abs 1). Im ersten Rechtszug ist das AG zuständig (§ 23 a Nr 1 GVG), für Berufung und Beschwerde das OLG (§ 119 Abs 1 Nr 1 a GVG). Kindschaftssachen gehören seit 1. 7. 98 zu den Familiensachen (§ 23 b Abs 1 S 2 Nr 12 GVG).

§ 640 Kindschaftssachen

(1) **Die Vorschriften dieses Abschnitts sind in Kindschaftssachen mit Ausnahme der Verfahren nach § 1600 e Abs. 2 des Bürgerlichen Gesetzbuchs anzuwenden; die §§ 609, 611 Abs. 2, die §§ 612, 613, 615, 616 Abs. 1 und die §§ 617, 618, 619 und 632 Abs. 4 sind entsprechend anzuwenden.**

(2) **Kindschaftssachen sind Verfahren, welche zum Gegenstand haben**
1. die Feststellung des Bestehens oder Nichtbestehens eines Eltern-Kindes-Verhältnisses; hierunter fällt auch die Feststellung der Wirksamkeit oder Unwirksamkeit einer Anerkennung der Vaterschaft,
2. die Anfechtung der Vaterschaft oder
3. die Feststellung des Bestehens oder Nichtbestehens der elterlichen Sorge der einen Partei für die andere.

1   **1. Begriff** der Kindschaftssachen (Abs 2). Er gilt für innerhalb und außerhalb der Ehe geborene Kinder. – **a) Nr 1:** Feststellungsklage (aA Gestaltungsklage, Wieser NJW 98, 2023 mwN) über Bestehen oder Nichtbestehen eines Eltern-Kind-Verhältnisses. Darunter fallen: Abstammung (§§ 1591–1593 BGB), Annahme als Kind (§ 1741 BGB) und (Un)Wirksamkeit einer Vaterschaftsanerkennung (§§ 1594–1598 d BGB), Anerkennungsverfahren hins eines ausländischen Vaterschaftsfeststellungsurteils (BGH VersR 00, 613). Die Fälle des § 1600 e Abs 2 BGB (Tod eines Beteiligten) sind auch Kindschaftssachen, aber im FGG-Verfahren zu behandeln (§ 621 a Abs 1 S 1). Nicht hierunter fällt die Klage des Kindes gegen seine Mutter auf Auskunft über den Vater (Hamm **2** FamRZ 00, 38). – **b) Nr 2:** Anfechtungsklage (Gestaltungsklage, vgl 5 vor § 253). Beruht auf den §§ 1599–1600 c BGB. Erfasst wird auch die

Anfechtung der Vaterschaft von vor dem 1. 7. 98 geborenen Kindern, auch wenn die statusrechtliche Vaterschaft vor diesem Stichtag bestanden hat (BGH MDR 99, 678). – **c) Nr 3:** Feststellungsklage über Bestehen oder Nichtbestehen der elterlichen Sorge, nur im Verhältnis der Parteien zueinander, dh Kind zu Eltern oder einem Elternteil. Unter Nr 3 fällt jeder Streit um Eintritt oder Beendigung der elterlichen Sorge.

2. Prozessvoraussetzungen. Es bestehen folgende Besonderheiten: **3** – **a) Prozessfähigkeit:** § 640 b. – **b) Zuständigkeit** des AG: sachlich § 23 a Nr 1 GVG; örtlich und international § 640 a; funktionell (Familiengericht) § 621 Abs 1 Nr 10. – **c) Feststellungsinteresse** ist für die **4** Feststellungsklagen (Nr 1, 3) grundsätzlich gegeben, wenn die Klagevoraussetzungen vorliegen (BGH NJW 73, 51; Habscheid FamRZ 99, 480/482), § 256 gilt nicht. Ein Vollstreckungstitel auf Unterhalt steht dem Feststellungsinteresse nicht entgegen, ebenso wenig der Anerkennungsbereitschaft (KG FamRZ 94, 909).

3. Gestaltung des Verfahrens (Abs 1). Die Ausnahme für die Ver- **5** fahren nach § 1600e Abs 2 BGB folgt daraus, dass sie dem FGG zugewiesen sind (§ 621 a Abs 1 S 1). Das Kindschaftsverfahren ist eine besondere Verfahrensart der ZPO. Es ist Urteilsverfahren, für das grundsätzlich das 2. Buch gilt. Die §§ 640–641 i gehen als Sonderregeln vor. Abs 1 erklärt bestimmte Vorschriften des Eheverfahrens für entspr anwendbar. Insb ist ein Versäumnisurteil gegen den Beklagten (§ 612 Abs 4) unzulässig, gegen den Kläger nur nach Maßgabe des § 632 Abs 4; unzulässig ist ferner ein Anerkenntnisurteil (§ 617 iVm § 307; vgl § 617 Rn 2).

4. Untersuchungsgrundsatz (§ 616 Abs 1). Da von § 616 nur Abs 1 **6** und nicht Abs 2 anwendbar ist, darf das Gericht von Amts wegen bei Klagen nach Abs 2 Nr 1 und 3 auch Tatsachen berücksichtigen, die dem Kindschaftsverhältnis entgegenstehen. Nur für Klagen nach Abs 2 Nr 2 ist wegen § 640 d der Untersuchungsgrundsatz eingeschränkt. – **a) Beweismittel.** Sie sind von Amts wegen auszuschöpfen soweit sie **7** geeignet sind, insbes Blutgruppenuntersuchung (BGH NJW 94, 2697), Ähnlichkeitsgutachten und erbbiologische Gutachten (§ 372 a). Sie dürfen idR nicht unterlassen werden (Hamburg FamRZ 75, 107 mwN), sich anbietende Aufklärungsmöglichkeiten nicht außer Betracht bleiben (Celle FamRZ 71, 592). Ist ein an sich geeignetes Beweismittel unerreichbar, darf der Rechtsstreit nicht ausgesetzt, sondern muss ohne diese Beweiserhebung entschieden werden (Bamberg FamRZ 95, 1280). Die Erstattung eines Gutachtens kann unterbleiben, wenn keine Anhaltspunkte für eine anderweitige Abstammung vorliegen (Köln NJW-RR 93, 455), weil ein Sachvortrag, nicht Vater des Kindes zu sein und die Vaterschaft könne durch ein Sachverständigengutachten ausgeschlossen werden, nicht ausreicht (BGH NJW 03, 585; vgl auch § 640 d Rn 3). – **b) Umfang** der Beweisaufnahme. Es müssen nicht alle denkbaren Be- **8** weismittel benutzt und die Beweiserhebung kann beendet werden, sobald das Gericht die volle Überzeugung von der Vaterschaft erlangt hat (BGH

NJW 90, 2312). Nur wenn das Gericht diese Überzeugung trotz vollständiger Beweisaufnahme nicht erlangt hat, greift die gesetzliche Vaterschaftsvermutung (§ 1600c BGB) ein (KG FamRZ 73, 270).

9   **5. Wirkung des Urteils:** § 640h (vgl BGH NJW 03, 585).

§ 640 a Zuständigkeit

(1) [1]**Ausschließlich zuständig ist das Gericht, in dessen Bezirk das Kind seinen Wohnsitz oder bei Fehlen eines inländischen Wohnsitzes seinen gewöhnlichen Aufenthalt hat.** [2]**Erhebt die Mutter die Klage, so ist auch das Gericht zuständig, in dessen Bezirk die Mutter ihren Wohnsitz oder bei Fehlen eines inländischen Wohnsitzes ihren gewöhnlichen Aufenthalt hat.** [3]**Haben das Kind und die Mutter im Inland keinen Wohnsitz oder gewöhnlichen Aufenthalt, so ist der Wohnsitz oder bei Fehlen eines inländischen Wohnsitzes der gewöhnliche Aufenthalt des Mannes maßgebend.** [4]**Ist eine Zuständigkeit eines Gerichts nach diesen Vorschriften nicht begründet, so ist das Familiengericht beim Amtsgericht Schöneberg in Berlin ausschließlich zuständig.** [5]**Die Vorschriften sind auf Verfahren nach § 1615o des Bürgerlichen Gesetzbuchs entsprechend anzuwenden.**

(2) [1]**Die deutschen Gerichte sind zuständig, wenn eine der Parteien**
1. Deutscher ist oder
2. ihren gewöhnlichen Aufenthalt im Inland hat.
[2]**Diese Zuständigkeit ist nicht ausschließlich.**

1   **1. Allgemeines.** § 640a regelt in Abs 1 die örtliche, in Abs 2 die internationale Zuständigkeit in Kindschaftssachen (§ 640 Rn 1). Die sachliche Zuständigkeit ergibt sich aus § 23a Nr 1 GVG. Maßgebender Zeitpunkt für das Vorliegen der zuständigkeitsbegründenden Tatsachen: Beginn der Rechtshängigkeit (§ 261 Abs 3 Nr 2).

2   **2. Örtliche Zuständigkeit** (Abs 1). Es besteht ein Vorrang des kind-
3 bezogenen Gerichtsstands. – **a) Kindbezogener Gerichtsstand** (Abs 1 S 1); gleich ob das Kind Kläger oder Beklagter ist. Der Gerichtsstand ist ausschließlich (Abs 1 S 1; 9 vor § 1). Wohnsitz des Kindes: § 11 BGB. Gewöhnlicher Aufenthalt: wie § 606 Rn 3. Gilt auch, wenn eine Vormundschaft oder Pflegschaft besteht. Zweck der Regelung ist eine einheitliche Zuständigkeit für alle Verfahren, insbes auch, und mehrere
4 Väter in Betracht kommen. – **b) Mutterbezogener Gerichtsstand** (Abs 1 S 2) ist nur anzuwenden, wenn die Mutter Klägerin ist, insbes bei Anfechtungs- und Feststellungsklagen (§§ 1600, 1600d BGB), und das Kind nicht Partei ist. Die Zuständigkeit tritt neben die des Abs 1 S 1 und kann gewählt werden (§ 35). Wohnsitz: § 13 Rn 2. Gewöhn-
5 licher Aufenthalt: wie § 606 Rn 3. – **c) Vaterbezogener Gerichtsstand** (Abs 1 S 3). Kommt nur subsidiär in Betracht, wenn Kind und

Mutter (Rn 3 und 4) im Inland keinen Wohnsitz und keinen gewöhnlichen Aufenthaltsort haben und daher kein inländisches Gericht zuständig wäre. Gilt also auch, wenn Kind oder Mutter, die sich dauernd im Ausland aufhalten, den als Vater in Anspruch genommenen Mann verklagen. Wohnsitz: § 13 Rn 2. Gewöhnlicher Aufenthalt: wie § 606 Rn 3. – **d) Aushilfsgerichtsstand** (Abs 1 S 4) ist ausschließlich das **6** AG Schöneberg für den Fall, dass die internationale Zuständigkeit wegen Abs 2 S 1 Nr 1 besteht, aber keine örtliche Zuständigkeit gem Abs 1 S 1–3.

3. Einstweilige Verfügungen (Abs 1 S 5) über den 3-Monats- **7** Unterhalt (§ 1615 o BGB) werden dem für die Kindschaftssache gem Abs 1 S 1–4 zuständigen Gericht zugewiesen, das im Abstammungsprozess einheitlich, auch mit einstweiliger Anordnung (§ 641 d), entscheiden kann. Für den anschließenden Unterhaltsprozess in der Hauptsache gilt aber nicht diese, sondern die allgemeine Zuständigkeit, insbes §§ 12, 13, 35 a, 642.

4. Internationale Zuständigkeit (Abs 2). Sie ist in jeder Lage des **8** Verfahrens von Amts wegen zu prüfen (BGH NJW 03, 426). Die EuGVVO (dort Art 1 Abs 2 Nr 1; vgl BGH NJW 85, 552) und die EheVO (dort Art 1 Abs 1 Buchst a; vgl Wagner IPRax 01, 73/76) sind nicht anwendbar. Sie ist nicht ausschließlich (S 2). Deutscher (Nr 1): wie § 606a Rn 7. Gewöhnlicher Aufenthalt (Nr 2): wie § 606 Rn 3, und zwar in Deutschland. Die Staatsangehörigkeit der Parteien ist gleichgültig.

§ 640 b Prozessfähigkeit bei Anfechtungsklagen

[1] **In einem Rechtsstreit, der die Anfechtung der Vaterschaft zum Gegenstand hat, sind die Parteien prozeßfähig, auch wenn sie in der Geschäftsfähigkeit beschränkt sind; dies gilt nicht für das minderjährige Kind.** [2] **Ist eine Partei geschäftsunfähig oder ist das Kind noch nicht volljährig, so wird der Rechtsstreit durch den gesetzlichen Vertreter geführt.**

Anwendbar: nur für § 640 Abs 2 Nr 2. Prozessfähigkeit: § 52. Ge- **1** setzliche Vertretung: § 51 Rn 3, 5. Die Vorschrift beruht auf § 1600 a BGB. Der Aufgabenkreis des Beistandes gem § 1712 Abs 1 Nr 1 BGB umfasst nicht die Anfechtung eines Vaterschaftsanerkenntnisses (Nürnberg OLGR 01, 166).

§ 640 c Klagenverbindung; Widerklage

(1) [1] **Mit einer der im § 640 bezeichneten Klagen kann eine Klage anderer Art nicht verbunden werden.** [2] **Eine Widerklage anderer Art kann nicht erhoben werden.** [3] **§ 653 Abs. 1 bleibt unberührt.**

(2) **Während der Dauer der Rechtshängigkeit einer der in § 640 bezeichneten Klagen kann eine entsprechende Klage nicht anderweitig anhängig gemacht werden.**

1   **1. Verbindungsverbot** (Abs 1). – **a) Zweck.** Wegen der Verschiedenheit des Verfahrens soll vermieden werden, dass Kindschaftssachen mit anderen Rechtsstreitigkeiten verbunden verhandelt werden. –

2   **b) Ausnahmen** vom Verbindungs- und Widerklageverbot des S 1: **(1)** Mit einer Klage auf Regelbetrag (§ 653 Abs 1) darf verbunden werden (Abs 1 S 3), nicht aber mit einer anderen Unterhaltsklage. **(2)** Kindschaftssachen können miteinander gem § 260 oder §§ 59, 60 verbunden, auch als Widerklage unter Beachtung von § 33 Abs 2, § 40 Abs 2, § 640 a geltend gemacht werden; zB Klage auf Feststellung gem § 640 Abs 2 Nr 1 mit Anfechtung gem § 640 Abs 2 Nr 2, Widerklage auf Anfechtung (§ 640 Abs 2 Nr 2) gegen Feststellung des Eltern-Kin-

3 des-Verhältnisses (§ 640 Abs 2 Nr 1). – **c) Unzulässige Verbindung.** Es muss getrennt werden (§ 145).

4   **2. Verbot weiterer Rechtshängigkeit** (Abs 2). – **a) Zweck.** Abstammungsverfahren, die dasselbe Kind betreffen, können auf verschiedene Anträge gestützt sein, auch andere Männer betreffen (Gaul FamRZ 00, 1472), daher verschiedene Streitgegenstände haben und deshalb nicht dem Verbot doppelter Rechtshängigkeit (§ 261 Abs 3 Nr 1) unterliegen. Hierdurch wird vermieden, dass wegen desselben Kindes Abstammungsverfahren (auch mit verschiedenen Männern) an verschiedenen Gerichten mit möglicherweise widersprechenden Ergebnissen

5 anhängig gemacht werden. – **b) Entsprechende Klage** bezieht sich auf ein weiteres Abstammungsverfahren bezüglich desselben Kindes

6 (ZöPhilippi 6). – **c) Verstoß.** Die später erhobene Klage ist als unzulässig abzuweisen; keine Verweisung an das zuerst befasste Gericht. –

7 **d) Zulässige Geltendmachung.** Den Klageberechtigten verbleibt Widerklage (§ 33; vgl Rn 2), Beitritt als Streitgenosse (§ 59) oder Nebenintervenient (§ 640 e Abs 1 S 2).

§ 640 d Einschränkung des Untersuchungsgrundsatz

Ist die Vaterschaft angefochten, so kann das Gericht gegen den Widerspruch des Anfechtenden Tatsachen, die von den Parteien nicht vorgebracht sind, nur insoweit berücksichtigen, als sie geeignet sind, der Anfechtung entgegengesetzt zu werden.

1   **Zweck.** Der Untersuchungsgrundsatz (§ 640 Abs 1, § 616 Abs 1; vgl § 616 Rn 8) ist eingeschränkt, weil kein öffentliches Interesse daran

2 besteht, den Abstammungsstatus zu beseitigen. Insbes darf das Gericht nicht ohne ausreichenden Sachvortrag des klagenden Vaters zu Tatsachen, die Zweifel an seiner Vaterschaft wecken und die die Möglichkeit der Abstammung von einem anderen Mann als nicht ganz fernliegend erscheinen lassen, ein Sachverständigengutachten erholen (BGH NJW 03, 585). **Anwendbar:** bei Anfechtungsklagen (§ 640 Abs 2 Nr 2),

3 nicht für Beweismittel (vgl § 616 Rn 9). **Tatsachen:** 13 vor § 284. Es fallen auch solche darunter, die von der beklagten Partei vorgebracht und dem Anfechtungsbegehren günstig sind, mit dem Tatsachenvortrag des Klägers aber in Widerspruch stehen (BGH NJW 90, 2813 mwN).

§ 640 e Beiladung; Streitverkündung

(1) ¹Ist an dem Rechtsstreit ein Elternteil oder das Kind nicht als Partei beteiligt, so ist der Elternteil oder das Kind unter Mitteilung der Klage zum Termin zur mündlichen Verhandlung zu laden. ²Der Elternteil oder das Kind kann der einen oder anderen Partei zu ihrer Unterstützung beitreten.

(2) ¹Ein Kind, das für den Fall des Unterliegens in einem ihm geführten Rechtsstreit auf Feststellung der Vaterschaft einen Dritten als Vater in Anspruch nehmen zu können glaubt, kann ihm bis zur rechtskräftigen Entscheidung des Rechtsstreits gerichtlich den Streit verkünden. ²Die Vorschrift gilt entsprechend für eine Klage der Mutter.

1. Ladung des anderen Elternteils oder des Kindes (Abs 1 S 1). Besteht ein Vertretungshindernis für einen Elternteil, weil zB nur dieser allein sorgeberechtigt ist (§ 1629 Abs 2, 1795 Abs 1 Nr. 1 u 3 BGB), ist schon für die Zustellung der Klage und der Ladung zum Termin ein Ergänzungspfleger gem § 1909 BGB zu bestellen (BGH FamRZ 02, 880 m zust Anm Veit FamRZ 02, 953). Ist anwendbar in allen Kindschaftssachen (§ 640 Abs 2) und vom Amts wegen zwingend vorzunehmen, andernfalls liegt ein schwerer Verfahrensfehler vor. – **a) Durchführung.** Ladung: § 214; schon zum ersten Termin; dann nicht mehr, wenn nicht beigetreten wird. Ladungsfrist: § 217, keine Einlassungsfrist. Mitzuteilen ist die Klageschrift (§ 253 Abs 2). Unterbleibt die rechtzeitige Ladung, kann sie im Verlaufe des Rechtsstreits nachgeholt werden (BGH 89, 121). Es besteht trotz Ladung keine Pflicht, sich am Rechtsstreit zu beteiligen. – **b) Unterbliebene Ladung** stellt einen unheilbaren Verfahrensmangel dar (BGH NJW 03, 585) und nötigt zu neuer Verhandlung, nachdem die Ladung nachgeholt ist; auch im Berufungsrechtszug von Amts wegen anzuwenden. Wegen des unheilbaren Verfahrensfehlers ist auch Zurückverweisung unter den Voraussetzungen des § 538 Abs 2 Nr 1 möglich. Pflichtwidrig unterbliebene Ladung macht die Zustellung des Urteils an den zu Ladenden notwendig (BGH 89, 121). Unterbleibt diese oder die Ladung endgültig, wirkt das Urteil nicht gegen den zu Ladenden (§ 640 h).

2. Beitritt (Abs 1 S 2) des anderen Elternteils oder Kindes als Nebenintervenient ist (auch ohne Ladung) bis zum Schluss der mdl Vhdlg (§ 296 a) auch noch in der Berufungsinstanz möglich. Form: §§ 70, 71. Es ist wegen § 640 h eine streitgenössische Nebenintervention (§ 69). Ist die Ladung unterblieben und das Urteil zugestellt (Rn 3), kann der Beitritt nur noch innerhalb der für den Beitrittsbefugten laufenden Berufungsfrist (§ 517) erfolgen, wenn die unterstützte Partei sie ungenutzt hat verstreichen lassen (BGH 89, 121).

3. Streitverkündung (Abs 2). Entspricht dem früheren § 641 b. – **a) Anwendbar,** wenn ein Kind Partei eines Rechtsstreits ist, der unter

§ 640 Abs 2 Nr 1 fällt (S 1) oder wenn in einem solchen Rechtsstreit die Mutter Klägerin ist (S 2). Es kann mehreren Männern der Streit **6** verkündet werden (Wieser NJW 98, 2023). – **b) Zweck.** Praktisch bedeutsam, wenn mehrere Männer als Vater in Betracht kommen. Diese können nicht als Elternteil beigeladen werden. § 640 e erweitert die Zulässigkeit der Streitverkündung (und damit der Nebeninterventionswirkung, § 68), weil § 72 nicht den Fall deckt, dass der richtige Anspruchsgegner ungewiss ist und bei mehreren möglichen Vätern die **7** Alternativität fehlt. – **c) Durchführung:** §§ 72–74, also insbes Eintritt der Nebeninterventionswirkung (§ 68), wenn die Voraussetzungen des **8** Abs 2 vorliegen. – **d) Beitritt** des Streitverkündungsempfängers (§ 66). Er wird streitgenössischer Nebenintervenient (Rn 4; §§ 69, 640 h). Beitritt ist auch ohne Streitverkündung zulässig (Rn 4; BGH NJW 80, 1693 für den früheren § 641 b).

§ 640 f Aussetzung des Verfahrens

¹Kann ein Gutachten, dessen Einholung beschlossen ist, wegen des Alters des Kindes noch nicht erstattet werden, so hat das Gericht, wenn die Beweisaufnahme im übrigen abgeschlossen ist, das Verfahren von Amts wegen auszusetzen. ²Die Aufnahme des ausgesetzten Verfahrens findet statt, sobald das Gutachten erstattet werden kann.

1   **Anwendbar** in allen Kindschaftssachen (§ 640 Abs 2). **Gutachten:** jeder Art, in erster Linie anthropologisch-erbbiologische, aber auch andere, zB serologische. Sie können auf Antrag oder von Amts wegen **2** (§ 616 Abs 1) eingeholt werden. **Aussetzung:** 8 vor § 239; zwingend von Amts wegen, aber erst wenn die gesamte übrige Beweisaufnahme abgeschlossen ist. Der Beschluss ist zu begründen. **Rechtsmittel:** § 252 **3** (Nürnberg FamRZ 71, 590 mwN). **Aufnahme** (S 2): von Amts wegen (hM), aber erst, sobald ein vom Lebensalter des Kindes abhängiges Gutachten erstattet werden kann.

§ 640 g Tod der klagenden Partei im Anfechtungsprozess

¹Hat das Kind oder die Mutter die Klage auf Anfechtung oder Feststellung der Vaterschaft erhoben und stirbt die klagende Partei vor Rechtskraft des Urteils, so ist § 619 nicht anzuwenden, wenn der andere Klageberechtigte das Verfahren aufnimmt. ²Wird das Verfahren nicht binnen eines Jahres aufgenommen, so ist der Rechtsstreit in der Hauptsache als erledigt anzusehen.

1   **Anwendbar** (S 1) nur bei Klagen auf Feststellung und Anfechtung der Vaterschaft (§ 640 Abs 2 Nr 1 und 2), bei denen das Kind oder die Mutter Kläger sind. Bei Tod des Vaters oder Mannes gilt § 619 uneingeschränkt (§ 640 Abs 1). **Zweck.** Dem anderen Klageberechtigten **2** (vgl § 1600 c BGB) soll ermöglicht werden den Rechtsstreit aufzunehmen und fortzuführen (BT-Dr 13/4899 S 126). **Voraussetzung** (S 1) **3** ist allein Tod der klagenden Partei nach Eintritt der Rechtshängigkeit (§ 261) und vor formeller Rechtskraft (§ 705). **Tod anderer Kläger. 4** Die Mutter oder das Kind, die nicht Kläger waren, können den (auch gem § 246 ausgesetzten) Rechtsstreit im Wege des Parteiwechsels (17 vor § 50) unabhängig von der Erbfolge aufnehmen (entspr § 250) und treten ggf anstelle des oder der Erben in das Verfahren ein. **Wirkung 5** (S 2). § 619, der über § 640 Abs 1 anwendbar wäre, bleibt insoweit außer Betracht. Bis zur Aufnahme (Rn 3) oder bis zum Ablauf der Jahresfrist (Berechnung: § 222 Rn 7) bleibt der Rechtsstreit anhängig. Wird nicht fristgerecht aufgenommen, tritt wie bei § 619 (vgl dort Rn 3) Hauptsacheerledigung ein. Klagepartei bleibt der Erbe des Verstorbenen.

§ 640 h Wirkung des Urteils

[1] **Das Urteil wirkt, sofern es bei Lebzeiten der Parteien rechtskräftig wird, für und gegen alle.** [2] **Ein Urteil, welches das Bestehen des Eltern-Kindes-Verhältnisses oder der elterlichen Sorge feststellt, wirkt jedoch gegenüber einem Dritten, der das elterliche Verhältnis oder die elterliche Sorge für sich in Anspruch nimmt, nur dann, wenn er an dem Rechtsstreit teilgenommen hat.** [3] **Satz 2 ist auf solche rechtskräftigen Urteile nicht anzuwenden, die das Bestehen der Vaterschaft nach § 1600 d des Bürgerlichen Gesetzbuchs feststellen.**

1. Allgemeine Rechtskraft. – a) Grundsatz (S 1). Die materielle **1** Rechtskraft (§ 322) wirkt in allen Kindschaftssachen (§ 640 Abs 2) abweichend von § 325 für und gegen alle. – **b) Anwendbar** auch auf **2** klagabweisende (Habscheid FamRZ 99, 480/483), fehlerhafte und gesetzwidrige Urteile, zB Versäumnisurteile entgegen § 612 Abs 4, § 640 Abs 1 (Bamberg NJW-RR 94, 459). – **c) Umfang.** Die Rechtskraft **3** wirkt auch für andere Verfahren, in denen die Rechtskraft der Kindschaftssache sich nur auf eine Vorfrage erstreckt. Andererseits erwachsen die dem Urteil zugrundegelegten Tatsachen nicht in Rechtskraft, wirken auch nicht rechtsgestaltend. Da der Vater in einem Vaterschaftsanfechtungsprozess Umstände vortragen und notfalls beweisen muss, die bei objektiver Betrachtung geeignet sind, Zweifel an der Vaterschaft des Kindes zu wecken und die die Möglichkeit der Abstammung von einem anderen Mann als nicht ganz fernliegend erscheinen lassen, steht die Rechtskraft einer solchen Entscheidung einer neuen Klage nicht entgegen, wenn diese auf einen neuen, selbständigen, nach der letzten mündlichen Verhandlung im Vorprozess zutage getretenen Lebenssachverhalt gestützt wird (BGH NJW 03, 585). Die Abweisung der Klage aus § 640 Abs 2 Nr 2 steht der späteren Nichtabstammungsklage des Kindes gem § 640 Abs 2 Nr 1 nicht entgegen (Düsseldorf NJW 80, 2760 für § 640 Abs 2 Nr 3 aF).

2. Eingeschränkte Rechtskrafterstreckung (S 2) als Ausnahme **4** zu S 1. – **a) Anwendbar** nur bei Kindschaftssachen des § 640 Abs 2

Nr 1 und 3, in denen der Klage auf Bestehen des Eltern-Kind-Verhältnisses oder der elterlichen Sorge stattgegeben ist. Auch für Urteile,
in denen die Klage abgewiesen ist, weil das Gegenteil festgestellt wurde
5 (ZöPhilippi 5). – **b) Voraussetzung** der entgegen S 1 nicht wirkenden Rechtskraft ist, dass der Dritte an dem Rechtsstreit nicht teilgenommen hat, als Partei oder Nebenintervenient (§ 69); Ladung (§ 640e
Abs 1) oder Streitverkündung (§ 640e Abs 2) genügen nicht (bestr). –
6 **c) Wirkung.** Die Rechtskraft steht, anders als bei S 1, nicht entgegen.
Die Klage des Dritten ist insoweit zulässig. Eine bestehende, durch
Streitverkündung herbeigeführte Nebeninterventionswirkung (§§ 74,
68) ist zu beachten (weitergehend Habscheid FamRZ 99, 480/483).
Das Urteil beseitigt die Rechtskraft des früheren Urteils, wenn es ihm
widerspricht, und hat Vorrang.

7 **3. Rechtskraft festgestellter Vaterschaft** (S 3). Entspricht dem
(aufgehobenen) § 641k und ist als Unterausnahme zu S 2 konzipiert, so
dass gem S 1 die Rechtskraft allgemein wirkt (Rn 3). – **a) Zweck.** Die
Abstammung des Kindes von dem als Vater festgestellten Mann soll
nicht erneut in Frage gestellt werden. Das liegt im Interesse des Kindes
8 (BT-Drucks 13/4899 S 126). – **b) Anwendbar** (wohl sehr selten)
wenn ein Dritter, der in der rechtskräftigen Kindschaftssache nicht Partei oder Nebenintervenient war, die Vaterschaft in Anspruch nehmen
9 will. – **c) Voraussetzung** ist, dass die Vaterschaft gemäß § 1600d BGB
10 rechtskräftig festgestellt ist. – **d) Wirkung.** Die Rechtkraft des Urteils
steht gemäß S 1 schon der Zulässigkeit einer Klage auf Feststellung der
Vaterschaft (§ 640 Abs 2 Nr 1; § 1600d BGB) entgegen. Es gilt iü
Rn 3.

§§ 641–641 b (aufgehoben)

§ 641 c Beurkundung

**¹Die Anerkennung der Vaterschaft, die Zustimmung der
Mutter sowie der Widerruf der Anerkennung können auch in
der mündlichen Verhandlung zur Niederschrift des Gerichts
erklärt werden. ²Das gleiche gilt für die etwa erforderliche
Zustimmung des Mannes, der im Zeitpunkt der Geburt mit
der Mutter des Kindes verheiratet ist, des Kindes oder eines
gesetzlichen Vertreters.**

1 **Anwendbar** auf die Erklärungen gem §§ 1594, 1595 Abs 1, § 1597
Abs 3 BGB, auch (S 2) für die Zustimmung des Ehemannes der Mutter
(§ 1599 Abs 2 S 2 BGB), des Kindes (§ 1595 Abs 2 BGB) und des gesetzlichen Vertreters (§ 1595 BGB). Nicht anwendbar auf ein wegen
§ 640 Abs 1, § 617 sowieso unzulässiges Anerkenntnis iS des § 307 (vgl
2 Rn 3 aE). **Form:** Aufnahme in das Protokoll (§ 159) ersetzt die öffentliche Beurkundung des § 1597 Abs 1 BGB. Es gelten die §§ 159 ff;
daher ist Vorlesen über § 162 Abs 1, § 160 Abs 3 Nr 3 notwendig.

Wirkung der Erklärungen. Die materiell-rechtlichen Wirkungen sind 3
der Entscheidung zugrundezulegen und können dazu führen, dass der
Rechtsstreit in der Hauptsache erledigt wird. Die Erledigterklärung
(§ 91a Rn 6) ist aber zusätzlich notwendig. Die Erklärungen können
auch in der Form des § 1597 Abs 1 BGB nachgebracht werden (BLAH
2). Ein Anerkenntnisurteil ist unzulässig (Hamm FamRZ 88, 854).

§ 641 d Einstweilige Anordnung

(1) [1] **Sobald ein Rechtsstreit auf Feststellung des Bestehens der
Vaterschaft nach § 1600d des Bürgerlichen Gesetzbuchs anhängig
oder ein Antrag auf Bewilligung der Prozeßkostenhilfe eingereicht ist, kann das Gericht auf Antrag des Kindes seinen Unterhalt und auf Antrag der Mutter ihren Unterhalt durch eine einstweilige Anordnung regeln.** [2] **Das Gericht kann bestimmen, daß
der Mann Unterhalt zu zahlen oder für den Unterhalt Sicherheit
zu leisten hat, und die Höhe des Unterhalts regeln.**

(2) [1] **Der Antrag ist zulässig, sobald die Klage eingereicht ist.**
[2] **Er kann vor der Geschäftsstelle zu Protokoll erklärt werden.**
[3] **Der Anspruch und die Notwendigkeit einer einstweiligen Anordnung sind glaubhaft zu machen.** [4] **Die Entscheidung ergeht
auf Grund mündlicher Verhandlung durch Beschluß.** [5] **Zuständig
ist das Gericht des ersten Rechtszuges und, wenn der Rechtsstreit
in der Berufungsinstanz schwebt, das Berufungsgericht.**

(3) [1] **Gegen einen Beschluß, den das Gericht des ersten Rechtszuges erlassen hat, findet die sofortige Beschwerde statt.**
[2] **Schwebt der Rechtsstreit in der Berufungsinstanz, so ist die
Beschwerde bei dem Berufungsgericht einzulegen.**

(4) **Die entstehenden Kosten eines von einer Partei beantragten Verfahrens der einstweiligen Anordnung gelten für die
Kostenentscheidung als Teil der Kosten der Hauptsache, diejenigen eines vom Nebenintervenienten beantragten Verfahrens
der einstweiligen Anordnung als Teil der Kosten der Nebenintervention; § 96 gilt insoweit sinngemäß.**

1. Allgemeines. § 641d entspricht den §§ 620ff, ist aber eine ab- 1
schließende Sonderregelung. – **a) Zweck.** Es soll der Unterhalt des Kindes und der nichtehelichen Mutter ohne Rücksicht auf die noch nicht
erfolgte Eltern-Kind-Zuordnung und auf die mögliche lange Dauer des
Prozesses gesichert werden. – **b) Anwendungsbereich:** nur bei posi- 2
tiver Feststellungsklage (auch Widerklage) auf Bestehen der Vaterschaft
gemäß § 1592 Nr 3, § 1600d BGB; auch für die Mutter oder das Kind,
die nicht Partei sind, wenn nur das Kind oder nur die Mutter Klage
erhoben hat. In jedem Rechtszug zeitlich ab Einreichung der Klageschrift (Abs 2 S 1) oder (wenn früher) ab gestelltem Antrag auf PKH
(§ 117) bis zur Rechtskraft oder anderweitigem Ende der Rechtshängigkeit. – **c) Verhältnis zur einstweiligen Verfügung.** Eine solche 3
ist nur für den Unterhalt der Ersten 3 Lebensmonate zulässig (§ 1615o

BGB) sowie für die Mutter 6 Wochen vor und 8 Wochen nach der
Geburt (§ 1615 Abs 1 BGB). Eine einstweilige Verfügung ist iü wie bei
§ 620 (dort Rn 6) ausgeschlossen. Soweit § 1615 o BGB eingreift (3-
Monats-Unterhalt), haben Mutter und Kind zwischen einstweiliger Verfügung (§ 1615 o BGB) und § 641 d die Wahl. Mangels Tatbestands-
überschneidung kann sich keine Konkurrenz mit einer einstweiligen
Anordnung nach § 620 bzw § 644 ergeben (MüKo Coester-Waltjen 5).

4   **2. Voraussetzungen** der Anordnung. – a) **Antrag** des Kindes oder
der Mutter, auch wenn sie nicht Partei des Abstammungsrechtsstreits
sind (vgl Rn 2). Die Mutter kann für sich (erst für die Zeit nach Geburt
des Kindes, Büttner FamRZ 00, 781/785) und idR zugleich für das
Kind als gesetzliche Vertreterin den Antrag stellen. Der Antrag ist Prozesshandlung (Einl III); zeitlich zulässig wie Rn 2; außer Anwaltszwang
(Abs 2 S 2; § 78 Abs 3). Bestimmter Inhalt ist nicht vorgeschrieben.
Der Antrag kann auf Sicherheitsleistung beschränkt werden; der auf
5   Zahlung umfasst den auf Sicherheitsleistung. – b) **Anspruch.** Erfasst
wird auch der Betreuungsunterhalt nach § 1615 l Abs 2 BGB (Büttner,
FamRZ 00, 781/785). Er erfordert die Behauptung der anerkannten
(§ 1592 Nr 2 BGB) oder vermuteten (§ 1600 d Abs 2 BGB) Vaterschaft
des Antragsgegners. Die Tatsachen für Grund und Höhe sind nach materiellem Recht schlüssig (Büdenbender FamRZ 81, 320 mwN für aF)
glaubhaft (§ 294) zu machen (Abs 2 S 3). Das bedeutet, dass die Feststellungsklage hinreichend Aussicht auf Erfolg haben muss. Es sind alle
Umstände des Einzelfalls zu würdigen, das voraussichtliche Ergebnis des
6   Abstammungsprozesses sozusagen hochzurechnen. – c) **Notwendigkeit einer einstweiligen Anordnung.** Auch sie ist glaubhaft (§ 294)
zu machen (Abs 2 S 3). Setzt allgemein voraus die Bedürftigkeit des
Kindes, auch Zahlungsverweigerung oder Zahlung in nur ungenügen-
7   der Höhe. Zu unterscheiden ist: aa) **Auf Zahlung.** Die Anordnung ist
nur notwendig, wenn das Kind oder die Mutter auf die Zahlungen des
Mannes für den Unterhalt angewiesen ist. Daran fehlt es, wenn die
Mutter oder mütterliche Verwandte den Unterhalt aufbringen können
(hM). Hingegen bleiben die Sozialhilfe und Unterhaltsvorschussansprü-
che außer Betracht (allgM). Höhe: grds nur Mindestbedarf der Mutter
8   (Büttner FamRZ 00, 781/785). bb) **Auf Sicherheitsleistung** gerichtet ist die Anordnung notwendig, wenn die Erfüllung der Unterhaltsrückstände gefährdet ist (hM; StJSchlosser 14 mwN). Das ist auch gegeben, wenn der Lebensunterhalt der Mutter oder des Kindes durch die
Mutter oder mütterliche Verwandte gewährleistet ist (hM) oder Unterhaltsvorschuss bezahlt wird und Rechtsübergang stattfindet (Düsseldorf
NJW-RR 93, 1289 mwN; bestr). Die Notwendigkeit ist idR gegeben,
wenn der Mann nicht freiwillig zahlt oder nicht Sicherheit leistet (umstr;
aA Büdenbender FamRZ 81, 323 mwN: konkrete Gefahr für die An-
spruchsverwirklichung). Dass die Mutter Sozialhilfe bezieht, steht nicht
entgegen (allgM; Düsseldorf NJW-RR 94, 709 mwN; StJSchlosser
15 b).

3. Verfahren. Es gilt Amtsermittlung (§ 616 Abs 1; Düsseldorf Fam- **9**
RZ 95, 1425). – **a) Zuständig** (Abs 2 S 5) ist das Gericht der Hauptsache (Feststellung der Vaterschaft) im ersten Rechtszug, ab Einlegung
der Berufung das OLG als Berufungsgericht. Ab Einlegung der Revision wieder das Gericht des ersten Rechtszugs (vgl § 620a Rn 15;
Hamm NJW 72, 261). – **b) Verhandlung** ist notwendig mündlich **10**
(Abs 2 S 4), nicht freigestellt; beim Berufungsgericht Anwaltszwang, da
nur der Antrag (Rn 4) gem § 78 Abs 3 davon ausgenommen ist. Ein
Vergleich über Unterhaltszahlung ist möglich (hM). Es gilt (ohne zeit-
raubende Ermittlungen) der Untersuchungsgrundsatz des § 616 nur für
die Vaterschaft, nicht für Tatsachen, die zur Höhe des Anspruchs maßgebend sind (hM; ZöPhilippi 14). – **c) Entscheidung:** stets durch Be- **11**
schluss (Abs 2 S 4). Das Gericht setzt nach seinem Ermessen in der
Formel den zu zahlenden Unterhalt, auch Sonderbedarf, zB Prozesskostenvorschuss (Düsseldorf FamRZ 95, 1426 mwN; bestr) oder die zu
leistende Sicherheit in bestimmter Höhe fest. Der Betrag ist nicht gebunden an den Regelbetrag, der aber in dieser Höhe ohne Glaubhaftmachung zugesprochen werden kann. – **d) Vollstreckung.** Titel gemäß **12**
§ 794 Abs 1 Nr 3. Wird Sicherheitsleistung angeordnet (Rn 8), gilt § 887.
Es handelt sich um eine prozessuale Sicherheit (hM). Für deren Art gilt
deshalb § 108. Einzahlung auf Sperrkonto ist möglich und praktisch (KG
FamRZ 76, 98 mwN), auch Bankbürgschaft (StJSchlosser 21 mwN).

4. Kosten (Abs 4): wie § 620g. Sie sind Teil der Kosten der Haupt- **13**
sache. Ist der andere Klageberechtigte (Mutter oder Kind) als Nebenintervenient beigetreten und hat Antrag auf einstw Anordnung
gestellt, gilt § 101. Ist lediglich Antrag auf einstw Anordnung gestellt
(Rn 2) muss gesonderte Kostenentscheidung getroffen werden. Gebühren: KV 1703; § 41 BRAGO. Wert: § 20 Abs 2 S 1 GKG.

5. Dauer, Aufhebung und Änderung. Die Anordnung kann im **14**
Laufe des Rechtsstreits jederzeit, aber nur auf Antrag aufgehoben, geändert oder neu erlassen werden, auch rückwirkend (Koblenz FamRZ 75,
229), nicht nur dann, wenn neue Prozessergebnisse oder veränderte tatsächliche Umstände es veranlassen. Die Anordnung tritt außer Kraft nach
§ 641e oder § 641f.

6. Rechtsmittel (Abs 3). Es findet nur sofortige Beschwerde (§ 567 **15**
Abs 1 Nr 1) gegen die im ersten Rechtszug erlassenen Beschlüsse statt
(Abs 3 S 1) zum OLG (§ 119 Abs 1 Nr 1a GVG). Einlegung gem
§ 569, wenn der Hauptsacherechtsstreit im ersten Rechtszug anhängig
ist; ab Einlegung der Berufung immer beim Berufungsgericht (Abs 3
S 2). Aussetzung der Vollziehung: § 570 Abs 2, 3.

**§ 641 e Außerkrafttreten und Aufhebung der einstweiligen
Anordnung**

**Die einstweilige Anordnung tritt, wenn sie nicht vorher auf-
gehoben wird, außer Kraft, sobald derjenige, der die Anordnung erwirkt hat, gegen den Mann einen anderen Schuldtitel**

über den Unterhalt erlangt, der nicht nur vorläufig vollstreckbar ist.

1   **Außerkrafttreten** von Anordnungen gem § 641 d. Es geschieht kraft Gesetzes nur nach § 641 e und § 641 f; sonst § 641 d Rn 14. Gilt auch für einstw Anordnungen zugunsten der Mutter, wenn nur das Kind klagt (oder umgekehrt; vgl § 641 d Rn 2). Andere Schuldtitel sind solche auf fortlaufenden Unterhalt aus Vergleich (§ 794 1 Nr 1), vollstreckbarer Urkunde (§ 794 Abs 1 Nr 5), rechtskräftigem Urteil (BGH MDR 00, 336) oder Beschluss über Festsetzung des Unterhalts (§§ 649, 2   794 Abs 1 Nr 2 a). **Aufhebung** von Anordnungen sowie ihre Änderung ist während des Rechtsstreits wie bei § 641 d Rn 14 möglich.

§ 641 f Außerkrafttreten bei Klagerücknahme oder Klageabweisung

Die einstweilige Anordnung tritt ferner außer Kraft, wenn die Klage zurückgenommen wird oder wenn ein Urteil ergeht, das die Klage abweist.

1   Klagerücknahme: § 269; Beschluss ist nicht erforderlich. Klagabweisendes Urteil: Schon mit dessen Verkündung tritt die Wirkung des § 641 f ein. Das Berufungsgericht (§ 641 d Rn 9) kann eine Anordnung erneut erlassen (§ 641 d Rn 14).

§ 641 g Schadensersatzpflicht des Klägers

Ist die Klage auf Feststellung des Bestehens der Vaterschaft zurückgenommen oder rechtskräftig abgewiesen, so hat derjenige, der die einstweilige Anordnung erwirkt hat, dem Manne den Schaden zu ersetzen, der ihm aus der Vollziehung der einstweiligen Anordnung entstanden ist.

1   **Anwendbar** wie § 641 d Rn 2. **Voraussetzungen:** Klagerücknahme (§ 269) oder rechtskräftige Klageabweisung und Vollstreckung einer 2   Anordnung (§ 641 d). **Wirkung:** materiell-rechtlicher Schadensersatzanspruch entspr § 717 Abs 2, § 945, ggf in gesondertem Prozess geltend zu machen.

§ 641 h Inhalt der Urteilsformel

Weist das Gericht eine Klage auf Feststellung des Nichtbestehens der Vaterschaft ab, weil es den Kläger oder den Beklagten als Vater festgestellt hat, so spricht es dies in der Urteilsformel aus.

1   **Zweck.** Die Vorschrift dient der Klarstellung und hilft dem Standesbeamten, dem nur die Urteilsformel vorliegt. **Anwendbar** bei negativen Feststellungsklagen gemäß § 640 Abs 2 Nr 1. **Wirkung.** Es ist 2   für und wegen § 641 h zwischen Fällen eindeutiger Vaterschaftsfeststellung (mit entspr Feststellungsausspruch) und solchen ohne sichere Fest-

stellung nicht zu unterscheiden, weil es im Vaterschaftsprozess non-liquet-Entscheidungen wegen § 1600 d Abs 2 BGB nicht gibt (Gaul, Festschrift für Bosch S 241/250 mwN für § 1600 o BGB). Bei Klagabweisung ist die Feststellung in der Formel stets zu treffen. **Beispiel.** Die 3 Klage wird abgewiesen und es wird festgestellt, dass der Beklagte der Vater des Klägers ist. **Rechtskraftwirkung** der positiven Feststellung: 4 § 640 h.

§ 641 i Restitutionsklage

(1) Die Restitutionsklage gegen ein rechtskräftiges Urteil, in dem über die Vaterschaft entschieden ist, findet außer in den Fällen des § 580 statt, wenn die Partei ein neues Gutachten über die Vaterschaft vorlegt, das allein oder in Verbindung mit den in dem früheren Verfahren erhobenen Beweisen eine andere Entscheidung herbeigeführt haben würde.

(2) Die Klage kann auch von der Partei erhoben werden, die in dem früheren Verfahren obgesiegt hat.

(3) [1]Für die Klage ist das Gericht ausschließlich zuständig, das im ersten Rechtszug erkannt hat; ist das angefochtene Urteil von dem Berufungs- oder Revisionsgericht erlassen, so ist das Berufungsgericht zuständig. [2]Wird die Klage mit einer Nichtigkeitsklage oder mit einer Restitutionsklage nach § 580 verbunden, so bewendet es bei § 584.

(4) § 586 ist nicht anzuwenden.

1. Allgemeines. – a) Zweck. Es soll im Abstammungsprozess die 1 größtmögliche Übereinstimmung des Urteils mit der wahren Abstammung herbeigeführt (BGH 61, 186/190) und dabei der Fortschritt der Wissenschaft genutzt werden können. – **b) Anwendungsbereich.** Es 2 muss über die Vaterschaftsfeststellung oder -anfechtung (auch Ehelichkeitsanfechtung nach altem Recht) entschieden worden sein; betrifft auch Urteile vor dem 1. 7. 98 (Köln FamRZ 02, 673). Damit ist auf § 640 Abs 2 Nr 1 und 2 abgestellt. § 641 i gilt auch, wenn prozessordnungswidrig (§§ 617, 640 Abs 1) durch Anerkenntnisurteil entschieden wurde (BGH NJW 94, 2698). – **c) Parteien:** nur die des Vorprozesses, 3 nicht die Erben (Stuttgart FamRZ 82, 193). Nach dem Tode einer Partei findet nur das FGG-Verfahren (§ 1600 e Abs 2 BGB, § 56 c FGG) statt (Celle FamRZ 00, 1510).

2. Zusätzlicher Restitutionsgrund ist neben § 580 Nr 1–7: 4 **a) Geeignetes Gutachten.** Es kann auch ein anderes als zur Blutgruppe oder Erbbiologie sein, insbes eines zur Tragezeit (BGH FamRZ 89, 374). Es muss für den Prozess bereits vorliegen oder bis zum Schluss der mdl Vhdlg vor dem Tatsachengericht vorgelegt werden (BGH NJW 82, 2128). Da erforderliche Untersuchungen für das neue Vaterschaftsgutachten nicht erzwungen werden können, ist es schwierig, ein solches Gutachten beizubringen (vgl Braun FamRZ 89, 1129/1136). –

5 **b) Neues Gutachten** ist jedes, das den konkreten Fall beurteilt und das im Vorprozess noch nicht verwertet worden ist (BGH FamRZ 89, 374). Es muss den anerkannten Grundsätzen der Wissenschaft (entspr § 372 a) genügen und kann bis zum Schluss der Letzten mdl Tatsachenverhandlung vorgelegt werden (BGH NJW 82, 2128). Es kommt nicht darauf an, ob in dem früheren Verfahren schon ein Gutachten erstattet wurde und ob die dem neuen Gutachten zugrundeliegenden Erkenntnisse zZ der Entscheidung in den früheren Verfahren schon vorlagen (BGH 61, 186). Es genügt, dass bei Vorliegen des neuen Gutachtens auch nur möglicherweise eine andere Entscheidung ergangen wäre (BGH FamRZ 80, 880 mwN). Das frühere Beweisergebnis muss aber so erschüttert werden, dass frühere Gutachten wenigstens fragwürdig erscheinen oder dass ohne Beweiserhebung nicht hätte entschieden werden dürfen. Es steht nicht entgegen, dass das Gericht des Vorprozesses die Notwendigkeit weiterer Beweiserhebung hätte erkennen müssen (BGH NJW 93, 1928).

6 **3. Zulässigkeitsvoraussetzungen** der Restitutionsklage (6–10 vor § 578). Hierfür bestimmt § 641 i abweichend: – **a) Beschwer** (Abs 2). Sie ist für die Klage nicht erforderlich. Das gilt auch für die Berufung
7 (hM; einschränkend München NJW-RR 87, 259). – **b) Zuständigkeit** (Abs 3). Sie ist ausschließlich (9 vor § 1) und gilt auch für das Berufungsgericht. Hat im Fall des § 1600 e Abs 2 (früher § 1600 n) BGB das Vormundschaftsgericht entschieden (vgl Karlsruhe NJW-RR 98, 1229), tritt seit 1. 7. 98 an seine Stelle das Familiengericht des örtlich
8 zuständigen AG. – **c) Klagefrist** (Abs 4). Wegen Unanwendbarkeit des § 586 gilt keine Frist. Dies gilt nur für den Restitutionsgrund des § 641 i; wird die Klage auf Gründe des § 580 gestützt, ist § 586 zu beachten (Düsseldorf FamRZ 02, 1268; umstr). Abs 4 ist auf Klagen aus § 579 nicht anzuwenden (BGH NJW 94, 589).

Abschnitt 6. Verfahren über den Unterhalt

Vorbemerkung

1 **1. Neuregelung.** Durch das KindUG ist das Verfahren über den Unterhalt umfassend neugestaltet worden, indem der Sechste Abschnitt durch Art. 3 Nr. 9 KindUG mit den §§ 642–660 völlig neu gefasst wurde und dadurch die bisherigen §§ 641–644 wegfallen, ohne dass sie ausdrücklich aufgehoben werden mussten. Die Neuregelung verfolgt bestimmte Ziele: **(1)** Das Unterhaltsrecht für in der Ehe und außerhalb der Ehe geborene Kinder soll vereinheitlicht werden. **(2)** Die Vorteile des Regelunterhaltssystems sollen weiterentwickelt werden und auch ehelichen Kindern zugutekommen. **(3)** Die Kindesunterhaltsrenten sollen dynamisiert und individuell bemessen werden. **(4)** Auskünfte über die für die Bemessung des Unterhalts maßgeblichen Umstände sollen besser erlangt werden können. **(5)** Eine vorherige Verurteilung zur Zahlung des Regelunterhalts entfällt.

2. Übergangsregelung (Art 5 KindUG). – **a) Anhängige Verfah-** 2
ren. Waren sie am 1. 7. 98 anhängig oder war zu diesem Zeitpunkt ein PKH Antrag eingereicht worden (Koblenz FamRZ 00, 543), werden sie nach altem Recht weitergeführt (§ 2 Abs 1 Nr 1). Eine mdl Vhdlg kann wiedereröffnet werden (§ 2 Abs 1 Nr 2) und auf Antrag können die Verfahren zugleich für den Zeitraum seit 1. 7. 98 nach neuem Recht behandelt werden (§ 2 Abs 1 Nr 3). Dem stehen Abänderungs-klagen (§ 323) und vereinfachte Verfahren zur Abänderung von Unter-haltstiteln sowie zur Festsetzung oder Neufestsetzung von Regelunter-halt gleich (§ 2 Abs 2 Nr 1 und 2). – **b) Abgeschlossene Verfahren.** 3
Entscheidungen und Schuldtitel, in denen für die Zeit seit 1. 7. 98 Unterhaltsleistungen zuerkannt, festgestellt oder übernommen sind, können auf Antrag nach den neuen Vorschriften abgeändert werden (§ 3 Abs 1). Dabei ist das neue Verfahrensrecht anzuwenden (§ 3 Abs 2). Die für das Verfahren nach §§ 645 ff vorgeschriebenen Vordru-cke (§ 659) können für diesen Antrag nicht verwendet werden (Naum-burg FamRZ 01, 1463).

3. Anwendungsbereich. – **a) Allgemeine Vorschriften** (1. Titel). 4
Die §§ 642–644 gelten für die Unterhaltsansprüche, die Familiensachen sind, nämlich die des minderjährigen Kindes gegen die Eltern (§ 621 Abs 1 S 1 Nr 4), die der Ehegatten gegeneinander (§ 621 Abs 1 Nr 5) und die der Mutter gegen den Vater (§ 621 Abs 1 Nr 11). Die §§ 642–644 gelten also insbes nicht für den Unterhaltsanspruch gegen das Kind und gegen die Großeltern (§ 621 Rn 27). – **b) Vereinfachtes Ver-fahren** (2. Titel). Die §§ 645–659 gelten nur für den Unterhalt nach der RegelbetragVO (§ 1612a BGB; Art 2 KindUG) minderjähriger Kinder, gleich ob ehelich oder nichtehelich.

Titel 1. Allgemeine Vorschriften

§ 642 Zuständigkeit

(1) [1]**Für Verfahren, die die gesetzliche Unterhaltspflicht eines Elternteils oder beider Elternteile gegenüber einem minderjäh-rigen Kind betreffen, ist das Gericht ausschließlich zuständig, bei dem das Kind oder der Elternteil, der es gesetzlich vertritt, seinen allgemeinen Gerichtsstand hat.** [2]**Dies gilt nicht, wenn das Kind oder ein Elternteil seinen allgemeinen Gerichtsstand im Ausland hat.**

(2) [1]**§ 621 Abs. 2, 3 ist anzuwenden.** [2]**Für das vereinfachte Verfahren über den Unterhalt (§§ 645 bis 660) gilt dies nur im Falle einer Überleitung in das streitige Verfahren.**

(3) **Die Klage eines Elternteils gegen den anderen Elternteil wegen eines Anspruchs, der die durch Ehe begründete gesetz-**

**liche Unterhaltspflicht betrifft, oder wegen eines Anspruchs
nach § 1615 l des Bürgerlichen Gesetzbuchs kann auch bei dem
Gericht erhoben werden, bei dem ein Verfahren über den Unterhalt des Kindes im ersten Rechtszug anhängig ist.**

1   **1. Allgemeines.** Es besteht für alle Verfahren, die den Unterhaltsanspruch des minderjährigen Kindes gegen seine Eltern betreffen, ein
einheitlicher Gerichtsstand. Das Verbundverfahren (§ 623) hat im Falle
der Überleitung eines vereinfachten Verfahrens in das streitige Verfahren (§ 651) Vorrang (Abs 2). Der Anwendungsbereich der §§ 23 a, 35 a
(zusätzliche Gerichtsstände in Unterhaltssachen) wird durch die ausschließliche Zuständigkeit (Abs 1 S 1) eingeschränkt. Die Vorschrift
regelt nur die örtliche Zuständigkeit. Die internationale Zuständigkeit
wird durch die EuGVVO (Art 1 [Rn 2] und Art 5 Nr 2 EuGVVO)
bestimmt, soweit diese anwendbar ist, sonst nach allgemeinen Regeln
(4 vor § 1).

2   **2. Ausschließliche Zuständigkeit für Kindesunterhalt** (Abs 1).
– **a) Anwendbar** auf alle Verfahren (insbes auch auf das vereinfachte),
welche die Unterhaltspflicht eines oder beider Elternteile betreffen (vgl
§ 621 Abs 1 S 1 Nr 4). Trotz § 1603 Abs 2 S 2 BGB unanwendbar auf
volljährige Kinder (Hamm FamRZ 99, 1022; Dresden NJW 99, 797;
MuBorth 8; aA Stuttgart FamRZ 02, 1044 [Abs 3 analog] bei gleichzeitiger Geltendmachung von Unterhaltsansprüchen minderjähriger
und priviligierter volljähriger Kinder), auf Klagen des Kindes gegen
Großeltern und auf vertragliche Unterhaltsansprüche. Für eine Vollstreckungsabwehrklage gehen §§ 767 Abs 1, 802 vor (BGH NJW 02, 444).
Gesetzlicher Unterhalt ist die Regelungsmaterie der §§ 1601 ff BGB. –
3   **b) Gerichtsstand** ist der allgemeine Gerichtsstand (2 vor § 12) des
Kindes oder des gesetzlich vertretenden Elternteils (§ 1629 Abs 1 S 3,
Abs 2 S 2 und Abs 3 S 1 BGB). IdR ist dieser Gerichtsstand (§ 13
ZPO, § 11 S 1 BGB), muss es aber nicht sein (§ 11 S 2 BGB). Aus-
schließlichkeit: 9 vor § 1. Abs 1 S 1 ist nicht anzuwenden, wenn das
Kind oder ein Elternteil (gleich welcher), den allgemeinen Gerichts-
stand im Ausland hat (Abs 1 S 2). Sind in diesem Fall die deutschen
Gerichte international zuständig (5 vor § 1), gelten die allg Regeln.
War das Kind bei Klageerhebung noch minderjährig, so verbleibt es
hins des Mj-Unterhalts wegen § 261 Abs 3 S 2 bei der Zuständigkeit
trotz Eintritts der Volljährigkeit (MuBorth 8). Wegen der einheitlichen
Streitgegenstands bleibt die Zuständigkeit auch für den nunmehrigen
Volljährigenunterhalt bestehen (Hamm FamRZ 01, 1012). Dasselbe
gilt, wenn zuvor ein PKH-Verfahren eingeleitet wurde und das Kind
bei Zustellung der Klage volljährig ist (MuBorth 8).

4   **3. Vorrang des Verbundverfahrens** (Abs 2). Um den im § 623
vorgeschriebenen Verbund von Scheidungs- und Folgesachen zu gewähr-
5   leisten, ist § 621 Abs 2 und 3 anzuwenden. Das bedeutet: – **a) Keine
anhängige Ehesache.** Die örtliche Zuständigkeit richtet sich gemäß
§ 621 Abs 2 S 2 nach § 642, soweit diese Vorschrift anwendbar ist. –

b) Anhängige Ehesache. Ist sie bereits anhängig oder wird sie anhängig, geht die örtliche Zuständigkeit des Gerichts der Ehesache (§ 621 Abs 2 S 1) vor und die Unterhaltssache ist an dieses Gericht zu verweisen (§ 621 Rn 43–45). – **c) Vereinfachte Verfahren** (Abs 2 S 2) bleiben in jedem Fall beim gemäß § 642 zuständigen Gericht, bis in das streitige Verfahren übergeleitet wird (§ 651). Von da an ist, wenn eine Ehesache anhängig ist (Rn 6) an das gem § 621 Abs 2 Nr 4 zuständige Gericht zu verweisen.

4. Unterhaltsklage eines Elternteils (Abs 3). Gibt neben dem allgemeinen Gerichtsstand einen weiteren, nicht ausschließlichen Gerichtsstand für die Klage des Ehegatten gegen den anderen (§ 621 Abs 1 Nr 5) und die aus § 1615l BGB (Unterhaltsanspruch der Mutter, wenn die Eltern nicht miteinander verheiratet sind) oder eines Dritten, auf den der Anspruch übergegangen ist. Verbindung (§ 147) ist möglich, wenn nicht schon in Streitgenossenschaft (§ 59) mit dem Kind geklagt wird. Anhängigkeit: § 253 Rn 1. Ist die Unterhaltsklage des Kindes im höheren Rechtszug, gilt Abs 3 nicht.

§ **643** Auskunftsrecht des Gerichts

(1) **Das Gericht kann den Parteien in Unterhaltsstreitigkeiten des § 621 Abs. 1 Nr. 4, 5 und 11 aufgeben, unter Vorlage entsprechender Belege Auskunft zu erteilen über ihre Einkünfte und, soweit es für die Bemessung des Unterhalts von Bedeutung ist, über ihr Vermögen und ihre persönlichen und wirtschaftlichen Verhältnisse.**

(2) **¹Kommt eine Partei der Aufforderung des Gerichts nach Absatz 1 nicht oder nicht vollständig nach, so kann das Gericht, soweit es zur Aufklärung erforderlich ist, Auskunft einholen**
1. **über die Höhe der Einkünfte bei**
   a) **Arbeitgebern,**
   b) **Sozialleistungsträgern sowie der Künstlersozialkasse,**
   c) **sonstigen Personen oder Stellen, die Leistungen zur Versorgung im Alter und bei verminderter Erwerbsfähigkeit sowie Leistungen zur Entschädigung oder zum Nachteilsausgleich zahlen, und**
   d) **Versicherungsunternehmen,**
2. **über den zuständigen Rentenversicherungsträger und die Versicherungsnummer bei der Datenstelle der Rentenversicherungsträger,**
3. **in Rechtsstreitigkeiten, die den Unterhaltsanspruch eines minderjährigen Kindes betreffen, über die Höhe der Einkünfte und das Vermögen bei Finanzämtern.**
²Das Gericht hat die Partei hierauf spätestens bei der Aufforderung hinzuweisen.

(3) ¹Die in Absatz 2 bezeichneten Personen und Stellen sind verpflichtet, den gerichtlichen Ersuchen Folge zu leisten. ²§ 390 gilt in den Fällen des § 643 Abs. 2 Nr. 1 und 2 entsprechend.

(4) Die allgemeinen Vorschriften des Ersten und Zweiten Buches bleiben unberührt.

1   **1. Aufforderung an die Parteien** (Abs 1) auf Auskunft vor der mdl Vhdlg. – **a) Zweck:** Beschleunigung und Förderung des Verfahrens durch effiziente konkrete Maßnahmen für die richterliche Bemessung des Unterhalts. – **b) Keine Amtsermittlungspflicht** des Gerichts.

2   Daher ist von den Befugnissen zurückhaltend Gebrauch zu machen; es wird lediglich die Aufklärung (§ 139) erleichtert und verbessert (Miesen FamRZ 99, 1397/1399); dies erweitert die daneben fortbestehenden Befugnisse des Gerichts (Rn 14). Abs. 1 ist unanwendbar, soweit die für die Bemessung des Unterhalts notwendigen Angaben unstrittig (§ 138 Abs 3) oder zugestanden (§ 288) sind oder die Auskunft aus materiell-rechtlichen Gründen irrelevant ist (Miesen aaO). – **c) Anwendbar** auf

3   die Streitverfahren wegen gesetzlicher Unterhaltpflicht in Familiensachen (§ 621 Abs 1 Nr 4, 5 und 11); aber auch bei Bereicherungsklagen wegen zu viel gezahlten Unterhalt in den genannten Fällen. –

4   **d) Umfang** der Auskunft sollte in der Aufforderung möglichst konkret bestimmt sein. Die Vorlage von Belegen kann nur für das Einkommen verlangt werden. Entspricht im Wesentlichen dem Auskunftsanspruch, der dem Unterhaltsberechtigten gemäß § 1605 Abs 1 BGB zusteht. –

5   **e) Aufforderung** zur Auskunft erfordert Schriftform, aber keine Zustellung (§ 329 Abs 2), wenn sie ohne Fristsetzung erfolgt. Sie muss den Hinweis auf die unmittelbare Auskunftspflicht (Abs 3) enthalten, wenn nicht schon früher, insbes bei Klagezustellung darauf hingewiesen wur-

6   de (Abs 2 S 2). – **f) Nichtbefolgen** der gerichtlichen Aufforderung gibt dem Gericht die Befugnisse aus Abs 2. Die Partei trifft keine Pflicht, nur eine Obliegenheit. Das Gericht kann aus der unterlassenen Mitwirkung Schlüsse ziehen (Miesen FamRZ 99, 1997/1399).

7   **2. Auskünfte von Dritten** (Abs 2). Anwendbar wie Rn 3. Erweitert die daneben wegen Abs 4 fortbestehenden Befugnisse des Gerichts aus § 273 Abs 2 Nr 2, § 358 a und § 377 Abs 3 (vgl Rn 14). –

8   **a) Voraussetzungen** sind: **(1)** Eine wirksame gem Abs 1 ergangene Aufforderung mit Hinweis (Abs 2 S 2). **(2)** Die Auskunft oder die Belegvorlage muss von der Partei nicht oder (gegenüber dem konkret verlangten Umfang, Rn 4) nicht vollständig erteilt sein, und zwar bis zum Ablauf einer (zweckmäßig) gesetzten richterlichen Frist (9 vor § 214)

9   oder ohne Fristsetzung bis zum Termin zur mdl Vhdlg. – **b) Einholen der Auskunft** steht im pflichtgemäßen Ermessen des Gerichts („kann"). Geschieht durch richterliche Verfügung (§ 329 Rn 14) mit oder ohne Fristsetzung. Der Umfang (Rn 4) ist daran zu messen, ob die Auskunft aufklärungsbedürftige, nicht notwendig schon beweisbedürftige Tatsachen betrifft; das sind alle Tatsachen, die für die Bemessung des Unter-

halts erheblich sein können. – **c) Auskunftgeber.** Diese sind neuume- 10
rativ und ausschließlich, auch vollzählig in Abs 2 S 1 Nr 1–3 aufgeführt.
– **d) Auskunft.** Sie ist schriftlich zu erteilen. Soweit die Auskünfte 10 a
amtlich sind, stellen sie selbst ein zulässiges Beweismittel dar (§ 273
Rn 8). Für private Auskunftgeber gilt grundsätzlich § 416, wenn nicht
zugleich nach § 377 Abs 3 verfahren wurde (vgl. Rn 7, 14).

3. Auskunftspflicht Dritter (Abs 3). Sie entspricht der Zeugen- 11
pflicht (4 vor § 373) und damit dem Umstand, dass die Personen und
Stellen des Abs 2 S 1 Nr 1 und 2 einem Zeugen entsprechen würden,
wenn die formellen Voraussetzungen des Zeugenbeweises (vgl §§ 355-
359, 373) gegeben wären. – **a) Pflicht** (nicht bloße Obliegenheit) zur 12
Auskunft besteht ohne Zeugnisverweigerungsrecht und ohne Rücksicht
auf eine Verschwiegenheitspflicht (wobei für Arbeitgeber (Abs 2 Nr 1)
eine analoge Anwendung von §§ 383, 384 erwägenswert ist) allein auf
Grund von Abs 3 S 1. – **b) Nichterfüllung.** Wird die Auskunftspflicht 13
nicht oder nicht vollständig erfüllt, ist Zeugniszwang gemäß § 390 zulässig, jedoch nicht bei Finanzämtern (Abs 3 S 2); hier ist ggf über die
Dienstaufsicht hinzuwirken. Für die Partei gilt Abs 3 nicht; es ist durch
entsprechende Beweiswürdigung zu verfahren (vgl § 286 Rn 17–19).

4. Allgemeine Vorschriften (Abs 4) bleiben unberührt und sind 14
anwendbar, insbes § 139 (Aufklärungspflicht). §§ 142, 143 (Urkunden-
und Aktenvorlage), § 273 (vorbereitende Anordnung), § 301 (Teilurteil, aber dieses ist unzulässig, wenn Entscheidung über Rest von
Umständen abhängt, die auch für den bereits ausgeurteilten Teil maßgebend sind und die einer abweichenden Beurteilung unterliegen können, BGH NJW 99, 1718). § 358 a (Beweisbeschluss vor mdl Vhdlg)
und § 377 Abs 3 (schriftliche Zeugenvernehmung).

§ **644** Einstweilige Anordnung

**¹Ist eine Klage nach § 621 Abs. 1 Nr. 4, 5 oder 11 anhängig
oder ist ein Antrag auf Bewilligung von Prozeßkostenhilfe für
eine solche Klage eingereicht, kann das Gericht den Unterhalt
auf Antrag durch einstweilige Anordnung regeln. ²Die §§ 620 a
bis 620 g gelten entsprechend.**

1. Zweck. Es soll (auch ohne Anhängigkeit einer Ehesache, § 620 1
Nr 4 und Nr 6) für alle Arten von Unterhaltsklagen (isolierte Auskunftsklage reicht nicht, Hamm FamRZ 00, 362), die Familiensachen
sind, eine vom (ohnehin damit befassten) Familiengericht für den
gesamten anhängig gemachten Unterhaltsanspruch eine vorläufige
Regelung ermöglicht werden, durch die eine einstweilige Verfügung
(§§ 935, 940) überflüssig wird und ausgeschlossen ist, soweit § 644 gilt
(hM, vgl Nürnberg FamRZ 99, 30; Köln FamRZ 99, 631, Zweibrücken FamRZ 99, 662, Hamm FamRZ 99, 1215; Strauß FamRZ 99,
993/1002) und einem Antrag auf einstw Vfg schon vorher das Rechtsschutzbedürfnis nimmt (Bernreuther FamRZ 99, 69/72).

2   **2. Voraussetzung** ist Anhängigkeit (§ 253 Rn 1) der Unterhaltssache durch Einreichung der Klageschrift bei Gericht oder ein wirksamer
PKH-Antrag (§ 117) vor einem oder außerhalb eines Verbundes (§ 623
Abs 1). Das Rechtsschutzbedürfnis für einen Antrag auf Erlass einer
einstweiligen Verfügung (§ 940) besteht nur dann, wenn das Haupt-
sacheverfahren nicht anhängig gemacht werden könnte (hM; Nürnberg
FamRZ 99, 30; Köln FamRZ 99, 661; München FuR 00, 279). Nach
Karlsruhe (FamRZ 00, 106) soll vor Anhängigkeit der Hauptsache
gleichwohl eine einstweilige Verfügung zulässig sein (aA Koblenz
FamRZ 00, 362). Die der Unterhaltsverpflichtung zugrunde liegende
Beziehung, zB die Vaterschaft, muss vor Einreichung des Antrags feststehen (MüKoCoester-Waltjen 1).

3   **3. Entscheidung** durch Beschluss (§ 620 a Abs 1). Die Anordnung
steht im pflichtgemäßen Ermessen des Gerichts („kann") und setzt voraus, dass die Klage begründete Aussicht auf Erfolg hat. Kosten: § 620 g,
so dass eine Kostenentscheidung zu unterlassen ist.

4   **4. Höhe.** Die Beschränkungen des § 940 Rn 9 gelten nicht, so dass
der angemessene Unterhalt nach § 1361 Abs 4 BGB oder § 1610 Abs 1
BGB ohne zeitliche Befristung durch Beschluss geregelt werden kann
(Zweibrücken FamRZ 99, 662; Johannsen/Heinrich/Büttner § 1361
Rn 168; Niepmann MDR 00, 613/618; van Els FamRZ 02, 617
mwN; ZöPhilippi 7; einschränkend AG Groß-Gerau FamRZ 99, 661;
AG Marburg FamRZ 99, 660; AG Tempelhof-Kreuzberg FamRZ 02,
616), sofern die Voraussetzungen für den vollen Unterhalt dargetan und
glaubhaft gemacht sind (Büttner/Niepmann NJW 02, 2283/2291).

5   **5. Aufhebung und Änderung** auf Antrag (§ 620 b Abs 1 S 1).
§ 717 Abs 2 ist nicht anwendbar (Miesen FamRZ 99, 1397/1400
mwN). Gem § 644 erlassene Unterhaltssachen werden durch den späteren Verbund nicht berührt und bleiben bestehen. Die Wirkung einer
einstweiligen Anordnung nach § 644 darf aber nicht weiter gehen als
die Hauptsache, so dass im Falle einer rechtskräftigen Scheidung eine
im Trennungsunterhaltsverfahren erlassene einstweilige Anordnung auf
Antrag nach § 620 b I aufzuheben ist (FA-FamR/Gerhardt Kap 6
Rn 597 b).

6   **6. Unanfechtbarkeit** gem § 620 c S 2, Ausnahme: greifbare Gesetz-
zeswidrigkeit (Brandenburg FamRZ 02, 964; Krause FamRZ 01,
464); statt dessen Antrag auf mdl Vhdlg (§ 620 b Abs 2); vgl iü § 620 c
Rn 7–9. **Vollziehung** der einstweiligen Anordnung kann ausgesetzt
werden (§ 620 e). **Außerkrafttreten:** § 620 f. Einer negativen Festtel-
lungsklage gegen einen Beschluss nach § 644 fehlt das Rechtsschutzbedürfnis, falls die Hauptsacheklage anhängig ist (Köln FamRZ 01, 106).
Vollstreckungsabwehrklage. Nur zulässig, wenn nachträgliche rechtshemmende oder rechtsvernichtende Einwendungen geltend gemacht
werden (Büttner/Niepmann NJW 01, 2215/2228).

Titel 2. Vereinfachte Verfahren über den Unterhalt Minderjähriger

Vorbemerkung

Neuregelung: Die §§ 645–660 sind eingefügt durch Art 3 Nr 9   1
KindUG. In Kraft seit 1. 7. 98. Überblick: van Els Rpfleger 99, 297;
FA-FamR/Gerhardt Kap 6 Rn 202. **Anwendungsbereich:** Unterhaltsansprüche (auch rückständige, Brandenburg FamRZ 00, 1159)
minderjähriger Kinder (Eintritt der Volljährigkeit während des Verfahrens führt zur Unzulässigkeit; Schleswig MDR 02, 279; Naumburg
FamRZ 03, 160; Graba NJW 01, 249/257; aA Köln FamRZ 00, 678
und 24. Aufl), die mit dem in Anspruch genommenen Elternteil nicht
in einem Haushalt leben, für Ansprüche die das Eineinhalbfache des
Regelbetrags nicht übersteigen (§ 645 Abs 1). Die §§ 645 ff setzen ungeschrieben voraus, dass deutsches Recht (hierzu Art 18 EGBGB)
Unterhaltsstatut ist (Bischoff IPRax 02, 511). **Zweck.** Unterhaltsberechtigte Kinder sollen ohne vorherige Verurteilung des Unterhaltsver-   2
pflichteten in einem einfachen Verfahren schnell zu einem Vollstreckungstitel gelangen. Das Verfahren hat Vor- und Nachteile (vgl Strauß
FamRZ 98, 993/1002; van Els Rpfleger 99, 297). **Vorrang anderer**   3
Verfahren: § 645 Abs 2. **Einwendungen** materiellen Rechts, die gegen den Unterhaltsanspruch erhoben werden, sind eingeschränkt (§ 648
Abs 2). **Überleitung in das Klageverfahren** nach Erheben mate-   4
riellrechtlicher Einwendungen (§ 648) ist in vereinfachter Weise vorgesehen (§ 651). **Vollstreckungstitel** ist der Festsetzungsbeschluss   5
(§ 649; § 794 Abs 1 Nr 2a). Dasselbe gilt für einen Abänderungsbeschluss (§ 655; vgl dort Rn 16) und eine Zurückweisung (§ 646 Abs 2).
Übergangsregelung für anhängige vereinfachte Verfahren (§§ 641l–   6
641t, 642a, 642b aF): Art 5 § 2 Abs 1 Nr 3, Abs 2 Nr 2 KindUG. Die
Verfahren können mit einem Verfahren nach § 2 UnterhaltstitelanpassungsG, § 655 verbunden werden (Stuttgart FamRZ 02, 550). **Ver-**   7
hältnis zum Klageverfahren. Ist das vereinfachte Verfahren zulässig
(§ 645), so kann eine gleichwohl erhobene Klage nicht mangels Rechtsschutzbedürfnisses abgewiesen werden (van Els Rpfleger 99, 297/298).
Prozesskostenhilfe. Wird für die Klage PKH beantragt, kann die Kla-   8
geerhebung mutwillig sein (§ 114 Rn 7), wenn das vereinfachte Verfahren zulässig ist und mit einem Übergang in das streitige Verfahren
nicht zu rechnen ist (Hamm FamRZ 99, 1213; Nürnberg FamRZ 02,
891) oder der Fall rechtlich und tatsächlich einfach gelagert ist (Hamm
FamRZ 99, 995; umstr, aA Naumburg FamRZ 99, 1670; Gerhardt
FuR 98, 145; van Els FamRZ 99, 297/298 mwN). Wird für das vereinfachte Verfahren PKH beantragt, so ist wegen der Kompliziertheit
des Antragsverfahrens (hierzu Maurer FamRZ 00, 1578) ein RA beizuordnen (München FamRZ 99, 792; Schleswig MDR 00, 706; Hamm
NJW-RR 02, 799; van Els FamRZ 99, 1356; einschränkend Dresden

FamRZ 01, 634 (Einzelfallprüfung); aA KG FamRZ 00, 762). Dasselbe
gilt für das Verfahren nach § 655 (Nürnberg FamRZ 01, 1715; Mün-
9 chen FamRZ 02, 837). **Streitwert.** § 17 Abs 1, 4 GKG, § 8 Abs 1
BRAGO.

§ 645 Statthaftigkeit des vereinfachten Verfahrens

(1) **Auf Antrag wird der Unterhalt eines minderjährigen Kindes, das mit dem in Anspruch genommenen Elternteil nicht in
einem Haushalt lebt, im vereinfachten Verfahren festgesetzt,
soweit der Unterhalt vor Anrechnung der nach §§ 1612 b,
1612 c des Bürgerlichen Gesetzbuchs zu berücksichtigenden
Leistungen das Eineinhalbfache des Regelbetrages nach der
Regelbetrag-Verordnung nicht übersteigt.**

(2) **Das vereinfachte Verfahren findet nicht statt, wenn zum
Zeitpunkt der Zustellung des Antrags oder einer Mitteilung
über seinen Inhalt an den Antragsgegner ein Gericht über den
Unterhaltsanspruch des Kindes entschieden hat, ein gerichtliches Verfahren anhängig ist oder ein zur Zwangsvollstreckung
geeigneter Schuldtitel errichtet worden ist.**

1   **1. Anwendbar:** Vorbem 1. Gilt auch für Dritte, auf die der Unterhaltsanspruch übergegangen ist, insbes aus § 91 BSHG und § 7 UVG.
Auch anwendbar für einen geringeren Betrag als das $1^1/_2$fache. Die Beschränkung auf das $1^1/_2$fache gilt nicht für die Umstellung von Alttiteln
(BVerfG NJW 01, 2160; Düsseldorf FamRZ 00, 1180). Die Anrech-
nungen der §§ 1612 b, 1612 c BGB (Kindergeld und regelmäßig wiederkehrende kindbezogene Leistungen) bleiben dafür unberücksichtigt,
wobei ab 1. 1. 01 die Neuregelung des § 1612 b Abs 5 BGB zu beachten ist (hierzu Graba NJW 01, 249). § 645 hat für das streitige Unterhaltsverfahren keine Präjudizwirkung dahingehend, dass das Kind bis
150% des Regelbetrags ohne Nachweis verlangen kann (Karlsruhe
FamRZ 00, 1432).

2   **2. Voraussetzungen: (1)** Antrag (§ 646). Vordruck mit Benutzungszwang: § 659. **(2)** Das Kind darf mit dem in Anspruch genommenen Elternteil nicht zusammen in einem Haushalt leben (§ 1612 a
Abs 1 BGB). Dieser darf auch nicht das alleinige Personensorgerecht
besitzen (Karlsruhe FamRZ 01, 767).

3   **3. Unzulässigkeit** des vereinfachten Verfahrens (Abs 2). Das vereinfachte Verfahren darf nur für die Erstfestsetzung von Unterhalt angewendet werden (Naumburg FamRZ 02, 1045). Daher besteht der
Vorrang anderweitiger gerichtlicher Entscheidungen (jeder Art und jeden Inhalts) über den Unterhaltsanspruch und dessen Anhängigkeit
(§ 253 Rn 1), ebenso auch der eines (insbes gem § 794 Abs 1 Nr 5) erteilten Vollstreckungstitels (14 vor § 704), selbst wenn es nur ein Teilanerkenntnisurteil ist (München FamRZ 99, 450), vorausgesetzt der
anderweitige Titel hat einen vollstreckungsfähigen Inhalt (Naumburg

FamRZ 02, 329). Eine frühere Zurückweisung des Antrags gem § 646 Abs 2 steht dem nicht entgegen, ebenso wenig eine abgewiesene Auskunftsklage (§ 1605 BGB). Abs 2 stellt klar, dass eine nach Antragstellung gem § 645 Abs 1 oder Mitteilung hiervon gem § 647 Abs 1 S 1 errichtete Jugendamtsurkunde dem vereinfachten Verfahren nicht entgegensteht (so schon München FamRZ 01, 1076), da Abs 2 auf einen bei Antragstellung bereits vorliegenden Titel abstellt. Unter Umständen kann sich hierdurch die Hauptsache ganz oder teilweise erledigen. Abs 2 gilt gem Art 5 § 3 Abs 2 KindUG nicht für die Umwandlung eines Alttitels (Nürnberg NJW-RR 01, 5).

4. Einstweilige Verfügung kommt neben einem vereinfachten **4** Verfahren auf Kindesunterhalt nur in Ausnahmefällen in Betracht, zB bei einer bei Antragstellung nicht voraussehbaren überlangen Verfahrensdauer von mehr als drei Monaten (München FamRZ 00, 1580; aA Gießler FamRZ 01, 1269/1271). Eine einstweilige Anordnung nach § 644 ist unzulässig (FA-FamR/Gerhardt Kap 6 Rn 202c; Gießler FamRZ 01, 1269/1270).

§ 646 Antrag

(1) **Der Antrag muß enthalten:**

1. **die Bezeichnung der Parteien, ihrer gesetzlichen Vertreter und der Prozeßbevollmächtigten;**
2. **die Bezeichnung des Gerichts, bei dem der Antrag gestellt wird;**
3. **die Angabe des Geburtsdatums des Kindes;**
4. **die Angabe, ab welchem Zeitpunkt Unterhalt verlangt wird;**
5. **für den Fall, daß Unterhalt für die Vergangenheit verlangt wird, die Angabe, wann die Voraussetzungen des § 1613 Abs. 1 oder 2 Nr. 2 des Bürgerlichen Gesetzbuchs eingetreten sind;**
6. **die Angabe der Höhe des verlangten Unterhalts;**
7. **die Angaben über Kindergeld und andere anzurechnende Leistungen (§§ 1612 b, 1612 c des Bürgerlichen Gesetzbuchs);**
8. **die Erklärung, daß zwischen dem Kind und dem Antragsgegner ein Eltern-Kind-Verhältnis nach den §§ 1591 bis 1593 des Bürgerlichen Gesetzbuchs besteht;**
9. **die Erklärung, daß das Kind nicht mit dem Antragsgegner in einem Haushalt lebt;**
10. **die Angabe der Höhe des Kindeseinkommens;**
11. **die Erklärung, dass der Anspruch aus eigenem, aus übergegangenem oder rückabgetretenem Recht geltend gemacht wird;**
12. **die Erklärung, dass Unterhalt nicht für Zeiträume verlangt wird, für die das Kind Hilfe nach dem Bundessozialhilfegesetz, Hilfe zur Erziehung oder Eingliederungshilfe nach dem Achten Buch Sozialgesetzbuch, Leistungen nach dem**

Unterhaltsvorschussgesetz oder Unterhalt nach § 1607 Abs. 2
oder 3 des Bürgerlichen Gesetzbuchs erhalten hat, oder,
soweit Unterhalt aus übergegangenem Recht oder nach § 91
Abs. 3 Satz 2 des Bundessozialhilfegesetzes oder § 7 Abs. 4
Satz 1 des Unterhaltsvorschussgesetzes verlangt wird, die
Erklärung, dass der beantragte Unterhalt die Leistung an
oder für das Kind nicht übersteigt;
13. die Erklärung, daß die Festsetzung im vereinfachten Verfahren nicht nach § 645 Abs. 2 ausgeschlossen ist.

(2) ¹Entspricht der Antrag nicht diesen und den in § 645 bezeichneten Voraussetzungen, ist er zurückzuweisen. ²Vor der
Zurückweisung ist der Antragsteller zu hören. ³Die Zurückweisung ist nicht anfechtbar.

(3) Sind vereinfachte Verfahren anderer Kinder des Antragsgegners bei dem Gericht anhängig, so ordnet es die Verbindung zum Zweck gleichzeitiger Entscheidung an.

1 **1. Allgemeines.** Der Antrag ist Prozesshandlung (Einl III); außer
Anwaltszwang (§ 79). Form: schriftlich oder zu Protokoll der Geschäftsstelle (§ 657 S 1). Vordrucke mit Benutzungszwang: § 659. Der
Antrag kann bis zur Entscheidung ergänzt und berichtigt werden. Für
das Verfahren zuständig ist der Rechtspfleger (§ 20 Nr 10 RPflG).

2 **2. Antragsinhalt** (Abs 1). Für vor dem 1. 1. 02 gestellte Anträge vgl
§ 27 EGZPO. Der Antrag ist vom Antragsteller eigenhändig zu unterschreiben (Düsseldorf FamRZ 02, 547). **Nr 1:** wie § 690 Rn 7. Ohne
Anschrift des Antragstellers ist der Antrag unzulässig (Hamm FamRZ 01,
107). **Nr 2:** Es ist das gem § 642 zuständige Familiengericht zu bezeichnen. **Nr 3:** Soll die Festsetzung nach der Altersstufe der RegelbetragsVO
ermöglichen. **Nr 4:** Ist auf den laufenden Unterhalt zugeschnitten. Es
kann aber auch rückständiger Unterhalt geltend gemacht werden (vgl Nr
5), damit hierfür eine Unterhaltsklage vermieden wird. **Nr 5:** Es muss der
Zeitpunkt (Datum) und der aus § 1613 Abs 1 und 2 BGB zu entnehmende
Fall der Voraussetzung (zB Eintritt des Verzugs) bezeichnet werden.
Rückstände sind nachvollziehbar zu erläutern. **Nr 6:** Es muss nicht zwingend der Geldbetrag angegeben werden; der Antrag muss sich im Rahmen
des § 645 Abs 1 halten. Dabei hat das Kind die sich aus §§ 1612 Abs 1 S 1,
1612a BGB ergebenden Wahlmöglichkeiten (Geldrente, Prozentsatz eines Regelbetrags, Prozentsatz des jeweiligen, nach Altersstufen gestaf-
felten Regelbetrags nach der RegelbetragsVO, vgl Zö/Philippi 4). **Nr. 7:**
Die Leistungen, soweit es sich nicht um Kindergeld handelt, müssen nach
Grund und Betrag bezeichnet werden. Beim anzurechnenden Kindergeld
reicht es aus, statt einer Bezifferung der Kindergeldhöhe zu formulieren:
„… abzüglich hälftiges Kindergeld für ein erstes Kind, soweit dieses zusammen mit dem Unterhalt 135% des Regelbetrags übersteigt" (Nürnberg
FamRZ 02, 182; Köln FamRZ 02, 33; Büttner/Niepmann NJW 02,
2283/2291; Gerhard FamRZ 01, 73; umstr, aA Saarbrücken JAmt 02, 94).

Hierfür sprechen Gründe der Praktikabilität, um spätere Abänderungsverfahren nach § 655 zu vermieden und § 647 Abs 1 Nr 1 c) nF (vgl dort
Rn 3). Die Kindergeldbezugsberechtigung ist anzugeben. **Nr 8:** Es muss
insbes die Art der Vaterschaft (zB Anerkenntnis mit Datum und Ort der
Beurkundung) angegeben werden. **Nr 9:** Die Erklärung ist nötig, weil
wegen § 1612a Abs 1 S 1 BGB der Anspruch auf Regelbetragsunterhalt
sonst nicht besteht. **Nr 10:** Hierdurch soll die Anrechnung des Kindeseinkommens sichergestellt werden. **Nr 11:** Hiermit wird die Aktivlegitimation in den genannten Fällen klargestellt, um Streitigkeiten hierüber zu
vermeiden. Daher ist das Jugendamt, falls es einen Unterhaltsvorschuss
geleistet hat, antragsberechtigt (Brandenburg FamRZ 02, 545). **Nr 12:**
Dadurch soll vermieden werden, dass Unterhalt geltend gemacht wird, der
bereits auf Dritte übergegangen ist (vgl § 645 Rn 1), und der Dritte nicht
mehr erhält, als er geleistet hat. **Nr 13:** Die Erklärung ist für die Zulässigkeit des Verfahrens nötig (§ 645 Abs 3).

3. Antragszurückweisung (Abs 2) wegen Unzulässigkeit. – **a) Prü-** 3
fung (S 1). Die (erfüllten) Voraussetzungen des Abs 1 und das Fehlen
anderer Entscheidung, Anhängigkeit oder Titel (§ 645 Abs 2) sind von
Amts wegen und vor Zustellung des Antrags zu prüfen (§ 647 Abs 1).
Dabei sind die Angaben des Antragstellers zugrundezulegen. – **b) An-** 4
hörung (S 2) geschieht idR schriftlich mit Angabe der Beanstandungen, damit der Antragsteller Gelegenheit hat, Mängel zu beheben (durch
Berichtigung oder Ergänzung) oder den Antrag zurückzunehmen. Fristsetzung ist geboten. – **c) Entscheidung.** Der Beschluss des Rechts- 5
pflegers (§ 20 Nr 10 RPflG) weist den Antrag mit Angabe der Gründe
zurück. Bei örtlicher Unzuständigkeit ist auf Antrag gem § 281 nach Anhörung des Gegners zu verweisen (ZöPhilippi 10). Andernfalls ist nach
§ 647 zu verfahren. – **d) Unanfechtbarkeit** (S 3) bedeutet, dass wegen 6
§ 11 Abs 2 RPflG nur die sofortige Erinnerung stattfindet. Erst der Beschluss des Richters ist unanfechtbar. Es kann aber ein neuer (nach-
gebesserter) Antrag gestellt werden; dem steht § 645 Abs 2 nicht entgegen (dort Rn 3 aE).

4. Verfahren anderer Kinder (Abs 3). Sie müssen im vereinfach- 7
ten Verfahren bei dem selben Gericht anhängig sein, also noch oder
wieder im ersten Rechtszug, auch im zweiten zur selben Zeit. Die
Verbindung (Anordnung und Wirkung entspr § 147) ist zwingend vorgeschrieben (MüKoCoester-Waltjen 12; BLAH 8; aA Schumacher/Grün
FamRZ 98, 777/792: Soll-Vorschrift). Gleichzeitige Entscheidung ist
nicht unbedingt notwendig.

§ 647 Maßnahmen des Gerichts

**(1) ¹Erscheint nach dem Vorbringen des Antragstellers das
vereinfachte Verfahren zulässig, so verfügt das Gericht die Zustellung des Antrags oder einer Mitteilung über seinen Inhalt
an den Antragsgegner. ²Zugleich weist es ihn darauf hin,**

1. **von wann an und in welcher Höhe der Unterhalt festgesetzt werden kann; hierbei sind zu bezeichnen**
   a) **die Zeiträume nach dem Alter des Kindes, für die die Festsetzung des Unterhalts nach den Regelbeträgen der ersten, zweiten und dritten Altersstufe in Betracht kommt;**
   b) **im Fall des § 1612 a des Bürgerlichen Gesetzbuchs auch der Vomhundertsatz des jeweiligen Regelbetrages;**
   c) **die nach den §§ 1612 b, 1612 c des Bürgerlichen Gesetzbuchs anzurechnenden Leistungen;**
2. **dass das Gericht nicht geprüft hat, ob der verlangte Unterhalt das im Antrag angegebene Kindeseinkommen berücksichtigt;**
3. **daß über den Unterhalt ein Festsetzungsbeschluß ergehen kann, aus dem der Antragsteller die Zwangsvollstreckung betreiben kann, wenn er nicht innerhalb eines Monats Einwendungen in der vorgeschriebenen Form erhebt;**
4. **welche Einwendungen nach § 648 Abs. 1 und 2 erhoben werden können, insbesondere, daß der Einwand eingeschränkter oder fehlender Leistungsfähigkeit nur erhoben werden kann, wenn die Auskunft nach § 648 Abs. 2 Satz 3 in Form eines vollständig ausgefüllten Vordrucks erteilt wird und Belege über die Einkünfte beigefügt werden;**
5. **daß die Einwendungen, wenn Vordrucke eingeführt sind, mit einem Vordruck der beigefügten Art erhoben werden müssen, der auch bei jedem Amtsgericht erhältlich ist.**
³ Ist der Antrag im Ausland zuzustellen, so bestimmt das Gericht die Frist nach Satz 2 Nr. 3.

(2) § 167 gilt entsprechend.

1   **1. Behandlung des Antrags** (Abs 1). Zuständig ist der Rechtspfleger (§ 20 Nr 10 RPflG). Ergibt die Prüfung (§ 646 Rn 3), dass der Antrag zulässig ist, muss die Zustellung verfügt werden. Zuzustellen ist eine Abschrift oder (angebracht bei Berichtigung oder Ergänzung, § 546 Rn 4) eine zusammengefasste Mitteilung des Inhalts. Zugleich sind (formularmäßig) die vorgeschriebenen Hinweise (Rn 2) zu geben. Öffentliche Zustellung (§ 185) ist zulässig; § 688 Abs 2 Nr 3 ist als Ausnahmevorschrift nicht analogiefähig (van Els Rpfleger 99, 297/300).

2   **2. Hinweise** (Abs 1 S 2). Sie klären den Antragsgegner über Inhalt und Wirkung eines Festsetzungsbeschlusses (§ 649) auf sowie darüber, welche Einwendungen in bestimmter Form erhoben werden können.

3   Ein Vordruck (§ 659) ist beizufügen (vgl Nr 4). **Nr 1:** Der Beginn und die Zeiträume sind datumsmäßig anzugeben, soweit bekanntgemacht. Nr 1 c ermöglicht, das Kindergeld wie folgt dynamisch zu tenorieren (Knittel JAmt 01, 568/571; Büttner/Niepmann NJW 02, 2283/2291; Düsseldorf FamRZ 02, 1046; Koblenz FamRZ 02, 1215; aA Saarbrücken FamRZ 02, 1215): „Auf den Unterhalt ist das jeweilige hälftige Kindergeld für ein erstes Kind anzurechnen, soweit dieses zusammen
4   mit dem Unterhalt 135% des Regelbetrags übersteigt." **Nr 2:** Stellt klar,

dass nicht geprüft wurde, ob das gem § 646 Abs 1 Nr 10 anzugebende Kindeseinkommen bei den Unterhaltsberechnung vom Antragsteller berücksichtigt wurde. **Nr 3:** Es ist der Beschluss des § 649 gemeint mit Hinweis auf § 794 Abs 1 Nr 2 a (Vollstreckungstitel). Die Einwendungsfrist läuft ab Zustellung. Berechnung: § 222. Keine Verlängerung (§ 224 Abs 2); wegen § 648 Abs 3 aber keine Ausschlussfrist (Karlsruhe FamRZ 00, 1159). Form: schriftlich im eingeführten Vordruck (Nr 4 und § 648 Abs 2 Nr 3), auch § 129. **Nr 4:** Die Einwendungen sind im Vordruck (§ 659) nach § 648 Abs 1 und 2 zu differenzieren. **Nr 5:** Der beigefügte Vordruck sollte naturgemäß direkt benutzbar sein. Der Hinweis auf die Amtsgerichte dient der einfacheren Beschaffung eines Ersatzexemplars. 5 6 7

3. Auslandszustellung (Abs 1 S 3). Es gelten die §§ 183 ff, soweit nicht ab 31. 5. 01 die ZustellungsVO (Text im Anh; vgl hierzu Heß NJW 01, 15; Lindacher ZZP 114, 179) anzuwenden ist. Die Einwendungsfrist (Abs 1 S 2 Nr 2) ist allermindestens 1 Monat (keine Ausschlussfrist, Köln FamRZ 00, 680), naturgemäß länger, nach den jeweiligen Gegebenheiten zu bemessen. Unterbleibt die Benennung, gilt § 183 mit allen Rechtsfolgen, insbes Aufgabe zur Post (§ 183 Abs 1 S 2). 8

4. Fristwahrung und Verjährungshemmung (Abs 2). Die entspr Anwendung des § 167 bedeutet, dass für Fristwahrung und Hemmungswirkung auf den Eingang (§ 167 Rn 6) oder die Protokollerklärung (§ 657) des wirksamen Antrags gem § 646 abzustellen ist. Die Zustellung muss wirksam sein (wie § 167 Rn 9); demnächst: wie § 167 Rn 10–13. 9

§ 648 Einwendungen des Antragsgegners

(1) [1]**Der Antragsgegner kann Einwendungen geltend machen gegen**
1. die Zulässigkeit des vereinfachten Verfahrens,
2. den Zeitpunkt, von dem an Unterhalt gezahlt werden soll,
3. die Höhe des Unterhalts, soweit er geltend macht, daß
   a) die nach dem Alter des Kindes zu bestimmenden Zeiträume, für die der Unterhalt nach den Regelbeträgen der ersten, zweiten und dritten Altersstufe festgesetzt werden soll, nicht richtig berechnet sind oder die angegebenen Regelbeträge von denen der Regelbetrag-Verordnung abweichen;
   b) der Unterhalt nicht höher als beantragt festgesetzt werden darf;
   c) Leistungen der in den §§ 1612 b, 1612 c des Bürgerlichen Gesetzbuchs bezeichneten Art nicht oder nicht richtig angerechnet sind.
[2]**Ferner kann er, wenn er sich sofort zur Erfüllung des Unterhaltsanspruchs verpflichtet, hinsichtlich der Verfahrenskosten geltend machen, daß er keinen Anlaß zur Stellung des Antrags gegeben hat (§ 93).** [3]**Nicht begründete Einwendungen nach**

Satz 1 Nr. 1 und 3 weist das Gericht mit dem Festsetzungsbeschluß zurück, desgleichen eine Einwendung nach Satz 1 Nr. 2, wenn ihm diese nicht begründet erscheint.

(2) [1] Andere Einwendungen kann der Antragsgegner nur erheben, wenn er zugleich erklärt, inwieweit er zur Unterhaltsleistung bereit ist und daß er sich insoweit zur Erfüllung des Unterhaltsanspruchs verpflichtet. [2] Den Einwand der Erfüllung kann der Antragsgegner nur erheben, wenn er zugleich erklärt, inwieweit er geleistet hat und daß er sich verpflichtet, einen darüber hinausgehenden Unterhaltsrückstand zu begleichen. [3] Den Einwand eingeschränkter oder fehlender Leistungsfähigkeit kann der Antragsgegner nur erheben, wenn er zugleich unter Verwendung des eingeführten Vordrucks Auskunft über
1. seine Einkünfte,
2. sein Vermögen und
3. seine persönlichen und wirtschaftlichen Verhältnisse im übrigen
erteilt und über seine Einkünfte Belege vorlegt.

(3) Die Einwendungen sind zu berücksichtigen, solange der Festsetzungsbeschluß nicht verfügt ist.

1   **1. Allgemeines.** Im vereinfachten Verfahren dürfen nur in beschränktem Umfang Einwendungen berücksichtigt werden, damit die Entscheidung nicht verzögert wird. Es wird unterschieden, ob das Gericht auch darüber entscheidet, dass die Einwendung auch begründet ist (Abs 1) oder dass nur über die Zulässigkeit der Einwendung entschieden werden darf (Abs 2). Je nach dem richtet sich die gemäß § 648 zu treffende Entscheidung. Vordruck mit Benutzungszwang: § 659.

2   **2. Zulässige Einwendungen** (Abs 1) des Antragsgegners sind: –
a) Nr 1: Dazu gehört das Fehlen allgemeiner Prozessvoraussetzungen (17–22 vor § 253) und der Mangel einer der Voraussetzungen der §§ 645, 646. Erfasst auch die Behauptung, nicht der Vater des Kindes zu sein (§ 646 Nr 8; Brandenburg FamRZ 02, 545). Anderweitige Titelerrichtung nach Antragszustellung (§ 645 Abs 2) fällt nicht hierunter.

3   **b) Nr 2:** Betrifft insbes den Fall, dass Unterhalt für die Vergangenheit (§ 1613 BGB) erst von einem späteren Zeitpunkt an verlangt werden kann. Nicht darunter fällt das Unterlassen einer zeitlichen Begrenzung
4   auf das 18. Lebensjahr (Stuttgart NJW-RR 00, 1103). – **c) Nr 3:** Die Aufzählung a–c ist enumerativ (Zweibrücken JAmt 01, 94). Buchst a bezieht sich auf § 647 Abs 1 Nr 1 und betrifft Einordnung in eine falsche Altersstufe oder Abweichungen vom Regelbetrag. Buchst b: alle Übertragungs- und Berechnungsfehler, die nicht unter a oder c fallen und zu einer höheren Festsetzung geführt haben. Buchst c: alle Fehler, die auf einer falschen Anrechnung beruhen (§§ 1612b, 1612c BGB). Unter Nr 3 fällt nicht der Einwand, eine abweichende außergerichtliche Vereinbarung getroffen zu haben (Naumburg FamRZ 00, 360). –
5   **d) Kostenlast** (Abs 1 S 2): hierzu Rn 14.

3. Andere Einwendungen (Abs 2). **a) Begriff.** Das sind solche, 6 die von Abs 1 nicht erfasst sind und alle, die nach materiellem Recht gegen den Unterhaltsanspruch bestehen können. Im vereinfachten Verfahren wird darüber nicht (endgültig) entschieden, sondern nur darüber, ob sie zulässig erhoben sind (Rn 2). – **b) Voraussetzung** der Zulässig- 7 keit einer solchen Einwendung ist: **aa) Allgemein** (S 1) die gleichzeitige Erklärung (Prozesshandlung, Einl III), zur Unterhaltsleistung (in anzugebender Höhe) bereit zu sein und zugleich die Abgabe einer im Umfang entsprechenden Verpflichtungserklärung (Rechtsgeschäft). Den Anforderungen des Abs 2 genügt es, dass der in Anspruch Genommene erklärt, zur Unterhaltszahlung überhaupt nicht fähig zu sein (Düsseldorf FamRZ 01, 765). **bb) Erfüllungseinwand** (S 2), insbes die teilweise 8 Zahlung (§ 362 BGB) erfordert die gleichzeitige Angabe des bisherigen Umfangs der Zahlungen (Zeitraum und Beträge) und die rechtsgeschäftlich wirksame Verpflichtung, den überschießenden Unterhaltsrückstand zu bezahlen. **cc) Unzureichende Leistungsfähigkeit** (S 3) ist 9 die Beschränkung des § 1603 BGB. Dieser Einwand kann nur durch die gleichzeitige Vorlage der Auskunft durch den vollständig ausgefüllten Vordruck mit Belegen wirksam erhoben werden (§ 659 Abs 2, Karlsruhe FamRZ 01, 107). Darauf ist der Antragsgegner von Amts wegen hinzuweisen (Oldenburg FamRZ 01, 1078). Ob bei nachgewiesener fehlender Leistungsfähigkeit auch eine Erklärung nach S 1 abzugeben ist, ist umstr, dürfte aber wegen unnötiger und übertriebener Förmelei abzulehnen sein (so zu Recht Frankfurt FamRZ 02, 835; vgl auch Rn 7). Nach dem Wortlaut der Vorschrift sind bereinigende Abzugsposten bei der Erklärung der Einkünfte nicht zu belegen. Hierbei dürfte es sich um ein Redaktionsversehen handeln (van Els Rpfleger 99, 296/301). Der Pflichtige kann auch nicht von vornherein ohne Erteilung der notwendigen Auskünfte nach S 3 die Durchführung des streitigen Verfahrens nach § 651 beantragen, da dieses zulässig erhobene Einwendungen voraussetzt (FA-FamR/Gerhardt Kap 6 Rn 204 b; vgl auch § 651 Rn 1).

4. Entscheidung. Der Beschluss (§ 649 Abs 1 S 1) des Rechtspfle- 10 gers kann ohne mdl Vhdlg ergehen (§ 649 Abs 2). – **a) Zulässige Einwendungen** (Abs 1). Es ist zu unterscheiden: **(1)** Begründete Einwendungen gegen die Zulässigkeit des vereinfachten Verfahrens (Abs 1 S 1 Nr 1) führen zur Zurückweisung des Antrags (§ 646 Abs 2, § 645). **(2)** Begründete Einwendungen zu Höhe und Zeitpunkt des Unterhalts (Abs 1 S 1 Nr 2, 3) führen zum Verfahren nach § 650. **(3)** Unbegründete Einwendungen stehen dem Feststellungsbeschluss gem § 649 nicht entgegen. In dem selben Beschluss werden die darin zu bezeichnenden Einwendungen zurückgewiesen (Abs 1 S 3). – **b) Andere Einwen-** 11 **dungen** (Abs 2). Auch hier ist zu unterscheiden: **(1) Unzulässig** erhobene Einwendungen (Rn 7–9) stehen dem Festsetzungsbeschluss gem § 649 nicht entgegen und werden darin ausdrücklich zurückgewiesen. **(2) Zulässig** erhobene Einwendungen (Rn 7–9) führen zum Verfah- 12 ren nach § 650. Ist der Einwand nach Prüfung durch den Rechtspfleger rechtlich unerheblich, insbes ungeeignet, eine Erfüllung zu begründen,

13 ist er als unzulässig zurückzuweisen (wie Rn 11). – **c) Zeitliche Berücksichtigung** (Abs 3). Die Frist des § 647 Abs 1 S 2 Nr 2 ist keine Ausschlussfrist. Daher müssen die Einwendungen auch nach Ablauf der Frist berücksichtigt werden, solange der Beschluss nicht „verfügt" ist. Darunter ist der Erlass der Entscheidung zu verstehen, also die erste Hinausgabe aus dem inneren Geschäftsbetrieb (Frankfurt FamRZ 01, 109; vgl § 329 Rn 5). Für die Rechtzeitigkeit kommt es auf den Eingang bei

14 Gericht an (Köln FamRZ 01, 1464). – **d) Kosten** (Abs 1 S 2). Es ist davon auszugehen, dass über die Kosten des vereinfachten Verfahrens gemäß den §§ 91 ff entschieden wird. Sie werden idR im Beschluss festgesetzt (§ 649 Abs 1 S 3). § 93 ist nur anzuwenden, wenn der Antragsgegner sich sofort wirksam zur Unterhaltszahlung verpflichtet und er keinen Anlass für ein vereinfachtes Verfahren gegeben hat, zB wenn er nicht vorher zu freiwilliger Zahlung des nach der RegelbetragVO berechneten Betrags aufgefordert wurde.

§ 649 Feststellungsbeschluss

(1) [1]**Werden keine oder lediglich nach § 648 Abs. 1 Satz 3 zurückzuweisende oder nach § 648 Abs. 2 unzulässige Einwendungen erhoben, wird der Unterhalt nach Ablauf der in § 647 Abs. 1 Satz 2 Nr. 3 bezeichneten Frist durch Beschluß festgesetzt.** [2]**In dem Beschluß ist auszusprechen, daß der Antragsgegner den festgesetzten Unterhalt an den Unterhaltsberechtigten zu zahlen hat.** [3]**In dem Beschluß sind auch die bis dahin entstandenen erstattungsfähigen Kosten des Verfahrens festzusetzen, soweit sie ohne weiteres ermittelt werden können; es genügt, wenn der Antragsteller die zu ihrer Berechnung notwendigen Angaben dem Gericht mitteilt.**

(2) **In dem Beschluß ist darauf hinzuweisen, welche Einwendungen mit der sofortigen Beschwerde geltend gemacht werden können und unter welchen Voraussetzungen eine Abänderung im Wege der Klage nach § 654 verlangt werden kann.**

1 **1. Verfahren.** Der Beschluss ergeht idR im Büroweg (§ 128 Abs 4). Mdl Vhdlg ist nur in seltenen Fällen erforderlich (Beispiele bei van Els Rpfleger 99, 296/300). Findet sie statt, ist auch ein Vergleich möglich (§ 794 Abs 1 Nr 1), wobei mehr als 150% des Regelbetrags vereinbart werden kann (ZöPhilippi 2). Die Anhörung des Antragsgegners geschieht ausreichend durch § 647. Zustellung an beide Parteien: § 329 Abs 3. Wirkung: § 794 Abs 1 Nr 2 a. Rechtsmittel: § 652.

2 **2. Voraussetzungen** des Festsetzungsbeschlusses (Abs 1 S 1). – **a) Fristablauf.** Die Monatsfrist des § 647 Abs 1 S 2 Nr 2 (dort Rn 4) muss abgelaufen sein. Ein Verstoß ist nur relevant, wenn dadurch rechtzeitig erhobene Einwendungen unberücksichtigt geblieben sind. –

3 **b) Unterbleiben von Einwendungen.** Festgesetzt werden darf, wenn

das vereinfachte Verfahren zulässig ist (§ 645) und der Antrag den §§ 645, 646 Abs 1 entspricht (vgl § 646 Abs 2 S 1) und überhaupt keine Einwendungen oder nur solche erhoben sind, die zwar nach § 648 Abs 1 Nr 2, 3 zulässig, aber als unbegründet zurückzuweisen oder wegen § 648 Abs 2 unzulässig sind. – c) **Berichtigter Antrag.** Ist eine **4** zulässige Einwendung erhoben und der Antrag (§ 646) entsprechend berichtigt, kann das Gericht ebenfalls in voll beantragtem Umfang festsetzen, nicht nur beschränkt nach § 650 S 2.

3. Beschlussinhalt. – a) **Unbegründete Einwendungen** sind durch **5** zu begründenden Beschluss ausdrücklich zurückzuweisen (§ 648 Abs 1 S 3). – **b) Zahlungsausspruch** (Abs 1 S 2) ist erforderlich, weil der Festsetzungsbeschluss Vollstreckungstitel ist (§ 794 Abs 1 Nr 2 a) und eine Verurteilung ersetzt (vgl 14, 15 vor § 704). Der Ausspruch umfasst die Beträge, Zeiträume und Fälligkeiten. Tenor bei Dynamisierung des Kindesunterhalts unter Berücksichtigung des anzurechnenden Kindergeldes vgl § 646 Rn 2 (zu Nr 6 und 7). Durch die unbezifferte Kindergeldanrechnung werden Abänderungsverfahren nach § 655 vermieden. – **c) Kostenentscheidung** (Abs 1 S 3) ergeht nach § 91, ggf § 92 **6** (Teilerfolg) und § 93 (vgl § 648 Abs 1 S 2). Ist die Kostenfestsetzung entscheidungsreif, kann schon im Beschluss die Erstattung auch ohne bezifferten Antrag festgesetzt werden. Hierfür ist nur erforderlich, dass der Antragsteller die notwendigen Angaben macht und diese nebst Gerichtskosten (KV 1800) sowie RA-Gebühren (§ 44 BRAGO) sofort ermittelt werden können. Andernfalls wird später gemäß §§ 103 ff festgesetzt. – **d) Hinweis** (Abs 2) entspricht einer Rechtsmittelbelehrung **7** über die (gemäß § 11 Abs 1 RPflG) unmittelbar gegen die Entscheidung des Rechtspflegers einzulegende sofortige Beschwerde (§ 652). Angabe der Form und Frist (§ 569) ist zwar nicht notwendig, aber wohl geboten. Der Hinweis auf die zulässigen Einwendungen muss konkret sein und den Gesetzestext des § 648 Abs 1 und 2 umfassen (vgl § 652 Abs 2). Hinsichtlich der Kostenfestsetzung ist auf die Anfechtbarkeit nach Grund und Höhe (vgl Rn 6; § 104 Abs 3 S 1; § 567 Abs 2 S 2) hinzuweisen, auch dass sie allein angefochten werden kann. Sofortige Beschwerde nach § 567, § 11 RPflG auch, wenn Rpfl den Antrag des Kindes zurückweist trotz zulässiger Einwendungen des Pflichtigen, den beantragten Unterhalt in voller Höhe festzusetzen. Bei der Abänderungsklage muss auf § 654 Abs 2 hingewiesen werden. Unterbleibt die Belehrung, so ist dies folgenlos; (aA in Bezug auf die sofortige Beschwerde Naumburg FamRZ 01, 1464: wegen des Verfahrensfehlers Aufhebung und Zurückverweisung); bei Fristversäumung aber Wiedereinsetzung (§ 233) begründet (van Els Rpfleger 99, 296/300).

§ **650** Mitteilung über Einwendungen

¹**Sind Einwendungen erhoben, die nach § 648 Abs. 1 Satz 3 nicht zurückzuweisen oder die nach § 648 Abs. 2 zulässig sind, teilt das Gericht dem Antragsteller dies mit.** ²**Es setzt auf sei-**

nen Antrag den Unterhalt durch Beschluß fest, soweit sich der Antragsgegner nach § 648 Abs. 2 Satz 1 und 2 zur Zahlung von Unterhalt verpflichtet hat. [3]In der Mitteilung nach Satz 1 ist darauf hinzuweisen.

1   **Allgemeines.** Die Vorschrift regelt den Fortgang des Verfahrens, wenn kein Festsetzungsbeschluss gem § 649 ergangen ist, weil Einwen-
2 dungen entgegenstehen (vgl § 649 Rn 2, 3). **Mitteilung** (S 1) umfasst den Inhalt der Einwendungen (weitergehend van Els Rpfleger 99, 296/ 301; zweckmäßig in Abschrift der Erklärung des Antragsgegners (§ 648 Abs 1, 2). Die Mitteilung ist zuzustellen, weil die Frist des § 651 Abs 3 in Lauf gesetzt wird (§ 329 Abs 2 S 2; umstr, aA van Els Rpfleger 99, 296/301; ZöPhlippi 5; MüKoCoester-Waltjen 2). Zweckmäßig ist in der Mitteilung aufzunehmen, dass der Unterhalt auch teilweise festge-setzt werden kann, soweit er anerkannt ist (van Els Rpfleger 99, 207/
3 301). **Hinweise** in der Mitteilung sind in S 3 und § 651 Abs 1 S 2 zwingend vorgeschrieben: **(1)** Die Möglichkeit trotz der erhobenen zulässigen Einwendung (§ 648 Abs 2 S 1 und 2) einen der Verpflich-tungserklärung entsprechenden Festsetzungsbeschluss durch (neuen) Antrag zu erwirken. **(2)** Durchführung des streitigen Verfahrens (§ 651
4 Abs 1 S 1) auf Antrag jeder Partei. **Festsetzungsbeschluss** (S 2). Er entspricht dem § 649 (vgl dort), darf aber nur auf (neuen) Antrag in dem Umfang der Verpflichtungserklärung des Antragsgegners (§ 648 Abs 2 S 1 und 2) ergehen, nicht im Fall mangelnder Leistungsfähigkeit (§ 648 Abs 2 S 3). Es genügt der bloße Antrag, ohne Wiederholung des in § 646 vorgeschriebenen Inhalts. Für den Beschluss gilt § 649 Rn 5 u 7 entspr. Der Antrag wird darin nicht iü zurückgewiesen. Es ergeht keine Kostenentscheidung, da nur Teiltitel (Schumacher/Grün FamRZ
5 98, 777/792; FA-FamR/Gerhardt Kap 6 Rn 204 a). **Nicht festge-setzter Teil** des ursprünglich beantragten Anspruchs (§ 646) muss im Klageweg weiterverfolgt werden. Hierfür ist § 651 anwendbar.

§ 651 Streitiges Verfahren

(1) [1]Im Falle des § 650 wird auf Antrag einer Partei das streitige Verfahren durchgeführt. [2]Darauf ist in der Mitteilung nach § 650 hinzuweisen.

(2) [1]Beantragt eine Partei die Durchführung des streitigen Verfahrens, so ist wie nach Eingang einer Klage weiter zu ver-fahren. [2]Einwendungen nach § 648 gelten als Klageerwiderung.

(3) Der Rechtsstreit gilt als mit der Zustellung des Festset-zungsantrags (§ 647 Abs. 1 Satz 1) rechtshängig geworden.

(4) Ist ein Festsetzungsbeschluß nach § 650 Satz 2 vorausge-gangen, soll für zukünftige wiederkehrende Leistungen der Unterhalt in einem Gesamtbetrag bestimmt und der Festset-zungsbeschluß insoweit aufgehoben werden.

(5) **Die Kosten des vereinfachten Verfahrens werden als Teil der Kosten des streitigen Verfahrens behandelt.**

(6) **Wird der Antrag auf Durchführung des streitigen Verfahrens nicht vor Ablauf von sechs Monaten nach Zugang der Mitteilung nach § 650 Satz 1 gestellt, gilt der über den Festsetzungsbeschluss gemäß § 650 Satz 2 oder die Verpflichtungserklärung des Antragsgegners gemäß § 648 Abs. 2 Satz 1 und 2 hinausgehende Festsetzungsantrag als zurückgenommen.**

1. Allgemeines. Die Überleitung in das streitige Verfahren entspricht der Situation des Mahnverfahrens nach rechtzeitigem Widerspruch (§ 696). Die Anwendung des § 651 setzt voraus, dass der Antragsgegner Einwendungen erhoben hat, die nach § 648 Abs 1 S 3 nicht zurückzuweisen oder zulässig (§ 648 Abs 2) und daher gem § 650 zu behandeln waren. Für vor dem 1. 1. 02 gestellte Anträge vgl § 27 EGZPO. 1

2. Übergang in das streitige Verfahren (Abs 1) erfolgt nicht von Amts wegen, sondern nur auf Antrag einer der beiden Parteien. – **a) Antrag.** Er ist Prozesshandlung, schriftlich oder zu Protokoll gem § 657 S 1, außer Anwaltszwang (§ 13 RPflG). Kann nicht schon im Festsetzungsantrag (§ 645 Abs 1, § 646) oder zusammen mit den Einwendungen (§ 648) gestellt werden, weil das Zwischenverfahren des § 650 vorgeschaltet ist, um den Parteien Gelegenheit zu geben, die Rechtslage zu prüfen und sich zu vergleichen. Mit der Verweisung auf § 650 ist klargestellt, dass das streitige Verfahren nur durchgeführt wird, wenn zulässige Einwendungen vorgebracht wurden und eine Festsetzung deshalb unterbleibt (Knittel JAmt 01, 568/571). § 651 darf nicht zur Umgehung der Einwendungen iSv § 648 missbraucht werden. Da eine dem § 696 Abs 4 entspr Vorschrift fehlt, kann ab Wirksamwerden des Antrags nicht mehr dieser, sondern wegen Abs 2 S 1 nur die Klage (§ 269) zurückgenommen werden. – **b) Hinweis** (Abs 1 S 2). Die Mitteilungspflicht bezieht sich auf den Antragsteller, weil § 650 nur ihn betrifft. Der Antragsgegner kann, muss aber nicht hingewiesen werden. 2 3 4

3. Weiteres Verfahren (Abs 2). Es entspricht dem nach erhobener Klage. Es gelten daher grundsätzlich die §§ 253–510a, denen die besonderen Regelungen der §§ 642–644, 621–629d vorgehen. Kein Anwaltszwang (§ 78 Abs 2 S 1 Nr 2). Es kann höherer Unterhalt als 150% des Regelbetrags (§ 645 Abs 1) verlangt werden. – **a) Voraussetzung** ist allein der wirksame Antrag einer Partei (Rn 3). Dadurch wird der Festsetzungsantrag (§§ 645, 646) zur Klage, dessen Zustellung (§ 647 Abs 1) zur Zustellung der Klageschrift (§ 253 Abs 2) mit rückwirkender Rechtshängigkeit (Abs 3; Rn 8). – **b) Verfahrenslage.** Die Einwendungen (§ 648) werden als Klageerwiderung (§ 277) fingiert, so dass ein schriftliches Vorverfahren (§ 276) entfällt. Das Verfahren ist für den Haupttermin (§ 272 Rn 1) reif, wenn die gebotenen vorbereitenden Anordnung (§§ 643, 273) erlassen und (zB durch Auskunft § 643 Abs 1, 2) erfüllt sind. Gerade bei Unterhaltssachen ist entspr Vorbereitung mit der 5 6 7

Anordnung persönlichen Erscheinens der Parteien (§§ 141, 273 Abs 2 Nr 3) geboten.

8   **4. Rechtshängigkeit** (Abs 3). Die Vorschrift ist wegen der Rückwirkung Sonderregelung zu § 261 Abs 1. Wirkung der Rechtshängigkeit: § 261 Abs 3.

9   **5. Einheitlicher Titel** (Abs 4). Es soll vermieden werden, dass für denselben Unterhaltsanspruch zwei Titel (Festsetzungsbeschluss und Urteil) nebeneinander bestehen. Dadurch soll die Zwangsvollstreckung erleichtert werden. Voraussetzung ist, dass der gem § 650 S 2 ergangene (Teil)Festsetzungsbeschluss den Unterhalt für den selben Zeitraum betrifft, wie er im Urteil zugesprochen wird. Abs 4 ist nicht anzuwenden, wenn und soweit der Festsetzungsbeschluss einen anderen, idR früheren Zeitabschnitt betrifft. Die einheitliche Unterhaltsbestimmung durch Gesamtbetrag ist nicht zwingend („soll"); erfolgt sie, muss der Festsetzungsbeschluss (§ 650 S 2) aufgehoben werden. Das wirkt für die Zwangsvollstreckung gem § 775 Nr 1, § 776.

10   **6. Kosten** (Abs 5). Grundsätzlich wird im Urteil über die Kosten des streitigen Verfahrens gem §§ 91, 92 entschieden, bei Unterhalt als Folgesache gem § 93a Abs 1 und 2, bei Rücknahme der Klage gem § 269. Liegen die Voraussetzungen des § 93d vor, ist diese Vorschrift anzuwenden. Die durch das vorangegangene vereinfachte Verfahren entstandenen Gerichtskosten werden als Teil der Kosten des streitigen Verfahrens behandelt. Für die Anwaltsgebühren gilt § 44 Abs 2 S 1 BRAGO. Diese Regelung entspricht denen des § 281 Abs 3 S 1 und § 696 Abs 1 S 5 und bedeutet, dass über die Kosten des vereinfachten Verfahrens nicht anders entschieden werden darf als über die des streitigen Verfahrens, wenn es dazu kommt. Verbleibt es beim vereinfachten Verfahren gelten dafür §§ 91, 92, 93 (vgl § 648 Abs 1 S 2).

11   **7. Rücknahmefiktion** (Abs 6). Zweck der langen Fristbemessung ist, den Parteien Zeit zu lassen, sich in einem Vergleich zu einigen. Nach Ablauf der 6 Monate (Ausschlussfrist) kann der Antrag (Rn 3) nicht mehr mit Rückwirkung gestellt werden. Fristberechnung: § 222; vgl § 650 Rn 3. Ein weitergehender Festsetzungsantrag gilt nach Ablauf der Frist als zurückgenommen. Dadurch soll für den Antragsgegner Rechtssicherheit geschaffen werden, dass über den Rest nicht mehr entschieden wird. Kosten §§ 91 ff, 269 Abs 3 S 2.

§ 652 Sofortige Beschwerde

(1) **Gegen den Festsetzungsbeschluß findet die sofortige Beschwerde statt.**

(2) [1]**Mit der sofortigen Beschwerde können nur die in § 648 Abs. 1 bezeichneten Einwendungen, die Zulässigkeit von Einwendungen nach § 648 Abs. 2 sowie die Unrichtigkeit der Kostenentscheidung oder Kostenfestsetzung, sofern sie nach allgemeinen Grundsätzen anfechtbar sind, geltend gemacht wer-**

den. [2] **Auf Einwendungen nach § 648 Abs. 2, die nicht erhoben waren, bevor der Festsetzungsbeschluss verfügt war, kann die sofortige Beschwerde nicht gestützt werden.**

1. Sofortige Beschwerde (§ 567 Abs 1 Nr 1) gegen den Festset- 1
zungsbeschluss (Abs 1). Das ist der des § 649 und des § 650 S 2
(MuBorth 1; MüKoCoester-Waltjen 1). Das Rechtsmittel richtet sich
unmittelbar gegen die Entscheidung des Rechtspflegers (§ 11 Abs 1
RPflG). Beschwerdegericht ist das OLG (§ 119 Abs 1 Nr 1 a GVG). Es
gelten die §§ 567 ff. Das Rechtsmittel kann auch dem Antragsteller zustehen, wenn er behauptet, der Unterhalt sei abweichend vom Antrag
zu niedrig festgesetzt worden (München FamRZ 02, 547). Eine Antragserweiterung kann mit der Beschwerde nicht verfolgt werden
(Brandenburg FamRZ 02, 1263). Rechtsbeschwerde findet nur statt,
wenn das OLG sie gem § 574 Abs 1 Nr 2 zulässt.

2. Zulässigkeit der Anfechtung (Abs 2). Die Beschränkung gilt 2
auch für das Kind und seine Rechtsnachfolger (Stuttgart NJW-RR 00,
1103). Sind zulässige Einwendungen (Rn 3) nicht geltend gemacht, ist
die sofortige Beschwerde im ganzen unzulässig (§ 572 Abs 2). Sie ist es
zum Teil, wenn neben zulässigen Einwendungen der Festsetzungsbeschluss mit anderen Gründen angegriffen wird. Gleichgültig ist, ob die
Einwendungen ausdrücklich zurückgewiesen (§ 648 Abs 1 S 3) oder im
Beschluss (§§ 649, 650 S 2) übersehen sind. Durch die Einfügung des
S 2 mit Wirkung zum 1. 1. 02 ist der bis dahin bestehende Streit, ob
wegen § 571 Abs 2 zulässige Einwendungen, mit der Kostenfolge des
§ 97 Abs 2 auch erstmals mit dem Rechtsmittel erhoben werden können, obsolet. Nach dem nunmehr eindeutigen Wortlaut von § 648 Abs 2
können Auskunft und Belege zur fehlenden Leistungsfähigkeit nicht
nachgereicht werden; in der Beschwerde darf nur geprüft werden, ob
die vom Pflichtigen rechtzeitig erhobenen Einwendungen vom Rechtspfleger zutreffend behandelt wurden (FA-FamR/Gerhard Kap 6
Rn 204). Verspätete Einwendungen sind mit der Abänderungsklage
nach § 654 zu erheben (München FamRZ 01, 1076). Dies war auch bis
zum 1. 1. 02 hM. Mit der Änderung von S 2 ist jetzt auch eindeutig
klargestellt, dass die Kostenentscheidung, sofern sie nach allgemeinen
Regeln isoliert anfechtbar ist, also in den Fällen der §§ 91 a, 93, 99, 269,
ebenfalls mit der sofortigen Beschwerde anfechtbar ist. – a) **Zulässige** 3
Anfechtungsgründe sind: **(1)** Unzulässigkeit des vereinfachten Verfahrens (§ 648 Abs 1 Nr 1). **(2)** Fehlerhafte Berechnung des Unterhalts
nach Zeitraum und Höhe (§ 648 Abs 1 Nr 2 und 3), fehlende nachge-
wiesene Leistungsfähigkeit gem § 648 Abs 2 S 3 auch ohne Erklärung
nach Abs 2 S 1 (Frankfurt FamRZ 02, 835; Rostock FamRZ 02, 836;
aA Stuttgart FamRZ 02, 552). **(3)** Zurückweisung von zulässig erhobenen anderen Einwendungen (§ 648 Abs 2), auch soweit über sie in 1.
Instanz noch nicht entschieden wurde (ZöPhilippi 9; umstr; vgl oben
Rn 2). **(4)** Unrichtige Kostenfestsetzung (§ 649 Abs 1 S 3); dazu gehört
auch die Nichtberücksichtigung von § 93 bei § 648 Abs 1 S 2. Auch

die im Festsetzungsbeschluss getroffene Kostengrundentscheidung kann angefochten werden (Brandenburg FuR 01, 45). Die Wertgrenzen des § 567 Abs 2 sind zu beachten. **(5)** Nach Stuttgart (FamRZ 02, 329) kann die Beschwerde auch auf ein zu Unrecht gem § 650 S 2 angenom-

4 menes Anerkenntnis gestützt werden. – **b) Unzulässige Einwendungen** können nur im Wege der Abänderungsklage (§ 654) geltend gemacht werden (Stuttgart FamRZ 02, 32). Nach Brandenburg (FamRZ 02, 1345) fällt hierunter auch die unzutreffende Anschrift des Antragstellers bzw -gegners, nicht aber die falsche Angabe des Geburts-

5 datums des Kindes nach § 646 Abs 1 Nr 3. – **c) Ausgeschlossene Beschwerde** (wegen Abs 2). Gegen die Festsetzung findet Erinnerung gem § 11 Abs 2 S 1 RPflG statt (Stuttgart RPfleger 00, 263).

6   **3. Kosten.** § 11 Abs 2 GKG, KV 1905; §§ 61 Abs 1 S 1, 31 ff BRAGO.

§ 653 Unterhalt bei Vaterschaftsfeststellung

(1) [1]**Wird auf Klage des Kindes die Vaterschaft festgestellt, so hat das Gericht auf Antrag den Beklagten zugleich zu verurteilen, dem Kind Unterhalt in Höhe der Regelbeträge und gemäß den Altersstufen der Regelbetrag-Verordnung, vermindert oder erhöht um die nach den §§ 1612b, 1612c des Bürgerlichen Gesetzbuchs anzurechnenden Leistungen, zu zahlen. [2]Das Kind kann einen geringeren Unterhalt verlangen. [3]Im übrigen kann in diesem Verfahren eine Herabsetzung oder Erhöhung des Unterhalts nicht verlangt werden.**

(2) Vor Rechtskraft des Urteils, das die Vaterschaft feststellt, wird die Verurteilung zur Leistung des Unterhalts nicht wirksam.

1   **1. Allgemeines.** Passt die bisher in § 643 enthaltene Verbindung von Kindschaftsprozess und Regelunterhalt den neuen Vorschriften an. Die Verurteilung zum Unterhalt ist der Höhe nach nicht endgültig, die Leistungsfähigkeit des Verpflichteten wird nicht geprüft, da die Parteien gem § 654 in einem neuen Verfahren auf Erhöhung oder Herabsetzung klagen können. § 653 ist nur anwendbar in Verfahren des § 640 Abs 2 Nr 1. Das Verfahren ist Kindschaftssache mit den dort geltenden Grundsätzen (§ 640 Rn 5; ZöPhilippi 5). Zweck der Regelung ist, dass frühzeitig ein Unterhaltstitel geschaffen wird.

2   **2. Verurteilung zum Regelbetragsunterhalt** im Kindschaftsprozess (Abs 1). – **a) Anwendbar** nur wenn ein minderjähriges Kind auf Feststellung der Vaterschaft (§ 640 Abs 2 Nr 1) klagt und damit Erfolg hat, auch noch im zweiten Rechtszug. Deutsches Recht muss gem Art 18 EGBGB Unterhaltsstatut sein (Bischoff IPRax 02, 511; str, vgl

3 Hamm IPRax 02, 529). – **b) Verbindung** als Anspruchshäufung (§ 260) wird trotz der verschiedenen Prozessarten (Kindschafts- und Unterhaltssache) durch Abs 1 S 1 zugelassen. Die Rechtsnatur der Kindschafts-

sache (§§ 640 ff) wird dadurch nicht berührt. **Streitwert:** §§ 12 Abs 2 S 3, Abs 3, 17 Abs 1, 4 GKG. – **c) Voraussetzung** ist ein Klageantrag auf 4 Unterhalt in Höhe eines Regelbetrags nach Altersstufen (§ 1612a Abs 1, 3 BGB; §§ 1, 2 RegelbetragVO), erhöht oder vermindert durch die anrechenbaren Leistungen der §§ 1612b (wobei die Neufassung des Abs 5 zu beachten ist; hierzu FA-FamR/Gerhardt Kap 6 Rn 151a ff), 1612c BGB). – **d) Antragshöhe** (Abs 1 S 2). Das Kind kann keinen 5 höheren Betrag als §§ 1, 2 RegelbetragVO verlangen, aber einen geringeren, um zu vermeiden, in einer Abänderungsklage (§ 654) bei beschränkter Leistungsfähigkeit des Vaters kostenpflichtig zu unterliegen. – **e) Ausgeschlossene Gründe** (Abs 1 S 3). Der Vater ist mit dem 6 Einwand mangelnder oder eingeschränkter Leistungsfähigkeit vollends ausgeschlossen (BGH FamRZ 03, 304; ZöPhilippi 4; aA 24. Aufl). Einwand der Erfüllung und des Forderungsübergangs sind aber zulässig (ZöPhilippi 4). Gerichtliche Korrektur der pauschalen Festsetzung nur nach § 654 möglich. – **f) Wirkung.** Das Urteil ermöglicht ab Rechts- 7 kraft (Abs 2) unmittelbar die Vollstreckung aus dem Regelbetrag, der nach Zeitraum und Höhe bestimmt in der Urteilsformel ausgesprochen sein muss. Keine vorläufige Vollstreckbarkeit (§ 708 Nr 8) wegen Abs 2.

3. Wirksamkeit der Unterhaltsverurteilung (Abs 2) ist an die 8 formelle Rechtskraft (§ 705) des Urteils gebunden, durch welches die Vaterschaft des Beklagten festgestellt wird. Damit teilt die Verurteilung zum Regelbetragsunterhalt das Ergebnis des Vaterschaftsfeststellungsprozesses. Das entspricht der materiell-rechtlichen Regelung des § 1600d Abs 4 BGB.

§ 654 Abänderungsklage

(1) **Ist die Unterhaltsfestsetzung nach § 649 Abs. 1 oder § 653 Abs. 1 rechtskräftig, können die Parteien im Wege einer Klage auf Abänderung der Entscheidung verlangen, daß auf höheren Unterhalt oder auf Herabsetzung des Unterhalts erkannt wird.**

(2) **¹Wird eine Klage auf Herabsetzung des Unterhalts nicht innerhalb eines Monats nach Rechtskraft der Unterhaltsfestsetzung erhoben, darf die Abänderung nur für die Zeit nach Erhebung der Klage erfolgen. ²Ist innerhalb dieser Frist ein Verfahren nach Absatz 1 anhängig geworden, so läuft die Frist für den Gegner nicht vor Beendigung dieses Verfahrens ab.**

(3) **Sind Klagen beider Parteien anhängig, so ordnet das Gericht die Verbindung zum Zweck gleichzeitiger Verhandlung und Entscheidung an.**

Allgemeines. Die Vorschrift soll den Parteien ermöglichen, die 1 pauschalen Festsetzungen des Unterhalts, die im Beschluss (§ 649, § 650 S 2, vgl MüKoCoester-Waltjen 2; MuBorth 2; aA FA-FamR/Gerhardt Kap 6 Rn 205 hins § 650) oder im Anhang an den Kindschaftsprozess (§ 653) erzielt worden sind, den individuellen Gegebenheiten ein-

schränkungslos anzupassen; denn die Zulässigkeit der Abänderungsklage aus § 654 ist nicht an eine wesentliche oder nachträgliche Veränderung der Verhältnisse gebunden (AG Landshut FamRZ 00, 41). Das ist der Unterschied zu § 323 (§ 654 ist lex specialis) und § 767, da es weder eine Wesentlichkeitsgrenze noch eine Präklusionswirkung gibt. Für die Umstellung von statischen Alttiteln (nur bis 30. 6. 03 möglich, § 8 Abs 2
2 KindUG) bestehen Besonderheiten (BGH FamRZ 03, 304). **Voraussetzung** (Abs 1) ist allein, dass einer der genannten Titel (Rn 1) rechtskräftig ist, dh formell iS von § 705. **Frist für Herabsetzungsklage**
3 (Abs 2 S 1) gilt nicht für eine Erhöhungsklage des Kindes. Wird die Frist gewahrt (dabei § 167 beachten), ist die Herabsetzung für den ganzen Zeitraum möglich, bei Fristversäumung nur ab Klageerhebung (§ 253 Abs 1). Die Fristwahrung ist eine besondere Prozessvoraussetzung (32
4 vor § 253). Fristberechnung: § 222. **Fristbeginn:** ab formeller Rechtskraft (§ 705 Rn 6–9 und § 653 Abs 2). Späterer Fristbeginn (Abs 2 S 1) schützt den Unterhaltsverpflichteten, der zunächst die Festsetzung hingenommen und nicht nach Abs 1 auf Herabsetzung geklagt hat, wenn
5 das Kind auf höheren Unterhalt klagt. **Fristablauf** (Abs 2 S 2). Verfahrensbeendigung tritt insbes durch formelle Rechtskraft (§ 705) und
6 Rücknahme der Klage (§ 269) ein. **Verbindung** (Abs 3) erfolgt nach
7 § 147, ist aber zwingend vorgeschrieben. **Gebühren.** Keine Anrechnung im Gegensatz zu § 651 Abs 5.

§ 655 Abänderung des Titels bei wiederkehrenden Unterhaltsleistungen

(1) **Auf wiederkehrende Unterhaltsleistungen gerichtete Vollstreckungstitel, in denen ein Betrag der nach den §§ 1612 b, 1612 c des Bürgerlichen Gesetzbuch anzurechnenden Leistungen festgelegt ist, können auf Antrag im vereinfachten Verfahren durch Beschluß abgeändert werden, wenn sich ein für die Berechnung dieses Betrags maßgebender Umstand ändert.**

(2) [1]**Dem Antrag ist eine Ausfertigung des abzuändernden Titels, bei Urteilen des in vollständiger Form abgefaßten Urteils, beizufügen.** [2]**Ist ein Urteil in abgekürzter Form abgefaßt, so genügt es, wenn außer der Ausfertigung eine von dem Urkundsbeamten der Geschäftsstelle des Prozeßgerichts beglaubigte Abschrift der Klageschrift beigefügt wird.** [3]**Der Vorlage des abzuändernden Titels bedarf es nicht, wenn dieser von dem angerufenen Gericht auf maschinellem Weg erstellt worden ist; das Gericht kann dem Antragsteller die Vorlage des Titels aufgeben.**

(3) [1]**Der Antragsgegner kann nur Einwendungen gegen die Zulässigkeit des vereinfachten Verfahrens, gegen den Zeitpunkt der Abänderung oder gegen die Berechnung des Betrags der nach den §§ 1612 b, 1612 c des Bürgerlichen Gesetzbuchs anzurechnenden Leistungen geltend machen.** [2]**Ferner kann er,**

wenn er sich sofort zur Erfüllung des Anspruchs verpflichtet, hinsichtlich der Verfahrenskosten geltend machen, daß er keinen Anlaß zur Stellung des Antrags gegeben hat (§ 93).

(4) **Ist eine Abänderungsklage anhängig, so kann das Gericht das Verfahren bis zur Erledigung der Abänderungsklage aussetzen.**

(5) [1] **Gegen den Beschluß findet die sofortige Beschwerde statt.** [2] **Mit der sofortigen Beschwerde können nur die in Absatz 3 bezeichneten Einwendungen sowie die Unrichtigkeit der Kostenfestsetzung geltend gemacht werden.**

(6) **Im übrigen sind auf das Verfahren § 323 Abs. 2, § 646 Abs. 1 Nr. 1 bis 5 und 7, Abs. 2 und 3, die §§ 647 und 648 Abs. 3 und § 649 entsprechend anzuwenden.**

1. Anwendungsbereich des vereinfachten Verfahrens zur Abände- **1** rung (Abs 1). Dieses hat wegen § 323 Abs 5 grds Vorrang vor dem nach § 323 (Hamm FamRZ 02, 1051; Nürnberg FamRZ 02, 1265). – **a) Unterhaltstitel** minderjähriger (Brandenburg FamRZ 02, 1346) Kinder über wiederkehrende Leistungen (§ 258 Rn 2) aller Art (wie § 323 Rn 48 ff), sowohl nach altem wie nach neuem Recht. – **b) Festlegung** **2** **anzurechnender Leistungen,** insbes des Kindergeldes (§§ 1612b, 1612c BGB) muss im Titel vorgesehen sein. Das muss sich insbes aus den Gründen oder dem Wortlaut des Titels ergeben. Sollen daneben auch andere Umstände geltend gemacht werden, muss Klage (§ 654 oder § 323) erhoben werden (Brandenburg FamRZ 02, 330). § 655 gilt auch für die zum 1. 1. 01 in Kraft getretene Änderung des § 1612b Abs 5 BGB (hierzu Scholz FamRZ 00, 1541; Vossenkämper FamRZ 00, 1547, Gerhardt FamRZ 01, 73; Graba NJW 01, 249). Diese Anpassung kann erst ab Antragstellung verlangt werden (§ 2 Unterhaltstitelanpassungsgesetz v. 2. 11. 00 (BGBl I 1479). Verzug ist nicht Voraussetzung (Knittel JAmt 01, 612; aA Braunschweig JAmt 01, 612). Eine rückwirkende Abänderung ist nicht möglich. Beim anzurechnenden Kindergeld reicht es aus, statt einer Bezifferung der Kindergeldhöhe dynamisch zu formulieren: „... abzüglich hälftiges Kindergeld für ein erstes Kind, soweit dieses zusammen mit dem Unterhalt 135% des Regelbetrags übersteigt." (Nürnberg FamRZ 02, 182; Düsseldorf Rpfleger 02, 264; Büttner/Niepmann NJW 02, 2283/2291; Gerhardt FamRZ 01, 73; umstr., aA Saarbrücken JAmt 02, 94). Hierfür sprechen Gründe der Praktikabilität, um später weitere Abänderungsverfahren nach § 655 zu vermeiden und § 647 Abs 1 Nr 1 c) nF (vgl § 647 Rn 3). Die Höhe der anzurechnenden Leistung muss aber hinreichend bestimmt sein, damit das Verfahren nach § 655 durchgeführt werden kann (Nürnberg FamRZ 02, 182; Naumburg FamRZ 02, 1264). Sonst Abänderung nach § 323 (Nürnberg aaO). Statische Alttitel dürfen nach Düsseldorf (Rpfleger 02, 146) nicht dynamisiert werden.

2. Voraussetzungen (Abs 1). – **a) Antrag** außer Anwaltszwang (§ 13 **3** RPflG). Antragsteller kann jede Partei des Unterhaltstitels (Rn 1) sein oder auch derjenige, auf den der Titel nach § 727 umzuschreiben ist (Bamberg FamRZ 02, 553). Inhalt: Über Abs 6 gilt § 646 Abs 1 Nr 1–5, 7 entspr. Form: schriftlich, also mit Unterschrift (Düsseldorf NJW-RR 02, 437) oder zu Protokoll der Geschäftsstelle; Vordruck gem § 657, der jedoch bisher nicht eingeführt ist. Anlagen: Abs 5 (Rn 5). –

4   **b) Änderung eines maßgebenden Umstandes** der in §§ 1612b, 1612c BGB aufgeführten Art. Es können auch mehrere Umstände zugleich sein. Die Änderung muss nicht wesentlich (im Gegensatz zu § 323), aber sie muss bereits eingetreten sein oder erst zu einem bestimmten künftigen Zeitpunkt wirksam werden, zB infolge der Änderung der Kindergeldverrechnung nach § 1612b Abs 5 BGB ab 1. 1. 01.

5   **3. Antragserfordernisse** (Abs 2). Form des Antrags: Rn 3. – **a) Anlagen.** Sie können nachgereicht werden. Ausfertigung des (letzten, ggf mit dem Ursprungstitel) Vollstreckungstitels. Bei Urteilen das vollständig abgefasste gem § 313. Abgekürzte Urteile: § 313a; wegen dessen Abs 4 Nr 4 nur bei Versäumnis- und Anerkenntnisurteilen denkbar (§ 313b Abs 1). Anstatt der gem § 313b Abs 2 hergestellten Ausfertigung ist möglich die Vorlage der Klageschrift (§ 253 Abs 1) in beglaubigter Abschrift mit alleiniger Beglaubigungsbefugnis des Urkundsbeamten der Geschäftsstelle (§ 153 GVG) des Prozessgerichts, welches das

6 Urteil erlassen hat. – **b) Entbehrlich** (Abs 2 S 3) ist die Vorlage, wenn das Gericht, bei dem der Antrag (Rn 3) gestellt ist, den Titel maschinell (§ 658) erstellt hat. Ob das Gericht dem Antragsteller die Vorlage trotzdem aufgibt (Abs 2 S 3; Hs 2), steht in seinem Ermessen und ist nur bei Fehlen eigener Unterlagen oder Unstimmigkeiten veranlasst.

7   **4. Beschränkung der Einwendungen** (Abs 3) nach ihrer Art entspricht weitgehend dem § 648. Die zeitliche Beschränkung ist durch Abs 6, § 323 Abs 2 geregelt (Rn 12). – **a) Zulässig** (Abs 3 S 1) sind Einwendungen: **(1)** Gegen die Zulässigkeit des vereinfachten Abänderungsverfahrens, nämlich Anwendungsbereich (Rn 1, 2), Voraussetzungen (Rn 3, 4) und die Erfüllung der Antragserfordernisse (Rn 5). **(2)** Gegen den Zeitpunkt der beantragten Abänderung (Brandenburg FamRZ 02, 1346), insbes ein anderer Zeitpunkt des wirklichen Eintritts geänderter Umstände (Rn 4). **(3)** Gegen die Berechnung (Höhe) des nach §§ 1612b, 1612c BGB anzurechnenden Betrags. **(4)** Gegen die Kosten (Abs 3 S 2), soweit der Antragsgegner sich auf § 93 berufen will. Entspricht § 648 Abs 1 S 2 (dort Rn 14). Alle diese Einwendungen sind in der Entscheidung des vereinfachten Abänderungsverfahrens

8 zu berücksichtigen. – **b) Unzulässig** sind alle anderen Einwendungen, insbes Einwand der anderweitigen Titelerrichtung (Brandenburg FamRZ 02, 548), Einwendungen zur Leistungsfähigkeit (§ 1603 BGB; Karlsruhe JAmt 02, 426) und nach § 648 Abs 1 S 3 (Hamm FamRZ 02, 1048). Sie werden im Festsetzungsbeschluss (Abs 6, § 649) zurückgewiesen und können im Wege der Abänderungsklage (§ 654), falls Titel nach § 649 Abs 1 oder § 653 Abs 1, bzw durch Abänderungsklage nach § 323 (Stuttgart FamRZ 02, 550) geltend gemacht werden. Der Ände-

rungsbeschluss nach § 655 unterliegt iü der Anpassungskorrekturklage nach § 656. Hiergegen erhebt Stuttgart (FamRZ 02, 172) mit beachtlichen Argumenten verfassungsrechtliche Bedenken, soweit eine Anpassung von Unterhaltstiteln begehrt wird, die auf nicht mehr als 100% des Regelbetrags abzüglich des hälftigen Kindergeldes lauten (anders jedoch bei 110%, Stuttgart FamRZ 02, 177).

5. Aussetzung (Abs 4) durch Beschluss (§ 252), auch ohne Antrag, **9** steht im Ermessen des Gerichts („kann"; KG FamRZ 02, 330), wenn über denselben Unterhaltsanspruch eine Abänderungsklage (§ 654 oder § 323) anhängig (§ 253 Rn 1) ist. Die Aussetzung ist angebracht, wenn der selbe veränderte Umstand (Rn 4) in dem anhängigen Klageverfahren berücksichtigt werden könnte. Andererseits soll die Aussetzung unterbleiben können, wenn die Abänderungsklage keine hinreichende Erfolgsaussicht hat.

6. Anfechtbarkeit der Entscheidung. – a) Abänderungsbe- 10 schluss (Abs 5). Es findet sofortige Beschwerde gegen den Beschluss des Rechtspflegers statt (§ 11 Abs 1 RPflG); auch für den Antragsteller im Falle einer vom Antrag abweichenden Festsetzung (Düsseldorf FamRZ 02, 1046). § 652 Rn 1 gilt entspr. Zulässigkeit der Anfechtung: § 652 Rn 2 entspr. Zulässigkeit der Anfechtungsgründe (vgl § 652 Rn 3): entspr den gem Abs 3 (Rn 7) zulässigen Einwendungen. Wird nur die Kostenentscheidung (Abs 3 S 2) angefochten, gilt § 567 Abs 2 S 1. – **b) Zurückweisung** des Abänderungsantrags. Ein unzulässiger **11** Antrag wird durch Beschluss zurückgewiesen (Abs 6, § 646 Abs 2 S 1). Er ist unanfechtbar nach Maßgabe von § 646 Abs 2 S 3. Gegen den Beschluss des Rechtspflegers findet sofortige Erinnerung statt (§ 11 Abs 2 RPflG). § 646 Rn 6 gilt entsprechend. Abänderungsklagen (§§ 654, 659 oder § 323) bleiben offen.

7. Verfahrensvorschriften (Abs 6). Es gelten grundsätzlich die all- **12** gemeinen Vorschriften. Zuständig ist der Rechtspfleger (§ 20 Nr. 10b RpflG). Der Beschluss muss seine Unterschrift tragen, § 329 Abs 1 S 2 (Düsseldorf FamRZ 02, 547), es sei denn, § 658 Abs 2 gilt. Kein Anwaltszwang (§ 13 RPflG; § 78 Abs 2 S 1 Nr 2). Als Sonderregeln sind anwendbar: – **a) Ausschluss von Einwendungen** (§ 323 Abs 2). Die verspätete Geltendmachung der Einwendungen, die schon in früheren Unterhaltsverfahren hätten vorgebracht werden können, führt zur Zurückweisung als unzulässig (vgl Rn 11). – **b) Antragsinhalt** (§ 646 **13** Abs 1 Nr 1–5, 7): wie § 646 Rn 2. – **c) Zurückweisung** des Antrags (§ 646 Abs 2): wie § 646 Rn 3–6. – **d) Verbindung** mit anhängigen **14** Verfahren anderer Kinder (§ 646 Abs 3): wie § 646 Rn 7. Diese Verfahren können auf Festsetzung (§ 647) oder Abänderung (§ 655) gerichtet sein. – **e) Verfahren** bei zulässigen Anträgen (§ 647): wie die Anm **15** zu § 647. – **f) Zeitliche Berücksichtigung** der Einwendungen (§ 648 Abs 3): wie § 648 Rn 13, also ab Eingang des Abänderungsantrags (Brandenburg FamRZ 02, 1346). – **g) Festsetzungsbeschluss** (§ 649): **16** wie § 649 zu 5 ff. Wird dem Abänderungsantrag ganz oder teilweise stattgegeben, so ist für den Beschlussinhalt der abzuändernde Titel maßgeblich. War in diesem ein bezifferter Unterhalt unter Anrechnung des Kindesgeldes zuerkannt worden, so ist auch im Änderungsbeschluss ein entsprechender Titel zu schaffen, der sich vom Ursprungstitel nur durch die Anrechnung eines anderen Kindergeldbetrags unterscheidet (ZöPhilippi 20). Stand dem Kind nach dem Ursprungstitel ein Prozentsatz der Regelbeträge nach der Regelbetrag-VO als Unterhalt zu, auf den ein bestimmter Kindergeldbetrag angerechnet wurde, so ist nur dieser neue Betrag im neuen Teil zu ändern (ZöPhilippi 20). Ein bezifferter, dh statischer Unterhaltstitel darf im Verfahren nach § 655 nicht in einen solchen auf einen Prozentsatz der Regelbeträge umgewandelt werden, weil dies einer Dynamisierung gleichkäme (Stuttgart FamRZ 02, 549; Bamberg FamRZ 02, 553). Der neue Titel ist nunmehr alleiniger Vollstreckungstitel iSv § 794 Abs 1 Nr 2a ist (§ 794 Rn 43; MüKoCoester-Waltjen 14; MuLackmann § 794 Rn 43; BLAH 10; ZöPhilippi 20).

17   **8. Kosten.** Abänderung: KV 1801; § 44 BRAGO; sofortige Beschwerde: KV 1906, §§ 61 Abs 1 S 1, 31 ff BRAGO.

§ 656 Klage gegen Abänderungsbeschluss

(1) **Führt die Abänderung des Schuldtitels nach § 655 zu einem Unterhaltsbetrag, der wesentlich von dem Betrag abweicht, der der Entwicklung der besonderen Verhältnisse der Parteien Rechnung trägt, so kann jede Partei im Wege der Klage eine entsprechende Abänderung des ergangenen Beschlusses verlangen.**

(2) **[1]Die Klage ist nur zulässig, wenn sie innerhalb eines Monats nach Zustellung des Beschlusses erhoben wird. [2]§ 654 Abs. 2 Satz 2 und Abs. 3 gilt entsprechend.**

(3) **Die Kosten des vereinfachten Verfahrens werden als Teil der Kosten des Rechtsstreits über die Abänderungsklage behandelt.**

1   **Zweck:** Wegen Beschränkung der Einwendungen im vereinfachten Verfahren (§ 658 Rn 7, 8) wird eine rückwirkende Abänderung des Festsetzungsbeschlusses (§ 658 Rn 16) ermöglicht, um die Festsetzung **2** den individuellen Gegebenheiten anzupassen. **Allgemeine Abänderungsklagen** (§ 323) bleiben für die Zukunft zulässig, soweit sie nicht auf Gründe gestützt werden, die nach § 656 geltend gemacht werden können (umstr; aA Graba NJW 01, 249/257). § 656 ist auch hinsichtlich der (erleichterten) Voraussetzungen Sondervorschrift gegenüber **3** § 323. **Verhältnis zu Rechtsmitteln.** Die Klage ist unabhängig von der sofortigen Beschwerde (§ 655 Abs 5) und kann daneben erhoben **4** werden. **Voraussetzungen** der Anpassungsklage sind: **(1)** Ergangener Abänderungsbeschluss nach § 655; er muss nicht rechtskräftig sein. **(2)** Wesentliche Abweichung des (pauschal) festgesetzten Betrags gegenüber dem Betrag, den die individuellen Verhältnisse der Parteien seit der ursprünglichen oder letzten Festsetzung im Vergleich zu den allgemeinen wirtschaftlichen Verhältnissen ergeben würden (Graba NJW 01, 249/257); dies gilt insbes für den Einwand, durch die neue Kindergeldverrechnung nach § 1612b Abs 5 BGB nicht mehr leistungsfähig zu sein (FA-FamR/Gerhardt Kap 6 Rn 205d). Wesentlich: wie § 323 Rn 25ff (van Els Rpfleger 99, 296/303). **Zulässigkeit** der 5 Klage. Die Klagefrist des Abs 2 ist besondere Prozessvoraussetzung (32 vor § 253) und Ausschlussfrist. Berechnung: § 222. Entsprechende Anwendung von § 654 Abs 2 S 2: wie § 654 Rn 4. **Verbindung** (Abs 2 6 S 2) mit anderer Abänderungs- oder Anpassungsklage: § 654 Abs 3; wie dort Rn 5. **Rückwirkung** der Anpassung ist unbeschränkt, weil § 654 7 Abs 2 S 1 nicht entspr gilt (Abs 2 S 2). Zu beachten sind aber §§ 655 Abs 6, 323 Abs 2, so dass Fehler in einem rechtskräftigen Festsetzungsbeschluss auch nicht mit der Klage nach § 656 behebbar sind (Graba NJW 01, 249/257). **Kosten** (Abs 3): wie § 651 Abs 5 (dort Rn 10). KV 1201; §§ 31ff BRAGO. Streitwert: § 17 Abs 1 und 4 GKG.

§ 657 Besondere Verfahrensvorschriften

[1]**In vereinfachten Verfahren können die Anträge und Erklärungen vor dem Urkundsbeamten der Geschäftsstelle abgegeben werden.** [2]**Soweit Vordrucke eingeführt sind, werden diese ausgefüllt; der Urkundsbeamte vermerkt unter Angabe des Gerichts und des Datums, daß er den Antrag oder die Erklärung aufgenommen hat.**

Grundsatz: Alle Anträge und Erklärungen können wirksam durch 1 Schriftsatz (wie § 129) und zu Protokoll der Geschäftsstelle (S 1) abgegeben werden. Das gilt auch im Beschwerdeverfahren. **Anzuwenden** ist § 657 auf alle Anträge und Erklärungen, die im vereinfachten Verfahren abgegeben werden und auf den Antrag des § 651 Abs 1. Nicht anwendbar ist § 657 auf die Abänderungsklagen (§§ 654, 656) und das streitige Verfahren (§ 651 Abs 2). **Mündliche Erklärung** vor dem 2 Urkundsbeamten des zuständigen Gerichts oder zu Protokoll vor jedem AG (§ 129a) ist möglich durch Ausfüllen der eingeführten Vordrucke (bisher nur für das vereinfachte Verfahren nach § 645, nicht aber für die Abänderung nach § 655), als Muß-Vorschrift, wenn die Vordrucke gem § 659 eingeführt sind. Soweit für einzelne Anträge oder Erklärungen Vordrucke nicht eingeführt sind, nimmt der Urkundsbeamte sie zu Protokoll. **Vermerk** mit Unterschrift des Urkundsbeamten (S 2 Hs 2) 3 ersetzt das Protokoll und beweist, dass die Erklärung vor ihm abgegeben wurde (§ 415). **Eingang** bei Gericht (und damit Wirksamwerden) 4 erfolgt im Fall des § 129 erst mit Einlauf des Protokolls beim zuständigen Gericht (§ 129a Abs 2 S 2).

§ 658 Sonderregelungen für maschinelle Bearbeitung

(1) [1]**In vereinfachten Verfahren ist eine maschinelle Bearbeitung zulässig.** [2]**§ 690 Abs. 3 gilt entsprechend.**

(2) **Bei maschineller Bearbeitung werden Beschlüsse, Verfügungen und Ausfertigungen mit dem Gerichtssiegel versehen; einer Unterschrift bedarf es nicht.**

1   **Zulässigkeit** (Abs 1 S 1): Die Vorschrift entspricht dem § 689 Abs 1 S 2. Die Einführung steht den Landesjustizverwaltungen frei. Ist eingeführt, steht dies im Einzelfall einer außermaschinellen Entscheidung des
2   Rechtpflegers nicht entgegen. **Anträge** (Abs 1 S 2) können durch Da-
3   tenträger übermittelt werden (§ 690 Abs 3; vgl dort Rn 21). **Unterschriftenersatz** (Abs 2): Alle für Entscheidungen und ihre Ausfertigungen erforderlichen Unterschriften (§ 329 Rn 11, § 317 Abs 3) werden durch das (auch schon vorher) aufgedruckte Gerichtssiegel ersetzt.

§ 659 Vordrucke

(1) [1]**Das Bundesministerium der Justiz wird ermächtigt, zur Vereinfachung und Vereinheitlichung der Verfahren durch Rechtsverordnung mit Zustimmung des Bundesrates Vordrucke für die vereinfachten Verfahren einzuführen.** [2]**Für Gerichte, die die Verfahren maschinell bearbeiten, und für Gerichte, die die Verfahren nicht maschinell bearbeiten, können unterschiedliche Vordrucke eingeführt werden.**

(2) **Soweit nach Absatz 1 Vordrucke für Anträge und Erklärungen der Parteien eingeführt sind, müssen sich die Parteien ihrer bedienen.**

1   **Einführung** (Abs 1): Seit 24. 6. 98 durch Art 1 der VO vom 19. 6. 98 (BGBl 1364, geänd d VO v 19. 12. 01, BGBl I S 3842) Anl 1 (Antrag auf Festsetzung, §§ 645, 646) und Anl 2 (Erhebung von Einwendungen, § 648). Die Vordrucke wurden wegen ihrer Unpraktikabilität zum 1. 1. 02 geändert (hierzu Knittel JAmt 01, 568/570) und an § 646 angepasst werden. Letzteres ist durch die 1. ÄndVO v 19. 12.
2   01 geschehen. **Benutzungszwang** (Abs 2). Ein ohne Vordruck eingereichter Antrag muss auf Vordruck wiederholt werden; jedoch bleibt für die Fristwahrung der erste Einlauf maßgebend. Wird der Vordruck nach fruchtlosem Fristablauf nicht benutzt, ist der Antrag als unzulässig zurückzuweisen; eine abgegebene Erklärung bleibt unbeachtet. Dies gilt auch im Beschwerdeverfahren nach § 652 Abs 2 (Karlsruhe FamRZ 01, 107).

§ 660 Bestimmung des Amtsgerichts

(1) [1]**Die Landesregierungen werden ermächtigt, die vereinfachten Verfahren über den Unterhalt Minderjähriger durch Rechtsverordnung einem Amtsgericht für die Bezirke mehrerer Amtsgerichte zuzuweisen, wenn dies ihrer schnelleren und rationelleren Erledigung dient.** [2]**Die Landesregierungen können die Ermächtigung durch Rechtsverordnung auf die Landesjustizverwaltungen übertragen.**

(2) **Bei dem Amtsgericht, das zuständig wäre, wenn die Landesregierung oder die Landesjustizverwaltung das Verfahren nach Absatz 1 nicht einem anderen Amtsgericht zugewiesen hätte, kann das Kind Anträge und Erklärungen mit der gleichen Wirkung einreichen oder anbringen wie bei dem anderen Amtsgericht.**

Ermächtigung (Abs 1): Das AG, welches die Landesregierung oder 1 die Landesjustizverwaltung bestimmt, ist auch das für die anderen Amtsgerichtsbezirke zuständige Gericht iS des § 642. **Empfangszuständig-** 2 **keit** (Abs 2) des eigentlich gemäß § 642 zuständigen AG für alle Anträge und Erklärungen mit fristwahrender Wirkung besteht nur für das Kind, nicht für die anderen Parteien des Verfahrens. **Streitiges Ver-** 3 **fahren:** Die Zuständigkeit des Abs 1 gilt nur für das vereinfachte Verfahren, so dass im Falle des § 651 Abs 1 an das örtlich ausschließlich zuständige AG (§ 642) gem § 281 Abs 1 S 1 zu verweisen ist (§ 651 Abs 2 S 1).

Abschnitt 7. Verfahren in Lebenspartnerschaftssachen

§ 661 Lebenspartnerschaftssachen

(1) **Lebenspartnerschaftssachen sind Verfahren, welche zum Gegenstand haben**
1. **die Aufhebung der Lebenspartnerschaft aufgrund des Lebenspartnerschaftsgesetzes,**
2. **die Feststellung des Bestehens oder Nichtbestehens einer Lebenspartnerschaft,**
3. **die Verpflichtung zur Fürsorge und Unterstützung in der partnerschaftlichen Lebensgemeinschaft,**
4. **die durch die Lebenspartnerschaft begründete gesetzliche Unterhaltspflicht,**
5. **die Regelung der Rechtsverhältnisse an der gemeinsamen Wohnung und am Hausrat der Lebenspartner,**
6. **Ansprüche aus dem lebenspartnerschaftlichen Güterrecht, auch wenn Dritte an dem Verfahren beteiligt sind,**
7. **Entscheidungen nach § 6 Abs. 2 Satz 4 des Lebenspartnerschaftsgesetzes in Verbindung mit §§ 1382 und 1383 des Bürgerlichen Gesetzbuchs.**

(2) **In Lebenspartnerschaftssachen finden die für Verfahren auf Scheidung, auf Feststellung des Bestehens oder Nichtbestehens einer Ehe zwischen den Parteien oder auf Herstellung des ehelichen Lebens und für Verfahren in anderen Familiensachen nach § 621 Abs. 1 Nr. 5, 7, 8 und 9 geltenden Vorschriften jeweils entsprechende Anwendung.**

(3) **§ 606 a gilt mit den folgenden Maßgaben entsprechend:**
1. **Die deutschen Gerichte sind auch dann zuständig, wenn**

a) **einer der Lebenspartner seinen gewöhnlichen Aufenthalt im Inland hat, die Voraussetzungen des Absatzes 1 Satz 1 Nr. 4 jedoch nicht erfüllt sind, oder**
b) **die Lebenspartnerschaft vor einem deutschen Standesbeamten begründet worden ist.**
2. **Absatz 2 Satz 1 findet keine Anwendung.**
3. **In Absatz 2 Satz 2 tritt an die Stelle der Staaten, denen die Ehegatten angehören, der Register führende Staat.**

1   **1. Allgemeines.** Die Vorschrift wurde mit dem LPartG vom 16. 2. 01 (BGBl I S 266) eingeführt und trat am 1. 8. 01 in Kraft. Die Lebenspartnerschaftssachen werden damit den Familiensachen gleichgestellt. Durch Abs 2 wird sichergestellt, dass die verfahrensrechtlichen Vorschriften der §§ 606 ff, 621 ff weitgehend Anwendung finden (Schwab FamRZ 01, 385/391; wesentliche Ausnahme: Herstellungsklage, Schwab aaO).

2   **2. Lebenspartnerschaftssachen** (Abs 1) sind nur die in Abs 1 legal definierten Angelegenheiten, wozu aber auch ausländische Lebenspartnerschaften gehören, selbst wenn sie nicht vollständig den deutschen Vorschriften entsprechen (Wagner Prax 01, 281/292). Andere Formen
3   der Partnerschaften werden aber nicht erfasst (Wagner aaO). – **a) Nr 1. Aufhebung** gem § 15 LPartG. Es handelt sich um einen Gestaltungs-
4   antrag gem Abs 2 iVm § 622. – **b) Nr 2. Feststellung** des Bestehens oder Nichtbestehens einer Lebenspartnerschaft. Es ist eine Feststellungsklage (§ 256), so dass ein Feststellungsinteresse notwendig ist. Das
5   Verfahren richtet sich gem Abs 2 nach § 632. – **c) Nr 3. Verpflichtung zur Fürsorge und Unterstützung** gem § 2 LPartG. Entspricht dem Regelungsbereich des § 1353 Abs 1 S 2 BGB, so dass ein klagbarer Anspruch des einen Lebenspartners gegen den anderen zur wechselseitigen Unterstützung und Hilfeleistung in allen Lebenslagen besteht. –
6   **d) Nr 4. Gesetzliche Unterhaltspflicht** gem § 5 LPartG. Entspricht
7   § 621 Abs 1 Nr 5 (dort Rn 28). – **e) Nr 5. Wohnung und Hausrat** gem §§ 13, 14, 17, 18, 19 LPartG. Entspricht § 621 Abs 1 Nr 7 (dort
8   Rn 31 ff). – **f) Nr 6. Güterrecht**, also Streitigkeiten aus der Ausgleichsgemeinschaft (§ 6 Abs 2 LPartG), des vereinbarten Lebenspartnerschaftsvertrags (§ 7 LPartG) oder der Vermögenstrennung (§ 6 Abs 3 LPartG).
9   Drittbeteiligung wie § 621 Rn 34. – **g) Nr 7. Entscheidungen nach § 6 Abs 2 S 4 LPartG.** Entspricht § 621 Nr 9 (dort Rn 36).

10   **3. Zuständigkeit** (Abs 2, 3). – **a) Sachlich.** AG als FamG gem § 23 a Nr 6, § 23 b Abs 1 S 2 Nr 15 GVG, § 11 Abs 1 HausratsVO, § 64
11   Abs 1 FGG. – **b) Örtlich. aa) Abs 1 Nr 1 und 2.** § 606 gilt entspre-
12   chend. **bb) Abs 1 Nr 3–7.** Diese hängt davon ab, ob ein Antrag nach Abs 1 Nr 1 oder 2 anhängig ist. Trifft dies zu, gilt § 621 Abs 2 S 1 iVm § 606; sonst bestimmt sie sich gem § 621 Abs 2 S 2 iVm § 621 a
13   Abs 1 nach den allgemeinen Vorschriften. – **c) International** (Abs 3). Sie ist in jeder Lage des Verfahrens von Amts wegen zu prüfen (BGH NJW 03, 426). **aa) Abs 1 Nr 1 und 2.** Es gilt § 606 a (vgl dort Rn 2 ff)

mit der sich aus Abs 3 ergebenden Besonderheit. Die EheVO ist nicht anwendbar, da diese eine Ehe von Mann und Frau voraussetzt (vor Art 1 EheVO Rn 5). **bb) Abs 1 Nr 3.** Diese beurteilt sich vorrangig nach **14** der EuGVVO. Der Ausschlusstatbestand des Art 1 Abs 2 Nr 1 EuGVVO (eheliche Güterstände; vgl Art 1 EuGVVO Rn 5) greift nicht ein, weil keine Ehe vorliegt. **cc) Abs 1 Nr 4.** Für Unterhaltssachen beurteilt **15** sich die internationale Zuständigkeit vorrangig nach der EuGVVO (vgl Art 5 EuGVVO Rn 7, 8), sofern deren Anwendungsbereich eröffnet ist. Sonst sind die allgemeinen Regeln anzuwenden, dh bei Anhängigkeit einer Sache nach Nr 1 ergibt sich die Zuständigkeit hieraus, im Übrigen folgt sie der örtlichen Zuständigkeit. **dd) Abs 1 Nr 5–7.** Vor- **16** rangig gilt die EuGVVO (vgl. Rn 14). Sofern diese nicht anwendbar ist, folgt die internationale Zuständigkeit aus der Zuständigkeit für die Angelegenheiten aus Abs 1 Nr 1 und 2, sofern sie mit diesen zusammen geltend gemacht werden. Werden Ansprüche isoliert geltend gemacht, so indiziert in diesen Fällen die örtliche Zuständigkeit die internationale Zuständigkeit deutscher Gerichte. – **d) Ausschließlich.** In den Fällen **17** des Abs 1 Nr 1 und 2 folgt dies aus Abs 2 iVm § 606. In den übrigen Fällen des Abs 1 aus § 621 Abs 1, 2.

4. Verfahren (Abs 2). Es herrscht Anwaltszwang in allen Instanzen **18** (§ 78 Abs 2 S 1 Nr 1 a). – **a) Abs 1 Nr 1 und 2.** Die §§ 606 ff, 622 ff, 632 gelten entsprechend. Die Dispositionsmaxime ist eingeschränkt (Abs 2 iVm § 617); es gilt der Untersuchungsgrundsatz gem § 616 Abs 1, 2 (nicht aber Abs 3, weil § 1568 BGB im LPartG nicht für entsprechend anwendbar erklärt wird). Gegen den Widerspruch des Antragstellers dürften aber nur partnerschaftserhaltende Tatsachen zu berücksichtigen sein (Kaiser FamRZ 02, 866/873). – **b) Abs 1 Nr 3–7.** **19** Die §§ 621 ff sind entsprechend anzuwenden. Die Verfahren nach Abs 1 Nr 5 und 7 sind auf Grund der Verweisung auf § 621 Abs 1 Nr 7 und 9 FGG-Verfahren (§ 621 a Abs 1 S 1). Bei Nr 5 ist die HausratsVO anzuwenden, soweit sich aus den §§ 18, 19 LPartG nichts Abweichendes ergibt (hierzu Schwab FamRZ 01, 385/398). – **c) Verbund.** **20** §§ 623 ff sind auf die Verfahren nach Abs 1 Nr 4–7 entsprechend anzuwenden, wenn sie zugleich mit einem Aufhebungsantrag eingeleitet werden. – **d) Rechtsmittel.** Es gelten die für die Ehe- und Familien- **21** sachen vorgesehenen Rechtsmittel entsprechend. – **e) Kosten.** § 93 a **22** Abs 5 iVm Abs 1, 2.

§§ 662– 687 (weggefallen)

Buch 7. Mahnverfahren

Vorbemerkung

I. Allgemeines. Das Mahnverfahren ist eine Prozessart, in der für **1** Geldforderungen voraussichtlich unstreitig und ohne Vhdlg dem Gläubiger ein rechtskräftiger, vollstreckbarer Titel verschafft werden kann. Das Mahnverfahren stellt einen einfachen und billigen Weg zum Vollstreckungstitel (Vollstreckungsbescheid, § 699) dar, indem es das langwierigere und teure Urteilsverfahren erspart. Wird der Anspruch jedoch vom Schuldner durch Widerspruch (§ 694) gegen den Mahnbescheid (§ 692) bestritten, so wird auf Antrag des Gläubigers, ohne dass noch eine Klage zugestellt werden müsste, in das Urteilsverfahren übergegangen (§§ 696, 697). Das Mahnverfahren stellt dann nur eine besondere Form der Prozesseinleitung dar. Die Parteien heißen Antragsteller und Antragsgegner. Zwischen Klage und Mahnverfahren hat der Gläubiger freie Wahl. Für das Mahnverfahren ist grds der Rechtspfleger gem § 20 Nr 1 RPflG zuständig, soweit nicht die Landesregierung gem § 36b RPflG durch Rechtsverordnung das Mahnverfahren auf den Urkundsbeamten der Geschäftsstelle übertragen hat.

II. Anwendung der Allgemeinen Vorschriften (§§ 1–252). **2** Grundsätzlich sind sie anzuwenden; nur dann nicht, wenn Sonderregeln bestehen oder das Wesen des Mahnverfahrens entgegensteht. Wesentliche Einzelheiten sind:

1. Parteiänderung (11–31 vor § 50) mit Ausnahme der Gesamt- **3** rechtsnachfolge, für die Rn 6 gilt. Wechseln Antragsteller oder Antragsgegner nach Erlass des VB oder nach Übergang ins streitige Verfahren, gelten die Regeln der Parteiänderung uneingeschränkt, da Rechtshängigkeit eingetreten ist (§ 700 Abs 2); § 727 ist anwendbar. Diese Regeln gelten aber nicht, wenn die Parteiänderung vor Erlass des VB oder vor Übergang ins streitige Verfahren eingetreten ist (Celle NJW-RR 98, 206: vor Rechtshängigkeit). Auf den bereits erlassenen MB darf nicht VB erteilt werden. Es muss erst vom neuen Antragsteller oder gegen den neuen Antragsgegner ein MB erwirkt werden. Bei Einzelrechtsnachfolge ist die Anwendung des § 265 vor eingetretener Rechtshängigkeit umstritten (§ 265 Rn 11; vgl Bork/Jacoby JZ 00, 135). Bei Tod einer Partei vgl Rn 6–8.

2. Streitgenossenschaft. Es ergehen für und gegen jeden getrenn- **4** te, teilweise inhaltlich gleich lautende, voneinander unabhängige MB. Rechtsfolgen bei passiver Streitgenossenschaft: § 694 Rn 1; § 696 Rn 9. Bei aktiver Streitgenossenschaft und verschiedenem allgemeinen Gerichtsstand (§ 689) gilt § 35 (BGH NJW 78, 321), aber nur für das Mahnverfahren. § 36 Nr 3 ist anwendbar (§ 36 Rn 8).

5   **3. Antrags- und Anspruchsänderung.** Die §§ 263, 264 gelten
nicht. Insbes § 264 Nr 2 ist nicht anwendbar, so dass für einen neuen
Anspruch oder einen bisher nicht geltend gemachten Anspruchsteil ein
neuer MB beantragt werden muss. Klageänderung, insbes eine Klageerweiterung (§ 264 Nr 2) ist erst mit der Anspruchsbegründung (§ 697
Abs 1) wirksam möglich und kann gem § 696 Abs 3 zurückwirken
(BGH Rpfleger 88, 194 mit Anm von Vollkommer). Zulässig ist bei
einer in inländischer Währung geltend gemachten Fremdwährungsschuld (vgl § 688 Rn 1) die Umstellung des Antrags auf die Fremd-
währung (K. Schmidt NJW 89, 65).

6   **4. Tod einer Partei.** Es ist zu unterscheiden: – **a) Vor Zustellung**
des MB: Grundsätzlich ist er ohne neuen Mahnantrag auf die Erben
zu berichtigen und (ggf erneut) an diese oder für diese zuzustellen.
Der gegen eine tote Partei erlassene MB kann nie wirksam werden. –
7   **b) Nach Zustellung** des MB bis Widerspruch erhoben oder VB erlassen wird: Es gelten §§ 239, 246, 250 entspr. Aufnahme geschieht auf
Seiten des Antragsgegners durch seine Erben ausdrücklich oder stillschweigend mit Widerspruch (§ 694); auf Seiten des Antragstellers durch
die Erben mit der Aufforderung zu leisten oder zu widersprechen.
Wird die Erbfolge bestritten, ist durch Widerspruch in das streitige Ver-
8   fahren überzugehen (§ 696 Abs 1). – **c) Nach Widerspruch oder
Vollstreckungsbescheid** gelten die §§ 239, 246, 250 direkt (BGH
NJW 74, 493).

9   **5. Insolvenz einer Partei.** – **a) Vor Zustellung** des MB ist § 240
unanwendbar. Bei Insolvenz des Antragstellers: Zugestellter MB wirkt
für die Insolvenzmasse. Bei Insolvenz des Antragsgegners: Zustellung
des MB auf Grund eines vor Eröffnung des Insolvenzverfahrens eingereichten Mahnantrags ist wegen §§ 81, 87 InsO unwirksam. Für § 693
Abs 2 wird die Zustellung dadurch ersetzt, dass nach § 174 InsO ange-
10   meldet wird. – **b) Bis zum Widerspruch oder Vollstreckungsbescheid** gilt § 240 entspr. Insolvenz des Antragstellers: § 85 InsO. Insolvenz des Antragsgegners: neuer Rechtsstreit einzuleiten (§ 180 InsO).
11   Der Vorteil des § 693 Abs 2 bleibt erhalten. – **c) Nach Widerspruch
oder Vollstreckungsbescheid** gilt § 240 unmittelbar.

12   **6. Prozesskostenhilfe.** Die §§ 114–127 a sind grundsätzlich anwendbar (hM; München MDR 97, 890), obwohl im Mahnantrag der
Anspruch nur individualisiert werden muss (§ 690 Rn 9). Es entscheidet grds der Rechtspfleger (§§ 4 Abs 1, 20 Nr 1 RPflG), soweit nicht
die Landesregierung gem § 36 b RPflG durch Rechtsverordnung das
Mahnverfahren auf den Urkundsbeamten der Geschäftsstelle übertragen
hat. Die PKH kann auf das Mahnverfahren beschränkt werden (hM;
Oldenburg NJW-RR 99, 579). Beiordnung eines RA kommt nur in
seltenen Ausnahmefällen in Betracht (hM; Nürnberg Rpfleger 98, 37;
Wielgoß NJW 91, 2072). Für das Streitverfahren muss die PKH neu
bewilligt werden (hM; Wielgoß aaO mwN).

§ 688 Zulässigkeit

(1) **Wegen eines Anspruchs, der die Zahlung einer bestimmten Geldsumme in Euro zum Gegenstand hat, ist auf Antrag des Antragstellers ein Mahnbescheid zu erlassen.**

(2) **Das Mahnverfahren findet nicht statt:**
1. **für Ansprüche eines Unternehmers aus einem Vertrag gemäß den §§ 491 bis 504 des Bürgerlichen Gesetzbuchs, wenn der nach den §§ 492, 502 des Bürgerlichen Gesetzbuchs anzugebende effektive oder anfängliche effektive Jahreszins den bei Vertragsschluss geltenden Basiszinssatz nach § 247 des Bürgerlichen Gesetzbuchs um mehr als zwölf Prozentpunkte übersteigt;**
2. **wenn die Geltendmachung des Anspruchs von einer noch nicht erbrachten Gegenleistung abhängig ist;**
3. **wenn die Zustellung des Mahnbescheids durch öffentliche Bekanntmachung erfolgen müßte.**

(3) **Müßte der Mahnbescheid im Ausland zugestellt werden, findet das Mahnverfahren nur statt, soweit das Anerkennungs- und Vollstreckungsausführungsgesetz vom 19. Februar 2001 (BGBl. I S. 288) dies vorsieht.**

Abs 2 Nr 1 geänd durch Art 2 der Verordnung zur Ersetzung von Zinssätzen vom 5. 4. 02.

1. Grundsatz (Abs 1). Es müssen die allgemeinen Prozessvoraussetzungen vorliegen (vgl § 691 Rn 3; ZöVollkommer 1). Das Mahnverfahren ist nur für Euro-Beträge in bestimmter Höhe uneingeschränkt zulässig, wenn die Zustellung des MB an den Antragsgegner im Inland zu erfolgen hat (vgl Abs 3). Es muss ein Zahlungsanspruch sein. Lautet er auf ausländische Währung, so kann er in inländische Währung umgerechnet werden (BGH 104, 268). Das gilt für alle im Inland zu zahlenden Fremdwährungsschulden (K. Schmidt NJW 89, 65). Duldungsansprüche aus Grundpfandrechten gehören nicht dazu (Bublitz WM 77, 574). Anspruch iS des Abs 1 ist der prozessuale Anspruch (Streitgegenstand, Einl II). Er muss fällig und darf nicht aufschiebend bedingt sein (§ 158 Abs 1 BGB). Die Zulässigkeit gem Abs 1 und Nichtvorliegen einer Ausnahme des Abs 2 stellt eine besondere Prozessvoraussetzung des Mahnverfahrens dar. **1**

2. Unzulässigkeit (Abs 2) des Mahnverfahrens, obwohl die Voraussetzungen des Abs 1 vorliegen. – **a) Nr 1. Hochverzinsliche Verbraucherkredite.** Hins Altverträge nach dem VerbKrG ist § 28 EG-ZPO zu beachten. **aa) Zinsgrenze.** Maßgebend ist die Zeit des Vertragsabschlusses (nach § 151 BGB zu beurteilen) und der im schriftlichen Vertrag anzugebende effektive Jahreszins (§ 492 Abs 1 Nr 5 BGB). **2**
bb) Ansprüche: alle, die dem Darlehensgeber aus einem dem § 491 ff BGB unterliegenden Vertrag zustehen, für den § 492 Abs 1 S 3 BGB gilt. Das sind grundsätzlich alle allgemeinen Kreditverträge und Teil- **3**

zahlungsgeschäfte mit Ausnahme der in § 491 Abs 2 BGB aufgeführten Verträge, des Finanzierungsleasings (§ 500 BGB), des gerichtlich oder notariell beurkundeten Kreditvertrags (§ 491 Abs 3 Nr 2 BGB) und der Verträge mit ausschließlichen Teilzahlungsverkäufern (§ 502 Abs 1 S 2 BGB). Überziehungskredite werden, wenn der (nicht effektive) Jahreszins (§ 493 BGB) über der Grenze liegt, von Abs 2 Nr 1 erfasst. –

4 b) Nr 2. Abhängigkeit von einer Gegenleistung. Sie muss sich auf den Anspruch (Rn 3) beziehen. Besteht oder bestand diese Abhängigkeit (insbes bei Zug-um-Zug-Leistungspflicht), ist das Mahnverfahren nur dann zulässig, wenn der Antragsteller seine Gegenleistung bereits erbracht hat. Auf Vorleistungspflicht wird nicht abgestellt. Die notwendige Angabe im Mahnantrag (§ 690 Abs 1 Nr 4) wird als Formalität
5 von Amts wegen geprüft. – **c) Nr 3. Öffentliche Zustellung** (§ 185). Wäre sie notwendig, wegen unbekannten Aufenthalts des Antragsgegners oder weil er exterritorial ist, um überhaupt zuzustellen, bleibt nur Klage. Es darf keine Abgabe analog § 696 an das gem § 690 Abs 1 Nr 5 angegebene Gericht erfolgen (Hamm MDR 99, 1523 mwN; bestr).

6 3. Zustellung im Ausland (Abs 3). Praktischer Überblick: Einhaus AnwBl 00, 557. Bei notwendiger Zustellung im Ausland ist das Mahnverfahren grundsätzlich unzulässig und darf nur durchgeführt werden, wenn und soweit das AVAG es zulässt. Für die Zuständigkeit gilt § 703 d. Statthaft ist das Mahnverfahren, wenn die Zustellung an den Antragsgegner im Vertragsstaat, für den das AVAG anwendbar ist, und das Mahnverfahren (vgl § 32 AVAG) als zulässig vereinbart wurde. Das ist insbes im Rahmen der EuGVVO der Fall. Die ausländische Währung muss nicht eine der Vertragsstaaten oder die am Zustellungsort geltende sein; sie kann zB auf US-Dollar lauten. Wegen § 32 Abs 3 AVAG beträgt die Widerspruchsfrist 1 Monat; sie ist in den Hinweis gem § 184 aufzunehmen. Stellt sich nachträglich heraus, dass nicht zugestellt werden kann, so ist Abgabe (wie Rn 5) zulässig (Busl IPRax 86, 270).

§ 689 Zuständigkeit; maschinelle Bearbeitung

(1) **¹Das Mahnverfahren wird von den Amtsgerichten durchgeführt. ²Eine maschinelle Bearbeitung ist zulässig. ³Bei dieser Bearbeitung sollen Eingänge spätestens an dem Arbeitstag erledigt sein, der dem Tag des Eingangs folgt.**

(2) **¹Ausschließlich zuständig ist das Amtsgericht, bei dem der Antragsteller seinen allgemeinen Gerichtsstand hat. ²Hat der Antragsteller im Inland keinen allgemeinen Gerichtsstand, so ist das Amtsgericht Schöneberg in Berlin ausschließlich zuständig. ³Sätze 1 und 2 gelten auch, soweit in anderen Vorschriften eine andere ausschließliche Zuständigkeit bestimmt ist.**

(3) **¹Die Landesregierungen werden ermächtigt, durch Rechtsverordnung Mahnverfahren einem Amtsgericht für die Bezirke mehrerer Amtsgerichte zuzuweisen, wenn dies ihrer schnelle-**

ren und rationelleren Erledigung dient. ²Die Zuweisung kann auf Mahnverfahren beschränkt werden, die maschinell bearbeitet werden. ³Die Landesregierungen können die Ermächtigung durch Rechtsverordnung auf die Landesjustizverwaltungen übertragen. ⁴Mehrere Länder können die Zuständigkeit eines Amtsgerichts über die Landesgrenzen hinaus vereinbaren.

1. Zuständigkeit. Sie ist ausschließlich (9 vor § 1) und geht jeder **1** anderen ausschließlichen Zuständigkeit (zB §§ 24, 29 a) ausnahmslos vor (Abs 2 S 3). Ist das angerufene AG nicht zuständig, kommt auf Antrag eine formlose Abgabe (keine Verweisung nach § 281, daher keine Bindungswirkung, BayObLG Rpfleger 02, 528) oder eine Zurückweisung des Antrags nach § 691 Abs 1 S 1 Nr 1 in Betracht. § 36 Abs 1 Nr 6 ist entsprechend zur Zuständigkeitsbestimmung anwendbar (BayObLG aaO). – **a) Sachlich** (Abs 1 S 1): stets das AG. Im Bereich der **2** Arbeitsgerichtsbarkeit ist das ArbG zuständig (§ 46 a ArbGG). Funktionell zuständig ist der Rechtspfleger (§ 20 Nr 1 RPflG). – **b) Örtlich 3** (Abs 2). Es ist zu unterscheiden: **aa) Allgemeines Mahngericht** (Abs 2 S 1). Das ist grundsätzlich für alle Forderungen (Ausnahme Rn 5) das AG oder ArbG für den allgemeinen Gerichtsstand des Antragstellers, vor allem dessen Wohnsitz (§ 13) oder Sitz (§§ 17, 18), nicht aber die Niederlassung, da § 21 kein allgemeiner Gerichtsstand ist (BGH NJW 98, 1322). **bb) Besonderes Mahngericht** (Abs 2 S 2). Ist der Antrag- **4** steller ohne Wohnsitz, Sitz oder Aufenthaltsort im Inland oder hat er ihn im Ausland, so ist das AG Schöneberg zuständig, auch wenn sich im Inland eine Zweigniederlassung befindet (BGH NJW 91, 110). Ausnahmsweise ist das AG zuständig, in dessen Bezirk eine ausländische Bank oder Versicherungsgesellschaft eine selbständige inländische Niederlassung betreibt (BGH NJW 79, 1785). Hat der Antragsgegner im Inland keinen allgemeinen Gerichtsstand, gilt § 703 d. **cc) Wohnungs- 5 eigentumssachen.** Es ist das AG für den Bezirk des belegenen Grundstücks ausschließlich zuständig (§ 46 a Abs 1 S 2 WEG). **dd) Mehrere 6 Antragsteller** mit verschiedenem allgemeinen Gerichtsstand haben für sie gemeinsam ein MB die Wahl gem § 35 (4 vor § 688). **ee) Zen- 7 trale Mahngerichte** (Abs 3) sind auch über die Landesgrenzen hinaus zugelassen (Abs 3 S 4). Von den Ermächtigungen des Abs 3 S 1 und 3 ist mehrfach Gebrauch gemacht (vgl Schönfelder § 689 ZPO Fußnote 1). Die gemäß Abs 3 erweiterte Zuständigkeit erfasst auch die des § 703 d (BGH NJW 93, 2752) und die Klauselerteilung gemäß § 796 Abs 1 (BGH NJW 93, 3141).

2. Maschinelle Bearbeitung (Abs 1 S 2, 3) durch EDV-Anlagen **8** (Mayer NJW 83, 92). Einführung und ihren Zeitpunkt bestimmen die Länder (§ 703 c Abs 3). Sonderregelungen für Ausfertigungen, Verfahrensablaufplan und Vordrucke in § 703 b, § 703 c Abs 1, Abs 2 (VO vom 6. 6. 78, BGBl I 705; geändert durch Art 8 Abs 5 KostenrechtsänderungsG 1994). Der Mahnantrag kann auch durch Datenträgerübergabe gestellt werden (§ 690 Abs 3). Auch bei eingeführter maschineller

Bearbeitung bleibt individuelle Entscheidung durch den Rechtspfleger frei, bei zweifelhaften Fällen angebracht. Aktenführung wird durch die Datenspeicherung ersetzt, aus der ein Aktenausdruck abgerufen werden kann.

§ 690 Mahnantrag

(1) Der Antrag muß auf den Erlaß eines Mahnbescheids gerichtet sein und enthalten:

1. die Bezeichnung der Parteien, ihrer gesetzlichen Vertreter und der Prozeßbevollmächtigten;
2. die Bezeichnung des Gerichts, bei dem der Antrag gestellt wird;
3. die Bezeichnung des Anspruchs unter bestimmter Angabe der verlangten Leistung; Haupt- und Nebenforderungen sind gesondert und einzeln zu bezeichnen, Ansprüche aus Verträgen gemäß den §§ 491 bis 504 des Bürgerlichen Gesetzbuchs, auch unter Angabe des Datums des Vertragsschlusses und des nach den §§ 492, 502 des Bürgerlichen Gesetzbuchs anzugebenden effektiven oder anfänglichen effektiven Jahreszinses;
4. die Erklärung, daß der Anspruch nicht von einer Gegenleistung abhängt oder daß die Gegenleistung erbracht ist;
5. die Bezeichnung des Gerichts, das für ein streitiges Verfahren zuständig ist.

(2) Der Antrag bedarf der handschriftlichen Unterzeichnung.

(3) Der Antrag kann in einer nur maschinell lesbaren Form übermittelt werden, wenn diese dem Gericht für seine maschinelle Bearbeitung geeignet erscheint; der handschriftlichen Unterzeichnung bedarf es nicht, wenn in anderer Weise gewährleistet ist, daß der Antrag nicht ohne den Willen des Antragstellers übermittelt wird.

1   **1. Allgemeines:** Der Mahnantrag ist Prozesshandlung. Für ihn müssen daher die Prozesshandlungsvoraussetzungen vorliegen (Einl III Rn 10–16). Außer dem notwendigen Inhalt (Rn 7–15) ist zu beachten: –
2   **a) Form** (Abs 2): eigenhändige Unterschrift des Antragstellers oder seines Vertreters bei der vorgeschriebenen Verwendung von Vordrucken (§ 703 c Abs 2). Ein Telefax genügt nicht (LG Hagen NJW 92, 2036). Entbehrlich ist die Unterschrift nur bei maschineller Bearbeitung gem Abs 3 Hs 2. Grundsätzlich gilt § 702. Für die Vollmacht geht die
3   Sonderregel des § 703 dem § 88 Abs 2 vor. – **b) Mehrheit** von Antragstellern oder -gegnern. Es ist für jeden ein gesonderter Antrag nötig, dabei ein einheitliches MB möglich (4 vor § 688). Nach Abgabe (§ 696 Abs 1, § 700 Abs 3) kann wegen §§ 59, 60 verbunden werden (§ 147). –
4   **c) Mängel** des Mahnantrags führen zur Zurückweisung (§ 691). Sie können nach Übergang im streitigen Verfahren heilen (§ 295). Behe-

bung der Mängel, insbes durch Berichtigung der Parteibezeichnung, ist
bis zur Zustellung des MB jederzeit zulässig (vgl auch § 691 Rn 7). –
d) Mitteilung des Mahnantrags an Antragsgegner unterbleibt (§ 702   5
Abs 2). Entweder ergeht MB (§ 692) oder der Antrag wird zurückgewiesen (§ 691). – **e) Rücknahme** des Mahnantrags ist (entspr § 269)   6
bis zur Rechtskraft des VB (§ 700 Abs 1) oder bis zum Antrag gem
§ 696 Abs 1 S 1 ohne Einwilligung des Antragsgegners möglich (Wolff
NJW 03, 553) und grundsätzlich unwiderruflich (ZöVollkommer Rn 24).
Wirkung: Das Mahnverfahren endet, ein MB wird kraftlos, ebenso ein
noch nichtrechtskräftiger VB (Fischer MDR 94, 124 mwN); Kostentscheidung gem § 269 Abs 3 S 2 oder 3 durch Rpfleger (Wolff aaO). –
f) Zahlungen des Antragsgegners im Laufe des Mahnverfahrens wir-   6a
ken sich je nach dem Stand des Verfahrens unterschiedlich aus. Zur
zweckmäßigen Behandlung: Fischer MDR 97, 706.

2. Notwendiger Inhalt (Abs 1). Fehlt etwas, ist nach § 691 zu   7
verfahren (vgl Rn 4). – **a) Nr 1. Parteien** wie § 313 Abs 1 Nr 1;
Name und ausgeschriebener Vorname mit Postanschrift. Bei Kaufleuten
genügt die Firma. Bei prozeßunfähigen Personen muss der gesetzliche
Vertreter angegeben sein (§ 51 Rn 3–7). Fehlen Namen bei feststehender Identität der Parteien, steht dies der Wirksamkeit des MB nicht
entgegen (BGH NJW 93, 2811/2813 und NJW 97, 1584). – **b) Nr. 2:**   8
Mahngericht. Es ist das gem § 689 Rn 3, 4, 7 örtlich zuständige AG
zu bezeichnen. – **c) Nr 3: Anspruch. aa) Bezeichnung.** Die mit   9
Mahnantrag geltendgemachten Ansprüche müssen so bezeichnet werden, dass sie von anderen Ansprüchen (Streitgegenständen, Einl II) nach
Art, Grund und Umfang zu unterscheiden und abzugrenzen sind, um
die über den VB (§ 700 Abs 1) mögliche materielle Rechtskraft (§ 322)
eindeutig feststellen zu können (Überblick bei Salten MDR 98, 1144).
Der Umfang der Angaben richtet sich nach den Umständen des Einzelfalls, jedenfalls muss der Antragsgegner erkennen können, welcher
Anspruch gegen ihn geltend gemacht wird (BGH NJW 01, 305 und
00, 1420). Im Gegensatz zur Klageschrift (§ 253) muss der Anspruch
nicht (zur Schlüssigkeitsprüfung) substantiiert, sondern nur individualisiert (unterscheidbar gemacht) werden (BGH NJW 00, 1420; NJW 02,
520; E. Schneider MDR 98, 1333). Das gilt insbes auch für Schadensersatzansprüche (BGH NJW 94, 323 und aaO). Dazu gehört neben
dem Gegenstand und dem Datum von Vertrag oder Vorgang idR die
Angabe des Rechtsgrunds in Form einer typischen Anspruchsbezeichnung (umstr), zB Restkaufpreis für VW-Golf, Vertrag vom 5. 2. 01
(oder Rechnung vom 5. 3. 01). Die bloße Bezeichnung des Vertragsverhältnisses kann ausreichen, wenn weitere Rechtsbeziehungen zwischen den Parteien nicht bestehen (BGH NJW 02, 520). Eine (überflüssige) rechtliche Einordnung bindet nicht (Vollkommer Fs für
E. Schneider S 231/243). Kann im Formular nicht ausreichend bezeichnet werden, empfiehlt sich Klage. **bb) Leistung.** Sie muss bestimmt   10
angegeben werden: der Geldbetrag, die Währung sowie die Zinsen nach

11 Höhe und Laufzeit mit Datum. **cc) Anspruchshäufung** ist möglich (wie bei § 260 Rn 2, 3). Hierbei muss die Zusammensetzung des verlangten Gesamtbetrages aus für den Gegner unterscheidbaren Ansprüchen erkennbar sein (BGH NJW 01, 305). Immer getrennt und einzeln gemäß Rn 9 bezeichnet werden müssen Haupt- und Nebenforderungen (wegen Abs 1 Nr 3 Hs 2 1. Teil). Begriff: § 4 Rn 7, 8. Insbes sind dies Inkassokosten als Verzugsschaden (Holch NJW 91, 3177/3181 mwN), Bearbeitung, Kontoführung. Hierfür kann aber auf eine beigefügte oder dem Antragsgegner bereits vorliegende Aufstellung Bezug genommen werden. Der Rechtspfleger prüft lediglich, ob die bezeichnete Nebenforderung geeignet ist, die aufzugebende Zahlung zu recht-
12 fertigen. **dd) Ansprüche** gem §§ 491 bis 504 BGB (Abs 1 Nr 3 Hs 2 2. Teil). Hins Altverträgen, die dem VerbrKrG unterliegen vgl § 28 EGZPO. Durch Nr 3 sind die Ansprüche betroffen, für die § 688 Abs 2 gilt (vgl § 688 Rn 2, 3, 7, 8). Bei diesen muss zusätzlich zur Bezeichnung (Rn 9) das Datum des Kreditvertragsabschlusses und der (anfängliche) effektive Jahreszins (§§ 492, 502 BGB) angegeben werden. Das ist notwendig, damit der Rechtspfleger die Zulässigkeit des Mahnverfahrens gemäß § 688 Abs 2 Nr 1 prüfen kann, im Vordruck berücksichtigt durch Art 1 Nr 2 VO vom 18. 7. 91 (BGBl I 1547). Bei Überziehungskredit (§ 493 BGB) genügt die Angabe, dass für den Vertrag § 493 BGB gilt. Dem Rechtspfleger obliegt aber nicht die Prüfung, ob im Einzelfall die §§ 491–504 BGB anwendbar sind (Holch NJW 91, 3177/3180 mwN; bestr). Nur bei auffallenden Anhaltspunkten besteht für den Rechtspfleger Anlass zu einer eingeschränkten (negativen) Schlüs-
13 sigkeitsprüfung (vgl Bülow Rpfleger 96, 133). – **d) Nr 4. Gegenleistungspflicht.** Ist auf § 688 Abs 2 Nr 2 zugeschnitten (vgl § 688 Rn 4). Hier genügt die bloße, einfache Behauptung. Es muss weder Art noch Umfang der Gegenleistung (zB Warenlieferung im Versandhandel) noch Datum dafür angegeben werden, wann die Gegenleistung erbracht
14 (zB geliefert) wurde. – **e) Nr 5. Zuständiges Gericht. aa) Sachlich:** das Prozessgericht des ersten Rechtszugs (AG oder LG), in Wohnungs-
15 eigentumssachen das AG (§ 43 Abs 1 WEG). **bb) Örtlich:** das Gericht, welches der Antragsteller für zuständig hält; nicht notwendig das im allgemeinen Gerichtsstand des Antragsgegners. Sind mehrere Gerichte örtlich zuständig, wird mit der Bezeichnung die Wahl (§ 35) ausgeübt (BGH NJW 93, 1273). Eine ausschließliche Zuständigkeit (zB §§ 24, 29 a) ist zu beachten. Ein besonderer Gerichtsstand (zB § 32) kann schon im Mahnantrag gewählt werden. In Wohnungseigentumssachen ist das gem § 43 Abs 1 WEG zuständige FGG-Gericht zu bezeichnen (§ 46 a Abs 1 S 3 WEG).

16 **3. Sonstiger Inhalt** des Mahnantrags. – **a) Zusätzliche Anträge.** Sie können nicht schon auf VB (§ 699 Abs 1 S 2), sondern nur gerich-
17 tet sein auf: **aa) Durchführung des streitigen Verfahrens** (§ 696 Abs 1 S 1 und 2) vor dem Prozessgericht (AG oder LG) oder WEG-Gericht (§ 43 Abs 1 WEG) für den Fall, dass Widerspruch (§ 694) er-

hoben wird. **bb) Abgabe** des Rechtsstreit an ein anderes Gericht als 18
das gemäß Abs 1 Nr 5 bezeichnete, wie in § 696 Abs 1 S 1 letzter Hs
vorgesehen, während sonst (ohne übereinstimmenden Antrag) von Amts
wegen abgegeben wird. **cc) Kammer für Handelssachen.** Der An- 19
trag (§ 96 GVG), im Vordruck (§ 703c) vorgesehen, kann schon mit
dem Mahnantrag, aber noch in der Anspruchsbegründung (§ 697) gestellt werden. – **b) Kostenberechnung** als Grundlage für die gem 20
§ 692 Abs 1 Nr 3 eingeforderten Kosten. Der Kostenvorschuss für den
MB richtet sich nach § 65 Abs 3 GKG (BGH Rpfleger 93, 499). Gerichtsgebühren: KV 1100. RA-Gebühren: § 43 Abs 1 BRAGO.

4. Antrag bei maschineller Bearbeitung (Abs 3). Maschinell les- 21
bare Form betrifft Datenträger. Er muss dem Gericht nicht übergeben,
sondern kann beliebig übermittelt werden. Die Zulassung steht im Ermessen des zuständigen Gericht. Die Unterschrift (Abs 2) ist entbehrlich, wenn der Wille des Antragstellers, gemäß Abs 1 zu verfahren, durch
Absprache und technische Einrichtung gewährleistet ist, dh Missbrauch
ausgeschlossen (Holch NJW 91, 3177); zB indem schriftlich oder durch
Telefax Mahnanträge angekündigt werden (Hansens Rpfleger 91, 133).

§ 691 Zurückweisung des Mahnantrags

(1) [1] Der Antrag wird zurückgewiesen:
1. wenn er den Vorschriften der §§ 688, 689, 690, 703c Abs. 2
   nicht entspricht;
2. wenn der Mahnbescheid nur wegen eines Teiles des Anspruchs nicht erlassen werden kann. [2] Vor der Zurückweisung ist der Antragsteller zu hören.

(2) Sollte durch die Zustellung des Mahnbescheids eine Frist
gewahrt oder die Verjährung neu beginnen oder nach § 204 des
Bürgerlichen Gesetzbuchs gehemmt werden, so tritt die Wirkung mit der Einreichung oder Anbringung des Antrags auf
Erlaß des Mahnbescheids ein, wenn innerhalb eines Monats seit
der Zustellung der Zurückweisung des Antrags Klage eingereicht und diese demnächst zugestellt wird.

(3) [1] Gegen die Zurückweisung findet die sofortige Beschwerde statt, wenn der Antrag in einer nur maschinell lesbaren Form übermittelt und mit der Begründung zurückgewiesen worden ist, daß diese Form dem Gericht für seine
maschinelle Bearbeitung nicht geeignet erscheine. [2] Im übrigen
sind die Entscheidungen nach Absatz 1 unanfechtbar.

1. Allgemeines. Ein Mahnantrag kann nur insgesamt zulässig oder 1
unzulässig sein. Nur das und grundsätzlich nicht den Bestand des Anspruchs muss das Gericht prüfen. – **a) Zulässigkeit des Mahnantrags** 2
(Abs 1 S 1 Nr 1). Der Mahnantrag ist von Amts wegen zu prüfen auf:
aa) Zulässigkeitsvoraussetzungen des Mahnverfahrens. Diese enthalten die in Abs 1 aufgeführten Vorschriften: §§ 688, 689; die Zulas-

sung des Mahnantrags (§ 690; umfasst seine Wirksamkeit als Prozesshandlung) und Benutzung eingeführter Vordrucke (§ 703 c Abs 2).

3   **bb) Prozessvoraussetzungen.** Es werden außer der deutschen Gerichtsbarkeit und der Zuständigkeit (§ 689; BGH Rpfleger 89, 516)
lediglich die des § 56 geprüft, also Partei- und Prozessfähigkeit, gesetzliche Vertretung und Prozessführungsbefugnis, aber nur dann, wenn
konkreter Anlass besteht. Für die Prüfung anderer Prozessvoraussetzungen fehlt es an geeigneten Grundlagen. Keinesfalls dürfen Angaben zur
Darlegung des Rechtsschutzbedürfnisses verlangt werden (BGH NJW
4   81, 875). **cc) Art des Anspruchs.** Diese ist nur im Rahmen des § 690
Abs 1 Nr 3 zu prüfen. Grundsätzlich dient dies lediglich der Feststellung, ob das Mahnverfahren gemäß § 688 für diesen Anspruch zulässig
ist. Darüberhinaus muss er geeignet sein, die Zahlung des Geldbetrags
zu rechtfertigen (hM; ZöVollkommer 1). Ungeeignet sind insbes Na-
turalobligationen und rechtlich unmögliche Ansprüche. Die Erstattbarkeit von Inkassokosten (aus § 286 BGB; hM) darf nicht von vornherein
verneint werden (Jenisch Büro 89, 721 mwN; Wedel Büro 94, 325;
5   bestr). – **b) Teilweise Unzulässigkeit** (Abs 1 S 1 Nr 2) führt zur
Zurückweisung des gesamten Mahnantrags. Anspruchsteil ist ein der
Höhe nach geringerer. Kein Anspruchsteil ist einer von mehreren gem
§ 260 gehäuften Ansprüchen (§ 690 Rn 11) oder eine Nebenforderung,
insbes Zinsen, so dass in diesen Fällen teilweise zurückgewiesen wird.

6   **2. Zurückweisung des Mahnantrags** (Abs 1) erfolgt durch zu begründenden Beschluss des Rechtspflegers, wenn das Mahnverfahren
unzulässig ist (Rn 2–4). Die Kosten sind dem Antragsteller aufzuerlegen
(§ 91). Bei behebbaren Mängeln ist Zwischenverfügung des Rechts-
7   pflegers möglich (BGH VersR 01, 603). – **a) Vorherige Anhörung**
ist durch Abs 1 S 2 vorgeschrieben. Damit soll Gelegenheit gegeben
werden, Mängel zu beheben, den Mahnantrag zu beschränken (bei Rn 5)
oder zurückzunehmen (§ 690 Rn 6). Wie das Gehör gewährt wird,
steht im pflichtgemäßen Ermessen des Rechtspflegers (BGH aaO). –
8   **b) Wirkung.** Sie geht über die Verweigerung des MB nicht hinaus.
Eine Art materieller Rechtskraft (§ 322) kann der Beschluss nur insoweit bewirken, als über die Zulässigkeit des Mahnantrags entschieden
ist. Dieser kann, wenn ein behebbarer Mangel vorliegt, in zulässiger
9   Weise neu gestellt werden. – **c) Bekanntmachung** nur an den Antragsteller. Formlose Mitteilung genügt wegen § 329 Abs 2 S 2 infolge
des Abs 2 nicht mehr, weil die Zustellung des Beschlusses eine Frist in
Lauf setzt (Abs 2). Zustellung gemäß § 329 Abs 3 auch, wenn aus anderen Gründen zurückgewiesen wird (Rn 11).

10   **3. Anfechtbarkeit** (Abs 3). Sie ist eingeschränkt, weil dem Antragsteller der Klageweg freisteht. – **a) Massenmahnantrag** (S 1). Wird er
wegen ungeeigneter maschineller Form zurückgewiesen, findet sofortige Beschwerde gegen die Entscheidung des Rechtspflegers statt (§ 567
Abs 1 Nr 1, § 11 Abs 1 RPflG). Sie führt nicht zum Erfolg, wenn das
Gericht den Mahnantrag korrigieren müsste (LG Stuttgart NJW-RR

94, 1280). – **b) Andere Fälle** der Zurückweisung (S 2). Es findet so- **11**
fortige Erinnerung statt (§ 11 Abs 2 RPflG). Erst der Beschluss des
Richters ist unanfechtbar.

4. Fristwahrung und Verjährungshemmung (Abs 2). Die Rege- **12**
lung erweitert inhaltlich den § 167. – **a) Zweck.** Dadurch soll vermieden werden, dass dem Antragsteller durch die Wahl des Mahnverfahrens
(statt Klage) Nachteile entstehen, wenn sich die Unzulässigkeit des Mahnverfahrens herausstellt und der Mahnantrag gem Abs 1 zurückgewiesen
wird. – **b) Voraussetzungen. (1)** Wille zur Fristwahrung oder Ver- **13**
jährungshemmung. **(2)** Bei Gericht eingereichter oder (auch maschinell) angebrachter und gem Abs 1 zurückgewiesener Mahnantrag (§ 690),
der den Anspruch gemäß § 690 Abs 1 Nr 3 ausreichend bezeichnet hat
(spätere Individualisierung reicht nicht, BGH NJW 01, 305 m krit Anm
Maniak MDR 01, 347), ggf auch eine gewillkürte Prozessstandschaft
(31 vor § 51; Jena MDR 98, 1468 mwN). Gegen überzogene Anforderungen der Praxis: Vollkommer Fs für Lüke S 865. **(3)** Klageeinreichung (§ 253 Rn 1) innerhalb eines Monats (§ 222 Rn 7) ab
Zustellung des zurückweisenden Beschlusses (vgl Rn 9). Ein zweiter
Mahnantrag genügt nicht. **(4)** Klagezustellung (§ 253 Abs 1) für den
selben (bezeichneten) Anspruch (vgl § 690 Abs 1 Nr 3); demnächst (wie
§ 167 Rn 10 ff). – **c) Wirkung.** Die Frist wird gewahrt (zB § 89 b **14**
Abs 4 S 2 HGB), die Verjährung gehemmt (§ 204 Abs 1 Nr 3 BGB),
bezogen auf den Tag, an dem der Mahnantrag gem Rn 13 (2) eingereicht oder angebracht worden war (BGH VersR 01, 603).

§ 692 Mahnbescheid

(1) **Der Mahnbescheid enthält:**
1. **die in § 690 Abs. 1 Nr. 1 bis 5 bezeichneten Erfordernisse
   des Antrags;**
2. **den Hinweis, daß das Gericht nicht geprüft hat, ob dem
   Antragsteller der geltend gemachte Anspruch zusteht;**
3. **die Aufforderung, innerhalb von zwei Wochen seit der Zustellung des Mahnbescheids, soweit der geltend gemachte Anspruch als begründet angesehen wird, die behauptete Schuld
   nebst den geforderten Zinsen und der dem Betrage nach bezeichneten Kosten zu begleichen oder dem Gericht mitzuteilen, ob und in welchem Umfang dem geltend gemachten
   Anspruch widersprochen wird;**
4. **den Hinweis, daß ein dem Mahnbescheid entsprechender Vollstreckungsbescheid ergehen kann, aus dem der Antragsteller
   die Zwangsvollstreckung betreiben kann, falls der Antragsgegner nicht bis zum Fristablauf Widerspruch erhoben hat;**
5. **für den Fall, daß Vordrucke eingeführt sind, den Hinweis,
   daß der Widerspruch mit einem Vordruck der beigefügten
   Art erhoben werden soll, der auch bei jedem Amtsgericht
   erhältlich ist und ausgefüllt werden kann;**

6. für den Fall des Widerspruchs die Ankündigung, an welches Gericht die Sache abgegeben wird, mit dem Hinweis, daß diesem Gericht die Prüfung seiner Zuständigkeit vorbehalten bleibt.

(2) **An Stelle einer handschriftlichen Unterzeichnung genügt ein entsprechender Stempelabdruck.**

1   **1. Allgemeines** zum MB. – **a) Begriff.** Er ist eine gerichtliche Entscheidung, dem Wesen nach ein Beschluss (§ 329), für den die allge-
2   meinen Vorschriften gelten, insbes auch die §§ 308, 319. – **b) Voraussetzungen.** Der Mahnantrag muss in vollem Umfange zulässig (§ 691
3   Abs 1), die Gebühr (§ 65 Abs 3 GKG) soll bezahlt sein. – **c) Unterzeichnung** (Abs 2) kann durch Abdruck eines Faksimilestempels ersetzt werden. Bei maschineller Bearbeitung entfällt auch dieses Erfordernis (§ 703 b Abs 1). – **d) Zustellung** ist durch § 693 Abs 1 vorgeschrieben.
4   – **e) Kosten** werden im Rahmen von Abs 1 Nr 3 beigesetzt. Gerichtskosten: nur die dem Antragsteller tatsächlich erwachsenen (vgl Rn 2), daher nicht solche von Antragstellern, die unter § 2 GKG fallen (Schlemmer Rpfleger 78, 201/204). Gebühren: für das Gericht KV 1100; Anrechnung im Prozessverfahren: KV 1201. Für den RA: § 43 Abs 1 Nr 1 BRAGO. Rechtsbehelf gegen unrichtige Kostenfestsetzung: § 104 Abs 3 S 1; gg die Kostenüberbürdung § 694. Bei ausländischem Antragsgegner: Hök Büro 91, 1605. Kommt es zum VB, gilt § 699 Rn 17. Für eine Festsetzung gemäß § 19 BRAGO ist das (fiktive) Prozessgericht des ersten Rechtszugs zuständig (BGH NJW 91, 2084; ebenso bei Rücknahme des Mahnantrags (Köln NJW-RR 99, 1737).

5   **2. Bestimmender Inhalt** (Abs 1 Nr 1). Er entspricht dem § 690 Abs 1. In den MB sind die auf ihre Zulässigkeit und Vollständigkeit geprüften, ggf berichtigten oder ergänzten Angaben des Antragstellers im Mahnantrag ohne Abänderung zu übernehmen. Dies geschieht beim Vordruck (§ 703 c) im Durchschreibeverfahren, in maschineller Form durch Übernahme der Daten.

6   **3. Hinweise und Aufforderungen** (Abs 1 Nr 2–6). Sie gehören wie die Nr 1 (Rn 5) zum notwendigen Inhalt des MB und sind im Vordruck enthalten: – **a) Nr 2:** Unterbliebene Anspruchsprüfung. Der Hinweis geschieht, weil eine Schlüssigkeitsprüfung unterbleibt. –
7   **b) Nr 3:** Aufforderung zu Erfüllung oder Widerspruch. Dem Antragsgegner ist anheimgestellt, das Bestehen des geltend gemachten Anspruches zu überprüfen und Widerspruch einzulegen (§ 694), wenn der Anspruch auch nur zT oder wegen der Zinsen in Zweifel gezogen wird. Begleichen bedeutet Zahlung der Geldschuld (§ 362 Abs 1 BGB) oder einen in Betracht kommenden Erfüllungsersatz (zB Aufrechnung).
8   Der Kostenbetrag ist ziffernmäßig zu bestimmen. – **c) Nr 4:** Möglichkeit eines VB. Dieser ist Vollstreckungstitel (§ 794 Abs 1 Nr 4). Erlass:
9   § 699. Widerspruch: § 694; mit Fristangabe wie bei Nr 3. – **d) Nr 5:** Vordruck für Widerspruch. Einführung von Vordrucken ist auf Grund

des § 703 c geschehen. Nr 5 ist als Sollvorschrift ausgestaltet, um sicherzustellen, dass bei Verlust der beigefügten Formulare die Einlegung des Widerspruchs nicht unangemessen erschwert wird. Der Antragsgegner kann Widerspruch auch wirksam in der Form des § 694 Abs 1 (ohne Vordruck) einlegen. – **e) Nr 6:** Ankündigung der Abgabe (§ 696) an **10** dasjenige Gericht (§ 690 Abs 1 Nr 5), das der Antragsteller angegeben hat. Der Hinweis bezieht sich auf § 696 Abs 5 und soll den Antragsgegner darüber aufklären, dass das Gericht, an das abgegeben wird, noch nicht endgültig zuständig ist.

§ 693 Zustellung des Mahnbescheids

(1) **Der Mahnbescheid wird dem Antragsgegner zugestellt.**

(2) **Die Geschäftsstelle setzt den Antragsteller von der Zustellung des Mahnbescheids in Kenntnis.**

Abs 2 aufgeh, bish Abs 3 wurde Abs 2 mWv 1. 7. 2002 (Art 1 Nr 9 ZuStRG).

1. Zustellung (Abs 1). Ohne sie ist der MB wirkungslos und kann **1** nicht zu einem VB führen. Sie erfolgt von Amts wegen gem §§ 208–213; öffentliche Zustellung kommt nicht in Betracht (§ 688 Abs 2). Dem Antragsgegner wird eine Ausfertigung oder eine beglaubigte Abschrift des MB, bei maschineller Bearbeitung eine Ausfertigung gem § 703 b Abs 1 zugestellt. Auf der Urschrift des MB wird vermerkt, bei maschineller Bearbeitung eingespeichert, dass und wann die Zustellung veranlasst wurde. Wird entdeckt, dass die Zustellung mangelhaft war (vgl 14 vor § 166), so ist sie wirksam zu wiederholen. Geheilt wird der Mangel grundsätzlich wie nach 15–17 vor § 166; nach § 295 jedoch nicht, bevor in das streitige Verfahren eingetreten wird.

2. Fristwahrung und Verjährungshemmung (bisheriger Abs 2). **2** Diese sind nunmehr in § 167 geregelt (vgl dort Rn 1 ff). Bei zurückgewiesenem Mahnantrag gilt § 691 Abs 3. Das Verfahren ist für den Antragsteller nicht frei von besonderen Risiken (im einzelnen Fischer Büro 96, 510) Auch ein ausländischer Mahnbescheid der dem inländischen gleichwertig ist, kann die Verjährung unterbrechen (BGH NJW-RR 02, 937 zum schweizerischen Zahlungsbefehl). – **a) Vorausset- 3 zung** ist (im Gegensatz zu § 691 Abs 2) ein auf wirksamen Mahnantrag (§ 690) erlassener MB (§ 692). Darin muss der Anspruch individualisiert sein (vgl § 690 Rn 9; BGH NJW 00, 1420 u 01, 305). Das kann mit verjährungshemmender oder -aufrechterhaltender Wirkung auch durch die Anspruchsbegründung (§ 697) geschehen (BGH NJW 95, 2230 u NJW-RR 96, 885). Heilbare Mängel (§ 189) des Mahnantrags stehen nicht entgegen. Erst recht gilt § 167, wenn der MB erlassen wird, nachdem Mängel des Mahnantrags behoben sind (BGH NJW 99, 3717). Die Unterschrift des Antragstellers (§ 690 Abs 2) wird für entbehrlich gehalten (ZöVollkommer 3). Es genügt, wenn der Mahnantrag beim unzuständigen Gericht eingereicht und an das zuständige weitergeleitet wird (BGH NJW 93, 862). Ob „demnächst" iSv § 167 (dort Rn 10) zugestellt wurde, beurteilt sich vom Tag des Ablaufs der Verjährungsfrist an und nicht vom Mahnantrag an (BGH NJW 95, 2230). Ein Mahnbescheid, dessen Zustellung auf Grund einer unzutreffenden Postanschrift des Antragsgegners nicht zugestellt werden kann, ist aber im Hinblick auf § 691 Abs 2 demnächst zugestellt, wenn er nach Zugang der Mitteilung der Unzustellbarkeit beim Antragsgegner innerhalb eines Monats zugestellt wurde (BGH NJW 02, 2794; weitergehend Ebert NJW 03, 732). Eine Nachtragsobliegenheit, warum nicht zugestellt wurde, besteht nicht (Hamm VersR 03, 346; umstr). Im Mahnverfahren darf mit der Einzahlung des Kostenvorschusses nicht zu lange zugewartet werden (zB 1 Monat, LG Göttingen NJW-RR 92, 1530).

4 **b) Wegfall** der Wirkungen des § 167: wenn der MB gemäß § 701 seine Kraft verliert oder der Mahnantrag zurückgenommen wird (§ 690 Rn 6).

5 **3. Benachrichtigung des Antragstellers** (Abs 2) oder seines ProzBev (§ 172 Rn 3) durch Blatt 3 des Vordrucks. Es ist der Tag der Zustellung, aber auch die Dauer der Widerspruchsfrist (§ 692 Abs 1 Nr 3) anzugeben. Dem Antragsteller ist auch mitzuteilen, wenn die Zustellung nicht ausgeführt werden konnte.

§ 694 Widerspruch gegen den Mahnbescheid

(1) **Der Antragsgegner kann gegen den Anspruch oder einen Teil des Anspruchs bei dem Gericht, das den Mahnbescheid erlassen hat, schriftlich Widerspruch erheben, solange der Vollstreckungsbescheid nicht verfügt ist.**

(2) [1]**Ein verspäteter Widerspruch wird als Einspruch behandelt.** [2]**Dies ist dem Antragsgegner, der den Widerspruch erhoben hat, mitzuteilen.**

1 **1. Widerspruch** ist Prozesshandlung (Einl III) und der einzige Rechtsbehelf gegen den MB; insbes findet nicht Erinnerung statt (§ 11 Abs 3 S 2 RPflG bzw § 36 b Abs 3 RPflG, soweit dem Urkundsbeamten gem § 36 b Abs 1 Nr 2 RPflG das Mahnverfahren übertragen wurde). Bei Mehrheit von Antragsgegnern (4 vor § 688) muss jeder für sich Widerspruch einlegen; bei notwendiger Streitgenossenschaft (§ 62) wirkt der von einem für die anderen Streitgenossen (Folge: § 696 Rn 9). –

2 **a) Form:** schriftlich, nicht notwendig, aber zweckmäßig durch Ausfüllung des gem § 692 Abs 1 Nr 5 beigefügten Vordrucks (vgl § 703 c Rn 3). Eigenhändige Unterschrift ist auch dann notwendig (LG Hamburg NJW 86, 1997; umstr; aA Musielak/Voit 2 mwN). Widerspruch ist auch durch Telefax, Telebrief und Fernschreiber wirksam möglich (vgl § 129 Rn 11–13), nicht telefonisch oder mündlich. Vor der Geschäftsstelle eines jeden AG (§ 129 a), ohne Protokoll unter Verwendung von Vordrucken (§ 702 Abs 1). Ein Schriftsatz muss nicht ausdrücklich als Widerspruch bezeichnet sein. Kein Vollmachtsnachweis

3 nötig (§ 703). Abschriften: § 695. – **b) Frist:** § 692 Abs 1 Nr 3. Das

bedeutet, dass die Frist 2 Wochen ab Zustellung des MB beträgt, beim
ArbG 1 Woche (§ 46a Abs 3 ArbGG), bei Zustellung im Geltungsbereich des AVAG 1 Monat (§ 32 Abs 3 AVAG). Es kann jedoch
wirksam Widerspruch eingelegt werden, bis der VB verfügt ist (Abs 1),
dh erlassen (wie § 329 Rn 5), also nicht schon mit der Unterschrift
(hM). Daher genügt Eingang des Widerspruchs beim Gericht, bevor
der Geschäftsstellenbeamte den VB im Geschäftsgang zum Gerichtsaus-
lauf gibt (BGH NJW 82, 888). Der verspätete Widerspruch wird
nicht zurückgewiesen (Abs 2; Rn 9). Ein verfrühter Widerspruch vor
Zustellung des Mahnbescheids ist insoweit ohne Wirkung, als nicht
schon gem § 694 abgegeben werden muss (LG Oldenburg Rpfleger 83,
118). – **Inhalt.** Wird nicht der Vordruck benutzt (§ 703c Abs 1   4
S 1), genügt die bloße Erklärung des Widerspruchs oder die Äußerung
des Willens, dem MB nicht Folge zu leisten. Empfehlenswert ist, der
Aufforderung gem § 692 Abs 1 Nr 3 nachzukommen und anzugeben,
in welchem Umfang die Zahlungspflicht bestritten wird, auch die Angabe von Tatsachen und Beweismitteln. Zulässig ist es auch, nur den
Grund für den Widerspruch anzugeben. Antrag auf Durchführung des
streitigen Verfahrens (§ 696 Abs 1) ist ebenfalls möglich. Ob der Widerspruch vom oder für den Antragsgegner eingelegt wird, ist durch
Auslegung zu ermitteln (BGH NJW-RR 89, 1403).

2. Teilwiderspruch (Abs 1 Hs 2). Der Widerspruch kann auf einen   5
Teil des Anspruchs (wie § 301 Rn 2) beschränkt werden, zB auf die
Zinsen oder andere Nebenforderungen, auch auf die Kostenlast (wegen
§ 93; ZöVollkommer 1). Folge: VB kann erteilt werden, soweit sich
der Widerspruch darauf nicht erstreckt; im übrigen Teil wird nach
§ 696 verfahren. Ergibt sich nicht eindeutig, gegen welchen Teil des
MB der Widerspruch sich richtet, ist er bis zur Klarstellung als unbeschränkt eingelegt zu behandeln (BGH 85, 361).

3. Einzelheiten. Zu senden ist der Widerspruch stets und ausschließ-   6
lich an das Mahngericht (§ 689 Rn 3, 4, 7). Nur der rechtzeitige Eingang bei diesem Gericht hindert den VB (§ 699 Abs 1 S 1). – **a) Rücknahme** des Widerspruchs ist möglich (§ 697 Abs 4; dort Rn 14 ff).
Hierzu näher Fischer MDR 94, 124. – **b) Verzicht** auf den Wider-   7
spruch ist Prozesshandlung (Einl III); formlos; § 702 gilt. Bei Auftreten
eines Bevollmächtigten gilt § 703 S 1; bei fehlender Vollmacht ist der
Verzicht unwirksam. Er ist erst ab Erlass des MB möglich. Bei wirksamem Verzicht kann sofort, auch vor Ablauf der Widerspruchsfrist, der
VB verfügt werden. – **c) Kosten.** Der Kostenausspruch (§ 692 Abs 1   8
Nr 3) kann als aufschiebend bedingte Kostenfestsetzung angesehen und
auch wie bei einem VB (§ 699 Rn 20) angefochten werden, wenn nur
die Höhe oder eine einzelne Position beanstandet wird. Gebühren:
§ 43 Abs 1 Nr 2 BRAGO.

4. Verspäteter Widerspruch (Abs 2). Wird der Widerspruch zu spät   9
eingelegt (Rn 3), tritt die Wirkung des Abs 2 ein. Der Widerspruch
wird als Einspruch angesehen (Fiktion) und als solcher weiterbehandelt

(§ 700 Abs 3). Dasselbe gilt, wenn der Rechtspfleger den VB verfügt, obwohl Widerspruch eingelegt ist, weil ihm dieser nicht vorliegt, er ihn übersieht (KG Rpfleger 83, 489) oder wenn er bei einem unklar gefassten Teilwiderspruch (Rn 5) einen TeilVB erlässt (BGH 85, 361). Die Zurückweisung eines verspäteten Widerspruchs ist ausgeschlossen.

§ 695 Mitteilung des Widerspruchs; Abschriften

[1] **Das Gericht hat den Antragsteller von dem Widerspruch und dem Zeitpunkt seiner Erhebung in Kenntnis zu setzen.** [2] **Wird das Mahnverfahren nicht maschinell bearbeitet, so soll der Antragsgegner die erforderliche Zahl von Abschriften mit dem Widerspruch einreichen.**

1   **Zuständig** ist die Geschäftsstelle. **Form:** schriftlich, zweckmäßig mit Abschrift des Widerspruchs verbunden. **Inhalt:** Es ist auch der Zeitpunkt mitzuteilen, wann der Widerspruch erhoben ist (dh bei Gericht eingelaufen). Auch ein verspäteter Widerspruch (§ 694 Rn 9) ist
2 mitzuteilen. **Adressat:** der Antragsteller; bei Vertretung der Vertreter, insbes der ProzBev (§ 172 Rn 3). **Wirkung** der Mitteilung. Letzte Pro-
3 zesshandlung des Gerichts iSv § 204 Abs 2 S 2 BGB. **Widerspruchs-abschriften** (S 2). Fehlen sie, wird die Wirksamkeit des Widerspruchs nicht berührt.

§ 696 Verfahren nach Widerspruch

(1) [1] **Wird rechtzeitig Widerspruch erhoben und beantragt eine Partei die Durchführung des streitigen Verfahrens, so gibt das Gericht, das den Mahnbescheid erlassen hat, den Rechtsstreit von Amts wegen an das Gericht ab, das in dem Mahnbescheid gemäß § 692 Abs. 1 Nr. 1 bezeichnet worden ist, wenn die Parteien übereinstimmend die Abgabe an ein anderes Gericht verlangen, an dieses.** [2] **Der Antrag kann in den Antrag auf Erlaß des Mahnbescheids aufgenommen werden.** [3] **Die Abgabe ist den Parteien mitzuteilen; sie ist nicht anfechtbar.** [4] **Mit Eingang der Akten bei dem Gericht, an das er abgegeben wird, gilt der Rechtsstreit als dort anhängig.** [5] **§ 281 Abs. 3 Satz 1 gilt entsprechend.**

(2) [1] **Ist das Mahnverfahren maschinell bearbeitet worden, so tritt an die Stelle der Akten ein maschinell erstellter Aktenausdruck.** [2] **Für diesen gelten die Vorschriften über die Beweiskraft öffentlicher Urkunden entsprechend.**

(3) **Die Streitsache gilt als mit Zustellung des Mahnbescheids rechtshängig geworden, wenn sie alsbald nach der Erhebung des Widerspruchs abgegeben wird.**

(4) [1] **Der Antrag auf Durchführung des streitigen Verfahrens kann bis zum Beginn der mündlichen Verhandlung des Antragsgegners zur Hauptsache zurückgenommen werden.** [2] **Die**

Zurücknahme kann vor der Geschäftsstelle zu Protokoll erklärt werden. ³Mit der Zurücknahme ist die Streitsache als nicht rechtshängig geworden anzusehen.

(5) **Das Gericht, an das der Rechtsstreit abgegeben ist, ist hierdurch in seiner Zuständigkeit nicht gebunden.**

1. Allgemeines. Nach § 696 darf nur bei rechtzeitigem Widerspruch 1 (§ 694 Abs 1) verfahren werden. Liegt kein Widerspruch vor, wird auf Antrag VB erlassen (§ 699 Abs 1 S 1). Das Mahngericht behält die Sache, solange nicht Antrag auf streitiges Verfahren (Rn 3) gestellt wird. Sobald der Antrag gestellt ist, wird gem Abs 1 S 1 oder gemäß § 698 am selben Gericht abgegeben. Unterbleibt der Antrag, darf nicht abgegeben werden.

2. Abgabe (Abs 1). Sie ist von einer Verweisung (§ 281) zu unter- 2 scheiden; im Gegensatz zu ihr fehlt eine Bindung (Abs 5). – **a) Voraus-** 3 **setzungen: (1)** Rechtzeitiger Widerspruch gemäß § 694 Abs 1. **(2)** Antrag auf Durchführung des streitigen Verfahrens. Ein solcher Antrag liegt nicht in einer Erledigungserklärung (Liebheit NJW 00, 2235). Er kann von jeder Partei gestellt werden, vom Antragsteller bereits im Mahnantrag (Abs 1 S 2), vom Antragsgegner im Widerspruch (§ 694 Rn 4). Für die Form gilt § 702, für die Vollmacht § 703. Rücknahme ist nach Abs 4 möglich (Rn 14). **(3)** Beim Antragsteller Einzahlung der restlichen 2¹/₂ Gebühren für das Verfahren im Allgemeinen (KV 1201) gemäß §§ 49, 65 Abs 1 S 2 GKG. Dies gilt nicht für den Antragsgegner, wenn er seinerseits Streitantrag stellt. – **b) Entscheidung.** Die Abgabe 4 erfolgt von Amts wegen (Abs 1 S 1) durch Beschluss oder Verfügung des Rechtspflegers; grundsätzlich an das im MB vom Antragsteller bezeichnete Gericht (§ 692 Abs 1 Nr 1, § 690 I Nr 5), an ein anderes nur, wenn die Parteien dieses übereinstimmend beantragen, was sie nur bis zur Abgabe wirksam können, oder wenn sie inzwischen eine Gerichtsstandsvereinbarung (§ 38 Abs 3 Nr 1) getroffen haben (BayObLG NJW-RR 95, 635). Die Übersendung an das Empfangsgericht (Abs 5) soll unverzüglich erfolgen. – **c) Bekanntmachung** (Abs 1 S 3 Hs 1) 5 an die Parteien durch formlose schriftliche Mitteilung; geht dem § 329 vor, so dass nicht zugestellt werden muss (hM). – **d) Unanfechtbar-** 6 **keit** (Abs 1 S 3 Hs 2) bezieht sich auf die Entscheidung des Rechtspflegers, so dass Erinnerung gem § 11 Abs 2 RPflG bzw § 573 bei Übertragung auf den Urkundsbeamten gem § 36b I Nr 2 RPflG (vgl § 36b Abs 3 RPflG) ausscheidet (Musielak/Voit 3). – **e) Wirkung** (Abs 1 S 4): 7 Die Abgabe beendet das Mahnverfahren. Die Parteien werden Kläger und Beklagter. Die Anhängigkeit des Rechtsstreits beim Gericht, an das abgegeben wird, tritt ein mit dortigem Einlauf der Akten oder des Aktenausdrucks (Abs 2 S 1); dies entspr dem § 281 Abs 2 S 1 Hs 2. Zugleich tritt die Rechtshängigkeit ein (Rn 12; ZöVollkommer 5; aA Musielak/Voit 4). Als Anknüpfungspunkt scheidet die Bekanntmachung der Abgabe (Rn 5) schon deshalb aus, weil der Zeitpunkt mangels Zustellung ungewiss ist. – **f) Kosten** (Abs 1 S 5). Es sind die des Mahn- 8 verfahrens gemeint. Sie sind solche des anschließenden Rechtsstreits.

Das folgt daraus, dass Abs 1 S 5 auf § 281 Abs 3 S 1 verweist. Damit werden die im Rechtsstreit anzuwendenden §§ 91 ff ergänzt (vgl Rn 18). Ausgeschlossen ist eine entspr Anwendung des § 281 Abs 3 S 2, weil das Mahngesuch auch bei Abgabe nicht am unzuständigen Gericht gestellt wurde. Notwendigkeit des Anwaltswechsels: § 91 Rn 37–39. –

9 **g) Passive Streitgenossenschaft** (vgl 4 vor § 688). Legen mehrere Antragsgegner Widerspruch ein (vgl § 694 Rn 1), so wird auch bei notwendiger Streitgenossenschaft an das gemäß § 690 Abs 1 Nr 5 als zuständig bezeichnete Gericht abgegeben. Der Antrag gem § 36 Nr 3 (dort Rn 14) kann noch gestellt werden. Dann kann vom unzuständigen Gericht entspr der bestimmten Zuständigkeit gemäß § 281 (vgl Rn 25) verwiesen werden.

10 **3. Aktenersatz** (Abs 2 S 1). Bei nicht maschineller Bearbeitung gelten die allgemeinen Regeln der AktenO. Der Ausdruck der eingespeicherten Daten ersetzt die Akten. Das setzt voraus, dass alle Daten und Umstände, die eine Akte enthalten muss, eingespeichert werden (vgl hierzu Mayer NJW 83, 92). Beweiskraft (Abs 2): §§ 415, 417.

11 **4. Eintritt der Rechtshängigkeit** (Abs 3). Die materiellrechtliche
12 Vorwirkung (§ 693 Abs 2) bleibt unberührt. – **a) Bei alsbaldiger Abgabe.** Die Rechtshängigkeit mit den Wirkungen des § 261 wird auf die Zustellung (§ 693 Abs 1) zurückbezogen (Fiktion). Maßgebender Zeitpunkt ist der Vollzug der Abgabe, daher der Eingang beim Empfangsgericht (vgl Rn 7). Alsbald: ist wie demnächst iS von § 167 zu verstehen (KG MDR 98, 618 mwN und Anm Müther) und bedeutet insbes, dass vom Gericht oder Antragsgegner verursachte Verzögerungen die Rechtsstellung des Antragstellers nicht beeinträchtigen dürfen, wenn er sie nicht schuldhaft herbeigeführt hat (BGH 103, 20). Von ihm ist spätestens nach Kenntnis des Widerspruchs zu erwarten, dass er innerhalb weniger Tage den Antrag (Abs 1 S 1) stellt und die Gebühren (Rn 3 [3]) einzahlt, sofern er dies nicht schon vorher getan hat (vgl BGH aaO). Die Rückwirkung gilt auch für die in Euro geltend gemachte Fremdwährungsschuld (K. Schmidt NJW 89, 65). – **b) Bei**
13 **späterer Abgabe.** Wird nicht alsbald abgegeben (Rn 12), bleibt die Verjährung gehemmt (Ebert NJW 03, 732) und es tritt die Rechtshängigkeit mit vollzogener Abgabe ein, aber nicht rückwirkend (LG Köln NJW-RR 91, 59). Der Zeitpunkt ist im Gesetz nicht ausdrücklich bestimmt und umstritten (vgl Zinke NJW 83, 1081 mwN). Richtig dürfte sein, auf den Vollzug der Abgabe abzustellen (Rn 7, 12), nämlich Eingang der Akten bei dem Gericht, an das abgegeben wurde (KG MDR 98, 618 mit Anm Müther und MDR 00, 1335 mwN; ZöVollkommer 5; aA Frankfurt NJW-RR 92, 447; Musielak/Voit 4: Eintritt der Rechtshängigkeit mit Zustellung der Anspruchsbegründung wegen § 697 Abs 2 S 1).

14 **5. Rücknahme** des Antrags auf Durchführung des Streitverfahrens (Abs 4) kann, je nach dem wer den Antrag gestellt hat, vom Antragsteller oder -gegner erklärt werden. Sie ist von der Rücknahme des

Mahnantrags (§ 690 Rn 6) und der des Widerspruchs (§ 697 Abs 4) zu unterscheiden. Die Rücknahme des Antrags enthält im Zweifel nicht die des Mahnantrags und nicht die des Widerspruchs. Eine einseitige Erledigterklärung kann nicht in eine Rücknahme des Mahnantrags umgedeutet werden (München NJW-RR 96, 956 mwN; bestr; vgl § 91 a Rn 6), auch nicht in einen Antrag auf Durchführung des streitigen Verfahrens gemäß Abs 1 S 1 (Liebheit NJW 00, 2235). Das Gericht sollte wegen § 269 Abs 3 S 3 aber auf die Antragsrücknahme hinwirken; sonst liegt nur eine Umstellung auf die Kosten vor, wobei der Entscheidungsmaßstab unklar ist (Wolff NJW 03, 553). – **a) Form** der Prozess- **15** handlung: schriftlich oder zu Protokoll der Geschäftsstelle (Abs 4 S 2) eines jeden AG (§ 129 a); außer Anwaltszwang (§ 78 Abs 3). §§ 702, 703 gelten nicht, da das Mahnverfahren mit Abgabe (Rn 7) beendet ist. – **b) Zeitpunkt** (Abs 4 S 1). Er entspricht dem § 39 (dort Rn 5–7). **16** Antragsgegner ist stets der Beklagte. Bis dahin ist die Rücknahme des Antrags jederzeit zulässig; auch vor der Abgabe (Rn 4). Die Rücknahme ist ausgeschlossen, wenn VB (§ 699) ergangen ist. Dann ist nur Klagerücknahme (§ 269) nach Einspruch (§ 701) möglich (ZöVollkommer 2 aE). – **c) Zuständig** zur Entgegennahme ist das Gericht, bei dem die **17** Sache anhängig ist (Rn 7). – **d) Umfang.** Umfaßt der Antrag aus der **18** Anspruchsbegründung (§ 697 Rn 2) einen geringeren Betrag als der Mahnantrag, liegt darin idR eine teilweise Rücknahme des Antrags auf Durchführung des streitigen Verfahrens. Umstritten ist ob dies kostenmäßig wie eine Teilrücknahme zu behandeln ist (München MDR 92, 187; zu verneinen wegen Rn 20). – **e) Wirkung.** Die Rechtshängig- **19** keit entfällt rückwirkend (Abs 4 S 3). Das streitige Verfahren ist beendet, bleibt aber bei dem Gericht anhängig, an das abgegeben wurde (Düsseldorf MDR 81, 766). Nur wenn auch der Widerspruch zurückgenommen wird (§ 697 Abs 4), darf VB ergehen. Wird der Mahnantrag nicht zurückgenommen, so wird das Verfahren nicht betrieben, ruht und der Akt wird nach Ablauf von 6 Monaten gem AktenO weggelegt. – **f) Kosten.** Der Antragsgegner, der den Widerspruch aufrechterhal- **20** ten hat, kann bei Rücknahme durch den Antragsteller wegen seiner außergerichtlichen Kosten nicht Antrag entspr § 269 Abs 3 stellen, weil nicht der Mahnantrag zurückgenommen ist (Stuttgart OLGZ 89, 200 mwN; LG Kaiserslautern MDR 94, 417; ZöVollkommer 2; Fischer MDR 94, 124; aA KG NJW-RR 93, 1472). Für die Gerichtsgebühren gilt KV 1202. – **g) Aufnahme des Verfahrens.** Der Antrag auf Durch- **21** führung des streitigen Verfahrens kann neu gestellt werden (ZöVollkommer 2 mwN). Das führt zur Terminsbestimmung und Eintritt der Rechtshängigkeit ex nunc nach allg Regeln, ferner zur Aufhebung eines gegen den Antragsteller entspr § 269 Abs 3, 4 daher zu Unrecht (vgl Rn 20) ergangenen Kostenbeschlusses (München NJW-RR 87, 957).

6. Empfangsgericht (Abs 5). Dieses ist das im Abgabebeschluss **22** (Rn 4) bezeichnete Gericht ohne Rücksicht darauf, ob es endgültig oder überhaupt sachlich und örtlich zuständig ist. Das Gericht prüft ab

Einleitung des Streitverfahrens (§ 697) seine sachliche und örtliche Zuständigkeit (Rn 25), wie wenn bei ihm Klage erhoben wäre (18 vor
23 § 253). Im einzelnen ist zu beachten: – **a) Keine Bindung.** Dies ist ausdrücklich bestimmt (Abs 5) und folgt daraus, dass die Zuständigkeit des Empfangsgerichts bei Abgabe nicht geprüft wird. Dies gilt für die
24 sachliche wie für die örtliche Zuständigkeit. – **b) Wahlrecht** des Antragstellers (Klägers) hinsichtlich der örtlichen Zuständigkeit (§ 35). Wegen § 690 Abs 1 Nr 5 kann bei mehreren örtlich zuständigen Gerichten der Antragsteller unter ihnen wählen (§ 690 Rn 15). Damit ist das Wahlrecht ausgeübt und erloschen (§ 35 Rn 2; BGH NJW 93, 1273). Es kann nicht mehr durch Verweisungsantrag (§ 281 Abs 1 S 1)
25 ausgeübt werden. Eine Gerichtsstandsbestimmung gem § 36 Abs 1 Nr 1 ist jedoch noch nach Widerspruchseinlegung auf Antrag auf Durchführung des streitigen Verfahrens zulässig (BayObLG Rpfleger 03, 141).
– **c) Zuständigkeit.** Sie wird vom Empfangsgericht geprüft (Rn 22), und zwar ohne Bindung (Rn 23). Maßgebender Zeitpunkt ist nicht die fingiert zurückbezogene Rechtshängigkeit (Abs 3; Rn 12), sondern der Anhängigkeit beim Empfangsgericht infolge des Eingangs der Akten gemäß Abs 1 S 4 (hM; Frankfurt NJW-RR 96, 1403; ZöVollkommer 5–7). Das gilt auch für die sachliche Zuständigkeit (KG NJW-RR 99, 1011). Die Parteien können bis zur Abgabe wirksam den Gerichtsstand vereinbaren (§ 38 Abs 3 Nr 1), ohne dass § 261 Abs 3 Nr 1 entgegensteht (vgl Rn 4). Es ist dann an das vereinbarte Gericht abzugeben (BayObLG NJW-RR 95, 635). Spätere Veränderungen sind (abgesehen von § 506) für die Zuständigkeit unerheblich (KG aaO). Wird die Hauptsache vorher teilweise für erledigt erklärt, kommt es für § 23 Nr 1 GVG auf den Restbetrag an (Frankfurt OLGZ 93, 91 mwN). –
26 **d) Verweisung** (nicht Abgabe, vgl Rn 2) durch das Empfangsgericht erfolgt nach § 281 allein auf Grund dieser Vorschrift und gemäß § 281 Abs 2 in erleichterter Form. Eine Verweisung, die einem Antrag entspricht, der gesetzwidrig einem erloschenen Wahlrecht folgt, wird von BGH NJW 93, 1273 als willkürlich und nicht bindend angesehen; ebenso von KG NJW-RR 99, 1011 die Nichtbeachtung der hM gemäß
27 Rn 25. – **e) Kosten,** die vor dem verweisenden Empfangsgericht entstanden sind, stellen ihrerseits einen Teil der Kosten vor dem Gericht dar, an das verwiesen ist (§ 281 Abs 3 S 1); sie folgen der Kostenentscheidung dieses Gerichts, das § 281 Abs 3 anzuwenden hat, weil eine Verweisung vorlag und der Antragsteller (Kläger) schon im Mahngesuch das zuständige Gericht angeben konnte.

§ 697 Einleitung des Streitverfahrens

(1) [1]**Die Geschäftsstelle des Gerichts, an das die Streitsache abgegeben wird, hat dem Antragsteller unverzüglich aufzugeben, seinen Anspruch binnen zwei Wochen in einer der Klageschrift entsprechenden Form zu begründen.** [2]**§ 270 Satz 2 gilt entsprechend.**

(2) ¹Bei Eingang der Anspruchsbegründung ist wie nach Eingang einer Klage weiter zu verfahren. ²Zur schriftlichen Klageerwiderung im Vorverfahren nach § 276 kann auch eine mit der Zustellung der Anspruchsbegründung beginnende Frist gesetzt werden.

(3) ¹Geht die Anspruchsbegründung nicht rechtzeitig ein, so wird bis zu ihrem Eingang Termin zur mündlichen Verhandlung nur auf Antrag des Antragsgegners bestimmt. ²Mit der Terminbestimmung setzt der Vorsitzende dem Antragsteller eine Frist zur Begründung des Anspruchs; § 296 Abs. 1, 4 gilt entsprechend.

(4) ¹Der Antragsgegner kann den Widerspruch bis zum Beginn seiner mündlichen Verhandlung zur Hauptsache zurücknehmen, jedoch nicht nach Erlaß eines Versäumnisurteils gegen ihn. ²Die Zurücknahme kann zu Protokoll der Geschäftsstelle erklärt werden.

(5) ¹Zur Herstellung eines Urteils in abgekürzter Form nach § 313 b Abs. 2, § 317 Abs. 4 kann der Mahnbescheid an Stelle der Klageschrift benutzt werden. ²Ist das Mahnverfahren maschinell bearbeitet worden, so tritt an die Stelle der Klageschrift der maschinell erstellte Aktenausdruck.

Abs 1 geänd durch Art 1 Nr 6 OLGVertrÄndG mWv 1. 8. 02.

1. Allgemeines. § 697 regelt den Übergang in das Streitverfahren **1** bei dem Gericht, an das nach Widerspruch abgegeben ist (§ 696 Abs 5). Beim ArbG gilt § 46 a Abs 4 ArbGG, in Wohnungseigentumssachen § 46 a Abs 2 WEG. Nachdem Widerspruch erhoben ist (vgl § 696 Abs 1 S 1), darf kein VB erteilt werden (§ 699 Abs 1 S 1), solange der Widerspruch nicht zurückgenommen ist (Rn 16).

2. Anspruchbegründung. – a) Inhalt. Sie entspricht der Klage- **2** schrift (Abs 1) und muss daher den Inhalt des § 253 Abs 2 aufweisen. Es gilt auch § 253 Abs 3–5. Der Klageantrag darf nicht durch eine Bezugnahme auf den Mahnantrag oder -bescheid ersetzt werden (bestr). Der Klageantrag muss nicht gleich mit dem Mahnantrag sein. Eine Anspruchserweiterung (§ 264 Nr 2) wirkt über § 696 Abs 3 zurück (BGH Rpfleger 88, 194 m Anm Vollkommer). Auch § 78 muss erfüllt sein (Karlsruhe NJW 88, 2806); schriftliche oder in mdl Vhdlg erklärte Bezugnahme eines RA auf eine eingereichte, auch schon zugestellte und nicht dem § 78 genügende Anspruchsbegründung reicht aus (BGH 84, 136). – **b) Zeitpunkt.** Die Anspruchsbegründung kann wirksam bei **3** Gericht eingereicht werden bis zum Urteil (vgl Rn 9). Der Antragsteller kann sie auch (verfrüht) schon vor Abgabe (§ 696 Abs 1) einreichen, das Mahngericht sie zustellen. Sie kann dann für das weitere Verfahren verwendet werden (umstr; offen gelassen von BGH NJW-RR 94, 889 mwN). Entspricht sie nicht dem § 78, kann ein RA wirksam auf sie Bezug nehmen (vgl Rn 2 aE), auch wenn sie das Mahngericht bereits zugestellt hat (BGH 84, 136). – **c) Verfügung,** mit der die Anspruchs- **4**

begründung aufgegeben wird (Abs 1). Sie wird als Prozesshandlung des Gerichts erst mit Zugang wirksam (BGH 134, 387). Für diesen gilt § 270 S 2. Das Gericht, an das abgegeben wurde, ist das Empfangsgericht (§ 696 Rn 22). Zuständig ist die Geschäftsstelle, also der Urkundsbeamte (§ 153 Abs 1 GVG). Für die Aufforderung sind Vordrucke eingeführt. Sie muss auf die Anspruchsbegründung mit einem der Klageschrift entsprechenden Inhalt (Rn 2) gerichtet sein und auf die 2-Wochen-Frist (ab Zugang) hinweisen. Wegen dieser Frist ist Zustellung geboten (§ 329 Abs 2 S 2 entspr). Die Fristversäumung gestattet (im Gegensatz zu Abs 3 S 2) keine Zurückweisung gemäß § 296 Abs 1 (Nürnberg NJW-RR 00, 445).

5　　**3. Bis Eingang der Anspruchsbegründung. – a) Vor Fristablauf.**
Solange die Frist des Abs 1 noch nicht abgelaufen ist, muss der Akt dem zuständigen Richter vorgelegt werden, wenn Rücknahme des Antrags auf Durchführung des Streitverfahrens (§ 696 Abs 4) oder Rücknahme des Widerspruchs (Abs 4) erklärt ist, aber auch, wenn sonstiger Einlauf vorliegt, insbes ein Antrag des Beklagten auf Durchführung des Streitverfahrens. Eine Terminierung (§ 272 Abs 2, § 216 Abs 1) kommt nicht
6 in Betracht. – **b) Nach Fristablauf** (Abs 3). **aa) Terminsbestimmung** (§ 272 Abs 1, § 216 Abs 1) unterbleibt, solange die Anspruchsbegründung nicht eingegangen ist. Sie darf nur erfolgen, wenn der Antragsgegner (Beklagte) dies beantragt (Abs 3 S 1). Hierfür genügt der Antrag auf Durchführung des Streitverfahrens (§ 696 Abs 1 S 1) nicht.
7 **bb) Frist zur Anspruchsbegründung** (Abs 3 S 2) muss, wenn der Antragsgegner Terminsbestimmung beantragt, vom zuständigen Richter gesetzt werden, zusammen mit der den gewöhnlichen Erfordernissen entsprechenden Terminsbestimmung (gem § 272 Abs 3, § 216). Eine Mindestfrist und eine Belehrung sind nicht vorgeschrieben. § 277 Abs 2 und 3 gilt nur für die Replik (§ 275 Abs 4, § 277 Abs 4), nicht für die Klagebegründung. Es liegt aber nahe, wegen der Anwendbarkeit von § 296 Abs 1, 4 den § 277 Abs 2, 3 für die Anspruchsbegründung entsprechend anzuwenden. Jedenfalls empfiehlt sich, die Frist nicht unter 2 Wochen zu bestimmen.

8　　**4. Verspätete oder unterbliebene Anspruchsbegründung.** Sie hat für den Antragsteller und Kläger für sich alleine keine nachteiligen Folgen (Nürnberg NJW-RR 00, 445) Nur im Fall der Terminsbestimmung gemäß Abs 3 S 2 (Rn 7) mit Fristsetzung zur Anspruchsbegründung können die darin enthaltenen Angriffs- und Verteidigungsmittel zurückgewiesen werden, wenn die Voraussetzungen des § 296 Abs 1 gegeben sind (Abs 3 S 2 Hs 2 (Nürnberg aaO). Vorherige Belehrung analog § 277 Abs 2 u 4 ist aber geboten. Unterbleibt die Anspruchsbegründung bis zum Schluss der mdl Vhdlg (§ 296 a), so wird die Klage mit dem Streitgegenstand des Mahnantrags (vgl § 688 Rn 1) abgewiesen, und zwar als unzulässig wegen Fehlens ordnungsgemäßer Klageerhebung (16 vor § 253; LG Gießen NJW-RR 95, 62 mwN; aA Musielak/Voit 6), daher auch dann durch streitiges Urteil, wenn der Antragsteller (Kläger) im Termin säumig ist (§ 330 Rn 1).

5. Nach Eingang der Anspruchsbegründung (Abs 2) ist wie bei 9
einer Klageschrift (§ 253) nach § 272 zu verfahren, gleichgültig, ob die
Anspruchsbegründung rechtzeitig (innerhalb der Frist, Rn 7) oder verspätet (Rn 8) eingeht. – **a) Noch nicht bestimmter Termin** (Abs 2 10
S 1). Der Richter hat die freie Wahl (§ 272 Abs 2): **aa) Früher erster
Termin** (§ 275). Er wird ohne Rücksicht darauf bestimmt, ob die
Anspruchsbegründung den gesetzlichen Erfordernissen entspricht, insbes
dem § 78 und dem § 253 Abs 2–4 (vgl Rn 2). Die Einlassungsfrist
(§ 274 Abs 3) gilt. Das weitere Verfahren richtet sich nach den §§ 277 ff.
bb) Schriftliches Vorverfahren (§ 276). Der Vorsitzende (am LG 11
oder der Richter am AG fordert mit Zustellung der Anspruchsbegründung (statt Klage, § 276 Abs 1 S 1) den Antragsgegner (Beklagten) zur
schriftlichen Anzeige auf, ob er sich gegen die Klage verteidigen wolle.
Dies ist trotz des vorausgegangenen Widerspruchs (§ 694) geboten, weil
der Beklagte jetzt erstmals die (prozessuale) Begründung des erhobenen
Anspruchs erfährt und, wenn er die Anzeige unterlässt, ein Versäumnisurteil (§ 331 Abs 3) möglich bleiben soll. Die Aufforderung richtet sich
im Übrigen nach § 276 Abs 1 S 1, Abs 2. Ein Hinweis, dass der Widerspruch noch nicht die Anzeige der Verteidigungsabsicht darstellt, ist
geboten (Holch NJW 91, 3177). Die Klageerwiderungsfrist (§ 276
Abs 1 S 2) kann in ihrem Beginn schon auf die Zustellung der Anspruchsbegründung bezogen werden (Abs 2 S 2). Sie muss also nicht
auf zwei weitere Wochen nach Ablauf der Anzeigefrist (§ 276 Abs 1
S 2) hinausgeschoben werden. Das weitere Verfahren richtet sich nach
den §§ 277 ff. – **b) Bereits bestimmter Termin** (Abs 3 S 2; Rn 6). Die 12
Anspruchsbegründung muss dem Antragsgegner (Beklagten) zugestellt
werden (entspr § 253 Abs 1). Kommt sie so knapp vor dem Termin, insbes
mit versäumter (richterlicher) Frist des Abs 3 S 2, so dass sie vorher nicht
mehr zugestellt werden kann, bleibt Aushändigung im Termin oder in der
Geschäftsstelle (§ 173) möglich. Dann kann über eine ordnungsgemäß erhobene Klage verhandelt und, falls sie im Übrigen zulässig ist, streitig über
ihre Begründetheit entschieden werden, wenn nicht Versäumnisurteil
gem § 330 ergeht. Eine Verurteilung des Beklagten wird wegen § 275
Abs 3 idR nur in einem neuen Termin in Betracht kommen. – **c) Ein-** 13
gang nach dem Termin. Geht die Anspruchsbegründung nach der
Verkündung des klagabweisenden Urteils (Rn 8) ein, bleibt sie unbeachtet
(§ 296a S 1). Geht sie vor Verkündung (§ 310 Abs 1 S 1) ein, bleibt Wiedereröffnung der mdl Vhdlg möglich (§ 296a S 2, § 156).

6. Rücknahme des Widerspruchs (Abs 4) ist eine Prozesshand- 14
lung (Einl III). Sie ist von der Rücknahme des Antrags auf Durchführung des Streitverfahrens (§ 696 Abs 4) zu unterscheiden. Die
Rücknahme kann auf einen Teil des Widerspruchs (vgl § 694 Rn 5)
beschränkt werden. – **a) Form:** im Termin mündlich, außerhalb der 15
Verhandlung schriftlich, ohne Anwaltszwang (wegen § 78 Abs 3), weil
die Rücknahme zu Protokoll der Geschäftsstelle erklärt werden kann
(Abs 4 S 2); daher auch in mdl Vhdlg vor dem LG ohne RA. Voll-

machtnachweis richtet sich nach § 88 Abs 2, da § 703 im Streitverfahren nicht mehr gilt. Die Erklärung zu Protokoll kann vor jedem AG
erfolgen (§ 129 a). § 702 gilt nicht, da bereits das Streitverfahren läuft. –

16 **b) Zeitraum** (Abs 4 S 1). Ab Einlegung kann der Widerspruch (§ 694
Rn 1) jederzeit bis zum Beginn der mdl Vhdlg des Antragsgegners
(Beklagten) zur Hauptsache (wie § 39 Rn 5–7) zurückgenommen werden, wenn nicht vorher ein Versäumnisurteil (§ 331) ergangen ist. Von
dessen Erlass an (unabhängig von der Zustellung) und ab Beginn der
mdl Vhdlg zur Hauptsache ist die Rücknahme ausgeschlossen und,
wenn sie erklärt wird, unwirksam. Der Beklagte kann anerkennen
(§ 307) oder Versäumnisurteil ergehen lassen (§§ 331, 333). Maßgebend
ist bei Erklärung der Rücknahme zu Protokoll der Eingang beim Pro-
17 zessgericht (§ 129 a Abs 2 S 2). – **c) Wirkung** der Rücknahme. Diese
ist dem Antragstellen (Kläger) mitzuteilen (Musielak/Voit 8). Ein bereits
eingeleitetes Streitverfahren endet (bei Teilrücknahme nur zum betroffenen Teil, vgl Rn 14) und es kann VB erteilt werden (§ 699).
Diesen erteilt, um Verzögerungen zu vermeiden, das Gericht, bei dem
die Sache anhängig ist, nach Abgabe der Rechtspfleger des Prozessge-
18 richts (§ 699 Abs 1 S 3; § 20 Nr 1 RPflG). – **d) Kosten,** die vor dem
Prozessgericht entstanden sind, werden in den VB aufgenommen
(§ 699 Abs 3 S 1). Gebührenermäßigung: KV 1202.

19   **7. Vereinfachte Urteile** (Abs 5). Anwendbar für Versäumnis-, An-
erkenntnis- und Verzichturteile (§ 313 b). Herstellung des Urteils gem
§ 313 b Abs 2. Der MB ersetzt die Klageschrift, bei maschineller Bearbeitung (§ 689 Abs 1 S 2) der Aktenausdruck (§ 703 b Abs 1), weil ein
gesonderter MB bei Gericht nicht existiert. Ausfertigungen: § 317 Abs 4.

§ 698 Abgabe des Verfahrens am selben Gericht

**Die Vorschriften über die Abgabe des Verfahrens gelten sinn-
gemäß, wenn Mahnverfahren und streitiges Verfahren bei demselben Gericht durchgeführt werden.**

1   Es gilt § 696 im vollem Umfang entspr, wenn das Mahngericht
(Mahnabteilung) dasselbe AG ist, das gem § 690 Abs 1 Nr 5 als zuständig bezeichnet wurde. Dessen Streit- oder Familiengericht, an das abzugeben ist, verfährt nach § 697. Wohnungseigentumssachen: § 46 a
Abs 1 WEG. Arbeitsgericht: § 46 a Abs 3 ArbGG.

§ 699 Vollstreckungsbescheid

**(1) ¹Auf der Grundlage des Mahnbescheids erläßt das Gericht
auf Antrag einen Vollstreckungsbescheid, wenn der Antragsgegner nicht rechtzeitig Widerspruch erhoben hat. ²Der Antrag
kann nicht vor Ablauf der Widerspruchsfrist gestellt werden; er
hat die Erklärung zu enthalten, ob und welche Zahlungen auf
den Mahnbescheid geleistet worden sind; § 690 Abs. 3 gilt entsprechend. ³Ist der Rechtsstreit bereits an ein anderes Gericht
abgegeben, so erläßt dieses den Vollstreckungsbescheid.**

(2) **Soweit das Mahnverfahren nicht maschinell bearbeitet wird, kann der Vollstreckungsbescheid auf den Mahnbescheid gesetzt werden.**

(3) [1] **In den Vollstreckungsbescheid sind die bisher entstandenen Kosten des Verfahrens aufzunehmen.** [2] **Der Antragsteller braucht die Kosten nur zu berechnen, wenn das Mahnverfahren nicht maschinell bearbeitet wird; im übrigen genügen die zur maschinellen Berechnung erforderlichen Angaben.**

(4) [1] **Der Vollstreckungsbescheid wird dem Antragsgegner von Amts wegen zugestellt, wenn nicht der Antragsteller die Übergabe an sich zur Zustellung im Parteibetrieb beantragt hat.** [2] **In diesen Fällen wird der Vollstreckungsbescheid dem Antragsteller zur Zustellung übergeben; die Geschäftsstelle des Gerichts vermittelt diese Zustellung nicht.** [3] **Bewilligt das mit dem Mahnverfahren befaßte Gericht die öffentliche Zustellung, so wird die Benachrichtigung nach § 186 Abs. 2 Satz 2 und 3 an die Gerichtstafel des Gerichts angeheftet, das in dem Mahnbescheid gemäß § 692 Abs. 1 Nr. 1 bezeichnet worden ist.**

1   **1. Allgemeines.** Der VB ist Vollstreckungstitel (§ 794 Abs 1 Nr 4) und steht einem Versäumnisurteil gleich (§ 700 Abs 1). Er ist selbständig, nicht bloße Vollstreckbarerklärung des MB und hat, nicht notwendig den vollen oder gleichen Inhalt des MB. Berichtigung (§ 319) ist möglich.

2   **2. Antrag** auf VB (Abs 1) ist Prozesshandlung (Einl III). Er kann nur vom Antragsteller (§ 690) oder von dessen Rechtsnachfolger gestellt werden. – 3 **a) Form.** Es gilt § 702. Unterschrift ist gem dem eingeführten Vordruck erforderlich; dieser muss benutzt werden (§ 703 c Abs 2). Bei maschineller Bearbeitung ist die Unterschrift entbehrlich (Abs 1 S 2 Hs 3, § 690 Abs 3 Hs 2). – 4 **b) Zeitraum.** Der Antrag darf nicht vor Ablauf der Widerspruchsfrist (§ 694 Rn 3; § 692 Abs 1 Nr 3) gestellt werden (Abs 1 S 2 Hs 1). Gestellt ist er mit dem Datum der Erklärung gem Abs 1 S 2 Hs 2 (LG Stade NJW 81, 2366 mwN; LG Düsseldorf Büro 83, 1410; aA Musielak/Voit 3 mwN). Der Antrag darf nicht vorsorglich für den Fall gestellt werden, dass Widerspruch nicht rechtzeitig eingelegt werde. Wirksam gestellt werden kann der Antrag nur bis (verspäteter) Widerspruch eingelegt wird (§ 694 Abs 1), und nur innerhalb der 6-Monats-Frist des § 701. Der Zeitraum wird neu eröffnet durch Rücknahme des Widerspruchs (§ 697 Rn 16). – 5 **c) Inhalt** (Abs 1 S 2 Hs 2). Er ist durch Vordruck (§ 703 c) ausgestaltet. Es muss die (wegen § 138 Abs 1 unter Wahrheitspflicht stehende) Erklärung abgegeben werden, welche Zahlungen auf den im MB enthaltenen Anspruch geleistet worden sind, trotz des Wortlauts von Hs 2 selbstverständlich auch solche Zahlungen, die vor Erlass oder Zustellung des MB auf den Anspruch erfolgt sind. Da die Zahlungen berücksichtigt werden müssen, ist der Antrag auf VB entspr beschränkt. Der VB wird dann ggf nur über den Teilbetrag erlassen. – 6 **d) Mitteilung** des Antrags an Antragsgegner unterbleibt (§ 702 Abs 2). – 7 **e) Rücknahme** des

Antrags ist nur bis zum Erlass des VB wirksam möglich. Es gelten § 702 Abs 1 S 1 und § 703; also nicht telefonisch. In der Frist des § 701 kann der Antrag erneuert werden (Fischer MDR 94, 124).

8   **3. Zurückweisung des Antrags** durch Beschluss des Rechtspflegers (§ 20 Nr 1 RPflG), gem § 702 Abs 2 ohne vorherige Anhörung des Antragsgegners. Führt zum Wegfall der Wirkungen des MB (§ 701

9   S 2). – **a) Voraussetzungen.** Der Antrag ist unwirksam, verfrüht oder verspätet (Rn 4), entspricht inhaltlich nicht der Anforderung des Abs 1 S 2 Hs 2 (Rn 5) oder es fehlt eine sonstige Voraussetzung des VB (Rn 17). Ist vor Erlass des VB noch verspätet Widerspruch eingelegt worden, sollte vor Zurückweisung des Antrags Gelegenheit zur Rücknahme (Rn 7) gegeben werden. Es kann auch die Mitteilung genügen, dass angenommen wird, der Antrag werde nicht mehr aufrechterhalten.

10   – **b) Bekanntmachung** des Beschlusses. Grundsätzlich formlos (§ 329 Abs 2 S 1), aber wegen § 329 Abs 2 S 2 Zustellung an Antragsteller,

11   wenn sofortige Erinnerung stattfindet (Rn 12). – **c) Rechtsbehelfe. aa)** Gegen Zurückweisung des Antrags auf VB durch Beschluss des Rechtspflegers sofortige Beschwerde (§ 11 Abs 1 RPflG, § 567 Abs 1

12   Nr 2). **bb)** Gegen die (auch nur teilweise) Zurückweisung von Kosten (vgl Rn 17) findet je nach Höhe des Beschwerdewerts (§ 567 Abs 2 S 2) sofortige Beschwerde (§ 104 Abs 3 S 1, § 11 Abs 1 RPflG) oder sofortige Erinnerung (§ 11 Abs 2 RPflG) statt. Die Beschwerdesumme beträgt 50 Euro (§ 567 Abs 2 S 2), wenn es nur um die Höhe, 100 Euro (§ 567 Abs 2 S 1), wenn es um die Kostenüberbürdung geht.

13   **4. Erlass des Vollstreckungsbescheids** (Abs 1 S 1) bis zur Abgabe durch den Rechtspfleger (§ 20 Nr 1 RPflG) des Mahngerichts. Ist abgegeben worden, so ist der Rechtspfleger des Prozessgerichts zuständig (Abs 1 S 3). Das gilt auch dann, wenn kein Widerspruch eingelegt ist und irrtümlich abgegeben wurde (aA München NJW-RR 89, 128) oder der Widerspruch als unwirksam erkannt wird (BGH NJW 98, 235).

14   – **a) Voraussetzungen.** Sie sind von Amts wegen zu prüfen. Nicht dazu gehört der Bestand der Forderung. **(1)** Antrag. Er muss wirksam, rechtzeitig und inhaltlich ordnungsgemäß sein (Rn 2–5). **(2)** Widerspruch (§ 694) darf zZ der Entscheidung noch nicht eingelegt, muss zurückgenommen sein oder wird als unwirksam erkannt. Die Rücknahme des Antrags auf streitige Verhandlung (§ 696 Abs 4) genügt nicht (§ 696 Rn 14). **(3)** Widerspruchsfrist (§ 694 Rn 3) muss abgelaufen sein. **(4)** Wirksame Zustellung des MB (§ 693 Rn 1). **(5)** Mahnbescheid muss wirksam und noch gem § 701 in Kraft sein. **(6)** Zulässigkeit des VB. Die in § 691 Rn 2–4 genannten Prozessvoraussetzungen und die besonderen des Mahnverfahrens (§ 688) müssen vorliegen, insbes die Zuständigkeit des § 689 Abs 2 (BGH

15   NJW 90, 1119) oder des Empfangsgerichts (Abs 1 S 3). – **b) Form** (Abs 2): Bei maschineller Bearbeitung wird der VB selbständig gem § 703b Abs 1 ausgedruckt; andernfalls wird er mit Unterschrift des Rechtspflegers auf einem selbständigen Formular erstellt. Die Unterschrift ist nicht nachholbar, wenn inzwischen Widerspruch (§ 694 Abs 1) eingelegt wird (Münch-

chen MDR83, 675). – **c) Inhalt.** Er ergibt sich aus dem Vordruck. **16**
Der VB kann auch als TeilVB erlassen werden (Rn 5). Bestimmung der
Einspruchsfrist gemäß § 339 Abs 2.

5. Kosten (Abs 3). – **a) Aufnahme** in den VB. Die notwendigen **17**
Kosten (§ 91) sind ohne besonderen Antrag aufzunehmen und wie bei
§ 104 zu prüfen (LG Stuttgart Rpfleger 88, 537). Die Aufnahme (Abs 3
S 1) stellt gleichzeitig eine Kostenentscheidung und -festsetzung dar. Sie
schließt eine solche nach § 104 aus (hM; KG Rpfleger 95, 424 mwN).
Es sind alle bis zum Erlass des VB entstandenen Kosten aufzunehmen
und stets dem Antragsgegner aufzuerlegen, bei TeilVB nicht die Kosten
des MB (LG Hagen Rpfleger 90, 518). – **b) Umfang.** Die Kosten **17 a**
umfassen auch die Gerichtsgebühren der gem § 2 GKG davon befreiten
Antragsteller (vgl § 692 Rn 4). Eine nachträgliche Ergänzung des VB
oder ein von vorneherein darauf gegründeter Kostenfestsetzungsbeschluss
werden für zulässig gehalten (München NJW-RR 97, 895; MüKo/Holch
41, 42; aA KG Rpfleger 95, 424). Kostenberechnung (Gebühren und
Auslagen) obliegt dem Antragsteller. Glaubhaftmachung oder Versicherung (§ 104 Abs 2) darf nicht verlangt werden. Verzinsung (nur auf
Antrag) wird ab Erlass des VB ausgesprochen (entspr § 104 Abs 1 S 2).
Hat der Antragsgegner vor dem Antrag auf VB gezahlt, der Antragsteller dies entgegen Abs 1 S 2 Hs 2 nicht angegeben und wird VB erlassen, ist Einspruch einzulegen, um über § 91 a die Kostenfolge abzuwenden. Die sog Inkassokosten können nicht als Kosten, sondern nur
als Verzugsschaden (§ 286 BGB) und Nebenforderung geltend gemacht
werden. – **c) Gebühren:** Für das Gericht verbleibt es bei den bereits **18**
angefallenen aus KV 1100. RA: § 43 Abs 1 Nr 3 BRAGO.

6. Rechtsbehelfe. – **a) Vollstreckungsbescheid.** Es findet Ein- **19**
spruch statt (§ 700 Abs 1, § 338), keine Erinnerung (§ 11 Abs 3 S 2
RPflG), auch soweit der VB nur teilweise erlassen ist. – **b) Kosten- 20
festsetzung** (Rn 17). Es finden die gemäß § 104 Abs 3 S 1 vorgesehenen Rechtsbehelfe statt: (sofortige Beschwerde oder sofortige Erinnerung (vgl Rn 12), weil auch gegen die Kostenfestsetzung im VB ein
Rechtsbehelf gegeben sein muss und der Einspruch nicht auf Kostenpositionen beschränkt werden kann.

7. Zustellung des VB (Abs 4). – **a) Grundsatz** (Abs 4 S 1 Hs 1). **21**
Der VB wird in einer Ausfertigung von Amts wegen zugestellt durch
die Geschäftsstelle desjenigen Gerichts, das ihn erlassen hat. Das gilt
nur, soweit nicht Rn 22 zutrifft. Ist von Amts wegen zugestellt, erhält
der Antragsteller über §§ 795, 724 eine vollstreckbare Ausfertigung des
VB, auf der die Zustellung (mit Datum) vom Urkundsbeamten bescheinigt ist. Die Zustellungsurkunde (§ 182) bleibt jedenfalls im Gerichtsakt. – **b) Unterbleiben der Zustellung von Amts wegen 22**
(Abs 4 S 1, 2) ist die Ausnahme. **aa) Voraussetzung** ist Antrag des
Antragstellers auf Übergabe des VB zur Zustellung im Parteibetrieb
(§ 191 Rn 1 ff). Form: § 702. Kann schon im Antrag auf VB (Rn 2)
enthalten sein. **bb) Folgen.** Dem Antragsteller wird die Ausfertigung **23**

des VB übergeben oder übersandt; er kann die Zustellung im Parteibetrieb (§§ 191 ff) vornehmen lassen. Diese Zustellung setzt die Einspruchsfrist in Lauf (Koblenz NJW 81, 408; Bischof NJW 80, 2235) und genügt für § 750 Abs 1 S 2. Für die Zustellung muss der Antragsteller selbst
24 einen Gerichtsvollzieher beauftragen (Abs 4 S 2 Hs 2). – **c) Öffentliche
Zustellung** des VB (Abs 4 S 3) kommt nur dann in Betracht, wenn
der MB wirksam (also nicht öffentlich) zugestellt wurde (vgl § 688
Abs 1 Nr 3) und danach die Voraussetzungen des § 203 (ab 1. 7. 02:
§ 185) eingetreten sind. Zuständig ist das Gericht, bei dem das Mahnverfahren hängt; das kann nach Abgabe und nachfolgender Rücknahme
des Widerspruchs (§ 697 Abs 4) das Prozessgericht sein (Abs 1 S 3). Die
öffentliche Zustellung (§ 186 Abs 2) bewilligt der Rechtspfleger (§ 4
Abs 1, § 20 Nr 1 RPflG). Sie erfolgt durch die Anheftung (der Benachrichtigung gem § 186 Abs 2 S 2) an der Gerichtstafel des im Mahnbescheid gem § 692 Abs 1 Nr 1, § 690 Abs 1 Nr 5 als zuständig bezeichneten Gerichts (Abs 4 S 3).

§ 700 Einspruch gegen den Vollstreckungsbescheid

(1) **Der Vollstreckungsbescheid steht einem für vorläufig vollstreckbar erklärten Versäumnisurteil gleich.**

(2) **Die Streitsache gilt als mit der Zustellung des Mahnbescheids rechtshängig geworden.**

(3) **¹Wird Einspruch eingelegt, so gibt das Gericht, das den
Vollstreckungsbescheid erlassen hat, den Rechtsstreit von Amts
wegen an das Gericht ab, das in dem Mahnbescheid gemäß § 692
Abs. 1 Nr. 1 bezeichnet worden ist, wenn die Parteien übereinstimmend die Abgabe an ein anderes Gericht verlangen, an dieses. ²§ 696 Abs. 1 Satz 3 bis 5, Abs. 2, 5, § 697 Abs. 1, 4, § 698 gelten entsprechend. ³§ 340 Abs. 3 ist nicht anzuwenden.**

(4) **¹Bei Eingang der Anspruchsbegründung ist wie nach Eingang einer Klage weiter zu verfahren, wenn der Einspruch nicht
als unzulässig verworfen wird. ²§ 276 Abs. 1 Satz 1, 3, Abs. 2
ist nicht anzuwenden.**

(5) **Geht die Anspruchsbegründung innerhalb der von der
Geschäftsstelle gesetzten Frist nicht ein und wird der Einspruch
auch nicht als unzulässig verworfen, bestimmt der Vorsitzende
unverzüglich Termin; § 697 Abs. 3 Satz 2 gilt entsprechend.**

(6) **Der Einspruch darf nach § 345 nur verworfen werden,
soweit die Voraussetzungen des § 331 Abs. 1, 2 erster Halbsatz
für ein Versäumnisurteil vorliegen; soweit die Voraussetzungen
nicht vorliegen, wird der Vollstreckungsbescheid aufgehoben.**

1 **1. Bedeutung und Wirkung** des VB. – **a) Gleichstehen** mit
Versäumnisurteil (Abs 1). **aa) Rechtsbehelf.** Es findet ausschließlich
Einspruch statt (§ 338; vgl §§ 11 Abs 3 S 2, 36b Abs 3 RPflG). Die
Zwangsvollstreckung kann bei Einspruch einstweilen eingestellt werden

(§§ 719, 707). § 717 ist anwendbar. **bb) Rechtskraft.** Bei ordnungs- **2** gem Zustellung des VB tritt mit versäumter Einspruchsfrist Rechtskraft ein, formell (§§ 705, 339 Abs 1) und materiell (§§ 322–327; hM; BGH 101, 380; aA StJSchlosser 10; Grün NJW 91, 2860: nicht für §§ 134, 138 BGB). Es darf gegen allein § 826 BGB zugelassen werden (BGH aaO; Brox/Walker 1349; aA Grün aaO: § 812 BGB und § 767). Das ist nur ausnahmsweise gegeben (BGH 112, 54 und NJW 99, 1257), insbes dann nicht, wenn der Antragsgegner durch einen RA vertreten war (BGH NJW 87, 3259), der Anspruch keine fallgruppentypischen Merkmale der Sittenwidrigkeit hat (BGH 103, 44 und NJW 98, 2818), unvollkommen war, zB § 656 BGB (aA LG Essen NJW-RR 90, 1209) oder in der Höhe unstimmig begründet (BGH NJW 91, 1884). Die Vollstreckungsorgane haben dies nicht zu beachten (allgM; Geißler DGVZ 89, 129 [136]). – **b) Rechtshängigkeit** (Abs 2). Ihr **3** Eintritt wird rückwirkend fingiert, bezogen auf die Zustellung des MB (§ 693 Abs 1). Voraussetzung ist lediglich Erlass des VB (§ 699 Abs 1 S 1), nicht seine Zustellung. Wirkung: § 261 Abs 3. – **c) Klagerücknahme** kann gem § 269 erklärt werden und steht im Gegensatz zur Rücknahme des Antrags auf Durchführung des Streitverfahrens (§ 696 Abs 4, dort Rn 14) unter Anwaltszwang (Koblenz Büro 84, 461). **4**

2. Einspruch gegen den VB findet gemäß § 338 statt (Abs 1). – **5** **a) Form:** § 340; aber nur dessen Abs 1 und 2 gelten, denn Abs 3 S 2 erklärt § 340 Abs 3 (Einspruchsbegründung) für unanwendbar, weil die Anspruchsbegründung noch nicht vorliegt. Für Vollmachtnachweis gilt § 703. Adressat ist das Gericht, das den VB erlassen hat (§ 699 Rn 13). Auch der Einspruch gegen einen VB muss grundsätzlich unterzeichnet sein (BGH 101, 134). Selbst wenn den VB nach Rücknahme des Widerspruchs (§ 697 Abs 4) oder Antrags auf Durchführung des Streitverfahrens das LG erlassen hat (§ 699 Abs 1 S 3), besteht wegen § 88 Abs 2 kein Zwang zum Vollmachtsnachweis und kein Anwaltszwang, weil die §§ 703, 702, 78 Abs 3 wieder gelten (hM). – **b) Frist:** Notfrist von **6** 2 Wochen ab Zustellung des VB (§ 339 Abs 1), auch wenn sie im Parteibetrieb (§ 699 Rn 23) und ohne Rechtsbehelfsbelehrung erfolgt ist (Karlsruhe Justiz 87, 427). Vor dem ArbG eine Woche (§ 46a Abs 1, § 59 S 1 ArbGG). – **c) Rücknahme des Einspruchs** (hierzu Fischer **7** MDR 94, 124 [126]). Wie jeder Rechtsbehelf kann auch der Einspruch, nachdem er eingelegt ist, ohne Einwilligung des Antragstellers (Klägers) zurückgenommen werden. Durch die Verweisung in Abs 3 S 2 auf § 697 Abs 4 ist er den Regeln unterstellt, die für die Rücknahme des Widerspruchs hinsichtlich Form und Zeitraum gelten (§ 697 Rn 13–15), so dass insbes kein Anwaltszwang besteht. Wegen § 346 gilt § 516 Abs 3 mit Zuständigkeit des Richters (Musielak/Voit 5 mwN). Selbstverständlich kann der Einspruch auch in einem späteren Verfahrensstadium zurückgenommen werden (§§ 516 Abs 1, 346). Mit wirksamer Rücknahme wird der VB rechtskräftig (§ 705 Rn 1) und der Rechtspfleger wieder zuständig (Frankfurt Rpfleger 90, 201).

8   **3. Abgabe** (Abs 3 S 1) ist von einer Verweisung zu unterscheiden (wie § 696 Rn 2). – **a) Zuständig** ist der Rechtspfleger (§ 20 Nr 1 RPflG) des Gerichts, das den VB erlassen hat und bei dem der Einspruch einzulegen war (Rn 5). Dieser gibt nur ab und lässt nicht die Einspruchs-

9 schrift zustellen. – **b) Voraussetzung** ist lediglich, dass Einspruch eingelegt ist. Er muss nicht zulässig sein; das wird daher nicht geprüft.

10 Abgegeben wird auch innerhalb desselben Gerichts (§ 698). – **c) Entscheidung:** § 696 Rn 4. Bekanntmachung: § 696 Rn 5, weil Abs 3 S 2 auf § 696 Abs 1 S 3 verweist. Unanfechtbarkeit: wie § 696 Rn 6, weil Abs 3 S 2 auf § 696 Abs 1 S 3 verweist. Wirkung: wie § 696 Rn 7, weil Abs 3 S 2 auf § 696 Abs 1 S 4 verweist. Kosten: wie § 696

11 Rn 8, weil Abs 3 S 2 auf § 696 Abs 1 S 5 verweist. – **d) Aktenersatz:** wegen Abs 3 S 2 wie § 696 Rn 10, weil auch auf § 696 Abs 2 verwie-

12 sen ist. – **e) Bindung** tritt nicht ein. Das Empfangsgericht (wie § 696 Rn 22) wird durch die Abgabe in seiner Zuständigkeit nicht gebunden (Abs 3 S 2, § 696 Abs 5). Es kann daher den Rechtsstreit verweisen (Rn 14).

13   **4. Verfahren des Empfangsgerichts** (Abs 3 S 2; § 697 Abs 1 und 4). Mit Eingang der Akten (Rn 11) ist infolge des Abgabebeschlusses die Sache beim Empfangsgericht mit richterlicher Zuständigkeit anhän-

14 gig geworden (Abs 3 S 2, § 696 Abs 1 S 4). Daraus folgt: – **a) Zuständigkeit** (örtlich und sachlich). Davon ist auszugehen. Trotz der fehlenden Bindung (Rn 12) darf nicht an ein anderes Gericht verwiesen werden, solange dessen Zuständigkeit nicht feststeht (idR nicht vor Anspruchsbegründung möglich). Es darf keinesfalls ohne Antrag verwiesen wer-

15 den (§ 281 Abs 1 S 1). – **b) Zustellung** der Einspruchsschrift ist gemäß § 340 a von Amts wegen vorzunehmen. – **c) Zulässigkeit** des Einspruchs ist gemäß § 341 Abs 1 S 1 zu prüfen. Ein unzulässiger Einspruch ist durch Beschluss zu verwerfen (§ 341 Abs 1 S 2); es ist weder zur Anspruchsbegründung aufzufordern (Rn 16) noch Termin zu bestimmen (§ 341 a). Stellt sich die Unzulässigkeit später heraus, kann der Einspruch (durch Urteil) verworfen werden, solange eine Sachentschei-

16 dung noch nicht ergangen ist. – **d) Anspruchsbegründung** (Abs 3 S 2; § 697 Abs 1). Begriff, Zeitpunkt und Aufgabe durch die Geschäftsstelle: wie § 697 Rn 4.

17   **5. Eingang der Anspruchsbegründung** (Abs 4). Es ist gleichgültig, ob rechtzeitig (innerhalb der Zwei-Wochen-Frist; Abs 3 S 2, § 697 Abs 1) oder verspätet (Rn 18); auch wenn sie verfrüht erfolgt ist (§ 697 Rn 3). Nur bei zulässigem Einspruch (vgl Rn 15) ist wie bei einer Klage weiter zu verfahren (Abs 4 S 1). Es ist entweder Termin zur mdl Vhdlg zu bestimmen (§ 341 a) oder Frist zur Klageerwiderung zu setzen (§ 276 Abs 1 S 2). § 343 gilt auch für den VB (Abs 1).

18   **6. Unterbliebene Anspruchsbegründung** (Abs 5). Nur wenn der Einspruch zulässig ist (Rn 15), wird Termin bestimmt, von Amts wegen (im Gegensatz zu § 697 Abs 3, also ohne Antrag des Beklagten) und unverzüglich (wie § 216 Abs 2). Zugleich setzt der zuständige Richter

dem Kläger eine Frist zur Anspruchsbegründung (wie § 697 Rn 7).
Wird die Frist versäumt oder unterbleibt die Anspruchsbegründung
ganz, treten dieselben Folgen ein wie bei § 697 Abs 3 S 2 Hs 2, nämlich die Möglichkeit der Präklusion gemäß § 296 Abs 1 (Abs 5 Hs 2).

7. Säumnis des Beklagten (Einspruchsführers) im Einspruchster- 19
min (Abs 6). Das ist der gemäß § 341 a bestimmte oder der, auf den
diese Verhandlung vertagt ist (§ 345). Ist der Beklagte säumig (§ 345
Rn 3), so hat das Gericht folgende Möglichkeiten: – **a) Verwerfung** 20
des Einspruchs, wenn erst im Einspruchstermin (§ 341 a) dessen Unzulässigkeit (§ 341 Abs 1 S 1) erkannt wird, durch (streitiges) Endurteil. –
b) Zweites Versäumnisurteil durch Verwerfung des Einspruchs ge- 21
mäß § 345 (Abs 6 Hs 1). Dieses erfordert: **aa)** Alle Voraussetzungen des
§ 345 (vgl dort Rn 1–4). Das sind: **(1)** Zulässiger Einspruch (§ 341
Abs 1 S 1). **(2)** Säumnis des Einspruchsführers (1 vor § 330). **(3)** Ordnungsgemäß ergangener VB (§ 699 Rn 13–16; BGH 73, 87). **bb)** Außerdem müssen wegen Abs 6 Hs 1 die Voraussetzungen des § 331 Abs 1
und 2 Hs 1 vorliegen. Das bedeutet: **(1)** Zulässigkeit der Klage (§ 331
Rn 3). **(2)** Schlüssigkeit (§ 331 Rn 5). **(3)** Antrag auf Versäumnisurteil
(§ 331 Abs 1 S 1). – **c) Aufhebung des Vollstreckungsbescheids** 22
(Abs 6 Hs 2) und Abweisung der Klage durch streitiges Endurteil (sog
unechtes Versäumnisurteil, 12 vor § 330), wenn die Voraussetzungen
des § 331 Abs 1 und 2 Hs 2 nicht vorliegen, nämlich die Klage unzulässig oder unschlüssig ist. Dies entspricht der Regelung des § 343 S 2. –
d) Zurückweisung des Antrags auf Versäumnisurteil, wenn eine der 23
Voraussetzungen des § 335 Abs 1 vorliegt. – **e) Vertagung** von Amts 24
wegen gemäß § 227 Abs 1 S 1 oder § 337 S 1, auch auf Antrag des
Klägers (§ 335 Rn 9).

§ 701 Wegfall der Wirkung des Mahnbescheids

**¹Ist Widerspruch nicht erhoben und beantragt der Antragstel-
ler den Erlaß des Vollstreckungsbescheids nicht binnen einer
sechsmonatigen Frist, die mit der Zustellung des Mahnbescheids
beginnt, so fällt die Wirkung des Mahnbescheids weg. ²Dasselbe
gilt, wenn der Vollstreckungsbescheid rechtzeitig beantragt ist,
der Antrag aber zurückgewiesen wird.**

1. Voraussetzungen des Wegfalls der Wirkungen des MB sind 1
alternativ: – **a) Unterbliebener Antrag** auf VB (S 1), obwohl MB
(§ 692) erlassen ist und Widerspruch (§ 694) nicht eingelegt oder zurückgenommen (§ 697 Abs 4). – **b) Zurückgewiesener Antrag** auf 2
VB (S 2). Das gilt erst mit der Entscheidung des Beschwerdegerichts
(vgl § 699 Rn 11, ZöVollkommer 3) und nur dann, wenn aus einem
Grund zurückgewiesen ist, der nicht allein in der Unwirksamkeit des
Antrags liegt, insbes Form, Zeitpunkt oder Inhalt (vgl § 699); denn der
Antrag auf VB kann innerhalb der Frist des S 1 wirksam neu gestellt
werden. Weil die Zurückweisung nicht formell rechtskräftig wird
(§ 699 Rn 11) bleiben für die Anwendung von S 2 nur die Fälle, in

denen aus § 699 Rn 14 (dort ff) der Antrag auf VB zurückgewiesen wurde (vgl hierzu Vollkommer in Anm zu LG Frankfurt Rpfleger 82, 295). Wegen der indirekten Verweisung auf S 1 („dasselbe gilt") ist S 2 nur anwendbar, wenn Widerspruch nicht eingelegt oder zurückgenommen wurde (Rn 1).

3 **2. Frist.** Sie beginnt mit Zustellung des MB gem § 693 Abs 1 (ZöVollkommer 4) und wird nach § 222 berechnet. Sie wird gehemmt, wenn Widerspruch eingelegt ist und läuft ab Rücknahme des Widerspruchs (§ 697 Abs 4) weiter. Gewahrt wird die Frist mit Eingang des Antrags auf VB (§ 699 Abs 1).

4 **3. Wirkung.** Die des MB fällt weg. Für die Verjährung gilt § 204 Abs 2 BGB (Ebert NJW 03, 732). Ein VB kann nicht mehr erteilt werden (§ 699 Rn 14, dort 5).

§ 702 Form von Anträgen und Erklärungen

(1) [1] **Im Mahnverfahren können die Anträge und Erklärungen vor dem Urkundsbeamten der Geschäftsstelle abgegeben werden.** [2] **Soweit Vordrucke eingeführt sind, werden diese ausgefüllt; der Urkundsbeamte vermerkt unter Angabe des Gerichts und des Datums, daß er den Antrag oder die Erklärung aufgenommen hat.** [3] **Auch soweit Vordrucke nicht eingeführt sind, ist für den Antrag auf Erlaß eines Mahnbescheids oder eines Vollstreckungsbescheids bei dem für das Mahnverfahren zuständigen Gericht die Aufnahme eines Protokolls nicht erforderlich.**

(2) **Der Antrag auf Erlaß eines Mahnbescheids oder eines Vollstreckungsbescheids wird dem Antragsgegner nicht mitgeteilt.**

1 **Anwendbar** auf alle Anträge und Erklärungen, insbes Mahnantrag (§ 690), Widerspruch (§ 694), Antrag auf Durchführung des streitigen Verfahrens (§ 696 Abs 1), Antrag auf VB (§ 699 Abs 1), Rücknahme

2 dieser Anträge und Erklärungen. **Erklärung vor der Geschäftsstelle** (Abs 1 S 1). Der Urkundsbeamte nimmt sie entgegen und vermerkt im Akt mit Angabe des Datums ohne Aufnahme eines Protokolls (§ 129 a)

3 dass die betreffende Erklärung abgegeben wurde. **Vordrucke** (Abs 1 S 2): Sind sie gem § 703 c eingeführt, müssen die Anträge und Erklärungen durch Ausfüllen des Vordrucks abgegeben werden. Hier bestätigt der Urkundsbeamte, der bei der Ausfüllung helfen kann, die Aufnahme lediglich durch die Angabe von Gericht, Datum und Un-

4 terschrift. **Erklärung zu Protokoll** ist wegen Abs 1 S 3 für Mahnantrag (§ 690) und Antrag auf VB (§ 699 Abs 1) nur notwendig, wenn die Anträge gem § 129 a vor einem anderen AG als demjenigen gestellt werden, bei dem das Mahnverfahren anhängig ist; vor diesem genügt

5 die Erklärung ohne Protokoll (Abs 1 S 1). **Mitteilung** (Abs 2) der Anträge auf MB (§ 690) und VB (§ 699 Abs 1) an den Antragsgegner unterbleibt. Das bedeutet eine zulässige Einschränkung des vorherigen rechtlichen Gehörs (Einl I Rn 9).

§ 703 Kein Nachweis der Vollmacht

[1]Im Mahnverfahren bedarf es des Nachweises einer Vollmacht nicht. [2]Wer als Bevollmächtigter einen Antrag einreicht oder einen Rechtsbehelf einlegt, hat seine ordnungsgemäße Bevollmächtigung zu versichern.

Anwendbar: wie § 702; jedoch gilt § 703 auch für den Einspruch **1** (§ 700 Rn 1). **Entbehrlicher Vollmachtsnachweis** (S 1). Die Vollmacht muss erteilt sein. Nur ihr Nachweis ist entbehrlich. Eine schriftliche Vollmacht darf vom Gericht (Rechtspfleger und Urkundsbeamter) bis zum Ende des Mahnverfahrens nicht verlangt werden. **Versiche- 2 rung der Vollmacht** (S 2): Der Bevollmächtigte (wie § 80) versichert (nicht eidesstattlich) in der Form des § 702 im Vordruck oder vor dem Urkundsbeamten zwecks Aufnahme in den Akt. Die Versicherung ist aber nur nötig für Anträge (§ 690, § 696 Abs 1, § 699 Abs 1) und Rechtsbehelfe, nämlich Widerspruch (§ 694), Einspruch (§ 700 Abs 3), Erinnerung (§ 11 RPflG) und sofortige Beschwerde (§ 567 Abs 1). Die Versicherung ersetzt den Vollmachtsnachweis (§ 80), aber nur für das Mahnverfahren, nicht für eine nachfolgende Zwangsvollstreckung, weil § 81 den Nachweis gem § 80 voraussetzt. **Fehlende Vollmacht.** Stellt **3** sich im weiteren Verfahren heraus, dass die Vollmacht nicht erteilt war, so sind die vorgenommenen Prozesshandlungen unwirksam (Einl III Rn 10).

§ 703 a Urkunden-, Wechsel- und Scheckmahnverfahren

(1) Ist der Antrag des Antragstellers auf den Erlaß eines Urkunden-, Wechsel- oder Scheckmahnbescheids gerichtet, so wird der Mahnbescheid als Urkunden-, Wechsel- oder Scheckmahnbescheid bezeichnet.

(2) [1]Für das Urkunden-, Wechsel- und Scheckmahnverfahren gelten folgende besondere Vorschriften:
1. die Bezeichnung als Urkunden-, Wechsel- oder Scheckmahnbescheid hat die Wirkung, daß die Streitsache, wenn rechtzeitig Widerspruch erhoben wird, im Urkunden-, Wechsel- oder Scheckprozeß anhängig wird;
2. die Urkunden sollen in dem Antrag auf Erlaß des Mahnbescheids und in dem Mahnbescheid bezeichnet werden; ist die Sache an das Streitgericht abzugeben, so müssen die Urkunden in Urschrift oder in Abschrift der Anspruchsbegründung beigefügt werden;
3. im Mahnverfahren ist nicht zu prüfen, ob die gewählte Prozeßart statthaft ist;
4. beschränkt sich der Widerspruch auf den Antrag, dem Beklagten die Ausführung seiner Rechte vorzubehalten, so ist der Vollstreckungsbescheid unter diesem Vorbehalt zu erlassen. [2]Auf das weitere Verfahren ist die Vorschrift des § 600 entsprechend anzuwenden.

Hüßtege

1   **1. Allgemeines.** § 703 a schafft ein besonders ausgestaltetes Mahnverfahren, wobei die §§ 592–605 a (Urkundenprozess) berücksichtigt werden. Es gelten grundsätzlich die §§ 688–703, 703 b–d; jedoch gehen die Sonderregeln des § 703 a vor oder sie ergänzen. Abstandnahme vom Urkunden-, Wechsel- und Scheckverfahren gem § 596 mit Übergang in das gewöhnliche Mahnverfahren ist zulässig und geboten, wenn der Antragsteller eine der Voraussetzungen von § 703 a nicht erfüllen kann.

2   **2. Besonderheiten.** Wegen Abs 1 muss der MB als Urkunden-, Wechsel- oder Scheckmahnbescheid ausdrücklich bezeichnet sein; im Vordruck durch Ausfüllen des Feldes vor MB. Dasselbe gilt für den VB.

3   – **a) Nr 1:** Mit Widerspruch (§ 694) wird der Rechtsstreit ohne weitere Erklärung zum Urkunden-, Wechsel- oder Scheckprozess (§§ 592, 602, 605 a). Die Rechtshängigkeit tritt nach allgemeinen Regeln ein (§ 696 Abs 3, § 700 Abs 2), die Fristwahrung nach § 693 Abs 2. –

4   **b) Nr 2.** Hs 1: Die Urkunden müssen identifizierbar bezeichnet sein (BGH NJW 01, 305). Ohne eine ausreichende Bezeichnung darf der MB nicht erlassen werden (§ 691 Abs 1), ist aber auch in diesem Falle wirksam, weil Nr 2 als Sollvorschrift ausgestaltet ist. Hs 2: Besonders bei Wechseln und Schecks ist wegen der Bedeutung des Besitzes dringend zu empfehlen, nur Abschriften (Ablichtungen) einzureichen. Nach Abgabe (§ 696 Abs 1) sind sie der Anspruchsbegründung (§ 697 Abs 1) als Anlage beizufügen, um die Erfordernisse des § 593 Abs 2 zu

5   erfüllen. Für Antrag auf VB sind sie nicht nötig. – **c) Nr 3:** Die Zulässigkeit der Prozessart (§§ 592, 602, 605 a) ist im gesamten Mahn-

6   fahren nicht zu prüfen. – **d) Nr 4:** Ist der Widerspruch (§ 694) auf den Vorbehalt (§ 599 Abs 1, § 600 Abs 1) beschränkt, so darf der VB auf Antrag (§ 699 Abs 1) erlassen werden, muss aber den Vorbehalt gem § 600 Abs 1 aufweisen; in diesem Fall findet nicht Einspruch (§ 700 Abs 3) statt, sondern der Rechtsstreit bleibt im gewöhnlichen Streitverfahren anhängig (§ 600 Abs 1), in das gem § 697 übergeleitet wird. Ist der Widerspruch unbeschränkt, gilt Nr 1 und es wird in den Urkunden-, Wechsel- oder Scheckprozess übergeleitet.

§ 703 b Sonderregelungen für maschinelle Bearbeitung

(1) **Bei maschineller Bearbeitung werden Beschlüsse, Verfügungen und Ausfertigungen mit dem Gerichtssiegel versehen; einer Unterschrift bedarf es nicht.**

(2) **Der Bundesminister der Justiz wird ermächtigt, durch Rechtsverordnung mit Zustimmung des Bundesrates den Verfahrensablauf zu regeln, soweit dies für eine einheitliche maschinelle Bearbeitung der Mahnverfahren erforderlich ist (Verfahrensablaufplan).**

1   Abs 1: Es genügt das gedruckte Gerichtssiegel; dieses ersetzt Unterschrift und Stempel. Abs 2: Die VO ist noch nicht erlassen.

§ 703 c Vordrucke; Einführung der maschinellen Bearbeitung

(1) [1]Der Bundesminister der Justiz wird ermächtigt, durch Rechtsverordnung mit Zustimmung des Bundesrates zur Vereinfachung des Mahnverfahrens und zum Schutze der in Anspruch genommenen Partei Vordrucke einzuführen. [2]Für

1. Mahnverfahren bei Gerichten, die die Verfahren maschinell bearbeiten,
2. Mahnverfahren bei Gerichten, die die Verfahren nicht maschinell bearbeiten,
3. Mahnverfahren, in denen der Mahnbescheid im Ausland zuzustellen ist,
4. Mahnverfahren, in denen der Mahnbescheid nach Artikel 32 des Zusatzabkommens zum NATO-Truppenstatut vom 3. August 1959 (Bundesgesetzbl. 1961 II S. 1183, 1218) zuzustellen ist,

können unterschiedliche Vordrucke eingeführt werden.

(2) Soweit nach Absatz 1 Vordrucke für Anträge und Erklärungen der Parteien eingeführt sind, müssen sich die Parteien ihrer bedienen.

(3) Die Landesregierungen bestimmen durch Rechtsverordnung den Zeitpunkt, in dem bei einem Amtsgericht die maschinelle Bearbeitung der Mahnverfahren eingeführt wird; sie können die Ermächtigung durch Rechtsverordnung auf die Landesjustizverwaltungen übertragen.

Allgemeines. Die Teile des Vordrucksatzes sind auswechselbar. **1** Bloße Kopien ersetzen den Vordruck nicht (LG Stuttgart CR 89, 290 mit Anm von Hoene). **Vordrucke** (Abs 1): S 1 entspricht dem § 659 **2** Abs 1. S 2 dient nur der Klarstellung. Die VO zu Nr 1 ist vom 6. 6. 78 (BGBl I 705), zuletzt geändert durch Art 2 § 3 EuroEG; die zu Nr 2 vom 6. 5. 77 (BGBl I 693), zuletzt geändert durch Art 31 EuroRpflG. Für das arbeitsgerichtliche Mahnverfahren (§ 46 a Abs 7 ArbGG) gilt die VO vom 15. 12. 77 (BGBl I 2625), zuletzt geändert durch Art 32 EuroRpflG. **Benutzungszwang** (Abs 2). Für Antrag auf MB und VB **3** müssen die Vordrucke benutzt werden. Andernfalls sind die Anträge nach Fristsetzung als unzulässig zurückzuweisen. Einem neuen Antrag steht das nicht entgegen. Rücknahme des ersten ist geboten; wegen § 691 Abs 2 ggf Klage (vgl Salten MDR 95, 668). Für die zuzustellende Ausfertigung des VB ist der für den Antragsgegner bestimmte Vordruck zu verwenden (LG Darmstadt NJW 86, 1945 und DGVZ 96, 62 mwN; bestr). Obwohl für den Widerspruch Vordrucke eingeführt sind, geht die Soll-Vorschrift des § 692 Abs 1 Nr 5 vor (dort Rn 9). Für Einspruch (§ 700 Rn 5) und Rechtsbehelfe sind Vordrucke nicht vorgesehen. **Maschinelle Bearbeitung** (Abs 3). Ist im Zusammenhang **4** mit § 689 Abs 3 zu sehen; der Zeitpunkt kann dadurch aufeinander abgestimmt werden.

§ 703 d Antragsgegner ohne allgemeinen inländischen Gerichtsstand

(1) Hat der Antragsgegner keinen allgemeinen Gerichtsstand im Inland, so gelten die nachfolgenden besonderen Vorschriften.

(2) [1] Zuständig für das Mahnverfahren ist das Amtsgericht, das für das streitige Verfahren zuständig sein würde, wenn die Amtsgerichte im ersten Rechtszug sachlich unbeschränkt zuständig wären. [2] § 689 Abs. 3 gilt entsprechend.

1   **Anwendungsbereich** (Abs 1): Die Vorschrift setzt zunächst voraus, dass die deutschen Gerichte international zuständig sind. Dies beurteilt sich nach der EuGVVO, dem LGVÜ oder autonomen Recht. Gem § 688 Abs 3 muss die Zulässigkeit des Mahnverfahrens eröffnet sein, der Antragsgegner im Inland keinen allgemeinen Gerichtsstand (§§ 12–18) haben, aber einen besonderen (§§ 20–32) oder einen vereinbarten (§ 38), soweit nicht Art 23 EuGVVO entgegensteht (ZöVollkommer 2). Auf den allgemeinen Gerichtsstand des Antragstellers (§ 689 Abs 2) kommt es nicht an (BGH NJW 81, 2647). Abs 2 erstreckt den Gerichtsstand nicht auf weitere Antragsgegner als Gesamtschuldner, die im Inland einen allgemeinen Gerichtsstand haben (BGH NJW 95, 3317).

2   **Mahngericht** (Abs 2) ist das AG (im Fall des § 689 Abs 3 das zentrale Mahngericht, BGH NJW 93, 2752), für das der inländische Gerichtsstand besteht. Sind es mehrere Gerichtsstände, gilt § 35. Das für das Mahnverfahren zuständige AG bleibt nach Widerspruch als Prozessgericht zuständig oder gibt an das übergeordnete LG ab, wenn dieses sachlich zuständig ist.

Buch 8. Zwangsvollstreckung

Übersicht zu den Vorbemerkungen

Vorbemerkungen

1 **I. Allgemeines zur Zwangsvollstreckung**

1. Begriff. Sie ist das Verfahren, in dem Leistungs- und Haftungsansprüche durch staatlichen Zwang verwirklicht werden. Das Vollstreckungsverfahren ist unabhängig vom Erkenntnisverfahren und nicht dessen notwendige Folge, zB wenn der Gläubiger nicht vollstrecken will oder der Schuldner freiwillig leistet. Andererseits gibt es auch Vollstreckung ohne Erkenntnisverfahren, zB bei vollstreckbaren Urkunden (§ 794 Abs 1 Nr 5).

2 **2. Regelung.** Sie ist im 8. Buch enthalten. Dieses gilt grundsätzlich auch für Zwangsvollstreckung aus Titeln der Arbeitsgerichtsbarkeit (§§ 62, 85 ArbGG). Für die Vollstreckung aus Titeln der anderen Gerichtsbarkeiten gelten primär die VwGO, die FGO und das SGG, das 8. Buch der ZPO in diesen Fällen ergänzend. Für Steuerforderungen gelten die §§ 249–346 AO.

3 **3. Vollstreckungsanspruch** ist der Anspruch des Gläubigers gegen den Staat, dass seine Organe (Rn 4–8) die ZwVollstr durchführen. Er ist zu unterscheiden vom vollstreckbaren Anspruch (Rn 50), dem Recht des Gläubigers gegen den Schuldner, ein bestimmtes Tun, Unterlassen oder Dulden zu verlangen. Dieses muss in einem Vollstreckungstitel (Rn 14) enthalten sein.

4 **II. Organe der Zwangsvollstreckung**

Ihre Zuständigkeit ist ausschließlich (§ 802).

5 **1. Gerichtsvollzieher.** Er ist Zustellungs- und Vollstreckungsbeamter (§ 154 GVG). Ihm ist die Vollstreckung übertragen, soweit sie nicht den Gerichten zugewiesen ist (§ 753 Abs 1).

6 **2. Vollstreckungsgericht.** Es ist zuständig, soweit es im Gesetz ausdrücklich bestimmt ist. Vollstreckungsgericht ist idR (Ausnahme § 930 Abs 1 S 3) das Amtsgericht (§ 764 Abs 1), nämlich der Richter oder der Rechtspfleger nach Maßgabe von § 3 Nr 3a, § 20 Nr 17 RPflG.

7 **3. Prozessgericht.** Es ist dasjenige des ersten Rechtszugs in den Fällen der §§ 887, 888, 890 zuständig.

8 **4. Grundbuchamt** (§ 1 GBO). Es ist das AG, zuständig in den Fällen der §§ 866, 867 und die Schiffsregisterbehörde bei § 870a.

9 **III. Parteien der Zwangsvollstreckung**

Gläubiger und Schuldner gehören notwendig zu jeder Vollstreckung. Das kann nur sein, wer parteifähig ist (§ 50). Nach hM gilt ein formeller Parteibegriff, wonach es darauf ankommt, wer im Titel oder in der Klausel als derjenige bezeichnet ist, dem ein vollstreckbarer Anspruch zusteht (Gläubiger; Rn 10) oder gegen den sich dieser Anspruch richtet (Schuldner; Rn 11). Nach aA komme es darauf an, wer gegen wen die Vollstreckung beantragt. Zum Meinungsstand vgl Scherer JR 96, 45 mwN. Antragsteller und Antragsgegner kann der Schuldner wie der Gläubiger sein.

1. Vollstreckungsgläubiger ist derjenige, der die ZwVollstr aus **10** dem im Titel (Rn 14 ff) enthaltenen vollstreckbaren Anspruch (Rn 50) betreiben kann. Wer das ist, ergibt sich aus dem Titel selbst oder aus der Vollstreckungsklausel in den Fällen der §§ 727, 728, 742, 749. Der Gläubiger muss sich wegen § 750 Abs 1 daraus ergeben.

2. Vollstreckungsschuldner ist derjenige, gegen den der im Titel **11** (Rn 14 ff) enthaltene vollstreckbare Anspruch (Rn 50) vollstreckt werden darf. Wer das ist, ergibt sich aus dem Titel oder aus der Vollstreckungsklausel in den Fällen der §§ 727–729, 739, 742, 744, 745 Abs 2, 749. Der Schuldner muss im Titel oder in der Klausel nach § 750 Abs 1 bezeichnet sein.

3. Dritte sind alle anderen Personen, die am Vollstreckungsverfahren **12** beteiligt sind. Wird ihre Rechtsstellung durch die Vollstreckung betroffen, können sie ihre Rechte als Erinnerungsführer (§ 766 Rn 20), Beschwerdeführer (§ 793 Rn 1) oder Drittwiderspruchskläger (§ 771 Rn 9) geltend machen. Ist auf Grund des Titels an einen Dritten zu leisten, kann dieser als Vollstreckungsgläubiger erst dann handeln, wenn der Titel wegen Rechtsnachfolge auf ihn umgeschrieben ist (§ 727).

IV. Voraussetzungen der Zwangsvollstreckung **13**

Sie darf nur beginnen, wenn Titel (Rn 14), Klausel (Rn 25), Zustellung (Rn 26) und gegebenenfalls die besonderen Voraussetzungen (Rn 27) vorliegen. Außerdem muss die ZwVollstr zulässig sein (Rn 38).

1. Vollstreckungstitel sind Entscheidungen und beurkundete Er- **14** klärungen, aus denen durch Gesetz die Zwangsvollstreckung zugelassen ist. Der Titel muss bestehen und wirksam sein; er darf insbes nicht aufgehoben sein. – **a) Arten.** Vollstreckungstitel sind insbes: inländische **15** Urteile (§ 704); ausländische Urteile nach Maßgabe der §§ 722, 723; Arreste und einstweilige Verfügungen (§§ 928, 936); Prozessvergleiche (§ 794 Abs 1 Nr 1), die in § 794 Abs 1 Nr 2–5 aufgeführten Entscheidungen und Urkunden, Anwaltsvergleiche (§ 796 a); Eintragung in die Tabelle (§ 201 Abs 2 InsO); bestätigter Insolvenzplan (§ 257 InsO); Zuschlagbeschluss (§§ 93, 132 ZVG); Entscheidungen und Vergleiche der Arbeitsgerichte (§§ 62, 85 ArbGG); Titel der freiwilligen Gerichtsbarkeit, zB Entscheidungen, Vergleiche und Anordnungen zur Ausgleichsforderung (§ 53 a FGG), Entscheidungen in Wohnungseigentumssachen (§ 43 WEG), Erbauseinandersetzungen (§ 98 FGG), Beschlüsse und Vergleiche in Landwirtschaftssachen (§ 31 LwVG), Kostenberechnung des Notars (§ 155 KostO), ferner Titel auf Grund von Landesge-

16 setzen (vgl § 801). – **b) Bestimmtheit.** Inhalt, Art und Umfang der Vollstreckung müssen sich ebenso wie die Parteien (§ 750 Rn 2) aus dem Titel bestimmt oder bestimmbar ergeben. **aa) Grundsätze.** Was der Schuldner zu leisten oder zu dulden hat, muss allein aus dem Titel, bei Entscheidungen allein aus der Formel erkennbar sein. Daher ist ein Titel unbestimmt, wenn die Leistung nur aus dem Inhalt anderer Schriftstücke, insbes aus dem Gerichtsakt (zB Gutachten, Schriftsatzanlagen) ermittelt werden kann (Hamm NJW 74, 652; Karlsruhe OLGZ 84, 341), zB der Unterhalt aus einer der gebräuchlichen Tabellen (Koblenz FamRZ 87, 1291) oder aus einem Lebenshaltungsindex (Karlsruhe OLGZ 91, 227 mwN; vgl auch § 794 Rn 51; aA LG Kempten
17 DGVZ 96, 28). **bb) Lohn und Gehalt.** Unzulässig ist es, die Höhe einer Leistung durch einen Bruchteil oder Prozentsatz des jeweiligen Lohnes festzulegen. Urteile, die auf Lohnzahlung einer bestimmten Geldsumme „brutto" lauten, sind bestimmt und zur ZwVollstr geeignet (hM; BAG NJW 85, 646; LG Mainz Rpfleger 98, 530 mwN), sofern dem Titel entnommen werden kann, für welche Personen und Zeiträume die Abzüge vorzunehmen sind (BAG WM 80, 851 [854]). Bruttolohnurteile sind so auszulegen, dass zum vollen angegebenen Betrag verurteilt ist. In diesem Fall sind die Abzüge an Steuern und Sozialversicherung über § 775 Nr 4, 5 oder § 766 zu berücksichten (Frankfurt
18 OLGZ 90, 327). **cc) Grundstücke.** Verpflichtung zur Auflassung eines Grundstücksteils muss diesen Teil eindeutig bezeichnen; bloße Angabe
19 eines Bruchteils genügt nicht (Koblenz OLGZ 76, 380). **dd) Kraftfahrzeuge,** die herauszugeben sind, müssen mindestens nach Typ und Baujahr, zusätzlich nach Fahrgestellnummer bezeichnet sein. Polizeiliches
20 Kennzeichen kann im Einzelfall genügen. **ee) Geldforderungen** müssen nach festem Betrag (BGH NJW 96, 2165), Zinsen nach Höhe und Laufzeit (Datum) bezeichnet sein. **ff) Handlungen und Unterlassungen** müssen möglichst konkret, nicht nur mit wiederholtem Gesetzestext umschrieben werden (Düsseldorf NJW-RR 99, 791). Sie können im Titel oft nur so bezeichnet werden, dass die verwendeten Begriffe
21 richterlicher Wertung bedürfen. Das ist grundsätzlich zulässig. – **c) Vollstreckungsfähigen Inhalt** hat ein Titel nur, wenn der Schuldner eine Leistung erbringen muss, weil nur dann eine Vollstreckung nach §§ 803–898 stattfinden kann. Dabei darf nicht kleinlich am Wortlaut festgehalten werden, wenn Sinn und Zusammenhang von Urteilsformel oder Vergleichswortlaut die zu erbringende Leistung ergeben. Feststellungs- und Gestaltungsurteile haben keinen vollstreckungsfähigen Inhalt. – **d) Auslegung.** Die Vollstreckungsorgane (Rn 4–8) haben den
22 Titel nach allgemeinen Grundsätzen auszulegen (vgl Einl III Rn 16), auch dahingehend, wer Gläubiger und Schuldner ist. Es darf dabei nur auf den Inhalt des Titels, nicht auf andere tatsächliche und rechtliche Umstände als gesetzliche Vorschriften oder Anlagen des Titels zurückgegriffen werden (hM; Stuttgart Rpfleger 97, 446 mwN und NJW-RR 99, 791). Für wertgesicherte Vollstreckungstitel vgl Stürner/Münch JZ 87, 178 [181]. Eine Klage auf Feststellung des Titelinhalts oder seiner

Reichweite ist zulässig (BGH NJW 97, 2320 mwN), auch dann, wenn der Inhalt der Formel durch eine falsche Bezeichnung des Gegenstandes unrichtig und nicht vollstreckbar ist, auch eine Berichtigung (§ 319) unmöglich erscheint (BGH NJW 72, 2268). Ist der Inhalt auch nicht durch Auslegung festzustellen, so ist jede ZwVollstr unzulässig. Es kann aber aus dem zugrundeliegenden Rechtsverhältnis (gegebenenfalls erneut) auf die begehrte Leistung geklagt werden. – **e) Parteienmehrheit** (vgl **23** auch § 724 Rn 11, 12). **aa) Gläubiger** können Teil-, Gesamt- und Mitgläubiger (Gemeinschafts- oder Gesamthandgläubiger) sein. Gesamtgläubigerschaft muss sich auf jeden Fall durch Bezeichnung im Titel ergeben, weil im Zweifel Teilgläubigerschaft vorliegt (§ 420 BGB). **bb) Schuldner** können Teil-, Gesamt- oder Gemeinschafts- (insbes **24** Gesamthand)schuldner sein (vgl Palandt 5–9 vor § 420). Was vorliegt, ist Auslegungsfrage (Rn 22), wenn der Titel keine wörtliche Einordnung aufweist. Im Zweifel ist bei teilbaren Leistungen Teilschuldnerschaft anzunehmen (§ 420 BGB). Daher sind mehrere Personen, die ohne Ausspruch der Gesamtschuldnerschaft verurteilt sind, Teilschuldner zu gleichen Teilen (§ 420 BGB), auch Ehegatten, soweit sich die Ausnahme des § 427 BGB nicht direkt aus dem Titel ergibt. Bei unteilbarer Leistung gilt sowieso § 431 BGB.

2. Vollstreckungsklausel Sie ist Voraussetzung wegen § 724 und **25** bezeugt, dass der Titel vollstreckungsreif ist, im gewöhnlichen Fall (vgl § 725) für und gegen die im Titel bezeichneten Parteien oder in anderen Fällen (§§ 727 bis 729, 738, 742, 744, 744 a, 745 Abs 2, § 749) gegen Personen, die nicht im Titel aufgeführt sind.

3. Zustellung. Sie muss nach den §§ 166 ff wirksam ausgeführt sein. **26** Es genügt grundsätzlich eine Zustellung von Amts wegen. Zugestellt werden müssen der Vollstreckungstitel (§ 750 Rn 8) und ggf die in § 750 Abs 2, § 751 Abs 2, §§ 756, 765 bezeichneten Urkunden. Der jeweils vorgeschriebene späteste Zeitpunkt ist den §§ 750, 751 Abs 2, §§ 756, 765, 798 zu entnehmen.

4. Besondere Voraussetzungen der Zwangsvollstreckung sind ggf **27** der Ablauf des bestimmten Kalendertags (§ 751 Abs 1), die Sicherheitsleistung (§ 751 Abs 2) und die Erfüllung oder das Angebot der Gegenleistung (§§ 756, 765).

V. Dauer der Zwangsvollstreckung **28**

1. Beginn. Die Zwangsvollstreckung fängt an mit der ersten Vollstreckungshandlung, die der Gerichtsvollzieher gegen den Schuldner oder seine Sachen vornimmt (§ 758), wenn ein Gericht Vollstreckungsorgan ist (Rn 6–8), sobald die Vollstreckungsmaßnahme existent geworden ist (vgl § 329 Rn 2, 5), zB der Pfändungsbeschluss (§ 829), das Zwangsmittel (§ 888), die nachträgliche Androhung (§ 890 Abs 2), die Terminsbestimmung (§ 900 Abs 2), die Eintragungsverfügung (§§ 866, 867), die Anordnung der Zwangsversteigerung (§ 15 ZVG).

29   **2. Ende.** Im Ganzen endet die Zwangsvollstreckung, wenn der Gläubiger durch die Vollstreckung hinsichtlich seines Anspruchs (Rn 50) und der Kosten (§ 788) voll befriedigt wurde. Einzelne Vollstreckungsmaßnahmen enden, wenn sie vollständig durchgeführt sind, nicht notwendig Erfolg gehabt haben oder wenn sie ohne Sicherheitsleistung aufgehoben sind, auch auf Freigabe des Gläubigers hin.

30   **VI. Verfahrensgrundsätze**

Als solche sind herauszustellen (nach Stürner ZZP 99, 291):

1. Dispositionsmaxime (Einl I Rn 5). Es besteht grundsätzlich Parteiherrschaft des Gläubigers und freie Wahl (hierzu Wieser NJW 88, 665) über Vollstreckungsbeginn, -art und -gegenstand, insbes durch Antragserfordernis (vgl §§ 753, 887, 888, 890), Freigabe der Pfandsache und Verzicht (§ 843), ob und in welche bewegliche Sachen, Rechte oder Immobilien vollstreckt wird. Der Schuldner kann erfüllen (Folgen §§ 767, 775 Nr 4, 5), durch Anträge Aufschub erwirken (§ 765 a Abs 1, § 813 b). Die Parteien können einvernehmlich die Vollstreckung beschränken (§ 766 Rn 24, 25).

31   **2. Verhandlungsgrundsatz** (Einl I Rn 1–3). Das Beibringen des Tatsachenstoffs obliegt den Parteien, bei den Klagen (zB §§ 767, 771) und bei den Rechtsbehelfen nur im Erkenntnisverfahren. Bei der Vollstreckung sind Sachverhaltsaufklärung und Beweisaufnahme beschränkt. Der Gerichtsvollzieher handelt bei der Pfändung nach dem Untersuchungsgrundsatz (Einl I Rn 6, 7).

32   **3. Dezentralisierung.** Die ZwVollstr ist je nach Vollstreckungsart verschiedenen Organen übertragen (Rn 4–8). Dem Gläubiger soll möglichst rasch der direkte Weg zu den fachbezogenen Vollstreckungsorganen offengehalten werden.

33   **4. Formalisierung.** Die Vollstreckungsorgane haben die formalen Voraussetzungen der ZwVollstr (Rn 13–25) und ihre Zulässigkeit zu prüfen (Rn 38), nicht die Rechtmäßigkeit oder gar Richtigkeit des Titels. Auch die Prüfung der Rechte Dritter ist eingeschränkt und formalisiert (vgl §§ 808, 829).

34   **5. Beschleunigung.** Dieser Grundsatz ist nur schwach ausgeprägt. Dem Gläubigerinteresse kommen § 720 a und § 845 ZPO entgegen. Der Gerichtsvollzieher ist durch § 64 GVGA indirekt gehalten, eine Verzögerung zu vermeiden. Der Schuldner kann durch Rechtsbehelfe den Erfolg der ZwVollstr hinausschieben.

35   **6. Beschränkter Zugriff** auf das Schuldnervermögen. Verboten ist die Vollstreckung bei fehlendem Interesse des Gläubigers (zB § 803 Abs 2) und bei erforderlichem Schuldnerschutz, insbes durch die Unpfändbarkeitsvorschriften (zB §§ 811, 850 ff).

36   **7. Priorität.** Ganz überwiegend ist der frühere Zugriff privilegiert (§ 804 Abs 3). Hingegen ist der Gerichtsvollzieher durch § 168 Nr 1 GVGA angewiesen, bei mehreren vorliegenden Titeln verschiedener

Gläubiger die Pfändung zugleich für alle zu bewirken (Gruppenprinzip).

8. Effektive Verwertung. Das Pfändungsgut darf nicht verschleudert werden. Hierfür wirken die §§ 812, 813, 817a bei der Mobiliarvollstreckung, die §§ 30d, 74a, 85, 85a ZVG bei Grundstücken. 37

VII. Zulässigkeit der Zwangsvollstreckung 38

Die Vollstreckungsorgane dürfen nur dann Vollstreckungshandlungen vornehmen, wenn die Vollstreckung zulässig ist. Das haben sie von Amts wegen (wie 10 vor § 253) zu beachten und zu prüfen. Vorgenommene Vollstreckungsmaßnahmen trotz Unzulässigkeit der Zwangsvollstreckung sind fehlerhaft (Rn 57). Die Zulässigkeit setzt im Einzelnen voraus:

1. Vollstreckungsantrag. Er wird beim Gerichtsvollzieher Vollstreckungsauftrag genannt (§ 753). Er steht grundsätzlich in der Disposition des Gläubigers (Wieser NJW 88, 665/6), an das Vollstreckungsorgan (Rn 5–8) zu richten, ist Prozesshandlung (Einl III) und muss als solche wirksam sein. Für die Form gilt beim Gerichtsvollzieher § 754. Sind Gerichte zuständig (Rn 6–8), ist grundsätzlich Schriftform oder Erklärung zu Protokoll der Geschäftsstelle einzuhalten. Bei Gesamtschuldnern liegen ebenso viele Vollstreckungsanträge vor, wie Schuldner beteiligt sind, gegen die vollstreckt werden soll. 39

2. Allgemeine Prozessvoraussetzungen. Sie sind von den Vollstreckungsorganen von Amts wegen zu prüfen. Es sind zu beachten: – **a) Deutsche Gerichtsbarkeit** (§§ 18–20 GVG und unten Rn 60). – **b) Zulässigkeit des Rechtswegs** (§ 13 GVG). Das ist erfüllt, wenn der Titel (vgl Rn 14) aus der ZPO stammt oder insbes in anderen Verfahrensordnungen (ArbGG VwGO, SGG und FGO) die Vorschriften der ZPO für anwendbar erklärt sind. – **c) Parteifähigkeit** auf Gläubiger- und Schuldnerseite (§ 50 und Rn 9–11). Bei einer gelöschten GmbH genügt die Möglichkeit, dass Gesellschaftsvermögen vorhanden ist (hM; LG Braunschweig NJW-RR 99, 1265 mwN. – **d) Prozessfähigkeit** (§ 52) muss auf der Gläubigerseite stets gegeben sein, auf Seiten des Schuldners ist zu differenzieren: Prozessfähigkeit ist nicht notwendig, solange es auf die Sicherung oder den rangwahrenden Zugriff des Gläubigers ankommt (insbes bei Pfändung). Für den Fortgang des Verfahrens muss der Schuldner prozessfähig oder gesetzlich vertreten sein, auch der Betreute, wenn die §§ 1902, 1903 BGB zutreffen (vgl Christmann DGVZ 95, 65). Das gilt insbes, wenn der Schuldner handeln oder mitwirken muss oder ihm gegenüber gehandelt wird, insbes bei §§ 766, 807, 883 Abs 2, §§ 887–890 (Frankfurt Rpfleger 75, 441; aA Schneider DGVZ 87, 52 mwN: Prozessfähigkeit ist stets notwendig), für Räumung (§ 885) bejaht von AG Saarbrücken DGVZ 94, 142 (sehr bedenklich). Bei Zustellungen ist § 170 zu beachten. – **e) Prozessführungsbefugnis** (§ 51 Rn 20–22) muss gegeben sein, da das Vollstreckungsverfahren zwischen den richtigen Parteien 40 41 42 43 44

45 (Rn 9–11) stattfinden muss (vgl BGH 92, 347). – **f) Rechtsschutzbedürfnis** (26 vor § 253). Es fehlt, wenn der Gläubiger einfacher und billiger zum Vollstreckungsziel gelangen kann oder wenn die ZwVollstr ungeeignet ist und nur als Druckmittel (Rn 52) eingesetzt wird (Wieser DGVZ 90, 177). Das Rechtsschutzbedürfnis deckt sich zum Teil mit dem Begriff der Erforderlichkeit der ZwVollstr (vgl Wieser ZZP 100, 146).

46 **3. Voraussetzungen der Zwangsvollstreckung** (Rn 13). Sind Titel, Klausel und Zustellung (Rn 13–26), ggf die besonderen Voraussetzungen (Rn 27). Ferner darf die Vollstreckung nicht kraft Gesetzes untersagt sein. Hierfür ist insbes § 775 Nr 1–5 zu beachten.

47 **4. Richtige Vermögensmasse.** Nur in diese darf vollstreckt werden, grundsätzlich in das Vermögen des Schuldners. – **a) Beschränkt** sein kann die ZwVollstr von vornherein auf ein Sondervermögen oder auf bestimmte Vermögensgegenstände (zB §§ 743, 745 Abs 2, § 748 Abs 1, § 749; bei der Hypothek nach §§ 1113, 1118 ff, 1147 BGB). Nachträglich ist beim Erbfall eine Beschränkung der ZwVollstr auf den **48** Nachlass vorgesehen (§§ 780–786). – **b) Erweitert** werden kann der Kreis der zugriffsfreien Vermögensgegenstände durch erfolgreiche Anfechtung einer den Gläubiger benachteiligenden Rechtshandlung des **49** Schuldners mit Rückgewähr (§ 11 AnfG). – **c) Gewährleistet** wird die Beschränkung auf die richtige Vermögensmasse durch das Gesetz auf verschiedene Weise. Bei Sachen wird an die Vermutungen des BGB angeknüpft (§ 1006 BGB und § 808 ZPO, § 1362 BGB und § 739, § 891 BGB und § 17 Abs 1 ZVG). Solange die Vollstreckungsorgane diesen Vorschriften gemäß handeln, wird bis zu einem Urteil § 771 (Rn 1) oder einer einstweiligen Anordnung (§ 771 Abs 3) zulässig vollstreckt.

50 **5. Vollstreckbarer Anspruch** (vgl Rn 3). Er muss, um vollstreckbar zu sein, nicht bestehen. Erst wenn die Vollstreckung für unzulässig erklärt wird (§ 767 Rn 3, 12), haben das die Vollstreckungsorgane zu beachten (§ 775 Nr 1, § 776). Die Vorlage bestimmter Urkunden, die den vollstreckbaren Anspruch betreffen, insbes Erfüllung beweisen, hindert nur, die Vollstreckung fortzusetzen (§ 775 Nr 4, 5; § 776).

51 **6. Zulässigkeit einzelner Vollstreckungsmaßnahmen.** Sie hängt davon ab, dass das Vollstreckungsorgan (Rn 5–8) sachlich, örtlich und funktionell zuständig ist und die jeweils vom Gesetz bestimmten Voraussetzungen erfüllt sind. Bsp: Gewahrsam des Schuldners in § 808; Herausgabebereitschaft Dritter in § 809; Pfändbarkeit bei § 811 Abs 1. Rechtsfolge von Verstößen: Rn 56–58 vor § 704.

52 **7. Verhältnismäßigkeit** der ZwVollstr (vgl Rn 45) bedeutet, dass die Schäden, die durch sie entstehen, zu dem Nutzen, den der Gläubiger daraus hat, nicht unverhältnismäßig groß sein dürfen. Es ist im Einzelfall abzuwägen, ob über die allgemeinen und besonderen Schutzvorschriften (zB §§ 765a, 811), ein Anwendungsfall unverhältnismäßiger ZwVollstr vorliegt. Als Druckmittel darf die ZwVollstr grundsätzlich auch mit dem Ziel eingesetzt werden, dass der Schuldner zahlt. Nur im Einzelfall kann dies zur Unzulässigkeit der ZwVollstrMaßnahme führen (vgl Rn 45; Wieser DGVZ 90, 177 mit Bsp).

VIII. Rechtsbehelfe in der Zwangsvollstreckung   53
Sie sind an Art und Schwere des Eingriffs oder der Interessenverletzung ausgerichtet.

1. Vollstreckungsschuldner. Er kann gegen das Verfahren der 54
Vollstreckungsorgane Erinnerungen (§ 766) erheben, gegen Entscheidungen, die ohne mündliche Verhandlung ergangen sind, sofortige Beschwerde (§ 793) oder die Grundbuchbeschwerde (§ 71 GBO) einlegen. Falls der Rechtspfleger entschieden hat und sonst kein Rechtsmittel gegeben ist, kann Erinnerung mit der Folge richterlicher Entscheidung eingelegt werden (§ 11 Abs 2 RPflG). Der Schuldner kann gegen die Erteilung der Vollstreckungsklausel klagen (§ 768) oder Erinnerung (§ 732) erheben, gegen die Vollstreckbarkeit des Titels klagen (§ 767), wenn der Anspruch erloschen oder gehemmt ist. Er kann, sofern er als Erbe beschränkt haftet, gegen die Zulässigkeit der Vollstreckung in nicht zum Nachlass gehörende Gegenstände klagen (§ 785). Schließlich kann er um Vollstreckungsschutz nachsuchen (insbes § 765a), und Verwertungsaufschub (§§ 813a, 813b) beantragen.

2. Vollstreckungsgläubiger. Er kann vor Beginn der ZwVollstr 55
auf Erteilung der Vollstreckungsklausel klagen (§ 731), bei Rechtspflegerentscheidungen, wenn sonst kein Rechtsmittel stattfindet, Erinnerung (§ 11 Abs 2 RPflG), Vollstreckungserinnerung (§ 766) und sofortige Beschwerde (§ 793) einlegen, auf Leistung des Interesses klagen, wenn er wegen eines Individualanspruchs erfolglos vollstreckt hat (§ 893).

3. Dritte können, soweit die Vollstreckung ihre Rechtsstellung be- 56
einträchtigt, Erinnerung (§ 766) und sofortige Beschwerde (§ 793) einlegen; auf Unzulässigkeit der Vollstreckung in einen bestimmten Gegenstand klagen, wenn sie im Hinblick darauf berechtigt sind (§§ 771–774); ferner Vorzugsklage (§ 805) erheben, wenn ein Pfand- oder Vorzugsrecht besteht.

IX. Fehlerhafte Zwangsvollstreckung liegt vor, wenn trotz Unzu- 57
lässigkeit (vgl Rn 38–52) vollstreckt wird oder wenn Vollstreckungsmaßnahmen fehlerhaft vorgenommen wurden. Grundsätzlich ist in diesen Fällen der fehlerhafte Vollstreckungsakt lediglich anfechtbar (Rn 59) und bis zur Aufhebung wirksam. Er ist nichtig (Rn 58) nur dann, wenn besonders schwere Mängel vorliegen.

1. Nichtigkeit einer Vollstreckungsmaßnahme ist gegeben: bei funk- 58
tioneller Unzuständigkeit (Rn 5–8), bei fehlender Existenz eines Titels (allgM) oder bei einem zur jeweiligen ZwVollstr ungeeigneten Titel (BGH 121, 98). Das ist zu unterscheiden von der nachfolgenden Aufhebung des Titels oder einer Vollstreckung zwischen falschen Personen.

Nichtigkeit ist zu bejahen bei Verletzung wesentlicher Verfahrens- oder Formvorschriften (StJMünzberg 131 vor § 704), zB Verstoß gegen § 808 Abs 1 (dort Rn 16). Nichtige Vollstreckungsakte sind wirkungslos; sie können nicht durch Heilung wirksam werden. Es bleibt nur fehlerfreie Neuvornahme.

59 **2. Anfechtbarkeit** ist bei allen fehlerhaften Vollstreckungsmaßnahmen gegeben, die nicht nichtig sind. Sie sind von Anfang an bis zu ihrer Aufhebung wirksam (BGH 66, 81). Sie bewirken insbes Verstrickung und Pfandrecht (bestr; vgl § 803 Rn 7–9), auch die Überweisung gem § 835 (BGH aaO). Werden sie unanfechtbar und nicht aufgehoben, bleibt ihre prozessuale Wirkung unangetastet, ohne Rücksicht darauf, ob und wann die Mängel nachträglich behoben wurden oder nicht. Kommt es jedoch auf den Rang an (§ 804 Abs 3), nämlich bei Mehrheit von Pfandgläubigern, muss insbes im Verteilungsverfahren (§ 878) darauf abgestellt werden, zu welchem Zeitpunkt der Mangel beseitigt wurde. Eine Heilung geschieht dann nur mit ex-nunc-Wirkung (hM mit unterschiedlichen Begründungen; dazu kritisch Naendrup ZZP 85, 311 mwN; vgl BGH 53, 116).

60 **X. Geltungsbereich**

Die ZPO gilt für die gesamte Vollstreckung im Inland, auch wenn ausländische Titel vollstreckt werden (vgl § 723 Anhang). Die grundsätzlich geltende Gleichstellung von in- und ausländischen Vollstreckungstiteln erfordert idR eine Vollstreckbarerklärung (§ 723 Rn 1–4).

Abschnitt 1. Allgemeine Vorschriften

§ 704 Vollstreckbare Endurteile

(1) **Die Zwangsvollstreckung findet statt aus Endurteilen, die rechtskräftig oder für vorläufig vollstreckbar erklärt sind.**

(2) **Urteile in Ehe- und Kindschaftssachen dürfen nicht für vorläufig vollstreckbar erklärt werden.**

1 **1. Vollstreckungsfähig** sind danach Endurteile (§ 300) deutscher Gerichte. Das sind auch Teilurteile (§ 301), Versäumnis-, Anerkenntnis- und Vorbehaltsurteile (§ 302 Abs 3, § 599 Abs 3). Es müssen aber Leistungs- oder Haftungsurteile sein, weil nur sie, nicht aber Feststellungs- und Gestaltungsurteile einen vollstreckbaren Inhalt haben.

2 **2. Rechtskräftig** sind Endurteile, welche mit einem ordentlichen Rechtsmittel nicht mehr angefochten werden können (vgl § 19 Abs 1 EGZPO). Ordentliche Rechtsmittel in diesem Sinne sind diejenigen, die an eine Notfrist (§ 224 Abs 1 S 2) gebunden sind; daher auch der Einspruch (§ 339 Abs 1), obwohl er wegen fehlenden Devolutiveffekts (3 vor § 511) kein Rechtsmittel ist. Mit Rechtskraft iS des Abs 1 ist die formelle Rechtskraft gemeint (§ 705).

3. Vorläufig vollstreckbar erklärt sind Endurteile nur, wenn es in **3**
der Urteilsformel (§ 313 Abs 1 Nr 4) ausgesprochen ist. – **a) Erforderlich** ist der Ausspruch grundsätzlich bei allen Urteilen (§§ 708, 709)
mit Ausnahme von solchen, die mit der Verkündung rechtskräftig werden (§ 705 Rn 6). Der Ausspruch unterbleibt bei Urteilen, die kraft
Gesetzes vorläufig vollstreckbar sind (Rn 4), und wenn der Ausspruch
verboten ist (Rn 5). – **b) Entbehrlich** (nicht falsch) ist der Ausspruch **4**
und unterbleibt deshalb bei Urteilen, die kraft Gesetzes vorläufig vollstreckbar sind, nämlich die einen Arrest oder eine einstweilige Verfügung anordnen oder bestätigen (§ 922 Rn 3, § 925 Rn 2, § 936), nicht
aber ablehnen oder aufheben (§ 708 Nr 6); ferner Urteile der Arbeitsgerichte (§ 62 Abs 1 ArbGG). – **c) Verboten** (Abs 2) ist der Ausspruch in **5**
Ehesachen (2–6 vor § 606), Kindschaftssachen (§ 640 Abs 2 Nr 1–3)
und bei einer mit der Vaterschaftsfeststellung verbundenen Unterhaltsverurteilung (§ 653 Abs 1) wegen hinausgeschobener Wirksamkeit
(§ 653 Abs 2). Diese Urteile dürfen auch nicht im Kostenpunkt für
vorläufig vollstreckbar erklärt werden. Abs 2 S 1 gilt nicht für Folgesachen (§ 623 Abs 1 S 1, § 621 Abs 1 Nr 4, 5, 8; vgl § 629 Rn 2).

§ 705 Formelle Rechtskraft

[1]Die Rechtskraft der Urteile tritt vor Ablauf der für die Einlegung des zulässigen Rechtsmittels, des zulässigen Einspruchs
oder der zulässigen Rüge nach § 321 a bestimmten Frist nicht
ein. [2]Der Eintritt der Rechtskraft wird durch rechtzeitige Einlegung des Rechtsmittels, des Einspruchs oder der Rüge nach
§ 321 a gehemmt.

1. Begriffe. Sie sind im Einzelnen zum Teil umstritten. – **a) For-** **1**
melle Rechtskraft bedeutet, dass eine Entscheidung unangreifbar ist.
Häufig wird die formelle Rechtskraft mit der Unanfechtbarkeit (Rn 2)
gleichgesetzt. Aus §§ 705, 706 Abs 2 und § 19 Abs 2 EGZPO ist jedoch abzuleiten, dass nur Entscheidungen, die einem befristeten
Rechtsmittel, dem Einspruch (§ 338) oder der Gehörsrüge (§ 321 a)
unterliegen, formell rechtskräftig werden. Das sind Urteile, Vollstreckungsbescheide und solche Beschlüsse, die der Rechtsbeschwerde
(§ 574), der sofortigen oder einer befristeten Beschwerde unterliegen,
ferner Entscheidungen der (letzten) Rechtsmittelinstanz, die ein Verfahren mit befristeten Rechtsmitteln abschließen. Nicht formell rechtskräftig werden Entscheidungen, gegen die unbefristete Rechtsbehelfe
stattfinden, auch solche, die aus anderen Gründen als Fristablauf oder
Beendigung eines Rechtszugs mit fristgebundenen Rechtsmitteln unanfechtbar werden. – **b) Unanfechtbarkeit** bedeutet, dass gegen eine **2**
Entscheidung ein Rechtsmittel oder Rechtsbehelf nicht oder nicht
mehr stattfindet. Alle formell rechtskräftigen Entscheidungen (Rn 1)
sind auch unanfechtbar. Darüber hinaus sind solche Entscheidungen
unanfechtbar, bei denen dies ausdrücklich bestimmt ist.

3   **2. Folgen.** Nach Rechtskrafteintritt ist zu beachten: – **a) Wirkung.** Der Rechtsstreit wird abgeschlossen, die Entscheidung unangreifbar; sie darf nicht mehr abgeändert werden. Rechtsmittel sind unzulässig. Die 4 formelle Rechtskraft ist Voraussetzung der materiellen (§ 322). – **b) Beseitigung** der formellen Rechtskraft ist möglich durch Wiedereinsetzung (§ 233), Wiederaufnahmeklage (§ 578) und Klagen nach §§ 323, 5 324, 654. – **c) Vollstreckung** findet auf Grund der Rechtskraft statt (§ 704 Abs 1), nicht mehr auf Grund vorläufiger Vollstreckbarkeit gem §§ 708, 709. Daraus folgt, dass eine Sicherheit, die zur Zwangsvollstreckung geleistet wurde, zurückzugeben ist (§ 715) und auf eine zur Abwendung der Zwangsvollstreckung geleistete Sicherheit Zugriff genommen werden darf (§ 108 Rn 16; BGH NJW 78, 43).

6   **3. Eintritt der Rechtskraft.** Beim Zeitpunkt ist zu differenzieren: – **a) Mit Verkündung** bei Urteilen, gegen die kein Rechtsmittel stattfindet, nämlich (soweit sie nicht erste Versäumnisurteile sind): Revisionsurteile des BGH und des BayObLG, die Berufungsurteile des § 542 Abs 2 ferner bestimmte Zwischenurteile (§ 280; §§ 513 Abs 2, 545 Abs 2). Nicht mit Verkündung rechtskräftig werden Berufungsurteile, die nicht unter § 542 Abs 2 fallen, auch wenn die Revision nicht zuge7 lassen ist. – **b) Vor Ablauf der Rechtsmittel-, Einspruchs- und Gehörsrügefrist** (§ 321 a), also entgegen dem Wortlaut von Satz 1: durch beiderseitigen Verzicht auf Rechtsmittel, nicht bloß auf den materiell-rechtlichen Anspruch (BGH NJW 89, 170), sobald der zuletzt erklärte Verzicht wirksam ist (vgl §§ 515, 565). Beim Einspruch genügt zwangsläufig der einseitige Verzicht (vgl §§ 338, 346). Einseitiger Rechts8 mittelverzicht genügt sonst nie. – **c) Mit Ablauf der Rechtsmittel-, Einspruchs- und Gehörsrügefrist** (§ 321 a) bei den Urteilen, die nicht mit Verkündung rechtskräftig werden (Rn 6), wenn bis dahin kein statthaftes Rechtsmittel, kein Einspruch oder keine Gehörsrüge (§ 321 a) eingelegt ist, außerdem wenn das Rechtsmittel, der Einspruch oder die Gehörsrüge vor Ablauf der Frist zurückgenommen oder verworfen wurde, da ein Rechtsmittel und auch ein Einspruch wiederholt 9 eingelegt werden kann (vgl zB § 515 Rn 1; § 567 Rn 15). – **d) Nach Ablauf der Rechtsmittel-, Einspruchs- oder Gehörsrügefrist** (§ 321 a) mit der Rechtskraft der Entscheidung, die über das eingelegte Rechtsmittel, über den Einspruch oder über die Gehörsrüge befindet, sofern darin die angefochtene Entscheidung nicht aufgehoben oder der Prozess fortgeführt wird (§ 321 a Abs 5). Das gilt auch, wenn ein statthaftes Rechtsmittel eingelegt ist, das aus anderen Gründen unzulässig ist (GemSOGB BGHZ 88, 353). Ein ohne Zulassung berufungsfähiges Urteil erster Instanz wird rechtskräftig durch den Beschluss, der die Zulassung der Sprungrevision ablehnt (§ 566 Abs 6). Ferner tritt Rechtskraft ein bei Rücknahme des Rechtsmittels oder Einspruchs (vgl §§ 516, 565, 346), sobald sie nach Fristablauf wirksam ist (vgl Rn 8; StJMünzberg 16).

4. Teilanfechtung. – a) Eintritt der Rechtskraft. Der nicht an- 10
gefochtene Teil wird erst dann rechtskräftig, wenn die Anfechtung
nicht mehr erweitert werden und der Gegner sich nicht mehr anschließen kann. Das ist idR der Schluss der mündlichen Verhandlung in den
Rechtsmittelinstanzen. Die teilweise Anfechtung hemmt also zunächst
die Rechtskraft des ganzen Urteils (BGH st Rspr NJW 94, 2896), so dass
ein Teilrechtskraftzeugnis nicht erteilt werden darf, solange insoweit
kein Rechtsmittelverzicht erklärt ist (BGH NJW 89, 170) und ein Anschlussrechtsmittel eingelegt werden kann (Karlsruhe MDR 83, 676). –
b) Einzelheiten. Sonderregelung in Familiensachen: §§ 629 a–629 c. 11
Wegen vorläufiger Vollstreckbarkeit vgl § 537. Das Rechtsmittel eines
einfachen Streitgenossen (§ 61) hindert nicht die Rechtskraft des Urteils
gegenüber den anderen (§ 61 Rn 12).

§ 706 Rechtskraft- und Notfristzeugnis

(1) [1]Zeugnisse **über die Rechtskraft der Urteile sind auf
Grund der Prozeßakten von der Geschäftsstelle des Gerichts
des ersten Rechtszuges und, solange der Rechtsstreit in einem
höheren Rechtszuge anhängig ist, von der Geschäftsstelle des
Gerichts dieses Rechtszuges zu erteilen.** [2]**In Ehe- und Kindschaftssachen wird den Parteien von Amts wegen ein Rechtskraftzeugnis auf einer weiteren Ausfertigung in der Form des
§ 317 Abs. 2 Satz 2 Halbsatz 1 erteilt.**

(2) [1]**Insoweit die Erteilung des Zeugnisses davon abhängt,
daß gegen das Urteil ein Rechtsmittel nicht eingelegt ist, genügt ein Zeugnis der Geschäftsstelle des für das Rechtsmittel
zuständigen Gerichts, daß bis zum Ablauf der Notfrist eine
Rechtsmittelschrift nicht eingereicht sei.** [2]**Eines Zeugnisses der
Geschäftsstelle des Revisionsgerichts, daß ein Antrag auf Zulassung der Revision nach § 566 nicht eingereicht sei, bedarf es
nicht.**

1. Anwendungsbereich. Gilt nicht nur für Urteile, sondern ent- 1
sprechend auch für Vollstreckungsbescheide und Beschlüsse, soweit sie
der formellen Rechtskraft fähig sind (§ 705 Rn 1), ferner für Kostenfestsetzungsbeschlüsse, sobald das zugrundeliegende Urteil rechtskräftig
wird. Die Zeugnisse sind zur ZwVollstr nicht erforderlich; denn diese
erfolgt auf Grund der vollstreckbaren Ausfertigung (§ 724).

2. Rechtskraftzeugnis (Abs 1). Es dient zum Nachweis der Rechts- 2
kraft, zB bei §§ 715, 586 und zahlreichen Fällen des materiellen Rechts.
Beweiswirkung: § 418. – **a) Inhalt.** „Vorstehendes Urteil ist rechts- 3
kräftig". Eine ähnliche Fassung ist zulässig. Der Tag des Eintritts der
Rechtskraft ist nur bei Urteilen in Ehesachen anzugeben. Ein Teilrechtskraftzeugnis ist zulässig. Eine Teilanfechtung hindert aber vorerst
den Eintritt der Rechtskraft des ganzen Urteils (vgl § 705 Rn 10). –

4   **b) Zuständig** (Abs 1) ist der Urkundsbeamte, grundsätzlich der des Gerichts erster Instanz; der des Rechtsmittelgerichts nur, sobald eine Rechtsmittelschrift eingereicht ist und solange sich dort infolge des **5** Rechtsmittels die Prozessakten befinden (wie § 724 Abs 2). – **c) Erteilung. aa) Antrag.** Grundsätzlich in den Fällen des Abs 1 S 1. Er ist formlos, ohne Anwaltszwang (§ 78 Abs 3). Ein Rechtsschutzbedürfnis muss nicht vorliegen. **bb) Von Amts wegen** (Abs 1 S 1), also ohne Antrag, nur in Ehe- und Kindschaftssachen (§ 606 Abs 1 S 1 und § 640 Abs 2) wegen des öffentlichen Interesses, den Eintritt der Rechtskraft festzustellen. Das geschieht auf einer weiteren Urteilsausfertigung ohne Tatbestand und ohne Entscheidungsgründe (§ 317 Abs 2 S 2 Hs 1). – **6**   **d) Prüfung.** Der Urkundsbeamte prüft ausschließlich, ob die formelle Rechtskraft (§ 705) eingetreten ist. Grundlage: Prozessakten und Notfristzeugnis (Abs 2 S 1), das vom Antragsteller beizubringen ist. Auch bei unzulässigen Rechtsmitteln muss die Rechtskraft der Entscheidung abgewartet werden, die das Rechtsmittel verwirft (§ 705 Rn 9). – **7**   **e) Wirkung.** Das Rechtskraftzeugnis hat für die Rechtskraft nur formelle Bedeutung und bindet die Parteien nicht, ob und wann die Rechtskraft eingetreten ist (BGH 31, 388/91).

8   **3. Notfristzeugnis** (Abs 2 S 1). Es dient zum Nachweis des ungenutzten Ablaufs von Rechtsmittel- und Einspruchsfrist regelmäßig als **9** Grundlage für das Rechtskraftzeugnis. – **a) Inhalt:** „In Bezug auf das Urteil des (Gericht) vom (Datum) ist innerhalb der Notfrist keine Rechtsmittelschrift eingegangen." Ist der Notfristbeginn oder -ablauf zweifelhaft, ist es geboten statt „innerhalb der Notfrist" einzusetzen „bis **10** heute." – **b) Zuständig** ist der Urkundsbeamte des für das Rechtsmit- **11** tel oder den Einspruch zuständigen Gerichts. – **c) Antrag:** wie (Rn 5). **12** Die Parteien müssen keine Urteilsausfertigung vorlegen. – **d) Prüfung.** Der Urkundsbeamte prüft selbständig den Fristablauf und ob eine Rechtsmittelschrift rechtzeitig eingelaufen ist, nicht ob das Rechtsmittel sonst zulässig ist; ebenso wenig ob Wiedereinsetzung (§ 233) beantragt oder die Rüge nach § 321a erhoben ist. Erst wenn Wiedereinsetzung gewährt wurde oder der Prozess fortgeführt wird (§ 321a Abs 5), muss das Zeugnis versagt werden.

13   **4. Rechtsbehelfe.** – **a) Erteilung** der Zeugnisse. Es findet Erinnerung statt (§ 573), sofortige Beschwerde erst nach der Entscheidung über **14** die Erinnerung (§ 573 Abs 2). – **b) Verweigerung** (durch Beschluss des Urkundsbeamten). Es findet Erinnerung statt (§ 573); danach sofortige Beschwerde (§ 573 Abs 2). – **c) Rechtsbeschwerde** (§ 574) gegen die Beschwerdeentscheidung ist nicht ausgeschlossen.

15   **5. Kosten.** Grundsätzlich sind es Kosten des Rechtsstreits (§ 91 Rn 5). Sind sie aber durch die ZwVollstr verursacht, gilt § 788. Der Urkundsbeamte hat darüber nicht zu entscheiden. Gebühren: für das Gericht keine. Für den RA gehört es zum Rechtszug und ist keine besondere Angelegenheit (§ 37 Nr 7, § 58 Abs 2 Nr 1 BRAGO).

§ 707 Einstweilige Einstellung der Zwangsvollstreckung

(1) [1]Wird die Wiedereinsetzung in den vorigen Stand oder eine Wiederaufnahme des Verfahrens beantragt oder wird der Rechtsstreit nach der Verkündung eines Vorbehaltsurteils fortgesetzt, so kann das Gericht auf Antrag anordnen, daß die Zwangsvollstreckung gegen oder ohne Sicherheitsleistung einstweilen eingestellt werde oder nur gegen Sicherheitsleistung stattfinde und daß die Vollstreckungsmaßregeln gegen Sicherheitsleistung aufzuheben seien. [2]Die Einstellung der Zwangsvollstreckung ohne Sicherheitsleistung ist nur zulässig, wenn glaubhaft gemacht wird, daß der Schuldner zur Sicherheitsleistung nicht in der Lage ist und die Vollstreckung einen nicht zu ersetzenden Nachteil bringen würde.

(2) [1]Die Entscheidung ergeht durch Beschluss. [2]Eine Anfechtung des Beschlusses findet nicht statt.

1. Zweck. Es soll der Schuldner vor der ZwVollstr geschützt werden, wenn der Vollstreckungstitel mit Erfolgsaussicht angegriffen und dadurch möglicherweise später beseitigt wird. 1

2. Anwendungsbereich. – a) Unmittelbar: Wiedereinsetzung (§ 233) und Wiederaufnahme bei rechtskräftigen Urteilen (§ 578), ferner nach Vorbehaltsurteilen gem §§ 302, 600, wenn ein Nachverfahren stattfindet. – **b) Entsprechend:** bei Berufung und Einspruch gegen vorläufig vollstreckbare Urteile oder Vollstreckungsbescheide (§ 719 Abs 1 S 1), gleichgültig ob das Urteil ohne oder gegen Sicherheitsleistung vollstreckbar ist; bei Widerspruch gegen Arreste (§ 924 Abs 3), einstweilige Verfügungen (§ 936), auch bei Anträgen gem §§ 927, 936 (§ 927 Rn 2). – **c) Nicht:** bei der Revision, für die allein § 719 Abs 2 gilt; bei einstweiligen Anordnungen gemäß § 570 Abs 2, 3; bei einstweiligen Anordnungen in Ehesachen (§ 620 e); bei einer Klage gegen rechtskräftige Titel, die auf § 826 BGB gestützt wird (Frankfurt NJW-RR 92, 511); bei Kostenfestsetzungsbeschlüssen aus einstweiliger Verfügung, wenn der Hauptsacheprozess anhängig ist (Karlsruhe OLGZ 73, 486). 2 3 4

3. Zuständig ist das Gericht, das über den Rechtsbehelf oder das im Nachverfahren (§§ 302, 600) zu entscheiden hat. Diese Zuständigkeit wird nicht wegen § 719 durch eingelegte Rechtsmittel gegen das Vorbehaltsurteil berührt (Nürnberg NJW 82, 392). Zuständig ist der Einzelrichter soweit er gemäß den §§ 348, 348 a zuständig ist, bei der KfH der Vorsitzende (§ 349 Abs 2 Nr 10). 5

4. Voraussetzungen. – a) Antrag (Abs 1 S 1): schriftlich, zu Protokoll (§ 496) ohne Anwaltszwang (§ 78 Abs 3) oder in mündlicher Verhandlung; dann gilt § 78 Abs 1, 2. Der Antrag muss vom Schuldner stammen (11 vor § 704) und auf eine bestimmte Anordnung gerichtet sein; auch hilfsweise auf eine andere möglich. Die Tatsachen müssen nur 6

7   für Abs 1 S 2 glaubhaft gemacht (§ 294) werden. – **b) Rechtsschutz-bedürfnis** (zZ der Entscheidung). Es besteht schon vor Beginn der ZwVollstr (28 vor § 704) ab Erteilung der Klausel (§ 724) und fällt weg
8   mit ihrem Ende (29 vor § 704). – **c) Erfolgsaussicht.** Der Rechtsbehelf muss geltend gemacht, zulässig und darf nicht völlig aussichtslos sein;
9   ebenso das Nachverfahren (§§ 302, 600). – **d) Rechtliches Gehör** ist dem Gläubiger grundsätzlich vor der Entscheidung zu gewähren, sofern nicht sofortige Entscheidung geboten ist. Es darf nachgeholt werden, weil der Beschluss jederzeit abgeändert werden kann (Rn 14).

10   **5. Entscheidung:** Beschluss des Gerichts. Bekanntmachung: § 329 Abs 3, weil wegen Rn 17–20 Zustellung angebracht ist. – **a) Inhalt.** Begründung ist nur dann nicht notwendig, wenn dem Antrag stattgegeben und gegen Sicherheitsleistung eingestellt wird. Es steht im Ermessen des Gerichts, ob und welche Entscheidung es erlässt. Für den Inhalt der Anordnung ist es an den Antrag nicht gebunden. Die Einstellung kann auf einen Teil des Titels beschränkt werden (E. Schneider MDR 73, 358). Höhe und Art der Sicherheitsleistung wird nach § 108
11   bestimmt. – **b) Einstweilige Einstellung** der ZwVollstr gegen oder ohne Sicherheitsleistung des Schuldners. Nur die ZwVollstr aus dem angefochtenen Urteil kann eingestellt werden, nicht die Fortdauer einer dadurch aufgehobenen Entscheidung angeordnet (Düsseldorf NJW-RR 02, 138). Die Einstellung gegen Sicherheitsleistung ist der Regelfall. Die allgemein, nicht auf bestimmte Gegenstände beschränkte, angeordnete und geleistete Sicherheit haftet pfandgleich für dasjenige, wozu der Schuldner vorläufig vollstreckbar verurteilt worden ist. Ohne Sicherheit nur, wenn die Voraussetzungen nach Abs 1 S 2 glaubhaft gemacht worden sind (wie § 712; dort Rn 4). Wirkung: § 775 Nr 2, § 766 S 2. –
12   **c) Anordnung von Sicherheitsleistung** durch den vollstreckenden Gläubiger. Das bedeutet, dass die ZwVollstr nur gegen Sicherheitsleistung stattfindet oder fortgesetzt wird, falls sie schon begonnen hat. Dies ist auch bei Geldvollstreckung nicht allein aus dem Grunde abzulehnen, dass der Gläubiger sowieso nur gegen Sicherheit vollstrecken kann. Das sind die Fälle des § 709 S 1 und des § 712 Abs 2 S 2. Wirkung: § 751
13   Abs 2. – **d) Aufhebung von Vollstreckungsmaßregeln** gegen Sicherheitsleistung. Sie müssen genau bezeichnet sein. Die Aufhebung erfolgt durch das Vollstreckungsorgan (5–8 vor § 704) gemäß § 776. Diese Anordnung kann neben der zu Rn 11 und 12 ergehen. Sie ist idR angebracht bei der oft existenzbedrohenden Kontenpfändung.

14   **6. Wirkung.** Die Anordnungen sind nur einstweilig, können daher jederzeit wieder aufgehoben werden (Rn 17) und erfassen auch den Kostenfestsetzungsbeschluss, der auf dem Titel beruht (§ 103 Rn 7). –
15   **a) Außerkrafttreten.** Die Beschlüsse treten von selbst außer Kraft: **aa)** im ersten Rechtszug mit Erlass des Endurteils oder mit Rücknahme des Rechtsbehelfs, insbes des Einspruchs; **bb)** im höheren Rechtszug mit Erlass der Endentscheidung dieser Instanz, vorher mit dem Eintritt der Rechtskraft infolge Rücknahme des Rechtsmittels oder Rechtsbe-

helfs (§ 705 Rn 9). – **b) Zwangsvollstreckung.** Auswirkung hierauf: **16**
§ 775 Nr 2; daher genügt Vorlage beim Vollstreckungsorgan, noch bevor der Beschluss den Parteien mitgeteilt oder zugestellt sein muss (Kirberger Rpfleger 76, 8). Die Vollstreckungsorgane haben den Beschluss von Amts wegen zu beachten. Wird das zu vollstreckende Urteil aufgehoben, gilt § 775 Nr 1.

7. Rechtsbehelfe. – **a) Auf Antrag** jeder Partei kann das Gericht, **17**
das den Beschluss erlassen hat, diesen bis zur Endentscheidung (Rn 15) bei Veränderung des Sachverhalts oder der Rechtsansicht aufheben oder abändern. – **b) Unanfechtbar** (Abs 2 S 2) sind grundsätzlich alle Be- **18**
schlüsse, insbes wegen des nur beschränkt nachprüfbaren Ermessens („kann"). – **c) Sofortige Beschwerde** (§ 793) wird im Schrifttum **19**
ausnahmsweise zugelassen gegen unzulässige Beschlüsse, dh solche, die die gesetzlichen Voraussetzungen der § 707 (Antrag, zulässiger Rechtsbehelf, zugelassener Entscheidungsinhalt) zu Unrecht bejahen oder verneinen (hM); insbes auch, wenn ein Ermessensfehl- oder -nichtgebrauch vorliegt (Koblenz OLGZ 81, 243; umstr; aA Frankfurt MDR 88, 975). Bloße Verfahrensverstöße genügen nicht. Zum BGH ist seit dem ZPO-RG eine solche Beschwerde jedenfalls unzulässig (BGH NJW 02, 1577; nur § 574). Ebenso entscheidet die Praxis (Frankfurt NJW-RR 03, 140 für § 69).

8. Kosten. Es sind solche des Rechtsstreits der Hauptsache, nicht der **20**
ZwVollstr (§ 788). Eine Kostenentscheidung enthält der Beschluss nicht, da nicht feststeht, wer in der Hauptsache obsiegt. § 97 ist für den Antrag unanwendbar, gilt aber für die erfolglose sofortige Beschwerde (Rn 19; LG Aachen MDR 96, 1196 mwN; bestr). Gebühren: nur für RA: § 37 Nr 3, § 49 Abs 1 S 1 BRAGO. Wert: § 3 Rn 188.

Vorbemerkung zu §§ 708–720
Vorläufige Vollstreckbarkeit nichtrechtskräftiger Urteile

1. Allgemeines. Vor Rechtskraft sind Urteile nur vollstreckungsfä- **1**
hig, wenn sie in der Formel für vorläufig vollstreckbar erklärt sind (§ 704 Abs 1). Das hat bei allen Urteilen zu geschehen, mit Ausnahme derjenigen, die mit Verkündung rechtskräftig werden (vgl § 705 Rn 6). Vorläufig vollstreckbar zu erklären sind auch klageabweisende Urteile (hM), Urteile, bei denen eine ZwVollstr nicht oder nicht vor Rechtskraft in Frage kommt, zB Feststellungsurteile und die unter § 894 fallenden Leistungsurteile, ferner Gestaltungsurteile, die erst mit Rechtskraft wirken (bestr). Das entspricht dem Wortlaut des Gesetzes, ändert an der Vollstreckungsfähigkeit nichts und ist wegen der Kosten (§ 103 Abs 1) geboten.

2. Arten der Urteile. Für die vorläufige Vollstreckbarkeit, über die **2**
von Amts wegen ohne Antrag zu entscheiden ist, zerfallen die Urteile in drei Gruppen: – **a) Nicht für vorläufig vollstreckbar** zu erklärende **3**

4 Urteile (§ 705 Rn 6; § 704 Rn 3–5). – **b) Ohne Sicherheitsleistung** für vorläufig vollstreckbar zu erklärende Urteile (§ 708). Mit Abwendungsbefugnis des Schuldners bei Urteilen des § 708 Nr 4–11 auf Grund
5 der §§ 711, 712. – **c) Gegen Sicherheitsleistung** vorläufig vollstreckbar zu erklärende Urteile (§ 709 S 1).

6 **3. Anträge.** Die Parteien können durch Anträge den ohne Antrag erfolgenden Ausspruch über die vorläufige Vollstreckbarkeit beeinflussen
7 (§§ 710, 711 S 2, § 712). – **a) Parteistellung.** Gläubiger und Schuldner iS der §§ 709–720a können der Kläger und auch der Beklagte sein, je nachdem, wer obsiegt hat. In der Formel darf nur die Parteistellung des Rechtsstreits, nicht die Bezeichnung Gläubiger oder Schuldner verwendet werden, weil bei Teilerfolg der Klage, auch bei einer Widerklage jede Partei Gläubiger und Schuldner sein kann. – **b) Schuld-**
8 **neranträge** gem § 712. Dadurch kann die Vollstreckung abgewendet
9 werden. – **c) Gläubigeranträge** gem § 710 und § 711 S 2. Dadurch wird eine Vollstreckung erleichtert oder ermöglicht.

10 **4. Höhe der Sicherheitsleistung.** Sie ist immer in Geld zu bestimmen. Es gilt § 108. – **a) Ermessen.** Es ist an einem möglichen Schadensersatzanspruch (§ 717) zu orientieren (KG NJW 77, 2270), mangels anderer Anhaltspunkte am Wert des vollstreckbaren Hauptanspruchs zuzüglich Zinsen und Kosten. Das ist bei Duldungstiteln oft problematisch (E. Schneider MDR 91, 1033). Die Summe ist idR aufzurunden. –
11 **b) Teilsicherheiten.** Bei mehreren Ansprüchen (§ 260) kann die Sicherheitsleistung im Urteil getrennt festgesetzt werden (umstr; weitergehend Frankfurt MDR 96, 961: bei berechtigtem Grund überhaupt für Teilbeträge). Bei Teilvollstreckung ist auch Teilsicherheitsleistung möglich (§ 752). Infolge des § 709 S 2 ist es zulässig, die Sicherheit auf den jeweils zu vollstreckenden Betrag abzustimmen. Zulässig ist es, bei Sicherheit, die künftig fällig werdenden wiederkehrenden Leistungen zu beziehen auf die fällig werdenden Raten (Düsseldorf FamRZ 99,
12 308; Musielak/Lackmann § 709 Rn 6). – **c) Änderungen.** Die Höhe kann wegen § 318 nur das Rechtsmittelgericht ändern, ggf gem § 718. –
13 **d) Nachverfahren.** Bei bestätigenden Urteilen (§ 600) darf nicht der Hauptsachebetrag des Vorbehaltsurteils zugrunde gelegt werden, weil dieser aus dem Vorbehaltsurteil vollstreckt wird (§ 708 Rn 5, 6).

14 **5. Art der Sicherheitsleistung** ist im Regelfall Bankbürgschaft oder Hinterlegung (§ 108 Abs 1), wenn nicht durch (auch nachträglichen) Beschluss eine andere Art zugelassen wird (§ 108 Rn 9–14).

15 **6. Kostenentscheidung.** Für diese ist der Ausspruch der vorläufigen Vollstreckbarkeit des Urteils erforderlich, damit der Kostenerstattungsberechtigte schon vor Rechtskraft (§ 705) einen Kostenfestsetzungsbeschluss erwirken kann (§ 103 Abs 1, § 704 Abs 1, § 794 Abs 1 Nr 2).

16 **7. Rechtsmittel.** Die Anfechtung in der Hauptsache erstreckt sich auf die vorläufige Vollstreckbarkeit. Über diese ist nach § 718 vorab zu

entscheiden. Für die nicht angefochtenen Teile des Urteils gilt bei Berufung § 537, bei Revision § 558. Die Berufung (nicht die Revision, § 718 Abs 2) kann auf den Ausspruch über die vorläufige Vollstreckbarkeit beschränkt werden. Bestätigendes Berufungsurteil in der Hauptsache: § 708 Rn 10.

8. Zahlung zur Abwendung der Zwangsvollstreckung muss als 17 solche ausdrücklich bezeichnet werden. Sie ist in allen Fällen vorläufiger Vollstreckbarkeit möglich. Prozessuale Wirkung: § 775 Nr 4, 5. Eine Geldschuld wird wegen des Vorbehalts nicht getilgt, weil nicht Erfüllung vorliegt (§ 362 BGB). Verzugszinsen laufen nicht weiter (BGH NJW 81, 2244).

§ 708 Vorläufige Vollstreckbarkeit ohne Sicherheitsleistung

Für vorläufig vollstreckbar ohne Sicherheitsleistung sind zu erklären:

1. **Urteile, die auf Grund eines Anerkenntnisses oder eines Verzichts ergehen;**
2. **Versäumnisurteile und Urteile nach Lage der Akten gegen die säumige Partei gemäß § 331 a;**
3. **Urteile, durch die gemäß § 341 der Einspruch als unzulässig verworfen wird;**
4. **Urteile, die im Urkunden-, Wechsel- oder Scheckprozeß erlassen werden;**
5. **Urteile, die ein Vorbehaltsurteil, das im Urkunden-, Wechsel- oder Scheckprozeß erlassen wurde, für vorbehaltlos erklären;**
6. **Urteile, durch die Arreste oder einstweilige Verfügungen abgelehnt oder aufgehoben werden;**
7. **Urteile in Streitigkeiten zwischen dem Vermieter und dem Mieter oder Untermieter von Wohnräumen oder anderen Räumen oder zwischen dem Mieter und dem Untermieter solcher Räume wegen Überlassung, Benutzung oder Räumung, wegen Fortsetzung des Mietverhältnisses über Wohnraum auf Grund der §§ 574 bis 574 b des Bürgerlichen Gesetzbuchs sowie wegen Zurückhaltung der von dem Mieter oder dem Untermieter in die Mieträume eingebrachten Sachen;**
8. **Urteile, die die Verpflichtung aussprechen, Unterhalt, Renten wegen Entziehung einer Unterhaltsforderung oder Renten wegen einer Verletzung des Körpers oder der Gesundheit zu entrichten, soweit sich die Verpflichtung auf die Zeit nach der Klageerhebung und auf das ihr vorausgehende letzte Vierteljahr bezieht;**
9. **Urteile nach §§ 861, 862 des Bürgerlichen Gesetzbuchs auf Wiedereinräumung des Besitzes oder auf Beseitigung oder Unterlassung einer Besitzstörung;**

10. **Urteile der Oberlandesgerichte in vermögensrechtlichen Streitigkeiten;**

11. **andere Urteile in vermögensrechtlichen Streitigkeiten, wenn der Gegenstand der Verurteilung in der Hauptsache eintausendzweihundertfünfzig Euro nicht übersteigt oder wenn nur die Entscheidung über die Kosten vollstreckbar ist und eine Vollstreckung im Wert von nicht mehr als eintausendfünfhundert Euro ermöglicht.**

1   **1. Allgemeines.** Zur Vollstreckbarkeitserklärung: 1 vor § 708. Alle in § 708 aufgeführten Urteile sind grundsätzlich ohne Sicherheitsleistung für vorläufig vollstreckbar zu erklären. Abwendungsbefugnis kann bei Nr 4–11 hinzukommen (§ 711). Zur Kostenentscheidung: 15 vor § 708. Rechtsmittel: 16 vor § 708. Zahlung des Schuldners zur Abwendung der Vollstreckung: 17 vor § 708.

2   **2. Einzelheiten. – a) Nr 1:** Auch Teilurteile, die gem § 306 oder § 307 ergehen. Bei einem Urteil mit im Übrigen streitiger Entscheidung
3   muss für diesen Teil ggf gem § 709 entschieden werden. – **b) Nr 2:** Gilt auch für das Zweite Versäumnisurteil (§ 345), nicht aber für Aktenlageentscheidung (§ 331a) gegen die nicht säumige Partei. Die (streitigen) Urteile gem § 343 fallen nicht unter Nr 2; für sie gilt Nr 11
4   oder § 709 S 2. – **c) Nr 3:** Die vorläufige Vollstreckbarkeit bezieht sich hier auf die Kosten (vgl 6 vor § 708); praktisch nur bedeutsam, soweit
5   nicht sowieso Nr 11 eingreift. – **d) Nr 4:** Umfasst Vorbehaltsurteile (§ 599) und Endurteile, aber nicht die im Nachverfahren (Nr 5). Bei Anerkenntnisurteilen geht Nr 1 vor und § 711 gilt nicht (Koblenz NJW-
6   RR 91, 512). – **e) Nr 5:** Gilt nur für die bestätigenden Urteile gem § 600 Rn 7; die Hauptsache wird in diesem Fall sowieso aus dem (meist schon rechtskräftigen) Vorbehaltsurteil vollstreckt. Wird das Vor-
7   behaltsurteil aufgehoben, gilt Nr 11 oder § 709. – **f) Nr 6:** Urteile, in denen Arreste oder einstweilige Verfügungen erlassen werden, sind ohne besonderen Ausspruch vorläufig vollstreckbar. Bei Ablehnung wirkt sich die vorläufige Vollstreckbarkeit nur auf die Kosten aus. Den aufhebenden stehen solche Urteile gleich, die für den Antragsgegner günstig
8   abändern und somit zT aufheben. – **g) Nr 7:** nur Miet-, nicht Pachtverhältnisse. Für analoge Anwendung auf Pachtverhältnisse: Schmid ZMR 00, 507. Wohnräume: wie § 23 Rn 11 GVG. Andere Räume: wie § 29a Rn 6. Untermiete: § 540 BGB. Räumung und Überlassung: § 885 Rn 1. Benutzung: § 888 Rn 2. Zurückbehaltung von Sachen: § 561 BGB. Ist auch zur Zahlung (zB von Miete) verurteilt, gilt insoweit
9   Nr 11 oder § 709. – **h) Nr 8:** jegliche Art von Unterhalt; jedoch nicht die gemäß § 653 ergangenen Urteile (vgl § 704 Rn 5); alle Titel, die auf Grund der §§ 843, 844 BGB sowie sonstiger Haftungsgesetze ergehen, zB nach StVG, UmweltHG, LuftVG; auch die Fälle des § 323 (hM). Die zeitliche Beschränkung wirkt so, dass das Urteil, soweit es Raten für eine frühere Zeit betrifft, im bestimmt anzugebenden Betrag gem § 709 nur gegen Sicherheit vorläufig vollstreckbar erklärt wird,

soweit nicht Nr 11 zutrifft. Ob Nr 8 auch für vorbereitende Ansprüche gilt (oder § 709), insbes für Auskunft, ist umstr (bejahend die hM; Musielak/Lackmann 8 mwN). – **i) Nr 9:** Gemeint sind stattgebende Urteile, die auf den Anspruchsgrundlagen der §§ 861, 862 BGB beruhen. – **j) Nr 10:** vermögensrechtliche Streitigkeiten (Einl IV Rn 1, 2). Eine Analogie für Berufungsurteile des LG liegt nahe (aA MüKo/Krüger AB Rn 2). Nr 10 umfasst auch die aufhebenden und zurückverweisenden Urteile (München MDR 82, 238 mwN; Karlsruhe JZ 84, 635). Ein Ausspruch über die vorläufige Vollstreckbarkeit unterbleibt auch dann nicht, wenn die Revision nicht zugelassen ist (§ 543); hingegen sind §§ 711, 713 zu beachten. Bestätigt das OLG ein Urteil erster Instanz, das gem § 709 S 1 nur gegen Sicherheitsleistung vorläufig vollstreckbar ist, so wird dieses, wenn das OLG nach § 708 verfährt, ebenfalls ohne Sicherheit vorläufig vollstreckbar. Dies gilt nicht bei berufungsverwerfenden Beschlüssen gem § 522. Die Höhe der Sicherheit für § 711 wird unter Einschluss der erstinstanziellen Verurteilung zuzüglich Kosten bestimmt (Höhne MDR 87, 626). – **k) Nr 11:** Wird zu geringeren Leistungen verurteilt, ist der Schaden nach § 717 regelmäßig nicht groß. Die Aussicht, Schadensersatz zu erlangen, ist nicht stark gefährdet, so dass Sicherheit (§ 709 S 1) nicht unbedingt nötig erscheint. Daher wird auf die Höhe des Geldbetrags abgestellt. **aa) Verurteilungsgegenstand:** Es ist zu unterscheiden: **(1) Hauptsache** (1. Alternative). Es kommt für die Wertgrenze nur auf die Hauptsache an, soweit sie vollstreckt werden kann, nicht auf Zinsen, Kosten und andere Nebenforderungen (§ 4). Da die §§ 3–9 anzuwenden sind, ist bei herauszugebenden Sachen auf § 6 abzustellen. **(2) Kosten** (2. Alternative). Ist nur die Kostenentscheidung vollstreckbar, zB bei abgewiesener Leistungsklage (vgl 1 vor § 708), sowie bei Feststellungs- und Gestaltungsklagen kommt es allein auf den zu schätzenden Kostenerstattungsanspruch (7 vor § 91) an. Die Schätzung darf nicht über 1500 Euro liegen. Erweist sie sich als zu niedrig, wird die Vollstreckbarkeit ohne Sicherheit dadurch nicht berührt und ist insbes nicht unzulässig. **bb) Streitgenossen.** Bei obsiegenden Streitgenossen kommt es darauf an, ob der für den einzelnen (gleich ob Kläger oder Beklagte) vollstreckbare Betrag (als Kläger in der Hauptsache) 1250 Euro oder (als obsiegende Partei für die Kosten) 1500 Euro übersteigt. Die Gesamtsumme ist nicht maßgebend (RoGaul/Schilken § 14 II 1 k); denn es liegen mehrere, lediglich verbundene Prozesse vor und die Wertgrenze ist nicht wegen der Belastung des Schuldners aufgestellt, sondern wegen des Vollstreckungsschadens (§ 717), für den jeder der Streitgenossen getrennt haftet. Auf eine Gesamtsumme kann sowieso nicht abgestellt werden, wenn ein Streitgenosse obsiegt und andere unterliegen.

§ 709 **Vorläufige Vollstreckbarkeit gegen Sicherheitsleistung**

[1]**Andere Urteile sind gegen eine der Höhe nach zu bestimmende Sicherheit für vorläufig vollstreckbar zu erklären.** [2]**So-**

weit wegen einer Geldforderung zu vollstrecken ist, genügt es, wenn die Höhe der Sicherheitsleistung in einem bestimmten Verhältnis zur Höhe des jeweils zu vollstreckenden Betrages angegeben wird. ³**Handelt es sich um ein Urteil, das ein Versäumnisurteil aufrechterhält, so ist auszusprechen, daß die Vollstreckung aus dem Versäumnisurteil nur gegen Leistung der Sicherheit fortgesetzt werden darf.**

1   **1. Allgemeines:** § 708 Rn 1. – **a) Anwendbar** auf alle Urteile, die nicht unter § 708 fallen; also auch alle Urteile in nichtvermögensrechtlichen Streitigkeiten (Einl IV Rn 3). S 2 und 3 sind die Ausnahmeregelungen zu S 1. – **b) Abänderungen** hinsichtlich der Sicherheitsleistung

2   sind durch § 710 möglich. – **c) Sonstiges.** Auswirkungen auf die Vollstreckung: § 751 Abs 2. Höhe der Sicherheit: 10 vor § 708. Rechtsmittel: 16 vor § 708. Zahlung zur Abwendung der Vollstreckung: 17 vor § 708.

3   **2. Andere Urteile** (S 1). Das sind solche, bei denen § 708 nicht zutrifft und solche, die nicht mit Verkündung rechtskräftig werden. Nach S 1 muss die Sicherheit betragsmäßig bestimmt sein (Ausnahme: S 2). Bei teilweisem Obsiegen haben oft beide Parteien einen vollstreckbaren Anspruch. Dann kann die Sicherheit verschieden hoch zu bemessen sein. Es ist folgende Fassung zu empfehlen: „Das Urteil ist vorläufig vollstreckbar, für den Kläger gegen 10 000 Euro, für den Beklagten gegen 6000 Euro Sicherheit". Entfällt für eine Partei wegen § 708 Nr 11 eine Sicherheitsleistung: „Das Urteil ist vorläufig vollstreckbar, für den Kläger jedoch nur gegen 3000 Euro Sicherheit". Bei Streitgenossenschaft (§ 708 Rn 15) ist auch zu bestimmen, für wen oder wem gegenüber das Urteil gegen die bestimmte Sicherheit (uU verschieden hoch) vorläufig vollstreckbar ist.

4   **3. Verhältnismäßige Sicherheit** (S 2). Nur anwendbar, wenn wegen einer Geldforderung (2 vor § 803) vollstreckt werden kann. Darunter fällt auch der Kostenerstattungsanspruch (§ 708 Rn 14), so dass S 2 auch bei Klagabweisung sowie bei Feststellungs- und Gestaltungsurteilen anwendbar ist. S 2 steht im Zusammenhang mit § 752. Dort wird die Höhe der Sicherheit im Verhältnis des Teilbetrags zum angeordneten Gesamtbetrag (S 1) berechnet. S 2 lässt zu, die Sicherheit allgemein in einem Verhältnis zu dem jeweils zu vollstreckenden Betrag festzulegen. In der Regel ist das Verhältnis 7 (Sicherheit) zu 6 (Vollstreckungsbetrag) angemessen, also etwa 115 Prozent. Formel: „Das Urteil ist vorläufig vollstreckbar gegen Sicherheitsleistung in Höhe von 115 Prozent des jeweils zu vollstreckenden Betrags". Aus einer solchen Fassung kann auch der Gesamtbetrag vollstreckt werden.

5   **4. Aufrechterhaltenes Versäumnisurteil** (S 3). Das ist der Fall des § 343 S 1. – **a) Anwendbar** ist S 3 nur auf Urteile, die unter S 1 fallen würden. S 3 gilt daher insbes nicht, wenn das aufrechterhaltene Urteil auch ein Versäumnisurteil ist oder § 708 Nr 11 zutrifft und das Urteil, wenn es nicht ein Versäumnisurteil aufrechterhalten würde, auch ohne

Sicherheitsleistung vorläufig vollstreckbar wäre. – **b) Ausspruch in** 6
der Formel. Es ist zunächst das aufzunehmen, was auf Grund des S 1
(Rn 3) auszusprechen ist. Im Anschluss daran: „Die ZwVollstr aus dem
Versäumnisurteil darf nur fortgesetzt werden, wenn diese Sicherheit geleistet ist". – **c) Wirkung.** Die bisher ohne Sicherheitsleistung (§ 708 7
Nr 2) durchgeführten Vollstreckungsmaßnahmen bleiben auch ohne
Sicherheitsleistung bestehen. Fortsetzung ist nur gegen Sicherheitsleistung gestattet (§ 775 Nr 2). Eine Nachleistung der Sicherheit kann unterbleiben. Vollstreckungschutzmaßnahmen sind zulässig.

§ 710 Ausnahmen von der Sicherheitsleistung des Gläubigers

**Kann der Gläubiger die Sicherheit nach § 709 nicht oder nur
unter erheblichen Schwierigkeiten leisten, so ist das Urteil auf
Antrag auch ohne Sicherheitsleistung für vorläufig vollstreckbar zu erklären, wenn die Aussetzung der Vollstreckung dem
Gläubiger einen schwer zu ersetzenden oder schwer abzusehenden Nachteil bringen würde oder aus einem sonstigen
Grunde für den Gläubiger unbillig wäre, insbesondere weil er
die Leistung für seine Lebenshaltung oder seine Erwerbstätigkeit dringend benötigt.**

Anwendbar bei § 709 S 1 und 2, sowie bei § 711, nicht aber bei 1
§ 712 Abs 2 S 2. **Antrag** ist notwendig; für ihn gilt § 714. **Vorausset-** 2
zungen. Auf Interessen und Belange des Schuldners kommt es nicht an
(vgl aber Rn 5). **(1)** Unmöglichkeit der Sicherheitsleistung für den
Gläubiger, insbes wegen Fehlens von Geldmitteln, mindestens Bestehen
erheblicher Schwierigkeiten für die Sicherheitsleistung. **(2)** Das Unter- 3
bleiben der Vollstreckung muss (1. Alt) voraussichtlich Nachteile der
benannten Art verursachen (zB bevorstehende Auswanderung, drohende Vermögenslosigkeit des Schuldners) oder (2. Alt) Unbilligkeit für
den Gläubiger. Dabei ist auf angemessene Lebenshaltung abzustellen.
Für die Erwerbstätigkeit kann eine herauszugebende Sache, aber auch
Geld zur Anschaffung von Betriebsmitteln benötigt werden. **Wirkung.** 4
Das Urteil wird ohne Sicherheitsleistung für vorläufig vollstreckbar erklärt, § 710 in den Gründen abgehandelt. **Gegenantrag des Schuld-** 5
ners gem § 712 Abs 1 ist möglich. Dann sind die Interessen abzuwägen
(§ 712 Abs 2 S 1). Überwiegen die des Schuldners, wird nach § 712
Abs 1 verfahren und entschieden. **Rechtsmittel:** 16 vor § 708. 6

§ 711 Abwendungsbefugnis

[1]**In den Fällen des § 708 Nr. 4 bis 11 hat das Gericht auszu-
sprechen, daß der Schuldner die Vollstreckung durch Sicher-
heitsleistung oder Hinterlegung abwenden darf, wenn nicht der
Gläubiger vor der Vollstreckung Sicherheit leistet.** [2]**§ 709
Satz 2 gilt entsprechend, für den Schuldner jedoch mit der
Maßgabe, dass Sicherheit in einem bestimmten Verhältnis zur**

Höhe des aufgrund des Urteils vollstreckbaren Betrages zu leisten ist. [3] **Für den Gläubiger gilt § 710 entsprechend.**

1 **1. Allgemeines.** Anwendbar ist § 711 nur in den Fällen des § 708 Nr 4–11. Die Abwendungsbefugnis ist von Amts wegen ohne Antrag (§ 714) anzuordnen. Unterbleibt sie, kann Ergänzung gem § 321 beantragt werden (§ 716). Rechtsmittel: 16 vor § 708.

2 **2. Voraussetzungen.** Es muss sich um eines der genannten, ohne Sicherheitsleistung für vorläufig vollstreckbar zu erklärenden Urteile handeln und § 713 darf nicht entgegenstehen.

3 **3. Ausspruch in der Formel:** Das Gericht hat die Wahl, ob es S 1 anwendet oder S 2 (Musielak/Lackmann 2). – a) **Bestimmte Höhe** der Sicherheit (S 1). Formulierung: „Das Urteil ist vorläufig vollstreckbar. Der Beklagte (falls er Schuldner ist, 7 vor § 708), kann die Vollstreckung durch Sicherheit (bei Herausgabe von Sachen auch durch Hinterlegung der herauszugebenden Sache) in Höhe von 10 000 Euro abwenden, wenn nicht der Kläger (falls er Gläubiger ist, 7 vor § 708) vor der Vollstreckung in gleicher (uU auch in gesondert festgesetzter) Höhe Sicherheit leistet." Zur Höhe der Sicherheit vgl 10 vor § 708. –

3 a b) **Verhältnismäßige Sicherheit** (S 2). Für den Schuldner muss in diesem Fall die Sicherheit vom ganzen vollstreckbaren Betrag (nicht von dem uU geringeren zu vollstreckenden Betrag) bemessen werden (Celle NJW 03, 73). Den Betrag müssen der Schuldner und das Vollstreckungsorgan berechnen, womit sie oft überfordert sind. Dem Gläubiger genügt die ggf geringere Sicherheit, wenn er nur einen Teilbetrag vollstreckt. Bsp für eine Formel: „Der Beklagte kann die ZwVollstr durch Sicherheitsleistung in Höhe von 115 Prozent des (gesamten) vollstreckbaren Betrags abwenden, wenn nicht der Kläger vor der ZwVollstr Sicherheit in Höhe von 115 Prozent des zu vollstreckenden Betrags leistet."

4 **4. Wirkung.** Es ist zu unterscheiden: – a) **Schuldner.** Leistet er die Sicherheit nicht, ist die ZwVollstr nicht gehindert. Leistet der Schuldner die Sicherheit, ist die ZwVollstr, solange der Gläubiger nicht leistet (Rn 5), unzulässig und darf nicht eingeleitet werden. Eine eingeleitete Vollstreckung muss gem § 775 Nr 3, § 776 eingestellt werden. Außerdem gilt § 720. Diese Wirkung endet mit Rechtskraft, auch der eines Vorbehaltsurteils, selbst wenn noch ein Nachverfahren läuft (BGH NJW 5 78, 43). oder mit Aufhebung (vgl § 717). – b) **Gläubiger.** Leistet er vor der Vollstreckung seinerseits Sicherheit, darf er vollstrecken, bei Hinterlegung herauszugebender Sachen auch auf Herausgabe (§ 883). Die Wirkung gem Rn 4 entfällt oder tritt erst gar nicht ein. Da dann für den Schuldner der Anlass für die Sicherheitsleistung weggefallen ist, kann er Rückgabe seiner Sicherheit gem § 109 verlangen (Oldenburg Rpfleger 85, 504; Köln MDR 93, 270). Der Gläubiger ist nicht auf Sicherungsvollstreckung (§ 720 a) beschränkt (hM; LG Heidelberg MDR 93, 272 mwN). Dem Antrag des Gläubigers darf erst ab dem Zeitpunkt der Antragstellung stattgegeben werden (Düsseldorf FamRZ 87, 174).

5. Geltung des § 710 (S 3) bedeutet: Unter den Voraussetzungen 6
des § 710 (dort Rn 2, 3), insbes auf Antrag (§ 714 Abs 1), darf der
Gläubiger ohne Sicherheitsleistung vollstrecken. Der Ausspruch im Urteil lautet dann: „Das Urteil ist vorläufig vollstreckbar". Die §§ 711,
710 werden in den Gründen abgehandelt.

§ 712 Schutzantrag des Schuldners

(1) [1]**Würde die Vollstreckung dem Schuldner einen nicht zu
ersetzenden Nachteil bringen, so hat ihm das Gericht auf Antrag zu gestatten, die Vollstreckung durch Sicherheitsleistung
oder Hinterlegung ohne Rücksicht auf eine Sicherheitsleistung
des Gläubigers abzuwenden; § 709 Satz 2 gilt in den Fällen des
§ 709 Satz 1 entsprechend.** [2]**Ist der Schuldner dazu nicht in der
Lage, so ist das Urteil nicht für vorläufig vollstreckbar zu erklären oder die Vollstreckung auf die in § 720 a Abs. 1, 2 bezeichneten Maßregeln zu beschränken.**

(2) [1]**Dem Antrag des Schuldners ist nicht zu entsprechen,
wenn ein überwiegendes Interesse des Gläubigers entgegensteht.**
[2]**In den Fällen des § 708 kann das Gericht anordnen, daß das
Urteil nur gegen Sicherheitsleistung vorläufig vollstreckbar ist.**

1. Allgemeines. – a) Anwendbar ist § 712 bei allen Urteilen, die 1
nach § 708 oder § 709 vorläufig vollstreckbar zu erklären sind; auch
wenn die Voraussetzungen nur für einen Teil des Urteils zutreffen, zB
für einen von mehreren Ansprüchen; dann ist § 712 nur für diesen Teil
des Urteils anzuwenden. Die Anwendung von Abs 1 S 1 Hs 2 setzt einen
Fall des § 709 S 1 voraus. – **b) Antrag des Schuldners** ist notwendig; 2
§ 714 gilt. Der Antrag ist auch in zweiter Instanz zulässig (§ 714 Rn 5).
Er kann auf eine bestimmte Art des Schutzes (Rn 7–10) gerichtet werden. Die Interessenabwägung (Abs 2) findet auch ohne Antrag des
Gläubigers statt. Er kann hierzu Tatsachen vortragen und soweit erforderlich glaubhaft machen (entspr § 714 Abs 2). Unterlassen des Antrags
kann Nachteile für § 719 Abs 2 bewirken (dort Rn 9).

2. Voraussetzungen. – a) Statthaftigkeit eines Rechtsmittels iS 3
von § 713; denn diese Vorschrift darf bei § 712 nicht entgegenstehen. –
b) Schutzbedürfnis des Schuldners (Abs 1 S 1). Ihm müsste durch 4
die Vollstreckung des Urteils ein unersetzbarer Nachteil entstehen. Bsp:
Verlust einer zu räumenden Wohnung (Eisenhardt NZM 99, 785);
durch Geld nicht zu ersetzender Schaden, weil eine Handlung wie
Auskunft oder Widerruf vorzunehmen ist; nicht abzusehender Schaden
wie Existenzverlust oder Betriebseinstellung (vgl hierzu Hamm OLGZ
87, 89); aber nicht die drohende Insolvenz einer GmbH oder Genossenschaft in Liquidation (BGH NJW-RR 87, 62 für § 719 Abs 2). Es
reicht nicht aus, dass der Gläubiger zahlungsunfähig ist und daher den
Anspruch aus § 717 später nicht erfüllen könnte (Hamm FamRZ 97,
1489 und MDR 99, 1404 für § 707); der Schuldner kann dann durch

5   Sicherheitsleistung (Abs 2 S 2) geschützt werden. – **c) Abwägung der
    Interessen** (Abs 2 S 1) des Schuldners am Unterbleiben der Vollstre-
    ckung (Rn 4) und des Gläubigers an ihrer Durchführung (das sind ins-
    bes die in § 710 Rn 3 aufgeführten Gründe). Die Abwägung muss zu
    Gunsten des Schuldners ausfallen. Im Zweifel haben die Interessen des
    Gläubigers Vorrang, insbes bei Unterlassungs- und Auskunftsansprü-
    chen (BGH NJW 95, 197). Der Gläubiger hat die Last der Darlegung
    und Glaubhaftmachung (StJMünzberg 9).

6   **3. Entscheidung.** Liegen die Voraussetzungen (Rn 3–5) vor, so
    muss das Gericht (in der Urteilsformel) dem Schutzantrag grundsätzlich
    stattgeben; denn es ist kein Ermessen eingeräumt (Ausnahme: Abs 2
7   S 2). – **a) Erfolgreicher Schutzantrag. aa) Grundsatz.** Es ist auszu-
    sprechen: „Der Beklagte (oder Kläger, wenn er Schuldner ist) kann die
    Vollstreckung durch Sicherheitsleistung in Höhe von … abwenden".
8   **bb) Ausnahmen** (Abs 1 S 2). **(1)** Wenn der Schuldner die Sicherheit
    wegen fehlender Mittel (Vermögenslosigkeit und Kreditunfähigkeit)
    nicht stellen kann und dies glaubhaft macht, wird der Ausspruch vor-
    läufiger Vollstreckbarkeit ganz unterlassen oder (nicht falsch, aber über-
    flüssig) ausgesprochen: „Das Urteil ist nicht vorläufig vollstreckbar".
9   **(2)** Anstelle des Ausspruchs, aber unter den gleichen Voraussetzungen
    und nur bei Urteilen auf Zahlung von Geld (vgl § 720 a) kann
    entschieden werden: „Das Urteil ist (ohne Sicherheitsleistung, wenn
    § 708 zutrifft, gegen Sicherheitsleistung, wenn § 709 S 1 zutrifft)
    vorläufig vollstreckbar. Die Zwangsvollstreckung ist nach Maßgabe
    des § 720 a ZPO beschränkt". Die verschiedenen Beschränkungen des
    § 720 a entziehen sich wegen ihres Umfangs der konkreten Darstellung
10 in einer für die Urteilsformel geeigneten Fassung. **cc) Überwiegen-
    des Gläubigerinteresse.** Im Falle des Abs 2 S 2 (bei überwiegendem
    Interesse des Gläubigers an der Durchführung der Vollstreckung) steht
    es bei Urteilen, die unter § 708 fallen, im Ermessen des Gerichts
    („kann"), wie bei § 709 S 1 das Urteil nur gegen Sicherheitsleistung
11 für vorläufig vollstreckbar zu erklären. – **b) Erfolgloser Schutzan-
    trag.** Bei Fehlen einer Voraussetzung (Rn 3–5) oder überwiegendem
    Gläubigerinteresse (Abs 2 S 1) verbleibt es beim Ausspruch über die
    vorläufige Vollstreckbarkeit bei der nach § 708 oder § 709 zu treffen-
    den Entscheidung. Der Schutzantrag wird nur in den Gründen be-
    handelt.

12 **4. Wirkung** erfolgreicher Schutzanträge auf die Zwangsvollstreckung.
13 Sie richtet sich nach dem Inhalt der Entscheidung. – **a)** Bei Rn 7:
    Wenn der Schuldner die Sicherheit leistet, darf der Gläubiger nicht
    vollstrecken und eine eingeleitete Vollstreckung ist gem § 775 Nr 3,
    § 776 einzustellen. Außerdem gilt § 720. Die Wirkung dauert bis zur
14 Rechtskraft oder Aufhebung (vgl § 717). – **b)** Bei Rn 8: Vorläufige
    Vollstreckung ist ausgeschlossen, Vollstreckung erst ab Rechtskraft mög-
15 lich. – **c)** Bei Rn 9: Der Gläubiger darf die Vollstreckung nur unter
    den Beschränkungen des § 720 a betreiben. Dauer: wie Rn 14. – **d)** Bei

Rn 10: Der Gläubiger darf, wie bei § 709 S 1 erst nach Sicherheitsleistung vollstrecken (§ 751 Abs 2).

5. Rechtsmittel in der Hauptsache: 16 vor § 708. Der Gläubiger **16** kann auf Vorabentscheidung (§ 718 Abs 1) hinwirken; auch der Schuldner bei erfolglosem oder nicht voll erfolgreichem Schutzantrag.

§ 713 Unterbleiben von Schuldnerschutzanordnungen

Die in den §§ 711, 712 zugunsten des Schuldners zugelassenen Anordnungen sollen nicht ergehen, wenn die Voraussetzungen, unter denen ein Rechtsmittel gegen das Urteil stattfindet, unzweifelhaft nicht vorliegen.

Zweck. Es soll den Parteien der Anreiz genommen werden, durch **1** ein unzulässiges Rechtsmittel die Rechtskraft und damit die unbedingte Vollstreckbarkeit hinauszuschieben, um die Schutzanordnungen der §§ 711, 712 länger ausnutzen zu können. **Anwendbar** nur für Schuld- **2** nerschutz bei §§ 711, 712, ggf für beide Parteien und nur bei vorläufig vollstreckbaren Urteilen (Brocker DGVZ 96, 6). **Voraussetzung** ist **3** allein, dass (nach Ansicht des Gerichts) die Rechtsmittelsumme (§ 511 Abs 2 Nr 1) nicht erreicht ist und eine Zulassung (§ 511 Abs 2 Nr 2; § 543) nicht in Betracht kommt. Andere Zulässigkeitsvoraussetzungen können bei Urteilserlass noch nicht geprüft werden, und darauf, ob das Rechtsmittel unbegründet ist, kommt es nach dem Gesetzeswortlaut nicht an. **Urteilsformel:** Der Ausspruch lautet lediglich: Das Urteil ist **4** vorläufig vollstreckbar (hM; Brocker DRiZ 95, 266 mwN). **Verstoß** **5** gegen § 713 lässt die Wirksamkeit der Entscheidung und einer auf ihr beruhenden Vollstreckung unberührt.

§ 714 Anträge zur vorläufigen Vollstreckbarkeit

(1) Anträge nach den §§ 710, 711 Satz 3, § 712 sind vor Schluß der mündlichen Verhandlung zu stellen, auf die das Urteil ergeht.

(2) Die tatsächlichen Voraussetzungen sind glaubhaft zu machen.

1. Anträge (Abs 1). Sie sind Sachanträge iS des § 137 (Koblenz **1** OLGZ 90, 229). Für sie gilt § 297, auch vor dem AG. Wird der Antrag übergangen, ist über § 716 zu ergänzen. – **a) Inhalt.** Es muss, nicht **2** notwendig wortgetreu, der Antrag aus den §§ 710, 711 S 3 vom Gläubiger oder aus § 712 vom Schuldner gestellt werden. Die erforderlichen Tatsachen sind glaubhaft zu machen (Abs 2; Rn 4). – **b) Zeitpunkt.** **3** Die Anträge können für die Instanz bis zum Schluss der letzten mdl Vhdlg (§ 136 Abs 4, § 296 a) gestellt werden, in der Berufungsinstanz nachgeholt (Rn 5). Im schriftlichen Verfahren entspricht dies dem Zeitpunkt des § 128 Abs 2.

4   **2. Glaubhaftmachung** (Abs 2). Es gilt § 294. Tatsachenvortrag und Mittel der Glaubhaftmachung, insbes eidesstattliche Versicherung auch der Partei selbst, sind bis zum Zeitpunkt der Rn 3 anzubringen. Die Gegenpartei kann hierzu ihrerseits Tatsachen vortragen oder bestreiten und ist zur Glaubhaftmachung im selben Umfange zugelassen.

5   **3. Rechtsmittelinstanz.** – **a) Berufung.** Die Anträge können für das angefochtene Urteil im Berufungsverfahren (auch als Anschlussberufung, Düsseldorf FamRZ 84, 307) nachgeholt werden (Frankfurt FamRZ 90, 539; Hamm NJW-RR 87, 252; Stuttgart MDR 98, 858 mwN; Zweibrücken NJW-RR 03, 75; aA Karlsruhe NJW-RR 89, 1470; KG MDR 00, 478; Edelmann/Hellmann AnwBl 94, 384). § 718 ist anzuwenden. Auch wenn nicht nach § 718 verfahren wird, kann noch im Berufungsurteil das Urteil erster Instanz so abgeändert werden, dass es den nachgeholten Anträgen entspricht. –

6   **b) Revision.** Die Anträge sind in Bezug auf das Revisionsurteil wegen dessen Rechtskraft sinnlos, in Bezug auf das Berufungsurteil ausgeschlossen.

§ 715 Rückgabe der Sicherheit

(1) [1]Das Gericht, das eine Sicherheitsleistung des Gläubigers angeordnet oder zugelassen hat, ordnet auf Antrag die Rückgabe der Sicherheit an, wenn ein Zeugnis über die Rechtskraft des für vorläufig vollstreckbar erklärten Urteils vorgelegt wird. [2]Ist die Sicherheit durch eine Bürgschaft bewirkt worden, so ordnet das Gericht das Erlöschen der Bürgschaft an.

(2) § 109 Abs. 3 gilt entsprechend.

1   **1. Allgemeines.** § 715 ist anwendbar nur auf vom Gläubiger oder für ihn von einem Dritten geleistete Sicherheiten nach § 709 S 1, §§ 711, 712 Abs 2 S 2. Außerdem kann der Gläubiger (umständlicher) die Sicherheit über § 109 zurückverlangen. Der Schuldner (in den Fällen der § 711 S 1, § 712) kann das nur nach § 109.

2   **2. Verfahren.** – **a) Zuständig** ist das Gericht, das die Sicherheitsleistung angeordnet hat. Es entscheidet der Rechtspfleger (§ 20 Nr 3 3 RPflG). – **b) Antrag:** schriftlich oder zu Protokoll der Geschäftsstelle (§ 109 Abs 3 S 1); daher besteht kein Anwaltszwang (§ 78 Abs 5). – 4 **c) Entscheidung** durch Beschluss (Abs 2; § 109 Abs 3 S 2). Rückgabeanordnung (Abs 1 S 1) und Erlöschen der Bürgschaft (Abs 1 S 2): wie § 109 Rn 10–12. Dem Antrag ist bei Vorlage des Rechtskraftzeugnisses (§ 706 Abs 1) stattzugeben.

5   **3. Rechtsbehelfe.** Gegen den Beschluss des Rechtspflegers, durch den die Rückgabe angeordnet wird, findet sofortige Erinnerung statt (§ 11 Abs 2 RPflG), gegen die Ablehnung des Antrags sofortige Beschwerde (§ 567 Abs 1 Nr 2).

§ 716 Ergänzung des Urteils

Ist über die vorläufige Vollstreckbarkeit nicht entschieden, so sind wegen Ergänzung des Urteils die Vorschriften des § 321 anzuwenden.

Anwendbar, wenn entgegen §§ 708, 709 nicht von Amts wegen **1** über die vorläufige Vollstreckbarkeit oder wenn entgegen § 711 nicht über die Abwendungsbefugnis entschieden wurde, außerdem wenn ein Antrag nach § 710 oder § 712 Abs 1 übersehen wurde. Ferner gilt § 716 entsprechend, wenn die Höhe der Sicherheit (10 vor § 708) nicht festgesetzt ist (StJMünzberg 1). **Voraussetzungen und Verfahren: 2** § 321. Soll die Entscheidung nach §§ 708, 709, 711 S 1 nachgeholt werden, können die Anträge aus § 714 noch gestellt werden. Wird die Frist des § 321 Abs 2 versäumt, bleiben nur die Berufung und § 718.

§ 717 Wirkungen eines aufhebenden oder abändernden Urteils

(1) **Die vorläufige Vollstreckbarkeit tritt mit der Verkündung eines Urteils, das die Entscheidung in der Hauptsache oder die Vollstreckbarkeitserklärung aufhebt oder abändert, insoweit außer Kraft, als die Aufhebung oder Abänderung ergeht.**

(2) [1] **Wird ein für vorläufig vollstreckbar erklärtes Urteil aufgehoben oder abgeändert, so ist der Kläger zum Ersatz des Schadens verpflichtet, der dem Beklagten durch die Vollstreckung des Urteils oder durch eine zur Abwendung der Vollstreckung gemachte Leistung entstanden ist.** [2] **Der Beklagte kann den Anspruch auf Schadensersatz in dem anhängigen Rechtsstreit geltend machen; wird der Anspruch geltend gemacht, so ist er als zur Zeit der Zahlung oder Leistung rechtshängig geworden anzusehen.**

(3) [1] **Die Vorschriften des Absatzes 2 sind auf die im § 708 Nr. 10 bezeichneten Urteile der Oberlandesgerichte, mit Ausnahme der Versäumnisurteile, nicht anzuwenden.** [2] **Soweit ein solches Urteil aufgehoben oder abgeändert wird, ist der Kläger auf Antrag des Beklagten zur Erstattung des von diesem auf Grund des Urteils Gezahlten oder Geleisteten zu verurteilen.** [3] **Die Erstattungspflicht des Klägers bestimmt sich nach den Vorschriften über die Herausgabe einer ungerechtfertigten Bereicherung.** [4] **Wird der Antrag gestellt, so ist der Anspruch auf Erstattung als zur Zeit der Zahlung oder Leistung rechtshängig geworden anzusehen; die mit der Rechtshängigkeit nach den Vorschriften des bürgerlichen Rechts verbundenen Wirkungen treten mit der Zahlung oder Leistung auch dann ein, wenn der Antrag nicht gestellt wird.**

1. Beseitigung vorläufiger Vollstreckbarkeit ist geregelt in **1** Abs 1. – **a) Voraussetzungen.** Außerkrafttreten (Abs 1): sobald eine

Entscheidung verkündet (§ 311 Abs 2), im Fall des § 310 Abs 3 zugestellt wird, die das Urteil oder seine vorläufige Vollstreckbarkeit (§ 718 Abs 1) aufhebt. Auf die Rechtskraft (§ 705) kommt es nicht an. Wird das Urteil nur abgeändert, so fällt die vorläufige Vollstreckbarkeit im entsprechenden, aufgehobenen Teil weg. Sie tritt nicht wieder ein, wenn das aufhebende Urteil infolge Revision seinerseits aufgehoben und der Rechtsstreit zurückverwiesen wird (KG NJW 89, 3025; Boemke-

2 Albrecht NJW 91, 1333 mwN; bestr). – **b) Unanwendbarkeit.** Die Wirkungslosigkeit eines Urteils infolge Erledigterklärung (§ 91a Rn 30 aE) steht einer Aufhebung nicht gleich (BGH NJW 88, 1268). Dem Anspruch aus § 717 steht entgegen, wenn das Urteil erster Instanz, aus dem vollstreckt wurde, aufgehoben, die Sache zurückverwiesen worden, dann aber erneut verurteilt wird und damit das Urteil, aus dem vollstreckt wurde, wiederhergestellt wird (hM; aA Saenger JZ 97, 222 mwN). Keine entspr Anwendung auf Feststellungsurteile (BAG NJW 89, 3173), Urkunden des § 794 Nr 5 (BGH WM 77, 656), Prozessvergleiche (Düsseldorf Büro 92, 499) oder § 771 Abs 3 und vergleich-

3 bare Vorschriften (BGH 95, 10 mwN). – **c) Urteile im Nachverfahren** (§ 600). Für sie gilt § 717 nicht. **aa) Bestätigung** des Vorbehaltsurteils. Es bleibt die gem § 708 Nr 4 vorgenommene Vollstreckbarkeitserklärung

4 grundsätzlich bestehen (hM). **bb) Aufhebung** unanfechtbar gewordener Vorbehaltsurteile (§ 302 Abs 4, § 600 Abs 2). § 717 gilt auch nicht, weil Vorbehaltsurteile mit Eintritt formeller Rechtskraft endgültig vollstreckbar geworden sind (BGH 69, 270) und ihre Vollstreckbarkeit erst durch ein aufhebendes Urteil im Nachverfahren entfällt (StJMünzberg

5 1). – **d) Wirkung.** Die aufhebenden Entscheidungen wirken sich auf die Vollstreckung über § 775 Nr 1, § 776 aus.

6   **2. Schadensersatzanspruch** (Abs 2). Es ist ein materiell-rechtlicher Anspruch (StJMünzberg 7, 8 mwN; bestr). Ähnliche Ansprüche, aber besonders und darum vorgehend geregelt: § 302 Abs 4, § 600, § 945. Entspr anwendbar ist Abs 2 S 1 bei vollstreckbaren Beschlüssen (§ 794 Abs 1 Nr 2, 2a, 3; StJMünzberg 60). Keine Anwendung auf formell rechtskräftige, aber inhaltlich unbestimmte Urteile (BGH NJW-RR 99, 1223), auf einstweilige Anordnungen des § 794 Nr 3a (Musielak/Lackmann 7 mwN) und auf Prozessvergleiche (Düsseldorf NJW-RR 92, 1531

7 mwN). – **a) Sachbefugnis.** Der Anspruch steht nur dem Vollstreckungsschuldner zu (11 vor § 704); das muss nicht der Beklagte sein. Der Anspruch ist gerichtet gegen den Vollstreckungsgläubiger (10 vor § 704). Das ist nicht notwendig der Kläger. Auch der Prozessbürge (BGH NJW 97, 2601) und der Rechtsnachfolger kommen in Betracht

8 (Nieder NJW 75, 1000). – **b) Voraussetzungen.** Da es sich um eine von Verschulden unabhängige Gefährdungshaftung handelt (BGH NJW 97, 2601 mwN), sind anspruchsbegründende Tatsachen lediglich: **aa) Aufhebung oder Abänderung** des Urteils (oder anderen Titels, Rn 6), außer den in § 708 Nr 10 genannten (Abs 3 S 1), nicht Hauptsacheerledigung (Rn 2). Der Grund der Aufhebung ist gleichgültig

(insbes auch aus verfahrensrechtlichen Gründen, BGH NJW 97, 2601), darf aber nicht nach der Vollstreckung entstanden sein (RG 145, 332); jedoch ist Abs 2 anwendbar, wenn eine gesetzliche Bestimmung rückwirkend für verfassungswidrig erklärt wird (BGH 54, 76). **bb) Voll- 9 streckung** aus dem Urteil oder eine (freiwillige) Leistung (auch Unterlassen) zur Abwendung (Abs 2 S 1) einer im Einzelfall bereits drohenden ZwVollstr (BGH NJW 96, 397; Köln NJW 96, 1290). Unerheblich ist, ob die Vollstreckungsmaßnahme, insbes die Pfändung, wirksam war oder nicht. **cc) Schaden.** Er muss dadurch adäquat verursacht sein **10** (Rn 14). Dazu gehört nur die Auswirkung des eigentlichen Vollstreckungseingriffs (BGH NJW 83, 232); daneben dasjenige, welches zur Abwendung der ZwVollstr geleistet wurde. – **c) Entstehung** des An- **11** spruchs: erst mit der Aufhebung oder Änderung. Aufhebung wegen eines Verfahrensfehlers genügt (Rn 8). Vorher besteht der Anspruch nur bedingt. – **d) Erlöschen** des Anspruchs erfolgt durch Tatsachen, die **12** rechtsvernichtende Einwendungen ausfüllen (43 vor § 253), also insbes Aufrechnung, auch wenn die Gegenforderung rechtshängig ist (BGH NJW 97, 2601 mwN), aber nicht mit derjenigen Forderung, aus der vorläufig vollstreckbar und tituliert vollstreckt wurde (hM; BGH aaO mwN). Der Anspruch erlischt auch mit Rechtskraft einer Entscheidung, aus der sich ergibt, dass der vollstreckte Anspruch besteht (im Einzelnen umstr; BGH aaO mwN). – **e) Hemmung** des Anspruchs durch **13** Einreden (44 vor § 253). Für die Verjährung gelten §§ 195, 199 Abs 1, 3 BGB. Der Anspruch entsteht gem Rn 11. – **f) Inhalt und Umfang** **14** des Anspruchs richten sich auf Ersatz des unmittelbar durch die Vollstreckung entstandenen Schadens (vgl Rn 10). Dazu gehört aber auch der weitere Schaden, der über die Leistung zur Abwendung der ZwVollstr hinausgeht, insbes der Zinsschaden (BGH NJW 97, 2601). Es besteht aber kein Anspruch, wenn der Schuldner eine ohne Ordnungsmittelandrohung titulierte Unterlassungspflicht freiwillig erfüllt (BGH NJW 76, 2162). Der Anspruch umfasst auch nicht Kreditschäden durch Bekanntwerden der ZwVollstr (BGH NJW 83, 232) wegen des fiktiven Verlusts von Kapitalanlagezinsen (BGH NJW 85, 128). Vollstreckt der Gläubiger aus dem Urteil erster Instanz, haftet er aus Abs 2 nur für Schäden, die ihren Grund im Zeitraum bis zum Erlass des Berufungsurteils haben, von da an haftet er nach Abs 3 (BGH 69, 373). – **g) Geltendmachung** geschieht durch Aufrechnung, durch neue Kla- **15** ge, im noch anhängigen Rechtsstreit nach hM (vgl Krafft JuS 97, 734 mwN), wahlweise durch allgemeine Widerklage (§ 33 Rn 8) oder durch Inzidentantrag (Abs 2 S 2). Dieser ist seiner Natur nach eine privilegierte Widerklage (RoGaul § 15 III 6 b mwN; bestr) mit folgenden Vergünstigungen: Die Rechtshängigkeit (§ 261) wird zurückdatiert auf den Zeitpunkt der Zahlung (vgl § 815 Abs 3, § 819) oder Leistung; der Antrag kann im Urkundenprozess trotz § 595 Abs 1 (dort Rn 1), in der Berufungsinstanz ohne Einschränkungen und sogar noch in der Revisionsinstanz erhoben werden (BGH NJW 94, 2095). Besteht der Schaden lediglich in erstatteten Kosten, wird Rückfestsetzung zugelassen

(§ 103 Rn 5; bestr). Sonstiger Schaden ist auf jeden Fall gem Abs 2 S 2
16 geltend zu machen (Zweibrücken Büro 86, 618 mwN). – **h) Streitwert:** die einfache, vollstreckte Hauptsachesumme, sofern nicht ein
weiterer Schaden geltend gemacht wird, aber immer ohne Zinsen und
Kosten (hM; BGH 38, 237).

17   **3. Bereicherungsanspruch** (Abs 3). Er ist ein materiell-rechtlicher
Anspruch, der als Sondervorschrift die Schadensersatzansprüche des
18 Abs 2 ausschließt. – **a) Sachbefugnis** hinsichtlich der Aktiv- und Pas-
19 sivlegitimation: Es gilt Rn 7. – **b) Voraussetzung** ist, dass ein Urteil
des OLG nach § 708 Nr 10 vollstreckt wird oder dass geleistet wird,
um die Vollstreckung abzuwenden, ferner dass das Urteil später aufgehoben oder abgeändert wird, sei es auch nur aus prozessualen Gründen
20 (hM). – **c) Erlöschen und Hemmung** des Anspruchs tritt ein, wenn
rechtsvernichtende Einwendungen (Rn 12) oder Einreden (Rn 13) erfüllt oder geltend gemacht sind. Die Leistung zur Abwendung bewirkt
keine Erfüllung, solange nicht der Anspruch aus Abs 2 erhoben wird
21 (BGH NJW 90, 2756). – **d) Inhalt und Umfang** des Anspruchs. Was
gezahlt oder geleistet ist, muss zurückgewährt werden, und zwar nach
Maßgabe des § 818 BGB mit Ausnahme von dessen Abs 3. § 818 Abs 4
BGB ist immer anwendbar wegen Abs 3 S 4 letzter Hs. Zinsen: lediglich die gesetzlichen aus § 818 Abs 4, §§ 291, 288 BGB ab Beitreibung
(LAG Hamm NJW 76, 1119). – **e) Geltend gemacht** wird der Anspruch wie der aus Abs 2 (Rn 15); auch in der Revisionsinstanz.

§ 718 Vorabentscheidung über vorläufige Vollstreckbarkeit

(1) **In der Berufungsinstanz ist über die vorläufige Vollstreckbarkeit auf Antrag vorab zu verhandeln und zu entscheiden.**

(2) **Eine Anfechtung der in der Berufungsinstanz über die
vorläufige Vollstreckbarkeit erlassenen Entscheidung findet
nicht statt.**

1   **1. Vorabentscheidung** (Abs 1). Zuständig ist die Kammer oder der
Senat, nicht der Einzelrichter. Das Teilurteil (§ 301; Karlsruhe FamRZ
87, 497) ergeht nur auf mdl Vhdlg. Es weist entweder die Berufung
zurück, soweit sie die vorläufige Vollstreckbarkeit betrifft oder ändert
2   das angefochtene Urteil in diesem Ausspruch ab. – **a) Voraussetzungen** sind außer der Zulässigkeit der Berufung (§ 522): **aa) Antrag**
einer Partei, auch des Anschlussberufungsklägers. Es gilt § 78; § 297
nicht. Der Antrag kann zeitlich gestaffelt auf verschiedene Streitgegenstände bezogen werden (Zweibrücken NJW–RR 03, 75). Er ist unzulässig, wenn die Vollstreckung beendet ist (29 vor § 704), weil das
Rechtsschutzbedürfnis fehlt (Köln MDR 80, 764), nach Frankfurt
OLGZ 86, 254 auch, wenn derselbe Erfolg über § 719 Abs 1 erzielt
werden kann. Eine Beschwer durch das Urteil erster Instanz ist nicht er-
3   forderlich (Karlsruhe OLGZ 75, 484). **bb) Entscheidung** des Gerichts
erster Instanz über die vorläufige Vollstreckbarkeit oder deren Unter-

lassen. Dass die Partei einen erforderlichen Antrag iS des § 714 gestellt hat, ist nicht notwendig (vgl § 714 Rn 5). § 718 ist auch anzuwenden, wenn ein Urteil, das nur gegen Sicherheit vorläufig vollstreckbar ist (§ 709), lediglich zT angefochten wird und daher nur gegen eine geringere Sicherheit vollstreckt werden soll (vgl § 537 nF; Groeger NJW 94, 431 für § 534 aF). **cc) Gegenstand** der Berufung oder Anschlussberu- **4** fung (§ 524) muss die Entscheidung (Rn 3) sein, sei es auch nur wegen der Höhe der Sicherheit (Frankfurt NJW-RR 88, 189), nicht wegen ihrer Art, wofür die Vorinstanz zuständig bleibt (§ 108 Rn 2; Köln MDR 97, 392). Bei Berufung gegen das Schlussurteil des Urkundenprozesses darf das Vorbehaltsurteil nicht über § 718 korrigiert werden (Frankfurt OLGZ 94, 470). – **b) Kosten.** Es fallen keine besonderen **5** Gebühren an. Die Verhandlung gehört grundsätzlich zum Rechtszug (§ 37 Nr 3 BRAGO; Hamm MDR 75, 501); bei abgesonderter mdl Vhdlg gilt § 49 Abs 1 BRAGO. Angefallene Auslagen sind Kosten des Rechtsstreits.

2. Unanfechtbarkeit (Abs 2). Sie bezieht sich auf alle (nicht nur die **6** in Abs 1 genannten) Entscheidungen des OLG, soweit sie über die vorläufige Vollstreckbarkeit befinden. Sie sind schlechthin unanfechtbar.

§ 719 Einstweilige Einstellung bei Rechtsmittel und Einspruch

(1) [1]**Wird gegen ein für vorläufig vollstreckbar erklärtes Urteil der Einspruch oder die Berufung eingelegt, so gelten die Vorschriften des § 707 entsprechend.** [2]**Die Zwangsvollstreckung aus einem Versäumnisurteil darf nur gegen Sicherheitsleistung eingestellt werden, es sei denn, daß das Versäumnisurteil nicht in gesetzlicher Weise ergangen ist oder die säumige Partei glaubhaft macht, daß ihre Säumnis unverschuldet war.**

(2) [1]**Wird Revision gegen ein für vorläufig vollstreckbar erklärtes Urteil eingelegt, so ordnet das Revisionsgericht auf Antrag an, daß die Zwangsvollstreckung einstweilen eingestellt wird, wenn die Vollstreckung dem Schuldner einen nicht zu ersetzenden Nachteil bringen würde und nicht ein überwiegendes Interesse des Gläubigers entgegensteht.** [2]**Die Parteien haben die tatsächlichen Voraussetzungen glaubhaft zu machen.**

(3) **Die Entscheidung ergeht durch Beschluss.**

1. Allgemeines. Die Entscheidungen werden idR vor der mdl **1** Vhdlg der Hauptsache und stets durch Beschluss getroffen (Abs 3). Antrag (§ 707 Abs 1) ist in allen Fällen erforderlich, bei Einspruch und Berufung (Abs 1) wegen § 707, der für Abs 1 infolge Verweisung gilt, bei Revision unmittelbar (Abs 2 S 1). Außerkrafttreten der Beschlüsse: § 707 Rn 15. Rechtsbehelfe nur für Abs 1: wie § 707 Rn 17–20.

2. Berufung (Abs 1 S 1). Die Entscheidung ergeht gemäß § 707. – **2** **a) Voraussetzungen:** grundsätzlich wie § 707 Rn 6–9. Dem Antrag fehlt nicht deshalb das Rechtsschutzbedürfnis, weil der Schuldner zur

Abwendung der ZwVollstr gezahlt hat (München MDR 85, 1034). Die ZwVollstr sollte nur bei hinreichender Erfolgsaussicht der Berufung eingestellt werden (allgM; Köln NJW-RR 87, 189 mwN), jedenfalls bei Geldforderungen grundsätzlich nicht, wenn der Gläubiger nur gegen Sicherheitsleistung vollstrecken darf (hM; Köln aaO mwN; Saarbrücken MDR 97, 1157; aA Celle MDR 87, 505). Auch in diesen Fällen ist Einstellung aber angebracht, wenn der Schuldner durch die Vollstreckung einen über diese hinausgehenden Schaden erleiden würde (Hamburg NJW-RR 90, 1024). Hierfür genügt nicht, dass die Pfändung
3 beweglicher Sachen droht (Köln aaO). – **b) Besonderheiten.** Bei einer bestätigten einstw Vfg ist auch über § 719 nur bei besonderen Umständen eine Einstellung gerechtfertigt (vgl § 939; Frankfurt MDR 97, 393). Am Unterlassen eines Antrags gem § 712 darf die Einstellung nicht scheitern (Jena MDR 02, 289; KG MDR 00, 1455 mwN; MüKo/Krüger 6; Edelmann/Hellmann AnwBl 94, 384; aA Frankfurt NJW 84, 2955; Celle OLGZ 93, 475), insbes nicht bei einer Räumung (aA LG Hanau NZM 99, 801 mit abl Anm von Eisenhardt S 785). –
4 **c) Wirkung:** § 775 Nr 2. Mit der Einstellung der Zwangsvollstreckung gem § 707 Abs 1 ist der Anlass für eine vom Gläubiger bereits gestellte Sicherheit weggefallen, solange die Zwangsvollstreckung einstweilen eingestellt ist, so dass der Gläubiger Rückgabe seiner Sicherheit verlangen kann (§ 109). Auf Antrag kann das Berufungsgericht den Beschluss aufheben oder abändern (wie § 707 Rn 17). Mit Verkündung des Urteils tritt er von selbst außer Kraft (wie § 707 Rn 15).

5   **3. Einspruch** (Abs 1 S 2). Wird er eingelegt (§§ 340, 700 Abs 3), so gilt grundsätzlich § 707 entspr für das vorläufig vollstreckbare Versäumnisurteil oder den ihm gleichstehenden Vollstreckungsbescheid (§ 700 Abs 1). Das Prozessgericht (§ 707 Rn 5) hat bei seiner Entscheidung (Beschluss) wegen Abs 1 S 2 grundsätzlich nur gegen Sicherheitsleistung (Art und Höhe gem § 108) einstweilen einzustellen. Ausnahmsweise kann unter den Voraussetzungen des § 707 Abs 1 S 2 (hM; Hamburg NJW 79, 1464; KG NJW 84, 316 u MDR 85, 330; aA Celle NJW-RR 00, 1017: muss) ohne Sicherheitsleistung eingestellt werden, wenn entweder das Versäumnisurteil oder der Vollstreckungsbescheid gesetzwidrig ergangen ist (vgl § 344 Rn 5) oder die Säumnis (5 vor § 330) vom Einspruchsführer nicht verschuldet war (§ 51 Abs 2, § 85 Abs 2). Die Tatsachen hierfür sind gem § 294 glaubhaft zu machen. Ist die Einspruchsfrist versäumt und Wiedereinsetzung beantragt, gilt § 707 Abs 1 S 2 direkt (Hamm NJW 81, 132).

6   **4. Revision.** Abs 2 ist eine Sondervorschrift, die § 707 immer ausschließt (BGH st Rspr). Zuständig ist außer dem BGH auch noch das
7 BayObLG, wenn es Revisionsgericht ist. – **a) Voraussetzungen: aa) Antrag** (Prozesshandlung Einl III); er steht unter Anwaltszwang
8 (§ 78 Abs 1). **bb) Zulässige Revision** (vgl § 552 Abs 1); sie darf nicht
9 aussichtslos sein (vgl BAG NJW 72, 1775 mwN). **cc) Unersetzbarer Nachteil:** wie § 712 Rn 3. Das sind nicht die regelmäßig mit der Voll-

streckung verbundenen Nachteile (BGH NJW 00, 9008) und ist nicht allein die Vorwegnahme des Prozessergebnisses (BGH NJW 91, 186). Es ist aber auch nicht gleich unabwendbar, wie vom BGH in st Rspr angenommen. Er versagt für den Regelfall die Einstellung aus Abs 2, wenn in der Berufungsinstanz ein möglicher und zumutbarer Antrag nach § 712 nicht gestellt (BGH NJW 96, 1970 und 2103, 98, 3570) oder nicht begründet wurde, obwohl der unersetzbare Nachteil bereits erkennbar und nachweisbar war (BGH NJW 92, 376 mwN). Ausnahme bei neuen Gründen (BGH NJW 01, 375). Der unersetzbare Nachteil dürfte auch nicht allein deshalb verneint werden, weil der Schuldner einen auf § 711 gerichteten rechtzeitigen Ergänzungsantrag (§ 716) unterlassen hat (aA BGH in st Rspr, zB NJW 90, 2757 und NJW-RR 00, 746). **dd) Gläubigerinteressen** dürfen nicht überwiegen: wie **10** § 712 Rn 5. – **b) Wirkung:** wie Rn 5.

5. Entscheidung. Sie ergeht durch Beschluss (Abs 3) und erfordert **11** bei Revision, dass die Tatsachen für die Voraussetzungen (Rn 7, 8) glaubhaft gemacht (§ 294) werden (Abs 2 S 2), bei Berufung nur gem § 707 Abs 1 S 2. Die Einstellung erfolgt bei Revision stets ohne Sicherheitsleistung. Die Einstellung kann beschränkt werden auf einen Teil des Urteils, auf bestimmte Vollstreckungsmaßnahmen oder bestimmte Vermögensteile (BGII 18, 219 und 398).

§ 720 Hinterlegung bei Abwendung der Vollstreckung

Darf der Schuldner nach § 711 Satz 1, § 712 Abs. 1 Satz 1 die Vollstreckung durch Sicherheitsleistung oder Hinterlegung abwenden, so ist gepfändetes Geld oder der Erlös gepfändeter Gegenstände zu hinterlegen.

Anwendbar: nur bei Befugnis des Schuldners zur Abwendung der **1** ZwVollstr gem § 711 S 1 und § 712 Abs 1 S 1. **Voraussetzungen:** Im Fall des § 711 darf der Gläubiger die ihm freistehende Sicherheit nicht geleistet haben. Bei § 712 Abs 1 S 1 kommt es nur darauf an, dass der Ausspruch im Urteil enthalten ist, nicht, dass der Schuldner tatsächlich Sicherheit geleistet hat. **Wirkung:** Geld, das weggenommen (§ 815 **2** Abs 3) oder erlöst wird (§ 817 Abs 4 S 1, § 819) und nach diesen Vorschriften nicht als Zahlung des Schuldners gilt, ist zu hinterlegen; der Gläubiger wird also nicht befriedigt; insbes darf auch gepfändetes Geld nicht dem Gläubiger ausgehändigt werden. Forderungspfändung: § 839.

§ 720a Sicherungsvollstreckung

(1) [1]Aus einem nur gegen Sicherheit vorläufig vollstreckbaren Urteil, durch das der Schuldner zur Leistung von Geld verurteilt worden ist, darf der Gläubiger ohne Sicherheitsleistung die Zwangsvollstreckung insoweit betreiben, als
a) bewegliches Vermögen gepfändet wird,
b) im Wege der Zwangsvollstreckung in das unbewegliche Vermögen eine Sicherungshypothek oder Schiffshypothek ein-

getragen wird. [2] **Der Gläubiger kann sich aus dem belasteten Gegenstand nur nach Leistung der Sicherheit befriedigen.**

(2) Für die Zwangsvollstreckung in das bewegliche Vermögen gilt § 930 Abs. 2, 3 entsprechend.

(3) Der Schuldner ist befugt, die Zwangsvollstreckung nach Absatz 1 durch Leistung einer Sicherheit in Höhe des Hauptanspruchs abzuwenden, wegen dessen der Gläubiger vollstrecken kann, wenn nicht der Gläubiger vorher die ihm obliegende Sicherheit geleistet hat.

1   **1. Allgemeines.** Die Verfassungsmäßigkeit wird wohl zu Unrecht angezweifelt von Graf Lambsdorff NJW 02, 1303. – **a) Zweck.** Die Vorschrift soll ähnlich wie ein Arrest wirken (vgl § 930) und ist gegen solche Berufungen gerichtet, die nur zum Zeitgewinn eingelegt werden. § 720 a ermöglicht dem Gläubiger, auch ohne Sicherheitsleistung eine Vollstreckung einzuleiten und so weit zu betreiben, bis er gesichert ist. Zugleich kann der Schuldner durch eine im Urteil gar nicht vorgesehene Sicherheitsleistung diese Vollstreckung innerhalb der Wartefrist (§ 750 Abs 3) abwenden (Rn 10). Das ist eine Ausnahme von § 751 Abs 2 und dient einem Interessenausgleich zwischen Gläubiger und Schuldner
2   (Burchard NJW 02, 2220). – **b) Anwendungsbereich** (Abs 1 Hs 1). Es muss ein Urteil vorliegen, das unter § 709 fällt oder einen Schutzausspruch gem § 712 Abs 1 S 2 oder Abs 2 S 2 enthält. Das Urteil muss auf Zahlung (Leistung von Geld) lauten, gleich welcher Währung. Auch anwendbar auf Titel zur Duldung der ZwVollstr in ein Grundstück wegen einer Geldforderung (BayObLG Rpfleger 95, 305). Entspr anwendbar für Kostenfestsetzungsbeschlüsse (§ 795 S 2; Karlsruhe Rpfleger 00, 555).

3   **2. Voraussetzungen** der Sicherungsvollstreckung. Sie können nicht dem § 720 a entnommen werden. – **a) Zulässigkeit** der Zwangsvollstreckung (38–52 vor § 704), also insbes auch deren allgemeine Voraussetzungen (14–26 vor § 704; Titel, Klausel, Zustellung). Sie müssen zZ des Vollstreckungsbeginns vorliegen. Die Sicherheit (§ 751 Abs 2)
4   muss nicht geleistet sein. – **b) Besondere Voraussetzungen: aa)** Rechtzeitige Zustellung (2wöchige Wartefrist) gem § 750 Abs 3 (vgl dort Rn 9, 18). Auch die einfache Vollstreckungsklausel muss für den Beginn der Wartefrist zugestellt werden (§ 750 Rn 18). **bb)** Der Schuldner darf von der Abwendungsbefugnis des Abs 3 (Rn 9) nicht wirksam Gebrauch gemacht haben.

5   **3. Wirkung** des § 720 a. – **a) Zulässige Vollstreckung.** Es ist gestattet: **aa) Pfändung** beweglichen Vermögens (Abs 1 S 1 a) ohne die Sicherheitsleistung des § 751 Abs 2; auch Vorpfändung (§ 845; BGH 93, 71). Sie umfasst (vgl § 803 Abs 1 S 1) bewegliche Sachen (§ 808),
6   Forderungen (§ 829) und andere Rechte iS des § 857. **bb) Eintragung** einer Sicherungs- oder Schiffshypothek (Abs 1 S 1 b) an Grundstücken
7   (§ 866 Abs 3, § 867) oder Schiffen gem § 870 a. – **b) Ausgeschlossene**

oder beschränkte Verwertung (Abs 1 S 2; Abs 2) wie bei einem Arrest nach Maßgabe von § 930 Abs 2, 3; aber nur solange nicht die gem § 751 Abs 2 erforderliche Sicherheit geleistet ist. Bis dahin darf aus der Zwangs- oder Schiffshypothek auch nicht die Zwangsversteigerung betrieben werden. – **c) Aussichts- oder fruchtlose Pfändung** ge- **8** stattet Antrag auf Offenbarungsversicherung (§ 807 Abs 1), auch ohne Sicherheitsleistung des Gläubigers (hM; Frankfurt Rpfleger 96, 468; Musielak/Lackmann 4 mwN).

4. Abwendungsbefugnis (Abs 3). Sie besteht ohne besonderen **9** Ausspruch des Gerichts (Karlsruhe Rpfleger 00, 555). Es kommt nicht darauf an, wer zuerst die Sicherheit geleistet hat (Abs 3). – **a) Sicher-** **10** **heitsleistung des Schuldners** in Höhe der Hauptsache ohne Zinsen und bei einem Kostenfestsetzungsbeschluss (vgl Rn 2) ebenfalls ohne Zinsen. Art der Sicherheitsleistung: § 108. Die Sicherheit haftet für den vollstreckbaren Anspruch (auch für Zinsen und Kosten, Jena NJW-RR 02, 1506) wie für den Verzögerungsschaden (Köln NJW-RR 87, 251). Leistet der Schuldner nach Zustellung innerhalb der Frist des § 750 Abs 3 die Sicherheit, kann der Gläubiger auch nicht nach Abs 1 vollstrecken, solange er nicht seinerseits die ihm gem § 709 S 1 aufgegebene Sicherheit leistet. Hat der Gläubiger bereits vollstreckt, gelten § 775 Nr 3, § 776 S 1. Begnügt sich der Gläubiger mit der Sicherheitsleistung in Höhe der Hauptsache, so kann er seine Sicherheitsleistung und die Vollstreckung unterlassen bis die Rechtskraft eingetreten oder der Titel aufgehoben wird. – **b) Sicherheitsleistung des Gläubigers.** Er kann **11** sie jederzeit erbringen, damit er gem § 709 S 1, § 751 Abs 2 vollstrecken kann, auch wenn der Schuldner schon vorher gem Rn 10 Sicherheit geleistet hat. Leistet der Gläubiger Sicherheit, so ist für eine vorher erbrachte Sicherheitsleistung des Schuldners der Anlass weggefallen; dann kann der Schuldner Rückgabe verlangen. § 777 ist unanwendbar. Der Schuldner kann die Vollstreckung nur durch Zahlung unter Vorbehalt abwenden (17 vor § 708).

§ 721 Räumungsfrist

(1) ¹**Wird auf Räumung von Wohnraum erkannt, so kann das Gericht auf Antrag oder von Amts wegen dem Schuldner eine den Umständen nach angemessene Räumungsfrist gewähren.** ²**Der Antrag ist vor dem Schluß der mündlichen Verhandlung zu stellen, auf die das Urteil ergeht.** ³**Ist der Antrag bei der Entscheidung übergangen, so gilt § 321; bis zur Entscheidung kann das Gericht auf Antrag die Zwangsvollstreckung wegen des Räumungsanspruchs einstweilen einstellen.**

(2) ¹**Ist auf künftige Räumung erkannt und über eine Räumungsfrist noch nicht entschieden, so kann dem Schuldner eine den Umständen nach angemessene Räumungsfrist gewährt werden, wenn er spätestens zwei Wochen vor dem Tage, an**

dem nach dem Urteil zu räumen ist, einen Antrag stellt. [2] §§ 233 bis 238 gelten sinngemäß.

(3) [1] Die Räumungsfrist kann auf Antrag verlängert oder verkürzt werden. [2] Der Antrag auf Verlängerung ist spätestens zwei Wochen vor Ablauf der Räumungsfrist zu stellen. [3] §§ 233 bis 238 gelten sinngemäß.

(4) [1] Über Anträge nach den Absätzen 2 oder 3 entscheidet das Gericht erster Instanz, solange die Sache in der Berufungsinstanz anhängig ist, das Berufungsgericht. [2] Die Entscheidung ergeht durch Beschluss. [3] Vor der Entscheidung ist der Gegner zu hören. [4] Das Gericht ist befugt, die im § 732 Abs. 2 bezeichneten Anordnungen zu erlassen.

(5) [1] Die Räumungsfrist darf insgesamt nicht mehr als ein Jahr betragen. [2] Die Jahresfrist rechnet vom Tage der Rechtskraft des Urteils oder, wenn nach einem Urteil auf künftige Räumung an einem späteren Tage zu räumen ist, von diesem Tage an.

(6) Die sofortige Beschwerde findet statt
1. gegen Urteile, durch die auf Räumung von Wohnraum erkannt ist, wenn sich das Rechtsmittel lediglich gegen die Versagung, Gewährung oder Bemessung einer Räumungsfrist richtet;
2. gegen Beschlüsse über Anträge nach den Absätzen 2 oder 3.

(7) [1] Die Absätze 1 bis 6 gelten nicht für Mietverhältnisse über Wohnraum im Sinne des § 549 Abs. 2 Nr. 3 sowie in den Fällen des § 575 des Bürgerlichen Gesetzbuchs. [2] Endet ein Mietverhältnis im Sinne des § 575 des Bürgerlichen Gesetzbuchs durch außerordentliche Kündigung, kann eine Räumungsfrist höchstens bis zum vertraglich bestimmten Zeitpunkt der Beendigung gewährt werden.

1   **1. Anwendungsbereich. – a) Gegeben:** nur bei Räumungsurteilen (auch Versäumnisurteilen) über Wohnraum. Das sind Räume, die vom Schuldner (jeder Besitzer) oder seinen Angehörigen tatsächlich bewohnt werden (vgl LG Lübeck ZMR 93, 223), zB auch möblierte Zimmer und als dauernde Wohnung dienende Wohnwagen, entspr ein sog Frauenhaus (LG Lübeck WuM 96, 718). Bei einheitlichen Mischmietverhältnissen (teils Wohnräume, teils Geschäftsräume) können die Wohnräume auch weniger als gleichwertig sein (Musielak/Lackmann 3 mwN; bestr). Ist die Rückgabe teilbar, kann § 721 jedenfalls für die Wohnräume angewendet werden (LG Hamburg NJW-RR 93, 662 2   mwN). – **b) Unanwendbar** ist § 721 auf: **aa) Andere Räumungstitel,** insbes aus einstweiliger Verfügung (LG Hamburg NJW-RR 93, 1233), Zuschlagsbeschlüssen, einstweilige Anordnungen in Verfahren nach § 620 Nr 7 (Hamburg FamRZ 83, 1151) und nach der Hausrats-VO, wofür deren § 15 gilt (Stuttgart FamRZ 80, 467 mwN; vgl

§ 621 e Rn 2) sowie bei Ehestörungsklagen (9 vor § 606; Celle NJW 80, 711). **bb) Mietverhältnisse** (Abs 7) über Wohnraum, der für öffentliche oder soziale Zwecke vermietet ist (§ 549 Abs 2 Nr 3) und bei Mietverhältnissen für bestimmte Zeit (§ 575) mit der Ausnahme (Abs 7 S 2), dass Räumungsfrist nur bis Vertragsende gewährt werden darf.

2. Entscheidung. – **a) Zuständigkeit** (funktionell): bei Abs 1 das **3** jeweilige Prozessgericht; bei Abs 2, 3 grundsätzlich das Gericht erster Instanz, das Berufungsgericht nur (Abs 4 S 1) ab Einlegung der Berufung (auch wenn der Antrag gem Abs 2, 3 schon vorher gestellt war) bis zur Rücknahme oder Entscheidung über die. Von da an ist wieder das Gericht erster Instanz zuständig, auch wenn die Hauptsache noch in der Revision ist (BGH NJW 90, 2823). – **b) Voraussetzungen. 4 aa) Urteilsverfahren** (Abs 1): von Amts wegen (auch ohne Antrag) oder auf einen vom Beklagten gestellten Antrag (Prozesshandlung, Einl III). Er ist Sachantrag (§ 297 Rn 1) und kann daher nur bis zum Schluss der mdl Vhdlg gestellt werden (vgl § 296 a). **bb) Beschlussverfahren 5** (Abs 2–4): nur auf Antrag (Prozesshandlung, Einl III), Form: beim AG § 496, beim LG schriftlich unter Anwaltszwang (§ 78 Abs 1). Frist: nur bei Antrag auf erstmalige Gewährung (Abs 2 S 1) oder auf Verlängerung (Abs 3). Bei versäumter Frist ist der Antrag unzulässig; Wiedereinsetzung ist möglich (Abs 2 S 2; Abs 3 S 3). Fristberechnung: Der letzte Tag der gewährten Räumungsfrist wird in die 2 Wochen eingerechnet (Bsp: Bei Räumungsfrist bis 30. November kann Antrag bis zum 16. November 24 Uhr gestellt werden). § 222 Abs 2 ist nicht anwendbar (hM; LG Berlin ZMR 92, 324 mwN). **cc) Künftige Räu- 6 mung** (Abs 2): setzt auch voraus, dass auf künftige Räumung (§ 259) erkannt und über eine Räumungsfrist überhaupt noch nicht (auch nicht ablehnend) entschieden ist. **dd) Veränderte Räumungsfrist** (Abs 3): **7** setzt auch voraus, dass bereits Räumungsfrist gem Abs 1 oder Abs 2 gewährt wurde (StJMünzberg 30 mwN; bestr). **ee) Verzicht** auf die **8** Räumungsfrist ist wirksam möglich und hindert ihre Gewährung. – **c) Form.** Abs 1: im Urteil (auch im Versäumnisurteil) bei gewährter **9** Räumungsfrist in der Formel, bei verweigerter nur in den Gründen. Ergänzungsurteil (Abs 1 S 3, § 321): in der Formel. Abs 2, 3: immer in der Formel des Beschlusses; er ist zu begründen. – **d) Verhandlung: 10** bei Abs 1 notwendig mündlich; bei Abs 2, 3 freigestellt. Gehör des Gegners: Abs 4 S 3. – **e) Inhalt.** Die Räumungsfrist (auch für den Teil ei- **11** ner Wohnung) wird am besten durch einen bestimmten Kalendertag begrenzt. Das Wort Räumungsfrist ist dabei aufzunehmen (Unterscheidung zu den Fällen des § 259). Es ist zulässig, die Räumungsfrist so zu gewähren, dass sie sich um eine bestimmte Zeit verlängert, wenn die in bestimmter Höhe bezeichnete Nutzungsentschädigung bezahlt wird (hM; StJMünzberg 17). Wird die Räumungsfrist ohne nähere Angabe nach Monaten bemessen, so läuft sie ab Erlass der Entscheidung (LG Mannheim ZMR 70, 205). – **f) Begründung.** Ob Räumungsfrist ge- **12** währt und wie lang sie ausgedehnt wird, steht im Ermessen des Gerichts („kann"). Interessenabwägung ist erforderlich (BayObLG ZMR 84, 23) und genügend (LG Heilbronn Rpfleger 92, 529). Maßgebende Umstände: Alter und Bedürfnis des Beklagten; Dauer eines Mietverhältnisses; Bedarf des Gläubigers; Gewähr für Zahlungen gem § 546a BGB; Bereitstehen von Ersatzwohnraum; Verschulden der Parteien. –

13   **g) Kostenentscheidung.** Im Urteilsverfahren (Abs 1) gilt § 93b Abs 1, 3. Im Beschlussverfahren (Abs 2, 3) wird selbständig nach den §§ 91–100 entschieden (hM), insbes ist auch § 93 anzuwenden, wenn dem Verlängerungsantrag zugestimmt wird (LG Essen Rpfleger 71, 407). Die Kosten des Beschlussverfahrens sind weder solche des vorangegangenen Rechtsstreits noch solche der ZwVollstr.

14   **3. Dauer.** Am besten nach Kalendertag (§ 751 Abs 1) zu bestimmen (Rn 11). – **a) Mindestdauer:** keine; aber weniger als etwa ein Monat

15 ab Urteil oder Beschluss ist kaum sinnvoll. – **b) Höchstdauer:** Abs 5. Daraus folgt, dass das erkennende Gericht in seinem Räumungsurteil nicht mehr als ein Jahr Räumungsfrist von Verkündung an gerechnet gewähren darf, da auch das Urteil des AG am Verkündungstag durch Rechtsmittelverzicht rechtskräftig werden kann. Abs 7 S 2 beschränkt zum vertraglichen Ende des Mietverhältnisses auf bestimmte Zeit (§ 575 BGB).

16   **4. Wirkung.** Vollstreckung ist vor Ablauf der Räumungsfrist ausgeschlossen (§ 751 Abs 1). Das Mietverhältnis bleibt beendet, auch wenn die Vollstreckung über die Räumungsfrist hinaus unterbleibt (vgl Hamm NJW 82, 341). Das Abwicklungsverhältnis richtet sich grundsätzlich nach den Regeln des Mietvertrags. Einen Auszug vor Ablauf der gewährten Räumungsfrist muss der Schuldner dem Vermieter rechtzeitig mitteilen (LG Mönchengladbach DWW 92, 215). Schadensersatz sonst nur nach Maßgabe von §§ 546a, 571 BGB.

17   **5. Vollstreckungsschutz.** Einstweilige Einstellung der Vollstreckung ist möglich: im Urteilsverfahren gem §§ 707, 719, im Ergänzungsverfahren (§ 321) gem Abs 1 S 3 Hs 2; daher nicht, wenn der Antrag in erster Instanz unterblieben ist (Köln MDR 80, 764); im Beschlussverfahren gem § 732 Abs 2 (Abs 4 S 4); allgemein gem § 765a mit Antragsfrist gemäß § 765a Abs 3.

18   **6. Rechtsmittel. – a) Bei Urteilen.** Die Berufung in der Hauptsache und der Einspruch umfassen auch die Entscheidung über die Räumungsfrist (LG München I NZM 99, 306); jedoch kann dieser Teil bei der Berufung ausgenommen werden. Neben dem Einspruch ist sofortige Beschwerde unzulässig (LG München I aaO). Soll nur die Entscheidung über die Räumungsfrist angegriffen werden, findet nur noch sofortige Beschwerde (§ 567 Abs 1 Nr 1) statt (Abs 6 S 1 Nr 1), sofern das Gericht erster Instanz, auch durch Versäumnisurteil (LG Mannheim MDR 66, 242), entschieden hat (Abs 6 S 2). Die Räumungsfrist ist auch dann versagt, wenn das Urteil hierzu völlig schweigt (LG Köln NJW-RR 87, 143 mwN). Mit der Anschlussberufung kann auch die Gewährung von Räumungsfrist angegriffen werden (LG Nürnberg/

Fürth NJW-RR 92, 1251). Mit sofortiger Beschwerde nicht anfechtbar sind Prozessurteile, insbes solche nach § 345, weil darin nicht auf Räumung erkannt ist (LG Dortmund NJW 65, 1385). – **b) Bei Beschlüs-** **19** **sen** (Abs 2, 3) findet sofortige Beschwerde statt (Abs 6 S 1 Nr 2), aber nur bei solchen erster Instanz (§ 567 Abs 1). Frist: § 569 Abs 1. Rechtsbeschwerde (§ 574) ist nicht ausgeschlossen.

§ 722 Vollstreckbarkeit ausländischer Urteile

(1) **Aus dem Urteil eines ausländischen Gerichts findet die Zwangsvollstreckung nur statt, wenn ihre Zulässigkeit durch ein Vollstreckungsurteil ausgesprochen ist.**

(2) **Für die Klage auf Erlaß des Urteils ist das Amtsgericht oder Landgericht, bei dem der Schuldner seinen allgemeinen Gerichtsstand hat, und sonst das Amtsgericht oder Landgericht zuständig, bei dem nach § 23 gegen den Schuldner Klage erhoben werden kann.**

§ 723 Vollstreckungsurteil

(1) **Das Vollstreckungsurteil ist ohne Prüfung der Gesetzmäßigkeit der Entscheidung zu erlassen.**

(2) [1]**Das Vollstreckungsurteil ist erst zu erlassen, wenn das Urteil des ausländischen Gerichts nach dem für dieses Gericht geltenden Recht die Rechtskraft erlangt hat.** [2]**Es ist nicht zu erlassen, wenn die Anerkennung des Urteils nach § 328 ausgeschlossen ist.**

1. Allgemeines. – a) Vollstreckungsgrundlagen. Bei der Voll- **1** streckung ausländischer Titel im Inland ist nach den Grundlagen zu unterscheiden: **aa) Vollstreckungsurteil** (§§ 722, 723) eines deutschen **2** Gerichts; das ist der Grundsatz, soweit nicht Rn 3 oder 4 vorliegen. **bb) Vollstreckbarerklärung** des ausländischen Titels durch ein deut- **3** sches Gericht; idR durch Beschluss; nur vorgesehen in den internationalen (mehrseitigen) Übereinkommen und (zweiseitigen) Abkommen (Anh zu § 723). **cc) Vollstreckungsklausel** von einem deutschen Ge- **4** richt erteilt. Das ist nur vorgesehen im Geltungsbereich des AVAG (HUÜ, EuGVÜ, LGVÜ, EheVO, EuGVVO, Verträge mit Israel, Norwegen und Spanien), des Vertrags mit den Niederlanden und nach § 7 Abs 1 AG zu den Sorgerechtsübereinkommen (BGBl 90 I 701). Ein unzulässiger Antrag auf Erteilung der Vollstreckungsklausel kann nicht in eine Vollstreckungsklage umgedeutet werden (BGH NJW 79, 2477; Musielak/Lackmann § 722 Rn 7). – **b) Anwendungsbereich** der **5** §§ 722, 723: Entscheidungen (nicht nur Urteile) ausländischer Gerichte, soweit sie einen vollstreckbaren Inhalt haben, nämlich dem Schuldner eine Leistung oder Haftung auferlegen (§ 704 Rn 1), also nicht Feststellungsurteile (AG Würzburg FamRZ 94, 1596). Unanwendbar auch auf gerichtliche Vergleiche und Schiedssprüche; für letztere gilt § 1061.

Die §§ 722, 723 gelten nicht, soweit die Sonderregeln vorgehen, die im Anhang zu § 723 dargestellt sind. Insoweit fehlt für eine Klage das
6 Rechtsschutzbedürfnis (KG RIW 98, 630). – **c) Leistungsklage** im Inland aus dem ursprünglichen Anspruch ist wegen des Vorrangs der §§ 722, 723 grds unzulässig (Linke, Festschrift für Rolf A. Schütze, 1999 S 427/423 ff). Sie ist aber zulässig, wenn die Anerkennung zweifelhaft ist (BGH NJW 87, 1146); das Rechtsschutzbedürfnis (Rn 12) fehlt dann nicht. Verbindung von Vollstreckungs- und Leistungsklage im Eventualverhältnis (§ 260 Rn 8) ist dann zweckmäßig. Dies ist nur zulässig im Anwendungsbereich der §§ 722, 723, nicht aber, wenn das AVAG anzuwenden ist (Gottwald mit zu Recht abl Anm zu Karlsruhe FamRZ 99, 309).

7 **2. Rechtsnatur.** Die Vollstreckungsklage ist eine Gestaltungsklage (5 vor § 253). Sie ist eine gewöhnliche Klage erster Instanz und darauf gerichtet, dass das ausländische Urteil im Inland vollstreckbar wird.

8 **3. Antrag und Urteilsformel. – a) Inhalt.** Er muss dem Bestimmtheitsgrundsatz (16 vor § 704) entsprechen (BGH NJW 93, 1801). Die nach Gericht, Datum, Aktenzeichen und vollstreckbarem Inhalt genau bezeichnete Entscheidung wird für vollstreckbar erklärt. Das kann auf einen bestimmten Teil der ausländischen Entscheidung beschränkt werden. Für das Verfahren reicht die Vorlage einer beglaubigten Urteilskopie aus (Hamm RIW 97, 960). Eine Umrechnung eines auf ausländische Valuta lautenden Titels in Euro findet nicht statt
9 (Zö/Geimer § 722 Rn 36). – **b) Streitgegenstand** (Einl II) ist nicht der Anspruch, über den das ausländische Gericht entschieden hat, sondern die Zulässigkeit der inländischen ZwVollstr aus dem ausländischen Urteil.

10 **4. Zulässigkeit** der Klage erfordert die Prozessvoraussetzungen (10 vor § 253), insbes: – **a) Zuständigkeit** (hierzu Schütze NJW 83, 154). Sie ist ausschließlich (§ 802; Musielak/Lackmann § 722 Rn 6). § 23 ist ohne die in § 23 Rn 2 gemachten Einschränkungen (hinreichender Inlandsbezug) anzuwenden (BGH NJW 97, 325 m Anm Schlosser JZ 97, 364; Munz RIW 97, 238). Sachlich: das AG (dort das Familiengericht, falls eine Familiensache vorliegt, BGH 88, 113) oder die Zivilkammer (nie die KfH) des LG, je nach Streitwert (§ 23 Nr 1 GVG; dessen Nr 2 ist nicht anzuwenden; allgM). Örtlich: der allgemeine Ge-
11 richtsstand (§§ 13–19), hilfsweise § 23 (§ 722 Abs 2). – **b) Prozessführungsbefugnis** steht den Vollstreckungsparteien zu (10, 11 vor § 704). Die Abtretung des zuerkannten Anspruchs steht wegen § 265
12 Abs 2 nicht entgegen (BGH NJW 92, 3096). – **c) Rechtsschutzbedürfnis.** Es fehlt, wenn die ausländische Entscheidung keinen vollstreckungsfähigen Inhalt hat (vgl Rn 5).

13 **5. Begründetheit** der Klage. Hierfür wird die ausländische Entscheidung nicht auf ihre materielle Richtigkeit geprüft (BGH NJW 92, 3100). Begründet ist die Klage, wenn (1) die ausländische Entscheidung rechtskräftig ist (§ 723 Abs 2 S 1; hierzu § 328 Rn 3, Wiedereinset-

zungsanträge lassen die Bindungswirkung des Urteils unberührt, Hamm RIW 97, 960; der Nachweis der formellen Rechtskraft ist mit allen Beweismitteln zulässig, ZöGeimer § 723 Rn 2), (2) kein Anerkennungshindernis nach § 328 besteht (§ 723 Abs 2 S 2), (3) gegen den vollstreckbaren Anspruch keine entsprechend § 767 Abs 2 zulässige und begründete Einwendung geltend gemacht ist. Der hierfür maßgebliche Zeitpunkt bestimmt sich nach dem Recht des Erststaates (ZöGeimer § 722 Rn 51). Ob die Einwendung begründet ist, bestimmt das vom Erstgericht auf den Anspruch angewendete Recht.

6. Zwangsvollstreckung. Sie findet im Inland nur aus dem deut- **14** schen Vollstreckungsurteil statt, wenn es den vollstreckbaren Inhalt wiedergibt, sonst in Verbindung mit dem ausländischen Titel. Das Urteil ist nach Maßgabe der §§ 708–714 für vorläufig vollstreckbar zu erklären. Es findet keine Wirkungserstreckung der ausländischen Lohnpfändung statt (BAG BB 97, 1642 m abl Anm Schack IPRax 97, 318). Oldenburg (IPRax 97, 338) verlangt den Nachweis, dass der inländische Schuldner von der ausländischen Forderungspfändung Kenntnis erlangt hat.

7. Sonstiges. Rechtsbehelfe: wie § 731 Rn 8; Kosten: wie § 731 **15** Rn 9; Gebühren: §§ 722, 723 KV 1430 ff; AVAG KV 1420, 1421; sonstige Staatsverträge KV 1430 ff RA: grds. § 31 ff BRAGO, soweit nicht wegen der Anwendbarkeit eines Staatsvertrags § 47 BRAGO vorrangig ist. Streitwert: Es gelten §§ 3, 4 Abs. 1. Zinsen werden nie, Kosten nur dann der Hauptsache zugeschlagen, wenn über sie ziffernmäßig gesondert erkannt ist (BGH ZZP 70, 234).

Anhang nach § 723:
Vollstreckbarkeit ausländischer Titel im Inland

Vorbemerkung. Die ZwVollstr aus den ausländischen Titeln richtet **1** sich, wenn Vollstreckungsklausel oder Vollstreckbarerklärung erteilt sind, nach den allgemeinen Vorschriften der ZwVollstr im Inland (60 vor § 704).

1. Vollstreckungsklausel für ausländische Titel. Diese wird in **2** einem vereinfachten Verfahren nach dem AVAG erteilt (vgl hierzu 2 ff vor § 1 AVAG). Anwendungsbereich: § 1 AVAG. Dasselbe gilt für dem deutsch-niederländischen Vertrag (§ 328 Rn 42) unterliegende Entscheidungen.

2. Vollstreckbarerklärung ausländischer Titel. Dieses gegenüber **3** den §§ 722, 723 vereinfachte und verbilligte Verfahren ist nur anwendbar, wenn es durch internationale Verträge zugelassen ist. Das trifft in folgenden Bereichen zu: – **a) Kostenentscheidungen** (insbes Kosten- **4** festsetzungsbeschlüsse): Es gilt das HZPÜ v 1. 3. 54 (BGBl 58 II 577) mit AusfG v 18. 12. 58 (BGBl I 939, geändert durch d ZPO-RG); Vertragsstaaten: § 328 Rn 30. – **b) Unterhaltsansprüche.** Für Unterhalts- **5** ansprüche von Kindern ist im Verhältnis zu Belgien, Liechtenstein,

Österreich, Suriname und Ungarn das HÜÜ v 15. 4. 58 (BGBl 61 II 1005), mit AusfG v 18. 7. 61 (BGBl I 1033, geänd d ZPO-RG) anzuwenden (für Österreich und Belgien vgl aber auch Art 72 EuGVVO Rn 5). Nach dessen § 1 ist das AG zuständig, und zwar gem § 621 Abs 1 Nr 4 (nF) das Familiengericht (hM; BGH NJW 86, 1440). Überwiegend ist jedoch das HÜÜ v 2. 10. 73 (BGBl 86 II 826; hierzu BGH NJW 90, 2197; Stuttgart FamRZ 99, 312) anzuwenden. Vertragsstaaten: § 328 Rn 35. Es gilt für alle Unterhaltsansprüche. Das Verfahren richtet sich aber nach dem AVAG (§ 1 Abs 1 Nr 1 Buchst c) AVAG; vgl oben Rn 2 und 2 ff vor 1 AVAG). Zuständig ist das LG (Vorsitzender einer Zivilkammer, § 3 AVAG). Daneben gilt das AuslandsunterhaltsG vom 19. 12. 86 (BGBl I 2563), das in § 10 auf §§ 723 Abs 1, 328
6 Abs 1 Nr 1–4 verweist. – c) **Andere gerichtliche Entscheidungen:** Hierfür sind die in § 328 Rn 37 ff aufgeführten Staatsverträge, die EuGVVO und die EheVO (vgl § 328 Rn 24 u 52) zu beachten (soweit nicht oben Rn 2 vorliegt). Die Rechtsbehelfe gegen die Vollstreckbarerklärung werden durch die Ausführungsgesetze geregelt (hierzu § 328 Rn 37 ff).

7   **3. Frühere DDR.** – a) **Entscheidungen** der dortigen Gerichte galten von jeher als nicht ausländisch. Sie sind wirksam geblieben und können seit 3. 10. 1990 auf Grund des Art 18 Abs 1 S 1 EVertr nach neuem Recht vollstreckt werden. Sie bedürfen keiner Vollstreckbarerklärung gem §§ 722, 723 (Hamm FamRZ 91, 1078). § 328 gilt aber (BGH NJW 97, 2051). Sie sind grundsätzlich 2 : 1 umgestellt (Art 10 Abs 5 Staatsvertrag zur Währungs-, Wirtschafts- und Sozialunion). –
8   b) **Vollstreckungsabkommen.** Die der BRep erstrecken sich auf die neuen Länder (Art 11 EVertr). Die der DDR gelten nur vorläufig und unter Vorbehalt weiter (Art 12 EVertr: Arnold BB 91, 2240).

§ 724 Vollstreckbare Ausfertigung

(1) **Die Zwangsvollstreckung wird auf Grund einer mit der Vollstreckungsklausel versehenen Ausfertigung des Urteils (vollstreckbare Ausfertigung) durchgeführt.**

(2) **Die vollstreckbare Ausfertigung wird von dem Urkundsbeamten der Geschäftsstelle des Gerichts des ersten Rechtszuges und, wenn der Rechtsstreit bei einem höheren Gericht anhängig ist, von dem Urkundsbeamten der Geschäftsstelle dieses Gerichts erteilt.**

1   **1. Allgemeines** zur vollstreckbaren Ausfertigung. – a) **Begriff.** Sie ist eine Ausfertigung des Urteils (§ 317), die mit „vollstreckbare Ausfertigung" überschrieben ist und am Schluss die Vollstreckungsklausel
2 (§ 725) enthält. – b) **Inhalt.** Die Ausfertigung wird, falls Rechtsmittelentscheidungen vorliegen, von dem Urteil erteilt, das den vollstreckbaren Anspruch (3 vor § 704) enthält. Ergibt sich der vollstreckbare Anspruch infolge Abänderung des angefochtenen Urteils aus zwei ver-

schiedenen Urteilen, so ist die Formel des anderen Urteils in die vollstreckbare Ausfertigung aufzunehmen oder es ist für beide Urteile eine vollstreckbare Ausfertigung nötig. – c) **Wirkung.** Die vollstreckbare 3 Ausfertigung bezeugt Bestehen und Vollstreckungsreife des Titels. Das wird deshalb von den Vollstreckungsorganen nicht mehr geprüft (umstr; vgl Jaspersen Rpfleger 95, 4 mwN). Die mit ihr notwendig verbundene Vollstreckungsklausel ist Voraussetzung der Zwangsvollstreckung (25 vor § 704), die ohne sie unzulässig ist (46 vor § 704). Wird trotzdem vollstreckt, ist zwar die Vollstreckungsmaßnahme wirksam, auf Erinnerung (§ 766) aber aufzuheben (allgM). Ob ein Pfändungspfandrecht entsteht, ist umstritten (§ 803 Rn 9). Die Erteilung der vollstreckbaren Ausfertigung ist keine Vollstreckungsmaßnahme, so dass die Einstellung der ZwVollstr (zB gemäß § 707 oder § 769) die Erteilung nicht hindert.

2. Anwendungsbereich. Eine vollstreckbare Ausfertigung ist grundsätzlich bei allen Titeln (14, 15 vor § 704) notwendig, ausnahmsweise 4 nicht bei Vollstreckungsbescheid, Arrest und einstweiliger Verfügung zur Vollstreckung gegen die darin bezeichneten Personen (§ 796 Abs 1, § 929 Abs 1, § 936), ferner nicht bei Kostenfestsetzungsbeschlüssen, die auf Urteile gesetzt sind (§ 105 Abs 1, § 795 a).

3. Verfahren. Zuständig ist grundsätzlich der Urkundsbeamte 5 (Abs 2), in den Fällen des § 20 Nr 12, 13 RPflG der Rechtspfleger des Prozessgerichts (wie § 706 Rn 4). Die vom UrkB anstelle des Rechtspflegers erteilte Klausel ist unwirksam (Frankfurt Rpfleger 91, 12; LG Detmold Rpfleger 96, 12; aA Zweibrücken Rpfleger 97, 369 mwN). Besondere Zuständigkeit: § 797 Abs 1, 2, § 797 a Abs 4. Kein Gehör des Schuldners (§ 730 Rn 1). Kein Anwaltszwang (§ 78 Abs 5).

4. Voraussetzungen. Stets muss der Titel bestehen, darf also nicht 6 aufgehoben sein. Außerdem muss vorliegen und ist von Amts wegen zu prüfen: – **a) Gesuch** (formloser Antrag) derjenigen zur Vollstreckung 7 berechtigten Partei, die im Titel angegeben ist (oder § 727), nicht eines Dritten, an den zB bei Prozessstandschaft zu leisten ist (KG Rpfleger 71, 103), ebenso wenig desjenigen, der ohne dem Rechtsstreit zum Zwecke des Vergleichsabschlusses beigetreten zu sein, daraus Rechte ableitet (vgl Frankfurt MDR 73, 321). – **b) Vollstreckungsreife** des 8 Titels. Ein Urteil muss rechtskräftig oder vorläufig vollstreckbar (§ 704), ein sog Widerrufsvergleich (§ 794 Rn 19) darf nicht widerrufen sein. Die angeordnete Sicherheitsleistung muss nicht erbracht sein (§ 726 Abs 1). Außerdem darf § 726 nicht entgegenstehen. Das ist bei einem Ratenzahlungsvergleich mit Verfallklausel (§ 794 Rn 17) für den Gesamtbetrag nicht der Fall, wenn dessen Fälligkeit vom Eintritt des Schuldnerverzugs abhängig gemacht ist, weil der Gläubiger diese Tatsachen nicht beweisen muss (Münzberg Rpfleger 97, 413; bestr). – **c) Vollstreckungsfähiger Inhalt.** Einen solchen haben grundsätzlich 9 nur Leistungsurteile. Urteile, die auf Rechtsmittel ergehen, erhalten nur dann die Vollstreckungsklausel, wenn sie selbst einen vollstreckbaren

Inhalt haben, auch wenn sie das angefochtene Urteil lediglich abändern (BGH NJW 98, 613). Feststellungsurteile (4 vor § 253), zu denen alle klageabweisenden Urteile zählen, werden nur dann vollstreckbar ausgefertigt, wenn der Kostenfestsetzungsbeschluss auf sie gesetzt ist (§ 795 a). Nicht vollstreckungsfähig ist ein Titel mit unbestimmtem Inhalt (16–20 vor § 704) und ein nichtiges Urteil (15–18 vor § 300). Nicht vollstreckbar sind Titel, aus deren Inhalt folgt, dass sie nicht vollstreckt werden sollen (Düsseldorf NJW-RR 87, 640).

10   **5. Besonderheiten. – a) Teilklausel.** Die vollstreckbare Ausfertigung kann für einen von mehreren Ansprüchen oder den bestimmten Teil eines Anspruchs erteilt werden. Das muss dann aus der Klausel aus-
11 drücklich hervorgehen. – **b) Schuldnermehrheit.** Bei Gesamtschuldnern (§ 421 BGB) wird nur eine Ausfertigung erteilt, bei Teilschuldnern (§ 420 BGB) soviele Ausfertigungen wie Schuldner vorhanden
12 sind. – **c) Gläubigermehrheit.** Bei Gesamtgläubigern (§ 428 BGB), Gesamthandgläubigern und im Falle des § 432 BGB (auch an einen Mitgläubiger allein, KG NJW-RR 00, 1409) wird grundsätzlich nur eine Ausfertigung erteilt (vgl § 733 Rn 6), bei Teilgläubigern (§ 420
13 BGB) soviele Ausfertigungen wie Gläubiger. – **d) Prozessvergleich.** Es werden nur die formellen Voraussetzungen geprüft (Rn 6–9), nicht ob ein wirksamer Vergleich iS des § 779 BGB vorliegt (Schuschke/Walker 6; aA Sauer/Maiendresch Rpfleger 97, 289). Die vollstreckbare Ausfertigung muss den Vorlesungs- und Genehmigungsvermerk (§ 794 Rn 11) aufweisen (LG Essen MDR 75, 937). Wird bei einem Titel über Ratenzahlung mit Verfallklausel (vgl Rn 8; § 726 Rn 2) die Klausel zunächst für die Ratenvollstreckung erteilt, ist für die Gesamt- oder Restforderung ggf über § 733 (dort Rn 3) eine weitere vollstreckbare Ausfertigung zu beantragen.

14   **6. Rechtsbehelfe. – a)** Wird die vollstreckbare Ausfertigung erteilt, so stehen dem Schuldner Erinnerung nach § 732 und, soweit diese Vorschrift anwendbar ist, Klage nach § 768 zur Wahl. – **b)** Wird die vollstreckbare Ausfertigung durch Beschluss des Urkundsbeamten verweigert, steht dem Gläubiger Erinnerung offen (§ 573). Danach findet sofortige Beschwerde statt (§ 567 Abs 1 Nr 2), dann unmittelbar, wenn der Rechtspfleger entschieden hat (§ 11 Abs 1 RPflG; LG Stuttgart Rpfleger 00, 537). Dem Gläubiger steht Klage offen (§ 731).

15   **7. Kosten** sind solche der Zwangsvollstreckung (§ 788 Rn 15). Gebühren: für das Gericht keine. RA: § 37 Nr 7, § 58 Abs 2 Nr 1 BRAGO.

§ 725 Vollstreckungsklausel

Die Vollstreckungsklausel: „Vorstehende Ausfertigung wird dem usw. (Bezeichnung der Partei) zum Zwecke der Zwangsvollstreckung erteilt" ist der Ausfertigung des Urteils am Schluß beizufügen, von dem Urkundsbeamten der Geschäftsstelle zu unterschreiben und mit dem Gerichtssiegel zu versehen.

Grundsatz. Die Vollstreckungsklausel ist notwendiger Bestandteil der 1
vollstreckbaren Ausfertigung. Es gilt daher § 724. **Inhalt.** Der Wortlaut 2
der Klausel muss nicht genau dem § 725 entsprechen, aber den gleichen
Sinn ausdrücken. Soll für oder gegen eine andere Person als die, die im
Titel genannt ist, vollstreckt werden (zB §§ 727–729, 749), so muss sie
in der Klausel namentlich bezeichnet sein (wie § 750 Rn 2, 3). Gesamtschuld ist anzugeben. **Unterschrift** ist eigenhändig zu leisten, Ort und 3
Datum hinzuzufügen, ferner der Zusatz „als Urkundsbeamter der Geschäftsstelle" oder „Rechtspfleger".

§ 726 Vollstreckbare Ausfertigung bei bedingten Leistungen

**(1) Von Urteilen, deren Vollstreckung nach ihrem Inhalt von
dem durch den Gläubiger zu beweisenden Eintritt einer anderen Tatsache als einer dem Gläubiger obliegenden Sicherheitsleistung abhängt, darf eine vollstreckbare Ausfertigung nur erteilt werden, wenn der Beweis durch öffentliche oder öffentlich
beglaubigte Urkunden geführt wird.**

**(2) Hängt die Vollstreckung von einer Zug um Zug zu be-
wirkenden Leistung des Gläubigers an den Schuldner ab, so ist
der Beweis, daß der Schuldner befriedigt oder im Verzug der
Annahme ist, nur dann erforderlich, wenn die dem Schuldner
obliegende Leistung in der Abgabe einer Willenserklärung besteht.**

1. Allgemeines. § 726 ist anwendbar bei allen Titeln, für die eine 1
vollstreckbare Ausfertigung nötig ist (§ 724 Rn 4). Der zuständige
Rechtspfleger (§ 20 Nr 12 RPflG; § 724 Rn 5) muss weitere Voraussetzungen außer den in § 724 Rn 5–9 genannten prüfen, bevor er die
vollstreckbare Ausfertigung erteilt. Grundsätzlich gilt alles, was zu § 724
ausgeführt ist. Verfahren: wie § 727 Rn 5. In vollstreckbaren notariellen Urkunden (§ 794 Abs 1 Nr 5) kann auf den Beweis verzichtet werden (§ 794 Rn 53).

2. Voraussetzung. Aus dem Titel muss sich ergeben, dass die Voll- 2
streckung von dem Eintritt einer Tatsache abhängig, dh aufschiebend
bedingt ist oder durch ein anderes Ereignis als den Eintritt eines bestimmten Kalendertags (sonst gilt § 751 Abs 1) ungewiss befristet. Eine
Bedingung liegt insbes vor, wenn der vollstreckbare Anspruch (50 vor
§ 704) selbst bedingt ist. Bei Urteilen kommt das sehr selten vor, häufig
aber bei Vergleichen und vollstreckbaren Urkunden (§ 794 Abs 1 Nr 1
und 5), zB Eintritt der Rechtskraft eines Scheidungsurteils für eine im
Vergleich übernommene Zahlungsverpflichtung (München Rpfleger
84, 106). Sicherheitsleistung ist keine Bedingung und ohne Einfluss auf
die Erteilung der Vollstreckungsklausel (§ 751 Abs 2).

3. Beweislast des Gläubigers (vgl 18 ff vor § 284). Sie trifft grund- 3
sätzlich ihn, nur ausnahmsweise dann den Schuldner, wenn die Nichterfüllung eines Anspruchs die Bedingung darstellt, weil der Schuldner

für die Erfüllung grundsätzlich die Beweislast trägt. Das gilt insbes für
die Verfallklausel (vgl § 724 Rn 8), bei der der Schuldner die rechtzeitige Zahlung beweisen muss und bei der sofortigen Fälligkeit des gesamten Anspruchs wegen Verzugs mit einer Rate (hM; Münzberg
Rpfleger 97, 413; aA Frankenberger/Holz Rpfleger 97, 93), ferner bei
Entschädigungszahlung für den Fall, dass der Schuldner eine Handlung
nicht vornimmt (§ 510 b). In diesen Fällen muss der Schuldner die Erfüllung über § 775 Nr 4, 5 oder § 767 geltend machen. Hingegen trifft
den Gläubiger die Beweislast, wenn nach Erfüllung der Hauptschuld
die Klausel nur für Zinsen erteilt werden soll (BayObLG DNotZ 76,
366).

4   **4. Zug-um-Zug-Leistung** (Abs 2). Ist nur bei Urteilen, nicht bei
Vergleichen und vollstreckbaren Urkunden (§ 794 Abs 1 Nr 1 und 5)
anzuwenden (hM; Koblenz Rpfleger 97, 445). § 726 gilt wegen § 894
Abs 1 S 2 auch dann, wenn der Schuldner Zug um Zug gegen eine
Leistung des Gläubigers eine Willenserklärung abzugeben hat. Bei anderen Zug-um-Zug-Titeln (vgl §§ 756, 765) gilt § 726 nicht und wird
die vollstreckbare Ausfertigung sofort erteilt, auch bei Urteilen auf Leistung nach Empfang der Gegenleistung (Karlsruhe MDR 75, 938 mwN).

5   **5. Nachweis.** Wird er nicht geführt, kann gemäß § 731 geklagt
werden. – **a) Erforderlich** ist er grundsätzlich durch öffentliche Urkunden (§§ 415, 417, 418) einschließlich ihrer öffentlich beglaubigten
Abschriften oder durch öffentlich beglaubigte Urkunden mit öffentlich
bezeugter Echtheit der Unterschrift (§ 129 BGB, § 40 BeurkG). Hierfür genügen zB mit Stempel und Unterschrift versehene Zusammen-
stellungen von Sozialhilfeträgern über erbrachte (nicht nur bewilligte,
vgl Düsseldorf FamRZ 97, 826) Leistungen (Bamberg FamRZ 83,
204). Der Gläubiger muss sie vorlegen oder, wenn sie sich beim zuständigen Gericht schon befinden, darauf Bezug nehmen. Beschaffen kann
er sie sich nach § 792. Zustellung der Urkunden ist dann notwendig (§ 750 Abs 2). Ist eine Kündigung für eine Klauselerteilung Voraussetzung, genügt der Nachweis der Zustellung einer privatschriftli-
chen Kündigungserklärung in der vorgeschriebenen Form des Abs 1. –

6   **b) Entbehrlich** ist der Nachweis durch Urkunden, wenn der Eintritt
der Tatsache offenkundig ist (§ 291, analog § 727 Abs 1) oder ausdrücklich zugestanden (§ 288; hM; Saarbrücken Rpfleger 91, 161;
Münzberg NJW 92, 201 mwN; aA Oldenburg Rpfleger 92, 490; LG
Hamburg Rpfleger 94, 423 für § 727). Dass nach geschehener Anhörung gemäß § 730 das bloße Nichtbestreiten auf Grund der Geständ-
nisfunktion des § 138 Abs 3 genüge (so Düsseldorf Rpfleger 91, 465
mwN; Köln MDR 96, 964), ist abzulehnen (überwiegende Meinung;
Karlsruhe VersR 96, 391, Köln und Braunschweig jeweils MDR 95, 94
für § 727; Musielak/Lackmann 5 mwN). Der Urkundennachweis ist
entbehrlich, wenn der Gläubiger gegen den Schuldner ein rechtskräftiges oder vorläufig vollstreckbares Urteil nach § 731 erwirkt (Erteilung
nach § 724) oder wenn in einem gerichtlichen Vergleich die Parteien

eine erleichterte Beweisführung vereinbart haben (Stuttgart NJW-RR 86, 549).

6. Inhalt der Klausel. Es gilt grundsätzlich § 725. Bei einer Ver- **7** fallklausel (Rn 2) ist die Erteilung für die Gesamtforderung oder den zu beziffernden Rest aufzunehmen. Zusätzlich aufzunehmen ist die Urkunde (Rn 5), das Geständnis und die Offenkundigkeit (entspr § 727 Abs 2), auch der Rechtsnachfolge (§ 727), wenn sie außerdem vorliegt.

§ 727 Vollstreckbare Ausfertigung für und gegen Rechtsnachfolger

(1) **Eine vollstreckbare Ausfertigung kann für den Rechtsnachfolger des in dem Urteil bezeichneten Gläubigers sowie gegen denjenigen Rechtsnachfolger des in dem Urteil bezeichneten Schuldners und denjenigen Besitzer der in Streit befangenen Sache, gegen die das Urteil nach § 325 wirksam ist, erteilt werden, sofern die Rechtsnachfolge oder das Besitzverhältnis bei dem Gericht offenkundig ist oder durch öffentliche oder öffentlich beglaubigte Urkunden nachgewiesen wird.**

(2) **Ist die Rechtsnachfolge oder das Besitzverhältnis bei dem Gericht offenkundig, so ist dies in der Vollstreckungsklausel zu erwähnen.**

1. Allgemeines. § 727 gilt für alle Vollstreckungstitel (§ 795), auch **1** für vorläufig vollstreckbare Urteile sowie grundsätzlich für Arrest und einstweilige Verfügung (Loritz ZZP 106, 1 mwN). Zur Vollstreckung müssen die Parteien im Titel oder in der Klausel namentlich bezeichnet sein (§ 750 Abs 1). Bei Rechtsnachfolge aufseiten einer Partei kann über § 727 ein neuer Prozess vermieden werden, nachdem Rechtskrafterstreckung eingetreten ist (§ 325). Wenn der Nachweis der Rechtsnachfolge nicht gemäß § 727 geführt werden kann, muss nach § 731 geklagt werden. Vollstreckt jemand aus einem Titel, der umgeschrieben werden muss, aber noch nicht ist, findet Erinnerung (§ 766) statt, nicht § 767 (vgl § 766 Rn 23; BGH NJW 92, 2159 = JZ 93, 94 mit krit Anm von Münzberg).

2. Auswirkung auf Prozesse. Einer wiederholten Klage mit dem **2** selben Streitgegenstand durch oder gegen den Rechtsnachfolger fehlt, soweit nicht schon die Rechtskraft entgegensteht (§§ 322, 325), grundsätzlich das Rechtsschutzbedürfnis (26 vor § 253; BGH NJW 57, 1111), aber ausnahmsweise nicht bei Vergleichen und vollstreckbaren Urkunden, wenn der Gläubiger mit einer Klage nach § 767 rechnen muss (BGH aaO).

3. Anwendungsbereich. – a) Unmittelbar gilt § 727 bei Rechts- **3** nachfolge (Rn 10–13), auch bei einer weiteren und mehrfachen. – **b) Entsprechend** in den Fällen der §§ 728, 729, 738, 742, 744, 745 Abs 2 und § 749; auch wenn eine Partei kraft Amtes in die Rechtsstel-

lung eintritt (vgl § 51 Rn 25), zB der Insolvenzverwalter (Celle NJW-
RR 88, 447), der Nachlassverwalter (Jaspersen Rpfleger 95, 243) und
bei gewillkürter Prozessstandschaft (§ 51 Rn 31; Becker-Eberhard ZZP
104, 413/39), nach hM nur unter gewissen weiteren Voraussetzungen,
aber nur wenn der Prozessstandschafter vollstreckt, wozu er bis
zur Umschreibung auf den materiell Berechtigten befugt ist (BGH
NJW 91, 839), oder wenn er die Vollstreckung nicht durchführt
(Köln VersR 93, 1382). Dass eine isolierte Vollstreckungsstandschaft
zulässig ist (Dresden NJW-RR 96, 444; Petersen ZZP 114, 485), wird
vom BGH 92, 347 verneint. Davon hängt ab, ob der Sicherungsgeber
auf Rechnung des Sicherungsnehmers vollstrecken darf (vgl BGH
NJW-RR 92, 61). Vieles spricht dafür, die Vollstreckungsstandschaft
zuzulassen, wenn der Inhaber des Vollstreckungstitels einen Vollstre-
ckungsstandschafter ermächtigt und dieser ein rechtsschutzwürdiges
Interesse an der betreffenden Vollstreckung hat (Scherer Rpfleger 95,
4   89). – **c) Unanwendbar** ist § 727, wenn an die Stelle der Partei keine
andere Person in die Rechtsstellung eintritt, nämlich bei Wechsel von
Namen (Aden MDR 79, 103), Firma oder gesetzlicher Vertretung (vgl
KG NJW 73, 2032) sowie Wohnungseigentumsverwaltern (vgl LG
Darmstadt NJW-RR 96, 398); Eintritt oder Wechsel von Gesellschaftern, auch bei Ausscheiden aller (Zweibrücken MDR 88, 412); Auflösung einer OHG oder einer KG (vgl § 736 Rn 5); Umwandlung der
Vorgesellschaft in eine GmbH (BayObLG MDR 87, 446). In diesen
Fällen wird, soweit die Parteibezeichnung (vgl § 750 Rn 2) zu ändern
oder zu berichtigen ist, lediglich ein Vermerk in der Klausel angebracht
(hM; LG Berlin MDR 70, 244; Will BWNotZ 78, 156), wenn der
wirkliche Gläubiger nicht im Titel aufgeführt ist, sondern der Rechtsvorgänger. § 727 ist auch nicht anzuwenden, wenn sich Grundstückserwerber und -veräußerer gem § 800 in derselben Urkunde der
ZwVollstr unterworfen haben (KG Rpfleger 88, 30).

5   **4. Verfahren.** Da eine vollstreckbare Ausfertigung erteilt werden
soll, gilt grundsätzlich § 724 Rn 5. Gehör des Schuldners gemäß
§ 730. – **a) Zuständig** ist der Rechtspfleger (§ 20 Nr 12 RPflG), bei
notariellen Urkunden (§ 794 Abs 1 Nr 5) ist es der Notar (§ 797 Abs 2). –
6   **b) Voraussetzungen:** die des § 724 Rn 6–9. Außerdem muss auf
Gläubiger- oder Schuldnerseite eine Rechtsnachfolge (Rn 10) eingetre-
7   ten sein. – **c) Nachweis.** Ob er erforderlich oder entbehrlich ist, muss
wie bei § 726 Rn 5, 6 beurteilt werden. Statt auf die Bedingung (§ 726
Abs 1) bezieht sich der Nachweis auf die Rechtsnachfolge. Soll auf das
Geständnis abgestellt werden (§ 726 Rn 6), müssen die Tatsachen zur
Rechtsnachfolge von dem jeweiligen Antragsgegner zugestanden werden, also nicht mehr vom früheren Schuldner (Münzberg NJW 92,
201). Ist nachgewiesen, so muss die vollstreckbare Ausfertigung erteilt
8   werden. – **d) Rechtsvorgänger.** Aus „kann" ist zu folgern, dass der
alte Gläubiger trotz Rechtsnachfolge die vollstreckbare Ausfertigung erhält, bis sie dem Rechtsnachfolger erteilt wird. Hat der Rechtsvorgän-

ger eine vollstreckbare Ausfertigung erhalten, muss diese umgeschrieben oder nach § 733 verfahren werden. Der Titelgläubiger bleibt trotz Abtretung zur ZwVollstr befugt, wenn er zur Einziehung der Forderung ermächtigt ist (BGH NJW 93, 1396). Bei einer weiteren Umschreibung (Rn 3) besteht keine Bindung (KG NJW-RR 97, 253). – **e) Inhalt der Klausel:** Abs 2; wie § 726 Rn 7. – **f) Rechtsbehelfe:** 9 wie § 724 Rn 14.

5. Rechtsnachfolge. Darunter ist die Gesamt- oder Sondernachfol- 10 ge, gleich aus welchem Rechtsgrund zu verstehen, auch in einen Teil des Rechts. Umstände, die ihrer Wirksamkeit entgegenstehen und gemäß Abs 1 nachgewiesen sind, müssen berücksichtigt werden (BayObLG FGPrax 95, 211). – **a) Zeitpunkt.** Die Rechtsnachfolge muss nach 11 Rechtshängigwerden (§ 261 Abs 1) eingetreten sein (BGH NJW 93, 1396), weil § 727 Abs 1 auf § 325 Abs 1 verweist (hM; aA LAG München NJW-RR 87, 956); bei Titeln, die nicht aus einem Rechtsstreit stammen (zB § 794 Abs 1 Nr 5), nach dem Zeitpunkt ihrer Entstehung (BGH aaO). Für die Gläubigerseite (Rn 12) gilt das auch (MüKo/Wolfsteiner 7). – **b) Gläubigerseite:** Rechtsnachfolger sind zB der Erbe ab 12 Anfall der Erbschaft; der neue Eigentümer oder Pfandgläubiger; der Zessionar des abgetretenen Rechts, auch im Fall des § 265 (hM; BGH NJW 84, 806 mwN; aA Kion NJW 84, 1601); der Pfändungspfandgläubiger, dem die Forderung gemäß § 835 überwiesen ist (Frankfurt NJW 83, 2266); der Sozialhilfeträger für nach §§ 90, 91 BSHG übergegangene Ansprüche (hM; Stuttgart NJW-RR 01, 868), das Land nach Übergang des Anspruchs auf Grund des § 7 Abs 1 S 1 UnterhaltsvorschussG (Düsseldorf FamRZ 97, 826); der Rechtsschutzversicherer, der die festgesetzten Kosten bezahlt hat (KG Rpfleger 98, 480); bei Spaltung gemäß § 126 UmwG der übernehmende Rechtsträger (Volmer WM 02, 428). Bei einem Gesamtschuldner, der den Gläubiger befriedigt, muss auch der Umfang der Ausgleichspflicht in der Form des § 727 Abs 1 nachgewiesen werden, was kaum durchführbar ist (Düsseldorf Rpfleger 96, 75). Der Erbschein allein reicht jedenfalls nicht aus (BayObLG NJW 70, 1800). Dass bei Remboursregress (Art 49 WG) Rechtsnachfolge zu bejahen ist, wird von der hM verneint (bejaht von K. Schmidt ZZP 86, 188 mwN; LG Münster MDR 80, 1030; aA Greilich MDR 82, 15). – **c) Schuldnerseite.** Rechtsnachfolger sind zB der 13 Erbe ab Annahme (beachte aber § 779), auch ein einzelner Miterbe (vgl § 2058 BGB); der neue Eigentümer der streitbefangenen Sache; entspr ab Grundbuchberichtigung der wirkliche Eigentümer (hM; Hamm NJW 99, 1033 mwN; LG Rostock NJW-RR 01, 1024); die Ehefrau des Mieters nach Scheidung und Auszug (LG Münster MDR 73, 934); nicht der Schuldübernehmer bei § 414 BGB (bestr); erst recht nicht der (kumulative) Schuldmitübernehmer oder neu Mithaftende (BGH Rpfleger 74, 260 für Eintritt eines Gesellschafters in das Geschäft eines Einzelkaufmanns). Bei aufgelöster oder auch schon auseinandergesetzter oHG oder KG findet eine Umschreibung auf Gesellschafter wegen

§ 129 Abs 4 HGB auch nicht in entspr Anwendung des § 727 statt (Rn 4; Hamm NJW 79, 51 mwN; bestr).

14   **6. Besitzer** der streitbefangenen Sache iS des § 727 ist nur derjenige, welcher der Partei oder ihrem Rechtsnachfolger den Besitz vermittelt (§ 868 BGB). Das folgt aus der Verweisung auf § 325. Die Besitzmittlerstellung muss nach dem in Rn 11 genannten Zeitpunkt erworben sein. Besitzdiener fallen nicht unter § 727, sondern unter § 808.

15   **7. Gutgläubiger Erwerb.** Ob ein solcher gem § 325 Abs 2 vorliegt, ist bei Erteilung der Klausel nicht zu prüfen. Der Rechtsnachfolger des Schuldners muss seinen guten Glauben mit Erinnerung (§ 732) oder Klage (§ 768) geltend machen (allgM). Nur im Falle der Klage trägt der Gläubiger die Beweislast für Bösgläubigkeit (§ 768 Rn 9; MüKo/Wolfsteiner 38 mwN).

§ 728 Vollstreckbare Ausfertigung bei Nacherbe oder Testamentsvollstrecker

(1) **Ist gegenüber dem Vorerben ein nach § 326 dem Nacherben gegenüber wirksames Urteil ergangen, so sind auf die Erteilung einer vollstreckbaren Ausfertigung für und gegen den Nacherben die Vorschriften des § 727 entsprechend anzuwenden.**

(2) **¹Das gleiche gilt, wenn gegenüber einem Testamentsvollstrecker ein nach § 327 dem Erben gegenüber wirksames Urteil ergangen ist, für die Erteilung einer vollstreckbaren Ausfertigung für und gegen den Erben. ²Eine vollstreckbare Ausfertigung kann gegen den Erben erteilt werden, auch wenn die Verwaltung des Testamentsvollstreckers noch besteht.**

1   **Allgemeines.** Der Nacherbe ist nicht Rechtsnachfolger des Vorerben, der Erbe nicht der des Testamentsvollstreckers. Daher gilt § 727
2   entsprechend; dort Rn 3. **Vorerbe.** Anwendbar ist Abs 1, wenn ein Urteil nach Maßgabe des § 326 wirkt und die Nacherbfolge eingetreten ist (§ 2139 BGB). Nachweis erfolgt durch einen Erbschein über § 792.
3   **Testamentsvollstrecker.** Abs 2 ist anwendbar nach § 327: bei Titel für den Erben, sobald die Testamentsvollstreckung beendet ist (vgl §§ 2225–2227 BGB). Bei Titel gegen den Erben gilt Abs 2 S 2. Nachzuweisen ist die Erbenstellung (Erbschein, § 792), auch das Ende der Testamentsvollstreckung (zur Form vgl KG NJW-RR 87, 3).

§ 729 Vollstreckbare Ausfertigung gegen Vermögens- und Firmenübernehmer

(1) **Hat jemand das Vermögen eines anderen durch Vertrag mit diesem nach der rechtskräftigen Feststellung einer Schuld des anderen übernommen, so sind auf die Erteilung einer vollstreckbaren Ausfertigung des Urteils gegen den Übernehmer die Vorschriften des § 727 entsprechend anzuwenden.**

(2) **Das gleiche gilt für die Erteilung einer vollstreckbaren Ausfertigung gegen denjenigen, der ein unter Lebenden erworbenes Handelsgeschäft unter der bisherigen Firma fortführt, in Ansehung der Verbindlichkeiten, für die er nach § 25 Abs. 1 Satz 1, Abs. 2 des Handelsgesetzbuchs haftet, sofern sie vor dem Erwerb des Geschäfts gegen den früheren Inhaber rechtskräftig festgestellt worden sind.**

Allgemeines. Vermögens- und Firmenübernehmer sind nicht 1 Rechtsnachfolger, sondern haften neben dem früheren Inhaber als Gesamtschuldner (§ 25 HGB). Für den durch das EGInsO aufgehobenen § 419 BGB gilt das nur, wenn das Vermögen vor dem 1. 1. 1999 übernommen wurde (Art 223a EGBGB). Bei Titeln gegen die Übernehmer gilt § 727 daher entsprechend. Urteile müssen jedoch (abweichend von § 727) rechtskräftig sein (§ 705 Rn 1), bevor das Vermögen oder das Handelsgeschäft übernommen wurde. Die Vollstreckungsabwehrklage (§ 767) steht den Übernehmern zu und ist durch § 767 Abs 2 nicht eingeschränkt, weil die Präklusion nicht gegen sie wirkt (hM; BGH NJW 87, 2863 mwN). **Vermögensübernahme** (Abs 1). Es ist der vor dem 2 1. 1. 1999 geschlossene Vertrag (§ 419 BGB; vgl Rn 1), zB durch notarielle Urkunde (§ 792) nachzuweisen. Abs 1 gilt entspr bei einem Erbschaftskauf (§ 2371 BGB), wenn ein Titel gegen Erblasser oder Erben vorliegt. **Firmenübernahme.** Es gilt Abs 2, aber nur soweit nach § 25 3 HGB gehaftet wird (Köln NJW 94, 1118). Nachzuweisen ist die Übernahme (Handelsregister, § 792). Das Übrige muss sich aus dem Titel selbst ergeben. Abs 2 gilt entspr für den Fall des § 28 HGB. **Inhalt der 4 Klausel:** wie § 726 Rn 7. Die gesamtschuldnerische Haftung ist zu erwähnen, dabei § 724 Rn 11 zu beachten. Ferner ist gegen Kommanditisten (bei § 28 HGB) auf die Haftsumme zu beschränken.

§ 730 Anhörung des Schuldners

In den Fällen des § 726 Abs. 1 und der §§ 727 bis 729 kann der Schuldner vor der Erteilung der vollstreckbaren Ausfertigung gehört werden.

Der Schuldner kann nach Ermessen des Gerichts schriftlich oder 1 mündlich gehört werden. Damit wird ihm Gelegenheit gegeben, seine Einwendungen gegen den Nachweis zu erheben, aber auch, bevor der Antrag abgelehnt wird, die nachzuweisenden Tatsachen zuzugestehen (§ 726 Rn 6). Eine Anhörungspflicht ist daraus nicht abzuleiten (umstr; vgl Hamm Rpfleger 91, 161 mit Anm von Münzberg). Aus § 730 folgt, dass bei § 724 der Schuldner nicht gehört wird.

§ 731 Klage auf Erteilung der Vollstreckungsklausel

Kann der nach dem § 726 Abs. 1 und den §§ 727 bis 729 erforderliche Nachweis durch öffentliche oder öffentlich beglaubigte Urkunden nicht geführt werden, so hat der Gläubiger bei

dem Prozeßgericht des ersten Rechtszuges aus dem Urteil auf Erteilung der Vollstreckungsklausel Klage zu erheben.

1   **1. Allgemeines.** Anwendbar ist § 731 nur in den Fällen der § 726 Abs 1, §§ 727–729, 738, 742, 744, 745 Abs 2, § 749. Es ist eine Feststellungsklage (hM; Wüllenkemper Rpfleger 89, 87 mwN). Sie nimmt, wenn sie zulässig ist, einer neuen Klage aus dem zugrundeliegenden Rechtsverhältnis gegen den Schuldner das Rechtsschutzbedürfnis (StJMünzberg 6; aA BGH NJW 87, 2863).

2   **2. Wirkung.** Das stattgebende Urteil erübrigt nicht die Klauselerteilung (Rn 9). Die Rechtskraft des stattgebenden Urteils schließt alle Einwendungen für §§ 732, 767, 768 aus, die bis zum maßgebenden Zeitpunkt der materiellen Rechtskraft (§ 322 Rn 35) entstanden sind. Rechtskraft des abweisenden Urteils schließt die Erteilung der Klausel aus den bis dahin entstandenen Gründen aus.

3   **3. Antrag und Urteilsformel** lauten idR: „Die Vollstreckungsklausel zum (genau bezeichneten Titel) ist für (oder gegen) den Kläger (oder Beklagten) zu erteilen." Auf begründete Einrede des Schuldners ist die beschränkte Erbenhaftung (§ 780) vorzubehalten. Das Urteil wird nach Maßgabe der §§ 708–714 für vorläufig vollstreckbar erklärt.

4   **4. Zulässigkeit** der Klage. Es müssen die allgemeinen Prozessvoraussetzungen (10 vor § 253) vorliegen, insbes: – **a) Zuständigkeit.** Sie ist ausschließlich (§ 802). Bei Urteilen und Vergleichen (§ 794 Abs 1 Nr 1) ist das Prozessgericht erster Instanz zuständig (Kammer oder Abteilung nach Geschäftsverteilung), bei anderen gerichtlichen Entscheidungen das Gericht, das entschieden hat. Ist es ein AG und übersteigt der Streitwert dessen sachliche Zuständigkeit (§ 23 Nr 1 GVG, so ist das vorgeordnete LG zuständig (entspr § 796 Abs 3). Bei Vollstreckungsbescheiden gilt § 796 Abs 3, bei vollstreckbaren Urkunden § 797 Abs 5, § 800 Abs 3, bei Anwaltsvergleichen § 797 Abs 6, bei Gütestellen-
5   vergleichen § 797a Abs 3. – **b) Prozessführungsbefugnis.** Sie steht idR als Kläger dem Gläubiger (10 vor § 704), als Beklagtem dem Schuld-
6   ner zu, gegen den die Klausel erteilt werden soll. – **c) Rechtsschutzbedürfnis.** § 256 gilt unmittelbar. Es fehlt, wenn der Gläubiger die Urkunden leicht beschaffen kann (hM) oder wenn er gegen den Beschluss des Rechtspflegers nicht sofortige Beschwerde (§ 11 Abs 1 RPflG, § 567 Abs 1 Nr 2) eingelegt hat (hM). Auch wenn die Tatsache nicht durch Urkunden zu beweisen ist, muss grundsätzlich erst die Klausel beim Rechtspfleger erfolglos beantragt sein, da der Nachweis entbehrlich sein kann (vgl § 726 Rn 6; umstr; vgl Brox/Walker 133).

7   **5. Begründetheit** der Klage (46 vor § 253) erfordert zunächst die allgemeinen Voraussetzungen der Klauselerteilung (§ 724 Rn 6–9). Zudem muss jeweils die besondere Voraussetzung der Klauselerteilung vorliegen, zB Eintritt der Tatsache (§ 726 Abs 1) oder der Rechtsnachfolge (§ 727 Abs 1). Außerdem darf keine nach Maßgabe des § 767 zulässige Einwendung vorliegen (hM; StJMünzberg 13); denn mit der

Entscheidung wird eine neue Klage nach § 767 vermieden. Anerkenntnis (§ 307) ist möglich (hM).

6. Rechtsbehelfe. Berufung (§ 511) und Revision (§ 542) sowie **8** Einspruch (§ 338) finden nach den allgemeinen Vorschriften statt.

7. Sonstiges. Der Urkundsbeamte (§ 724; Napierala Rpfleger 89, **9** 493 mwN; aA LG Stuttgart Rpfleger 00, 537: Rechtspfleger) erteilt die vollstreckbare Ausfertigung des Titels, für den die Klausel begehrt wird. Kosten: §§ 91 ff, nicht § 788. Der Streitwert entspr dem Wert des zu vollstreckenden Anspruchs (Köln Rpfleger 69, 247).

§ 732 Erinnerung gegen Erteilung der Vollstreckungsklausel

(1) [1]**Über Einwendungen des Schuldners, welche die Zulässigkeit der Vollstreckungsklausel betreffen, entscheidet das Gericht, von dessen Geschäftsstelle die Vollstreckungsklausel erteilt ist.** [2]**Die Entscheidung ergeht durch Beschluss.**

(2) **Das Gericht kann vor der Entscheidung eine einstweilige Anordnung erlassen; es kann insbesondere anordnen, daß die Zwangsvollstreckung gegen oder ohne Sicherheitsleistung einstweilen einzustellen oder nur gegen Sicherheitsleistung fortzusetzen sei.**

1. Allgemeines. Die Klauselerinnerung ist dem Schuldner in allen **1** Fällen eingeräumt, in denen eine Vollstreckungsklausel erteilt wurde, auch im Normalfall des § 724. Sie ist ein besonderer Rechtsbehelf und geht dem § 573 (beim Urkundsbeamten) und dem § 11 RPflG (beim Rechtspfleger) vor. Die Klauselerinnerung kann insbes bei Titeln erhoben werden, die von vorneherein unwirksam sind (BGH st Rspr, zB NJW-RR 87, 1149). Abhilfe durch den Urkundsbeamten oder den Rechtspfleger entspr §§ 573, 572 Abs 1 wird zugelassen von Koblenz Büro 02, 550.

2. Entscheidung. Das Gericht entscheidet durch richterlichen Be- **2** schluss (Abs 1 S 2). Die Formel lautet (entspr der Antrag): „Die vom (Gericht) am (Datum) gegen den Erinnerungsführer erteilte vollstreckbare Ausfertigung zum (genau bezeichneter Titel) und die ZwVollstr aus ihr sind unzulässig". Wirkung: §§ 775 Nr 1, 776. Andernfalls wird die Erinnerung zurückgewiesen.

3. Zulässigkeit der Erinnerung erfordert – **a) Ordnungsgemäße** **3** **Form.** Der Rechtsbehelf unterliegt nicht dem Anwaltszwang. Es gilt § 78 Abs 5. – **b) Zuständigkeit** ist ausschließlich (§ 802) und ergibt **4** sich aus Abs 1 S 1. Das gilt auch, wenn nicht der Urkundsbeamte, sondern der Rechtspfleger die Klausel erteilt hat. Bei vollstreckbaren Urkunden und Anwaltsvergleichen gilt § 797 Abs 3, 6, bei Gütestellenvergleichen § 797a Abs 4 S 3. – **c) Rechtsschutzbedürfnis** tritt ein, **5** sobald die Klausel erteilt ist, und entfällt, wenn die Vollstreckung beendet ist (29 vor § 704). – **d) Rechtskraft** eines nach § 731 stattgeben- **6** den oder nach § 768 abweisenden Urteils darf nicht entgegenstehen.

7   **4. Begründetheit** der Erinnerung ist gegeben, wenn eine der in
§ 724 Rn 6–9 genannten Voraussetzungen fehlt; wenn zB die Tatsache
(§ 726 Abs 1) oder die Rechtsnachfolge (§ 727) nicht eingetreten ist;
wenn die Klausel inhaltlich falsch ist oder an einem formellen Mangel leidet, zB fehlender Zuständigkeit, Verstoß gegen § 16 Abs 1, § 20
Abs 1 S 1 BNotO. Maßgebender Zeitpunkt ist der der Entscheidung
(hM; KG NJW-RR 87, 3 mwN). Nicht begründet werden kann die
Erinnerung mit Einwendungen, die wegen entspr Anwendung des
§ 767 Abs 3 ausgeschlossen sind, und nicht mit solchen gegen das Bestehen des Anspruchs, weil hierfür Klage (§ 767) vorgeschrieben ist
(Rn 9).

8   **5. Verhältnis zu Klagen. – a) Klauselgegenklage** (§ 768). Bei
§ 732 ist der Anwendungsbereich weiter; denn er erstreckt sich auf alle
Ausfertigungen (Rn 1). Auch kann die Erinnerung auf jeden Fehler
und auf den Mangel einer jeden Voraussetzung zur Erteilung der Vollstreckungsklausel gestützt werden (Rn 7). Die Klage nach § 768 findet
nur statt, wenn der Rechtspfleger, nicht auch der Urkundsbeamte zur
Erteilung der Klausel zuständig ist (§ 768 und § 20 Nr 12 RPflG) und
der Schuldner den Eintritt der Tatsache (§ 726 Abs 1) oder der anderen
Voraussetzungen (§§ 727–729) bestreitet. Mit der Klage kann er, was
bei § 732 ausgeschlossen ist (Rn 7 aE), Einwendungen nach § 767 verbinden. Ist sowohl § 732 als auch § 768 anwendbar, hat der Schuldner
9   die Wahl (§ 768 letzter Hs). – **b) Vollstreckungsabwehrklage** (§ 767)
wird durch die Zulässigkeit der Wahl (§ 768 letzter Hs). – der Klauselerinnerung nicht ausgeschlossen (BGH 92, 347). Die Unwirksamkeit
des Titels kann nach § 732 geltend gemacht werden (Hamm NJW-RR
91, 1151); daneben bleibt eine Gestaltungsklage (§ 767 Rn 8 a) zulässig
(Köln NJW-RR 99, 431).

10   **6. Rechtsbehelfe.** Weist das Gericht die Einwendungen zurück, hat
der Schuldner die sofortige Beschwerde gemäß § 567 Abs 1 Nr 2. Gegen die Beschwerdeentscheidung kann Rechtsbeschwerde zugelassen
werden (§ 574).

11   **7. Einstweilige Anordnungen** (Abs 2) können ohne Antrag erlassen werden, sind aber nur angebracht, wenn die Erinnerung nicht
aussichtslos ist. Inhalt: wie § 707 Rn 10–12. Das Gericht darf keine
Vollstreckungsmaßnahmen aufheben. Bekanntmachung: § 329 Abs 3.
Rechtsbehelfe: grundsätzlich keine Anfechtung (§ 707 Rn 17–19; hM;
Köln Rpfleger 96, 324 mwN). Hat der Rechtspfleger entschieden, gilt
§ 11 Abs 2 RPflG (Köln NJW-RR 01, 69). Außerkrafttreten wie
§ 707 Rn 15.

12   **8. Kosten:** § 97 Abs 1 entspr; Kosten der erfolgreichen Erinnerung
trägt der Erinnerungsgegner (§ 91 Abs 1 S 1). § 788 gilt nicht (Hamburg Büro 95, 547). Gebühren: für das Gericht keine; für RA § 58
Abs 3 Nr 1 BRAGO. Wert: wie § 731 Rn 9.

§ 733 Weitere vollstreckbare Ausfertigung

(1) **Vor der Erteilung einer weiteren vollstreckbaren Ausfertigung kann der Schuldner gehört werden, sofern nicht die zuerst erteilte Ausfertigung zurückgegeben wird.**

(2) **Die Geschäftsstelle hat von der Erteilung der weiteren Ausfertigung den Gegner in Kenntnis zu setzen.**

(3) **Die weitere Ausfertigung ist als solche ausdrücklich zu bezeichnen.**

1. Allgemeines. § 733 bezweckt wie § 757, den Schuldner vor **1** wiederholter ZwVollstr zu schützen. Es wird eine vollstreckbare Ausfertigung erteilt, so dass § 724 gilt. Soll nach einer Teilklausel (§ 724 Rn 10) für den Rest eine vollstreckbare Ausfertigung erteilt werden, so ist das eine erste Ausfertigung, nicht der Fall des § 733. Hingegen ist bei Teilabtretung § 733 anwendbar (§ 727 Rn 8).

2. Verfahren. Zuständigkeit: wie § 724 Rn 5. Es entscheidet der **2** Rechtspfleger (§ 20 Nr 12 RPflG). Bei vollstreckbaren notariellen Urkunden und Anwaltsvergleichen gilt § 797 Abs 3, 6; auch dann entscheidet für das Gericht der Rechtspfleger (§ 20 Nr 13 RPflG). An dessen Stelle kann nach VO der Landesregierung der Urkundsbeamte treten (§ 36 b Abs 1 Nr 3 RPflG). Gehör des Schuldners wie in § 730. Es entfällt, wenn der Gläubiger die erste vollstreckbare Ausfertigung zurückgibt (Abs 1). Verständigung des Schuldners (Abs 2) ist zwingend.

3. Voraussetzungen für Erteilung. – **a) Bei Rückgabe.** Gibt der **3** Gläubiger die erste Ausfertigung zurück, so muss nur das vorliegen, was § 724 Rn 6–9 voraussetzt. – **b) Bei unterbliebener Rückgabe.** Der **4** Gläubiger muss einen schutzwürdigen Grund für eine weitere Ausfertigung darlegen und muss diesen mindestens glaubhaft machen (§ 294). **aa) Beispiele:** Verlust der vollstreckbaren Ausfertigung (Düsseldorf **5** FamRZ 94, 1271); unrechtmäßige oder versehentliche Aushändigung an den Schuldner (Hamm Rpfleger 79, 431; aA LG Hechingen Rpfleger 84, 151; LG Dortmund Rpfleger 94, 308: Beweis, dass weitere Ansprüche vollstreckt werden dürfen); Vollstreckung wegen weiterer Kosten (§ 788) als Restforderung (Frankfurt Rpfleger 78, 104); gleichzeitige ZwVollstr durch verschiedene Organe (4–8 vor § 704) an verschiedenen Orten (Koblenz MDR 87, 676) oder gegen Gesamtschuldner (LG Augsburg Rpfleger 99, 137); Herausgabeverweigerung durch früheren ProzBev (Stuttgart Rpfleger 95, 220; Hamm FamRZ 98, 640; bestr). **bb) Einzelheiten.** Bei mehreren Gläubigern kann das Bedürfnis **6** für eine weitere Ausfertigung gegeben sein (Köln Rpfleger 90, 82). Bei Rechtsnachfolge (§ 727) wird eine weitere Ausfertigung nur unter engen Voraussetzungen erteilt (Frankfurt NJW-RR 88, 512: aA Stuttgart NJW-RR 90, 126) auch beim Pfändungs- und Überweisungsgläubiger (Jena Rpfleger 00, 76). Rückgabe wird nicht für erforderlich gehalten von Hamm FamRZ 91, 965.

7   **4. Inhalt.** Die Ausfertigung ist in der Überschrift und in der Klausel als zweite (bzw dritte usw) Ausfertigung zu bezeichnen.

8   **5. Rechtsbehelfe.** Grundsätzlich wie § 724 Rn 14. Es ist keine Klage aus § 731 möglich, wohl aber auf Herausgabe der Ersten, an den Schuldner hinausgegebenen Ausfertigung (Stuttgart Rpfleger 76, 144).

9   **6. Kosten:** § 788 Abs 1, wenn Verlust der ersten Ausfertigung nicht in die Risikosphäre des Gläubigers fällt (München Büro 92, 431; Hansens Büro 85, 1121). Gebühren: für RA § 58 Abs 3 Nr 2 BRAGO; für Gericht nur KV 1906 bei erfolgloser Beschwerde.

§ 734 Vermerk über Ausfertigungserteilung auf der Urteilsurschrift

Vor der Aushändigung einer vollstreckbaren Ausfertigung ist auf der Urschrift des Urteils zu vermerken, für welche Partei und zu welcher Zeit die Ausfertigung erteilt ist.

1   Anzugeben ist ggf ferner, für welchen Teil oder gegen wen erteilt ist (§ 724 Rn 10–12). Wird beim Rechtsmittelgericht vollstreckbar ausgefertigt, kommt der Vermerk auch auf das im Akt verbleibende Urteil.

Vorbemerkung zu §§ 735–749

1   **1. Zweck.** Mit dem Vollstreckungstitel darf grundsätzlich nur in das Vermögen des Schuldners vollstreckt werden. Neben Vorschriften über die Vollstreckungsklausel regeln die §§ 735–749 gegen wen Titel erforderlich sind, um in ein Vermögen zu vollstrecken, das mehreren zusteht (zB §§ 735, 736, 740) oder das der Verwaltung oder Nutzung einer anderen Person unterliegt (zB §§ 737, 748). Nicht in diesen Zusammenhang gehört § 739 (vgl dort Rn 1).

2   **2. Notwendigkeit des Titels.** Dass die in den §§ 735–749 geforderten Titel vorliegen, ist Zulässigkeitsvoraussetzung der Zwangsvollstreckung (47 vor § 704) und vom Vollstreckungsorgan zu prüfen (hM). Wird ohne den erforderlichen Titel vollstreckt, kann der betroffene Dritte die ihm zustehenden Rechtsbehelfe ergreifen (56 vor § 704).

§ 735 Zwangsvollstreckung gegen nicht rechtsfähigen Verein

Zur Zwangsvollstreckung in das Vermögen eines nicht rechtsfähigen Vereins genügt ein gegen den Verein ergangenes Urteil.

1   **Titel gegen den Verein.** Der nichtrechtsfähige Verein ist passiv parteifähig (§ 50 Abs 2). Daher kann (entgegen § 54 BGB, § 736) aus einem Titel gegen ihn vollstreckt werden, aber nur in das Vereinsvermögen, das seine Organe als solche in Gewahrsam haben, ferner in Forderungen (zB Mitgliederbeiträge). Bei ZwVollstr nach §§ 883 ff gilt § 735 auch. Vollstreckungsmaßnahmen sind nur gegen die Vereinsorgane

zu richten. **Titel gegen alle Vereinsmitglieder** wegen einer Schuld 2
des Vereins gestattet die ZwVollstr wie bei § 736, dh in das Vereinsvermögen kann bei allen Mitgliedern, nicht nur bei den Organen vollstreckt werden (§ 100 Nr 2 GVGA).

§ 736 Zwangsvollstreckung gegen BGB-Gesellschaft

**Zur Zwangsvollstreckung in das Gesellschaftsvermögen einer
nach § 705 des Bürgerlichen Gesetzbuchs eingegangenen Gesellschaft ist ein gegen alle Gesellschafter ergangenes Urteil erforderlich.**

1. BGB-Gesellschaft (§ 705 BGB; Wertenbruch NJW 02, 324/8). 1
Wird in Gesellschaftsvermögen unter Verstoß gegen § 736 vollstreckt,
ist die Vollstreckungsmaßnahme anfechtbar, nicht nichtig oder wirkungslos (BGH 66, 79 für fehlende Zustellung des Titels). Für die Zw-
Vollstr ist zu unterscheiden: – **a) Titel gegen alle Gesellschafter,** die 2
es zZ des Vollstreckungsbeginns sind (§ 101 GVGA). Ein solcher Titel
gestattet die Zwangsvollstreckung (auch nach §§ 883 ff) bei allen Gesellschaftern in das gesamte Gesellschaftsvermögen (§ 718 BGB), daneben auch Vollstreckung in das Privatvermögen der Gesellschafter, insbes
in den Gesellschaftsanteil (§ 859 Abs. 1). Es können mehrere Titel, es
muss nicht ein einheitlicher sein. – **b) Titel gegen einzelne Gesell-** 3
schafter berechtigt nicht zur ZwVollstr in das Gesellschaftsvermögen,
sondern nur in das Privatvermögen des Gesellschafters; hierzu gehört der
Gesellschaftsanteil (§ 859 Abs 1). – **c) Titel gegen die Gesellschaft.** 4
Ist sie nach außen im Rechtsverkehr hervorgetreten, so ist sie parteifähig (jetzt hM; vgl § 50 Rn 4). Mit einem Titel gegen die Gesellschaft
kann daher in das Gesellschaftsvermögen (§ 718 BGB) unmittelbar
vollstreckt werden. Der Wortlaut und Zweck des § 736 steht dem
nicht entgegen (BGH NJW 01, 1056). Die ZwVollstr mit Titel gegen
alle Gesellschafter (Rn 2) bleibt zulässig. In das Privatvermögen eines
Gesellschafters kann nicht aus einem Titel gegen die Gesellschaft vollstreckt werden (BayObLG NJW-RR 02, 991).

2. Offene Handelsgesellschaft und Kommanditgesellschaft 5
(entspr die Partnerschaftsgesellschaft, § 7 PartGG). Anwendbar ist nicht
§ 736, sondern § 124 Abs 2 und § 161 Abs 2 HGB. Ein Titel gegen die
(parteifähige) Gesellschaft genügt, ist aber auch notwendig, um in das
Gesellschaftsvermögen zu vollstrecken. Ein Titel gegen die Gesellschafter (auch gegen alle) genügt nicht; nur dann (nach Umschreibung), wenn
eine BGB-Gesellschaft nach Entstehung des Titels sich unter
Wahrung ihrer Identität zur oHG oder KG entwickelt (Eickmann
Rpfleger 70, 113). Umgekehrt kann mit dem Titel gegen die Gesellschaft nicht gegen die Gesellschafter vollstreckt werden (§ 129 Abs 4
HGB); es findet auch keine Umschreibung des Titels statt, wenn die
oHG oder KG aufgelöst ist (vgl § 727 Rn 13).

§ 737 Zwangsvollstreckung bei Vermögens- oder Erbschaftsnießbrauch

(1) **Bei dem Nießbrauch an einem Vermögen ist wegen der vor der Bestellung des Nießbrauchs entstandenen Verbindlichkeiten des Bestellers die Zwangsvollstreckung in die dem Nießbrauch unterliegenden Gegenstände ohne Rücksicht auf den Nießbrauch zulässig, wenn der Besteller zu der Leistung und der Nießbraucher zur Duldung der Zwangsvollstreckung verurteilt ist.**

(2) **Das gleiche gilt bei dem Nießbrauch an einer Erbschaft für die Nachlaßverbindlichkeiten.**

1   **Voraussetzungen.** Der Schuldner muss an seinem Vermögen (oder seiner Erbschaft, Abs 2) einen Nießbrauch bestellt haben (§§ 1085, 1089 BGB). Die Verbindlichkeit (dh die Forderung, vgl § 1086 BGB)
2   muss vor der Nießbrauchbestellung entstanden sein. **Titel gegen den Nießbraucher** ist notwendig neben dem Titel gegen den Schuldner; das ist der Besteller. Er lautet auf Duldung der ZwVollstr. Er wird erlangt: durch Klage (Anspruchsgrundlage § 1086 BGB), über § 794 Abs 2, durch Umschreiben der Klausel (über §§ 265, 727) oder über § 738.

§ 738 Vollstreckbare Ausfertigung gegen Nießbraucher

(1) **Ist die Bestellung des Nießbrauchs an einem Vermögen nach der rechtskräftigen Feststellung einer Schuld des Bestellers erfolgt, so sind auf die Erteilung einer in Ansehung der dem Nießbrauch unterliegenden Gegenstände vollstreckbaren Ausfertigung des Urteils gegen den Nießbraucher die Vorschriften der §§ 727, 730 bis 732 entsprechend anzuwenden.**

(2) **Das gleiche gilt bei dem Nießbrauch an einer Erbschaft für die Erteilung einer vollstreckbaren Ausfertigung des gegen den Erblasser ergangenen Urteils.**

1   **Zweck.** Der wegen § 737 nötige Duldungstitel kann über § 727 auch
2   erlangt werden, wenn § 265 nicht zutrifft. **Verfahren:** wie § 727. Nachzuweisen ist anstatt Eintritt der Rechtsnachfolge die Nießbrauchsbestellung (§ 792), ihr Zeitpunkt und die Rechtskraft (§ 705).

§ 739 Gewahrsamsvermutung bei Zwangsvollstreckung gegen Ehegatten und Lebenspartner

(1) **Wird zugunsten der Gläubiger eines Ehemannes oder der Gläubiger einer Ehefrau gemäß § 1362 des Bürgerlichen Gesetzbuchs vermutet, daß der Schuldner Eigentümer beweglicher Sachen ist, so gilt, unbeschadet der Rechte Dritter, für die Durchführung der Zwangsvollstreckung nur der Schuldner als Gewahrsamsinhaber und Besitzer.**

(2) **Absatz 1 gilt entsprechend für die Vermutung des § 8 Abs. 1 des Lebenspartnerschaftsgesetzes zugunsten der Gläubiger eines der Lebenspartner.**

1. Allgemeines. § 739 passt nicht in den Zusammenhang der 1
§§ 735–749, weil nichts für die Notwendigkeit eines bestimmten Titels geregelt wird, sondern nur etwas für den nach §§ 808, 809, 883, 886 erforderlichen Gewahrsam. § 739 wird verbreitet für verfassungswidrig gehalten (Brox/Walker 241; Pawlowski DGVZ 88, 97 mwN).

2. Anwendungsbereich. – a) **Ehegatten** (Abs 1): bei allen Güter- 2
ständen (vgl §§ 1363, 1414, 1415 BGB), insbes auch bei Gütertrennung (AG Berlin-Wedding DGVZ 88, 45 mwN) sowie bei fortgeltender Eigentums- und Vermögensgemeinschaft (Art 234 § 4 Abs 2 EGBGB; § 744 a). Bei Gütergemeinschaft (§ 1415 BGB) jedoch nur für erwiesenes Sonder- und Vorbehaltsgut (§§ 1417, 1418 BGB); für das Gesamtgut gelten die §§ 740–745. – b) **Lebenspartner** (Abs 2): nur eingetragene (§ 1 LPartG); im Rahmen des § 8 Abs 1 LPartG gilt Abs 1.

3. Eigentumsvermutung des § 1362 BGB oder des § 8 Abs 1 3
LPartG. Nur soweit sie reicht (vgl § 1362 BGB), gilt § 739, daher insbes nicht in folgenden Fällen· – a) **Bei Getrenntleben** für die Sachen, die 4
der andere Ehegatte im Besitz hat (§ 1362 Abs 1 S 2 BGB). Das Getrenntleben muss erkennbar sein (LG Münster DGVZ 78, 12). Es trifft zB zu bei längerer Straftat (Düsseldorf Rpfleger 95, 119 mwN). –
b) **Persönliche Gebrauchsgegenstände** eines Ehegatten (§ 1362 Abs 2 5
BGB). Das sind insbesondere Kleidungsstücke, Schmuck, Armbanduhren, Arbeitsgeräte; idR nicht ein Auto (LG Essen NJW 62, 2307). –
c) **Erwerbsgeschäft.** Wird es vom Haushalt räumlich getrennt geführt 6
und betreibt es ein Ehegatte erkennbar als alleiniger Inhaber, so gilt § 1362 BGB nicht (StJMünzberg 18).

4. Ehegatten oder Lebenspartner. Nur bei solchen gilt § 739, 7
nicht wenn andere Personen (zB Kinder und sonstige Angehörige) in der Wohnung der Ehegatten Sachen in Besitz haben. Auf eheähnliche Verhältnisse sollte wegen der gleichen Besitzlage § 739 analog angewendet werden, um die nichteheliche Lebensgemeinschaft gegenüber der ehelichen nicht zu privilegieren (MüKo/Hessler 19; Pawlowski DGVZ 88, 97; Thran NJW 95, 1458; aA die wohl hM; StJMünzberg 11; Köln FamRZ 90, 623; für Wohnungsräumung bejahend Battes JZ 88, 957; LG Frankfurt NJW 86, 729).

5. Bewegliche Sachen. Nur bei ZwVollstr in solche (§§ 808 ff; 8
883) gilt § 739. Neben der Sachpfändung besteht bei gemeinschaftlichem Eigentum der Ehegatten oder Lebenspartner die Möglichkeit, den Miteigentumsanteil zu pfänden (§ 857); hierfür ist § 739 bedeutungslos.

6. Wirkung. Sollen Sachen gepfändet (§ 808) oder herausgegeben 9
(§ 883) werden, so ist der allein- oder mitbesitzende Ehegatte oder Lebenspartner nicht Dritter iS der §§ 809, 886, sondern der Ehegatte, der

Vollstreckungsschuldner ist (11 vor § 704), ist auch Gewahrsamsinhaber und Besitzer. Das wird für die ZwVollstr unwiderlegbar vermutet („gilt"; vgl Düsseldorf DGVZ 81, 114). Der Gerichtsvollzieher führt dann die ZwVollstr gegen den Ehegatten, der Schuldner ist, nach § 808 oder § 883 durch, auch wenn der andere Ehegatte Alleinbesitz hat (Düsseldorf Rpfleger 95, 119). Scheidung ohne Trennung der Wohnung hindert die Fortsetzung der ZwVollstr nicht. Ändert sich der Gewahrsam, besteht die Pfändung fort (§ 809 Rn 8). Für Lebenspartner gilt das alles entspr (Abs 2).

10   **7. Rechtsbehelfe.** Der Ehegatte oder Lebenspartner, der nicht Schuldner ist, kann Widerspruchsklage (§ 771) erheben, wenn er ein solches Recht hat (§ 771 Rn 14), insbes Miteigentum (vgl LG Münster MDR 89, 270). Er kann die Erinnerung (§ 766) nicht darauf stützen, er sei Alleineigentümer, sondern nur darauf, dass der Gerichtsvollzieher entgegen der Eigentumsvermutung (Rn 3–6) vollstreckt hat (hM; Kilian Büro 96, 67).

§ 740 Zwangsvollstreckung in das Gesamtgut

(1) Leben die Ehegatten in Gütergemeinschaft und verwaltet einer von ihnen das Gesamtgut allein, so ist zur Zwangsvollstreckung in das Gesamtgut ein Urteil gegen diesen Ehegatten erforderlich und genügend.

(2) Verwalten die Ehegatten das Gesamtgut gemeinschaftlich, so ist die Zwangsvollstreckung in das Gesamtgut nur zulässig, wenn beide Ehegatten zur Leistung verurteilt sind.

1   **1. Anwendungsbereich.** Jede Art der ZwVollstr, auch die von Prozesskosten (Stuttgart FamRZ 87, 304), aber nur bei bestehender Gütergemeinschaft und Vollstreckung in das Gesamtgut (§ 1416 BGB), auch wenn die Gütergemeinschaft nicht im Güterrechtsregister eingetragen ist, weil § 1412 BGB in der ZwVollstr nicht gilt (LG München II DGVZ 82, 188). Entspr anwendbar ist § 740 gem § 744 a. Nicht: hinsichtlich des Sonder- und Vorbehaltsgutes (vgl § 739 Rn 2) und im Falle des § 741. Ist der andere Ehegatte Gläubiger, vgl Kleinle FamRZ 97, 1194.

2   **2. Alleinverwaltung** (Abs 1). Ein Titel (14 vor § 704) gegen den verwaltenden Ehegatten (§ 1421 BGB) ist notwendig und genügt. Das Alleinverwaltungsrecht muss der Gläubiger nachweisen, wenn er nur gegen diesen Ehegatten einen Titel hat (LG Frankenthal Rpfleger 75, 371). Es ist daneben kein Titel gegen den nichtverwaltenden Ehegatten nötig, auch (abgesehen von § 741) nie genügend, auch nicht bei §§ 1428, 1429 BGB (hM). Das folgt aus § 1422 S 1 BGB. Ein Duldungstitel genügt. Er wird erlangt über § 742 oder durch Klage. Anspruchsgrund bei Schuld des anderen Ehegatten ist § 1437 Abs 2 S 1 BGB.

3   **3. Gemeinschaftliche Verwaltung** (Abs 2; § 1421 S 2 BGB). Es ist ein Leistungstitel gegen beide Ehegatten nötig. Das folgt aus § 1450

Abs 1 S 1 BGB. Duldungstitel genügt nicht (bestr). Erlangt wird der Titel gegen den nicht schuldenden Ehegatten wie bei Rn 2, nur ist der Anspruchsgrund hier § 1459 Abs 2 S 1 BGB. Titel gegen beide Ehegatten sind auch im Fall der §§ 1454, 1455 Nr 7–9 BGB notwendig und gegen den anderen über § 1460 Abs 1, § 1459 Abs 1, 2 S 1 BGB zu erlangen. Das gilt auch im Fall des § 1460 Abs 2 BGB (Stuttgart FamRZ 87, 304).

4. Wirkung. Ohne die erforderlichen Titel ist die ZwVollstr unzu- **4** lässig (40 vor § 704). Liegt bei Abs 1 der Titel vor, so ist der andere Ehegatte nicht Dritter iS der §§ 809, 886.

5. Rechtsbehelfe. Wird ohne einen erforderlichen Titel vollstreckt, **5** haben beide Ehegatten die Erinnerung (§ 766). Der Ehegatte, gegen den der Titel fehlt, kann aus § 771 klagen. Dies ist aber unbegründet (§ 771 Rn 14), wenn das Gesamtgut nach § 1437 Abs 1, § 1459 Abs 1 BGB haftet.

§ 741 Zwangsvollstreckung in das Gesamtgut bei Erwerbsgeschäft

Betreibt ein Ehegatte, der in Gütergemeinschaft lebt und das Gesamtgut nicht oder nicht allein verwaltet, selbständig ein Erwerbsgeschäft, so ist zur Zwangsvollstreckung in das Gesamtgut ein gegen ihn ergangenes Urteil genügend, es sei denn, daß zur Zeit des Eintritts der Rechtshängigkeit der Einspruch des anderen Ehegatten gegen den Betrieb des Erwerbsgeschäfts oder der Widerruf seiner Einwilligung zu dem Betrieb im Güterrechtsregister eingetragen war.

1. Anwendungsbereich. § 741 gilt bei bestehender Gütergemein- **1** schaft (bei beendeter geht § 743 vor) und jeder Art von ZwVollstr in das Gesamtgut (§ 1416 BGB), auch wegen jeder Verbindlichkeit, nicht nur Geschäftsschulden (allgM; BayObLG Rpfleger 83, 407). Entsprechend anwendbar gemäß § 744 a.

2. Voraussetzungen. – a) Selbständiges Erwerbsgeschäft. Der **2** Ehegatte, der nicht oder nur gemeinschaftlich das Gesamtgut verwaltet (§ 1421 BGB), muss zZ des Beginns der ZwVollstr (BayObLG Rpfleger 96, 63) als Allein- oder Mitunternehmer ein Erwerbsgeschäft betreiben, nämlich ein Gewerbe (auch landwirtschaftlicher Betrieb, BayObLG aaO) oder einen freien Beruf. Die Liquidation wird davon erfasst (BayObLG aaO). Ein selbständiger Betrieb ist auch der von den das Gesamtgut gemeinschaftlich verwaltenden Ehegatten (BayObLG Rpfleger 83, 407). – **b) Einverständnis** des anderen Ehegatten. Ein- **3** spruch oder Widerruf darf im Güterrechtsregister nicht eingetragen sein (§ 1431 Abs 3, § 1456 Abs 3, § 1412 BGB). Maßgebender Zeitpunkt: Rechtshängigkeit (§ 261); bei anderen Titeln die Entstehung. Diese Voraussetzung prüft das Vollstreckungsorgan vor der ZwVollstr nicht; fehlt sie aber, ist die Erinnerung begründet (Rn 5).

4   **3. Wirkung.** Die Vollstreckung ist (entgegen § 740) auf Grund des einen Titels zulässig, auch wenn sich die Sachen im Gewahrsam des anderen Ehegatten befinden.

5   **4. Rechtsbehelfe.** Erinnerung (§ 766) für beide Ehegatten. Sie ist begründet, wenn § 741 nicht anwendbar ist (Rn 1) oder die sonstigen Voraussetzungen (Rn 2, 3) nicht vorliegen. Widerspruchsklage (§ 774) kann der Ehegatte des Gewerbetreibenden erheben.

§ 742 Vollstreckbare Ausfertigung bei Gütergemeinschaft während des Rechtsstreits

Ist die Gütergemeinschaft erst eingetreten, nachdem ein von einem Ehegatten oder gegen einen Ehegatten geführter Rechtsstreit rechtshängig geworden ist, und verwaltet dieser Ehegatte das Gesamtgut nicht oder nicht allein, so sind auf die Erteilung einer in Ansehung des Gesamtgutes vollstreckbaren Ausfertigung des Urteils für oder gegen den anderen Ehegatten die Vorschriften der §§ 727, 730 bis 732 entsprechend anzuwenden.

1   **Allgemeines.** § 742 soll auf einfache Weise, nämlich ohne neue Klage einerseits dem Gläubiger den nach § 740 erforderlichen Titel gegen den allein- oder mitverwaltenden Ehegatten verschaffen, andererseits diesem zu dem erforderlichen Titel gegen die Schuldner von Gesamthandforderungen verhelfen, damit er das Gesamtgut verwalten kann **2** (§§ 1422, 1450 BGB). **Voraussetzung** ist neben denen des § 724 Rn 6–9: Die Gütergemeinschaft (bei § 744 a die Eigentums- und Vermögensgemeinschaft) muss bei Urteilen nach Rechtshängigkeit (§ 261 Abs 1), bei anderen Titeln nach Entstehen eingetreten sein (§ 1408 BGB). Der Titel muss für oder gegen den nicht oder nicht allein verwal- **3** tenden Ehegatten bestehen. **Verfahren.** Es entspricht dem § 727 Rn 5–9. Nachzuweisen (möglich über § 792) ist: Zeitpunkt der Rechtshängigkeit (§ 261 Abs 1) und des Eintritts der Gütergemeinschaft (§ 1408 BGB). Wird die Klausel gegen den anderen Ehegatten gestellt, ist nur eine einzige vollstreckbare Ausfertigung zu erteilen, da Gesamtschuld vorliegt (vgl § 724 Rn 11). **Rechtsbehelfe:** wie § 724 Rn 14.

§ 743 Beendete Gütergemeinschaft

Nach der Beendigung der Gütergemeinschaft ist vor der Auseinandersetzung die Zwangsvollstreckung in das Gesamtgut nur zulässig, wenn beide Ehegatten zu der Leistung oder der eine Ehegatte zu der Leistung und der andere zur Duldung der Zwangsvollstreckung verurteilt sind.

1   **Allgemeines.** § 743 folgt daraus, dass bei beendeter Gütergemeinschaft eine gemeinsam verwaltende Gesamthand fortbesteht, bis aus- **2** einandergesetzt ist (§ 1472 BGB). **Anwendbar:** bei beendeter Gütergemeinschaft (durch Vertrag, § 1408 BGB, Urteil, § 1470 BGB, Auflösung der Ehe) und ZwVollstr in das Gesamtgut, also bis auseinandergesetzt ist. Danach findet ZwVollstr nach allgemeinen Vorschriften statt. § 743 gilt entspr bei beendeter Eigentums- und Vermögensgemeinschaft (§ 744 a: §§ 39–41 DDR-FGB). **Voraussetzungen.** Es sind Titel gegen beide Ehegatten erforderlich (auch zwei getrennte Titel), beide oder einer (gleichgültig gegen wen) auf Leistung, dann der andere auf Duldung. Dieser kann auch nach § 794 Abs 2 erlangt werden, der notwendige zweite auch über § 744. **Rechtsbehelfe.** Fehlt ein Titel, so ist die ZwVollstr unzulässig (47 vor § 704) und es haben beide Ehegatten die Erinnerung (§ 766). Derjenige, gegen den kein Titel vorliegt, hat auch die Widerspruchsklage (§ 771).

3

4

§ 744 Vollstreckbare Ausfertigung bei beendeter Gütergemeinschaft

Ist die Beendigung der Gütergemeinschaft nach der Beendigung eines Rechtsstreits des Ehegatten eingetreten, der das Gesamtgut allein verwaltet, so sind auf die Erteilung einer in Ansehung des Gesamtgutes vollstreckbaren Ausfertigung des Urteils gegen den anderen Ehegatten die Vorschriften der §§ 727, 730 bis 732 entsprechend anzuwenden.

Allgemeines. § 744 soll dem Gläubiger ohne neue Klage gegen den nicht verwaltenden Ehegatten den nach § 743 zusätzlich nötigen Titel verschaffen. Grund: § 1422 S 1 BGB. **Anwendbar:** nur bei Alleinverwaltung eines Ehegatten, nicht bei gemeinschaftlicher Verwaltung; entspr bei Beendigung der Eigentums- und Vermögensgemeinschaft (§ 744 a, §§ 39–41 DDR-FGB). **Voraussetzungen:** wie § 724 Rn 6–9. Ende der Gütergemeinschaft (wie § 743 Rn 2). Erteilt wird bei Entscheidungen nach Rechtskraft (§ 705), bei anderen Titeln nach ihrem Entstehen. **Verfahren:** wie bei § 727 Rn 5–9. Nachzuweisen (möglich über § 792) ist: Ende der Gütergemeinschaft und Rechtskraft des Titels sowie der Zeitpunkt. Da stets Gesamtschuld besteht, wird nur eine Ausfertigung mit Klausel gegen beide Ehegatten erteilt (§ 724 Rn 11).

1

2

3

§ 744 a Zwangsvollstreckung bei Eigentums- und Vermögensgemeinschaft

Leben die Ehegatten gemäß Artikel 234 § 4 Abs. 2 des Einführungsgesetzes zum Bürgerlichen Gesetzbuch im Güterstand der Eigentums- und Vermögensgemeinschaft, sind für die Zwangsvollstreckung in Gegenstände des gemeinschaftlichen Eigentums und Vermögens die §§ 740 bis 744, 774 und 860 entsprechend anzuwenden.

Anwendbar nur, wenn mindestens einer der Ehegatten bis spätestens 3. 10. 1992 einem Kreisgericht (od AG in Berlin) gegenüber wirksam erklärt hat, dass der bisherige gesetzliche Güterstand (§§ 13–16 FGB) fortgelten solle (Art 234 § 4 Abs 2 S 1 EGBGB). Ist die Erklä-

1

rung nicht oder nicht rechtzeitig abgegeben worden, gilt nicht § 744 a, sondern ist der gesetzliche Güterstand (§ 1363 Abs 1 BGB) eingetreten.

2 **Materielle Rechtslage.** An den Sachen gemeinschaftlichen Eigentums besteht nunmehr Miteigentum zu gleichen Bruchteilen (Art 234 § 4a EGBGB). Die Miteigentumsanteile sind gemäß § 857 pfändbar (dort Rn 2). Eigentum und Inhaberschaft (an Rechten) richten sich nach §§ 13, 14 DDR-FGB, die Haftung nach § 16 DDR-FGB, Diese Vorschriften gelten insoweit fort, während für die ZwVollstr die ZPO gilt.

3 **Wirkung.** Es gilt § 739 mit der Eigentumsvermutung des § 1362 BGB auch für das gemeinschaftliche Eigentum des § 13 Abs 1 DDR-FGB. Außerdem gelten die Vorschriften über die Gütergemeinschaft, nämlich §§ 740, 741 (ZwVollstr in das Gesamtgut), §§ 742–744 (Vollstreckungsklausel), § 774 (Drittwiderspruchsklage) und § 860 (Pfändung des Anteils), weil der Güterstand der Eigentums- und Vermögensgemeinschaft

4 mit der Gütergemeinschaft vergleichbar ist. **Titel** gegen beide Ehegatten sind bei § 740 Abs 2 erforderlich (umstr), wobei der eine ein Dul-

5 dungstitel sein kann (Arnold DGVZ 92, 17/25). **Rechtsbehelfe:** § 774 sowie § 771 bei Alleineigentum; nicht § 766.

§ 745 Zwangsvollstreckung bei fortgesetzter Gütergemeinschaft

(1) **Im Falle der fortgesetzten Gütergemeinschaft ist zur Zwangsvollstreckung in das Gesamtgut ein gegen den überlebenden Ehegatten ergangenes Urteil erforderlich und genügend.**

(2) **Nach der Beendigung der fortgesetzten Gütergemeinschaft gelten die Vorschriften der §§ 743, 744 mit der Maßgabe, daß an die Stelle des Ehegatten, der das Gesamtgut allein verwaltet, der überlebende Ehegatte, an die Stelle des anderen Ehegatten die anteilsberechtigten Abkömmlinge treten.**

1 Abs 1 entspricht § 740 Abs 1, da der überlebende Ehegatte allein verwaltet (§ 1487 Abs 1 BGB). Abs 2 gilt, wenn die fortgesetzte Gütergemeinschaft beendet ist; dann sind die §§ 743, 744 anzuwenden.

§ 746 (aufgehoben)

§ 747 Zwangsvollstreckung in ungeteilten Nachlass

Zur Zwangsvollstreckung in einen Nachlaß ist, wenn mehrere Erben vorhanden sind, bis zur Teilung ein gegen alle Erben ergangenes Urteil erforderlich.

1 **Allgemeines.** § 747 beruht auf der Gesamthandberechtigung der

2 Miterben (§ 2032 Abs 1, § 2033 Abs 2 BGB). **Anwendungsbereich:** nur bei Zwangsvollstreckung in den Nachlass, sofern er einer Erbengemeinschaft (§ 2032 BGB) zusteht, bis zur vollzogenen Auseinandersetzung (vgl § 2042 BGB) für jede Art von ZwVollstr, die beim Tode des Erblassers noch nicht begonnen war (28 vor § 704). Begann sie vorher,

gilt § 779. Nicht anwendbar beim unbeschränkten Testamentsvollstrecker (§ 748 Abs 1) und anderen Parteien kraft Amtes (§ 51 Rn 25).
Zum Verhältnis § 747 zu § 748 ausführlich: Garlichs Büro 98, 243).
Voraussetzung ist ein Titel (14 vor § 704) gegen alle Miterben, nicht   3
notwendig ein Urteil oder ein einheitlicher Titel. Er kann über § 727
erlangt werden, wenn ein Titel gegen den Erblasser vorliegt. Der voll-
streckbare Anspruch ist idR eine Nachlassverbindlichkeit (§ 1967
BGB), kann aber auch ein anderer Anspruch sein, für den die Erben aus
demselben Rechtsgrund als Gesamtschuldner haften (BGH 53, 110).
Vorbehalt der Erbenhaftung (§ 780 Abs 1) hindert die ZwVollstr nicht.
Wirkung. Fehlt der Titel gegen einen Miterben, ist die ZwVollstr un-   4
zulässig (46 vor § 704) und vom Vollstreckungsorgan zu unterlassen.
Eine Ausnahme besteht für den Miterben, der selbst der Gläubiger ist.
Rechtsbehelfe. Fehlt ein Titel, steht allen Erben Erinnerung zu   5
(§ 766). Der Erbe, gegen den kein Titel vorliegt, kann klagen (§ 771).

§ 748 Zwangsvollstreckung bei Testamentsvollstrecker

(1) **Unterliegt ein Nachlaß der Verwaltung eines Testamentsvollstreckers, so ist zur Zwangsvollstreckung in den Nachlaß
ein gegen den Testamentsvollstrecker ergangenes Urteil erforderlich und genügend.**

(2) **Steht dem Testamentsvollstrecker nur die Verwaltung einzelner Nachlaßgegenstände zu, so ist die Zwangsvollstreckung
in diese Gegenstände nur zulässig, wenn der Erbe zu der
Leistung, der Testamentsvollstrecker zur Duldung der Zwangsvollstreckung verurteilt ist.**

(3) **Zur Zwangsvollstreckung wegen eines Pflichtteilsanspruchs
ist im Falle des Absatzes 1 wie im Falle des Absatzes 2 ein sowohl gegen den Erben als gegen den Testamentsvollstrecker
ergangenes Urteil erforderlich.**

Allgemeines. Ist Testamentsvollstreckung angeordnet, gilt § 748 ab   1
Tod des Erblassers, wegen § 2211 BGB nicht erst ab Annahme des
Amtes, § 2202 BGB. § 748 folgt aus der fehlenden Verfügungsbefugnis
der Erben (§ 2211 BGB). Ist der Testamentsvollstrecker selbst Nachlassgläubiger, genügt ein Titel gegen den oder die Erben. **Unbeschränkte**   2
Verwaltung (Abs 1). Soll in den Nachlass vollstreckt werden, ist ein
Titel gegen den Testamentsvollstrecker notwendig (bei Titeln gegen
den Erblasser nach § 749 zu erlangen); ein Titel gegen den oder die Erben ist entbehrlich, aber nur soweit sie der Testamentsvollstreckung
unterliegen (Garlichs Büro 98, 243). Gewahrsam des Erben steht bei
§§ 808, 883 nicht entgegen, denn der Erbe ist nicht Dritter iS der
§§ 809, 886. Liegt Leistungstitel gegen den Erben vor, genügt Duldungstitel gegen den Testamentsvollstrecker (§ 2213 Abs 3 BGB). **Be-**   3
schränkte Verwaltung (Abs 2) nach § 2208 Abs 1 S 2 BGB. Hier
sind Titel gegen Erben und Testamentsvollstrecker nötig. Beim Erben

muss es, beim Testamentsvollstrecker kann es ein Leistungs- oder Duldungstitel sein. Er wird erlangt (abgesehen von einer Klage): gegen den Erben über § 727, gegen den Testamentsvollstrecker über § 749 (bei Ti-
4 tel gegen den Erblasser) oder über § 794 Abs 2. **Pflichtteilsanspruch** (Abs 3). Er ist immer gegen den Erben zu richten (§ 2213 Abs 1 S 3 BGB); es sind auf jeden Fall Titel gegen den Erben und den Testaments-
5 vollstrecker nötig. Es gilt Rn 3. **Rechtsbehelf** bei Verstoß gegen § 748 ist die Erinnerung des § 766 (hierzu ausführlich Garlichs Rpfleger 99, 60). Der Testamentsvollstrecker kann, wenn der erforderliche Titel gegen ihn fehlt, Erinnerung (§ 766) einlegen und Klage nach § 771 erheben. Fehlt der erforderliche Titel gegen den Erben, steht diesem § 766 zu (hM; Garlichs aaO), auch wenn der Titel gegen den Testamentsvollstrecker fehlt (umstr; aA Garlichs aaO). Gegen die Art und Weise der ZwVollstr steht dem Erben die Erinnerung nicht zu, soweit der betroffene Gegenstand der Verwaltung des Testamentsvollstreckers unterliegt (umstr; vgl Garlichs aaO).

§ 749 Vollstreckbare Ausfertigung für und gegen Testamentsvollstrecker

[1] **Auf die Erteilung einer vollstreckbaren Ausfertigung eines für oder gegen den Erblasser ergangenen Urteils für oder gegen den Testamentsvollstrecker sind die Vorschriften der §§ 727, 730 bis 732 entsprechend anzuwenden.** [2] **Auf Grund einer solchen Ausfertigung ist die Zwangsvollstreckung nur in die der Verwaltung des Testamentsvollstreckers unterliegenden Nachlaßgegenstände zulässig.**

1   **Zweck.** Der nötige Titel für den Testamentsvollstrecker (§ 2212 BGB) und gegen ihn (§ 748) soll ohne neue Klage verschafft werden. § 727 gilt entsprechend, da der Testamentsvollstrecker nicht Erbe ist.
2 **Voraussetzungen:** wie § 724 Rn 6–9. Ein Titel (nicht nur Urteile) für oder gegen den Erblasser. Eintritt der Testamentsvollstreckung setzt Erbfall (§ 1922 Abs 1 BGB) und Annahme des Amtes voraus (§ 2202 Abs 1 BGB). Der Testamentsvollstrecker muss Verwaltungsbefugnis haben (§ 2208 BGB), weil nur dann ein Titel gegen ihn nötig sein kann
3 (§ 748). **Verfahren:** wie § 727 Rn 5–9. Nachzuweisen sind die Voraussetzungen (Rn 2), durch Testamentsvollstreckerzeugnis (§ 2368 BGB), über § 792 zu erlangen. In die Klausel ist die Stellung als Testamentsvollstrecker aufzunehmen. Das Vollstreckungsorgan muss S 2 berücksichtigen.

§ 750 Voraussetzung der Zwangsvollstreckung

(1) [1] **Die Zwangsvollstreckung darf nur beginnen, wenn die Personen, für und gegen die sie stattfinden soll, in dem Urteil oder in der ihm beigefügten Vollstreckungsklausel namentlich bezeichnet sind und das Urteil bereits zugestellt ist oder gleichzeitig zugestellt wird.** [2] **Eine Zustellung durch den Gläubiger**

genügt; in diesem Fall braucht die Ausfertigung des Urteils Tatbestand und Entscheidungsgründe nicht zu enthalten.

(2) Handelt es sich um die Vollstreckung eines Urteils, dessen vollstreckbare Ausfertigung nach § 726 Abs. 1 erteilt worden ist, oder soll ein Urteil, das nach den §§ 727 bis 729, 738, 742, 744, dem § 745 Abs. 2 und dem § 749 für oder gegen eine der dort bezeichneten Personen wirksam ist, für oder gegen eine dieser Personen vollstreckt werden, so muß außer dem zu vollstreckenden Urteil auch die ihm beigefügte Vollstreckungsklausel und, sofern die Vollstreckungsklausel auf Grund öffentlicher oder öffentlich beglaubigter Urkunden erteilt ist, auch eine Abschrift dieser Urkunden vor Beginn der Zwangsvollstreckung zugestellt sein oder gleichzeitig mit ihrem Beginn zugestellt werden.

(3) Eine Zwangsvollstreckung nach § 720 a darf nur beginnen, wenn das Urteil und die Vollstreckungsklausel mindestens zwei Wochen vorher zugestellt sind.

1. Allgemeines. Die Vorschrift ist anwendbar auf alle Titel (14–24 1 vor § 704). Die Voraussetzungen des § 750 sind durch das Vollstreckungsorgan von Amts wegen zu prüfen, aber nur dahin, ob sie vorliegen, nicht ob sie zulässig und richtig zustandegekommen sind. Fehlt eine der Voraussetzungen des § 750, darf die ZwVollstr nicht beginnen (28 vor § 704) und ist unzulässig (46 vor § 704). Auf Zustellung kann im Voraus nicht wirksam verzichtet werden (hM; StJMünzberg 9 mwN). Rechtsbehelf: § 766.

2. Bezeichnung der Parteien (Abs 1). Die Personen sind Gläubi- 2 ger und Schuldner (9–11 vor § 704). Bei Prozessstandschaft (§ 51 Rn 45) ist nicht der Rechtsträger Partei, sondern der Prozessstandschafter. Die Parteien müssen im Titel selbst oder in der Vollstreckungsklausel (§ 724 Rn 2) aufgeführt sein. Darauf kann nur ganz ausnahmsweise verzichtet werden, zB bei Räumungsvollstreckung gegen Hausbesetzer (Gerland DGVZ 91, 182 mwN). Weicht die Identität (Rn 3) zwischen Titel und Klausel ab, so ist allein maßgebend, wer in der Klausel als Partei angegeben ist. Einwendungen gegen die Zulässigkeit der Klausel sind nicht im Vollstreckungsverfahren sondern nur nach § 732 oder § 768 geltend zu machen (hM; Hamm FamRZ 81, 199 mwN). – **a) Identität.** Die Bezeichnung der Personen muss so genau 3 sein, dass die Identität eindeutig festgestellt werden kann (Karlsruhe NJW-RR 01, 67). Das Vollstreckungsorgan hat sie selbständig zu prüfen, muss aber nicht von sich aus Ermittlungen anstellen. Es genügt idR, wenn Familienname, Vorname und Wohnort (auch Straße und Hausnummer) angegeben sind. So setzen es auch § 313 Abs 1 Nr 1, § 646 Abs 1 Nr 1 und § 690 Nr 1 voraus. Ausnahmsweise kann der Zusatz jun oder sen nötig sein. Es hängt von den Umständen ab, ob es für § 750 genügt, wenn der volle Vorname oder die genaue Anschrift fehlt, im Einzelfall, wenn der Vorname falsch angegeben ist, zB Hubert statt Herbert (AG Bonn DGVZ 94, 95). Bei seltenen Familiennamen kann das im Einzelfall bejaht werden. Auch ein Künstlername kann genügen, wenn damit die Identität festgestellt werden kann. Bei Namensänderung steht der nunmehr im Titel falsch gewordene Name nicht entgegen (Aden MDR 79, 103). Für den Nachweis genügt Auszug aus dem Melderegister (LG Braunschweig Rpfleger 95, 306). Auch eine falsche Schreibweise des Namens schadet nicht (LG Hannover Büro 80, 774). Bei Zweifel an der Identität darf der Gerichtsvollzieher trotz Weisung des Gläubigers nicht vollstrecken. Der Gläubiger kann dann nach § 766 vorgehen und die Identität gerichtlich prüfen lassen (Peter-

4   mann DGVZ 76, 84). – **b) Firma.** Ist neben oder unter dieser eine Person (insbes Einzelkaufmann) angegeben, so ist diese Partei (Köln NJW-RR 96, 292). Ist eine Firma ohne Bezeichnung eines Inhabers angegeben, so ist damit nicht der jeweilige Inhaber, sondern derjenige benannt, der geklagt hat oder (auf der Beklagtenseite) derjenige, der bei Eintritt der Rechtshängigkeit (§ 261 Abs 1) Firmeninhaber war (KG Rpfleger 82, 191 mwN), auch wenn er zwischenzeitlich unter dieser Firma eine KG betrieben (Köln BB 77, 510) oder eine Handelsgesellschaft übernommen hat (vgl LG Berlin Rpfleger 78, 106). Zur Zw-Vollstr gegen eine GmbH & Co KG genügt nicht ein Titel gegen die

4a GmbH (BayObLG NJW 86, 2578). – **c) Gesellschaft bürgerlichen Rechts** ist im Außenverhältnis parteifähig (§ 50 Rn 4). Tritt sie ohne gesonderte Bezeichnung auf, sind die Namen der Gesellschafter („... bestehend aus ...") aufzuführen (vgl Wertenbruch NJW 02, 324). –

5   **d) Berichtigung.** Ist die Bezeichnung ungenau oder falsch, kann der Titel oder die Klausel nach § 319 berichtigt werden. Ist § 319 nicht anwendbar, kann ausnahmsweise analog nach § 727 (Schüler DGVZ 82, 65) oder § 731 verfahren werden; zB wenn bei einem Titel gegen eine Firma der frühere Inhaber hinzugefügt wird (Frankfurt Rpfleger 73, 64). Das ist aber nicht zulässig bei bloßer Namensänderung; hier kann bei feststehender Identität ohne irgendwelche Berichtigung oder Umschreibung vollstreckt werden (Rn 3). Ebensowenig darf der Titel auf eine andere Person als die darin bezeichnete und identifizierte, umgeschrieben werden (LG Koblenz Rpfleger 72, 458 mit Anm Petermann); auch wenn unklar oder zweifelhaft ist, gegen welche Person sich

6   der Titel richtet. – **e) Gesetzliche Vertreter** (§ 51 Rn 4) müssen nicht angegeben sein. Hierbei ist zu beachten, dass sie wechseln können. Die Bezeichnung als gesetzlicher Vertreter im Titel bindet das Vollstreckungsorgan nicht, wenn die ZwVollstr gegen den gesetzlichen Vertreter gerichtet wird (Frankfurt Rpfleger 76, 27).

7   **3. Mehrheit** (vgl 23, 24 vor § 704). – **a) Gläubiger.** Identität und Beteiligungsverhältnis (insbes Gesamthand) müssen klargestellt sein; zB genügt nicht RA Schulze und Partner (LG Bonn Rpfleger 84, 28; LG Gießen DGVZ 95, 88). Sind mehrere Gläubiger im Titel benannt, ohne als Gesamtgläubiger (§ 428 BGB) bezeichnet zu sein, müssen alle Gläu-

biger den Vollstreckungsauftrag erteilen, insbes bei einer Gesamthand (AG Wedding DGVZ 78, 31). – **b) Schuldner.** Es gelten die §§ 420, **7 a** 421 BGB, außerdem die §§ 735–749 als Sonderregeln bei Schuldnermehrheit und Gesamthandvermögen, ferner § 2039 BGB. Vollstreckung gegen einen von mehreren Gesamtschuldnern erfordert nicht die Vorlage der gegen die anderen erteilten vollstreckbaren Ausfertigungen (LG Bremen DGVZ 82, 76; LG Stuttgart Justiz 83, 76 für Vollstreckungsbescheide; aA AG Mönchengladbach DGVZ 82, 79).

4. Zustellung des Titels (Abs 1; 14 vor § 704). Die einmalige Zu- **8** stellung genügt, auch wenn später aus anderen Ausfertigungen vollstreckt wird. Sie ist entbehrlich bei § 929 Abs 3, § 936 (Arrest und einstw Verfügung) und bei § 845 Abs 2 (Vorpfändung). – **a) Zeitpunkt:** **9** im Grundsatz spätestens mit Beginn der ZwVollstr (26 vor § 704). Ausnahmsweise bestehen Wartefristen: (Rn 18). – **b) Empfänger** der Zu- **10** stellung ist der Schuldner oder sein Vertreter (§§ 170–172). Bei Schuldnermehrheit (Rn 7) muss an alle zugestellt werden. Es genügt aber auch, dass der Schuldner den Titel seinerseits dem Gläubiger hat zustellen lassen (Frankfurt OLGZ 82, 251). Bei Prozessunfähigen muss dem gesetzlichen Vertreter (§ 51 Rn 4), wenn ein ProzBev bestellt ist, muss an diesen zugestellt werden (§ 172; Münzberg DGVZ 00, 177). Fehlt die Prozessfähigkeit (§ 52) und ist sie im Titel nicht geprüft, kann sie das Vollstreckungsorgan prüfen und ggf die Unwirksamkeit gem § 170 Abs 1 S 2 annehmen. – **c) Zustellungsart.** Zustellung von Amts **11** wegen (§§ 166–190) oder auf Betreiben der Parteien (§§ 191–195) genügt in gleicher Weise (Abs 1). Für Abs 3 ist es wegen der Vollstreckungsklausel zwangsläufig eine Parteizustellung. Auch der Zweck der Zustellung ist gleichgültig, insbes genügt auch eine verkündungsersetzende (§ 310 Abs 3, § 329 Abs 2). – **d) Nachweis** der Zustellung ge- **12** schieht durch Urkunde (§ 182), Empfangsbekenntnis (§ 174 Abs 1 S 2, § 195 Abs 2 S 1), Zustellungsbescheinigung (§ 169 Abs 1, § 195 Abs 2 S 2) oder andere geeignete Beweismittel (Frankfurt Rpfleger 78, 134). – **e) Verstöße.** Wird vollstreckt, obwohl die Zustellung fehlt oder un- **13** wirksam ist (18, 19 vor § 166), so ist die Vollstreckungsmaßnahme nur anfechtbar (59 vor § 704), nicht nichtig (58 vor § 704; BGH 66, 81). Wird die Wartefrist nicht eingehalten, gilt § 798 Rn 3 entspr (Rn 18).

5. Zuzustellende Schriftstücke (Abs 2). Ob sie wirksam zugestellt **14** sind oder gleichzeitig mit Beginn der ZwVollstr zugestellt werden, hat das Vollstreckungsorgan von Amts wegen zu prüfen (Frankfurt Rpfleger 73, 323). Zuzustellen ist: – **a) Vollstreckungstitel** (14–24 vor § 704), **15** insbes das Urteil in Ausfertigung oder beglaubigter Abschrift, bei § 317 Abs 1 das vollständige Urteil (vgl Abs 1 S 2 Hs 2). Nachweis: Rn 12. – **b) Vollstreckungsklausel** außerdem in den Fällen des Abs 2. Das be- **16** deutet, dass eine beglaubigte Abschrift der vollstreckbaren Ausfertigung mit der Vollstreckungsklausel (§ 725) zu übergeben ist (§ 169 Abs 2). – **c) Urkunden,** öffentliche oder öffentlich beglaubigte (vgl § 726 Rn 5) **17** im Falle der Rn 16, diejenigen gem § 751 Abs 2, § 756 Abs 1 und

§ 765 Nr 1 in vollständiger Abschrift, welche die Beglaubigung umfassen muss (Hamm Rpfleger 94, 173), auch die Vollmacht im Fall des § 794 Abs 1 Nr 5 (LG Bonn Rpfleger 90, 374); eine Ausfertigung, zB die eines Erbscheins (LG Aachen DGVZ 91, 42). Dass die Urkunden in der Klausel aufgeführt sind, macht ihre Zustellung nicht entbehrlich (StJMünzberg 43), wohl aber dann, wenn ihr voller Inhalt in der Klausel steht. Angabe des wesentlichen Inhalts genügt nicht, schon gar nicht eine Bezugnahme (Frankfurt Rpfleger 77, 416; LG Stuttgart DGVZ 01, 121). Ausnahmen sonst nur nach §§ 799, 800 Abs 2.

18   **6. Wartefrist.** Sie besteht nur als Ausnahme. Berechnung: § 222. Sie dauert zwei Wochen (Abs 3) bei Vollstreckung nach § 720a oder § 798. Sie beginnt mit Zustellung des Urteils. Außerdem muss die Vollstreckungsklausel zugestellt werden und zwar auch die einfache (vgl § 720a Rn 4; hM; Düsseldorf MDR 97, 392 mwN). Vorzeitige und daher fehlerhafte Vollstreckungsmaßnahmen heilen mit Ablauf der Frist (vgl Rn 13), wenn der Schuldner nicht rechtzeitig Sicherheit gemäß § 720a Abs 3 leistet (Hamm FGPrax 97, 86).

§ 751 Bedingungen für Vollstreckungsbeginn

(1) **Ist die Geltendmachung des Anspruchs von dem Eintritt eines Kalendertages abhängig, so darf die Zwangsvollstreckung nur beginnen, wenn der Kalendertag abgelaufen ist.**

(2) **Hängt die Vollstreckung von einer dem Gläubiger obliegenden Sicherheitsleistung ab, so darf mit der Zwangsvollstreckung nur begonnen oder sie nur fortgesetzt werden, wenn die Sicherheitsleistung durch eine öffentliche oder öffentlich beglaubigte Urkunde nachgewiesen und eine Abschrift dieser Urkunde bereits zugestellt ist oder gleichzeitig zugestellt wird.**

1   **1. Allgemeines.** Hängt die ZwVollstr vom Eintritt eines bestimmten Kalendertages oder einer Sicherheitsleistung ab, wird die Vollstreckungsklausel sofort, auch ohne Nachweis erteilt (vgl § 726 Abs 1). § 751 soll verhindern, dass zu früh oder ohne Sicherheitsleistung vollstreckt werden kann. Folge von Verstößen: Anfechtbarkeit (59 vor § 704); keine Nichtigkeit (Hamburg MDR 74, 321). Rechtsbehelf: § 766.

2   **2. Kalendertag** (Abs 1). Er muss bestimmt oder nach dem Kalender bestimmbar sein. Die ZwVollstr darf dann erst am darauf folgenden Tag
3   beginnen. – **a) Anzuwenden** insbes bei Räumungsfrist (§ 721); Urteil auf künftige Leistung (§§ 257–259); bei im Vergleich vereinbarter Fälligkeit, insbes beim Ratenzahlungsvergleich (§ 794 Rn 17); im Fall des
4   § 510b; bei Renten und Unterhaltsansprüchen. – **b) Ausnahme.** Nach § 850d Abs 3 findet eine Vorratspfändung statt, wenn bei bestimmten Unterhaltsansprüchen und Renten Arbeitseinkommen gepfändet wird. Das ist analogiefähig für Pfändung anderer Vermögenswerte (Hamm NJW-RR 94, 895 mwN; bestr; vgl § 850d Rn 13, 14).

3. Sicherheitsleistung (Abs 2) des Gläubigers (bei §§ 709, 711, 712 5
Abs 2); vgl 10 vor § 708. – **a) Nachweis.** Für Hinterlegung genügt nur 6
eine Bescheinigung der Hinterlegungsstelle (§ 83 GVGA). Für Bürg-
schaft genügt einfache Schriftform (vgl § 108) und dass der Gerichts-
vollzieher vor der ZwVollstr dem Schuldner (oder dessen ProzBev)
zum Zwecke der Zustellung eine beglaubigte Abschrift übergibt (§ 192
Abs 2), iü nach § 193 verfährt. Dem Sicherungsberechtigten ist das
Original, nicht nur eine Ausfertigung oder beglaubigte Abschrift der
Bürgschaftsurkunde zu verschaffen, wenn die Bürgschaft nach ihrem
Inhalt mit der Rückgabe der Urkunde erlischt (Kotzur DGVZ 90, 65).
Nur die Übergabe der Bürgschaftsurkunde, nicht der Abschluss des
Bürgschaftsvertrags bedarf des Nachweises durch öffentliche Urkunde
(hM; Kotzur aaO mwN). Eine Beglaubigung der Unterschrift und
Nachweis der Vertretungsmacht ist nicht erforderlich (hM; Koblenz
Rpfleger 93, 355 mwN). Wird die Bürgschaftserklärung vorher zugestellt, so genügt zum Nachweis die Zustellungsurkunde (hM; Kotzur
aaO 68 mwN), auch die gem § 195 Abs 2 S 1 (hM; Koblenz aaO
mwN; LG Augsburg NJW-RR 98, 1368). Ist an den RA zugestellt, so
ist eine weitere Zustellung (Rn 7) entbehrlich (hM; Koblenz aaO).
§ 172 gilt nicht (hM; LG Bochum Rpfleger 85, 33 mwN für § 176 aF). –
b) Zustellung. Die Urkunden, die den Nachweis erbringen, müssen 7
grundsätzlich in vollständiger Abschrift zugestellt werden; hierfür gilt
§ 172, wenn nicht vorher an den RA zugestellt wurde (vgl Rn 6 aE). –
c) Rechtskraft des Urteils (Nachweis: § 706 Abs 1). Ihr Eintritt führt 8
dazu, dass Sicherheitsleistung nicht mehr nötig ist (§ 704 Abs 1). Falls
sie schon erbracht ist, erfolgt Rückgabe nach § 715. – **d) Wirkung.** 9
Solange die Sicherheit nicht geleistet ist, darf die ZwVollstr, mit Ausnahme der Sicherungsvollstreckung (§ 720 a, Düsseldorf DGVZ 90,
156), nicht beginnen. Die Fortsetzung (über die Pfändung hinaus) ist
bei § 720 a nur nach Leistung der Sicherheit zulässig.

§ 752 Sicherheitsleistung bei Teilvollstreckung

[1] **Vollstreckt der Gläubiger im Fall des § 751 Abs. 2 nur wegen eines Teilbetrages, so bemißt sich die Höhe der Sicherheitsleistung nach dem Verhältnis des Teilbetrages zum Gesamtbetrag.** [2] **Darf der Schuldner in den Fällen des § 709 die
Vollstreckung gemäß § 712 Abs. 1 Satz 1 abwenden, so gilt für
ihn Satz 1 entsprechend.**

Zweck. Es ist davon auszugehen, dass für den Gläubiger ein Bedürf- 1
nis bestehen kann, auch in den Fällen wegen eines Teilbetrags zu vollstrecken (zB bei Teilerfüllung), in denen für die gesamte Schuld nur ein
einziger Sicherheitsbetrag bestimmt und kein Ausspruch gemäß § 709
S 2 erfolgt ist. Das ist anders als bei 11 vor §§ 708–720, wenn die
Sicherheitsleistung von vornherein getrennt auf Teilbeträge festgesetzt
worden ist. **Anwendbar** nur bei Geldforderungen; auch bei Forde- 2

rungspfändung (§ 829) und nur soweit § 751 Abs 2 (dort Rn 1, 5) anwendbar ist. Für den Schuldner (vgl S 2) ist § 752 nur anwendbar auf die defensive Abwendungsbefugnis (§§ 709, 712 Abs 1 S 1), nicht auf den Fall offensiver Abwendungsbefugnis (§ 708 Nr 4–11, § 711 S 1).

3 **Begriff** der Teilvollstreckung. Sie liegt auch vor, wenn nur die Hauptsache oder nur der Kostenerstattungsanspruch vollstreckt wird. Berechnung der Höhe: nach Rn 6 (vgl hierzu Rehbein Rpfleger 00,

4 55). **Wiederholte Teilvollstreckung** ist durch § 752 nur gedeckt, wenn eine neue, weitere Sicherheit gestellt wird. Der Gläubiger darf mit dem durch die ZwVollstr erlangten Teilbetrag erneut Sicherheit leis-

5 ten und eine weitere Teilvollstreckung durchführen. **Voraussetzungen.** Für den Gläubiger (S 1): Vollstreckungsauftrag über einen betragsmäßig bestimmten Teil der vollstreckbaren Forderung (wie § 753 Rn 11) und Zustellung des Nachweises der Sicherheitsleistung gem § 751 Abs 2. Für den Schuldner (S 2): erfolgreicher Schutzantrag gem

6 § 712 Abs 1 S 1 (dort Rn 7). **Höhe:** Verhältnis des zu vollstreckenden Teilbetrags (5000) zur Hauptforderung (10 000) entspricht der zu leistenden Sicherheit (6500) zur angeordneten Gesamtsicherheit (13 000).

7 **Wirkung:** Der Gläubiger darf über den betreffenden Teilbetrag im Verhältnis der geleisteten Sicherheit vollstrecken (S 1). Für den die Sicherheit leistenden Schuldner: § 712 Rn 13.

§ 753 Vollstreckung durch Gerichtsvollzieher

(1) **Die Zwangsvollstreckung wird, soweit sie nicht den Gerichten zugewiesen ist, durch Gerichtsvollzieher durchgeführt, die sie im Auftrag des Gläubigers zu bewirken haben.**

(2) [1]**Der Gläubiger kann wegen Erteilung des Auftrags zur Zwangsvollstreckung die Mitwirkung der Geschäftsstelle in Anspruch nehmen.** [2]**Der von der Geschäftsstelle beauftragte Gerichtsvollzieher gilt als von dem Gläubiger beauftragt.**

1 **1. Allgemeines.** Der Gerichtsvollzieher ist Beamter (§ 154 GVG). – **a) Stellung.** Für die ZwVollstr ist er Vollstreckungsorgan (5 vor § 704). Er kann von der Amtsausübung ausgeschlossen sein (§ 155 GVG). Er übt als Organ der Rechtspflege öffentliche Gewalt aus, ist dabei selbständig und insoweit grundsätzlich weisungsfrei (hM; Musielak/Lackmann 3; vgl Rn 15). Er prüft in eigener Verantwortung, ob die ZwVollstr zulässig ist (38 vor § 704) und wie er zu verfahren hat, nicht aber materiell-rechtliche Einwendungen (allgM; zB LG Münster NJW-RR 92, 1531). Er unterliegt nur der Nachprüfung durch das Vollstreckungsgericht (§§ 764, 766). Die GVGA bindet den Gerichtsvollzieher nur in der Weise, dass er sie dienstrechtlich zu beachten hat (§ 1 GVGA). Er untersteht nicht einem allgemeinen Weisungsrecht des Gläubigers. Dieses ist beschränkt im Rahmen des Auftrags gemäß Rn 15. –

2 **b) Dienstgeschäfte.** Der Gerichtsvollzieher teilt insbes bei Überlastung die Reihenfolge ein, in der er die Dienstgeschäfte erledigt (§ 6

3 GVGA). Darin darf die Dienstaufsicht nicht eingreifen. – **c) Dienstauf-**

sicht. Außerhalb der Tätigkeit als Vollstreckungsorgan untersteht der Gerichtsvollzieher der Dienstaufsicht der Justizverwaltung nach der jeweils geltenden GVO. – **d) Gebühren** fallen nach GVKostG an. Der **4** Gerichtsvollzieher regelt seinen Geschäftsbetrieb einschließlich des Sachaufwands nach pflichtgemäßem Ermessen auf eigene Kosten (§§ 45 ff GVO). – **e) Rechtsbehelf:** § 766, insbes auch, wenn der Gerichtsvollzieher den Auftrag ablehnt.

2. Zuständigkeit. – **a) Sachlich** (und funktionell): für jede Zw- **5** Vollstr, die nicht den Gerichten zugewiesen ist (6–8 vor § 704). Wichtigste Fälle: §§ 808–827, 883–885, 899–909. – **b) Örtlich:** je nach dem **6** zugewiesenen Gerichtsvollzieherbezirk (§§ 16 ff GVO). – **c) Verstoß 7** gegen die sachliche Zuständigkeit macht die Vollstreckungsmaßnahme nichtig (hM; 58 vor § 704), gegen die örtliche Zuständigkeit und gegen § 155 GVG nur anfechtbar (59 vor § 704; StJMünzberg 4).

3. Vollstreckungsauftrag. Das ist der Vollstreckungsantrag (39 vor **8** § 704). Er ist insbes auf Sachpfändung (§ 808), Herausgabe (§ 883), Räumung (§ 885) oder Offenbarungsversicherung (§ 900) zu richten. Zur Situation in der Praxis vgl Seip NJW 94, 752. – **a) Form:** schriftlich, auch Telekopie und Textform mit Unterschrift, auch Faksimilestempel (Riecke DGVZ 02, 49 mwN; zT aA 24. Aufl) oder mündlich (§ 754), auch telefonisch zulässig. Der Auftrag ist an den Gerichtsvollzieher unmittelbar oder an die Verteilungsstelle des Vollstreckungsgerichts zu richten (§§ 33–39 GVO). – **b) Inhalt.** Der Gläubiger **9** bezeichnet (als Mindestinhalt) den Vollstreckungstitel (14 vor § 704) Weisungen (Rn 15) sind möglich. Zur zweckmäßigen Gestaltung des Antrags: Seip NJW 94, 752; vielfach aA Behr NJW 92, 2738. – **c) Dauer- 10 auftrag,** zB für Kassenpfändung ist grundsätzlich zulässig (LG Bonn DGVZ 74, 56). – **d) Teilbetrag.** Der Gläubiger kann den Auftrag auf **11** einen Teil der vollstreckbaren Forderung beschränken. Das ist für Geldbeträge durch § 752 geregelt und wird bei § 709 S 2 vorausgesetzt, ist aber auch bei Herausgabevollstreckung möglich. Beim Auftrag ist § 752 Rn 4 zu beachten. – **e) Restforderung.** Ihre Einziehung wird **12** vom Auftrag des Gläubigers umfasst (LG Berlin DGVZ 86, 153). Es kann auch nur ein kleiner Prozentsatz sein (LG München II DGVZ 84, 28). Soll mit einem neuen Auftrag ein Restbetrag vollstreckt werden, hat der Gläubiger eine prüfbare Abrechnung beizufügen (LG Gießen Rpfleger 85, 245; LG Hagen DGVZ 94, 91 mwN). Der Gerichtsvollzieher hat zu prüfen, ob Kosten (§ 788) in die Restforderung eingegangen sind (AG Schöneberg DGVZ 91, 77). – **f) Bagatellbeträge** sind **13** beizutreiben, wenn der Gläubiger es beantragt (LG Wuppertal NJW 80, 297 mwN; AG Karlsruhe DGVZ 86, 92). Missbrauch bei Kleinstforderungen bejaht E. Schneider DGVZ 83, 132 mwN. Eine andere Ansicht verneint Rechtsmissbrauch und Treuwidrigkeit, wenn der Gläubiger vor Vollstreckung den Schuldner erfolglos zur Zahlung aufgefordert hat (LG Hannover DGVZ 91, 190; Sibben DGVZ 88, 181 mwN). – **g) Mehrere Titel** (14 vor § 704) können einem einheitlichen Auftrag zugrundegelegt werden (LG Hamburg und LG Koblenz Rpfleger 02, 370 und 371; bestr).

14 **4. Rechtsverhältnis.** Der Auftrag begründet (ohne Ausnahme) zwischen dem Gerichtsvollzieher und dem Gläubiger keinen privatrechtlichen Geschäftsbesorgungsvertrag, sondern ein öffentlich-rechtliches Verhältnis (hM; vgl Rn 1). Der Gerichtsvollzieher handelt grundsätzlich in Amtsstellung (LG Kiel Rpfleger 70, 71 mwN; bestr), nur ausnahmsweise oder daneben (Fahland ZZP 92, 432 [456]) als Vertreter des Gläubigers iS der §§ 164 ff BGB, wenn ihn dieser über die kraft Gesetzes eintretenden amtlichen Befugnisse hinaus für bestimmte Handlungen bevollmächtigt, zB Annahme einer Leistung an Erfüllungs Statt oder erfüllungshalber.

15 **5. Weisungen** des Gläubigers (zB bestimmte Sachen zu pfänden oder nicht zu pfänden) hat der Gerichtsvollzieher zu berücksichtigen, soweit sie nicht dem Gesetz oder der GVGA widersprechen (§ 58 Abs 2 GVGA). Sie müssen aus dem Auftrag eindeutig erkennbar sein (LG Augsburg DGVZ 95, 154). Der Gläubiger kann das Verfahren auch ruhen lassen (30 vor § 704; Wieser NJW 88, 665 [667]). Zwecklose Pfändungen darf der Gerichtsvollzieher trotz Weisung nicht vornehmen (§ 803 Abs 2); jedoch muss er auf Weisung des Gläubigers einen Vollstreckungsversuch unternehmen, auch mit Adressenermittlung (LG Lübeck DGVZ 97, 140) und wenn er damit rechnet, dass er erfolglos sein werde (LG Essen DGVZ 81, 22; LG Göttingen DGVZ 86, 174), nicht aber, wenn erst vor kurzer Zeit ein erfolgloser Vollstreckungsversuch unternommen wurde (LG Hannover DGVZ 84, 90).

6. Mitteilungspflicht über das Ergebnis der Zwangsvollstreckung, auch ohne Weisung: § 760 Rn 3. Protokollabschrift: § 762.

16 **7. Haftung** des Staates für Gerichtsvollzieher gegenüber Gläubiger, Schuldner und Dritten richtet sich nach § 839 BGB und Art 34 GG. Die Amtspflichten in der ZwVollstr ergeben sich aus ZPO und GVGA, auch aus besonderer Anweisung durch das Vollstreckungsgericht. Der Gläubiger haftet nur, wenn er durch Weisungen (Rn 15) widerrechtlich Schaden verursacht hat, aus §§ 823, 826 oder aus dem Rechtsverhältnis mit dem Schuldner (RG 143, 118).

§ 754 Vollstreckungsauftrag

In dem schriftlichen oder mündlichen Auftrag zur Zwangsvollstreckung in Verbindung mit der Übergabe der vollstreckbaren Ausfertigung liegt die Beauftragung des Gerichtsvollziehers, die Zahlungen oder sonstigen Leistungen in Empfang zu nehmen, über das Empfangene wirksam zu quittieren und dem Schuldner, wenn dieser seiner Verbindlichkeit genügt hat, die vollstreckbare Ausfertigung auszuliefern.

1. Voraussetzungen sind Vollstreckungsauftrag (§ 753 Rn 8) und 1
Übergabe der vollstreckbaren Ausfertigung (§ 724), einer einfachen
Ausfertigung nur, wenn die Klausel entbehrlich ist (§ 724 Rn 4).

2. Wirkung. Sie entfällt mit Rücknahme des gem § 753 erteilten 2
Auftrags. Der Gerichtsvollzieher ist gegenüber Gläubiger, Schuldner
und Dritten kraft Gesetzes ermächtigt (§ 755), auch materiell-rechtlich
wirksam in folgendem Umfang zu handeln: – **a) Empfangnahme** der 3
aus dem Titel geschuldeten Leistung. Der Gerichtsvollzieher handelt
dabei als Amtsperson (Amtstheorie), nicht als Vertreter des Gläubigers
(hM; Musielak/Lackmann 3 mwN). Erfüllungswirkung: § 815 Rn 4.
Für die Ermächtigung ist gleichgültig, ob der Schuldner nur teilweise,
freiwillig oder zur Abwendung der ZwVollstr leistet. Der Gerichtsvollzieher darf auch Geld zum Zwecke der Hinterlegung zur Sicherheit
entgegennehmen (Schmidt-v. Rhein DGVZ 81, 145); auch die Lösungssumme bei Arrest (§ 923) ist unverzüglich zu hinterlegen (§ 193
Nr 9 GVGA). – **b) Rateninkasso** wird nach erfolgter Pfändung über 4
den Verwertungsaufschub (vgl §§ 813a, 813b) als zulässig angesehen
(vgl § 141 Nr 2 GVGA). Bei erfolglos versuchter Pfändung ist § 806b
anzuwenden. – **c) Teilzahlung** ist jede nicht voll ausreichende Leis- 5
tung. Der Schuldner hat kein Tilgungsbestimmungsrecht gemäß § 366
Abs 1 BGB (BGH NJW 99, 1704). Vollstreckt nur ein Gläubiger, so
wird § 366 Abs 2 für anwendbar gehalten (Palandt § 366 Rn 9). Bei
Zinsen und Kosten gilt BGB. Bei mehreren Gläubigern vgl § 827 Rn 7. –
d) Quittung wird nach Maßgabe des § 757 Abs 1 erteilt, die voll- 6
streckbare Ausfertigung an den Schuldner nur bei voller Leistung ausgehändigt (§ 757 Abs 1).

3. Fehlende Befugnisse. Der Gerichtsvollzieher darf eine im Titel 7
nicht vorgesehene Ersatzleistung (§ 364 Abs 1 BGB) ohne besondere
Ermächtigung des Gläubigers nicht annehmen (vgl § 753 Rn 15), nicht
die Leistung stunden (vgl aber § 813a Abs 1) und keine Aufrechnungserklärung (§ 388 S 1 BGB) entgegennehmen; hierzu müsste ihn der
Gläubiger besonders bevollmächtigen.

§ 755 Ermächtigung des Gerichtsvollziehers

[1]**Dem Schuldner und Dritten gegenüber wird der Gerichtsvollzieher zur Vornahme der Zwangsvollstreckung und der im
§ 754 bezeichneten Handlungen durch den Besitz der vollstreckbaren Ausfertigung ermächtigt. [2]Der Mangel oder die
Beschränkung des Auftrags kann diesen Personen gegenüber
von dem Gläubiger nicht geltend gemacht werden.**

Vertretungsnachweis (S 1). Die kraft Gesetzes eintretende Er- 1
mächtigung des Gerichtsvollziehers (§ 754 Rn 2–6) wird dem Schuldner und Dritten gegenüber unwiderlegbar vermutet, solange der Gerichtsvollzieher die vollstreckbare Ausfertigung besitzt, nicht notwendig
bei sich trägt. **Ausschluss von Einwendungen** (S 2). Ist der Auftrag 2

(§ 753 Rn 8) unterblieben, beschränkt oder zurückgenommen, so wird
der Schuldner, der geleistet hat (vgl § 754 Rn 3), jedenfalls befreit
(§ 362 Abs 1 BGB).

§ 756 Zwangsvollstreckung bei Leistung Zug um Zug

**(1) Hängt die Vollstreckung von einer Zug um Zug zu be-
wirkenden Leistung des Gläubigers an den Schuldner ab, so darf
der Gerichtsvollzieher die Zwangsvollstreckung nicht beginnen, bevor er dem Schuldner die diesem gebührende Leistung
in einer den Verzug der Annahme begründenden Weise angeboten hat, sofern nicht der Beweis, daß der Schuldner befriedigt oder im Verzug der Annahme ist, durch öffentliche oder
öffentlich beglaubigte Urkunden geführt wird und eine Abschrift dieser Urkunden bereits zugestellt ist oder gleichzeitig
zugestellt wird.**

**(2) Der Gerichtsvollzieher darf mit der Zwangsvollstreckung
beginnen, wenn der Schuldner auf das wörtliche Angebot des
Gerichtsvollziehers erklärt, daß er die Leistung nicht annehmen
werde.**

1   **1. Allgemeines.** Bei Zug-um-Zug-Titeln wird grundsätzlich die
vollstreckbare Ausfertigung sofort erteilt (Ausnahme: § 726 Abs 2). Das
gilt auch für Titel auf Leistung nach Empfang der Gegenleistung (§ 726
Rn 4). Daher muss der Gerichtsvollzieher (wie das Vollstreckungsgericht, § 765) prüfen, ob der Gläubiger seine Leistung erbracht oder ver-
zugsbegründend angeboten hat. Gemäß Abs 2 genügt auch das wörtliche Angebot der Leistung durch den Gerichtsvollzieher, wenn der
Schuldner erklärt, die Leistung nicht annehmen zu wollen (Rn 11). Ein
Verstoß gegen § 756 macht die ZwVollstr unzulässig (38 vor § 704).
Rechtsbehelf: § 766.

2   **2. Anwendungsbereich.** Grundsätzlich alle Zug-um-Zug-Titel, die
der Gerichtsvollzieher vollstreckt. Ist das Vollstreckungsgericht, Prozessgericht oder Grundbuchamt zuständig, gilt § 765. Unanwendbar ist
§ 756 auch bei Verurteilung gegen Aushändigung des Wechsels oder
Schecks, weil keine Gegenleistung sondern ein besonders ausgestaltetes
Recht auf Quittung vorliegt. Das gilt auch, wenn der Titel auf Zug-
um-Zug lautet (allgM). Jedoch ist der Wechsel oder Scheck dem Vollstreckungsorgan mit dem Titel vorzulegen (Frankfurt OLGZ 81, 261
mwN).

3   **3. Umfang.** Das Zug-um-Zug-Verhältnis umfasst nur die im Titel
bestimmten Leistungen, so dass bei Nachbesserung nicht andere Mängel
geltend gemacht werden dürfen (LG Bonn DGVZ 89, 12). Auch wenn
nur ein Teilbetrag vollstreckt wird, ist die Gegenleistung nachzuweisen
oder anzubieten (LG Wuppertal DGVZ 86, 90). Prozesskosten dürfen
in das Zug-um-Zug-Verhältnis nicht einbezogen werden.

4. Beginn der Zwangsvollstreckung (wie 28 vor § 704) oder ihre 4
Fortsetzung ist nur zulässig, wenn die Voraussetzungen des tatsächlichen
Angebots (Rn 5), des wörtlichen (Rn 11) oder des Nachweises (Rn 9)
erfüllt sind. Fehlt es daran, so hat der Gerichtsvollzieher die ZwVollstr
zu unterlassen oder abzubrechen. Bei Verstoß: § 766.

5. Tatsächliches Angebot der Gegenleistung ist nötig, wenn sie 5
nicht nachgewiesen wird (Rn 9). – **a) Voraussetzung.** Das Angebot 6
erfolgt durch den Gerichtsvollzieher und muss den Annahmeverzug begründen (§§ 294–299 BGB). Das Angebot muss idR tatsächlich geschehen (§ 294 BGB), so dass bei Übereignung einer beweglichen
Sache die Übergabe (§ 929 BGB) angeboten werden muss. Das Angebot der Abtretung gemäß § 931 BGB genügt nicht (Köln Rpfleger 92,
527). – **b) Prüfung.** Die Gegenleistung muss im Titel bestimmt (wie 7
16 vor § 704) bezeichnet sein (BGH NJW 93, 324 und 3206; Frankfurt
Rpfleger 79, 432 mwN; Düsseldorf NJW-RR 99, 793), so dass es
Gegenstand einer Leistungsklage sein könnte (KG NJW-RR 98, 424
mwN). Der Gerichtsvollzieher prüft (oft überfordert, zB bei EDV-Soft-
ware, KG Rpfleger 94, 309), ob die angebotene Gegenleistung richtig,
insbes identisch (LG Kleve DGVZ 91, 12) und vollständig ist (§ 84
GVGA), da er sonst nicht vollstrecken darf. Der Gerichtsvollzieher
handelt hierbei in eigener Verantwortung und hat die Vollstreckung
abzulehnen, wenn er die Gegenleistung nicht für ordnungsgemäß hält
(vgl Rn 11). Ist der Gerichtsvollzieher außerstande, die Identität der
Gegenleistung zu bestimmen, bleibt nur eine Feststellungsklage (vgl LG
Darmstadt DGVZ 89, 71; LG Landau DGVZ 95, 86). Falls erforderlich, hat der Gerichtsvollzieher einen Sachverständigen hinzuzuziehen,
um festzustellen, ob die Gegenleistung, zB Nachbesserung (Hamm
DGVZ 95, 182 mwN) ordnungsgemäß erbracht ist (hM; LG Heidelberg
DGVZ 77, 91; aA LG Hamburg DGVZ 84, 10: § 767). – **c) Einwen-** 8
dungen des Schuldners. Ist die Übereignung oder Übergabe einer
bestimmten Sache die Gegenleistung, so kann der Schuldner nicht einwenden, sie sei mangelhaft (Stuttgart DGVZ 91, 8). Im Erinnerungsverfahren (§ 766) kann nur nachgeprüft werden, ob der Gerichtsvollzieher im Rahmen seines Ermessens gehandelt hat (hM; LG Hannover
DGVZ 84, 152 mwN).

6. Beweis der Gegenleistung oder des Annahmeverzugs ersetzt 9
das Angebot (Rn 5). Der Annahmeverzug (§§ 293–299 BGB) kann
schon vor Entstehung des Titels eingetreten sein. – **a) Nachweis** durch 10
öffentliche oder öffentlich beglaubigte Urkunden (vgl § 726 Rn 5), zB
Protokoll nach § 762 über früheres Angebot (Köln NJW-RR 91, 383);
notariell beglaubigte Quittung des Schuldners; Urteil auf unbedingte
Duldung der ZwVollstr (vgl BGH NJW 62, 2004). Nachweis durch
den Tatbestand des zu vollstreckenden Leistungsurteils ist möglich (vgl
KG NJW 72, 2052; Köln aaO), am besten durch Feststellung des Annahmeverzugs in der Formel (Christmann DGVZ 90, 1), aber auch
durch Formel oder Tatbestand und Entscheidungsgründe eines anderen

Urteils (KG MDR 75, 149), insbes eines Feststellungsurteils (Koblenz Rpfleger 93, 28). Es genügt aber nicht die Wiedergabe des Klageantrags auf Zug-um-Zug-Verurteilung und des Klageabweisungsantrags (LG
11 Düsseldorf DGVZ 80, 187 mwN). – **b) Zustellung** einer vollständigen Abschrift dieser Urkunden (wie § 765 Rn 4), auch gleichzeitig und spätestens mit Vollstreckungsbeginn (28 vor § 704) ist außerdem nötig.

12 **7. Wörtliches Angebot der Gegenleistung** durch den Gerichtsvollzieher (Abs 2) vor Beginn der ZwVollstr (28 vor § 704) ersetzt das tatsächliche Angebot (Rn 5) wie den Nachweis (Rn 9) auch eines vorherigen, den Annahmeverzug begründenden, wörtlichen Angebots (§ 295 BGB) des Vollstreckungsgläubigers (Schuldner der Zug-um-Zug-Gegenleistung). Abs 2 erweitert die Möglichkeiten eines wörtlichen Angebots für die Fälle, dass der Schuldner nicht leisten kann und schon deshalb in Annahmeverzug gerät (§ 298 BGB), so dass das (oft teure) tatsächliche Angebot unterbleiben kann (Gilleßen/Coenen DGVZ 98, 167). Der Gerichtsvollzieher muss vom Gläubiger beauftragt, zum wörtlichen Angebot aber nicht ausdrücklich ermächtigt sein. Rügt der Schuldner, die Gegenleistung sei nicht ordnungsgemäß, darf der Gerichtsvollzieher nicht vollstrecken, bevor er die Gegenleistung nicht geprüft (Rn 6) und als ordnungsgemäß befunden hat. Das Angebot muss ausdrücklich erklärt und protokolliert werden (§ 762 Abs 2 Nr 2). Dasselbe gilt für die Ablehnungserklärung des Vollstreckungsschuldners. Schweigen des Schuldners ist keine Ablehnungserklärung.

13 **8. Kosten.** Gebühr: § 30 Abs 1 GVKostG. Für die Gegenleistung entstandene Transportkosten fallen unter § 788 (Noack DGVZ 75, 145, 148), aber nur soweit sie diejenigen Kosten übersteigen, die den Gläubiger auch ohne ZwVollstr treffen würden. Für die Wegschaffung der Hauptleistung entstehende Kosten fallen unter § 788 nur, wenn der Titel dem Schuldner diese Leistung, insbes die Versendung auferlegt (hM).

§ 757 Übergabe des Titels und Quittung

(1) **Der Gerichtsvollzieher hat nach Empfang der Leistungen dem Schuldner die vollstreckbare Ausfertigung nebst einer Quittung auszuliefern, bei teilweiser Leistung diese auf der vollstreckbaren Ausfertigung zu vermerken und dem Schuldner Quittung zu erteilen.**

(2) **Das Recht des Schuldners, nachträglich eine Quittung des Gläubigers selbst zu fordern, wird durch diese Vorschriften nicht berührt.**

1   **Anwendbar** auf jede Leistung von Geld oder anderen beweglichen Sachen, freiwillig, zur Abwendung der ZwVollstr oder zwangsweise.
2 **Vollstreckbare Ausfertigung** (§ 724 Rn 1). Sie ist dem Schuldner nur auszuliefern, wenn er oder ein Dritter voll, einschließlich Kosten
3 (§ 788 Abs 1) geleistet hat. **Gesamtschuld** (§ 421 BGB). Die vollstreckbare Ausfertigung erhält derjenige, der geleistet hat. Haben meh-

rere je einen Teil getilgt, behält der Gerichtsvollzieher die Ausfertigung, wenn sich die Gesamtschuldner über den Verbleib nicht einigen (§ 106 Nr 4 GVGA). Bestehen gegen Gesamtschuldner mehrere Titel, muss zur Vollstreckung gegen einen nicht der Titel gegen die anderen vorgelegt werden (LG Augsburg Rpfleger 99, 137; bestr). **Quittung** 4 wird bei jeder, auch einer teilweisen Leistung dem Schuldner übergeben. Eine Teilleistung wird daneben ohne Aufschlüsselung nach § 367 BGB (LG Hannover DGVZ 79, 72) auf der vollstreckbaren Ausfertigung vermerkt, die in diesem Fall beim Gerichtsvollzieher bleibt. Quittung des Gläubigers (Abs 2) kann der Schuldner außerdem verlangen (§ 368 BGB). **Rechtsbehelf: § 766.** 5

§ 758 Durchsuchung; Gewaltanwendung

(1) **Der Gerichtsvollzieher ist befugt, die Wohnung und die Behältnisse des Schuldners zu durchsuchen, soweit der Zweck der Vollstreckung dies erfordert.**

(2) **Er ist befugt, die verschlossenen Haustüren, Zimmertüren und Behältnisse öffnen zu lassen.**

(3) **Er ist, wenn er Widerstand findet, zur Anwendung von Gewalt befugt und kann zu diesem Zwecke die Unterstützung der polizeilichen Vollzugsorgane nachsuchen.**

1. Allgemeines. Die richterliche Anordnung der Durchsuchung bei 1 fehlender Einwilligung des Schuldners ist in § 758a geregelt, ebenso die Duldungspflicht Dritter. Die Anwendung des § 758 beschränkt sich auf die Befugnisse des Gerichtsvollziehers zur Durchsuchung und Gewaltanwendung. Anwendbar ist § 758 grundsätzlich auf jede Zwangsvollstreckung durch den Gerichtsvollzieher, insbes auf Pfändung (§ 808), Herausgabe (§ 883), Räumung (§ 885), Verhaftung (§ 901), ferner § 892a.

2. Voraussetzungen sind (nicht kumulativ): – **a) Einwilligung** des 2 Schuldners zu Durchsuchung (Abs 1) und Öffnung (Abs 2). Dass sie genügt, ergibt sich indirekt aus § 758a Abs 1 S 1. Die Einwilligung ist eine geschäftsähnliche Handlung, formlos, jederzeit widerruflich und für jede, auch erneute Durchsuchung vom Gerichtsvollzieher einzuholen. Ist der Schuldner abwesend, können mitwohnende Personen oder Bevollmächtigte (Musielak/Lackmann § 758a Rn 4) die Einwilligung für ihn wirksam abgeben. Ob die Vertretung wirksam ist, muss im Einzelfall festgestellt werden. – **b) Entbehrlichkeit richterlicher Anord-** 3 **nung** infolge § 758a Abs 2 (dort Rn 6), dh bei Vollstreckung außerhalb einer Wohnung (§ 758a Rn 7), Räumung (§ 885), Verhaftung (§ 901) oder bei Gefahr im Verzug (§ 758a Abs 1 S 2; dort Rn 9–13). – **c) Erlassene richterliche Anordnung** (§ 758a Abs 1 S 1; dort 4 Rn 14–19). In diesem Falle hat der Gerichtsvollzieher die Befugnisse des § 758 in vollem Umfang.

§ 758 a Richterliche Durchsuchungsanordnung; Vollstreckung zur Unzeit

(1) [1]Die Wohnung des Schuldners darf ohne dessen Einwilligung nur auf Grund einer Anordnung des Richters bei dem Amtsgericht durchsucht werden, in dessen Bezirk die Durchsuchung erfolgen soll. [2]Dies gilt nicht, wenn die Einholung der Anordnung den Erfolg der Durchsuchung gefährden würde.

(2) Auf die Vollstreckung eines Titels auf Räumung oder Herausgabe von Räumen und auf die Vollstreckung eines Haftbefehls nach § 901 ist Absatz 1 nicht anzuwenden.

(3) [1]Willigt der Schuldner in die Durchsuchung ein oder ist eine Anordnung gegen ihn nach Absatz 1 Satz 1 ergangen oder nach Absatz 1 Satz 2 entbehrlich, so haben Personen, die Mitgewahrsam an der Wohnung des Schuldners haben, die Durchsuchung zu dulden. [2]Unbillige Härten gegenüber Mitgewahrsamsinhabern sind zu vermeiden.

(4) [1]Der Gerichtsvollzieher nimmt eine Vollstreckungshandlung zur Nachtzeit und an Sonn- und Feiertagen nicht vor, wenn dies für den Schuldner und die Mitgewahrsamsinhaber eine unbillige Härte darstellt oder der zu erwartende Erfolg in einem Mißverhältnis zu dem Eingriff steht, in Wohnungen nur auf Grund einer besonderen Anordnung des Richters bei dem Amtsgericht. [2]Die Nachtzeit umfasst die Stunden von einundzwanzig bis sechs Uhr.

(5) Die Anordnung nach Absatz 1 ist bei der Zwangsvollstreckung vorzuzeigen.

1 **1. Allgemeines.** Die Rechtsprechung des BVerfG (grundlegend NJW 79, 1539) und die seitdem bestehende Meinungsvielfalt bei Folgerungen und Einzelheiten war Anlass, die Materie im Rahmen der verfassungsrechtlichen Vorgaben (Art 13 Abs 2 GG, § 31 Abs 1 BVerfGG) praxisgerecht zu regeln. Dabei wurde von einem unveränderten § 758, einer Aufhebung des § 761 und davon ausgegangen, dass nicht jede Einzelheit in der neuen Vorschrift behandelt werden könne. Immerhin sind mehrere Streitfragen geklärt.

2 **2. Zweck.** Es soll einerseits gegenüber § 758 die Unverletzlichkeit der Wohnung (Art 13 Abs 1 GG) des Schuldners im Rahmen des Art 13 Abs 2 GG (Durchsuchungsvoraussetzungen) gewährleistet werden (hierzu eingehend Wesser NJW 02, 2138). Andererseits soll die Regelung eine schnelle und effektive Durchsetzung der Rechte des Gläubigers auch bei renitenten Schuldnern ermöglichen. In diesem Zusammenhang behält die Vollstreckung zur Nachtzeit (Abs 4 S 2), sowie an Sonn- und Feiertagen ihren Ausnahmecharakter (früher § 761).

3 **3. Anwendungsbereich** (vgl Rn 6). – **a) Art der Vollstreckung.** Da § 758 a im Abschnitt Allgemeine Vorschriften steht, gilt er grund-

sätzlich für alle Arten der Zwangsvollstreckung, praktisch anwendbar für Pfändung (§§ 803 ff), Herausgabe (§§ 883 ff) und Haft (§§ 901 ff). Zwei Ausnahmen hiervon bestimmt der Abs 2 (vgl Rn 6). – **b) Personen:** nur der Vollstreckungsschuldner (11 vor § 704), nicht Dritte; für diese gilt bei Pfändung § 809, bei Herausgabe § 886. Nach der hM können auch juristische Personen des Privatrechts Träger des Grundrechts aus Art 13 Abs 1 sein, obwohl sie keine Wohnung haben, sondern Geschäftsräume. Der Gesetzgeber hat diese Anwendbarkeit in § 758 a nicht eingeschränkt. **4**

4. Erforderlichkeit richterlicher Anordnung zur Durchsuchung **5** der Wohnung (Rn 7). – **a) Fehlende Einwilligung** des Vollstreckungsschuldners oder seines gesetzlichen Vertreters (Abs 1 S 1). Die Einwilligung (§ 758 Rn 3) fehlt, wenn der Schuldner selbst sie ausdrücklich verweigert hat oder sie wiederholt verweigert wird von Personen, die als Vertreter in Betracht kommen. Mindestens zweimal wird zu verlangen sein, dass der Gerichtsvollzieher Zutritt gesucht und (nach Vorankündigung) niemand angetroffen hat (Goebel DGVZ 98, 161/4). – **b) Anwendbarkeit** von Abs 1. Sie ist zunächst nach Rn 3 und 4 fest- **6** zustellen. Darüberhinaus ist sie durch Abs 1 beschränkt. Abs 1 ist danach unanwendbar bei der Räumungsvollstreckung (§ 885), gleich aus welchem Vollstreckungstitel (hM; Schultes DGVZ 98, 177/84) sowie bei einem Haftbefehl aus § 901. In diesen Fällen fehlt es schon an einer Durchsuchung. Offengeblieben ist die Anwendung auf Herausgabe beweglicher Sachen (§ 883). Befinden sie sich in der Wohnung des nicht zur Herausgabe bereiten Schuldners, so ist die Durchsuchungsanordnung notwendig, nachdem § 883 in Abs 2 nicht aufgenommen wurde (Goebel aaO). – **c) Wohnung** ist Wohnraum iS des bürgerlichen **7** Rechts, einschließlich Garage (hM). Darüber hinaus umfasst der Begriff für § 758 a nach hM auch Geschäfts-, Arbeits- und Betriebsräume wegen der weiten Auslegung des Art 13 Abs 1 GG (hM; Rn 4; Goebel DGVZ 98, 161 mwN). Nicht erfasst werden während der Geschäftszeit zugängliche Läden und Verkaufsräume. – **d) Betroffene Person.** In- **8** haber oder Mitinhaber der zu durchsuchenden Wohnung muss der Vollstreckungsschuldner (11 vor § 704) sein. Gegen dritte Personen, die Mitgewahrsam an der Wohnung haben (Ehegatten und andere Mitbewohner, vgl Rn 20) muss keine Durchsuchungsanordnung ergehen, da sie die Durchsuchung zu dulden haben (Abs 3 S 1). Dagegen bestehen wegen Art 13 Abs 2 GG Bedenken (Münzberg DGVZ 99, 177). – **e) Verhältnismäßigkeit** des Eingriffs ist erforderlich (BVerfG DGVZ **8 a** 98, 25). Sie fehlt zB, wenn zu erwarten ist, dass die Durchsuchung (insbes wegen Unpfändbarkeit, Goebel DGVZ 98, 161 mwN) erfolglos bleibt.

5. Entbehrlichkeit der Anordnung (Abs 1 S 2) beruht auf Art 13 **9** Abs 2 GG. Der richterlichen Anordnung bedarf es danach nicht, wenn „Gefahr im Verzug" besteht. Das wird durch Abs 1 S 2 (dem BVerfG NJW 79, 1539 folgend) konkret umschrieben. – **a) Voraussetzung** ist **10**

die Gefährdung des Durchsuchungserfolgs, nämlich das Auffinden pfändbarer Sachen oder solcher, die der Schuldner gem § 883 herauszugeben hat. Das ist insbes gegeben, wenn anzunehmen ist, dass der Schuldner die Sachen wegschafft, bei bevorstehender Wohnungsauflösung und wenn der Schuldner sich auf Dauer ins Ausland begeben will (LG Kaiserslautern DGVZ 86, 67). Die Verzögerung, die dadurch eintritt, dass beim konkret zu erwartenden Verlauf vorher die Anordnung (Rn 18) eingeholt wird, muss für die Gefährdung mitursächlich sein. Die
11 bloße Zutrittsverweigerung genügt nicht. – **b) Prüfung.** Der Gerichtsvollzieher beurteilt im Rahmen des Vollstreckungsversuchs das Vorliegen der Voraussetzungen (Goebel DGVZ 98, 161/8) und nimmt sie zu Protokoll (§ 762 Abs 2 Nr 2). IdR sind die Voraussetzungen (Rn 10) gegeben bei Arrest und einstweiliger Verfügung (umstr; aA Schuschke/ Walker § 758 Rn 4 mwN). Es genügt nicht, dass der Schuldner die Einwilligung zur Durchsuchung lediglich verweigert (van den Hövel NJW 93, 2031). Es müssen konkrete, verdachterregende Umstände, vor allem auf Grund des persönlichen Verhaltens hinzukommen. –
12 **c) Wirkung.** Bejaht der Gerichtsvollzieher die Voraussetzungen, ist er berechtigt, gem § 758 zu verfahren. Einer nachträglichen Genehmi-
13 gung durch den Richter bedarf es nicht. – **d) Verstoß.** Nimmt der Gerichtsvollzieher irrig die Voraussetzungen des Abs 1 S 2 an, muss eine Erinnerung (§ 766) des Schuldners Erfolg haben. Eine vorgenommene Pfändung ist dann anfechtbar (59 vor § 704). Auch der Gläubiger kann Erinnerung (§ 766) einlegen, wenn der Gerichtsvollzieher die Voraussetzungen (Rn 10) verneint.

14   **6. Entscheidung** über die Anordnung. – **a) Zuständigkeit** des Richters ist zwingend (Art 13 Abs 2 GG), die des Rechtspflegers ausgeschlossen (Goebel DGVZ 98, 161/5 mwN; bestr), die des AG (§ 22 Abs 1 GVG) ist auch örtlich ausschließlich (§ 802). Die örtliche Zuständigkeit deckt sich nicht notwendig, aber idR praktisch mit der des Vollstreckungsgerichts (§ 764 Abs 1). Der anordnende Amtsrichter handelt nicht als Vollstreckungsgericht; das AG kann und wird aber idR identisch sein. Es kommt jedenfalls darauf an, in welchem Bezirk die zu
15 durchsuchende Wohnung liegt. – **b) Antrag** des Vollstreckungsgläubigers (nicht des Gerichtsvollziehers, Goebel DGVZ 98, 161) ist im Gesetz (ungenannte) Voraussetzung (hM; Musielak/Lackmann 11 mwN). Der Antrag ist formfrei, muss sich aber auf eine bestimmte Wohnung und
16 und Vollstreckungshandlung beziehen. – **c) Verfahren.** Mdl Vhdlg ist möglich, aber in aller Regel nicht angezeigt. Dasselbe gilt für das rechtliche Gehör (Einl I Rn 9), da der Schuldner sonst durch Wegschaffen pfändbarer oder herauszugebender Sachen den Durchsuchungserfolg vereiteln könnte und dadurch die Situation des Abs 1 S 2 herbeigeführt
17 würde. – **d) Rechtsschutzbedürfnis** für eine Anordnung ist Zulässigkeitsvoraussetzung. Es fehlt nur, wenn die Anordnung nicht erforderlich
18 ist (Rn 6–8). – **e) Entscheidung** ergeht durch Beschluss. Der Inhalt der Anordnung muss bestimmt sein (Wesser NJW 02, 2138 mwN): ge-

naue Bezeichnung der Wohnung und der konkreten Vollstreckungsmaßnahme (Pfändung, Herausgabe der bezeichneten Sache), des Zeitraums sowie die Durchsuchungserlaubnis. Bekanntmachung: § 329
Abs 3 wegen § 793. Das Vorzeigen gemäß Abs 5 (Rn 33) gestattet die
Durchsuchung vor der Zustellung des Beschlusses. Beschlussgründe:
wie § 329 Rn 10. – **f) Rechtsmittel:** sofortige Beschwerde (§ 793) **19**
gegen Ablehnung des Antrags wie gegen die Anordnung. Ist bereits
durchsucht, fehlt das Rechtsschutzbedürfnis (Rn 17).

7. Duldungspflicht Dritter (Abs 3) als Mitbewohner. – **a) An- 20
wendbar** bei erteilter Einwilligung des Vollstreckungsschuldners oder
seines Vertreters (Rn 5) sowie bei Entbehrlichkeit einer Durchsuchungsanordnung (Rn 9) und bei erlassener richterlicher Anordnung
(Rn 18). – **b) Voraussetzung.** Der Vollstreckungsschuldner muss Al- **21**
lein- oder Mitgewahrsam haben. Die erlassene Anordnung muss sich
gegen ihn richten. Die betroffenen Dritten können Mitgewahrsam haben oder nur mitbewohnen (vgl § 885 Rn 4). Untermieter fallen nicht
unter Abs 3. – **c) Wirkung.** Der Widerspruch des Dritten ist unbe- **22**
achtlich und hindert die Durchsuchung gem § 758 auch nicht in Räumen, die dem Dritten allein vorbehalten sind. Abs 3 ist eine konkrete
Ausgestaltung des § 755. – **d) Unbillige Härten** (Abs 3 S 2) sind so- **23**
wohl bei der Entscheidung (Rn 18) wie bei der Durchsuchung (§ 758)
zu vermeiden. Sie müssen sich auf Mitgewahrsamsinhaber, können sich
auch auf andere mitwohnende Dritte beziehen (vgl § 758 Rn 21), nicht aber
auf den Schuldner selbst (für diesen gilt § 765a). Unbillige Härte kann
sich insbes aus akuter schwerer Erkrankung ergeben. – **e) Rechts- 24
behelfe:** § 793, wenn gegen die Anordnung oder ihre Ablehnung
gerichtet, iü § 766 für Schuldner, Gläubiger und Dritte.

**8. Vollstreckung zur Nachtzeit sowie an Sonn- und Feierta- 25
gen** (Abs 4). Die Regelung ersetzt den zugleich aufgehobenen § 761. –
a) Anwendbar auf alle Vollstreckungshandlungen des Gerichtsvollziehers, sowohl gegen natürliche wie juristische Personen, an jedem Ort,
nicht nur in Wohnungen (bestr; aA Münzberg DGVZ 99, 177). Gilt auch
für Räumung gem § 885 (Schultes DGVZ 98, 177/87). – **b) Zeit- 26
raum.** Die Nachtzeit ist von 21 bis 6 Uhr gesetzlich festgelegt (Abs 4
S 2). Feiertage: wie § 188 Rn 1. – **c) Grundsatz.** Außerhalb von **27**
Wohnungen (Rn 7) ist die Vollstreckungshandlung erlaubt. Ankündigung ohne Zeitpunkt und Ort wird für erforderlich gehalten (Goebel
DGVZ 98, 161/5). Da der Begriff Wohnung in § 758a auch Geschäftsräume umfasst (Rn 7), ist die Vollstreckungsmöglichkeit während
der geschützten Zeit ohne richterliche Anordnung (Rn 5) von vorne
herein sehr eng. – **d) Unbillige Härte.** Das ist nicht schon die bloße **28**
Störung der Nacht- oder Feiertagsruhe, kann aber bei einer Erkrankung vorliegen und setzt allgemein voraus, dass eine Vollstreckung zu
anderer Zeit keinen Erfolg verspricht. – **e) Missverhältnis.** Es ist an **29**
den konkreten Umständen zu messen, soweit sie erkennbar sind. Eingriff ist die Störung des Schuldners wie der Mitgewahrsamsinhaber. –

30　**f) Prüfung** der Voraussetzungen durch den Gerichtsvollzieher: wie
31　Rn 11. − **g) Richterliche Anordnung:** wie Rn 14–19. Wohnung:
wie Rn 7. Eine (besondere) Anordnung ist erforderlich (LG Regensburg DGVZ 99, 173; bestr). Sie kann gleichzeitig mit der Durchsuchungsanordnung, muss aber getrennt geschehen. Sie setzt voraus, dass
eine Vollstreckung durch den Gerichtsvollzieher außerhalb der Nachtzeit
32　(Rn 26) oder am Werktag keinen Erfolg erwarten lässt. − **h) Rechtsbehelfe:** wie Rn 24.

33　　**9. Vorzeigen der Anordnung** (Abs 5) bei, nicht notwendig vor
der Vollstreckungshandlung, in Ausfertigung, auch ohne Verlangen des
Schuldners. Ist nicht nur bei der Anordnung des Abs 1 S 1, sondern
auch bei der des Abs 4 anzuwenden, obwohl dies vom Wortlaut des
Abs 5 nicht gedeckt ist (LG Regensburg DGVZ 99, 173), weil Abs 4
zu Abs 1 in engem Bezug steht. Vorzeigen bedeutet nicht übergeben
und ersetzt nicht die Zustellung (vgl Rn 18).

§ 759 Zuziehung von Zeugen

**Wird bei einer Vollstreckungshandlung Widerstand geleistet
oder ist bei einer in der Wohnung des Schuldners vorzunehmenden Vollstreckungshandlung weder der Schuldner noch
eine zu seiner Familie gehörige oder in dieser Familie dienende
erwachsene Person anwesend, so hat der Gerichtsvollzieher
zwei erwachsene Personen oder einen Gemeinde- oder Poli-
zeibeamten als Zeugen zuzuziehen.**

1　　**Allgemeines.** Die Vorschrift ist zwingend (hM). Ein Verstoß liegt
2　nicht vor, wenn es unmöglich war, Zeugen zuzuziehen. **Anwesenheit.**
Bezieht sich direkt auf die Vollstreckungshandlung. **Erwachsen** (§ 178
Abs 1 Nr 1) muss auch das Familienmitglied sein. Volljährigkeit ist nicht
3　notwendig (AG Limburg DGVZ 75, 174). **Wohnung:** wie § 758
Rn 4. **Zeuge** kann nicht der Gläubiger sein (bestr); denn er ist Partei
(vgl § 108 Nr 2 GVGA), wohl aber der Schlosser und eine beim Ge-
4　richtsvollzieher beschäftigte Person. **Protokoll:** Es ist § 762 Abs 2 Nr 4
zu beachten. **Verstoß** bewirkt weder Nichtigkeit noch Anfechtbarkeit
(StJMünzberg 2; bestr).

§ 760 Akteneinsicht; Aktenabschrift

**Jeder Person, die bei dem Vollstreckungsverfahren beteiligt
ist, muß auf Begehren Einsicht der Akten des Gerichtsvollziehers gestattet und Abschrift einzelner Aktenstücke erteilt werden.**

1　　**Beteiligt** sind die Parteien (10, 11 vor § 704) und Dritte (sowie die
Bevollmächtigten), die Rechte an dem Vollstreckungsgegenstand haben.
2　**Akten:** auch die Register des Gerichtsvollziehers. Aktenstück ist zB das
3　Pfändungsprotokoll (§ 762). **Mitteilungen** über das Vollstreckungser-
gebnis an den Gläubiger hat der Gerichtsvollzieher auf Grund des er-

teilten Vollstreckungsauftrags (§ 753) zu machen (LG Hannover DGVZ 81, 39; LG Köln DGVZ 95, 170). Dem steht § 760 nicht entgegen. **Rechtsbehelf** gegen Ablehnung: § 766. **Gebühren:** § 36 Abs 1 Nr 1 4 GVKostG.

§ 761 (aufgehoben)

§ 762 Protokoll über Vollstreckungshandlungen

(1) **Der Gerichtsvollzieher hat über jede Vollstreckungshandlung ein Protokoll aufzunehmen.**

(2) **Das Protokoll muß enthalten:**
1. **Ort und Zeit der Aufnahme;**
2. **den Gegenstand der Vollstreckungshandlung unter kurzer Erwähnung der wesentlichen Vorgänge;**
3. **die Namen der Personen, mit denen verhandelt ist;**
4. **die Unterschrift dieser Personen und den Vermerk, daß die Unterzeichnung nach Vorlesung oder Vorlegung zur Durchsicht und nach Genehmigung erfolgt sei;**
5. **die Unterschrift des Gerichtsvollziehers.**

(3) **Hat einem der unter Nummer 4 bezeichneten Erfordernisse nicht genügt werden können, so ist der Grund anzugeben.**

1. Protokoll. (Abs 1). Es ist es für jede Vollstreckungshandlung vor- 1 geschrieben. Der Gläubiger erhält auch ohne Antrag eine Abschrift (Mager DGVZ 89, 182). Wird für mehrere Gläubiger zugleich vollstreckt, ist nur ein gemeinsames Protokoll aufzunehmen (hM; Holch DGVZ 88, 177 mwN). Dies gilt auch, wenn die Vollstreckung erfolglos bleibt. Es erhält jeder Gläubiger auf Antrag eine vollständige Protokollabschrift (Krauthausen DGVZ 91, 133).

2. Inhalt (Abs 2). Er richtet sich auch nach Abs 3 und § 763 sowie 2 nach der GVGA. Inwieweit Abs 2 Nr 2 erfordert, dass nicht gepfändete Sachen in das Protokoll aufzunehmen sind, richtet sich nach § 135 Nr 6 GVGA. Der Gerichtsvollzieher ist nicht verpflichtet, im Protokoll einer erfolglosen Pfändung alle vorgefundenen Sachen aufzuführen (hM; einschränkend LG Bonn DGVZ 93, 41), insbes nicht die, welche unter § 811 Abs 1 Nr 1 und 2 fallen (Holch DGVZ 93, 145; aA die hM), während die anderen wegen § 811 Abs 1 nicht gepfändeten Sachen, insbes wegen dessen Nr 5, aufzuführen sind (hM; LG Saarbrücken DGVZ 94, 30). Im Einzelnen ist der Protokollierungsumfang umstr (vgl Seip NJW 94, 752/5). Richtig dürfte sein, diejenigen Sachen aufzuführen, die der Gläubiger als zu pfänden bezeichnet hatte, wenn § 810 Abs 1 S 2, § 811a, § 811b oder § 811c in Betracht kommen (Holch aaO mwN; zT gegen die hM).

3. Beweiskraft des Protokolls: §§ 415, 418. Fehlt etwas, das Abs 2 3 Nr 1, 4, 5 fordert, ist die Beweiskraft zerstört. Das gilt auch, wenn der Grund bei Nr 4 fehlt (Abs 3). Im übrigen wird die Beweiskraft nicht durch eine bloß mögliche Unrichtigkeit ausgeräumt, sondern nur durch den Ausschluss möglicher Richtigkeit (Köln OLGZ 86, 481).

4   **4. Wirkung.** Die Anschlusspfändung setzt ein beweiskräftiges Protokoll (Rn 3) voraus (§ 826 Rn 5). Alle anderen Vollstreckungshandlungen sind wirksam, auch wenn kein Protokoll errichtet ist oder seine Beweiskraft fehlt (Rn 3).

§ 763 Aufforderungen und Mitteilungen

(1) **Die Aufforderungen und sonstigen Mitteilungen, die zu den Vollstreckungshandlungen gehören, sind von dem Gerichtsvollzieher mündlich zu erlassen und vollständig in das Protokoll aufzunehmen.**

(2) [1]**Kann dies mündlich nicht ausgeführt werden, so hat der Gerichtsvollzieher eine Abschrift des Protokolls zuzustellen oder durch die Post zu übersenden.** [2]**Es muß im Protokoll vermerkt werden, daß diese Vorschrift befolgt ist.** [3]**Eine öffentliche Zustellung findet nicht statt.**

1   **1. Aufforderungen** (Abs 1) erfolgen nach GVGA, zB zu freiwilliger Leistung (AG München DGVZ 81, 141). Mitteilungen (zB § 808 Abs 3, § 811b Abs 3, § 826 Abs 3) können Schuldner, Gläubiger und Dritte betreffen.

2   **2. Mitteilungspflicht** (Abs 2) Sie bezieht sich nur auf die Aufforderungen und Mitteilungen des Abs 1, nicht auf die Mitteilungen über Vollstreckungshandlungen (§ 760 Rn 3). Dem abwesenden Schuldner ist eine Protokollabschrift zu übersenden. Der Gerichtsvollzieher darf nicht von sich aus (ohne Antrag) dem Gläubiger (gebührenpflichtig) das Protokoll übersenden (§ 110 Nr 6 GVGA). Die Abschrift wird idR durch einfachen Brief übersandt (§ 110 Nr 5 GVGA), nur aus besonderem Grund zugestellt. Der Gläubiger hat keinen Anspruch auf eine Mitteilung des Vollstreckungsergebnisses (LG Dortmund DGVZ 75, 74).

§ 764 Vollstreckungsgericht

(1) **Die den Gerichten zugewiesene Anordnung von Vollstreckungshandlungen und Mitwirkung bei solchen gehört zur Zuständigkeit der Amtsgerichte als Vollstreckungsgerichte.**

(2) **Als Vollstreckungsgericht ist, sofern nicht das Gesetz ein anderes Amtsgericht bezeichnet, das Amtsgericht anzusehen, in dessen Bezirk das Vollstreckungsverfahren stattfinden soll oder stattgefunden hat.**

(3) **Die Entscheidungen des Vollstreckungsgerichts ergehen durch Beschluss.**

1   **1. Zuständigkeit** als Vollstreckungsorgan (6 vor § 704). Sie ist ausschließlich (§ 802) und umfasst nicht die des § 758a Abs 1 S 1. –

a) Sachlich: das AG (Abs 1; Ausnahme: § 930 Abs 1 S 3). Gilt grund- **2**
sätzlich für Titel, die nach der ZPO vollstreckt werden (15 vor § 704).
Das Vollstreckungsgericht entscheidet durch den Richter (§ 21 GVG)
oder den Rechtspfleger (§ 20 Nr 17 RPflG). – **b) Örtlich:** grundsätz- **3**
lich wie Abs 2; anders durch gesetzliche Vorbehalte, nämlich § 828
Abs 2, § 848 Abs 1, §§ 853–855, 858 Abs 2, §§ 872, 899 Abs 1, § 902.
Maßgebender Zeitpunkt: Vornahme der Vollstreckungshandlung.
Wechselt der Schuldner den Wohnsitz, ist für weitere Vollstreckungshandlungen der neue Wohnort maßgebend (StJMünzberg 4). Für
Rechtsbehelfe (§§ 766, 793) bleibt das jeweils übergeordnete Gericht
zuständig. – **c) Funktionell:** soweit das Gesetz dem Vollstreckungs- **4**
gericht Aufgaben zuweist. Dies ist bei den einzelnen Vorschriften erläutert. Die funktionelle Zuständigkeit geht durch den Devolutiveffekt
(3 vor § 511) auf das Rechtsmittelgericht (§ 793) über.

2. Folge von Verstößen. Gegen funktionelle Zuständigkeit (zB **5**
Gerichtsvollzieher statt Gericht; Vollstreckungs- statt Prozessgericht):
Nichtigkeit der Vollstreckungsmaßnahme (hM; 58 vor § 704). Gegen
sachliche und örtliche Zuständigkeit: die wirksame Maßnahme (vgl 38
vor § 704) ist unzulässig und anfechtbar gem §§ 766, 793 (59 vor
§ 704).

3. Verfahren. Mündliche Verhandlung ist nicht nötig, aber zur Tat- **6**
sachenfeststellung oft zweckmäßig (vgl 31 vor § 704). Entschieden wird
durch Beschluss (Abs 3), für den § 329 gilt.

4. Rechtsbehelfe: gegen Entscheidungen sofortige Beschwerde **7**
(§ 793), auch wenn sie der Rechtspfleger erlassen hat (§ 11 Abs 1
RPflG); gegen Vollstreckungsmaßnahmen Erinnerung nach § 766.

**§ 765 Vollstreckungsgerichtliche Anordnungen bei Leistung
Zug um Zug**

**Hängt die Vollstreckung von einer Zug um Zug zu bewir-
kenden Leistung des Gläubigers an den Schuldner ab, so darf
das Vollstreckungsgericht eine Vollstreckungsmaßregel nur anordnen, wenn**
**1. der Beweis, daß der Schuldner befriedigt oder im Verzug
der Annahme ist, durch öffentliche oder öffentlich beglaubigte Urkunden geführt wird und eine Abschrift dieser Urkunden bereits zugestellt ist; der Zustellung bedarf es nicht,
wenn bereits der Gerichtsvollzieher die Zwangsvollstreckung
nach § 756 Abs. 1 begonnen hatte und der Beweis durch das
Protokoll des Gerichtsvollziehers geführt wird; oder**
**2. der Gerichtsvollzieher eine Vollstreckungsmaßnahme nach
§ 756 Abs. 2 durchgeführt hat und diese durch das Protokoll
des Gerichtsvollziehers nachgewiesen ist.**

1. Allgemeines. Die Vorschrift ist dem § 756 Abs 2 insofern ange- **1**
passt, als die Zwangsvollstreckung unter den gleichen Voraussetzungen

2 (Ablehnung der vom Gerichtsvollzieher wörtlich angebotenen Gegenleistung) beginnen darf. – **a) Inhalt.** Die Vorschrift entspricht dem § 756 (dort wie Rn 1–3), der gilt, wenn der Gerichtsvollzieher Vollstreckungsorgan ist (5 vor § 704). § 765 ist darauf zugeschnitten, dass das Vollstreckungs- und das Prozessgericht oder das Grundbuchamt (7, 8, vor § 704) anders als der Gerichtsvollzieher die Gegenleistung nicht anbieten kann (vgl § 756 Rn 4). Diese muss im Titel bestimmt bezeich-
3 net sein (wie § 756 Rn 5). – **b) Anzuwenden** ist § 765 bei jeder Zug-um-Zug-Leistung (wie § 756 Rn 2).

4   **2. Voraussetzung** jeder Vollstreckungsmaßregel (zB Pfändungsbe-
5 schluss, § 829) ist zusätzlich zu 13–27 vor § 704 und alternativ: – **a) Nr 1.**
Erbrachte Gegenleistung oder Annahmeverzug des Schuldners:
aa) Beweis der erbrachten Gegenleistung oder des Annahmeverzugs (wie § 756 Rn 8, 9) bedeutet, dass das Gericht davon überzeugt sein muss (§ 286 Rn 2). Geführt werden kann der Beweis nur durch Urkunden (wie § 756 Rn 8), auch durch das Protokoll des Gerichtsvollziehers (§ 762) mit dem Angebot der Gegenleistung gem § 756. Auch der Annahmeverzug muss in der Form des § 29 GBO nachgewiesen werden (Hamm Rpfleger 83, 393). Für den Annahmeverzug genügt der Klagabweisungsantrag im zu vollstreckenden Urteil nicht (hM; LG Wuppertal Rpfleger 88, 153 mwN). Besteht die Gegenleistung in der Löschungsbewilligung einer Auflassungsvormerkung, genügt deren Eingang beim Grundbuchamt, wenn dieses bei § 867 Vollstreckungsorgan ist (BayObLG Rpfleger 76, 67). Wird der Beweis nicht geführt, ist der Gläubiger wie bei § 756 (dort Rn 8) auf eine Feststellungsklage zu ver-
6 weisen (LG Mainz Rpfleger 93, 253 mwN). **bb) Zustellung** (§§ 166 ff); wie bei § 756 (dort Rn 9): die einer beglaubigten Abschrift (§ 169 Abs 2) der einen oder der mehreren Urkunden, mit denen der Beweis geführt wird. Entbehrlich (Nr 1 Hs 2) ist die Zustellung der Urkunden, wenn der Gerichtsvollzieher die ZwVollstr begonnen hat (§ 756 Rn 4, 5; 28 vor § 704), weil er die Gegenleistung angeboten hatte oder sie ihm bereits nachgewiesen war. Es entfällt auch die Zustellung des Ge-
7 richtsprotokolls (Köln Rpfleger 86, 396). – **b) Nr 2. Durchgeführte Zwangsvollstreckung** des Gerichtsvollziehers auf Grund des § 756 Abs 2. Es müssen alle Voraussetzungen des § 756 Abs 2 (dort Rn 11) erfüllt sein. Deren Nachweis durch das Protokoll des Gerichtsvollziehers (§ 762) ist notwendig und muss dem Gericht vorliegen. Einer Zustellung des Protokolls bedarf es nicht. Nr 2 wird nur praktisch, wenn die Zwangsvollstreckung durch den Gerichtsvollzieher (§ 756) nicht oder nicht vollständig zur Befriedigung des Gläubigers geführt hat.

8   **3. Rechtsbehelfe.** – **a) Einwendungen** des Schuldners: wie § 756 Rn 7. – **b) Sofortige Beschwerde** (§ 793) gegen Anordnung wie Ablehnung der Vollstreckungsmaßnahme (zB Pfändung, Ordnungsgeld) durch das Vollstreckungsgericht, auch wenn der Rechtspfleger entschieden hat (§ 11 Abs 1 RPflG), und durch das Prozessgericht (7 vor § 704). – **c) Einfache Beschwerde** (§ 71 GBO), wenn das GBA

Vollstreckungsorgan ist (8 vor § 704). Beanstandet der Vollstreckungsschuldner das Vorliegen von Voraussetzungen der Nr 2, muss er nicht auch Erinnerung (§ 766; vgl § 756 Rn 1 aE) gegen das Verfahren des Gerichtsvollziehers gem § 756 eingelegt haben oder einlegen.

§ 765 a Vollstreckungsschutz

(1) ¹Auf Antrag des Schuldners kann das Vollstreckungsgericht eine Maßnahme der Zwangsvollstreckung ganz oder teilweise aufheben, untersagen oder einstweilen einstellen, wenn die Maßnahme unter voller Würdigung des Schutzbedürfnisses des Gläubigers wegen ganz besonderer Umstände eine Härte bedeutet, die mit den guten Sitten nicht vereinbar ist. ²Es ist befugt, die in § 732 Abs. 2 bezeichneten Anordnungen zu erlassen. ³Betrifft die Maßnahme ein Tier, so hat das Vollstreckungsgericht bei der von ihm vorzunehmenden Abwägung die Verantwortung des Menschen für das Tier zu berücksichtigen.

(2) Eine Maßnahme zur Erwirkung der Herausgabe von Sachen kann der Gerichtsvollzieher bis zur Entscheidung des Vollstreckungsgerichts, jedoch nicht länger als eine Woche, aufschieben, wenn ihm die Voraussetzungen des Absatzes 1 Satz 1 glaubhaft gemacht werden und dem Schuldner die rechtzeitige Anrufung des Vollstreckungsgerichts nicht möglich war.

(3) In Räumungssachen ist der Antrag nach Absatz 1 spätestens zwei Wochen vor dem festgesetzten Räumungstermin zu stellen, es sei denn, daß die Gründe, auf denen der Antrag beruht, erst nach diesem Zeitpunkt entstanden sind oder der Schuldner ohne sein Verschulden an einer rechtzeitigen Antragstellung gehindert war.

(4) Das Vollstreckungsgericht hebt seinen Beschluß auf Antrag auf oder ändert ihn, wenn dies mit Rücksicht auf eine Änderung der Sachlage geboten ist.

(5) Die Aufhebung von Vollstreckungsmaßregeln erfolgt in den Fällen des Absatzes 1 Satz 1 und des Absatzes 4 erst nach Rechtskraft des Beschlusses.

1. Allgemeines. Der Schuldner kann nicht im Voraus auf den Schutz 1 des § 765 a verzichten. – **a) Auslegung.** Es handelt sich um eine Aus- 2 nahmevorschrift. Sie ist daher eng auszulegen (BGH 44, 138/43). Zu beachten ist, dass der Schuldner im Regelfall sowieso schon ausreichend geschützt wird: bei Pfändung von Sachen durch §§ 811, 813 a und von Arbeitseinkommen durch §§ 850 a–i, bei Räumung von Wohnraum durch § 721 und § 794 a. – **b) Zweck** des § 765 a ist, aus sozialen 3 Gründen bei besonderen Härtefällen den Schuldner vor Eingriffen zu schützen, die dem allgemeinen Rechtsgefühl widersprechen und unangemessen sind (BVerfG NJW 79, 2607).

4   **2. Anwendungsbereich.** – a) **Maßnahmen** eines jeden Vollstreckungsorgans (4–8 vor § 704), nicht die ZwVollstr im Allgemeinen (1 vor § 704; Köln NJW 94, 1743); auch solche nach dem ZVG (hM; BGH 44, 138) einschließlich der entspr Anwendung auf die Teilungsversteigerung nach § 180 ZVG (KG NJW-RR 99, 434; Köln Rpfleger 91, 197; LG Stuttgart Rpfleger 92, 491; Karlsruhe Rpfleger 94, 223; bestr). Gilt auch bei Zwangsräumung (vgl Abs 2) und bei den Maßnah-
5 men gem § 885 Abs 2–4 (KG DGVZ 86, 168). – b) **Titel** (14–24 vor § 704): bei allen. Auf Mängel des Titels oder des vollstreckbaren Anspruchs (50 vor § 704) und auf materiell-rechtliche Einwendungen (Hamburg MDR 70, 426) kann eine Anwendung des § 765 a keinesfalls gestützt werden (allgM). Dagegen wird in der Praxis nicht selten verstoßen.

6   **3. Antrag** (Abs 1 S 1) ist Voraussetzung einer Entscheidung des Vollstreckungsgerichts. – a) **Form:** als Prozesshandlung (Einl III) formlos wirksam, aber zweckmäßig schriftlich oder zu Protokoll der Ge-
7 schäftsstelle zu erklären. – b) **Frist** (Abs 3; vgl hierzu Weyhe NZM 00, 1147/50). Der Antrag kann ab Anordnung (Brandenburg Rpfleger 01, 91) der Maßnahme (Rn 4) grundsätzlich bis zum Ende der ZwVollstr (29 vor § 704) gestellt werden. **aa) Anwendbar** (Abs 3): nur in Räumungssachen (§ 885). Sie ist der Frist für den Antrag auf Verlängerung von Räumungsfristen (§ 721 Abs 3 S 2, § 794 a Abs 1 S 2) nachgebildet und läuft zwei Wochen vor dem Räumungstermin ab, so dass der Gerichtsvollzieher gehalten ist, dem Schuldner den Termin entspr früh
7 a mitzuteilen, zweckmäßig etwa 3 Wochen vorher (Schultes DGVZ 99, 1). **bb) Berechnung:** wie § 721 Rn 5. Statt vom Ablauf der Räumungsfrist ist vom festgesetzten Räumungstermin (§ 885 Rn 7) rückwärts zu rechnen. Für die Bestimmung des letzten Tages, an dem der Antrag rechtzeitig gestellt werden kann, darf der Räumungstermin nicht
7 b eingerechnet werden. **cc) Ausnahmen.** Die Voraussetzungen, bei denen die Verspätung des Antrags seiner Berücksichtigung nicht entgegensteht, sind vom Schuldner darzulegen und ggf zu beweisen. Verschulden: wie § 233 Rn 12 ff. Das ist keine Wiedereinsetzung (Weyhe NZM 00, 1147).

8   **4. Sittenwidrige Härte** der Maßnahme ist weitere Voraussetzung. Sie kann auch in der Weise bestehen, dass die ZwVollstr gegen nahe Angehörige für den Schuldner eine solche Härte darstellt (Köln NJW 94, 1743); gleichgültig ob für Dritte (hM). – a) **Grundsätze.** Es ist auf die betreffende Vollstreckungsmaßnahme (Rn 4; zB Räumung einer Wohnung) und auf die Umstände des Einzelfalles abzustellen. Die Maßstäbe der §§ 138, 826 BGB sind nicht ohne weiteres anwendbar. Den Gläubiger muss nicht ein moralischer Vorwurf treffen. Ihm dürfen auch nicht Aufgaben der Sozialhilfe überbürdet werden (Zweibrücken NJW-RR 02, 1664 mwN). Der Schuldner kann die Härte, die ihn trifft, selbst verschuldet haben. Das ist bei der Abwägung (Rn 10) zu berücksichtigen (StJMünzberg 6). Er kann sich in einem Vergleich gerade zu der Leistung (insbes Räumung), die vollstreckt werden soll, verpflichtet haben (Hamm NJW 65, 1386). Außer acht bleibt, ob die Entscheidung des Gerichts, die vollstreckt wird, falsch war oder für falsch gehalten wird (Rn 5) und ob dem Schuldner materiell-rechtliche Einwendungen zustehen (Hamm NJW-RR 02, 790). – **b) Beispiele,** **9** insbes für Zwangsräumung (hierzu Bindokat NJW 92, 2872; E. Schneider Büro 94, 321; Walker/Gruß NJW 96, 352; Weyhe NZM 00, 1147): wenn der Schuldner oder sein mitwohnender Angehöriger ernst erkrankt ist, insbes lebensbedrohend (Frankfurt NJW-RR 74, 81), altersbedingt gebrechlich (KG NZM 98, 452; Walker/Gruß aaO), auch schwerwiegend psychisch erkrankt (LG Lübeck DGVZ 80, 26), aber keinesfalls bei bloßer Gefahr psychogener Erkrankung (Köln MDR 88, 152). Gefahr für Leben und Gesundheit (insbes Suizidgefahr, Scherer DGVZ 95, 33) muss hinreichend wahrscheinlich sein (zu den Anforderungen Köln Rpfleger NJW 93, 2248; LG Mainz NJW-RR 98, 1451), auch gerade auf die drohende Vollstreckungsmaßnahme zurückzuführen (BVerfG NJW 91, 3207 liefert zugleich das Rezept hierfür). Das ist mindestens sorgfältig aufzuklären (BVerfG NJW 94, 1272; KG NJW-RR 95, 848), uU durch Sachverständigenbeweis, auch bei Suizidgefahr ohne psychische Erkrankung (BVerfG NJW 94, 1719). Eine bevorstehende Entbindung kann genügen (Frankfurt Rpfleger 81, 24). Dass der Schuldner der Sozialhilfe anheimfällt genügt allein ebensowenig (Zweibrücken Rpfleger 02, 465) wie drohende Obdachlosigkeit; die behördliche Obdachlosenfürsorge besteht unabhängig neben § 765a (Ewer/v. Detten NJW 95, 353). Vorher gewährte Räumungsfrist (§ 721) steht nicht entgegen (Köln ZMR 95, 535). Ein erheblich unter dem Marktwert liegender zu erwartender Versteigerungserlös genügt nicht (Hamm NJW-RR 02, 790).

5. Weitere Voraussetzungen einer Einstellung oder Aufhebung **10** der ZwVollstr sind: – **a) Vorliegen ganz besonderer Umstände.** Das betont den Ausnahmecharakter der Vorschrift (Rn 2). Diesen missachtet die Praxis weitgehend zugunsten des Schuldners. § 765a erfordert eine Interessenabwägung, die eindeutig zugunsten des Schuldners ausfallen muss (LG Braunschweig DGVZ 91, 187). – **b) Schutzbe-** **11** **dürfnis des Gläubigers** darf nicht entgegenstehen. Es steht entgegen, wenn der Gläubiger selbst dringend darauf angewiesen ist, dass der vollstreckbare Anspruch (50 vor § 704) erfüllt wird, zB erheblicher Zahlungsrückstand bei Zwangsräumung (LG Hildesheim NJW-RR 95, 1164), wenn der Schuldner erfüllen könnte, aber nicht will oder hierfür nicht alles getan hat.

6. Tierschutz (Abs 1 S 3). Jede Vollstreckungsmaßnahme muss mit **12** § 1 S 1 TierschutzG in Einklang stehen, unabhängig von Interessen des Gläubigers oder Schuldners, so dass die Maßnahme keine Härte gegen den Schuldner darstellen muss. Bei Haustieren im engeren Sinne besteht Unpfändbarkeit (§ 811 c), so dass § 765 a nur bei Herausgabe (§ 883), Unterlassung oder Handlung (§§ 887–890) praktisch wird.

13   **7. Verfahren.** – **a) Zuständig** ist ausschließlich (§ 802) das Vollstreckungsgericht (§ 764), gleichgültig welches Vollstreckungsorgan (5–8 vor § 704) tätig war. Es entscheidet der Rechtspfleger (§ 20 Nr 17 RPflG). Das LG (auf sofortige Beschwerde, § 793) kann die Anordnungen selbst treffen oder nach § 572 Abs 3 zurückverweisen. Das gilt auch dann, wenn die Voraussetzungen des § 765 a erstmals in der Be-
14 schwerdeinstanz auftreten (hM). – **b) Mündliche Verhandlung:** wie § 764 Rn 6. Gehör des Gläubigers ist praktisch unumgänglich, wenn dem Antrag stattgegeben werden soll.

15   **8. Einstweilige Anordnung** (Abs 1 S 2) vor der Entscheidung des Vollstreckungsgerichts erweist sich als notwendig, wenn die Entscheidung über den Antrag wegen Anhörung des Gläubigers oder aus anderen Gründen nicht rechtzeitig vor der Vollstreckungsmaßnahme ergehen konnte. Ist eine einstw Anordnung ergangen, wird sie ohne ausdrückliche Aufhebung durch die Entscheidung (Rn 16, 17) wirkungslos.

16   **9. Entscheidung.** Sie ergeht durch Beschluss. – **a) Inhalt.** Es können einzelne, genau bestimmte Vollstreckungsmaßnahmen (nicht die ZwVollstr im Ganzen) völlig oder zum Teil (zB einzelne Räume einer Wohnung, Herausgabe einer von mehreren Sachen) einstweilen (also zeitlich begrenzt) eingestellt werden (Regelfall) oder aufgehoben, auch vor ihrem Erlass untersagt werden, idR zeitweilig, bei Zwangsräumung auch auf Dauer denkbar (BVerfG NJW 92, 1155). Über die Kosten muss nur entschieden werden, wenn sie gem § 788 Abs 3 ausnahmsweise
17 dem Gläubiger auferlegt werden (§ 788 Rn 4). – **b) Abänderung,** auch Aufhebung des Beschlusses (Abs 4) durch das Vollstreckungsgericht ist, selbst wenn das LG entschieden hat (Rn 13), auf Antrag jeder Partei möglich, aber nur wenn die tatsächliche Lage sich ändert (Saarbrücken Rpfleger 03, 37: nach rechtskräftiger Ablehnung) oder die
18 Entscheidung arglistig erwirkt wurde. – **c) Ablehnung** des Antrags, wenn er unzulässig oder unbegründet ist.

19   **10. Wirkung.** – **a) Aufschub** durch den Gerichtsvollzieher (Abs 2). Schon vor dem Antrag (Rn 6) möglich, aber nur bei Herausgabe von Sachen und Personen (§ 113 Nr 1 GVGA), nicht bei Pfändung oder
20 Haft. Dauer: längstens eine Woche. – **b) Einstweilige Einstellung.** Sie ist im Regelfall angeordnet (Rn 16). Es gilt § 775 Nr 2 unmittelbar.
21 **c) Untersagung.** Künftige Vollstreckungsmaßnahmen der bestimmten Art dürfen nicht vorgenommen werden. Ist dies bereits geschehen, gilt
22 § 775 Nr 1 entspr. – **d) Aufhebung** der Vollstreckungsmaßnahme. Wird sie angeordnet, so muss dabei Abs 5 beachtet werden, der bezweckt, dass Pfandrecht und Rang (§ 804) nicht vor Rechtskraft (§ 705) der aufhebenden Entscheidung verlorengehen. Die Verstrickung des Pfandgegenstandes (§ 803 Rn 7) darf nicht vor diesem Zeitpunkt beseitigt werden, dh der Gerichtsvollzieher darf die Beschlagnahme nicht

eher aufheben. Beim Pfändungsbeschluss muss wegen § 829 Rn 50 die Aufhebung an die Rechtskraft des Beschlusses gebunden werden.

11. Rechtsbehelfe. – a) **Sofortige Beschwerde** (§ 793) unmittel- 23 bar gegen die Entscheidung des Rechtspflegers (§ 11 Abs 1 RPflG); für jede Partei, sofern sie beschwert ist. – **b) Vollstreckungserinnerung** (§ 766) gegen das Verfahren des Gerichtsvollziehers.

12. Kosten. Grundsätzlich trägt sie der Schuldner (§ 788 Abs 1). 24 Werden sie dem Gläubiger auferlegt (§ 788 Abs 4), so ist dies im Beschluss auszusprechen. § 788 gilt auch bei Erledigterklärung (Düsseldorf NJW-RR 96, 637). Gebühren: für Gericht KV 1641. RA: §§ 57, 58 Abs 3 Nr 3 BRAGO. Wert: § 3; Interesse an der begehrten Schutzmaßnahme (bestr).

§ 766 Erinnerung gegen Art und Weise der Zwangsvollstreckung

(1) [1]Über Anträge, Einwendungen und Erinnerungen, welche die Art und Weise der Zwangsvollstreckung oder das vom Gerichtsvollzieher bei ihr zu beobachtende Verfahren betreffen, entscheidet das Vollstreckungsgericht. [2]Es ist befugt, die im § 732 Abs. 2 bezeichneten Anordnungen zu erlassen.

(2) Dem Vollstreckungsgericht steht auch die Entscheidung zu, wenn ein Gerichtsvollzieher sich weigert, einen Vollstreckungsauftrag zu übernehmen oder eine Vollstreckungshandlung dem Auftrag gemäß auszuführen, oder wenn wegen der von dem Gerichtsvollzieher in Ansatz gebrachten Kosten Erinnerungen erhoben werden.

1. Allgemeines. – a) **Begriff.** Die Vollstreckungserinnerung ist ein 1 Rechtsbehelf für das Verfahren der ZwVollstr, wenn nicht eine Entscheidung des Gerichts angefochten werden soll. Gegen eine Entscheidung findet sofortige Beschwerde statt (vgl Rn 3). Die Abgrenzung ist nicht unproblematisch (hierzu K. Schmidt JuS 92, 90). – **b) Rechts-** 2 **pflegererinnerung** (§ 11 RPflG). Gegen Vollstreckungsmaßnahmen, die der Rechtspfleger erlassen hat (zB § 829), findet die Erinnerung nach § 766 statt (hM). Grund hierfür ist, dass für Vollstreckungsmaßnahmen, auch wenn sie als Entscheidungen iS des § 11 Abs 1 RPflG angesehen werden, § 766 Spezialgesetz ist (hM). Der Rechtspfleger ist lediglich an Stelle des Richters getreten und auch gegen dessen Vollstreckungsmaßnahmen würde allein § 766 anzuwenden sein. Gegen Entscheidungen des Rechtspflegers, durch die Vollstreckungsmaßnahmen, insbes im Wege der Abhilfe, aufgehoben oder abgeändert werden, auch gegen Vollstreckungsmaßnahmen, die als Entscheidungen ergehen (vgl § 829 Rn 55), findet über § 11 Abs 1 RPflG sofortige Beschwerde statt (§ 793). – **c) Sofortige Beschwerde** (§ 793). Liegt eine Ent- 3 scheidung des Richters oder Rechtspflegers vor, die keine bloße Vollstreckungsmaßnahme darstellt (vgl § 793 Rn 3), gilt allein § 793 (vgl

§ 11 Abs 1 RPflG) und nicht § 766 (hM; Wittschier JuS 99, 585). –

4   **d) Materiell-rechtliche Einwendungen.** § 766 dient nicht dazu, Einwendungen gegen den vollstreckbaren Anspruch (hierfür § 767) oder aus einem der ZwVollstr entgegenstehenden Recht (hierfür § 771) geltend zu machen, zB Übergang der Forderung auf einen anderen Gläubiger. Wird eine Erinnerung darauf gestützt, so ist sie unbegründet (Wittschier JuS 99, 585). – **e) Dienstaufsichtsbeschwerde** (18 vor § 567).

5   Sie ist im Anwendungsbereich des § 766 (Rn 6) grundsätzlich ausgeschlossen; denn in das Vollstreckungsverfahren darf im Wege der Dienstaufsicht nicht eingegriffen werden, nur ausnahmsweise zu dem Zweck, den Gerichtsvollzieher von einer Dienstpflichtverletzung abzuhalten.

6   **2. Anwendungsbereich. – a) Anwendbar** ist § 766 grundsätzlich auf jede Vollstreckung, die nach der ZPO durchgeführt wird, auch wenn der Titel auf einem anderen Gesetz beruht (15 vor § 704); auf das Verfahren des Vollstreckungsgerichts, soweit es keine Entscheidung getroffen hat (Rn 2), also insbes Vollstreckungsmaßnahmen (zB Pfändungsbeschlüsse, § 829) und auf das Verfahren des Gerichtsvollziehers, soweit es die ZwVollstr betrifft, ferner auf vom Gläubiger durchgeführte Vorpfändungen (§ 845) und Einwendungen im Rahmen des § 21

7   AVAG. – **b) Unanwendbar** ist § 766, soweit die ZwVollstr vom Prozessgericht und vom Grundbuchamt durchgeführt wird (vgl 7, 8 vor § 704), ferner bei Handlungen des Gläubigers und wenn der Gerichtsvollzieher außerhalb der ZwVollstr tätig wird, zB beim bürgerlich-rechtlichen Pfandverkauf (Frankfurt DGVZ 98, 121).

8   **3. Verfahren.** Grundsätzlich gilt § 764 Rn 6. Das Vollstreckungsrechtsverhältnis besteht zwischen den Parteien und zum Gericht (wie 1 vor § 50; umstr; vgl K. Schmidt JuS 92, 90/2 mwN). – **a) Zuständigkeit** (vgl § 764 Rn 1–4). Das AG entscheidet durch den Richter (§ 20 Nr 17 RPflG), auch wenn er selbst die Vollstreckungsmaßnahme

9   getroffen hat. – **b) Einzelheiten.** Der Beschluss ist rechtskraftfähig (§§ 705, 793). Vor der Entscheidung sind einstw Anordnungen zulässig (Abs 1 S 2); wie § 732 Rn 11. Abhilfe (entspr § 573 Abs 1 S 3, § 572 Abs 1) ist möglich. Vor Abhilfe ist Anhörung des Erinnerungsgegners geboten. Die Erinnerung kann jederzeit zurückgenommen werden.

10   **4. Beschlussformel.** Ihr möglicher Inhalt ist: – **a) Zurückweisung.** Die Erinnerung ist zurückzuweisen, wenn sie unzulässig (Rn 14–22) oder unbegründet (Rn 23) ist. Bei fehlender Zuständigkeit (Rn 8) ist

11   Abgabe an ein anderes Gericht möglich. – **b) Unzulässigerklärung** der ZwVollstr in genau bestimmtem Umfang (wegen § 775 Nr 1), soweit sie dies ist (38 vor § 704). In diesen Fällen ist es geboten, den Vollzug der Entscheidung bis zum Eintritt der Rechtskraft (§ 705) auszusetzen (entsprechend § 570 Abs 2; E. Schneider MDR 84, 371 für

12   § 572 aF). – **c) Aufhebung** einer Vollstreckungsmaßnahme (zB eines Pfändungsbeschlusses), sofern das Vollstreckungsgericht Organ der ZwVollstr ist (6 vor § 704). Aussetzung des Vollzugs der Entscheidung: wie

Rn 11. – **d) Anordnung** einer bestimmten Maßnahme, zB indem der 13 Gerichtsvollzieher angewiesen wird, den Vollstreckungsauftrag auszuführen oder eine Pfändung aufzuheben.

5. Zulässigkeit. Die Erinnerung ist zulässig, und zwar ohne Rück- 14 sicht auf den Inhalt ihrer Begründung (vgl Rn 4), wenn vorliegt: – **a) Statthaftigkeit.** Im Rahmen des Anwendungsbereichs (Rn 6) 15 findet die Erinnerung statt für den Gläubiger, den Schuldner und für Dritte (bei Testamentsvollstreckung vgl § 749 Rn 5). **aa) Tätigkeit des Vollstreckungsgerichts** (§ 764). Gegen jede seiner Anordnungen und Maßnahmen, aber nicht (vgl Rn 7) gegen Entscheidungen des Prozessgerichts (§§ 887–890) oder des GBA (§ 866). Das Vollstreckungsgericht entscheidet dann durch den Richter über eine Maßnahme des Rechtspflegers. Das gilt nicht für Vollstreckungsmaßnahmen des Beschwerdegerichts (vgl Rn 29). **bb) Verhalten des Gerichtsvollzie-** 16 **hers.** Gegen jedes auf die ZwVollstr bezogene Verhalten des Gerichtsvollziehers, auch wenn es privatrechtlich ist (Wittschier JuS 99, 185). Dies entspricht den beiden ersten Alternativen des Abs 2. Es sind Maßnahmen und Unterlassungen; auch eine vorgenommene unzulässige, aber wirksame Zustellung oder eine verweigerte zulässige und erforderliche Zustellung; die Herausgabe des Erlöses und von Sachen, die der Gerichtsvollzieher durch die Vollstreckung erlangt hat, zB durch Sequestration (aA LG Bremen DGVZ 78, 139: Herausgabeklage gegen den Gerichtsvollzieher); nicht die bloße Verzögerung wegen Arbeitsüberlastung (AG Rosenheim DGVZ 97, 141). **cc) Kostenansatz.** Ge- 17 gen den Kostenansatz durch Gerichtsvollzieher (Abs 2) oder Vollstreckungsgericht: gemeint sind die Kosten des § 788. Die Erinnerung kann sich auf Grund, Höhe, Vorschuss und Rückerstattung der Kosten beziehen. Ist jedoch ein Kostenfestsetzungsbeschluss durch den Rechtspfleger ergangen (§ 788 Abs 2 S 1), gilt § 104 Abs 3. **dd) Vorpfän-** 18 **dung** (§ 845). Sie stellt eine Vollstreckungsmaßnahme der Gläubiger dar, die unter Abs 1 S 1 fällt. – **b) Form:** schriftlich mit eigenhändiger 19 Unterschrift (LG Berlin MDR 76, 407) oder zu Protokoll der Geschäftsstelle. – **c) Frist.** Es gilt keine (allgM). – **d) Beschwer.** Nur wer be- 20 schwert ist, hat die Erinnerungsbefugnis (im Einzelnen Wittschier JuS 99, 585) und kann zulässig Erinnerung erheben. Das kann der Schuldner, der Gläubiger, aber auch ein Dritter sein, der durch die ZwVollstr betroffen wird, zB Drittschuldner bei § 829, Dritte bei §§ 809, 886. Grundsätzlich nicht (hM), sondern nur ausnahmsweise der Gerichtsvollzieher (vgl Rn 28). – **e) Rechtsschutzbedürfnis.** Maßgebend ist der 21 Zeitpunkt der Entscheidung. **aa) Für den Schuldner und Dritte** (vgl Rn 15), die unmittelbar betroffen sind (vgl Köln OLGZ 93, 113), liegt es grundsätzlich vor: von Beginn der ZwVollstr (28 vor § 704; Köln Büro 89, 866 mwN) bis zum Ende der einzelnen Vollstreckungsmaßnahme (29 vor § 704), bei § 811 zB bis zur Auszahlung des Versteigerungserlöses (LG Rottweil DGVZ 93, 57). Ausnahmsweise besteht das Rechtsschutzbedürfnis schon vorher, wenn eine Vollstreckungsmaß-

nahme unmittelbar bevorsteht, nach ihrem Ende nur dann, wenn sie
fortwirkt (zB wegen § 807), noch aufgehoben werden kann und dies
für den Schuldner oder den Dritten Abhilfe schafft (LG Düsseldorf
DGVZ 85, 152); zB beim Kostenansatz (Rn 17). Der Schuldner darf
sich auf Dritteigentum berufen, soweit ihm rechtmäßiger Besitz (zB
beim Werkvertrag) entzogen werden könnte (aA München DGVZ 95,
22 11). **bb) Für den Gläubiger** besteht das Rechtsschutzbedürfnis, sobald
und solange die vollstreckbare Ausfertigung (§ 724) erteilt ist. Das
Rechtsschutzbedürfnis wird nicht dadurch ausgeschlossen, dass der Erinnerungsführer daneben Klage aus § 771 erheben könnte (vgl § 771
Rn 2).

23   **6. Begründetheit.** Maßgebend sind die Verhältnisse zZ der Entscheidung (hM; Wittschier JuS 99, 585 mwN). Begründet ist die Erinnerung je nachdem, was damit erstrebt wird (vgl Rn 9–12; zahlreiche
Bsp bei Wittschier aaO), insbes wenn die ZwVollstr überhaupt oder die
sie betreffende Vollstreckungsmaßnahme unzulässig ist (vgl 38 vor
§ 704), zB ZwVollstr aus einem Titel, der gemäß § 727 umgeschrieben
werden müsste (BGH NJW 92, 2159); wenn das Vollstreckungsorgan
(insbes der Gerichtsvollzieher) den Vollstreckungsantrag oder eine Weisung befolgen muss, es aber abgelehnt hat; ferner wenn Kosten der Zw-
Vollstr (§ 788 Abs 1) zu Unrecht angesetzt oder nicht beigetrieben
wurden (vgl Rn 17).

24   **7. Vollstreckungsbeschränkende Vereinbarungen** der Parteien
sind als Prozessvertrag (Einl III Rn 6) zulässig (vgl 30 vor § 704) und
haben unmittelbare vollstreckungsrechtliche Wirkung (hM; K. Schmidt
25 JuS 92, 90/6). – **a) Inhalt:** die Verpflichtung, eine bestimmte Vollstreckungsmaßnahme oder überhaupt eine Zwangsvollstreckung nicht zu
betreiben oder sie bis zu einem bestimmten Zeitpunkt zu unterlassen
(BGH NJW 91, 2295). Bsp: Stundung der vollstreckbaren Forderung
(Hamm MDR 77, 675); Vereinbarung, bestimmte Gegenstände nicht
pfänden zu lassen; keinen Auftrag auf Abgabe einer Offenbarungsversicherung (§ 900) zu erteilen; nicht vor Rechtskraft oder nur nach
Eintritt einer Bedingung zu vollstrecken; bestimmte Rechtsbehelfe
nicht zu ergreifen; Abschluss einer Ratenzahlungsvereinbarung nachdem der Vollstreckungstitel entstanden ist (Karlsruhe MDR 75, 234). –
b) Grenzen. Keine vollstreckungsbeschränkende Vereinbarung ist die
Sicherungsabrede zu einer Grundschuld (Hamm Rpfleger 99, 231). –
26 **c) Rechtsbehelfe.** Es ist von jeher umstritten, ob Erinnerung (§ 766)
oder Klage (§ 767) in diesen Fällen der richtige Rechtsbehelf ist, wenn
gegen die Vereinbarung verstoßen wird. Die Rspr ist uneinheitlich (Nachweise bei Wittschier JuS 99, 585). Der BGH neigt dazu,
eine Klage mit und ohne Einschränkung durch § 767 Abs 2 zuzulassen
(vgl BGH 16, 180 u NJW 91, 2295; Karlsruhe NJW-RR 99, 941;
Schuschke/Walker 9). Sonst wird im Schrifttum vielfach die Anwendung von § 766 befürwortet. Außerdem gibt es eine differenzierte Betrachtungsweise, die überwiegend auf die Funktion der jeweiligen Ver-

einbarung abstellt (StJMünzberg 23–29). Grundsätzlich wird § 766 angewendet, wenn Vollstreckungsorgane vorliegende Vollstreckungsvereinbarungen nicht beachten oder nicht befolgen (Karlsruhe NJW 74, 2242; Frankfurt OLGZ 81, 112). Anstatt der Erinnerung (§ 766) kann der Schuldner wahlweise Klage nach § 767 erheben (K. Schmidt JuS 92, 90/6), jedenfalls dann wenn der Anspruch selbst betroffen ist, zB die ZwVollstr ganz ausgeschlossen sein soll.

8. Rechtsmittel. Es ist zu unterscheiden: – **a) Einstweilige Anord- 27 nungen** (Abs 1 S 2): wie § 732 Rn 11. – **b) Beschluss,** durch den **28** über die Erinnerung entschieden wird: sofortige Beschwerde (§ 793). Sie kann für einen Dritten (Rn 20), auch für den Gerichtsvollzieher zulässig sein, aber nur falls und soweit er beschwert ist (vgl Geißler DGVZ 85, 129). Das trifft zu, wenn es um seine Gebührenrechte geht (wohl hM; aA LG Frankfurt DGVZ 93, 74), nicht aber, wenn er sich gegen die Anordnung einer beantragten oder angeordneten Amtshandlung wenden will (Düsseldorf NJW 80, 1111 mwN und NJW-RR 93, 1280). Ist über Kosten entschieden, gilt § 567 Abs 2 S 2 (Beschwerdewert: 50 Euro). – **c) Vollstreckungsmaßnahmen,** die das LG auf so- **29** fortige Beschwerde (§ 793) anordnet. Dagegen kann die Rechtsbeschwerde zugelassen werden (§ 574).

9. Kosten. Entscheidung im Beschluss (Rn 8) ergeht gemäß §§ 91 ff **30** (hM; BGH Rpfleger 89, 79); die Kosten dürfen auch im Fall der Rn 17 nicht dem Gerichtsvollzieher auferlegt werden (Hamm DGVZ 93, 27 mwN). Gebühren: für das Gericht keine; für den RA § 57 Abs 1 S 1 BRAGO; keine besondere Angelegenheit, daher § 58 Abs 1 BRAGO. Wert: § 57 Abs 3 BRAGO.

§ 767 Vollstreckungsabwehrklage

(1) **Einwendungen, die den durch das Urteil festgestellten Anspruch selbst betreffen, sind von dem Schuldner im Wege der Klage bei dem Prozeßgericht des ersten Rechtszuges geltend zu machen.**

(2) **Sie sind nur insoweit zulässig, als die Gründe, auf denen sie beruhen, erst nach dem Schluß der mündlichen Verhandlung, in der Einwendungen nach den Vorschriften dieses Gesetzes spätestens hätten geltend gemacht werden müssen, entstanden sind und durch Einspruch nicht mehr geltend gemacht werden können.**

(3) **Der Schuldner muß in der von ihm zu erhebenden Klage alle Einwendungen geltend machen, die er zur Zeit der Erhebung der Klage geltend zu machen imstande war.**

1. Allgemeines. Die Vollstreckungsabwehrklage (auch Vollstre- **1** ckungsgegenklage genannt) ist wegen dogmatischer Einordnung und zahlreicher Einzelfragen immer wieder Gegenstand wissenschaftlichen Streits (Geißler NJW 85, 1865). Es handelt sich um eine prozessuale

Gestaltungsklage (hM), die nicht den Vollstreckungstitel, sondern nur dessen Vollstreckbarkeit beseitigt (BGH 118, 229 mwN). Sie leitet einen neuen Rechtsstreit ein und setzt nicht den früheren fort. Mit ihr kann nicht die Unwirksamkeit des Titels (insbes des § 794 Abs 1 Nr 5) geltend gemacht werden (BGH aaO). Es sind grundsätzlich die allgemeinen Vorschriften des 1. bis 4. Buches anzuwenden. § 767 bestimmt nur in Abs 1 die ausschließliche (§ 802) Zuständigkeit und beschränkt in den Abs 2, 3 die Zulässigkeit von Einwendungen (Rn 20–23), die gegen den vollstreckbaren Anspruch erhoben werden.

2   **2. Zweck.** Der Fortbestand des vollstreckbaren Anspruchs (50 vor § 704) ist für die ZwVollstr zwar grundsätzlich bedeutungslos. Dem Schuldner muss aber die Möglichkeit bleiben, das nachträgliche Erlöschen oder die inzwischen eingetretene Hemmung des Anspruchs geltend zu machen, wenn dies zwischen den Parteien umstritten ist oder vom Gläubiger nicht beachtet wird. Die Vollstreckungsabwehrklage beseitigt nur die Vollstreckbarkeit des Titels (Rn 9–11) und berührt nicht die Rechtskraft des Urteils. Dementsprechend kann die Klage auch nur auf solche Einwendungen gegen den materiellen Anspruch des jeweiligen Vollstreckungstitels gestützt werden, die nach der letzten mündlichen Tatsachenverhandlung entstanden sind (Präklusionswirkung, Abs 2); denn das ist der maßgebende Zeitpunkt für die materielle Rechtskraft (§ 322 Rn 35).

3   **3. Streitgegenstand** ist die Unzulässigkeit der ZwVollstr aus dem Titel (hM; MüKo/K. Schmidt 41), weil dessen vollstreckbarer Anspruch durch die geltend gemachten Einwendungen erloschen oder gehemmt sei. Das Bestehen des vollstreckbaren Anspruchs (50 vor § 704) ist nicht Streitgegenstand (hM); jedoch kann ihn der Beklagte durch Zwischenfeststellungsklage (§ 256 Abs 2) dazu machen (StJMünzberg 5). Dem Streitgegenstand entspricht die materielle Rechtskraft (§ 322 Abs 1). Sie nimmt dem betroffenen Titel rechtsgestaltend die Vollstreckbarkeit.

4   **4. Abgrenzung** zu anderen Klagen und sonstigen Rechtsbehelfen. – **a) Wiederaufnahmeklage.** Eine Wiederaufnahmeklage (§§ 579, 580) bezweckt, das vorangegangene Urteil zu beseitigen. Sie wird auf Mängel des vorangegangenen Verfahrens oder Urteils gestützt. Die Vollstreckungsabwehrklage erfasst dagegen nur die erst später entstandenen rechtsvernichtenden und rechtshemmenden Einwendungen (Rn 20). – **b) Abänderungsklage.** Das Verhältnis zu § 767 ist in § 323 Rn 2 dar-
5 gestellt. – **c) Auslegung des Vollstreckungstitels** (22 vor § 704) wird bei einem Prozessvergleich als zulässiger Gegenstand der Vollstreckungsabwehrklage angesehen (BGH NJW 77, 583; BVerwG NJW 92, 192 abl Anm Renck 2208). Das ist bei Urteilen wegen Abs 2 bedenklich. Hierfür stehen eher die Rechtsbehelfe der ZwVollstr (§§ 766, 793) oder eine Feststellungsklage (Rn 8) offen (BGH NJW 73, 803). –
6 **d) Klage auf Herausgabe** der vollstreckbaren Ausfertigung. Sie ist analog § 371 BGB nach Befriedigung des Gläubigers, zumindest nach

erfolgreicher Durchführung der Vollstreckungsabwehrklage zulässig (hM; BGH NJW 94, 3225 mwN). Für die Begründetheit der Klage reicht nicht allein aus, dass die ZwVollstr für unzulässig erklärt worden ist (BGH aaO), auf jeden Fall aber, wenn Erlöschen der Titelschuld und Unzulässigkeit der ZwVollstr unstreitig sind (BGH NJW 94, 1161). – **e) Klage auf Rückzahlung** des zu viel Geleisteten als Schadensersatz 7 oder aus Bereicherung (verlängerte Vollstreckungsabwehrklage) kann durch Klageänderung (Rn 16) oder einen Hilfsantrag verbunden werden (§ 260 Rn 8; vgl BGH 100, 211). Diesem Anspruch steht die Rechtskraft des Titels (Bestehen des vollstreckbaren Anspruchs) ebenso entgegen wie der Vollstreckungsabwehrklage, insbes der Einwendungsausschluss (Rn 21). – **f) Feststellungsklage** (§ 256 Abs 1) auf die 8 Reichweite des Titels ist möglich (22 vor § 704; BGH NJW 97, 2320), auch darauf, dass der vollstreckbare Anspruch nicht (mehr) bestehe. Diese Klage kann bei bestehendem Feststellungsinteresse (§ 256 Rn 13) zulässig sein, auch neben der Klage aus § 767 und verbunden (§ 260). Sie berührt nicht die Vollstreckbarkeit des Titels, sondern nur den vollstreckbaren Anspruch. – **g) Gestaltungsklage** auf Unzulässigkeit der 8a ZwVollstr wegen Unwirksamkeit des Titels (Koln NJW-RR 99, 22 und 431), zB inhaltlicher Unbestimmtheit des Titels (Koblenz NJW-RR 02, 1509) oder Streitgegenstandes (Einl II) und damit wegen fehlender materiellen Rechtskraft (§ 322). Hierfür darf nur Abs 1 entspr, nicht aber dürfen Abs 2, 3 angewendet werden (BGH 124, 164 Anm von Foerste ZZP 107, 370). § 732 (dort Rn 9) steht nicht entgegen (Köln NJW-RR 99, 431). Verbindung mit der Klage aus § 767: wie Rn 8 (Köln aaO). – **h) Klage auf Unterlassen** der ZwVollstr aus 8b § 826 kann auch hilfsweise erhoben werden (BGH NJW 02, 2940).

5. Vollstreckungstitel. Die Klage richtet sich stets gegen einen sol- 9 chen. Der richtige Kläger ist der Vollstreckungsschuldner (11 vor § 704; MüKo/K. Schmidt 44). – **a) Urteile.** Dafür gilt § 767 unmittelbar. Grundsätzlich für alle Leistungs- und Haftungsurteile, auch Vollstreckungsurteile (§ 723), nicht gegen Feststellungs- und Gestaltungsurteile (vgl 3–5 vor § 253). Wegen § 700 Abs 1 steht der Vollstreckungsbescheid einem Urteil gleich. Arrest und einstweilige Verfügung: Rn 11. – **b) Vollstreckungstitel des § 794** (über § 795), soweit sie vollstre- 10 ckungsfähig sind, insbes Prozessvergleiche (hM; BAG NJW 97, 1868 mwN). Ist der vollstreckungsfähige Titel aus materiell-rechtlichen Gründen nicht wirksam, steht dies der Klage aus § 767 nicht entgegen (BGH NJW 92, 2161). Vollstreckungstitel sind auch Kostenfestsetzungsbeschlüsse (BGH NJW 94, 3292; vgl aber Rn 25). – **c) Sonstige** 11 **Vollstreckungstitel** (15 vor § 704), insbes Zuschlagbeschlüsse (§§ 93, 132 ZVG), Teilungspläne (§ 115 ZVG; BGH NJW 80, 2585). Bei einstweiliger Verfügung vgl § 936. Für Arrest gilt § 767 nicht. Hierfür ist der Aufhebungsantrag nach § 927 vorgesehen (§ 924 Rn 7).

6. Antrag und Urteilsformel sind so zu fassen, dass die ZwVollstr 12 aus dem genau bezeichneten Vollstreckungstitel für unzulässig erklärt wird oder für zulässig nur Zug-um-Zug gegen eine Leistung (Rn 20; BGH NJW-RR 97, 1272). Bezieht sich die Einwendung nur auf einen Teil des Anspruchs, ist entspr zu beschränken. Antrag und Urteilsformel dürfen sich nicht auf eine einzelne Zwangsvollstreckungsmaßnahme beziehen. Einstweilige Anordnungen zur ZwVollstr sind möglich (§ 770).

13   **7. Zulässigkeit** der Klage. Es müssen die allgemeinen Prozessvoraussetzungen vorliegen (15–31 vor § 253), insbes: – **a) Zuständigkeit.** Prozessgericht erster Instanz: wie § 731 Rn 4. Daher ist Prozessgericht auch das Familiengericht, das den Vollstreckungstitel geschaffen hat (BGH NJW 02, 444), nicht notwendig das Gericht der Ehesache (BGH NJW 80, 1393). Unabhängig vom Geschäftsverteilungsplan sind Spruchkörper zuständig, die eine eigene gesetzliche Zuständigkeit haben, zB Kammern für Handelssachen, Kammern für Baulandsachen (BGH NJW 75, 829). Wird die Klage im zweiten Rechtszug in eine Vollstreckungsabwehrklage geändert (§§ 263, 523), steht § 802 entgegen (für Ausnah-
14 men: Frankfurt NJW 76, 1982). – **b) Rechtsschutzbedürfnis** (vgl. 26 vor § 253). **aa) Es tritt ein,** sobald ein Titel (Rn 9–11) vorliegt, der zur ZwVollstr geeignet ist (BGH NJW 92, 2160 und 97, 2887), auch wenn die Vollstreckungsklausel (§ 725) nicht erteilt, wenn sie noch nicht gemäß § 727 umgeschrieben ist (BGH NJW 92, 2159) oder wenn die Unterwertungsklausel (§ 794 Abs 1 Nr 5) fehlt (BGH NJW-RR 99, 1080). Das gilt ohne Rücksicht auf den Beginn der Zwangsvollstreckung (28 vor § 704), sofern eine konkrete Vollstreckungsmaß-
15 nahme bevorsteht (Hamm DGVZ 83, 137). **bb) Es fehlt,** wenn der Schuldner gegen den Vollstreckungstitel einen statthaften Rechtsbehelf ergriffen hat, zB Berufung eingelegt; wenn er die Unwirksamkeit eines Vergleichs geltend machen will, weil dann der alte Rechtsstreit fortzusetzen ist (§ 794 Rn 36). Vorher stehen aber Vollstreckungsabwehrklage und der jeweils statthafte Rechtsbehelf zur Wahl, wenn der Schuldner eine durch Abs 2 nicht ausgeschlossene Einwendung geltend machen will. Klageerhebung ohne drohende ZwVollstr kann Kosten-
16 überbürdung gemäß § 93 begründen. **cc) Es entfällt,** sobald die ZwVollstr als Ganzes beendet ist (29 vor § 704; hM; dagegen krit Brehm ZIP 83, 1420), zB mit Eintritt der Fiktion des § 894 (Hamburg MDR 98, 1051); sobald die vollstreckbare Ausfertigung dem Vollstreckungsschuldner ausgehändigt wurde (§ 757 Abs 1) oder auch dem Notar unter Rücknahmeverzicht (BGH NJW 94, 1161) und der Gläubiger aus dem Titel befriedigt ist (StJMünzberg 42). Solange der Gläubiger den Titel in Händen hat, entfällt das Rechtsschutzbedürfnis auch dann nicht, wenn Gläubiger und Schuldner sich einig sind, dass eine Zwangsvollstreckung nicht mehr in Betracht komme (BGH WM 75, 1213). Ist die titulierte Forderung teilweise erloschen, entfällt das Rechtsschutzbedürfnis noch nicht, wenn der Gläubiger sich für teilweise befriedigt erklärt und auf weitere ZwVollstr verzichtet (BGH NJW 92, 2148), sondern nur, wenn für den Rest eine ZwVollstr unzweifelhaft nicht mehr droht (BGH NJW-RR 89, 124). Ausnahmen

bei Titel über wiederkehrende Unterhaltsleistungen: BGH FamRZ 84, 470. Später begründen Einwendungen nur noch bürgerlich-rechtliche Ansprüche, zB aus §§ 812 ff BGB (allgM), die mit Klageänderung geltend gemacht werden können (Rn 7 und 17). – **c) Klageänderung** 17 (§ 263) liegt insbes vor, wenn Einwendungen ausgewechselt oder nachgeschoben werden. Umstritten ist, ob sie auch dann nur nach den §§ 263, 264 zu behandeln ist (BGH 45, 231) oder nach Abs 3 als spezielle Präklusionsnorm für das Nachschieben von Einwendungen (so zutreffend K. Schmidt JR 92, 89 [92] mwN). Wird die Klageänderung nicht zugelassen, so bleibt die Zahlungsklage (Rn 7; vgl BGH aaO). – **d) Schiedsklausel.** § 1032 ist anzuwenden, wenn die Einwendung 17 a von einem Schiedsvertrag (§ 1029) erfasst wird (BGH 99, 143 und NJW-RR 96, 508; StJSchlosser § 1025 Rn 27 e mwN; bestr).

8. Begründet kann die Klage bei Urteilen und Vollstreckungsbeschei- **18** den (§ 700 Abs 1; vgl Rn 20) nur dann sein, wenn eine nicht ausgeschlossene Einwendung feststeht und nicht infolge einer Replik wirkungslos ist. Voraussetzungen: – **a) Sachbefugnis** Wittschier JuS 97, 450). Der Kläger muss Vollstreckungsschuldner (Zweibrücken WM 03, 380), der Beklagte Vollstreckungsgläubiger sein (10, 11 vor § 704). Das ist, wer im Titel als solcher steht, für oder gegen wen die Klausel erteilt oder auf wen sie umgeschrieben ist. Nach einer Forderungsabtretung kann schon vor Umschreibung gegen denjenigen geklagt werden, der die ZwVollstr androht (BGH NJW 93, 1396). – **b) Bestehen einer** **20** **Einwendung. aa) Allgemeines.** Es kommen wegen Abs 2 (Rn 21) nur rechtsvernichtende und rechtshemmende Einwendungen (43, 44 vor § 253) in Betracht, weil nur solche nach Schluss der letzten Tatsachenverhandlung (§ 296 a) entstehen können. Dem entspricht als maßgebender Zeitpunkt im schriftlichen Verfahren § 128 Abs 2, bei nachgereichten Schriftsätzen § 283. Unterliegt die Einwendung aber einer Schiedsabrede (§ 1029), so greift dagegen die Einrede des Schiedsvertrags durch (Rn 17 a). **bb) Einwendungen** sind: Erfüllung und Erfül- **20 a** lungssurrogate grundsätzlich, auch bei einem titulierten Nacherfüllungsanspruch (BGH NJW 93, 1394 mwN); dies gilt auch bei einer gegen mehrere Gesamtschuldner titulierten Forderung (Frankfurt MDR 82, 934); Schutz des Schuldners vor doppelter Inanspruchnahme infolge einer Zession (verneinend BGH NJW 01, 231), wenn Hinterlegung unverschuldet ausscheidet (Rensen MDR 01, 858); Unmöglichkeit der Leistung nur, wenn sie schuldbefreiend ist (Köln NJW-RR 91, 1022); wenn der Bürge sich auf Verjährung der Hauptforderung beruft (BGH NJW 99, 278), aber nicht für den nach § 128 HGB verurteilten Gesellschafter, wenn später die Forderung gegen die Gesellschaft verjährt (BGH 104, 76); bei Urteil auf künftige Räumung die nachträglich ausgeübte Mietoption (BGH 94, 29); eine vollstreckungsbeschränkende Vereinbarung (§ 766 Rn 26 mwN); bei einer vollstreckbaren Urkunde (§ 794 Abs 1 Nr 5), wenn eine Herausgabepflicht des Gläubigers besteht (BGH NJW-RR 02, 282), wenn die materielle Forderung gerin-

ger ist als die titulierte (BGH NJW 97, 2887) oder wenn eine Sicherungsabrede zur bestellten Grundschuld entgegensteht (Hamm Rpfleger
99, 231); bei einem Ratenzahlungsvergleich, wenn der Schuldner den
Eintritt des Verzugs bestreitet (hM; Münzberg Rpfleger 97, 413); unzulässige Rechtsausübung (BGH Rpfleger 76, 354); sittenwidriger Erwerb einer titulierten Forderung (Köln JZ 96, 313 mit Anm von
Münzberg); Nichtigerklärung einer Norm, auf welcher der Titel beruht, durch das BVerfG (BGH NJW 02, 2940); Übergang des vollstreckbaren Anspruchs auf einen anderen Gläubiger (BGH NJW-RR
92, 61 mit Anm von Münzberg NJW 92, 1867); auch schon die Pfändung (Münzberg DGVZ 85, 145), insbes bei Pfändungs- und Überweisungsbeschluss (BAG NJW 97, 1868); Widerrufs- und Rückgabe-
rechte (§§ 355, 356 BGB); Zurückbehaltungsrechte (zB § 273 BGB),
dann nur Zug-um-Zug (BGH NJW-RR 97, 1272; Rn 12); Scheidung
der Ehe für einen ehelichen Unterhaltsanspruch (BGH NJW 81, 978).
cc) Keine Einwendungen sind: Wandel der höchstrichterlichen
Rechtsprechung (BGH NJW 02, 2940); ein Beschluss des BVerfG, der
die bestimmte Auslegung einer Norm für verfassungswidrig erklärt
(BGH aaO); die nachträgliche Änderung des Zinsniveaus (BGH 100,
211).

20 b **9. Beweislast.** Sie richtet sich nach dem materiellen Recht und
wird nicht dadurch geändert, dass sich der Schuldner der ZwVollstr
unterwirft (BGH NJW 01, 2096). Nur für die Einwendungstatsachen
trägt sie grundsätzlich der Kläger (hM; einschränkend Münch NJW 91,
795); auch bei Titeln des § 794 (BGH NJW 91, 1617). Hingegen trägt
der Beklagte als Gläubiger die Beweislast für das Entstehen des Anspruchs, insbes die Hingabe des Geldbetrags als Darlehen (BGH NJW
01, 2096).

21 **10. Ausschluss (Präklusion)** erhobener Einwendungen (Abs 2). –
a) Grundsatz. Ausgeschlossen ist die Einwendung (Rn 20), die im
Rechtsstreit über den Titel bis Schluss der mdl Vhdlg (§ 296 a) oder
dem entspr Zeitpunkt (§ 128 Abs 2) nicht vorgebracht wurde, obwohl
sie bereits entstanden war, da die sie begründenden Tatsachen bereits
eingetreten waren (Rn 22). Die Einwendung ist auch ausgeschlossen,
wenn sie wegen Verspätung gem § 296 Abs 1, 2 oder § 530 präkludiert
wurde (BGH NJW 94, 2769 mwN), nicht aber, wenn sie wegen § 559
in der Revisionsinstanz nicht vorgebracht worden ist (BGH NJW 98,
2972 und 99, 278 für § 561 aF). Der letzte Hs des Abs 2 betrifft nur
Versäumnisurteile (§ 338) und Vollstreckungsbescheide (§ 700), für die
eine entspr Sonderregel in § 796 Abs 2 gilt. Dies bedeutet, dass nur
solche Einwendungen zugelassen sind, die bis zum Ablauf der Einspruchsfrist (§ 339) nicht geltend gemacht werden konnten. Der Einspruchsführer ist also gehalten, alle bis zum Einspruch entstandenen
Einwendungen in der Begründung (§ 340 Abs 3) vorzubringen. Für
eine Ausnahme, wenn trotz Erfüllung vor Ablauf der Einspruchsfrist
später vollstreckt wird: Hamm NJW-RR 00, 659 (vgl § 796 Rn 2 aE). –

b) Entstehen der Einwendung. Das ist nach materiellem Recht zu 22
beurteilen und gilt auch für den Zeitpunkt. Auf Kennen oder Kennenmüssen der den Einwendungen zugrundeliegenden Tatsachen
kommt es nicht an (BGH 61, 26). Das gilt auch bei Abtretung im Fall
des § 407 BGB (BGH NJW 01, 231; gegen die bisher hM; vgl Brand
JuS 02, 637; aA 24. Aufl). **aa) Gestaltungsrechte.** Entstanden sind die 22 a
Gründe, also die Tatsachen, auf denen die Einwendungen beruhen, bei
Gestaltungsrechten (zB Aufrechnung, Rücktritt, Anfechtung, Minderung), vollständig erst dann, wenn diese ausgeübt sind, weil erst dadurch der Anspruch vernichtet oder beschränkt wird, gleichgültig, ob
es sich um vertraglich vereinbarte oder gesetzliche Gestaltungsrechte
handelt. Das ist hM im Schrifttum (zB St/Münzberg 32 ff mwN;
Musielak/Lackmann 37). Anders die hRspr (zB BGH 34, 274 sowie
NJW 80, 2527 und Hamm NJW 93, 140), die darauf abstellt, wann das
Gestaltungsrecht entstanden ist und ausgeübt werden konnte, ohne
Rücksicht auf die Kenntnis. Bei der Mietoption ist jedenfalls maßgebend
der Zeitpunkt der Ausübung (BGH 94, 29). **bb) Widerruf und** 22 b
Rückgabe (§§ 355–357 BGB) sind als rechtsvernichtende Einwendungen geregelt. Sie sind Gestaltungsrechte (Rn 22 a). Die Streitfrage
wegen der früher angenommenen schwebenden Unwirksamkeit (vgl
22. Aufl) ist hinfällig.

11. Innerprozessuale Präklusion (Abs 3; MüKo/K. Schmidt 85). 23
Die Klage muss alle Einwendungen umfassen, die berücksichtigt werden sollen. Entgegen dem Wortlaut dürfen Einwendungen bis zum
Schluss der mdl Vhdlg auch noch in der Berufung (Geißler NJW 85,
1865 [1869]) nachgeschoben werden und müssen nicht schon in der
Klageschrift aufgenommen sein (hM; K. Schmidt JR 92, 89/92 mwN).
Dies kann nicht wegen fehlender Einwilligung oder Sachdienlichkeit als
unzulässig angesehen werden (vgl Rn 17). Abs 3 tritt neben die Konzentrationsvorschriften der §§ 272, 273, 282, 296. Bei Verstoß gegen
Abs 3 ist die Einwendung ausgeschlossen (MüKo/K. Schmidt 88).

12. Eingeschränkter Einwendungsausschluss (anders als Rn 21) 24
ergibt sich aus Abs 2 für diejenigen Titel, die nicht Urteile oder Vollstreckungsbescheide sind (vgl Rn 18), mit den Ausnahmen der Rn 26.
Für diese Titel (Rn 25) gilt nur Abs 3, nicht Abs 2. In bestimmten Fällen gilt nur Abs 3 (Rn 23), nicht aber Abs 2 (Rn 21). Dies bedeutet,
dass für die nachstehend genannten Titel die Präklusion des Abs 2 nicht
anzuwenden ist, sondern nur eine Präklusion nach Abs 3 (Rn 23). –
a) Titel. Es kommen, weil hier keine Rechtskraft eintritt, in Betracht: 25
vollstreckungsbeschränkende Vereinbarungen (BGH NJW 91, 2295;
Karlsruhe NJW-RR 99, 941; vgl § 766 Rn 24, 25); vollstreckbare Urkunden (§ 797 Abs 4); Prozessvergleiche (BGH NJW-RR 87, 1022);
Anwaltsvergleiche (§ 796 a; vgl § 796 b Rn 4) und Vergleiche vor Gütestellen (trotz § 797 a, der § 797 Abs 4 nicht erwähnt). Ferner Kostenfestsetzungsbeschlüsse (insbes § 103), weil in diesem Verfahren keine
Gelegenheit besteht, solche Einwendungen zu erheben, ausgenommen

die Kostenfestsetzung nach § 19 BRAGO (hM; BGH NJW 94, 3292).
Bei anderen Vollstreckungstiteln ist Abs 2 nur dann entspr anwendbar,
wenn und soweit im vorangegangenen Verfahren Einwendungen vorge-

26 bracht und berücksichtigt werden konnten. – **b) Einwendungen.** Gegen diese Titel kann jede Einwendung, auch eine rechtshindernde (44
vor § 253), geltend gemacht werden, sogar fehlende Passivlegitimation
(Düsseldorf OLGZ 84, 93), soweit sie nicht durch eine Vereinbarung
im Rahmen der Vertragsfreiheit ausgeschlossen ist. Weiter ist die
Präklusion bei allen Titeln nicht durch Abs 2 eingeschränkt bei Einwendungen, die keinen Erfolg haben konnten (BGH WM 69, 1303),
und bei einer Aufrechnung, die im Vorprozess aus prozessualen Gründen für unwirksam angesehen wurde (KG ZZP 86, 441 mit Anm
v Grunsky).

27   **13. Wiederholte Vollstreckungsabwehrklage.** Sie ist nach Abweisung der Ersten grundsätzlich zulässig und nicht durch Abs 2 oder
Abs 3 ausgeschlossen; diese schließen lediglich Einwendungen aus, so
dass die wiederholte Klage nur auf neu entstandene Einwendungen gestützt werden kann (hierzu K. Schmidt JR 92, 89/93). Es ist zu unter-

28 scheiden: – **a) Entgegenstehende Rechtskraft** (§ 322 Abs 1). Über
alle Einwendungen, über die in der ersten Vollstreckungsabwehrklage
rechtskräftig dahin entschieden wurde, dass sie nicht bestehen (Rn 20)
oder ausgeschlossen sind (Rn 21) darf nicht nochmals und schon gar
nicht anders entschieden werden, so dass sie die neue Vollstreckungsabwehrklage nicht begründen können, zB wenn eine aus Beweiswürdigung abgewiesene Klage mit neuen Beweismitteln wiederholt wird
(Düsseldorf NJW-RR 92, 1216). Die Rechtskraftwirkung besteht nicht
bei Rücknahme (§ 269) oder übereinstimmender Erledigterklärung

29 (§ 91a Abs 1; BGH NJW 91, 2280). – **b) Einwendungsausschluss.**
Abs 2 gilt zwar unmittelbar nur im Verhältnis von Leistungsurteil (Vorprozess) zur Vollstreckungsabwehrklage, ist aber entspr anwendbar im
Verhältnis der ersten zur zweiten Vollstreckungsabwehrklage (K. Schmidt
JR 92, 89/93), so dass auch die bislang nicht geltend gemachten Einwendungen ausgeschlossen sind, die in der ersten Vollstreckungsabwehrklage hätten geltend gemacht werden können (K. Schmidt aaO;
aA die hM und BGH aaO, die sich nur auf Abs 3 stützen; Burgard ZZP
106, 23 mwN). Selbstverständlich sind auch die Einwendungen ausgeschlossen, die unter das Bündelungsgebot des Abs 3 fielen (Rn 23).
Nicht geltend gemachte Einwendungen können sich nach Beendigung
der ZwVollstr in einer Bereicherungsklage fortsetzen (BGH NJW 93,
3399 mwN).

30   **14. Zwangsvollstreckung.** Das Urteil ist nach Maßgabe der
§§ 708–714 für vorläufig vollstreckbar zu erklären. Sonst könnte die für
unzulässig erklärte ZwVollstr nicht vor Rechtskraft nach § 775 Nr 1
eingestellt oder beschränkt werden, sofern nichts gem § 770 angeordnet
ist. Die Vollstreckung aus dem angegriffenen Titel kann nach § 769
schon vor Klage und Urteil eingestellt werden.

15. Rechtsmittel: wie § 731 Rn 8. Beschwer: Bei Aufrechnung ist, 31 wenn die Klage abgewiesen wird, die Aufrechnungsforderung, soweit aberkannt, hinzuzurechnen (BGH 48, 356).

16. Sonstiges. Kosten und Gebühren: wie § 731 Rn 9. Streitwert 32 (§ 3): Wert des vollstreckbaren Anspruchs oder eines Teiles, soweit sich die Klage nur darauf bezieht (BGH NJW-RR 88, 444; Hamm Rpfleger 91, 387); dies gilt auch für Titel gem § 794 (BGH NJW 62, 806). § 17 GKG ist anwendbar (Karlsruhe Büro 82, 1718), ebenso § 19 Abs 3 GKG (Karlsruhe MDR 95, 643). Wegen § 4 dürfen Zinsen nur dann hinzugerechnet werden, wenn ihnen keine Hauptforderung mehr zugrundeliegt (Celle Büro 71, 1066). Die Kostenentscheidung bleibt außer Betracht (BGH NJW 95, 3318).

§ 768 Klage gegen Vollstreckungsklausel

Die Vorschriften des § 767 Abs. 1, 3 gelten entsprechend, wenn in den Fällen des § 726 Abs. 1, der §§ 727 bis 729, 738, 742, 744, des § 745 Abs. 2 und des § 749 der Schuldner den bei der Erteilung der Vollstreckungsklausel als bewiesen angenommenen Eintritt der Voraussetzung für die Erteilung der Vollstreckungsklausel bestreitet, unbeschadet der Befugnis des Schuldners, in diesen Fällen Einwendungen gegen die Zulässigkeit der Vollstreckungsklausel nach § 732 zu erheben.

1. Allgemeines. Die Klage gegen die Zulässigkeit der Vollstre- 1 ckungsklausel ist der Vollstreckungsabwehrklage (§ 767) nachgebildet und wie diese eine prozessuale Gestaltungsklage (§ 767 Rn 1). Sie richtet sich (negativ) gegen die Zulässigkeit der ZwVollstr aus der erteilten Vollstreckungsklausel, im Gegensatz zur Klage aus § 731, die (positiv) auf Erteilung der Klausel zielt.

2. Anwendungsbereich. Die Vorschrift gilt bei einer Bedingung 2 im Titel (§ 726 Abs 1) und bei Titeln, die gegen Personen vollstreckt werden sollen, welche darin nicht bezeichnet sind (§§ 727–729, 738, 742, 744, § 745 Abs 2, § 749), aber nur wenn der Eintritt einer Voraussetzungen dieser Vorschriften bestritten wird (Koblenz NJW 92, 378), nicht wenn die Voraussetzungen des § 724 bestritten werden (dann ggf § 732 oder § 767). Dem Schuldner steht die Klage nach § 768 neben § 732 zur Wahl (vgl § 732 Rn 8; MüKo/K. Schmidt 4). Bei formellen Einwendungen gegen die Klausel gilt nur § 732 (Koblenz aaO).

3. Zulässig ist die Klage, wenn die Prozessvoraussetzungen vorlie- 3 gen (10 vor § 253), insbes: − **a) Zuständigkeit:** wie § 767 Rn 13. − **b) Rechtsschutzbedürfnis.** Es tritt ein, sobald die Klausel erteilt ist 4 (Rn 6), nicht erst mit Beginn der ZwVollstr, und fällt weg, wenn die ZwVollstr als Ganzes beendet ist (29 vor § 704). − **c) Rechtskraft** darf 5 nicht entgegenstehen, so dass die Klage unzulässig ist, wenn die Klausel auf Grund eines nach § 731 ergangenen rechtskräftigen Urteils erteilt

6 worden ist (§ 731 Rn 2) und die Klage nicht auf neue Tatsachen (vgl § 322 Rn 41, 43) gestützt wird. − **d) Klauselerteilung** in den von § 768 genannten Fällen ist besondere Prozessvoraussetzung (32 vor § 253).

7 **4. Begründet** ist die Klage, wenn die Voraussetzungen zur Erteilung der Klausel (auch die in § 724 Rn 6–9) bei den in Rn 2 genannten Fällen zu Unrecht angenommen wurden, zB wenn die in § 726 Abs 1 geforderten Tatsachen nicht eingetreten sind oder der Kläger bei denen

8 von § 727 gutgläubig iS von § 325 Abs 2 war. − **a) Maßgebender Zeitpunkt** ist die letzte mündliche Verhandlung (vgl § 296 a). Ausgeschlossen sind Einwendungen entspr § 767 Abs 3 (dort Rn 23). Hingegen gilt § 767 Abs 2 nicht. − **b) Sachbefugnis:** wie § 767 Rn 19. −

9 **c) Beweislast** für den Eintritt der klagebegründenden Tatsachen trägt mit Ausnahme der Bösgläubigkeit in den Fällen des § 325 Abs 2 der klagende Vollstreckungsschuldner (MüKo/K. Schmidt 10; bestr; aA Köln NJW-RR 94, 893 mwN). Der Beweis muss im Prozess nicht in den Formen geführt werden, die § 726 Abs 1 und § 727 Abs 1 vorschreiben. Es gilt § 286.

10 **5. Inhalt** von Antrag und Urteilsformel. Die ZwVollstr gegen den Kläger aus der (genau nach Gericht, Urteil und Datum bezeichneten) vollstreckbaren Ausfertigung wird für unzulässig erklärt. Daneben kommen Anordnungen zur ZwVollstr aus § 770 in Betracht.

11 **6. Sonstiges.** Rechtsmittel, Zwangsvollstreckung und Kosten: wie § 767 Rn 30–32. Streitwert: nach § 3 Interesse des Klägers am Ausschluss der ZwVollstr (vgl Köln MDR 80, 852).

§ 769 Einstweilige Anordnungen

(1) **¹Das Prozeßgericht kann auf Antrag anordnen, daß bis zum Erlaß des Urteils über die in den §§ 767, 768 bezeichneten Einwendungen die Zwangsvollstreckung gegen oder ohne Sicherheitsleistung eingestellt oder nur gegen Sicherheitsleistung fortgesetzt werde und daß Vollstreckungsmaßregeln gegen Sicherheitsleistung aufzuheben seien. ²Die tatsächlichen Behauptungen, die den Antrag begründen, sind glaubhaft zu machen.**

(2) **¹In dringenden Fällen kann das Vollstreckungsgericht eine solche Anordnung erlassen, unter Bestimmung einer Frist, innerhalb der die Entscheidung des Prozeßgerichts beizubringen sei. ²Nach fruchtlosem Ablauf der Frist wird die Zwangsvollstreckung fortgesetzt.**

(3) **Die Entscheidung über diese Anträge ergeht durch Beschluss.**

1 **1. Allgemeines.** Die Vorschrift ähnelt den §§ 707, 719. Es soll verhindert werden, dass aus einem Titel vollstreckt wird, dessen endgültiger Bestand fraglich ist.

2. Anwendungsbereich. Die Vorschrift gilt unmittelbar bei den **2**
Klagen nach §§ 767, 768, 785, kraft Gesetzes entspr bei den Klagen
nach §§ 771–774, 786, 806 und bei anderen Titeln als Urteilen (vgl 14
vor § 704), soweit auf die §§ 724–793 verwiesen ist (zB § 795), insbes
auch bei Arrest (hM), ferner im Falle des § 323 (vgl dort Rn 37). Sie
gilt nicht im PKHVerfahren (vgl Rn 7) und nicht bei einer Klage auf
Schadensersatz wegen Urteilsmissbrauchs aus § 826 BGB (Frankfurt
NJW-RR 92, 511; Stuttgart NJW-RR 98, 70; aA Zweibrücken NJW
91, 3041; MüKo/K. Schmidt 4 mwN).

3. Zuständigkeit. – a) Prozessgericht (Abs 1): das Gericht, bei **3**
dem die Klage zZ des Antrags anhängig ist (uU auch das Revisionsgericht, BGH NJW 52, 546). Für die Klage zuständig muss das Gericht
nicht sein (hM). Es entscheidet das AG, die Kammer oder der Senat,
ggf der Einzelrichter (vgl §§ 348, 348a), bei der KfH der Vorsitzende
(§ 349 Nr 10). – **b) Vollstreckungsgericht** (Abs 2; § 764): dessen **4**
Rechtspfleger (§ 20 Nr 17 RPflG), nur in dringenden Fällen, nämlich
dann, wenn das Prozessgericht nicht mehr rechtzeitig entscheiden kann,
bevor eine Vollstreckungsmaßnahme durchgeführt wird, die nicht mehr
rückgängig gemacht werden kann (zB Versteigerung). Örtlich zuständig
ist das Gericht, in dessen Bezirk die ZwVollstr stattfindet.

4. Voraussetzungen. – a) Antrag. Er ist Prozesshandlung (Einl III), **5**
muss vom Schuldner (11 vor § 704), also dem Kläger ausgehen, ist
schriftlich, in der Verhandlung mündlich oder nach § 496 zu Protokoll
der Geschäftsstelle. Es gilt § 78 Abs 1. – **b) Rechtsschutzbedürfnis.** **6**
Es ist gegeben, sobald die vollstreckbare Ausfertigung erteilt ist. Die
ZwVollstr muss noch nicht begonnen haben (28 vor § 704), darf aber
noch nicht als Ganzes beendet sein (29 vor § 704). – **c) Klageschrift.** **7**
Sie muss (nicht bei Abs 2) eingereicht sein (hM), nicht notwendig zugestellt. Ein Antrag auf PKH allein genügt nicht (Karlsruhe FamRZ 84,
186; bestr); hier verbleibt es in dringenden Fällen bei Abs 2 (Rn 4). –
d) Erfolgsaussicht der Klage. Sie muss mindestens zulässig sein und **8**
möglicherweise begründet. – **e) Glaubhaftmachung** gem § 294 ist für
die Tatsachen, die den Antrag begründen, nach Abs 1 S 2 erforderlich.

5. Entscheidung. Sie ergeht durch Beschluss (Abs 3). Zustellung ist **9**
wegen § 793 erforderlich (Rn 18; § 329 Abs 3), aber nicht für die Einstellung der ZwVollstr, weil hierfür eine Vorlage genügt (§ 775 Nr 2). –
a) Inhalt. Fehlt die Zuständigkeit (Rn 3, 4) oder eine der Voraussetz- **10**
zungen (Rn 5–8), wird der Antrag abgelehnt. Ob ihm stattgegeben
wird, steht im Ermessen des Gerichts (vgl Rn 8). Einstellung ohne Sicherheitsleistung nur ganz ausnahmsweise bei besonderem Schutzbedürfnis des Schuldners (Hamm Büro 94, 308). Gründe sind idR nötig
(Stuttgart MDR 98, 620; Frankfurt MDR 99, 504). – **b) Formel.** Sie **11**
lautet (entspr der Antrag) wahlweise: **(1)** Die ZwVollstr gegen den Kläger (oder Antragsteller) aus dem (genau bezeichneten) Titel wird gegen
(oder ohne) Sicherheit in Höhe von (zu bemessen nach dem Schaden,
der dem Gläubiger entstehen kann) bis zum Erlass des Urteils eingestellt.

Wirkung: § 775 Nr 2; denn „bis zum Erlass des Urteils" ist wie einst-
12 weilen. **(2)** Die ZwVollstr darf nur gegen Sicherheitsleistung des Beklagten (oder Antragsgegners) fortgesetzt werden. Wirkung: § 751 Abs 2.
13 **(3)** Es werden einzelne Vollstreckungsmaßnahmen gegen Sicherheit des
Schuldners (Höhe wie Rn 11) aufgehoben. Wirkung: § 776 S 2 letzter
14 Hs. – **c) Vollstreckungsgericht** (Abs 2; Rn 4). Es muss bei seinen
Anordnungen eine Frist bestimmen. Sie kann verlängert werden (§ 224
Abs 2). Mit ihrem Ablauf tritt die Anordnung des Vollstreckungsgerichts außer Kraft, vorher schon, sobald das Prozessgericht nach Abs 1
15 entscheidet. – **d) Unzulässig** ist es, die Wirksamkeit der Anordnung
davon abhängig zu machen, dass der Antragsteller den Kostenvorschuss
(§ 65 GKG) bezahlt (aA StJMünzberg 8). Unterbleibt die Zahlung, so
16 gilt Rn 16. – **e) Aufhebung und Änderung** eines erlassenen Beschlusses ist auf Antrag wegen veränderter Umstände zulässig, insbes
durch neue Erkenntnisse in der Hauptsache, Unterlassen des Betreibens
der Klage, insbes wegen unterbliebener Bezahlung gem § 65 GKG. Es
ist auch Erhöhung der Sicherheit zulässig.
17 **6. Außer Kraft** treten die Anordnungen des Prozessgerichts durch
Aufhebung (Rn 16) von selbst mit Erlass des Urteils. Von da an gilt,
was gemäß § 770 entschieden ist. Anordnungen des Vollstreckungsgerichts treten gemäß Rn 14 außer Kraft.
18 **7. Rechtsbehelfe. – a) Sofortige Beschwerde** findet gegen den
Beschluss grundsätzlich nicht statt. Sie ist wegen der gleichen Interessenlage wie bei § 719 Abs 1 nach Maßgabe des § 707 Abs 2 S 2 beschränkt
(vgl § 707 Rn 19; StJMünzberg 18 mwN; Musielak/Lackmann Rn 13
19 mwN). – **b) Sofortige Erinnerung** findet in jedem Fall statt, wenn
der Rechtspfleger des Vollstreckungsgerichts (Rn 14) gem Abs 2 ent-
20 schieden hat (§ 11 Abs 2 RPflG). –**c) Auf Antrag** einer Partei kann
das Gericht die Anordnung jederzeit ändern oder aufheben; auch dieser
Beschluss ist nur nach Maßgabe der Rn 18 anfechtbar.
21 **8. Kosten.** Hierüber wird im Beschluss grundsätzlich nicht entschieden. Die Kosten sind solche des anhängigen Rechtsstreits (allgM; München Rpfleger 87, 36). Findet er nicht statt (nur bei Abs 2 möglich),
sind es Kosten der ZwVollstr (§ 788 Abs 1 S 1). Bei einer unzulässigen
sofortigen Beschwerde ist gemäß § 97 zu entscheiden (Celle NdsRpfl
96, 11). Gebühren: nur § 49 Abs 1 BRAGO. Wert: § 3 Rn 188 Einstellung.

§ 770 Einstweilige Anordnungen im Urteil

[1] **Das Prozeßgericht kann in dem Urteil, durch das über die
Einwendungen entschieden wird, die in dem vorstehenden
Paragraphen bezeichneten Anordnungen erlassen oder die bereits erlassenen Anordnungen aufheben, abändern oder bestätigen.** [2] **Für die Anfechtung einer solchen Entscheidung gelten
die Vorschriften des § 718 entsprechend.**

1. Allgemeines. Mit Erlass des Urteils treten die gemäß § 769 er- 1
lassenen Anordnungen außer Kraft (§ 769 Rn 17). Auf Grund des
§ 770 können dann einstweilige Anordnungen erlassen werden, die bis
zur Rechtskraft wirken und mit ihr außer Kraft treten. Anwendungsbereich: wie § 769 Rn 2.

2. Entscheidung ergeht im Urteil, auf Antrag oder von Amts we- 2
gen. – **a) Anlass.** Sinn haben die Anordnungen nur, soweit nicht mit
dem vorläufig vollstreckbaren Urteil über § 775 Nr 1 das Gleiche erreicht werden kann. Sie wirken nach § 775 Nr 2, sind daher von der
(zB nach § 709) angeordneten Sicherheit unabhängig und für den Kläger
günstiger. – **b) Inhalt:** Erlass von Anordnungen wie § 769 Rn 9–16. 3
Die gem § 769 getroffenen Anordnungen können aufgehoben (wegen
§ 769 Rn 17 nur deklaratorisch), abgeändert oder aufrecht erhalten
werden.

3. Anfechtbar sind die Anordnungen, da sie Bestandteil des Urteils 4
sind, mit Einspruch oder Berufung, nicht mit Revision (S 2; § 718
Abs 2), zusammen mit dem ganzen Urteil (§ 338 oder § 511). Auf Antrag kann Vorabentscheidung nach § 718 Abs 1 ergehen (S 2).

§ 771 Drittwiderspruchsklage

(1) **Behauptet ein Dritter, daß ihm an dem Gegenstand der
Zwangsvollstreckung ein die Veräußerung hinderndes Recht
zustehe, so ist der Widerspruch gegen die Zwangsvollstreckung
im Wege der Klage bei dem Gericht geltend zu machen, in
dessen Bezirk die Zwangsvollstreckung erfolgt.**

(2) **Wird die Klage gegen den Gläubiger und den Schuldner
gerichtet, so sind diese als Streitgenossen anzusehen.**

(3) [1]**Auf die Einstellung der Zwangsvollstreckung und die
Aufhebung der bereits getroffenen Vollstreckungsmaßregeln
sind die Vorschriften der §§ 769, 770 entsprechend anzuwenden.** [2]**Die Aufhebung einer Vollstreckungsmaßregel ist auch
ohne Sicherheitsleistung zulässig.**

1. Allgemeines. Darstellung aller wesentlichen Probleme bei Prüt- 1
ting/Weth JuS 88, 505. Die Widerspruchsklage ist eine prozessuale
Gestaltungsklage (hM; RoGaul § 41 II S 2; aA Prütting/Weth aaO:
eigenständiger Klagetypus) und leitet einen neuen Rechtsstreit (erster
Instanz) ein. Es gilt grundsätzlich das 1. bis 4. Buch. § 771 bestimmt
die ausschließliche (§ 802) örtliche Zuständigkeit (Abs 1). Die Widerspruchsklage bewirkt, dass mit vorläufiger Vollstreckbarkeit oder
Rechtskraft des stattgebenden Gestaltungsurteils die ZwVollstr unzulässig wird (vgl 38 vor § 704), weil sie auf Gegenstände erstreckt wurde,
die nicht zum Vermögen des Schuldners gehören.

2. Andere Rechtsbehelfe des Dritten (12 vor 704): Es kommen in 2
Betracht: – **a) Erinnerung** (§ 766), wenn Verfahrensvorschriften ver-

letzt sind. Mit § 771 wird hingegen nur das materielle, die Veräußerung hindernde Recht geltend gemacht. Beide Rechtsbehelfe sind daher nebeneinander (auch kumulativ) zulässig (MüKo/K. Schmidt 9 mwN). –

3 **b) Klage gegen den Schuldner** (zB auf Herausgabe des Gegenstandes, vgl Rn 18) kann mit der Klage nach § 771 gegen den Gläubiger (Rn 9) verbunden werden (Abs 2). Es liegt dann einfache Streitgenos-
4 senschaft vor (§ 60). – **c) Klagen gegen den Gläubiger** aus materiellem Recht auf Herausgabe der Sache oder Unterlassung der ZwVollstr (§ 823 Abs 1, §§ 985, 1004 BGB) sind durch § 771 verdrängt und unzulässig, bis die ZwVollstr beendet ist (29 vor § 704; allgM; BGH NJW 89, 2542; MüKo/K. Schmidt 12). Solange kann aber eine Vorzugsklage (§ 805) hilfsweise erhoben werden (MüKo/K. Schmidt 11), zB aus Vermieterpfandrecht. Ist die ZwVollstr durchgeführt, kann der Gläubiger Ansprüche aus § 812, aber nicht aus § 816 BGB (StJMünzberg 85) oder bei Verschulden aus § 823 Abs 1 BGB geltend machen (hM), wobei für den vertretenden RA nicht § 831 BGB gilt, sondern § 166 BGB neben § 278 BGB, weil ein gesetzliches Schuldverhältnis zwischen
5 Gläubiger und Drittem angenommen wird (BGH 58, 207). – **d) Klage gegen den Drittschuldner** (insbes auf Herausgabe, § 985 BGB) bei Pfändung eines Herausgabeanspruchs (§ 846) kann von dem, der Dritter iS des § 771 ist, ohne vorherige Drittwiderspruchsklage erhoben werden (KG MDR 73, 233), weil sonst ein an der Zwangsvollstreckung Unbeteiligter mit 2 Prozessen belastet würde (BGH NJW 77, 384).

6 **3. Anwendungsbereich** des § 771: Jeder Vollstreckungstitel (14, 15 vor § 704) und jede Art von Zwangsvollstreckung in Sachen und Vermögensrechte sowie alle Vollstreckungsmaßnahmen, durch die ein Dritter (12 vor § 704) betroffen wird. In diesem Rahmen findet die Klage aus § 771 statt.

7 **4. Antrag und Urteilsformel** lauten dahin, dass die bestimmte Vollstreckungsmaßnahme (insbes Pfändung) aus dem (genau bezeichneten) Titel in den (genau bezeichneten) betreffenden Gegenstand für unzulässig erklärt wird. Anträge, die anders lauten, aber das gleiche Ziel betreffen, sind so auszulegen. Einstweilige Anordnungen (§ 770) sind möglich (Abs 3 S 1).

8 **5. Zulässigkeit** der Klage. Die allgemeinen Prozessvoraussetzungen (15 vor § 253) müssen vorliegen, insbes: – **a) Zuständigkeit.** Das AG oder LG (§ 23 Nr 1, § 71 Abs 1 GVG), je nach sachlicher Zuständigkeit. Örtlich (Abs 1; ausschließlich, § 802): das AG oder LG, in dessen Bezirk die Sache gepfändet, bei Rechten der Pfändungsbeschluss erlassen, die Zwangsversteigerung (nach ZVG) oder sonst die ZwVollstr
9 durchgeführt wurde. – **b) Prozessführungsbefugnis.** Sie steht idR (vgl § 51 Rn 20) auf Klägerseite dem Dritten (12 vor § 704) zu, nie dem Gläubiger; dem Schuldner ausnahmsweise, wenn er nur mit bestimmten Vermögensmassen haftet, zB die Partei kraft Amtes (§ 51 Rn 25), der Erbe (§ 780 Rn 1). Der gesetzliche Vertreter des Schuldners (§ 51 Rn 3) ist Dritter, wenn in sein eigenes Vermögen vollstreckt

wird. Auf der Beklagtenseite ist prozessführungsbefugt der Gläubiger (10 vor § 704). – **c) Rechtsschutzbedürfnis. aa) Eintritt:** idR sobald **10** die ZwVollstr begonnen hat (hM; Prütting/Weth JuS 88, 505 [508]). Das ist bei Herausgabe bestimmter Sachen (§ 883) spätestens ab Vollstreckungsantrag der Fall, bei Pfändung des Herausgabeanspruchs (§§ 847, 848) mit Erlass des Pfändungsbeschlusses (BGH 72, 334), bei Geldforderungen regelmäßig erst mit der Pfändung (§ 829) oder der Vorpfändung (§ 845). Dass die Vollstreckungsmaßnahme unwirksam ist, schließt das Rechtsschutzbedürfnis nicht aus; auch die nur scheinbar wirksame Pfändung gefährdet das Recht des Forderungsinhabers (BGH WM 81, 649 mwN). **bb) Wegfall:** sobald die ZwVollstr beendet ist **11** (29 vor § 704). Geschieht dies durch Verwertung und hat der Dritte Ansprüche aus §§ 812 ff, 823 ff BGB, kann er den Antrag umstellen (§ 264 Nr 3). Vollzogene Freigabe durch den beklagten Gläubiger erledigt neben dem Wegfall des Rechtsschutzbedürfnisses die Hauptsache (§ 91 a Rn 4; Hamm NJW-RR 91, 1343). – **d) Ordnungsgemäße** **12** **Klageerhebung.** Es kann stets an den für den vorangegangenen Prozess Bevollmächtigten des beklagten Gläubigers wirksam zugestellt werden (§ 81 Hs 1). – **e) Rechtskraft** kann nur dann entgegenstehen, **13** soweit früher ein Urteil auf Klage nach § 771 ergangen ist; denn der prozessuale Anspruch ist hier das Recht, die Unzulässigkeit der Zw-Vollstr herbeizuführen, nicht das klagebegründende („die Veräußerung hindernde") Recht selbst. Die Rechtskraft (§ 322 Abs 1) bezieht sich auf die bestimmte ZwVollstr und auf den maßgebenden Zeitpunkt (§ 322 Rn 35). Wird derselbe Gegenstand nach Freigabe §§ 776, 775 Nr 1 nochmals gepfändet, steht das rechtskräftige erste Urteil nur insoweit nicht entgegen, wie der Dritte nach dem für das Ersturteil maßgebenden Zeitpunkt das veräußerungshindernde Recht verloren haben kann. Die Rechtskraft beschränkt sich nicht allein auf die Vollstreckungsmaßnahme, die im stattgebenden Urteil für unzulässig erklärt wurde (W. Müller DGVZ 76, 1).

6. Begründet ist die Klage (vgl 35 ff vor § 253), wenn dem Kläger **14** ein Recht iS des Abs 1 zusteht, sowohl zZ der Vollstreckungsmaßnahme (auch rückwirkend, zB § 184 Abs 1 BGB) als auch zZ der letzten Tatsachenverhandlung (37 vor § 253). Das Recht darf nicht durch Einwendungen ausgeschlossen sein (vgl 48, 49 vor § 253). Das trifft insbes zu, wenn der Kläger für die vollstreckbare Forderung aus anderen Gründen haftet, wenn dem Beklagten an der Sache ein Pfandrecht zusteht (zB aus § 559 BGB) oder der Kläger die ZwVollstr dulden muss (MüKo/K. Schmidt 48), zB auf Grund des § 11 Abs 1 AnfG (K. Schmidt JZ 87, 889/91 für § 5 aF); für die Einmann-GmbH, wenn ihr Alleingesellschafter Schuldner der Pfändungsforderung ist (Hamm NJW 77, 1159; einschränkend Düsseldorf NJW-RR 01, 542). Rechte iS des Abs 1 sind solche, die bewirken, dass der Gegenstand nicht zum Vermögen des Schuldners gehört. Dabei ist auf das Abstraktionsprinzip abzustellen, insbes bei Willensmängeln (Grigoleit AcP 199, 379/91). –

15 **a) Eigentum** (selbst wenn auflösend bedingt); auch Miteigentum (RG 144, 241) und Sicherungseigentum (hM; BGH 12, 232 [234]; RG 124, 73; RoGaul § 41 VI 4 b; bestr; aA Klage nach § 805). Der Sicherungsgeber ist nur nach Maßgabe der Rn 19 berechtigt. Wegen anderer Fälle von Treuhandeigentum vgl RoGaul aaO. Dem Eigentum gleich steht für § 771 die Anwartschaft auf das Eigentum, insbes in dem Fall, dass gegen den Vorbehaltsverkäufer vollstreckt wird (hM; BGH 55, 20). –

16 **b) Inhaberschaft** aller Rechte (allgM; BGH NJW 77, 384), zB Forderung, Hypothek, Gesamthandanteil, Anspruch auf Rückübertragung einer nicht valutierten Grundschuld (Hamm ZIP 83, 806), wenn jenes Recht unmittelbar von der ZwVollstr betroffen wird (Frankfurt NJW 88, 1408 für Rückgewähr hinterlegten Geldes). Auch bei Forderungen, die von der Pfändung wegen Unwirksamkeit nicht erfasst oder betroffen werden (vgl § 829 Rn 28), wird die Anwendbarkeit von § 771 bejaht (hM), zB bei Pfändung gem § 847 (BGH NJW 77, 384). Bei der Inkassozession ist der Zedent (Treugeber) zur Klage nach § 771 berechtigt; bei Sicherungsabtretung der Sicherungsnehmer (wie Rn 15 für Sicherungseigentum). Keine solchen Rechte sind: das des Mitinhabers eines gepfändeten Oder-Kontos (Wagner WM 91, 1145; aA Koblenz NJW-RR 90, 1385); des Mandanten, wenn sein RA den eingezogenen Forderungsbetrag auf sein allgemeines Konto hat buchen lassen (BGH
17 NJW 71, 559). – **c) Beschränkte dingliche Rechte** am Gegenstand nur, soweit sie durch die ZwVollstr beeinträchtigt werden, zB das Pfandrecht durch Wegnahme der Sache (§ 883), aber nicht durch eine Pfändung, die sowieso im Rang nachfolgt (§ 804 Abs 3); die Hypothek und die Grundschuld durch Pfändung von Grundstückszubehör (vgl § 1120 BGB), aber nicht durch eine Zwangshypothek (§ 867) am selben Grundstück, weil diese (wie das Pfandrecht) schlechteren Rang hat. –

18 **d) Schuldrechtliche Ansprüche** auf den Gegenstand der ZwVollstr kommen nach allgM nur in Betracht, soweit es sich um Herausgabeansprüche aus Überlassung von Gegenständen handelt, zB Mietverhältnis (§ 546 Abs 1 BGB), Leihe (§ 604 Abs 1 BGB), Verwahrung (§ 695 BGB), Auftrag (§ 667 BGB). Bloße Verschaffungsansprüche, wie zB Kauf (§ 433 Abs 1 S 1 BGB) oder Vermächtnis (§ 2174 BGB) sind kein veräußerungshinderndes Recht, weil der Gegenstand zum Vermögen des Schuldners gehört und aus diesem zu leisten ist (Prütting/Weth JuS 88, 505), auch wenn der Verschaffungsanspruch durch Vormerkung ge-
19 sichert ist (BGH NJW 94, 128). – **e) Treuhandverhältnisse.** Sie müssen im Einzelfall nicht offenkundig sein (BGH NJW 93, 2622). Grundsätzlich ist der Anspruch des Treugebers gegen den Treuhänder auf den Gegenstand ein Recht iS des Abs 1 (BGH 11, 41), zB bei der Inkassozession (vgl Rn 16), bei der Sicherungsübereignung; aber nur bis zum Eintritt der Verwertungsreife (BGH 72, 141; sehr umstr). Erfüllt der Sicherungsgeber die Forderung, so erwirbt er das Eigentum sofort (über § 158 BGB) zurück und ist sowieso aus Eigentum berechtigt (Rn 15). Mandantengelder müssen von einem RA auf Anderkonto gebracht sein (vgl Rn 16 aE) und begründen die Widerspruchsklage auch

dann, wenn dem RA gestattet ist, in Höhe seiner Honorarforderungen darüber für sich zu verfügen (BGH NJW 96, 1543). Bei der Verwaltungstreuhand kann nur der Treugeber gem § 771 klagen, wenn Gläubiger des Treuhänders bei diesem vollstrecken (vgl RoGaul § 41 VI 4 a mwN). – **f) Sondervermögen:** zB Insolvenzmasse, Zwangsverwaltungsmasse, Nachlass, Gesamtgut oder bestimmte Gegenstände (zB Grundstück bei Hypothek). Muss die ZwVollstr darauf beschränkt werden, wird sie aber darüber hinaus ausgedehnt, kann auch der Schuldner nach § 771 klagen (vgl Rn 9), aber nur auf Grund eines in Rn 15–18 aufgeführten Rechts. Ebenso die Verwalter fremden Vermögens (zB Insolvenz-, Zwangs- und Nachlassverwalter, Testamentsvollstrecker), wenn ohne Titel gegen sie in das verwaltete Vermögen vollstreckt wird. – **g) Besitz** ist kein Recht iS des Abs 1. Für unbewegliche Sachen ist das hM; für bewegliche Sachen müsste das Gleiche gelten, weil aus dem Besitz als bloß tatsächlichem Verhältnis (§ 854 BGB) nicht folgt, dass die Sache, wie gefordert, nicht zum Vermögen des Schuldners gehört (RoGaul § 41 VI 6 b; umstr; vgl StJMünzberg 35 mwN). Der Dritte ist hier durch §§ 809, 886, 766 geschützt. – **h) Anfechtbarkeit** (§§ 3–6 AnfG und §§ 129 ff InsO). Betreibt ein Gläubiger des Erwerbers einer anfechtbar veräußerten Sache in diese die ZwVollstr, so wird dem anfechtungsberechtigten Gläubiger des Veräußerers die Klagebefugnis gem § 771 eingeräumt (hM; MüKo/K. Schmidt 44), da es sich nicht nur um einen schuldrechtlichen Verschaffungsanspruch (Rn 18) handelt (aA aber BGH NJW 90, 990; dagegen K. Schmidt JZ 90, 619). 20 21 22

7. Freigabeerklärung des Gläubigers erledigt die Hauptsache (§ 91 a). Dem Dritten ist wegen der auch durch § 93 für ihn ungünstig beeinflussbaren Kostenentscheidung (§ 91 a) zu empfehlen, sein Recht spätestens auf Verlangen des Gläubigers glaubhaft zu machen. 23

8. Zwangsvollstreckung. Das Urteil wird für vorläufig vollstreckbar erklärt (wie § 767 Rn 30). Für stärkeren Schutz des Drittwiderspruchsklägers: KG Rpfleger 87, 510. Im Fall des Abs 3 keine entspr Anwendung von § 717 Abs 3 (BGH 95, 10; dagegen zutreffend Häsemeyer NJW 86, 1028). Die Sicherheit haftet nur für den Schaden, dessen Sicherung sie bezweckt (München NJW-RR 89, 1471). 24

9. Streitwert ist grundsätzlich nach § 6 zu bestimmen, so dass der Betrag der Forderung, für die gepfändet wurde, maßgebend ist, der Wert des gepfändeten Gegenstandes, wenn er geringer ist als der Wert dieser Forderung. Bei mehreren Beklagten kann der Streitwert zusammenzurechnen sein (§ 5 Rn 1; München Büro 89, 848) und der Gegenstandswert (§ 7 Abs 1 BRAGO) gesondert in Höhe der jeweiligen Vollstreckungsforderung zu bestimmen. Ausnahmsweise kann § 3 gelten (LG Frankfurt Rpfleger 75, 322). 25

10. Sonstiges. – a) Rechtsmittel: Berufung (§ 511) und Revision (§ 542) finden nach allgemeinen Vorschriften statt. – **b) Kosten:** wie § 731 Rn 9. Bei Anerkenntnis vgl § 93 Rn 6. 26

§ 772 Drittwiderspruchsklage bei Veräußerungsverbot

[1] Solange ein Veräußerungsverbot der in den §§ 135, 136 des Bürgerlichen Gesetzbuchs bezeichneten Art besteht, soll der Gegenstand, auf den es sich bezieht, wegen eines persönlichen Anspruchs oder auf Grund eines infolge des Verbots unwirksamen Rechtes nicht im Wege der Zwangsvollstreckung veräußert oder überwiesen werden. [2] Auf Grund des Veräußerungsverbots kann nach Maßgabe des § 771 Widerspruch erhoben werden.

1   **1. Veräußerungsverbot.** Nur ein solches, das zugunsten bestimmter Personen wirkt (relatives, §§ 135, 136 BGB), sowie § 938 Abs 2. Nicht: Vormerkung (§ 883 BGB), Widerspruch (§ 899 BGB); alle absoluten Veräußerungsverbote, da sie unter § 134 BGB fallen.

2   **2. Voraussetzungen.** Ein Veräußerungsverbot (Rn 1) muss wirksam erlassen sein und noch bestehen. Es darf nicht wieder aufgehoben sein. Die ZwVollstr muss wegen eines persönlichen Anspruchs oder wegen eines dinglichen Rechts erfolgen, das vom Veräußerungsverbot erfasst wird; also nicht, wenn das Recht vor dem Erlass oder nachher gutgläubig erworben wurde (§ 135 Abs 2 BGB).

3   **3. Wirkung.** Wird gegen S 1 (Ordnungsvorschrift) verstoßen, ist die Vollstreckungsmaßnahme wirksam. Ablehnen soll das Vollstreckungsorgan nicht die Pfändung, sondern lediglich die Veräußerung, nämlich Versteigerung (§ 817), freihändigen Verkauf (§ 825), Zwangsversteigerung (§ 35 ZVG) und Überweisung (§ 835). Ist der Gegenstand eine Forderung, darf dagegen nicht aufgerechnet werden (vgl § 394 BGB).

4   **4. Rechtsbehelfe. – a) Widerspruchsklage** (S 2; § 771) steht dem zu, den das Veräußerungsverbot schützt. Es gelten die Anmerkungen zu § 771 sinngemäß. An Stelle des Rechts iS des § 771 Abs 1 treten die Voraussetzungen des § 772 S 1 (Rn 2). Antrag und Formel lauten dahin, dass für unzulässig erklärt wird, den Gegenstand im Wege der Zw-
5   Vollstr zu veräußern oder zu überweisen. – **b) Vollstreckungserinnerung** (§ 766) für den Dritten und den Gläubiger, wenn die Veräußerung abgelehnt wird; nicht für den Schuldner (Hamburg MDR 66, 515 mwN; bestr).

§ 773 Drittwiderspruchsklage des Nacherben

[1] Ein Gegenstand, der zu einer Vorerbschaft gehört, soll nicht im Wege der Zwangsvollstreckung veräußert oder überwiesen werden, wenn die Veräußerung oder die Überweisung im Falle des Eintritts der Nacherbfolge nach § 2115 des Bürgerlichen Gesetzbuchs dem Nacherben gegenüber unwirksam ist. [2] Der Nacherbe kann nach Maßgabe des § 771 Widerspruch erheben.

1   Der Gegenstand der ZwVollstr muss zu einem Nachlass gehören, bei dem Nacherbfolge (§ 2100 BGB) angeordnet, aber noch nicht einge-

treten ist. Die Veräußerung oder Überweisung muss nach § 2115 BGB unwirksam werden, wenn die Nacherbfolge eintritt. Wirkung und Rechtsbehelfe: wie § 772 Rn 3–5. Bei klagenden Nacherben besteht keine notwendige Streitgenossenschaft (vgl § 62 Rn 13), weil vor dem Nacherbfall keine Erbengemeinschaft vorliegt (BGH NJW 93, 1582).

§ 774 Drittwiderspruchsklage des Ehegatten

Findet nach § 741 die Zwangsvollstreckung in das Gesamtgut statt, so kann ein Ehegatte nach Maßgabe des § 771 Widerspruch erheben, wenn das gegen den anderen Ehegatten ergangene Urteil in Ansehung des Gesamtgutes ihm gegenüber unwirksam ist.

Anwendbar nur, wenn in das Gesamtgut auf Grund des § 741 vollstreckt wird. Das kann zulässig sein, obwohl das Gesamtgut materiellrechtlich nicht haftet (vgl § 1438 Abs 1, § 1460 Abs 1, §§ 1431, 1456 BGB); denn das hat das Vollstreckungsorgan nicht zu prüfen, kann es idR auch nicht. Daher ist Klage nötig. **Wirkung.** Für die Klage gelten die Anmerkungen zu § 771 sinngemäß. Kläger ist der allein- oder mit verwaltende Ehegatte des Gewerbetreibenden. An die Stelle des Rechts iS des § 771 Abs 1 tritt der Umstand, dass das Gesamtgut nicht haftet. 1 2

§ 775 Einstellung oder Beschränkung der Zwangsvollstreckung

Die Zwangsvollstreckung ist einzustellen oder zu beschränken:
1. **wenn die Ausfertigung einer vollstreckbaren Entscheidung vorgelegt wird, aus der sich ergibt, daß das zu vollstreckende Urteil oder seine vorläufige Vollstreckbarkeit aufgehoben oder daß die Zwangsvollstreckung für unzulässig erklärt oder ihre Einstellung angeordnet ist;**
2. **wenn die Ausfertigung einer gerichtlichen Entscheidung vorgelegt wird, aus der sich ergibt, daß die einstweilige Einstellung der Vollstreckung oder einer Vollstreckungsmaßregel angeordnet ist oder daß die Vollstreckung nur gegen Sicherheitsleistung fortgesetzt werden darf;**
3. **wenn eine öffentliche Urkunde vorgelegt wird, aus der sich ergibt, daß die zur Abwendung der Vollstreckung erforderliche Sicherheitsleistung oder Hinterlegung erfolgt ist;**
4. **wenn eine öffentliche Urkunde oder eine von dem Gläubiger ausgestellte Privaturkunde vorgelegt wird, aus der sich ergibt, daß der Gläubiger nach Erlaß des zu vollstreckenden Urteils befriedigt ist oder Stundung bewilligt hat;**
5. **wenn der Einzahlungs- oder Überweisungsnachweis einer Bank oder Sparkasse vorgelegt wird, aus dem sich ergibt, daß der zur Befriedigung des Gläubigers erforderliche Betrag zur Auszahlung an den Gläubiger oder auf dessen Konto eingezahlt oder überwiesen worden ist.**

1   **1. Allgemeines.** § 775 enthält eine erschöpfende Regelung, die grundsätzlich eine entspr Anwendung auf andere Fälle verbietet (Musielak/Lackmann 1; aA KG NJW-RR 00, 1523). Eingestellt ist die ZwVollstr, wenn sie nicht fortgesetzt oder überhaupt nicht begonnen wird. Beschränkt ist sie, wenn eine einzelne Vollstreckungsmaßnahme nicht fortgesetzt oder eingeleitet wird, andere Maßnahmen aber nicht gehindert sind. § 775 umfasst nicht die Aufhebung von Vollstreckungsmaßnahmen; hierfür gilt § 776.

2   **2. Verfahren.** Die zuständigen Vollstreckungsorgane (5–8 vor § 704) haben die ZwVollstr, soweit sie zulässig ist (38 vor § 704), bis zum Erfolg durchzuführen. Die Einstellung oder Beschränkung der ZwVollstr (vgl Rn 1) geschieht von Amts wegen auch ohne Antrag des Schuldners. Die Entscheidungen, die unter Nr 1 und 2 fallen, sind von ihrer Existenz an (vgl § 329 Rn 5) zu beachten (BGH 25, 65). Die Ausfertigungen (Nr 1, 2) und Urkunden (Nr 3–5; im Original oder beglaubigter Kopie), sind dem zuständigen Vollstreckungsorgan vorzulegen. Befinden sich die Urkunden schon in dessen Akten, genügt Bezugnahme. Die Aufhebung von Vollstreckungsmaßnahmen richtet sich nach § 776.

3   **3. Vollstreckungshindernde Entscheidungen (Nr 1).** Die dem Vollstreckungsorgan vorzulegende Ausfertigung muss nicht eine voll-
4 streckbare (§ 724) sein. – **a) Arten:** rechtskräftige (§ 705) und vorläufig vollstreckbare Urteile (§ 704 Abs 1), Beschlüsse (§ 794 Nr 3). Ist nach einem Urteil ein Vergleich geschlossen worden, gilt § 775 nicht (allgM). Wenn der Gläubiger aus dem Vergleich vollstreckt, muss der Schuldner
5 nach § 732 vorgehen. – **b) Inhalt: aa) Aufhebung** des zu vollstreckenden Urteils oder anderen Titels, auch allein seiner vorläufigen Vollstreckbarkeit (§ 717 Abs 1, § 718 Abs 1); ferner Feststellung der Nichtigkeit des vollstreckten Urteils (19 vor § 300). Eine im aufhebenden Urteil angeordnete Sicherheitsleistung muss wegen § 717 Abs 1 nicht nachgewiesen werden. Es genügt nicht, dass nur hinsichtlich der
6 Sicherheitsleistung abgeändert wurde. **bb) Unzulässigerklärung** der ZwVollstr, insbes in den Fällen der §§ 732, 766, 767, 768, 771. Ist hier das Urteil nur gegen Sicherheit vorläufig vollstreckbar, so ist die Sicher-
7 heitsleistung nachzuweisen (vgl Nr 3; unten Rn 10). **cc) Einstellung** der ZwVollstr durch Anordnung in der Entscheidung, nicht nur einstweilen (vgl Rn 8), insbes nach § 765 a oder § 766.

8   **4. Einstweilige Einstellung und Sicherheitsleistung (Nr 2).** Es ist zu unterscheiden: – **a) Einstweilige Einstellung** (1. Alt). Die Entscheidung muss nicht vollstreckbar sein. Es genügt, dass sie erlassen ist. Anwendbar insbes bei § 570 Abs 3, § 707, § 719, § 732 Abs 2, § 765 a, Abs 1 S 2, § 766 Abs 1 S 2, § 769, § 770. Der Beschluss des Prozessgerichts (zB § 719) wirkt unmittelbar, insbes bei Forderungspfändung für den Drittschuldner (Fink/Ellefret MDR 98, 1272). Ist nur gegen Sicherheit einstweilen eingestellt, so ist nachzuweisen, dass sie geleistet ist. Vollstreckungsmaßnahmen sind nur dann aufzuheben, wenn dies ausdrücklich angeordnet ist (§ 776). Bis dahin bleiben die Maßnahme,

Verstrickung und Pfandrecht bestehen; nur die Verwertung bleibt ausgesetzt, weil die Vollstreckung nicht fortgesetzt werden darf (LG Berlin Rpfleger 73, 64). – **b) Fortsetzung gegen Sicherheitsleistung** 9 (2. Alt); ist auf die § 709 S 3, § 707 Abs 1, § 719 Abs 1, § 732 Abs 2, § 769 Abs 2 zugeschnitten. Die ZwVollstr darf erst nach Sicherheitsleistung und Nachweis gem § 751 Abs 2 weiter betrieben werden.

5. Geleistete Sicherheit (Nr 3). Der Nachweis erfolgt idR durch 10 öffentliche Urkunde (§§ 415, 418). Eine öffentlich beglaubigte Urkunde (§ 129 Abs 1 BGB) reicht nicht (hM). Anwendbar ist Nr 3 insbes bei §§ 711, 712 Abs 1, § 720a Abs 3. IdR ist die Bescheinigung der Hinterlegungsstelle nötig. Für Bankbürgschaft genügt der Nachweis, dass die Bürgschaftserklärung dem Gläubiger im Original oder beglaubigter Abschrift vom Gerichtsvollzieher übergeben ist (vgl § 751 Rn 6).

6. Befriedigung und Stundung (Nr 4). – a) Urkunde. Öffent- 11 liche: wie Rn 10. Private: sie muss vom Gläubiger unterschrieben sein (§ 416). Die Echtheit der Urkunde ist von Amts wegen zu prüfen. Zweifel kann das Vollstreckungsorgan durch (auch telefonische) Anhörung des Gläubigers beheben. Es genügt die Urkunde eines Dritten, wenn nach dem Titel an ihn zu leisten ist; zB für Steuer- und Sozialversicherungsabzüge beim Lohn. Aus der Urkunde muss sich die volle Befriedigung des Gläubigers auch für Kosten und Zinsen ergeben. – **b) Befriedigung:** jede Art der Erfüllung, insbes Erlass und Aufrech- 12 nung, auch ein Verzicht des Gläubigers (Schuschke/Walker 10 mwN) und schuldbefreiende Hinterlegung (AG Worms DGVZ 97, 60), bei Arbeitsentgelt durch abgeführte Lohnsteuer und Sozialversicherungsbeiträge. Es muss wegen des vollen Betrags und der Kosten befriedigt sein. Dem steht gleich, wenn die vollstreckbare Forderung (50 vor § 704) vom Schuldner gepfändet und ihm überwiesen ist (hM; Noack DGVZ 75, 97 mwN), nicht aber wenn ein Gläubiger des Vollstreckungsgläubigers dessen Forderung gegen einen Dritten gepfändet hat (vgl Schmidt-v. Rhein DGVZ 88, 65 mwN). Ist nur teilweise befriedigt, ist die ZwVollstr auf die wegen der Restschuld nötigen Maßnahmen zu beschränken. Die Befriedigung muss sich direkt aus der Urkunde (regelmäßig Quittung, § 368 BGB) ergeben. – **c) Stundung** ist das 13 Hinausschieben der Fälligkeit. Sie muss noch für die Zeit gewährt sein, zu der die ZwVollstr eingestellt oder beschränkt wird. – **d) Zeitpunkt.** 14 Dem Erlass des Urteils (Verkündung oder Zustellung gem § 310 Abs 3) entspricht bei anderen Titeln die Entstehung (zB § 329 Rn 5), im Mahnverfahren entgegen § 700 Abs 1 die Zustellung des Mahnbescheids (LG Kiel DGVZ 83, 24; MüKo/K. Schmidt 20; aA die hM: die des Vollstreckungsbescheids).

7. Bank- oder Sparkassenbeleg (Nr 5). Als Empfänger muss der 15 Gläubiger vermerkt sein. Bei Teilbetrag ist wie in Rn 12 zu verfahren. Maßgebender Zeitpunkt: wie Rn 14. Umfasst alle Banken und Sparkassen. Als Überweisungsbeleg muss nach der heutigen Bankpraxis auch der Kontoauszug des Schuldners genügen. Als zeitliche Schranke wird man, da „nach dem Erlass des Urteils" (wie Rn 14) weggefallen ist, beim Urteil auf den Schluss der mdl Vhdlg, sonst auf die Entstehung des Titels abstellen müssen (Musielak/Lackmann 10).

16   **8. Fortsetzung der Zwangsvollstreckung** nach Einstellung oder Beschränkung (Nr 1–5): – **a) Von Amts wegen** in den Fällen der §§ 769 Abs 2 S 2, 815 Abs 2 S 2 durch das jeweils zuständige Vollstre-

17   ckungsorgan. – **b) Auf Antrag** des Gläubigers, der in den Fällen der Nr 4, 5 zu befolgen ist, wenn der Gläubiger die Befriedigung bestreitet (LG Frankfurt DGVZ 89, 42 mwN). Bei Restforderung ist wie bei § 753 Rn 12 zu verfahren. Dem Schuldner bleibt Klage nach § 767 mit der Möglichkeit, die einstweilige Einstellung der ZwVollstr über § 769 zu erwirken. Neben dem Antrag des Gläubigers ist in den Fällen der Nr 1, 2 eine gerichtliche Entscheidung nötig, solange die Entscheidung, auf der die Einstellung beruht, nicht aufgehoben oder außer Kraft getreten ist (vgl zB § 769 Rn 17; § 707 Rn 15, 17).

18   **9. Verstöße.** Wird weiter vollstreckt, obwohl die Voraussetzungen des § 775 vorliegen, so ist die Vollstreckungsmaßnahme nicht unwirksam, aber auf Rechtsbehelf (Rn 19) aufzuheben. Das gilt auch, wenn das Vollstreckungsorgan die Einstellungsvoraussetzungen (zB Beschluss gem Nr 2) nicht kennt (BGH 25, 65; LG Berlin MDR 75, 672; Kirberger Rpfleger 76, 8).

19   **10. Rechtsbehelfe.** Jedem, der beschwert ist, steht gegen Vornahme oder Unterbleiben von Vollstreckungsmaßnahmen die Erinnerung (§ 766) zu, bei Entscheidungen die sofortige Beschwerde (§ 793). Für den Gläubiger ist Fortsetzungsantrag (Rn 17) oft zweckmäßiger (Behr Büro 96, 175).

§ 776 Aufhebung von Vollstreckungsmaßregeln

[1] **In den Fällen des § 775 Nr. 1, 3 sind zugleich die bereits getroffenen Vollstreckungsmaßregeln aufzuheben.** [2] **In den Fällen der Nummern 4, 5 bleiben diese Maßregeln einstweilen bestehen; dasselbe gilt in den Fällen der Nummer 2, sofern nicht durch die Entscheidung auch die Aufhebung der bisherigen Vollstreckungshandlungen angeordnet ist.**

1   **1. Aufhebung** von bestehenden Vollstreckungsmaßnahmen kann nur durch das zuständige Vollstreckungsorgan erfolgen und nur bis zum

2   Ende der Maßnahme (29 vor § 704). – **a) Voraussetzungen.** Aufgehoben wird: **(1)** wenn der Gläubiger Freigabe erklärt oder den Vollstreckungsantrag zurücknimmt (39 vor § 704); **(2)** in den Fällen, die S 1 aufführt, also § 775 Nr 1 und 3; **(3)** bei unbestrittener teilweiser Erfüllung, soweit andere Gegenstände gepfändet bleiben und die Restforderung so niedrig ist, dass gegen § 803 Abs 1 S 2 verstoßen werden

3   würde. – **b) Verfahren.** Aufgehoben wird zB durch Abnahme der Pfandsiegel (hierzu kann der Gerichtsvollzieher den Schuldner ermächtigen), Aufhebung des Pfändungsbeschlusses, der Haftanordnung oder des Beschlusses nach § 890 Abs 1. Da § 776 ausdrücklich die Aufhebung „zugleich" vorschreibt, darf die Rechtskraft der in § 775 genannten Entscheidungen nicht abgewartet werden (vgl § 775 Rn 4, 8). – **c) Wirkung.** Der Pfandgegenstand wird entstrickt (vgl § 803 Rn 11). **4** Die Vollstreckungsmaßnahme wird ohne Rücksicht auf die formelle Rechtskraft der aufhebenden Entscheidung (BGH NJW 76, 1453) beseitigt, lebt nicht wieder auf und kann (auch auf Rechtsbehelf) nur neu mit Wirkung ex nunc vollzogen werden. Einer erneuten Pfändung steht die vorangegangene Aufhebung nicht entgegen, auch nicht im Falle des § 775 Nr 1 bei einer erfolgreichen Klage aus § 771.

2. Fortbestand. Bestehen bleiben die Vollstreckungsmaßnahmen **5** bei § 775 Nr 4, 5 immer, bei Nr 2 grundsätzlich. Die Aufhebung wird hier erreicht durch Freigabe des Gläubigers (Rn 2), bei § 775 Nr 4, 5 durch Klage gemäß § 767 über § 775 Nr 1.

§ 777 Erinnerung bei genügender Sicherung des Gläubigers

[1] Hat der Gläubiger eine bewegliche Sache des Schuldners im Besitz, in Ansehung deren ihm ein Pfandrecht oder ein Zurückbehaltungsrecht für seine Forderung zusteht, so kann der Schuldner der Zwangsvollstreckung in sein übriges Vermögen nach § 766 widersprechen, soweit die Forderung durch den Wert der Sache gedeckt ist. [2] Steht dem Gläubiger ein solches Recht in Ansehung der Sache auch für eine andere Forderung zu, so ist der Widerspruch nur zulässig, wenn auch diese Forderung durch den Wert der Sache gedeckt ist.

1. Allgemeines. § 803 Abs 1 S 2 verbietet die Überpfändung, § 777 **1** ermöglicht dem Schuldner, eine erstmalige Pfändung zu beseitigen, wenn der Gläubiger schon nach materiellem Recht gesichert ist.

2. Anwendungsbereich. – a) Unmittelbar: bei ZwVollstr wegen **2** Geldforderungen (§§ 803–882) und nur bei bestehender Sicherheit an beweglichen Sachen, zB Pfandrechte jeder Art (außer Pfändungspfandrecht, vgl § 803 Abs 1 S 2), Zurückbehaltungsrechte (§§ 273, 1000 BGB, § 369 HGB; hM), Sicherungseigentum bei unmittelbarem Besitz des Gläubigers oder wenn die Sache einem herausgabebereiten Dritten zur Verwertung übergeben worden ist (StJMünzberg 5 mwN). – **b) Entsprechend:** Pfandrechte an Forderungen nur dann, wenn sie gegen **3** den Staat gerichtet sind (hM), zB bei Hinterlegung (§ 233 BGB). Bürgschaft genügt nicht. Für Anwendung auf Mietkaution: LG München I DGVZ 84, 77.

3. Voraussetzungen. Der Gläubiger muss die Sache mittelbar **4** (§ 868 BGB) oder unmittelbar besitzen oder Mitbesitzer sein. Die gesicherte Forderung muss diejenige sein, wegen der vollstreckt wird.

4. Verfahren. Das Vollstreckungsorgan (5, 6, 8 vor § 704) hat bei **5** Vornahme der ZwVollstr den § 777 nicht zu beachten, denn dafür ist Erinnerung (§ 766) des Schuldners vorgesehen. Begründet ist diese, wenn die Forderung (50 vor § 704), bei S 2 auch die andere, durch Sicherheiten (Rn 2, 3) gedeckt ist. Dann ist auf Unzulässigkeit der Vollstreckungsmaßnahme zu erkennen (§ 766 Rn 11). Bei der Offenbarungsversicherung (§ 807) geht der Widerspruch (§ 900 Abs 4) als spezieller Rechtsbehelf der Erinnerung (§ 766) vor (LG Stuttgart Rpfleger 00, 28 mwN). Wirkung: § 775 Nr 1.

§ 778 Zwangsvollstreckung vor Erbschaftsannahme

(1) **Solange der Erbe die Erbschaft nicht angenommen hat, ist eine Zwangsvollstreckung wegen eines Anspruchs, der sich gegen den Nachlaß richtet, nur in den Nachlaß zulässig.**

(2) **Wegen eigener Verbindlichkeiten des Erben ist eine Zwangsvollstreckung in den Nachlaß vor der Annahme der Erbschaft nicht zulässig.**

1   **1. Allgemeines.** § 778 gilt für jede Art von ZwVollstr in Vermögen. Der Erbe darf die Erbschaft noch nicht angenommen haben (vgl § 1944 BGB). Solange sind sein Vermögen und der Nachlass noch getrennt.

2   **2. Nachlassverbindlichkeiten** (Abs 1; § 1967 Abs 2 BGB). Abs 1 gilt auch, wenn die ZwVollstr in das Vermögen des Erblassers noch nicht begonnen hat (vgl § 779 Abs 1). Sie darf nach dem Tode des Schuldners
3   (11 vor § 704) begonnen werden: − **a) Vor der Annahme** nur in den Nachlass und nur wenn ein Nachlasspfleger, der auch auf Antrag des Gläubigers zu bestellen ist (§ 1961 BGB), ein Testamentsvollstrecker oder Nachlassverwalter (§ 1975 BGB) vorhanden ist. Der Titel kann durch Klage gegen sie erlangt werden. Lag er schon gegen den verstorbenen Schuldner vor, ist nur die Klausel umzustellen (vgl § 727 Abs 1,
4   § 749). − **b) Nach der Annahme,** auch mit einem Titel (ggf umgeschrieben nach § 727 Abs 1) gegen den Erben in dessen übriges Vermögen und in den Nachlass. Die beschränkte Erbenhaftung muss gemäß den §§ 781−785 geltend gemacht werden. Ist das Urteil noch gegen den Erblasser ergangen, ist ein Vorbehalt gem § 780 weder möglich noch nötig. Nur wenn der Erbe oder die Erbengemeinschaft verurteilt wird, bedarf es für die beschränkte Haftung des Vorbehalts (§ 780; vgl Celle NJW-RR 88, 133).

5   **3. Eigenverbindlichkeiten** des Erben (Abs 2). − **a) Vor Annahme** ist die ZwVollstr in den Nachlass verboten; das schützt den (mögli-
6   cherweise anderen) endgültigen Erben. − **b) Nach Annahme** darf auch in den Nachlass vollstreckt werden. Einzelheiten bei Behr Rpfleger 02, 1/4.

7   **4. Rechtsbehelfe.** Erinnerung (§ 766) findet statt wegen Verstoßes gegen den § 778 für jeden Betroffenen (auch Nachlassgläubiger), Widerspruchsklage (§ 771) nur für den Erben (ggf Nachlasspfleger, Nachlassverwalter, Testamentsvollstrecker) vor der Annahme (Rn 3).

§ 779 Fortsetzung der Zwangsvollstreckung nach dem Tod des Schuldners

(1) **Eine Zwangsvollstreckung, die zur Zeit des Todes des Schuldners gegen ihn bereits begonnen hatte, wird in seinen Nachlaß fortgesetzt.**

(2) ¹**Ist bei einer Vollstreckungshandlung die Zuziehung des Schuldners nötig, so hat, wenn die Erbschaft noch nicht angenommen oder wenn der Erbe unbekannt oder es ungewiß ist, ob er die Erbschaft angenommen hat, das Vollstreckungsgericht auf Antrag des Gläubigers dem Erben einen einstweiligen besonderen Vertreter zu bestellen.** ²**Die Bestellung hat zu unterbleiben, wenn ein Nachlaßpfleger bestellt ist oder wenn die Verwaltung des Nachlasses einem Testamentsvollstrecker zusteht.**

1. Fortsetzung der Zwangsvollstreckung (Abs 1). Gilt für jede **1** Art der ZwVollstr, die in den Nachlass erfolgt. Wegen Handlungen und Unterlassungen (§§ 887, 888, 890) muss sie gegen den Erben grundsätzlich neu begonnen werden (vgl Obermaier DGVZ 73, 145). Sie muss vor dem Tod des Schuldners begonnen haben (28 vor § 704); wenn nicht, gilt § 778 Abs 1. Der Titel (gegen den Schuldner) muss nicht gem § 727 umgeschrieben werden (LG Stuttgart DGVZ 87, 12). Annahme der Erbschaft ist bedeutungslos. Es dürfen nicht nur begonnene Vollstreckungsmaßnahmen durchgeführt, sondern auch neue eingeleitet, sogar auf andere Nachlassgegenstände erstreckt werden; denn Abs 1 betrifft die ZwVollstr im Ganzen, nicht die einzelne Vollstreckungsmaßnahme (hM; LG Dortmund NJW 73, 374). Die ZwVollstr soll von vornherein auf die erkennbar zum Nachlass gehörenden Gegenstände beschränkt werden. Rechtsbehelfe: § 766, bei Entscheidungen § 793, § 11 Abs 1 RPflG.

2. Einstweiliger Vertreter des Erben (Abs 2), nicht des Nachlasses. **2** Zuständig für die Bestellung ist der Rechtspfleger (§ 20 Nr 17 RPflG). Kosten: § 788. – **a) Voraussetzungen** der Bestellung sind dem Abs 2 **3** zu entnehmen. Nötig ist sie insbes, wenn an den Schuldner zugestellt, wenn er gehört oder in Kenntnis gesetzt werden muss, zB in § 808 Abs 3, § 829 Abs 2, § 844 Abs 2. – **b) Fortsetzung** der ZwVollstr ist **4** erst dann zulässig, wenn der Vertreter bestellt ist (§ 92 Nr 1 GVGA). – **c) Gesetzliche Vertretung** (§ 51 Rn 3) erstreckt sich auf alle mit der **5** ZwVollstr nötig werdenden Handlungen (insbes Rechtsbehelfe) und erlischt, sobald der Erbe, ein Nachlasspfleger, Nachlassverwalter oder Testamentsvollstrecker in das Verfahren eintritt. – **d) Rechtsbehelf 6** gegen Bestellung oder deren Ablehnung: § 793; § 11 Abs 1 RPflG; nicht Erinnerung (§ 766).

§ 780 Vorbehalt der beschränkten Erbenhaftung

(1) **Der als Erbe des Schuldners verurteilte Beklagte kann die Beschränkung seiner Haftung nur geltend machen, wenn sie ihm im Urteil vorbehalten ist.**

(2) **Der Vorbehalt ist nicht erforderlich, wenn der Fiskus als gesetzlicher Erbe verurteilt wird oder wenn das Urteil über eine Nachlaßverbindlichkeit gegen einen Nachlaßverwalter oder einen anderen Nachlaßpfleger oder gegen einen Testamentsvollstrecker, dem die Verwaltung des Nachlasses zusteht, erlassen wird.**

1   **1. Allgemeines.** Mit einem Titel gegen den Erben kann in dessen gesamtes Vermögen vollstreckt werden (§ 778 Rn 4). Bei Nachlassverbindlichkeiten kann der Erbe (nach BGB) seine Haftung auf den Nachlass beschränken. Geltend machen kann er das bereits im Rechtsstreit (K. Schmidt JR 89, 45) oder erst in der ZwVollstr durch Klage (§ 785), jedoch nur, wenn im Titel der Vorbehalt des § 780 Abs 1 steht.

2   **2. Anwendungsbereich. – a) Personen:** Erben, auch Miterben (§ 2059 BGB), Nacherben ab Eintritt der Nacherbfolge (vgl § 2144 BGB)
3   und Erbschaftskäufer (vgl § 2383 BGB). – **b) Titel:** auch alle von § 795 erfassten (LG Bückeburg MDR 97, 978; MüKo/K. Schmidt 3). Bei Leistungsklagen (3 vor § 253) kann schon im Grundurteil (§ 304, Köln VersR 68, 380) der Vorbehalt herbeigeführt werden. Im Mahnverfahren ist durch Widerspruch (§ 694), Antrag auf Durchführung (§ 696 Abs 1 S 1) oder Einspruch (§ 700) das streitige Verfahren herbeizuführen, damit der Vorbehalt aufgenommen werden kann. –
4/5 **c) Beschränkte Erbenhaftung.** Jeder Fall: Nachlassinsolvenzverfahren und -verwaltung (§ 1975 BGB), Erschöpfungseinreden (§§ 1973, 1974 BGB), Dürftigkeitseinreden (§§ 1990, 1992 BGB; BGH NJW 91, 2839), bei Miterben die Einrede aus § 2059 BGB (vgl Rn 2). Für die aufschiebenden Einreden (§§ 2014, 2015 BGB) gelten § 305 Abs 1, §§ 782, 783.

6   **3. Vorbehalt im Titel. – a) Erforderlich** ist der Vorbehalt, wenn der Erbe (abgesehen von Abs 2) eine der Einreden (Rn 4) erhoben hat. Das geschieht wie bei 49 vor § 253, ohne besonderen Antrag (BGH NJW 64, 2298/300), bis zum Schluss der letzten Tatsachenverhandlung (im schriftlichen Verfahren vgl § 128 Abs 2), nur ausnahmsweise in der Revisionsinstanz (vgl BGH 54, 204); dann auch ohne besondere Rüge
7   (BGH NJW 83, 2378). – **b) Inhalt.** Die Entscheidung lautet stattgebend: „Dem Beklagten bleibt die beschränkte Erbenhaftung vorbehalten" (also ohne Angabe von Nachlassgegenständen). Ihn „als Erbe" zu verurteilen, genügt nicht; ebenso wenig im Prozessvergleich als Erbe bezeichnet zu sein (BGH NJW 91, 2839). Weil der Erbe für die Prozesskosten, die nicht schon durch den Erblasser entstanden sind, unbeschränkt haftet, darf der Vorbehalt in diesen Fällen nicht auf die Kosten-

entscheidung erstreckt werden (Frankfurt Büro 77, 1626). – **c) Prüfung.** 8
Das Gericht muss nicht prüfen, ob die Einrede begründet ist, kann es
aber. Steht danach fest, dass der Erbe unbeschränkt haftet, so ist der
Vorbehalt nicht aufzunehmen und die Einrede in den Gründen abzu-
handeln. Steht fest, dass keine Nachlassgegenstände vorhanden sind, ist
die Klage abzuweisen (hM). – **d) Entbehrlich** ist der Vorbehalt in den 9
Fällen des Abs 2, weil die Haftung zwangsläufig auf den Nachlass beschränkt ist; soweit die Einrede dem Erben in der Revisionsinstanz
verwehrt war (BGH 54, 204). Ferner bei Individualansprüchen in Bezug
auf Nachlassgegenstände, zB auf Herausgabe. – **e) Ergänzung.** Wird 10
der Vorbehalt übergangen, so gilt § 321 (dort Rn 7).

4. Wirkung. Der Vorbehalt hindert nicht die ZwVollstr in das ge- 11
samte Vermögen des Erben (§ 781). Dieser kann aber nach § 785 durch
Vollstreckungsabwehrklage (§ 767) die beschränkte Haftung geltend
machen. Nur der Vorbehalt erhält ihm diese Einrede, die sonst durch
§ 767 Abs 2 ausgeschlossen wäre.

§ 781 Beschränkte Erbenhaftung in der Zwangsvollstreckung

**Bei der Zwangsvollstreckung gegen den Erben des Schuld-
ners bleibt die Beschränkung der Haftung unberücksichtigt, bis
auf Grund derselben gegen die Zwangsvollstreckung von dem
Erben Einwendungen erhoben werden.**

1. Vor dem Urteil gemäß § 785 findet die ZwVollstr in den Nach- 1
lass und das gesamte übrige Vermögen des Erben statt. Eine beschränkte
Haftung bleibt unberücksichtigt. Ist der Vorbehalt im Titel, darf § 894
nicht angewandt werden; die Abgabe der Willenserklärung ist nach
§ 888 zu vollstrecken (hM). Durch einstweilige Anordnungen nach
§ 769 kann die ZwVollstr in das Erbenvermögen aber schon vor dem
Urteil eingestellt oder beschränkt werden.

2. Nach dem Urteil gemäß § 785 wird, wenn es der Klage des Er- 2
ben stattgibt, die ZwVollstr in diejenigen Gegenstände des Erbenver-
mögens unzulässig, auf die sich das Urteil erstreckt.

§ 782 Einreden des Erben gegen Nachlassgläubiger

[1]**Der Erbe kann auf Grund der ihm nach den §§ 2014, 2015
des Bürgerlichen Gesetzbuchs zustehenden Einreden nur verlangen, daß die Zwangsvollstreckung für die Dauer der dort
bestimmten Fristen auf solche Maßregeln beschränkt wird, die
zur Vollziehung eines Arrestes zulässig sind.** [2]**Wird vor dem
Ablauf der Frist die Eröffnung des Nachlaßinsolvenzverfahrens
beantragt, so ist auf Antrag die Beschränkung der Zwangsvollstreckung auch nach dem Ablauf der Frist aufrechtzuerhalten,
bis über die Eröffnung des Insolvenzverfahrens rechtskräftig
entschieden ist.**

1   **Voraussetzung.** § 782 gilt nur bei Nachlassverbindlichkeiten
(§ 1967 Abs 2 BGB). Die Einreden nach §§ 2014, 2015 BGB, die be-
schränkbare, aber noch nicht beschränkte Haftung voraussetzen, müssen
2   nach § 305 Abs 1 im Urteil vorbehalten sein. **Wirkung.** Wie bei § 781
(dort Rn 1) wird die ZwVollstr zunächst in das gesamte Vermögen des
Erben durchgeführt. Mit Klage nach § 785 (sehr unpraktisch) kann der
Erbe nur erreichen, dass keine anderen Vollstreckungsmaßnahmen als
bei Arrestvollzug (§§ 930–932) vorgenommen werden dürfen, solange
er die (zeitlich beschränkten) Einreden hat. Die Frist kann verlängert
werden, auch durch Klage (§ 785) gemäß S 2.

§ 783 Einreden des Erben gegen persönliche Gläubiger

**In Ansehung der Nachlaßgegenstände kann der Erbe die Be-
schränkung der Zwangsvollstreckung nach § 782 auch gegenüber den Gläubigern verlangen, die nicht Nachlaßgläubiger
sind, es sei denn, daß er für die Nachlaßverbindlichkeiten unbeschränkt haftet.**

1   Für Nachlassverbindlichkeiten (§ 1967 Abs 2 BGB) gilt § 782, für
sonstige Verbindlichkeiten des Erben § 783. Danach ist § 782 anzuwenden; nur dann nicht, wenn der Erbe bereits unbeschränkt haftet
(letzter Hs). Die Beweislast hierfür trägt der Gläubiger.

§ 784 Zwangsvollstreckung bei Nachlassverwaltung und -in-
solvenzverfahren

**(1) Ist eine Nachlaßverwaltung angeordnet oder das Nachlaß-
insolvenzverfahren eröffnet, so kann der Erbe verlangen, daß
Maßregeln der Zwangsvollstreckung, die zugunsten eines Nachlaßgläubigers in sein nicht zum Nachlaß gehörendes Vermögen
erfolgt sind, aufgehoben werden, es sei denn, daß er für die
Nachlaßverbindlichkeiten unbeschränkt haftet.**

**(2) Im Falle der Nachlaßverwaltung steht dem Nachlaßver-
walter das gleiche Recht gegenüber Maßregeln der Zwangsvollstreckung zu, die zugunsten eines anderen Gläubigers als
eines Nachlaßgläubigers in den Nachlaß erfolgt sind.**

1   **Gemeinsames** (von Abs 1 und 2). Es ist Klage zu erheben (§ 785).
Die Urteilsformel ist an § 775 Nr 1 auszurichten (§ 785 Rn 2, 3); daher ist nicht Aufhebung von Vollstreckungsmaßnahmen zu beantragen.
2   **Zwangsvollstreckung in das Erbenvermögen** (Abs 1), das nicht
zum Nachlass gehört, muss wegen einer Nachlassverbindlichkeit
(§ 1967 Abs 2 BGB) erfolgt sein. Der Vorbehalt (§ 780) muss bestehen.
Der Erbe haftet endgültig beschränkt (§ 1975 BGB). Abs 1 bestimmt
(über § 781 hinaus), was bei beschränkter Haftung und erfolgter Zw-
Vollstr zu geschehen hat; gilt entsprechend für die anderen Fälle be-
3   schränkter Haftung (§ 780 Rn 4; hM). **Zwangsvollstreckung in den
Nachlass** (Abs 2) wegen sonstiger Verbindlichkeiten des Erben be-

rechtigt den Nachlassverwalter nur zur Klage nach § 785 (§ 1984 Abs 2 BGB). Nachlassinsolvenzverfahren: § 321 InsO.

§ 785 Vollstreckungsabwehrklage des Erben

Die auf Grund der §§ 781 bis 784 erhobenen Einwendungen werden nach den Vorschriften der §§ 767, 769, 770 erledigt.

1. Allgemeines. Es gilt grundsätzlich § 767. Nur durch Klage, nicht 1 durch Erinnerung (§ 766) darf der Erbe seine beschränkte Haftung (gemäß §§ 780–784) geltend machen.

2. Antrag und Urteilsformel. Es ist zu unterscheiden (vgl 2 K. Schmidt JR 89, 45): – **a) Interventionsklage.** Im Falle der §§ 781, 784 ist wiederum zu unterscheiden: **aa)** Ist bereits vollstreckt, so wird die ZwVollstr aus dem (genau bezeichneten) Titel in den (genau bezeichneten) Gegenstand für unzulässig erklärt. **bb)** Ist noch nicht vollstreckt, so wird die ZwVollstr aus dem bezeichneten Titel in die nicht zum Nachlass gehörenden Gegenstände für unzulässig erklärt. – **b) Haftungs-** 3 **beschränkende Klage.** Bei §§ 782, 783 wird die ZwVollstr statt für unzulässig erklärt nach Maßgabe des § 782 Rn 2 beschränkt und die Zeitdauer angegeben.

3. Zulässig ist die Klage, wenn die allgemeinen Prozessvorausset- 4 zungen (10 vor § 253) vorliegen, insbes: – **a) Zuständigkeit:** wie § 767 Rn 13. – **b) Prozessführungsbefugnis** (§ 51 Rn 20). Sie steht idR 5 zu: als Kläger dem Erben, weil er Vollstreckungsschuldner ist (11 vor § 704), oder dem Testamentsvollstrecker, uU dem Nacherben oder Erbschaftskäufer (§ 780 Rn 2), bei § 784 Abs 2 nur dem Nachlassverwalter. Als Beklagtem nur dem Gläubiger (10 vor § 704). – **c) Rechts-** 6 **schutzbedürfnis.** Es tritt ein, wenn die ZwVollstr in den betreffenden Gegenstand beginnt (28 vor § 704) oder droht, sofern es vor Beginn feststeht. Es dauert bis die ZwVollstr beendet ist (29 vor § 704). Dies gilt nur für die Interventionsklage (Rn 2; K. Schmidt JR 89, 45 [47]; bestr). Das Rechtsschutzbedürfnis entfällt nicht dadurch, dass gegen den Vollstreckungstitel ein Rechtsmittel eingelegt ist (Frankfurt NJW-RR 92, 32).

4. Begründet ist die Klage, wenn der Vorbehalt gem § 780 besteht; 7 im Regelfalle (insbes bei § 784 Abs 1), wenn die Erbenhaftung wirksam beschränkt und in den Nachlass vollstreckt ist, bei § 782, wenn die Einreden noch zeitlich bestehen und bei § 786 auch, wenn kein Vermögen übernommen wurde (Frankfurt NJW-RR 92, 32).

5. Sonstiges. Zwangsvollstreckung, Rechtsmittel, Kosten: wie 8 § 767 Rn 30–32. Einstellung der ZwVollstr: § 775 Nr 1.

§ 786 Vollstreckungsabwehrklage bei beschränkter Haftung

Die Vorschriften des § 780 Abs. 1 und der §§ 781 bis 785 sind auf die nach § 1489 des Bürgerlichen Gesetzbuchs eintretende beschränkte Haftung, die Vorschriften des § 780 Abs. 1 und der

§§ 781, 785 sind auf die nach den §§ 1480, 1504, 1629 a, 2187 des Bürgerlichen Gesetzbuchs eintretende beschränkte Haftung entsprechend anzuwenden.

1   An die Stelle des Nachlasses treten: bei § 1489 BGB das Gesamtgut, bei § 1480 BGB und § 1504 BGB die zugeteilten Gegenstände, bei § 1629 a BGB der Bestand des bei Eintritt der Volljährigkeit vorhandenen Vermögens, bei § 2187 BGB das aus dem Vermächtnis Erlangte. § 786 ist auf andere Fälle beschränkbarer Haftung analog anzuwenden (bestr). Bsp für Urteilsformel: „Die Beschränkung der Haftung auf den Nachlass bleibt vorbehalten."

§ 786 a   See- und Binnenschifffahrtsrechtliche Haftungsbeschränkung

(1) **Die Vorschriften des § 780 Abs. 1 und des § 781 sind auf die nach § 486 Abs. 1, 3, §§ 487 bis 487 d des Handelsgesetzbuchs oder nach den §§ 4 bis 5 m des Binnenschiffahrtsgesetzes eintretende beschränkte Haftung entsprechend anzuwenden.**

(2) **Ist das Urteil nach § 305 a unter Vorbehalt ergangen, so gelten für die Zwangsvollstreckung die folgenden Vorschriften:
1. Wird die Eröffnung eines Seerechtlichen oder eines Binnenschiffahrtsrechtlichen Verteilungsverfahrens nach der Schiffahrtsrechtlichen Verteilungsordnung beantragt, an dem der Gläubiger mit dem Anspruch teilnimmt, so entscheidet das Gericht nach § 5 Abs. 3 der Schiffahrtsrechtlichen Verteilungsordnung über die Einstellung der Zwangsvollstreckung; nach Eröffnung des Seerechtlichen Verteilungsverfahrens sind die Vorschriften des § 8 Abs. 4 und 5 der Schiffahrtsrechtlichen Verteilungsordnung, nach Eröffnung des Binnenschiffahrtsrechtlichen Verteilungsverfahrens die Vorschriften des § 8 Abs. 4 und 5 in Verbindung mit § 41 der Schiffahrtsrechtlichen Verteilungsordnung anzuwenden.
2. [1]Ist nach Artikel 11 des Haftungsbeschränkungsübereinkommens (§ 486 Abs. 1 des Handelsgesetzbuchs) von dem Schuldner oder für ihn ein Fonds in einem anderen Vertragsstaat des Übereinkommens errichtet worden, so sind, sofern der Gläubiger den Anspruch gegen den Fonds geltend gemacht hat, die Vorschriften des § 50 der Schiffahrtsrechtlichen Verteilungsordnung anzuwenden. [2]Hat der Gläubiger den Anspruch nicht gegen den Fonds geltend gemacht oder sind die Voraussetzungen des § 50 Abs. 2 der Schiffahrtsrechtlichen Verteilungsordnung nicht gegeben, so werden Einwendungen, die auf Grund des Rechts auf Beschränkung der Haftung erhoben werden, nach den Vorschriften der §§ 767, 769, 770 erledigt; das gleiche gilt, wenn der Fonds in dem anderen Vertragsstaat erst bei Geltendmachung des Rechts auf Beschränkung der Haftung errichtet wird.**

3. ¹Ist von dem Schuldner oder für diesen ein Fonds in einem anderen Vertragsstaat des Straßburger Übereinkommens über die Beschränkung der Haftung in der Binnenschiffahrt – CLNI (BGBl. 1988 II S. 1643) errichtet worden, so ist, sofern der Gläubiger den Anspruch gegen den Fonds geltend gemacht hat, § 52 der Schiffahrtsrechtlichen Verteilungsordnung anzuwenden. ²Hat der Gläubiger den Anspruch nicht gegen den Fonds geltend gemacht oder sind die Voraussetzungen des § 52 Abs. 3 der Schiffahrtsrechtlichen Verteilungsordnung nicht gegeben, so werden Einwendungen, die auf Grund des Rechts auf Beschränkung der Haftung nach den §§ 4 bis 5 m des Binnenschiffahrtsgesetzes erhoben werden, nach den Vorschriften der §§ 767, 769, 770 erledigt; das gleiche gilt, wenn der Fonds in dem anderen Vertragsstaat erst bei Geltendmachung des Rechts auf Beschränkung der Haftung errichtet wird.

(3) Ist das Urteil eines ausländischen Gerichts unter dem Vorbehalt ergangen, daß der Beklagte das Recht auf Beschränkung der Haftung geltend machen kann, wenn ein Fonds nach Artikel 11 des Haftungsbeschränkungsübereinkommens oder nach Artikel 11 des Straßburger Übereinkommens über die Beschränkung der Haftung in der Binnenschiffahrt errichtet worden ist oder bei Geltendmachung des Rechts auf Beschränkung der Haftung errichtet wird, so gelten für die Zwangsvollstreckung wegen des durch das Urteil festgestellten Anspruchs die Vorschriften des Absatzes 2 entsprechend.

Die Vorschrift passt die Zwangsvollstreckung den Beschränkungen 1 an, die sich aus einem Vorbehaltsurteil ergeben, das auf Grund des § 305 a ergangen ist (vgl dort).

§ 787 Zwangsvollstreckung bei herrenlosem Grundstück oder Schiff

(1) Soll durch die Zwangsvollstreckung ein Recht an einem Grundstück, das von dem bisherigen Eigentümer nach § 928 des Bürgerlichen Gesetzbuchs aufgegeben und von dem Aneignungsberechtigten noch nicht erworben worden ist, geltend gemacht werden, so hat das Vollstreckungsgericht auf Antrag einen Vertreter zu bestellen, dem bis zur Eintragung eines neuen Eigentümers die Wahrnehmung der sich aus dem Eigentum ergebenden Rechte und Verpflichtungen im Zwangsvollstreckungsverfahren obliegt.

(2) Absatz 1 gilt entsprechend, wenn durch die Zwangsvollstreckung ein Recht an einem eingetragenen Schiff oder Schiffsbauwerk geltend gemacht werden soll, das von dem bisherigen Eigentümer nach § 7 des Gesetzes über Rechte an ein-

getragenen Schiffen und Schiffsbauwerken vom 15. November
1940 (Reichsgesetzbl. I S. 1499) aufgegeben und von dem Aneignungsberechtigten noch nicht erworben worden ist.

1   Voraussetzungen: wie § 58.

§ 788 Kosten der Zwangsvollstreckung

(1) [1]Die Kosten der Zwangsvollstreckung fallen, soweit sie
notwendig waren (§ 91), dem Schuldner zur Last; sie sind zugleich mit dem zur Zwangsvollstreckung stehenden Anspruch
beizutreiben. [2]Als Kosten der Zwangsvollstreckung gelten auch
die Kosten der Ausfertigung und der Zustellung des Urteils.
[3]Soweit mehrere Schuldner als Gesamtschuldner verurteilt worden sind, haften sie auch für die Kosten der Zwangsvollstreckung als Gesamtschuldner; § 100 Abs. 3 und 4 gilt entsprechend.

(2) [1]Auf Antrag setzt das Vollstreckungsgericht, bei dem
zum Zeitpunkt der Antragstellung eine Vollstreckungshandlung anhängig ist, und nach Beendigung der Zwangsvollstreckung das Gericht, in dessen Bezirk die letzte Vollstreckungshandlung erfolgt ist, die Kosten gemäß § 103 Abs. 2,
den §§ 104, 107 fest. [2]Im Falle einer Vollstreckung nach den
Vorschriften der §§ 887, 888 und 890 entscheidet das Prozeßgericht des ersten Rechtszuges.

(3) Die Kosten der Zwangsvollstreckung sind dem Schuldner
zu erstatten, wenn das Urteil, aus dem die Zwangsvollstreckung
erfolgt ist, aufgehoben wird.

(4) Die Kosten eines Verfahrens nach den §§ 765a, 811a,
811b, 813b, 829, 850k, 851a und 851b kann das Gericht ganz
oder teilweise dem Gläubiger auferlegen, wenn dies aus besonderen, in dem Verhalten des Gläubigers liegenden Gründen der
Billigkeit entspricht.

1   **1. Allgemeines.** § 788 regelt die Kostenpflicht im Verhältnis Gläubiger und Schuldner. Davon zu unterscheiden ist die Kostenschuld gegenüber dem Gericht (§§ 49, 54 GKG) und dem Gerichtsvollzieher
2   (§ 3 GVKostG). – **a) Begriff.** Kosten der ZwVollstr sind die Aufwendungen der Parteien (9 vor § 704), die aus Einleitung und Durchführung der Vollstreckung entstehen. Sie gehören nicht zu den Kosten
des Rechtsstreits (2–4 vor § 91), insbes nicht, wenn diese Kosten in
einem nachfolgenden Vergleich geregelt werden (KG MDR 79, 408). –
3   **b) Anwendbar:** alle Titel, die nach der ZPO vollstreckt werden (14,
15 vor § 704); bei jeder Art von ZwVollstr, aber nicht bei Räumungs-
fristverfahren (§§ 721, 794a). Anwendbar bei Arrest und einstweiliger
Verfügung. Ferner bei den Verfahren nach §§ 765a, 811a, 811b, 813a,
829, 850k, 851a, 851b (Abs 4).

2. Kostenverteilung. Sie ist unabhängig von der Kostenentschei- **4** dung des zugrundeliegenden Rechtsstreits. Eine Kostenentscheidung ist nur erforderlich, wenn gem Abs 3 zugunsten des Schuldners verfahren wird. Eine entspr Anwendung des § 91 a ist auch bei Erledigung einer Vollstreckungsmaßnahme ausgeschlossen (Braunschweig Büro 99, 46). – **a) Kostenpflicht des Schuldners.** Sie umfasst die notwendigen Kos- **5** ten der ZwVollstr, die durch den Beginn (28 vor § 704) und danach entstehen, grundsätzlich unter Einschluss der Kosten von Vollstreckungsmaßnahmen (Rn 31). Leistet der Schuldner vorher freiwillig, trägt er die Kosten einer Vorbereitung der Vollstreckung (Rn 15–20), wenn er durch sein Verhalten Anlass zur Annahme gab, dass eine ZwVollstr nötig sein werde. Ist aus einem Urteil vollstreckt worden, das auf Rechtsmittel zT aufgehoben wird, stehen dem Gläubiger nur diejenigen Kosten zu, welche auf Grund des aufrechterhaltenen Teils entstanden wären (StJMünzberg 49). – **b) Kostenpflicht des Gläubi-** **6** **gers.** Sie umfasst die von ihm veranlassten Kosten, soweit die ZwVollstr nicht notwendig war, entweder überhaupt nicht oder nicht in der eingeleiteten sowie durchgeführten Art und Weise, zB aus einem Urteil in voller Höhe des zuerkannten Betrags, wenn dieser später durch Vergleich herabgesetzt wird (München Rpfleger 99, 151). Der Schuldner kann den Kostenerstattungsanspruch (auch den gem Abs 2, 3) nicht unmittelbar auf Grund des § 788 vollstrecken, sondern benötigt hierzu einen Vollstreckungstitel, insbes einen Kostenfestsetzungsbeschluss (vgl Rn 13). Eine Kostenpflicht des Gläubigers kann insbes in den Fällen der Abs 3, 4 erwachsen (Rn 34–37). – **c) Mehrheit von** **7** **Schuldnern. aa) Teilschuldner.** Jeder einzelne Schuldner trägt die Kosten, die durch ZwVollstr ihm gegenüber entstanden sind; das folgt aus § 425 BGB (hM; LG Kassel Rpfleger 85, 153; LG Lübeck DGVZ 91, 156; aA mit beachtlichen Argumenten Alisch DGVZ 84, 36 und Schimpf MDR 85, 102 sowie DGVZ 85, 177). **bb) Gesamtschuldner** **8** (Abs 1 S 3). Der Verurteilung (wie § 100 Rn 10) steht die Verpflichtung (§ 794 Abs 1 Nr 1 oder 5) gleich. Das führt dazu, dass bei einem fruchtlosen Vollstreckungsversuch gegen einen der Gesamtschuldner diese (zusätzlichen) Kosten in die Haftung der anderen fallen. Es können dann alle Kosten gegen jeden der Gesamtschuldner geltend gemacht werden (Verweisung auf § 100 Abs 4), ohne Rücksicht darauf in welcher Höhe, ganz oder zT gegen die einzelnen Gesamtschuldner vollstreckt wird, weil auf § 100 Abs 2 nicht verwiesen ist (Schimpf DGVZ 98, 132). Eine Ausnahme besteht nur für die Kosten eines Rechtsmittels oder einer Einwendung, die nur ein Gesamtschuldner im Zwangsvollstreckungsverfahren eingelegt oder erhoben hat (Verweisung auf § 100 Abs 3; Schimpf aaO). Dafür haften die anderen Gesamtschuldner nicht. – **d) Mehrheit von Gläubigern.** Führen mehrere **9** Gläubiger desselben Vollstreckungstitels getrennt die ZwVollstr durch, wird die Kostenpflicht unabhängig voneinander beurteilt. Wird die ZwVollstr von mehreren Gläubigern gemeinsam veranlasst oder findet sie zugleich gegen mehrere Schuldner statt, tritt Kostenpflicht nach Kopf-

10 teilen ein (München NJW 74, 957). – **e) Dritte** (11 vor § 704). Im
Verhältnis zu diesen gilt § 788 nicht, insbes nicht bei Forderungspfän-
dung für Kosten des Drittschuldners, die dieser aus dem Verhältnis zum
Schuldner fordern kann, zB aus dem Arbeitsvertrag.

11   **3. Beitreibung der Kosten** ohne Kostenfestsetzung. Das ist der
Grundsatz (gemäß Abs 1 S 1). Die Kosten werden beigetrieben mit
dem vollstreckbaren Anspruch (3 vor § 704) auf Grund des für diesen
bestehenden Vollstreckungstitels, auch wenn der Hauptanspruch nicht
oder nicht mehr vollstreckt wird oder nicht auf Geldzahlung lautet. –
12 **a) Voraussetzungen.** Der Titel muss bestehen und es müssen die
Voraussetzungen der ZwVollstr vorliegen (13–27 vor § 704). Der Titel
darf nicht aufgehoben sein (KG MDR 79, 408). Kosten können nicht
im Verfahren der Offenbarungsversicherung (§ 900) beigetrieben wer-
13 den (LG Berlin DGVZ 92, 28). – **b) Durchführung.** Das jeweilige
Vollstreckungsorgan (4–8 vor § 704) berechnet die Kosten, prüft, ob sie
notwendig sind (Köln DGVZ 83, 9), und setzt sie an; das gilt nicht nur
für die Kosten der gerade durchgeführten Vollstreckungsmaßnahme,
sondern auch für die vorausgegangenen Vollstreckungshandlungen, sofern sie auf demselben Titel beruhen. Geltend gemachte Kosten, die
nicht entstanden sind oder nicht notwendig waren, bleiben unberücksichtigt (LG Oldenburg DGVZ 93, 156). Reicht der beigetriebene Betrag nicht aus, gilt § 367 BGB (umstr; vgl Schilken DGVZ 91, 1). Sind
Kosten vom Gläubiger nach Teilzahlung verrechnet, sind sie nicht
mehr vom Vollstreckungsorgan auf Notwendigkeit zu prüfen (LG Essen
13 a DGVZ 92, 172). – **c) Zeitraum.** Die Kosten können auch nach Beendigung der Hauptsachevollstreckung gem Abs 1 S 1 Hs 2 beigetrieben werden, solange der Titel noch in Händen des Gläubigers ist (LG
Stade DGVZ 91, 119; bestr). Hat eine ZwVollstr noch nicht begonnen,
weil die Hauptsache erfüllt wurde, können Kosten nicht gemäß Abs 1
14 beigetrieben werden (KG DGVZ 91, 170). – **d) Zinsen** (§ 104 Abs 1
S 2) können nicht mit beigetrieben, sondern müssen festgesetzt werden
(Rn 15).

15   **4. Kostenfestsetzung** (Abs 2) gem §§ 103, 104, 107 ist die Ausnahme. Erforderlich ist nur ein Antrag (§ 103 Abs 2). Das weitere Verfahren richtet sich nach § 104, bei geändertem Wert auch nach § 107. –
16 **a) Zuständigkeit** (Abs 2 S 1). Das Prozessgericht des ersten Rechtszugs
ist zuständig bei Vollstreckung von Ansprüchen (§§ 887, 888, 890),
das Vollstreckungsgericht (§ 764 Abs 1) bei jeder anderen Zwangsvollstreckung, auch wenn das GBA Vollstreckungsorgan ist (ZöStöber
19a; aA Hamm Rpfleger 02, 541), zB bei § 867. Zur Abgrenzung:
Jüling MDR 01, 490. Die wegen § 802 ausschließliche örtliche Zuständigkeit ist unterschiedlich. Es kommt nicht auf den Zeitpunkt der
Zwangsvollstreckungsmaßnahme an, sondern auf den des Festsetzungsantrags (§ 104 Abs 1; München Rpfleger 00, 117). Zuständig ist bei
Anhängigkeit (ab Antrag, § 753) einer Vollstreckungshandlung das gem
§ 764 Abs 2 örtlich zuständige Gericht; stets erster Instanz. Ist die

ZwVollstr beendet, im ganzen oder eine einzelne Maßnahme (vgl 29 vor § 704), so ist das Gericht zuständig, in dessen Bezirk die letzte Zw-VollstrMaßnahme (gleich ob erfolgreich oder nicht) stattgefunden hat. Es ist unschädlich wenn das Prozessgericht statt des zuständigen Vollstreckungsgerichts entschieden hat (KG Rpfleger 00, 556). – **b) Rechts-** 17 **folgen.** Der maßgebende Vollstreckungstitel ist der Kostenfestsetzungsbeschluss (§ 794 Abs 1 Nr 2). Festgesetzte Kosten können nicht mehr nach Rn 11 beigetrieben werden. Auf Antrag sind Zinsen zuzusprechen (§ 104 Abs 1 S 2).Vor einem Vergleich entstandene Vollstreckungskosten können in der Höhe festgesetzt werden, wenn aus dem gemäß Vergleich verbliebenen Betrag vollstreckt worden wäre (hM; Stuttgart Rpfleger 94, 118 mwN; München NJW-RR 99, 797). – **c) Mehrere** 18 **Kostenfestsetzungen** aus einem Titel sind möglich. Dabei kann die Zuständigkeit wechseln. Doppelte Festsetzungen sind von vorneherein zu vermeiden (praktische Hinweise Jüling MDR 01, 490). Zu diesem Zweck können bei entspr Anhaltspunkten Erklärungen und Abschriften früherer Festsetzungen eingefordert werden.

5. Notwendigkeit (Abs 1 S 1). Die Kosten müssen unmittelbar auf 19 die ZwVollstr zurückzuführen sein (hM). Sie müssen geeignet, erforderlich und verhältnismäßig sein (Johannsen DGVZ 89, 1 mwN). Nicht notwendig sind die Kosten von erkennbar unzulässiger oder aussichtsloser ZwVollstr, auch die unnötigen Mehrkosten einer zulässigen und gerechtfertigten ZwVollstr, zB die durch eine vom Gläubiger angegebene verschuldet falsche Anschrift des Schuldners verursachten Kosten (AG Augsburg DGVZ 94, 78). Wer die Kosten einer ZwVollstr trägt, die unnötig ist, weil der Schuldner inzwischen geleistet hat, ist nach den Umständen des Einzelfalles zu entscheiden. Grundsätzlich trägt der Schuldner das Risiko, dass die Erfüllung beim Gläubiger nicht rechtzeitig eingeht (umstr; vgl Rn 30 und ZöStöber 9 mwN). Bei Rücknahme des Vollstreckungsantrags kommt es auf den Einzelfall an (LG Hannover Rpfleger 95, 371). Die Kosten notwendiger Vollstreckungsmaßnahmen umfassen die hierfür anfallenden RA-Gebühren, auch wenn ein Notar Gläubiger ist (AG Essen DGVZ 93, 77; bestr).

6. Vorbereitungskosten. Sie umfassen die RA-Gebühren der not- 20 wendigen Maßnahmen soweit sie ab Erteilung der vollstreckbaren Ausfertigung vorgenommen wurden. – **a) Ausfertigung und Zustellung** (Abs 1 S 2) des Titels (§ 795), auch der vollstreckbaren Ausfertigung (§ 724; LG Göttingen DGVZ 95, 73), nicht ohne weiteres einer zweiten (vgl § 733 Rn 9). Das gilt auch für diejenigen Fälle, auf welche die §§ 726, 727 anwendbar sind, einschließlich der erforderlichen Urkunden und Zeugnisse (vgl §§ 706, 726 Abs 1, § 727 Abs 1). – **b) Zahlungs-** 21 **aufforderung** durch RA. Deren Kosten sind notwendig, wenn die Voraussetzungen der ZwVollstr (13–27 vor § 704) vorlagen, insbes auch § 750 Abs 2 erfüllt war (LG Göttingen DGVZ 95, 73), dem Schuldner nachgewiesen waren und ihm danach ein angemessener Zeitraum zur freiwilligen Erfüllung gegeben war (hM; BVerfG NJW

99, 778; Koblenz Rpfleger 95, 313), zB bei einem Kostenfestsetzungsbeschluss 22 Tage nach Zustellung (Nürnberg NJW-RR 93, 1534).
Dies gilt auch für Androhungen gem § 888 oder § 890 (vgl Bremen NJW
22 71, 58). − **c) Anschriftenermittlung.** Ist es notwendig, die neue Anschrift zu ermitteln, sind ausnahmsweise Detektivkosten erstattungsfähig, wenn einfachere Mittel nicht genügen (AG Bad Hersfeld DGVZ
23 93, 116 mwN). − **d) Vollstreckungsauftrag** (§ 753): die dadurch
entstehenden Gebühren des Gerichtsvollziehers wegen einer bis dahin
wegen Schuldnerverzugs (Schilken DGVZ 88, 49/55) notwendig er-
24 scheinenden ZwVollstr. − **e) Sicherheitsleistung:** Kosten für eine zur
ZwVollstr erforderliche Sicherheit, insbes Hinterlegungskosten (nicht
aber der Zinsverlust, Rn 20), Bürgschaftsprovision (hM; BGH NJW
74, 693; Karlsruhe NJW-RR 87, 128; Hamburg MDR 97, 788) und
andere Bankspesen (hM; Frankfurt NJW 73, 375), nicht aber die Kosten einer Rückbürgschaft (Hamburg Büro 90, 1677). Nur für den Zeitraum, in dem Anlass zur Sicherheitsleistung besteht (München Rpfleger
25 69, 62). − **f) Vorpfändung.** Kosten einer solchen (§ 845) nur, wenn
für den Gläubiger begründete Besorgnis bestand, er werde ohne Vorpfändung die zu vollstreckende Forderung nicht realisieren können
(München NJW 73, 2070; aA KG Rpfleger 87, 216: regelmäßig;
Zweibrücken Büro 88, 929: nach fruchtloser Zahlungsaufforderung). −
26 **g) Nicht notwendig** sind Kosten einer Grundschuldbestellung, die ihrerseits die bürgende Bank sichern soll (München NJW 74, 957; bestr);
Zinsverlust bei Hinterlegung von Eigengeld (Düsseldorf Rpfleger 81,
122 mwN; Hamm MDR 82, 416; Köln Rpfleger 95, 520; bestr); Zinsen für Darlehen, das der Sicherheitsleistung dient (hM; München Büro
91, 598); Kosten einer Ratenzahlungsvereinbarung (vgl Rn 26).

27 **7. Durchführungskosten. − a) Grundsatz.** Notwendig sind alle
Gebühren der Vollstreckungsorgane (5–8 vor § 704) und des bevollmächtigten RAs (§§ 57, 58 BRAGO) für Vollstreckungsmaßnahmen,
auch erfolglose und solche, die früher auf Grund des selben Titels vorgenommen oder versucht wurden, einschließlich der Zustellungskosten,
insbes bei Vorpfändung (§ 845) sowie Pfändungs- und Überweisungs-
beschlüssen (§ 829, § 835; Karlsruhe DGVZ 93, 26), ferner Aufwendun-
28 gen, zB bei Ersatzvornahme (§ 887 Abs 2). − **b) Einzelheiten:** Transportkosten für eine vom Schuldner laut Titel als Schick- oder Bring-
schuld herauszugebende Sache (vgl Rn 24) oder wegen an einer Sache
vorzunehmenden Handlung (Frankfurt MDR 81, 1025); Lagerkosten
bei Herausgabe an Sequester (KG DGVZ 86, 182; aA Hamm Büro 97,
160); Verwahrungskosten eines nach Pfändung wegen der Rechte
Dritter vom Gläubiger freigegebenen PKW (Stuttgart Büro 76, 523);
Kosten für einen zuzuziehenden Sachverständigen (LG Münster DGVZ
95, 184); Steuerberaterkosten für und bei Pfändung des Anspruchs auf
Lohnsteuerjahresausgleich (Hansens Büro 85, 1), jedenfalls bei besonderen Schwierigkeiten (LG Gießen DGVZ 94, 8); Kosten der Sequestration (§§ 848, 938), einschließlich der Vergütung und Verwahrung

(Karlsruhe Rpfleger 81, 157). – **c) Rechtsstreit.** Wird ein solcher auf **29** Grund der ZwVollstr notwendig (anders Rn 31), fallen auch diese Kosten unter Abs 1, zB Kosten eines Rechtsstreits gegen den Drittschuldner (hM; Koblenz Rpfleger 87, 385 mwN und Anm Kreppel; Düsseldorf Rpfleger 90, 527; aA Schleswig Büro 92, 500; München Rpfleger 90, 528), jedenfalls bei hinreichender Erfolgsaussicht (Karlsruhe Rpfleger 94, 117) und trotz § 12a Abs 1 S 1 ArbGG (LG Saarbrücken Büro 95, 271), auch die einer Androhung der Drittschuldnerklage (Köln Büro 92, 267). Gerichtskosten für eine auf Grund einstw Vfg im Grundbuch eingetragene Vormerkung (KG Rpfleger 91, 433 mwN; bestr). – **d) Nicht notwendig** sind Kosten des Abbaus, der Verpackung und des **30** Transports einer Sache zum Gläubiger, wenn sie lediglich nach § 883 herauszugeben war (München MDR 97, 882; Koblenz NJW-RR 90, 1152; umstr) und sich die Pflicht zur Versendung nicht aus dem Titel ergibt (vgl Rn 28; Bamberg DGVZ 90, 40 mwN; Düsseldorf DGVZ 95, 86); Kosten eines bei beabsichtigter Pfändung vorsorglich zugezogenen Transportunternehmens (vgl LG Koblenz DGVZ 87, 58); grundsätzlich bei mehreren Ausnahmen die Hebegebühr des § 22 BRAGO (umstr; vgl LG·Koblenz DGVZ 84, 42 mwN); Kosten eines vom Gläubiger für die Begutachtung der Gegenleistung (§ 756) beauftragten Sachverständigen (Köln MDR 86, 1033).

8. Sonstige Kosten. Hier ist zu unterscheiden: – **a) Prozesse und** **31** **Rechtsbehelfe.** Nicht unter § 788 fallen Kosten von Klagen, die aus Anlass der ZwVollstr entstehen (zB §§ 731, 767, 771), und Kosten der Vorbereitung solcher Prozesse (vgl Koblenz Rpfleger 77, 66); Kosten, die durch Anträge auf Einstellung der ZwVollstr (zB § 769) entstanden sind (München Rpfleger 00, 127; aA Schleswig Büro 93, 622); Kosten erfolgloser Rechtsbehelfe; für diese gilt § 97 Abs 1 (München NJW 59, 393). Hingegen ist § 788 dann anzuwenden, wenn eine erforderliche sofortige Beschwerde (§ 793) des Gläubigers erfolgreich geblieben ist. – **b) Aufwendungen,** die mittelbar der ZwVollstr dienen, ihren Ertrag **32** sichern oder erhöhen sollen, fallen nicht unter § 788 (StJMünzberg 16, 18), zB Zahlung zwecks Bedingungseintritts bei Eigentumsvorbehalt, RA-Gebühren für einen Vergleich (Düsseldorf Rpfleger 94, 264: § 98), einer Ratenzahlungsvereinbarung (Stuttgart Rpfleger 94, 367; LG München I Rpfleger 98, 531; LG Münster DGVZ 95, 168; LG Essen DGVZ 93, 56; aA Zweibrücken Rpfleger 92, 408; LG Darmstadt DGVZ 95, 45; Ottersbach Rpfleger 90, 283; Lorenz DGVZ 97, 129), die nicht immer ein Vergleich (§ 779 BGB) sein muss (Lorenz aaO 136). Kosten eines zur Vollstreckung tätig gewordenen Inkassounternehmens fallen unter § 788 nur, soweit erstattungsfähige RA-Kosten vermieden werden (ähnlich LG Wiesbaden DGVZ 89, 13) und nicht, wenn ein RA eingeschaltet wurde (Dresden DGVZ 94, 167). Keinesfalls sind Erfolgshonorare erstattbar (Eimer DGVZ 76, 6), soweit sie die durch Einschaltung eines Inkassounternehmens ersparten RA-Gebühren übersteigen. – **c) Beendete Zwangsvollstreckung.** Nicht unter **33**

§ 788 fallen alle nach dem Ende der ZwVollstr (29 vor § 704) verursachten Kosten, zB die der Grundbucheintragung, nachdem zur Abgabe einer Eintragungsbewilligung verurteilt und die Wirkung der §§ 894, 895 eingetreten ist (Celle NJW 68, 2246); die Löschung der Zwangshypothek (Stuttgart Rpfleger 81, 158; LG Berlin Rpfleger 88, 547). Wird aber der Vollstreckungsauftrag vor Gutschrift beim Gläubiger erteilt, sind die dadurch entstehenden, durch Rücknahme des Auftrags nicht mehr vermeidbaren Kosten notwendig iS von § 788 (vgl Rn 19; LG Münster NJW-RR 88, 128).

34   **9. Erstattungsanspruch des Schuldners** (Abs 3). Verpflichtet ist nur der Gläubiger (10 vor § 704). Ein Titel ist notwendig (Rn 6). – **a) Voraussetzungen.** Das Urteil oder der sonstige Titel (15 vor § 704), nicht nur seine Vollstreckbarkeit muss ganz oder zT aufgehoben sein. Abs 3 gilt also nicht bei § 767 (Düsseldorf Rpfleger 93, 172) und bei § 771, weil da nur die ZwVollstr für unzulässig erklärt wird. Abs 3 ist aber anwendbar, wenn der Titel später durch Vergleich entfällt; die darin getroffenen Vereinbarung geht vor. Fehlt sie oder umfasst sie nicht die ZwVollstrKosten, muss diese der Gläubiger tragen (Karlsruhe **35** MDR 94, 734 mwN; bestr). – **b) Umfang:** alle Kosten, nicht nur die beigetriebenen, auch die dem Schuldner selbst erwachsenen. Unanwendbar auf Kosten, die durch eigene Anträge des Schuldners veranlasst wurden (München Rpfleger 94, 128). Bei Teilaufhebung sind nur die Mehrkosten zu erstatten, die dadurch entstanden sind, dass die Vollstreckung nicht von vorneherein auf den Betrag in der später titulierten Höhe beschränkt wurde (KG Rpfleger 93, 464 mwN). Zur Abwendung der ZwVollstr aufgewendete Kosten, insbes einer Bürgschaft fallen nicht unter Abs 2, sondern unter § 91 (dort Rn 53; Düsseldorf NJW- **36** RR 98, 1455; München NJW-RR 00, 517). – **c) Geltendmachung.** Feststehende, unumstrittene Kosten können im Kostenfestsetzungsverfahren (vgl Rn 6) berücksichtigt werden (hM; KG MDR 91, 258 mwN). Sonst ist neue Klage nötig oder § 717 Abs 2 S 2 anwendbar; dies auf jeden Fall für den über die Kosten hinausreichenden Schaden.

37   **10. Kostenpflicht des Gläubigers** (Abs 4). Grundsätzlich trägt gemäß Abs 1 die Kosten der Schuldner, jedoch mit Ausnahmen in den aufgeführten Fällen. Abs 4 ist als Ausnahmevorschrift eng auszulegen und gilt auch für erfolgreiche Beschwerdeverfahren (Köln NJW-RR 95, 1164) sowie bei Erledigterklärung (Düsseldorf NJW-RR 96, 638). Erfordert eine Entscheidung des für das betreffende Verfahren zuständigen Vollstreckungsgerichts. Die Gründe müssen vom Gläubiger nicht verschuldet sein, aber in seinem Verhalten oder dem des von ihm beauftragten Gerichtsvollziehers liegen. Auch notwendige Kosten (Abs 1) können dann ausnahmsweise dem Gläubiger auferlegt werden, zB bei ergebnisloser Forderungspfändung (§ 829), wenn sie unter Rechtsmissbrauch erfolgt. Dies prüft das Gericht nach pflichtgemäßem Ermessen.

38   **11. Rechtsbehelfe.** Es ist zu unterscheiden: – **a) Kostenansatz.** Gegen den Ansatz oder Nichtansatz durch den Gerichtsvollzieher haben Schuldner oder Gläubiger die Erinnerung (§ 766); bei anderen Vollstreckungsorganen kann § 793 oder § 71 GBO anzuwenden sein, solange die ZwVollstr im Ganzen (29 vor § 704) noch nicht beendet ist. Das gilt auch, wenn der Rechtspfleger entschieden hat (§ 11 Abs 1 RPflG); dann kann bei einem Wert bis einschließlich 50 Euro nur die sofortige Erinnerung zulässig sein (§ 11 Abs 2 RPflG; § 567 Abs 2 S 2). Sind Vollstreckungskosten nach § 104 festgesetzt worden (Rn 13), gilt nicht § 766, sondern § 104 Abs 3. – **b) Einwendungen.** Bei Erfül- **39** lung, Aufrechnung und sonstigen materiell-rechtlichen Einwendungen (§ 767 Rn 20) kann der Schuldner nach § 767 klagen (vgl § 794 Abs 1 Nr 2, § 795).

§ 789 Einschreiten von Behörden

Wird zum Zwecke der Vollstreckung das Einschreiten einer Behörde erforderlich, so hat das Gericht die Behörde um ihr Einschreiten zu ersuchen.

Die Vorschrift macht die Rechts- und Amtshilfepflicht (Art 35 GG) **1** für die ZwVollstr nutzbar. Ersuchendes Gericht ist grundsätzlich das Vollstreckungsgericht (§ 764), ausnahmsweise das Prozessgericht oder Grundbuchamt (6, 7 vor § 704).

§ 790 (weggefallen)

§ 791 Zwangsvollstreckung im Ausland

(1) Soll die Zwangsvollstreckung in einem ausländischen Staate erfolgen, dessen Behörden im Wege der Rechtshilfe die Urteile deutscher Gerichte vollstrecken, so hat auf Antrag des Gläubigers das Prozeßgericht des ersten Rechtszuges die zuständige Behörde des Auslandes um die Zwangsvollstreckung zu ersuchen.

(2) Kann die Vollstreckung durch einen Bundeskonsul erfolgen, so ist das Ersuchen an diesen zu richten.

Die Vorschrift ist praktisch gegenstandslos, weil deutsche Urteile im **1** Ausland nicht mehr unmittelbar vollstreckt werden können. Will der Gläubiger im Ausland vollstrecken, muss er es selbst bei den zuständigen ausländischen Behörden beantragen und den nötigen ausländischen Vollstreckungstitel erwirken. Wesentliche Erleichterungen bestehen im Rahmen von EuGVO, AVAG sowie internationaler Übereinkommen, Abkommen und Verträgen.

§ 792 Erteilung von Urkunden an Gläubiger

Bedarf der Gläubiger zum Zwecke der Zwangsvollstreckung eines Erbscheins oder einer anderen Urkunde, die dem Schuldner auf Antrag von einer Behörde, einem Beamten oder einem

Notar zu erteilen ist, so kann er die Erteilung an Stelle des Schuldners verlangen.

1   **1. Allgemeines.** – **a) Anwendungsbereich:** Urkunden, insbes Erbschein (§ 2353 BGB) und andere Zeugnisse (zB §§ 1507, 2368 BGB). Bei jeder ZwVollstr, zu ihrer Vorbereitung und Durchführung. –
2   **b) Rechtsbehelfe:** nicht nach der ZPO, sondern nach der einschlägigen
3   Verfahrensordnung, zB bei Erbschein nach FGG. – **c) Kosten:** § 788 Abs 1; dort Rn 20.

4   **2. Voraussetzungen.** – **a) Antrag** des Gläubigers (10 vor § 704); Form und Inhalt, wie für die betreffende Urkunde vorgeschrieben (zB § 2353 BGB, § 11 FGG). Die erforderlichen Angaben, Erklärungen, eidesstattlichen Versicherungen (zB §§ 2354–2356 BGB) kann der Gläu-
5   biger für den Schuldner abgeben. – **b) Vollstreckungstitel** (14, 15 vor § 704) ist vorzuweisen, nicht notwendig in vollstreckbarer Ausfertigung
6   (§ 724). – **c) Rechtsschutzbedürfnis.** Es darf nicht deshalb verneint werden, weil die beabsichtigte ZwVollstr im konkreten Falle unzulässig sei, wohl aber, wenn die Urkunde aus anderen Vorschriften einfacher
7   erlangt werden kann, zB § 34 FGG, 12 GBO. – **d) Sonstige Erfordernisse,** die für die jeweilige Urkunde verlangt sind, zB Nachweise (§ 2356 Abs 1 S 1 BGB).

§ 793 Sofortige Beschwerde

Gegen Entscheidungen, die im Zwangsvollstreckungsverfahren ohne mündliche Verhandlung ergehen können, findet sofortige Beschwerde statt.

1   **1. Allgemeines.** § 793 regelt nur die Statthaftigkeit der sofortigen Beschwerde (§ 567 Abs 1 Nr 1). Für die anderen Zulässigkeitsvoraussetzungen gilt § 572 Abs 2, insbes wegen der Form und der Frist (§ 569) sowie der Beschwerdesumme (§ 567 Abs 2). In der Zwangsversteigerung gelten die §§ 95–104 ZVG. Ist das GBA Vollstreckungsorgan (8 vor § 704), so geht § 71 GBO dem § 793 vor (MüKo/K. Schmidt 2).

2   **2. Sofortige Beschwerde.** Sie findet auch gegen die Entscheidung des Rechtspflegers statt (§ 11 Abs 1 RPflG): – **a) Zwangsvollstreckungsverfahren.** Es beginnt mit dem Anfang der ZwVollstr (28 vor § 704). Es endet, sobald die ZwVollstr im Ganzen beendet ist (29 vor
3   § 704). – **b) Entscheidungen** sind Beschlüsse des Vollstreckungs- oder Prozeßgerichts, nie Urteile, da sich § 793 auf freigestellte mündliche Verhandlung bezieht. Unter § 793 fallen aber nicht solche Beschlüsse, die für sich selbst Vollstreckungsmaßnahmen darstellen, ohne Interessenabwägung zwischen Gläubiger und Schuldner sowie ohne Gehör des Schuldners ergehen, zB Pfändungsbeschlüsse (§ 829). Dagegen findet Er-
4   innerung (§ 766) statt. Zur Abgrenzung: § 766 Rn 3. – **c) Rechtsbeschwerde** (§ 574) findet gegen die Beschwerdeentscheidung nur bei Zulassung statt.

§ 794 Weitere Vollstreckungstitel

(1) [1]Die Zwangsvollstreckung findet ferner statt:

1. aus Vergleichen, die zwischen den Parteien oder zwischen einer Partei und einem Dritten zur Beilegung des Rechtsstreits seinem ganzen Umfang nach oder in betreff eines Teiles des Streitgegenstandes vor einem deutschen Gericht oder vor einer durch die Landesjustizverwaltung eingerichteten oder anerkannten Gütestelle abgeschlossen sind, sowie aus Vergleichen, die gemäß § 118 Abs. 1 Satz 3 oder § 492 Abs. 3 zu richterlichem Protokoll genommen sind;

2. aus Kostenfestsetzungsbeschlüssen;

2a. aus Beschlüssen, die in einem vereinfachten Verfahren über den Unterhalt Minderjähriger den Unterhalt festsetzen, einen Unterhaltstitel abändern oder den Antrag zurückweisen;

2b. *(aufgehoben)*

3. aus Entscheidungen, gegen die das Rechtsmittel der Beschwerde stattfindet; dies gilt nicht für Entscheidungen nach § 620 Nr. 1, 3 und § 620 b in Verbindung mit § 620 Nr. 1, 3;

3a. aus einstweiligen Anordnungen nach den §§ 127 a, 620 Nr. 4 bis 10, dem § 621 f und dem § 621 g Satz 1, soweit Gegenstand des Verfahrens Regelungen nach der Verordnung über die Behandlung der Ehewohnung und des Hausrats sind, sowie nach dem § 644;

4. aus Vollstreckungsbescheiden;

4a. aus Entscheidungen, die Schiedssprüche für vollstreckbar erklären, sofern die Entscheidungen rechtskräftig oder für vorläufig vollstreckbar erklärt sind;

4b. aus Beschlüssen nach § 796 b oder § 796 c;

5. aus Urkunden, die von einem deutschen Gericht oder von einem deutschen Notar innerhalb der Grenzen seiner Amtsbefugnisse in der vorgeschriebenen Form aufgenommen sind, sofern die Urkunde über einen Anspruch errichtet ist, der einer vergleichsweisen Regelung zugänglich, nicht auf Abgabe einer Willenserklärung gerichtet ist und nicht den Bestand eines Mietverhältnisses über Wohnraum betrifft, und der Schuldner sich in der Urkunde wegen des zu bezeichnenden Anspruchs der sofortigen Zwangsvollstreckung unterworfen hat.

(2) Soweit nach den Vorschriften der §§ 737, 743, des § 745 Abs. 2 und des § 748 Abs. 2 die Verurteilung eines Beteiligten zur Duldung der Zwangsvollstreckung erforderlich ist, wird sie dadurch ersetzt, daß der Beteiligte in einer nach Absatz 1 Nr. 5 aufgenommenen Urkunde die sofortige Zwangsvollstreckung in die seinem Rechte unterworfenen Gegenstände bewilligt.

Übersicht

I. Allgemeines. Für die Vollstreckungstitel des § 794 gelten **1** grundsätzlich 16–24 vor § 704. Über § 795 sind die §§ 724–793 anwendbar. Für die ZwVollstr ist insbes die Vollstreckungsklausel und die Zustellung nötig (25, 26 vor § 704). Dafür gelten die Sondervorschriften der §§ 795–801.

II. Vergleiche (Nr 1). Dazu gehören auch die gemäß § 278 Abs 6 **2** zustandegekommenen gerichtlichen Vergleiche, die Vergleiche vor Güte- und Schlichtungsstellen (von den Landesjustizverwaltungen eingerichtet, zB Einigungsstellen nach § 27 a UWG), Vergleiche, die im Verfahren der PKH (§ 118 Abs 1 S 3) und im selbständigen Beweisverfahren (§ 492 Abs 3) geschlossen werden. Für schiedsrichterliche Vergleiche, die nach altem Recht abgeschlossen wurden, gilt die Übergangsregelung Art 4 § 1 Abs 4 SchiedsVfG. Anwaltsvergleiche fallen unter Nr 4 b.

1. Rechtsnatur. Der Prozessvergleich ist ein Prozessvertrag (Einl III **3** Rn 6), sowohl Prozesshandlung als auch materielles Rechtsgeschäft, eine untrennbare Einheit, **Doppelnatur** (hM; BGH stRspr, zB NJW 00, 1943; BVerwG NJW 94, 2306; RoSchwGottwald § 131 III 1 c; Salje DRiZ 94, 285 [289]; Häsemeyer ZZP 108, 289). Prozesshandlung ist der Vergleich, weil er unmittelbar den Rechtsstreit beendet (vgl Rn 26), materielles Rechtsgeschäft, weil er als privatrechtlicher Vertrag (§ 779 BGB) das materiell-rechtliche Verhältnis der Parteien in Bezug auf den Streitgegenstand (Einl II) regelt (Rn 27). Wegen dieser **Doppelfunktion** wird nach einer vielfach vertretenen Ansicht der Prozessvergleich je nach dem Rechtsgebiet beurteilt, dem die prozessualen oder materiell-rechtlichen Bestandteile angehören, **Doppeltatbestand.** Die Streitigkeiten über die Wirksamkeit des Vergleichs sind materiell-rechtlich und prozessual einheitlich zu beurteilen (BGH NJW 88, 65).

4   **2. Praktischer Wert.** Ein Vergleich kann den (oft persönlichen) Streit der Parteien ausgleichen, Kosten ersparen und das Prozessrisiko beseitigen. Diesen Vorzügen steht gegenüber, dass eine Partei auf Ansprüche verzichten kann, die ihr (oft entscheidungsreif) rechtlich zustehen. Die Gerichte sollen in jeder Lage des Verfahrens auf eine gütliche Erledigung des Streits bedacht sein (§ 278). Eine gewisse Zurückhaltung ist dabei geboten. Drängt der Richter zum Vergleich, gerät er leicht in Verdacht, sich in erster Linie die Arbeit des Urteils sparen zu wollen. Keinesfalls darf auf den Willen einer Partei mit der Äußerung eingewirkt werden, ein Urteil bestimmten Inhalts sei bereits beschlossen und werde verkündet, wenn die Parteien sich nicht vergleichen (BGH NJW 66, 2399).

5   **3. Arten. – a) Prozessvergleich.** Er umfasst idR den ganzen Rechtsstreit. Ein Teilvergleich (Rn 14) betrifft und erledigt nur einen Teil des Streitgegenstands oder einen von mehreren Streitgegenständen. Ein Zwischenvergleich umfasst nur prozessuale oder materiell-rechtliche Gegenstände (zB Anspruchsvoraussetzungen, Verpflichtungen), die nicht Streitgegenstand sind. Er erledigt daher den Rechtsstreit auch **6** nicht zT (vgl KG NJW 74, 912). – **b) Außergerichtliche Vergleiche** beenden den Rechtsstreit nicht (BGH NJW 02, 1503), wirken nicht unmittelbar auf den Rechtsstreit, insbes nicht auf die in ihm ergangenen Entscheidungen, sondern nur auf die rechtlichen Beziehungen der Parteien, die dann ihre Rechte aus diesem Vergleich im Rechtsstreit geltend machen können, wenn sie lediglich schuldabändernd sind (BGH aaO). Übereinstimmende Erledigterklärung ist oft angezeigt (§ 91 a Rn 22).

7   **4. Anwendungsbereich** für den Abschluss von Prozessvergleichen. – **a) Gericht.** Es muss in irgend einer Weise mit dem Gegenstand des Vergleichs befasst (RoSchwGottwald § 132 I S 1), nicht notwendig vorschriftsmäßig besetzt sein (BGH 35, 309), so dass der Vergleich nicht deshalb unwirksam ist, weil er nach streitiger Verhandlung vor der Kammer oder vor dem Senat allein vor dem Vorsitzenden geschlossen wird. Gericht iS der Nr 1 sind auch die Kammer für Baulandsachen (München MDR 76, 150), Vollstreckungs- und Versteigerungsgerichte, Gerichte der freiwilligen Gerichtsbarkeit (BGH 14, 381; vgl Rn 27). Gericht ist auch der Einzelrichter, beauftragte und ersuchte Richter, ferner im Rahmen seiner Zuständigkeit der Rechtspfleger. – **8** **b) Prozessart und Zeitraum:** in jeder Verfahrensart (Einl V) und in jedem Verfahrensstadium (§ 278 Abs 1). Sobald das Verfahren anhängig ist, auch bei Arrest und einstweiliger Verfügung, in der ZwVollstr, im Verfahren über Anordnungen nach §§ 620, 620 b, 644 bis das Verfahren rechtskräftig abgeschlossen ist; ausnahmsweise wenn der Vergleich im Zusammenhang mit dem Rechtsstreit unmittelbar nach Rücknahme des Rechtsmittels protokolliert wird (München NJW 97, 2331 mwN;

bestr). Zwischen den Instanzen (nach Urteil und vor Rechtsmitteleinlegung) ist ein Prozessvergleich zulässig und nimmt dem Urteil die Wirkung (hM). Zuständig ist das Gericht der unteren Instanz.

5. Voraussetzungen. Die Klage muss nicht zulässig sein (8 vor **9** § 253). – **a) Parteien** (oder Beteiligte) des jeweiligen Verfahrens müssen den Vergleich abschließen, weil sonst der Rechtsstreit nicht beendet werden kann; es kann aber jeder (auch am Verfahren nicht beteiligte) Dritte am Vergleich teilnehmen (Rn 12). Bei Streitgenossen wirkt der Vergleich nur für und gegen den, der ihn abschließt (§ 61). Bei notwendiger Streitgenossenschaft (§ 62) ist der Vergleich, den nur einer schließt, wirkungslos, wenn der Vergleich nicht nach materiellem Recht für und gegen die anderen Streitgenossen wirkt (RoSchwGottwald § 131 I 4). Zum Widerruf bei Streitgenossenschaft vgl Rn 22. – **b) Vertrag.** Da der Prozessvergleich auch ein Vertrag ist (Rn 3), gelten **10** für das Zustandekommen die §§ 145–156 BGB. – **c) Form.** Sie ist **11** zwingend. Ist sie nicht eingehalten, so ist der Vergleich nichtig (vgl Rn 36). Der Prozessvergleich muss vor einem Gericht (Rn 7) geschlossen werden. Die Vergleichspartner (Rn 9) müssen grundsätzlich gleichzeitig anwesend oder vertreten sein. Der Vergleich muss im gerichtlichen Protokoll ordnungsgemäß beurkundet sein (hM; BGH 16, 388), das Protokoll insbes ordnungsgemäß unterschrieben (§ 163 Abs 1 S 1), ferner vorgelesen und genehmigt (Köln FamRZ 94, 1048 mwN) sowie dies vermerkt sein (§ 162 Abs 1, § 160 Abs 3 Nr 1; vgl aber Rn 30). Das gilt für den gesamten Inhalt des Vergleichs (Rn 14), auch für den Vorbehalt des Widerrufs (Rn 19) und des Rücktritts. Bei vorläufiger Aufzeichnung durch Tonaufnahmegerät genügt das Abspielen (§ 162 Abs 1 S 2). Danach ist gem § 163 Abs 1 S 2 zu verfahren. Ein schriftlich niedergelegter außergerichtlicher Vergleich (Rn 6) muss, um ein gerichtlicher Vergleich zu werden, vorgelesen, von den Parteien danach genehmigt und als Anlage zu Protokoll (§ 160 Abs 5) genommen werden. Diese Form wird im Rahmen gütlicher Streitbeilegung ersetzt durch § 278 Abs 6. – **d) Prozesshandlungsvoraussetzungen.** **12** Die Erklärungen müssen als Prozesshandlungen wirksam, deren Voraussetzungen (Einl III Rn 10–13) daher erfüllt sein. Insbes gilt Anwaltszwang nach Maßgabe des § 78, da der Abschluss des Vergleichs auch Prozesshandlung ist (hM). Kein Anwaltszwang besteht für Dritte, die dem Rechtsstreit zum Vergleichsabschluss beitreten (BGH 86, 160 mwN; bestr). Bei Scheidungsfolgenvergleich: § 630 Rn 16. – **e) Verfügungs- 13 befugnis.** Da der Vergleich auch zugleich materielles Rechtsgeschäft ist (Rn 3), müssen zudem die Wirksamkeitsvoraussetzungen des bürgerlichen Rechts erfüllt sein, die sich allerdings zT mit den Prozesshandlungsvoraussetzungen decken (so bei Rechts- und Geschäftsfähigkeit sowie bei Vertretung). Die Parteien müssen die Verfügungsbefugnis iS der Dispositionsfreiheit haben, soweit sie im Vergleich verfügen oder sich verpflichten. Dies entspricht der Schiedsfähigkeit gemäß § 1030 Abs 1 ohne die Einschränkung des § 1030 Abs 2.

14   **6. Inhalt** sind rechtsfeststellende und (oder) rechtsbegründende Vereinbarungen der Parteien (hierzu Häsemeyer ZZP 108, 289). Sie können auch solche Rechtsverhältnisse umfassen, die nicht Prozessgegenstand sind. Soweit der Vergleich Leistungen enthält, die der ZwVollstr zugänglich sind, muss er mit vollstreckungsfähigem Wortlaut formuliert werden (16–21 vor § 704). Bei notwendiger Bezugnahme auf Schriftstücke sind diese als Anlage dem Protokoll beizufügen (Zweibrücken Rpfleger 92, 441). – **a) Prozesszusammenhang.** Der Vergleich muss den Streitgegenstand (Einl II) ganz oder teilweise betreffen und erledigen. Prozessfremde Gegenstände dürfen einbezogen werden (BGH 14, 387), auch die Kosten anderer Prozesse, selbst wenn sie rechtskräftig entschieden sind (München NJW 69, 2149; aA KG Rpfleger 72, 64). Ehesachen: § 617 Rn 6. Wenn die Hauptsache für erledigt erklärt ist (§ 91 a Abs 1), kann sich der Vergleich auf die Prozesskosten beschränken. Ein Zwischenvergleich (Rn 5) muss den Streitgegenstand des Rechtsstreits in der Weise betreffen, dass er einen tatsächlichen oder

15   rechtlichen Zusammenhang mit ihm aufweist. – **b) Gegenseitiges Nachgeben.** Der Streit oder die subjektive Ungewissheit der Parteien über ein Rechtsverhältnis (im weitesten Sinne) muss durch gegenseitiges Nachgeben beseitigt werden, wie bei § 779 BGB (hM). Es genügt jedes tatsächliche Nachgeben, zB Ratenzahlung zu gewähren, einen Teil der Kosten zu tragen. Hingegen ist die bloße Klagerücknahme ohne irgendein Nachgeben des Gegners, das im Vergleich seinen Niederschlag gefunden hat, kein Vergleich iS des § 794 Abs 1 Nr 1 oder

16   § 779 BGB (hM; München MDR 85, 327). – **c) Verbotswidriger Inhalt.** Der Streitgegenstand muss vergleichsfähig sein (Rn 13). Der Vergleich darf inhaltlich nicht gegen gesetzliche Verbote (§ 134 BGB) oder die guten Sitten (§ 138 BGB) verstoßen (hM). Es ist zulässig, dass eine Partei sich verpflichtet, einen Strafantrag oder auch eine Strafanzeige

17   zurückzunehmen. – **d) Materieller Inhalt.** Bedingungen und Befristungen (§§ 158, 163 BGB) dürfen aufgenommen werden, auch die aufschiebende Bedingung, dass der Vergleich nur wirksam ist, wenn er innerhalb einer bestimmten Frist von einer oder beiden Parteien schriftlich bestätigt wird. Häufig ist der Ratenzahlungsvergleich mit Verfallklausel bei Schuldnerverzug. Zur Vollstreckungsklausel vgl § 724 Rn 8,

18   § 726 Rn 3. – **e) Kosten.** Wird darüber im Vergleich nichts geregelt, gilt § 98; werden sie im Vergleich übernommen oder verteilt, so sind darunter nur notwendige Kosten iS des § 91 zu verstehen (Celle NJW 63, 1014), auch bei Verweisung gem § 281 (Hamm NJW 68, 403). Bei Urkundenprozess und Nachverfahren umfasst die Übernahme der Kosten des Rechtsstreits im Zweifel die Kosten des gesamten Rechtsstreits (Hamm Rpfleger 75, 322).

19   **7. Widerruf** des Vergleichs (Bergerfurth NJW 69, 1797; Scharpenack MDR 96, 883). Er wird in der Prozesspraxis sehr häufig als Vorbehalt vereinbart. Das geschieht insbes dann, wenn die vertretene Par-

20   tei bei Abschluss durch den ProzBev nicht anwesend ist. – **a) Frist**

(E. Schneider MDR 99, 595). Sie ist eine Handlungsfrist (7 vor § 214) und bei Widerrufsvorbehalt notwendiger Inhalt des Vergleichs. Berechnung: § 222 (dort Rn 1). Zweckmäßig ist, ihr Ende auf ein Datum zu legen, nicht eine bestimmte Dauer festzulegen. Die Frist kann nur durch Parteivereinbarung abgekürzt und verlängert werden (§ 224 Rn 1). Die Frist beginnt im Zweifel bereits mit dem Vergleichsabschluss, nicht erst mit Zugang des Terminprotokolls (Schleswig NJW-RR 87, 1022). – **b) Form.** Der Widerruf ist im Zweifel formlos, sogar **21** telefonisch möglich (BAG NJW 60, 1364), statt Schriftsatz auch mit Telekopie (§ 130 Nr 6) und elektronisches Dokument, soweit es zugelassen ist (§ 130 a). Der Widerruf ist dem Gegner oder Gericht gegenüber zu erklären (vgl Düsseldorf NJW-RR 87, 255 und Koblenz MDR 97, 883). Die vereinbarte Form, meist schriftlich an das Gericht, geht vor (allgM). Diese erfordert Unterschrift (BAG NJW 89, 3035), damit die Schriftform des § 126 BGB, ggf auf der Telekopie. Ist Widerruf an das Gericht vereinbart, kann die Frist iZw nicht durch Widerruf an den Prozessgegner gewahrt werden (BAG NZA 92, 134; München NJW 92, 3042). – **c) Erklärung** des Widerrufs ist eine Prozesshand- **22** lung (Einl III). Sie ist unwiderruflich (allgM); zu den Rechtsfolgen eines widerrufenen Widerrufs: LAG Köln NZA-RR 97, 105. Erklärungsempfänger sind iZw der Gegner und das Gericht (vgl Rn 21). Auch bei Gericht genügt ein Zugang iS des § 130 Abs 1 S 1 BGB (BGH NJW 80, 1752; vgl § 222 Rn 3). Bei Streitgenossen wirkt er nur im jeweiligen Prozess (vgl Rn 9). Ausnahme: Der Widerruf des Kfz-Haftpflichtversicherers wirkt iZw auch für den mitverklagten Kfz-Halter (§ 3 Nr 8 PflVersG; BGH 46, 279). – **d) Fristwahrung:** 10 vor **23** § 214. Wird die Widerrufsfrist versäumt, ist der Vergleich wirksam. Es gibt keine Wiedereinsetzung (hM; BGH st Rspr, zB NJW 95, 521 mwN; BAG NJW 98, 2844; Hamm NJW-RR 92, 121). Diesem Risiko kann dadurch begegnet werden, dass statt Widerruf die Bestätigung (Rn 17) gewählt oder die Anwendung der Wiedereinsetzungsvorschriften (§§ 233 ff) vereinbart wird (Scharpenack MDR 96, 883 [885]). Ist vereinbart, dass der Widerruf bei einem bestimmten Gericht oder Spruchkörper eingehen muss, dann genügt nicht der Eingang bei einer allg Einlaufstelle (vgl BGH NJW 80, 1753), keinesfalls die Erklärung gegenüber dem Prozessgegner (BAG NJW 98, 2844). – **e) Verzicht** **24** auf den Widerruf ist stets formlos wirksam; kann an Gegner oder Gericht erklärt werden, so wie der Widerruf selbst (Rn 22). Er führt dazu, dass der trotzdem erklärte nachfolgende Widerruf unwirksam ist und nicht mehr nach einem wirksamen Widerruf erklärt werden kann. Anfechtung bleibt möglich (LAG Hamm NZA-RR 98, 276). – **f) Zweckmäßige** **25** **Fassung:** Beide Parteien können den Vergleich durch einen Schriftsatz (ihres ProzBev) widerrufen, der bis (Datum eines Werktags) 24 Uhr bei (Bezeichnung des Gerichts) einläuft.

8. Wirkung des Prozessvergleichs. – **a) Rechtshängigkeit.** Der **26** Vergleich beendet den Rechtsstreit und damit die Rechtshängigkeit.

Diese Wirkung wird nicht dadurch ausgeschlossen, dass der Vergleich wegen bestimmter Mängel (vgl Rn 32) nicht vollstreckbar ist (Zweibrücken NJW-RR 98, 1680). Die Rechtshängigkeit wird auch nicht durch einen nachträglich vereinbarten Widerrufsvorbehalt (Rn 19) beseitigt (Koblenz MDR 93, 687). Sie wird aber durch einen Teilvergleich beendet, soweit er den Streitgegenstand betrifft (Rn 5). Hingegen beendet ein Zwischenvergleich den Rechtsstreit nicht zT (Rn 5). Bei einem Gesamtvergleich endet auch die Rechtshängigkeit der anderen, nicht vor dem protokollierenden Gericht anhängigen Prozesse, soweit deren Streitgegenstände mitverglichen sind (StJMünzberg 40) und die Parteien nichts anderes vereinbaren (RoSchwGottwald § 131

27   II 2a). – **b) Vollstreckungstitel** (15 vor § 704) ist der Vergleich auf Grund des Abs 1 Nr 1 grundsätzlich zwischen den Parteien (Rn 9). Aus ihm können Dritte, für die im Vergleich ein Anspruch gem § 328 BGB besteht, nur dann vollstrecken, wenn sie dem Rechtsstreit beigetreten sind und den Vergleich mit abgeschlossen haben (umstr; vgl BGH FamRZ 80, 342 mwN). Gegen beigetretene Dritte kann nur vollstreckt werden, wenn sie dem Inhalt des Vergleichs zufolge aus ihm verpflichtet sind (vgl Köln Rpfleger 85, 305). Im Verfahren der freiwilligen Gerichtsbarkeit bildet der Vergleich nur im Rahmen gegebener Dispositionsbefugnis (Einl I Rn 5) einen Vollstreckungstitel (BayObLG Rpfleger 98, 31; Bassenge/Herbst/Roth FGG Einl 131 ff). Bei Willenserklärungen: § 894 Rn 3. – **c) Urteile**, die im Rechtsstreit ergangen, aber noch

28   nicht rechtskräftig sind, werden ohne weiteres wirkungslos (allgM; zB Düsseldorf NJW-RR 99, 943); jedoch können die Parteien andere Vereinbarungen treffen, insbes dass aus einem Urteil weiter vollstreckt

29   werden darf (Kniffka JuS 90, 969). – **d) Bindung.** Rechtskraft bewirkt der Vergleich nicht; daher nimmt er einer Leistungsklage aus der im Prozessvergleich enthaltenen Verpflichtung nicht das Rechtsschutzbedürfnis (26 vor § 253), wenn ohnehin mit einer Vollstreckungsabwehrklage (§ 767) gerechnet werden muss (hM; Hamm NJW 76, 246 mwN). Die Parteien sind insoweit gebunden, als sie den im Vergleich festgestellten oder ihm zugrundeliegenden Anspruch später nicht außer

30   gerichtlich auswechseln können (BGH NJW 82, 2072). – **e) Materiellrechtlich.** Der Vergleich wirkt als Rechtsgeschäft (Rn 3) auf die rechtlichen Beziehungen der Parteien, wobei jede rechtlich vorgeschriebene Form erfüllt ist, insbes auch die notarielle Beurkundung (§ 127a BGB), selbst wenn der Vorlesungs- und Genehmigungsvermerk (Rn 11) unterblieben ist (BGH NJW 99, 2806). Die Rechtslage zwischen den Parteien wird neu geordnet und ein Rückgriff auf die frühere (ungewisse oder streitige) Rechtslage ist ihnen verboten (Häse-

31   meyer ZZP 108, 289/97). – **f) Gesamtschuld** kann auf Grund des § 427 BGB angenommen werden, wenn mehrere sich gemeinschaftlich zur Zahlung verpflichten (KG MDR 89, 77).

32   **9. Zwangsvollstreckung.** Der Vergleich ist Vollstreckungstitel (15 vor § 704). – **a) Umfang.** Nur was im Vergleich selbst vollstreckbar

und bestimmt (16–21 vor § 704) enthalten ist, kann unmittelbar voll-streckt werden. Das ist zB bei einer über den freiwillig bezahlten Betrag einer Unterhaltsrente (Sockelbetrag) hinaus zu zahlender Spitzenbetrag nur dieser, wenn es im Vergleich so beurkundet ist (BGH NJW 93, 1995), im Arrestverfahren das Anerkenntnis eines Teilbetrags, wenn sich der Schuldner der ZwVollstr unterwirft (BGH NJW-RR 91, 1021); nicht aber eine Vertragsstrafe (§ 339 BGB), die im Falle der Verwirkung erst eingeklagt werden müsste (allgM). Ist die Leistung un-bestimmt (16 vor § 704), muss neu auf Leistung geklagt werden (Zwei-brücken NJW-RR 98, 1680). – **b) Vollstreckungsklausel** wird nach 33 §§ 724 ff erteilt (§ 795). Zuständigkeit wie § 724 Rn 5. Im Rahmen des § 724 Rn 6 wird insbes geprüft, ob der Vergleich ordnungsgemäß beurkundet ist (Rn 11) und nicht vor Ablauf der Frist wirksam wider-rufen, falls Widerruf vorbehalten war (Rn 19).

10. Unwirksame Vergleiche. – a) Ursprünglich. Von vornherein 34 nichtig oder schwebend unwirksam ist der Vergleich, wenn eine der Voraussetzungen (Rn 9–13) fehlt oder wenn er aus materiell-recht-lichen Gründen nichtig ist (Rn 16). Liegt ein Formmangel vor, so kann der Prozessvergleich im Wege der Umdeutung (Einl III Rn 20) als formfreier außergerichtlicher Vergleich aufrechterhalten werden (BGH NJW 85, 1962), insbes wenn der Formfehler einen Dritten betrifft (BAG NJW 73, 918). Auch wenn die Parteien den Vergleich lang unbeanstandet lassen, kann jede Partei sich auf Formnichtigkeit berufen (Reinicke NJW 70, 306; aA BAG NJW 70, 349). – **b) Nachfolgend.** 35 Ein Widerruf (Rn 19) beseitigt den Vergleich, ebenso die Anfechtung gemäß §§ 119, 123 BGB (hM; BAG NZA 98, 33 mwN), auch der Ein-tritt der auflösenden (BGH NJW 72, 159) und der endgültige Ausfall der aufschiebenden Bedingung (§ 158 BGB). Nicht beseitigt wird der Ver-gleich durch einen nicht vorbehaltenen Rücktritt (BayObLG FGPrax 99, 98 mwN; bestr) oder Aufhebungsvertrag. Hiervon wird lediglich der materiell-rechtliche Vertrag der Parteien, nicht aber die Prozess-handlung (Rn 3) betroffen (BGH 41, 310; aA BAG NJW 83, 2212). – **c) Rechtsfolgen. aa) Fortsetzung** des alten Rechtsstreits ist notwen- 36 dig, wenn die Voraussetzungen für eine Unwirksamkeit des Vergleichs vorliegen (Rn 34, 35) und eine Partei dies geltend macht (Rn 37; hM; BGH stRspr NJW 99, 2903 mwN; RoSchw/Gottwald § 131 II 1 b; bei materiell-rechtlicher Unwirksamkeit einschränkend Schöpflin JR 00, 397). Das gilt auch, wenn der Vergleich eine Regelung enthält, die über den Gegenstand des Rechtsstreits hinausging (BGH MDR 74, 567), oder wenn neben Anfechtung der Rücktritt erklärt wird (Ham-burg ZMR 96, 266). **bb) Neues Verfahren.** Es ist zulässig und auch 36 a notwendig, wenn der Anfechtungsgrund nur einen prozessfremden Ge-genstand betrifft (BGH 87, 227). Vielfach wird angenommen, die Rechtshängigkeit bestünde fort (vgl StJMünzberg 60, 61). Ein neuer Rechtsstreit ist insbes einzuleiten, wenn der Vergleich im Verfahren auf Arrest oder einstweilige Verfügung geschlossen wurde (Hamm ZIP 80,

1104). Auch wenn die Parteien nur um die Auslegung oder Erfüllung des Vergleichs streiten, ist ein neuer Rechtsstreit nötig (ggf nach § 767, BGH NJW 77, 583).

37   **11. Fortsetzung** des alten Rechtsstreits (vgl Rn 36) erfolgt bei dem Gericht, vor dem der Vergleich geschlossen wurde, auch in der Revisionsinstanz (BAG NZA 98, 33). Fortgesetzt wird durch Bestimmung eines Termins (§ 216). – **a) Antrag** hierauf muss von derjenigen Partei ausgehen, welche die Unwirksamkeit des Vergleichs behauptet. Dieser Antrag bedarf als Prozesshandlung der Voraussetzungen gemäß Einl III Rn 10. Fehlt eine, zB die Prozessfähigkeit (§ 52), so ist der Fortsetzungsantrag als unzulässig abzuweisen (BGH 86, 184; aA Hager ZZP 97, 174). Einem Antrag, die Wirksamkeit des Prozessvergleichs und die Beendigung des Rechtsstreits festzustellen, fehlt stets das Rechtsschutzbedürfnis, weil diese Rechtsfolgen durch den Prozessvergleich sowieso feststehen, solange nicht eine andere Entscheidung vorliegt. Ebenfalls unzulässig ist eine Leistungsklage auf Rückzahlung des auf Grund Ver-

38   gleichs Geleisteten (BGH NJW 99, 2903). – **b) Feststellungsklage** auf Wirksamkeit des Prozessvergleichs. Einer solchen fehlt das Rechtsschutzbedürfnis (Rn 37; § 256 Abs 1; aA Frankfurt MDR 75, 584), solange es nur um die Wirkung geht, dass der Prozess mit dem Vergleich des protokollierten Inhalts beendet ist, denn diese Rechtsfolge ist im fort-

39   gesetzten Verfahren zu prüfen. – **c) Entscheidung.** Wird die Wirksamkeit des Vergleichs verneint (Zwischenurteil nach § 303 möglich), so ist danach über die Klage zu entscheiden, nicht aber über diejenigen Gegenstände, die nicht rechtshängig waren, aber in den Vergleich aufgenommen wurden (vgl Rn 14; Häsemeyer ZZP 108, 289/316). Wird die Wirksamkeit bejaht (kein Zwischenurteil möglich, BGH NJW 96, 3345), so ist im Urteil zu entscheiden, dass der Rechtsstreit durch den Vergleich erledigt oder beendet ist (vgl BGH 16, 167/71 und 46, 277). Mit Rechtskraft dieses Prozessurteils steht fest, dass mit dem Fortsetzungsantrag verbundene Sachanträge nicht rechtshängig geworden sind (BGH WM 85, 673) und es kann auch nicht mehr die materiell-rechtliche Wirkung des Vergleichs in Frage gestellt werden (BGH 79, 71; aA

40   Pecher ZZP 97, 139). – **d) Kosten.** Die neu entstandenen sind entspr § 91 Abs 1 demjenigen aufzuerlegen, der sich auf die Unwirksamkeit

41   des Vergleichs berufen hat. – **e) Zwangsvollstreckung** aus dem Vergleich, die nicht gehindert ist (Frankfurt NJW-RR 95, 703), kann gemäß § 707 einstweilen eingestellt werden (hM; MüKo/Wolfsteiner 72 mwN).

42   **12. Abänderung** des Inhalts von Vergleichen durch gerichtliche Entscheidung ist bei Unterhaltsrenten gemäß § 323 Abs 4 (dort Rn 10, 29) oder bei vereinfachten Verfahren gemäß § 655 möglich.

43   **III. Gerichtliche Entscheidungen (Nr 2–4 b).** Darunter fallen: **Kostenfestsetzungsbeschlüsse (Nr 2)** gemäß §§ 104, 105, 788 Abs 2. Für Sicherheitsleistung (§ 751 Abs 2) ist die des zugrundeliegenden

Urteils maßgebend (§ 104 Rn 19). Wartefrist: § 798. **Vereinfachtes Verfahren über den Unterhalt Minderjähriger** (Nr 2 a): Festsetzungsbeschlüsse (§ 649), Abänderungsbeschlüsse (§ 655) und Zurückweisungsbeschlüsse (§ 648 Abs 1 S 3). Wartefrist: § 798. **Beschwerdefähige Entscheidungen** (Nr 3). Das ist im weitesten Sinne zu verstehen, nämlich dass Beschwerde nach der ZPO gegen eine Entscheidung dieses Inhalts überhaupt stattfindet, mag sie auch im Einzelfalle ausgeschlossen sein (zB nach § 567 Abs 2). Vollstreckungsfähiger Inhalt (16–21 vor § 704) und Klausel (§ 724 Rn 4) sind selbstverständlich nötig. Wegen Hs 2 werden einstweilige Anordnungen gem § 620 Nr 1, 3 (Herausgabe des Kindes und Umgang mit ihm), auch wenn sie gem § 620 b erlassen sind, nicht nach der ZPO vollstreckt, sondern nach § 33 FGG. **Einstweilige Anordnungen in Familiensachen** (Nr 3 a) gemäß den angeführten §§. Sie werden nach der ZPO vollstreckt, so zB Geldforderungen nach §§ 803 ff, unvertretbare Handlungen nach § 888. **Vollstreckungsbescheide** (Nr 4; § 700). Für diese gilt die Sonderregel des § 796. **Vollstreckbar erklärte** 44 **Schiedssprüche** (Nr 4 a). Das geschieht durch gerichtlichen Beschluss gem § 1064 und umfasst den Schiedsspruch mit vereinbartem Wortlaut (Schiedsvergleich) gem § 1053. Für die nach altem Recht (vor dem 1. 1. 1998) ergangenen Vollstreckbarkeitsentscheidungen von Schiedssprüchen und Schiedsvergleichen gilt die alte Regelung (vgl 20. Aufl) weiter (Übergangsregelung Art 4 § 1 Abs 2–4 SchiedsVfG). **Vollstreckbar erklärte Anwaltsvergleiche** (Nr 4 b). Das sind Fälle des § 796 b (gerichtliche Vollstreckbarerklärung) und des § 796 c (notarielle Vollstreckbarerklärung). Für die nach altem Recht geschlossenen Anwaltsvergleiche (§ 1044 b aF), für die das schiedsrichterliche Verfahren entspr gilt (§ 1044 b aF), ist für die Vollstreckung als Übergangsregelung Art 4 § 1 Abs 4 SchiedsVfG anzuwenden.

IV. Vollstreckbare Urkunden (Abs 1 Nr 5). Da die Neufassung 45 auf Art 1 Nr 12 2. ZwVollstrNov beruht und erst am 1. 1. 1999 in Kraft trat, ist die alte Fassung der Nr 5 (vgl 21. Aufl) auch über den 1. 1. 1999 hinaus anzuwenden, wenn die Urkunde noch vorher errichtet wurde (Art 3 Abs 4 2. ZwVollstrNov).

1. Zuständigkeit für Aufnahme der Urkunde und Erteilung der 46 vollstreckbaren Ausfertigung (§ 797). – **a) Gericht:** Das ist nur das AG für die in § 62 BeurkG aufgeführten Ansprüche (§ 56 Abs 4 BeurkG). – **b) Notar:** §§ 1, 20 Abs 1 BNotO. Er ist grundsätzlich zuständig (§ 56 47 Abs 4 BeurkG). Nur deutsche Notare. Von ausländischen Notaren errichtete Urkunden können auf Grund von Staatsverträgen für vollstreckbar erklärt werden.

2. Anspruch (wie 16 vor § 704). – **a) Umfang.** Er muss ziffernmä- 48 ßig feststehen oder sofort aus der Urkunde feststellbar sein (BGH 22, 54), nicht erst in Verbindung mit anderen Unterlagen oder durch Bestimmung im Verfahren gemäß dem § 726 (Nürnberg Rpfleger 90,

49 306). – **b) Bestimmtheit.** Es gilt grundsätzlich Rn 16–20 vor § 704.
Das Bestimmtheitserfordernis gilt insbes für den Geldzahlungsanspruch
(BGH NJW 97, 2887), die Zinsen und sonstigen Nebenleistungen. Der
Zinsbeginn muss bestimmt oder bestimmbar sein (BGH NJW-RR 00,
1358). Die Unterwerfung „bis zu" einem bestimmten Höchstzinssatz ist
zulässig (BGH NJW 83, 2262). Ausreichend bestimmt ist ein Zahlungsanspruch, wenn er aus offenkundigen Umständen (zB aus dem BGBl
oder Grundbuch) errechenbar ist (BGH NJW 95, 1162). Nicht ausreichend bestimmt ist eine Rente in Höhe eines (nach Besoldungsordnung,
Besoldungsgruppe und Dienstaltersstufe festgelegten) Beamtengrundge-
halts (BGH 22, 54). Solche Urkunden geben nur einen klagbaren Anspruch. Bei einer Höchstbetragshypothek ist der Anspruch nicht bestimmt, nur ausnahmsweise sind es feststehende Teilbeträge (BayObLG
50 NJW-RR 89, 1467; vgl Hornung NJW 91, 1649 mwN). – **c) Art** des
Anspruchs. Er muss „einer vergleichsweisen Regelung zugänglich" sein
und muss daher der Verfügungs(Dispositions)befugnis der Parteien unterliegen. Dem können §§ 134, 138 BGB oder im Einzelfall die Art des
Anspruchs entgegenstehen (vgl § 617 Rn 6). Der Anspruch kann auch
öffentlich-rechtlich sein (BVerwG NJW 95, 1104); bedingt, befristet
oder künftig, insbes auf Zahlung, Leistung, Hinterlegung (KG NJW-
RR 00, 1409) oder Haftung (Abs 2, Duldung der ZwVollstr) gerichtet.
Die Willenserklärung, aus der sich der Anspruch ergibt, bedarf nicht der
51 Form des Abs 1 Nr 5 (BGH 73, 157 mwN; bestr). – **d) Ausnahmen.**
Unwirksam ist die Beurkundung in folgenden Fällen: **aa) Ansprüche
auf Abgabe einer Willenserklärung:** wie § 894 Rn 5. Hingegen
kann die erfolgte Abgabe der Willenserklärung beurkundet werden.
bb) Wohnraummietverhältnisse (wie § 721 Rn 1). Deren Bestehen
oder Nichtbestehen darf der Anspruch nicht betreffen, so dass Heraus-
gabe- und Räumungsansprüche (§ 885) ausgeschlossen sind. Mit
„Bestand" (wie § 1030 Abs 2) ist das gegenwärtige oder künftige Mietverhältnis als Voraussetzung des Anspruchs gemeint. Beurkundungsfähig
sind zurückliegende Mietzinsansprüche, alle Ansprüche aus Kauf von
Wohnraum, Geschäftsraummiete (praktische Hinweise Groh NZM 99,
698), auf Herausgabe von Wohnraum, die nicht auf Miete beruhen, bei
Mischmietverhältnissen (§ 23 GVG Rn 12) mit gewerblichem oder
geschäftlichem Schwerpunkt (Schultes DGVZ 98, 177).

52 **3. Unterwerfung** unter die sofortige ZwVollstr ist eine Prozesshandlung (Einl III; hM; BGH NJW 85, 2423 mwN), die vom Berechtigten erklärt werden muss. Sie kann nicht angefochten und nur mit
53 Zustimmung des Gläubigers widerrufen werden. – **a) Inhalt.** Die Unterwerfung kann auch mit Wirkung gegen den jeweiligen Eigentümer
erklärt werden (§ 800) und für den Fall, dass der sich Unterwerfende
das Grundstück erst nachträglich erwirbt (§ 800 Rn 2). Sie kann weiter
gefasst werden als der zugrundeliegende Anspruch (BGH NJW 00, 951
für Zinsen). Wird der Sicherungszweck einer vollstreckbaren Grundschuld erweitert, liegt keine Änderung der Unterwerfungserklärung vor

(BGH NJW 97, 2320). Die Unterwerfung ist teilbar, wenn sie zT unwirksam ist (BGH NJW 89, 831 [833]; Hamm NJW-RR 91, 1151). Sie ist auch in der Weise zulässig, dass dem Gläubiger eine vollstreckbare Ausfertigung ohne Nachweis des Entstehens und Fälligwerdens der Schuld erteilt werden soll (München NJW-RR 95, 783; Rastätter NJW 91, 392 mwN; bestr). Keine Unterwerfung ist die Annahme eines Verkaufsangebots, das unter der Voraussetzung erklärt ist, dass sich der Annehmende der sofortigen ZwVollstr unterwirft (Dresden OLG-NL 99, 186). – **b) Wirksamkeit.** Erfordert das Vorliegen der Prozesshandlungsvoraussetzungen (Einl III Rn 10–15). Handelt ein Vertreter, so muss für die ZwVollstr die Vollmacht durch öffentliche oder öffentlich beglaubigte Urkunde nachgewiesen werden (allgM; Stöber Rpfleger 94, 393). In dieser Form muss genehmigt sein, wenn der Vertreter vollmachtlos gehandelt hat (Zweibrücken WM 03, 380). Wirksam ist die Unterwerfung ohne Rücksicht auf die Wirksamkeit der zugrundeliegenden Verpflichtung; denn § 139 BGB ist unanwendbar (hM; BGH NJW 94, 2755 mwN). Nicht wirksam erklärt werden kann die Unterwerfung wegen der persönlichen Schuld gegenüber künftigen und unbestimmten Inhabern von Grundpfandrechten (KG Rpfleger 75, 171), auch nicht unter einer (echten) Bedingung, wohl aber in der Weise, dass von der Urkunde nur unter bestimmten Voraussetzungen Gebrauch gemacht werden darf (BGH 16, 180). Eine unwiderrufliche Vollmacht zur Unterwerfung erfordert notarielle Beurkundung (Dux WM 94, 1145). **54**

4. Urkunde. Gerichtlich oder notariell gemäß BeurkG muss sie die Verpflichtung des Schuldners (Rn 49, nicht den Schuldgrund) und seine Unterwerfung (Rn 52) enthalten. Sie muss nach den Formvorschriften des BeurkG auch wirksam errichtet sein. Wird die Urkunde später durch eine andere erweiternd abgeändert oder ergänzt, so findet die ZwVollstr aus beiden Urkunden statt; auch die neue Urkunde muss die Unterwerfung (mindestens durch Bezugnahme) enthalten. **55**

5. Identität des Anspruchs (Rn 48) ist notwendig. Daher umfasst insbes die Miete nicht die Nutzungsentschädigung (vgl Frankfurt ZMR 87, 177). Hat sich der Schuldner wegen einer Kaufpreisforderung unterworfen, so deckt dies nicht einen an dessen Stelle tretenden Anspruch auf Schadensersatz (BGH NJW 80, 1050). Vertragliche Beschränkung von Einwendungen gegen den verbrieften Anspruch ist zulässig (BGH WM 76, 907). **56**

6. Wirkung. – a) Leistungsklage aus dem beurkundeten Anspruch. Ihr fehlt grundsätzlich das Rechtsschutzbedürfnis (26 vor § 253). Es ist aber ausnahmsweise gegeben, wenn ein Vollstreckungsorgan (5–8 vor § 704) die ZwVollstr aus der Urkunde verweigert oder der Schuldner Einwendungen erhebt und deshalb mit einer Klage gem §§ 767, 768 zu rechnen ist. – **b) Bei Schuldübernahme.** Wird die persönliche Schuld, für welche die vollstreckbare Urkunde besteht, befreiend übernommen (§ 414 BGB; bei Grundstücksveräußerung mit Hypothekenübernahme **57 58**

häufig), muss sich der Schuldübernehmer selbst ausdrücklich der
ZwVollstr unterwerfen. Die Vollstreckungsklausel erteilt der Notar, der
59 die vollstreckbare Urkunde verwahrt (§ 797 Abs 2). – **c) Kosten** der
Vollstreckung werden beigetrieben und festgesetzt nach den Grundsätzen von § 788 (vgl § 795).

60   **7. Rechtsbehelfe. – a) Gegen Erteilung** der vollstreckbaren Ausfertigung (§ 797): Erinnerung gem §§ 732, 797 Abs 3, zB wegen Unwirksamkeit der Unterwerfung (Rn 54) und damit des Titels (hM;
Hamm NJW-RR 91, 1151 mwN), auch wegen § 733 (weitere Ausfertigung); wahlweise Klage gemäß § 768 mit Zuständigkeit des § 797
Abs 3. Wurde auf Anweisung des Beschwerdegerichts erteilt, gilt § 797
Rn 12. Keine negative Feststellungsklage (Windel ZZP 102, 175 [223]). –
61 **b) Bei Einwendungen** gegen den Anspruch, sofern der Titel wirksam ist (vgl Rn 60): Klage gemäß § 767 über § 795 (BGH NJW 97,
2887) ohne die Beschränkungen des § 767 Abs 2 wegen § 797 Abs 4. –
62 **c) Gegen Verweigerung** der vollstreckbaren Ausfertigung: § 797
Rn 11. – **d) Gegen Vollstreckung** trotz fehlender Voraussetzungen:
§ 766, soweit nicht § 732 gilt (vgl Düsseldorf NJW-RR 88, 698).
§ 767 auch bei Unwirksamkeit des Titels (Zweibrücken NJW-RR 00,
548).

§ 794a Zwangsvollstreckung aus Räumungsvergleich

(1) ¹**Hat sich der Schuldner in einem Vergleich, aus dem die
Zwangsvollstreckung stattfindet, zur Räumung von Wohnraum
verpflichtet, so kann ihm das Amtsgericht, in dessen Bezirk
der Wohnraum belegen ist, auf Antrag eine den Umständen
nach angemessene Räumungsfrist bewilligen.** ²**Der Antrag ist
spätestens zwei Wochen vor dem Tage, an dem nach dem
Vergleich zu räumen ist, zu stellen; §§ 233 bis 238 gelten sinngemäß.** ³**Die Entscheidung ergeht durch Beschluss.** ⁴**Vor der
Entscheidung ist der Gläubiger zu hören.** ⁵**Das Gericht ist befugt, die im § 732 Abs. 2 bezeichneten Anordnungen zu erlassen.**

(2) ¹**Die Räumungsfrist kann auf Antrag verlängert oder verkürzt werden.** ²**Absatz 1 Sätze 2 bis 5 gilt entsprechend.**

(3) ¹**Die Räumungsfrist darf insgesamt nicht mehr als ein
Jahr, gerechnet vom Tage des Abschlusses des Vergleichs, betragen.** ²**Ist nach dem Vergleich an einem späteren Tage zu
räumen, so rechnet die Frist von diesem Tage an.**

(4) **Gegen die Entscheidung des Amtsgerichts findet die sofortige Beschwerde statt.**

(5) ¹**Die Absätze 1 bis 4 gelten nicht für Mietverhältnisse über
Wohnraum im Sinne des § 549 Abs. 2 Nr. 3 sowie in den Fällen des § 575 des Bürgerlichen Gesetzbuchs.** ²**Endet ein Mietverhältnis im Sinne des § 575 des Bürgerlichen Gesetzbuchs**

durch außerordentliche Kündigung, kann eine Räumungsfrist höchstens bis zum vertraglich bestimmten Zeitpunkt der Beendigung gewährt werden.

1. Allgemeines. – a) Zweck. § 794a soll den Abschluss von Räu- **1** mungsvergleichen erleichtern, indem dem Räumungsschuldner ermöglicht wird, unabhängig vom Willen des Gläubigers allein durch das Gericht Räumungsfrist zu erlangen. – **b) Anwendbar** nur bei Prozess- **2** vergleichen (§ 794 Rn 2), in denen sich eine Partei zur Räumung von Wohnraum (§ 721 Rn 1) verpflichtet hat; nicht bei außergerichtlichen Vergleichen (MüKo/Wolfsteiner 3). Ist bereits im Vergleich eine Räumungsfrist vereinbart, dürfte § 794a nur dann anzuwenden sein, wenn auf Grund solcher Tatsachen verlängert werden soll, die seit Vertragsabschluss eingetreten sind (umstr; vgl AG Marburg ZMR 94, 373). Nach Abs 5 ist § 794a im selben Umfang unanwendbar wie § 721 (dort Rn 2).

2. Entscheidung durch Beschluss (Abs 1 S 3). – **a) Zuständig** ist das **3** AG, in dessen Bezirk der Wohnraum liegt (Abs 1 S 1), und zwar das Prozess-, nicht das Vollstreckungsgericht (LG Essen NJW 71, 2315), deswegen der Richter, nicht der Rechtspfleger und nicht das ArbG. – **b) Voraussetzungen.** Antrag: Prozesshandlung (Einl III) des Räu- **4** mungsschuldners. Form: § 496. Frist: Abs 1 S 2. Fristberechnung: wie § 721 Rn 5. Verpflichtet sich der Schuldner im Vergleich, sofort oder früher als 14 Tage nach Abschluss des Vergleichs zu räumen, entfällt wegen der Antragsfrist des Abs 1 S 2 die Anwendung des § 794a (bestr). Wiedereinsetzung (§§ 233–238) bei versäumter Frist ist möglich (Abs 1 S 2 Hs 2). Ob die Parteien im Vergleich eine Räumungsfrist vereinbart haben, ist gleichgültig. Abs 2 setzt voraus, dass bereits vorher eine Entscheidung nach Abs 1 ergangen ist. Keine entspr Anwendung auf die Abkürzung einer im Vergleich vereinbarten Räumungsfrist (hM; LG Stuttgart WuM 92, 32); nur die verlängerte Frist darf abgekürzt werden (Abs 2). – **c) Verfahren.** Mdl Vhdlg ist freigestellt (Abs 1 **5** S 3), dem Gläubiger stets Gehör zu gewähren (Abs 1 S 4). – **d) Inhalt:** **6** zur Räumungsfrist wie § 721 Rn 11. Gründe: wie § 721 Rn 12. Kostenentscheidung: wie § 721 Rn 13.

3. Dauer der Räumungsfrist (Abs 3). Mindestdauer: wie § 721 **7** Rn 14. Höchstdauer: insgesamt ein Jahr (bei Abs 2 zu beachten). Bei Mietverhältnissen auf bestimmte Zeit (Abs 5 S 2; § 575 BGB) gilt § 721 Rn 15 entspr. Die im Vergleich gewährte Frist darf nicht eingerechnet werden (hM). Nach LG München I WoM 87, 66 ist dies durch Parteivereinbarung abdingbar.

4. Wirkung. Materiell-rechtlich: nur der Ausschluss weitergehenden **8** Verzugsschadens (§ 546a Abs 2 BGB). Vollstreckung: § 751 Abs 1.

5. Vollstreckungsschutz. Einstweilige Einstellung der ZwVollstr ist **9** möglich, während des Beschlussverfahrens gem § 732 Abs 2 (Abs 1 S 5) und allgemein in der ZwVollstr gem § 765a.

10   **6. Rechtsmittel:** sofortige Beschwerde (§ 567 Abs 1 Nr 1) gegen
den Beschluss des AG (Abs 4) für den, der beschwert ist. Gegen die
Beschwerdeentscheidung kann die Rechtsbeschwerde zugelassen werden (§ 574).

§ 795 Anwendung der allgemeinen Vorschriften auf die weiteren Vollstreckungstitel

[1] **Auf die Zwangsvollstreckung aus den in § 794 erwähnten
Schuldtiteln sind die Vorschriften der §§ 724 bis 793 entsprechend anzuwenden, soweit nicht in den §§ 795 a bis 800 abweichende Vorschriften enthalten sind.** [2] **Auf die Zwangsvollstrekkung aus den in § 794 Abs. 1 Nr. 2 erwähnten Schuldtiteln ist
§ 720 a entsprechend anzuwenden, wenn die Schuldtitel auf
Urteilen beruhen, die nur gegen Sicherheitsleistung vorläufig
vollstreckbar sind.**

1   S 1: Die §§ 795 a–800 gehen den §§ 724–793 vor. Besonderheiten
für die Titel des § 794 sind auch bei den §§ 724–793 erläutert. S 2: Die
zugrundeliegenden Urteile müssen unter § 709 oder § 712 Abs 1 S 2,
2. Alt fallen. Dazu gehören auch die klagabweisenden Urteile (Köln
Rpfleger 96, 358).

§ 795 a Zwangsvollstreckung aus Kostenfestsetzungsbeschluss

**Die Zwangsvollstreckung aus einem Kostenfestsetzungsbeschlusse, der nach § 105 auf das Urteil gesetzt ist, erfolgt auf
Grund einer vollstreckbaren Ausfertigung des Urteils; einer
besonderen Vollstreckungsklausel für den Festsetzungsbeschluß
bedarf es nicht.**

1   Gilt nicht nur bei Urteilen, sondern bei allen Titeln, für die § 105
(dort Rn 1) anwendbar ist.

§ 796 Zwangsvollstreckung aus Vollstreckungsbescheiden

(1) **Vollstreckungsbescheide bedürfen der Vollstreckungsklausel nur, wenn die Zwangsvollstreckung für einen anderen als
den in dem Bescheid bezeichneten Gläubiger oder gegen einen
anderen als den in dem Bescheid bezeichneten Schuldner erfolgen soll.**

(2) **Einwendungen, die den Anspruch selbst betreffen, sind
nur insoweit zulässig, als die Gründe, auf denen sie beruhen,
nach Zustellung des Vollstreckungsbescheids entstanden sind
und durch Einspruch nicht mehr geltend gemacht werden
können.**

(3) **Für Klagen auf Erteilung der Vollstreckungsklausel sowie
für Klagen, durch welche die den Anspruch selbst betreffenden
Einwendungen geltend gemacht werden oder der bei der Er-**

eilung der Vollstreckungsklausel als bewiesen angenommene Eintritt der Voraussetzung für die Erteilung der Vollstreckungsklausel bestritten wird, ist das Gericht zuständig, das für eine Entscheidung im Streitverfahren zuständig gewesen wäre.

1. Vollstreckungsklausel (Abs 1). Bei Vollstreckungsbescheiden ist **1** eine vollstreckbare Ausfertigung mit Klausel (§ 724 Abs 1) nur nötig in den Fällen der §§ 727–729, 738, 742, 744, 749. Zuständig ist hierfür das zentrale Mahngericht des § 689 Abs 3 (hM; BGH NJW 93, 3141 mit abl Anm von Hintzen; aA Koblenz Rpfleger 94, 307). Die Vollstreckungsklausel wird erteilt nach den jeweils dort angemerkten Voraussetzungen. Außerdem ist wegen § 33 AVAG die Vollstreckungsklausel bei allen Vollstreckungsbescheiden nötig, die im Geltungsbereich des AVAG (dort § 35) vollstreckt werden sollen.

2. Ausschluss von Einwendungen (Abs 2). Das ist eine Sonderre- **2** gelung gegenüber § 767 Abs 2 (dort Rn 21) und bedeutet, dass der Antragsgegner seine Einwendungen gegen den Anspruch geltend machen muss, indem er Einspruch einlegt (§ 700 Abs 3), auch wenn die Einwendung erst nach Zustellung des Vollstreckungsbescheids entstanden ist. Unterlässt er den Einspruch, ist er mit der Einwendung ausgeschlossen, seine Klage aus § 767 (dort Rn 21) unbegründet. Das gilt auch bei sittenwidrigen Ratenzahlungsverträgen (BGH 101, 380; Geißler NJW 87, 1661 mwN; bestr). Es bleibt § 826 BGB (hM; vgl § 700 Rn 2).

3. Zuständigkeit (Abs 3). Sie betrifft die Klagen aus §§ 731, 767, **3** 768 und ist sachlich wie örtlich ausschließlich (§ 802). Die Zuständigkeit für das Streitverfahren ergibt sich sachlich und örtlich aus den allgemeinen Vorschriften (3, 4 vor § 1). Ist nur ein Teilbetrag streitig, kommt es für die Zuständigkeitsgrenze des § 23 Nr 1 GVG darauf an (Celle NJW-RR 02, 1079).

§ 796 a Voraussetzungen für die Vollstreckbarerklärung des Anwaltsvergleichs

(1) **Ein von Rechtsanwälten im Namen und mit Vollmacht der von ihnen vertretenen Parteien abgeschlossener Vergleich wird auf Antrag einer Partei für vollstreckbar erklärt, wenn sich der Schuldner darin der sofortigen Zwangsvollstreckung unterworfen hat und der Vergleich unter Angabe des Tages seines Zustandekommens bei einem Amtsgericht niedergelegt ist, bei dem eine der Parteien zur Zeit des Vergleichsabschlusses ihren allgemeinen Gerichtsstand hat.**

(2) **Absatz 1 gilt nicht, wenn der Vergleich auf die Abgabe einer Willenserklärung gerichtet ist oder den Bestand eines Mietverhältnisses über Wohnraum betrifft.**

(3) **Die Vollstreckbarerklärung ist abzulehnen, wenn der Vergleich unwirksam ist oder seine Anerkennung gegen die öffentliche Ordnung verstoßen würde.**

1/2 **1. Allgemeines.** Anwendbar ist § 796 a grundsätzlich auf alle einem materiell-rechtlichen Vergleich (§ 779 BGB) zugänglichen Rechtsverhältnisse und Ansprüche (vgl § 794 Rn 13), auch in Arbeitssachen (Voit/Geweke NZA 98, 400: über § 62 Abs 2 S 1 ArbGG). Ausdrücklich ausgenommen (Abs 2) sind Ansprüche auf Abgabe einer Willenserklärung (wie § 894 Rn 5) und Wohnraummietverhältnisse (wie § 794 Rn 51). Bei Geschäftsräumen sind Räumungsvergleiche zulässig (vgl Lebek/Latinovic NZM 99, 14).

3 **2. Voraussetzungen** der Vollstreckbarerklärung (Abs 1). **a) Antrag** einer Partei, nicht formbedürftig, außer Anwaltszwang (§ 78 Abs 5); liegt nicht in der Niederlegung (Rn 7), sondern muss idR ausdrücklich **4** erklärt werden. – **b) Vorliegen eines Vergleichs,** und zwar eines außergerichtlichen (§ 779 BGB) mit vollstreckbarem Inhalt (wie § 794 Rn 49). Für die Form ergibt sich aus Abs 1 (wegen der Niederlegung), dass Schriftform erforderlich ist (ZöGeimer 13), sofern sich nicht aus anderen Vorschriften (insbes § 311 b Abs 1 BGB) die notarielle Form ergibt. Die Unterschrift der RAe ist notwendig, die der Parteien nicht **5** vorgeschrieben, aber oft zweckmäßig. – **c) Anwaltsbeteiligung** ist für alle Parteien zwingend. Die RAe müssen im Namen der Partei und mit Vollmacht (§ 164 Abs 1 BGB) handeln und unterschreiben. Die Prozessvollmacht deckt dies ab (§ 81 Rn 5). Der übereinstimmende Wille der RAe muss sich beziehen auf den Abschluss des Vergleichs (§ 779 Abs 1, § 151 S 1 BGB), der mit der letzten erforderlichen Unterschrift **6** zustandekommt. – **d) Unterwerfungserklärung.** Sie muss im Vergleich erfolgen und sich auf die sofortige Zwangsvollstreckung aus dem **7** Vergleich beziehen. § 794 Rn 52–54 gilt entspr. – **e) Niederlegung** des Vergleichs in Urschrift oder notarieller Ausfertigung beim zuständigen AG. Für den Tag des Vergleichsabschlusses genügt das Datum des Vergleichs. Eine Frist für die Niederlegung ist nicht vorgesehen. Zuständig ist nach Wahl der niederlegenden Partei das AG, bei dem eine der Vergleichsparteien bei Vergleichsabschluss ihren allgemeinen Gerichtsstand hatte (§§ 13–19 a).

8 **3. Besondere Ablehnungsgründe** (Abs 3). Abzulehnen durch Entscheidung gem § 796 b ist nicht nur, wenn eine der Voraussetzungen **9** (Rn 3–6) fehlt, sondern auch bei: – **a) Unwirksamkeit** des Vergleichs. Sie kann sich aus vielerlei Gründen ergeben (vgl Palandt § 779 **10** Rn 13–28), insbes aus den §§ 134, 138, 142 BGB. – **b) Verstoß gegen die öffentliche Ordnung** entspricht wörtlich dem § 1059 Abs 2 Nr 2 b (vgl dort) und inhaltlich dem § 328 Abs 1 Nr 4 (dort Rn 15–19). Dieser Ablehnungsgrund führt nicht zur Unwirksamkeit des Vergleichs.

§ 796 b Vollstreckbarerklärung durch das Prozessgericht

(1) **Für die Vollstreckbarerklärung nach § 796 a Abs. 1 ist das Gericht als Prozeßgericht zuständig, das für die gerichtliche**

Geltendmachung des zu vollstreckenden Anspruchs zuständig wäre.

(2) ¹Vor der Entscheidung über den Antrag auf Vollstreckbarerklärung ist der Gegner zu hören. ²Die Entscheidung ergeht durch Beschluß. ³Eine Anfechtung findet nicht statt.

Anwendbar: wenn ein Anwaltsvergleich bei Gericht niedergelegt ist **1** (§ 796a Abs 1). **Zuständig** (Abs 1) ist das Prozessgericht (nicht der Rechtspfleger), das im ersten Rechtszug für den im Anwaltsvergleich enthaltenen, für vollstreckbar zu erklärenden prozessualen Anspruch zuständig wäre. Das liegt für die sachliche Zuständigkeit (§§ 23, 23a, 71 GVG) fest. Örtlich können mehrere Gerichte zuständig sein. Dann steht die Wahl (§ 35) dem Antragsteller zu, da § 802 nicht zutrifft. Prorogation (§§ 38–40) ist zu beachten. **Antrag** einer Partei: wie § 796a **2** Rn 3. **Verfahren** (Abs 2 S 1). Mdl Vhdlg ist nicht ausgeschlossen. Rechtliches Gehör (vgl Einl I Rn 9 ff) ist zwingend. **Einwendungen,** die sich gegen den Fortbestand des Anspruchs richten (zB Erfüllung), können nur über § 767 geltend gemacht werden (vgl Rn 4, LG Halle NJW 99, 3567, bestr; aA Deubner JuS 00, 579). **Entscheidung** ergeht **3** durch Beschluss, auch bei mdl Vhdlg (Abs 2 S 2). Die Vollstreckbarerklärung wird abgelehnt (vgl § 796a Abs 3), wenn eine Voraussetzung (§ 796a Rn 3–6) fehlt oder § 796a Abs 3 zutrifft. Formlose Mitteilung (§ 329 Abs 2 S 1). Andernfalls ist der genau bezeichnete Vergleich für vollstreckbar zu erklären; mit Zustellung (§ 329 Abs 2). Kostenentscheidung gem den §§ 91, 92, 100. **Rechtsbehelfe** gegen den Beschluss **4** sind ausgeschlossen (Abs 2 S 3; dagegen krit Münzberg NJW 99, 1357). Es verbleiben über § 795 die Rechtsbehelfe des 8. Buchs, insbes die Vollstreckungsabwehrklage ohne die Beschränkungen des § 767 Abs 2 (dort Rn 25). **Gebühren:** für Gericht KV 1647. Für den RA: § 46 **5** Abs 1 S 1, § 118 Abs 2 S 3, § 132 Abs 2 S 3 BRAGO.

§ 796 c Vollstreckbarerklärung durch einen Notar

(1) ¹Mit Zustimmung der Parteien kann ein Vergleich ferner von einem Notar, der seinen Amtssitz im Bezirk eines nach § 796a Abs. 1 zuständigen Gerichts hat, in Verwahrung genommen und für vollstreckbar erklärt werden. ²Die §§ 796a und 796b gelten entsprechend.

(2) ¹Lehnt der Notar die Vollstreckbarerklärung ab, ist dies zu begründen. ²Die Ablehnung durch den Notar kann mit dem Antrag auf gerichtliche Entscheidung bei dem nach § 796b Abs. 1 zuständigen Gericht angefochten werden.

1. Allgemeines. – a) Zweck: bietet den Parteien eines Anwalts- **1** vergleichs eine Alternative zur Niederlegung (§ 796a Rn 6) und die Möglichkeit, ohne Beteiligung des Gerichts die Vollstreckbarkeit herbeizuführen. – **b) Anwendbar** nur, wenn alle Voraussetzungen eines **1a** Anwaltsvergleichs erfüllt sind (§ 796a Rn 4–6); denn § 796a gilt entsprechend (Abs 1 S 2).

2   **2. Voraussetzungen für die Verwahrung** (Abs 1) der Urschrift eines Anwaltvergleichs. Sie wird wie bei § 25 BNotO vorgenommen. – **a) Zustimmung** aller Parteien des Vergleichs. Diese Erklärung wird (muss aber nicht) im Vergleich abgegeben; dann nur mit Anwaltsbeteiligung wirksam. Andernfalls muss sie vor dem Notar erklärt oder dem Notar nachgewiesen werden, idR durch private Urkunde (§ 416). Die

3   Zustimmung ist unwiderruflich (Einl III Rn 22). – **b) Zuständigkeit** des Notars. Er muss seinen Amtssitz (§ 10 BNotO) im Bezirk eines der gem § 796a Rn 7 zuständigen AGe haben. Der Notar kann bei der Zustimmung im Vergleich von den Parteien ausgewählt werden, andernfalls im Rahmen der später erklärten Zustimmung (Rn 2). Der Notar darf wegen § 15 BNotO die Verwahrung nur wegen Unzuständigkeit verweigern.

4   **3. Vollstreckbarerklärung** (Abs 1). – **a) Antrag** einer am Vergleich beteiligten Partei, die Gläubiger ist (10 vor § 704). Dafür gilt § 796a

5   Rn 3. Der Antrag kann gleichzeitig mit dem auf Verwahrung (Rn 2) gestellt werden. – **b) Zustimmung** der Vergleichsparteien zur Verwahrung (Rn 2) und zwangsläufig damit zur Befugnis des Notars, eine Vollstreckbarerklärung vorzunehmen, wenn die Voraussetzungen (Rn 6)

6   hierfür vorliegen. – **c) Voraussetzungen** der Vollstreckbarerklärung.

7   Sie decken sich infolge der Verweisung auf § 796a in Abs 1 S 2 mit denen der Rn 4–6 des § 796a. – **d) Verfahren.** Die Verweisung in Abs 1 S 2 auf § 796b greift wegen der Besonderheiten notarieller Zuständigkeit nur für das rechtliche Gehör (§ 796b Abs 2 S 1 Hs 2). –

8   **e) Vollstreckbarerklärung** geschieht durch Beschluss (§ 797 Abs 6) auf der verwahrten Urkunde unter Bezug auf den vorstehenden Vergleich. Erteilung der Ausfertigung: § 797 Abs 6. Wartefrist: § 798. –

9   **f) Unanfechtbarkeit.** Sie folgt aus § 796b Abs 2 S 2 (dort Rn 4). – **g) Gebühren:** für den Notar: § 148a Abs 1 S 1 KostO; für den RA: wie § 796b Rn 5.

10   **4. Ablehnung** (Abs 2) hat zu erfolgen, wenn eine Voraussetzung (Rn 6) fehlt oder ein besonderer Ablehnungsgrund (§ 796a Rn 8–10)

11   vorliegt. – **a) Verfahren.** Eine Stellungnahme des Gegners ist wie rechtliches Gehör (Rn 7) nicht notwendig, weil in Abs 2 auf § 796b nicht verwiesen ist. Die Entscheidung des Notars ist zu begründen (Abs 2

12   S 2); Zustellung gemäß § 20 Abs 1 BNotO. – **b) Anfechtbarkeit** (Abs 2 S 2). Der Antrag auf gerichtliche Entscheidung bei dem nach § 796b Abs 1 zuständigen Prozessgericht ist der allein zulässige Rechtsbehelf. Das Gericht verfährt nach § 796b. Der Beschluss ist unanfechtbar (wie § 796b Rn 5). – **c) Gebühren:** wie § 796b Rn 5.

§ 797 Verfahren bei vollstreckbaren Urkunden

(1) **Die vollstreckbare Ausfertigung gerichtlicher Urkunden wird von dem Urkundsbeamten der Geschäftsstelle des Gerichts erteilt, das die Urkunde verwahrt.**

(2) [1]Die vollstreckbare Ausfertigung notarieller Urkunden wird von dem Notar erteilt, der die Urkunde verwahrt. [2]Befindet sich die Urkunde in der Verwahrung einer Behörde, so hat diese die vollstreckbare Ausfertigung zu erteilen.

(3) Die Entscheidung über Einwendungen, welche die Zulässigkeit der Vollstreckungsklausel betreffen, sowie die Entscheidung über Erteilung einer weiteren vollstreckbaren Ausfertigung wird bei gerichtlichen Urkunden von dem im ersten Absatz bezeichneten Gericht, bei notariellen Urkunden von dem Amtsgericht getroffen, in dessen Bezirk der im zweiten Absatz bezeichnete Notar oder die daselbst bezeichnete Behörde den Amtssitz hat.

(4) Auf die Geltendmachung von Einwendungen, die den Anspruch selbst betreffen, ist die beschränkende Vorschrift des § 767 Abs. 2 nicht anzuwenden.

(5) Für Klagen auf Erteilung der Vollstreckungsklausel sowie für Klagen, durch welche die den Anspruch selbst betreffenden Einwendungen geltend gemacht werden oder der bei der Erteilung der Vollstreckungsklausel als bewiesen angenommene Eintritt der Voraussetzung für die Erteilung der Vollstreckungsklausel bestritten wird, ist das Gericht, bei dem der Schuldner im Inland seinen allgemeinen Gerichtsstand hat, und sonst das Gericht zuständig, bei dem nach § 23 gegen den Schuldner Klage erhoben werden kann.

(6) Auf Beschlüsse nach § 796c sind die Absätze 2 bis 5 entsprechend anzuwenden.

1. Allgemeines. Die vollstreckbare Ausfertigung (§ 724) wird aus- 1 schließlich nach den Vorschriften der ZPO erteilt (vgl § 52 BeurkG). Es gelten auch die §§ 726–734 (§ 795), insbes zur sog Umschreibung (vgl Will BWNotZ 78, 156). Es werden zur Erteilung die in § 724 Rn 6–9 aufgeführten Voraussetzungen geprüft, also nicht das Bestehen des Anspruchs (Schuschke/Walker Rn 5 mwN; aA Sauer/Maiendresch Rpfleger 97, 289) und dessen Fälligkeit, sofern sie sich nicht bereits aus der Urkunde ergeben (KG OLGZ 83, 205). Bei Vertretung ist auch die Vollmacht in der Form des § 726 Abs 1 nachzuweisen (hM; LG Bonn Rpfleger 90, 374 mwN).

2. Zuständigkeit bei gerichtlichen Urkunden (Abs 1). Das sind 2 nur die des § 794 Abs 1 Nr 5, soweit sie von einem deutschen Gericht aufgenommen sind. – **a) Vollstreckbare Ausfertigung:** der Urkundsbeamte der Geschäftsstelle, an seiner Stelle bei § 20 Nr 12 RPflG der Rechtspfleger, dieser auch bei einer weiteren vollstreckbaren Ausfertigung (§ 733 Abs 3; § 20 Nr 13 RPflG). Durch VO der Landesregierung kann anstelle des Rechtspflegers der Urkundsbeamte zuständig sein (§ 35b Abs 1 Nr 4 RPflG). – **b) Erinnerung** nach § 732: Hierfür ist zu- 3 ständig das die Urkunde verwahrende Gericht (Abs 2). – **c) Klagen** 4

nach §§ 731, 767, 768: das AG oder LG (nach §§ 23, 23a, 23b, 71
GVG); das ArbG, wenn der Anspruch in seine Zuständigkeit fällt
(Frankfurt MDR 85, 330). Allgemeiner Gerichtsstand: 2 vor § 12. Er
ist ausschließlich (§ 802). Wollen Schuldner als Streitgenossen klagen,
besteht Wahlrecht gemäß § 35 (BGH NJW 91, 2910 mwN).

5   **3. Zuständigkeit bei notariellen Urkunden** (Abs 2). Das sind die
des § 794 Abs 1 Nr 5. – **a) Vollstreckbare Ausfertigung** erteilt der
Notar, der die Urkunde verwahrt. Ist er verhindert, erteilt sie das AG
als Streitgericht (Urkundsbeamter oder Rechtspfleger, Rn 2), in dessen
Bezirk der Notar seinen Amtssitz hat (Abs 3 analog). Weitere Ausfertigung (§ 733): Die Entscheidung über die Erteilung wird von dem AG
getroffen, in dessen Bezirk der Notar seinen Amtssitz hat (Abs 3). Sie ist
vom Notar herbeizuführen (BayObLG Rpfleger 00, 74 Anm Gruner).
Die weitere vollstreckbare Ausfertigung selbst wird vom Notar auf
Anweisung des Gerichts erteilt (Abs 3; Düsseldorf DNotZ 77, 571).
Gibt der Gläubiger die erste Ausfertigung zurück, kann der Notar ohne
gerichtliche Entscheidung die weitere Ausfertigung erteilen (Düsseldorf
aaO). Verwahrt eine Behörde die Urkunde, so erteilt sie (Abs 2 S 2). –
6   **b) Erinnerung** nach § 732: zuständig ist das Gericht, das die Urkunde
7   verwahrt (Abs 3). Das AG entscheidet als Streitgericht. – **c) Klagen**
nach §§ 731, 767, 768: wie Rn 4. Ist eine Ehesache anhängig, geht
§ 621 Abs 2 vor (§ 621 Rn 16, 17, 19). – **d) Kostenfestsetzung** bei
8   ZwVollstr: § 788 Abs 2. – **e) Öffentliche Zustellung** wird von dem
AG bewilligt (§ 186 Abs 1), in dessen Bezirk der Notar seinen Sitz hat
(BayObLG NJW-RR 90, 64).

9   **4. Zuständigkeit bei Anwaltsvergleichen** (Abs 6). Eine vollstreckbare Ausfertigung kann vom Notar nur dann erteilt werden,
wenn er die Originalurkunde des Vergleichs verwahrt und für vollstreckbar erklärt hat (§ 796c Abs 1). Es gelten Rn 5–8, 13 entspr.

10   **5. Rechtsbehelfe. – a) Gegen Erteilung:** Erinnerung gemäß § 732
mit der Zuständigkeit von Abs 3 oder Klage gemäß § 768 mit der Zu-
11   ständigkeit des Abs 5. – **b) Gegen Verweigerung** der vollstreckbaren
Ausfertigung durch Notar oder AG, insbes GBA: Beschwerde nach
GBO oder FGG zum LG gemäß § 54 BeurkG (BayObLG Rpfleger 00,
74), aber nicht für den Schuldner (Hamm NJW-RR 99, 861). Daneben findet wahlweise Klage nach § 731 mit der Zuständigkeit des Abs 5
12   statt. – **c) Gegen die Beschwerdeentscheidung** findet die weitere
Beschwerde statt (§ 27 FGG), weil über die Erstbeschwerde nach FGG
entschieden wird.

13   **6. Vollstreckungsabwehrklage** (Abs 4). Grundsätzlich sind keine
Einwendungen ausgeschlossen, weil § 767 Abs 2 nicht gilt. Jedoch können insbes bei Aufnahme der Urkunde, Einwendungen gegen den verbrieften Anspruch in bestimmtem Umfang durch Vertrag beschränkt
werden (BGH WM 76, 907; vgl § 767 Rn 26). Die Unwirksamkeit
des Titels kann nicht mit der Klage aus § 767, sondern nur mit Fest-

stellungsklage (§ 767 Rn 8) oder einer prozessualen Gestaltungsklage (§ 767 Rn 8 a) geltend gemacht werden (BGH 118, 229 mwN).

§ 797 a Verfahren bei Gütestellenvergleichen

(1) **Bei Vergleichen, die vor Gütestellen der im § 794 Abs. 1 Nr. 1 bezeichneten Art geschlossen sind, wird die Vollstreckungsklausel von dem Urkundsbeamten der Geschäftsstelle desjenigen Amtsgerichts erteilt, in dessen Bezirk die Gütestelle ihren Sitz hat.**

(2) **Über Einwendungen, welche die Zulässigkeit der Vollstreckungsklausel betreffen, entscheidet das im Absatz 1 bezeichnete Gericht.**

(3) **§ 797 Abs. 5 gilt entsprechend.**

(4) **[1]Die Landesjustizverwaltung kann Vorsteher von Gütestellen ermächtigen, die Vollstreckungsklausel für Vergleiche zu erteilen, die vor der Gütestelle geschlossen sind. [2]Die Ermächtigung erstreckt sich nicht auf die Fälle des § 726 Abs. 1, der §§ 727 bis 729 und des § 733. [3]Über Einwendungen, welche die Zulässigkeit der Vollstreckungsklausel betreffen, entscheidet das im Absatz 1 bezeichnete Gericht.**

1. Allgemeines. § 797 a ist unmittelbar anwendbar für Vergleiche, die vor den Gütestellen geschlossen werden (§ 794 Rn 2) und entspr für Einigungsstellen (§ 27 a Abs 7 S 2 UWG). Die vollstreckbare Ausfertigung wird nach den in § 797 Rn 1 dargelegten Grundsätzen erteilt. Rechtsbehelfe: wie § 797 Rn 10, 11. **1**

2. Zuständigkeit. – a) Vollstreckbare Ausfertigung: das AG (Streitgericht) am Sitz der Gütestelle (Abs 1), durch Urkundsbeamten oder Rechtspfleger (wie § 797 Rn 2). Wenn nach Abs 4 S 1 besonders ermächtigt, ist der Vorsteher der Gütestelle zuständig, aber nur für die normale vollstreckbare Ausfertigung (Abs 4 S 2). – **b) Erinnerung** (§ 732): AG (Streitgericht) am Sitz der Gütestelle (Abs 2 und 4 S 3). – **c) Klagen** nach §§ 731, 767, 768: wie § 797 Rn 4 auf Grund des Abs 3, der auf § 797 Abs 5 verweist. **2 3 4**

§ 798 Wartefrist

Aus einem Kostenfestsetzungsbeschluß, der nicht auf das Urteil gesetzt ist, aus Beschlüssen nach § 794 Abs. 1 Nr. 2 a und § 794 Abs. 1 Nr. 4 b sowie aus den nach § 794 Abs. 1 Nr. 5 aufgenommenen Urkunden darf die Zwangsvollstreckung nur beginnen, wenn der Schuldtitel mindestens zwei Wochen vorher zugestellt ist.

1. Anwendbar auf Kostenfestsetzungsbeschlüsse (§§ 104, 794 Nr 2), die nicht auf das Urteil gesetzt sind (§ 105), auf Beschlüsse, die im ver- **1**

einfachten Verfahren (§§ 645 ff) ergangen sind (§ 794 Abs 1 Nr 2 a), auf Beschlüsse, die Anwaltsvergleiche (§§ 796 b, 796 c) vollstreckbar erklären (§ 794 Abs 1 Nr 4 b) und auf vollstreckbare Urkunden (§ 794 Abs 1 Nr 5). § 798 ist eine Ausnahme von § 750 und gilt für jede ZwVollstr, aber nicht für die Vorpfändung (§ 845). Auf Zustellung und Wartefrist kann der Schuldner nicht im Voraus wirksam verzichten (hM: Schilken DGVZ 97, 81 mwN für vollstreckbare Urkunden).

2   **2. Frist.** Sie hat den Zweck, dass der Schuldner durch rechtzeitige Zahlung eine ZwVollstr vermeiden kann und wird nach § 222 ZPO, § 187 Abs 1, § 188 BGB berechnet. Bsp: Ist am Mittwoch zugestellt, läuft die Frist am Mittwoch der übernächsten Woche ab; am Donnerstag darf vollstreckt werden. Keine Notfrist (§ 224 Abs 1 S 2), sondern eine uneigentliche Frist (7 vor § 214); sie kann als gesetzliche Frist nicht verlängert werden (§ 224 Abs 2), insbes nicht um die übliche Laufzeit einer Überweisung (vgl Christmann DGVZ 91, 108).

3   **3. Verstoß. – a) Rechtsfolgen.** Wird die Wartefrist nicht eingehalten, so wird die Vollstreckungsmaßnahme erst mit Ablauf der 2-Wochenfrist wirksam, verschafft auch von diesem Zeitpunkt an den Rang (hM; RG 125, 286). Das gilt auch, wenn der Schuldner noch vor Frist-
4 ablauf Erinnerung (§ 766) einlegt (Hamm NJW 74, 1516). – **b) Kosten** einer trotz Zahlung oder vorzeitig eingeleiteten ZwVollstr. Ob sie den Gläubiger treffen, ist nach § 788 Abs 1 zu beurteilen und hängt von der Kenntnis des Gläubigers ab (umstr; Christmann DGVZ 91, 108 mwN). Sie treffen jedenfalls dann den Schuldner, wenn der Gläubiger befürchten musste, längeres Zuwarten könne den Vollstreckungserfolg gefährden (AG Ellwangen DGVZ 92, 45).

§ 798 a Zwangsvollstreckung aus Unterhaltstiteln trotz weggefallener Minderjährigkeit

Soweit der Verpflichtete dem Kind nach Vollendung des achtzehnten Lebensjahres Unterhalt zu gewähren hat, kann gegen den in einem Urteil oder in einem Schuldtitel nach § 794 festgestellten Anspruch auf Unterhalt im Sinne des § 1612 a des Bürgerlichen Gesetzbuchs nicht eingewendet werden, daß Minderjährigkeit nicht mehr besteht.

1   **Zweck.** Es soll dem Kind die ZwVollstr aus einem Unterhaltstitel über den Eintritt der Volljährigkeit hinaus ermöglicht werden, bis der
2 Titel durch eine Abänderungsklage (§§ 323, 654) korrigiert wird. **Anwendbar** bei Urteilen und Titeln des § 794 Abs 1 Nr 1, 2 a, 4 b, 5, in denen einem minderjährigen Kind Unterhalt nach der Regelbetrags-
3 VO (§ 1612 a BGB) zu zahlen ist. **Voraussetzung** ist, dass der Schuldner als Elternteil dem Kind auch nach Vollendung des 18. Lebensjahres
4 Unterhalt gemäß §§ 1601 ff BGB zu leisten hat. **Wirkung.** Der Unterhalt kann in der festgesetzten Höhe weiter verlangt und vollstreckt werden, bis der Titel im Wege des § 323 oder § 654 abgeändert ist.

Mit der Einwendung, die Minderjährigkeit sei weggefallen, ist der Unterhaltschuldner auch im Wege einer Vollstreckungsabwehrklage (§§ 767, 795, 797 Abs 3, 4) ausgeschlossen.

§ 799 Vollstreckbare Urkunde bei Rechtsnachfolge

Hat sich der Eigentümer eines mit einer Hypothek, einer Grundschuld oder einer Rentenschuld belasteten Grundstücks in einer nach § 794 Abs. 1 Nr. 5 aufgenommenen Urkunde der sofortigen Zwangsvollstreckung unterworfen und ist dem Rechtsnachfolger des Gläubigers eine vollstreckbare Ausfertigung erteilt, so ist die Zustellung der die Rechtsnachfolge nachweisenden öffentlichen oder öffentlich beglaubigten Urkunde nicht erforderlich, wenn der Rechtsnachfolger als Gläubiger im Grundbuch eingetragen ist.

Gilt nur bei vollstreckbaren Urkunden (§ 794 Abs 1 Nr 5) über **1** Grundpfandrechte und macht die in § 750 Abs 2 vorgeschriebene Zustellung von Urkunden entbehrlich, nicht die der Vollstreckungsklausel.

§ 800 Vollstreckbare Urkunde gegen den jeweiligen Grundstückseigentümer

(1) ¹Der Eigentümer kann sich in einer nach § 794 Abs. 1 Nr. 5 aufgenommenen Urkunde in Ansehung einer Hypothek, einer Grundschuld oder einer Rentenschuld der sofortigen Zwangsvollstreckung in der Weise unterwerfen, daß die Zwangsvollstreckung aus der Urkunde gegen den jeweiligen Eigentümer des Grundstücks zulässig sein soll. ²Die Unterwerfung bedarf in diesem Falle der Eintragung in das Grundbuch.

(2) Bei der Zwangsvollstreckung gegen einen späteren Eigentümer, der im Grundbuch eingetragen ist, bedarf es nicht der Zustellung der den Erwerb des Eigentums nachweisenden öffentlichen oder öffentlich beglaubigten Urkunde.

(3) Ist die sofortige Zwangsvollstreckung gegen den jeweiligen Eigentümer zulässig, so ist für die im § 797 Abs. 5 bezeichneten Klagen das Gericht zuständig, in dessen Bezirk das Grundstück belegen ist.

1. Unterwerfung (Abs 1) ist eine Prozesshandlung (§ 794 Rn 52). – **1** **a) Umfang.** Abs 1 ergänzt den § 794 Abs 1 Nr 5 dahin, dass bei Grundpfandrechten sich der Eigentümer mit Wirkung auch gegen den späteren Eigentümer der ZwVollstr unterwerfen kann, aber nur wegen des dinglichen Rechts (in der Urkunde zB: „aus der Hypothek"). Wegen der persönlichen Schuld kann die Unterwerfung in derselben Urkunde erklärt werden (Düsseldorf Rpfleger 77, 67), aber nur mit

Wirkung gegen den betreffenden Schuldner, nicht gegen die jeweiligen Eigentümer. Die Unterwerfung ist bis zu einem bestimmten Höchstzinssatz zulässig (vgl BGH NJW 83, 2262) und nicht erneut nötig, wenn Hypothek oder Grundschuld umgewandelt ist (hM; LG Bonn

2 Rpfleger 98, 34). – **b) Voraussetzungen: aa) Eigentümerstellung.** Der sich Unterwerfende muss grundsätzlich zZ der Erklärung Eigentümer sein; er kann aber die Erklärung auch schon abgeben, bevor er das Eigentum an dem Grundstück erworben hat (allgM; KG Rpfleger 88, 31 mwN). Außerdem wird für die Unterwerfung § 185 Abs 1 BGB für entsprechend anwendbar gehalten (Köln Rpfleger 91, 13 mwN; bestr).

3 Im Übrigen gilt, was in § 794 Rn 52–54 ausgeführt ist. **bb) Eintragung** ins Grundbuch (Abs 1 S 2). Bezugnahme auf die Eintragungsbewilligung genügt nicht; die Unterwerfung ist nicht Inhalt des Rechts. Einge-

4 tragen wird nach GBO (Antragsverfahren). – **c) Inhalt** (wörtlich oder sinngemäß): Die jeweiligen Eigentümer sind der sofortigen Zwangsvollstreckung unterworfen. Unzureichend: „vollstreckbar gem § 800 ZPO". Es genügt der sog Mithaftvermerk, wenn der Eigentümer eines mit Grundschuld und Unterwerfungsklausel belasteten Grundstücks erklärt, dass auch ein hinzuerworbenes Grundstück hafte (BayObLG

5 Rpfleger 92, 196). – **d) Teilbetrag.** Auch insoweit ist die Unterwerfung ohne Teilung der Grundschuld grundsätzlich möglich. Teilung ist nur erforderlich, wenn die Unterwerfung für den letztrangigen Teil geschieht (Hamm NJW 87, 1090). Die Unterwerfung kann auch wegen eines „zuletzt zu zahlenden Teilbetrags" erklärt werden (BGH NJW 90, 258).

6 **2. Zustellung** (Abs 2). Sie ist entbehrlich für Urkunden über den Eigentumserwerb. Das ist eine Ausnahme von § 750 Abs 2. Weil § 750 Abs 1 gilt, muss der neue Eigentümer in der vollstreckbaren Ausfertigung genannt sein (vgl § 727).

7 **3. Zuständigkeit** (Abs 3). Für Klagen nach §§ 731, 767, 768 ist bei Titeln, die unter § 800 fallen (im Gegensatz zu § 797 Abs 5) das AG oder LG (§§ 23, 71 GVG) der belegenen Sache (wie § 24) örtlich ausschließlich (§ 802) zuständig, nicht nur für den dinglichen, sondern auch für den persönlichen Anspruch (BayObLG NJW-RR 02, 1295 mwN; Karlsruhe NJW-RR 01, 1728 mwN; bestr).

§ 800 a Vollstreckbare Urkunde für Schiffshypothek

(1) **Die Vorschriften der §§ 799, 800 gelten für eingetragene Schiffe und Schiffsbauwerke, die mit einer Schiffshypothek belastet sind, entsprechend.**

(2) **Ist die sofortige Zwangsvollstreckung gegen den jeweiligen Eigentümer zulässig, so ist für die im § 797 Abs. 5 bezeichneten Klagen das Gericht zuständig, in dessen Bezirk das Register für das Schiff oder das Schiffsbauwerk geführt wird.**

§ 801 Landesrechtliche Vollstreckungstitel

Die Landesgesetzgebung ist nicht gehindert, auf Grund anderer als der in den §§ 704, 794 bezeichneten Schuldtitel die gerichtliche Zwangsvollstreckung zuzulassen und insoweit von diesem Gesetz abweichende Vorschriften über die Zwangsvollstreckung zu treffen.

Die Titel müssen den Anforderungen von 16–21 vor § 704 genügen. 1

§ 802 Ausschließlichkeit der Gerichtsstände

Die in diesem Buche angeordneten Gerichtsstände sind ausschließliche.

Anwendbar für das gesamte 8. Buch, auch für Arrest und Einstwei- 1
lige Verfügung (§§ 916–945). **Umfang:** § 802 gilt für die sachliche und 2
örtliche Zuständigkeit; jedoch ist manchmal (zB § 771) nur die örtliche
ausdrücklich bestimmt. Die sachliche ist dann nicht ausschließlich und
richtet sich nach §§ 23, 23a, 71 GVG oder einer Vereinbarung (§ 38).
Wirkung: 9 vor § 1. **Verstöße:** 11 vor § 1. 3

Abschnitt 2. Zwangsvollstreckung wegen Geldforderungen

Vorbemerkung

1. Zwangsvollstreckung wegen Geldforderungen ist in den 1
§§ 803–882a geregelt und erfolgt in das bewegliche Vermögen durch
Pfändung (§ 803 Abs 1 S 1), in das unbewegliche Vermögen nach
§ 866 Abs 1 durch Eintragung einer Sicherungshypothek (Zwangshypothek, § 867), Zwangsversteigerung und Zwangsverwaltung (im ZVG
geregelt), allein oder nebeneinander (§ 866 Abs 2).

2. Geldforderungen sind Forderungen auf Leistung einer Geld- 2
summe. Sie sind darauf gerichtet, dass Geld in bestimmter Menge gezahlt, dh übereignet oder überwiesen wird. Es wird nur der summenmäßig bestimmte Wert geschuldet. Auch Forderungen in ausländischer
Währung sind Geldforderungen iS der §§ 803–882a (Düsseldorf
NJW 88, 2185; umstr; vgl Maier-Reimer NJW 85, 2049); ebenso die
Haftungs- und Duldungsansprüche für Geldleistungen (zB aus Hypothek, Grundschuld, Pfandrecht), ferner die Forderungen auf Geldzahlung an einen Dritten und auf Hinterlegung einer bestimmten
Geldsumme. Keine Geldforderungen sind: die Geldsortenschuld (Übereignung von Stücken einer bestimmten Münzsorte), der Anspruch auf
Sicherheitsleistung und der auf Befreiung von einer Geldschuld
(vgl § 887 Rn 2).

Titel 1. Zwangsvollstreckung in das bewegliche Vermögen

Untertitel 1. Allgemeine Vorschriften

§ 803 Pfändung

(1) [1]Die Zwangsvollstreckung in das bewegliche Vermögen erfolgt durch Pfändung. [2]Sie darf nicht weiter ausgedehnt werden, als es zur Befriedigung des Gläubigers und zur Deckung der Kosten der Zwangsvollstreckung erforderlich ist.

(2) Die Pfändung hat zu unterbleiben, wenn sich von der Verwertung der zu pfändenden Gegenstände ein Überschuß über die Kosten der Zwangsvollstreckung nicht erwarten läßt.

1   **1. Begriff.** Die Pfändung ist staatliche Beschlagnahme eines Gegenstandes zu dem Zweck, den Gläubiger zu befriedigen. Sie kann am selben Gegenstand mehrmals erfolgen (§§ 826, 853).

2   **2. Anwendungsbereich.** § 803 gilt nur für die ZwVollstr wegen Geldforderungen (2 vor § 803). Bewegliches Vermögen sind alle beweglichen Sachen und Rechte, auch solche an unbeweglichen Sachen, nicht aber Sachen und Rechte, die unter §§ 864, 865 fallen, ferner Früchte auf dem Halm (§ 810). Abs 1 S 2 und Abs 2 finden keine entspr Anwendung auf die Zwangsverwaltung (BGH NJW 02, 3178 für Abs 2) und die Zwangsversteigerung (hM; LG Detmold Rpfleger 98, 35).

3   **3. Voraussetzungen** einer Pfändung sind allgemein die der Zulässigkeit einer ZwVollstr (38 vor § 704), die Zuständigkeit des Vollstreckungsorgans (4–8 vor § 704) und das Vorliegen der vom Gesetz aufgestellten besonderen Voraussetzungen der Pfändung, zB Gewahrsam des Schuldners (§ 808), Herausgabebereitschaft des Dritten (§ 809), Pfändbarkeit (§§ 811, 812). Fehlt eine dieser Voraussetzungen, muss die Pfändung abgelehnt werden.

4   **4. Durchführung.** Gepfändet werden: – **a) Sachen,** indem der Gerichtsvollzieher sie in Besitz nimmt (§ 808 Abs 1, § 831) oder die Pfändung durch Inbesitznahme ersichtlich macht, zB durch Pfandsiegel
5   (§ 808 Abs 2). – **b) Rechte,** indem das Vollstreckungsgericht einen Pfändungsbeschluss erlässt und dieser Beschluss dem Drittschuldner zu-
6   gestellt wird (§§ 829, 857). – **c) Tiere** werden wie Sachen gepfändet (§ 90a S 2 BGB, § 811c).

7   **5. Wirkung.** Die Folgen der Pfändung sind: **a) Verstrickung.** Sie bedeutet, dass die staatliche Verfügungsmacht über den Gegenstand begründet wird und der privatrechtlich Berechtigte über ihn nicht mehr verfügen, ihn insbes nicht veräußern darf (§§ 135, 136 BGB). Dieses
8   Verfügungsverbot folgt aus der Pfändung (hM). – **b) Pfändungspfandrecht** (§ 804 Abs 1). Dieses ist die notwendige und ausnahmslose Folge einer wirksamen Pfändung. Das Pfandrecht ist derart mit der Verstrickung verbunden, dass es mit ihr entsteht und erlischt. Das Pfändungspfandrecht entsteht insbes auch, wenn die vollstreckbare Forde-

rung nicht besteht oder wenn der Pfandgegenstand nicht dem Schuldner gehört (öffentlich-rechtliche Theorie; vgl die Nachweise bei BGH 119, 75, der aA ist). Dieses Pfandrecht hat aber gegenüber dem Eigentümer, der nicht Schuldner ist, nicht die volle Wirkung eines Pfandrechts, so dass insbes die Klage aus § 771 begründet ist. Der Gläubiger hat trotz dieser Mängel das Recht, im Falle der Verwertung den Erlös ausbezahlt zu erhalten, jedoch darf er ihn nicht behalten (überwiegende Meinung; BGH 119, 75 mwN; vgl § 817 Rn 13). Bösgläubigkeit ist für den Pfandrechtserwerb belanglos; denn § 1207 BGB gilt nicht. Nach jetzt wohl hM (BGH 119, 75 mwN) ist gutgläubiger Erwerb des Pfandrechts allein durch Pfändung nicht möglich. Zu den umstrittenen Theorien: § 804 Rn 2.

6. Bestand von Verstrickung und Pfändungspfandrecht setzt voraus: – **a) Entstehung. aa) Zu bejahen** ist sie, wenn eine Pfändung durchgeführt wird, ohne Rücksicht darauf, ob ihre Voraussetzungen und die Zulässigkeit (Rn 3) gegeben waren (im Einzelnen sehr bestr). Nach hM steht jedenfalls der Verstrickung (Rn 7) insbes nicht entgegen: die Aufhebung des Titels, die fehlende Zugehörigkeit der Sache zum Schuldnervermögen (anders bei Rechten, insbes Forderungen; hM; vgl § 829 Rn 28); die vom Vollstreckungsorgan vorgenommene unrichtige Beurteilung des Gewahrsams (§ 808), der Herausgabebereitschaft (§ 809), der Zubehöreigenschaft (§ 865 Abs 1 S 1) oder der Unpfändbarkeit (§ 811 Abs 1), ferner die Pfändung unter Verstoß gegen § 758 oder § 758a. **bb) Zu verneinen:** wenn nicht das funktionell zuständige Vollstreckungsorgan (4–8 vor § 704) gepfändet hat; wenn nicht ordnungsgemäß gepfändet ist, zB die Sache nicht in Besitz genommen (§ 808), dem Drittschuldner nicht zugestellt ist (§ 829 Abs 3). – **b) Erlöschen** von Verstrickung und Pfandrecht tritt in folgenden Fällen ein: **(1)** Sobald die Verwertung des Pfandgegenstandes beendet, zB die versteigerte Sache an den Ersteher abgeliefert ist (§ 817 Abs 2). Erlös: § 819 Rn 2. **(2)** Sobald die Pfändung wirksam vom Vollstreckungsorgan aufgehoben ist (Entstrickung). Dies erfolgt gem § 776 (zB über § 766) oder auf Freigabeerklärung des Gläubigers (vgl 30 vor § 704), die eine Prozesshandlung darstellt (Einl III). **(3)** Sobald das gepfändete Recht erlischt (zB § 364 Abs 1 BGB), die gepfändete Sache untergeht, verbunden (§ 946 BGB) oder verarbeitet (§ 950 BGB) wird. **(4)** Sobald die Sache von einem Dritten lastenfrei gutgläubig erworben wird (§§ 936, 136, 135 Abs 2 BGB). Dabei ist § 935 Abs 1 BGB zu beachten. – **c) Bestehenbleiben** von Verstrickung und Pfandrecht ist zu bejahen: wenn die Pfandsache dem Besitz des Gerichtsvollziehers ohne dessen Willen entzogen wird, wenn das Pfandsiegel unbefugt entfernt, der Vollstreckungstitel aufgehoben oder die ZwVollstr für unzulässig erklärt wird (zB auf Grund einer Klage gemäß § 767). – **d) Wiederaufleben** der gemäß Rn 11 bereits erloschenen Pfandrechte und Verstrickungen (auch auf Rechtsbehelf hin) ist ausgeschlossen. Es kann nur mit Wirkung ex tunc neu gepfändet werden.

13   **7. Pfändungsverbote.** § 803 enthält lediglich die allgemeinen Pfändungsverbote. Verstöße dagegen berühren die Wirksamkeit der Pfändung nicht. Daneben gibt es besondere Pfändungsverbote, zB § 811
14 Abs 1, § 811 c Abs 1, und in Sondergesetzen. – **a) Überpfändung**
(Abs 1 S 2) ist nicht nur bei Sachen, sondern auch bei Forderungen und
15 sonstigen Rechten verboten. **aa) Schätzung.** Der Vollstreckungsforderung ist der voraussichtliche Erlös der Pfandgegenstände gegenüberzustellen, nämlich der bei Verwertung vermutlich zu erzielende Erlös. Diesen schätzt grundsätzlich der Gerichtsvollzieher (vgl § 132 Nr 8 GVGA). Vorgehende Rechte Dritter (vgl §§ 771, 805) sind dabei zu berücksichtigen, auch voraussichtliche, insbes vom Schuldner angekündigte Schutzanträge (zB § 813 b). Das Vollstreckungsgericht (§ 828) hat den tatsächlichen Wert eines Rechts abzuschätzen, insbes die Aussicht,
16 dieses realisieren zu können. **bb) Umfang** der Pfändung. Es kann angebracht und zulässig sein, sofort mehrere Forderungen zu pfänden, aber keine über den Vollstreckungsbetrag hinaus (umstr). Regelmäßig hat der Gerichtsvollzieher so viel zu pfänden und dies auch ohne besonderen Antrag nachzuholen, bis der Vollstreckungsbetrag gedeckt wird (§ 132 Nr 9 GVGA). Ist nur ein einziger Gegenstand vorhanden, der zur Pfändung geeignet ist, muss er gepfändet werden, auch wenn sein Wert die Forderung weit übersteigt (Schuschke/Walker 2). Abs 1 S 2 gilt auch, wenn nach Pfändung durch teilweise Erfüllung des vollstreckbaren Anspruchs bei aufrechterhaltener Pfändung eine Überpfändung entsteht (vgl § 776 Rn 2); dies muss das Vollstreckungsorgan
17 aber nicht laufend von Amts wegen prüfen. – **b) Nutzlose Pfändung**
(Abs 2). Das Verbot gilt wie bei Rn 13 bei jeder Pfändung von beweglichem Vermögen, aber nicht bei der Anschlusspfändung (§ 826), da sie Erstpfändung werden kann (hM; § 167 Nr 5 GVGA; vgl Brehm DGVZ 85, 65 mwN; dagegen krit Wieser ZZP 98, 427). Bei gleichzeitiger Pfändung für mehrere Gläubiger ist § 827 Abs 3 zu beachten (vgl Maaß DGVZ 83, 42). Rechte Dritter bleiben unberücksichtigt (Wieser DGVZ 85, 37 mwN; bestr). Die Nutzlosigkeit kann auch erst nach Pfändung eintreten; dann ist die Pfändung aufzuheben und die Sache dem Schuldner zur Abholung gegen Bezahlung der Vollstreckungskosten anzubieten. Verwertung: jede mögliche Art. § 825 ist zu berücksichtigen, also auch Übernahme durch den Gläubiger (LG Köln DGVZ 88, 60). Kosten der ZwVollstr: § 788; auch für Transporte, Lagerung und Versteigerung (LG Köln aaO). Die Pfändung von Computer-Software ist idR nutzlos (Breidenbach CR 89, 873).
18   **8. Rechtsbehelfe.** Es findet Erinnerung (§ 766) statt. Sie ist begründet, wenn ohne die Voraussetzungen (Rn 3) oder entgegen den Verboten (Rn 9–12) vollstreckt wird.

§ 804 Pfändungspfandrecht

(1) **Durch die Pfändung erwirbt der Gläubiger ein Pfandrecht
an dem gepfändeten Gegenstande.**

(2) **Das Pfandrecht gewährt dem Gläubiger im Verhältnis zu anderen Gläubigern dieselben Rechte wie ein durch Vertrag erworbenes Faustpfandrecht; es geht Pfand- und Vorzugsrechten vor, die für den Fall eines Insolvenzverfahrens den Faustpfandrechten nicht gleichgestellt sind.**

(3) **Das durch eine frühere Pfändung begründete Pfandrecht geht demjenigen vor, das durch eine spätere Pfändung begründet wird.**

1. Allgemeines. Das Pfändungspfandrecht entsteht allein durch die 1
Pfändung (Abs 1; § 803 Rn 9). Es können wegen derselben Forderung an demselben Gegenstand ein Vertragspfandrecht oder ein gesetzliches Pfandrecht und ein Pfändungspfandrecht nebeneinander bestehen. Der Gläubiger hat dann die Wahl, ob er den Pfandgegenstand nach BGB oder nach ZPO verwerten lassen will (Frankfurt MDR 75, 228).

2. Rechtsnatur des Pfändungspfandrechts. Sie ist umstritten. – 2
a) Theorien. Im wesentlichen werden vertreten (Übersicht bei Ro-Schilken § 50 III Nr 3 a): die öffentlich-rechtliche Theorie (Verstrickung als alleinige Voraussetzung eines öffentlich-rechtlichen, vom BGB wesensverschiedenen nicht akzessorischen Pfandrechts) und die gemischt privat-öffentlich-rechtliche Theorie (Rechtswirkungen zwischen den Verfahrensbeteiligten entsprechend dem akzessorischen BGB-Pfandrecht, Verstrickung nur Voraussetzung für Entstehung des Pfandrechts und Grundlage der Verwertung). – **b) Ergebnisse.** Die 3
Theorien haben sich einander angenähert und folgende einheitliche Ergebnisse erzielt: **(1)** Entstehung des Pfandrechts auch an schuldnerfremden Sachen und ohne Rücksicht auf den Bestand der vollstreckbaren Forderung (§ 803 Rn 8). Das wird von BGH 119, 75 abgelehnt. **(2)** Anwendung des § 936 BGB. **(3)** Rückwirkung für den Rang bei Heilung fehlerhafter Pfändung. **(4)** Anwendung des § 185 BGB; das ist bei Sachpfändung für die öffentlich-rechtliche Theorie unnötig.

3. Inhalt des Pfändungspfandrechts (Abs 1, 2 Hs 1) nach der öffent- 4
lich-rechtlichen Theorie: – **a) Unabhängigkeit** von der vollstreckbaren Forderung. Das Pfändungspfandrecht entsteht und besteht unabhängig vom Bestand der vollstreckbaren Forderung (§ 803 Rn 8). Es geht (außer Erbfolge, § 1922 BGB) nicht nach § 401 BGB sofort mit der vollstreckbaren Forderung auf den neuen Gläubiger über, sondern erst, wenn die Vollstreckungsklausel gem § 727 umgeschrieben ist (hM). Das Pfändungspfandrecht entsteht auch dann (vgl § 803 Rn 8, 9), wenn die Sache nicht zum Vermögen des Schuldners gehört (abgelehnt von BGH 119, 75 mwN) oder wenn die ZwVollstr und damit die Pfändung unzulässig ist (§ 803 Rn 9 und 59 vor § 704; sehr bestr). Selbstverständlich entsteht bei nichtiger Pfändung (58 vor § 704) weder Verstrickung noch Pfandrecht. – **b) Fortbestand.** Das Pfandrecht setzt 5
sich am Surrogat, insbes am Versteigerungserlös fort und bei Hinterlegung am Rückforderungsanspruch, erfasst auch die Erzeugnisse der Sa-

6   che (§ 1212 BGB analog). – **c) Rechtsstellung** des Gläubigers (Abs 2). Ihm steht zu: **(1)** Dritten (nicht dem Eigentümer) gegenüber wie ein vertragliches Faustpfandrecht an Sachen (§§ 1204 ff BGB) und Rechten (§§ 1273 ff BGB), im Wesentlichen die Rechte aus § 1227 BGB, also insbes auf Herausgabe (§ 985 BGB), aber nur an den Gerichtsvollzieher. **(2)** Besitzschutz (§§ 861, 862, 869 BGB) bei Sachen; denn der Gläubiger ist mittelbarer Besitzer (§ 808 Rn 15). **(3)** Ansprüche aus § 823 Abs 1 BGB als sonstiges Recht. **(4)** Absonderungsrecht im Insolvenz-
7   verfahren (§ 50 InsO). – **d) Verwertung** des Pfandgegenstandes erfolgt nur nach den Vorschriften der ZPO (zB § 814, § 815 Abs 1, §§ 825, 835), nicht nach BGB.

8   **4. Rang** (Abs 2 Hs 2, Abs 3). Er richtet sich grundsätzlich nach der Reihenfolge, wie die Pfandrechte entstehen, auch im Verhältnis zu Vertragspfandrechten (BGH 52, 99; vgl Rn 1). Mit dem Verlust des Pfandrechts geht auch der Rang verloren und die nachgehenden Pfandrechte rücken auf. Für freiwillige Zahlungen des Schuldners gilt Abs 3 nicht. Er kann daher frei bestimmen, an welchen Gläubiger er zahlt. –
9   **a) Vorrang** hat das Pfändungspfandrecht, das gemäß § 803 Abs 1 früher entstanden ist (§ 803 Rn 9). Der erste Gläubiger wird vor dem zweiten voll befriedigt. Entsteht zwischen den Gläubigern Streit über die Verteilung des Erlöses, ist das Verteilungsverfahren (§§ 872–882) durchzuführen (§ 827 Abs 2, §§ 853, 854 Abs 2). Bei Pfändung fortlaufender Bezüge (vgl § 832) reicht der Vorrang nur so weit, wie der Gläubiger bei richtig errechnetem pfändbaren Lohnanteil bisher noch
10   nicht zu befriedigen war (BGH 113, 27). – **b) Gleichrang** haben die Pfändungspfandrechte, die durch gleichzeitige Pfändung zugleich entstanden sind, zB indem der Gerichtsvollzieher für mehrere Titel verschiedener Gläubiger dieselbe Sache zugleich pfändet. Das geschieht für alle vor der Pfändung einlaufenden Aufträge (§ 168 Nr 1 GVGA; gegen diese Praxis ablehnend Knoche/Biersack NJW 03, 476). Der Erlös wird dann im Verhältnis der vollstreckbaren Forderungen verteilt, bei Streit im Verteilungsverfahren nach §§ 872–882 (über § 827 Abs 3, §§ 853,
11   854 Abs 2). – **c) Nachrang** (geltend zu machen über § 805) hat das erste Pfändungspfandrecht gegenüber den früher entstandenen Pfand- und Vorzugsrechten, die in §§ 50, 51 InsO aufgeführt sind, und den später gutgläubig über § 1208 BGB erworbenen Vertragspfandrechten. –
12   **d) Pfändung bei bestehendem Pfandrecht.** Wird ein Gegenstand wegen einer Forderung gepfändet, für die an diesem Gegenstand schon ein vertragliches oder gesetzliches Pfandrecht besteht, so erlangt das Pfändungspfandrecht den besseren Rang dieses Pfandrechts (allgM).

§ 805   Klage auf vorzugsweise Befriedigung

(1) **Der Pfändung einer Sache kann ein Dritter, der sich nicht im Besitz der Sache befindet, auf Grund eines Pfand- oder Vorzugsrechts nicht widersprechen; er kann jedoch seinen An-**

spruch auf vorzugsweise Befriedigung aus dem Erlös im Wege der Klage geltend machen, ohne Rücksicht darauf, ob seine Forderung fällig ist oder nicht.

(2) **Die Klage ist bei dem Vollstreckungsgericht und, wenn der Streitgegenstand zur Zuständigkeit der Amtsgerichte nicht gehört, bei dem Landgericht zu erheben, in dessen Bezirk das Vollstreckungsgericht seinen Sitz hat.**

(3) **Wird die Klage gegen den Gläubiger und den Schuldner gerichtet, so sind diese als Streitgenossen anzusehen.**

(4) [1] **Wird der Anspruch glaubhaft gemacht, so hat das Gericht die Hinterlegung des Erlöses anzuordnen.** [2] **Die Vorschriften der §§ 769, 770 sind hierbei entsprechend anzuwenden.**

1. Allgemeines. Die Vorzugsklage nach § 805 ist eine prozessuale 1 Gestaltungsklage, für die das 1.–4. Buch gilt. – **a) Zweck.** Die Vor- 2 zugsklage bewirkt, dass der Gläubiger mit einem Pfand- oder Vorzugsrecht besseren Ranges (§ 804 Rn 9) mit Vorrang befriedigt wird. – **b) Abgrenzung** gegenüber § 771. Die Widerspruchsklage führt dazu, 3 dass die ZwVollstr unzulässig wird; die Vorzugsklage hat das in Rn 2 genannte Ziel. Dem besitzenden Pfandgläubiger steht grundsätzlich die Klage nach § 771 offen; sie wird nur in seltenen Fällen begründet sein (vgl § 771 Rn 17, 21). Hingegen passt stets die Vorzugsklage nach § 805. Der besitzlose Pfand- und Vorzugsrechtsgläubiger hat nur die Vorzugsklage. – **c) Anwendungsbereich:** nur bei Pfändung (§ 803 4 Abs 1), nicht bei anderen Vollstreckungsmaßnahmen; nur bei Sachen (§ 803 Rn 4), nicht bei Pfändung von Rechten.

2. Antrag und Urteilsformel sind darauf zu richten, dass der Kläger 5 aus dem Reinerlös (also nach Abzug der Vollstreckungskosten) des am (Datum) gepfändeten (genau bezeichneten) Gegenstandes bis zum Betrag von DM ...; ggf nebst Zinsen bis zum Tag der Auszahlung vor dem Beklagten zu befriedigen ist. Auf Grund des Urteils zahlt der Gerichtsvollzieher (vgl § 827 Rn 4) oder die Hinterlegungsstelle (§ 13 Nr 2 HinterlO) den Erlös insoweit an den Kläger aus.

3. Zulässig ist die Klage, wenn die allgemeinen Prozessvorausset- 6 zungen (10 vor § 253) vorliegen, insbes: – **a) Zuständigkeit** (Abs 2). Sie ist örtlich ausschließlich (§ 802). Sachlich zuständig ist das AG oder das LG (vgl §§ 23, 71 GVG), örtlich das Gericht, in dessen Bezirk die Pfändung stattgefunden hat (§ 764 Abs 2). – **b) Rechtsschutzbedürf-** 7 **nis** (26 vor § 253). Es fehlt, wenn der Beklagte in die Auszahlung des Erlöses an den Kläger dem Gerichtsvollzieher gegenüber eingewilligt hat. Es tritt ein, sobald die Sache gepfändet ist, es fällt weg, wenn der Erlös ausbezahlt ist. Danach bestehen nur schuldrechtliche Ansprüche, zB aus § 812 BGB.

4. Begründet ist die Klage, wenn dem Kläger ein Pfand- oder Vor- 8 zugsrecht zusteht, das einen besseren Rang hat als das Pfändungspfand-

recht des Beklagten oder den gleichen Rang (§ 804 Rn 10), der aber
9 nicht eingeräumt wird. – **a) Pfand- und Vorzugsrechte** sind die in
den §§ 50, 51 InsO aufgeführten Rechte, insbes alle Vertragspfand-
rechte, gesetzlichen Pfandrechte (zB das Vermieterpfandrecht) und
Pfändungspfandrechte, aber nur solche an der Sache, nicht am Anwartschaftsrecht (BGH NJW 54, 1325), ferner das kaufmännische Zurückbehaltungsrecht (§§ 369, 370 HGB). Die Forderung muss nicht fällig,
sie kann auch aufschiebend bedingt sein; der Erlösanteil des Klägers darf
dann aber nicht ausbezahlt, sondern muss bis zur Fälligkeit oder bis zum
Eintritt der Bedingung hinterlegt werden. Antrag und Formel (Rn 5)
10 sind dem entsprechend zu fassen. – **b) Rangverhältnis.** Es richtet sich
11 nach den Grundsätzen des § 804 Rn 8–12. – **c) Sachbefugnis** (39
vor § 253) hat auf Beklagtenseite der Pfändungspfandgläubiger; daneben auch der Schuldner, wenn er einer Auszahlung an den Kläger
widerspricht. Sie können gemeinsam verklagt werden (Abs 3; § 59). –
12 **d) Beweislast** für seinen Anspruch und für die Pfand- oder Vorzugsrechte trägt der Kläger, für deren Erlöschen der Beklagte (BGH NJW
86, 2426 = JZ 86, 687 mit Anm v Baumgärtel).

13   **5. Einstweilige Anordnung** (Abs 4). Anspruch bedeutet hier Bestehen des Pfand- oder Vorzugsrechts (Rn 9) und des Vor- oder
Gleichrangs (Rn 8 und 10). Glaubhaft zu machen (§ 294) sind die Tatsachen. Sind die Voraussetzungen erfüllt, muss das Gericht die Hinterlegung des Erlöses zugunsten der Parteien durch den Gerichtsvollzieher
anordnen. Verfahren, Zuständigkeit und Kosten: §§ 769, 770.

14   **6. Sonstiges.** Das Urteil ist nach Maßgabe der §§ 708–714 für vorläufig vollstreckbar zu erklären. Rechtsbehelfe und Kosten: wie § 731
Rn 8, 9. Streitwert: derjenige der niedrigeren vollstreckbaren Forderung, ohne Zinsen und Kosten (hM) oder der Wert des Pfandgegenstandes, wenn dieser niedriger ist (§ 6 S 2).

§ 806 Keine Gewährleistung bei Pfandveräußerung

**Wird ein Gegenstand auf Grund der Pfändung veräußert, so
steht dem Erwerber wegen eines Mangels im Recht oder wegen eines Mangels der veräußerten Sache ein Anspruch auf Gewährleistung nicht zu.**

1   **Anwendbar:** bei Veräußerung; das ist jede Verwertung (insbes nach
§§ 814, 820, 825, 844) von Sachen und Rechten. Eine Pfändung
(§ 803 Abs 1) muss zugrunde liegen, mindestens die Fortschaffung der
2 Sache durch den Gerichtsvollzieher (Karlsruhe MDR 79, 237). **Rechts-
und Sachmängel** sind die der §§ 434, 435 BGB; zu beachten ist § 445
3 BGB. **Schadensersatz** für Sach- und Rechtsmangel kann der
Erwerber nur erlangen: vom Staat wegen Amtspflichtverletzung
des Gerichtsvollziehers § 839 BGB), vom Gläubiger oder Schuldner durch besonderen Gewährleistungsvertrag oder nach §§ 823, 826
BGB.

§ 806 a Mitteilungen und Befragung durch den Gerichtsvollzieher

(1) Erhält der Gerichtsvollzieher anläßlich der Zwangsvollstreckung durch Befragung des Schuldners oder durch Einsicht in Schriftstücke Kenntnis von Geldforderungen des Schuldners gegen Dritte und konnte eine Pfändung nicht bewirkt werden oder wird eine bewirkte Pfändung voraussichtlich nicht zur vollständigen Befriedigung des Gläubigers führen, so teilt er Namen und Anschriften der Drittschuldner sowie den Grund der Forderungen und für diese bestehende Sicherheiten dem Gläubiger mit.

(2) [1]Trifft der Gerichtsvollzieher den Schuldner in der Wohnung nicht an und konnte eine Pfändung nicht bewirkt werden oder wird eine bewirkte Pfändung voraussichtlich nicht zur vollständigen Befriedigung des Gläubigers führen, so kann der Gerichtsvollzieher die zum Hausstand des Schuldners gehörenden erwachsenen Personen nach dem Arbeitgeber des Schuldners befragen. [2]Diese sind zu einer Auskunft nicht verpflichtet und vom Gerichtsvollzieher auf die Freiwilligkeit ihrer Angaben hinzuweisen. [3]Seine Erkenntnisse teilt der Gerichtsvollzieher dem Gläubiger mit.

1. Allgemeines. Aus § 806 a ist nur die Befugnis, nicht die Pflicht **1** abzuleiten, den Schuldner zu befragen (hM). § 806 a begründet auch keine Auskunftspflicht für den Schuldner und Hausstandsangehörige (MüKo/Schilken 7). Anwendbar nur bei ZwVollstr wegen Geldforderungen (2 vor § 803) durch den Gerichtsvollzieher, Abs 2 nur bei natürlichen Personen, die Arbeitnehmer sein können.

2. Kenntnis durch den Schuldner (Abs 1). − **a) Voraussetzun-** **2** **gen.** Selbstverständlich muss dafür die ZwVollstr zulässig sein (38 vor § 704). **aa) Keine Pfändung.** Sie muss gemäß § 808 unternommen **3** worden sein und sie konnte überhaupt nicht bewirkt werden (§ 808), zB weil nur unpfändbare (§ 811 Abs 1) oder ungeeignete (§ 803 Abs 2) Sachen vorgefunden wurden. Es genügt, wenn zwar gepfändet wurde, aber der voraussichtliche Erlös (vgl § 819 Rn 1) nach Meinung des Gerichtsvollziehers nicht ausreichen werde. Ist volle Befriedigung zu erwarten, muss die Mitteilung (Rn 5) unterbleiben (Krauthausen DGVZ 95, 68). **bb) Kenntnis** des Gerichtsvollziehers. Sie muss bei der Zw- **4** Vollstr, insbes bei der Pfändung, kann aber auch schon vor dieser erlangt sein (zB durch Pfändungen Dritter, AG Bad Iburg DGVZ 95, 173) und muss sich auf Geldforderungen (2 vor § 803) gegen Dritte (12 vor § 704) beziehen, insbes den Arbeitgeber als Drittschuldner für § 829. Zu diesem Zweck (Erlangen der Kenntnis) darf der Gerichtsvollzieher nur den Schuldner oder dessen gesetzlichen Vertreter (§ 51 Rn 3) befragen. Die Kenntnis aus Schriftstücken kann auch bei Durchsuchung gemäß § 758 Abs 1 beiläufig erlangt werden. Es besteht keine

5   Pflicht des Schuldners, Schriftstücke vorzulegen. – **b) Mitteilung.** Sie
darf nur an den oder die Gläubiger zugeleitet werden, die diesen Vollstreckungsauftrag erteilt haben. Sie ist nicht ausdrücklich als Pflicht ausgestaltet (aA MüKo/Schilken 4), aber jedenfalls als Befugnis. Inhalt:
Name und zustellungsfähige Anschrift, Grund der Forderung (wie
§ 829 Rn 7). Sicherheiten für die Geldforderung: alle selbständigen
und unselbständigen Sicherungsrechte (vgl Palandt § 401 Rn 3–5), auch Si-
cherungs- und Vorbehaltseigentum. Eine Form ist für die Mitteilung
nicht vorgeschrieben. Schriftliche ist zu empfehlen. Mitteilung an den
Schuldner ist nicht geboten (Krauthausen DGVZ 95, 68), erst recht
nicht Übergabe einer Abschrift (ZöStöber 10).

6   **3. Kenntnis durch Hausstandsangehörige** (Abs 2). Entspricht dem
Personenkreis des § 178 Abs 1 Nr 1. – **a) Voraussetzungen:** grund-
7   sätzlich wie Rn 2–4; außerdem: **aa) In seiner Wohnung** muss der
Schuldner nicht angetroffen worden sein. Das ist auch die gemeinsam
8   mit anderen bewohnte. Er muss nicht Mieter sein. **bb) Befragen** der
zum Hausstand (Familie oder Wohngemeinschaft) gehörenden (mitwohnenden) erwachsenen Personen. Der nichteheliche Lebensgemein-
schaftspartner gehört dazu. Zweifelhaft ist, ob Minderjährige erfasst sind
(wohl zu Recht ablehnend Krauthausen DGVZ 95, 68; umstr). Die
Befragung steht im Ermessen („kann") des Gerichtsvollziehers und darf
nur auf den Arbeitgeber gerichtet werden. Für Anwendung auf Lohn-
ersatzleistungen: Krauthausen aaO [70]. Der Hinweis auf Freiwilligkeit
muss so verbunden werden, dass die Antwort nicht vor dem Hinweis
9   erfolgen kann (Abs 2 S 2). – **b) Mitteilung** (Abs 2 S 3). Unter Erkenntnissen ist alles zu verstehen, was der Gerichtsvollzieher erfahren
hat und was für die Lohnpfändung (§ 850 Abs 1) erheblich ist. Sonst
wie Rn 5. Abschrift der Mitteilung an den Schuldner ist wegen § 763
Abs 2 geboten.

§ 806 b Gütliche und zügige Erledigung

[1] **Der Gerichtsvollzieher soll in jeder Lage des Zwangsvoll-
streckungsverfahrens auf eine gütliche und zügige Erledigung
hinwirken.** [2] **Findet er pfändbare Gegenstände nicht vor, versichert der Schuldner aber glaubhaft, die Schuld kurzfristig in
Teilbeträgen zu tilgen, so zieht der Gerichtsvollzieher die Teilbeträge ein, wenn der Gläubiger hiermit einverstanden ist.**
[3] **Die Tilgung soll in der Regel innerhalb von sechs Monaten
erfolgt sein.**

1   **1. Gütliche und zügige Erledigung** (S 1; § 114 a GVGA). Die
Vorschrift ist wegen der Stellung im 2. Abschnitt nur bei ZwVollstr
wegen Geldforderungen anzuwenden; zT wird damit der Beschleuni-
gungsgrundsatz (34 vor § 704) ausgestaltet, nicht als Pflicht des Gerichtsvollziehers, sondern als Ermächtigung zu geeigneten Maßnahmen,
insbes Aufforderung zu freiwilliger Leistung mit Hinweis auf nachteilige
Folgen des zwangsweisen Handelns. Zügig: Ausschöpfen der gebotenen

Möglichkeiten im Rahmen des Vollstreckungsversuchs; geeignete und nahe liegende Terminswahl. Auch ungesicherte Schecks sind entgegenzunehmen (§ 106 Nr 2 S 3 GVGA).

2. Tilgung in Teilbeträgen (S 2 und 3) ist von § 813a (gleichzeitige Pfändung) und § 900 Abs 3 (Offenbarungsversicherung) zu unterscheiden. Kommt bei Sicherungsvollstreckung (§ 720a) oder bei Arrest (§ 930) nicht in Frage. Die Anwendung von S 2 ist bei Mehrheit von Gläubigern nur einheitlich für alle Gläubiger möglich (Harnacke DGVZ 02, 108), das fehlende Einverständnis nachrangiger Gläubiger kein Hindernis (Helwig DGVZ 00, 105). Voraussetzungen des S 2 sind: – **a) Nichtvorfinden** pfändbarer Gegenstände im Rahmen der §§ 808– 812, so dass eine Pfändung nicht stattfinden kann. Dem steht ein nur teilweise erfolgreicher Vollstreckungsversuch gleich (Schilken DGVZ 98, 145). – **b) Formlose Versicherung** des Schuldners, die Schuld wegen welcher der Gerichtsvollzieher vollstrecken soll, kurzfristig (im zeitlichen Rahmen des S 3) mit maßvoller Überschreitung (Harnacke DGVZ 99, 21) zu tilgen. Keine Glaubhaftmachung iS von § 294 (Schilken aaO; Harnacke DGVZ 99, 81; aA Musielak/Lackmann 21). Die Versicherung ist mehr als eine bloße Absichtserklärung und umfasst eine substantiierte Darlegung, wie und womit die Teilzahlungen zur Tilgung (auch durch Dritte, Schilken aaO) führen sollen und können. Sie umfasst Höhe, Zeitpunkt und Zahlungsweise der Raten. Protokollierung: § 762 Abs 2 Nr 2. – **c) Einverständnis** des Gläubigers: formlos, auch unter Bedingungen möglich (Schilken aaO); grundsätzlich unwiderruflich (Harnacke DGVZ 99, 81). Das Einverständnis kann schon vor dem ersten Vollstreckungsversuch erklärt werden (vgl § 813a Abs 2) und führt, soweit es mit dem Tilgungsangebot des Schuldners übereinstimmt, zu einer vollstreckungsbeschränkenden Vereinbarung (§ 766 Rn 24; Schilken aaO). Liegt das Einverständnis zZ des Pfändungsversuchs nicht vor, kann der Gerichtsvollzieher unter Vorbehalt nach S 2 verfahren (§ 114a Nr 5 GVGA; Harnacke DGVZ 99, 81) und das Einverständnis nachträglich einholen. Wird es verweigert, was dem Gläubiger freisteht, bleibt die Teilerfüllung wirksam; für den Gläubiger ist dann § 807 offen. – **d) Wirkung.** Zahlt der Schuldner vereinbarungsgemäß (Rn 5) pünktlich, ist eine weitere ZwVollstr unzulässig (§ 766 Rn 24).

§ 807 Eidesstattliche Versicherung

(1) **Der Schuldner ist nach Erteilung des Auftrags nach § 900 Abs. 1 verpflichtet, ein Verzeichnis seines Vermögens vorzulegen und für seine Forderungen den Grund und die Beweismittel zu bezeichnen, wenn**

1. **die Pfändung zu einer vollständigen Befriedigung des Gläubigers nicht geführt hat,**
2. **der Gläubiger glaubhaft macht, daß er durch die Pfändung seine Befriedigung nicht vollständig erlangen könne,**

3. der Schuldner die Durchsuchung (§ 758) verweigert hat oder
4. der Gerichtsvollzieher den Schuldner wiederholt in seiner Wohnung nicht angetroffen hat, nachdem er einmal die Vollstreckung mindestens zwei Wochen vorher angekündigt hatte; dies gilt nicht, wenn der Schuldner seine Abwesenheit genügend entschuldigt und den Grund glaubhaft macht.

(2) [1] Aus dem Vermögensverzeichnis müssen auch ersichtlich sein
1. die in den letzten zwei Jahren vor dem ersten zur Abgabe der eidesstattlichen Versicherung anberaumten Termin vorgenommenen entgeltlichen Veräußerungen des Schuldners an eine nahestehende Person (§ 138 der Insolvenzordnung);
2. die in den letzten vier Jahren vor dem ersten zur Abgabe der eidesstattlichen Versicherung anberaumten Termin von dem Schuldner vorgenommenen unentgeltlichen Leistungen, sofern sie sich nicht auf gebräuchliche Gelegenheitsgeschenke geringen Werts richteten. [2] Sachen, die nach § 811 Abs. 1 Nr. 1, 2 der Pfändung offensichtlich nicht unterworfen sind, brauchen in dem Vermögensverzeichnis nicht angegeben zu werden, es sei denn, daß eine Austauschpfändung in Betracht kommt.

(3) [1] Der Schuldner hat zu Protokoll an Eides Statt zu versichern, daß er die von ihm verlangten Angaben nach bestem Wissen und Gewissen richtig und vollständig gemacht habe. [2] Die Vorschriften der §§ 478 bis 480, 483 gelten entsprechend.

1   **1. Allgemeines.** Die eidesstattliche (Offenbarungs)Versicherung (früher Offenbarungseid) ist ein Hilfsmittel zur ZwVollstr wegen Geldforderungen (1 vor § 803). Ihre Abnahme und die dazu dienenden Handlungen des Gerichts (§ 899) sind Vollstreckungsmaßnahmen. § 807 begründet die Pflicht zur Abgabe der OffenbVers (Abs 1 S 1). Verfahren: §§ 899–915. Auskunft: § 915 b.

2   **2. Anwendungsbereich.** Nur bei ZwVollstr wegen Geldforderungen (1 vor § 803), nicht bei Herausgabe bestimmter Sachen, wofür § 883 Abs 2 gilt. Im Insolvenzverfahren geht § 153 InsO vor. Sicherungsmaßnahmen (§ 21 InsO) stehen nicht entgegen (LG Frankfurt Rpfleger 88, 111 für § 106 KO). Die bürgerlich-rechtliche Pflicht zur eidesstattlichen Versicherung (zB § 259 Abs 2, § 260 Abs 2, § 2006, § 2028 BGB) hat mit § 807 nichts zu tun.

3   **3. Voraussetzungen** der Pflicht zur Abgabe der eidesstattlichen Versicherung (Abs 1 S 1). Das sind: Auftrag des Gläubigers (§ 900 Abs 1 S 1); Zulässigkeit der ZwVollstr (Rn 4–6) und das Vorliegen einer der besonderen Voraussetzungen des Abs 1 Nr 1–4 (Rn 7–13). Das Verfahren ist in den §§ 899–915 geregelt.

4   **4. Zulässigkeit der Zwangsvollstreckung** (38 vor § 704). Es müssen deren allgemeine Voraussetzungen vorliegen (13 vor § 704);

denn die Abnahme der eidesstattlichen Versicherung und das hierfür eingeleitete Verfahren ist ZwVollstr. – **a) Titel** (14, 15 vor § 704). Er 5 muss auf eine Geldforderung gerichtet sein (Rn 2). Das ist auch ein Arrest und eine einstweilige Verfügung, die auf eine Geldforderung lautet (allgM; § 940 Rn 7–11). Eine Sicherungsvollstreckung (§ 720 a) genügt (hM; vgl § 720 a Rn 8), nicht aber, wenn dabei ohne besonderen Titel Kosten gemäß § 788 Abs 1 beigetrieben werden (KG Rpfleger 92, 31). Den Titel und die Zustellung ersetzt ein Antrag gemäß § 7 JBeitrO. – **b) Parteifähigkeit** kann auch bei einer wegen Vermögens- 6 losigkeit gelöschten GmbH bejaht werden (30 vor § 704; LG Braunschweig NJW-RR 99, 1265). – **c) Rechtsschutzbedürfnis** (45 vor 6 a § 704). Es fehlt nur dann, wenn der Gläubiger das ganze Vermögen des Schuldners schon kennt oder sicher weiß, dass dieser keines hat (hM; LG Köln Rpfleger 87, 511). Das ist nur ganz ausnahmsweise gegeben. Ein Rechtsschutzbedürfnis entfällt insbes nicht, wenn ein allg Veräußerungsverbot (§ 21 Abs 2 Nr 2 InsO) verhängt ist (LG Hannover Rpfleger 97, 490 mwN für § 106 KO; bestr), wenn der Gläubiger im Offenbarungstermin durch Angaben des Schuldners neue Vollstreckungsmöglichkeiten erfährt (LG Verden Rpfleger 86, 186), der Schuldner nur den Fragebogen ausfüllt und seine Richtigkeit eidesstattlich versichert (LG Frankenthal Rpfleger 85, 33) oder durch seinen RA anwaltlich versichern lässt (LG Köln aaO).

5. Fruchtlose Pfändung (Abs 1 Nr 1). Diese an sich unrichtige Be- 7 zeichnung ist seit langem üblich. Die Pfändung muss erfolglos oder nur zT erfolgreich verlaufen sein, ggf in der Wohnung und in den Geschäftsräumen des Schuldners, bei mehreren örtlich getrennten Geschäftsräumen in allen (Köln Rpfleger 00, 281). Bei mehrfachem Wohnsitz genügt der Pfändungsversuch am Hauptwohnsitz (Behr Rpfleger 88, 1/6 mwN). Nachgewiesen wird die fruchtlose Pfändung idR durch Bescheinigung des Gerichtsvollziehers (sog Fruchtlosigkeitsbescheinigung, § 63 Nr 1 GVGA), die idR nicht viel älter als 6 Monate sein soll (LG Hamburg DGVZ 02, 124). Außerdem kann ein Protokoll (§ 762) mit konkreten Angaben über die nur teilweise erfolgreiche oder ergebnislose Pfändung geeignet sein (umstr; vgl Behr Rpfleger 88, 1/5 mwN). Glaubhaftmachung (§ 294) durch eidesstattliche Versicherung des Gläubigers genügt nicht. Gepfändete Forderungen bleiben außer Betracht; nur bei Lohn- und Gehaltsforderungen muss der Gläubiger nachweisen; dass die Pfändung keinen ausreichenden Erfolg erwarten lässt (hM; LG Heilbronn 93, 292 mwN). Wird die Verwertung ausgesetzt (§ 813 a), so ist die Pfändung deshalb nicht erfolglos.

6. Aussichtslosigkeit einer Pfändung (Abs 1 Nr 2). Es genügt, 8 dass der Gläubiger glaubhaft macht (§ 294), eine Pfändung werde nicht zur völligen Befriedigung des Gläubigers führen. Es muss also keine Pfändung versucht sein. – **a) Grundsatz.** Glaubhaft gemacht wird regel- 9 mäßig durch Bescheinigung des Gerichtsvollziehers (Unpfändbarkeitsbescheinigung), etwa dahin, dass seines Wissens der Schuldner keine pfändbare Habe besitze oder dass für andere Gläubiger erfolglos gepfändet sei. Nicht ausreichend ist, dass der Gerichtsvollzieher erklärt, der Vollstreckungsauftrag könne in absehbarer Zeit nicht ausgeführt werden

10 (LG Neubrandenburg MDR 94, 305). – **b) Anforderungen.** Sie sollten nicht überspannt werden (Jenisch Rpfleger 88, 459). Es kann eine Bezugnahme auf gerichtsbekannte Tatsachen genügen, insbes die Eintragung im Schuldnerverzeichnis oder in anderer Sache ergangene unerledigte Haftbefehle (LG Kassel Rpfleger 95, 512; LG Braunschweig Rpfleger 98, 77; Jenisch aaO 465 mwN; aA LG Heilbronn Rpfleger 93, 356 mit Anm von Hintzen); Wohnungslosigkeit; unverhältnismäßig hohe Verschuldung; Zutrittsverweigerung durch den Schuldner (umstr). Abgelehnte Durchsuchungsanordnung (§ 758 a) nur, wenn ein neuer Antrag aussichtslos erscheint. Bei mehrfachem Wohnsitz des Schuldners genügt die Bescheinigung des Gerichtsvollziehers (§ 63 GVGA) am Hauptwohnsitz (Frankfurt Rpfleger 77, 145). Die Bescheinigung darf auch älter als 6 Monate (LG Frankenthal MDR 87, 65), aber nicht zu alt sein (gegenüber Fristen kritisch Behr Rpfleger 88, 1/5 mwN). –

11 **c) Einzelheiten.** Aussichten einer Zwangsvollstreckung im Ausland sind unerheblich (Frankfurt Büro 78, 131). Einwendungen gegen die Unpfändbarkeitsbescheinigung sind nach Beginn des Verfahrens durch Widerspruch (§ 900 Abs 4) geltend zu machen (LG Lübeck DGVZ 91, 190).

12   **7. Durchsuchungsverweigerung** (Abs 1 Nr 3). Es muss vorher keine Anordnung (§ 758 a Abs 1) beantragt worden sein. Die Verweigerung muss vom Schuldner ausgehen, von seinem gesetzlichen Vertreter (hM) oder von ihm Bevollmächtigten (Harnacke DGVZ 01, 58 mwN); die von Mitbewohnern genügt nicht (LG Essen DGVZ 02, 92). Ausreichend ist, dass der Schuldner nur teilweise (zB das Öffnen von Behältnissen) verweigert. Die später erklärte Bereitschaft des Schuldners, nunmehr die Wohnung oder die Geschäftsräume doch gem § 758 durchsuchen zu lassen, beseitigt die Offenbarungspflicht nicht. Nachweis: idR durch das Protokoll (§ 762).

13   **8. Wiederholtes Nichtantreffen** (Abs 1 Nr 4) des Schuldners oder des gesetzlichen Vertreters in Wohnung oder Geschäftsraum. Der erforderliche Nachweis wird durch die Protokolle (§ 762) und beglaubigte Abschrift der fristgemäßen Ankündigung des Gerichtsvollziehers geführt. Der Gerichtsvollzieher hat die Ankündigung beim ersten vergeblichen Versuch vorzunehmen (LG Lüneburg DGVZ 00, 25); jedoch ist hierfür auch der Auftrag gemäß § 900 Abs 1 erforderlich (LG Wiesbaden DGVZ 00, 91; LG Tübingen DGVZ 00, 120; LG Essen DGVZ 02, 92). Die Ankündigungsfrist ist auch als uneigentliche Frist (7 von § 214) nach § 222 zu berechnen (Hascher DGVZ 01, 105). Der Vollstreckungsversuch muss mindestens zweimal, die schriftliche Ankündigung (keine Zustellung) nur einmal vor dem zweiten Versuch vorgenommen sein. Es muss nicht derselbe Gerichtsvollzieher handeln. Nr 4 gilt auch bei Wechsel der Wohn- und Geschäftsräume. Hs 2: genügende Entschuldigung (glaubhaft zu machen, § 294; vgl LG Stuttgart

DGVZ 01, 120); insbes Krankheit (mit ärztlichem Attest); berufliche Abwesenheit; dringende familiäre Angelegenheit. Die Abwesenheit des Schuldners wird nicht berücksichtigt und zählt nicht, auch dann, wenn die Entschuldigung aus vertretbarem Grund nachfolgt.

9. Persönliche Abgabe (Abs 3). Die Pflicht trifft den Schuldner **14** persönlich (11 vor § 704). – **a) Gesetzliche Vertreter.** Ist der Schuldner prozessunfähig (§ 52), müssen der oder die gesetzlichen Vertreter (§ 51 Rn 3), bei Gesamtvertretung nicht notwendig alle (vgl LG Frankfurt Rpfleger 93, 502 mwN) für den Schuldner und in dessen Namen handeln (hierzu näher Limberger DGVZ 84, 129), und zwar diejenigen, die gesetzliche Vertreter zZ der OffenbVers sind, also zu der des vom Gericht festgesetzten Termins (hM; Bamberg DGV2 98, 75; KG ZIP 96, 289 mwN; Köln Rpfleger 00, 399). Dasselbe gilt wegen § 53 für den Betreuer. – **b) Handelsgesellschaften.** Fehlende Eintragung **15** des gesetzlichen Vertreters im Handelsregister steht nicht entgegen (Frankfurt Rpfleger 76, 27). Der Geschäftsführer einer GmbH bleibt auch nach Abberufung oder Niederlegung des Amts (insbes, wenn es wegen des Verfahrens der Offenbarungsversicherung geschehen ist, Köln Rpfleger 00, 399) bis zur Bestellung eines neuen Geschäftsführers verpflichtet (Stuttgart OLGZ 84, 177; LG Hannover DGVZ 81, 60; aA LG Bonn DGVZ 89, 120), vor allem bei Scheinniederlegung (Behr Rpfleger 88, 1/3 mwN). Bei zweckorientierter Niederlegung bleibt jedenfalls der bisherige Geschäftsführer verpflichtet (Hamm Rpfleger 85, 121). Bei einer GmbH, das wegen Vermögenslosigkeit gelöscht ist, muss die OffenbVers der letzte Geschäftsführer abgeben (hM; LG Braunschweig NJW-RR 99, 1265; LG Zweibrücken Rpfleger 96, 209 mwN) oder der letzte Liquidator, der die Gesellschaft vertreten hat (KG NJW-RR 91, 933; aA Stuttgart NJW-RR 94, 1064 mwN: neu zu bestellender Liquidator). Es muss dann das noch vorhandene Gesellschaftsvermögen offengelegt werden (KG aaO). – **c) Verweigerung.** **16** Erklärt der gesetzliche Vertreter, das Vermögen der vertretenen Person sei ihm nicht bekannt, liegt keine OffenbVers vor; es kann gem § 901 verfahren werden (umstr: Behr Rpfleger 88, 1/4). – **d) Mehrheit** von **17** gesetzlichen Vertretern. Bei Einzelvertretungsmacht hat derjenige die OffenbVers abzugeben, den der Gläubiger benennt oder den das Vollstreckungsgericht bestimmt (Behr aaO mwN). Bei Gesamtvertretung sind es ggf zwei. – **e) Parteien kraft Amtes** (§ 51 Rn 25) sind selbst **18** wie Schuldner zu behandeln; ihre Offenbarungspflicht bezieht sich aber nur auf das verwaltete Vermögen.

10. Form (Abs 3). Der Schuldner oder sein gesetzlicher Vertreter **19** (Rn 15) haben die Offenbarungsversicherung in Person abzugeben (§ 478), auch vor einem anderen AG möglich (§ 479) und erst nach Belehrung (§ 480). Die Formel ist an Abs 3 S 1 auszurichten. Sie umfasst die Angaben zur Person, soweit sie für den Zugriff auf das Vermögen des Schuldners erheblich sind, und dass das Vermögensverzeichnis (Rn 21) richtig und vollständig sei.

20   **11. Vermögensverzeichnis** (Abs 1 und 2). Es ist zu erstellen und vorzulegen. Es muss das gesamte Aktivvermögen des Schuldners umfassen, also alle geldwerten Sachen und Rechte (auch im Ausland belegen, Heß Rpfleger 95, 89) ohne Rücksicht auf die Höhe des Wertes und darauf, ob sich der Schuldner durch die Offenbarung einer strafbaren Handlung bezichtigen würde. Es muss auch die anfechtbaren Verfügungen des Schuldners enthalten (Rn 28). IdR genügt es, dass der Schuldner bloß den amtlichen Vordruck ausfüllt (LG Marburg DGVZ

21   00, 152). – **a) Bewegliche Sachen. aa) Anzugeben** mit Ortsbezeichnung (BGH 7, 287) sind: **(1)** Alle im Eigentum (auch Miteigentum) des Schuldners stehenden, auch im Besitz eines Dritten befindliche Sachen (Noack DGVZ 72, 81). **(2)** Anwartschaftsrechte auf das Eigentum und treuhänderisch, insbes zur Sicherung übereignete Sachen, auf die ein Rückgabeanspruch besteht, einschließlich des Grundes (LG Krefeld Rpfleger 79, 146). **(3)** Sachen, die der Schuldner besitzt, ohne Eigentümer zu sein, insbes auch solche aus Leasingvertrag (aA RoSchilken § 60 II 4 a). Der Schuldner muss dazu angeben, wer seines Wissens Ei-

22   gentümer ist. **bb) Nicht anzugeben** (Abs 2 S 2) sind Sachen, die offensichtlich gem § 811 Abs 1 Nr 1, 2 unpfändbar sind. Damit ist durch Umkehrschluss klar, dass iü ohne Rücksicht auf Unpfändbarkeit alle Sachen angegeben werden müssen. Offensichtlich: Das ist objektiv zu bestimmen (Müller NJW 79, 905) und als Rechtsbegriff durch das Vollstreckungsgericht nachprüfbar. Bestehen Zweifel, so ist anzugeben. Dies kann durch einen entspr ausgestalteten Vordruck geschehen. Auch Sachen, bei denen Austauschpfändung möglich ist (§ 811 a), sind anzuge-

23   ben (Arnold MDR 79, 358). – **b) Unbewegliche Sachen** (vgl § 864). Diese sind nur anzugeben, wenn sie dem Schuldner gehören oder wenn er auf sie einen Anspruch hat, ebenso die Anwartschaft darauf. Bestehende Belastungen sind offenzulegen (LG Berlin Rpfleger 78, 228). –

24   **c) Forderungen** sind genau anzugeben, mit ihrer Höhe (LG Koblenz DGVZ 92, 75), auch künftige, bedingte, zweifelhafte, uneinbringliche und unpfändbare. Sie müssen nicht auf Geld, jedoch auf eine geldwerte

25   Leistung gerichtet sein. **aa) Umfang** der Angaben. Es ist alles anzugeben, was der Gläubiger wissen muss, um die Forderung pfänden zu können (zB zustellungsfähige Anschrift des Drittschuldners, LG Hamburg MDR 81, 61), insbes auch Umstände, die den Zugriff des Gläubi-

26   gers erschweren können (BGH NJW 57, 718). **bb) Einzelheiten.** Anzugeben sind alle Bankkonten, auch wenn sie debitorisch sind (hM; LG Kaiserslautern Büro 99, 325). Bestehende Arbeitsverhältnisse sind stets (mit Brutto- und Nettolohn, LG Köln Rpfleger 88, 322), beendete nur dann anzugeben, wenn der Schuldner daraus noch Ansprüche hat (BGH NJW 68, 1388). Bei verschleiertem Arbeitseinkommen (§ 850 h) auch Angaben über Art und Umfang (LG Kassel NJW-RR 94, 508), ebenso bei Schwarzarbeit (LG Wuppertal DGVZ 99, 120). Künftige Renten müssen nach Versicherungsträger und -nummer angegeben werden (LG Bonn Rpfleger 93, 90 mwN; LG Hannover Rpfleger 93, 168), aber nicht zu sehr fern liegende (LG Tübingen Rpfleger

97, 176; LG Siegen Rpfleger 95, 425 für 33jährigen; weitergehend Schmidt Rpfleger 98, 357 mwN). Bei selbständiger Tätigkeit wird in der Rspr Angabe der Geschäftsbeziehungen in den letzten 12 Monaten verlangt (LG Münster Rpfleger 97, 73). Zu den Anforderungen bei Maklern vgl BGH Rpfleger 91, 377, bei Handelsvertretern vgl Hamm Rpfleger 79, 468, bei Honoraransprüchen von Ärzten Brötel NJW 98, 3387, Steuerberatern Köln MDR 93, 1007 mwN, Unternehmensberatern LG Münster Rpfleger 93, 501 und EDV-Beratern LG Stade FamRZ 99, 1002. Anzugeben sind auch Unterhaltsansprüche, insbes der Unterhalt gewährende Ehegatte (hM; LG Karlsruhe DGVZ 93, 92 mwN), wegen des Taschengeldanspruchs (Scherer DGVZ 95, 81) grundsätzlich auch dessen Einkommen (München Büro 99, 606 mwN; Köln NJW 93, 3335; LG Saarbrücken Büro 97, 323 mwN; LG Meiningen DGVZ 02, 156; aA LG Augsburg und LG Hildesheim DGVZ 94, 88). Nicht anzugeben ist der Partner der nichtehelichen Lebensgemeinschaft (LG Memmingen Rpfleger 97, 214). Anzugeben sind Ansprüche auf Sozialleistungen wegen § 54 Abs 3 SGB I (Koblenz MDR 77, 323) sowie der Anspruch auf Lohnsteuerjahresausgleich (LG Köln MDR 76, 150). Gelegenheitsarbeiter müssen diejenigen Arbeitgeber angeben, für die sie idR arbeiten (LG Frankfurt NJW-RR 88, 383). –

d) Sonstige Rechte: zB beschränkte dingliche Rechte, Anwartschafts- **27** rechte (Rn 22), Erbanteile, geldwerte Mitgliedschaftsrechte, insbes ein Gesellschafteranteil; eine Internet-Domain (Schmittmann DGVZ 01, 177). Die Rechte sind so genau anzugeben wie Forderungen (Rn 25). Keine Rechte sind Erwerbsmöglichkeiten, wie das bloße Betreiben eines Handelsgeschäfts (BGH Rpfleger 80, 339).

12. Anfechtbare Verfügungen (Abs 2 S 1). Es ist zu unterscheiden: – **28** **a) Entgeltlicher Vertrag** (Abs 2 S 1 Nr 1) mit einer nahe stehenden Person iS des § 138 InsO. Das ist auf § 3 Abs 2 AnfG zugeschnitten. Als Verträge kommen hier insbes Kauf, Werkvertrag, Geschäftsbesorgung, Miete, Pacht in Betracht. – **b) Unentgeltliche Leistung** (Abs 2 **29** S 1 Nr 2): jede Leistung iS des § 241 BGB, insbes Schenkung, Leihe. Die Vorschrift ist auf § 4 AnfG zugeschnitten.

13. Ergänzung (Vervollständigung, Nachbesserung) des Vermö- **30** gensverzeichnisses (Rn 21). – **a) Voraussetzung.** Ist das Vermögensverzeichnis unvollständig, falsch (LG Koblenz DGV2 98, 76) oder ungenau (vom Gläubiger glaubhaft zu machen), hat der Schuldner seine Pflicht aus § 807 nicht erfüllt. Ein konkreter Verdacht ist nötig und ausreichend (LG Münster Rpfleger 02, 631). – **b) Wirkung.** Auf Antrag **30 a** des Gläubigers hat das Gericht Termin zu bestimmen und darf den Gläubiger nicht auf einen Haftbefehl verweisen (LG Koblenz MDR 87, 945). Der Schuldner muss das Vermögensverzeichnis auf Antrag des Gläubigers, wegen § 903 auch eines anderen Gläubigers (hM; LG Saarbrücken DGV2 98, 77 mwN), ergänzen und erneut eidesstattlich versichern (hM; KG DGVZ 91, 23). Bei bewusst falscher Offenb-Vers bleibt dem Gläubiger ein neues Verfahren zur Wahl (§ 903 Rn 6). –

31 **c) Durchführung.** Es wird das alte Verfahren fortgesetzt. Die Zuständigkeit des § 899 bleibt (hM; Behr Rpfleger 88, 1/2 mwN für § 899 aF). Es fallen keine neuen Gebühren an (LG Frankenthal Rpfleger 84, 194). Die Voraussetzungen (Abs 1 Nr 1–4) müssen nicht erneut vorliegen. Ausbleiben des Schuldners im Termin begründet unter den Voraussetzungen des § 901 die Haft. Der Gläubiger darf schriftlich vorbereitete Fragen stellen (allgM; zu Einzelheiten Goebel DGVZ 01, 49). Die ergänzenden Angaben sind auf den Zeitpunkt der abgegebenen OffenbVers zurückzubeziehen und erneut eidesstattlich zu versichern. Eine nachträgliche schriftliche Vervollständigung des Vermögensverzeichnisses beseitigt diese Pflicht nicht (LG Berlin Rpfleger 73, 74).

32 **d) Einzelheiten.** Die Ergänzungspflicht begründen: Striche und Auslassungen in den Antwortspalten, sowie widersprüchliche Antworten (LG Hagen MDR 70, 853); fehlende Angaben zur notwendigen Identifizierung eines Anspruchs (LG Berlin Rpfleger 71, 325) oder einer Sache (zB Kennzeichen eines Pkw); unvollständige Angaben über ein Arbeitsverhältnis (LG München I Rpfleger 88, 491); Verdacht auf verschleiertes Arbeitseinkommen iS des § 850h Abs 2 (LG Landau Rpfleger 91, 27); fehlende Angaben über die Aufbewahrung von Sparbüchern (Frankfurt Rpfleger 75, 442), Wertpapieren und Beweisurkunden für Rechte; fehlende Angabe des Standorts von Sachen, die der Schuldner in Besitz hat.

Untertitel 2. Zwangsvollstreckung in körperliche Sachen

§ 808 Pfändung beim Schuldner

(1) **Die Pfändung der im Gewahrsam des Schuldners befindlichen körperlichen Sachen wird dadurch bewirkt, daß der Gerichtsvollzieher sie in Besitz nimmt.**

(2) [1] **Andere Sachen als Geld, Kostbarkeiten und Wertpapiere sind im Gewahrsam des Schuldners zu belassen, sofern nicht hierdurch die Befriedigung des Gläubigers gefährdet wird.** [2] **Werden die Sachen im Gewahrsam des Schuldners belassen, so ist die Wirksamkeit der Pfändung dadurch bedingt, daß durch Anlegung von Siegeln oder auf sonstige Weise die Pfändung ersichtlich gemacht ist.**

(3) **Der Gerichtsvollzieher hat den Schuldner von der erfolgten Pfändung in Kenntnis zu setzen.**

1 **1. Allgemeines.** Die Sachpfändung ist in der Praxis oft aussichtslos. Zu Begriff und Voraussetzungen der Pfändung: § 803 Rn 1 und 3. **a) Anwendbar** ist § 808 nur bei beweglichen Sachen. Für Miteigentumsanteile daran gilt § 857. Unanwendbar ist § 808 bei solchen beweglichen Sachen, die gemäß § 865 der ZwVollstr in das unbewegliche Vermögen unterliegen, insbes Bestandteile (§ 864 Rn 2) und Zubehör (§ 865 Rn 2) oder für die Sonderregeln bestehen, zB eingetragene

Luftfahrzeuge (hypothekenähnliches Registerpfandrecht nach dem LuftfahrzeugRG). Gebäude, die Scheinbestandteile sind (§ 95 BGB), fallen unter § 808 (hierzu Noack ZMR 82, 97). Bei Einbauküchen kommt es auf den Einzelfall an (Holch DGV2 98, 65). Echte Wertpapiere (vgl §§ 821, 831), nämlich Inhaber- und Orderpapiere, bei denen das Recht aus dem Papier dem Recht am Papier folgt, werden als bewegliche Sachen gepfändet, so dass § 808 Abs 1 gilt (§ 831). Das Softwarepaket (Programm mit Zubehör) ist im Gegensatz zum Softwarerecht (§ 857 Rn 6) wie die Hardware eine Sache, aber sehr häufig steht § 803 Abs 2 entgegen. Zur Pfändung: Paulus DGVZ 90, 151; Roy/ Palm NJW 95, 690; Weimann Rpfleger 96, 12 und DGVZ 96, 1. – **b) Hilfspfändung** wird ein in § 156 GVGA geregelter Vorgang genannt, durch den der Gerichtsvollzieher dem Schuldner Urkunden wegnimmt. Soweit sich die Urkunden auf Forderungen beziehen, gilt § 836 Abs 3 S 3. Bei Kfz-Briefen und -Scheinen folgt das Recht zur Wegnahme im Rahmen der Pfändung des Kfz durch den Gerichtsvollzieher aus § 952 Abs 1 S 2 BGB, da § 952 BGB für diese Papiere entspr gilt (vgl Rn 13 aE). **2**

2. Gewahrsam (Abs 1) ist die rein tatsächliche Herrschaft über die **3** Sache ist vom Besitz des BGB zu unterscheiden. Keinen Gewahrsam begründen der mittelbare Besitz (§ 868 BGB), auch der Mitbesitz (§ 866 BGB) und der nicht tatsächlich ausgeübte Erbenbesitz (§ 857 BGB); der Besitzdiener (§ 855 BGB) hat keinen eigenen Gewahrsam (hM). – **a) Mitgewahrsam** liegt vor, wenn neben dem Schuldner **4** zugleich ein Dritter Gewahrsam hat. In diesen Fällen gilt § 809 (hM). Das ist bei gemeinsamen Bewohnern eines Raumes nicht ohne weiteres gegeben. Es kommt auf die Umstände des Einzelfalles an. – **b) Einzel-** **5** **heiten.** Es haben Gewahrsam: Der Inhaber von Geschäftsräumen oder einer Wohnung (ob Eigentümer oder Mieter) an den darin befindlichen Sachen mit Ausnahme der Räume, die andere Personen unter Ausschluss des Wohnungsinhabers (wie zB Untermieter) allein innehaben. Der Betreiber eines Automaten an dessen Inhalt, am Automaten nur der Besitzer des Raumes, in dem er aufgestellt ist (LG Aurich DGVZ 90, 136). Jeder hat Gewahrsam an dem, was er in Taschen, Mappen und Koffern bei sich führt; auch an dem Kraftfahrzeug, das er gerade fährt oder ausschließlich benutzt, auch wenn es auf der Straße abgestellt ist (Düsseldorf DGVZ 97, 57). Gewahrsam hat der Frachtführer am übernommenem Frachtgut (vgl aber Rn 9) sowie der im Gewerbebetrieb tätige Geschäftsinhaber an den dazu gehörenden und darin befindlichen Sachen. – **c) Gesetzliche Vertretung** (§ 51 Rn 3). Wird der Schuldner **6** gesetzlich vertreten, so sind diejenigen Sachen, die der gesetzliche Vertreter (zB Geschäftsführer, Vorstand, Vormund) als solcher in Gewahrsam hat, so zu behandeln als habe der Schuldner daran Gewahrsam (§ 118 Abs 1 GVGA), zB in den Privaträumen des Geschäftsführers einer GmbH (LG Mannheim DGVZ 83, 119), in den Geschäftsräumen der Betriebsgesellschaft einer GmbH & Co KG (LG Düsseldorf Büro

7 87, 1425). – **d) Soldaten.** Es gelten grundsätzlich die allgemeinen
Vorschriften und die Nr 30–38 Erlass vom 16. 3. 82 (abgedruckt bei
BLAH Schlussanhang S 2).

8   **3. Pfandsache** is des § 808 ist die gesamte Sache einschließlich ihrer Bestandteile, nicht nur der wesentlichen iS des § 93 BGB. Die
Eigentumslage ist für die Pfändung grundsätzlich gleichgültig (Ausnahme: § 811 Abs 2). Zu prüfen hat der Gerichtsvollzieher nur den
Gewahrsam des Schuldners (Rn 3, 5) und bei Parteien kraft Amtes
(§ 51 Rn 25) die Zugehörigkeit der Sache zum verwalteten Sonderver-
9 mögen. – **a) Rechte Dritter** (§ 771 Rn 14–20), auf die der Schuldner
oder der Dritte verweisen, hat der Gerichtsvollzieher grundsätzlich
nicht zu berücksichtigen, nur ausnahmsweise dann, wenn das Recht des
Dritten offenbar entgegensteht, zB die für Kunden des Schuldners re-
parierten Sachen, beim Spediteur oder Frachtführer die zu versenden-
den Güter. Telekommunikationsgeräte gehören häufig dem Schuldner
(vgl Schmittmann DGVZ 94, 49). Wird die Sache eines Dritten gepfändet, steht ihm die Klage nach § 771 offen, falls der Gläubiger nicht
10 freigibt (§ 771 Rn 23 und § 776 Rn 2). – **b) Sachen des Gläubigers.**
Er kann auch ihm selbst gehörende Sachen pfänden lassen (allgM). Bei
Eigentumsvorbehalt an verkauften Sachen (§ 449 BGB) ist das häufig.
Dann steht auch die Unpfändbarkeit gemäß § 811 Abs 2 (dort Rn 11)
11 nicht im Wege. – **c) Pfändbarkeit.** Die Pfandsache darf nicht unpfändbar sein (§ 811 Abs 1).

12   **4. Durchführung.** Nachdem der Gerichtsvollzieher den Schuldner
zur freiwilligen Leistung aufgefordert hat (§ 105 Nr 2 GVGA), lässt
er sich die Habe des Schuldners vorzeigen und pfändet (§§ 130–140
13 GVGA). Gepfändet wird auf zweierlei Weise: – **a) Inbesitznahme**
(Abs 1) durch den Gerichtsvollzieher bei Geld, wobei § 757 beachtet
werden muss, Wertpapieren (§§ 821, 831) und Kostbarkeiten (§ 813
Rn 5). Diese Sachen nimmt der Gerichtsvollzieher dem Schuldner weg
und verwahrt sie idR in der Pfandkammer oder im Banksafe (LG Koblenz DGVZ 86, 28). Auf diese Sachen ist die Pfändung in erster Linie
zu richten (§ 131 Nr 2 GVGA). Andere Sachen (zB Möbel, Computer-
Hardware, Fernsehgeräte, Kraftfahrzeuge) werden grundsätzlich weggenommen und sind allein damit gepfändet (Karlsruhe MDR 79, 237).
Praktisch wird idR aber nach Abs 2 (Rn 14) verfahren. Kraftfahrzeuge
nimmt der Gerichtsvollzieher grundsätzlich dem Schuldner weg (nebst
Schein und Brief; §§ 157–160 GVGA; Rn 2; App DAR 00, 294 mwN). –
14 **b) Belassen beim Schuldner** (Abs 2). Die Sachen werden im Gewahrsam des Schuldners belassen (Abs 2 S 1). Das ist die Regel (LG
Coburg DGVZ 90, 89), wenn dadurch, was vom Gerichtsvollzieher zu
prüfen ist, die Befriedigung des Gläubigers nicht gefährdet wird, indem
der Schuldner die Sache zB veräußern, beschädigen oder verbrauchen
könnte. Es ist kenntlich zu machen (Abs 2 S 2), dass der Gerichtsvollzieher Besitz ergriffen hat, wenn möglich, an der Sache selbst, wahlweise durch Anlegen von Pfandsiegeln (nicht notwendig auffallend)

oder Anheften einer vom Gerichtsvollzieher gesiegelten und unterschriebenen Pfandanzeige an einer Stelle, die den Pfandsachen räumlich nahe ist; oder auf andere geeignete Weise. Das Anlegen von Siegeln muss haltbar und bei gewöhnlicher Aufmerksamkeit zu erkennen sein. Wird die Pfändung später unkenntlich (zB durch Abfallen, auch Entfernen des Pfandsiegels oder der Pfandanzeige) und geschieht dies ohne Wissen und Wollen des Gerichtsvollziehers, so besteht die Pfändung fort (allgM); jedoch sind die Pfandzeichen vom Gerichtsvollzieher unverzüglich zu erneuern. – **c) Verwahrung durch Dritte.** Darf die **14a** Sache beim Schuldner nicht belassen werden, weil sonst die Befriedigung des Gläubigers gefährdet ist (vgl Rn 14), wird durch privatrechtlichen Vertrag bei Dritten verwahrt. Den Vertrag schließt der Gerichtsvollzieher als Vertreter des Justizfiskus (BGH NJW 99, 2597; vgl § 885 Rn 17).

5. Wirkung und Wirksamkeit. Es muss unterschieden werden: – **15** **a) Sachen des Schuldners. aa) Besitzlage.** Neben Verstrickung und Pfandrecht (§ 803 Rn 7, 8) erlangt der Gerichtsvollzieher bei Inbesitznahme (Rn 13) unmittelbaren Besitz und vermittelt ihn dem Gläubiger (allgM). Wird die Sache im Gewahrsam des Schuldners belassen (Rn 14), nimmt die hM an, dass der Schuldner, nachdem ihm der Gerichtsvollzieher den Besitz wieder einräumt, unmittelbar besitzt und den Besitz dem Gerichtsvollzieher in erster, dem Gläubiger in zweiter Stufe vermittelt. Dies ist wichtig wegen § 935 Abs 1 BGB (vgl § 803 Rn 11 aE). **bb) Wirksamkeit.** Unwirksam ist die Pfändung, wenn der **16** Gerichtsvollzieher die Sachen nicht in Besitz nimmt, wie es Abs 1 vorschreibt (vgl Rn 13). Wirksam, aber anfechtbar ist die Pfändung, wenn der Gerichtsvollzieher den Gewahrsam falsch beurteilt oder irrtümlich annimmt, die Befriedigung des Gläubigers sei ungefährdet (Rn 14). – **b) Sachen Dritter.** Werden sie gepfändet, ist die Pfändung wirksam. **17** Der Dritte kann nach § 771 klagen. Das Anwartschaftsrecht des Schuldners wird aber von der Pfändung der Sache nicht erfasst und bedarf nach hM der Pfändung gem § 857 (dort Rn 4). Daneben, vorher oder nachher darf die Sache gepfändet werden (hM). – **c) Sachen des** **17a** **Gläubigers.** Die Pfändung ist wirksam (Rn 10), auch bei unpfändbaren Sachen (§ 811 Rn 11).

6. Mitteilung (Abs 3) im Fall des § 809 durch Übersenden einer **18** Protokollabschrift (§ 762). Abs 3 ist Ordnungsvorschrift, ein Verstoß unschädlich.

7. Sonstiges. Rechtsbehelfe für Gläubiger, Schuldner und betroffene Dritte: Erinnerung (§ 766). Für Dritte als Eigentümer: § 771. Kosten: § 788. Gebühren: § 17 GVKostG.

§ 809 Pfändung beim Gläubiger oder bei Dritten

Die vorstehenden Vorschriften sind auf die Pfändung von Sachen, die sich im Gewahrsam des Gläubigers oder eines zur Herausgabe bereiten Dritten befinden, entsprechend anzuwenden.

1   **1. Allgemeines.** Zur systematischen Einordnung: Knoche ZZP 114, 399. Gilt auch, wenn die Sache bereits gemäß § 808 gepfändet wurde (umstr; LG Bochum DGVZ 90, 73 mwN). Die Pfändung erfolgt wie bei § 808. Gewahrsam: wie § 808 Rn 3. Gläubiger: 10 vor § 704. Bei Ehegatten sind § 739 und § 744a zu beachten. Mitgewahrsam (§ 808 Rn 4) des Dritten genügt.

2   **2. Dritter** kann nur sein, wer weder Schuldner noch Gläubiger ist (10–12 vor § 704; hM). Es kann also auch einer von deren Angestellten sein. Der gesetzliche Vertreter (§ 51 Rn 3) ist aber nur dann Dritter, wenn er die Sache in eigenem persönlichen Gewahrsam hat (LG Berlin DGVZ 72, 113). Hingegen ist der gesetzliche Vertreter nicht Dritter, sondern nach § 808 zu behandeln, soweit er die Sache für die von ihm vertretene Person in Gewahrsam hat (vgl § 808 Rn 6). Dritter iS von § 809 kann uU auch der Gerichtsvollzieher sein (Brox/Walker 250; aA RoSchilken § 51 I 3 mwN; differenzierend StJMünzberg 2).

3   **3. Herausgabebereitschaft** ist eine Prozesshandlung (Einl III), die erklärt werden muss. Sie muss sich auf die Herausgabe (zur Verwertung), nicht nur auf die Pfändung beziehen. Lediglich beim Gläubiger genügt, dass er der Pfändung nicht widerspricht (Schilken DGVZ 86, 145). Die Herausgabebereitschaft ist ausdrücklich oder stillschweigend (zB durch Unterzeichnen des Pfändungsprotokolls), aber immer vorbehaltslos zu erklären (umstr; vgl Schilken DGVZ 86, 145 [148]), vor oder nach der Pfändung. Wird für mehrere Gläubiger gepfändet, kann sie auf einzelne Gläubiger beschränkt werden, weil sonst wegen der Möglichkeit der Pfändung des Herausgabeanspruchs (§ 847) und einer Anschlusspfändung (§ 826) die Reihenfolge der Pfandgläubiger unklar werden könnte. Die Herausgabebereitschaft ist nach geschehener Pfändung unwiderruflich (Schilken aaO) und für eine Anschlusspfändung nötig (§ 826 Rn 2), wie für jede weitere Pfändung neu zu erklären (Knoche ZZP 114, 399).

4   **4. Wirkung. – a) Bei unberechtigtem Besitz.** Das Fehlen der Herausgabebereitschaft ist auch dann nicht unbeachtlich, wenn der Dritte sich vor der Pfändung im Zusammenwirken mit dem Schuldner den Gewahrsam verschafft hat oder wenn der Dritte zur Herausgabe an Schuldner oder Gläubiger offensichtlich oder unstreitig verpflichtet ist; denn der Gerichtsvollzieher kann dies weder übersehen noch zuverlässig prüfen (hM; RoSchilken § 51 I 3; Werner DGVZ 86, 49/53). Der Gläubiger kann den Herausgabeanspruch pfänden (Rn 9 aE). –

5   **b) Klagen.** Die Herausgabebereitschaft nimmt dem Dritten nicht die Klage nach § 805 (allgM). Ob dieser dadurch auch die Widerspruchsklage (§ 771) verliert, hängt von den Umständen ab (Brox/Walker 255). Jedenfalls behält der Dritte die Klage aus § 771, wenn er irrtümlich eine Sache herausgibt oder dies ein unbefugter Angestellter tut. –

6   **c) Verbleib** der gepfändeten Sachen. Der Gläubiger kann verlangen, dass der Gerichtsvollzieher sie wegschafft (vgl § 137 GVGA). Zum Verwahrungsvertrag zwischen Dritten und Gerichtsvollzieher vgl Schil-

ken DGVZ 86, 145/50. – **d) Verstoß** gegen § 809 macht die Pfän- 7
dung anfechtbar (vgl Rn 9), nicht etwa nichtig (58 vor § 704).

5. Gewahrsamsänderung. Verschafft sich ein Dritter nach der 8
Pfändung den Gewahrsam der Sache und besteht die Verstrickung fort
(vgl § 803 Rn 12), so kann der Gerichtsvollzieher ihm die Sache im
Verfolgungsrecht auch gegen seinen Willen ohne besonderen Titel
wegnehmen (hM; Wasner ZZP 79, 113; LG Saarbrücken DGVZ 75,
170; aA aus verfassungsrechtlicher Sicht Pawlowski DGVZ 76, 33). Das
ist keine neue Pfändung und hat mit § 809 nichts zu tun.

6. Rechtsbehelfe. Erinnerung (§ 766) findet statt für den Dritten 9
bei Pfändung trotz fehlender Herausgabebereitschaft, für den Gläubiger,
wenn der Gerichtsvollzieher die Pfändung ablehnt, obwohl Herausgabebereitschaft erklärt ist. Keine Erinnerungsbefugnis des Schuldners
(Schilken DGVZ 86, 145/8). Ist der Dritte nicht herausgabebereit,
kann der Gläubiger den Herausgabeanspruch pfänden (§§ 846, 847).

§ 810 Pfändung ungetrennter Früchte

(1) **¹Früchte, die von dem Boden noch nicht getrennt sind, können
gepfändet werden, solange nicht ihre Beschlagnahme
im Wege der Zwangsvollstreckung in das unbewegliche Vermögen erfolgt ist. ²Die Pfändung darf nicht früher als einen
Monat vor der gewöhnlichen Zeit der Reife erfolgen.**

(2) **Ein Gläubiger, der ein Recht auf Befriedigung aus dem
Grundstück hat, kann der Pfändung nach Maßgabe des § 771
widersprechen, sofern nicht die Pfändung für einen im Falle
der Zwangsvollstreckung in das Grundstück vorgehenden Anspruch erfolgt ist.**

1. Allgemeines. Die Vorschrift ist eine Ausnahme von § 94 BGB 1
und § 864. Bis zur Trennung sind die Früchte unbewegliche Sachen.
Unpfändbarkeit nach § 811 Abs 1 Nr 2–4 möglich. Verwertung: § 824.

2. Voraussetzungen der Pfändung sind: – **a) Früchte** (§ 99 Abs 1 2
BGB) sind nur solche, die periodisch geerntet werden: Getreide, Kar-
toffeln, Obst; nicht: Holz und Bodenbestandteile. – **b) Gewahrsam** 3
des Schuldners oder Dritter (§ 808 Rn 3, 5; § 809 Rn 2). Gewahrsam hat der Besitzer des Grundstücks, nicht notwendig der Eigentümer, sondern insbes der Pächter. Damit wird regelmäßig sichergestellt,
dass die gepfändeten Früchte in das Eigentum des Schuldners fallen
(§§ 953–956 BGB). – **c) Monatsfrist** vor Reifezeit (Abs 1 S 2). Sie ist 4
nach dem Durchschnitt der örtlichen Verhältnisse zu berechnen (§ 152
Nr 3 GVGA). – **d) Beschlagnahme** zur Zwangsversteigerung und 5
-verwaltung (§§ 20, 21, 148 ZVG) darf noch nicht erfolgt sein. Ausnahme beim Pächter (§ 21 Abs 3 ZVG, § 956 BGB; vgl Rn 7).

3. Durchführung. Gepfändet wird nach den Grundsätzen des § 808 6
Rn 14. Kenntlich gemacht wird zweckmäßig durch Tafeln mit Pfandanzeige (vgl §§ 151, 152 GVGA).

7   **4. Widerspruchsklage** (Abs 2; § 771) rangbesserer Realgläubiger (§§ 10–12 ZVG) ist zulässig, auch noch nachdem die gepfändeten Früchte geerntet sind, und ist begründet, auch wenn die Beschlagnahme (§§ 20, 21, 148 ZVG) der Pfändung nachfolgt. Unbegründet ist die Widerspruchsklage, wenn der Schuldner, bei dem gemäß § 810 gepfändet wurde, Pächter ist, weil dann die Früchte nicht beschlagnahmt werden (§ 21 Abs 3 ZVG, § 956 BGB; vgl Rn 5).

8   **5. Rechtsbehelfe.** Erinnerung (§ 766) für den Schuldner, wenn eine Voraussetzung (Rn 2–5) fehlt. Die Pfändung ist in diesem Fall wirksam, bis sie aufgehoben wird (§ 776). Für den Gläubiger findet Erinnerung (§ 766) statt, wenn die Pfändung abgelehnt wird.

§ 811 Unpfändbare Sachen

(1) **Folgende Sachen sind der Pfändung nicht unterworfen:**
1. **die dem persönlichen Gebrauch oder dem Haushalt dienenden Sachen, insbesondere Kleidungsstücke, Wäsche, Betten, Haus- und Küchengerät, soweit der Schuldner ihrer zu einer seiner Berufstätigkeit und seiner Verschuldung angemessenen, bescheidenen Lebens- und Haushaltsführung bedarf; ferner Gartenhäuser, Wohnlauben und ähnliche Wohnzwecken dienende Einrichtungen, die der Zwangsvollstreckung in das bewegliche Vermögen unterliegen und deren der Schuldner oder seine Familie zur ständigen Unterkunft bedarf;**
2. **die für den Schuldner, seine Familie und seine Hausangehörigen, die ihm im Haushalt helfen, auf vier Wochen erforderlichen Nahrungs-, Feuerungs- und Beleuchtungsmittel oder, soweit für diesen Zeitraum solche Vorräte nicht vorhanden und ihre Beschaffung auf anderem Wege nicht gesichert ist, der zur Beschaffung erforderliche Geldbetrag;**
3. **Kleintiere in beschränkter Zahl sowie eine Milchkuh oder nach Wahl des Schuldners statt einer solchen insgesamt zwei Schweine, Ziegen oder Schafe, wenn diese Tiere für die Ernährung des Schuldners, seiner Familie oder Hausangehörigen, die ihm im Haushalt, in der Landwirtschaft oder im Gewerbe helfen, erforderlich sind; ferner die zur Fütterung und zur Streu auf vier Wochen erforderlichen Vorräte oder, soweit solche Vorräte nicht vorhanden sind und ihre Beschaffung für diesen Zeitraum auf anderem Wege nicht gesichert ist, der zu ihrer Beschaffung erforderliche Geldbetrag;**
4. **bei Personen, die Landwirtschaft betreiben, das zum Wirtschaftsbetrieb erforderliche Gerät und Vieh nebst dem nötigen Dünger sowie die landwirtschaftlichen Erzeugnisse, soweit sie zur Sicherung des Unterhalts des Schuldners, seiner Familie und seiner Arbeitnehmer oder zur Fortführung**

der Wirtschaft bis zur nächsten Ernte gleicher oder ähnlicher Erzeugnisse erforderlich sind;

4 a. bei Arbeitnehmern in landwirtschaftlichen Betrieben die ihnen als Vergütung gelieferten Naturalien, soweit der Schuldner ihrer zu seinem und seiner Familie Unterhalt bedarf;

5. bei Personen, die aus ihrer körperlichen oder geistigen Arbeit oder sonstigen persönlichen Leistung ihren Erwerb ziehen, die zur Fortsetzung dieser Erwerbstätigkeit erforderlichen Gegenstände;

6. bei den Witwen und minderjährigen Erben der unter Nummer 5 bezeichneten Personen, wenn sie die Erwerbstätigkeit für ihre Rechnung durch einen Stellvertreter fortführen, die zur Fortführung dieser Erwerbstätigkeit erforderlichen Gegenstände;

7. Dienstkleidungsstücke sowie Dienstausrüstungsgegenstände, soweit sie zum Gebrauch des Schuldners bestimmt sind, sowie bei Beamten, Geistlichen, Rechtsanwälten, Notaren, Ärzten und Hebammen die zur Ausübung des Berufes erforderlichen Gegenstände einschließlich angemessener Kleidung;

8. bei Personen, die wiederkehrende Einkünfte der in den §§ 850 bis 850 b bezeichneten Art beziehen, ein Geldbetrag, der dem der Pfändung nicht unterworfenen Teil der Einkünfte für die Zeit von der Pfändung bis zu dem nächsten Zahlungstermin entspricht;

9. die zum Betrieb einer Apotheke unentbehrlichen Geräte, Gefäße und Waren;

10. die Bücher, die zum Gebrauch des Schuldners und seiner Familie in der Kirche oder Schule oder einer sonstigen Unterrichtsanstalt oder bei der häuslichen Andacht bestimmt sind;

11. die in Gebrauch genommenen Haushaltungs- und Geschäftsbücher, die Familienpapiere sowie die Trauringe, Orden und Ehrenzeichen;

12. künstliche Gliedmaßen, Brillen und andere wegen körperlicher Gebrechen notwendige Hilfsmittel, soweit diese Gegenstände zum Gebrauch des Schuldners und seiner Familie bestimmt sind;

13. die zur unmittelbaren Verwendung für die Bestattung bestimmten Gegenstände;

(2) ¹Eine in Absatz 1 Nr. 1, 4, 5 bis 7 bezeichnete Sache kann gepfändet werden, wenn der Verkäufer wegen einer durch Eigentumsvorbehalt gesicherten Geldforderung aus ihrem Verkauf vollstreckt. ²Die Vereinbarung des Eigentumsvorbehaltes ist durch Urkunden nachzuweisen.

1   **1. Allgemeines.** Die Vorschrift dient dem Schutz des Schuldners aus sozialen Gründen im öffentlichen Interesse. Sie ist eine Ausnahmevorschrift und darf nicht entspr angewandt oder zu weit ausgelegt werden. Der allgemein gehobene Lebensstandard ist zu berücksichtigen, ältere Rechtsprechung daher nur beschränkt oder überhaupt nicht anzuwenden. In Härtefällen ist der Schuldner durch § 765 a geschützt.

2   **2. Anwendungsbereich:** unmittelbar bei Pfändung (§ 808), auch bei Arrest (§ 930) und bei Anschlusspfändung (§ 826); nicht bei Herausgabe von Sachen (§§ 883 ff) oder bei Pfändung von Herausgabeansprüchen (§ 847). Für Tiere gilt § 811 c, soweit nicht Nr 3 zutrifft. Bei gesetzlichen Pfandrechten ist entsprechende Anwendung in § 562 Abs 1 S 2, § 592 S 3, § 704 S 2 BGB vorgeschrieben. Sie wird für andere gesetzliche Pfandrechte grundsätzlich bejaht von Bechtloff ZIP 96, 985, nicht aber für eine freiwillige Verpfändung (Bechtloff aaO).

3   **3. Grundsätze.** – a) **Von Amts wegen** muss der Gerichtsvollzieher § 811 beachten, die Voraussetzungen im Einzelfall selbständig prüfen und im Zweifel pfänden, wenn nicht andere Pfandstücke in ausreichendem Maße vorhanden sind (§ 120 GVGA). – b) **Maßgebender Zeitpunkt.** Die Voraussetzungen des § 811 müssen grundsätzlich zZ der Pfändung vorliegen (allgM). Ist eine Sache vor Pfändung unpfändbar und wird sie nach Pfändung durch Veränderung der tatsächlichen Verhältnisse pfändbar, kommt es auf den Zeitpunkt der Entscheidung über die Erinnerungen an (§ 766 Rn 23). Das ergibt auch die Zulässigkeit der Vorwegpfändung (§ 811 d). Eine vor und bei Pfändung pfändbare Sache wird aber durch eine Veränderung der tatsächlichen Verhältnisse nach der Pfändung nicht unpfändbar (hM); sonst könnte der Schuldner durch Veräußerung oder Zerstörung von Sachen die Unpfändbarkeitsvoraussetzungen herbeiführen (LG Berlin Rpfleger 77, 262
4 mwN). In Härtefällen hilft § 765 a. – c) **Eigentumslage.** Wem die Sache gehört, ist mit Ausnahme des Eigentumsvorbehalts (Abs 2; Rn 38) grundsätzlich gleichgültig. Auch wenn der Gläubiger Eigentümer ist, kann sich der Schuldner auf § 811 berufen (hM; Brox/Walker 299 mwN), insbes wenn die Sache dem Gläubiger vom Schuldner zu Sicherungseigentum übertragen ist (LG Heilbronn NJW 88, 148 mwN; bestr). Grund hierfür ist, dass der Gerichtsvollzieher die Eigentumslage oft nicht zuverlässig prüfen kann und dass dem Prozessgericht nicht die Entscheidung über den Herausgabeanspruch entzogen werden darf
5 (Münzberg DGVZ 80, 72). – d) **Verzicht** auf den Schutz des § 811 ist grundsätzlich nichtig (allgM). Das gilt auch für den Zeitraum bei und nach Pfändung (Brox/Walker 303 mwN; umstr; einschränkend Kleffner DGVZ 91, 108). Grund hierfür ist der öffentliche, sozialpolitische Zweck (Rn 1; BayObLG NJW 50, 697). Der Verzicht gestattet nur ausnahmsweise den Arglisteinwand, wenn von vornherein allein zu dem Zweck verzichtet wird, den Gläubiger zu schädigen, insbes ihn von weiteren Vollstreckungsmaßnahmen abzuhalten (BayObLG aaO). –
6 e) **Wirkung.** Eine Pfändung unter Verstoß gegen § 811 ist wirksam

(hM), bis sie auf Rechtsbehelf für unzulässig erklärt und nach § 776 aufgehoben wird.

4. Persönlicher Gebrauch und Haushalt. Nr 1. Sachen des per- 7
sönlichen Gebrauchs: auch für alle in der häuslichen Gemeinschaft des Schuldners lebenden, von ihm abhängigen Personen, insbes Familienmitglieder. Ganz unentbehrlich müssen die Sachen nicht sein. Dem Schuldner nicht gehörende, aber ungestört benutzbare Sachen sind zu berücksichtigen (Celle DGVZ 69, 151). Bei Kleidungsstücken ist jedenfalls eine angemessene Zahl von Ersatzstücken zu belassen. Daneben wird bei Hausrat, insbes Kleidung, der Pfändung meist § 812 entgegenstehen. – **a) Unpfändbar** ist: eine Nähmaschine (nur bei Nachweis 8
häufigeren Gebrauchs), ein Fahrrad, eine Uhr (München DGVZ 83, 140 für Armbanduhr), Staubsauger, Rundfunkgerät (allg M) und Fernsehgerät, auch wenn daneben ein Rundfunkgerät vorhanden ist (BFH NJW 90, 1871; wohl hM; aA AG Wiesbaden DGVZ 97, 59; LG Frankfurt DGVZ 94, 43; Lüke/Beck JuS 94, 22: Einzelfallabwägung), Kühlschrank, Waschmaschine (hM; LG Berlin NJW-RR 92, 1038; aA LG Darmstadt DGVZ 91, 25); Wäscheschleuder. – **b) Pfändbar** ist: 9
ein sog FamilienPKW (vgl Pardey DGVZ 87, 162); Telekommunikationsgerät, zB ein Anrufbeantworter (Schmittmann DGVZ 94, 49 mwN); als Scheinbestandteil (§ 95 Abs 1 BGB) ein Wochenendhaus (LG Bremen DGVZ 86, 186); eine Stereoanlage (LG Duisburg MDR 86, 682); Videorecorder, CD- und Kassettenabspielgerät (VGH Mannheim NJW 95, 2804). Bei Haushaltsmaschinen wird, wenn nicht § 812 zutrifft, oft § 803 Abs 2 entgegenstehen (LG Duisburg MDR 86, 682), insbes auch bei Elektrogrill, Bügel- und Geschirrspülmaschine, Mikrowellenherd.

5. Vorräte und Haushaltungsgeld. Nr 2. Der erforderliche Geld- 10
betrag kann auf andere Weise auch durch bevorstehende Lohnzahlung gesichert sein. In diesem Falle muss, je nach Fälligkeit, auf einen kürzeren Zeitraum abgestellt werden.

6. Zur Ernährung erforderliche Tiere. Nr 3. Die Vorschrift gilt 11
auch für Nichtlandwirte und ist praktisch nahezu bedeutungslos.

7. Landwirtschaft. Nr 4 und 4 a. Hierzu Diedrich AgrarR 92, 12
124; App AgrarR 02, 283. Die Vorschriften sind kaum noch zeitgemäß. – **a) Personen:** juristische sind nicht ausgenommen (App aaO). Nebenerwerbslandwirte fallen unter Nr 4; jedoch muss die Landwirtschaft zZ der Vollstreckung betrieben werden (AG Schopfheim DGVZ 76, 62). Ein gewerblicher Betrieb des Landwirts ist nach Nr 5 geschützt. – **b) Begriff.** Darunter fallen auch Forstwirtschaft, Fischzucht (hierzu 13
Röder DGVZ 95, 38), Garten-, Obst- und Weinbau. – **c) Viehzucht,** insbes von Geflügel und Schlachtvieh muss so betrieben werden, dass eine entsprechende Bodenfläche dabei genutzt und das Futter im Wesentlichen nicht von fremdem Grund angeschafft wird (hM). Daher fällt die Intensivhaltung von Mastvieh und Legehennen nicht unter Nr 4, insbes dann nicht, wenn dieser Betrieb keinen wesentlichen wirtschaft-

lichen Zusammenhang mit dem landwirtschaftlichen Betrieb hat. Dasselbe gilt für Pferdezucht (LG Koblenz DGVZ 97, 89; LG Frankenthal
14 NJW-RR 89, 896). – **d) Gerät.** Landwirtschaftliche Maschinen sind
weitgehend unentbehrlich, Kraftfahrzeuge können es sein (Pardey DGVZ
87, 180 mwN). Das Gerät unterliegt weitgehend dem § 865 (Immobi-
15 liarVollstr). – **e) Vieh.** Es muss soviel bleiben, dass der Gesamtbetrieb
noch wirtschaftlich arbeiten kann (vgl LG Rottweil MDR 85, 1034). –
16 **f) Erzeugnisse.** Die zum Verkauf bestimmten fallen nicht darunter
(LG Kleve DGVZ 80, 38). Infolge der allgemein eingetretenen Spezia-
lisierung müsste ein zur Anschaffung erforderlicher Geldbetrag geschützt werden.

17   **8. Schutz persönlicher Arbeitsleistung. Nr 5.** Die Rspr ist un-
übersehbar, fast immer auf den Einzelfall abgestellt und mit Vorsicht
anzuwenden. Der technische und wirtschaftliche Fortschritt ist zu be-
18 rücksichtigen. – **a) Anwendungsbereich:** nur natürliche Personen,
gleichgültig ob Haupt- oder Nebenberuf; nicht für eine GmbH (hM),
eine oHG oder KG, auch wenn die Gesellschafter persönlich die Vo-
19 raussetzungen erfüllen (vgl Rn 22). **aa) Arbeitnehmer;** denn sie verdie-
20 nen nur durch Arbeit oder persönliche Leistungen. **bb) Künstler und
freie Berufe;** zB Architekten, Steuer- und Unternehmensberater, Mu-
siker, Schauspieler, Schriftsteller. Für Ärzte und Rechtsanwälte gilt aber
21 Nr 7. **cc) Handwerker,** soweit sie handwerklich mitarbeiten. Die
Anwendung von auch automatischen Maschinen schließt den hand-
werklichen Charakter des Betriebes nicht aus (LG Hamburg DGVZ 84,
26; AG Sinzig NJW-RR 87, 757 [Werkzeugmaschinen]). Betriebsmit-
22 tel und Kapitaleinsatz: wie Rn 23. **dd) Kaufleute** gehören grundsätzlich nicht zum geschützten Personenkreis, denn sie ziehen trotz persönlicher Arbeitsleistung ihren Erwerb im Wesentlichen aus Warenumsatz
und Nutzung ihrer sachlichen Betriebsmittel oder ihres Kapitals (hM).
Im Einzelfall kann Nr 5 anwendbar sein, wenn die persönliche Arbeitsleistung die Ausnutzung der sachlichen Betriebsmittel überwiegt,
zB Fuhr- und Taxiunternehmer, die selbst fahren oder transportieren
(zutreffend verneint aber bei 3–4 Mitarbeitern von Hamburg DGVZ
84, 57); Gastwirte, die selbst bedienen; kleine Pensionen (zu weitgehend LG Berlin DGVZ 76, 71). Für Fleischer (Metzger), Bäcker und
andere Handwerker gilt Rn 21. Handelsvertreter können, sofern sie
nicht mehrere Untervertreter beschäftigen, auch dann geschützt sein,
wenn sie Kaufleute sind. Nicht geschützt sind: Einzelhändler, die ihren
Erwerb aus Warenumsatz ziehen (allgM; LG Düsseldorf DGVZ 85, 74
mwN); anders bei kleinen Ladengeschäften (LG Lübeck DGVZ 02,
185); eine Videothek (LG Augsburg DGVZ 89, 138); Zimmervermieter, auch wenn sie bedienen (bestr), da der Erwerb primär aus der
23 Raumüberlassung erzielt wird. **ee) Sonstige Gewerbetreibende.**
Es gelten die bei Rn 21 und 22 dargelegten Grundsätze. Der Kapitaleinsatz oder der Nutzwert der Betriebsmittel darf nicht den Wert
der persönlichen Arbeitsleistung überwiegen (LG Augsburg DGVZ

97, 27). Für Schausteller vgl AG Hannover DGVZ 75, 15. Für die
Zuchtstuten eines Pferdezüchters verneint vom LG Oldenburg DGVZ
80, 170 und für Sonnenbänke eines Bräunungsstudios in DGVZ 93, 12.
ff) Berufsvorbereitung (Auszubildende, Schüler, Studenten, Referen-   **24**
dare) fällt regelmäßig unter Nr 5. – **b) Grundsätze. aa) Ausübung**   **25**
der Erwerbstätigkeit ist notwendig. Es genügt, dass ihre Aufnahme unmittelbar bevorsteht (LG Hannover NJW 53, 1717). Sie kann Neben-
erwerb betreffen (LG Rottweil DGVZ 93, 57). Es schadet nicht, dass
die Erwerbstätigkeit vorübergehend (zB wegen Krankheit, kurzen Frei-
heitsentzugs, mangels Aufträgen) nicht ausgeübt wird (allgM; LG Wiesbaden DGVZ 97, 59). Besteht keine Aussicht auf Wiederaufnahme, entfällt der Schutz. **bb) Mitarbeiter.** Dass solche beschäftigt werden,   **26**
schließt Nr 5 nicht aus (allgM). Es ist dem Schuldner soviel zu belassen,
wie er für sich und einige Mitarbeiter benötigt (StJMünzberg 50). –
c) Erforderliche Gegenstände. Damit sind Sachen (§ 90 BGB)   **27**
gemeint. Beim Vergleich zwischen persönlicher Arbeitsleistung und
Nutzungswert des Arbeitsmittels muss das Schwergewicht auf der persönlichen Arbeitsleistung beruhen (LG Hildesheim DGVZ 76, 27). Die
verbleibenden Gegenstände müssen dem Schuldner eine wettbewerbs-
fähige und auch genügend ertragreiche Erwerbstätigkeit gestatten (vgl
LG Regensburg DGVZ 78, 45). Sind gleichartige Gegenstände doppelt
oder mehrfach vorhanden und auch als Ersatzstücke nicht erforderlich,
so trifft der Gerichtsvollzieher die Auswahl. **aa) Unpfändbar** sind: **28**
Werkzeuge, Maschinen, Transportmittel, insbes Kraftfahrzeuge (App
DAR 00, 294 mwN), jedenfalls wenn bei Benutzung öffentlicher Ver-
kehrsmittel wesentlich mehr Zeit aufgewendet werden muss (LG Rottweil DGVZ 93, 57); Halbfertigerzeugnisse (Noack DB 77, 195); der
zur Fortführung eines kleinen Geschäfts erforderliche Warenbestand
(LG Lübeck DGVZ 02, 185); Schreib-, Diktier- und Zeichengeräte,
Musikinstrumente, Möbel; Waage des Fleischers, einziger LKW des
Fuhrunternehmers, einziger PKW des Handelsvertreters, Schreibma-
schine eines Gewerbetreibenden oder Schriftstellers; Telekommunika-
tionsendgeräte, zB Telefaxgerät (Schmittmann DGVZ 94, 49) und
Anrufbeantworter (LG Düsseldorf DGVZ 86, 44); Kopiergerät des Ar-
chitekten (LG Frankfurt DGVZ 90, 58), Hard- und Software (vgl Wei-
mann Rpfleger 96, 12 mwN), zB bei einem Steuerberater (Schuschke/
Walker 21), einem Elektrotechniker (LG Heilbronn NJW-RR 95,
255), insbes wenn nur die Geräte die Konkurrenzfähigkeit gewährleisten
(LG Koblenz Büro 92, 264), zB Personal-Computer. **bb) Pfändbar**   **29**
sind: Geld, mit Ausnahme von Hartgeld als Wechselgeld (vgl AG
Horbach DGVZ 89, 78); zum Vermieten bestimmte Video-Kassetten
(NJW-RR 88, 1471); zur Veräußerung bestimmte Waren (LG Göttingen DGVZ 94, 89; LG Kassel Büro 96, 215).

9. Fortführung einer Erwerbstätigkeit. Nr 6. Sie muss noch vom   **30**
Erblasser begonnen und für diesen der Schutz der Nr 5 bestanden
haben. Umfang des Schutzes: wie Rn 25–29.

31 **10. Dienstkleidung und Berufsausrüstung. Nr 7.** Mit Dienst ist
der öffentliche Dienst gemeint. Sachen zur Berufsausübung: Außer den
genannten Personengruppen gehören auch Richter, Patentanwälte,
Zahn- und Tierärzte dazu. Allgemein müssen für eine Arztpraxis die
durchschnittlich notwendigen medizinischen Geräte unpfändbar sein,
auch EDV-Anlagen zur Abrechnung. Es gelten die gleichen Grundsätze wie in Rn 25–29; zB ist der PKW eines Arztes, der Hausbesuche
machen muss, unpfändbar (Pardey DGVZ 87, 180; verneint für Hautarzt
vom FinG Bremen DGVZ 94, 14), auch das Kopiergerät und eine angemessene EDV-Anlage eines RA (umstr; vgl LG Frankfurt DGVZ
94, 28).

32 **11. Bezahlte Arbeitsvergütung. Nr 8.** Damit wird der unpfändbare Teil des Arbeitseinkommens und der entsprechenden Bezüge
(§§ 850, 850a, 850b) auch nach Auszahlung geschützt (vgl Gilleßen/
Jakobs DGVZ 78, 129). Gilt für Bargeld. Es ist unerheblich, ob das
Geld aus der Lohn- oder Gehaltszahlung stammt. Bei dem auf ein
Geldinstitut überwiesenem Arbeitseinkommen gilt § 850k. Für Bargeld, das aus Sozialleistungen stammt, ist § 55 Abs 4 SGB I anzuwenden. Der Gerichtsvollzieher muss den Zeitpunkt der nächsten Zahlung
von dem Tag der Pfändung aus berücksichtigen.

33 **12. Apotheken. Nr 9.** Ist auch anwendbar, wenn eine juristische
Person, oHG oder KG Inhaber der Apotheke ist. Unpfändbar sind alle
verkaufsbereiten Arzneimittel. Zu Nr 9 im Einzelnen und kritisch Kotzur DGVZ 89, 165.

34 **13. Bücher. Nr 10.** Betrifft auch nicht erforderliche Bücher. Unterrichtsanstalten: auch private Schulen. Die Bücher müssen für diesen
Zweck bestimmt sein. Andere Bücher können nach Nr 1 oder 5 unpfändbar sein.

35 **14. Höchstpersönliche Sachen. Nr 11.** Zu den Büchern zählen
auch Quittungen, Korrespondenzen und schriftliche Aufzeichnungen
ohne selbständigen Vermögenswert; eine Kundenkartei (Frankfurt
OLGZ 79, 338); Eheringe: unabhängig vom Bestand der Ehe. Familienpapiere: dazu gehören Familienbilder, soweit sie keinen selbständigen Vermögenswert darstellen.

36 **15. Körperliche Hilfsmittel. Nr 12.** Ist großzügig auszulegen und
umfasst alles, was eine körperliche Behinderung ausgleichen oder ver-
mindern soll, insbes ein Rollstuhl (LG Düsseldorf DGVZ 89, 14);
Drehsessel (LG Kiel SchlHA 84, 75), aber nur unter besonderen Umständen ein Kfz (Köln DGVZ 86, 13; LG Hannover DGVZ 85, 121;
vgl Pardey DGVZ 87, 162 [171]; Schuschke/Walker 39 mwN).

37 **16. Bestattung. Nr 13.** Zu den Gegenständen gehören auch Grab-
steine und Zubehör (Dillenburger/Pauly DGVZ 94, 180; umstr; zur
Gesamtproblematik Pauly JuS 96, 682). Pfändbar ist der Grabstein für
die Werklohnansprüche auf Grund der Herstellung jedenfalls bei Eigentumsvorbehalt (LG Braunschweig NJW-RR 01, 715 mwN; LG Mön-

chengladbach DGVZ 96, 139 mwN; aA LG Oldenburg DGVZ 92, 92)
ebenso die Sachen von Beerdigungsunternehmen oder Herstellerfirmen
für deren Ansprüche.

17. Privileg des Vorbehaltsverkäufers (Abs 2) Die Eigentumslage　38
ist grundsätzlich gleichgültig (vgl Rn 4), da es bei § 811 auf Besitz und
Gebrauchsnotwendigkeit ankommt. Auch wäre der Gerichtsvollzieher
mit der materiell-rechtlichen Prüfung von Eigentumserwerb und -ver-
lust überfordert. Davon macht Abs 2 eine praktisch bedeutsame Ausnahme, um einen weiteren Prozess wegen Herausgabe (§ 985 BGB) mit
anderer Vollstreckung (§ 883) zu ersparen. – **a) Anwendbar** nur und　39
ausschließlich bei Nr 1, 4, 5–7. Gilt nicht für § 812. Keine entspr Anwendung auf Sicherungseigentum und die möglichen anderen Fälle des
Abs 1 (zB Nr 9). – **b) Voraussetzungen.** Der vollstreckbare An-　40
spruch, für den gepfändet wird, muss die Kaufpreisforderung (§ 433
Abs 2 BGB) sein, die der Eigentumsvorbehalt (§ 449 Abs 1 BGB) sichert. Es muss ein einfacher Eigentumsvorbehalt sein. Alle Formen eines
erweiterten Eigentumsvorbehalts genügen nicht. – **c) Nachweis** (Abs 2　41
S 2). Der Gerichtsvollzieher prüft im Rahmen der Pfändung von Amts
wegen die Voraussetzungen (Rn 41). Der Gläubiger ist für die Vereinbarung des Eigentumsvorbehalts auf den Urkundenbeweis (§ 416)
beschränkt. IdR genügt die Kaufvertragsurkunde; aus der auch die zu
pfändende Sache identifiziert werden kann. – **d) Wirkung.** Der Pfän-　42
dungsschutz entfällt. Nimmt der Gerichtsvollzieher die Voraussetzungen
(Rn 41, 42) zu Unrecht an, verbleibt es beim Grundsatz der Rn 6. Dem
Gläubiger bleibt der Herausgabeanspruch (§ 985 BGB) vorbehalten.

18. Rechtsbehelf ist ausschließlich die Vollstreckungserinnerung　43
(§ 766), für den Schuldner gegen die Pfändung, für den Gläubiger,
wenn er bestimmte Sachen pfänden lassen will, für Dritte, wenn sie
durch § 811 unmittelbar geschützt sind, zB Familienangehörige.

§ 811 a Austauschpfändung

(1) **Die Pfändung einer nach § 811 Abs. 1 Nr. 1, 5 und 6 unpfändbaren Sache kann zugelassen werden, wenn der Gläubiger
dem Schuldner vor der Wegnahme der Sache ein Ersatzstück,
das dem geschützten Verwendungszweck genügt, oder den zur
Beschaffung eines solchen Ersatzstückes erforderlichen Geldbetrag überläßt; ist dem Gläubiger die rechtzeitige Ersatzbeschaffung nicht möglich oder nicht zuzumuten, so kann die Pfändung
mit der Maßgabe zugelassen werden, daß dem Schuldner der zur
Ersatzbeschaffung erforderliche Geldbetrag aus dem Vollstrek-
kungserlös überlassen wird (Austauschpfändung).**

(2) ¹**Über die Zulässigkeit der Austauschpfändung entscheidet
das Vollstreckungsgericht auf Antrag des Gläubigers durch
Beschluß. ²Das Gericht soll die Austauschpfändung nur zulassen, wenn sie nach Lage der Verhältnisse angemessen ist, insbesondere wenn zu erwarten ist, daß der Vollstreckungserlös**

den Wert des Ersatzstückes erheblich übersteigen werde. [3] Das
Gericht setzt den Wert eines vom Gläubiger angebotenen Ersatzstückes oder den zur Ersatzbeschaffung erforderlichen
Betrag fest. [4] Bei der Austauschpfändung nach Absatz 1 Halbsatz 1 ist der festgesetzte Betrag dem Gläubiger aus dem Vollstreckungserlös zu erstatten; er gehört zu den Kosten der
Zwangsvollstreckung.

(3) Der dem Schuldner überlassene Geldbetrag ist unpfändbar.

(4) Bei der Austauschpfändung nach Absatz 1 Halbsatz 2 ist
die Wegnahme der gepfändeten Sache erst nach Rechtskraft
des Zulassungsbeschlusses zulässig.

1 **1. Allgemeines.** Die Austauschpfändung (legal definiert in Abs 1) ist
eine Ausnahme vom Pfändungsverbot des § 811 Abs 1 Nr 1, 5, 6. Eine
entsprechende Anwendung auf die anderen Fälle des § 811 Abs 1 ist
abzulehnen (hM; aA für Nr 4 und 7 Pardey DGVZ 87, 180/3). Vertretbar ist sie immerhin beim Kfz eines Behinderten, wenn es gemäß
§ 811 Nr 12 unpfändbar ist (Köln DGVZ 86, 13).

2 **2. Voraussetzungen.** Der Zulassungsbeschluss (Rn 4) darf nur ergehen bei: – **a) Angemessenheit** der Austauschpfändung nach den
Verhältnissen des Einzelfalles (Abs 2 S 2). Es ist der gesamte Erlös maßgebend. Unerheblich ist dessen Verhältnis zur Höhe der Forderung des
3 Gläubigers. – **b) Ersatz.** Der Gläubiger muss dem Schuldner entweder
ein brauchbares Ersatzstück durch Übergabe übereignen, zB anderes
Kfz (Köln DGVZ 86, 13), funktionsfähige gegen goldene Armbanduhr
(München OLGZ 83, 325; vgl Pardey DGVZ 89, 54), oder den hierfür
erforderlichen Geldbetrag sogleich verschaffen. Nur ausnahmsweise
(Abs 1 Hs 2) darf zugelassen werden, dass der Schuldner den nötigen
Geldbetrag erst aus dem Vollstreckungserlös erhält.

4 **3. Verfahren.** Der Antrag des Gläubigers ist Prozesshandlung
(Einl III). Zuständig ist stets das Vollstreckungsgericht (§ 764). Es entscheidet durch den Rechtspfleger (§ 20 Nr 17 RPflG). Der Beschluss
muss, wenn er die Austauschpfändung zulässt, in der Formel genau bezeichnen: die zu pfändende Sache, das Ersatzstück und dessen Wert
oder den Geldbetrag (Abs 2 S 3). Fehlt eine Voraussetzung (Rn 2, 3),
ist der Antrag zurückzuweisen.

5 **4. Wirkung. – a) Gepfändet** werden darf die Sache schon vor
Rechtskraft des Zulassungsbeschlusses (§ 705), weggenommen aber erst,
nachdem durch den Gerichtsvollzieher Ersatzstück oder Geldbetrag
überlassen (Abs 1), bei verweigerter Annahme angeboten ist. Wird der
Geldbetrag aus dem Vollstreckungserlös überlassen, darf erst nach Rechtskraft weggenommen, aber schon vorher gepfändet werden (Abs 4). –
6 **b) Geldbeträge** (Rn 3) sind dem Vollstreckungserlös im Voraus zu ent-
7 nehmen und zu erstatten (Abs 1 Hs 2; Abs 2 S 4). – **c) Ersatzstück**
(Rn 3). Hierfür leistet der Gläubiger Gewähr (§§ 433 Abs 1 S 2, 434,

435 BGB entspr). Rücktritt ist nur zwecks Wiedererlangens des Geldbetrags möglich (StJMünzberg 28).

5. Rechtsbehelfe: gegen den Beschluss des Rechtspflegers sofortige **8**
Beschwerde (§ 793; § 11 Abs 1 RPflG), gegen das Verfahren des Gerichtsvollziehers Erinnerung (§ 766).

6. Kosten: grundsätzlich § 788 Abs 1. Sie können dem Gläu- **9**
biger auferlegt werden (§ 788 Abs 3). Gebühren: § 58 Abs 3 Nr 4
BRAGO.

§ 811 b Vorläufige Austauschpfändung

(1) [1]**Ohne vorgängige Entscheidung des Gerichts ist eine
vorläufige Austauschpfändung zulässig, wenn eine Zulassung
durch das Gericht zu erwarten ist.** [2]**Der Gerichtsvollzieher soll
die Austauschpfändung nur vornehmen, wenn zu erwarten ist,
daß der Vollstreckungserlös den Wert des Ersatzstückes erheblich übersteigen wird.**

(2) **Die Pfändung ist aufzuheben, wenn der Gläubiger nicht
binnen einer Frist von zwei Wochen nach Benachrichtigung
von der Pfändung einen Antrag nach § 811 a Abs. 2 bei dem
Vollstreckungsgericht gestellt hat oder wenn ein solcher Antrag
rechtskräftig zurückgewiesen ist.**

(3) **Bei der Benachrichtigung ist dem Gläubiger unter Hinweis auf die Antragsfrist und die Folgen ihrer Versäumung
mitzuteilen, daß die Pfändung als Austauschpfändung erfolgt
ist.**

(4) [1]**Die Übergabe des Ersatzstückes oder des zu seiner Beschaffung erforderlichen Geldbetrages an den Schuldner und
die Fortsetzung der Zwangsvollstreckung erfolgen erst nach
Erlaß des Beschlusses gemäß § 811 a Abs. 2 auf Anweisung des
Gläubigers.** [2]**§ 811 a Abs. 4 gilt entsprechend.**

Es gelten grundsätzlich die Anmerkungen zu § 811 a (vgl auch § 124 **1**
GVGA) mit folgenden Besonderheiten: Gerichtsvollzieher pfändet vor
dem Beschluss (Abs 1); Antragsfrist (Abs 2); Benachrichtigungspflicht
(Abs 3). Aufgehoben wird die Pfändung (Abs 2) durch den Gerichtsvollzieher (§ 124 Nr 3 b GVGA).

§ 811 c Unpfändbarkeit von Haustieren

(1) **Tiere, die im häuslichen Bereich und nicht zu Erwerbs-
zwecken gehalten werden, sind der Pfändung nicht unterworfen.**

(2) **Auf Antrag des Gläubigers läßt das Vollstreckungsgericht
eine Pfändung wegen des hohen Wertes des Tieres zu, wenn
die Unpfändbarkeit für den Gläubiger eine Härte bedeuten**

würde, die auch unter Würdigung der Belange des Tierschutzes und der berechtigten Interessen des Schuldners nicht zu rechtfertigen ist.

1   **Anwendbar:** nur Tiere, die ohne Erwerbszweck in räumlicher Nähe zum Schuldner gehalten werden, nicht notwendig eine domestizierte Art (Lorz MDR 90, 1057). Häuslicher Bereich umfasst Wohnung, Haus und Garten (Lorz aaO). Für Nutztiere gilt § 811 Abs 1 Nr 3 2   und 4. **Wirkung** wie § 811 Rn 6. **Ausnahme** (Abs 2). Hoher Wert: er muss einen Betrag von 250 Euro beträchtlich übersteigen. Interessenabwägung: neben Gläubiger und Schuldner ist auch der Tierschutzgedanke zu berücksichtigen. **Verfahren:** wie § 811 Rn 4.

§ 811 d Vorwegpfändung

(1) ¹Ist zu erwarten, daß eine Sache demnächst pfändbar wird, so kann sie gepfändet werden, ist aber im Gewahrsam des Schuldners zu belassen. ²Die Vollstreckung darf erst fortgesetzt werden, wenn die Sache pfändbar geworden ist.

(2) Die Pfändung ist aufzuheben, wenn die Sache nicht binnen eines Jahres pfändbar geworden ist.

1   Die Vorschrift gilt in allen Fällen des § 811 und ist im Zusammenhang mit § 811 Rn 3 zu sehen. Es darf vorerst nur gepfändet werden, weggenommen und verwertet erst nach Wegfall der Unpfändbarkeit (Abs 1 S 2). Aufgehoben (Abs 2) wird durch den Gerichtsvollzieher (§ 122 Nr 1 GVGA). Rechtsbehelf: § 766.

§ 812 Pfändung von Hausrat

Gegenstände, die zum gewöhnlichen Hausrat gehören und im Haushalt des Schuldners gebraucht werden, sollen nicht gepfändet werden, wenn ohne weiteres ersichtlich ist, daß durch ihre Verwertung nur ein Erlös erzielt werden würde, der zu dem Wert außer allem Verhältnis steht.

1   Von Amts wegen vom Gerichtsvollzieher zu beachten. Er darf (trotz „sollen") nicht pfänden, wenn § 812 erfüllt ist (hM). Hausrat: Möbel, Geschirr, Wäsche, auch Kleidungsstücke (StJMünzberg 1); nicht gewerblich gebrauchte Sachen (hM). Nur bedeutsam für Sachen, die nicht schon unter § 811 Abs 1 Nr 1 fallen. Rechtsbehelf: wie § 811 Rn 43.

§ 813 Schätzung

(1) ¹Die gepfändeten Sachen sollen bei der Pfändung auf ihren gewöhnlichen Verkaufswert geschätzt werden. ²Die Schätzung des Wertes von Kostbarkeiten soll einem Sachverständigen übertragen werden. ³In anderen Fällen kann das

Vollstreckungsgericht auf Antrag des Gläubigers oder des Schuldners die Schätzung durch einen Sachverständigen anordnen.

(2) Ist die Schätzung des Wertes bei der Pfändung nicht möglich, so soll sie unverzüglich nachgeholt und ihr Ergebnis nachträglich in der Niederschrift über die Pfändung vermerkt werden.

(3) Zur Pfändung von Früchten, die von dem Boden noch nicht getrennt sind, und zur Pfändung von Gegenständen der in § 811 Abs. 1 Nr. 4 bezeichneten Art bei Personen, die Landwirtschaft betreiben, soll ein landwirtschaftlicher Sachverständiger zugezogen werden, sofern anzunehmen ist, daß der Wert der zu pfändenden Gegenstände den Betrag von 500 Euro übersteigt.

(4) Die Landesjustizverwaltung kann bestimmen, daß auch in anderen Fällen ein Sachverständiger zugezogen werden soll.

1. Allgemeines. Die Vorschrift dient der Durchführung des § 817 a. **1** Das Ergebnis der Schätzung ist immer, bei Abs 2 nachträglich, in das Pfändungsprotokoll (§ 762) einzutragen. Neuschätzung ist bei wesentlichen Veränderungen angebracht. – **a) Gewöhnlicher Verkaufswert 2** (Abs 1 S 1) ist der Preis, der bei freiem Verkauf erfahrungsgemäß erzielt wird. Die allgemeinen wirtschaftlichen, örtlichen und zeitlichen Verhältnisse sind zu berücksichtigen. – **b) Nachträgliche Schätzung 3** (Abs 2). Unverzüglich: wie § 121 Abs 1 S 1 BGB. Das Ergebnis ist den Parteien mitzuteilen (§ 132 Nr 8 GVGA).

2. Zuständig ist grundsätzlich der Gerichtsvollzieher (§ 753 Abs 1). **4** Nur ausnahmsweise ist die Schätzung einem Sachverständigen zu übertragen, und zwar: – **a) Bei Kostbarkeiten.** Das sind die im Verhältnis **5** zu ihrer Größe besonders wertvollen Sachen, zB aus Edelmetall oder -stein; Münzen (vgl Köln NJW 92, 50); Kunstwerke; Antiquitäten (Köln VersR 98, 1376); Briefmarkensammlungen (BGH NJW 53, 902). Hierfür wird die Schätzung vom Gerichtsvollzieher übertragen (§ 132 Nr 8 VGA), der nach pflichtgemäßem Ermessen entscheidet, ob eine Kostbarkeit vorliegt (Köln Rpfleger 98, 353). – **b) Bei anderen 6 Sachen** (Abs 1 S 3) auf Beschluss des Vollstreckungsgerichts (Rechtspfleger, § 20 Nr 17 RPflG), der auf Antrag von Gläubiger oder Schuldner ergeht. Ohne diesen Beschluss darf der Gerichtsvollzieher den Sachverständigen nicht beauftragen (LG Konstanz DGVZ 94, 140; aA Schultes DGVZ 94, 161: nach seinem Ermessen). Der beauftragte Sachverständige überprüft die Schätzung des Gerichtsvollziehers. – **c) Bei landwirtschaftlichen Sachen** (Abs 3). Landwirtschaft: § 811 **7** Rn 12. Den Sachverständigen wählt immer der Gerichtsvollzieher aus. – **d) Bei Anordnung der Landesjustizverwaltung** gemäß Abs 4. **8**

9   **3. Rechtsbehelfe.** Gegen Anordnungen des Gerichts: sofortige Beschwerde (§ 793; § 11 Abs 1 RPflG). Gegen Zuziehung und Nichtzuziehung von Sachverständigen: § 766. Gegen die Schätzung des Sachverständigen: § 766 (StJMünzberg 13; bestr). Gegen behauptete Schätzungsfehler des Gerichtsvollziehers findet nur Antrag nach Abs 1 S 3 statt (hM; LG Aachen Büro 86, 1256 mwN).

§ 813a Aufschub der Verwertung

(1) [1]Hat der Gläubiger eine Zahlung in Teilbeträgen nicht ausgeschlossen, kann der Gerichtsvollzieher die Verwertung gepfändeter Sachen aufschieben, wenn sich der Schuldner verpflichtet, den Betrag, der zur Befriedigung des Gläubigers und zur Deckung der Kosten der Zwangsvollstreckung erforderlich ist, innerhalb eines Jahres zu zahlen; hierfür kann der Gerichtsvollzieher Raten nach Höhe und Zeitpunkt festsetzen. [2]Einen Termin zur Verwertung kann der Gerichtsvollzieher auf einen Zeitpunkt bestimmen, der nach dem nächsten Zahlungstermin liegt; einen bereits bestimmten Termin kann er auf diesen Zeitpunkt verlegen.

(2) [1]Hat der Gläubiger einer Zahlung in Teilbeträgen nicht bereits bei Erteilung des Vollstreckungsauftrags zugestimmt, hat ihn der Gerichtsvollzieher unverzüglich über den Aufschub der Verwertung und über die festgesetzten Raten zu unterrichten. [2]In diesem Fall kann der Gläubiger dem Verwertungsaufschub widersprechen. [3]Der Gerichtsvollzieher unterrichtet den Schuldner über den Widerspruch; mit der Unterrichtung endet der Aufschub. [4]Dieselbe Wirkung tritt ein, wenn der Schuldner mit einer Zahlung ganz oder teilweise in Verzug kommt.

1   **1. Verhältnis zu anderen Vorschriften.** § 806b setzt voraus, dass nicht gepfändet werden konnte. § 813a geht von geschehener Pfändung aus und verlangt für einen Verwertungsaufschub Verpflichtung des Schuldners, innerhalb eines Jahres die gesamte Vollstreckungsschuld zu bezahlen und außerdem, dass der Gläubiger Teilzahlungen nicht ausgeschlossen hat. § 813b verlangt (bei Zuständigkeit des Vollstreckungsgerichts) eine erfolgreiche Pfändung und gewährt Verwertungsaufschub allein nach Interessenabwägung.

2   **2. Anwendbar** nur bei Vollstreckung wegen Geldforderung durch den Gerichtsvollzieher, nicht aber bei § 720a und § 930 (Schilken DGVZ 98, 143/9). Problematisch bei mehreren Gläubigern (vgl Rn 6a; Harnacke DGVZ 02, 108). Bei Auftrag zur Offenbarungsversicherung geht § 900 Abs 3 vor.

3   **3. Voraussetzungen.** (Abs 1 S 1). Die Verwertung gepfändeter Sachen darf der Gerichtsvollzieher (auch ohne Antrag, aber zweckmäßig mit Belehrung des Schuldners) ab Pfändung bis zur Verwertung (§ 814)

nur aufschieben, wenn gegeben ist: – **a) Pfändung** von Sachen gem   4
§§ 808–810 und nicht vollzogene Verwertung (§§ 814, 821–825). War
der Pfändungsversuch erfolglos, gilt § 806 b. – **b) Kein Ausschluss**   5
von Teilzahlungen durch den Gläubiger. Diesem soll die Disposition
über den Verwertungsaufschub verbleiben; jedoch wird dem Gerichtsvollzieher die Befugnis zum Aufschub eingeräumt, wenn der Gläubiger
im Vollstreckungsauftrag (§ 753) Teilzahlungen (§ 754 Rn 4, 5) nicht
ausdrücklich ausgeschlossen hat oder bis zum Aufschub (Rn 7) nicht
ausschließt. Der Gläubiger muss also nicht zustimmen (§ 806 b Rn 5);
sein Einverständnis wird zunächst unterstellt, sein Schweigen genügt. –
c) Verpflichtung des Schuldners zur Zahlung innerhalb eines Jah-   6
res, ab Verpflichtung gerechnet. Eine mündliche Erklärung des Schuldners nimmt der Gerichtsvollzieher zu Protokoll (§ 762 Abs 1 Nr 2, 4).
Der Schuldner muss keine Ratenzahlung anbieten, auch keine sofortige
Zahlung leisten, jedoch muss seine Verpflichtung (bis zum Versteigerungstermin möglich, Schilken DGVZ 98, 143/9) den vom Gerichtsvollzieher errechneten gesamten Vollstreckungsbetrag umfassen. –
d) Mehrere Gläubiger. Es ist sowohl einheitliche Ratenzahlungsre-   6 a
gelung als auch die für einen einzelnen Gläubiger zulässig (Harnacke
DGVZ 02, 108). Widerspruch (Rn 10) nachrangiger Gläubiger hindert
den Verwertungsaufschub (Rn 7) nicht, solange der Schuldner zahlt
(Helwich DGVZ 00, 105). Widersprechende Gläubiger können die
ZwVollstr unabhängig von anderen Gläubigern weiterbetreiben.

4. Verwertungsaufschub (Abs 1) geschieht durch Anordnung des   7
Gerichtsvollziehers. Zur Rechtsnatur: Schilken DGVZ 98, 143/50. Sie
steht im pflichtgemäßen Ermessen des Gerichtsvollziehers (vgl Harnacke DGVZ 99, 81/4), ist auch wiederholt möglich und umfasst: –
a) Ratenzahlung (Abs 1 S 1 Hs 2), zwingend nach Höhe und Zeitpunkt, diesen am besten datumsmäßig bestimmt. Die gepfändeten
Gegenstände sind zu bezeichnen. An eine vorliegende Zustimmung des
Gläubigers zu Höhe und Zeitpunkt ist der Gerichtsvollzieher gebunden. Die Fälligkeiten dürfen nicht länger als ein Jahr ab Festsetzung der
Raten (Harnacke aaO 85) hinausgeschoben, auch kürzer bemessen
werden (Schilken DGVZ 98, 143/9). Keine Festsetzung von Ratenzahlung, wenn der Schuldner sich zur Zahlung des Gesamtbetrags an
einem bestimmten Datum verpflichtet. – **b) Terminsbestimmung**   8
(Abs 1 S 2) für die Verwertungsmaßnahme, insbes für eine Versteigerung (§ 818) kann zunächst unterbleiben, auf einen Termin nach erster
fälliger Zahlung vorgenommen oder verlegt (nicht aufgehoben) werden
(StJMünzberg 5 mwN). Zwischen dem Termin der Zahlung und dem
der Versteigerung soll mindestens eine Woche liegen (§ 141 Nr 4 S 1
GVGA). – **c) Unterrichtung** des Gläubigers (Abs 2 S 1) ist schon we-   9
gen § 760 (dort Rn 3) geboten, unverzüglich (wie § 121 BGB) und mit
den Angaben über Ratenzahlung (Rn 7) sowie Terminsbestimmung
(Rn 8), wenn im Vollstreckungsauftrag (§ 753 Rn 8) noch keine Zustimmung (Rn 5) erklärt ist. Belehrung über Widerspruch (Rn 10) ist

9 a zulässig und sinnvoll (Schilken DGVZ 98, 143/51). – **d) Protokoll:**
§ 762 Abs 2 Nr 2, § 141 Nr 6 GVGA.

10 **5. Widerspruch des Gläubigers** (Abs 2 S 2, 3) ist formlose Prozesshandlung (Einl III), an den Gerichtsvollzieher zu richten, ist widerruflich (Schilken aaO) und setzt voraus, dass der Gläubiger der Teilzahlung nicht schon im Vollstreckungsauftrag zugestimmt hat (Rn 5)
oder nur mit anderer Ratenzahlung einverstanden war. An eine erteilte
Zustimmung ist der Gläubiger gebunden (Schilken DGVZ 98, 143/50).
Der Schuldner ist durch den Gerichtsvollzieher (nicht notwendig unverzüglich, vgl Rn 9) zu unterrichten. Zustellung ist erforderlich, wenn
der Schuldner nicht bei der Protokollierung mündlich unterrichtet
wurde (§ 141 Nr 8 GVGA). Dem Schuldner verbleibt Antrag gem
§ 813 b. Darüber ist er zu belehren (Harnacke DGVZ 99, 81/5). Bei
teilweisem Widerspruch kann der Gerichtsvollzieher den Verwertungsaufschub (Rn 7) anpassen (Harnacke aaO 86).

11 **6. Ende des Verwertungsaufschubs** (Abs 2 S 3, 4) und damit
Fortsetzung der ZwVollstr durch Verwertungsmaßnahmen (§§ 814,
821–825) tritt ohne weiteres ein mit der Unterrichtung des Schuldners
(Zugang des Schriftstücks oder telekommunikative Mitteilung) oder
mit dem Unterbleiben der Zahlung unter Schuldnerverzug (aA Schilken aaO), auch nur zum Teil (Abs 2 S 4). Maßgebender Zeitpunkt:
Zahlungseingang.

12 **7. Rechtsbehelfe.** Es ist gegen die Maßnahmen des Gerichtsvollziehers ausschließlich Erinnerung (§ 766) zulässig. Gegen die Entscheidung
des Vollstreckungsgerichts findet sofortige Beschwerde statt (§ 793).
Der Schuldner kann Antrag auf zeitweiligen Verwertungsaufschub
durch das Vollstreckungsgericht stellen (§ 813 b).

§ 813 b Aussetzung der Verwertung

(1) **¹Das Vollstreckungsgericht kann auf Antrag des Schuldners die Verwertung gepfändeter Sachen unter Anordnung von
Zahlungsfristen zeitweilig aussetzen, wenn dies nach der Per-
sönlichkeit und den wirtschaftlichen Verhältnissen des Schuldners sowie nach der Art der Schuld angemessen erscheint und
nicht überwiegende Belange des Gläubigers entgegenstehen.
²Es ist befugt, die in § 732 Abs. 2 bezeichneten Anordnungen
zu erlassen.**

(2) **¹Wird der Antrag nicht binnen einer Frist von zwei Wochen gestellt, so ist er ohne sachliche Prüfung zurückzuweisen,
wenn das Vollstreckungsgericht der Überzeugung ist, daß der
Schuldner den Antrag in der Absicht der Verschleppung oder
aus grober Nachlässigkeit nicht früher gestellt hat. ²Die Frist
beginnt im Falle eines Verwertungsaufschubs nach § 813 a mit
dessen Ende, im übrigen mit der Pfändung.**

(3) **Anordnungen nach Absatz 1 können mehrmals ergehen und, soweit es nach Lage der Verhältnisse, insbesondere wegen nicht ordnungsmäßiger Erfüllung der Zahlungsauflagen, geboten ist, auf Antrag aufgehoben oder abgeändert werden.**

(4) **Die Verwertung darf durch Anordnungen nach Absatz 1 und Absatz 3 nicht länger als insgesamt ein Jahr nach der Pfändung hinausgeschoben werden.**

(5) [1]**Vor den in Absatz 1 und in Absatz 3 bezeichneten Entscheidungen ist, soweit dies ohne erhebliche Verzögerung möglich ist, der Gegner zu hören.** [2]**Die für die Entscheidung wesentlichen tatsächlichen Verhältnisse sind glaubhaft zu machen.** [3]**Das Gericht soll in geeigneten Fällen auf eine gütliche Abwicklung der Verbindlichkeiten hinwirken und kann hierzu eine mündliche Verhandlung anordnen.** [4]**Die Entscheidungen nach den Absätzen 1, 2 und 3 sind unanfechtbar.**

(6) **In Wechselsachen findet eine Aussetzung der Verwertung gepfändeter Sachen nicht statt.**

1. Anwendungsbereich umfasst nur die Pfändung von Sachen (§ 808), unabhängig und neben § 813a (Aufschub durch Gerichtsvollzieher) sowie § 765a (hM); nicht bei Titeln, die in Wechselsachen, nicht notwendig im Wechselprozess (§ 602) erwirkt sind (Abs 6); entspr für Scheck (StJMünzberg 7). § 813a gilt auch nicht bei Arrestpfändung, weil nicht verwertet wird (§ 930). Die Vorschrift gehört systematisch zum Vollstreckungsschutz und hat in der Praxis nur geringe Bedeutung. **1**

2. Voraussetzungen. – a) Antrag. Er ist Prozesshandlung (Einl III). Antragsberechtigt ist nur der Schuldner. Frist: 2 Wochen. Beginn (Abs 2 S 2) grundsätzlich mit Pfändung (§ 808), nur bei vorausgegangenen Verwertungsaufschub gemäß § 813a mit dessen Ende (§ 813a Rn 11). Fristberechnung § 222 Rn 2. Verspätete Anträge kann das Gericht zulassen und in der Sache entscheiden, wenn es die Voraussetzungen des Abs 2 S 1 annimmt. Es findet keine Wiedereinsetzung (§ 233) statt. – **b) Angemessenheit** (Abs 1) nach folgenden Umständen: **(1)** Person des Schuldners (11 vor § 704): unredliche, böswillige, unzuverlässige sind nicht schutzwürdig. **(2)** Wirtschaftliche Verhältnisse des Schuldners: Er muss einerseits zur sofortigen vollen Leistung unfähig, andererseits zum Einhalten der Zahlungsfristen in der Lage sein. **(3)** Art der Schuld: zB ist bei Unterhaltsanspruch Verwertungsaussetzung unangebracht. – **c) Belange des Gläubigers** (Abs 1) dürfen nicht überwiegen. Sie stehen insbes entgegen, wenn er das Geld dringend benötigt oder er mehr geschädigt würde, als dem Schuldner der Aufschub nützt. – **d) Tatsachen** für Rn 4 und 5 sind nach Abs 5 S 2 glaubhaft zu machen (§ 294). **2** **3** **4** **5**

3. Verfahren und Entscheidung. Zuständig ist das Vollstreckungsgericht (§ 764 Abs 2); es entscheidet der Rechtspfleger (§ 20 Nr 17 **6**

RPflG) durch Beschluss idR nach Gehör des Gegners, das schriftlich oder mündlich gewährt wird (Abs 5 S 1). Möglich sind Güteversuch (Abs 5 S 3) und gemäß Abs 1 S 2 einstweilige Anordnung nach § 732

7   Abs 2 (dort Rn 11). – **a) Zurückzuweisen** sind Anträge, die außerhalb der Anwendbarkeit (Rn 1) gestellt wurden oder als Prozesshandlung unwirksam (Rn 2), daher unzulässig sind sowie unbegründete An-

8   träge, wenn eine Voraussetzung (Rn 3–5) fehlt. – **b) Anordnung** des Verwertungsaufschubs nach pflichtgemäßem Ermessen („kann") ergeht durch Beschluss dahin, dass die Verwertung der (genau bezeichneten) gepfändeten Sache bis (Datum) ausgesetzt wird, sofern der Schuldner den Vollstreckungsbetrag (einschließlich Kosten, § 788 Abs 1) zu genau bezeichneten Daten ganz oder in bestimmten Teilbeträgen bezahlt. Länger als für ein Jahr nach Pfändung (nicht ab Antrag) darf insgesamt (auch bei Rn 10) nur ausgesetzt werden, wenn der Gläubiger damit ein-

9   verstanden ist (Abs 4). – **c) Mehrmalige Anordnung** sowie Aufhebung und Abänderung getroffener Anordnungen ist unter Beachtung der Jahresfrist (Abs 4) auf Antrag jederzeit möglich (Abs 3). Der abgelehnte Antrag (Rn 7) kann nur auf Grund neuer Tatsachen wiederholt

10   werden. – **d) Unzulässig** ist es, die Wirksamkeit der Anordnung von rechtzeitiger Zahlung abhängig zu machen (aA die hM; StJMünzberg § 813a Rn 21; Seither Rpfleger 69, 232 mwN); denn es ist oft zweifelhaft, ob rechtze itig gezahlt ist, und für die Gerichtsvollzieher müssen klare Verhältnisse bestehen.

11   **4. Wirkung.** Die Verwertung wird ausgesetzt. Die Pfändung bleibt bestehen (§ 775 Nr 2, § 776). Hält der Schuldner die Zahlungsfristen nicht ein, kann der Beschluss gemäß Abs 3 aufgehoben werden (Rn 9). Die vollstreckbare Forderung und ihre Fälligkeit bleiben unberührt. Außer Kraft tritt die Anordnung von selbst mit Fristablauf, nicht schon dann, wenn der Schuldner zu spät zahlt, selbst wenn dies unzulässigerweise (Rn 10) im Beschluss bestimmt ist.

12   **5. Rechtsbehelfe. – a) Sofortige Erinnerung** (§ 11 Abs 2 RPflG); denn die Entscheidung des Richters wäre grundsätzlich unanfechtbar (Abs 5 S 4). Das gilt aber nur für die Ermessensentscheidung (Rn 9)

13   über die Voraussetzungen (Rn 4–6). – **b) Sofortige Beschwerde,** gegen den Beschluss des Rechtspflegers (§ 11 Abs 1 RPflG, § 793) findet statt, wenn Anwendungsbereich (Rn 1), Antrag (Rn 2), Zuständigkeit (Rn 6) oder Abs 3, 4 verkannt sind, weil nur die Ermessensentscheidung (Rn 8) unanfechtbar (Abs 5 S 4) sein soll (Rn 12; hM). Das Beschwerdegericht darf bei begründeter Beschwerde nicht selbst nach § 813b anordnen, sondern muss zurückverweisen (§ 572 Abs 3).

14   **6. Kosten.** Grundsätzlich gilt § 788 Abs 1. Dem Gläubiger dürfen die Kosten nur ausnahmsweise nach § 788 Abs 4 überbürdet werden. Gebühren: KV 1642; § 58 Abs 3 Nr 3 BRAGO. Wert: § 3; idR die Differenz zwischen Wiederbeschaffungswert und geschätztem Versteigerungserlös.

§ 814 Öffentliche Versteigerung

Die gepfändeten Sachen sind von dem Gerichtsvollzieher öffentlich zu versteigern.

1. Allgemeines. Die öffentliche Versteigerung ist eine Vollstre- 1 ckungsmaßnahme. Der Gerichtsvollzieher handelt ausschließlich als Beamter (vgl § 753 Rn 1). Die Versteigerung erfolgt ohne besonderen Antrag und ist der normale Weg, gepfändete bewegliche Sachen zu verwerten. Ausnahmen in § 815, § 817a Abs 3, §§ 821, 825.

2. Voraussetzungen. Die ZwVollstr muss zulässig sein (38 vor 2 § 704) und die Pfändung bestehen (§ 808 Rn 9–12). Die Verwertung (und damit die öffentliche Versteigerung) darf nicht dauernd oder auf Zeit ausgeschlossen sein, insbes nicht gemäß den §§ 930, 813a, 813b, 765a, 772, 773, auch nicht wegen § 775 Nr 2, 4, 5 (vgl § 776) oder infolge einstweiliger Einstellung der ZwVollstr (zB §§ 707, 719, 769).

3. Durchführung. – **a) Zuständig** ist der Gerichtsvollzieher, der 3 gepfändet hat. Geht bei § 826 eine Pfändung der Finanzbehörde vor, so ist nach § 308 AO zu verfahren. – **b) Versteigerung.** Es gelten die 4 §§ 816–819 und die Dienstvorschriften des Gerichtsvollziehers, insbes §§ 142–146 GVGA. – **c) Öffentlich.** Es ist jeder zuzulassen, soweit es 5 Raum und Ordnung gestatten. Wird dagegen verstoßen, so ist die Versteigerung unwirksam und es findet kein Eigentumsübergang statt (allgM).

§ 815 Gepfändetes Geld

(1) **Gepfändetes Geld ist dem Gläubiger abzuliefern.**

(2) [1]**Wird dem Gerichtsvollzieher glaubhaft gemacht, daß an gepfändetem Geld ein die Veräußerung hinderndes Recht eines Dritten bestehe, so ist das Geld zu hinterlegen.** [2]**Die Zwangsvollstreckung ist fortzusetzen, wenn nicht binnen einer Frist von zwei Wochen seit dem Tage der Pfändung eine Entscheidung des nach § 771 Abs. 1 zuständigen Gerichts über die Einstellung der Zwangsvollstreckung beigebracht wird.**

(3) **Die Wegnahme des Geldes durch den Gerichtsvollzieher gilt als Zahlung von seiten des Schuldners, sofern nicht nach Absatz 2 oder nach § 720 die Hinterlegung zu erfolgen hat.**

1. Ablieferung gepfändeten Geldes (Abs 1). – **a) Voraussetzun-** 1 **gen.** Das Geld muss gepfändet (§ 808 Abs 1), nicht freiwillig oder zur Abwendung der ZwVollstr gezahlt sein (Rn 5). Außerdem müssen die selben Voraussetzungen wie bei § 814 Rn 2 vorliegen. – **b) Geld:** in- 2 ländische geltende Zahlungsmittel. Ausländisches Geld wechselt der Gerichtsvollzieher um (§ 821). Münzen können Kostbarkeiten sein (§ 813 Rn 5). – **c) Wirkung** der Ablieferung. Sie ist Übereignung 3 durch den Staat kraft hoheitlicher Gewalt, daher öffentlich-rechtlich, somit bedingungsfeindlich. Die §§ 929–936 BGB gelten nicht (wie

§ 817 Rn 7). Bis zur Ablieferung besteht am Geld das alte Eigentum fort, belastet mit dem Pfandrecht. Einstellung der ZwVollstr oder Anschlusspfändung (§ 827) sind möglich (hM). Der Gläubiger erwirbt aber immer das Eigentum am Geld, auch wenn es dem Schuldner nicht zu-

4   stand (hM). – **d) Vertretung** des Gläubigers erfolgt nach den allgemeinen Regeln, insb durch den ProzBev (§ 81 Rn 8). Nachweis gemäß § 172 BGB idR durch Vorlage der Vollmacht (vgl LG Braunschweig DGVZ 77, 22).

5   **2. Freiwillige Zahlung** des Schuldners (nicht die eines Dritten, Naumburg DGVZ 00, 36) an den Gerichtsvollzieher, auch um die ZwVollstr abzuwenden. Abs 1 gilt nicht. Eigentum am Geld wird nach §§ 929–935 BGB erworben (im Einzelnen umstr; vgl Wieser DGVZ 88, 129). Der Gerichtsvollzieher ist insoweit ermächtigt, in Vertretung für den Gläubiger zu handeln (§ 754 Rn 3). Ein vom Schuldner begebener Scheck ist vom Gerichtsvollzieher einzulösen (vgl LG Gießen DGVZ 91, 173). Abs 3 ist entspr anzuwenden (Brox/Walker 314 mwN), so dass der Schuldner mit Zahlung oder Gutschrift auf den Gläubiger- oder Dienstkonto des Gerichtsvollziehers erfüllt (Scherer DGVZ 94, 129), nicht schon mit Belastung des Schuldnerkontos (aA Scherer DGVZ aaO). Zur Leistungsgefahr vgl Geißler DGVZ 91, 166. Bei mehreren Gläubigern gilt § 827 Rn 7.

6   **3. Hinterlegung** (Abs 2). Diese Vorschrift kann nicht für die Vollstreckung auf Herausgabe (§§ 883 ff) und Verschaffung (§ 897), auch nicht entspr angewendet werden (W. G. Müller DGVZ 75, 104). –

7   **a) Zweck.** Wegen des kurzen Zeitraumes bis zur Ablieferung wäre die Klage aus § 771 sonst vereitelt. – **b) Veräußerung hinderndes Recht:** wie § 771 Rn 14–22. Abs 2 gilt analog auch für Klageberechtigte nach § 781 und § 805 (allgM). Das Vermieterpfandrecht erlischt

8   nur nach § 562a BGB. – **c) Glaubhaft gemacht** wird gemäß § 294. Dies ist bis zur Ablieferung möglich und kann auch durch eine andere Person geschehen als den berechtigten Dritten (12 vor § 704). Ob ein Recht (Rn 7) glaubhaft gemacht worden ist, entscheidet der Gerichtsvollzieher. Bejaht er es, so hinterlegt er oder liefert er das Geld ab (Abs 1). –

9   **d) Entscheidung** des Prozessgerichts ist beizubringen. Diese kann nach § 771 Abs 3, § 769 Abs 1, § 770 S 1 ergangen sein.

10   **4. Wirkung der Wegnahme** (Abs 3). Der Schuldner wird befreit. Die Erfüllung gem § 362 Abs 1 BGB wird fingiert (umstr; vgl Musielak/Becker 4 mwN; aA: nur Gefahrtragungsregel; Schuschke/Walker 9), wenn das Geld nicht gem Abs 2 oder § 720 hinterlegt werden muss. Hat der GerVollz schuldnerfremdes Geld weggenommen, gilt Abs 3 nicht (hM; Brox/Walker 421 mwN).

§ 816 Zeit und Ort der Versteigerung

(1) **Die Versteigerung der gepfändeten Sachen darf nicht vor Ablauf einer Woche seit dem Tage der Pfändung geschehen, sofern nicht der Gläubiger und der Schuldner über eine frühere**

Versteigerung sich einigen oder diese erforderlich ist, um die Gefahr einer beträchtlichen Wertverringerung der zu versteigernden Sache abzuwenden oder um unverhältnismäßige Kosten einer längeren Aufbewahrung zu vermeiden.

(2) Die Versteigerung erfolgt in der Gemeinde, in der die Pfändung geschehen ist, oder an einem anderen Ort im Bezirk des Vollstreckungsgerichts, sofern nicht der Gläubiger und der Schuldner über einen dritten Ort sich einigen.

(3) Zeit und Ort der Versteigerung sind unter allgemeiner Bezeichnung der zu versteigernden Sachen öffentlich bekanntzumachen.

(4) Bei der Versteigerung gelten die Vorschriften des § 1239 Abs. 1 Satz 1, Abs. 2 des Bürgerlichen Gesetzbuchs entsprechend.

Wochenfrist (Abs 1): § 222 Rn 6. Sie kann nur durch die den Gerichtsvollzieher bindenden Ausnahmen des Abs 1 abgekürzt werden, zB bei verderblicher Ware angebracht (Fleischmann/Rupp Rpfleger 87, 8). Mit Zustimmung des Gläubigers kann der Gerichtsvollzieher vorerst davon absehen, einen Versteigerungstermin zu bestimmen (bestr); mit dieser Zustimmung kann er den Termin auch verlegen oder aufheben (Wieser DGVZ 87, 49; bestr). **Versteigerungsort** (Abs 2). Der Gerichtsvollzieher bestimmt im Bezirk des Vollstreckungsgerichts (§ 764) die am besten geeignete Gemeinde nebst Platz oder Lokal. Maßgebende Gesichtspunkte: versteigerungsnahe, zugängliche Lage für Bieter, Vermeiden unnötiger Transport- und Lagerkosten, bessere Vorführmöglichkeit. Vereinbarung von Gläubiger und Schuldner (Prozessvertrag, Einl III Rn 6) oder eine Anordnung nach § 825 gehen vor. In der Wohnung des Schuldners darf ohne dessen Zustimmung nicht versteigert werden (Hamm NJW 85, 75). **Bekanntmachung** (Abs 3): § 143 GVGA. Benachrichtigung von Schuldner und Gläubiger erfolgt gem § 142 Nr 4 GVGA. Übersandtes Pfändungsprotokoll (§ 762) genügt (LG Detmold DGVZ 96, 120). Eine Bekanntmachung ist entbehrlich bei unbekanntem Aufenthalt (LG Essen MDR 73, 414). **Mitbieten** durch Gläubiger und Eigentümer ist zugelassen (Abs 4). **Verstöße** gegen Abs 1, 2 und 4 begründen nicht Unwirksamkeit der Versteigerung, sondern nur eine Erinnerung (§ 766; Schuschke/Walker 8) oder eine Amtspflichtverletzung (§ 839 BGB); anders ein Verstoß gegen Abs 3 (vgl § 814 Rn 5). 1 2 3 4

§ 817 Zuschlag und Ablieferung

(1) Dem Zuschlag an den Meistbietenden soll ein dreimaliger Aufruf vorausgehen; die Vorschriften des § 156 des Bürgerlichen Gesetzbuchs sind anzuwenden.

(2) Die Ablieferung einer zugeschlagenen Sache darf nur gegen bare Zahlung geschehen.

(3) [1]Hat der Meistbietende nicht zu der in den Versteigerungsbedingungen bestimmten Zeit oder in Ermangelung einer solchen Bestimmung nicht vor dem Schluß des Versteigerungstermins die Ablieferung gegen Zahlung des Kaufgeldes verlangt, so wird die Sache anderweit versteigert. [2]Der Meistbietende wird zu einem weiteren Gebot nicht zugelassen; er haftet für den Ausfall, auf den Mehrerlös hat er keinen Anspruch.

(4) [1]Wird der Zuschlag dem Gläubiger erteilt, so ist dieser von der Verpflichtung zur baren Zahlung so weit befreit, als der Erlös nach Abzug der Kosten der Zwangsvollstreckung zu seiner Befriedigung zu verwenden ist, sofern nicht dem Schuldner nachgelassen ist, durch Sicherheitsleistung oder durch Hinterlegung die Vollstreckung abzuwenden. [2]Soweit der Gläubiger von der Verpflichtung zur baren Zahlung befreit ist, gilt der Betrag als von dem Schuldner an den Gläubiger gezahlt.

1   **1. Allgemeines.** In der öffentlichen Versteigerung (§ 814) wird die gepfändete Sache durch zwei Vorgänge veräußert: Zuschlag (Abs 1) und Ablieferung (Abs 2). Beide sind öffentlich-rechtlicher Natur (hM; BGH 119, 75 mwN). Sie entsprechen nur in ihrer Wirkung dem Kaufvertrag (§ 433 BGB) und der Übereignung (§ 929 BGB).

2   **2. Zuschlag** (Abs 1) ist die Annahme des Meistgebots (Angebot). Er führt zu einem Vertrag (Abs 1 Hs 2; § 156 BGB; umstr; aA: einseitiger staatlicher Akt des Gerichtsvollziehers), und zwar zu einem öffentlich-rechtlichen (Rn 1). Er kommt zwischen dem Staat (vertreten durch den Gerichtsvollzieher, § 753 Rn 1) und dem Meistbietenden (Rn 4) zustande, indem der Gerichtsvollzieher dem wirksamen Meistgebot den Zuschlag erteilt. Der Meistbietende erlangt daraus einen Anspruch gegen den Staat auf Übereignung der Sache. Diese geschieht durch Ablieferung (Rn 7). Der Anspruch erlischt mit Schluss des Versteigerungstermins oder einem anders bestimmten Zeitpunkt, falls der Meistbietende bis dahin nicht die Ablieferung gegen bare Zahlung verlangt (vgl Abs 3).

3   **3. Gebot** ist eine Prozesshandlung (Einl III) und daher nur wirksam, wenn die Prozesshandlungsvoraussetzungen vorliegen. Es ist ein bedingungsfeindliches Vertragsangebot (Rn 2) und kann nicht wirksam vor dem Termin schriftlich abgegeben werden. Das Gebot erlischt durch ein Übergebot (Rn 6), durch zuschlaglosen Schluss der Versteigerung
4   oder wenn es der Gerichtsvollzieher zurückweist. – **a) Meistgebot** ist das höchste abgegebene Gebot. Es gibt kein Recht auf den Zuschlag
5   (anders bei § 81 Abs 1 ZVG). – **b) Mindestgebot:** Legaldefinition in § 817a Abs 1. – **c) Untergebot** ist ein Gebot, dessen Nennbetrag unter einem vorangegangenen Gebot oder unter dem Mindestgebot
6   (§ 817a Abs 1) liegt. Es ist unzulässig. – **d) Übergebot** ist ein Gebot, das über dem Nennbetrag eines vorangegangenen Gebotes liegt.

4. Ablieferung (Abs 2) bedeutet Übereignung durch den Staat 7
kraft hoheitlicher Gewalt, also öffentlich-rechtlich (hM; Rn 1) und
bedingungsfeindlich. Die §§ 929–936 BGB gelten auch nicht entsprechend (hM; BGH 119, 75; StJMünzberg 21 mwN; Brox/Walker 411). –
a) Durchführung: Zug um Zug gegen Barzahlung, indem der Ge 8
richtsvollzieher den unmittelbaren Besitz mit Übereignungswillen überträgt, daher grundsätzlich nicht in den Formen der §§ 930, 931 BGB.
Für Ausnahmen: StJMünzberg 22. Mit einem Grundstück nicht gemäß
§ 93 BGB verbundene Sachen, insbes Scheinbestandteile (§ 95 BGB)
müssen vor Ablieferung getrennt oder ausgebaut werden (RG 153, 257;
aA Köln Rpfleger 96, 296). Ausnahme: § 824. – **b) Eigentumserwerb** 9
tritt ein, wenn ordnungsgemäß abgeliefert (Rn 8), die Barzahlung
(Rn 11) geleistet (KG DGVZ 56, 55) und versteigert ist (hM; § 814).
Außerdem muss als Grundlage der Verwertung die Verstrickung (§ 803
Rn 7) bestehen (hM; Brox/Walker 412; Geißler DGVZ 94, 33). Fehlt
sie, so erwirbt der Ersteigerer kein Eigentum (Schuschke/Walker 7).
Eigentumserwerb wird insbes nicht gehindert (im Einzelnen bestr)
durch fehlende Gläubigerforderung, fehlendes Eigentum des Schuldners, Bösgläubigkeit des Erstehers (hM; BGH 55, 20/5; StJMünzberg
21; Brox/Walker 411; aA Marotzke NJW 78, 133 mwN) und auch
nicht bei Versteigerung trotz eingestellter ZwVollstr sowie bei Verstößen gegen § 817a Abs 1 und 3. – **c) Rechtsstellung des Erstehers.** 10
Das Eigentum wird stets lastenfrei übertragen; der Ersteher ist nicht
Rechtsnachfolger des früheren Eigentümers.

5. Barzahlung. Sie ist zwingend (Abs 2), ein öffentlich-rechtlicher 11
Vorgang und bedingungsfeindlich. Sie ist Voraussetzung des Eigentumserwerbs (Rn 9). Stunden darf der Gerichtsvollzieher nur bei Einverständnis von Gläubiger und Schuldner (StJMünzberg 12).

6. Zuschlag an den Gläubiger (Abs 4). – **a) Barzahlung** (Rn 11). 12
Hat der Gläubiger ersteigert, muss er nur die Kosten der ZwVollstr
(§ 788 Abs 1), einschließlich der der Versteigerung und dazu den die
vollstreckbare Forderung überschießenden Betrag bar entrichten. Die
titulierte Forderung darf verrechnet werden. Volle Barzahlung muss im
Falle der §§ 711, 712 Abs 1 S 1, § 720 erfolgen, aber auch wenn vorgehende oder gleichberechtigte Gläubiger vorhanden sind (vgl §§ 826,
827 Abs 2, 3). – **b) Eigentumslage.** Auch im Falle des Abs 4 wird 13
nicht geprüft, ob die Sache dem Schuldner gehört und wem der Versteigerungserlös zusteht (hM; BGH NJW 87, 1880). Gehörte die Sache
nicht dem Schuldner, so haftet der Gläubiger, soweit mit seiner Vollstreckungsforderung verrechnet wurde, gem § 812 I BGB (allgM; vgl
Rn 15 und § 803 Rn 8).

7. Verstöße des Gerichtsvollziehers machen die Versteigerung nicht 14
unwirksam. Sie können nur eine Schadensersatzpflicht nach § 839 BGB
begründen. Erinnerung (§ 766), an sich statthaft, ist wegen Beendigung
der ZwVollstr meist unzulässig (§ 766 Rn 21).

15   **8. Rechte Dritter.** Ein Eigentümer der versteigerten Sache, der nicht Schuldner ist, hat gegen den Gläubiger als Empfänger des Erlöses einen Anspruch aus § 812 BGB (hM; § 803 Rn 8; BGH NJW 87, 1880), auch wenn er Klage aus § 771 oder § 805 unterlassen hat (vgl § 819 Rn 3–9).

§ 817 a   Mindestgebot

(1) ¹**Der Zuschlag darf nur auf ein Gebot erteilt werden, das mindestens die Hälfte des gewöhnlichen Verkaufswertes der Sache erreicht (Mindestgebot).** ²**Der gewöhnliche Verkaufswert und das Mindestgebot sollen bei dem Ausbieten bekanntgegeben werden.**

(2) ¹**Wird der Zuschlag nicht erteilt, weil ein das Mindestgebot erreichendes Gebot nicht abgegeben ist, so bleibt das Pfandrecht des Gläubigers bestehen.** ²**Er kann jederzeit die Anberaumung eines neuen Versteigerungstermins oder die Anordnung anderweitiger Verwertung der gepfändeten Sache nach § 825 beantragen.** ³**Wird die anderweitige Verwertung angeordnet, so gilt Absatz 1 entsprechend.**

(3) ¹**Gold- und Silbersachen dürfen auch nicht unter ihrem Gold- oder Silberwert zugeschlagen werden.** ²**Wird ein den Zuschlag gestattendes Gebot nicht abgegeben, so kann der Gerichtsvollzieher den Verkauf aus freier Hand zu dem Preise bewirken, der den Gold- oder Silberwert erreicht, jedoch nicht unter der Hälfte des gewöhnlichen Verkaufswertes.**

1   **1. Mindestgebot.** Legal definiert in Abs 1 S 1. § 817 a dient dem Schutz des Schuldners. Die Sonderregelung für Gold und Silber (Abs 3) bewirkt nur eine Erhöhung des Mindestgebots. Gewöhnlicher Verkaufswert: § 813 Rn 2. Abdingbarkeit: Abs 1 und 3 gelten nicht, wenn Gläubiger und Schuldner mit geringerem Gebot einverstanden sind (hM), ferner wenn Ausnahmen des § 816 Abs 1 vorliegen.

2   **2. Erneuter Versteigerungstermin** (Abs 2 S 2) findet nur auf besonderen Antrag des Gläubigers statt. Versprechen weitere Verwertungsversuche keinen Erfolg, kann der Gerichtsvollzieher die Pfändung aufheben (wie § 803 Abs 2; § 145 Nr 3 c GVGA).

3   **3. Verstöße** berühren die Wirksamkeit von Zuschlag und Ablieferung nicht (vgl § 817 Rn 14; Brox/Walker 416; aA bei Zuschlag unter bekanntgegebenem Mindestgebot: MüKo/Schilken 3; dagegen Geißler DGVZ 94, 33 [37]). Die Verstöße begründen nur Ansprüche gegen den Staat (§ 839 BGB, Art 34 GG) oder die Erinnerung (§ 817 Rn 14), keine Bereicherungsansprüche gegen Ersteher oder Gläubiger (hM) und keine Amtspflichtverletzung gegenüber dem Eigentümer (Düsseldorf MDR 92, 1035).

§ 818 Einstellung der Versteigerung

Die Versteigerung wird eingestellt, sobald der Erlös zur Befriedigung des Gläubigers und zur Deckung der Kosten der Zwangsvollstreckung hinreicht.

Setzt eine Mehrheit gepfändeter Sachen voraus. Zu berücksichtigen **1** ist auch das Recht des Anschlusspfandgläubigers (§ 826), wenn die Wochenfrist (§ 816 Abs 1) für ihn abgelaufen ist.

§ 819 Wirkung des Erlösempfanges

Die Empfangnahme des Erlöses durch den Gerichtsvollzieher gilt als Zahlung von seiten des Schuldners, sofern nicht dem Schuldner nachgelassen ist, durch Sicherheitsleistung oder durch Hinterlegung die Vollstreckung abzuwenden.

1. Erlösempfang durch den Gerichtsvollzieher wirkt wie § 815 **1** Abs 3 (dort Rn 3). Eigentümer des Erlöses ist derjenige, der Eigentümer der Sache bis zu ihrer Ablieferung war (§ 817 Rn 7), und zwar wegen dinglicher Surrogation entspr § 1247 S 2 BGB (hM). Verstrickung und Pfandrecht (§ 803 Rn 7, 8) setzen sich am Erlös fort. Anschlusspfändung (§ 826) ist bis zur Ablieferung oder Hinterlegung des Übererlöses möglich (LG Berlin DGVZ 83, 93; Schuschke/Walker 3).

2. Ablieferung des Erlöses an den Gläubiger erfolgt nach Abzug der **2** Vollstreckungskosten (§ 788 Abs 1) durch den Gerichtsvollzieher gem § 815 Abs 1 (vgl § 170 GVGA). Damit erlöschen Verstrickung und Pfandrecht am Erlös (vgl Rn 1). Nicht abliefern darf der Gerichtsvollzieher in den Fällen der §§ 720, 805 Abs 4, § 827 Abs 2, 3, § 854 Abs 2, § 930 Abs 3. Den Rest des Erlöses (Überschuss) erhält der Schuldner oder der Eigentümer der versteigerten Sache (vgl Rn 1).

3. Rechtsfolgen bei schuldnerfremden Sachen. Dass die Sache **3** nicht dem Vollstreckungsschuldner, sondern einem Dritten gehörte, hindert nicht die Verstrickung (§ 803 Rn 7); nach umstrittener Ansicht nicht das Entstehen des Pfändungspfandrechts (§ 803 Rn 8) und auch nicht eine wirksame Ablieferung mit Eigentumserwerb des Erstehers (§ 817 Rn 9). – **a) Eigentumslage** am Erlös. Er gehört infolge der **4** Surrogation (Rn 1) dem früheren Eigentümer der versteigerten Sache. Soweit der Gläubiger den Erlös vom Gerichtsvollzieher erhält, erwirbt er ihn wirksam (Rn 2; § 815 Rn 3) zu Eigentum (Bargeld) oder als Forderungsinhaber (Geldüberweisung). Das ist weitgehend unstreitig. – **b) Weitere Rechtsfolgen.** Sie sind umstritten. Es ist zu unterscheiden: **5** **aa) Ersteher** (Ersteigerer, Erwerber). Er erwirbt originär vom Staat **6** (Gerichtsvollzieher) unangreifbares Eigentum; umstritten, ob auch dann, wenn er beim Erwerb wusste, dass die Sache nicht dem Schuldner gehört (vgl § 817 Rn 9). Umstritten ist auch, ob er mit Rechtsgrund (§ 812 Abs 1 BGB) erwirbt oder ob nur Ansprüche aus §§ 823, 826 BGB denkbar sind. **bb) Gläubiger.** Ist es zugleich Ersteher (Rn 6), **7**

so schuldet er die gem § 817 Abs 4 unterbliebene Barzahlung als ungerechtfertigte Bereicherung (§ 812 Abs 1 BGB) dem Eigentümer, wenn
dieser mit dem Schuldner nicht identisch ist (Schuschke/Walker § 817
Rn 10; aA Pinger JR 73, 94: Eigentumserwerb ausgeschlossen). Hat der
Gläubiger den Erlös erhalten (Rn 2), muss er ihn an den Eigentümer
gem § 812 Abs 1 BGB herausgeben (hM; vgl § 817 Rn 10; Kaehler JR
72, 445 mwN; aA Gloede MDR 72, 291 u JR 73, 99 mwN: Anspruch
8 des Eigentümers nur gegen den Schuldner). **cc) Schuldner.** Er ist dem
Eigentümer gegenüber ungerechtfertigt bereichert, soweit die vollstreckbare Forderung erlischt, weil der Gläubiger den Erlös empfängt,
der Schuldner dadurch von der titulierten Schuld befreit wird (entspr
§§ 816, 818 BGB). Das setzt voraus, dass der Eigentümer durch Genehmigung (§ 185 BGB) dem Gläubiger den Erlös belässt (Kaehler JR
9 72, 445/51). **dd) Eigentümer.** Er kann nur vor Ablieferung der Sache
(§ 817 Rn 7) aus § 771 vorgehen. Danach bestehen Ansprüche aus
§§ 812, 816 BGB gegen Gläubiger oder Schuldner (Rn 7, 8; § 817
Rn 15); auch aus § 823 Abs 1 BGB gegen einen bösgläubigen Ersteher,
gegen den Staat nur bei Amtspflichtverletzung des Gerichtsvollziehers
(§ 839 BGB; Art 34 GG).

10 **4. Rechtsbehelfe** bis zur Ablieferung des Erlöses (Rn 1). Schuldner:
§§ 766, 767, 793. Gläubiger: §§ 766, 793. Dritte: §§ 766, 793, 771,
805.

§ 820 (aufgehoben)

§ 821 Verwertung von Wertpapieren

**Gepfändete Wertpapiere sind, wenn sie einen Börsen- oder
Marktpreis haben, von dem Gerichtsvollzieher aus freier Hand
zum Tageskurse zu verkaufen und, wenn sie einen solchen
Preis nicht haben, nach den allgemeinen Bestimmungen zu
versteigern.**

1 **Wertpapiere** iS des § 821 sind nur solche, bei denen das Recht aus
dem Papier dem Recht am Papier folgt, zB Aktien, Investmentanteile
und Immobilienzertifikate, Inhaberschuldverschreibungen, ausländische
Banknoten. Gepfändet werden sie gemäß § 808 (dort Rn 1, 13) oder im
2 Bank-Depot gem § 857 Abs 1, § 829 (ZöStöber 2). **Keine Wertpapiere** iS des § 821 sind diejenigen, die unter § 831 fallen (insbes
Wechsel und Scheck), ferner die Legitimationspapiere, zB Sparbücher,
Hypothekenbriefe, Schuldscheine. **Verkauf durch Makler** geht nur
über § 825.

§ 822 Umschreibung von Namenspapieren

**Lautet ein Wertpapier auf Namen, so kann der Gerichtsvoll-
zieher durch das Vollstreckungsgericht ermächtigt werden, die
Umschreibung auf den Namen des Käufers zu erwirken und**

die hierzu erforderlichen Erklärungen an Stelle des Schuldners abzugeben.

Antrag von Gerichtsvollzieher oder Gläubiger. Vollstreckungsgericht: **1**
Rechtspfleger, § 20 Nr 17 RPflG. § 822 gilt auch für ein Indossament,
wenn § 831 nicht zutrifft. Kosten: § 788 Abs 1.

§ 823 Außer Kurs gesetzte Inhaberpapiere

Ist ein Inhaberpapier durch Einschreibung auf den Namen oder in anderer Weise außer Kurs gesetzt, so kann der Gerichtsvollzieher durch das Vollstreckungsgericht ermächtigt werden, die Wiederinkurssetzung zu erwirken und die hierzu erforderlichen Erklärungen an Stelle des Schuldners abzugeben.

§ 824 Verwertung ungetrennter Früchte

[1]Die Versteigerung gepfändeter, von dem Boden noch nicht getrennter Früchte ist erst nach der Reife zulässig. [2]Sie kann vor oder nach der Trennung der Früchte erfolgen; im letzteren Falle hat der Gerichtsvollzieher die Aberntung bewirken zu lassen.

Anwendbar auch bei einer Baumschule (LG Bayreuth DGVZ 85, **1**
42). **Reife:** Das ist die tatsächliche Reife; anders § 810. **Aberntung 2**
(S 2 Hs 2): § 153 Nr 2 GVGA. Wird vor Trennung versteigert, hat der
Ersteher innerhalb bestimmter Frist abzuernten (§ 153 Nr 3 (GVGA).
Eigentum erwirbt der Ersteher mit Barzahlung und Übergabeerklä- **3**
rung, die derjenigen der Ablieferung entspricht (vgl § 817 Rn 7), auch
schon vor der Trennung. § 93 BGB wird insoweit durchbrochen (hM;
Schuschke/Walker 3). **Erlös** darf erst ausbezahlt werden, wenn die **4**
Früchte weggeschafft sind oder die Aberntungsfrist abgelaufen ist (§ 153
Nr 3 GVGA); denn Beschlagnahme durch Zwangsversteigerung und
Zwangsverwaltung (§ 810 Rn 5) gehen vor, bis die Früchte vom Boden getrennt sind (§ 21 Abs 1 ZVG). Ausnahme beim Pächter (§ 21
Abs 3 ZVG). Wegen Widerspruchsklage vgl § 810 Rn 7.

§ 825 Andere Verwertungsart

(1) [1]Auf Antrag des Gläubigers oder des Schuldners kann der Gerichtsvollzieher eine gepfändete Sache in anderer Weise oder an einem anderen Ort verwerten, als in den vorstehenden Paragraphen bestimmt ist. [2]Über die beabsichtigte Verwertung hat der Gerichtsvollzieher den Antragsgegner zu unterrichten. [3]Ohne Zustimmung des Antragsgegners darf er die Sache nicht vor Ablauf von zwei Wochen nach Zustellung der Unterrichtung verwerten.

(2) Die Versteigerung einer gepfändeten Sache durch eine andere Person als den Gerichtsvollzieher kann das Voll-

streckungsgericht auf Antrag des Gläubigers oder des Schuldners anordnen.

1   **1. Allgemeines.** – a) **Zweck:** Es soll der im Einzelfall mögliche höhere Vollstreckungserlös als bei regelmäßiger Verwertung (insbes öffentliche Versteigerung; § 814) erzielt werden. Zugleich soll zur Vereinfachung und Beschleunigung die Befugnis beim Gerichtsvollzieher bleiben (Abs 1) und nur bei Interessenkollision dem Vollstreckungsge-
2 richt übertragen sein (Abs 2). – **b) Anwendbar:** bei jeder Sache, die gepfändet ist und zur Verwertung ansteht. Die anderweitige Verwertung kann auch während des Aufschubs (§§ 813 a, 813 b) vorbereitet werden.

3   **2. Zuständigkeit des Gerichtsvollziehers** (Abs 1) und zwar desjenigen, der gepfändet hat (§ 814 Rn 3). Er handelt selbständig im Rah-
4 men seiner Zuständigkeit. – a) **Voraussetzungen** sind: **aa) Antrag** einer Partei, nicht eines Dritten. Formlose Prozesshandlung (Einl III). Bei Mehrheit von Gläubigern oder Schuldnern (zB § 826) genügt An-
5 trag von einem. **bb) Zulässigkeit der Zwangsvollstreckung** (38 vor § 704) und wirksame Pfändung (§ 803 Rn 9). **cc) Bessere Verwertung** als durch öffentliche Versteigerung (§ 814) muss durch die andere
6 Verwertungsart zu erwarten sein. – **b) Andere Art** der Verwertung. Zu Internet s Viertelhausen DGVZ 03, 2. Es kommen in Betracht: **aa) Freihändiger Verkauf** (auch durch einen Dritten) mit Mindestpreis des § 817 a Abs 1, 3. Anders als bei § 817 Abs 2 darf gestundet
7 werden. **bb) Eigentumszuweisung** an eine bestimmte Person, nur in geeigneten Ausnahmefällen an den Gläubiger, zB im Fall des § 811 Abs 2, selbstverständlich nur im Einvernehmen (auch im Preis) mit dem
8 Erwerber. – **c) Anderer Ort** der öffentlichen Versteigerung, abweichend von § 816 Abs 2, ist ausdrücklich vorgesehen (Abs 1 S 1). –
9 **d) Unterrichtung des Antraggegners** (Abs 1 S 2) über die beabsichtigte Verwertungsart, umfasst alle konkreten Einzelheiten, insbes den Mindestpreis, aber auch die Information zur Wartefrist (Rn 10). Entspricht dem rechtlichen Gehör. Dem Antragsgegner muss genügend Zeit zur Stellungnahme oder zur Erinnerung (§ 766) verbleiben. Zu-
10 stellung wegen der Wartefrist erforderlich (Rn 10). – **e) Wartefrist** (Abs 1 S 3). Die Zustimmung ist formlose Prozesshandlung (Einl III). Der Antragsgegner kann hierzu aufgefordert werden. Berechnung: § 222. Ohne Zustimmung darf die andere Verwertung nicht eingeleitet, darf aber, soweit nötig, vorbereitet werden, zB Bereitschaft Dritter
11 zur Mitwirkung einholen. – **f) Durchführung.** Der Gerichtsvollzieher verschafft das Eigentum auch beim freihändigen Verkauf (Rn 6) wie bei der Ablieferung öffentlich-rechtlich (§ 817 Rn 7). Protokollierung der wesentlichen Vorgänge: § 762. Nur wenn eine Privatperson als Dritter verkauft (Rn 6), richten sich die Erfüllung und die Ansprüche nach dem BGB (Schuschke/Walker 12), wenn nicht der Gerichtsvollzieher das Eigentum überträgt oder der Dritte bei der Veräußerung auf die Verwertung gemäß § 825 hinweist; dann gilt § 806 (Gilleßen/Coenen

DGVZ 98, 167). Den Erlös hat der Dritte an den Gerichtsvollzieher abzuführen, dieser an den Gläubiger gemäß § 819. – **g) Rechtsbe-** 12 **helfe:** allein Erinnerung (§ 766), danach § 793. – **h) Gebühren:** § 21 Abs 5 S 1 GVKostG; § 58 Abs 3 Nr 4 a BRAGO.

3. Zuständigkeit des Vollstreckungsgerichts (Abs 2) und zwar 13 des Rechtspflegers (§ 20 Nr 17 RPflG). – **a) Zweck.** Ein Interessenkonflikt des Gerichtsvollziehers soll vermieden werden. – **b) Anwendbar:** 14 wie Rn 2 und nur auf die Versteigerung durch eine andere Person, insbes einen Kunstauktionator. – **c) Voraussetzungen:** wie Rn 4, 5. – **d) Verfahren:** zum Antrag ist der Antragsgegner mit ausreichender 15 Frist zu hören. Mdl Vhdlg ist nicht ausgeschlossen. – **e) Entscheidung** durch Beschluss. Ist zuzustellen wegen § 329 Abs 3. Die Person muss namentlich bestimmt sein. Zweckmäßig nimmt der Rechtspfleger vorher Kontakt auf, um sicherzustellen, dass Bereitschaft besteht, die Geschäftsbesorgung (§ 675 BGB) zu übernehmen. – **f) Durchführung.** Die Eigentumsverschaffung erfolgt wie bei Rn 11. – **g) Rechtsbehelf:** sofortige Beschwerde (§ 793) gegen den Beschluss des Rechtspflegers (§ 11 Abs 1 RPflG). – **h) Gebühren:** § 21 Abs 5 S 2 GVKostO; § 58 16 Abs 3 Nr 4 a BRAGO.

§ 826 Anschlusspfändung

(1) **Zur Pfändung bereits gepfändeter Sachen genügt die in das Protokoll aufzunehmende Erklärung des Gerichtsvollziehers, daß er die Sachen für seinen Auftraggeber pfände.**

(2) **Ist die erste Pfändung durch einen anderen Gerichtsvollzieher bewirkt, so ist diesem eine Abschrift des Protokolls zuzustellen.**

(3) **Der Schuldner ist von den weiteren Pfändungen in Kenntnis zu setzen.**

1. Anwendungsbereich. § 826 gilt nur für Pfändung von Sachen, 1 die schon gegen den selben Schuldner gepfändet sind (hM), für den selben oder einen anderen Gläubiger. Ist die erste Pfändung an derselben Sache gegen einen anderen Schuldner vorgenommen worden, gilt für die erneute Pfändung (Doppelpfändung) nicht § 826. Sie ist wie eine Erstpfändung (§ 808) vorzunehmen, dabei ggf § 809 zu beachten.

2. Voraussetzungen. – **a) Allgemein** müssen die der Pfändung 2 vorliegen (§ 803 Rn 3). Im Fall des § 809 muss die Herausgabebereitschaft noch gegeben sein (vgl § 167 Nr 3 GVGA; Düsseldorf OLGZ 73, 51 mwN; bestr). § 803 Abs 2 gilt nicht (hM; aA Wunner DGVZ 85, 37). – **b) Erstpfändung.** Sie muss noch bestehen (§ 803 Rn 9–12). 3 Dass sie auch wirksam ist, muss nicht sein (StJMünzberg 8; aA Musielak/Becker 2). Fehlt die Verstrickung, ist die Anschlusspfändung in der Form des Abs 1 (Rn 5) unwirksam; es ist Erstpfändung vorzunehmen. Der Übererlös kann bis zur Ablieferung noch nach § 826 gepfändet werden (vgl § 819 Rn 1; LG Berlin DGVZ 83, 93).

4   **3. Durchführung.** Es steht zur Wahl: – **a) Erneute Pfändung**
nach § 808. Dann müssen nur die Voraussetzungen einer Erstpfändung
(Rn 2) vorliegen. Diese Pfändungsform ist angebracht, wenn die
Wirksamkeit der Erstpfändung (Rn 3) fraglich ist (§ 167 Nr 4 GVGA). –
5   **b) Vereinfachte Form** nach Abs 1. Sie ist idR vorzuziehen. Protokoll: § 762. Die Erklärung muss nicht angesichts der Pfandsachen erfolgen (AG Fürth DGVZ 77, 14 mwN) und nicht vom Gerichtsvollzieher
der Erstpfändung ausgehen (vgl Abs 2). – **c) Wirksam** ist die Anschlusspfändung auch, wenn gegen Abs 2 und 3 verstoßen wird.
6   **4. Wirkung.** Die Anschlusspfändung verschafft die volle Stellung eines Pfändungspfandgläubigers. Rang: § 804 Rn 8. Bei der Verwertung
ist § 827 zu beachten. Sie kann selbständig betrieben werden. Rechtsbehelfe, Kosten, Gebühren: wie § 808 Rn 19.

§ 827 Verfahren bei mehrfacher Pfändung

(1) [1]**Auf den Gerichtsvollzieher, von dem die erste Pfändung
bewirkt ist, geht der Auftrag des zweiten Gläubigers kraft Gesetzes über, sofern nicht das Vollstreckungsgericht auf Antrag
eines beteiligten Gläubigers oder des Schuldners anordnet, daß
die Verrichtungen jenes Gerichtsvollziehers von einem anderen
zu übernehmen seien.** [2]**Die Versteigerung erfolgt für alle beteiligten Gläubiger.**

(2) [1]**Ist der Erlös zur Deckung der Forderungen nicht ausreichend und verlangt der Gläubiger, für den die zweite oder eine
spätere Pfändung erfolgt ist, ohne Zustimmung der übrigen
beteiligten Gläubiger eine andere Verteilung als nach der Reihenfolge der Pfändungen, so hat der Gerichtsvollzieher die
Sachlage unter Hinterlegung des Erlöses dem Vollstreckungsgericht anzuzeigen.** [2]**Dieser Anzeige sind die auf das Verfahren
sich beziehenden Schriftstücke beizufügen.**

(3) **In gleicher Weise ist zu verfahren, wenn die Pfändung für
mehrere Gläubiger gleichzeitig bewirkt ist.**

1   **1. Allgemeines. – a) Anwendbar** ist § 827, wenn eine Sache gegen den selben Schuldner für mehr als einen Gläubiger gepfändet wurde
(§ 826 Rn. 4, 5). § 827 betrifft das Verhältnis der Gläubiger zueinander. –
2   **b) Zuständig** ist für den Zeitraum nach Pfändung bis zum Abschluss
der Verwertung grundsätzlich nur derjenige Gerichtsvollzieher, der zuerst gepfändet hat (Abs 1 S 1). Einen anderen bestimmen kann das Vollstreckungsgericht (Rechtspfleger, § 20 Nr 17 RPflG). Örtliche Zuständigkeit: § 764 Abs 2, auch für die Anzeige des Abs 2.
3   **2. Verwertung.** Hierfür gelten die §§ 814–825. Jeder Gläubiger
kann die Verwertung selbständig betreiben (§ 826 Rn 6), so dass auch
für die Versteigerung der Antrag von einem der Gläubiger genügt.
Versteigert wird aber dann für alle beteiligten Gläubiger (Abs 1 S 2). –
4   **a) Erlösverteilung** geschieht nach dem Rang (§ 804 Rn 8). Alle

Gläubiger, für die gepfändet ist, sind zu beteiligen, soweit der Erlös reicht. Reicht der Erlös nicht, so hat der Gerichtsvollzieher nach Abs 2 zu verfahren, wenn sich nicht alle beteiligten Gläubiger auf eine andere Verteilung einigen. Wird der Erlös hinterlegt, so ist § 872 anzuwenden. – **b) Kosten** der Verwertung. Sie treffen wegen Abs 1 S 2 alle Gläubiger 5 und sind deshalb vorweg abzuziehen. Dazu gehören alle Versteigerungskosten, nicht nur die Gebühren aus §§ 6, 21 GVKostG (hM). Die anderen, bei den einzelnen Gläubigern entstandenen Kosten der Zw-Vollstr teilen den Rang der Forderung des jeweiligen Gläubigers (vgl § 367 BGB, § 169 Nr 2, 3 GVGA). – **c) Rechtsbehelf:** § 766, insbes 6 mit dem Ziel, dass der Gerichtsvollzieher nach Abs 2 hinterlegt. Folge: § 872.

3. Freiwillige Zahlung des Schuldners an den Gerichtsvollzieher, 7 auch um die ZwVollstr abzuwenden. Es gilt § 815 Rn 4. Wenn der Betrag nicht für alle Gläubiger ausreicht, muss der Schuldner an alle gleichrangigen Gläubiger nach dem Anteil ihrer Forderungen leisten. Andernfalls muss der Gerichtsvollzieher das Geld pfänden (§ 168 GVGA). Entgegen dem Pfändungsrang kann der Schuldner erst recht nicht bestimmen, für welchen Gläubiger er zahlt (Musielak/Becker 6; aA Stolte DGVZ 88, 145). Das kann er gemäß § 366 BGB indem er außerhalb der ZwVollstr leistet.

Untertitel 3. Zwangsvollstreckung in Forderungen und andere Vermögensrechte

§ 828 Zuständigkeit des Vollstreckungsgerichts

(1) **Die gerichtlichen Handlungen, welche die Zwangsvollstreckung in Forderungen und andere Vermögensrechte zum Gegenstand haben, erfolgen durch das Vollstreckungsgericht.**

(2) **Als Vollstreckungsgericht ist das Amtsgericht, bei dem der Schuldner im Inland seinen allgemeinen Gerichtsstand hat, und sonst das Amtsgericht zuständig, bei dem nach § 23 gegen den Schuldner Klage erhoben werden kann.**

(3) **[1]Ist das angegangene Gericht nicht zuständig, gibt es die Sache auf Antrag des Gläubigers an das zuständige Gericht ab. [2]Die Abgabe ist nicht bindend.**

1. Zuständigkeit. Sie ist ausschließlich (§ 802). – **a) Funktionell:** 1 grundsätzlich das Vollstreckungsgericht (Abs 1; § 764), für alle gerichtlichen Handlungen der §§ 829–863, soweit nach der ZPO vollstreckt wird (14, 15 vor § 704), in bestimmten Fällen der Gerichtsvollzieher zB in §§ 830, 831, 847. Lehnt das Vollstreckungsgericht die Pfändung ab, kann das Beschwerdegericht pfänden (§ 829 Rn 52). – **b) Sachlich:** 2 grundsätzlich das AG (Abs 2; § 764 Abs 1). Es entscheidet durch den Rechtspfleger (§ 20 Nr 17 RPflG). Bei Arresten ist Vollstreckungsgericht stets das Arrestgericht (§ 930 Abs 1 S 3), auch für § 766 (hM; vgl

§ 930 Rn 2). Für einstweilige Verfügungen gilt § 930 Abs 1 S 3 nicht (hM; § 936 Rn 13). Im Rechtsmittelzug (vgl § 793) tritt an Stelle des AG das LG (Rn 1), falls es nicht gem § 572 Abs 3 zurückverweist. –

3 **c) Örtlich** (Abs 2): allgemeiner Gerichtsstand des Schuldners: §§ 13–19 a. Hilfsweise gilt § 23, sodass dann bei Forderungen der Wohnsitz des Drittschuldners (§ 829 Rn 23, 24) maßgebend ist (§ 23 S 2). Sind nach Abs 2 mehrere AG zuständig, hat der Gläubiger die Wahl (§ 35). Die örtliche Zuständigkeit gilt auch für die Erinnerung (§ 766). Wohnsitzwechsel berührt die örtliche Zuständigkeit nicht (vgl § 764 Rn 3). Ist der Schuldner unbekannt verzogen, gilt § 16 (LG Hamburg Rpfleger

4 02, 467 Anm Schmidt). – **d) International.** Auch dafür gilt Abs 2 (StJ-Brehm 7). Folgt grundsätzlich der örtlichen Zuständigkeit (Rn 3) und ergibt sich für die ZwVollstr gegen Inländer (gleich welcher Staatsangehörigkeit) in Forderungen gegen Ausländer aus dem allg Gerichtsstand (§§ 13–17) des Schuldners. Eine ausländische Lohnpfändung wirkt nicht auf ein inländisches Arbeitsverhältnis (BAG MDR 97, 71). Zur ZwVollstr gegen Ausländer (gleich welcher Staatsangehörigkeit) genügt grundsätzlich, dass der Drittschuldner seinen (Wohn-)Sitz oder der Schuldner einen Gerichtsstand (insbes gem § 23 S 2) im Inland hat (hM; Gottwald IPRax 91, 285/9 mwN).

5 **2. Verstöße** bewirken bei funktioneller Zuständigkeit die Nichtigkeit der Pfändung (allgM; 58 vor § 704). Wird gegen die sachliche oder örtliche Zuständigkeit verstoßen, so ist die Pfändung wirksam, aber unzulässig und anfechtbar (59 vor § 704; StJBrehm 10; bestr). Dasselbe gilt für die internationale Zuständigkeit (hM).

6 **3. Unzuständigkeit** (Abs 3). Das unzuständige Gericht muss die Pfändung ablehnen (§ 829 Rn 4), wenn der Gläubiger nicht Abgabe beantragt hat. Der Abgabeantrag kann schon hilfsweise im Pfändungsantrag (§ 829 Rn 5, 6) gestellt werden. Der Gläubiger muss im Antrag nicht das Gericht bezeichnen, an das abgegeben wird, wenn sich das angegangene Gericht für örtlich unzuständig hält. Wegen der fehlenden Bindung (Abs 3 S 2) ist eine weitere Abgabe zulässig. Wegen § 834 findet keine Anhörung des Schuldners statt. Bei Zuständigkeitsstreit sind die §§ 36, 37 anwendbar.

§ 829 Pfändung einer Geldforderung

(1) **¹Soll eine Geldforderung gepfändet werden, so hat das Gericht dem Drittschuldner zu verbieten, an den Schuldner zu zahlen. ²Zugleich hat das Gericht an den Schuldner das Gebot zu erlassen, sich jeder Verfügung über die Forderung, insbesondere ihrer Einziehung, zu enthalten. ³Die Pfändung mehrerer Geldforderungen gegen verschiedene Drittschuldner soll auf Antrag des Gläubigers durch einheitlichen Beschluß ausgesprochen werden, soweit dies für Zwecke der Vollstreckung geboten erscheint und kein Grund zu der Annahme besteht, daß schutzwürdige Interessen der Drittschuldner entgegenstehen.**

(2) ¹Der Gläubiger hat den Beschluß dem Drittschuldner zustellen zu lassen. ²Der Gerichtsvollzieher hat den Beschluß mit
einer Abschrift der Zustellungsurkunde dem Schuldner sofort
zuzustellen, sofern nicht eine öffentliche Zustellung erforderlich wird. ³An Stelle einer an den Schuldner im Ausland zu
bewirkenden Zustellung erfolgt die Zustellung durch Aufgabe
zur Post.

(3) Mit der Zustellung des Beschlusses an den Drittschuldner
ist die Pfändung als bewirkt anzusehen.

*Abs 2 S 3 ist aufgehoben, S 4 ist S 3 geworden durch Art 1 Nr 7 OLG-Ver-
tretungsänderungsG vom 23. 7. 02 (BGBl I S 2850); in Kraft seit 1. 8. 02.*

1. Allgemeines. Pfändung: § 803 Rn 1. – **a) Anwendungsbereich.** 1
Er umfasst die ZwVollstr wegen Geldforderungen (wie § 803 Rn 2).
§ 829 gilt unmittelbar bei Pfändung von Geldforderungen (2 vor
§ 803), entsprechend bei Pfändung von Herausgabeansprüchen (§ 846)
und anderen Vermögensrechten (§ 857 Abs 1), nicht bei Forderungen
aus indossablen Papieren (§ 831) – **b) Mehrfache Pfändung** (An- 2
schlusspfändung) wird wie die Erstpfändung durchgeführt. Es gibt keine
dem § 826 entsprechende Vorschrift. Die Folgen richten sich nach den
§§ 853–856. Rang: § 804 Rn 8. – **c) Teilbetrag.** Soll wegen eines 3
solchen vollstreckt werden (vgl § 752), so ist die Gesamtforderung berechnet anzugeben (wie § 753 Rn 11).

2. Voraussetzungen eines Pfändungsbeschlusses sind (vgl § 803 4
Rn 3): die Zulässigkeit der Zwangsvollstreckung (38 vor § 704); die
Zuständigkeit des Vollstreckungsorgans (hier § 828); der Antrag (Rn 5);
eine Geldforderung (2 vor § 803) als Pfändungsgegenstand (Rn 10);
deren Pfändbarkeit (Rn 13) und das Rechtsschutzbedürfnis (Rn 9).
Fehlt eine Voraussetzung, so ist die Pfändung durch Beschluss abzulehnen, bei behebbaren Mängeln aber erst, wenn dem Gläubiger ergebnislos eine Frist gesetzt worden ist.

3. Antrag (39 vor § 704). – **a) Form:** schriftlich oder zu Protokoll 5
der Geschäftsstelle, ohne Anwaltszwang. – **b) Inhalt:** die genaue Be- 6
zeichnung des Schuldners und Drittschuldners (mit Anschrift) sowie der
Forderung oder des Rechts (§ 857). Die Identität des Schuldners muss
zweifelsfrei sein (wie § 750 Rn 5). Auch für den Gläubiger genügt die
zweifelsfreie Identität, notfalls ohne Anschrift (vgl KG Rpfleger 94,
425). Zu richten ist der Antrag auf Pfändung, idR zugleich auf Überweisung (§ 835), nicht aber bei Arrest (§ 930 Abs 1) und bei Sicherungsvollstreckung (§ 720 a). Antrag auf Abgabe für den Fall der Unzuständigkeit (§ 828 Abs 3) ist bereits zulässig. – **c) Bestimmtheit.** Die 7
Forderung muss nach Rechtsverhältnis oder Schuldgrund allgemein
umrissen sein (RG 157, 321; BGH 13, 42), jedenfalls so genau, dass die
Forderung von anderen Forderungen zweifelsfrei unterschieden werden
kann, auch durch andere Personen als die unmittelbar Beteiligten (BGH
Rpfleger 78, 247 mwN). Die Bezeichnung „aus jedem Rechtsgrund"

genügt nie. Das Recht muss objektiv zu identifizieren sein (BGH NJW 95, 326). Übermäßige Anforderungen dürfen andererseits nicht gestellt werden (BGH NJW 83, 886). Nicht genügt: „Anspruch auf Rückübertragung aller gegebenen Sicherheiten" (hM; Fink MDR 98, 749 mwN); „Forderungen aus Lieferungen und sonstigen Leistungen" (Karlsruhe NJW 98, 549); eine „offene Kreditlinie" (LG Essen NJW-RR 02, 553). Ist die Forderung zweifelsfrei zu identifizieren, so schadet es nicht, wenn der Rechtsgrund oder der Gläubiger der zu pfändenden Forderung falsch (BGH NJW 67, 821) oder die Höhe nicht (Hamm FamRZ 90, 547) bezeichnet ist, weil der Pfändungsbeschluss (auch durch das Revisionsgericht) ausgelegt werden darf (BGH NJW 88, 2543). Dabei dürfen aber außerhalb des Beschlusses liegende Umstände
8 nicht herangezogen werden (BGH NJW 95, 326 mwN). – **d) Bankkonten** (Rn 41–49). Es muss die kontoführende Stelle, insbes die Bank bezeichnet sein. Für die Pfändung künftiger Kontokorrentsalden genügt die Bezeichnung des Kontokorrentverhältnisses (BGH 80, 172). Sie kann auf alle Konten des Schuldners gerichtet sein (Köln NJW-RR 99, 1224). Eine Kontonummer muss nicht angegeben werden. Ist sie angegeben, muss deshalb nicht die Pfändung auf dieses Konto beschränkt sein (BGH NJW 88, 2543).

9   **4. Rechtsschutzbedürfnis** (45 vor § 704). Es fehlt nur dann, wenn die Forderung, die gepfändet werden soll, gewiss und erkennbar nicht besteht (Frankfurt OLGZ 78, 363) oder inzwischen durch Zahlung an den Gläubiger nach Vorpfändung (§ 845) erloschen ist (LG Frankenthal Rpfleger 85, 245). Es fehlt trotz § 3 Nr 1 PflVG nicht, wenn der Befreiungsanspruch gegen den Haftpflichtversicherer gepfändet werden soll oder eine zur Sicherung abgetretene Forderung (Köln OLGZ 94, 477).

10   **5. Geldforderung** (2 vor § 803). Im Falle des § 846 tritt an deren Stelle der Anspruch auf eine Sache, bei § 857 ein anderes Vermögensrecht. Pfändung eines Kontos: Rn 41–49. – **a) Allgemeines.** Die Forderung muss nicht fällig und kann bedingt sein (allgM). Künftige Forderungen (§ 259 Rn 3) werden von der Pfändung nur erfasst, wenn der Beschluss ergibt, dass er sich darauf erstreckt (Karlsruhe NJW-RR 93, 242). Sie müssen nach Rechtsgrund und Drittschuldner bestimmt sein (hM; Rn 7). Ihre Entstehung darf nicht erst in ferner Zukunft zu erwarten sein (LG Frankfurt Rpfleger 92, 441). Das gilt auch für Rentenansprüche (LG Marburg Rpfleger 99, 33). Ab wann die Pfändbarkeit bejaht werden kann, ist im Einzelfall zu entscheiden. Jedenfalls ist auch die künftige Altersrente grundsätzlich pfändbar (hM; LG Braunschweig Rpfleger 00, 508 mwN). Die bloße Erwartung, eine Forderung könne
11 entstehen, genügt nicht (Köln Rpfleger 87, 28). – **b) Parteistellung.** Der pfändende Gläubiger kann statt des Schuldners Gläubiger der gepfändeten Forderung sein (Musielak/Becker 8; bestr), auch selbst Drittschuldner. Er kann die gegen ihn gerichtete Forderung pfänden und sich überweisen lassen, jedenfalls dann, wenn er nicht aufrechnen kann

(Stuttgart Rpfleger 83, 409). – **c) Forderungsmehrheit.** Mehrere For- **12** derungen des Schuldners können wegen einer einzigen zu vollstrecken- den Forderung gepfändet werden, auch in ein und demselben Beschluss (Schuschke/Walker 41), jedenfalls auf Antrag des Gläubigers. Das ist zweckmäßig bei Identität des Drittschuldners, zB mehrere Konten des Schuldners bei derselben Bank (LG Oldenburg Rpfleger 82, 112). Es können auch mehrere Beschlüsse ergehen. Von der Pfändung wird dann jede Forderung bis zur Höhe der vollstreckbaren Schuld erfasst (Rn 32), wenn die Pfändung auf Teile beschränkt wird (Teilpfändung), nur jeweils zu diesem Teil. Zur Zustellung: Rn 24. Der Gläubiger muss in keinem Fall seine vollstreckbare Forderung auf die einzelnen gepfän- deten Forderungen verteilen (BGH NJW 75, 738), auch wenn die ge- pfändeten Forderungen insgesamt die vollstreckte Forderung überstei- gen. Dem Schuldner bleibt überlassen, dann Überpfändung geltend zu machen (§ 803 Rn 13, 14). – **d) Drittschuldnermehrheit** (Abs 1 S 3; **12 a** Parallelpfändung). Es ist zulässig die Pfändung von Forderungen gegen mehrere Drittschuldner in einem Beschluss zusammenzufassen. Sie ist an bestimmte Voraussetzungen geknüpft. Geboten erscheint die Paral- lelpfändung, wenn sie die ZwVollstr fördert und effizient macht, zB durch Information der Drittschuldner untereinander. Schutzwürdige Interessen, die entgegenstehen, können, insbes aus dem Recht auf in- formationelle Selbstbestimmung abzuleiten sein, zB das von Patienten, wenn ein Arzt Schuldner ist. Für den Antrag gilt Rn 5, 6. Die Ent- scheidung steht im pflichtgemäßen Ermessen („kann") des Gerichts. Zur Zustellung: Rn 24.

6. Pfändbarkeit. Sie besteht, wenn die Geldforderung nicht der **13** ZwVollstr in das unbewegliche Vermögen unterliegt (§ 865 Rn 1) und kein Pfändungsverbot besteht. Pfändungsverbote ergeben sich insbes aus den §§ 850a–i, 851, 852, § 859 Abs 1 S 2, Abs 2, §§ 860, 863. Auch außerhalb der ZPO kommen häufig Pfändungsverbote in Betracht: – **a) Sozialleistungen** sind gemäß § 54 SGB I pfändbar. Soweit sie **14** pfändbar sind, werden laufende Geldleistungen wie Arbeitseinkommen (§§ 850 ff) gepfändet (§ 54 Abs 4 SGB I). Pfändungsschutz besteht auch, wenn auf Konten bei einem Geldinstitut überwiesen ist (§ 55 SGB I; Rn 10; BFH NJW 92, 855; Hornung Rpfleger 94, 442), jedenfalls ab Antrag (Köln NJW 92, 3307). **aa) Arbeitslosengeld** und andere Ent- **15** geltersatzleistungen (§ 116 SGB III [Arbeitsförderung] sind wie Sozial- leistungen pfändbar (Rn 14). **bb) Geldleistungen für Kinder.** Kin- **16** dergeld (§ 62 EStG) ist nur ganz beschränkt nach Maßgabe des § 76 EStG pfändbar. Kinderzuschläge und vergleichbare Rentenzuschläge dürfen nur nach Maßgabe des § 54 Abs 5 SGB I gepfändet werden, nämlich nur wegen gesetzlicher Unterhaltsansprüche eines Kindes, das bei der Festsetzung der Geldleistung berücksichtigt wird, sowie in be- stimmter Höhe und Verteilung. Zusammenrechnung mit Arbeitsein- kommen: § 850e Nr 2a. **cc) Wohngeld** (§ 3 Abs 1 WoGG) fällt unter § 54 Abs 4 SGB I und ist pfändbar wie Arbeitseinkommen (hM; LG

Koblenz NJW-RR 01, 716 mwN; LG Heilbronn Rpfleger 99, 455; bestr) über Zusammenrechnung gemäß § 850e Nr 2a (LG Augsburg Rpfleger 97, 121; LG Heilbronn aaO). **dd) Erziehungsgeld** ist unpfändbar, insbes der Anspruch darauf und vergleichbare Leistungen der Länder (§ 54 Abs 3 Nr 1 SGB I). **ee) Pflegegeld:** das gesetzliche, gem SGB XI gewährte, auch das an die Pflegeperson unmittelbar gezahlte wegen § 54 Abs 3 Nr 3 SGB I (Sauer/Maiendresch NJW 96, 765). –

17 **b) Strafgefangene.** Grundsätzlich pfändbar ist der Anspruch auf Auszahlung des Eigengeldes (§ 52 StVollzG) aus dem Haftkonto (hM; LG Detmold Rpfleger 99, 34 mwN). Beschränkt ist die Pfändung nicht durch § 850 (dort Rn 6), sondern durch § 51 Abs 4, 5 StVollzG. Unpfändbar ist der Anspruch auf das Überbrückungsgeld (§ 54 Abs 1 S 1 StVollzG) sowie auf das Hausgeld gem § 47 StVollzG (hM; LG Münster

18 MDR 92, 521). – **c) Steuererstattungsansprüche** sind pfändbar (§ 46 Abs 1 AO), aber nicht bevor der Anspruch entstanden ist (§ 46 Abs 6 AO). Drittschuldner ist das zuständige Finanzamt (§ 46 Abs 7 AO). Überblick und Einzelheiten: Musielak/Becker 27–30.

19 **7. Pfändungsbeschluss** des zuständigen Vollstreckungsgerichts (§ 828). Er ergeht idR zusammen mit dem Überweisungsbeschluss (§ 835), grundsätzlich ohne Gehör des Schuldners (§ 834) und enthält

20 Gründe nur in den Fällen vorheriger Anhörung. – **a) Prüfung** der Voraussetzungen (Rn 4) erfolgt von Amts wegen durch den Rechtspfleger. Sind sie erfüllt, so ist der Pfändungsbeschluss zu erlassen. Der Rechtspfleger prüft nicht, ob die zu pfändende Forderung (Rn 10) wirklich besteht. Es genügt, dass sie nach den Behauptungen des Gläubigers besteht und dem Schuldner zustehen könnte (allgM). Ist aber sicher, dass die Forderung nicht besteht, fehlt das Rechtsschutzbedürfnis

21 (Rn 9). – **b) Inhalt. (1)** Pfändungsausspruch. Darin ist der vollstreckbare Anspruch (3 vor § 704) nach Vollstreckungstitel und Betrag sowie die zu pfändende Forderung nach Maßgabe der Rn 7 zu bezeichnen, ggf sind gesetzliche Pfändungsbeschränkungen anzugeben, insbes die für Arbeitseinkommen (zB § 850c) und eine gesamtschuldnerische Haftung. **(2)** Verbot des Abs 1 S 1 (Arrestatorium). **(3)** Gebot des Abs 1 S 2

22 (Inhibitorium). – **c) Erstreckung.** Die Rechte aus einem Pfändungs- und Überweisungsbeschluss, der für die gepfändete Forderung besteht, werden als unselbständige Nebenrechte der zugrundeliegenden Forderung von der Pfändung miterfasst und sind einer isolierten Pfändung nicht zugänglich (Stuttgart Rpfleger 83, 409 mwN). Zulässig ist bei Pfändung von Forderungen, für die ein Pfändungspfandrecht besteht, der Ausspruch, dass die Pfändung sich kraft Gesetzes (§ 401 BGB, vgl Rn 32) auf das für die gepfändete Forderung bestehende Pfändungspfandrecht erstreckt, damit der Gläubiger auf diese Weise die Wirkung des § 407 BGB besser ausschließen kann, wenn er den Beschluss dem betreffenden Drittschuldner mitteilt (LG Frankfurt Rpfleger 76, 26).

23 **8. Zustellung des Pfändungsbeschlusses** (Abs 2). – **a) Gläubiger.** Ihm wird der Pfändungsbeschluss nur formlos mitgeteilt (§ 329).

Zugestellt werden muss ihm wegen § 329 Abs 3 nur der Beschluss, der die Pfändung ablehnt (Rn 4). – **b) Drittschuldner** (Abs 2 S 1). Das ist 24 der Schuldner des zu pfändenden Rechts. Die Zustellung an ihn ist wegen Abs 3 unentbehrlich und erfolgt nur auf Betreiben des Gläubigers (Abs 2 S 1), wobei die Geschäftsstelle nach § 192 Abs 3 vermittelt. Es gelten die §§ 191–195, insbes auch § 178 (BGH NJW 81, 2256 für § 170 aF) und § 189; ferner § 173 GVGA. Öffentliche Zustellung (§§ 185–188) ist unzulässig, da der Drittschuldner nicht Partei ist (allgM). Bei mehreren Forderungen und Drittschuldnern (Rn 12 und 12a) ist auf eine möglichst gleichzeitige Zustellung zu achten (Zimmermann DGVZ 97, 85). Bei Gesamtschuldnern wirkt die Zustellung an jeden getrennt (BGH NJW 98, 2904). Sind Gesamthänder Drittschuldner (zB bei Miterbenanteil), ist grundsätzlich erst dann gepfändet, wenn dem letzten Drittschuldner zugestellt ist (BGH aaO; StJBrehm 56). Die Zustellung an einen von mehreren gesetzlichen Vertretern genügt (§ 170 Abs 3). Für § 128 HGB genügt Zustellung an die Gesellschaft (Ahrens ZZP 103, 34). Ist der Gläubiger zugleich Drittschuldner (Rn 11), wird die Pfändung auch erst durch Zustellung an ihn wirksam. – **c) Schuldner** 25 (Abs 2 S 2, 3). Diese Zustellung ist sofort, nachdem die Zustellung an den Drittschuldner bewirkt ist, mit Abschrift der Urkunde über diese Zustellung an den Schuldner vorzunehmen. Die Zustellung an den Schuldner ist für die Wirksamkeit der Pfändung belanglos (Abs 3) und dient nur dazu, den Schuldner von der Pfändung in Kenntnis zu setzen, damit er das Gebot des Abs 1 S 2 befolgt. Auch wird die Anfechtungsfrist (Rn 55) in Lauf gesetzt (Köln Rpfleger 91, 360; aA LG Frankfurt Rpfleger 93, 57: nur bei Zustellung von Amts wegen). Die Zustellung erfolgt im Parteibetrieb (Abs 2 S 1; §§ 191–195), nicht von Amts wegen, auch wenn der Schuldner vorher gehört und der Beschluss begründet wurde (hM; Dressel Rpfleger 93, 100 mwN). Wegen § 172 muss an den Prozessbevollmächtigten zugestellt werden. Müsste öffentlich zugestellt werden (§ 185), kann dies unterbleiben (Abs 2 S 2).

9. Wirksamkeit einer Pfändung. Dies setzt voraus: – **a) Erlass eines** 26 **Pfändungsbeschlusses** durch das Vollstreckungsgericht mit dem Pfändungsausspruch und Arrestatorium (Rn 19–21) sowie wirksamer Zustellung an den Drittschuldner (Rn 24). – **b) Bestehen der Forderung.** 27 Diese muss nicht fällig und kann bedingt sein, auch eine künftige Forderung (Rn 10). Sie muss aber bestehen und darf nicht nach materiellem Recht erloschen sein, zB gemäß § 362 Abs 1, § 389 BGB. Besteht die Forderung nicht oder zZ der Zustellung an den Drittschuldner (Abs 3) nicht mehr, so ist die Pfändung gegenstandslos (allgM). – **c) Inhaberschaft** an der Forderung. Diese muss dem Schuldner zZ der 28 Zustellung an den Drittschuldner zustehen. Steht die Forderung nicht dem Schuldner zu, sondern einem Dritten, ist die Pfändung gegenstandslos (allgM; vgl Rn 29). Das Verhältnis des wirklichen Gläubigers zum Drittschuldner wird durch die gegenstandslose Pfändung nicht berührt (KG MDR 73, 233). Ein solcher Gläubiger kann Drittwiderspruchsklage erheben (§ 771 Rn 16). **aa) Zeitpunkt.** Die Forderung muss dem Schuldner zZ der Pfändung (Rn 30) zustehen. Es genügt nicht, dass der Schuldner das Recht vorher innegehabt (allgM; Düsseldorf NJW-RR 99, 1406) oder später erworben hat, zB durch Abtretung oder Rückabtretung (hM; BGH NJW 02, 755 mwN; aA Tiedtke NJW 72, 748; K. Schmidt ZZP 87, 316: für die Anwendung des § 185 BGB). Auch eine frühere Sicherungsabtretung geht der Pfändung vor; für diesen Fall empfiehlt sich eine (gleichzeitig zulässige) Pfändung des Rückübertragungsanspruchs (Behr Rpfleger 90, 243 mwN).

29   **bb) Abtretung.** Hat der Vollstreckungsschuldner die Forderung vor Pfändung abgetreten, so ist die Pfändung unwirksam (BGH NJW 02, 755; BAG NJW 93, 2699 mwN) und wird auch nicht durch eine Rückabtretung (BGH aaO) oder eine erfolgreiche Gläubigeranfechtung (§ 2 AnfG) nachträglich wirksam (BGH 100, 36; aA K. Schmidt JZ 87, 889/93; Marotzke KTS 87, 569/86; Tiedtke JZ 93, 73). Das ist wegen § 832 bei laufenden Bezügen anders, so dass bei Rückabtretung die 30 Pfändung wirksam wird (BAG NJW 93, 2699). – **d) Dauer.** Die Pfändung tritt mit wirksamer Zustellung gemäß Abs 3 ein und bleibt bestehen, bis die gepfändete Forderung erlischt (vgl Rn 28), bis zur Aufhebung (Rn 50) oder bis zum Verzicht (§ 843).

31   **10. Wirkung** der Pfändung. Rechtsstellung der Beteiligten: Rn 33–40. **a) Eintritt.** Verstrickung und Pfandrecht entstehen nach den Grundsätzen des § 803 Rn 7–9. Da in der Praxis Pfändung und Überweisung idR (nicht aber bei § 930 und § 720 a) im selben Beschluss vorgenommen werden, treten die Wirkungen von Pfändung und Überweisung zugleich ein, wenn die Pfändung wirksam wird (Rn 26). Fehlen andere Voraussetzungen (vgl Rn 4), zB die Pfändbarkeit (Rn 13), so ist die Pfändung zwar unzulässig, aber bis zur Aufhebung (Rn 50) wirksam. – 32   **b) Umfang.** Verstrickung und Pfandrecht ergreifen die Forderung nebst Zinsen und Nebenrechten (§ 401 BGB), wie sie zZ der Pfändung bestehen, auch Verzugszinsen, rückständige Zinsen (Düsseldorf Rpfleger 84, 473), ferner später entstehende Nebenrechte (§ 401 BGB) nur dann, wenn sie ausdrücklich gepfändet sind. Sie werden nur in Höhe der Vollstreckungsforderung und der Kosten (§ 788 Abs 1) erfasst, wenn dies im Pfändungsausspruch (Rn 21) steht (allgM). Ggf bleibt ein pfandfreier Restbetrag. Fehlt ein beschränkender Ausspruch, so ist die gesamte Forderung gepfändet (hM; RG 151, 279/85; BGH NJW 75, 738; dagegen kritisch Paulus DGVZ 93, 129). Die Pfändung von Schadensersatzansprüchen aus Nichterfüllung eines Kaufvertrags umfasst nicht die Kaufpreisforderung (BGH NJW 00, 1268). Sind mehrere Forderungen gepfändet (Rn 12, 12 a), unterfallen sie in voller Höhe dem Pfandrecht, wenn sie insgesamt den Vollstreckungsbetrag nicht erreichen (BGH aaO). Später fällige fortlaufende Bezüge, werden über § 832, § 833 Abs 1 erfasst.

33   **11. Rechtsstellung des Schuldners.** Er bleibt Inhaber des Rechts, darf aber nichts mehr tun, was die Rechtsstellung des Gläubigers be-

einträchtigt. Er darf insbes nicht einziehen, aufrechnen, erlassen, stunden. Tut er es trotzdem, gelten die §§ 135, 136 BGB. Er darf aber kündigen, auf Feststellung klagen, im Insolvenzverfahren anmelden, einen Arrest erwirken. Zahlung und Hinterlegung verlangen darf er nur an den Gläubiger und sich gemeinsam (RG 108, 318).

12. Rechtsstellung des Gläubigers. Er kann, solange nicht über- **34** wiesen ist (§ 835), nicht über das Recht verfügen, insbes nicht einziehen, erlassen, aufrechnen, kündigen, weil ihm das Recht nicht zusteht. Er darf aber alles tun, um sein Pfandrecht und damit die gepfändete Forderung zu erhalten, insbes gegen den Drittschuldner auf Feststellung klagen, im Insolvenzverfahren anmelden, entspr § 1281 BGB Hinterlegung für sich und den Schuldner gemeinsam verlangen. Er hat aber gegen den Drittschuldner keinen Anspruch auf Ersatz der RA-Kosten aus der Vertragsabwicklung (BGH NJW 85, 1155) und bei Kontenpfändung auf Zusendung der Auszüge (LG Frankfurt MDR 86, 594).

13. Rechtsstellung des Drittschuldners. Hinterlegung gem § 372 **35** BGB ist immer zulässig. – **a) Zum Schuldner.** Der Drittschuldner darf **36** nicht an ihn leisten, ihm gegenüber aufrechnen nur unter den Voraussetzungen des § 392 BGB (BAG NJW 67, 459), so dass bei wirksamer Aufrechnung die gepfändete Forderung erlischt (§ 389 BGB); bei Kontokorrent (vgl Rn 46) verrechnen nur nach § 357 HGB. Leistet der Drittschuldner trotzdem, erlischt im Verhältnis zum Schuldner die Forderung (§ 362 Abs 1 BGB). – **b) Zum Gläubiger. aa) Erfüllung.** **37** Leistet der Drittschuldner an den Schuldner, wird er wegen §§ 135, 136 BGB dem Gläubiger gegenüber nicht befreit, nur ausnahmsweise dann (analog §§ 1275, 407 BGB), wenn er die Pfändung nicht kannte, zB bei Ersatzzustellung (hM). Beweislast hierfür trägt der Drittschuldner. Hat der Drittschuldner in Unkenntnis der Pfändung die Leistung vorgenommen, ist er, wenn er danach Kenntnis erlangt, nicht verpflichtet, den Leistungserfolg zu verhindern (BGH 105, 358 = JZ 89, 299 mit Anm von Brehm). **bb) Rechtshängige Forderung.** Leistet **38** der Drittschuldner auf eine rechtshängige gepfändete Forderung auch nach Verurteilung auf Zahlung an den Schuldner, kann er dem Gläubiger gegenüber nicht Erfüllung einwenden, wenn er die Pfändung im Rechtsstreit nicht geltend gemacht hat, um auf Leistung an den Gläubiger verurteilt zu werden (BGH NJW 83, 886). **cc) Einwendungen.** **39** Wenn der Drittschuldner entgegen dem Verbot (Abs 1 S 1) an den Schuldner leistet, kann er die gegen den Schuldner gerichteten Einwendungen nicht dem Gläubiger entgegensetzen und nicht mehr mit einer Forderung gegen den Schuldner dem Gläubiger gegenüber aufrechnen (aA BGH 58, 25 mwN); denn die Forderung des Schuldners ist erloschen, daher Aufrechnung nicht möglich (§ 387 BGB). Jede Einwendung gegen die erloschene Forderung des Schuldners ist gegenstandslos; dem Gläubiger gegenüber ist wegen §§ 135, 136 BGB nur die Leistung (Zahlung) unwirksam. Der Drittschuldner ist ihm gegenüber deshalb nicht befreit (im Ergebnis ebenso Reinicke NJW 72, 793

40 und 1698; aA differenzierend Denck NJW 79, 2375). **dd) Klagen.** Der Drittschuldner kann auch grundsätzlich gegen den Gläubiger auf Feststellung klagen, dass die Forderungspfändung unwirksam sei (allgM); zB weil eine Forderung nicht bestehe, nachdem er vom Gläubiger vergeblich einen Verzicht gem § 843 verlangt hat (BGH 69, 148). Einer solchen negativen Feststellungsklage fehlt jedoch das Rechtsschutzbedürfnis, wenn die Unwirksamkeit des Pfändungsbeschlusses über § 766 ausreichend geltend gemacht werden kann (BGH aaO; vgl Rn 50).

41   **14. Kontenpfändung.** Die Pfändung von Bankkonten hat große praktische Bedeutung. Es bestehen Besonderheiten. – **a) Grundsatz.** Das Konto muss bereits errichtet und der Schuldner muss Kontoinhaber sein. Das ist er auch bei einem Anderkonto bei dem der Dritte nach
42 § 771 klagen kann. – **b) Geldforderung** (Rn 10). Das ist der Anspruch auf Zahlung aus dem Konto, nicht der Anspruch auf Gutschrift, der nur bewirkt, dass der eingehende Betrag dem Konto gutgeschrieben werden muss. Auch nicht der Anspruch auf Überweisung an einen Dritten (Rn 49), der bei einem Konto im Sollbereich nur greift, wenn dem Kontoinhaber ein Kredit eingeräumt ist, auf den er bereits Anspruch hat (umstr; BGH 93, 315 mwN = JZ 85, 487 mit krit Anm von Grunsky). Keine Geldforderung und nicht selbständig pfändbar sind die Ansprüche auf Rechnungslegung und auf Kontoauszüge (LG Itzehoe NJW 88, 1394; bestr). Auch die Pfändung einer Kreditlinie ist unzu-
43 lässig (Rn 49). – **c) Inhaberschaft.** Es ist zu unterscheiden: **aa) Allein-Konto.** Inhaber ist eine einzige Person, für die es als Eigen- oder An-
44 der-Konto geführt wird. **bb) Oder-Konto.** Inhaber sind zwei oder mehrere Personen mit alleiniger Verfügungsbefugnis eines jeden Mitinhabers. Pfändung gegen einen der Inhaber ist zulässig und unabhängig vom Innenverhältnis (Nürnberg WM 03, 243). Sie gibt den anderen Kontoinhabern kein Interventionsrecht über § 771. Diese können bis zur Auszahlung an den Gläubiger nicht über den gepfändeten Teil verfügen (offen gelassen von BGH NJW 85, 1218; umstr; vgl Gernhuber
45 WM 97, 646/9 mwN). **cc) Und-Konto.** Es besteht nur gemeinschaftliche Verfügungsbefugnis der Konteninhaber. Pfändung gegen einen von
46 ihnen sperrt das Konto ganz. – **d) Saldopfändung.** Es muss unterschieden werden: **aa) Zustellungssaldo.** Die Pfändung kann nur den Guthaben-Saldo ergreifen, nicht einzelne Forderungen des Kontokorrents; diese sind kontokorrentgebunden, unabtretbar und unpfändbar (§ 355 HGB; BGH 80, 172/5). Die nach der Pfändung gutgeschriebenen Beträge sind kontokorrentgebundene Habenposten und werden nicht selbständig von der Pfändung umfasst (BGH 84, 371/6). Auf jeden Fall erfasst wird der Saldo zZ des Wirksamwerdens der Pfändung, der zurzeit der Zustellung an den Drittschuldner (Abs 3), sog Zustel-
47 lungssaldo (hM; BGH 80, 172). **bb) Künftiger Guthabensaldo.** Bezieht sich der Pfändungsausspruch ausdrücklich auf künftige Ansprüche, werden die in der Folgezeit entstehenden Guthaben-Salden erfasst (BGH aaO). Bei Pfändung künftiger Salden wird nicht nur der nächste

vertragliche oder gesetzliche (§ 355 Abs 2 HGB) Abschluss, der ein
Guthaben aufweist, erfasst, sondern jedes künftige, zu den vertraglichen
oder gesetzlichen Abschlüssen entstehende Guthaben bis zur vollen Befriedigung des Gläubigers (BGH aaO). Das gilt nicht für ein beim selben Drittschuldner neu errichtetes Konto (Celle OLGZ 66, 313; bestr).
cc) Tagessaldo. Er bestimmt sich grundsätzlich nach dem erteilten 48
Tagesauszug (Frankfurt WM 94, 684). Von der Pfändung erfasst wird,
unabhängig von den Verrechnungsabschnitten (Abschlüssen), ein dazwischen entstehendes Guthaben des Schuldners über das Girokonto
für Konten ohne (hM; BGH NJW 82, 2194). **dd) Debitorische Girokonten** (Über- 49
ziehungs- und Dispositionskredite). Aktuelle Übersicht Bitter WM
01, 889 und Falke WM 02, 1632. Gepfändet wird der Anspruch aus
dem Darlehensvertrag (§ 488 BGB). Der vereinbarte Dispositionskredit ist auch ohne Abruf des Darlehens pfändbar (BGH NJW 01,
1937), kann aber erst nach Abruf verwertet werden (vgl Falke WM 02,
1632), indem die Bank an den Pfändungsgläubiger zahlt (BGH aaO).
Das Abrufrecht ist gemäß § 851 unpfändbar (Falke aaO). Umstritten
ist die Pfändbarkeit des Anspruchs auf Durchführung von Überweisungen an Dritte (Rn 42; vgl Häuser WM 90, 129 mwN). Gepfändet
werden kann der bereits entstandene Auszahlungsanspruch beim vereinbarten und abgerufenen Dispositionskredit (hM; BGH NJW 01,
1937; Klose MDR 02, 186 mwN; Falke WM 02, 1632). Hierfür genügt nicht eine bloß geduldete Kontenüberziehung (BGH NJW 85,
1218). Das Recht, den Kredit abzurufen, ist nicht pfändbar (Klose
aaO).

15. Aufhebung des Pfändungsbeschlusses erfolgt insbes auf Erinne- 50
rung (§ 766), sofortige Beschwerde (§ 793) oder wegen § 776 durch
Beschluss des Vollstreckungs- oder des Beschwerdegerichts, wobei im
Fall einer unzulässigen, aber wirksamen Zustellung der Beschluss, nicht
die Zustellung aufzuheben ist (Münzberg Fs Zöllner 1203). Die Aufhebung ist idR in der Unzulässigerklärung der betreffenden Pfändung zu
sehen, da das Vollstreckungsgericht zugleich Vollstreckungsorgan ist.
Der Beschluss wirkt, sobald er nach § 329 wirksam ist, unabhängig von
seiner Rechtskraft, aber nicht rückwirkend (hM). Wird der aufhebende
Beschluss aufgehoben, so lebt die Pfändung nicht wieder auf und muss
neu erfolgen (Saarbrücken OLGZ 71, 425). Sie wirkt auch nur ex nunc
(wichtig für § 804 Abs 3).

16. Änderung des Pfändungsbeschlusses geschieht wie die Aufhe- 51
bung (vgl Rn 50). Dabei sollte ausdrücklich bestimmt werden, ob die
Änderung zurückwirkt oder nicht. Änderungen des gepfändeten Betrages, die auf Rechtsbehelf hin beschlossen werden, wirken grundsätzlich
nicht zurück; jedoch kann im Beschluss Rückwirkung insoweit angeordnet werden, als die begründenden Umstände schon früher vorlagen.
Im Zweifel ist Rückwirkung abzulehnen (vgl BAG NJW 62, 510).
Keine Änderung ist die bloße Berichtigung (§ 319; § 329 Rn 13), die

aber wie eine Änderung zu behandeln ist, wenn sie den Pfändungsumfang betrifft.

52   **17. Rechtsbehelfe gegen abgelehnte Pfändung.** Sie stehen nur dem Gläubiger zu. – **a) Vollstreckungsgericht.** Es findet sofortige Beschwerde statt (hM; § 11 Abs 1 RPflG; § 793). Das gilt auch, wenn der Rechtspfleger dem Antrag nur teilweise stattgibt (Koblenz Rpfleger 89, 276). Wird die Pfändung auf Erinnerung (§ 766) des Schuldners oder Drittschuldners (vgl Rn 55) vom Vollstreckungsgericht für unzulässig erklärt, aufgehoben oder geändert (Rn 50, 51), so steht dem Gläubiger die sofortige Beschwerde zu (§ 793). Sie ist nicht wegen fehlenden Rechtsschutzbedürfnisses unzulässig, obwohl neue Pfändung nötig ist (vgl Rn 50); denn auch das Beschwerdegericht kann pfänden (§ 828 Rn 2) und das Vollstreckungsgericht muss nicht erst über einen neuen Pfändungsantrag des Gläubigers entscheiden. – **b) Beschwerde-**
53 **gericht.** Hebt es die Pfändung auf und lehnt den Pfändungsantrag ab, so kann Rechtsbeschwerde zugelassen werden (§ 574). Diese darf aber nur das Ziel haben, das Vollstreckungsgericht anzuweisen, einen neuen Pfändungsbeschluss zu erlassen; denn die aufgehobene Pfändung kann nicht rückwirkend wiederhergestellt werden (Koblenz Rpfleger 86, 229).

54   **18. Rechtsbehelfe gegen den Pfändungsbeschluss.** Es muss unterschieden werden, wer ihn erlassen hat: – **a) Vollstreckungsgericht. aa) Erinnerung** (§ 766), auch für den Drittschuldner (hM; BGH 121, 98 mwN) und nachpfändenden Gläubiger (BGH NJW-RR 89, 636).
55 Es kann abgeholfen werden (§ 766 Rn 9). **bb) Sofortige Beschwerde** findet nur ausnahmsweise gemäß § 793, § 11 Abs 1 RPflG statt, wenn der Beschluss nach vorheriger Anhörung des Schuldners (§ 834) ergangen ist (Köln NJW-RR 01, 69; LG Zweibrücken Rpfleger 94, 244), zB bei Pfändung von Sozialleistungen (Frankfurt Rpfleger 93, 57) oder wenn der Rechtspfleger auf Erinnerung des Schuldners (§ 766) durch Abhilfe (Rn 54) den Pfändungsbeschluss aufgehoben hat (Koblenz MDR 83, 413). Das gilt auch für den Drittschuldner (Bamberg NJW
56 78, 1389). – **b) Beschwerdegericht.** Weist es die sofortige Beschwerde zurück oder erlässt es den Pfändungsbeschluss (§ 828 Rn 2), kann Rechtsbeschwerde zugelassen werden (§ 574).

57   **19. Kosten.** Die Erstattung richtet sich nach § 788. Kostenpflicht des Gläubigers ist über § 788 Abs 4 bei sog Verdachtpfändung (Hornung Rpfleger 98, 381 [397] und Mehrfachpfändung (Hornung aaO) möglich. Für die Gebühren gelten: Gericht KV 1640; RA § 57 Abs 1, 2 Nr 1 BRAGO.

§ 830 Pfändung; Hypothekenforderung

(1) ¹**Zur Pfändung einer Forderung, für die eine Hypothek besteht, ist außer dem Pfändungsbeschluß die Übergabe des Hypothekenbriefes an den Gläubiger erforderlich.** ²**Wird die Übergabe im Wege der Zwangsvollstreckung erwirkt, so gilt sie**

als erfolgt, wenn der Gerichtsvollzieher den Brief zum Zwecke der Ablieferung an den Gläubiger wegnimmt. [3] Ist die Erteilung des Hypothekenbriefes ausgeschlossen, so ist die Eintragung der Pfändung in das Grundbuch erforderlich; die Eintragung erfolgt auf Grund des Pfändungsbeschlusses.

(2) Wird der Pfändungsbeschluß vor der Übergabe des Hypothekenbriefes oder der Eintragung der Pfändung dem Drittschuldner zugestellt, so gilt die Pfändung diesem gegenüber mit der Zustellung als bewirkt.

(3) [1] Diese Vorschriften sind nicht anzuwenden, soweit es sich um die Pfändung der Ansprüche auf die im § 1159 des Bürgerlichen Gesetzbuchs bezeichneten Leistungen handelt. [2] Das gleiche gilt bei einer Sicherungshypothek im Falle des § 1187 des Bürgerlichen Gesetzbuchs von der Pfändung der Hauptforderung.

1. Allgemeines. § 830 stellt für die Pfändung von Hypothekenforderungen neben § 829 zusätzliche Erfordernisse auf und passt sie den Vorschriften des BGB an, insbes dem § 1153. Es müssen alle Voraussetzungen der Forderungspfändung vorliegen (§ 829 Rn 4). Auch für die Durchführung, Wirksamkeit und Wirkung der Pfändung gelten grundsätzlich die Anmerkungen zu § 829.

2. Anwendungsbereich. – a) Anwendbar ist die Vorschrift nur, wenn die Hypothek zum Zeitpunkt der Pfändung besteht. Dies ist nach BGB zu beurteilen. Entsteht die Hypothek nach Forderungspfändung, wird sie von dieser Pfändung erfasst (§ 829 Rn 32). – **b) Entsprechend anwendbar** ist § 830 bei Reallasten, Grund- und Rentenschulden (§ 857 Abs 6; dort Rn 11). – **c) Nicht anwendbar** ist § 830 bei der Wertpapierhypothek (Abs 3; § 1187 BGB). Diese wird nach § 831 gepfändet. § 830 gilt auch nicht für Nebenleistungen, insbes rückständige Zinsen (§ 1159 BGB), für die allein § 829 anzuwenden ist.

3. Durchführung bei Briefhypothek. Erforderlich ist ein wirksamer Pfändungsbeschluss (§ 829 Rn 26–29). Zur Bestimmbarkeit des Grundpfandrechts (§ 829 Rn 7) muss das Grundstück nach dem Grundbuch (Band und Blatt), mindestens nach Postanschrift angegeben werden (BGH NJW 75, 980). – **a) Drittschuldner** sind sowohl der persönliche Schuldner als auch der Eigentümer, uU also zwei Personen. Die Zustellung an den Drittschuldner ist zwar entbehrlich, da sie durch Übergabe oder Wegnahme des Briefs (Rn 5, 6) ersetzt wird, aber zweckmäßig wegen § 407 BGB und der Fiktion des Abs 2. Diese setzt voraus, dass die Übergabe oder die Eintragung wirklich nachfolgen. – **b) Vollendet,** trotz Überweisung (§ 837) bis dahin unwirksam (BGH NJW 94, 3225) ist die Pfändung mit: **aa) Übergabe** des Briefs (auch freiwillig) durch einen Dritten an den Gläubiger oder den Gerichtsvollzieher. **bb) Wegnahme** des Briefs durch den Gerichtsvollzieher (Abs 1 S 2) erfolgt nach den §§ 883, 886 (hM). Vollstreckungstitel

ist der Pfändungsbeschluss, der nicht vollstreckbar ausgefertigt, aber zugestellt sein muss (§ 829 Rn 25). Wird statt dessen (unrichtig) der Herausgabeanspruch über §§ 846, 847 gepfändet, tritt jedenfalls Verstrickung ein mit Vorrang gegenüber späteren Zessionaren und Pfändungs-
7 gläubigern (BGH NJW 79, 2045). **cc) Mitbesitz:** wenn er bei Anschlusspfändung (§ 829 Rn 2) durch den vorangehenden Pfandgläubiger
8 (auch über § 886) eingeräumt wird. **dd) Aushändigung** des Pfändungsbeschlusses, wenn der Gläubiger den Brief schon mit Willen des
9 Schuldners besitzt. – **c) Teilhypothek.** Es ist, solange kein Teilbrief ausgestellt ist, mit dem Vollbrief nach Rn 5–8 zu verfahren. Wird eine Hypothekenforderung nur zT gepfändet (§ 829; Rn 32), hat der Gläubiger Anspruch auf einen Teilbrief (Oldenburg Rpfleger 70, 100). –
10 **d) Dauer.** Verstrickung und Pfandrecht (§ 829 Rn 31) dauern, solange Gläubiger oder Gerichtsvollzieher den Brief besitzen (RG 92, 265).

11   **4. Durchführung bei Buchhypothek.** Erforderlich ist ein wirksamer Pfändungsbeschluss (wie Rn 3). Vollendet wird die Pfändung (Rn 5) hier durch Eintragung ins Grundbuch, und zwar auf Antrag des Gläubigers im Verfahren nach GBO. Das Grundbuchamt ist hier nicht Vollstreckungsorgan (hM). Der Pfändungsbeschluss ersetzt die Eintragungsbewilligung (§ 19 GBO). Die fehlende Voreintragung (§ 39 GBO), zB weil der Schuldner nicht als Hypothekengläubiger eingetragen ist, kann dadurch ersetzt werden, dass der Gläubiger die Berichtigung des Grundbuchs über §§ 14, 22, 29 GBO herbeiführt.

12   **5. Wirksamkeit** einer Pfändung. Es gilt grundsätzlich § 829 Rn 26–29. Anstatt Zustellung (§ 829 Rn 24) muss bei der Briefhypothek Übergabe oder ihr Ersatz (Rn 5–8), bei der Buchhypothek die Eintragung (Rn 11) erfolgen. Wie bei § 829 Rn 29 entstehen Verstrickung und Pfandrecht nicht, wenn nicht der Schuldner, sondern ein Dritter Hypothekengläubiger ist (BGH NJW 81, 1941).

13   **6. Wirkung** (Abs 2). Sie entspricht dem § 829 Rn 31 und 32. Ist der Pfändungsbeschluss bei Zustellung nicht wirksam (Rn 12), tritt eine Rückwirkung nur ein, wenn die Pfändung noch wirksam wird (BGH NJW 94, 3225 mwN). Verstrickung und Pfandrecht erlöschen (vgl § 803 Rn 11) entweder mit Aufhebung des Pfändungsbeschlusses (§ 829 Rn 50), mit Rückgabe des Briefes (Rn 10) oder Löschung der Pfändung im Grundbuch.

14   **7. Rangverhältnisse. – a) Pfandrechte:** § 804 Abs 3. Auch die Pfändung gem §§ 846, 847 kann den Rang wahren (vgl Rn 6). Bei der Buchhypothek entscheidet die Reihenfolge der Eintragungen (Köln
15 Rpfleger 91, 241 mwN und krit Anm Hintzen). – **b) Teilpfändung.** Es gilt § 879 BGB; daher besteht zwischen dem gepfändeten Teil und dem Rest Gleichrang, wenn der Pfändungsbeschluss nichts anderes bestimmt. Der Gläubiger hat nur gegenüber dem Schuldner Anspruch auf Vorrang. Er kann auf Antrag den Teilbetrag mit Vorrang vor dem Rest pfänden.

8. Rechtsbehelfe. Es gilt grundsätzlich § 829 Rn 50–56. Gegen **16** das Verfahren des Grundbuchamts findet Beschwerde statt (§ 71 GBO).

§ 830 a Pfändung; Schiffshypothekenforderung

(1) **Zur Pfändung einer Forderung, für die eine Schiffshypothek besteht, ist die Eintragung der Pfändung in das Schiffsregister oder in das Schiffsbauregister erforderlich; die Eintragung erfolgt auf Grund des Pfändungsbeschlusses.**

(2) **Wird der Pfändungsbeschluß vor der Eintragung der Pfändung dem Drittschuldner zugestellt, so gilt die Pfändung diesem gegenüber mit der Zustellung als bewirkt.**

(3) **[1] Diese Vorschriften sind nicht anzuwenden, soweit es sich um die Pfändung der Ansprüche auf die im § 53 des Gesetzes über Rechte an eingetragenen Schiffen und Schiffsbauwerken vom 15. November 1940 (Reichsgesetzbl. I S. 1499) bezeichneten Leistungen handelt. [2] Das gleiche gilt, wenn bei einer Schiffshypothek für eine Forderung aus einer Schuldverschreibung auf den Inhaber, aus einem Wechsel oder aus einem anderen durch Indossament übertragbaren Papier die Hauptforderung gepfändet wird.**

Die Regelung entspricht der bei der Buchhypothek (§ 830 Rn 11). **1**

§ 831 Pfändung indossabler Papiere

Die Pfändung von Forderungen aus Wechseln und anderen Papieren, die durch Indossament übertragen werden können, wird dadurch bewirkt, daß der Gerichtsvollzieher diese Papiere in Besitz nimmt.

1. Pfändung von Recht und Papier (hierzu Geißler DGVZ 86, **1** 110). – **a) Vornahme.** Sie geschieht nicht nach § 829, sondern nach § 808, indem der Gerichtsvollzieher das Papier in Besitz nimmt (§ 175 GVGA). Es gelten die §§ 809, 826. Die Pfändung unterbleibt, wenn der Schuldner nach dem Inhalt des Papiers eindeutig nicht Berechtigter ist (§ 808 Rn 9). Die Verwertung erfolgt über § 835, also anders als bei § 821. – **b) Pfändungsbeschluss** (nach § 829 oder § 847) ist unnötig, **2** wenn er erlassen wird, fehlerhaft, daher auch von Amts wegen aufzuheben, aber als behördliche Anweisung wirksam und zu befolgen. Dies wird vom Schrifttum verneint, vom BGH in MDR 80, 1016 für den Fall bejaht, dass eine Pfandverstrickung an der Sache eintritt.

2. Indossable Papiere. Nur solche über Forderungen, insbes **3** kaufmännische Orderpapiere (§ 363 HGB), Wechsel und Schecks. Ob der Inhaberscheck unter § 831 fällt, ist umstr (vgl Geißler aaO mwN).

§ 832 Pfändungsumfang bei fortlaufenden Bezügen

Das Pfandrecht, das durch die Pfändung einer Gehaltsforderung oder einer ähnlichen in fortlaufenden Bezügen bestehenden Forderung erworben wird, erstreckt sich auch auf die nach der Pfändung fällig werdenden Beträge.

1 **1. Anwendbar** bei einer einheitlichen Rechtsbeziehung, aus der fortlaufend Leistungen (nicht notwendig Geld) fällig werden, zB ständige Arbeits- und Dienstverhältnisse, Sozialleistungen, Ruhegehalt, Provisionen eines Handelsvertreters, Zinsen, Miete und Pacht (hM). Dass Forderungen entstanden und fällig sind, wird nicht vorausgesetzt (hM; BAG NJW 93, 2699).

2 **2. Wirkung.** Sofern ohne Beschränkung eine Rate wirksam gepfändet wird (§ 829 Rn 26–29), erstreckt sich die Pfändung auf die künftig fällig werdenden Raten, auch wenn sie im Pfändungsausspruch (§ 829 Rn 21) nicht erwähnt sind. Sie können darin auch ausdrücklich aufgenommen werden (§ 829 Rn 10; Behr Rpfleger 90, 243). Wird ein Arbeits- oder Dienstverhältnis beendet, ist die Pfändung gegenstandslos (allgM). Wird es bald danach fortgesetzt oder steht es in innerem Zusammenhang, so wirkt die Pfändung weiter (hM; BAG NJW 93, 2701).

§ 833 Pfändungsumfang bei Arbeits- und Diensteinkommen

(1) [1] Durch die Pfändung eines Diensteinkommens wird auch das Einkommen betroffen, das der Schuldner infolge der Versetzung in ein anderes Amt, der Übertragung eines neuen Amtes oder einer Gehaltserhöhung zu beziehen hat. [2] Diese Vorschrift ist auf den Fall der Änderung des Dienstherrn nicht anzuwenden.

(2) Endet das Arbeits- oder Dienstverhältnis und begründen Schuldner und Drittschuldner innerhalb von neun Monaten ein solches neu, so erstreckt sich die Pfändung auf die Forderung aus dem neuen Arbeits- oder Dienstverhältnis.

1 **Anwendbar** nur bei Dienst-, insbes Arbeitseinkommen (wie § 850 Rn 6). Amt ist jede Arbeitsstelle. Eine Änderung des Arbeitgebers oder
2 Dienstherrn (Abs 1 S 2) erfordert einen neuen Pfändungsbeschluss. **Voraussetzungen:** wirksame Pfändung (§ 829 Rn 26–29). Dienstherr ist der Arbeitgeber oder Dienstberechtigte (§ 611 BGB). Bei juristischen Personen des öffentlichen Rechts ist jede selbständig; daher gilt § 833 nicht, wenn zB vom Staat zu einer Gemeinde gewechselt wird (Abs 1 S 2). Gesamtrechtsnachfolge, Fusion und Umwandlung (zB oHG zu GmbH) ist keine Änderung iS des Abs 1 S 2. Das wird auch für den Übergang gemäß § 613a BGB angenommen (LAG Frankfurt
3 MDR 00, 232). **Unterbrochenes Dienst- oder Arbeitsverhältnis** (Abs 2) liegt insbes bei saisonbedingter Arbeit und bei wechselnder Auftragslage vor. Es darf nicht länger als 9 Monate unterbrochen sein.

Berechnung: § 222 Abs 1 und 2, so dass insbes § 188 BGB gilt. Die Frist läuft vom Ende bis zum (Wieder) Beginn des Arbeitsverhältnisses. Unerheblich ist der Zeitpunkt der Kündigung und des Vertragsschlusses. Die Pfändung wirkt fort und lebt wieder auf. Es kommt nicht auf die tatsächliche Beschäftigung, sondern auf den rechtlichen Bestand des Dienst- oder Arbeitsverhältnisses an.

§ 834 Keine Anhörung des Schuldners
Vor der Pfändung ist der Schuldner über das Pfändungsgesuch nicht zu hören.

Zweck. Es soll dem Schuldner erschwert werden, die Zwangsvollstreckung zu vereiteln. Art 103 Abs 1 GG steht nicht entgegen, auch wenn der Pfändungs- und Überweisungsbeschluss einheitlich ergeht (hM; Kahlke NJW 91, 2688). **Anwendbar** auch im Rechtsmittelverfahren nach abgelehnter Pfändung (hM; KG Rpfleger 94, 425; Köln NJW-RR 88, 1467) Die Anhörung vor Überweisung (§ 835) wird durch § 834 jedoch nicht verboten (Münzberg Rpfleger 82, 329 mwN). **Ausnahmen:** § 850b Abs 3 und § 54 Abs 5 SGB I. Beantragt der Gläubiger die Anhörung, muss der Schuldner gehört werden (Celle MDR 72, 958). 1

2

3

§ 835 Überweisung einer Geldforderung
(1) Die gepfändete Geldforderung ist dem Gläubiger nach seiner Wahl zur Einziehung oder an Zahlungs Statt zum Nennwert zu überweisen.

(2) Im letzteren Falle geht die Forderung auf den Gläubiger mit der Wirkung über, daß er, soweit die Forderung besteht, wegen seiner Forderung an den Schuldner als befriedigt anzusehen ist.

(3) [1]Die Vorschriften des § 829 Abs. 2, 3 sind auf die Überweisung entsprechend anzuwenden. [2]Wird ein bei einem Geldinstitut gepfändetes Guthaben eines Schuldners, der eine natürliche Person ist, dem Gläubiger überwiesen, so darf erst zwei Wochen nach der Zustellung des Überweisungsbeschlusses an den Drittschuldner aus dem Guthaben an den Gläubiger geleistet oder der Betrag hinterlegt werden.

1. Allgemeines. Die Überweisung ist der normale Weg, die Forderung zu verwerten. Eine andere Verwertungsart kann angeordnet werden (§ 844). Ausgeschlossen ist Überweisung bei Arrest (§ 930 Rn 1) mit Folge der Nichtigkeit im Falle des Verstoßes (BGH 121, 98) und bei Sicherungsvollstreckung (§ 720a Abs 1). Die Überweisungsarten des Abs 1 stehen zur Wahl. Die Voraussetzungen entsprechen denen der Pfändung (§ 829 Rn 4). Außerdem muss die Forderung schon für den Gläubiger gepfändet sein (§ 829 Rn 26) oder gleichzeitig gepfändet werden. 1

2   **2. Durchführung** (Abs 3 S 1). In der Regel sind Pfändungs- und Überweisungsbeschluss verbunden. Zum Pfändungsausspruch (§ 829 Rn 21) tritt die Überweisungsanordnung. Im übrigen wird die Überweisung wie die Pfändung durchgeführt (§ 829 Rn 19–25). Sie muss ausdrücklich nach ihrer Art, nämlich zur Einziehung oder an Zahlungs Statt bestimmt sein (Abs 1), im Fall der Abwendungsbefugnis (§ 839) auch die Anordnung enthalten, dass zu hinterlegen ist. Wirksam wird die Überweisung wie der Pfändungsbeschluss (§ 829 Rn 26–29); außerdem muss die Pfändung wirksam sein (BGH NJW 94, 3225 mwN). Urkunden, die gemäß § 836 Abs 3 herauszugeben sind, müssen bezeichnet werden (§ 836 Rn 15).

3   **3. Wirkung.** Die Überweisung ergreift auch die Nebenrechte (§ 401 BGB; § 829 Rn 32), insbes den Anspruch gegen den Drittschuldner auf Auskunft (§ 402 BGB; Karlsruhe NJW-RR 98, 990 für Bankgiro). Der Gläubiger kann vom Schuldner Herausgabe von Pfandstücken verlangen, auch Übertragung von Sicherungseigentum, wenn nicht eine Abrede mit dem Sicherungsgeber entgegensteht (Palandt § 401 Rn 5). Weitere Wirkungen: § 836.

4   **4. Überweisung zur Einziehung** ist die normale, im Falle des § 839 zwingende Überweisungsart. Sie ist vom Gläubiger im Zweifel beantragt, also so auszulegen und nicht gemäß Rn 5. Die ZwVollstr wird erst beendet, wenn der Gläubiger vom Drittschuldner Zahlung erlangt (29 vor § 704).

5   **5. Überweisung an Zahlungs Statt** (Abs 2) wirkt wie eine Abtretung der gepfändeten Forderung (§§ 398 ff BGB). Sie führt dazu, dass der Gläubiger zugleich wegen der Vollstreckungsforderung als befriedigt gilt, sofern die gepfändete Forderung besteht (Abs 2) und nicht durch Einwendungen (43, 44 vor § 253) vernichtet oder gehemmt wird (§ 404 BGB). Dass die Forderung eingebracht werden kann, geht auf Gefahr des Gläubigers. Wegen dieses Risikos kommt diese Überweisungsart fast gar nicht vor. Möglich ist sie nur bei Geldforderungen (2 vor § 803; vgl auch §§ 839, 849).

6   **6. Leistungssperre** (Abs 3 S 2). Sie ist im Zusammenhang mit der Überweisungswirkung des § 836 zu sehen. Die Vorschrift soll dem Schuldner die Wirkung des Antrags gem § 850 k sichern, ist hierfür jedoch zu weit gefasst (vgl Rn 8). Einschränkende Auslegung ist geboten. –

7   **a) Anwendbar:** nur auf Geldguthaben von natürlichen Personen (§ 1 BGB), die sie bei Banken, Sparkassen und anderen Kreditinstituten ha-

8   ben. – **b) Voraussetzungen** sind Pfändung (§ 829) und Überweisung (§ 835) eines (Geld)Guthabens des Schuldners, gleichgültig welcher Art und welcher Herkunft (Hornung Rpfleger 78, 352/60). Der Schutz des Abs 3 umfasst daher nicht nur den einer Forderung aus § 850 k. –

9   **c) Wirkung.** Erst 2 Wochen (Berechnung: § 222; zwingende gesetzliche Frist) nach Zustellung an den Drittschuldner darf dieser leisten oder hinterlegen (§ 839). Wegen des Zwecks (Rn 6) wird dem Drittschuldner vorher auch die Aufrechnung mit Forderungen gegen den Gläubi-

ger (§ 836 Rn 3) zu versagen sein. Die sonstigen Wirkungen der Über- 10
weisung (§ 836) bleiben unberührt. – **d) Verstoß** begründet einen
Schadensersatzanspruch aus § 823 Abs 2 BGB, aber nur, wenn der
Schuldner den Antrag aus § 850 k rechtzeitig stellt.

7. Sonstiges. Aufhebung: wie § 829 Rn 50. Kosten: § 788 Abs 1. 11
Gebühren: für Gericht KV 1640; für RA § 58 Abs 1 BRAGO. Rechtsbehelfe: wie bei der Pfändung (§ 829 Rn 52–56). Bei Überweisung an
Zahlungs Statt ist jedoch die Erinnerung (§ 766) wegen Beendigung
der ZwVollstr unzulässig (LG Düsseldorf Rpfleger 82, 112).

§ 836 Wirkung der Überweisung

(1) **Die Überweisung ersetzt die förmlichen Erklärungen des
Schuldners, von denen nach den Vorschriften des bürgerlichen
Rechts die Berechtigung zur Einziehung der Forderung ab-
hängig ist.**

(2) **Der Überweisungsbeschluß gilt, auch wenn er mit Unrecht erlassen ist, zugunsten des Drittschuldners dem Schuldner gegenüber so lange als rechtsbeständig, bis er aufgehoben
wird und die Aufhebung zur Kenntnis des Drittschuldners gelangt.**

(3) [1] **Der Schuldner ist verpflichtet, dem Gläubiger die zur
Geltendmachung der Forderung nötige Auskunft zu erteilen
und ihm die über die Forderung vorhandenen Urkunden herauszugeben.** [2] **Erteilt der Schuldner die Auskunft nicht, so ist
er auf Antrag des Gläubigers verpflichtet, sie zu Protokoll zu
geben und seine Angaben an Eides Statt zu versichern.** [3] **Die
Herausgabe der Urkunden kann von dem Gläubiger im Wege
der Zwangsvollstreckung erwirkt werden.**

1. Allgemeines. Die Wirkung der Überweisung (Abs 1) tritt erst 1
mit Zustellung an den Drittschuldner ein. Der Überweisungsbeschluss
überträgt die Forderung entweder unbeschränkt (§ 835 Rn 5) oder nur
zur Einziehung (§ 835 Rn 4). Ersetzt wird nach Abs 1 insbes der
§ 1154 Abs 1 BGB und das Inkassoindossament (Art 18 WG), nicht das
Vollindossament. Ist an Zahlungs Statt überwiesen (§ 835 Rn 5), so tritt
der Gläubiger in vollem Umfang an die Stelle des Schuldners. Anders
ist das, wenn zur Einziehung überwiesen ist (vgl Rn 2–8).

2. Rechtsstellung des Schuldners. Er bleibt Inhaber der Forde- 2
rung; diese bleibt verstrickt. Er darf darüber verfügen, aber nicht zum
Nachteil des Gläubigers. Daher darf er gegen den Drittschuldner auf
Feststellung des Bestehens der Forderung (hM), auf Leistung an den
oder die Gläubiger nach Rangfolge (§ 804 Abs 3) klagen (BGH NJW
01, 2178), jedenfalls bei unzureichenden Einziehungsbemühungen des
Gläubigers (Hau WM 02, 325). Klagen darf der Schuldner auch für den
nicht gepfändeten Rest der Forderung auf Zahlung an sich (BGH aaO)
oder auf Hinterlegung für den Gläubiger und sich gemeinsam, aber

nicht auf Leistung an sich und den Gläubiger. Wird die Forderung an den Gläubiger überwiesen, während der Schuldner sie einklagt, muss dieser den Antrag auf Leistung an den Gläubiger umstellen (LG Berlin MDR 86, 327).

3   **3. Rechtsstellung des Gläubigers.** Durch den Überweisungsbeschluss erlangt er die Einziehungsbefugnis. Er darf im eigenen Namen die Forderung kündigen, einziehen und auf Leistung an sich klagen, auf Leistung an den Schuldner aber dann, wenn das Recht auf Abtretung einer Forderung (§ 857 Abs 1) gepfändet und überwiesen ist (BGH NJW 98, 2969). Ist über die Forderung bereits ein Titel erteilt, kann der Gläubiger gemäß § 727 umschreiben lassen, so dass eine Leistungsklage unzulässig ist (vgl § 727 Rn 2; Karlsruhe FamRZ 02, 1500 mwN). Bei Arbeitseinkommen sind die Arbeitsgerichte zuständig (zur Schlüssigkeit der Klage vgl LAG Hamburg NJW-RR 86, 743), bei Dienst- und Versorgungsbezügen von Beamten die Verwaltungsgerichte (VGH Kassel NJW 92, 1253). Außerdem kann der Gläubiger gegen eine Forderung des Drittschuldners diesem gegenüber aufrechnen, auch einen Arrest erwirken. Er darf nicht: die Forderung erlassen (§ 397 BGB), abtreten (§ 398 BGB) oder stunden, dies ausnahmsweise dann, wenn er die finanziellen Auswirkungen der Stundung übernimmt (BGH NJW 78, 1914) oder sich bei Erlass oder Abtretung in der entsprechenden Höhe dem Schuldner gegenüber für befriedigt erklärt (RG 169, 54). Für andere Verfügungen gilt § 185 BGB.

4   **4. Rechtsstellung des Drittschuldners. – a) Leisten** darf er nur noch an den Vollstreckungsgläubiger (Rn 3), aber an diesen und den Schuldner nur gemeinsam, wenn die ZwVollstr einstweilen eingestellt ist (§ 775 Nr 2; BGH NJW 99, 953). – **b) Aufrechnung.** Mit einer Forderung gegen den Vollstreckungsgläubiger darf er diesem gegenüber aufrechnen. Er darf nach Maßgabe des § 406 BGB auch mit einer gegen den Schuldner bestehenden Forderung aufrechnen (vgl hierzu BGH NJW 80, 584). Die Aufrechnungserklärung (§ 388 S 1 BGB) muss dem (iS des § 406 BGB neuen) Gläubiger gegenüber abgegeben werden. § 392 BGB hindert die Aufrechnung mit Forderungen, die nach **5** Beschlagnahme erworben wurden. – **c) Zahlung.** Zahlt der Drittschuldner, gilt insoweit die Vollstreckungsforderung als erfüllt (vgl § 815 Abs 3, § 819). Wenn er an den Schuldner leistet, wird er nur befreit, wenn er die Pfändung und Überweisung nicht kannte (§ 829 Rn 37; § 407 BGB). Der Drittschuldner leistet auf eigene Gefahr (Rn 2; BGH NJW 88, 495). Bei mehrfacher Überweisung gilt § 408 BGB. Der Drittschuldner hat keinen Anspruch aus § 812 BGB gegen einen nachrangigen (§ 804 Abs 3) Gläubiger, an den er in Kenntnis der vorrangigen Pfändung geleistet hat (München NJW 78, 1438). Bei Leistung an **6** den Gläubiger gilt Abs 2. – **d) Einwendungen** (Rn 42–44 vor § 253) darf der Drittschuldner geltend machen, wie sie ihm gegen den Schuldner zustehen (§ 404 BGB), zB einen Anspruch auf Freistellung von der überwiesenen Forderung (BGH NJW 85, 1768), nicht aber solche, die dem Schuldner gegen den Gläubiger (also gegen die Vollstreckungsforderung) zustehen (BAG NJW 89, 1053). Dass die Überweisung nichtig und damit unwirksam sei (§ 835 Rn 2), kann der Drittschuldner gegen den Gläubiger im Prozess verteidigend geltend machen (BGH NJW 76, 851; BAG NJW 89, 2148), ohne dass der Überweisungsbeschluss aufgehoben sein muss. Ist er nur fehlerhaft, so muss erst die Aufhebung über § 766 herbeigeführt werden (umstr; vgl Brox/Walker 653). Hat der Drittschuldner damit Erfolg, ist die Klage wegen fehlender Sachbefugnis unbegründet (vgl Rn 3). Diese Rechtsfolgen ergeben sich daraus, dass die Stellung des Drittschuldners durch die Überweisung nicht beeinträchtigt werden darf. – **e) Nichtbestehen** der gepfändeten Forderung. **7** Dem Drittschuldner, der an den Gläubiger geleistet hat, steht der Anspruch aus § 812 Abs 1 BGB auch unmittelbar gegen den Gläubiger zu, obwohl der Schuldner Inhaber der Forderung ist (hM; BGH NJW 02, 2871; aA 24. Aufl). – **f) Abtretung.** Pfändung und Überweisung sind **8** unwirksam, wenn der Schuldner die Forderung vorher abgetreten hat (§ 829 Rn 29). Die Rechtsverhältnisse zwischen Zessionar, Schuldner (Zedent) und Drittschuldner richten sich nach den §§ 404 ff BGB (hierzu Oerke DGVZ 93, 147 mwN).

9. Schutz des Drittschuldners (Abs 2). Die Vorschrift ist anwend- **9** bar, soweit die Forderung überwiesen ist (§ 835 Rn 2), unanwendbar bei nichtiger Überweisung (58 vor § 704; BGH 121, 98); jedoch nur, wenn die Nichtigkeit offenkundig ist (BGH 127, 146). Zu Unrechterlassen ist der Beschluss, wenn er fehlerhaft und deshalb anfechtbar ist (59 vor § 704), zB weil die Forderung unpfändbar ist (BAG NJW 66, 222). – **a) Wirkung.** Ist die Überweisung unwirksam (§ 835 Rn 2) **10** oder aufgehoben (§ 835 Rn 10) und kennt dies der Drittschuldner nicht, wird er durch Leistung an den Gläubiger befreit, aber nur dann, wenn die überwiesene Forderung dem Schuldner zusteht. Nicht befreit wird der Drittschuldner, wenn die Forderung dem Vollstreckungsschuldner nie zugestanden hat, sondern einem Dritten zusteht (BGH NJW 88, 495). Abs 2 gilt entspr im Verhältnis des Drittschuldners zum Pfändungsgläubiger für den Rang der Überweisung (BGH 66, 394), nicht aber zugunsten eines Drittschuldners, der die Zahlung verschwiegen hat, wenn der Pfändungs- und Überweisungsbeschluss aufgehoben oder der Rang geändert wird (BAG NJW 90, 2641). – **b) Kenntnis** **11** erlangen (letzter Hs) kann der Drittschuldner auch durch formlose Vorlegung eines Beschlusses, in dem die ZwVollstr einstweilen eingestellt wird (zB nach § 769; RG 128, 81). Erfährt der Drittschuldner aber, dass die Pfändung aufgehoben ist, kann er an den Schuldner befreiend leisten (BGH 66, 394). – **c) Doppel- und Überzahlung** des **12** Drittschuldners führen zum Rückzahlungsanspruch gegen den Schuldner aus § 812 Abs 1 S 1 BGB, jedoch auch aus §§ 670, 683 BGB denkbar (Seibert WM 84, 521). – **d) Kosten** der Übersendung und Be- **13** arbeitung kann der Drittschuldner nur vom Schuldner, nicht vom Gläubiger fordern.

14   **6. Schuldnerpflichten** (Abs 3). Überblick und Rechtsfolgen: Stöber MDR 01, 301. – **a) Auskunft** (Abs 3 S 1). Der Anspruch steht selbständig neben § 840 (LG Koblenz DGVZ 97, 126). Auf Tatsachen, die einer Verschwiegenheitspflicht unterliegen, erstreckt sich der Anspruch
15 nicht (Stuttgart NJW 94, 2838). – **b) Herausgabe** (Abs 3 S 1). Erfüllt sie der Schuldner nicht freiwillig, wird nach § 883 vollstreckt (Abs 3 S 3), ggf über § 883 Abs 2. Vollstreckungstitel ist der Überweisungsbeschluss, der die Urkunde bezeichnen muss (§ 174 GVGA), in Verbindung mit dem Titel, aus dem die Pfändung und Überweisung erwirkt wurde. Ist die Urkunde im Überweisungsbeschluss nicht bezeichnet, so ist er durch das Vollstreckungsgericht auf Antrag zu ergänzen (§ 321 entspr; vgl § 329 Rn 13; LG Hannover Rpfleger 94, 221;
16 LG Koblenz DGVZ 97, 126). – **c) Offenbarung** (Abs 3 S 2). Die Vorschrift orientiert sich an § 883 Abs 2, allerdings unvollständig. Es erübrigt sich eine Klage auf Auskunft (mit Vollstreckung über § 888), weil der Gläubiger ohne einen weiteren Titel das Verfahren nach §§ 899 ff
17 einleiten kann. **aa) Voraussetzungen** sind die wirksame Überweisung (§ 835) und die Verweigerung von (verlangter) vollständiger Auskunft (Rn 14); dazu gehört auch, wo nicht herausgegebene Urkunden
18 (Rn 15) sich befinden. **bb) Abzugeben** ist die Auskunft zu Protokoll des Gerichtsvollziehers (§ 762). Das Verfahren richtet sich nach den §§ 899 ff.

19   **7. Urkunden** iS des Abs 3. – **a) Beispiele:** Vollstreckungstitel der gepfändeten Forderung wegen § 727; vorhandene auf das Arbeitseinkommen bezogene Pfändungsbeschlüsse (LG Bielefeld Büro 95, 384); Sparbuch, Schuldschein, Versicherungsschein (LG Darmstadt DGVZ 91, 9); fortlaufend die Lohnabrechnung (Hamm DGVZ 94, 188; LG Berlin Rpfleger 93, 294 mit Anm von Hintzen; LG Münster Rpfleger 94, 472 mwN; LG Koblenz DGVZ 97, 126; Scherer Rpfleger 95, 446; aA Zweibrücken DGVZ 95, 148); Lohnabtretung (LG Ansbach Rpfleger 95, 511). – **b) Lohnsteuererstattungsanspruch** (vgl § 850 Rn 12–14). Es war nach bisher hM die Lohnsteuerkarte herauszugeben, weil diese für den Veranlagungsantrag vorgelegt werden muss (LG Koblenz Rpfleger 97, 223; LG Stuttgart Rpfleger 95, 264; LG Münster Rpfleger 97, 222 Anm Schmidt mwN; LG Heilbronn ua Rpfleger 97, 224; LG Bochum MDR 97, 596; Behr Büro 97, 349) Inzwischen hat der BFH NJW 99, 1056 = Rpfleger 99, 338 mit abl Anm Riedel das Antragsrecht des Pfandgläubigers verneint, so dass eine Herausgabepflicht entfiele. Es müssten auch die steuermindernden Unterlagen herausgegeben werden (hM; LG Berlin NJW 94, 3303; Behr/Spring NJW 94, 3257 mwN), die bestimmt bezeichnet sein müssen (LG Augsburg Rpfleger 95, 372).

20   **8. Herausgabepflicht Dritter.** Besitzt ein Dritter die Urkunde, gilt § 886 (bestr). Versagt § 886, ist Klage gegen den Dritten möglich. Verweigert der Gerichtsvollzieher die Herausgabe an den Gläubiger, findet Erinnerung statt (§ 766).

§ 837 Überweisung einer Hypothekenforderung

(1) [1]Zur Überweisung einer gepfändeten Forderung, für die eine Hypothek besteht, genügt die Aushändigung des Überweisungsbeschlusses an den Gläubiger. [2]Ist die Erteilung des Hypothekenbriefes ausgeschlossen, so ist zur Überweisung an Zahlungs Statt die Eintragung der Überweisung in das Grundbuch erforderlich; die Eintragung erfolgt auf Grund des Überweisungsbeschlusses.

(2) [1]Diese Vorschriften sind nicht anzuwenden, soweit es sich um die Überweisung der Ansprüche auf die im § 1159 des Bürgerlichen Gesetzbuchs bezeichneten Leistungen handelt. [2]Das gleiche gilt bei einer Sicherungshypothek im Falle des § 1187 des Bürgerlichen Gesetzbuchs von der Überweisung der Hauptforderung.

(3) Bei einer Sicherungshypothek der im § 1190 des Bürgerlichen Gesetzbuchs bezeichneten Art kann die Hauptforderung nach den allgemeinen Vorschriften gepfändet und überwiesen werden, wenn der Gläubiger die Überweisung der Forderung ohne die Hypothek an Zahlungs Statt beantragt.

1. Allgemeines. In der Praxis werden Pfändung und Überweisung 1 in einem Beschluss verbunden erlassen (§ 835 Rn 2). Dieses Verfahren ist nach BGH 127, 146 unzulässig, weil erst die wirksam gepfändete Forderung überwiesen werden dürfe (BGH aaO). Gleichwohl wird die Überweisung wirksam, wenn die Pfändung nachfolgt (BGH aaO). Bei Verstoß wird der Drittschuldner über § 836 Abs 2 geschützt (BGH aaO). Diese Rspr des BGH ist auf entschiedene Kritik gestoßen (Stöber NJW 96, 1180 mwN). Danach soll der verbundene Pfändungs- und Überweisungsbeschluss weiterhin zulässig sein (umstr; vgl Musielak/Becker 2 mwN).

2. Briefhypothek. Überwiesen (§ 836 Rn 1) ist mit Aushändigung 2 des Überweisungsbeschlusses, wenn zu diesem Zeitpunkt schon gepfändet ist (vgl § 835 Rn 2), daher praxisüblich im Regelfall (verbundener Beschluss, vgl Rn 1) doch erst mit Übergabe oder Wegnahme des Briefes (§ 830 Rn 5–8), also gleichzeitig mit der Pfändung.

3. Buchhypothek. Im Regelfall (Überweisung zur Einziehung; 3 § 835 Rn 4) gilt Abs 1 S 1, doch an Stelle der Briefübergabe (§ 836 Rn 5) tritt Eintragung der Pfändung (§ 830 Rn 11). Die Überweisung darf nur eingetragen werden, wenn die Forderung an Zahlungs Statt überwiesen wird. Die Überweisung wirkt ab Eintragung (BGH 127, 146 mwN). Diese ist wie bei § 830 Rn 11 vorzunehmen.

4. Überweisung. Nach § 835 (nicht nach § 837) werden die in 4 Abs 2 genannten Forderungen überwiesen. Bei der Höchstbetragshypothek (Abs 3) steht zur Wahl: Pfändung und Überweisung von Forderung und Hypothek über §§ 830, 837 (Buchhypothek) oder der Forderung (ohne Hypothek) nach §§ 829, 835; aber nur an Zahlungs Statt.

§ 837 a Überweisung einer Schiffshypothekenforderung

(1) [1] Zur Überweisung einer gepfändeten Forderung, für die eine Schiffshypothek besteht, genügt, wenn die Forderung zur Einziehung überwiesen wird, die Aushändigung des Überweisungsbeschlusses an den Gläubiger. [2] Zur Überweisung an Zahlungs Statt ist die Eintragung der Überweisung in das Schiffsregister oder in das Schiffsbauregister erforderlich; die Eintragung erfolgt auf Grund des Überweisungsbeschlusses.

(2) [1] Diese Vorschriften sind nicht anzuwenden, soweit es sich um die Überweisung der Ansprüche auf die im § 53 des Gesetzes über Rechte an eingetragenen Schiffen und Schiffsbauwerken vom 15. November 1940 (Reichsgesetzbl. I S. 1499) bezeichneten Leistungen handelt. [2] Das gleiche gilt, wenn bei einer Schiffshypothek für eine Forderung aus einer Schuldverschreibung auf den Inhaber, aus einem Wechsel oder aus einem anderen durch Indossament übertragbaren Papier die Hauptforderung überwiesen wird.

(3) Bei einer Schiffshypothek für einen Höchstbetrag (§ 75 des im Absatz 2 genannten Gesetzes) gilt § 837 Abs. 3 entsprechend.

1   Überweisung wie bei der Buchhypothek (§ 837 Rn 2).

§ 838 Einrede des Schuldners bei Faustpfand

Wird eine durch ein Pfandrecht an einer beweglichen Sache gesicherte Forderung überwiesen, so kann der Schuldner die Herausgabe des Pfandes an den Gläubiger verweigern, bis ihm Sicherheit für die Haftung geleistet wird, die für ihn aus einer Verletzung der dem Gläubiger dem Verpfänder gegenüber obliegenden Verpflichtungen entstehen kann.

1   Pfändung und Überweisung einer Forderung wirkt auch auf das dafür bestehende Pfandrecht (§ 401 BGB; § 829 Rn 32). Folge: Herausgabeanspruch nach § 1251 BGB; durch Klage erzwingbar, nicht § 836 Abs 3 S 3 entspr (hM). Dagegen gibt § 838 eine aufschiebende Einrede (44 vor § 253) wegen der Pflicht aus § 1251 Abs 2 BGB. Sicherheit nach § 232 BGB, nicht gemäß § 108 ZPO.

§ 839 Überweisung bei Abwendungsbefugnis

Darf der Schuldner nach § 711 Satz 1, § 712 Abs. 1 Satz 1 die Vollstreckung durch Sicherheitsleistung oder Hinterlegung abwenden, so findet die Überweisung gepfändeter Geldforderungen nur zur Einziehung und nur mit der Wirkung statt, daß der Drittschuldner den Schuldbetrag zu hinterlegen hat.

1   Entspricht den §§ 720, 815 Abs 3, § 819 und ist nur im Fall der § 711 S 1, § 712 Abs 1 S 1 anwendbar. Dass der Drittschuldner nicht

zahlen, sondern nur hinterlegen darf, ist in den Überweisungsbeschluss aufzunehmen (§ 835 Rn 2). Der Schuldner erwirbt die Forderung gegen die Hinterlegungsstelle, der Gläubiger ein Pfandrecht daran (§ 804 Rn 5); der Drittschuldner wird befreit.

§ 840 Erklärungspflicht des Drittschuldners

(1) **Auf Verlangen des Gläubigers hat der Drittschuldner binnen zwei Wochen, von der Zustellung des Pfändungsbeschlusses an gerechnet, dem Gläubiger zu erklären:**
1. **ob und inwieweit er die Forderung als begründet anerkenne und Zahlung zu leisten bereit sei;**
2. **ob und welche Ansprüche andere Personen an die Forderung machen;**
3. **ob und wegen welcher Ansprüche die Forderung bereits für andere Gläubiger gepfändet sei.**

(2) **¹Die Aufforderung zur Abgabe dieser Erklärungen muß in die Zustellungsurkunde aufgenommen werden. ²Der Drittschuldner haftet dem Gläubiger für den aus der Nichterfüllung seiner Verpflichtung entstehenden Schaden.**

(3) **¹Die Erklärungen des Drittschuldners können bei Zustellung des Pfändungsbeschlusses oder innerhalb der im ersten Absatz bestimmten Frist an den Gerichtsvollzieher erfolgen. ²Im ersteren Fall sind sie in die Zustellungsurkunde aufzunehmen und von dem Drittschuldner zu unterschreiben.**

1. Allgemeines. Die Drittschuldnererklärung (Abs 1) ist eine Obliegenheit oder Handlungslast des Drittschuldners. Sie dient dem Interesse des Vollstreckungsgläubigers (BGH NJW 99, 2276 mwN). Es wird keine einklagbare Auskunftspflicht begründet (BGH 91, 126; wohl hM; vgl Schuschke/Walker 1 mwN; aA Staab NZA 93, 439: Auskunftsanspruch und Stufenklage). Bei Fehlverhalten des Drittschuldners entsteht eine Schadensersatzpflicht (Abs 2 S 2; Rn 13). **1**

2. Voraussetzungen des Abs 1 (Rn 1). – **a) Pfändungsbeschluss.** **2** Er muss wirksam sein (§ 829 Rn 26); daran fehlt es im Einzelfall, wenn der Vollstreckungsschuldner insbes wegen falscher Anschrift für den Drittschuldner nicht identifizierbar ist (Stuttgart WM 93, 2021). Überweisung (§ 835) ist nicht erforderlich (BGH NJW 77, 1199). Vorpfändung (§ 845) genügt nicht (hM; BGH aaO mwN). – **b) Aufforderung 3** zur Auskunft. Der Gläubiger muss den Drittschuldner in der Zustellungsurkunde auffordern (Abs 2 S 1) oder dies durch besondere Zustellung eines Schreibens nachholen. Wegen Abs 3 muss stets der Gerichtsvollzieher mit der entspr Aufforderung zustellen (hM).

3. Umfang der Auskunft richtet sich nach der Aufforderung, reicht **4** aber nicht weiter als Abs 1 Nr 1–3 und ist in vielen Einzelfragen umstritten (Behr Büro 98, 626). – **a) Anerkenntnis. Nr 1.** Der Dritt- **5** schuldner muss den Rechtsgrund (zB Arbeitslohn) und die Höhe der

Forderung angeben, sich darüber erklären, ob er sie anerkenne oder nicht. Einwendungen, Fälligkeit und Gestaltungsrechte (zB Aufrechnung) müssen nicht angegeben werden (hM; dagegen kritisch Foerste NJW 99, 904). Bei Lohnpfändung sind der bereinigte Betrag, Steuerklasse (aA LAG Düsseldorf Büro 95, 478) und die Zahl der Unterhaltsberechtigten anzugeben. Es besteht kein Anspruch auf eine vollständige Lohnabrechnung (LG Mainz Rpfleger 94, 309; bestr), auf Vorlage von
6 Urkunden und Belegen nur über § 836 Abs 3 (hM). – **b) Andere Gläubiger. Nr 2.** Anlass kann insbes Abtretung oder Übergang kraft Gesetzes sein. Es sind Name und Anschrift des anderen Gläubigers sowie Rechtsgrund und Betrag anzugeben. Gilt auch, wenn der Anspruch bestritten oder zweifelhaft ist. – **c) Andere Pfändung. Nr 3.** Neben den Angaben wie bei Nr 2 (Rn 6) ist der Pfändungsbeschluss genau zu bezeichnen, nämlich nach Gericht und Datum. Zur Herausgabe von Abschriften der Beschlüsse ist der Drittschuldner nicht verpflichtet (LG Münster Rpfleger 02, 321 mit Anm Hintzen). Auch Vorpfändungen (§ 845) sind anzugeben.

7   **4. Erfüllung. – a) Form.** Die Erklärung ist dem Gläubiger gegenüber stets schriftlich abzugeben (Abs 1), dem Gerichtsvollzieher gegenüber bei der Zustellung auch mündlich (Abs 3 S 1), dann zu protokollieren (Abs 3 S 2), innerhalb 2 Wochen auch schriftlich möglich (Abs 3
8 S 1). – **b) Frist** (Abs 1). Berechnung: § 222. Wird die Auskunft schriftlich erteilt, muss sie innerhalb der Frist zugehen (BGH NJW 81, 990;
9 bestr; aA: Absendung genügt). – **c) Erklärungsempfänger.** Der Drittschuldner hat die Wahl, ob er dem Gläubiger oder dem Gerichtsvollzieher gegenüber die Erklärung abgibt. Der Gerichtsvollzieher ist aber nicht verpflichtet, sich auf Weisung des Gläubigers zum Drittschuldner zu begeben, um die Erklärung entgegenzunehmen (hM; Schuschke/
10 Walker 6 mwN). – **d) Inhalt.** Die Auskunft muss weder ergänzt noch wiederholt werden, auch wenn sie unvollständig oder unrichtig ist (BGH 86, 23; bestr). Der Gläubiger ist auf den Schadensersatzanspruch (Abs 2 S 2) beschränkt. Auf bestehende oder möglich erscheinende Einwendungen (vgl Rn 5) sollte der Drittschuldner wegen Abs 2 S 2 hinweisen (Benöhr NJW 76, 174). Eine Pflicht hierzu bejaht Foerste
11 NJW 99, 904. – **e) Wirkung.** Wird die Forderung als begründet anerkannt (Abs 1 Nr 1), liegt darin eine tatsächliche Auskunft (Wissenserklärung, BGH 69, 328), durch welche die Beweislast umgekehrt wird (hM).

12   **5. Kosten** seiner Erklärung kann der Drittschuldner vom Gläubiger grundsätzlich nicht verlangen (BAG NJW 85, 1181; BVerwG Rpfleger 95, 261; Schuschke/Walker 12 mwN; Marly BB 99, 1140 [keinesfalls]; umstr; vgl BGH NJW 99, 2296 mwN). Solche Kosten sind jedenfalls nicht zuzugestehen, wenn der Drittschuldner aus eigenem Interesse die Pfändung bekämpft oder Einwendungen gegen die Forderung erhebt (BGH NJW 85, 1155). Auch gegen den Schuldner hat der Drittschuldner keinen gesetzlichen Vergütungsanspruch (BGH NJW 99, 2276). Im

Umfang, wie der Gläubiger für verpflichtet angesehen wurde und die
Kosten dem Drittschuldner ersetzt hat, kann er sie gem § 788 Abs 1
vom Schuldner verlangen (vgl Hansens Büro 87, 1785).

6. Schadensersatzpflicht (Abs 2 S 2; hierzu Brüne/Liebscher BB **13**
96, 743). Sie kann bei Vorsatz im Einzelfall aus § 826 BGB abgeleitet
werden (BGH 98, 291). – **a) Voraussetzungen. aa) Entstehen** der **14**
Auskunftsobliegenheit (Rn 2, 3). Sie entfällt insbes, wenn dem Drittschuldner durch die Post, nicht durch den Gerichtsvollzieher (vgl Rn 3)
zugestellt wurde (LG Tübingen MDR 74, 677). **bb) Verletzung** des **15**
Abs 1 durch den Drittschuldner, indem er die Auskunft nicht, unrichtig
(zB unvollständig) oder verspätet erteilt. **cc) Kausalität.** Die Ob- **16**
liegenheitsverletzung (Rn 15) muss die Ursache für den Schaden sein.
dd) Verschulden (§§ 276, 278 BGB, BGH 79, 275), sowohl bei un- **17**
richtiger (hM; BGH 98, 291) wie unterbliebener oder verspäteter Auskunft (BGH 79, 275). Fehlender Hinweis auf bestehende oder mögliche Einwendungen (Rn 10) stellt eine unvollständige Auskunft dar
(Benöhr NJW 76, 174). Dies ist insbes bei Lohnpfändung wegen der
Ermittlung von Pfändungsfreigrenzen für den Drittschuldner problematisch (vgl hierzu Rixecker Büro 82, 1761). § 254 BGB ist anwendbar
(Schuschke/Walker 13). – **b) Umfang:** § 249 BGB, insbes die Kosten **18**
eines verlorenen Prozesses, die auch die vor den Arbeitsgerichten entstandenen Anwaltskosten (hM; BAG NJW 90, 2643) sowie Ersatz für
Zeitversäumnis umfassen (LAG Kiel NJW 66, 800; LAG Düsseldorf
DB 72, 1396; aA BAG NJW 73, 1061), ferner Ausfall infolge unterlassener Maßnahmen gegen den Drittschuldner (BGH 98, 291), die wegen einer unrichtigen (BGH aaO), falsch ergänzenden (BGH NJW 83,
687) oder zu günstigen Auskunft (zB fehlender Hinweis auf Einwendungen) unterblieben sind und die zu einem Vollstreckungserfolg
geführt hätten (Benöhr NJW 75, 1731). Nicht: die Kosten eines
Hauptsacheverfahrens, das der Gläubiger einer Arrestpfändung gegen
den Schuldner durchgeführt hat (BGH 68, 289); der Vermögensschaden des Gläubigers, welcher dadurch entsteht, dass er eine Pfändung aus
weiteren Titeln unterlässt (BGH 98, 291). – **c) Geltendmachung.** Für **19**
die Klage auf Schadensersatz ist das ordentliche Gericht zuständig, das
Arbeitsgericht oder das Sozialgericht nur, wenn die dort erhobene Auskunftsklage auf Schadensersatz wegen falscher oder nicht erteilter Auskunft umgestellt wird (BSG NJW 99, 894; Schuschke/Walker 14
mwN). Darlegungslast des Drittschuldners, insbes einer Bank ist im
Prozess erhöht (vgl BGH 86, 23). Die Beweislast für fehlendes Verschulden trägt der Drittschuldner (BGH NJW 81, 990).

§ 841 Pflicht zur Streitverkündung

**Der Gläubiger, der die Forderung einklagt, ist verpflichtet,
dem Schuldner gerichtlich den Streit zu verkünden, sofern
nicht eine Zustellung im Ausland oder eine öffentliche Zustellung erforderlich wird.**

1   Gemeint ist die Forderung gegen den Drittschuldner. Streitverkündung: §§ 72, 73. Wird sie vorgenommen, gelten §§ 74, 68. Wird sie unterlassen, ist Schadensersatzanspruch möglich.

§ 842 Schadenersatz bei verzögerter Beitreibung

Der Gläubiger, der die Beitreibung einer ihm zur Einziehung überwiesenen Forderung verzögert, haftet dem Schuldner für den daraus entstehenden Schaden.

1   Der Anspruch setzt einen Rechtsverlust des Schuldners gegenüber dem Drittschuldner voraus (BGH NJW 96, 47) Beitreibung: sowohl außergerichtliche Einziehung als auch Klage und ZwVollstr. Verzögern (insbes verjähren lassen) muss schuldhaft geschehen (§§ 276, 278 BGB). Der Schaden ist nach § 249 BGB zu beurteilen.

§ 843 Verzicht des Pfandgläubigers

[1] Der Gläubiger kann auf die durch Pfändung und Überweisung zur Einziehung erworbenen Rechte unbeschadet seines Anspruchs verzichten. [2] Die Verzichtleistung erfolgt durch eine dem Schuldner zuzustellende Erklärung. [3] Die Erklärung ist auch dem Drittschuldner zuzustellen.

1   **1. Verzicht** (S 1) ist Prozesshandlung (Einl III). Dem steht die Rücknahme des Antrags (§ 829 Rn 5) gleich (Köln Rpfleger 95, 370). – **a) Form:** schriftlich, da Zustellung an den Schuldner vorgeschrieben ist (S 2). Auch als formloses Rechtsgeschäft kann der Verzicht erklärt werden (BGH NJW 88, 886 und 02, 1788; aA 24. Aufl), wirkt aber erst durch Aufhebung des Pfändungsbeschlusses (Rn 3). Die Erklärung ist
2   auch dem Drittschuldner zuzustellen (S 3). – **b) Umfang.** Verzicht auf die Pfändung umfasst zwangsläufig den auf Überweisung (§ 835 Rn 2). Es kann allein auf Überweisung verzichtet werden (hM) und allein auf Einziehung; auch teilweise, zB durch die Vereinbarung, es werde vom Lohn nur ein bestimmter Betrag, oberhalb der Pfändungsgrenze abgeführt (vgl BAG NJW 75, 1575).

3   **2. Wirkung** (S 2). Erst mit der Zustellung an den Schuldner (hierfür unerheblich die an den Drittschuldner, S 3) erlöschen Verstrickung und Pfandrecht, auch ohne Aufhebung des Pfändungs- und Überweisungsbeschlusses, die aber ohne weiteres zulässig ist, insbes bei einem formlosen Verzicht notwendig (BGH NJW 02, 1788 mwN). Die Rechte nachrangiger Pfandgläubiger werden dadurch nicht berührt. Sie rücken in die freigewordene Stellung nach. Das gilt insbes auch, wenn der vorrangige Gläubiger auf die Überweisung oder Einziehung nur teilweise verzichtet hat (Rn 2; BAG NJW 75, 1575).

§ 844 Andere Verwertungsart

(1) Ist die gepfändete Forderung bedingt oder betagt oder ist ihre Einziehung wegen der Abhängigkeit von einer Ge-

genleistung **oder aus anderen Gründen mit Schwierigkeiten verbunden, so kann das Gericht auf Antrag an Stelle der Überweisung eine andere Art der Verwertung anordnen.**

(2) **Vor dem Beschluß, durch welchen dem Antrag stattgegeben wird, ist der Gegner zu hören, sofern nicht eine Zustellung im Ausland oder eine öffentliche Zustellung erforderlich wird.**

1. Voraussetzungen. Sie entsprechen dem § 825 Rn 2–4. Außerdem muss Abs 1 erfüllt sein. Andere Gründe sind zB Zahlungsunfähigkeit des Drittschuldners, die Rechtsstellung aus einem GmbH-Anteil (hM; Polzius DGVZ 87, 17/35) oder Miterbenanteil (Eickmann DGVZ 84, 65), eine Sammelverwahrung (Erk Rpfleger 91, 236). 1

2. Verfahren. – a) Zuständig ist das Vollstreckungsgericht (§ 828; der Rechtspfleger, § 20 Nr 17 RPflG). Gehör (Abs 2), schriftlich oder mündlich, ist vorgeschrieben. Gegner ist jeder Schuldner oder Gläubiger, nie der Drittschuldner. – **b) Anordnung** ergeht durch Beschluss (§ 764 Abs 3). Sie ersetzt den Überweisungsbeschluss (§ 835), steht im Ermessen des Gerichts (Düsseldorf Rpfleger 400), jedoch sind die Voraussetzungen (Rn 1) bindend. Es kann angeordnet werden: freihändiger Verkauf; eine öffentliche Versteigerung (entspr §§ 816 ff) durch den Gerichtsvollzieher; Überweisung an Zahlungs Statt zum Schätzwert. Der für § 817 a maßgebende Wert ist durch das anordnende Vollstreckungsgericht festzusetzen (AG Witzenhausen DGVZ 95, 174 mwN). – **c) Kosten:** § 788 Abs 1. Gebühren § 21 GVKostG; für den RA § 58 Abs 1 BRAGO. 2 3 4

3. Rechtsbehelf. Es findet sofortige Beschwerde statt (§ 793; § 11 Abs 1 RPflG) für jeden, der beschwert ist, bei Anordnung auch für den Drittschuldner (hM), zB für die GmbH bei gepfändetem Geschäftsanteil (Frankfurt Rpfleger 76, 372). Keine Erinnerung nach § 766, weil eine Entscheidung (§ 793) vorliegt (LG Limburg DGVZ 76, 88). 5

§ 845 Vorpfändung

(1) [1]**Schon vor der Pfändung kann der Gläubiger auf Grund eines vollstreckbaren Schuldtitels durch den Gerichtsvollzieher dem Drittschuldner und dem Schuldner die Benachrichtigung, daß die Pfändung bevorstehe, zustellen lassen mit der Aufforderung an den Drittschuldner, nicht an den Schuldner zu zahlen, und mit der Aufforderung an den Schuldner, sich jeder Verfügung über die Forderung, insbesondere ihrer Einziehung, zu enthalten.** [2]**Der Gerichtsvollzieher hat die Benachrichtigung mit den Aufforderungen selbst anzufertigen, wenn er von dem Gläubiger hierzu ausdrücklich beauftragt worden ist.** [3]**Der vorherigen Erteilung einer vollstreckbaren Ausfertigung und der Zustellung des Schuldtitels bedarf es nicht.**

(2) [1]**Die Benachrichtigung an den Drittschuldner hat die Wirkung eines Arrestes (§ 930), sofern die Pfändung der For-**

derung innerhalb eines Monats bewirkt wird. ²**Die Frist beginnt mit dem Tage, an dem die Benachrichtigung zugestellt ist.**

1   **1. Allgemeines.** Die Vorpfändung ist eine private ZwVollstrMaßnahme des Gläubigers. – **a) Zweck.** Es sollen mögliche Verzögerungen
1 a bei § 829 unschädlich gemacht werden. – **b) Anwendbar** ist § 845 nur bei ZwVollstr wegen Geldforderungen (2 vor § 803) sowie in Forderungen und sonstige Rechte (§ 846, § 857 Abs 1), soweit sie nicht der ZwVollstr in das unbewegliche Vermögen unterliegen (§ 865). § 845 gilt auch nicht, wenn nach § 831 zu pfänden ist (hM).

2   **2. Voraussetzungen.** – **a) Notwendig** sind: **(1)** Vollstreckungstitel auf Geldforderung (Rn 1), also auch Arrestbefehle und einstweilige Verfügungen nach § 940 Rn 7–11. Nicht notwendig ist, dass der Gläubiger den Titel in Besitz hat (LG Frankfurt Rpfleger 84, 32). **(2)** Die besonderen Voraussetzungen der ZwVollstr (27 vor § 704), wegen § 720 a aber nicht Sicherheitsleistung (§ 751 Abs 2; KG MDR 81, 412). Es gilt auch nicht die Wartefrist des § 750 Abs 3 (KG aaO; LG Frankfurt Rpfleger 84, 32; Münzberg DGVZ 79, 164; bestr), ebenso wenig die 2-Wochenfrist des § 798 (hM; BGH NJW 82, 1150). **(3)** Eintritt der Bedingung im Falle des § 726 Abs 1. **(4)** Pfandgegenstand muss eine
3 pfändbare Forderung sein (§ 829 Rn 13). – **b) Entbehrlich** sind (Abs 1 S 3): vollstreckbare Ausfertigung des Titels (§ 724), auch bei Rechtsnachfolge sowie bei §§ 728, 729; Zustellung des Titels und der Urkunden gem § 726, § 750 Abs 3, § 751 Abs 2, §§ 756, 765.

4   **3. Durchführung** (Abs 1). – **a) Zuständig** ist der Gläubiger (Abs 1 S 1) oder sein Vertreter, insbes der ProzBev (§ 81). An seiner Stelle der Gerichtsvollzieher nur (Abs 1 S 2), wenn ihn der Gläubiger ausdrücklich auch zur Vorpfändung beauftragt. Das ist zweckmäßig, weil der Gerichtsvollzieher die Verhältnisse des Schuldners oft besser kennt. Der Gerichtsvollzieher fasst die Erklärung ab, unterzeichnet, stellt zu (Arnold MDR 79, 358) und handelt als Vertreter des Gläubigers (Münzberg DGVZ 79, 163). Die Verantwortung und die Pflicht, die Voraussetzungen (Rn 2, 3) zu prüfen, trägt der Gläubiger (Münzberg aaO; aA
5 Gilleßen/Jakobs DGVZ 79, 103). – **b) Schriftliche Erklärung.** Sie tritt an Stelle des Pfändungsbeschlusses, kann dem Gerichtsvollzieher per Telefax übermittelt werden (Müller DGVZ 96, 85) und muss enthalten: **(1)** Titel und vollstreckbare Forderung. **(2)** Bezeichnung der zu pfändenden Forderung so genau und bestimmt wie § 829 Rn 7 (BGH NJW 01, 2976). **(3)** Benachrichtigung, dass Pfändung bevorstehe. **(4)** Aufforderung an Drittschuldner, nicht an den Schuldner zu zahlen. **(5)** Aufforderung an den Schuldner, nicht mehr über die Forderung zu
6 verfügen. – **c) Zustellung** der Erklärung (Rn 5) an den Drittschuldner (§ 829 Rn 24) und an den Schuldner (vgl aber Rn 8) stets und notwendig durch den Gerichtsvollzieher (Abs 1 S 1; LG Hechingen DGVZ 86, 188), der aber dabei nicht zu prüfen hat, ob die Voraussetzungen (Rn 2, 3) erfüllt sind. – **d) Hypothekenforderungen** (§ 830).

Es bedarf nicht der Briefübergabe oder Eintragung. Sie ist aber, ggf nach Briefvorlage (§ 41 GBO) möglich. Die Eintragung im Grundbuch ist berichtigend.

4. Wirksamkeit der gesamten Pfändung. Diese setzt voraus: – **8**
a) Durchgeführte Vorpfändung. Sie muss dem Abs 1 entsprechen (Rn 4–7) und die Voraussetzungen (Rn 2) aufweisen. Wirksam wird die Vorpfändung mit Zustellung an den Drittschuldner (vgl Abs 2, § 829 Abs 3). Nur die Aufforderung (Rn 5 aE) und die Zustellung an den Schuldner sind entbehrlich (allgM); jedoch sind diese vorgeschrieben und vorzunehmen, schon um ihm den Rechtsbehelf (Rn 12) zu ermöglichen. – **b) Fristgemäße Pfändung.** Innerhalb eines Monats **9** muss eine wirksame (§ 829 Rn 26) Vollpfändung nachfolgen (Abs 2). Es kann eine Sicherungspfändung (§ 720 a) sein (BGH 93, 71). Sie muss dieselbe Forderung betreffen, die von der Vorpfändung erfasst wurde (Düsseldorf MDR 74, 409). Andernfalls wird die Vorpfändung nach der Monatsfrist völlig wirkungslos. Fristberechnung: § 222; § 187 BGB. Bei wiederholter Vorpfändung wirkt nur diejenige, die innerhalb der Monatsfrist liegt. Die Wirksamkeit der nachfolgenden Vollpfändung ist von der der Vorpfändung unabhängig. Erhöht sich in der Zwischenzeit die vorgepfändete Forderung, so erstreckt sich die Vollpfändung auf den erhöhten Betrag. Die Vollpfändung unterbleibt wegen § 829 Rn 9, wenn der Drittschuldner nach Vorpfändung bereits gezahlt hat (LG Frankenthal Rpfleger 85, 245).

5. Wirkung. Sie entspricht einer auflösend bedingten Arrestpfän- **10** dung (hM; § 930). Auflösende Bedingung ist Unterbleiben der Pfändung innerhalb eines Monats. Verstrickung und Pfandrecht treten also ein (§ 803 Rn 9), sobald die Vorpfändung wirksam durchgeführt ist (Rn 8), bei Buchhypothek nicht ohne Eintragung (Köln Rpfleger 91, 241 mit krit Anm von Hintzen). Sie behalten Umfang und Rang entspr diesem Zeitpunkt (§ 804 Abs 3; BGH NJW 01, 2976). Bis zur Vollpfändung ist noch keine Drittschuldnererklärung abzugeben (§ 840). Unpfändbarkeitsvorschriften (§ 829 Rn 13–18) sind zu beachten.

6. Kosten einer zulässigen Vorpfändung fallen unter § 788 Abs 1 **11** (dort Rn 19). Gebühren: für RA § 57 Abs 1, § 58 Abs 1 BRAGO; für Gerichtsvollzieher § 16 a GVKostG.

7. Rechtsbehelfe: § 766 für Gläubiger insbes, wenn der Gerichts- **12** vollzieher die Zustellung ablehnt; § 766 auch für Schuldner und Drittschuldner; für Dritte § 771. Die Vorpfändung kann aber mit dem Ziel, die rangsichernde Wirkung zu beseitigen, mit der Erinnerung (§ 766) nur wegen solcher Mängel erfolgreich angefochten werden, die der nachfolgende Pfändungsbeschluss nicht aufweist (Hamm Rpfleger 71, 113). Ist die Pfändung nicht nachgefolgt, kann die deshalb unwirksam gewordene Vorpfändung nicht mehr zulässig angefochten werden (Köln Rpfleger 91, 261). Ein Beschluss, der die Vorpfändung aufhebt, kann nicht zulässig angefochten werden, weil diese nicht wiederherstellbar ist (Köln DGVZ 89, 39).

§ 846 Zwangsvollstreckung in Herausgabeansprüche

Die Zwangsvollstreckung in Ansprüche, welche die Herausgabe oder Leistung körperlicher Sachen zum Gegenstand haben, erfolgt nach den §§ 829 bis 845 unter Berücksichtigung der nachstehenden Vorschriften.

1   Herausgabe ist Besitzübertragung. Leistung ist Übereignung. Die Ansprüche können dinglich oder schuldrechtlich sein. Praktisch bedeutsam: Anspruch auf Rückübereignung einer vom Schuldner sicherungsübereigneten Sache (hierzu Noack DGVZ 72, 81). Die Sachen müssen im Pfändungsbeschluss identifizierbar bezeichnet sein. Durchgeführt wird die ZwVollstr nach den Vorschriften für Geldforderungen, insbes also Pfändung nach § 829, Überweisung nach § 835.

§ 847 Herausgabeanspruch auf eine bewegliche Sache

(1) **Bei der Pfändung eines Anspruchs, der eine bewegliche körperliche Sache betrifft, ist anzuordnen, daß die Sache an einen vom Gläubiger zu beauftragenden Gerichtsvollzieher herauszugeben sei.**

(2) **Auf die Verwertung der Sache sind die Vorschriften über die Verwertung gepfändeter Sachen anzuwenden.**

1   **1. Allgemeines. – a) Anwendbar** ist § 847 bei Herausgabe- und Leistungsansprüchen (§ 846 Rn 1), die auf bewegliche Sachen, auch Wertpapiere gerichtet sind (§ 808 Rn 1), aber nicht, wenn der § 831 gilt oder der Anspruch ein Recht betrifft (BGH NJW 98, 2969). –
2   **b) Voraussetzungen.** Sie entsprechen denen der Forderungspfändung (§ 829 Rn 4). Außerdem darf die Sache nicht gemäß § 811 Abs 1 unpfändbar sein (hM), und zwar mit Bezug auf den Schuldner, nicht den
3   Drittschuldner. – **c) Durchführung** der Pfändung erfolgt gemäß § 829 (dort Rn 19–25; vgl § 176 GVGA). Hinzu tritt die Anordnung, an den Gerichtsvollzieher herauszugeben (Abs 1). Unterbleibt diese Anordnung, ist die Pfändung trotzdem wirksam. Bei mehrfacher Pfändung gilt § 854.

4   **2. Wirkung** einer wirksamen Pfändung (wie § 829 Rn 26–30) sind Verstrickung und Pfändungspfandrecht (§ 829 Rn 31). Sie treten ein: –
5   **a) Mit Pfändung** des Anspruchs. Es ist nur das Recht, nicht die Sache gepfändet. Der Drittschuldner darf aber nicht hinterlegen oder an Schuldner und Gläubiger gemeinsam leisten, sondern nur an den Gerichtsvollzieher herausgeben (StJBrehm 8). Auch auf Grund der Überweisung (§ 835) darf der Gläubiger nur Herausgabe an den Gerichtsvoll-
6   zieher verlangen. – **b) Mit Herausgabe** an den Gerichtsvollzieher. Diese kann vom Drittschuldner nicht etwa auf Grund des Pfändungsbeschlusses erzwungen werden, sondern nur durch einen neuen Titel über § 883. Es entsteht ohne weiteres an der Sache Verstrickung und Pfandrecht (vgl § 848 Abs 2 S 2; BGH 67, 378), auch wenn nach § 831

hätte gepfändet werden müssen (BGH MDR 80, 1016). War der Schuldner vorher nicht Eigentümer und ging sein Anspruch auf Übereignung, so erwirbt er Eigentum, wobei ihn der Gerichtsvollzieher vertritt (vgl § 848 Abs 2 S 1). Gibt der Schuldner die Sache freiwillig an einen anderen Vollstreckungsgläubiger heraus, wird dadurch die ZwVollstr nicht beendet (29 vor § 704; BGH NJW 79, 373).

3. Sonstiges. – **a) Verwertung** (Abs 2) erfolgt, wie wenn die Sache 7 beim Schuldner gepfändet wäre, nach §§ 814–825. – **b) Gebühren:** für Gericht KV 1640; für RA § 57 Abs 1, § 58 I BRAGO; für Gerichtsvollzieher § 18 GVKostG. – **c) Rechtsbehelfe:** wie § 829 Rn 52–56. Für Dritte, die Rechte an der Sache haben, ist Klage gemäß § 771 schon ab Pfändung des Anspruchs zulässig.

§ 847 a Herausgabeanspruch auf ein Schiff

(1) **Bei der Pfändung eines Anspruchs, der ein eingetragenes Schiff betrifft, ist anzuordnen, daß das Schiff an einen vom Vollstreckungsgericht zu bestellenden Treuhänder herauszugeben ist.**

(2) [1] **Ist der Anspruch auf Übertragung des Eigentums gerichtet, so vertritt der Treuhänder den Schuldner bei der Übertragung des Eigentums.** [2] **Mit dem Übergang des Eigentums auf den Schuldner erlangt der Gläubiger eine Schiffshypothek für seine Forderung.** [3] **Der Treuhänder hat die Eintragung der Schiffshypothek in das Schiffsregister zu bewilligen.**

(3) **Die Zwangsvollstreckung in das Schiff wird nach den für die Zwangsvollstreckung in unbewegliche Sachen geltenden Vorschriften bewirkt.**

(4) **Die vorstehenden Vorschriften gelten entsprechend, wenn der Anspruch ein Schiffsbauwerk betrifft, das im Schiffsbauregister eingetragen ist oder in dieses Register eingetragen werden kann.**

Entspricht dem § 848. Treuhänder entspricht Sequester (§ 848 1 Rn 1).

§ 848 Herausgabeanspruch auf eine unbewegliche Sache

(1) **Bei Pfändung eines Anspruchs, der eine unbewegliche Sache betrifft, ist anzuordnen, daß die Sache an einen auf Antrag des Gläubigers vom Amtsgericht der belegenen Sache zu bestellenden Sequester herauszugeben sei.**

(2) [1] **Ist der Anspruch auf Übertragung des Eigentums gerichtet, so hat die Auflassung an den Sequester als Vertreter des Schuldners zu erfolgen.** [2] **Mit dem Übergang des Eigentums auf den Schuldner erlangt der Gläubiger eine Sicherungshypothek für seine Forderung.** [3] **Der Sequester hat die Eintragung der Sicherungshypothek zu bewilligen.**

(3) **Die Zwangsvollstreckung in die herausgegebene Sache wird nach den für die Zwangsvollstreckung in unbewegliche Sachen geltenden Vorschriften bewirkt.**

1 **1. Allgemeines.** Zu unterscheiden sind: – **a) Ansprüche.** Gepfändet werden die auf Herausgabe oder Leistung einer unbeweglichen Sache (§ 864), insbes der Auflassungsanspruch (Abs 2; Rn 5) nach den Grundsätzen von § 847 Rn 1. An Stelle des Gerichtsvollziehers tritt ein Sequester (verwaltender Treuhänder). Bei mehrfacher Pfändung gilt § 855.

2 Nicht anwendbar ist § 866 Abs 3 (hM). – **b) Anwartschaftsrechte.** Diese können schon vor Eintragung im Grundbuch (nach § 857) gepfändet werden, auch (empfehlenswert, Musielak/Becker 9) zusammen mit dem Anspruch auf Übereignung (Rn 5; Frankfurt NJW-RR 97, 1309), wenn die Auflassung bereits erklärt, der Antrag auf Eintragung beim GBA gestellt und (oder) eine Auflassungsvormerkung eingetragen ist (hM; BGH 49, 197 und 106, 108). Der Pfändungsbeschluss muss nicht dem Eigentümer zugestellt werden. § 829 Abs 2, 3 gilt auch nicht entspr (hM). Die Wirkung einer solchen Pfändung entfällt mit Zurückweisung des Umschreibungsantrags, weil damit auch das Anwartschaftsrecht erlischt (BGH Rpfleger 75, 432). Die Pfändung des Anspruchs auf Übereignung (Auflassungsanspruch, Rn 5) wird dadurch nicht berührt oder ausgeschlossen (hM).

3 **2. Sequesterbestellung** (Abs 1) erfolgt durch Beschluss nur auf Antrag des Gläubigers. Zuständig ist das AG (Rechtspfleger, § 20 Nr 17 RPflG), in dessen Bezirk das Grundstück liegt. Ist das Gericht auch zur Pfändung zuständig, kann die Sequesterbestellung damit verbunden werden. Der Sequester (eine geeignete natürliche oder juristische Person) kann nicht gezwungen werden, das Amt zu übernehmen. Seine Vergütung wird durch das Gericht festgesetzt (§ 153 ZVG entspr; hM). Kosten: § 788 Abs 1. Gebühren: für Gericht KV 1640; für RA § 57 Abs 1, § 58 Abs 2 Nr 4 BRAGO. Rechtsbehelfe: gegen Ernennung § 766; gegen Ablehnung des Antrags § 11 Abs 1 RPflG, § 793.

4 **3. Pfändung des Herausgabeanspruchs** ist mit Herausgabe an den Sequester vollzogen und erledigt. Eine Sicherungshypothek (Abs 2) entsteht nicht. Daher und wegen Abs 3, § 17 Abs 1, § 146 ZVG hat diese Pfändung dann Sinn, wenn der Gläubiger dem Drittschuldner den Besitz entziehen will oder damit der Drittschuldner das Grundstück nicht an den Schuldner herausgeben muss.

5 **4. Pfändung des Übereignungsanspruchs** (Abs 2). Das ist der Eigentumsverschaffungsanspruch; zu unterscheiden von der Pfändung des Anwartschaftsrechts (Rn 2). – **a) Übereignung.** Der Anspruch kann insbes auf § 433 Abs 1 S 1 BGB beruhen. Eine bereits erklärte Auflassung steht der Pfändung nicht entgegen (Jena Rpfleger 96, 100), da der Anspruch bis zur Eintragung des neuen Eigentümers im Grundbuch fortbesteht (Frankfurt NJW-RR 97, 1308). Verweigert der Drittschuldner die Übereignung, muss der Gläubiger gegen ihn klagen. Übereignet wird nach § 873 Abs 1, § 925 BGB an den Schuldner, der dabei durch den Sequester vertreten wird (Abs 2 S 1), so dass der Schuldner bei der Auflassung nicht mitwirken muss (BGH WM 78, 12). – **b) Sicherungshypothek** (Abs 2 S 2). Mit Eigentumserwerb des **6** Schuldners entsteht kraft Gesetzes für den Gläubiger eine Sicherungshypothek (§ 1184 BGB). Gesichert sind Vollstreckungsforderung und Kosten der ZwVollstr. Die (berichtigende) Eintragung beantragt der Gläubiger im GBO-Verfahren. Die Bewilligung (§ 19 GBO) gibt der Sequester ab (Abs 2 S 3). Die Sicherungshypothek entsteht nur bei wirksamer Pfändung des Anspruchs (allgM), jedoch ist der Eigentumsübergang auf den Schuldner davon unabhängig, wenn der Sequester wirksam bestellt ist (Musielak/Becker 5). Eine für den Erwerb bewilligte Kaufgeldhypothek geht der Sicherungshypothek im Range vor (allgM; BayObLG Rpfleger 72, 182).

5. Sonstiges. – **a) Verwertung** über Abs 3 nach § 866 Abs 1 durch **7** Zwangsversteigerung oder Zwangsverwaltung. – **b) Gebühren:** KV 1640; § 57 Abs 1, § 58 Abs 2 Nr 4 BRAGO). – **c) Rechtsbehelfe:** wie § 847 Rn 7; außerdem im Verfahren des Grundbuchamts die Beschwerde (§ 71 GBO).

§ 849 Keine Überweisung an Zahlungs statt

Eine Überweisung der im § 846 bezeichneten Ansprüche an Zahlungs Statt ist unzulässig.

Bezieht sich auf die praktisch bedeutungslose Überweisungsart des **1** § 835 Abs 1 2. Alt; dort Rn 5.

§ 850 Pfändungsschutz für Arbeitseinkommen

(1) Arbeitseinkommen, das in Geld zahlbar ist, kann nur nach Maßgabe der §§ 850a bis 850i gepfändet werden.

(2) Arbeitseinkommen im Sinne dieser Vorschrift sind die Dienst- und Versorgungsbezüge der Beamten, Arbeits- und Dienstlöhne, Ruhegelder und ähnliche nach dem einstweiligen oder dauernden Ausscheiden aus dem Dienst- oder Arbeitsverhältnis gewährte fortlaufende Einkünfte, ferner Hinterbliebenenbezüge sowie sonstige Vergütungen für Dienstleistungen aller Art, die die Erwerbstätigkeit des Schuldners vollständig oder zu einem wesentlichen Teil in Anspruch nehmen.

(3) Arbeitseinkommen sind auch die folgenden Bezüge, soweit sie in Geld zahlbar sind:
a) Bezüge, die ein Arbeitnehmer zum Ausgleich für Wettbewerbsbeschränkungen für die Zeit nach Beendigung seines Dienstverhältnisses beanspruchen kann;
b) Renten, die auf Grund von Versicherungsverträgen gewährt werden, wenn diese Verträge zur Versorgung des Versicherungsnehmers oder seiner unterhaltsberechtigten Angehörigen eingegangen sind.

(4) **Die Pfändung des in Geld zahlbaren Arbeitseinkommens erfaßt alle Vergütungen, die dem Schuldner aus der Arbeits- oder Dienstleistung zustehen, ohne Rücksicht auf ihre Benennung oder Berechnungsart.**

1   **1. Allgemeines.** Die Pfändung von Arbeitseinkommen ist durch §§ 850 a–k beschränkt. Diese sind sozialpolitische Schutzvorschriften und auch im öffentlichen Interesse erlassen. Sie sind daher von Amts wegen (12 vor § 253) zu beachten (allg M), auf Antrag nur die Ausnah-

2 men § 850 f Abs 1, § 850 i Abs 1, § 850 k. – **a) Unabdingbarkeit.** Ein Verzicht auf den Pfändungsschutz oder eine Vereinbarung zuungunsten des Schuldners sind unzulässig; eine Verwirkung ist ausgeschlossen. –

3 **b) Pfändung** erfolgt gemäß § 829. Maßgebender Zeitpunkt für die Feststellung der Unpfändbarkeit ist derjenige der Pfändung, bei künftigen Forderungen (vgl § 832) ist es deren Fälligkeit (StJBrehm 13). –

4 **c) Art der Forderung.** Die Lohn- oder Gehaltsforderungen (gegen den Arbeitgeber) sind durch die §§ 850–850 h geschützt, sonstige Dienstleistungsvergütungen durch § 850 i, Forderungen gegen Geldinstitute auf Konten aus Dienst- und Arbeitseinkommen durch § 850 k. Das ausbezahlte Geld ist nach Maßgabe des § 811 Abs 1 Nr 8 unpfänd-

5 bar. – **d) Verstöße.** Wird entgegen den §§ 850 a–k gepfändet, ist die Pfändung wirksam, aber anfechtbar (§ 766), begründet bis zur Aufhebung Verstrickung und Pfandrecht (§ 803 Rn 9–11; StJBrehm 19; bestr).

6   **2. Arbeitseinkommen.** Der Begriff ergibt sich aus Abs 2 Hs 1: aus Dienst- und Arbeitsverträgen (§ 611 BGB), gleichgültig ob Haupt- oder Nebenberuf, einschließlich der fortgezahlten Bezüge (Rn 11). – **a) Dazu gehören:** Abfindungen nach §§ 9, 10 KSchG (BAG MDR 80, 346) und aus § 112 BetrVG (Sozialplanabfindung, BAG NJW 92, 1664), Bezüge von Vorstandsmitgliedern einer AG (BGH NJW 78, 756) und Geschäftsführern einer GmbH (Rostock NJW-RR 95, 173); neben Beamten auch Richter, bei Soldaten deren Wehrsold (hM; Musielak/Becker 3 mwN). Leistungen der Altersversorgung stellen ebenfalls Dienst- und Arbeitsentgelt dar (BAG NZA 91, 157). – **b) Nicht dazu gehören:** bei Gehaltsumwandlung die Versicherungsprämie anstelle des Lohns (BAG NZA 98, 707), der aus der Arbeitsleistung eines Strafgefangenen stammende Anspruch auf Auszahlung des Eigengeldes (Karlsruhe Rpfleger 94, 370 mwN; Schleswig Rpfleger 95, 30; aA Stange/Rilinger Rpfleger 02, 610 mwN); das Trinkgeld (Stuttgart MDR 02, 294 mwN).

7   **3. Sonstige Vergütungen** (Abs 2 S 2. Hs) sind ebenfalls Arbeitseinkommen. Es handelt sich um Rechtsverhältnisse für Dienstleistungen in wirtschaftlicher und sozialer Selbständigkeit mit einem oder mehreren Vertragspartnern (insbes Auftraggeber, Dienstberechtigte), sofern die Vergütungen (insbes Provision) wiederkehrend, aber nicht notwendig in gleichen Abständen und Beträgen zahlbar sind. Bsp: Handelsvertreter

(Treffer MDR 98, 384); Ärzte; Zahnärzte (vgl BGH 96, 324); Architekten, Steuerberater und -bevollmächtigte, RAe, Wirtschaftsprüfer; auch fortlaufend gezahlter Werklohn, soweit dadurch die Erwerbstätigkeit des Schuldners zum wesentlichen Teil in Anspruch genommen wird (BAG Rpfleger 75, 220).

4. Fortlaufende Bezüge (Abs 3). Sie sind Arbeitseinkommen iS des 8 Abs 1. – **a) Karenzentschädigungen** (lit a). Das sind Vergütungen für pflichtgemäß unterlassene Erwerbstätigkeit, insbes aus § 74 HGB. – **b) Versicherungsrenten** (lit b): nur solche, die ein Ruhegehalt oder 9 die Hinterbliebenenversorgung (die unter Abs 2 fallen; Rn 6), ersetzen oder ergänzen, aber nicht von Selbständigen (LG Braunschweig NJW-RR 98, 1690), insbes nicht Kapitallebensversicherungen (hM; BFH NJW 92, 527 mwN) und Berufsunfähigkeitszusatzversicherung (Oldenburg NJW-RR 94, 479; bestr). Für Sozialversicherungsrenten gilt über § 850i Abs 4 das SGB I. Unterhalts- und Schadensersatzrenten fallen unter § 850b Nr 2. – **c) Umfang:** Die gesamte Vergütung nach Abzug 9a von Sozialversicherungsbeiträgen und Steuern.

5. Abgrenzung (Abs 4). Die jeweils gewählte Bezeichnung der Ver- 10 gütung ist unerheblich. Maßgebend ist, dass es sich um Dienst(Arbeits)-leistungsentgelt handelt (Rn 6–9). – **a) Fortgezahlte Vergütung:** bei 11 Krankheit (EntgeltfortzahlungsG und § 616 BGB). Urlaubsentgelt (Palandt § 611 Rn 140) und Urlaubsabgeltung (Palandt § 611 Rn 144) gehören zum gewöhnlichen Dienst(Arbeits)entgelt (BAG NZA 02, 323), so dass dafür Rn 6 gilt. Für das zusätzliche Urlaubsgeld gilt § 850a Nr 2. – **b) Lohnsteuerjahresausgleich** (Antragsveranlagung). Dieser 12 öffentlichrechtliche Anspruch ist kein Arbeitseinkommen. Er wird von dessen Pfändung nicht erfasst und unterliegt bei der Pfändung nicht den Beschränkungen der §§ 850ff (hM). Er ist pfändbar wie andere Steuererstattungsansprüche (§ 829 Rn 19). Drittschuldner ist das zuständige Finanzamt (§ 46 Abs 7 AO), der Arbeitgeber nur dann, wenn er den Lohnsteuerjahresausgleich durchführt (ZöStöber § 829 Rn 33). – **c) Vermögensbildung von Arbeitnehmern. aa) Vermögenswirk-** 13 **same Leistungen.** Der Anspruch gegen den Arbeitgeber auf vermögenswirksame Leistungen ist Arbeitseinkommen und bis zur Höhe von jährlich 624 oder 936 DM unübertragbar (§ 2 Abs 7 5. VermögensbildungsG idF vom 4. 3. 94 BGBl 407) somit wegen § 851 unpfändbar. Kein Arbeitseinkommen und pfändbar ist das angelegte Geld, insbes das Sparguthaben (hM). Es darf auch vor Ablauf der Sperrfrist gekündigt und verwertet werden. **bb) Arbeitnehmer–Sparzulage** (vom 14 Staat gewährt) gem § 13 5. VermögensbildungsG (idF vom 4. 3. 94 BGBl 407). Da sie nicht Arbeitseinkommen ist (§ 13 Abs 3), sondern dieses voraussetzt, wird sie von einer Pfändung des Arbeitseinkommens nicht erfasst. Drittschuldner ist das Finanzamt.

6. Rechtsbehelfe. In allen Fällen der Lohnpfändung gilt grundsätz- 15 lich § 829 Rn 52–56. Besonderheiten bestehen, wenn wegen Unterhaltsansprüchen gepfändet wird (§ 850d Rn 6).

§ 850a Unpfändbare Bezüge

Unpfändbar sind
1. zur Hälfte die für die Leistung von Mehrarbeitsstunden gezahlten Teile des Arbeitseinkommens;
2. die für die Dauer eines Urlaubs über das Arbeitseinkommen hinaus gewährten Bezüge, Zuwendungen aus Anlaß eines besonderen Betriebsereignisses und Treugelder, soweit sie den Rahmen des Üblichen nicht übersteigen;
3. Aufwandsentschädigungen, Auslösungsgelder und sonstige soziale Zulagen für auswärtige Beschäftigungen, das Entgelt für selbstgestelltes Arbeitsmaterial, Gefahrenzulagen sowie Schmutz- und Erschwerniszulagen, soweit diese Bezüge den Rahmen des Üblichen nicht übersteigen;
4. Weihnachtsvergütungen bis zum Betrage der Hälfte des monatlichen Arbeitseinkommens, höchstens aber bis zum Betrage von 500 Euro;
5. Heirats- und Geburtsbeihilfen, sofern die Vollstreckung wegen anderer als der aus Anlaß der Heirat oder der Geburt entstandenen Ansprüche betrieben wird;
6. Erziehungsgelder, Studienbeihilfen und ähnliche Bezüge;
7. Sterbe- und Gnadenbezüge aus Arbeits- oder Dienstverhältnissen;
8. Blindenzulagen.

1   **1. Allgemeines.** Das pfändbare Einkommen wird ohne die in § 850a aufgeführten Bezüge berechnet. (§ 850e Nr 1). Sie dürfen nicht für sich allein gepfändet werden. Die Pfändung des Arbeitseinkommens erstreckt sich nicht darauf, auch wenn sie der Pfändungsbeschluss im Pfändungsausspruch (§ 829 Rn 21) nicht ausdrücklich ausnimmt. Die Berechnung obliegt dem Drittschuldner. Es sind die Nettobezüge bei der Berechnung zugrundezulegen (§ 850e Nr 1). Ausnahmen für Nr 1, 2, 4 sind in § 850d Abs 1 angeordnet. Streit zwischen Gläubiger und Drittschuldner über (Un)Pfändbarkeit wird nach § 766 entschieden.

2   **2. Anwendungsbereich.** − **a) Nr 1:** Mehrarbeit ist die über die vertragliche Arbeitszeit eines Vollarbeitsverhältnisses hinaus geleistete Arbeit, insbes Überstunden. Darunter fällt auch die Tätigkeit bei einem anderen Arbeitgeber als Nebenverdienst. Dies gilt aber nicht, wenn
3   Schwarzarbeit vorliegt. − **b) Nr 2:** Urlaubsentgelt und -abgeltung fallen nicht darunter (§ 850 Rn 11), nur das vom Arbeitgeber zusätzlich zu Lohn und Gehalt gewährte Urlaubsgeld (BAG NZA 02, 323). Der Rahmen des Üblichen ist nicht am betreffenden, sondern allgemein an gleichartigen Unternehmen zu messen. Eine entsprechende Anwendung der Grenzen der Nr 4 ist gerechtfertigt (Henze Rpfleger 80, 456;
4   aA Pfeifer NZA 96, 738). − **c) Nr 3:** Im Rahmen des Üblichen hält sich das, was in der Höhe nach den Lohnsteuerrichtlinien anerkannten lohnsteuerfreien Pauschbeträge liegt. Aufwandsentschädigungen

sind insbes Reisespesen, Trennungsentschädigungen, Berufskleidungs-, Schmutz- und Erschwerniszulagen, auch Vergütung für ehrenamtliche Tätigkeit (ZöStöber 7 aE). Mehrere Aufwandsentschädigungen, die dem selben Zweck dienen, sind zusammenzurechnen. Nr 3 ist unanwendbar bei Pfändung von Ansprüchen eines Zahnarztes gegen die kassenärztliche Vereinigung; es ist über § 850 f Abs 1 a zu verfahren (BGH 96, 324 = JZ 86, 498 mit Anm von Brehm). – **d) Nr 4:** Der über- 5 schießende Betrag ist dem Arbeitseinkommen (§ 850) hinzuzurechnen. Nr 4 gilt auch, wenn die Weihnachtsvergütung mit Vorbehalt für die Zukunft gewährt wird. – **e) Nr 5** ist entsprechend anzuwenden für 6 Beihilfen, die aus solchem Anlass im öffentlichen Dienst gewährt werden (LG Münster Rpfleger 94, 473). – **f) Nr 6:** Kindergeld und die Ausbil- 7 dungsvergütung (§ 10 BerBiG) gehören nicht dazu (hM), auch nicht Erziehungsgeld, das auf Grund des BErzGG bezahlt wird (Hamm Rpfleger 88, 31). Gleichgültig ist, wem das Geld zufließt. – **g) Nr 7:** Der 8 Bezieher muss nicht Erbe sein. Umfasst auch die den Hinterbliebenen gewährten 3-Monats-Bezüge nach dem Tod, insbes von Beamten, nicht die unter § 850 b Abs 1 Nr 4 fallenden Bezüge. – **h) Nr. 8:** Kann nur diejenigen Zulagen betreffen, die nicht schon auf Grund von Sozialgesetzen unpfändbar sind.

§ 850 b Bedingt pfändbare Bezüge

(1) **Unpfändbar sind ferner**
1. **Renten, die wegen einer Verletzung des Körpers oder der Gesundheit zu entrichten sind;**
2. **Unterhaltsrenten, die auf gesetzlicher Vorschrift beruhen, sowie die wegen Entziehung einer solchen Forderung zu entrichtenden Renten;**
3. **fortlaufende Einkünfte, die ein Schuldner aus Stiftungen oder sonst auf Grund der Fürsorge und Freigebigkeit eines Dritten oder auf Grund eines Altenteils oder Auszugsvertrags bezieht;**
4. **Bezüge aus Witwen-, Waisen-, Hilfs- und Krankenkassen, die ausschließlich oder zu einem wesentlichen Teil zu Unterstützungszwecken gewährt werden, ferner Ansprüche aus Lebensversicherungen, die nur auf den Todesfall des Versicherungsnehmers abgeschlossen sind, wenn die Versicherungssumme 3579 Euro nicht übersteigt.**

(2) **Diese Bezüge können nach den für Arbeitseinkommen geltenden Vorschriften gepfändet werden, wenn die Vollstreckung in das sonstige bewegliche Vermögen des Schuldners zu einer vollständigen Befriedigung des Gläubigers nicht geführt hat oder voraussichtlich nicht führen wird und wenn nach den Umständen des Falles, insbesondere nach der Art des beizutreibenden Anspruchs und der Höhe der Bezüge, die Pfändung der Billigkeit entspricht.**

(3) **Das Vollstreckungsgericht soll vor seiner Entscheidung die Beteiligten hören.**

1 **1. Allgemeines.** Die Bezüge des § 850b sind grundsätzlich unpfändbar (Abs. 1). Insoweit gilt § 850a Rn 1. Die Unpfändbarkeit setzt sich am Auszahlungsanspruch gegen den bevollmächtigten Empfänger fort (BGH 113, 90). Ausnahmsweise pfändbar sind die Bezüge nach Abs 2 wie Arbeitseinkommen (§ 850) gemäß § 850c oder § 850d.

1a **2. Voraussetzungen** einer Pfändung (Abs 2): – a) **Unvollständige Befriedigung** des Gläubigers (wie § 807 Rn 7, 8). – b) **Billigkeit** der Pfändung des Anspruchs. Das ist wegen Abs 1 die Ausnahme. Im Rahmen der Billigkeit sind auch die wirtschaftlichen Verhältnisse des Gläubigers und der Zweck zu berücksichtigen, dem das beizutreibende Geld dient. Ein Anspruch aus unerlaubter Handlung indiziert die Billigkeit der Pfändung (Stuttgart Rpfleger 02, 162). Bei freiwilligen Leistungen Dritter (Nr 3) kommt es auf deren Willen an (Köln FamRZ 94, 1272).

2 **3. Verfahren. – a) Zuständig** ist, auch bei Abtretung (BGH NJW 70, 282), das Vollstreckungsgericht (§ 828; der Rechtspfleger, § 20 Nr 17 RPflG), aber nicht außerhalb eines Vollstreckungsverfahrens (LG 3 Hamburg MDR 84, 1035). – b) **Gehör** (Abs 3) soll, entgegen § 834, auch dem Schuldner gewährt werden, außerdem jedem Dritten, der betroffen wird. Das Unterlassen der Anhörung muss durch konkrete 4 Umstände begründet sein; kein freies Ermessen. – c) **Tatsachengrundlage.** Der Gläubiger muss für die Billigkeit der Pfändung nur soviel an Tatsachen vortragen, wie ihm zugemutet werden kann. Es besteht Äußerungslast des Schuldners (Hamm NJW 79, 1369). Die Tatsachen für Abs 2 müssen bewiesen, nicht nur glaubhaft gemacht sein (Hamm MDR 75, 587). Die Beweislast hierfür trägt der Gläubiger. – 5 d) **Entscheidung.** Entweder ist Pfändungsbeschluss (§ 829) zu erlassen oder der Antrag abzulehnen. Ein Blankettbeschluss (§ 850c Rn 2) ist unzulässig und daher unwirksam (Hülsmann NJW 95, 1521). Im Falle der Anhörung (Abs 3) ist der Beschluss zu begründen (LG Düsseldorf 6 Büro 83, 1575). Zustellung wegen § 329 Abs 3. – e) **Rechtsbehelf:** sofortige Beschwerde gegen den Beschluss des Rechtspflegers (§ 11 Abs 1 RPflG; § 793); auch gegen den Pfändungsbeschluss, für jeden Beteiligten (Abs 3; Rn 3).

7 **4. Anwendungsbereich** (Abs 1). In allen Fällen werden auch die rückständigen Leistungen erfasst. – a) **Nr 1. Renten,** sowohl bei gesetzlicher als auch bei vertraglicher Grundlage (BGH 70, 206), insbes gem § 843 BGB, § 13 StVG sowie die Berufsunfähigkeitszusatzversicherung (Oldenburg NJW-RR 94, 479; Hülsmann MDR 94, 537). Das gilt auch wenn die Beträge als Rückstände in einer Summe gezahlt werden (BGH NJW 88, 819). Für Sozialleistungen gilt Unpfändbarkeit 8 gem § 54 Abs 1 Nr 3 SGB I. – b) **Nr 2. Unterhalt. aa) Allgemein:** alle Forderungen, die auf Grund gesetzlicher Unterhaltsverpflichtung geschuldet werden, selbst wenn vertraglich ausgestaltet, auch einmalige

Zahlungen (BGH NJW 97, 1441); Unterhaltsrückstände (Bamberg FamRZ 96, 1487); der Unterhaltsanspruch des Ehegatten gem §§ 1360, 1360a BGB als einmalige Unterhaltsleistung (Sonderbedarf), ohne als Geldrente konkretisiert zu sein (Düsseldorf FamRZ 82, 498; bestr). Pfändbar ist ein Freistellungsanspruch (vgl KG MDR 80, 676) und die zur Erfüllung des Unterhaltsanspruchs abgetretene Rente (hM; vgl Stuttgart Rpfleger 85, 338). Mit dem 2. Hs der Nr 2 ist § 844 BGB gemeint. **bb) Taschengeldanspruch** des Ehegatten ist als unselbständiger Teil des Unterhaltsanspruchs pfändbar (Stuttgart Rpfleger 02, 162); wenn er als bestimmter oder bestimmbarer Anspruch ausgestaltet ist (hM; Köln NJW 93, 3335 mwN; KG NJW 00, 149; Büttner FamRZ 94, 1433 mwN; Scherer DGVZ 95, 81 mwN; aA LG Braunschweig Rpfleger 97, 394) und so bezeichnet (Karlsruhe Büro 92, 570), auch in der Höhe (Büttner aaO), aber nur bis zu einem gewissen Restbetrag (Stuttgart aaO: 3/10; vgl Mayer Rpfleger 90, 281 mwN), nach Sauer/Meiendresch FamRZ 94, 1441 nur, soweit er den Freibetrag des § 850c übersteigt (bestr). Die Pfändung kann auch wegen der Höhe an Abs 2 scheitern (vgl LG Köln NJW-RR 92, 835), weil sie oft unbillig ist (hierzu Stuttgart Rpfleger 97, 447; Nürnberg Rpfleger 98, 294; LG Mönchengladbach Rpfleger 02, 469; Sauer/Meiendresch aaO mwN). Zur Prüfung der Voraussetzungen: Celle NJW 91, 1960; zur Darlegungslast: Hamm FamRZ 89, 616. – **c) Nr 3. Fortlaufende Einkünfte:** 9 auch auf letztwilliger Verfügung beruhende, aber nicht die aus der Vorerbe bezogenen Einkünfte (LG Gießen Rpfleger 00, 169); Altenteile; dinglich gesichert oder schuldrechtlich vereinbart (BGH NJW 70, 282). Es wird eine persönliche Beziehung vorausgesetzt; daher fällt eine Rente aus Restkaufpreis nicht darunter (Hamm OLGZ 70, 49). Bei freiwilliger Leistung vgl Rn 1. – **d) Nr 4. Unterstützungsbezüge** (aus öffentli- 10 chen und privaten Kassen), nur vertragliche; auch das Pflegegeld; dieses ist idR gemäß Abs 2 (vgl Rn 1a) unpfändbar (Sauer/Meiendresch NJW 96, 765). Auch einmalige Leistungen (KG Rpfleger 85, 73 mwN; bestr). Bei gesetzlichen Sozialleistungen, insbes Krankengeld aus der Sozialversicherung, (Köln NJW 89, 2956) gelten jedoch die §§ 18–29 SGB I (§ 829 Rn 14). Lebensversicherung: Pfändbarkeit tritt nach dem Tode des bisherigen Bezugsberechtigten ein (KG aaO). Wegen des niedrigen Freibetrags hat Nr 4 nur noch geringe praktische Bedeutung. Mehrere Versicherungsforderungen werden zusammengerechnet (hM; vgl Smid NJW 92, 1935).

§ 850 c Pfändungsgrenzen für Arbeitseinkommen

(1) [1]**Arbeitseinkommen ist unpfändbar, wenn es, je nach dem Zeitraum, für den es gezahlt wird, nicht mehr als**
930 Euro monatlich,
217,50 Euro wöchentlich oder
43,50 Euro täglich
beträgt.

[2] Gewährt der Schuldner auf Grund einer gesetzlichen Verpflichtung seinem Ehegatten, einem früheren Ehegatten, seinem Lebenspartner, seinem früheren Lebenspartner oder einem Verwandten oder nach §§ 1615 l, 1615 n des Bürgerlichen Gesetzbuchs einem Elternteil Unterhalt, so erhöht sich der Betrag, bis zu dessen Höhe Arbeitseinkommen unpfändbar ist, auf bis zu

2060 Euro monatlich,
   478,50 Euro wöchentlich oder
    96,50 Euro täglich,
und zwar um
350 Euro monatlich,
  81 Euro wöchentlich oder
  17 Euro täglich
für die erste Person, der Unterhalt gewährt wird, und um je
195 Euro monatlich,
  45 Euro wöchentlich oder
   9 Euro täglich
für die zweite bis fünfte Person.

(2) [1] Übersteigt das Arbeitseinkommen den Betrag, bis zu dessen Höhe es je nach der Zahl der Personen, denen der Schuldner Unterhalt gewährt, nach Absatz 1 unpfändbar ist, so ist es hinsichtlich des überschießenden Betrages zu einem Teil unpfändbar, und zwar in Höhe von drei Zehnteln, wenn der Schuldner keiner der in Absatz 1 genannten Personen Unterhalt gewährt, zwei weiteren Zehnteln für die erste Person, der Unterhalt gewährt wird, und je einem weiteren Zehntel für die zweite bis fünfte Person. [2] Der Teil des Arbeitseinkommens, der 2851 Euro monatlich (658 Euro wöchentlich, 131,58 Euro täglich) übersteigt, bleibt bei der Berechnung des unpfändbaren Betrages unberücksichtigt.

(2 a) [1] Die unpfändbaren Beträge nach Absatz 1 und Absatz 2 Satz 2 ändern sich jeweils zum 1. Juli eines jeden zweiten Jahres, erstmalig zum 1. Juli 2003, entsprechend der im Vergleich zum jeweiligen Vorjahreszeitraum sich ergebenden prozentualen Entwicklung des Grundfreibetrages nach § 32 a Abs. 1 Nr. 1 des Einkommensteuergesetzes; der Berechnung ist die am 1. Januar des jeweiligen Jahres geltende Fassung des § 32 a Abs. 1 Nr. 1 des Einkommensteuergesetzes zugrunde zu legen. [2] Das Bundesministerium der Justiz gibt die maßgebenden Beträge rechtzeitig im Bundesgesetzblatt bekannt.

(3) [1] Bei der Berechnung des nach Absatz 2 pfändbaren Teils des Arbeitseinkommens ist das Arbeitseinkommen, gegebenenfalls nach Abzug des nach Absatz 2 Satz 2 pfändbaren Betrages, wie aus der Tabelle ersichtlich, die diesem Gesetz als Anlage beigefügt ist, nach unten abzurunden, und zwar bei

Auszahlung für Monate auf einen durch 10 Euro, bei Auszahlung für Wochen auf einen durch 2,50 Euro oder bei Auszahlung für Tage auf einen durch 50 Cent teilbaren Betrag. [2]Im Pfändungsbeschluß genügt die Bezugnahme auf die Tabelle.

(4) Hat eine Person, welcher der Schuldner auf Grund gesetzlicher Verpflichtung Unterhalt gewährt, eigene Einkünfte, so kann das Vollstreckungsgericht auf Antrag des Gläubigers nach billigem Ermessen bestimmen, daß diese Person bei der Berechnung des unpfändbaren Teils des Arbeitseinkommens ganz oder teilweise unberücksichtigt bleibt; soll die Person nur teilweise berücksichtigt werden, so ist Absatz 3 Satz 2 nicht anzuwenden.

Die Anlage zu § 850c ist abgedruckt in BGBl 2001 I S 3641.

1. Allgemeines. Anwendbar ist § 850c für jede Pfändung des Anspruchs auf Arbeitseinkommen nach §§ 850, 850a, 850b und 850h, § 850e gilt nicht für eine Vergütung, die unter § 850i fällt, und nicht für das ausbezahlte Arbeitseinkommen (§ 850 Rn 4). Die Sonderregelung für Ansprüche auf Unterhalt (§ 850d) und aus vorsätzlicher unerlaubter Handlung (§ 850f Abs 2) geht vor. § 850c legt lediglich den unpfändbaren Geldbetrag fest, der demgemäß in der Tabelle (Anlage zur ZPO) für den praktischen Gebrauch errechnet ist. Durch § 850e ist festgelegt, wie das Arbeitseinkommen errechnet wird. 1

2. Durchführung. Im Pfändungsbeschluss (§ 829 Rn 19) werden der Umfang des pfändungsfreien Betrags nur (abstrakt) durch Bezugnahme auf die Tabelle, die dem Beschluss nicht beigefügt wird, und die Freibeträge für Unterhaltsberechtigte bestimmt (Abs 3 S 2; Blankettbeschluss). Die Beträge zu ermitteln (idR durch die Lohnsteuerkarte) und Änderungen zu berücksichtigen, ist Sache des Drittschuldners (§ 829 Rn 24). Er muss hierzu den Schuldner befragen (vgl Liese DB 90, 2065). Weitere Unterhaltsberechtigte kann der Schuldner jederzeit nachweisen. Der Drittschuldner hat auch den pfändungsfreien Betrag nach der Tabelle zu berechnen und gem Abs 3 abzurunden. Er kann über § 766 einen klarstellenden Beschluss des Vollstreckungsgerichts herbeiführen (hM; Behr Büro 97, 292 mwN). 2

3. Pfändungsfreier Grundbetrag (Abs 1). Für den alleinstehenden Schuldner gilt S 1. Gewährt er Unterhalt, ist S 2 anzuwenden, aber nur bei gesetzlicher Unterhaltspflicht, bei vertraglicher dann, wenn eine gesetzliche ohnehin bestünde. Der Betreffende muss außerstande sein, sich selbst zu erhalten (vgl § 1602 BGB). Der Unterhalt muss tatsächlich geleistet werden (allgM). Bei eigenen Einkünften der unterhaltsberechtigten Person gilt Abs 4 (Rn 6–11). Beide Ehegatten können den erhöhten pfändungsfreien Betrag in Anspruch nehmen, wenn beide gemeinschaftlichen Kindern Unterhalt gewähren (BAG NJW 75, 1296). Die von den Ehegatten getroffene Wahl der Steuerklasse ist für den Pfandgläubiger grundsätzlich bindend (LG Osnabrück FamRZ 99, 1003; bestr). 3

3 a   **4. Bekanntmachung** von Änderungen (Abs 2 a). Die unpfändbaren Beträge bleiben vom 1. 7. 03 bis zum 30. 6. 05 unverändert (Bek vom 25. 2. 03; BGBl 276).

4   **5. Pfändungsfreier Mehrlohn** (Abs 2). – **a) Überschießender Betrag** ist das, was nach Abzug des pfändungsfreien Grundbetrages (Abs 1; Rn 3) vom Nettolohn (aber nur bis zu den Beträgen des Abs 2

5   S 2) verbleibt. – **b) Pfändungsfreier Anteil** (Abs 2 S 1). Er wird durch Zehntel des überschießenden Betrages (Rn 4) festgelegt, gestaffelt nach dem Umfang der Unterhaltspflicht.

       6. Einkünfte von Unterhaltsberechtigten (Abs 4). Nur anzuwen-

6   den, wenn der Schuldner Unterhalt tatsächlich gewährt. – **a) Grundsatz.** Auch mitverdienende und Vermögensträge beziehende Unterhaltsberechtigte (insbes Ehegatten, Lebenspartner, Kinder) werden mitgezählt (vgl Rn 3). Nur über Abs 4 können in einem besonderen Verfahren Unterhaltsberechtigte bei Abs 1 S 2 ausgeschieden werden. –

7   **b) Voraussetzungen.** Sie muss der Gläubiger ermitteln. Hierzu und zu Auskunftsfragen: Hintzen NJW 95, 1861. **aa) Eigene Einkünfte** muss der Unterhaltsberechtigte haben, gleich welcher Art und Höhe, auch Unterhaltsansprüche, zB gegen den anderen Elternteil (LG Detmold Rpfleger 01, 142 mwN), aber fortlaufend, nicht einmalig. Der Unterhaltsbedarf wird zweckmäßig nach dem unpfändbaren Grundfreibetrag bemessen (LG Detmold Rpfleger 98, 256; LG Darmstadt Rpfleger 02, 370; umstr; aA: Sozialhilfesatz um 20% erhöht). Sind die Bezüge niedriger als der Grundfreibetrag, ist eine teilweise Berücksichtigung

8   geboten (LG Erfurt Rpfleger 96, 469 Anm Hintzen). **bb) Billigem Ermessen** muss die Nichtberücksichtigung entsprechen (vgl hierzu Henze Rpfleger 81, 52). Die Bedürfnisse der Unterhaltsberechtigten sind im Einzelfall zu berücksichtigen. Bsp: Die Ehefrau verdient etwa gleich viel oder mehr. Das auszubildende Kind erhält eine die Anrechnungsquote wesentlich übersteigende Ausbildungsvergütung (LG Osna-

9   brück Büro 96, 271). – **c) Verfahren.** Der Antrag des Gläubigers ist Prozesshandlung (Einl III). Das Vollstreckungsgericht (Rechtspfleger, § 20 Nr 17 RPflG) prüft von Amts wegen (§ 850 Rn 1) und entscheidet (nicht vor Erlass des Pfändungsbeschlusses) bei freigestellter mdl Vhdlg durch Beschluss, bei dem zugleich mit Pfändung gestellten Antrag wegen § 834 ohne, bei nachträglichem Antrag erst nach Anhörung des Schuldners, nicht erforderlich des Unterhaltsberechtigten (Henze Rpfleger 81, 52). Inhalt: Der Pfändungs- und Überweisungsbeschluss wird geändert, beim Teilbetrag wegen Unanwendbarkeit des Abs 3 S 2 der pfändungsfreie Betrag angegeben oder der Antrag zurück-

10   gewiesen (zur Fassung vgl Hornung Rpfleger 78, 353) – **d) Wirkung:** keine neue Pfändung. Der mehr gepfändete Betrag hat den Rang der ursprünglichen Pfändung (§ 804 Abs 3), aber nur zugunsten desjenigen Gläubigers, der den Beschluss erwirkt hat (LAG Hamm DB 82, 1676). Keine Drittwirkung für und gegen andere Gläubiger (Musielak/Becker

11   13). – **e) Rechtsbehelfe:** Gegen den Beschluss des Rechtspflegers fin-

det sofortige Beschwerde statt (§ 11 Abs 1 RPflG, § 793; aA: ohne Anhörung des Schuldners § 766). Dem Unterhaltsberechtigten steht die Erinnerung (§ 766), zu, nicht der Antrag nach § 850 g S 2 (Oldenburg Rpfleger 91, 261).

§ 850 d Pfändbarkeit bei Unterhaltsansprüchen

(1) [1]Wegen der Unterhaltsansprüche, die kraft Gesetzes einem Verwandten, dem Ehegatten, einem früheren Ehegatten, dem Lebenspartner, einem früheren Lebenspartner oder aus §§ 1615 l, 1615 n des Bürgerlichen Gesetzbuchs einem Elternteil zustehen, sind das Arbeitseinkommen und die in § 850 a Nr. 1, 2 und 4 genannten Bezüge ohne die in § 850 c bezeichneten Beschränkungen pfändbar. [2]Dem Schuldner ist jedoch so viel zu belassen, als er für seinen notwendigen Unterhalt und zur Erfüllung seiner laufenden gesetzlichen Unterhaltspflichten gegenüber den dem Gläubiger vorgehenden Berechtigten oder zur gleichmäßigen Befriedigung der dem Gläubiger gleichstehenden Berechtigten bedarf; von den in § 850 a Nr. 1, 2 und 4 genannten Bezügen hat ihm mindestens die Hälfte des nach § 850 a unpfändbaren Betrages zu verbleiben. [3]Der dem Schuldner hiernach verbleibende Teil seines Arbeitseinkommens darf den Betrag nicht übersteigen, der ihm nach den Vorschriften des § 850 c gegenüber nicht bevorrechtigten Gläubigern zu verbleiben hätte. [4]Für die Pfändung wegen der Rückstände, die länger als ein Jahr vor dem Antrag auf Erlaß des Pfändungsbeschlusses fällig geworden sind, gelten die Vorschriften dieses Absatzes insoweit nicht, als nach Lage der Verhältnisse nicht anzunehmen ist, daß der Schuldner sich seiner Zahlungspflicht absichtlich entzogen hat.

(2) Mehrere nach Absatz 1 Berechtigte sind mit ihren Ansprüchen in folgender Reihenfolge zu berücksichtigen, wobei mehrere gleich nahe Berechtigte untereinander gleichen Rang haben:
a) die minderjährigen unverheirateten Kinder, der Ehegatte, ein früherer Ehegatte und ein Elternteil mit seinem Anspruch nach §§ 1615 l, 1615 n des Bürgerlichen Gesetzbuchs; für das Rangverhältnis des Ehegatten zu einem früheren Ehegatten gilt jedoch § 1582 des Bürgerlichen Gesetzbuchs entsprechend; das Vollstreckungsgericht kann das Rangverhältnis der Berechtigten zueinander auf Antrag des Schuldners oder eines Berechtigten nach billigem Ermessen in anderer Weise festsetzen; das Vollstreckungsgericht hat vor seiner Entscheidung die Beteiligten zu hören;
b) der Lebenspartner und ein früherer Lebenspartner;
c) die übrigen Abkömmlinge, wobei die Kinder den anderen vorgehen;

d) die Verwandten aufsteigender Linie, wobei die näheren Grade den entfernteren vorgehen.

(3) Bei der Vollstreckung wegen der in Absatz 1 bezeichneten Ansprüche sowie wegen der aus Anlaß einer Verletzung des Körpers oder der Gesundheit zu zahlenden Renten kann zugleich mit der Pfändung wegen fälliger Ansprüche auch künftig fällig werdendes Arbeitseinkommen wegen der dann jeweils fällig werdenden Ansprüche gepfändet und überwiesen werden.

1   **1. Allgemeines.** § 850d schafft in Abs 3 eine Ausnahme zu § 751, ist daher eng auszulegen und nicht analog anzuwenden (hM). Zur Sicherstellung gesetzlicher Unterhaltsansprüche wird der pfändungsfreie Betrag für die Bezüge nach §§ 850, 850a Nr 1, 2, 4, § 850b und § 850h verringert.

2   **2. Anwendungsbereich.** Es muss sich unmittelbar aus dem Vollstreckungstitel oder einem späteren Urteil (vgl § 850f Rn 5) ergeben, dass ein Unterhaltsanspruch der in Abs 1 bezeichneten Art vorliegt (hM; Hoffmann NJW 73, 111 mwN). § 850d gilt auch dann, wenn Unterhaltsansprüche kraft Gesetzes auf einen Dritten übergegangen sind und geltend gemacht werden, zB durch Sozialhilfeträger (hM; LG Aachen Rpfleger 83, 360 mwN; LG Stuttgart Rpfleger 96, 119; StJBrehm 12), auch solche aus den §§ 91ff KJHG (LG Erfurt Rpfleger 97, 474 = FamRZ 97, 510 mit Anm Schmidt). § 850d ist auch anwendbar, wenn wegen gesetzlichen Unterhalts ein Anspruch auf laufende Geldleistungen, die Sozialleistungen darstellen (§§ 18–29 SGB I), gepfändet werden soll (§ 54 Abs 3 Nr 1 SGB I); auch bei Arbeitslosengeld (BSG FamRZ 87, 274). Keine entspr Anwendung auf Pfändung von Bankkonten (LG Berlin Rpfleger 82, 434; vgl Rn 1).

3   **3. Antrag** (§ 829 Rn 5). Darin hat der Gläubiger, wenn er das Vorrecht des § 850d verlangt, dessen tatsächliche Voraussetzungen darzulegen. Sie sind weder glaubhaft zu machen noch zu beweisen, solange der Schuldner nicht die Unterhaltspflicht bestreitet.

4   **4. Pfändung.** Im Beschluss (§ 829 Rn 19) ist der dem Schuldner verbleibende Betrag nach dem Ermessen des Vollstreckungsgerichts zu beziffern. Die Pfändung darf nach Maßgabe der jeweiligen gesetzlichen Bestimmungen auch auf die in § 850i Abs 4 (dort Rn 6) aufgeführten Bezüge erstreckt werden. Berechnet wird in 3 Stufen (vgl LG Hamburg Rpfleger 91, 515): **(1)** Ermittlung des notwendigen Unterhalts (Abs 1 S 2). **(2)** Errechnung des pfändungsfreien Betrags gem § 850c. Ist er niedriger, gilt Abs 1 S 3. **(3)** Entscheidung über den Antrag des Schuldners gemäß § 850f Abs 1.

5   **5. Unterhaltsberechtigte. – a) Personenkreis** (Abs 1 S 1). Dieser darf nicht analog ausgedehnt werden (Rn 1). Er umfasst alle Personen, denen Unterhaltsansprüche (Rn 6) gegen den Schuldner zustehen. –

6   **b) Unterhaltsansprüche:** gesetzliche (nach BGB) oder an deren Stelle

getretene vertragliche. Nicht dazu gehören die Kosten des Unterhaltsrechtsstreits (umstr), wohl aber die Kosten der ZwVollstr (hM; Musielak/Becker 2 mwN).

6. Rang. Er ergibt sich aus Abs 2, setzt eine Pfändung voraus und 7 gilt auch für die Rückstände (Rn 11; LG Berlin Rpfleger 95, 222). – **a) Folge.** Die Ansprüche von Personen, welche der schlechteren Rangklasse angehören, bleiben unberücksichtigt, wenn bei der Pfändung für den Gläubiger der pfandfreie Betrag des Schuldners errechnet wird. Das gilt insbes zugunsten der erstehelichen Kinder gegenüber der zweiten Ehefrau (Köln FamRZ 92, 845). – **b) Mehrere Gläubiger.** 8 Pfänden mehrere der in Abs 2 bezeichneten Personen, gilt für den Rang zunächst § 804 Abs 3. Die Freibeträge werden aber getrennt berechnet, die Beschlüsse dann nach § 850g geändert und der Rangfolge des Abs 2 angepasst. Es wird danach ohne Rücksicht auf § 804 Abs 3 gleichmäßig festgesetzt, aber nur im Bereich des durch Abs 2 gewährten Vorrechts (hM; LG Aurich Rpfleger 90, 307), nach dem jeweiligen Unterhaltsanteilen berechnet und der jeweiligen Vollstreckung unterworfen (Köln NJW-RR 93, 1156). Bei Zusammentreffen mit gewöhnlichen Gläubigern gilt § 850e Nr 4. Es gehen Abtretungen späteren Pfändungen vor. – **c) Änderung** durch Beschluss (Abs 2a) wirkt in 9 beschränktem Umfang zurück (BAG NJW 90, 2641 und 91, 1774).

7. Umfang der Unpfändbarkeit (Abs 1 S 2). Eine Erhöhung ist 10 nach § 850f möglich. – **a) Notwendiger Unterhalt** umfasst Nahrung, Wohnung mit Licht und Heizung, Kleidung, Hausrat, auch Taschengeld in bescheidenem Umfang. Ein früherer gehobener Lebensstandard darf nicht berücksichtigt werden (allgM). Die Höhe ist nach den konkreten Umständen des Einzelfalls zu bemessen (Büttner FamRZ 94, 1433), so dass die Verhältnisse am Wohnort maßgebend sind. Bei Wohnsitzwechsel ist ggf zu ändern (LG Hamburg MDR 88, 154 Anm Schultz 241). Es darf nicht mehr sein, als nach § 850c pfändungsfrei ist (Abs 1 S 3), und nicht unbedingt weniger. Ein Teil der Praxis (KG NJW-RR 87, 132 mwN) orientiert sich am doppelten Eckregelsatz der Sozialhilfe (vgl KG Rpfleger 94, 373) oder am Existenzminimum (Köln NJW-RR 93, 1156). Besser erscheint eine konkrete Berechnung des vollstreckungsrechtlichen Existenzminimums (hierzu Büttner FamRZ 94, 1433). Zu berücksichtigen sind die gesetzlichen Unterhaltspflichten (Abs 1 S 2; Rangfolge wie in Rn 8). Bei der Bemessung ist das Kindergeld einzubeziehen (hM), auch ohne Antrag gem § 850e Nr 2a. – **b) Rückstände.** Grundsätzlich gilt das Vorrecht des § 850d zeitlich 11 unbeschränkt (Abs 1 S 4). Die überjährigen Rückstände sind als Ausnahme vom Vorrecht ausgeschlossen und nach Maßgabe von § 850c pfändbar, wenn nicht anzunehmen ist, dass der Schuldner sich der Zahlungspflicht absichtlich entzogen hat. Beim Pfändungsbeschluss ist davon auszugehen, dass das Vorrecht des Unterhaltsberechtigten auch die überjährigen Rückstände ergreift. Erst auf Erinnerung des Schuldners entscheidet das Vollstreckungsgericht, ob das Vorrecht aberkannt

werden muss (Kabath Rpfleger 91, 292; bestr; aA KG MDR 86, 767). Für die Annahme der absichtlichen Entziehung genügt der gerechtfertigte Schluss; es ist kein Beweis nötig (aA Köln NJW-RR 93, 1157). IdR ist die Absicht gegeben, wenn der Schuldner trotz Zahlungsfähigkeit nicht leistet (KG MDR 86, 767). Bevorrechtigt sind die Ansprüche, welche fällig geworden sind, nachdem das absichtliche Entziehen
12   hervorgetreten ist. – **c) Abtretungen** durch den Schuldner in Kenntnis der Unterhaltspflicht können dazu führen, dass der Abtretungsbetrag unberücksichtigt bleibt (LG Saarbrücken Rpfleger 86, 23 mit abl Anm von Lorenschat 309).

13   **8. Vorratspfändung** (Abs 3), auch Dauerpfändung genannt, ist eine Ausnahme von § 751 Abs 1. Sie ist von der nicht rangwahrenden Vorauspfändung (Rn 14 aE; StJMünzberg § 751 Rn 4) zu unterscheiden. –
14   **a) Anwendbar:** auch auf Renten aus Körperverletzung (wie § 850 b Nr 1). Nicht auf andere wiederkehrende Forderungen, schon gar nicht auf einmalig fällige Forderungen oder Rechte (sehr umstr; aA LG Düsseldorf Rpfleger 85, 119), zB die Einkünfte eines selbständig Tätigen, die auf sein Bankkonto überwiesen werden (LG Hannover Büro 87, 463). Hingegen dürfen als Vorauspfändung statt des Arbeitseinkommens auch andere wiederkehrende Leistungen (zB Miete), sogar ein (auch künftiger) Anspruch auf eine einmalige Leistung gepfändet werden, wenn die Pfändung an den auf die jeweilige Fälligkeit folgenden Tag angeordnet wird (Hamm NJW-RR 94, 895 mwN; bestr; vgl § 751
15   Rn 4). – **b) Voraussetzung** ist, dass bei Erlass des Pfändungsbeschlusses mindestens eine Rate fällig und noch nicht beglichen ist; denn dies stellt ein Indiz für künftigen Zahlungsverzug dar. Das kann im Einzelfall verneint werden (Naumburg DGVZ 95, 57). Außerdem muss wegen mindestens einer rückständigen Rate gleichzeitig zusammen gepfändet werden (hM; Düsseldorf WM 83, 1069 mwN). Sind die Voraussetzungen des § 829 (dort Rn 4) iü erfüllt, so muss (nicht „kann") das Vollstreckungsgericht pfänden. Die Pfändung sollte aber unterbleiben, wenn der Zahlungsverzug auf entschuldbarem Irrtum beruht (Bamberg FamRZ
16   94, 1540). – **c) Wirkung.** Zu leisten ist erst, wenn die Unterhaltsraten fällig sind, gepfändet ist aber wegen § 832 sofort. Aufgehoben (vgl § 829 Rn 50) wird nur über § 776, aber nicht allein schon dann, wenn die fälligen Beträge bezahlt sind und laufend bezahlt werden.

17   **9. Verhältnis Gläubiger zu Drittschuldner.** Der ziffernmäßig festgesetzte Betrag (vgl Rn 4) ist für das im Einziehungsprozess erkennende Arbeitsgericht bindend, wenn der Gläubiger die überwiesene Forderung gegen den Drittschuldner einklagt (BAG NJW 62, 510; bestr), so dass dieser eine unrichtige Festsetzung des Freibetrages nur über § 766 angreifen kann (BAG aaO; aA LG Essen NJW 69, 668: auch nicht § 766). Dies gilt auch bei Änderungsbeschlüssen (BAG aaO). Folgerichtig muss es dem Drittschuldner im Einziehungsprozess auch verwehrt sein, geltend zu machen, § 850 d sei nicht anwendbar (vgl BAG NJW 71, 2094).

10. Rechtsbehelfe. Gegen den Pfändungsbeschluss steht dem 18
Schuldner, dem Drittschuldner und dem Unterhaltsberechtigten die
Erinnerung zu (§ 766). Gegen die auch teilweise Ablehnung des Pfän-
dungsantrags findet für den Gläubiger die sofortige Beschwerde statt
(§ 11 Abs 1 RPflG; § 793), auch dann, wenn der Rechtspfleger der
Erinnerung abgeholfen hat (§ 766 Rn 9; hM).

§ 850 e Berechnung des pfändbaren Arbeitseinkommens

**Für die Berechnung des pfändbaren Arbeitseinkommens gilt
folgendes:**
1. [1]**Nicht mitzurechnen sind die nach § 850 a der Pfändung ent-
zogenen Bezüge, ferner Beträge, die unmittelbar auf Grund
steuerrechtlicher oder sozialrechtlicher Vorschriften zur Erfüllung gesetzlicher Verpflichtungen des Schuldners abzuführen sind.** [2]**Diesen Beträgen stehen gleich die auf den Auszahlungszeitraum entfallenden Beträge, die der Schuldner**
   a) **nach den Vorschriften der Sozialversicherungsgesetze zur
Weiterversicherung entrichtet oder**
   b) **an eine Ersatzkasse oder an ein Unternehmen der privaten
Krankenversicherung leistet, soweit sie den Rahmen des
Üblichen nicht übersteigen.**
2. [1]**Mehrere Arbeitseinkommen sind auf Antrag vom Vollstreckungsgericht bei der Pfändung zusammenzurechnen.** [2]**Der
unpfändbare Grundbetrag ist in erster Linie dem Arbeitseinkommen zu entnehmen, das die wesentliche Grundlage der
Lebenshaltung des Schuldners bildet.**
2 a. [1]**Mit Arbeitseinkommen sind auf Antrag auch Ansprüche
auf laufende Geldleistungen nach dem Sozialgesetzbuch zusammenzurechnen, soweit diese der Pfändung unterworfen
sind.** [2]**Der unpfändbare Grundbetrag ist, soweit die Pfändung
nicht wegen gesetzlicher Unterhaltsansprüche erfolgt, in
erster Linie den laufenden Geldleistungen nach dem Sozialgesetzbuch zu entnehmen.** [3]**Ansprüche auf Geldleistungen
für Kinder dürfen mit Arbeitseinkommen nur zusammengerechnet werden, soweit sie nach § 76 des Einkommensteuergesetzes oder nach § 54 Abs. 5 des Ersten Buches
Sozialgesetzbuch gepfändet werden können.**
3. [1]**Erhält der Schuldner neben seinem in Geld zahlbaren Einkommen auch Naturalleistungen, so sind Geld- und Naturalleistungen zusammenzurechnen.** [2]**In diesem Falle ist der
in Geld zahlbare Betrag insoweit pfändbar, als der nach
§ 850 c unpfändbare Teil des Gesamteinkommens durch den
Wert der dem Schuldner verbleibenden Naturalleistungen
gedeckt ist.**
4. [1]**Trifft eine Pfändung, eine Abtretung oder eine sonstige
Verfügung wegen eines der in § 850 d bezeichneten Ansprü-**

che mit einer Pfändung wegen eines sonstigen Anspruchs zusammen, so sind auf die Unterhaltsansprüche zunächst die gemäß § 850 d der Pfändung in erweitertem Umfang unterliegenden Teile des Arbeitseinkommens zu verrechnen. [2]Die Verrechnung nimmt auf Antrag eines Beteiligten das Vollstreckungsgericht vor. [3]Der Drittschuldner kann, solange ihm eine Entscheidung des Vollstreckungsgerichts nicht zugestellt ist, nach dem Inhalt der ihm bekannten Pfändungsbeschlüsse, Abtretungen und sonstigen Verfügungen mit befreiender Wirkung leisten.

1 **1. Allgemeines.** § 850 e schreibt vor, wie der pfändbare Teil des Arbeitseinkommens nach § 850 c und § 850 d zu berechnen ist. Die Vorschrift gilt auch für § 850 h und § 850 i. Einzelheiten: Behr Büro 96, 234. Rechtsbehelf bei Streit oder Ungewissheit über Bewertung oder Berechnung: § 766 Rn 15.

2 **2. Unpfändbare Bezüge. Nr 1.** Sie sind abzusetzen, auch wenn es im Pfändungsbeschluss nicht erwähnt ist. Sie werden nach dem Bruttoprinzip abgezogen, danach die vom Bruttoarbeitseinkommen zu zahlenden Steuern und Sozialabgaben ungekürzt abgesetzt (vgl Napriela Rpfleger 92, 49 mwN). Nicht abgerechnete Lohnabschlagszahlungen und -vorschüsse werden bei nachfolgender Pfändung grundsätzlich auf den pfändungsfreien Betrag angerechnet (BAG NZA 87, 485). Steuern, die der Arbeitnehmer im Ausland abzuführen hat können nur nach § 850 f berücksichtigt werden (BAG NJW 86, 2208). Beiträge zur privaten Krankenversicherung sind ohne Bindung an die in Höhe der gesetzlichen Krankenversicherung zu berücksichtigen (Musielak/Becker 4; bestr).

3 **3. Zusammenrechnung mehrerer Arbeitseinkommen. Nr 2.** Dazu gehören nicht sonstige Einkünfte. − a) **Anwendbar** bei mehreren Drittschuldnern und mehreren Renten, auch bei Unterhaltspfändung gem § 850 d (LG Frankfurt Rpfleger 83, 449; bestr), nicht bei einmalig zahlbarer Arbeitsvergütung (hM; Grunsky ZIP 83, 908). Die Abtretung des pfändbaren Teils eines Einkommens steht nicht entgegen **4** (Grunsky aaO). − b) **Verfahren.** Die Anordnungen trifft das Vollstreckungsgericht (§ 828; Rechtspfleger, § 20 Nr 17 RPflG), nicht das Arbeitsgericht (BAG NJW 02, 3121), in den Pfändungsbeschlüssen auf Antrag des Gläubigers, aber auch des Schuldners, ggf auf Erinnerung (§ 766). Die Voraussetzungen muss der Gläubiger nachweisen (Behr Büro 96, 234). Die Zusammenrechnung kann auch nachträglich vorgenommen werden (Mertes Rpfleger 84, 453 mwN). Der Beschluss wird an Gläubiger, Schuldner und Drittschuldner zugestellt (§ 329 Abs 2, 3). Rechtsbehelf: sofortige Beschwerde (§ 11 Abs 1 RPflG, § 793). − **5** c) **Berechnung.** Das Einkommen des Ehegatten bleibt außer Betracht; es gilt § 850 c Abs 4. Die Zusammenrechnung setzt nicht voraus, dass die beiden (oder mehreren) Arbeitseinkommen gepfändet sind. Sie ist nicht notwendig bei mehrfacher Altersversorgung und Aufrechnung

(§ 394 BGB) außerhalb eines Vollstreckungsverfahrens (BAG NZA 91, 147).

4. Zusammenrechnung bei Sozialleistungen. Nr 2a. Antrag und 6
Anordnungsbefugnis wie bei Nr 2 (Rn 4). Sozialleistungen: §§ 18–29
SGB I. Die Pfändbarkeit von Sozialleistungen richtet sich nach § 54
SGB I (§ 829 Rn 14). Unpfändbar sind laufende Geldleistungen nach
Maßgabe des § 54 Abs 3 Nr 1–3 SGB I (Erziehungs- und Mutter-
schaftsgeld bis zur Höhe des Erziehungsgeldes) sowie für Mehraufwand
wegen Körper- und Gesundheitsschadens (Hornung Rpfleger 94, 442).
Im übrigen können laufende Geldleistungen wie Arbeitseinkommen
gepfändet werden (§ 54 Abs 4 SGB I) und unterliegen daher der
Zusammenrechnung. Für einmalige Sozialleistungen verbleibt es bei
§ 54 Abs 2 SGB I (Billigkeitspfändung). Die Zusammenrechnung
gem Nr 3 bleibt unberührt. Ist zusammenzurechnen, kann Nr 2 S 2
entspr angewendet werden, so dass der unpfändbare Betrag primär
der Sozialleistung zu entnehmen ist (LG Marburg Rpfleger 02, 216
mwN). Das wirkt aber nur unter den Verfahrensbeteiligten. Wird
angeordnet, dass zusammenzurechnen ist, wirkt das nur für den Gläubiger, zu dessen Gunsten die Anordnung ergangen ist (BAG NJW
97, 478).

5. Naturalleistungen. Nr 3. Nur solche, die Dienstvergütung dar- 7
stellen; daher nicht Altenteilsleistungen (Frankfurt OLGZ 91, 461);
auch solche, für die nur eine unverhältnismäßig kleine Vergütung bezahlt wird. Auch Sachbezüge von Soldaten fallen darunter.

6. Zusammentreffen mit Unterhaltsansprüchen. Nr 4. Der 8
Rang (§ 804 Abs 3) wird dadurch nicht berührt. Aber der Unterhaltsberechtigte (§ 850d) mit schlechterem Rang kann die Differenz zwischen dem notwendigen Unterhalt (§ 850d Rn 10) und dem allgemeinen Pfändungsfreibetrag (§ 850c) pfänden. Hat er den besseren Rang,
muss er zuerst auf diese Differenz zugreifen, damit der gewöhnliche
Gläubiger erst nach ihm zum Zuge kommt. Das Vollstreckungsgericht
(§ 828; Rechtspfleger, § 20 Nr 17 RPflG) verrechnet gemäß S 2 auf
Antrag von Gläubiger, Schuldner oder Drittschuldner durch Beschluss.
Rechtsbehelf: Rn 4. Entsprechendes gilt, wenn zugunsten eines gewöhnlichen Gläubigers das Arbeitseinkommen (soweit zulässig, § 851)
oder der Anspruch auf Sozialleistungen (soweit zulässig, § 53 SGB I)
abgetreten oder sonstwie darüber verfügt ist (umstr; vgl LG Gießen
Rpfleger 85, 370 mwN). Pfänden mehrere Unterhaltsberechtigte, ist
§ 850d Rn 8 anzuwenden.

§ 850f Änderung des unpfändbaren Betrages

(1) **Das Vollstreckungsgericht kann dem Schuldner auf Antrag von dem nach den Bestimmungen der §§ 850c, 850d und
850i pfändbaren Teil seines Arbeitseinkommens einen Teil belassen, wenn**

a) der Schuldner nachweist, daß bei Anwendung der Pfändungsfreigrenzen entsprechend der Anlage zu diesem Gesetz (zu § 850c) der notwendige Lebensunterhalt im Sinne der Abschnitte 2 und 4 des Bundessozialhilfegesetzes für sich und für die Personen, denen er Unterhalt zu gewähren hat, nicht gedeckt ist,

b) besondere Bedürfnisse des Schuldners aus persönlichen oder beruflichen Gründen oder

c) der besondere Umfang der gesetzlichen Unterhaltspflichten des Schuldners, insbesondere die Zahl der Unterhaltsberechtigten, dies erfordern und überwiegende Belange des Gläubigers nicht entgegenstehen.

(2) Wird die Zwangsvollstreckung wegen einer Forderung aus einer vorsätzlich begangenen unerlaubten Handlung betrieben, so kann das Vollstreckungsgericht auf Antrag des Gläubigers den pfändbaren Teil des Arbeitseinkommens ohne Rücksicht auf die in § 850c vorgesehenen Beschränkungen bestimmen; dem Schuldner ist jedoch so viel zu belassen, wie er für seinen notwendigen Unterhalt und zur Erfüllung seiner laufenden gesetzlichen Unterhaltspflichten bedarf.

(3) ¹Wird die Zwangsvollstreckung wegen anderer als der in Absatz 2 und in § 850d bezeichneten Forderungen betrieben, so kann das Vollstreckungsgericht in den Fällen, in denen sich das Arbeitseinkommen des Schuldners auf mehr als monatlich 2815 Euro (wöchentlich 641 Euro, täglich 123,50 Euro) beläuft, über die Beträge hinaus, die nach § 850c pfändbar wären, auf Antrag des Gläubigers die Pfändbarkeit unter Berücksichtigung der Belange des Gläubigers und des Schuldners nach freiem Ermessen festsetzen. ²Dem Schuldner ist jedoch mindestens so viel zu belassen, wie sich bei einem Arbeitseinkommen von monatlich 2815 Euro (wöchentlich 641 Euro, täglich 123,50 Euro) aus § 850c ergeben würde. ³Die Beträge nach den Sätzen 1 und 2 werden entsprechend der in § 850c Abs. 2a getroffenen Regelung jeweils zum 1. Juli eines jeden zweiten Jahres, erstmalig zum 1. Juli 2003, geändert.

1. Allgemeines. Der Antrag ist Prozesshandlung (Einl III). Er ist von § 766 zu unterscheiden (vgl Köln NJW-RR 89, 189). – **a) Zuständig** ist das Vollstreckungsgericht (§ 828; Rechtspfleger, § 20 Nr 17 RPflG), ggf das Insolvenzgericht (Köln Rpfleger 01, 92), nicht das Arbeitsgericht (BAG NJW 01, 1443) oder die Finanzbehörde (aA App ZIP 90, 910). – **b) Anwendbar** ist § 850f auch bei Pfändung von Sozialleistungen (Frankfurt Rpfleger 78, 265) und bei der Vollstreckung von Unterhalt (hM; Frankfurt NJW-RR 00, 220). Ob bei Lohnabtretungen die Heraufsetzung des pfändungsfreien Betrags durch Klage geltend gemacht werden muss (so Köln NJW-RR 98, 1689) oder ob § 850f entspr angewendet werden kann (so LG Heilbronn Rpfleger 01,

190; Winter Rpfleger 00, 149 mwN), ist umstr und offen gelassen von BAG NJW 91, 2040.

2. Erhöhung des unpfändbaren Betrags (Abs 1) erfolgt auf An- 2 trag (Rn 1) des Schuldners oder eines Unterhaltsberechtigten. Die Darlegungslast wird idR durch eine Bescheinigung des zuständigen Sozialamts erfüllt. Das Gericht ist daran nicht gebunden (Köln Rpfleger 99, 548). Mit Erhöhung des unpfändbaren Betrags wird die Pfändung zu diesem Teil sofort aufgehoben, nicht erst mit Rechtskraft (Köln FamRZ 92, 845; vgl § 829 Rn 50). – **a) Nicht gedeckter Lebens-** 3 **bedarf** (Abs 1 lit a). Dadurch wird der § 54 Abs 3 SGB I praktisch umgesetzt, insbes auch für die Pfändung künftiger Sozialansprüche (Nieuwenhuis NJW 92, 2007). Unterhaltsberechtigte müssen tatsächlich einen Unterhaltsanspruch haben (Köln NJW 92, 2836). Zuschläge zum Regelsatz für einmalige Leistungen sind pauschal sowohl beim Schuldner als auch beim Unterhaltsberechtigten angebracht (Köln Rpfleger 96, 118). – **b) Bedürfnisse** (Abs 1 lit b): persönliche, insbes aus Krankheit 4 oder Behinderung; berufliche, zB für außergewöhnliche Kleidung. Die bereits in §§ 850c, 850d berücksichtigten Bedürfnisse dürfen nicht herangezogen werden (Hamm Rpfleger 77, 224). Es müssen besondere, dh den Durchschnitt erheblich übersteigende Bedürfnisse vorliegen. Sie müssen konkret nachgewiesen werden (LG Hamburg Rpfleger 91, 515) und dürfen grundsätzlich nicht längere Zeit zurückliegen (vgl Hamm Rpfleger 77, 110). Mietkosten sind am Wohngeldrecht zu orientieren (Köln Rpfleger 99, 548). Abs 1 lit b trifft besonders bei praxisbedingten Aufwendungen von freiberuflich Tätigen zu (v. Glasow Rpfleger 87, 289). – **c) Unterhaltspflichten** (Abs 1 lit c). Sie beziehen sich auf die 5 Berechtigten gemäß § 850c Abs 1 S 2, auch bei Krankheit eines Unterhaltsberechtigten. – **d) Überwiegende Belange** des Gläubigers (In- 6 teressenabwägung) sind zu beachten (Celle Rpfleger 90, 376), insbes bei gesetzlichen Unterhaltsgläubigern. Auf jeden Fall muss ihm ein Teil zur Pfändung verbleiben (Hornung Rpfleger 92, 331; aA LG Duisburg Rpfleger 98, 355 mwN).

3. Herabsetzung des unpfändbaren Betrags (Abs 2, 3) erfolgt 7 nur auf Antrag des Gläubigers, ohne Anhörung (§ 834), wenn er zugleich mit dem Pfändungsantrag (§ 829) gestellt ist (LG Bochum Rpfleger 97, 395; bestr). Die Herabsetzung darf nicht unter dem Sozialhilfesatz liegen (LG Hannover Rpfleger 91, 212). Zusammenrechnung ist zu beachten (§ 850e Nr 2). – **a) Unerlaubte Handlung** (Abs 2). Ent- 8 spricht den §§ 823ff BGB. **aa) Ausmaß** der Pfändung wie § 850d Rn 10. Die Höhe des Freibetrags muss stets angegeben werden, nicht die Höhe des pfändbaren Betrages (LG Stuttgart MDR 85, 150). Die Einschränkung des § 850d Abs 1 S 3 ist hinzuzufügen (LG Berlin Rpfleger 74, 167). **bb) Rechtsgrund.** Dass der Anspruch auf vorsätzlicher 8a unerlaubter Handlung beruht, muss sich aus dem Vollstreckungstitel (14 vor § 704) ergeben, insbes aus den Entscheidungsgründen (umstr; BGH NJW 03, 515). Ein Vollstreckungsbescheid genügt grundsätzlich (hM;

einschränkend Büchmann NJW 87, 172 mwN). Für die Prozesskosten gelten Abs 2, 3 nicht (hM; LG Hannover Rpfleger 82, 232 mwN).

8 b   **cc) Bindung.** Das Vollstreckungsgericht kann unter Verwendung der Prozessakten auslegen, darf aber keine selbständige Prüfung vornehmen (LG Düsseldorf Rpfleger 87, 319; LG Bonn Rpfleger 94, 264; Hager KTS 91, 1; aA Celle Büro 98, 272 mit Anm Behr), darf insbes keine Beweise erheben (BGH aaO; Stuttgart MDR 00, 1098; bestr) und ist jedenfalls
8 c   an die Rechtskraft gebunden (Hager aaO). **dd) Ungewissheit.** Wenn die Auslegung versagt und der Schuldner nicht zustimmt (vgl BGH NJW 03, 515) ist der Gläubiger auf eine Feststellungsklage zu verweisen (hM), die wegen dieser Ungewissheit zulässig ist (BGH 109, 275 und NJW 03, 515; Oldenburg NJW-RR 92, 573; Künzl JR 91, 91). Dabei kann aber ein Schuldversprechen (§ 780 BGB) nicht in einen Anspruch aus der zugrundegelegten unerlaubten Handlung umgeschaffen werden
9   (LG Bonn NJW-RR 99, 50). – **b) Sonstige Ansprüche** (Abs 3) sind alle anderen als die aus Abs 2 (Rn 8–8 c) und § 850 d. **aa) Vorausset-**
zung. Die erhöhte Pfändbarkeit sollte nur dann zugelassen werden, wenn für den Gläubiger in der Beschränkung auf die Grenzen des
10   § 850 c eine unangemessene Härte liegt. **bb) Mindestbetrag** bei sonstigen Ansprüchen (Abs 3 S 2): Das Kindergeld ist voll zu berücksichtigen (Düsseldorf MDR 76, 410).

11   **4. Rechtsbehelfe.** In allen Fällen findet sofortige Beschwerde statt (§ 11 Abs 1 RPflG, § 793), da eine Entscheidung des Rechtspflegers, keine Vollstreckungsmaßnahme vorliegt (Hamm NJW 73, 1333; Christmann Rpfleger 88, 458/9 mwN).

§ 850g Änderung der Unpfändbarkeitsvoraussetzungen

[1] **Ändern sich die Voraussetzungen für die Bemessung des unpfändbaren Teils des Arbeitseinkommens, so hat das Vollstreckungsgericht auf Antrag des Schuldners oder des Gläubigers den Pfändungsbeschluß entsprechend zu ändern.** [2] **Antragsberechtigt ist auch ein Dritter, dem der Schuldner kraft Gesetzes Unterhalt zu gewähren hat.** [3] **Der Drittschuldner kann nach dem Inhalt des früheren Pfändungsbeschlusses mit befreiender Wirkung leisten, bis ihm der Änderungsbeschluß zugestellt wird.**

1   **Zuständig** ist das Vollstreckungsgericht (§ 828; Rechtspfleger, § 20 Nr 17 RPflG), das den Pfändungsbeschluss erlassen hat (hM; BGH Rpfleger 90, 308), ggf das Insolvenzgericht (Köln Rpfleger 01, 92).
2   **Antrag** eines der Beteiligten (S 1 und 2), auch des Drittschuldners (aA MüKo/Smid 5) ist erforderlich. Er leitet kein neues Vollstreckungsverfahren ein (Köln FamRZ 94, 1272) und kann auch auf Tatsachen gestützt werden, die nach Erlass des Pfändungsbeschlusses entstanden sind
3   (wohl hM; MüKo/Smid 4 mwN). **Rechtsbehelfe:** sofortige Beschwerde (§ 11 Abs 1 RPflG, § 793). Werden ältere Tatsachen geltend gemacht, insbes die von vorneherein unrichtig angenommenen Be-

messungsgrundlagen, liegt Erinnerung (§ 766) vor (vgl Christmann Rpfleger 88, 458/60). **Wirkung.** Der alte Pfändungsbeschluss wirkt bis **4** zur Aufhebung (vgl § 829 Rn 50). Die Wirkung zugunsten des Drittschuldners reicht bis zur Zustellung an ihn (S 3).

§ 850 h Verschleiertes Arbeitseinkommen

(1) **¹Hat sich der Empfänger der vom Schuldner geleisteten Arbeiten oder Dienste verpflichtet, Leistungen an einen Dritten zu bewirken, die nach Lage der Verhältnisse ganz oder teilweise eine Vergütung für die Leistung des Schuldners darstellen, so kann der Anspruch des Drittberechtigten insoweit auf Grund des Schuldtitels gegen den Schuldner gepfändet werden, wie wenn der Anspruch dem Schuldner zustände. ²Die Pfändung des Vergütungsanspruchs des Schuldners umfaßt ohne weiteres den Anspruch des Drittberechtigten. ³Der Pfändungsbeschluß ist dem Drittberechtigten ebenso wie dem Schuldner zuzustellen.**

(2) **¹Leistet der Schuldner einem Dritten in einem ständigen Verhältnis Arbeiten oder Dienste, die nach Art und Umfang üblicherweise vergütet werden, unentgeltlich oder gegen eine unverhältnismäßig geringe Vergütung, so gilt im Verhältnis des Gläubigers zu dem Empfänger der Arbeits- und Dienstleistungen eine angemessene Vergütung als geschuldet. ²Bei der Prüfung, ob diese Voraussetzungen vorliegen, sowie bei der Bemessung der Vergütung ist auf alle Umstände des Einzelfalles, insbesondere die Art der Arbeits- und Dienstleistung, die verwandtschaftlichen oder sonstigen Beziehungen zwischen dem Dienstberechtigten und dem Dienstverpflichteten und die wirtschaftliche Leistungsfähigkeit des Dienstberechtigten Rücksicht zu nehmen.**

1. Allgemeines. – a) Zweck: Lohnschiebungen entgegenzuwir- **1** ken. – **b) Wirkung.** In beiden Fällen (Rn 5 und 6) wird fingiert, dass ein Lohnanspruch dem Schuldner überhaupt oder in größerer Höhe als vereinbart zusteht. Diese Fiktion gilt aber nur im Verhältnis Gläubiger zu Drittschuldner, daher nicht zugunsten eines Dritten, dem der Lohnanspruch abgetreten ist. – **c) Pfändung** geschieht nach § 829. Daher **2** prüft das Vollstreckungsgericht nicht den Bestand der Forderung (§ 829 Rn 20), auch nicht, ob die Voraussetzungen des § 850 h vorliegen. Da es sich um Arbeitseinkommen handelt, darf nur in den Grenzen von § 850 c und § 850 d gepfändet werden. Angabe des pfandfreien Betrags: wie § 850 c Rn 2 und § 850 d Rn 4. Durch die Überweisung wird der Gläubiger Rechtsnachfolger des Schuldners (BGH NJW 77, 853) und kann daher gegen den Drittschuldner klagen, wenn er nicht zahlt. – **d) Voraussetzungen.** Es genügt die objektive Sachlage des Abs 1 oder **3** Abs 2 und ein Titel gegen den Schuldner. Subjektive Merkmale

(zB Benachteiligungsabsicht) verlangt § 850 h nicht (BGH NJW 79, 1600/2). Fiktive Gehaltsrückstände sind nicht pfändbar (hM; LAG
4 Hamm MDR 90, 747). – **e) Mehrfache Pfändung.** Das Rangverhältnis des § 804 Abs 3 gilt in allen Fällen der Pfändung einer fiktiven Vergütung und unabhängig davon, ob der Gläubiger den Anspruch auf die Arbeitsvergütung durchsetzt (hM; BGH 113, 27 mwN; BAG NJW 95, 414).

5 **2. Zahlung an Dritte** (Abs 1). Zwischen dem zur Arbeits- oder Dienstleistung verpflichteten Vollstreckungsschuldner und dem Empfänger dieser Leistung muss ein Rechtsverhältnis bestehen, aus dem der Empfänger eine Gegenleistung schuldet (allgM; BAG MDR 96, 1155 mwN), zB der Ehefrau des Schuldners. Bloße Abtretung (§ 398 BGB) genügt daher nicht. Die Pfändung ist ohne die in Abs 1 S 3 genannten Zustellungen wirksam (vgl § 829 Rn 26). Die Dienste müssen tatsächlich geleistet werden; es genügt nicht, dass der Schuldner beschäftigt werden könnte und sollte (BAG FamRZ 73, 627 mit Anm von Fenn). An den Beweis tatsächlicher Beschäftigung sollten nicht zu strenge Anforderungen gestellt werden (BAG NJW 78, 343 aE). Teilzeitbeschäftigung genügt (LAG Hamm BB 88, 488 und 1754 mit Anm von Smid).

6 **3. Unentgeltliche Dienstleistung** (Abs 2). Setzt (anders als bei Abs 1) ein ständiges Verhältnis voraus, nicht notwendig ein Arbeitsverhältnis (hM). Üblicherweise (objektiv zu bestimmen) vergütet werden zB die Dienste des Geschäftsführers einer GmbH (Düsseldorf NJW-RR 89, 390), auch im Falle fremdnütziger Treuhand (Hamm NJW-RR 98, 1567). Eine familienrechtliche Mitarbeitspflicht schließt die Anwendung des Abs 2 nicht aus, insbes nicht bei Ehegatten (BAG NJW 78, 343). Zu den Besonderheiten hierbei Menken DB 93, 161. Das gilt auch, wenn die Ehegatten in gesellschaftsrechtlicher Beziehung zueinander stehen (vgl Düsseldorf OLGZ 79, 223). Bei wirtschaftlicher Abhängigkeit ist die Annahme begründet, der Familienangehörige sei eine arbeitnehmerähnliche Person (BGH NJW 77, 853). Beweislast für Grund und Höhe des fingierten Zahlungsanspruchs trägt grundsätzlich der klagende Gläubiger (LAG Hamm BB 88, 1754 mit Anm von Smid), auch für die wirtschaftliche Leistungsfähigkeit des Dienstberechtigten und Drittschuldners (Oldenburg MDR 95, 344). Die gerichtliche Zuständigkeit für den Anspruch gegen den Drittschuldner richtet sich nach dem Rechtsverhältnis, das der Dienst- oder Arbeitsleistung zugrundeliegt.

§ 850 i Pfändungsschutz bei sonstigen Vergütungen

(1) **¹Ist eine nicht wiederkehrend zahlbare Vergütung für persönlich geleistete Arbeiten oder Dienste gepfändet, so hat das Gericht dem Schuldner auf Antrag so viel zu belassen, als er während eines angemessenen Zeitraums für seinen notwendigen Unterhalt und den seines Ehegatten, eines früheren Ehegatten, seines Lebenspartners, eines früheren Lebenspartners,**

seiner unterhaltsberechtigten Verwandten oder eines Elternteils nach §§ 1615l, 1615n des Bürgerlichen Gesetzbuchs bedarf. [2] Bei der Entscheidung sind die wirtschaftlichen Verhältnisse des Schuldners, insbesondere seine sonstigen Verdienstmöglichkeiten, frei zu würdigen. [3] Dem Schuldner ist nicht mehr zu belassen, als ihm nach freier Schätzung des Gerichts verbleiben würde, wenn sein Arbeitseinkommen aus laufendem Arbeits- oder Dienstlohn bestände. [4] Der Antrag des Schuldners ist insoweit abzulehnen, als überwiegende Belange des Gläubigers entgegenstehen.

(2) Die Vorschriften des Absatzes 1 gelten entsprechend für Vergütungen, die für die Gewährung von Wohngelegenheit oder eine sonstige Sachbenutzung geschuldet werden, wenn die Vergütung zu einem nicht unwesentlichen Teil als Entgelt für neben der Sachbenutzung gewährte Dienstleistungen anzusehen ist.

(3) Die Vorschriften des § 27 des Heimarbeitsgesetzes vom 14. März 1951 (Bundesgesetzbl. I S. 191) bleiben unberührt.

(4) Die Bestimmungen der Versicherungs-, Versorgungs- und sonstigen gesetzlichen Vorschriften über die Pfändung von Ansprüchen bestimmter Art bleiben unberührt.

1. Allgemeines. Zuständig ist das Vollstreckungsgericht (§ 828; der 1 Rechtspfleger, § 20 Nr 17 RPflG). Antrag des Schuldners oder eines Unterhaltsberechtigten auf Festsetzung des Freibetrags ist erforderlich. Zu belassen ist ein Betrag, der dem notwendigen Unterhalt entspricht (§ 850d Rn 10). Interessenabwägung (Abs 1 S 4) ist zu beachten. Rechtsbehelf gegen den Beschluss: § 11 Abs 1 RPflG, § 793, nicht § 766 (Christmann Rpfleger 88, 458/66).

2. Nicht wiederkehrend zahlbare Vergütung (Abs 1). Setzt per- 2 sönlich geleistete Dienste voraus. – **a) Anwendungsbereich.** Geschützt werden insbes freie Berufe (zB Ärzte, RAe, Künstler) und Handwerker. Auch Handelsvertreter können darunterfallen, wenn die Provisionen nicht wiederkehrend abgerechnet werden (vgl § 850 Rn 7); bei Arbeitnehmern die Abfindungsansprüche aus §§ 9, 10 KSchG (BAG MDR 80, 346) und §§ 112, 113 BetrVG (Sozialplanabfindungen; BAG Rpfleger 92, 442); Entlassungsgeld des Wehrpflichtigen oder Zivildienstleistenden (hM; LG Detmold Rpfleger 97, 448 mwN), das von der Pfändung des Wehrsolds erfasst wird (Dresden Rpfleger 99, 283). – **b) Umfang.** Ist in der Abfindung die auf die vorangehende Zeit ent- 3 fallende Vergütung enthalten, so kann auch der Unterhaltsbedarf berücksichtigt werden (Stuttgart MDR 84, 947). Umfang des zu belassenden Betrags: LG Berlin Rpfleger 95, 170; LG Essen Rpfleger 98, 297.

3. Sachbezüge (Abs 2). Die Vorschrift gilt für die gemischten Be- 4 züge. Auch hier müssen der Schuldner (oder seine Angehörigen) persönliche Dienste leisten. Bsp: Mietwagenfahrer, Zimmervermieter. Der Pfändungsschutz erstreckt sich auf die gesamte Vergütung.

5   **4. Sonstiges.** Für die Heimarbeitsvergütung gilt grundsätzlich § 850 c. Abs 4: Hier gelten für Sozialleistungen gem §§ 18–29 SGB I die §§ 54, 55 SGB I. Zur Pfändung: § 829 Rn 14.

§ 850 k Pfändungsschutz für Kontoguthaben aus Arbeitseinkommen

(1) **Werden wiederkehrende Einkünfte der in den §§ 850 bis 850 b bezeichneten Art auf das Konto des Schuldners bei einem Geldinstitut überwiesen, so ist eine Pfändung des Guthabens auf Antrag des Schuldners vom Vollstreckungsgericht insoweit aufzuheben, als das Guthaben dem der Pfändung nicht unterworfenen Teil der Einkünfte für die Zeit von der Pfändung bis zu dem nächsten Zahlungstermin entspricht.**

(2) **¹Das Vollstreckungsgericht hebt die Pfändung des Guthabens für den Teil vorab auf, dessen der Schuldner bis zum nächsten Zahlungstermin dringend bedarf, um seinen notwendigen Unterhalt zu bestreiten und seine laufenden gesetzlichen Unterhaltspflichten gegenüber dem dem Gläubiger vorgehenden Berechtigten zu erfüllen oder die dem Gläubiger gleichstehenden Unterhaltsberechtigten gleichmäßig zu befriedigen. ²Der vorab freigegebene Teil des Guthabens darf den Betrag nicht übersteigen, der dem Schuldner voraussichtlich nach Absatz 1 zu belassen ist. ³Der Schuldner hat glaubhaft zu machen, daß wiederkehrende Einkünfte der in den §§ 850 bis 850 b bezeichneten Art auf das Konto überwiesen worden sind und daß die Voraussetzungen des Satzes 1 vorliegen. ⁴Die Anhörung des Gläubigers unterbleibt, wenn der damit verbundene Aufschub dem Schuldner nicht zuzumuten ist.**

(3) **Im übrigen ist das Vollstreckungsgericht befugt, die in § 732 Abs. 2 bezeichneten Anordnungen zu erlassen.**

1   **1. Allgemeines. – a) Zweck:** Schutz des bargeldlos bezahlten, überwiesenen Arbeitseinkommens, bevor es abgehoben ist. Die Vorschrift
1 a ist in Verbindung mit § 835 Abs 3 S 2 zu sehen. – **b) Maßnahmen.** Pfändungsaufhebung (Abs 1), Vorabfreigabe (Abs 2) und einstweilige Anordnungen (Abs 3) sind nebeneinander möglich. Zuständig ist das Vollstreckungsgericht (§ 828 Rn 1–3: der Rechtspfleger, § 20 Nr 17
1 b RPflG). – **c) Debetsaldo.** Der Betrag aus überwiesenen Arbeitseinkommen ist nicht kontokorrentfähig, so dass die Forderung (analog § 850 k) durch Verrechnung nicht erlischt (LG Heidelberg NJW-RR 99, 1426, sehr bestr; aA LG Landshut WM 01, 1151).

2   **2. Anwendungsbereich:** alle wiederkehrenden Einkünfte der §§ 850–850 b. § 850 k gilt nicht bei einmaligen Leistungen (BGH NJW 88, 2670). Es muss ein Konto des Schuldners sein (Rn 4). Gleichgültig

ist, woher die Überweisung stammt (Hornung Rpfleger 78, 353/60).
Wegen künftiger Gutschriften: Rn 7. Für Sozialleistungen gehen die
Sonderregelungen des § 55 SGB I vor.

3. Voraussetzungen der Aufhebung. (Abs 1). – **a) Antrag** des 3
Schuldners (Prozesshandlung, Einl III), nicht von Amts wegen im Pfändungsbeschluss (LG Koblenz Rpfleger 98, 76); nicht fristgebunden, aber
wegen der 2-wöchigen Sperrfrist des § 835 Abs 3 S 2 praktisch an dieser auszurichten, weil das Geldinstitut als Drittschuldner sonst auszuzahlen hat. – **b) Konto** bei einem Geldinstitut (Bank oder Sparkasse), auf 4
das der Schuldner seine wiederkehrenden Einkünfte (§§ 850–850b)
laufend überweisen lässt. Zur Kontenpfändung: § 829 Rn 41–49.
§ 850g gilt auch für die erste Überweisung dieser Art auf dieses Konto.
Guthaben des Schuldners aus anderen Mitteln oder Restbeständen früherer Überweisungen wiederkehrender Einkünfte stehen nicht entgegen. – **c) Pfändungsschutz** gemäß den §§ 850ff müsste bestehen, 5
wenn Drittschuldner nicht das Geldinstitut, sondern der Arbeitgeber
oder die sonst nach §§ 850–850b schuldende Person wäre.

4. Wirkung. – **a) Aufhebung** der Pfändung durch Beschluss des 6
Vollstreckungsgerichts (§ 829 Rn 50) nach Anhörung des Gläubigers in
folgendem Umfang: pfändungsfreier Betrag (§§ 850c–850e) für den
Zeitraum von Pfändung (Zustellung des Pfändungsbeschlusses an das
Geldinstitut, § 829 Abs 3) bis zum nächsten regelmäßigen Überwei-
sungstermin (Tag der Gutschrift) der wiederkehrenden Einkünfte. Dieser Betrag ist vom Vollstreckungsgericht konkret zu errechnen (allgM;
LG Darmstadt Rpfleger 88, 419) und zu beziffern (LG Augsburg Rpfleger 97, 489). – **b) Künftige Guthabenforderung.** War sie gepfän- 7
det (vgl § 832), ist für die künftigen Zahlungsabschnitte der den
§§ 850c–850e entsprechende bestimmte Betrag im Voraus für pfandfrei
zu erklären (hM; KG Rpfleger 92, 307 mwN; LG Augsburg aaO), auch
wenn der Gesetzeswortlaut dies nicht vorsieht; denn sonst wäre eine
meist monatliche Wiederholung des Antrags nötig, falls der Schuldner
die Überweisung nicht sofort auf ein anderes Konto veranlasst oder der
Gläubiger nicht direkt beim Drittschuldner als Schuldner der wiederkehrenden Einkünfte pfändet (StJBrehm 21). Zweifelhaft ist die Wirkung bei debitorisch geführten Konten (§ 829 Rn 49; Behr Rpfleger
89, 52).

5. Vorabfreigabe (Abs 2) stellt sich gegenüber der Pfändungsaufhe- 8
bung als vereinfachtes Eilverfahren dar. Sie ist nur für einen einzigen
Auszahlungszeitraum, nicht laufend für künftige Zeiträume zulässig. –
a) Voraussetzungen: aa) Antrag: Rn 3; jedoch ist ein eigens auf 9
Vorabfreigabe gerichteter Antrag zulässig. **bb) Aufhebungsvorausset-
zungen** Abs 1; Rn 3–5. Sie müssen vorliegen; die der Rn 4 muss der
Schuldner glaubhaft machen (§ 294). **cc) Dringender Bedarf** (Abs 1 9a
S 1) für den notwendigen Unterhalt (§ 850d Rn 10) des Schuldners und
zur Erfüllung der laufenden Unterhaltspflichten (wie § 850d Rn 5, 6).
Bestehen und Umfang sind glaubhaft zu machen (§ 294). **cc) Höhe.** 9b

Der Betrag darf nicht höher, muss aber gleich hoch sein wie der des Abs 1 (Rn 6). Voraussichtlich: was zZ der Entscheidung für die Pfändungsaufhebung zu erwarten ist. Der vorab aufgehobene Betrag hat sich an dem aus § 850 d folgenden zu orientieren. Abs 2 S 2 bestimmt nur
10 die Höchstgrenze. – **b) Wirkung.** Möglich ist Aufhebung (§ 829 Rn 5) der Pfändung ohne vorherige Anhörung des Gläubigers (Abs 2 S 4). Der Drittschuldner (Geldinstitut) darf und muss (nach BGB) an den Schuldner den vorab freigegebenen Betrag auszahlen, sobald der Beschluss vorgelegt ist. Darin ist der Betrag anzugeben. Übersteigt er das Guthaben, ist es insgesamt auszuzahlen.

11   **6. Einstweilige Anordnung** (Abs 3): grundsätzlich wie § 732 Rn 11. Ein besonderer Antrag ist nicht nötig, aber zulässig. Die Anordnung ist nur als Sofortmaßnahme nach Eingang des Antrags (Rn 3) sinnvoll, wenn die Sperrfrist des § 835 Abs 3 S 2 abzulaufen droht, bevor eine Vorabfreigabe (Abs 2) oder Pfändungsaufhebung (Abs 1) erlassen werden kann. Sicherheitsleistung ist idR nicht anzuordnen. Inhalt: Die Leistung des Drittschuldners auf die bei der X-Bank am (Datum) gepfändeten Forderung des Schuldners (Konto-Nr X) hat bis zur Entscheidung über den Antrag des Schuldners zu unterbleiben.

12   **7. Kosten.** Grundsätzlich gilt § 788 Abs 1, ausnahmsweise § 788 Abs 4. Die Entscheidung ist gerichtsgebührenfrei. RA: § 57 Abs 1, § 58 Abs 1 BRAGO.

13   **8. Rechtsbehelfe:** sofortige Beschwerde (§ 11 Abs 1 RPflG, § 793) gegen alle Entscheidungen des Rechtspflegers; keine Erinnerung (§ 766).

§ 851 Nicht übertragbare Forderungen

(1) **Eine Forderung ist in Ermangelung besonderer Vorschriften der Pfändung nur insoweit unterworfen, als sie übertragbar ist.**

(2) **Eine nach § 399 des Bürgerlichen Gesetzbuchs nicht übertragbare Forderung kann insoweit gepfändet und zur Einziehung überwiesen werden, als der geschuldete Gegenstand der Pfändung unterworfen ist.**

1   **1. Allgemeines.** Forderungen, die gesetzlich für unübertragbar (Rn 2) erklärt sind, dürfen nicht gepfändet werden (Abs 1), solche die gesetzlich für unpfändbar erklärt sind (zB § 850a, § 54 SGB I), dürfen nicht übertragen werden (§ 400 BGB). Abs 1 und § 400 BGB wirken wechselseitig. Doch kann kraft Gesetzes die Unübertragbarkeit ohne Unpfändbarkeit bestimmt werden (Abs 1, „in Ermangelung"). Zweck des Abs 2 ist zu verhindern, dass der Schuldner durch Abtretungen sein Vermögen dem Gläubigerzugriff entziehen kann. § 851 gilt nicht, wenn die Übertragbarkeit durch Rechtsgeschäft oder Satzung ausgeschlossen ist.

2   **2. Unübertragbare Forderungen** oder Rechte (vgl § 857 Abs 1). –
a) Absolut unpfändbar sind diejenigen, die unübertragbar sind (Abs 1),

zB § 717 S 1 BGB, der Anspruch auf Urlaub (hM; vgl Pfeifer NZA 96, 738 mwN). Soweit vertraglich die Übertragbarkeit vereinbart werden kann (zB § 613 S 2, § 664 Abs 2, § 540 Abs 1 S 1 BGB), ist der Anspruch nur pfändbar, wenn Übertragbarkeit vereinbart ist. Ein Pfandrecht ist wegen seiner Akzessorietät (§ 1250 BGB) nicht ohne die Forderung pfändbar. Nicht unübertragbar und daher pfändbar sind Honoraransprüche der Ärzte (Berger NJW 95, 1584 [1588]), Steuerberater (BGH Rpfleger 99, 336) und RAe (Stuttgart NJW-RR 94, 2838; aA wegen § 49b BRAO Diepold MDR 95, 23). – **b) Zweckgebundene 3 Ansprüche** fallen unter Abs 1. Das sind solche, die nur von dem gepfändet werden dürfen, für den die Mittel aus der Forderung bestimmt sind. Diese Zweckbindung kann nicht einseitig (BGH NJW 98, 746) oder durch bloße Abrede zwischen Schuldner und Drittschuldner herbeigeführt werden (Hillebrand Rpfleger 86, 464). Bsp: Mietnebenkosten (Celle ZMR 99, 697 mit Anm Lützenrath); Anspruch auf Unterhalt aus § 1629 Abs 3 BGB (BGH 113, 90) und aus § 1360a Abs 4 BGB auf Prozesskostenvorschuss (BGH NJW 85, 2263), den aber Staatskasse und RA für Prozesskosten pfänden dürfen; treuhänderisch zweckgebundene Ansprüche (BGH NJW 98, 746 und 00, 1270); ferner Freistellungsansprüche, wozu Ansprüche gegen eine Rechtsschutzversicherung nicht gehören (Hamm WM 84, 704); Haftentschädigung bis zur rechtskräftigen Entscheidung (§ 13 StrEG; Koblenz NJW-RR 99, 508).

3. Bedingt unpfändbar (Abs 2) sind Forderungen, für die § 399 4 BGB zutrifft. Sie dürfen gepfändet werden, wenn der geschuldete Gegenstand (Sache oder Recht) nicht unpfändbar ist, zB die Sache nicht unter § 811 Abs 1 fällt, das Recht nicht unter § 857 Rn 7. Wird nachträglich die vertragliche Unabtretbarkeit (zB durch Einverständnis des Forderungsschuldners) aufgehoben, wirkt dies nicht auf die vor einer gem Abs 2 ausgebrachten Pfändung vorgenommene Abtretung zurück (BGH NJW 78, 813). Der Pfändung steht nicht entgegen, dass die Überlassung der Nießbrauchsausübung vertraglich ausgeschlossen ist (BGH NJW 85, 2827). Die gem Abs 2 zulässige Pfändung darf nicht wegen überwiegender Interessen des Drittschuldners dem Gläubigerzugriff entzogen werden (BGH Rpfleger 78, 247).

4. Wirkung. Ergibt § 851 die Unpfändbarkeit, ist eine Pfändung ab- 5 zulehnen. Rechtsbehelf: § 11 Abs 1 RpflG; § 793. Wird nach Abs 2 gepfändet, darf nur zur Einziehung (nie an Zahlungs Statt) überwiesen werden (§ 835). Die verbotswidrige Pfändung ist nur anfechtbar (Koblenz NJW-RR 99, 508). Es findet Erinnerung (§ 766) statt.

§ 851 a Pfändungsschutz für Landwirte

(1) **Die Pfändung von Forderungen, die einem die Landwirtschaft betreibenden Schuldner aus dem Verkauf von landwirtschaftlichen Erzeugnissen zustehen, ist auf seinen Antrag vom Vollstreckungsgericht insoweit aufzuheben, als die Einkünfte**

zum Unterhalt des Schuldners, seiner Familie und seiner Arbeitnehmer oder zur Aufrechterhaltung einer geordneten Wirtschaftsführung unentbehrlich sind.

(2) **Die Pfändung soll unterbleiben, wenn offenkundig ist, daß die Voraussetzungen für die Aufhebung der Zwangsvollstreckung nach Absatz 1 vorliegen.**

1   **Landwirtschaft:** wie § 811 Rn 11. Der Verkauf muss Erzeugnisse aus dem Betrieb des Schuldners betreffen. Geordnete Wirtschaftsführung
2 umfasst auch Reparaturen und Anschaffungen. **Wirkung.** Die Forderungen sind abtretbar und grundsätzlich pfändbar. Abs 2 gestattet, § 851 a schon bei der Pfändung zu berücksichtigen (§ 834 beachten) und
3 sie abzulehnen. Offenkundig: § 291. **Aufhebung der Pfändung** (§ 829 Rn 50) erfolgt durch das Vollstreckungsgericht (§ 764; der Rechtspfleger § 20 Nr 17 RPflG) nur auf Antrag (keine Erinnerung, § 766) des Schuldners und wenn die Voraussetzungen des Abs 1 zZ der Entscheidung noch vorliegen. Vorher ist eine einstweilige Anordnung gem
4 § 766 Abs 1 S 2 möglich. **Kosten:** § 788 Abs 1, ausnahmsweise § 788 Abs 4; gerichtsgebührenfrei; RA: § 57 Abs 1, § 58 Abs 3 Nr 3 BRAGO.
5 **Rechtsbehelf:** § 11 Abs 1 RPflG, § 793.

§ 851 b Pfändungsschutz bei Miete und Pacht

(1) [1]**Die Pfändung von Miete und Pacht ist auf Antrag des Schuldners vom Vollstreckungsgericht insoweit aufzuheben, als diese Einkünfte für den Schuldner zur laufenden Unterhaltung des Grundstücks, zur Vornahme notwendiger Instandsetzungsarbeiten und zur Befriedigung von Ansprüchen unentbehrlich sind, die bei einer Zwangsvollstreckung in das Grundstück dem Anspruch des Gläubigers nach § 10 des Gesetzes über die Zwangsversteigerung und die Zwangsverwaltung vorgehen würden.** [2]**Das gleiche gilt von der Pfändung von Barmitteln und Guthaben, die aus Miet- oder Pachtzahlungen herrühren und zu den in Satz 1 bezeichneten Zwecken unentbehrlich sind.**

(2) [1]**Die Vorschriften des § 813 b Abs. 2, 3 und Abs. 5 Satz 1 und 2 gelten entsprechend.** [2]**Die Pfändung soll unterbleiben, wenn offenkundig ist, daß die Voraussetzungen für die Aufhebung der Zwangsvollstreckung nach Absatz 1 vorliegen.**

1   **1. Anwendbar** für Miet- und Pachtforderungen, einschließlich der Nebenkosten (Schmid ZMR 00, 144), daraus stammende Barmittel und Guthaben (Abs 1 S 2), die dem Schuldner (zB als Eigentümer, Pächter, Nießbraucher) zustehen; entspr anwendbar auf Untermietforderungen (hM). § 851 b gilt auch für einen Schuldner, der die Teilungsversteigerung betreibt (Köln Rpfleger 91, 427).

2   **2. Voraussetzungen. – a) Verwendungszweck** (Abs 1 S 1). Er umfasst insbes Grundstücksgebühren, Hausmeistervergütungen, Reinigung,

Strom, Versicherung; notwendige Reparaturen; bei vorgehenden Rechten (§ 10 ZVG), insbes Grundpfandrechten die Zins- und Tilgungsraten. – **b) Unentbehrlich** bedeutet, dass die für Rn 2 erforderlichen 3 Geldmittel dem Schuldner nicht aus anderen Quellen zur Verfügung stehen (KG NJW 69, 1860).

3. Verfahren. – a) **Pfändung** ist durch das Vollstreckungsgericht 4 (bei Barmitteln durch den Gerichtsvollzieher) abzulehnen (vgl § 829 Rn 4), wenn die Voraussetzungen (Rn 23) offenkundig (§ 291) erfüllt sind (Abs 2 S 2). – b) **Aufhebung** (Abs 1 S 1), erfolgt ggf zT, nach 5 geschehener Pfändung nur auf nach § 813b Abs 2 befristeten Antrag (nicht § 766) des Schuldners, durch Beschluss des Vollstreckungsgerichts (§ 764; § 20 Nr 17 RPflG). Bei Forderungen wirkt dies wie § 829 Rn 50, bei Barmitteln über § 776. Die tatsächlichen Voraussetzungen (Rn 2, 3) sind glaubhaft zu machen (§ 294; Abs 2, § 813b Abs 5 S 2). – c) **Vorherige Anhörung** des Gläubigers: Abs 2, § 813b Abs 5 6 S 1. Einstweilige Anordnung bleibt möglich gemäß § 766 Abs 1 S 2 entspr. – d) **Abänderung** und mehrmalige Anordnung nach Abs 2 S 1, 7 § 813b Abs 3. – e) **Rechtsbehelf:** sofortige Beschwerde (§ 11 Abs 1 8 RPflG; § 793). Sie ist nicht wie bei § 813b Abs 5 S 4 beschränkt. – f) **Kosten:** wie § 851a Rn 4.

§ 852 Beschränkt pfändbare Forderungen

(1) **Der Pflichtteilsanspruch ist der Pfändung nur unterworfen, wenn er durch Vertrag anerkannt oder rechtshängig geworden ist.**

(2) **Das gleiche gilt für den nach § 528 des Bürgerlichen Gesetzbuchs dem Schenker zustehenden Anspruch auf Herausgabe des Geschenkes sowie für den Anspruch eines Ehegatten auf den Ausgleich des Zugewinns.**

Grund. Ob Pflichtteilsanspruch (§ 2303, entspr der aus § 2329 1 BGB), Zugewinnausgleichsforderung (§ 1378 BGB) und Schenkungsrückforderung (§ 528 BGB) geltend gemacht werden, soll dem Berechtigten überlassen sein. **Voraussetzung:** Rechtshängigkeit (§ 261) oder 2 vertragliches Anerkenntnis (zwischen Erben und pflichtteilsberechtigtem Vollstreckungsschuldner, Düsseldorf FamRZ 00, 367), auch ohne die Schriftform des § 781 BGB (hM; Düsseldorf aaO). BGH 123, 183 (Anm von Kuchinke NJW 94, 1769) hält eine Pfändung des durch die gesetzlichen Voraussetzungen aufschiebend bedingten Pflichtteilanspruchs für möglich. Eine Überweisung (§ 835) ist erst nach Eintritt der Voraussetzungen zulässig (Kuchinke aaO; bestr), erst recht eine Verwertung (BGH NJW 97, 2384). **Wirkung.** Die Pfändung ist auf den auf- 3 schiebend bedingten Anspruch zu richten, falls die Voraussetzungen noch nicht vorliegen, andernfalls abzulehnen (§ 829 Rn 4). Wird trotzdem gepfändet: wie § 850 Rn 5.

§ 853 Mehrfache Pfändung einer Geldforderung

Ist eine Geldforderung für mehrere Gläubiger gepfändet, so ist der Drittschuldner berechtigt und auf Verlangen eines Gläubigers, dem die Forderung überwiesen wurde, verpflichtet, unter Anzeige der Sachlage und unter Aushändigung der ihm zugestellten Beschlüsse an das Amtsgericht, dessen Beschluß ihm zuerst zugestellt ist, den Schuldbetrag zu hinterlegen.

1   **1. Grundsätze.** – a) **Mehrfache Pfändung** einer Forderung ist möglich, in gleicher Form nach § 829. Rang: § 804 Abs 3; richtet sich nach dem Zeitpunkt der Zustellung an den Drittschuldner (§ 829 Rn 31). –
2   b) **Berechtigt** zu hinterlegen ist der Drittschuldner, sobald mehrfach gepfändet ist. Treffen Pfändung und Abtretung zusammen, gilt § 853
3 nicht, sondern ggf § 372 BGB (allgM; RG 144, 393). – c) **Verpflichtet** zu hinterlegen ist der Drittschuldner, wenn bei mehrfacher Pfändung ein Pfandgläubiger, dem überwiesen wurde (§ 835), Hinterlegung
4 verlangt. Diese kann nach § 856 erzwungen werden. – d) **Hinterlegt** wird zugunsten aller Pfandgläubiger beim AG des Leistungsorts (§ 374 Abs 1 BGB; StJBrehm 1). Die §§ 372 ff BGB gelten iü nicht (StJBrehm 3, 10). Rücknahmeverzicht ist unnötig, die Rücknahme nicht möglich (allgM). Der Drittschuldner muss dabei dem zuständigen AG (Rn 5) die mehrfache Pfändung und die Hinterlegung anzeigen (Prozesshandlung,
5 Einl III), auch die Pfändungsbeschlüsse aushändigen. – e) **Zuständig** ist das Vollstreckungsgericht (§§ 828, 802; § 20 Nr 17 RPflG), das zuerst gepfändet hat. Hat eine Finanzbehörde vollstreckt, gilt § 320 Abs 2 AO. Hat zuerst ein LG oder OLG als Arrestgericht gepfändet, so ist es nur zur Entgegennahme der Anzeige zuständig (hM); es leitet wegen
6 § 872 an das AG seines Sitzes weiter. – f) **Ablehnung** durch das Gericht, die Anzeige und (oder) die Hinterlegung des Drittschuldners entgegenzunehmen, unterliegt der sofortigen Beschwerde gem § 11 Abs 1 RPflG; § 793.

7   **2. Wirkung der Hinterlegung. – a) Schuldverhältnis.** Es erlischt; der Drittschuldner wird befreit. Dem Schuldner steht der Rückforderungsanspruch gegen die Hinterlegungsstelle zu; daran setzen sich die Pfändungspfandrechte und Überweisungen (§ 835) fort (§ 804 Rn 5), aber ebenso der Pfändungsschutz der §§ 850 ff, wenn der Drittschuldner auch die pfändungsfreien Anteile hinterlegt (LG Düsseldorf WM 77, 1366). Die Rechte aus der Überweisung (§ 835) sind gegenstands-
8 los, da die überwiesene Forderung erloschen ist. – b) **Verteilung.** Reicht der hinterlegte Betrag für alle Gläubiger aus, kann ohne weiteres ausbezahlt werden (§ 13 Abs 1 HinterlO) oder die Gläubiger müssen sich gegenseitig die Auszahlung bewilligen (§ 13 Abs 2 Nr 1 HinterlO). Reicht der hinterlegte Betrag nicht, kommt es zum Verfahren nach
9 § 872. – c) **Kosten** der Hinterlegung sind solche der ZwVollstr (§ 788). Der Drittschuldner, den sie nicht treffen, kann die Kosten vorweg abziehen; später gilt § 812 BGB oder § 874 Abs 2 (Frankfurt Rpfleger 77, 184).

3. Zahlung (statt Hinterlegung) durch den Drittschuldner an den **10** falschen, insbes irrtümlich an den nachrangigen Gläubiger (§ 804 Abs 3) befreit ihn nicht, gibt ihm aber gegen den Zahlungsempfänger einen Anspruch aus § 812 BGB (BGH NJW 82, 173).

§ 854 Mehrfache Pfändung eines Anspruchs auf bewegliche Sachen

(1) [1] **Ist ein Anspruch, der eine bewegliche körperliche Sache betrifft, für mehrere Gläubiger gepfändet, so ist der Drittschuldner berechtigt und auf Verlangen eines Gläubigers, dem der Anspruch überwiesen wurde, verpflichtet, die Sache unter Anzeige der Sachlage und unter Aushändigung der ihm zugestellten Beschlüsse dem Gerichtsvollzieher herauszugeben, der nach dem ihm zuerst zugestellten Beschluß zur Empfangnahme der Sache ermächtigt ist.** [2] **Hat der Gläubiger einen solchen Gerichtsvollzieher nicht bezeichnet, so wird dieser auf Antrag des Drittschuldners von dem Amtsgericht des Ortes ernannt, wo die Sache herauszugeben ist.**

(2) [1] **Ist der Erlös zur Deckung der Forderungen nicht ausreichend und verlangt der Gläubiger, für den die zweite oder eine spätere Pfändung erfolgt ist, ohne Zustimmung der übrigen beteiligten Gläubiger eine andere Verteilung als nach der Reihenfolge der Pfändungen, so hat der Gerichtsvollzieher die Sachlage unter Hinterlegung des Erlöses dem Amtsgericht anzuzeigen, dessen Beschluß dem Drittschuldner zuerst zugestellt ist.** [2] **Dieser Anzeige sind die Schriftstücke beizufügen, die sich auf das Verfahren beziehen.**

(3) **In gleicher Weise ist zu verfahren, wenn die Pfändung für mehrere Gläubiger gleichzeitig bewirkt ist.**

Herausgabe (Abs 1). Es gilt § 853 Rn 1–3; anstatt Hinterlegung ist **1** dort Herausgabe an den Gerichtsvollzieher zu lesen. Wirkung: § 847 Rn 3. Gebühren: § 18 GVKostG. Ernennung nach S 2 durch den Rechtspfleger (§ 20 Nr 17 RPflG) des AG am Erfüllungsort (§ 269 BGB). Gebühren: § 58 Abs 2 Nr 4 BRAGO. **Hinterlegung** (Abs 2): **2** Der Gerichtsvollzieher verwertet (§§ 814–825). Danach gilt dasselbe wie bei § 827. Die Anzeige ist an das Gericht zu senden, das nach § 853 Rn 5 zuständig ist.

§ 855 Mehrfache Pfändung eines Anspruchs auf eine unbewegliche Sache

Betrifft der Anspruch eine unbewegliche Sache, so ist der Drittschuldner berechtigt und auf Verlangen eines Gläubigers, dem der Anspruch überwiesen wurde, verpflichtet, die Sache unter Anzeige der Sachlage und unter Aushändigung der ihm zugestellten Beschlüsse an den von dem Amtsgericht der bele-

genen Sache ernannten oder auf seinen Antrag zu ernennenden Sequester herauszugeben.

1   Es gilt § 853 Rn 1–3; anstatt Hinterlegung ist dort Herausgabe zu lesen. Wirkung: § 848 Rn 4–6. Verwertung: § 848 Rn 7. Den Sequester bestellt der Rechtspfleger (§ 20 Nr 17 RPflG). Gebühren: § 58 Abs 2 Nr 4 BRAGO.

§ 855 a Mehrfache Pfändung eines Anspruchs auf ein Schiff

(1) **Betrifft der Anspruch ein eingetragenes Schiff, so ist der Drittschuldner berechtigt und auf Verlangen eines Gläubigers, dem der Anspruch überwiesen wurde, verpflichtet, das Schiff unter Anzeige der Sachlage und unter Aushändigung der Beschlüsse dem Treuhänder herauszugeben, der in dem ihm zuerst zugestellten Beschluß bestellt ist.**

(2) **Absatz 1 gilt sinngemäß, wenn der Anspruch ein Schiffsbauwerk betrifft, das im Schiffsbauregister eingetragen ist oder in dieses Register eingetragen werden kann.**

1   Es gilt sinngemäß die Anm zu § 855. Vgl ferner § 847 a.

§ 856 Klage bei mehrfacher Pfändung

(1) **Jeder Gläubiger, dem der Anspruch überwiesen wurde, ist berechtigt, gegen den Drittschuldner Klage auf Erfüllung der nach den Vorschriften der §§ 853 bis 855 diesem obliegenden Verpflichtungen zu erheben.**

(2) **Jeder Gläubiger, für den der Anspruch gepfändet ist, kann sich dem Kläger in jeder Lage des Rechtsstreits als Streitgenosse anschließen.**

(3) **Der Drittschuldner hat bei dem Prozeßgericht zu beantragen, daß die Gläubiger, welche die Klage nicht erhoben und dem Kläger sich nicht angeschlossen haben, zum Termin zur mündlichen Verhandlung geladen werden.**

(4) **Die Entscheidung, die in dem Rechtsstreit über den in der Klage erhobenen Anspruch erlassen wird, ist für und gegen sämtliche Gläubiger wirksam.**

(5) **Der Drittschuldner kann sich gegenüber einem Gläubiger auf die ihm günstige Entscheidung nicht berufen, wenn der Gläubiger zum Termin zur mündlichen Verhandlung nicht geladen worden ist.**

1   **1. Klage** (Abs 1). Sie löst die Pflicht aus, dem Schuldner den Streit zu verkünden (§ 841). Klagen mehrere Gläubiger gemeinsam, sind sie notwendige Streitgenossen (Abs 4; § 62). Antrag und Formel lauten dahin, dass der Beklagte (der Drittschuldner) verurteilt wird, den Schuldbetrag zu hinterlegen bzw die bestimmte Sache an den bestimmten

Gerichtsvollzieher (oder Sequester) herauszugeben, bei Übereignungs-
ansprüchen außerdem an den Schuldner zu übereignen.

2. Anschluss (Abs 2) als Streitgenosse (§ 59) ist eine Prozesshand- 2
lung (Einl III) und erfolgt wie bei § 261 Abs 2, indem der Gläubiger
den Anschluss in der mündlichen Verhandlung erklärt oder indem ein
Schriftsatz zugestellt wird (StJBrehm 2). Folge: Parteibeitritt mit kumulativer Nachfolge in das Prozessrechtsverhältnis, ein Sonderfall (Ro-
SchwGottwald § 52 II S 1); notwendige Streitgenossenschaft (Rn 1).
Die Möglichkeit zum Anschluss bewirkt, dass eine selbständige Klage
anderer Gläubiger unzulässig ist, wohl wegen § 261 Abs 3 Nr 1 (hM;
StJBrehm 2; aA: fehlendes Rechtsschutzbedürfnis).

3. Beiladung (Abs 3) ist keine Streitverkündung (§ 72). Der Dritt- 3
schuldner muss der Geschäftsstelle die anderen Gläubiger benennen.
Danach gelten § 270 Abs 1, § 497 Abs 1. Wirkung: Abs 5. Ob die beigeladenen Gläubiger sich anschließen (Abs 2), ist ihnen überlassen.

4. Rechtskraft wirkt das Urteil: − **a) Zugunsten** aller Gläubiger 4
stets (Abs 4). Folge: vollstreckbare Ausfertigung für Gläubiger, die sich
nicht angeschlossen haben (§ 727 analog; Saarbrücken NJW-RR 90,
1472). − **b) Gegen** einen Gläubiger nur, soweit er geklagt, sich ange- 5
schlossen hat oder beigeladen wurde (Abs 5).

§ 857 Zwangsvollstreckung in andere Vermögensrechte

(1) **Für die Zwangsvollstreckung in andere Vermögensrechte,
die nicht Gegenstand der Zwangsvollstreckung in das unbewegliche Vermögen sind, gelten die vorstehenden Vorschriften
entsprechend.**

(2) **Ist ein Drittschuldner nicht vorhanden, so ist die Pfändung
mit dem Zeitpunkt als bewirkt anzusehen, in welchem dem
Schuldner das Gebot, sich jeder Verfügung über das Recht zu
enthalten, zugestellt ist.**

(3) **Ein unveräußerliches Recht ist in Ermangelung besonderer Vorschriften der Pfändung insoweit unterworfen, als die
Ausübung einem anderen überlassen werden kann.**

(4) [1]**Das Gericht kann bei der Zwangsvollstreckung in unveräußerliche Rechte, deren Ausübung einem anderen überlassen
werden kann, besondere Anordnungen erlassen.** [2]**Es kann insbesondere bei der Zwangsvollstreckung in Nutzungsrechte eine
Verwaltung anordnen; in diesem Falle wird die Pfändung
durch Übergabe der zu benutzenden Sache an den Verwalter
bewirkt, sofern sie nicht durch Zustellung des Beschlusses bereits vorher bewirkt ist.**

(5) **Ist die Veräußerung des Rechtes selbst zulässig, so kann
auch diese Veräußerung von dem Gericht angeordnet werden.**

(6) **Auf die Zwangsvollstreckung in eine Reallast, eine Grundschuld oder eine Rentenschuld sind die Vorschriften über die**

Zwangsvollstreckung in eine Forderung, für die eine Hypothek besteht, entsprechend anzuwenden.

(7) **Die Vorschrift des § 845 Abs. 1 Satz 2 ist nicht anzuwenden.**

1   1. **Anwendungsbereich.** Alle Vermögensrechte, dh geldwerte Rechte, die nicht Geld- oder Sachforderungen (§§ 829, 846–848) sind, soweit sie nicht unbewegliches Vermögen (§§ 864, 865) darstellen, ins-
2   bes: – a) **Anteilsrechte** an einer Gesellschaft, oHG KommG und Partnerschaftsgesellschaft (§ 859 Abs 1), GmbH (im einzelnen Heuer ZIP 98, 405) und Genossenschaft; Anteile am Nachlass (§ 859 Abs 2), am Gesamtgut (nur nach § 860 Abs 2), an Sachen und Rechten, bei denen Gemeinschaft besteht (§ 741 BGB), zB Miteigentumsanteil (hM), Mitinhaberschaft, Mitgläubigerschaft (BayObLG NJW-RR 92, 1369). So kann der Anspruch eines Miteigentümers auf Aufhebung der Gemeinschaft sowie Teilung und Auszahlung des Erlöses gepfändet und überwiesen werden (BGH 90, 207/15, umstr; vgl Hamm NJW-RR 92,
3   665). – b) **Beschränkte dingliche Rechte:** Grundpfandrechte (Abs 6); Nießbrauch und beschränkte Dienstbarkeiten in ihrer Ausübung (Abs 3; § 1059 S 2, § 1092 Abs 1 S 2 BGB); Dauerwohnrecht (§ 33 Abs 1
4   WEG). – c) **Anwartschaftsrechte** auf das Eigentum an beweglichen Sachen (hM; BGH NJW 54, 1325; § 808 Rn 17; Musielak/Becker 7 mwN. Das gilt aber nur, wenn die Sache selbst nicht gem § 811 Abs 1 (vgl dort Rn 3) unpfändbar ist. Bei Grundstücken: § 848 Rn 2. –
5   d) **Immaterielle Schutzrechte.** Pfändbar sind Patentrechte (§ 15 PatentG; BGH NJW 94, 3099), Markenrechte (§ 29 Abs 1 Nr 2 MarkenG; Repenn NJW 94, 175 für Warenzeichen), Gebrauchs- und Geschmacksmuster sowie Urheberrechte (Röder/App Büro 96, 342) mit
6   den Beschränkungen der §§ 113–119 UrhG. – e) **Sonstige Rechte.** Sie müssen vermögensrechtlich sein und wenigstens nach privatrechtlichen Grundsätzen übertragbar (BGH NJW 90, 2931). Bsp: Softwarerecht als immaterielles Rechtsgut (Weinmann Rpfleger 96, 12); Internet-Domain (Lwowski/Dahm MM 01, 1135; Schmittmann DGVZ 01, 177; Berger Rpfleger 02, 181; aA LG München I CR 01, 341 Anm Hanloser mwN); Ansprüche auf Bestellung und Übertragung von Rechten; zB Abtretung einer Forderung aus Treuhandverhältnis (BGH NJW 98, 2969); Nutzungsrecht des Leasingnehmers (hM; Teubner/ Lelley ZMR 99, 151: auch seine Kaufoption), für das aber idR § 851 Abs 2 zutrifft (Düsseldorf NJW 88, 1676); Sondernutzungsrecht eines Wohnungseigentümers, aber nur für ein anderes Mitglied der Wohnungseigentümergemeinschaft (Schuschke NZM 99, 830); Anspruch auf Abgabe einer Willenserklärung; Freistellungs-(Schuldbefreiungs)ansprüche, die sich mit Überweisung in den Anspruch auf die geschuldete Leistung (insbes Zahlung) verwandeln (KG NJW 80, 1342 mwN); Anteil an Geldmarktfonds (Röder DGVZ 95, 110); Bestellung von Sicherheiten; Eintragung eines Grundpfandrechts (Hamburg Rpfleger 83, 289); der Grundbuchberichtigungsanspruch (§ 894 BGB) nur aus-

nahmsweise, sofern er (mittelbar) durch Eintragung des Schuldners zur
Befriedigung des Gläubigers führt; der Anspruch des Meistbietenden auf
Erteilung des Zuschlags in der Zwangsversteigerung (Krammer/Riedel
Rpfleger 89, 144); Rechte an sammelverwahrten Wertpapieren (Erk
Rpfleger 91, 236).

2. Unpfändbare Rechte sind: – **a) Unselbständige Nebenrechte,** 7
die nur zusammen mit dem Hauptrecht gepfändet werden können, zB
Pfandrecht (vgl § 1250 BGB); Rangvorbehalt (BGH 12, 241); Kündigungsrecht (LG Essen Rpfleger 73, 147); Recht auf Einzug einer Forderung (LG Leipzig Rpfleger 00, 401); Herausgabeanspruch auf einen
Hypotheken- oder Grundschuldbrief (LG Berlin Rpfleger 78, 331);
Ansprüche auf Auskunft und Rechnungslegung, zB gegen eine Bank
(hM; LG Stuttgart Rpfleger 94, 471 mwN). – **b) Personenrechte:** 8
personenbezogene Familienrechte; das Namensrecht; Mitgliedschaftsrechte an Idealvereinen.

3. Voraussetzungen. Es sind dieselben wie für Pfändung einer 9
Geldforderung (§ 829 Rn 4) Für die Überweisung gilt § 835. Auch
bedingte und künftige Rechte sind pfändbar; zB eine auflösend bedingte Eigentümergrundschuld zur Höchstbetragshypothek hinsichtlich
des Teils, für den noch keine Forderung besteht (StJBrehm 69; umstr).

4. Durchführung. Es gelten grundsätzlich § 829 Rn 19–23 und für 10
die Überweisung § 835 Rn 2 mit den folgenden Besonderheiten: –
a) Fehlender Drittschuldner (Abs 2). Es wird die Pfändung mit hier
unentbehrlicher Zustellung des Gebots (§ 829 Rn 21, 25) an den
Schuldner wirksam. Drittschuldner ist jeder am gepfändeten Recht
Beteiligte, zB ein anderer Anteilsberechtigter, wie der Miterbe (vgl
§ 859 Abs 2); der Eigentümer der belasteten Sache; die GmbH bei
Pfändung eines GmbH-Anteils (hM; Polzius DGVZ 87, 17/34 mwN);
bei Anwartschaftsrecht (Rn 4) an beweglichen Sachen der gegenwärtige
Inhaber des Rechts (BGH NJW 54, 1325), insbes der Vorbehaltsverkäufer. Bei Pfändung des Anwartschaftsrechts auf ein Grundstück (§ 848
Rn 2) ist Zustellung an den Veräußerer nicht erforderlich (BGH 49,
197). – **b) Grundpfandrechte** (Abs 6). Bei Grund- und Rentenschul- 11
den sowie Reallasten gilt § 830 (Überweisung: § 837); es ist also Übergabe des Briefes oder Eintragung erforderlich. Das gilt auch für die
Eigentümergrundschuld (hM; vgl Celle NJW 68, 1682). Ist sie entstanden, aber noch nicht durch Grundbuchberichtigung eingetragen (Fälle
der § 1163 Abs 1 S 2, § 1177 BGB; nicht als Fremdhypothek entstan-
denes Grundpfandrecht), steht § 39 GBO entgegen; jedoch kann
Nachweis gem § 29 GBO genügen (Hamburg Rpfleger 76, 371). Auch
bei künftiger oder auflösend bedingter Eigentümergrundschuld (Rn 9)
steht § 39 GBO meist der sofortigen Eintragung entgegen. Folgt sie
nach, wird die Pfändung erst damit wirksam (§ 830 Rn 12); aber es gilt
auch § 830 Abs 2. Neben Pfändung der Grundschuld ist Pfändung der
gesicherten Forderung (nach § 829) möglich und empfehlenswert. Erlöschen in der Zwangsversteigerung Grundpfandrechte wegen § 91

ZVG, so ist das Ersatzrecht am Erlös nicht nach Abs 6 gem § 830 zu pfänden, sondern nach Abs 1, 2 gem § 829 (BGH 58, 298). Ist der Erlös hinterlegt, so ist auch bei einer Eigentümergrundschuld die Hinterle-
12 gungsstelle Drittschuldner (BGH aaO). – **c) Nutzungsrechte** (Rn 3). Die Pfändung muss nicht in das Grundbuch eingetragen werden, weil Abs 6 und damit § 830 nicht entspr anwendbar sind (BGH 62, 133 und BayObLG NJW-RR 98, 1168 für Nießbrauch). Die Pfändung des Nießbrauchs an einem Grundstück gibt keinen Anspruch auf Räumung und Herausgabe (Düsseldorf Rpfleger 97, 315). Bei Anordnung einer Sequestration kann auch durch Übergabe gepfändet werden (Abs 4 S 2; vgl LG Lübeck Rpfleger 93, 360).

13   **5. Wirkung.** Es gilt grundsätzlich § 829 Rn 31–40. Immer erfasst die Pfändung das Recht mit dem Inhalt und den Einwendungen, die sich aus dem Rechtsverhältnis von Schuldner zum Drittschuldner ergeben. Bei gepfändetem Anwartschaftsrecht (Rn 4) entsteht Verstrickung und Pfandrecht an der Sache erst mit ihrer Pfändung (§ 808), nicht durch den Eigentumserwerb des Schuldners (BGH NJW 54, 1325). Auch der Rang (§ 804 Abs 3) richtet sich danach. Bei Pfändung einer Eigentumsanwartschaft an einem Grundstück gilt § 848 Abs 2 entspr (BGH NJW 68, 493), auch wenn der Anteil an einem Auflassungsanspruch gepfändet wurde (BayObLG NJW-RR 92, 1369).

14   **6. Verwertung** erfolgt grundsätzlich nach §§ 835, 844. Überweisung ist nur möglich, wenn auch der Gläubiger an Stelle des Schuldners das Recht ausüben kann (StJBrehm 108), nicht bei einem GmbH-Anteil, für den § 844 gilt (dort Rn 1). Bei Nutzungsrechten (Rn 3) kommt Verwaltung und Verpachtung in Betracht (Abs 4).

15   **7. Sonstiges.** Aufhebung: wie § 829 Rn 50. Vorpfändung durch den Gerichtsvollzieher (§ 845 Abs 1 S 2) ist unzulässig (Abs 7). Für Rechtsbehelfe, Kosten, Gebühren gelten die Anmerkungen zu den §§ 828–856.

§ 858 Zwangsvollstreckung in Schiffspart

(1) **Für die Zwangsvollstreckung in die Schiffspart (§§ 489 ff. des Handelsgesetzbuchs) gilt § 857 mit folgenden Abweichungen:**

(2) **Als Vollstreckungsgericht ist das Amtsgericht zuständig, bei dem das Register für das Schiff geführt wird.**

(3) **[1]Die Pfändung bedarf der Eintragung in das Schiffsregister; die Eintragung erfolgt auf Grund des Pfändungsbeschlusses. [2]Der Pfändungsbeschluß soll dem Korrespondentreeder zugestellt werden; wird der Beschluß diesem vor der Eintragung zugestellt, so gilt die Pfändung ihm gegenüber mit der Zustellung als bewirkt.**

(4) [1]**Verwertet wird die gepfändete Schiffspart im Wege der Veräußerung.** [2]**Dem Antrag auf Anordnung der Veräußerung ist ein Auszug aus dem Schiffsregister beizufügen, der alle das Schiff und die Schiffspart betreffenden Eintragungen enthält; der Auszug darf nicht älter als eine Woche sein.**

(5) [1]**Ergibt der Auszug aus dem Schiffsregister, daß die Schiffspart mit einem Pfandrecht belastet ist, das einem andern als dem betreibenden Gläubiger zusteht, so ist die Hinterlegung des Erlöses anzuordnen.** [2]**Der Erlös wird in diesem Fall nach den Vorschriften der §§ 873 bis 882 verteilt; Forderungen, für die ein Pfandrecht an der Schiffspart eingetragen ist, sind nach dem Inhalt des Schiffsregisters in den Teilungsplan aufzunehmen.**

Schiffspart ist der Anteil des Mitreeders an der Reederei (§§ 489 ff 1 HGB). Für die Pfändung gilt, was zu § 857 ausgeführt ist, entsprechend. Wirksam wird sie erst mit Eintragung (Abs 3). Verwertet wird stets durch Veräußerung (Abs 4 S 1): freihändiger Verkauf oder öffentliche Versteigerung durch den Gerichtsvollzieher (wie bei § 844 Rn 3). Praktische Hinweise: Röder DGVZ 02, 17.

§ 859 Pfändung von Gesamthandanteilen

(1) [1]**Der Anteil eines Gesellschafters an dem Gesellschaftsvermögen einer nach § 705 des Bürgerlichen Gesetzbuchs eingegangenen Gesellschaft ist der Pfändung unterworfen.** [2]**Der Anteil eines Gesellschafters an den einzelnen zu dem Gesellschaftsvermögen gehörenden Gegenständen ist der Pfändung nicht unterworfen.**

(2) **Die gleichen Vorschriften gelten für den Anteil eines Miterben an dem Nachlaß und an den einzelnen Nachlaßgegenständen.**

1. Gesellschaftsanteil (Abs 1). Darunter ist nur der Gewinnanteil 1 und das (künftige) Auseinandersetzungsguthaben zu verstehen, nicht der (unveräußerliche) eigentliche Gesamthandanteil (K. Schmidt JR 77, 177; aA BGH 97, 392; Smid JuS 88, 613 [615]). Diese übertragbaren Einzelansprüche können auch selbständig gepfändet werden (allgM; Musielak/Becker 6). – **a) Anwendbar** für die BGB-Gesellschaft unter 2 Einschluss der Innengesellschaft und der Partnerschaftsgesellschaft, oHG, KommG, nichtrechtsfähigen Vereins, auch wenn sie sich in Auseinandersetzung befinden. – **b) Pfändung.** Hierzu H. Roth ZGR 00, 187. 3 Sie ist nach § 857 vorzunehmen, auch wenn der Gesamthand ein Grundstück gehört. Drittschuldner ist stets die Gesamthand (hM; BGH 97, 392). Zuzustellen ist bei oHG, KG und Partnerschaftsgesellschaft an den geschäftsführenden Gesellschafter oder den Vorstand des nichtrechtsfähigen Vereins. Auch bei der BGB-Gesellschaft genügt die Zu-

stellung an den geschäftsführenden Gesellschafter (hM; BGH aaO; Smid
4 JuS 88, 613/7). – **c) Wirkung.** Von der Pfändung des Gesellschaftsan-
teils werden alle pfändbaren Gesellschafterrechte des Schuldners erfasst,
insbes der Auseinandersetzungsanspruch (BGH NJW 92, 830), auch
wenn dieser vorher abgetreten wurde (Köln NJW-RR 94, 1517). Das
entspricht dem Begriff des Anteils (Rn 1). Auf Grund der Pfändung
kann der Gläubiger, der nicht etwa Gesellschafter wird, die Gesellschaft
kündigen nach Maßgabe des § 725 Abs 1 BGB, bei oHG und KommG
erst nach Überweisung (§ 135 HGB). Diese (§ 835) darf nur zur Einziehung erfolgen. Danach darf der Gläubiger den Gewinnanteil (§§ 721,
725 Abs 2 BGB) und nach Kündigung das Auseinandersetzungsguthaben (§ 734 BGB) verlangen (§ 717 S 2 BGB; vgl BGH aaO). Andere
Rechte des Gesellschafters (zB Stimmrecht, Auskunftsrecht) erlangt er
nicht (§ 717 S 1 BGB; § 851). Die Pfändung hindert nicht die Verfügung über einzelne Gegenstände des Gesellschaftsvermögens (Hamm
WM 87, 972), sofern sie den Gläubiger nicht benachteiligt (Smid JuS
5 88, 613/6). – **d) Verwertung** geschieht durch Einziehung des Gewinn-
anteils (auch Veräußerung gem § 857 Abs 5, § 844) und Auseinan-
dersetzungsguthabens, nachdem der Anteil (Rn 1) überwiesen ist. Unter engeren Voraussetzungen wird auch Teilungsversteigerung (§ 180
ZVG) zugelassen (BGH NJW 92, 830 mwN; umstr).

6   **2. Miterbenanteil** (Abs 2). Die Vorschrift ist auch für den Anteil ei-
7 nes Vor- oder Nacherben anwendbar. – **a) Pfändung** ist nach § 857
vorzunehmen, auch wenn ein Grundstück zum Nachlass gehört. Sie
kann (berichtigend) eingetragen werden (BayObLG 59, 50). Die Eintragung hindert weitere Eintragungen auf Bewilligung des verfügungs-
befugten Rechtsträgers nicht. Soweit sie den Pfändungsgläubiger beeinträchtigen, sind sie ihm gegenüber relativ unwirksam (§ 136 BGB).
Bei der Pfändung beweglicher Sachen ist es zweckmäßig, eine Anordnung gem § 847 hinsichtlich solcher Sachen zu beantragen, die bei der
Auseinandersetzung auf denjenigen Miterben entfallen, der Schuldner
8 ist (vgl Rn 10). – **b) Drittschuldner** sind die übrigen Miterben, der
Testamentsvollstrecker (RG 86, 294) oder der Nachlassverwalter. –
9 **c) Wirkung.** Der Gläubiger wird nicht Gesamthänder, erlangt kein
Pfandrecht an Nachlassgegenständen (BGH NJW 67, 200). Über § 804
Abs 2 gilt insbes § 1276 BGB, ferner § 1258 BGB (bestr). Schon die
Pfändung gibt das Recht, die Auseinandersetzung zu beantragen (§ 86
Abs 2 FGG; RG 95, 231). Mit dem überwiesenen Anteil geht auch das
Auskunftsrecht über, insbes das der §§ 2027, 666, 681 S 2 BGB (hM).
Das Auskunftsrecht (§ 2057 BGB) ist daneben hilfsweise (nach § 857
10 Rn 7) pfändbar. – **d) Verwertung:** zu Einzelheiten Behr Rpfleger 02,
1/8. Nach Überweisung kann der Gläubiger gem § 86 FGG vorgehen
oder auf Auseinandersetzung klagen (§ 2042 BGB). Sein Pfandrecht
setzt sich an den zugeteilten Forderungen stets fort (BGH NJW 69, 1347),
an beweglichen Sachen nur dann fort, wenn gem § 847 verfahren wurde
(Liermann NJW 62, 2190).

§ 860 Pfändung von Gesamtgutanteilen

(1) [1]Bei dem Güterstand der Gütergemeinschaft ist der Anteil eines Ehegatten an dem Gesamtgut und an den einzelnen dazu gehörenden Gegenständen der Pfändung nicht unterworfen. [2]Das gleiche gilt bei der fortgesetzten Gütergemeinschaft von den Anteilen des überlebenden Ehegatten und der Abkömmlinge.

(2) Nach der Beendigung der Gemeinschaft ist der Anteil an dem Gesamtgut zugunsten der Gläubiger des Anteilsberechtigten der Pfändung unterworfen.

Gesamtgutanteil (Abs 1). Die Gläubiger können nur direkt in das **1** Gesamtgut vollstrecken (§§ 740, 745). **Beendete Gemeinschaft** (Abs 2) **2** gibt neben § 743 die Möglichkeit, den Anteil zu pfänden. Drittschuldner sind der andere Ehegatte oder die Abkömmlinge (§ 1483 Abs 1 BGB). Verwertung: über § 99 Abs 1, § 86 Abs 2 FGG oder durch Klage (§§ 1471 ff BGB) ist Auseinandersetzung zu betreiben.

§§ 861, 862 (aufgehoben)

§ 863 Pfändungsbeschränkungen bei Erbschaftsnutzungen

(1) [1]Ist der Schuldner als Erbe nach § 2338 des Bürgerlichen Gesetzbuchs durch die Einsetzung eines Nacherben beschränkt, so sind die Nutzungen der Erbschaft der Pfändung nicht unterworfen, soweit sie zur Erfüllung der dem Schuldner, seinem Ehegatten, seinem früheren Ehegatten, seinem Lebenspartner, einem früheren Lebenspartner oder seinen Verwandten gegenüber gesetzlich obliegenden Unterhaltspflicht und zur Bestreitung seines standesmäßigen Unterhalts erforderlich sind. [2]Das gleiche gilt, wenn der Schuldner nach § 2338 des Bürgerlichen Gesetzbuchs durch die Ernennung eines Testamentsvollstreckers beschränkt ist, für seinen Anspruch auf den jährlichen Reinertrag.

(2) Die Pfändung ist unbeschränkt zulässig, wenn der Anspruch eines Nachlaßgläubigers oder ein auch dem Nacherben oder dem Testamentsvollstrecker gegenüber wirksames Recht geltend gemacht wird.

(3) Diese Vorschriften gelten entsprechend, wenn der Anteil eines Abkömmlings an dem Gesamtgut der fortgesetzten Gütergemeinschaft nach § 1513 Abs. 2 des Bürgerlichen Gesetzbuchs einer Beschränkung der im Absatz 1 bezeichneten Art unterliegt.

Anwendbar für alle Gläubiger der Erben, nach Abs 2 nur nicht für **1** Nachlassgläubiger (unter den Voraussetzungen der §§ 1967, 2115, 2213 BGB). **Unpfändbarkeit** (Abs 1 S 1): Unterhaltspflichten der §§ 1360, **2**

1361, 1569, 1601 BGB, §§ 5, 12, 16 LPartG. Der Grund der getroffenen Anordnung muss in der Verfügung von Todes wegen enthalten sein, zB eine Anordnung gem § 2338 BGB (Bremen FamRZ 84, 213).

3 **Rechtsbehelf:** § 766 für Schuldner und Unterhaltsberechtigte.

Titel 2. Zwangsvollstreckung in das unbewegliche Vermögen

Vorbemerkung

1   Die §§ 864–871 betreffen nur die ZwVollstr wegen Geldforderungen (2 vor § 803). Zwangsversteigerung und Zwangsverwaltung sind im ZVG geregelt (§ 869); das ist im Inhalt ein Teil der ZPO. Die ZwVollstr in das unbewegliche Vermögen ist im Einzelnen besonders beschränkt, zB bei Erbbaurecht § 8 ErbbRVO, bei Wohnungseigentum § 12 Abs 3 WEG, bei Vollstreckung durch Finanzbehörden § 322 AO. Die §§ 864–871 gelten nicht, soweit die ZwVollstr kraft Vorbehalts (EGBGB) durch Landesrecht geregelt ist (allgM; § 871).

§ 864 Gegenstand der Immobilienvollstreckung

(1) Der Zwangsvollstreckung in das unbewegliche Vermögen unterliegen außer den Grundstücken die Berechtigungen, für welche die sich auf Grundstücke beziehenden Vorschriften gelten, die im Schiffsregister eingetragenen Schiffe und die Schiffsbauwerke, die im Schiffsbauregister eingetragen sind oder in dieses Register eingetragen werden können.

(2) Die Zwangsvollstreckung in den Bruchteil eines Grundstücks, einer Berechtigung der im Absatz 1 bezeichneten Art oder eines Schiffes oder Schiffsbauwerks ist nur zulässig, wenn der Bruchteil in dem Anteil eines Miteigentümers besteht oder wenn sich der Anspruch des Gläubigers auf ein Recht gründet, mit dem der Bruchteil als solcher belastet ist.

1   **1. Grundstück** (Abs 1). Es muss selbständig sein; das ist es nach Maßgabe der §§ 3, 4 GBO, § 890 BGB. Für Wohnungseigentum gilt
2 Abs 2 (vgl Rn 6). – **a) Umfang:** § 905 BGB, sowie die nach §§ 93, 94 BGB wesentlichen Bestandteile (Ausnahme: § 810), aber auch die unwesentlichen Bestandteile, ferner die subjektiv-dinglichen Rechte (§ 96
3 BGB). – **b) Scheinbestandteile** (§ 95 BGB) gehören nicht dazu. Sie unterliegen allein der ZwVollstr in das bewegliche Vermögen, sofern sie nicht Grundstückszubehör (§§ 97, 98 BGB) sind (§ 865). Scheinbestandteile können im Einzelfall auch Gebäude sein (Noack ZMR 82, 97;
4 LG Frankenthal DGVZ 76, 86). – **c) Verstoß** gegen § 864. Ob dadurch Nichtigkeit oder nur Anfechtbarkeit eintritt, ist umstritten (vgl BGH 104, 298; Gaul NJW 89, 2509).

5   **2. Sonstige Rechte** (Abs 1), die der ZwVollstr in das unbewegliche Vermögen unterliegen, sind insbes grundstücksgleiche Rechte, zB das

Erbbaurecht (§ 11 ErbbRVO) und nach Landesrecht insbes Bergwerkseigentum, selbständige Fischereirechte, auch Schiffe und Schiffsbauwerke (zB Dock), aber nur wenn sie eingetragen sind (§ 162 ZVG). Ausnahme bei Arrest (vgl § 931); ferner Luftfahrzeuge, die in die Lfz-Rolle eingetragen sind (§ 171a ZVG).

3. Bruchteile (Abs 2) von Grundstücken oder Rechten (Rn 2, 6). **6** ZwVollstr nach §§ 864–871 nur, wenn die Voraussetzungen des Abs 2 vorliegen; sonst zB bei Gesamthand, nach §§ 857–860. Miteigentum (§ 1008 BGB) ist auch (besonders ausgestaltet) das Wohnungseigentum (§§ 1, 2 WEG), entspr das Wohnungs- und Teilerbbaurecht (§ 30 WEG). Der 2. Fall des Abs 2 liegt auch vor, wenn nur ein Anteil belastet, aber der Schuldner später Alleinberechtigter geworden ist.

§ 865 Verhältnis zur Mobiliarzwangsvollstreckung

(1) **Die Zwangsvollstreckung in das unbewegliche Vermögen umfaßt auch die Gegenstände, auf die sich bei Grundstücken und Berechtigungen die Hypothek, bei Schiffen oder Schiffsbauwerken die Schiffshypothek erstreckt.**

(2) [1]**Diese Gegenstände können, soweit sie Zubehör sind, nicht gepfändet werden.** [2]**Im übrigen unterliegen sie der Zwangsvollstreckung in das bewegliche Vermögen, solange nicht ihre Beschlagnahme im Wege der Zwangsvollstreckung in das unbewegliche Vermögen erfolgt ist.**

1. Umfang der ZwVollstr in unbewegliches Vermögen (Abs 1). Er **1** reicht, soweit sich die Hypothek erstreckt: Erzeugnisse und bisherige Bestandteile (§§ 1120–1122 BGB, § 31 Abs 3, § 79 SchiffsG); Zubehör (Begriff: §§ 97, 98 BGB) nach §§ 1120–1122 BGB; Miet- und Pachtzinsforderungen (§§ 1123–1125 BGB); Rechte auf wiederkehrende Leistungen (§ 1126 BGB); Versicherungsforderungen (§§ 1127–1130 BGB; §§ 32, 80 SchiffsG).

2. Verhältnis zur Vollstreckung in bewegliches Vermögen 2 (Abs 2). Betrifft die §§ 808–863. – **a) Zubehör** (Rn 1), das dem Grundstückseigentümer gehört (§ 1120 BGB), darf nicht gepfändet werden (Abs 2 S 1), auch nicht durch dingliche Gläubiger. Es unterliegt ausschließlich der ZwVollstr nach §§ 864–871 solange es nicht von der Hypothekenhaftung frei geworden ist oder wäre (§§ 1121, 1122 BGB, § 31 Abs 2, § 79 SchiffsG). Rechtsfolgen bei einem Verstoß: wie Rn 5. – **b) Beschlagnahme** erfolgt durch Anordnung von Zwangsversteige- **3** rung (§ 20 Abs 1 ZVG) oder Zwangsverwaltung (§§ 146, 151 ZVG). Ihr Umfang ergibt sich bei Zwangsversteigerung aus § 20 Abs 2, § 21 ZVG, umfasst also insbes nicht Miet- und Pachtzins sowie die vom Boden getrennten Bestandteile. Bei Zwangsverwaltung ergibt sich der Umfang aus § 148 Abs 1 ZVG, ist also unbeschränkt (wie Rn 1), umfasst daher auch die Miet- und Pachtzinsforderungen. Zwangsversteigerung und Zwangsverwaltung sind daher wegen § 148 Abs 2 ZVG oft

nebeneinander zweckmäßig. Die Zwangsverwaltung erfasst auch alle Nutzungen und die sich aus ihr und der Zwangsverwaltung des Grund-
4 stücks ergebenden Forderungen. – **c) Vor der Beschlagnahme** darf außer Zubehör (Rn 2) alles im Wege der Mobiliarvollstreckung gepfändet werden (Abs 2 S 1). Verstrickung und Pfandrecht, die dadurch entstanden sind (§ 803 Rn 9), werden durch die nachfolgende Beschlagnahme nicht berührt; doch darf wegen § 772 nicht verwertet werden (zB nach § 814 oder § 825). Der Pfandgläubiger muss sein Recht nach § 37 Nr 4 ZVG anmelden und wird nach Rangordnung des § 10 ZVG bei geringstem Gebot (§ 44 Abs 1 ZVG) oder Verteilung des Erlöses (§§ 105 ff ZVG) berücksichtigt, und zwar vor demjenigen Gläubiger, der mit einem persönlichem Titel die Beschlagnahme
5 erwirkt hat. – **d) Nach der Beschlagnahme** (Rn 3) ist jede ZwVollstr in das bewegliche Vermögen (§§ 803–863), also insbes Pfändung und Verwertung unzulässig (Abs 2 S 2). Sie ist vom Vollstreckungsorgan abzulehnen. Wird sie trotzdem durchgeführt, so ist sie wirksam, aber anfechtbar (hM). Es entstehen Verstrickung und Pfandrecht (vgl Rn 4), bis die Pfändung aufgehoben wird (für Verstrickung hM; Brox/Walker 207; Musielak/Becker 10; für Pfandrecht sehr bestr; vgl Baur/Stürner 429 ff und 442).

6 **3. Rechtsbehelfe. – a) Erinnerung** (§ 766) gegen unzulässige Pfändung steht zu: dem Schuldner, jedem dinglichen Gläubiger und dem
7 Zwangsverwalter. – **b) Widerspruchsklage** (§ 771, uU § 772) wegen unzulässiger Pfändung oder Verwertung steht jedem dinglichen Gläubiger nach Beschlagnahme zu (§ 771 Rn 17), im Falle des § 772 auch
8 dem die Zwangsversteigerung oder Zwangsverwaltung betreibenden persönlichen Gläubiger. – **c) Vorzugsklage** (§ 805) kann bei zulässiger Pfändung (Rn 4) der rangbessere Gläubiger (§ 10 ZVG) erheben.

§ 866 Arten der Vollstreckung

(1) **Die Zwangsvollstreckung in ein Grundstück erfolgt durch Eintragung einer Sicherungshypothek für die Forderung, durch Zwangsversteigerung und durch Zwangsverwaltung.**

(2) **Der Gläubiger kann verlangen, daß eine dieser Maßregeln allein oder neben den übrigen ausgeführt werde.**

(3) **[1] Eine Sicherungshypothek (Absatz 1) darf nur für einen Betrag von mehr als siebenhundertfünfzig Euro eingetragen werden; Zinsen bleiben dabei unberücksichtigt, soweit sie als Nebenforderung geltend gemacht sind. [2] Auf Grund mehrerer demselben Gläubiger zustehender Schuldtitel kann eine einheitliche Sicherungshypothek eingetragen werden.**

1 **1. Arten** der ZwVollstr in das unbewegliche Vermögen (Abs 1). Bei Zwangsversteigerung wird der Gläubiger durch die Verwertung der Grundstückssubstanz befriedigt, bei Zwangsverwaltung durch die Erträge; bei der Sicherungshypothek (Zwangshypothek) wird der Gläubiger

nur gesichert (Verwertung: § 867 Rn 14). § 866 gilt für dingliche und persönliche Gläubiger.

2. Wahl (Abs 2). Der Gläubiger hat freie Wahl, die bei Arrest aber **2** durch § 932 eingeschränkt ist. Zwangshypothek hat nur Sinn für persönliche (nicht dingliche) Gläubiger. Zwangsversteigerung und -verwaltung oder Pfändung sind wegen des Umfangs der Beschlagnahme (§ 865 Rn 3) oft nebeneinander zweckmäßig.

3. Mindestbetrag (Abs 3). – **a) Zweck.** Das Grundbuch soll über- **3** sichtlich gehalten werden. Daneben kommt in Betracht, dass der Schuldner in seinem meist wichtigsten Vermögensteil vor einem Zugriff wegen Kleinforderungen geschützt werden soll. – **b) Unanwendbar** ist **4** Abs 3, wenn eine Sicherungshypothek kraft Gesetzes entsteht (§ 848) oder ein Anspruch auf ihre Bestellung verwirklicht wird (zB § 648 BGB); denn das ist keine ZwVollstr wegen Geldforderung, sondern zur Abgabe von Willenserklärungen (§ 894). Abs 3 gilt nicht bei § 867 Abs 2. – **c) Berechnung.** Mehrere Titel desselben Gläubigers dürfen **5** zusammengerechnet werden (allgM). Dazu gehören auch die festgesetzten Kosten (§ 794 Nr 2). Nebenforderungen (§ 4 Rn 8) werden hinzugerechnet, Zinsen nur dann, wenn sie als Hauptforderung verlangt und tituliert sind (Abs 3 S 1 Hs 2). Solange die Hauptforderung besteht, darf nicht gesondert für die kapitalisierten Zinsen die Zwangshypothek eingetragen werden (Schleswig Rpfleger 82, 300 mit Anm v Hellmig). Die Kosten der Eintragung (§ 867 Rn 13) werden nicht **6** mitgerechnet. – **d) Verstoß** gegen Abs 3: trotz Eintragung entsteht die Zwangshypothek nicht (hM; § 867 Rn 4).

§ 867 Zwangshypothek

(1) [1]Die Sicherungshypothek wird auf Antrag des Gläubigers in das Grundbuch eingetragen; die Eintragung ist auf dem vollstreckbaren Titel zu vermerken. [2]Mit der Eintragung entsteht die Hypothek. [3]Das Grundstück haftet auch für die dem Schuldner zur Last fallenden Kosten der Eintragung.

(2) [1]Sollen mehrere Grundstücke des Schuldners mit der Hypothek belastet werden, so ist der Betrag der Forderung auf die einzelnen Grundstücke zu verteilen. [2]Die Größe der Teile bestimmt der Gläubiger; für die Teile gilt § 866 Abs. 3 Satz 1 entsprechend.

(3) Zur Befriedigung aus dem Grundstück durch Zwangsversteigerung genügt der vollstreckbare Titel, auf dem die Eintragung vermerkt ist.

1. Allgemeines. Die Eintragung ist Vollstreckungsmaßnahme und **1** zugleich Grundbuchgeschäft (BGH NJW 01, 3627). Die Zwangshypothek ist stets Sicherungshypothek (§ 1184 BGB) und privatrechtlich (allgM), also anders als bei der Pfändung (§ 804 Rn 2). Umwandlung in eine Verkehrshypothek ist möglich (§ 1186 BGB), aber nur durch Einigung von Gläubiger und Eigentümer (bestr).

2 **2. Voraussetzungen.** Sie sind vom GBA selbständig und von Amts wegen zu prüfen (§ 12 FGG; BayObLG Rpfleger 82, 466). Fehlt eine, so ist der Eintragungsantrag zurückzuweisen oder bei einem behebbaren

3 Hindernis Zwischenverfügung zu erlassen. – **a) Antrag.** Es gilt § 13 GBO. Er muss vom Gläubiger ausgehen. Eine Prozessvollmacht (§ 81) erstreckt sich darauf. Für die Rücknahme gilt die Form des § 29 S 1 GBO (Hamm Rpfleger 85, 231; bestr; vgl Hintzen Rpfleger 91, 286). –

4 **b) Eintragungsfähigkeit.** Es muss insbes der Mindestbetrag des § 866 Abs 3 gegeben sein. Sie fehlt nicht trotz des Verbots der Gesamthypothek (Abs 2), wenn die Forderung schon an einem anderen Grundstück

5 gesichert ist (BayObLG Rpfleger 91, 53). – **c) Zulässigkeit der Zwangsvollstreckung** (38 vor § 704). Es müssen insbes ihre Voraussetzungen (13 vor § 704) vorliegen (BayObLG Rpfleger 82, 466). Sie ersetzt die Eintragungsbewilligung des § 19 GBO. Die ZwVollstr darf nicht eingestellt sein (LG Saarbrücken Rpfleger 75, 328). Fehlt es an der Zulässigkeit der ZwVollstr, so darf keine Zwischenverfügung ergehen und keine Vormerkung nach § 18 GBO eingetragen werden, da sonst ein ungerechtfertigter Rang gewahrt wird; der Antrag ist sofort zurückzuweisen (BGH 27, 310). Unzulässig (wegen 45 vor § 704) ist die Eintragung einer Zwangshypothek für eine Forderung, die schon am selben Grundstück gesichert ist (Verbot der Doppelsicherung, Köln FGPrax 96, 13), auch bei einer Arresthypothek (LG Hechingen Rpfle-

6 ger 93, 169 mwN). – **d) Voreintragung** nach § 39 GBO. Betroffen ist der wirkliche Eigentümer des Grundstücks. Das ist idR der Schuldner. Gehört es ihm nicht, gilt Rn 10 aE.

7 **3. Eintragung** ist Vollstreckungsmaßnahme des Grundbuchamts (Rechtspfleger, § 3 Abs 1 Nr 1 h RPflG) als Vollstreckungsorgan (8 vor § 704). Es verfährt nach der GBO, das Schiffsregistergericht nach der Schiffsregisterordnung. Die Eintragung ist zugleich ein Akt der Freiwil-

8 ligen Gerichtsbarkeit (hM). – **a) Inhalt.** Dass die Sicherungshypothek eine Zwangshypothek ist, muss hervorgehoben werden (zB Zwangssicherungshypothek). Der Bestimmtheitsgrundsatz (16 vor § 704) erfordert Angabe des Betrags und des Zinssatzes. Bei variablem Zins ist der Höchstzins anzugeben (ZöStöber 10). Auf den Schuldtitel wird Bezug genommen. Es gelten §§ 1115, 1184 BGB. – **b) Funktion** des Vermerks (Abs 1 S 1, Hs 2): Der Vermerk ersetzt für die Verwertung einen Duldungstitel (Abs 3; Rn 18). Außerdem soll die Eintragung weiterer Zwangshypotheken vermieden werden, damit keine Gesamthypothek entsteht (vgl Abs 2). – **c) Gläubiger** ist derjenige, der im Vollstreckungstitel als solcher ausgewiesen ist, zB der Verfahrensstandschafter (§ 51 Rn 31), auch wenn er nicht Gläubiger der Forderung ist (hM;

9 BGH NJW 01, 3627 mwN). – **d) Rang** der Hypothek ergibt sich aus § 879 BGB. Der Gläubiger kann einen Rangvorbehalt des Schuldners nicht nutzen (hM).

4. Wirksamkeit. Die Hypothek entsteht, sobald sie eingetragen **10**
wird (Abs 1 S 2). Es müssen aber die Voraussetzungen (Rn 2–6) mit
Ausnahme der Voreintragung (§ 39 GBO) und der Sicherheitsleistung
(wegen § 720 a Abs 1 S 1 b) erfüllt sein. Fehlt eine, zB Titel, Zustellung
(§ 750), Annahmeverzug (§ 765; Hamm Rpfleger 83, 393), so entsteht
die Hypothek nicht und das Grundbuch ist unrichtig (im Einzelnen
bestr, aber im Wesentlichen hM). Treten aber die Voraussetzungen
nach der Eintragung ein, so entsteht die Hypothek (Hamm Rpfleger
97, 393 mwN) rückwirkend zum Zeitpunkt der Eintragung, die damit
den Rang wahrt (StJMünzberg 15 a mwN; bestr). Gehört das Grundstück nicht dem Schuldner, so entsteht die Hypothek nicht (hM); denn
§ 892 BGB gilt nur bei rechtsgeschäftlichem Erwerb.

5. Wirkung. Es ist zu unterscheiden: – **a) Sicherungshypothek.** **11**
Sie entsteht nach § 1184 BGB (allgM) und folgt vom Zeitpunkt der
Eintragung ab den Vorschriften des BGB. Sie wird daher sofort Eigentümergrundschuld über § 1163 Abs 1 S 1, § 1177 Abs 1 S 1 BGB,
wenn die vollstreckbare Forderung nicht besteht. Der Schuldner kann
dies allerdings nur nach Maßgabe des § 767 Abs 2 oder § 796 Abs 2
geltend machen (hM; BGH NJW 88, 828 mwN), in gleicher Weise
derjenige, der das Grundstück (vollstreckungsbefangenen Gegenstand)
vom Schuldner erwirbt (Batsch ZZP 87, 1; vgl den ähnlichen Fall § 878
Rn 5). – **b) Ende der Zwangsvollstreckung** (29 vor § 704). Mit der **12**
bloßen Eintragung der Zwangshypothek wird die ZwVollstr erst eingeleitet (BGH NJW 95, 2715), weil der Gläubiger nur gesichert wird.
Erst mit durchgeführter Zwangsversteigerung oder Zwangsverwaltung
wird die ZwVollstr beendet (BGH aaO). – **c) Eintragungskosten.** **13**
Kraft Gesetzes haftet das Grundstück (Abs 1 S 3), da sie Kosten der
ZwVollstr sind (§ 788 Abs 1). Der Kostenbetrag ist daher nicht ein-
tragungsbedürftig und -fähig (hM). Davon zu unterscheiden sind die
Kosten einer anderen, insbes früheren ZwVollstr; sie müssen festgesetzt
(§ 103) oder nach § 788 Abs 1 beigetrieben, dann gem § 29 GBO
nachgewiesen werden (umstr; LG Regensburg Rpfleger 79, 147). –
d) Verwertung. Die Zwangshypothek sichert den Gläubiger nur. **14**
Verwerten kann er sie durch Zwangsversteigerung und -verwaltung
(§ 866 Abs 1). Will er diese mit dem Rang der Hypothek betreiben,
muss er gemäß Abs 1 S 1 Hs 2 auf dem Titel die Eintragung vermerken
lassen (Abs 3; Rn 8, 18) oder einen eigenen dinglichen Titel erwirken
(hM; hierzu Holch Rpfleger 93, 140 mwN). Unberührt bleibt das
Wahlrecht des § 866 Abs 2 auch nach Eintragung der Hypothek. Der
Gläubiger kann also auch noch danach Zwangsversteigerung und -ver-
waltung auf Grund des ursprünglichen vollstreckbaren Titels betreiben.

6. Mehrere Grundstücke (Abs 2). Gilt nicht, wenn Grundstück **15**
und Gebäude getrennt gebucht sind (Brandenburg FGPrax 97, 9
mwN. – **a) Verbot der Gesamthypothek** (§ 1132 BGB). Gilt auch
für Miteigentumsanteile (§ 864 Rn 6; Oldenburg Rpfleger 96, 242).
Es besteht dann eine Ausnahme, wenn die Grundstückseigentümer für

die Forderung als Gesamtschuldner haften (BGH NJW 61, 1352). Zu den Rechtsfolgen im Fall des § 868 vgl Deimann Rpfleger 00, 193. –

16 **b) Verteilung** des Betrags auf die einzelnen Grundstücke muss der Gläubiger schon im Antrag vornehmen (BGH NJW 91, 2022). Auch wenn sie fehlt, entsteht keine Gesamthypothek (BGH 27, 310), sondern der Antrag muss zurückgewiesen werden (Rn 5). Das gilt auch dann, wenn die Grundstücke nacheinander belastet werden sollen (Düsseldorf Rpfleger 90, 60). Der Mindestbeitrag (§ 866 Abs 3 S 1) ist für jede Teilforderung und damit für jede einzelne Zwangshypothek vorgeschrieben (Abs 2 S 2 Hs 2), weil nur so Kleinhypotheken vermie-

17 den werden können (§ 866 Rn 3). – **c) Verzicht** (§ 1168 BGB) auf die bereits eingetragene Zwangshypothek ermöglicht Zugriff auf ein anderes Grundstück des Schuldners (Bruder NJW 90, 1163).

18 **7. Entbehrlichkeit des Duldungstitels** (Abs 3). Früher (bis 31. 12. 98) musste nach hM der Gläubiger einen (weiteren) dinglichen Duldungstitel erwirken, um die Zwangsversteigerung oder -verwaltung (§ 866 Abs 1) betreiben zu können (vgl Rn 14). Das kann ersetzt werden durch den Vermerk (Abs 1 S 1 Hs 2), so dass aus dem (ursprünglichen) Vollstreckungstitel in Verbindung mit dem Vermerk unmittelbar die Zwangsversteigerung des Grundstücks betrieben werden kann, solange der Schuldner Eigentümer ist (vgl § 17 ZVG). Die Vollstreckungsklausel für den Titel, mit dem die Zwangshypothek erwirkt ist, reicht aus und muss nicht erneut zugestellt werden. Für die Zwangsverwaltung gilt Abs 3 nicht.

19 **8. Rechtsbehelfe. – a) Beschwerde** findet gegen die Eintragung oder ihre Ablehnung statt nach § 71 GBO oder § 75 SchiffsregisterO; denn die Entscheidungen ergehen im Verfahren der GBO (hM; KG NJW-RR 87, 592). Damit kann aber zunächst nur Widerspruch oder Löschung nach § 53 GBO verlangt werden (§ 71 Abs 2 GBO), weil auch eine Zwangshypothek von Dritten gutgläubig erworben werden kann (hM). Ausnahmsweise ist die Beschwerde auf Löschung daher zulässig, wenn sie sich gegen eine inhaltlich unzulässige Eintragung richtet, an die sich ein gutgläubiger Erwerb nicht anschließen kann (BGH 64,

20 194). – **b) Erinnerung und sofortige Beschwerde** (§§ 766, 793) gegen die Eintragung sind ausgeschlossen. Es findet nur die Beschwerde gem § 71 Abs 2 S 2 GBO statt (Rn 19; hM; KG NJW-RR 87, 592

21 mwN). – **c) Grundbuchberichtigung** verlangen (§ 894 BGB), wenn die Hypothek nicht entstanden ist (vgl Rn 10), können der Schuldner und Dritte.

§ 868 Erwerb der Zwangshypothek durch den Eigentümer

(1) **Wird durch eine vollstreckbare Entscheidung die zu vollstreckende Entscheidung oder ihre vorläufige Vollstreckbarkeit aufgehoben oder die Zwangsvollstreckung für unzulässig erklärt oder deren Einstellung angeordnet, so erwirbt der Eigentümer des Grundstücks die Hypothek.**

(2) **Das gleiche gilt, wenn durch eine gerichtliche Entscheidung die einstweilige Einstellung der Vollstreckung und zugleich die Aufhebung der erfolgten Vollstreckungsmaßregeln angeordnet wird oder wenn die zur Abwendung der Vollstreckung nachgelassene Sicherheitsleistung oder Hinterlegung erfolgt.**

1. Voraussetzungen (Abs 1, 2). Sie entsprechen den § 776, S 1, § 775 Nr 1–3, so dass ein Prozessvergleich nicht genügt (§ 775 Rn 4; BayObLG NJW-RR 99, 506). Es bedarf hier der in § 775 Nr 3 vorgeschriebenen Urkundenvorlage nicht. Die Zwangshypothek muss entstanden sein (§ 867 Rn 10). Steht sie bereits dem Eigentümer zu (§ 867 Rn 11), kommt § 868 nicht zur Anwendung (StJMünzberg 1). **1**

2. Wirkung. Die Hypothek wird durch den Eigentümer des Grundstücks erworben, ohne Eintragung kraft Gesetzes (Folge: § 1177 Abs 1 S 1 BGB) mit Erlass der Entscheidung (Abs 1 und 2 1. Alt) oder Sicherheitsbestellung, insbes Hinterlegung (Abs 2 2. Alt). Erwerber ist, wer zZ dieses Ereignisses Eigentümer ist. Wird die Entscheidung, die den Übergang bewirkt, aufgehoben, so verwandelt sich die Eigentümergrundschuld nicht in eine Zwangshypothek zurück, sondern kann als solche vom Gläubiger nach § 857 gepfändet werden. **2**

§ 869 Zwangsversteigerung und Zwangsverwaltung

Die Zwangsversteigerung und die Zwangsverwaltung werden durch ein besonderes Gesetz geregelt.

Das ist das ZVG. Es gibt auch landesrechtliche Ausführungsgesetze. **1**

§ 870 Grundstücksgleiche Rechte

Auf die Zwangsvollstreckung in eine Berechtigung, für welche die sich auf Grundstücke beziehenden Vorschriften gelten, sind die Vorschriften über die Zwangsvollstreckung in Grundstücke entsprechend anzuwenden.

Vgl § 864 Rn 5 und 1 vor § 864. **1**

§ 870 a Zwangsvollstreckung in ein Schiff oder Schiffsbauwerk

(1) **Die Zwangsvollstreckung in ein eingetragenes Schiff oder in ein Schiffsbauwerk, das im Schiffsbauregister eingetragen ist oder in dieses Register eingetragen werden kann, erfolgt durch Eintragung einer Schiffshypothek für die Forderung oder durch Zwangsversteigerung.**

(2) **§ 866 Abs. 2, 3, § 867 gelten entsprechend.**

(3) [1]**Wird durch eine vollstreckbare Entscheidung die zu vollstreckende Entscheidung oder ihre vorläufige Vollstreckbarkeit**

aufgehoben oder die Zwangsvollstreckung für unzulässig erklärt oder deren Einstellung angeordnet, so erlischt die Schiffshypothek; § 57 Abs. 3 des Gesetzes über Rechte an eingetragenen Schiffen und Schiffsbauwerken vom 15. November 1940
(Reichsgesetzbl. I S. 1499) ist anzuwenden. ²Das gleiche gilt,
wenn durch eine gerichtliche Entscheidung die einstweilige
Einstellung der Zwangsvollstreckung und zugleich die Aufhebung der erfolgten Vollstreckungsmaßregeln angeordnet wird
oder wenn die zur Abwendung der Vollstreckung nachgelassene Sicherheitsleistung oder Hinterlegung erfolgt.

1   Zwangsverwaltung ist unzulässig. An die Stelle von § 868 tritt Abs 3.
Wird die Eintragung abgelehnt, so findet einfache Beschwerde nach
§ 75 Abs 1 SchiffsregisterO statt (BayObLG Rpfleger 92, 28). Bei nicht
eingetragenen Schiffen gelten die §§ 808 ff.

§ 871 Landesrechtlicher Vorbehalt bei Eisenbahnen

**Unberührt bleiben die landesgesetzlichen Vorschriften, nach
denen, wenn ein anderer als der Eigentümer einer Eisenbahn
oder Kleinbahn den Betrieb der Bahn kraft eigenen Nutzungs-
rechts ausübt, das Nutzungsrecht und gewisse dem Betriebe
gewidmete Gegenstände in Ansehung der Zwangsvollstreckung
zum unbeweglichen Vermögen gehören und die Zwangsvollstreckung abweichend von den Vorschriften des Bundesrechts
geregelt ist.**

1   Beruht auf Art 112 EGBGB. Wird sehr selten praktisch.

Titel 3. Verteilungsverfahren

§ 872 Voraussetzungen

**Das Verteilungsverfahren tritt ein, wenn bei der Zwangs-
vollstreckung in das bewegliche Vermögen ein Geldbetrag
hinterlegt ist, der zur Befriedigung der beteiligten Gläubiger
nicht hinreicht.**

1   **1. Voraussetzungen** des Verteilungsverfahrens sind: – a) **Zwangsvollstreckung in bewegliches Vermögen.** Das sind bewegliche
Sachen oder Rechte (§§ 803–863). Das Verteilungsverfahren nach
§§ 105 ff, 156 ff ZVG ist von dem nach den §§ 872 ff zu unterscheiden. –
2   b) **Mehrere Pfändungsgläubiger** (§ 827, § 853) müssen beteiligt
sein. Es können auch solche aus Vorpfändung (§ 845) und Arrestpfändung (§ 930) sein. Gläubiger von gesetzlichen und vertraglichen Pfand-
oder Vorzugsrechten nehmen am Verfahren nicht teil und müssen ihre
Rechte nach § 805 Abs 1 oder § 771 geltend machen. § 872 ist unanwendbar, wenn der Schuldner die gepfändete Forderung abgetreten hat
3   (LG Münster Rpfleger 95, 78). – c) **Hinterlegter Geldbetrag** (Masse)

auf Grund der § 827 Abs 2, §§ 853, 854 Abs 2, § 858 Abs 5 oder auch § 805 Abs 4 S 1. Wird zugleich gem § 372 BGB hinterlegt, ist das Verteilungsverfahren unzulässig (hM), soweit die hinterlegte Summe die der Abtretungen (§ 853 Rn 2) nicht übersteigt (LG Gießen NJW 67, 1138 Anm Hothorn). – **d) Unzureichende Masse.** Das ist der **4** Fall, wenn nicht alle Pfändungspfandgläubiger (Rn 2) befriedigt werden können. Andernfalls, wenn trotzdem hinterlegt ist (zB bei § 853) und die Gläubiger sich nicht gegenseitig die Auszahlung bewilligen (§ 853 Rn 8), ordnet das Verteilungsgericht (§ 873) die Auszahlung an oder die Hinterlegung (§ 930 Abs 2) und leitet kein Verteilungsverfahren ein. Das gleiche gilt, wenn sich die Gläubiger erst nach der Hinterlegung einigen (§ 827 Rn 4).

2. Wirkung. Das Verteilungsverfahren tritt, wenn die Voraussetzun- **5** gen (Rn 1–4) vorliegen, kraft Gesetzes ein und ist vom zuständigen Gericht (§ 873) ohne Antrag von Amts wegen zu betreiben.

3. Rechtsbehelfe. Die beteiligten Gläubiger können ihre Rechte **6** vor Beendigung des Verteilungsverfahrens nur in diesem, nicht durch Klage geltend machen (RG 131, 203). Erinnerung (§ 766) können sie nur bis zum Verteilungstermin erheben (Münzberg Rpfleger 86, 252). Für die Gläubiger findet gegen die Ablehnung des Verfahrens sofortige Beschwerde (§ 11 Abs 1 RPflG; § 793) statt.

4. Sonstiges. Kosten: § 788 Abs 1; Gebühren: Gericht KV 1610; **7** Wert § 3 Rn 161. RA: § 57 Abs 2 Nr 1; § 60 BRAGO.

§ 873 Aufforderung des Verteilungsgerichts

Das zuständige Amtsgericht (§§ 827, 853, 854) hat nach Eingang der Anzeige über die Sachlage an jeden der beteiligten Gläubiger die Aufforderung zu erlassen, binnen zwei Wochen eine Berechnung der Forderung an Kapital, Zinsen, Kosten und sonstigen Nebenforderungen einzureichen.

Die Zuständigkeit ist ausschließlich (§ 802) Sie ergibt sich aus § 827 **1** Rn 2, § 853 Rn 5, § 854 Rn 2 und § 858 Abs 2. Das AG handelt durch den Rechtspfleger (§ 20 Nr 17 RPflG). Im Falle des § 805 Abs 4 gilt § 764 Abs 2, für die Aufforderung § 329 Abs 3, für die Frist § 222. Hierbei ist § 874 Abs 3 zu beachten. Nebenforderungen: vgl § 4 Rn 8.

§ 874 Teilungsplan

(1) Nach Ablauf der zweiwöchigen Fristen wird von dem Gericht ein Teilungsplan angefertigt.

(2) Der Betrag der Kosten des Verfahrens ist von dem Bestand der Masse vorweg in Abzug zu bringen.

(3) [1]Die Forderung eines Gläubigers, der bis zur Anfertigung des Teilungsplanes der an ihn gerichteten Aufforderung nicht nachgekommen ist, wird nach der Anzeige und deren Unterla-

gen berechnet. [2]**Eine nachträgliche Ergänzung der Forderung findet nicht statt.**

1   **Teilungsplan** (Abs 1). Er wird nach dem Rang (§ 804 Abs 3) aufgestellt. Ob die Forderungen bestehen, wird nicht geprüft, ihre Höhe nach Gläubigerberechnung (§ 873) und Abs 3 festgestellt. Rechtsbehelf:
2   nur Widerspruch (§ 876 Rn 1). **Kosten** (Abs 2) sind nur die gemeinschaftlichen (insbes Gerichtsgebühr, Versteigerungs- und Hinterlegungskosten). Die Kosten der einzelnen Gläubiger stehen bei ihrer For-
3   derung. **Säumige Gläubiger** (Abs 3): Anfertigung bedeutet Niederlegung auf der Geschäftsstelle (hM; StJMünzberg 5 mwN). Bis dahin darf die Berechnung (§ 873) trotz Fristablauf eingereicht, ergänzt oder berichtigt werden.

§ 875 Terminsbestimmung

(1) [1]**Das Gericht hat zur Erklärung über den Teilungsplan sowie zur Ausführung der Verteilung einen Termin zu bestimmen.** [2]**Der Teilungsplan muß spätestens drei Tage vor dem Termin auf der Geschäftsstelle zur Einsicht der Beteiligten niedergelegt werden.**

(2) **Die Ladung des Schuldners zu dem Termin ist nicht erforderlich, wenn sie durch Zustellung im Ausland oder durch öffentliche Zustellung erfolgen müßte.**

1   Zu laden sind alle beteiligten Gläubiger (§ 872 Rn 2) und der Schuldner (aber Abs 2 beachten). Ladungsfrist: § 217 Abs 1 S 2 ist nur Ordnungsvorschrift.

§ 876 Termin zur Erklärung und Ausführung

[1]**Wird in dem Termin ein Widerspruch gegen den Plan nicht erhoben, so ist dieser zur Ausführung zu bringen.** [2]**Erfolgt ein Widerspruch, so hat sich jeder dabei beteiligte Gläubiger sofort zu erklären.** [3]**Wird der Widerspruch von den Beteiligten als begründet anerkannt oder kommt anderweit eine Einigung zustande, so ist der Plan demgemäß zu berichtigen.** [4]**Wenn ein Widerspruch sich nicht erledigt, so wird der Plan insoweit ausgeführt, als er durch den Widerspruch nicht betroffen wird.**

1   **Verfahren.** Es wird mündlich verhandelt. **Widerspruch** (Prozesshandlung, Einl III) kann im Termin bis zu dessen Ende mündlich, vor dem Termin schriftlich oder zu Protokoll erklärt werden, nie vom Schuldner. Der Widerspruch muss die gewünschte Änderung des Teilungsplanes enthalten; kann auch noch nach dem Termin zurückgenommen werden (§ 881). Die Erklärungspflicht (S 2) besteht nur für die Gläubiger, die der Widerspruch betrifft. Das Verteilungsgericht darf nicht über den Widerspruch entscheiden; dieser hemmt nur die Ausfüh-
2   rung des Plans (Rn 2). **Ausführung.** Sie erfolgt vollständig nur dann,

wenn kein Widerspruch erhoben ist, teilweise nach S 4, wenn der Widerspruch den Teil des Plans nicht betrifft. Ausgeführt wird, indem das Verteilungsgericht die Hinterlegungsstelle gemäß § 15 HinterlO um Auszahlung ersucht. Nach Berichtigung des Plans (S 3) wird er ebenfalls ausgeführt, trotz Widerspruchs nach Maßgabe des § 878 Abs 1 S 2. **Rechtsbehelfe** gegen den Teilungsplan. Mit dem Ziel, einen besseren **3** Rang zu erreichen, gegen Rang, Bestand und Höhe vorgehender Forderungen gerichtet, findet lediglich Klage nach § 878 statt. Wird das Verfahren beanstandet, ist insbes die eigene Forderung zu niedrig angesetzt, können alle Beteiligten sofortige Beschwerde einlegen (§ 11 Abs 1 RPflG, § 793; aA § 766; danach differenzierend, ob angehört wurde).

§ 877 Säumnisfolgen

(1) **Gegen einen Gläubiger, der in dem Termin weder erschienen ist noch vor dem Termin bei dem Gericht Widerspruch erhoben hat, wird angenommen, daß er mit der Ausführung des Planes einverstanden sei.**

(2) **Ist ein in dem Termin nicht erschienener Gläubiger bei dem Widerspruch beteiligt, den ein anderer Gläubiger erhoben hat, so wird angenommen, daß er diesen Widerspruch nicht als begründet anerkenne.**

Abs 1 und 2 enthalten unwiderlegbare Vermutungen. Abs 1 gilt auch **1** für den, der zwar im Termin erscheint, aber keinen Widerspruch (§ 876 Rn 1) erhebt (RG 166, 249). Ansprüche aus § 812 BGB bleiben unberührt (RG aaO).

§ 878 Widerspruchsklage

(1) [1]**Der widersprechende Gläubiger muß ohne vorherige Aufforderung binnen einer Frist von einem Monat, die mit dem Terminstag beginnt, dem Gericht nachweisen, daß er gegen die beteiligten Gläubiger Klage erhoben habe.** [2]**Nach fruchtlosem Ablauf dieser Frist wird die Ausführung des Planes ohne Rücksicht auf den Widerspruch angeordnet.**

(2) **Die Befugnis des Gläubigers, der dem Plan widersprochen hat, ein besseres Recht gegen den Gläubiger, der einen Geldbetrag nach dem Plan erhalten hat, im Wege der Klage geltend zu machen, wird durch die Versäumung der Frist und durch die Ausführung des Planes nicht ausgeschlossen.**

1. Allgemeines. Die Widerspruchsklage ist eine prozessuale Gestal- **1** tungsklage (bestr; aA: Feststellungsklage). Sie leitet einen Rechtsstreit erster Instanz ein. Der Klagantrag muss die begehrte Abänderung des Teilungsplanes genau bezeichnen. Für die Urteilsformel ist § 880 zu beachten, beim Versäumnisurteil § 881. Einfache Streitgenossenschaft (§ 61) besteht, wenn mehrere Gläubiger (Rn 5) verklagt werden.

2   **2. Aufschiebende Wirkung** (Abs 1 S 2). Die Ausführung des Teilungsplanes (§ 876 Rn 2) wird nur gehindert, wenn der Nachweis nach Abs 1 rechtzeitig erbracht ist; hierfür genügt, dass die Klage anhängig, Kostenvorschuss bezahlt oder ein PKHGesuch eingereicht ist (ZöStöber 1). Für die Frist (hierzu Schuler NJW 61, 1601) gilt § 222. Die Klage ist auch nach versäumter Frist zulässig, aber nur bis der Plan ausgeführt ist (Rn 3). Danach ist Antragsänderung (§ 264 Nr 3) gem Rn 7 geboten (Abs 2).

3   **3. Zulässig** ist die Klage, wenn die allgemeinen Prozessvoraussetzungen (10 vor § 253) vorliegen. Die Zuständigkeit folgt aus § 879. Rechtsschutzbedürfnis tritt ein, sobald Widerspruch erhoben ist, und fällt weg, sobald der Teilungsplan ausgeführt ist (BGH NJW-RR 87, 890).

4   **4. Begründet** ist die Klage unter folgenden Voraussetzungen: – **a) Sachbefugnis.** Aktiv legitimiert ist der widersprechende Gläubiger, passiv legitimiert sind die betroffenen Gläubiger, sofern sie den Widerspruch bestritten haben. Sie sind alle zu verklagen (vgl Rn 1), wenn die Ausführung des Teilungsplanes über Abs 1 gehindert werden soll. –

5   **b) Vorgehendes Recht am Erlös.** Es muss dem Kläger im Verhältnis zu dem betreffenden Beklagten zustehen, zB dass er einen besseren Rang hat (§ 804 Rn 9) oder dass die für einen Beklagten vorgenommene Pfändung unwirksam ist. Umstritten ist, ob der Kläger geltend machen kann, dass die vollstreckbare Forderung des Beklagten nicht oder nur zT besteht. Das hängt davon ab, ob sich die Rechtskraft des Titels (über § 325 hinaus) auch auf die anderen Gläubiger erstreckt (sog Drittwirkung der Rechtskraft; vgl U. Huber JuS 72, 621/8 mwN). Dies ist zu bejahen (BGH 63, 62; Baur/Stürner 562) wegen (Teil)Rechtsnachfolge in den vollstreckungsbefangenen Gegenstand (bestr). Der Kläger kann Einwendungen des Schuldners nur mit der Beschränkung des § 767 Abs 2 geltend machen, vor Rechtskraft noch so wie der Schuldner selbst (Batsch ZZP 87, 1). Vom Standpunkt der öffentlichrechtlichen Theorie aus (§ 804 Rn 2) darf es folgerichtig auf das Bestehen der vollstreckbaren Forderung überhaupt nicht ankommen (U. Hu-

6 ber aaO). – **c) Zeitliche Grenze.** Die Klage kann nur auf Tatsachen gestützt werden, die zZ des Verteilungstermins schon eingetreten waren (Düsseldorf NJW-RR 89, 599 mwN).

7   **5. Bereicherungsklage** (Abs 2). – **a) Voraussetzungen** hierfür sind: **(1)** Die Nachweisfrist (Abs 1) muss versäumt und der Teilungsplan ausgeführt sein. **(2)** Der Widerspruch (§ 876) ist unterlassen worden (bestr). **(3)** Später eingetretene und ausgeschlossene (Rn 6) Tatsachen

8 liegen vor. – **b) Wirkung.** Sind die Voraussetzungen (Rn 7) erfüllt, so geht nur das Recht verloren, am Verteilungsverfahren teilzunehmen, nicht der Anspruch aus §§ 812 ff BGB (hM; StJMünzberg 38).

9   **6. Sonstiges.** Kosten: §§ 91 ff. Vorläufige Vollstreckbarkeit: §§ 708–714, aber § 882. Streitwert: § 3; Interesse an bevorrechtigter Befriedigung (§ 879 Rn 2).

§ 879 Zuständigkeit für die Widerspruchsklage

(1) **Die Klage ist bei dem Verteilungsgericht und, wenn der Streitgegenstand zur Zuständigkeit der Amtsgerichte nicht gehört, bei dem Landgericht zu erheben, in dessen Bezirk das Verteilungsgericht seinen Sitz hat.**

(2) **Das Landgericht ist für sämtliche Klagen zuständig, wenn seine Zuständigkeit nach dem Inhalt der erhobenen und in dem Termin nicht zur Erledigung gelangten Widersprüche auch nur bei einer Klage begründet ist, sofern nicht die sämtlichen beteiligten Gläubiger vereinbaren, daß das Verteilungsgericht über alle Widersprüche entscheiden solle.**

Anwendbar nur auf die Widerspruchsklage des § 878. **Zuständig** 1 (ausschließlich, § 802) ist das für den Bezirk des Verteilungsgerichts (§ 873) zuständige AG oder LG, nie die KfH (StJMünzberg 4). Auf den für die Vollstreckungsforderungen zulässigen Rechtsweg kommt es nicht an. **Wert** des Streitgegenstandes (Abs 1) ist der Betrag, um den eine 2 bessere Zuteilung als im Plan vorgesehen verlangt wird (§ 878 Rn 9).

§ 880 Inhalt des Urteils

¹**In dem Urteil, durch das über einen erhobenen Widerspruch entschieden wird, ist zugleich zu bestimmen, an welche Gläubiger und in welchen Beträgen der streitige Teil der Masse auszuzahlen sei. ²Wird dies nicht für angemessen erachtet, so ist die Anfertigung eines neuen Planes und ein anderweites Verteilungsverfahren in dem Urteil anzuordnen.**

Ist der Widerspruch und damit die Klage unbegründet, wird diese 1 abgewiesen. Ist er begründet, wird in der Formel grundsätzlich nach S 1 zu verfahren. Nur wenn dies schwierig ist, sollte nach S 2 angeordnet werden. Der neue Teilungsplan hat die ergangenen rechtskräftigen Urteile und den alten Teilungsplan (im unangefochtenen Teil) zugrundezulegen (§ 882).

§ 881 Versäumnisurteil

Das Versäumnisurteil gegen einen widersprechenden Gläubiger ist dahin zu erlassen, daß der Widerspruch als zurückgenommen anzusehen sei.

Es gelten die §§ 331–347. An Stelle von § 330 bestimmt § 881 einen 1 anderen Inhalt der Urteilsformel.

§ 882 Verfahren nach dem Urteil

Auf Grund des erlassenen Urteils wird die Auszahlung oder das anderweite Verteilungsverfahren von dem Verteilungsgericht angeordnet.

1   Auszahlung (iF des § 880 S 1) erst nach Rechtskraft (allgM) durch
     Ersuchen (§ 15 HinterlO). Im Fall der 2. Alt wird ein neues Vertei-
     lungsverfahren eingeleitet (vgl § 880 Rn 1).

Titel 4. Zwangsvollstreckung gegen juristische Personen des öffentlichen Rechts

§ 882 a Zwangsvollstreckung wegen einer Geldforderung

(1) [1]**Die Zwangsvollstreckung gegen den Bund oder ein Land
wegen einer Geldforderung darf, soweit nicht dingliche Rechte
verfolgt werden, erst vier Wochen nach dem Zeitpunkt beginnen, in dem der Gläubiger seine Absicht, die Zwangsvollstrekkung zu betreiben, der zur Vertretung des Schuldners berufenen Behörde und, sofern die Zwangsvollstreckung in ein von
einer anderen Behörde verwaltetes Vermögen erfolgen soll,
auch dem zuständigen Minister der Finanzen angezeigt hat.
[2]Dem Gläubiger ist auf Verlangen der Empfang der Anzeige
zu bescheinigen. [3]Soweit in solchen Fällen die Zwangsvollstrekkung durch den Gerichtsvollzieher zu erfolgen hat, ist der Gerichtsvollzieher auf Antrag des Gläubigers vom Vollstreckungsgericht zu bestimmen.**

(2) [1]**Die Zwangsvollstreckung ist unzulässig in Sachen, die
für die Erfüllung öffentlicher Aufgaben des Schuldners unentbehrlich sind oder deren Veräußerung ein öffentliches Interesse
entgegensteht. [2]Darüber, ob die Voraussetzungen des Satzes 1
vorliegen, ist im Streitfall nach § 766 zu entscheiden. [3]Vor der
Entscheidung ist der zuständige Minister zu hören.**

(3) [1]**Die Vorschriften der Absätze 1 und 2 sind auf die
Zwangsvollstreckung gegen Körperschaften, Anstalten und
Stiftungen des öffentlichen Rechtes mit der Maßgabe anzuwenden, daß an die Stelle der Behörde im Sinne des Absatzes 1
die gesetzlichen Vertreter treten. [2]Für öffentlich-rechtliche
Bank- und Kreditanstalten gelten die Beschränkungen der Absätze 1 und 2 nicht.**

(4) *(aufgehoben)*

(5) **Der Ankündigung der Zwangsvollstreckung und der Einhaltung einer Wartefrist nach Maßgabe der Absätze 1 und 3
bedarf es nicht, wenn es sich um den Vollzug einer einstweiligen Verfügung handelt.**

1   **Anwendbar** nur für ZwVollstr wegen Geldforderungen; iü gelten
     die allgemeinen Vorschriften. Bei Gemeinden (hierzu Willenbruch ZIP
     98, 817) und Gemeindeverbänden geht Landesrecht vor (§ 15 Nr 3 EG-
2   ZPO). **Anzeige** (Abs 1 S 1) ist Prozesshandlung (Einl III), formlos und
     muss nur die allgemeine Ankündigung der ZwVollstr enthalten. Sie ist
     wahlweise an die Behörde oder an deren ProzBev (§ 81) zu richten

(E. Schneider MDR 85, 640). Sie ist eine vollstreckungsvorbereitende Maßnahme; die Kosten fallen unter § 788 (Zweibrücken Rpfleger 73, 68). **Frist.** Damit sie in Lauf gesetzt wird, müssen alle Voraussetzungen der ZwVollstr (13 vor § 704) vorliegen (Frankfurt Rpfleger 81, 158). **3**

Abschnitt 3. Zwangsvollstreckung zur Erwirkung der Herausgabe von Sachen und zur Erwirkung von Handlungen oder Unterlassungen

Vorbemerkung

Es ist zu unterscheiden: Herausgabe und Leistung von Sachen **1** (§§ 883–886); Handlungen, vertretbare (§ 887) und unvertretbare (§§ 888, 889); Unterlassung und Duldung (§ 890); Abgabe von Willenserklärungen (§§ 894–898).

§ 883 Herausgabe bestimmter beweglicher Sachen

(1) **Hat der Schuldner eine bewegliche Sache oder eine Menge bestimmter beweglicher Sachen herauszugeben, so sind sie von dem Gerichtsvollzieher ihm wegzunehmen und dem Gläubiger zu übergeben.**

(2) **Wird die herauszugebende Sache nicht vorgefunden, so ist der Schuldner verpflichtet, auf Antrag des Gläubigers zu Protokoll an Eides Statt zu versichern, daß er die Sache nicht besitze, auch nicht wisse, wo die Sache sich befinde.**

(3) **Das Gericht kann eine der Sachlage entsprechende Änderung der eidesstattlichen Versicherung beschließen.**

(4) **Die Vorschriften der §§ 478 bis 480, 483 gelten entsprechend.**

1. Allgemeines. Die Vorschrift ist nur anzuwenden, wenn ein Titel **1** (14 vor § 704) vollstreckt wird, der auf die Herausgabe (Rn 3), nicht auf die Entfernung von beweglichen Sachen (Rn 2) gerichtet ist (§ 887 Rn 2), auch als Wahlschuld (§ 262 BGB). Die Herausgabevollstreckung erfolgt nur nach § 883, nicht nach § 888 (allgM; zB Frankfurt DGVZ 93, 153). Auf Personen ist § 883 nicht anzuwenden. Ist ein Kind herauszugeben, insbes auf Grund des § 1632 BGB, so gilt § 33 FGG. Bei Auskunftspflicht zur Herausgabe von Urkunden nach Forderungsüberweisung gilt § 836 Abs 3 S 2.

2. Bewegliche Sachen: § 808 Rn 1. Vertretbare (vgl § 884) und **2** unvertretbare (vgl Schilken DGVZ 88, 49/51); auch solche, die zur Herausgabe erst beweglich gemacht werden. Sachgesamtheiten (zB Bibliothek, Ladeneinrichtung) fallen darunter. Der Begriff Hausrat genügt nicht dem Bestimmtheitserfordernis (16 vor § 704). Eine bestimmte Menge (Abs 1) ist zB 100 Rollen Papier einer bestimmten Sorte. Vertretbare Sachen: § 884.

3   **3. Herausgabe** bedeutet körperliche Übergabe, auch an einen Dritten. Auf den Wortlaut kommt es nicht an. Die Verurteilung zur Übereignung, welche die Übergabe umfasst (§ 929 BGB), fällt darunter (vgl § 897); ebenso Zurückbringen einer beweglichen Sache (LG Frankenthal DGVZ 85, 184) und Übergabe am Wohnsitz des Gläubigers (Frankfurt NJW 83, 1685). Sequestration (§ 938) bedeutet Herausgabe an den Gerichtsvollzieher (LG Heidelberg DGVZ 77, 44). § 883 ist mindestens entsprechend anzuwenden bei Versendung, Hinterlegung und Vorlegung (Schilken DGVZ 88, 49/52), insbes von Urkunden, auch zum Zweck der Auskunft (hM; Hamm NJW 74, 653; Köln NJW-RR 88, 1210), soweit nicht § 936 Abs 3 S 2 oder § 888 anwendbar sind. Bei einem Titel auf Einsicht in Geschäftsunterlagen (zB § 87 c HGB), kommt je nach der konkret erforderlichen Handlung oder Unterlassung die Anwendung von §§ 883, 887 oder 890 in Betracht (Frankfurt NJW-RR 02, 823 mwN). Bei Verbindung mit Handlungspflichten (zB Reparatur, Montage): Koblenz NJW-RR 90, 1152; Schilken aaO.

4   **4. Voraussetzungen** der Herausgabevollstreckung (Abs 1). Sie sind vom Gerichtsvollzieher selbständig zu prüfen. – **a) Anwendbarkeit** des § 883. Dies erfordert, dass der Titel (Rn 1) die Herausgabe (Rn 3)
5   einer beweglichen Sache (Rn 2) anordnet. – **b) Zulässigkeit** der ZwVollstr (38 vor § 704). Die Sache muss im Titel genau bestimmt sein (16 vor § 704). Ein unzulässiger Vollstreckungsmissbrauch kann vorliegen, wenn der Herausgabetitel dazu benutzt wird, mittelbar den Schuldner zur Zahlung einer Forderung zu zwingen, insbes durch (wiederholte) Weisung an den Gerichtsvollzieher (§ 753 Rn 15), bei (Teil)Zahlung die Vollstreckung zu unterlassen oder zu verschieben (vgl
6   Wieser NJW 88, 665/9 mwN und DGVZ 90, 177). – **c) Gewahrsam** des Schuldners: wie § 808 Rn 3–7. Bei Mitgewahrsam eines Dritten gilt § 886 (hM; Schilken DGVZ 88, 50 mwN).

7   **5. Durchführung.** Es gelten §§ 757–763 sowie § 179 GVGA. Wegnahme ist Übergang des Gewahrsams auf den Gerichtsvollzieher, der dem Gläubiger von da an den Besitz vermittelt bis zur Übergabe an ihn; möglichst an Ort und Stelle; ggf ist zu versenden. Bei Zusammentreffen von Herausgabevollstreckung mit Pfändungsauftrag: § 179 Nr 4, 5 GVGA. Kosten: § 788 Rn 22, 24. Gebühren: §§ 22, 23 GVKostG. Wert für RAGebühren: § 57 Abs 2 Nr 2 BRAGO.

8   **6. Eidesstattliche Versicherung** (Abs 2–4). – **a) Voraussetzungen** sind: Antrag (39 vor § 704). Zulässigkeit der ZwVollstr: 38 vor § 704. Die Sache darf beim Schuldner nicht vorgefunden worden sein. Das Rechtsschutzbedürfnis fehlt, wenn der Gläubiger schon weiß, wo die Sache ist, insbes bei einem Dritten. Persönliche Abgabe: § 807 Rn 14–18.
9   Form: Abs 2, 4 (wie § 807 Rn 19). – **b) Verfahren.** Es gelten §§ 899– 913, soweit sie nicht allein auf § 807 zugeschnitten sind. Die eidesstatt-

liche Versicherung ist einziges Zwangsmittel. Die §§ 888, 890 sind unanwendbar.

7. Rechtsbehelfe. Erinnerung (§ 766) findet gegen das Verfahren des Gerichtsvollziehers statt. Für Dritte ist auch Klage gemäß § 771 möglich, wenn ihnen ein veräußerungshinderndes Recht zusteht. Für den Gläubiger, wenn Herausgabe nicht zu verwirklichen ist: § 893.

10

§ 884 Leistung einer bestimmten Menge vertretbarer Sachen

Hat der Schuldner eine bestimmte Menge vertretbarer Sachen oder Wertpapiere zu leisten, so gilt die Vorschrift des § 883 Abs. 1 entsprechend.

Leisten ist Übereignung (vgl § 897), aber auch Besitzübertragung allein. **Vertretbare Sachen:** § 91 BGB. **Wertpapiere:** § 821 Rn 1. **Voraussetzungen:** § 883 Rn 1–6 gelten sinngemäß. **Wirkung:** wie § 243 Abs 2 BGB. § 884 erweitert für Fälle, die nur bei vertretbaren Sachen vorkommen. Bleibt die Vollstreckung ergebnislos, kann sie gemäß § 886 versucht (hM) oder es kann Klage aus § 893 erhoben werden. **Beugemittel** sind unzulässig (§ 887 Abs 3).

1

2

3

§ 885 Herausgabe von Grundstücken oder Schiffen

(1) [1]**Hat der Schuldner eine unbewegliche Sache oder ein eingetragenes Schiff oder Schiffsbauwerk herauszugeben, zu überlassen oder zu räumen, so hat der Gerichtsvollzieher den Schuldner aus dem Besitz zu setzen und den Gläubiger in den Besitz einzuweisen.** [2]**Der Gerichtsvollzieher hat den Schuldner aufzufordern, eine Anschrift zum Zweck von Zustellungen oder einen Zustellungsbevollmächtigten zu benennen.** [3]**Bei einer einstweiligen Anordnung nach dem § 620 Nr. 7, 9 oder dem § 621 g Satz 1, soweit Gegenstand des Verfahrens Regelungen nach der Verordnung über die Behandlung der Ehewohnung und des Hausrats sind, ist die mehrfache Vollziehung während der Geltungsdauer möglich.** [4]**Einer erneuten Zustellung an den Schuldner bedarf es nicht.**

(2) Bewegliche Sachen, die nicht Gegenstand der Zwangsvollstreckung sind, werden von dem Gerichtsvollzieher weggeschafft und dem Schuldner oder, wenn dieser abwesend ist, einem Bevollmächtigten des Schuldners oder einer zu seiner Familie gehörigen oder in dieser Familie dienenden erwachsenen Person übergeben oder zur Verfügung gestellt.

(3) [1]**Ist weder der Schuldner noch eine der bezeichneten Personen anwesend, so hat der Gerichtsvollzieher die Sachen auf Kosten des Schuldners in das Pfandlokal zu schaffen oder anderweit in Verwahrung zu bringen.** [2]**Unpfändbare Sachen und solche Sachen, bei denen ein Verwertungserlös nicht zu**

erwarten ist, sind auf Verlangen des Schuldners ohne weiteres herauszugeben.

(4) ¹Fordert der Schuldner nicht binnen einer Frist von zwei Monaten nach der Räumung ab oder fordert er ab, ohne die Kosten zu zahlen, verkauft der Gerichtsvollzieher die Sachen und hinterlegt den Erlös; Absatz 3 Satz 2 bleibt unberührt. ²Sachen, die nicht verwertet werden können, sollen vernichtet werden.

1   **1. Allgemeines.** § 885 umfasst die Herausgabe (§ 883 Rn 3), Überlassung des Besitzes (wie § 854 Abs 1 BGB) oder Mitbesitzes (§ 866 BGB) und die Räumung, nämlich die Übergabe einer unbeweglichen Sache oder Teilen davon (insbes Wohnungen, Geschäftsräume, unbebaute Grundstücke) unter Wegschaffung der beweglichen Sachen. Das Zubehör (§ 97 BGB) verbleibt. Keine Räumung ist die Beseitigung (Abbruch) eines Gebäudes. Dafür ist ein Titel gemäß § 887 erforderlich. Entsprechend anwendbar ist § 885 wenn bewegliche Sachen zu räumen sind, insbes Scheinbestandteile (§ 95 Abs 1 BGB), Schiffe, Wohnwagen oder -container.

2   **2. Voraussetzungen.** Es gilt grundsätzlich § 883 Abs 1; denn auch § 885 ist Herausgabevollstreckung. Der Gerichtsvollzieher hat die Zulässigkeit der ZwVollstr (38 vor § 704) zu prüfen. Einer richterlichen Durchsuchungsanordnung bedarf er nicht (§ 758 a Abs 2). Insbes muss **3** beachtet werden: – **a) Vollstreckungstitel.** Er muss das Grundstück bestimmt bezeichnen (München DGVZ 99, 56) und eindeutig auf Herausgabe, Überlassung oder Räumung gerichtet sein (Nies MDR 99, 1113). Die bloße Zuweisung der Wohnung an den Ehepartner genügt nicht (Stuttgart FamRZ 02, 589). Es kann eine einstweilige Anordnung nach § 620 Nr 7 sein, wenn sie einen Räumungsausspruch enthält (Hamburg FamRZ 83, 1151); bei solchen Titeln gilt nur Abs 1 (KG FamRZ 87, 1290). Es genügt auch ein Zuschlag- oder Räumungsbeschluss (§§ 93, 149 ZVG), ein Prozessvergleich. Die Räumungsfrist **4** (§§ 721, 794 a) muss abgelaufen sein. – **b) Schuldner. aa) Grundsatz.** Der Titel muss gegen jeden Gewahrsamsinhaber gerichtet sein (vgl Rn 5). Das ist bei Familien und Wohngemeinschaften oft problematisch **4 a** (vgl Schuschke DGVZ 97, 49). **bb) Andere Personen.** IdR genügt ein Titel gegen den Schuldner, insbes den Mieter, um auch andere Personen, die nicht Mitmieter sind und die keinen eigenen Gewahrsam haben, aus der Wohnung zu setzen (grundlegend: Schuschke NZM 98, 58 mwN; Pauly DGVZ 00, 17 mwN), insbes den Ehegatten (LG Oldenburg DGVZ 91, 26; LG Heidelberg DGVZ 94, 9; Schilken DGVZ 88, 49/56 mwN; aA Oldenburg NJW-RR 94, 714; LG Mannheim ZMR 92, 253; LG Hamburg NJW-RR 93, 146 mwN) und die Kinder, auch volljährige (Hamburg NJW-RR 91, 909; KG DGVZ 94, 25); ebenso Besucher und Gäste. Der Titel gegen den Mieter genügt auch gegen den in nichtehelicher Lebensgemeinschaft mitwohnenden Partner des Mieters (hM; MüKo/Schilken 11 mwN; de

Riese ZMR 94, 549; aA LG Mönchengladbach DGVZ 96, 74 mwN; Köln DGVZ 97, 119) nebst seinen Kindern (AG Neuß NJW 85, 2427), weil er nicht besser zu stellen ist als ein Ehegatte. Das alles wird zunehmend in Frage gestellt (vgl KG NJW-RR 94, 713; Düsseldorf DGVZ 98, 140; Becker-Eberhard FamRZ 94, 1296 mwN; Derleder Büro 94, 1/4), so dass es sich empfiehlt, gegen Ehegatten und (Lebens) Partner sogleich einen Titel zu erwirken (Nies MDR 99, 1113/5).

cc) Rechtswidrige Besitzerlangung. Keinesfalls ist ein Titel erforderlich gegen den, der ohne Wissen und Willen des Vermieters Mitbesitz erlangt und danach nicht offengelegt hat (Hamburg NJW 92, 3308; KG NZM 03, 105). Bei Hausbesetzung ist ein Räumungstitel mit unbestimmter Personenangabe zuzulassen (Geißler DGVZ 87, 65/8; Scherer DGVZ 93, 132 mwN; bestr; einschränkend BezG Potsdam OLGZ 93, 324 mwN). Das gilt auch beim Zuschlagbeschluss (LG Mainz MDR 78, 765). – **c) Dritte** (vgl Schuschke DGVZ 97, 49). Ausnahmsweise ist ein Titel gegen einen Angehörigen, insbes den Ehegatten nötig, aber nur wenn er aus eigenem Recht mitbesitzt, insbes Mitmieter ist (Rn 4; hM; aA LG Mannheim ZMR 92, 253: auch wenn er es nicht ist). Gegen Untermieter ist ein eigener Titel erforderlich (KG NZM 03, 105 mwN; bestr), auch wenn Untermiete nicht offengelegt ist (AG Lübeck DGVZ 95, 92). Umschreibung (§ 727) ist möglich, wenn der Untermieter nicht herausgabebereit ist.

3. Vermieterpfandrecht (§§ 562–562 d, 578 BGB). Es geht vor. **6** Darunter fallende pfändbare Sachen sind auf dem Grundstück zu belassen, wenn das Pfandrecht unbestritten bleibt, andernfalls vom Gerichtsvollzieher zu verwahren (Schilken DGVZ 88, 49/58; umstr; vgl Geißler DGVZ 87, 65/9). Sind die Sachen unpfändbar (§ 562 Abs 1 S 2 BGB, § 811 Abs 1), ist nach Abs 2–4 zu verfahren (Schilken aaO).

4. Durchführung (Abs 1). Es gelten die §§ 180, 181 GVGA. – **7** **a) Räumungstermin.** Er ist dem Gläubiger immer, dem Schuldner idR mitzuteilen (§ 180 Nr 2 GVGA) und darf schon vor Ablauf der Fristen aus §§ 721, 765 a bestimmt werden (Nies MDR 99, 1113/7). – **b) Aus dem Besitz gesetzt** werden Schuldner und Angehörige **8** (Rn 5) möglichst schonend, aber notfalls mit Gewalt (§ 758 Abs 3). Es muss so geschehen, dass der Gläubiger die tatsächliche Gewalt über das Grundstück oder die Wohnung gem § 854 BGB ungehindert ausüben kann. Es muss insbes die Wohnungseinrichtung entfernt werden (LG Hildesheim DGVZ 87, 78), nicht aber hinterlassener Sperrmüll (AG Bremen DGVZ 99, 63). Aufschüttungen und Anpflanzungen (Düsseldorf NJW-RR 00, 535). Bewegliche Sachen sind nach Abs 2–4 weiter zu behandeln. Der Vollstreckungsauftrag kann idR nicht in der Weise beschränkt werden, dass nur die Personen (ohne die Sachen) entfernt werden (AG Wedding DGVZ 86, 123). Als zweckmäßig kann geduldet werden, dass der Schuldner in Person mit seinen nötigsten Sachen aus dem Besitz gesetzt wird und das Mobiliar für etwa 2 Wochen zur Abholung verbleibt (sog Hamburgische Räumung; Nies MDR 99,

1113/20). Ist ein Grundstück herauszugeben, so muss der Schuldner auch ein von ihm darauf errichtetes Gebäude räumen (Hamm NJW 65, 2207). – **c) In den Besitz eingewiesen** wird der Gläubiger durch eine die Übergabe enthaltende Erklärung des Gerichtsvollziehers, aber auch durch Übergabe der Schlüssel oder durch Auswechseln der Schlösser, wenn vom Schuldner nicht alle Schlüssel zu erlangen sind. Der Gläubiger muss bei der Zwangsräumung nicht anwesend sein (§ 180 Abs 2 GVGA; LG Osnabrück DGVZ 97, 13), sollte aber (Nies MDR 99, 1113). – **d) Drohende Obdachlosigkeit** hindert die Räumung nicht. Sie ist lediglich den zuständigen Behörden mitzuteilen (§ 181 Nr 2 GVGA). Zum Verhältnis der Zuständigkeiten: Geißler DGVZ 96, 161. Aufschub durch den Gerichtsvollzieher nur nach § 765 a Abs 2. Eine behördliche Einweisung in die Wohnung verbraucht den Räumungstitel nicht (hM; Schönenbroicher MDR 93, 97 mwN; aA Pawlowski DGVZ 92, 97 mwN). – **e) Neue Anschrift** des Räumungsschuldners (Abs 1 S 2). Sie soll schon bei der Räumung ermittelt werden, um weitere Zustellungen zeitsparend veranlassen zu können. Der Gerichtsvollzieher muss den Schuldner auffordern (ggf wiederholt), seine künftige, zustellungsfähige Anschrift (gem Vordruck, § 190) zu Protokoll (§ 763 Abs 1) zu geben. Die Benennung eines Zustellungsbevollmächtigten (§ 184 nF) steht zur Wahl und ist geboten, wenn eine neue Anschrift noch nicht feststeht. – **f) Mehrfacher Vollzug der Räumung** (Abs 1 S 3, 4) ist bei Räumungstiteln (§ 794 Abs 1 Nr 3 a) möglich, die als einstweilige Anordnung zwischen Ehegatten (§ 620 Nr 7, § 621 g S 1) oder Beteiligten ergangen sind, die ohne verheiratet zu sein, einen gemeinsamen Haushalt führen oder innerhalb des bestimmten Zeitraums geführt haben (§ 620 Nr 9). Keine entspr Anwendung auf andere Titel. Der Räumungsgläubiger kann ohne Verbrauch des Titels (Rn 26) wiederholt vollstrecken, wenn der andere Ehegatte oder Beteiligte in die Wohnung eindringt oder wieder aufgenommen wurde. Dafür genügt die erste Zustellung (§ 750 Abs 1). Demgegenüber bleibt unberührt die Aufhebung oder Änderung der gerichtlichen Entscheidung über § 620 b und § 64 b FGG auf Antrag des Räumungsschuldners. Damit kann im Einzelfall die wiederholte Räumung verhindert werden. – **g) Kosten.** Es gilt § 788 Abs 1. Der Gläubiger haftet hierfür dem Gerichtsvollzieher als Auftraggeber (§ 3 Abs 1 Nr 1 GVKostG; LG Bonn DGVZ 94, 76). Für den Vorschuss gilt § 5 GVKostG, für die Gebühr § 24 GVKostG. Der Gläubiger ist Kostenschuldner auch dann, wenn die Aufwendungen wegen Einstellung des ZwVollstr oder wegen behördlicher Wiedereinweisung nutzlos waren, aber vom Gerichtsvollzieher für notwendig gehalten werden durften (hM; Schilken DGVZ 93, 1 mwN). Gebühren des RA: § 57 Abs 1, 2 Nr 2 BRAGO.

5. Bewegliche Sachen (Abs 2–4). – **a) Begriff:** § 90 BGB. Dazu gehören auch Unrat und Müll (LG Berlin DGVZ 96, 171; vgl Rn 13 aE). Das Zubehör (§ 97 BGB) verbleibt beim Grundstück oder Schiff. Das Vermieterpfandrecht geht vor (Rn 6). – **b) Tiere** (§ 90 a BGB),

die der Schuldner nicht mitnimmt, um sie zu versorgen, sind, sofern es
sich um eine überschaubare Zahl handelt, wie sonstige Sachen zu behandeln, in Ausnahmefällen aber der zuständigen Ordnungsbehörde zur
Verfügung zu stellen (Karlsruhe NJW 97, 1789 = JZ 97, 573 mit krit
Anm von Braun; VG Freiburg DGVZ 97, 185; einschränkend Fest
DGVZ 97, 177; Geißler DGVZ 95, 145; aA Loritz DGVZ 97, 150: wie
tote Sachen zu behandeln). – **c) Kosten der Wegschaffung.** Es gilt **14**
§ 788 (hierzu Brossette NJW 89, 963). Bei nutzlosen Aufwendungen:
wie Rn 11. Dem Gerichtsvollzieher haftet grundsätzlich auch der Gläubiger als Auftraggeber (§ 3 Abs 1 Nr 1 GVKostG; LG Koblenz DGVZ
94, 91), jedoch nur für angemessene Dauer der Verwahrung (LG Hamburg DGVZ 83, 122; umstr; vgl LG Duisburg NZM 98, 303). Dies
auch dann, wenn die Sachen an den zahlungsunfähigen Schuldner herausgegeben werden (AG Fürth DGVZ 88, 175). Auch für notwendige
Folgekosten der Räumung, zB Transport und Einlagerung für angemessene Zeit (LG Hamburg DGVZ 83, 122) kann Vorschuss verlangt
werden (§ 5 GVKostG). Der Gerichtsvollzieher hat dafür zu sorgen,
dass überhöhte Transport- und Lagerkosten vermieden werden (Geißler
DGVZ 87, 65) Wertloses Räumungsgut ist wegzuschaffen, darf aber
zunächst nicht vernichtet werden, sondern erst unter den Voraussetzungen des Abs 4 S 2 (Rn 25). – **d) Auftrag.** Den Spediteur hat der Ge- **15**
richtsvollzieher auszuwählen und zu beauftragen (LG Stuttgart DGVZ
90, 172), nachdem der Gläubiger Vorschuss geleistet hat. Der Gerichtsvollzieher muss nicht einen vom Gläubiger beauftragten Spediteur tätig
werden lassen (LG Düsseldorf Büro 87, 464). Das Angebot des Gläubigers, durch dessen Arbeitskräfte und -gerät die Räumung durchzuführen und die Sachen bei ihm einzulagern, kann der Gerichtsvollzieher
ablehnen (AG Hannover DGVZ 75, 124).

6. Übergabe der Sachen (Abs 2) an den Schuldner erfolgt im An- **16**
schluss an die Entfernung aus den Räumen außerhalb dieser. Bei Abwesenheit des Schuldners darf an die in Abs 2 benannten Dritten übergeben werden, wenn sie zur Übernahme bereit sind (hM; Schilken
DGVZ 88, 49, 57). Bevollmächtigt ist auch der Prozessbevollmächtigte
(MüKo/Schilken 23; bestr). Zur Familie gehörende erwachsene Person:
§ 178 Abs 1 Nr 1. Zur Verfügung stellen bedeutet nicht, dass der Gerichtsvollzieher die Sachen auf der Straße stehen lassen darf (hM); er
darf sie aber an die neue Adresse zuschicken (Geißler DGVZ 87, 65/8),
wenn sie bekannt ist (LG Aschaffenburg DGVZ 97, 155). Der Gerichtsvollzieher muss jedenfalls die Möglichkeiten zur Übergabe ausschöpfen, bevor er Verwahrung (Abs 3) vornimmt MüKo/Schilken
23 aE).

7. Verwahrung (Abs 3 S 1). Das kann auch durch Belassen in den **17**
herauszugebenden Räumen oder mittels Verwahrung durch den Gläubiger erfolgen (LG Ulm DGVZ 90, 123). Der Gerichtsvollzieher
schließt den Verwahrungsvertrag als bevollmächtigter Vertreter des Justizfiskus (BGH NJW 99, 2597; bestr) mit dem Lagerhalter privatrecht-

lich (BGH NJW 84, 1759 mwN; Köln DGVZ 94, 171). Ohne
Kostenvorschuss muss er nicht, kann aber (vgl Schüler DGVZ 73, 85)
die Sachen in die neue Wohnung des Schuldners schaffen lassen (LG
Aschaffenburg DGVZ 97, 155; Mümmler DGVZ 73, 49). Hierfür besteht keine Vorschuss- und Kostenpflicht des Gläubigers (LG Essen
MDR 74, 762). Ebensowenig wie für Haustiere des Schuldners, die
dieser nicht mitnehmen kann oder will (vgl LG Oldenburg DGVZ 95,
44 und Rn 13).

18   **8. Herausgabe an den Schuldner.** – **a) Grundsatz** Es besteht idR
ein Anspruch des Schuldners aus § 985 oder § 1007 BGB gegen den
Gerichtsvollzieher. Dieser hat bei offenen Kosten am Räumungsgut ein
Zurückbehaltungsrecht an pfändbaren Sachen, dem Schuldner gegenüber auch dann, wenn die Kosten durch Vorschuss gedeckt sind
(Schultes DGVZ 99, 1 mwN), ferner gegenüber Dritten, insbes dem
Eigentümer (AG Hildesheim DGVZ 74, 59). Er kann auch dem Dritten gegenüber die Herausgabe des eingelagerten Räumungsguts von der
Zahlung der anteilig entstandenen Transport- und Lagerkosten abhän-
gig machen (LG Berlin DGVZ 74, 156). Die Herausgabe an Dritte ist
nur mit Einwilligung des Schuldners zulässig (AG Berlin-Wedding
19 DGVZ 75, 159). – **b) Sofortige Herausgabe** (Abs 3 S 2) kann der
Schuldner verlangen, damit er mit den notwendigen Sachen versorgt ist
und der Verwahrungsaufwand gesenkt werden kann. Das Verlangen des
Schuldners ist formlos, muss an den Gerichtsvollzieher gerichtet sein
und ist im Protokoll (§ 762) zu vermerken. Unpfändbar: § 811 Abs 1.
Es darf kein Verwertungserlös zu erwarten sein; dabei sind die Kosten
der Verwahrung und der Verwertung (§§ 817, 825) zu berücksichtigen.
Für den Abtransport muss der Schuldner sorgen. Der Gerichtsvollzieher
kann jedenfalls sein Zurückbehaltungsrecht (Rn 5) nicht geltend machen. Der Schuldner kann die Herausgabe jederzeit (Abs 4 S 1 Hs 2)
bis zum Verkauf oder bis zur Vernichtung (Rn 25) verlangen.

20   **9. Verkauf** des verwahrten Räumungsgutes (Abs 4 S 1) steht im
(pflichtgemäßen) Ermessen des Gerichtsvollziehers, der vom Amts wegen handelt. Er berücksichtigt Lagerkosten, zu erwartenden Erlös und
21 Wiederbeschaffungswert. – **a) Voraussetzungen: aa)** Unterbliebene
Abforderung (Herausgabeverlangen) des Schuldners oder Abforderung,
22 ohne die aufgelaufenen Kosten (der Verwahrung) zu zahlen. **bb)** Ablauf
der Wartefrist von 2 Monaten (Berechnung § 222) ab Beendigung der
Räumung. **cc)** Anhörung oder Ankündigung ist nicht vorgeschrieben;
aber jedenfalls dem Schuldner gegenüber bei Übernahme des Räumguts
23 durch den Gerichtsvollzieher zweckmäßig. – **b) Verkauf** der Sachen
erfolgt als Selbsthilfeverkauf entspr §§ 383–386 BGB (Müko/Schil-
24 ken 30 mwN). – **c) Hinterlegung** des Erlöses geschieht nach Abzug
der durch den Vorschuss des Gläubigers nicht gedeckten Kosten von
Räumung, Verwahrung und Verkauf. Es wird für den Schuldner als
vermuteten Eigentümer (§ 1006 BGB) hinterlegt. Der Gläubiger
kann den Anspruch des Schuldners auf Auszahlung des Erlöses und der

Hinterlegungssumme nach § 829 pfänden lassen (Schuschke/Walker 17 mwN).

10. Vernichtung unverwertbarer Sachen (Abs 4 S 2) geschieht von 25 Amts wegen. Auch wertloses und unverwertbares Räumungsgut ist zunächst zur Abforderung innerhalb der Wartefrist (Rn 7) bereitzuhalten. Erst wenn die Voraussetzungen für einen Verkauf vorliegen (Rn 7), dürfen und sollen diese Sachen vernichtet werden. Die Beurteilung, ob die Sache unverwertbar ist, obliegt dem Gerichtsvollzieher entspr den Grundsätzen des § 813 Abs 1 S 1. Ein erfolgloser Verwertungsversuch muss nicht vorangehen. Der Gerichtsvollzieher kann als Ausnahmefall (Schultes DGVZ 99, 1/6) in pflichtgemäßem Ermessen auch nach Ablauf der Wartefrist die Verwahrung der Sachen fortsetzen, zB wenn der Schuldner die Absicht, die Sache bald abzuholen, angekündigt hat.

11. Verbrauch des Titels. Wird die ZwVollstr voll durchgeführt, 26 wozu Abs 2 und 3 erfüllt sein müssen, ist der Titel verbraucht. Ausnahme: Abs 1 S 3; Rn 10b. Erlangt der Schuldner danach erneut Besitz, ist ein neuer Titel nötig (Stuttgart NJW 56, 1844); nicht aber bei behördlicher Beschlagnahme und Wiedereinweisung (vgl Rn 10).

12. Rechtsbehelfe. Gegen das Verfahren des Gerichtsvollziehers 27 findet Erinnerung (§ 766) statt, auch für Dritte, die von der Räumung betroffen sind (Köln DGVZ 97, 119); dann jedoch auch für den Schuldner (aA Köln aaO). Dritten kann die Klage aus § 771 zustehen, Pfandgläubigern die Vorzugsklage (§ 805).

§ 886 Herausgabe bei Gewahrsam eines Dritten

Befindet sich eine herauszugebende Sache im Gewahrsam eines Dritten, so ist dem Gläubiger auf dessen Antrag der Anspruch des Schuldners auf Herausgabe der Sache nach den Vorschriften zu überweisen, welche die Pfändung und Überweisung einer Geldforderung betreffen.

Anwendbar, soweit die §§ 883–885 anwendbar sind und wenn der 1 Dritte herausgabebereit ist (wie § 809 Rn 3; Schilken DGVZ 88, 49 mwN). **Fehlende Herausgabebereitschaft.** Der Gläubiger kann den 2 Herausgabeanspruch des Schuldners gegen den Dritten pfänden und sich überweisen lassen (§§ 829, 835). Die §§ 846–848 gelten nicht. Der Gläubiger kann dann Herausgabe an sich verlangen, einen Titel erwirken und nach §§ 883–885 vollstrecken. Statt Überweisung des Anspruchs kann der Gläubiger ggf seinen Titel nach § 727 gegen den Dritten umschreiben lassen.

§ 887 Vertretbare Handlungen

(1) Erfüllt der Schuldner die Verpflichtung nicht, eine Handlung vorzunehmen, deren Vornahme durch einen Dritten erfolgen kann, so ist der Gläubiger von dem Prozeßgericht des

ersten Rechtszuges auf Antrag zu ermächtigen, auf Kosten des Schuldners die Handlung vornehmen zu lassen.

(2) Der Gläubiger kann zugleich beantragen, den Schuldner zur Vorauszahlung der Kosten zu verurteilen, die durch die Vornahme der Handlung entstehen werden, unbeschadet des Rechts auf eine Nachforderung, wenn die Vornahme der Handlung einen größeren Kostenaufwand verursacht.

(3) Auf die Zwangsvollstreckung zur Erwirkung der Herausgabe oder Leistung von Sachen sind die vorstehenden Vorschriften nicht anzuwenden.

1 **1. Anwendungsbereich.** Er umfasst solche Handlungen (Rn 2), die von einem Dritten an Stelle des Schuldners vorgenommen werden können (Abs 1), insbes Werk- und Dienstleistungen, soweit nicht § 888
1 a anzuwenden ist. – **a) Abgrenzung.** § 887 gilt nicht, wenn die Vornahme der Handlung davon abhängt, dass ein Dritter mitwirkt oder sie freiwillig duldet (allgM), zB der Mieter, wenn der Vermieter als Vollstreckungsschuldner eine Handlung an der Mietsache vornehmen soll (BayObLG NJW-RR 89, 462). Hat in diesen Fällen der Schuldner gegen den Dritten einen durchsetzbaren Anspruch auf Duldung oder Mitwirkung, ist § 888 anzuwenden (hM; Zweibrücken NJW-RR 98,
1 b 1768). – **b) Unanwendbar** ist § 887 auf Herausgabe oder Leistung von Sachen (Abs 3). Es gelten hierfür ausschließlich die §§ 883–886,
1 c 894–897. – **c) Wahlmöglichkeit.** Bei Handlungen, die wiederholt, anhaltend oder fortlaufend vorzunehmen sind (zB Beheizung), ist die Vollstreckung (Unterlassen entgegenstehender Handlungen) auch über § 890 möglich (LG Koblenz NJW-RR 86, 506; umstr; aA Musielak/Lackmann 6 mwN).

2 **2. Vertretbare Handlungen** können sein: – **a) Werkverträge.** Anfertigung oder Reparatur von Sachen (Stuttgart NJW-RR 99, 792) insbes Erstellung (BGH NJW 95, 3189), Nachbesserung (BGH NJW 93, 1394) sowie der Abbruch eines Bauwerks (Köln DGVZ 92, 170). –
2 a **b) Abrechnung und Bewertung:** eine Handelsbilanz, wenn sie ohne Mitwirkung des Schuldners erstellt werden kann (Zweibrücken DGVZ 98, 9; Köln NJW-RR 03, 33: sonst § 888; bestr); Buchauszug (Koblenz NJW-RR 94, 358: nur durch Wirtschaftsprüfer oder vereidigten Buchsachverständigen; zum Inhalt vgl München NJW-RR 02, 1034); Wertermittlung gemäß § 1379 Abs 1 S 2 BGB (Bamberg NJW-RR 99, 577); Rechnungslegung des Verwalters gemäß § 2 Abs 4 WEG (hM; Düsseldorf NZM 99, 842 mwN, aA Nies NZM 99, 832); Provisionsabrechnung (hM; Köln NJW-RR 96, 100), ausnahmsweise auch (§ 888 vgl Zweibrücken Büro 96, 327); Lohnabrechnung (LAG Hamm ZIP
2 b 83, 1253). – **c) Freistellung** von einer hinreichend bestimmten (Stuttgart Büro 98, 324; vgl 17 vor § 704) Verbindlichkeit, insbes Befreiung von einer Geldschuld, selbst wenn sie noch nicht fällig ist (Köln FamRZ 94, 1048; Bischof ZIP 84, 1444/6); von der Pflicht, eine Bürg-

schaft zu stellen (hM; Karlsruhe MDR 91, 454) oder Unterhalt zu leisten (Hamburg FamRZ 83, 212). – **d) Rechts- und Tathandlungen:** 2 c
Kauf einer Sache zum Listenpreis bis zu einem bestimmten Zeitpunkt (Köln MDR 75, 586); Beseitigung bestimmter Immissionen (Hamm OLGZ 84, 184), zB Abwehr von Feuchtigkeit (hM; Düsseldorf NJW-RR 98, 1768); ebenso die Entfernung von Sachen, auch eines Haustiers (LG Hamburg NJW-RR 86, 158); Sperre einer Grundstückszufahrt (Bamberg DGVZ 99, 135).

3. Voraussetzungen der Ermächtigung zur Ersatzvornahme 3 (Rn 6): – **a) Zulässigkeit** der Zwangsvollstreckung (38 vor § 704). Hierfür ist insbes Prozessfähigkeit des Schuldners Voraussetzung (Frankfurt Rpfleger 75, 441). Ein Fall des § 510b darf jedoch nicht vorliegen (§ 888a). – **b) Verweigerung** der Handlung. Sie muss unterblieben 4 sein. Dem steht gleich, dass sie nicht erfüllungsgemäß erbracht ist, zB gänzlich unbrauchbar (Köln NJW-RR 96, 100 für Buchauszug). Der Schuldner muss sie auch seit Eintritt der Vollstreckbarkeit objektiv vornehmen können. Dies braucht der Gläubiger lediglich zu behaupten. Den bestrittenen Erfüllungseinwand kann der Schuldner nur über § 767 geltend machen (Rn 17; München NJW-RR 02, 1031). Das gilt auch, wenn er sich auf Unvermögen beruft (Hamm MDR 84, 591), zB verweigerte Zustimmung eines Dritten (Düsseldorf MDR 91, 260), oder darauf, der titulierte Anspruch bestehe nicht (Bamberg NJW-RR 98, 716). – **c) Antrag** des Gläubigers (39 vor § 704): schriftlich oder im 5 Verfahren vor dem AG auch zu Protokoll der Geschäftsstelle; Anwaltszwang nach Maßgabe des § 78 (hM; § 891 Rn 2). Es ist die begehrte Handlung so genau zu bezeichnen wie bei Titeln (16–24 vor § 704; Köln NJW-RR 90, 1087 mwN; Koblenz NJW-RR 98, 1770); Bamberg NJW-RR 00, 358). Ist im Titel ein bestimmter Erfolg geschuldet, muss der Antrag die zu ergreifenden Maßnahmen bezeichnen (Stuttgart NJW-RR 99, 792). Der Antrag kann bis zur Rechtskraft des Beschlusses (Rn 10a) zurückgenommen werden. Umdeutung eines auf § 888 gerichteten Antrags in einen auf § 887 und umgekehrt ist unzulässig (Hamm NJW 85, 274).

4. Ermächtigung (Abs 1) zur Ersatzvornahme. – **a) Zuständigkeit.** 6 Ausschließlich zuständig (§ 802) ist das Prozessgericht erster Instanz, das Familiengericht in Familiensachen (Düsseldorf FamRZ 81, 577), das Arbeitsgericht oder auch das Gericht der Freiwilligen Gerichtsbarkeit, wenn die Vollstreckung nach der ZPO vorzunehmen ist, insbes gemäß §§ 44, 45 WEG (hM). Das Gericht erster Instanz ist auch zuständig, wenn der Rechtsstreit in der Rechtsmittelinstanz anhängig ist oder war (BGH NJW 02, 754). Bei einstweiligen Verfügungen ist das Gericht der Hauptsache (§ 937 Rn 1) zuständig, auch im Falle des § 942 (hM). Es entscheidet beim LG die Kammer, der Einzelrichter aber dann, wenn er im Erkenntnisverfahren gem § 348, 348a zuständig war (allgM). Hat die Kammer im Eilverfahren entschieden, so ist sie, nicht der Einzelrichter zuständig, auch wenn diesem die Hauptsache

7 übertragen ist (Koblenz NJW-RR 02, 1724). – **b) Verfahren.** Gehör des Schuldners ist zwingend (§ 891 S 2), mündliche Verhandlung freige-
8 stellt. Anwaltszwang: § 891 Rn 2. – **c) Beschluss** (§ 891 S 1). Er weist entweder den Antrag zurück, wenn eine Voraussetzung (Rn 3–5) fehlt, zB wenn der Schuldner unstreitig erfüllt hat (vgl Rn 4), oder er ermächtigt den Gläubiger, die genau zu bezeichnende Handlung (vgl Rn 5) vornehmen zu lassen oder selbst vorzunehmen (Rn. 11). Ein bestimmter Dritter wird idR nicht genannt. Der Schuldner kann nicht wirksam einwenden, er wolle nunmehr erfüllen (Frankfurt OLGZ 89,
9 104). Zuzustellen gemäß § 329 Abs 3. – **d) Kostenvorauszahlung** (Abs 2). Kann nicht mehr nach Vornahme der Handlung angeordnet werden (Hamm MDR 72, 615). Die Anordnung der Höhe steht im Ermessen des Gerichts. Gegenansprüche des Schuldners sind nicht zu berücksichtigen (Naumburg Büro 02, 551 mwN; aA 24. Aufl). Auf Vorauszahlung kann im selben Beschluss (auch wiederholt) erkannt werden. Die voraussichtliche Höhe der Kosten (vgl Rn 13) ist vom Gläubiger zu substantiieren (Köln Büro 97, 159), bei Streit unter Heranziehung eines Sachverständigen zu schätzen (BGH NJW 93, 1394 mwN). Der Beschluss wird nach § 794 Nr 3, §§ 803 ff vollstreckt. Gebühren: nur für RA § 57 Abs 1, § 58 Abs 3 Nr 7 BRAGO, wenn der
10 Schuldner nicht freiwillig vorauszahlt. – **e) Kostenentscheidung** in Beschlüssen nach Abs 1 und 2: § 891 S 3. Davon zu unterscheiden sind die Vollstreckungskosten (Rn 13).

10 a **5. Rechtskraft.** Formell (§ 705) tritt sie über § 793 ein. Auch materielle Rechtskraft ist für die Fälle der §§ 887, 888, 890 zu bejahen (§ 329 Rn 13; LG Wiesbaden NJW 86, 939), so dass ein neuer Antrag nur bei veränderten Tatsachen zulässig ist (Zweibrücken Büro 96, 443). Das ändert nichts an der Befugnis des Schuldners, noch freiwillig zu erfüllen (Rn 11; BGH NJW 95, 3189).

11 **6. Durchführung** der Ersatzvornahme auf Grund einer Ermächtigung (Rn 8). – **a) Vornahme** der Handlung. Sie ist nunmehr dem Gläubiger überlassen, der geeignete Personen, auch den Gerichtsvollzieher beauftragen kann. Der Schuldner kann noch erfüllen, auch in anderer Weise als im Beschluss bestimmt (BGH NJW 95, 3189), mit dieser Begründung aber nicht erfolgreich den Beschluss anfechten (Frankfurt
12 NJW-RR 89, 59; vgl Rn 8 aE). – **b) Dulden** muss der Schuldner alle erforderlichen Handlungen; dies kann über § 892 erzwungen werden.

13 **7. Kosten** der Durchführung (Rn 11) und Mehrkosten im Falle einer Vorauszahlung (Abs 2). – **a) Mit Ermächtigungsbeschluss** durchgeführte Ersatzvornahme. Anders als beim Beschluss (vgl Rn 10) gilt § 788 Abs 1, so dass es auf die Notwendigkeit ankommt. Die Kosten werden nach § 788 beigetrieben oder festgesetzt. Auch dabei ist die Notwendigkeit Maßstab (Zweibrücken Rpfleger 95, 172; KG Rpfleger 94, 31) und die Angemessenheit zu prüfen (Nürnberg Rpfleger 93, 85). Zu den Kosten der Ersatzvornahme können auch Finanzierungskosten (Düsseldorf MDR 84, 323) und bei einem Freistellungsanspruch die an den Dritten gezahlten Beträge gehören (München NJW-RR 98, 1768). – **b) Ohne Ermächtigungsbeschluss** durchgeführte Ersatz- 14 vornahme. Deren Kosten können nicht über § 788 Abs 1 beigetrieben werden, weil keine ZwVollstr vorliegt. Für solche Kosten ist ein gesonderter Titel zu erwirken, idR durch Klage (Köln Rpfleger 93, 84 mwN).

8. Rechtsbehelfe. – **a) Sofortige Beschwerde** (§ 793) findet ge- 15 gen den Beschluss (Rn 8 und 10) statt, in der freiwilligen Gerichtsbarkeit zwar nach deren Instanzenzug (BayObLG Rpfleger 75, 130), aber gemäß Verfahren der ZPO (Demharter Rpfleger 87, 369 mwN). – **b) Erinnerung** (§ 766) gegen das Verfahren des Gerichtsvollziehers. – 16 **c) Vollstreckungsabwehrklage** (§ 767) oder Rechtsmittel in der 17 Hauptsache für den Schuldner, der Erfüllung behauptet (BGH NJW 95, 3189; Köln NJW-RR 88, 1212 mwN). Er kann eine vom Gläubiger bestrittene Erfüllung nicht im Verfahren nach Abs 1 oder 2 einwenden (Rn 4; KG NJW-RR 03, 214 mwN; aA Nürnberg NJW-RR 95, 63 mwN; Zweibrücken und Karlsruhe NJW-RR 02, 429). – **d) Klagen des Gläubigers.** Anstelle des ZwVollstr steht § 893 zur 18 Wahl. Ist ein Buchauszug (§ 87 c Abs 2 HGB) lediglich unvollständig oder mangelhaft, muss auf Bucheinsicht (§ 87 c Abs 4 HGB) geklagt oder vollstreckt werden (Karlsruhe OLGZ 73, 375).

§ 888 Nicht vertretbare Handlungen

(1) ¹**Kann eine Handlung durch einen Dritten nicht vorgenommen werden, so ist, wenn sie ausschließlich von dem Willen des Schuldners abhängt, auf Antrag von dem Prozeßgericht des ersten Rechtszuges zu erkennen, daß der Schuldner zur Vornahme der Handlung durch Zwangsgeld und für den Fall, daß dieses nicht beigetrieben werden kann, durch Zwangshaft oder durch Zwangshaft anzuhalten sei. ²Das einzelne Zwangsgeld darf den Betrag von fünfundzwanzigtausend Euro nicht übersteigen. ³Für die Zwangshaft gelten die Vorschriften des Vierten Abschnitts über die Haft entsprechend.**

(2) **Eine Androhung der Zwangsmittel findet nicht statt.**

(3) **Diese Vorschriften kommen im Falle der Verurteilung zur Eingehung einer Ehe, im Falle der Verurteilung zur Herstellung des ehelichen Lebens und im Falle der Verurteilung zur Leistung von Diensten aus einem Dienstvertrag nicht zur Anwendung.**

1. Anwendungsbereich. Er umfasst solche Handlungen, die ein 1 Dritter nicht vornehmen darf oder kann, jedenfalls nicht so vornehmen kann, wie es dem Schuldner möglich ist (Rn 2). Auslegung des Titelinhalts (22 vor § 704) ist zulässig, insbes soweit es die Kosten (§ 788) betrifft (BGH NJW-RR 93, 1154). Die Handlung muss ausschließlich vom Willen des Schuldners abhängen (Abs 1 S 1; Rn 3) und darf nicht unter Abs 3 fallen (Rn 4). Für Herausgabe von Sachen oder Vorlegung von Urkunden zur Einsicht gilt § 888 nicht (§ 883 Rn 3).

2 **2. Unvertretbare Handlungen** (Rn 1) sind zB: Auskunft zu erteilen (hM), idR schriftlich und im Zweifel für die Zeit ab Klagezustellung bis Urteilserlass (Frankfurt FamRZ 84, 271); Rechnung zu legen (hM; KG NJW 72, 2093 mwN; Köln WuM 98, 375), was nicht ohne weiteres die Vorlage von Belegen umfasst (Zweibrücken NJW-RR 98, 715); ein Nachlassverzeichnis zu erstellen (Hamm JMBlNRW 77, 67); eine Gegendarstellung abzudrucken (Brandenburg OLG-NL 00, 191); ein Einzelhandelsgeschäft zu betreiben (Celle NJW-RR 96, 585; Düsseldorf NJW-RR 97, 650; vgl aber Rn 3); Abgabe von Erklärungen tatsächlichen Inhalts und der Widerruf einer Behauptung (vgl § 894 Rn 5); Mitteilung an Empfänger eines Rundbriefs, die darin aufgestellten Behauptungen nicht aufrechtzuerhalten (Frankfurt Büro 93, 749); Ausstellung von Zeugnissen (vgl Geißler DGVZ 88, 17); geistige, künstlerische und wissenschaftliche Leistungen; Abgabe von Willenserklärungen, soweit nicht § 894 gilt (vgl dort Rn 5); (Weiter)Beschäftigung eines Arbeitnehmers (LAG Köln NZA 96, 108 mwN); Entfernen von Personen aus einer Wohnung (BGH FamRZ 63, 553); Zuweisung einer Wohnung zur alleinigen Benutzung gem § 18a HausratVO (Köln FamRZ 83, 1231); Mitwirkung des Ehegatten bei einer Steuererklärung (LG Zweibrücken MDR 76, 144).

3 **3. Unanwendbarkeit** von § 888. – **a) Willensunabhängige Handlungen** (Abs 1). Das trifft zu, wenn die Handlung nicht ausschließlich vom Willen des Schuldners abhängt. Behauptungslast: Schuldner. Erforderliches Geld muss er sich notfalls durch Kredit beschaffen. Kann er die Handlung nur vornehmen, wenn andere Personen mitwirken, zB bei einer Auskunft (BayObLG NJW 75, 740) oder bei Instandsetzungsmaßnahmen an einer Eigentumswohnung (KG OLGZ 90, 467), muss er solche Personen zur Mitwirkung veranlassen (KG NJW 73, 1135), dies mindestens versuchen (BayObLG NJW-RR 89, 462), notfalls klagen. Willensunabhängig kann im Einzelfall die Betriebspflicht für ein Ladengeschäft sein (Naumburg NJW-RR 98, 873). In diesen Fällen ist ZwVollstr nach § 888, insbes jedes Zwangsmittel ausgeschlossen, wenn der Schuldner vorher mit der gebotenen Intensität versucht hat, die Handlung vorzunehmen (BayObLG aaO; Düsseldorf NJW-RR 4 02, 1663). Es bleibt Klage nach § 893 möglich. – **b) Persönliche Handlungen** (Abs 3). Dem Dienstvertrag stehen Geschäftsbesorgung (§ 675 BGB) und Auftrag (§ 662 BGB) gleich (hM). Für vertretbare Handlungen daraus gilt § 887. Entsprechend angewendet wird Abs 3 auf den Abschluss eines Erbvertrags (Frankfurt Rpfleger 80, 117). Das ist nicht vertretbar für die Auskunft der Mutter über den Vater eines nichtehelichen Kindes (Bremen NJW 00, 963; Hamm NJW 01, 1870).

5 **4. Voraussetzungen.** Dazu gehört nicht eine Androhung der
6 Zwangsmittel (Abs 2). – **a) Zulässigkeit der Zwangsvollstreckung** muss gegeben sein (38 vor § 704). Insbes muss der Titel sich auf eine

unvertretbare Handlung (Rn 2) richten und so bestimmt sein (16 vor § 704), dass sich zB der Umfang der Auskunft aus ihm ergibt (Bay-ObLG NJW-RR 89, 932) oder die Vorlage bestimmter Belege (Bamberg FamRZ 94, 1048). Welche Handlung vorzunehmen ist, wird ggf (vgl 22 vor § 704) durch Auslegung ermittelt. – **b) Verweigerung** der 7 Handlung: wie § 887 Rn 4. Die Vornahme muss dem Schuldner also möglich sein (hM; Hamm NJW-RR 88, 1087; Köln MDR 03, 114; Jena OLG-NL 02, 116), und zwar zZ der Zwangsmittelfestsetzung (Celle MDR 98, 923). Der Schuldner muss zur Vornahme alles Zumutbare unternommen haben (Köln NJW-RR 92, 633). Er darf sich Dritter als Erfüllungsgehilfen bedienen (Karlsruhe NJW-RR 02, 220). Bei Unmöglichkeit gilt § 893. Auf Verschulden kommt es iü nicht an. Der Einwand, die geschuldete Handlung sei vorgenommen, ist im Zwangsgeldverfahren nur dann zulässig, wenn dies unbestritten oder durch Urkunden bewiesen ist (hM; Köln NJW-RR 89, 188 und VersR 93, 1294; aA Stuttgart NJW-RR 86, 1501; Bischoff NJW 88, 1957); iü kann nur nach § 767 vorgegangen werden (Reischl JR 97, 404 [407] mwN). – **c) Antrag** des Gläubigers: wie § 887 Rn 5. Der Antrag 8 muss die Handlung bestimmt oder wenigstens bestimmbar bezeichnen (hM), nicht ein bestimmtes Zwangsmittel (Zwangsgeld oder -haft) oder dessen Höhe. Es dürfen keine zu strengen Anforderungen gestellt werden (München MDR 03, 53). – **d) Auslandsvollstreckung.** Die 9 Handlung kann im Ausland vorzunehmen sein; der Zwang wird im Inland ausgeübt (60 vor § 704).

5. Entscheidung über Zwangsmittel (Abs 1 S 1 und 2). Es unter- 10 bleibt (anders § 890) eine Androhung des Zwangsmittels, im Vollstreckungstitel wie im Beschlussverfahren des § 888 (Abs 2). Zuständigkeit: wie § 887 Rn 6. Verfahren: wie § 887 Rn 7. – **a) Beschluss** (§ 891 11 S 1). Er weist den Antrag zurück, wenn eine der Voraussetzungen (Rn 5–8) fehlt. Liegen sie vor, so setzt das Gericht die Zwangsmittel sofort fest, und zwar für den Fall, dass die Handlung nicht bis zu einem bestimmten Zeitpunkt (Datum oder Frist ab Zustellung) vorgenommen wird. Der Festsetzungsbeschluss ist Vollstreckungstitel (§ 794 Abs 1 Nr 3) und ist zuzustellen (§ 329 Abs 3). – **b) Inhalt.** Die vorzuneh- 12 menden Handlungen müssen bestimmt sein (Rn 6), uU auch eingeschränkt oder noch mehr konkretisiert (vgl Zweibrücken OLGZ 74, 317). Auch die Höhe des Zwangsgeldes muss bestimmt sein, höchstens 25 000 Euro (Abs 1 S 3). Verhältnismäßigkeit ist geboten, der Wert der Hauptsache geeigneter Maßstab (Karlsruhe MDR 00, 229). Die Höhe der Haft ist unbestimmt, 1 Tag bis längstens insgesamt 6 Monate (Abs 1 S 3; § 913). Zwangsgeld und -haft sind nur alternativ, nicht nebeneinander zugelassen, für weiteres Nichtbefolgen wiederholt, aber erst nach Vollstreckung aus vorausgegangenem Zwangsmittel (Karlsruhe FamRZ 94, 1274), auch unter Wechsel der Zwangsmittelart möglich (allgM). Es ist von vornherein für den Fall, dass das Zwangsgeld nicht beigetrieben werden kann (Abs 1 S 2), Zwangshaft anzuordnen. –

13   **c) Kostenentscheidung** ergeht im Beschluss. Dafür gilt § 891 S 3. Von den Kosten des Beschlussverfahrens zu unterscheiden sind die Kosten der Durchführung (Rn 17).

14   **6. Durchführung.** Die ZwVollstr aus dem Zwangsgeldbeschluss wird nicht von Amts wegen eingeleitet, sondern nur auf Antrag des Gläubigers (BGH NJW 83, 1859).Es steht dem Gläubiger frei, die Vollstreckung des Beschlusses (Titel gemäß § 794 Nr 3) zu beantragen (39 vor § 704). Das ist nicht mehr zulässig, wenn der Schuldner inzwischen die Handlung unstreitig vorgenommen hat (allgM; Grund: Beugezweck), wenn die ZwVollstr unzulässig geworden (38 vor § 704) oder **15** wenn sie eingestellt ist (§ 775). – **a) Zwangsgeld** wird auf Antrag des Gläubigers (nicht von Amts wegen) nach den allg Regeln des Vollstreckungsrechts beigetrieben (BGH NJW 83, 1859; Stuttgart FamRZ 97, 1495 mwN). Der Zwangsgeldbeschluss bedarf der Vollstreckungsklausel (§§ 795, 724; AG Arnsberg DGVZ 94, 78; ZöStöber 14). Das beigetriebene Geld fällt der Staatskasse an (BGH NJW 83, 1859) und ist vom Vollstreckungsorgan unmittelbar dorthin zu überweisen (KG Rpfleger 80, 199). Der Schuldner kann es gem § 812 BGB zurückfordern, wenn der Beschluss aufgehoben wird oder der Gläubiger auf seine Rechte verzichtet (hM; BAG NJW 90, 2579 mwN; aA Frankfurt Büro 91, **16** 1554: § 776 analog). – **b) Zwangshaft** wird gem §§ 901–913 (Abs 1 S 3) auf Grund eines Haftbefehls des Prozessgerichts vollstreckt (LG Kiel DGVZ 83, 155). Ist der Schuldner prozessunfähig, so wird das Zwangsgeld in sein Vermögen, die Zwangshaft gegen den gesetzlichen **17** Vertreter (§ 51 Rn 3) vollstreckt (hM). – **c) Kosten.** Notwendige Vollstreckungskosten, die dem Gläubiger nach dem Beschluss (vgl Rn 13) aus der Durchführung erwachsen sind, werden nach § 788 Abs 1 beigetrieben oder festgesetzt. Bei Beschwerden (Rn 18) gilt § 97.

18   **7. Rechtsbehelfe.** – **a) Sofortige Beschwerde** (§ 793) findet gegen den Beschluss (Rn 11) statt, der festsetzt sowie gegen die Haftanordnung (Rn 16), auch gegen die Ablehnung des Antrags, das Zwangsgeld beizutreiben (München NJW 83, 947). Auch ein unzulässiger Androhungsbeschluss (Rn 10) kann angefochten werden (BayObLG NJW-RR 97, 489), mindestens wegen der Kosten (Karlsruhe FamRZ **19** 94, 54). – **b) Erinnerung** (§ 766) gegen das Verfahren des Gerichtsvollziehers und der Gerichtskasse (vgl Rn 15; § 6 Abs 1 Nr 1 JBeitrO). – **20** **c) Vollstreckungsgegenklage** (§ 767) steht dem Schuldner bei behaupteter Erfüllung zu (vgl Rn 7). – **d) Klagen des Gläubigers:** § 893 anstelle der ZwVollstr.

     § 888 a Keine Handlungsvollstreckung bei Entschädigungspflicht

     Ist im Falle des § 510 b der Beklagte zur Zahlung einer Entschädigung verurteilt, so ist die Zwangsvollstreckung auf Grund der Vorschriften der §§ 887, 888 ausgeschlossen.

1   Gilt auch für § 889. Für Arbeitsgerichte: § 61 Abs 2 S 2 ArbGG.

§ **889** Eidesstattliche Versicherung nach bürgerlichem Recht

(1) [1]Ist der Schuldner auf Grund der Vorschriften des bürgerlichen Rechts zur Abgabe einer eidesstattlichen Versicherung verurteilt, so wird die Versicherung vor dem Amtsgericht als Vollstreckungsgericht abgegeben, in dessen Bezirk der Schuldner im Inland seinen Wohnsitz oder in Ermangelung eines solchen seinen Aufenthaltsort hat, sonst vor dem Amtsgericht als Vollstreckungsgericht, in dessen Bezirk das Prozeßgericht des ersten Rechtszuges seinen Sitz hat. [2]Die Vorschriften der §§ 478 bis 480, 483 gelten entsprechend.

(2) Erscheint der Schuldner in dem zur Abgabe der eidesstattlichen Versicherung bestimmten Termin nicht oder verweigert er die Abgabe der eidesstattlichen Versicherung, so verfährt das Vollstreckungsgericht nach § 888.

1. Allgemeines. Die bürgerlich-rechtliche Offenbarungspflicht kann 1
sich insbes ergeben aus den §§ 259, 260, 2028 BGB und ist von der nach §§ 807, 883 Abs 2 und § 836 Abs 3 S 2 zu unterscheiden. Soll sie freiwillig, ohne oder vor Erlass eines Vollstreckungstitels (14 vor § 704) erfüllt werden, gelten für das Verfahren § 261 BGB sowie § 163 FGG. Auch nach Erlass des Vollstreckungstitels können sich die Parteien auf dieses Verfahren einigen.

2. Verfahren (Abs 1). Dieses ist noch keine Zwangsvollstreckung 2
(allgM; Düsseldorf Rpfleger 93, 494). – **a) Zuständigkeit.** Sie ist ausschließlich (§ 802). Sachlich zuständig ist das Vollstreckungsgericht (§ 764 Abs 1). Es handelt grundsätzlich der Rechtspfleger (§ 20 Nr 17 RPflG). Örtlich: wie § 899 Rn 2. Hat der Schuldner keinen Wohnsitz im Inland und hält er sich im Ausland auf, ist das Vollstreckungsgericht im Bezirk des Prozessgerichts erster Instanz zuständig. – **b) Termin** 3
wird auf Antrag bestimmt. Es gelten die §§ 217–220. Zulässigkeit der Zwangsvollstreckung (38 vor § 704) ist auch im Termin nicht zu prüfen, weil der Schuldner noch freiwillig handelt, wenn er zum Termin erscheint und die Versicherung abgibt (vgl Abs 2). – **c) Abgabe der** 4
Versicherung. Ihr Inhalt richtet sich nach der Formel des Urteils. Entsprechende Anwendung der §§ 478–480, 483. Die Versicherung ist in Person abzugeben, bei Prozessunfähigkeit des Schuldners durch den gesetzlichen Vertreter (§ 478). Anordnung der Abnahme durch ein anderes AG ist möglich (§ 479). Belehrung ist wegen der Strafdrohung des § 156 StGB vorgeschrieben (§ 480). Bei Verweigerung der Abgabe: Abs 2.

3. Zwangsvollstreckung (Abs 2). – **a) Voraussetzungen:** Antrag 5
des Gläubigers (§ 888 Abs 1; dort Rn 8). Erforderlich ist auch, dass im Termin (vgl § 220) der Schuldner (oder sein gesetzlicher Vertreter, § 51 Rn 3) nicht erscheint oder im Termin die Abgabe der Versicherung (so wie er verurteilt ist) verweigert. Deshalb ist vorher eine Erinnerung gemäß § 766 unstatthaft (hM; LG Heilbronn Rpfleger 95, 122

6   mwN). – **b) Verfahren.** Es ist gemäß § 888 durchzuführen, setzt Zulässigkeit der Zwangsvollstreckung (38 vor § 704) voraus und darf nur durch den Richter des Vollstreckungsgerichts (Rn 2) durchgeführt werden (§ 4 Abs 2 Nr 2 RPflG). Für den verhafteten Schuldner gilt § 902. Gebühren: KV 1643. RA: § 58 Abs 3 Nr 8 BRAGO.

§ 890 Erzwingung von Unterlassungen und Duldungen

(1) [1]Handelt der Schuldner der Verpflichtung zuwider, eine Handlung zu unterlassen oder die Vornahme einer Handlung zu dulden, so ist er wegen einer jeden Zuwiderhandlung auf Antrag des Gläubigers von dem Prozeßgericht des ersten Rechtszuges zu einem Ordnungsgeld und für den Fall, daß dieses nicht beigetrieben werden kann, zur Ordnungshaft oder zur Ordnungshaft bis zu sechs Monaten zu verurteilen. [2]Das einzelne Ordnungsgeld darf den Betrag von zweihundertfünfzigtausend Euro, die Ordnungshaft insgesamt zwei Jahre nicht übersteigen.

(2) Der Verurteilung muß eine entsprechende Androhung vorausgehen, die, wenn sie in dem die Verpflichtung aussprechenden Urteil nicht enthalten ist, auf Antrag von dem Prozeßgericht des ersten Rechtszuges erlassen wird.

(3) Auch kann der Schuldner auf Antrag des Gläubigers zur Bestellung einer Sicherheit für den durch fernere Zuwiderhandlungen entstehenden Schaden auf bestimmte Zeit verurteilt werden.

1   **1. Allgemeines.** Die Unterlassungs- oder Duldungspflicht muss in der Formel der Entscheidung oder im sonstigen Vollstreckungstitel (15 vor § 704) ausgesprochen sein, aus sich heraus verständlich und die zu unterlassende Verletzungshandlung für jeden Dritten erkennbar (allgM; zB Zweibrücken NJW-RR 87, 1526 mwN). Ihr genauer Umfang kann durch Auslegung der Urteilsformel, auch aus den Gründen ermit-
2   telt werden (22 vor § 704). – **a) Unterlassen** ist jedes Verhalten, das den Nichteintritt oder die Beseitigung eines Zustandes bewirkt. Das ist in zwei Formen möglich: Unterlassen (im engeren Sinne als Grundform) durch ein Verhalten, das einen bestimmten Kausalablauf nicht beeinflusst, durch Belassen eines Zustands oder Ändernlassen eines Zustands ohne eigenes Zutun oder (und) durch eine Handlung, nämlich ein Verhalten, das in einen Kausalablauf eingreift, durch Bewirken oder Verhindern einer Veränderung. Daher kann die Unterlassungspflicht häufig nur durch (zusätzliches) aktives Handeln, auch gegenüber Dritten (BayObLG NZM 99, 769), erfüllt werden, wenn das Bewirken oder
3   Verhindern einer Veränderung notwendig ist. – **b) Dulden** ist eine Form der Unterlassung, die darin besteht, die Vornahme einer Handlung nicht zu behindern. Auch hierfür kann eine Handlung des Duldungspflichtigen im Einzelfall notwendig sein. Erzwungen werden kann

die Duldung neben § 890 bei Widerstand des Schuldners über § 892 (vgl Brackhahn DGVZ 92, 145).

2. Anwendungsbereich. – a) Abgrenzung zu § 887 oder § 888 **4** ist oft schwierig. Bei Unterlassungsansprüchen, die sich aus der Grundform des Unterlassens und aus Handeln zusammensetzen, insbes aus der Beseitigung eines rechtswidrigen Zustands, ist die Vollstreckung nach § 890 auch für Unterlassen dieser Beseitigung zulässig, wahlweise neben Handlungsvollstreckung gemäß §§ 887, 888 (Brehm ZZP 89, 179; umstr; aA Jauernig NJW 73, 1671: nur §§ 887, 888, 894). Für Dauerverpflichtung zur Vornahme von Handlungen, zB Beheizen von Räumen (Köln MDR 95, 95), Betrieb eines Ladengeschäfts, mit Ausnahmen (Düsseldorf NJW-RR 97, 648) ist § 890 nicht anwendbar (aA Peters/Welkerting ZMR 99, 369); hierfür gelten je nach Einzelfall entweder § 887 oder auch § 888 (Hamm NJW 73, 1135; vgl § 888 Rn 3). – **b) Anwendungsfälle.** Praktisch wichtige Unterlassungs- und Dul- **4a** dungspflichten folgen aus Störung dinglicher Rechte (vgl §§ 906, 1004, 1227 BGB), aus unerlaubten Handlungen, aus Wettbewerbs-, Urheber- und Patentrecht, Unterbinden von Immissionen (§§ 906, 1004 BGB), zB Hundegebell (Köln OLGZ 94, 313); aber auch § 887 oder § 888 möglich (Saarbrücken NJW-RR 01, 163 für Geruchsbelästigung).

3. Voraussetzungen eines Ordnungsmittelbeschlusses (Rn 26). Sie **5** sind von Amts wegen zu prüfen. Zuständig ist das Prozessgericht erster Instanz (wie § 888 Rn 11). Erforderlich sind: Antrag des Gläubigers (wie § 888 Rn 8), die Zulässigkeit der ZwVollstr (Rn 6–10), eine Zuwiderhandlung (Rn 11–14), die Androhung (Rn 18–22a) und dass die Verjährung nicht eingetreten ist (Rn 23). Fehlt eine Voraussetzung, ist der Antrag zurückzuweisen (Rn 25).

4. Zulässigkeit der Zwangsvollstreckung (38 vor § 704). Sie er- **6** fordert insbes: – **a) Titel.** Er muss zZ der Zuwiderhandlung (Rn 11) vollstreckbar sein. Erfolgt die Androhung (Rn 18) später, muss dieser Beschluss erst zugestellt sein (Bork WRP 89, 360). Auch der mit Androhung versehene Verfügungsbeschluss (§§ 936, 921 Abs 1) muss vorher zugestellt werden (Bork aaO). Das bedeutet: Es genügt die Verkündung, wenn das Urteil rechtskräftig (§ 705) oder ohne Sicherheit vorläufig vollstreckbar ist (umstr; vgl Altmeppen WM 89, 1157). – **b) Zustellung** ist entgegen § 750 Abs 1 nur bei nicht verkünde- **7** ten Beschlüssen (§ 329 Abs 2) notwendig (hM; StJBrehm 20); Amtszustellung genügt (BGH NJW 90, 122). – **c) Vollstreckungsklausel 8** (§ 724) muss erteilt sein (hM). – **d) Sicherheit** des Gläubigers muss geleistet (hM; BGH NJW 96, 397; Frankfurt NJW-RR 90, 124) und der Schuldner darüber nicht nur mündlich unterrichtet sein (BGH aaO). Es muss jedoch nicht gemäß § 751 Abs 2 nachgewiesen werden (StJBrehm 19; bestr; vom BGH aaO offen gelassen). Sicherheitsleistung des Schuldners (§ 712 Abs 1 S 1) steht der Zulässigkeit der ZwVollstr entgegen (StJBrehm 19 mwN). – **e) Prozessfähigkeit** (43 vor § 704). **9** Die ZwVollstr wird gegen den oder die gesetzlichen Vertreter des pro-

zessunfähigen Schuldners betrieben (vgl Rn 12), insbes gegen die
Organe von juristischen Personen (hM; BGH NJW 92, 750 mwN). –

10 **f) Rechtsschutzbedürfnis** (45 vor § 704) muss nur zZ der Zuwiderhandlung gegeben sein und besteht dann fort (wohl hM; Karlsruhe
MDR 94, 728). Es ist nicht erforderlich zZ des Beschlusses oder der
Vollstreckung der Ordnungsmittel (umstr). Diese werden insbes auch
verhängt: bei Strafverfolgung (BGH NJW 98, 1138); bei befristetem
Verbot, wenn die Frist zZ des Beschlusses (Rn 23) abgelaufen ist (München NJW 60, 1726; LG Essen MDR 83, 500), eine weitere Zuwiderhandlung ausgeschlossen (Hamm NJW-RR 90, 1086; aA Köln Büro
95, 269), der vollstreckbare Anspruch erloschen (Bamberg MDR 79,
680) oder die Hauptsache nach Zuwiderhandlung erledigt ist (BayOb-
LG NJW-RR 95, 1040 mwN; Düsseldorf WM 02, 246; Frankfurt
NJW 77, 1204; aA Hamm MDR 85, 591; vgl auch Rn 22). Eine
zugleich verfallene Vertragsstrafe (§ 339 BGB) schließt das Rechtsschutzbedürfnis grundsätzlich nicht aus. Sie sind nebeneinander zulässig
(hM; BGH NJW 98, 1138 und Köln NJW-RR 86, 1191). Es ist aber
bei der Höhe das eine wie das andere zu berücksichtigen.

11   **5. Zuwiderhandlung** gegen die Unterlassungs- oder Duldungspflicht (Rn 2, 3) kann auch durch bloßes Unterlassen geschehen. Es
muss daraus nicht ein Schaden entstanden sein; es genügt, dass er entstehen könnte, sofern der Gläubiger vor einem derartigen Schaden ge-
12 schützt werden soll (Köln Büro 93, 627). – **a) Begehen** muss sie der
Schuldner selbst (BVerfG NJW 81, 2457), bei juristischen Personen ein
gesetzlicher Vertreter (§ 51 Rn 3), also nicht nur ein Angestellter oder
Beauftragter (Hamm MDR 78, 585). Es genügt aber ein Zuwiderhandeln durch Dritte (Köln NJW-RR 86, 1191), wenn es dem Schuldner
zuzurechnen ist und ihn ein Verschulden trifft, zB wenn ein Arbeitnehmer oder eine andere abhängige Person nicht abgehalten wird, gegen das Unterlassungsgebot zu verstoßen (München NJW-RR 86,
638), oder wenn für eine GmbH, an der der Schuldner beteiligt ist, von
dritten Personen zuwidergehandelt wird (Zweibrücken NJW-RR 88,
13 1341). – **b) Zeitpunkt.** Die Ordnungsmittel müssen vorher angedroht
gewesen sein (vgl Rn 18) und zwar ab Verkündung oder der sie ersetzenden Zustellung (Rn 7). Die ZwVollstr muss zulässig sein (Rn 6–10). –
14 **c) Mehrfache Zuwiderhandlung.** Es kann durch eine einzige Handlung gegen mehrere Unterlassungstitel verstoßen werden (vgl Hamm
NJW 77, 1203). Es kann auch gegen mehrere Verletzer als Gesamtschuldner ein einheitliches Ordnungsgeld verhängt werden (Hamm
15 NJW-RR 87, 383). – **d) Verschulden.** Im Gegensatz zum Zwangsgeld (Beugezweck) herrscht bei Ordnungsmitteln ein repressiver straf-
ähnlicher Zweck vor (hM; BayObLG NJW-RR 95, 1040; Düsseldorf
WM 02, 246; Musielak/Lackmann 5 mwN). Daher ist strafrechtliche
Schuld, insbes Vorsatz oder Fahrlässigkeit erforderlich (hM; BVerfG
NJW 81, 2457 mwN), auch Zurechnungsfähigkeit (hierzu Celle NJW
73, 1136), ohne dass strafprozessuale Beweisanforderungen zu stellen

sind und daher auch ein Anscheinsbeweis genügen kann (BVerfG NJW 91, 3139). Das Verschulden kann fehlen, wenn der Schuldner ein nicht eindeutiges Unterlassungsgebot in einem vertretbaren, die Zuwiderhandlung ausschließenden Sinne deutet (Köln OLGZ 76, 250). Positive Kenntnis des Unterlassungstitels ist nicht unbedingt erforderlich. Der Rat eines RA entlastet den Schuldner grundsätzlich nicht. Hat ein Angestellter oder Beauftragter zuwidergehandelt (Rn 12), so kommt es allein auf das Verschulden des Vollstreckungsschuldners an (StJBrehm 27 mwN). – **e) Versuch.** Er stellt nur dann eine Zuwiderhandlung dar, **16** wenn sich die Androhung auf den Versuch erstreckt (Musielak/Lackmann 47). – **f) Spätere Änderungen** der Verletzungsform werden **17** von der Urteilswirkung dann erfasst, wenn der Kern der Verletzungsform unberührt bleibt und die Handlung sich in den durch Auslegung (22 vor § 704) zu ermittelnden Grenzen hält (BGH 5, 189; dazu krit Schubert ZZP 85, 29).

6. Androhung (Abs 2) bereits im Urteil (ist noch keine ZwVollstr- **18** Maßnahme, BGH NJW 92, 750) oder nachher durch zuzustellenden Beschluss. Damit beginnt die ZwVollstr (BGH NJW 79, 217; BayObLG NJW-RR 96, 780). Das steht dem Gläubiger zur Wahl (BGH NJW 96, 198). Androhung in einem Vergleich genügt nicht (hM; Hamm MDR 88, 506; Schuschke/Walker 15 mwN). – **a) Voraussetzungen.** **19** Die Androhung im nachträglichen Beschluss ergeht nur auf Antrag des Gläubigers (39 vor § 704). Vorausgesetzt wird die Unterlassungs- oder Duldungspflicht und die Zulässigkeit der ZwVollstr (38 vor § 704; hM; Frankfurt DGVZ 81, 86 mwN). Für die Androhung wird ein Rechtsschutzbedürfnis (Rn 10) verlangt (vgl KG NJW-RR 87, 507). Nicht erforderlich ist, dass eine Zuwiderhandlung bereits vorliegt (BayObLG NZM 99, 769). Der Antrag kann im Wege der Umdeutung (Einl III Rn 20) in einem Antrag auf Zwangsmittelfestsetzung (§ 888 Rn 8) gesehen werden (BayObLG aaO). – **b) Inhalt.** Die Person, der angedroht **20** wird, muss bestimmt sein. Es genügt zB bei einer GmbH die Angabe „gegen einen der Geschäftsführer" (BGH NJW 92, 750). Für Ordnungsgeld muss nicht ersatzweise Ordnungshaft angedroht werden (Hamm MDR 92, 411). Die Art des Ordnungsmittels und irgendein bestimmtes Höchstmaß muss angegeben werden (allgM). Nicht genügt: „gem § 890", „in entsprechender" (Hamm MDR 80, 150) oder „in gesetzlich zulässiger Höhe" (Köln VersR 79, 967; Hamm NJW 80, 1289). Regelmäßig ist der gesetzliche Ordnungsmittelrahmen anzudrohen (Hamm NJW-RR 88, 960). – **c) Kenntnis.** Der Schuldner muss **21** die Androhung aus dem Titel (Rn 18) oder dem Beschluss (Rn 19) kennen oder aus Fahrlässigkeit nicht kennen. – **d) Zeitpunkt.** Die Androhung muss zZ der Zuwiderhandlung bestehen. Dass sie (insbes durch **22** Aufhebung des Titels) danach wegfällt, steht nicht entgegen (vgl Rn 35; München NJW 71, 1756; aA Frankfurt NJW 77, 302); das folgt aus dem strafähnlichen Charakter der Ordnungsmittel (vgl Rn 15). Eine einstweilige Verfügung muss gem § 929 Abs 2 rechtzeitig vollzogen sein

22 a (Schleswig MDR 99, 1404; bestr). – **e) Kosten.** Darüber wird nach § 891 S 3 entschieden (vgl dort).

23   **7. Verjährung.** Sie richtet sich nach Art 9 EGStGB: 2 Jahre für jede einzelne Zuwiderhandlung, dh ab Beendigung der untersagten Handlung (Hamm MDR 78, 765), sowohl für die Festsetzung (Art 9 Abs 1 S 1 EGStGB) wie für die Vollstreckung des festgesetzten Ordnungsmittels (Art 9 Abs 2 S 1 EGStGB). Ruhen der Verjährung: Art 9 Abs 2 S 4 EGStGB. Art 9 EGStGB ist Sonderregelung; auch bei presserechtlichen Zuwiderhandlungen gelten Verjährungsvorschriften eines PresseG nicht.

24   **8. Entscheidung.** Sie ergeht durch Beschluss (§ 891 S 1). Zuständigkeit und Verfahren: wie § 887 Rn 6, 7. Der Antrag muss nicht auf eine bestimmte Ordnungsmittelart und -höhe gerichtet werden. Das Gericht ist daran nicht gebunden. Der Beschluss ist jedenfalls zu begrün-
25 den. – **a) Zurückgewiesen** wird der Antrag, wenn eine der Voraussetzungen (Rn 6) fehlt, wenn die Zuwiderhandlung nicht bewiesen (§ 286)
26 oder die ZwVollstr unzulässig geworden ist. – **b) Ordnungsmittelbeschluss** ist andernfalls (vgl Rn 25) zu erlassen. Die Ordnungsmittel dürfen aber nicht anders und nicht höher als angedroht verhängt werden (hM). **aa) Höhe.** Sie muss bestimmt sein. Mindestmaß: 5 Euro, 1 Tag (Art 6 EGStGB). Höchstmaß: 250000 Euro (Abs 1 S 2), 6 Monate für eine Zuwiderhandlung (Abs 1 S 1), 2 Jahre insgesamt (Abs 1 S 2), bei mehreren Zuwiderhandlungen auch als Gesamthaft. Es kann für eine Zuwiderhandlung nur das eine oder andere Ordnungsmittel verhängt werden. Auf die Bemessung des Ordnungsgeldes ist der Streitwert der Hauptsache ohne unmittelbare Bedeutung (BGH NJW 94, 45).
27 **bb) Mehrere Handlungen,** auch fahrlässig begangene, können, wenn sie gleichartig sind, einen einzigen Fall der Zuwiderhandlung darstellen (vgl Rn 14; Frankfurt NJW 95, 2567 mwN; Schuschke/Walker 25 mwN; aA Nürnberg NJW-RR 99, 723). Dem muss BGH GSSt NJW 94, 1663 nicht entgegenstehen (Celle NJW-RR 96, 902). Ein Fortsetzungszusammenhang wird nur durch die Zustellung des Ordnungsmittelbeschlusses unterbrochen (Stuttgart NJW-RR 93, 25; Frankfurt aaO).
28 Mehrfache Zuwiderhandlung: siehe auch Rn 14. **cc) Gründe** des Beschlusses. Sie müssen die Zuwiderhandlung darlegen und Zumessungserwägungen enthalten (Frankfurt NJW 69, 58). Die Zuwiderhandlung muss unstreitig oder bewiesen (§ 286) sein. Auch bei einer einstweiligen Verfügung (§ 935), genügt Glaubhaftmachung (§ 294) nicht (LG
29 Landau NJW-RR 02, 214 mwN; aA Bremen MDR 03, 233). **dd) Ersatzhaft.** Für den Fall, dass das Ordnungsgeld nicht beigetrieben werden kann, ist Ordnungshaft festzusetzen, auch nachträglich (Art 8 EGStGB); hierfür gilt auch dasselbe Höchstmaß des Abs 1 und Mindestmaß des Art 6 EGStGB. Für eine Haftanordnung ist die Person eindeutig zu bezeichnen (Düsseldorf MDR 92, 411; KG MDR 97, 195). Das Verhältnis von Haft zu Geld (Tagessatz) steht im Ermessen des Gerichts (Frankfurt OLGZ 88, 490). Eine verfallene Vertrags-

strafe kann ggf berücksichtigt werden (Düsseldorf NJW-RR 88, 1216).
– **c) Bestellung einer Sicherheit** kann auf besonderen Antrag des 30
Gläubigers dem Schuldner auferlegt werden (Abs 3), nicht etwa für die
Ordnungsmittel, sondern nur für den drohenden Schaden. Art und
Höhe: § 108. Rückgabe: § 109. Gebühren: § 58 Abs 3 Nr 10 BRAGO. –
d) Kostenentscheidung. § 891 S 3 ist anzuwenden. Wird ein Ver- 31
gleich vollstreckt, so ist die darin getroffene Kostenregelung für Kosten
der ZwVollstr grundsätzlich unbeachtlich (Hamm NJW 66, 2415).

9. Durchführung des Beschlusses (Rn 23). – **a) Vollstreckung** aus 32
dem Beschluss (§ 794 Abs 1 Nr 3). Ordnungsmittel werden von Amts
wegen vollstreckt, Ordnungsgeld wird nach § 1 Abs 1 Nr 3 JBeitrO
durch den Rechtspfleger des Prozessgerichts (vgl § 31 Abs 3 RPflG)
beigetrieben. Vollstreckungsbehörde (§ 2 JBeitrO) ist der Vorsitzende
des Prozessgerichts (nicht die Staatsanwaltschaft) auf Grund der Einfor-
derungs- und BeitreibungsAO vom 25. 11. 74 (BAnz Nr 230), durch
JMBekanntmachung auch in den Ländern in Kraft gesetzt. Vollstreckt
wird die Ordnungshaft nach der StrVollstrO (hM; StJBrehm 44; aA
München Rpfleger 88, 540). – **b) Zahlungserleichterungen** durch 33
Bewilligung von Zahlungsfristen und Teilzahlung können nur nach
Art 7 EGStGB gewährt werden. Das ist Rechtspflegergeschäft (§ 31
Abs 3 RPflG; Karlsruhe NJW-RR 97, 1767). – **c) Nachträgliche** 34
Entscheidungen über Umwandlung in Ordnungshaft und Unterblei-
ben der Vollstreckung durch das Prozessgericht sind auf Grund Art 8
EGStGB möglich. Eine Begnadigung findet daneben idR nicht statt
(Holch Justiz 79, 227 mwN). – **d) Fortbestand.** Beschlüsse, die Ord- 35
nungsmittel verhängen, können nach formeller Rechtskraft (§ 705)
grundsätzlich nicht wieder aufgehoben werden (Schuschke/Walker 45
mwN). Ausnahme bei rückwirkender Aufhebung und § 578 entspr. Sie
werden auch vollstreckt und verhängt (vgl Rn 22), wenn nach der Zuwiderhandlung die ZwVollstr unzulässig wird, zB wegen § 775 (aA KG
NJW-RR 00, 1523) oder nach Ablauf der Frist für die Unterlassungspflicht (umstr; aA Hamm NJW 80, 1399 mit abl Anm v Lindacher),
selbst wenn der Titel wegfällt, die Hauptsache später für erledigt erklärt
(Zweibrücken MDR 88, 871; aA KG NJW-RR 99, 790 mwN), ge-
genstands- oder wirkungslos wird (Brehm NJW 76, 1730 mwN; München NJW 71, 1756; Frankfurt OLGZ 80, 336; Hamburg NJW-RR
87, 1024; sehr bestr). Es kann auch nicht wirksam geltend gemacht
werden, der Vollstreckung des Titels stehe § 826 BGB entgegen (vgl
BGH NJW-RR 88, 1530). Das alles gilt nicht, wenn eine einstweilige
Verfügung rückwirkend aufgehoben wird; ebenso wenn der Antrag
nach deren Erlass zurückgenommen wird (Karlsruhe MDR 79, 150). –
e) Prozessunfähige (Rn 9). Ist der Schuldner prozessunfähig (§ 52), 36
wird das Ordnungsgeld gegen ihn, die Ordnungshaft gegen den zuwi-
derhandelnden gesetzlichen Vertreter verhängt und vollstreckt (hM). –
f) Sicherheitsbestellung (Abs 3). Sie wird über § 794 Nr 3 nach 37
§ 887 vollstreckt. Das ist vom Gläubiger zu betreiben, erfordert keinen

bestimmten Antrag und auch keine Androhung (Frankfurt Rpfleger 78,
38 267). – **g) Verjährung** (vgl Rn 23) Die Vollstreckung bereits ver-
hängter Ordnungsmittel verjährt in 2 Jahren, sobald das Ordnungsmittel
39 vollstreckbar ist (Art 9 EGStGB). – **h) Rückzahlung** des Ordnungsgeldes kommt vor Aufhebung des Ordnungsmittelbeschlusses keinesfalls
39a in Betracht (BGH NJW-RR 88, 1530). – **i) Kosten** der ZwVollstr, die
nach Erlass des Beschlusses (Rn 31) aus der Durchführung entstehen,
werden nach § 788 Abs 1 behandelt.
40   **10. Rechtsbehelfe.** – **a) Sofortige Beschwerde** (§ 793) gegen Beschlüsse, die Ordnungsmittel androhen (Rn 18), auch mit dem Ziel,
den Ordnungsmittelrahmen zu ändern (Hamm NJW-RR 88, 960),
und solche, die den Antrag zurückweisen (Rn 25) oder Ordnungsmittel
verhängen (Rn 26). Die Ordnungsmittelandrohung in der Hauptsacheentscheidung (insbes in einem Urteil) kann nur mit dem dagegen
statthaften Rechtsmittel angefochten werden (bestr; vgl Hamm aaO). –
41 **b) Erinnerung** (§ 766) gegen die Art und Weise der Durchführung
(Rn 32), bei Ordnungsgeld gem § 6 Abs 1 Nr 1 JBeitrO. Gegen die
Erinnerungsentscheidung (§ 766 Rn 28) findet sofortige Beschwerde
42 statt (Karlsruhe NJW-RR 97, 1567). – **c) Einwendungen** des Schuldners gegen Anordnungen gemäß Rn 33 entscheidet das Prozessgericht
(Art 7 Abs 4 EGStGB); solche gegen den vollstreckbaren Anspruch wegen veränderter Umstände sind gemäß § 767 geltend zu machen.

**§ 891 Verfahren; Anhörung des Schuldners; Kostenentschei-
dung**

[1]**Die nach den §§ 887 bis 890 zu erlassenden Entscheidungen
ergehen durch Beschluss.** [2]**Vor der Entscheidung ist der Schuldner zu hören.** [3]**Für die Kostenentscheidung gelten die §§ 91 bis
93, 95 bis 100, 106, 107 entsprechend.**

1   **1. Anwendungsbereich.** Er umfasst stattgebende und zurückweisende Entscheidungen über Ermächtigung (§ 887 Abs 1), Kostenvorauszahlung (§ 887 Abs 2), Zwangsmittel (§ 888 Abs 1), Ordnungsmittel
(§ 890 Abs 1) und deren Androhung (§ 890 Abs 2), Sicherheitsbestellung (§ 890 Abs 3). § 891 gilt nicht (sondern § 788) für die Maßnahmen, mit denen die ZwVollstr aus diesen Beschlüssen durchgeführt
wird (vgl § 794 Abs 1 Nr 3), zB § 892, § 808 (vgl § 887 Rn 9), § 909
(vgl § 888 Abs 1 S 3).

2   **2. Verfahren** (S 1). – **a) Allgemeines.** Eine mdl Vhdlg ist freigestellt. Entschieden wird stets durch Beschluss (S 1), für den § 329 gilt. –
3 **b) Anwaltszwang** besteht für das Verfahren, auch außerhalb der mdl
Vhdlg nach Maßgabe des § 78 Abs 1, also vor dem LG als Prozessgericht erster Instanz (hM; München NJW 77, 909 mwN; Hamm MDR
85, 242) und dem Familiengericht, soweit § 78 Abs 2 reicht (hM; Köln
FamRZ 95, 312 mwN). Das gilt auch, wenn aus einer einstweiligen
Verfügung nach den §§ 887 bis 890 vollstreckt wird (hM; aA Jena

OLG-NL 95, 185). Das Verfahren steht nicht wegen § 920 Abs 3 außer Anwaltszwang (§ 78 Abs 5) bis zur Anordnung mdl Vhdlg (§ 922 Rn 1) oder bis zum Widerspruch (§ 924), wenn diese Anordnung oder der Widerspruch unterbleibt. In diesen Fällen tritt auch in den Verfahren des § 891 Anwaltszwang ein (hM). – **c) Beschwerdeverfahren.** Es **4** gelten die §§ 567–572. Rechtsbeschwerde kann zugelassen werden (§ 574).

3. Gehör des Schuldners (S 2). Es wird bei mdl Vhdlg gewährt, **5** indem geladen wird, sonst indem der Antragsschriftsatz dem Schuldner oder dessen ProzBev zugeleitet und eine Äußerungsfrist eingehalten wird. Es genügt, wenn der ProzBev sich äußert.

4. Kostenentscheidung (S 3). Gilt für alle Entscheidungen, auf die **6** § 891 anwendbar ist (Rn 1). Es ist auf den Vollstreckungsantrag des Gläubigers abzustellen. Ist er nur teilweise erfolgreich, gilt § 92. Nachfolgende Kostenfestsetzung (§§ 103–105) wird vorausgesetzt. Die Anwendung von § 788 ist ausgeschlossen. Diese Vorschrift ist nur auf die Durchführungsmaßnahmen anwendbar (Rn 1 aE).

§ 892 Widerstand des Schuldners

Leistet der Schuldner Widerstand gegen die Vornahme einer Handlung, die er nach den Vorschriften der §§ 887, 890 zu dulden hat, so kann der Gläubiger zur Beseitigung des Widerstandes einen Gerichtsvollzieher zuziehen, der nach den Vorschriften des § 758 Abs. 3 und des § 759 zu verfahren hat.

Widerstand ist das auf Verhinderung eines bestimmten Erfolgs ge- **1** richtetes vorsätzliche Verhalten. Es ist mehr als bloßes Zuwiderhandeln (Brackhahn DGVZ 92, 145). **Gerichtsvollzieher.** Er darf nur tätig **2** werden, wenn die ZwVollstr zulässig ist (38 vor § 704; § 185 GVGA), aber bei Zuziehung nicht vom Gläubiger den Nachweis verlangen, dass der Schuldner Widerstand beabsichtigt (AG Münster DGVZ 79, 28). **Rechtsbehelf:** § 766. **Kosten:** § 788 Abs 1 (vgl § 891 Rn 1); Gebüh- **3** ren: § 24 Abs 1 Nr 3 GVKostG; RA: § 58 Abs 1 BRAGO.

§ 892 a Unmittelbarer Zwang in Verfahren nach dem Gewaltschutzgesetz

[1]Handelt der Schuldner einer Verpflichtung aus einer Anordnung nach § 1 des Gewaltschutzgesetzes zuwider, eine Handlung zu unterlassen, kann der Gläubiger zur Beseitigung einer jeden andauernden Zuwiderhandlung eines Gerichtsvollzieher zuziehen. [2]Der Gerichtsvollzieher hat nach § 758 Abs. 3 und § 759 zu verfahren. [3]§§ 890 und 891 bleiben daneben anwendbar.

Zweck. Die verletzte Person, die einen Unterlassungstitel auf Grund **1** des § 1 GewSchG erwirkt hat, soll wirksamer als gemäß § 890 möglich, durch unmittelbaren Zwang gegen den Schuldner geschützt werden. **Anwendbar** bei Titeln, die eine Unterlassungsverpflichtung (§ 890 Rn 1–4) zum vollstreckbaren Inhalt haben, gleich ob Urteil, einstweilige Verfügung oder Anordnung durch Beschluss (§ 794 Abs 1 Nr 3 a); der Titel muss (aus ihm erkennbar) auf § 1 GewSchG beruhen. **Voraussetzungen** sind neben Zulässigkeit der ZwVollstr (28–32 vor § 704): **(1)** Eine Zuwiderhandlung (§ 890 Rn 11), die nicht schuldhaft sein muss (Schumacher FamRZ 02, 645/59), aber noch andauern, zB Aufenthalt in der Wohnung trotz Verbots, sie zu betreten. **(2)** Der Gläubiger muss den Gerichtsvollzieher zuziehen, formlos durch Antrag gem § 753, und den Titel übergeben (§ 755). Der Gerichtsvollzieher hat nicht gegen den Willen des Gläubigers einzugreifen. **Verfahren** (S 2). Der Gerichtsvollzieher kann, um die Zuwiderhandlung zu beenden, selbst Gewalt anzuwenden oder durch die Polizei handeln lassen (§ 758 Abs 3). Er muss Zeugen zuziehen und protokollieren (§ 759). **Unterlassungsvollstreckung** nach § 890 durch Ordnungsmittel bleibt daneben zulässig (S 3). **Kosten:** § 788 Abs 1.

§ 893 Klage auf Leistung des Interesses

(1) **Durch die Vorschriften dieses Abschnitts wird das Recht des Gläubigers nicht berührt, die Leistung des Interesses zu verlangen.**

(2) **Den Anspruch auf Leistung des Interesses hat der Gläubiger im Wege der Klage bei dem Prozeßgericht des ersten Rechtszuges geltend zu machen.**

1   **Anwendbar** auf die Fälle der §§ 883–890, insbes wenn der Schuldner von der Leistungspflicht gemäß § 275 BGB befreit ist. § 893 gilt
2   nicht für § 894. **Wirkung.** § 893 gestattet verfahrensrechtlich die Geltendmachung von Schadensersatz trotz des bereits erstrittenen Titels, der auf die Individualleistung gerichtet ist, zB Herausgabe (Wittig NJW 93, 635). Die Klage leitet einen Rechtsstreit erster Instanz ein. Interesse
3   ist Schadensersatz. **Zulässig** ist die Klage, wenn die Prozessvoraussetzungen (10 vor § 253) vorliegen, insbes die wegen § 802 ausschließliche Zuständigkeit (Abs 2; wie § 887 Rn 6). Abs 2 regelt auch die internationale Zuständigkeit (BGH NJW 97, 2245). Für das Rechtsschutzbedürfnis ist nicht nötig, dass die ZwVollstr nach §§ 883–890 versucht
4   wurde (allgM). **Begründet** ist die Klage, wenn der Schadensersatzanspruch nach materiellem Recht besteht.

§ 894 Fiktion der Abgabe einer Willenserklärung

(1) **¹Ist der Schuldner zur Abgabe einer Willenserklärung verurteilt, so gilt die Erklärung als abgegeben, sobald das Urteil die Rechtskraft erlangt hat. ²Ist die Willenserklärung von einer Gegenleistung abhängig gemacht, so tritt diese Wirkung**

ein, sobald nach den Vorschriften der §§ 726, 730 eine vollstreckbare Ausfertigung des rechtskräftigen Urteils erteilt ist.

(2) **Die Vorschrift des ersten Absatzes ist im Falle der Verurteilung zur Eingehung einer Ehe nicht anzuwenden.**

1. Allgemeines. § 894 gibt für die ZwVollstr den einfachsten Weg. 1
Der Schuldner wird nicht durch Zwangsmittel angehalten (§ 888), die Willenserklärung abzugeben, sondern mit Rechtskraft wird fingiert, dass die Willenserklärung abgegeben ist. Dies beruht auf der Vollstreckungswirkung und ist keine Rechtsgestaltung; denn es liegt ein Leistungsurteil, kein Gestaltungsurteil zugrunde (1, 3 vor § 253).

2. Anwendungsbereich. – a) Urteile. Vor Rechtskraft (Rn 4) gilt 2
§ 894 nicht. Ist das Urteil vorläufig vollstreckbar (§§ 708, 709), wirkt dies für Eintragungen im Grundbuch (§ 895) und Handelsregister (§ 16 HGB). Enthält das Urteil einen Vorbehalt (§ 780), gilt nicht § 894, sondern § 888. – **b) Vergleiche** (§ 794 Abs 1 Nr 1). § 894 gilt nicht 3
(allgM). Ist die Willenserklärung schon im Vergleich abgegeben, erübrigt sich jede ZwVollstr. Hat sich der Schuldner darin zur Abgabe verpflichtet, ist entweder nach § 888 zu vollstrecken (Köln MDR 75, 586; LG Koblenz DGVZ 86, 43) oder Klage auf Abgabe der Willenserklärung infolge der Verpflichtung im Vergleich zu erheben. Ihr fehlt wegen des unsicheren Erfolgs bei § 888 nicht das Rechtsschutzbedürfnis (BGH NJW 86, 2706).

3. Voraussetzungen. Sie müssen für den Eintritt der Fiktion 4
(Rn 2) gegeben sein. – **a) Rechtskraft** (§ 705) eines Urteils oder eines Beschlusses. Bei einem Schiedsspruch kommt es auf die Rechtskraft der gerichtlichen Vollstreckbarerklärung an (§ 1060 Abs 1). Bei einstweiligen Verfügungen gilt § 894 nur dann, wenn sich die Willenserklärung im Rahmen der bloß vorläufigen Regelung und Sicherung hält (§ 938 Rn 3; umstr; vgl Köln NJW-RR 97, 59). Die Willenserklärung ist dann mit Vollziehung abgegeben (§§ 929, 936). – **b) Verurteilung zur** 5
Abgabe einer Willenserklärung. Darunter fallen die rechtsgeschäftlichen Erklärungen; zB Einigung, Auflassung, Abtretungserklärung, Zustimmung zur Änderung eines Gesellschaftsvertrags (Bremen NJW 72, 1952) oder zur Veräußerung gemäß § 12 WEG (BayObLG Rpfleger 77, 173), auch höchstpersönliche Willenserklärungen, zB zum Ehenamen gemäß § 1355 BGB (LG München I FamRZ 00, 1168). Ferner rechtsgeschäftsähnliche Erklärungen (zB Urlaubsgewährung BAG NJW 62, 270) darunter Prozesshandlungen (Einl III) der streitigen und freiwilligen Gerichtsbarkeit, zB Klagerücknahme, Eintragungsbewilligung, Stimmabgabe aus Stimmrechtsbindungsverträgen (BGH 48, 163; bestr). Es können einseitige oder empfangsbedürftige Willenserklärungen sein, zB Genehmigung gemäß § 177 BGB (Köln NJW-RR 00, 880), auch wenn sie gegenüber Dritten (BGH NJW 63, 900) oder einer deutschen Behörde abzugeben sind (Frankfurt FamRZ 89, 1321). Erklärungen tatsächlichen Inhalts (zB eidesstattliche Versicherungen) und deren Wi-

derruf fallen nicht unter § 894, sondern unter § 888 (BGH 37, 187; Zweibrücken NJW 91, 304 mwN; Frankfurt MDR 98, 986 mwN; aA Hamm NJW-RR 92, 634 mwN: entspr Anwendung des § 894). –

6   **c) Gegenleistung** (Abs 1 S 2). Zusätzlich zur Rechtskraft muss eine vollstreckbare Ausfertigung (§ 724) erteilt sein, wenn die Abgabe der Willenserklärung von einer Gegenleistung abhängt und bei Rechtsnachfolge (Rn 10; § 726 Abs 2). Die vollstreckbare Ausfertigung und die übrigen Voraussetzungen der ZwVollstr (13 vor § 704) müssen bei Unabhängigkeit von einer Gegenleistung nicht vorliegen (BayObLG NJW 52, 28).

7   **4. Wirkung. – a) Eintritt:** mit Rechtskraft (§ 705); später nur dann, wenn die vollstreckbare Ausfertigung (Rn 6) zu erteilen ist. Damit ist die ZwVollstr auch schon beendet (Ausnahme: § 897). Die Wirkung entfällt nur dann, wenn das rechtskräftige Urteil später wieder aufgehoben wird (über § 233 oder §§ 579, 580), dann aber rückwirkend. –

8   **b) Umfang:** Abgabe der Willenserklärung (Rn 5), wobei jede Form ersetzt und gewahrt ist (allgM). Der Inhalt der Erklärung muss sich eindeutig aus der Formel ergeben (Bestimmtheitsgrundsatz: 16 vor § 704; vgl BGH NJW 95, 463); jedoch darf sie mittels der Gründe ausgelegt werden (allgM). Verurteilung zur Übereignung umfasst Einigung oder Auflassung. Entbehrlich sind solche behördliche Genehmigungen, die Wirksamkeitsvoraussetzung der Willenserklärung sind, zB die des Vormundschaftsgerichts (hM; Schuschke/Walker 10 mwN). Bei Prozessunfähigen wird die Erklärung des gesetzlichen Vertreters fingiert. Die fingierte Willenserklärung ist rechtsgeschäftlicher Natur (vgl § 898), so dass insbes § 185 BGB gilt (vgl Rn 9). Ersetzt wird durch § 894 auch der Zugang an den Gläubiger, wenn er der Prozessgegner war. – **c) Nicht**

9   **ersetzt** wird: die erforderliche rechtsgeschäftliche Genehmigung eines Dritten (BayObLG Rpfleger 83, 390); der Zugang (§ 130 BGB) der Erklärung an einen Dritten oder an eine Behörde; dies bewirkt der Gläubiger am besten durch Übersenden einer Ausfertigung oder Abschrift; bei Übereignung die Übergabe (vgl § 897) oder Eintragung (vgl § 896); bei Verträgen (wichtig bei Auflassung, § 925 BGB) die Erklärung

10   des Erwerbers (das ist meist der Gläubiger). – **d) Für und gegen Dritte** (12 vor § 704) wirkt das Urteil nur, sofern es nach §§ 727 ff umgeschrieben ist.

11   **5. Rechtsbehelfe.** Es kann lediglich die Rechtskraft durch Rechtsmittel gehemmt, durch Wiedereinsetzung (§ 233) oder Wiederaufnahme (§§ 579, 580) beseitigt werden.

§ 895 Willenserklärung zwecks Eintragung bei vorläufig vollstreckbarem Urteil

[1] **Ist durch ein vorläufig vollstreckbares Urteil der Schuldner zur Abgabe einer Willenserklärung verurteilt, auf Grund deren eine Eintragung in das Grundbuch, das Schiffsregister oder das Schiffsbauregister erfolgen soll, so gilt die Eintragung einer**

Vormerkung oder eines Widerspruchs als bewilligt. [2]**Die Vormerkung oder der Widerspruch erlischt, wenn das Urteil durch eine vollstreckbare Entscheidung aufgehoben wird.**

1. Voraussetzungen. – **a) Verurteilung** zur Abgabe einer Wil- **1** lenserklärung (§ 894 Rn 5), auf die eine Grundbucheintragung erfolgen soll, zB Auflassung, Hypothekenbestellung, auch zugunsten eines Dritten (KG Rpfleger 79, 198), eine Eintragungsbewilligung, aber dann nicht, wenn sie lediglich die Eintragung einer Vormerkung betrifft (BayObLG Rpfleger 97, 525). – **b) Vorläufige Vollstreckbarkeit** des **2** Urteils (§§ 708, 709) oder Rechtskraft (§ 705). Außerdem muss eine erforderliche Sicherheit (§§ 709, 711) vom Gläubiger geleistet sein. Die ZwVollstr darf nicht gemäß §§ 711, 712 abgewendet, beschränkt oder eingestellt sein. Eine vollstreckbare Ausfertigung ist nicht erforderlich (BGH Rpfleger 69, 425).

2. Wirkung. Sie tritt mit Verkündung oder Zustellung (§ 310) ein **3** und ist eine Fiktion, enger als § 894; denn sie bezieht sich nur darauf, dass vom Schuldner die Eintragung von Sicherungsmitteln (Vormerkung, § 883 BGB und Widerspruch, § 899 BGB) bewilligt ist (§ 19 GBO).

3. Durchführung. – **a) Eintragung.** Sie ist keine ZwVollstr, rich- **4** tet sich nach GBO (Antragsverfahren) und erfolgt auf Antrag des Gläubigers. Eine Vormerkung ist einzutragen, wenn ein dingliches Recht einzuräumen ist (§ 883 BGB), ein Widerspruch, wenn zur Bewilligung der Grundbuchberichtigung verurteilt ist (§ 899 BGB). Die Kosten fallen nicht unter § 788 (Celle NJW 68, 2246). – **b) Löschung.** Vormer- **5** kung und Widerspruch erlöschen von selbst, sobald das Urteil (oder seine vorläufige Vollstreckbarkeit) aufgehoben ist (S 2). Im Grundbuch wird auf Antrag des Schuldners dann berichtigend gelöscht (§ 25 S 2 GBO). – **c) Rechtsbehelfe:** nur nach GBO. **6**

§ 896 Erteilung von Urkunden an Gläubiger

Soll auf Grund eines Urteils, das eine Willenserklärung des Schuldners ersetzt, eine Eintragung in ein öffentliches Buch oder Register vorgenommen werden, so kann der Gläubiger an Stelle des Schuldners die Erteilung der im § 792 bezeichneten Urkunden verlangen, soweit er dieser Urkunden zur Herbeiführung der Eintragung bedarf.

Gilt für §§ 894, 895. Da die Eintragung keine Vollstreckungsmaß- **1** nahme ist, wird in § 896 der § 792 wiederholt.

§ 897 Übereignung; Verschaffung von Grundpfandrechten

(1) **Ist der Schuldner zur Übertragung des Eigentums oder zur Bestellung eines Rechtes an einer beweglichen Sache verurteilt, so gilt die Übergabe der Sache als erfolgt, wenn der**

Gerichtsvollzieher die Sache zum Zwecke der Ablieferung an den Gläubiger wegnimmt.

(2) **Das gleiche gilt, wenn der Schuldner zur Bestellung einer Hypothek, Grundschuld oder Rentenschuld oder zur Abtretung oder Belastung einer Hypothekenforderung, Grundschuld oder Rentenschuld verurteilt ist, für die Übergabe des Hypotheken-, Grundschuld- oder Rentenschuldbriefs.**

1   **1. Bewegliche Sachen** (Abs 1). – **a) Übereignung.** Ist hierzu verurteilt, so wird die Einigung (§ 929 BGB) nach § 894 ersetzt, die notwendige Übergabe durch die Wegnahme nach § 883; denn die Verurteilung zur Übereignung enthält auch die Herausgabepflicht (BayObLG 2   Rpfleger 98, 32; vgl Rn 5). – **b) Erwerb des Eigentums** (nach § 929 BGB) tritt ein, sobald das Urteil rechtskräftig ist (wegen § 894), der Gläubiger die Einigung erklärt hat (§ 894 Rn 9) und die Wegnahme durch den Gerichtsvollzieher (§ 883 Rn 3) erfolgt. Der Eigentumserwerb tritt also nicht erst bei Übergabe an den Gläubiger ein (§ 883 Rn 7). Die Wegnahme ist bei vorläufiger Vollstreckbarkeit schon vor 3   Rechtskraft möglich. – **c) Rechte** an beweglichen Sachen: §§ 1032, 1205 BGB; Rn 1, 2 gelten entsprechend.

4   **2. Grundpfandrechte** (Abs 2). – **a) Anwendbar** nur bei Briefrechten. Ihr Erwerb erfordert auch Briefübergabe (§ 1117 Abs 1, § 1154 5   Abs 1, § 1192 Abs 1, § 1274 Abs 1 BGB). – **b) Durchführung.** Den Brief nimmt der Gerichtsvollzieher nach § 883 weg (vgl Rn 1). Das Grundpfandrecht wird entspr dem in Rn 2 bestimmten Zeitpunkt erworben. Ist der Schuldner auch nach § 1117 Abs 2 BGB verurteilt, bedarf es keiner Übergabe oder Wegnahme. Das Recht wird sofort mit der Eintragung erworben.

§ 898 Gutgläubiger Erwerb

Auf einen Erwerb, der sich nach den §§ 894, 897 vollzieht, sind die Vorschriften des bürgerlichen Rechts zugunsten derjenigen, die Rechte von einem Nichtberechtigten herleiten, anzuwenden.

1   **Zweck.** § 898 folgt daraus, dass der Erwerb nach §§ 894, 897 rechtsgeschäftlich ist (§ 894 Rn 8). **Entsprechende Anwendung** auf § 895 wird überwiegend bejaht (StJBrehm 1; Schuschke/Walker 1 2   mwN). **Erwerb.** Es gelten insbes §§ 892, 893, 932–936 BGB, § 366 HGB. Es kommt darauf an, dass der Gläubiger gutgläubig ist. § 166 BGB ist für den Gerichtsvollzieher unanwendbar, auch bei freiwilliger 3   Übergabe (hM; MüKo/Schilken 5. **Maßgebender Zeitpunkt** für guten Glauben: dem BGB entsprechend. Interventionsberechtigten, deren Rechte über §§ 771, 769 nur noch zu spät geltend gemacht werden könnten, bleibt die Möglichkeit, durch Benachrichtigung die Gutgläubigkeit zu beseitigen (StJBrehm 4).

Abschnitt 4. Eidesstattliche Versicherung und Haft

Vorbemerkung

1. Anwendungsbereich des Abschnitts. Die §§ 899 ff gelten nur für **1** die eidesstattliche Versicherung, die in § 807 (Offenbarungsversicherung), § 833 Abs 2 und § 836 Abs 3 S 2 vorgesehen ist, nicht für die eidesstattliche Versicherung als Beweismittel (vgl § 294). Außerdem sind Vorschriften des Vierten Abschnitts anzuwenden, soweit in der ZPO (§ 390 Abs 2 S 2, 3, § 888 Abs 1, § 889 Abs 2) und anderen Gesetzen (zB § 284 Abs 7 AO; § 33 Abs 2 S 5 FGG, § 98 Abs 3 InsO) darauf verwiesen ist. Der Vierte Abschnitt gilt hingegen nicht für Ordnungshaft in den Fällen der §§ 380, 390 Abs 1, § 890 Abs 1.

2. Zuständigkeit für die Abnahme der Offenbarungsversicherung. **2** Sie ist dem Gerichtsvollzieher übertragen (§ 899 Abs 1). Dem Rechtspfleger (§ 20 Nr 17 RPflO) ist im Wesentlichen nur noch die Entscheidung über die Pflicht zur Abgabe der eidesstattlichen Versicherung belassen (§ 900 Abs 4). Für die Haftentscheidungen (§ 901) und die Erinnerung (§ 766) ist der Richter zuständig.

§ 899 Zuständigkeit

(1) **Für die Abnahme der eidesstattlichen Versicherung in den Fällen der §§ 807, 836 und 883 ist der Gerichtsvollzieher bei dem Amtsgericht zuständig, in dessen Bezirk der Schuldner im Zeitpunkt der Auftragserteilung seinen Wohnsitz oder in Ermangelung eines solchen seinen Aufenthaltsort hat.**

(2) ¹**Ist das angegangene Gericht nicht zuständig, gibt es die Sache auf Antrag des Gläubigers an das zuständige Gericht ab.** ²**Die Abgabe ist nicht bindend.**

1. Zuständigkeit (Abs 1); vgl Vorbem 2. – **a) Abnahme** der eides- **1** stattlichen Versicherung. Es ist allein und ausschließlich (§ 802) der Gerichtsvollzieher zuständig. Der Rechtspfleger wird nur tätig (mit Ausnahme des Richtervorbehalts, § 4 Abs 2 Nr 2 RPflG), wenn das Gericht zu entscheiden hat (§ 20 Nr 17 RPflG). – **b) Örtlich.** Es kommt **2** auf den Bezirk des AG an, dem der Gerichtsvollzieher nach Anordnung der Landesjustizverwaltung (§ 154 GVG) zugeteilt ist (§§ 16 ff GVO). Das ist (anders als § 764 Abs 2) das AG, in dessen Bezirk der Schuldner seinen Wohnsitz (§ 13) oder Aufenthaltsort (§ 16) hat. Bei mehr als einem Wohnsitz hat der Gläubiger die Wahl (§ 35). Fehlt es an einem Wohnsitz, ist der Aufenthaltsort (§ 16) maßgebend, bei juristischen Personen der Sitz (§ 17), bei prozessunfähigen Personen deren Wohnsitz oder Aufenthalt, nicht der des gesetzlichen Vertreters. Maßgebender Zeitpunkt ist der Auftrag (§ 900 Rn 5), der dem Gerichtsvollzieher erteilt wird, dh bei ihm eingeht. Späterer Wechsel von Wohnsitz

oder Aufenthalt ist unerheblich (BayObLG Rpfleger 94, 471 mwN. –
3 **c) International.** § 899 gilt auch für Ausländer und ausländische juristische Personen wegen § 21 (Heß Rpfleger 96, 89).

4 **2. Abgabe** des Auftrags (Abs 2) setzt die Unzuständigkeit des Gerichtsvollziehers voraus. Es ist zu unterscheiden: – **a) Unzuständiges Amtsgericht** (vgl Rn 2). Die Abgabe erfolgt durch das angegangene Gericht, für das der Rechtspfleger handelt (§ 20 Nr 17 RPflG). Zu diesem Zweck legt der Gerichtsvollzieher dem Rechtspfleger den Auftrag zur Abgabe vor, wenn der Gläubiger es beantragt (Musielak/Voit 5; bestr; aA: von Amts wegen). Die Abgabe ist keine Verweisung gemäß § 281. Sie ist daher nicht bindend (Abs 2 S 2). Das Gericht, an das abgegeben ist, kann weiter abgeben, auch zurückgeben. Bei Streit kann § 36 Abs 1 Nr 6 entspr angewendet werden, da die Gerichte beteiligt sind, nicht die Gerichtsvollzieher. Stellt der Gläubiger den Antrag nicht, lehnt der Gerichtsvollzieher den Auftrag ab (§ 900 Rn 9). –
4 a **b) Unzuständiger Gerichtsvollzieher.** Liegt dessen Bezirk zwar in dem des gemäß Abs 1 zuständigen AG, umfasst aber nicht den Wohnsitz oder Aufenthaltsort des Schuldners, so gibt er den Auftrag von Amts wegen und formlos an den zuständigen Gerichtsvollzieher (§ 185 c Nr 2 S 3 GVGA). Einen Zuständigkeitsstreit entscheidet der aufsichtsführende Richter.

5 **3. Verstöße und Rechtsbehelfe.** – **a) Abnahme** der Offenbarungsversicherung vom örtlich unzuständigen Gerichtsvollzieher ist voll wirksam. Sie kann wegen dieses Fehlers nicht angefochten und muss
6 nicht wiederholt werden. – **b) Abgabe** durch Beschluss des AG ist mit sofortiger Beschwerde (§ 11 Abs 1 RPflG; § 793) anfechtbar, da Unanfechtbarkeit (im Gegensatz zu § 696 Abs 1 S 3 und § 621 Abs 3) im Gesetz nicht bestimmt ist, sofortige Erinnerung (§ 11 Abs 2 RPflG) da-
7 her nicht stattfindet. – **c) Verfahren** des Gerichtsvollziehers bis zur Abnahme (Rn 5). Es unterliegt der Erinnerung (§ 766), zB bei unterlassener Vorlage zur Abgabe bei behaupteter Unzuständigkeit (Rn 4; aA Musielak/Voit 5 aE: § 900 Abs 4); bei Ablehnung des Auftrags wegen angenommener Unzuständigkeit.

§ 900 Verfahren zur Abnahme der eidesstattlichen Versicherung

(1) [1]Das Verfahren beginnt mit dem Auftrag des Gläubigers zur Bestimmung eines Termins zur Abgabe der eidesstattlichen Versicherung. [2]Der Gerichtsvollzieher hat für die Ladung des Schuldners zu dem Termin Sorge zu tragen. [3]Er hat ihm die Ladung zuzustellen, auch wenn dieser einen Prozeßbevollmächtigten bestellt hat; einer Mitteilung an den Prozeßbevollmächtigten bedarf es nicht. [4]Dem Gläubiger ist die Terminsbestimmung nach Maßgabe des § 357 Abs. 2 mitzuteilen.

(2) [1] Der Gerichtsvollzieher kann die eidesstattliche Versicherung abweichend von Absatz 1 sofort abnehmen, wenn die Voraussetzungen des § 807 Abs. 1 vorliegen. [2] Der Schuldner und der Gläubiger können der sofortigen Abnahme widersprechen. [3] In diesem Fall setzt der Gerichtsvollzieher einen Termin und den Ort zur Abnahme der eidesstattlichen Versicherung fest. [4] Der Termin soll nicht vor Ablauf von zwei Wochen und nicht über vier Wochen hinaus angesetzt werden. [5] Für die Ladung des Schuldners und die Benachrichtigung des Gläubigers gilt Absatz 1 entsprechend.

(3) [1] Macht der Schuldner glaubhaft, daß er die Forderung des Gläubigers binnen einer Frist von sechs Monaten tilgen werde, so setzt der Gerichtsvollzieher den Termin zur Abgabe der eidesstattlichen Versicherung abweichend von Absatz 2 unverzüglich nach Ablauf dieser Frist an oder vertagt bis zu sechs Monaten und zieht Teilbeträge ein, wenn der Gläubiger hiermit einverstanden ist. [2] Weist der Schuldner in dem neuen Termin nach, daß er die Forderung mindestens zu drei Vierteln getilgt hat, so kann der Gerichtsvollzieher den Termin nochmals bis zu zwei Monate vertagen.

(4) [1] Bestreitet der Schuldner im Termin die Verpflichtung zur Abgabe der eidesstattlichen Versicherung, so hat das Gericht durch Beschluß zu entscheiden. [2] Die Abgabe der eidesstattlichen Versicherung erfolgt nach dem Eintritt der Rechtskraft der Entscheidung; das Vollstreckungsgericht kann jedoch die Abgabe der eidesstattlichen Versicherung vor Eintritt der Rechtskraft anordnen, wenn bereits ein früherer Widerspruch rechtskräftig verworfen ist, wenn nach Vertagung nach Absatz 3 der Widerspruch auf Tatsachen gestützt wird, die zur Zeit des ersten Antrags auf Vertagung bereits eingetreten waren, oder wenn der Schuldner den Widerspruch auf Einwendungen stützt, die den Anspruch selbst betreffen.

(5) Der Gerichtsvollzieher hat die von ihm abgenommene eidesstattliche Versicherung unverzüglich bei dem Vollstreckungsgericht zu hinterlegen und dem Gläubiger eine Abschrift zuzuleiten.

1. Allgemeines. – a) Anzuwenden ist § 900 auf die eidesstattliche 1 Versicherung gem § 807; auf die nach § 836 Abs 3 S 2 und § 883 Abs 2 sind es nur die Abs 1, 4 und 5 direkt, Abs 2, wenn überhaupt, dann nur entspr (vgl Rn 15). – **b) Voraussetzungen.** Sie sind den 2 §§ 807, 836 Abs 3 S 2 oder § 883 Abs 2 zu entnehmen und aus gegebenem Anlass in jeder Lage des Verfahrens zu prüfen. – **c) Pflicht zur** 3 **Abgabe** trifft den Schuldner oder seinen gesetzlichen Vertreter in Person (wie § 807 Rn 15). Er muss tatsächlich (seelisch und körperlich) in der Lage sein, die verlangten Angaben zu machen und eidesstattlich zu versichern. Das ist gegen den Schuldner streng und ohne unange-

messene Schonung zu prüfen (Köln MDR 78, 59; Frankfurt NJW 68, 1194); uU ist Termin in der Wohnung oder in der Klinik möglich (§ 219 Abs 1). Bloße Gesundheitsgefährdung schließt die Pflicht zur Ab-
4 gabe der OffenbVers nicht aus. – **d) Mehrheit von Gläubigern.** Sie sind Gesamt- oder Mitgläubiger und können das Verfahren gemeinsam betreiben (Viertelhauser DGVZ 02, 53 mwN). Auch Gläubiger mit verschiedenen Titeln können den Auftrag (Rn 5) nebeneinander und unabhängig voneinander erteilen bis zur ersten Abnahme; von da an gilt § 903. Bei mehreren Aufträgen nimmt der Gerichtsvollzieher die eidesstattliche Versicherung für mehrere Gläubiger zugleich ab.

5 **2. Beginn des Verfahrens** (Abs 1 S I). – **a) Auftrag** des Gläubigers; entspricht dem Vollstreckungsauftrag des § 753 (dort Rn 8); denn das Verfahren auf Abgabe der eidesstattlichen Versicherung ist Zw-Vollstr. Der Auftrag kann auch von einem Inkassounternehmen gestellt werden (AG Hamburg-Blankenese DGVZ 00, 120; LG Bremen DGVZ 01, 62; Caliebe NJW 00, 1623; Nies MDR 00, 625 mwN). Form: Es gilt grundsätzlich § 753 Rn 8; jedoch genügt eine stillschweigende Auftragserteilung nicht. Der Auftrag ist auf Bestimmung eines Termins zur Abgabe der eidesstattlichen Versicherung zu richten; das umfasst auch die sofortige Abnahme gem Abs 2 S 1. Der in Abs 2 S 2 vorgesehene Widerspruch (Rn 17) kann schon im Auftrag erklärt werden, wenn der Gläubiger auf jeden Fall die Abgabe im Termin will. Er kann auch sein Einverständnis mit sofortiger Abnahme (Abs 2 S 2) er-
6 klären. – **b) Gleichzeitiger Auftrag** ist möglich, dh der Gläubiger kann den Vollstreckungsauftrag auf Pfändung (§ 808) mit dem auf Terminsbestimmung verbinden, um dem Gerichtsvollzieher die sofortige Abnahme (Abs 2 S 1) zu ermöglichen, wenn die Voraussetzungen des § 807 Abs 1 erfüllt sind. Gleichzeitig beauftragen kann der Gläubiger auch bei der Herausgabevollstreckung (§ 883) für den Fall, dass sie erfolglos bleibt; jedoch ist die sofortige Abnahme ausgeschlossen (Abs 2 S 1; Rn 15).

7 **3. Terminsbestimmung** (Abs 1 S 2–4). Nach Eingang des Antrags prüft der Gerichtsvollzieher von Amts wegen seine Zuständigkeit (§ 899 Abs 1), die Wirksamkeit des Auftrags (Rn 5, 6) und die Voraussetzungen des § 807 Abs 1 oder der §§ 836 Abs 3 S 2, 883 Abs 2). Zu diesen Voraussetzungen gehört immer die Zulässigkeit der Zwangs-
8 vollstreckung (vgl 38 vor § 704. – **a) Vorlage** an das Gericht. Hält sich der Gerichtsvollzieher des AG für örtlich unzuständig (§ 899 Rn 4), legt er den Vorgang zur Abgabe (§ 899 Abs 2) dem Gericht vor, wenn
9 der Gläubiger Abgabeantrag stellt (§ 899 Rn 4). – **b) Ablehnung des Auftrags** erklärt der Gerichtsvollzieher (wegen der Rechtssicherheit schriftlich) unter Angabe der Gründe, wenn eine Voraussetzung (Rn 7) fehlt. Formlose Mitteilung, nur an den Gläubiger. Vor Ablehnung ist es bei behebbar erscheinenden Mängeln zweckmäßig, dem Gläubiger mit Frist aufzugeben, erforderliche Angaben und Nachweise einzureichen. –
10 **c) Terminsbestimmung** ist vorzunehmen, wenn alle Voraussetzun-

gen erfüllt sind (vgl Rn 7). § 216 gilt entsprechend. Der Gerichtsvollzieher legt Zeit (Datum und Uhrzeit) sowie den Ort fest. § 219 gilt nicht (vgl Abs 2 S 3). Er kann als Ort das Gebäude des AG, dem er zugeteilt ist, seinen Geschäftsraum, aber auch die Wohnung oder den Geschäftsraum des Schuldners bestimmen. – **d) Ladung** des Schuldners **11** (Abs 2 S 2) enthält die Aufforderung zu erscheinen, sowie Belehrung über die Folgen des Nichterscheinens (§ 901), Zeit, Ort und Zweck des Termins, Gläubiger und Vollstreckungstitel. Die Ladungsfrist beträgt 3 Tage (§ 217). – **e) Zustellung** (2 vor § 166) der Ladung nimmt der **12** Gerichtsvollzieher selbst vor (§ 193) und zwar auf Grund des Auftrags (Rn 5; § 192), oder er lässt sie durch die Post vornehmen (§ 194). Die Ladung ist stets dem Schuldner zuzustellen, auch wenn er einen Prozessbevollmächtigten bestellt hat; denn § 172 gilt nicht (Abs 1 S 3 Hs 1). Die Terminsbestimmung und Ladung ist dem Prozessbevollmächtigten auch nicht mitzuteilen (Abs 1 S 2 Hs 2). – **f) Gläubiger** (Abs 1 **13** S 3). Ihm ist die Terminsbestimmung „ohne besondere Form mitzuteilen" (§ 357 Abs 2 S 1), wenn der Gerichtsvollzieher nicht zustellt. Zugangsfiktion („gilt") gem § 357 Abs 2 S 2.

4. Sofortige Abnahme der eidesstattlichen Versicherung (Abs 2) **14** vor dem bestimmten Termin und auch vor Terminsbestimmung (Rn 10) steht im Ermessen („kann") des Gerichtsvollziehers. Erfordert Auftrag zur Sachpfändung und zur Abnahme der eidesstattlichen Versicherung. – **a) Voraussetzungen.** Die sofortige Abnahme ist nur bei der Offen- **15** barungsversicherung des § 807 zulässig. Deren Voraussetzungen (§ 807 Abs 1) müssen für den Gerichtsvollzieher nach Prüfung von Amts wegen vorliegen, insbes der Auftrag (Rn 5), auch die Zulässigkeit der ZwVollstr (Rn 7). Außerdem dürfen weder Schuldner noch Gläubiger der sofortigen Abnahme widersprochen haben (Abs 2 S 2). Widerspruch: Rn 17. – **b) Zeitpunkt.** „Sofort" bedeutet nicht nur außerhalb des **16** bestimmten Termins (abweichend von Abs 1), sondern auch im Rahmen eines Pfändungsversuchs. Dadurch soll für alle Beteiligten Zeitersparnis bewirkt werden. – **c) Ort.** Es ist jeder für die Ausfüllung des Vermögensverzeichnisses geeignete Raum zulässig, sofern die gebotene Diskretion gewahrt wird; jedenfalls nicht öffentlich (Steden Rpfleger 98, 409 [415]). – **d) Widerspruch** (Abs 2 S 2) von Schuldner oder Gläubi- **17** ger hindert die sofortige Abnahme. Der Widerspruch ist formlose Prozesshandlung, vom Gerichtsvollzieher zu protokollieren (§ 762 Abs 2 Nr 2); kann vom Gläubiger schon im Auftrag erklärt werden (Rn 5). Bei Widerspruch wird entweder Termin bestimmt (Rn 18) oder ein bestehender Termin (Rn 10) belassen. – **e) Terminsfestsetzung** (Abs 2 **18** S 3–5) entspricht der Terminsbestimmung (Rn 10). Die Fristen (2 und 4 Wochen) sind nach § 222 zu berechnen. Fristbeginn: die versuchte Abnahme der eidesstattlichen Versicherung. Ein Verstoß gegen die Fristen macht die Terminsbestimmung nicht unwirksam. Ladung: wie Rn 11. § 218 gilt nicht (vgl LG Karlsruhe DGVZ 00, 89). Die Zustellung kann vom Gerichtsvollzieher an Ort und Stelle bewirkt werden

(§ 191, 177). Gläubigerbenachrichtigung: wie Rn 13. Dem anwesenden Gläubiger kann also formlos übergeben werden. Protokollierung
gem § 762 Abs 2 Nr 2 ist geboten.

19 **5. Späterer Termin und Vertagung** bei Tilgungsabsicht (Abs 3
S 1; § 185 h GVGA). Beide Fälle sind zu unterscheiden. Abweichend
von Abs 2 hat der Gerichtsvollzieher den Termin später anzusetzen
als Abs 2 S 3 (Rn 18) vorschreibt oder den bereits bestimmten Termin (Abs 1; Rn 10) zu vertagen. Das steht nicht in seinem Ermessen (Schilken DGVZ 98, 143/54; aA Behr Büro 00, 178 mwN). –
20 **a) Voraussetzung** ist außer dem Einverständnis des Gläubigers
(Rn 24) und einem Antrag des Schuldners (Musielak/Voit 18) stets,
dass dieser glaubhaft macht (§ 294), er werde die Schuld, wegen der
vollstreckt wird, innerhalb von 6 Monaten tilgen, dh erfüllen (§ 362
BGB), nicht notwendig in gleichen Teilbeträgen. Ab wann dieser
Zeitraum (Frist) zu berechnen ist, verrät das Gesetz nicht. Man wird im
Fall des Abs 2 ab der verweigerten sofortigen Abnahme berechnen
müssen, beim bereits bestimmten Termin ab diesem (Musielak/Voit 18;
aA Schilken: DGVZ 98, 143/53: ab Terminbestimmung, Rn 18). Der
Schuldner muss mindestens die Möglichkeit der Tilgung durch konkrete Tatsachen, die er dem Gerichtsvollzieher gegenüber glaubhaft
machen muss (§ 294), ausreichend belegen. Eine erste Teilzahlung (idR
etwa ¹⁄₆ der vollstreckbaren Forderung; § 185 h Nr 2, Abs 2 GVGA) ist
21 hierfür ein taugliches Indiz. – **b) Terminsbestimmung** (Abs 3 S 1
1. Alt) ist beim Verfahren gemäß Abs 2 nach der Glaubhaftmachung
(Rn 20) unverzüglich (wie § 121 BGB) vorzunehmen. Der Termin ist
auf mindestens 6 Monate (wie Rn 20) oder unverzüglich danach, dh
auf den nächsten danach möglichen (freien) Termin anzusetzen; denn
„unverzüglich" bezieht sich auch auf den zu bestimmenden Termin
(umstr, vgl Münzberg DGVZ 00, 53). Für eine spätere Terminsbestimmung (statt einer Vertagung) ist kein neuer Antrag des Gläubigers
22 erforderlich (Münzberg aaO). – **c) Vertagung** (Abs 3 S 1 2. Alt) ist die
Bestimmung eines neuen Termins, nachdem der angesetzte Termin
(Rn 10) begonnen hatte (vgl § 227 Rn 1) und der Schuldner im Termin seine Tilgungsbereitschaft (Rn 20) glaubhaft gemacht hat. Es wird,
vom Termin an gerechnet, bis längstens auf 6 Monate vertagt. Gilt auch
für die Terminsverlegung (Schilken DGVZ 98, 143/53). Ein näherer
Termin setzt voraus, dass die voraussichtliche Tilgung bis dahin wenigstens behauptet ist. Es ist neue Ladung nötig (vgl Rn 25). Für entspr
23 Anwendung von § 218: Harnacke DGVZ 99, 81/7. – **d) Teilbeträge**
(wie § 806 b S 2) einziehen kann der Gerichtsvollzieher bei beiden
24 Alternativen des Abs 3 S 1 (Rn 21 und 22). – **e) Einverständnis** des
Gläubigers (wie § 806 b Rn 5), bei mehreren von allen (Helwig
DGVZ 00, 105), muss sich nur auf die Teilzahlung richten, nicht auch
24 a auf die Terminsbestimmung oder auf die Vertagung (Schilken DGVZ
98, 143/53. – **f) Benachrichtigung** des Gläubigers. Protokoll ist zu
übersenden (§ 762).

6. Weitere Vertagung (Abs 3 S 2). Neuer Termin ist derjenige, auf 25
den bestimmt (Rn 21), vertagt oder verlegt (Rn 22) ist. Forderung ist
der Betrag, aus dem der Gläubiger vollstrecken will (einschließlich Nebenforderungen und Vollstreckungskosten, § 788). Unter Tilgung ist
Erfüllung (§ 362 BGB) zu verstehen. Nachweis erfordert idR Quittung
oder Bankbeleg (wie § 775 Nr 5). Der ³/₄-Betrag ist zwingend. Auch
die weitere Vertagung erfordert keine neue Ladung (wie Rn 11), wenn
§ 218 entspr anwendbar ist (so Harnacke DGVZ 99, 81/7). Die weitere
Vertagung steht im pflichtgemäßen Ermessen („kann") des Gerichtsvollziehers. Für den Gläubiger gilt Rn 13. Einverständnis des Gläubigers mit der Vertagung (vgl Rn 24) ist nicht nötig. Benachrichtigung:
wie Rn 24 a.

7. Verfahren im Termin (Abs 4). Der Schuldner oder sein gesetzli- 26
cher Vertreter muss persönlich erscheinen. Ist er säumig, wird nach
§ 901 verfahren. Hierfür ist dem gemäß § 899 Abs 1 zuständigen Amtsgericht vorzulegen. Der Termin ist nicht öffentlich. Es bestehen folgende
Möglichkeiten: – **a) Abnahme** der eidesstattlichen Versicherung nach 27
den Vorschriften der §§ 807, 836 Abs 3 S 2, § 883 Abs 2–4. Das bedeutet zu Protokoll des Gerichtsvollziehers (§ 807 Abs 3 S 1, § 883
Abs 2). Im Falle des § 807 sollte das Vermögensverzeichnis besprochen
werden. Fragen und Vorhalte des Gläubigers sind zuzulassen. Seine Anwesenheit ist nicht erforderlich. Bei Verweigerung der Abgabe: § 901. –
b) Vertagung durch den Gerichtsvollzieher gem Abs 2 S 1 2. Alt 28
(Rn 22) oder von Amts wegen, wenn der Schuldner nicht erschienen
und nicht ordnungsgemäß geladen (Rn 11) oder sonst entschuldigt ist,
zB wegen Krankheit. – **c) Ablehnung der Vertagung** gem Rn 22. 29
Dann muss der Schuldner die eidesstattliche Versicherung abgeben (wie
Rn 27). Verweigert er sie ohne Grund, muss nach § 901 verfahren werden. – **d) Vorlage** an das gem § 899 Abs 1 zuständige Amtsgericht, 30
wenn der Schuldner im Termin durch Widerspruch (vgl Abs 4 S 3
Hs 2) bestreitet, zur Abgabe der eidesstattlichen Versicherung verpflichtet zu sein. **aa) Voraussetzungen** der Vorlage. Es genügt, dass sich der 30 a
Schuldner darauf beruft, es fehle eine der notwendigen Voraussetzungen zur Abgabe der eidesstattlichen Versicherung (Rn 2). Darunter fällt
auch die Zuständigkeit. Ladungsmängel genügen nicht. Übersicherung
(§ 777) kann geltend gemacht werden (LG Stuttgart Rpfleger 00, 28;
bestr). **bb) Widerspruch** ist Prozesshandlung (Einl III). Er muss 30 b
im Termin erhoben werden und ist zu Protokoll zu nehmen (§ 762
Abs 2 Nr 2). Schriftlicher Widerspruch vor dem Termin ist möglich, genügt aber nicht (LG Mönchengladbach Rpfleger 02, 529).
Der Gerichtsvollzieher legt dem Gericht vor (Rn 30), ohne zu prüfen, ob der Widerspruch gerechtfertigt ist. Bietet der Schuldner Raten an, darf der Gerichtsvollzieher nicht nach Abs 3 verfahren (aA
Harnacke DGVZ 99, 81/8). Erkennt er aber auf Grund des Widerspruchs bei der laufend gebotenen Prüfung von Amts wegen, dass eine
Voraussetzung (Rn 2) fehlt, hat er den Termin aufzuheben oder zu

vertagen, wenn der Gläubiger den erst jetzt erkannten Mangel beheben kann.

31   **8. Entscheidung des Gerichts** (Abs 4 S 1) durch Beschluss des Rechtspflegers (§ 20 Nr 17 RPflG). Eine mdl Vhdlg ist nicht ausgeschlossen. Zustellung wegen § 329 Abs 3. Die Entscheidung kann lau-

32 ten auf: – **a) Verwerfung des Widerspruchs** (Abs 4 S 2 Hs 2), wenn die Voraussetzungen für die Abgabe der eidesstattlichen Versicherung (Rn 2) vorliegen oder wenn der Widerspruch unzulässig ist, zB wegen entgegenstehender Rechtskraft eines früheren Beschlusses (vgl Rn 33). –

33 **b) Anordnung** der Abgabe der eidesstattlichen Versicherung (Abs 4 S 2 Hs 2), auch schon vor formeller Rechtskraft (§§ 705, 793) neben der Verwerfung des Widerspruchs (Rn 32), um einer Verschleppung entgegenzuwirken; aber nur bei Vorliegen einer der drei folgenden Voraussetzungen (Abs 4 S 2 Hs 2): **(1)** Früherer Widerspruch rechtskräftig verworfen; ohne Rücksicht darauf, aus welchen Gründen dies geschah. **(2)** Widerspruch nach erster oder weiterer Vertagung (Abs 3 S 1 2. Alt und S 2), der auf Gründe gestützt wird, die schon damals eingetreten waren. **(3)** Widerspruch, der allein mit Einwendungen begründet wird, die sich gegen den vollstreckbaren Anspruch selbst richten. Dafür sind nämlich die Rechtsbehelfe (Klagen) aus §§ 767, 768

34 vorgesehen. – **c) Ablehnung** (oder Zurückweisung) des Auftrags (Abs 1 S 1), wenn mindestens eine Voraussetzung (Rn 2) fehlt. Das Gericht kann vor dieser Entscheidung dem Gläubiger Gelegenheit geben, den Mangel zu beheben. – **d) Abgabe** des Verfahrens (§ 899 Abs 2) im

35 Falle örtlicher Unzuständigkeit. – **e) Anfechtung:** sofortige Beschwerde (§ 11 Abs 1 RPflG, § 793; Düsseldorf NJW-RR 00, 68); auch bei Abgabe (Rn 34; vgl § 899 Rn 6).

36   **9. Verfahren nach Abnahme** (Abs 5). – **a) Hinterlegen** bedeutet Ablieferung zur aktenmäßigen Verwahrung und Behandlung gem § 915; hinterlegt wird das Protokoll (§§ 762, 807 Abs 2, § 883 Abs 2) und im Falle des § 807 auch das ausgefüllte Vermögensverzeichnis. Un-

36 a verzüglich: wie § 121 BGB. – **b) Vollstreckungsgericht** ist das gem § 899 Abs 1 zuständige Amtsgericht, bei dem der Gerichtsvollzieher

37 seinen Bezirk hat. – **c) Zuleitung an den Gläubiger** umfasst in beglaubigter Abschrift dasjenige, was der Gerichtsvollzieher hinterlegt hat. Die Mitteilung geschieht formlos.

38   **10. Sonstiges.** – **a) Rechtsbehelfe.** Gegen die Pflicht, die Offenbarungsversicherung abzugeben, findet nur Widerspruch statt (Abs 4), gegen das Verfahren des Gerichtsvollziehers, dh gegen seine Maßnahmen (oder ihr Unterlassen), Vollstreckungserinnerung (§ 766), ausgenommen die Terminsbestimmung als solche (Zweibrücken DGVZ 01,

39 117). Entscheidungen des Rechtspflegers: Rn 35 – **b) Gebühren:** KV 1643; § 27a GerVKostG; § 57 Abs 2 Nr 4, § 58 Abs 1, 3 Nr 11 BRAGO. – **c) Kosten:** § 788 Abs 1–3.

§ 901 Erlass eines Haftbefehls

[1] **Gegen den Schuldner, der in dem zur Abgabe der eidesstattlichen Versicherung bestimmten Termin nicht erscheint oder die Abgabe der eidesstattlichen Versicherung ohne Grund verweigert, hat das Gericht zur Erzwingung der Abgabe auf Antrag einen Haftbefehl zu erlassen.** [2] **In dem Haftbefehl sind der Gläubiger, der Schuldner und der Grund der Verhaftung zu bezeichnen.** [3] **Einer Zustellung des Haftbefehls vor seiner Vollziehung bedarf es nicht.**

1. Allgemeines. Die Neufassung hebt die bisherige Trennung von 1 Haftanordnung (§ 901 aF) und Haftbefehl (§ 908) auf und beseitigt das Erfordernis einer Zustellung des Haftbefehls vor seiner Vollziehung. Dadurch sollen Verzögerungen vermieden werden. Die Haft ist auch bei feststehender Leistungsunfähigkeit des Schuldners nicht verfassungswidrig (BVerfG NJW 83, 559). Zuständig ist der Richter (§ 4 Abs 2 Nr 2 RPflG) am gem § 899 Abs 1 zuständigen Amtsgericht (dort Rn 2), auch bei nachfolgendem Wohnungswechsel (LG Köln Rpfleger 99, 549).

2. Voraussetzungen des Haftbefehls (S 1). Dazu gehört nicht die 2 Haftfähigkeit des Schuldners (§ 906 Rn 1; Karlsruhe DGVZ 99, 116). – **a) Antrag** des Gläubigers. Prozesshandlung (Einl III); kann schriftlich, zu Protokoll des Gerichtsvollziehers (§ 762 Abs 2 Nr 2) oder der Geschäftsstelle des Amtsgerichts erklärt werden. Er kann schon im Termin zur Abnahme (§ 900 Abs 1 S 1), aber auch nach dem Termin gestellt werden. Ein beauftragtes Inkassounternehmen ist nicht für den Haftantrag befugt (LG Köln DGVZ 02, 153; vgl aber § 900 Rn 5). – **b) Bestehen der Pflicht** zur Abgabe der eidesstattlichen Versicherung. 3 Das bedeutet, dass auch die ZwVollstr allgemein zulässig sein muss (38 vor § 704) und die Voraussetzungen des § 807, des § 883 Abs 2 oder § 836 Abs 3 S 2 vorliegen müssen. Das hat der Richter von Amts wegen an Hand des vorliegenden Akts zu prüfen. Ist ein Widerspruch erhoben (§ 900 Abs 4 S 1) und verworfen oder zurückgewiesen worden, muss die formelle Rechtskraft (§ 705) eingetreten oder Anordnung gem § 900 Abs 4 S 2 Hs 2 ergangen sein. Der Richter prüft nicht, ob über den Widerspruch richtig entschieden ist. – **c) Nichterscheinen oder** 4 **grundlose Verweigerung** der eidesstattlichen Versicherung im Termin, den der Gerichtsvollzieher zur Abnahme der eidesstattlichen Versicherung bestimmt hat (§ 900 Abs 1 S 1), auch in dem Termin, auf den vertagt wurde (§ 900 Abs 3). Schuldlose Verhinderung (wie § 337) oder schuldlose Unkenntnis vom Termin (wie § 233; KG OLGZ 93, 358 mwN) muss glaubhaft gemacht werden (§ 294) und schließt dann den Haftbefehl aus. Grundlose Verweigerung: umfasst bei § 807 auch die Erstellung des Vermögensverzeichnisses. Das trifft zu, wenn der Widerspruch (§ 900 Abs 4) vom Gericht als unzulässig oder als unbegründet verworfen worden ist (§ 900 Rn 33), wenn er nur schriftlich vor dem Termin erhoben und daher unbeachtlich war (LG Mönchen-

5   gladbach Rpfleger 02, 529). – **d) Ordnungsgemäße Ladung** im Fall des Nichterscheinens. Es müssen die Voraussetzungen des § 900 Rn 11 und 12 erfüllt sein. Dazu gehört die Ladung. Bei Vertagung ist § 218 nicht anwendbar (vgl § 900 Rn 23, 25).

6   **3. Haftbefehl** (S 2). – **a) Inhalt.** Entspricht dem bisherigen § 908. Der Haftbefehl ergeht als Beschluss und muss aufweisen: **aa) Datum** wegen § 909 Abs 2. **bb) Parteibezeichnung:** Gläubiger und Schuldner mit gesetzlichen Vertretern und Prozessbevollmächtigten, so genau bezeichnet, wie es § 750 Abs 1 S 1 verlangt. **cc) Haftanordnung** mit Angabe ihrer Höchstdauer (§ 913). **dd) Verhaftungsgrund:** Vollstreckungstitel, Haftgrund (S 1; Rn 4 oder § 903); wegen § 902 Inhalt der abzugebenden eidesstattlichen Versicherung (je nach dem: § 807, § 836

7   Abs 2 S 2 oder § 883 Abs 2). – **b) Ablehnung** des Antrags auf Haftbefehl (bei Fehlen einer Voraussetzung) ergeht durch Beschluss des Richters (nicht des Rechtspflegers), weil ihm der Antrag zur Entschei-

8   dung vorzulegen ist. – **c) Bekanntmachung** geschieht spätestens durch Übergabe des Haftbefehls gemäß § 909 Abs 1 S 2. Die Zustellung an den Schuldner vor seiner Verhaftung ist (als deren Voraussetzung) nicht erforderlich (S 3), aber wegen § 329 Abs 3 und wegen der Beschwerdefrist (§ 569 Abs 1 S 1, § 793) geboten, auch weil dem Schuldner nicht die Möglichkeit genommen werden soll, den Haftbe-

9   fehl anzufechten, schon bevor er verhaftet wird. – **d) Anfechtung:** sofortige Beschwerde (§ 793) gegen Erlass (LG Münster Rpfleger 99, 405) wie gegen Ablehnung. Die Frist beginnt mit Zustellung (§ 569 Abs 1 S 2). Das ist sehr bestr (aA Musielak/Voit 10 mwN: mit Übergabe gem § 909 Abs 1 S 2). Dass die Notfrist schon vor Zustellung mit der Übergabe des Haftbefehls (§ 909 Abs 1 S 2) beginne, hat der Gesetzgeber nicht gewollt oder hat es übersehen, dies in § 909 oder § 569 Abs 1 zu bestimmen.

10   **4. Verbrauch des Haftbefehls.** – **a) Eintritt: aa) Mit Abgabe** der eidesstattlichen Versicherung, insbes gem § 902, aber auch (bei § 807), wenn der Schuldner auf Betreiben eines anderen Gläubigers die eidesstattliche Versicherung abgibt (§ 902 Abs 2). **bb) Mit Erfüllung** des Anspruchs, wofür das Verfahren betrieben wird, zB Zahlung des Vollstreckungsbetrags einschließlich der Kosten (§ 788). **cc) Mit Antrag** des Gläubigers, den Schuldner aus der Haft zu entlassen (§ 911). **dd) Mit Haftdauer** von 6 Monaten (§ 913). **ee) Mit Ablauf** der 3-

11   Jahresfrist des § 909 Abs 2. – **b) Rechtsfolge.** Der Haftbefehl ist verbraucht und von Amts wegen durch das zuständige Gericht (§ 899 Abs 1) aufzuheben. Das kann wirksam durch den Rechtspfleger geschehen, weil § 4 Abs 2 Nr 2 RPflG nicht entgegensteht.

§ 902 Eidesstattliche Versicherung des Verhafteten

(1) [1]**Der verhaftete Schuldner kann zu jeder Zeit bei dem zuständigen Gerichtsvollzieher des Amtsgerichts des Haftortes verlangen, ihm die eidesstattliche Versicherung abzunehmen.**

²Dem Verlangen ist ohne Verzug stattzugeben. ³Dem Gläubiger ist die Teilnahme zu ermöglichen, wenn er dies beantragt hat und die Versicherung gleichwohl ohne Verzug abgenommen werden kann.

(2) Nach Abgabe der eidesstattlichen Versicherung wird der Schuldner aus der Haft entlassen und der Gläubiger hiervon in Kenntnis gesetzt.

(3) ¹Kann der Schuldner vollständige Angaben nicht machen, weil er die dazu notwendigen Unterlagen nicht bei sich hat, so kann der Gerichtsvollzieher einen neuen Termin bestimmen und die Vollziehung des Haftbefehls bis zu diesem Termin aussetzen. ²§ 900 Abs. 1 Satz 2 bis 4 gilt entsprechend.

1. Allgemeines. – a) Stellung des Schuldners. Vor Erlass eines 1
Haftbefehls oder vor Verhaftung kann der Schuldner, der bisher die Abgabe der eidesstattlichen Versicherung verweigert hat, aber nunmehr freiwillig bereit ist, jederzeit beim Gerichtsvollzieher eine Terminsbestimmung (§ 900 Abs 1 S 1; dort Rn 10) beantragen. Ab Verhaftung gilt ausschließlich § 902. **b) Rechtsbehelf** gegen (auch unterlassene) 1 a
Maßnahmen des Gerichtsvollziehers: § 766.

2. Abnahme der eidesstattlichen Versicherung (Abs 1) und zwar nur 2
der vollständigen (vgl Abs 3). – **a) Verlangen des Schuldners.** Es ist formlos und zu jeder Zeit möglich, solange der Schuldner verhaftet ist. – **b) Zuständig** ist der Gerichtsvollzieher, in dessen Bezirk der Haftort 3
liegt, nicht notwendig, aber idR derjenige, welcher nach § 899 Abs 1 zuständig ist. Im Fall des § 284 AO ist das Finanzamt zuständig. – **c) Stattgeben** (Abs 1 S 2) hat ohne Verzug zu geschehen (ohne 4
schuldhaftes Zögern, wie § 121 BGB). Das umfasst die Benachrichtigung des Gerichtsvollziehers und sein Erscheinen in derjenigen Haftanstalt, wo die Abnahme der eidesstattlichen Versicherung vorgenommen wird. – **d) Anwesenheit des Gläubigers** (Abs 1 S 3) ist nicht zwin- 5
gend erforderlich, aber unter zwei Voraussetzungen zu ermöglichen, dh mindestens zu versuchen: **aa) Antrag** des Gläubigers, formlos, auch telefonisch, schon im Auftrag (§ 900 Abs 1) und auch dann noch möglich, wenn der Gläubiger vom Verlangen des Schuldners (Rn 2) benachrichtigt wird. **bb) Ohne Verzug** muss die Abnahme der eidesstattlichen Versicherung geschehen können. Das bedeutet, dass der Gerichtsvollzieher den Gläubiger unverzüglich benachrichtigen muss und ggf einige Stunden mit der Abnahme der eidesstattlichen Versicherung zuwarten kann, bis der Gläubiger die Anfahrt bewältigt.

3. Entlassung des Schuldners (Abs 2) erfolgt von Amts wegen so- 6
fort nach Abgabe der eidesstattlichen Versicherung und (bei § 807) des ausgefüllten Vermögensverzeichnisses (vgl Rn 2). Der Haftbefehl verbraucht (§ 901 Rn 11). Die Entlassung ist zu protokollieren (§ 762 Abs 2 Nr 2). Ist der Gläubiger nicht anwesend, muss er (formlos) benachrichtigt werden. Sein Protokoll (§ 762) und den (verbrauchten)

Haftbefehl sendet der Gerichtsvollzieher an das zuständige Gericht (§ 899 Abs 1).

7 **4. Terminsbestimmung und Aussetzung des Haftbefehls** (Abs 3) stehen im pflichtgemäßen Ermessen („kann") des Gerichtsvollziehers. – **a) Voraussetzung.** Der Schuldner muss außerstande sein, die notwendigen Angaben zu machen, insbes das Vermögensverzeichnis (§ 807) zu erstellen, weil er die notwendigen Unterlagen nicht bei sich führt, sondern zu Hause oder in den Geschäftsräumen aufbewahrt. –

8 **b) Terminsbestimmung** nach Maßgabe des § 900 Abs 1 S 2–4 (dort Rn 9–13) ist sofort erforderlich, wenn der Gerichtsvollzieher nach Abs 3 verfährt. Sie ist auch möglich, wenn die Vollziehung des Haftbefehls nicht ausgesetzt wird; dann muss sich der Schuldner die Unterlagen in die Haftanstalt bringen lassen. Der Termin sollte möglichst nah angesetzt werden. Ist der in Haft gebliebene Schuldner vor dem Termin fertig, steht im jederzeit ein neues Verlangen (Rn 2) offen. –

9 **c) Aussetzung** der Vollziehung des (bestehen bleibenden) Haftbefehls obliegt dem Gerichtsvollzieher und geschieht durch tatsächliche (vorläufige) Entlassung und Vermerk im Protokoll (§ 762 Abs 2 Nr 2). Einverständnis des Gläubigers ist nicht erforderlich, nur geboten, wenn zu erwarten ist, dass der Schuldner ohne persönliche Anwesenheit in seinen Räumen die notwendigen Unterlagen nicht erhalten oder einsehen kann. Im angesetzten Termin ist eine Vertagung nicht vorgesehen; insbes ist § 900 Abs 3 nicht anwendbar.

§ 903 Wiederholte eidesstattliche Versicherung

[1]**Ein Schuldner, der die in § 807 dieses Gesetzes oder in § 284 der Abgabenordnung bezeichnete eidesstattliche Versicherung abgegeben hat, ist, wenn die Abgabe der eidesstattlichen Versicherung in dem Schuldnerverzeichnis noch nicht gelöscht ist, in den ersten drei Jahren nach ihrer Abgabe zur nochmaligen eidesstattlichen Versicherung einem Gläubiger gegenüber nur verpflichtet, wenn glaubhaft gemacht wird, daß der Schuldner später Vermögen erworben hat oder daß ein bisher bestehendes Arbeitsverhältnis mit dem Schuldner aufgelöst ist.** [2]**Der in § 807 Abs. 1 genannten Voraussetzungen bedarf es nicht.**

1 **1. Allgemeines.** Andere Gläubiger können den Gerichtsakt, in dem das Vermögensverzeichnis liegt, einsehen (§ 807 Rn 1; Gebühr: KV 1645), auch nach Löschung im Schuldnerverzeichnis (Köln Rpfleger 69, 138). Abschriften des Vermögensverzeichnisses werden anderen Gläubigern erteilt, wenn die Voraussetzungen des § 750 vorliegen (Gebühr: KV 1644). Daher besteht für eine erneute OffenbVers in den ersten 3 Jahren auch für andere vollstreckungsbereite Gläubiger grundsätzlich kein Bedürfnis. Die früher geleistete OffenbVers steht der erneuten Pflicht zur Abgabe somit entgegen, aber nur wenn sie keine 3 Jahre zurückliegt und noch nicht im Verzeichnis gelöscht ist (§ 915 a).

Das ist nur auf Vorbringen des Schuldners, nicht von Amts wegen zu prüfen (Musielak/Voit § 900 Rn 8 mwN; bestr).

2. Neues Verfahren. Die Vorschrift ist auf § 807 zugeschnitten. 2
Wird wiederholte OffenbVers verlangt (vom selben oder einem anderen Gläubiger) so wird ein neues Verfahren nach § 900 eingeleitet. Die Voraussetzungen (Rn 3) sind von Amts wegen vor Terminsbestimmung zu prüfen. Es ist vom Schuldner ein vollständiges, neues Vermögensverzeichnis anzufertigen. Teilweise Bezugnahme ist nur zulässig, wenn das alte Vermögensverzeichnis vorliegt (Musielak/Voit 7 mwN). Davon zu unterscheiden ist die Ergänzung des eidesstattlich versicherten unvollständigen oder ungenauen Vermögensverzeichnisses (§ 807 Rn 30).

3. Voraussetzungen. Es muss die Pflicht zur Abgabe der Offenb- 3
Vers gemäß § 807 bestehen (vgl aber Rn 7). Außerdem muss wenigstens eine der folgenden Voraussetzungen vorliegen: – **a) Ablauf der Sperrfrist.** Seit Abgabe der OffenbVers müssen 3 Jahre abgelaufen sein. Auf Haftanordnung (§ 901) kommt es nicht an. Maßgebend ist die letzte OffenbVers, bei einer ergänzten (§ 807 Rn 30) die Abgabe derjenigen, die ergänzt wurde (LG Lübeck Rpfleger 91, 119). Fristberechnung: § 222. – **b) Späterer Erwerb von Vermögen** iS von § 807, dh 4
von Vermögensgegenständen. Sie müssen pfändbar sein (allgM) und dem Schuldner noch gehören. Kann bei selbständiger Erwerbstätigkeit nach 6 Monaten angenommen werden (LG Heilbronn Rpfleger 00, 170; differenzierend Stuttgart DGVZ 01, 116). Eine Auslandsreise ist kein geeignetes Indiz (LG Köln Büro 87, 1812). – **c) Auflösung eines** 5
Arbeitsverhältnisses (iS des § 850 Abs 2), das zZ der abgegebenen OffenbVers bestand. **aa) Zu bejahen:** wenn der Schuldner aus dem Beamtenverhältnis ausscheidet, eine Witwen(r)pension oder Sozialrente verliert (Hamm Rpfleger 83, 322), ein eigenes Gewerbe oder einen freien Beruf aufgibt (hM; LG Hamburg Rpfleger 84, 363 mwN) oder eine von zwei selbständigen Erwerbsquellen (Frankfurt Rpfleger 90, 174), auch reiner Nebentätigkeit (LG Schweinfurt DGVZ 02, 155); wenn ein Schuldner in arbeitsfähigem Alter bei der letzten OffenbVers arbeitslos war (Stuttgart OLGZ 79, 116) und soviel Zeit verstrichen ist, dass ein arbeitswilliger Schuldner unter den gegebenen Umständen wieder hätte Arbeit finden können (umstr; vgl LG Gießen DGVZ 95, 42); wenn der Gläubiger glaubhaft macht, der damals arbeitslose Schuldner sei wieder in Arbeit (LG Kassel MDR 85, 63) oder sei nunmehr freiberuflich tätig (LG Frankenthal Rpfleger 85, 450). **bb) Zu verneinen:** bei bloßer Fortführung eines Gewerbebetriebs (LG Düsseldorf Büro 87, 466; aA Zimmermann Rpfleger 96, 441), wofür aber Rn 4 anwendbar wäre; bei Wegfall von Arbeitslosengeld oder -hilfe (LG Berlin Rpfleger 91, 118; bestr).

4. Falsche Offenbarungsversicherung. Hat der Schuldner in der 6
OffenbVers wissentlich falsche Angaben gemacht, muss er auf Antrag des Gläubigers in einem neuen Verfahren die eidesstattliche Versicherung

wiederholen (§ 807 Rn 30 aE; hM; KG MDR 90, 1124). Das ist von der bloßen Ergänzung (§ 807 Rn 30) zu unterscheiden. Die Voraussetzungen des § 807 Abs 1 müssen nicht erneut nachgewiesen werden.

7 **5. Entbehrlichkeit** (S 2) der Voraussetzungen des § 807 Abs 1 Nr 1–4. Sie müssen nicht erneut behauptet und nachgewiesen werden; es genügt, dass sie beim vorangegangenen Verfahren (§ 900) vorlagen. Es ist davon auszugehen, dass der Schuldner der in der Zwischenzeit pfändbares Vermögen erworben hat, die Vollstreckungsforderung begleichen kann und bei fehlendem Erwerb dadurch geschützt ist. dass er die Voraussetzungen des § 903 bestreiten könnte.

§ 904 Unzulässigkeit der Haft

Die Haft ist unstatthaft:
1. gegen Mitglieder des Bundestages, eines Landtages oder einer zweiten Kammer während der Tagung, sofern nicht die Versammlung die Vollstreckung genehmigt;
2. *(weggefallen)*
3. gegen den Kapitän, die Schiffsmannschaft und alle übrigen auf einem Seeschiff angestellten Personen, wenn sich das Schiff auf der Reise befindet und nicht in einem Hafen liegt.

1 Für Bundestagsabgeordnete geht Art 46 Abs 3, Abs 4 GG vor. Für Landtagsabgeordnete gilt die Landesverfassung. Für Mitglieder der Nato-Streitkräfte ist Haftanordnung unzulässig (Art 34 Abs 2 Zusatzabkommen zum Truppenstatut); ebenso für ihre Familienmitglieder (LG Hagen DGVZ 76, 138). § 904 betrifft nur den Haftvollzug, nicht die Haftanordnung (§ 901).

§ 905 Haftunterbrechung

Die Haft wird unterbrochen:
1. gegen Mitglieder des Bundestages, eines Landtages oder einer zweiten Kammer für die Dauer der Tagung, wenn die Versammlung die Freilassung verlangt;
2. *(weggefallen)*

§ 906 Haftaufschub

Gegen einen Schuldner, dessen Gesundheit durch die Vollstreckung der Haft einer nahen und erheblichen Gefahr ausgesetzt wird, darf, solange dieser Zustand dauert, die Haft nicht vollstreckt werden.

1 **Anwendbar:** nur für Schuldner, nicht dritte, von ihm abhängige Personen. **Wirkung:** § 906 gilt schon für die Verhaftung, nicht nur für den Vollzug. Die Haftanordnung bleibt zulässig und unberührt; auch die Pflicht zur Abgabe der eidesstattlichen Versicherung. § 906 betrifft
2 nur die Vollstreckung (Köln DGVZ 95, 7; bestr). **Entscheidung** über

die Voraussetzungen des § 906 (Haftfähigkeit) und Prüfung von Amts wegen erfolgt durch den Gerichtsvollzieher nach eigenem Ermessen oder nach amtsärztlichem Zeugnis (Midderhoff DGVZ 82, 81). Der Gerichtsvollzieher muss schriftlich konkrete Feststellungen treffen, welche Umstände ihn veranlasst haben, den Schuldner für haftunfähig anzusehen; er muss ggf weitere Atteste einholen (LG Hannover DGVZ 90, 59). Strenger Maßstab gegen den Schuldner ist anzulegen (Hamm DGVZ 83, 137; LG Düsseldorf DGVZ 80, 38). Güterabwägung ist geboten (Köln DGVZ 95, 7). Abnahme der eidesstattlichen Versicherung im Krankenhaus (Jena Rpfleger 97, 446) oder in der Wohnung bleibt zulässig (Köln DGVZ 95, 7), jedoch darf der haftunfähige Schuldner nicht zur Abgabe der eidesstattlichen Versicherung zwangsweise vorgeführt werden (Bamberg DGVZ 90, 39; umstr). **Gesundheit:** psychisch 3 wie physisch. Es findet keine Vollstreckung in Anstaltskrankenhäusern oder –abteilungen statt (hM; Karlsruhe DGVZ 93, 8 mwN). **Rechtsbehelf:** § 766. Die Maßnahme des Gerichtsvollziehers (Rn 2) ist voll überprüfbar, nicht nur sein Ermessen (hM; Musielak/Voit 5 mwN).

§§ 907, 908 *(aufgehoben)*

§ 909 Verhaftung

(1) ¹**Die Verhaftung des Schuldners erfolgt durch einen Gerichtsvollzieher.** ²**Dem Schuldner ist der Haftbefehl bei der Verhaftung in beglaubigter Abschrift zu übergeben.**

(2) **Die Vollziehung des Haftbefehls ist unstatthaft, wenn seit dem Tage, an dem der Haftbefehl erlassen wurde, drei Jahre vergangen sind.**

1. Zuständigkeit (Abs 1 S 1). Funktionell zuständig ist ausschließ- 1 lich der Gerichtsvollzieher, örtlich nicht notwendig der für die Abnahme der eidesstattlichen Versicherung gemäß § 899 Abs 1 zuständige, sondern derjenige des Ortes, an dem die Verhaftung durchgeführt werden soll; denn bei Wechsel des Wohnsitzes oder bei jedem augenblicklichen Aufenthaltsort ist es notwendig, dass der Gläubiger die Verhaftung durch den für diesen Bezirk zuständigen Gerichtsvollzieher durchführen kann.

2. Voraussetzungen der Verhaftung sind neben der Zulässigkeit der 2 Zwangsvollstreckung (38 vor § 704): – **a) Auftrag** des Gläubigers. Form: wie § 753 Rn 8. Er kann schon vor Erlass des Haftbefehls (§ 901) erteilt werden. Der Auftrag darf nicht bedingt erteilt, kann aber auf einen Teil der Vollstreckungsforderung beschränkt werden. – **b) Haftbefehl** 3 (§ 901). Er muss wirksam erlassen sein. Ob er zu Recht erlassen ist (§ 901 Rn 2–4), hat der Gerichtsvollzieher nicht zu prüfen. Ein Verbrauch des Haftbefehls (§ 901 Rn 10) steht entgegen. Der Gerichtsvollzieher hat dies aber nur (von Amts wegen) zu beachten, wenn Anhaltspunkte vorliegen. Der Gläubiger muss nicht darlegen, dass der

4   Haftbefehl unverbraucht ist. – **c) Vollziehbarkeit des Haftbefehls.** Es darf die 3-Jahresfrist des Abs 2 (Rn 10) noch nicht abgelaufen sein. Der Schuldner darf sich auch nicht in Straf- oder Untersuchungshaft befinden, weil diese immer vorgeht (allgM; LG Essen DGVZ 95, 91). –

5   **d) Auslagenvorschuss** des Gläubigers. Es gilt § 68 Abs 1 S 1 und 2 GKG; KV 9011.

6   **3. Durchführung.** Es gelten die allgemeinen Vorschriften, insbes

7   §§ 754, 755, 757, 758, 759, 762 sowie § 187 GVGA. – **a) Übergabe des Haftbefehls** (Abs 1 S 2) in beglaubigter Abschrift (§ 170 Rn 2) an den Schuldner bei der Verhaftung, nicht etwa vor ihrem Beginn. Ein Vorzeigen genügt nicht. Die Zustellung des Haftbefehls wird nicht er-

8   übrigt (§ 901 Rn 8; aA Musielak/Voit § 901 Rn 9). – **b) Verhaftung.** Wo der Schuldner sich befindet, ist gleichgültig. Der Gerichtsvollzieher bedarf für die Öffnung der Wohnung des Schuldners (§ 758) keiner gerichtlichen Anordnung (§ 758 a Abs 2). In Wohn- oder Geschäfts-räumen Dritter darf der Gerichtsvollzieher wegen des Hausrechts nur mit Zustimmung des Inhabers handeln. Schon unmittelbar nach der Verhaftung kann der Schuldner Abnahme der eidesstattlichen Versiche-rung verlangen (§ 902 Abs 1). Tut er es nicht, ist er in die Justizvollzugs-

9   anstalt einzuliefern. – **c) Kosten.** Es gilt § 788 Abs 1. Auslagenvor-schuss: Rn 5. Kosten der Haft: KV 1911. Gebühren: § 57 Abs 1, 2 Nr 4; § 58 Abs 3 Nr 11 BRAGO; § 26 GVKostG. Auslagen: § 36 Abs 1 Nr 3 GVKostG.

10   **4. Absehen von Verhaftung** kann der Gerichtsvollzieher mit Ein-verständnis des Gläubigers, wenn der Schuldner nach Maßgabe des § 900 Abs 3 Tilgung verspricht und glaubhaft macht (§ 186 Nr 6, § 114 a Nr 1 GVGA). Die Termine werden dann fortgesetzt oder es wird vertagt gemäß § 900 Abs 3 S 1 oder S 2.

11   **5. Vollziehungsfrist** (Abs 2). Die Regelung ist mit § 929 Abs 2 vergleichbar. Die Frist läuft ab Erlass des Haftbefehls (§ 901), also ab dessen Datum (§ 901 Rn 6). Berechnung: § 222: Die Länge (3 Jahre) passt zu § 903, § 914 Abs 2 und § 915b Abs 2. Mit Ablauf der Frist ist eine Verhaftung unzulässig (Rn 4), der Haftbefehl verbraucht (§ 901 Rn 10).

12   **6. Rechtsbehelfe.** Gegen das Verfahren des Gerichtsvollzieher (ge-troffene oder unterlassene Maßnahmen) findet Erinnerung (§ 766) zum Vollstreckungsgericht (§ 764) statt; das ist das Amtsgericht, zu dessen Bezirk der Gerichtsvollzieher gehört (§ 899). Will sich der Schuldner gegen den Haftbefehl (§ 901) wenden, muss er sofortige Beschwerde (§ 793) einlegen (§ 901 Rn 9).

§ 910 Anzeige vor der Verhaftung

[1] **Vor der Verhaftung eines Beamten, eines Geistlichen oder eines Lehrers an öffentlichen Unterrichtsanstalten ist der vor-gesetzten Dienstbehörde von dem Gerichtsvollzieher Anzeige**

zu machen. [2]**Die Verhaftung darf erst erfolgen, nachdem die vorgesetzte Behörde für die dienstliche Vertretung des Schuldners gesorgt hat.** [3]**Die Behörde ist verpflichtet, ohne Verzug die erforderlichen Anordnungen zu treffen und den Gerichtsvollzieher hiervon in Kenntnis zu setzen.**

Die Haftanordnung ist nicht beschränkt. Die Vorschrift gilt nicht für 1 Lehrer an Privatschulen (hM). Auslagen: § 36 Abs 1 Nr 3 GVKostG. Rechtsbehelf: § 766. Für Soldaten gilt Abschnitt E des Erlasses vom 16. 3. 82 (abgedruckt bei BLAH Schlussanhang II).

§ 911 Erneuerung der Haft nach Entlassung

Gegen den Schuldner, der ohne sein Zutun auf Antrag des Gläubigers aus der Haft entlassen ist, findet auf Antrag desselben Gläubigers eine Erneuerung der Haft nicht statt.

1. Unzulässig ist die erneute Haft in demselben Verfahren, wenn 1 folgende Voraussetzungen vorliegen: – **a) Entlassung** auf Antrag des betreffenden Gläubigers, also nicht von Amts wegen. Bei Beschränkung des Verhaftungsauftrags auf einen Teilbetrag ist auch für die Zahlung des Schuldners auf diesen Betrag abzustellen (hM; § 909 Rn 2). Die Aussetzung der Haft durch Antrag des Gläubigers kann wegen 52 vor § 704 unzulässig sein, wenn sie gegen Ratenzahlung ohne Verzicht auf die Vollstreckung des Rests erfolgt (Wieser DGVZ 90, 177; umstr; aA Oerke DGVZ 92, 130 mwN). – **b) Ohne Zutun** des Schuldners. Er 2 darf insbes nicht durch Erfüllungszusagen an den Gläubiger seine Entlassung bewirkt haben.

2. Zulässig ist die erneute Haft auf Antrag eines jeden anderen 3 Gläubigers; ferner auf Antrag auch desselben Gläubigers, wenn ein anderes Verfahren mit anderer Haftanordnung (Haftbefehl) zugrundeliegt, insbes wenn eine andere Forderung vollstreckt wird oder im Fall des § 903.

§ 912 (weggefallen)

§ 913 Haftdauer

[1]**Die Haft darf die Dauer von sechs Monaten nicht übersteigen.** [2]**Nach Ablauf der sechs Monate wird der Schuldner von Amts wegen aus der Haft entlassen.**

Die Höchstdauer gilt nur für denselben Haftbefehl (KG DGVZ 00, 1 59) und denselben Schuldtitel. Bei mehreren Titeln, insbes mehreren Gläubigern (Celle DGVZ 99, 33), sind für jeden 6 Monate möglich (aber § 390 Abs 2, § 914 beachten).

§ 914 Wiederholte Verhaftung

(1) Ein Schuldner, gegen den wegen Verweigerung der Abgabe der eidesstattlichen Versicherung nach § 807 dieses Geset-

zes oder nach § 284 der Abgabenordnung eine Haft von sechs Monaten vollstreckt ist, kann auch auf Antrag eines anderen Gläubigers von neuem zur Abgabe einer solchen eidesstattlichen ,Versicherung durch Haft nur angehalten werden, wenn glaubhaft gemacht wird, daß der Schuldner später Vermögen erworben hat oder daß ein bisher bestehendes Arbeitsverhältnis mit dem Schuldner aufgelöst ist.

(2) Diese Vorschrift ist nicht anzuwenden, wenn seit der Beendigung der Haft drei Jahre verstrichen sind.

1   **Erneute Haft** (Abs 1): Die wiederholte Haftanordnung erfordert ein neues Verfahren nach § 900. Auch bei einem anderen Titel desselben Gläubigers gilt § 914. Späterer Vermögenserwerb: wie § 903 Rn 4. Aufgelöstes Arbeitsverhältnis: wie § 903 Rn 5. Glaubhaftmachung: 2   § 294. **3-Jahres-Frist** (Abs 2): Berechnung nach § 222. Haftanordnung (Haftbefehl), nicht notwendig der Antrag, ist erst nach Fristablauf zu 3   lässig. **Rechtsbehelf** gegen Haftanordnung: § 793, aber nur Erinnerung (§ 766) bei Verhaftung unter Verstoß gegen § 914 (Musielak/Voit 3).

§ 915 Schuldnerverzeichnis

(1) [1]Das **Vollstreckungsgericht** führt ein Verzeichnis der Personen, die in einem bei ihm anhängigen Verfahren die eidesstattliche Versicherung nach § 807 abgegeben haben oder gegen die nach § 901 die Haft angeordnet ist. [2]In dieses Schuldnerverzeichnis sind auch die Personen aufzunehmen, die eine eidesstattliche Versicherung nach § 284 der Abgabenordnung abgegeben haben. [3]Die Vollstreckung einer Haft ist in dem Verzeichnis zu vermerken, wenn sie sechs Monate gedauert hat. [4]Geburtsdaten der Personen sind, soweit bekannt, einzutragen.

(2) Wer die eidesstattliche Versicherung vor dem Gerichtsvollzieher eines anderen Amtsgerichts abgegeben hat, wird auch in das Verzeichnis dieses Gerichts eingetragen, wenn er im Zeitpunkt der Versicherung in dessen Bezirk seinen Wohnsitz hatte.

(3) [1]Personenbezogene Informationen aus dem Schuldnerverzeichnis dürfen nur für Zwecke der Zwangsvollstreckung verwendet werden, sowie um gesetzliche Pflichten zur Prüfung der wirtschaftlichen Zuverlässigkeit zu erfüllen, um Voraussetzungen für die Gewährung von öffentlichen Leistungen zu prüfen oder um wirtschaftliche Nachteile abzuwenden, die daraus entstehen können, daß Schuldner ihren Zahlungsverpflichtungen nicht nachkommen, oder soweit dies zur Verfolgung von Straftaten erforderlich ist. [2]Die Informationen dürfen nur für den Zweck verwendet werden, für den sie übermittelt

worden sind. [3] **Nichtöffentliche Stellen sind darauf bei der Übermittlung hinzuweisen.**

1. Führung des Schuldnerverzeichnisses (Abs 1 S 1) ist Gerichtsbar- 1
keit, nicht Justizverwaltung (allgM); anders §§ 915 d–f. Zuständig ist das
AG als Vollstreckungsgericht (§ 764), das nach § 899 zuständig ist,
nicht notwendig dasjenige, bei dem das Verfahren mit Abnahme der
eidesstattlichen Versicherung des § 807 oder die Anordnung der Haft
(§ 901) stattgefunden hat. Weitere Zuständigkeit: Abs 2; Rn 6. Anstelle
des gemäß Abs 1 S 1 zuständigen Gerichts tritt ein nach § 915 h Abs 2
Nr 1 bestimmtes Gericht. Funktionell zuständig ist der Urkundsbeamte
(§ 153 GVG).

2. Eintragung des Schuldners (Aufnahme) in das Schuldnerver- 2
zeichnis erfolgt von Amts wegen. – **a) Voraussetzung** ist die (vollzogene) Abgabe der OffenbVers gemäß § 807 (dort Rn 15, 20) oder
die Haftanordnung (§ 901). Die Haft muss nicht vollstreckt, ihr Vollzug
nicht eingeleitet sein. Der gesetzliche Vertreter (vgl § 807 Rn 15) ist
nicht einzutragen (§ 1 Abs 3 SchuVVO). Einzutragen ist auch auf
Grund der amtlichen Mitteilung einer Abgabe der OffenbVers vor dem
Finanz- oder Hauptzollamt gemäß § 284 AO (Abs 1 S 2). – **b) Inhalt** 3
der Eintragung. Er richtet sich nach der auf Grund des § 915 h Abs 1
Nr 1 erlassenen SchuVVO (§ 1 Abs 1). Dass das Geburtsdatum eingetragen werden kann, ist gesetzlich klargestellt (Abs 1 S 4), zugleich dass
der Schuldner es nur freiwillig anzugeben hat (vgl § 1 Abs 1 Nr 2
SchuVVO). Wegen Bedeutsamkeit der Identität ist diese Eintragung
auch nachholbar (Hornung Rpfleger 95, 233). – **c) Haftvermerk** 4
(Abs 1 S 3) ist nur dann einzutragen, wenn die Höchstdauer des § 913
vollstreckt wurde (praktisch höchst selten). – **d) Anfechtbarkeit.** Die 5
Eintragung oder ihre Ablehnung durch den Urkundsbeamten (Rn 1
aE) ist mit Erinnerung (§ 573) anfechtbar. Die sofortige Beschwerde ist
ausgeschlossen (§ 915 c).

3. Weitere Eintragung (Abs 2). Neben der Eintragung beim primär 6
zuständiges Amtsgericht (Abs 1 S 1; Rn 1) wird eine weitere Eintragung (wie Rn 2–4) beim anderen Amtsgericht notwendig, wenn der
Schuldner (insbes infolge Wohnsitzwechsels) die eidesstattliche Versicherung des § 807 vor dem Gerichtsvollzieher eines anderen Amtsgerichts abgegeben hat (auch im Falle der §§ 902 und 909), aber nur
wenn der Schuldner zZt der Abgabe im Bezirk dieses Amtsgerichts seinen (alleinigen) Wohnsitz (wie § 13 Rn 2) oder einen von mehreren
hatte. Das zuständige Amtsgericht hat diese Voraussetzungen bei entsprechenden Anhaltspunkten von Amts wegen zu ermitteln.

4. Verwendungsbeschränkung (Abs 3) bezieht sich nur auf die 7
personenbezogene Informationen, gleich welchen Inhalts und welcher
Form, insbes Geburtsdatum, Anschriften. Selbstverständlich gehören
dazu nicht die Angaben zur Abgabe der OffenbVersicherung (wann
und wo), sowie der Haftvermerk.

§ 915 a Löschung

(1) ¹Eine Eintragung im Schuldnerverzeichnis wird nach Ablauf von drei Jahren seit dem Ende des Jahres gelöscht, in dem die eidesstattliche Versicherung abgegeben, die Haft angeordnet oder die sechsmonatige Haftvollstreckung beendet worden ist. ²Im Falle des § 915 Abs. 2 ist die Eintragung auch im Verzeichnis des anderen Gerichtes zu löschen.

(2) Eine Eintragung im Schuldnerverzeichnis wird vorzeitig gelöscht, wenn
1. die Befriedigung des Gläubigers, der gegen den Schuldner das Verfahren zur Abnahme der eidesstattlichen Versicherung betrieben hat, nachgewiesen worden ist oder
2. der Wegfall des Eintragungsgrundes dem Vollstreckungsgericht bekanntgeworden ist.

1   **1. Verfahren.** Zuständigkeit für die Löschung wegen Zeitablaufs: wie § 915 Rn 1. Gilt auch für das andere AG (§ 915 Abs 2). Nur für die vorzeitige Löschung ist der Rechtspfleger zuständig (§ 20 Nr 17 RPflG; ZöStöber 6), sonst der Urkundsbeamte der Geschäftsstelle (§ 915 Rn 1 aE). Die Löschung erfolgt in allen Fällen von Amts wegen ohne Antrag des Schuldners. Die Löschung kann nur mit der Erinnerung (§ 573) oder der sofortigen Erinnerung (§ 11 Abs 2 RPflG) angefochten werden; denn die sofortige Beschwerde ist ausgeschlossen (§ 915 c). Dasselbe gilt für die Ablehnung eines Antrags auf Löschung. Gelöscht wird durch Unkenntlichmachen der Schrift, Vernichtung des Karteiblatts oder Korrektur des Datenträgers; im Einzelnen nach der SchuVVO (§ 915 h Abs 1 Nr 3).

2   **2. Löschung wegen Zeitablaufs** (Abs 1) ist der Regelfall. Zuständigkeit: Rn 1. Voraussetzung ist der Ablauf von 3 Jahren seit dem Schluss des Kalenderjahres, in dem die OffenbVers abgegeben (§ 807 Rn 15, 20), die Haft angeordnet (§ 901) oder eine sechs Monate lang vollstreckte Haft (§ 913) abgelaufen ist. Auf den Zeitpunkt der Eintragung kommt es nicht an (vgl Hornung Rpfleger 95, 233), wohl aber bei der Auskunft (§ 915 b Abs 2). Nur wenn es zur vollen Haftvollstreckung kommt (§ 913), ist deren Ablauf, nicht die Haftanordnung maßgebend.

3   **3. Vorzeitige Löschung** (Abs 2) geschieht ebenfalls von Amts wegen (vgl Rn 1) durch Entscheidung des Vollstreckungsgerichts (Rn 1). Sie steht einer Wiedereintragung nicht im Wege, wenn bei der Löschung die Voraussetzungen zu Unrecht angenommen wurden oder ihrerseits wegfallen (zB Rn 5 aE). Unterrichtungspflicht gemäß § 915 g
4   Abs 2. – **a) Befriedigung des Gläubigers** (Nr 1) für den Titel, aus dem er das Verfahren der eidesstattlichen Versicherung betrieben hat (§ 807 Rn 5). Dies entspricht dem § 775 Rn 12. Erlass (§ 397 BGB) der Vollstreckungsforderung steht dem gleich (LG Hannover Rpfleger 70, 442), nicht aber eine Stundung (LG Tübingen Rpfleger 86, 24).

Nachweis: Er ist nicht notwendig vom Schuldner zu führen, zB kann sich der Gläubiger bei Befriedigung verpflichten, den Nachweis zu erbringen. Nachgewiesen wird idR wie bei § 775 Nr 4 (dort Rn 11). Bei Zweifeln, insbes beim Überweisungsbeleg, sollte der Gläubiger gehört werden (vgl MüKo/Eickmann § 915 Rn 9). – **b) Wegfall des** 5 **Eintragungsgrundes** (Nr 2). **aa) Weggefallen** ist insbes, wenn nach Eintragung (§ 915 Rn 2) der Vollstreckungstitel (§ 807 Rn 5) oder die Haftanordnung (§ 901) aufgehoben ist. Das gleiche gilt, wenn die ZwVollstr aus dem Titel (§ 807 Rn 5) für unzulässig erklärt ist (§ 775 Nr 1, § 776 S 1). **bb) Bekanntgeworden.** Es genügt, wenn dem Voll- 6 streckungsgericht Urkunden vorliegen, die jeden Zweifel ausschließen. Reichen die vorliegenden Anhaltspunkte nicht aus, so ist zu ermitteln. Dem Schuldner steht es frei, von sich aus Beweise (idR eine öffentliche Urkunde) vorzulegen.

§ 915 b Auskunft; Löschungsfiktion

(1) ¹**Der Urkundsbeamte der Geschäftsstelle erteilt auf Antrag Auskunft, welche Angaben über eine bestimmte Person in dem Schuldnerverzeichnis eingetragen sind, wenn dargelegt wird, daß die Auskunft für einen der in § 915 Abs. 3 bezeichneten Zwecke erforderlich ist.** ²**Ist eine Eintragung vorhanden, so ist auch das Datum des in Absatz 2 genannten Ereignisses mitzuteilen.**

(2) **Sind seit dem Tage der Abgabe der eidesstattlichen Versicherung, der Anordnung der Haft oder der Beendigung der sechsmonatigen Haftvollstreckung drei Jahre verstrichen, so gilt die entsprechende Eintragung als gelöscht.**

Auskunftserteilung (Abs 1). Zuständig ist der Urkundbeamte 1 (§ 153 GVG). Handelt an seiner Stelle der Rechtspfleger, so ist das ohne Belang (vgl § 8 Abs 5 RPflG). Eine Anhörung des Schuldners findet nicht statt. **Voraussetzungen** sind: ein Antrag und Darlegung (dh 2 Angabe von Tatsachen, keine Glaubhaftmachung, § 294) eines der in § 915 Abs 3 aufgeführten 5 Zwecke (ZwVollstr, gesetzliche Prüfungspflicht, Gewährung öffentlicher Leistungen, Nachteilsabwendung, Strafverfolgung). **Inhalt** der Auskunft. Sie lautet, dass keine Eintragung be- 3 steht oder sie erstreckt sich auf den gesamten Inhalt der Eintragung (§ 915 Rn 2), auch auf das Datum (Abs 1 S 2) der Abgabe (§ 807 Rn 15, 20; § 900 Rn 29), eine Haftanordnung (§ 901) und die Beendigung einer sechsmonatigen Haft (§ 913). **Rechtsbehelf** gegen Ableh- 4 nung des Auskunftsantrags oder wegen unvollständiger Auskunft ist die Erinnerung (§ 573). Keine Beschwerde (§ 915 c). Gegen die Auskunftserteilung ist die Erinnerung unzulässig wegen Gegenstandslosigkeit. **Löschungsfiktion** (Abs 2). Anders als bei der Löschung wird der Ab- 5 lauf von 3 Jahren nicht vom Jahresschluss, sondern vom Tag der Abgabe der Haftanordnung (§ 901) oder des Vollstreckungsendes (§ 913) berechnet. Wirkung ist die Fiktion („gilt") der Löschung mit der Folge, dass die Auskunft lautet, es bestehe keine Eintragung.

§ 915 c Ausschluss der Beschwerde

Gegen Entscheidungen über Eintragungen, Löschungen und Auskunftsersuchen findet die Beschwerde nicht statt.

1   Dadurch wird nicht die Erinnerung (§ 11 Abs 2 RPflG oder § 573 Abs 1) berührt. Es wird nur die sofortige Beschwerde (§ 567 Abs 1) ausgeschlossen, so dass es bei der Entscheidung des Amtsrichters (§ 764 Abs 1, § 22 Abs 1 GVG) über die Erinnerung sein Bewenden hat. Entscheidungen des Präsidenten auf Grund der SchuVVO unterliegen mit Einschränkungen der Anfechtung gemäß den §§ 23–30 EGGVG nach Maßgabe des § 20 SchuVVO.

§ 915 d Erteilung von Abdrucken

(1) ¹Aus dem Schuldnerverzeichnis können nach Maßgabe des § 915 e auf Antrag Abdrucke zum laufenden Bezug erteilt werden, auch durch Übermittlung in einer nur maschinell lesbaren Form. ²Bei der Übermittlung in einer nur maschinell lesbaren Form gelten die von der Landesjustizverwaltung festgelegten Datenübertragungsregeln.

(2) Die Abdrucke sind vertraulich zu behandeln und dürfen Dritten nicht zugänglich gemacht werden.

(3) Nach der Beendigung des laufenden Bezugs sind die Abdrucke unverzüglich zu vernichten; Auskünfte dürfen nicht mehr erteilt werden.

1   Für Löschungen gilt über § 915 g Abs 1 der § 915 a. Die Abdrucke werden in einem Bewilligungsverfahren erteilt (§§ 2–8 SchuVVO). Zuständig ist der Präsident des AG oder der des LG, wenn das verzeichnisführende AG keinen Präsidenten hat (§ 3 SchuVVO).

§ 915 e Empfänger von Abdrucken; Auskünfte aus Abdrucken; Listen; Datenschutz

(1) Abdrucke erhalten
a) Industrie- und Handelskammern sowie Körperschaften des öffentlichen Rechts, in denen Angehörige eines Berufes kraft Gesetzes zusammengeschlossen sind (Kammern),
b) Antragsteller, die Abdrucke zur Errichtung und Führung zentraler bundesweiter oder regionaler Schuldnerverzeichnisse verwenden, oder
c) Antragsteller, deren berechtigtem Interesse durch Einzelauskünfte, insbesondere aus einem Verzeichnis nach Buchstabe b, oder durch den Bezug von Listen (§ 915 f) nicht hinreichend Rechnung getragen werden kann.

(2) [1] Die Kammern dürfen ihren Mitgliedern oder den Mitgliedern einer anderen Kammer Auskünfte erteilen. [2] Andere Bezieher von Abdrucken dürfen Auskünfte erteilen, soweit dies zu ihrer ordnungsgemäßen Tätigkeit gehört. [3] § 915 d gilt entsprechend. [4] Die Auskünfte dürfen auch im automatisierten Abrufverfahren erteilt werden, soweit diese Form der Datenübermittlung unter Berücksichtigung der schutzwürdigen Interessen der Betroffenen wegen der Vielzahl der Übermittlungen oder wegen ihrer besonderen Eilbedürftigkeit angemessen ist.

(3) [1] Die Kammern dürfen die Abdrucke in Listen zusammenfassen oder hiermit Dritte beauftragen. [2] Sie haben diese bei der Durchführung des Auftrages zu beaufsichtigen.

(4) [1] In den Fällen des Absatzes 1 Satz 1 Buchstabe b und c gilt für nicht-öffentliche Stellen § 38 des Bundesdatenschutzgesetzes mit der Maßgabe, daß die Aufsichtsbehörde auch die Verarbeitung und Nutzung dieser personenbezogenen Daten in oder aus Akten überwacht und auch überprüfen kann, wenn ihr keine hinreichenden Anhaltspunkte dafür vorliegen, daß eine Vorschrift über den Datenschutz verletzt ist. [2] Entsprechendes gilt für nicht-öffentliche Stellen, die von den in Absatz 1 genannten Stellen Auskünfte erhalten haben.

Inhalt von Abdrucken: § 9 SchuVVO. Inhalt von Listen: § 12 **1** SchuVVO. Anschluss: §§ 11, 14 SchuVVO. Auskünfte im automatisierten Abrufverfahren: § 17 SchuVVO. Ausschluss vom Abrufrecht: § 19 SchuVVO.

§ 915 f Überlassung von Listen; Datenschutz

(1) [1] Die nach § 915 e Abs. 3 erstellten Listen dürfen den Mitgliedern von Kammern auf Antrag zum laufenden Bezug überlassen werden. [2] Für den Bezug der Listen gelten die §§ 915 d und 915 e Abs. 1 Buchstabe c entsprechend.

(2) Die Bezieher der Listen dürfen Auskünfte nur jemandem erteilen, dessen Belange sie kraft Gesetzes oder Vertrages wahrzunehmen haben.

(3) Listen sind unverzüglich zu vernichten, soweit sie durch neue ersetzt werden.

(4) § 915 e Abs. 4 gilt entsprechend.

§ 915 g Löschung von Abdrucken, Listen und Aufzeichnungen

(1) Für Abdrucke, Listen und Aufzeichnungen über eine Eintragung im Schuldnerverzeichnis, die auf der Verarbeitung von Abdrucken oder Listen oder auf Auskünften über Eintra-

gungen im Schuldnerverzeichnis beruhen, gilt § 915 a Abs. 1 entsprechend.

(2) [1]Über vorzeitige Löschungen (§ 915 a Abs. 2) sind die Bezieher von Abdrucken innerhalb eines Monats zu unterrichten. [2]Sie unterrichten unverzüglich die Bezieher von Listen (§ 915 f Abs. 1 Satz 1). [3]In den auf Grund der Abdrucke und Listen erstellten Aufzeichnungen sind die Eintragungen unverzüglich zu löschen.

1   Verfahren und Kontrolle von Löschungen: §§ 15, 16 SchuVVO.

§ 915 h   Verordnungsermächtigungen

(1) Das Bundesministerium der Justiz wird ermächtigt, durch Rechtsverordnung mit Zustimmung des Bundesrates
1. Vorschriften über den Inhalt des Schuldnerverzeichnisses, über den Bezug von Abdrucken nach den §§ 915 d, 915 e und das Bewilligungsverfahren sowie den Bezug von Listen nach § 915 f Abs. 1 zu erlassen,
2. Einzelheiten der Einrichtung und Ausgestaltung automatisierter Abrufverfahren nach § 915 e Abs. 2 Satz 4, insbesondere der Protokollierung der Abrufe für Zwecke der Datenschutzkontrolle, zu regeln,
3. die Erteilung und Aufbewahrung von Abdrucken aus dem Schuldnerverzeichnis, die Anfertigung, Verwendung und Weitergabe von Listen, die Mitteilung und den Vollzug von Löschungen und den Ausschluß vom Bezug von Abdrucken und Listen näher zu regeln, um die ordnungsgemäße Behandlung der Mitteilungen, den Schutz vor unbefugter Verwendung und die rechtzeitige Löschung von Eintragungen sicherzustellen,
4. zur Durchsetzung der Vernichtungs- und Löschungspflichten im Falle des Widerrufs der Bewilligung die Verhängung von Zwangsgeldern vorzusehen; das einzelne Zwangsgeld darf den Betrag von 25 000 Euro nicht übersteigen.

(2) [1]Die Landesregierungen werden ermächtigt, durch Rechtsverordnung zu bestimmen, daß
1. anstelle des Schuldnerverzeichnisses bei den einzelnen Vollstreckungsgerichten oder neben diesen ein zentrales Schuldnerverzeichnis für die Bezirke mehrerer Amtsgerichte bei einem Amtsgericht geführt wird und die betroffenen Vollstreckungsgerichte diesem Amtsgericht die erforderlichen Daten mitzuteilen haben;
2. bei solchen Verzeichnissen automatisierte Abrufverfahren eingeführt werden, soweit dies unter Berücksichtigung der schutzwürdigen Belange des betroffenen Schuldners und der beteiligten Stellen angemessen ist; die Rechtsverordnung hat

Maßnahmen zur Datenschutzkontrolle und Datensicherung vorzusehen. [2] **Sie werden ermächtigt, diese Befugnisse auf die Landesjustizverwaltungen zu übertragen.**

Die RechtsVO zu Abs 1 ist ergangen am 15. 12. 94, BGBl I 3822 **1** (SchuVVO), zuletzt geändert mWv 1. 1. 2002 durch Art 1 Nr 10 7. G zur Änderung der Pfändungsfreigrenzen. Schönfelder, Deutsche Gesetze Nr 102.

Abschnitt 5. Arrest und einstweilige Verfügung

Vorbemerkung

1. Wesen. Es handelt sich um summarische Verfahren zur Sicherung **1** des Gläubigers für einen Anspruch. Entsprechend seiner Zielsetzung zerfällt das Verfahren in zwei Teile, nämlich in die Anordnung und in die Vollziehung der Sicherung.

Streitgegenstand ist nicht der Anspruch selbst, sondern die Zuläs- **2** sigkeit seiner zwangsweisen Sicherung, wie sie der Gläubiger beantragt bzw, falls kein bestimmter Antrag gestellt wird, wie sie das Ger bestimmt hat (Stuttgart NJW 69, 1721). Anträge in diesen Verfahren führen deshalb nicht zur Rechtshängigkeit des Anspruchs selbst, Entscheidungen nicht zu einer Rechtskraftwirkung über ihn im Hauptsacheprozess. Vgl auch § 945 Rn 8, 9. Übergang vom Arrest- in Hauptsacheprozess ist – wenn überhaupt zulässig (§ 920 Rn 3) – Klageänderung (Frankfurt FamRZ 89, 296). Auf eine Schiedsgerichtsklausel kann sich der Beklagte im Arrest- und VfgsProzess nicht berufen (§ 1033). – **Die Sicherung ist zulässig** während des Hauptprozesses **3** und vor diesem, aber nicht mehr nach seiner rechtskräftigen Entscheidung. Voraussetzung für das Sicherungsverfahren ist aber, dass für den Hauptanspruch der Rechtsweg zulässig ist.

2. Anordnung. Sie geschieht in einem Erkenntnisverfahren, dem **4** Arrestprozess (§§ 916–927). Für ihn gelten die normalen Vorschriften, jedoch ist die mündl Verhandlung freigestellt und an die Stelle voller Beweisführung tritt die Glaubhaftmachung. Der Arrestbefehl ist der Titel, der **Vollziehung** des Arrestes berechtigt, die mit einigen **5** Sonderregeln den Regeln der ZwVollstr folgt (§§ 928–934), jedoch ohne Befriedigung des Gläubigers. Gesetzestechnisch wird bei der einstwVfg für Anordnung und Vollziehung mit einigen Abweichungen auf die Arrestvorschriften verwiesen (§ 936).

3. Abgrenzung. – a) Der Arrest dient der Sicherung der ZwVoll- **6** str wegen einer Geldforderung oder eines Anspruchs, der in eine solche übergehen kann (§ 916). – **b) Die einstweilige Verfügung** dient der **7** Sicherung eines Individualanspruchs auf gegenständliche Leistung (§ 935) oder des Rechtsfriedens (§ 940), ausnahmsweise auch der vorläufigen Befriedigung eines Anspruchs (§ 940 Rn 7–11), nicht der

Aufrechterhaltung eines Zustands zur Beweissicherung (Köln VersR 96,
8 733). – **c) Gegenseitiger Ausschluss.** Arrest und einstw Vfg als zulässiges Sicherungsmittel für ein und denselben Anspruch schließen sich
deshalb gegenseitig grundsätzlich aus. Eine Wahl zwischen beiden oder
beide nebeneinander sind nur denkbar, wenn der Individualanspruch
selbst und die eventuelle Ersatzforderung in Geld gefährdet sind (ebenso
Köln JMBl NRW 84, 9). Der falsch gewählte Antrag ist unzulässig
(Düsseldorf NJW 77, 1828), nur unter besonderen Umständen kann
Antrag auf einstw Vfg in Arrestantrag umgedeutet werden (Köln NJW
70, 1883). Zulässig ist, mit Rechtsmittel gegen eine Entscheidung, die
den Erlass eines Arrestbefehls ablehnt, den Erlass einer einstw Vfg zu
beantragen (Düsseldorf NJW 91, 2030) und umgekehrt (KG NJW 61,
1978).

9   **4. Die Behauptungs- und Beweislast** folgt iF rechtlichen Gehörs
vor Entscheidung über den Antrag den allgemeinen Regeln (17–40 vor
§ 284, Frankfurt BB 91, 96; aA Hirtz NJW 86, 110: stets und nur der
Antragsteller). Lediglich bei Beschlussentscheidung ohne rechtliches
Gehör ist zum Ausgleich dieses Nachteils für den Antragsgegner abweichend von den allgemeinen Regeln zu verlangen, dass der Antragsteller,
falls sich aus seinem Vortrag Hinweise ergeben, dass dem Antragsgegner
möglicherweise eine Einwendung zusteht, auch diejenigen Behauptungen aufstellt und glaubhaft macht, aus denen sich ergibt, dass der zu sichernde Anspruch einwendungsfrei besteht (StJGrunsky § 920 Rn 10,
11, MuHuber § 920 Rn 5; Teplitzky WRP 80, 373).

§ 916 Arrestanspruch

(1) **Der Arrest findet zur Sicherung der Zwangsvollstreckung
in das bewegliche oder unbewegliche Vermögen wegen einer
Geldforderung oder wegen eines Anspruchs statt, der in eine
Geldforderung übergehen kann.**

(2) **Die Zulässigkeit des Arrestes wird nicht dadurch ausgeschlossen, daß der Anspruch betagt oder bedingt ist, es sei
denn, daß der bedingte Anspruch wegen der entfernten Möglichkeit des Eintritts der Bedingung einen gegenwärtigen Vermögenswert nicht hat.**

1   **1. Arrest.** Wesen und Streitgegenstand vgl 1–3 vor § 916. Auch
hier ist, wie bei der Klage, zwischen Zulässigkeit und Begründetheit zu
2 unterscheiden (J. Blomeyer ZZP 81, 20 37 ff). – **Der Antrag ist zulässig,** wenn die allg Prozessvoraussetzungen (15–31 vor § 253) vorliegen, ferner ein Arrestanspruch (in Abgrenzung zum VfgsAnspruch, 6–8
vor § 916) und ein Arrestgrund behauptet ist. **Das Rechtsschutzbedürfnis fehlt,** wenn der Gläubiger bereits dingliche Sicherheiten besitzt, die ihm wirtschaftlich gleichen Schutz gewähren (vgl §§ 923,
777), ferner, wenn er ohne SL, insbes durch Sicherungsvollstreckung
nach § 720a Abs 1 (München OLGR 97, 236), einen VollstrTitel ver-

wirklichen oder auf sich umschreiben lassen kann (Köln FamRZ 95, 824). Sicherungsmöglichkeit durch Maßnahmen anderer Behörden, zB §§ 1667 ff BGB, schließen das Rechtsschutzbedürfnis nicht aus. – **Der Antrag ist begründet,** wenn Arrestanspruch und Arrestgrund 3 glaubhaft gemacht sind.

2. Arrestanspruch kann nur eine Geldforderung (vgl 2 vor § 803) 4 oder ein Individualanspruch sein, der in eine solche übergehen kann, insbes in den Fällen der Nicht- oder Schlechterfüllung und der §§ 887, 893. Konkurrenz zur einstw Vfg 8 vor § 916. Der Anspruch kann betagt (= künftige Fälligkeit ergibt sich aus Kalender oder durch Kündigung) oder bedingt sein, außer er hat keinen gegenwärtigen Vermögenswert, was vom Schuldner glaubhaft zu machen ist. – Dasselbe gilt für 5 **künftige Ansprüche,** falls sie klagbar (§ 926) sind (Düsseldorf NJW-RR 94, 450 und 453, Karlsruhe FamRZ 95, 822). Dazu gehören Unterhaltsansprüche von Kindern und Ehegatten (§ 258) einschließlich Trennungs- und Scheidungsunterhalt (Hamm FamRZ 95, 1427), der Anspruch auf vorzeitigen Ausgleich des Zugewinns (§§ 1385–1389 BGB), insbes auf SL nach § 1389 BGB (Celle FamRZ 96, 1429, Mu-Huber 12; aA Koblenz FamRZ 99, 97: nur einstw Vfg) und ab Rechtshängigkeit des Verbundverfahrens (§§ 621 Abs 1 Nr 5, 8, 623 Abs 1) der Anspruch auf nacheheliche Unterhalt (§ 1578 BGB) und auf Zugewinnausgleich § 1378 Abs 3 BGB (Hamm FamRZ 97, 181, Karlsruhe NJW 97, 1017; aA Stuttgart NJW-RR 96, 961). – **Nicht** 6 **zulässig** wegen § 926 ist der Arrest für Ansprüche, die (noch) nicht klagbar sind, zB gegen den Erben vor Erbschaftsannahme (§ 1958 BGB) und wenn für einstweilige Regelungen Sondervorschriften bestehen (§ 935 Rn 2).

§ 917 Arrestgrund bei dinglichem Arrest

(1) Der dingliche Arrest findet statt, wenn zu besorgen ist, daß ohne dessen Verhängung die Vollstreckung des Urteils vereitelt oder wesentlich erschwert werden würde.

(2) [1]**Als ein zureichender Arrestgrund ist es anzusehen, wenn das Urteil im Ausland vollstreckt werden müßte.** [2]**Dies gilt nicht, wenn das Urteil nach dem Übereinkommen vom 27. September 1968 über die gerichtliche Zuständigkeit und die Vollstreckung gerichtlicher Entscheidungen in Zivil- und Handelssachen und den Beitrittsübereinkommen dazu oder dem Übereinkommen vom 16. September 1988 über die gerichtliche Zuständigkeit und die Vollstreckung gerichtlicher Entscheidungen in Zivil- und Handelssachen (BGBl. 1994 II S. 2658, 3772) vollstreckt werden müßte.**

Literatur: Kropholler/Hartmann in Festschrift für Drobnig S 337–359.

1. Arrestgrund. – a) Bejahung. Der Arrest dient nicht dazu, die 1 Lage des Gläubigers gegenüber dem Vermögen des Schuldners zu ver-

bessern, sondern nur ihre Verschlechterung zu verhindern (BGH 131, 95 105; aA StJGrunsky 1). Maßgebend ist das objektive Urteil eines verständigen, gewissenhaft prüfenden Menschen. Die Gefahr liegt in der drohenden Veränderung der Vermögensverhältnisse (Koblenz ZIP 86, 1559). Verschulden ist nicht nötig. Die ungünstige Veränderung oder der Eintritt ihrer Wirkung muss unmittelbar bevorstehen, darf nicht schon abgeschlossen sein. Solche Umstände sind vor allem: Verschwendungssucht oder leichtfertige Geschäftsführung des Schuldners, Verschleuderung, auffallende Belastung oder beabsichtigte Veräußerung des Vermögens (Karlsruhe NJW 97, 1017), häufiger Wechsel des Wohnsitzes, eine gegen das Vermögen des Gläubigers gerichtete strafbare Handlung, wenn Wiederholung zu befürchten ist (Düsseldorf NJW-RR 86, 1192, Dresden NJW-RR 98, 1769; unklar BGH WM 83, 614) und die Voraussetzungen von Abs 1 konkret vorliegen (Düsseldorf NJW-RR 99, 1592, Köln NJW-RR 00, 69, Koblenz NJW-RR 02, 575); grob falsche Auskunft über das Endvermögen im Zugewinnaus-
2 gleichsverfahren (Frankfurt FamRZ 96, 747). – **b) Kein Arrestgrund** sind als solche schlechte Vermögenslage des Schuldners, Konkurrenz anderer Gläubiger (BGH 131, 95/105, ZöVollkommer 9; aA StJ-Grunsky 1), vertragswidriges Verhalten ohne konkrete Anhaltspunkte, dass der Schuldner sein Vermögen dem Gläubigerzugriff entziehen werde (BGH VersR 75, 763).

3   **2. Notwendigkeit späterer Vollstreckung im Ausland. a) Sie ist Arrestgrund,** außer wenn in Deutschland genügend Vermögen vorhanden ist und keine Gefahr der Wegschaffung besteht (Düsseldorf NJW 77, 2034, Stuttgart NJW-RR 96, 775). Dass der Schuldner überhaupt inländisches Vermögen besitzt, ist nicht erforderlich (Celle NJW 69, 1541). Beide Parteien können Ausländer sein (Stuttgart NJW 52, 831). Abs 2 S 1 gilt nicht, soweit die EuGVVO, das EuGVÜ oder das LGVÜ anwendbar ist (Vorb EuGVVO Rn 1, 17), dh nicht gegenüber Mitgliedsstaaten der EuGVVO, des EuGVÜ und des LGVÜ (Abs 2 S 2 u Art 68 Abs 2 EuGVVO), der Arrestgrund ist nach Abs 1 zu prü-
4 fen (Frankfurt FamRZ 95, 823). – **b) Kein Arrestgrund** besteht, wenn dem Gläubiger ausreichende Sicherheiten eingeräumt sind, mögen sie sich auch im Ausland befinden (BGH NJW 72, 1044) oder wenn die ausländische Linienreederei regelmäßig deutsche Häfen bedient (Bremen OLGZ 72, 247) oder sonst ständig Forderungen gegen Schuldner im Inland hat und haben wird (Hamburg VersR 82, 341). Die Ausländereigenschaft als solche ist kein Arrestgrund. Keine Vollstreckung im Ausland ist es, wenn dort der Drittschuldner seinen Wohnsitz hat (Frankfurt MDR 76, 321). Der Arrest ergreift auch das Vermögen des Schuldners im Ausland (Karlsruhe OLGZ 73, 58). Ob er dort vollziehbar ist, richtet sich nach dortigem, ggf nach internationa-
5 lem Prozessrecht (Karlsruhe aaO). – **c) Vollstreckung inländischer Urteile** im Ausland will Abs 2 sichern (aA Thümmel NJW 96, 1930), er ist also nicht anwendbar, wenn es um die Vollstreckung eines auslän-

dischen Urteils im Ausland geht (München NJW-RR 88, 1023, Hamburg NJW 90, 1425). Zur Frage, ob Urteile aus Vertragsstaaten der EuGVVO, des EuGVÜ und des LGVÜ inländischen gleichzustellen sind, vgl Art 31 EuGVVO Rn 4.

§ 918 Arrestgrund bei persönlichem Arrest

Der persönliche Sicherheitsarrest findet nur statt, wenn er erforderlich ist, um die gefährdete Zwangsvollstreckung in das Vermögen des Schuldners zu sichern.

Der **persönliche Arrest** ist zur Sicherung der ZwVollstr in das **1** Vermögen nur subsidiär zulässig, also wenn andere Mittel nicht genügen. – **Beispiele:** Schuldner will sich der Ladung zur Offenbarungs- **2** versicherung entziehen (München NJW-RR 88, 382), verweigert Angaben über Verbleib wesentlichen Vermögens (Karlsruhe NJW-RR 97, 450); Verbleib der Vermögensstücke ist nicht bekannt und es ist zu befürchten, dass Schuldner sie beiseite schafft. Ihre Herbeischaffung kann nicht erreicht werden. Zulässig auch gegen Ausländer (Art 26 HZPÜ). Vgl iü die Rn zu §§ 916, 917. Vollziehung nach § 933.

§ 919 Arrestgericht

Für die Anordnung des Arrestes ist sowohl das Gericht der Hauptsache als das Amtsgericht zuständig, in dessen Bezirk der mit Arrest zu belegende Gegenstand oder die in ihrer persönlichen Freiheit zu beschränkende Person sich befindet.

1. Anwendungsbereich. Die Bestimmung regelt die ausschließ- **1** liche (§ 802) Zuständigkeit für die Anordnung des Arrestes (4 vor § 916). Das Arrestgericht bleibt zuständig für die Entscheidung auf Widerspruch (§ 925), die Anordnung der Frist zur Erhebung der Hauptsacheklage (§ 926 Abs 1), die Aufhebung wegen Fristversäumung (§ 926 Abs 2) und wegen veränderter Umstände (§ 927; Ausnahme: § 927 Abs 2), für die Anordnung der Rückgabe einer Sicherheit (§ 109; Ausnahme § 943 Abs 2), für die Klage auf Erteilung der Vollstreckungsklausel (§§ 929 Abs 1, 731) und für die Pfändung von Geldforderungen in Vollziehung des Arrestes (§§ 930 Abs 1 S 3, 934).

2. Gericht der Hauptsache. – a) Ist die Hauptsache noch **2** **nicht anhängig** (vgl § 253 Rn 1, § 261 Rn 1), ist jedes deutsche Ger zuständig, vor dem sie nach den allgemeinen Zuständigkeitsvorschriften eingeklagt werden kann. Schiedsgericht vgl § 1041. Zur Hauptsache gehören auch die vorbereitenden Maßnahmen, die den Rechtsstreit erst ermöglichen sollen, so das Verlangen auf Prozesskostenvorschuss für Ehelichkeitsanfechtungsprozess; zuständig ist das für diesen zuständige Ger (Düsseldorf MDR 68, 425). – **b) Ist die Hauptsache anhängig,** **3** kommt es darauf an, wo sie schwebt (vgl § 943), auch im Mahnverfahren. Ob das Ger für die Haupsache zuständig ist, spielt grundsätzlich keine Rolle (Nürnberg GRUR 57, 296), ebenso wenn es nach Eingang

des Arrestantrages seine Zuständigkeit für die Hauptsache verneint oder verliert, § 261 Abs 3 Nr 2. Zu prüfen hat das ArrestGer allerdings, ob es für die Hauptsacheklage international zuständig und ob der Zivilrechtsweg zulässig ist (Koblenz ZIP 91, 1098; kritisch Otte aaO 1048) mit der Folge, dass uU ein Verfahren nach § 17 a GVG durchzuführen
4 ist (BAG NJW 00, 2524). – **c) Bei Kollegialgerichten** kann in dringenden Fällen ohne mdl Vhdlg der Vorsitzende allein entscheiden
5 (§ 944). Einzelrichter vgl § 348 Rn 1, 2. – **d) Das Familiengericht** ist ArrestGer, soweit die Hauptsache Familiensache ist (BGH NJW 80, 191). Frankfurt NJW-RR 88, 1350 hält wahlweise daneben das AG der
6 belegenen Sache für zuständig. – **e) Auch im Bereich der EU** ist nach Art 31 EuGVVO oder Art 24 LGVÜ das deutsche Ger der Hauptsache für die Anordnung zuständig, das ohne die Regelung in Art 2 ff EuGVVO für die Hauptsache selbst zuständig wäre (Düsseldorf NJW 78, 2034, Karlsruhe MDR 02, 231; aA Koblenz NJW 76, 2081 mit abl Anm Schlafen).

7   **3. Das Amtsgericht ist wahlweise zuständig** ohne Rücksicht auf die Anhängigkeit der Hauptsache und den Streitwert, für einstw Vfg aber nur in dringenden Fällen (§ 942 Abs 1). Einer der Gegenstände (vgl § 23 Rn 8) muss sich zZ der Antragstellung oder spätestens der gerichtlichen Entscheidung im Bezirk des AG befinden. Der Arrest ist nicht beschränkt auf Gegenstände oder Personen im Bezirk des AG
8 (StJGrunsky 13, Thümmel NJW 85, 472). – § 919 gilt auch in **Arbeitssachen** (LG Fulda NJW 96, 265, StJGrunsky 17).

§ 920 Arrestgesuch

(1) **Das Gesuch soll die Bezeichnung des Anspruchs unter Angabe des Geldbetrages oder des Geldwertes sowie die Bezeichnung des Arrestgrundes enthalten.**

(2) **Der Anspruch und der Arrestgrund sind glaubhaft zu machen.**

(3) **Das Gesuch kann vor der Geschäftsstelle zu Protokoll erklärt werden.**

1   **1. Der Antrag** muss bestimmt sein und die Tatsachen bezeichnen, aus denen sich der zu sichernde Anspruch (§ 916) und der Arrestgrund (§§ 917, 918) ergeben. Außerdem ist wegen § 923 die Angabe des Geldbetrages oder -wertes nötig. Mit Eingang ist der Arrestprozess rechtshängig (Düsseldorf NJW 81, 2824), nicht aber der zu sichernde Anspruch selbst. Befreiung vom Anwaltszwang (Abs 3, § 78 Abs 3) nur
2 für das Gesuch selbst. – **Rücknahme** ist gemäß § 269 ohne Einwilligung des Antragsgegners auch noch nach mdl Vhdlg (Düsseldorf NJW 82, 2452), beim LG dann unter Anwaltszwang zulässig. Wenn das Gesuch dem Gegner nicht mitgeteilt war, wird § 269 Abs 3 S 3 entsprechend anzuwenden sein. Ermäßigung der Kosten KV Nr 1312. –
3 **Übergang in den Hauptsacheprozess** ist weder entspr § 596 noch

§ 263 zulässig wegen der Verschiedenheit von Streitgegenstand und Verfahrensart, auch im Hinblick auf § 926 (Hamm NJW 71, 387, Karlsruhe OLGZ 77, 484, StJGrunsky 3; aA Braunschweig MDR 71, 1017, Teplitzky DRiZ 82, 41: zulässig bei Zustimmung beider Parteien).

2. Die Glaubhaftmachung (Abs 2, § 294) bedeutet gegenüber der **4** Beweisführung im normalen Verfahren eine Erleichterung, ist entbehrlich in den Fällen des § 921 Abs 2 (vgl auch § 935 Rn 6–8). Sie genügt auch in der mdl Vhdlg für andere notwendige Tatsachen als Anspruch und Grund (zB Prozessvoraussetzungen) und für den Gegner zur Widerlegung, verlangt aber sofortige Beweisaufnahme (Hamm FamRZ 98, 687, § 294 Abs 2). Zulässig ist Bezugnahme auf die Akten des Hauptprozesses. Nicht zulässig ist Antrag auf selbständiges Beweisverfahren (Frankfurt NJW 85, 811). Mit Glaubhaftmachung sind die Tatsachen und ausländisches Recht (vgl § 293 Rn 1, Hamburg VersR 89, 1164) gemeint, iü ist die Intensität der rechtlichen Prüfung nicht erleichtert. Behauptungs- und Beweislast vgl 9 vor § 916. Anwendbarkeit des § 273 vgl dort Rn 5.

§ 921 Entscheidung über das Arrestgesuch

[1]**Das Gericht kann, auch wenn der Anspruch oder der Arrestgrund nicht glaubhaft gemacht ist, den Arrest anordnen, sofern wegen der dem Gegner drohenden Nachteile Sicherheit geleistet wird.** [2]**Es kann die Anordnung des Arrestes von einer Sicherheitsleistung abhängig machen, selbst wenn der Anspruch und der Arrestgrund glaubhaft gemacht sind.**

1. Sicherheitsleistung. Das Ger hat im Beschluss- und Urteilsver- **1** fahren folgende **Möglichkeiten: – a)** Anordnung des Arrestes ohne SL; **– b)** Beschluss, dem Gegner nicht mitzuteilen (§ 922 Abs 3), auf **2** vorherige SL und Anordnung des Arrestes nach ihrem Nachweis; – **c)** Anordnung des Arrestes, aber Vollziehung nur gegen SL (S 1, **3** § 751 Abs 2). In den beiden erstgenannten Fällen ist kein Erbieten des Gläubigers zur SL erforderlich. Sie ersetzt nur die volle Glaubhaftmachung der Tatsachen zu Anspruch, Grund oder beiden, nicht aber den schlüssigen Vortrag der Tatsachen, aus denen sich Anspruch und Grund ergeben (Hamm Rpfleger 95, 468). Bestimmung der Sicherheit nach § 108.

2. Rechtsbehelf bei Anordnung gegen SL vgl § 922 Rn 5, 6. **4**

§ 922 Arresturteil und Arrestbeschluss

(1) [1]**Die Entscheidung über das Gesuch ergeht im Falle einer mündlichen Verhandlung durch Endurteil, andernfalls durch Beschluß.** [2]**Die Entscheidung, durch die der Arrest angeordnet wird, ist zu begründen, wenn sie im Ausland geltend gemacht werden soll.**

(2) **Den Beschluß, durch den ein Arrest angeordnet wird, hat die Partei, die den Arrest erwirkt hat, zustellen zu lassen.**

(3) **Der Beschluß, durch den das Arrestgesuch zurückgewiesen oder vorherige Sicherheitsleistung für erforderlich erklärt wird, ist dem Gegner nicht mitzuteilen.**

1   1. Über Anordnung **mündlicher Verhandlung** entscheidet das Ger, nicht der Vorsitzende. Ein bedingter Arrestantrag nur für den Fall, dass keine mdl Vhdlg angeordnet wird, ist in Wahrheit ein unbedingter, wirksamer Antrag mit bedingter und deshalb unzulässiger Rücknahme für den Fall, dass mdl Vhdlg angeordnet wird.

2   **2. Urteilsverfahren.** Das Gericht kann mdl Vhdlg anordnen. Ladungsfrist (§ 217) ist zu wahren, Einlassungsfrist nicht (§ 274 Rn 3). Es muss dann durch Urteil entscheiden. Normales Erkenntnisverfahren, in dem aber an die Stelle der Beweisführung die Glaubhaftmachung tritt. Das bedeutet im Hinblick auf § 294 Abs 2 auch, dass nur ein einziger Termin stattfindet, Vertagung und Schriftsatzfrist zur Erwiderung grundsätzlich nicht zulässig, § 296 allenfalls in seinem Abs 2 anzuwenden ist, wenn die Gegenpartei auf das verspätete Vorbringen im Termin nicht erwidern kann (StJGrunsky 23, Koblenz GRUR 87, 319). Zur Anwendbarkeit des § 273 vgl dort Rn 5. Urteilsgrundlage können die Sachlage bei Schluss der Verhandlung, Säumnis, Verzicht und Anerkenntnis sein. Keine Vorwegleistung der Prozessgebühr. Widerklage und Zwischenfeststellungsklage sind wegen der verschiedenen Prozessart und weil der Anspruch selbst nicht rechtshängig ist, ausgeschlossen; ebenso Übergang in den Hauptsacheprozess (vgl § 920 Rn 3) und Genenantrag auf Anordnung des Arrestes.

3   **3. Beschlussverfahren.** Schriftliche Anhörung des Gegners ist zulässig, aber nicht nötig. Auch für sie besteht kein Anwaltszwang entspr § 571 Abs 4 S 2. In dringenden Fällen kann der Vorsitzende allein entscheiden, § 944. Der anordnende Beschluss ist dem Antragsteller zuzustellen (§§ 329 Abs 2 S 2, 929 Abs 2), von diesem im Parteibetrieb dem Gegner (Abs 2) zusammen mit Abschrift der Antragsschrift (StJGrunsky 5). Er bedarf der Begründung nur iF des Abs 1 S 2 (Nürnberg NJW 76, 1101, MüKo/Heinze 4, StJGrunsky 5, Bischof NJW 80, 2236, Herr NJW 93, 2287; aA Nägele NJW 93, 1045, Lippold NJW 94, 1110). Der ablehnende Beschluss ist, weil beschwerdefähig, zu begründen, dem Gegner nicht mitzuteilen. Abs 3 schließt Anhörung des Antragsgegners im Beschwerdeverfahren unter Mitteilung des ablehnenden Beschlusses nicht aus (München NJW 74, 1517). Behauptungs- und Beweislast 9 vor § 916.

4   **4. Entscheidung. – a) Anordnung des Arrestes** ohne oder gegen SL (vgl § 921 Rn 2–4). Beschluss und Urteil (= Arrestbefehl) sind ohne Ausspruch vorl vollstreckbar und müssen über die Kosten nach §§ 91 ff, nicht § 788 entscheiden. Der Arrestbefehl muss die Geldforderung nach Grund und Betrag, die Art des Arrestes (§§ 917, 918) und

die Lösungssumme (§ 923) angeben; soll er im Geltungsbereich des EuGVÜ (dort 1 vor Art 1) in einem anderen Staat geltend gemacht werden, ist ihm eine Begründung beizufügen, § 32 Abs 4 AVAG. Oder – **b) Zurückweisung des Antrags,** auch hier mit Kostenaus- **5** spruch. Der Beschluss ist ohne weiteres vorl vollstr; für das Urt gelten die allgemeinen Vorschriften §§ 708 ff, insbes § 708 Nr 6.

5. Rechtsbehelfe. – a) Gegen Urteil des AG oder LG in erster **6** Instanz für beide Parteien Berufung nach allgemeinen Vorschriften. Das BerGer entscheidet im UrtVerfahren, kann also iF der Ber gegen ein abweisendes Urt nicht durch Beschluss den Arrest erstmals erlassen. Revision ist unstatthaft (§ 542 Abs 2). Gegen Urt des LG oder OLG als Berufungsgericht der Hauptsache (§ 943 Abs 1) oder wenn es erst in 2. Instanz im Arrestverfahren auf mdl Vhdlg angeordnet und durch Urteil entschieden hat, kein Rechtsmittel. – **b) Gegen Beschluss,** gleichgül- **7** tig ob 1. oder 2. Instanz, bei Anordnung des Arrestes ohne oder gegen SL für den Schuldner Widerspruch (§ 924). Bei Anordnung gegen SL und bei Ablehnung durch erste Instanz oder durch LG als BerGer der Hauptsache (§ 943 Abs 1) für Gläubiger sofortige Beschwerde (§ 567 Abs 1), für die ein Beschwerdewert analog § 511 Abs 2 Nr 1 nicht erreicht sein muss (aA LG Konstanz NJW-RR 95, 1102). Kein RA-Zwang wegen §§ 78, 569 Abs 3 Nr 1 (BGH NJW 84, 2413, KG NJW-RR 92, 576, Karlsruhe NJW-RR 93, 1470; aA Bergerfurth NJW 81, 353; Hamm NJW-RR 97, 763). Keine sof Beschw für Gläubiger mit dem alleinigen Ziel, Erledigung der Hauptsache festzustellen und dem Antragsgegner die Kosten aufzuerlegen (Bamberg OLGR 02, 462). Gegen ablehnenden Beschluss des LG als BeschwGer im Arrestverfahren und gegen ablehnenden Beschluss des OLG Rechtsbeschwerde nach Zulassung (§ 574 Abs 1 Nr 2). Wegen des zulässigen Rechtsmittels bei irriger Bezeichnung der Entscheidung vgl 6–10 vor § 511. Hat die 1. Instanz trotz mdl Vhdlg durch Beschluss entschieden, so ist Berufung, nicht Widerspruch zulässig, weil eine erneute mdl Vhdlg in 1. Instanz auch bei richtiger Bezeichnung der Entscheidung nicht möglich wäre (Karlsruhe NJW 87, 509).

6. Materielle Rechtskraftwirkung (§ 322 Rn 8–16) hinsichtlich **8** eines späteren gleich lautenden Arrestantrags kommt in beschränktem Umfang auch den Entscheidungen nach Rn 4, 5 zu (Frankfurt NJW 68, 2112, OVG Münster FamRZ 75, 293). – **a)** Konnte der erlassene Arrest in der Frist des § 929 Abs 2 nicht vollzogen werden, so steht **9** seinem Neuerlass nichts entgegen (§ 929 Rn 5). – **b)** Ist der Antrag zurückgewiesen, weil Arrestanspruch oder -grund nicht glaubhaft ge- **10** macht sind, so ist neuer Antrag nur mit neuer Glaubhaftmachung zulässig, die der Antragsteller im ersten Verfahren nicht vorbringen konnte (weitergehend Bongen/Renaud NJW 91, 2886). – **c)** Ist der Antrag **11** zurückgewiesen, weil Arrestanspruch oder -grund verneint sind, so ist seine Wiederholung nur zulässig, wenn er auf neue, nach der ersten Beschlussfassung entstandene Tatsachen gestützt ist (KG MDR 79, 64);

dies auch, wahlweise statt der Berufung, wenn das zurückweisende Urt noch nicht rechtskräftig ist (Zweibrücken FamRZ 82, 413). –

12 **d)** Wegen der Rechtskraftwirkung der Entscheidung für den Hauptsacheprozess vgl 2 vor § 916, für den Schadensersatzprozess § 945 Rn 8–10.

13 **7. Kosten:** Nr 1310, 1311 KV, § 40 BRAGO. Auch bei Zurückweisung des Antrags sind die notwendigen Kosten des Antraggegners erstattungsfähig, wenn das Gericht ihm Gelegenheit zur Stellungnahme gegeben oder er sonst Kenntnis von dem Antrag erlangt hat (KG MDR 93, 481 mwN). **Streitwert** nach § 3 (vgl dort Rn 16).

§ 923 Abwendungsbefugnis

In dem Arrestbefehl ist ein Geldbetrag festzustellen, durch dessen Hinterlegung die Vollziehung des Arrestes gehemmt und der Schuldner zu dem Antrag auf Aufhebung des vollzogenen Arrestes berechtigt wird.

1 **1. Die Lösungssumme** ist von Amts wegen im Arrestbefehl anzugeben. Die Höhe entspricht dem Geldbetrag der zu sichernden Forderung mit Nebenforderungen. Bestimmung der SL nach § 108. Bei fehlender Angabe ist der Titel wirksam, aber entspr § 321 (Hamburg NJW 58, 1145) oder auf Rechtsbehelf des Schuldners zu ergänzen.

2 **2. Bedeutung.** Gegen Nachweis der SL gem § 775 Nr 3 ist der Schuldner berechtigt, die Vollziehung des Arrestbefehls zu verhindern und die Aufhebung der Vollziehungsmaßnahmen beim VollstrGer (§ 934) gem § 766 zu beantragen. Die Anordnung des Arrestes (Arrestbefehl) bleibt unberührt bis zur Aufhebung in den dafür vorgesehenen Verfahren. Rückgabe der Sicherheit erst nach dieser Aufhebung, auch wenn dagegen Berufung eingelegt oder wenn Hauptsacheklage erhoben ist (Düsseldorf NJW-RR 87, 511). Auf die Kostenfestsetzung und ihre Vollstreckung ist die SL ohne Einfluss. Materiellrechtliche Wirkung: § 233 BGB.

3 **3. § 923 gilt nicht** für einstw Vfg (§ 939).

§ 924 Widerspruch

(1) **Gegen den Beschluß, durch den ein Arrest angeordnet wird, findet Widerspruch statt.**

(2) [1] **Die widersprechende Partei hat in dem Widerspruch die Gründe darzulegen, die sie für die Aufhebung des Arrestes geltend machen will.** [2] **Das Gericht hat Termin zur mündlichen Verhandlung von Amts wegen zu bestimmen.** [3] **Ist das Arrestgericht ein Amtsgericht, so ist der Widerspruch unter Angabe der Gründe, die für die Aufhebung des Arrestes geltend gemacht werden sollen, schriftlich oder zum Protokoll der Geschäftsstelle zu erheben.**

(3) [1]**Durch Erhebung des Widerspruchs wird die Vollziehung des Arrestes nicht gehemmt.** [2]**Das Gericht kann aber eine einstweilige Anordnung nach § 707 treffen; § 707 Abs. 1 Satz 2 ist nicht anzuwenden.**

1. Widerspruch ist der Rechtsbehelf des Schuldners oder seines 1 Rechtsnachfolgers (nicht Dritter) gegen den Beschluss, gleichgültig welcher Instanz, der den Arrest angeordnet hat. Er führt zu notwendiger mdl Vhdlg über die Rechtmäßigkeit des Arrestbefehls. Einlegung schriftlich, Anwaltszwang gem § 78 (Koblenz NJW 80, 2588), beim AG auch zu Protokoll unter Angabe der Begründung. Nicht fristgebunden, auch schon vor Zustellung des Arrestbefehls und noch nach Ablauf der Vollziehungsfrist § 929 Abs 2. Die Einlegung nach vielen Monaten kann Rechtsmissbrauch sein (Frankfurt MDR 56, 622, KG GRUR 85, 237), aber nicht solange der Hauptsacheprozess läuft (BGH NJW 92, 2297). Beschränkung auf die Kosten ist als Verzicht auf Rechtsbehelf in der Sache anzusehen (Hamm MDR 91, 357) bzw als Anerkenntnis mit Gebührenermäßigung nach KV Nr 1312 b (Frankfurt NJW-RR 96, 1535). Ermäßigung der Gebühr bei Rücknahme entspr KV Nₗ 1312 (Koblenz MDR 96, 425).

2. Zuständig ist das Gericht, das den Arrestbeschluss erlassen hat. 2 Hat ihn erst das BeschwGer (nicht das BerGer der Hauptsache, § 943) erlassen bzw die untere Instanz zum Erlass angewiesen, so ist der Widerspruch bei der 1. Instanz einzulegen, die auch darüber entscheidet (Hamm OLGZ 88, 492). Entscheidung vgl § 925.

3. Zulässig ist der Widerspruch, wenn die allg Prozessvoraussetzungen 3 (8–33 vor § 253) gegeben und die Formerfordernisse (Rn 1) erfüllt sind. – **Er hat Erfolg,** wenn bei Schluss der mdl Vhdlg eine 4 Voraussetzung für den Erlass des Arrestbefehls fehlt (vgl § 916 Rn 2, 3), wenn die Hauptsacheklage nicht fristgemäß erhoben wurde (§ 926 Abs 2) oder wenn sich seit Erlass die Umstände verändert haben (§ 927). – **Gegen eine einstweilige Verfügung** außerdem, wenn die Voraussetzungen 5 des § 939 vorliegen (Köln NJW 75, 454).

4. Andere Rechtsbehelfe: – a) Gegen die Anordnung des 6 **Arrestes** kann der Schuldner wahlweise und neben dem Widerspruch Aufhebungsantrag nach §§ 926 Abs 2, 927 stellen. Ist auf einen dieser Rechtsbehelfe der Arrest aufgehoben oder die einstw Vfg in der Hauptsache durch Urt oder von den Parteien für erledigt erklärt, so ist ein nochmaliger anderer Rechtsbehelf unzulässig, auch wenn dessen Folgen günstiger wären (Düsseldorf NJW 71, 812). – **b) Gegen die Vollziehung** 7 **hung des Arrestes** kann der Schuldner nach § 923 oder § 766, ein Dritter nach § 771 vorgehen. Durch § 927 sind ausgeschlossen Vollstr-Abwehrklage (§ 767), außer bei LeistungsVfg (§ 936 Rn 15) und Abänderungsklage (§ 323); ebenso die Wiederaufnahmeklage außer für den Gläubiger gegen arrestaufhebende Urteile (München NJW 56, 427).

5. Einstweilige Einstellung der Zwangsvollstreckung (Abs 3 8 S 2 mit § 707 ohne dessen Abs 1 S 2) ist analog auch in den Fällen der

§§ 926 Abs 1 und 942 Abs 1, 2 zulässig (Düsseldorf NJW 70, 254), außer bei gewissen einstw Vfgen auf Unterlassung, § 940 Rn 14.

9   **6. Verzicht** auf Widerspruch, auf Antrag nach § 926 Abs 1, auf Aufhebungsantrag nach §§ 926 Abs 2, 927 macht diese Rechtsbehelfe unzulässig. Er beseitigt das Rechtsschutzbedürfnis für die Hauptsache-
10   klage, vgl § 926 Rn 7, 8. – Zur Abgabe der Verzichtserklärung kann der Antragsteller dem Antragsgegner eine angemessene Frist setzen (sog **Abschlussschreiben**). Ist sie zu kurz bemessen, wird die angemessene in Lauf gesetzt. Angemessen ist in Anlehnung an § 517 ein Monat ab Zustellung der einstw Vfg; ist diese Monatsfrist bei Zugang des Abschlussschreibens bereits verstrichen, 2 Wochen ab Zugang (KG WRP 78, 451).

§ 925 Entscheidung nach Widerspruch

(1) **Wird Widerspruch erhoben, so ist über die Rechtmäßigkeit des Arrestes durch Endurteil zu entscheiden.**

(2) **Das Gericht kann den Arrest ganz oder teilweise bestätigen, abändern oder aufheben, auch die Bestätigung, Abänderung oder Aufhebung von einer Sicherheitsleistung abhängig machen.**

1   **1. Das Verfahren** hat zum Gegenstand die Rechtmäßigkeit der Arrestanordnung (4 vor § 916 und § 924 Rn 4, 5) und entspricht völlig dem Urteilsverfahren in § 922 Abs 1 (dort Rn 2). Die Parteirollen ändern sich nicht. Verbindung mit Verfahren nach §§ 926 Abs 2, 927 ist zulässig. Stellt sich die Unzuständigkeit des Ger heraus, ist auf Antrag ohne Aufhebung des Arrestbefehls zu verweisen (Stuttgart MDR 58, 171); LG Arnsberg NJW-RR 93, 318, Bernaerts MDR 79, 97 und Teplitzky DRiZ 82, 41 halten mdl Vhdlg, Aufhebung des Arrestbefehls u dann Verweisung für richtig. Sie übersehen, dass über die Rechtmäßigkeit des erlassenen Arrestes das zuständige Ger zu entscheiden hat. Auswechslung des Arrestanspruchs ist Klageänderung, das Ger hat über die Rechtmäßigkeit des alten und die Begründetheit des neuen Arrestantrags zu entscheiden (Frankfurt NJW-RR 88, 319).

2   **2. Das Urteil** entscheidet mit den Möglichkeiten in Abs 2 über den Arrest, nicht über den Widerspruch. Nur wenn dieser unzulässig ist (§ 924 Rn 3), ist er in Analogie zu § 341 Abs 1 S 2 zu verwerfen. Bei Aufhebung des Arrestbefehls ist der Arrestantrag zurückzuweisen. Sie wirkt ab Verkündung, nicht erst ab Zustellung oder Rechtskraft (KG NJW-RR 96, 1088, Düsseldorf NJW-RR 02, 138, StJGrunsky 19) und beseitigt den Titel; diese Wirkung kann nicht gem §§ 707, 719 ZPO gehemmt werden (KG aaO, Bremen MDR 98, 677, Düsseldorf NJW-RR 02, 138). Bestätigende Urteile sind wie der Arrestbeschluss ohne Ausspruch vorl vollstr auch wegen der Kosten. Für Urt, die den Arrest aufheben und den Antrag auf Erlass ablehnen, gilt § 708 Nr 6. Einstellung und Aufhebung der Arrestvollziehung nach §§ 775 Nr 1, 3,

776. – **Kostenentscheidung** nach §§ 91 ff, bei Rücknahme des Wi- 3
derspruchs ist § 516 Abs 3 analog anzuwenden (hM). – **Streitwert** wie
§ 922 Rn 13. – **Rechtsmittel** § 922 Rn 6. War Widerspruch nur we- 4
gen der Kosten eingelegt und ergeht daraufhin Kostenurteil, ist sofortige Beschwerde analog § 99 Abs 2 statthaft (Brandenburg NJW-RR 94,
1022, Koblenz NJW-RR 97, 893; aA München NJW 72, 954, Oldenburg MDR 76, 674). Nach Einlegung der Berufung sind bei bestätig-
tem Arrest einstw Anordnungen nach §§ 719, 707 zulässig; nicht aber
analog, wenn das Urt den Arrest aufgehoben und den Antrag auf seinen
Erlass abgelehnt hat (KG NJW-RR 96, 1088, Düsseldorf NJW-RR 02,
138; Schuschke/Walker 13; aA KG MDR 94, 727). Hat die 1. Instanz
auf Widerspruch den Arrestbefehl aufgehoben, so hat ihn bei anderer
Beurteilung das BerGer neu zu erlassen (Düsseldorf NJW-RR 02, 138;
aA Düsseldorf BB 81, 394: bestätigen).

§ 926 Anordnung der Klageerhebung

(1) **Ist die Hauptsache nicht anhängig, so hat das Arrestgericht auf Antrag ohne mündliche Verhandlung anzuordnen,
daß die Partei, die den Arrestbefehl erwirkt hat, binnen einer
zu bestimmenden Frist Klage zu erheben habe.**

(2) **Wird dieser Anordnung nicht Folge geleistet, so ist auf
Antrag die Aufhebung des Arrestes durch Endurteil auszusprechen.**

1. Anordnung. – a) Zuständig ist der Rechtspfleger (§ 20 Nr 14 1
RPflG) des Arrestgerichts (§ 924 Rn 2), außer im Fall des § 942
(Rn 5). In welcher Instanz ein Widerspruchs- oder Aufhebungsverfahren nach § 927 schwebt, ist gleichgültig. – **b) Zulässig** ist die Anord- 2
nung nur auf Antrag des Schuldners ohne Anwaltszwang, solange die
Hauptsacheklage noch nicht vor einem inländischen (auch Schieds-)
oder vor einem ausländischen Ger, dessen Urteil anzuerkennen ist
(Frankfurt Rpfleger 81, 118), anhängig oder gar schon rechtskräftig
entschieden ist (BGH WM 87, 367) und solange der Arrestbefehl
(Beschluss oder Urteil, auch auf Widerspruch) noch besteht. Die Abwendung der Vollziehung nach § 923 steht nicht entgegen. Die allg
Prozessvoraussetzungen müssen gegeben sein. – Das **Rechtsschutz-** 3
bedürfnis fehlt, wenn die zeitlich begrenzte Dauer der einstw Vfg abgelaufen ist (Hamm MDR 86, 418); wenn der Arrest durch Urt für erledigt erklärt ist; wenn die Hauptsacheklage bereits anhängig oder das
Verfahren über sie bereits abgeschlossen ist; wenn die Anordnung einer
Hauptsacheklage in Frage steht, die in diesem Zeitpunkt nach dem beiderseitigen Vorbringen nicht begründet sein würde (zB Wegfall der
Wiederholungsgefahr, Erfüllung des Anspruchs, Frankfurt NJW-RR
02, 1474), sofern der VerfKl den VerfBekl vor jeder künftigen Inanspruchnahme aus der einstw Vfg (dem Arrest) sichergestellt hat, zB
durch Erledigterklärung (BGH NJW 74, 503, Karlsruhe NJW-RR 88,
251), durch Gestattung der mit einstw Vfg verbotenen Handlung

(Hamburg NJW-RR 86, 1122). Verzicht auf den Antrag vgl § 924
Rn 9. Zur Zulässigkeit der Anordnung iF einstw Vfg nach § 1615 o
4 BGB vgl § 936 Rn 6. – c) **Entscheidung** ohne mdl Vhdlg durch Beschluss. Rechtliches Gehör ist zweckmäßig zur Prüfung des Rechtsschutzbedürfnisses (nach MuHuber 10 immer notwendig). Der Beschluss lehnt den Antrag ab oder bestimmt die Frist und weist auf die
Folgen ihrer Versäumung hin. Er ist dem Gläubiger zuzustellen (§ 329
Abs 2 S 2). Eine Bindungswirkung, dass die Fristsetzung zulässig war,
besteht für das Aufhebungsverfahren nicht (LG Göttingen Rpfleger 93,
5, 6 440).– d) **Gebühren:** Bei Gericht keine; § 40 BRAGO. – e) **Rechtsmittel:** Für Gläubiger bei Anordnung durch Rechtspfleger sofortige
Erinnerung gem § 11 Abs 2 S 1 RPflG. Für Schuldner bei Ablehnung
oder zu langer Frist sofortige Beschwerde (§ 11 Abs 1 RPflG, § 567
Abs 1 Nr 2).

7   2. Der **Klageerhebung,** auch vor dem Schiedsgericht, auf Leistung,
gegebenenfalls auf Feststellung steht Zustellung eines Mahnbescheides
gleich (Köln OLGZ 79, 118), nicht dagegen Antrag auf PKH (Düsseldorf MDR 87, 771, Hamm OLGZ 89, 322; aA ZöVollkommer 32).
Dem hilfsbedürftigen Arrestgläubiger kann in Wahrung des Gleichheits-
grundsatzes dadurch geholfen werden, dass Termin im Aufhebungsverfahren nicht vor Entscheidung über seinen PKH-Antrag bestimmt
wird. Ferner steht nicht gleich einseitige Erledigungserklärung des Vfgs-
Prozesses durch Kl (Hamburg MDR 65, 49). Die Anordnung der Klageerhebung macht nicht eine Klage zulässig, die bereits anderweit
rechtshängig oder über die schon rechtskräftig entschieden ist (BGH
WM 87, 367), sie ersetzt nicht fehlendes Rechtsschutzbedürfnis, erst
recht nicht fehlende materielle Voraussetzungen (Hamburg MDR 70,
935). Der erlassene, auch auf Widerspruch bestätigte Arrest nimmt der
Hauptsacheklage grundsätzlich weder das Rechtsschutzbedürfnis noch
die Veranlassung (Hamburg GRUR 71, 282). Verzicht auf Antrag nach
Abs 1 nimmt der Klage das Rechtsschutzbedürfnis nur, wenn der Kl
durch diesen Verzicht in derselben Weise gesichert ist wie durch ein Urt
8 in der Hauptsache (BGH NJW-RR 89, 426). – Die **Frist** ist noch gewahrt, wenn die Hauptsacheklage fristgerecht eingereicht ist, demnächst
zugestellt wird (§ 167) und der Kl glaubhaft macht, dass er alles für eine
alsbaldige Zustellung Erforderliche getan hat (Hamburg WRP 78, 907,
ZöVollkommer 32, BLAH 11; aA Frankfurt GRUR 87, 650, Koblenz
NJW-RR 95, 443). Die Fristversäumung ist geheilt, wenn die Hauptsacheklage bis zum Schluss der mdl Vhdlg über den Aufhebungsantrag
in 1. Instanz erhoben, dh zugestellt ist, § 231 Abs 2 (KG MDR 71,
767).

9   3. **Aufhebung. – a)** nur auf schriftlichen **Antrag** des Schuldners,
Anwaltszwang gem § 78, beim AG auch zu Protokoll; notwendige mdl
10 Vhdlg. – **b) Zuständig** ist das ArrestGer (wie § 924 Rn 2) bzw das
BerGer, wenn dort der ArrestProz schon aus anderen Gründen schwebt
(Koblenz NJW-RR 95, 443); aA ohne Begründung Karlsruhe NJW

73, 1509: Das BerGer, wenn von ihm die einstw Vfg erlassen wurde. –
c) Der **Antrag ist zulässig,** solange der Arrest (die einstw Vfg) be- 11
steht, also zB nicht mehr, auch nicht analog § 926, nachdem das ArrestGer den Arrestantrag rechtskräftig durch Urt für erledigt erklärt
(BGH NJW 73, 1329) oder aufgehoben hat. Der Aufhebungsantrag
bleibt zulässig, wenn der ArrestKl gegen das den Arrest aufhebende Urt
Berufung eingelegt hat, weil die Aufhebung bis zur Rechtskraft des Urt
nur vorläufige Wirkung hat (Hamburg WRP 76, 77, LG Arnsberg
MDR 86, 328). Außerdem müssen die allg Prozessvoraussetzungen (8–
33 vor § 253) erfüllt sein. Dazu gehört auch Rechtsschutzbedürfnis für
Fristsetzung zur Hauptsacheklage (vgl Rn 3) und für Aufhebungsantrag
(BGH NJW 74, 503). – **Rechtsschutzbedürfnis fehlt,** wenn die 12
Hauptsacheforderung, bei Vormerkung für Bauhandwerkerhypothek
die zugrunde liegende Zahlungsforderung erloschen ist; Aufhebungsan-
trag nach § 927 bleibt zulässig (LG Mainz NJW 73, 2294). Das
Rechtsschutzbedürfnis fehlt ferner, wenn sich die Hauptsache vor
Fristsetzung (Hamburg aaO) oder vor Stellung des Aufhebungsantrags
(LG Aachen MDR 73, 506) erledigt hat. – d) Der **Antrag ist be-** 13
gründet, wenn der Schuldner vorträgt, dass die Frist verstrichen ist
(Rn 8) oder analog glaubhaft macht, dass die Hauptsacheklage zurückgenommen oder als unzulässig abgewiesen ist oder dass der Gläubiger
auf die Rechte aus dem Arrestbefehl verzichtet hat. Im letztgenannten
Fall ist der Aufhebungsantrag jedoch insoweit unbegründet, als der Kl
im HauptsacheProz einen den Arrest ersetzenden Titel od ein Unter-
lassungsversprechen des Bekl erhält und deshalb auf seine Rechte aus
dem Arrestbefehl verzichtet (Frankfurt NJW 72, 1330).

Der Aufhebungsantrag ist außerdem begründet, wenn der Gläubiger 14
nicht die **richtige Hauptsacheklage** erhebt, zB iF des § 648 BGB
den Werklohn einklagt statt Einräumung der Hypothek (Frankfurt
NJW 83, 1129, Oldenburg NJW-RR 86, 322; aA Frankfurt MDR 03,
23; vgl auch Düsseldorf MDR 88, 976). Die Erhebung der Hauptsacheklage hat der Gläubiger glaubhaft zu machen (Frankfurt Rpfleger 81, 15
118). – **e) Das Urteil** lautet auf Aufhebung des Arrestes oder Zurückweisung des Antrags. Die Aufhebung ist rückwirkend. – **Die Kos-** 16
tenentscheidung nach §§ 91 ff, nicht § 788, umfasst bei Aufhebung
des Arrestes das ganze Arrestverfahren, einschließlich eines Berufungsverfahrens (München NJW-RR 97, 832). Wird der Aufhebungsantrag
zurückgenommen, abgewiesen oder übereinstimmend für erledigt erklärt (Frankfurt WRP 86, 685), so ist über die Kosten des Aufhebungsverfahrens gesondert zu entscheiden. – **Vorläufige Vollstreckbarkeit** 17
bei Aufhebung § 708 Nr 6, bei Zurückweisung § 708 Nr 11 oder § 709
S 1 je nach der Höhe der Kosten. – **f) Gebühren:** Nr 1310, 1311 KV; 18
§ 40 BRAGO. Streitwert vgl § 922 Rn 12. – **g) Rechtsmittel:** Be- 19
rufung, keine Revision (§ 542 Abs 2). Folge der Aufhebung: § 945.

4. Andere Rechtsbehelfe. Der Schuldner kann auch negative 20
Feststellungsklage erheben und nach obsiegendem Urt Aufhebung nach

§ 927 verlangen (offen gelassen, aber mit gleicher Tendenz BGH NJW 78, 2157). Der Aufhebungsantrag nach § 926 Abs 2 kann auch im Widerspruchs- oder im Aufhebungsverfahren nach § 927 gestellt werden, auch in der BerInstanz. Hebt das ArrestGer nach Erlass eines ArrestUrt auf, so erledigt sich der Arrestantrag in der BerInstanz. Im Übrigen vgl § 924 Rn 6, 7.

21   **5. Vorläufige Einstellung der Zwangsvollstreckung** durch das Arrestgericht vgl § 924 Rn 8.

§ 927 Aufhebung wegen veränderter Umstände

(1) **Auch nach der Bestätigung des Arrestes kann wegen veränderter Umstände, insbesondere wegen Erledigung des Arrestgrundes oder auf Grund des Erbietens zur Sicherheitsleistung die Aufhebung des Arrestes beantragt werden.**

(2) **Die Entscheidung ist durch Endurteil zu erlassen; sie ergeht durch das Gericht, das den Arrest angeordnet hat, und wenn die Hauptsache anhängig ist, durch das Gericht der Hauptsache.**

1   **1. Gegenstand des Verfahrens ist** die Rechtmäßigkeit der Fortdauer des Arrestes, nicht seiner Anordnung und entspricht mit notwendiger mdl Vhdl dem Urteilsverfahren in § 922 Abs 1. Die Parteirollen
2 vertauschen sich hier aber. – **a) Einleitung auf Antrag des Schuldners** oder seines Gesamtrechtsnachfolgers; Anwaltszwang gem § 78, beim AG auch zu Protokoll; einstw Anordnungen sind entspr § 924 Abs 3 S 2 zulässig (Zweibrücken FamRZ 81, 698). Verzicht auf
3 den Antrag vgl § 924 Rn 9. – **b) Zuständig** ist ausschließlich (§ 802) das Gericht der Hauptsache (§ 943), falls diese anhängig ist. Ist die Hauptsache nicht mehr anhängig, ist das Ger zuständig, das den Arrest erlassen hat, also das BerGer der rechtkräftig erledigten Hauptsache, wenn dieses den Arrest erstmals erlassen hat (Hamm MDR 92, 302). Ist die Hauptsache noch nicht anhängig, soll das ArrestGer erster Instanz zuständig sein, auch wenn erst das RechtsmittelGer den Arrest erlassen hat (Düsseldorf MDR 84, 324, Hamm OLGZ 88, 492); das BerGer, wenn gegen den Arrest Berufung eingelegt ist (Hamburg MDR 69,
4 931). – **c) Der Antrag ist zulässig,** wenn die allg Prozessvoraussetzungen (8–33 vor § 253) vorliegen. Der Arrestbefehl (Beschluss oder Urteil, auch auf Widerspruch) muss noch bestehen. Das Rechtsschutzbedürfnis fehlt, wenn gegen den Arrestbefehl Widerspruch oder Berufung eingelegt wird, weil sie zur umfassenderen Prüfung führen und auf veränderte Umstände gestützt werden können (Hamm GRUR 78, 611, Koblenz GRUR 89, 373); ferner, wenn der Gläubiger auf die Rechte aus dem Arrestbefehl verzichtet, den Titel herausgegeben und sich verpflichtet hat, die Kosten des Arrestanordnungsverfahrens zu er-
5 statten (Hees MDR 94, 438, Ahrens ZZP 107, 519). – **d) Der Antrag ist begründet,** wenn der Schuldner glaubhaft macht, dass sich die

Umstände verändert haben (Frankfurt NJW-RR 00, 1236). – **e) Das** **6** **Urteil** kann auf Aufhebung, Abänderung des Arrestbefehls oder auf Zurückweisung des Antrags lauten. Die Aufhebung wirkt nicht zurück. – **Der Kostenausspruch** nach §§ 91 ff, auch § 93 bei Verzicht **7** auf die Rechte aus der einstw Vfg oder bei Anerkenntnis des Aufhebungsanspruchs (Frankfurt OLGZ 85, 442), betrifft anders als in §§ 924, 925 grundsätzlich nur das Aufhebungsverfahren (München NJW 65, 1183, Frankfurt OLGZ 82, 346). – **Die Kosten auch des Anord-** **8** **nungsverfahrens** sind dem ArrestKl aufzuerlegen, wenn der Arrest aufgehoben wird, weil seine Anordnung von vornherein unrechtmäßig war, wenn er im Widerspruchsverfahren nach § 925, selbst wegen veränderter Umstände (Hamburg NJW 64, 600, Frankfurt OLGZ 80, 258) aufgehoben wird, ferner im Falle der Rn 12, wenn die Hauptsacheklage als von Anfang an unbegründet abgewiesen wurde (BGH NJW 93, 2685) und endlich, wenn die veränderten Umstände darin liegen, dass der ArrestKl die Frist zur Hauptsacheklage (§ 926 Abs 2) oder die Vollziehungsfrist nach § 929 Abs 2 versäumt hat, weil er damit zu erkennen gibt, dass er auf den Arrest nicht angewiesen war (Hamm NJW-RR 90, 1214, Schleswig NJW-RR 95, 896, StJGrunsky 16; aA München NJW-RR 86, 998). – **Vorläufige Vollstreckbarkeit** wie **9** § 926 Rn 17. – **f) Gebühren:** Wie § 926 Rn 18; Streitwert wie § 922 **10** Rn 13, höchstens aber der Wert, den der aufzuhebende Titel bei Erhebung der Aufhebungsklage noch hat (Celle Rpfleger 69, 96). – **g) Rechtsmittel** wie § 926 Rn 19. Bei Aufhebung ist hier § 945 nicht **11** anwendbar.

2. Veränderte Umstände. Es genügt, wenn der Schuldner die ver- **12** änderte Sachlage erst nach Erlass des Arrestbefehls erfahren hat. Die Veränderung kann betreffen: – **a)** den **Arrestanspruch,** zB Erlöschen; Abweisung im HauptProz als unbegründet schon vor Eintritt der Rechtskraft, wenn mit einem Erfolg eines gegen das Urt eingelegten Rechtsmittels nicht zu rechnen ist (BGH WM 76, 134, Düsseldorf NJW-RR 87, 993); auch Abweisung der Hauptsacheklage als unzulässig, wenn der Kl die Klage nicht mit Aussicht auf Erfolg erneuern kann (StJGrunsky 6); negatives Feststellungsurteil; gerichtliche Feststellung der Verfassungswidrigkeit der Rechtsvorschrift, aus der der VfgsAnspruch hergeleitet wird (KG GRUR 85, 236); – **b)** den **Arrestgrund,** **13** zB rechtskräftiges – nicht schon: gegen SL vorl vollstreckbares (Hamm NJW-RR 90, 1536) – obsiegendes Urt in der Hauptsache (KG WRP 79, 547, Hamm OLGZ 88, 321), außer der ArrestKl ist zur SL in der Lage (Karlsruhe NJW-RR 96, 960) oder es sind noch Ordnungsmittelverfahren anhängig, denen Vorfälle aus der Zeit vor Erlass des Hauptsachetitels zugrunde liegen (Düsseldorf MDR 90, 732); Möglichkeit der ZwVollstr im Inland (§ 917 Abs 2), Abgabe der Offenbarungsversicherung im Fall des § 918; – **c) Sicherheitsleistung** durch Schuldner. **14** Die Aufhebung ist gegen Nachweis der erfolgten oder aufschiebend bedingt durch die angebotene SL mit Fristsetzung auszusprechen. Be-

15 stimmung der Sicherheit nach § 108; – **d)** die **Vollziehbarkeit,** zB Ablauf der Frist in § 929 Abs 2 (Schleswig NJW 72, 1056, Hamm FamRZ 94, 1479), auch wenn Antragsteller eine angeordnete SL nicht innerhalb dieser Frist erbracht hat (Frankfurt WRP 80, 423), Eröffnung des Insolvenzverfahrens (§ 89 InsO) über das Vermögen des Schuldners (MuHuber Rn 7). In allen Fällen ist die Arrestanordnung, nicht nur die Vollziehung aufzuheben (4, 5 vor § 916 und § 923).

16   **3. Andere Rechtsbehelfe** vgl § 924 Rn 6, 7 und § 926 Rn 20. Eine Mindermeinung hält Aufhebung nach § 927 nicht für zulässig, solange der Gegner Widerspruch erheben kann (Nachweise bei Teplitzky DRiZ 82, 41 45). Statt des Aufhebungsantrags kann Widerspruch oder Ber eingelegt und auf veränderte Umstände gestützt werden (Koblenz GRUR 89, 373), ihre Einlegung macht das Aufhebungsverfahren mangels Rechtsschutzbedürfnisses unzulässig (Düsseldorf NJW-RR 88, 188, Hamm FamRZ 95, 824).

§ 928 Vollziehung des Arrestes

Auf die Vollziehung des Arrestes sind die Vorschriften über die Zwangsvollstreckung entsprechend anzuwenden, soweit nicht die nachfolgenden Paragraphen abweichende Vorschriften enthalten.

1   **1.** Zum Unterschied zwischen Arrestanordnung und **Arrestvollziehung** 4, 5 vor § 916. Letztere geschieht grundsätzlich nach den Regeln der ZwVollstr (13 ff vor § 704). Titel ist der Arrestbefehl. Die Vollziehung darf aber nur zur Sicherung, nicht zur Befriedigung des Gläubigers führen. Es gelten folgende Abweichungen: Für die Klausel § 929 Abs 1, Zustellung § 929 Abs 3, Frist § 929 Abs 2; Pfändung von Fahrnis und Forderungen § 930, von Schiffen § 931. Vollziehung in das unbewegliche Vermögen § 932, Vollziehung des persönlichen Arrestes § 933. Unzulässig ist die Vollziehung nach Eröffnung des Insolvenzverfahrens (§ 89 InsO). Vollziehung der einstw Vfg vgl § 936 Rn 7 ff. §§ 928 ff gelten auch im Arbeitsrecht.

2   **2. Rechtsbehelfe** § 924 Rn 7 und § 934.

3   **3. Kosten** § 788; im Übrigen vgl bei den einzelnen ZwVollstr-Maßnahmen.

§ 929 Vollstreckungsklausel; Vollziehungsfrist

(1) Arrestbefehle bedürfen der Vollstreckungsklausel nur, wenn die Vollziehung für einen anderen als den in dem Befehl bezeichneten Gläubiger oder gegen einen anderen als den in dem Befehl bezeichneten Schuldner erfolgen soll.

(2) Die Vollziehung des Arrestbefehls ist unstatthaft, wenn seit dem Tage, an dem der Befehl verkündet oder der Partei, auf deren Gesuch er erging, zugestellt ist, ein Monat verstrichen ist.

(3) ¹Die Vollziehung ist vor der Zustellung des Arrestbefehls an den Schuldner zulässig. ²Sie ist jedoch ohne Wirkung, wenn die Zustellung nicht innerhalb einer Woche nach der Vollziehung und vor Ablauf der für diese im vorhergehenden Absatz bestimmten Frist erfolgt.

1. Vollstreckungsklausel (Abs 1) ist in Abweichung von § 724 **1** nur nötig in den Fällen des § 727 und seiner entspr Anwendung (vgl § 727 Rn 3, 4); außerdem dann, wenn die Zwangsvollstreckung in einem ausländischen Vertragsstaat stattfinden soll, § 31 AVAG. Das Gleiche ist in anderen deutschen Ausführungsgesetzen zu zweiseitigen Verträgen über die gegenseitige Anerkennung gerichtlicher Entscheidungen (vgl § 328 Rn 37 ff) vorgesehen.

2. Vollziehungsfrist (Abs 2). – a) Bedeutung. Sie soll Vollstr **2** nach Veränderung der Umstände und Überrumpelung des Schuldners verhindern. Sie ist vAw zu beachten, aber nicht vAw zu ermitteln (Zweibrücken MDR 98, 123), und unverzichtbar; kann nicht verlängert werden. Bei Versäumung gibt es keine Wiedereinsetzung. Heilung vgl § 189. Einstellung der ZwVollstr unterbricht die Vollziehungsfrist (Düsseldorf OLGZ 87, 367).

b) Beginn bei Urt mit Verkündung bzw Zustellung nach § 310, bei **3** Beschluss mit Zustellung oder Aushändigung (StJGrunsky 3) an den Gläubiger; auch dann, wenn das ArrestGer trotz Antrags innerhalb der Frist keine vollstreckbare Ausfertigung erteilt (Hamm OLGZ 87, 458; verfassungsrechtlich unbedenklich, BVerfG NJW 88, 3141). Berichtigung gemäß § 319 setzt keine neue Frist in Lauf (Düsseldorf DB 81, 1926). Wird der noch nicht vollzogene Arrestbefehl im Widerspruchs- oder Berufungsverfahren voll oder mit Abänderungen bestätigt, so läuft ab Erlass der bestätigenden Entscheidung die Monatsfrist zur Vollziehung neu (Zweibrücken NJW-RR 02, 1657), ebenso bei Erlass eines aufgehobenen Arrestbefehls auf Einspruch oder Berufung (Celle NJW-RR 87, 64, Düsseldorf NJW-RR 00, 68, Frankfurt NJW-RR 02, 1080, Grunsky ZZP 104, 1). War der Arrest bereits vollzogen, ist erneute Vollziehung nicht erforderlich, außer das bestätigende Urt enthält eine wesentliche Änderung (Hamm Rpfleger 95, 467, Brandenburg OLG-NL 99, 218). Wird der Arrestbefehl nur gegen SL bestätigt, muss der Gläubiger innerhalb der neu beginnenden Frist die Sicherheit leisten (Hamm OLGZ 94, 243), eine erneute Vollziehung ist nicht erforderlich (aA Grunsky aaO). Berechnung nach § 222.

c) Wahrung. Die bestimmte ZwVollstrMaßnahme muss innerhalb **4** der Frist nicht vollzogen sein, es genügt vielmehr, wenn sie fristgerecht beantragt und ohne vom Arrestgläubiger zu verantwortende Verzögerung eingeleitet wurde (BGH NJW 91, 496). Das gilt bei wiederkehrenden Leistungen auch für die konkrete Teilleistung (Hamm FamRZ 91, 583, Koblenz aaO 589: ein Monat ab Fälligkeit). Ist fristgerecht eine VollstrMaßnahme eingeleitet, aber erfolglos geblieben, so trägt derselbe Arrestbefehl nicht eine andere, nach Ablauf der Monatsfrist

beantragte neue Vollstreckungsmaßnahme (BGH NJW 91, 496). Vorpfändung innerhalb eines Monats wahrt im Rahmen des § 845 die
Vollziehungsfrist. Ohne Parteizustellung ist die Frist auch dann versäumt, wenn der Kl die vollständige Urteilsausfertigung erst nach Ablauf der Vollziehungsfrist erhält (Düsseldorf und Frankfurt NJW-RR
87, 763 und 764). Bei Arrest in Vermögen, das gem § 111 b StPO beschlagnahmt ist, muss Zulassung nach § 111 g StPO nicht innerhalb
der Frist beantragt werden (BGH NJW 00, 2027).

5   **d) Nach Fristablauf** ist erste Vollziehung unzulässig, der Arrestbefehl auf Widerspruch oder Antrag des Schuldners nach § 927 aufzuheben, die Vollziehungsmaßnahme unwirksam (BGH NJW 91, 496);
das gilt auch für Einforderung der Gerichtskosten beim ArrestBekl
(Koblenz NJW-RR 00, 732). Ist die Frist versäumt, kann Neuerlass
beantragt werden, falls die Voraussetzungen dafür noch vorliegen (KG
NJW-RR 92, 318). Zuständig ist die 1. Instanz (Frankfurt NJW-RR
87, 764, KG aaO, Brandenburg MDR 99, 1219; aA LG Wuppertal
NJW-RR 92, 319).

6   **e) Bei einstweiliger Verfügung** § 936 Rn 7 ff.

7   **3.** Die **Parteizustellung** des Arrestbeschlusses (§ 922 Abs 2) und
anderer Urkunden **(Abs 3)** ist in Abweichung von §§ 750, 751 nicht
Voraussetzung seiner Vollziehung, sie muss aber innerhalb einer Woche
seit der Vollziehung – das ist bei Forderungspfändung die Zustellung
gem § 829 Abs 3 (Frankfurt NJW-RR 99, 1446) – und außerdem innerhalb der Monatsfrist des Abs 2 nachgeholt werden (Celle NdsRPfl
87, 8). Bei Urt reicht Amtszustellung aus (Koblenz FamRZ 91, 589;
vgl auch § 936 Rn 7 ff). Zustellung einer Ablichtung des Protokolls
über die mdl Vhdl mit Urteilsverkündung ist kein wirksamer Ersatz für
die Zustellung des Urt (Frankfurt NJW-RR 95, 445). Erneute Zustellung nach Aufhebung des Arrestbefehls auf Widerspruch und Wieder-
erlass durch das BerGer ist nicht erforderlich (Celle NJW-RR 87, 64;
aA Celle GRUR 89, 541). Versäumung der Wochenfrist führt zur
Unwirksamkeit der jeweiligen VollstrMaßnahme (BGH NJW 99, 3494),
die deshalb auch zur Wahrung der Frist des Abs 2 nicht mehr geeignet
ist (Koblenz FamRZ 88, 190; aA Celle FamRZ 88, 524). Rechtsbehelfe für Schuldner und Dritte § 766, für Schuldner auch Widerspruch,
aber nur, wenn auch die Frist des Abs 2 versäumt ist. Solange die Monatsfrist des Abs 2 noch läuft, kann die Vollziehung wiederholt werden.

8   **4. Gilt nicht** für die Vollstr wegen der Kosten des Arrestbefehls.

§ 930 Vollziehung in bewegliches Vermögen und Forderungen

(1) [1]**Die Vollziehung des Arrestes in bewegliches Vermögen
wird durch Pfändung bewirkt.** [2]**Die Pfändung erfolgt nach
denselben Grundsätzen wie jede andere Pfändung und begründet ein Pfandrecht mit den im § 804 bestimmten Wirkungen.**
[3]**Für die Pfändung einer Forderung ist das Arrestgericht als
Vollstreckungsgericht zuständig.**

(2) **Gepfändetes Geld und ein im Verteilungsverfahren auf den Gläubiger fallender Betrag des Erlöses werden hinterlegt.**

(3) **Das Vollstreckungsgericht kann auf Antrag anordnen, daß eine bewegliche körperliche Sache, wenn sie der Gefahr einer beträchtlichen Wertverringerung ausgesetzt ist oder wenn ihre Aufbewahrung unverhältnismäßige Kosten verursachen würde, versteigert und der Erlös hinterlegt werde.**

1. Die Pfändung folgt den Vorschriften der §§ 808 ff (körperliche 1
Sachen), 829 ff (Geld- und Hypothekenforderungen), 846 (Ansprüche auf Herausgabe oder Leistung körperlicher Sachen), 857 ff (andere Vermögensrechte). Unzulässig sind Befriedigung des Gläubigers und Verwertung, insbes also Versteigerung (Ausnahme: Abs 3) und Überweisung gemäß § 835; ein trotzdem erlassener Überweisungsbeschluss ist nichtig wie bei fehlendem Titel (BGH 121, 98; aA Schultes JR 95, 136); Ausnahme: Überweisung des Anspruchs auf Herausgabe des Hypothekenbriefes, weil zur Pfändung gehörig (RG JW 34, 2763). Kein Anwaltszwang. – Für die **Forderungspfändung** (§§ 829, 846, 857) ist 2
in Abweichung von § 828 ausschließlich zuständig das ArrestGer, demgemäß auch für das weitere Verfahren wie Entscheidung auf Erinnerung § 766 (Stuttgart Rpfleger 75, 497) und Aufhebung §§ 775 ff, 934 (BGH NJW 76, 1453). Arrestbefehl ohne SL und Pfändungsbeschluss können verbunden werden, für das weitere Verfahren bleibt es dann bei der Richterzuständigkeit (München Rpfleger 75, 34). Für späteren Pfändungsbeschluss ist der Rechtspfleger beim ArrestGer zuständig (§ 20 Nr 16 RPflG). Der Arrestbefehl ist unter den Voraussetzungen des § 807 auch geeigneter Titel für den Antrag auf Offenbarungsversicherung.

2. Das Arrestpfandrecht hat gleichen Inhalt wie in § 804 außer 3
dem Recht auf Verwertung (Rn 1). Mit Vorliegen der Voraussetzungen für die ZwVollstr aus dem obsiegenden Titel in der Hauptsache geht das Arrestpfandrecht ohne weiteres unter Wahrung seines Ranges in das normale VollstrPfandrecht über (BGH WM 92, 1040/1045), das zu Verwertung und Befriedigung führt. Nicht schon Aufhebung des Arrestbefehls (RG 121, 349), sondern erst Aufhebung der Arrestpfändung gemäß § 776 beseitigt das Arrestpfandrecht. Der Rang des Pfandrechts auf Grund des Hauptsachetitels richtet sich nach dem Tag, an dem die Voraussetzungen der ZwVollstr aus ihm vorlagen (StJGrunsky 12). Obsiegt der Schuldner in der Hauptsache, so kann er Aufhebung des Arrestbefehls (§ 927) und seiner Vollziehung verlangen (§ 776).

3. Die Versteigerung im Falle des Abs 3 hat das VollstrGer, 4
nicht das ArrestGer im Verfahren nach § 764 anzuordnen. Wertverringerung kann auch bei Wertpapieren in Frage kommen. – **Rechtsbe-** 5
helf: sof Beschw gegen Entscheidung des Rechtspflegers (§ 11 Abs 1 RPflG, § 793).

§ 931 Vollziehung in eingetragenes Schiff oder Schiffsbauwerk

(1) Die Vollziehung des Arrestes in ein eingetragenes Schiff oder Schiffsbauwerk wird durch Pfändung nach den Vorschriften über die Pfändung beweglicher Sachen mit folgenden Abweichungen bewirkt:

(2) Die Pfändung begründet ein Pfandrecht an dem gepfändeten Schiff oder Schiffsbauwerk; das Pfandrecht gewährt dem Gläubiger im Verhältnis zu anderen Rechten dieselben Rechte wie eine Schiffshypothek.

(3) Die Pfändung wird auf Antrag des Gläubigers vom Arrestgericht als Vollstreckungsgericht angeordnet; das Gericht hat zugleich das Registergericht um die Eintragung einer Vormerkung zur Sicherung des Arrestpfandrechts in das Schiffsregister oder Schiffsbauregister zu ersuchen; die Vormerkung erlischt, wenn die Vollziehung des Arrestes unstatthaft wird.

(4) Der Gerichtsvollzieher hat bei der Vornahme der Pfändung das Schiff oder Schiffsbauwerk in Bewachung und Verwahrung zu nehmen.

(5) Ist zur Zeit der Arrestvollziehung die Zwangsversteigerung des Schiffes oder Schiffsbauwerks eingeleitet, so gilt die in diesem Verfahren erfolgte Beschlagnahme des Schiffes oder Schiffsbauwerks als erste Pfändung im Sinne des § 826; die Abschrift des Pfändungsprotokolls ist dem Vollstreckungsgericht einzureichen.

(6) [1]Das Arrestpfandrecht wird auf Antrag des Gläubigers in das Schiffsregister oder Schiffsbauregister eingetragen; der nach § 923 festgestellte Geldbetrag ist als der Höchstbetrag zu bezeichnen, für den das Schiff oder Schiffsbauwerk haftet. [2]Im übrigen gelten der § 867 Abs. 1 und 2 und der § 870 a Abs. 3 entsprechend, soweit nicht vorstehend etwas anderes bestimmt ist.

1   Die Vollziehung des Arrestes in eingetragene Schiffe (Ausnahme § 482 HGB) und Schiffsbauwerke folgt in Abweichung von § 864 den Regeln über die Pfändung beweglicher Sachen (§ 808) mit einigen Abweichungen: Anordnung der Pfändung durch das ArrestGer als VollstrGericht (Rechtspfleger, § 20 Nr 16 RPflG), gleichzeitig vAw Ersuchen um Eintragung einer Vormerkung im Register (Abs 3), Vollziehung durch den GerVollz nach Abs 4. Wirkung: Abs 2, Ausnahme von § 8 SchiffsG. Die Eintragung (Abs 6) hat nur deklaratorische Bedeutung. Arrestvollziehung nach Eröffnung des Zwangsversteigerungsverfahrens ist als zweite (§ 808) oder als Anschlusspfändung (§ 826) zu bewirken (Abs 5).

§ 932 Arresthypothek

(1) ¹Die Vollziehung des Arrestes in ein Grundstück oder in eine Berechtigung, für welche die sich auf Grundstücke beziehenden Vorschriften gelten, erfolgt durch Eintragung einer Sicherungshypothek für die Forderung; der nach § 923 festgestellte Geldbetrag ist als der Höchstbetrag zu bezeichnen, für den das Grundstück oder die Berechtigung haftet. ²Ein Anspruch nach § 1179 a oder § 1179 b des Bürgerlichen Gesetzbuchs steht dem Gläubiger oder im Grundbuch eingetragenen Gläubiger der Sicherungshypothek nicht zu.

(2) Im übrigen gelten die Vorschriften des § 866 Abs. 3 Satz 1, des § 867 Abs. 1 und 2 und des § 868.

(3) Der Antrag auf Eintragung der Hypothek gilt im Sinne des § 929 Abs. 2, 3 als Vollziehung des Arrestbefehls.

1. Die Arresthypothek ist das einzig zulässige Mittel zur Vollziehung des Arrestes in Grundstücke und grundstücksgleiche Rechte (§ 864 Rn 5). Für die Eintragung müssen die Voraussetzungen der ZwVollstr (13–27 vor § 704), abgewandelt durch § 929, und die der GBO vorliegen (vgl § 867 Rn 2–6). Es gelten §§ 867, 868 und die Wertgrenze des § 866 Abs 3. Höchstbetrag ist die Lösungssumme (§ 923), in die Nebenforderungen miteinzubeziehen sind (§ 1190 Abs 2 BGB). Stellung in der Zwangsversteigerung und -verwaltung vgl §§ 14, 146 ZVG, beim geringsten Gebot § 48 ZVG, im Teilungsplan §§ 114, 119, 124 ff ZVG. Die Arresthypothek gibt wie die Zwangshypothek dem Gläubiger das Recht, gem § 1147 BGB auf Duldung der Zwangsvollstreckung zu klagen (BGH NJW 97, 3230/3233). Das ist noch keine Verwertung der Arresthypothek, weil der Gläubiger im Duldungsprozess das Bestehen der Forderung beweisen muss (StJGrunsky 3, ZöVollkommer 1). Hat der Arrestgläubiger im Hauptsacheprozess einen vollstreckbaren Titel erwirkt, kann er die Umschreibung der Arresthypothek in eine gewöhnliche Zwangshypothek beantragen, die dann gem § 867 Abs 3 die Zwangsversteigerung ermöglicht. War die Arresthypothek mit der Eintragung wirksam entstanden (§ 867 Rn 10), so wird sie mit Aufhebung des Arrestbefehls oder der Arrestvollziehung oder mit Leistung der Sicherheit nach § 923 (StJGrunsky 15) zur Eigentümergrundschuld. – **Nach Abs 1 S 2** steht dem wahren oder dem Buchgläubiger einer Arresthypothek kein Anspruch gegen den Grundstückseigentümer auf Löschung einer vor- oder gleichrangigen Hypothek oder der Arresthypothek zu, sobald sie sich mit dem Eigentum in einer Person vereinigen. 1 2

2. Die Fiktion in Abs 3 gilt nur zur Wahrung der Vollziehungsfristen in § 929 Abs 2, Abs 3 S 2. Maßgebend Eingang des Antrags beim AG; § 13 Abs 2 u 3 GBO sind für Abs 3 nicht maßgebend (BGH NJW 01, 1134; ZöVollkommer 7). Die Hypothek entsteht erst mit der Eintragung – iF fehlender Voraussetzung vgl § 867 Rn 10 –, die für 3

ihren Rang und für die Berechnung der Anfechtungsfrist oder der Sperrfrist in § 88 InsO (BayObLG NJW 55, 144) allein maßgebend ist. Der Antrag muss alle zur Eintragung nötigen Unterlagen enthalten oder ist auf Zwischenverfügung (zu ihrer Zulässigkeit vgl § 867 Rn 5) in-
4   nerhalb der Vollziehungsfrist zu ergänzen. – **Die Nachholungsfrist für die Zustellung** (§ 929 Abs 3 S 2) ist vom GBA nicht zu prüfen. Ihre Versäumung macht die Eintragung nicht gesetzwidrig oder unzulässig, also weder Widerspruch vAw noch Löschung (§ 53 Abs 1 GBO), wohl aber von Anfang an unrichtig (§§ 894, 899 BGB, 22 GBO, BayObLG RPfleger 93, 397), so dass weder Arresthypothek noch Eigentümergrundschuld entstehen kann.

§ 933 Vollziehung des persönlichen Arrestes

[1] **Die Vollziehung des persönlichen Sicherheitsarrestes richtet sich, wenn sie durch Haft erfolgt, nach den Vorschriften der §§ 901, 904 bis 913 und, wenn sie durch sonstige Beschränkung der persönlichen Freiheit erfolgt, nach den vom Arrestgericht zu treffenden besonderen Anordnungen, für welche die Beschränkungen der Haft maßgebend sind.** [2] **In den Haftbefehl ist der nach § 923 festgestellte Geldbetrag aufzunehmen.**

1   **1. Die Art der Vollziehung** des persönlichen Arrestes (§ 918) hat das Arrestgericht im Arrestbefehl oder später durch Beschluss anzuordnen. Zulässig sind Haft (§ 901) oder geringere Freiheitsbeschränkungen, zB Meldepflicht, Wegnahme der Ausweispapiere, Hausarrest.

2   **2. Für die Vollziehung gelten** im Falle der Haft §§ 904–913, nicht 914, sonst die gerichtlichen Anordnungen. Auch sie sind durch die vorgenannten Bestimmungen begrenzt.

§ 934 Aufhebung der Arrestvollziehung

(1) **Wird der in dem Arrestbefehl festgestellte Geldbetrag hinterlegt, so wird der vollzogene Arrest von dem Vollstreckungsgericht aufgehoben.**

(2) **Das Vollstreckungsgericht kann die Aufhebung des Arrestes auch anordnen, wenn die Fortdauer besondere Aufwendungen erfordert und die Partei, auf deren Gesuch der Arrest verhängt wurde, den nötigen Geldbetrag nicht vorschießt.**

(3) **Die in diesem Paragraphen erwähnten Entscheidungen ergehen durch Beschluss.**

(4) **Gegen den Beschluß, durch den der Arrest aufgehoben wird, findet sofortige Beschwerde statt.**

1   **1. Aufhebung der Arrestvollziehung,** nicht der Anordnung (4, 5 vor § 916) ist zulässig gegen den Nachweis, dass in Höhe der Lösungssumme Sicherheit geleistet ist (vgl § 923) oder wenn der Gläubiger die nötigen Kosten nicht vorschießt, zB Lagerung. Der Vollstr wegen der

Kosten des Arrestbefehls steht die Aufhebung nach § 934 nicht entgegen (München MDR 57, 238). Aufhebung des Arrestbefehls selbst nach §§ 924, 926, 927.

2. Verfahren. – a) Zuständig in beiden Fällen ist das VollstrGer **2** (§ 764), für Aufhebung einer Forderungspfändung das ArrestGer (§ 930 Rn 2), im Falle des Abs 1 der Rechtspfleger (§ 20 Nr 15 RPflG). – Im Falle des Abs 1 nur auf Antrag des Schuldners, ohne Anwaltszwang, im Falle des Abs 2 auch vAw. – **b) Entscheidung** durch Beschluss, dem **3** Gläubiger zuzustellen; mdl Vhdlg nicht notwendig (§ 128 Abs 4).

3. Rechtsmittel. Gegen Aufhebung und gegen Ablehnung sofortige Beschwerde (Abs 4, § 567 Abs 1 Nr 2, § 11 Abs 1 RPflG). **4**

4. Kosten: Keine bes Entscheidung; § 788 gilt (München OLG 25, **5** 223). **Gebühren:** Keine (§§ 57–59 BRAGO).

§ 935 Einstweilige Verfügung bezüglich Streitgegenstand

Einstweilige Verfügungen in bezug auf den Streitgegenstand sind zulässig, wenn zu besorgen ist, daß durch eine Veränderung des bestehenden Zustandes die Verwirklichung des Rechtes einer Partei vereitelt oder wesentlich erschwert werden könnte.

1. Verfügungsantrag. – a) Zulässig, wenn die allg Prozessvo- **1** raussetzungen (8–33 vor § 253) vorliegen. Außerdem muss ein durch einstw Vfg sicherbarer Anspruch (in Abgrenzung zum Arrestanspruch, 6–8 vor § 916) behauptet und für diesen der ordentliche Rechtsweg offen sein. Das Rechtsschutzbedürfnis (vgl § 916 Rn 2) wird durch ein Selbsthilferecht nicht ausgeschlossen (Celle NJW-RR 87, 447). Der HauptsacheProz braucht noch nicht anhängig zu sein. Zulässig ist grundsätzlich auch ein Gegenantrag (Rostock OLG-NL 01, 279/281). – **b) Unzulässig** ist der Antrag dort, wo für einstw Regelungen beson- **2** dere Vorschriften bestehen, zB §§ 127 a, 620 ff ab Anhängigkeit einer Ehesache oder eines hierauf gerichteten PKH-Antrags (Düsseldorf NJW 78, 895, Koblenz FamRZ 97, 1412), 621 f (hier nach Hamm NJW 78, 2515 bereits vor Erhebung der Unterhaltsklage), 641 d–641 f, 707, 719, 769 (Hamm FamRZ 02, 618) ua, wenn sich mit ihnen das erstrebte Ziel gleichfalls erreichen lässt, ferner § 18 a Abs 4 HausratsVO (Düsseldorf FamRZ 94, 390). Ebenso gibt es gegen die Anordnung einer einstw Vfg keine neue einstw Vfg, sondern nur Widerspruch. Das einstw VfgsVerfahren bleibt zulässig, wenn nach dem Antrag die Ehesache oder ein darauf gerichteter PKH-Antrag anhängig wird (Koblenz NJW-RR 89, 904), es geht nicht in ein Verfahren nach §§ 620 ff über (Hamburg FamRZ 82, 408, Düsseldorf FamRZ 87, 497). – **c) Zweck 3** der einstw Vfg ist hier, die Verwirklichung eines Rechts dadurch zu sichern, dass der bestehende Zustand in Bezug auf einen bestimmten Streitgegenstand erhalten bleibt. Die Abgrenzung zu § 940 (vorläufige Regelung eines streitigen Rechtsverhältnisses) ist unscharf und ohne praktische Bedeutung. Wesen und Streitgegenstand Rn 1, 2 vor § 916.

4   Leistungsverfügung vgl § 940 Rn 6 ff. – **d) Begründet** ist der Antrag, wenn VfgsAnspruch u Grund glaubhaft gemacht sind.

5   **2. Verfügungsanspruch** ist hier jeder zivilrechtliche Individualanspruch. Abgrenzung zum Arrestanspruch vgl 6–8 vor § 916. Beispiele: Anspruch auf Herausgabe, Bearbeitung von Sachen, auf Bestellung, Änderung oder Übertragung von Rechten, auf Abgabe von Willenserklärungen in Ausnahmefällen (§ 894 Rn 4, § 938 Rn 3), auf Unterlassung, auf Duldung, zB der ZwVollstr nach § 11 AnfG (Koblenz NJW-RR 93, 1343), auf Rückgewähr nach § 11 AnfG (Köln VersR 97, 466). Sicherung des Anspruchs auf Zugewinnausgleich gem § 1389 BGB vgl § 916 Rn 5. Der Anspruch auf Rückgabe von Vermögenswerten in den ostdeutschen Ländern nach dem Ges zur Regelung offener Vermögensfragen ist öffentlichrechtlicher Natur und durch einstw Vfg nicht sicherbar (BGH NJW 92, 1757, KG DB 92, 525, Uechtritz DB 92, 1329; aA BezG Frankfurt/Oder, Meiningen, Magdeburg, Erfurt DtZ 91, 250–252, BezG Gera DB 92, 424, Kohler NJW 91, 465). Wegen bedingter, betagter und künftiger Ansprüche vgl § 916 Rn 4, 5. Fehlt es am VfgsAnspruch, ist der Antrag unbegründet.

6   **3. Verfügungsgrund.** Wie in § 940 Rn 5 muss zur Abwendung einer Gefährdung der Gläubigerinteressen eine vorläufige Sicherung im Eilverfahren notwendig sein. Es müssen Umstände bestehen, die nach dem objektiven Urteil eines vernünftigen Menschen befürchten lassen, dass die Verwirklichung des Individualanspruchs durch bevorstehende Veränderung des bestehenden Zustandes gefährdet ist. Dass Schuldner

7   Ersatz leisten könnte, ist belanglos. – **Beispiele:** Veräußerung, Wegschaffung, Belastung, Verarbeitung, wesentliche Substanzveränderung oder Wertverringerung durch Benutzung (Köln ZIP 88, 445, Karlsruhe WM 94, 1983), Zerstörung der geschuldeten Sache, bevorstehender Eingriff in Rechte, etwa durch Veröffentlichung in Presse, Rundfunk. –

8   **Glaubhaftmachung der Gefährdung** ist in Abweichung von § 920 Abs 2 nicht erforderlich in den Fällen der §§ 885 Abs 1 S 2, 899 Abs 2 S 2, 1615 o BGB, § 25 UWG (nicht entsprechend anwendbar auf Urheberrechtsverletzungen, KG BB 94, 1596), §§ 11 Abs 1 S 2, 21 Abs 2 S 2 SchiffsG. Für einen Verbraucherverband, der im allgemeinen Interesse einen Unterlassungsanspruch gemäß § 3 UKlaG im Wege der einstw Vfg geltend macht, ist § 25 UWG nicht anwendbar, die Dringlichkeit vielmehr im Einzelfall zu prüfen (Düsseldorf NJW 89, 1487; Frankfurt NJW 89, 1489; aA Marly NJW 89, 1472: Dringlichkeit aus der Natur der Sache). – Sicherungsmittel: § 938. Verfahren und Vollziehung: § 936.

9   **4. Die Schutzschrift** ist im Gesetz nicht vorgesehen, aber in der Praxis, insbesondere in Wettbewerbssachen, gebräuchlich; in Familiensachen nicht ausgeschlossen (von Els FamRZ 96, 651). Sie ist ein vorbeugendes Verteidigungsmittel gegen einen erwarteten Antrag auf Erlass einer einstw Vfg. Ihr Ziel ist mindestens zu erreichen, dass das Ger

keinen besonders dringenden Fall annimmt und deshalb nicht ohne mdl Vhdlg entscheidet (§ 937 Abs 2), oder, darüber hinausgehend, dass das Ger bei seiner Entscheidung über den Antrag die Ausführungen in der Schutzschrift berücksichtigt, was unter dem Gesichtspunkt des Rechts auf rechtliches Gehör zulässig und geboten ist (ebenso May, Die Schutzschrift im Arrest- und Einstw-Vfg-Verfahren, 1983; aA Leipold RdA 83, 164). Kommen für den Antrag auf Erlass mehrere zuständige Gerichte in Betracht, kann es zweckmäßig sein, die Schutzschrift bei ihnen einzureichen. – Die **Kosten** sind, falls kein Antrag auf Erlass einer einstw Vfg gestellt wird, nach § 91 nicht erstattungsfähig. Kommt 10 es vor oder nach Eingang der Schutzschrift zur Einreichung eines Antrags und wird er zurückgenommen oder zurückgewiesen, ist die Erstattungsfähigkeit der Kosten nach § 91 streitig. Nach Koblenz (GRUR 95, 171) löst in diesem Fall die Hinterlegung der Schutzschrift stets einen Kostenerstattungsanspruch aus, nach Düsseldorf (JZ 95, 315) nur, wenn die Schutzschrift von einem bei diesem Gericht zugelassenen RA stammt, nach Frankfurt (NJW-RR 96, 1215), wenn die Schutzschrift zu den Akten genommen wurde. Nach Düsseldorf (MDR 89, 549) gibt es keinen Erstattungsanspruch nach § 91. Nach einer Mittelmeinung (Düsseldorf NJW 93, 1604) hängt die Erstattungsfähigkeit davon ab, ob die Schutzschrift zur zweckentsprechenden Rechtsverteidigung notwendig war, was dann der Fall ist, wenn der Antragsgegner in das Verfahren hineingezogen (Frankfurt NJW-RR 87, 254) oder vorher abgemahnt wurde.

5. Eine **Abmahnung** ist weder materiellrechtliche Voraussetzung 11 noch Prozessvoraussetzung für eine Unterlassungsverfügung. Sie wird jedoch im Wettbewerbs- und Presserecht sowie im gewerblichen Rechtsschutz als Obliegenheit des Verletzten angesehen, deren Nichtbeachtung Kostennachteile mit sich bringt (§ 93 Rn 6 b). Zum notwendigen Inhalt einer Abmahnung vgl Schmukle in Schuschke/Walker Anh § 935 Rn 3–10.

§ 936 Anwendung der Arrestvorschriften

Auf die Anordnung einstweiliger Verfügungen und das weitere Verfahren sind die Vorschriften über die Anordnung von Arresten und über das Arrestverfahren entsprechend anzuwenden, soweit nicht die nachfolgenden Paragraphen abweichende Vorschriften enthalten.

1. Für die **Anordnung** der einstw Vfg gelten die Arrestvorschriften 1 entspr mit folgenden Abweichungen: – **a)** Für die **Zuständigkeit** treten an die Stelle des § 919 die §§ 937, 942; § 944 gilt. – **b)** Die **Vor-** 2 **aussetzungen für den Erlass** in §§ 916–918 sind ersetzt durch §§ 935, 940; § 916 Abs 2 gilt entspr. – **c)** Für **Antrag** und **Glaubhaftmachung** gilt § 920. Glaubhaftmachung entbehrlich im Falle des § 921 Abs 2 S 1, für den Vfgsgrund außerdem in den Fällen § 935 Rn 8. Ein Gegenantrag ist hier im Gegensatz zum Arrestverfahren zulässig (Rostock OLG-NL 01, 279/281; StJGrunsky 27 vor § 935). –

3 **d)** Für die **mündliche Verhandlung** ist § 921 Abs 1 durch § 937
4 Abs 2 ersetzt. – **e)** Für die **Form der Entscheidung** gilt § 922, in den
Fällen des § 942 aber stets durch Beschluss. Inhalt §§ 921 Abs 2, 938. –
5 **f) Abwendungsbefugnis:** § 923 gilt wegen § 939 nicht.

6 **2.** Für die **Aufhebung** und **Rechtsbehelfe** gelten die Arrestvorschriften (§ 922 Rn 7, §§ 924–927) mit folgenden Abweichungen: –
a) Gegen die einstw Vfg im Falle des § 942 gibt es keinen Widerspruch,
sondern nur das dort bestimmte Verfahren. – **b)** In §§ 925 Abs 2 und
927 Abs 1 (Sicherheitsleistung) ist das Ermessen durch § 939 eingeschränkt. – **c)** Hat das nichteheliche Kind eine einstw Vfg nach § 1615 o
BGB erwirkt, so ist Hauptsache die Unterhalts-, nicht die Vater-
schaftsklage mit der Folge, dass vor Feststellung der Vaterschaft wegen
§ 1600 d Abs 4 BGB Frist zur Erhebung der Hauptsacheklage nach
§ 926 nicht gesetzt werden darf (näher: Göppinger FamRZ 75, 196).

7 **3. Für die Vollziehung gelten §§ 928, 929,** wenn nicht die
einstw Vfg zu einer Geldzahlung verurteilt (Rn 13–15). Eingehend,
teilweise aA Pohlmann KTS 94, 49 u WM 94, 1277. Sie ist nur gegen
den Antragsgegner oder Rechtsnachfolger, nicht gegen Dritte zulässig
(BayObLG NJW 86, 2578). §§ 931, 932 Abs 1, 2 kommen nicht in
Betracht, § 933 ist anwendbar, wenn Freiheitsbeschränkungen ange-
ordnet sind. **Die Frist des § 929 Abs 2** ist bei Anordnung einer
Unterlassung, bei Geboten und Verboten (Düsseldorf und Frankfurt
NJW-RR 87, 763 und 764) mit oder ohne Ordnungsmittelandrohung
(Hamm OLGZ 91, 368, München MDR 95, 1167), bei Anordnung
des Abdrucks einer presserechtlichen Gegendarstellung (München
NJW-RR 89, 180) mit wirksamer Parteizustellung (ohne Antrag auf
Festsetzung von Zwangsmitteln, München MDR 03, 53), ohne dass
noch ZwVollstrMaßregeln hinzutreten müssten (BGH NJW 90, 122,
Addicks MDR 94, 225), gewahrt, auch wenn die vorl Vollstreckbarkeit
(nicht: die Vollziehung) von einer SL abhängig ist (Hamm MDR 82,
762). Nicht ausreichend ist Zustellung vor Verkündung des VfgsUrt
(Düsseldorf NJW-RR 03, 354). Für die Zustellung gilt § 172 Abs 1
8 (Düsseldorf NJW-RR 99, 795). Heilung vgl § 189. – **Ohne Parteizustellung genügt zur Vollziehung** einer durch Urt oder Beschluss
(BGH NJW 93, 1076) erlassenen Unterlassungsverfügung deren Amtszustellung und dass außerdem der VfgsKläger innerhalb der Vollziehungsfrist von ihr Gebrauch macht, indem er die Parteizustellung versucht oder einen Antrag nach § 890 stellt (BGH NJW 90, 122 mwN,
Düsseldorf MDR 98, 1180, Altmeppen WM 89, 1157, Addicks MDR
94, 225). Die Amtszustellung oder gar die Verkündung des Urt mit
Ordnungsmittelandrohung (Stuttgart OLGZ 94, 364) allein, auch verbunden mit mündlicher Leistungsaufforderung unter Bezugnahme auf
den Titel, ist keine Vollziehung (BGH NJW 93, 1076, München MDR
9 98, 1243). – **Bei der Anordnung von realen Handlungen** ist die
Frist gewahrt mit dem Beginn ihrer Vornahme (vgl § 929 Rn 4), zB

Antrag nach §§ 883, 887, 888 (Zweibrücken OLGZ 83, 466, Hamm NJW-RR 93, 959; Frankfurt NJW-RR 98, 1007 lässt für Auskunfts-verfügung Partei-zustellung genügen). – **Bei Eintragung in Register** 10 **oder Grundbuch** auf Antrag des Gläubigers oder auf Ersuchen des Ger (§ 941) gelten §§ 932 Abs 3, 929 Abs 3 entspr (RG 151, 156). Zuständig ist, soweit die Vollstr durch das Ger erfolgt, das VollstrGer, das Ger der einstw Vfg nur in den Fällen der §§ 887 ff. – **Sonstige Fälle.** 11 Ein VfgsUrteil, das eine einstw Vfg mit wesentlicher Änderung bestätigt, ist erneut im Parteibetrieb zuzustellen (Hamm NJW-RR 00, 971). Eine nach § 102 Abs 5 S 2 BetrVerfG durch Urt erlassene einstw Vfg, die den Arbeitgeber rechtsgestaltend von der Verpflichtung zur Weiterbe-schäftigung entbindet, bedarf keiner Vollziehung, sondern wird mit Verkündung verbindlich (LAG Hamm BB 87, 1536). – **Aufhebung** 12 **der Vollziehung** nach § 934 Abs 1 ist durch § 939 ausgeschlossen. §§ 934 Abs 2–4, 775 Abs 1, 776 sind anwendbar. Sonst zulässige Einwendungen gegen die Vollstr vgl § 924 Rn 7.

4. Die Vollstr einer auf **Geldzahlung** gerichteten einstw Vfg (§ 940 13 Rn 7–11) folgt den Regeln über die ZwVollstr aus vollstr Urt, es gilt jedoch § 929 Abs 1 und 3. Ob alle anderen Vorschriften, insbes auch §§ 929 Abs 2, 930 Abs 1 S 3 gelten, ist im Einzelnen streitig. Für einmalige Zahlungen gelten sie sicher.

Bei wiederkehrenden Leistungen muss die einstw Vfg innerhalb 14 der Frist zumindest im Parteibetrieb zugestellt, nach aA (Celle FamRZ 84, 1248, Hamm FamRZ 97, 1496) wegen der ersten Teilleistung vollzogen sein, sonst ist sie insgesamt nicht mehr vollziehbar (Hamm FamRZ 83, 1254 u 1256, Köln FamRZ 85, 508, 1062, 1063, Hamburg FamRZ 88, 521; aA Bamberg aaO 509, Köln FamRZ 92, 75). Die Vollziehung wegen der konkreten Einzelleistung muss dann jeweils einen Monat ab Fälligkeit beginnen (Schleswig FamRZ 81, 456, Oldenburg FamRZ 83, 1256; aA StJGrunsky § 938 Rn 38). – **Voll-** 15 **streckungsabwehrklage** ist im Gegensatz zur nur sichernden einstw Vfg und zum Arrest (vgl § 924 Rn 7) zulässig und steht gegebenenfalls neben § 927 zur Wahl.

5. Streitwert. § 3 Rn 52. Wo die einstw Vfg bereits Befriedigung 16 gewährt (§ 940 Rn 6 ff), kann der Wert der Hauptsache erreicht werden.

§ 937 Zuständiges Gericht

(1) **Für den Erlaß einstweiliger Verfügungen ist das Gericht der Hauptsache zuständig.**

(2) **Die Entscheidung kann in dringenden Fällen sowie dann, wenn der Antrag auf Erlaß einer einstweiligen Verfügung zurückzuweisen ist, ohne mündliche Verhandlung ergehen.**

1. Zuständig ist abweichend von § 919 regelmäßig das Ger der 1 Hauptsache (§ 919 Rn 2–6). Hauptsache ist hier die zu sichernde Individualleistung oder das zu befriedende Rechtsverhältnis (§ 940). Ergänzende Zuständigkeit des AG in § 942.

2   **2. Entscheidung durch Beschluss** ohne mdl Vhdlg ist zulässig, wenn − insoweit abweichend von § 921 Abs 1 − der Erlass der einstweiligen Verfügung dringend oder wenn der Antrag zurückzuweisen ist. Der Fall ist, abgesehen von der Dringlichkeit, die eine vorläufige Sicherung oder Regelung überhaupt notwendig macht (§ 935 Rn 6–8, § 940 Rn 5), zusätzlich dringend, wenn nach Ermessen des Ger die Anordnung der mdl Vhdlg den Zweck der einstw Vfg gefährden würde, weil der Antragsteller nur durch einen möglichst rasch erwirkten Titel zur Sicherung seines Anspruchs kommen kann. Ist der Erlass nicht

3   dringend, so ist mündliche Verhandlung zu bestimmen. − **Zurückweisung des Antrags** ohne mdl Vhdlg durch Beschluss ist ohne Rücksicht auf besondere Dringlichkeit nach pflichtgemäßem Ermessen zulässig (KG MDR 91, 1194). Hauptfall ist nicht zu beseitigendes Fehlen einer Voraussetzung für den Erlass der einstw Vfg. Behauptungs- und Beweislast vgl 9 vor § 916. Rechtsmittel § 922 Rn 7.

§ 938 Inhalt der einstweiligen Verfügung

(1) **Das Gericht bestimmt nach freiem Ermessen, welche Anordnungen zur Erreichung des Zweckes erforderlich sind.**

(2) **Die einstweilige Verfügung kann auch in einer Sequestration sowie darin bestehen, daß dem Gegner eine Handlung geboten oder verboten, insbesondere die Veräußerung, Belastung oder Verpfändung eines Grundstücks oder eines eingetragenen Schiffes oder Schiffsbauwerks untersagt wird.**

Literatur: *Jauernig,* Der zulässige Inhalt einstweiliger Verfügungen ZZP 79, 321.

1   **1. Inhalt** der einstw Vfg. Die Tatsachen für den zu sichernden Anspruch und für die Notwendigkeit seiner Sicherung und damit den Streitgegenstand bestimmt der Antragsteller. Die zu seiner Sicherung notwendigen Sicherungsanordnungen bestimmt das Gericht nach freiem Ermessen. Das gilt einschließlich der folgenden Grenzen auch für Unterlassungsverfügungen (Borck WRP 77, 457). Es ordnet dazu konkrete Maßnahmen an, nicht generell die Beseitigung der Beeinträchtigung (Köln NJW 53, 1592). Dem Ermessen sind folgende **Grenzen**

2   gesetzt: − **a) Im Rahmen des gestellten Antrags** muss sich die Maßnahme halten. Zwar besteht keine strenge Bindung, es darf aber nicht ein anderer Anspruch gesichert oder zu seiner Sicherung mehr

3   zugesprochen werden, als was beantragt ist. − **b) Nicht zur Befriedigung** des Gläubigers darf die Maßnahme führen, außer in den Fällen des § 940 Rn 6–17, und keine endgültige Vollziehung enthalten, zB Löschung im Handelsregister oder Grundbuch (KG OLG 40, 433; München OLG 23, 238), Verkauf des streitigen Gegenstandes, Abgabe einer endgültigen Willenserklärung (Hamburg NJW-RR 91, 382; aA

Köln NJW-RR 97, 59). – **c) Nicht über den Hauptanspruch hi- 4 nausgehen** darf die Maßnahme, nicht mehr geben als ein obsiegendes Urt, zB nicht in Rechte Dritter eingreifen oder ihnen Pflichten auferlegen (Düsseldorf WM 78, 359), kein Gebot oder Verbot an Behörden oder Notare enthalten (Hamm BB 76, 531), nicht die Ausübung des Stimmrechts in einer Gesellschafter- oder Hauptversammlung untersagen (Koblenz NJW 91, 1119, Frankfurt BB 82, 274: uU Ausführung des Beschlusses verhindern), außer zur Durchsetzung von Stimmbindungsverträgen (Koblenz NJW 86, 1693, Stuttgart NJW 87, 2449), nicht auf die Ausübung des Stimmrechts in der Gesellschafterversammlung Einfluss nehmen (Frankfurt BB 82, 274; krit Gerkan ZHR 85, 167), ausgenommen bei eindeutiger Rechtslage oder besonderem Schutzbedürfnis (Saarbrücken NJW-RR 89, 1512, Koblenz DB 90, 2413; weitergehend Hamburg NJW 92, 186: bei Verpflichtung zur Ausübung in bestimmter Weise auf Grund Gesellschaftsvertrages oder gesellschafterlicher Treuepflicht, Schmitt ZIP 92, 1212: generell zulässig), keine inhaltlich unzulässige Eintragung in das Grundbuch, keine Eintragung gegen einen Betroffenen anordnen, der nicht Antragsgegner ist (BayObLG NJW 86, 2578). Sicherung des Ausgleichsanspruchs vor Beendigung des ges Güterstandes gem § 1389 BGB vgl § 916 Rn 5. – **d) Was nicht vollzogen werden kann,** darf die Maßnahme nicht 5 anordnen, zB Strafandrohung gem § 888 Abs 2, Haft im Falle des § 883. – **e) Weitere unzulässige Maßnahmen** vgl § 935 Rn 2. – 6 **f) Grundsatz der Verhältnismäßigkeit** § 940 Rn 5. Die Maßnahme 7 muss zur Erreichung des Zwecks einerseits erforderlich, andererseits genügend sein.

2. Zulässige Maßnahmen nennt in Form von Beispielen Abs 2. 8 Verbot der Verfügung über ein Grundstück zugunsten des Käufers gegen eine Gemeinde ist zulässig, solange ihr Bescheid über die Ausübung ihres Vorkaufsrechts nicht rechtsbeständig ist (Hamm NJW-RR 94, 1042). Ferner Vormerkung und Widerspruch (§§ 885 Abs 1 S 1, 899 Abs 2 S 1 BGB, 11, 21 SchiffsG), Erwerbs-, Bezugs-, (Frankfurt GRUR 89, 71), Benutzungsverbot (Karlsruhe WM 94, 1983), Verbot der Antragstellung zum GBA, der Ausführung nichtiger oder anfechtbarer Gesellschafterbeschlüsse (Koblenz NJW-RR 86, 1039), Unterlassungsgebote (Frankfurt NJW-RR 91, 174), Duldungsgebote, Gebot an den vertragsbrüchigen Arbeitnehmer zur Rückkehr an den Arbeitsplatz ohne Strafandrohung (§ 888 Abs 2) oder Entschädigung gem § 61 Abs 2 ArbGG (LAG Düsseldorf BB 63, 144, LAG Baden-Württemberg BB 63, 516; bestr), unter engen Voraussetzungen auch Untersagung eines Arbeitskampfes (LAG Ba-Wü MDR 73, 1055) und Untersagung von Kündigungen infolge von Produktionsstilllegung zur Sicherung der Beteiligungsrechte des Betriebsrats (LG Frankfurt ZIP 85, 367), Abgabe einer Willenserklärung, die sich auf eine vorläufige Sicherung oder Regelung beschränkt (Stuttgart NJW 73, 908); nur in besonderen Ausnahmefällen gibt es vorläufigen Rechtsschutz gegen Wechselansprüche

9   (Beisswingert und Vossius BB 86, 2358). – **Vollziehung** vgl § 936
    Rn 7–15 und § 941. Für einen bestellten **Sequester** hat das Ger die
    Aufgaben festzulegen und ihn zu überwachen oder die Überwachung
    dem VollstrGer zu übertragen (München MDR 84, 62), außerdem die
    Vergütung festzusetzen (München MDR 85, 855, Köln MDR 86, 768,
    Frankfurt NJW-RR 87, 63); dagegen sofortige Beschwerde (Celle
    NdsRpfl 69, 182).

§ 939 Aufhebung gegen Sicherheitsleistung

**Nur unter besonderen Umständen kann die Aufhebung einer
einstweiligen Verfügung gegen Sicherheitsleistung gestattet
werden.**

1   **1. Aufhebung.** Die Bestimmung ersetzt teilweise §§ 925 Abs 2 und
    927 und ganz §§ 923, 934 Abs 1. Aufzuheben ist die einstw Vfg selbst,
    nicht nur ihre Vollziehung. Die Aufhebung gegen genau zu bezeich-
    nende SL setzt nicht voraus, dass die Sicherheit bereits geleistet ist,
    vielmehr tritt nach Aufhebung die einstw Vfg mit Leistung der Sicher-
    heit außer Kraft; dies ist aus dem von § 934 Abs 1 abweichenden
    Wortlaut und der schutzwürdigen Interessenlage der Parteien zu schlie-
2   ßen (Köln NJW 75, 454). – Über die **besonderen Umstände** befin-
    det das Ger nach freiem Ermessen. In der Person des Gläubigers liegen
    sie darin, dass seinem Sicherungsbedürfnis durch die SL genügt wird.
    Das ist bei der LeistungsVfg auf Befriedigung eines dringenden Geld-
    anspruchs (§ 940 Rn 7–11) nicht der Fall, bei anderen Ansprüchen al-
    lenfalls dann, wenn nicht das Interesse des Gläubigers an der individu-
    ellen Leistung, sondern sein Vermögensinteresse im Vordergrund steht
    wie bei der Vormerkung für eine Bauhandwerker-Sicherungshypothek
    (Köln NJW 75, 454, Saarbrücken BauR 93, 348). Beim Schuldner
    müssen Umstände hinzukommen, die über die normale Schädigung
    infolge Vollziehung hinausgehen.
3   **2. Verfahren.** Aufhebung gegen SL nur nach mdl Vhdlg im Ver-
    fahren nach § 924 oder § 927, auch im Berufungsverfahren über die
    erlassene oder bestätigte einstw Vfg (Köln NJW 75, 454, Frankfurt
    MDR 83, 585).

§ 940 Einstweilige Verfügung zur Regelung eines einstweili-
gen Zustandes

**Einstweilige Verfügungen sind auch zum Zwecke der Rege-
lung eines einstweiligen Zustandes in bezug auf ein streitiges
Rechtsverhältnis zulässig, sofern diese Regelung, insbesondere
bei dauernden Rechtsverhältnissen zur Abwendung wesentlicher Nachteile oder zur Verhinderung drohender Gewalt oder
aus anderen Gründen nötig erscheint.**

1   **1. Zulässigkeit** vgl § 935 Rn 1, 2. Erlass gegen Unbekannt, wenn
    der Antragsteller sich nicht in zumutbarer Weise den Namen seines

Antragsgegners beschaffen kann, mag zulässig sein (LG Kassel NJW-RR 91, 382: Hausbesetzer). – Der **Zweck** der einstw Vfg ist hier, durch eine vorübergehende Regelung den Rechtsfrieden bis zur Entscheidung des streitigen Rechtsverhältnisses zu sichern. An die Stelle eines Zahlungs- (§ 916) oder eines bestimmten Individualanspruchs (§ 935) und der Sicherung seiner Verwirklichung tritt hier ein streitiges Rechtsverhältnis und seine einstw Zwischenregelung (Leipold, Grundlagen des einstw Rechtsschutzes S 84).

2. Das Rechtsverhältnis muss zwischen den Parteien bestehen **2** (Düsseldorf WM 78, 359), kein Eingriff in die Belange Dritter. Es braucht nicht vermögensrechtlicher Natur zu sein, es kann absoluter oder schuldrechtlicher Art sein, auf Vertrag oder auf Gesetz beruhen. Nicht nötig ist, dass bestimmte Ansprüche daraus schon entstanden sind, es genügt, dass sie entstehen können (Koblenz NJW-RR 86, 1039) und dass der Antragsteller ein Recht gerade auf die Herstellung des angeordneten Zustands oder auf die angeordnete Handlung oder Unterlassung hat. Das Rechtsverhältnis muss aber auf einen Zustand insbes von längerer Dauer gerichtet sein. – **Streitig** ist das Rechtsver- **3** hältnis, wenn es (auch ohne Verletzung) bestritten oder wenn es (auch ohne Bestreiten) verletzt worden ist. – **Beispiele:** Streit über gesell- **4** schaftsrechtliche Geschäftsführungsbefugnisse, auch zur Sicherung der Rechte von Aufsichtsratsmitgliedern einer mitbestimmten GmbH bei Abberufung von Geschäftsführern unter schweren Verfahrensfehlern (Stuttgart WM 85, 600), bei Streit über Nutzungsrechte, Verletzung von Patent- oder ähnlichen Rechten, Arbeitsverhältnis; insoweit enthält § 102 BetrVerfG eine Sonderregelung für den Fall des Widerspruchs durch den Betriebsrat gegen eine Kündigung. Ob, insbes wenn kein Betriebsrat vorhanden ist, er nicht widersprochen hat oder der Widerspruch unzulässig ist, für die Dauer des Kündigungsschutzprozesses der Arbeitnehmer die Weiterbeschäftigung oder der Arbeitgeber das Gegenteil mit § 940 durchsetzen kann, ist bestritten (vgl Löwisch DB 75, 349, Großmann DB 77, 1363, Schaub NJW 81, 1807, Schwerdtner ZIP 85, 1361). Jedenfalls sind an die Glaubhaftmachung von Verfügungsanspruch und -grund strenge Anforderungen zu stellen (LAG Hamburg MDR 83, 963, LAG Hamm MDR 98, 1036). Hat die 1. Instanz die Unwirksamkeit der Kündigung festgestellt, ist nur der Arbeitnehmer für die Dauer des Proz Anspruch auf die Weiterbeschäftigung (BAG BB 85, 1978). Dieser Anspruch ist mit einstw Vfg sicherbar. Zur Vollziehung s § 936 Rn 11. Keine eisntw Vfg für Arbeitgeber auf Erzwingung von Dienstleistungen (LAG Hamburg DB 02, 2003). Einstw Vfg gegen Einigungsstellenspruch nur, wenn er offensichtlich rechtswidrig ist (LAG Köln BB 00, 987). Einstw Vfg gegen eingeleitete Betriebsratswahl nur, wenn die Nichtigkeit der Wahl droht (LAG Köln MDR 01, 1176).

3. Verfügungsgrund. Die einstw **Regelung** muss **notwendig** **5** sein. Dabei ist grundsätzlich vom Interesse des Gläubigers auszugehen, wie es sich auf Grund der tatsächlichen Lage objektiv darstellt. Jedoch darf der Vorteil für ihn nicht außer Verhältnis zum Nachteil des Schuldners stehen, Grundsatz der Verhältnismäßigkeit (Frankfurt DB 85, 1738, KG BB 94, 1596: in der Regel kein Verbot bei behaupteter Patent- und Urheberrechtsverletzung, ähnlich KG WM 92, 1861: keine einstw Vfg gegen Treuhandanstalt). Die Dringlichkeit fehlt, wenn der Antragsteller in Kenntnis der maßgeblichen Umstände untätig bleibt u den Antrag auf Erlass der einstw Vfg erst nach längerer Zeit stellt (Hamburg NJW-RR 02, 55: 6 Monate; München GRUR 76, 150: 5 Wochen in Wettbewerbssachen, Frankfurt WRP 88, 744: 2 Monate, auch bei Vorgehen eines Verbandes im öffentlichen Interesse), wenn er in Wettbewerbssachen die BerBegründungsfrist um 3 Wochen verlängern lässt (München MDR 91, 157) oder gar eine 2monatige Verlängerung der BerBegründungsfrist voll ausschöpft (KG DB 80, 1394). Als Beispiel für die Notwendigkeit nennt das Gesetz Abwendung wesentlicher Nachteile oder drohender Gewalt. Wegen der Maßnahmen vgl § 938, Glaubhaftmachung § 935 Rn 8, Verfahren und Vollziehung § 936.

6   **4. Leistungsverfügung.** Die Rechtsprechung lässt über die Sicherung eines Anspruchs und die vorläufige Regelung eines streitigen Rechtsverhältnisses hinaus ausnahmsweise eine teilweise Befriedigung zu, wenn der Antragsteller auf die sofortige Erfüllung so dringend angewiesen ist, dass er ein ordentliches Verfahren nicht abwarten kann, ohne unverhältnismäßig großen, gar irreparablen Schaden zu erleiden (ähnlich Köln NJW-RR 95, 546 und 1088, Düsseldorf NJW-RR 96, 123). An die Glaubhaftmachung sind strenge Anforderungen zu stellen (Bamberg OLGZ 71, 438); außerdem muss die einstw Vfg vollstreckbar sein (Naumburg NJW-RR 98, 873). Dass derartige einstw Vfgn von der Berufungsinstanz nach Erlass des verurteilenden Urt 1. Instanz mit VollstrSchutz für Beklagte erlassen werden dürfen (KG JR 69, 463),

7   folgt schon aus § 943. − **a) Befriedigung wegen eines Geldanspruchs** gewährt die einstw Vfg im Falle des § 1615 o BGB. Ausgehend davon und von § 620 lässt die Rechtsprechung zur Abwendung wesentlicher Nachteile auch in anderen Fällen die Verurteilung zu Geldzahlungen zu, auch wenn für diese Ansprüche schon ein vorl vollstr Urt mit Abwendungsbefugnis vorliegt (KG NJW 69, 2019). −

8   So auf **Prozesskostenvorschuss** gem § 1360 a Abs 4 BGB oder vor Erhebung der Ehescheidungsklage (Düsseldorf NJW 78, 895; aA Oldenburg NJW 78, 1593); zuständig ist das Familiengericht gem § 23 b Nr 6 GVG. Ferner bei Dauerverhältnissen, wenn der Gläubiger prozessual unverschuldet nicht rechtzeitig zu einem endgültigen Titel

9   kommen kann (Koblenz FamRZ 86, 77). − **Abschlagszahlungen** auf periodisch wiederkehrende Leistungen wie laufende Unterhalts-, Lohn- und Gehaltsansprüche in Höhe des notwendigen Unterhalts auf die Dauer bis zu 6 Monaten ab Eingang des Antrags (Hamm NJW-RR 86, 943, Koblenz FamRZ 88, 189, Karlsruhe FamRZ 95, 1424; aA Hamm

FamRZ 88, 527, Celle NJW-RR 96, 257: erst ab dem Zeitpunkt der Entscheidung), auf die der Gläubiger dringend angewiesen ist. Bei Unterhaltsansprüchen ist eine Leistungsverfügung neben dem vereinfachten Verfahren idR unzulässig (München FamRZ 00, 1580, aA Gießler FamRZ 01, 1269/1271), iü wegen §§ 127 a, 644 nur zulässig, wenn Hauptsacheklage unmöglich oder unzumutbar ist (Nürnberg NJW 98, 3787, Köln NJW-RR 99, 795, Düsseldorf FamRZ 99, 1215; weitergehend Bernreuther FamRZ 99, 69: § 644 schließt einstw Vfg generell aus; so auch Zweibrücken FamRZ 99, 662; aA Karlsruhe FamRZ 00, 106: einstw Vfg nur ausgeschlossen, wenn Hauptsacheverfahren anhängig). Erhält der VfgsKläger Sozialhilfe, die seinen Notbedarf deckt, oder kann er sie in Anspruch nehmen, so fehlt es idR am VfgsGrund (Frankfurt FamRZ 97, 1090, KG NJW-RR 98, 1381, Hamm MDR 00, 847; aA Koblenz FamRZ 88, 189, Köln FamRZ 96, 1430; differenzierend Oldenburg NJW-RR 87, 1480, Bamberg NJW-RR 95, 579), ebenso wenn der VfgsKläger die Hauptsacheklage ungebührlich spät einreicht (Oldenburg FamRZ 97, 182). – **Wirtschaftsgeld** vor **10** Anhängigkeit eines Scheidungsverfahrens (Düsseldorf FamRZ 83, 1121). – Und sogar einmalige Zahlungen, auf die der Gläubiger zur **11** Abwendung ernster Dauerschäden angewiesen ist, zB **Heilungs-** und **Kurkosten** nach Unfällen (Braunschweig NdsRpfl 54, 217, Köln MDR 59, 398). – **b) Herausgabe einer Sache** an den früheren Besit- **12** zer darf im Falle verbotener Eigenmacht angeordnet werden (Hamm NJW-RR 91, 1526, Köln VersR 97, 465 und § 940 a); darüber hinaus kann in besonderen Fällen zur Sicherung des Gläubigers eine einstweilige Befriedigung in Form der Herausgabe zum Gebrauch – nicht Verbrauch – (Frankfurt BauR 80, 193: Bauunterlagen; Köln NJW-RR 97, 57: Lebensakte für Flugzeug) oder zur Aufbewahrung im eigenen Lager (Düsseldorf MDR 84, 411) geboten sein. – **c) Gebot einer** **13** **presserechtlichen Gegendarstellung** ist nach den gesetzlichen Regelungen meist nur durch einstw Vfg zulässig (Seitz/Schmidt/Schoener, Gegendarstellung, NJW-Schriften 33, 3. Aufl 1998 Rn 567 ff), auch in den ostdeutschen Ländern. – **d) Unterlassungsgebot** kann in Wett- **14** bewerbssachen erlassen werden, wenn die Entscheidung nur von einer Rechtsfrage abhängt (Frankfurt WRP 73, 225 für Benutzung einer Firmenbezeichnung); eine einstweilige Einstellung der Zwangsvollstreckung ist grundsätzlich unzulässig, weil mit der Funktion einer solchen einstw Vfg nicht vereinbar (Koblenz WRP 85, 657, Nürnberg GRUR 83, 469); sie ist unter bes Umständen ausnahmsweise zulässig (KG WRP 90, 366), zB wenn sich aus dem eigenen Verhalten des VfgsKlägers die fehlende Dringlichkeit ergibt (Köln GRUR 82, 504). Gebot auf Antrag des Garantieauftraggebers gegen den Begünstigten auf Unterlassung der Inanspruchnahme der Bankgarantie in Fällen offensichtlichen Rechtsmissbrauchs (BGH WM 87, 367, Jedzig WM 88, 1469). – **e) Vornahme einer Handlung** kann Gegenstand einer einstw Vfg **15** sein, wenn die geschuldete Handlung so kurzfristig zu erbringen ist, dass die Erwirkung eines Titels im ordentlichen Verfahren nicht aus-

reicht, zB Fixgeschäfte (StJGrunsky 55 vor § 935, ZöVollkommer 6);
außerdem in engen Grenzen, wenn die Handlung dazu dient, die
Fortwirkung eines schädigenden Verhaltens zu verhindern (Frankfurt
16, 17 WRP 89, 103). – **f) Arbeitsverhältnis** vgl Rn 4. – **g) In anderen
Fällen ist Befriedigung unzulässig,** zB **Abschlagszahlungen** auf
Vertragserfüllung (aA Rostock OLG-NL 96, 283 zur Abwendung des
Insolvenzverfahrens einer juristischen Person), wie Miete oder Pacht
(Celle NJW 52, 1221); aA für Schmerzensgeld Spickhoff VersR 94,
1155. **Erhöhter Unterhalt** (Celle FamRZ 97, 182). **Arbeitszeitver-
ringerung** nach dem Teilzeit- und Befristungsgesetz (Flatten/
Coeppicus ZIP 01, 1477/1482, iE auch LAG Köln MDR 02, 1257; aA
LAG Rheinl-Pfalz DB 02, 1723). Gebot des vorläufigen **Widerrufs**
einer unwahren Tatsachenbehauptung (hM, vgl Teplitzky DRiZ 82,
41/45; aA Stuttgart NJW 62, 2066, Köln JMBl NRW 73, 29). **Auskunft** (KG GRUR 88, 403; aA Karlsruhe NJW 84, 1905); vgl auch
§ 938 Rn 3. Vollziehung § 936.

§ 940 a Räumung von Wohnraum
**Die Räumung von Wohnraum darf durch einstweilige Ver-
fügung nur wegen verbotener Eigenmacht oder bei einer konkreten Gefahr für Leib und Leben angeordnet werden.**

1   **Inhalt.** Ausnahme von dem Grundsatz der Rechtsprechung, dass
durch einstw Vfg keine Maßnahmen angeordnet werden dürfen, die
zur Befriedigung des Gläubigers führen (§ 938 Rn 3). Wenn die Voraussetzungen des § 940 vorliegen, darf die Räumung oder das Verbot
des Betretens eines Wohnraumes nur im Falle verbotener Eigenmacht
und bei ernst zu nehmender körperlicher Bedrohung angeordnet werden; da verdient der (Mit-)Benützer keinen Schutz. Deshalb ist auch
§ 721 (Räumungsfrist) nicht anwendbar (LG Hamburg NJW-RR 93,
1233). Die Bestimmung betrifft nicht nur Mietwohnverhältnisse (§ 257
Rn 3; aA Hamm MDR 80, 856).

§ 941 Ersuchen um Eintragungen im Grundbuch usw
**Hat auf Grund der einstweiligen Verfügung eine Eintragung
in das Grundbuch, das Schiffsregister oder das Schiffsbauregister zu erfolgen, so ist das Gericht befugt, das Grundbuchamt
oder die Registerbehörde um die Eintragung zu ersuchen.**

1   Neben dem **Eintragungsantrag** des Gläubigers kann an seiner
Stelle das Ger, das die einstw Vfg erlassen hat – zweckmäßigerweise in
der einstw Vfg selbst –, nach freiem Ermessen vAw das GBA schriftlich
um die Eintragung von Vormerkung, Widerspruch, Veräußerungsverbot oder Löschung ersuchen. Ein gesondertes Eintragungsersuchen
muss von den Richtern unterschrieben werden, ein solches der Geschäftsstelle ist unwirksam (Demharter Rpfleger 98, 133).

2   **Wirkung.** § 932 Abs 3 gilt entspr, jedoch muss die Zustellung binnen Wochenfrist nachgeholt werden (§ 929 Abs 3 S 2); deshalb Mit-

teilung des Ersuchens an Gläubiger erforderlich. Das GBA hat nur die grundbuchrechtlichen Eintragungsvoraussetzungen nachzuprüfen.

Entsprechend anwendbar auf Eintragungen in das Register für 3 Pfandrechte an Luftfahrzeugen (§ 99 Abs 1 LuftfzRG).

Rechtsmittel. Bei unterlassenem Ersuchen durch Ger kein Rechts- 4 mittel für Gläubiger; bei Ablehnung der Eintragung Beschwerde für Ger und Gläubiger nach § 71 GBO.

§ 942 Zuständigkeit des Amtsgerichts der belegenen Sache

(1) **In dringenden Fällen kann das Amtsgericht, in dessen Bezirk sich der Streitgegenstand befindet, eine einstweilige Verfügung erlassen unter Bestimmung einer Frist, innerhalb der die Ladung des Gegners zur mündlichen Verhandlung über die Rechtmäßigkeit der einstweiligen Verfügung bei dem Gericht der Hauptsache zu beantragen ist.**

(2) **[1]Die einstweilige Verfügung, auf Grund deren eine Vormerkung oder ein Widerspruch gegen die Richtigkeit des Grundbuchs, des Schiffsregisters oder des Schiffsbauregisters eingetragen werden soll, kann von dem Amtsgericht erlassen werden, in dessen Bezirk das Grundstück belegen ist oder der Heimathafen oder der Heimatort des Schiffes oder der Bauort des Schiffsbauwerks sich befindet, auch wenn der Fall nicht für dringlich erachtet wird; liegt der Heimathafen des Schiffes nicht im Inland, so kann die einstweilige Verfügung vom Amtsgericht in Hamburg erlassen werden. [2]Die Bestimmung der im Absatz 1 bezeichneten Frist hat nur auf Antrag des Gegners zu erfolgen.**

(3) **Nach fruchtlosem Ablauf der Frist hat das Amtsgericht auf Antrag die erlassene Verfügung aufzuheben.**

(4) **Die in diesem Paragraphen erwähnten Entscheidungen des Amtsgerichts ergehen durch Beschluss.**

1. Wahlweise Zuständigkeit des AG neben dem Ger der Haupt- 1 sache (§ 937 Abs 1) nur für die Anordnung, die Aufhebung wegen Fristversäumung (Abs 3) und das Eintragungsersuchen (§ 941). Für alle anderen gerichtlichen Maßnahmen, insbes Aufhebung (§§ 924–927), Vollziehung nach §§ 887 ff, Einstellung der Zwangsvollstreckung (vgl § 924 Rn 8) bleibt allein das Ger nach § 937 Abs 1 zuständig. Lempp NJW 75, 1920 hält bis zum Eingang des Terminsantrags beim Ger der Hauptsache das AG für befugt, die Vollziehung der einstw Vfg auszusetzen. Wohl überflüssig, weil der Terminsantrag sofort gestellt werden kann. – **a)** Nach **Abs 1** ist das **AG der belegenen Sache** für einstw 2 Vfgn jeden Inhalts zuständig, wenn ein dringender Fall glaubhaft gemacht wird, dh wenn die Anrufung des Ger der Hauptsache für den Gläubiger eine nachteilige Verzögerung brächte. Maßgeblich ist bei körperlichen Sachen der Verbleib im Zeitpunkt der Anordnung der einstw Vfg, bei Handlungen und Unterlassungen, wo sie vorzunehmen

3   sind; bei Forderungen gilt § 23 S 2 entspr. – **b)** Nach **Abs 2** ist für die **Anordnung von Vormerkungen und Widersprüchen** auch ohne Dringlichkeit das AG zuständig. Heimathafen und Heimatort vgl § 480 HGB, § 6 BinnSchG.

4   **2. Verfahren.** Freigestellte mdl Vhdlg (Abs 4, § 128 Abs 4)), Entscheidung stets durch Beschluss, also kein Säumnisverfahren. Im Falle des Abs 1 muss vAw (notfalls Ergänzung nach § 321), im Falle des Abs 2 auf Antrag Frist zur Ladung des Schuldners vor das Ger der Hauptsache über die Rechtmäßigkeit der einstw Vfg bestimmt werden. Fristbeginn mit Zustellung (Aushändigung) an Gläubiger, Wahrung durch Eingang des Ladungsantrags. – **Rechtsbehelfe:**

5   Bei Zurückweisung sofortige Beschwerde (§ 567 Abs 1); bei Erlass iF des Abs 1 kein Rechtsbehelf, weil die Frist zur Ladung des Antragsgegners zum Rechtfertigungsverfahren vAw zu bestimmen ist, iF des Abs 2 Antrag des Antragsgegners auf Fristbestimmung zur Ladung für das Rechtfertigungsverfahren. Widerspruch mit Verweisungsantrag ist als solcher Antrag aufzufassen. Vor dem AG, außer es ist Ger der Hauptsache, kann auch bei rügeloser Einlassung das Widerspruchsverfahren nicht stattfinden mangels funktioneller Zuständigkeit (LG Frankfurt NJW 75, 1932, StJGrunsky 11, Jacobs NJW 88, 1365; aA zu Unrecht LG Frankfurt NJW 80, 1759). Bei ergebnislosem Verstreichen der Frist Aufhebungsantrag nach Abs 3; daneben Antrag nach § 926 beim Hauptsachegericht (Schleswig NJW-RR 97, 829).

6   **3. Aufhebung** (Abs 3). Zuständig ist nur das AG. Nur auf Antrag des Schuldners, freigestellte mdl Vhdlg, Anhörung des Gläubigers ist stets geboten. Die Frist ist nach § 231 Abs 2 gewahrt, wenn der Terminsantrag beim HauptsacheGer von einer der beiden Parteien bis zum Schluss der mdl Vhdlg, sonst bis zum Erlass der Entscheidung gestellt

7   ist. Entscheidung stets durch Beschluss (Abs 4). – **Kosten:** Bei Ger kei-

8   ne, § 40 Abs 2 BRAGO. – **Rechtsbehelfe:** Gegen Aufhebung sofortige Beschwerde in Analogie zu § 934 Abs 4 (Brandenburg OLG-NL 95, 184), gegen Ablehnung sofortige Beschwerde (§ 567 Abs 1 Nr 2). Folge der Aufhebung: § 945.

9   **4.** Das **Rechtfertigungsverfahren** vor dem HauptsacheGer folgt ganz dem Widerspruchsverfahren; vgl §§ 924, 925. Die Nichteinhaltung der gesetzten Frist kann wegen § 231 Abs 2 nicht gerügt werden.

§ 943 Gericht der Hauptsache

(1) **Als Gericht der Hauptsache im Sinne der Vorschriften dieses Abschnitts ist das Gericht des ersten Rechtszuges und, wenn die Hauptsache in der Berufungsinstanz anhängig ist, das Berufungsgericht anzusehen.**

(2) **Das Gericht der Hauptsache ist für die nach § 109 zu treffenden Anordnungen ausschließlich zuständig, wenn die Hauptsache anhängig ist oder anhängig gewesen ist.**

1. Gericht der Hauptsache: vgl § 919 Rn 2–6 und § 937 Rn 1. – 1
In **erster Instanz** endet die Zuständigkeit mit der Einlegung der Berufung und beginnt wieder mit der Rechtskraft des BerUrt bzw mit der Einlegung der Revision (BGH WM 76, 134 u 1201). – **Die Zuständigkeit des Berufungsgerichts** dauert von der Einlegung der Berufung bis zur Rechtskraft des BerUrt oder bis zur Einlegung der Revision. Ist der Grund des Anspruchs in zweiter, die Höhe in erster Instanz anhängig, so sind beide Gerichte zuständig (Karlsruhe MDR 54, 425 bestr); im Falle der Berufung gegen ein Zwischenurteil nach § 280 ist nur das Ger der 1. Instanz zuständig (StJGrunsky § 919 Rn 6).

2. Rückgabe einer Sicherheit. Wegfall der Veranlassung vgl 3
§ 109. Die SL des Gläubigers bezweckt, den Schuldner für Ansprüche aus § 945 zu sichern. Diese Veranlassung entfällt, wenn der Gläubiger in der Hauptsache rechtskräftig obsiegt hat, wenn der Arrest nicht vollzogen oder nicht angefochten wird. Die SL des Schuldners bezweckt Abwendung oder Aufhebung der Arrestvollziehung. Diese Veranlassung entfällt, wenn der Arrestbefehl außer wegen SL aufgehoben (Düsseldorf NJW-RR 87, 511) oder der Gläubiger befriedigt ist, ferner nach rechtskräftiger Abweisung der Hauptsacheklage als unbegründet (München BB 75, 764).

§ 944 Entscheidung des Vorsitzenden bei Dinglichkeit

In dringenden Fällen kann der Vorsitzende über die in diesem Abschnitt erwähnten Gesuche, sofern deren Erledigung eine mündliche Verhandlung nicht erfordert, anstatt des Gerichts entscheiden.

Dringender Fall bedeutet, dass die Entscheidung durch das Kolle- 1
gium für den Gläubiger eine nachteilige Verzögerung mit sich bringt. Nicht zuständig ist der Vorsitzende, soweit über Gesuche nur nach mdl Vhdlg entschieden werden kann (§§ 925, 926 Abs 2, 927, 942 Abs 1) und bei fehlender Dringlichkeit (vgl auch § 937 Rn 2). Einzelrichter vgl § 348 Rn 13. Rechtsbehelfe wie gegen die Entscheidungen des Gerichts.

§ 945 Schadensersatzpflicht

Erweist sich die Anordnung eines Arrestes oder einer einstweiligen Verfügung als von Anfang an ungerechtfertigt oder wird die angeordnete Maßregel auf Grund des § 926 Abs. 2 oder des § 942 Abs. 3 aufgehoben, so ist die Partei, welche die Anordnung erwirkt hat, verpflichtet, dem Gegner den Schaden zu ersetzen, der ihm aus der Vollziehung der angeordneten Maßregel oder dadurch entsteht, daß er Sicherheit leistet, um die Vollziehung abzuwenden oder die Aufhebung der Maßregel zu erwirken.

1   1. **Voraussetzungen des Schadensersatzanspruchs:** – **a)** Entweder die **Anordnung des Arrestes** (einstw Vfg) war zZ des Erlasses von Anfang an ganz oder teilweise **ungerechtfertigt,** weil es an einer Voraussetzung dafür fehlte (§ 916 Rn 2, 3; § 935 Rn 1, 4; § 940 Rn 1, 2, 5); auch dann, wenn die dem Erlass zugrunde gelegte Norm vom BVerfG für nichtig erklärt wird (BGH 54, 76, Düsseldorf MDR

2   87, 771). Vgl weiter Rn 6–9. – Oder die **Anordnung** wurde nach § 926 Abs 2 oder § 942 Abs 3 **aufgehoben.** Vgl weiter Rn 10. Verschuldensunabhängige Haftung (BGH NJW-RR 92, 998), ohne Belang ist, ob der Antragsteller die Unrechtmäßigkeit kannte oder kennen

3   musste. Verwandte Vorschrift in § 641 g, § 717 Abs 2. – **b)** Der Gläubiger hat die angeordnete **Maßregel vollzogen,** zumindest damit begonnen (BGH NJW 90, 122), oder der Schuldner hat zur Abwendung

4   oder Aufhebung der Vollziehung Sicherheit geleistet. – **c)** Dem Schuldner ist dadurch **Schaden verursacht** worden, wobei nicht erforderlich ist, dass die begonnene Vollziehung auch vollendet wurde

5   (BGH NJW 90, 122). – **d) Entsprechend anwendbar,** wenn der Schuldner unter Vollstreckungsdruck (vgl Rn 6) freiwillig erfüllt hat (BGH NJW 93, 593). Ferner wenn einem Wohnungseigentümer Schaden entstanden ist durch die Vollziehung einer einstweiligen Anordnung nach § 44 Abs 3 WEG, die sich nachträglich als von Anfang an unbegründet erweist (BGH NJW 93, 593). Ferner auf Steuerarrest, Rechtsweg zulässig (BGH 63, 277; abl Schwarz NJW 76, 215). Ferner wenn eine auf Grund landesrechtlichen PresseG erwirkte und durchgesetzte gerichtliche Anordnung auf Veröffentlichung einer Gegendarstellung im Berufungsverfahren als von Anfang an unrichtig aufgehoben

6   wird (BGH 62, 7; abl Kreuzer JZ 74, 507). – **e) Keine entsprechende Anwendung,** wenn der Schuldner freiwillig noch ohne Vollstreckungsdruck leistet, nämlich wenn noch eine Vollstreckungsvoraussetzung fehlt wie die Strafandrohung gemäß § 890 Abs 2 (BGH 120, 73 82), auch wenn die einstw Vfg im Parteibetrieb zugestellt wurde (BGH NJW 96, 198). Ferner auf andere als die im Gesetzestext genannten Tatbestände (BGH NJW-RR 92, 998), auf einstw Anordnungen anderer Art, zB §§ 127 a, 620 ff (BGH NJW 84, 2095), auf § 85 Abs 2 S 2 in Angelegenheiten des BetrVerfG. Nicht anwendbar auf den umgekehrten Fall: Abweisung oder Rücknahme des Arrest- bzw Vfgs-Antrags und späteres Obsiegen im Hauptsacheprozess (BGH 45, 251, NJW-RR 95, 495); auf Vergleich, dessen Bestand vom Ausgang des Hauptverfahrens abhängt, denn die Parteidisposition ist nicht einer gerichtlichen Entscheidung gleichzusetzen (Karlsruhe OLGZ 79, 370; aA Frankfurt FamRZ 88, 88).

7   **2. Ungerechtfertigte Anordnung.** Das prozessuale Schicksal des Arrestbefehls ist ohne Belang. Maßgebend ist, dass die tatsächlichen und rechtlichen Voraussetzungen im Zeitpunkt des Erlasses nicht vorlagen, wozu genügt, dass sie nicht beweisbar waren (BGH WM 88, 1352). Das ist zu beurteilen nach dem Sachverhalt bei Schluss der Verhandlung

im Schadensersatzprozess (Düsseldorf MDR 61, 606), zB nachträgliche Löschung eines Gebrauchsmusters, Versagung eines Patents nach bekannt gemachter Anmeldung (BGH 75, 116). Bei Prüfung ist das Ger im ErsatzProz frei, wenn weder im HauptsacheProz über den Anspruch (BGH NJW-RR 92, 998) noch im ArrestProz über die Rechtmäßigkeit der Anordnung eine rechtskräftige Entscheidung ergangen ist. Auch ein Vergleich, in dem der Gläubiger die unrechtmäßige Anordnung des Arrestes anerkannt hat, bindet das Ger im ErsatzProz nicht. – **a) Vorausgegangene Entscheidung im Hauptsacheprozess.** Ist 8 der Anspruch als zurzeit der Arrestanordnung bestehend oder nicht bestehend rechtskräftig festgestellt, so ist das Ger im Schadensersatzprozess im Umfang der materiellen Rechtskraftwirkung gebunden (BGH NJW 93, 2685), auch wenn die zugrunde liegende Rechtsnorm später als verfassungswidrig aufgehoben wurde (BGH NJW 89, 106). Frei bleibt es hinsichtlich des Arrestgrundes, weil über ihn das Hauptsacheurteil nicht entscheidet. – **b) Vorausgegangene Entscheidung im Arrest-** 9 **prozess.** Was den **Arrestanspruch** betrifft, besteht keine Bindung, wenn über den Arrestantrag durch Beschluss entschieden wurde, weil er nicht der formellen Rechtskraft fähig ist. Aber auch bei Bestätigung des Arrestbefehls oder bei seiner Aufhebung durch Urt wegen von Anfang an fehlenden Anspruchs besteht keine Bindung, weil der Anspruch im ArrestProz nicht Streitgegenstand ist (2 vor § 916). Ist das Gericht im HauptsacheProz demgemäß in seiner Entscheidung, ob der Anspruch besteht oder nicht, frei, so muss dies auch für den SchadensersatzProz gelten, in dem das Nichtbestehen des Anspruchs im Zeitpunkt der Arrestanordnung nur eine Anspruchsvoraussetzung ist, die auch aus rechtsstaatlichen Gründen nicht in einem summarischen, sondern nur in einem normalen Erkenntnisverfahren endgültig festgestellt werden kann (ebenso StJGrunsky 28, 32, ZöVollkommer 9, MuHuber 5; Karlsruhe Justiz 84, 95; KG NJW-RR 87, 448). Die gegenteilige Auffassung verneint Bindungswirkung für den Anspruch im SchadensersatzProz, wenn das Urt den Arrest bestätigt hat, bejaht sie inkonsequent aber, wenn das Urt den Arrest wegen von Anfang an fehlenden Anspruchs aufgehoben hat (BGH NJW 92, 2297, Hamburg VersR 87, 356, BLAH 12; offen gelassen BGH NJW 94, 2765), was sich allerdings aus dem Urt selbst ergeben müsse (BGH WM 71, 1129: Nicht bei VersU, BGH NJW 98, 1651: Nicht bei VerzichtsUrt). Am Schaden und seiner Verursachung durch die ungerechtfertigte Anordnung fehlt es, wenn eine auf Unterlassung lautende einstw Vfg vollzogen und später aufgehoben wurde, der Schuldner aber materiellrechtlich zu der Unterlassung verpflichtet war (BGH 15, 356, NJW 94, 2765). – **c) Arrestgrund.** Die überwie- 10 gende Meinung bejaht Bindung an sein (Nicht-)Bestehen, wenn das ArrestUrt ihn verneint bzw bejaht (Hamburg MDR 56, 304, Schwerdtner NJW 70, 597, BLAH 14), jedenfalls dann, wenn das ArrestGer den Arrest wegen von Anfang an fehlenden Arrestgrundes aufgehoben hat (BGH 75, 1/5). Auch hier ist indessen eine Bindung des Richters im SchadensersatzProz an eine rechtskräftige Entscheidung im

ArrestProz aus jedenfalls teilweise denselben Gründen wie vorstehend Rn 9 zu verneinen (StJGrunsky 29, 32, ZöVollkommer 9, MuHuber 5).

11   **3.** An die **Aufhebung** nach **§ 926 Abs 2, § 942 Abs 3** ist das Ger im Ersatzprozess gebunden. Rechtmäßigkeit der Anordnung und Bestehen des Hauptanspruchs sind hier ohne Belang.

12   **4. Der Ersatzanspruch** ist in einem eigenen Proz auf Leistung oder negative Feststellung (BGH NJW 94, 2765) geltend zu machen, lediglich bei auf Zahlung lautenden einstw Vfgn (§ 940 Rn 7–11) auch im Verfahren über deren Rechtmäßigkeit, soweit die Höhe der zurückzugewährenden Leistung unstreitig ist. Der Bekl trägt die Beweislast dafür, dass sein Antrag auf Erlass des Arrestes (einstw Vfg) von Anfang an
13   gerechtfertigt war (BGH NJW-RR 92, 998). – **Anspruchsberechtigt** ist nur der Antragsgegner wegen des Schadens auf Grund der Arrestvollziehung gegen ihn selbst (BGH NJW 94, 1413/1416). Unter Umständen kann er Liquidierung des Schadens verlangen, der einem Dritten gesetzwidrig durch diese Vollziehung entstanden ist. Ist die einstw Vfg gesetzwidrig nicht gegen den Schuldner, sondern einen Dritten ergangen (zB Gebot), so ist dieser anspruchsberechtigt (StJGrunsky 12). –
14   **Verpflichtet** ist der Antragsteller. Für Gerichtsstand gelten die Vorschriften über unerlaubte Handlung (BGH 75, 1). Rechtsweg zum ZivilGer auch, wenn im Ausgangsverfahren § 123 VwGO ein VerwaltungsGer entschieden hat (BGH 78, 127).

15   **5. Der Umfang der Ersatzpflicht** richtet sich nach §§ 249 ff BGB (BGH NJW 93, 593). Zu ersetzen sind auch die durch zu weite Fassung eines Unterlassungsgebots verursachten Nachteile (BGH NJW 81, 2579) und die erforderlichen Aufwendungen zur Minderung der Schadensfolgen aus der zu Unrecht erlassenen einstw Vfg (BGH NJW 93, 2685). Bei Anwendung des § 254 BGB ist zu berücksichtigen, dass die Vollziehung des noch nicht endgültigen Titels auf Gefahr des Gläubigers geht. An überwiegendes Verschulden des Schuldners sind deshalb hohe Anforderungen zu stellen, ganz entfallen kann sein Ersatzanspruch nur, wenn er den Arrestantrag geradezu provoziert hat (BGH NJW 90, 2689) oder wenn er einen Widerspruch unterlassen hat (München GRUR 96, 998). Der im VfgsVerfahren unterlegene Bekl, der im Hauptprozess obsiegt, kann die auf Grund der Kostenentscheidung im VfgsVerfahren entstandenen eigenen Kosten nicht nach § 945 als Schadensersatz zurückverlangen, weil sie nicht durch die Vollziehung, sondern durch die Anordnung der einstw Vfg entstanden sind; zur Erstattung dieser Kosten kommt der Bekl über einen entsprechenden Antrag im Aufhebungsverfahren gem § 927 (dort Rn 8, BGH NJW 93, 2685, Ahrens ZZP 107, 519). Die dem VfgsKläger erstatteten Kosten kann er, weil Vollstreckungsschaden, nach § 945 zurückverlangen (Vollkommer
16   WM 94, 51). – **Verjährungsfrist** gem § 199 Abs 1, 3 BGB, Fristbeginn mit rechtskräftiger Abweisung des Arrest-/Verfügungsantrags (BGH NJW 92, 2297) bzw mit rechtskräftigem Abschluss des Hauptsacheprozesses (BGH NJW 93, 863).

Buch 9. Aufgebotsverfahren

Vorbemerkung

1. Allgemeines. Das Aufgebotsverfahren, durch die Regelung in **1**
der ZPO kein Gegenstand der freiwilligen Gerichtsbarkeit, ist eine besondere Prozessart (Einl V). Grundsätzlich gilt das ganze Erste bis Dritte
Buch, soweit nicht die §§ 946–1024 Sonderregeln enthalten (RG 121,
20). Das Verfahren ist vom Gesetz ausführlich geregelt. Sein Zweck ist
eine gegenüber allen wirkende Feststellung in Bezug auf bestimmte
Rechte. Für das Aufgebotsverfahren selbst ist das AG zuständig (§ 23
Nr 1 h GVG), funktionell der Rechtspfleger mit Ausnahmen (§ 20
Nr 2 RPflG), für die Anfechtungsklage das LG (§ 957).
2. Anwendungsbereich. Es ist zu unterscheiden: Ausschließung **2**
eines Grundeigentümers (§§ 977–981 a). Ausschließung von Grundpfandgläubigern und anderen dinglich Berechtigten (§§ 982–988). Ausschließung von Nachlass-, Gesamtgut- und Schiffsgläubigern (§§ 989–
1002). Kraftloserklärung von Urkunden (§§ 1003–1023). Die allgemeinen Vorschriften §§ 946–959 gelten grundsätzlich für alle Arten von
Aufgebotsverfahren.

§ 946 Statthaftigkeit; Zuständigkeit

(1) **Eine öffentliche gerichtliche Aufforderung zur Anmeldung von Ansprüchen oder Rechten findet mit der Wirkung, daß die Unterlassung der Anmeldung einen Rechtsnachteil zur Folge hat, nur in den durch das Gesetz bestimmten Fällen statt.**

(2) **Für das Aufgebotsverfahren ist das durch das Gesetz bestimmte Gericht zuständig.**

Abs 1: gibt zugleich den Begriff des Aufgebots. Abs 2: sachlich und **1**
funktionell; Vorbem 1. Örtlich: für jeden Fall besonders gesetzlich bestimmt.

§ 947 Antrag; Inhalt des Aufgebots

(1) **[1]Der Antrag kann schriftlich oder zum Protokoll der Geschäftsstelle gestellt werden. [2]Die Entscheidung kann ohne mündliche Verhandlung ergehen.**

(2) **[1]Ist der Antrag zulässig, so hat das Gericht das Aufgebot zu erlassen. [2]In das Aufgebot ist insbesondere aufzunehmen:**
1. die Bezeichnung des Antragstellers;
2. die Aufforderung, die Ansprüche und Rechte spätestens im Aufgebotstermin anzumelden;

3. die Bezeichnung der Rechtsnachteile, die eintreten, wenn die Anmeldung unterbleibt;
4. die Bestimmung eines Aufgebotstermins.

1   **Antrag:** Prozesshandlung (Einl III); bis zum Erlass des Ausschlussurteils rücknehmbar. Er muss die schlüssige Behauptung enthalten, die das Gesetz für den betreffenden Fall fordert (vgl § 946 Abs 1), soweit vorgeschrieben. Glaubhaftmachung gemäß § 294 (§§ 980, 985, 986, 1007).
2 **Entscheidung:** ein Beschluss. Abs 2 bestimmt dessen Mindestinhalt.
Rechtsbehelfe: gegen Ablehnung sofortige Beschwerde gemäß § 11 Abs 1 RPflG; § 567 Abs 1 Nr 2. **Gebühren:** KV 1144; § 45 BRAGO.

§ 948 Öffentliche Bekanntmachung

(1) **Die öffentliche Bekanntmachung des Aufgebots erfolgt durch Anheftung an die Gerichtstafel und durch einmalige Einrückung in den Bundesanzeiger, sofern nicht das Gesetz für den betreffenden Fall eine abweichende Anordnung getroffen hat.**

(2) **Das Gericht kann anordnen, daß die Einrückung noch in andere Blätter und zu mehreren Malen erfolge.**

§ 949 Gültigkeit der öffentlichen Bekanntmachung

Auf die Gültigkeit der öffentlichen Bekanntmachung hat es keinen Einfluß, wenn das anzuheftende Schriftstück von dem Ort der Anheftung zu früh entfernt ist oder wenn im Falle wiederholter Bekanntmachung die vorgeschriebenen Zwischenfristen nicht eingehalten sind.

§ 950 Aufgebotsfrist

Zwischen dem Tage, an dem die Einrückung oder die erste Einrückung des Aufgebots in den Bundesanzeiger erfolgt ist, und dem Aufgebotstermin muß, sofern das Gesetz nicht eine abweichende Anordnung enthält, ein Zeitraum (Aufgebotsfrist) von mindestens sechs Wochen liegen.

1   Dauer: Sondergesetze gehen vor. Berechnung: § 222.

§ 951 Angebot nach Aufgebotstermin

Eine Anmeldung, die nach dem Schluß des Aufgebotstermins, jedoch vor Erlaß des Ausschlußurteils erfolgt, ist als rechtzeitig anzusehen.

1   Anmeldung: Prozesshandlung (Einl III); schriftlich oder zu Protokoll. Bestimmter Inhalt nur, wenn er besonders vorgeschrieben ist (zB § 996).

§ 952 Ausschlussurteil; Zurückweisung des Antrags

(1) **Das Ausschlußurteil ist in öffentlicher Sitzung auf Antrag zu erlassen.**

(2) **Einem in der Sitzung gestellten Antrag wird ein Antrag gleichgeachtet, der vor dem Aufgebotstermin schriftlich gestellt oder zum Protokoll der Geschäftsstelle erklärt worden ist.**

(3) **Vor Erlaß des Urteils kann eine nähere Ermittlung, insbesondere die Versicherung der Wahrheit einer Behauptung des Antragstellers an Eides Statt angeordnet werden.**

(4) **Gegen den Beschluß, durch den der Antrag auf Erlaß des Ausschlußurteils zurückgewiesen wird, sowie gegen Beschränkungen und Vorbehalte, die dem Ausschlußurteil beigefügt sind, findet sofortige Beschwerde statt.**

Zuständig: immer der Richter (§ 20 Nr 2 RPflG). Ausschlussurteil (Gestaltungsurteil) ergeht nur unter folgenden **Voraussetzungen:** **(1)** Zulässigkeit des Aufgebotsverfahrens (§ 946 Abs 1) zZ der letzten mdl Vhdlg, also zZ der betreffenden Sitzung. **(2)** Begründetheit des Aufgebots; dh es müssen die materiellen Voraussetzungen für die Ausschließung (zB §§ 927, 1170 BGB) vorliegen. Hierbei herrscht der Untersuchungsgrundsatz (Einl Rn 4; vgl Abs 3). **(3)** Fehlen einer entgegenstehenden Anmeldung. Steht sie teilweise entgegen, so wird beschränkt bzw vorbehalten (Abs 4). **(4)** Antrag (Abs 1, 2). Prozesshandlung (Einl III) und neben dem Aufgebotsantrag (§ 947) erforderlich. **Mögliche Entscheidungen: (1)** Ausschlussurteil, ggf mit Beschränkung und Vorbehalt eines angemeldeten Rechts (§ 953); die Formel ist nach dem maßgebenden materiellen Recht zu fassen (zB §§ 927, 1170 BGB). Es gelten §§ 309–321 a. Kosten: grundsätzlich dem Antragsteller aufzuerlegen, aber kein Kostenerstattungsanspruch (LG Weiden Rpfleger 98, 532). **(2)** Beschluss: Zurückweisung des Antrags auf Erlass des Ausschlussurteils, wenn eine der Voraussetzungen (Rn 2) fehlt. **(3)** Aussetzungsbeschluss im Falle des § 953. **Rechtsbehelfe.** Gegen das Ausschlussurteil, das mit Verkündung rechtskräftig wird, findet kein Rechtsmittel statt (§ 957 Abs 1), nur Anfechtungsklage (§ 957 Abs 2); keine Nichtigkeitsklage (§ 579; hM; BGH NJW 94, 214 mwN); daher ist die Ausschließung mit Verkündung sofort wirksam. Gegen den Zurückweisungsbeschluss sofortige Beschwerde gemäß Abs 4, § 567 Abs 1 Nr 1, gegen Aussetzungsbeschluss gemäß § 252.

§ 953 Wirkung einer Anmeldung

Erfolgt eine Anmeldung, durch die das von dem Antragsteller zur Begründung des Antrags behauptete Recht bestritten wird, so ist nach Beschaffenheit des Falles entweder das Aufgebotsverfahren bis zur endgültigen Entscheidung über das angemeldete Recht auszusetzen oder in dem Ausschlußurteil das angemeldete Recht vorzubehalten.

1   Die endgültige Entscheidung über das vorbehaltene Recht ist im normalen Klageverfahren herbeizuführen. In diesem Verfahren kann derjenige, dem das Recht vorbehalten ist, nicht geltend machen, die Voraussetzungen eines Ausschlussurteils (§ 952) hätten nicht vorgelegen (BGH 76, 169).

§ 954 Fehlender Antrag

[1] Wenn der Antragsteller weder in dem Aufgebotstermin erschienen ist noch vor dem Termin den Antrag auf Erlaß des Ausschlußurteils gestellt hat, so ist auf seinen Antrag ein neuer Termin zu bestimmen. [2] Der Antrag ist nur binnen einer vom Tage des Aufgebotstermins laufenden Frist von sechs Monaten zulässig.

1   Mit fruchtlosem Ablauf der 6-Monats-Frist erlischt das Aufgebotsverfahren; neuer Antrag gem § 947 ist jederzeit möglich.

§ 955 Neuer Termin

Wird zur Erledigung des Aufgebotsverfahrens ein neuer Termin bestimmt, so ist eine öffentliche Bekanntmachung des Termins nicht erforderlich.

1   Gilt auch für neue Termine gemäß § 952 Abs 3, § 953. Im Übrigen gilt § 216.

§ 956 Öffentliche Bekanntmachung des Ausschlussurteils

Das Gericht kann die öffentliche Bekanntmachung des wesentlichen Inhalts des Ausschlußurteils durch einmalige Einrückung in den Bundesanzeiger anordnen.

§ 957 Anfechtungsklage

(1) Gegen das Ausschlußurteil findet ein Rechtsmittel nicht statt.

(2) Das Ausschlußurteil kann bei dem Landgericht, in dessen Bezirk das Aufgebotsgericht seinen Sitz hat, mittels einer gegen den Antragsteller zu erhebenden Klage angefochten werden:
1. **wenn ein Fall nicht vorlag, in dem das Gesetz das Aufgebotsverfahren zuläßt;**
2. **wenn die öffentliche Bekanntmachung des Aufgebots oder eine in dem Gesetz vorgeschriebene Art der Bekanntmachung unterblieben ist;**
3. **wenn die vorgeschriebene Aufgebotsfrist nicht gewahrt ist;**
4. **wenn der erkennende Richter von der Ausübung des Richteramts kraft Gesetzes ausgeschlossen war;**
5. **wenn ein Anspruch oder ein Recht ungeachtet der Anmeldung nicht dem Gesetz gemäß in dem Urteil berücksichtigt ist;**

6. wenn die Voraussetzungen vorliegen, unter denen die Restitutionsklage wegen einer Straftat stattfindet.

1. Zulässigkeit der Anfechtungsklage (gewöhnliche Gestaltungsklage, 5 vor § 253). Neben den anderen allgemeinen Prozessvoraussetzungen müssen insbes vorliegen: **a) Zuständigkeit:** Abs 2; sie ist ausschließlich (9 vor § 1). – **b) Rechtsschutzbedürfnis** hat jeder Kläger, dessen Rechtsstellung durch das Ausschlussurteil betroffen wird (BGH LM Nr 1). – **c) Frist** des § 958 ist eine besondere Prozessvoraussetzung. 1 2 3 4

2. Begründet ist die Anfechtungsklage nur dann, wenn einer der Gründe des Abs 2 vorliegt. Wem das Recht wirklich zusteht, ist bedeutungslos. **Nr 1** bezieht sich allein auf die Zulässigkeit iS des § 946 Abs 1 (vgl BGH NJW 80, 2529), ggf nach Landesrecht. **Nr 2:** insbes Verstoß gegen § 947 Abs 2, auch gegen anderes Bundes- oder Landesrecht; ferner die Benachrichtigung bestimmter Personen, zB § 994 Abs 2 (RoSchwGottwald § 170 II 9 a; bestr). **Nr 3:** § 950. **Nr 4:** § 41. **Nr 5:** wirksame Anmeldung gem § 951. **Nr 6:** § 580 Nr 1–5. § 581 gilt entsprechend. 5

3. Entscheidung. Sie ist ein Gestaltungsurteil, wenn die Klage nicht ganz abgewiesen wird; in dessen Formel ist das Ausschlussurteil insoweit aufzuheben, als der Kläger darin mit seinem Recht ausgeschlossen wird; insoweit ergänzt es das Auschlussurteil (RoSchwGottwald § 170 II 9 f). Öffentliche Bekanntmachung ist in § 1017 vorgesehen. Streitwert: Wert des betreffenden Rechts (§ 3). Kosten: §§ 91 bis 101. Gebühren: die gewöhnlichen. Rechtsmittel: Berufung, ggf Revision. 6

§ 958 Klagefrist

(1) ¹**Die Anfechtungsklage ist binnen der Notfrist eines Monats zu erheben.** ²**Die Frist beginnt mit dem Tage, an dem der Kläger Kenntnis von dem Ausschlußurteil erhalten hat, in dem Falle jedoch, wenn die Klage auf einem der im § 957 Nr. 4, 6 bezeichneten Anfechtungsgründe beruht und dieser Grund an jenem Tage noch nicht zur Kenntnis des Klägers gelangt war, erst mit dem Tage, an dem der Anfechtungsgrund dem Kläger bekannt geworden ist.**

(2) **Nach Ablauf von zehn Jahren, von dem Tage der Verkündung des Ausschlußurteils an gerechnet, ist die Klage unstatthaft.**

Berechnung: § 222. Abs 2: Die Ausschlussfrist läuft unabhängig von einer Kenntnis des Klägers (BGH DtZ 94, 214). Sie ist keine Notfrist, daher keine Wiedereinsetzung (§ 233) möglich. Auch keine Ablaufhemmung der Verjährung (BGH aaO). 1

§ 959 Verbindung mehrerer Aufgebote

Das Gericht kann die Verbindung mehrerer Aufgebote anordnen, auch wenn die Voraussetzungen des § 147 nicht vorliegen.

§§ 960–976 (weggefallen)

§ 977 Aufgebot des Grundstückseigentümers

Für das Aufgebotsverfahren zum Zwecke der Ausschließung des Eigentümers eines Grundstücks nach § 927 des Bürgerlichen Gesetzbuchs gelten die nachfolgenden besonderen Vorschriften.

§ 978 Zuständigkeit

Zuständig ist das Gericht, in dessen Bezirk das Grundstück belegen ist.

§ 979 Antragsberechtigter

Antragsberechtigt ist derjenige, der das Grundstück seit der im § 927 des Bürgerlichen Gesetzbuchs bestimmten Zeit im Eigenbesitz hat.

§ 980 Glaubhaftmachung

Der Antragsteller hat die zur Begründung des Antrags erforderlichen Tatsachen vor der Einleitung des Verfahrens glaubhaft zu machen.

§ 981 Inhalt des Aufgebots

In dem Aufgebot ist der bisherige Eigentümer aufzufordern, sein Recht spätestens im Aufgebotstermin anzumelden, widrigenfalls seine Ausschließung erfolgen werde.

§ 981 a Aufgebot des Schiffseigentümers

[1] Für das Aufgebotsverfahren zum Zwecke der Ausschließung des Eigentümers eines eingetragenen Schiffes oder Schiffsbauwerks nach § 6 des Gesetzes über Rechte an eingetragenen Schiffen und Schiffsbauwerken vom 15. November 1940 (Reichsgesetzbl. I S. 1499) gelten die §§ 979 bis 981 entsprechend. [2] Zuständig ist das Gericht, bei dem das Register für das Schiff oder Schiffsbauwerk geführt wird.

§ 982 Aufgebot des Grundpfandrechtsgläubigers

Für das Aufgebotsverfahren zum Zwecke der Ausschließung eines Hypotheken-, Grundschuld- oder Rentenschuldgläubigers auf Grund der §§ 1170, 1171 des Bürgerlichen Gesetzbuchs gelten die nachfolgenden besonderen Vorschriften.

§ 983 Zuständigkeit

Zuständig ist das Gericht, in dessen Bezirk das belastete Grundstück belegen ist.

§ 984 Antragsberechtigter

(1) Antragsberechtigt ist der Eigentümer des belasteten Grundstücks.

(2) Im Falle des § 1170 des Bürgerlichen Gesetzbuchs ist auch ein im Range gleich- oder nachstehender Gläubiger, zu dessen Gunsten eine Vormerkung nach § 1179 des Bürgerlichen Gesetzbuchs eingetragen ist oder ein Anspruch nach § 1179 a des Bürgerlichen Gesetzbuchs besteht, und bei einer Gesamthypothek, Gesamtgrundschuld oder Gesamtrentenschuld außerdem derjenige antragsberechtigt, der auf Grund eines im Range gleich- oder nachstehenden Rechtes Befriedigung aus einem der belasteten Grundstücke verlangen kann, sofern der Gläubiger oder der sonstige Berechtigte für seinen Anspruch einen vollstreckbaren Schuldtitel erlangt hat.

§ 985 Glaubhaftmachung

Der Antragsteller hat vor der Einleitung des Verfahrens glaubhaft zu machen, daß der Gläubiger unbekannt ist.

Glaubhaft gemacht wird gemäß § 294.

§ 986 Besonderheiten im Fall des § 1170 des Bürgerlichen Gesetzbuchs

(1) Im Falle des § 1170 des Bürgerlichen Gesetzbuchs hat der Antragsteller vor der Einleitung des Verfahrens auch glaubhaft zu machen, daß nicht eine das Aufgebot ausschließende Anerkennung des Rechtes des Gläubigers erfolgt ist.

(2) [1]Ist die Hypothek für die Forderung aus einer Schuldverschreibung auf den Inhaber bestellt oder der Grundschuld- oder Rentenschuldbrief auf den Inhaber ausgestellt, so hat der Antragsteller glaubhaft zu machen, daß die Schuldverschreibung oder der Brief bis zum Ablauf der im § 801 des Bürgerlichen Gesetzbuchs bezeichneten Frist nicht vorgelegt und der Anspruch nicht gerichtlich geltend gemacht worden ist. [2]Ist die Vorlegung oder die gerichtliche Geltendmachung erfolgt, so ist die im Absatz 1 vorgeschriebene Glaubhaftmachung erforderlich.

(3) Zur Glaubhaftmachung genügt in den Fällen der Absätze 1, 2 die Versicherung des Antragstellers an Eides Statt, unbeschadet der Befugnis des Gerichts, anderweitige Ermittlungen anzuordnen.

(4) In dem Aufgebot ist als Rechtsnachteil anzudrohen, daß der Gläubiger mit seinem Recht ausgeschlossen werde.

(5) Wird das Aufgebot auf Antrag eines nach § 984 Abs. 2 Antragsberechtigten erlassen, so ist es dem Eigentümer des Grundstücks von Amts wegen mitzuteilen.

§ 987 Besonderheit im Fall des § 1171 des Bürgerlichen Gesetzbuchs

(1) Im Falle des § 1171 des Bürgerlichen Gesetzbuchs hat der Antragsteller sich vor der Einleitung des Verfahrens zur Hinterlegung des dem Gläubiger gebührenden Betrages zu erbieten.

(2) In dem Aufgebot ist als Rechtsnachteil anzudrohen, daß der Gläubiger nach der Hinterlegung des ihm gebührenden Betrages seine Befriedigung statt aus dem Grundstück nur noch aus dem hinterlegten Betrag verlangen könne und sein Recht auf diesen erlösche, wenn er sich nicht vor dem Ablauf von dreißig Jahren nach dem Erlaß des Ausschlußurteils bei der Hinterlegungsstelle melde.

(3) Hängt die Fälligkeit der Forderung von einer Kündigung ab, so erweitert sich die Aufgebotsfrist um die Kündigungsfrist.

(4) Das Ausschlußurteil darf erst dann erlassen werden, wenn die Hinterlegung erfolgt ist.

§ 987 a Aufgebot des Schiffshypothekengläubigers

[1] Für das Aufgebotsverfahren zum Zwecke der Ausschließung eines Schiffshypothekengläubigers auf Grund der §§ 66, 67 des Gesetzes über Rechte an eingetragenen Schiffen und Schiffsbauwerken vom 15. November 1940 (Reichsgesetzbl. I S. 1499) gelten die §§ 984 bis 987 entsprechend; an die Stelle der §§ 1170, 1171, 1179 des Bürgerlichen Gesetzbuchs treten die §§ 66, 67, 58 des genannten Gesetzes. [2] Zuständig ist das Gericht, bei dem das Register für das Schiff oder Schiffsbauwerk geführt wird.

§ 988 Aufgebot des Berechtigten bei Vormerkung, Vorkaufsrecht, Reallast

[1] Die Vorschriften des § 983, des § 984 Abs. 1, des § 985, des § 986 Abs. 1 bis 4 und der §§ 987, 987 a gelten entsprechend für das Aufgebotsverfahren zum Zwecke der in den §§ 887, 1104, 1112 des Bürgerlichen Gesetzbuchs, § 13 des Gesetzes über Rechte an eingetragenen Schiffen und Schiffsbauwerken vom 15. November 1940 (Reichsgesetzbl. I S. 1499) für die Vormerkung, das Vorkaufsrecht und die Reallast bestimmten Ausschließung des Berechtigten. [2] Antragsberechtigt ist auch, wer auf Grund eines im Range gleich- oder nachstehenden Rechtes Befriedigung aus dem Grundstück oder dem Schiff

oder Schiffsbauwerk verlangen kann, sofern er für seinen Anspruch einen vollstreckbaren Schuldtitel erlangt hat. [3] Das Aufgebot ist dem Eigentümer des Grundstücks oder des Schiffes oder Schiffsbauwerks von Amts wegen mitzuteilen.

§ 989 Aufgebot von Nachlassgläubigern

Für das Aufgebotsverfahren zum Zwecke der Ausschließung von Nachlaßgläubigern auf Grund des § 1970 des Bürgerlichen Gesetzbuchs gelten die nachfolgenden besonderen Vorschriften.

§ 990 Zuständigkeit

[1] Zuständig ist das Amtsgericht, dem die Verrichtungen des Nachlaßgerichts obliegen. [2] Sind diese Verrichtungen einer anderen Behörde als einem Amtsgericht übertragen, so ist das Amtsgericht zuständig, in dessen Bezirk die Nachlaßbehörde ihren Sitz hat.

§ 991 Antragsberechtigter

(1) Antragsberechtigt ist jeder Erbe, sofern er nicht für die Nachlaßverbindlichkeiten unbeschränkt haftet.

(2) Zu dem Antrag sind auch ein Nachlaßpfleger und ein Testamentsvollstrecker berechtigt, wenn ihnen die Verwaltung des Nachlasses zusteht.

(3) Der Erbe und der Testamentsvollstrecker können den Antrag erst nach der Annahme der Erbschaft stellen.

§ 992 Verzeichnis der Nachlaßgläubiger

Dem Antrag ist ein Verzeichnis der bekannten Nachlaßgläubiger mit Angabe ihres Wohnortes beizufügen.

§ 993 Nachlaßinsolvenzverfahren

(1) Das Aufgebot soll nicht erlassen werden, wenn die Eröffnung des Nachlaßinsolvenzverfahrens beantragt ist.

(2) Durch die Eröffnung des Nachlaßinsolvenzverfahrens wird das Aufgebotsverfahren beendigt.

§ 994 Aufgebotsfrist

(1) Die Aufgebotsfrist soll höchstens sechs Monate betragen.

(2) [1] Das Aufgebot soll den Nachlaßgläubigern, die dem Nachlaßgericht angezeigt sind und deren Wohnort bekannt ist, von Amts wegen zugestellt werden. [2] Die Zustellung kann durch Aufgabe zur Post erfolgen.

§ 995 Inhalt des Aufgebots

In dem Aufgebot ist den Nachlaßgläubigern, die sich nicht melden, als Rechtsnachteil anzudrohen, daß sie, unbeschadet des Rechtes, vor den Verbindlichkeiten aus Pflichtteilsrechten, Vermächtnissen und Auflagen berücksichtigt zu werden, von dem Erben nur insoweit Befriedigung verlangen können, als sich nach Befriedigung der nicht ausgeschlossenen Gläubiger noch ein Überschuß ergibt.

§ 996 Forderungsanmeldung

(1) [1]Die Anmeldung einer Forderung hat die Angabe des Gegenstandes und des Grundes der Forderung zu enthalten. [2]Urkundliche Beweisstücke sind in Urschrift oder in Abschrift beizufügen.

(2) Das Gericht hat die Einsicht der Anmeldungen jedem zu gestatten, der ein rechtliches Interesse glaubhaft macht.

§ 997 Mehrheit von Erben

(1) [1]Sind mehrere Erben vorhanden, so kommen der von einem Erben gestellte Antrag und das von ihm erwirkte Ausschlußurteil, unbeschadet der Vorschriften des Bürgerlichen Gesetzbuchs über die unbeschränkte Haftung, auch den anderen Erben zustatten. [2]Als Rechtsnachteil ist den Nachlaßgläubigern, die sich nicht melden, auch anzudrohen, daß jeder Erbe nach der Teilung des Nachlasses nur für den seinem Erbteil entsprechenden Teil der Verbindlichkeit haftet.

(2) Das Aufgebot mit Androhung des im Absatz 1 Satz 2 bestimmten Rechtsnachteils kann von jedem Erben auch dann beantragt werden, wenn er für die Nachlaßverbindlichkeiten unbeschränkt haftet.

§ 998 Nacherbfolge

Im Falle der Nacherbfolge ist die Vorschrift des § 997 Abs. 1 Satz 1 auf den Vorerben und den Nacherben entsprechend anzuwenden.

§ 999 Gütergemeinschaft

[1]Gehört ein Nachlaß zum Gesamtgut der Gütergemeinschaft, so kann sowohl der Ehegatte, der Erbe ist, als auch der Ehegatte, der nicht Erbe ist, aber das Gesamtgut allein oder mit seinem Ehegatten gemeinschaftlich verwaltet, das Aufgebot beantragen, ohne daß die Zustimmung des anderen Ehegatten erforderlich ist. [2]Die Ehegatten behalten diese Befugnis, wenn die Gütergemeinschaft endet. [3]Der von einem Ehegatten

gestellte Antrag und das von ihm erwirkte Ausschlußurteil kommen auch dem anderen Ehegatten zustatten.

§ 1000 Erbschaftskäufer

(1) ¹Hat der Erbe die Erbschaft verkauft, so kann sowohl der Käufer als der Erbe das Aufgebot beantragen. ²Der von dem einen Teil gestellte Antrag und das von ihm erwirkte Ausschlußurteil kommen, unbeschadet der Vorschriften des Bürgerlichen Gesetzbuchs über die unbeschränkte Haftung, auch dem anderen Teil zustatten.

(2) Diese Vorschriften gelten entsprechend, wenn jemand eine durch Vertrag erworbene Erbschaft verkauft oder sich zur Veräußerung einer ihm angefallenen oder anderweit von ihm erworbenen Erbschaft in sonstiger Weise verpflichtet hat.

§ 1001 Aufgebot der Gesamtgutsgläubiger

Die Vorschriften der §§ 990 bis 996, 999, 1000 sind im Falle der fortgesetzten Gütergemeinschaft auf das Aufgebotsverfahren zum Zwecke der nach dem § 1489 Abs. 2 und dem § 1970 des Bürgerlichen Gesetzbuchs zulässigen Ausschließung von Gesamtgutsgläubigern entsprechend anzuwenden.

§ 1002 Aufgebot der Schiffsgläubiger

(1) Für das Aufgebotsverfahren zum Zwecke der Ausschließung von Schiffsgläubigern auf Grund des § 110 des Gesetzes, betreffend die privatrechtlichen Verhältnisse der Binnenschiffahrt, gelten die nachfolgenden besonderen Vorschriften.

(2) Zuständig ist das Gericht, in dessen Bezirk sich der Heimathafen oder der Heimatort des Schiffes befindet.

(3) Unterliegt das Schiff der Eintragung in das Schiffsregister, so kann der Antrag erst nach der Eintragung der Veräußerung des Schiffes gestellt werden.

(4) Der Antragsteller hat die ihm bekannten Forderungen von Schiffsgläubigern anzugeben.

(5) Die Aufgebotsfrist muß mindestens drei Monate betragen.

(6) In dem Aufgebot ist den Schiffsgläubigern, die sich nicht melden, als Rechtsnachteil anzudrohen, daß ihre Pfandrechte erlöschen, sofern nicht ihre Forderungen dem Antragsteller bekannt sind.

§ 1003 Aufgebot zur Kraftloserklärung von Urkunden

Für das Aufgebotsverfahren zum Zwecke der Kraftloserklärung einer Urkunde gelten die nachfolgenden besonderen Vorschriften.

1   Bei Urkunden findet das Aufgebotsverfahren nur in den bundesge-
setzlich zugelassenen Fällen statt: §§ 799, 808 BGB (vgl Art 102
EGBGB), Art 59 ScheckG, Art 90 WG; die kaufmännischen Order-
papiere (§§ 363, 365, 424, 447, 644, 684, 784 HGB); ferner Aktien,
Zwischenscheine, Hypotheken-, Grund- und Rentenschuldbriefe.
Nicht: Scheckkarten- und Scheckformulare (Kümpel NJW 75, 1549).

§ 1004 Antragsberechtigter

(1) **Bei Papieren, die auf den Inhaber lauten oder die durch
Indossament übertragen werden können und mit einem Blan-
koindossament versehen sind, ist der bisherige Inhaber des ab-
handen gekommenen oder vernichteten Papiers berechtigt, das
Aufgebotsverfahren zu beantragen.**

(2) **Bei anderen Urkunden ist derjenige zu dem Antrag berechtigt, der das Recht aus der Urkunde geltend machen kann.**

§ 1005 Gerichtsstand

(1) [1] **Für das Aufgebotsverfahren ist das Gericht des Ortes
zuständig, den die Urkunde als den Erfüllungsort bezeichnet.**
[2] **Enthält die Urkunde eine solche Bezeichnung nicht, so ist das
Gericht zuständig, bei dem der Aussteller seinen allgemeinen
Gerichtsstand hat, und in Ermangelung eines solchen Gerichts
dasjenige, bei dem der Aussteller zur Zeit der Ausstellung seinen allgemeinen Gerichtsstand gehabt hat.**

(2) **Ist die Urkunde über ein im Grundbuch eingetragenes
Recht ausgestellt, so ist das Gericht der belegenen Sache ausschließlich zuständig.**

§ 1006 Bestelltes Aufgebotsgericht

(1) [1] **Die Erledigung der Anträge, das Aufgebot zum Zwecke
der Kraftloserklärung eines auf den Inhaber lautenden Papiers
zu erlassen, kann von der Landesjustizverwaltung für mehrere
Amtsgerichtsbezirke einem Amtsgericht übertragen werden.**
[2] **Auf Verlangen des Antragstellers wird der Antrag durch das
nach § 1005 zuständige Gericht erledigt.**

(2) **Wird das Aufgebot durch ein anderes als das nach § 1005
zuständige Gericht erlassen, so ist das Aufgebot auch durch
Anheftung an die Gerichtstafel des letzteren Gerichts öffentlich
bekanntzumachen.**

(3) **Unberührt bleiben die landesgesetzlichen Vorschriften,
durch die für das Aufgebotsverfahren zum Zwecke der Kraftloserklärung von Schuldverschreibungen auf den Inhaber, die
ein deutsches Land oder früherer Bundesstaat oder eine ihm
angehörende Körperschaft, Stiftung oder Anstalt des öffentlichen
Rechts ausgestellt oder für deren Bezahlung ein deutsches Land**

oder früherer Bundesstaat die Haftung übernommen hat, ein bestimmtes Amtsgericht für ausschließlich zuständig erklärt wird.

§ 1007 Antragsbegründung

Der Antragsteller hat zur Begründung des Antrags:
1. entweder eine Abschrift der Urkunde beizubringen oder den wesentlichen Inhalt der Urkunde und alles anzugeben, was zu ihrer vollständigen Erkennbarkeit erforderlich ist;
2. den Verlust der Urkunde sowie diejenigen Tatsachen glaubhaft zu machen, von denen seine Berechtigung abhängt, das Aufgebotsverfahren zu beantragen;
3. sich zur Versicherung der Wahrheit seiner Angaben an Eides Statt zu erbieten.

§ 1008 Inhalt des Aufgebots

[1] In dem Aufgebot ist der Inhaber der Urkunde aufzufordern, spätestens im Aufgebotstermin seine Rechte bei dem Gericht anzumelden und die Urkunde vorzulegen. [2] Als Rechtsnachteil ist anzudrohen, daß die Urkunde für kraftlos erklärt werde.

§ 1009 Ergänzende Bekanntmachung in besonderen Fällen

[1] Betrifft das Aufgebot ein auf den Inhaber lautendes Papier und ist in der Urkunde vermerkt oder in den Bestimmungen, unter denen die erforderliche staatliche Genehmigung erteilt worden ist, vorgeschrieben, daß die öffentliche Bekanntmachung durch bestimmte andere Blätter zu erfolgen habe, so muß die Bekanntmachung auch durch Einrückung in diese Blätter erfolgen. [2] Das gleiche gilt bei Schuldverschreibungen, die von einem deutschen Land oder früheren Bundesstaat ausgegeben sind, wenn die öffentliche Bekanntmachung durch bestimmte Blätter landesgesetzlich vorgeschrieben ist.

Die Überschrift ist geändert, Abs 1 und 2 sind aufgehoben durch Art 10 des 4. Finanzmarktförderungsgesetzes (BGBl 02 I 2010); iKr seit 1. 7. 02.

§ 1010 Wertpapiere mit Zinsscheinen

(1) Bei Wertpapieren, für die von Zeit zu Zeit Zins-, Renten- oder Gewinnanteilscheine ausgegeben werden, ist der Aufgebotstermin so zu bestimmen, daß bis zu dem Termin der erste seit der Zeit des glaubhaft gemachten Verlustes ausgegebenen Reihe von Zins-, Renten- oder Gewinnanteilscheinen fällig geworden ist und seit seiner Fälligkeit sechs Monate abgelaufen sind.

(2) Vor Erlaß des Ausschlußurteils hat der Antragsteller ein nach Ablauf dieser sechsmonatigen Frist ausgestelltes Zeugnis der betreffenden Behörde, Kasse oder Anstalt beizubringen, daß die Urkunde seit der Zeit des glaubhaft gemachten Verlustes ihr zur Ausgabe neuer Scheine nicht vorgelegt sei und daß die neuen Scheine an einen anderen als den Antragsteller nicht ausgegeben seien.

§ 1011 Zinsscheine für mehr als 4 Jahre

(1) [1] Bei Wertpapieren, für die Zins-, Renten- oder Gewinnanteilscheine zuletzt für einen längeren Zeitraum als vier Jahre ausgegeben sind, genügt es, wenn der Aufgebotstermin so bestimmt wird, daß bis zu dem Termin seit der Zeit des glaubhaft gemachten Verlustes von den zuletzt ausgegebenen Scheinen solche für vier Jahre fällig geworden und seit der Fälligkeit des letzten derselben sechs Monate abgelaufen sind. [2] Scheine für Zeitabschnitte, für die keine Zinsen, Renten oder Gewinnanteile gezahlt werden, kommen nicht in Betracht.

(2) [1] Vor Erlaß des Ausschlußurteils hat der Antragsteller ein nach Ablauf dieser sechsmonatigen Frist ausgestelltes Zeugnis der betreffenden Behörde, Kasse oder Anstalt beizubringen, daß die für die bezeichneten vier Jahre und später etwa fällig gewordenen Scheine ihr von einem anderen als dem Antragsteller nicht vorgelegt seien. [2] Hat in der Zeit seit dem Erlaß des Aufgebots eine Ausgabe neuer Scheine stattgefunden, so muß das Zeugnis auch die im § 1010 Abs. 2 bezeichneten Angaben enthalten.

§ 1012 Vorlegung der Zinsscheine

[1] Die Vorschriften der §§ 1010, 1011 sind insoweit nicht anzuwenden, als die Zins-, Renten- oder Gewinnanteilscheine, deren Fälligkeit nach diesen Vorschriften eingetreten sein muß, von dem Antragsteller vorgelegt werden. [2] Der Vorlegung der Scheine steht es gleich, wenn das Zeugnis der betreffenden Behörde, Kasse oder Anstalt beigebracht wird, daß die fällig gewordenen Scheine ihr von dem Antragsteller vorgelegt worden seien.

§ 1013 Abgelaufene Ausgabe der Zinsscheine

Bei Wertpapieren, für die Zins-, Renten- oder Gewinnanteilscheine ausgegeben sind, aber nicht mehr ausgegeben werden, ist, wenn nicht die Voraussetzungen der §§ 1010, 1011 vorhanden sind, der Aufgebotstermin so zu bestimmen, daß bis zu dem Termin seit der Fälligkeit des letzten ausgegebenen Scheines sechs Monate abgelaufen sind.

§ 1014 Aufgebotstermin bei bestimmter Fälligkeit

Ist in einer Schuldurkunde eine Verfallzeit angegeben, die zur Zeit der ersten Einrückung des Aufgebots in den Bundesanzeiger noch nicht eingetreten ist, und sind die Voraussetzungen der §§ 1010 bis 1013 nicht vorhanden, so ist der Aufgebotstermin so zu bestimmen, daß seit dem Verfalltag sechs Monate abgelaufen sind.

§ 1015 Aufgebotsfrist

[1] Die Aufgebotsfrist muß mindestens sechs Monate betragen. [2] Der Aufgebotstermin darf nicht über ein Jahr hinaus bestimmt werden; solange ein so naher Termin nicht bestimmt werden kann, ist das Aufgebot nicht zulässig.

§ 1016 Anmeldung der Rechte

[1] Meldet der Inhaber der Urkunde vor dem Aufgebotstermin seine Rechte unter Vorlegung der Urkunde an, so hat das Gericht den Antragsteller hiervon zu benachrichtigen und ihm die Einsicht der Urkunde innerhalb einer zu bestimmenden Frist zu gestatten. [2] Auf Antrag des Inhabers der Urkunde ist zu ihrer Vorlegung ein Termin zu bestimmen.

§ 1017 Ausschlussurteil

(1) In dem Ausschlußurteil ist die Urkunde für kraftlos zu erklären.

(2) [1] Das Ausschlußurteil ist seinem wesentlichen Inhalt nach durch den Bundesanzeiger bekanntzumachen. [2] Die Vorschriften des § 1009 gelten entsprechend.

(3) In gleicher Weise ist nach eingetretener Rechtskraft das auf die Anfechtungsklage ergangene Urteil, soweit dadurch die Kraftloserklärung aufgehoben wird, bekanntzumachen.

§ 1018 Wirkung des Ausschlussurteils

(1) Derjenige, der das Ausschlußurteil erwirkt hat, ist dem durch die Urkunde Verpflichteten gegenüber berechtigt, die Rechte aus der Urkunde geltend zu machen.

(2) Wird das Ausschlußurteil infolge einer Anfechtungsklage aufgehoben, so bleiben die auf Grund des Urteils von dem Verpflichteten bewirkten Leistungen auch Dritten, insbesondere dem Anfechtungskläger, gegenüber wirksam, es sei denn, daß der Verpflichtete zur Zeit der Leistung die Aufhebung des Ausschlußurteils gekannt hat.

Wirkung. Sie tritt nur für die Stellung als Berechtigter ein; die des 1 Verpflichteten ergibt sich allein aus dem materiellen Recht. Die für kraftlos erklärte Urkunde hat nur noch Beweiswert; sie verkörpert nicht mehr das Recht und legitimiert nicht mehr. Das Ausschlussurteil ersetzt die Urkunde nur in der Weise, dass sie den Antragsteller allen Verpflichteten gegenüber so legitimiert wie die für kraftlos erklärte Urkunde, zB gem § 16 Abs 1 WG. **Mängel** der Urkunde werden durch das Ausschlussurteil nicht geheilt, da es die Urkunde nur so ersetzt, wie sie war. Daraus folgt, dass aus dem Urteil nicht mehr Rechte abgeleitet werden können als aus der für kraftlos erklärten Urkunde (Hamm WM 76, 198).

§ 1019 Zahlungssperre

(1) [1] **Bezweckt das Aufgebotsverfahren die Kraftloserklärung eines auf den Inhaber lautenden Papiers, so hat das Gericht auf Antrag an den Aussteller sowie an die in dem Papier und die von dem Antragsteller bezeichneten Zahlstellen das Verbot zu erlassen, an den Inhaber des Papiers eine Leistung zu bewirken, insbesondere neue Zins-, Renten- oder Gewinnanteilscheine oder einen Erneuerungsschein auszugeben (Zahlungssperre); mit dem Verbot ist die Benachrichtigung von der Einleitung des Aufgebotsverfahrens zu verbinden.** [2] **Das Verbot ist in gleicher Weise wie das Aufgebot öffentlich bekanntzumachen.**

(2) **Das an den Aussteller erlassene Verbot ist auch den Zahlstellen gegenüber wirksam, die nicht in dem Papier bezeichnet sind.**

(3) **Die Einlösung der vor dem Verbot ausgegebenen Zins-, Renten- oder Gewinnanteilscheine wird von dem Verbot nicht betroffen.**

§ 1020 Zahlungssperre vor Einleitung des Verfahrens

[1] **Ist die sofortige Einleitung des Aufgebotsverfahrens nach § 1015 Satz 2 unzulässig, so hat das Gericht die Zahlungssperre auf Antrag schon vor der Einleitung des Verfahrens zu verfügen, sofern die übrigen Erfordernisse für die Einleitung vorhanden sind.** [2] **Auf den Antrag sind die Vorschriften des § 947 Abs. 1 anzuwenden.** [3] **Das Verbot ist durch Anheftung an die Gerichtstafel und durch einmalige Einrückung in den Bundesanzeiger öffentlich bekanntzumachen.**

§ 1021 Entbehrlichkeit des Zeugnisses nach § 1010 Abs. 2

Wird die Zahlungssperre angeordnet, bevor seit der Zeit des glaubhaft gemachten Verlustes Zins-, Renten- oder Gewinnanteilscheine ausgegeben worden sind, so ist die Beibringung des im § 1010 Abs. 2 vorgeschriebenen Zeugnisses nicht erforderlich.

§ 1022 Aufhebung der Zahlungssperre

(1) [1] Wird das in Verlust gekommene Papier dem Gericht vorgelegt oder wird das Aufgebotsverfahren in anderer Weise ohne Erlaß eines Ausschlußurteils erledigt, so ist die Zahlungssperre von Amts wegen aufzuheben. [2] Das gleiche gilt, wenn die Zahlungssperre vor der Einleitung des Aufgebotsverfahrens angeordnet worden ist und die Einleitung nicht binnen sechs Monaten nach der Beseitigung des ihr entgegenstehenden Hindernisses beantragt wird. [3] Ist das Aufgebot oder die Zahlungssperre öffentlich bekanntgemacht worden, so ist die Erledigung des Verfahrens oder die Aufhebung der Zahlungssperre von Amts wegen durch den Bundesanzeiger bekanntzumachen.

(2) Im Falle der Vorlegung des Papiers ist die Zahlungssperre erst aufzuheben, nachdem dem Antragsteller die Einsicht nach Maßgabe des § 1016 gestattet worden ist.

(3) Gegen den Beschluß, durch den die Zahlungssperre aufgehoben wird, findet sofortige Beschwerde statt.

§ 1023 Hinkende Inhaberpapiere

[1] Bezweckt das Aufgebotsverfahren die Kraftloserklärung einer Urkunde der im § 808 des Bürgerlichen Gesetzbuchs bezeichneten Art, so gelten die Vorschriften des § 1006, des § 1009, des § 1017 Abs. 2 Satz 2 und der §§ 1019 bis 1022 entsprechend. [2] Die Landesgesetze können über die Veröffentlichung des Aufgebots und der im § 1017 Abs. 2, 3 und in den §§ 1019, 1020, 1022 vorgeschriebenen Bekanntmachungen sowie über die Aufgebotsfrist abweichende Vorschriften erlassen.

Zum Aufgebotsverfahren von Sparbüchern: Thalmaier Rpfleger 02, 189.

§ 1024 Vorbehalt für die Landesgesetzgebung

(1) Bei Aufgeboten auf Grund der §§ 887, 927, 1104, 1112, 1162, 1170, 1171 des Bürgerlichen Gesetzbuchs, des § 110 des Gesetzes betreffend die privatrechtlichen Verhältnisse der Binnenschiffahrt, der §§ 6, 13, 66, 67 des Gesetzes über Rechte an eingetragenen Schiffen und Schiffsbauwerken und der §§ 13, 66, 67 des Gesetzes über Rechte an Luftfahrzeugen können die Landesgesetze die Art der Veröffentlichung des Aufgebots und des Ausschlußurteils sowie die Aufgebotsfrist anders bestimmen, als in §§ 948, 950, 956 vorgeschrieben ist.

(2) Bei Aufgeboten, die auf Grund des § 1162 des Bürgerlichen Gesetzbuchs ergehen, können die Landesgesetze die Art der Veröffentlichung des Aufgebots, des Ausschlußurteils und des

im § 1017 Abs. 3 bezeichneten Urteils sowie die Aufgebotsfrist auch anders bestimmen, als in den §§ 1009, 1014, 1015, 1017 vorgeschrieben ist.

Buch 10. Schiedsrichterliches Verfahren

Abschnitt 1. Allgemeine Vorschriften

Neufassung mWv 1. 1. 1998 durch Art 1 Nr 6 des G zur Neuregelung des Schiedsverfahrensrechts (SchiedsVfG) vom 22. 12. 1997 (BGBl I S 3224), zuletzt geändert durch ZPO–RG (vgl Einl VII) und Art 2 EGG vom 20. 12. 2001 (BGBl I S 3721).

Vorbemerkung

1. Gesetzliche Neuregelung. – a) Vorgeschichte. Die weltweite **1** Ausdehnung der Handelsbeziehungen machte eine Harmonisierung der nationalen Schiedsverfahrensrechte wünschenswert. Dies führte schließlich dazu, dass die Kommission für internationales Handelsrecht der Vereinten Nationen (UNCITRAL) ein ModellG über internationale Handelsschiedsgerichtsbarkeit entwarf. Die Vollversammlung der UN fasste am 11. 12. 85 eine Resolution, in der den Mitgliedstaaten die Berücksichtigung des ModellG bei Neugestaltungen des Schiedsverfahrensrechts empfohlen wurde. Die Neufassung des 10. Buchs, beruhend auf Vorarbeiten einer Kommission, der BRegierung und ganz überwiegendem Konsens beteiligter Kreise, übernimmt weitgehend den Inhalt des UNCITRAL-ModellG und zwar für alle internationalen und nationalen (nicht nur Handels-)Schiedsstreitigkeiten. – **b) Anliegen.** **2** Da eine große Anzahl anderer Staaten ebenfalls das UNCITRAL ModellG in ihr nationales Recht übernommen haben (BT-Drucksache 13/5274 S 24), fügt sich das 10. Buch in die wünschenswerte Harmonisierung ein, die auf weltweitem Konsens beruht, es bietet aus internationaler Sicht ein vertrautes Regelwerk und wertet Deutschland als bisher vernachlässigten Austragungsort für Schiedsstreitigkeiten auf. Es entspricht modernem internationalem Standard und bietet eine einheitliche Regelung für nationale und internationale (auch Handels-)Schiedsverfahren. Außerdem beseitigt es Schwächen der früheren Regelung, die teilweise in Praxisferne (2 Schiedsrichter als Regel), in Lücken (kaum Verfahrensvorschriften), in Kompliziertheit (Vollstreckbarerklärung, Aufhebung, Rechtsmittel) lagen, und schafft dadurch auch mehr Rechtssicherheit. – **c) Literatur.** Aufsätze: Voit JZ **97,** 120, Weigend **3** WiB 97, 1273, Kreindler/Mahlich NJW 98, 563, Ebbing NZG 98, 281, Habscheid JZ 98, 445, Gottwald/Adolphsen DStR 98, 1017, Kronke RIW 98, 258, Borges ZZP 111, 487, Kröll NJW 01, 1173. Bücher: Lachmann, Handbuch für die Schiedsgerichtspraxis; Berger, Das neue Recht der Schiedsgerichtsbarkeit; Schütze, Schiedsgericht und Schiedsverfahren 3. Aufl 1999; Lörcher/Lörcher, Das Schiedsverfahren – national/international – nach neuem Recht, 1998; Pfaff (Hrsg), Schriften zur Schiedsgerichtsbarkeit (Zentral- und Osteuropa) mit Besprechung Walter ZZP 113, 259.

4   **2. Aufbau, wesentlicher Inhalt.** Das 10. Buch gliedert sich in 10 Abschnitte. Der **1. Abschnitt** enthält allgemeine Vorschriften, darunter in § 1025 den sachlichen und territorialen Anwendungsbereich. Der **2. Abschnitt** regelt die Schiedsvereinbarung nach Inhalt (§ 1029), objektiver Schiedsfähigkeit (§ 1030), Form (§ 1031) und Wirkung (§§ 1032). Der **3. Abschnitt** betrifft die Bildung des Schiedsgerichts, nämlich Zusammensetzung (§ 1034), Bestellung der Schiedsrichter (§ 1035), Ablehnung eines Schiedsrichters (§§ 1036, 1037), Folgen der Untätigkeit oder Unmöglichkeit der Aufgabenerfüllung (§ 1038) und Bestellung eines Ersatzschiedsrichters (§ 1039). Der **4. Abschnitt** befasst sich mit der Zuständigkeit des Schiedsgerichts zur Entscheidung über die eigene Zuständigkeit einschließlich Bestehens und Gültigkeit der Schiedsvereinbarung (§ 1040) und für Maßnahmen des einstweiligen Rechtsschutzes (§ 1041). Der **5. Abschnitt** enthält eine geschlossene Regelung für die Durchführung des Verfahrens, nämlich allgemeine Verfahrensregeln (§ 1042), Ort (§ 1043), Beginn (§ 1044), Sprache (§ 1045), Klage und Klagebeantwortung (§ 1046), mündliche Verhandlung und schriftliches Verfahren (§ 1047), Säumnis einer Partei (§ 1048), Sachverständigenbeweis (§ 1049) und Hilfe durch die staatlichen Gerichte (§ 1050). Der **6. Abschnitt** regelt den Schiedsspruch und die Beendigung des Verfahrens, nämlich anwendbares Recht (§ 1051), Kollegialentscheidung (§ 1052), Vergleich (§ 1053), Form und Inhalt des Schiedsspruchs (§ 1054), seine Wirkungen (§ 1055), Verfahrensbeendigung (§ 1056), Kostenentscheidung (§ 1057), Berichtigung, Ergänzung und Auslegung des Schiedsspruchs (§ 1058). Der **7. Abschnitt** bestimmt als einzigen Rechtsbehelf gegen den Schiedsspruch den Aufhebungsantrag an ein Gericht (§ 1059). Der **8. Abschnitt** regelt Anerkennung und Vollstreckung von in- und ausländischen Schiedssprüchen durch ein Gericht (§§ 1060, 1061). Der **9. Abschnitt** enthält die Vorschriften über die im 10. Buch vorgesehene Mitwirkung staatlicher Gerichte, nämlich Zuständigkeit (§ 1062), allgemeine Verfahrensvorschriften (§ 1063), Besonderheiten bei der Vollstreckbarerklärung von Schiedssprüchen (§ 1064) und Rechtsmittel (§ 1065). Im **10. Abschnitt** sind die Vorschriften des 10. Buches auf außervertragliche Schiedsgerichte für entsprechend anwendbar erklärt.

5   **3. Übergangsregelung,** Art 4 SchiedsVfG. Die Neuregelung ist in Kraft seit 1. 1. 98 – **a) Die Wirksamkeit von Schiedsvereinbarungen,** die vor diesem Termin geschlossen worden sind, beurteilt sich nach dem bis dahin geltenden Recht; vgl 20. Auflage. – **b)** Für **lau-**

6   **fende schiedsrichterliche Verfahren,** die am 1. 1. 98 begonnen, aber noch nicht beendet waren, ist das bisher geltende Recht anzuwenden mit der Ausnahme, dass an die Stelle des schiedsrichterlichen Vergleichs (§ 1044a aF) der Schiedsspruch mit vereinbartem Wortlaut tritt

(§ 1053 nF). Die Parteien können die Anwendung des neuen Rechts vereinbaren (BayObLG NJW-RR 00, 360). – c) In **Verfahren vor den staatlichen Gerichten,** die am 1. 1. 98 anhängig waren, ist das bis dahin geltende Recht weiter anzuwenden. Für gerichtliche Verfahren, die nach dem 1. 1. 98 anhängig wurden, gilt das neue Recht (BayObLG 98, 219, 99, 55, 00, 57). – **d) Zwangsvollstreckung** aus für vorläufig vollstreckbar erklärten schiedsrichterlichen Vergleichen, die vor dem 1. 1. 98 geschlossen worden sind, findet statt, wenn die Entscheidung über die Vollstreckbarkeit rechtskräftig oder für vorläufig vollstreckbar erklärt worden ist. Ist dies nicht geschehen, können die Parteien beim Schiedsgericht einen Schiedsspruch mit vereinbartem Wortlaut beantragen, der dann vom OLG für vollstreckbar erklärt werden kann. Anderenfalls bleibt nur Leistungsklage vor dem staatlichen Gericht mit dem früheren Schiedsvergleich als Anspruchsgrundlage (Saenger MDR 99, 662). 7

8

§ 1025 Anwendungsbereich

(1) **Die Vorschriften dieses Buches sind anzuwenden, wenn der Ort des schiedsrichterlichen Verfahrens im Sinne des § 1043 Abs. 1 in Deutschland liegt.**

(2) **Die Bestimmungen der §§ 1032, 1033 und 1050 sind auch dann anzuwenden, wenn der Ort des schiedsrichterlichen Verfahrens im Ausland liegt oder noch nicht bestimmt ist.**

(3) **Solange der Ort des schiedsrichterlichen Verfahrens noch nicht bestimmt ist, sind die deutschen Gerichte für die Ausübung der in den §§ 1034, 1035, 1037 und 1038 bezeichneten gerichtlichen Aufgaben zuständig, wenn der Beklagte oder der Kläger seinen Sitz oder seinen gewöhnlichen Aufenthalt in Deutschland hat.**

(4) **Für die Anerkennung und Vollstreckung ausländischer Schiedssprüche gelten die §§ 1061 bis 1065.**

1. Sachlicher Geltungsbereich des ganzen 10. Buches. Gemäß Abs 1 gilt es zwingend (BT-Drucksache 13/5274 S 31) nach dem Territorialprinzip für alle schiedsrichterlichen Verfahren, national und international, Handels- und andere Streitigkeiten, wenn der Ort des schiedsrichterlichen Verfahrens (§ 1043 Abs 1) in Deutschland liegt. Die Parteien können für inländische Verfahren keine ausländische Verfahrensordnung im Ganzen vereinbaren. Wenn sie dies wollen, können sie einen ausländischen Ort als Sitz des Schiedsgerichts vereinbaren. Ob die Parteien eines ausländischen Schiedsverfahrens die Geltung des 10. Buches vereinbaren können, richtet sich nach dem Recht des maßgeblichen ausländischen Staates. 1

2. Sachlicher Geltungsbereich einzelner Vorschriften, Abs 2 bis 4. – a) §§ 1032, 1033, 1050, also Unzulässigkeit der Klage vor dem deutschen staatlichen Gericht, dessen Zuständigkeit für die Anord- 2

nung vorläufiger und sichernder Maßnahmen und für sonstige richterliche Handlungen zur Unterstützung des Schiedsgerichts gelten in
Durchbrechung des Territorialprinzips auch dann, wenn der Ort des
Schiedsverfahrens im Ausland liegt oder noch nicht bestimmt ist
3 (§ 1043 Abs 1). – **b) §§ 1034, 1035, 1037, 1038,** also Mitwirkung des
deutschen Gerichts bei der Zusammensetzung und Bildung des
Schiedsgerichts und bei der Ablehnung eines Schiedsrichters einschließlich dem Verfahren dabei gelten, solange der Ort des Schiedsverfahrens
noch nicht bestimmt ist (§ 1043 Abs 1), wenn eine der Parteien ihren
Wohnsitz (§ 13, § 7 Abs 1 BGB) bzw Sitz (Juristische Personen, Fir-
men, §§ 17, 21) oder ihren gewöhnlichen Aufenthalt (Pal/Heinrichs
4 § 7 Rn 3) in Deutschland hat. – **c) §§ 1061 bis 1065** gelten für die
Anerkennung und Vollstreckung ausländischer Schiedssprüche und das
gerichtliche Verfahren dabei. Völkerrechtliche Verträge (§ 1061 Rn 4 ff)
haben Vorrang.

§ 1026 Umfang gerichtlicher Tätigkeit

**Ein Gericht darf in den in den §§ 1025 bis 1061 geregelten
Angelegenheiten nur tätig werden, soweit dieses Buch es vorsieht.**

1   **Mitwirkung der staatlichen Gerichte.** Das 10. Buch unterscheidet strikt zwischen „Gericht" – das ist immer ein staatliches – und
„Schiedsgericht", das, wo immer es gemeint ist, auch so bezeichnet
wird. Ein Gericht darf im schiedsrichterlichen Verfahren nur tätig werden, wo das 10. Buch dies vorsieht. Eine erschöpfende Aufzählung
dieser Tätigkeiten befindet sich in §§ 1050, 1062 Abs 1 Nr 1–4.

§ 1027 Verlust des Rügerechts

[1] **Ist einer Bestimmung dieses Buches, von der die Parteien
abweichen können, oder einem vereinbarten Erfordernis des
schiedsrichterlichen Verfahrens nicht entsprochen worden, so
kann eine Partei, die den Mangel nicht unverzüglich oder innerhalb einer dafür vorgesehenen Frist rügt, diesen später nicht
mehr geltend machen.** [2] **Dies gilt nicht, wenn der Partei der
Mangel nicht bekannt war.**

1   **1. Anwendungsbereich.** Die Vorschrift regelt, angelehnt an § 295
und an Art 4 ModG, die allgemeine Präklusion der Rüge von Verfahrensmängeln bei einer Prozesshandlung (Einl III). Fehler des Schiedsgerichts können beide Parteien, solche einer Parteihandlung nur die Gegenpartei rügen. Eine Rechtspflicht des Schiedsgerichts zur Heilung
von Formmängeln beizutragen, besteht nicht (BGH VersR 95, 767). –
2   **a) Anwendbar** bei Verstoß gegen nicht zwingende gesetzliche Verfahrensvorschriften. Das sind solche, auf deren Einhaltung die Parteien
wirksam verzichten können (Beispiele § 295 Rn 2), insbesondere solche des 10. Buches, die einen Vorbehalt anderweitiger Parteivereinba-

rung enthalten. Außerdem anwendbar bei Verstoß gegen ein zulässig vereinbartes schiedsgerichtliches Verfahrenserfordernis. – **b) Nicht an-** 3 **wendbar** in den Fällen vorrangiger gesetzlicher Spezialregelung, nämlich bei der Rüge, die Schiedsvereinbarung verstoße gegen Formvorschriften (§ 1031 Abs 6) und das Schiedsgericht sei unzuständig oder habe seine Befugnisse überschritten (§ 1040 Abs 2). Außerdem bei Verstoß gegen Verfahrensvorschriften, auf deren Einhaltung die Parteien nicht verzichten können, wie Partei- und Prozessfähigkeit, §§ 1034 Abs 2, 1042 Abs 1, 2.

2. Verlust des Rügerechts im Falle der Rn 2. – **a) Durch Ver-** 4 **zicht,** ausdrücklich oder konkludent. Er ist Prozesshandlung (Einl III), nach dem Verfahrensverstoß zu erklären – **b) Durch Unterlassung** 5 **rechtzeitiger Rüge.** Verzichtswille ist nicht nötig, sein Fehlen unerheblich (BGH 25, 70). Die Rüge muss innerhalb einer etwa dafür vom Schiedsgericht oder in der Schiedsvereinbarung vorgesehenen Frist, sonst unverzüglich (Pal/Heinrichs § 121 Rn 3) erhoben werden, das ist idR in der nächsten mündlichen Verhandlung wie § 295 Abs 1 oder, wenn keine festgesetzt ist, im nächsten ausstehenden, sonst in einem sogleich einzureichenden Schriftsatz – **c) Kennen.** Das Rügerecht geht 6 nur dann verloren, wenn die Partei den Mangel positiv kannte.

3. Wirkung. Mit Verlust des Rügerechts ist der Mangel rückwir- 7 kend geheilt (StJLeipold § 295 Rn 32). Keine Partei kann den Verfahrensverstoß als solchen später mehr geltend machen, auch nicht im Aufhebungs- und Vollstreckbarerklärungsverfahren.

§ 1028 Empfang schriftlicher Mitteilungen bei unbekanntem Aufenthalt

(1) **Ist der Aufenthalt einer Partei oder einer zur Entgegennahme berechtigten Person unbekannt, gelten, sofern die Parteien nichts anderes vereinbart haben, schriftliche Mitteilungen an dem Tag als empfangen, an dem sie bei ordnungsgemäßer Übermittlung durch Einschreiben gegen Rückschein oder auf eine andere Weise, welche den Zugang an der letztbekannten Postanschrift oder Niederlassung oder dem letztbekannten gewöhnlichen Aufenthalt des Adressaten belegt, dort hätten empfangen werden können.**

(2) **Absatz 1 ist auf Mitteilungen in gerichtlichen Verfahren nicht anzuwenden.**

1. Geltungsbereich. Die Zugangsfiktion gilt mangels abweichender 1 Vereinbarung für schriftliche Mitteilungen jeder Art und jedes Absenders an eine Partei. Sie gilt nicht im gerichtlichen Verfahren gemäß §§ 1062 ff; dafür gelten §§ 185 ff.

2. Voraussetzungen. – a) Unbekannter Aufenthalt der Partei 2 oder eines für sie Empfangsberechtigten (§ 185 Rn 6, 7).

3   **b) Dokumentierter Zugang** des Schriftstücks, zB durch Einschreiben gegen Rückschein, an eine der 3 im Text genannten Adressen. Niederlassung § 21 Rn 2, Aufenthalt § 20 Rn 1.

4   **3. Wirkung.** Das Schriftstück gilt an dem Tag des nachgewiesenen Zugangs (Rn 3) unter der angegebenen Adresse als empfangen.

Abschnitt 2. Schiedsvereinbarung

Vorbemerkung

1   **1. Allgemeines.** Das **Gelegenheitsschiedsgericht** wird für einzelne Streitigkeiten gebildet. Die Internationale Handelskammer in Paris und die Deutsche Institution für Schiedsgerichtsbarkeit eV halten für Schiedsverfahren die ICC- bzw DIS-Schiedsgerichtsordnung zur Verfügung (Weigand NJW 98, 2081), die Deutsche Notarverein GmbH Berlin den Schlichtungs- und Schiedsgerichtshof Deutscher Notare mit eigenem Statut samt Kostenordnung. Vereinbaren die Parteien ein derartiges **institutionelles Schiedsgericht,** auch bei einer wirtschaftlichen Institution für bestimmte Streitigkeiten dauernd eingerichtet, so unterwerfen sie sich damit auch ohne Bezugnahme idR der vorgefassten Schiedsgerichtsordnung in der jeweils geltenden Fassung; vereinbaren sie eine bestimmte Fassung, so bezieht sich dies auf die zZt der Vereinbarung geltende, nicht auf spätere grundlegende Änderungen
2   (BGH NJW-RR 86, 1059). – Ob **Schiedskommissionen** von Vereinen, Verbänden, politischen Parteien, Religionsgemeinschaften (BGH NJW 00, 1555, Nolte NJW 00, 1844) Schiedsgerichte sind, hängt von den Statuten über ihr Zustandekommen und ihr Verfahren ab. Die Schiedskommission der SPD und die Parteigerichte der CDU sind keine Schiedsgerichte (Frankfurt NJW 70, 2250, Köln NJW 92, 122). –
3   **Nicht unter das 10. Buch fallen** Arbeitsstreitigkeiten. §§ 101 ff ArbGG enthalten eigene Vorschriften über Schiedsvereinbarung und schiedsrichterliches Verfahren. Ferner durch Gesetz oder VO eingesetzte Schiedsgerichte, außer wenn seine Geltung ausdrücklich angeordnet ist. Außerdem Gutachter-, Schieds- und Schlichtungsstellen (Schwab/Walter Kap 1 Rn 4, 6).

4   **2. Schiedsgutachtenvertrag. – a) Abgrenzung.** Das Schiedsgericht entscheidet anstelle des Staatsgerichts endgültig, hat also eine Rechtsfolge auszusprechen. Dagegen vereinbaren im Schiedsgutachtenvertrag (Pal/Heinrichs § 317 Rn 3 ff) die Parteien, dass ein Schiedsgutachter Tatsachen festzustellen hat – in diesem Rahmen kann ihm die Entscheidung von rechtlichen Vorfragen übertragen werden (BGH 48, 25) –, von denen die Entscheidung einer Streitigkeit abhängt (BGH 6, 335/338), oder dass er eine geschuldete Leistung gemäß §§ 317 ff BGB bestimmen soll. Ob die Parteien Schieds- oder Schiedsgutachtenvertrag gewollt haben, ist durch Auslegung zu ermitteln. Sie hat in erster Linie darauf abzustellen, welche Wirkung sie dem Spruch des Schiedsorgans zumessen wollen (Stuttgart Justiz 02, 410). Deshalb kann grundsätzlich keine Schiedsvereinbarung gewollt sein, wenn die Richtigkeit der Schiedsentscheidung nach § 319 BGB durch das Staatsgericht überprüfbar sein soll (BGH ZIP 81, 1098). Hat bei Entscheidungsreife der Schiedsgutachter die festzustellenden Tatsachen noch nicht festgestellt, so ist die Klage als zZ unbegründet abzuweisen oder eine Frist zur Beibringung des Schiedsgutachtens zu setzen. Grundurteil ist unzulässig (BGH NJW-RR 88, 1405). Das Hauptanwendungsgebiet sind Wert-, Preis- oder Schadensfeststellungen. – **b) Wirkung.** Während die be- 5 rechtigte Berufung auf die Schiedsklausel zur Unzulässigkeit der Klage führt (§ 1032), hat die Berufung auf einen Schiedsgutachtenvertrag, ohne den Zivilrechtsweg auszuschließen (BGH 9, 138, WM 82, 543), nur die Wirkung, dass das Gericht die vom Gutachter festzustellenden Tatsachen nicht selbst oder in anderer Weise feststellen darf und für die Entscheidung an sie gebunden ist (Frankfurt VersR 82, 759), auch wenn über dieselben Fragen ein selbständiges Beweisverfahren stattgefunden hat (Bernuth ZIP 98, 2081/2086). Für die Grenzen der Bindung gelten §§ 317–319 BGB und §§ 64 Abs 1, 184 Abs 1 VVG, dh Nachprüfbarkeit auf offenbare Unbilligkeit bzw Unrichtigkeit (BGH NJW 79, 1885, WM 01, 1863, Pal/Heinrichs § 319 Rn 4–7). Beweiserhebung darüber setzt voraus, dass die Partei Tatsachen behauptet, die für das Gericht schlüssige Mängel in der Leistungsbestimmung ergeben (BGH NJW 84, 43, NJW-RR 93, 1034). Bei Wegfall des Schiedsgutachters wird die Leistung durch gerichtliches Urteil analog § 319 Abs 1 S 2 Hs 2 BGB bestimmt (BGH BB 72, 12). Die Vorschriften des zehnten Buches finden keine Anwendung, rechtl Gehör muss aber gewährt werden (Habscheid KTS 70, 1/12, Kornblum KTS 70, 244; aA BGH 6, 335/339). Verstoß dagegen oder Neutralitätsverletzung sind ein wichtiger Kündigungsgrund (BGH DB 80, 967). Verstoß gegen § 307 BGB führt zur Unwirksamkeit (BGH 115, 329).

3. Schiedsgutachtervertrag ist der Vertrag zwischen den Parteien 6 einerseits und dem Gutachter andererseits. Er entspricht seinem Wesen nach dem Schiedsrichtervertrag. Im Vertrag kann das Recht, den Schiedsgutachter wegen Besorgnis der Befangenheit abzulehnen, vereinbart werden. Dann ist ein Ablehnungsgrund, wenn der Schiedsgutachter während der Erarbeitung seines Gutachtens von der Gegenpartei in einer anderen Sache als Beisitzer in einem Schiedsgericht bestellt wird (BGH NJW 72, 827). – **Haftung** des Gutachters setzt 7 voraus, dass das Schiedsgutachten auf Grund einer Pflichtverletzung offenbar unrichtig, deshalb für die Parteien nicht bindend und damit wertlos ist (BGH 43, 374, 81, 237).

4. Schiedsrichtervertrag. – a) Rechtsnatur, Abschluss. Es ist der 8 Vertrag zwischen den Parteien und den Schiedsrichtern. Er ist privatrechtlich (BGH NJW 86, 3077 mit Pflichtenkatalog), nämlich Geschäftsbesorgungs-Dienstvertrag mit Modifikationen. Er kommt stets zwischen allen Parteien und jedem Schiedsrichter zustande, gleichgültig welche Partei ihn ernannt hat (BGH 42, 315) und zwar auf Seiten des Schiedsrichters mit der (auch konkludenten) Annahme, auf Seiten der Partei, die ihn nicht ernannt hat, mit Zugang der Ernennungsanzeige (§ 1035 Abs 2). Seine Wirksamkeit ist unabhängig von der der Schiedsvereinbarung. Ob ein Verstoß gegen § 40 Abs 1 S 2 DRiG ihn unwirksam macht, ist streitig (offengelassen BGH 55, 313, bejahend Breetzke NJW 71, 1458, Habscheid KTS 72, 209). Bei Auslandsbezug Art 27, 28 EG-

9 BGB. – **b) Die Haftung des Schiedsrichters** bestimmt sich nach allgemeinen schuldrechtlichen Grundsätzen, die Haftungsbeschränkung gem § 839 Abs 2 BGB gilt aber ohne weiteres als stillschweigend ver-

10 einbart (BGH 42, 313). – **c) Vergütungsanspruch.** Der Schiedsrichter hat mit Beendigung des Verfahrens Anspruch auf die vereinbarte, sonst auf übliche Vergütung und auf Auslagenersatz (§§ 675 Abs 1, 670 BGB) gegen beide Parteien als Gesamtschuldner, § 427 BGB, ebenso im Zweifel **Anspruch auf Vorschuss.** Im Innenverhältnis sind die Parteien je zur Hälfte verpflichtet, auch die bedürftige Partei hat grundsätzlich keinen Anspruch gegen die Gegenpartei auf Zahlung in voller Höhe an das Schiedsgericht (BGH 55, 345). Dieses kann seine Tätigkeit von der Zahlung des Vorschusses abhängig machen, sie aber nicht im Schiedsverfahren anordnen (BGH 94, 92). Die Parteien haben gegeneinander aus der Schiedsvereinbarung einen vor dem Staatsgericht einklagbaren Anspruch auf Erfüllung der Mitwirkungs- und Förderungspflicht, also auch auf Vorschusszahlung an das Schiedsgericht (BGH 94, 92). Die Schiedsrichter können den Vorschuss nicht einklagen (BGH aaO), weil sie den Fortgang des Verfahrens nicht erzwingen können. Für die Angemessenheit können die Sätze der BRAGO als Richtschnur dienen. Der Vergütungsanspruch ist unabhängig von der Rechtsbeständigkeit des Schiedsspruchs und durch Klage geltend zu machen. Die Schiedsrichter selbst können ihre Vergütung nicht festsetzen, auch nicht

11 mittelbar durch Streitwertfestsetzung (BGH 94, 92). – **d) Beendigung.** Entweder mit jederzeit zulässiger Kündigung durch beide Parteien oder aus wichtigem Grund durch den Schiedsrichter, §§ 626, 627, 671 BGB. Der Vertrag endet außerdem mit erfolgreicher Ablehnung (§ 1036) und in den Fällen des § 1038.

§ 1029 Begriffsbestimmung

(1) **Schiedsvereinbarung ist eine Vereinbarung der Parteien, alle oder einzelne Streitigkeiten, die zwischen ihnen in bezug auf ein bestimmtes Rechtsverhältnis vertraglicher oder nichtvertraglicher Art entstanden sind oder künftig entstehen, der Entscheidung durch ein Schiedsgericht zu unterwerfen.**

(2) **Eine Schiedsvereinbarung kann in Form einer selbständigen Vereinbarung (Schiedsabrede) oder in Form einer Klausel in einem Vertrag (Schiedsklausel) geschlossen werden.**

1. Rechtsnatur. Die Schiedsvereinbarung ist eine privatrechtliche 1
Willenserklärung (BGH 48, 35/46) vertraglicher Art mit prozessualen
Wirkungen (Einl III Rn 6, BGH NJW 87, 651: Prozessvertrag). Sie begründet eine einklagbare Mitwirkungs- und Förderungspflicht (Oldenburg NJW 71, 1461).

2. Die Schiedsvereinbarung (Oberbegriff) kann gemäß Abs 2 ge- 2
troffen werden entweder in Form einer selbständigen Vereinbarung,
die sich ausschließlich mit dem schiedsrichterlichen Verfahren befasst
(Schiedsabrede). So die Regel für bereits entstandene Streitigkeiten.
Oder im Rahmen eines anderen Vertrages **(Schiedsklausel).** Diese Terminologie hält das Gesetz strikt ein. Die 2. Variante ist eingeschränkt
durch § 1031 Abs 5. Daneben gibt es die Anordnung des Schiedsgerichts durch einseitige, insbesondere letztwillige Verfügung, § 1066.
– **International:** Art 27, 28 EGBGB (Kronke RIW 98, 257).

3. Inhalt. Die Schiedsvereinbarung bestimmt, dass ein Schiedsge- 3
richt unter Ausschluss der staatlichen Gerichte eine Rechtsstreitigkeit
der Parteien entscheidet (Koblenz NJW-RR 00, 1365). Der Rechtsweg zu den Gerichten muss zumindest alternativ (BGH NJW 76, 852)
oder nach Wahl des Klägers ersetzt sein (BGH 115, 324). Eine Schiedsvereinbarung in AGB mit Wahlrecht nur des Beklagten ist nur dann
wirksam, wenn es den Verwender als künftigen Beklagten verpflichtet,
auf Aufforderung des anderen Teils sein Wahlrecht schon vorprozessual
auszuüben; außerdem muss die Vereinbarung die Folgen einer verweigerten oder verspäteten Wahl regeln (BGH NJW 99, 282). Trifft in AGB
eine Gerichtsstands- mit einer Schiedsgerichtsvereinbarung zusammen,
so geht grundsätzlich die letztgenannte vor. Sehen die Parteien einverständlich von ihr ab oder ist sie unwirksam, gilt die Gerichtsstandvereinbarung (BGH NJW 69, 1536, WM 84, 380). Einen Instanzenweg
zwischen Schieds- und Staatsgericht und eine Aufteilung einzelner
Rechtsfragen, die den Prozess insgesamt entscheiden, zwischen Staats-
und Schiedsgericht, gibt es nicht (BGH NJW 60, 1462).

4. Wirksamkeit. – a) **Schiedsfähigkeit** § 1030, **Form** § 1031. – 4
b) **Das Schiedsgericht muss als solches vereinbart** (Rn 3) und
eindeutig bestimmt, zumindest bestimmbar sein (BGH NJW 83, 1267:
2 ständige Schiedsgerichte).

c) **Bestimmtes Rechtsverhältnis.** Es muss nicht bürgerlichrecht- 5
licher Natur (BT-Drucksache 13/5274 S 35), kann vertraglicher oder
nicht vertraglicher Art sein, es kann sich um alle oder einzelne Streitigkeiten daraus handeln, die Ansprüche daraus können bereits entstanden
sein oder erst künftig entstehen. Es muss gegenständlich bestimmbar
sein, worauf sich die konkrete Schiedsvereinbarung und damit die Zuständigkeit des Schiedsgerichts bezieht. Der im Schiedsprozess zur Entscheidung gestellte Streitgegenstand muss nach dem behaupteten Sachverhalt, nicht nach der Anspruchsgrundlage (BGH NJW-RR 02, 387)
von der Schiedsvereinbarung gedeckt sein. – Ob dies der Fall ist, ist
durch **Auslegung** nach allgemeinen Grundsätzen anhand des erkenn- 6

baren Parteiwillens bei Abschluss der Schiedsvereinbarung zu ermitteln (BGH 40, 320). Im Zweifel ist die Reichweite großzügig auszulegen (BGH NJW-RR 02, 387), weil die umfassende Beilegung des Streits dem Interesse der Parteien entspricht (BGH BB 71, 369, München

7 NJW-RR 91, 602). – So ist das Schiedsgericht für **Schadensersatzansprüche aus unerlaubter Handlung** zuständig, wenn sie sich tatbestandlich mit einer Vertragsverletzung deckt (BGH NJW 65, 300). Ebenso für **Rückabwicklungsansprüche** bei unwirksamem Hauptvertrag (BGH 53, 315), wie **Ansprüche aus ungerechtfertigter Bereicherung,** die im Zusammenhang mit dem Hauptvertrag stehen, jedenfalls bei weitgefasster Schiedsvereinbarung (München NJW-RR, 91,

8 602). – **Wechsel- und Scheckansprüche** unterfallen einer Schiedsvereinbarung, wenn sie dafür ausdrücklich oder im zugrunde liegenden Vertrag umfassend getroffen worden ist; der Wechselprozess vor dem Staatsgericht bleibt trotzdem zulässig (BGH NJW 94, 136).

9 **d) Aufrechnung** vor dem Schiedsgericht. Unterfällt auch die schiedsfähige (§ 1030) Gegenforderung, über die noch nicht rechtskräftig entschieden ist, einer Schiedsvereinbarung (Rn 5), was ebenfalls im Wege großzügiger Auslegung zu ermitteln ist, so hat das Schiedsgericht über sie zu entscheiden. Unterfällt sie keiner Schiedsvereinbarung, so lässt das Schiedsgericht die Aufrechnung mit einer bestrittenen, noch nicht rechtskräftig entschiedenen Gegenforderung unberücksichtigt, weil ihm insoweit jede Befugnis zu einer privatautonomen Rechtsprechungsfunktion (§ 1031 Rn 15) fehlt. Diese Auffassung hat den Vorzug, dass sie der Situation im umgekehrten Fall, Aufrechnung vor dem Staatsgericht mit einer mit Schiedsklausel versehenen Gegenforderung entspricht (§ 145 Rn 23). Das Schiedsgericht darf nach § 148 das Verfahren bis zu einer Entscheidung des Gerichts über die Aufrechnungsforderung aussetzen. Sonst erlässt es Schiedsspruch unter Vorbehalt der Entscheidung des Gerichts über die Aufrechnungsforderung (§ 1054 Rn 1), wenngleich § 302 Abs 4 Satz 1 nicht passt. Oder es erlässt endgültigen Schiedsspruch nur über die Klageforderung ohne Berücksichtigung der Aufrechnung. Dem Schiedsbeklagten bleibt dann selbständige Einklagung seiner Gegenforderung vor dem Gericht oder Vollstreckungsabwehrklage (§ 1060 Rn 3). Der Meinungsstand zu vorstehender Problematik ist sehr umstritten und differenziert. Im Wesentlichen wie hier StJSchlosser 31, MüKoPeters § 145 Rn 35, MüKoMünch § 1046 Rn 23, ZöGeimer 73; Busse MDR 01, 729/732, wohl auch BGH NJW 63, 273 je mwN; aA BGH 23, 17, RoSchw/Gottwald § 172 VI 1 a, BLAH 22, Schwab/Walter Kap 3 Rn 12 je mwN.

10 **e) Die allgemeinen Regeln** gelten, zB Rechts- und Geschäftsfähigkeit der Parteien der Schiedsvereinbarung (international vgl § 1059 Abs 2 Nr 1 a), §§ 119 ff, 134, 138 BGB. So ist eine Schiedsvereinbarung nichtig, die die wirtschaftliche Entschließungs- und Bewegungsfreiheit einer Partei in sachlich nicht gerechtfertigter Weise übermäßig einschränkt, so dass ein wirkungsvoller Rechtsschutz nicht mehr besteht, etwa wenn nur eine Partei zu entscheiden hat, ob ein Zivil- oder ein Schiedsgerichtsverfahren durchzuführen ist mit der weiteren Vereinbarung, dass immer nur ein Verfahren mit einem Streitwert von maximal 7000 DM gleichzeitig zulässig und Vertretung durch RAe unzulässig sein soll (BGH 106, 336). Ein unzulässiger Zwang zum Abschluss einer Schiedsvereinbarung überhaupt kann bei vornormierten Verträgen oder Satzungen, auf deren Abschluss der Partner aus beruflichen oder wirtschaftlichen Gründen angewiesen ist, schon darin liegen, dass der Stärkere ohne gleichzeitige Schiedsabrede den Hauptvertrag nicht abschließt (Preis DB 72, 1723, Nicklisch BB 72, 1285). Übergewicht bei der Zusammensetzung des Schiedsgerichts § 1034 Rn 2, 3.

f) Mängel der Schiedsvereinbarung nach Rn 4–10 führen zu ihrer Unwirksamkeit, sofern der Mangel nicht nach §§ 1027, 1031 Abs 6, 1040 Abs 2 geheilt ist. Neuabschluss ohne den Mangel bleibt möglich. Die Berufung einer Partei auf fehlende Schiedsvereinbarung kann treuwidrig sein, wenn sie sich vorprozessual auf eine solche berufen und dadurch die Schiedsklage veranlasst hat (BGH WM 87, 1084). **11**

g) Streit über die Wirksamkeit der Schiedsvereinbarung § 1040. **12**

5. Wirkung der Schiedsvereinbarung. – a) Materiellrechtlich. Mitwirkungs- und Förderungspflicht der Parteien zur Herbeiführung eines Schiedsspruchs (Oldenburg NJW 71, 1461), zB Vorschussleistung (10 vor § 1029). – **b) Persönlich** wirkt die Schiedsvereinbarung zwischen den Parteien sowie für und gegen Dritte, die an die Vereinbarung gebunden sind wie Erben, Insolvenzverwalter, Gesellschafter einer OHG oder KG, falls diese die Schiedsvereinbarung getroffen hatte, für Gesellschaftsansprüche (BGH MDR 91, 737), ggf auch nach dem Ausscheiden (BGH NJW-RR 02, 1462), Handelsmakler iF des § 95 Abs 3 HGB, weil sie Vertragspartner werden (BGH 68, 358), Vertrag zugunsten Dritter. Geschäftsführer einer jur Person, die als solche in Anspruch genommen werden, sind an eine von der jur Person getroffene Schiedsvereinbarung allenfalls dann gebunden, wenn sie selbst als deren Organe am Abschluss beteiligt waren (weitergehend München NJW-RR 98, 198). – **Bei Rechtsnachfolge** in einen Vertrag gehen idR, wenn nicht ein abweichender Wille nachgewiesen ist, die Rechte und Pflichten aus einer mit ihm verbundenen Schiedsvereinbarung auf den Erwerber über (BGH 76, 852, NJW-RR 02, 1462), ohne dass es eines gesonderten Beitritts bedarf (BGH 77, 32). Ebenso bei Vertragsübernahme auf den Eintretenden und iF des § 566 BGB (BGH NJW 00, 2346), bei Übernahme eines Geschäftsanteils an einer GmbH (BGH NJW 79, 2567) und bei Ausübung eines Eintrittsrechts in einem OHG-Vertrag (BGH NJW 80, 1797); bei entsprechendem Vertragswillen bleibt der Ausscheidende an die Schiedsvereinbarung gebunden (BGH NJW-RR 02, 1462). Nicht dagegen Bürgen, Schuldübernehmer, Mitschuldner, Hypotheken- und Pfandgläubiger (BGH MDR 91, 737); idR nicht vollmachtlose Vertreter iF des § 179 BGB wegen der differenzierten Einstandspflicht. – **c) Prozessual** § 1032. **13 14 15 16**

17   **6. Beendigung der Schiedsvereinbarung.** Denkbar ist Kündigung der Schiedsvereinbarung aus wichtigem Grund, zB wenn sie undurchführbar (§ 1032 Abs 1, BGH 41, 104) oder das Festhalten an ihr unzumutbar geworden ist (BGH NJW 92, 3107: Krieg). Das kann der Fall sein, wenn die Partei wegen nachträglicher Verschlechterung ihrer wirtschaftlichen Verhältnisse die erforderlichen Kostenvorschüsse nicht mehr aufbringen kann oder wenn sie bereits bei Abschluss der Vereinbarung dazu außerstande war, aber erwarten konnte, die nötigen Mittel aus der Durchführung des Hauptvertrags zu erzielen oder wenn die Durchführung des Schiedsgerichtsverfahrens da noch ungewiss war (BGH NJW-RR 94, 1214). Die Gegenpartei kann die Kündigung verhindern, indem sie sich bereit erklärt, die Kosten des Verfahrens einschließlich der RAKosten vorläufig vorzuschießen; verpflichtet dazu ist sie nicht (BGH aaO).

§ 1030 Schiedsfähigkeit

(1) [1]**Jeder vermögensrechtliche Anspruch kann Gegenstand einer Schiedsvereinbarung sein.** [2]**Eine Schiedsvereinbarung über nichtvermögensrechtliche Ansprüche hat insoweit rechtliche Wirkung, als die Parteien berechtigt sind, über den Gegenstand des Streites einen Vergleich zu schließen.**

(2) [1]**Eine Schiedsvereinbarung über Rechtsstreitigkeiten, die den Bestand eines Mietverhältnisses über Wohnraum im Inland betreffen, ist unwirksam.** [2]**Dies gilt nicht, soweit es sich um Wohnraum der in § 549 Abs. 2 Nr. 1 bis 3 des Bürgerlichen Gesetzbuchs bestimmten Art handelt.**

(3) **Gesetzliche Vorschriften außerhalb dieses Buches, nach denen Streitigkeiten einem schiedsrichterlichen Verfahren nicht oder nur unter bestimmten Voraussetzungen unterworfen werden dürfen, bleiben unberührt.**

1   **1. Begriff.** Schiedsfähigkeit besagt, welche Streitigkeiten generell Gegenstand einer Schiedsvereinbarung sein können. In Abgrenzung dazu bedeutet Zuständigkeit des Schiedsgerichts, dass der mit der Schiedsklage geltend gemachte Streitgegenstand unter die konkrete Schiedsvereinbarung fällt, von ihr gedeckt ist (§ 1029 Rn 5).

2   **2. Schiedsfähig sind** (Abs 1): – **a) Vermögensrechtliche Ansprüche** (Einl IV Rn 1, 2) grundsätzlich jeder Art. Auf die Verfügungs- oder Vergleichsberechtigung über sie kommt es nicht an. Sie müssen nicht privatrechtlicher Natur sein, öffentlichrechtliche Ansprüche sind schiedsfähig, soweit ein Gesetz die Möglichkeit schiedsrichterlicher Entscheidung vorsieht, zB § 30 Abs 2 VermG, § 14 VZOG, oder soweit die Parteien darüber einen öffentlichrechtlichen Vertrag schließen können, zB über die Höhe eines Entschädigungsanspruchs (amtliche Begründung S 35). Auch die ausschließliche Zuständigkeit bestimmter Staatsgerichte schließt die Schiedsfähigkeit nicht aus, denn sie bezieht sich nur auf Zuständigkeit innerhalb der Gerichte (Hamm DB 00, 1118, K. Schmidt ZGR 88, 523). Da Schiedsgerichte auch rechtsgestaltende Entscheidungen erlassen können, meint die amtliche Begründung, dass entgegen früherer Rechtsprechung (BHG NJW 96, 1753) jetzt auch gesellschaftsrechtliche Anfechtungs- und Nichtigkeitsklagen gegen AG und GmbH schiedsfähig seien (ebenso Schwab/Walter Kap 4 Rn 4, Labes/Lörcher MDR 97, 420, Bender DB 98, 1900, Kröll NJW 01, 1173/1177, K. Schmidt BB 01, 1857; zusammenfassend Papmehl „Die Schiedsfähigkeit gesellschaftsrechtlicher Streitigkeiten", 2001). Das ist aber nach wie vor zu bezweifeln, weil erhebliche Bedenken dagegen bestehen, dass der Schiedsspruch, ohne dass das Gesetz die §§ 248, 249 je Abs 1 S 2 AktG für entsprechend anwendbar erklärt, Rechtskraftwirkung für und gegen Dritte nicht am Verfahren der Schiedsabrede Beteiligte haben kann (ebenso BGH NJW 96, 1753, Gottwald/Adolphsen DStR 98, 1017). – **b) Nicht-vermögensrechtliche Ansprüche** **3** sind schiedsfähig, soweit die Parteien objektiv und subjektiv berechtigt sind, über den Gegenstand des Streits einen Vergleich zu schließen (BGH VersR 98, 112). So die meisten der in Einl IV Rn 4 genannten Beispiele.

3. Nicht schiedsfähig sind – a) Mietstreitigkeiten nach Abs 2. **4** Die Bestimmung will zum Schutz des sozial schwächeren Mieters ein Ausweichen vor der staatlichen Gerichtsbarkeit verhindern. Es muss sich um Streit um den Bestand eines Mietverhältnisses über Wohnraum handeln, der nicht unter § 549 Abs 2 Nr 1–3 BGB fällt. Das sind Klage auf Feststellung des (Nicht)Bestehens eines Mietvertrages oder der (Un-) Wirksamkeit seiner Beendigung, insbesondere Kündigung, ferner Räumungs- und Herausgabeklagen einschließlich der Anträge auf Fortsetzung eines Mietverhältnisses nach §§ 574 a–c BGB. Schiedsvereinbarungen über andere Ansprüche aus dem Mietvertrag sind wirksam. – **b) Andere Streitigkeiten,** für die ein Gesetz außerhalb des 10. Buches **5** die Schiedsgerichtsbarkeit ausschließt oder einschränkt, zB § 1822 Nr 12 BGB, § 160 Nr 3 InsO, § 28 BörsG (dazu Ebbing WM 99, 1264), § 37 h WpHG. Sonderregelung in §§ 101 ff ArbGG. – **c) Der Parteidisposi-** **6** **tion entzogene Streitigkeiten** wie Ehe- (2–6 vor § 606) und Kindschaftssachen (§ 640 Abs 2) und solche Vermögensrechte, die kraft Verwaltungsakt erteilt sind und für die das Gesetz besondere Gerichte eingerichtet hat wie Nichtigerklärung oder Zurücknahme von Patenten, zumal diese Entscheidungen für und gegen jedermann wirken. – **d) Verstoß.** Schiedsvereinbarungen in den Fällen der Rn 4–6 sind **7** nichtig, Heilung ist nicht möglich. Im Fall der Rn 5 sind sie bis zur Erteilung einer erforderlichen Genehmigung schwebend unwirksam.

§ 1031 Form der Schiedsvereinbarung

(1) **Die Schiedsvereinbarung muß entweder in einem von den Parteien unterzeichneten Schriftstück oder in zwischen ihnen gewechselten Schreiben, Fernkopien, Telegrammen oder an-**

deren Formen der Nachrichtenübermittlung, die einen Nachweis der Vereinbarung sicherstellen, enthalten sein.

(2) Die Form des Absatzes 1 gilt auch dann als erfüllt, wenn die Schiedsvereinbarung in einem von der einen Partei der anderen Partei oder von einem Dritten beiden Parteien übermittelten Schriftstück enthalten ist und der Inhalt des Schriftstücks im Fall eines nicht rechtzeitig erfolgten Widerspruchs nach der Verkehrssitte als Vertragsinhalt angesehen wird.

(3) Nimmt ein den Formerfordernissen des Absatzes 1 oder 2 entsprechender Vertrag auf ein Schriftstück Bezug, das eine Schiedsklausel enthält, so begründet dies eine Schiedsvereinbarung, wenn die Bezugnahme dergestalt ist, daß sie diese Klausel zu einem Bestandteil des Vertrages macht.

(4) Eine Schiedsvereinbarung wird auch durch die Begebung eines Konnossements begründet, in dem ausdrücklich auf die in einem Chartervertrag enthaltene Schiedsklausel Bezug genommen wird.

(5) ¹Schiedsvereinbarungen, an denen ein Verbraucher beteiligt ist, müssen in einer von den Parteien eigenhändig unterzeichneten Urkunde enthalten sein. ²Die schriftliche Form nach Satz 1 kann durch die elektronische Form nach § 126a des Bürgerlichen Gesetzbuches ersetzt werden. ³Andere Vereinbarungen als solche, die sich auf das schiedsrichterliche Verfahren beziehen, darf die Urkunde oder das elektronische Dokument nicht enthalten; dies gilt nicht bei notarieller Beurkundung.

(6) Der Mangel der Form wird durch die Einlassung auf die schiedsgerichtliche Verhandlung zur Hauptsache geheilt.

1   **1. Regelungsgehalt.** Die Bestimmung enthält die Formvorschriften, von deren Beachtung die Wirksamkeit der Schiedsvereinbarung mit abhängt. Die einfachere Form in den Abs 1–4, nämlich Sicherstellung eines Nachweises, ist in Abs 5 erschwert, nämlich besondere, eigenhändig unterzeichnete Urkunde, falls an der Schiedsvereinbarung eine Person beteiligt ist, die bei dem zugrunde liegenden Geschäft nicht im Rahmen ihrer gewerblichen oder selbständigen beruflichen Tätigkeit gehandelt hat. Abs 6 lässt Heilung des Formmangels zu.

2   **2. Form im gewerblichen Bereich.** Er reicht weiter als „Handelsgeschäft" im früheren § 1027 Abs 2. Bezieht sich die Schiedsvereinbarung auf ein Geschäft, bei dem die Beteiligten zu einem Zweck gehandelt haben, der ihrer gewerblichen Tätigkeit zugerechnet werden kann, so muss sie in einer Nachrichtenübermittlung enthalten sein, die ihren Nachweis sicherstellt. Das ist eine einfache, moderner Telekommunikation gerecht werdende Form. Mündlich können auch Kaufleute im Rahmen eines Handelsgeschäfts eine gültige Schiedsvereinbarung nicht treffen. Die Abs 1–4 sehen für den schriftlichen Nach-

weis folgende Möglichkeiten vor: – **a) Beiderseits unterzeichnetes** 3
Schriftstück (Abs 1), das die Schiedsvereinbarung vollständig enthält.
Das ist die Schriftform des § 126 BGB und die sie ersetzende elektronische Form (§§ 126 Abs 3, 126 a BGB). Eine für den Hauptvertrag
vorgeschriebene Form muss nicht zusätzlich gewahrt werden (BGH 69,
260). Verwendung des Wortes „Schiedsvereinbarung" ist nicht erforderlich, es muss sich aber inhaltlich unzweifelhaft um eine solche handeln. Die Urkunde darf daneben andere Vereinbarungen enthalten
(§ 1029 Abs 2). – **b) Zwischen den Parteien gewechselte Schrift** 4
stücke. Abs 1 nennt als Beispiele gewechselte Schreiben, Fernkopien,
Telegramme oder andere Formen der Nachrichtenübermittlung, die
einen sicheren Nachweis der Schiedsvereinbarung, also Angebot und
Annahme, erlauben. – **c) Schweigen auf ein Schriftstück (Abs 2),** 5
das das Angebot zu einer Schiedsvereinbarung enthält oder eine angeblich bereits getroffene bestätigt und das eine Partei der anderen oder das
ein Dritter beiden Parteien übermittelt hat, wenn ohne rechtzeitigen
Widerspruch das Schweigen nach der Verkehrssitte als Annahme des
Angebots oder Zustimmung anzusehen ist. Dies beurteilt sich nach
materiellem Recht (Pal/Heinrichs 7–12 vor § 116, Pal/Heldrich EGBGB
Art 31 Rn 5). Darunter fallen insbesondere kaufmännische Bestätigungsschreiben mit Schiedsgerichtsklausel (BGH KTS 71, 37, Pal/Heinrichs § 148 Rn 8 ff). – **d) Bezugnahme, Abs 3.** Sie muss in einem 6
Vertrag enthalten sein, der den Formerfordernissen der Abs 1 oder 2
entspricht. In ihm muss auf ein Schriftstück, auch die Rückseite des
Vertragsblattes (BayObLG NJW-RR 99, 644), Bezug genommen sein,
das seinerseits eine Schiedsklausel enthält und zwar der Art, dass sie
diese Klausel zu einem Bestandteil des Vertrages macht. Darunter fällt
insbesondere die Einbeziehung von AGB mit Schiedsklausel in den
Vertrag (§§ 305, 305 a BGB, international § 29 a EG). Die in Bezug
genommene Klausel muss wirksam sein (Spieker ZIP 99, 2138, Lachmann/Lachmann BB 00, 1633). München (NJW-RR 96, 1532) verlangt darüber hinaus, dass die in Bezug genommene Schiedsklausel dem
Vertragspartner zur Kenntnis gebracht worden ist. – **e) Begebung** 7
eines Konnossements, Abs 4 (§§ 642 ff HGB), in dem ausdrücklich
Bezug genommen ist auf die in einem Chartervertrag zwischen Verfrachter und Befrachter (§ 557 HGB) enthaltene Schiedsklausel. Eine
allgemeine Verweisung auf den Chartervertrag genügt nicht.

3. Form im nichtgewerblichen Bereich. Abs 5 dient dem Ver 8
braucherschutz. Gilt nicht für Schiedsklauseln gemäß § 1066. Die
strengere Form ist einzuhalten, wenn an dem zugrunde liegenden
Geschäft ein Verbraucher beteiligt ist. Das ist eine natürliche Person,
die dabei nicht zu einem Zweck gehandelt hat, der ihrer gewerblichen
oder selbständigen beruflichen Tätigkeit zugerechnet werden kann (§ 13
BGB). Nötig sind – **a) Schriftform** gemäß § 126 BGB oder die sie 9
ersetzende elektronische Form gemäß § 126 a BGB (wie Rn 3). Bezugnahme auf eine zwischen den Parteien bereits bestehende Schiedsabrede

10 (§ 1029 Abs 2, Oldenburg MDR 51, 690) oder auf eine bestimmte laut Verbandssatzung schon bestehende Schiedsgerichtsordnung (Hamm WM 72, 984) genügt, nicht dagegen allgemeine Bezugnahme auf Satzungen oder AGB. – **b) Besondere Urkunde.** Sie muss die vollständige Schiedsabrede oder die Bezugnahme auf sie enthalten, darf andere Vereinbarungen nicht enthalten und muss räumlich vom Hauptvertrag getrennt oder bei räumlicher Verbindung gesondert unterschrieben sein (BGH 38, 155). Änderungen und Ergänzungen bedürfen derselben Form.

11 – **c) Bei notarieller Beurkundung** der Schiedsvereinbarung bedarf es keiner gesonderten Urkunde, weil der Notar die Beteiligten über ihre Bedeutung belehrt. Eingehend Tröder Mitteilungen Rheinische Notarkammer 00, 379.

12 **4. Heilung,** Abs 6. Es ist zu unterscheiden (eingehend Schmidt, Heilung, Neuabschluss und Erklärungsbewusstsein beim Schiedsvertrag, MDR 72, 989, Wackenhut, Zur Behandlung der rügelosen Einlassung in nationalen u internationalen Schiedsverfahren, KTS 85, 425):

13 **a) Bloße Formmängel** werden durch rügelose Einlassung zur Hauptsache (§ 39) rückwirkend geheilt, auch wenn sich die Parteien dieser Wirkung nicht bewusst sind (BGH 48, 35/45). Die ursprüngliche Formunwirksamkeit wird auch geheilt durch späteren Schriftwechsel, aus dem sich der beiderseitige Wille entnehmen lässt, dass das Schiedsgericht über den streitigen Anspruch entscheiden soll (Hamburg NJW-RR 99, 1738).

14 **b) Andere Unwirksamkeitsgründe.** Hier ist vor Verfahrensbeginn eine Schiedsvereinbarung getroffen, die aber aus anderen Gründen als wegen Formmangels unwirksam ist. In der Erhebung der Schiedsklage und der rügelosen Einlassung kann der konkludente Neuabschluss einer Schiedsvereinbarung liegen, wenn die Parteien ein entsprechendes rechtsgeschäftliches Erklärungsbewusstsein haben. Es kann aber auch an eine entspr Anwendung von Abs 6 gedacht werden, der dieses Bewusstsein nicht verlangt. Anknüpfungspunkt ist, dass wie beim Formmangel ein Erklärungsbewusstsein bei Vertragsabschluss vorhanden war. Sowohl für Neuabschluss wie für Heilung ist Voraussetzung, dass im Zeitpunkt der rügelosen Einlassung der frühere Nichtigkeitsgrund nicht mehr besteht. Die überwiegende Meinung neigt, häufig allerdings ohne saubere dogmatische Abgrenzung, der zweitgenannten Auffassung zu, was aus praktischen Gründen zu billigen ist.

15 **c) Bei Fehlen einer Schiedsvereinbarung überhaupt** ist Abs 6 auch nicht entspr anwendbar. Klageerhebung und rügelose Einlassung kann als konkludenter Erstabschluss einer Schiedsvereinbarung aufgefasst werden, wenn die Parteien ein entsprechendes Erklärungsbewusstsein hatten (BGH 48, 35/46 und 88, 314). Fehlt es im Einzelfall, bleibt zu prüfen, ob in Klage und Einlassung ein vom Erklärungsbewusstsein unabhängiger Verzicht auf die prozessuale Rüge der Unzuständigkeit des Schiedsgerichts liegt, ähnlich §§ 39, 295. Die Rspr (Nachweise bei Schmidt MDR 72, 989) neigt zu diesem Ergebnis. Dagegen bestehen

Bedenken (ebenso Wackenhut KTS 85, 425), weil ohne jede vom Erklärungsbewusstsein abhängige Schiedsvereinbarung keine privatautonome Rechtsprechungsfunktion entstehen kann, die Einlassung also nicht vor einem unzuständigen, sondern vor einem Nicht-Schiedsgericht erfolgt.

§ 1032 Schiedsvereinbarung und Klage vor Gericht

(1) **Wird vor einem Gericht Klage in einer Angelegenheit erhoben, die Gegenstand einer Schiedsvereinbarung ist, so hat das Gericht die Klage als unzulässig abzuweisen, sofern der Beklagte dies vor Beginn der mündlichen Verhandlung zur Hauptsache rügt, es sei denn, das Gericht stellt fest, daß die Schiedsvereinbarung nichtig, unwirksam oder undurchführbar ist.**

(2) **Bei Gericht kann bis zur Bildung des Schiedsgerichts Antrag auf Feststellung der Zulässigkeit oder Unzulässigkeit eines schiedsrichterlichen Verfahrens gestellt werden.**

(3) **Ist ein Verfahren im Sinne des Absatzes 1 oder 2 anhängig, kann ein schiedsrichterliches Verfahren gleichwohl eingeleitet oder fortgesetzt werden und ein Schiedsspruch ergehen.**

1. Unzulässigkeit der Klage vor dem Staatsgericht, Abs 1, ist 1 die prozessuale Folge einer wirksamen Schiedsvereinbarung (§ 1029) bzw -anordnung (§ 1066). Anwendbar auch im normalen Urkundenprozess (Wolf DB 99, 1101). Es gibt keine Verweisung an das Schiedsgericht, Aussetzung nach § 148 bis zur Entscheidung des Schiedsgerichts gemäß § 1040 Abs 1 wäre ermessensfehlerhaft im Hinblick auf die Kompetenz-Kompetenz des Staatsgerichts (§ 1040 Rn 8). Nicht anwendbar im Wechselprozess wegen der funktionsnotwendig raschen Durchsetzbarkeit von Wechselansprüchen (BGH NJW 94, 136), im Arrest- und Verfügungs- (§ 1033, 1 vor § 916) und im selbständigen Beweisverfahren (§ 485 Rn 10). – **Reihenfolge der Prüfung:** 2 **a) Rüge des Beklagten.** Das Gericht prüft und berücksichtigt die Zuständigkeit des Schiedsgerichts nicht vAw, sondern nur auf Rüge des Bekl. Sie ist vor Beginn der mündlichen Verhandlung zur Hauptsache (§ 39 Rn 5–7, § 137 Rn 1, § 333 Rn 2), im schriftlichen Verfahren vor schriftlicher Einlassung zur Hauptsache (§ 39 Rn 1) vorzubringen. Abs 1 ist Sonderregelung, § 282 Abs 3 S 2 gilt insoweit nicht (BGH NJW 01, 2176). Eine verspätete Rüge ist nicht zu beachten. Treuwidrig und damit unbeachtlich ist die Rüge idR, wenn der Beklagte die Zahlung der im schiedsrichterlichen Verfahren geforderten Kostenvorschüsse wegen Mittellosigkeit (BGH 102, 199) oder Unwilligkeit (BGH NJW 99, 642) verweigert oder im schiedsrichterlichen Verfahren, uU auch außerhalb (Köln JMBl NRW 85, 261), geltend gemacht hat, das Staatsgericht sei zuständig, außer die gegensätzliche Einlassung erscheint sachlich verständlich und gerechtfertigt (BGH 50, 191). –

3 **b) Wirksamkeit und Durchführbarkeit der Schiedsvereinbarung.** Trotz der Fassung „es sei denn" handelt es sich um von Amts wegen zu prüfende Voraussetzungen für die Begründetheit der Rüge. Die Klage ist zulässig, wenn die Schiedsvereinbarung bzw -Anordnung nichtig, unwirksam oder undurchführbar (§ 1029 Rn 11, 17) ist. Im letztgenannten Fall ist die Schiedseinrede unbegründet, wenn das Gericht entsprechend dem Vortrag des Klägers, auch ohne dessen Kündigung der Schiedsvereinbarung deren Undurchführbarkeit feststellt (BGH NJW 00, 3720). International ist dafür das anwendbare materielle Recht maßgebend (BGH NJW-RR 93, 1519). Gilt nicht für Schiedsgutachten (5 vor § 1029, BGH 9, 138, NJW 82, 1878). –

4 **c) Der Streitgegenstand der Klage** muss unter die konkrete Schiedsvereinbarung fallen, von ihr gedeckt sein, ggf im Wege der Auslegung zu ermitteln (§ 1029 Rn 5 ff). Das kann auch teilweise der Fall sein, dann ist die Klage insoweit unzulässig.

5 **2. Antrag zum Staatsgericht, Abs 2.** Bis zur Bildung, dh Konstituierung des Schiedsgerichts (§ 1035 Rn 6) kann jede Partei bei Gericht die positive oder negative Feststellung beantragen, dass das schiedsrichterliche Verfahren im Ganzen (un)zulässig ist, somit auch, dass eine Schiedsvereinbarung (nicht) besteht oder dass sie (un)wirksam ist (BGH 7, 184). Umfang der Prüfungspflicht wie Abs 1, Rn 1–4 (BayObLG NJW-RR 02, 323). Nach der Konstituierung kann die Rüge der Unzuständigkeit des Schiedsgerichts oder der Überschreitung seiner Befugnisse nur noch vor dem Schiedsgericht (§ 1040), im Aufhebungs- (§ 1059) oder Vollstreckbarerklärungsverfahren (§ 1060) geltend gemacht werden. Die rechtskräftige Feststellung macht einen vorher erlassenen Schiedsspruch (Abs 3) ohne weiteres unwirksam, er darf nicht für vollstreckbar erklärt werden. Zuständiges Gericht § 1062 Abs 2, Verfahren und Entscheidung § 1063.

6 **3. Einwirkung auf das schiedsrichterliche Verfahren, Abs 3.** Rechtshängigkeit der Hauptsacheklage (Abs 1) oder Anhängigkeit eines Feststellungsantrags nach Abs 2 können die Einleitung, Fortsetzung des schiedsrichterlichen Verfahrens und den Erlass eines Schiedsspruchs nicht verhindern. Da aber 2 Parallelverfahren und -entscheidungen unerwünscht sind, sollte das Schiedsgericht wegen der Kompetenz-Kompetenz des Gerichts (§ 1040 Rn 8) in Ausübung pflichtgemäßen Ermessens sein Verfahren idR gemäß § 148 aussetzen, außer es handelt sich um Verzögerungstaktik aufseiten des Beklagten.

§ 1033 Schiedsvereinbarung und einstweilige gerichtliche Maßnahmen

Eine Schiedsvereinbarung schließt nicht aus, daß ein Gericht vor oder nach Beginn des schiedsrichterlichen Verfahrens auf Antrag einer Partei eine vorläufige oder sichernde Maßnahme in Bezug auf den Streitgegenstand des schiedsrichterlichen Verfahrens anordnet.

1. Vorläufige oder sichernde Maßnahmen sind Arrest und 1
einstweilige Verfügung, §§ 916 ff.

2. Der Antrag zum Staatsgericht auf ihre Anordnung vor oder 2
nach Beginn des schiedsrichterlichen Verfahrens, durch Parteivereinbarung wegen des besseren Rechtsschutzes durch sofortige Vollstreckbarkeit nicht ausschließbar (MuVoit 3, Wolf DB 99, 1101; aA Frankfurt NJW-RR 00, 1117/1119), ist in Abweichung von § 1032 Abs 1
nicht deshalb unzulässig, weil der Streitgegenstand der Hauptsache einer
Schiedsvereinbarung unterliegt. Für das Verfahren gelten §§ 916 ff. Gericht der Hauptsache ist das Gericht, in dessen Bezirk der Ort des
Schiedsgerichts (§ 1043) liegt (Hamburg NJW 97, 749), jedenfalls wenn
er vereinbart ist.

3. Das Schiedsgericht ist neben dem Gericht zur Anordnung der 3
artiger Maßnahmen befugt, Verfahren § 1041 Abs 1, abweichende
Fassung der Anordnung, Zulassung ihrer Vollziehung durch das Gericht
§ 1041 Abs 2.

4. Die beiden Zuständigkeiten nebeneinander sind originär, 4
nicht subsidiär. Praktisch ist der Antrag zum Staatsgericht wegen seiner
Abänderungsbefugnis und der notwendigen Zulassung der Vollziehung
(§ 1041 Abs 2) vorzuziehen. Wegen dieses besseren Rechtsschutzes
fehlt das Rechtsschutzbedürfnis nicht, wenn ein gleichgerichteter Antrag auch an das Schiedsgericht gestellt ist oder wird. In umgekehrter
Richtung § 1041 Rn 2.

Abschnitt 3. Bildung des Schiedsgerichts

§ 1034 Zusammensetzung des Schiedsgerichts

(1) ¹Die Parteien können die Anzahl der Schiedsrichter vereinbaren. ²Fehlt eine solche Vereinbarung, so ist die Zahl der
Schiedsrichter drei.

(2) ¹Gibt die Schiedsvereinbarung einer Partei bei der Zusammensetzung des Schiedsgerichts ein Übergewicht, das die
andere Partei benachteiligt, so kann diese Partei bei Gericht
beantragen, den oder die Schiedsrichter abweichend von der
erfolgten Ernennung oder der vereinbarten Ernennungsregelung zu bestellen. ²Der Antrag ist spätestens bis zum Ablauf
von zwei Wochen, nachdem der Partei die Zusammensetzung
des Schiedsgerichts bekannt geworden ist, zu stellen. ³§ 1032
Abs. 3 gilt entsprechend.

1. Die Zahl der Schiedsrichter bestimmt sich primär nach der 1
Schieds- oder einer formgerechten (§ 1031) nachträglichen Vereinbarung bzw Anordnung (§ 1066). Sonst nach gesetzlicher Regelung drei.

2. Übergewicht einer Partei. – a) Begriff. Immer, wenn eine 2
Partei durch die Schieds- oder eine nachträgliche Vereinbarung gegen

über der anderen benachteiligt ist, soweit es um die Zusammensetzung des Schiedsgerichts geht. Abs 2 will gleiche Behandlung der Parteien (§ 1042 Abs 1) und ein unabhängiges, unparteiisches Schiedsgericht (§ 1035 Abs 5 S 1) sicherstellen.

3   **b) Beispiele:** Eine Partei hat auf die Zahl der Schiedsrichter, auf die Ernennung des Einzel- oder des 3. Schiedsrichters größeren Einfluss als die andere. Alleinige Ernennung durch eine Partei (BGH NJW 89, 1477), auch für den Fall, dass die andere Partei ihr Ernennungsrecht versäumt hat (BGH 54, 392). Bestellung einer Partei selbst, ihres gesetzlichen Vertreters oder eines Mitglieds ihres Organs in eigener Sache. Dass dies für ein gemeinsam bestelltes Mitglied des Vertretungsorgans einer Partei nicht gelten soll, weil keine Partei gegen ihre eigene freie Entscheidung geschützt zu werden brauche (so BGH 65, 59; zust Schlosser JZ 76, 247), ist abzulehnen. Es gibt keine abgestufte Anforderung an die Unparteilichkeit und diese dient nicht allein dem Schutz der Parteien, sondern auch der Gewähr einer integren Rechtsprechung. Unterwerfung unter ein Schiedsgericht eines Verbandes, dem nur die andere Partei angehört und das nur mit Verbandsmitgliedern besetzt ist (Karlsruhe NJW 57, 1036); ebenso wenn ein nur mit Mitgliedern eines Vereins besetztes Schiedsgericht über einen Streit zwischen Vereins- und Nicht-Mitgliedern zu entscheiden hat (BGH 51, 255). Ob die Vereinbarung vor oder nach Eintritt des Konfliktfalls getroffen ist, macht keinen Unterschied (aA München KTS 85, 154). Die Abrede, dass alle Schiedsrichter oder der Obmann vom Vorstand oder Beauftragten eines Vereins ernannt werden, wenn nur eine Partei Vereinsmitglied ist (München KTS 83, 166). Dies gilt entgegen Hamburg BB 70, 53 im Hinblick auf die vorrangige Gewähr der Überparteilichkeit auch dann, wenn den Parteien die Schiedsrichter namentlich und persönlich bekannt sind (aA Bülow NJW 70, 585) und entgegen Hamburg MDR 75, 409 (abl Habscheid KTS 76, 1), ohne dass es darauf ankommt, ob im Einzelfall konkrete Tatsachen für eine Befangenheit des Schiedsgerichts festgestellt sind. Derartige Bestellung zugunsten einer Partei durch einen vertraglich vorgesehenen Dritten. Unbedenklich ist die Vereinbarung, dass über Meinungsverschiedenheiten aus einem Praxisübernahmevertrag zwischen einem RA und den Erben eines anderen RA ein vom Präsidenten der RA-Kammer bestelltes Vorstandsmitglied dieser Kammer entscheiden soll (BGH NJW 73, 98).

4   **c) Rechtsfolge** ist nicht Nichtigkeit, sondern ein Antragsrecht der benachteiligten Partei an das Gericht auf abweichende Schiedsrichterbestellung. Nichtigkeit der Schiedsvereinbarung aus anderen Gründen § 1029 Rn 10.

5   **3. Bestellung durch das Gericht. – a) Antrag** der benachteiligten Partei an das örtlich zuständige OLG (§ 1062 Abs 1 Nr 1). Frist 2 Wochen ab Bekanntwerden der Zusammensetzung des Schiedsgerichts. Für die Einwirkung des Antrags auf das Schiedsgerichtsverfahren 6   gilt § 1032 Rn 6 sinngemäß. – **b) Beschlussverfahren** § 1063 Rn 1.

Die Entscheidung lehnt den unzulässigen oder unbegründeten Antrag ab. Ist er begründet, bestellt das Gericht unter Beachtung von § 1035 Abs 5 einen anderen Schiedsrichter, auch abweichend von der vereinbarten Ernennungsregelung. Kein Rechtsmittel, § 1065 Abs 1 S 2. – **c) Kosten, Streitwert, Gebühren** § 1063 Rn 5. 7

§ 1035 Bestellung der Schiedsrichter

(1) Die Parteien können das Verfahren zur Bestellung des Schiedsrichters oder der Schiedsrichter vereinbaren.

(2) Sofern die Parteien nichts anderes vereinbart haben, ist eine Partei an die durch sie erfolgte Bestellung eines Schiedsrichters gebunden, sobald die andere Partei die Mitteilung über die Bestellung empfangen hat.

(3) [1]Fehlt eine Vereinbarung der Parteien über die Bestellung der Schiedsrichter, wird ein Einzelschiedsrichter, wenn die Parteien sich über seine Bestellung nicht einigen können, auf Antrag einer Partei durch das Gericht bestellt. [2]In schiedsrichterlichen Verfahren mit drei Schiedsrichtern bestellt jede Partei einen Schiedsrichter; diese beiden Schiedsrichter bestellen den dritten Schiedsrichter, der als Vorsitzender des Schiedsgerichts tätig wird. [3]Hat eine Partei den Schiedsrichter nicht innerhalb eines Monats nach Empfang einer entsprechenden Aufforderung durch die andere Partei bestellt oder können sich die beiden Schiedsrichter nicht binnen eines Monats nach ihrer Bestellung über den dritten Schiedsrichter einigen, so ist der Schiedsrichter auf Antrag einer Partei durch das Gericht zu bestellen.

(4) Haben die Parteien ein Verfahren für die Bestellung vereinbart und handelt eine Partei nicht entsprechend diesem Verfahren oder können die Parteien oder die beiden Schiedsrichter eine Einigung entsprechend diesem Verfahren nicht erzielen oder erfüllt ein Dritter eine ihm nach diesem Verfahren übertragene Aufgabe nicht, so kann jede Partei bei Gericht die Anordnung der erforderlichen Maßnahmen beantragen, sofern das vereinbarte Bestellungsverfahren zur Sicherung der Bestellung nichts anderes vorsieht.

(5) [1]Das Gericht hat bei der Bestellung eines Schiedsrichters alle nach der Parteivereinbarung für den Schiedsrichter vorgeschriebenen Voraussetzungen zu berücksichtigen und allen Gesichtspunkten Rechnung zu tragen, die die Bestellung eines unabhängigen und unparteiischen Schiedsrichters sicherstellen. [2]Bei der Bestellung eines Einzelschiedsrichters oder eines dritten Schiedsrichters hat das Gericht auch die Zweckmäßigkeit der Bestellung eines Schiedsrichters mit einer anderen Staatsangehörigkeit als derjenigen der Parteien in Erwägung zu ziehen.

1 **1. Parteivereinbarung** im Schiedsvertrag oder später bzw die Anordnung (§ 1066) hat Vorrang im Verfahren zur Bestellung des Schiedsgerichts. Übergewicht einer Partei § 1034 Abs 2. Schiedsrichter kann jede nicht geschäftsunfähige Person sein, Behörden und juristische Personen als solche mangels eigener Handlungsfähigkeit nicht, wohl aber ihre Organe (aA BGH BB 55, 296: Behörde). Verstoß gegen

2 § 42 Abs 1 2 DRiG s Rn 8 vor § 1029. – **a) Beispiele:** Gemeinschaftliche Bestellung durch beide Parteien; Bezeichnung eines bereits bestehenden institutionellen Schiedsgerichts (1 vor § 1029) oder bestimmter Personen in bestimmter Reihenfolge; Ermächtigung eines bestimmten

3 Dritten zur Bestellung (BGH NJW 69, 978). – **b) Bei Hindernissen** in einem vereinbarten Bestellungsverfahren greift primär eine von den Parteien selbst vorgesehene Ersatzregelung ein, andernfalls hilft auf Antrag einer Partei das Gericht aus, auch wenn die vereinbarte Ersatzregelung nicht durchführbar ist (BayObLG NJW-RR 99, 1085). Die Fälle sind in Abs 4 aufgezählt. Darunter fällt in zumindest entsprechender Anwendung auch, dass eine Einigung mehrerer Parteien auf einer Seite (Rn 5) nicht zustande kommt. Weigert sich ein Dritter, den Vorsitzenden gem Vereinbarung der Parteien zu bestimmen, weil eine Partei sein Vorschlagsrecht bestreitet, hat das nach Abs 4 angerufene Gericht die widerstrebende Partei zunächst zu verpflichten, der Bestimmung durch den Dritten zuzustimmen (BayObLG NJW-RR 02, 1437).

4 **2. Hilfsweise gesetzliche Regelung mangels Parteivereinbarung. – a) Einzelschiedsrichter.** Bestellung durch Einigung der Par-

5 teien, ersatzweise durch das Gericht. – **b) Drei Schiedsrichter.** Jede Parteiseite bestellt einen. Notwendige Streitgenossen können nur einen gemeinsam bestellen (KG KTS 66, 100). Wenn die Schiedsvereinbarung zwischen mehreren Parteien im Wege der Auslegung einfache Streitgenossenschaft zulässt, können die Streitgenossen ebenfalls nur einen Schiedsrichter gemeinsam bestellen; andernfalls sind entsprechend mehrere Schiedsverfahren mit je einer Person auf jeder Seite durchzuführen (Nicklisch BB 01, 789/792, ähnlich Hohner BB 79, 581, Schwab BB 92, Heft 28 Beilage 15 S 17). Die einseitige Bestellung erfolgt durch Mitteilung an die andere Partei und wird mit deren Empfang mangels anderweitiger Vereinbarung bindend. Der Bestellte muss das Amt noch nicht angenommen haben. Die andere Partei bestellt innerhalb eines Monats nach Zugang der Aufforderung den zweiten Schiedsrichter. Die beiden so ernannten Schiedsrichter bestellen innerhalb eines Monats den Vorsitzenden. Auch in diesen Fällen bestellt

6 ersatzweise das Gericht. – **c) Kompetenzbegründend ernannt** ist der Schiedsrichter mit der vorstehend genannten Bindungswirkung und dem Zugang seiner Annahmeerklärung an die Partei(en) bzw (beim Vorsitzenden) an die anderen Schiedsrichter; ersatzweise mit Zugang der gerichtlichen Ernennung.

7 **3. Gerichtliche Mitwirkung. – a) Fälle:** Bei Hindernissen, die der Durchführung eines von den Parteien vereinbarten (Abs 1, 4, Rn 1–3)

oder mangels Vereinbarung des gesetzlichen Bestellungsverfahrens (Abs 3, Rn 4–6 entgegenstehen. – **b) Antrag** einer Partei an das örtlich zu- **8** ständige OLG (§ 1062 Abs 1 Nr 1), in Bayern BayObLG. Frist 1 Monat ab Empfang der Aufforderung zur Bestellung eines Schiedsrichters bzw der Anzeige, dass sich die beiden ernannten nicht auf den Vorsitzenden einigen. Die Versäumung der Monatsfrist in Abs 3 S 3 ist bis zur Antragstellung (weitergehend MüKoMünch 24; MuVoit 10; Schwab/Walter Kap 10 Rn 21) an das Gericht heilbar (BLAH 9; wohl auch Zö-Geimer 17; aA BayObLG NJW-RR 02, 933). – **c) Beschlussver-** **9** **fahren** wie § 1034 Rn 6. Der Antrag ist abzulehnen, wenn offensichtlich kein wirksamer Schiedsvertrag vorliegt (BayObLG DB 99, 1785). – **d) Grundsätze für die Schiedsrichterbestellung** in Abs 5. Zu den von den Parteien vorgeschriebenen Voraussetzungen können gehören Alter, Zugehörigkeit zu einer bestimmten Berufsgruppe, Befähigung zum Richteramt. Das Gericht lässt sich zweckmäßig die Bereitschaft der von ihr ausgewählten Person zur Übernahme des Amts erklären, verständigt dann, schon um spätere Ablehnung zu vermeiden, die Parteien zur Bekanntgabe etwaiger Bedenken wegen der nötigen Unparteilichkeit und bestellt dann durch Beschluss den Schiedsrichter. Ein Ausländer kann sich zum Beispiel empfehlen, wenn der Streit nach ausländischem materiellen Recht zu entscheiden ist. Der gesetzliche Vertreter oder ein Bevollmächtigter der Partei darf nicht bestellt werden, auch nicht ein Mitglied des Organs einer Partei. – **e) Kosten, Streitwert,** **10** **Gebühren** § 1063 Rn 5.

§ 1036 Ablehnung eines Schiedsrichters

(1) [1]**Eine Person, der ein Schiedsrichteramt angetragen wird, hat alle Umstände offenzulegen, die Zweifel an ihrer Unparteilichkeit oder Unabhängigkeit wecken können.** [2]**Ein Schiedsrichter ist auch nach seiner Bestellung bis zum Ende des schiedsrichterlichen Verfahrens verpflichtet, solche Umstände den Parteien unverzüglich offenzulegen, wenn er sie ihnen nicht schon vorher mitgeteilt hat.**

(2) [1]**Ein Schiedsrichter kann nur abgelehnt werden, wenn Umstände vorliegen, die berechtigte Zweifel an seiner Unparteilichkeit oder Unabhängigkeit aufkommen lassen, oder wenn er die zwischen den Parteien vereinbarten Voraussetzungen nicht erfüllt.** [2]**Eine Partei kann einen Schiedsrichter, den sie bestellt oder an dessen Bestellung sie mitgewirkt hat, nur aus Gründen ablehnen, die ihr erst nach der Bestellung bekannt geworden sind.**

1. Die **Anzeigepflicht des Schiedsrichters** über die Umstände **1** gemäß Abs 1 besteht vor und nach Annahme des Amts auch dann, wenn ersatzweise das Gericht gemäß § 1035 die Bestellung vorzunehmen oder vorgenommen hat. Maßgebend ist, ob nach den gegebenen

Umständen, vom Standpunkt einer Partei aus objektiv und vernünftig betrachtet, Zweifel an der Unabhängigkeit oder Unparteilichkeit bestehen können. Bestätigt die Partei die Zweifel, sollte der Schiedsrichter im Interesse des Vertrauens in die Rechtspflege das Amt nicht annehmen bzw niederlegen. Die Unterlassung der gebotenen Anzeige kann bei bestehendem Ablehnungsgrund zur Aufhebung des Schiedsspruchs führen (§ 1059 Abs 2 Nr 1 d).

2   **2. Ablehnung des Schiedsrichters.** Abs 2 nennt 2 Ablehnungsgründe. – **a) Berechtigte Zweifel an der Unparteilichkeit oder Unabhängigkeit.** Das ist nicht anders zu verstehen als die Besorgnis der Befangenheit in § 42. Dazu gehören ohne weiteres die Gründe für den gesetzlichen Ausschluss vom Richteramt (§ 41 Rn 2–7); außerdem Umstände, die objektiv geeignet sind, Misstrauen gegen die Unparteilichkeit und Unabhängigkeit eines Schiedsrichters zu rechtfertigen (§ 42 Rn 9–13). Da das Schiedsgericht anstelle des Gerichts entscheidet (§ 1029 Rn 3) und die Unparteilichkeit der oberste Grundsatz rechtsstaatlicher Rechtspflege ist, dürfen an Schiedsrichter, auch Beisitzer keine geringeren Anforderungen als an Richter gestellt werden; es gibt keine abgestufte Unparteilichkeit. – **b) Fehlen vorgeschriebener**
3 **Voraussetzungen** gemäß Schieds- oder späterer Vereinbarung bzw
4 Anordnung (§ 1066). Beispiele § 1035 Rn 9. – **c) Zeitpunkt** der Ablehnung. Bis zum Erlass des Schiedsspruchs 2 Wochen nach Bekanntwerden des Ablehnungsgrundes (§ 1037 Abs 2 S 1; dort Rn 9).

5   **3. Eingeschränktes Ablehnungsrecht** im Falle des Abs 2 S 2. Betrifft nur die Partei, die bei der Bestellung des abzulehnenden Schiedsrichters zumindest mitgewirkt hat. Sie kann die Ablehnung nicht auf Gründe stützen, die sie bis zur Bestellung positiv kannte, Verbot widersprüchlichen Verhaltens. Grobfahrlässige Unkenntnis bis zur Bestellung schadet nicht.

6   **4. Auf Schiedsgutachter** (6 vor § 1029) nicht entsprechend anwendbar. Erst wenn auf Grund des Schiedsgutachtens auf Leistung geklagt wird, kann die fehlende Verbindlichkeit wegen Befangenheit eingewendet werden (München BB 76, 1047).

§ 1037 Ablehnungsverfahren

(1) **Die Parteien können vorbehaltlich des Absatzes 3 ein Verfahren für die Ablehnung eines Schiedsrichters vereinbaren.**

(2) **[1]Fehlt eine solche Vereinbarung, so hat die Partei, die einen Schiedsrichter ablehnen will, innerhalb von zwei Wochen, nachdem ihr die Zusammensetzung des Schiedsgerichts oder ein Umstand im Sinne des § 1036 Abs. 2 bekannt geworden ist, dem Schiedsgericht schriftlich die Ablehnungsgründe darzulegen. [2]Tritt der abgelehnte Schiedsrichter von seinem Amt nicht zurück oder stimmt die andere Partei der Ablehnung nicht zu, so entscheidet das Schiedsgericht über die Ablehnung.**

(3) ¹Bleibt die Ablehnung nach dem von den Parteien vereinbarten Verfahren oder nach dem in Absatz 2 vorgesehenen Verfahren erfolglos, so kann die ablehnende Partei innerhalb eines Monats, nachdem sie von der Entscheidung, mit der die Ablehnung verweigert wurde, Kenntnis erlangt hat, bei Gericht eine Entscheidung über die Ablehnung beantragen; die Parteien können eine andere Frist vereinbaren. ²Während ein solcher Antrag anhängig ist, kann das Schiedsgericht einschließlich des abgelehnten Schiedsrichters das schiedsrichterliche Verfahren fortsetzen und einen Schiedsspruch erlassen.

1. Ein vereinbartes Ablehnungsverfahren hat Vorrang. Die Parteien sind in der Verfahrensgestaltung frei. Die gerichtliche Überprüfung im Falle des Abs 3 können sie nicht ausschließen.   **1**

2. Das gesetzliche Ablehnungsverfahren gilt, soweit die Parteien   **2** nichts Abweichendes vereinbart haben. – **a) Ablehnungsgesuch** an das Schiedsgericht, auch wenn es ein Einzelschiedsrichter ist. Schriftlich unter Darlegung der Umstände, aus denen die Partei den Ablehnungsgrund herleitet (§ 1036 Abs 2). Frist 2 Wochen ab Kenntnis vom Ablehnungsgrund. – **b) Äußerungen.** Tritt der abgelehnte Schiedsrichter   **3** zurück oder stimmt die andere Partei der Ablehnung zu, so ist das Gesuch erfolgreich und nichts mehr zu entscheiden, sondern ein neuer Schiedsrichter zu bestellen. (§ 1039). – **c) Entscheidung des Schieds-   4 gerichts** ist nötig, wenn der Abgelehnte nicht zurücktritt oder die andere Partei der Ablehnung nicht zustimmt. An der Entscheidung wirkt der abgelehnte Schiedsrichter nicht mit, weil niemand Richter in eigener Sache sein kann und weil Abs 2 im Gegensatz zu Abs 3 letzter Satz dazu schweigt. Handelt es sich um einen Einzelschiedsrichter, kann nur das Gericht entscheiden. Bei Stimmengleichheit in einem mehrgliedrigen Schiedsgericht ist das Gesuch abgelehnt (§ 1052 Abs 1).

3. Gerichtliche Entscheidung bei erfolgloser Ablehnung ist unab-   **5** dingbar. – **a) Antrag** der ablehnenden Partei an das örtlich zuständige OLG (§ 1062 Abs 1 N 1). Frist mangels abweichender Parteivereinbarung ein Monat ab Kenntnis von der das Ablehnungsgesuch zurückweisenden Entscheidung des Schiedsgerichts. Einwirkung auf das schiedsgerichtliche Verfahren wie § 1032 Rn 6, ggf unter Mitwirkung des abgelehnten Schiedsrichters. – **b) Beschlussverfahren** § 1063   **6** Rn 1. Die Entscheidung lehnt den unzulässigen oder unbegründeten Antrag ab. Ist er begründet, hebt das Gericht die anderslautende Entscheidung des Schiedsgerichts auf und erklärt das Ablehnungsgesuch für begründet. Kein Rechtsmittel, § 1065 Abs 1 S 2. – **c) Kosten, Streit-   7 wert, Gebühren** § 1063 Rn 5. – **d) Wirkung.** Gibt das OLG dem   **8** Ablehnungsgesuch statt, ist gemäß § 1039 ein Ersatzschiedsrichter zu bestellen. Die Zurückweisung des Ablehnungsgesuchs hat materielle Rechtskraftwirkung. Die Partei kann also dieselben Ablehnungsgründe im Vollstreckbarerklärungs- und Aufhebungsverfahren nicht erneut geltend machen. – **e) Die Versäumung der Frist** für den Antrag hat   **9**

Präklusionswirkung. Die Partei kann ihr vor Erlass des Schiedsspruchs bekannte Ablehnungsgründe im Vollstreckbarerklärungs- und Aufhebungsverfahren nicht mehr geltend machen, außer wenn es ihr nicht möglich oder nicht zumutbar war, das Ablehnungsverfahren zu betreiben (BGH NJW-RR 01, 1059; vgl auch § 1061 Rn 6). Nach Erlass des Schiedsspruchs bekanntgewordene Ablehnungsgründe sind im Interesse des Rechtsfriedens und der Rechtssicherheit ebenfalls grundsätzlich ausgeschlossen. Davon mag ein Ausnahmen geben, wenn ein besonders schwerwiegender und eindeutiger Fall von Befangenheit vorliegt, der es rechtfertigt, die Bildung des Schiedsgerichts als Verstoß gegen § 1036 Abs 1 anzusehen (§ 1059 Abs 2 Nr 1 d, ähnlich BGH 141, 90, Weigel MDR 99, 1360 zum entsprechenden früheren § 1041 Abs 1 Nr 1), oder wenn ein schwerwiegender Verstoß gegen § 1059 Abs 2 Nr 2 b (ordre public) festzustellen ist, etwa wenn der Schiedsrichter Vertretungsorgan einer Partei war und damit in eigener Sache entschieden hat (BGH 65, 59 zum früheren Recht, amtliche Begründung S 42).

§ 1038 Untätigkeit oder Unmöglichkeit der Aufgabenerfüllung

(1) [1] Ist ein Schiedsrichter rechtlich oder tatsächlich außerstande, seine Aufgaben zu erfüllen, oder kommt er aus anderen Gründen seinen Aufgaben in angemessener Frist nicht nach, so endet sein Amt, wenn er zurücktritt oder wenn die Parteien die Beendigung seines Amtes vereinbaren. [2] Tritt der Schiedsrichter von seinem Amt nicht zurück oder können sich die Parteien über dessen Beendigung nicht einigen, kann jede Partei bei Gericht eine Entscheidung über die Beendigung des Amtes beantragen.

(2) Tritt ein Schiedsrichter in den Fällen des Absatzes 1 oder des § 1037 Abs. 2 zurück oder stimmt eine Partei der Beendigung des Schiedsrichteramtes zu, so bedeutet dies nicht die Anerkennung der in Absatz 1 oder § 1036 Abs. 2 genannten Rücktrittsgründe.

1   **1. Beendigung des Schiedsrichteramts. – a) Mit Beendigung des Schiedsrichtervertrages** (11 vor § 1029), weil damit die Er-
2   mächtigung zur Ausübung richterlicher Funktion entfällt. – **b) Mit**
3   **erfolgreicher Ablehnung. – c) Mit Rücktritt des Schiedsrichters oder Parteivereinbarung** aus einem der drei in Abs 1 genannten Gründe. Rechtlich außerstande ist der Schiedsrichter zB, wenn er geschäftsunfähig oder Vertretungsorgan einer Partei wird; tatsächlich außerstande bei schwerer Erkrankung, Wegzug in ein weit entferntes Land, Tod eines Schiedsrichters oder des vertraglich bestimmten Dritten, der ihn ernennen sollte (Karlsruhe NJW 58, 1148) bzw Wegfall der Institution oder des Amts, denen er angehört, falls es den Parteien darauf für die Ernennungsbefugnis entscheidend ankam (BGH 125, 7);

ferner Auflösung des vereinbarten institutionellen Schiedsgerichts, zB bei der Kammer für Außenhandel der früheren DDR (BGH 125, 7). Natürlich gibt es in diesen Fällen keinen Rücktritt des Schiedsrichters. Dritter Grund ist, dass er nicht in angemessener Zeit seine Aufgaben erfüllt. Darin kann zugleich eine schuldhafte Verletzung des Schiedsrichtervertrags liegen. Welche Zeit angemessen ist, hängt von der jeweiligen Aufgabe, ihrer Schwierigkeit, etwaigen Vereinbarungen im Schiedsrichtervertrag, der Komplexität des Rechtsstreits im Ganzen ab. – **d) Mit gerichtlicher Entscheidung** auf Antrag einer Partei. Für **4** diesen und das Beschlussverfahren gelten sinngemäß die Ausführungen in § 1037 Rn 5, 6.

2. Abs 2 will den Rücktritt oder die Parteivereinbarung über die **5** Beendigung des Schiedsrichteramts erleichtern (amtliche Begründung S 43).

§ 1039 Bestellung eines Ersatzschiedsrichters

(1) [1]**Endet das Amt eines Schiedsrichters nach den §§ 1037, 1038 oder wegen seines Rücktritts vom Amt aus einem anderen Grund oder wegen der Aufhebung seines Amtes durch Vereinbarung der Parteien, so ist ein Ersatzschiedsrichter zu bestellen.** [2]**Die Bestellung erfolgt nach den Regeln, die auf die Bestellung des zu ersetzenden Schiedsrichters anzuwenden waren.**

(2) **Die Parteien können eine abweichende Vereinbarung treffen.**

1. Wegfall eines Schiedsrichters. – a) Erfolgreiche Ablehnung 1 gemäß §§ 1036, 1037. – **b) Beendigung des Schiedsrichteramts 2** durch Rücktritt des Schiedsrichters, Vereinbarung der Parteien oder Gerichtsbeschluss aus einem der in § 1038 genannten Gründe. – **c) Rücktritt des Schiedsrichters** aus einem anderen Grund oder **3** **Aufhebung des Amts** durch Parteivereinbarung. Abs 1 geht ohne weiteres von deren Zulässigkeit aus, betrifft aber nur das Schiedsrichteramt. Für den Schiedsrichtervertrag gibt es mit dem Kündigungsrecht für beide Seiten gemäß § 627 BGB eine fast parallele Regelung, die ebenfalls zum Wegfall des Schiedsrichters führt. Im Rücktritt des Schiedsrichters vom Amt liegt idR zugleich die Kündigung des Schiedsrichtervertrages und umgekehrt, in der Aufhebung des Amts durch beide Prozessparteien die gemeinsame Kündigung des Schiedsrichtervertrages. Der grundlose Rücktritt zur Unzeit kann demzufolge zum Schadensersatzanspruch gemäß § 627 Abs 2 BGB führen.

2. Ersatzregelung. – a) Parteivereinbarung in der Schieds- oder **4** einer formgerechten (§ 1031) nachträglichen Abrede hat Vorrang. Das gilt auch für eine einseitige Anordnung gemäß § 1066 und für eine Schiedsgerichtsordnung, der sich die Parteien unterworfen haben (Rn 1 vor § 1029). Die Ersatzregelung kann auch auf Wegfall der Schiedsver-

5 einbarung und damit Freigabe des Rechtsweges lauten. – **b) Gesetz-liche Regelung** mangels abweichender Parteivereinbarung. Es ist ein Ersatzschiedsrichter zu bestellen und zwar nach den Regeln, die auf die Bestellung des weggefallenen Schiedsrichters anzuwenden waren (§§ 1034, 1035).

Abschnitt 4. Zuständigkeit des Schiedsgerichts

§ 1040 Befugnis des Schiedsgerichts zur Entscheidung über die eigene Zuständigkeit

(1) [1]**Das Schiedsgericht kann über die eigene Zuständigkeit und im Zusammenhang hiermit über das Bestehen oder die Gültigkeit der Schiedsvereinbarung entscheiden.** [2]**Hierbei ist eine Schiedsklausel als eine von den übrigen Vertragsbestim-mungen unabhängige Vereinbarung zu behandeln.**

(2) [1]**Die Rüge der Unzuständigkeit des Schiedsgerichts ist spätestens mit der Klagebeantwortung vorzubringen.** [2]**Von der Erhebung einer solchen Rüge ist eine Partei nicht dadurch ausgeschlossen, daß sie einen Schiedsrichter bestellt oder an der Bestellung eines Schiedsrichters mitgewirkt hat.** [3]**Die Rü-ge, das Schiedsgericht überschreite seine Befugnisse, ist zu er-heben, sobald die Angelegenheit, von der dies behauptet wird, im schiedsrichterlichen Verfahren zur Erörterung kommt.** [4]**Das Schiedsgericht kann in beiden Fällen eine spätere Rüge zulas-sen, wenn die Partei die Verspätung genügend entschuldigt.**

(3) [1]**Hält das Schiedsgericht sich für zuständig, so entscheidet es über eine Rüge nach Absatz 2 in der Regel durch Zwi-schenentscheid.** [2]**In diesem Fall kann jede Partei innerhalb eines Monats nach schriftlicher Mitteilung des Entscheids eine gerichtliche Entscheidung beantragen.** [3]**Während ein solcher Antrag anhängig ist, kann das Schiedsgericht das schiedsrich-terliche Verfahren fortsetzen und einen Schiedsspruch erlassen.**

1 **1. Zuständigkeitsprüfung, Abs 1. – a) Befugnis.** Das Schieds-gericht ist zur Prüfung der eigenen Zuständigkeit und zur Entscheidung darüber befugt. Sie hängt vom Bestehen und der Gültigkeit der Schiedsvereinbarung ab (§ 1029 Rn 4 ff), die ihrerseits in Abweichung von § 139 BGB nicht von der Wirksamkeit des Hauptvertrags abhängt, auch wenn die Schiedsklausel dessen Bestandteil ist (Satz 2). Zuständig-keit für Rückabwicklungsansprüche bei unwirksamem Hauptvertrag

2 § 1029 Rn 7). – **b) Verpflichtung.** Über die Befugnis hinaus ist das Schiedsgericht zur Prüfung seiner Zuständigkeit bei Beginn des Ver-fahrens verpflichtet, denn von ihrer Bejahung hängt ab, dass es über-haupt richterlich tätig werden darf. Außerdem ist Fehlen oder Ungül-tigkeit der Schiedsvereinbarung und damit die Unzuständigkeit des

Schiedsgerichts ein Aufhebungsgrund gemäß § 1059 Abs 2 Nr 1 a, c, Nr 2 a, sodass das Gebot eines fairen Verfahrens (Einl II Rn 30) die Prüfung und ggf zumindest einen rechtzeitigen Hinweis auf das Rügerecht gemäß Abs 2 verlangt.

2. Zuständigkeitsrüge, Abs 2. Sonderregelung zu § 1027. – a) **Un- 3 zuständigkeit schlechthin.** Die Partei muss die Rüge, nicht ausgeschlossen durch Mitwirkung bei der Schiedsrichterbestellung, spätestens in der Klagebeantwortung vorbringen. Die Berufung auf fehlende Schiedsvereinbarung kann treuwidrig sein, wenn sich die Partei vorprozessual auf eine solche berufen und dadurch die Schiedsklage veranlasst hat (BGH WM 87, 1084). – b) **Überschreitung der Befugnisse 4** muss die Partei rügen, sobald die betreffende Angelegenheit im Verlauf des Verfahrens erörtert wird. Gemeint ist, dass der Streitgegenstand teilweise nicht unter die Schiedsvereinbarung fällt (§ 1029 Rn 5). Aufhebungsgrund gemäß § 1059 Abs 2 Nr 1 a, c. – c) **Folge verspäteter 5 Rüge** ist in beiden Fällen, dass die Partei im Schiedsgerichtsverfahren, nicht auch im Aufhebungs- und Vollstreckbarerklärungsverfahren vor dem Gericht damit ausgeschlossen ist, weil das Gesetz, anders als in §§ 1027, 1032 Abs 2, 1060 Abs 2 keine solche Bestimmung enthält, weil das Gericht die endgültige Entscheidung über die Zuständigkeit des Schiedsgerichts zu treffen hat (Rn 8) und weil mangels Zuständigkeit dem Schiedsgericht jede schiedsrichterliche Befugnis schlechthin fehlt (aA ZöGeimer 11, Labes/Lörcher MDR 97, 420 [423], Borges ZZP 111, 487 [490], alle nur unter Bezugnahme auf die amtliche Begründung; differenzierend Musielak Rn 3). Bei genügender Entschuldigung kann und muss das Schiedsgericht nach pflichtgemäßem Ermessen die verspätete Rüge zulassen, andernfalls Verfahrensfehler, ggf Aufhebungsgrund § 1059 Abs 2 Nr 1 d. Ein Entschuldigungsgrund ist auch, dass das Schiedsgericht bei zweifelhafter Zuständigkeit keinen Hinweis gegeben hat (Rn 2).

3. Entscheidung bei Zuständigkeit, Abs 3: – a) **Regel: Zwi- 6 schenentscheid,** weil die Zuständigkeitsfrage möglichst in einem frühen Verfahrensstadium geklärt werden soll. Er ist kein Schiedsspruch, weil er nicht in der Sache entscheidet, vergleichbar dem Zwischenurteil gemäß § 280. Der Tenor kann lauten: Die Schiedsklage ist zulässig oder das Schiedsgericht ist zuständig. – b) **Ausnahme: In den Gründen 7 des Schiedsspruchs** als prozessuale Vorfrage. So, wenn die Rüge der Unzuständigkeit oder Überschreitung der Befugnisse keine Erfolgsaussicht hat oder ersichtlich der Verfahrensverzögerung dient. – c) **Rechts- 8 behelfe.** Gegen den Zwischenentscheid kann jede Partei binnen eines Monats ab seiner schriftlichen Mitteilung beim örtlich zuständigen OLG (§ 1062 Abs 1 Nr 2) Entscheidung über die Zuständigkeit des Schiedsgerichts beantragen. Das Schiedsgericht kann währenddessen sein Verfahren fortsetzen und einen Schiedsspruch erlassen, um eine Verzögerung zu vermeiden. Es kann nach pflichtgemäßem Ermessen aber auch die Entscheidung des OLG abwarten, um sicherzugehen. Bejaht erst der Schiedsspruch die schiedsrichterliche Zuständigkeit, ist die Überprüfung im Aufhebungs- und Vollstreckbarerklärungsverfahren (§ 1059 Abs 2 Nr 1 a, c, 1060 Abs 2) vor dem OLG (§ 1062 Abs 2 Nr 4) möglich. Die **Kompetenz-Kompetenz** liegt also letztlich bei den Gerichten. Im Hinblick auf Abs 3 ist es nicht mehr zulässig wie im früheren Recht, dass die Parteien in einer abweichenden zusätzlichen Schiedsvereinbarung das Schiedsgericht ermächtigen, über die eigene Zuständigkeit endgültig zu entscheiden (Borges ZIP 111, 487 [491]). Auch diese Vereinbarung war auf ihre Wirksamkeit gerichtlich nachprüfbar (BGH 68, 358, NJW 91, 2215).

9   **4. Entscheidung bei Unzuständigkeit.** Ein (Prozess-)Schiedsspruch ist zulässig und zweckmäßiger als die Mitteilung an die Parteien, dass das Schiedsgericht mangels Zuständigkeit nicht tätig werden kann (BGH NJW 02, 3031; aA 24. Aufl). Anfechtung eines solchen Schiedsspruchs ist nach § 1059 zulässig (BGH aaO). Aus anderen Gründen unzulässige Schiedsklage § 1054 Rn 3.

§ 1041 Maßnahmen des einstweiligen Rechtsschutzes

(1) [1]**Haben die Parteien nichts anderes vereinbart, so kann das Schiedsgericht auf Antrag einer Partei vorläufige oder sichernde Maßnahmen anordnen, die es in Bezug auf den Streitgegenstand für erforderlich hält.** [2]**Das Schiedsgericht kann von jeder Partei im Zusammenhang mit einer solchen Maßnahme angemessene Sicherheit verlangen.**

(2) [1]**Das Gericht kann auf Antrag einer Partei die Vollziehung einer Maßnahme nach Absatz 1 zulassen, sofern nicht schon eine entsprechende Maßnahme des einstweiligen Rechtsschutzes bei einem Gericht beantragt worden ist.** [2]**Es kann die Anordnung abweichend fassen, wenn dies zur Vollziehung der Maßnahme notwendig ist.**

(3) **Auf Antrag kann das Gericht den Beschluß nach Absatz 2 aufheben oder ändern.**

(4) [1]**Erweist sich die Anordnung einer Maßnahme nach Absatz 1 als von Anfang an ungerechtfertigt, so ist die Partei, welche ihre Vollziehung erwirkt hat, verpflichtet, dem Gegner den Schaden zu ersetzen, der ihm aus der Vollziehung der Maßnahme oder dadurch entsteht, daß er Sicherheit leistet, um die Vollziehung abzuwenden.** [2]**Der Anspruch kann im anhängigen schiedsrichterlichen Verfahren geltend gemacht werden.**

1   **1. Vorläufige und sichernde Maßnahmen** sind insbesondere (Schütze BB 98, 1650, Kronke RIW 98, 257 [264]), aber nicht nur Arrest und Einstweilige Verfügung (§§ 916 ff). Eingehend Bandel, Einstweiliger Rechtsschutz im Schiedsverfahren, 2000.

2   **2. Zuständigkeit des Schiedsgerichts** (Abs 1) mangels abweichender Parteivereinbarung nur für die **Anordnung** des einstweiligen

Rechtsschutzes nach rechtlichem Gehör (§ 1042 Abs 1 S 2; Schütze BB 98, 1650; aA Wolf DB 99, 1101) durch Beschluss (aA Wolf aaO: vorläufiger Schiedsspruch). Wahlweise kann der Antrag auch an ein Gericht gestellt werden (§ 1033 Rn 2, 4). Ist dies geschehen, so fehlt für einen gleichgerichteten Antrag an das Schiedsgericht das Rechtsschutzbedürfnis; in umgekehrter Richtung § 1033 Rn 4. Bei den Voraussetzungen für die Anordnung ist das Schiedsgericht („für erforderlich hält") freier gestellt, im Übrigen hat es sich bei der Anordnung, Zulässigkeit der Maßnahmen und den Grenzen an den §§ 916 ff und der Vollziehbarkeit zu orientieren, darf nicht in Rechte Dritter eingreifen. Sicherheitsleistung (§§ 936, 921 Abs 2 S 2) kann es beiden Parteien auferlegen, zur Abnahme eidesstattlicher Erklärungen zwecks Glaubhaftmachung ist es nicht befugt. Ein Widerspruchsverfahren (§ 924) gibt es nicht.

3. Gerichtliche Mitwirkung (Abs 2, 3) ist auf Antrag für die Vollziehbarkeit der nach deutschem Schiedsverfahrensrecht (Schütze BB 98, 1650) angeordneten Sicherungsmaßnahmen nötig. Zuständigkeit § 1062 Abs 1 Nr 3. Entscheidung nach pflichtgemäßem Ermessen. Die Wirksamkeit der Schiedsvereinbarung ist zu prüfen, wenn nicht bereits früher geschehen. Das Rechtsschutzbedürfnis fehlt, wenn bereits ein entsprechender Antrag auf einstweiligen Rechtsschutz bei einem Gericht gestellt ist. Das OLG kann die Anordnung des Schiedsgerichts auch ohne Antrag anders fassen, insbesondere im Hinblick auf ihre Verhältnismäßigkeit und Vollziehbarkeit. Auf Antrag kann es seinen Vollziehbarkeitsbeschluss ändern oder aufheben, insbesondere wegen veränderter Umstände (§ 927 Rn 12, 13). 3

4. Schadensersatz (Abs 4), geltend zu machen auch im anhängigen schiedsrichterlichen Verfahren. Die Vorschrift entspricht § 945 Abs 1 1. Alternative. Vgl die Anmerkungen dort. 4

Abschnitt 5. Durchführung des schiedsrichterlichen Verfahrens

§ 1042 Allgemeine Verfahrensregeln

(1) [1]Die Parteien sind gleich zu behandeln. [2]Jeder Partei ist rechtliches Gehör zu gewähren.

(2) Rechtsanwälte dürfen als Bevollmächtigte nicht ausgeschlossen werden.

(3) Im Übrigen können die Parteien vorbehaltlich der zwingenden Vorschriften dieses Buches das Verfahren selbst oder durch Bezugnahme auf eine schiedsrichterliche Verfahrensordnung regeln.

(4) [1]Soweit eine Vereinbarung der Parteien nicht vorliegt und dieses Buch keine Regelung enthält, werden die Verfah-

rensregeln vom Schiedsgericht nach freiem Ermessen bestimmt. [2]**Das Schiedsgericht ist berechtigt, über die Zulässigkeit einer Beweiserhebung zu entscheiden, diese durchzuführen und das Ergebnis frei zu würdigen.**

1   **1. Regelungsgehalt.** Für den Ablauf des Verfahrens gelten in erster Linie die zwingenden gesetzlichen Vorschriften, in zweiter Linie die Parteivereinbarungen, in Ermangelung solcher die dispositiven gesetzlichen Regelungen und, wo auch sie fehlen, das schiedsrichterliche Ermessen.

2   **2. Absatz 2** enthält die unverzichtbaren Grundlagen für ein ordnungsgemäßes Verfahren. Gleiche Behandlung der Parteien ist ein Gebot fairen Verfahrens (Einl I Rn 30) und der Unparteilichkeit (§ 1035 Abs 5 S 1). Rechtliches Gehör Einl I Rn 9 ff. Verletzung ist Aufhebungsgrund gemäß § 1059 Abs 2 Nr 1 b, d, 2 b.

3   **3. Rechtsanwälte** dürfen als Bevollmächtigte oder Beistände weder vom Schiedsgericht noch durch Parteivereinbarung ausgeschlossen werden. Die Zurückweisung ungeeigneter Vertreter (§ 157) steht im Er-
4   messen des Schiedsgerichts. – **Juristische Berater** können die Schiedsrichter mangels entgegenstehender Parteivereinbarung am Verfahren beteiligen und bei Beratung und Abfassung des Schiedsspruchs zur Formulierungshilfe zuziehen, nicht aber als Berater eines Oberschiedsgerichts die nämliche Person, die bereits das Schiedsgericht des ersten Rechtszugs beraten hat (BGH 110, 105, Düsseldorf BB 76, 251). Die Feststellung und rechtliche Würdigung des Sachverhalts und die vollständige Abfassung eines Schiedsspruchs samt Begründung kann nicht einem Dritten überlassen (Schwab/Walter Kap 19 Rn 8, Habscheid/Calavros KTS 79, 1 [7], tendenziell ebenso, aber kein Verstoß gegen den ordre public bei einem ausländischen Schiedsspruch (BGH 110, 105).

5   **4. Verfahrensregelung durch Parteivereinbarung.** Abgesehen von den zwingenden gesetzlichen Vorschriften können die Parteien das Schiedsverfahren durch Vereinbarung regeln. Zwingend sind diejenigen gesetzlichen Vorschriften, die weder ausdrücklich noch ihrem Sinn und Zweck nach eine anderweitige Regelung durch die Parteien zulassen. Die Verfahrensgestaltung durch die Parteien kann, soweit nicht zwingende Gesetzesvorschriften entgegenstehen, punktuell sein oder das Verfahren im Ganzen betreffen, auch durch Bezugnahme auf eine Schiedsgerichtsordnung, wie sie bei institutionalisierten Schiedsgerichten (1 vor § 1029) bereitliegt.

6   Ein **Urkundenverfahren** (§§ 592 ff) können die Parteien nicht vereinbaren (aA Wolf DB 99, 1101), weil es im 10. Buch nicht vorgesehen ist und weil ein Vorbehaltsschiedsspruch keine vorläufige oder sichernde Maßnahme (§ 1041 Abs 1), sondern eine Streitentscheidung in der Sache wäre, die aber wegen des Vorbehalts nicht endgültig wäre und deshalb nicht für vollstreckbar erklärt werden könnte (§ 1054 Rn 3).

5. Verfahrensregelung durch das Schiedsgericht nach freiem, 7
dh pflichtgemäßem Ermessen gilt, soweit keine zwingende gesetzliche
Vorschrift zu beachten ist, keine Parteivereinbarung besteht und keine
dispositive gesetzliche Regelung eingreift. Zum pflichtgemäßen Ermessen gehört im Rahmen des Verhandlungsgrundsatzes die Ermittlung
des der Klage zugrunde liegenden Sachverhalts einschließlich Erhebung
der notwendigen Beweise (BGH 94, 92). Abs 4 S 2, für das deutsche
Recht selbstverständlich, ist zur Klarstellung im Hinblick auf eine andere Praxis in den Staaten des common law eingefügt (amtliche Begründung S 46). Die Parteien müssen Gelegenheit zur Mitwirkung und
Stellungnahme haben. An die Beweismittel und das Beweisverfahren
der ZPO ist das Schiedsgericht nicht gebunden, Geständnis, Anerkenntnis und Verzicht binden es. Zwangsgewalt zur Durchführung der
Beweiserhebung kann das Schiedsgericht nicht ausüben. Unterstützung
durch das Gericht § 1050. Die Interventionswirkung des § 68 aus einem
Vorprozess vor staatlichem Gericht muss das Schiedsgericht bei Fehlen
abweichender Vereinbarung der Schiedsparteien beachten (StJSchlosser
28 aE; Kraft/Looks BB 02, 1171; bestr).

§ 1043 Ort des schiedsrichterlichen Verfahrens

(1) ¹Die Parteien können eine Vereinbarung über den Ort
des schiedsrichterlichen Verfahrens treffen. ²Fehlt eine solche
Vereinbarung, so wird der Ort des schiedsrichterlichen Verfahrens vom Schiedsgericht bestimmt. ³Dabei sind die Umstände des Falles einschließlich der Eignung des Ortes für die
Parteien zu berücksichtigen.

(2) Haben die Parteien nichts anderes vereinbart, so kann das
Schiedsgericht ungeachtet des Absatzes 1 an jedem ihm geeignet erscheinenden Ort zu einer mündlichen Verhandlung, zur
Vernehmung von Zeugen, Sachverständigen oder der Parteien,
zur Beratung zwischen seinen Mitgliedern, zur Besichtigung von
Sachen oder zur Einsichtnahme in Schriftstücke zusammentreten.

1. Bedeutung des Schiedsorts. Liegt er in Deutschland, ist als 1
Verfahrensrecht das 10. Buch anzuwenden (§ 1025 Abs 1), es handelt
sich um einen inländischen Schiedsspruch (§ 1060). Nach dem Schiedsort richtet sich mangels Parteivereinbarung die örtliche Zuständigkeit
des zur Mitwirkung berufenen OLG (§ 1062 Abs 1). Er ist im Schiedsspruch anzugeben (§ 1054 Abs 3).

2. Bestimmung des Schiedsorts. – a) Parteivereinbarung in der 2
Schiedsabrede oder später hat Vorrang. – **b) Durch das Schiedsge-** 3
richt, falls eine Parteivereinbarung bis zu seiner Konstituierung fehlt.
Dabei sind alle Umstände des Falls, nicht nur die Eignung des Orts für
die Parteien zu berücksichtigen, zB die Verkehrsanbindung des Orts für
alle Beteiligten, in internationalen Verfahren etwaige Erschwernisse bei
der Anerkennung oder Vollstreckbarerklärung des Schiedsspruchs.

4   **3. Ort einzelner Verfahrenshandlungen.** Das sind die in Abs 2 genannten. Auch hier hat für die Frage des Ob und des Wo Parteivereinbarung Vorrang, anderenfalls bestimmt das Schiedsgericht einen ihm geeignet erscheinenden Ort.

§ 1044 Beginn des schiedsrichterlichen Verfahrens

[1] **Haben die Parteien nichts anderes vereinbart, so beginnt das schiedsrichterliche Verfahren über eine bestimmte Streitigkeit mit dem Tag, an dem der Beklagte den Antrag, die Streitigkeit einem Schiedsgericht vorzulegen, empfangen hat.** [2] **Der Antrag muß die Bezeichnung der Parteien, die Angabe des Streitgegenstandes und einen Hinweis auf die Schiedsvereinbarung enthalten.**

1   **1.** Der **Beginn des schiedsrichterlichen Verfahrens** beurteilt sich primär nach der Vereinbarung der Parteien in der Schiedsabrede oder später. Mangels abweichender Vereinbarung beginnt es, sobald der Schiedsbeklagte den Antrag des Schiedsklägers empfangen hat, die Streitigkeit einem Schiedsgericht vorzulegen, meist verbunden mit der Mitteilung über die Bestellung des Schiedsrichters (§ 1035 Abs 2). Der Antrag muss zu seiner Wirksamkeit die Parteien bezeichnen (§ 253 Rn 7), den Streitgegenstand angeben und auf die Schiedsvereinbarung hinweisen. Zur Angabe des Streitgegenstandes ist nötig und genügt die Individualisierung des Anspruchs (wie beim Mahnantrag § 690 Rn 9) und die Angabe, was der Schiedskläger verlangt, zB Herausgabe, Abgabe einer Willenserklärung, Zahlung, Feststellung.

2   **2. Bedeutung.** Der Empfang des Antrags, die Streitigkeit einem Schiedsgericht vorzulegen, hemmt die Verjährungsfrist, § 204 Abs 1 Nr 11 BGB. Rechtshängig (§ 261 Abs 1) wird damit der Anspruch allerdings noch nicht (aA anscheinend die amtliche Begründung S 48), weil vor der Konstituierung des Schiedsgerichts keine Rechtshängigkeit vor ihm eintreten kann.

§ 1045 Verfahrenssprache

(1) [1] **Die Parteien können die Sprache oder die Sprachen, die im schiedsrichterlichen Verfahren zu verwenden sind, vereinbaren.** [2] **Fehlt eine solche Vereinbarung, so bestimmt hierüber das Schiedsgericht.** [3] **Die Vereinbarung der Parteien oder die Bestimmung des Schiedsgerichts ist, sofern darin nichts anderes vorgesehen wird, für schriftliche Erklärungen einer Partei, mündliche Verhandlungen, Schiedssprüche, sonstige Entscheidungen und andere Mitteilungen des Schiedsgerichts maßgebend.**

(2) **Das Schiedsgericht kann anordnen, dass schriftliche Beweismittel mit einer Übersetzung in die Sprache oder die Sprachen versehen sein müssen, die zwischen den Parteien vereinbart oder vom Schiedsgericht bestimmt worden sind.**

1. Die **Verfahrenssprache** hat Bedeutung in internationalen Schieds- 1
verfahren. Maßgebend ist primär eine Vereinbarung, die die Parteien in
der Schiedsabrede oder später getroffen haben. Sonst bestimmt hierüber
(auch mehrere Sprachen) das Schiedsgericht nach pflichtgemäßem Ermessen. Kriterien hierfür können sein die Sprache im zugrunde liegenden Vertrag, die Landessprache am Schiedsort (§ 1043), die Mutterspra-
che der Mehrzahl der Verfahrensbeteiligten, Anregungen der Parteien.
Die Verfahrenssprache gilt für die mündliche Verhandlung, den Schriftverkehr zwischen Schiedsgericht und Parteien, alle Entscheidungen.

2. Übersetzungen. Für schriftliche Beweismittel gilt Abs 1 nicht. 2
Hierfür kann das Schiedsgericht die Vorlage einer Übersetzung in die
Verfahrenssprache(n) anordnen. Es handelt sich um notwendige Kosten
(§ 1057 Abs 1 S 1).

§ 1046 Klage und Klagebeantwortung

(1) [1]Innerhalb der von den Parteien vereinbarten oder vom
Schiedsgericht bestimmten Frist hat der Kläger seinen Anspruch und die Tatsachen, auf die sich dieser Anspruch stützt,
darzulegen und der Beklagte hierzu Stellung zu nehmen. [2]Die
Parteien können dabei alle ihnen erheblich erscheinenden
Schriftstücke vorlegen oder andere Beweismittel bezeichnen,
derer sie sich bedienen wollen.

(2) Haben die Parteien nichts anderes vereinbart, so kann jede Partei im Laufe des schiedsrichterlichen Verfahrens ihre
Klage oder ihre Angriffs- und Verteidigungsmittel ändern oder
ergänzen, es sei denn, das Schiedsgericht läßt dies wegen Verspätung, die nicht genügend entschuldigt wird, nicht zu.

(3) Die Absätze 1 und 2 gelten für die Widerklage entsprechend.

1. Klage. – a) Frist. Die Parteien können für die Klageerhebung 1
eine Frist nach Beginn und Dauer vereinbaren. Sonst kann das Schiedsgericht sie bestimmen. Folge der Versäumung ist Beendigung des Verfahrens gemäß §§ 1048 Abs 1, Abs 4, 1056 Abs 2 N 1 a. – **b) Notwen-** 2
diger Inhalt. Zwingend, denn durch ihn bestimmt der Kläger den
Streitgegenstand mit seiner zentralen Bedeutung für den Prozess (Einl II
Rn 2). Die Erfordernisse decken sich im Wesentlichen mit denen einer
Klage zum staatlichen Gericht (§ 253 Abs 2 Nr 2). „Anspruch" deckt
sich mit „bestimmten Angabe des Gegenstands" (§ 253 Rn 8, 9) mit der
Erleichterung, dass ein formulierter Antrag, wenngleich stets zu empfehlen, nicht verlangt werden kann, wenn aus dem sonstigen Vorbringen des Klägers Rechtsschutzform und Rechtsfolge, die er für sich in
Anspruch nimmt (Einl II Rn 15), unzweifelhaft bestimmbar sind. „Die
Tatsachen, auf die sich dieser Anspruch stützt" meint wie „Grund des
erhobenen Anspruchs" (§ 253 Abs 2 Nr 2, Rn 10) den Lebensvorgang,
das tatsächliche Geschehen (Einl II Rn 24–33), aus dem der Kläger die

3 begehrte Rechtsfolge ableitet. – c) **Inhaltsmangel.** Wird das Fehlende nicht nachgeholt, ist die Schiedsklage unzulässig, weil der Streitgegenstand nicht feststeht (§ 253 Rn 20).

4   **2. Klagebeantwortung. – a)** Für die **Frist** gilt sinngemäß Rn 1. Folge der Versäumung ist Fortsetzung des Verfahrens nach Maßgabe
5 des § 1048 Abs 2. – **b) Inhalt.** Stellungnahme zur Klage, also das Verteidigungsvorbringen (wie § 313 Rn 20).

6   **3. Sollinhalt von Klage und Klagebeantwortung.** Abs 1 S 2 dient der Konzentration des Vorbringens und damit der Verfahrensbeschleunigung. Verstoß kann zu nachteiligen Folgen gemäß § 1048 Abs 3 führen.

7   **4. Klageänderung. – a) Begriff,** Vorliegen, Beispiele § 263 Rn 1–
8 4. – **b) Zulässigkeit.** Mangels entgegenstehender Parteivereinbarung jederzeit ohne weiteres, insoweit abweichend von § 263. Freilich muss der geänderte bzw zusätzliche Streitgegenstand schiedsfähig sein (§ 1030), außerdem durch die Schiedsvereinbarung gedeckt (§ 1029 Rn 5), soweit nicht durch rügelose Einlassung des Beklagten dieser Fehler geheilt
9 ist (§ 1031 Rn 12 ff). – **c) Nichtzulassung durch das Schiedsgericht** ist über die Befugnis des Gerichts hinaus (§ 296 Rn 21, § 146 Rn 2) möglich wegen nicht genügend entschuldigter Verspätung. Auf eine Verfahrensverzögerung, wie in § 296 Abs 1, Abs 2, kommt es primär nicht an. Kriterium für die genügende Entschuldigung sollte in Anlehnung an § 282 Abs 1 sein, ob der Zeitpunkt der Klageänderung nach der Prozesslage einer sorgfältigen und auf Förderung des Verfahrens bedachten Prozessführung entspricht. Dazu ist der Klagepartei rechtliches Gehör zu gewähren. Eine Rolle spielt auch, ob das Schiedsgericht einen sachdienlichen Hinweis gegeben hat oder geben musste (§ 139 Rn 3 ff). Falls der Beklagte in die Klageänderung einwilligt, was zu ihrer Zulässigkeit nicht nötig ist, und wenn sie nicht zu einer Verzögerung führt, wäre ihre Nichtzulassung wegen Verspätung ermessens-
10 fehlerhaft. – **d) Entscheidung.** Die Erläuterungen in § 263 Rn 16, 17 gelten sinngemäß, einen Zwischenschiedsspruch gibt es allerdings nicht.

11   **5. Angriffs- und Verteidigungsmittel** (§ 146 Rn 2) dürfen mangels entgegenstehender Parteivereinbarung jederzeit geändert und ergänzt werden, das Schiedsgericht kann sie aber wegen nicht genügend entschuldigter Verspätung (wie Rn 9) nach Gewährung rechtlichen Gehörs in Ausübung pflichtgemäßen Ermessens nicht zulassen. Sie bleiben dann als Prozessstoff außer Betracht. – **Aufrechnung** § 1029 Rn 9.

12   **6.** Für die **Widerklage** gelten Abs 1, 2 und die vorstehenden Erläuterungen entsprechend.

§ 1047 Mündliche Verhandlung und schriftliches Verfahren

(1) [1]**Vorbehaltlich einer Vereinbarung der Parteien entscheidet das Schiedsgericht, ob mündlich verhandelt werden soll oder ob das Verfahren auf der Grundlage von Schriftstücken**

und anderen Unterlagen durchzuführen ist. [2]Haben die Parteien die mündliche Verhandlung nicht ausgeschlossen, hat das Schiedsgericht eine solche Verhandlung in einem geeigneten Abschnitt des Verfahrens durchzuführen, wenn eine Partei es beantragt.

(2) Die Parteien sind von jeder Verhandlung und jedem Zusammentreffen des Schiedsgerichts zu Zwecken der Beweisaufnahme rechtzeitig in Kenntnis zu setzen.

(3) Alle Schriftsätze, Schriftstücke und sonstigen Mitteilungen, die dem Schiedsgericht von einer Partei vorgelegt werden, sind der anderen Partei, Gutachten und andere schriftliche Beweismittel, auf die sich das Schiedsgericht bei seiner Entscheidung stützen kann, sind beiden Parteien zur Kenntnis zu bringen.

1. Mündliche Verhandlung oder schriftliches Verfahren. Abweichend von § 128 Abs 2 ist vorrangig maßgebend dafür eine Parteivereinbarung. Sonst entscheidet das Schiedsgericht, muss aber mündlich verhandeln, wenn eine Partei dies beantragt. Selbst wenn die Parteien dies ausgeschlossen haben, darf das Schiedsgericht mündlich verhandeln, wenn der Grundsatz des rechtlichen Gehörs es erfordert. „In einem geeigneten Abschnitt des Verfahrens" macht deutlich, dass das Verfahren teils mündlich, teils schriftlich geführt werden kann. Schriftstücke werden dann zum Prozessstoff, auch wenn die Parteien in der Verhandlung nicht darauf Bezug nehmen.   1

2. Absätze 2 und 3 sind unter dem Gesichtspunkt des rechtlichen Gehörs eine Selbstverständlichkeit und bedürfen keiner Kommentierung. Die Parteien müssen auch Gelegenheit zur Stellungnahme bekommen.   2

§ 1048 Säumnis einer Partei

(1) Versäumt es der Kläger, seine Klage nach § 1046 Abs. 1 einzureichen, so beendet das Schiedsgericht das Verfahren.

(2) Versäumt es der Beklagte, die Klage nach § 1046 Abs. 1 zu beantworten, so setzt das Schiedsgericht das Verfahren fort, ohne die Säumnis als solche als Zugeständnis der Behauptungen des Klägers zu behandeln.

(3) Versäumt es eine Partei, zu einer mündlichen Verhandlung zu erscheinen oder innerhalb einer festgelegten Frist ein Schriftstück zum Beweis vorzulegen, so kann das Schiedsgericht das Verfahren fortsetzen und den Schiedsspruch nach den vorliegenden Erkenntnissen erlassen.

(4) [1]Wird die Säumnis nach Überzeugung des Schiedsgerichts genügend entschuldigt, bleibt sie außer Betracht. [2]Im Übrigen können die Parteien über die Folgen der Säumnis etwas anderes vereinbaren.

1   **1. Für alle Fälle der Versäumung** gilt gemäß Abs 4 S 2, dass die Parteien die Rechtsfolgen vereinbaren können, lediglich die Heilung durch genügende Entschuldigung können sie nicht ausschließen. Mangels Vereinbarung regeln Abs 1–3 die Rechtsfolgen von Versäumung und Säumnis.

2   **2. Versäumung der Klageeinreichung. – a) Vorliegen.** Wenn eine dafür vereinbarte oder vom Schiedsgericht gesetzte (§ 1046 Abs 1), sonst eine nach den Umständen angemessene Frist ungenützt verstrichen ist. Ist keine Frist vereinbart oder gesetzt, kann das Schiedsgericht die Fristsetzung nachholen. Jedenfalls die schiedsrichterliche Frist ist auf Antrag gemäß § 224 Abs 2 verlängerbar. Wegen Gewährung rechtlichen Gehörs und im Hinblick auf die Entschuldigungsmöglichkeit muss das Schiedsgericht, bevor es Rechtsfolgen zieht, der Klagepartei die Möglichkeit zur Äußerung innerhalb angemessener Frist, die sich für 3 die Klageeinreichung als Nachfrist darstellt, geben. – **b) Rechtsfolge.** Das Schiedsgericht stellt, falls nicht der Kläger die Versäumung genügend entschuldigt (§ 1046 Rn 9 sinngemäß), gemäß § 1056 Abs 2 Nr 1 durch Beschluss die Beendigung des Verfahrens fest.

4   **3. Versäumung der Klagebeantwortung. – a) Vorliegen.** Es gel-
5 ten sinngemäß die Erläuterungen in Rn 2. – **b) Rechtsfolge.** Es gibt kein Säumnisverfahren und keinen Versäumnisschiedsspruch. Die Behauptungen des Klägers gelten nicht als zugestanden, das Schiedsgericht darf sie aber auf Grund der Gesamtumstände des Falls so behandeln. Es setzt das Verfahren fort, kann aufklären und Beweis erheben, auch bereits einen Schiedsspruch erlassen, wenn es den Beklagten zur Wahrung rechtlichen Gehörs darauf unter Fristsetzung zur Stellungnahme hingewiesen hat und der Beklagte die Versäumung nicht genügend entschuldigt (§ 1046 Rn 9 sinngemäß).

6   **4. Säumnis in der mündlichen Verhandlung. – a) Vorliegen.** Eine der Parteien erscheint nicht, die Voraussetzungen der Säumnis
7 (1–8 vor § 330, § 1047 Abs 2) müssen erfüllt sein. – **b) Rechtsfolge.** Es gibt kein Säumnisverfahren und keinen Versäumnisschiedsspruch, §§ 330, 331 gelten nicht. Das Schiedsgericht setzt das Verfahren fort und kann ohne weiteren Hinweis einen Schiedsspruch „nach den vorliegenden Erkenntnissen" erlassen. Die Grundlage dieser Entscheidung ist die gleiche wie bei der Entscheidung nach Lage der Akten (§ 251a Rn 5).

8   **5. Versäumung einer Vorlagefrist. – a) Vorliegen.** Das Schiedsgericht hat einer Partei zur Vorlage eines Schriftstücks zum Beweis nach seinem Ermessen gemäß § 1042 Abs 4 S 1 eine Frist gesetzt, die un-
9 genutzt abgelaufen ist. Im Übrigen gilt sinngemäß Rn 2. – **b) Rechtsfolge.** Das Schiedsgericht setzt das Verfahren fort. Dabei wird es die Behauptung, die durch Vorlage des Schriftstücks bewiesen werden sollte, als nicht bewiesen ansehen, falls nicht die Partei die Fristversäumung genügend entschuldigt (§ 1046 Rn 9) und die Vorlage nachholt.

§ 1049 Vom Schiedsgericht bestellter Sachverständiger

(1) [1]Haben die Parteien nichts anderes vereinbart, so kann das Schiedsgericht einen oder mehrere Sachverständige zur Erstattung eines Gutachtens über bestimmte vom Schiedsgericht festzulegende Fragen bestellen. [2]Es kann ferner eine Partei auffordern, dem Sachverständigen jede sachdienliche Auskunft zu erteilen oder alle für das Verfahren erheblichen Schriftstücke oder Sachen zur Besichtigung vorzulegen oder zugänglich zu machen.

(2) [1]Haben die Parteien nichts anderes vereinbart, so hat der Sachverständige, wenn eine Partei dies beantragt oder das Schiedsgericht es für erforderlich hält, nach Erstattung seines schriftlichen oder mündlichen Gutachtens an einer mündlichen Verhandlung teilzunehmen. [2]Bei der Verhandlung können die Parteien dem Sachverständigen Fragen stellen und eigene Sachverständige zu den streitigen Fragen aussagen lassen.

(3) Auf den vom Schiedsgericht bestellten Sachverständigen sind die §§ 1036, 1037 Abs. 1 und 2 entsprechend anzuwenden.

1. Sachverständigenbeweis. Gegenstand der Beweiserhebung 1 vor § 402. Abgrenzung zum Zeugenbeweis 1 vor § 373. Notwendigkeit 3 vor § 402. Gerichtliche Unterstützung § 1050. **1**

2. Schiedsgerichtlicher Sachverständiger – a) Keine Zuziehung, wenn die Parteien als Ausfluss ihrer Dispositionsfreiheit sie ausgeschlossen haben, zB zur Vermeidung der Kosten. Die Folge ist, dass die zu klärenden Fragen unbeantwortet, die strittigen Punkte unbewiesen bleiben, falls nicht das Schiedsgericht durch eigene Beurteilung oder Schätzung (§ 287) abhelfen kann. Darauf sollte es die Parteien hinweisen. – **b) Zuziehung,** falls nicht durch Parteivereinbarung ausgeschlossen, nach pflichtgemäßem Ermessen (§ 1042 Abs 2), auch ohne Antrag. Auswahl des oder der Sachverständigen nach persönlicher (§ 404 Rn 4–8) und fachlicher Eignung und Unparteilichkeit, am besten in Absprache mit den Parteien. Den Auftrag an den Sachverständigen erteilt das Schiedsgericht im Namen und in Vollmacht der Parteien, mit denen ein Werkvertrag zustande kommt. Haftung des Sachverständigen, wenn nicht anders vereinbart, wie bei dem vom Staatsgericht beauftragten (6 vor § 402). – **c) Anleitung** seitens des Schiedsgerichts **4** wenigstens durch bestimmte und konkret festzulegende Fragen. Darüber hinaus ist im Interesse eines Erfolges der Beweisaufnahme und ihrer raschen Erledigung zu empfehlen, dass das Schiedsgericht von den Möglichkeiten des § 404a Gebrauch macht. – **d) Aufforderung an 5 die Parteien** gemäß Abs 1 S 2. Dabei ist darauf zu achten, dass zur Wahrung des rechtlichen Gehörs (auch § 1047 Abs 2, Abs 3) die andere Partei die Möglichkeit erhält, an diesen Ermittlungen teil- und von ihren Ergebnissen Kenntnis zu nehmen (BGH 116, 47). Verweigert die aufgeforderte Partei ihre Mitwirkung, so kann dies dazu führen, dass ein klärungsbedürftiger Punkt unbewiesen bleibt oder dass das Schiedsgericht ihr Verhalten als Beweisvereitelung beurteilt (§ 286 Rn 17–19).

6 – **e) Anhörung.** Mangels entgegenstehender Parteivereinbarung hat der Sachverständige nach Erstattung seines mündlichen oder schriftlichen Gutachtens an einer mündlichen Verhandlung teilzunehmen, wenn eine Partei es beantragt. Dasselbe kann und muss geschehen, wenn das Schiedsgericht es für erforderlich hält. Zweck ist die Erläuterung des Gutachtens (§ 411 Rn 5). Sie kann, wenn keine Partei es anders beantragt, auch durch schriftliche Gutachtenergänzung auf Grund präziser Fragen geschehen. Nach Ermessen kann das Schiedsgericht den Parteien für Anträge in dieser Richtung eine Frist setzen. Weiteres und

7 Obergutachten wie § 412 Rn 1, 3. – **f) Ablehnung** (Abs 3). Für die Offenlegungspflicht des Sachverständigen, die Ablehnungsgründe und das Verfahren gelten §§ 1036, 1037 Abs 1, 2 und die Randnummern dort. Eine gerichtliche Entscheidung über den Ablehnungsantrag im Falle erfolgloser Ablehnung (§ 1037 Abs 3) gibt es nicht, die Geltendmachung von Ablehnungsgründen im Vollstreckbarerklärungs- oder Aufhebungsverfahren (§§ 1059–1061) bleibt möglich.

8 **3. Parteisachverständiger.** Im Gegensatz zum gerichtlichen Verfahren (5 vor § 402) sieht Abs 2 S 2 den von einer Partei in der mündlichen Verhandlung befragten, von ihr zugezogenen Sachverständigen als Beweismittel an, ein Kompromiss mit den Staaten des angelsächsischen Rechtskreises (amtliche Begründung S 50). Das Gleiche muss dann auch für die Vorlage eines schriftlichen Gutachtens gelten. Da von ihm wegen seiner Nähe zur Partei von vornherein Unabhängigkeit und Unparteilichkeit nicht zu erwarten sind, kann er nicht abgelehnt werden (Abs 3). Seine Ausführungen können im Rahmen der Beweiswürdigung sachlich kein dem schiedsrichterlich bestellten Sachverständigen vergleichbares Gewicht haben, wohl aber dazu führen, dass dieser seine Begutachtung erläutert, ergänzt, präzisiert, Zweifel behebt oder aber, falls ihm dies nicht gelingt, dass die Überzeugungskraft seiner Begutachtung leidet.

§ 1050 Gerichtliche Unterstützung bei der Beweisaufnahme und sonstige richterliche Handlungen

[1] **Das Schiedsgericht oder eine Partei mit Zustimmung des Schiedsgerichts kann bei Gericht Unterstützung bei der Beweisaufnahme oder die Vornahme sonstiger richterlicher Handlungen, zu denen das Schiedsgericht nicht befugt ist, beantragen.** [2] **Das Gericht erledigt den Antrag, sofern es ihn nicht für unzulässig hält, nach seinen für die Beweisaufnahme oder die sonstige richterliche Handlung geltenden Verfahrensvorschriften.** [3] **Die Schiedsrichter sind berechtigt, an einer gerichtlichen Beweisaufnahme teilzunehmen und Fragen zu stellen.**

1 **1. Gerichtliche Mitwirkung** in den Fällen des S 1, auch wenn das Schiedsverfahren im Ausland stattfindet, § 1025 Abs 2. Das sind insbesondere Ladung und Vernehmung von Zeugen und Sachverständigen, die nicht freiwillig vor dem Schiedsgericht erscheinen, erforderlichenfalls mit Zwang, Abnahme von Eiden oder eidesstattlichen Erklärungen, die auswärtige Vernehmung im Wege der Rechtshilfe, öffentliche oder Auslandszustellung, Ersuchen an Behörden wie im Fall des § 432, Einholung der Aussagegenehmigung nach § 376.

2. Verfahren. Antrag des Schiedsgerichts oder einer Partei mit dessen Zustimmung an das zuständige AG. Dieses prüft die Zulässigkeit des Antrags nach S 1 und die allgemeinen Prozessvoraussetzungen, darunter die eigene örtliche (§ 1062 Abs 4) und internationale (§ 1025 Abs 2) Zuständigkeit und die Zulässigkeit, nicht auch die Zweckmäßigkeit der schiedsrichterlichen Anordnung und ihrer Ausführung. Die Wirksamkeit der Schiedsvereinbarung hat es nicht zu prüfen, weil dies meist in einem früheren Stadium zu geschehen hat (§§ 1032 Abs 2, 1040 Abs 2) und weil dafür das OLG zuständig ist (§ 1062 Abs 1 Nr 2 und Nr 4 iVm § 1059 Abs 2 Nr 1 a, c, Nr 2). Entscheidung, soweit eine solche erforderlich ist, über die Ausführung oder nicht durch Beschluss; dagegen sofortige Beschwerde gemäß § 567 Abs 1 Nr 2. Auszuführen sind die Maßnahmen nach den einschlägigen Vorschriften der ZPO. Die Schiedsrichter sind berechtigt, an einer Beweisaufnahme teilzunehmen und Fragen zu stellen und deshalb vom Termin zu benachrichtigen. Abschriften des Protokolls legen ggf die Parteien dem Schiedsgericht vor. Mängel des gerichtlichen Verfahrens können ein Grund für die Aufhebung des Schiedsspruchs nach § 1059 Abs 2 Nr 1 b (rechtliches Gehör) oder 2 b bzw für die Ablehnung seiner Vollstreckbarerklärung sein (§ 1060 Abs 2).

2

Abschnitt 6. Schiedsspruch und Beendigung des Verfahrens

§ 1051 Anwendbares Recht

(1) [1]**Das Schiedsgericht hat die Streitigkeit in Übereinstimmung mit den Rechtsvorschriften zu entscheiden, die von den Parteien als auf den Inhalt des Rechtsstreits anwendbar bezeichnet worden sind.** [2]**Die Bezeichnung des Rechts oder der Rechtsordnung eines bestimmten Staates ist, sofern die Parteien nicht ausdrücklich etwas anderes vereinbart haben, als unmittelbare Verweisung auf die Sachvorschriften dieses Staates und nicht auf sein Kollisionsrecht zu verstehen.**

(2) **Haben die Parteien die anzuwendenden Rechtsvorschriften nicht bestimmt, so hat das Schiedsgericht das Recht des Staates anzuwenden, mit dem der Gegenstand des Verfahrens die engsten Verbindungen aufweist.**

(3) [1]**Das Schiedsgericht hat nur dann nach Billigkeit zu entscheiden, wenn die Parteien es ausdrücklich dazu ermächtigt**

haben. ²Die Ermächtigung kann bis zur Entscheidung des Schiedsgerichts erteilt werden.

(4) **In allen Fällen hat das Schiedsgericht in Übereinstimmung mit den Bestimmungen des Vertrages zu entscheiden und dabei bestehende Handelsbräuche zu berücksichtigen.**

1　**1. Das anzuwendende sachliche Recht,** das dem Schiedsspruch zugrundezulegen ist, hat besondere Bedeutung in internationalen Schiedsverfahren. Es bestimmt sich in der Reihenfolge der Abs 1–3. Für Verbraucher- bzw Arbeitsverträge schränken Art 29 bzw 30 je Abs 1 EGBGB als Spezialregelungen die freie Rechtswahl ein (Pal/Heldrich Rn 1–6 bzw 4–6), während die Abs 2 aaO die Anknüpfungskriterien für das anzuwendende Recht abändern.

2　**2. Parteivereinbarung hat Vorrang.** Inhaltlich übereinstimmend mit Art 27 Abs 1 S 1 EGBGB. Sie ist in der Schiedsabrede oder später zu treffen und abänderbar. Sie kann die gesamte Rechtsordnung eines bestimmten Staates oder einzelne Rechtsvorschriften, auch aus verschiedenen Staaten oder internationale, zum Inhalt haben. Grenze der freien Rechtswahl in Art 6, 34 EGBGB (ordre public, zwingendes deutsches Recht). Zweifel sind durch Auslegung zu klären. Mangels ausdrücklicher anderweitiger Vereinbarung bezieht sich die Bezeichnung des Rechts oder der Rechtsordnung auf das sachliche Recht, nicht auf die Kollisionsnormen eines bestimmten Staates.

3　**3. Mangels Parteivereinbarung** hat das Schiedsgericht das sachliche Recht des Staates anzuwenden, mit dem der Gegenstand des Verfahrens **die engsten Verbindungen** aufweist. Diese Regelung wiederholt inhaltlich den Art 28 Abs 1 S 1 EGBGB (Pal/Heldrich Rn 1–4, 7–22). Auch auf dessen widerlegbare Vermutungen in den Abs 2–4 für die Auslegung des unbestimmten Rechtsbegriffs „engste Verbindung" ist zurückzugreifen (amtliche Begründung S 53), falls nicht die Gesamtheit der Umstände ergibt, dass der Hauptvertrag engere Verbindungen zu einem anderen Staat aufweist, Art 28 Abs 5 EGBGB.

4　**4. Billigkeitsentscheidung** ohne Bindung an eine Rechtsordnung ist dem Schiedsgericht nur erlaubt, wenn die Parteien es bis zur Entscheidung ausdrücklich dazu ermächtigt haben. Auch die nachträgliche Ermächtigung bedarf zu ihrer Wirksamkeit als inhaltlicher Teil der Schiedsabrede der Form des § 1031 mit der dort in Abs 4 vorgesehenen Heilungsmöglichkeit.

5　**5. Bestimmungen des Hauptvertrages und Handelsbräuche** sind gemäß Abs 4 in allen Fällen, also auch im Rahmen einer Billigkeitsentscheidung zu berücksichtigen, natürlich nur, soweit nicht zwingende gesetzliche Vorschriften einer anzuwendenden nationalen Rechtsordnung entgegenstehen.

§ 1052 Entscheidung durch ein Schiedsrichterkollegium

(1) **Haben die Parteien nichts anderes vereinbart, so ist in schiedsrichterlichen Verfahren mit mehr als einem Schiedsrichter jede Entscheidung des Schiedsgerichts mit Mehrheit der Stimmen aller Mitglieder zu treffen.**

(2) [1] **Verweigert ein Schiedsrichter die Teilnahme an einer Abstimmung, können die übrigen Schiedsrichter ohne ihn entscheiden, sofern die Parteien nichts anderes vereinbart haben.** [2] **Die Absicht, ohne den verweigernden Schiedsrichter über den Schiedsspruch abzustimmen, ist den Parteien vorher mitzuteilen.** [3] **Bei anderen Entscheidungen sind die Parteien von dem Abstimmungsverweigerung nachträglich in Kenntnis zu setzen.**

(3) **Über einzelne Verfahrensfragen kann der vorsitzende Schiedsrichter allein entscheiden, wenn die Parteien oder die anderen Mitglieder des Schiedsgerichts ihn dazu ermächtigt haben.**

1. Beratung und Abstimmung richten sich primär nach einer 1
darüber getroffenen Parteivereinbarung, zB Stichentscheid des Vorsitzenden, andernfalls ist für jede Entscheidung absolute Stimmenmehrheit erforderlich. Zuziehung von Beratern § 1042 Rn 4. Ergibt sich die nötige Mehrheit nicht, erklärt das Schiedsgericht das Verfahren gemäß § 1056 Abs 2 Nr 3 durch Beschluss für beendet.

2. Das Beratungsgeheimnis ist zu wahren. Das Staatsgericht darf 2
die Abstimmung nicht nachprüfen, die Schiedsrichter, auch wenn die Parteien sie von der Wahrung des Beratungsgeheimnisses entbunden haben, jedenfalls dann nicht als Zeugen über Beratung und Abstimmung vernehmen, wenn nicht auch sie auf das Beratungsgeheimnis verzichten (BGH 23, 138). Ausnahme, wenn es um die Klärung von Umständen geht, die geeignet sind, das Ergebnis des schiedsrichterlichen Verfahrens ernsthaft in Frage zu stellen (BGH NJW 86, 3077), insbesondere Rechtsbeugung.

3. Verweigerung durch einen Schiedsrichter. Mangels abwei- 3
chender Parteivereinbarung können die übrigen Schiedsrichter ohne ihn abstimmen, über den Schiedsspruch unter vorheriger Mitteilung an die Parteien, damit sie auf ihn einwirken oder eine abweichende Vereinbarung treffen können. Bei anderen Abstimmungen genügt nachträgliche Information der Parteien, auch im Schiedsspruch. Für die Entscheidung ist gemäß Abs 1 die absolute Mehrheit der verbleibenden Stimmen, bezogen auf die Gesamtzahl der Schiedsrichter, erforderlich.

4. Befugnisse des Vorsitzenden. – a) Für den **äußeren Ge-** 4
schäftsbetrieb hat er ohne weiteres zu sorgen, zB Übermittlung von Schriftstücken, Bereitstellung eines Verhandlungsraumes, Terminierung. – **b) Einzelne Verfahrensfragen** kann er mit Ermächtigung 5
durch die Parteien oder die anderen Schiedsrichter allein entscheiden.

Das sind insbesondere Fragen im Zusammenhang mit der Vorbereitung eines Termins oder einer Entscheidung im Interesse eines zügigen, konzentrierten Verfahrensablaufs in Anlehnung an § 139 und in angepasster Weise an § 273. Hierfür genügt eine generelle Ermächtigung, wenn man sie überhaupt für nötig hält. Die amtliche Begründung S 54 spricht die Entscheidung über mündliche Verhandlung oder schriftliches Verfahren, über die Verfahrenssprache, über die Zuziehung von Sachverständigen an und verlangt hierfür zu Recht eine Einzelermächtigung.

§ 1053 Vergleich

(1) ¹ **Vergleichen sich die Parteien während des schiedsrichterlichen Verfahrens über die Streitigkeit, so beendet das Schiedsgericht das Verfahren.** ² **Auf Antrag der Parteien hält es den Vergleich in der Form eines Schiedsspruchs mit vereinbartem Wortlaut fest, sofern der Inhalt des Vergleichs nicht gegen die öffentliche Ordnung (ordre public) verstößt.**

(2) ¹ **Ein Schiedsspruch mit vereinbartem Wortlaut ist gemäß § 1054 zu erlassen und muß angeben, dass es sich um einen Schiedsspruch handelt.** ² **Ein solcher Schiedsspruch hat dieselbe Wirkung wie jeder andere Schiedsspruch zur Sache.**

(3) **Soweit die Wirksamkeit von Erklärungen eine notarielle Beurkundung erfordert, wird diese bei einem Schiedsspruch mit vereinbartem Wortlaut durch die Aufnahme der Erklärungen der Parteien in den Schiedsspruch ersetzt.**

(4) ¹ **Mit Zustimmung der Parteien kann ein Schiedsspruch mit vereinbartem Wortlaut auch von einem Notar, der seinen Amtssitz im Bezirk des nach § 1062 Abs. 1, 2 für die Vollstreckbarerklärung zuständigen Gerichts hat, für vollstreckbar erklärt werden.** ² **Der Notar lehnt die Vollstreckbarerklärung ab, wenn die Voraussetzungen des Absatzes 1 Satz 2 nicht vorliegen.**

1   **1. Verfahrensbeendigung bei Vergleich.** Mit Vergleichsabschluss unter oder ohne Mitwirkung des Schiedsgerichts, möglich auch als Anwaltsvergleich (§ 796 a) oder als Ergebnis einer erfolgreichen Mediation (näher: Lörcher DB 99, 789), ist das Verfahren beendet. Dies stellt das Schiedsgericht durch Beschluss gemäß § 1056 Abs 2 Nr 2 fest. Auf Antrag nach Abs 1 S 2 erlässt es einen Schiedsspruch mit vereinbartem Wortlaut. Diese Regelung hat ihren Sinn in der gesicherten Vollstreckbarkeit im Ausland. Der Vergleich ist ein privates Rechtsgeschäft zwischen den Parteien, der Schiedsspruch eine Prozesshandlung nur des Schiedsgerichts ohne Doppelnatur wie der Prozessvergleich. Er nimmt den Vergleich im Wortlaut in sich auf.

2   **2. Schiedsspruch mit vereinbartem Wortlaut.** Eingehend Mankowski ZZP 114, 37. – **a) Erlass,** ggf nach ergebnislosem Ablauf einer Vergleichswiderrufsfrist, auf Antrag der Parteien, auch nur einer von

ihnen mit Zustimmung der Übrigen. Der Wortlaut des Vergleichs wird entweder in der mündlichen Verhandlung formuliert und steht dann im Protokoll oder die Parteien haben ihn schriftlich abgefasst und unterschrieben. Wirksamkeitsvoraussetzungen sind das aber nicht. Das Schiedsgericht prüft den äußeren Tatbestand des Konsenses zwischen den Parteien. Einziger Ablehnungsgrund ist ein Verstoß des Vergleichsinhalts, also materiellrechtlich, gegen den deutschen nationalen ordre public (Mankowski aaO 43, 52, 54; § 1059 Rn 16), wozu hier auch Schiedsunfähigkeit (§ 1030) und Vergleichsfähigkeit (§ 1030 Rn 3) gehören (Mankowski aaO 48, 61). – **b) Form und Inhalt** wie § 1054. 3 Notwendig ist Bezeichnung als Schiedsspruch, Begründung nicht (§ 1054 Abs 2). Inhaltlich kann der Schiedsvergleich und damit der Schiedsspruch über die Schiedsabrede und den Streitgegenstand des schiedsrichterlichen Verfahrens hinausgehen, wenn man – nahe liegend – insoweit in dem Vergleich und dem Antrag auf Erlass des Schiedsspruchs mit vereinbartem Wortlaut eine formwirksame (§§ 1031, 1053 Abs. 3) Erweiterung der Schiedsabrede sehen kann. Entsprechendes gilt für den Hinzutritt bisher am Verfahren nicht Beteiligter zum Vergleich, wenn darin – ebenfalls nahe liegend – ein formwirksamer Beitritt zur Schiedsabrede zu sehen ist (Mankowski aaO 62). – **c) Wirkung** wie jeder an- 4 dere Schiedsspruch (Abs 2 S 2), also Verfahrensbeendigung (§ 1056 Abs 1), Rechtskraftwirkung (§ 1055 und die Rn dort). Er ersetzt gemäß Abs 3 die notarielle Beurkundung, soweit sie für die Parteierklärungen vorgeschrieben ist. – **d) Vollstreckbarerklärung** durch das zuständige 5 OLG gemäß §§ 1060ff oder mit Zustimmung durch einen gemäß Abs 4 zuständigen Notar. Einziger Ablehnungsgrund auch für ihn ist Verstoß gegen den ordre public. – **e) Beseitigung.** Da der Schieds- 6 spruch mit vereinbartem Wortlaut materielle Rechtskraftwirkung hat, kann Streit über die Wirksamkeit des darin enthaltenen Vergleichs der Parteien nicht durch Fortsetzung des schiedsgerichtlichen Verfahrens oder Feststellungsklage zum Staatsgericht ausgetragen werden. Möglich ist nur Aufhebungsantrag nach § 1059 oder Einwendung im Vollstreckbarerklärungsverfahren nach § 1060 Abs 2, falls der Streitpunkt einen Aufhebungsgrund darstellt, der weder geheilt noch präjudiziert ist. – **f) Für arbeitsgerichtliche Schiedsvergleiche** Sonderregeln in §§ 107, 7 109 ArbGG.

§ 1054 Form und Inhalt des Schiedsspruchs

(1) ¹**Der Schiedsspruch ist schriftlich zu erlassen und durch den Schiedsrichter oder die Schiedsrichter zu unterschreiben.** ²**In schiedsrichterlichen Verfahren mit mehr als einem Schiedsrichter genügen die Unterschriften der Mehrheit aller Mitglieder des Schiedsgerichts, sofern der Grund für eine fehlende Unterschrift angegeben wird.**

(2) **Der Schiedsspruch ist zu begründen, es sei denn, die Parteien haben vereinbart, daß keine Begründung gegeben werden**

muß, oder es handelt sich um einen Schiedsspruch mit vereinbartem Wortlaut im Sinne des § 1053.

(3) [1] Im Schiedsspruch sind der Tag, an dem er erlassen wurde, und der nach § 1043 Abs. 1 bestimmte Ort des schiedsrichterlichen Verfahrens anzugeben. [2] Der Schiedsspruch gilt als an diesem Tag und diesem Ort erlassen.

(4) Jeder Partei ist ein von den Schiedsrichtern unterschriebener Schiedsspruch zu übersenden.

1   **1. Schiedsspruch. – a) Begriff.** Nur die endgültige Entscheidung über den Streitgegenstand im ganzen oder über einen abgrenzbaren Teil davon (BGH 10, 325) im Rahmen der gestellten Anträge, wenn auch nicht in strenger Bindung an ihren Wortlaut. Dazu gehört eine Entscheidung über den Grund (§ 304) nur dann, wenn das Schiedsgericht nach der Schiedsvereinbarung lediglich über den Grund, nicht auch über die Höhe des Anspruchs zu entscheiden hat; eine Entscheidung unter Vorbehalt der Aufrechnung nur dann, wenn über diese Gegenforderung das Staatsgericht zu entscheiden hat (Schwab/Walter
2   Kap 3 Rn 14). – Wird von einem vorgesehenen **Instanzenweg** Gebrauch gemacht, so ist die Entscheidung der ersten Instanz durch die Bestätigung aufschiebend bedingt (Schwab/Walter Kap 22 Rn 11) und erst die Entscheidung des Oberschiedsgerichts der Schiedsspruch im
3   Sinne des § 1054 (Düsseldorf BB 76, 251). – **Kein Schiedsspruch ist** ein Zwischenentscheid nach § 1040 Abs 3 oder über den Grund des Anspruchs, ferner ein Spruch unter Vorbehalt der Aufrechnung im Nachverfahren (BGH 10, 325), wenn das Schiedsgericht selbst insoweit noch zu entscheiden hat. Entscheidung bei fehlender Zuständigkeit des Schiedsgerichts § 1040 Rn 9. Die Abweisung der Schiedsklage als unzulässig aus anderen Gründen ist ein Schiedsspruch (RoSchw/Gottwald § 175 I 2), denn er entscheidet zuständigerweise über den Streitge-
4   stand. – **b) Inhalt** des Schiedsspruchs kann der gleiche sein wie bei Urteilen (2–7 vor § 253). **Kostenentscheidung** § 1057.

5   **2. Förmlichkeiten des Schiedsspruchs. – a)** Er muss **schriftlich**
6   abgefasst sein. – **b) Unterschriften.** Er muss grundsätzlich von allen Schiedsrichtern unterschrieben werden. Im Falle der Weigerung können die Parteien die Unterzeichnung einklagen, Vollstreckung nach § 888 Abs 1. Mit der Unterschrift sind die Schiedsrichter untereinander gebunden. Zurücknahme oder Abänderung also nur noch durch einstimmigen Beschluss. Ist bei einem mehr als zweigliedrigen Schiedsgericht trotz Bemühens von einem, bei 5 Schiedsrichtern auch von zweien, die an der Abstimmung mitgewirkt haben, die Unterschrift, aus welchem Grund auch immer, nicht zu erlangen, so reichen die Unterschriften der absoluten Mehrheit aller Mitglieder des Schiedsgerichts aus, wenn der Grund für das Fehlen der Unterschrift – es kann auch die
7   des Vorsitzenden sein – angegeben wird. – **c) Begründung** ist mangels abweichender Parteivereinbarung erforderlich, außer es handelt sich um

einen Schiedsspruch mit vereinbartem Wortlaut gemäß § 1053. Sie muss zu den wesentlichen vorgebrachten Angriffs- und Verteidigungsmitteln Stellung nehmen und darf nicht ganz inhaltlos oder offenbar widersinnig sein oder im Widerspruch zur Entscheidung stehen (BGH WM 83, 1207), sonst kann Aufhebung gemäß § 1059 Abs 2 Nr 1 d in Frage kommen. Nicht nachprüfbar ist, ob die Begründung sachgemäß und richtig ist. Zuziehung Dritter bei der Abfassung § 1042 Rn 4. – **d) Tag des Erlasses und Schiedsort** (§ 1043 Abs 1) sind anzugeben. **8** An diese Angaben knüpft eine unwiderlegbare Fiktion an, falls sie tatsächlich nicht stimmen. – **e) Übersendung an die Parteien.** Eine **9** Form ist dafür mit Rücksicht auf Schwierigkeiten bei Auslandszustellungen nicht vorgeschrieben, empfehlenswert Einschreiben mit Rückschein, auch schriftliche Empfangsbestätigung. Es kann, muss aber nicht an die Prozessbevollmächtigten (§ 176) zugesandt werden. Der Vorsitzende gilt als von den Schiedsrichtern zur Übersendung ermächtigt, außer es treten nach der Unterzeichnung des Schiedsspruchs neue Tatsachen auf, zB ein Ablehnungsgrund (Düsseldorf WM 84, 1209). Mit der Übersendung sind die Schiedsrichter auch den Parteien gegenüber an den Spruch gebunden, wird er diesen gegenüber existent

3. Bedeutung der Förmlichkeiten. Die vorstehend genannten **10** Förmlichkeiten sind zwingend, soweit nicht abweichende Parteivereinbarung ausdrücklich zugelassen ist. Sie sind im Vollstreckbarerklärungs- und Aufhebungsverfahren, auch in der Revisionsinstanz, von Amts wegen zu prüfen (BGH DB 80, 201). Erst ihre Erfüllung macht den Schiedsspruch wirksam, Fehlendes ist nachholbar. Bis dahin ist das Schiedsverfahren nicht abgeschlossen und kann im Prozess vor dem Staatsgericht die Schiedsgerichtsklausel geltend gemacht werden (§ 1032 Abs 1).

§ 1055 Wirkungen des Schiedsspruchs

Der Schiedsspruch hat unter den Parteien die Wirkungen eines rechtskräftigen gerichtlichen Urteils.

1. Die formelle Rechtskraft des Schiedsspruchs (§ 705) tritt mit **1** Erfüllung aller Förmlichkeiten des § 1054 ein, ggf nach Ausschöpfung der in der Schiedsabrede vorgesehenen Instanzen. Rechtsmittel an das Staatsgericht gibt es nicht. Berichtigung, Auslegung, Ergänzung § 1058.

2. Die materielle Rechtskraft wirkt wie beim Urteil (§ 322) mit **2** folgenden **Abweichungen: – a) Nur Einrede.** Weil der Schiedsspruch kein Hoheitsakt ist, wird die Rechtskraft nicht von Amts wegen berücksichtigt (BGH NJW 58, 950). Die Parteien können sie durch Vereinbarung aufheben (BayObLG MDR 84, 496, Bremen NJW 57, 1035; aA Schwab/Walter Kap 21 Rn 6, 7, Loritz ZZP 105, 1). – **b) Wirkung** nur zwischen den Parteien. Gegen Dritte nur, soweit der **3** Schiedsvertrag auch sie bindet (§ 1029 Rn 14). §§ 325 ff gelten im Übrigen nicht (BGH BB 75, 582). – **c) Beseitigung** nicht im Wieder- **4** aufnahmeverfahren, sondern durch Aufhebung des Schiedsspruchs

5 (§§ 1059, 1060 Abs 2 S 1). – **d) Vollstreckungstitel, Gestaltungswirkung,** Eintragung in Register § 1060 Rn 7.

§ 1056 Beendigung des schiedsrichterlichen Verfahrens

(1) **Das schiedsrichterliche Verfahren wird mit dem endgültigen Schiedsspruch oder mit einem Beschluß des Schiedsgerichts nach Absatz 2 beendet.**

(2) **Das Schiedsgericht stellt durch Beschluß die Beendigung des schiedsrichterlichen Verfahrens fest, wenn**
1. **der Kläger**
   a) **es versäumt, seine Klage nach § 1046 Abs. 1 einzureichen und kein Fall des § 1048 Abs. 4 vorliegt, oder**
   b) **seine Klage zurücknimmt, es sei denn, daß der Beklagte dem widerspricht und das Schiedsgericht ein berechtigtes Interesse des Beklagten an der endgültigen Beilegung der Streitigkeit anerkennt; oder**
2. **die Parteien die Beendigung des Verfahrens vereinbaren; oder**
3. **die Parteien das schiedsrichterliche Verfahren trotz Aufforderung des Schiedsgerichts nicht weiter betreiben oder die Fortsetzung des Verfahrens aus einem anderen Grund unmöglich geworden ist.**

(3) **Vorbehaltlich des § 1057 Abs. 2 und der §§ 1058, 1059 Abs. 4 endet das Amt des Schiedsgerichts mit der Beendigung des schiedsrichterlichen Verfahrens.**

1   **1. Verfahrensbeendigung durch Schiedsspruch.** Er muss endgültig sein (§ 1054 Rn 1–3). Auch hier gilt der Vorbehalt in Abs 3.

2   **2. Verfahrensbeendigung durch Beschluss** vor Erlass des Schiedsspruchs nach Gewährung rechtlichen Gehörs (§ 1042 Abs 1 S 2) am besten mit Setzung einer Äußerungsfrist in den Fällen des Abs 2.

3   **Nr. 1 a.** Mangels abweichender Vereinbarung (§ 1048 Abs 4), wenn der Kläger innerhalb vereinbarter oder gesetzter Frist unentschuldigt bis zum Ablauf der Äußerungsfrist keine Klage einreicht.

4   **Nr. 1 b.** Nach ohne weiteres zulässiger Klagerücknahme, ausgenommen der Beklagte widerspricht und hat ein berechtigtes Interesse an endgültiger Beilegung der Streitigkeit, was das Schiedsgericht nach pflichtgemäßem Ermessen zu beurteilen hat. Bloßes Kosteninteresse genügt im Hinblick auf § 1057 Abs 2 S 2 nicht.

5   **Nr. 2.** Eine Vereinbarung der Parteien über die Vefahrensbeendigung liegt nahe, wenn sie sich außerhalb des Verfahrens verglichen haben und wenn der Beklagte erfüllt hat.

6   **Nr. 3.** Die Nichtweiterbetreibung ist dem Ruhen des Verfahrens vergleichbar und ein Unterfall der Unmöglichkeit seiner Fortsetzung. Weitere Fälle können Stimmengleichheit bei Abstimmung über den Schiedsspruch oder Erlöschen der Schiedsvereinbarung sein.

3. Beendigung des Schiedsrichteramtes mit Verfahrensbeendi- 7 gung. Möglich und ggf nötig bleiben ein Kostenschiedsspruch (§ 1057 Abs 2), ein nachträglicher Schiedsspruch in den Fällen des § 1058 und die Fortsetzung des Verfahrens nach Aufhebung des Schiedsspruchs und Zurückverweisung durch das OLG (§ 1059 Abs 4).

§ 1057 Entscheidung über die Kosten

(1) [1]Sofern die Parteien nichts anderes vereinbart haben, hat das Schiedsgericht in einem Schiedsspruch darüber zu entscheiden, zu welchem Anteil die Parteien die Kosten des schiedsrichterlichen Verfahrens einschließlich der den Parteien erwachsenen und zur zweckentsprechenden Rechtsverfolgung notwendigen Kosten zu tragen haben. [2]Hierbei entscheidet das Schiedsgericht nach pflichtgemäßem Ermessen unter Berücksichtigung der Umstände des Einzelfalles, insbesondere des Ausgangs des Verfahrens.

(2) [1]Soweit die Kosten des schiedsrichterlichen Verfahrens feststehen, hat das Schiedsgericht auch darüber zu entscheiden, in welcher Höhe die Parteien diese zu tragen haben. [2]Ist die Festsetzung der Kosten unterblieben oder erst nach Beendigung des schiedsrichterlichen Verfahrens möglich, wird hierüber in einem gesonderten Schiedsspruch entschieden.

1. Kostengrundentscheidung. – a) Vorrang hat eine **Parteiver-** 1 **einbarung,** auch durch Unterwerfung unter eine Schiedsordnung (Rn 1 vor § 1029) mit Kostenregelung darüber, ob das Schiedsgericht überhaupt über die Verfahrenskosten zu entscheiden hat, ggf in welcher Form und nach welchem Maßstab. Die Parteien können auch die Geltung der §§ 91 ff, 269 Abs 3 S 2 vereinbaren. – **b) Mangels Partei-** 2 **vereinbarung** Entscheidung durch **Schiedsspruch.** Das kann der in der Hauptsache sein oder ein ergänzender (§ 1058 Rn 10) oder ein gesonderter in den Fällen des § 1056 Abs 2. Die Kostengrundentscheidung umfasst ohne weiteres die in Abs 1 S 1 genannten Kosten und legt fest, zu welchen Bruchteilen die Parteien sie zu tragen haben. Maßstab hierfür ist das pflichtgemäße Ermessen des Schiedsgerichts, wobei alle Umstände des Falls, insbesondere der Ausgang des Verfahrens zu berücksichtigen sind; insoweit kann und sollte die Quotelung sich an §§ 91 ff anlehnen, wobei der Wortlaut des Gesetzes „zu welchem Anteil" nicht ausschließt, dass das Schiedsgericht die ganzen Verfahrenskosten einer Partei auferlegt, etwa im Fall der Rücknahme einer nicht veranlassten Klage.

2. Entscheidung über die Höhe der Kosten, also welchen Be- 3 trag welche Partei der anderen zu erstatten hat, ist mangels abweichender Parteivereinbarung nötig, weil es keine Kostenfestsetzung durch den Rechtspfleger gibt. Sie ist zu treffen – **a) im Schiedsspruch über** 4 **die Hauptsache,** wenn die Höhe bereits feststeht; – **b) in geson-** 5

dertem Kostenschiedsspruch, wenn der Ausspruch über die Höhe unterblieben oder erst nach Verfahrensbeendigung (§ 1056 Abs 2)
6 möglich ist. – **c) Erstattungsfähig** (Abs 1, 2 je S 1) sind nur die zur zweckentsprechenden Rechtsverfolgung notwendigen Kosten, vom Schiedsgericht in Anlehnung an § 91 Rn 9–35, 42 ff zu entscheiden. Außerdem müssen sie vorschussweise bezahlt sein und der Höhe nach feststehen, weil das Schiedsgericht nicht befugt ist, seine eigene und die Vergütung zwischen Dritten (RA-Gebühren, Sachverständigenvergütung, Zeugenauslagen) festzusetzen (BGH 92, 94). Diese Kosten stehen der Höhe nach fest, wenn sie zwischen den Beteiligten zumindest nach dem Berechnungsmodus vereinbart oder unstreitig sind, auch konkludent durch vorbehaltlose Zahlung der Vorschüsse. –
7 **d) Bei quotenmäßiger Kostenverteilung** empfiehlt sich Verrechnung der beiderseitigen Kosten und Festsetzung eines einheitlichen (überschießenden)
8 Betrages, wie § 106 Rn 1–4. – **e) Aufhebung des Schiedsspruchs in der Sache** führt ohne weiteres zur Unwirksamkeit jeden Kostenausspruchs. Zwischen den Parteien geleistete Beträge sind nach § 812 BGB zurückzuzahlen, der Vergütungsanspruch der Schiedsrichter wird davon nicht berührt.

9 **3. Bei Fehlen einer wirksamen Schiedsvereinbarung** (§ 1029 Rn 4 ff), falls der Mangel nicht geheilt ist, kann das Schiedsgericht grundsätzlich auch keine Kostenentscheidung treffen, weil ihm jede Befugnis zur Ausübung der Schiedsgerichtsbarkeit fehlt (§ 1040 Rn 8, 9). Die Schiedsvereinbarung kann aber dahin auszulegen sein, dass das Schiedsgericht über die Verfahrenskosten auch und gerade dann befinden soll, wenn das schiedsrichterliche Verfahren in der Hauptsache unzulässig ist, weil es an einer wirksamen Schiedsvereinbarung fehlt (BGH NJW 73, 191). Eine Schiedsvereinbarung mit Kompetenz-Kompetenzklausel (§ 1040 Rn 8) ist so auszulegen. Die §§ 91 ff sind bei Scheitern des schiedsrichterlichen Verfahrens nicht entsprechend anwendbar (BGH NJW-RR 98, 234).

§ 1058 Berichtigung, Auslegung und Ergänzung des Schiedsspruchs

(1) **Jede Partei kann beim Schiedsgericht beantragen,**

1. **Rechen-, Schreib- und Druckfehler oder Fehler ähnlicher Art im Schiedsspruch zu berichtigen;**
2. **bestimmte Teile des Schiedsspruchs auszulegen;**
3. **einen ergänzenden Schiedsspruch über solche Ansprüche zu erlassen, die im schiedsrichterlichen Verfahren zwar geltend gemacht, im Schiedsspruch aber nicht behandelt worden sind.**

(2) **Sofern die Parteien keine andere Frist vereinbart haben, ist der Antrag innerhalb eines Monats nach Empfang des Schiedsspruchs zu stellen.**

(3) **Das Schiedsgericht soll über die Berichtigung oder Auslegung des Schiedsspruchs innerhalb eines Monats und über die Ergänzung des Schiedsspruchs innerhalb von zwei Monaten entscheiden.**

(4) **Eine Berichtigung des Schiedsspruchs kann das Schiedsgericht auch ohne Antrag vornehmen.**

(5) **§ 1054 ist auf die Berichtigung, Auslegung oder Ergänzung des Schiedsspruchs anzuwenden.**

1. Berichtigung. – a) Auf oder ohne Antrag. Unabdingbar. **1** Antragsfrist nach Parteivereinbarung, sonst ein Monat nach Empfang des Schiedsspruchs. Berechnung § 222, §§ 187 Abs 2, Abs 3 BGB. – **b) Voraussetzung** ist ein **Fehler** im Sinne des Abs 1 Nr 1. Das ent **2** spricht teilweise dem Wortlaut in § 319 Abs 1, im Übrigen der Sache nach dem, was dort mit offenbarer Unrichtigkeit bezeichnet ist, vgl dort Rn 2–4. – **c) Gegenstand der Berichtigung** kann der Schieds **3** spruch in allen seinen Teilen sein. Der Tenor darf in sein Gegenteil verkehrt werden (BGH 78, 22). Die Bezeichnung einer nicht existierenden verklagten GmbH kann in OHG (BGH 22, 240/246) oder eine natürliche Person (Frankfurt MDR 90, 639) berichtigt werden. Einen Vergleich, der in einem Schiedsspruch mit vereinbartem Wortlaut enthalten ist (§ 1053), kann das Schiedsgericht allenfalls auf Antrag im Einverständnis beider Parteien berichtigen, sonst nur diese selbst durch Neuabschluss. – **d) Verfahren** nach § 1042 mit rechtlichem Gehör. – **4** **e) Entscheidung.** Frist ein Monat ab Eingang des Antrags bzw Fest **5** stellung des Fehlers. Ein unbegründeter Antrag ist durch Beschluss zurückzuweisen. Die Berichtigung ergeht gemäß Abs 5 in der Form des § 1054, denn es handelt sich um einen Bestandteil des ursprünglichen Schiedsspruchs. Kein Rechtsmittel. Die berichtigte Fassung ist rückwirkend die allein maßgebende (BGH NJW 85, 742 für Urteil).

2. Auslegung. – a) Nur auf Antrag. Im Übrigen gilt Rn 1. – **6** **b) Voraussetzung** ist Auslegungsbedürftigkeit und -fähigkeit (Pal/ **7** Heinrichs § 133 Rn 6) bestimmter Teile des Schiedsspruchs, insbesondere wenn die Parteien über Inhalt und Sinn unterschiedlicher Auffassung sind, weil der Wortlaut Anlass zu Zweifeln oder Missverständnissen geben kann. – **c) Gegenstand der Auslegung** kann der **8** Schiedsspruch in potentiell allen seinen Teilen sein. – **d) Verfahren** wie Rn 4. – **e) Entscheidung** wie Rn 5. Darin stellt das Schiedsge **9** richt ggf mit Stimmenmehrheit (§ 1052) klar, welchen objektiven Erklärungsinhalt es der verwendeten Formulierung der betreffenden Passage beigemessen hat. Zu einer inhaltlichen Änderung darf dies nicht führen.

3. Ergänzung. – a) Nur auf Antrag. Im Übrigen gilt Rn 1. – **10** **b) Anwendungsbereich, Abgrenzung.** § 321 Rn 1, 2 gelten sinngemäß. Entsprechend anwendbar auf vergleichbare Lücken wie Vorbehalt beschränkbarer Erbenhaftung (§§ 305, 780, 786), Zug-um-Zug-

Verurteilung, fehlende Kostengrundentscheidung (§ 1057 Abs 1). –
11 **c)** Verfahren wie Rn 4. – **d) Entscheidung** wie Rn 5 mit der Abweichung, dass die Frist hier 2 Monate beträgt und dass der Ergänzungsschiedsspruch selbständig, nicht Bestandteil des ursprünglichen ist, der durch ihn zum Teilschiedsspruch werden kann. Beide sind selbständig für vollstreckbar zu erklären (§§ 1060, 1061).

Abschnitt 7. Rechtsbehelf gegen den Schiedsspruch

Vorbemerkung

1   Die **Formulierung des § 1059** ist an das UNCITRAL-Modellge-
2 setz angepasst. – **Die wesentlichen Änderungen** gegenüber dem früheren Recht: Der Aufhebungsantrag ist fristgebunden (§ 1059 Abs 3 S 1, 2). Über ihn entscheidet das OLG, in Bayern BayObLG, im Beschlussverfahren (§§ 1062 Abs 1, 1063 Abs 1). Gegen seine Entscheidung gibt es die Rechtsbeschwerde zum BGH (§ 1065). Die Aufhebungsgründe sind in § 1059 Abs 2 erschöpfend aufgezählt. Die früher in § 1041 Abs 1 Nr 3, 4 und 6 genannten fallen fort, weil sie von der ordre-public-Klausel in § 1059 Abs 2 Nr 2 b erfasst werden (BT-Drucksache 13/5274 S 59). Die beiden Aufhebungsgründe im früheren § 1041 Abs 1 Nr 1 sind in § 1059 Abs 2 Nr 1, 2 a in mehrere Unterfälle aufgespalten. Die Aufhebung des Schiedsspruchs führt nicht mehr ohne weiteres zur Zuständigkeit der staatlichen Gerichtsbarkeit, sondern im Zweifel zum Wiederaufleben der Schiedsvereinbarung (§ 1059 Abs 5).

§ 1059 Aufhebungsantrag

(1) **Gegen einen Schiedsspruch kann nur der Antrag auf gerichtliche Aufhebung nach den Absätzen 2 und 3 gestellt werden.**

(2) **Ein Schiedsspruch kann nur aufgehoben werden,**
1. **wenn der Antragsteller begründet geltend macht, daß**
    a) **eine der Parteien, die eine Schiedsvereinbarung nach den §§ 1029, 1031 geschlossen haben, nach dem Recht, das für sie persönlich maßgebend ist, hierzu nicht fähig war, oder daß die Schiedsvereinbarung nach dem Recht, dem die Parteien sie unterstellt haben oder, falls die Parteien hierüber nichts bestimmt haben, nach deutschem Recht ungültig ist oder**
    b) **er von der Bestellung eines Schiedsrichters oder von dem schiedsrichterlichen Verfahren nicht gehörig in Kenntnis gesetzt worden ist oder daß er aus einem anderen Grund seine Angriffs- oder Verteidigungsmittel nicht hat geltend machen können oder**

c) der Schiedsspruch eine Streitigkeit betrifft, die in der Schiedsabrede nicht erwähnt ist oder nicht unter die Bestimmungen der Schiedsklausel fällt, oder daß er Entscheidungen enthält, welche die Grenzen der Schiedsvereinbarung überschreiten; kann jedoch der Teil des Schiedsspruchs, der sich auf Streitpunkte bezieht, die dem schiedsrichterlichen Verfahren unterworfen waren, von dem Teil, der Streitpunkte betrifft, die ihm nicht unterworfen waren, getrennt werden, so kann nur der letztgenannte Teil des Schiedsspruchs aufgehoben werden; oder

d) die Bildung des Schiedsgerichts oder das schiedsrichterliche Verfahren einer Bestimmung dieses Buches oder einer zulässigen Vereinbarung der Parteien nicht entsprochen hat und anzunehmen ist, daß sich dies auf den Schiedsspruch ausgewirkt hat; oder

2. wenn das Gericht feststellt, daß

a) der Gegenstand des Streites nach deutschem Recht nicht schiedsfähig ist oder

b) die Anerkennung oder Vollstreckung des Schiedsspruchs zu einem Ergebnis führt, das der öffentlichen Ordnung (ordre public) widerspricht.

(3) [1]Sofern die Parteien nichts anderes vereinbaren, muß der Aufhebungsantrag innerhalb einer Frist von drei Monaten bei Gericht eingereicht werden. [2]Die Frist beginnt mit dem Tag, an dem der Antragsteller den Schiedsspruch empfangen hat. [3]Ist ein Antrag nach § 1058 gestellt worden, verlängert sich die Frist um höchstens einen Monat nach Empfang der Entscheidung über diesen Antrag. [4]Der Antrag auf Aufhebung des Schiedsspruchs kann nicht mehr gestellt werden, wenn der Schiedsspruch von einem deutschen Gericht für vollstreckbar erklärt worden ist.

(4) Ist die Aufhebung beantragt worden, so kann das Gericht in geeigneten Fällen auf Antrag einer Partei unter Aufhebung des Schiedsspruchs die Sache an das Schiedsgericht zurückverweisen.

(5) Die Aufhebung des Schiedsspruchs hat im Zweifel zur Folge, daß wegen des Streitgegenstandes die Schiedsvereinbarung wiederauflebt.

1. Wesen, andere Rechtsbehelfe. Der Antrag ist rechtsgestaltend 1 (Rn 5–7 vor § 253) mit dem Ziel, den Schiedsspruch oder einen teilurteilsfähigen Teil davon (Abs 2 Nr 1 d, BGH VersR 82, 92) rückwirkend zu beseitigen. Das selbe Ziel ist verteidigungsweise im Vollstreckbarerklärungsverfahren zu erreichen (inländisch § 1060 Abs 2 S 1, ausländisch § 1061 Abs 2). Anrufung eines vorgesehenen Oberschiedsgerichts § 1054 Rn 2. Der Antrag ist auch zulässig gegen einen Prozessschiedsspruch, durch den das Schiedsgericht seine Zuständigkeit verneint; gestützt werden kann er aber nur auf die ausdrücklich genannten Aufhebungsgründe (BGH NJW 02, 3031). Ein im Voraus erklärter Verzicht auf Aufhebungsantrag ist außer im Falle des Abs 2 Nr 1 d bei unterbliebener Begründung des Schiedsspruchs (§ 1054 Abs 2) unwirksam (BGH WM 85, 1487). – **Arbeitsstreitigkeiten** § 110 ArbGG.

2   **2. Zulässigkeit des Antrags. – a) Allgemeine Prozessvoraussetzungen,** darunter die Zuständigkeit gemäß § 1062 Abs 1 Nr 4. –

3   **b) Antragsfrist** Abs 3 S 1–3. Sie beginnt mit Empfang des Schiedsspruchs (§ 1054 Rn 9) durch den Antragsteller. Sie endet gemäß § 222 Abs 1, §§ 187 Abs 1, 188 Abs 2 1. Alternative BGB mangels abweichender Parteivereinbarung nach drei Monaten mit Ablauf des Tages, der durch seine Zahl dem Tag des Empfangs entspricht außer den Samstagen und allgemeinen Feiertagen (§ 222 Abs 2). Fehlt der maßgebende Tag, endet die Frist mit Ablauf des letzten Tages dieses Monats (§ 188 Abs 3 BGB); Beispiel: Empfang am 30. November, Fristende 28. bzw 29. Februar. Im Fall des § 1058 verlängert sich die Frist um höchstens einen Monat ab Zugang der Entscheidung über den Berichtigungsantrag. Sie verlängert sich also nicht, wenn die Einmonatsfrist in

4   S 3 innerhalb der Dreimonatsfrist des S 1 abläuft. – **c) Beschwer** ist nicht erforderlich (BGH JZ 57, 630), das **Rechtsschutzbedürfnis** fehlt aber für den obsiegenden Schiedskläger idR. Es fehlt außerdem wegen § 1060 Abs 2 S 1, sobald Antrag auf Vollstreckbarerklärung ge-

5   stellt und dieses Verfahren nicht ausgesetzt ist (§ 1060 Rn 2). – **d) Unzulässig** ist gemäß Abs 3 S 4 der Antrag nach Vollstreckbarerklärung des Schiedsspruchs. Nach dem Wortlaut des § 1062 Abs 2 kann das OLG auch einen **ausländischen Schiedsspruch** aufheben. Das widerspricht aber dem international anerkannten Grundsatz, dass die Zuständigkeit dafür nur den Gerichten des Ursprungslandes zusteht. Es widerspricht außerdem der Regelung in § 1025 Abs 1 und dem Umstand, dass in § 1025 Abs 2 und Abs 4 der § 1059 unter den Vorschriften, die auch für ausländische schiedsrichterliche Verfahren gelten, nicht genannt ist (ZöGeimer 14, Borges ZZP 111, 487/498). In die gleiche Richtung weist § 1061 Abs 2 im Vergleich zu § 1060 Abs 2 S 1.

6   **3. Aufhebungsgründe.** Abs 2 zählt sie abschließend und einschränkend (Sandrock BB 01, 2173) auf, unter Nr 1 die vom Antragsteller begründet geltend zu machenden (BGH 142, 204, NJW 01, 373), unter Nr 2 die von Amts wegen zu berücksichtigenden (BGH aaO, BayObLG NJW-RR 00, 1359), auch nach Ablauf der Fristen in §§ 1059 Abs 3, 1060 Abs 2 S 3 (BGH aaO). „Begründet" bedeutet, dass der Antragsteller einen der in Abs 2 Nr 1 lit a bis d beschriebenen Tatbestände schlüssig, ggf mit Beweisangebot vortragen muss. Ehricke (ZZP 113, 453) verlangt darüber hinaus Benennung der relevanten Rechtsnorm mit Bindungswirkung für das Gericht; aber: Die richtige Rechtsanwendung auf den vorgetragenen Sachverhalt ist Aufgabe des Ge-

richts. Ein Aufhebungsgrund versagt, wenn er durch gerichtliche Entscheidung (zB §§ 1032 Abs 2, 1037 Abs 3, 1040 Abs 3 S 2) bereits rechtskräftig verneint, zulässig geheilt (§§ 295, 1031 Abs 4) oder präkludiert ist, zB § 1027. Die **Beweislast** für einen Aufhebungsgrund trägt im Aufhebungs- und Vollstreckbarerklärungsverfahren ohne Rücksicht auf die Parteistellung derjenige, der hieraus einen Anspruch oder Einwand herleitet (BGH WM 79, 1006).

Nr 1 a, ungültige Schiedsvereinbarung bzw einseitige Anord- 7
nung (§ 1066), und zwar: – **a)** In **subjektiver Hinsicht,** weil eine der Parteien nach dem für sie maßgebenden Recht, international nach den einschlägigen Kollisionsnormen zu ermitteln, dazu nicht fähig war, zB fehlende Rechts- (BGH NJW 98, 2452), Geschäfts-, Testierfähigkeit. – **b)** In **objektiver Hinsicht.** Vgl § 1029 Rn 4 ff. Die fehlende Schieds- 8
fähigkeit fällt auch unter Nr 2 a. Die Ungültigkeit beurteilt sich primär nach dem Recht, dem die Parteien die Schiedsvereinbarung unterstellt haben, sonst nach deutschem Recht. Sie kann von Anfang an bestanden haben oder später eingetreten sein, zB durch Anfechtung, ohne dass der Mangel geheilt ist, zB § 1031 Abs 6. Maßgebender Zeitpunkt ist die Entscheidung des OLG, im Falle der Rechtsbeschwerde (§ 1065) des BGH (BGH 30, 97 für das frühere Recht). Die Entscheidung des Schiedsgerichts über die Gültigkeit der Schiedsvereinbarung, auch im Zusammenhang mit der Entscheidung über seine Zuständigkeit (§ 1040) ist für das Gericht nicht bindend, weil diesem letztlich die Kompetenz-Kompetenz zusteht (§ 1040 Rn 8).

Nr 1 b, verfahrensfehlerhafte Behinderung des Antragstellers 9
durch nicht gehörige Inkenntnissetzung von der Bestellung eines Schiedsrichters (§ 1035) oder von dem schiedsrichterlichen Verfahren (§§ 1044, 1046); außerdem Behinderung in der Geltendmachung von Angriffs- oder Verteidigungsmitteln. Es handelt sich hier in Überschneidung mit Buchstabe d durchwegs um Verfahrensmängel, die das Verfahren im ganzen oder einzelne Verfahrenshandlungen bzw Unterlassungen betreffen und überdies eine Verletzung des Rechts auf rechtliches Gehör darstellen können, die unter Nr 2 b fällt. Die amtliche Begründung S 59 erklärt diese Umständlichkeit mit der Angleichung an das UNCITRAL-Modellgesetz.

Nr 1 c, Unzuständigkeit des Schiedsgerichts und zwar entwe- 10
der – **a) im Ganzen,** weil der mit der Schiedsklage geltend gemachte Streitgegenstand, über den der Schiedsspruch entscheidet, nicht unter die konkrete Schiedsabrede bzw Schiedsklausel (§ 1029 Abs 2) fällt, von ihr nicht gedeckt ist. Dies ist durch Auslegung zu ermitteln (§ 1029 Rn 6); oder – **b) teilweise,** weil dies teilweise nicht der Fall ist. Falls 11
sich der Schiedsspruch nach Zuständigkeit und Unzuständigkeit des Schiedsgerichts trennen lässt, ist nur sein letztgenannter Teil aufzuheben, zB bei Anspruchshäufung (§ 260), einfacher Streitgenossenschaft (§ 59), Schiedsklage und Widerklage.

Nr 1 d, sonst unzulässiges Verfahren. Vgl auch Rn 9. Das Rü- 12
gerecht darf nicht bereits verloren sein (§ 1027 Rn 7). – **a)** Für den

Fehler sind maßgebend primär eine zulässig getroffene Parteiverein-barung, sonst die Bestimmungen des Buches 10 (BGH NJW 86, 1436). Er kann die Bildung des Schiedsgerichts (§§ 1034, 1035, 1039), das Schiedsgerichtsverfahren im ganzen, wozu auch Nr 1 c gehört, oder einzelne Verfahrenshandlungen oder Unterlassungen betreffen. –

13   **b) Beispiele:** Das Schiedsgericht wendet nicht die richtige für das Verfahren geltende deutsche (BayObLG BB 99, 1187) oder es wendet eine ausländische Verfahrensordnung (§ 1025 Rn 1) oder nicht die gemäß § 1051 Abs 1, Abs 2, 4 richtige materielle Rechtsordnung an (BGH 96, 40 zum früheren Recht) oder entscheidet entgegen § 1051 Abs 3 nach Billigkeit (BGH WM 85, 1487); Geschäftsunfähigkeit eines Schiedsrichters (BGH NJW 86, 3079), aber keine Pflicht zu psychiatrischer Untersuchung (BGH NJW 86, 3077); Mitwirkung des erfolgreich abgelehnten Schiedsrichters (§§ 1036, 1037); unwirksame Vertretung einer Partei; Entscheidung ohne erforderliche Beweiserhebung, weil die Partei den eingeforderten Vorschuss auf die Vergütung der Schiedsrichter nicht bezahlt hat (BGH 94, 92); entgegen § 1054 Abs 2 fehlende Begründung des Schiedsspruchs. Wohl nicht bei Verstoß gegen § 40

14   Abs 1 2 DRiG (BGH NJW 71, 755 lässt offen). – **c) Kausalität.** Der Verfahrensfehler muss sich auf den Schiedsspruch „ausgewirkt" haben. Das ist begrifflich nicht anders auszulegen als das „beruhen" in §§ 545 Abs 1, 1065 Abs 2 S 1. Die Bestellung des Alleinschiedsrichters durch eine Partei soll nach BGH NJW 86, 3027 (zustimmend Walter JZ 87, 156, Winterfeld NJW 87, 3059) nur dann ein Aufhebungsgrund sein, wenn sich im Einzelfall gegen seine Person oder Amtsführung konkrete Bedenken ergeben. Das wird dem Anliegen überparteilicher Rechtspflege nicht gerecht (so auch Kornblum NJW 87, 1105), wie es insbesondere auch in §§ 1035 Abs 3, Abs 5, 1042 Abs 1 zum Ausdruck kommt.

15   **Nr. 2 a, mangelnde Schiedsfähigkeit** (§ 1030) nach deutschem Recht, auch dann, wenn die Parteien die Schiedsvereinbarung einem anderen Recht unterstellt haben. Unabdingbar.

16   **Nr. 2 b, ordre public.** Unabdingbar. – **a) Der Begriff** entspricht bei etwas abweichender Formulierung im Wesentlichen dem in § 328 Abs 1 Nr 4, EGBGB Art 6. Vgl sinngemäß § 328 Rn 15–17. Gemeint ist die deutsche öffentliche Ordnung, die den internationalen ordre public umfasst (amtliche Begründung S 59). Der Schiedsspruch ist auch dann aufzuheben, wenn er Art 81 EGV widerspricht, sofern er wegen Verletzung deutscher Rechtsvorschriften, die der öffentlichen Ordnung zuzurechnen sind, aufgehoben werden müsste (EuGH WM 00, 38). Maßgebender Zeitpunkt ist der der Entscheidung über den Aufhebungsantrag (BGH 51, 290, 52, 184/192 für die Anerkennung eines ausländischen Urteils). Das OLG prüft ohne Bindung an die tatsächlichen Feststellungen oder Rechtsauffassungen des Schiedsgerichts (BGH 30, 94, NJW 72, 2180). Der deutsche verfahrensrechtliche internationale ordre public ist nur dann verletzt, wenn die Entscheidung des ausländischen Schiedsgerichts auf Grund eines Verfahrens ergangen ist, das

von den Grundprinzipien des deutschen Verfahrensrechts in solchem
Maße abweicht, dass sie nach der deutschen Rechtsordnung nicht als in
einem geordneten rechtsstaatlichen Verfahren ergangen angesehen werden kann (BGH 98, 70). – **b) Beispiele** (positiv und negativ) soweit 17
für Schiedsverfahren einschlägig, § 328 Rn 18, 19; nicht gehörige gesetzliche Vertretung der Partei; die Parteien haben die Namen der
Schiedsrichter nicht erfahren (Köln ZZP 91, 318); Schiedsrichter in
eigener Sache; Restitutionsgründe (BGH NJW 90, 2199), allerdings
nur unter den Einschränkungen in §§ 581 ff (BGH NJW 01, 373).
Mitwirkung eines juristischen Beraters des Schiedsgerichts 1042 Rn 4.
Sittenwidrige Schädigung § 1060 Rn 2. – **c) Verletzung verneint:** 18
Die Unparteilichkeit der bei ausländischen Handelskammern errichteten ständigen Schiedsgerichte kann nicht schon wegen der unterschiedlichen Wirtschaftssysteme verneint werden (BGH 52, 184). Überschreitung einer für die Absetzung des Schiedsspruchs festgesetzten Frist
(BGH 104, 178). Nichtbeachtung des Differenzeinwands gegenüber
verbindlichen Börsentermingeschäften zwischen Börsentermingeschäftsfähigen (BGH DB 91, 2384).

4. Entscheidung durch Beschluss (§ 1063 Abs 1). – **a) Ableh-** 19
nung des Antrags, wenn bzw soweit er unzulässig (Rn 2–5) oder unbegründet ist (Rn 6 ff). – **b) Aufhebung des Schiedsspruchs** oder 20
eines Teils davon (Rn 11). Seine Abänderung ist nicht möglich. –
c) Zurückverweisung an das Schiedsgericht (Abs 4) unter Auf- 21
hebung des Schiedsspruchs. „Geeigneter Fall", wenn Aufhebungsgrund
ein reparabler Verfahrensverstoß ist. Dasselbe Schiedsgericht, dessen
Amt mit Erlass des Schiedsspruchs in diesem Fall nicht beendet war
(§§ 1056 Abs 3, 1059 Abs 4), hat dann unter Vermeidung desselben
Fehlers neu zu entscheiden. Denkbar ist auch, dass sich die Parteien vor
dem Schiedsgericht vergleichen wollen (§ 1053). – **d) Kosten, Streit-** 22
wert, Gebühren § 1063 Rn 5.

5. Wirkung der Aufhebung rechtsgestaltend, rückwirkend. – **Wie-** 23
deraufleben der Schiedsvereinbarung (Abs 5). Auslegungsregel,
wenn nicht ein entgegenstehender Wille der Parteien ersichtlich ist. Da
das Amt des Schiedsgerichts mit Erlass des Schiedsspruchs beendet war
(§ 1056 Abs 1, 3; abweichend Rn 21), müssen die Parteien dasselbe
oder ein anderes Schiedsgericht neu bestellen. Lebt die Schiedsvereinbarung nicht wieder auf, ist der Weg zu den Gerichten frei.

Abschnitt 8. Voraussetzungen der Anerkennung und Vollstreckung von Schiedssprüchen

§ 1060 Inländische Schiedssprüche

(1) **Die Zwangsvollstreckung findet statt, wenn der Schiedsspruch für vollstreckbar erklärt ist.**

(2) [1]Der Antrag auf Vollstreckbarerklärung ist unter Aufhebung des Schiedsspruchs abzulehnen, wenn einer der in § 1059 Abs. 2 bezeichneten Aufhebungsgründe vorliegt. [2]Aufhebungsgründe sind nicht zu berücksichtigen, soweit im Zeitpunkt der Zustellung des Antrags auf Vollstreckbarerklärung ein auf sie gestützter Aufhebungsantrag rechtskräftig abgewiesen ist. [3]Aufhebungsgründe nach § 1059 Abs. 2 Nr. 1 sind auch dann nicht zu berücksichtigen, wenn die in § 1059 Abs. 3 bestimmten Fristen abgelaufen sind, ohne daß der Antragsgegner einen Antrag auf Aufhebung des Schiedsspruchs gestellt hat.

1 **1. Zulässigkeit des Antrags.** Betrifft inländische Schiedssprüche (§ 1025 Rn 1). Die allgemeinen Prozessvoraussetzungen (8–33 vor § 253) müssen vorliegen, bei Unzuständigkeit (§ 1062 Abs 2 Nr 4) Verweisung § 281. Kein Anwaltszwang (§§ 1063 Abs 4, 78 Abs 3). Es muss sich um einen wirklichen Schiedsspruch handeln (§ 1054 Rn 1, 2), vollstreckungsfähiger Inhalt ist nicht nötig (BayObLG BB 99, 1948, Hamburg MDR 64, 853). Haupt- und Untervollmacht für den Antragsteller sind gem § 80 Abs 1 nachzuweisen, andernfalls ist der Antrag unzulässig (BGH BB 02, 963).

2 **2. Begründetheit des Antrags. – a) Kein Aufhebungsgrund** (§ 1059 Abs 2) darf bestehen (Abs 2 S 1). Prüfung von Amts wegen (arg: § 1063 Abs 2 aE). Dabei dürfen wegen entgegenstehender Rechtskraft Aufhebungsgründe nicht berücksichtigt werden, soweit ein auf sie gestützter Aufhebungsantrag im Zeitpunkt des Antrags auf Vollstreckbarerklärung (richtig wohl: im Zeitpunkt der Entscheidung darüber) rechtskräftig abgewiesen ist; vorher ist Aussetzung des Verfahrens bis zur Entscheidung über den Aufhebungsantrag zulässig, § 148. Aufhebungsgründe nach § 1059 Abs 2 Nr 1 sind nicht zu berücksichtigen, wenn sie durch ungenutzten Ablauf der in § 1059 Abs 3 bestimmten Frist zur Stellung des Aufhebungsantrags präkludiert sind. Dagegen sind die Aufhebungsgründe in § 1059 Abs 2 Nr 2 (fehlende Schiedsfähigkeit, ordre public) immer, also auch noch nach Ablauf der genannten Frist von Amts wegen zu berücksichtigen (BGH NJW 01, 373). Analog den in § 1059 Abs 2 bezeichneten Aufhebungsgründen ist der Antrag auf Vollstreckbarerklärung abzulehnen, wenn zugunsten des Antragsgegners der Einwand der sittenwidrigen vorsätzlichen Schädigung (§ 826 BGB) durch Erschleichung des Schiedsspruchs oder durch Gebrauchmachen von ihm greift (BGH NJW 01, 373). Betrifft ein Aufhebungsgrund nur einen Teil des Schiedsspruchs, kann der andere Teil (§ 301 Rn 1–3) für vollstreckbar erklärt werden (BGH DB 80, 873).

3 **b) Materiellrechtliche Einwendungen** gegen den im Schiedsspruch zuerkannten Anspruch selbst, die in den Anwendungsbereich der Vollstreckungsabwehrklage fallen, sind entgegen der Rspr zum früheren Recht (BGH 38, 259, NJW 90, 3210, WM 97, 1720) **nicht mehr zulässig,** weil in Abs 2 nicht genannt, weil über sie systemwidrig das Obergericht als Eingangsgericht in einziger Tatsacheninstanz im

Beschlussverfahren zu entscheiden hätte, §§ 1062 Abs 1 Nr 4, 1063 Abs 1, und das Rechtsmittel gegen die Entscheidung beschränkt ist, § 1065. Es bleibt nur noch Vollstreckungsabwehrklage (BayObLG NJW-RR 00, 1359, Stuttgart MDR 01, 595; aA MüKoMünch 14, MuVoit 12). Wagner JZ 00, 1171 meint, sie sei entweder beim Schiedsgericht oder beim OLG (BayObLG) als dem Gericht des 1. Rechtszugs zu erheben, also könne der Einwand auch im Vollstreckbarerklärungsverfahren erhoben werden. Eine entsprechende Anwendung des § 797 Abs 5 (allgemeiner Gerichtsstand des Schuldners, ersatzweise Gerichtsstand des Vermögens) lehnt er ab. Dagegen Peters JZ 01, 59: nur Vollstreckungsabwehrklage. Zuständig ist entweder das Schiedsgericht, wenn die Gegenforderung (Aufrechnung) der Schiedsvereinbarung unterliegt oder, wenn nicht: AG oder LG (je nach Streitwert) in entsprechender Anwendung der Zuständigkeitskriterien des § 1062 Abs 1, 2. Wagner JZ 01, 599 „Schlusswort" bleibt bei seiner Meinung, meint aber, Peters habe de lege ferenda „viel für sich". Zur sittenwidrigen Schädigung s Rn 2.

c) Beweislast § 1059 Rn 6.   **4**

3. Verfahren. Zuständigkeit § 1062. Beschlussverfahren §§ 1063, **5**
1064. Rechtsmittel § 1065.

4. Ablehnender Beschluss. Ein unzulässiger oder unbegründeter **6** Antrag ist, ggf nach Hinweis gemäß § 139, unter Aufhebung des Schiedsspruchs, wenn ein Aufhebungsgrund gemäß § 1059 Abs 2 vorliegt, abzulehnen. Er ist ohne weiteres vorläufig vollstreckbar (§§ 1065 Abs 1, 794 Abs 1 Nr 3).

5. Stattgebender Beschluss. Er lautet etwa: Der Schiedsspruch **7** (genaue Bezeichnung, am besten mit Wiedergabe der Formel) ist vollstreckbar. Mit Rechtskraft oder vorläufiger Vollstreckbarkeit wird er zum Vollstreckungstitel (§ 794 Abs 1 Nr 4 a). Er ist seinerseits ohne Sicherheitsleistung für vorläufig vollstreckbar zu erklären, § 1064 Abs 2. Mit seiner Rechtskraft ist jede Anfechtung des Schiedsspruchs, auch einredeweise, ausgeschlossen. Erst dann ist die rechtsgestaltende Auflösung einer Gesellschaft durch Schiedsspruch im Handelsregister einzutragen (BayObLG BB 84, 746; aA ZöGeimer 2, Vollmer BB 84, 1774, Borges ZZP 111, 487 [501]. Für und gegen andere Personen als die Parteien des Schiedsverfahrens kann der Schiedsspruch in Analogie zu §§ 727 ff für vollstreckbar erklärt werden (BGH MDR 69, 567).

6. Kosten, Streitwert, Gebühren § 1063 Rn 5.   **8**

7. Andere Rechtsbehelfe. Der Gläubiger kann wegen der Rechts- **9** kraftwirkung des Schiedsspruchs (§ 1055) nicht aus dem zugrunde liegenden materiellen Rechtsverhältnis und mangels Rechtsschutzbedürfnis weder auf Erfüllung des Schiedsspruchs noch auf Feststellung seiner Wirksamkeit klagen. Einer Vollstreckungsgegenklage des Schuldners fehlt ab Antragstellung auf Vollstreckbarerklärung des Schiedsspruchs das Rechtsschutzbedürfnis (BGH 38, 259, 262). Wegen Einwendungen, die nach der Vollstreckbarerklärung entstanden sind, ist sie in den Grenzen des § 767 zulässig.

§ 1061 Ausländische Schiedssprüche

(1) [1] Die Anerkennung und Vollstreckung ausländischer Schiedssprüche richtet sich nach dem Übereinkommen vom 10. Juni 1958 über die Anerkennung und Vollstreckung ausländischer Schiedssprüche (BGBl. 1961 II S. 121). [2] Die Vorschriften in anderen Staatsverträgen über die Anerkennung und Vollstreckung von Schiedssprüchen bleiben unberührt.

(2) Ist die Vollstreckbarerklärung abzulehnen, stellt das Gericht fest, daß der Schiedsspruch im Inland nicht anzuerkennen ist.

(3) Wird der Schiedsspruch, nachdem er für vollstreckbar erklärt worden ist, im Ausland aufgehoben, so kann die Aufhebung der Vollstreckbarerklärung beantragt werden.

UN-Übereinkommen über die Anerkennung und Vollstreckung ausländischer Schiedssprüche vom 10. 6. 58, BGBl 61 II S. 122

Art. I. (1) [1] Dieses Übereinkommen ist auf die Anerkennung und Vollstreckung von Schiedssprüchen anzuwenden, die in Rechtsstreitigkeiten zwischen natürlichen oder juristischen Personen in dem Hoheitsgebiet eines anderen Staates als desjenigen ergangen sind, in dem die Anerkennung und Vollstreckung nachgesucht wird. [2] Es ist auch auf solche Schiedssprüche anzuwenden, die in dem Staat, in dem ihre Anerkennung und Vollstreckung nachgesucht wird, nicht als inländische anzusehen sind.

(2) Unter „Schiedssprüchen" sind nicht nur Schiedssprüche von Schiedsrichtern, die für eine bestimmte Sache bestellt worden sind, sondern auch solche eines ständigen Schiedsgerichtes, dem sich die Parteien unterworfen haben, zu verstehen.

(3) [1] Jeder Staat, der dieses Übereinkommen unterzeichnet oder ratifiziert, ihm beitritt oder dessen Ausdehnung gemäß Artikel X notifiziert, kann gleichzeitig auf der Grundlage der Gegenseitigkeit erklären, daß er das Übereinkommen nur auf die Anerkennung und Vollstreckung solcher Schiedssprüche anwenden werde, die in dem Hoheitsgebiet eines anderen Vertragsstaates ergangen sind. [2] Er kann auch erklären, daß er das Übereinkommen nur auf Streitigkeiten aus solchen Rechtsverhältnissen, sei es vertraglicher oder nicht vertraglicher Art, anwenden werde, die nach seinem innerstaatlichen Recht als Handelssachen angesehen werden.

Art. II. (1) Jeder Vertragsstaat erkennt eine schriftliche Vereinbarung an, durch die sich die Parteien verpflichten, alle oder einzelne Streitigkeiten, die zwischen ihnen aus einem bestimmten Rechtsverhältnis, sei es vertraglicher oder nichtvertraglicher Art, bereits entstanden sind oder etwa künftig entstehen, einem schiedsrichterlichen Verfahren zu unterwerfen, sofern der Gegenstand des Streites auf schiedsrichterlichem Wege geregelt werden kann.

(2) Unter einer „schriftlichen Vereinbarung" ist eine Schiedsklausel in einem Vertrag oder eine Schiedsabrede zu verstehen, sofern der Vertrag oder die Schiedsabrede von den Parteien unterzeichnet oder in Briefen oder Telegrammen enthalten ist, die sie gewechselt haben.

(3) Wird ein Gericht eines Vertragsstaates wegen eines Streitgegenstandes angerufen, hinsichtlich dessen die Parteien eine Vereinbarung im Sinne dieses Artikels getroffen haben, so hat das Gericht auf Antrag einer der Parteien sie auf das schiedsrichterliche Verfahren zu verweisen, sofern es nicht feststellt, dass die Vereinbarung hinfällig, unwirksam oder nicht erfüllbar ist.

Art. III. [1] Jeder Vertragsstaat erkennt Schiedssprüche als wirksam an und läßt sie nach den Verfahrensvorschriften des Hoheitsgebietes in dem der Schiedsspruch geltend gemacht wird, zur Vollstreckung zu, sofern die in den folgenden Artikeln festgelegten Voraussetzungen gegeben sind. [2] Die Anerkennung oder Vollstreckung von Schiedssprüchen, auf die dieses Übereinkommen anzuwenden ist, darf weder wesentlich strengeren Verfahrensvorschriften noch wesentlich höheren Kosten unterliegen als die Anerkennung oder Vollstreckung inländischer Schiedssprüche.

Art. IV. (1) Zur Anerkennung und Vollstreckung, die im vorangehenden Artikel erwähnt wird, ist erforderlich, daß die Partei, welche die Anerkennung und Vollstreckung nachsucht, zugleich mit ihrem Antrag vorlegt:
a) die gehörig legalisierte (beglaubigte) Urschrift des Schiedsspruches oder eine Abschrift, deren Übereinstimmung mit einer solchen Urschrift ordnungsgemäß beglaubigt ist;
b) die Urschrift der Vereinbarung im Sinne des Artikel II oder eine Abschrift, deren Übereinstimmung mit einer solchen Urschrift ordnungsgemäß beglaubigt ist.

(2) [1] Ist der Schiedsspruch oder die Vereinbarung nicht in einer amtlichen Sprache des Landes abgefaßt, in dem der Schiedsspruch geltend gemacht wird, so hat die Partei, die seine Anerkennung und Vollstreckung nachsucht, eine Übersetzung der erwähnten Urkunden in diese Sprache beizubringen.

[2] Die Übersetzung muß von einem amtlichen oder beeidigten Übersetzer oder von einem diplomatischen oder konsularischen Vertreter beglaubigt sein.

Art. V. (1) Die Anerkennung und Vollstreckung des Schiedsspruches darf auf Antrag der Partei, gegen die er geltend gemacht wird, nur versagt werden, wenn diese Partei der zuständigen Behörde des Landes, in dem die Anerkennung und Vollstreckung nachgesucht wird, den Beweis erbringt,

a) daß die Parteien, die eine Vereinbarung im Sinne des Artikel II geschlossen haben, nach dem Recht, das für sie persönlich maßgebend ist, in irgend einer Hinsicht hierzu nicht fähig waren, oder daß die Vereinbarung nach dem Recht, dem die Parteien sie unterstellt haben, oder falls die Parteien hierüber nichts bestimmt haben, nach dem Recht des Landes, in dem der Schiedsspruch ergangen ist, ungültig ist, oder

b) daß die Partei, gegen die der Schiedsspruch geltend gemacht wird, von der Bestellung des Schiedsrichters oder von dem schiedsrichterlichen Verfahren nicht gehörig in Kenntnis gesetzt worden ist oder daß sie aus einem anderen Grund ihre Angriffs- oder Verteidigungsmittel nicht hat geltend machen können, oder

c) daß der Schiedsspruch eine Streitigkeit betrifft, die in der Schiedsabrede nicht erwähnt ist oder nicht unter die Bestimmungen der Schiedsklausel fällt, oder daß er Entscheidungen enthält, welche die Grenzen der Schiedsabrede oder der Schiedsklausel überschreiten; kann jedoch der Teil des Schiedsspruches, der sich auf Streitpunkte bezieht, die dem schiedsrichterlichen Verfahren unterworfen waren, von dem Teil, der Streitpunkte betrifft, die ihm nicht unterworfen waren, getrennt werden, so kann der erstgenannte Teil des Schiedsspruches anerkannt und vollstreckt werden, oder

d) daß die Bildung des Schiedsgerichtes oder das schiedsrichterliche Verfahren der Vereinbarung der Parteien oder, mangels einer solchen Vereinbarung, dem Recht des Landes, in dem das schiedsrichterliche Verfahren stattfand, nicht entsprochen hat, oder

e) daß der Schiedsspruch für die Parteien noch nicht verbindlich geworden ist oder daß er von einer zuständigen Behörde des Landes, in dem oder nach dessen Recht er ergangen ist, aufgehoben oder in seinen Wirkungen einstweilen gehemmt worden ist.

(2) Die Anerkennung und Vollstreckung eines Schiedsspruches darf auch versagt werden, wenn die zuständige Behörde des Landes, in dem die Anerkennung und Vollstreckung nachgesucht wird, feststellt,

a) daß der Gegenstand des Streites nach dem Recht dieses Landes nicht auf schiedsrichterlichem Wege geregelt werden kann, oder

b) daß die Anerkennung oder Vollstreckung des Schiedsspruches der öffentlichen Ordnung dieses Landes widersprechen würde.

Art. VI. Ist bei der Behörde, die im Sinne des Artikels V Absatz 1 Buchstabe e) zuständig ist, ein Antrag gestellt worden, den Schiedsspruch aufzuheben oder ihn in seinen Wirkungen einstweilen zu hemmen, so kann die Behörde, vor welcher der Schiedsspruch geltend gemacht wird, sofern sie es für angebracht hält, die Entscheidung über den Antrag, die Vollstreckung zuzulassen, aussetzen; sie kann aber auch auf Antrag der Partei, welcher die Vollstreckung des Schiedsspruches begehrt, der anderen Partei auferlegen, angemessene Sicherheit zu leisten.

Art. VII. (1) Die Bestimmungen dieses Übereinkommens lassen die Gültigkeit mehrseitiger oder zweiseitiger Verträge, welche die Vertragsstaaten über die Anerkennung und Vollstreckung von Schiedssprüchen geschlossen haben, unberührt und nehmen keiner beteiligten Partei das Recht, sich auf einen Schiedsspruch nach Maßgabe des innerstaatlichen Rechts oder der Verträge des Landes, in dem er geltend gemacht wird, zu berufen.

(2) Das Genfer Protokoll über die Schiedsklauseln von 1923 und das Genfer Abkommen zur Vollstreckung ausländischer Schiedssprüche von 1927 treten zwischen den Vertragsstaaten in dem Zeitpunkt und in dem Ausmaß außer Kraft, in dem dieses Übereinkommen für sie verbindlich wird.

1. Ausländischer Schiedsspruch. – a) Ausländisch ist er nach 1 dem Territorialprinzip (§ 1025 Rn 1), wenn der Ort des Schiedsverfahrens (§ 1043 Abs 1) nicht in Deutschland liegt, auch dann, wenn die Parteien für das Schiedsverfahren im Ausland deutsches Verfahrensrecht vereinbart haben. Auf das angewandte oder anzuwendende materielle Recht kommt es nicht an. – **b) Schiedsspruch.** Es muss sich inhaltlich 2 um einen solchen handeln (§ 1054 Rn 1). Er muss verbindlich sein, Art V Abs 1 lit e UN-Übk. Das ist er, wenn er nach dem maßgebenden ausländischen Recht keinem Rechtsbehelf an ein Schiedsober- oder staatliches Gericht mehr unterliegt (BGH WM 01, 971). Die selbständige Möglichkeit, ihn durch einen dem § 1059 entsprechenden Aufhebungsantrag zu beseitigen, ändert nichts an der Verbindlichkeit (BGH 52, 184, NJW 84, 2763). – **c)** Ist eine **Exequaturentscheidung** 3 eines ausländischen Gerichts ergangen, die den Schiedsspruch bestätigt und die darin ausgesprochene Verurteilung enthält, so hat die obsiegende Partei die Wahl, Schiedsspruch oder Exequaturentscheidung für vollstreckbar erklären zu lassen (BGH NJW 84, 2763: New York).

4   **2. Vollstreckbarerklärung nach dem UN-Übereinkommen über die Anerkennung und Vollstreckung ausländischer Schiedssprüche. – a) Vertragsstaaten.** Ihre Aufzählung ist entbehrlich, weil in der Anwendbarkeit auf sie und auf Nichtvertragsstaaten kein Unter-
5 schied besteht (Rn 5). – **b) Anwendungsbereich.** Es gilt für alle ausländischen Schiedssprüche in Handels- und anderen Streitigkeiten und zwar im Verhältnis zu den Vertragsstaaten des Übk staatsvertraglich, zu den Nicht-Vertragsstaaten als nationales Recht. Den Vertragsstaatenvorbehalt hat die Bundesregierung zurückgenommen (BGBl II 99, 7). –
6 **c) Voraussetzungen** für die Anerkennung (bei nicht vollstreckungsfähigem Inhalt) und Vollstreckbarerklärung. Nach **Art IV** des Übk sind die legalisierte Urschrift des Schiedsspruchs oder eine ordnungsgemäß beglaubigte Abschrift davon und die Schiedsvereinbarung (Schriftform gem Art II vgl § 1031, Hamburg NJW-RR 99, 1738) in beglaubigter Ur- oder Abschrift je mit deutscher Übersetzung gemäß Abs 2 vorzulegen, wobei allerdings das Günstigkeitsprinzip (Rn 7) zu beachten ist (BayObLG 00, 233). Beglaubigte deutsche Übersetzung § 142 Abs 3. Abs 1 lit a ist bloße Beweismittelregelung für die Existenz und Authentizität des Schiedsspruchs. Sind sie unstreitig, so genügt die Vorlage einer beglaubigten, wenn auch nicht von einer legalisierten Urschrift gefertigten Abschrift (BGH NJW 00, 3650). Ebenso kann von der Vorlage der Schiedsvereinbarung abgesehen werden, wenn der Gegner deren behaupteten Inhalt nicht bestreitet (BGH WM 01, 971). **Art V** bestimmt, dass die Vollstreckbarerklärung nur aus den dort genannten Gründen versagt werden darf. Da § 1059 dem Art V des Übk nachgebildet ist, decken sich mit im Wesentlichen redaktionellen Abweichungen die Versagungsgründe in Abs 1 a bis d und Abs 2 inhaltlich mit den Versagungsgründen für inländische Schiedssprüche (§ 1060 Abs 2 S 1), die ihrerseits auf die Aufhebungsgründe in § 1059 Abs 2 Nr 1 a bis d, Nr 2 verweisen (dort Rn 7 ff). Abweichend von § 1059 Abs 2 Nr 1 a, d ist in Art V Abs 1 a, d das ausländische Recht maßgebend, falls nicht die Parteien deutsches Recht vereinbart haben. Unter dem Gesichtspunkt des ordre public können Ablehnungsgründe wegen Befangenheit eines Schiedsrichters nur geltend gemacht werden, wenn dies im ausländischen Schiedsverfahren oder vor den Gerichten des Erlassstaates unmöglich oder erfolglos versucht worden sind; außerdem muss erwiesen sein, dass der befangene Schiedsrichter gegenüber einer Partei voreingenommen war und sich bei seiner Entscheidung hiervon hat leiten lassen (BGH NJW-RR 01, 1059). Hinzu kommt der Versagungsgrund in Abs 1 e. Verbindlichkeit s oben Rn 2. Einem ausländischen Schiedsspruch darf auch gegenüber nicht börsentermingeschäftsfähigen Inländern die Anerkennung nicht mehr wegen Nichtbeachtung des Differenzeinwands versagt werden (BGH 138, 331).

7   **3. Vollstreckbarerklärung nach anderen Staatsverträgen und nach nationalem Recht** (§ 1064 Abs 1) bleibt gemäß § 1061 Abs 1 S 2, Art VII S 1 des Übk möglich. Soweit andere Staatsverträge nicht durch das Übk mit seinem umfassenden Anwendungsbereich (Rn 5) gegenstandslos geworden sind, gilt das Meistbegünstigungsprinzip, wonach das anerkennungsfreundlichere Regelwerk anzuwenden ist (BayObLG 00, 233, Gottwald/Adolphsen DStR 98, 1017). An Staatsverträgen bestehen: – **a) Multilaterale Verträge. Genfer Protokoll** 8 **über die Schiedsklauseln im Handelsverkehr** vom 24. 9. 23 (RGBl 25 II 47); **Genfer Abkommen zur Vollstreckung ausländischer** 9 **Schiedssprüche** vom 26. 9. 27 (RGBl 30 II 1068), gültig zwischen BRD und Anguilla, Bahamas, Malta, Mauritius, Myanmar, Pakistan. Im Übrigen wegen Art VII Abs 2 des nachfolgend genannten Übereinkommens nicht mehr anwendbar. **Europäisches Übereinkommen** 10 **über die internationale Handelsschiedsgerichtsbarkeit** vom 21. 4. 61 (BGBl 64 II 425). Das Übk ist für die *Bundesrepublik Deutschland* am 25. 1. 65 im Verhältnis zu *Bulgarien, Jugoslawien, Österreich, Polen, Rumänien,* der ehemaligen *Sowjetunion (Ukraine, Weißrussland),* der vormaligen *Tschechoslowakei* und *Ungarn* in Kraft getreten (Bek v 21. 1. 65, BGBl II, S 107). Es gilt heute ferner für *Burkina Faso* (seit 26. 4. 65, BGBl II, S 1598), *Kuba* (seit 30. 11. 65, BGBl 67 II S 2156), *Frankreich* (seit 16. 3. 67, BGBl II, S 1194), *Italien* (seit 1. 11. 70, BGBl 71 II, S 230), *Dänemark* (seit 22. 3. 73, BGBl II, S 160), *Spanien* (seit 10. 8. 75, BGBl II, S 929), *Belgien (seit 7. 1. 76, BGBl II, S 138), Luxemburg* (seit 24. 6. 82, BGBl II, S 671), die *Russische Föderation* (seit 24. 12. 91, BGBl 92 II, S 1016), die *Türkei* (seit 23. 4. 92, BGBl 93 II, S 14), *Slowenien* (seit 25. 6. 91, BGBl 93 II, S 196), *Mazedonien* (seit 17. 9. 91, BGBl 94 II, S 3691), *Kroatien* (seit 8. 10. 91, BGBl 94 II, S 978), *Bosnien-Herzegowina* (seit 6. 3. 92, BGBl 94 II, S 978), die *Slowakei* und die *Tschechische Republik* (jeweils seit 1. 1. 93, BGBl 94 II, S 978), *Kasachstan* (seit 18. 2. 96, BGBl II S 1197), *Brunei Darussalam (*seit 23. 10. 96, BGBl II S 2794), *Moldau,* Republik (seit 3. 6. 98, BGBl II S 1175, *Albanien* (seit 25. 9. 01, BGBl II S 864). – **b) Zweiseitige** 11 **Verträge** § 328 Rn 37 ff.

4. Verfahren. Zuständigkeit § 1062. Beschlussverfahren §§ 1063, 12 1064, Rechtsmittel § 1065.

5. Entscheidung. Im ablehnenden Beschluss ist abweichend von 13 § 1060 Rn 6 festzustellen, dass der Schiedsspruch im Inland nicht anzuerkennen ist (Abs 2). Stattgebender Beschluss wie § 1060 Rn 7.

6. Aufhebung der Vollstreckbarerklärung gemäß Abs 3 auf An- 14 trag, wenn der Schiedsspruch im Ausland aufgehoben wird; gemeint ist das Ursprungsland (Borges ZZP 111, 487/510). Beschlussverfahren gemäß §§ 1062 ff, eine Antragsfrist besteht nicht.

Abschnitt 9. Gerichtliches Verfahren

§ 1062 Zuständigkeit

(1) **Das Oberlandesgericht, das in der Schiedsvereinbarung bezeichnet ist oder, wenn eine solche Bezeichnung fehlt, in**

dessen Bezirk der Ort des schiedsrichterlichen Verfahrens liegt, ist zuständig für Entscheidungen über Anträge betreffend

1. die Bestellung eines Schiedsrichters (§§ 1034, 1035), die Ablehnung eines Schiedsrichters (§ 1037) oder die Beendigung des Schiedsrichteramtes (§ 1038);

2. die Feststellung der Zulässigkeit oder Unzulässigkeit eines schiedsrichterlichen Verfahrens (§ 1032) oder die Entscheidung eines Schiedsgerichts, in der dieses seine Zuständigkeit in einem Zwischenentscheid bejaht hat (§ 1040);

3. die Vollziehung, Aufhebung oder Änderung der Anordnung vorläufiger oder sichernder Maßnahmen des Schiedsgerichts (§ 1041);

4. die Aufhebung (§ 1059) oder die Vollstreckbarerklärung des Schiedsspruchs (§§ 1060 ff.) oder die Aufhebung der Vollstreckbarerklärung (§ 1061).

(2) Besteht in den Fällen des Absatzes 1 Nr. 2 erste Alternative, Nr. 3 oder Nr. 4 kein deutscher Schiedsort, so ist für die Entscheidungen das Oberlandesgericht zuständig, in dessen Bezirk der Antragsgegner seinen Sitz oder gewöhnlichen Aufenthalt hat oder sich Vermögen des Antragsgegners oder der mit der Schiedsklage in Anspruch genommene oder von der Maßnahme betroffene Gegenstand befindet, hilfsweise das Kammergericht.

(3) In den Fällen des § 1025 Abs. 3 ist für die Entscheidung das Oberlandesgericht zuständig, in dessen Bezirk der Kläger oder der Beklagte seinen Sitz oder seinen gewöhnlichen Aufenthalt hat.

(4) Für die Unterstützung bei der Beweisaufnahme und sonstige richterliche Handlungen (§ 1050) ist das Amtsgericht zuständig, in dessen Bezirk die richterliche Handlung vorzunehmen ist.

(5) [1] Sind in einem Land mehrere Oberlandesgerichte errichtet, so kann die Zuständigkeit von der Landesregierung durch Rechtsverordnung einem Oberlandesgericht oder dem obersten Landesgericht übertragen werden; die Landesregierung kann die Ermächtigung durch Rechtsverordnung auf die Landesjustizverwaltung übertragen. [2] Mehrere Länder können die Zuständigkeit eines Oberlandesgerichts über die Ländergrenzen hinaus vereinbaren.

1 **1. Zuständigkeit der Oberlandesgerichte.** Die Mitwirkung staatlicher Gerichte im Schiedsgerichtsverfahren ist gemäß § 1026 auf die im Buch 10 vorgesehenen Fälle beschränkt. Abs 1 Nr 1–4 bestimmt abschließend und zwingend die erstinstanzielle Zuständigkeit der Oberlandesgerichte; s auch Rn 9. Verfahren §§ 1063 ff, Rechtsmittel § 1065.

2. Örtliche Zuständigkeit des OLG. – **a) Primär** das in der 2
Schiedsvereinbarung konkret (BayObLG NJW-RR 02, 934) bezeichnete. Die Vereinbarung kann auch später getroffen werden, ihre Wirksamkeit sollte nicht an der Formvorschrift in § 1031 scheitern. – **b) Man-** 3
gels wirksamer Parteivereinbarung das OLG, in dessen Bezirk der
Ort des schiedsrichterlichen Verfahrens liegt (§ 1043 Abs 1). – **c) Be-**
steht kein deutscher Schiedsort (Abs 2 mit den dort geannten Fäl- 4
len), ist örtlich wahlweise das OLG zuständig, in dessen Bezirk eines
der in Abs 2 bezeichneten Merkmale zutrifft. Sitz und gewöhnlicher
Aufenthalt § 1025 Rn 3, Vermögen § 23 Rn 6. Der mit der Schiedsklage in Anspruch genommene Gegenstand (zB die herausverlangte Sache) muss nicht identisch sein mit dem Streitgegenstand iS der Einl II
(zB der Anspruch auf Herausgabe), er kann es aber (zB bei der Eigen-
tumsfeststellungsklage). Trifft keines der verlangten Merkmale zu, ist
das KG zuständig. – **d) Ist der Schiedsort noch unbestimmt** (Abs 3), 5
weil das Schiedsgericht ihn noch nicht bestimmt hat (§ 1043 Abs 1
S 2), wahlweise das OLG, in dessen Bezirk Kläger oder Beklagter
Wohnsitz, Sitz oder gewöhnlichen Aufenthalt hat (§ 1025 Rn 3).

3. Zuständigkeit des AG. – a) Sachlich in den Fällen des § 1050 6
S 1 (dort Rn 1). – **b) Örtlich** das AG, in dessen Bezirk die richterliche 7
Handlung vorzunehmen ist. – **c) Verfahren** § 1050.

4. Konzentrationsermächtigung in Abs 5. In Bayern seit 1. 7. 98 8
Oberstes Landesgericht, § 6 a Gerichtliche ZuständigkeitsVO idF vom
15. 6. 98 (GVBl S 356).

§ 1063 Allgemeine Vorschriften

(1) [1]Das Gericht entscheidet durch Beschluß. [2]Vor der Entscheidung ist der Gegner zu hören.

(2) Das Gericht hat die mündliche Verhandlung anzuordnen,
wenn die Aufhebung des Schiedsspruchs beantragt wird oder
wenn bei einem Antrag auf Anerkennung oder Vollstreckbarerklärung des Schiedsspruchs Aufhebungsgründe nach § 1059
Abs. 2 in Betracht kommen.

(3) [1]Der Vorsitzende des Zivilsenats kann ohne vorherige
Anhörung des Gegners anordnen, daß der Antragsteller bis zur
Entscheidung über den Antrag die Zwangsvollstreckung aus
dem Schiedsspruch betreiben oder die vorläufige oder sichernde Maßnahme des Schiedsgerichts nach § 1041 vollziehen darf.
[2]Die Zwangsvollstreckung aus dem Schiedsspruch darf nicht
über Maßnahmen zur Sicherung hinausgehen. [3]Der Antragsgegner ist befugt, die Zwangsvollstreckung durch Leistung
einer Sicherheit in Höhe des Betrages, wegen dessen der Antragsteller vollstrecken kann, abzuwenden.

(4) **Solange eine mündliche Verhandlung nicht angeordnet ist, können zu Protokoll der Geschäftsstelle Anträge gestellt und Erklärungen abgegeben werden.**

1   **1. Beschlussverfahren** (Abs 1, 2) vor dem OLG mit rechtlichem Gehör bei in der Regel freigestellter mündlicher Verhandlung (§ 128 Rn 11–19). Notwendige mündliche Verhandlung (§ 128 Rn 1–10) stets bei Antrag auf Aufhebung eines Schiedsspruchs im förmlichen Aufhebungsverfahren nach § 1059 Abs 1 (BGH 142, 204) und im Anerkennungs- und Vollstreckbarerklärungsverfahren immer dann, wenn Aufhebungsgründe in Betracht kommen (BayObLG NJW-RR 00, 807), dh entweder gemäß § 1059 Abs 2 Nr 1 begründet geltend gemacht (BGH 142, 204) oder gemäß Nr 2 von Amts wegen zu beachten sind. Anwaltszwang besteht erst ab Anordnung mündlicher Verhandlung, Abs 4 mit § 78 Abs 3. **Entscheidung** stets durch Beschluss (Abs 1, § 329). In den Fällen des § 1062 Abs 2 Nr 2 und 4 muss der Beschluss die tatsächlichen Feststellungen enthalten, die für die rechtliche Beurteilung durch das Rechtsbeschwerdegericht (§ 1065) erforderlich sind (BGH 142, 204). – **Rechtsmittel** § 1065.

2   **2. Vorläufige Anordnungen des Vorsitzenden** (Abs 3) bis zur Entscheidung über den Antrag sind ohne rechtliches Gehör zulässig, sogar bei Antrag auf Aufhebung des Schiedsspruchs (§ 1062 Abs 1 Nr 4 1. Alternative) und bei Antrag auf Vollziehung, Aufhebung oder Änderung vorläufiger oder sichernder Maßnahmen des Schiedsgerichts **3** (§ 1062 Abs 1 Nr 3). – **a) Im erstgenannten Fall** kann der Vorsitzende die Zwangsvollstreckung aus dem noch nicht für vollstreckbar erklärten Schiedsspruch (§ 1060 Abs 1) zulassen, aber nicht über die Sicherung des Antragstellers hinaus, sie darf nicht zu seiner Befriedigung führen. Beispiel: Wegnahme der Sache durch den GerVollz, aber keine Herausgabe; Pfändung einer Forderung, aber keine Überweisung an Gläubiger. Abwendungsbefugnis des Antragsgegners bei ZwVollstr **4** wegen Geldforderung gemäß Abs 3 letzter Satz. – **b) Im zweitgenannten Fall** kann der Vorsitzende die Vollziehung der vom Schiedsgericht gemäß § 1041 Abs 1 angeordneten Maßnahme vorläufig zulassen.

5   **3. Kosten.** Ausspruch gemäß §§ 91 ff. – **Streitwert.** In den Fällen des § 1062 Abs 2 Nr 4 wie die Hauptsache, über die der Schiedsspruch erkannt hat (Frankfurt NJW 61, 735). Im Falle des § 1062 Abs 4 wie Hauptsache, soweit sie von der Beweisaufnahme oder sonstigen richterlichen Handlung betroffen ist. Im Falle des § 1062 Abs 2 Nr 3 nach § 3 zu schätzen, sinngemäß dort Rn 16, 52. In den Fällen des § 1062 Abs 2 Nr 1 und 2 ebenfalls nach § 3 zu schätzen, ein Bruchteil der Hauptsache. **Gebühren.** Nr 1630 ff KV, § 46 Abs 1 BRAGO.

§ 1064 Besonderheiten bei der Vollstreckbarerklärung von Schiedssprüchen

(1) ¹**Mit dem Antrag auf Vollstreckbarerklärung eines Schiedsspruchs ist der Schiedsspruch oder eine beglaubigte**

Abschrift des Schiedsspruchs vorzulegen. [2]**Die Beglaubigung kann auch von dem für das gerichtliche Verfahren bevollmächtigten Rechtsanwalt vorgenommen werden.**

(2) **Der Beschluß, durch den ein Schiedsspruch für vollstreckbar erklärt wird, ist für vorläufig vollstreckbar zu erklären.**

(3) **Auf ausländische Schiedssprüche sind die Absätze 1 und 2 anzuwenden, soweit Staatsverträge nicht ein anderes bestimmen.**

1. Absatz 1. Ein vorzulegendes Original des Schiedsspruchs hat die 1
Partei gem § 1054 Abs 4 in Händen. Beglaubigte Abschrift § 170
Rn 2–6, beglaubigen kann auch der RA im Vollstreckbarerklärungsverfahren.

2. Der Vollstreckungsbeschluss (§ 1060 Rn 7) ist gemäß Abs 2 2
seinerseits ohne Sicherheitsleistung für vorläufig vollstreckbar zu erklären und dem Schuldner von Amts wegen zuzustellen, dem Gläubiger mitzuteilen (§ 329 Abs 3, Abs 2 S 1). Zur ZwVollstr ist Vollstreckungsklausel nötig. Rechtsmittel § 1065.

3. Ausländische Schiedssprüche, Abs 3. Für sie gelten §§ 1061– 3
1065 (§ 1025 Abs 4), ergänzend die allgemeinen Vorschriften der ZPO, etwa zur Prozessvollmacht (BGH NJW-RR 02, 933), die Abs 1 und 2 sind anzuwenden; anderweitige Regelungen in Staatsverträgen gehen aber vor, wobei der Vorbehalt des günstigeren Rechts zu beachten ist (§ 1061 Rn 7 ff).

§ 1065 Rechtsmittel

(1) [1]**Gegen die in § 1062 Abs. 1 Nr. 2 und 4 genannten Entscheidungen findet die Rechtsbeschwerde statt.** [2]**Im Übrigen sind die Entscheidungen in den in § 1062 Abs. 1 bezeichneten Verfahren unanfechtbar.**

(2) [1]**Die Rechtsbeschwerde kann auch darauf gestützt werden, dass die Entscheidung auf einer Verletzung eines Staatsvertrages beruht.** [2]**Die §§ 707, 717 sind entsprechend anzuwenden.**

Die Neufassung gilt für Beschlüsse, die ab 1. 1. 2002 verkündet bzw der GeschSt übergeben worden sind, § 26 Nr 10 EG.

**1. Rechtsbeschwerde gegen Entscheidung des OLG gemäß 1
§ 1062 Abs 1 Nr 2 und 4.** Das sind Beschlüsse betreffend die (Un-)
Zulässigkeit des schiedsrichterlichen Verfahrens (§ 1032), einen Zwischenentscheid des Schiedsgerichts über seine Zuständigkeit (§ 1040), die Aufhebung oder Vollstreckbarerklärung des Schiedsspruchs (§§ 1059–1061), auch ein entsprechend § 280 nach abgesonderter Verhandlung über die Zulässigkeit eines Aufhebungsantrags ergangener Beschluss (BGH NJW 01, 3787), und die Aufhebung der Vollstreckbarerklärung (§ 1061 Abs 3). Im selben Umfang **Anschlussrechtsbe-**

2 **schwerde** gemäß § 574 Abs 4. **a) Statthaft,** Abs 1 S 1 unter den ein-
3 schränkenden Voraussetzungen in § 574 Abs 2. – **b) Einlegung**
schriftlich zum BGH durch einen dort zugelassenen RA (BGH DB 02,
1001) mit dem in § 575 Abs 1 S 2 vorgeschriebenen Inhalt. **Notfrist** ein Monat ab Zustellung des Beschlusses gemäß § 1062 Abs 1
4 Nr 2 oder 4. – **c) Begründung** schriftlich durch RA am BGH mit
dem in § 575 Abs 3, 4 vorgeschriebenen Inhalt. Die Rechtsbeschwerde
kann außer auf die in § 576 Abs 1 genannten Gründe zusätzlich auf die
Verletzung eines Staatsvertrages gestützt werden, § 1065 Abs 2. **Frist**
ein Monat ab Zustellung der angefochtenen Entscheidung, § 575 Abs 2
S 1, 2; auf Antrag verlängerbar, §§ 575 Abs 2 S 3, 551 Abs 2 S 5 und 6. –
5 **d) Verfahren.** Der BGH kann eine einstweilige Anordnung gemäß
§§ 575 Abs 5, 570 Abs 1 erlassen. Im Übrigen gelten die zwangsvollstreckungs- und schadensersatzrechtlichen Vorschriften, auf die
6 Abs 2 verweist. – **e) Umfang der Nachprüfung.** Nur rechtlich,
nämlich ob der angefochtene Beschluss auf einer Verletzung des Bundesrechts, einer anderen Vorschrift gemäß § 576 Abs 1 oder eines
Staatsvertrages beruht § 1065 Abs 2 S 1. Überprüfung nur im Rahmen
der gestellten Anträge, § 577 Abs 2 S 1 bei Bindung des BGH an den
im Beschluss des OLG und im Sitzungsprotokoll festgestellten Tatbestand, §§ 577 Abs 2 S 1, 2. Wie im Revisionsrechtszug sind neue Tatsachen, die die prozessuale Rechtslage erst während des Rechtsbeschwerdeverfahrens verändern oder die von Amts wegen zu prüfen
sind, zu berücksichtigen (BGH NJW 01, 1730). Für die Nachprüfbarkeit von Verfahrensmängeln gelten §§ 577 Abs 3, 574 Abs 4 S 2, 559. –
7 **f) Entscheidung** durch Beschluss (§ 577 Abs 6 S 1) mit folgenden
Möglichkeiten: Unzulässige Rechtsbeschwerde: § 577 Abs 1 S 2.
Unbegründete Rechtsbeschwerde: § 577 Abs 3. Begründete Rechtsbeschwerde: § 577 Abs 4, 5. Unbegründete Verfahrensrügen: §§ 577
Abs 6, 564.

8   2. **Unanfechtbar** sind gemäß Abs 1 S 2 alle anderen Entscheidungen, nämlich **Beschlüsse des OLG gemäß § 1062 Abs 1 Nr 1 und
3** über Anträge betreffend Bestellung (§§ 1034, 1035), Ablehnung eines
Schiedsrichters (§ 1037), Beendigung seines Amts (§ 1038) sowie vorläufige oder sichernde Maßnahmen des Schiedsgerichts (§ 1041).

Abschnitt 10. Außervertragliche Schiedsgerichte

§ 1066 Entsprechende Anwendung der Vorschriften des Zehnten Buch

**Für Schiedsgerichte, die in gesetzlich statthafter Weise durch
letztwillige oder andere nicht auf Vereinbarung beruhende
Verfügungen angeordnet werden, gelten die Vorschriften dieses Buches entsprechend.**

1. Anwendungsbereich. Inländische und ausländische Schiedsge- 1
richte, die durch privatrechtliche (BGH 48, 35/43), nicht-vertragliche
Rechtsgeschäfte angeordnet sind. Hierunter fallen vor allem Testa-
mente (eingehend Schulze MDR 00, 314) für Streitigkeiten zwischen
Erben untereinander, zwischen Erben und Vermächtnisnehmern, nicht
zwischen den Parteien eines Erbvertrags (Hamm NJW-RR 91, 455),
zwischen Erben und Nachlassgläubigern. Mit den dafür geltenden Beschränkungen, zB § 2065 BGB, kann der Testamentsvollstrecker zum
Schiedsrichter bestellt werden (RG 100, 76). Ferner Auslobung, Stif-
tungsakt; die Satzung von jur Personen für körperschaftsrechtliche
Streitigkeiten der jur Person mit ihren Mitgliedern (Hamm OLGZ 90,
453; aA EuGH RIW 92, 492 für Gerichtsstandsklausel); die Satzung
eines, auch nicht rechtsfähigen (BGH WM 79, 1428) Vereins, wobei
diese selbst oder eine zu ihrem Bestandteil gemachte Schiedsordnung
alle wesentlichen Punkte enthalten muss, insbesondere Zusammensetzung des Schiedsgerichts, Auswahl und Bestellung der Schiedsrichter
(BGH 88, 314, Hamm NJW-RR 93, 1535). Die nachträgliche Veränderung einer Vereinssatzung durch Einsetzung einer Schiedsklausel bindet grundsätzlich auch die Mitglieder, die nicht zugestimmt haben, weil
sie austreten können; anders ist dies, wenn das Mitglied diese Freiheit
nicht hat, auf die Mitgliedschaft angewiesen ist (BGH NJW 00, 1713
zum gleich lautenden früheren § 1048, MuVoit 8). – **Nicht hierunter** 2
fallen Schiedsklauseln in Satzungen für Individual- (Gegensatz: körperschaftsrechtliche) Streitigkeiten (BGH 38, 155) in Personen-Gesell-
schaftsverträgen, zB Beitritt zu PublikumsKG mit Schiedsklausel (BGH
NJW 80, 1049; aA K. Schmidt BB 01, 1857/1862). Schließlich durch
Gesetz oder Verordnung eingesetzte sog Schiedsgerichte.

2. Das zehnte Buch gilt entsprechend außer den Vorschriften, 3
die nach ihrem Zweck eine Schiedsvereinbarung voraussetzen. So
gelten nicht die Formvorschriften in § 1031, wohl aber die für das
Rechtsgeschäft selbst vorgeschriebene Form, zB Testament. § 1034
Abs 2 ist anwendbar, so mit Recht die überwiegende Meinung für den
vergleichbaren früheren § 1025 Abs 2.

Gesetz, betreffend die Einführung
der Zivilprozeßordnung

Vom 30. März 1877 (RGBl 244), zuletzt geändert durch Art 2
der Verordnung zur Ersetzung von Zinssätzen vom 5. 4. 2002
(BGBl I S 1250)

§ 1 [Inkrafttreten]

Die Zivilprozeßordnung tritt im ganzen Umfange des Reichs gleichzeitig mit dem Gerichtsverfassungsgesetz in Kraft.

§ 2 [Kostenwesen]

Das Kostenwesen in bürgerlichen Rechtsstreitigkeiten wird für den ganzen Umfang des Reichs durch eine Gebührenordnung geregelt.

§ 3 [Geltungsbereich der ZPO]

(1) Die Zivilprozeßordnung findet auf alle bürgerlichen Rechtsstreitigkeiten Anwendung, welche vor die ordentlichen Gerichte gehören.

(2) Insoweit die Gerichtsbarkeit in bürgerlichen Rechtsstreitigkeiten, für welche besondere Gerichte zugelassen sind, durch die Landesgesetzgebung den ordentlichen Gerichten übertragen wird, kann dieselbe ein abweichendes Verfahren gestatten.

§ 4 [Kein Ausschluss des Rechtsweges]

Für bürgerliche Rechtsstreitigkeiten, für welche nach dem Gegenstand oder der Art des Anspruchs der Rechtsweg zulässig ist, darf aus dem Grunde, weil als Partei der Fiskus, eine Gemeinde oder eine andere öffentliche Korporation beteiligt ist, der Rechtsweg durch die Landesgesetzgebung nicht ausgeschlossen werden.

§§ 5, 6 *(gegenstandslos)*

§ 7 [Oberstes Landesgericht; Rechtsmitteleinlegung]

(1) [1]Ist in einem Land auf Grund des § 8 des Einführungsgesetzes zum Gerichtsverfassungsgesetz für bürgerliche Rechtsstreitigkeiten ein oberstes Landesgericht eingerichtet, so entscheidet das Berufungsgericht, wenn es die Revision zulässt,

oder das Gericht, das die Rechtsbeschwerde zulässt, gleichzeitig über die Zuständigkeit für die Verhandlung und Entscheidung über das Rechtsmittel. [2] Die Entscheidung ist für das oberste Landesgericht und den Bundesgerichtshof bindend.

(2) [1] Die Nichtzulassungsbeschwerde, der Antrag auf Zulassung der Sprungrevision oder die Rechtsbeschwerde im Falle des § 574 Abs. 1 Nr. 1 der Zivilprozessordnung ist bei dem Bundesgerichtshof einzureichen. [2] Betreffen die Gründe für die Zulassung der Revision oder der Rechtsbeschwerde im Wesentlichen Rechtsnormen, die in den Landesgesetzen enthalten sind, so erklärt sich der Bundesgerichtshof durch Beschluss zur Entscheidung über die Beschwerde oder den Antrag für unzuständig und übersendet dem obersten Landesgericht die Prozessakten. [3] Das oberste Landesgericht ist an die Entscheidung des Bundesgerichtshofes über die Zuständigkeit gebunden. [4] Es gibt Gelegenheit zu einer Änderung oder Ergänzung der Begründung der Beschwerde oder des Antrags.

1 **1. Anwendungsbereich.** Ein oberstes Landesgericht ist nur in Bayern (BayObLG) errichtet (§ 8 Abs 1 EGGVG, Art 10, 11 BayAG-GVG), so dass § 7 nur für Rechtsmittel gegen die Entscheidungen der OLGe Bamberg, München, Nürnberg gilt. Übergangsrecht: § 26 Nr 7 EGZPO.

2 **2. Zulassung** (Abs 1) von Revisionen (§ 543 Abs 1 Nr 1) und Rechtsbeschwerden (§ 574 Abs 1 Nr 2; § 621e Abs 2 S 1 1. Hs Nr 1). Die gilt auch in streitigen Landwirtschaftssachen (§ 52 Abs 4 LwVG). –
3 **a) Zuständigkeit.** In denjenigen Fällen, in denen die Berufung bzw sofortige oder befristete Beschwerde zulässig war und das Berufungs- bzw Beschwerdegericht in der Sache entschieden hat, legt dieses Gericht bindend fest (S 2), ob das Rechtsmittel zum BGH oder zum Bay-ObLG einzulegen ist. Kriterium für die Abgrenzung der Zuständigkeit ist, ob durch die Entscheidung im Wesentlichen Bundes- oder Landes-
4 recht betroffen ist (vgl § 8 Abs 2 EGGVG). – **b) Entscheidung.** Diese ist idR im Tenor aufzunehmen, kann aber auch in den Gründen enthalten sein (BLAH 3). Erfolgt die Zulassung ohne Angabe des Revisions- oder Rechtsbeschwerdegerichts, kann dies durch Urteils- oder Beschlussberichtigung (§ 319 Abs 1) bindend nachgeholt werden. Bis dahin kann wegen des Meistbegünstigungsgrundsatzes (8 vor § 511) die Revision oder Rechtsbeschwerde zulässig zum BGH und zum Bay-ObLG eingelegt werden (allgM; BGH NJW 94, 1224). Mit Zustellung des Berichtigungsbeschlusses beginnt eine neue Begründungsfrist zu lau-
5 fen (BGH NJW 98, 3571). – **c) Prozesskostenhilfeantrag.** Dieser ist für eine beabsichtigte Revision (vgl § 117 Abs 1, § 119) bei dem Ge-
6 richt zu stellen, bei dem die Revision einzulegen wäre. – **d) Einlegung** des Rechtsmittels muss durch einen bei dem Gericht, zu dem die Revision oder Rechtsbeschwerde zugelassen wurde, zugelassenen Rechtsanwalt erfolgen (§ 78 Abs 1).

3. Nicht durch das OLG zulassungsbedürftige Rechtsmittel 7
(Abs 2). – **a) Zuständigkeit** (S 1). Die Nichtzulassungsbeschwerde
(§§ 543 Abs 1 Nr 2, 544, 621 e Abs 2 S 1 1. Hs Nr 2; wegen § 26 Nr 9
EGZPO findet diese in Familiensachen nicht für vor dem 1. 1. 07 ergangene Entscheidungen statt), die Rechtsbeschwerde (§ 574 Abs 1
Nr 1; hierunter fällt auch die Verwerfung der Berufung als unzulässig
durch Beschluss gem § 522 Abs 1) und der Antrag auf Zulassung der
Sprungrevision (§ 566) sind unmittelbar beim BGH durch einen dort
zugelassenen Rechtsanwalt (§ 78 Abs 1) einzulegen. Bis zur Entscheidung des BGH nach S 2 sind weitere Prozesshandlungen, wie zB Wie-
dereinsetzungsanträge, Rechtsmittelbegründungen, PKH-Anträge, Anschlussrechtsmittel, Anträge auf Einstellung der ZwangsVollstr dort
einzureichen. Die Einlegung des Rechtsmittels beim BayObLG wahrt
die Einlegungsfrist nicht. – **b) Entscheidung** des BGH (S 2, 3). Be- 8
trifft die Nichtzulassungsbeschwerde, die Sprungrevision oder die
Rechtsbeschwerde im Wesentlichen Normen des Landesrechts (§ 8
Abs 2 EGGVG), so stellt der BGH bindend (S 3) seine Unzuständigkeit
fest und übersendet die Akten dem BayObLG. Solange der BGH seine
Unzuständigkeit nicht festgestellt hat, ist er nicht gehindert, diese in
einem späteren Verfahrensstadium auszusprechen, wenn er feststellt, dass
die Revision im Wesentlichen Landesrecht betrifft. – **c) Verfahren** vor 9
dem BayObLG (S 4). Das Rechtsmittelverfahren wird dort nach Abgabe fortgesetzt. Anträge und Begründungen können durch einen beim
BayObLG zugelassenen Rechtsanwalt ergänzt oder geändert werden.

§ 8 *(aufgehoben durch Art 3 Nr 2 ZPO-RG)*

§ 9 [Bestimmung des zuständigen Gerichts]

**Das oberste Landesgericht für bürgerliche Rechtsstreitigkei-
ten bestimmt das zuständige Gericht auch dann, wenn nach
§ 36 Abs. 2 der Zivilprozeßordnung ein in seinem Bezirk gele-
genes Oberlandesgericht zu entscheiden hätte.**

Diese Regelung hängt damit zusammen, dass der BGH für die Ge- 1
richtsstandsbestimmungen (§ 36 Abs 1) nicht mehr zuständig ist, sondern das OLG, zu dessen Bezirk das zuerst mit der Sache befasste
Gericht gehört (§ 36 Abs 2). Ist dieses OLG ein bayerisches, ist das
BayObLG zuständig, auch im Verhältnis zu Gerichten anderer Bundesländer. Bayerische OLGe entscheiden in Zuständigkeitssachen des § 36
nur für Gerichte ihres Bezirks.

§ 10 *(gegenstandslos)*

§ 11 [Vorbehalt für landesrechtliche Aufgebotsverfahren]

**Die Landesgesetze können bei Aufgeboten, deren Zulässig-
keit auf landesgesetzlichen Vorschriften beruht, die Anwendung der Bestimmungen der Zivilprozeßordnung über das Auf-**

gebotsverfahren ausschließen oder diese Bestimmungen durch andere Vorschriften ersetzen.

§ 12 [Begriff des Gesetzes]

Gesetz im Sinne der Zivilprozeßordnung und dieses Gesetzes ist jede Rechtsnorm.

1   Die Vorschrift entspricht dem Art 2 EGBGB. Rechtsnorm (umfasst auch das EG-Recht): Das sind Gesetze im formellen Sinne einschließlich Staatsverträgen, RechtsVOen, autonomen Satzungen und Tarifverträgen; Gewohnheitsrecht.

§ 13 [Fortgeltung von Reichsgesetzen]

(1) Die prozeßrechtlichen Vorschriften der Reichsgesetze werden durch die Zivilprozeßordnung nicht berührt.

(Abs 2 bis 4 gegenstandslos)

1   Abs 1 gilt für alle Reichs- und Bundesgesetze, die in einzelnen Vorschriften prozessrechtlichen Inhalt haben, zB §§ 23–27 UWG.

§ 14 [Aufhebung landesrechtlicher Vorschriften]

(1) Die prozeßrechtlichen Vorschriften der Landesgesetze treten für alle bürgerlichen Rechtsstreitigkeiten, deren Entscheidung in Gemäßheit des § 3 nach den Vorschriften der Zivilprozeßordnung zu erfolgen hat, außer Kraft, soweit nicht in der Zivilprozeßordnung auf sie verwiesen oder soweit nicht bestimmt ist, daß sie nicht berührt werden.

(2) Außer Kraft treten insbesondere:
1. die Vorschriften über die bindende Kraft des strafgerichtlichen Urteils für den Zivilrichter;
2. die Vorschriften, welche in Ansehung gewisser Rechtsverhältnisse einzelne Arten von Beweismitteln ausschließen oder nur unter Beschränkungen zulassen;
3. die Vorschriften, nach welchen unter bestimmten Voraussetzungen eine Tatsache als mehr oder minder wahrscheinlich anzunehmen ist;
4. die Vorschriften über die Bewilligung von Moratorien, über die Urteilsfristen und über die Befugnisse des Gerichts, dem Schuldner bei der Verurteilung Zahlungsfristen zu gewähren;
5. die Vorschriften, nach welchen eine Nebenforderung als aberkannt gilt, wenn über dieselbe nicht entschieden ist.

§ 15 [Landesrechtliche Vorbehalte]

Unberührt bleiben:
1. die landesgesetzlichen Vorschriften über die Einstellung des Verfahrens für den Fall, daß ein Kompetenzkonflikt zwi-

schen den Gerichten und den Verwaltungsbehörden oder
Verwaltungsgerichten entsteht;
2. die landesgesetzlichen Vorschriften über das Verfahren bei
Streitigkeiten, welche die Zwangsenteignung und die Entschädigung wegen derselben betreffen;
3. die landesgesetzlichen Vorschriften über die Zwangsvollstreckung wegen Geldforderungen gegen einen Gemeindever-
band oder eine Gemeinde, soweit nicht dingliche Rechte
verfolgt werden;
4. die landesgesetzlichen Vorschriften, nach welchen auf die
Zwangsvollstreckung gegen einen Rechtsnachfolger des
Schuldners, soweit sie in das zu einem Lehen, mit Einschluß
eines allodifizierten Lehens, zu einem Stammgute, Famili-
enfideikommiß oder Anerbengute gehörende Vermögen
stattfinden soll, die Vorschriften über die Zwangsvollstreckung gegen einen Erben des Schuldners entsprechende
Anwendung finden.

Nr 1 ist gegenstandslos infolge der neugefassten §§ 17–17b GVG. **1**
Nr 2. Die Geltung dieser Vorschrift ist durch Art 14 Abs 3 GG nur
eingeschränkt. Insbes bleiben Ausschlussfristen und ausschließliche Gerichtsstände möglich. **Nr 3.** Es gilt § 882a, aber nur für Geldforderungen. Für andere ZwVollstr (Herausgabe, Unterlassung usw) gelten die
§§ 883–897. **Nr 4** ist praktisch gegenstandslos.

§ 15a [Außergerichtliche Streitbeilegung]

(1) [1]Durch Landesgesetz kann bestimmt werden, dass die Erhebung der Klage erst zulässig ist, nachdem von einer durch
die Landesjustizverwaltung eingerichteten oder anerkannten
Gütestelle versucht worden ist, die Streitigkeit einvernehmlich
beizulegen
1. in vermögensrechtlichen Streitigkeiten vor dem Amtsgericht
über Ansprüche, deren Gegenstand an Geld oder Geldeswert
die Summe von 750 Euro nicht übersteigt,
2. in Streitigkeiten über Ansprüche aus dem Nachbarrecht
nach den §§ 910, 911, 923 des Bürgerlichen Gesetzbuchs und
nach § 906 des Bürgerlichen Gesetzbuchs sowie nach den
landesgesetzlichen Vorschriften im Sinne des Artikels 124
des Einführungsgesetzes zum Bürgerlichen Gesetzbuche, sofern es sich nicht um Einwirkungen von einem gewerblichen
Betrieb handelt,
3. in Streitigkeiten über Ansprüche wegen Verletzung der persönlichen Ehre, die nicht in Presse oder Rundfunk begangen
worden sind.
[2]Der Kläger hat eine von der Gütestelle ausgestellte Bescheinigung über einen erfolglosen Einigungsversuch mit der Klage

einzureichen. [2]Diese Bescheinigung ist ihm auf Antrag auch auszustellen, wenn binnen einer Frist von drei Monaten das von ihm beantragte Einigungsverfahren nicht durchgeführt worden ist.

(2) Absatz 1 findet keine Anwendung auf

1. Klagen nach den §§ 323, 324, 328 der Zivilprozessordnung, Widerklagen und Klagen, die binnen einer gesetzlichen oder gerichtlich angeordneten Frist zu erheben sind,
2. Streitigkeiten in Familiensachen,
3. Wiederaufnahmeverfahren,
4. Ansprüche, die im Urkunden- oder Wechselprozess geltend gemacht werden,
5. die Durchführung des streitigen Verfahrens, wenn ein Anspruch im Mahnverfahren geltend gemacht worden ist,
6. Klagen wegen vollstreckungsrechtlicher Maßnahmen, insbesondere nach dem Achten Buch der Zivilprozessordnung. [2]Das gleiche gilt, wenn die Parteien nicht in demselben Land wohnen oder ihren Sitz oder eine Niederlassung haben.

(3) [1]Das Erfordernis eines Einigungsversuchs vor einer von der Landesjustizverwaltung eingerichteten oder anerkannten Gütestelle entfällt, wenn die Parteien einvernehmlich einen Einigungsversuch vor einer sonstigen Gütestelle, die Streitbeilegungen betreibt, unternommen haben. [2]Das Einvernehmen nach Satz 1 wird unwiderleglich vermutet, wenn der Verbraucher eine branchengebundene Gütestelle, eine Gütestelle der Industrie- und Handelskammer, der Handwerkskammer oder der Innung angerufen hat. [3]Absatz 1 Satz 2 gilt entsprechend.

(4) Zu den Kosten des Rechtsstreits im Sinne des § 91 Abs. 1, 2 der Zivilprozessordnung gehören die Kosten der Gütestelle, die durch das Einigungsverfahren nach Absatz 1 entstanden sind.

(5) Das Nähere regelt das Landesrecht; es kann auch den Anwendungsbereich des Absatzes 1 einschränken, die Ausschlussgründe des Absatzes 2 erweitern und bestimmen, dass die Gütestelle ihre Tätigkeit von der Einzahlung eines angemessenen Kostenvorschusses abhängig machen und gegen eine im Gütetermin nicht erschienene Partei ein Ordnungsgeld festsetzen darf.

(6) [1]Gütestellen im Sinne dieser Bestimmung können auch durch Landesrecht anerkannt werden. [2]Die vor diesen Gütestellen geschlossenen Vergleiche gelten als Vergleiche im Sinne des § 794 Abs. 1 Nr. 1 der Zivilprozessordnung.

1   **Zweck.** Es sollen die Gerichte erster Instanz entlastet und für die Parteien soll eine außergerichtliche Streitvermittlung ermöglicht werden. Inwieweit die Vorschrift eine größere praktische Bedeutung er-

langt, ist noch nicht abzusehen (vgl hierzu Wetekamp NZM 01, 614).
Wirkung für den Zivilprozess: § 15 a stellt eine besondere Prozessvo- **2**
raussetzung auf (32 vor § 253), die im Zeitpunkt der (letzten) mündlichen Verhandlung vorliegen muss. Ist dies nicht der Fall, so ist die
Klage als unzulässig abzuweisen. Eine Aussetzung des Verfahrens oder
die Anordnung des Ruhens des Verfahrens, um die außergerichtliche
Streitbeilegung nachzuholen, würde den gesetzlichen Zweck der Vorschrift verfehlen (so zu Recht LG Ellwangen NJW-RR 02, 936; AG
Nürnberg NJW 01, 3489 und NJW-RR 02, 430; aA Unberath JR 01,
356; Friedrich NJW 02, 798 u. 3223). Die obligatorische Streitschlichtung kann nicht dadurch umgangen werden, dass zunächst in unzulässiger Weise ein Mahnverfahren eingeleitet wird (AG Rosenheim MDR
01, 1132). Anders aber im Falle der Klageerweiterung, Klabehäufung
und Klageänderung (Friedrich NJW 02, 3223). Ob § 15 a anwendbar
und im Einzelfall erfüllt ist, muss daher von Amts wegen geprüft werden. **Anwendungsbereich.** Er wird im Grundsatz durch Abs 1 be- **3**
stimmt. **Nr 1.** Vermögensrechtliche Streitigkeit: Einl IV Rn 1, 2. Wert
des Gegenstandes: §§ 2 ff. **Nr 2.** Bei § 906 BGB und den landesrechtlichen Vorschriften (Art 124 EGBGB) werden nur die privat und freiberuflich verursachten Einwirkungen erfasst. **Nr 3:** Unterlassungs-,
Widerrufs- und Schadensersatzansprüche; Verletzung der Ehre; nur die
einer natürlichen Person. Rundfunk umfasst Fernsehen und Internet.
Ausgenommene Streitigkeiten (Abs 2). **Nr 1:** jede Widerklage. **4**
Klagefrist: nur eine gesetzliche oder gerichtliche. **Nr 2:** § 621. **Nr 3:**
§ 578. **Nr 4:** auch der Scheckprozess wegen § 605 a. **Nr 5:** bereits die
Abgabe in das streitige Verfahren (§ 696) schließt die Anwendung von
Abs 1 aus. Das Mahnverfahren muss aber zulässig gewesen sein (AG
Rosenheim MDR 01, 1132). **Nr 6:** insbes §§ 767, 768, 771; auch Schadensersatzansprüche aus ZwVollstrMaßnahmen. **Identisches Bundes- 5
land** (Abs 2 S 2). Wohnsitz: § 13; Sitz: § 17; Niederlassung: § 21.
Gütestellen (Abs 3): § 797 a, § 794 Rn 2; ersetzt Abs 1. **Erfolgloses 6
Güteverfahren** (Abs 1 S 2, 3). Die Bescheinigung der Gütestelle ist
der Klageschrift (§ 253) zum Nachweis der Prozessvoraussetzung (Rn 2)
beizufügen. **Kosten** (Abs 4). Bezieht sich auf einen erfolglosen Versuch
gem Abs 1. Betrifft im Wortlaut nur die Kosten der Gütestelle; die Notwendigkeit iS des § 91 Abs 1, 2 wird vom Gesetz unterstellt. **Landes- 7
recht** (Abs 5). Übersicht: Zietsch/Roschmann Beilage zu NJW 01,
Heft 51, S 3 ff; Schmidt DAR 01, 481; Schönfelder Ergänzungsband
Nr 104 ff. Eine möglichst einheitliche Regelung wäre wünschenswert.
Vollstreckungstitel (Abs 6). Alle von den anerkannten Gütestellen
geschlossenen Vergleiche sind Titel iS des § 794 Abs 1 Nr 1. **Schlich- 8
tungsgesetze** haben erlassen: Bayern; G vom 25. 4. 00 (GVBl 268);
Nordrhein-Westfalen; G vom 9. 5. 00 (GVBl 476); Baden-Württemberg; G vom 28. 6. 00 (GVBl 470); Brandenburg; G vom 5. 10. 00
(GVBl 134); Hessen; G vom 6. 2. 01 (GVBl I S 98); Saarland; G v
30. 5. 01 (ABl 532); Sachsen-Anhalt; G v 17. 5. 01 (GVBl LSA 20/01,
S 174); Schleswig-Holstein; G v 16. 11. 01.

§ 16 [Fortgeltung bürgerlich-rechtlicher Vorschriften]
Unberührt bleiben:

1. die Vorschriften des bürgerlichen Rechts über die Beweiskraft der Beurkundung des bürgerlichen Standes in Ansehung der Erklärungen, welche über Geburten und Sterbefälle von den zur Anzeige gesetzlich verpflichteten Personen abgegeben werden;
2. die Vorschriften des bürgerlichen Rechts über die Verpflichtung zur Abgabe einer eidesstattlichen Versicherung;
3. die Vorschriften des bürgerlichen Rechts, nach welchen in bestimmten Fällen einstweilige Verfügungen erlassen werden können.

§ 17 [Beweiskraft von Urkunden]

(1) Die Beweiskraft eines Schuldscheins oder einer Quittung ist an den Ablauf einer Zeitfrist nicht gebunden.

(2) Abweichende Vorschriften des bürgerlichen Rechts über die zur Eintragung in das Grund- oder Hypothekenbuch bestimmten Schuldurkunden bleiben unberührt, soweit sie die Verfolgung des dinglichen Rechts betreffen.

§ 18 *(Übergangsvorschrift)*

§ 19 [Begriff der Rechtskraft]

(1) Rechtskräftig im Sinne dieses Gesetzes sind Endurteile, welche mit einem ordentlichen Rechtsmittel nicht mehr angefochten werden können.

(2) Als ordentliche Rechtsmittel im Sinne des vorstehenden Absatzes sind diejenigen Rechtsmittel anzusehen, welche an eine von dem Tage der Verkündung oder Zustellung des Urteils laufende Notfrist gebunden sind.

1   Gehört zu den Übergangsvorschriften und betrifft die formelle Rechtskraft des § 705.

§ 20 [Pfändung]

(1) [1]Für eine vor dem 1. Januar 2002 ausgebrachte Pfändung sind hinsichtlich der nach diesem Zeitpunkt fälligen Leistungen die Vorschriften des § 850 a Nr. 4, § 850 b Abs. 1 Nr. 4, § 850 c und § 850 f Abs. 3 der Zivilprozessordnung in der ab diesem Zeitpunkt geltenden Fassung anzuwenden. [2]Auf Antrag des Gläubigers, des Schuldners oder des Drittschuldners hat das Vollstreckungsgericht den Pfändungsbeschluss entsprechend zu berichtigen. [3]Der Drittschuldner kann nach dem Inhalt des

früheren Pfändungsbeschlusses mit befreiender Wirkung leisten, bis ihm der Berichtigungsbeschluss zugestellt wird.

(2) [1] Soweit die Wirksamkeit einer Verfügung über Arbeitseinkommen davon abhängt, dass die Forderung der Pfändung unterworfen ist, sind die Vorschriften des § 850 a Nr. 4, § 850 b Abs. 1 Nr. 4, § 850 c und § 850 f Abs. 3 der Zivilprozessordnung in der ab dem 1. Januar 2002 geltenden Fassung hinsichtlich der Leistungen, die nach diesem Zeitpunkt fällig werden, auch anzuwenden, wenn die Verfügung vor diesem Zeitpunkt erfolgt ist. [2] Der Drittschuldner kann nach den bis zum 1. Januar 2002 geltenden Vorschriften so lange mit befreiender Wirkung leisten, bis ihm eine entgegenstehende vollstreckbare gerichtliche Entscheidung zugestellt wird oder eine Verzichtserklärung desjenigen zugeht, an den der Schuldner nach den ab diesem Zeitpunkt geltenden Vorschriften weniger zu leisten hat.

§§ 21–23 *(Übergangsvorschriften)*

§ 24 [Übergangsvorschrift für Räumungsprozesse]

Auf einen Räumungsrechtsstreit, der vor dem 1. September 2001 rechtshängig geworden ist, finden § 93 b Abs. 1 und 2, § 721 Abs. 7 sowie § 794 a Abs. 5 der Zivilprozessordnung in der bis zu diesem Zeitpunkt geltenden Fassung Anwendung.

Eingefügt durch Art. 4 MietrechtsreformG.

§ 24 a *(aufgehoben)*

Anm: Die Vorschrift wurde mit Art 5 Abs. 2 a Nr 1 SchuldRModG eingefügt und trat gem Art 9 Abs. 2 SchuldRModG am 1. 7. 02 außer Kraft. Sie wurde durch § 190 nF ersetzt.

§ 25 [Erlaubnisinhaber]

Der in die Rechtsanwaltskammer gemäß § 209 der Bundesrechtsanwaltsordnung aufgenommene Erlaubnisinhaber steht im Sinne der § 88 Abs. 2, § 121 Abs. 2, § 133 Abs. 2, §§ 135, 157 Abs. 1 Satz 1 und Abs. 2 Satz 1, § 169 Abs. 2, §§ 174, 178 Abs. 1 Nr. 2, §§ 195, 317 Abs. 4 Satz 2, § 397 Abs. 2, § 811 Nr. 7 der Zivilprozeßordnung einem Rechtsanwalt gleich.

Der Erlaubnisinhaber (Rechtsbeistand) muss Mitglied der RA-Kammer sein (§ 209 BRAO). Die Vorschrift verschafft den Erlaubnisinhabern die weitgehende Gleichstellung mit RAen, ändert aber nichts am Anwaltszwang (§ 78). **1**

§ 26 [Übergangsvorschriften zum ZPO-RG]

Für das Gesetz zur Reform des Zivilprozesses vom 27. Juli 2001 gelten folgende Übergangsvorschriften:

1. § 78 der Zivilprozessordnung ist in Berufungen und Beschwerden gegen Entscheidungen der Amtsgerichte, die vor dem 1. Januar 2008 eingelegt werden und nicht familiengerichtliche Entscheidungen zum Gegenstand haben, mit der Maßgabe anzuwenden, dass ein bei einem Landgericht zugelassener Rechtsanwalt bei dem Oberlandesgericht als zugelassen gilt.

2. [1]Für am 1. Januar 2002 anhängige Verfahren finden die §§ 23, 105 Abs. 3 des Gerichtsverfassungsgesetzes und § 92 Abs. 2, §§ 128, 269 Abs. 3, §§ 278, 313 a, 495 a der Zivilprozessordnung sowie die Vorschriften über das Verfahren im ersten Rechtszug vor dem Einzelrichter in der am 31. Dezember 2001 geltenden Fassung weiter Anwendung. [2]Für das Ordnungsgeld gilt § 178 des Gerichtsverfassungsgesetzes in der am 31. Dezember 2001 geltenden Fassung, wenn der Beschluss, der es festsetzt, vor dem 1. Januar 2002 verkündet oder, soweit eine Verkündung nicht stattgefunden hat, der Geschäftsstelle übergeben worden ist.

3. [1]Das Bundesministerium der Justiz gibt die nach § 115 Abs. 3 Nr. 2 Satz 1 vom Einkommen abzusetzenden Beträge für die Zeit vom 1. Januar 2002 bis zum 30. Juni 2002 neu bekannt. [2]Die Prozesskostenhilfebekanntmachung 2001 ist insoweit nicht mehr anzuwenden.

4. Ist die Prozesskostenhilfe vor dem 1. Januar 2002 bewilligt worden, gilt § 115 Abs. 1 Satz 4 der Zivilprozessordnung für den Rechtszug in der im Zeitpunkt der Bewilligung geltenden Fassung weiter.

5. [1]Für die Berufung gelten die am 31. Dezember 2001 geltenden Vorschriften weiter, wenn die mündliche Verhandlung, auf die das anzufechtende Urteil ergeht, vor dem 1. Januar 2002 geschlossen worden ist. [2]In schriftlichen Verfahren tritt an die Stelle des Schlusses der mündlichen Verhandlung der Zeitpunkt, bis zu dem Schriftsätze eingereicht werden können.

6. § 541 der Zivilprozessordnung in der am 31. Dezember 2001 geltenden Fassung ist nur noch anzuwenden, soweit nach Nummer 5 Satz 1 über die Berufung nach den bisherigen Vorschriften zu entscheiden ist, am 1. Januar 2002 Rechtsfragen zur Vorabentscheidung dem übergeordneten Oberlandesgericht oder dem Bundesgerichtshof vorliegen oder nach diesem Zeitpunkt noch vorzulegen sind.

7. [1]Für die Revision gelten die am 31. Dezember 2001 geltenden Vorschriften weiter, wenn die mündliche Verhandlung

auf die das anzufechtende Urteil ergeht, vor dem 1. Januar 2002 geschlossen worden ist. [2]In schriftlichen Verfahren tritt an die Stelle des Schlusses der mündlichen Verhandlung der Zeitpunkt, bis zu dem Schriftsätze eingereicht werden können.

8. § 544 der Zivilprozessordnung in der Fassung des Gesetzes zur Reform des Zivilprozesses vom 27. Juli 2001 (BGBl. I S. 1887) ist bis einschließlich 31. Dezember 2006 mit der Maßgabe anzuwenden, dass die Beschwerde gegen die Nichtzulassung der Revision durch das Berufungsgericht nur zulässig ist, wenn der Wert der mit der Revision geltend zu machenden Beschwer zwanzigtausend Euro übersteigt.

9. In Familiensachen finden die Bestimmungen über die Nichtzulassungsbeschwerde (§ 543 Abs. 1 Nr. 2, §§ 544, 621 e Abs. 2 Satz 1 Nr. 2 der Zivilprozessordnung in der Fassung des Gesetzes zur Reform des Zivilprozesses vom 27. Juli 2001, BGBl. I S. 1887) keine Anwendung, soweit die anzufechtende Entscheidung vor dem 1. Januar 2007 verkündet oder einem Beteiligten zugestellt oder sonst bekannt gemacht worden ist.

10. Für Beschwerden und für die Erinnerung finden die am 31. Dezember 2001 geltenden Vorschriften weiter Anwendung, wenn die anzufechtende Entscheidung vor dem 1. Januar 2002 verkündet oder, soweit eine Verkündung nicht stattgefunden hat, der Geschäftsstelle übergeben worden ist.

11. Soweit nach den Nummern 2 bis 5, 7 und 9 in der vor dem 1. Januar 2002 geltenden Fassung Vorschriften weiter anzuwenden sind, die auf Geldbeträge in Deutscher Mark Bezug nehmen, sind diese Vorschriften vom 1. Januar 2002 an mit der Maßgabe anzuwenden, dass die Beträge nach dem Umrechnungskurs 1 Euro = 1,95583 Deutsche Mark und den Rundungsregeln der Verordnung (EG) Nr. 1103/97 des Rates vom 17. Juni 1997 über bestimmte Vorschriften im Zusammenhang mit der Einführung des Euro (ABl. EG Nr. L 162 S. 1) in die Euro-Einheit umgerechnet werden.

1. Allgemeines. Die Vorschrift wurde mit Art 3 Nr 3 ZPO-RG 1 eingeführt und enthält Übergangsvorschriften in Zusammenhang mit dem Inkrafttreten des ZPO-RG zum 1. 1. 02, soweit nicht Art 53 ZPO-RG für § 104, für die Vordrucke für das Mahnverfahren und für das KV zum GKG Sonderregelungen enthält. Die Vorschrift gilt nicht nur für die Änderungen der ZPO, sondern für sämtliche, durch das ZPO-RG vorgenommene Gesetzesänderungen.

2. Nr. 1 betrifft die Fälle des § 119 Nr 1 b) und c), Abs 3 GVG 2 (zum OLG einzulegende Berufungen und Beschwerden gegen Entscheidungen des Amtsgerichts mit Ausnahme des Familiengerichts) und gewährt Rechtsanwälten, die bisher in Berufungs- und Beschwerde-verfahren gegen Entscheidungen des Amtsgerichts vor den Landge-richten postulationsfähig waren, für eine Übergangszeit bis zum 31. 12. 07 nach dem Wegfall der zweitinstanzlichen Zuständigkeit der Landge-richte in diesen Fällen Bestandsschutz für diesen bisherigen Tätigkeits-bereich. Sie sind insoweit auch vor dem übergeordneten OLG postula-tionsfähig.

3   **3. Nr. 2. a) Am 1. 1. 02 anhängige Verfahren** (S 1). Für diese sind die aufgeführten bisherigen Vorschriften weiterhin anzuwenden. Die neuen Vorschriften, die die Prozessleitung des Gerichts und insbe-sondere das Verfahren in der ersten Instanz stärken (§§ 139, 142, 144, 156, 371, 428), sind auf bereits anhängige Verfahren anzuwenden. – **b) Ordnungsgeld** (S 2). Für dieses ist § 178 GVG aF weiterhin anzu-wenden, wenn der Festsetzungsbeschluss vor dem 1. 1. 02 ergangen ist.

4   **4. Nr. 3 u 4.** Diese Vorschriften betreffen vor allem die Umstellung auf den Euro. Die Verweisung in Nr 3 ist falsch; gemeint ist § 115 Abs 1 S 3 Nr 2. Die PKHB 2001 v. 13. 6. 01 (BGBl I S 1204) regelt auch die Beträge für die Zeit vom 1. 1. 02–30. 6. 02. Soweit nach Nr 4 DM-Beträge zu berücksichtigen sind, sind diese im Verhältnis 1,95583 DM = 1 € umzurechnen. Zur Rundung vgl Nr 11.

5   **5. Nr. 5.** Die Vorschrift regelt das auf die **Berufung** anzuwendende Verfahrensrecht. – **a) Maßgeblicher Zeitpunkt** für die Anwendung der neu durch das ZPO-RG eingeführten Vorschriften in der Berufung ist der Schluss der mündlichen Verhandlung vor dem AG oder LG oder was ihm gem § 128 Abs 2 gleichsteht. Dieses Datum ist dem angefochte-nen Urteil gem § 313 Abs 1 Nr 3 zu entnehmen. Ist die mündliche Verhandlung beim AG bzw LG vor dem 1. 1. 02 geschlossen worden, ist weiterhin das bis zum 31. 12. 01 geltende Verfahrensrecht anzuwen-den. Darauf, ob eine Schriftsatzfrist nach § 283 Abs 1 gewährt wurde, kommt es nicht an. Für die Form des Berufungsurteils gilt § 540 also **6** nicht, sondern § 543 aF. – **b) Zulassung der Revision** (§ 543 Abs 1 Nr 1). Hierfür ist im Berufungsurteil Nr 7 zu beachten, für die Fra-ge, ob die Revision zuzulassen ist, gelten die am 1. 1. 02 in Kraft ge-tretenen Vorschriften, wenn die mündliche Verhandlung vor dem Be-rufungsgericht nach dem 31. 12. 01 geschlossen wurde, selbst wenn das angefochtene erstinstanzliche Urteil auf einer vor 1. 1. 02 ge-schlossenen mündlichen Verhandlung beruht. Denn damit wird über die Statthaftigkeit der Revision entschieden, die gem Nr 7 sich nach den neuen Vorschriften beurteilt, wenn die mündliche Verhandlung, auf die das angefochtene Urteil ergangen ist, nach dem 31. 12. 01 ge-schlossen wurde.

7   **6. Nr. 6.** Die Vorschrift betrifft den Rechtsentscheid nach § 541 aF (hierzu 23. Aufl § 541 Rn 1 ff) und stellt klar, dass von den Berufungs-kammern der LG das Rechtsentscheidsverfahren nach § 541 aF nur noch in den am 1. 1. 02 anhängigen oder nach der Übergangsvorschrift der Nr 5 S 1 noch anhängig werdenden Berufungen alten Rechts stattfindet und dass vor dem OLG/BayObLG oder dem BGH anhängige oder noch anhängig werdende Rechtsentscheidsverfahren fortzuführen sind. Rostock (ZMR 02, 665) will Nr 6 einschränkend auslegen und geht aus prozessökonomischen Gründen von der Unzulässigkeit eines Rechtsentscheids aus, wenn das Landgericht die Revision nach § 543 Abs 2 zulassen muss. Die Überleitungsvorschrift erstreckt sich auch auf das Rechtsentscheidsverfahren in Angelegenheiten des Schuldrechtsanpassungsgesetzes, nach dessen § 56 die Vorschrift des § 541 Abs 1 aF entsprechend anzuwenden ist.

7. Nr. 7. Die Vorschrift regelt das auf die **Revision** anzuwendende **8** Verfahrensrecht. Sie entspricht der Regelung für die Berufung gem Nr 5. Die Zulassung der Revision durch das Berufungsgericht beurteilt sich demgemäß nach § 543 Abs 1 Nr 1, wenn das Berufungsurteil auf Grund einer nach dem 31. 12. 01 geschlossenen mündlichen Verhandlung oder was dem gem § 128 Abs 2 gleichsteht, beruht.

8. Nr. 8 macht die Zulässigkeit der Nichtzulassungsbeschwerde zum **9** BGH (§ 544), nicht aber die der Rechtsbeschwerde gegen einen die Berufung nach § 522 Abs 1 S 3 verwerfenden Beschluss (BGH NJW-RR 03, 132 m Anm Schütt MDR 03, 46) für eine Übergangszeit bis zum 31. 12. 06 davon abhängig, dass der Beschwerdewert der mit der Revision geltend zu machenden Beschwer € 20 000 übersteigt. Daraus folgt, dass der Wert der Beschwer nicht im Berufungsurteil festzusetzen ist, sondern vom Revisionskläger in der Nichtzulassungsbeschwerde abweichend von § 3 Hs 2 glaubhaft zu machen ist (BGH NJW 02, 2720 u WM 02, 1899; Greger NJW 02, 3049/3052; Büttner MDR 01, 1201/1206). Unklar ist jedoch die zeitliche Grenze von Nr 8. In Anlehnung an Nr 7 dürfte der Schluss der mündlichen Verhandlung maßgeblich sein (aA Büttner MDR 01, 1201/1207: Nr 9 analog). – **a) Bedeutung.** Wenn der Wert der Beschwer in vermögens- und **10** nicht vermögensrechtlichen Streitigkeiten (für Familiensachen vgl Nr 9) € 20 000 übersteigt, ist die Nichtzulassungsbeschwerde auch vor dem 1. 1. 07 zulässig. – **b) Begriff.** Es kommt nur darauf an, ob der Rev- **11** Kläger mindestens in Höhe von € 20 000 Revision einlegen will (Piekenbrock/Schulze JZ 02, 911; aA Jauernig NJW 03, 465/467, der darauf abstellt, dass das anzufechtende Berufungsurteil den Beschwerdeführer in Höhe von mehr als € 20 000 beschwert). Sind Teile des Prozessstoffs abtrennbar und einer beschränkten Revisionszulassung zugänglich, so muss der Wertgrenze hinsichtlich des Teils überschritten sein, für den in der Begründung der Nichtzulassungsbeschwerde gem § 544 Abs 2 S 3 ein Zulassungsgrund für die Revision hinreichend dargelegt wird (BGH NJW 02, 2720). – **c) Berechnung des Werts** **12** **des Beschwerdegegenstandes** gem §§ 2–9. – **aa) Kläger.** Es ist zu differenzieren: (1) Greift der Kläger das BerUrt an, soweit er unterlegen ist, so entspricht dieser der Wertdifferenz zwischen seinem zuletzt gestellten Antrag und dem Tenor des BerUrt (BGH NJW 02, 2720). Die Werte von Haupt- und Hilfsanträgen bei mehreren voneinander unab-

hängigen Forderungen aus selbständigen Rechtsverhältnissen sind im Falle der Klageabweisung zu addieren (BGH NJW-RR 94, 701); außer Betracht bleibt dabei die Beschwer durch eine selbständige Kostenentscheidung (§§ 91a, 93), weil die Rev insoweit unstatthaft ist (BGH NJW 01, 230). (2) Greift er das BerUrt nur teilweise an, so ist der Wert des Beschwerdegegenstandes für das beabsichtigte Revisionsverfahren maßgeblich, der durch den Revisionsantrag festgelegt wird (BGH NJW 02, 2720). – **bb) Beklagter.** Für diesen gelten die Ausführungen unter
13 Rn 12 entsprechend. Greift er das gesamte BerUrt an, so entspricht der Wert des UrtTenors, soweit er ihm nachteilig ist, dem Wert des Beschwerdegegenstandes. Die Beschwer mehrerer Teilurteile oder von Teil- und Schlussurteil darf grds nicht addiert werden (BGH NJW 00, 217), auch dann nicht, wenn infolge der Aufspaltung des Prozesses der Wert der Beschwer nicht erreicht wird und darüberhinaus der Erlass eines Teilurteils wegen der Gefahr des inhaltlichen Widerspruchs zum Schlussurteil unzulässig war (BGH ZIP 96, 1843). Bei wegen Missbrauchs unzulässiger Trennung (§ 145 Rn 3) ist die Gesamtbeschwer maßgebend (BVerfG NJW 97, 649; BGH NJW 95, 3120). Greift er das BerUrt nur teilweise an, so kommt es für den Beschwerdegegenstand
14 auf den Revisionsantrag an. – **cc) Beiderseitiges Unterliegen.** Hier ist die Beschwer von jeder Partei getrennt geltend zu machen (BGH
15 NJW 94, 2900). – **dd) Streitgenossen.** Für die Beschwer von diesen gilt über § 2 ZPO der § 5 Hs 1, dh bei Gesamtbeschwer über € 20 000, soweit nicht die Streitgegenstände wirtschaftlich identisch sind, ist die Nichtzulassungsbeschwerde des einzelnen Streitgenossen nur dann zulässig, wenn seine mit der Revision geltend zu machende Beschwer darüber liegt (anders zum alten Recht BGH WM 97, 1483).
16 – **ee) Maßgebender Zeitpunkt** ist wegen Rn 9 der Zeitpunkt der Einlegung der Nichtzulassungsbeschwerde.

17   **9. Nr. 9** betrifft Familiensachen (§ 621 Abs 1) und lässt die Nichtzulassungsbeschwerde in den genannten Fällen für eine Übergangsfrist für bis zum 31. 12. 06 ergangene Entscheidungen nicht zu.

18   **10. Nr. 10** bestimmt für Beschwerden und Erinnerungen für vor dem 1. 1. 02 (kann dies nicht festgestellt werden, gilt das Meistbegünstigungsprinzip, BGH MDR 02, 1024) ergangene Entscheidungen die Weitergeltung der bisherigen Vorschriften. Erfasst werden alle Beschwerden und Erinnerungen nach altem Recht, also die einfache, die sofortige Beschwerde, die weitere Beschwerde, die Rechtsbeschwerde (zB nach § 1065, § 7 InsO, § 17 AVAG). Die Beschränkung der Entscheidung über die Zulässigkeit des Einspruchs gegen ein Versäumnisurteil oder einen Vollstreckungsbescheid (§§ 341 Abs 2, 700 Abs 1) auf die Urteilsform tritt in anhängigen Verfahren sofort in Kraft. Insoweit findet die sofortige Beschwerde nach § 341 Abs 2 S 2 aF nur noch übergangsweise in den Fällen statt, in denen der den Einspruch verwerfende Beschluss vor dem 1. 1. 02 verkündet bzw der Geschäftsstelle übergeben worden ist.

11. Nr. 11 hat deklaratorischen Inhalt. Sie weist zu den nach Nr 2 **19** bis 5, 7 und 9 übergangsweise in der bisherigen Fassung weiter geltenden Vorschriften, die auf Geldbeträge in DM Bezug nehmen, klarstellend auf Rechtsfolgen hin, die sich aus den Verordnungen zur Einführung des Euro ergeben.

§ 27 [Vereinfachtes Unterhaltsverfahren]

Auf vereinfachte Verfahren über den Unterhalt Minderjähriger (§§ 645 bis 660 der Zivilprozessordnung), in denen der Antrag auf Festsetzung von Unterhalt vor dem 1. Januar 2002 eingereicht wurde, finden die Vorschriften über das vereinfachte Verfahren über den Unterhalt Minderjähriger in der am 31. Dezember 2001 geltenden Fassung weiter Anwendung.

§ 28 [Mahnverfahren und Verbraucherkreditgesetz]

(1) Das Mahnverfahren findet nicht statt für Ansprüche eines Unternehmers aus einem Vertrag, für den das Verbraucherkreditgesetz gilt, wenn der nach dem Verbraucherkreditgesetz anzugebende effektive oder anfängliche effektive Jahreszins den bei Vertragsschluss geltenden Basiszinssatz nach § 247 des Bürgerlichen Gesetzbuchs um mehr als zwölf Prozentpunkte übersteigt.

(2) § 690 Abs. 1 Nr. 3 der Zivilprozessordnung findet auf Verträge, für die das Verbraucherkreditgesetz gilt, mit der Maßgabe Anwendung, dass an die Stelle der Angabe des nach den §§ 492, 502 des Bürgerlichen Gesetzbuchs anzugebenden effektiven oder anfänglichen effektiven Jahreszinses sie Angabe des nach dem Verbraucherkreditgesetz anzugebenden effektiven oder anfänglichen effektiven Jahreszinses tritt.

Geändert durch Art 2 VO zur Ersetzung von Zinssätzen.

Gem Artikel 5 Abs 3 Nr 4 und 5 SchuldRModG werden § 688 **1** Abs 2 Nr 1 und § 690 Abs 1 Nr 3 an die Integration der Vorschriften über den Verbraucherkredit in das BGB und die Bezugnahme auf den Basiszinssatz anstelle des Diskontsatzes der Deutschen Bundesbank angepasst. Durch § 28 EGZPO wird eine Übergangsregelung für Altverträge, für die noch das Verbraucherkreditgesetz gilt, geschaffen. Danach können Ansprüche aus Verbraucherkrediten, auf die weiterhin gem Artikel 229 § 5 EGBGB das Verbraucherkreditgesetz anwendbar ist, unter den genannten Voraussetzungen nicht im Mahnverfahren verfolgt werden. Nach Artikel 229 § 7 Abs 2 EGBGB findet für die Zeit vor dem 1. 1. 02 das Diskontsatz-Überleitungs-Gesetz vom 9. 6. 98 (BGBl I S 1242) weiterhin Anwendung. Nach dessen § 2 bezeichnet eine Bezugnahme auf den Basiszinssatz für den Zeitraum vor Inkrafttreten, also vor dem 1. 1. 99 den Diskontsatz der Deutschen Bundesbank.

Gerichtsverfassungsgesetz

In der Fassung der Bekanntmachung vom 9. Mai 1975
(BGBl I S 1077), zuletzt geändert durch Art 2 Vierunddreißigstes
StrafrechtsÄndG v. 22. 8. 2002 (BGBl I S 3390)

Vorbemerkung

Das GVG regelt die deutsche Gerichtsverfassung nur für die Ge- **1**
richtsbarkeit der ordentlichen Gerichte. Für die anderen Zweige der
Gerichtsbarkeit (Verfassungs-, Verwaltungs-, Arbeits-, Sozial- und Fi-
nanzgerichte) gelten besondere Gesetze und das GVG in einzelnen
Teilen nur, soweit in diesen Gesetzen darauf verwiesen ist. Die Gerichtsverfassung der ordentlichen Gerichte wird aber durch das GVG
nicht erschöpfend geregelt. Es gelten insbes Vorschriften des FGG, des
DRiG, des RPflG, der BRAO, ferner Einzelbestimmungen in zahlreichen weiteren Gesetzen. Das GVG selbst gilt in Teilen für die gesamte
ordentliche Gerichtsbarkeit, zu einem Teil nur für die Zivilgerichtsbarkeit, und zu einem weiteren Teil nur für die Strafgerichtsbarkeit.

Erster Titel. Gerichtsbarkeit

§ 1 [Unabhängigkeit der Gerichte]
**Die richterliche Gewalt wird durch unabhängige, nur dem
Gesetz unterworfene Gerichte ausgeübt.**

Die Gerichte üben die richterliche Gewalt durch Richter aus. Dass **1**
diese unabhängig und nur dem Gesetz unterworfen sind, garantieren
GG (Art 97) und Länderverfassungen. Den Status der Richter regeln
das DRiG, ergänzend die von den Ländern für die Richter im Landes-
dienst erlassenen Richtergesetze. Die rechtsprechende Gewalt der Gerichte wird ferner durch Rechtspfleger ausgeübt, die insoweit auch nur
dem Gesetz unterworfen sind (§ 9 RPflG). Die Unabhängigkeit des
Richters umfasst, dass er seine Arbeiten nicht zu festen Dienstzeiten an
der Gerichtsstelle erledigen muss (BGH NJW 03, 282). Der Dienstherr
hat dem Richter aber ein Dienstzimmer zur Verfügung zu stellen und
ihm hierzu den jederzeitigen Zugang zu ermöglichen, es sei denn die
Beschränkung ist durch die Notwendigkeit eines geregelten und finan-
zierbaren Dienstbetriebs gerechtfertigt (BGH aaO).

§§ 2–9 *(weggefallen)*

§ 10 [Tätigkeit von Referendaren]

[1] Unter Aufsicht des Richters können Referendare Rechtshilfeersuchen erledigen und außer in Strafsachen Verfahrensbeteiligte anhören, Beweise erheben und die mündliche Verhandlung leiten. [2] Referendare sind nicht befugt, eine Beeidigung anzuordnen oder einen Eid abzunehmen.

1   **Stellung.** Der Referendar tritt für diese Tätigkeiten an Stelle des funktionell zuständigen Richters. Die Ausübung ist von der jederzeit widerruflichen Übertragung durch den jeweils funktionell zuständigen
2   Richter abhängig. **Aufsicht.** Der Richter hat die Tätigkeit des Referendars zu überwachen und auf die sachgerechte, richtige Erledigung einschließlich der Protokollierung hinzuwirken. Dies erfordert idR die ständige Anwesenheit des Richters, an dessen Stelle der Referendar tätig wird. Keinesfalls genügt die bloße nachträgliche Durchsicht des Proto-
3   kolls. **Verstoß.** Die betroffene Prozesshandlung des Gerichts ist unwirksam.

§ 11 *(aufgehoben)*

§ 12 [Ordentliche Gerichte]

Die ordentliche streitige Gerichtsbarkeit wird durch Amtsgerichte, Landgerichte, Oberlandesgerichte und durch den Bundesgerichtshof (den obersten Gerichtshof des Bundes für das Gebiet der ordentlichen Gerichtsbarkeit) ausgeübt.

§ 13 [Zulässigkeit des ordentlichen Rechtswegs]

Vor die ordentlichen Gerichte gehören alle bürgerlichen Rechtsstreitigkeiten und Strafsachen, für die nicht entweder die Zuständigkeit von Verwaltungsbehörden oder Verwaltungsgerichten begründet ist oder auf Grund von Vorschriften des Bundesrechts besondere Gerichte bestellt oder zugelassen sind.

1   **1. Allgemeines.** Die Zulässigkeit des Rechtswegs ist eine unverzichtbare allgemeine Prozessvoraussetzung (25 vor § 253). Sie ist von Amts wegen zu prüfen (wie 12 vor § 253), infolge der §§ 17, 17 a GVG grundsätzlich nur noch im ersten Rechtszug, nur ausnahmsweise in den
2   Rechtsmittelinstanzen. – **a) Zulässigkeit des Rechtswegs.** Sie muss im ersten Rechtszug bis zum Schluss der mdl Vhdlg (vgl § 296 a) eingetreten sein; sie dauert fort (§ 17 Abs 1 S 1 GVG). Das Gericht des ersten Rechtszugs (AG oder LG) kann nach seinem Ermessen durch (anfechtbaren) Beschluss (Vorabentscheidung) vorab aussprechen, dass der ordentliche Rechtsweg zulässig ist (§ 17 a Abs 3 S 1 GVG). Es muss dies tun, wenn die Zulässigkeit des Rechtswegs gerügt wird (§ 17 a Abs 3 S 2 GVG). Entscheidet das Gericht über die als zulässig erkannte Klage, wird (mindestens stillschweigend) im Urteil auch die Zulässigkeit

des Rechtswegs bejaht. Dies gilt auch, wenn die Klage wegen Fehlens einer anderen Prozessvoraussetzung als unzulässig abgewiesen wird. – **b) Unzulässigkeit des Rechtswegs.** Erkennt das Gericht des ersten 3 Rechtszugs (AG oder LG), dass der ordentliche Rechtsweg nicht zulässig ist, muss es auch ohne Antrag, aber erst nach Anhörung der Parteien, den (anfechtbaren) Beschluss gemäß § 17 a Abs 2 S 1 GVG erlassen. Eine andere Entscheidung kommt nicht in Betracht, insbes nicht ein klagabweisendes Urteil. Ist der Rechtsweg bei Anspruchshäufung nicht für alle Ansprüche unzulässig oder nur für Klage oder Widerklage, muss vorher getrennt werden (§ 145; vgl § 17 GVG Rn 7).

2. Rechtsweg. – a) Begriff. Das ist das gesetzlich eröffnete Verfah- 4 ren, in dem die staatliche Gerichtsbarkeit Rechtsschutz gewährt. Dieser Begriff des Rechtswegs beruht auf Art 19 Abs 4 GG und umfasst alle Zweige der Gerichtsbarkeit, die Art 92, 95 GG vorsehen. Diese sind, bei Vorrang der Verfassungsgerichtsbarkeit, untereinander gleichberechtigt. § 13 GVG umreißt den sog ordentlichen Rechtsweg, der andererseits (negativ) abgegrenzt wird durch § 40 Abs 1 VwGO zu den Verwaltungsgerichten, sowie durch die Zuständigkeiten der Arbeits-, Sozial- und Finanzgerichtsbarkeit. – **b) Umfang.** Der ordentliche Rechtsweg 5 umfasst die Zivil- und die Strafgerichtsbarkeit. Die Zivilgerichtsbarkeit zerfällt in die streitige und die freiwillige. Die freiwillige Gerichtsbarkeit hat eigene Verfahrensordnungen (zB FGG, GBO, LwVG). Für den Bereich der streitigen Zivilgerichtsbarkeit kann man zu unterscheiden: Die Gerichtsbarkeit der ordentlichen Gerichte (§ 12), die sich auf bürgerlich-rechtliche Streitigkeiten (Rn 7) erstreckt, soweit nicht andere Gerichte zuständig sind (insbes Arbeitsgerichte gemäß § 2 ArbGG), und auf Zivilprozesssachen kraft Zuweisung (Rn 19) sowie die Gerichtsbarkeit der besonderen Gerichte des § 14 GVG.

3. Verweisung. Jedes staatliche Gericht des ersten Rechtszugs der 6 ordentlichen, der Verwaltungs-, Sozial-, Finanz- und Arbeitsgerichtsbarkeit entscheidet über die Zulässigkeit des zu ihm beschrittenen Rechtswegs auf Grund der §§ 17, 17 a GVG. Mit der Rechtskraft dieser Entscheidung ist das Gericht, an das der Rechtsstreit verwiesen ist, daran gebunden und darf nicht weiterverweisen (§ 17 a Abs 2 S 3 GVG).

4. Begriff der bürgerlichen Rechtsstreitigkeit. Eine solche ist gege- 7 ben, wenn der Streitgegenstand (Einl II) eine unmittelbare Rechtsfolge des Zivilrechts ist. Eine öffentlich-rechtliche Streitigkeit (iS des § 40 Abs 1 VwGO) liegt vor, wenn der Streitgegenstand eine unmittelbare Rechtsfolge des öffentlichen Rechts ist. – **a) Einordnung.** Es kommt 8 auf den Tatsachenvortrag des Klägers an (BGH stRspr; zB 115, 275), weil nur dieser den Streitgegenstand bestimmt. Bei negativer Feststellungsklage ist auch auf den Vortrag des Beklagten abzustellen (GemSOG NJW 88, 2295). Maßgebend ist demnach die Art (Natur) des Rechtsverhältnisses, aus dem der Klaganspruch abgeleitet wird (GemSOG NJW 86, 2359), ob dieses dem privaten oder dem öffentlichen Recht

angehört. Das gilt auch bei gemischten Verträgen (BGH NJW 98, 909). –
9 **b) Bestimmungsmethoden.** Die Rspr hierzu ist nicht zu überschau-
en, zum großen Teil auch überholt. Im Schrifttum bestehen verschie-
denartige Auffassungen. Zu praktisch brauchbaren Ergebnissen führt
eine gemischte Anwendung der Subjektionstheorie mit der Interessen-
theorie. Danach gehören nicht zum privaten, sondern zum öffentlichen
Recht diejenigen Rechtsverhältnisse (im weitesten Sinne), bei denen
ein Beteiligter dem anderen (insbes dem Staat) infolge dessen hoheit-
10 licher Gewalt untergeordnet ist **(Subjektionstheorie).** Soweit die
Beteiligten des Rechtsverhältnisses gleichgeordnet und gleichberechtigt
sich gegenüberstehen, gehört es dem öffentlichen Recht an, wenn der
Zweck der Rechtsnormen, die für das Rechtsverhältnis gelten, überwiegend den Interessen des Staates oder einer anderen juristischen
Person des öffentlichen Rechts dient, dem privaten Recht, wenn ihr
11 Zweck dem individuellen Interesse des einzelnen dient **(Interessen-
theorie).** Einen praktisch brauchbaren Weg bietet auch die Differen-
zierung danach, auf welchem Rechtsgebiet der Schwerpunkt der rechtlichen Beurteilung des Streitgegenstands liegt **(Schwerpunkttheorie).**
Bei der Einordnung muss auf den Einzelfall abgestellt werden.

12   **5. Bürgerliche Rechtsstreitigkeiten** sind insbes solche aus Rechtsverhältnissen des BGB, HGB, StVG, WEG, AktG, GmbHG, GenG,
WG, ScheckG, VVG, PatG, UWG, ferner solche, die der ZPO, InsO,
13 dem ZVG und AnfG entspringen. **Beispiele:** Ansprüche aus dem
Dienstverhältnis eines GmbH–Geschäftsführers (§ 5 I S 3 ArbGG),
wenn nicht ausnahmsweise ein auch (nur ruhendes) Arbeitsverhältnis
vorliegt (BAG NJW 95, 675); aus Franchisevertrag (BGH WM 03,
353); aus Rechtsgeschäft (zB Kauf) einer juristischen Person des öffentlichen Rechts, das diese abgeschlossen hat, um einen im öffentlichen
Interesse liegenden Zweck zu erreichen (BGH 20, 77); Benutzung der
Bahn (allgM) und der Post (allgM), auch aus deren Beförderungsvorbe-
halt (BGH NJW 95, 2295), sowie öffentlicher Kliniken, sofern nicht
der Patient durch die öffentliche Fürsorge eingewiesen ist; Rückforde-
rungsansprüche der BRep aus Hermes-Bürgschaft (BGH NJW 97, 328);
14 Rückforderungsanspruch aus einem öffentlich geförderten Bankdarle-
hen (BGH NJW 00, 1042); Immissionsabwehrklagen gegen die Deutsche Bahn (BGH NJW 97, 744); Ansprüche wegen ärztlicher Behandlungsfehler (Tiemann NJW 85, 2169); Unterlassungsanspruch eines Ver-
braucherschutzverbandes gegen gesetzliche Krankenkasse (BGH NJW
98, 9413); Wettbewerbsverstöße eines öffentlich-rechtlichen Versiche-
rungsträgers (Hamburg OLGZ 94, 366); Streitigkeiten aus einem
Pacht- oder Nutzungsvertrag (Art 232 § 3 EGBGB) zwischen dem Rat
der Stadt oder des Kreises der früheren DDR mit einem privaten Unternehmer (Rostock DtZ 94, 217); Anspruch aus einer Bürgschaft für
rückständige Sozialversicherungsbeiträge (BGH NJW 84, 1622); Ansprüche aus Verletzung des Persönlichkeitsrechts gegen Rundfunk- und
Fernsehanstalten (BGH 66, 182); Namensschutz einer politischen Partei

(BGH 43, 245); Anspruch auf zusätzliche Leistungen aus § 25 Abs 1 **15**
WohnBindG (BGH NJW 74, 145); Anspruch aus UWG gegen juristische Personen des öffentlichen Rechts, wenn diese gleichgeordnet im
Wettbewerb gegenüberstehen (KG NJW 94, 2701), zB Sozialversiche-
rungsträger (Köln NJW 74, 804), Landesärztekammer (BGH [GS] 67,
81; hierzu Scholz NJW 78, 16); Anspruch auf Pachtzins oder Nutzungs- **16**
entgelt für einen tatsächlich öffentlichen Weg (BayObLG 74, 226);
Benutzung der Mülldeponie einer Gemeinde, wenn Satzung fehlt (BGH
NJW 75, 106); Anspruch auf Ausstellung einer die MWSt ausweisen-
den Rechnung gem § 14 UStG (BGH NJW 75, 310); Wettbewerbsver-
hältnis zwischen städtischer Bestattungsanstalt und privatem Bestattungs-
unternehmen (BayObLG 74, 494); Zahlung des Unterschiedsbetrags
aus festgesetztem und vereinbartem Entgelt für einen Binnenschiff-
fahrttransport (BGH 64, 159); Zulassung zur Belieferung mit Heil- und
Hilfsmitteln auf Grund von Verträgen zwischen Krankenversicherungs-
trägern und Verbänden von Leistungserbringern (GemSOGB BGH 97,
312); Ansprüche auf Vergütung gegen gesetzliche Krankenversicherer
(GemSOGB NJW 88, 2295/7). Ansprüche gegen das Jugendamt als
Beistand, die sich auf das unterhaltsrechtliche Verhältnis zwischen Kind
und einem Elternteil beziehen (OVG Münster FamRZ 02, 833); der
Anspruch des Berechtigten auf Herausgabe des vom Verfügungsberech-
tigten durch den Verkauf des Vermögenswertes nach § 3 Abs 3 VermG
erlangten Erlöses (BGH WM 02, 1896); Ehrenschutzanspruch gegen
gesetzliche Krankenkasse (BGH MDR 03, 407).

6. Keine bürgerlichen Rechtsstreitigkeiten sind insbes die den **17**
Arbeits-, Verwaltungs-, Finanz- und Sozialgerichten zugewiesenen Sa-
chen, ferner wenn aus einem öffentlich-rechtlichen Rechtsverhältnis
Ansprüche aus ungerechtfertigter Bereicherung geltend gemacht wer-
den. **Beispiele:** Unwirksamkeit besatzungsrechtlicher Enteignungen **18**
(BGH NJW 96, 591); Rückzahlung von staatlichen Ausbildungsbei-
hilfen, selbst wenn der Anspruch notariell beurkundet ist (BGH NJW
94, 2620); Benutzung öffentlicher Versorgungseinrichtungen für Gas,
Wasser, Strom, Müllabfuhr uä, wenn das Benutzungsverhältnis vom
Träger des Unternehmens dem öffentlichen Recht unterstellt, insbes
das Entgelt als Abgabe (Gebühr oder Beitrag) ausgestaltet ist (vgl aber
Rn 19, 20); Streitigkeiten aus öffentlich-rechtlichen Verträgen (vgl auch
Rn 20) einschließlich Fehlens oder Wegfalls der Geschäftsgrundlage
(BGH 87, 9); Unterlassung oder Widerruf von Empfehlungen der
AOK an Kassenärzte (BGH NJW 64, 2208); Vertragsstreitigkeiten
(auch Schadensersatzansprüche) zwischen Krankenkassen und sog Leistungserbringern (BSG NJW-RR 95, 1275); Rückerstattung von Leistungen der Bundesanstalt für Arbeit (BGH NJW 88, 1731). Anspruch
einer Kabelgesellschaft nach dem BayMEG 1987 bzw BayMEG 1992
gegen den Betreiber einer Kabelanlage auf Zahlung eines vertraglichen
Teilnehmerentgelts. Erstattungsanspruch gegen den Steuerfiskus gem
§ 37 Abs 2 AO (anders aber, wenn ein Anspruch nach § 812 BGB gel-

tend gemacht wird, weil der Zurückfordernde nicht selbst Beteiligter eines Steuerrechtsverhältnisses ist und mit seiner Zahlung keine eigene Steuerpflicht erfüllen wollte; BGH WM 02, 2503).

19 **7. Zivilprozesssachen kraft Zuweisung.** Das sind öffentlich-rechtliche Streitigkeiten, die den ordentlichen Gerichten ausdrücklich zugewiesen sind. Es ist in jedem Fall eine ausdrückliche bundes- oder landesgesetzliche Zuweisung gem § 40 VwGO nötig. Insbes wird hinge-
20 wiesen auf: – **a) Zuweisung kraft Überlieferung** (§ 40 Abs 2 VwGO), nämlich Ansprüche aus Aufopferung (BGH NJW 95, 964), aus öffentlich-rechtlicher Verwahrung und aus Amtspflichtverletzung, wenn der Anspruch gegen den Beamten geltend gemacht wird (§ 839 BGB). Davon umfasst werden nur die Ansprüche auf Geldersatz, nicht die auf Folgenbeseitigung, nämlich der Beschwer aus dem vollzogenen
21 Verwaltungsakt, insbes dessen Rücknahme. – **b) Staatshaftung** auf Schadensersatz aus Verletzung einer öffentlich-rechtlichen Pflicht auf Grund des Art 34 GG, aber nur auf Schadensersatz in Geld, nicht auf Folgenbeseitigung, für die der Rechtsweg zu den anderen Gerichtsbarkeiten gegeben ist. In den Zivilrechtsweg gehören auch Schadensersatzansprüche aus öffentlich-rechtlichen Verträgen und culpa in contrahendo
22 (BGH NJW 86, 1109). – **c) Enteignungsentschädigung** nach Grund, Art und Höhe (Art 14 Abs 3 S 4 GG); nicht die Rechtmäßigkeit der Enteignung selbst. Für diese ist der Rechtsweg zu den Verwaltungsgerichten gegeben. Dass diese auch für die Entschädigung bei enteignenden und enteignungsgleichen Eingriff zuständig seien, wird angenommen von BVerwG NJW 93, 2149 und Lege NJW 95, 2745, jeweils
23 gegen BGH NJW 95, 964. – **d) Weitere Zuweisungen** durch gesetzliche Vorschriften: Baulandsachen nach § 219 BauGB (Zuständigkeit der LGe, Kammern für Baulandsachen). Anwaltssachen (Zuständigkeit des BGH für Revision gegen Entscheidungen des Anwaltsgerichtshofs in den Angelegenheiten der BRAO). Patentsachen: Anfechtung von Entscheidungen des Bundespatentgerichts (an den BGH). Kartellsachen: Anfechtung von Einspruchsbescheiden der Kartellbehörde und Verfügungen des Bundeswirtschaftsministers nach dem GWB (an OLG und BGH). Justizverwaltungsakte: Anfechtung gemäß §§ 23–30 EGGVG.

24 **8. Öffentlich-rechtliche Vorfragen,** insbes bedingende (präjudizielle) Rechtsverhältnisse. Darüber haben im Rahmen des ihnen zugewiesenen Rechtswegs die ordentlichen Gerichten zu entscheiden (§ 17 Abs 2 GVG). – **a) Grundsatz.** Ob das ordentliche Gericht den Rechtsstreit entscheidet oder gemäß § 148 aussetzt, steht in seinem Ermessen. Es darf aber grundsätzlich nur prüfen, ob der Verwaltungsakt, der die Vorfrage darstellt, besteht (dh erlassen und nicht aufgehoben ist) oder nicht besteht (dh nicht erlassen, nichtig oder aufgehoben ist). Verschlossen ist den ordentlichen Gerichten die Prüfung, ob der Verwaltungsakt rechtmäßig ist und mit oder ohne Erfolg angefochten werden kann (BGH
26 24, 386; ZöGummer 45). – **b) Ausnahme.** Die ordentlichen Gerichte dürfen auch die Rechtmäßigkeit des Verwaltungsaktes nachprüfen in

den Fällen der Rn 22 und 23, weil seine Anfechtung ihnen zugewiesen ist; ferner in den Fällen der Rn 20, 21, wenn der zugewiesene Anspruch in seinem Bestand von der Frage abhängt, ob der schadenverursachende Verwaltungsakt rechtswidrig war oder nicht (hM), wegen der Bindung an die Rechtskraft (Rn 30) aber nur dann, wenn die Rechtmäßigkeit des Verwaltungsaktes nicht in einem verwaltungsgerichtlichen Verfahren rechtskräftig festgestellt ist (BGH stRspr zB NJW 92, 1384/1386). – **c) Aufrechnung** mit öffentlich-rechtlicher Forderung. **27** Das ordentliche Gericht ist grundsätzlich nicht auf Grund des § 17 GVG befugt darüber zu entscheiden (vgl § 17 Rn 9).

9. Bindung der ordentlichen Gerichte an Entscheidungen der an- **28** deren Gerichtszweige und der Verwaltungsbehörden besteht in folgenden Fällen: – **a) Rechtsgestaltende Verwaltungsakte.** Das sind zB behördliche Genehmigungen, Einbürgerung, bei Beamten Anstellung, Versetzung (allgM). – **b) Kraft gesetzlicher Anordnung.** Sie muss **29** ausdrücklich sein (zB § 17a Abs 2 S 3 GVG). – **c) Tatbestandswirkung** des Bestehens oder des Nichtbestehens eines Verwaltungsaktes (vgl Rn 25). – **d) Materielle Rechtskraft** (§ 322), die auch bei den **30** Urteilen wirkt, die in einem anderen Gerichtszweige ergangen sind. Dies gilt freilich immer nur, soweit die Rechtskraft zwischen den selben Parteien wirkt (vgl § 325).

§ 13a *(aufgehoben)*

§ 14 [Schiffahrtsgerichte]

Als besondere Gerichte werden Gerichte der Schiffahrt für die in den Staatsverträgen bezeichneten Angelegenheiten zugelassen.

Darunter fallen die Rheinschifffahrtsgerichte (Revidierte Rhein- **1** schifffahrtsakte vom 17. 10. 1868; idF der Bekanntmachung vom 11. 3. 1969 (BGBl II 597). Die Schifffahrtsgerichte für Binnenschifffahrtssachen (G vom 27. 9. 1952, BGBl 641) gehören zur ordentlichen Gerichtsbarkeit.

§ 15 *(aufgehoben)*

§ 16 [Ausnahmegerichte; gesetzlicher Richter]

Ausnahmegerichte sind unstatthaft. Niemand darf seinem gesetzlichen Richter entzogen werden.

1. Bedeutung. § 16 entspricht wörtlich dem Art 101 Abs 1 GG. **1** Ausnahmegerichte sind lediglich solche Gerichte, die nur zu dem Zweck zusammengestellt werden, über bestimmte Einzelfälle oder bestimmte Personen zu entscheiden (BVerfG 8, 174/182).

2. Gesetzlicher Richter. Das ist das Gericht, dh der durch Zustän- **2** digkeitsordnung und Geschäftsverteilung zur Entscheidung im jeweiligen Einzelfall berufene Spruchkörper und Richter (BVerfG NJW 97,

1497). Dies bezieht sich auf jede Art richterlicher Tätigkeit (BVerfG 4, 412). Nicht erforderlich ist, dass die Zahl der erkennenden Richter stets unverändert bleibt, wenn diese durch den Geschäftsverteilungsplan (§ 21 e GVG) hinreichend bestimmt sind (BVerfG 19, 52) und kein Verstoß gegen die Überbesetzung vorliegt (BVerfG 19, 145).

3   **3. Entziehen** setzt ein Tätigwerden (auch bewusstes Unterlassen) im einzelnen Fall voraus (BAG NJW 61, 1740), das (nicht notwendig absichtlich) bewirkt, dass ein anderer als der gesetzliche Richter in dem **4** betreffenden Rechtsstreit tätig wird. – **a) Personen.** Nur solche können entziehen, wenn sie außerhalb der Gerichtsorganisation stehen, innerhalb der Gerichtsorganisation solche, die allgemein oder in einer bestimmten Sache keine gerichtliche Funktion ausüben dürfen, insbes auch Richter. Wenn eine solche Person den Senat, die Kammer oder den Einzelrichter, der die Sache zu behandeln und zu entscheiden hat, bestimmt oder zusammensetzt, insbes darauf irgendeinen ursächlichen Einfluss ausübt, dann ist gegen Art 101 Abs 1 S 2 GG und § 16 GVG ver- **5** verstoßen (BVerfG 4, 412/417). – **b) Willkür.** Präsidium und Richter, sofern sie gerichtliche Funktionen ausüben dürfen und daher nicht unter Rn 4 fallen, sowie die Justizverwaltung entziehen nur dann dem gesetzlichen Richter, wenn sie dabei (objektiv) willkürlich handeln (BVerfG in stRspr), zB durch Nichtbeachten einer Vorlagepflicht (BVerfG NJW 88, 1015). Hingegen begründet ein bloßer Verfahrensirrtum keinen Verstoß (BVerfG 29, 45; BGH NJW 62, 1396).

6   **4. Folgen.** – **a) Auskunftspflicht** der Justizverwaltungsorgane besteht dahingehend, ob der Richter das Richteramt überhaupt und ob er **7** es in dem betreffenden Verfahren ausüben durfte. – **b) Rechtsbehelfe.** Bei Verstoß sind begründet: Berufung (§ 538 Rn 9), Beschwerde (§ 572 Rn 20) oder Revision (§ 547 Nr 1), nach Rechtskraft Nichtigkeitsklage (§ 579 Abs 1 Nr 1). Wenn die Rechtsmittel erschöpft sind: Verfassungsbeschwerde. Beschwerdeführer kann nur die Prozesspartei, **8** nicht der Richter selbst sein (BVerfG NJW 63, 899). – **c) Wirkung.** Sofern § 16 GVG verletzt ist, ist die Entscheidung, bei der ein ungesetzlicher Richter mitgewirkt hat, aufzuheben ohne Rücksicht darauf, ob die Entscheidung inhaltlich richtig ist.

§ 17 [Zulässigkeit des Rechtswegs]

(1) [1]**Die Zulässigkeit des beschrittenen Rechtsweges wird durch eine nach Rechtshängigkeit eintretende Veränderung der sie begründenden Umstände nicht berührt.** [2]**Während der Rechtshängigkeit kann die Sache von keiner Partei anderweitig anhängig gemacht werden.**

(2) [1]**Das Gericht des zulässigen Rechtsweges entscheidet den Rechtsstreit unter allen in Betracht kommenden rechtlichen Gesichtspunkten.** [2]**Artikel 14 Abs. 3 Satz 4 und Artikel 34 Satz 3 des Grundgesetzes bleiben unberührt.**

1. Allgemeines. Die Entscheidung über die Zulässigkeit des Rechts- **1**
wegs und ihre Folgen ist durch § 17 a GVG geregelt. Es kann bereits im
ersten Rechtszug auch für die Rechtsmittelgerichte bindend entschieden werden, welcher Rechtsweg zulässig ist (§ 17 a Abs 5 GVG). Dafür
wird in Kauf genommen, dass im Einzelfall durch ein Rechtsmittelgericht über einen Rechtsstoff entschieden wird, für den eigentlich die
Gerichte eines anderen Rechtswegs zuständig wären. Diese Fälle
sind verhältnismäßig selten, erzeugen aber oft schwierige Rechtsfragen
(Windel ZZP 111, 3).

2. Anwendungsbereich. § 17 GVG gilt nicht nur für die ordent- **2**
lichen Gerichte (§ 12 GVG), sondern entsprechend auch für die Gerichte der anderen Rechtswege, nämlich der Verwaltungs-, Finanz-,
Sozial- und Arbeitsgerichtsbarkeit (§ 173 VwGO, § 155 FGO, §§ 51,
202 SGG, § 48 Abs 1 ArbGG), dort auch für die sachliche und örtliche
Zuständigkeit (§ 83 S 1 VwGO, § 70 S 1 FGO, § 98 S 1 SGG, § 48
Abs 1 ArbGG). Die entspr Anwendung ist auch im Verhältnis zwischen
streitiger und freiwilliger Gerichtsbarkeit zu bejahen (allgM; BGH NJW
01, 2181 mwN; NJW-RR 02, 1651 für das Verhältnis Prozess- zum
Landwirtschaftsgericht), selbst wenn der kontradiktorische Charakter
des FG-Verfahrens nicht im Vordergrund steht (BGH NJW 01, 2181).
§ 17 GVG gilt für alle Verfahren des jeweiligen Rechtswegs, insbes
Mahnverfahren, selbständige Beweisverfahren, auch für den vorläufigen
Rechtsschutz, also für Arrest und einstweilige Verfügung (hM; BGH
NJW 01, 2181; KG NJW-RR 02, 1504), nicht aber für das PKHVerfahren (vgl § 17 a Rn 3). Bei einer Änderung der Rechtslage in Bezug
auf die Rechtswegzuständigkeit nach Eintritt der Rechtshängigkeit gilt
der Grundsatz der perpetuatio fori (BGH NJW 02, 1351).

3. Wirkungen (Abs 1). – **a) Fortdauer** der Zulässigkeit des Rechts- **3**
wegs (S 1). Dies entspricht der sog perpetuatio fori des § 261 Abs 3
Nr 2 (vgl dort). Der beschrittene Rechtsweg muss bis zum Schluss der
mdl Vhdlg nur einmal zulässig geworden sein (vgl § 13 GVG Rn 2).
Jede Änderung von tatsächlichen Verhältnissen, Rechtsvorschriften und
Klageanträgen ist für die Zulässigkeit des Rechtswegs dann unerheblich,
wenn sie nach Rechtshängigkeit (§ 261 Rn 2–4) eingetreten ist (Piekenbrock NJW 00, 3476). Das ist vom BGH in NJW 00, 2749 nicht beachtet. – **b) Rechtswegsperre** durch das Verbot anderweitiger An- **4**
hängigkeit der selben Sache (Abs 1 S 2). Damit ist derselbe Streitgegenstand (Einl II) gemeint (wie § 261 Rn 12). Das trifft aber insoweit
zu, als sich der Streitgegenstand nur teilweise deckt. Die später erhobene Klage muss als unzulässig abgewiesen werden; es kommt daher auf
den Zeitpunkt der Klagezustellung an (§ 261 Abs 1) oder auf den entsprechenden Vorgang des § 261 Abs 2.

4. Entscheidungsbefugnis (Abs 2) steht den Gerichten eines jeden **5**
Rechtswegs zu, welches den Rechtsstreit in der Sache entscheidet.
Dieses Gericht ist das des zulässigen Rechtswegs, nämlich des vom Klä-

ger beschrittenen, auf Grund des Parteivorbringens und auch ohne besondere Entscheidung als zulässig erkannten Rechtswegs oder das des bindend für zulässig erklärten (§ 17a Abs 1, 2 S 3 GVG). Diese Entscheidungsbefugnis gilt nur für das betreffende Rechtsverhältnis eines Streitgegenstands (Einl II), nicht für eine Mehrheit prozessualer An-
6 sprüche (allgM; BGH NJW 03, 282; vgl Rn 7 und 8. – **a) Grundsatz** (Abs 2 S 1). Das Gericht entscheidet umfassend den Rechtsstreit mit den gestellten Anträgen unter allen rechtlichen Gesichtspunkten (mit Tat- und Rechtsfragen), auch Anspruchsgrundlagen, soweit sie in Betracht kommen (BG NJW 03, 828), insbes geltend gemacht werden, auch alle Vorfragen (§ 13 GVG Rn 24) ohne Rücksicht darauf, welchem Rechtsgebiet sie angehören und ob das Gericht derjenigen Gerichtsbarkeit angehört, die für den Rechtsweg zuständig ist. Das Gericht wendet dabei seine Verfahrensordnung an (hM; vgl Deckers ZZP 110, 341), das ordentliche Gericht also die ZPO, ausnahmsweise einzelne Vorschriften anderer Verfahrensordnungen nur dann, wenn es die Art des Anspruchs erfordert (aA Deckers aaO: ausnahmslos eigene Verfahrensordnung), zB die Amtsermittlung anstatt des Verhandlungsgrund-
7 satzes (Einl I Rn 1; § 86 Abs 1 VwGO). – **b) Umfang** (Abs 2 S 1) der Entscheidungsbefugnis. Sie erstreckt sich auf den jeweiligen prozessualen Anspruch (Streitgegenstand, Einl II; vgl Rn 5 aE.) auch dann, wenn er auf Grundlagen beruht oder beruhen kann, die verschiedenen Rechts-
8 wegen zugeordnet sind (ZöGummer 6). – **c) Grenzen.** Die Entscheidungsbefugnis erstreckt sich nicht auf weitere Ansprüche, die verbunden (§ 260) eingeklagt werden (allgM; BGH 114, 1), nicht auf die Widerklage (§ 33), schon gar nicht auf Streitgenossen (§§ 59, 60; Frankfurt NJW-RR 95, 319 für einfache). In solchen Fällen gilt § 145 (Trennung) und § 17a Abs 2 GVG (Verweisung). Bei Haupt- und Hilfsbegründung kommt es allein auf die Hauptbegründung an; deren Rechts-
9 weg muss beschritten werden (ZöGummer 7). – **d) Aufrechnung** mit einer rechtswegfremden Gegenforderung. Diese entspricht einem selbständigen prozessualen Anspruch und ist kein rechtlicher Gesichtspunkt iS des Abs 2 S 1 (vgl Rupp NJW 93, 3274; ZöGummer 10; aA Gaa NJW 97, 3343), so dass sich die Entscheidungskompetenz des angegangenen, einem anderen Rechtsweg angehörenden Gerichts nicht darauf erstreckt (Musielak JuS 94, 817 mwN). Das ist iS einer umfassenden Entscheidungskompetenz mit guten Gründen bestritten von VGH Kassel NJW 95, 1107; Schenke/Ruthig NJW 92, 2505 und 93, 1376; Mayerhofer NJW 92, 1602; Hoffmann ZZP 107, 1; Hager Fs für Kissel S 327; Schwab Fs für Zeuner S 499; Gaa NJW 97, 3343. Auch danach darf auf keinen Fall gegen die Rechtsweggarantie des Art 34 GG verstoßen werden (Gaa aaO); es ist ggf auszusetzen (VGH Mannheim NJW 97, 3344). Kissel (NZA 95, 345/357) stellt die Entscheidung in das Ermessen des Gerichts. Es ist grundsätzlich nach § 145 Rn 24 zu verfahren. Das Gericht kann jedenfalls die Aufrechnung berücksichtigen, wenn die Forderung rechtskräftig festgestellt oder unbestritten ist (BVerwG NJW 93, 2255).

5. Vorrang des ordentlichen Rechtswegs ist in Abs 2 S 2 als **10** Ausnahme zu S 1 (Rn 6) angeordnet, weil dies insoweit durch das Grundgesetz garantiert und zwingend ist. – **a) Umfang.** Nur die ordentlichen Gerichte dürfen entscheiden über die Höhe der Enteignungsentschädigung (Art 14 Abs 3 S 4 GG) sowie über den Schadensersatz und den Rückgriff bei Amtspflichtverletzungen (Art 34 S 3 GG). – **b) Wirkung.** Das Gericht eines anderen Rechtswegs darf über **11** diese Ansprüche auch dann nicht befinden, wenn es bindend für zuständig erklärt sein sollte (§ 17 a Abs 2 S 3 GVG). Da eine Weiterverweisung ausscheidet, ist die Klage (als unbegründet) abzuweisen, wenn der erhobene Zahlungsanspruch nicht aus anderen Gründen zugesprochen werden kann. Die Klage aus den von Abs 2 S 2 betroffenen Ansprüchen kann jederzeit beim ordentlichen Gericht erhoben werden.

§ 17 a [Entscheidung über den Rechtsweg]

(1) **Hat ein Gericht den zu ihm beschrittenen Rechtsweg rechtskräftig für zulässig erklärt, sind andere Gerichte an diese Entscheidung gebunden.**

(2) [1]**Ist der beschrittene Rechtsweg unzulässig, spricht das Gericht dies nach Anhörung der Parteien von Amts wegen aus und verweist den Rechtsstreit zugleich an das zuständige Gericht des zulässigen Rechtsweges.** [2]**Sind mehrere Gerichte zuständig, wird an das vom Kläger oder Antragsteller auszuwählende Gericht verwiesen oder, wenn die Wahl unterbleibt, an das vom Gericht bestimmte.** [3]**Der Beschluß ist für das Gericht, an das der Rechtsstreit verwiesen worden ist, hinsichtlich des Rechtsweges bindend.**

(3) [1]**Ist der beschrittene Rechtsweg zulässig, kann das Gericht dies vorab aussprechen.** [2]**Es hat vorab zu entscheiden, wenn eine Partei die Zulässigkeit des Rechtsweges rügt.**

(4) [1]**Der Beschluß nach den Absätzen 2 und 3 kann ohne mündliche Verhandlung ergehen.** [2]**Er ist zu begründen.** [3]**Gegen den Beschluß ist die sofortige Beschwerde nach den Vorschriften der jeweils anzuwendenden Verfahrensordnung gegeben.** [4]**Den Beteiligten steht die Beschwerde gegen einen Beschluß des oberen Landesgerichts an den obersten Gerichtshof des Bundes nur zu, wenn sie in dem Beschluß zugelassen worden ist.** [5]**Die Beschwerde ist zuzulassen, wenn die Rechtsfrage grundsätzliche Bedeutung hat oder wenn das Gericht von der Entscheidung eines obersten Gerichtshofes des Bundes oder des Gemeinsamen Senats der obersten Gerichtshöfe des Bundes abweicht.** [6]**Der oberste Gerichtshof des Bundes ist an die Zulassung der Beschwerde gebunden.**

(5) **Das Gericht, das über ein Rechtsmittel gegen eine Entscheidung in der Hauptsache entscheidet, prüft nicht, ob der beschrittene Rechtsweg zulässig ist.**

1   **1. Allgemeines.** § 17 a regelt das Verfahren des Gerichts, das im Einzelfall über die Zulässigkeit des beschrittenen Rechtswegs zu ent-
2   scheiden hat, zugleich die Wirkung dieser Entscheidung. – **a) Zweck.** Es soll früh und bindend die Zuständigkeit desjenigen Gerichts festgelegt werden, das unabhängig von der wirklichen Zulässigkeit des Rechtswegs über die Sache entscheidet. Durch die Vorabentscheidung und das Rechtsmittel (Abs 4 S 3) soll gewährleistet werden, dass die Rechtswegentscheidung richtig ist. Die erwünschte Vereinfachung und Beschleunigung des von Rechtswegfragen betroffenen Verfahrens ist da-
3   mit nicht erzielt worden (Ressler JZ 94, 1035). – **b) Anwendbar** ist § 17 a im selben Umfang wie § 17 GVG (vgl dort Rn 2) und nicht im PKH-Verfahren (VGH Mannheim NJW 95, 1915 mwN; von BAG NJW 93, 751 mwN offengelassen).

4   **2. Bindung** bei für zulässig erklärtem Rechtsweg (Abs 1). – **a) Voraussetzung** ist eine formell rechtskräftige Entscheidung (§ 705), in der das Gericht den zu ihm beschrittenen Rechtsweg für zulässig erklärt, entweder durch Vorabentscheidung (Abs 3; Rn 12) oder im Endurteil (BGH NJW 93, 388), ausdrücklich oder stillschweigend, indem
5   über die Begründetheit der Klage entschieden wird. – **b) Wirkung.** Jedes andere Gericht eines jeden Rechtswegs und Rechtszugs ist an die (vorher ergangene) Entscheidung gebunden (allgM), auch wenn sie falsch sein sollte, und muss daher eine bei ihm erhobene Klage über denselben Streitgegenstand (Einl II; § 17 GVG Rn 7) als unzulässig abweisen, weil der (nunmehr beschrittene) Rechtsweg nicht zulässig ist.

6   **3. Unzulässigkeit des Rechtswegs** (Abs 2), in dem geklagt wird. Festgestellt wird die Unzulässigkeit für die ordentlichen Gerichte auf Grund des § 13 GVG, für die Gerichte der anderen Rechtswege aus der für sie geltenden Verfahrensordnung (VwGO, SGG, FGO und ArbGG),
7   weil es kein einheitliches Gerichtsverfassungsgesetz gibt. – **a) Prüfung** der Zulässigkeit und Feststellung der Zulässigkeit oder Unzulässigkeit des Rechtswegs geschieht von Amts wegen (12 vor § 253) durch das Gericht des ersten Rechtszugs (AG und LG), nicht durch die Rechtsmittelgerichte (LG, OLG, BayObLG und BGH), wenn die Zulässigkeit des Rechtswegs im ersten Rechtszug der ordentlichen Gerichtsbarkeit ausdrücklich oder stillschweigend bejaht wurde (Abs 5; vgl § 13 Rn 2). –
8   **b) Verfahren.** Hält das Gericht den zu ihm beschrittenen Rechtsweg für unzulässig, muss es die Parteien oder deren ProzBev unter Hinweis auf die Tatsachen, die anzuwendenden Vorschriften und die Rechtsfragen zur Äußerung auffordern ("nach Anhörung"). Mdl Vhdlg ist nicht notwendig (Abs 4 S 1), aber bei frühem ersten Termin (§ 275) angebracht. Bei Aufforderung zu schriftlicher Äußerung ist Fristsetzung möglich (§ 275 Abs 1 S 1, Abs 3 und 4, § 276 Abs 1 S 2, Abs 3). –
8 a **c) Entscheidungsgrundlage.** Die Tatsachen für die Zulässigkeit des Rechtswegs (25 vor § 253) müssen vom Kläger zur Prüfung (Rn 7) schlüssig vorgetragen sein (BGH NJW 96, 3012 mwN). Das ist grundsätzlich ausreichend (Köln NJW 97, 470) und genügt nur dann nicht,

wenn eine für die Zuständigkeit erhebliche Tatsache bestritten wird (hM; vgl Jaeger NZA 98, 961). Dann muss Beweis erhoben werden (BAG NJW 94, 1172: Kissel NZA 95, 345/353 mwN; sehr bestr; differenzierend BAG NJW 96, 2948 mwN; aA BAG NJW 97, 542) und die zuständigkeitsbegründende Tatsache bewiesen sein (Windel ZZP 111, 3/20).

4. Entscheidung bei unzulässigem Rechtsweg (Rn 6). Sie ergeht durch Beschluss (Abs 4 S 1) von Amts wegen (ohne Antrag; Abs 2 S 1), auch durch das Berufungsgericht, wenn das Gericht erster Instanz trotz Rüge (unrichtig, Abs 3 S 2; Rn 13) in der Sache entschieden hat, weil es den Rechtsweg für zulässig hielt (BGH NJW 96, 591). Das Berufungsgericht darf die Vorabentscheidung nicht allein schon deshalb unterlassen, weil sein Urteil der Revision unterliegt (BGH NJW 96, 1890). Der Verweisungsbeschluss – und keine Klageabweisung als unzulässig – muss selbst dann ergehen, wenn die Klageerhebung beim unzuständigen Gericht rechtsmissbräuchlich sein sollte (LSG Schleswig-Holstein FamRZ 03, 46). – **a) Voraussetzungen.** Eine vorangegangene Verweisung innerhalb des Rechtswegs (§ 281) steht der Verweisung in einen anderen Rechtsweg nicht entgegen (BAG NJW 93, 1878). An ein Verwaltungsgericht darf nicht verwiesen werden, wenn das Verwaltungsverfahren noch läuft (BGH NJW 93, 332). – **b) Inhalt.** Beispiel für eine Formel (Abs 2 S 1): „Der ordentliche Rechtsweg ist unzulässig. Der Rechtsstreit wird an das Verwaltungsgericht Berlin verwiesen." Es ergeht keine Kostenentscheidung wegen § 17 b Abs 2 GVG. Gründe sind zwingend vorgeschrieben (Abs 4 S 2). Die Entscheidung wird in mdl Vhdlg verkündet (§ 329 Abs 3) und (oder) zugestellt (§ 329 Abs 2 S 2); erforderlich wegen befristeter Anfechtbarkeit mit sofortiger Beschwerde (Abs 4 S 3). – **c) Mehrere zuständige Gerichte** (Abs 2 S 2). Damit sind insbes verschiedene örtlich zuständige Gerichte in derjenigen Gerichtsbarkeit gemeint, für die der Rechtsweg als zulässig angesehen wird. Verwiesen wird an das vom Kläger (Antragsteller) gewählte Gericht. Dies entspricht dem Grundsatz des § 35. – **d) Bindung** (Abs 2 S 3) tritt erst bei formeller Rechtskraft des Beschlusses (§ 705) und nur hinsichtlich des Rechtswegs ein, so dass nicht in einen dritten Rechtsweg weiterverwiesen werden darf. Das gilt auch bei gesetzwidriger Verweisung (BGH NJW-RR 02, 713). Diese Bindung ist auch im Verfahren des § 36 Abs 1 Nr 6 zu beachten (BGH aaO; BGH NJW 02, 2474). Wird dagegen verstoßen, ist der Weiterverweisungsbeschluss unwirksam; es tritt keine vorgehende Zweitbindung ein. Keine Bindung besteht in der sachlichen oder örtlichen Zuständigkeit, so dass innerhalb des Rechtswegs weiterverwiesen werden kann (BAG NJW 96, 742 mwN). Es kommt zur Bindung nur für das Gericht, an das sachlich oder örtlich zuständiges weiterverwiesen wurde (§ 281 Abs 2 S 5; vgl Rn 9). Auch hinsichtlich des Verfahrens gemäß §§ 23 ff EGGVG besteht keine Bindung (KG MDR 95, 288). Die Bindungswirkung nach Abs 2 S 3 kann bei einem extremen Ver-

stoß, zB bei Fehlen jeglicher gesetzlicher Grundlage oder verfassungs-
widrigem Entzug des gesetzlichen Richters entfallen, so dass die Entscheidung nicht mehr verständlich erscheint und offensichtlich unhalt-
bar ist (BGH NJW 02, 2474).

13   **5. Vorabentscheidung** bei zulässigem Rechtsweg (Abs 3). Sie hat
zu geschehen durch das Gericht des ersten Rechtszugs (BGH NJW 91,
1686). Die Vorabentscheidung tritt an die Stelle eines Zwischenurteils
14   (§ 280). – **a) Voraussetzung** ist, dass das Gericht den zu ihm beschrittenen Rechtsweg für zulässig hält, bei den ordentlichen Gerichten
15   also gemäß § 13 GVG (vgl Rn 6). – **b) Verfahren.** Es entspricht der
Rn 8 (vgl Abs 4 S 1). Eine Anhörung muss auch ohne ausdrückliche
16   Vorschrift erfolgen. – **c) Entscheidung.** Der Beschluss steht grundsätzlich im Ermessen des Gerichts („kann"). Es sollte entscheiden, wenn
die Rechtslage unklar ist. Ob es entscheiden muss (so Boin NJW 98,
3747), ist umstr. Bei einer (nicht notwendig in mdl Vhdlg) erhobenen
Rüge muss jedenfalls das Gericht entscheiden. (BGH NJW 99, 651).
Dies gilt auch, wenn der Kläger (Antragsteller) rügt (Abs 3 S 2). Eine
Rüge kann in einem Verweisungsantrag liegen (Boin aaO). Formel für
die ordentlichen Gerichte: „Der Rechtsweg zu den ordentlichen Gerichten ist zulässig." Es ergeht keine Kostenentscheidung wegen § 17 b
GVG. Gründe, Erlass und Zustellung des Beschlusses: wie Rn 10. –
17   **d) Bindung.** Der rechtskräftige (§ 705) Beschluss bindet gemäß Rn 4,
5 (Abs 1). Die Bindung tritt aber nicht ein, wenn das Gericht trotz
Rüge eine Vorabentscheidung (Rn 16) unterlässt und die Zulässigkeit
des Rechtswegs nur in den Gründen des Endurteils bejaht (Rn 4, 7;
BGH NJW 93, 1799 und 99, 651) oder darüber nicht befindet (BGH
NJW 96, 1890).

18   **6. Rechtsmittel** (Abs 4 S 3–6). Sie stehen einem Streitgenossen
nicht im (verbundenen) Prozess des anderen zu (Köln NJW-RR 96,
60; vgl § 61 Rn 10). – **a) Gegen Beschlüsse,** welche die Zulässigkeit
des Rechtswegs verneinen (Abs 2 S 1; Rn 10) oder bejahen (Abs 3;
Rn 16), ist Gegenstand des Beschwerdeverfahrens die Zulässigkeit
19   des Rechtswegs (BGH NJW 01, 2181). Es findet statt: **aa) Sofortige
Beschwerde** (Abs 4 S 3) in der ordentlichen Gerichtsbarkeit gem
§ 567 gegen die Beschlüsse des AG und LG mit Anwaltszwang (§ 78)
nach Maßgabe des § 569 Abs 2, 3 (Saarbrücken NJW-RR 98, 1612),
in der freiwilligen Gerichtsbarkeit nach § 22 Abs 1 S 1 FGG, in Landwirtschaftssachen nach § 22 LwVG iVm § 22 Abs 1 S 1 FGG (BGH
NJW-RR 02, 1651). Unzulässig ist die sofortige Beschwerde mit dem
Ziel, an ein anderes Gericht des anderen Rechtswegs zu verweisen
(BAG NJW 96, 742). Das Beschwerdegericht ergibt sich aus §§ 72, 119
GVG. Hat das OLG als Berufungsgericht (gesetzwidrig) eine Vorabentscheidung (Rn 16) getroffen und die sofortige, nicht die Rechtsbeschwerde zugelassen, ist der BGH daran gebunden (BGH NJW 93,
388). Diese Bindung besteht erst recht, wenn das Berufungsgericht die
vom Gericht erster Instanz pflichtwidrig unterlassene Vorabentschei-

dung trifft und die Rechtsbeschwerde nicht zulässt (Rn 9; BGH NJW 96, 591). Kostenentscheidung ist geboten (BSG MDR 97, 1066). Erfolgloses Rechtsmittel: § 97 Abs 1. Hat es Erfolg, gilt § 17b Abs 2 GVG. – **bb) Rechtsbeschwerde** (Abs 4 S 4, 5; BGH NJW-RR 03, 277). Sie ist also befristet (§ 575 Abs 1) und binnen Monatsfrist zu begründen (§ 575 Abs 2 S 1). Im Verfahren von Arrest und einstw Verfügung (§§ 916, 935) ist die Rechtsbeschwerde gegen den Beschluss des OLG nicht ausgeschlossen (BGH NJW 99, 3785 u NJW 01, 2181). Statthaft ist die Rechtsbeschwerde auch gegen einen Beschluss des OLG, wenn das LG im ersten Rechtszug zuständig gewesen wäre. Die Rechtsbeschwerde muss aber im Beschluss des OLG zugelassen sein (Abs 4 S 4); nur dadurch wird § 574 Abs 1 Nr 1 erfüllt. § 545 Abs 1 ist entspr anwendbar (BGH NJW 96, 3012 zu § 549 aF). Die Voraussetzungen der Zulassung sind in Abs 4 S 5 speziell geregelt (BGH WM 03, 353). Wird in arbeitsgerichtlichen Verfahren keine ordnungsgemäße Belehrung erteilt, beträgt die Beschwerdefrist dort 1 Jahr seit Zustellung der Entscheidung (§ 9 Abs. 5 S 4 ArbGG). Kosten: wie Rn 19 aE. – **b) Gegen Urteile,** in denen statt Verweisung in den zulässigen Rechtsweg (Abs 2) die Klage als unzulässig abgewiesen wird oder in denen statt Vorabentscheidung zu treffen (Abs 3) über die Klage entschieden wird, findet das gegebene Rechtsmittel statt, nämlich Berufung (§ 511; Frankfurt NJW-RR 97, 1564) oder Revision (§ 542). Entscheidet das Gericht erster Instanz trotz Rüge nicht durch Beschluss (Rn 16), sondern in den Gründen des Endurteils, findet wahlweise sofortige Beschwerde oder Berufung statt (BAG NJW 95, 2310; aA Zö-Gummer mwN). Das Rechtsmittelgericht trifft unmittelbar die gebotene Entscheidung (BAG aaO). Es kann auch gemäß Abs 2 S 1 entscheiden (BGH NJW 99, 651; Oldenburg NJW-RR 93, 255) und zugleich das ergangene Urteil aufheben (Frankfurt aaO); in der Revisionsinstanz muss der BGH an das Berufungsgericht zurückverweisen, damit dieses die Vorabentscheidung nachholt (BGH aaO).

6. Unterbleiben der Zulässigkeitsprüfung durch das Rechtsmittelgericht (Abs 5). – **a) Grund.** Diese Beschränkung der Prüfungskompetenz ist dadurch gerechtfertigt, dass die Zulässigkeit des Rechtswegs vorab geprüft wird und darüber im Beschwerdeverfahren entschieden werden kann (Rn 18–20). Daraus folgt, dass Abs 5 nicht gilt, wenn trotz Rüge entgegen Abs 3 S 2 nicht vorab entschieden wurde (BGH NJW 93, 470; BayObLG NJW-RR 96, 912; Frankfurt NJW-RR 97, 1564; vgl Rn 24 aE). – **b) Entscheidung in der Hauptsache** liegt vor, wenn über die Frage des Rechtswegs hinaus über eine weitere Sachfrage entschieden ist (BGH NJW 93, 470). – **c) Wirkung.** Ist die Zulässigkeit des Rechtswegs bejaht (vgl Rn 4, 7), muss das Rechtsmittelgericht dies hinnehmen (BGH NJW 91, 1686; BAG NZA 99, 319; auch im Fall des § 17a Abs 2 S 2), sogar das Revisionsgericht (Boin NJW 98, 1750). Ist die Zulässigkeit des Rechtswegs nur konkludent bejaht, weil das Gericht erster Instanz keinen Anlass hatte, eine Vorabentscheidung (Rn 16) zu treffen, so darf das Berufungsgericht auch die Frage des Rechtswegs inhaltlich nicht überprüfen (BGH NJW 93, 389; BAG NJW 96, 3430 und 97, 1025). Dies gilt aber nur, wenn das Gericht nicht gegen Abs 3 S 2 verstoßen hat (Rn 21, 22 aE; Oldenburg NJW-RR 93, 255; aA LG Hanau NJW-RR 98, 1773: im Verhältnis streitiger zu freiwilliger Gerichtsbarkeit immer). Dann kann das Berufungsgericht direkt in den anderen Rechtsweg verweisen (Köln NJW-RR 95, 910).

§ 17b [Wirkung der Verweisung; Kosten]

(1) [1]Nach Eintritt der Rechtskraft des Verweisungsbeschlusses wird der Rechtsstreit mit Eingang der Akten bei dem im Beschluß bezeichneten Gericht anhängig. [2]Die Wirkungen der Rechtshängigkeit bleiben bestehen.

(2) [1]Wird ein Rechtsstreit an ein anderes Gericht verwiesen, so werden die Kosten im Verfahren vor dem angegangenen Gericht als Teil der Kosten behandelt, die bei dem Gericht erwachsen, an das der Rechtsstreit verwiesen wurde. [2]Dem Kläger sind die entstandenen Mehrkosten auch dann aufzuerlegen, wenn er in der Hauptsache obsiegt.

1 **Anwendbar:** wie § 17 GVG Rn 2. **Anhängigkeit** (Abs 1 S 1) des Rechtsstreits beim Gericht, an welches als das zuständige gem § 17 Abs 2 S 1 GVG verwiesen wurde (Folgen wie § 281 Rn 15), setzt voraus: **(1)** Formelle Rechtskraft (§ 705 Rn 1) des Verweisungsbeschlusses (§ 17a GVG Rn 9). **(2)** Eingang der Akten; geschieht idR mit Einlauf

2 des Verweisungsbeschlusses. **Wirkungen der Rechtshängigkeit** (Abs 1 S 2). Sie sind im Bereich der ordentlichen Gerichtsbarkeit in § 261 Abs 3 und § 262 geregelt. Es bleiben also insbes auch die fristwahrenden

3 Wirkungen bestehen. **Bindung.** Das Gericht, an das verwiesen wurde, darf nicht an das Gericht eines anderen Rechtszugs weiterverweisen

4 (§ 17a GVG Rn 11). **Kosten** (Abs 2). Entspricht abgesehen von der vorausgesetzten Verweisung dem § 281 Abs 3 wörtlich. S 1: Wie das Verfahren bilden die Kosten des (nun zwangsläufig) ersten Rechtszugs eine Einheit, so dass zB den Unterlegenen gem § 91 Abs 1 S 1 auch die Kosten treffen, die vor dem Gericht entstanden sind, das verwiesen hat, wenn nicht S 2 entgegensteht. S 2: sog Mehrkosten (wie § 281 Rn 18)

5 **Streitwert:** Bruchteil der Hauptsache (BGH NJW 98, 909: $^1/_3$–$^1/_5$; bestr).

§ 18 [Mitglieder diplomatischer Missionen]

[1]Die Mitglieder der im Geltungsbereich dieses Gesetzes errichteten diplomatischen Missionen, ihre Familienmitglieder und ihre privaten Hausangestellten sind nach Maßgabe des Wiener Übereinkommens über diplomatische Beziehungen

**vom 18. April 1961 (Bundesgesetzbl. 1964 II S. 957 ff) von der
deutschen Gerichtsbarkeit befreit.** [2] **Dies gilt auch, wenn ihr
Entsendestaat nicht Vertragspartei dieses Übereinkommens ist;
in diesem Falle findet Artikel 2 des Gesetzes vom 6. August
1964 zu dem Wiener Übereinkommen vom 18. April 1961 über
diplomatische Beziehungen (Bundesgesetzbl. 1964 II S. 957)
entsprechende Anwendung.**

Zur Durchsetzung zivilrechtlicher Ansprüche: Dahlhoff BB 97, 321; **1**
Leipold Fs Lüke S 353.

§ 19 [Mitglieder konsularischer Vertretungen]

(1) [1] **Die Mitglieder der im Geltungsbereich dieses Gesetzes
errichteten konsularischen Vertretungen einschließlich der
Wahlkonsularbeamten sind nach Maßgabe des Wiener Übereinkommens über konsularische Beziehungen vom 24. April
1963 (Bundesgesetzbl. 1969 II S. 1585 ff) von der deutschen Gerichtsbarkeit befreit.** [2] **Dies gilt auch, wenn ihr Entsendestaat
nicht Vertragspartei dieses Übereinkommens ist; in diesem
Falle findet Artikel 2 des Gesetzes vom 26. August 1969 zu
dem Wiener Übereinkommen vom 24. April 1963 über konsularische Beziehungen (Bundesgesetzbl. 1969 II S. 1585) entsprechende Anwendung.**

(2) **Besondere völkerrechtliche Vereinbarungen über die Befreiung der in Absatz 1 genannten Personen von der deutschen
Gerichtsbarkeit bleiben unberührt.**

Bestehen Zweifel an der Amtsimmunität, so ist sie von Amts wegen **1**
zu prüfen und darüber mündlich zu verhandeln; daher ist die Klageschrift zuzustellen und zu laden (LG Hamburg NJW 86, 3034).

§ 20 [Sonstige Exterritoriale]

(1) **Die deutsche Gerichtsbarkeit erstreckt sich auch nicht auf
Repräsentanten anderer Staaten und deren Begleitung, die sich
auf amtliche Einladung der Bundesrepublik Deutschland im
Geltungsbereich dieses Gesetzes aufhalten.**

(2) **Im übrigen erstreckt sich die deutsche Gerichtsbarkeit
auch nicht auf andere als die in Absatz 1 und in den §§ 18 und
19 genannten Personen, soweit sie nach allgemeinen Regeln
des Völkerrechts, auf Grund völkerrechtlicher Vereinbarungen
oder sonstiger Rechtsvorschriften von ihr befreit sind.**

Die Immunität richtet sich nach völkerrechtlichen Regeln und ist **1**
nur ausnahmsweise durchbrochen (Geiger NJW 87, 1124 mwN).

§ 21 [Rechtshilfeersuchen eines internationalen Strafgerichtshofes]

Die §§ 18 bis 20 stehen der Erledigung eines Ersuchens um Überstellung und Rechtshilfe eines internationalen Strafgerichtshofes, der durch ein für die Bundesrepublik Deutschland verbindlichen Rechtsakt errichtet wurde, nicht entgegen.

Eingefügt durch Art 4 des Gesetzes v 21. 6. 02 (BGBl I 2144) zur Ausführung des Römisches Statuts des Internationalen Strafgerichtshofes vom 17. 7. 1998 (BGBl 2000 II 1393).

Zweiter Titel. Allgemeine Vorschriften über das Präsidium und die Geschäftsverteilung

§ 21 a [Zusammensetzung des Präsidiums]

(1) **Bei jedem Gericht wird ein Präsidium gebildet.**

(2) **Das Präsidium besteht aus dem Präsidenten oder aufsichtführenden Richter als Vorsitzenden und**

1. **bei Gerichten mit mindestens achtzig Richterplanstellen aus zehn gewählten Richtern,**
2. **bei Gerichten mit mindestens vierzig Richterplanstellen aus acht gewählten Richtern,**
3. **bei Gerichten mit mindestens zwanzig Richterplanstellen aus sechs gewählten Richtern,**
4. **bei Gerichten mit mindestens acht Richterplanstellen aus vier gewählten Richtern,**
5. **bei den anderen Gerichten aus den nach § 21 b Abs. 1 wählbaren Richtern.**

1　**1. Präsidium** (Abs 1). Dieses ist ein unabhängiges, gerichtliches Selbstverwaltungsorgan, in dessen Tätigkeit die Justizverwaltung nicht durch Anweisung oder personelle Anregungen eingreifen darf; sie kann lediglich unterbliebene, notwendige Maßnahmen anmahnen und auf Mängel hinweisen. Ein Präsidium besteht an allen Gerichten, auch an den kleineren Amtsgerichten (vgl Abs 2 Nr 5).

2　**2. Zusammensetzung** (Abs 2). Sie richtet sich ohne Unterschied für alle Gerichte allein nach der Zahl der zugewiesenen Richterplanstellen, ohne Rücksicht darauf, ob sie besetzt sind oder nicht (hM; Koblenz DRiZ 96, 329). Maßgebender Zeitpunkt: § 21 d Abs 1 GVG.

3　Veränderung: § 21 d Abs 2, 3 GVG. – **a) Gewähltes Präsidium** (Abs 2 Nr 1–4). Es besteht aus 10, 8, 6 oder 4 Mitgliedern. Der Präsident des Gerichts oder der aufsichtführende Richter (Direktor des AG) gehören ohne Wahl kraft Gesetzes dem Präsidium jeweils als Vorsitzenden an. Alle anderen Mitglieder müssen nach § 21 b GVG gewählt werden. – **b) Ungewähltes Präsidium** kleinerer Gerichte (Abs 2 Nr 5). Es besteht aus allen wählbaren Richtern, gleichgültig, wie viele es sind.

Den Vorsitz führt ein Präsident wegen § 22 a GVG beim AG auch dann, wenn ein aufsichtführender Richter (Direktor) vorhanden ist. Durch die führende Mitwirkung einer von der Arbeitsaufteilung unberührten Person soll eine möglichst gleichmäßige Arbeitsbelastung der Richter gewährleistet werden.

§ 21 b [Wahl des Präsidiums]

(1) [1] Wahlberechtigt sind die Richter auf Lebenszeit und die Richter auf Zeit, denen bei dem Gericht ein Richteramt übertragen ist, sowie die bei dem Gericht tätigen Richter auf Probe, die Richter kraft Auftrags und die für eine Dauer von mindestens drei Monaten abgeordneten Richter, die Aufgaben der Rechtsprechung wahrnehmen. [2] Wählbar sind die Richter auf Lebenszeit und die Richter auf Zeit, denen bei dem Gericht ein Richteramt übertragen ist. [3] Nicht wahlberechtigt und nicht wählbar sind Richter, die für mehr als drei Monate an ein anderes Gericht abgeordnet, für mehr als drei Monate beurlaubt oder an eine Verwaltungsbehörde abgeordnet sind.

(2) Jeder Wahlberechtigte wählt höchstens die vorgeschriebene Zahl von Richtern.

(3) [1] Die Wahl ist unmittelbar und geheim. [2] Gewählt ist, wer die meisten Stimmen auf sich vereint. [3] Durch Landesgesetz können andere Wahlverfahren für die Wahl zum Präsidium bestimmt werden. In diesem Fall erlässt die Landesregierung durch Rechtsverordnung die erforderlichen Wahlordnungsvorschriften; sie kann die Ermächtigung hierzu auf die Landesjustizverwaltung übertragen. [4] Bei Stimmengleichheit entscheidet das Los.

(4) [1] Die Mitglieder werden für vier Jahre gewählt. [2] Alle zwei Jahre scheidet die Hälfte aus. [3] Die zum ersten Mal ausscheidenden Mitglieder werden durch das Los bestimmt.

(5) Das Wahlverfahren wird durch eine Rechtsverordnung geregelt, die von der Bundesregierung mit Zustimmung des Bundesrates erlassen wird.

(6) [1] Ist bei der Wahl ein Gesetz verletzt worden, so kann die Wahl von den in Absatz 1 Satz 1 bezeichneten Richtern angefochten werden. [2] Über die Wahlanfechtung entscheidet ein Senat des zuständigen Oberlandesgerichts, bei dem Bundesgerichtshof ein Senat dieses Gerichts. [3] Wird die Anfechtung für begründet erklärt, so kann ein Rechtsmittel gegen eine gerichtliche Entscheidung nicht darauf gestützt werden, das Präsidium sei deswegen nicht ordnungsgemäß zusammengesetzt gewesen. [4] Im übrigen sind auf das Verfahren die Vorschriften des Gesetzes über die Angelegenheiten der freiwilligen Gerichtsbarkeit sinngemäß anzuwenden.

1   **1. Allgemeines.** Die Wahl ist nach der WahlO (Rn 10) durchzuführen. Sie ist bei gleichem Stimmrecht aller Richter zwingend unmittelbar und geheim (Abs 3 S 1).

2   **2. Wahlberechtigung** (Abs 1 S 1, 3). – **a) Personen.** Zu unterscheiden ist: **aa) Wahlberechtigt** sind alle Richter des Gerichts, selbst
wenn sie nur Verwaltungs- oder Ausbildungsaufgaben wahrnehmen;
3 auch Vorsitzende und Präsidenten. **bb) Nicht wahlberechtigt** sind
abgeordnete Richter, solche die kürzer als 3 Monate an das Gericht
abgeordnet sind oder zwar länger abgeordnet sind, aber keinerlei
Rechtsprechungs- sondern ausschließlich Verwaltungsaufgaben wahrnehmen, sowie Richter des Gerichts, die an ein anderes Gericht oder
eine andere Behörde länger als 3 Monate abgeordnet oder länger als
3 Monate beurlaubt sind. Der Anlass des Urlaubs ist gleichgültig. Nicht
wahlberechtigt sind die ehrenamtlichen Richter und Berufsrichter anderer Gerichtsbarkeiten, zB die Verwaltungsrichter der Kammern für
4 Baulandsachen (hM; BGH NJW 77, 1821). – **b) Maßgebender Zeitpunkt** ist der Tag der Wahl. Für die Abordnung und den Urlaub ist
der in Verfügung bezeichnete Zeitraum entscheidend.

5   **3. Wählbarkeit** (Abs 1 S 2). Gegenüber der Wahlberechtigung ist
die Wählbarkeit beschränkt. Sie setzt das Richteramt auf Lebenszeit
oder Zeit an diesem Gericht voraus. Wählbar ist auch der Vertreter des
Präsidenten (Vizepräsident) oder aufsichtführende Richters (hM; vgl
§ 21 c Abs 2 GVG). Nicht wählbar sind: Richter auf Probe (§ 12
DRiG) und kraft Auftrags (§ 14 DRiG), abgeordnete Richter eines anderen Gerichts und Richter, die für mehr als 3 Monate beurlaubt oder
woanders hin abgeordnet sind. Zeitpunkt und Zeitraum: wie Rn 4.
Abweichend hiervon besteht aber auf Grund der normativen Kraft des
Faktischen ein passives Wahlrecht, wenn der Richter zum Beginn der
Amtszeit des Präsidiums kein Richteramt mehr ausüben wird, zB infolge Eintritts in den Ruhestand und er deshalb sein Amt im Präsidium
nicht antreten kann (aA Kissel 7).

6   **4. Wahlgrundsätze** (Abs 2 und 3). Es ist insbes zu beachten: –
7 **a) Wahlpflicht** der Wahlberechtigten (Rn 2) ist aus Abs 2 („wählt")
zu entnehmen, da sonst die gesetzmäßige Errichtung des Präsidiums gefährdet sein könnte (hM; BVerwG DRiZ 75, 375 mwN). Nur Krankheit und sonstige persönliche Verhinderung befreien von der Wahl-
8 pflicht. – **b) Stimmabgabe** (Abs 2). Jeder Wahlberechtigte darf nicht
mehr („höchstens") als soviele Richter auf seinem Stimmzettel ankreuzen, wie das Präsidium Mitglieder haben muss. Andererseits darf er eine
geringere Anzahl Richter wählen (Kissel NJW 00, 461). Ungültigkeit
9 von Stimmzetteln: § 8 Abs 3 WahlO. – **c) Annahme** des Amts durch
den gewählten Richter ist nicht erforderlich. Er ist mit der Wahl kraft
Gesetzes Mitglied des Präsidiums, kann das Amt nicht ablehnen oder
niederlegen und scheidet nur unter den Voraussetzungen des § 21 c
Abs 2 GVG aus. – **d) Amtszeit** (Abs 4). Sie beträgt grundsätzlich

4 Jahre. Der zweijährige Wechsel soll Kontinuität gewährleisten. Das Losverfahren führt der Wahlvorstand durch (§ 2 WahlO).

5. Wahlverfahren Es gilt gemäß Abs. 5 die VO (WahlO) vom **10** 19. 9. 72 (BGBl I 1821); abgedruckt BLAH Anh nach § 21 b GVG. – **a) Ländervorbehalt** (Abs 3 S 3). Anstatt des reinen Mehrheitswahlrechts (Abs 3 S 2) kann jedes Bundesland (nur durch Gesetz) einen anderen Wahlmodus einführen, das kleineren Gruppierungen den Zugang zum Präsidium ermöglicht. Wird davon Gebrauch gemacht, muss die WahlO im Verordnungsweg angepasst werden. – **b) Zeitpunkt.** Die **11** Wahl muss vor Ablauf des Geschäftsjahres stattfinden (vgl § 3 WahlO; VGH Kassel NJW 87, 1219).

6. Wahlanfechtung (Abs 6). – **a) Voraussetzungen** (S 1). Mit **12** Gesetz ist jede Rechtsnorm gemeint (vgl § 12 EGZPO), auch die gem Abs 5 erlassene WahlO. Zur Anfechtung berechtigt ist jeder wahlberechtigte Richter für sich allein oder mit anderen gemeinsam. Eigene Rechte des anfechtenden Richters müssen nicht verletzt sein (BVerwG DRiZ 75, 375). – **b) Verfahren** (S 2 und 4). Über die Anfechtung **13** einer Wahl am AG, LG oder OLG entscheidet stets das OLG. Der zuständige Senat ist durch die Geschäftsverteilung (§ 21 c GVG) zu bestimmen. Gegen den Beschluss findet trotz S 4 keine Beschwerde statt (BGH 88, 143; bestr). § 28 Abs 2 und 3 FGG gelten entspr (BGH 112, 330). – **c) Wirkung.** Bei begründeter Anfechtung ist neu zu wählen. **14** Das hat keinen Einfluss auf Entscheidungen des Gerichts wegen der durch den Geschäftsverteilungsplan des anfechtbar gewählten Präsidiums vorgenommenen Besetzung (S 3); erst recht nicht, wenn eine Anfechtung unterblieben ist (Kissel 21).

§ 21 c [Vertretung und Wechsel im Präsidium]

(1) [1] **Bei einer Verhinderung des Präsidenten oder aufsichtführenden Richters tritt sein Vertreter (§ 21 h) an seine Stelle.** [2] **Ist der Präsident oder aufsichtführende Richter anwesend, so kann sein Vertreter, wenn er nicht selbst gewählt ist, an den Sitzungen des Präsidiums mit beratender Stimme teilnehmen.** [3] **Die gewählten Mitglieder des Präsidiums werden nicht vertreten.**

(2) **Scheidet ein gewähltes Mitglied des Präsidiums aus dem Gericht aus, wird es für mehr als drei Monate an ein anderes Gericht abgeordnet oder für mehr als drei Monate beurlaubt, wird es an eine Verwaltungsbehörde abgeordnet oder wird es kraft Gesetzes Mitglied des Präsidiums, so tritt an seine Stelle der durch die letzte Wahl Nächstberufene.**

1. Vertretung (Abs 1) findet nur beim Präsidenten statt oder beim **1** aufsichtführenden Richter (Direktor des AG). Hierzu berufen ist der Vertreter gemäß § 21 h GVG, so dass selbst bei mehrfacher Verhinderung der Vorsitzende immer vertreten wird, auch durch ein gewähltes

Mitglied des Präsidiums, das seinerseits dann nicht vertreten wird (Abs 1 S 3). Verhinderung: Krankheit, Urlaub, in Ausnahmefällen andere unaufschiebbare Dienstgeschäfte, vorübergehende Nichtbesetzung der Planstelle.

2 **2. Wechsel** (Abs 2). Betrifft nur die gewählten Mitglieder, da der Vorsitzende des Präsidiums sich durch die Stellenbesetzung ergibt. –

3 **a) Gründe** für den Wechsel eines Präsidiumsmitglieds: Sie sind erschöpfend. Auch längere Krankheit ist kein Grund. Das Amt kann insbes nicht niedergelegt werden (Kissel 5). Bei Rückkehr des gewählten Mitglieds (auch nach Abordnung) lebt sein Amt nicht wieder auf (hM). –

4 **b) Nachrücken.** Es tritt der durch die letzte Wahl, nicht der in derjenigen Wahl Nächstberufene an die Stelle, in welcher der Ausgeschiedene gewählt wurde. Wer nachrückt, stellt das Präsidium fest (BGH 112, 330). Einen Streit darüber, wer nachrückt, entscheidet das Gericht des § 21 b Abs 6 GVG (BGH aaO). Ein für mehr als 3 Monate abgeordneter Richter verliert für den Zeitraum seiner Abordnung auch die Eigenschaft als Nächstberufener (hM). Sind für den Eintritt Nächstberufener keine Wahlberechtigten mehr vorhanden, auf die nicht mindestens eine Stimme entfallen ist, findet eine Nachwahl statt (§ 14 WahlO).

§ 21 d [Größe des Präsidiums]

(1) **Für die Größe des Präsidiums ist die Zahl der Richterplanstellen am Ablauf des Tages maßgebend, der dem Tage, an dem das Geschäftsjahr beginnt, um sechs Monate vorhergeht.**

(2) [1]**Ist die Zahl der Richterplanstellen bei einem Gericht mit einem Präsidium nach § 21 a Abs. 2 Nr. 1–3 unter die jeweils genannte Mindestzahl gefallen, so ist bei der nächsten Wahl, die nach § 21 b Abs. 4 stattfindet, die folgende Zahl von Richtern zu wählen:**
1. bei einem Gericht mit einem Präsidium nach § 21 a Abs. 2 Nr. 1 vier Richter,
2. bei einem Gericht mit einem Präsidium nach § 21 a Abs. 2 Nr. 2 drei Richter,
3. bei einem Gericht mit einem Präsidium nach § 21 a Abs. 2 Nr. 3 zwei Richter,
[2]**Neben den nach § 21 b Abs. 4 ausscheidenden Mitgliedern scheidet jeweils ein weiteres Mitglied, das durch das Los bestimmt wird, aus.**

(3) **Ist die Zahl der Richterplanstellen bei einem Gericht mit einem Präsidium nach § 21 a Abs. 2 Nr. 2 bis 4 über die für die bisherige Größe des Präsidiums maßgebende Höchstzahl gestiegen, so ist bei der nächsten Wahl, die nach § 21 b Abs. 4 stattfindet, die folgende Zahl von Richtern zu wählen:**

1. bei einem Gericht mit einem Präsidium nach § 21 a Abs. 2 Nr. 2 sechs Richter,
2. bei einem Gericht mit einem Präsidium nach § 21 a Abs. 2 Nr. 3 fünf Richter,
3. bei einem Gericht mit einem Präsidium nach § 21 a Abs. 2 Nr. 4 vier Richter,
[2]**Hiervon scheidet jeweils ein Mitglied, das durch das Los bestimmt wird, nach zwei Jahren aus.**

Geschäftsjahr ist das Kalenderjahr; davon kann nicht abgewichen werden (vgl Kissel 3 mwN; bestr). **Verminderung** der Richterplanstellen (Abs 2). Die Zahl der Präsidiumsrichter bleibt bis nächst fälligen Wahl (gleich ob nach zwei oder vier Jahren, § 21 b Abs 4) unverändert bestehen. **Erhöhung** der Richterplanstellen (Abs 3). Bis zur nächsten Wahl (wie Rn 2) wird die Zahl der Präsidiumsrichter nicht erhöht. 1 2 3

§ 21 e [Aufgaben des Präsidiums; Geschäftsverteilung]

(1) [1]**Das Präsidium bestimmt die Besetzung der Spruchkörper, bestellt die Ermittlungsrichter, regelt die Vertretung und verteilt die Geschäfte.** [2]**Es trifft diese Anordnungen vor dem Beginn des Geschäftsjahres für dessen Dauer.** [3]**Der Präsident bestimmt, welche richterlichen Aufgaben er wahrnimmt.** [4]**Jeder Richter kann mehreren Spruchkörpern angehören.**

(2) **Vor der Geschäftsverteilung ist den Richtern, die nicht Mitglieder des Präsidiums sind, Gelegenheit zu einer Äußerung zu geben.**

(3) [1]**Die Anordnungen nach Absatz 1 dürfen im Laufe des Geschäftsjahres nur geändert werden, wenn dies wegen Überlastung oder ungenügender Auslastung eines Richters oder Spruchkörpers oder infolge Wechsels oder dauernder Verhinderung einzelner Richter nötig wird.** [2]**Vor der Änderung ist den Vorsitzenden Richtern, deren Spruchkörper von der Änderung der Geschäftsverteilung berührt wird, Gelegenheit zu einer Äußerung zu geben.**

(4) **Das Präsidium kann anordnen, daß ein Richter oder Spruchkörper, der in einer Sache tätig geworden ist, für diese nach einer Änderung der Geschäftsverteilung zuständig bleibt.**

(5) **Soll ein Richter einem anderen Spruchkörper zugeteilt oder soll sein Zuständigkeitsbereich geändert werden, so ist ihm, außer in Eilfällen, vorher Gelegenheit zu einer Äußerung zu geben.**

(6) **Soll ein Richter für Aufgaben der Justizverwaltung ganz oder teilweise freigestellt werden, so ist das Präsidium vorher zu hören.**

(7) [1]**Das Präsidium entscheidet mit Stimmenmehrheit.** [2]**§ 21: Abs. 2 gilt entsprechend.**

(8) **¹Das Präsidium kann beschließen, dass Richter des Gerichts bei den Beratungen und Abstimmungen des Präsidiums für die gesamte Dauer oder zeitweise zugegen sein können. ² § 171 b gilt entsprechend.**

(9) **Der Geschäftsverteilungsplan des Gerichts ist in der von dem Präsidenten oder aufsichtführenden Richter bestimmten Geschäftsstelle des Gerichts zur Einsichtnahme aufzulegen; einer Veröffentlichung bedarf es nicht.**

1   **1. Allgemeines.** Größe des Präsidiums, seine Zusammensetzung und Vertretung: §§ 21 a–d GVG, beim AG außerdem § 22 a GVG. Beschlussfähigkeit und eilige Anordnung: § 21 i GVG. Das Präsidium kann sich eine Geschäftsordnung geben, muss es aber nicht (hM). Unzulässig ist es, die Befugnis zur Entscheidung auf einzelne oder mehrere Mitglieder zu übertragen. Es findet keine Ausschließung oder Ablehnung wegen Besorgnis der Befangenheit statt (hM).

2   **2. Anhörung.** Vor der Entscheidung hat das Präsidium Gelegenheit zu einer schriftlichen oder auch mündlichen Äußerung zu geben bei: – **a) Jahresgeschäftsverteilung** (Abs 2): allen Richtern, soweit sie nicht dem Präsidium angehören. Sie müssen die Gelegenheit zur Äußerung dem Präsidium gegenüber haben, können aber darauf verzichten oder sich nur gegenüber dem Vorsitzenden des Präsidiums äußern. –
3   **b) Änderung** der Geschäftsverteilung. Dem von ihr betroffenen Vorsitzenden (Abs 3 S 2) und Richtern (Abs 5) sind die vorgesehenen Änderungen mitzuteilen.

4   **3. Entscheidung des Präsidiums.** Sie wird Präsidialbeschluss genannt. – **a) Zustandekommen.** Der Beschluss wird in einer Sitzung gefasst. Beschlussfähigkeit: § 21 i Abs 1 GVG. **aa) Stimmenmehrheit:** (Abs 7). Es genügt einfache Mehrheit. Bei Stimmengleichheit gibt nicht die Stimme des Vorsitzenden den Ausschlag. Es kommt zu einer Änderung der bestehenden (früheren) Entscheidung erst, wenn bei einer folgenden Sitzung eine Mehrheit zustandekommt. Solange ist, wenn erforderlich, durch eine Anordnung entspr § 21 i Abs 2 GVG zu regeln.
5   **bb) Form:** schriftlich als Ergebnisprotokoll mit Unterschrift aller mitwirkenden Präsidiumsmitglieder. Die schriftliche Abfassung kann später erfolgen. Demgegenüber hält das BVerfG (NJW 84, 575) eine freie Verfahrensgestaltung durch das Präsidium für zulässig, nicht einmal Schriftform für nötig. Es sollte jedoch (schon um die Relation zur Bedeutung des gesetzlichen Richters zu wahren) an Sitzung und Protokollierung festgehalten werden, weil die Beschlussfähigkeit voraussetzt, dass eine bestimmte Zahl von Mitgliedern „anwesend" ist (§ 21 i Abs 1 GVG). Für Entscheidungen, die außerhalb eines zumutbaren Sitzungsturnus notwendig werden, bietet sich § 21 i Abs 2 GVG an. **cc)**
6   **Schriftliches Umlaufverfahren.** Es wird häufig geübt und verschiedentlich als „bewährt" bezeichnet, ist aber unzulässig (aA die hM; BVerwG NJW 92, 254), weil dabei eine Anwesenheit nicht festgestellt

werden kann und aus nahe liegenden Gründen keine echte Entscheidung des Gremiums gewährleistet ist. Es widerspricht deshalb dem Sinn der gesamten, auf Mitwirkung der gewählten Präsidiumsmitglieder bedachten Regelung. Die hM verlangt immerhin eine Sitzung des Präsidiums, wenn auch nur ein Mitglied es verlangt (ZöGummer § 21 i Rn 3). **dd) Praxis.** Sie handelt aus unterschiedlichen Motiven nicht 7 einheitlich. Die Auffassungen in der Justizverwaltung und im Schrifttum sind geteilt (vgl Kissel 36–39 mwN). Für Beratung und Abstimmung gelten die §§ 192–197 GVG nicht. Stimmenthaltung ist ausgeschlossen (Kissel 66; bestr). Das Beratungs- und Abstimmungsgeheimnis ist auf Grund des § 43 DRiG zu wahren (Funk DRiZ 73, 260). **ee) Öffentlichkeit** (Abs 8). Sie ist grundsätzlich ausgeschlossen, kann 8 aber nach Ermessen durch Mehrheitsbeschluss des Präsidiums (Rn 5) zugelassen werden, allgemein oder nur für bestimmte Richter. Die Verweisung auf § 171 b GVG führt bei Vorliegen des Schutzbedürfnisses zwingend zum Ausschluss. Für den Regelfall ist von einer öffentlichen Sitzung dringend abzuraten, weil der Rest an unbefangener Aussprache und echter Beratung dabei verlorengeht. – **b) Bekanntmachung.** Für den Geschäftsverteilungsplan mit allen Änderungen und Ergänzungen gilt Abs 9.

4. Anfechtung. Früher wurde der Geschäftsverteilungsplan für un- 9 anfechtbar gehalten. Inzwischen ist ständige Rspr geworden, dass der Verwaltungsrechtsweg gegeben sei, aber nur für den betroffenen Richter und bei Beeinträchtigung von dessen Rechten (BVerwG NJW 76, 1224; BGH NJW 91, 425 mwN). Das Richterdienstgericht kann nicht angerufen werden (BGH aaO). Die Feststellungsklage ist gegen den Dienstherrn (Bund oder Land), nicht gegen das Präsidium (OVG Hamburg NJW 87, 1215), und darauf zu richten, dass der Richter dem Geschäftsverteilungsplan nicht nachzukommen brauche (BVerwG aaO). Bis zum rechtskräftigen Urteil muss er es aber, weil die Klage keine aufschiebende Wirkung hat (hM; ZöGummer 55, 56). Auch vorläufiger Rechtsschutz, wofür das Präsidium passiv legitimiert sein soll, wird für zulässig gehalten (VG Hannover NJW 90, 3227).

5. Befugnis des Präsidenten. Er kann unter den Voraussetzungen 10 des § 21 i Abs 2 GVG an Stelle des Präsidiums die in § 21 e GVG vorgesehenen Anordnungen zur Geschäftsverteilung treffen. Unter bestimmten Voraussetzungen kann er bei Kollision von Dienstgeschäften eines Richters den Vorrang festlegen (vgl BGH NJW 73, 1291). Als Vorsitzender des Präsidiums hat er dafür zu sorgen, dass die gesetzlichen Äußerungs- und Anhörungsrechte (Rn 2, 3) gewährt werden. Er muss irgendeine richterliche Aufgabe wahrnehmen; welche, bestimmt er allein (Abs 1 S 3). Daher darf der Präsident vor dem Präsidialbeschluss bestimmen, was er übernimmt, denn andernfalls könnte ihm das Präsidium nur eine einzige Aufgabe übrig lassen.

6. Geschäftsverteilung. Sie umfasst die Besetzung der Spruchkör- 11 per (Rn 15), die Vertretungsregelung (Rn 20) und die Verteilung der

richterlichen Aufgaben (Rn 24) einschließlich Einteilung von Bereitschaftsdienst (Rn 22), auch im Falle des § 22 c Abs 1 S 3 GVG. Verhält-
12 nis zur gerichtlichen Zuständigkeit: 9 vor § 1. – **a) Wesen.** Die Geschäftsverteilung ist gerichtliche Selbstverwaltung, in die die Justizverwaltung grundsätzlich nicht eingreifen darf (§ 21 a Rn 1). Der
Geschäftsverteilungsplan ist keine Rechtsnorm (BayVerfGH NJW 86,
1673). § 21 e gilt nur für die richterlichen Geschäfte. Die Geschäftsverteilung für die nichtrichterlichen Geschäfte (insbes die der Rechtspfleger und UrkB) wird gesondert durch die Präsidenten oder aufsichtfüh-
13 renden Richter geregelt. – **b) Zeitpunkt** (Abs 1 S 2). Die Geschäftsverteilung muss jedes Jahr vor Beginn des Geschäftsjahres (§ 21 d Rn 1)
in vollem Umfang neu beschlossen werden (allgM). Sie tritt mit Ende
14 des Jahres ohne weiteres außer Kraft (BVerwG NJW 85, 822). – **c) Umfang.** Vorgegeben ist durch die Justizverwaltung die Zahl der Richterstellen und ihre Besetzung durch ernannte Richter. Wer die Zahl der
Spruchkörper (Kammern und Senate) bestimmt, ist für den BGH in
§ 130 Abs 1 GVG geregelt, für die anderen Gerichte landesrechtlich.
Sie nimmt entweder die Justizverwaltung oder der jeweilige Gerichtspräsident vor. Das Präsidium ist hierfür nicht zuständig. Das Gesetz bestimmt die das Gericht treffende Zuständigkeit und die daraus anfallenden Aufgaben. Für deren erschöpfende Aufteilung (hM; Kissel 80
mwN) auf Spruchkörper und Richter hat das Präsidium ebenso zu sorgen, wie für die Besetzung jedes Spruchkörpers und den richterlichen
Zuständigkeitsbereich (sog Referat oder Dezernat). Das kann auch in
der Weise geschehen, dass ein Richter mehreren Spruchkörpern angehört (Abs 1 S 4). Es empfiehlt sich, eine Auffang- oder Subsidiärzustän-
digkeit festzulegen, um Lücken der Geschäftsverteilung zu vermeiden.

15   **7. Besetzung der Spruchkörper** (Kammer, Senat). Jedem muss
ein Vorsitzender (§ 21 f GVG), mindestens die gesetzliche Zahl von
weiteren Richtern (Beisitzer) und ehrenamtlichen Richtern zugewiesen
16 werden. – **a) Zuweisung.** Sie darf erst nach Ernennung des Richters
und nur für die Dauer des Geschäftsjahres geschehen, nicht von vornherein für bestimmte oder bestimmbare Zeit (vgl Kissel 95), wohl aber
für die Dauer einer von vornherein begrenzten Zuweisung oder Abordnung; keinesfalls zur Erledigung bestimmter Verfahren. Grundsätzlich ist jeder Richter des Gerichts einem oder mehreren Spruchkörpern
zuzuweisen, auch wenn schon feststeht, dass er ganz oder weitgehend
am Dienst verhindert ist oder nur für einen Teil des Geschäftsjahres am
Gericht verbleiben wird. Richter auf Probe, kraft Auftrags und abgeordnete Richter sind im Geschäftsverteilungsplan als solche zu bezeich-
17 nen (§ 29 S 2 DRiG). – **b) Besonderheiten.** Wird ein Richter mehreren Spruchkörpern zugewiesen (hierzu BVerfG 17, 294 [300]), ist
schon im Geschäftsverteilungsplan die Rangfolge der Dienstgeschäfte zu
regeln (BGH NJW 73, 1291). Ist ein Richter ständig nur zu einem
Bruchteil seiner Arbeitskraft dem Gericht zugewiesen (zB Hochschullehrer als Richter im Nebenamt), so muss der Umfang seiner Verhin-

derung schon im Geschäftsverteilungsplan festgestellt werden (BGH NJW 74, 656). Ausnahmsweise unterbleibt eine Zuweisung, wenn der Richter zu Beginn des Geschäftsjahres anderswohin abgeordnet ist oder ausschließlich mit Verwaltungsaufgaben betraut wird. – c) **Überbeset-** **18** **zung** ist zulässig (hM). Die Zahl der zugewiesenen ständigen Beisitzer durfte aber am LG und OLG vier grundsätzlich nicht übersteigen (BVerfG 17, 294; BGH NJW 65, 1434). Diese Rspr ist durch BVerfG NJW 97, 1497 gelockert und im Wesentlichen aufgegeben worden, wenn durch die spruchkörperinterne Geschäftsverteilung der gesetzliche Richter ausreichend garantiert wird (vgl ZöGummer 9). Auf jeden Fall dürfen mehr als 4 ehrenamtliche Richter, insbes der KfH zugewiesen werden, weil die ehrenamtlichen Richter sonst zu stark mit Zeitaufwand belastet sein würden. – d) **Ordnungsmäßige Beset-** **19** **zung.** Es ist § 29 DRiG zu beachten. Bei Ausnahmen von § 29 DRiG wird zusätzlich für die Zuteilung zum Spruchkörper und Einteilung der Sitzgruppe (§ 21 g) eine sachliche Notwendigkeit gefordert (BGH NJW 95, 2791). In den neuen Bundesländern gilt die Beschränkung des § 29 DRiG bis 31. 12. 2004 nicht: es ist § 3 Abs 1 RPflAnpG idF des Änderungsgesetzes vom 22. 12. 99 (BGBl 2598) anzuwenden.

8. Vertretungsregelung. Sie bezieht sich auf den Vorsitz (vgl § 21 f **20** Abs 2 S 1 GVG), auf die weiteren und ehrenamtlichen Richter. – **a) Festlegung** muss so geschehen, dass der Vertreter für jeden Vertre- **21** tungsfall eindeutig feststeht und dass mehrere Vertreter in bestimmter Reihenfolge für den Fall weiterer Verhinderungen feststehen. Die Richter können namentlich bestimmt oder in bestimmter Reihenfolge durch Bezeichnung eines anderen (Vertreter)Spruchkörpers festgelegt werden, hilfsweise auch dadurch, dass alle Richter des Gerichts in festgelegter Reihenfolge (zB Dienst- und Lebensalter, Alphabet) als Vertreter bestimmt werden. Für den Vorsitz verbleibt es beim § 21 f Abs 2 GVG (dort Rn 5–7). – **b) Umfang.** Zur Vertretungsregelung gehört **22** nicht die Bestimmung des gem § 192 GVG beizuziehenden Ergänzungsrichters (vgl BGH NJW 76, 1547) und die Einteilung von Bereitschaftsdienst (BGH NJW 87, 1198). Dies ist für das ganze Geschäftsjahr im Vorhinein in bestimmter Reihenfolge festzulegen, nicht notwendig für die Bereitschaftstage oder -fälle. – **c) Unzureichende** **23** **Vertretungsregelung.** Während des Geschäftsjahres darf nur gemäß Abs 3 verfahren werden; auch ein sog zeitweiliger Vertreter darf nur in diesem Rahmen (Rn 28) bestellt werden (BGH NJW 77, 1696), und nur wenn der Anlass für diese Maßnahme bei Aufstellung des Geschäftsverteilungsplans noch nicht vorauszusehen war (vgl BGH NJW 88, 1921). Ist eine Vertretung nicht möglich, ist nach § 70 Abs 1 GVG zu verfahren.

9. Verteilung der richterlichen Aufgaben. Sie wird auf die **24** Spruchkörper (Kammern und Senate) vorgenommen, beim AG (sowie bei Untersuchungs- und Ermittlungsrichtern) durch Festlegung der Zuständigkeitsbereiche der Einzelrichter (§ 22 Abs 1 GVG). Die Verteilung muss nach allgemeinen Merkmalen erfolgen (BVerwG NJW 84, 2961) und ist insbes nach Anfangsbuchstaben der Namen von Beklagten zweckmäßig, aber auch nach dem Gegenstand des Prozesses, nach räumlichen Bezirken (Katholnigg NJW 92, 2256 mwN) oder nach dem Eingangsdatum (BAG NZA 99, 107). Grundsätzlich darf zwar nicht nach zeitlicher Reihenfolge des Einlaufs oder Aktenzeichens verteilt werden, wohl aber dann, wenn am Einlauftag nach Reihenfolge der Anfangsbuchstaben oder blindlings erteilten Kennziffern eingetragen wird (BGH 40, 91). Nie darf nach Umfang und Schwierigkeitsgrad der Prozesse verteilt oder darf eine bestimmte einzelne Sache zugeteilt werden; jedoch darf sich der neue Geschäftsverteilungsplan so auswirken, dass anhängige Prozesse zu Beginn des Geschäftsjahres auf andere Spruchkörper oder Richter übergehen (BVerwG NJW 91, 1370).

25   **10. Geschäftsverteilungsplan** (Abs 9) ist die schriftlich dargestellte Geschäftsverteilung. – **a) Inhalt.** Die Grundsätze, die Regeln für Auslegung und die Erläuterung der verwendeten Begriffe sollten vorangestellt werden. Diese Regeln werden bei den einzelnen Gerichten im Allgemeinen von Jahr zu Jahr übernommen, bei Bedarf (aber nur zu Beginn des Geschäftsjahres) auch geändert oder ergänzt. Weiter ist die möglichst genaue und eindeutige Bezeichnung der verteilten Geschäfte, hierzu die zuständigen Spruchkörper, ihre Besetzung und die Vertretungsregelung notwendig, schließlich die Unterschrift aller mitwirken-
26   den Präsidiumsmitglieder (Rn 5). – **b) Bekanntmachung.** Das Mindesterfordernis stellt Abs 9 auf. Abschriften des Geschäftsverteilungsplans sollten zweckmäßig bei jeder Geschäftsstelle des Gerichts zur Einsichtnahme bereitliegen. Einsehen darf außer RAen jeder Rechtsuchende.

27   **11. Änderung der Geschäftsverteilung.** Anhörung: gemäß Rn 3. – **a) Vor Beginn des Geschäftsjahres.** Sie ist im Rahmen neuer Geschäftsverteilung uneingeschränkt zulässig, ohne besondere Voraussetzungen auch nach beschlossener neuer Geschäftsverteilung bis zum
28   Beginn des Geschäftsjahres. – **b) Nach Beginn des Geschäftsjahres** (Abs 3). Die Änderung ist auch bei Zuweisung neuer oder Entzug bisheriger Geschäftsaufgaben sowie zur Korrektur von Fehlern zulässig (Kissel 97), nicht ohne weiteres zur Fort- oder Ausbildung jüngerer Richter (BVerwG NJW 85, 2491). Sie setzt iü (alternativ) voraus:
29   **aa) Überlastung** eines Richters oder Spruchkörpers, insbes wegen übermäßigen Geschäftsanfalls oder zeitweiliger Richterverhinderung. Ob Überlastung vorliegt, entscheidet das Präsidium nach seinem Ermessen und kann weitere Richter zuweisen, auch sog zeitweilige Vertreter (BGH NJW 77, 1696), Geschäfte auf andere Spruchkörper oder Richter übertragen oder eine Hilfskammer bilden. Soweit Geschäfte übertragen werden, auch auf die Hilfskammer, darf dies nur nach allg Merkmalen (Rn 24) geschehen, insbes nach den innerhalb eines bestimmten Zeitraums anhängig gewordenen Prozessen oder nach einem
30   durch Aktenzeichen bestimmten Teil anhängiger Sachen. **bb) Unge-**

nügende Auslastung von Spruchkörpern oder Richtern. Es gelten die zu Rn 29 dargestellten Regeln sinngemäß. **cc) Richterwechsel:** Ausscheiden (zB Tod, Eintritt in den Ruhestand, Versetzung), Ernennung zum Vorsitzenden und Zuweisung eines neuen (Vorsitzenden) Richters, auch Zuweisung allein ohne Ausscheiden eines anderen Richters. Es besteht kein Zwang, nur die Stelle des ausgeschiedenen mit dem neu zugewiesenen zu besetzen. Die Geschäftsverteilung darf aus diesem Anlass auch anderweitig verändert werden, soweit ein sachlicher oder personeller Zusammenhang mit dem den Anlass bildenden Wechsel das erforderlich macht (BGH NJW 78, 1444). Bloße Zweckmäßigkeit genügt hierfür nicht, wohl aber das Ziel, eine Verbesserung der Funktion des Gerichts herbeizuführen oder eine Verschlechterung zu vermeiden. Es genügt nicht als Grund die Fortbildung von Richtern auf Probe durch einen Austausch zwischen Zivil- und Strafkammer (BGH NJW 76, 2029). **dd) Dauernde Verhinderung,** nicht die vorübergehende 32 (BGH NJW 86, 1884) eines Vorsitzenden oder weiteren Richters. Sie muss voraussichtlich einen längeren Zeitraum (idR mehrere Monate) andauern; zB Abordnung, langwierige Erkrankung mit Ungewissheit über die Rückkehr in den Dienst (vgl BGH NJW 89, 843), Sonderurlaub. Rn 31 gilt sinngemäß. – **c) Durchführung.** Für die Entscheidung des Präsidiums gilt Rn 4–9. Anhörungspflichten: Abs 3 S 2; Abs 5 (Rn 2, 3).

12. Fortdauer der Zuständigkeit (Abs 4). – **a) Anwendungsbereich:** alle Richter (auch Untersuchungs- und Ermittlungsrichter) und alle Spruchkörper. Nicht nur bei Änderung im Laufe des Geschäftsjahres, sondern auch bei der jährlichen Geschäftsverteilung vor Jahresbeginn. Ohne eine anderslautende Anordnung folgen auch alle anhängigen Sachen der neuen Geschäftsverteilung. – **b) Voraussetzungen.** Das Tätigwerden umfasst auch die Vorbereitung einer Verhandlung, insbes die Terminsbestimmung, nicht notwendig eine Verhandlung. – **c) Durchführung.** Die Anordnung ergeht idR im Rahmen des Präsidialbeschlusses (Rn 4). Sie kann sich auf eine einzelne, auf mehrere bestimmte, auch auf mehrere eindeutig bestimmbare Sachen beziehen.

13. Anhörung des Präsidiums (Abs 6). Aufgaben der Justizverwaltung: beim Gericht selbst (insbes Tätigkeiten innerhalb der sog Verwaltungsabteilungen oder -referate eines Gerichts; Ausbildungsleiter) oder bei der Justizverwaltungsbehörde (Ministerium, Senatsverwaltung), dann idR durch Abordnung. Anzuhören hat der Gerichtspräsident oder diejenige Behörde (durch ihr zuständiges Organ), welche die Verwendung des Richters innerhalb der Justizverwaltung anordnet. Es besteht keine Bindung an die (schriftliche oder mündliche) Äußerung des Präsidiums. Bei Abordnung besteht Zustimmungserfordernis des Richters (§ 37 DRiG), nicht bei Nebentätigkeit in der Gerichtsverwaltung (§ 42 DRiG).

14. Übernahme der sachlichen Aufgabe nach Maßgabe des Geschäftsverteilungsplans im Einzelfall erfolgt durch denjenigen Richter (beim Spruchkörper durch den Vorsitzenden), in dessen Einlauf die Rechtssache gelangt. Die Registrierung und Zuleitung durch die Einlaufstelle begründet keinerlei Bindung. Für die vorschriftsmäßige Besetzung ist sowieso der Zeitpunkt der Entscheidung maßgebend (BVerwG **39** NJW 85, 822). – **a) Zuständigkeitsprüfung.** Hält der Vorsitzende oder Richter sich oder den Spruchkörper für unzuständig, hat er den als zuständig erkannten Richter (oder Spruchkörper) um Übernahme zu **40** ersuchen oder an ihn abzugeben. – **b) Zuständigkeitsstreit** (Kompetenzkonflikt). Können sich die Beteiligten nicht einigen, wer die Sache übernimmt oder behält, hat derjenige Richter (oder Vorsitzende), bei dem die Sache anhängig ist, die Entscheidung des Präsidiums zu beantragen. Es entscheidet durch Auslegung des Geschäftsverteilungsplans und, wenn dies nicht möglich ist, nach Ermessen, jedenfalls wenn der Geschäftsverteilungsplan einen entsprechenden Vorbehalt aufweist (BGH NJW 75, 1424) oder auch keinen (BGHSt 25, 242/244). Für die Entscheidung gilt Rn 2, 3. Die Befugnis hierzu darf nicht auf jemanden übertragen werden. Das gilt auch dann, wenn der (regelmäßig negative) Kompetenzkonflikt allein darum geht, ob die sachlichen Voraussetzungen einer Zuweisung vorliegen, weil in solchen Fällen die Sache sonst liegen bliebe, wenn die am Kompetenzkonflikt beteiligten Richter sich nicht einigen (hM). Eine entspr Anwendung des § 281 ist deshalb aus- **41** geschlossen. – **c) Auffangzuständigkeit.** Unterbleibt der Präsidiums-Vorbehalt, sollten diejenigen Sachen, für die der Geschäftsverteilungsplan wegen einer Lücke (aber nicht wegen eines Auslegungs- oder Subsumtionsstreits) keine Zuständigkeit vorsieht, einem bestimmten Spruchkörper (oder Richter) zugewiesen werden (Rn 14 aE).

42   **15. Vertretung.** Jeder Eintritt eines Vertreters (Rn 21) setzt die Verhinderung eines Richters (einschließlich eines Vorsitzenden, § 21 f Abs 2 GVG) voraus. Sie kann vorübergehend oder (bis zur Änderung gemäß Rn 28) auch dauernd sein. Bei Spruchkörpern muss sie eine **43** ordnungsgemäße Besetzung unmöglich machen. – **a) Verhinderung.** Sie kann insbes beruhen auf Urlaub, Krankheit, Dienstbefreiung, Überlastung, termingebundener Arbeit. Ist der Verhinderungsfall unzweifelhaft und bekannt, tritt der Vertreter ohne weiteres ein, dh ohne förmliche Feststellung. Ist die Feststellung des Verhinderungsfalls eine Ermessensfrage und kann der Verhinderungsfall nicht innerhalb des Spruchkörpers durch Vertretung behoben werden, so hat derjenige, der die Vertretung feststellt, herbeiführt oder übernimmt, die Gründe durch einen Aktenvermerk niederzulegen (vgl BGH NJW 88, 1922). – **44** **b) Entscheidung** von Streit- und Zweifelsfällen der Verhinderung oder Übernahme der Vertretung. Hierfür ist der Präsident zuständig (hM; BGH NJW 74, 870 mwN). Die Entscheidung ist formlos und zweckmäßig aktenkundig zu machen (BGH aaO). Einen unbedingten Vorrang bestimmter Dienstgeschäfte gibt es nicht (BGH NJW 63, 1260). Eine vom Geschäftsverteilungsplan abweichende, freiwillige Übernahme der Vertretung ist unzulässig.

16. Mängel der Geschäftsverteilung und ihre Rechtsfolgen. – **45**
a) Bei der Vornahme der Geschäftsverteilung (Rn 11–14). Ein Verstoß, der sich unmittelbar auf die Besetzung und die Zuteilung der
sachlichen Aufgaben auswirkt, führt dazu, dass grundsätzlich die getroffene Entscheidung wegen nicht ordnungsgemäßer Besetzung des Gerichts auf den jeweils statthaften Rechtsbehelf hin aufzuheben ist: Berufung (§ 538 Abs 2 Nr 1), Revision (§ 547 Nr 1; aber nicht bei
Sprungrevision, § 566 Abs 4 S 2), Beschwerde (§ 572 Abs 3, vgl dort
Rn 20) und auf Nichtigkeitsklage (§ 579 Abs 1 Nr 1, Abs 2), wobei das
Berufungs- und das Beschwerdegericht nicht gehindert ist, in der Sache
selbst zu entscheiden (§ 538 Abs 1). Verfassungsbeschwerde ist nur zulässig, wenn der Rechtsmittelzug erschöpft ist und dem gesetzlichen
Richter entzogen wurde (§ 16 GVG; Art 101 Abs 1 GG). Voraussetzung ist, dass die Besetzung des Gerichts vom Verstoß des Präsidiums
unmittelbar beeinflusst ist, so dass ein Verstoß nicht ohne weiteres den
gesamten Geschäftsverteilungsplan fehlerhaft macht (BVerfG NJW 92,
224). – **b) Bei der Änderung** (Rn 27–32). Wurde die Geschäftsver- **46**
teilung geändert, obwohl die Voraussetzungen (Rn 29–32) nicht vorlagen und ist die Besetzung des Gerichts davon beeinflusst (wie Rn 45)
so treten die gleichen Rechtsfolgen wie bei Rn 45 ein. Beschränkt ist
die Nachprüfung lediglich in der Revision. Diese darf sich nicht auf die
tatsächlichen Voraussetzungen erstrecken, sondern lediglich darauf, ob
ein Rechtsbegriff (zB dauernde Verhinderung) verkannt, das Ermessen
missbraucht oder unterlassen wurde. – **c) Bei der Anwendung** (Rn 38 **47**
und 42). Grundsätzlich ist jede richterliche Handlung trotz fehlerhafter
Anwendung der Geschäftsverteilung wirksam (vgl § 22 d GVG). Rechtsbehelfe sind nur dann begründet, wenn (mit unmittelbarem Einfluss, wie
wie Rn 45) vom Richter (oder Spruchkörper) sachliche Aufgaben
übernommen wurden, ohne dass der Geschäftsverteilungsplan angewendet wurde oder wenn willkürlich von ihm abgewichen worden ist. Dies
gilt auch, wenn ein Verhinderungsfall nicht vorlag und die erforderliche
Ermessensentscheidung unterlassen, fehlerhaft oder unter Ermessensmissbrauch getroffen wurde, ferner wenn willkürlich ein falscher Vertreter herangezogen worden ist. Ist der Geschäftsverteilungsplan nur aus
Irrtum falsch angewendet worden, wie regelmäßig anzunehmen sein
wird, können die Rechtsbehelfe darauf nicht mit Erfolg gestützt werden (BGH NJW 76, 1688).

§ 21 f [Vorsitz]

(1) **Den Vorsitz in den Spruchkörpern bei den Landgerichten, bei den Oberlandesgerichten sowie bei dem Bundesgerichtshof führen der Präsident und die Vorsitzenden Richter.**

(2) [1]**Bei Verhinderung des Vorsitzenden führt den Vorsitz
das vom Präsidium bestimmte Mitglied des Spruchkörpers.** [2]**Ist
auch dieser Vertreter verhindert, führt das dienstälteste, bei**

gleichem Dienstalter das lebensälteste Mitglied des Spruchkörpers den Vorsitz.

1   **1. Ordentlicher Vorsitz** (Abs 1). Der Vorsitzende soll neben den geschäftsmäßigen Aufgaben (zB § 216 Abs 2 und § 21 g GVG) auch Qualität und Stetigkeit der Rspr des Spruchkörpers gewährleisten (BGH
2   NJW 92, 46 mwN). – **a) Spruchkörper:** Senat und Kammer, die KfH (§ 105 GVG), die kleine Strafkammer (§ 76 Abs 2 GVG) müssen mit einem Vorsitzenden Richter besetzt sein. Ausnahme: § 106 GVG. Dies gilt nicht für vorübergehend gebildete Spruchkörper, wie Hilfskammern
3   mern oder -senate (BGH NJW 83, 2952 mwN; bestr). – **b) Bestimmung** des Vorsitzenden. Der Präsident entscheidet selbst, welchen Vorsitz er übernimmt (§ 21 e Abs 1 S 3 GVG). Die anderen Vorsitzenden (einschließlich den vom Vizepräsidenten einzunehmenden Vorsitz) bestimmt das Präsidium im Rahmen der Geschäftsverteilung (§ 21 e GVG). Einem Vorsitzenden kann der gleichzeitige Vorsitz in mehreren Spruchkörpern übertragen werden (BGH NJW 67, 1566), wenn die Voraussetzungen der Rn 4 eingehalten werden. Mehrfacher Vorsitz in einem Spruchkörper ist unzulässig. Vorübergehend unbesetzt bleiben kann der Vorsitz eines Spruchkörpers, wenn die Planstelle erst geschaffen werden muss oder vorübergehend unbesetzt ist, zB wegen Eintritts in den Ruhestand (BVerwG NJW 86, 1366), jedenfalls unbedenklich bis zu 3 Monaten (BVerfG NJW 83, 1541), aber unzulässig bei Verzögerung durch eine haushaltsrechtliche Wiederbesetzungssperre (BGH 95, 246 und 96, 258). Jedem Vorsitzenden muss der Vorsitz in mindes-
4   tens einem Spruchkörper übertragen werden. – **c) Belastungsumfang.** Es muss gewährleistet sein, dass es dem Vorsitzenden möglich ist, richtungsweisenden Einfluss auf Geschäftsgang und Rechtsprechung auszuüben (vgl Rn 1). Daher darf er durch Vorsitz in mehreren Spruchkörpern, Nebentätigkeit in der Justizverwaltung und ständige Überlastung nicht in der Vorsitzendentätigkeit so beschränkt werden, dass er sich zu mehr als einem Viertel vertreten lassen muss (BGH GS 37, 210,
5   ferner 49, 64 und NJW 73, 205; BSG DRiZ 75, 377). – **d) Neue Bundesländer.** Bis zum Ablauf des am 31. 12. 2004 endenden Geschäftsjahrs gilt die Sonderregelung des § 10 Abs 4 RPflAnpG idF des Dritten RPflÄndG vom 6. 8. 98 (BGBl 2030). Danach dürfen auch andere Richter auf Lebenszeit den Vorsitz führen und können hierzu vom Präsidium bestimmt werden. Auch sie haben die Äußerungsbefugnis des § 21 e Abs 2, 3 S 2.

6   **2. Vertretung** (Abs 2). Voraussetzung ist die Verhinderung des Vorsitzenden (wie § 21 e GVG Rn 43). Sie wird nicht durch das Präsidium, sondern durch ihn selbst festgestellt (allgM; BGH NJW 93, 1406). Dies darf er auch für das Jahr im Voraus zur turnusmäßigen Vertretung wegen Teilverhinderung festlegen (BGH NJW 95, 335). Das liegt im
7   pflichtgemäßen Ermessen (BGH aaO und NJW 95, 332). – **a) Regelmäßiger Vertreter.** Er wird im Rahmen des § 21 e Abs 1 S 1 GVG durch das Präsidium bestimmt. Es muss ein Richter auf Lebenszeit sein

(§ 28 Abs 2 S 2 DRiG), bei der KfH nicht ein Vorsitzender Richter (BGH VersR 78, 460). Das Präsidium sollte den am besten geeigneten, nicht wie in der Praxis idR üblich den (dienst)ältesten Richter auswählen. Es kann auch weitere Vertreter in bestimmter Reihenfolge bestellen. – **b) Ersatzvertreter.** Er tritt ein, wenn der vom Präsidium bestellte Vertreter verhindert ist, bei mehreren der zuletzt berufene. Solange noch ein Richter auf Lebenszeit als ständiges Mitglied des Spruchkörpers tätig ist, führt dieser den Vorsitz, auch wenn die vertretenden Richter dienst- oder lebensälter sind. **8**

3. Mängel. War der Vorsitz unter Verstoß gegen § 21 f GVG verteilt oder geführt, so ist die von diesem Spruchkörper erlassene Entscheidung auf Rechtsbehelf hin aufzuheben (wie § 21 e Rn 45). Dabei kommt es in Zivilsachen nur auf die Besetzung zur Zeit der letzten mdl Vhdlg an (BGH 10, 130). Nur schwerwiegende Fehler begründen die Nichtigkeitsklage gemäß § 579 Abs 1 Nr 1 (BGH NJW 95, 932). **9**

§ 21 g [Geschäftsverteilung im Spruchkörper]

(1) [1]**Innerhalb des mit mehreren Richtern besetzten Spruchkörpers werden die Geschäfte durch Beschluss aller dem Spruchkörper angehörenden Berufsrichter auf die Mitglieder verteilt.** [2]**Bei Stimmengleichheit entscheidet das Präsidium.**

(2) **Der Beschluss bestimmt vor Beginn des Geschäftsjahres für dessen Dauer, nach welchen Grundsätzen die Mitglieder an den Verfahren mitwirken; er kann nur geändert werden, wenn es wegen Überlastung, ungenügender Auslastung, Wechsels oder dauernder Verhinderung einzelner Mitglieder des Spruchskörpers nötig wird.**

(3) **Absatz 2 gilt entsprechend, soweit nach den Vorschriften der Prozessordnungen die Verfahren durch den Spruchkörper einem seiner Mitglieder zur Entscheidung als Einzelrichter übertragen werden können.**

(4) **Ist ein Berufsrichter an der Beschlussfassung verhindert, tritt der durch den Geschäftsverteilungsplan bestimmte Vertreter an seine Stelle.**

(5) **§ 21 i Abs. 2 findet mit der Maßgabe entsprechende Anwendung, dass die Bestimmung durch den Vorsitzenden getroffen wird.**

(6) **Vor der Beschlussfassung ist den Berufsrichtern, die von dem Beschluss betroffen werden, Gelegenheit zur Äußerung zu geben.**

(7) **§ 21 e Abs. 9 findet entsprechende Anwendung.**

1. Allgemeines. Die Neufassung beseitigt die Geschäftsverteilungskompetenz des Vorsitzenden und stellt ihn, soweit wie möglich, den Richtern des Spruchkörpers gleich. Daher ist er auch bei der Bestim- **1**

2 mung des Einzelrichters gem Abs 3 im angemessenen Umfang zu berücksichtigen (ZöGummer 10; MüKo/Wolf 4). – **a) Zweck.** Durch
die im Voraus für das Geschäftsjahr festgelegte Verteilung soll wie bei
der Geschäftsverteilung des Präsidiums der gesetzliche Richter (§ 16 S 2
GVG) garantiert, eine zweckmäßige, effiziente Erledigung ermöglicht
3 und eine gleichmäßige Arbeitsbelastung erzielt werden. – **b) Anwendungsbereich.** Alle Kammern und Senate (auch der obersten Bundesgerichte), die mit mehreren (auch ehrenamtlichen) Richtern besetzt
sind; nicht nur die überbesetzten Spruchkörper.

4   **2. Beschluss** des Richterkollegiums im Senat oder in der Kammer.
– **a) Besetzung.** Es entscheiden alle Berufsrichter, die dem Spruchkörper zZ des Beschlusses durch das Präsidium zugeteilt sind (§ 21 e
Rn 15, 16, 18). Ist einer verhindert, so tritt der Vertreter (§ 21 e Rn 21)
5 an seine Stelle (Abs 4). – **b) Zuständigkeit.** Sie umfasst die gesamte
richterliche Mitwirkung (auch der ehrenamtlichen Richter) bei Verhandlung und Entscheidung der anhängigen und anhängig werdenden
Sachen. Das gilt für den Beisitz, die Zuständigkeit des ER nach § 348 u
§ 568 und auch für die Berichterstattung, weil hierfür eine Befugnis des
Vorsitzenden nicht vorbehalten ist. Nur der Vorsitz liegt kraft Gesetzes
und Zuweisung durch Präsidiumsbeschluss fest (§ 21 f). Den Berichterstatter im Voraus festzulegen, kann je nach Aufgabenbereich des Spruchkörpers schwierig sein. Im Einzelfall kann im Laufe des Jahres geändert
6 werden (Rn 14). – **c) Verfahren.** Dass es der Vorsitzende leitet, wird
wohl vorausgesetzt. Bevor die Berufsrichter entscheiden (Rn 4), also
schon vor der „Beschlussfassung" (Abs 6), ist den betroffenen Richtern
Gelegenheit zur (idR mündlichen) Äußerung zu geben. Betroffen ist
innerhalb des Spruchkörpers praktisch jeder von allem. Das Gehör wird
durch Offenlegen des Inhalts der in Betracht kommenden Entscheidung
(Vorschlag) gewährt. Der Richter kann sich dann in der Beratung äußern. Ein Richter, der vertreten wird (Abs 4), muss vorher angehört
werden. Er wird nämlich nur bei der Entscheidung (Rn 7) vertreten. –
7 **d) Entscheidung** ergeht durch Beschluss (Abs 2 S 1). Er muss vor Beginn des Geschäftsjahres erlassen werden und ist in einer gemeinsamen
Sitzung zu fassen. Ein schriftliches Umlaufverfahren (vgl § 21 e Rn 6)
8 § 21 e Rn 6) wäre eine Farce. – **e) Abstimmung** (Abs 1 S 2). Mehrheit ist erforderlich. Wenn Stimmengleichheit entsteht und das Präsidium entscheiden muss, stimmt die Zusammenarbeit im Spruchkörper
9 nicht mehr. – **f) Form.** Der Beschluss muss schriftlich ausgefertigt
werden), weil Abs 7 und § 21 e Abs 9 anzuwenden sind. Unterzeichnung durch alle Richter ist geboten. – **g) Bekanntmachung.** Auslegen zur Einsichtnahme: Abs 7 (wie § 21 e Rn 8). – **h) Anfechtung**
müsste auch ohne ausdrückliche gesetzliche Regelung ausgeschlossen
sein. Eine gegenläufige Praxis ist zu befürchten (vgl § 21 e Rn 9).

10   **3. Inhalt des Beschlusses** (Abs 2). Es ist zu unterscheiden zwischen: – **a) Jahresgeschäftsverteilung** (Abs 2 Hs 1). Sie muss Grundsätze enthalten, wonach die Richter bei Erledigung der Geschäfte

mitwirken. Die Jahresgeschäftsverteilung muss die gesamten vom Präsidium zugewiesenen Geschäftsaufgaben erschöpfen. Es darf keine Restzuständigkeit verbleiben. Ergibt sich eine solche im Laufe des Geschäftsjahres, entscheiden die Berufsrichter wie bei einer Änderung (Rn 14). **aa) Geschäfte.** Das ist die richterliche Mitwirkung bei der **11** Vorbereitung, Verhandlung und Entscheidung der Sache und die Einzelrichtertätigkeit nach §§ 348, 348 a, 568. **bb) Besetzung** umfasst **12** Beisitz und Berichterstattung. Für den Vorsitz gilt allein § 21 f. Hingegen wird der Einzelrichter gemäß § 21 g bestimmt (Abs 3). Hierbei ist auch der Vorsitzende im angemessenen Umfang zu berücksichtigen (allgM; ZöGummer 10; MüKo/Wolf 4). Abs 2 gilt auch für die Berufungsgerichte (§ 526 Rn 3). Für das Beschwerdeverfahren ist der Einzelrichter gem § 568 ebenfalls nach Abs 2 zu bestimmen (§ 568 Rn 3). **cc) Vertretung** innerhalb des Spruchkörpers wird nach den Grundsät- **13** zen des § 21 e Rn 21 geregelt. Es muss für jedes Mitglied ein Vertreter aus dem Spruchkörper bestimmt werden, ggf eine Reihenfolge. Erst wenn diese erschöpft ist, kommt Vertretung gemäß Präsidiumsbeschluss (§ 21 e Rn 21) in Betracht. – **b) Änderung** (Abs 2 Hs 2). **aa) Voraus-** **14** **setzungen.** Sie müssen nach Beginn des Geschäftsjahrs eingetreten sein und sich auf ein einzelnes Mitglied beziehen, nicht auf den Spruchkörper als solchen. Die Änderung muss nötig sein. Überlastung: wie § 21 e Rn 29. Ungenügende Auslastung: wie § 21 e Rn 30. Richterwechsel: wie § 21 e Rn 31. Dauernde Verhinderung: wie § 21 e Rn 32. **bb) Durchführung:** nur während des Geschäftsjahrs. Sobald die Voraussetzung eingetreten ist, muss Beschluss (Rn 7) gefasst werden.

4. Ersatzanordnungen (Abs 5) gemäß § 21 i. Solange das Kollegi- **15** um nicht entscheidet, ist der Vorsitzende ersatzweise befugt.

5. Mängel. Wird der Geschäftsverteilungsplan überhaupt nicht er- **16** lassen, nicht ordnungsgemäß erlassen, dh unter Verstoß gegen die Grundsätze des Abs 2 (Rn 5, 6), wird er unzulässig geändert (Rn 14) oder wird im Einzelfall von ihm abgewichen, so ist das Gericht nicht ordnungsgemäß besetzt. Rechtsfolgen: wie § 21 e Rn 45–47.

§ 21 h [Vertretung des Präsidenten und aufsichtführenden Richters]

[1] Der Präsident oder aufsichtführende Richter wird in seinen durch dieses Gesetz bestimmten Geschäften, die nicht durch das Präsidium zu verteilen sind, durch seinen ständigen Vertreter, bei mehreren ständigen Vertretern durch den dienstältesten, bei gleichem Dienstalter durch den lebensältesten von ihnen vertreten. [2] Ist ein ständiger Vertreter nicht bestellt oder ist er verhindert, wird der Präsident oder aufsichtführende Richter durch den dienstältesten, bei gleichem Dienstalter durch den lebensältesten Richter vertreten.

Anwendungsbereich. Er betrifft in erster Linie die Geschäfte im **1** Rahmen des Präsidiums (§§ 21 a–21 i GVG), nicht die durch das Präsidium im Rahmen der Geschäftsverteilung (§ 21 e GVG) übertragenen Geschäfte der Rechtsprechung. Dabei wird der Präsident gemäß § 21 f GVG Rn 5–7 oder gemäß § 21 e GVG Rn 20 vertreten. Beim dienstaufsichtführenden Richter (Direktor des AG) wird nur gemäß § 21 e GVG Rn 20, 21 vertreten. § 21 h gilt nicht für Aufgaben der Justizverwaltung (ZöGummer 3), wie zB Ziehen der Lose für die Schöffen.

2 Vertretung. Sie setzt stets eine Verhinderung (wie § 21 e GVG Rn 43) voraus. Der ständige Vertreter des Präsidenten ist der Vizepräsident. Kommt es auf das Dienstalter an (S 2), hat die höhere Besoldungsstufe Vorrang (hM; ZöGummer 4). Ist der berufene Vertreter ein (gewähltes) Präsidiumsmitglied, wird er seinerseits nicht vertreten (§ 21 c GVG Rn 1). Seine Zugehörigkeit zum Präsidium ist auch kein Verhinderungsgrund iS des S 2.

§ 21 i [Entscheidung des Präsidiums; Ersatzanordnung]

(1) **Das Präsidium ist beschlußfähig, wenn mindestens die Hälfte seiner gewählten Mitglieder anwesend ist.**

(2) **¹Sofern eine Entscheidung des Präsidiums nicht rechtzeitig ergehen kann, werden die in § 21 e bezeichneten Anordnungen von dem Präsidenten oder aufsichtführenen Richter getroffen. ²Die Gründe für die getroffene Anordnung sind schriftlich niederzulegen. ³Die Anordnung ist dem Präsidium unverzüglich zur Genehmigung vorzulegen. ⁴Sie bleibt in Kraft, solange das Präsidium nicht anderweit beschließt.**

1   1. Beschlussfähigkeit des Präsidiums (Abs 1). Die Präsidialbeschlüsse müssen in Sitzungen gefasst werden, da Anwesenheit vorgeschrieben ist (vgl § 21 e Rn 5, 6; ebenso Kissel 5; aA die hM; ZöGummer 3: Umlaufverfahren zulässig). Der Vorsitzende des Präsidiums muss stets anwesend sein. Ist der ordentliche Vorsitzende verhindert, sorgt die erschöpfende Vertretungsregelung des § 21 h GVG dafür, dass immer ein Vorsitzender vorhanden ist. Bei der Hälfte der gewählten Mitglieder, deren Anwesenheit erforderlich ist, braucht nicht eine Mindestzahl von Vorsitzenden anwesend zu sein (§ 21 a Abs 2 S 2 GVG).

2   2. Ersatzanordnung (Abs 2) durch den Präsidenten, dienstaufsichtführenden Richter (Direktor des AG) oder dessen Vertreter (§ 21 h **3** GVG). – **a) Voraussetzungen** (Abs 2 S 1). Entscheidungen des Präsidiums zur Geschäftsverteilung müssen vorliegen, bevor der Spruchkörper oder der Richter dementsprechend tätig wird. Nur wenn bis zu diesem Zeitpunkt ein gem Abs 1 beschlussfähiges Präsidium nicht zusammentreten kann, darf nach Abs 2 verfahren werden. Das wird idR nur dann der Fall sein, wenn das Präsidium wegen einer zu kurzen Zeitspanne auch nicht mehr telefonisch zusammengerufen werden kann oder wenn so viele gewählte Mitglieder verhindert sind (insbes wegen Krankheit, Urlaub oder Dienstreise), dass die Beschlussfähigkeit des **4** Abs 1 nicht erreicht wird. – **b) Verfahren** (Abs 2 S 2, 3). Wer die Anordnung erlässt, hat folgendes zu tun: **(1)** Anhörung gem § 21 e Abs 3, 5 GVG (Ausnahme: Eilfall). **(2)** Die Anordnung mit Gründen schriftlich niederzulegen. Das umfasst die konkrete Darstellung der Voraussetzungen (Rn 3) und die Motive für die getroffene Entscheidung. **(3)** Vorlage an das Präsidium. Unverzüglich (wie § 121 Abs 1 BGB) bedeutet hier, dass das Präsidium einzuberufen ist, sobald es beschlussfähig zusammentreten kann. – **c) Wirkung** (Abs 2 S 4). Die Anordnung ist 5 wirksam, ohne Rücksicht darauf, ob das Präsidium sie genehmigt. Erst wenn das Präsidium einen von dieser Anordnung inhaltlich abweichenden Beschluss fasst, verliert die Ersatzanordnung ihre Wirkung, aber nur ex nunc. Bis dahin ist die gemäß der Ersatzanordnung getroffene Geschäftsverteilung zu befolgen und wird durch den Präsidialbeschluss nicht rückwirkend beseitigt. – **d) Verstöße.** Werden die Voraussetzungen (Rn 3) aus Willkür oder Missbrauch zu Unrecht angenommen 6 oder wird das Verfahren (Rn 4) nicht eingehalten, sind die getroffenen gerichtlichen Entscheidungen nach den Grundsätzen des § 21 e Rn 45 anfechtbar.

Dritter Titel. Amtsgerichte

§ 22 [Besetzung der Amtsgerichte]

(1) **Den Amtsgerichten stehen Einzelrichter vor.**

(2) **Einem Richter beim Amtsgericht kann zugleich ein weiteres Richteramt bei einem anderen Amtsgericht oder bei einem Landgericht übertragen werden.**

(3) **¹Die allgemeine Dienstaufsicht kann von der Landesjustizverwaltung dem Präsidenten des übergeordneten Landgerichts übertragen werden. ²Geschieht dies nicht, so ist, wenn das Amtsgericht mit mehreren Richtern besetzt ist, einem von ihnen von der Landesjustizverwaltung die allgemeine Dienstaufsicht zu übertragen.**

(4) **Jeder Richter beim Amtsgericht erledigt die ihm obliegenden Geschäfte, soweit dieses Gesetz nichts anderes bestimmt, als Einzelrichter.**

(5) **¹Es können Richter kraft Auftrags verwendet werden. ²Richter auf Probe können verwendet werden, soweit sich aus Absatz 6, § 23 b Abs. 3 Satz 2 oder § 29 Abs. 1 Satz 2 nichts anderes ergibt.**

(6) **Ein Richter auf Probe darf im ersten Jahr seiner Ernennung Geschäfte in Insolvenzsachen nicht wahrnehmen.**

1. Einzelrichterprinzip (Abs 1, 4). Der Richter, der das AG in der 1 gerichtlichen Zuständigkeit repräsentiert, können auch der Präsident und der dienstaufsichtführende Richter (Direktor) sein; auch Richter auf Probe und kraft Auftrags (Abs 5; §§ 13, 14 DRiG), die auf Probe aber erst ein Jahr nach ihrer Ernennung in Familiensachen (§ 23 b Abs 3 S 2 GVG) und Insolvenzsachen (Abs 6). In Zivilsachen wird der Richter am AG immer allein tätig (Abs 4). Mit dem Einzelrichter der §§ 348–350 hat § 22 GVG nichts zu tun.

2   **2. Doppelernennung** (Abs 2). – **a) Zulässigkeit.** Eine Doppelernennung ist in der Weise möglich, dass einem Richter beim AG gemäß § 27 Abs 2 DRiG ein weiteres Richteramt (daneben und zusätzlich) übertragen werden darf, aber nur an einem anderen AG oder einem LG, nicht notwendig den übergeordneten. Es bedarf der Zustimmung des Richters nur, wenn das weitere Richteramt mehr als die Hälfte sei-

3 ner Arbeitskraft beansprucht (BGH NJW 77, 248). – **b) Wirkung.** Der Richter hat an jedem Gericht, bei dem ihm ein Richteramt übertragen ist, für die Präsidialverfassung die vollen Rechte. Für die Richterplanstellen (§ 21 a Abs 2 GVG) ist die Doppelernennung unerheblich. Sonderregelung für auswärtige KfH: § 106 GVG.

4   **3. Dienstaufsicht** (Abs 3). Ob die Dienstaufsicht dem Präsidenten des LG, einem Präsidenten oder Direktor dieses (oder eines anderen) AG übertragen wird, steht im Ermessen der betreffenden Landesjustizverwaltung. Die gemäß S 2 übertragene Dienstaufsicht umfasst nicht die über Richter; diese verbleibt beim Präsidenten des LG.

§ 22 a [Präsidium des Amtsgerichts]

Bei Amtsgerichten mit einem aus allen wählbaren Richtern bestehenden Präsidium (§ 21 a Abs 2 Satz 1 Nr. 5) gehört der Präsident des übergeordneten Landgerichts oder, wenn der Präsident eines anderen Amtsgerichts die Dienstaufsicht ausübt, dieser Präsident dem Präsidium als Vorsitzender an.

1   **Anwendungsbereich:** nur AG mit weniger als 8 Richterplanstellen.
2   **Zweck:** wie § 21 a GVG Rn 4. **Wirkung:** Es ist immer ein Gerichtspräsident Vorsitzender, auch dann, wenn ein aufsichtführender Richter (Direktor) ernannt ist.

§ 22 b [Vertretung am Amtsgericht]

(1) Ist ein Amtsgericht nur mit einem Richter besetzt, so beauftragt das Präsidium des Landgerichts einen Richter seines Bezirks mit der ständigen Vertretung dieses Richters.

(2) Wird an einem Amtsgericht die vorübergehende Vertretung durch einen Richter eines anderen Gerichts nötig, so beauftragt das Präsidium des Landgerichts einen Richter seines Bezirks längstens für zwei Monate mit der Vertretung.

(3) [1] In Eilfällen kann der Präsident des Landgerichts einen zeitweiligen Vertreter bestellen. [2] Die Gründe für die getroffene Anordnung sind schriftlich niederzulegen.

(4) Bei Amtsgerichten, über die der Präsident eines anderen Amtsgerichts die Dienstaufsicht ausübt, ist in den Fällen der

Absätze 1 und 2 das Präsidium des anderen Amtsgerichts und im Falle des Absatzes 3 dessen Präsident zuständig.

Ständige Vertretung (Abs 1). Ist nur bei einem Ein-Mann-Gericht **1** anwendbar. Ein solches ist nicht die Zweigstelle; diese ist Teil des AG. Anstatt des LG-Präsidiums kann nach Abs 4 ein AG-Präsidium zuständig sein. **Vorübergehende Vertretung** (Abs 2). Voraussetzung: Es **2** müssen so viele Verhinderungsfälle (§ 21 e GVG Rn 43) vorliegen, dass kein Vertreter (§ 21 e GVG Rn 21) an diesem AG mehr eintreten kann. Zuständigkeit: wie Rn 1. Vertretender Richter kann ein (auch Vorsitzender) Richter des LG sowie ein Richter eines zum LG-Bezirk gehörenden AG sein. **Zeitweiliger Vertreter** (Abs 3). Ein Eilfall liegt **3** idR nur vor, wenn eine Entscheidung des Präsidiums nicht rechtzeitig ergehen kann (vgl § 21 i GVG Rn 3). **Zuständigkeit** (Abs 4): der Präsident des LG oder der aufsichtführende Präsident des anderen AG. Anhörung gem § 21 e Abs 5 GVG kann unterbleiben, wenn es der Eilfall gebietet. Genehmigung des Präsidiums (§ 21 i Abs 2 S 3 GVG) ist nicht vorgesehen (hierzu krit Kissel 7).

§ 22 c [Bereitschaftsdienst]

(1) **¹Die Landesregierungen werden ermächtigt, durch Rechtsverordnung zu bestimmen, dass für mehrere Amtsgerichte im Bezirk eines Landgerichts ein gemeinsamer Bereitschaftsdienstplan aufgestellt wird oder ein Amtsgericht Geschäfte des Bereitschaftsdienstes ganz oder teilweise wahrnimmt, wenn dies zur Sicherstellung einer gleichmäßigeren Belastung der Richter mit Bereitschaftsdiensten angezeigt ist. ²Zu dem Bereitschaftsdienst sind die Richter der in Satz 1 bezeichneten Amtsgerichte heranzuziehen. ³In der Verordnung nach Satz 1 kann bestimmt werden, dass auch die Richter des Landgerichts heranzuziehen sind. ⁴Über die Verteilung der Geschäfte des Bereitschaftsdienstes beschließt nach Maßgabe des § 21 e das Präsidium des Landgerichts im Einvernehmen mit den Präsidien der betroffenen Amtsgerichte. ⁵Kommt eine Einigung nicht zustande, obliegt die Beschlussfassung dem Präsidium des Oberlandesgerichts, zu dessen Bezirk das Landgericht gehört.**

(2) **Die Landesregierungen können die Ermächtigung nach Absatz 1 auf die Landesjustizverwaltungen übertragen.**

Abs 1 geänd durch Art 20 Nr 1 OLGVertÄndG mWv 1. 8. 02.

Die Vorschrift bezweckt in Abs 1 S 1 bei unterschiedlich stark be- **1** setzten AGen benachbarter oder örtlich nahe liegender Bezirke, eine möglichst gleichmäßige Belastung der Richter mit Bereitschaftsdienst zu ermöglichen. Die Regelung ist verfassungsgemäß, da der gesetzliche Richter (Art 101 Abs 1 S 2 GG) gewährleistet ist (zustimmend MüKo-Wolf AB 3). Die bisherige Beschränkung der Bereitschaftsdienstkonzentration auf dienstfreie Tage ist aufgehoben worden. Hierdurch wird das Prinzip der richterlichen Unabhängigkeit gleichwohl nicht tangiert, da anerkannt ist, dass für Bereitschaftsdienst in Eilsachen Dienstzeiten vorgeschrieben werden können (BGH 113, 36/40; BVerwGE 78, 211/ 214). In Abs 1 S 2 wird klargestellt, dass die Richter aller betroffenen AGe zum Bereitschaftsdienst eingeteilt werden können. Gem dem neu eingeführten Abs 1 S 3 können nunmehr auch, sofern dies in der VO nach S 1 bestimmt ist, sämtliche Richter am Landgericht, auch die Vorsitzenden Richter (MüKoWolf AB 6), zum Bereitschaftsdienst herangezogen werden. Diese werden dann der Sache nach und formell als Amtsrichter tätig, so dass § 22 d anwendbar ist. Ob es deshalb für diese der Übertragung eines weiteren Richteramtes iS der §§ 27 Abs 2 DRiG, 59 Abs 2 GVG oder einer dienstlichen Abordnung nach Maßgabe des § 37 DRiG bedarf, ist fraglich, dürfte aber wegen der nach Abs 1 S 1 zu erlassenden VO zu verneinen sein (MüKoWolf AB 6). Abs 1 S 4 ergänzt § 21 e Abs 1 S 1 GVG dahin, dass nicht das Präsidium des gemäß Abs 1 S 1 bestimmten AGs die Geschäftsverteilung (§ 21 e Abs 1 S 1 GVG) vornimmt, sondern das Präsidium des übergeordneten LGs im Einvernehmen mit den betroffenen Amtsgerichten. Diese haben im Bereitschaftsdienstplan ua nähere Bestimmungen zu Beginn und Ende des Bereitschaftsdienstzeitraumes sowie weitere sachdienliche Regelungen zur Zuständigkeitsabgrenzung, zB für den Fall zu treffen, dass der nach dem regulären Geschäftsverteilungsplan zuständige Richter nach Beginn des Bereitschaftsdienstraumes noch im Gericht anwesend ist.

§ 22 d [Unrichtig angewandte Geschäftsverteilung]

Die Gültigkeit der Handlung eines Richters beim Amtsgericht wird nicht dadurch berührt, daß die Handlung nach der Geschäftsverteilung von einem anderen Richter wahrzunehmen gewesen wäre.

1   Bedeutet, dass die Entscheidung als solche des AG wirksam ist; dies ist ein in § 22 d GVG konkretisierter Grundsatz, der auch für alle Kollegialgerichte gilt (BGH NJW 62, 1396). § 16 GVG bleibt davon unberührt (hM; Kissel 2 mwN), ebenso die Anfechtbarkeit wegen nicht ordnungsgemäßer Besetzung des Gerichts (vgl § 21 e GVG Rn 47).

§ 23 [Sachliche Zuständigkeit des Amtsgerichts]

Die Zuständigkeit der Amtsgerichte umfaßt in bürgerlichen Rechtsstreitigkeiten, soweit sie nicht ohne Rücksicht auf den Wert des Streitgegenstandes den Landgerichten zugewiesen sind:
1. Streitigkeiten über Ansprüche, deren Gegenstand an Geld oder Geldeswert die Summe von fünftausend Euro nicht übersteigt;

2. ohne Rücksicht auf den Wert des Streitgegenstandes:
   a) Streitigkeiten über Ansprüche aus einem Mietverhältnis über Wohnraum oder über den Bestand eines solchen Mietverhältnisses; diese Zuständigkeit ist ausschließlich;
   b) Streitigkeiten zwischen Reisenden und Wirten, Fuhrleuten, Schiffern oder Auswanderungsexpedienten in den Einschiffungshäfen, die über Wirtszechen, Fuhrlohn, Überfahrtsgelder, Beförderung der Reisenden und ihrer Habe und über Verlust und Beschädigung der letzteren sowie Streitigkeiten zwischen Reisenden und Handwerkern, die aus Anlaß der Reise entstanden sind;
   c) *(gestrichen durch Art 5 Abs. 1 SchuldR ModG)*
   d) Streitigkeiten wegen Wildschadens;
   e) *(weggefallen)*
   f) *(weggefallen)*
   g) Ansprüche aus einem mit der Überlassung eines Grundstücks in Verbindung stehenden Leibgedings-, Leibzuchts-, Altenteils- oder Auszugsvertrag;
   h) das Aufgebotsverfahren.

1. Allgemeines. Die Zuständigkeit ist nicht ausschließlich (10 vor § 1), nur die der Nr 2 a. – **a) Weitere Zuständigkeit** des AG folgt aus den §§ 23a, 23b GVG und aus der ZPO (vgl § 27 GVG) oder aus Sondergesetzen (zB §§ 51, 52 WEG; § 55 SchuldrechtsanpassungsG). – **b) Bürgerliche Rechtsstreitigkeiten:** solche des § 13 GVG Rn 7, 13–16. – **c) Zuweisung** an das LG ohne Rücksicht auf den Streitwert ist in § 71 Abs 2, 3 GVG vorgeschrieben (dort Rn 3–7). – **d) Klagenverbindung** (§ 260) von Ansprüchen, die unter Nr 1 fallen (Rn 5–7), mit solchen, für die Nr 2 gilt (Rn 8–11), führt nicht über § 5 zur Zuständigkeit des LG. Es ist vielmehr zu trennen (§ 145), auf Antrag zu verweisen (§ 281) oder die Klage als zT unzulässig abzuweisen. Das ist auch durch Teilurteil möglich (§ 301). – **e) Teilklage.** Dem Kläger steht es grundsätzlich frei, nur einen Teil seines (teilbaren) Anspruchs einzuklagen, auch wenn dadurch das AG statt des LG zuständig ist (hM; LG Gießen MDR 96, 527 mwN). Ausnahmsweise unzulässig wegen fehlender Zuständigkeit ist es, einen Anspruch geteilt gleichzeitig einzuklagen (StJRoth § 2 Rn 32).

2. Streitwertabhängige Zuständigkeit des AG (Nr 1). Übergangsrecht: § 26 Nr 2, 11 EGZPO; die auf DM lautende bisherige Streitwertgrenze ist hierfür im Verhältnis 1,95583 DM = 1 Euro umzurechnen. Bei einem Wert von genau 5000 Euro ist noch das AG zuständig. Eine zur Aufrechnung gestellte Gegenforderung ist in ihrer Höhe für die Zuständigkeit belanglos. Diese umfasst Ansprüche aller Art (Einl IV Rn 1–4), deren Wert (§ 2 Rn 13), ggf gemäß § 5 zusammengerechnet, 5000 Euro nicht übersteigt. – **a) Vermögensrechtliche Streitigkeiten** (Einl IV Rn 1, 2): alle, die nicht auf einem zur Nr 2 (Rn 8–11) gehörenden Rechtsverhältnis beruhen. Das AG ist fer-

ner zuständig bei einem Wert bis 5000 Euro für Streitigkeiten aus
Miete oder aus Pacht von anderen Räumen (§ 29 a Rn 6), insbes ge-
8 werblich genutzten. – **b) Nichtvermögensrechtliche Streitigkeiten**
(Einl IV Rn 3, 4). Deren Wert ist nach § 12 Abs 2 GKG zu bemessen
(§ 3 Rn 109); denn Zuständigkeits- und Gebührenstreitwert (§ 2 Rn 8,
10) sollten möglichst nicht unterschiedlich sein. Zunächst liegt die
(unverbindliche) Wertangabe beim Kläger (§ 253 Abs 3). Danach hat
das AG oder LG über die Zuständigkeit zu befinden (§ 2 Rn 7, 8). Jedenfalls ist die Erste wirksame Unzuständigkeitsverweisung bindend
(§ 281 Abs 2 S 5).

9   **3. Streitwertunabhängige Zuständigkeit** des AG (Nr 2), nämlich
bei jedem Streitwert. Buchst b ist antiquiert. Die übrigen Zuständigkeiten sind problemlos. Die für Wohnraum von großer praktischer
Bedeutung und nur sie ist ausschließlich (Nr 2 a; letzter Hs; 9 vor § 1). –
10 **a) Streitigkeiten:** wie § 29 a Rn 3. – **b) Ansprüche:** aller Art (wie
11 § 29 a Rn 4). – **c) Mietverhältnis** (§ 535 BGB): wie § 29 a Rn 5, aber
12 nicht die Pacht (§ 581 BGB). – **d) Wohnraum** iSv §§ 549 ff BGB
(§ 721 Rn 1) ist jeder vertragsgemäß zum Wohnen bestimmte Raum,
dh zum Aufenthalt, Schlafen, Essen, Kochen und privater Benutzung
zu verwendende Innenraum eines Gebäudes daher nicht Wohnwagen
und -container, auch wenn sie zum dauernden Wohnen benutzt werden. § 23 GVG umfasst sämtliche in § 549 Abs 2 BGB genannten
Wohnräume. Die Geschäftsraummiete, auch die gewerbliche Zwischenmiete (§ 565 BGB) ist kein Wohnraummietverhältnis. Für Misch-
mietverhältnisse gilt die sog Übergewichtstheorie (hM; Hamm ZMR
86, 11 mwN für § 29 a). Danach muss der Wohnraum im Mietverhältnis nach Zweck, Bedeutung und Wert überwiegen. Die Räume des
Beherbergungsgewerbes fallen, auch wenn sie alleinige Unterkunft des
Gastes sind, unter Nr 2 b, nicht unter Nr 2 a.

§ 23 a [Weitere sachliche Zuständigkeit]

**Die Amtsgerichte sind in bürgerlichen Rechtsstreitigkeiten
ferner zuständig für**
1. **Streitigkeiten in Kindschaftssachen;**
2. **Streitigkeiten, die eine durch Ehe oder Verwandtschaft begründete gesetzliche Unterhaltspflicht betreffen;**
3. **Ansprüche nach den §§ 1615 l, 1615 m des Bürgerlichen Gesetzbuchs;**
4. **Ehesachen;**
5. **Streitigkeiten über Ansprüche aus dem ehelichen Güterrecht, auch wenn Dritte am Verfahren beteiligt sind;**
6. **Lebenspartnerschaftssachen;**
7. **Streitigkeiten nach dem Gewaltschutzgesetz, wenn die Parteien einen auf Dauer angelegten gemeinsamen Haushalt
   führen oder innerhalb von sechs Monaten vor der Antragstellung geführt haben.**

Nr 1: Kindschaftssachen: § 640 Abs 2 Nr 1–3. **Nr 2:** Gesetzliche **1** Unterhaltsansprüche aus dem BGB (§ 23 b Nr 5 und 6) auch wenn ihre Höhe vertraglich geregelt oder der Anspruch auf einen Dritten übergegangen ist (Bremen FamRZ 84, 511). Gilt auch für Abfindungen und Nebenpflichten, zB aus §§ 1580, 1605 BGB, nicht für rein vertragliche Unterhaltsansprüche. **Nr 3:** Betrifft Ansprüche der mit dem Vater des **2** Kindes nicht verheirateten Mutter und gilt auch, wenn die Ansprüche Dritten zustehen. **Nr 4:** § 23 b Abs 1 Nr 1 GVG. **Nr 5:** § 23 b Abs 1 **3** Nr 9 GVG. **Nr 6:** § 661 Abs 1. **Nr 7:** Mit der neu angefügten Nr 7 **4** wird die sachliche Zuständigkeit der Amtsgerichte in Angelegenheiten des vorbeugenden Opferschutzes nach dem Gewaltschutzgesetz begründet, soweit der soziale Nahbereich betroffen ist, dh wenn die Parteien (hierzu § 621 Rn 38 b) einen auf Dauer angelegten gemeinsamen Haushalt führen oder innerhalb von sechs Monaten vor Antragstellung geführt haben. Maßgeblich ist hierfür die Erwägung, dass diese Fallgestaltungen in der Sache die gleichen Fragen betreffen, wie sie für Streitigkeiten nach § 1361 BGB typisch sind. Diese Streitigkeiten sind ebenfalls dem Amtsgericht zugewiesen, was sich für die Fälle des § 1361 b BGB aus § 64 Abs 1 FGG in Verbindung mit § 621 Abs 1 Nr 7 sowie § 11 Abs 1 und § 18 a HausratsVO ergibt.

§ 23 b [Zuständigkeit des Familiengerichts]

(1) [1]Bei den Amtsgerichten werden Abteilungen für Familiensachen (Familiengerichte) gebildet. [2]Familiensachen sind:
1. Ehesachen;
2. Verfahren betreffend die elterliche Sorge für ein Kind, soweit nach den Vorschriften des Bürgerlichen Gesetzbuchs hierfür das Familiengericht zuständig ist;
3. Verfahren über die Regelung des Umgangs mit einem Kind, soweit nach den Vorschriften des Bürgerlichen Gesetzbuchs hierfür das Familiengericht zuständig ist;
4. Verfahren über die Herausgabe eines Kindes, für das die elterliche Sorge besteht;
5. Streitigkeiten, die die durch Verwandtschaft begründete gesetzliche Unterhaltspflicht betreffen;
6. Streitigkeiten, die die durch Ehe begründete gesetzliche Unterhaltspflicht betreffen;
7. Verfahren, die den Versorgungsausgleich betreffen;
8. Verfahren über Regelungen nach der Verordnung über die Behandlung der Ehewohnung und des Hausrats;
8 a. Verfahren nach dem Gewaltschutzgesetz, wenn die Beteiligten einen auf Dauer angelegten gemeinsamen Haushalt führen oder innerhalb von sechs Monaten vor der Antragstellung geführt haben;
9. Streitigkeiten über Ansprüche aus dem ehelichen Güterrecht, auch wenn Dritte am Verfahren beteiligt sind;

10. Verfahren nach den §§ 1382 und 1383 des Bürgerlichen Gesetzbuchs;
11. Verfahren nach der Verordnung (EG) Nr. 1347/2000 des Rates vom 29. Mai 2000 über die Zuständigkeit und die Anerkennung und Vollstreckung von Entscheidungen in Ehesachen und in Verfahren betreffend die elterliche Verantwortung für die gemeinsamen Kinder der Ehegatten (ABl. EG Nr. L 160 S. 19) und nach dem Zweiten Teil des Sorgerechtsübereinkommens-Ausführungsgesetzes vom 5. April 1990 (BGBl. I S. 701), zuletzt geändert durch Artikel 2 Abs. 6 des Gesetzes vom 19. Februar 2001 (BGBl. I S. 288);
12. Kindschaftssachen;
13. Streitigkeiten über Ansprüche nach den §§ 1615 l, 1615 m des Bürgerlichen Gesetzbuchs;
14. Verfahren nach § 1303 Abs. 2 bis 4, § 1308 Abs. 2 und § 1315 Abs. 1 Satz 1 Nr. 1, Satz 3 des Bürgerlichen Gesetzbuchs;
15. Lebenspartnerschaftssachen.

(2) [1] Sind wegen des Umfangs der Geschäfte oder wegen der Zuweisung von Vormundschafts-, Betreuungs- und Unterbringungssachen mehrere Abteilungen für Familiensachen zu bilden, so sollen alle Familiensachen, die denselben Personenkreis betreffen, derselben Abteilung zugewiesen werden. [2] Wird eine Ehesache rechtshängig, während eine andere Familiensache nach Absatz 1 Satz 2 Nr. 6 bis 10 bei einer anderen Abteilung im ersten Rechtszug anhängig ist, so ist diese von Amts wegen an die Abteilung der Ehesache abzugeben; für andere Familiensachen nach Absatz 1 Satz 2 Nr. 2 bis 5 gilt dies nur, soweit sie betreffen

1. in den Fällen der Nummer 2 die elterliche Sorge für ein gemeinschaftliches Kind einschließlich der Übertragung der elterlichen Sorge oder eines Teils der elterlichen Sorge wegen Gefährdung des Kindeswohls auf einen Elternteil, Vormund oder Pfleger,
2. in den Fällen der Nummer 3 die Regelung des Umgangs mit einem gemeinschaftlichen Kind der Ehegatten nach den §§ 1684 und 1685 des Bürgerlichen Gesetzbuchs oder des Umgangs der Ehegatten mit einem Kind des anderen Ehegatten nach § 1685 Abs. 2 des Bürgerlichen Gesetzbuchs,
3. in den Fällen der Nummer 4 die Herausgabe eines Kindes an den anderen Elternteil,
4. in den Fällen der Nummer 5 die Unterhaltspflicht gegenüber einem gemeinschaftlichen Kind.
[3] Wird bei einer Abteilung ein Antrag nach dem Zweiten Teil des Sorgerechtsübereinkommens-Ausführungsgesetzes vom 5. April 1990 (BGBl. I S. 701), zuletzt geändert durch Artikel 2

Abs. 6 des Gesetzes vom 19. Februar 2001 (BGBl. I S. 288), oder auf Vollstreckbarerklärung oder auf Feststellung der Anerkennung oder Nichtanerkennung einer die elterliche Verantwortung betreffenden Entscheidung nach der Verordnung (EG) Nr. 1347/2000 des Rates vom 29. Mai 2000 über die Zuständigkeit und die Anerkennung und Vollstreckung von Entscheidungen in Ehesachen und in Verfahren betreffend die elterliche Verantwortung für die gemeinsamen Kinder der Ehegatten (ABl. EG Nr. L 160 S. 19) anhängig, während eine Familiensache nach Absatz 1 Satz 2 Nr. 2 bis 4 bei einer anderen Abteilung im ersten Rechtszug anhängig ist, so ist diese von Amts wegen an die erstgenannte Abteilung abzugeben; dies gilt nicht, wenn der Antrag offensichtlich unzulässig ist. [4] Auf übereinstimmenden Antrag beider Elternteile sind die Regelungen des Satzes 3 auch auf andere Familiensachen anzuwenden, an denen diese beteiligt sind.

(3) [1] Die Abteilungen für Familiensachen werden mit Familienrichtern besetzt. [2] Ein Richter auf Probe darf im ersten Jahr nach seiner Ernennung Geschäfte des Familienrichters nicht wahrnehmen.

1. Allgemeines. Durch die Einrichtung des Familiengerichts wird **1** erreicht, dass die gesamten gerichtlich zu entscheidenden Sachen ein und derselben Familie vor denselben Richter gelangen, in Scheidungs- und Folgesachen auch eine einheitliche Entscheidung (§ 623) ergehen kann.

2. Begriff des Familiengerichts. Es ist eine Abteilung für Fami- **2** liensachen, die beim AG (nicht notwendig bei jedem, vgl § 23 c GVG) gebildet wird und die eine Funktion des Gerichts ausübt (zB wie die des Insolvenzgerichts, Grundbuchamts). Abteilung bedeutet dabei die Sprucheinheit, dh den Richter (§ 22 Abs 1, 4 GVG). Es kann auch der aufsichtführende Richter (Direktor) sein, wenn das Präsidium ihn dem Familiengericht zuweist. Das Verhältnis zu anderen Abteilungen des Gerichts ist nicht das einer anderen sachlichen Zuständigkeit (hM).

3. Wirkung. Die Zuständigkeit des Familiengerichts ist gesetzlich **3** bestimmt. Sie ist zwingend. Entscheidet eine andere Abteilung des Gerichts eine Familiensache, ist die Entscheidung zwar wirksam, aber aus diesem Grunde anfechtbar. Die Rüge fehlender Zuständigkeit muss grundsätzlich schon vor dem Familiengericht erhoben werden (vgl § 529 Abs 3). Durch Abs 2 wird zudem vorgeschrieben, dass alle Familiensachen, die denselben Personenkreis betreffen, ggf nachträglich an dieselbe Abteilung, also denselben Familienrichter gelangen sollen.

4. Familienrichter ist ein Richter, der durch das Präsidium einer **4** Abteilung des Familiengerichts zugewiesen ist. Richter auf Probe (§ 12 DRiG) dürfen ein Jahr lang nach ihrer Ernennung noch nicht als Vertreter am Familiengericht tätig werden (Abs 3 S 2), ebenso wenig als ersuchte Richter (§ 157 GVG; Bergerfurth FamRZ 82, 563).

5   **5. Geschäftsverteilung durch das Präsidium** (§§ 22 a, 21 e Rn 11
     GVG) ist nur in der Weise freigestellt, wieviele Abteilungen des Fami-
     liengerichts gebildet und welche Richter diesen zugewiesen werden.
     Zu beachten ist dabei Abs 2 S 1. Dadurch wird das Präsidium gehin-
     dert, die Geschäftsaufgabe nach Art des Verfahrens (zB einem Richter
     alle Ehesachen) zuzuweisen. Im Einzelfall kann das Präsidium eine sach-
     gerechtere Lösung wählen. Um den Zweck des § 23 b GVG (Rn 1) und
     den Sinn des Abs 2 S 1 zu erfüllen, bietet sich an, die Geschäftsvertei-
     lung bei (mindestens 2) Familienrichtern nach dem Anfangsbuchstaben
     derjenigen Partei (oder Beteiligten) zu bestimmen, die Familienmitglied
     ist und gegen die zuerst in einer Familiensache ein Rechtsstreit einge-
     leitet wurde. Andere Regelungen müssen den Grundsätzen von § 21 e
     GVG Rn 24 entsprechen.

6   **6. Abgaben innerhalb des Familiengerichts** (Abs 2 S 2). Voraus-
     setzung ist, dass eine Ehesache (Vorbem 2–6 vor § 606) rechtshängig
     wird (§ 261). Es muss von Amts wegen (also ohne Antrag) Abgabe von
     einer Abteilung an die andere erfolgen. Damit soll der Verfahrensver-
     bund (§ 623) gewährleistet werden. Dementsprechend gilt dies für alle
     Familiensachen, die zwangsläufig Folgesachen sind (Nr 6–10), für die
     der Nrn 2–5 nur, soweit sie Folgesachen sein können (Abs 2 S 2 Halbs
     2); für diese gilt § 621 Rn 40. Auf Lebenspartnerschaftssachen ist das
     entspr anwendbar (§ 661 Abs 2). Für den Zeitraum der Abgabepflicht:
     § 621 Rn 41. Einen Zuständigkeitsstreit innerhalb der Familienge-
     richtsabteilung entscheidet das Präsidium (allgM).

7   **7. Abgaben innerhalb des Amtsgerichts.** Die Abgaben zwischen
     Familiengericht und anderen Abteilungen desselben Gerichts sind nicht
     bindend; § 281 gilt nicht (für analoge Anwendung Jauernig FamRZ 89,
     1 [5]). Ein Streit ist gem § 36 Abs 1 Nr 6 zu entscheiden (hM; BGH 71,
     264). Das wird insbes praktisch im Verhältnis des Familiengerichts zum
     Prozess(Streit)gericht und zum Vormundschaftsgericht. Entsprechend gilt
     das, wenn im Fall des § 23 c GVG ein AG im Bezirk des konzentrierten
     Familiengerichts einen Rechtsstreit als Familiensache überleitet, weil
     die Bindung des § 281 sonst vom Zufall abhinge. Bei Anhängigkeit an
     verschiedenen Gerichten gilt § 621 Abs 3. S 3 und 4 sollen die Kon-
     zentration bei Sachen herbeiführen, die unter Abs I S 2 Nr 11 fallen.

8   **8. Verweisung** einer Familiensache wegen örtlicher Unzuständig-
     keit oder einer Nichtfamiliensache an das LG oder ein anderes AG er-
     folgt gem § 281 (allgM).

9   **9. Familiensachen** (Abs 1 S 2) sind Ehesachen (Nr 1) und andere
     Familiensachen (Nr 2–14). Die Nrn 2 bis 10, 12 bis 14 entsprechen
     wörtlich den Nr 1–13 des § 621 Abs 1, wo die ausschließliche Zustän-
     digkeit des Familiengerichts und die örtliche Zuständigkeit geregelt ist.
     Nr 1: Ehesachen (Vorbem 2–6 vor § 606) sind Familiensachen, für die
     ein besonderes Verfahren der ZPO gilt, nämlich das der §§ 606–620 g,
     wenn es eine Scheidungssache ist, die noch speziellere Regelung der
     §§ 622–630. **Nr 2:** wie § 621 Rn 23. Die Bezeichnung als Verfahren

ist wegen grundsätzlicher Anwendbarkeit des FGG erfolgt. **Nr 3:** wie § 621 Rn 24; iü wie Nr 2. **Nr 4:** wie § 621 Rn 25; iü wie Nr 2. **Nr 5:** wie § 621 Rn 26. Die Bezeichnung Streitigkeit ist wegen Anwendbarkeit der ZPO erfolgt. **Nr 6:** wie § 621 Rn 28; iü wie Nr 5. **Nr 7:** wie § 621 Rn 30; iü wie Nr 2. **Nr 8:** wie § 621 Rn 31; iü wie Nr 2. **Nr. 8 a.** Mit der neu eingefügten Nr 8 a wird die familiengerichtliche Zuständigkeit in Angelegenheiten des vorbeugenden Opferschutzes nach dem Gewaltschutzgesetz begründet, soweit der soziale Nahbereich betroffen ist, dh wenn die Beteiligten, gleich welchen Geschlechts, Alters, ob verheiratet oder nicht verheiratet (Schulz FuR 02, 97; § 621 Rn 38 b) einen auf Dauer angelegten gemeinsamen Haushalt führen oder innerhalb von sechs Monaten vor Antragstellung geführt haben. Trifft dies nicht zu, sind die allgemeinen Zivilgerichte – auch für Ehegatten – zuständig (Nürnberg MDR 03, 336). **Nr 9:** wie § 621 Rn 33; iü wie Nr 5. **Nr 10:** wie § 621 Rn 36; iü wie Nr 2. **Nr 11:** Die genannten Vorschriften betreffen internationale Ehe- und Sorgerechtssachen gemeinsamer Kinder. **Nr 12:** wie § 621 Rn 37. **Nr 13:** wie § 621 Rn 38. **Nr 14:** wie § 621 Rn 38 a. **Nr 15:** § 661 Abs 1.

§ 23 c [Ermächtigung der Landesregierungen]

¹Die Landesregierungen werden ermächtigt, durch Rechtsverordnung einem Amtsgericht für die Bezirke mehrerer Amtsgerichte die Familiensachen sowie ganz oder teilweise die Vormundschafts-, Betreuungs- und Unterbringungssachen zuzuweisen, sofern die Zusammenfassung der sachlichen Förderung der Verfahren dient oder zur Sicherung einer einheitlichen Rechtsprechung geboten erscheint. ²Die Landesregierungen können die Ermächtigungen auf die Landesjustizverwaltungen übertragen.

Zweck: Konzentration auf spezialisierte Richter, wie es bei kleineren AGen nicht möglich wäre. Dadurch wird Beschleunigung durch Routine und einheitliche Rechtsprechung für größere Bezirke gefördert. **Wirkung:** Die Vorschrift enthält zwei getrennte Ermächtigungen, eine für Familiensachen (§ 23 b Abs 1 GVG), eine für Vormundschafts-, Betreuungs- und Unterbringungssachen (vgl §§ 35, 65, 70 FGG); davon kann getrennt, aber durch einen einzigen Akt Gebrauch gemacht werden. Ist konzentriert, verhält sich das Familiengericht zu jedem AG seines Bezirks so, als ob es zu diesem Gericht gehört; daher wird abgegeben, nicht verwiesen (§ 23 b GVG Rn 7, 8). 1

2

§§ 24–26 *(betreffen Strafsachen)*

§ 27 [Sonstige Zuständigkeit der Amtsgerichte]

Im übrigen wird die Zuständigkeit und der Geschäftskreis der Amtsgerichte durch die Vorschriften dieses Gesetzes und der Prozeßordnungen bestimmt.

In der ZPO: zB §§ 689, 764, 899. Im FGG: zB §§ 35, 72, 125. 1

Vierter Titel. Schöffengerichte

§§ 28–58 *(betreffen Strafsachen)*

Fünfter Titel. Landgerichte

§ 59 [Präsident und Richter]

(1) **Die Landgerichte werden mit einem Präsidenten sowie mit Vorsitzenden Richtern und weiteren Richtern besetzt.**

(2) **Den Richtern kann gleichzeitig ein weiteres Richteramt bei einem Amtsgericht übertragen werden.**

(3) **Es können Richter auf Probe und Richter kraft Auftrags verwendet werden.**

1   **1. Besetzung** (Abs 1, Abs 3). – **a) Präsident.** Seine Tätigkeit besteht in Rechtsprechung (§ 21e Abs 1 S 3 GVG), gerichtlicher Selbstverwaltung (insbes gem § 21a Abs 2 GVG) und Justizverwaltung (unter zahlreichen Aufgaben die Dienstaufsicht, § 26 DRiG). Vertretung des
2   Präsidenten: § 21h GVG. – **b) Vorsitzender Richter.** Es muss zwangsläufig ein Richter auf Lebenszeit sein (vgl § 28 Abs 2 DRiG, § 21f GVG). Die Zahl richtet sich nach den von der Justizverwaltung eingerichteten
3   richteten Planstellen. – **c) Weitere Richter.** Das sind die Richter am LG auf Lebenszeit, auf Probe und kraft Auftrags (vgl Abs 3, §§ 13, 14 DRiG). Für die Mitwirkung bei der Entscheidung gilt § 29 DRiG).
4   **2. Doppelernennung** (Abs 2). Sie ist bei Vorsitzenden Richtern und weiteren Richtern möglich. Das weitere Richteramt kann nur bei einem (nicht notwendig dem LG untergeordneten) AG übertragen werden. Es gilt § 22 GVG Rn 3, 4 entsprechend.

§ 60 [Kammern]

Bei den Landgerichten werden Zivil- und Strafkammern gebildet.

1   Jede Kammer repräsentiert das LG als Spruchkörper, auch die KfH (§ 94 GVG). Weitere Kammern nach besonderen Gesetzen, zB Entschädigungskammern (§ 208 Abs 1 BEG), Kammern für Baulandsachen (§ 220 BauGB).

§§ 61–69 *(weggefallen)*

§ 70 [Richterzuweisung; Hilfsrichter]

(1) **Soweit die Vertretung eines Mitgliedes nicht durch ein Mitglied desselben Gerichts möglich ist, wird sie auf den Antrag des Präsidiums durch die Landesjustizverwaltung geordnet.**

(2) **Die Beiordnung eines Richters auf Probe oder eines Richters kraft Auftrags ist auf eine bestimmte Zeit auszusprechen und darf vor Ablauf dieser Zeit nicht widerrufen werden.**

(3) **Unberührt bleiben die landesgesetzlichen Vorschriften, nach denen richterliche Geschäfte nur von auf Lebenszeit ernannten Richtern wahrgenommen werden können, sowie die, welche die Vertretung durch auf Lebenszeit ernannte Richter regeln.**

1. Richterzuweisung (Abs 1). – **a) Voraussetzung.** Die Vertre- 1
tung gem Geschäftsverteilungsplan (§ 21 e GVG Rn 23) muss ausgeschöpft und unmöglich sein. – **b) Maßnahmen der Justizverwaltung.** Welchen Weg und welchen Richter sie wählt, steht in ihrem 2
freien Ermessen; sie kann eine Planstelle schaffen oder eine offene besetzen, eine Abordnung (§ 37 DRiG) vornehmen oder aufheben, ferner einen Richter auf Probe oder kraft Auftrags beiordnen (Abs 2). Damit ist der betreffende Richter stets nur dem Gericht zugeteilt. Über seine Verwendung in einer Kammer muss das Präsidium gesondert gemäß § 21 c GVG beschließen.

2. Hilfsrichter (Abs 2). Dazu gehört insbes auch der abgeordnete 3
Richter (§ 37 DRiG). Abs 2 gilt nicht für das OLG (vgl § 117 GVG). –
a) Beiordnung darf grundsätzlich nicht erfolgen, um einen dauernden 4
Bedarf an Richterstellen zu befriedigen; hierfür müssen Planstellen geschaffen oder besetzt werden (BGH stRspr für OLG, zB 34, 260); andernfalls ist das Gericht, falls ein Hilfsrichter mitwirkt, nicht vorschriftsmäßig besetzt (BGH aaO), insbes wenn ein bereits erprobter Hilfsrichter mitwirkt, der nur wegen allgemeiner Beförderungssperre noch nicht ernannt ist (BGH 95, 23). Ein zulässiger vorübergehender Bedarf an Hilfsrichtern kann auch auf Fortbildung und Erprobung von Richtern beruhen (BGH NJW 66, 352). Am LG und AG dürfen Richter auf Probe (§ 12 DRiG) und kraft Auftrags (§ 14 DRiG) wegen § 10 Abs 1 DRiG (nicht aber abgeordnete Richter) auch ohne vorübergehendes Bedürfnis beschäftigt werden. – **b) Ende der Beiordnung** mit Ab- 5
lauf der dafür (zweckmäßig durch Kalendertag) bestimmten Zeit, schon vorher mit dem Verlust des Richteramts (§§ 19, 21, 22–24 DRiG) oder wenn entgegen dem Verbot des Abs 2 die Beiordnung verfrüht widerrufen wird.

§ 71 [Zuständigkeit im ersten Rechtszug]

(1) **Vor die Zivilkammern, einschließlich der Kammern für Handelssachen, gehören alle bürgerlichen Rechtsstreitigkeiten, die nicht den Amtsgerichten zugewiesen sind.**

(2) **Die Landgerichte sind ohne Rücksicht auf den Wert des Streitgegenstandes ausschließlich zuständig**
1. für die Ansprüche, die auf Grund der Beamtengesetze gegen den Fiskus erhoben werden;

2. **für die Ansprüche gegen Richter und Beamte wegen Überschreitung ihrer amtlichen Befugnisse oder wegen pflicht-
widriger Unterlassung von Amtshandlungen.**

(3) **Der Landesgesetzgebung bleibt überlassen, Ansprüche
gegen den Staat oder eine Körperschaft des öffentlichen Rechts
wegen Verfügungen der Verwaltungsbehörden sowie Ansprüche wegen öffentlicher Abgaben ohne Rücksicht auf den Wert
des Streitgegenstandes den Landgerichten ausschließlich zuzuweisen.**

1   **1. Streitwertabhängige Zuständigkeit** (Abs 1) in bürgerlichen
Rechtsstreitigkeiten (§ 13 GVG Rn 7–16). Das LG ist im ersten
Rechtszug für Streitigkeiten mit einem Wert von mehr als 5000 Euro
zuständig, auch in nichtvermögenrechtlichen Streitigkeiten (Einl IV
Rn 3, 4) nur für solche mit einem Wert von mehr als 5000 Euro (vgl
§ 23 GVG Rn 1, 5).

2   **2. Streitwertunabhängige Zuständigkeit** des LG (Abs 2) mit der
Rechtsfolge des § 78 Abs 1 (BGH NJW 93, 1021). Sie ist ausschließlich
(9 vor § 1); auch bei Streitwert unter 5000 Euro. Für die Einordnung
des Anspruchs kommt es nur auf den Antrag und die tatsächlichen Behauptungen des Klägers an, nicht auf seine Rechtsansichten (BGH 16,
3   275). – **a) Ansprüche von Beamten. Nr 1** ist praktisch gegenstandslos geworden, da für alle Klagen von Richtern, Beamten und Hinterbliebenen aus dem Richter- bzw Beamtenverhältnis der Verwaltungsrechtsweg gegeben ist (§ 126 BRRG, § 172 BBG, §§ 46, 71 Abs 3
4   DRiG). – **b) Amtspflichtverletzungen. Nr 2:** Ansprüche wegen solcher (§ 839 BGB) von Richtern und Beamten aller Art, auch Soldaten,
gleich ob diese selbst (insbes vom Staat im Rückgriff) oder der Staat
bzw die öffentlich-rechtliche Körperschaft über Art 34 GG in Anspruch
5   genommen werden. – **c) Nach Bundesgesetzen:** zB § 13 S 3 StrEG,
§ 51 Abs 3 S 3 GenG; § 208 BEG; §§ 19, 42 BNotO; § 48 BörsG; § 3
HintO; § 246 Abs 3 AktG; § 61 Abs 3 GmbHG; § 87 Abs 1 GWB;
§ 140 Abs 1 MarkenG (Kennzeichenstreitsachen); § 6 UKlaG; § 38
Abs 1 SortenschutzG; § 143 PatG; § 39 Arbn ErfG; § 27 GebrMG;
§ 30 UmwandlsG; § 36 VAG; § 66 WpÜG.

6   **3. Landesrechtlich erweiterte Zuständigkeit** (Abs 3). Ausschließlich: wie Rn 2. Von der Zuweisung, welche stets die Zulässigkeit des
ordentlichen Rechtswegs (§ 13 GVG) voraussetzt, haben mehrere Länder Gebrauch gemacht, insbes für Enteignungsentschädigung.

§ 72 [Zuständigkeit im zweiten Rechtszug]

**Die Zivilkammern, einschließlich der Kammern für Han-
delssachen, sind die Berufungs- und Beschwerdegerichte in den
vor den Amtsgerichten verhandelten bürgerlichen Rechtsstreitigkeiten, soweit nicht die Zuständigkeit der Oberlandesgerichte begründet ist.**

Zuständigkeit des Landgerichts für Berufung (§ 511). Sie ist auch 1
für die Einlegung (§ 519) gegeben, wenn die allgemeine Prozessabteilung des AG (unzuständig) über eine Familiensache entschieden hat
(BGH NJW 91, 231). Das LG ist nach der Reform des Rechtsmittelrechts durch das ZPO-RG v 27. 7. 01 (BGBl I 1887) nicht mehr letzte
Instanz. Gegen seine Urteile findet die Revision statt (§ 542). Für Beschwerde: §§ 567 ff. Die Zivilkammern sind insbes auch Beschwerdegerichte im Falle des § 19 Abs 2 FGG, und § 72 GBO. **Zuständigkeit** 2
des Oberlandesgerichts im zweiten Rechtszug richtet sich nach § 119
GVG. **Zweifelhafte Zuständigkeit.** Bestehen Zweifel, ob das AG als 3
allgemeines Prozessgericht oder als Familiengericht entschieden hat,
kann die Berufung sowohl zum LG als auch zum OLG eingelegt werden, weil die Meistbegünstigung (7 vor § 511) gilt (BGH NJW-RR
95, 379 und 380). Vorbem

§§ 73–74 d *(betreffen Strafsachen)*

§ 75 [Besetzung der Zivilkammern]
**Die Zivilkammern sind, soweit nicht nach den Vorschriften
der Prozeßgesetze an Stelle der Kammer der Einzelrichter zu
entscheiden hat, mit drei Mitgliedern einschließlich des Vorsitzenden besetzt.**

Gilt nur für Entscheidungen. Sonst ist Überbesetzung der Kammern 1
als solcher grundsätzlich zulässig (vgl § 21 e GVG Rn 18). Einzelrichter:
§§ 348, 348 a, 349, 526, 527, 568.

5 a. Strafvollstreckungskammern

§§ 76–78 b *(betreffen Strafsachen)*

Sechster Titel. Schwurgerichte

§§ 79–92 *(weggefallen)*

Siebenter Titel. Kammern für Handelssachen

Vorbemerkung

1. Verhältnis zur Zivilkammer. KfH und Zivilkammer repräsen- 1
tieren als Spruchkörper das LG (§ 60 GVG); sie sind gleichgeordnet.
Die Abgrenzung ihrer Zuständigkeit ist keine Frage der sachlichen Zuständigkeit (3 vor § 1; allgM; zu den Differenzierungen vgl Gaul JZ 84,
57 mwN). Sie wird ausschließlich durch die §§ 96–104 GVG geregelt.
Die Verletzung dieser Zuständigkeit (Entscheidung einer Handelssache
durch die Zivilkammer, einer Nichthandelssache durch die KfH) ist

jedoch bedeutungslos und begründet nicht einmal ein Rechtsmittel, sofern nicht dem gesetzlichen Richter entzogen wurde (§ 16 GVG; § 21 e GVG Rn 47). Die §§ 280, 281 gelten im Verhältnis KfH und Zivilkammer nicht (allgM). Insbes ist eine Zuständigkeitsvereinbarung (§ 38) nicht möglich; jedoch können die Parteien durch Stellen oder Unterlassen von Anträgen (§§ 96–99 GVG) die Zuständigkeit weitgehend beeinflussen.

2   **2. Prüfung der Zuständigkeit.** Sie ist von der KfH wie der Zivilkammer von Amts wegen vorzunehmen, und zwar am besten in dieser
3 Reihenfolge: – **a) Bestehen** einer KfH für den Gerichtsbezirk oder den
4 entspr Teil des Bezirks (§ 93 GVG). – **b) Bindung** durch erfolgte Verweisung an die KfH (§§ 102, 98 GVG); auch dann, wenn sie in Wirk-
5 lichkeit nicht zuständig ist. – **c) Antrag** auf Verhandlung vor der KfH, wirksam gestellt, insbes rechtzeitig, vom Kläger (§ 96 Abs 1 GVG) oder vom Beklagten (§ 98 Abs 1 GVG). Kein Antrag ist nötig im Fall des
6 § 104 GVG. – **d) Vorliegen einer Handelssache** (§ 95 GVG), wobei für die KfH noch besonders § 97 Abs 2 S 2 GVG zu beachten ist. –
7 **e) Zuständigkeit** des angegangenen Gerichts (§§ 71, 72 GVG) erst danach, weil zuvor feststehen muss, welche Kammer die Entscheidung (Klagabweisung oder Verweisung gem § 281) trifft (Argument aus § 97 Abs 1 GVG).

§ 93 [Bildung einer Kammer für Handelssachen]

(1) **Soweit die Landesjustizverwaltung ein Bedürfnis als vorhanden annimmt, können bei den Landgerichten für deren Bezirke oder für örtlich abgegrenzte Teile davon Kammern für Handelssachen gebildet werden.**

(2) **Solche Kammern können ihren Sitz innerhalb des Landgerichtsbezirks auch an Orten haben, an denen das Landgericht seinen Sitz nicht hat.**

§ 94 [Zuständigkeit]

Ist bei einem Landgericht eine Kammer für Handelssachen gebildet, so tritt für Handelssachen diese Kammer an die Stelle der Zivilkammern nach Maßgabe der folgenden Vorschriften.

1   An die Stelle: 1 vor § 93 GVG; auch für Arrest und einstw Verfügung hinsichtlich des Hauptanspruchs. Handelssachen: § 95 GVG.

§ 95 [Handelssachen]

(1) **Handelssachen im Sinne dieses Gesetzes sind die bürgerlichen Rechtsstreitigkeiten, in denen durch die Klage ein Anspruch geltend gemacht wird:**
1. gegen einen Kaufmann im Sinne des Handelsgesetzbuches, sofern er in das Handelsregister oder Genossenschaftsregister eingetragen ist oder auf Grund einer gesetzlichen Sonderre-

gelung für juristische Personen des öffentlichen Rechts nicht
eingetragen zu werden braucht, aus Geschäften, die für beide Teile Handelsgeschäfte sind;

2. aus einem Wechsel im Sinne des Wechselgesetzes oder aus
   einer der im § 363 des Handelsgesetzbuchs bezeichneten Urkunden;
3. auf Grund des Scheckgesetzes;
4. aus einem der nachstehend bezeichneten Rechtsverhältnisse:
   a) aus dem Rechtsverhältnis zwischen den Mitgliedern einer
      Handelsgesellschaft oder zwischen dieser und ihren Mitgliedern oder zwischen dem stillen Gesellschafter und dem
      Inhaber des Handelsgeschäfts, sowohl während des Bestehens als auch nach Auflösung des Gesellschaftsverhältnisses, und aus dem Rechtsverhältnis zwischen den Vorstehern oder den Liquidatoren einer Handelsgesellschaft und
      der Gesellschaft oder deren Mitgliedern;
   b) aus dem Rechtsverhältnis, welches das Recht zum Gebrauch der Handelsfirma betrifft;
   c) aus den Rechtsverhältnissen, die sich auf den Schutz der
      Marken und sonstigen Kennzeichen sowie der Muster und
      Modelle beziehen;
   d) aus dem Rechtsverhältnis, das durch den Erwerb eines
      bestehenden Handelsgeschäfts unter Lebenden zwischen
      dem bisherigen Inhaber und dem Erwerber entsteht;
   e) aus dem Rechtsverhältnis zwischen einem Dritten und
      dem, der wegen mangelnden Nachweises der Prokura oder
      Handlungsvollmacht haftet;
   f) aus den Rechtsverhältnissen des Seerechts, insbesondere
      aus denen, die sich auf die Reederei, auf die Rechte und
      Pflichten des Reeders oder Schiffseigners, des Korrespondentreeders und der Schiffsbesatzung, auf die *Bodmerei und
      die Haverei*, auf den Schadenersatz im Falle des Zusammenstoßes von Schiffen, auf die Bergung *und Hilfeleistung*
      und auf die Ansprüche der Schiffsgläubiger beziehen;
5. auf Grund des Gesetzes gegen den unlauteren Wettbewerb
   mit Ausnahme der Ansprüche der letzten Verbraucher aus
   § 13 a des Gesetzes gegen den unlauteren Wettbewerb, soweit nicht ein beiderseitiges Handelsgeschäft nach Absatz 1
   Nr. 1 gegeben ist.
6. aus den §§ 45 bis 48 des Börsengesetzes (Reichsgesetzbl.
   1908 S. 215).

(2) Handelssachen im Sinne dieses Gesetzes sind ferner die
Rechtsstreitigkeiten, in denen sich die Zuständigkeit des Landgerichts nach § 246 Abs. 3 Satz 1 oder § 396 Abs. 1 Satz 2 des
Aktiengesetzes sowie nach § 10 und § 306 des Umwandlungsgesetzes richtet.

Abs 1 Nr 4 Buchst f geänd durch das 3. SeerechtsändG v 16. 5. 2001
(BGBl I S 898), Inkrafttreten erst mit dem Tag, an dem das internationale Übereinkommen von 1989 über Bergung für die BRep in Kraft
tritt (Art 10 Gesetz v 16. 5. 2001), daher kursiv gedruckt.

1 **1. Allgemeines.** Die Eigenschaft als Handelssache ist aus Klageantrag und Klagebehauptungen festzustellen (Grundsätze wie bei Einl II).
Sie muss bei Klagenverbindung, insbes bei Anspruchshäufung (§ 260)
für alle Parteien und Ansprüche bestehen (hM; Gaul JZ 84, 57). Andernfalls ist die KfH nicht zuständig und muss oder kann verweisen
(§§ 97, 99 GVG), entweder ganz oder nach Trennung (§ 145) auch
zum Teil. Das gilt selbstverständlich nicht, wenn der Anspruch auch auf
andere Anspruchsgrundlagen (§ 260 Rn 5) gestützt wird, die nicht aus
dem Handelsgeschäft folgen (Brandi-Dohrn NJW 81, 2453).

2 **2. Einzelheiten. Nr 1:** Kaufmann: wie §§ 1–3, 5–7 HGB. Der Anspruch muss sich gegen einen Kaufmann richten; auch bei einem ausländischen anwendbar. Es ist auf die Kaufmannseigenschaft zZ des Eintritts der Rechtshängigkeit abzustellen (hM; Kissel 4; Schriever NJW
78, 1472), nicht allein auf den Zeitpunkt der Anspruchsentstehung. Der
Insolvenzverwalter steht dem Kaufmann, dessen Insolvenzmasse er verwaltet, gleich; aber nur aus von diesem abgeschlossenen Geschäften (LG
Köln ZIP 80, 1071), nicht solchen aus Verwertung der Insolvenzmasse
(LG Hamburg MDR 73, 507). Beiderseitiges Handelsgeschäft: §§ 343,
344 HGB, auch wenn es der Rechtsvorgänger einer Partei abgeschlossen hat. Bei Haftung aus § 11 Abs 2 GmbHG steht der Haftende einem
Kaufmann gleich (Berkenbrock JZ 80, 21). Ferner Ansprüche, die aus
einem durch Handelsgeschäft vereinbarten verlängerten Eigentumsvorbehalt stammen und gegen einen Dritten, der Kaufmann ist, erhoben
3 werden (LG Bremen MDR 94, 97). **Nr 2 und 3:** alle Ansprüche, die
auf diesen Wertpapieren beruhen, auch wenn es zB nicht ein wechsel-
4 mäßiger Anspruch ist wie der in Art 89 WG geregelte. **Nr 4 a:** Handelsgesellschaften: AG, GmbH, OHG, KG, KG aA, GmbH & Co KG.
Vorsteher: Vorstand, Geschäftsführer; für diese ist trotz § 5 I S 3
ArbGG im Einzelfall die Zuständigkeit des ArbG gegeben; vgl Jaeger
NZA 98, 961). Die Zuständigkeit erstreckt sich auch auf Ansprüche aus
beendeten Dienstverhältnissen. Keine Handelsgesellschaften sind die
Genossenschaft (LG Mainz NZG 03, 235) und der Versicherungsverein
aG (aA Kießling NZG 03, 209). Ausländische Handelsgesellschaften wer-
5 den ebenfalls erfasst. **Nr 4 b:** §§ 17–37 HGB. **Nr 4 c:** alle Kennzeichenstreitsachen (§ 140 MarkenG) sowie Streitigkeiten nach
GeschmacksmusterG (§ 15). Für Streitigkeiten nach dem Gebrauchs-
musterG (§§ 18, 19) ist die Zivilkammer bzw Patentstreitkammer oder
6 das AG zuständig. **Nr 5:** mit Ausnahme des § 13 a UWG (wenn nicht
beiderseitiges Handelsgeschäft, Nr 1) alle Streitigkeiten aus diesem Gesetz; vgl § 27 UWG, ferner Streitigkeiten wegen Wettbewerbsbeschränkungen (§ 87 Abs 2 GWB).

3. Weitere Zuständigkeit der KfH folgt aus § 87 Abs 2 GWB und 7 § 30 Abs 1 S 2 FGG. Sie besteht ferner für Vollstreckungsabwehrklagen (§ 767) gegen Vollstreckungstitel der KfH (ZöGummer 17 mwN; bestr).

§ 96 [Antrag]

(1) **Der Rechtsstreit wird vor der Kammer für Handelssachen verhandelt, wenn der Kläger dies in der Klageschrift beantragt hat.**

(2) **Ist ein Rechtsstreit nach den Vorschriften der §§ 281, 506 der Zivilprozeßordnung vom Amtsgericht an das Landgericht zu verweisen, so hat der Kläger den Antrag auf Verhandlung vor der Kammer für Handelssachen vor dem Amtsgericht zu stellen.**

1. Antrag (Abs 1) ist Prozesshandlung (Einl III) und unwiderruflich 1 (allgM). Er liegt bereits darin, dass die Klageschrift an die KfH adressiert ist, aber nicht in der Angabe des Aktenzeichens einer vorangegangenen einstweiligen Verfügung (Brandenburg MDR 00, 1029). Der Antrag steht im Belieben des Klägers und kann für eine beim LG anhängig gemachte Klage nur in der Klageschrift gestellt werden oder in einem gleichzeitig eingereichten sonstigen Schriftsatz (hM), auch noch nach Verweisung wegen örtlicher Unzuständigkeit (§ 281), wenn die Klage bei einem LG ohne KfH eingereicht worden war (hM; Kissel 5 mwN).

2. Verfahrensbeginn beim Amtsgericht (Abs 2). Es ist zu unter- 2 scheiden: – **a) Klage** (§ 253). Das AG prüft nicht, ob die KfH zuständig ist und verweist auf Grund des Antrags an das LG. Dort geht die Sache an die KfH und zwar auf Grund des Antrags. Gebunden sind KfH und Zivilkammer im Verhältnis zueinander auch dann nicht, wenn das AG die Verweisung an die eine oder andere ausgesprochen hat. Die Zivilkammer kann gemäß § 98 GVG verweisen. – **b) Mahn-** 3 **verfahren** (§ 688). Der Antrag ist möglich vor der Abgabe an das LG (§ 696 Abs 1 S 1, § 700 Abs 3) oder vor Verweisung (vgl § 697 Abs 2 S 1), bereits im Mahnantrag (§ 690 Rn 19), im Antrag gemäß § 696 Abs 1 S 1 und noch in der Anspruchsbegründung (§ 697 Abs 2; Frankfurt NJW 80, 2202), spätestens mit Ablauf der Frist des § 697 Abs 1 (Düsseldorf NJW-RR 88, 1472 mwN; Nürnberg Rpfleger 95, 369; bestr).

§ 97 [Verweisung an die Zivilkammer bei ursprünglicher Unzuständigkeit]

(1) **Wird vor der Kammer für Handelssachen eine nicht vor sie gehörige Klage zur Verhandlung gebracht, so ist der Rechtsstreit auf Antrag des Beklagten an die Zivilkammer zu verweisen.**

(2) [1]**Gehört die Klage oder die im Falle des § 506 der Zivilprozeßordnung erhobene Widerklage als Klage nicht vor die Kammer für Handelssachen, so ist diese auch von Amts wegen**

befugt, den Rechtsstreit an die Zivilkammer zu verweisen, solange nicht eine Verhandlung zur Hauptsache erfolgt und darauf ein Beschluß verkündet ist. [2]**Die Verweisung von Amts wegen kann nicht aus dem Grund erfolgen, daß der Beklagte nicht Kaufmann ist.**

1   **1. Allgemeines.** Die Vorschrift schränkt die Verweisung an die Zivilkammer in solchen Verfahren ein, für welche die KfH unzuständig ist. Vorausgesetzt wird die ursprüngliche Unzuständigkeit der KfH; es darf also keine Handelssache sein (§ 95 GVG).

2   **2. Auf Antrag** (Abs 1) des Beklagten. Die Prozesshandlung (Einl III) unterliegt nicht dem § 297. Der Antrag muss vom Beklagten stammen (vgl § 96 Abs 1 GVG). Der Kläger kann Verweisungsantrag auch dann nicht stellen, wenn der Rechtsstreit keine Handelssache ist und der Kläger sich geirrt hat (hM). Die KfH muss verweisen. Zeitpunkt des Antrags und die Entscheidung darüber: § 101 GVG. Unanfechtbarkeit und Bindung: § 102 GVG.

3   **3. Von Amts wegen** (Abs 2). – **a) Entscheidung:** § 101 GVG. Sie ist unanfechtbar und bindend (§ 102 GVG); steht im Ermessen der
4 KfH („,kann"). – **b) Voraussetzungen. aa) Unzuständigkeit** der KfH (§§ 95, 96 GVG; vgl 4–6 vor § 93 GVG) für die Klage oder die im Fall des § 506 erhobene Widerklage. Ist die Widerklage vor der KfH erhoben, gilt § 99 GVG. Die Unzuständigkeit darf nicht auf fehlender Kaufmannseigenschaft des Beklagten beruhen (Abs 2 S 2). Das liegt nicht vor, wenn allein wegen fehlender Eintragung im Handelsregister verwiesen wird (Nürnberg NJW-RR 00, 568). Das ist nur bedeutsam
5 bei § 95 Abs 1 Nr 1 GVG. **bb) Zeitpunkt.** Es darf noch nicht ein Beschluss auf Grund der Verhandlung zur Hauptsache (§ 39 Rn 5–7) ergangen sein. Damit ist insbes gemeint: Beweis- oder Aufklärungsbeschluss oder ein Beschluss, in dem Termin zur Verkündung einer Entscheidung bestimmt ist. Andererseits stehen nicht entgegen: Anordnungen gemäß § 273, Beschlüsse über Prozesskostenhilfe oder Streitwert, die Verhandlung zur Hauptsache vor der Verkündung des Beschlusses.

§ 98 [Verweisung an die Kammer für Handelssachen]

    (1) [1]**Wird vor der Zivilkammer eine vor die Kammer für Handelssachen gehörige Klage zur Verhandlung gebracht, so ist der Rechtsstreit auf Antrag des Beklagten an die Kammer für Handelssachen zu verweisen.** [2]**Ein Beklagter, der nicht in das Handelsregister oder Genossenschaftsregister eingetragen ist, kann den Antrag nicht darauf stützen, daß er Kaufmann ist.**

    (2) **Der Antrag ist zurückzuweisen, wenn die im Falle des § 506 der Zivilprozeßordnung erhobene Widerklage als Klage vor die Kammer für Handelssachen nicht gehören würde.**

    (3) **Zu einer Verweisung von Amts wegen ist die Zivilkammer nicht befugt.**

(4) **Die Zivilkammer ist zur Verwerfung des Antrags auch dann befugt, wenn der Kläger ihm zugestimmt hat.**

1. Allgemeines. Die Vorschrift regelt die nachträgliche Verweisung 1 einer Handelssache an die KfH. Vorausgesetzt wird, dass eine Handelssache (§ 95 GVG) vor die Zivilkammer gelangt ist.

2. Antrag. Nur der Beklagte kann ihn stellen, nie der Kläger. Es ist 2 auch keine Verweisung von Amts wegen möglich (Abs 3). Der Kläger kann aber, um noch an die Zivilkammer zu gelangen, die Klage zurücknehmen und dann bei der Zivilkammer neu klagen. Der Antrag ist Prozesshandlung (Einl III), kann in der Unzuständigkeitsrüge liegen (van den Hövel NJW 01, 345; aA die hM) und unterliegt nicht dem § 297. Spätester Zeitpunkt: § 101 GVG.

3. Verweisung. – a) Entscheidung: § 101 GVG; ihre Unanfecht- 3 barkeit und Wirkung: § 102 GVG. Es muss verwiesen werden, wenn eine Handelssache (§ 95 GVG) vorliegt und der Antrag des Beklagten wirksam ist. – **b) Zurückweisung des Antrags** (trotz Wortlaut des 4 Abs 4 nicht Verwerfung) geschieht: **(1)** Im Fall des § 95 Abs 1 Nr 1 GVG, wenn der Beklagte nicht als Kaufmann im Handelsregister (§§ 8 ff HGB) eingetragen ist (Abs 1 S 2). **(2)** Wenn das AG gemäß § 506 (also wegen der Widerklage) an das LG verwiesen hat und die Widerklage keine Handelssache (§ 95 GVG) ist (Abs 2). **(3)** Bei Unzuständigkeit der KfH, auch wenn der Kläger dem Antrag des Beklagten zustimmt (Abs 4) oder übereinstimmend, aber verspätet (§ 101 GVG) den Antrag stellt.

§ 99 [Verweisung an die Zivilkammer bei nachträglicher Unzuständigkeit]

(1) **Wird in einem bei der Kammer für Handelssachen anhängigen Rechtsstreit die Klage nach § 256 Abs. 2 der Zivilprozeßordnung durch den Antrag auf Feststellung eines Rechtsverhältnisses erweitert oder eine Widerklage erhoben und gehört die erweiterte Klage oder die Widerklage als Klage nicht vor die Kammer für Handelssachen, so ist der Rechtsstreit auf Antrag des Gegners an die Zivilkammer zu verweisen.**

(2) ¹**Unter der Beschränkung des § 97 Abs. 2 ist die Kammer zu der Verweisung auch von Amts wegen befugt.** ²**Diese Befugnis tritt auch dann ein, wenn durch eine Klageänderung ein Anspruch geltend gemacht wird, der nicht vor die Kammer für Handelssachen gehört.**

Allgemeines. Die Zuständigkeit der KfH muss grundsätzlich für alle 1 prozessualen Ansprüche bestehen. Wird die KfH auch nur teilweise unzuständig Rn 2), ist auf Antrag (§ 10 GVG), im Falle des § 97 Abs 2 GVG auch von Amts wegen zu verweisen. **Voraussetzung** ist die nach- 2 trägliche Unzuständigkeit der KfH für einen von mehreren, nunmehr gemäß § 260 verbundenen, prozessualen Ansprüchen. Die Unzuständigkeit kann eintreten durch eine Zwischenfeststellungsklage (§ 256 Abs 2), Widerklage (§ 33) oder Klageänderung (§ 263), also auch nachträgliche objektive Klagenhäufung (§ 260); dies gilt auch für Abs 1, obwohl dieser Fall dort nicht erwähnt ist (allgM). Über die Zulässigkeit der Klageänderung entscheidet stets die Zivilkammer, an die verwiesen wird. Ferner gilt Abs 1 entsprechend, wenn eine Parteierweiterung (25 vor § 50) erfolgt. **Verweisung.** Auf Antrag (§ 101 GVG) erfolgt sie

3 wie bei § 97 GVG Rn 2; bei der Widerklage muss der Kläger (Widerbeklagte) den Antrag stellen, weil er der Gegner iS des Abs 1 ist. Von Amts wegen kann verwiesen werden wie bei § 97 GVG Rn 3–5. Entscheidung: § 101 GVG. Es ist grundsätzlich der ganze Rechtsstreit zu verweisen. Nur wenn die KfH trennt (§ 145), verweist sie lediglich den Teil, für den sie unzuständig ist.

§ 100 [Zuständigkeit für die Berufung]

Die §§ 96 bis 99 sind auf das Verfahren im zweiten Rechtszuge vor den Kammern für Handelssachen entsprechend anzuwenden.

1 **Anwendbar** sind auch die §§ 101, 102 GVG (allgM). **Bezeichnungen.** Der Klageschrift (§ 96 GVG) entspricht die Berufungsschrift (§ 519), so dass der Antrag in dieser, nicht erst in der Berufungsbegründung (§ 520) gestellt werden muss (hM; aA LG Köln NJW 96, 2738; hierzu abl E. Schneider NJW 97, 992). Dem Kläger entspricht der Be-

2 rufungskläger, dem Beklagten der Berufungsbeklagte. **Verweisung durch Zivilkammer** (§ 98 GVG). Der Beklagte kann Verweisung nur beantragen, wenn er als Kaufmann im Handelsregister eingetragen ist, gleichgültig, ob er Berufungskläger oder -beklagter ist (§ 98 Abs 1 S 2 GVG). Der Kläger kann als Berufungsbeklagter den Antrag nach § 98 Abs 1 S 1 GVG stellen, also auch dann, wenn er oder (und) der Beklagte

3 nicht als Kaufmann eingetragen ist (Kissel 11 mwN). **Berufung beider Parteien,** die verschieden an KfH und Zivilkammer gerichtet ist. Es wird zunächst die Kammer befasst, an welche die zuerst eingelaufene Berufung gerichtet ist. Die Verweisung richtet sich nach § 97 oder § 98 GVG (umstr)

§ 101 [Zeitpunkt des Antrags und der Verhandlung]

(1) [1]**Der Antrag auf Verweisung des Rechtsstreits an eine andere Kammer ist nur vor der Verhandlung des Antragstellers zur Sache zulässig.** [2]**Ist dem Antragsteller vor der mündlichen Verhandlung eine Frist zur Klageerwiderung oder Berufungserwiderung gesetzt, so hat er den Antrag innerhalb der Frist zu stellen.** [3]**§ 296 Abs. 3 der Zivilprozeßordnung gilt entsprechend; der Entschuldigungsgrund ist auf Verlangen des Gerichts glaubhaft zu machen.**

(2) ¹Über den Antrag ist vorab zu entscheiden. ²Die Entscheidung kann ohne mündliche Verhandlung ergehen.

Antrag: gilt für alle Anträge gem §§ 97–100 GVG. **Verhandlung** 1
zur Sache: zu unterscheiden von der Verhandlung zur Hauptsache
(§ 39 Rn 5–7); sie beginnt erst, nachdem die Anträge gestellt sind
(§ 137 Abs 1), sobald der Antragsteller (Kläger oder Beklagter) auch nur
zur Zulässigkeit der Klage verhandelt oder einen Widerklageantrag stellt.
Entscheidung: durch Beschluss (entspr § 281 Abs 1) des Vorsitzenden 2
(§ 349 Abs 2 Nr 1). Er muss nicht begründet werden. **Vorab** (Abs 2) 3
bedeutet: bevor noch über Zulässigkeit und Begründetheit der Klage
verhandelt wird (vgl 7 vor § 93 GVG). **Erwiderungsfrist** für Klage 4
oder Berufung (Abs 1 S 2 und 3): § 275 Abs 1 S 1, § 276 Abs 1 S 2,
§ 521 Abs 2 S 1; nicht die (zweite) Erwiderungsfrist auf die Replik gemäß § 277 Abs 4 (LG Bonn MDR 00, 724 Anm E. Schneider). Der
verspätet gestellte Antrag ist nur zuzulassen, wenn die Verspätung genügend entschuldigt ist (§ 296 Abs 3). Wird sie nicht entschuldigt, so
muss die Kammer die Sache behalten. S 3 Hs 2 entspricht dem § 296
Abs 4. **Verweisung.** Wird dem Antrag stattgegeben, ist die Entscheidung unanfechtbar und bindend (§ 102). Deshalb darf das Berufungsgericht nicht an die andere Kammer über § 538 Abs 2 zurückverweisen
(Herr JZ 84, 318).

§ 102 [Unanfechtbarkeit und Bindung]

¹Die Entscheidung über Verweisung eines Rechtsstreits an
die Zivilkammer oder an die Kammer für Handelssachen ist
nicht anfechtbar. ²Erfolgt die Verweisung an eine andere Kammer, so ist diese Entscheidung für die Kammer, an die der
Rechtsstreit verwiesen wird, bindend. ³Der Termin zur weiteren mündlichen Verhandlung wird von Amts wegen bestimmt
und den Parteien bekanntgemacht.

1. Anwendungsbereich. Er umfasst Beschlüsse der Zivilkammer 1
und der KfH (§§ 97–100, 104 GVG). Die Vorschrift ist nicht anwendbar, wenn das AG gemäß §§ 281, 506 verweist oder wenn der Vorsitzende ohne Beschluss abgibt.

2. Unanfechtbar ist die verweisende wie die einen Antrag zurück- 2
weisende Entscheidung. Anfechtbar (mit der außerordentlichen Beschwerde, § 567 Rn 7) ist jedoch die Entscheidung, die (unzulässig)
einen bindenden Verweisungsbeschluss aufhebt (Karlsruhe NJW-RR
95, 1536). Anfechtbarkeit (insbes der Endentscheidung) wird auch bejaht, soweit sie bei § 281 zugelassen wird (dort Rn 12; Gaul JZ 84, 57).

3. Bindung. – a) Umfang. nur im Verhältnis von KfH zur Zivil- 3
kammer. Falls die Geschäftsverteilung (§ 21 e GVG) eine andere Kammerzuständigkeit bestimmt, darf die KfH an eine andere KfH, die
Zivilkammer an eine andere Zivilkammer abgeben. – **b) Eintritt** der
Bindung auch, wenn die Verweisung gesetzwidrig war, insbes im Fall

4 des § 98 GVG ohne Antrag des Beklagten geschehen ist. Keine Bindung aber, wenn die Verweisung auf einer Verletzung des rechtlichen Gehörs beruht (Kissel 6 mwN; bestr) oder dem gesetzlichen Richter entzieht (ZöGummer 6; Kissel 6; Gaul JZ 84, 56/61), nach Nürnberg NJW 93, 3208 (aA zutreffend Brandenburg NJW-RR 01, 63) auch, wenn der Verweisungsantrag gemäß § 101 Abs 1 S 2 GVG verspätet ist, nach Karlsruhe MDR 98, 558 auch, wenn zudem gegen § 96 Abs 1 **5** GVG verstoßen wurde. – **c) Zuständigkeitsstreit.** Es ist § 36 Abs 1 Nr 6 anwendbar, insbes bei Zurückverweisung (hM; Brandenburg NJW-**6** RR 95, 1535; Koblenz NJW 77, 1735). – **d) Fortsetzung** des Rechtsstreits wird von Amts wegen veranlasst (S 3).

§ 103 [Hauptintervention]

Bei der Kammer für Handelssachen kann ein Anspruch nach § 64 der Zivilprozeßordnung nur dann geltend gemacht werden, wenn der Rechtsstreit nach den Vorschriften der §§ 94, 95 vor die Kammer für Handelssachen gehört.

§ 104 [Verweisung bei Beschwerde]

(1) [1]Wird die Kammer für Handelssachen als Beschwerdegericht mit einer vor sie nicht gehörenden Beschwerde befaßt, so ist die Beschwerde von Amts wegen an die Zivilkammer zu verweisen. [2]Ebenso hat die Zivilkammer, wenn sie als Beschwerdegericht in einer Handelssache mit einer Beschwerde befaßt wird, diese von Amts wegen an die Kammer für Handelssachen zu verweisen. [3]Die Vorschriften des § 102 Satz 1, 2 sind entsprechend anzuwenden.

(2) Eine Beschwerde kann nicht an eine andere Kammer verwiesen werden, wenn bei der Kammer, die mit der Beschwerde befaßt wird, die Hauptsache anhängig ist oder diese Kammer bereits eine Entscheidung in der Hauptsache erlassen hat.

1   **Verweisung:** Der Beschluss kann vom Vorsitzenden allein erlassen werden (§ 349 Abs 2 Nr 1). Verweisung erfolgt von Amts wegen (Abs 1 S 1). Ein Antrag ist bedeutungslos. Maßgebend ist, ob der Rechtsstreit, in dem Beschwerde eingelegt ist, eine Handelssache (§ 95 GVG) dar-**2** stellt. **Befasst:** dh, dass die Beschwerde der betreffenden Kammer vor-**3** gelegt ist. **Grundsatz einheitlicher Zuständigkeit** (Abs 2). Daraus ist zu schließen, dass an die Kammer zu verweisen ist, bei der die Hauptsache anhängig ist oder die bereits in der Hauptsache entschieden hat, wenn die Beschwerde an eine andere Kammer gelangt. Dies gilt, vom Gesetz her, im Verhältnis Zivilkammer zu KfH. Im Verhältnis von KfH zu KfH sowie von Zivilkammer zu Zivilkammer sollte ein zweckentsprechender Geschäftsverteilungsplan (§ 21 e GVG) für die gleiche Regelung sorgen.

§ 105 [Besetzung der Kammer für Handelssachen]

(1) **Die Kammern für Handelssachen entscheiden in der Besetzung mit einem Mitglied des Landgerichts als Vorsitzenden und zwei ehrenamtlichen Richtern, soweit nicht nach den Vorschriften der Prozeßgesetze an Stelle der Kammer der Vorsitzende zu entscheiden hat.**

(2) **Sämtliche Mitglieder der Kammer für Handelssachen haben gleiches Stimmrecht.**

Person des Vorsitzenden: Es gilt § 21 f Abs 1. **Befugnis** des Vorsit- 1
zenden zur alleinigen Entscheidung folgt aus § 349, außerdem § 944.
Entscheidung: auch für solche ohne mdl Vhdlg, zB bei Beschwerden. 2
Handelsrichter (ehrenamtliche Richter, § 45 a DRiG) unterschreiben 3
gemäß § 315 Abs 1. Sie können nicht Einzelrichter gemäß § 348, 348 a
wohl aber beauftragter Richter für einen Sühneversuch (§ 278) sein
(BGH 42, 163/175).

§ 106 [Auswärtige Kammer für Handelssachen]

Im Falle des § 93 Abs. 2 kann ein Richter beim Amtsgericht Vorsitzender der Kammer für Handelssachen sein.

§ 107 [Vergütung]

(1) **Die ehrenamtlichen Richter, die weder ihren Wohnsitz noch ihre gewerbliche Niederlassung am Sitz der Kammer für Handelssachen haben, erhalten Tage- und Übernachtungsgelder nach den für Richter am Landgericht geltenden Vorschriften.**

(2) **Den ehrenamtlichen Richtern werden die Fahrtkosten in entsprechender Anwendung des § 3 des Gesetzes über die Entschädigung der ehrenamtlichen Richter ersetzt.**

§ 108 [Ernennung zum Handelsrichter]

Die ehrenamtlichen Richter werden auf gutachtlichen Vorschlag der Industrie- und Handelskammern für die Dauer von vier Jahren ernannt; eine wiederholte Ernennung ist nicht ausgeschlossen.

§ 109 [Voraussetzungen der Ernennung]

(1) **Zum ehrenamtlichen Richter kann ernannt werden, wer**
1. **Deutscher ist,**
2. **das dreißigste Lebensjahr vollendet hat und**
3. **als Kaufmann, Vorstandsmitglied oder Geschäftsführer einer juristischen Person oder als Prokurist in das Handelsregister oder das Genossenschaftsregister eingetragen ist oder eingetragen war oder als Vorstandsmitglied einer juristischen**

Person des öffentlichen Rechts aufgrund einer gesetzlichen Sonderregelung für diese juristische Person nicht eingetragen zu werden braucht.

(2) ¹Wer diese Voraussetzungen erfüllt, soll nur ernannt werden, wenn er

1. in dem Bezirk der Kammer für Handelssachen wohnt oder
2. in diesem Bezirk eine Handelsniederlassung hat oder
3. einem Unternehmen angehört, das in diesem Bezirk seinen Sitz oder seine Niederlassung hat.

²Darüber hinaus soll nur ernannt werden

1. ein Prokurist, wenn er im Unternehmen eine der eigenverantwortlichen Tätigkeit des Unternehmers vergleichbare selbständige Stellung einnimmt,
2. ein Vorstandsmitglied einer Genossenschaft, wenn es hauptberuflich in einer Genossenschaft tätig ist, die in ähnlicher Weise wie eine Handelsgesellschaft am Handelsverkehr teilnimmt.

(3) ¹Zum ehrenamtlichen Richter kann nicht ernannt werden, wer zu dem Amt eines Schöffen unfähig ist oder nach § 33 Nr. 4 zu dem Amt eines Schöffen nicht berufen werden soll. ²Zum ehrenamtlichen Richter soll nicht ernannt werden, wer nach § 33 Nr. 5 zu dem Amt eines Schöffen nicht berufen werden soll.

§ 110 [Ehrenamtliche Richter an Seeplätzen]

An Seeplätzen können ehrenamtliche Richter auch aus dem Kreis der Schiffahrtskundigen ernannt werden.

§ 111 *(aufgehoben)*

§ 112 [Dienststellung]

Die ehrenamtlichen Richter haben während der Dauer ihres Amtes in Beziehung auf dasselbe alle Rechte und Pflichten eines Richters.

Ihre Bezeichnung lautet Handelsrichter (§§ 44–45 a DRiG).

§ 113 [Amtsenthebung]

(1) Ein ehrenamtlicher Richter ist seines Amtes zu entheben, wenn er

1. eine der für seine Ernennung erforderlichen Eigenschaften verliert oder Umstände eintreten oder nachträglich bekanntwerden, die einer Ernennung nach § 109 entgegenstehen, oder
2. seine Amtspflichten gröblich verletzt hat.

(2) **Ein ehrenamtlicher Richter soll seines Amtes enthoben werden, wenn Umstände eintreten oder bekannt werden, bei deren Vorhandensein eine Ernennung nach § 109 Abs. 3 Satz 2 nicht erfolgen soll.**

(3) **¹Die Entscheidung trifft der erste Zivilsenat des Oberlandesgerichts durch Beschluß nach Anhörung des Beteiligten. ²Sie ist unanfechtbar.**

(4) **Beantragt der ehrenamtliche Richter selbst die Entbindung von seinem Amt, so trifft die Entscheidung die Landesjustizverwaltung.**

§ 114 [Sachkunde der Kammer für Handelssachen]

Über Gegenstände, zu deren Beurteilung eine kaufmännische Begutachtung genügt, sowie über das Bestehen von Handelsgebräuchen kann die Kammer für Handelssachen auf Grund eigener Sachkunde und Wissenschaft entscheiden.

Die Vorschrift macht Sachverständigenbeweis entbehrlich und ist im 1 Zusammenhang mit § 286 zu sehen. Es genügt, wenn ein Mitglied der KfH über die erforderliche Sachkunde verfügt und sie den anderen Mitgliedern vermitteln kann (ZöGummer 2). Ob dies der Fall ist entscheidet die KfH selbst (§ 196 Abs 1 GVG). Unterlässt die KfH wegen § 144 GVG den Sachverständigenbeweis, ist Aufklärung (§ 139) geboten (BVerfG NJW 98, 2279). Handelsgebräuche: § 346 HGB.

Achter Titel. Oberlandesgerichte

§ 115 [Besetzung]

Die Oberlandesgerichte werden mit einem Präsidenten sowie mit Vorsitzenden Richtern und weiteren Richtern besetzt.

Oberlandesgericht ist die Bezeichnung des Gerichts, das in Zivil- 1 sachen für Berufungen und Beschwerden gegen Urteile und Beschlüsse des LG und des AG zuständig ist. Das OLG für Berlin heißt Kammer- 2 gericht (KG). **Verwendung** von Richtern auf Probe und kraft Auftrags ist ausgeschlossen. **Abordnung** von Richtern auf Lebenszeit erfolgt 3 über § 117 GVG.

§ 115a *(weggefallen)*

§ 116 [Senate]

(1) **¹Bei den Oberlandesgerichten werden Zivil- und Strafsenate gebildet. ²Bei den nach § 120 zuständigen Oberlandesgerichten werden Ermittlungsrichter bestellt; zum Ermittlungsrichter kann auch jedes Mitglied eines anderen Oberlandesge-**

richts, das in dem in § 120 bezeichneten Gebiet seinen Sitz hat, bestellt werden.

(2) [1]Durch Anordnung der Landesjustizverwaltung können außerhalb des Sitzes des Oberlandesgerichts für den Bezirk eines oder mehrerer Landgerichte Zivil- oder Strafsenate gebildet und ihnen für diesen Bezirk die gesamte Tätigkeit des Zivil- oder Strafsenats des Oberlandesgerichts oder ein Teil dieser Tätigkeit zugewiesen werden. [2]Ein auswärtiger Senat für Familiensachen kann für die Bezirke mehrerer Familiengerichte gebildet werden.

§ 117 [Vertretung]

Die Vorschrift des § 70 Abs. 1 ist entsprechend anzuwenden.

1   Da am OLG Richter auf Probe und kraft Auftrags nicht am OLG verwendet werden dürfen (vgl § 115 GVG Rn 2), kommt nur die Abordnung eines Richters auf Lebenszeit in Betracht.

§ 118 *(weggefallen)*

§ 119 [Zuständigkeit in Zivilsachen]

(1) Die Oberlandesgerichte sind in bürgerlichen Rechtsstreitigkeiten zuständig für die Verhandlung und Entscheidung über die Rechtsmittel:
1. der Berufung und der Beschwerde gegen die Entscheidungen der Amtsgerichte
    a) in den von den Familiengerichten entschiedenen Sachen;
    b) in Streitigkeiten über Ansprüche, die von einer oder gegen eine Partei erhoben werden, die ihren allgemeinen Gerichtsstand im Zeitpunkt der Rechtshängigkeit in erster Instanz außerhalb des Geltungsbereiches dieses Gesetzes hatte;
    c) in denen das Amtsgericht ausländisches Recht angewendet und dies in den Entscheidungsgründen ausdrücklich festgestellt hat;
2. der Berufung und der Beschwerde gegen Entscheidungen der Landgerichte;

(2) § 23 b Abs. 1 und 2 gilt entsprechend.

(3) [1]Durch Landesgesetz kann bestimmt werden, dass die Oberlandesgerichte über Absatz 1 hinaus für alle Berufungen und Beschwerden gegen amtsgerichtliche Entscheidungen zuständig sind. [2]Das Nähere regelt das Landesrecht; es kann von der Befugnis nach Satz 1 in beschränktem Umfang Gebrauch machen, insbesondere die Bestimmung auf die Entscheidungen einzelner Amtsgerichte oder bestimmter Sachen beschränken.

(4) **Soweit eine Bestimmung nach Absatz 3 Satz 1 getroffen wird, hat das Landesgesetz zugleich Regelungen zu treffen, die eine Belehrung über das zuständige Rechtsmittelgericht in der angefochtenen Entscheidung sicherstellen.**

(5) **Bestimmungen nach Absatz 3 gelten nur für Berufungen und Beschwerden, die vor dem 1. Januar 2008 eingelegt werden.**

(6) [1]**Die Bundesregierung unterrichtet den Deutschen Bundestag zum 1. Januar 2004 und zum 1. Januar 2006 über Erfahrungen und wissenschaftliche Erkenntnisse, welche die Länder, die von der Ermächtigung nach Absatz 3 Gebrauch gemacht haben, gewonnen haben.** [2]**Die Unterrichtung dient dem Zweck, dem Deutschen Bundestag die Prüfung und Entscheidung zu ermöglichen, welche bundeseinheitliche Gerichtsstruktur die insgesamt sachgerechteste ist, weil sie den Bedürfnissen und Anforderungen des Rechtsverkehrs am besten entspricht.**

1. Rechtsmittelgericht für Entscheidungen des LG (Abs 1 Nr 2) und des AG (Abs 1 Nr 1) sind die Oberlandesgerichte auf Grund des GVG (Rn 2). Ihre Entscheidungen sind anfechtbar mit den Rechtsmitteln Revision und sofortiger sowie der Rechtsbeschwerde, aber nur eingeschränkt (§§ 543, 544, § 574, § 621e Abs 2), zum BGH (§ 133 GVG) oder zum BayObLG (§ 7 Abs 1 EGZPO). **1**

2. Zuständigkeit (Abs 1). Abgesehen von Abs 1 kann das OLG auf Grund anderer Vorschriften zuständig sein, als solcher der ZPO, des GVG und insbes des FGG. Abs 1 gilt für Anfechtung von Endurteilen (§§ 300, 301) und Zwischenurteilen, die ihnen gleichstehen (§ 280 Abs 2, § 302 Abs 3, § 304 Abs 2, § 599 Abs 3), sowie für Beschwerden aller Art (vgl 8–11 vor § 567), auch wenn sie Nebenentscheidungen betreffen. Bei Zuständigkeitsstreit zwischen Familien- und Zivilsenat gilt § 36 entspr. **2**

3. Nr 1 Buchstabe a. – a) Berufung gegen Urteile des FamG. Das sind Entscheidungen des AG (§§ 23a, 23b GVG). Familiensachen sind seit 1. 7. 98 auch die Kindschaftssachen (§ 23b Abs 1 S 2 Nr. 12) und ab 1. 8. 01 die Lebenspartnerschaftssachen (§ 23b Abs 1 S 2 Nr 15). Es gilt die formelle (besser: prozessuale) Anknüpfung. **aa) Zuständigkeit** bei den Rechtsmitteln. **11) Oberlandesgericht.** Es ist für Berufungen und Beschwerden gegen alle Entscheidungen des Familiengerichts zuständig ohne Rücksicht darauf, ob eine Familiensache vorliegt oder nicht. Zuständig ist das OLG auch dann, wenn das Familiengericht eine Nichtfamiliensache entschieden hat (BGH NJW 93, 1393 und NJW-RR 93, 1282). Grundsätzlich ist dann der Familiensenat für die Familiensache, der allgemeine Zivilsenat für die Nichtfamiliensache zuständig (BGH NJW-RR 93, 1282). Dem steht auch eine bindende Verweisung (§ 281) an das LG in erster Instanz nicht entgegen. **22) Landgericht.** Das LG ist als Berufungs- und Beschwerdegericht (§ 72 GVG) allein zuständig, wenn beim AG eine Familiensache nicht durch das **3 4**

Familiengericht entschieden wurde (BGH NJW 91, 231). Entschei-
5 dung: Rn 5. Das LG ist nie zuständig, wenn das Familiengericht entschieden hat. **bb) Entscheidung.** Ist sie in erster Instanz vom unzuständigen Gericht erlassen worden, so kann das Rechtsmittelgericht
wegen § 513 Abs 2 die Entscheidung deshalb nicht aufheben (vgl § 513
Rn 3). Daher wird vom LG oder vom allgemeinen Zivilsenat die
Familiensache, vom Familiensenat die Nichtfamiliensache entschieden
6 (BGH FamRZ 89, 165; Bergerfurth FamRZ 01, 1493/1494). **cc) Anfechtung.** Ist zweifelhaft, ob das AG als Familiengericht oder als allgemeines Prozessgericht entschieden hat, kann Berufung wegen der Meistbegünstigung (6–10 vor § 511) zum LG (§ 72 GVG) oder zum OLG
(Abs 1 Nr 1 Buchstabe a) wirksam eingelegt werden (BGH NJW-RR 95,
7 379 und 380). **– b) Beschwerde gegen Entscheidungen des FamG.**
Umfang: wie Rn 3. Für die Beschwerden gegen Familiengerichtsent-
scheidungen gelten die Ausführungen unter Rn 4–6 entsprechend. Das
OLG ist auch für Beschwerden in Kostenangelegenheiten zuständig,
und zwar derjenige Familiensenat (BGH NJW 78, 1633), der nach der
Geschäftsverteilung für die Hauptsache zuständig ist (Bischof MDR 78,
716) oder ein besonderer Kostensenat (ZöGummer 14). Für Beschwerden bei Vergütung für Beratungshilfe in Familiensachen ist jedoch gemäß § 72 GVG das LG zuständig (BGH NJW 85, 2537). Es entscheidet
der ER am OLG (§ 568 iVm § 22 Abs 1 GVG).

8   **4. Nr 1 Buchstabe b. – a) Allgemeiner ausländischer Gerichtsstand einer Partei.** Dieser bestimmt sich nach §§ 13 ff. Im Anwendungsbereich der EuGVVO (5 vor Art 1 EuGVVO) ist der allgemeine
Gerichtsstand nach Art 2 Abs 1 EuGVVO zu beurteilen. Maßgeblich ist
daher der Wohnsitz einer Partei, der für natürliche Personen nach
Art 59 EuGVVO und für juristische Personen nach Art 60 EuGVVO
bestimmt wird. Der so ermittelte allgemeine Gerichtsstand einer der
Parteien muss außerhalb des Geltungsbereichs des GVG liegen. Sind auf
einer Seite Streitgenossen vertreten, so kommt es darauf an, von wem
gegen wen Berufung eingelegt wird, falls nur einer seiner allg Gerichts-
9 stand im Ausland hat (Heidemann NJW 02, 494). **– b) Maßgeblicher
Zeitpunkt** hierfür ist der des Eintritts der Rechtshängigkeit der Klage
(§ 261 Abs 1) oder des Antrags (Heidemann NJW 02, 494), so dass
spätere Veränderungen des allgemeinen Gerichtsstandes unschädlich sind
10 (§ 261 Abs 3 Nr 2). **– c) Anspruch.** Ob sich dieser nach deutschem
oder ausländischem Recht richtet, ist für die Anwendung von Buchstabe b) im Gegensatz zu Buchstabe c) irrelevant. Wegen des gegebenen
Auslandsbezugs ist aber das maßgebliche Statut mit Hilfe des IPR zu
ermitteln (vgl Art 3 Abs 1 EGBGB).

11   **5. Nr 1 Buchstabe c). – a) Allgemeines.** Die Vorschrift ist im Interesse der Rechtssicherheit eng gefasst und daher restriktiv auszulegen.
Bei Zweifeln gilt jedoch die Meistbegünstigung (6 ff vor § 511). In der
Geschäftsverteilung bei den OLG (§ 21 e GVG) sollten die Aufgaben
nach Nr 1 Buchstaben b) und c) einem Senat zugewiesen werden, um

so besonders sachkundige Spruchkörper für das IZPR und das IPR zu bilden (so zu Recht auch HMS § 119 GVG Rn 5). – **b) Vorausset-** **12** **zung. aa) Ausländisches Recht** liegt vor, wenn es von einem ausländischen Staat geschaffen wurde. Hierbei kann es sich auch um dort, also nicht in der BRp Deutschland geltende Staatsverträge handeln. Ausländisches Recht ist nicht gegeben, wenn das AG seine Entscheidung nur auf Völkerrecht, primäres (zB den EG-Vertrag) oder sekundäres (zB VO, Richtlinien) Gemeinschaftsrecht (hierzu EuGHE 64, 1251) oder von der BRep Deutschland ratifizierte bilaterale oder multilaterale Staatsverträge (zB das CISG) gestützt hat, ohne darüber hinaus ausländisches Recht anzuwenden. **bb) Anwendung** ausländischen **13** Rechts ist gegeben, wenn das AG die Hauptfrage, also den eingeklagten Anspruch auf Grund einer Verweisung im deutschen IPR (vgl Art 3 Abs 1 EGBGB) mangels Rückverweisung im ausländischen Kollisionsrecht (Art 3 Abs 1 S 2 und Art 4 Abs 1, 2 EGBGB) nach den Rechtsvorschriften in einer ausländischen Rechtsordnung beantwortet hat. Entscheidend ist, dass das AG die fremde Rechtsordnung angewandt hat, nicht ob sie aus der Sicht des OLG hätte angewendet werden müssen. **11) Beispiel:** Das AG hat auf den Kaufpreisanspruch auf Grund einer **14** ausdrücklichen Rechtswahl (Art 27 Abs 1 EGBGB) ein ausländisches Recht angewandt. Der Schmerzensgeldanspruch wurde gem Art 40 Abs 1 S 1 EGBGB dem ausländischen Tatortrecht unterstellt. **22) Rück-** **15** **verweisung auf deutsches Recht.** Hat das AG deutsches Recht angewendet, weil das ausländische IPR auf deutsches Recht zurückverweist (vgl Art 4 Abs 1 EGBGB), so beruht die Entscheidung zwar auf der Anwendung ausländischen (Kollisions-)Rechts, jedoch erscheint eine Zuständigkeit des OLG fragwürdig. Beispiel: Das AG hat in einem Erbrechtsstreit deutsches Erbrecht kraft Rückverweisung auf das deutsche Wohnsitzrecht des dänischen Erblassers angewandt (vgl Art 25 Abs 1 EGBGB iVm Art 4 Abs 1 EGBGB). **33) Teilfragen.** Hier ist frag- **16** lich, ob nach dem Sinn und Zweck der Vorschrift eine Berufung zum OLG stattfindet. Eine einschränkende Auslegung erscheint zwar geboten, in Zweifelsfragen gilt jedoch die Meistbegünstigung (6 ff vor § 511). Beispiel: Das AG hat den Kaufpreisanspruch deutschem Recht unterstellt, aber die Rechts- und Geschäftsfähigkeit eines Vertragspartners gem Art 7 Abs 1 EGBGB ausdrücklich nach dessen ausländischem Heimrecht beurteilt. Im Rahmen eines Deckungsprozesses gegen die inländische Versicherung hat das AG auf den Haftpflichtanspruch gem Art 40 Abs 1 EGBGB das ausländische Tatortrecht angewandt. **cc) Feststellung der** **17** **Anwendung ausländischen Rechts** durch das AG in den Entscheidungsgründen ist zwingende Voraussetzung für eine zum OLG einzulegende Berufung oder Beschwerde. Das AG muss also seine Entscheidung durch ausdrückliche Erwähnung eines ausländischen Rechtssatzes auf die fremde Rechtsordnung gestützt haben. Hat das AG es offengelassen, ob es seiner Entscheidung ausländisches Recht zugrunde gelegt hat, so kann die Berufung bzw Beschwerde nicht zum OLG eingelegt werden.

18   **6. Entscheidungen der Landgerichte. Nr 2.** Das OLG ist zuständig für Berufungen (§ 511) gegen Urteile (Rn 2) der Landgerichte
erster Instanz (§ 71 GVG), auch wenn das LG anstatt des Landwirt-
schaftsgerichts eine Landwirtschaftssache (§ 1 Nr 1 a LwVG) entschieden hat (BGH NJW-RR 92, 1152); außerdem für Beschwerden gegen
Entscheidungen der Landgerichte auf Grund deren Zuständigkeit aus
§§ 71, 72 GVG.

19   **7. Familiensenate** (Abs 2). – **a) Einrichtung.** Die Verweisung auf
§ 23 b Abs 1 bedeutet, dass besondere Senate für Familiensachen einzu-
richten sind, die Verweisung auf § 23 b Abs 2, dass die Geschäftsverteilung diejenigen Sachen, die denselben Personenkreis betreffen, demselben Senat zuweisen muss und eine Abgabe auch im zweiten Rechtszug
stattfindet. Einem Familiensenat können vom Präsidium auch allgemeine Zivilsachen und andere Aufgaben als Zivilsachen zugewiesen wer-
20   den. – **b) Abgrenzung** zwischen Zivilsenat und Familiensenat ist die
einer funktionellen Zuständigkeit, nicht gesetzliche Geschäftsverteilung
(Jauernig FamRZ 89, 1/7; bestr).

21   **8. Experimentierklausel** (Abs 3–6). Der neu eingefügte Abs 3 ermöglicht es den Ländern, für eine Übergangszeit vom 1. 1. 02 bis zum
31. 12. 07 eine Konzentration der Berufungs- und Beschwerdeverfahren bei den OLG einzuführen und zu erproben, welcher Instanzenweg
die insgesamt größten Vorteile bietet. Den Ländern steht es offen, von
dieser Konzentration überhaupt oder nur teilweise für bestimmte amtsgerichtliche Entscheidungen oder örtlich bestimmte AG Gebrauch zu
machen. Dies führt zu einer Rechtswegzersplitterung in Deutschland.
Aus Gründen der Rechtssicherheit hat das Landesgesetz zugleich mit
der Bestimmung nach Abs 3 eine Belehrung vorzusehen, die sicherstellen soll, dass der Rechtmittelführer in der angefochtenen Entscheidung
über das zuständige Rechtsmittelgericht informiert wird. Unterbleibt
die Belehrung, so beginnt die Rechtsmittelfrist nicht zu laufen.

§§ 120, 121 *(betreffen Strafsachen)*

§ 122 [Besetzung der Senate]

(1) **Die Senate der Oberlandesgerichte entscheiden, soweit
nicht nach den Vorschriften der Prozeßgesetze an Stelle des
Senats der Einzelrichter zu entscheiden hat, in der Besetzung
von drei Mitgliedern mit Einschluß des Vorsitzenden.**

(2) *(betrifft Strafsachen)*

Neunter Titel. Bundesgerichtshof

§ 123 [Sitz]

Sitz des Bundesgerichtshofes ist Karlsruhe.

§ 124 [Besetzung des Gerichts]

Der Bundesgerichtshof wird mit einem Präsidenten sowie mit Vorsitzenden Richtern und weiteren Richtern besetzt.

§ 125 [Ernennung der Mitglieder]

(1) Die Mitglieder des Bundesgerichtshofes werden durch den Bundesminister der Justiz gemeinsam mit dem Richterwahlausschuß gemäß dem Richterwahlgesetz berufen und vom Bundespräsidenten ernannt.

(2) Zum Mitglied des Bundesgerichtshofes kann nur berufen werden, wer das fünfunddreißigste Lebensjahr vollendet hat.

§§ 126-129 *(weggefallen)*

§ 130 [Senate]

(1) [1]Bei dem Bundesgerichtshof werden Zivil- und Strafsenate gebildet und Ermittlungsrichter bestellt. [2]Ihre Zahl bestimmt der Bundesminister der Justiz.

(2) Der Bundesminister der Justiz wird ermächtigt, Zivil- und Strafsenate auch außerhalb des Sitzes des Bundesgerichtshofes zu bilden und die Dienstsitze für Ermittlungsrichter des Bundesgerichtshofes zu bestimmen.

§§ 131, 131a *(weggefallen)*

§ 132 [Große Senate]

(1) [1]Beim Bundesgerichtshof werden ein Großer Senat für Zivilsachen und ein Großer Senat für Strafsachen gebildet. [2]Die Großen Senate bilden die Vereinigten Großen Senate.

(2) Will ein Senat in einer Rechtsfrage von der Entscheidung eines anderen Senats abweichen, so entscheiden der Große Senat für Zivilsachen, wenn ein Zivilsenat von einem anderen Zivilsenat oder von dem Großen Zivilsenat, der Große Senat für Strafsachen, wenn ein Strafsenat von einem anderen Strafsenat oder von dem Großen Senat für Strafsachen, die Vereinigten Großen Senate, wenn ein Zivilsenat von einem Strafsenat oder von dem Großen Senat für Strafsachen oder ein Strafsenat von einem Zivilsenat oder von dem Großen Senat für Zivilsachen oder ein Senat von den Vereinigten Großen Senaten abweichen will.

(3) [1]Eine Vorlage an den Großen Senat oder die Vereinigten Großen Senate ist nur zulässig, wenn der Senat, von dessen Entscheidung abgewichen werden soll, auf Anfrage des erkennenden Senats erklärt hat, daß er an seiner Rechtsauffassung festhält. [2]Kann der Senat, von dessen Entscheidung abgewi-

chen werden soll, wegen einer Änderung des Geschäftsvertei-
lungsplanes mit der Rechtsfrage nicht mehr befaßt werden,
tritt der Senat an seine Stelle, der nach dem Geschäftsverteilungsplan für den Fall, in dem abweichend entschieden wurde,
zuständig wäre. [3]Über die Anfrage und die Antwort entscheidet der jeweilige Senat durch Beschluß in der für Urteile erforderlichen Besetzung; § 97 Abs. 2 Satz 1 des Steuerberatungs-
gesetzes und § 74 Abs. 2 Satz 1 der Wirtschaftsprüferordnung
bleiben unberührt.

(4) Der erkennende Senat kann eine Frage von grundsätzlicher Bedeutung dem Großen Senat zur Entscheidung vorlegen,
wenn das nach seiner Auffassung zur Fortbildung des Rechts
oder zur Sicherung einer einheitlichen Rechtsprechung erforderlich ist.

(5) [1]Der Große Senat für Zivilsachen besteht aus dem Präsidenten und je einem Mitglied der Zivilsenate, der Große Senat
für Strafsachen aus dem Präsidenten und je zwei Mitgliedern
der Strafsenate. [2]Legt ein anderer Senat vor oder soll von dessen Entscheidung abgewichen werden, ist auch ein Mitglied
dieses Senats im Großen Senat vertreten. [3]Die Vereinigten
Großen Senate bestehen aus dem Präsidenten und den Mitgliedern der Großen Senate.

(6) [1]Die Mitglieder und die Vertreter werden durch das Präsidium für ein Geschäftsjahr bestellt. [2]Dies gilt auch für das
Mitglied eines anderen Senats nach Absatz 5 Satz 2 und für
seinen Vertreter. [3]Den Vorsitz in den Großen Senaten und den
Vereinigten Großen Senaten führt der Präsident, bei Verhinderung das dienstälteste Mitglied. [4]Bei Stimmengleichheit gibt
die Stimme des Vorsitzenden den Ausschlag.

§ 133 [Zuständigkeit in Zivilsachen]

In bürgerlichen Rechtsstreitigkeiten ist der Bundesgerichtshof zuständig für die Verhandlung und Entscheidung über die
Rechtsmittel der Revision, der Sprungrevision und der Rechtsbeschwerde.

§§ 134, 134a *(weggefallen)*

§ 135 *(betrifft Strafsachen)*

§§ 136, 137 *(aufgehoben)*

§ 138 [Entscheidungen der Großen und Vereinigten Großen Senate]

(1) [1]Die Großen Senate und die Vereinigten Großen Senate
entscheiden nur über die Rechtsfrage. [2]Sie können ohne münd-

liche Verhandlung entscheiden. [3] Die Entscheidung ist in der vorliegenden Sache für den erkennenden Senat bindend.

(2) [1] Vor der Entscheidung des Großen Senats für Strafsachen oder der Vereinigten Großen Senate und in Rechtsstreitigkeiten, welche die Anfechtung einer Todeserklärung zum Gegenstand haben, ist der Generalbundesanwalt zu hören. [2] Der Generalbundesanwalt kann auch in der Sitzung seine Auffassung darlegen.

(3) Erfordert die Entscheidung der Sache eine erneute mündliche Verhandlung vor dem erkennenden Senat, so sind die Beteiligten unter Mitteilung der ergangenen Entscheidung der Rechtsfrage zu der Verhandlung zu laden.

§ 139 [Besetzung der Senate]

(1) Die Senate des Bundesgerichtshofes entscheiden in der Besetzung von fünf Mitgliedern einschließlich des Vorsitzenden.

(2) *(betrifft Strafsachen)*

§ 140 [Geschäftsordnung]

Der Geschäftsgang wird durch eine Geschäftsordnung geregelt, die das Plenum beschließt; sie bedarf der Bestätigung durch den Bundesrat.

9 a. Titel. Zuständigkeit für Wiederaufnahmeverfahren in Strafsachen

§ 140 a *(betreffen Strafsachen)*

Zehnter Titel. Staatsanwaltschaft

§§ 141–152 *(betreffen Strafsachen)*

Elfter Titel. Geschäftsstelle

§ 153 [Einrichtung]

(1) Bei jedem Gericht und jeder Staatsanwaltschaft wird eine Geschäftsstelle eingerichtet, die mit der erforderlichen Zahl von Urkundsbeamten besetzt wird.

(2) [1] Mit den Aufgaben eines Urkundsbeamten der Geschäftsstelle kann betraut werden, wer einen Vorbereitungsdienst von zwei Jahren abgeleistet und die Prüfung für den mittleren Justizdienst oder für den mittleren Dienst bei der Arbeitsgerichts-

barkeit bestanden hat. [2] Sechs Monate des Vorbereitungsdienstes sollen auf einen Fachlehrgang entfallen.

(3) Mit den Aufgaben eines Urkundsbeamten der Geschäftsstelle kann auch betraut werden,

1. wer die Rechtspflegerprüfung oder die Prüfung für den gehobenen Dienst bei der Arbeitsgerichtsbarkeit bestanden hat,
2. wer nach den Vorschriften über den Laufbahnwechsel die Befähigung für die Laufbahn des mittleren Justizdienstes erhalten hat,
3. wer als anderer Bewerber (§ 4 Abs. 3 des Rahmengesetzes zur Vereinheitlichung des Beamtenrechts) nach den landesrechtlichen Vorschriften in die Laufbahn des mittleren Justizdienstes übernommen worden ist.

(4) [1] Die näheren Vorschriften zur Ausführung der Absätze 1 bis 3 erlassen der Bund und die Länder für ihren Bereich. [2] Sie können auch bestimmen, ob und inwieweit Zeiten einer dem Ausbildungsziel förderlichen sonstigen Ausbildung oder Tätigkeit auf den Vorbereitungsdienst angerechnet werden können.

(5) Der Bund und die Länder können ferner bestimmen, daß mit Aufgaben eines Urkundsbeamten der Geschäftsstelle auch betraut werden kann, wer auf dem Sachgebiet, das ihm übertragen werden soll, einen Wissens- und Leistungsstand aufweist, der dem durch die Ausbildung nach Absatz 2 vermittelten Stand gleichwertig ist.

Zwölfter Titel. Zustellungs- und Vollstreckungsbeamte

§ 154 [Gerichtsvollzieher]

Die Dienst- und Geschäftsverhältnisse der mit den Zustellungen, Ladungen und Vollstreckungen zu betrauenden Beamten (Gerichtsvollzieher) werden bei dem Bundesgerichtshof durch den Bundesminister der Justiz, bei den Landesgerichten durch die Landesjustizverwaltung bestimmt.

§ 155 [Ausschließung des Gerichtsvollziehers]

Der Gerichtsvollzieher ist von der Ausübung seines Amts kraft Gesetzes ausgeschlossen:

I. in bürgerlichen Rechtsstreitigkeiten:
1. wenn er selbst Partei oder gesetzlicher Vertreter einer Partei ist oder zu einer Partei in dem Verhältnis eines Mitberechtigten, Mitverpflichteten oder Schadensersatzpflichtigen steht;
2. wenn sein Ehegatte oder Lebenspartner Partei ist, auch wenn die Ehe oder Lebenspartnerschaft nicht mehr besteht;

3. wenn eine Person Partei ist, mit der er in gerader Linie verwandt oder verschwägert, in der Seitenlinie bis zum dritten Grad verwandt oder bis zum zweiten Grad verschwägert ist oder war.

II. *(betrifft Strafsachen)*

Dreizehnter Titel. Rechtshilfe

§ 156 [Grundsatz der Rechtshilfe]

Die Gerichte haben sich in bürgerlichen Rechtsstreitigkeiten und in Strafsachen Rechtshilfe zu leisten.

§ 157 [Amtsgericht als Rechtshilfegericht]

(1) Das Ersuchen um Rechtshilfe ist an das Amtsgericht zu richten, in dessen Bezirk die Amtshandlung vorgenommen werden soll.

(2) ¹Die Landesregierungen werden ermächtigt, durch Rechtsverordnung die Erledigung von Rechtshilfeersuchen für die Bezirke mehrerer Amtsgerichte einem von ihnen ganz oder teilweise zuzuweisen, sofern dadurch der Rechtshilfeverkehr erleichtert oder beschleunigt wird. ²Die Landesregierungen können diese Ermächtigung durch Rechtsverordnung auf die Landesjustizverwaltungen übertragen.

§ 158 [Ablehnung des Ersuchens]

(1) Das Ersuchen darf nicht abgelehnt werden.

(2) ¹Das Ersuchen eines nicht im Rechtszuge vorgesetzten Gerichts ist jedoch abzulehnen, wenn die vorzunehmende Handlung nach dem Recht des ersuchten Gerichts verboten ist. ²Ist das ersuchte Gericht örtlich nicht zuständig, so gibt es das Ersuchen an das zuständige Gericht ab.

Das Ersuchen muss vorliegen und tatsächlich ausführbar sein. Es darf **1** insbes auch nicht deshalb abgelehnt werden, weil das ersuchte Gericht eine andere Rechtsansicht vertritt (München OLGZ 76, 252).

§ 159 [Beschwerde wegen Ablehnung]

(1) ¹Wird das Ersuchen abgelehnt oder wird der Vorschrift des § 158 Abs. 2 zuwider dem Ersuchen stattgegeben, so entscheidet das Oberlandesgericht, zu dessen Bezirk das ersuchte Gericht gehört. ²Die Entscheidung ist nur anfechtbar, wenn sie die Rechtshilfe für unzulässig erklärt und das ersuchende und das ersuchte Gericht den Bezirken verschiedener Oberlandesgerichte angehören. ³Über die Beschwerde entscheidet der Bundesgerichtshof.

(2) Die Entscheidungen ergehen auf Antrag der Beteiligten oder des ersuchenden Gerichts ohne mündliche Verhandlung.

§ 160 [Vollstreckungen; Ladungen; Zustellungen]

Vollstreckungen, Ladungen und Zustellungen werden nach Vorschrift der Prozeßordnungen bewirkt ohne Rücksicht darauf, ob sie in dem Land, dem das Prozeßgericht angehört, oder in einem anderen deutschen Land vorzunehmen sind.

§ 161 [Beauftragung des Gerichtsvollziehers]

[1] Gerichte, Staatsanwaltschaften und Geschäftsstellen der Gerichte können wegen Erteilung eines Auftrags an einen Gerichtsvollzieher die Mitwirkung der Geschäftsstelle des Amtsgerichts in Anspruch nehmen, in dessen Bezirk der Auftrag ausgeführt werden soll. [2] Der von der Geschäftsstelle beauftragte Gerichtsvollzieher gilt als unmittelbar beauftragt.

§§ 162, 163 *(betreffen Strafsachen)*

§ 164 [Kosten der Rechtshilfe]

(1) Kosten und Auslagen der Rechtshilfe werden von der ersuchenden Behörde nicht erstattet.

(2) Gebühren oder andere öffentliche Abgaben, denen die von der ersuchenden Behörde übersendeten Schriftstücke (Urkunden, Protokolle) nach dem Recht der ersuchten Behörde unterliegen, bleiben außer Ansatz.

§ 165 *(weggefallen)*

§ 166 [Amtshandlungen außerhalb des Gerichtsbezirks]

Ein Gericht darf Amtshandlungen im Geltungsbereich dieses Gesetzes auch außerhalb seines Bezirks vornehmen.

§ 167 *(betrifft Strafsachen)*

§ 168 [Mitteilung von Akten]

Die in einem deutschen Land bestehenden Vorschriften über die Mitteilung von Akten einer öffentlichen Behörde an ein Gericht dieses Landes sind auch dann anzuwenden, wenn das ersuchende Gericht einem anderen deutschen Land angehört.

Vierzehnter Titel. Öffentlichkeit und Sitzungspolizei

§ 169 [Öffentliche Verhandlung]

[1]Die Verhandlung vor dem erkennenden Gericht, einschließlich der Verkündung der Urteile und Beschlüsse ist öffentlich. [2]Ton- und Fernseh-Rundfunkaufnahmen sowie Ton- und Filmaufnahmen zum Zwecke der öffentlichen Vorführung oder Veröffentlichung ihres Inhalts sind unzulässig.

Begriff. Dem Grundsatz der Öffentlichkeit der Verhandlung ist genüge getan, wenn jedermann die Möglichkeit hat, sich ohne besondere Schwierigkeiten davon Kenntnis zu verschaffen, wann und wo ein erkennendes Gericht eine mündliche Verhandlung abhält und dass der Zutritt im Rahmen der tatsächlichen Gegebenheiten eröffnet ist (BVerfG NJW 02, 814). **1**

S 2 ist verfassungsgemäß (BVerfG NJW 01, 1633 m Anm Huff S 1622; Tappert DRiZ 01, 86; Geiger DRiZ 01, 91). Die Vorschrift betrifft nur die Verhandlung selbst, nicht aber die Zeit davor, danach und die Pausen. Hier sind Bildaufnahmen zu dulden, es sei denn zum Schutz des Persönlichkeitsrechts der Beteiligten sind Maßnahmen nach § 176 GVG geboten (BVerfG NJW 00, 2890 m Anm Ernst NJW 01, 1624). **2**

§ 170 [Öffentlichkeit in Familien- und Kindschaftssachen]

[1]Die Verhandlung in Familiensachen ist nicht öffentlich. [2]Dies gilt nicht für die Familiensachen des § 23b Abs. 1 Satz 2 Nr. 13 und für die Familiensachen des § 23b Abs. 1 Satz 2 Nr. 5, 6, 9 nur, soweit sie mit einer der anderen Familiensachen verhandelt werden.

1. Anwendungsbereich. Familiensachen sind alle in § 23b Abs 1 S 2 GVG aufgeführten Angelegenheiten, also auch Ehe- (§ 606) und Kindschafts- (§ 640 Abs 2) Sachen. **1**

2. Grundsatz (S 1). Die Öffentlichkeit ist kraft Gesetzes ausgeschlossen. Protokollvermerk gem § 160 Abs 1 Nr 5 ist nötig. Der Ausschluss ist nicht verzichtbar (MüKoWolf 3). Verstoß gegen § 170 ist absoluter Revisionsgrund gem § 547 Nr 5. **2**

3. Ausnahme (S 2). Ansprüche (§ 23b Abs 1 S 2 Nr 13 GVG) der nichtverheirateten Mutter gegen den Vater anlässlich der Geburt auf Unterhalt nach § 16151 BGB und Beerdigungskosten nach § 1615m BGB werden ebenso öffentlich verhandelt, wie Unterhalts- und Güterrechtssachen (§ 23b Abs 1 S 2 Nr 5, 6, 9 GVG), soweit nicht diese letzten beiden im Verbund gem § 623 oder zusammen mit einer sonstigen Familiensache nach § 621 verhandelt werden. Die Urteilsverkündung (§ 173 GVG) ist in jedem Fall öffentlich. **3**

Hüßtege 1729

4   **4. Teilnahmeberechtigt** an der nicht öffentlichen Verhandlung sind die Parteien, die formell und materiell Beteiligten (MüKoWolf 8), ihre Prozessbevollmächtigten, der nach § 625 beigeordnete Vertreter, die Beigeladenen (§ 640 e) oder weitere Beteiligte, wie zB der Vertreter des Jugendamtes oder der Verwaltungsbehörde nach § 631 Abs 4 S 2. Zeugen, Sachverständige dürfen nur während des sie betreffenden Verfahrensabschnitts anwesend sein. Anderen Personen kann nur nach § 175 Abs 2 GVG der Zutritt gestattet werden.

§ 171 *(aufgehoben)*

§ 171 a *(betrifft Strafsachen)*

§ 171 b [Ausschluss der Öffentlichkeit]

(1) [1]Die Öffentlichkeit kann ausgeschlossen werden, soweit Umstände aus dem persönlichen Lebensbereich eines Prozeßbeteiligten, Zeugen oder durch eine rechtswidrige Tat (§ 11 Abs. 1 Nr. 5 des Strafgesetzbuches) Verletzten zur Sprache kommen, deren öffentliche Erörterung schutzwürdige Interessen verletzen würde, soweit nicht das Interesse an der öffentlichen Erörterung dieser Umstände überwiegt. [2]Dies gilt nicht, soweit die Personen, deren Lebensbereiche betroffen sind, in der Hauptverhandlung dem Ausschluß der Öffentlichkeit widersprechen.

(2) Die Öffentlichkeit ist auszuschließen, wenn die Voraussetzungen des Absatzes 1 Satz 1 vorliegen und der Ausschluß von der Person, deren Lebensbereich betroffen ist, beantragt wird.

(3) Die Entscheidungen nach den Absätzen 1 und 2 sind unanfechtbar.

§ 172 [Ausschluss der Öffentlichkeit]

Das Gericht kann für die Verhandlung oder für einen Teil davon die Öffentlichkeit ausschließen, wenn
1. eine Gefährdung der Staatssicherheit, der öffentlichen Ordnung oder der Sittlichkeit zu besorgen ist,
1 a. eine Gefährdung des Lebens, des Leibes, oder der Freiheit eines Zeugen oder einer anderen Person zu besorgen ist,
2. ein wichtiges Geschäfts-, Betriebs-, Erfindungs- oder Steuergeheimnis zur Sprache kommen, durch dessen öffentliche Erörterung überwiegende schutzwürdige Interessen verletzt würden.
3. ein privates Geheimnis erörtert wird, dessen unbefugte Offenbarung durch den Zeugen oder Sachverständigen mit Strafe bedroht ist,
4. eine Person unter sechzehn Jahren vernommen wird.

§ 173 [Öffentliche Urteilsverkündung]

(1) Die Verkündung des Urteils erfolgt in jedem Falle öffentlich.

(2) Durch einen besonderen Beschluß des Gerichts kann unter den Voraussetzungen der §§ 171 b und 172 auch für die Verkündung der Urteilsgründe oder eines Teils davon die Öffentlichkeit ausgeschlossen werden.

§ 174 [Verhandlung über Ausschluss der Öffentlichkeit]

(1) [1]Über die Ausschließung der Öffentlichkeit ist in nicht öffentlicher Sitzung zu verhandeln, wenn ein Beteiligter es beantragt oder das Gericht es für angemessen erachtet. [2]Der Beschluß, der die Öffentlichkeit ausschließt, muß öffentlich verkündet werden; er kann in nichtöffentlicher Sitzung verkündet werden, wenn zu befürchten ist, daß seine öffentliche Verkündung eine erhebliche Störung der Ordnung in der Sitzung zur Folge haben würde. [3]Bei der Verkündung ist in den Fällen der §§ 171 b, 172 und 173 anzugeben, aus welchem Grund die Öffentlichkeit ausgeschlossen worden ist.

(2) Soweit die Öffentlichkeit wegen Gefährdung der Staatssicherheit ausgeschlossen wird, dürfen Presse, Rundfunk und Fernsehen keine Berichte über die Verhandlung und den Inhalt eines die Sache betreffenden amtlichen Schriftstücks veröffentlichen.

(3) [1]Ist die Öffentlichkeit wegen Gefährdung der Staatssicherheit oder aus den in §§ 171 b und 172 Nr. 2 und 3 bezeichneten Gründen ausgeschlossen, so kann das Gericht den anwesenden Personen die Geheimhaltung von Tatsachen, die durch die Verhandlung oder durch ein die Sache betreffendes amtliches Schriftstück zu ihrer Kenntnis gelangen, zur Pflicht machen. [2]Der Beschluß ist in das Sitzungsprotokoll aufzunehmen. [3]Er ist anfechtbar. [4]Die Beschwerde hat keine aufschiebende Wirkung.

§ 175 [Beschränkung des Zutritts]

(1) Der Zutritt zu öffentlichen Verhandlungen kann unerwachsenen und solchen Personen versagt werden, die in einer der Würde des Gerichts nicht entsprechenden Weise erscheinen.

(2) [1]Zu nicht öffentlichen Verhandlungen kann der Zutritt einzelnen Personen vom Gericht gestattet werden. [2]In Strafsachen soll dem Verletzten der Zutritt gestattet werden. [3]Einer Anhörung der Beteiligten bedarf es nicht.

(3) Die Ausschließung der Öffentlichkeit steht der Anwesenheit der die Dienstaufsicht führenden Beamten der Justizver-

waltung bei den Verhandlungen vor dem erkennenden Gericht nicht entgegen.

§ 176 [Sitzungspolizei]

Die Aufrechterhaltung der Ordnung in der Sitzung obliegt dem Vorsitzenden.

§ 177 [Anordnungen]

[1] Parteien, Beschuldigte, Zeugen, Sachverständige oder bei der Verhandlung nicht beteiligte Personen, die den zur Aufrechterhaltung der Ordnung getroffenen Anordnungen nicht Folge leisten, können aus dem Sitzungszimmer entfernt sowie zur Ordnungshaft abgeführt und während einer zu bestimmenden Zeit, die vierundzwanzig Stunden nicht übersteigen darf, festgehalten werden. [2] Über Maßnahmen nach Satz 1 entscheidet gegenüber Personen, die bei der Verhandlung nicht beteiligt sind, der Vorsitzende, in den übrigen Fällen das Gericht.

§ 178 [Ungebühr]

(1) [1] Gegen Parteien, Beschuldigte, Zeugen, Sachverständige oder bei der Verhandlung nicht beteiligte Personen, die sich in der Sitzung einer Ungebühr schuldig machen, kann vorbehaltlich der strafgerichtlichen Verfolgung ein Ordnungsgeld bis zu eintausend Euro oder Ordnungshaft bis zu einer Woche festgesetzt und sofort vollstreckt werden. [2] Bei der Festsetzung von Ordnungsgeld ist zugleich für den Fall, daß dieses nicht beigetrieben werden kann, zu bestimmen, in welchem Maße Ordnungshaft an seine Stelle tritt.

(2) Über die Festsetzung von Ordnungsmitteln entscheidet gegenüber Personen, die bei der Verhandlung nicht beteiligt sind, der Vorsitzende, in den übrigen Fällen das Gericht.

(3) Wird wegen derselben Tat später auf Strafe erkannt, so sind das Ordnungsgeld oder die Ordnungshaft auf die Strafe anzurechnen.

§ 179 [Vollstreckung der Ordnungsmittel]

Die Vollstreckung der vorstehend bezeichneten Ordnungsmittel hat der Vorsitzende unmittelbar zu veranlassen.

§ 180 [Befugnisse außerhalb der Sitzung]

Die in den §§ 176 bis 179 bezeichneten Befugnisse stehen auch einem einzelnen Richter bei der Vornahme von Amtshandlungen außerhalb der Sitzung zu.

§ 181 [Beschwerde gegen Ordnungsmittel]

(1) Ist in den Fällen der §§ 178, 180 ein Ordnungsmittel festgesetzt, so kann gegen die Entscheidung binnen der Frist von einer Woche nach ihrer Bekanntmachung Beschwerde eingelegt werden, sofern sie nicht von dem Bundesgerichtshof oder einem Oberlandesgericht getroffen ist

(2) Die Beschwerde hat in dem Falle des § 178 keine aufschiebende Wirkung, in dem Falle des § 180 aufschiebende Wirkung.

(3) Über die Beschwerde entscheidet das Oberlandesgericht.

§ 182 [Beurkundung der Ordnungsmittel]

Ist ein Ordnungsmittel wegen Ungebühr festgesetzt oder eine Person zur Ordnungshaft abgeführt oder eine bei der Verhandlung beteiligte Person entfernt worden, so ist der Beschluß des Gerichts und dessen Veranlassung in das Protokoll aufzunehmen.

§ 183 [Straftat]

[1] Wird eine Straftat in der Sitzung begangen, so hat das Gericht den Tatbestand festzustellen und der zuständigen Behörde das darüber aufgenommene Protokoll mitzuteilen. [2] In geeigneten Fällen ist die vorläufige Festnahme des Täters zu verfügen.

**Fünfzehnter Titel. Gerichtssprache,
Verständigung mit dem Gericht**

§ 184 [Gerichtssprache]

Die Gerichtssprache ist deutsch.

In den Heimatkreisen der Sorben darf auch sorbisch gesprochen werden (Anl I Kap III Sachg A Abschnitt III Nr 1 r EVertr). **1**

§ 185 [Zuziehung eines Dolmetschers]

(1) [1] Wird unter Beteiligung von Personen verhandelt, die der deutschen Sprache nicht mächtig sind, so ist ein Dolmetscher zuzuziehen. [2] Ein Nebenprotokoll in der fremden Sprache wird nicht geführt; jedoch sollen Aussagen und Erklärungen in fremder Sprache, wenn und soweit der Richter dies mit Rücksicht auf die Wichtigkeit der Sache für erforderlich erachtet, auch in der fremden Sprache in das Protokoll oder in eine Anlage niedergeschrieben werden. [3] In den dazu geeigneten Fällen soll dem Protokoll eine durch den Dolmetscher zu beglaubigende Übersetzung beigefügt werden.

(2) Die Zuziehung eines Dolmetschers kann unterbleiben, wenn die beteiligten Personen sämtlich der fremden Sprache mächtig sind.

§ 186 [Hör- oder sprachbehinderte Personen]

(1) ¹Die Verständigung mit einer hör- oder sprachbehinderten Person in der Verhandlung erfolgt nach ihrer Wahl mündlich, schriftlich oder mit Hilfe einer die Verständigung ermöglichenden Person, die vom Gericht hinzuzuziehen ist. ²Für die mündliche und schriftliche Verständigung hat das Gericht die geeigneten technischen Hilfsmittel bereitzustellen. ³Die hör- oder sprachbehinderte Person ist auf ihr Wahlrecht hinzuweisen.

(2) Das Gericht kann eine schriftliche Verständigung verlangen oder die Hinzuziehung einer Person als Dolmetscher anordnen, wenn die hör- oder sprachbehinderte Person von ihrem Wahlrecht nach Absatz 1 keinen Gebrauch gemacht oder eine ausreichende Verständigung in der nach Absatz 1 gewählten Form nicht oder nur mit unverhältnismäßigem Aufwand möglich ist.

Geänd durch Art 20 Nr 3 OLGVertÄndG mWv 1. 8. 02.

1   **1. Anwendungsbereich.** Gilt nur für hör- oder sprachbehinderte, nicht für geistig behinderte Personen, die als Parteien oder Zeugen an der Verhandlung teilnehmen. Für Blinde gilt § 191a GVG. Die Vorschrift verpflichtet das Gericht, von der Möglichkeit einer direkten Verständigung, zB durch Zeichen oder Gebärdensprache, Gebrauch zu machen. Die Vorschrift gilt auch in der Arbeitsgerichtsbarkeit, § 9 Abs 2 ArbGG.

2   **2. Wahlrecht** (Abs 1) durch den Behinderten ist der Grundsatz. Hierauf ist der Behinderte hinzuweisen (S 3). Die vom Behinderten gewählte Hilfsperson hat nicht die Stellung eines Dolmetschers, sondern die eines Vertrauten (MüKoWolf AB 4), §§ 189 ff GVG gelten daher nicht unmittelbar, können aber im Einzelfall, wenn dies nach Auffassung des Ger notwendig ist, anwendbar sein (MüKoWolf AB 4). Sind technische Hilfsmittel notwendig, so hat das Ger sie zu beschaffen. Dies sind alle Geräte, die eine Verständigung in der vom Behinderten gewählten Art ermöglichen, also alle akustische und optische Geräte. Die Kosten hierfür sind als gerichtliche Auslagen vom Kostenschuldner zu tragen (MüKoWolf AB 7).

3   **3. Bestimmung durch das Gericht** (Abs 2) ist die Ausnahme und setzt voraus, dass entweder der Behinderte keine Wahl nach Abs 1 trifft oder in der gewählten Form keine Verständigung mit dem Behinderten oder nur mit unverhältnismäßigem Aufwand möglich ist. Dies liegt vor, wenn er die Zeichen- oder Gebärdensprache nicht oder nicht ausreichend beherrscht oder die Kosten für die technischen Hilfsmittel nicht

im Verhältnis zum Streitgegenstand stehen. In diesem Fall ordnet das Ger durch unanfechtbaren Beschluss (BLAH 4) die schriftliche Verständigung oder die Beiziehung eines Dolmetschers an. Für diesen gelten § 191 GVG iVm §§ 406, 42. Beeidigung: § 483.

§ 187 *(aufgehoben)*

Aufgehoben durch Art 20 Nr 4 OLGVertÄndG mWv 1. 8. 02.

§ 188 [Eidesleistung Fremdsprachiger]

Personen, die der deutschen Sprache nicht mächtig sind, leisten Eide in der ihnen geläufigen Sprache.

§ 189 [Dolmetschereid]

(1) [1]Der Dolmetscher hat einen Eid dahin zu leisten: daß er treu und gewissenhaft übertragen werde. [2]Gibt der Dolmetscher an, daß er aus Glaubens- oder Gewissensgründen keinen Eid leisten wolle, so hat er eine Bekräftigung abzugeben. [3]Diese Bekräftigung steht dem Eid gleich; hierauf ist der Dolmetscher hinzuweisen.

(2) Ist der Dolmetscher für Übertragungen der betreffenden Art im allgemeinen beeidigt, so genügt die Berufung auf den geleisteten Eid.

§ 190 [Urkundsbeamter als Dolmetscher]

[1]Der Dienst des Dolmetschers kann von dem Urkundsbeamten der Geschäftsstelle wahrgenommen werden. [2]Einer besonderen Beeidigung bedarf es nicht.

§ 191 [Ausschließung und Ablehnung des Dolmetschers]

[1]Auf den Dolmetscher sind die Vorschriften über Ausschließung und Ablehnung der Sachverständigen entsprechend anzuwenden. [2]Es entscheidet das Gericht oder der Richter, von dem der Dolmetscher zugezogen ist.

§ 191 a [Blinde oder sehbehinderte Personen]

(1) [1]Eine blinde oder sehbehinderte Person kann nach Maßgabe der Rechtsverordnung nach Absatz 2 verlangen, dass ihr die für die bestimmten gerichtlichen Schriftstücke auch in einer für sie wahrnehmbaren Form zugänglich gemacht werden, soweit dies zur Wahrnehmung ihrer Rechte im Verfahren erforderlich ist. [2]Hierfür werden Auslagen nicht erhoben.

(2) Das Bundesministerium der Justiz bestimmt durch Rechtsverordnung, die der Zustimmung des Bundesrates bedarf, unter welchen Voraussetzungen und in welcher Weise die in Ab-

satz 1 genannten Schriftstücke und Schriftstücke, die von den Parteien zur Akte gereicht werden, einer blinden oder sehbehinderten Person zugänglich gemacht werden, sowie ob und wie diese Person bei der Wahrnehmung ihrer Rechte mitzuwirken hat.

Eingefügt durch Art 20 Nr 5 OLGVertÄndG mWv 1. 8. 02.

Sechzehnter Titel. Beratung und Abstimmung

§ 192 [Mitwirkende Richter]

(1) Bei Entscheidungen dürfen Richter nur in der gesetzlich bestimmten Anzahl mitwirken.

(2) Bei Verhandlungen von längerer Dauer kann der Vorsitzende die Zuziehung von Ergänzungsrichtern anordnen, die der Verhandlung beizuwohnen und im Falle der Verhinderung eines Richters für ihn einzutreten haben.

(3) *(betrifft Strafsachen)*

§ 193 [Anwesenheit auszubildender Personen]

(1) Bei der Beratung und Abstimmung dürfen außer den zur Entscheidung berufenen Richtern nur die bei demselben Gericht zu ihrer juristischen Ausbildung beschäftigten Personen und die dort beschäftigten wissenschaftlichen Hilfskräfte zugegen sein, soweit der Vorsitzende deren Anwesenheit gestattet.

(2) [1]Ausländische Berufsrichter, Staatsanwälte und Anwälte, die einem Gericht zur Ableistung eines Studienaufenthalts zugewiesen worden sind, können bei demselben Gericht bei der Beratung und Abstimmung zugegen sein, soweit der Vorsitzende deren Anwesenheit gestattet und sie gemäß den Absätzen 3 und 4 verpflichtet sind. [2]Satz 1 gilt entsprechend für ausländische Juristen, die im Entsendestaat in einem Ausbildungsverhältnis stehen.

(3) [1]Die in Absatz 2 genannten Personen sind auf ihren Antrag zur Geheimhaltung besonders zu verpflichten. [2]§ 1 Abs. 2 und 3 des Verpflichtungsgesetzes vom 2. März 1974 (BGBl. I S. 469, 547 – Artikel 42) gilt entsprechend. [3]Personen, die nach Satz 1 besonders verpflichtet worden sind, stehen für die Anwendung der Vorschriften des Strafgesetzbuches über die Verletzung von Privatgeheimnissen (§ 203 Abs. 2 Satz 1 Nr. 2 Satz 2, Abs. 4 und 5, § 205), Verwertung fremder Geheimnisse (§§ 204, 205), Verletzung des Dienstgeheimnisses (§ 353 b Abs. 1 Satz 1 Nr. 2, Satz 2, Abs. 3 und 4) sowie Verletzung des Steuergeheimnisses (§ 355) den für den öffentlichen Dienst besonders Verpflichteten gleich.

(4) [1]Die Verpflichtung wird vom Präsidenten oder vom aufsichtsführenden Richter des Gerichts vorgenommen. [2]Er kann diese Befugnis auf den Vorsitzenden des Spruchkörpers oder auf den Richter übertragen, dem die in Absatz 2 genannten Personen zugewiesen sind. [3]Einer erneuten Verpflichtung bedarf es während der Dauer des Studienaufenthaltes nicht. [4]In den Fällen des § 355 des Strafgesetzbuches ist der Richter, der die Verpflichtung vorgenommen hat, neben dem Verletzten antragsberechtigt.

§ 194 [Verfahren bei Beratung und Abstimmung]

(1) Der Vorsitzende leitet die Beratung, stellt die Fragen und sammelt die Stimmen.

(2) Meinungsverschiedenheiten über den Gegenstand, die Fassung und die Reihenfolge der Fragen oder über das Ergebnis der Abstimmung entscheidet das Gericht.

§ 195 [Pflicht zur Abstimmung]

Kein Richter oder Schöffe darf die Abstimmung über eine Frage verweigern, weil er bei der Abstimmung über eine vorhergegangene Frage in der Minderheit geblieben ist.

§ 196 [Entscheidung auf Grund der Abstimmung]

(1) Das Gericht entscheidet, soweit das Gesetz nicht ein anderes bestimmt, mit der absoluten Mehrheit der Stimmen.

(2) Bilden sich in Beziehung auf Summen, über die zu entscheiden ist, mehr als zwei Meinungen, deren keine die Mehrheit für sich hat, so werden die für die größte Summe abgegebenen Stimmen den für die zunächst geringere abgegebenen so lange hinzugerechnet, bis sich eine Mehrheit ergibt.

(3) und (4) *betreffen Strafsachen.*

§ 197 [Reihenfolge der Stimmabgabe]

[1]Die Richter stimmen nach dem Dienstalter, bei gleichem Dienstalter nach dem Lebensalter, ehrenamtliche Richter und Schöffen nach dem Lebensalter; der jüngere stimmt vor dem älteren. [2]Die Schöffen stimmen vor den Richtern. [3]Wenn ein Berichterstatter ernannt ist, so stimmt er zuerst. [4]Zuletzt stimmt der Vorsitzende.

§ 198 *(weggefallen)*

Siebzehnter Titel. Gerichtsferien

§§ 199–202 *(aufgehoben)*

Die Vorschriften über die Gerichtsferien sind seit 1. 1. 1997 aufgehoben und ersetzt durch einen Anspruch auf Terminsverlegung nach Maßgabe des § 227 (Gesetz über die Abschaffung der Gerichtsferien vom 28. 10. 1996, BGBl I S 1546).

Einführungsgesetz zum Gerichtsverfassungsgesetz

Vom 27. Januar 1877 (RGBl S 77), zuletzt geändert durch Art 5 Abs 5 Vierunddreißigstes StrafrechtsÄndG vom 22. 8. 2002 (BGBl I S 3390)

Erster Abschnitt. Allgemeine Vorschriften

§ 1 *(Inkrafttreten des GVG)*

§ 2 [Anwendungsbereich]

Die Vorschriften des Gerichtsverfassungsgesetzes finden nur auf die ordentliche streitige Gerichtsbarkeit und deren Ausübung Anwendung.

§ 3 [Übertragung der Gerichtsbarkeit]

(1) [1]Die Gerichtsbarkeit in bürgerlichen Rechtsstreitigkeiten und Strafsachen, für welche besondere Gerichte zugelassen sind, kann den ordentlichen Landesgerichten durch die Landesgesetzgebung übertragen werden. [2]Die Übertragung darf nach anderen als den durch das Gerichtsverfassungsgesetz vorgeschriebenen Zuständigkeitsnormen erfolgen.

(2) Auch kann die Gerichtsbarkeit letzter Instanz in den vorerwähnten Sachen auf Antrag des betreffenden Bundesstaates mit Zustimmung des Bundesrats durch Kaiserliche Verordnung dem Bundesgerichtshof übertragen werden.

(3) Insoweit für bürgerliche Rechtsstreitigkeiten ein von den Vorschriften der Zivilprozeßordnung abweichendes Verfahren gestattet ist, kann die Zuständigkeit der ordentlichen Landesgerichte durch die Landesgesetzgebung nach anderen als den durch das Gerichtsverfassungsgesetz vorgeschriebenen Normen bestimmt werden.

§ 4 [Übertragung der Gerichtsbarkeit und Verwaltungsgeschäfte]

[1]Durch die Vorschriften des Gerichtsverfassungsgesetzes über die Zuständigkeit der Behörden wird die Landesgesetzgebung nicht gehindert, den betreffenden Landesbehörden jede andere Art der Gerichtsbarkeit, sowie Geschäfte der Justizverwaltung zu übertragen. [2]Andere Gegenstände der Verwaltung dürfen den ordentlichen Gerichten nicht übertragen werden.

§ 4 a [Stadtstaatenklausel]

(1) [1]Die Länder Berlin und Hamburg bestimmen, welche Stellen die Aufgaben erfüllen, die im Gerichtsverfassungsgesetz den Landesbehörden, den Gemeinden oder den unteren Verwaltungsbezirken sowie deren Vertretungen zugewiesen sind. [2](betrifft Strafsachen)

(2) *(betrifft Strafsachen)*

§ 5 *(gegenstandslos)*

§ 6 [Ehrenamtliche Richter]

(1) Vorschriften über die Wahl oder Ernennung ehrenamtlicher Richter in der ordentlichen Gerichtsbarkeit einschließlich ihrer Vorbereitung, über die Voraussetzung hierfür, die Zuständigkeit und das dabei einzuschlagende Verfahren sowie über die allgemeinen Regeln über Auswahl und Zuziehung dieser ehrenamtlichen Richter zu den einzelnen Sitzungen sind erstmals auf die erste Amtsperiode der ehrenamtlichen Richter anzuwenden, die nicht früher als am ersten Tag des auf ihr Inkrafttreten folgenden zwölften Kalendermonats beginnt.

(2) Vorschriften über die Dauer der Amtsperiode ehrenamtlicher Richter in der ordentlichen Gerichtsbarkeit sind erstmals auf die erste nach ihrem Inkrafttreten beginnende Amtsperiode anzuwenden.

§ 7 *(gegenstandslos)*

§ 8 [Oberste Landesgerichte]

(1) Durch die Gesetzgebung eines Landes, in dem mehrere Oberlandesgerichte errichtet werden, kann die Verhandlung und Entscheidung der zur Zuständigkeit des Bundesgerichtshofes gehörenden Revisionen und Rechtsbeschwerden in bürgerlichen Rechtsstreitigkeiten einem obersten Landesgericht zugewiesen werden.

(2) Diese Vorschrift findet jedoch auf bürgerliche Rechtsstreitigkeiten, in denen für die Entscheidung Bundesrecht in Betracht kommt, keine Anwendung, es sei denn, daß es sich im wesentlichen um Rechtsnormen handelt, die in den Landesgesetzen enthalten sind.

§ 9 *(betrifft Strafsachen)*

§ 10 [Anwendbare Vorschriften für oberste Landesgerichte]

(1) Die allgemeinen sowie die in § 116 Abs. 1 Satz 2, §§ 124, 130 Abs. 1 und § 181 Abs. 1 enthaltenen besonderen Vorschrif-

ten des Gerichtsverfassungsgesetzes finden auf die obersten Landesgerichte der ordentlichen Gerichtsbarkeit entsprechende Anwendung; ferner sind die Vorschriften der §§ 132, 138 des Gerichtsverfassungsgesetzes mit der Maßgabe entsprechend anzuwenden, daß durch Landesgesetz die Zahl der Mitglieder der Großen Senate anderweitig geregelt oder die Bildung eines einzigen Großen Senats angeordnet werden kann, der aus dem Präsidenten und mindestens acht Mitgliedern zu bestehen hat und an die Stelle der Großen Senate für Zivilsachen und für Strafsachen sowie der Vereinigten Großen Senate tritt.

(2) Die Besetzung der Senate bestimmt sich in Strafsachen, in Grundbuchsachen und in Angelegenheiten der freiwilligen Gerichtsbarkeit nach den Vorschriften über die Oberlandesgerichte, im übrigen nach den Vorschriften über den Bundesgerichtshof.

§ 11 *(gegenstandslos)*

Zweiter Abschnitt. Verfahrensübergreifende Mitteilungen von Amts wegen

§ 12 [Anwendungsbereich]

(1) [1]Die Vorschriften dieses Abschnitts gelten für die Übermittlung personenbezogener Daten von Amts wegen durch Gerichte der ordentlichen Gerichtsbarkeit und Staatsanwaltschaften an öffentlichen Stellen des Bundes oder eines Landes für andere Zwecke als die des Verfahrens, für die die Daten erhoben worden sind. [2]Besondere Rechtsvorschriften des Bundes oder, wenn die Daten aus einem landesrechtlich geregelten Verfahren übermittelt werden, eines Landes, die von den §§ 18 bis 22 abweichen, gehen diesen Vorschriften vor.

(2) Absatz 1 gilt entsprechend für die Übermittlung personenbezogener Daten an Stellen der öffentlich-rechtlichen Religionsgesellschaften, sofern sichergestellt ist, daß bei dem Empfänger ausreichende Datenschutzmaßnahmen getroffen werden.

(3) Eine Übermittlung unterbleibt, wenn ihr eine besondere bundes- oder entsprechende landesgesetzliche Verwendungsregelung entgegensteht.

(4) Die Verantwortung für die Zulässigkeit der Übermittlung trägt die übermittelnde Stelle.

(5) [1]Das Bundesministerium der Justiz kann mit Zustimmung des Bundesrates allgemeine Verwaltungsvorschriften zu den nach diesem Abschnitt zulässigen Mitteilungen erlassen.

[2] Ermächtigungen zum Erlaß von Verwaltungsvorschriften über Mitteilungen in besonderen Rechtsvorschriften bleiben unberührt.

§ 13 [Erlaubte Übermittlung]

(1) Gerichte und Staatsanwaltschaften dürfen personenbezogene Daten zur Erfüllung der in der Zuständigkeit des Empfängers liegenden Aufgaben übermitteln, wenn

1. eine besondere Rechtsvorschrift dies vorsieht oder zwingend voraussetzt,
2. der Betroffene eingewilligt hat,
3. offensichtlich ist, daß die Übermittlung im Interesse des Betroffenen liegt, und kein Grund zu der Annahme besteht, daß er in Kenntnis dieses Zwecks seine Einwilligung verweigern würde,
4. die Daten auf Grund einer Rechtsvorschrift von Amts wegen öffentlich bekanntzumachen sind oder in ein von einem Gericht geführtes, für jedermann unbeschränkt einsehbares öffentliches Register einzutragen sind oder es sich um die Abweisung des Antrags auf Eröffnung des Insolvenzverfahrens mangels Masse handelt oder
5. auf Grund einer Entscheidung
   a) bestimmte Rechtsfolgen eingetreten sind, insbesondere der Verlust der Rechtsstellung aus einem öffentlich-rechtlichen Amts- oder Dienstverhältnis, der Ausschluß vom Wehr- oder Zivildienst, der Verlust des Wahlrechts oder der Wählbarkeit oder der Wegfall von Leistungen aus öffentlichen Kassen, und
   b) die Kenntnis der Daten aus der Sicht der übermittelnden Stelle für die Verwirklichung der Rechtsfolgen erforderlich ist; dies gilt auch, wenn auf Grund der Entscheidung der Erlaß eines Verwaltungsaktes vorgeschrieben ist, ein Verwaltungsakt nicht erlassen werden darf oder wenn der Betroffene ihm durch Verwaltungsakt gewährte Rechte auch nur vorläufig nicht wahrnehmen darf.

(2) [1] In anderen als in den Absatz 1 genannten Fällen dürfen Gericht und Staatsanwaltschaften personenbezogene Daten zur Erfüllung der in der Zuständigkeit des Empfängers liegenden Aufgaben einschließlich der Wahrnehmung personalrechtlicher Befugnisse übermitteln, wenn eine Übermittlung nach den §§ 14 bis 17 zulässig ist und soweit nicht für die übermittelnde Stelle offensichtlich ist, daß schutzwürdige Interessen des Betroffenen an dem Ausschluß der Übermittlung überwiegen. [2] Übermittelte Daten dürfen auch für die Wahrnehmung der Aufgaben nach dem Sicherheitsüberprüfungsgesetz oder einem entsprechenden Landesgesetz verwendet werden.

§ 14 *(betrifft Strafsachen)*

§ 15 [Datenübermittlung in Zivilsachen]

In Zivilsachen einschließlich der Angelegenheiten der freiwilligen Gerichtsbarkeit ist die Übermittlung personenbezogener Daten zulässig, wenn die Kenntnis der Daten aus der Sicht der übermittelnden Stelle erforderlich ist
1. zur Berichtigung oder Ergänzung des Grundbuchs oder eines von einem Gericht geführten Registers oder Verzeichnisses, dessen Führung durch eine Rechtsvorschrift angeordnet ist, und wenn die Daten Gegenstand des Verfahrens sind, oder
2. zur Führung des in § 2 Abs. 2 der Grundbuchordnung bezeichneten amtlichen Verzeichnisses und wenn Grenzstreitigkeiten Gegenstand eines Urteils, eines Vergleichs oder eines dem Gericht mitgeteilten außergerichtlichen Vergleichs sind.

§ 16 [Datenübermittlung an ausländische Stellen]

Werden personenbezogene Daten an ausländische öffentliche Stellen oder an über- oder zwischenstaatliche Stellen nach den hierfür geltenden Rechtsvorschriften übermittelt, so ist eine Übermittlung dieser Daten auch zulässig
1. an das Bundesministerium der Justiz und das Auswärtige Amt,
2. in Strafsachen gegen Mitglieder einer ausländischen konsularischen Vertretung zusätzlich an die Staats- oder Senatskanzlei des Landes, in dem die konsularische Vertretung ihren Sitz hat.

§ 16a [Zuständigkeit für die Kontaktstellen des Europäischen Justitiellen Netzes in Zivil- und Handelssachen]

(1) [1]Der Generalbundesanwalt beim Bundesgerichtshof nach Maßgabe des Absatzes 2 und die von den Landesregierungen durch Rechtsverordnungen bestimmten weiteren Stellen nehmen die Aufgaben der Kontaktstellen im Sinne des Artikels 2 der Entscheidung 2001/470/EG des Rates vom 28. Mai 2001 über die Einrichtung eines Europäischen Netzes für Zivil- und Handelssachen (ABL. EG Nr. L 174 S. 25) wahr.

(2) Der Generalbundesanwalt beim Bundesgerichtshof stellt die Koordinierung zwischen den Kontaktstellen sicher.

(3) [1]Die Landesregierungen werden ermächtigt, durch Rechtsverordnung die Aufgaben der Kontaktstelle einer Landesbehörde zuzuweisen. [2]Sie können die Befugnis zum Erlass

einer Rechtsverordnung nach Absatz 1 einer obersten Landesbehörde übertragen.

Eingefügt durch Art 21 des Gesetzes zur Änderung des Rechts der Vertretung durch Rechtsanwälte vor den Oberlandesgerichten v 23. 7. 02 (BGBl I S 2850).

§ 17 [Weitere Zulässigkeit der Datenübermittlung]

Die Übermittlung personenbezogener Daten ist ferner zulässig, wenn die Kenntnis der Daten aus der Sicht der übermittelnden Stelle
1. zur Verfolgung von Straftaten oder Ordnungswidrigkeiten,
2. für ein Verfahren der internationalen Rechtshilfe,
3. zur Abwehr erheblicher Nachteile für das Gemeinwohl oder einer Gefahr für die öffentliche Sicherheit,
4. zur Abwehr einer schwerwiegenden Beeinträchtigung der Rechte einer anderen Person oder
5. zur Abwehr einer erheblichen Gefährdung Minderjähriger erforderlich ist.

§ 18 [Übermittlung verbundener Daten]

(1) ¹Sind mit personenbezogenen Daten, die nach diesem Abschnitt übermittelt werden dürfen, weiter personenbezogene Daten des Betroffenen oder eines Dritten so verbunden, daß eine Trennung nicht oder nur mit unvertretbarem Aufwand möglich ist, so ist die Übermittlung auch dieser Daten zulässig, soweit nicht berechtigte Interessen des Betroffenen oder eines Dritten an deren Geheimhaltung offensichtlich überwiegen. ²Eine Verwendung der Daten durch den Empfänger ist unzulässig; für Daten des Betroffenen gilt § 19 Abs. 1 Satz 2 entsprechend.

(2) ¹Die übermittelnde Stelle bestimmt die Form der Übermittlung nach pflichtgemäßem Ermessen. ²Soweit dies nach der Art der zu übermittelnden Daten und der Organisation des Empfängers geboten ist, trifft sie angemessene Vorkehrungen, um sicherzustellen, daß die Daten unmittelbar den beim Empfänger funktionell zuständigen Bediensteten erreichen.

§ 19 [Verwendung übermittelter Daten]

(1) ¹Die übermittelten Daten dürfen nur zu dem Zweck verwendet werden, zu dessen Erfüllung sie übermittelt worden sind. ²Eine Verwendung für andere Zwecke ist zulässig, soweit die Daten auch dafür hätten übermittelt werden dürfen.

(2) ¹Der Empfänger prüft, ob die übermittelten Daten für die in Absatz 1 genannten Zwecke erforderlich sind. ²Sind die

Daten hierfür nicht erforderlich, so schickt er die Unterlagen an die übermittelnde Stelle zurück. [3]Ist der Empfänger nicht zuständig und ist ihm die für die Verwendung der Daten zuständige Stelle bekannt, so leitet er die übermittelnden Unterlagen dorthin weiter und benachrichtigt hiervon die übermittelnde Stelle.

§ 20 [Übermittlung von Verfahrensbeendigung]

(1) [1]Betreffen Daten, die vor Beendigung eines Verfahrens übermittelt worden sind, den Gegenstand dieses Verfahrens, so ist der Empfänger vom Ausgang des Verfahrens zu unterrichten; das gleiche gilt, wenn eine übermittelte Entscheidung abgeändert oder aufgehoben wird, das Verfahren, außer in den Fällen des § 153 a der Strafprozeßordnung, auch nur vorläufig eingestellt worden ist oder nach den Umständen angenommen werden kann, daß das Verfahren auch nur vorläufig nicht weiter betrieben wird. [2]Der Empfänger ist über neue Erkenntnissse unverzüglich zu unterrichten, wenn dies erforderlich erscheint, um bis zu einer Unterrichtung nach Satz 1 drohende Nachteile für den Betroffenen zu vermeiden.

(2) [1]Erweist sich, daß unrichtige Daten übermittelt worden sind, so ist der Empfänger unverzüglich zu unterrichten. [2]Der Empfänger berichtigt die Daten oder vermerkt ihr Unrichtigkeit in den Akten.

(3) Die Unterrichtung nach Absatz 1 oder 2 Satz 1 kann unterbleiben, wenn sie erkennbar weder zur Wahrung der schutzwürdigen Interessen des Betroffenen noch zur Erfüllung der Aufgaben des Empfängers erforderlich ist.

§ 21 [Auskunft an Betroffene]

(1) [1]Dem Betroffenen ist auf Antrag Auskunft über die übermittelten Daten und deren Empfänger zu erteilen. [2]Der Antrag ist schriftlich zu stellen. [3]Die Auskunft wird nur erteilt, soweit der Betroffene Angaben macht, die das Auffinden der Daten ermöglichen, und der für die Erteilung der Auskunft erforderliche Aufwand nicht außer Verhältnis zu dem geltend gemachten Informationsinteresse steht. [4]Die übermittelnde Stelle bestimmt das Verfahren, insbesondere die Form der Auskunftserteilung, nach pflichtgemäßem Ermessen.

(2) [1]Ist der Betroffene bei Mitteilungen in Strafsachen nicht zugleich der Beschuldigte oder in Zivilsachen nicht zugleich Partei oder Beteiligter, ist er gleichzeitig mit der Übermittlung personenbezogener Daten über den Inhalt und den Empfänger zu unterrichten. [2]Die Unterrichtung des gesetzlichen Vertreters eines Minderjährigen, des Bevollmächtigten oder Verteidigers

Hüßtege 1745

reicht aus. [3] Die übermittelnde Stelle bestimmt die Form der Unterrichtung nach pflichtgemäßem Ermessen. [4] Eine Pflicht zur Unterrichtung besteht nicht, wenn die Anschrift des zu Unterrichtenden nur mit unvertretbarem Aufwand festgestellt werden kann.

(3) Bezieht sich die Auskunftserteilung oder die Unterrichtung auf die Übermittlung personenbezogener Daten an Verfassungsschutzbehörden, den Bundesnachrichtendienst, den Militärischen Abschirmdienst oder, soweit die Sicherheit des Bundes berührt wird, andere Behörden des Bundesministers der Verteidigung, ist sie nur mit Zustimmung dieser Stellen zulässig.

(4) Die Auskunftserteilung und die Unterrichtung unterbleiben, soweit

1. sie die ordnungsgemäße Erfüllung der Aufgaben der übermittelnden Stelle oder des Empfängers gefährden würden,

2. sie die öffentliche Sicherheit oder Ordnung gefährden oder sonst dem Wohle des Bundes oder eines Landes Nachteile bereiten würden oder

3. die Daten oder die Tatsache ihrer Übermittlung nach einer Rechtsvorschrift oder ihrem Wesen nach, insbesondere wegen der überwiegenden berechtigten Interessen eines Dritten, geheimgehalten werden müssen

und deswegen das Interesse des Betroffenen an der Auskunftserteilung oder Unterrichtung zurücktreten muß. [2] Die Unterrichtung des Betroffenen unterbleibt ferner, wenn erhebliche Nachteile für seine Gesundheit zu befürchten sind.

(5) Die Ablehnung der Auskunftserteilung bedarf keiner Begründung, soweit durch die Mitteilung der tatsächlichen und rechtlichen Gründe, auf die die Entscheidung gestützt wird, der mit der Auskunftsverweigerung verfolgte Zweck gefährdet würde.

§ 22 [Gerichtliche Überprüfung]

(1) [1] Ist die Rechtsgrundlage für die Übermittlung personenbezogener Daten nicht in den Vorschriften enthalten, die das Verfahren der übermittelnden Stelle regeln, sind für die Überprüfung der Rechtmäßigkeit der Übermittlung die §§ 23 bis 30 nach Maßgabe der Absätze 2 und 3 anzuwenden. [2] Hat der Empfänger auf Grund der übermittelnden Daten eine Entscheidung oder andere Maßnahme getroffen und dies dem Betroffenen bekanntgegeben, bevor ein Antrag auf gerichtliche Entscheidung gestellt worden ist, so wird die Rechtmäßigkeit der Übermittlung ausschließlich von dem Gericht, das gegen die Entscheidung oder Maßnahme des Empfängers angerufen

werden kann, in der dafür vorgesehenen Verfahrensart überprüft.

(2) [1] Wird ein Antrag auf gerichtliche Entscheidung gestellt, ist der Empfänger zu unterrichten. [2] Dieser teilt dem nach § 25 zuständigen Gericht mit, ob die Voraussetzungen des Absatzes 1 Satz 2 vorliegen.

(3) [1] War die Übermittlung rechtswidrig, so spricht das Gericht dies aus. [2] Die Entscheidung ist auch für den Empfänger bindend und ist ihm bekanntzumachen. [3] Die Verwendung der übermittelten Daten ist unzulässig, wenn die Rechtswidrigkeit der Übermittlung festgestellt worden ist.

Dritter Abschnitt. Anfechtung von Justizverwaltungsakten

§ 23 [Rechtsweg bei Justizverwaltungsakten]

(1) [1] Über die Rechtmäßigkeit der Anordnungen, Verfügungen oder sonstigen Maßnahmen, die von den Justizbehörden zur Regelung einzelner Angelegenheiten auf den Gebieten des bürgerlichen Rechts einschließlich des Handelsrechts, des Zivilprozesses, der freiwilligen Gerichtsbarkeit und der Strafrechtspflege getroffen werden, entscheiden auf Antrag die ordentlichen Gerichte. [2] Das gleiche gilt für Anordnungen, Verfügungen oder sonstige Maßnahmen der Vollzugsbehörden im Vollzug der Jugendstrafe, des Jugendarrestes und der Untersuchungshaft sowie derjenigen Freiheitsstrafen und Maßregeln der Besserung und Sicherung, die außerhalb des Justizvollzuges vollzogen werden.

(2) Mit dem Antrag auf gerichtliche Entscheidung kann auch die Verpflichtung der Justiz- oder Vollzugsbehörde zum Erlaß eines abgelehnten oder unterlassenen Verwaltungsaktes begehrt werden.

(3) Soweit die ordentlichen Gerichte bereits auf Grund anderer Vorschriften angerufen werden können, behält es hierbei sein Bewenden.

§ 24 [Zulässigkeit des Antrages]

(1) Der Antrag auf gerichtliche Entscheidung ist nur zulässig, wenn der Antragsteller geltend macht, durch die Maßnahme oder ihre Ablehnung oder Unterlassung in seinen Rechten verletzt zu sein.

(2) Soweit Maßnahmen der Justiz- oder Vollzugsbehörden der Beschwerde oder einem anderen förmlichen Rechtsbehelf im Verwaltungsverfahren unterliegen, kann der Antrag auf ge-

richtliche Entscheidung erst nach vorausgegangenem Beschwerdeverfahren gestellt werden.

§ 25 [Zuständigkeit des oder eines Oberlandesgerichts oder des Obersten Landesgerichts]

(1) [1]Über den Antrag entscheidet ein Zivilsenat oder, wenn der Antrag eine Angelegenheit der Strafrechtspflege oder des Vollzugs betrifft, ein Strafsenat des Oberlandesgerichts, in dessen Bezirk die Justiz- oder Vollzugsbehörde ihren Sitz hat. [2]Ist ein Beschwerdeverfahren (§ 24 Abs. 2) vorausgegangen, so ist das Oberlandesgericht zuständig, in dessen Bezirk die Beschwerdebehörde ihren Sitz hat.

(2) Ein Land, in dem mehrere Oberlandesgerichte errichtet sind, kann durch Gesetz die nach Absatz 1 zur Zuständigkeit des Zivilsenats oder des Strafsenats gehörenden Entscheidungen ausschließlich einem der Oberlandesgerichte oder dem Obersten Landesgericht zuweisen.

§ 26 [Antragsfrist; Wiedereinsetzung]

(1) Der Antrag auf gerichtliche Entscheidung muß innerhalb eines Monats nach Zustellung oder schriftlicher Bekanntgabe des Bescheides oder, soweit ein Beschwerdeverfahren (§ 24 Abs. 2) vorausgegangen ist, nach Zustellung des Beschwerdebescheides schriftlich oder zur Niederschrift der Geschäftsstelle des Oberlandesgerichts oder eines Amtsgerichts gestellt werden.

(2) War der Antragsteller ohne Verschulden verhindert, die Frist einzuhalten, so ist ihm auf Antrag Wiedereinsetzung in den vorigen Stand zu gewähren.

(3) [1]Der Antrag auf Wiedereinsetzung ist binnen zwei Wochen nach Wegfall des Hindernisses zu stellen. [2]Die Tatsachen zur Begründung des Antrags sind bei der Antragstellung oder im Verfahren über den Antrag glaubhaft zu machen. Innerhalb der Antragsfrist ist die versäumte Rechtshandlung nachzuholen. [3]Ist dies geschehen, so kann die Wiedereinsetzung auch ohne Antrag gewährt werden.

(4) Nach einem Jahr seit dem Ende der versäumten Frist ist der Antrag auf Wiedereinsetzung unzulässig, außer wenn der Antrag vor Ablauf der Jahresfrist infolge höherer Gewalt unmöglich war.

§ 27 [Antrag wegen unterlassener Entscheidung]

(1) [1]Ein Antrag auf gerichtliche Entscheidung kann auch gestellt werden, wenn über einen Antrag, eine Maßnahme zu treffen, oder über eine Beschwerde oder einen anderen förmli-

chen Rechtsbehelf ohne zureichenden Grund nicht innerhalb von drei Monaten entschieden ist. [2] Das Gericht kann vor Ablauf dieser Frist angerufen werden, wenn dies wegen besonderer Umstände des Falles geboten ist.

(2) [1] Liegt ein zureichender Grund dafür vor, daß über die Beschwerde oder den förmlichen Rechtsbehelf noch nicht entschieden oder die beantragte Maßnahme noch nicht erlassen ist, so setzt das Gericht das Verfahren bis zum Ablauf einer von ihm bestimmten Frist, die verlängert werden kann, aus. [2] Wird der Beschwerde innerhalb der vom Gericht gesetzten Frist stattgegeben oder der Verwaltungsakt innerhalb dieser Frist erlassen, so ist die Hauptsache für erledigt zu erklären.

(3) Der Antrag nach Absatz 1 ist nur bis zum Ablauf eines Jahres seit der Einlegung der Beschwerde oder seit der Stellung des Antrags auf Vornahme der Maßnahme zulässig, außer wenn die Antragstellung vor Ablauf der Jahresfrist infolge höherer Gewalt unmöglich war oder unter den besonderen Verhältnissen des Einzelfalles unterblieben ist.

§ 28 [Entscheidung über den Antrag]

(1) [1] Soweit die Maßnahme rechtswidrig und der Antragsteller dadurch in seinen Rechten verletzt ist, hebt das Gericht die Maßnahme und, soweit ein Beschwerdeverfahren (§ 24 Abs. 2) vorausgegangen ist, den Beschwerdebescheid auf. [2] Ist die Maßnahme schon vollzogen, so kann das Gericht auf Antrag auch aussprechen, daß und wie die Justiz- oder Vollzugsbehörde die Vollziehung rückgängig zu machen hat. [3] Dieser Ausspruch ist nur zulässig, wenn die Behörde dazu in der Lage und diese Frage spruchreif ist. [4] Hat sich die Maßnahme vorher durch Zurücknahme oder anders erledigt, so spricht das Gericht auf Antrag aus, daß die Maßnahme rechtswidrig gewesen ist, wenn der Antragsteller ein berechtigtes Interesse an dieser Feststellung hat.

(2) [1] Soweit die Ablehnung oder Unterlassung der Maßnahme rechtswidrig und der Antragsteller dadurch in seinen Rechten verletzt ist, spricht das Gericht die Verpflichtung der Justiz- oder Vollzugsbehörde aus, die beantragte Amtshandlung vorzunehmen, wenn die Sache spruchreif ist. [2] Andernfalls spricht es die Verpflichtung aus, den Antragsteller unter Beachtung der Rechtsauffassung des Gerichts zu bescheiden.

(3) Soweit die Justiz- oder Vollzugsbehörde ermächtigt ist, nach ihrem Ermessen zu handeln, prüft das Gericht auch, ob die Maßnahme oder ihre Ablehnung oder Unterlassung rechtswidrig ist, weil die gesetzlichen Grenzen des Ermessens überschritten sind oder von dem Ermessen in einer dem Zweck der

Ermächtigung nicht entsprechenden Weise Gebrauch gemacht ist.

§ 29 [Unanfechtbarkeit der Entscheidung; Verfahren; Prozeßkostenhilfe]

(1) [1] Die Entscheidung des Oberlandesgerichts ist endgültig. [2] Will ein Oberlandesgericht jedoch von einer auf Grund des § 23 ergangenen Entscheidung eines anderen Oberlandesgerichts oder des Bundesgerichtshofes abweichen, so legt es die Sache diesem vor. [3] Der Bundesgerichtshof entscheidet an Stelle des Oberlandesgerichts.

(2) Im übrigen sind auf das Verfahren vor dem Zivilsenat die Vorschriften des Reichsgesetzes über die Angelegenheiten der freiwilligen Gerichtsbarkeit über das Beschwerdeverfahren, auf das Verfahren vor dem Strafsenat die Vorschriften der Strafprozeßordnung über das Beschwerdeverfahren sinngemäß anzuwenden.

(3) Auf die Bewilligung der Prozeßkostenhilfe sind die Vorschriften der Zivilprozeßordnung entsprechend anzuwenden.

§ 30 [Kosten]

(1) [1] Für die Kosten des Verfahrens vor dem Oberlandesgericht gelten die Vorschriften der Kostenordnung entsprechend. [2] Abweichend von § 130 der Kostenordnung wird jedoch ohne Begrenzung durch einen Höchstbetrag bei Zurückweisung das Doppelte der vollen Gebühr, bei Zurücknahme des Antrags eine volle Gebühr erhoben.

(2) [1] Das Oberlandesgericht kann nach billigem Ermessen bestimmen, daß die außergerichtlichen Kosten des Antragstellers, die zur zweckentsprechenden Rechtsverfolgung notwendig waren, ganz oder teilweise aus der Staatskasse zu erstatten sind. [2] Die Vorschriften des § 91 Abs. 1 Satz 2 und der §§ 102 bis 107 der Zivilprozeßordnung gelten entsprechend. [3] Die Entscheidung des Oberlandesgerichts kann nicht angefochten werden.

(3) [1] Der Geschäftswert bestimmt sich nach § 30 der Kostenordnung. [2] Er wird von dem Oberlandesgericht durch unanfechtbaren Beschluß festgesetzt.

Vierter Abschnitt. Kontaktsperre

§§ 31–38 *(betreffen Strafsachen)*

Fünfter Abschnitt. Insolvenzstatistik

§ 39 [Bundesstatistik über Insolvenzverfahren]

(vom Abdruck wird abgesehen)

Verordnung (EG) Nr. 44/2001 des Rates über die gerichtliche Zuständigkeit und die Anerkennung und Vollstreckung von Entscheidungen in Zivil- und Handelssachen

Vom 22. Dezember 2000 (ABl L 12/01 S 1)

DER RAT DER EUROPÄISCHEN UNION –

gestützt auf den Vertrag zur Gründung der Europäischen Gemeinschaft, insbesondere auf Artikel 61 Buchstabe c und Artikel 67 Absatz 1,
auf Vorschlag der Kommission,
nach Stellungnahme des Europäischen Parlaments,
nach Stellungnahme des Wirtschafts- und Sozialausschusses,
in Erwägung nachstehender Gründe:

(1) [1]Die Gemeinschaft hat sich zum Ziel gesetzt, einen Raum der Freiheit, der Sicherheit und des Rechts, in dem der freie Personenverkehr gewährleistet ist, zu erhalten und weiterzuentwickeln. [2]Zum schrittweisen Aufbau dieses Raums hat die Gemeinschaft unter anderem im Bereich der justiziellen Zusammenarbeit in Zivilsachen die für das reibungslose Funktionieren des Binnenmarkts erforderlichen Maßnahmen zu erlassen.

(2) [1]Die Unterschiede zwischen bestimmten einzelstaatlichen Vorschriften über die gerichtliche Zuständigkeit und die Anerkennung von Entscheidungen erschweren das reibungslose Funktionieren des Binnenmarkts. [2]Es ist daher unerlässlich, Bestimmungen zu erlassen, um die Vorschriften über die internationale Zuständigkeit in Zivil- und Handelssachen zu vereinheitlichen und die Formalitäten im Hinblick auf eine rasche und unkomplizierte Anerkennung und Vollstreckung von Entscheidungen aus den durch diese Verordnung gebundenen Mitgliedstaaten zu vereinfachen.

(3) Dieser Bereich fällt unter die justizielle Zusammenarbeit in Zivilsachen im Sinne von Artikel 65 des Vertrags.

(4) [1]Nach dem in Artikel 5 des Vertrags niedergelegten Subsidiaritäts- und Verhältnismäßigkeitsprinzip können die Ziele dieser Verordnung auf der Ebene der Mitgliedstaaten nicht ausreichend erreicht werden; sie können daher besser auf Gemeinschaftsebene erreicht werden. [2]Diese Verordnung beschränkt sich auf das zur Erreichung dieser Ziele notwendige Mindestmaß und geht nicht über das dazu Erforderliche hinaus.

(5) [1]Am 27. September 1968 schlossen die Mitgliedstaaten auf der Grundlage von Artikel 293 vierter Gedankenstrich des Vertrags das

Übereinkommen von Brüssel über die gerichtliche Zuständigkeit und die Vollstreckung gerichtlicher Entscheidungen in Zivil- und Handelssachen, dessen Fassung durch die Übereinkommen über den Beitritt der neuen Mitgliedstaaten zu diesem Übereinkommen geändert wurde (nachstehend „Brüsseler Übereinkommen" genannt). [2] Am 16. September 1988 schlossen die Mitgliedstaaten und die EFTA-Staaten das Übereinkommen von Lugano über die gerichtliche Zuständigkeit und die Vollstreckung gerichtlicher Entscheidungen in Zivil- und Handelssachen, das ein Parallelübereinkommen zu dem Brüsseler Übereinkommen von 1968 darstellt. [3] Diese Übereinkommen waren inzwischen Gegenstand einer Revision; der Rat hat dem Inhalt des überarbeiteten Textes zugestimmt. [4] Die bei dieser Revision erzielten Ergebnisse sollten gewahrt werden.

(6) Um den freien Verkehr der Entscheidungen in Zivil- und Handelssachen zu gewährleisten, ist es erforderlich und angemessen, dass die Vorschriften über die gerichtliche Zuständigkeit und die Anerkennung und Vollstreckung von Entscheidungen im Wege eines Gemeinschaftsrechtsakts festgelegt werden, der verbindlich und unmittelbar anwendbar ist.

(7) Der sachliche Anwendungsbereich dieser Verordnung sollte sich, von einigen genau festgelegten Rechtsgebieten abgesehen, auf den wesentlichen Teil des Zivil- und Handelsrechts erstrecken.

(8) [1] Rechtsstreitigkeiten, die unter diese Verordnung fallen, müssen einen Anknüpfungspunkt an das Hoheitsgebiet eines der Mitgliedstaaten aufweisen, die durch diese Verordnung gebunden sind. [2] Gemeinsame Zuständigkeitsvorschriften sollten demnach grundsätzlich dann Anwendung finden, wenn der Beklagte seinen Wohnsitz in einem dieser Mitgliedstaaten hat.

(9) Beklagte ohne Wohnsitz in einem Mitgliedstaat unterliegen im Allgemeinen den nationalen Zuständigkeitvorschriften, die im Hoheitsgebiet des Mitgliedstaats gelten, in dem sich das angerufene Gericht befindet, während Beklagte mit Wohnsitz in einem Mitgliedstaat, der durch diese Verordnung nicht gebunden ist, weiterhin dem Brüsseler Übereinkommen unterliegen.

(10) Um den freien Verkehr gerichtlicher Entscheidungen zu gewährleisten, sollten die in einem durch diese Verordnung gebundenen Mitgliedstaat ergangenen Entscheidungen in einem anderen durch diese Verordnung gebundenen Mitgliedstaat anerkannt und vollstreckt werden, und zwar auch dann, wenn der Vollstreckungsschuldner seinen Wohnsitz in einem Drittstaat hat.

(11) [1] Die Zuständigkeitsvorschriften müssen in hohem Maße vorhersehbar sein und sich grundsätzlich nach dem Wohnsitz des Beklagten richten, und diese Zuständigkeit muss stets gegeben sein außer in einigen genau festgelegten Fällen, in denen aufgrund des Streitgegenstands oder der Vertragsfreiheit der Parteien ein anderes Anknüpfungs-

kriterium gerechtfertigt ist. [2]Der Sitz juristischer Personen muss in der Verordnung selbst definiert sein, um die Transparenz der gemeinsamen Vorschriften zu stärken und Kompetenzkonflikte zu vermeiden.

(12) Der Gerichtsstand des Wohnsitzes des Beklagten muss durch alternative Gerichtsstände ergänzt werden, die entweder aufgrund der engen Verbindung zwischen Gericht und Rechtsstreit oder im Interesse einer geordneten Rechtspflege zuzulassen sind.

(13) Bei Versicherungs-, Verbraucher- und Arbeitssachen sollte die schwächere Partei durch Zuständigkeitsvorschriften geschützt werden, die für sie günstiger sind als die allgemeine Regelung.

(14) Vorbehaltlich der in dieser Verordnung festgelegten ausschließlichen Zuständigkeiten muss die Vertragsfreiheit der Parteien hinsichtlich der Wahl des Gerichtsstands, außer bei Versicherungs-, Verbraucher- und Arbeitssachen, wo nur eine begrenztere Vertragsfreiheit zulässig ist, gewahrt werden.

(15) [1]Im Interesse einer abgestimmten Rechtspflege müssen Parallelverfahren so weit wie möglich vermieden werden, damit nicht in zwei Mitgliedstaaten miteinander unvereinbare Entscheidungen ergehen. [2]Es sollte eine klare und wirksame Regelung zur Klärung von Fragen der Rechtshängigkeit und der im Zusammenhang stehenden Verfahren sowie zur Verhinderung von Problemen vorgesehen werden, die sich aus der einzelstaatlich unterschiedlichen Festlegung des Zeitpunkts ergeben, von dem an ein Verfahren als rechtshängig gilt. [3]Für die Zwecke dieser Verordnung sollte dieser Zeitpunkt autonom festgelegt werden.

(16) Das gegenseitige Vertrauen in die Justiz im Rahmen der Gemeinschaft rechtfertigt, dass die in einem Mitgliedstaat ergangenen Entscheidungen, außer im Falle der Anfechtung, von Rechts wegen, ohne ein besonderes Verfahren, anerkannt werden.

(17) [1]Aufgrund dieses gegenseitigen Vertrauens ist es auch gerechtfertigt, dass das Verfahren, mit dem eine in einem anderen Mitgliedstaat ergangene Entscheidung für vollstreckbar erklärt wird, rasch und effizient vonstatten geht. [2]Die Vollstreckbarerklärung einer Entscheidung muss daher fast automatisch nach einer einfachen formalen Prüfung der vorgelegten Schriftstücke erfolgen, ohne dass das Gericht die Möglichkeit hat, von Amts wegen einen der in dieser Verordnung vorgesehenen Vollstreckungshindernisse aufzugreifen.

(18) [1]Zur Wahrung seiner Verteidigungsrechte muss der Schuldner jedoch gegen die Vollstreckbarerklärung einen Rechtsbehelf im Wege eines Verfahrens mit beiderseitigem rechtlichen Gehör einlegen können, wenn er der Ansicht ist, dass einer der Gründe für die Versagung der Vollstreckung vorliegt. [2]Die Möglichkeit eines Rechtsbehelfs muss auch für den Antragsteller gegeben sein, falls sein Antrag auf Vollstreckbarerklärung abgelehnt worden ist.

(19) [1]Um die Kontinuität zwischen dem Brüsseler Übereinkommen und dieser Verordnung zu wahren, sollten Übergangsvorschriften vor-

gesehen werden. [2] Dies gilt auch für die Auslegung der Bestimmungen des Brüsseler Übereinkommens durch den Gerichtshof der Europäischen Gemeinschaften. [3] Ebenso sollte das Protokoll von 1971 auf Verfahren, die zum Zeitpunkt des Inkrafttretens dieser Verordnung bereits anhängig sind, anwendbar bleiben.

(20) Das Vereinigte Königreich und Irland haben gemäß Artikel 3 des dem Vertrag über die Europäische Union und dem Vertrag zur Gründung der Europäischen Gemeinschaft beigefügten Protokolls über die Position des Vereinigten Königreichs und Irlands schriftlich mitgeteilt, dass sie sich an der Annahme und Anwendung dieser Verordnung beteiligen möchten.

(21) Dänemark beteiligt sich gemäß den Artikeln 1 und 2 des dem Vertrag über die Europäische Union und dem Vertrag zur Gründung der Europäischen Gemeinschaft beigefügten Protokolls über die Position Dänemarks nicht an der Annahme dieser Verordnung, die daher für Dänemark nicht bindend und ihm gegenüber nicht anwendbar ist.

(22) Da in den Beziehungen zwischen Dänemark und den durch diese Verordnung gebundenen Mitgliedstaaten das Brüsseler Übereinkommen in Geltung ist, ist dieses sowie das Protokoll von 1971 im Verhältnis zwischen Dänemark und den durch diese Verordnung gebundenen Mitgliedstaaten weiterhin anzuwenden.

(23) Das Brüsseler Übereinkommen gilt auch weiter hinsichtlich der Hoheitsgebiete der Mitgliedstaaten, die in seinen territorialen Anwendungsbereich fallen und die aufgrund der Anwendung von Artikel 299 des Vertrags von der vorliegenden Verordnung ausgeschlossen sind.

(24) Im Interesse der Kohärenz ist ferner vorzusehen, dass die in spezifischen Gemeinschaftsrechtsakten enthaltenen Vorschriften über die Zuständigkeit und die Anerkennung von Entscheidungen durch diese Verordnung nicht berührt werden.

(25) Um die internationalen Verpflichtungen, die die Mitgliedstaaten eingegangen sind, zu wahren, darf sich diese Verordnung nicht auf von den Mitgliedstaaten geschlossene Übereinkommen in besonderen Rechtsgebieten auswirken.

(26) [1] Um den verfahrensrechtlichen Besonderheiten einiger Mitgliedstaaten Rechnung zu tragen, sollten die in dieser Verordnung vorgesehenen Grundregeln, soweit erforderlich, gelockert werden. [2] Hierzu sollten bestimmte Vorschriften aus dem Protokoll zum Brüsseler Übereinkommen in die Verordnung übernommen werden.

(27) Um in einigen Bereichen, für die in dem Protokoll zum Brüsseler Übereinkommen Sonderbestimmungen enthalten waren, einen reibungslosen Übergang zu ermöglichen, sind in dieser Verordnung für einen Übergangszeitraum Bestimmungen vorgesehen, die der besonderen Situation in einigen Mitgliedstaaten Rechnung tragen.

(28) [1] Spätestens fünf Jahre nach dem Inkrafttreten dieser Verordnung unterbreitet die Kommission einen Bericht über deren Anwendung. [2] Dabei kann sie erforderlichenfalls auch Anpassungsvorschläge vorlegen.

(29) [1] Die Anhänge I bis IV betreffend die innerstaatlichen Zuständigkeitsvorschriften, die Gerichte oder sonst befugten Stellen und die Rechtsbehelfe sind von der Kommission anhand der von dem betreffenden Mitgliedstaat mitgeteilten Änderungen zu ändern. [2] Änderungen der Anhänge V und VI sind gemäß dem Beschluß 1999/468/EG des Rates vom 28. Juni 1999 zur Festlegung der Modalitäten für die Ausübung der der Kommission übertragenen Durchführungsbefugnisse zu beschließen –

HAT FOLGENDE VERORDNUNG ERLASSEN:

Vorbemerkung vor Art 1

1. Allgemeines. Die EuGVVO – in Abgrenzung zur EheVO (vgl **1** dort vor Art 1 Rn 1 u 6) auch Brüssel I VO genannt – ist als VO iSv Art 249 Abs 2 EG in Ausübung der Gesetzgebungskompetenz gem Art 61 Buchst c), 65 Buchst a) 3. Spiegelstrich und Art 67 Abs 1 EG vom Rat der EU erlassen worden. Die VO gilt daher in allen Mitgliedstaaten der EU, mit Ausnahme von Dänemark (vgl Art 69 und Präambel Nr 21 und Rn 2) ab dem 1. 3. 02 (vgl Art 76) unmittelbar, ohne dass es hierfür einer Umsetzung in das nationale Recht bedarf. Die VO wird in Bezug auf verfahrensrechtliche Vorschriften ergänzt durch das AVAG (vgl § 1 Abs 1 Nr 2b AVAG). Übersicht zur EuGVVO: Finger MDR 01, 1394; Piltz NJW 02, 789; Geimer IPRax 02, 69; Wagner IPRax 02, 75; Micklitz/Rott EuZW 01, 325 und 02, 15.

2. Verhältnis zum Brüsseler EWG-Übereinkommen über die **2** gerichtliche Zuständigkeit und die Vollstreckung gerichtlicher Entscheidungen in Zivil- und Handelssachen (EuGVÜ). In ihrem zeitlichen (Art 66) und räumlichen Anwendungsbereich geht die EuGVVO dem EuGVÜ vor (Art 68). Soweit der zeitliche oder räumliche Anwendungsbereich der EuGVVO nicht eröffnet ist, ist das EuGVÜ in seiner jeweiligen Fassung (hierzu 23. Aufl Vorbemerkung vor Art 1 EuGVÜ Rn 1 und 5 ff) anzuwenden, soweit dessen Anwendungsbereich gegeben ist (vgl 23. Aufl Vorbemerkung vor Art 1 Rn 3 ff). Im Verhältnis zu Dänemark ist daher das EuGVÜ idF des 4. Beitrittsübereinkommens weiterhin anwendbar (vgl Präambel Nr 22). Zur Auslegung und Anwendung des EuGVÜ wird auf die 23. Aufl verwiesen.

3. Verhältnis zum Luganer Übereinkommen über die gerichtli- **3** che Zuständigkeit und die Vollstreckung gerichtlicher Entscheidungen in Zivil- und Handelssachen vom 16. 9. 88 (LGVÜ). Die EuGVVO gilt grds nur im Verhältnis zu den Mitgliedstaaten der EU. Im Verhältnis zu den Vertragsstaaten des LGVÜ, die nicht Mitglied der EU sind (Island, Norwegen, Polen und Schweiz; zu Letzterem vgl Handschin/Werner NJW 02, 3001) ist daher das LGVÜ weiterhin anzuwenden

(Piltz NJW 02, 789/791). Zur Auslegung und Anwendung des LGVÜ wird auf die 23. Aufl verwiesen. Zum Verhältnis EuGVÜ – LGVÜ vgl BGH NJW 01,1731 u 1936.

3 a   **4. Verhältnis zur Verordnung des Rates zur Einführung eines europäischen Vollstreckungstitels für unbestrittene Forderungen.** Für deren Vollstreckung liegt ein VO-Entwurf vom 18. 4. 2002 (KOM (2002) 159 endg) vor (hierzu Geimer IPRax 02, 69; Wagner IPRax 02, 75; Heß NJW 02, 2417). Nach dem Inkrafttreten dieser VO beurteilt sich das Verhältnis der EuGVVO zu dieser VO nach deren Art 30 Abs 1. Dieser lässt die Anerkennung und Vollstreckung auch im Anwendungsbereich der neuen VO nach der EuGVVO zu. Dies wird vor allem dann angezeigt sein, wenn die Voraussetzungen für das Vorliegen einer unbestrittenen Forderung unklar sind. Nur hins der zu erteilenden Bescheinigung ist die neue VO gem Art. 30 Abs 2 vorrangig anzuwenden.

4   **5. Verhältnis zum nationalen Recht.** Die EuGVVO geht im Rahmen ihres Anwendungsbereichs den nationalen Vorschriften vor. Ist der Anwendungsbereich der EuGVVO eröffnet, so darf grundsätzlich nicht mehr auf die nationalen Vorschriften zurückgegriffen werden (Piltz NJW 02, 789/791). Die internationale Zuständigkeit bestimmt sich nach Art 2 ff (vgl Art 2 Rn 2). Ist der Anwendungsbereich hingegen nicht gegeben, greifen die autonomen Vorschriften zur Bestimmung der internationalen Zuständigkeit ein (hierzu 5 ff vor § 1), soweit nicht ein bilateraler oder multilateraler Staatsvertrag als lex specialis anzuwenden ist.

5   **6. Anwendungsbereich.** Die Anwendungsnormen der EuGVVO sind zwingend und können von den Parteien nicht abbedungen wer-
6   den. – **a) Zeitlich.** Dieser wird durch Art 66 bestimmt. Hierbei ist zu differenzieren zwischen der Frage der Entscheidungszuständig keit (Art 66 Abs 1) und der Anerkennung bzw Vollstreckung (Art 66 Abs 2). –
7   **b) Sachlich.** Dieser wird durch Art 1 geregelt. Er kann durch Sonder-
8   regeln gem Art 71 eingeschränkt werden. **c) Räumlich.** Die VO gilt gem Art 249 Abs 2 EG in allen Mitgliedstaaten der EU (mit Ausnahme von Dänemark; vgl Erwägungsgrund Nr 21 iVm Art 69 EG). Das Vertragsgebiet der EuGVVO ergibt sich aus Art 299 EG. Es umfasst neben den 14 Mutterstaaten (Art 299 Abs 1 EG) auch die überseeischen De´partements Frankreichs (Art 299 Abs 2 EG), Madeira, die Azoren, die Kanarischen Inseln (Art 299 Abs 2 EG), die Balearen, Gibraltar und die Ålandinseln (Art 299 Abs 5 EG). Für die britischen Kanalinseln, die Insel Man und die Hoheitszonen des Vereinigten Königreichs Großbritanniens und Nordirland auf Zypern gilt sie nicht (Art 299 Abs 6 Buchst b) und c) EG). – **d) Persönlich.** Die EuGVVO ist unabhängig
9   von der Staatsangehörigkeit des Beklagten anwendbar und gilt für alle Staatsangehörigen, die ihren Wohnsitz (vgl Art 2 Abs 1) bzw bei juristischen Personen, die ihren Sitz iSv Art 60 in einem Mitgliedstaat der EuGVVO haben, soweit nicht Ausnahmen nach Art 4, 9 Abs 2, 13

Nr 4, 15 Abs 2 eingreifen. – **e) Ungeschriebene Anwendungsvor-** **10** **aussetzungen.** Ob weitere Voraussetzungen zur Anwendbarkeit der EuGVVO erfüllt sein müssen, ist umstritten. **aa) Grenzüberschrei-** **11** **tender Bezug.** Da die Anwendbarkeit von EG-Recht grds immer einen zwischenstaatlichen Bezug aufweisen muss, wird ein reiner Inlandssachverhalt von der EuGVVO nicht erfasst (Piltz NJW 02, 789/ 790). Hierfür sprechen auch die Erwägungsgründe der Präambel. Dieses ist auch hM im Anwendungsbereich des EuGVÜ (MüKoGottwald vor Art 1 EuGVÜ Rn 21). **bb) Berührungspunkt zu einem anderen** **12** **Mitgliedstaat** (sog Drittstaatenproblematik; hierzu Gebauer ZEuP 01, 943). Wie auch im Anwendungsbereich des EuGVÜ ist unklar, ob der Rechtsstreit einen solchen aufweisen muss oder ob auch Beziehungen zu einem Nichtmitgliedstaat ausreichen, um die Zuständigkeitsnormen der EuGVVO eingreifen zu lassen (grds dafür im Anwendungsbereich des EuGVÜ EuGH NJW 00, 3121 m Anm Staudinger IPRax 00, 483 u Geimer EuLF 00, 54). Gegen die Auffassung, dass der Rechtsstreit Berührungspunkte zu einem weiteren Mitglied haben muss, spricht nunmehr der Erwägungsgrund Nr 8, der ausdrücklich nur einen Anknüpfungspunkt zu einem Mitgliedstaat verlangt (zustimmend Hausmann EuLF 00/01, 40/43; Piltz NJW 02, 789/790). – **f) Subsidiarität.** **13** Art 71 ermöglicht die Anwendung eines von einem Mitgliedstaat abgeschlossenen Staatsvertrags, falls dieser als lex specialis ausdrücklich den Fall regelt (vgl zum gleichlautenden Art 57 EuGH EWS 95, 90). Vgl Art 71 Rn 2.

7. Auslegung der EuGVVO. Die Auslegung der EuGVVO obliegt **14** grundsätzlich dem EuGH, dem von den nationalen Gerichten, soweit sie (konkret) letztinstanzlich entscheiden, gem Art 68, 234 Abs 1 Buchst b) EG Auslegungsfragen vorzulegen sind. Eine Vorlage durch das OLG scheidet in den Verfahren nach Art 32 ff wegen der generellen Zulässigkeit der Rechtsbeschwerde gem Art 44 (dort Rn 2), § 15 Abs 1 AVAG aus. Instanzgerichte im Erkenntnisverfahren sind abweichend von Art 234 Abs 2 EG und von der Regelung zum EuGVÜ nicht zur Vorlage berechtigt. Lässt das LG als Berufungsgericht oder das OLG die Revision nicht zu, so ist wegen der Möglichkeit der Nichtzulassungsbeschwerde (sofern diese nicht wegen § 26 Nr. 8 EGZPO ausgeschlossen ist) im Hinblick auf EuGH EuZW 02, 476 dieses Gericht nicht letztinstanzlich tätig (MüKoGottwald vor Art 1 Rn 6; BLAH GVG Anh § 1 Rn 4; aA Nagel/Gottwald § 1 Rn 68). Eine Vorlage an den EuGH kann nur dann entfallen, wenn vernünftige Zweifel an der Auslegung der EuGVVO nicht bestehen (sog acte clair; vgl hierzu BGH IPRax 90, 318). Dies setzt voraus, dass auch für die Gerichte der übrigen Mitgliedstaaten und den Gerichtshof die gleiche Gewissheit besteht (Jayme/Kohler lPRax 90, 355; Kohler IPRax 91, 301). Die Rechtsbegriffe der EuGVVO sind grundsätzlich autonom auszulegen (EuGH EuZW 03, 30), soweit der EuGH nicht ausnahmsweise eine andere Auslegungsmethode zugelassen hat. Bei der autonomen Auslegung sind

die Zielsetzung und die Systematik der EuGVVO sowie die allgemeinen Rechtsgrundsätze, die sich aus der Gesamtheit der innerstaatlichen
Rechtsordnungen ergeben, zu berücksichtigen (EuGH EuZW 03, 30).
Entscheidungen des EuGH können im Internet über die Europaseite
der Kommission unter **www.europa.eu.int** abgerufen werden. Inter-
net-Benutzer, die die homepage des EuGH direkt abrufen wollen, fin-
den diese auch unter **www.curia.eu.int.** Für die Auslegung der
EuGVVO kann auch weiterhin auf die zum EuGVÜ ergangene
Rechtsprechung und Literatur zurückgegriffen werden, soweit die
Vorschriften deckungsgleich sind. Die nachfolgende Übersicht stellt die
Vorschriften des EuGVÜ denjenigen der EuGVVO gegenüber.

EuGVÜ	EuGVVO
Präambel	Erwägungsgründe
Art 1	Art 1
Art 2	Art 2
Art 3	Art 3 iVm Anh I
Art 4	Art 4 iVm Anh I
Art 5	Art 5; Nr 1 neu; für Arbeitssachen Art 18–21
Art 6	Art 6
Art 6 a	Art 7
Art 7	Art 8
Art 8	Art 9
Art 9	Art 10
Art 10	Art 11
Art 11	Art 12
Art 12	Art 13
Art 12 a	Art 14
Art 13	Art 15 (zT neu)
Art 14	Art 16
Art 15	Art 17
Art 5 Nr 1 2 Hs	Art 18–21 neu gefasst
Art 16	Art 22
Art 17	Art 23
Art 18	Art 24
Art 19	Art 25
Art 20	Art 26
Art 21	Art 27
Art 22	Art 28
Art 23	Art 29
	Art 30 neu
Art 24	Art 31
Art 25	Art 32
Art 26	Art 33
Art 27	Art 34
Art 28	Art 35
Art 29	Art 36
Art 30	Art 37

15

Kapitel I. Anwendungsbereich

Art. 1 [Sachlicher Anwendungsbereich]

(1) [1]Diese Verordnung ist in Zivil- und Handelssachen anzuwenden, ohne dass es auf die Art der Gerichtsbarkeit an-

kommt. [2] **Sie erfasst insbesondere nicht Steuer- und Zollsachen sowie verwaltungsrechtliche Angelegenheiten.**

(2) **Sie ist nicht anzuwenden auf:**
a) **den Personenstand, die Rechts- und Handlungsfähigkeit sowie die gesetzliche Vertretung von natürlichen Personen, die ehelichen Güterstände, das Gebiet des Erbrechts einschließlich des Testamentsrechts;**
b) **Konkurse, Vergleiche und ähnliche Verfahren;**
c) **die soziale Sicherheit;**
d) **die Schiedsgerichtsbarkeit.**

(3) **In dieser Verordnung bedeutet der Begriff „Mitgliedstaat" jeden Mitgliedstaat mit Ausnahme des Königreichs Dänemark.**

1   **1. Allgemeines.** Art 1 regelt den sachlichen Anwendungsbereich der EuGVVO, der aber noch durch Sonderregeln gem Art 71 eingeschränkt werden kann (vgl Mankowski EWS 96, 301).

2   **2. Zivil- und Handelssachen.** Eine allgemein gültige Definition dieser Begriffe ist nicht vorhanden. Sie sind autonom auszulegen (EuGH EuZW 03, 30; vgl vor Art 1 Rn 14). Maßgeblich sind materiell-rechtliche Kriterien (ZöGeimer 20), unabhängig davon, ob der Rechtsstreit vor einem Zivil-, Arbeits-, Straf- oder Verwaltungsgericht geführt wird. Der Begriff ist von der öffentlich-rechtlichen Streitigkeit abzugrenzen (EuGH IPRax 81, 169; Kropholler 6. Die zu § 13 GVG und § 40 VwGO ergangene Rechtsprechung kann grundsätzlich, aber vorsichtig auf die EuGVVO übertragen werden (Bülow-Böckstiegel/Safferling/Wolf S 606.49 Rn 11; iE auch EuGH EuZW 02, 657). Er umfasst zB eine Schadensersatzklage vor einem Strafgericht gegen den Lehrer einer öffentlichen Schule (EuGH NJW 93, 2091 m Anm Heß IPRax 94, 10; BGH NJW 93, 3269), Unterhaltssachen (vgl Art 5 Nr 2), Verbandsklagen zur Kontrolle von AGB (EuGH EuZW 02, 657), Arbeitsrecht (vgl Art 18 ff), gesellschaftsrechtliche Streitigkeiten (vgl Art 22 Nr 2), Ansprüche aus Konzernhaftung (Zimmer IPRax 98, 187/188), Kartellsachen (Kropholler 15), Streitigkeiten des gewerblichen Rechtsschutzes, des Urheberrechts und die echten Streitsachen im Bereich der Freiwilligen Gerichtsbarkeit (Wieczorek/Hausmann 11 Art 1 EuGVÜ Rn 11); die Rückgriffsklage einer öffentlichen Stelle gegen eine Privatperson auf Rückzahlung von Sozialhilfe, die einem Dritten gewährt wurde, sofern die Grundlage für diese Klage im Unterhaltsrecht (was für § 91 BSHG zu bejahen ist) und nicht in einer besonderen Befugnis liegt (EuGH EuZW 03, 30). Erfasst werden auch Zahlungsansprüche eines Pflichtverteidigers (LG Paderborn EWS 95, 248; Schlosser 12), nicht dagegen von Notaren und Behörden. Die EuGVVO ist auch auf das Mahnverfahren anzuwenden (BGH IPRax 94, 447 m Anm Pfeiffer S 421), soweit der Anwendungsbereich nach Art 1 eröffnet ist (zum Verfahren vgl § 32 AVAG; s a Hintzen/Riedel Rpfleger 97, 293).

3. Ausgeschlossene Rechtsgebiete (Abs 2). Selbst wenn eine Zi- 3
vil- oder Handelssache vorliegt, ist in den Fällen des Abs 2 die Anwendbarkeit der EuGVVO ausgeschlossen. Der Ausnahmekatalog ist
eng auszulegen (Wieczorek/Hausmann Art 1 EuGVÜ Rn 18 mwN). –
a) Buchstabe a). aa) Personenstand, Rechts- und Handlungsfä- 4
higkeit, gesetzliche Vertretung. Der Ausschluss dieser Rechtsgebiete bezieht sich nur auf natürliche Personen. Unter Personenstands-
sachen fallen vor allem Ehesachen (BGH FamRZ 92, 1058; für diesen
Bereich ist zum 1. 3. 01 die Verordnung (EG) Nr 1347/2000 des Rates
vom 29. 5. 00 (ABl L 160 v 30. 6. 99, S 19 ff) über die Zuständigkeit
und die Anerkennung und Vollstreckung von Entscheidungen in Ehesachen und in Verfahren betreffend die elterliche Verantwortung für die
gemeinsamen Kinder der Ehegatten (EheVO) in Kraft getreten; Text
und Kommentierung nachfolgend; vgl Gruber FamRZ 00, 1129; Hau
FamRZ 00, 1333; Kohler NJW 01, 10; Wagner IPRax 01, 73; Puszkajler IPRax 01, 81) und Kindschaftssachen (BGH NJW 85, 552).
Auch auf dem Kernbereich der Freiwilligen Gerichtsbarkeit (Vormund-
schafts-, Pflegschafts-, Betreuungs-, Verschollenheits- und Nachlasssa-
chen) ist die EuGVVO nicht anwendbar (Kropholler 21); ebenso wenig
auf Sorgerechtsstreitigkeiten (BGH FamRZ 83, 1008), für die die vor-
genannte VO v 29. 5. 00 zur Anwendung gelangen kann. – **bb) Ehe-** 5
liche Güterstände. Erfasst werden alle vermögensrechtlichen Beziehungen, die sich unmittelbar aus der Ehe oder ihrer Auflösung ergeben (München OLGR 99, 146; Weller IPRax 99, 14/15; Hausmann
FamRZ 80, 418). Daher fallen auch der Versorgungsausgleich (Kropholler 27; umstr; nach aA Abs 2 Nr 3, Zö/Philippi § 621 Rn 77) sowie
Ehewohnungs- und Hausratssachen unter den Ausschluss des Buchstaben a) (Zö/Phillippi § 621 Rn 77; aA Jayme IPRax 81, 49). Nach
Karlsruhe IPRax 90, 406 m Anm Hausmann S 382 fallen die nach franz
Recht nach Auflösung der Ehe anfallenden Ausgleichsleistungen (pre-
stations compensatoires) unter das Güterrecht (aA Fuchs IPRax 98,
327/328; vgl auch EuGH IPRax 81, 19; s a Art 5 Rn 7). Liegt der
Zweck der Eigentumsübertragung an bestimmten ehelichen Gegenständen in der Sicherung eines Unterhaltsanspruchs, so ist die EuGVVO
(Unterhalt vgl. Art 5 Nr 2) anwendbar (EuGH EuZW 97, 242 m Anm
Weller IPRax 99, 14). Güterrecht liegt vor, wenn der Zweck der
Leistung in der Verteilung der Güter liegt. Arbeits- und Gesellschafts-
verträge zwischen Ehegatten, die keinen unmittelbaren Bezug zur Ehe
haben, fallen hingegen nicht unter Buchstaben a) (umstr; vgl Kropholler
27). – **cc) Erbrecht einschließlich Testamentsrecht.** Alle unmittel- 6
bar auf das Erbrecht gestützten Ansprüche fallen aus dem Anwendungsbereich der EuGVVO heraus; das gilt auch für die Herausgabeklage eines Erbpätendenten gegen einen anderen (umstr; vgl Kropholler 28). –
b) Buchstabe b). Insolvenzen. Zum Begriff vgl EuGH NJW 79, 7
1772. Ab 1. 1. 99 werden auch Insolvenzen nach der InsO erfasst. Liegt
eine insolvenzrechtliche Streitigkeit vor, so ist ab 31. 5. 02 die VO
(EG) Nr 1346/2000 des Rates vom 29. 5. 00 über Insolvenzverfahren

(ABl L 160 v 30. 6. 00, S 1 ff) zu beachten, die in Art 3 Sonderregeln über die int Zuständigkeit enthält (hierzu Wimmer NJW 02, 2427). Buchstabe b) greift nur ein, wenn die Streitigkeit unmittelbar aus einem Insolvenzverfahren hervorgeht; dabei muss der geltend gemachte Anspruch nach seiner Rechtsnatur in unmittelbarem Zusammenhang mit einem Insolvenzverfahren stehen (Haubold IPRax 02, 157/158). Eine Insolvenzsache liegt nicht deshalb vor, weil der Insolvenzverwalter klagt und er anstelle des Gemeinschuldners Forderungen aus der Zeit vor der Eröffnung des Insolvenzverfahrens geltend macht (Koblenz ZIP 89, 1327; Jena ZIP 98, 1496). Unter den Ausschluss fallen Anfechtungsklagen nach §§ 129 ff InsO (BGH NJW 90, 991; Hamm DB 00, 431). Mit Vergleich ist nicht gemeint der auf freien Willen der Parteien geschlossene gerichtliche oder außergerichtliche Vergleich zur Beseitigung
8 streitiger Fragen (vgl auch Art 58). – **c) Buchstabe c). Soziale Sicherheit.** Dieser autonom auszulegende Begriff entspricht dem des Art 4 der VO (EWG) Nr 1408/71 (EuGH EuZW 03, 30). Hierunter fallen auch Ansprüche auf Rückgewähr sozialer Leistungen (Köln EuZW 91, 64). Buchstabe c) ist aber nicht anwendbar auf einen auf den Sozialhilfeträger kraft Gesetzes übergegangenen Unterhaltsanspruch, zB
9 nach § 91 BSHG (EuGH EuZW 03, 30). – **d) Buchstabe d). Schiedsgerichtsbarkeit.** Der Begriff wird weit ausgelegt. Erfasst werden staatsgerichtliche Verfahren, die einem Schiedsverfahren dienen sollen (Soergel/Kronke Art 38 Anh IV Rn 55). Buchstabe d) ist anwendbar auf die Ernennung und Abberufung von Schiedsrichtern, selbst wenn das Bestehen oder die Gültigkeit einer Schiedsvereinbarung nur eine Vorfrage im Rechtsstreits ist (EuGH NJW 93, 189; Düsseldorf NJW-RR 96, 510; Hamburg RIW 96, 862); ferner auf Verfahren eines staatlichen Gerichts, in dem die Wirksamkeit oder Unwirksamkeit eines Schiedsvertrags festgestellt werden soll (ZöGeimer 44), auf Verfahren zur Vollstreckbarerklärung oder Aufhebung von Schiedssprüchen (Bülow-Böckstiegel/Safferling/Wolf S 606.56 Rn 23 mwN). Nicht erfasst werden einstweilige Maßnahmen, weil sie der Sicherung eines Anspruchs, nicht aber der Durchführung des Schiedsverfahrens dienen (EuGH EuZW 99, 413 m Anm Heß/Vollkommer IPRax 99, 220; München RIW 00, 464).

Kapitel II. Zuständigkeit

Abschnitt 1. Allgemeine Vorschriften

Art. 2 [Allgemeiner Gerichtsstand]

(1) **Vorbehaltlich der Vorschriften dieser Verordnung sind Personen, die ihren Wohnsitz im Hoheitsgebiet eines Mitgliedstaats haben, ohne Rücksicht auf ihre Staatsangehörigkeit vor den Gerichten dieses Mitgliedstaats zu verklagen.**

(2) **Auf Personen, die nicht dem Mitgliedstaat, in dem sie ihren Wohnsitz haben, angehören, sind die für Inländer maßgebenden Zuständigkeitsvorschriften anzuwenden.**

1. Grundsatz. Die internationale Zuständigkeit der deutschen Gerichte ist gem Art 20 Abs 1 dann von Amts wegen zu prüfen, wenn der Beklagte nicht am Verfahren teilnimmt. Ansonsten muss er grundsätzlich die internationale Unzuständigkeit gem Art 24 rügen. Nur die Prüfung, ob ein anderer Vertragsstaat gem Art 22 international zuständig ist, erfolgt gem Art 25 in jeder Lage des Verfahrens von Amts wegen, selbst wenn das nationale Recht eine Rüge verlangt (EuGH IPRax 84, 92). Für die Begründung der internationalen Zuständigkeit genügt ein schlüssiger Sachvortrag des Klägers (BGH NJW 01, 1936 mwN). Die internationale Zuständigkeit nach der EuGVVO ist – entsprechend der ständigen Rechtsprechung des BGH (zuletzt NJW 03, 426 m Anm Leible S 407) – auch in der Berufungs- und Revisionsinstanz trotz §§ 513 Abs 2, 545 Abs 2 zu prüfen (Piekenbrock/Schulze IPRax 03, 1; vgl auch 7 vor § 1).

2. Prüfungsreihenfolge. Die internationale Zuständigkeit nach der EuGVVO ist im streitigen Verfahren wie folgt zu prüfen: (1) Anwendungsbereich der EuGVVO eröffnet (Vorb Art 1 Rn 5 ff)?, falls ja, (2) Klage am ausschließlichen Gerichtsstand gem Art 22?, falls nein, (3) rügelose Einlassung gem Art 24?, falls nein, (4) zulässige Gerichtsstandsvereinbarung gem Art 23?, falls nein, (5) liegt eine Versicherungssache (Art 8) oder Verbrauchersache (Art 15) vor?, falls nein, (6) Klage am allgemeinen (Art 2) oder besonderen Gerichtsstand (Art 5–7)?

3. Anwendungsbereich von Art 2. Er enthält den Grundtatbestand zur Bestimmung der internationalen Zuständigkeit im Rahmen der EuGVVO. Art 5 – Art 7 enthalten Ausnahmetatbestände, die mit Rücksicht auf Art 2 auszulegen sind (EuGH IPRax 89, 288 m Anm Gottwald S 272; IPRax 90, 173 m Anm Rauscher S 152; NJW 93, 1251). Die örtliche Zuständigkeit wird durch die nationalen Rechtsordnungen geregelt, in Deutschland insbesondere durch §§ 12–35 a.

4. Wohnsitz im Gerichtsstaat. Zur Bestimmung der internationalen Zuständigkeit knüpft Art 2 Abs 1 an den Wohnsitz im Gerichtsstaat an. – **a) Natürliche Personen.** Für diese bestimmt sich die Frage, ob der Wohnsitz im Hoheitsgebiet des angerufenen Gerichts liegt, gem Art 59 Abs 1 nach dessen Regeln. Damit haben deutsche Gerichte §§ 7–11 BGB anzuwenden. Liegt der Wohnsitz nicht im Gerichtsstaat, so ist Art 59 Abs 2 zu beachten. Hat der Beklagte einen doppelten Wohnsitz, so reicht ein Wohnsitz im Gerichtsstaat aus (Geimer NJW 86, 1438 und 2991). In Versicherungssachen (Art 9 Abs 2) und Verbrauchersachen (Art 15 Abs 2) wird die Agentur oder (Zweig-)Niederlassung dem Wohnsitz gleichgestellt. – **b) Juristische Personen.** Art 60 stellt den Sitz einer juristischen Person dem Wohnsitz gleich, wobei zur Bestimmung des Sitzes abweichend vom EuGVÜ nicht mehr das IPR berufen ist, sondern dieser sich nach den in Art 60 Abs 1 genannten Anknüpfungen beurteilt. – **c) Staatsangehörigkeit.** Auf die des Beklagten kommt es nicht an. Er muss auch nicht die Staatsangehörigkeit eines Mitgliedsstaats der EuGVVO besitzen (ZöGeimer 13). – **d) Maßgeblicher Zeitpunkt.** Die zuständigkeitsbegründenden Tatsachen müssen grundsätzlich bei Klageerhebung, spätestens jedoch im Zeitpunkt der letzten mündlichen Verhandlung in der letzten Tatsacheninstanz gegeben sein (Kropholler 13 u 15 vor Art 2). Entfallen die Zuständigkeitsvoraussetzungen während des Prozesses, so gilt der Grundsatz der perpetuatio fori (Kropholler 14 vor Art 2; Geimer/Schütze EuZVR 111; kritisch hierzu Wilske/Kocher NJW 00, 3549). Dies gilt auch, wenn der Wohnsitz in einen Nichtvertragsstaat verlegt wird (Kropholler 14 vor Art 2).

9 **5. Fehlender Wohnsitz im Gerichtsstaat. a) Wohnsitz in einem anderen Mitgliedstaat.** Hat der Beklagte seinen Wohnsitz in einem Mitgliedstaat der EuGVVO, so kann er in einem anderen Mitgliedstaat nur verklagt werden (vgl Art 3 Abs 1), wenn ein besonderer oder sonstiger Gerichtsstand nach Art 5–21, ein ausschließlicher nach Art 22, eine Gerichtsstandsvereinbarung nach Art 23 oder eine rügelose 10 Einlassung gem Art 24 vorliegt. – **b) Wohnsitz außerhalb eines Mitgliedstaats.** Hat der Beklagte in keinem Mitgliedstaat einen Wohnsitz, so sind die nationalen autonomen Zuständigkeitsregeln heranzuziehen (Art 4 Abs 1), sofern nicht eine ausschließliche Zuständigkeit nach Art 22 oder einer Gerichtsstandsvereinbarung nach Art 23 gegeben ist oder der Beklagte ausnahmsweise gem Art 9 Abs 2 oder 15 Abs 2 so zu behandeln ist, als ob er einen Wohnsitz in einem Vertragsstaat hat oder eine Vereinbarung nach Art 13 Nr 4 vorliegt.

Art. 3 [Ausgeschlossene Gerichtsstände]

(1) **Personen, die ihren Wohnsitz im Hoheitsgebiet eines Mitgliedstaats haben, können vor den Gerichten eines anderen Mitgliedstaats nur gemäß den Vorschriften der Abschnitte 2 bis 7 dieses Kapitels verklagt werden.**

(2) **Gegen diese Personen können insbesondere nicht die in Anhang I aufgeführten innerstaatlichen Zuständigkeitsvorschriften geltend gemacht werden.**

1 Damit wird klargestellt, dass im Anwendungsbereich der EuGVVO sowohl im Klage- als auch im Vollstreckungsverfahren (Jestaedt, IPRax 01, 438) die internationale Zuständigkeit nur auf diese gestützt werden kann und insbesondere der exorbitante Gerichtsstand des § 23 nicht anzuwenden ist. Auf diesen kann jedoch im Rahmen des einstweiligen Rechtsschutzes weiterhin eine internationale Zuständigkeit gestützt werden (EuGH EuZW 99, 413 m Anm Heß/Vollkommer IPRax 99, 220 u Stadler JZ 99, 1089; Schulz ZEuP 02, 805), wenn es dort, wie zB

bei §§ 919, 937, um die Bestimmung des Gerichts der Hauptsache geht (Karlsruhe MDR 02, 231). Begründet wird dies mit Art 31, der die nationalen Zuständigkeitsvorschriften zur Bestimmung der internationalen Zuständigkeit unberührt lässt. Dieses Ergebnis ist nur haltbar, wenn man im Rahmen von §§ 919, 937 das Gericht der Hauptsache abstrakt bestimmt und nicht konkret (Geimer/Schütze EuZVR Art 24 Rn 28; aA Koblenz NJW 76, 2081). Der Ausschluss von § 23 für das Hauptsacheverfahren bezieht sich aber nicht auf die örtliche Zuständigkeit, soweit diese durch die ZPO geregelt wird (Wieczorek/Hausmann Art 24 EuGVÜ Rn 3 Fn 6).

Art. 4 [Verweisung auf das autonome Recht]

(1) **Hat der Beklagte keinen Wohnsitz im Hoheitsgebiet eines Mitgliedstaats, so bestimmt sich vorbehaltlich der Artikel 22 und 23 die Zuständigkeit der Gerichte eines jeden Mitgliedstaats nach dessen eigenen Gesetzen.**

(2) **Gegenüber einem Beklagten, der keinen Wohnsitz im Hoheitsgebiet eines Mitgliedstaats hat, kann sich jede Person, die ihren Wohnsitz im Hoheitsgebiet eines Mitgliedstaats hat, in diesem Staat auf die dort geltenden Zuständigkeitsvorschriften, insbesondere auf die in Anhang I angeführten Vorschriften, wie ein Inländer berufen, ohne dass es auf ihre Staatsangehörigkeit ankommt.**

Art 4 enthält für den Fall, dass der Beklagte keinen (Wohn-)Sitz in **1** einem Mitgliedstaat hat und kein Fall der Art 22 (ausschließlicher Gerichtsstand) und 23 (Gerichtsstandsvereinbarung) gegeben ist, eine Verweisung auf die autonomen Zuständigkeitsregeln, namentlich auf den Grundsatz, dass die örtliche Zuständigkeit die internationale indiziert (6 vor § 1). Unberührt von dieser Verweisung bleiben aber Art 9 Abs 2, 13 Nr 4, 15 Abs 2 (Wieczorek/Hausmann Art 4 EuGVÜ Rn 7) und die Vorschriften über die Rechtshängigkeit und Konnexität (Art 27–30; vgl Kropholler 3), die auch für den Fall, dass die Zuständigkeit nach dem autonomen Recht bestimmt wird, Anwendung finden (Kropholler aaO).

Abschnitt 2. Besondere Zuständigkeiten

Vorbemerkung zu Art 5–7

Die Art 5–7 enthalten besondere Zuständigkeiten für bestimmte Kla- **1** gen. Diese Zuständigkeiten konkurrieren mit der Wohnsitzzuständigkeit gem Art 2. Die in Art 5 ff aufgezählten besonderen Zuständigkeiten sind als Ausnahme zu Art 2 nach der Rspr des EuGH grundsätzlich einschränkend auszulegen (EuGH IPRax 89, 288 m Anm Gottwald S 272; IPRax 90, 173 m Anm Rauscher S 152; NJW 93, 1251). Der

Kläger kann wählen, ob er die Klage am allgemeinen oder am besonderen Gerichtsstand erheben will. Die nachfolgenden Vorschriften bestimmen zT auch die örtliche Zuständigkeit, so dass in diesen Fällen auf §§ 12–35 a nicht mehr zurückgegriffen werden darf.

Art. 5 [Besonderer Gerichtsstand]

Eine Person, die ihren Wohnsitz im Hoheitsgebiet eines Mitgliedstaats hat, kann in einem anderen Mitgliedstaat verklagt werden:

1. **a) wenn ein Vertrag oder Ansprüche aus einem Vertrag den Gegenstand des Verfahrens bilden, vor dem Gericht des Ortes, an dem die Verpflichtung erfüllt worden ist oder zu erfüllen wäre;**

   b) im Sinne dieser Vorschrift – und sofern nichts anderes vereinbart worden ist – ist der Erfüllungsort der Verpflichtung
   – für den Verkauf beweglicher Sachen der Ort in einem Mitgliedstaat, an dem sie nach dem Vertrag geliefert worden sind oder hätten geliefert werden müssen;
   – für die Erbringung von Dienstleistungen der Ort in einem Mitgliedstaat, an dem sie nach dem Vertrag erbracht worden sind oder hätten erbracht werden müssen;

   c) ist Buchstabe b) nicht anwendbar, so gilt Buchstabe a);

2. **wenn es sich um eine Unterhaltssache handelt, vor dem Gericht des Ortes, an dem der Unterhaltsberechtigte seinen Wohnsitz oder seinen gewöhnlichen Aufenthalt hat, oder im Falle einer Unterhaltssache, über die im Zusammenhang mit einem Verfahren in Bezug auf den Personenstand zu entscheiden ist, vor dem nach seinem Recht für dieses Verfahren zuständigen Gericht, es sei denn, diese Zuständigkeit beruht lediglich auf der Staatsangehörigkeit einer der Parteien;**

3. **wenn eine unerlaubte Handlung oder eine Handlung, die einer unerlaubten Handlung gleichgestellt ist, oder wenn Ansprüche aus einer solchen Handlung den Gegenstand des Verfahrens bilden, vor dem Gericht des Ortes, an dem das schädigende Ereignis eingetreten ist oder einzutreten droht;**

4. **wenn es sich um eine Klage auf Schadensersatz oder auf Wiederherstellung des früheren Zustands handelt, die auf eine mit Strafe bedrohte Handlung gestützt wird, vor dem Strafgericht, bei dem die öffentliche Klage erhoben ist, soweit dieses Gericht nach seinem Recht über zivilrechtliche Ansprüche erkennen kann;**

5. **wenn es sich um Streitigkeiten aus dem Betrieb einer Zweigniederlassung, einer Agentur oder einer sonstigen Niederlassung handelt, vor dem Gericht des Ortes, an dem sich diese befindet;**

6. wenn sie in ihrer Eigenschaft als Begründer, trustee oder Begünstigter eines trust in Anspruch genommen wird, der aufgrund eines Gesetzes oder durch schriftlich vorgenommenes oder schriftlich bestätigtes Rechtsgeschäft errichtet worden ist, vor den Gerichten des Mitgliedstaats, in dessen Hoheitsgebiet der trust seinen Sitz hat;

7. wenn es sich um eine Streitigkeit wegen der Zahlung von Berge- und Hilfslohn handelt, der für Bergungs- oder Hilfeleistungsarbeiten gefordert wird, die zugunsten einer Ladung oder einer Frachtforderung erbracht worden sind, vor dem Gericht, in dessen Zuständigkeitsbereich diese Ladung oder die entsprechende Frachtforderung

a) mit Arrest belegt worden ist, um die Zahlung zu gewährleisten, oder

b) mit Arrest hätte belegt werden können, jedoch dafür eine Bürgschaft oder eine andere Sicherheit geleistet worden ist; diese Vorschrift ist nur anzuwenden, wenn behauptet wird, daß der Beklagte Rechte an der Ladung oder an der Frachtforderung hat oder zur Zeit der Bergungs- oder Hilfeleistungsarbeiten hatte.

1. Allgemeines. Art 5 enthält neben Art 2 die wichtigste Zuständigkeitsregel. Er setzt voraus, dass der Wohnsitz des Beklagten in einem anderen Mitgliedstaat als dem Gerichtsstaat liegt. Mit Ausnahme von Art 5 Nr 6 regelt Art 5 auch die örtliche Zuständigkeit. Ein Rückgriff auf die §§ 12–35a ist unzulässig. Art 5 Nr 1 enthält abweichend vom EuGVÜ eine eigenständige Regelung zur Bestimmung des Erfüllungsortes. Arbeitsverträge wurden aus dem Anwendungsbereich von Art 5 herausgenommen und werden in Art 18 ff neu geregelt. Für Maßnahmen des einstweiligen Rechtsschutzes vgl Art 31 Rn 3. **1**

2. Nr 1. a) Vertrag oder Ansprüche aus einem Vertrag. Der Begriff ist autonom auszulegen (EuGH NJW 02, 3159). Er verlangt nicht zwingend das Vorliegen eines Vertrages, aber es muss zwingend eine freiwillig eingegangene Verpflichtung vorliegen (EuGH aaO). **aa) Anwendbar** auf alle Klagearten (München RIW 96, 1035), bei denen der Vertrag streitig ist (EuGH IPRax 83, 31; BGH NJW 01, 1936), sofern nicht bei Verbraucherverträgen Art 15 als lex specialis Vorrang hat (EuGH NJW 02, 2697). Er gilt ferner für Klagen im Falle einer missbräuchlichen Auflösung des Vertrags (EuGH IPRax 89, 227), für den Gebührenstreit eines Anwalts (Drews TranspR 99, 193) und für Zahlungsklagen aus einer Vereinsmitgliedschaft (EuGH IPRax 84, 85 m Anm Schlosser S 65), für Klagen einer GmbH gegen ihren Geschäftsführer (München IPRax 00, 416 m Anm Haubold S 375: Celle RIW 00, 710), für einseitige Rechtsgeschäfte (Geimer/Schütze EuZVR 38) wie zB § 661a BGB (Köln NJW 02, 3637; Lorenz IPRax 02, 192/193 u NJW 00, 3305/3309; Leible IPRax 03, 28; dahingestellt in EuGH NJW 02, 2798; aA BGH NJW 03, 426/427 m Anm Leible S 407, der **2**

stattdessen Art 15 Abs 1 Buchstabe c (dort Rn 5), falls zugleich mit der
Gewinnzusage eine Vertragsanbahnung erfolgt oder Art 5 Nr 3 (dort
Rn 17) anwenden will; vgl Braun MDR 03, 351) und vertragliche
Rückabwicklungsverhältnisse (Wieczorek/Hausmann Art 5 EuGVÜ
3 Rn 6). – **bb) Nicht anwendbar** auf Produkthaftungsklagen, wenn
zwischen dem Erwerber einer Sache und dem Hersteller keine unmittelbaren vertraglichen Beziehungen bestehen (EuGH JZ 95, 90); ebenso
nicht auf die Klage eines Verbraucherschutzvereins auf die Unterlassung
missbräuchlicher AGB (EuGH EuZW 02, 657). Dasselbe gilt, falls der
Empfänger einer Ware gestützt auf ein Konossement nicht gegen den
Aussteller des Dokuments, sondern gegen den Verfrachter Ansprüche
geltend macht (EuGH EuZW 99, 59). Nr 1 gilt ferner nicht für konkurrierende deliktische Ansprüche, da Art 5 als Ausnahme zu Art 2 eng
auszulegen ist (EuGH NJW 88, 3088; umstr; vgl hierzu MüKoGottwald Art 5 EuGVÜ Rn 8; aA ZöGeimer 10), für Bereicherungsansprüche (aA Holl IPRax 98, 120) oder sonstige gesetzliche Schuldverhältnisse (BGH NJW 96, 1411 m Anm Mankowski IPRax 97, 173;
insoweit ist Art 2 Abs 1 zu beachten, Mankowski aaO), für Klagen gegen den Wechselaussteller nach Art 9 Abs 1 WG (LG Frankfurt IPRax
97, 258 m Anm Bachmann S 237) und für verfügende Rechtsgeschäfte
(Wieczorek/Hausmann Art 5 EuGVÜ Rn 5). Nach EuGH (NJW 02,
1407 m Anm Heß IPRax 02, 376) ist Nr 1 wegen der Vielzahl der bestehenden Erfüllungsorte auch nicht auf eine geografisch unbegrenzt
geltende Unterlassungspflicht anzuwenden; um konkurrierende Gerichtsstände zu vermeiden, ist Art 2 Abs 1 anzuwenden. Zweifelhaft ist,
ob Nr 1 für die Klage gegen einen Gesellschafter auf Eigenkapitalersatz
analog § 31 GmbHG (bejahend Jena ZIP 98, 1496, Revision vom
BGH nicht angenommen, vgl RIW 99, 705) oder gegen einen Dritten
auf Rückzahlung von Darlehen gem §§ 32a, b GmbHG anzuwenden
ist (bejahend Bremen RIW 98, 63). Umstr ist ferner, ob die Konzernhaftung unter Nr 1 fällt (verneinend Frankfurt IPRax 00, 525 m krit
Anm Kulms S 488). Ansprüche aus cic fallen ebenfalls nicht unter Nr 1,
weil es an einer freiwillig eingegangenen Verpflichtung fehlt und Verstöße gegen Treu und Glauben nicht ausreichen (EuGH NJW 02, 3159
mit differenzierender Anm Mankowski IPRax 03, 127; es gilt da-
4 her Nr 3; aA 24. Aufl). – **b) Erfüllungsort** (Buchstabe b). Abweichend von der bisherigen Praxis zum EuGVÜ wird der Erfüllungsort
grds (Ausnahme Buchstabe c)) nicht mehr mit Hilfe des IPR des angerufenen Gerichts bestimmt (sog Tessili-Regel; EuGH NJW 77, 491u
00, 719), vielmehr wurde mit Nr 1 Buchstabe b) ein selbständiger Erfüllungsortbegriff geschaffen (eingehend Gsell IPRax 02, 484;
5 Eltzschig IPRax 02, 491). – **aa) Vereinbarung.** Eine solche geht der
gesetzlichen Bestimmung des Erfüllungsortes nach Buchstabe b) vor.
Ob auch im Rahmen des Buchstaben c) iVm Buchstaben a) eine Vereinbarung zulässig ist, ist nach dem Wortlaut der Vorschrift zweifelhaft.
Wird der konkrete Erfüllungsort vertraglich vereinbart, so ist die Form
des Art 23 Abs 1 hierfür nicht zu beachten (EuGH RIW 80, 726;

IPRax 84, 89; BGH NJW 96, 1819; Geimer/Schütze EuZVR Art 17 EuGVÜ Rn 81). Die Form der Vereinbarung wird in diesem Fall durch das IPR des angerufenen Gerichts bestimmt (Micklitz/Rott EuZW 01, 325/328). Art 23 Abs 1 gilt aber für den Fall der abstrakten, eine Gerichtsstandsvereinbarung verschleiernde Erfüllungsortsvereinbarung (EuGH NJW 97, 1431 m Anm Koch JZ 97, 841; Holl RIW 97, 418; Huber ZZP lnt 2, 168/177; BGH NJW-RR 98, 755; vgl. auch BGH EuZW 95, 715 – Vorlagebeschluss – m Anm Schack IPRax 96, 247). Nach dem System des Art 5 Nr 1, für alle Streitigkeiten aus dem Vertrag einen einzigen Gerichtsstand zu begründen, dürfte der Erfüllungsort wirksam nur insgesamt vereinbart werden können, nicht nur für einzelne vertragliche Verpflichtungen (Micklitz/Rott EuZW 01, 325/328). **bb) Bewegliche Sachen. 11) Begriff.** Ob die Sachen be- **6** weglich sind, beurteilt sich nach dem Lagerecht (lex rei sitae). Der Kauf von Wertpapieren fällt nicht hierunter (LG Darmstadt IPRax 95, 318 m Anm Thorn S 294). **22) Zuständigkeit.** Für einen Vertrag über **7** diese ist das Gericht des Mitgliedstaats international und örtlich zuständig, in dessen Bezirk die Sache geliefert wurde oder hätte geliefert werden müssen. – **cc) Dienstleistungen. 11) Begriff.** Er ist autonom zu **8** qualifizieren (EuGH EuZW 99, 727) und weit auszulegen (BGH NJW 94, 262). Art 50 EG kann zur Auslegung herangezogen werden (Wieczorek/Hausmann Art 13 EuGVÜ Rn 15). Er umfasst entgeltliche gewerbliche, kaufmännische, handwerkliche und freiberufliche Tätigkeiten (Micklitz/Rott EuZW 01, 325/328), also auch Werkverträge (Gsell IPRax 02, 484). Bei gemischten Verträgen kommt es auf den Schwerpunkt an (eingehend Gsell aaO). Hierunter fallen nicht Versicherungsverträge, Verbraucherverträge und Arbeitsverträge, da Art 8–21 insoweit lex specialis sind (Hau IPRax 00, 354/359; aA Micklitz/Rott EuZW 01, 325/328), wohl aber Kreditgeschäfte (Reich ZIP 99, 1210 unter Hinweis auf EuGH EuZW 96, 95; Mankowski EWiR 99, 1171; Hau IPRax 00, 354/359; Micklitz/Rott EuZW 01, 325/328; sehr umstr, aA Neumann IPRax 01, 257). Erfasst werden Kommissionsverträge, die auf die Durchführung von Warentermingeschäften gerichtet sind, ferner Treuhandverträge (BGH NJW 94, 262), nicht aber Verträge über ein schuldrechtliches Teilzeitwohnrecht, selbst wenn die Bewirtschaftung und Verwaltung vereinbart ist (BGH NJW 97, 1697). **22) Zuständigkeit.** International und örtlich ist das Gericht des **9** Mitgliedstaats zuständig, in dessen Bezirk die Dienstleistung erbracht worden ist oder hätte erbracht werden müssen. Liegt der Ort außerhalb eines Mitgliedstaats gilt Buchstabe c). – **dd) Umfang.** Die Zuständig- **10** keit gilt für alle Streitigkeiten aus dem Vertrag, also für die Zahlungsverpflichtung des Schuldners, die Schadensersatzklage wegen Leistungsstörungen oder Verletzung von Nebenrechten. Die Regelung ist auch anwendbar, wenn mit der Klage gleichzeitig mehrere Ansprüche geltend gemacht werden (Piltz NJW 02, 789/793), sofern sie vertraglicher Natur sind. – **c) Auffangtatbestand** (Buchstabe c)). Für Verträge, die **11** nicht unter Buchstabe b) fallen oder falls danach auf einen Staat verwiesen wird, der nicht Mitgliedstaat ist, beurteilt sich der Erfüllungsort nach Buchstabe a) und damit nach der Tessili-Regel, dh der Erfüllungsort beurteilt sich grundsätzlich nach dem Vertragsstatut, das nach dem IPR des angerufenen Gerichts zu bestimmen ist (EuGH NJW 77, 491; bestätigt durch EuGH NJW 95, 183 und NJW 00, 719; s a BGH NJW 01, 1936 u ZIP 03, 213). Maßgeblich ist der Erfüllungsort der konkret streitigen Verpflichtung, die Gegenstand der Klage ist (österr OGH RIW 98, 634), wobei auf die primäre Hauptverpflichtung abzustellen ist (BGH NJW 96, 1819). Für jeden gleichrangigen Anspruch muss der Erfüllungsort selbständig festgestellt werden (EuGH NJW 00, 721; BGH NJW 97, 870; Storp RIW 99, 823 insb zum franz Recht), auf die vertragscharakteristische Leistung kommt es somit nicht an. Jedoch werden Sekundäransprüche, wie zB Schadensersatzansprüche wegen Nichterfüllung zuständigkeitsrechtlich der Hauptverpflichtung zugeordnet (Hamm NJW-RR 95, 188; Geimer/Schütze EuZVR Art 5 EuGVÜ Rn 59). Die Bestimmung des Erfüllungsorts durch die durch das IPR der lex fori ermittelte lex causae ist auch dann maßgeblich, wenn nach Art 3 Abs 2 EGBGB der Erfüllungsort durch das CISG bestimmt wird (EuGH NJW 95, 183 m Anm Koch RIW 96, 379; Geimer JZ 95, 244; Huber ZZP lnt 1,167; BGH NJW 97, 870; abl Jayme IPRax 95, 13; Schack ZEuP 95, 655). In diesem Fall kann der Verkäufer die Kaufpreiszahlung an seiner Niederlassung einklagen (Art 57 Abs 1a CISG; **12** Piltz NJW 02, 789/793). – **d) Sonderregel für Luxemburg.** Für Personen mit dortigem Wohnsitz ist bei Anwendung von Art 5 Nr 1 die Sonderregel in Art 63 Abs 1 zu beachten.

13 **3. Nr 2. Unterhaltssachen. a) Begriff.** Er ist autonom und weit auszulegen (EuGH IPRax 81, 19 m Anm Hausmann S 7) und erfasst Ansprüche sowohl des Unterhaltsberechtigten als auch des Unterhalts verpflichteten (Geimer/Schütze EuZVR Art 5 EuGVÜ Rn 136). Unterhaltsberechtigter ist jeder, der auf Unterhalt klagt, einschließlich desjenigen, der erstmals Klage auf Unterhalt erhebt (EuGH IPRax 98, 354 m Anm Fuchs S 327; Jayme/Kohler IPRax 97, 385/394). Der Begriff umfasst den ehe- und nachehelichen Unterhalt, den Kindesunterhalt, auch im Zusammenhang mit einer Statussache, ferner Abänderungsklagen (für diese gilt im Anwendungsbereich der EuGVVO nicht automatisch die Zuständigkeit des Erstgerichts; Thüringen FamRZ 00, 681; Kropholler 58), den Prozesskostenvorschuss iS von § 1360a Abs 4 BGB (MüKoGottwald Art 5 EuGVÜ Rn 26), ebenso vertragliche Unterhaltsansprüche (Geimer/Schütze EuZVR Art 5 EuGVÜ Rn 120; einschränkend Kropholler 48). Erfasst werden auch deliktische Unterhaltsansprüche (Wieczorek/Hausmann Art 5 EuGVÜ Rn 38). Unterhalt und nicht Ansprüche aus ehelichem Güterrecht (Art 1 Rn 5) liegt vor, wenn zur Sicherung eines Unterhaltsanspruchs ein Pauschalbetrag gezahlt (Karlsruhe FamRZ 02, 839), zB nach franz Recht (prestations compensatoires; vgl EuGH IPRax 81, 5 m Anm Hausmann S 19; Fuchs IPRax 98, 327/328; aA Karlsruhe IPRax 90, 406 m krit Anm Hausmann S 382) oder Eigentum an bestimmten Gegenständen übertragen wird (EuGH EuZW 97, 242 m Anm Weller IPRax 99, 14). Umstr ist, ob Regressprozesse der öffentlichen Hand (zB der Sozialhilfeträger), auf die der Unterhaltsanspruch übergegangen ist, unter Nr 2 fallen; hierfür spricht, dass durch den Rechtsübergang die Rechtsnatur des Anspruchs sich nicht ändert (BGH FamRZ 02, 21 – Vorlagebeschluss; Jenard-Bericht in Bülow-Böckstiegel S 601.17; aA MüKoGottwald Art 5 EuGVÜ Rn 32; Geimer/Schütze EuZVR Art 5 EuGVÜ Rn 111; Bülow-Böckstiegel/Auer S 606 112 Rn 73); nicht erfasst werden aber Regressansprüche wegen zu viel gezahlten Unterhalts; hierfür gilt Art 2 Abs 1 (Kropholler 57; umstr; aA Geimer/Schütze Bd I 1 S 451); ferner nicht Vollstreckungsabwehrklagen, für diese gilt Art 22 Nr 5 (Art 22 Rn 15). – **b) Verbundsachen** (Scheidung, § 623 Abs 1; Vaterschaftsfeststellung). Nr 2 3. Alt gilt für diese und verdrängt in seinem **14** Anwendungsbereich die autonomen Zuständigkeitsregeln nach der ZPO (Piltz NJW 02, 789/791). Erfasst wird wegen des Wortlauts der Nr 2 3. Alt zwar nur der nacheheliche Unterhalt, nicht aber der Trennungsunterhalt (KG NJW-RR 98, 579 m abl Anm Schulze IPRax 99, 21); eine Annexzuständigkeit sollte jedoch bejaht werden (Schulze aaO, S 23). Die Verbundzuständigkeit entfällt jedoch uU, wenn die Zuständigkeit für die Statussache allein auf die Staatsangehörigkeit einer Partei gestützt wird (vgl § 606a Abs 1 Nr 1; § 640a Abs 2 Nr 1; Wieczorek/Hausmann Art 5 EuGVÜ Rn 42; Jayme JuS 89, 389). Haben beide Parteien die deutsche Staatsangehörigkeit, so soll in diesem Fall nach überwiegen der Meinung die Zuständigkeit bejaht werden können (MüKoGottwald Art 5 EuGVÜ Rn 29). – **c) Wohnsitz.** Er bestimmt **15** sich gem Art 59 nach der lex fori. Unter gewöhnlichem Aufenthalt ist in Anlehnung an das Haager Unterhaltsübereinkommen der Daseinsmittelpunkt, der Ort zu verstehen, wo der Schwerpunkt der Bindungen des Unterhaltsberechtigten liegt (BGH NJW 75, 1068). – **d) Vollstreckung.** Im Verfahren der Vollstreckbarerklärung kann der Schuldner nicht gem § 12 Abs 1 AVAG geltend machen, der zugesprochene Unterhalt sei zu hoch. Entweder handelt es sich hierbei um eine Einwendung gegen die Richtigkeit des ausl Urteils, die gem Art 36 bzw 45 Abs 2 der Überprüfung entzogen ist oder um eine Abänderungsklage (Rn 13), für die die Zuständigkeitsvorschriften nach Art 2 ff zu beachten sind (Düsseldorf FamRZ 02, 1422; Kropholler 62).

4. Nr 3. a) Unerlaubte oder dieser gleichgestellte Handlung. 17 Der Begriff ist autonom auszulegen (EuGH NJW 02, 3159) und umfasst alle Klagen, mit denen eine Schadenshaftung des Beklagten geltend gemacht wird, die nicht an einen Vertrag iS von Art 5 Nr 1 anknüpft (EuGH NJW 02, 2697; EuZW 02, 657), wobei der Begriff „schädigendes Ereignis" wegen der engen Beziehung zwischen Handlungsort und Gerichtsort weit auszulegen ist (EuGH EuZW 02, 657). Hierunter fallen Ansprüche aus Delikt, Gefährdungshaftung, Umweltbeeinträchtigungen, Produkthaftung, Kartellverstöße, unlauterem Wettbewerb,

Verletzung von Immaterialgütern, Patentverletzungen (OGH IPRax 02, 131; München OLGR 02, 148; Düsseldorf IPRax 01, 336 m Anm Otte S 315), Konzernhaftung (umstr; Zimmer IPRax 98, 187/190; aA Düsseldorf IPRax 98, 210), vorbeugende Unterlassungsklagen (EuGH NJW 02, 3617 m zust Anm Mankowski EWiR 02, 1047), Unterlassungsklagen privater Verbraucherverbände wegen Verwendung missbräuchlicher AGB (EuGH aaO); Gewinnzusagen gem § 661 a BGB (BGH NJW 03, 426/428; Leible IPRax 03, 28/30 mwN; aA Nürnberg IPRax 03, 54/57). Nicht unter Nr 3 fallen die negative Feststellungsklage wegen einer angeblichen Patentverletzung (München OLGR 02, 147), Gläubigeranfechtungsklage (EuGH IPRax 93, 28 m Anm Schlosser S 17) und Ansprüche aus ungerechtfertigter Bereicherung (BGH NJW 96, 1411 m Anm Mankowski IPRax 97, 173; zweifelnd Dietze/ 18 Schnichels EuZW 96, 456). – b) **Voraussetzungen und Umfang** des Schadensersatzanspruchs beurteilen sich nach dem Recht, das mit Hilfe des IPR des angerufenen Gerichts ermittelt wird, soweit dessen Anwendung die praktische Wirksamkeit der EuGVVO nicht beeinträchtigt 19 (EuGH NJW 95, 1881). – c) **Gerichtsstand.** An dem der unerlaubten Handlung kann – trotz § 17 Abs 2 GVG (BGH NJW 03, 828/830) – nur über Klagen deliktischer Natur entschieden werden, nicht jedoch über konkurrierende vertragliche Ansprüche (EuGH NJW 88, 3088). Ansprüche aus vorvertraglichen Vertrauensverhältnissen (cic) fallen jedoch unter Nr 3 (EuGH NJW 02, 3159; vgl auch Rn 3). Aber im Gerichtsstand der Nr 3 kann als Vorfrage des deliktischen Anspruchs darüber entschieden werden, ob eine Verletzungshandlung auf Grund vertraglicher Vereinbarung rechtmäßig ist (BGH NJW 88, 1466 m Anm Mansel IPRax 89, 84; zweifelnd Stuttgart RIW 99, 782). Gerichtsstand ist dort, wo das schädigende Ereignis eingetreten ist (wie § 32). Hierzu ist eine Darlegung des Klägers notwendig (BGH NJW 02, 1425). Das ist sowohl der Ort, an dem der Schaden entstanden ist, als auch der Ort des ursächlichen Geschehens (EuGH EuZW 95, 765). Der Begriff Ort des Schadenseintritts umfasst nur den Erstschaden, nicht aber den möglicherweise daraus resultierenden Folgeschaden (EuGH EuZW 95, 765 m Anm Holl; Geimer JZ 95, 1108; Kohler ZEuP 96, 465; Hohloch IPRax 97, 312). Ein Vermögensschaden bei Geldanlage im Ausland begründet daher keinen Deliktsgerichtsstand am Wohnsitzort des Anlegers (Stuttgart NJW-RR 99, 138). Fallen der Handlungs- und Erfolgsort auseinander, so hat der Geschädigte grundsätzlich ein Wahlrecht (EuGH NJW 77, 493). Ist deutsches Deliktsrecht anwendbar, so muss der Kläger zur Frage der internationalen Zuständigkeit schlüssig dartun, dass nach deutschem Recht eine unerlaubte Handlung vorliegt und im Inland begangen wurde (BGH NJW 87, 592). Bei Ehrverletzungen durch Presseartikel kann die Klage am Ort der Niederlassung des Herausgebers oder am (bestimmungsgemäßen, vgl Huber ZEuP 96, 300/309) Verbreitungsort, wo also das Ansehen des Betroffenen beeinträchtigt ist, erhoben werden. Die erstgenannten Gerichte sind für die Entscheidung über alle Schadensersatzansprüche zuständig, die letztgenannten Gerichte nur für Ansprüche aus Schadensereignissen, die in diesem Staat verursacht wurden (EuGH NJW 95, 1882 m Anm Rauscher ZZP Int 1, 145; Huber ZEuP 96, 300; Kreuzer/Klötgen IPRax 97, 90). Der Ort, an dem der Empfänger einer Ware Schäden an dieser nach einem Seetransport und anschließendem Transport über Land feststellt, ist ebenso wenig Tatort iS von Nr 3 wie der Auslieferungsort; Tatort ist der Ort, an dem der tatsächliche Verfrachter die Waren auszuliefern hatte (EuGH EuZW 99, 59). Für unerlaubte Handlungen im Internet vgl Bachmann IPRax 98, 179; für Patentverletzungen vgl Düsseldorf IPRax 01, 336 m Anm Otte S 315. – **d) Personenkreis.** Nr 3 gilt nur für den unmittelbar Geschädigten (EuGH NJW 91, 631). Die Handlung eines jeden Tatbeteiligten wirkt für den Mittäter und Gehilfen zuständigkeitsbegründend (Geimer/Schütze EuZVR Art 5 EuGVÜ Rn 187; kritisch Weller IPRax 00, 202/205).   **20**

5. Nr 4. Adhäsionsklagen. Nr 4 betrifft Verfahren iS von §§ 403 ff StPO und ähnliche Verfahren vor ausländischen Gerichten (vgl EuGH EuZW 93, 418). Nr 4 eröffnet eine Zuständigkeit nur für deliktische Ansprüche (Wieczorek/Hausmann Art 5 EuGVÜ Rn 67). Bei Anwendung von Nr 4 ist Art 61 zu beachten, der Art II des (1.) Protokolls zum EuGVÜ/LGVÜ entspricht (hierzu EuGH IPRax 82, 185; BGH IPRax 98, 205 m Anm Piekenbrock S 177 (Anwendung von Art II auf vorsätzliche Straftaten)).   **21**

6. Nr 5. Niederlassungen. a) Begriff. Er ist autonom auszulegen (eingehend Thorn IPRax 97, 98). Zweigniederlassung und Agentur sind Unterbegriffe. Die Niederlassung ist dadurch gekennzeichnet, dass sie der Aufsicht und Leitung des Stammhauses unterliegt (EuGH NJW 77, 490), über eine hinreichende materielle und personelle Ausstattung verfügt, um Geschäfte mit Dritten zu betreiben (Düsseldorf IPRax 98, 210 m Anm Zimmer S 187) und als Außenstelle eines ausländischen Stammhauses hervortritt (Thorn aaO). Ein selbständiger Handelsvertreter ist daher keine Außenstelle (EuGH NJW 82, 507). Ob die Niederlassung Befugnis zum eigenständigen Vertragsschluss haben muss, ist umstr (Benicke WM 97, 949). Maßgeblich ist die Dauer der Betätigung an einem Ort. Kurzfristige Arbeiten, zB auf Messen reichen hierfür nicht aus (Düsseldorf IPRax 98, 210). Ein Warenlager genügt nicht (Soergel/Kronke Art 38 Anh IV Rn 68); ebenso ist eine aktive Website im e-commerce keine virtuelle Niederlassung (MüKoGottwald AB 21). Die Vorschrift ist dahingehend auszulegen, dass hierunter auch die Tätigkeit einer juristischen Person fällt, die diese mit Hilfe einer gleichnamigen selbständigen Gesellschaft mit identischer Geschäftsführung entfaltet, die in ihrem Namen verhandelt und Geschäfte abschließt und derer sie sich wie einer Außenstelle bedient (EuGH IPRax 80, 96 m Anm Kronke S 81). Im Vordergrund steht der Rechtsscheingedanke (Wieczorek/Hausmann Art 5 EGVÜ Rn 78). Weitergehend Düsseldorf (IPRax 97, 115 m Anm Thorn S 98), das eine Zuständigkeit nach Nr 5 schon dann für gegeben ansieht, wenn die in einem Vertragsstaat ansäs-   **22**

sige Partei in dem Vertragsstaat, in dem sie verklagt wird, ihre sämtlichen Geschäfte durch eine rechtlich selbständige Gesellschaft abwickeln lässt (bedenkliche Auslegung ohne Vorlage an den EuGH; vgl auch
23 Thorn IPRax 97, 98). – **b) Voraussetzung.** Notwendig ist eine Betriebsbezogenheit der Klage, dh sie muss sich auf den Betrieb der Niederlassung beziehen (München RIW 99, 872; Wieczorek/Hausmann Art 5 EuGVÜ Rn 82). Der Beklagte muss selbst einen Wohnsitz oder eine Niederlassung in einem Mitgliedstaat haben (vgl Einleitungssatz v Art 5), andernfalls finden gem Art 4 Abs 1 die autonomen Zuständigkeisregeln Anwendung (MüKoGottwald Art 5 EuGVÜ Rn 57). Nicht notwendig für die Zuständigkeit am Ort der Zweigniederlassung ist aber, dass die von der Zweigniederlassung im Namen des Stammhauses eingegangenen Verpflichtungen in dem Mitgliedstaat zu erfüllen sind, in dem sich die Zweigniederlassung befindet (EuGH EuZW 95, 409). –
24 **c) Aktivprozesse** des Inhabers einer Niederlassung werden von Nr 5 nicht erfasst. (Wieczorek/Hausmann Art 5 EuGVÜ Rn 74).

25 **7. Nr 6. Trustklagen.** Die Vorschrift wurde im Hinblick auf die Rechtsordnung des Vereinigten Königreichs und Irlands eingefügt. Vgl hierzu Mu/Weth 26. Zur Sitzbestimmung vgl Art 60 Abs 3.

26 **8. Nr 7. Gerichtsstand für Berge- und Hilfslohn.** In Nr 7 sind für bestimmte Streitigkeiten über die Zahlung von Berge- und Hilfslohn eine internationale Zuständigkeit auf Grund der Beschlagnahme von Ladung und Fracht eröffnet. Hierzu Mu/Weth Art 5 EuGVÜ Rn 34.

Art. 6 [Weitere besondere Gerichtsstände]

Eine Person, die ihren Wohnsitz im Hoheitsgebiet eines Mitgliedstaats hat, kann auch verklagt werden:
1. **wenn mehrere Personen zusammen verklagt werden, vor dem Gericht des Ortes, an dem einer der Beklagten seinen Wohnsitz hat, sofern zwischen den Klagen eine so enge Beziehung gegeben ist, dass eine gemeinsame Verhandlung und Entscheidung geboten erscheint, um zu vermeiden, dass in getrennten Verfahren widersprechende Entscheidungen ergehen könnten;**
2. **wenn es sich um eine Klage auf Gewährleistung oder um eine Interventionsklage handelt, vor dem Gericht des Hauptprozesses, es sei denn, dass die Klage nur erhoben worden ist, um diese Person dem für sie zuständigen Gericht zu entziehen;**
3. **wenn es sich um eine Widerklage handelt, die auf denselben Vertrag oder Sachverhalt wie die Klage selbst gestützt wird, vor dem Gericht, bei dem die Klage selbst anhängig ist;**
4. **wenn ein Vertrag oder Ansprüche aus einem Vertrag den Gegenstand des Verfahrens bilden und die Klage mit einer Klage wegen dinglicher Rechte an unbeweglichen Sachen**

gegen denselben Beklagten verbunden werden kann, vor dem Gericht des Mitgliedstaats, in dessen Hoheitsgebiet die unbewegliche Sache belegen ist.

1. Allgemeines. Art 6 enthält einen besonderen Gerichtsstand. Die **1** Aufzählung der Gerichtsstände in Art 6 ist abschließend (Kropholler 1). Die Vorschrift setzt voraus, dass der Beklagte in einem anderen Mitgliedstaat wohnt, der nicht der Gerichtsstaat ist (Wieczorek/Hausmann Art 6 EuGVÜ Rn 3). Jeder Beklagte muss aber in einem Mitgliedstaat wohnen (Mu/Weth 3). Dies gilt auch dann, wenn der Kläger behauptet, der Rechtsstreit habe einen unteilbaren Charakter (EuGH EuZW 99, 59).

2. Nr 1. Streitgenossenschaft. Durch die Neufassung ist jetzt **2** klargestellt, dass zwischen den Klagen gegen verschiedene Beklagte ein Zusammenhang bestehen muss, der eine gemeinsame Entscheidung geboten erscheinen lässt, um zu vermeiden, dass in getrennten Verfahren widersprechende Entscheidungen ergehen können (wie Art 28 Abs 3; vgl EuGH NJW 88, 3088 m Anm Geimer; BGH NJW-RR 02, 1149 [zum LGVÜ]). Kein Zusammenhang besteht bei einer Schadensersatzklage gegen zwei Beklagte, mit der einer aus Vertrag oder Bereicherungsrecht (BGH aaO), der andere aus Delikt in Anspruch genommen wird (EuGH EuZW 99, 59 m Anm Koch IPRax 00, 186; BGH BB 02, 170). Der Grundsatz der perpetuatio fori gilt, zB bei Klagerücknahme gegen einen Streitgenossen.

3. Nr 2. Gewährleistungs- und Interventionsklage. Diese Vor- **3** schrift ist in Deutschland auf Grund des in Art 65 erklärten Vorbehalts nicht anwendbar, da Gewährleistungs- und Interventionsklagen dem deutschen Prozessrecht fremd sind. Gleichwohl sind ausländische Gewährleistungsurteile in Deutschland anzuerkennen (Geimer IPRax 98, 175) und für vollstreckbar zu erklären (Düsseldorf RIW 97, 330). Funktional entsprechen diese Rechtsinstitute der Streitverkündung gem §§ 72–74 und der Nebenintervention gem § 68, wenngleich bei letzterem die Wirkung des Urteils des Hauptprozesses gegenüber dem Streitverkündungsempfänger oder Nebenintervenienten begrenzt ist (Coester-Waltjen IPRax 92, 290). Zu den Voraussetzungen von Nr 2: EuGH IPRax 92, 310 m Anm Coester-Waltjen S 290.

4. Nr 3. Widerklage setzt zunächst eine zulässige Klage nach der **4** EuGVVO voraus (Mu/Weth 7; aA Wieczorek/Hausmann Art 6 EuGVÜ Rn 21). – **a) Anwendungsbereich.** Die Vorschrift gilt nur für **5** konnexe Widerklagen (Mu/Weth 7). Nr 3 ist damit enger als § 33 Abs 1, der nur einen Zusammenhang zwischen Klage und Widerklage verlangt. Beruht die Widerklage auf einem anderen Vertrag, sind die Voraussetzungen der Nr 3 nicht gegeben (Mu/Weth 7), es sei denn, es liegt ein einheitlicher Sachverhalt zugrunde (BGH NJW 93, 2753). Sie ist auch auf Wider-Widerklagen (§ 33 Rn 9) anzuwenden, nicht aber auf die Drittwiderklage (§ 33 Rn 10). Art 24 ist aber anwendbar, sofern sich nicht die Zuständigkeit aus anderen Vorschriften ergibt. Ob wegen der Drittstaatenproblematik (vor Art 1 Rn 12) auch der Kläger seinen Sitz in einem Mitgliedstaat haben muss (Wieczorek/Hausmann Art 6 EuGVÜ Rn 30), ist umstr. Für Versicherungs- und Verbrauchersachen sind Art 12 Abs 2 und Art 16 Abs 3 zu beachten. § 595 wird

6 wird verdrängt (Soergel/Kronke Art 38 Anh IV Rn 74). – **b) Gerichtsstandsvereinbarung.** Nr 3 kann durch eine Vereinbarung gem Art 23 Abs 1 abbedungen werden (MüKoGottwald Art 6 EuGVÜ

7 Rn 18). – **c) Aufrechnung.** Der der Nr 3 zugrundeliegende Gedanke der Konnexität gilt entgegen der Rspr des BGH (NJW 93, 2753 m Anm Geimer IPRax 94, 82; vgl Piekenbrock RIW 00, 751; offengelassen nunmehr in BGH NJW 02, 2182 m Anm Vollkommer MDR 02, 288) nicht für die Aufrechnung (EuGH NJW 96, 42; LG Köln RIW 97, 956; Bacher NJW 96, 2140; ausführlich Mankowski ZZP 109, 376; Wagner IPRax 99, 65; Roth RIW 99, 819; Busse MDR 01, 729; aA Celle IPRax 99, 456; Heß/Müller JZ 02, 607). Wird eine Gegenforderung im Wege der Aufrechnung als Verteidigungsmittel in den Rechtsstreit eingeführt, so beurteilen sich die Voraussetzungen, unter denen das geschehen kann, nach dem nationalen Recht. Ein Teil des Schrifttums (Jayme/Kohler IPRax 95, 349; zustimmend Kropholler 45; Bülow-Böckstiegel/Auer S 606.179 Rn 60; differenzierend Wagner IPRax 99, 65; abl Geimer/Schütze EuZVR Art 6 EuGVÜ Rn 71) vertritt daher die Auffassung, dass die deutschen Gerichte deshalb an sich nicht gehindert wären, die Zulässigkeit der Prozessaufrechnung davon abhängig zu machen, dass das Gericht der Hauptsache auch für die klageweise Geltendmachung der Aufrechnungsforderung international zuständig wäre. Dem kann nicht gefolgt werden. Zum einen eröffnet die ZPO hierzu keine Möglichkeit, sondern sieht bei inkonnexen Forderungen die Abtrennung (§ 145 Abs 3) vor (Roth RIW 99, 819/823; Gebauer IPRax 98, 79/85); zum anderen zählen zu den Voraussetzungen der Aufrechnung, die der EuGH dem nationalen Recht zugewiesen hat, nur solche Fragen, die in der EuGVVO selbst nicht abschließend geregelt sind, wie zB die Form und die Frist für die Prozessaufrechnung. Die internationale Zuständigkeit des mit der Aufrechnung befassten Gerichts gehört nicht zu den Voraussetzungen, die dem nationalen Recht überlassen sind (ausführlich Kannengießer, Die Aufrechnung im internationalen Privat- und Verfahrensrecht, 1998, S 157 ff; Gebauer Jahrbuch für Italienisches Recht Bd 12 S 31/54; zustimmend Busse MDR 01, 729/731; Schlosser 15; aA Gruber IPRax 02, 285).

8   **5. Nr 4. Verbindung bei dinglichen Rechten.** Die Vorschrift ist vergleichbar mit § 25. Soweit danach schuldrechtliche Ansprüche mit dinglichen Klagen gegen denselben Beklagten verbunden werden können, soll das Gericht der lex rei sitae auch international für die schuldrechtliche Klage zuständig sein. Zu den Begriffen Vertrag und Ansprüche aus einem Vertrag vgl Art 5 Rn 2 ff.

Art. 7 [Besonderer Gerichtsstand des Reeders]

Ist ein Gericht eines Mitgliedstaats nach dieser Verordnung zur Entscheidung in Verfahren wegen einer Haftpflicht aufgrund der Verwendung oder des Betriebs eines Schiffes zuständig, so entscheidet dieses oder ein anderes an seiner Stelle durch das Recht dieses Mitgliedstaates bestimmtes Gericht auch über Klagen auf Beschränkung dieser Haftung.

Gilt für Klagen eines Reeders auf Haftungsbeschränkung (§§ 305 a, **1** 786 a) und begründet einen weiteren Gerichtsstand kraft Sachzusammenhangs, damit die beschränkte Haftung gegenüber allen Beteiligten konzentriert vor einem Gericht geltend gemacht werden kann.

Abschnitt 3. Zuständigkeit für Versicherungssachen

Vorbemerkung zu Art 8–14

Art 8–14 enthalten Schutzvorschriften für den Versicherungsnehmer. **1** Sie sind grundsätzlich zwingend und erschöpfend (Jenard-Bericht in Bülow-Böckstiegel S 601.45). Art 9 bestimmt die Zuständigkeit für Klagen gegen den Versicherer, Art 12 für diejenigen des Versicherers gegen den Versicherten. Gerichtsstandsvereinbarungen sind eingeschränkt zulässig (Art 23 Abs 5 iVm Art 13). Eine rügelose Einlassung (Art 24) ist wirksam. Materiell-rechtlich sind die in den Art 7 ff EGVVG enthaltenen Kollisionsnormen zu beachten. Die Nichtbeachtung der Vorschriften dieses Abschnitts hat die Nichtanerkennung zur Folge (Art 35 Abs 1).

Art. 8 [Versicherungssachen]

Für Klagen in Versicherungssachen bestimmt sich die Zuständigkeit unbeschadet des Artikels 4 und des Artikels 5 Nummer 5 nach diesem Abschnitt.

1. Versicherungssachen. Der Begriff ist autonom auszulegen **1** (Bülow-Böckstiegel/Auer S 606 1794 Rn 11); eine solche liegt nach dem Schutzgedanken der Art 8 ff nicht vor, wenn zwei Versicherer streiten gleich aus welchem Rechtsgrund (LG Bremen VersR 01, 782; vgl auch Erwägungsgrund Nr 13). Wegen Art 1 Abs 1 S 1 werden nur private Versicherungen erfasst. In den Anwendungsbereich fallen die Direktklage des Geschädigten gegen die Versicherung (MüKoGottwald Art 7 EuGVÜ Rn 3) und die Transportversicherung (MüKoGottwald aaO). Sozialversicherungen (Art 1 Abs 2 Nr 3) und Rückversicherungen (EuGH NJW 00, 3121 m Anm Koch NVersZ 01, 60) fallen wegen des nicht bestehenden Schutzzwecks aus dem Anwendungsbereich ebenso heraus, wie der Rückgriff des Versicherers gegen den Schädiger (MüKoGottwald Art 7 EuGVÜ Rn 3). Ansprüche des Versicherungsnehmers gegen den Rückversicherer, zB auf Grund der Insolvenz des Versicherers fallen unter Art 8 (Micklitz/Rott EuZW 01, 325/329).

2   **2. Vorbehalte. a) Wohnsitz im Vertragsstaat.** Die Verweisung auf Art 4 stellt klar, dass die Art 8 ff grundsätzlich nur eingreifen, wenn der Beklagte seinen Wohnsitz in einem Mitgliedstaat hat; andernfalls ist das autonome Zivilprozessrecht anzuwenden. Eine Ausnahme hiervon macht lediglich Art 9 Abs 2 für Klagen gegen den Versicherer. –

3   **b) Niederlassung.** Die Verweisung auf Art 5 Nr 5 stellt klar, dass diese besondere Zuständigkeit trotz der in den Art 8 ff enthaltenen Sonderregeln bestehen bleibt; sie verdrängt andererseits Art 8 ff nicht (LG Stuttgart IPRax 98, 100 m Anm Looschelders S 86). Art 5 Nr 5 gilt sowohl für Klagen gegen den Versicherer als auch für Klagen gegen den Versicherten, wenn auf ihn die Voraussetzungen des Art 5 Nr 5 zutreffen (umstr; vgl Bülow-Böckstiegel/Auer S 606 199 Rn 27).

4   **3. Zuständigkeitsvereinbarungen** sind abweichend von Art 23 nur in dem durch Art 13 vorgegebenen Rahmen zulässig.

5   **4. Rügelose Einlassung.** Art 24 findet Anwendung (Geimer/Schütze EuZVR Art 18 EuGVÜ Rn 36).

Art. 9 [Gerichtsstand des Versicherers]

(1) **Ein Versicherer, der seinen Wohnsitz im Hoheitsgebiet eines Mitgliedstaats hat, kann verklagt werden:**
a) vor den Gerichten des Mitgliedstaats, in dem er seinen Wohnsitz hat,
b) in einem anderen Mitgliedstaat bei Klagen des Versicherungsnehmers, des Versicherten oder des Begünstigten vor dem Gericht des Ortes, an dem der Kläger seinen Wohnsitz hat, oder
c) falls es sich um einen Mitversicherer handelt, vor dem Gericht eines Mitgliedstaats, bei dem der federführende Versicherer verklagt wird.

(2) **Hat der Versicherer im Hoheitsgebiet eines Mitgliedstaats keinen Wohnsitz, besitzt er aber in einem Mitgliedstaat eine Zweigniederlassung, Agentur oder sonstige Niederlassung, so wird er für Streitigkeiten aus ihrem Betrieb so behandelt, wie wenn er seinen Wohnsitz im Hoheitsgebiet dieses Mitgliedstaats hätte.**

1   **1. Wahlgerichtsstände** (Abs 1) für Klagen gegen den Versicherer. **a) Buchstabe a).** Der Versicherer kann in seinem Wohn- (Art 59) oder Sitzstaat (Art 60) verklagt werden. Gilt nur für die internationale Zuständigkeit; die örtliche Zuständigkeit ist allein nach der ZPO zu be-

2 stimmen. – **b) Buchstabe b)** trägt dem Schutzgedanken der Art 8 ff Rechnung und lässt eine Klage auch am Wohnsitz des Versicherungsnehmers, Versicherten oder Begünstigten zu. Voraussetzung für diese Zuständigkeit ist aber, dass der Versicherer seinen Wohnsitz in einem

Vertragsstaat hat oder gem Art 9 Abs 2 so zu behandeln ist, als ob dies der Fall wäre. Dies folgt aus EuGH EuZW 94, 767 zum gleichgelagerten Art 14 Abs 1 EuGVÜ. Maßgebend ist der Wohnsitz im Zeitpunkt der Klageerhebung, nicht der des Vertragsschlusses (Wieczorek/Hausmann Art 8 EuGVÜ Rn 3). – **c) Buchstabe c).** Der Gerichtsstand für **3** Klagen gegen den Mitversicherer folgt dem Gerichtsstand des Hauptversicherers, der sich aus Buchstaben a), b) oder wegen Art 8 aus Art 5 Nr 5 ergeben kann. Die Mitversicherer können aber auch getrennt in den Gerichtsständen der Buchstaben a) oder b) verklagt werden (Kropholler RIW 86, 929).

2. Wohnsitzfiktion. Abs 2 ähnelt Art 5 Nr 5 (zur Auslegung der **4** Begriffe siehe dort Rn 22). Er gibt abweichend von der Grundregel des Art 4 einen Gerichtsstand für Klagen gegen Versicherer, die keinen (Wohn-)Sitz (Art 59, 60) in einem Mitgliedstaat haben.

Art. 10 [Gerichtsstand des Schadensorts]

[1]**Bei der Haftpflichtversicherung oder bei der Versicherung von unbeweglichen Sachen kann der Versicherer außerdem vor dem Gericht des Ortes, an dem das schädigende Ereignis eingetreten ist, verklagt werden.** [2]**Das Gleiche gilt, wenn sowohl bewegliche als auch unbewegliche Sachen in ein und demselben Versicherungsvertrag versichert und von demselben Schadensfall betroffen sind.**

Art 10 eröffnet eine zusätzliche, fakultative internationale und örtli- **1** che Zuständigkeit für Klagen gegen den Versicherer in Haftpflichtfällen und bei Versicherung von unbeweglichen Sachen. Der Gerichtsstand kann gem Art 13 Nr 3 abbedungen werden. Ort des schädigenden Ereignisses ist wie in Art 5 Nr 3 auszulegen (Mu/Weth 1). Er muss in einem vom Wohnsitzstaat des Versicherers verschiedenen Mitgliedstaat liegen (Kropholler 1; aA Bülow-Böckstiegel/Auer S 606 210 Rn 5). Voraussetzung ist ferner, dass beide Parteien ihren Wohnsitz in Mitgliedstaaten haben.

Art. 11 [Haftpflichtversicherung]

(1) **Bei der Haftpflichtversicherung kann der Versicherer auch vor das Gericht, bei dem die Klage des Geschädigten gegen den Versicherten anhängig ist, geladen werden, sofern dies nach dem Recht des angerufenen Gerichts zulässig ist.**

(2) **Auf eine Klage, die der Geschädigte unmittelbar gegen den Versicherer erhebt, sind die Artikel 8, 9 und 10 anzuwenden, sofern eine solche unmittelbare Klage zulässig ist.**

(3) **Sieht das für die unmittelbare Klage maßgebliche Recht die Streitverkündung gegen den Versicherungsnehmer oder den Versicherten vor, so ist daßelbe Gericht auch für diese Personen zuständig.**

1   **1. Anwendbarkeit** von Abs 1 (Interventionsklage) ist durch Art 65 Abs 1 für Deutschland ausgeschlossen worden. Stattdessen kann dem Versicherer der Streit verkündet werden (§§ 72–74).

2   **2. Weitere Gerichtsstände** werden durch Abs 2 eröffnet, sofern die nach deutschem Kollsionsrecht maßgebliche Rechtsordnung (vgl Kropholler 4) eine Direktklage des Verletzten gegen die Versicherung zulässt. Das sind die Gerichtsstände der Art 8–10. Der Direktanspruch wird im deutschen internationalen Privatrecht deliktisch qualifiziert und unterliegt dem Deliktsstatut (BGH NJW 93, 1007 und 1009; Palandt Art 40 EGBGB Rn 22). § 3 Nr 1 PflVG ist daher nur dann anzuwenden, wenn deutsches Recht Deliktsstatut ist. Der Gerichtsstand des Abs 2 kann nicht durch eine Gerichtsstandsvereinbarung zu Lasten des Geschädigten abbedungen werden (Art 13 Rn 4).

3   **3. Streitverkündung.** Abs 3 begründet eine Zuständigkeit des Direktklagegerichts bei Streitverkündung gem § 72 (vgl auch Art 65). Mit Person ist der Streitverkündungsempfänger gemeint.

Art. 12 [Gerichtsstand des Versicherten]

(1) Vorbehaltlich der Bestimmungen des Artikels 11 Absatz 3 kann der Versicherer nur vor den Gerichten des Mitgliedstaats klagen, in dessen Hoheitsgebiet der Beklagte seinen Wohnsitz hat, ohne Rücksicht darauf, ob dieser Versicherungsnehmer, Versicherter oder Begünstigter ist.

(2) Die Vorschriften dieses Abschnitts lassen das Recht unberührt, eine Widerklage vor dem Gericht zu erheben, bei dem die Klage selbst gemäß den Bestimmungen dieses Abschnitts anhängig ist.

1   **1. Klage des Versicherers.** Abs 1 regelt die internationale Zuständigkeit für Klagen gegen den Versicherten und ihm gleichgestellte Personen. Er entspricht Art 2. Die in Abs 1 aufgeführten Personen können also grundsäzlich nur vor den Gerichten desjenigen Staates verklagt werden, in dessen Hoheitsgebiet sie ihren Wohnsitz gem Art 59 oder Sitz gem Art 60 haben. Die örtliche Zuständigkeit bestimmt sich nach der ZPO. Wegen Art 8 findet für Klagen gegen den Versicherten aber auch Art 5 Nr 5 Anwendung.

2   **2. Widerklage.** Durch Abs 2 wird die iS von Art 6 Nr 3 konnexe Widerklage (vgl hierzu Bülow-Böckstiegel/Auer S 606 230 Rn 17) des Versicherers gegen den Versicherten an einem der in den Art 8–11 aufgeführten Gerichtsständen zugelassen.

Art. 13 [Gerichtsstandsvereinbarung]

Von den Vorschriften dieses Abschnitts kann im Wege der Vereinbarung nur abgewichen werden:
1. wenn die Vereinbarung nach der Entstehung der Streitigkeit getroffen wird,

2. **wenn sie dem Versicherungsnehmer, Versicherten oder Begünstigten die Befugnis einräumt, andere als die in diesem Abschnitt angeführten Gerichte anzurufen,**
3. **wenn sie zwischen einem Versicherungsnehmer und einem Versicherer, die zum Zeitpunkt des Vertragsabschlusses ihren Wohnsitz oder gewöhnlichen Aufenthalt in demselben Mitgliedstaat haben, getroffen ist, um die Zuständigkeit der Gerichte dieses Staates auch für den Fall zu begründen, dass das schädigende Ereignis im Ausland eintritt, es sei denn, dass eine solche Vereinbarung nach dem Recht dieses Staates nicht zulässig ist,**
4. **wenn sie von einem Versicherungsnehmer geschlossen ist, der seinen Wohnsitz nicht in einem Mitgliedstaat hat, ausgenommen soweit sie eine Versicherung, zu deren Abschluß eine gesetzliche Verpflichtung besteht, oder die Versicherung von unbeweglichen Sachen in einem Mitgliedstaat betrifft, oder**
5. **wenn sie einen Versicherungsvertrag betrifft, soweit dieser eines oder mehrere der in Artikel 14 aufgeführten Risiken deckt.**

1. Allgemeines. Art 13 enthält eine Sonderregel für Gerichtsstands- **1** vereinbarungen in Versicherungssachen. Art 23 Abs 5 stellt klar, dass eine dem Art 13 zuwiderlaufende Vereinbarung unwirksam ist. Art 23 Abs 1 S 3 gilt gleichwohl für die Form der Art 13 unterliegenden Gerichtsstandsvereinbarungen (MüKoGottwald Art 12 EuGVÜ Rn 1). Nr 1 bis 5 gelten alternativ.

2. a) Nr 1 lässt Vereinbarungen nur nach Entstehung der Streitigkeit **2** zu. Dies ist der Fall, wenn die Parteien über einen bestimmten Punkt des Versicherungsvertrags oder über die Abwicklung eines Versicherungsfalls uneins sind und ein Rechtsstreit bevorsteht (Kropholler 2). – **b) Nr 2.** Die Vorschrift lässt eine Gerichtsstandsvereinbarung auch vor **3** Entstehung der Streitigkeit zu, sofern sie den Versicherungsnehmer einseitig begünstigt, indem sie ihm über die in Art 9 vorgesehenen Zuständigkeiten hinaus weitere Gerichtsstände eröffnet. Die Vorschrift gilt nur für Aktivprozesse des Versicherungsnehmers, der also die Gerichtsstandsvereinbarung nicht geltend machen kann, um die Unzuständigkeit des vom Versicherer nach Art 12 angerufenen Gerichts zu behaupten. – **c) Nr 3** lässt eine Derogation des forum delicti zu. Die Ver- **4** einbarung kann jedoch nicht zu Lasten des Geschädigten getroffen werden; Art 11 Abs 2 und 3 sind deshalb nicht vom Versicherten und Versicherer abdingbar (Kropholler 4; Geimer/Schütze EuZVR Art 12 EuGVÜ Rn 7). Nr 3 verlangt zusätzlich, dass die Zuständigkeitsvereinbarung nach dem gemeinsamen Wohnsitzrecht zulässig ist. Daher sind zusätzlich § 38 Abs 1 bei Kaufleuten oder § 38 Abs 3 in den übrigen Fällen jeweils in Verbindung mit § 40 zu prüfen. Außerdem darf die Vereinbarung den Agenturgerichtsstand gem § 48 Abs 2 VVG nicht

5 ausschließen. – **d) Nr 4** erweitert den Anwendungsbereich der EuGV-
VO und unterwirft ihr eine Gerichtsstandsvereinbarung bei Berüh-
rungspunkten nur zu einem Nichtmitgliedstaat. Die Gerichtsstandsvereinbarung mit einem nicht in einem Mitgliedstaat ansässigen Versicherungsnehmer ist aber unzulässig, wenn der Versicherungsnehmer zum
Abschluss der Versicherung gesetzlich verpflichtet ist (Überblick
Schlosser-Bericht in Bülow-Böckstiegel S 601 157) oder bei Versicherungen unbeweglicher Sachen in einem Mitgliedstaat. In beiden Fällen
sollen zugunsten eines Versicherungsnehmers aus einem Nichtmitgliedstaat die Zuständigkeiten der Art 9–11 Abs 1 gelten (MüKoGottwald
Art 12 EuGVÜ Rn 5). Dies ist unbedenklich, sofern man mit der
hM fordert, dass der Rechtsstreit keine Berührungspunkte zu einem
anderen Mitgliedstaat haben muss (hierzu vor Art 1 Rn 12 Rn 14). –
6 **e) Nr 5** enthält zusammen mit Art 14 Sonderregeln für See- und Luft-
fahrtversicherungen.

Art. 14 [Besondere Risiken]

Die in Artikel 13 Nummer 5 erwähnten Risiken sind die folgenden:
1. sämtliche Schäden
   a) an Seeschiffen, Anlagen vor der Küste und auf hoher See
      oder Luftfahrzeugen aus Gefahren, die mit ihrer Verwen-
      dung zu gewerblichen Zwecken verbunden sind,
   b) an Transportgütern, ausgenommen Reisegepäck der Pas-
      sagiere, wenn diese Güter ausschließlich oder zum Teil
      mit diesen Schiffen oder Luftfahrzeugen befördert wer-
      den;
2. Haftpflicht aller Art, mit Ausnahme der Haftung für Perso-
   nenschäden an Passagieren oder Schäden an deren Reisegepäck,
   a) aus der Verwendung oder dem Betrieb von Seeschiffen,
      Anlagen oder Luftfahrzeugen gemäß Nummer 1 Buchsta-
      be a), es sei denn, dass – was die letztgenannten betrifft –
      nach den Rechtsvorschriften des Mitgliedstaats, in dem
      das Luftfahrzeug eingetragen ist, Gerichtsstandsvereinba-
      rungen für die Versicherung solcher Risiken untersagt
      sind,
   b) für Schäden, die durch Transportgüter während einer Be-
      förderung im Sinne von Nummer 1 Buchstabe b) verur-
      sacht werden;
3. finanzielle Verluste im Zusammenhang mit der Verwendung
   oder dem Betrieb von Seeschiffen, Anlagen oder Luftfahrzeugen gemäß Nummer 1 Buchstabe a), insbesondere Fracht-
   oder Charterverlust;
4. irgendein zusätzliches Risiko, das mit einem der unter den
   Nummern 1 bis 3 genannten Risiken in Zusammenhang steht;

**5. unbeschadet der Nummern 1 bis 4 alle „Großrisiken" ent-
sprechend der Begriffsbestimmung in der Richtlinie 73/239/
EWG des Rates, geändert durch die Richtlinie 88/357/EWG
und die Richtlinie 90/618/EWG, in der jeweils geltenden
Fassung.**

Die Vorschrift ergänzt Art 13 Nr 5 und enthält einen detaillierten **1**
Katalog von Risiken, bei denen eine Gerichtsstandsvereinbarung (Art 13)
zulässig ist. Fundstellen für die Richtlinien in Nr 5 gem obiger Reihenfolge: ABl L 228 vom 16. 8. 73, S 3. Richtlinie zuletzt geändert
durch die Richtlinie 2000/26/EG des Europäischen Parlaments und des
Rates (ABl L 181 vom 20. 7. 00, S 65). ABl L 172 vom 4. 7. 88, S 1.
Richtlinie zuletzt geändert durch die Richtlinie 2000/26/EG. ABl L
330 vom 29. 11. 90, S 44.

Abschnitt 4. Zuständigkeit für Verbrauchersachen

Vorbemerkung zu Art 15–17

Art 15–17 enthalten für den Verbraucher Schutzbestimmungen, die **1**
grundsätzlich zwingend und abschließend sind (Wieczorek/Hausmann
3 vor Art 13 EuGVÜ). Die Anwendung dieser Vorschriften setzt den
Anwendungsbereich der EuGVVO voraus (vor Art 1 Rn 5 ff; vgl auch
Benicke WM 97, 945). Art 2, 5 Nr 1–4, 6 sind in der Regel nicht anwendbar. Gerichtsstandsvereinbarungen (Art 23) sind nur eingeschränkt
möglich (vgl Art 23 Abs 5). Eine rügelose Einlassung ist jedoch zulässig
(Wieczorek/Hausmann 6 vor Art 13 EuGVÜ). Art 15 enthält eine Definition des Begriffs der Verbrauchersachen. Das in Verbrauchersachen
anzuwendende Recht richtet sich grundsätzlich nach Art 29, 29 a
EGBGB; Art 15 und Art 29 EGBGB gehen nur noch teilweise von
derselben Definition des Verbrauchervertrags aus, insb Art 5 Abs 1
Buchstabe c) wurde den Entwicklungen in den Vermarktungstechniken
angepasst und weicht erheblich von Art 13 Abs 1 Nr 3 EuGVÜ ab.
Die internationale Zuständigkeit für Klagen des Verbrauchers ist in
Art 16 Abs 1 geregelt, diejenige für Klagen gegen den Verbraucher in
Art 16 Abs 2. Zu den Vorbehalten zugunsten von Art 4 und Art 5 Nr 5
vgl bei Art 8 Rn 2 und 3. Art 15 ff sind in Bezug auf die internationale
Zuständigkeit gegenüber § 29 c (= § 7 HaustürWG; aufg d Art 6 Nr 5
Schuld ModG) vorrangig (Mankowski VuR 01, 259/260). Die Nicht-
beachtung der Vorschriften dieses Abschnitts hat die Nichtanerkennung
zur Folge (Art 35 Abs 1).

Art. 15 [Verbrauchersachen]

(1) **Bilden ein Vertrag oder Ansprüche aus einem Vertrag,
den eine Person, der Verbraucher, zu einem Zweck geschlossen hat, der nicht der beruflichen oder gewerblichen Tätigkeit**

dieser Person zugerechnet werden kann, den Gegenstand des
Verfahrens, so bestimmt sich die Zuständigkeit unbeschadet
des Artikels 4 und des Artikels 5 Nummer 5 nach diesem Abschnitt,

a) wenn es sich um den Kauf beweglicher Sachen auf Teilzahlung handelt,

b) wenn es sich um ein in Raten zurückzuzahlendes Darlehen
oder ein anderes Kreditgeschäft handelt, das zur Finanzierung eines Kaufs derartiger Sachen bestimmt ist, oder

c) in allen anderen Fällen, wenn der andere Vertragspartner in
dem Mitgliedstaat, in dessen Hoheitsgebiet der Verbraucher
seinen Wohnsitz hat, eine berufliche oder gewerbliche Tätigkeit ausübt oder eine solche auf irgend einem Wege auf
diesen Mitgliedstaat oder auf mehrere Staaten, einschließlich
dieses Mitgliedstaats, ausrichtet und der Vertrag in den Bereich dieser Tätigkeit fällt.

(2) Hat der Vertragspartner des Verbrauchers im Hoheitsgebiet eines Mitgliedstaats keinen Wohnsitz, besitzt er aber in
einem Mitgliedstaat eine Zweigniederlassung, Agentur oder
sonstige Niederlassung, so wird er für Streitigkeiten aus ihrem
Betrieb so behandelt, wie wenn er seinen Wohnsitz im Hoheitsgebiet dieses Staates hätte.

(3) Dieser Abschnitt ist nicht auf Beförderungsverträge mit
Ausnahme von Reiseverträgen, die für einen Pauschalpreis
kombinierte Beförderungs- und Unterbringungsleistungen vorsehen, anzuwenden.

1 **1. Verbrauchervertrag.** Zum Begriff: Thorn IPRax 95, 294. Er ist
autonom und eng auszulegen (EuGH NJW 02, 2797). Art 15 bezieht
sich nur auf den nicht berufs- oder gewerbebezogen handelnden privaten Endverbraucher, der einen der in Art 15 Abs 1 aufgeführten Verträge abgeschlossen hat und gem Art 16 Partei in einem Rechtsstreit ist
(EuGH aaO). Die Verbrauchereigenschaft muss also beim Kläger oder
Beklagten persönlich vorliegen; macht er die Forderung aus abgetretenem Recht geltend, so sind Art 15–17 nicht anwendbar (BGH NJW
93, 2684 m Anm Koch IPRax 95, 71). Daher fallen Verbandsklagen
nicht unter Art 15 (EuGH EuZW 02, 657; Kartzke NJW 94, 823).
Gewerbebezogen ist ein Vertrag, der von einem Privaten zur Vorbereitung seiner künftigen beruflichen oder gewerblichen Tätigkeit geschlossen wurde (EuGH EWS 97, 270 m Anm Mankowski JZ 98,
898). Bei gemischten Verträgen, die teils der privaten teils der beruflichen Sphäre zuzurechnen sind, kommt es auf auf die Stellung innerhalb
des Vertrags in Verbindung mit dessen Natur und Zielsetzung an, so
dass die Person teils Verbraucher, teils Unternehmer sein kann (EuGH
EWS 97, 270; kritisch Lutz/Neumann RIW 99, 827). Art 15 regelt nur
Ansprüche aus Verträgen; konkurrierende deliktische Ansprüche können nicht auf Art 15–17 gestützt werden (Mu/Weth 1; aA Geimer/

Schütze EuZVR Art 13 EuGVÜ Rn 21). Erfasst werden aber Streitigkeiten zu der Frage, ob überhaupt ein Vertrag zustandegekommen ist, ferner Ansprüche aus cic und Rückabwicklungsansprüche (Wieczorek/Hausmann Art 13 EuGVÜ Rn 23).

2. Teilzahlungskauf (Abs 1 Buchstabe a). Der Begriff ist autonom **2** auszulegen (EuGH EuZW 99, 727 m Anm Heß IPRax 00, 370). Auf Grund des Schutzzwecks der Norm liegt ein Teilzahlungskauf nur vor, wenn der Verkäufer dem Käufer ein Darlehen gewährt, er ihm also den Besitz an der Sache übertragen hat, bevor der Erwerber den gesamten Kaufpreis gezahlt hat (EuGH EuZW 99, 727). Eine Teilzahlung setzt also die Aufspaltung des Kaufpreises in mindestens 2 Teilleistungen voraus (Geimer/Schütze EuZVR Art 13 EuGVÜ Rn 24; aA Bülow-Böckstiegel/Auer S 606263 Rn 28: 3 Raten). Wird bei Abschluss des Kaufvertrags eine Rate angezahlt und der Rest bei Lieferung fällig, so ist keine Teilzahlung gegeben, weil damit nur die Abnahme der Ware gesichert werden sollte (Oldenburg NJW 76, 43; Geimer/Schütze EuZVR Art 13 EuGVÜ Rn 24); anders aber, wenn dem Käufer damit die Anschaffung kreditiert werden sollte.

3. Finanzierungskauf (Abs 1 Buchstabe b). Für die Anwendung **3** von Art 15–17 auf Kreditgeschäfte ist die Zweckgebundenheit des zur Verfügung gestellten Darlehens für die Finanzierung eines Kaufs beweglicher Sachen iS von Abs 1 Buchstabe a) wesentlich (Geimer/Schütze EuZVR Art 13 EuGVÜ Rn 26). Wird nur ein nicht zweckgebundenes Darlehen gewährt, so liegt kein Kreditgeschäft nach Buchstabe b) vor (Geimer/Schütze aaO; Bülow-Böckstiegel/Auer S 606264 Rn 31). Die Voraussetzungen des Buchstaben b) sind auch erfüllt, wenn die bewegliche Sache iS von Abs 1 Buchstabe a) selbst, zB mit dem Darlehen, auf einmal bezahlt wird (Wieczorek/Hausmann Art 13 EuGVÜ Rn 13). Erfasst wird dann allerdings nur der Darlehensvertrag; der Kaufvertrag unterfällt Buchstabe a), falls ein Teilzahlungskauf vorliegt. Das dürfte nur dann nicht gelten, wenn ein verbundenes Geschäft iS von §§ 358, 359 BGB (= § 9 VerbrKG) vorliegt, da sonst der Schutzzweck dieser Norm unterlaufen werden würde.

4. Andere Verträge (Abs 1 Buchstabe c). **a) Allgemeines.** Die **4** Regelung erfasst Verbraucherverträge, die nicht unter Buchstabe a) oder b) fallen, sofern eine räumliche Verknüpfung der Geschäftsanbahnung mit dem Wohnsitzstaat des Verbrauchers besteht und der Unternehmer seine Tätigkeit auf den Abschluss von Verträgen der fraglichen Art ausgerichtet hat. Buchstabe c) weicht damit deutlich von Art 13 Abs 1 Nr 3 EuGVÜ ab. – **b) Vertragsarten.** Da Buchstabe c) keine **5** Einschränkung hinsichtlich der Vertragsart vornimmt, werden grds alle Verträge von der Regelung erfasst. Die Vorschrift ist daher auch anwendbar auf: Time-sharing-Verträge iS der Time-sharing-Richtlinie 94/47 EG v 26. 10. 94 (ABl L 280 S 83; vgl Micklitz/Rott EuZW 01, 325/330; Hausmann EuLF 00/01, 40/45), reine Kreditverträge (Piltz NJW 02, 789/791; der bisherige Streit dürfte obsolet sein, vgl hierzu

Neumann IPRax 01, 257; Mankowski EWiR 99, 1171; Reich ZIP 99, 1210), Pauschalreiseverträge gem Abs 3, Kommissionsverträge, die auf die Durchführung von Warentermingeschäften gerichtet sind, wenn der Teilnehmer seinerseits Verbraucher ist (Düsseldorf IPRax 97, 118 m Anm Thorn S 98; Benicke WM 97, 945), Treuhandverträge, einseitige Rechtsgeschäfte wie zB § 661 a BGB (EuGH NJW 02, 2697 m Anm Mankowski EWiR 02, 873 u Leible IPRax 03, 28; Dresden IPRax 02, 421; Köln NJW 02, 3637; LG Braunschweig IPRax 02, 213 m Anm Lorenz S 192/194), zumindest dann, wenn neben der Gewinnanforderung auch das Waren- oder Dienstleistungsangebot eingefordert wird (BGH NJW 03, 426/428; Leible aaO S 33; weitergehend Nürnberg IPRax 03, 54, das eine Warenbestellung für die Anwendung von Art 15 nicht für notwendig hält). Nicht anzuwenden ist die Vorschrift auf Versicherungsverträge, weil die Art 8 ff insoweit lex specialis sind. –

6 **c) Voraussetzungen.** Buchstabe c) stellt zwei Alternativen für die räumliche Verknüpfung der Geschäftsanbahnung im Wohnsitzstaat des **7** Verbrauches auf. **aa) Ausübung der beruflichen oder gewerblichen Tätigkeit des Unternehmers** im Wohnsitzstaat des Verbrauchers (1. Alt). Dies trifft zu, wenn er seine Haupt- oder Zweigniederlassung im Wohnsitzstaat des Verbrauchers hat oder wenn er grenzüberschrei- **8** tend Dienstleistungen in diesem Staat verrichtet. **bb) Ausrichtung der beruflichen oder gewerblichen Tätigkeit des Unternehmers** auf den Wohnsitzstaat des Verbrauchers oder auf mehrere Staaten (2. Alt). Der Unternehmer übt also keine Tätigkeit im Wohnsitzstaat des Verbrauchers iS der 1. Alt aus. Vielmehr bewirbt er seine Tätigkeit vom Ausland aus, wobei in jedem Fall erforderlich ist, dass die Tätigkeit auch auf den Staat des Verbrauchers ausgerichtet ist. „Doing business" allein reicht daher nicht aus. Vielmehr muss die im Verbraucherstaat entfaltete Tätigkeit gerade auf den Abschluss von Verträgen der fraglichen Art gerichtet sein. Der Abschluss des Vertrages muss nicht im Wohnsitzstaat des Verbrauchers erfolgen. Entscheidend ist, dass der Verbraucher in seinem Wohnsitzstaat durch den Unternehmer zum Vertragsabschluss animiert wurde. Auch der aktive Verbraucher soll geschützt werden. Ausgerichtet auf den Wohnsitzstaat des Verbrauches ist die Tätigkeit auch, wenn sie über Internet aus dem Ausland angeboten wird und es sich um eine aktive Website handelt (Micklitz/Rott EuZW 01, 325/331). Umstr ist, ob dies nur dann der Fall ist, wenn der Verbraucher die erforderlichen Rechtshandlungen zum Abschluss des Vertrags über das Internet vornehmen kann (so Hausmann EuLF 00/01, 40/45; wohl auch Jayme/Kohler IPRax 01, 501/505 unter Hinweis auf die gemeinsame Erklärung von Rat und Kommission, abgedruckt in IPRax 01, 259 ff) oder ob eine Interaktion nicht erforderlich ist, vielmehr die Website ausdrücklich nicht auf den Wohnsitzstaat des Verbrauches ausgerichtet sein muss (so Micklilz/Rott EuZW 01, 325/330 u Koch/Mauerer WM 02, 2443/2453). Für letztere Auffassung spricht, dass damit der Verbraucherschutz effektiv über die Regelung in Art 13 Abs 1 Nr 3 EuGVÜ erweitert würde. Liegt hingegen nur eine passive Website vor – der Unternehmer bewirbt seine Leistungen ausdrücklich unter Ausschluss des Wohnsitzstaates des Verbrauchers über das Internet – so liegt Buchstabe c) 2. Alt nicht vor (MüKo-Gottwald AB 4). **cc) Verbindung zwischen Tätigkeit und Vertrag.** Der unter den Voraussetzungen der 1. oder 2. Alt geschlossene Vertrag muss in den Geschäftsbereich des Unternehmers fallen. **9**

6. Niederlassung des Vertragspartners (Abs 2; hierzu Benicke **10** WM 97, 945). Er erweitert die Zuständigkeiten abweichend von Art 4 zugunsten des Verbrauchers. Entspricht Art 9 Abs 2. Niederlassung: wie Art 5 Rn 22.

7. Beförderungsverträge (Abs 3). Darauf sind die Art 15–17 nicht **11** anzuwenden. Es gelten vielmehr die allgemeinen und besonderen Vorschriften der EuGVVO, insbesondere Art 2, 5 und 23. Der Begriff der Beförderungsverträge ist nicht definiert; klargestellt ist aber, dass kombinierte Reiseverträge, wie Kreuzfahrten, Flugreisen mit anschließendem Hotelaufenthalt, nicht darunter fallen, die Art 15–17 also auf diese anzuwenden sind.

Art. 16 [Gerichtsstände]

(1) **Die Klage eines Verbrauchers gegen den anderen Vertragspartner kann entweder vor den Gerichten des Mitgliedstaats erhoben werden, in dessen Hoheitsgebiet dieser Vertragspartner seinen Wohnsitz hat, oder vor dem Gericht des Ortes, an dem der Verbraucher seinen Wohnsitz hat.**

(2) **Die Klage des anderen Vertragspartners gegen den Verbraucher kann nur vor den Gerichten des Mitgliedstaats erhoben werden, in dessen Hoheitsgebiet der Verbraucher seinen Wohnsitz hat.**

(3) **Die Vorschriften dieses Artikels lassen das Recht unberührt, eine Widerklage vor dem Gericht zu erheben, bei dem die Klage selbst gemäß den Bestimmungen dieses Abschnitts anhängig ist.**

1. Allgemeines. Die Zuständigkeiten für Verbrauchersachen iS von **1** Art 15 sind abgesehen von Art 5 Nr 5 (vgl Art 15 Abs 1) hier abschließend aufgeführt (Mankowski IPRax 96, 427). Es wird, soweit im Gerichtsstaat des Vertragspartners geklagt wird, nur die internationale Zuständigkeit geregelt; die örtliche Zuständigkeit bestimmt sich nach der ZPO. Insoweit ist auch § 23 trotz Art 3 Abs 2 anzuwenden, da sich der Ausschluss dort nur auf die örtliche Zuständigkeit bezieht (Wieczorek/Hausmann Art 14 EuGVÜ Rn 3 Fn 6).

2. Klage des Verbrauchers. Abs 1 stellt in Bezug auf die interna- **2** tionale Zuständigkeit für diese Klage (abgesehen von Art 5 Nr 5) zwei Gerichtsstände zur Wahl: **a) Wohnsitz der anderen Partei.** Dem **3** Wohnsitz steht gem Art 15 Abs 2 eine in einem Vertragsstaat befindliche Zweigniederlassung, Agentur oder sonstige Niederlassung gleich

4 (Art 5 Rn 22). – **b) Eigener Wohnsitz.** Das setzt voraus, dass die andere Vertragspartei im Hoheitsgebiet eines anderen Mitgliedstaats einen Wohnsitz hat oder gem Art 15 Abs 2 so behandelt wird, als ob dies der Fall sei (EuGH EuZW 94, 767 m Anm Rauscher IPRax 95, 289; BGH NJW 95, 1225); daher kann die Zuständigkeit für die Klage eines deutschen Verbrauchers gegen die andere Vertragspartei, die nicht in einem Mitgliedstaat der EuGVVO wohnt oder so zu behandeln ist, nicht auf Art 16 Abs 1 2. Alt gestützt werden. Diese Vorschrift setzt von seinem Wortlaut her nicht voraus, dass der Verbraucher an seinem Wohnsitz auch den Vertrag geschlossen hat, so dass ein Umzug nach Vertragsschluss die Anwendung von Art 16 nicht entfallen lässt (MüKo-

5 Gottwald Art 14 EuGVÜ Rn 5). – **c) Örtliche Zuständigkeit.** Abs 1 2. Alt bestimmt auch diese, falls der Verbraucher die Klage in seinem Wohnsitzstaat erhebt (Wagner WM 03, 116/120).

6 **3. Klage gegen den Verbraucher** (Abs 2). Hierfür sind ausschließlich die Gerichte des Mitgliedstaats zuständig, in dem der Wohnsitz des Verbrauchers liegt. Maßgeblich ist der Wohnsitz zurzeit der Klageerhebung, nicht der im Zeitpunkt des Vertragsschlusses (MüKoGottwald Art 14 EuGVÜ Rn 7; vgl oben Rn 4).

7 **4. Widerklage.** Abs 3 lässt nur konnexe Widerklagen zu (vgl Art 6 Rn 5). Das gilt bei Klagen des Verbrauchers (Abs 1) wie der anderen Vertragspartei (Abs 2).

Art. 17 [Gerichtsstandsvereinbarung]

Von den Vorschriften dieses Abschnitts kann im Wege der Vereinbarung nur abgewichen werden:
1. **wenn die Vereinbarung nach der Entstehung der Streitigkeit getroffen wird,**
2. **wenn sie dem Verbraucher die Befugnis einräumt, andere als die in diesem Abschnitt angeführten Gerichte anzurufen, oder**
3. **wenn sie zwischen einem Verbraucher und seinem Vertragspartner, die zum Zeitpunkt des Vertragsabschlusses ihren Wohnsitz oder gewöhnlichen Aufenthalt in demselben Mitgliedstaat haben, getroffen ist und die Zuständigkeit der Gerichte dieses Mitgliedstaats begründet, es sei denn, dass eine solche Vereinbarung nach dem Recht dieses Mitgliedstaats nicht zulässig ist.**

1 **1. Allgemeines.** Gem Art 23 Abs 5 sind Gerichtsstandsvereinbarungen, die dem Art 17 zuwiderlaufen in Verbrauchersachen unwirksam. Die Prüfung von Art 17 setzt einen Verbrauchervertrag voraus, der unter den Voraussetzungen von Art 15 (dort Rn 1; vgl Thorn IPRax 95, 294) zustandegekommen ist. Die Formerfordernisse einer nach Art 17 zulässigen Gerichtsstandsvereinbarung sind dem Art 23 Abs 1 S 3 zu entnehmen (MüKoGottwald Art 15 EuGVÜ Rn 1).

2. Voraussetzungen. Sie sind nicht kumulativ. **a) Nr 1.** Entspricht 2
dem Art 13 Nr 1 (dort Rn 2). – **b) Nr 2.** Die Vorschrift entspricht 3
dem Art 13 Nr 2 (dort Rn 3). – **c) Nr 3.** Vom Ansatz her regelt Nr 3 4
einen reinen Inlandssachverhalt. Erst mit der Verlegung des Verbraucherwohnsitzes ergibt sich der Auslandsbezug. Der Vertragspartner des
Verbrauchers soll für diesen Fall geschützt werden, da er gem Art 16
Abs 2 den Verbraucher nur an dessen Wohnsitz verklagen kann. Maßgeblicher Zeitpunkt für den gemeinsamen Wohnsitz- oder gewöhnlichen Aufenthaltsstaat ist der des Abschlusses der Gerichtsstandsvereinbarung (Bülow-Böckstiegel/Auer S 606 282 Rn 7). Vereinbart werden
kann nur die Zuständigkeit der Gerichte des gemeinsamen Wohnsitz-
oder Aufenthaltsstaates. Die Anwendung von Nr 3 wird aber idR an
§ 38 Abs 3 Nr 2 scheitern, der gem Nr 3 letzter Halbsatz anzuwenden
ist. Verlegt der Verbraucher seinen Wohnsitz in einen Nichtvertragsstaat, so beurteilt sich gem Art 4 die Zulässigkeit der Gerichtsstandsvereinbarung nur nach dem autonomen innerstaatlichen Recht (MüKo-
Gottwald Art 15 EuGVÜ Rn 2 aE).

Abschnitt 5. Zuständigkeit für individuelle Arbeitsverträge

Vorbemerkung zu Art 18–21

Mit der EuGVVO wurden erstmals eigenständige Regelungen für 1
individuelle Arbeitsverträge geschaffen. Die Art 18 ff sind jedoch dann
nicht anzuwenden, wenn der Arbeitsvertrag vollständig außerhalb des
Hoheitsgebiets der Mitgliedstaaten erfüllt wird (EuGH EuZW 02, 220).
Der Arbeitsvertrag muss daher eine Verknüpfung mit mindestens einem
Mitgliedstaat aufweisen. Die Art 18 ff bauen auf Art 5 Nr 1 EuGVÜ auf
und halten an diesen Schutzvorschriften im Wesentlichen unverändert
fest. Der 5. Abschnitt enthält eine in sich abgeschlossene Regelung in
der Form von ausschließlichen Gerichtsständen, so dass die Vorschriften
des 1. und 2. Abschnitts (Art 2–7) keine Anwendung mehr finden
(Mankowski IPRax 03, 21/27; Hausmann EuLF 00/01, 40/46). Eine
Ausnahme gilt lediglich für die Art 4 und 5 Nr 5, auf die in Art 18
Abs 1 ausdrücklich verwiesen wird. § 7 ArbeitnehmerentsendeG (BGBl
97 I 2970 ff), mit dem der Art 6 der Entsenderichtlinie (vgl Koenigs DB 97,
110; MüKoGottwald AB Art 19 Rn 3) umgesetzt wurde, enthält eine
vorrangige (vgl Art 67 Rn 1), aber nicht ausschließliche besondere Zuständigkeit für Klagen während der Entsendung in den Geltungsbereich
des Gesetzes (vgl Gaul NJW 98, 644/648). Eine Verletzung der Vor 2
schriften des 5. Abschnitts stellt kein Anerkennungs- und Vollstreckungshindernis dar, da sie in Art 35 Abs 1 nicht aufgeführt werden.

Art. 18 [Arbeitsverträge]

(1) **Bilden ein individueller Arbeitsvertrag oder Ansprüche
aus einem individuellen Arbeitsvertrag den Gegenstand des**

Verfahrens, so bestimmt sich die Zuständigkeit unbeschadet des Artikels 4 und des Artikels 5 Nummer 5 nach diesem Abschnitt.

(2) Hat der Arbeitgeber, mit dem der Arbeitnehmer einen individuellen Arbeitsvertrag geschlossen hat, im Hoheitsgebiet eines Mitgliedstaats keinen Wohnsitz, besitzt er aber in einem Mitgliedstaat eine Zweigniederlassung, Agentur oder sonstige Niederlassung, so wird er für Streitigkeiten aus ihrem Betrieb so behandelt, wie wenn er seinen Wohnsitz im Hoheitsgebiet dieses Mitgliedstaats hätte.

1   **1. Arbeitsvertrag** (Abs 1). **a) Begriff.** Dieser ist autonom auszulegen. In Anlehnung an Art 30 EGBGB (= Art 6 EVÜ) ist darunter eine Vereinbarung zu verstehen, die eine abhängige, weisungsgebundene Tätigkeit während einer bestimmten Zeit zum Gegenstand hat, bei der der Arbeitnehmer regelmäßig in einer bestimmten Weise in den Betrieb des Arbeitgebers eingebunden ist und für die er als Gegenleistung eine Vergütung erhält (EuGH NJW 1992, 1493; ArbG Münster TranspR 01, 273). Der Begriff ist vom Dienstleistungsvertrag abzugrenzen. Daher liegt kein Arbeitsvertrag vor, wenn die Dienste in wirtschaftlicher und sozialer Selbständigkeit erbracht werden und die Tätigkeit im Wesentlichen frei gestaltet werden kann (ArbG Münster aaO). Kollektive Arbeitsverträge werden nicht erfasst. Für diese gelten die allgemeinen Regeln. − **b) Zuständigkeit.** Diese bestimmt sich für Streitigkeiten aus einem individuellen Arbeitsvertrag grds nach Art 19–21, soweit nicht ausnahmsweise Art 4 oder Art 5 Nr 5 anzuwenden sind (wie Art 8 Rn 2 u 3).

2   **2. Wohnsitzfiktion** (Abs 2). Abs 2 ähnelt Art 5 Nr 5 (zur Auslegung der Begriffe siehe dort Rn 22). Er gibt abweichend von der Grundregel des Art 4 einen Gerichtsstand für Klagen gegen Arbeitgeber, die keinen Wohnsitz (Art 59, 60) in einem Mitgliedstaat haben.

Art. 19 [Arbeitgebergerichtsstand]

Ein Arbeitgeber, der seinen Wohnsitz im Hoheitsgebiet eines Mitgliedstaats hat, kann verklagt werden:
1. vor den Gerichten des Mitgliedstaats, in dem er seinen Wohnsitz hat, oder
2. in einem anderen Mitgliedstaat
   a) vor dem Gericht des Ortes, an dem der Arbeitnehmer gewöhnlich seine Arbeit verrichtet oder zuletzt gewöhnlich verrichtet hat, oder
   b) wenn der Arbeitnehmer seine Arbeit gewöhnlich nicht in ein und demselben Staat verrichtet oder verrichtet hat, vor dem Gericht des Ortes, an dem sich die Niederlassung, die den Arbeitnehmer eingestellt hat, befindet bzw. befand.

1. Allgemeines. Grds muss der Arbeitgeber seinen Wohnsitz in 1 einem Mitgliedstaat haben. Trifft dies nicht zu, so ist zunächst zu prüfen, ob ein Fall des Art 18 Abs 2 (Wohnsitzfiktion) vorliegt. In den übrigen Fällen ist gem Art 4 das autonome Recht anzuwenden. Hat der Arbeitgeber einen Wohnsitz in einem Mitgliedstaat, so stehen dem Arbeitnehmer alternative Gerichtsstände nach Nr 1 oder Nr 2 zur Verfügung, sofern nicht eine wirksame Gerichtsstandsvereinbarung gem Art 21 getroffen wurde.

2. Voraussetzungen. a) Wohnsitz. Dieser wird bei natürlichen 2 Personen nach Art 59 und bei juristischen Personen und Gesellschaften nach Art 60 bestimmt. – **b) Nr 1.** Diese Regelung entspricht Art 2. – **c) Nr. 2.** Im Wesentlichen handelt es sich bei dieser Regelung um eine Normierung der vom EuGH zuvor aufgestellten Grundsätze (EuGH EuZW 97, 143 m kritischer Anm Mankowski IPRax 99, 332; Holl WiB 95, 465; vgl nunmehr auch EuGH NJW 02, 1635). **aa) Gewöhnlicher Arbeitsort** (Buchstabe a). Der Begriff ist autonom auszulegen (Mankowski IPRax 03, 21). Das ist der Ort an dem der Arbeitnehmer unter Berücksichtigung aller Umstände des Einzelfalls seine Tätigkeiten schwerpunktmäßig verrichtet hat und vom Arbeitgeber eingesetzt wurde. Mangels anderer Kriterien ist dies der Ort, an dem der Arbeitnehmer den größten Teil seiner Arbeitszeit geleistet hat (BAG MDR 02, 1268), es sei denn, der Rechtsstreit weist engere Verknüpfungen mit einem anderen Arbeitsort auf (EuGH NJW 02, 1635). Es reicht aus, dass der Arbeitnehmer einmal einen solchen Arbeitsort gehabt hat. Der letzte Arbeitsort ist dann für alle künftigen Klagen neben Nr 1 maßgeblich. **bb) Wechselnder Arbeitsort** (Buchstabe b). Arbeitet der Arbeitnehmer nur in verschiedenen Mitgliedstaaten, so kann er den Arbeitgeber am Ort der einstellenden Niederlassung (Begriff wie Art 5 Rn 22; vgl auch EuGH IPRax 90, 173 m Anm Rauscher S 156) verklagen. Dieser hilfsweise Gerichtsstand kommt aber nur dann in Betracht, wenn der Arbeitgeber seine Arbeit nie gewöhnlich in ein und demselben Staat verrichtet hat (Hausmann EuLF 00/01, 40/47). Zum Problem des Konzernarbeitsverhältnisses vgl LAG München EuLF 01, 295 m Anm Franzen. Bei Streitigkeiten über die Heuer ist ggf Art 64 zu beachten.

Art. 20 [Arbeitnehmergerichtsstand]

(1) **Die Klage des Arbeitgebers kann nur vor den Gerichten des Mitgliedstaats erhoben werden, in dessen Hoheitsgebiet der Arbeitnehmer seinen Wohnsitz hat.**

(2) **Die Vorschriften dieses Abschnitts lassen das Recht unberührt, eine Widerklage vor dem Gericht zu erheben, bei dem die Klage selbst gemäß den Bestimmungen dieses Abschnitts anhängig ist.**

Arbeitnehmergerichtsstand. Die Klage des Arbeitgebers gegen den Arbeitnehmer kann nur am Wohnsitz (Art 59) des Arbeitnehmers – vorbehaltlich einer wirksamen Gerichtsstandsvereinbarung nach Art 21 – erhoben werden. Maßgeblich ist der Wohnsitz im Zeitpunkt der Klageerhebung (§ 253; Hausmann EuLF 00/01, 40/47). Eine Ausnahme lässt Abs 2 nur für den Fall der Widerklage des Arbeitgebers gegen eine Klage des Arbeitnehmers vor einem nach Art 19 zuständigen Gericht zu.

Art. 21 [Gerichtsstandsvereinbarung]

Von den Vorschriften dieses Abschnitts kann im Wege der Vereinbarung nur abgewichen werden,
1. wenn die Vereinbarung nach der Entstehung der Streitigkeit getroffen wird oder
2. wenn sie dem Arbeitnehmer die Befugnis einräumt, andere als die in diesem Abschnitt angeführten Gerichte anzurufen.

1   **1. Allgemeines.** Gem Art 23 Abs 5 sind Gerichtsstandsvereinbarungen, die dem Art 21 zuwiderlaufen, in Arbeitssachen unwirksam. Die Prüfung von Art 21 setzt einen Arbeitsvertrag iSv Art 18 voraus. Die Formerfordernisse einer nach Art 21 zulässigen Gerichtsstandsvereinbarung sind dem Art 23 Abs 1 S 3 zu entnehmen.

2   **2. Voraussetzungen. a) Nr 1.** Entspricht Art 13 Nr 1 (dort Rn 2). – **b) Nr 2.** Die Vorschrift lässt eine Gerichtsstandsvereinbarung auch vor Entstehung der Streitigkeit zu, sofern sie den Arbeitnehmer einseitig begünstigt, indem sie ihm über die in Art 19 vorgesehenen Zuständigkeiten hinaus weitere Gerichtsstände eröffnet. Die Vorschrift gilt nur für Aktivprozesse des Arbeitnehmers, der also die Gerichtsstandsvereinbarung nicht geltend machen kann, um die Unzuständigkeit des vom Arbeitgeber nach Art 20 angerufenen Gerichts zu behaupten (Hausmann EuLF 00/01, 40/47).

Abschnitt 6. Ausschließliche Zuständigkeiten

Art. 22 [Ausschließlicher Gerichtsstand]

Ohne Rücksicht auf den Wohnsitz sind ausschließlich zuständig:
1. [1]für Klagen, welche dingliche Rechte an unbeweglichen Sachen sowie die Miete oder Pacht von unbeweglichen Sachen zum Gegenstand haben, die Gerichte des Mitgliedstaats, in dem die unbewegliche Sache belegen ist. [2]Jedoch sind für Klagen betreffend die Miete oder Pacht unbeweglicher Sachen zum vorübergehenden privaten Gebrauch für höchstens sechs aufeinander folgende Monate auch die Gerichte des Mitgliedstaats zuständig, in dem der Beklagte seinen Wohnsitz hat, sofern es sich bei dem Mieter oder Pächter um eine natürliche Person handelt und der Eigentümer sowie der

Mieter oder Pächter ihren Wohnsitz in demselben Mitgliedstaat haben;

2. [1]für Klagen, welche die Gültigkeit, die Nichtigkeit oder die
Auflösung einer Gesellschaft oder juristischen Person oder
die Gültigkeit der Beschlüsse ihrer Organe zum Gegenstand
haben, die Gerichte des Mitgliedstaats, in dessen Hoheitsgebiet die Gesellschaft oder juristische Person ihren Sitz hat.
[2]Bei der Entscheidung darüber, wo der Sitz sich befindet,
wendet das Gericht die Vorschriften seines Internationalen
Privatrechts an;

3. für Klagen, welche die Gültigkeit von Eintragungen in öffentliche Register zum Gegenstand haben, die Gerichte des
Mitgliedstaats, in dessen Hoheitsgebiet die Register geführt
werden;

4. [1]für Klagen, welche die Eintragung oder die Gültigkeit von
Patenten, Marken, Mustern und Modellen sowie ähnlicher
Rechte, die einer Hinterlegung oder Registrierung bedürfen,
zum Gegenstand haben, die Gerichte des Mitgliedstaats, in
dessen Hoheitsgebiet die Hinterlegung oder Registrierung
beantragt oder vorgenommen worden ist oder aufgrund eines Gemeinschaftsrechtsakts oder eines zwischenstaatlichen
Übereinkommens als vorgenommen gilt. [2]Unbeschadet der
Zuständigkeit des Europäischen Patentamts nach dem am
5. Oktober 1973 in München unterzeichneten Übereinkommen über die Erteilung europäischer Patente sind die Gerichte eines jeden Mitgliedstaats ohne Rücksicht auf den
Wohnsitz der Parteien für alle Verfahren ausschließlich zuständig, welche die Erteilung oder die Gültigkeit eines europäischen Patents zum Gegenstand haben, das für diesen
Staat erteilt wurde;

5. für Verfahren, welche die Zwangsvollstreckung aus Entscheidungen zum Gegenstand haben, die Gerichte des Mitgliedstaats, in dessen Hoheitsgebiet die Zwangsvollstreckung
durchgeführt werden soll oder durchgeführt worden ist.

1. Allgemeines. a) Ausschließlich ist die internationale Zustän-   **1**
digkeit. Die örtliche Zuständigkeit bestimmt sich nach dem nationalen
Recht. In seinem Anwendungsbereich verdrängt Art 22 den allgemeinen (Art 2) und den besonderen Gerichtsstand (Art 5 ff). Gerichtsstandsvereinbarungen sind gem Art 23 Abs 5 unzulässig. Eine rügelose
Einlassung (Art 24 S 2 2. Alt) ist nicht möglich. Wird ein unzuständiges
Gericht in den Fällen des Art 22 angerufen, so hat es sich gem Art 25
von Amts wegen für unzuständig zu erklären und die Klage ggf als
unzulässig abzuweisen. Die Nichtbeachtung dieser Vorschrift hat die
Nichtanerkennung zur Folge (Art 35 Abs 1). – **b) Beklagter außer-**   **2**
halb der Mitgliedstaaten. Art 22 ist wegen Art 4 Abs 1 auch gegenüber einem Beklagten anzuwenden, der nicht in einem Mitgliedstaat

wohnt. Ein Berührungspunkt zu einem weiteren Mitgliedstaat muss nicht bestehen (Hamburg IPRax 99, 168 m zust Anm Geimer S 152).

3   **2. Gerichtsstand der belegenen Sachen** (Nr 1 Satz 1). **a) Begriff.** Ob ein dingliches Recht vorliegt und ob eine unbewegliche Sache gegeben ist, ist vertragsautonom zu bestimmen (EuGH NJW 95, 37). Das dingliche Recht ist vom persönlichen Recht zu unterscheiden (Schlosser 4). Das dingliche Recht an einer Sache wirkt zu Lasten von jedermann (EuGH EuZW 94, 634). Es ist Gegenstand der Klage, wenn es durch die Klage selbst betroffen wird. Dingliche Klagen sind daher nur solche, die darauf gerichtet sind, Umfang oder Bestand einer unbeweglichen Sache, das Eigentum, den Besitz oder das Bestehen anderer dinglicher Rechte hieran zu bestimmen und den Inhaber dieser Rechte den Schutz der mit ihrer Rechtstellung verbundenen Vorrechte zu sichern (EuGH IPRax 91, 45 m Anm Schlosser S 29; LG Bonn IPRax 97, 267). Daher fällt die Klage auf Auflösung eines Kaufvertrags über eine unbewegliche Sache und auf Schadensersatz deswegen nicht unter Art 22 Nr 1 (EuGH EWS 01, 451). Eine Klage auf Feststellung, dass jemand eine unbewegliche Sache als trustee hält, fällt daher nicht unter Nr 1 (EuGH EuZW 94, 634 m Anm Kaye IPRax 95, 286). –

4   **b) Miete und Pacht.** Die Begriffe sind vertragsautonom zu qualifizieren (EuGH NJW 85, 905). Der Begriff Miete wird vom EuGH so weit ausgelegt, wie es das Ziel erforderlich macht (EuGH NJW 85, 37), die idR zwingenden Mieterschutzvorschriften am Belegenheitsort durchzusetzen. Eine Unterscheidung zwischen Haupt- und Untermiet-

5 verhältnissen trifft das Gesetz nicht. – **c) Vertragsschluss.** Betrifft der Rechtsstreit das Zustandekommen eines Miet- oder Pachtvertrags über in zwei Mitgliedstaaten belegenen Grundbesitz, sind die Gerichte dieser Staaten jeweils für den im Hoheitsgebiet ihres Sitzstaates belegenen Teil des Grundbesitzes ausschließlich zuständig, es sei denn, dass die Grundstücke aneinander angrenzen und der Gesamtbesitz überwiegend in einem Staat belegen ist (EuGH IPRax 91, 44 m Anm Kreuzer S 25). –

6   **d) Anwendungsbereich.** Nr 1 Satz 1 gilt für alle Verträge über die Miete oder Pacht von unbeweglichen Sachen, auch für kurzfristige Verträge und für Ferienwohnungen (EuGH NJW 00, 2009 m Anm Hüßtege IPRax 01, 31 u Hausmann EuLF 00, 61; EuGH NJW 85, 905; LG Bonn NJW-RR 01, 1574; Rauscher NJW 85, 892; Kreuzer IPRax 86, 75; vgl aber Nr 1 Satz 2). Diese Zuständigkeit umfasst alle unmittelbar im Mietvertrag begründeten Verpflichtungen (Wieczorek/ Hausmann Art 16 EuGVÜ Rn 20), wie das Bestehen des Vertrags (EuGH RIW 78, 336), dessen Auslegung, die Dauer, die Wiedereinräumung des Besitzes der Mietsache an den Vermieter, den Ersatz für vom Mieter verursachte Schäden, den Mietzins einschließlich der vom Mieter zu zahlenden Nebenkosten (EuGH NJW 85, 905 m Anm Kreuzer IPRax 86, 75). Die Rechtsnatur des Anspruchs ist nicht entscheidend, sofern nur der Streit die Miete oder Pacht einer Immobilie betrifft (Kropholler 26). Eine analoge Anwendung von Nr 1 auf ähnliche Vertragsverhältnisse ist unzulässig (EuGH NJW 95, 37; österr OGH IPRax 99, 471 m Anm Hüßtege S 477). – **e) Inländischer Reiseveranstalter.** 7 Nr 1 ist nicht auf die Vermietung oder Vermittlung zur Vermietung eines Ferienhauses an einen inländischen Reisenden durch einen inländischen, gewerblichen Reiseveranstalter, der nicht Eigentümer der Unterkunft ist, anzuwenden (EuGH NJW 92, 1029 m Anm Jayme IPRax 93, 18; vgl BGH NJW 92, 1029 und 3158; Kartzke NJW 94, 823), es sei denn, er klagt aus abgetretenem Recht des Eigentümers (EuGH NJW 00, 2009 m Anm Hüßtege IPRax 01, 31). Nr 1 gilt ferner nicht für Beherbergungsverträge, bei denen neben der Überlassung des Zimmers noch eine Versorgung mit Speisen und Getränken stattfindet (Karlsruhe RIW 99, 463 m Anm Mansel IPRax 00, 30). Für die Klage eines Reisenden mit Wohnsitz im Inland gegen einen Reiseveranstalter im Vertragsausland kann jedoch der Verbrauchergerichtsstand gem Art 15 Abs 1 Buchstabe c), Art 16 begründet sein (vgl dort Rn 5; s a Kartzke NJW 94, 824; Jayme IPRax 93, 19). – **f) Ausgeschlossene** 8 **Klagen.** Von der Zuständigkeit nicht erfasst werden ferner Ansprüche, die sich nur mittelbar auf die Nutzung der Mietsache beziehen, wie entgangene Urlaubsfreude und nutzlos aufgewendete Reisekosten (EuGH NJW 85, 905). Nr 1 gilt nicht für eine Klage auf Entschädigung für gezogene Nutzungen einer Wohnung nach einer nichtigen Eigentumsübertragung (EuGH NJW 95, 37 m Anm Ulmer IPRax 95, 72); ferner nicht für eine Verbandsklage nach § 13 AGBG (BGH EuZW 90, 36 m Anm Nagel S 38; Lorenz IPRax 90, 292), für eine Gläubigeranfechtungsklage nach französischem Recht (EuGH IPRax 91, 45 m Anm Schlosser S 29), für eine Klage aus einem Vertrag über die Verpachtung eines Ladengeschäfts, das in einer vom Verpächter von einem Dritten gemieteten unbeweglichen Sache betrieben wird (EuGH NJW 78, 1107 L). Ob ein Time-Sharing-Vertrag unter Nr 1 a fällt, hängt von dessen Ausgestaltung im Einzelfall ab (vgl Koblenz VuR 01, 257; LG Darmstadt IPRax 96, 120 m Anm Jayme S 87; Schomerus NJW 95, 359; Mäsch EuZW 95, 14; Mankowski EuZW 96, 177 und VuR 01, 259; Eckert ZIR 97, 1/9; Jayme IPRax 97, 233). Hat die Dienstleistung einen höheren Wert als die Teilnutzungsrechte, ist das Entgelt nicht als Miete zu qualifizieren (Jayme/Kohler IPRax 99, 401/403 unter Hinweis auf EuGH EWS 99, 223). IdR wird daher der vorrangige Art 15 Abs 1 Buchstabe c) anzuwenden sein (vgl dort Rn 5).

3. Zusätzlicher Gerichtsstand (Nr 1 Satz 2). Nr 1 Satz 2 enthält 9 bei Miet- oder Pachtverhältnissen für 6 aufeinander folgende Monate zum privaten Gebrauch eine Sonderregelung zu Gunsten des Wohnsitzgerichts des Beklagten, sofern der Mieter eine natürliche Person ist und im gleichen Mitgliedstaat wohnt wie der Eigentümer. Daneben bleibt wahlweise der Gerichtsstand der belegenen Sache (Nr 1 Satz 1) bestehen. Vorübergehender Gebrauch: wie § 549 Abs 2 Nr 1 BGB.

4. Gesellschaften und juristische Personen (Nr 2). **a) Anwend-** 10 **barkeit.** Wegen der in Deutschland noch herrschenden Sitztheorie

(Palandt Anh zu Art 12 EGBGB Rn 1), die gem Satz 2 (Art 60 ist hier nicht anzuwenden, vgl Hausmann EuLF 00/01, 40/43) zu beachten ist, gilt die Vorschrift nur für: OHG, KG, Partnerschaft, nicht rechtsfähigen Verein, BGB-Gesellschaft (Wieczorek/Hausmann Art 16 EuGVÜ Rn 38) AG, GmbH, eingetragene Genossenschaft, KGaA, VVaG, bergrechtliche Gewerkschaft, eingetragenen Verein, eingetragene Stiftung, Europäische Wirtschaftliche Interessenvereinigung, nicht aber für die stille Gesellschaft (MüKoGottwald Art 16 EuGVÜ Rn 18) und für ausländische Gesellschaften und juristische Personen, die ihren Sitz ins Inland verlegt haben, sofern sie nicht neu gegründet worden sind (BGH 97, 269). – **b) Erfasste Klagen.** Nr 2 bezieht sich nur auf kontradiktorische Klagen, wie zB: §§ 246 ff, 275 AktG, §§ 61, 75 GmbHG, § 94 GenG, §§ 133, 161 Abs 2 HGB, §§ 723, 724 BGB, nicht aber auf einseitige Amtsverfahren (Wieczorek/Hausmann Art 16 EuGVÜ Rn 39). Unter Auflösung ist auch die Liquidation der Gesellschaft zu verstehen, wegen Art 1 Abs 2 Nr 2 nicht aber die Liquidation durch Insolvenzen.

12   – **c) Unanwendbar** bei Klagen auf Ausschließung eines Gesellschafters (§ 140 HGB) und auf Entziehung der Vertretungsmacht (§ 127 HGB).

13   **5. Registersachen** (Nr 3). Die Vorschrift bezieht sich auf Grund- und Hypothekenbücher, Handels- und Vereinsregister sowie andere sonstige öffentliche Register. Die Zuständigkeit ist nur hinsichtlich der Gültigkeit einer Eintragung ausschließlich, nicht aber hinsichtlich ihrer Wirkungen.

14   **6. Gewerbliche Schutzrechte** (Nr 4). Vgl hierzu EuGH IPRax 85, 95 m Anm Stauder S 76; ders IPRax 98, 317 ff; ferner MüKoGottwald Art 16 EuGVÜ Rn 26 ff mit Hinweisen zur Rechtsvereinheitlichung und deren Auswirkungen auf die internationale Zuständigkeit.

15   **7. Zwangsvollstreckung** (Nr 5). **a) Verfahren.** Darunter fallen alle, die sich aus der Inanspruchnahme von Zwangsmitteln, insbesondere bei der Herausgabe oder Pfändung von beweglichen oder unbeweglichen Sachen im Hinblick auf die Vollstreckung von Entscheidungen oder Urkunden ergeben (Jenard-Bericht in Bülow-Böckstiegel S 601.54). Hierzu gehören die Verfahren nach §§ 766, 767 (EuGH NJW 85, 2892 m Anm Geimer IPRax 86, 208; aA für die Geltendmachung der Unzulässigkeit der ZwVollstr aus materiell-rechtlichen Gründen OGH IPRax 99, 47 m abl Anm Roth S 50), § 771 (Hamm NJW-RR 01, 1575 m Anm Roth IPRax 01, 323) und ähnliche Rechtsbehelfe, Anträge nach §§ 719, 765 a, nicht aber die Abänderungsklage nach § 323 (MüKoGottwald Art 16 EuGVÜ Rn 37) und die Gläubigeranfechtungsklage (EuGH IPRax 93, 28 m Anm Schlosser S 17). Schadensersatzklagen nach §§ 717, 945 fallen nicht in den Anwendungsbereich der Nr 5 (hM; Bülow-Böckstiegel/Safferling S 606 307 Rn 27; aA Wolf NJW 73, 401). Gegen die hM spricht § 28 AVAG. Auch Auskehrungsklagen nach rechtswidriger Zwangsvollstre-

16 ckung fallen nicht unter Nr 5 (Hamm NJW-RR 01, 1575). – **b) Aufrechnung.** Gestützt auf Nr 5 kann sie im Vollstreckungsverfahren auch nicht mit einer Forderung eingewendet werden, für deren selbständige Geltendmachung die Gerichte dieses Vertragsstaates unzuständig wären (MüKoGottwald Art 16 EuGVÜ Rn 37). – **c) Vorbereitung der Zwangsvollstreckung** oder deren Erleichterung, zB §§ 899 ff fallen nicht unter Nr 5 (MüKoGottwald Art 16 EuGVÜ Rn 39). – **d) Zwangsgeld.** Für dessen Verhängung sind die Gerichte der Hauptsache zuständig (vgl Art 49). – **e) Einstweiliger Rechtsschutz** (Arrest, einstweilige Verfügung, einstweilige Anordnung): Art 31 als lex specialis.   **17**   **18**   **19**

Abschnitt 7. Vereinbarung über die Zuständigkeit

Art. 23 [Gerichtsstandsvereinbarung]

(1) [1]Haben die Parteien, von denen mindestens eine ihren Wohnsitz im Hoheitsgebiet eines Mitgliedstaats hat, vereinbart, dass ein Gericht oder die Gerichte eines Mitgliedstaats über eine bereits entstandene Rechtsstreitigkeit oder über eine künftige aus einem bestimmten Rechtsverhältnis entspringende Rechtsstreitigkeit entscheiden sollen, so sind dieses Gericht oder die Gerichte dieses Mitgliedstaats zuständig. [2]Dieses Gericht oder die Gerichte dieses Mitgliedstaats sind ausschließlich zuständig, sofern die Parteien nichts anderes vereinbart haben. [3]Eine solche Gerichtsstandsvereinbarung muss geschlossen werden
a) schriftlich oder mündlich mit schriftlicher Bestätigung,
b) in einer Form, welche den Gepflogenheiten entspricht, die zwischen den Parteien entstanden sind, oder
c) im internationalen Handel in einer Form, die einem Handelsbrauch entspricht, den die Parteien kannten oder kennen mussten und den Parteien von Verträgen dieser Art in dem betreffenden Geschäftszweig allgemein kennen und regelmäßig beachten.

(2) Elektronische Übermittlungen, die eine dauerhafte Aufzeichnung der Vereinbarung ermöglichen, sind der Schriftform gleichgestellt.

(3) Wenn eine solche Vereinbarung von Parteien geschlossen wurde, die beide ihren Wohnsitz nicht im Hoheitsgebiet eines Mitgliedstaats haben, so können die Gerichte der anderen Mitgliedstaaten nicht entscheiden, es sei denn, das vereinbarte Gericht oder die vereinbarten Gerichte haben sich rechtskräftig für unzuständig erklärt.

(4) Ist in schriftlich niedergelegten trust-Bedingungen bestimmt, dass über Klagen gegen einen Begründer, trustee oder Begünstigten eines trust ein Gericht oder die Gerichte eines Mitgliedstaats entscheiden sollen, so ist dieses Gericht oder sind

diese Gerichte ausschließlich zuständig, wenn es sich um Beziehungen zwischen diesen Personen oder ihre Rechte oder
Pflichten im Rahmen des trust handelt.

(5) Gerichtsstandsvereinbarungen und entsprechende Bestimmungen in trust-Bedingungen haben keine rechtliche Wirkung, wenn sie den Vorschriften der Artikel 13, 17 und 21
zuwiderlaufen oder wenn die Gerichte, deren Zuständigkeit abbedungen wird, aufgrund des Artikels 22 ausschließlich zuständig sind.

1   **1. Allgemeines.** Die Vorschrift umfasst die Prorogation und Derogation (1 vor § 38) der Gerichte eines Mitgliedstaats. Zwischen Kaufleuten und privaten Personen wird (anders als § 38) nicht differenziert.
Bei der Auslegung und Anwendung bestehen zahlreiche Probleme
(BGH EuZW 95, 716; IPRax 92, 376). Grundsätzlich ist Art 23 für
seine Voraussetzungen eng auszulegen (BGH NJW 01, 1731) und
schließt die Anwendbarkeit von Art 2, 5, 6 aus (EuGH NJW 97, 1431).

2   **2. Anwendungsbereich.** Der der EuGVVO muss eröffnet sein (vgl
vor Art 1 Rn 5 ff). Die Gerichtsstandsvereinbarung muss daher einen
Auslandsbezug aufweisen (Hamm IPRax 99, 244 m abl Anm Aull
S 226; MüKoGottwald Art 17 EuGVÜ Rn 4; aA Geimer/Schütze
EuZVR Art 17 EuGVÜ Rn 36 ff). Außerdem muss mindestens eine
Partei einen (Wohn-)Sitz in einem Mitgliedstaat haben und die Zuständigkeit eines Gerichts oder der Gerichte eines Mitgliedstaates vereinbart
sein. Trifft dies nicht zu, beurteilt sich die Gerichtsstandsvereibarung
nach autonomen Recht (EuGH NJW 01, 501). Umstritten ist, ob darüber hinaus noch ein Bezug zu einem weiteren Mitgliedstaat bestehen
muss (bejahend BGH stRspr 116, 77 mwN; österr OGH (zum LGVÜ)
bei Jayme/Kohler IPRax 98, 417/418; vgl München IPRax 91, 46;
zustimmend Samtleben NJW 74, 1593; Kohler IPRax 83, 266; aA
EuGH NJW 00, 3121 in Tz 42 und 47 unter ausdrücklicher Bezugnahme auf den Jenard-Bericht im Bülow-Böckstiegel S 601.56 und die
hM im Schrifttum zum EuGVÜ, vgl Geimer IPRax 91, 31; Heß
IPRax 92, 358; Trunk IPRax 96, 252; Mankowski IPRax 96, 427; Vachek WiB 97, 157; Saenger ZZP 110, 477/481; Kröll ZZP 113,
135/139; Geimer EuLF 00, 54) und zur EuGVVO (Piltz NJW 02,
789/790). Zu folgen ist dem EuGH und der hM im Schrifttum, weil
für die vom BGH vorgenommene einschränkende Auslegung des Anwendungsbereichs kein anerkennenswertes Bedürfnis besteht und die
EuGVVO hierfür selbst kaum Anlass bietet. Ist der Anwendungsbereich
der EuGVVO nicht eröffnet und Art 23 damit auch nicht anwendbar,
so richten sich die Zulässigkeit und Wirkungen einer Gerichtsstandsvereinbarung nach §§ 38 ff. Ob die Form einer Gerichtsstandsvereinbarung nach Art 31 Abs 1 CMR dem Art 23 entsprechen muss, erscheint wegen Art 71 fraglich (vgl Hamburg TranspR 01, 300 mwN).

3   **3. Voraussetzungen** einer Gerichtsstandsvereinbarung (Abs 1 S 1;
ausführlich Kröll ZZP 113, 135). Der Begriff ist autonom auszulegen

(EuGH NJW 92, 1671). Sie kann in der Satzung einer AG enthalten
sein (EuGH aaO; BGH NJW 94, 51). – **a) Vereinbarung** (Einigung)   **4**
der Parteien ist materielle Voraussetzung. Umstritten ist, ob Art 23
Abs 1 neben den prozessualen Voraussetzungen und der Form für das
Zustandekommen einer Gerichtsstandsvereinbarung auch die Einigung
der Parteien regelt (BGH EuZW 92, 517 – Vorlagebeschluss –; vom
EuGH NJW 95, 183 nicht beantwortet). Für Abs 1 S 3 Buchst c hat
der EuGH (NJW 97, 1431 m Anm Holl RIW 97, 418; Kubis IPRax
99, 10) entschieden, dass diese Alt im Interesse des internationalen
Handelsverkehrs in Bezug auf Formfreiheit, Einfachheit und Schnelligkeit die Voraussetzungen für eine Willenseinigung enthält. Das Vorliegen einer Einigung wird (widerleglich; Geimer/Schütze EuZVR
Art 17 EuGVÜ Rn 101) vermutet, wenn der Tatbestand von Buchst c
erfüllt ist (EuGH aaO; EuGH EuZW 99, 441 m Anm Hass). In den
Fällen von Buchst a und b hingegen ist die Ansicht vorzuziehen, dass
mangels einer ausdrücklichen Regelung in der EuGVVO das nach dem
IPR der lex fori (hierzu BGH WM 96, 2294) zu bestimmende Recht
auf die Vereinbarung anzuwenden ist (Düsseldorf RIW 90, 579; Saarbrücken NJW 92, 987 m Anm Rauscher IPRax 92, 144; MüKo/
Martiny, vor Art 27 EGBGB Rn 50; Firsching/von Hoffmann S 147;
Mankowski IPRax 96, 427; Vachek WiB 97, 157; Saenger ZZP 110,
477/483 hins Buchst a; wohl auch Jayme/Kohler IPRax 97, 385/395;
ebenso für das Zustandekommen einer Gerichtsstandsvereinbarung in
einer Satzung einer AG, EuGH NJW 92, 1671; aA Schlosser 3). Die
andere Meinung beruft sich auf EuGH NJW 77, 494 und beurteilt auch
hier die Einigung nach europäischem Einheitsrecht, das unmittelbar
dem Art 23 Abs 1 zu entnehmen sei (Geimer/Schütze EuZVR Art 17
EuGVÜ Rn 75; Geimer IPRax 91, 34; Kohler IPRax 91, 300; BGH
NJW 96, 1819 m Anm Koch IPRax 97, 405). – **b) Rechtsstreitig-**   **5**
keit. Sie kann (idR durch Klageerhebung § 261) bereits entstanden sein
oder, sofern nicht eine Ausnahme gem Art 13, 17, 21 vorliegt, sich auf
einen künftigen Rechtsstreit beziehen. – **c) Bestimmtheitserforder-**   **6**
nis. Es muss sowohl das Rechtsverhältnis (Begriff: § 256 Rn 5) bestimmt sein (EuGH NJW 92, 1671), als auch grundsätzlich das zuständige Gericht, zumindest muss dieses auf Grund objektiver Kriterien bestimmbar sein (EuGH NJW 01, 513). Es genügt, die Bestimmbarkeit
des Rechtsverhältnisses ggf durch Auslegung zu ermitteln (BGH NJW
94, 51 für Satzung einer AG; München RIW 99, 621; Oldenburg
IPRax 99, 458 m Anm Kindler/Haneke S 435). Die Gerichtsstandsvereinbarung kann sich auf zwei oder mehrere Gerichte zur Wahl des Klägers beziehen (MüKoGottwald Art 17 EuGVÜ Rn 50) oder allgemein
auf die internationale Zuständigkeit der Gerichte eines Mitgliedstaats.
Dann richtet sich die örtliche Zuständigkeit nach dem Recht des
prorogierten Mitgliedstaats. Fehlt danach eine örtliche Zuständigkeit,
so ist auf eine Ersatzzuständigkeit, zB Wohnsitz des Klägers oder Sitz
der Regierung, zurückzugreifen (hM MüKoGottwald Art 17 EuGVÜ
Rn 51).

7   **4. Form** (Abs 1 S 3; Abs 2). Ihre Einhaltung ist Wirksamkeitsvoraussetzung. Die Voraussetzungen sind eng auszulegen (BGH NJW 96,
8   1819). **a) Schriftlichkeit** (Abs 1 S 3 Buchst a 1. Alt). Sie ist beiderseitig erforderlich. § 126 Abs 2 BGB gilt aber nicht (BGH NJW 01, 1731 m abl Anm Kröll IPRax 02, 113). Beide Vertragsparteien müssen den eine Gerichtsstandsvereinbarung enthaltenen Vertragstext unterschrieben haben; elektronische Übermittlung durch moderne Kommunikationsmittel (e-mail; Telefax; MüKoGottwald AB 5), die eine Unterschrift nicht ermöglichen, aber eine dauerhafte Aufzeichnung der Vereinbarung ermöglichen, ist gem Abs 2 aber ausreichend (BGH NJW 01, 1731). Ausnahmen von der Unterschrift sind nur zuzulassen, wenn die Identität der erklärenden Personen feststeht (Geimer/Schütze EuZVR Art 17 EuGVÜ Rn 105). Ob Vertragsschluss im Internet wegen der Reproduzierbarkeit der Erklärungen ausreichend ist, erscheint zweifelhaft (bejahend Junker RIW 99, 809/813) und dürfte allenfalls dann zu bejahen sein, wenn die vollständige Bildschirmanzeige ausdruckbar ist (MüKoGottwald AB 5). Ist die Gerichtsstandsklausel in AGB enthalten, die auf der Rückseite des unterschriebenen Vertragstextes stehen und wird in dem unterschriebenen Vertragstext auf die AGB Bezug genommen, so ist der Schriftlichkeit genüge getan (BGH IPRax 92, 376 – Vorlagebeschluss –; Hamm NJW-RR 95, 189; BayObLG NJW-RR 02, 359). Fehlt der Hinweis, so ist die Form nicht gewahrt (EuGH NJW 77, 494). Auf die Gerichtsstandsklausel selbst muss nicht besonders hingewiesen werden. Wird in einem Vertragstext auf ein Angebot Bezug genommen, das seinerseits ausdrücklich auf die eine Gerichtsstandsklausel enthaltende AGB hinweist, so reicht auch dies für die Schriftlichkeit aus (Karlsruhe Justiz 02, 57); lediglich bei mittelbaren oder stillschweigenden Verweisungen auf vorangegangenen Schriftwechsel ist das Schriftlichkeitserfordernis nicht erfüllt (EuGH NJW 77, 494; BGH NJW 94, 2699). Umstritten ist, ob Art 23 grundsätzlich einen gesonderten Hinweis in der Verhandlungs- und Vertragssprache auf eine in einer fremdsprachigen AGB enthaltene Gerichtsstandsklausel verlangt (verneint von BGH IPRax 91, 326; LG Münster RIW 92, 231; bejaht von Kohler IPRax 91, 301; zweifelnd BGH IPRax 92, 376), ferner, ob die AGB in der Verhandlungssprache verfasst sein muss (verneint von Hamm IPRax 91, 326; bejaht von Köln VersR 99, 639; Kohler IPRax 91, 301; Saenger ZZP 110, 477/487). Wegen des Gebots der Klarheit und Verständlichkeit erscheint ein Hinweis auf die fremdsprachige AGB erforderlich. Nach welchen Grundsätzen sich das Sprachrisiko richtet, ist unklar (BGH IPRax 92, 376;
9   Kohler IPRax 91, 302). – **b) Mündlich mit schriftlicher Bestätigung** (Abs 1 S 3 Buchst a 2. Alt). Diese Vereinbarung erfolgt zweistufig: zunächst muss eine zumindest konkludente (Hamburg EWS 96, 365) mündliche Einigung (Rn 4) über die Gerichtsstandsklausel erzielt worden sein (BGH NJW 01, 1731), die dann anschließend schriftlich von einer (gleich von welcher; München RIW 99, 621) der Parteien (EuGH RIW 85, 736) innerhalb angemessener Frist (Hau IPRax 99,

24) bestätigt worden ist (sog Halbschriftlichkeit; vgl BGH NJW 95, 2700). Die Bestätigung muss sich inhaltlich mit der mündlichen Einigung decken (siehe aber Rn 13). Für die Form reicht elektronische Übermittlung gem Abs 3 aus. Sie bedarf einer Annahme oder gleich lautender Bestätigung nur, wenn sie eine Gerichtsstandsvereinbarung erstmals enthält (EuGH NJW 77, 495). Nicht ausreichend ist die Erklärung des Verkäufers, er wolle auf der Grundlage seiner AGB abschließen, ohne die Gerichtsstandsklausel zu benennen, auch wenn er danach den abgeschlossenen Vertrag schriftlich bestätigt und hierbei seine, eine Gerichtsstandsklausel enthaltende AGB beifügt (EuGH aaO), selbst wenn es sich um Kaufleute handelt (BGH NJW 96, 1819) und der Käufer nicht widerspricht. Anders jedoch, falls die AGB in die mündliche Einigung einbezogen wurde und dabei dem anderen vorlag (BGH NJW 94, 2699). Ausreichend für eine Einbeziehung ist, wenn ein Vertrag im Rahmen laufender Geschäftsbeziehungen zwischen den Parteien mündlich geschlossen wird und feststeht, dass diese Beziehungen in ihrer Gesamtheit den eine Gerichtsstandsklausel enthaltenden AGB des Urhebers der Bestätigung unterliegen (EuGH NJW 77, 495; BGH aaO). Schweigen auf ein kaufmännisches Bestätigungsschreiben, das erstmals eine Gerichtsstandsklausel enthält, führt daher nicht zu einer Einigung. Für die schriftliche Bestätigung gelten dieselben Regeln wie für den schriftlichen Vertrag. Wird in der schriftlichen Bestätigung erstmals die Gerichtsstandsklausel eingeführt, so ist sie wirkungslos, falls keine schriftliche Annahme durch die andere Partei erfolgt (EuGH NJW 77, 495). Eine analoge Anwendung dieser Alt (schriftliches Angebot, schlüssige Annahme, vgl LG Berlin IPRax 00, 526) dürfte wegen des Ausnahmecharakters von Art 23 unzulässig sein (Hass IPRax 00, 494). –
c) Gepflogenheit zwischen den Parteien (Abs 1 S 3 Buchst b). **10** Diese Alt soll eine Präzisierung des Buchst a darstellen (Dörner JR 95, 459), so dass insbes bei laufenden Geschäftsbeziehungen eine erleichterte Einbeziehung einer Gerichtsstandsklausel möglich ist (BGH ZIP 03, 213/215). – **d) Internationaler Handelsbrauch** (Abs 1 S 3 **11** Buchst c). Die Tragweite dieser Vorschrift ist nach anfänglichen Unklarheiten (vgl BGH EuZW 92, 517; 95, 716; Koch RIW 96, 379) durch den EuGH (NJW 97, 1431 m Anm Holl RIW 97, 418; Huber ZZPInt 2, 168) präzisiert worden. Buchst c gilt (im Gegensatz zu Buchst a und b) nur für den kaufmännischen Rechtsverkehr. Die Vorschrift enthält sowohl das formellen als auch die materielle Voraussetzungen für die Willenseinigung der Parteien (EuGH aaO; EuGH EuZW 99, 441; vgl Rn 4). Sie setzt keine schriftliche Vereinbarung oder Bestätigung voraus. Das gilt auch für das Konnossement (EuGH EuZW 99, 441 m Anm Girsberger IPRax 00, 87; Rabe TranspR 00, 389 [insb zur Drittwirkung von Gerichtsstandsklauseln in Konnossements aus seerechtlicher Sicht; hierzu Gebauer IPRax 01, 471]; Celle IPRax 97, 417 m Anm Koch S 405; vgl aber Köln VersR 99, 639]; dieses gilt auch ggü einem Drittinhaber, wenn er nach dem anwendbaren nationalen Recht in die Rechte und Pflichten des Befrachters ein-

12 getreten ist (EuGH NJW 01, 501). **aa) Handelsbrauch.** Der autonom auszulegende Begriff (EuGH NJW 97, 1431) ist nur für den jeweiligen Geschäftszweig, in dem die Parteien tätig sind, zu bestimmen (EuGH EuZW 99, 441). Ein Handelsbrauch setzt voraus, dass die dort tätigen Kaufleute bei Abschluss einer bestimmten Art von Verträgen allgemein oder regelmäßig ein bestimmtes Verhalten befolgen (EuGH aaO). Er knüpft nicht an eine formelle Kaufmannseigenschaft an und verlangt auch keine bestimmte Häufigkeit für das Auftreten. Ein Handelsbrauch braucht nicht für bestimmte Länder, insbesondere nicht für alle Vertragsstaaten nachgewiesen werden (EuGH EuZW 99, 441). Die einzuhaltende Form richtet sich ausschließlich nach dem ermittelten Handelsbrauch (EuGH aaO). Es genügt, wenn am (Wohn-)Sitz irgendeiner der Prorogationsparteien ein entsprechender Handelsbrauch besteht, da durch das Erfordernis der Kenntnis oder des Kennenmüssens sowie der Branchenüblichkeit die andere Partei genügend geschützt wird. Dass die Vertragsparteien einen solchen Handelsbrauch kennen, steht dann fest oder wird vermutet, wenn sie untereinander oder mit anderen in dem betreffenden Geschäftszweig tätigen Vertragspartnern schon früher Geschäftsbeziehungen angeknüpft hatten oder wenn in diesem Geschäftszweig ein bestimmtes Verhalten bei Abschluss einer bestimmten Art von Verträgen allgemein und regelmäßig befolgt wird und daher hinreichend bekannt ist, um als ständige Übung angesehen werden zu können (EuGH NJW 97, 1431; Dietze/Schnichels EuZW 98, 485/488). Auf die Nationalität kommt es nicht an (EuGH EuZW 99, 441). Ob die andere Partei den Handelsbrauch kennen muss, beurteilt sich in erster Linie nach dem Recht am Sitz der Partei (Holl RIW 97, 418; aA MüKoGottwald Art 17 EuGVÜ Rn 40: Recht des Hauptvertrags), es sei denn, sie hat Kenntnisse von einem entsprechenden Handelsbrauch am Sitz des Vertragspartners. Ein Verhalten, das ein Handelsbrauch darstellt, verliert diese Eigenschaft nicht, weil es vor Gericht in Frage gestellt wird (EuGH EuZW 99, 441). **bb) Kaufmänni-**
13 **sches Bestätigungsschreiben.** Enthält es erstmals (ohne vorherige mündliche Vereinbarung) eine Gerichtsstandsvereinbarung, so kann das Schweigen des Empfängers oder die widerspruchslose Bezahlung von Rechnungen mit entsprechenden Gerichtsstandshinweisen (BGH NJW-RR 98, 755) als Zustimmung gelten, wenn ein solches Verhalten einem Brauch in dem Bereich des internationalen Handelsverkehrs entspricht, in dem beide Parteien tätig sind (Holl RIW 97, 418) und wenn die subjektiven Komponenten (kennen oder kennen müssen, regelmäßig beachten) erfüllt sind (EuGH NJW 97, 1431 m Anm Kubis IPRax 99, 10; vgl BGH NJW 94, 2700 m Anm Dörner JR 95, 459; Köln NJW
14 88, 2182; Hamburg IPRax 97, 419 m Anm Koch S 405). **cc) Branchenüblichkeit.** Die Ermittlung der Branchenüblichkeit ist Tatfrage (vgl dazu Herber/Czerwenka CISG Art 9 Rn 19) und von den nationalen Gerichten zu klären (EuGH NJW 97, 1431). Notwendig ist hierzu ein Tatsachenvortrag einer Partei, aus dem sich ergibt, dass sich in bestimmten Ländern ein grenzüberschreitender und somit internatio-

naler Handelsbrauch mit einem entsprechenden, näher zu bezeichnenden Inhalt und dementsprechenden Folgen entwickelt hat (Hamburg IPRax 97, 419). § 293 gilt (Vestmann JZ 03, 285). Für die internationale Schifffahrt vgl Nürnberg TranspR 98, 414.

5. Wirksamkeit einer Gerichtsstandsvereinbarung. Sie muss allge- **15** mein im Anwendungsbereich liegen (Rn 2). Es müssen die Voraussetzungen (Rn 3) und die Form (Rn 7) erfüllt sein. – **a) Prüfung** der **16** Wirksamkeit findet von Amts wegen nur bei Rn 3 und 7 statt, sonst wegen Art 20 nur auf Rüge oder wenn der Beklagte sich nicht eingelassen hat. Die Beweislast für die Tatsachen, aus denen eine wirksame Gerichtsstandsvereinbarung abgeleitet wird, trägt derjenige, der sich auf sie beruft (§ 38 Rn 3). Im Einzelfall kann eine Gerichtsstandsvereinbarung aus den Gründen der Rn 14 unwirksam sein. Behauptet eine Partei, der gesamte eine Gerichtsstandsvereinbarung enthaltende Vertrag sei unwirksam, so berührt dies die ausschließliche Zuständigkeit des prorogierten Gerichts nicht (EuGH EWS 97, 270 m Anm Mankowski JZ 98, 898). – **b) Prorogationsbeschränkungen** (Abs 5). **17** Diese bestehen in Versicherungssachen (Art 13), Verbrauchersachen (Art 17), Arbeitssachen (Art 21) und bei den vom (Wohn-)Sitz unabhängigen und zwingenden Zuständigkeiten des Art 22. Soweit Art 13, 17 und 21 Gerichtsstandsvereinbarungen zulassen, müssen die Voraussetzungen und Form des Art 23 eingehalten werden. Andere Prorogationsbeschränkungen bestehen nicht, so dass auch für Aufrechnung (Mankowski ZZP 109, 376) und Widerklage prorogiert werden darf. Für Personen mit Wohnsitz in Luxemburg ist bei Anwendung von Art 23 die Sonderregel des Art 61 Abs 2 zu beachten (zum gleichen Problem im EuGVÜ vgl EuGH RIW 81, 58; Schleswig WM 97, 991). – **c) Missbrauchskontrolle.** Sie ist in der EuGVVO nicht aus- **18** drücklich vorgesehen; jedoch wird eine vorsichtige Analogie zu § 138 BGB und § 1025 Abs 2 aF befürwortet (MüKoGottwald Art 17 EuG-VÜ Rn 55). Zunehmend wird jedoch im Hinblick auf die Entscheidung des EuGH zur Klauselrichtlinie 93/13/EWG (JZ 01, 245 m Anm Hau IPRax 01, 96) eine Inhaltskontrolle einer eine Gerichtsstandsklausel enthaltende AGB eines Verbrauchervertrags diskutiert (Borges RIW 00, 933; Staudinger DB 00, 2058; Schwartze JZ 01, 246; Leible RIW 01, 422). Die Wahl des Gerichts unterliegt nur den Anforderungen des Art 23. Ein Bezugspunkt zwischen dem vereinbarten Gericht und dem Rechtsstreit braucht nicht zu bestehen (EuGH EuZW 99, 441). – **d) Maßgeblicher Zeitpunkt** für die Wirksamkeit der Gerichtsstands- **19** vereinbarung ist hinsichtlich der Willenseinigung der Vertragsschluss (Geimer/Schütze EuZVR Art 17 EuGVÜ Rn 28). Die sog Anknüpfungstatsachen (zB [Wohn-] Sitz) müssen jedoch noch bei Klageerhebung vorliegen, spätestens bei Erlass der gerichtlichen Entscheidung (MüKoGottwald Art 17 EuGVÜ Rn 13; aA Schlosser 9). Der Grundsatz der perpetuatio fori gilt (§ 261 Abs 3 Nr 2; dort Rn 16). Vor dem Inkrafttreten der EuGVVO geschlossene Gerichtsstandsvereinbarungen können im Hinblick auf nach dem Zeitpunkt erhobene Klagen auch dann als gem Art 23 wirksam angesehen werden, wenn sie nach den zurzeit des Vertragsschlusses geltenden innerstaatlichen Vorschriften nichtig wären (EuGH NJW 80, 1218). Ob ursprünglich nach der nationalen Rechtsordnung wirksame Vereinbarungen nach Inkrafttreten der EuGVVO wegen Unvereinbarkeit mit Art 23 unwirksam werden, ist umstr (Trunk IPRax 96, 251; LG München I IPRax 96, 266).

20   **6. Wirkung.** Die über Art 23 begründete Zuständigkeit ist als Prozessvoraussetzung von Amts wegen zu prüfen. Dabei ist eine rügelose Einlassung (Art 18) zu beachten. Der Rechtsnachfolger einer Vertragspartei ist an die wirksame Vereinbarung gebunden (BayObLG NJW-
21 RR 02, 359). – **a) Ausschließliche Zuständigkeit** (Abs 1 Satz 2) des wirksam prorogierten Gerichts ist die Regel und im Zweifel anzunehmen (Hamm RIW 00, 382), sofern die Parteien nicht etwas anderes vereinbart haben. Die anderen Zuständigkeiten der EuGVVO, auch die für die Widerklage, werden im Einzelfall verdrängt. Für die Aufrechnung ist dies umstr (Saenger ZZP 110, 477/495). Ist die Aufrechnungsforderung streitig, so beinhaltet die Gerichtsstandsvereinbarung ein Aufrechnungsverbot (BGH NJW 79, 2477; Hamm RIW 99, 787; aA LG Berlin IPRax 98, 97 m Anm Gebauer S 79), anders jedoch bei unstreitiger oder rechtskräftig festgestellter Forderung (allg M). Bei Vereinbarung eines zuständigen Gerichts steht es den Parteien frei, einen mit den Gerichtsständen der EuGVVO konkurrierenden Gerichts-
22 stand zu vereinbaren. – **b) Derogiertes Gericht.** Ist vor ihm die Klage erhoben, muss das Gericht die Wirksamkeit der Vereinbarung (Rn 15) wegen Art 18 nur auf Rüge des Beklagten prüfen, sofern nicht nach Art 20 Abs 1 zu verfahren ist. Dem derogierten Gericht steht diese Prüfungskompetenz zu; sie obliegt nicht allein dem prorogierten Gericht (Mankowski JZ 98, 896/901). Hält es die Vereinbarung für wirksam, ist die Klage als unzulässig abzuweisen. Ist bereits Klage vor dem prorogierten Gericht erhoben, ist sodann ist Art 21 Abs 1 zu beachten
23 (Geimer/Schütze EuZVR 212). – **c) Prorogation durch Parteien in Nichtvertragsstaaten** (Abs 3). Bei fehlendem (Wohn-)Sitz beider Parteien in einem Vertragsstaat ist Art 23 Abs 1 S 1 unanwendbar. Es gilt das Recht des in einem Vertragsstaat angegangenen Gerichts. Solange sich dieses nicht für unzuständig erklärt, dürfen die Gerichte der anderen Vertragsstaaten nicht entscheiden. Die Bindung ist wegen
24 Art 24 nur auf Rüge zu beachten. – **d) Trustklauseln** (Abs 4). Unter trust ist eine Treuhand, unter trustee ein Treuhänder zu verstehen. Dem trust liegt ein einseitiges Rechtsgeschäft zugrunde, so dass Abs 4 die Wirkung einer einseitigen Gerichtsstandsbestimmung auf Dritte
25 erstreckt. – **e) Einstweiliger Rechtsschutz** (§§ 916, 936). Die Zuständigkeit des vereinbarten Gerichts erstreckt sich im Zweifel hierauf. Die Voraussetzungen für eine Gerichtsstandsvereinbarung können sich wegen Art 31 sowohl aus § 38 als auch aus Art 23 ergeben.

Art. 24 [Rügelose Einlassung]

[1] Sofern das Gericht eines Mitgliedstaats nicht bereits nach anderen Vorschriften dieser Verordnung zuständig ist, wird es zuständig, wenn sich der Beklagte vor ihm auf das Verfahren einlässt. [2] Dies gilt nicht, wenn der Beklagte sich einlässt, um den Mangel der Zuständigkeit geltend zu machen oder wenn ein anderes Gericht aufgrund des Artikels 22 ausschließlich zuständig ist.

1. Allgemeines. Der Anwendungsbereich der EuGVVO (vor Art 1   1 Rn 5 ff) muss eröffnet sein. Nach BGH (IPRax 99, 367) muss ein Berührungspunkt zu einem weiteren Vertragsstaat bestehen. Diese Auffassung ist jedoch nunmehr im Anschluss an EuGH NJW 00, 3121 abzulehnen (vgl vor Art 1 Rn 12; Dörner/Staudinger IPRax 99, 338; Staudinger IPRax 00, 483/485; bestr). Wegen der systematischen Stellung der Vorschrift im 7. Abschnitt muss zumindest eine Partei entsprechend Art 23 Abs 1 S 1 ihren Wohnsitz in einem Mitgliedstaat haben. Art 24 verdrängt Art 8 ff, Art 15 ff (Koblenz IPRax 01, 334 m Anm Mankowski S 310, der dies jedoch wegen des Vorrangs des Verbraucherschutzes nur für den Aktivprozess des Verbrauchers gelten lassen will) und Art 18 ff einer behaupteten Gerichtsstandsvereinbarung nach Art 23 vor (EuGH IPRax 82, 234 m Anm Leipold S 222; LG Frankfurt EWS 94, 404). § 39 ist unanwendbar, mit der Folge, dass insbesondere §§ 39 S 2 und 504 nicht gelten (Geimer WM 77, 67).

2. Rügelose Einlassung. Die internationale Zuständigkeit nach der   2 EuGVVO wird von Amts wegen nur geprüft, wenn der Beklagte am Verfahren nicht teilnimmt (Art 26 Abs 1) und dahingehend, ob ein Fall des Art 22 vorliegt. In den übrigen Fällen muss der Beklagte die fehlende internationale Zuständigkeit rügen; andernfalls lässt er sich rügelos ein. – **a) Einlassung.** Eine solche zur Hauptsache ist (anders als § 39)   3 nicht notwendig. Auch Einreden zum Verfahren (außer zur internationalen Zuständigkeit) genügen, um eine Zuständigkeit nach Art 24 zu begründen (Koblenz RIW 91, 63), sofern nicht deutlich wird, dass auch die internationale Zuständigkeit gerügt werde, zB wenn die örtliche Zuständigkeit der deutschen Gerichte gerügt wird (LG Frankfurt EWS 94, 404; Schütze ZZP 77, 74). – **b) Hilfsweise Einlassung** zur   4 Hauptsache begründet noch keine Zuständigkeit (EuGH NJW 82, 507; BGH IPRax 01, 331 m Anm Pulkowski S 306). – **c) Anzeige der   5 Verteidigungsbereitschaft** nach § 276 Abs 1 ist noch keine rügelose Einlassung, weil die Rechtsverteidigung erst in der Klageerwiderung erfolgt (LG Frankfurt EuZW 90, 581). – **d) Zeitpunkt.** Die Rüge   6 muss vor jeder Rechtsverteidigung in der Hauptsache spätestens zu Beginn der mündlichen Verhandlung erfolgen (BGH NJW 97, 397 m Anm Pfeiffer ZZP 110, 336; aA Hamm RIW 99, 540: bereits in der Klageerwiderung). §§ 282 Abs 3, 296 sind nicht anwendbar. Ein Verzicht auf die Rüge in der Berufung muss ausdrücklich erfolgen, sonst wirkt die in der ersten Instanz erhobene Einrede weiter (BGH NJW

7 87, 3081). – **e) Prozessaufrechnung.** Die Entscheidung über die geltend gemachte Gegenforderung des Beklagten setzt nicht voraus, dass das Prozessgericht auch insoweit international zuständig ist (EuGH NJW 96, 42 m Anm Geimer EuZW 95, 640; aA BGH NJW 93, 2753 m Anm Geimer IPRax 94, 82; Jayme IPRax 95, 349; hierzu Art 6 Rn 7). Für die Aufrechnung wird keine Zuständigkeit des Gerichts nach Art 2 ff verlangt. Die Zulässigkeit einer Prozessaufrechnung soll durch das nationale Recht bestimmt werden. Zumindest ist die Aufrechnung dann zulässig, wenn sich der Kläger auf die zur Aufrechnung gestellte Forderung gem Art 24 rügelos eingelassen hat (BGH NJW 93, 8 1399). – **f) Widerklage.** Auch für die rügelose Einlassung des Klägers gilt Art 24. Auch auf die Aufrechnung ist die Vorschrift anzuwenden (EuGH NJW 85, 2893; vgl aber Art 6 Rn 7).

Abschnitt 8. Prüfung der Zuständigkeit und der Zulässigkeit des Verfahrens

Art. 25 [Prüfung von Amts wegen]

Das Gericht eines Mitgliedstaats hat sich von Amts wegen für unzuständig zu erklären, wenn es wegen einer Streitigkeit angerufen wird, für die das Gericht eines anderen Mitgliedstaats aufgrund des Artikels 22 ausschließlich zuständig ist.

1 **Anwendungsbereich.** Die Vorschrift gilt nur, wenn der Beklagte am Verfahren teilnimmt; ist er säumig, gilt Art 26. Nur die ausschließliche Zuständigkeit nach Art 22 ist in jeder Lage des Verfahrens zu beachten, aber nicht, wenn sie nur Vorfrage ist (Kropholler 1). Hier kommt eine Aussetzung nach Art 28 Abs 1 in Betracht (Wieczorek/ 2 Hausmann Art 19 EuGVÜ Rn 3). **Amtsermittlungsgrundsatz** gilt nicht. Das Gericht hat nur auf Bedenken hinzuweisen, die Parteien 3 haben die notwendigen Tatsachen und Beweise beizubringen. **Entscheidung.** Steht die Unzuständigkeit zur Überzeugung des Gerichts fest, so ist die Klage durch Prozessurteil als unzulässig abzuweisen. Eine Verweisung an ein Gericht eines anderen Vertragsstaat kommt (derzeit) noch nicht in Betracht (Düsseldorf WM 00, 2192).

Art. 26 [Säumnis des Beklagten]

(1) **Lässt sich der Beklagte, der seinen Wohnsitz im Hoheitsgebiet eines Mitgliedstaats hat und der vor den Gerichten eines anderen Mitgliedstaats verklagt wird, auf das Verfahren nicht ein, so hat sich das Gericht von Amts wegen für unzuständig zu erklären, wenn seine Zuständigkeit nicht nach dieser Verordnung begründet ist.**

(2) **Das Gericht hat das Verfahren so lange auszusetzen, bis festgestellt ist, dass es dem Beklagten möglich war, das verfahrenseinleitende Schriftstück oder ein gleichwertiges Schrift-**

stück so rechtzeitig zu empfangen, dass er sich verteidigen konnte oder dass alle hierzu erforderlichen Maßnahmen getroffen worden sind.

(3) **An die Stelle von Absatz 2 tritt Artikel 19 der Verordnung (EG) Nr.** 1348/2000 des Rates vom 29. Mai 2000 über die Zustellung gerichtlicher und außergerichtlicher Schriftstücke in Zivil- oder Handelssachen in den Mitgliedstaaten, wenn das verfahrenseinleitende Schriftstück oder ein gleichwertiges Schriftstück nach der genannten Verordnung von einem Mitgliedstaat in einen anderen zu übermitteln war.

(4) **Sind die Bestimmungen der Verordnung (EG) Nr.** 1348/ 2000 nicht anwendbar, so gilt Artikel 15 des Haager Übereinkommens vom 15. November 1965 über die Zustellung gerichtlicher und außergerichtlicher Schriftstücke im Ausland in Zivil- und Handelssachen, wenn das verfahrenseinleitende Schriftstück oder ein gleichwertiges Schriftstück nach dem genannten Übereinkommen zu übermitteln war.

1. Allgemeines. a) Anwendbar ist Art 26 nur, wenn der Beklagte **1** in einem Mitgliedstaat wohnt und in einem anderen Mitgliedstaat verklagt wird. Wohnt er in einem Gerichtsstaat oder in einem Drittstaat, sind die autonomen Zuständigkeitsregeln anzuwenden (MüKoGottwald Art 20 EuGVÜ Rn 2). – **b) Zweck.** Die Vorschrift dient dem Schutz des Be- **2** klagten im Falle seiner Säumnis. Ist das nicht der Fall, muss er die fehlende internationale Zuständigkeit gem Art 24 rügen. – **c) Unzustän- 3 digkeit** (Abs 1). Stellt das Gericht bei seiner Entscheidung im Säumnisverfahren (§ 331 Abs 1 oder § 331 Abs 3) seine Unzuständigkeit fest, so muss die Klage als unzulässig abgewiesen werden.

2. Verfahren. a) Prüfung der Zuständigkeit (von Amts wegen) be- **4** zieht sich nur auf die Gerichtsstände der EuGVVO, nicht aber auf eine Schiedsabrede. Eine Derogation des angerufenen Gerichts ist nur bei entsprechendem (schlüssigen) Sachvortrag zu berücksichtigen. – **b) Amtsermittlungsgrundsatz** gilt nicht. Das Gericht hat aber auf **5** seine Bedenken hinsichtlich der Zuständigkeit hinzuweisen. Der Kläger hat die zuständigkeitsbegründenden Tatsachen schlüssig darzulegen (Wieczorek/Hausmann Art 20 EuGVÜ Rn 5). Das Gericht muss von ihrer Wahrheit überzeugt sein. Die Säumnis hat keine Geständnisfiktion. – **c) Urteil.** Ist das Versäumnisurteil gem § 313 b abgefasst wor- **6** den, ist es auf Antrag nach § 30 AVAG zu ergänzen.

3. Wirkung. Wird ein Urteil unter Verstoß gegen Art 26 Abs 1 er- **7** lassen, so ist es wirksam, anerkennungs- und vollstreckungsfähig, sofern kein Versagungsgrund nach Art 34 oder Art 35 besteht. Ein vorausgegangenes ausländisches Prozessurteil, das ein deutsches Gericht für zuständig hält, bindet das Gericht (MüKoGottwald Art 20 EuGVÜ Rn 5).

4. Rechtzeitige Zustellung (Abs 2 bis Abs 4) dient dem Schutz **8** des Beklagten (Rn 2), der in einem anderen Mitgliedstaat wohnt. Gegenüber den Mitgliedstaaten der EuGVVO ist gem Abs 3 die ab 31. 5. 01 zwischen den EU-Staaten mit Ausnahme Dänemarks in Kraft getretene Verordnung (EG) Nr 1348/2000 des Rates v 29. 5. 00 über die Zustellung gerichtlicher und außergerichtlicher Schriftstücke in Zivil- oder Handelssachen in den Mitgliedstaaten (ABl L 160 v 30. 6. 00, S 37 ff) anzuwenden (Text im Anh; vgl hierzu Lindacher ZZP 114, 179; Stadler IPRax 01, 514; Heß NJW 02, 2417). Soweit diese VO nicht anzuwenden ist – dies kann bei einer Zustellung in einem Drittstaat der Fall sein – ist gem Abs 4 Art 15 des dort aufgeführten Übereinkommens anzuwenden. Der aktuelle Ratifikationsstand zum Haager Übereinkommen vom 15. 11. 65 ist dem Fundstellennachweis B, Beilage zum BGBl II zu entnehmen. Zu Art 15 des Haager Übereinkommens vgl Schlosser Art 15 HZÜ Rn 1 ff.

Abschnitt 9. Rechtshängigkeit und im Zusammenhang stehende Verfahren

Vorbemerkung zu Art 27–30

1   **1. Anwendungsbereich.** Die Art 27–30 regeln die Folgen der doppelten Rechtshängigkeit von Verfahren in Mitgliedstaaten. Die Vorschriften sind nicht auf Verfahren oder Streitpunkte von Verfahren in Mitgliedstaaten anwendbar, die die Anerkennung und Vollstreckung von Urteilen aus Drittstaaten betreffen (EuGH EuZW 94, 278 m Anm Karl S 280 und Kaye IPRax 95, 214). Art 27, 28 sind anzuwenden, wenn sich die internationale Zuständigkeit nach einem Spezialabkommen iSv Art 71 richtet, dieses aber keine den Art 27, 28 entsprechende Regeln enthält (EuGH EuZW 95, 309; vgl auch Art 71 Rn 4).

2   **2. Grundsatz der Priorität.** Davon geht die EuGVVO aus. Voraussetzung ist aber, dass das später angerufene Gericht international zuständig ist; ansonsten ist die Klage als unzulässig abzuweisen.

Art. 27 [Doppelte Rechtshängigkeit]

(1) **Werden bei Gerichten verschiedener Mitgliedstaaten Klagen wegen desselben Anspruchs zwischen denselben Parteien anhängig gemacht, so setzt das später angerufene Gericht das Verfahren von Amts wegen aus, bis die Zuständigkeit des zuerst angerufenen Gerichts feststeht.**

(2) **Sobald die Zuständigkeit des zuerst angerufenen Gerichts feststeht, erklärt sich das später angerufene Gericht zugunsten dieses Gerichts für unzuständig.**

1   **1. Allgemeines.** Eine Klageabweisung bei doppelter Rechtshängigkeit kommt nur in Betracht, wenn die Zuständigkeit des zuerst angerufenen Gerichts auf Grund einer Entscheidung dieses Gerichts feststeht (Abs 2). Bis dahin ist gem Abs 1 das Verfahren analog § 148 auszusetzen

(Kropholler 23). − **a) Anwendung.** Es kommt (anders als im autono- **2** men Recht) wegen Art 33 Abs 1 auf eine (positive) Anerkennungspro- gnose grundsätzlich nicht an (BGH NJW 95, 1758; Frankfurt IPRax 02, 515 m Anm Homann S 502), so dass die internationale Zuständig- keit des zuerst angerufenen Gerichts nicht zu überprüfen ist (EuGH IPRax 93, 34 m Anm Rauscher/Gutknecht S 21). Umstr ist, ob dies auch gilt, wenn das später angerufene Gericht nach Art 12, 16 Abs 2, 20 Abs 1, 22 ausschließlich zuständig ist. Hierfür spricht Art 35 Abs 1, 3 (Frankfurt NJW-RR 01, 215). Voraussetzung für eine Anwendung von Art 27 ist aber, dass die ausländische Klage ernsthaft betrieben wird (Köln VersR 98, 1513). − **b) Wohnsitz.** Art 27 ist unabhängig vom **3** Wohnsitz der Parteien der beiden Verfahren anzuwenden (EuGH IPRax 93, 34).

2. Doppelte Anhängigkeit. a) Begriff. Dieser wird in Art 30 de- **4** finiert (vgl dort Rn 1 ff). Da Art 30 nur auf das verfahrenseinleitende Schriftstück abstellt, begründet eine zur Aufrechnung gestellte Forde- rung daher keine Anhängigkeit. − **b) Derselbe Anspruch** ist nicht **5** identisch mit dem Streitgegenstandsbegriff der ZPO (ausführlich Rüß- mann ZZP 111, 399; Walker ZZP 111, 429). Der Begriff ist autonom (EuGH EuZW 95, 311; EuZW 98, 443) und weit auszulegen (BGH NJW 97, 870; Hamm IPRax 95, 104 m Anm Rüßmann S 76) unter Berücksichtigung von Art 28, 34 Nr 3, um Anerkennungshindernisse zu vermeiden (EuGH NJW 89, 665; EuZW 98, 443). Entscheidend ist, ob der Kernpunkt beider Rechtsstreitigkeiten derselbe ist (BGH NJW 02, 2795). Art 27 kennt keinen Vorrang einer später erhobenen Leis- tungsklage gegenüber einer zuvor erhobenen negativen Feststellungs- klage; auf das nationale Recht darf insoweit nicht zurückgegriffen wer- den (BGH NJW 97, 870 m Anm Grunsky LM H 5/97 § 256 Nr 195; Huber JZ 97, 799; Kronke IPRax 97, 350; Micklitz/Rott EuZW 01, 325/333; aA im Anwendungsbereich der CMR Hamburg TranspR 03, 25). Bsp: Wenn dieselben Parteien in verschiedenen Mitgliedstaaten zwei auf derselben Grundlage, zB einem Kaufvertrag, beruhende Rechts- streitigkeiten führen (München RIW 00, 712). Eine Klage auf Fest- stellung, dass der Beklagte für einen Schaden hafte und auf dessen Ver- urteilung zur Zahlung von Schadensersatz gerichtet ist; eine von diesem Beklagten früher erhobene Klage auf Feststellung, dass er für diesen Schaden nicht hafte (EuGH EuZW 95, 309 m Anm Lenenbach EWS 95, 361; Wolf EuZW 95, 365); Klage auf Feststellung der Un- wirksamkeit oder Auflösung eines Vertrags und Klage auf Erfüllung des Vertrags (EuGH NJW 89, 665 m Anm Schack IPRax 89, 139; Mün- chen IPRax 94, 308 m Anm Jayme) oder Rückgewähr einer auf Grund dieses Vertrags erbrachten Leistung (BGH NJW 95, 1758 m Anm Hau IPRax 96, 177); Klage auf Zahlung eines Handelsvertreterausgleichs und Klage auf Feststellung der Wirksamkeit einer fristlosen Kündigung wegen unerlaubter Konkurrenztätigkeit (München OLGR 00, 129); positive Feststellungsklage des Unternehmers, er habe den Handelsvertretervertrag aus wichtigem Grund gekündigt und Schadensersatzklage des Handelsvertreters auf Grund dessen nachfolgender Kündigung (Stuttgart IPRax 02, 125; bestätigt durch BGH NJW 02, 2795 m kritischer Anm Goebel JZ 02, 951); Aufrechnung mit einer Forderung in einem Verfahren nach Art 22 Nr 5, die in einem anderen Vertragsstaat klageweise geltend gemacht wird (Hamburg RIW 98, 889; bedenklich, vgl Art 22 Rn 16). Für Patentsachen vgl LG Düsseldorf IPRax 99, 461

6 m Anm Otte S 440. – **c) Einstweiliger Rechtsschutz.** Keine Identität besteht wegen Art 31 zwischen dem Verfahren zur Hauptsache und dem entsprechenden Verfahren zum einstweiligen Rechtsschutz. Ferner gilt Art 27 nicht, wenn in zwei Vertragsstaaten Anträge auf Erlass von einstweiligen Verfügungen gestellt werden (Jayme IPRax 00, 547). –

7 **d) Parteiidentität.** Art 27 greift nur bezüglich derselben Beteiligten der zwei Rechtsstreite ein (EuGH EuZW 98, 443), es sei denn, dass trotz fehlender Parteiidentität ein Urteil Rechtskraft gegenüber einem Dritten erlangt, ihre Interessen also identisch und voneinander untrennbar sind (EuGH aaO m kritischer Anm Jayme/Kohler IPRax 98, 417/422). Die Parteirolle in den verschiedenen Verfahren ist unerheblich (BGH NJW 95, 1758). Sind die Parteien nur teilweise identisch, kann das Verfahren fortgesetzt werden, soweit keine Identität besteht (EuGH EuZW

8 95, 311). – **e) Klage.** Der Begriff umfasst alle Verfahren, unabhängig von ihrer Bezeichnung als Klage oder Antrag (BGH NJW 86, 662).

9 **3. Entscheidung.** IdR kommt zunächst eine Aussetzung nach Abs 1 in Betracht. Hat das erstinstanzliche Gericht entgegen Abs 1 das Verfahren nicht ausgesetzt, so darf das Berufungsgericht nicht unter Aufhebung der Entscheidung und Zurückverweisung an das Erstgericht dieses hierzu anweisen, vielmehr ist das Berufungsverfahren auszusetzen (BGH NJW 02, 2795; aA Hau IPRax 02, 117). Nur wenn die internationale Zuständigkeit des zuerst angerufenen Gerichts feststeht, kann die Klage nach Abs 2 wegen doppelter Rechtshängigkeit als unzulässig abgewiesen werden. Hierfür ist Unanfechtbarkeit der Entscheidung des zuerst angerufenen Gerichts notwendig (Geimer/Schütze EuZVR Art 21 EuGVÜ Rn 44). Die Prüfung seiner internationalen Zuständigkeit obliegt allein diesem Gericht.

10 **4. Dauer.** Die Aussetzung ist unabhängig von der Dauer des ausländischen Verfahrens (BGH NJW 02, 2795), da die EuGVVO vom Prinzip der Gleichwertigkeit der Justizgewährung in allen Mitgliedstaaten ausgeht. Eine Ausnahme besteht nur, wenn in seltenen Ausnahmefällen eine überlange Verfahrensdauer zu einem Verstoß gegen Art. 6 EMRK führen würde (BGH aaO). Mit einer rechtskräftigen Sachentscheidung des Erstgerichts entfällt das Aussetzungsgebot (BGH aaO).

Art. 28 [Im Zusammenhang stehende Klagen]

(1) **Sind bei Gerichten verschiedener Mitgliedstaaten Klagen, die im Zusammenhang stehen, anhängig, so kann jedes später angerufene Gericht das Verfahren aussetzen.**

(2) **Sind diese Klagen in erster Instanz anhängig, so kann sich jedes später angerufene Gericht auf Antrag einer Partei auch für unzuständig erklären, wenn das zuerst angerufene Gericht für die betreffenden Klagen zuständig ist und die Verbindung der Klagen nach seinem Recht zulässig ist.**

(3) **Klagen stehen im Sinne dieses Artikels im Zusammenhang, wenn zwischen ihnen eine so enge Beziehung gegeben ist, dass eine gemeinsame Verhandlung und Entscheidung geboten erscheint, um zu vermeiden, dass in getrennten Verfahren widersprechende Entscheidungen ergehen könnten.**

1. Allgemeines. a) Zweck ist die Vermeidung gegensätzlicher 1 Entscheidungen und somit die Sicherung einer geordneten Rechtspflege in der Gemeinschaft (EuGH EuZW 95, 312). – **b) Anwendbar,** 2 wenn die Voraussetzungen für die Anwendung des Art 27 nicht erfüllt sind, insbesondere wenn keine vollkommene Identität der Parteien der Rechtsstreite oder des Streitgegenstands besteht (Lenenbach EWS 95, 366; Wolf EuZW 95, 366). – **c) Funktionen.** Abs 1 enthält eine Verfahrensvoraussetzung für die Aussetzung, während Abs 2 eine Verfahrensverbindung ermöglicht. Art 28 eröffnet aber keine Zuständigkeit des Zusammenhangs (EuGH NJW 00, 721), setzt vielmehr in zwei Mitgliedstaaten bereits erhobene Klagen voraus. Abs 2 kann von deutschen Gerichten nicht angewendet werden, da nach § 147 nur eine Verbindung von zwei bei demselben Gericht anhängigen Verfahren möglich ist.

2. Zusammenhang. a) Begriff. Er ist in Abs 3 legal definiert und 4 im Hinblick auf die unterschiedlichen Funktionen des Art 28 auszulegen (Wolf EuZW 95, 367). Er ist autonom und weit auszulegen; erfasst alle Fälle, in denen die Gefahr einander widersprechender Entscheidungen besteht, selbst wenn die Entscheidungen getrennt vollstreckt werden können und sich ihre Rechtsfolgen nicht gegenseitig ausschließen (EuGH EuZW 95, 312 m Anm Schack IPRax 96, 80). – **b) Widersprechende** Entscheidungen. Um eine bessere Koordinie- 5 rung der Rechtsprechung innerhalb der Gemeinschaft zu verwirklichen und mangelnden Zusammenhang von Entscheidungen sowie den Widerspruch zwischen Entscheidungen zu vermeiden, ist der Begriff widersprechend nicht gleichbedeutend mit dem Begriff unvereinbar in Art 34 Nr 3 (EuGH EuZW 95, 312 m Anm Herber TranspR 96, 196). Ein Zusammenhang iS von Abs 1 besteht immer dann, wenn das Ergebnis des ersten Verfahrens im zweiten Verfahren verwertet werden kann (Wolf EuZW 95, 367), zB zwischen Klage auf Restkaufpreiszahlung und einer Klage auf Minderung des Kaufpreises oder Schadensersatz. Er fehlt jedoch bei Klagen aus unterschiedlichen Rechtsgeschäften, auch wenn zwischen den Beteiligten enge Interessenverflechtungen bestehen (MüKoGottwald Art 22 EuGVÜ Rn 2).

3. Voraussetzungen. a) Internationale Zuständigkeit. Für eine 6 Aussetzung nach Abs 1 und eine Abweisung der Klage nach Abs 2 muss das später angerufene Gericht für die Klage auch international zuständig sein. Andernfalls ist die Klage als unzulässig abzuweisen. Die Zuständigkeit des Erstgerichts ist grundsätzlich nicht zu prüfen (MüKoGottwald Art 22 EuGVÜ Rn 2; aA Schütze RIW 75, 545), da es auf eine Anerkennungsprognose nicht ankommt. Im Rahmen des Ermessens ist aber zu prüfen, ob ein Anerkennungshindernis nach Art 35 Abs 1 besteht (Frankfurt NJW-RR 01, 215 m zust Anm Geimer IPRax 01, 191). –

7 **b) Rechtszug.** Abs 2 setzt voraus, dass sich die Klagen noch im ersten Rechtszug befinden, wohingegen für Abs 1 dieses Erfordernis nicht besteht.

8 **4. Entscheidung.** Sie ergeht nach Ermessen (bei Abs 1 von Amts wegen, bei Abs 2 nur auf Antrag). Bei der gebotenen Ermessensausübung wird zu berücksichtigen sein, ob sich das ausländische Gericht für zuständig erklärt und wann die Entscheidung ergehen wird. Die Aussetzung erfolgt nach § 148.

Art. **29** [Grundsatz der Priorität]

Ist für die Klagen die ausschließliche Zuständigkeit mehrerer Gerichte gegeben, so hat sich das zuletzt angerufene Gericht zugunsten des zuerst angerufenen Gerichts für unzuständig zu erklären.

1 Die Vorschrift ist von Amts wegen anzuwenden und folgt dem Grundsatz der Priorität. Ob sie (wie Art 27) Identität von Parteien und Streitgegenstand voraussetzt (MüKoGottwald Art 23 EuGVÜ Rn 2 mwN) oder auch im Falle des bloßen Zusammenhangs iS von Art 28 gilt (Jenard-Bericht in Bülow-Böckstiegel S 601.63), ist umstritten.

Art. **30** [Anrufung]

Für die Zwecke dieses Abschnitts gilt ein Gericht als angerufen:
1. **zu dem Zeitpunkt, zu dem das verfahrenseinleitende Schriftstück oder ein gleichwertiges Schriftstück bei Gericht eingereicht worden ist, vorausgesetzt, dass der Kläger es in der Folge nicht versäumt hat, die ihm obliegenden Maßnahmen zu treffen, um die Zustellung des Schriftstücks an den Beklagten zu bewirken, oder**
2. **falls die Zustellung an den Beklagten vor Einreichung des Schriftstücks bei Gericht zu bewirken ist, zu dem Zeitpunkt, zu dem die für die Zustellung verantwortliche Stelle das Schriftstück erhalten hat, vorausgesetzt, dass der Kläger es in der Folge nicht versäumt hat, die ihm obliegenden Maßnahmen zu treffen, um das Schriftstück bei Gericht einzureichen.**

1 **1. Allgemeines.** Die Vorschrift definiert für den Abschnitt 9 einheitlich den Begriff der Anhängigkeit ohne Rückgriff auf das jeweilige nationale Recht. Dabei wird differenziert, ob das verfahrenseinleitende Schriftstück nach Einreichung bei Gericht (Nr 1) oder vor dessen Eingang bei Gericht (Nr 2) zugestellt wird. Art 30 schlägt für beide Zustellungsarten einen Mittelweg vor, um Ungerechtigkeiten durch den zeitlichen Ablauf zu vermeiden, indem die verschiedenen Verfahrensordnungen miteinander in Einklang gebracht werden und gleichzeitig die Waffengleichheit der Kläger sowie der Schutz vor einem Verfahrensmissbrauch gewährleistet wird.

2. Nr. 1. a) Verfahrenseinleitendes Schriftstück oder gleichwertiges Schriftstück. Wie Art 34 Rn 6 (Homann IPRax 02, 502/504). – **b) Einreichung bei Gericht** bedeutet dasselbe wie § 167 Rn 7, also Eingang des Schriftstücks in den Geschäftsbereich des angerufenen Gerichts. – **c) Wirkung.** Die Einreichung hat nur dann die Wirkung eines Eingangs bei Gericht an diesem Tage, wenn der Kläger alle Maßnahmen getroffen hat, um die Zustellung an den Beklagten zu bewirken. Diese Maßnahmen sind von Rechtssystem zu Rechtssystem unterschiedlich und beurteilt sich nach der jeweiligen lex for. Für Deutschland kann mit dieser Formulierung auf die Rechtsprechung zu § 167 nF zurückgegriffen werden (§ 167 Rn 10 ff; vgl Heß JZ 01, 573/578). Die Formulierung entspricht Art 11 Abs 4 Buchstabe a) EheVO (dort Rn 5). Hierzu gehören die richtige Adresse, die erforderlichen Abschriften der Antragsschrift, die Einzahlung eines Kostenvorschusses nach Aufforderung durch das Gericht gem § 65 GKG, ordnungsgemäßer PKH-Antrag. Werden die erforderlichen Maßnahmen nicht getroffen, um die Zustellung zu bewirken, so tritt die Rechtshängigkeit mit Behebung des Mangels ein (Gruber FamRZ 00, 1129/1133).

3. Nr. 2. a) Bewirkung der Zustellung vor Einreichung bei Gericht. Ob und wann dies zulässig ist, bestimmt die maßgebliche lex fori des angerufenen Gerichts. – **b) Einreichung bei Gericht.** Bedeutet dasselbe wie oben Rn 3. – **c) Wirkung.** Die der Nr 2 tritt mit Übergabe des Schriftstücks an die für die Zustellung zuständige Behörde ein und nicht erst mit dem Zeitpunkt der Zustellung selbst, sofern der Kläger das Schriftstück fristgerecht nach Maßgabe des am Gerichtsstand geltenden Rechts bei Gericht eingereicht hat.

Abschnitt 10. Einstweilige Maßnahmen einschließlich solcher, die auf eine Sicherung gerichtet sind

Art. 31 [Einstweilige Maßnahmen]

Die im Recht eines Mitgliedstaats vorgesehenen einstweiligen Maßnahmen einschließlich solcher, die auf eine Sicherung gerichtet sind, können bei den Gerichten dieses Staates auch dann beantragt werden, wenn für die Entscheidung in der Hauptsache das Gericht eines anderen Mitgliedstaats aufgrund dieser Verordnung zuständig ist.

1   **1. Allgemeines.** Für einstweilige Maßnahmen enthält Art 31 auch eine Verweisung auf das nationale Recht ohne Ausschließlichkeitscharakter. Die Maßnahmen können auch auf die EuGVVO gestützt werden, sofern deren Anwendungsbereich eröffnet ist (Art 1). Die Anwendung des Art 31 setzt voraus, dass zwischen dem Gegenstand der einstweiligen Maßnahme und der gebietsbezogenen Zuständigkeit des Mitgliedstaats des angerufenen Gerichts eine reale Verknüpfung besteht (EuGH EuZW 99, 413 m Anm Heß/Vollkommer IPRax 99, 220; Stadler JZ 99, 1089; Wolf EWS 00, 11; Dedek EWS 00, 246; Schulz ZEuP 01, 805). Soll eine deutsche Entscheidung im Ausland vollstreckt werden, so ist für deren Inhalt zusätzlich § 30 Abs 4 AVAG zu beachten.

2   **2. Einstweilige Maßnahmen.** Der Begriff (vgl EuGH EuZW 92, 449) ist vertragsautonom und weit auszulegen (MüKoGottwald Art 24 EuGVÜ Rn 2). Er umfasst die einstweilige Verfügung (§ 935) einschließlich der Leistungsverfügung (§ 940 Rn 6) und die einstweilige Anordnung in Ehe-, Kindschafts- und Unterhaltssachen (§§ 620, 641 d, 644) im Rahmen von Art 1; ferner den Arrest (§ 916; hierzu ausführlich Fohrer/Mattil WM 02, 840) und das selbständige Beweisverfahren (§ 485; MüKoGottwald Art 24 EuGVÜ Rn 2).

3   **3. Internationale Zuständigkeit.** Vgl hierzu Pörnbacher RIW 99, 780/781; Wolf/Lange RIW 03, 55. Diese kann sich aus Art 2 und 5 bis 24 ergeben (Rn 1). Insb ist das nach Art 5 Nr 1 zuständige Gericht auch für die Anordnung einstweiliger oder sichernder Maßnahmen zuständig, ohne dass diese Zuständigkeit von weiteren Voraussetzungen abhängt, es sei denn die Parteien haben eine Schiedsabrede getroffen, so dass die Hauptsachezuständigkeit im konkreten Fall nicht zur Verfügung steht (EuGH EuZW 99, 413 m Anm Heß/Vollkommer IPRax 99, 220; EuGH EuZW 99, 727; Pörnbacher RIW 99, 780; Stadler JZ 99, 1089; Wolf EWS 00, 11; Dedek EWS 00, 246; Schulz ZEuP 01, 805). Art 31 kann unabhängig von Art 2 und 5 bis 24 die Zuständigkeit des Gerichts des vorläufigen Rechtsschutzes auch dann begründen, wenn ein Hauptsacheverfahren bereits eingeleitet wurde oder eingeleitet werden kann, selbst wenn dieses Verfahren vor einem Schiedsgericht stattfinden müsste (EuGH EuZW 99, 413). Voraussetzung für eine Leistungsverfügung ist aber dann, dass die Rückzahlung des zugesprochenen Betrages an den Antragsgegner im Falle einer Klageabweisung im Hauptsacheverfahren gewährleistet ist (was für das deutsche Recht zutrifft, § 945) und dass die Maßnahme nur bestimmte Vermögensgegenstände betrifft, die sich im örtlichen Zuständigkeitsbereich des angerufenen Gerichts befinden oder befinden müssen (EuGH EuZW 99, 413; EuZW 99, 727). Damit ist die reale Verknüpfung zum Gerichtsstaat hergestellt (Schulz ZEuP 01, 805/815). Für den Arrest dürften diese Einschränkungen nicht gelten, weil die Gefahr der Vorwegnahme der Hauptsache nicht besteht (München RIW 00, 464). Sofern die internationale Zuständigkeit für den Erlass einstweiliger Maßnahmen auf das autonome deutsche Verfahrensrecht gestützt wird, ist bei Anwendung von § 919 1. Alt iVm § 943 umstritten, ob die Hauptsachezuständigkeit nach der EuGVVO (Koblenz IPRax 91, 24; Hanisch IPRax 91, 215) oder unabhängig hiervon abstrakt nach der ZPO, also auch nach § 23, zu bestimmen ist, selbst wenn dann keine Zuständigkeit für das Hauptsacheverfahren gegeben ist (Karlsruhe MDR 02, 231; MüKo-Gottwald Art 24 EuGVÜ Rn 7; vgl auch Art 3 Rn 1). Für die letztgenannte Auffassung sprechen EuGH EuZW 99, 413 u EuZW 99, 727 (vgl Art 3 Rn 1). Für die Vollstreckung vgl jedoch Art 32 Rn 4.

4. Voraussetzungen. Der Arrestgrund des § 917 Abs 2 S 1 idF d G **4** vom 6. 8. 98 (BGBl 98 I 2030) ist gem § 917 Abs 2 S 2 dann nicht anzuwenden, wenn das deutsche Hauptsacheurteil in einem anderen Vertragsstaat der EuGVVO oder des LGVÜ vollstreckt werden müsste. Mit der Änderung des § 917 Abs 2 hat der Gesetzgeber der Rechtsprechung des EuGH (NJW 94, 1271 m Anm Geiger IPRax 94, 415) Rechnung getragen. Ob gem Art 34, 35 anerkennungsfähige Titel aus einem Vertragsstaat deutschen Urteilen gleichzustellen sind, erscheint erwägenswert (LG Hamburg WM 97, 685 m zust Anm Meinnicke EWS 97, 117; Sessler WM 01, 497/500; Fuchs IPRax 98, 25/28; Kropholler/Hartmann FS Drobnig S 337; aA München NJW-RR 88, 1023).

Kapitel III. Anerkennung und Vollstreckung

Vorbemerkung zu Art 32–56

1. Anwendungsbereich. Der der EuGVVO (vor Art 1 Rn 5 ff) **1** muss eröffnet sein. Dann findet Kapitel III auf alle Entscheidungen eines Mitgliedstaats (aber auch nur auf diese, EuGH EuZW 94, 278) Anwendung, gleichgültig, auf welche Rechtsgrundlage die Entscheidungszuständigkeit gestützt wurde. Die Zuständigkeit des Erstgerichts wird nur im Rahmen von Art 35 geprüft. Der zeitliche Anwendungsbereich des Kapitel III wird durch Art 66 Abs 2 erweitert.

2. Auslegung. Da durch die EuGVVO die Freizügigkeit der Urteile **2** soweit wie möglich hergestellt wird, sind die Art 32–56 großzügig auszulegen (Jenard-Bericht in Bülow-Böckstiegel S 601.63). Die in diesen Art verwendeten Rechtsbegriffe sind grundsätzlich autonom auszulegen, soweit nicht Ausnahmen (zB Art 34 Nr 1) Rückgriffe auf das nationale Recht gebieten. Anerkennung bedeutet Erstreckung der Urteilswirkungen auf den Anerkennungsstaat. Die Vollstreckbarerklärung ist nur eine besondere Form der Anerkennung speziell für die Vollstreckungswirkung.

3. Verhältnis zu anderen Anerkennungs- und Vollstreckungs- 3 vorschriften. a) Bilaterale Abkommen. Auf diese kann grundsätz-

lich nicht mehr zurückgegriffen werden, soweit sich deren Anwen-
4 dungsbereich mit dem der EuGVVO deckt (Art 70). – **b) Multilaterale Übereinkommen.** Übersicht: MüKoGottwald Art 57 EuGVÜ
Rn 2. Sie gehen in den geregelten Fällen gem Art 71 der EuGVVO
5 vor (EuGH NJW 95, 1883 LS). – **c) Nationales Recht.** Dieses wird
durch die EuGVVO verdrängt, soweit es strengere Anforderungen aufstellt; ist es jedoch ausnahmsweise günstiger, so darf darauf zurückgegriffen werden, da die EuGVVO die Anerkennung und Vollstreckung
erleichtern, nicht aber erschweren will (Spickhoff ZZP 108, 480).

6   **4. Vorrang des Anerkennungs- und Vollstreckungsverfahrens.**
Dieses kann nicht durch eine erneute Leistungsklage im Inland umgangen werden (MüKoGottwald Art 25 EuGVÜ Rn 6). Erst wenn feststeht, dass das ausländische Urteil gem Art 41, 45 Abs 1 nicht anerkannt
wird, ist eine erneute Leistungsklage zulässig (aA München NJW-RR
97, 571).

Art. 32 [Entscheidung]

Unter „Entscheidung“ im Sinne dieser Verordnung ist jede
von einem Gericht eines Mitgliedstaats erlassene Entscheidung
zu verstehen, ohne Rücksicht auf ihre Bezeichnung wie Urteil,
Beschluss, Zahlungsbefehl oder Vollstreckungsbescheid, einschließlich des Kostenfestsetzungsbeschlusses eines Gerichtsbe-
diensteten.

1   **1. Entscheidung. a) Begriff.** Gemeint sind Sachentscheidungen
(Geimer/Schütze EuZVR Art 25 EuGVÜ Rn 27). Grundsätzlich sind
alle gerichtlichen Entscheidungen ungeachtet ihrer Bezeichnung inbe-
2 griffen. Die Aufzählung hat nur beispielhaften Charakter. – **b) Rechtskraft** ist für die Anerkennung und Vollstreckung nicht notwendig
(MüKoGottwald Art 25 EuGVÜ Rn 14). Wird die Entscheidung im
3 Erststaat angefochten, gilt Art 43 bzw 46. – **c) Form und Inhalt** sind
grundsätzlich auf die Anerkennung und Vollstreckung ohne Einfluss, so
dass auch abgekürzte Urteile anerkennungs- und vollstreckungsfähig
sind (Geimer/Schütze EuZVR Art 25 EuGVÜ Rn 27), jedoch ist die
Nachprüfbarkeit im Hinblick auf die Anerkennungshindernisse gem
Art 34, 35 erschwert (vgl deshalb für deutsche Urteile § 30 AVAG).
Vorläufige Zahlungsanordnungen nach italienischem Recht (ordinanza
ingiuntiva di pagamento) fallen unter Art 32 (Stuttgart NJW-RR 98,
280); ebenso der mangels Einspruchs rechtskräftige Zahlungsbefehl nach
4 österr Recht. – **d) Eilmaßnahmen** (einstweilige Verfügung und Anordnung, Arrest) sind zwar Entscheidungen iS von Art 32, jedoch sind
sie nach der Rspr des EuGH nicht anerkennungsfähig, wenn das Ursprungsgericht seine Zuständigkeit nur auf seine nationalen Vorschriften
über den vorläufigen Rechtsschutz ohne Beachtung der in Art 31 Rn 3
genannten Grundsätze und nicht auf die EuGVVO gestützt hat (EuGH
EuZW 99, 414 u EuZW 99, 727) oder wenn sie ohne Ladung oder
rechtliches Gehör, also nicht in einem kontradiktorischen Verfahren

ergangen sind (EuGH IPRax 85, 339 m Anm Schlosser S 321; EuGH IPRax 81, 95 m Anm Hausmann S 79; BGH IPRax 99, 371 m Anm Schulze S 342). Daraus folgt, dass Leistungsverfügungen grds nur im Ursprungsstaat vollstreckbar sind (Kropholler 22 u 23; aA Micklitz/Rott EuZW 02, 15/16, der die zum EuGVÜ ergangene Rspr für nicht auf die EuGVVO übertragbar hält). Dingliche Arreste fallen jedoch grds unter Art 32 (München RIW 00, 464; Fohrer/Mattil WM 02, 840). – **e) Nebenentscheidungen** werden von Art 32 erfasst, insbes Kosten- 5 entscheidungen, sofern die Hauptsache in den Anwendungsbereich des EuGVÜ fällt (MüKoGottwald Art 25 EuGVÜ Rn 12). Ist dies nur teilweise der Fall, wie zB bei Verbundentscheidungen hinsichtlich des Unterhalts, so soll gleichwohl die gesamte Kostenentscheidung unter Art 32 fallen (MüKoGottwald Art 25 EuGVÜ Rn 13). Gerichtskostenrechnungen sind jedoch als Akt der Justizverwaltung keine Entscheidung (Schleswig-Holstein RIW 97, 513). – **f) Prozessvergleiche.** Für 6 diese gilt Art 58.

2. Gericht. a) Begriff. Darunter ist nicht nur der Richter zu ver- 7 stehen, sondern auch jede andere Stelle, die mit richterlicher Funktion und Autorität ausgestattet ist und die den Grundsätzen eines gerichtlichen Verfahrens folgt. Es muss sich um ein staatliches Gericht handeln. Dieses muss die Entscheidung gem Art 1 Abs 1 S 1 in einer Zivil- oder Handelssache erlassen haben, unabhängig davon, ob es ein Zivil-, Straf- oder Verwaltungsgericht ist (EuGH NJW 93, 2091; BGH 123, 268). Entscheidungen des Rechtspflegers fallen deshalb hierunter, aber nicht die Vollstreckbarerklärung des Honorars eines französischen oder niederländischen Rechtsanwalts ohne justizförmiges Verfahren (Düsseldorf EWS 95, 426 m Anm Tepper IPRax 96, 398). Nicht erfasst werden Entscheidungen von Schiedsgerichten (vgl Art 1 Abs 2 Buchstabe d), internationalen und supranationalen Gerichten. – **b) Doppelexequie-** 8 **rung.** Nicht unter Art 32 fallen solche Entscheidungen, welche die Anerkennung einer drittstaatlichen Entscheidung feststellen oder ihre Vollstreckung zulassen (MüKoGottwald Art 25 EuGVÜ Rn 11).

Abschnitt 1. Anerkennung

Art. 33 [Anerkennung]

(1) **Die in einem Mitgliedstaat ergangenen Entscheidungen werden in den anderen Mitgliedstaaten anerkannt, ohne dass es hierfür eines besonderen Verfahrens bedarf.**

(2) **Bildet die Frage, ob eine Entscheidung anzuerkennen ist, als solche den Gegenstand eines Streites, so kann jede Partei, welche die Anerkennung geltend macht, in dem Verfahren nach den Abschnitten 2 und 3 dieses Kapitels die Feststellung beantragen, dass die Entscheidung anzuerkennen ist.**

(3) Wird die Anerkennung in einem Rechtsstreit vor dem Gericht eines Mitgliedstaats, dessen Entscheidung von der Anerkennung abhängt, verlangt, so kann dieses Gericht über die Anerkennung entscheiden.

1　**1. Allgemeines.** Abs 1 stellt klar, dass die Entscheidungen eines anderen Mitgliedstaats grundsätzlich ipse iure anerkannt werden, ohne dass es eines besonderen Verfahrens bedarf. Dem steht nicht entgegen, dass im Falle einer in Zusammenhang mit einem Scheidungsurteil ergangenen Unterhaltsentscheidung zunächst das Anerkennungsverfahren für das Scheidungsurteil gem Art 7 § 1 FamRÄndG durchgeführt werden muss (vgl § 328 Rn 29; MüKoGottwald Art 25 Rn 9), soweit nicht ein Eheurteil vorliegt, auf das die EheVO v 29. 5. 00 anzuwenden ist (vgl Art 1 Rn 4 und Anh EheVO). Die Versagungsgründe für die Anerkennung sind abschließend in Art 34, 35 aufgeführt. Die Gründe für eine Ablehnung der Anerkennung sind von Amts wegen zu prüfen. Die Beweislast für die Ablehnungsgründe (mit Ausnahme der in Art 53 und 54 beizubringenden Voraussetzungen) trägt derjenige, der die Anerkennung bestreitet. Ist gegen die anzuerkennende Entscheidung ein Rechtsbehelf eingelegt worden, kommt Aussetzung nach Art 37 in Betracht.

2　**2. Anerkennung. a) Begriff.** Anerkannt werden die Urteilswirkungen (EuGH NJW 89, 663) mit Ausnahme der Vollstreckungswirkung, für die die Art 38–52 gelten. Rechtskraft der Entscheidung ist 3　nicht erforderlich. Teilanerkennungen sind möglich. – **b) Umfang.** Anerkannt werden die materielle Rechtskraft, die Präklusions- und Gestaltungswirkung, ferner die Interventions- und Streitverkündungswirkung. Auch Prozessurteile sind anerkennnungsfähig (MüKoGottwald Art 26 EuGVÜ Rn 4 mwN).

4　**3. Verfahren. a) Automatische Anerkennung** (Abs 1) ist der Grundsatz. Die Entscheidung entfaltet ohne, dass es eines besonderen Verfahrens bedarf, gegenüber jedem Beteiligten rechtliche Wirkung. – 5　**b) Selbständiges Anerkennungsverfahren (Abs 2).** Soweit ein Bedürfnis besteht (zB bei nicht vollstreckungsfähigen Entscheidungen, vgl MüKoGottwald Art 26 EuGVÜ Rn 5), kann in einem Verfahren entspr Art 38–56 die Feststellung der Anerkennung beantragt werden. Die §§ 25, 26 AVAG sind zu beachten. Zuständigkeit: Art 39 iVm Anh II, § 25 Abs 1 iVm § 3 AVAG. Das Verfahren gem § 256 vor (MüKoGottwald 5). Der Antrag ist neben dem Verfahren auf Vollstreckbarerklärung zulässig (MüKoGottwald Art 26 EuGVÜ Rn 9). Eine Verbindung mit einer hilfsweise erhobenen Leistungsklage ist hingegen unzulässig, weil insoweit eine andere Prozessart vorliegt (§ 260; Einl V Rn 1; aA MüKoGottwald AB 3, der eine Zwischenfeststellungsklage für zulässig erachtet). Eine erneute inländische Klage über denselben Streitgegenstand ist erst zulässig, wenn die Nichtanerkennung feststeht (aA München NJW-RR 97, 571). Gegenstand des Verfahrens kann nur ein positiver Feststellungsantrag sein (MüKoGottwald Art 26

EuGVÜ Rn 8, Micklitz/Rott EuZW 02, 15/16 mwN). Antragsberechtigt sind die Parteien des Ausgangsverfahrens, deren Rechtsnachfolger und auch Dritte (MüKoGottwald Art 26 EuGVÜ Rn 6), sofern
diese ein Rechtsschutzinteresse an der Feststellung haben (wie § 256
Rn 17). Ein Streit über die Anerkennungsfähigkeit ist nicht notwendig.
Der Vorsitzende der zuständigen Zivilkammer prüft in einem einseitigen Verfahren, ob die Entscheidung anzuerkennen ist. Seine Entscheidung unterliegt den Rechtsmitteln nach Art 43–44 iVm Anh III, IV.
Wird die anzuerkennende Entscheidung im Erststaat aufgehoben, so
gelten §§ 29, 27 AVAG. – **c) Inzidentanerkennung** (Abs 3). Stellt **6**
die Anerkennung in einem anderen Verfahren eine entscheidungserhebliche Vorfrage dar, so kann das Gericht in den Urteilsgründen, also
ohne einen ausdrücklichen Ausspruch, über die Anerkennung entscheiden, sofern die in Art 53, 54 vorgesehenen Urkunden vorgelegt wurden. Diese Entscheidung entfaltet jedoch keine Rechtskraft, so dass in
einem Verfahren nach Abs 2 eine abweichende Entscheidung ergehen
kann.

Art. 34 [Anerkennungshindernisse]

Eine Entscheidung wird nicht anerkannt, wenn
1. **die Anerkennung der öffentlichen Ordnung (ordre public)
   des Mitgliedstaats, in dem sie geltend gemacht wird, offensichtlich widersprechen würde;**
2. **dem Beklagten, der sich auf das Verfahren nicht eingelassen
   hat, das verfahrenseinleitende Schriftstück oder ein gleichwertiges Schriftstück nicht so rechtzeitig und in einer Weise
   zugestellt worden ist, dass er sich verteidigen konnte, es
   sei denn, der Beklagte hat gegen die Entscheidung keinen
   Rechtsbehelf eingelegt, obwohl er die Möglichkeit dazu
   hatte;**
3. **sie mit einer Entscheidung unvereinbar ist, die zwischen
   denselben Parteien in dem Mitgliedstaat, in dem die Anerkennung geltend gemacht wird, ergangen ist;**
4. **sie mit einer früheren Entscheidung unvereinbar ist, die in
   einem anderen Mitgliedstaat oder in einem Drittstaat zwischen denselben Parteien in einem Rechtsstreit wegen desselben Anspruchs ergangen ist, sofern die frühere Entscheidung die notwendigen Voraussetzungen für ihre Anerkennung in dem Mitgliedstaat erfüllt, in dem die Anerkennung
   geltend gemacht wird.**

1. Allgemeines. Die Vorschrift erfasst nur Entscheidungen iS von **1**
Art 32 (dort Rn 1 ff), sofern der Anwendungsbereich (vor Art 1 Rn 5 ff)
der EuGVVO eröffnet ist. Diese Frage ist vom Zweitgericht selbständig
zu prüfen (MüKoGottwald Art 27 EuGVÜ Rn 2; aA BGH NJW 76,
478). Ist die Anerkennung der Entscheidung aus einem in Art 34, 35

aufgeführten Grund abzulehnen, so kann auf das uU anerkennungsfreundlichere autonome Recht zurückgegriffen werden (MüKoGottwald Art 27 EuGVÜ Rn 1). Andernfalls kann bei bestehender internationaler Zuständigkeit erneut geklagt werden. Die Beweislast für ein Anerkennungshindernis trägt derjenige, der die Anerkennung verhindern will (BGH NJW 02, 1151).

2   **2. Ordre public** (Nr 1). Für das Anerkennungsverfahren in der BRep stellt die Vorschrift ab auf den deutschen (BGH NJW 93, 1801; dahingestellt in BGH NJW 93, 3269) verfahrens- (BGH NJW-RR 02, 1151) und materiell-rechtlichen (Hamburg RIW 95, 680) ordre public. Die Erläuterungen zu § 328 Abs 1 Nr 4 (dort Rn 15 ff) gelten daher entsprechend (Schlosser Art 34–36 Rn 3). Nr 1 ist als Ausnahmevorschrift eng auszulegen (EuGH NJW 00, 1853 u 2185 m Anm Heß IPRax 01, 301). Dies folgt auch aus der Formulierung „offensichtlich". Inhaltliche Änderungen ggü Art 27 Nr 1 EuGVÜ dürften dadurch kaum eingetreten sein (Matscher IPRax 01, 428/431; Wagner IPRax 02, 75/82). Die Mitgliedstaatengerichte legen selbst fest, welche Anforderungen sich nach ihren innerstaatlichen Anschauungen aus ihrer öffentlichen Ordnung ergeben; die Abgrenzung dieses Begriffs unterliegt aber der Auslegung des EuGH (EuGH NJW 00, 2185; zu diesem Problem ausführlich Lopez-Taruella EuLF 00, 122; Heß IPRax 01, 301). Nr 1 greift nur bei konkreter Bejahung „rechtsstaatswidrigen" Zustandekommens der Entscheidung ein (EuGH NJW 00, 1853 u 2185; BGH ZIP 99, 483; BGH NJW 90, 2201 m Anm Geimer IPRax 92, 5; BGH IPRax 98, 205; Köln IPRax 98, 116 m Anm Kronke; Hamm IPRax 98, 202 m Anm Geimer S 175). Die behauptete falsche Rechtsanwendung des nationalen Rechts oder des Gemeinschaftsrechts reicht hierfür nicht (EuGH NJW 00, 2185). Nr 1 ist gegenüber Nr 2–4 und Art 35 Abs 1, 2 subsidiär (Schlosser Art 34–36 Rn 2).

3   **3. Nichteinlassung** des Beklagten (Nr 2). **a) Begriff.** Wie § 328 Rn 10. Die Rüge von Zustellungsmängeln reicht nicht für eine Einlassung aus (Köln IPRax 91, 114 m Anm Linke S 92; aA Hamm RIW
4   94, 243). – **b) Anwendbar** auf alle infolge fehlender Mitwirkung des Beklagten einseitig gebliebenen Verfahren, insbes also auf Versäumnisurteile, bei Auftreten eines vollmachtslosen Vertreters (EuGH NJW 97, 1061 m Anm Rauscher IPRax 97, 314; BGH IPRax 99, 371 m Anm Schulz S 342/346; kritisch Jayme/Kohler IPRax 97, 385/395, weil der EuGH hiermit einen neuen, im EuGVÜ nicht vorhandenen Versagungsgrund geschaffen habe), nicht aber auf Verfahren im einstweiligen Rechtsschutz ohne Anhörung des Gegners (vgl auch Art 32 Rn 4). Für Adhäsionsverfahren vgl Art 61 und EuGH NJW 93, 2091. Hat der Beklagte sich auf das Verfahren eingelassen, so ist Nr 2 nicht anwendbar (EuGH aaO). Die Prüfung der Voraussetzungen der Nr 2 hat von Amts wegen zu erfolgen, da eine Einschränkung wie in § 328 Abs 1 Nr 2 fehlt. Eine Bindung an die Feststellungen des Erstgerichts
5   besteht nicht (EuGH EuZW 90, 352). – **c) Zweck.** Die Vorschrift

ergänzt Art 26 Abs 2–4 und dient im Anerkennungsverfahren der Durchsetzung des bei Verfahrenseinleitung zu beachtenden Anspruchs auf Gewährung rechtlichen Gehörs (EuGH EuZW 95, 803). Spätere Verletzungen dieses Rechts im Erkenntnisverfahren fallen allenfalls unter Nr 1 (BGH NJW 90, 2201). – **d) Verfahrenseinleitendes** 6 **Schriftstück** (oder ein gleichwertiges). Dieses ist dasselbe wie das in Art 26 Abs 2 aufgeführte. Hierunter ist jedes Schriftstück zu verstehen, durch welches der Beklagte von der Einleitung des Rechtsstreits in Kenntnis gesetzt wird, damit er seine Rechte im Erkenntnisverfahren des Erstgerichts geltend machen kann (EuGH EuZW 95, 803). Welches dies ist, bestimmt das Recht des Urteilsstaats. Es muss nicht unbedingt die Klagebegründung enthalten (MüKoGottwald Art 27 EuGVÜ Rn 18), es muss aber so bestimmt sein, dass der Beklagte über die wesentlichen Elemente des Rechtsstreits in Kenntnis gesetzt worden ist (EuGH NJW 93, 2091). Daher fällt auch der Mahnbescheid (§ 692), nicht aber der Vollstreckungsbescheid, da er das Verfahren nicht einleitet, hierunter (EuGH IPRax 81, 14 m Anm Nagel S 5; MüKoGottwald Art 27 EuGVÜ Rn 18; zweifelnd – wegen der fehlenden Anspruchsbegründung – Grunsky IPRax 96, 245; Hintzen/Riedel Rpfleger 97, 293), ebenso der Zahlungsbefehl nach österr Recht und der decreto ingiuntivo zusammen mit der Antragsschrift nach Art 633 ff der italienischen ZPO (EuGH EuZW 95, 803, sofern kein für vorläufig vollstreckbarer Titel nach Art 642 Abs 1 ital ZPO vorliegt, vgl Kruis IPRax 01, 56/58), nicht eine Klageerweiterung (BGH IPRax 87, 236 m Anm Grunsky S 219) oder die nach Klagezustellung erfolgte Terminsladung (BGH NJW-RR 02, 1151 m Anm Geimer IPRax 02, 378). – **Recht-** 7 **zeitige Zustellung. aa) Begriff.** Es handelt sich um ein eigenständiges und neben der Art und Weise der Zustellung kumulatives Element der Zustellung. Die Anerkennung ist daher zu versagen, wenn die Zustellung zwar ordnungsgemäß, aber nicht rechtzeitig war. **bb) Zweck.** 8 Die Vorschrift will gewährleisten, dass der Beklagte nach der Zustellung bis zum Termin ausreichend Zeit hat, einen Anwalt zu beauftragen, um eine vollstreckbare Versäumnisentscheidung zu verhindern (BGH NJW 86, 2197; 91, 641; Köln NJW-RR 02, 360; Linke IPRax 93, 295). **cc) Voraussetzungen.** Die Rechtzeitigkeit ist nach den tatsächlichen 9 Umständen des konkreten Falls (Linke aaO) unter Berücksichtigung des Rechts des Vollstreckungsstaates zu bestimmen (EuGH IPRax 82, 14; Hamm NJW-RR 88, 446 und Düsseldorf NJW 00, 3290; RIW 01, 143 jeweils zur Zustellung eines dagvaarding nach belgischem bzw niederländischem Recht). Dazu ist nicht die tatsächliche Kenntnisnahme des Beklagten von Klageschrift und Ladung nötig (EuGH IPRax 82, 14; BGH IPRax 93, 324). Auch eine öffentliche oder fiktive Zustellung kann uU ausreichend und damit rechtzeitig sein (BGH aaO; Micklitz/ Rott EuZW 02, 15/20; aA Linke IPRax 93, 295), wenn feststeht, dass eine andere Form der Zustellung nicht oder schwer durchführbar wäre, zB bei unbekanntem Aufenthalt einer Partei (BGH aaO). Jedoch wird der Schuldner sich in diesem Fall idR auf die fehlende Verteidigungs-

möglichkeit berufen können (Micklitz/Rott aaO). Außergewöhnliche Umstände nach der ordnungsgemäßen Zustellung sind zu berücksichti-
10 gen. – **f) Art und Weise der Zustellung. aa) Begriff.** Es handelt sich um eine eigenständige und kumulative Voraussetzung neben der Rechtzeitigkeit (EuGH EuZW 93, 39). Eine Anerkennung scheidet daher aus, wenn trotz Rechtzeitigkeit die Zustellung nicht ordnungsgemäß war (EuGH EuZW 90, 352 m Anm Geimer S 354 und Rauscher IPRax 91, 155) und der Schuldner deshalb an seiner Verteidigung gehindert wurde. Trifft das Letztere nicht zu, so ist die Ordnungsgemäßheit der Zustellung nicht zu prüfen (Geimer IPRax 02, 378). Ein formaler Zustellungsfehler reicht demnach nicht aus, um die Anerkennung zurückzuweisen (Kropholler 38). Zustellungsmängel sind nur ein Indiz für die Verletzung rechtlichen Gehörs. Erfasst wird nur der Zustellungsakt als solcher (Köln NJW-RR 95, 446). Fiktive Zustellungen wie die öffentliche Zustellung oder die remise au parquet nach franz Recht können ordnungsgemäß sein (Schlosser Art 34–36 Rn 14; umstr, aA Karlsruhe RIW 99, 538), möglicherweise aber nicht rechtzeitig, um
11 sich zu verteidigen (MüKoGottwald AB 4). **bb) Beurteilt** wird die Zustellung nach den Vorschriften des Erststaats (EuGH EuZW 90, 352; Köln NJW-RR 95, 446; differenzierend Brand/Reichhelm IPRax 01, 173). Hierbei kann es sich um autonomes Recht oder um einen Staatsvertrag handeln. Ab 31. 5. 01 ist zwischen den EU-Staaten mit Ausnahme Dänemarks die Verordnung (EG) Nr 1348/2000 des Rates v 29. 5. 00 über die Zustellung gerichtlicher und außergerichtlicher Schriftstücke in Zivil- oder Handelssachen in den Mitgliedstaaten (ABl L 160 v 30. 6. 00, S 37 ff) zu beachten. Subsidiär wird das Haager Zustellungsübereinkommen von 1965 (BGBl 77 II 1453; hierzu Art 26 Rn 7) anzuwenden sein. Beweislast für die Ordnungsgemäßheit trägt
12 der Kläger des Ausgangsverfahrens (Karlsruhe IPRax 96, 426). **cc) Heilung.** Heilung von Zustellungsmängeln beurteilt sich grds nach dem Recht des Erststaats einschließlich der einschlägigen Staatsverträge (EuGH EuZW 90, 352; BGH NJW 91, 641). Das Haager Zustellungsübereinkommen sieht keine Heilung von Zustellungsmängeln vor; § 189 ist unanwendbar (BGH 120, 305; abl Jayme IPRax 97, 195 mwN; Roth IPRax 97, 407). Nach Nr 2 kommt es aber auf die Heilung von Zustellungsmängeln nicht an, sofern der Beklagte durch den Zustellungsmangel in seiner Verteidigung nicht gehindert wurde (Kropholler 41).
13 **dd) Unterlassener Rechtsbehelf.** War die Zustellung fehlerhaft, war der Beklagte aber später von der ergangenen Entscheidung Kenntnis erlangt und dagegen keinen zulässigen Rechtsbehelf eingelegt, obwohl ihm dies möglich war, so entfällt das Anerkennungshindernis nach Nr 2 und die Entscheidung ist anzuerkennen. Der Begriff Rechtsbehelf ist weit zwar auszulegen (aA Micklitz/Rott EuZW 02, 15/20), jedoch muss er sich auf den Verfahrensfehler iSv Nr 2 beziehen, so dass Rechtsbehelfe aus anderen Gründen nicht erfasst werden (Kropholler 43). Rechtsbehelf ist insbes ein Wiedereinsetzungsantrag (MüKoGottwald AB 5).

4. Unvereinbarkeit mit einer Entscheidung aus dem Aner- 14
kennungsstaat (Nr 3). Die Vorschrift geht als lex specialis der Nr 1
vor (EuGH IPRax 89, 159). – **a) Entscheidung.** Nur solche iS von 15
Art 32 (dort Rn 1–6; EuGH NJW 95, 38 m Anm Hoffmann/Hau
IPRax 95, 217), nicht aber vollstreckungsfähige Prozessvergleiche
(EuGH aaO); für diese gilt Art 58 iVm Art 57. Im Rahmen von Art 32
Rn 4 kann es sich bei der Entscheidung auch um eine des einstweiligen
Rechtsschutzes handeln (EuGH NJW 02, 2087). Nur unvereinbare In-
landsentscheidungen werden erfasst. Wird die Anerkennung zweier un-
vereinbarer Entscheidungen anderer Mitgliedstaaten beantragt, so ist
nach dem Prioritätsprinzip grundsätzlich nur die früher ergangene Entscheidung anzuerkennen (MüKoGottwald AB 7). Die Entscheidung des
Anerkennungsstaats muss nicht rechtskräftig sein (MüKoGottwald
Art 27 EuGVÜ Rn 31; aA Karlsruhe FamRZ 94, 1477). – **b) Zwi-** 16
schen denselben Parteien müssen die Entscheidungen ergangen sein.
IdR sollten bereits die Art 27–30 eine Kollision vermeiden. Nr 3 ist
deshalb eng auszulegen. – **c) Unvereinbarkeit** (autonom auszulegen) 17
liegt vor, wenn sich die rechtskraftfähigen Feststellungen widersprechen, sich die jeweils festgelegten Rechtsfolgen also wechselseitig ausschließen (EuGH NJW 02, 2087), wobei die Entscheidungen mit gleicher Wirkung zu gleichen Fragen ergangen sein müssen. Identität des
Streitgegenstandes ist nicht erforderlich. Ein ablehnender PKH-Be-
schluss steht aber der Anerkennung nicht entgegen (BGH 88, 17). Auf
die zeitliche Reihenfolge kommt es nicht an. Nr 3 ist nicht anzuwenden, wenn nur die besonderen Voraussetzungen für den Erlass einer
einstweiligen Maßnahme in den jeweiligen Vertragsstaaten anders beurteilt werden (BGH WM 00, 635 – Vorlagebeschluss; EuGH NJW 02,
2087). – **d) Rechtsfolge.** Liegt das Anerkennungshindernis nach 18
Nr 3 vor, so ist die Nichtanerkennung zwingend (EuGH NJW 02,
2087).

5. Unvereinbarkeit mit einer früheren Mitglied- oder Dritt- 19
staatsentscheidung (Nr 4). **a) Anwendungsbereich.** Die Vorschrift
ergänzt Nr 3. Sie regelt die Konkurrenz, die daraus entstehen kann,
dass das Urteil eines anderen Mitglied- oder Drittstaats, das in einem
Mitgliedstaat auf Grund autonomen Rechts (Schlosser-Bericht in Bülow-Böckstiegel S 601 184) oder eines Staatsvertrags anzuerkennen ist,
anerkannt werden soll, obgleich auch ein Urteil eines anderen Mitgliedstaats, in dem aber keine Anerkennungspflicht des Ersturteils besteht, wegen desselben Anspruchs ergangen ist und ebenfalls im Zweitstaat anerkannt werden soll (Schlosser-Bericht in Bülow-Böckstiegel
S 601 184). Ausländische Schiedssprüche werden nicht erfasst. – **b) Un-** 20
vereinbarkeit. Ob der Begriff dieselbe Bedeutung wie der in Nr 3 verwendete (dort Rn 16) hat (so Kropholler 57), ist umstritten. Da Nr 4
auf denselben Anspruch abstellt, ist der Begriff enger auszulegen. –
c) Rechtsfolge. Liegt Unvereinbarkeit vor, so gilt das Prioritätsprin- 21
zip, wobei es auf den Wirksamkeitszeitpunkt der Entscheidungen an-

kommt. Das früher ergangene Urteil des Drittstaats ist nicht anzuerkennen.

Art. 35 [Weitere Anerkennungshindernisse]

(1) **Eine Entscheidung wird ferner nicht anerkannt, wenn die Vorschriften der Abschnitte 3, 4 und 6 des Kapitels II verletzt worden sind oder wenn ein Fall des Artikels 72 vorliegt.**

(2) **Das Gericht oder die sonst befugte Stelle des Mitgliedstaats, in dem die Anerkennung geltend gemacht wird, ist bei der Prüfung, ob eine der in Absatz 1 angeführten Zuständigkeiten gegeben ist, an die tatsächlichen Feststellungen gebunden, aufgrund deren das Gericht des Ursprungsmitgliedstaats seine Zuständigkeit angenommen hat.**

(3) [1] **Die Zuständigkeit der Gerichte des Ursprungsmitgliedstaats darf, unbeschadet der Bestimmungen des Absatzes 1, nicht nachgeprüft werden.** [2] **Die Vorschriften über die Zuständigkeit gehören nicht zur öffentlichen Ordnung (ordre public) im Sinne des Artikels 34 Nummer 1.**

1   **1. Grundsatz** (Abs 3). Die internationale Zuständigkeit des Erstgerichts darf grundsätzlich nicht nachgeprüft werden. Eine Fehlentscheidung wird hingenommen; die Anerkennung der Entscheidung eines unzuständigen Gerichts darf daher nicht deswegen unter Berufung auf den ordre public abgelehnt werden. Dies gilt auch, wenn die Anwendbarkeit der EuGVVO übersehen und deshalb das autonome Recht angewendet oder die Zuständigkeit auf einen in Art 3 Abs 2 aufgeführten exorbitanten Gerichtsstand gestützt wurde (Frankfurt IPRax 02, 523; Piltz NJW 02, 789/790) oder die Zuständigkeit auf die Staatsangehörigkeit des Opfers einer Straftat gegründet wurde (EuGH NJW 00, 1853). Eine restriktive Auslegung des Abs 3 ist angesichts des klaren Wortlauts der Vorschrift nicht möglich (MüKoGottwald Art 28 EuGVÜ Rn 3; zweifelnd BGH IPRax 98, 205 – Vorlagebeschluss – m Anm Piekenbrock S 177; aA Matscher IPRax 01, 428/433). Auch in den Fällen der Art 23 und 26 Abs 1 ist die Entscheidung grundsätzlich anzuerkennen.

2   **2. Einschränkungen** (Abs 1). Dieser Ausnahmekatalog ist mit Ausnahme des Übergangsrechts (vgl Art 66) abschließend. Arbeitssachen
3   sind ausdrücklich von der Prüfung ausgenommen. **a) Versicherungs- und Verbrauchersachen.** Verletzt das Erstgericht die Vorschriften der internationalen Zuständigkeit in Versicherungs- (Art 8–14) und Verbrauchersachen (Art 15–17), so besteht ein Anerkennungshindernis. Der in der Literatur (Grunsky JZ 73, 646; Soergel/Kronke Art 38 Anh IV Rn 162; ZöGeimer 14; Schlosser Art 34–36 Rn 31; Geimer/Schütze EuZVR Art 28 EuGVÜ Rn 16 ff) vertretenen restriktiven Auslegung des Abs 1, die eine Anerkennung nur dann ablehnen will, wenn das Erstgericht seine Zuständigkeit zu Lasten des Versicherungs-

nehmers oder Verbrauchers unrichtigerweise bejaht hat, ist nicht zu folgen (MüKoGottwald Art 28 EuGVÜ Rn 10, 12). Eine rügelose Einlassung nach Art 24 ist aber zu berücksichtigen, weil Art 24 die Art 8 ff und Art 15 ff nicht ausnimmt (Koblenz IPRax 01, 334 m abl Anm Mankowski S 310; vgl auch Art 24 Rn 1). Nachprüfbar ist nur die internationale, nicht die örtliche Zuständigkeit. – **b) Ausschließliche** 4 **Zuständigkeit** (Art 22). Zu prüfen ist, ob das Erstgericht die ausschließliche Zuständigkeit gem Art 22 beachtet hat. Wurde sie verletzt, so ist der Entscheidung in jedem Fall die Anerkennung zu versagen (MüKoGottwald Art 28 EuGVÜ Rn 15; aA ZöGeimer 15). Art 22 begründet eine ausschließliche Zuständigkeit nur für Mitgliedstaaten, nicht aber für Drittstaaten; deshalb darf nicht die Anerkennung der Entscheidung eines Mitgliedstaats mit der Begründung verweigert werden, dass ein Drittstaat ausschließlich zuständig gewesen wäre (MüKoGottwald Art 28 EuGVÜ Rn 14; aA Grundmann IPRax 85, 253). Kommt im Falle von Art 22 Nr 2 jedes Gericht wegen Art 60 Abs 1 zu dem Ergebnis, dass der Sitz der Gesellschaft in seinem Zuständigkeitsbereich lag, so darf die Anerkennung einer Entscheidung gleichwohl nicht abgelehnt werden, weil das Erstgericht aus seiner Sicht die Zuständigkeit zutreffend bestimmt hat (Kropholler 13; aA Jenard-Bericht in Bülow-Böckstiegel S 601.87). – **c) Anerkennungsabkommen mit Dritt-** 5 **staaten.** In Verträgen mit Drittstaaten kann die Anerkennung von Entscheidungen, die in den exorbitanten Gerichtsständen (Art 3 Abs 2) ergangen sind, ausgeschlossen werden. Daher lässt Abs 1 durch Verweisung auf Art 72 auch insoweit eine Nachprüfung der internationalen Zuständigkeit zu.

3. Bindung des Zweitgerichts an die tatsächlichen Feststellungen 6 des Erstgerichts (Abs 2). Diese besteht nur für die Feststellung der in Abs 1 aufgeführten Zuständigkeiten notwendigen Tatsachen (hierzu Stuttgart NJW-RR 01, 858). Die Bindung gilt uneingeschränkt, also auch für an sich anerkennungsfreundliche Tatsachen (MüKoGottwald Art 28 EuGVÜ Rn 21; aA ZöGeimer 30) und für neue Tatsachen, die im Erstverfahren bereits hätten geltend gemacht werden können (MüKoGottwald Art 28 EuGVÜ Rn 23; zweifelnd BGH NJW 97, 2685 – Vorlagebeschluss –; aA Geimer RIW 76, 147). Keine Bindung des Zweitgerichts besteht hingegen an die rechtlichen Schlussfolgerungen (BGH NJW 80, 1223) sowie hinsichtlich der Beurteilung des Anwendungsbereichs der EuGVVO durch das Erstgericht und der Gerichtsbarkeit (17 vor § 253) des Erststaates.

Art. 36 [Verbot der Sachprüfung]

Die ausländische Entscheidung darf keinesfalls in der Sache selbst nachgeprüft werden.

Die Vorschrift verbietet die révision au fond (Überprüfung in der Sache selbst). Das Zweitgericht darf weder das Verfahren (Geimer IPRax 98, 175) noch die Entscheidung des Erstgerichts auf ihre tatsächliche oder rechtliche (BGH IPRax 84, 202 m Anm Roth S 183; Düsseldorf EWS 97, 108) Richtigkeit hin überprüfen, sofern nicht ausnahmsweise ein Anerkennungshindernis nach Art 34 oder 35 vorliegt oder wenn in besonders krassen Fällen der Schuldner durch das Urteil zum wehrlosen Objekt der Fremdbestimmung gemacht worden ist (BGH ZIP 99, 483).

Art. **37** [Aussetzung]

(1) **Das Gericht eines Mitgliedstaats, vor dem die Anerkennung einer in einem anderen Mitgliedstaat ergangenen Entscheidung geltend gemacht wird, kann das Verfahren aussetzen, wenn gegen die Entscheidung ein ordentlicher Rechtsbehelf eingelegt worden ist.**

(2) **Das Gericht eines Mitgliedstaats, vor dem die Anerkennung einer in Irland oder im Vereinigten Königreich ergangenen Entscheidung geltend gemacht wird, kann das Verfahren aussetzen, wenn die Vollstreckung der Entscheidung im Ursprungsmitgliedstaat wegen der Einlegung eines Rechtsbehelfs einstweilen eingestellt ist.**

1   **1. Anwendungsbereich.** Die Vorschrift gilt nur für die Fälle der Inzidentanerkennung (Art 33 Abs 1, 3). Für das selbständige Anerkennungsverfahren (Art 33 Abs 2) und für die Vollstreckung gilt Art 46.

2   **2. Aussetzung** kommt in Betracht, wenn noch keine rechtskräftige Entscheidung vorliegt. Das Zweitgericht entscheidet nach pflichtgemäßem Ermessen gem § 148 von Amts wegen, bis über einen Rechtsbehelf gegen das Ersturteil im Ursprungsstaat entschieden worden ist. Eine Aussetzung scheidet aus, wenn von vornherein feststeht, dass die Entscheidung überhaupt nicht anerkennungsfähig ist. Dies ist vorweg zu prüfen.

3   **3. Ordentlicher Rechtsbehelf.** Voraussetzung für die Aussetzung ist ein im Erststaat bereits eingelegter Rechtsbehelf. Der Begriff ist autonom (EuGH NJW 78, 1107) und weit auszulegen. Darunter ist jeder Rechtsbehelf zu verstehen, der zur Aufhebung oder Änderung der anzuerkennenden Entscheidung führen kann und für dessen Einlegung im Urteilsstaat eine gesetzliche Frist bestimmt ist, die durch die Entscheidung selbst in Lauf gesetzt wird (EuGH aaO). Das Wiederaufnahmeverfahren scheidet daher aus (Karlsruhe RIW 86, 467). Wird ein nicht fristgebundener Rechtsbehelf gegen die Erstentscheidung eingelegt, kommt ebenfalls eine Aussetzung in Betracht (MüKoGottwald Art 30 EuGVÜ Rn 5).

Abschnitt 2. Vollstreckung

Art. **38** [Vollstreckbarkeit]

(1) **Die in einem Mitgliedstaat ergangenen Entscheidungen, die in diesem Staat vollstreckbar sind, werden in einem ande-**

ren Mitgliedstaat vollstreckt, wenn sie dort auf Antrag eines
Berechtigten für vollstreckbar erklärt worden sind.

(2) Im Vereinigten Königreich jedoch wird eine derartige
Entscheidung in England und Wales, in Schottland oder in
Nordirland vollstreckt, wenn sie auf Antrag eines Berechtigten
zur Vollstreckung in dem betreffenden Teil des Vereinigten
Königreichs registriert worden ist.

1. Allgemeines. Die ZwVollstr aus Titeln der Mitgliedstaaten wird **1**
vereinheitlicht und vereinfacht durch ein in erster Instanz einseitiges
Klauselerteilungsverfahren. – **a) Ausschließlichkeit.** Dem Gläubiger **2**
steht allein das Verfahren der Art 38–52 offen. Es schließt die Anwendung des in den Mitgliedstaaten geltenden autonomen Rechts grundsätzlich aus, in der BRep insbes den § 722. – **b) Wahlrecht.** Der **3**
Gläubiger kann für den Titel in jedem der Mitgliedstaaten die Vollstreckungsklausel erwirken, auch zugleich in mehreren, und dort gegen
den Schuldner vollstrecken. – **c) Ungerechtfertigte Vollstreckung.** **4**
In der BRep sind die §§ 717, 945 anzuwenden. Bei sog Doppelvoll-
streckungen ggf § 767 (Geimer NJW 80, 1234; Soergel/Kronke Art 38
Anh IV Rn 165).

2. Voraussetzungen der Vollstreckbarerklärung. **a) Titel.** Entschei- **5**
dung (Art 32), öffentliche Urkunde (Art 57) oder Prozessvergleich
(Art 58). Übersetzung ist nur vorzulegen, falls das Gericht dies verlangt
(Art 55 Abs 2). – **b) Vollstreckbarkeit** des Titels nach dem Recht des **6**
Mitgliedstaats (vgl auch § 7 Abs 1 AVAG), wobei es nur auf die Vollstreckbarkeit in formeller Hinsicht ankommt, nicht aber auf die Voraussetzungen, unter denen die Entscheidung im Urteilsstaat vollstreckt
werden kann. Insoweit müssen die Gerichte des Vollstreckungsstaates
gem ihrem Recht bestimmen, welche Rechtswirkungen das Urteil im
Vollstreckungsstaat hat (EuGH IPRax 00, 18 m Anm Linke S 8). Daher
kann das Gericht des Vollstreckungsstaates Vollstreckungsmaßnahmen
gem §§ 887, 888, 890 anordnen (BGH WM 00, 635 – Vorlagebeschluss). Für die Vollstreckbarerklärung von Zwangsgeldentscheidungen
ist jedoch Art 49 zu beachten. Rechtskraft der Entscheidung wird nicht
verlangt. Nachweis durch Urkunden (Art 53 Abs 1, 2; 54), soweit sich
die Vollstreckbarkeit nicht aus dem Titel selbst oder aus dem Gesetz
ergibt. Zur Vollstreckbarkeit gehört auch der bestimmte oder bestim-
mungsfähige Inhalt (Karlsruhe FamRZ 02, 1420; vgl 16 ff vor 704);
fehlt es hieran, so besteht ein Anerkennungshindernis gem Art 34 Nr 1
(BGH 122, 16/19). Verurteilt eine ausländische Entscheidung zur
Zahlung der gesetzlichen Zinsen, ohne deren Höhe anzugeben, so
reicht dies aus, wenn sie sich ohne weiteres aus den ausl Vorschriften
entnehmen lässt (BGH NJW 90, 3084). Im Verfahren der Vollstreckbarerklärung hat dann eine Konkretisierung zu erfolgen (Düsseldorf
IPRax 98, 478 m Anm Reinmüller S 460). Dasselbe gilt hins der
Verurteilung zur Kostentragung (Kropholler 12 u 16). Fehlt eine
Zinsentscheidung, sieht das anwendbare ausländische Recht eine ge-

setzliche Verzinsungspflicht vor, so ist auch hierfür die Vollstreckungs-klausel zu erteilen (Frankfurt RIW 98, 474). Dasselbe gilt für einen automatisch eintretenden Währungsausgleich (BGH IPRax 94, 367 m Anm Roth S 350). Bei Titeln über Unterhaltsrente, die mit einem Preis- oder Lohnindex verknüpft sind, die sich kraft Gesetzes ohne Umschreibung erhöhen, ist die Vollstreckungsklausel auch wegen der Erhöhung zu erteilen (Düsseldorf FamRZ 01, 1019). Anspruchsbe-gründende Tatbestandsmerkmale können aber nicht ergänzt werden (Karlsruhe FamRZ 02, 1420 m Anm Atteslander-Dürrenmatt IPRax

7 02, 508). – c) **Vorherige Zustellung** des Titels; idR durch Beschei-nigung gem Art 54 iVm Anh V nachzuweisen. Falls dies unterbleibt, gilt Art 55 Abs 1.

8 **3. Verfahren** erster Instanz. Es gelten die Art 38–42, 53–56 und §§ 1 Abs 1 Nr 2 b, 55 iVm 4 ff AVAG. Fremdwährungsschulden wer-den nicht umgerechnet. Beschränkung des Antrags nach Art 48 Abs 2 möglich und wegen der Kosten uU geboten. Entscheidung: Art 41; der Beschluss muss zugestellt werden (Art 42 Abs 2). Kostenerstattung: Es gilt das Recht des Vollstreckungsstaates; in der BRep § 8 Abs 1 S 4 AVAG. Rechtsbehelf: befristete Beschwerde zum OLG gem Art 43 Abs 1, 2 iVm Anh III, §§ 11–15 AVAG. Wird die Entscheidung im Erst-staat aufgehoben, so liegt für das Verfahren nach Art 38 ff keine Erledi-gung der Hauptsache vor (Düsseldorf IPRax 98, 279; aA Hau IPRax 98, 255). Der Gläubiger hat die Kosten des Verfahrens zu tragen.

Art. **39** [Zuständigkeit]

(1) **Der Antrag ist an das Gericht oder die sonst befugte Stelle zu richten, die in Anhang II aufgeführt ist.**

(2) **Die örtliche Zuständigkeit wird durch den Wohnsitz des Schuldners oder durch den Ort, an dem die Zwangsvollstre-ckung durchgeführt werden soll, bestimmt.**

1 **Sachlich** (Abs 1; 2 vor § 1) ist das LG zuständig, funktionell (1 vor § 1) der Vorsitzende einer Zivilkammer, nie die Kammer (vgl Anh II). Umfasst auch arbeits- und familiengerichtliche Entscheidungen im An-wendungsbereich der EuGVVO. Für notarielle Urkunden ist nach Anh II iVm § 55 Abs 3 AVAG auch der Notar zuständig.

2 **Örtlich** (Abs 2): Wohnsitz des Schuldners (Art 59) oder Sitz der Gesellschaft oder der juristischen Person oder des trusts (Art 60) im Vollstreckungsstaat im Zeitpunkt der Antragstellung. Der Grundsatz der perpetuatio fori gilt (BGH EWS 97, 359). Alternativ ist örtlich der LG-Bezirk der (schlüssig behaupteten) beabsichtigten ZwVollstr maßgebend (Abs 2 2. Alt).

Art. **40** [Antrag]

(1) **Für die Stellung des Antrags ist das Recht des Vollstre-ckungsmitgliedstaats maßgebend.**

(2) [1] **Der Antragsteller hat im Bezirk des angerufenen Gerichts ein Wahldomizil zu begründen.** [2] **Ist das Wahldomizil im Recht des Vollstreckungsmitgliedstaats nicht vorgesehen, so hat der Antragsteller einen Zustellungsbevollmächtigten zu benennen.**

(3) **Dem Antrag sind die in Artikel 53 angeführten Urkunden beizufügen.**

Anforderungen (Abs 1): Form, Inhalt und Gerichtssprache folgen 1 dem Recht des Vollstreckungsstaats, in der BRep § 55, § 4, § 6 Abs 2, 3 AVAG. Der Nachweis einer Rechtsnachfolge ist gem § 7 Abs 1 S 1 AVAG zu führen. Für die Übersetzung der zu vollstreckenden Entscheidung gilt Art 55 Abs 2. **Wahldomizil** (Abs 2 S 1) erfordert lediglich, dass eine zustellungsfähige Anschrift hergestellt wird; ist im 2 deutschen Recht nicht vorgesehen. **Zustellungsbevollmächtigter** 3 (Abs 2 S 2): es gelten § 5 AVAG sowie § 184 Abs 1 S 2, Abs 2 nF (BGH ZIP 99, 617), so dass lediglich deren nachteilige Rechtsfolgen eintreten, der Antrag daher nicht abgelehnt werden darf, wenn die Benennung unterbleibt.

Art. 41 [Entscheidung]

[1] **Sobald die in Artikel 53 vorgesehenen Förmlichkeiten erfüllt sind, wird die Entscheidung unverzüglich für vollstreckbar erklärt, ohne dass eine Prüfung nach den Artikeln 34 und 35 erfolgt.** [2] **Der Schuldner erhält in diesem Abschnitt des Verfahrens keine Gelegenheit, eine Erklärung abzugeben.**

1. Verfahren: Weder mdl Verhandlung (§ 6 Abs 2 AVAG), noch 1 Anhörung des Schuldners; eine vorsorglich eingereichte Schutzschrift bleibt unbeachtet (hM; vgl Mennicke IPRax 00, 294). Kein Anwaltszwang (§ 6 Abs 3 AVAG). Das Verfahren ist vom Vorsitzenden zu beschleunigen, ggf durch Fristsetzung für die Vorlage der Bescheinigung nach Art 55 Abs 1.

2. Prüfungsumfang (von Amts wegen): **(1)** Anwendbarkeit der 2 EuGVVO vor Art 1 Rn 5 ff; vgl Wagner IPRax 02, 75/83). **(2)** Zuständigkeit (Art 39). **(3)** Nachweise gem Art 53, 54 iVm Anh V, ggf Art 55 Abs 1 (Fristsetzung oder andere Urkunden oder Verzicht auf Vorlage der Bescheinigung).

3. Ablehnungsgründe der Art 35, 35 sind – abweichend von der 3 bisherigen Regelung in Art 34 Abs 2 EuGVÜ – in diesem Stadium des Verfahrens nicht zu prüfen, sondern erst im Rechtsbehelfsverfahren gem Art 45 Abs 1.

4. Entscheidung: Zu begründender Beschluss gem § 8 AVAG. 4 **Kosten:** § 8 Abs 1 S 4 AVAG iVm § 788 (zur Festsetzung von Kosten ausländischer Vollstreckungsmaßnahmen vgl Hök MDR 02, 1291). **Gebühren:** KV 1420; § 47 BRAGO.

Art. 42 [Mitteilung]

(1) **Die Entscheidung über den Antrag auf Vollstreckbarerklärung wird dem Antragsteller unverzüglich in der Form mitgeteilt, die das Recht des Vollstreckungsmitgliedstaats vorsieht.**

(2) **Die Vollstreckbarerklärung und, soweit dies noch nicht geschehen ist, die Entscheidung werden dem Schuldner zugestellt.**

1 **1. Mitteilung der Entscheidung an den Antragsteller** (Abs 1) erfolgt an den Zustellungsbevollmächtigten oder Bevollmächtigten des Gläubigers (Art 40 Abs 2, § 5 AVAG) bzw an ihn persönlich (§ 5 Abs 1 AVAG) gem § 10 Abs 3 AVAG durch formlose Übersendung einer beglaubigten Abschrift des Beschlusses nach Art 41 iVm § 8 Abs 1 AVAG und der mit der Vollstreckungsklausel versehenen Ausfertigung des Schuldtitels sowie einer Bescheinigung über die bewirkte Zustellung an den Schuldner (§ 8 Abs 3 AVAG). Die Zustellung an den Gläubiger hat unverzüglich zu erfolgen, dh, es ist nicht die Zustellung an den Schuldner abzuwarten. Die diesbezügliche Bescheinigung ist daher später zu übermitteln.

2 **2. Mitteilung der Entscheidung an den Antragsgegner** (Abs 2) erfolgt durch förmliche Zustellung einer beglaubigten Abschrift des Beschlusses nach Art 41 iVm § 8 Abs 1 AVAG und der mit der Vollstreckungsklausel versehenen Ausfertigung des Schuldtitels entsprechend § 329 Abs 3 von Amts wegen.

Art. 43 [Rechtsbehelf]

(1) **Gegen die Entscheidung über den Antrag auf Vollstreckbarerklärung kann jede Partei einen Rechtsbehelf einlegen.**

(2) **Der Rechtsbehelf wird bei dem in Anhang III aufgeführten Gericht eingelegt.**

(3) **Über den Rechtsbehelf wird nach den Vorschriften entschieden, die für Verfahren mit beiderseitigem rechtlichen Gehör maßgebend sind.**

(4) **Lässt sich der Schuldner auf das Verfahren vor dem mit dem Rechtsbehelf des Antragstellers befassten Gericht nicht ein, so ist Artikel 26 Absätze 2 bis 4 auch dann anzuwenden, wenn der Schuldner seinen Wohnsitz nicht im Hoheitsgebiet eines Mitgliedstaats hat.**

(5) [1]**Der Rechtsbehelf gegen die Vollstreckbarerklärung ist innerhalb eines Monats nach ihrer Zustellung einzulegen.** [2]**Hat der Schuldner seinen Wohnsitz im Hoheitsgebiet eines anderen Mitgliedstaats als dem, in dem die Vollstreckbarerklärung ergangen ist, so beträgt die Frist für den Rechtsbehelf zwei Monate und beginnt von dem Tage an zu laufen, an dem die Vollstreckbarerklärung ihm entweder in Person oder in seiner**

Wohnung zugestellt worden ist. ³**Eine Verlängerung dieser Frist wegen weiter Entfernung ist ausgeschlossen.**

1. Allgemeines. Die Vorschrift regelt einheitlich das Rechtsbehelfs- **1** verfahren im Falle der stattgebenden und der ablehnenden Entscheidung. Ergänzend sind die §§ 11–14 AVAG anzuwenden, soweit nicht Teile hiervon durch § 55 Abs 1 AVAG ausgeschlossen sind Die Vorschriften stellen ein in sich geschlossenes und eigenständiges Rechtsbehelfssystem dar, so dass Dritte nicht beschwerdeberechtigt sind, auch nicht nach §§ 567 ff (EuGH NJW 93, 2092). Eine Abhilfe durch den Vorsitzenden Richter am LG findet nicht statt. Die Beschwerde ist dem Gegner von Amts wegen zuzustellen (§ 11 Abs 4 AVAG). Negative Feststellungsklage des Schuldners mit dem Antrag, die Entscheidung im Inland nicht anzuerkennen, ist zulässig, solange der Gläubiger keinen Rechtsbehelf gegen Antragsablehnung eingelegt hat.

2. Beschwerde des Schuldners. Es handelt sich um eine befristete **2** Beschwerde (Abs 5 S 1) des Schuldners, über die das OLG (Abs 2 iVm Anh III) entscheidet. – **a) Statthaft** gegen eine die Vollstreckbarkeit **3** aussprechende Entscheidung gem Art 41. – **b) Form** (§ 11 Abs 1 S 1, **4** Abs 2 AVAG). Durch Einreichung einer Beschwerdeschrift oder zu Protokoll der Geschäftsstelle entweder beim OLG (Abs 2 iVm Anh III und § 11 Abs 1 S 1 AVAG) oder LG (§ 11 Abs 2 AVAG). Es besteht kein Anwaltszwang, § 11 Abs 1 S 1, § 13 Abs 2 AVAG, § 78 Abs 3. – **c) Frist** (Abs 5). **aa) Inländischer** Wohnsitz des Schuldners: Ein **5** Monat ab Zustellung nach Abs 5 S 1, ohne Verlängerungsmöglichkeit (Abs 5 S 3). **bb) Ausländischer** Wohnsitz in einem Vertragsstaat **6** (Abs 5 S 2): Zwei Monate ab Zustellung, ohne Verlängerungsmöglichkeit (Abs 5 S 3). **cc) Drittstaatenwohnsitz:** Grundsätzlich ein Monat **7** ab Zustellung, es sei denn, es liegt ein Fall des § 10 Abs 2 AVAG vor. Die Frist ist dann unabhängig von Abs 5 S 1 zu bestimmen. **dd) Be- 8 rechnung.** Die Notfrist (§ 11 Abs 3 S 3 AVAG) wird nach § 222 iVm §§ 187 ff BGB berechnet. Eine Wiedereinsetzung (§ 233) ist möglich. Sie beginnt mit der Zustellung des mit der Vollstreckungsklausel versehenen Schuldtitels. Die Notfrist beginnt nur zu laufen, wenn die Vollstreckungsklausel gem § 9 Abs 3 AVAG unterzeichnet ist (BGH NJW-RR 98, 141). **ee) Zustellung** (Abs 5 S 1). Sie erfolgt von Amts **9** wegen (§ 10 Abs 1 AVAG), im Inland gem §§ 166 ff nF, in Mitgliedstaaten nach der ZustellungsVO (Text im Anh; vgl auch Art 26 Rn 7; hierzu Heß NJW 02, 2417), sonst nach dem Haager Zustellungsübereinkommen (HZÜ) vom 15. 11. 65 (BGBl 77 II 1453), sofern der betreffende Staat diesem beigetreten ist, sonst nach dem Haager Zivilprozessübereinkommen vom 1. 3. 54 (§ 328 Rn 30). Die Zustellung muss ordnungsgemäß sein. § 189 gilt im Anwendungsbereich des HZÜ nicht (BGH 120, 305). – **d) Begründetheit.** vgl Art 45. **10**

3. Beschwerde des Gläubigers.a) Zulässigkeit des Rechtsbehelfs **11** (Abs 1). Es handelt sich um eine einfache Beschwerde des Gläubigers, da Abs 5 S 1 nur die Rechtsbehelfsfrist gegen die Vollstreckbarerklä-

12 rung regelt. Es entscheidet das OLG (Anh III). **aa) Statthaft** gegen eine die vollständige oder teilweise Ablehnung seines Antrags (Art 38
13 Abs 1) aussprechende Entscheidung des Vorsitzenden am LG. **bb) Frist:** Weder die EuGVVO noch das AVAG sehen hierfür eine Frist vor. **cc) Form:** Sie richtet sich nach Abs 2 iVm Anh III und § 11
14 Abs 1 S 1, Abs 2 AVAG; vgl oben Rn 4. **b) Begründetheit:** vgl Art 45.

15 **4. Verfahren.** Dieses richtet sich nach Abs 3, 4 iVm § 13 AVAG. **a) Anhörung des Gegners** (Abs 3) vor Erlass der Beschwerdeentscheidung. Hierdurch wird das Beschwerdeverfahren zum streitigen Verfahren. Ausnahmen von der Anhörung sind nicht vorgesehen und daher unzulässig (EuGH IPRax 85, 274m Anm Stürner S 254 und Linke RIW 85, 1), selbst dann nicht, wenn der Schuldner seinen Wohnsitz in einem Nichtvertragsstaat hat. Durchführung nach innerstaatlichem Recht oder nach der ZustellungsVO (vgl Art 26 Rn 7) bzw nach dem Haager Zustellungsübereinkommen vom 15. 11. 65 (BGBl 77 II 1453) bei Wohnsitz des Schuldners im Ausland jeweils durch förmliche Zustellung und Einräumung einer Äußerungsfrist. Bei unbekanntem Aufenthalt des Schuldners ist eine öffentliche Zustellung
16 (§ 185) geboten. – **b) Aussetzung** (Abs 4) gem Art 26 Abs 2 oder 4 (dort Rn 7) ist, falls sich der Schuldner auf das Verfahren nicht eingelassen hat; geboten, um festzustellen, ob der Schuldner die Mitteilung vom Verfahren so rechtzeitig erhalten hat, dass er sich verteidigen
17 konnte. – **c) Mündliche Verhandlung** ist freigestellt und liegt im pflichtgemäßen Ermessen (BGH IPRax 85, 101m Anm Grunsky S 82) des OLG (§ 13 Abs 1 S 1 AVAG). Anwaltszwang besteht nur, falls mündliche Verhandlung anberaumt wird (§ 13 Abs 2 AVAG). Trägt der Schuldner zulässige Einwendungen iS von § 12 AVAG vor, sollte mündlich verhandelt werden, wenn dies zur Aufklärung des Sachverhalts geboten erscheint. § 240 ist auf das (nunmehr) zweiseitige Verfahren anzuwenden (Zweibrücken ZIP 01, 301; Mankowski ZIP 94, 1577).

18 **5. Entscheidung** (§ 13 AVAG). **a) Nicht** durch den ER, weil § 568 nicht anwendbar ist, insb hat der Vorsitzende am LG nicht als originärer Einzelrichter iSv §§ 568, 348 Abs 1 S 1 entschieden, denn ihm fehlt vor allem die Rückübertragungsmöglichkeit nach § 348
19 Abs 3 (Feskorn NJW 03, 856). – **b) Inhalt.** Gem § 13 Abs 1 S 1 AVAG zu begründender Beschluss, der den Parteien von Amts wegen zuzustellen ist (§ 13 Abs 3 AVAG). Der Beschluss muss die für die Entscheidung notwendigen tatsächlichen Feststellungen enthalten. Daher ist es notwendig, die Anträge, das zu vollstreckende Erkenntnis und die Rechtsgrundlage, auf Grund derer die Vollstreckung betrieben wird, wiederzugeben (BGH NJW 02, 2648). Wird die ZwVollstr erstmals durch das OLG zugelassen, ist für die Entscheidung und das weitere Verfahren § 13 Abs 4 AVAG zu beachten, der durch Verweisung auf die aufgeführten Vorschriften den Inhalt der Entscheidung und der Vollstre-

ckungsklausel vorgibt und die Bekanntgabe regelt. Wird die ZwVollstr zugelassen, so erteilt die Geschäftsstelle des OLG die Vollstreckungsklausel (§ 13 Abs 4 S 1 AVAG). Eine Beschränkung auf Sicherungsmaßnahmen entfällt (§ 13 Abs 4 S 3 AVAG), es sei denn, das OLG ordnet solche an. Abweichend vom EuGVÜ ist in dem Beschluss nicht mehr über die Zulassung der Rechtsbeschwerde nach Art 44 zu entscheiden, da diese gem § 15 Abs 1 AVAG iVm § 574 Abs 1 Nr 1 kraft Gesetzes zugelassen ist. – **c) Folge** der Entscheidung: § 22 AVAG.　**20**

6. Kosten: a) Beschwerde des Gläubigers: § 13 Abs 4 S 2 iVm **21** § 8 Abs 1 S 4 AVAG iVm § 788 bei erfolgreicher Beschwerde, sonst § 97 Abs 1. Der Gläubiger muss die Kosten der Beschwerde auch dann tragen, wenn sein Antrag nur deshalb nicht durchdringt, weil im Ursprungsstaat die Entscheidung über die vorläufige Vollstreckbarkeit nach Antragstellung aufgehoben wurde. – **b) Beschwerde des Schuldners:** **22** § 91 Abs 1 bei erfolgreicher Beschwerde, sonst § 97. – **c) Gebühren.** **23** KV 1911; RA §§ 47 Abs 1 u 2, 31 BRAGO.

Art. 44 [Rechtsbeschwerde]

Gegen die Entscheidung, die über den Rechtsbehelf ergangen ist, kann nur ein Rechtsbehelf nach Anhang IV eingelegt werden.

1. Allgemeines. Gegen die Entscheidung nach Art 43 Abs 1 findet **1** gem Anh IV die Rechtsbeschwerde zum BGH (§ 15 Abs 1 AVAG) statt. Die Vorschrift ist eng auszulegen (EuGH NJW 93, 2092); sie schließt jeden Rechtsbehelf Dritter gegen die Entscheidung, die über den Rechtsbehelf nach Art 43 ergangen ist, aus (EuGH aaO).

2. Zulässigkeit der Rechtsbeschwerde. a) Anfechtungsgegen- **2** **stand.** Erfasst werden nur Endentscheidungen, nicht aber Zwischenentscheidungen. Unzulässig ist daher eine Rechtsbeschwerde gegen die Ablehnung einer Aussetzung gem Art 46 Abs 1, gegen die Aufhebung einer Aussetzung oder gegen die Weigerung, eine Sicherheit gem Art 46 Abs 3 festzusetzen (EuGH EuZW 95, 800 m Anm Hau IPRaX 96, 322; BGH NJW 94, 2156). – **b) Statthaftigkeit:** § 15 Abs 1 A- **3** VAG iVm § 574 Abs 1 Nr 1, Abs 2. Der Beschwerdeführer muss in seiner Beschwerde darlegen, dass die Voraussetzungen gem § 574 Abs 2 (grundsätzliche Bedeutung; Fortbildung des Rechts oder Sicherung einer einheitlichen Rechtsprechung) vorliegen. – **c) Form** (§ 16 Abs 1 u **4** 2 AVAG): durch Einreichung einer Beschwerdeschrift beim BGH (§ 7 Abs 2 S 1 EGZPO) durch einen dort zugelassenen RA (BGH WM 02, 1512). Die Rechtsbeschwerde ist entsprechend § 575 Abs 2 zu begründen. Förmlicher Antrag ist nicht nötig (BGH ZIP 99, 483). – **d) Frist. aa) Einlegung** (§ 15 Abs 2, 3 AVAG): innerhalb einer Notfrist (§ 223) von einem Monat ab Zustellung des Beschlusses nach Art 43. **bb) Begründung** (§ 16 Abs 2 S 2 AVAG iVm § 575 Abs 2): innerhalb eines Monats ab Zustellung der angefochtenen Entscheidung

mit Verlängerungsmöglichkeit gem §§ 575 Abs 2 S 3, 551 Abs 2 S 5 u
6 6. – **e) Prüfungsumfang.** Dieser ergibt sich aus Art 45 (vgl dort
Rn 2 ff). Der BGH kann also nur prüfen, ob das OLG auf Grund der
von ihm festgestellten Tatsachen die Versagungsgründe für eine Anerkennung gem Art 34 und 35 richtig angewendet hat. § 17 Abs 1
AVAG, der einen weiteren Prüfungsumfang (Verletzung des Rechts der
EG, der EuGVVO oder sonstigen Rechts) festlegt, ist wegen des klaren
7 Wortlauts von Art 45 nicht anzuwenden. – **f) Weiteres Verfahren**
wird durch § 17 Abs 2 AVAG geregelt. Der BGH kann, falls die
Ablehnung oder Aufhebung einer Aussetzung Gegenstand des Verfah-
8 rens ist, nicht aussetzen (EuGH EuZW 95, 800). – **g) Anschlussrechtsbeschwerde** ist gem § 17 Abs 2 AVAG iVm § 574 Abs 4 mög-
9 lich. – **h) Gebühren:** § 11 Abs 1 BRAGO (BGH NJW 83, 1270).

Art. 45 [Prüfungsumfang]

(1) [1]**Die Vollstreckbarerklärung darf von dem mit einem
Rechtsbehelf nach Artikel 43 oder Artikel 44 befassten Gericht
nur aus einem der in den Artikeln 34 und 35 aufgeführten
Gründe versagt oder aufgehoben werden.** [2]**Das Gericht erlässt
seine Entscheidung unverzüglich.**

(2) **Die ausländische Entscheidung darf keinesfalls in der Sache selbst nachgeprüft werden.**

1 **1. Allgemeines.** Abweichend vom EuGVÜ verlagert die EuGVVO
die Prüfung der Anerkennungshindernisse nach Art 34, 35 auf die Be-
schwerdeinstanzen, da der Antragsgegner erst in diesem Stadium des
Verfahrens angehört wird und die Versagungsgründe für eine Anerkennung und damit für eine Vollstreckbarkeitserklärung der ausländischen
Entscheidung vortragen kann. Der ersten Instanz verbleibt somit nur
die Prüfung der Formalien gem Art 41, 53.

2 **2. Prüfungsumfang. a) Beschwerde des Schudners. aa) Abs. 2.**
In der Sache selbst darf das Beschwerdegericht die ausländische Ent-
3 scheidung nicht nachprüfen (wie Art 36 Rn 1). – **bb) Abs 1** beschränkt die Prüfung ausschließlich nur auf die Anerkennungshindernisse nach Art 34, 35. Wegen des eindeutigen Wortlauts der Vorschrift
dürften damit alle weiteren Einwendungen des Schuldners, insb die
Rüge der örtlichen Zuständigkeit des LG, das Nichtvorliegen der Formalien nach Art 41, 53 (aA Kropholler 6) und die Einwendungen iSv
§ 12 Abs 1 AVAG im Beschwerdeverfahren ausgeschlossen sein (so zu
Recht Hub NJW 01, 3145/3147; Gottwald FamRZ 02, 1423;
MüKoGottwald AB Art 43 Rn 7 u Art 45 Rn 4; aA Wagner IPRax 02,
75/83; Kropholler Art 43 Rn 27). Der Schuldner muss letztere im Wege der Vollstreckungsabwehrklage gem § 14 AVAG iVm § 767 geltend
machen (MüKoGottwald Art 43 Rn 7; aA Hub aaO, der jedoch übersieht, dass mit der Erteilung der Vollstreckungsklausel der ausl Titel
einem inländischen gleichgestellt wird und gegen letzteren auch die

Vollstreckungsabwehrklage zulässig ist). Um Art 34, 35 prüfen zu können, muss das Beschwerdegericht aber festellen, ob der Anwendungsbereich der EuGVVO (vor Art 1 Rn 5 ff) eröffnet ist. Vor Erlass der angefochtenen Entscheidung entstandene sachliche Einwendungen können nur mit nach dem Recht des Erststaates zulässigen Rechtsmitteln dort geltend gemacht werden. Bis zur Entscheidung hierüber kommt eine Aussetzung des Beschwerdeverfahrens gem Art 46 Abs 1 iVm § 36 Abs 1 AVAG in Betracht. – **b) Beschwerde des Gläubi-** **4** **gers.** Da sich diese nur dagegen richten kann, dass das LG die beantragte Vollstreckungserklärung nicht erlassen hat, kann er die Versagungsgründe mit der Beschwerde anfechten. Stellt das Beschwerdegericht fest, dass die EuGVVO anwendbar ist und die Formalien gem Art 53 vorliegen, kann das Beschwerdegericht die Vollstreckbarerklärung nur aus den in Art 34, 35 genannten Gründen ablehnen. Weitere Einwendungen des Schuldners sind nicht zu berücksichtigen (vgl oben Rn 3). – **c) Prüfung von Amts wegen** (12 vor § 253) der Ablehnunggründe nach 34, 35; aber die EuGVVO enthält keine Pflicht zur Amtsermittlung der entscheidungserheblichen Tatsachen. Das Beschwerdegericht muss nur die vorgetragenen Tatsachen, aus denen sich ein Anerkennungshindernis ergeben könnte, berücksichtigen, ohne dass sich der Schuldner hierauf berufen muss. Eine weitergehende Prüfung würde Abs 1 S 2 (unverzüglicher Erlass der Entscheidung) widersprechen.

Art. 46 [Aussetzung]

(1) **Das nach Artikel 43 oder Artikel 44 mit dem Rechtsbehelf befasste Gericht kann auf Antrag des Schuldners das Verfahren aussetzen, wenn gegen die Entscheidung im Ursprungsmitgliedstaat ein ordentlicher Rechtsbehelf eingelegt oder die Frist für einen solchen Rechtsbehelf noch nicht verstrichen ist; in letzterem Fall kann das Gericht eine Frist bestimmen, innerhalb deren der Rechtsbehelf einzulegen ist.**

(2) **Ist die Entscheidung in Irland oder im Vereinigten Königreich ergangen, so gilt jeder im Ursprungsmitgliedstaat statthafte Rechtsbehelf als ordentlicher Rechtsbehelf im Sinne von Absatz 1.**

(3) **Das Gericht kann auch die Zwangsvollstreckung von der Leistung einer Sicherheit, die es bestimmt, abhängig machen.**

1. Aussetzung des Rechtsbehelfsverfahrens (Abs 1 iVm § 36 **1** AVAG). – **a) Voraussetzungen. aa) Antrag** des Schuldners. **bb) Or-** **2** **dentlicher Rechtsbehelf** gegen vollstreckbare Entscheidung im Erststaat oder noch offene Frist für dessen Einlegung. Unter den weit auszulegenden (BGH NJW 86, 3026) Begriff fällt jeder, der im Erststaat zur Aufhebung und Abänderung der Entscheidung führen kann und für den im Erststaat eine gesetzliche Frist bestimmt ist (EuGH NJW 78, 1107). Die Vorläufigkeit der ausländischen Entscheidung

reicht hierfür nicht (Stuttgart NJW-RR 98, 280). Für Irland und das
3 Vereinigte Königreich gilt die Sonderregelung in Abs 2. – **b) Entscheidung.** Sie steht im Ermessen des Gerichts (Saarland RIW 98,
632; Stadler IPRax 95, 220). Es sind die mutmaßlichen Erfolgsaussichten des Rechtsmittels im Erststaat und des deutschen Klauselerteilungs-
verfahrens zu berücksichtigen (Düsseldorf NJW-RR 01, 1575; Stadler
aaO S 222). Hierbei sind aber wegen des Verbots der révision au fond
(Art 36 Rn 1) nur Gründe zu beachten, die der Schuldner vor dem
Gericht des Erststaats noch nicht geltend machen konnte (BGH NJW
94, 2156 m Anm Grunsky IPRax 95, 218). Aussetzung ist die Ausnahme und kommt nur bei erkennbar fehlerhaften Entscheidungen des
Erststaats in Betracht (Saarland RIW 98, 632; Stadler aaO, S 222). –
4 **c) Folge** der Aussetzung. Es ist nur eine Sicherungsvollstreckung nach
Art 47 Abs 3 zulässig.

5, 6   **2. Sicherheitsleistung** (Abs 3). **a) Voraussetzungen. aa)** Wie
Rn 2 und 3. **bb)** Sie kann angeordnet werden, wenn eine Aussetzung
nach Abs 1 nicht in Betracht kommt und das Gericht sachlich über den
Rechtsbehelf entscheidet. Die Anordnung einer Sicherheitsleistung
scheidet aus, wenn das Urteil ohnehin nur gegen Sicherheit vollstreckt
7 werden darf. – **b) Entscheidung.** Die Anordnung steht im pflichtgemäßen Ermessen des Gerichts (BGH NJW 94, 2157; Düsseldorf
RIW 98, 969). Da Abs 3 den Schuldner umfassend vor den Nachteilen
einer Vollstreckung eines nur vorläufig vollstreckbaren Urteils schützen
will, ist hierbei die Erfolgsaussicht des im Erststaat eingelegten Rechtsbehelfs nicht der einzige Maßstab; vielmehr sind alle Umstände des
Einzelfalls zu berücksichtigen (BGH aaO). Dies dürfte aber nicht für
Gründe gelten, die vor Erlass der Erstentscheidung entstanden sind
8 (Grunsky IPRax 95, 218; Stadler IPRax 95, 220). – **c) Höhe.** Die Sicherheitsleistung soll den Schaden abdecken, der durch die Vollstreckung entsteht, wenn der Titel im Erststaat später aufgehoben wird (BGH
NJW 83, 1980). Eine Bürgschaft durch eine ausländische Bank mit Sitz
9 in einem Vertragsstaat ist ausreichend. – **d) Abänderung** der Entscheidung durch den BGH nach § 22 Abs 3 S 2 AVAG auf Antrag des
Gläubigers, wenn Rechtsbeschwerde eingelegt wurde. Der BGH kann
im Falle einer (zulässigen) Rechtsbeschwerde des Schuldners (Art 44
Rn 2 ff) eigene Anordnungen treffen (§ 22 Abs 3 S 1 AVAG).

Art. 47 [Zwangsvollstreckung]

(1) **Ist eine Entscheidung nach dieser Verordnung anzuerkennen, so ist der Antragsteller nicht daran gehindert, einstweilige
Maßnahmen einschließlich solcher, die auf eine Sicherung gerichtet sind, nach dem Recht des Vollstreckungsmitgliedstaats
in Anspruch zu nehmen, ohne dass es einer Vollstreckbarerklärung nach Artikel 41 bedarf.**

(2) **Die Vollstreckbarerklärung gibt die Befugnis, solche
Maßnahmen zu veranlassen.**

(3) **Solange die in Artikel 43 Absatz 5 vorgesehene Frist für den Rechtsbehelf gegen die Vollstreckbarerklärung läuft und solange über den Rechtsbehelf nicht entschieden ist, darf die Zwangsvollstreckung in das Vermögen des Schuldners nicht über Maßnahmen zur Sicherung hinausgehen.**

1. Allgemeines. Bei der Zwangsvollstreckung auf der Grundlage 1 des ausländischen Titels ist zu unterscheiden. (1) Zwangsvollstreckung vor Erlass der Vollstreckbarkeitserklärung (Abs 1; hierzu Heß/Hub IPRax 03, 93). (2) Zwangsvollstreckung nach der Vollstreckbarkeitserklärung ohne Einlegung einer Beschwerde (§ 23 Abs 2 Nr 1 AVAG). (3) Zwangsvollstreckung nach der Vollstreckbarkeitserklärung und Einlegung einer Beschwerde vor einer Entscheidung hierüber (Abs 3). (4) Zwangsvollstreckung nach der Vollstreckbarkeitserklärung und einer bestätigenden Beschwerdeentscheidung oder Vollstreckbarkeitserklärung durch das Beschwerdegericht (§ 22 Abs 1 AVAG).

2. Zwangsvollstreckung vor Erlass der Vollstreckbarkeitserklä- 2 **rung** (Abs 1). Der Antragsteller kann, ohne einen Antrag nach Art 41 zu stellen, aber mit den hierfür gem Art 53 ff erforderlichen Urkunden (aA Heß/Hub IPRax 03, 93), einstweilig sichernde Zwangsvollstreckungsmaßnahmen auf Grund des ausländischen Titels beantragen (aA Mü-KoGottwald AB 2, der meint, der ausländische Titel bringe nur den Nachweis für das Bestehen des Anspruchs, aber sei selbst kein zur Sicherungsvollstreckung berechtigender Titel). Begriff wie Rn 4. Damit wird zwar die Effektivität der EuGVVO erheblich erhöht, aber das zuständige Vollstreckungsorgan wird hierdurch überfordert. Denn es hat selbständig die Anerkennungsvoraussetzungen zu prüfen, nämlich: **a) Anwendungsbereich** der EuGVVO (vor Art 1 Rn 5 ff). – **b) Vorliegen einer Entscheidung** iSv Art 32. – **c) Kein Anerkennungshindernis** iSv Art 34, 35 (insoweit aA Heß/Hub IPRax 03, 93/94).

3. Sicherungsvollstreckung (Abs 2 u 3). Mit der Klauselerteilung 3 durch das LG entsteht kraft Gesetzes das Recht des Gläubigers auf SicherungsVollstr. Es kann durch das nationale Recht nicht eingeschränkt werden, soweit die EuGVVO eine abschließende Regelung trifft (EuGH RIW 86, 300; Pirrung IPRax 89, 20). Die SicherungsZwVollstr gilt für alle Titel, auch für Unterhaltsansprüche. Der Schuldner kann durch die sich aus der SicherungsZwVollstr ergebenden Nachteile durch Maßnahmen nach Art 46 Abs 3 geschützt werden. Die Abs 2 u 3 werden durch §§ 9 Abs 1 und 19 ff AVAG ergänzt. **a) Begriff.** Die 4 zulässigen Sicherungsmaßnahmen werden durch das Prozessrecht des Vollstreckungsstaates bestimmt. In der BRep ist die ZwVollstr wegen Geldforderungen daher auf die in §§ 720 a Abs 1, 2, 845, 930 Abs 2, 3, 931, 932 vorgesehenen Maßnahmen beschränkt. Für die Sicherung anderer Ansprüche kommen die in §§ 938, 940 vorgesehenen Maßnahmen in Betracht. – **b) Beginn.** Die SicherungsVollstr kann – abgesehen von 5 Abs 1 – erst mit Zustellung des mit der Vollstreckungsklausel versehenen Titels an den Schuldner beginnen (Saarbrücken IPRax 95, 244 m

abl Anm Haas S 223; aA LG Stuttgart IPRax 89, 41 m abl Anm Pirrung
6 S 21). – **c) Dauer.** Solange über den Rechtsbehelf gem Art 43 durch
das OLG noch nicht entschieden ist, kann nur die SicherungsVollstr
betrieben werden. Ist entschieden, gilt § 22 Abs 1 AVAG. Ist die
Rechtsbehelfsfrist ungenutzt abgelaufen, wird die Vollstreckbarkeit unbeschränkt. Um die ZwVollstr fortzusetzen, ist dem Gläubiger in beiden Fällen auf Antrag ein Zeugnis gem § 23 AVAG zu erteilen. –
7 **d) Abwendung** der SicherungsVollstr ist in § 20 AVAG bei Geldan-
sprüchen vorgesehen. Darüber hinaus ist sie unzulässig.
8   **4. Unbeschränkte Zwangsvollstreckung.** Diese findet statt,
wenn eine Beschwerde nicht eingelegt wurde (§ 23 Abs 1, 2 Nr 1
AVAG). Ferner wenn das OLG die Beschwerde des Schuldners verworfen oder zurückgewiesen hat (§ 22 Abs 1 AVAG) und es keine Anordnung nach § 22 Abs 2 AVAG getroffen hat (vgl § 23 Abs 2 Nr 2
AVAG), es sei denn, der BGH hat seinerseits eine Anordnung nach
§ 22 Abs 3 AVAG erlassen. Weiterhin findet sie statt, wenn ein Fall des
§ 23 Abs 2 Nr 3 oder 4 AVAG vorliegt.

Art. 48 [Beschränkung der Vollstreckbarerklärung]

(1) **Ist durch die ausländische Entscheidung über mehrere mit
der Klage geltend gemachte Ansprüche erkannt und kann die
Vollstreckbarerklärung nicht für alle Ansprüche erteilt werden,
so erteilt das Gericht oder die sonst befugte Stelle sie für einen
oder mehrere dieser Ansprüche.**

(2) **Der Antragsteller kann beantragen, dass die Vollstreckbarerklärung nur für einen Teil des Gegenstands der Verurteilung erteilt wird.**

1   **1. Teil-Vollstreckungsklausel** (Abs 1 iVm § 9 Abs 2 AVAG) ist
von Amts wegen zu erteilen, wenn durch das ausländische Urteil bei
objektiver Klagehäufung (§ 260 Rn 2 ff) über mehrere selbständige
Ansprüche entschieden wurde und nur hinsichtlich eines Anspruchs die
Vollstreckbarerklärung (Art 41) zulässig ist. Dies kann auch zutreffen,
wenn die EuGVVO nur teilweise anwendbar ist (EuGH EuZW 97,
242 m Anm Dietzel/Schnichels EuZW 98, 485/486).
2   **2. Antrag des Gläubigers** (Abs 2 iVm § 9 Abs 2 AVAG). Gilt sowohl bei Anspruchshäufung als auch bei einer einheitlichen, teilbaren
Forderung, die zB teilweise nach Urteilserlass erloschen ist.

Art. 49 [Zwangsgeld]

**Ausländische Entscheidungen, die auf Zahlung eines
Zwangsgelds lauten, sind im Vollstreckungsmitgliedstaat nur
vollstreckbar, wenn die Höhe des Zwangsgelds durch die Gerichte des Ursprungsmitgliedstaats endgültig festgesetzt ist.**

1   **1. Allgemeines.** Die Vorschrift regelt die Vollstreckbarkeit einer
ausländischen Entscheidung im Falle einer Verurteilung zur Zahlung
von Zwangsgeld abweichend von Art 38.

2. Voraussetzungen. a) Ausländische Entscheidung iSv Art 32 **2** (dort Rn 1 ff), die aus einem Vertragsstaat stammt. – **b) Zahlung eines 3 Zwangsgeldes** muss dem Schuldner zur Durchsetzung einer im Urteil festgesetzten Handlung oder Unterlassung auferlegt worden sein. Unerheblich ist, ob die Geldleistung als Zwangsgeld bezeichnet wurde, ob sie als Geld- oder Ordnungsstrafe eingestuft wird und ob sie dem Staat anheimfällt. – **c) Endgültige Festsetzung** des Zwangsgeldes durch **4** das Erstgericht. Diese kann im Leistungsurteil oder auch im Vollstreckungsverfahren des Erststaats erfolgt sein. Die Gesamthöhe des Zwangsgeldes muss sich definitiv aus dem Urteil des Erstgerichts ergeben. Daher ist eine Korrektur des Urteils durch die Gerichte des Zweitstaates unzulässig.

Art. 50 [Prozesskostenhilfe]

Ist dem Antragsteller im Ursprungsmitgliedstaat ganz oder teilweise Prozesskostenhilfe oder Kosten- und Gebührenbefreiung gewährt worden, so genießt er in dem Verfahren nach diesem Abschnitt hinsichtlich der Prozesskostenhilfe oder der Kosten- und Gebührenbefreiung die günstigste Behandlung, die das Recht des Vollstreckungsmitgliedstaats vorsieht.

1. Gewährung von Prozesskostenhilfe oder die Kosten- und Ge- **1** bührenbefreiung im Erststaat (vgl hierzu die Übersicht im Leitfaden der Europäischen Kommission zur Beratungs- und Prozesskostenhilfe im Europäischen Wirtschaftsraum, 1997, S 67; die PKH muss auf Grund der Richtlinie 2002/8/EG des Rates v 27. 1. 03 (ABl L 26/41) bis zum 30. 11. 04 in den Mitgliedstaaten angeglichen werden) hat für den Gläubiger zur Folge, dass ihm diese ohne weiteres auch im Zweitstaat zuzubilligen sind. – **a) Verfahren.** Ein neues PKH-Verfahren ist nicht **2** durchzuführen. Der Gläubiger hat zum Nachweis der gewährten Hilfen lediglich die Bescheinigung gem Art 54 iVm Anh V vorzulegen, aus der sich in Ziff 5 ergibt, welcher Partei PKH gewährt worden ist. Unterlässt er dies, gilt Art 55 Abs 1. Umfang und Ausgestaltung des weiteren Verfahrens richten sich nach dem Recht des Vollstreckungsstaates. – **b) Umfang.** Der Wortlaut der Vorschrift ist unklar. Zum einen **3** verweist er auf das „Verfahren", ohne dieses näher zu bezeichnen, zum anderen nimmt er Bezug auf den Abschnitt 2. Daher dürfte die Rechtsfolge des Art in den Verfahren des gesamten Abschnitts 2 des Kapitels III gelten, also für das Vollstreckbarerklärungsverfahren (Art 38 ff), für das Rechtsbehelfsverfahren (Art 43 ff), das Zwangsvollstreckungsverfahren (Art 47) und wegen der Verweisung in Art 33 Abs 2 auch im selbständigen Anerkennungsverfahren. Wurde dem Gläubiger nur teilweise PKH gewährt, so gibt die Vorschrift die Möglichkeit, die PKH im Vollstreckungsverfahren voll zu gewähren.

2. Autonomes Recht. Danach ist die Gewährung von PKH eben- **4** falls möglich und kommt vor allem in den nicht erfassten Fällen in Betracht und wenn der Gläubiger im Erststaat noch keine PKH erhalten hat.

Art. **51** [Sicherheitsleistung]

Der Partei, die in einem Mitgliedstaat eine in einem anderen Mitgliedstaat ergangene Entscheidung vollstrecken will, darf wegen ihrer Eigenschaft als Ausländer oder wegen Fehlens eines inländischen Wohnsitzes oder Aufenthalts eine Sicherheitsleistung oder Hinterlegung, unter welcher Bezeichnung es auch sei, nicht auferlegt werden.

1 Die Vorschrift befreit nur von der Sicherheitsleistung für die Kosten des Vollstreckungsverfahrens, nicht des Urteilsverfahrens. Für dieses gilt § 110 oder Art 17 HZPÜ. Die Vorschrift gilt für jeden Antragsteller unabhängig von der Staatsangehörigkeit, auch wenn diese die eines Nichtmitgliedstaats ist. Von der Sicherheitsleistung aus anderen Gründen ist der ausländische Antragsteller nicht befreit.

Art. **52** [Gebühren]

Im Vollstreckungsmitgliedstaat dürfen im Vollstreckbarerklärungsverfahren keine nach dem Streitwert abgestuften Stempelabgaben oder Gebühren erhoben werden.

Die Regelung bezieht sich nur auf Gerichtsgebühren. Der Vorschrift ist durch Nrn 1420 ff u 1911 ff KV zum GKG Rechnung getragen, die feste Gebühren unabhängig vom Streitwert festsetzen.

Abschnitt 3. Gemeinsame Vorschriften

Art. **53** [Vorzulegende Urkunden]

(1) Die Partei, die die Anerkennung einer Entscheidung geltend macht oder eine Vollstreckbarerklärung beantragt, hat eine Ausfertigung der Entscheidung vorzulegen, die die für ihre Beweiskraft erforderlichen Voraussetzungen erfüllt.

(2) Unbeschadet des Artikels 55 hat die Partei, die eine Vollstreckbarerklärung beantragt, ferner die Bescheinigung nach Artikel 54 vorzulegen.

1 **1. Allgemeines.** Die Vorschrift gilt sowohl für das Anerkennungsals auch für das Vollstreckungsverfahren. Unter Entscheidung ist die des Art 32 zu verstehen (dort Rn 1 ff).

2 **2. Ausfertigung einer Entscheidung** (Abs 1). **a) Beweiskraft.** Die Urkunde muss den vollen Beweis für die Echtheit und den Inhalt der Entscheidung erbringen. Bloße Abschrift oder Fotokopie reicht nicht. Gem § 4 Abs 4 AVAG sind zusätzlich Abschriften vorzulegen. Eine Legalisation kann nicht verlangt werden (Art. 56). Eine Übersetzung der ausländischen Entscheidung kann verlangt werden (Art 55 Abs 2). Das Original kann nach Erteilung der Vollstreckungsklausel (vgl § 9 Abs 3 AVAG) zurückgegeben werden. – **b) Begründung** der aus- 3 ländischen Entscheidung ist nicht Voraussetzung.

3. Bescheinigung nach Art 54 (Abs 2). **a) Prüfungsumfang.** 4 Durch die Vorlage der vom Erstgericht nach Art 54 iVm Anh V ausgestellten Bescheinigung wird das Gericht im Vollstreckungsstaat von der Prüfung der dort aufgeführten Formalien entlastet. Im Verfahren vor dem LG nach Art 39 ff sind keine weiteren Nachprüfungen notwendig. Erst im Rechtsbehelfsverfahren nach Art 43 kann gem Art 45, 34 Nr 2 die Rechtzeitigkeit und Ordnungsgemäßheit der Zustellung des verfahrenseinleitenden Schriftstücks im Falle eines Versäumnisurteils nachgeprüft werden. – **b) Übersetzung.** Eine Übersetzung der Bescheini- 5 gung kann gem Art 55 Abs 2 verlangt werden, dürfte aber idR überflüssig sein, weil die Bescheinigung nach Anh V in allen Mitgliedstaaten gleich aufgebaut ist und denselben Inhalt hat, die Vorlage nach Anh V also die Übersetzung darstellt. Die einzufügenden Passagen sind in der Regel aus sich heraus verständlich und bedürfen keiner Übersetzung. – **c) Fristsetzung.** Wird die Bescheinigung nicht oder nicht rechtzeitig 6 vorgelegt, so hat das LG nach Art 55 Abs 1 vorzugehen.

Art. 54 [Bescheinigung]

Das Gericht oder die sonst befugte Stelle des Mitgliedstaats, in dem die Entscheidung ergangen ist, stellt auf Antrag die Bescheinigung unter Verwendung des Formblatts in Anhang V dieser Verordnung aus.

1. Antrag des Gläubigers. Die Bescheinigung ist nur auf dessen An- 1 trag hin zu erteilen. Das mit der Vollstreckbarerklärung befasste Gericht selbst hat kein Antragsrecht.

2. Zuständigkeit. In Deutschland wird die Bescheinigung von der 2 in § 56 AVAG genannten Stelle erteilt. Gebühr: Nr 1422 KV zum GKG.

3. Inhalt. Der Inhalt der Bescheinigung ist zwingend durch Anh V 3 vorgegeben. Änderungen und Abweichungen im Aufbau sind nicht zulässig, damit die Bescheinigung auch ohne Übersetzung im Ausland verwendet werden kann. **a) Nr 4.4. der Bescheinigung.** Von beson- 4 derer Bedeutung ist die Feststellung der Zustellung des verfahrenseinleitenden Schriftstücks im Falle einer Versäumnisentscheidung gem Nr 4.4 der Bescheinigung. Hierunter fällt nicht nur die Versäumnisentscheidung im technischen Sinne, sondern entspr dem Zweck der Vorschrift jede andere Entscheidung, die in einem einseitigen Verfahren ergangen ist und auf die sich der Antragsgegner nicht eingelassen hat (Düsseldorf RIW 96, 67). Beispiele: Echtes Versäumnisurteil, Vollstreckungsbescheid und vergleichbare Verfahren nach ausländischem Recht (zum belgischen „dagvaarding" vgl Düsseldorf IPRax 00, 307 m

Anm Hüßtege S 289), Vergütungsfestsetzung nach § 19 BRAGO (Hamm IPRax 96, 414); nicht aber der Kostenfestsetzungsbeschluss im Anschluss an ein streitiges Verfahren; ferner nicht im einseitigen Verfahren erlassene Arreste und einstweilige Verfügungen. Die Bescheinigung nach Nr 4.4 dient der Nachprüfung des Versagungsgrundes gem Art 34 Nr 2 durch das Beschwerdegericht. Aus der Bescheinigung muss daher die Tatsache der Zustellung des den Rechtsstreit einleitenden Schriftstücks oder eines gleichwertigen Schriftstücks hervorgehen (hierzu Art 34 Rn 6). Die in Art 34 Nr 2 verlangte Rechtzeitigkeit braucht sich aus der Bescheinigung nicht zu ergeben; sie wird vom Be-

5 schwerdegericht selbständig geprüft. – **b) Vollstreckbarkeit.** Nur diese ist zu bescheinigen, da die EuGVVO einen Rechtskraftnachweis nicht verlangt, deshalb kann auch aus vorläufig vollstreckbaren Urteilen die ZwVollstr betrieben werden (vgl Art 38 Rn 6).

Art. 55 [Fristbestimmung]

(1) **Wird die Bescheinigung nach Artikel 54 nicht vorgelegt, so kann das Gericht oder die sonst befugte Stelle eine Frist bestimmen, innerhalb deren die Bescheinigung vorzulegen ist, oder sich mit einer gleichwertigen Urkunde begnügen oder von der Vorlage der Bescheinigung befreien, wenn es oder sie eine weitere Klärung nicht für erforderlich hält.**

(2) [1]**Auf Verlangen des Gerichts oder der sonst befugten Stelle ist eine Übersetzung der Urkunden vorzulegen.** [2]**Die Übersetzung ist von einer hierzu in einem der Mitgliedstaaten befugten Person zu beglaubigen.**

1 **1. Nachweiserleichterung** (Abs 1). **a) Anwendbar** nur auf die Bescheinigung nach Art 54 iVm Anh V, nicht auf andere Urkunden. Jedoch kann in diesen Fällen auf §§ 139, 142 zurückgegriffen (allg M)

2 oder nach § 7 Abs 2 AVAG vorgegangen werden. – **b) Möglichkeiten** zur Nachweiserleichterung: **(1)** Nachfristsetzung zur Vorlage, **(2)** Aufforderung, gleichwertige Urkunden (zB Privaturkunden; Frankfurt MDR 78, 942) vorzulegen oder **(3)** Befreiung von der Vorlage, falls weitere Klärung nicht erforderlich, zB der Nachweis anderweitig er-

3 bracht ist. – **c) Folgen.** Kommt der Gläubiger den Aufforderungen (1) oder (2) nicht nach, so ist der Antrag als unzulässig abzuweisen, kann aber erneut gestellt werden. Die Urkunden können noch im Beschwerdeverfahren nachgereicht werden (Koblenz EuZW 90, 486).

4 **2. Beglaubigte Übersetzung** (Abs 2). Die Vorschrift bezieht sich auf alle in Art 53 genannten Urkunden. Diese können zunächst in der Ursprache ohne Übersetzung vorgelegt werden. Für den Antrag selbst gilt § 4 Abs 3 AVAG. Das Gericht kann in jeder Lage des Verfahrens eine Übersetzung verlangen. Die Übersetzung kann in einem anderen Mitgliedstaat beglaubigt worden sein.

Art. 56 [Keine Legalisation]

Die in Artikel 53 und in Artikel 55 Absatz 2 angeführten Urkunden sowie die Urkunde über die Prozessvollmacht, falls eine solche erteilt wird, bedürfen weder der Legalisation noch einer ähnlichen Förmlichkeit.

Die in den genannten Artikeln aufgeführten Urkunden bedürfen **1** weder einer Legalisation noch einer Apostille. Die ausländischen Urkunden stehen damit inländischen gleich. Es gilt § 437. Die Förmlichkeiten für die Prozessvollmacht beziehen sich nur auf das Anerkennungs- und Vollstreckungsverfahren, nicht aber auf das Erkenntnisverfahren und die gesetzliche Vertretung.

Kapitel IV. Öffentliche Urkunden und Prozessvergleiche

Art. 57 [Vollstreckbare öffentliche Urkunden]

(1) ¹**Öffentliche Urkunden, die in einem Mitgliedstaat aufgenommen und vollstreckbar sind, werden in einem anderen Mitgliedstaat auf Antrag in dem Verfahren nach den Artikeln 38 ff. für vollstreckbar erklärt.** ²**Die Vollstreckbarerklärung ist von dem mit einem Rechtsbehelf nach Artikel 43 oder Artikel 44 befassten Gericht nur zu versagen oder aufzuheben, wenn die Zwangsvollstreckung aus der Urkunde der öffentlichen Ordnung (ordre public) des Vollstreckungsmitgliedstaats offensichtlich widersprechen würde.**

(2) **Als öffentliche Urkunden im Sinne von Absatz 1 werden auch vor Verwaltungsbehörden geschlossene oder von ihnen beurkundete Unterhaltsvereinbarungen oder -verpflichtungen angesehen.**

(3) **Die vorgelegte Urkunde muss die Voraussetzungen für ihre Beweiskraft erfüllen, die in dem Mitgliedstaat, in dem sie aufgenommen wurde, erforderlich sind.**

(4) ¹**Die Vorschriften des Abschnitts 3 des Kapitels III sind sinngemäß anzuwenden.** ²**Die befugte Stelle des Mitgliedstaats, in dem eine öffentliche Urkunde aufgenommen worden ist, stellt auf Antrag die Bescheinigung unter Verwendung des Formblatts in Anhang VI dieser Verordnung aus.**

1. Anwendungsbereich der EuGVVO muss eröffnet sein (vor **1** Art 1 Rn 5 ff). Die Urkunde muss aus einem Mitgliedstaat stammen.

2. Öffentliche Urkunde (Abs 1, 2). **a) Begriff.** Die Beurkundung **2** muss von einer Behörde (EuGH IPRax 00, 409 m Anm Geimer S 366; BGH EWS 97, 359 (zum dänischen Recht) – Vorlagebeschluss – m Anm

Leutner ZZP 111, 93) oder einem Notar vorgenommen worden sein. Sie muss sich auf den Inhalt beziehen und in dem Staat, in dem sie ausgestellt worden ist, als solche vollstreckbar sein. Hinsichtlich der Beweiskraft (Abs 3) gilt das innerstaatliche Recht des Errichtungsstaates, für in der BRep errichtete Urkunden also § 415. Auch der Anwaltsvergleich gem § 796 a zusammen mit der gerichtlichen oder notariellen Vollstreckbarerklärung (§§ 796 b, c) dürfte unter Art 57 fallen (Trittmann/Merz IPRax 01, 178). Dasselbe gilt für den von einem französischen huissier errichteten titre exécutoire (Saarbrücken IPRax 01, 228 m Anm Reinmüller S 207) und den vor der schwedischen Unterhaltskasse geschlossenen und vollstreckbaren Unterhaltsvertrag (Düs-

3 seldorf FamRZ 02, 1422). – **b) Mitgliedstaat.** Auf den Wohnsitz oder die Staatsangehörigkeit der Beteiligten kommt es nicht an. Konsularische Urkunden sind dem Entsendestaat zuzuordnen. Die Befugnis des Konsuls, vollstreckbare Urkunden im Empfangsstaat aufzunehmen, folgt aus dem Wiener Übereinkommen v 24. 4. 63 über konsularische Be-

4 ziehungen (BGBl 69 II 1585). – **c) Vollstreckbarkeit** ist gegeben, wenn mit der Urkunde im Ausstellungsstaat ohne weiteres die ZwVollstr durchgeführt werden könnte. Das gilt auch, wenn die Urkunde im Erststaat nur für die Vollstreckung im Zweitstaat errichtet worden ist, vorausgesetzt, sie ist auch im Erststaat vollstreckbar (Micklitz/Rott EuZW 02, 15/23; aA Geimer DNotZ 75, 461/471). Das Recht des Errichtungsstaates bestimmt, wegen welcher Ansprüche und in welche Vermögensgegenstände sich der Schuldner der Vollstreckung unterwerfen kann.

5 **3. Verfahren. a) Vollstreckbarerklärung.** Die Urkunden werden auf Antrag nach Art 38 ff für vollstreckbar erklärt. Die dort genannten Rechtsbehelfe sind entspr anwendbar. Liegt eine notarielle Urkunde vor, kann gem Anh II iVm § 55 Abs 3 AVAG auch ein Notar die Urkunde für vollstreckbar erklären (hierzu ausführlich Fleischhauer Mitt-

6 BayNot 02, 15). – **b) Beweismittel** (Abs 3 u 4). Es gelten die Art 53 ff iVm Anh VI. In Deutschland wird die Bescheinigung von der

7 in § 56 AVAG genannten Stelle erteilt. – **c) Entscheidung.** Der Vorsitzende Richter am LG bzw der Notar gem § 55 Abs 3 AVAG hat nur die Fomalien entsprechend Art 41 iVm Art 53 und Anh VI zu prüfen und bei Vorliegen der Voraussetzungen die Vollstreckbarerklärung auszusprechen. Weitere Prüfungen obliegen dem Beschwerdegericht.

8 **d) Einwendungen des Schuldners.** Er kann die im Errichtungsstaat statthaften Rechtsmittel oder einen Rechtsbehelf nach Art 43 einlegen. Das gem Abs 1 S 2 iVm Art 43 oder 44 zuständige Beschwerdegericht kann die Vollstreckbarerklärung nur aufheben oder versagen, wenn die ZwVollstr aus der Urkunde dem ordre public des Zweitstaats offensichtlich widersprechen würde (hierzu Art 34 Rn 2). Wenn eine Bescheinigung nach Anh VI vorliegt, darf nicht geprüft werden, ob die Urkunde echt, also wirksam ist. In der Beschwerde kann der Schuldner wegen des eindeutigen Wortlauts von Abs 1 S 2 keine Einwendungen

gegen den beurkundeten Anspruch gem § 12 Abs 2 AVAG vortragen.
Letztere können nur im Erststaat geltend gemacht werden oder gem
§ 14 AVAG mit der Vollstreckungsabwehrklage gem § 767. – **e) Auf- 9
hebung** der Vollstreckungsklausel, falls die Urkunde im Erststaat nachträglich aufgehoben wird: § 27 AVAG. – **f) Schadensersatzan- 10
sprüche** können bei ungerechtfertigter Vollstreckung gem § 28 AVAG
entstehen.

Art. 58 [Prozessvergleich]

**¹Vergleiche, die vor einem Gericht im Laufe eines Verfah-
rens geschlossen und in dem Mitgliedstaat, in dem sie errichtet
wurden, vollstreckbar sind, werden in dem Vollstreckungsmitgliedstaat unter denselben Bedingungen wie öffentliche Urkunden vollstreckt. ²Das Gericht oder die sonst befugte Stelle des
Mitgliedstaats, in dem ein Prozessvergleich geschlossen worden
ist, stellt auf Antrag die Bescheinigung unter Verwendung des
Formblatts in Anhang V dieser Verordnung aus.**

1. Anwendungsbereich. Der der EuGVVO muss eröffnet sein, vor 1
allem der sachliche nach Art 1 (umstr). Der Vergleich muss in einem
Mitgliedstaat geschlossen worden sein.

2. Prozessvergleich. a) Vor einem Gericht, also eine Vereinba- 2
rung im Laufe eines gerichtlichen Verfahrens, andernfalls liegt uU eine
öffentliche Urkunde vor. – **b) Vollstreckbarkeit** beurteilt sich nach 3
dem Recht des Erststaates. – **c) Verfahren.** Hierfür gelten Art 57 4
Rn 5 ff entsprechend. Das Erstgericht stellt über den Vergleich eine
Bescheinigung nach Anh V aus, die vom Gläubiger im Verfahren nach
Art 38 ff vorzulegen ist. Zuständigkeit für die Erteilung der Bescheinigung in Deutschland: § 56 AVAVG.

Kapitel V. Allgemeine Vorschriften

Art. 59 [Wohnsitz]

**(1) Ist zu entscheiden, ob eine Partei im Hoheitsgebiet des
Mitgliedstaats, dessen Gerichte angerufen sind, einen Wohnsitz
hat, so wendet das Gericht sein Recht an.**

**(2) Hat eine Partei keinen Wohnsitz in dem Mitgliedstaat,
dessen Gerichte angerufen sind, so wendet das Gericht, wenn
es zu entscheiden hat, ob die Partei einen Wohnsitz in einem
anderen Mitgliedstaat hat, das Recht dieses Mitgliedstaats an.**

1. Inländischer Wohnsitz (Abs 1) der natürlichen Person (juristische 1
Person: Art 60): §§ 7 ff BGB. Er ist für die Bestimmung der internatio-
nalen, ggf auch örtlichen Zuständigkeit maßgeblich, soweit die EuGV-
VO auf diesen abstellt (vgl hierzu Hamm FamRZ 02, 54).

2 **2. Ausländischer** Wohnsitz in einem anderen Vertragsstaat (Abs 2) beurteilt sich nach dem Sachrecht (Art 3 Abs 1 S 2 EGBGB) des anderen Staates, also nach dessen materiellen Recht oder Prozessrecht.

3 **3. Kompetenzkonflikt. a) Negativer.** Ist nach dem Recht eines jeden Mitgliedstaats der Wohnsitz einer Partei im anderen Mitgliedstaat, so kann ausnahmsweise auf den gewöhnlichen Aufenthalt der **4** Partei abgestellt werden (umstr; aA ZöGeimer 2). – **b) Positiver.** Ist nach dem Recht beider Mitgliedstaaten der Wohnsitz in ihrem Hoheitsgebiet gegeben, so geht der Wohnsitz im Gerichtsstaat auf Grund des vom Kläger ausgeübten Wahlrechts vor. Erklären sich mehrere Mitgliedstaaten zugleich für zuständig, so gelten Art 27–30.

5 **4. Minderjährige.** Zunächst ist die Minderjährigkeit nach dem von Art 7 EGBGB berufenen Recht festzustellen. Sodann ist bei Abs 1 auf §§ 8, 11 BGB, bei Abs 2 auf das ausländische Recht abzustellen. Dabei auftretende Vorfragen zB nach dem Eltern-Kind-Verhältnis sind selbständig, dh nach dem IPR des Gerichtsorts anzuknüpfen (Palandt Rn 29 vor Art 3 EGBGB).

6 **5. Wohnsitz im Drittstaat.** Bei fehlendem Wohnsitz in einem Mitgliedstaat ist die Zuständigkeit, soweit nicht Ausnahmen zB nach Art 9 Abs 2, 15 Abs 2 eingreifen, nach autonomen Recht zu beurteilen (Art 4). Insoweit ist zur Bestimmung des Wohnsitzes auf das IPR zurückzugreifen.

Art. 60 [Wohnsitz von Gesellschaften und juristischen Personen]

(1) **Gesellschaften und juristische Personen haben für die Anwendung dieser Verordnung ihren Wohnsitz an dem Ort, an dem sich**
a) ihr satzungsmäßiger Sitz,
b) ihre Hauptverwaltung oder
c) ihre Hauptniederlassung befindet.

(2) **Im Falle des Vereinigten Königreichs und Irlands ist unter dem Ausdruck ,,satzungsmäßiger Sitz" das registered office oder, wenn ein solches nirgendwo besteht, der place of incorporation (Ort der Erlangung der Rechtsfähigkeit) oder, wenn ein solcher nirgendwo besteht, der Ort, nach dessen Recht die formation (Gründung) erfolgt ist, zu verstehen.**

(3) **Um zu bestimmen, ob ein trust seinen Sitz in dem Vertragsstaat hat, bei dessen Gerichten die Klage anhängig ist, wendet das Gericht sein Internationales Privatrecht an.**

1 **1. Gesellschaft oder juristische Person** (Abs 1). **a) Wohnsitz.** Dieser wird in der EuGVVO eigenständig bestimmt und alternativ, **(1)** an den satzungsmäßigen Sitz, **(2)** an die Hauptverwaltung, **(3)** an die Hauptniederlassung angeknüpft. Damit ist der im EuGVÜ im Anschluss an die Centros-Entscheidung des EuGH (NJW 99, 2027) entstandene Streit, ob zur Bestimmung des Sitzes einer Gesellschaft das Recht des Gründungsortes oder das Recht am tatsächlichen Sitz der Hauptverwaltung (Palandt Rn 2 und 4 zu Anh zu Art 12 EGBGB) unter Berücksichtigung von Rück- und Weiterverweisungen (Art 4 Abs 1 EGBGB) zu berücksichtigen ist, nicht mehr relevant. Die alternativen Anknüpfungen eröffnen allerdings die Möglichkeit, vorbehaltlich von Art 22 Nr 2 die Gesellschaft in jedem betreffenden Staat zu verklagen (Piltz NJW 02, 789/792). Bei doppelter Rechtshängigkeit ist Art 27 anzuwenden. – **b) Partei- und Prozessfähigkeit sowie Vertretung** 2 richten sich für Gesellschaften oder juristische Personen, die ihren Sitz im Anwendungsbereich des EG-Vertrags haben, nach dem Recht des Staates, in dem sie gegründet worden sind; dies gilt wegen der in Art 43, 48 EG verankerten Niederlassungsfreiheit auch dann, wenn sie ihren effektiven Verwaltungssitz in einen anderen Mitgliedstaat verlegen (EuGH NJW 02, 3614 m Anm Forsthoff DB 02, 2471; Schulz/ Sester EuZW 02, 545; Zimmer BB 03, 1; Lutter BB 03, 7; Wernicke, EuZW 02, 758; Haak MDR 03, 96; Roth IPRax 03, 117). Ob dies auch für Gesellschaften aus Nicht-EU-Staaten zutrifft, ist noch nicht geklärt, dürfte aber zu verneinen sein, weil andernfalls durch das Auftreten hier unbekannter Gesellschaftsformen eine für das Prozessrecht nicht hinnehmbare Rechtsunsicherheit entsteht. Daher kommt es für Nicht-EU-Gesellschaften und juristische Personen für die Beurteilung der Parteifähigkeit auf das Recht am tatsächlichen Sitz der Hauptverwaltung an, wobei hinsichtlich der Partei- und Prozessfähigkeit sowohl das (ausländische) materielle als auch das Prozessrecht berufen ist (MüKo/Ebenroth Rn 285 nach Art 10 EGBGB). Ist die Gesellschaft oder juristische Person nach dem ausländischen Recht rechtsfähig und wird der Sitz nicht verlegt, so ist dies im Inland ohne weiteres anzuerkennen (Palandt Rn 18 zu Anh zu Art 12 EGBGB). – **c) Sitzverle- 3 gung.** Wird der Sitz der Gesellschaft oder juristischen Person verlegt, so ist der in Abs 1 genannte Wohnsitz im Zeitpunkt der Klageerhebung maßgeblich. Eine Verlegung des Wohnsitzes zu einem späteren Zeitpunkt ist wegen § 261 Abs 3 Nr 2 unbeachtlich. Für die Vollstreckbarerklärung kommt es auf den Wohnsitz im Zeitpunkt der Antragstellung gem Art 39 an. Verlegt die ausländische juristische Person ihren Sitz ins Inland, ohne nach den hiesigen Vorschriften neu gegründet zu werden, so ändert sich deren aktive und passive Parteifähigkeit nicht (EuGH NJW 02, 3617; BGH BB 02, 2031 m Anm Gronstedt).

2. Trust (Abs 3). Er ist eine nicht rechtsfähige Vermögensmasse. Die 4 Sitzbestimmung ist für Art 5 Nr 6 maßgeblich und erfolgt nach dem IPR des angerufenen Gerichts, also auch nach dem effektiven Verwaltungssitz.

Art. 61 [Besonderheit im Adhäsionsverfahren]

¹Unbeschadet günstigerer innerstaatlicher Vorschriften können Personen, die ihren Wohnsitz im Hoheitsgebiet eines Mit-

gliedstaats haben und die vor den Strafgerichten eines anderen Mitgliedstaats, dessen Staatsangehörigkeit sie nicht besitzen, wegen einer fahrlässig begangenen Straftat verfolgt werden, sich von hierzu befugten Personen vertreten lassen, selbst wenn sie persönlich nicht erscheinen. ²Das Gericht kann jedoch das persönliche Erscheinen anordnen; wird diese Anordnung nicht befolgt, so braucht die Entscheidung, die über den Anspruch aus einem Rechtsverhältnis des Zivilrechts ergangen ist, ohne dass sich der Angeklagte verteidigen konnte, in den anderen Mitgliedstaaten weder anerkannt noch vollstreckt zu werden.

1   Die Vorschrift ergänzt Art 5 Nr 4 (dort Rn 21). Zugleich schafft sie dann ein Anerkennungs- und Vollstreckungshindernis für den zivilrechtlich zuerkannten Anspruch, falls im Falle einer fahrlässig begangenen Straftat der Angeklagte trotz persönlicher Ladung nicht zum Termin erschienen ist und sich deshalb nach dem nationalen Recht nicht verteidigen konnte.

Art. **62** [Besonderheit für schwedische Verfahren]

Bei den summarischen Verfahren betalningsföreläggande (Mahnverfahren) und handräckning (Beistandsverfahren) in Schweden umfasst der Begriff „Gericht" auch die schwedische kronofogdemyndighet (Amt für Beitreibung).

Art. **63** [Besonderheiten für Luxemburg]

(1) Eine Person, die ihren Wohnsitz im Hoheitsgebiet Luxemburgs hat und vor dem Gericht eines anderen Mitgliedstaats aufgrund des Artikels 5 Nummer 1 verklagt wird, hat die Möglichkeit, die Unzuständigkeit dieses Gerichts geltend zu machen, wenn sich der Bestimmungsort für die Lieferung beweglicher Sachen oder die Erbringung von Dienstleistungen in Luxemburg befindet.

(2) Befindet sich der Bestimmungsort für die Lieferung beweglicher Sachen oder die Erbringung von Dienstleistungen nach Absatz 1 in Luxemburg, so ist eine Gerichtsstandsvereinbarung nur rechtswirksam, wenn sie schriftlich oder mündlich mit schriftlicher Bestätigung im Sinne von Artikel 23 Absatz 1 Buchstabe a) angenommen wurde.

(3) Der vorliegende Artikel ist nicht anwendbar auf Verträge über Finanzdienstleistungen.

(4) Dieser Artikel gilt für die Dauer von sechs Jahren ab Inkrafttreten dieser Verordnung.

Art. **64** [Besonderheiten für Seerechtsstreitigkeiten]

(1) ¹Bei Streitigkeiten zwischen dem Kapitän und einem Mitglied der Mannschaft eines in Griechenland oder in Portu-

gal eingetragenen Seeschiffs über die Heuer oder sonstige Bedingungen des Dienstverhältnisses haben die Gerichte eines Mitgliedstaats zu überprüfen, ob der für das Schiff zuständige diplomatische oder konsularische Vertreter von der Streitigkeit unterrichtet worden ist. [2] Sie können entscheiden, sobald dieser Vertreter unterrichtet ist.

(2) Dieser Artikel gilt für die Dauer von sechs Jahren ab Inkrafttreten dieser Verordnung.

Art. 65 [Besonderheiten für Deutschland und Österreich]

(1) [1] Die in Artikel 6 Nummer 2 und Artikel 11 für eine Gewährleistungs- oder Interventionsklage vorgesehene Zuständigkeit kann weder in Deutschland noch in Österreich geltend gemacht werden. [2] Jede Person, die ihren Wohnsitz in einem anderen Mitgliedstaat hat, kann vor Gericht geladen werden
a) in Deutschland nach den §§ 68 und 72 bis 74 der Zivilprozessordnung, die für die Streitverkündung gelten,
b) in Österreich nach § 21 der Zivilprozessordnung, der für die Streitverkündung gilt.

(2) [1] Entscheidungen, die in den anderen Mitgliedstaaten aufgrund des Artikels 6 Nummer 2 und des Artikels 11 ergangen sind, werden in Deutschland und in Österreich nach Kapitel III anerkannt und vollstreckt. [2] Die Wirkungen, welche die in diesen Staaten ergangenen Entscheidungen nach Absatz 1 gegenüber Dritten haben, werden auch in den anderen Mitgliedstaaten anerkannt.

Die Vorschrift ergänzt Art 6 Nr 2 (dort Rn 3) und Art 11 (dort Rn 3). Sie stellt klar, dass die Urteile der Mitgliedstaaten in den anderen Mitgliedstaaten anerkannt und vollstreckt werden können, auch wenn die aufgeführten Rechtsinstitute dort nicht bekannt sind. Auch die Nebeninterventionswirkung (§§ 74 Abs 3, 68) ist in den anderen Mitgliedstaaten anzuerkennen. Geimer (IPRax 02, 69/74) sieht in dieser Regelung einen Verstoß gegen das in Art 12 EG verankerte Diskriminierungsverbot.

Kapitel VI. Übergangsvorschriften

Art. 66 [Zeitlicher Anwendungsbereich der Verordnung]

(1) Die Vorschriften dieser Verordnung sind nur auf solche Klagen und öffentliche Urkunden anzuwenden, die erhoben bzw. aufgenommen worden sind, nachdem diese Verordnung in Kraft getreten ist.

(2) Ist die Klage im Ursprungsmitgliedstaat vor dem Inkrafttreten dieser Verordnung erhoben worden, so werden nach

diesem Zeitpunkt erlassene Entscheidungen nach Maßgabe des Kapitels III anerkannt und zur Vollstreckung zugelassen,
a) **wenn die Klage im Ursprungsmitgliedstaat erhoben wurde, nachdem das Brüsseler Übereinkommen oder das Übereinkommen von Lugano sowohl im Ursprungsmitgliedstaat als auch in dem Mitgliedstaat, in dem die Entscheidung geltend gemacht wird, in Kraft getreten war;**
b) **in allen anderen Fällen, wenn das Gericht aufgrund von Vorschriften zuständig war, die mit den Zuständigkeitsvorschriften des Kapitels II oder eines Abkommens übereinstimmen, das im Zeitpunkt der Klageerhebung zwischen dem Ursprungsmitgliedstaat und dem Mitgliedstaat, in dem die Entscheidung geltend gemacht wird, in Kraft war.**

1   **1. Allgemeines.** Die Vorschrift regelt den zeitlichen Anwendungsbereich der EuGVVO, und zwar in Abs 1 für den Erlass der Erstentscheidung und in Abs 2 für die Anerkennung und Vollstreckung.

2   **2. Klageerhebung** (Abs 1) beurteilt sich nach dem Recht des angerufenen Gerichts (BGH 132, 105). In Deutschland ist die Klagezustellung maßgeblich (§ 253; BGH NJW 93, 1070; BGH WM 97, 980). Dies gilt auch für Klagen, denen eine Gerichtsstandsvereinbarung zugrunde liegt (BGH aaO; vgl Art 23 Rn 19) und für Widerklagen. Die Klage muss also nach dem 1. 3. 02 (vgl Art 76) erhoben worden sein. Urkunden müssen nach diesem Zeitpunkt aufgenommen worden sein, damit sie nach der EuGVVO vollstreckbar sind. Wegen Art 58 gilt dies auch für Prozessvergleiche.

3   **3. Doppelte Rechtshängigkeit.** Abs 1 ist dahin auszulegen, dass, wenn in zwei verschiedenen Vertragsstaaten Klagen wegen desselben Anspruchs zwischen denselben Parteien erhoben werden, von denen die Erste vor dem Inkrafttreten der EuGVVO zwischen diesen Staaten und die zweite nach diesem Zeitpunkt erhoben wurde, das später angerufene Gericht Art 27 Abs 2 anzuwenden hat, wenn das zuerst angerufene Gericht sich auf Grund einer Vorschrift für zuständig erklärt hat, die mit den Zuständigkeitsvorschriften des Kapitels II oder eines im Zeitpunkt der Klageerhebung bestehenden bilateralen Abkommens übereinstimmt; hat das zuerst angerufene Gericht noch nicht über seine Zuständigkeit entschieden, ist Art 27 nur vorläufig anzuwenden. Dagegen darf das später angerufene Gericht Art 27 nicht anwenden, wenn das zuerst angerufene Gericht sich auf Grund einer Vorschrift für zuständig erklärt, die mit den Zuständigkeitsvorschriften des Titels II oder eines im Zeitpunkt der Klageerhebung bestehenden bilateralen Abkommens nicht übereinstimmt (EuGH IPRax 99, 100 m Anm Rauscher S 80).

4   **4. Anerkennung und Vollstreckung** (Abs 2). **a) Anwendungsbereich.** Hierfür ist eine Anwendung der Art 32–56 für den Fall vorgesehen, dass das Ersturteil nach dem Inkrafttreten der EuGVVO

(Art 76: 1. 3. 02) für die beteiligten Staaten ergangen ist, die dem Urteil zugrundeliegende Klage aber schon vor diesem Zeitpunkt erhoben worden ist. Ergangen ist die Entscheidung mit ihrem Wirksamwerden nach dem innerstaatlichen Recht des Gerichtsstaats (Wagner RIW 98, 590/591; aA Geimer RIW 76, 149: Rechtskraft). Auf Entscheidungen, die vor dem Inkrafttreten der EuGVVO ergangen sind und auf vorher errichtete Urkunden ist Abs 2 nicht anzuwenden; insoweit sind die bisherigen Anerkennungs- und Vollstreckungsvorschriften anzuwenden, insb also das EuGVÜ, das LGVÜ oder bilaterale Abkommen. Dies gilt auch für die Berufungs- und Revisionsinstanz. – **b) Voraussetzungen.** 5 Eine Anerkennung und Vollstreckung von unter Abs 2 fallenden Entscheidungen setzt alternativ voraus, **(a)** dass das Ertgericht seine Zuständigkeit auf das EuGVÜ oder LGVÜ (hierzu vor Art 1 Rn 2 u 3) gestützt hat oder **(b)** seine Zuständigkeit auf Vorschriften gestützt hat, die den Art 2–31 entsprechen oder sich die Zuständigkeit aus einem bilateralen Vertrag ergibt. Ist das nicht der Fall oder ist Abs 2 nicht anwendbar, ist die Anerkennung und Vollstreckung nach autonomen Recht (§§ 328, 722, 723) oder nach bilateralen Staatsverträgen (vgl Art 69, 70) zu beurteilen. Dasselbe gilt für Urkunden (Art 70 Abs 2).

Kapitel VII. Verhältnis zu anderen Rechtsinstrumenten

Art. 67 [Besondere Rechtsgebiete in Rechtsakten der EG]

Diese Verordnung berührt nicht die Anwendung der Bestimmungen, die für besondere Rechtsgebiete die gerichtliche Zuständigkeit oder die Anerkennung und Vollstreckung von Entscheidungen regeln und in gemeinschaftlichen Rechtsakten oder in dem in Ausführung dieser Akte harmonisierten einzelstaatlichen Recht enthalten sind.

Allgemeines. Die Vorschrift regelt das Verhältnis der EuGVVO zu 1 Rechtsakten der EG für besondere Rechtsgebiete und darauf ggf beruhendem umgesetzten nationalen Recht. Rechtsakte für besondere Rechtsgebiete können insb im Bereich der justiziellen Zusammenarbeit nach Art 65 EG erlassen werden. Sekundäres Gemeinschaftsrecht dieser Art besteht ferner bisher lediglich für Gemeinschaftsmarken nach der EG-MarkenVO Nr 40/94; ferner beachtlich ist die Entsenderichtlinie 96/71 (EG), die für Arbeitssachen gilt und die VO Nr 2271/96 (EG) des Rates zum Schutz vor Auswirkungen der extraterritorialen Anwendung von einem Drittland erlassener Rechtsakte. Nicht hierunter fallen die VO Nr 1347/2000 v 29. 5. 00 (EheVO) und die VO Nr 1346/2000 v 29. 5. 00 über das Insolvenzverfahren (vgl Art 1 Rn 4 u 7), weil insoweit der Anwendungsbereich der EuGVVO ausgeschlossen ist.

Art. **68** [Verhältnis zum EuGVÜ]

(1) Diese Verordnung tritt im Verhältnis zwischen den Mitgliedstaaten an die Stelle des Brüsseler Übereinkommens, außer hinsichtlich der Hoheitsgebiete der Mitgliedstaaten, die in den territorialen Anwendungsbereich dieses Übereinkommens fallen und aufgrund der Anwendung von Artikel 299 des Vertrags zur Gründung der Europäischen Gemeinschaft von der vorliegenden Verordnung ausgeschlossen sind.

(2) Soweit diese Verordnung die Bestimmungen des Brüsseler Übereinkommens zwischen den Mitgliedstaaten ersetzt, gelten Verweise auf dieses Übereinkommen als Verweise auf die vorliegende Verordnung.

1 **1. Abs 1.** Die Vorschrift stellt klar, dass das EuGVÜ im Verhältnis zu den Mitgliedstaaten ab Inkrafttreten der EuGVVO zum 1. 3. 02 nicht mehr anzuwenden ist. Soweit in Teilen der Mitgliedstaaten gem Art 299 EG die VO keine Anwendung findet (vgl hierzu vor Art 1 Rn 8), gilt dort jedoch das EuGVÜ weiter, soweit dieses seinerseits seinen räumlichen Anwendungsbereich auf diese Gebiete erstreckt hat (vgl hierzu 23. Aufl. Vorbemerkung vor Art 1 Rn 10).

2 **2. Abs 2.** Sofern in anderen Rechtsvorschriften auf das EuGVÜ verwiesen wird, gilt dieses ab 1. 3. 02 als Verweisung auf die EuGVVO, soweit die VO das EuGVÜ ersetzt. Dies ist der Fall, soweit mit der EuGVVO inhaltsgleiche Vorschriften erlassen wurden.

Art. **69** [Nicht mehr anwendbare Staatsverträge]

Diese Verordnung ersetzt unbeschadet des Artikels 66 Absatz 2 und des Artikels 70 im Verhältnis zwischen den Mitgliedstaaten die nachstehenden Abkommen und Verträge:

. . .

– das am 9. März 1936 in Rom unterzeichnete deutsch-italienische Abkommen über die Anerkennung und Vollsteckung gerichtlicher Entscheidungen in Zivil- und Handelssachen;

. . .

– das am 30. Juni 1958 in Bonn unterzeichnete deutsch-belgische Abkommen über die gegenseitige Anerkennung und Vollstreckung von gerichtlichen Entscheidungen, Schiedssprüchen und öffentlichen Urkunden in Zivil- und Handelssachen;

. . .

– den am 6. Juni 1959 in Wien unterzeichneten deutsch-österreichischen Vertrag über die gegenseitige Anerkennung und Vollstreckung von gerichtlichen Entscheidungen, Vergleichen und öffentlichen Urkunden in Zivil- und Handelssachen;

...

– das am 14. Juli 1960 in Bonn unterzeichnete deutsch-
  britische Abkommen über die gegenseitige Anerkennung
  und Vollstreckung von gerichtlichen Entscheidungen in Zi-
  vil- und Handelssachen;
– den am 4. November 1961 in Athen unterzeichneten Vertrag
  zwischen der Bundesrepublik Deutschland und dem Königreich Griechenland über die gegenseitige Anerkennung und
  Vollstreckung von gerichtlichen Entscheidungen, Vergleichen und öffentlichen Urkunden in Zivil- und Handelssachen;
...
– den am 30. August 1962 in Den Haag unterzeichneten
  deutsch-niederländischen Vertrag über gegenseitige Anerkennung und Vollstreckung gerichtlicher Entscheidungen
  und anderer Schuldtitel in Zivil- und Handelssachen;
...
– den am 14. November 1983 in Bonn unterzeichneten
  deutsch-spanischen Vertrag über die Anerkennung und
  Vollstreckung von gerichtlichen Entscheidungen und Vergleichen sowie vollstreckbaren öffentlichen Urkunden in Zi-
  vil- und Handelssachen;
(Die Deutschland nicht betreffenden völkerrechtl Verträge sind nicht abgedruckt.)
...

Nicht mehr anwendbare Staatsverträge. Die aufgeführten **1**
Staatsverträge gelten jedoch weiter, soweit der sachliche (Art 1 iVm
Art 69 Abs 1) oder zeitliche Anwendungsbereich (Art 66 iVm Art 70
Abs 2) der EuGVVO nicht eröffnet ist (Hamburg RIW 96, 862). Auf
Grund eines offensichtlichen Redaktionsversehens war der deutsch-
britische Anerkennungs- und Vollstreckungsvertrag vom 14. 7. 60 nicht
in Art 69 aufgeführt worden. Dieser Fehler wurde durch die Berichti-
gungsVO v 29. 11. 01 (ABl L 307/28) korrigiert.

Art. 70 [Weitergeltung]

(1) **Die in Artikel 69 angeführten Abkommen und Verträge
behalten ihre Wirksamkeit für die Rechtsgebiete, für die diese
Verordnung nicht anzuwenden ist.**

(2) **Sie bleiben auch weiterhin für die Entscheidungen und
die öffentlichen Urkunden wirksam, die vor Inkrafttreten dieser
Verordnung ergangen oder aufgenommen sind.**

1. Sachliche Fortgeltung (Abs 1) der in Art 69 aufgeführten Verträ- **1**
ge betrifft die durch Art 1 Abs 2 ausgeschlossenen Rechtsgebiete (Art 1
Rn 3 ff), insbes vor allem das Ehe-, (teilweise) Familien- und Erbrecht.
Sofern die ZwVollstr sowohl aus der EuGVVO als auch aus dem
Staatsvertrag betrieben wird und auf beide das AVAG anwendbar ist, ist

eine einheitliche Vollstreckungsklausel nach § 9 AVAG zu erteilen. Sollte ein bilaterales Abkommen für die Anerkennung und Vollstreckung geringere Anforderung stellen als die EuGVVO, so ist dennoch nur letzteres anzuwenden, sofern dessen Anwendungsbereich eröffnet ist (BGH NJW 93, 2688 m Anm Rauscher IPRax 93, 376).

2   **2. Zeitliche** Fortgeltung (Abs 2). Die Staatsverträge gelten auch fort, soweit der zeitliche Anwendungsbereich der EuGVVO (Art 66) nicht eröffnet ist.

Art. 71 [Besondere Rechtsgebiete]

(1) **Diese Verordnung lässt Übereinkommen unberührt, denen die Mitgliedstaaten angehören und die für besondere Rechtsgebiete die gerichtliche Zuständigkeit, die Anerkennung oder die Vollstreckung von Entscheidungen regeln.**

(2) **Um eine einheitliche Auslegung des Absatzes 1 zu sichern, wird dieser Absatz in folgender Weise angewandt:**

a) **[1]Diese Verordnung schließt nicht aus, dass ein Gericht eines Mitgliedstaats, der Vertragspartei eines Übereinkommens über ein besonderes Rechtsgebiet ist, seine Zuständigkeit auf ein solches Übereinkommen stützt, und zwar auch dann, wenn der Beklagte seinen Wohnsitz im Hoheitsgebiet eines Mitgliedstaats hat, der nicht Vertragspartei eines solchen Übereinkommens ist. [2]In jedem Fall wendet dieses Gericht Artikel 26 dieser Verordnung an.**

b) **[1]Entscheidungen, die in einem Mitgliedstaat von einem Gericht erlassen worden sind, das seine Zuständigkeit auf ein Übereinkommen über ein besonderes Rechtsgebiet gestützt hat, werden in den anderen Mitgliedstaaten nach dieser Verordnung anerkannt und vollstreckt. [2]Sind der Ursprungsmitgliedstaat und der ersuchte Mitgliedstaat Vertragsparteien eines Übereinkommens über ein besonderes Rechtsgebiet, welches die Voraussetzungen für die Anerkennung und Vollstreckung von Entscheidungen regelt, so gelten diese Voraussetzungen. [3]In jedem Fall können die Bestimmungen dieser Verordnung über das Verfahren zur Anerkennung und Vollstreckung von Entscheidungen angewandt werden.**

1   **1. Allgemeines.** Die Vorschrift regelt das Verhältnis der EuGVVO zu Übereinkommen für besondere Rechtsgebiete.

2   **2. Besondere Rechtsgebiete** (Abs 1). Eine (nicht abschließende) Aufzählung findet sich bei MüKoGottwald Art 57 EuGVÜ (Rn 2), Geimer/Schütze (Bd I 1 S 71 ff (mit Texten)). Für die gerichtliche Praxis von besonderer Bedeutung sind: (1) Genfer Übereinkommen über den Beförderungsvertrag im internationalen Straßengüterverkehr (CMR) vom 19. 5. 56 (BGBl 61 II 1119, das der EuGVVU vorgeht

(OGH TranspR 03, 66 u 67), (2) Warschauer Abkommen zur Vereinheitlichung von Regeln über die Beförderung im internationalen Luftverkehr vom 12. 10. 1929 (RGBl 33 II 1040), (3) Haager Übereinkommen über die Anerkennung und Vollstreckung von Entscheidungen auf dem Gebiet der Unterhaltspflicht gegenüber Kindern (HUVÜ 58) vom 15. 4. 58 (BGBl 63 II 1005), (4) Haager Übereinkommen über die Anerkennung und Vollstreckung von Unterhaltsentscheidungen (HUVÜ 73) vom 2. 10. 73 (BGBl 86 II 826), (5) Haager Übereinkommen über den Zivilprozeß vom 1. 3. 54 (BGBl 58 II 576), (6) Haager Übereinkommen über die Zustellung gerichtlicher und außergerichtlicher Schriftstücke im Ausland in Zivil- oder Handelssachen vom 15. 11. 65 (BGBl 77 II 1452), (7) Haager Übereinkommen über die Beweisaufnahme im Ausland in Zivil- oder Handelssachen vom 18. 3. 70 (BGBl 77 II 1472), (8) Internationales Übereinkommen zur Vereinheitlichung von Regeln über den Arrest in Seeschiffe vom 10. 5. 52 (BGBl 72 II 653; vgl hierzu Kraft TranspR 97, 366).

3. Authentische Interpretation der EuGVVO (Abs 2). Wie Abs 1 **3** auszulegen ist, wird durch Abs 2 verbindlich geregelt. **a) Zuständig-** **4** **keit** (Buchst a). Grundsätzlich ist das Spezialübereinkommen vorrangig anzuwenden, auch dann, wenn der Wohnsitzstaat des Beklagten nicht Mitglied des Sonderübereinkommens ist. Eine Ausnahme besteht, wenn der Beklagte säumig ist; auf Grund des Verweises auf Art 26 sollen ausschließlich die Vorschriften der EuGVVO anzuwenden sein (Dresden IPRax 00, 121 m Anm Haubold S 91; Karlsruhe VersR 99, 1258). Nach Dresden, Karlsruhe (aaO) und München (TranspR 01, 399) soll dies auch im Falle des Art 24 (= Art 18 EuGVÜ) gelten, wenn der Beklagte sich nur eingelassen hat, um die int Zuständigkeit zu rügen. Diese Auslegung erscheint jedoch zu eng und wird dem Sinn der Vorschrift nicht gerecht (so zu Recht Dißars TranspR 01, 387). Vielmehr ist in den beiden genannten Fällen die Verweisung auf Art 26 dahin gehend zu verstehen, dass Art 71 Abs 2 Buchst a) in Verbindung mit den Regeln der besonderen Abkommen selbst eine Zuständigkeit nach der EuGVVO begründet (MüKoGottwald Art 57 EuGVÜ Rn 5; im Ergebnis auch Hamburg TranspR 03, 23; Hamm TranspR 01, 397; Schleswig TranspR 02, 76; Karlsruhe NJW-RR 02, 1722; Nürnberg TranspR 02, 402). Ist der Anwendungsbereich des Spezialübereinkommens nicht eröffnet oder ist der konkrete Sachverhalt nicht durch das Spezialübereinkommen geregelt (EuGH EuZW 95, 309 m Anm Herber TranspR 96,196; Mankowski EWS 96, 301) oder enthält es keine Regelung der internationalen Zuständigkeit, so ist auf die EuGVVO zurückzugreifen (Mankowski aaO S 305). Art 27–30 sind daher anzuwenden, wenn das besondere Übereinkommen keine Bestimmung über die Rechtshängigkeit und im Zusammenhang stehende Verfahren enthält (EuGH aaO). – **b) Anerkennung und Vollstre-** **5** **ckung** (Buchst b). Die auf Grund einer Zuständigkeitsregelung in den Spezialübereinkommen erlassenen Entscheidungen werden in allen Vertragsstaaten nach Art 33 ff, 38 ff und nicht nach dem autonomen Recht anerkannt und vollstreckt, sofern das Übereinkommen keine diesbezüglichen Regeln enthält. Ist dies jedoch der Fall, so gehen dessen Regeln nach S 2 vor, soweit es selbst den Vorrang beansprucht. Geht das Spezialübereinkommen vom Günstigkeitsprinzip aus, wie zB Art 11 HUVÜ 58 (München FamRZ 03, 462) und Art 23 HUVÜ 73, so sind die Vollstreckungsvoraussetzungen dem liberaleren Sonderübereinkommen zu entnehmen. Der Titelgläubiger kann jedoch das ihm günstigste Verfahren nach seiner freien Entscheidung aus Art 38 ff und dem Verfahren des Spezialabkommens (mit dem jeweiligen AusfG) auswählen (München aaO; Mankowski IPRax 00, 188). Für das HUVÜ 73 gilt darüber hinaus auch das AVAG (§ 1 Abs 1 Nr 1 c AVAG).

Art. 72 [Verhältnis zu Drittstaaten]

Diese Verordnung lässt Vereinbarungen unberührt, durch die sich die Mitgliedstaaten vor Inkrafttreten dieser Verordnung nach Artikel 59 des Brüsseler Übereinkommens verpflichtet haben, Entscheidungen der Gerichte eines anderen Vertragsstaats des genannten Übereinkommens gegen Beklagte, die ihren Wohnsitz oder gewöhnlichen Aufenthalt im Hoheitsgebiet eines dritten Staates haben, nicht anzuerkennen, wenn die Entscheidungen in den Fällen des Artikels 4 des genannten Übereinkommens nur in einem der in Artikel 3 Absatz 2 des genannten Übereinkommens angeführten Gerichtsstände ergehen können.

1   Die Vorschrift erfasst die Anerkennung und Vollstreckung gerichtlicher Entscheidungen, die gegen Personen erlassen wurden, die ihren Wohnsitz außerhalb der Mitgliedstaaten der EuGVVO haben. Sie können gem Art 4 auch in den in Art 3 Abs 2 aufgeführten exorbitanten Gerichtsständen verklagt werden. Art 72 ermöglicht deren Ausschluss durch bilaterale Staatsverträge. Dies geschah in Art 23 des deutsch-norwegischen Vertrags vom 17. 6. 77 (BGBl 81 II 341, 901), der seit Inkrafttreten des LGVÜ obsolet ist (Art 55 LGVÜ). Zu weiteren Staatsverträgen vgl MüKoGottwald Art 59 EuGVÜ Rn 4 ff.

Kapitel VIII. Schlussvorschriften

Art. 73 [Kommissionsbericht]

(nicht abgedruckt)

Art. 74 [Anpassung der Anhänge I–VI]

(nicht abgedruckt)

Art. 75 [Unterstützung durch einen Ausschuss]
(nicht abgedruckt)

Art. 76 [Inkrafttreten]
Diese Verordnung tritt am 1. März 2002 in Kraft.

Anhang I

Innerstaatliche Zuständigkeitsvorschriften im Sinne von Artikel 3 Absatz 2 und Artikel 4 Absatz 2

Die innerstaatlichen Zuständigkeitsvorschriften im Sinne von Artikel 3 Absatz 2 und Artikel 4 Absatz 2 sind die folgenden:

...

– in Deutschland: § 23 der Zivilprozessordnung;

...

(vom Abdruck der die anderen Mitgliedstaaten betreffenden Vorschriften wurde abgesehen).

Anhang II

Anträge nach Artikel 39 sind bei folgenden Gerichten oder sonst befugten Stellen einzubringen:

...

– in Deutschland:
– a) beim Vorsitzenden einer Kammer des Landgerichts;
– b) bei einem Notar für die Vollstreckbarerklärung einer öffentlichen Urkunde

...

(vom Abdruck der die anderen Mitgliedstaaten betreffenden Zuständigkeiten wurde abgesehen).
Geänd durch Art 2 der VO (EG) Nr 1496/2002 der Kommission v 21. 8. 02 zur Änderung von Anh I und Anh II der VO (EG) Nr 44/2001 (ABl L 225/13 v 22. 8. 02).

Anhang III

Die Rechtsbehelfe nach Artikel 43 Absatz 2 sind bei folgenden Gerichten der Mitgliedstaaten einzulegen:

...

– in Deutschland beim Oberlandesgericht;

...

(vom Abdruck der die anderen Mitgliedstaaten betreffenden Zuständigkeiten wurde abgesehen).

Anhang IV

Nach Artikel 44 können folgende Rechtsbehelfe eingelegt werden:

...

– in Deutschland: die Rechtsbeschwerde,

...

(vom Abdruck der die anderen Mitgliedstaaten betreffenden Regelungen wurde abgesehen).

Anhang V

**Bescheinigung nach den Artikeln 54 und 58 der Verordnung
betreffend gerichtliche Entscheidungen und Prozessvergleiche**

(Deutsch, alemán, allemand, tedesco, ...)

1. Ursprungsmitgliedstaat
2. Gericht oder sonst befugte Stelle, das/die die vorliegende Bescheinigung
   ausgestellt hat
   2.1 Name
   2.2 Anschrift
   2.3 Tel./Fax/E-mail
3. Gericht, das die Entscheidung erlassen hat/vor dem der Prozessvergleich
   geschlossen wurde*
   3.1 Bezeichnung des Gerichts
   3.2 Gerichtsort
4. Entscheidung/Prozessvergleich*
   4.1 Datum
   4.2 Aktenzeichen
   4.3 Die Parteien der Entscheidung/des Prozessvergleichs*
       4.3.1 Name(n) des (der) Kläger(s)
       4.3.2 Name(n) des (der) Beklagten
       4.3.3 gegebenenfalls Name(n) (der) anderen(r) Partei(en)
   4.4 Datum der Zustellung des verfahrenseinleitenden Schriftstücks, wenn
       die Entscheidung in einem Verfahren erging, auf das sich der Be-
       klagte nicht eingelassen hat
   4.5 Wortlaut des Urteilsspruchs/des Prozessvergleichs* in der Anlage zu
       dieser Bescheinigung
5. Namen der Parteien, denen Prozesskostenhilfe gewährt wurde
Die Entscheidung/der Prozessvergleich* ist im Ursprungsmitgliedstaat vollstreckbar (Artikel 38 und 58 der Verordnung) gegen:
Name:
Geschehen zu .... am ....
Unterschrift und/oder Dienstsiegel ....

* Nichtzutreffendes streichen

Anhang VI

**Bescheinigung nach Artikel 57 Absatz 4 der Verordnung
betreffend öffentliche Urkunden**

(Deutsch, alemán, allemand, tedesco, ...)

1. Ursprungsmitgliedstaat

2. Befugte Stelle, die die vorliegende Bescheinigung ausgestellt hat
   2.1 Name
   2.2 Anschrift
   2.3 Tel./Fax/E-Mail
3. Befugte Stelle, aufgrund deren Mitwirkung eine öffentliche Urkunde vorliegt
   3.1 Stelle, die an der Aufnahme der öffentlichen Urkunde beteiligt war (falls zutreffend)
      3.1.1 Name und Bezeichnung dieser Stelle
      3.1.2 Sitz dieser Stelle
   3.2 Stelle, die die öffentliche Urkunde registriert hat (falls zutreffend)
      3.1.1 Art der Stelle
      3.1.2 Sitz dieser Stelle
4. Öffentliche Urkunde
   4.1 Bezeichnung der Urkunde
   4.2 Datum
      4.4.1 an dem die Urkunde aufgenommen wurde
      4.4.2 falls abweichend: an dem die Urkunde registriert wurde
   4.3 Aktenzeichen
   4.4 Die Parteien der Urkunde
      4.4.1 Name des Gläubigers
      4.4.2 Name des Schuldners
5. Wortlaut der vollstreckbaren Verpflichtung in der Anlage zu dieser Bescheinigung

Die öffentliche Urkunde ist im Ursprungsmitgliedstaat gegen den Schuldner vollstreckbar (Artikel 57 Absatz 1 der Verordnung)

Geschehen zu .... am ....

Unterschrift und/oder Dienstsiegel ....

Verordnung (EG) Nr. 1347/2000 des Rates über die Zuständigkeit und die Anerkennung und Vollstreckung von Entscheidungen in Ehesachen und in Verfahren betreffend die elterliche Verantwortung für die gemeinsamen Kinder der Ehegatten

Vom 29. Mai 2000 (ABl L 160 S 19)

DER RAT DER EUROPÄISCHEN UNION –

gestützt auf den Vertrag zur Gründung der Europäischen Gemeinschaft, insbesondere auf Artikel 61 Buchstabe c) und Artikel 67 Absatz 1,

auf Vorschlag der Kommission,
nach Stellungnahme des Europäischen Parlaments,
nach Stellungnahme des Wirtschafts- und Sozialausschusses,
in Erwägung nachstehender Gründe:

(1) [1] Die Mitgliedstaaten haben sich zum Ziel gesetzt, die Union als einen Raum der Freiheit, der Sicherheit und des Rechts, in dem der freie Personenverkehr gewährleistet ist, zu erhalten und weiterzuentwickeln. [2] Zum schrittweisen Aufbau dieses Raums hat die Gemeinschaft unter anderem im Bereich der justitiellen Zusammenarbeit in Zivilsachen die für das reibungslose Funktionieren des Binnenmarkts erforderlichen Maßnahmen zu erlassen.

(2) Für das reibungslose Funktionieren des Binnenmarkts muss der freie Verkehr der Entscheidungen in Zivilsachen verbessert und beschleunigt werden.

(3) Dieser Bereich unterliegt nunmehr der justitiellen Zusammenarbeit in Zivilsachen im Sinne von Artikel 65 des Vertrags.

(4) [1] Die Unterschiede zwischen bestimmten einzelstaatlichen Zuständigkeitsregeln und bestimmten Rechtsvorschriften über die Vollstreckung von Entscheidungen erschweren sowohl den freien Personenverkehr als auch das reibungslose Funktionieren des Binnenmarkts. [2] Es ist daher gerechtfertigt, Bestimmungen zu erlassen, um die Vorschriften über die internationale Zuständigkeit in Ehesachen und in Verfahren über die elterliche Verantwortung zu vereinheitlichen und die Formalitäten im Hinblick auf eine rasche und unkomplizierte Anerkennung von Entscheidungen und deren Vollstreckung zu vereinfachen.

(5) [1] Nach Maßgabe des in Artikel 5 des Vertrags niedergelegten Subsidiaritäts- und Verhältnismäßigkeitsprinzips können die Ziele dieser Verordnung auf der Ebene der Mitgliedstaaten nicht ausreichend erreicht

werden; sie können daher besser auf Gemeinschaftsebene verwirklicht werden. [2] Diese Verordnung geht nicht über das für die Erreichung dieser Ziele erforderliche Maß hinaus.

(6) [1] Der Rat hat mit Rechtsakt vom 28. Mai 1998 ein Übereinkommen über die Zuständigkeit und die Anerkennung und Vollstreckung von Entscheidungen in Ehesachen erstellt und das Übereinkommen den Mitgliedstaaten zur Annahme gemäß ihren verfassungsrechtlichen Vorschriften empfohlen. [2] Die bei der Aushandlung dieses Übereinkommens erzielten Ergebnisse sollten gewahrt werden; diese Verordnung übernimmt den wesentlichen Inhalt des Übereinkommens. [3] Sie enthält jedoch einige nicht im Übereinkommen enthaltene neue Bestimmungen, um eine Übereinstimmung mit einigen Bestimmungen der vorgeschlagenen Verordnung über die gerichtliche Zuständigkeit und die Anerkennung und Vollstreckung von Urteilen in Zivil- und Handelssachen sicherzustellen.

(7) Um den freien Verkehr der Entscheidungen in Ehesachen und in Verfahren über die elterliche Verantwortung innerhalb der Gemeinschaft zu gewährleisten, ist es angemessen und erforderlich, dass die grenzübergreifende Anerkennung der Zuständigkeiten und der Entscheidungen über die Auflösung einer Ehe und über die elterliche Verantwortung für die gemeinsamen Kinder der Ehegatten im Wege eines Gemeinschaftsrechtsakts erfolgt, der verbindlich und unmittelbar anwendbar ist.

(8) [1] In der vorliegenden Verordnung sind kohärente und einheitliche Maßnahmen vorzusehen, die einen möglichst umfassenden Personenverkehr ermöglichen. [2] Daher muss die Verordnung auch auf Staatsangehörige von Drittstaaten Anwendung finden, bei denen eine hinreichend enge Verbindung zu dem Hoheitsgebiet eines Mitgliedstaats gemäß den in der Verordnung vorgesehenen Zuständigkeitskriterien gegeben ist.

(9) [1] Der Anwendungsbereich dieser Verordnung sollte zivilgerichtliche Verfahren sowie außergerichtliche Verfahren einschließen, die in einigen Mitgliedstaaten in Ehesachen zugelassen sind, mit Ausnahme von Verfahren, die nur innerhalb einer Religionsgemeinschaft gelten. [2] Es muß daher darauf hingewiesen werden, dass die Bezeichnung „Gericht" alle gerichtlichen und außergerichtlichen Behörden einschließt, die für Ehesachen zuständig sind.

(10) [1] Diese Verordnung sollte nur für Verfahren gelten, die sich auf die Ehescheidung, die Trennung ohne Auflösung des Ehebandes oder die Ungültigerklärung einer Ehe beziehen. [2] Die Anerkennung einer Ehescheidung oder der Ungültigerklärung einer Ehe betrifft nur die Auflösung des Ehebandes. [3] Dementsprechend erstreckt sich die Anerkennung von Entscheidungen nicht auf Fragen wie das Scheidungsverschulden, das Ehegüterrecht, die Unterhaltspflicht oder sonstige mögliche Nebenaspekte, auch wenn sie mit dem vorgenannten Verfahren zusammenhängen.

(11) Diese Verordnung betrifft die elterliche Verantwortung für die gemeinsamen Kinder der Ehegatten in Fragen, die in engem Zusammenhang mit einem Antrag auf Scheidung, Trennung ohne Auflösung des Ehebandes oder Ungültigerklärung einer Ehe stehen.

(12) [1] Die Zuständigkeitskriterien gehen von dem Grundsatz aus, dass zwischen dem Verfahrensbeteiligten und dem Mitgliedstaat, der die Zuständigkeit wahrnimmt, eine tatsächliche Beziehung bestehen muß. [2] Die Auswahl dieser Kriterien ist darauf zurückzuführen, dass sie in verschiedenen einzelstaatlichen Rechtsordnungen bestehen und von den anderen Mitgliedstaaten anerkannt werden.

(13) [1] Eine Eventualität, die im Rahmen des Schutzes der gemeinsamen Kinder der Ehegatten bei einer Ehekrise berücksichtigt werden muß, besteht in der Gefahr, dass das Kind von einem Elternteil in ein anderes Land verbracht wird. [2] Die grundlegenden Interessen der Kinder sind daher insbesondere in Übereinstimmung mit dem Haager Übereinkommen vom 25. Oktober 1980 über die zivilrechtlichen Aspekte internationaler Kindesentführung zu schützen. [3] Der rechtmäßige gewöhnliche Aufenthalt wird daher als Zuständigkeitskriterium auch in den Fällen beibehalten, in denen sich der Ort des gewöhnlichen Aufenthalts aufgrund eines widerrechtlichen Verbringens oder Zurückhaltens des Kindes faktisch geändert hat.

(14) Diese Verordnung hindert die Gerichte eines Mitgliedstaats nicht daran, in dringenden Fällen einstweilige Maßnahmen einschließlich Sicherungsmaßnahmen in Bezug auf Personen oder Vermögensgegenstände, die sich in diesem Staat befinden, anzuordnen.

(15) [1] Der Begriff „Entscheidung" bezieht sich nur auf Entscheidungen, mit denen eine Ehescheidung, Trennung ohne Auflösung des Ehebandes oder Ungültigerklärung einer Ehe herbeigeführt wird. [2] Öffentliche Urkunden, die im Ursprungsmitgliedstaat aufgenommen und vollstreckbar sind, sind solchen „Entscheidungen" gleichgestellt.

(16) [1] Die Anerkennung und Vollstreckung von Entscheidungen der Gerichte der Mitgliedstaaten beruhen auf dem Grundsatz des gegenseitigen Vertrauens. [2] Die Gründe für die Nichtanerkennung einer Entscheidung sind auf das notwendige Mindestmaß beschränkt. [3] Im Rahmen des Verfahrens sollten allerdings Bestimmungen gelten, mit denen die Wahrung der öffentlichen Ordnung des ersuchten Staats und die Verteidigungsrechte der Parteien, einschließlich der persönlichen Rechte aller betroffenen Kinder, gewährleistet werden und zugleich vermieden wird, dass miteinander nicht zu vereinbarende Entscheidungen anerkannt werden.

(17) Der ersuchte Staat darf weder die Zuständigkeit des Ursprungsstaats noch die Entscheidung in der Sache überprüfen.

(18) Für die Beischreibung in den Personenstandsbüchern eines Mitgliedstaats aufgrund einer in einem anderen Mitgliedstaat ergangenen

rechtskräftigen Entscheidung kann kein besonderes Verfahren vorgeschrieben werden.

(19) Das Übereinkommen von 1931 zwischen den nordischen Staaten sollte in den Grenzen dieser Verordnung weiter angewandt werden
können.

(20) Spanien, Italien und Portugal haben vor Aufnahme der in dieser
Verordnung geregelten Materien in den EG-Vertrag Konkordate mit
dem Heiligen Stuhl geschlossen. Es gilt daher zu vermeiden, dass diese
Mitgliedstaaten gegen ihre internationalen Verpflichtungen gegenüber
dem Heiligen Stuhl verstoßen.

(21) Den Mitgliedstaaten muß es freistehen, untereinander Modalitäten zur Durchführung dieser Verordnung festzulegen, solange keine diesbezüglichen Maßnahmen auf Gemeinschaftsebene getroffen wurden.

(22) [1]Die Anhänge I bis III betreffend die zuständigen Gerichte und
die Rechtsbehelfe sollten von der Kommission anhand der von dem
betreffenden Mitgliedstaat mitgeteilten Änderungen angepaßt werden.
[2]Änderungen der Anhänge IV und V sind gemäß dem Beschluss 1999/
468/EG des Rates vom 28. Juni 1999 zur Festlegung der Modalitäten
für die Ausübung der der Kommission übertragenen Durchführungsbefugnisse zu beschließen.

(23) Spätestens fünf Jahre nach Inkrafttreten dieser Verordnung sollte
die Kommission die Anwendung der Verordnung prüfen und gegebenenfalls erforderliche Änderungen vorschlagen.

(24) Das Vereinigte Königreich und Irland haben gemäß Artikel 3
des dem Vertrag über die Europäische Union und dem Vertrag zur
Gründung der Europäischen Gemeinschaft beigefügten Protokolls über
die Position des Vereinigten Königreichs und Irlands mitgeteilt, dass sie
sich an der Annahme und Anwendung dieser Verordnung beteiligen
möchten.

(25) Dänemark wirkt gemäß den Artikeln 1 und 2 des dem Vertrag
über die Europäische Union und dem Vertrag zur Gründung der Europäischen Gemeinschaft beigefügten Protokolls über die Position Dänemarks an der Annahme dieser Verordnung nicht mit. Diese Verordnung ist daher für diesen Staat nicht verbindlich und ihm gegenüber
nicht anwendbar –

HAT FOLGENDE VERORDNUNG ERLASSEN:

Kapitel I. Anwendungsbereich

Vorbemerkung vor Art. 1

1   **1. Anwendungsbereich.** Der Anwendungsbereich der VO (zT
Brüssel II-VO genannt, vgl Wagner IPRax 01, 73) ist zwingend und

kann von den Parteien nicht abgeändert werden. – **a) Räumlich.** Die 2
VO gilt gem Art 249 Abs 2 EG in allen Mitgliedstaaten der EU (mit
Ausnahme von Dänemark; vgl Erwägungsgrund Nr 25 iVm Art 69 EG)
unmittelbar und ist in all ihren Teilen für jeden Mitgliedstaat verbindlich, ohne dass es einer Umsetzung in nationales Recht bedarf. Das
Vertragsgebiet der VO ergibt sich aus Art 299 EG. Es umfasst neben
den 14 Mutterstaaten (Art 299 Abs 1 EG) auch die überseeischen
Départements Frankreichs (Art 299 Abs 2 EG), Madeira, die Azoren,
die Kanarischen Inseln (Art 299 Abs 2 EG), die Balearen, Gibraltar
und die Ålandinseln (Art 299 Abs 5). Für die britischen Kanalinseln, die
Insel Man und die Hoheitszonen des Vereinigten Königreichs Großbritanniens und Nordirland auf Zypern gilt sie nicht (Art 299 Abs 6
Buchst b) und c)). – **b) Zeitlich.** Die VO ist gem Art 46 ab dem 1. 3. 3
01 anzuwenden, und zwar gem Art 42 Abs 1 auf alle nach diesem Datum eingeleiteten gerichtlichen und diesen gleichgestellten (Art 1
Abs 2) Verfahren und aufgenommenen öffentlichen Urkunden. Für
eine Entscheidung, die nach dem 1. 3. 01 ergeht, die aber auf Grund
eines vor diesem Datum eingeleiteten gerichtlichen Verfahrens ergangen ist, vgl Art 42 Abs 2. Die EheVO in ihrem derzeitigen Wortlaut
wird nur noch für kurze Zeit anzuwenden sein. Am 17. 5. 02 wurde
ein Vorschlag einer VO des Rates über die Zuständigkeit und die Anerkennung und Vollstreckung von Entscheidungen in Ehesachen und
in Verfahren betreffend die elterliche Verantwortung veröffentlicht
(ABl C 203 E v 27. 8. 02, S 155 ff) mit dem Ziel, die EheVO aufzuheben und für Ehesachen und alle Fragen der elterlichen Verantwortung
(außer Unterhalt und Abstammung) einheitliche Regeln zu schaffen.
Hinsichtlich der Ehesachen werden keine sachlichen Änderungen eintreten; erfasst werden alle Verfahren betreffend die elterliche Verantwortung; ferner wird ein eigener Rückführungsmechanismus für Kindesentführungen geschaffen und für Umgangsentscheidungen und
Rückführungsanordnungen im Falle von Kindesentführungen wird das
Vollstreckbarerklärungsverfahren abgeschafft. Die VO, die am 28. 11.
02 beschlossen wurde, soll nach deren Art 71 am 1. 7. 03 in Kraft treten
und ab dem 1. 7. 04 anzuwenden sein. – **c) Sachlich.** Dieser wird durch 4
Art 1 geregelt. – **d) Persönlich.** Die VO gilt nur für die Ehe von Frau 5
und Mann (Kohler NJW 01, 10/15; Helms FamRZ 02, 1593/1594)
und unabhängig von der Staatsangehörigkeit der Parteien und findet
daher auch auf Staatsangehörige von Drittstaaten Anwendung, wenn
diese im Sinne eines der Zuständigkeitskriterien gem Art 2–8 eine Beziehung zu einem Mitgliedsstaat haben (vgl Erwägung Nr 8 S 2). –
e) Verhältnis zu Staatsverträgen. Die VO geht in ihrem Anwen- 6
dungs- (Art 1) und Regelungsbereich (Bestimmung der internationalen
Zuständigkeit und Anerkennung und Vollstreckung) den in Art 36 und
37 genannten Verträgen vor. Für Deutschland ist insb der Vorrang ggü
dem Haager Übereinkommen v 5. 10. 61 über die Zuständigkeit der
Behörden und das anzuwendende Recht auf dem Gebiete des Schutzes
von Minderjährigen (Haager MSA, BGBl 71 II 219; vgl hierzu BGH

NJW 02, 2955) und dem Europäischen Übereinkommen v 20. 5. 80 über die Anerkennung und Vollstreckung von Entscheidungen über das Sorgerecht für Kinder und die Wiederherstellung des Sorgeverhältnisses (BGBl 90 II 220) zu beachten. Liegt eine Kindesentführung durch einen Elternteil vor, so tritt wegen Art 4 die VO grds hinter das Haager Übereinkommen über die zivilrechtlichen Aspekte internationaler Kindesentführung v 25. 10. 80 (BGBl 90 II 207; vgl hierzu BVerfG IPRax 00, 216 ff m Anm Staudinger S 194; Palandt/Heldrich Anh zu Art 24 EGBGB Rn 59 ff) zurück, bis über den Rückführungsantrag entschieden ist (Art 16 HKiEntÜ; BGH FamRZ 00, 1502). Eine Kollision mit dem EuGVÜ/LGVÜ kann nicht entstehen, weil der sachliche Anwendungsbereich der VO (Art 1) von den beiden Verträgen ausgenommen ist (Art 1 Abs 2 Nr 1 EuGVÜ). Dasselbe gilt für die EuGVVO (vgl Art 1
7 EuGVVO Rn 4). – **f) Verhältnis zum nationalen Recht. aa) Internationale Zuständigkeit.** In ihrem Anwendungsbereich verdrängt die VO die Regeln der ZPO und des FGG zur Bestimmung der internationalen Zuständigkeit (Wagner IPRax 01, 73/75), insb also §§ 606 a, 621 Abs 1 Nr 1–3, 621 a Abs 1, §§ 64, 43, 35 b FGG, sofern nicht gem
8 Art 8 ausnahmsweise auf diese zurückzugreifen ist. – **bb) Anerkennung und Vollstreckung.** Hierfür enthält die VO in Art 14–20 (Anerkennung) und Art 21–31 (Vollstreckung) jeweils iVm Art 13, 32–35 ggü dem nationalen Recht vorrangige Vorschriften. §§ 328, 722, 723 und § 16 a FGG werden durch die VO verdrängt. Für Entscheidungen in Ehesachen aus einem Mitgliedstaat ist wegen Art 14 das Anerkennungsverfahren nach Art 7 § 1 FamRÄndG (BGBl 61, 1221; vgl § 328 Rn 24 ff) nicht mehr durchzuführen (dies gilt jedoch nicht für dänische Entscheidungen, vgl Rn 2). Sofern sich die Anerkennungsfähigkeit einer Entscheidung eines EU-Staates als Vorfrage stellt, ist sie vom angerufenen Gericht gem Art 14 Abs 4 selbständig nach der VO zu beantworten. Wird in einem gerichtlichen Verfahren die Feststellung der Anerkennung bzw Nichtanerkennung der Entscheidung eines EU-Mitgliedstaates beantragt, so gelten gem Art 14 Abs 3 die Vorschriften über die Vollstreckung (Art 21–35) entsprechend.

9 **2. Auslegung.** Die VO ist als sekundäres Gemeinschaftsrecht autonom auszulegen (hierzu vor Art 1 EuGVVO Rn 14). Hierbei sind die Erwägungsgründe zu berücksichtigen. Ob die in der Einleitung der Erwägungsgründe genannte Kompetenz der EG ausreichend ist für den Erlass der VO wird zT bestritten (vgl Müller-Graf/Kainer DRiZ 00, 350/353 mwN; Helms FamRZ 02, 1593/1595). Zur Auslegung kann auch der erläuternde Borrás-Bericht zu dem in Nr 6 der Erwägungsgründe genannte Übereinkommensentwurf (ABl C 221 v 16. 7. 98, S 27 ff) herangezogen werden. Bei entscheidungserheblichen Zweifeln hinsichtlich der Auslegung oder der Gültigkeit der VO rufen die Familiengerichte und das OLG, sofern sie im Erkenntnisverfahren letztinstanzlich entscheiden (Art 68 Abs 1 EG), den EuGH gem Art 234 Abs 1 Buchst b) EG an. Dasselbe gilt für den BGH. Da die Rechtsbe-

schwerde gem Art 27 iVm § 15 Abs 1 AVAG, § 574 Abs 1 Nr 1 ohne
Zulassung stattfindet, können die OLG in den Verfahren nach Art 13 ff
nicht an den EuGH vorlegen.

Art. 1 [Sachlicher Anwendungsbereich]

(1) **Die vorliegende Verordnung ist anzuwenden auf**
a) zivilgerichtliche Verfahren, die die Ehescheidung, die Tren-
   nung ohne Auflösung des Ehebandes oder die Ungültiger-
   klärung einer Ehe betreffen;
b) zivilgerichtliche Verfahren, die die elterliche Verantwortung
   für die gemeinsamen Kinder der Ehegatten betreffen und
   aus Anlaß der unter Buchstabe a) genannten Verfahren in
   Ehesachen betrieben werden.

(2) [1]**Gerichtlichen Verfahren stehen andere in einem Mit-**
gliedstaat amtlich anerkannte Verfahren gleich. [2]**Die Bezeich-**
nung „Gericht" schließt alle in Ehesachen zuständigen Behör-
den der Mitgliedstaaten ein.

(3) **In dieser Verordnung bedeutet der Begriff „Mitgliedstaat"**
jeden Mitgliedstaat mit Ausnahme des Königreichs Dänemark.

1. Allgemeines. Art 1 regelt den sachlichen Anwendungsbereich **1**
der VO (hierzu Vogel MDR 00, 1045; Gruber FamRZ 00, 1130). Die
Anknüpfungsbegriffe sind autonom zu qualifizieren unter Berücksichtigung der in den Erwägungsgründen genannten Zielsetzung und der
Systematik der VO.

2. Ehesachen (Abs 1 Buchst a). – **a) Erfasst** werden alle Verfahren, **2**
die den ehelichen Status (zum Begriff „Ehe" vgl 5 vor Art 1) an sich
betreffen, also die Ungültigkeitserklärung einer Ehe, worunter auch die
Eheaufhebung iSv § 1314 BGB und die Feststellung des Bestehens oder
Nichtbestehens einer Ehe nach § 632 (Vogel MDR 00, 1045/1046;
Gruber FamRZ 00, 1129/1130; Hau FamRZ 00, 1333; umstr, aA
Helms FamRZ 01, 257/259; Hausmann EuLF 01, 271/273) fallen, die
Ehescheidung (§§ 1564 ff BGB) und die Trennung ohne Auflösung des
Ehebandes. Letztere ist zwar im deutschen materiellen Recht nicht
vorgesehen, gleichwohl können deutsche Gerichte eine solche auf
der Grundlage des gem Art 17 Abs 1 EGBGB zu ermittelnden anwendbaren ausländischen Rechts aussprechen (BGH FamRZ 87, 793). –
b) Nicht erfasst vom Anwendungsbereich werden die Fragen des **3**
Scheidungsverschulden, der Namensführung und die Familiensachen
Güterrecht, Versorgungsausgleich, Hausrat, Ehewohnung und Unterhaltsrecht, selbst, wenn sie zusammen mit der Ehesache anhängig gemacht werden (vgl Nr 10 der Erwägungsgründe). Ferner gilt die VO
nicht für die Ungültigkeitserklärung einer Ehe nach dem Tode einer
oder beider Ehegatten (aA offenbar Schlosser 2), für reine Privatscheidungen (Hausmann EuLF 01, 271/274; Gruber FamRZ 00, 1129/
1130). Für die ausgeschlossenen Rechtsfragen ist auf das autonome

Recht (hierzu BGH FamRZ 90, 32; ferner §§ 328, 722, 723, § 16 a
FGG) bzw für den Unterhalt auf die EuGVVO (vgl Art 5 EuGVVO
Rn 13, 14; Kohler NJW 01, 10; Hau FamRZ 00, 1333/1338) oder das
Haager Übereinkommen über die Anerkennung und Vollstreckung
von Unterhaltsentscheidungen vom 2. 10. 73 (BGBl 86 II 826) zurück-
zugreifen.

4   **3. Elterliche Verantwortung** (Abs 1 Buchst b). Ausführlich Gruber Rpfleger 02, 545. – **a) Erfasst** werden vor allem die Personen-,
Vermögenssorge, das Recht des persönlichen Umgangs mit einem
gemeinsamen Kind (auch des nicht sorgeberechtigten Elternteils, Hausmann EuLF 01, 271/274, zweifelnd Heß JZ 01, 573/576) vergleichbare Regelungen im ausländischen Recht (Wagner IPRax 01, 73, 76 f;
Vogel MDR 00, 1045/1047). Die ebenfalls erfasste Herausgabe eines
Kindes (Gruber Rpfleger 02, 545/546) steht jedoch unter dem Vorbehalt des Art 4 iVm dem HKiEntÜ (vgl vor Art 1 Rn 6). Nicht erfasst
werden jedoch status- und unterhaltsrechtliche Fragen (Wagner IPRax
01, 73/76). Hierfür sind das autonome Recht (§ 640 Abs 2) oder
Staatsverträge, insb die EuGVVO anzuwenden. Die Übertragung von
Sorgebefugnisse auf Dritte wird nicht erfasst, ebenso nicht Maßnahmen
5   nach §§ 1666, 1696 BGB (Oelkers/Kraeft FuR 01, 344). – **b) Voraus-**
6   **setzung.** Diese müssen für jedes Kind gegeben sein. **(1)** Es müssen
      gemeinsame (adoptierte werden erfasst; Wagner IPRax 01, 73/76) Kin-
7   der der Ehegatten (Begriff 5 vor Art 1) sein. **(2)** Eine Entscheidung
      muss in Zusammenhang mit einem Verfahren nach Abs 1 Buchst a) ge-
      troffen werden. Dies setzt keinen Verbund beider Verfahren voraus (vgl
      Nr 11 der Erwägungsgründe), sondern lediglich einen sachlichen oder
      zeitlichen Zusammenhang (Vogel MDR 00, 1045/1047), der von Art 3
      Abs 3 Buchst a) und b) bestimmt wird, dh bis zur Rechtskraft des Ehe-
      urteils können Verfahren betreffend die elterliche Verantwortung nach
      Art 3 Abs 1 oder 2 anhängig gemacht werden. Es muss nicht dasselbe
      Gericht eines Mitgliedstaats über die Ehesache und das Sorgerecht ent-
      scheiden. Die Verfahren können auch in verschiedenen Instanzen an-
      hängig sein. Die Zuständigkeit für isolierte Sorgerechtsverfahren beur-
      teilt sich jedoch nach autonomem Recht oder dem vorrangigen MSA
8   (Gruber Rpfleger 02, 545/546). **(3) Minderjährigkeit.** Die VO regelt
      – anders als Art 12 Haager MSA – nicht den Fall, dass das Kind zwar
      nach seinem Aufenthaltsrecht minderjährig ist, nicht aber nach seinem
      Heimatrecht. Bei dieser Frage wird auf Art 7 EGBGB abzustellen sein.
      Liegen die Voraussetzungen 1)–3) nicht vor, so sind weiterhin die auto-
      nomen Regeln oder Staatsverträge, insb das Haager MSA (vor Art 1
      Rn 6) anzuwenden.

9   **4. Zivilgerichtliche Verfahren.** Wegen Abs 2 umfasst die VO
      nicht nur die Zuständigkeit von Gerichten, sondern auch außergericht-
      liche amtlich anerkannte (Verwaltungs-)Verfahren, in denen über die in
      Abs 1 aufgeführten Materien entschieden wird. Unerheblich ist, ob
      die Gerichte oder Behörden konstitutiv oder deklaratorisch mitwirken

(Hau FamRZ 99, 484/485). Wegen Nr 9 der Erwägungsgründe sind jedoch Verfahren vor religiösen Einrichtungen vom Anwendungsbereich ausgeschlossen. Dasselbe gilt für reine Privatscheidungen, die von Drittstaatenangehörigen ohne Beteiligung von Gerichten oder Behörden nach ihrem Heimatrecht durchgeführt werden (Gruber FamRZ 00, 1129/1130).

Kapitel II. Gerichtliche Zuständigkeit

Abschnitt 1. Allgemeine Bestimmungen

Vorbemerkung vor Art 2–12

Die Art 2–12 regeln die internationale Zuständigkeit für die in den **1** Art 1 aufgeführten Materien. Die internationale Zuständigkeit ist zwar gem Art 9 von Amts wegen zu prüfen, ist ihrerseits aber nicht Gegenstand des Anerkennungs- und Vollstreckungsverfahrens (Art 17 und Art 24 Abs 2). Die internationale Zuständigkeit eines Mitgliedstaates nach Art 2–6 ist ausschließlich, sofern sich das Verfahren gegen einen Ehegatten richtet, der seinen gewöhnlichen Aufenthalt im Hoheitsgebiet eines anderen Mitgliedstaates hat oder die Staatsangehörigkeit eines anderen Mitgliedstaats hat (Art 7).

Art. 2 [Ehescheidung, Trennung ohne Auflösung des Ehebandes und Ungültigerklärung einer Ehe]

(1) **Für Entscheidungen, die die Ehescheidung, die Trennung ohne Auflösung des Ehebandes oder die Ungültigerklärung einer Ehe betreffen, sind die Gerichte des Mitgliedstaats zuständig,**
a) in dessen Hoheitsgebiet
– beide Ehegatten ihren gewöhnlichen Aufenthalt haben oder
– die Ehegatten zuletzt beide ihren gewöhnlichen Aufenthalt hatten, sofern einer von ihnen dort noch seinen gewöhnlichen Aufenthalt hat, oder
– der Antragsgegner seinen gewöhnlichen Aufenthalt hat oder
– im Falle eines gemeinsamen Antrags einer der Ehegatten seinen gewöhnlichen Aufenthalt hat oder
– der Antragsteller seinen gewöhnlichen Aufenthalt hat, wenn er sich dort seit mindestens einem Jahr unmittelbar vor der Antragstellung aufgehalten hat, oder
– der Antragsteller seinen gewöhnlichen Aufenthalt hat, wenn er sich dort seit mindestens sechs Monaten unmittelbar vor der Antragstellung aufgehalten hat und entweder Staatsangehöriger des betreffenden Mitgliedstaats ist oder, im Falle des Vereinigten Königreichs und Irlands, dort sein „domicile" hat;

b) dessen Staatsangehörigkeit beide Ehegatten besitzen, oder, im Falle des Vereinigten Königreichs und Irlands, in dem sie ihr gemeinsames „domicile" haben.

(2) **Der Begriff „domicile" im Sinne dieser Verordnung bestimmt sich nach britischem und irischem Recht.**

1   **1. Allgemeines.** Art 2 iVm Art 7 regelt nur die internationale Zuständigkeit des angerufenen Gerichts. Die örtliche Zuständigkeit bestimmt sich nach nationalem Recht, in Deutschland also nach § 606. § 606 a wird durch Art 2 verdrängt. Die internationale Zuständigkeit ist von Amts wegen (Art 9) in jeder Lage des Verfahrens, also auch in der Berufung, Revision und Beschwerde zu prüfen (BGH NJW 03, 426) und ist im Rahmen von Art 7 ausschließlich. Eine rügelose Einlassung ist nicht möglich. Ist die internationale Zuständigkeit nicht gegeben und liegt auch kein Fall von Art 8 vor, ist der Antrag als unzulässig abzuweisen. Eine Verweisung sieht die VO nicht vor. Bei doppelter Rechtshängigkeit ist nach Art 11 vorzugehen, dessen Abs 4 maßgeblich für den Zeitpunkt zur Beurteilung der Voraussetzungen des Art 2 ist. Der Grundsatz der perpetuatio fori gilt (Hau FamRZ 00, 1333/1340; Schlosser 4). Bei der Aufzählung in Abs 1 Buchst a) handelt es sich um echte Alternativen (Hau FamRZ 00, 1333/1334). Abs 1 Buchst a) und b) stehen gleichberechtigt nebeneinander (Hau aaO S 1335). Die Aufzählung in Abs 1 ist erschöpfend.

2   **2. Gewöhnlicher Aufenthalt** (Abs 1 Buchst a). Er ist autonom nach objektiven Kriterien zu bestimmen (Hau FamRZ 00, 1333/1334). Hierunter ist der vom Betroffenen gewählte Daseinsmittelpunkt, der Schwerpunkt der Lebensverhältnisse in familiärer und beruflicher Hinsicht zu verstehen; ob ein Wille, den Aufenthaltsort zum Daseinsmittelpunkt zu machen, erforderlich ist, ist umstr (dafür Hau FamRZ 00, 1333/1334; dagegen BGH NJW 81, 520). Im Übrigen wie § 606 Rn 3. Auf die Staatsangehörigkeit der Beteiligten kommt es – mit Ausnahme bei Spiegelstrich 5 und 6 – nicht an, so dass auch Drittstaatler erfasst werden. Bei Mitgliedstaaten mit zwei oder mehreren Rechtssystemen ist Art 41 zu beachten.

3   **3. Staatsangehörigkeit** (Abs 1 Buchst a Spiegelstrich 5 u 6, Buchst b). Diese wird nach den einschlägigen Staatsangehörigkeitsgesetzen bestimmt. Bei Mehrstaatern ist Art 5 EGBGB nicht entsprechend anwendbar. Da die VO zu dem Problem der Mehrstaatigkeit schweigt, kann auf jede Staatsangehörigkeit abgestellt werden (Hau FamRZ 99, 484/486 und FamRZ 00, 1333/1337; Hausmann EuLF 01, 271/277; Nagel/Gottwald § 3 Rn 190). Voraussetzung ist jedoch für Buchst b), dass die Staatsangehörigkeiten der Ehegatten übereinstimmen. Der Staatsangehörigkeit steht das domicile nach britischen oder irischen Vorstellungen gleich (zum Begriff vgl Firsching/von Hoffmann S 190). Bei Mitgliedstaaten mit zwei oder mehreren Rechtssystemen ist Art 41 zu beachten. Zu Recht äußern Helms (FamRZ 02, 1593/1596), Hau

(FamRZ 00, 1333/1335), Heß (JZ 01, 573/575) und Hausmann (EuLF 00/01, 345/352) im Hinblick auf Art 12 Abs 1 EG Zweifel daran, ob Abs 1 Buchst a) Spiegelstrich 5 im Vergleich zu Spiegelstrich 6 eine verbotene Diskriminierung enthält, weil im ersten Fall ein Aufenthalt von 12 Monaten zur Zuständigkeitsbegründung notwendig ist (aA Schlosser 4). Soweit dies auch für Buchst b bejaht wird, weil gemischt nationale Ehen sich nicht auf diesen Gerichtsstand berufen können, ist eine Diskriminierung zu verneinen (zustimmend Helms aaO mwN auch zur gegenteiligen Auffassung).

Art. 3 [Elterliche Verantwortung]

(1) **Die Gerichte des Mitgliedstaats, in dem nach Artikel 2 über einen Antrag auf Ehescheidung, Trennung ohne Auflösung des Ehebandes oder Ungültigerklärung einer Ehe zu entscheiden ist, sind zuständig für alle Entscheidungen, die die elterliche Verantwortung für ein gemeinsames Kind der beiden Ehegatten betreffen, wenn dieses Kind seinen gewöhnlichen Aufenthalt in diesem Mitgliedstaat hat.**

(2) **Hat das Kind seinen gewöhnlichen Aufenthalt nicht in dem in Absatz 1 genannten Mitgliedstaat, so sind die Gerichte dieses Staates für diese Entscheidungen zuständig, wenn das Kind seinen gewöhnlichen Aufenthalt in einem der Mitgliedstaaten hat und**

a) **zumindest einer der Ehegatten die elterliche Verantwortung für das Kind hat und**

b) **die Zuständigkeit der betreffenden Gerichte von den Ehegatten anerkannt worden ist und im Einklang mit dem Wohl des Kindes steht.**

(3) **Die Zuständigkeit gemäß den Absätzen 1 und 2 endet,**

a) **sobald die stattgebende oder abweisende Entscheidung über den Antrag auf Ehescheidung, Trennung ohne Auflösung des Ehebandes oder Ungültigerklärung einer Ehe rechtskräftig geworden ist oder aber**

b) **in den Fällen, in denen zu dem unter Buchstabe a) genannten Zeitpunkt noch ein Verfahren betreffend die elterliche Verantwortung anhängig ist, sobald die Entscheidung in diesem Verfahren rechtskräftig geworden ist oder aber**

c) **sobald die unter den Buchstaben a) und b) genannten Verfahren aus einem anderen Grund beendet worden sind.**

1. Grundsatz (Abs 1). Sind die Gerichte eines Mitgliedstaates für **1** die Ehesache gem Art 2 international zuständig und ist die Ehesache auch tatsächlich anhängig (vgl Art 1 Rn 7), so sind sie auch für die in Art 1 Abs 1 Buchst b) genannten Materien international zuständig, sofern das Kind seinen gewöhnlichen Aufenthalt im Entscheidungsstaat hat. Innerstaatlich ist nicht notwendig, dass das Gericht der Ehesache auch die Sorgerechtsentscheidung trifft. Die örtliche und funktionelle

Zuständigkeit beurteilen sich nach nationalem Recht. Inwieweit der Grundsatz der perpetuativ furi gilt, ist unklar (Bauer IPRax 03, 135/138). Zum Prüfungsumfang in Bezug auf die internationale Zuständigkeit in der Berufungs- bzw Beschwerdeinstanz vgl Art 2 Rn 1. Für jedes Kind der Ehegatten müssen die Voraussetzungen selbständig 2 vorliegen. – **a) Gewöhnlicher Aufenthalt.** Wie Art 2 Rn 2. Für 3 Kindesentführungen vgl Rn 14. – **b) Regelungsbereich.** Wie Art 1 4 Rn 4. – **c) Anwendbares Recht.** Dieses bestimmt sich grds nach dem Haager MSA, idR nach dessen Art 2 (Puszkajler IPRax 01, 81/82), so dass deutsches Recht als Aufenthaltsrecht anzuwenden ist. Dies gilt trotz Art 37 1. Spiegelstrich, weil die EheVO nur die internationale Zuständigkeit und die Anerkennung und Vollstreckung regelt und nach dem Wortlaut von Art 37 nur insoweit ein Vorrang der EheVO besteht. Soweit ein Staatsvertrag nicht anzuwenden ist, gilt Art 21 EGBGB.

5 **2. Ausnahme** (Abs 2). Hat das Kind mit seinen beiden Eltern keinen gemeinsamen gewöhnlichen Aufenthalt in einem Mitgliedstaat, so können die Gerichte der Ehesache über das Sorgerecht unter den folgen-6 den kumulativen Voraussetzungen des Abs 2 entscheiden. – **a) Gewöhnlicher Aufenthalt des Kindes** in einem anderen Mitgliedstaat. Liegt dieser nicht in einem EU-Staat, kann die Zuständigkeit nicht auf Art 3 Abs 2 gestützt werden. In diesem Fall greift Art 8 ein, der auf das nationale Recht, wozu auch Staatsverträge, insb das Haager MSA gehö-7 ren, verweist. – **b) Elterliche Sorge** liegt bei einem Ehegatten. Hierbei handelt es sich um eine gem Art 21 EGBGB zu klärende Vorfrage. Ist sie hingegen durch ein ausländisches Gericht übertragen worden, kommt es insoweit auf die Anerkennung der Entscheidung nach dem nationalen Recht (§ 16a FGG) oder einem Staatsvertrag, insb Art 7 S 1 8 Haager MSA an. – **c) Anerkenntnis der Zuständigkeit** durch den anderen Ehegatten. Ein ausdrückliches Anerkenntnis ist nicht notwendig, rügelose Einlassung reicht aus (Gruber Rpfleger 02, 545/546; Vo-9 gel MDR 00, 1045/1048). – **d) Wohl des Kindes.** Dieses ist bei der Ausübung der Zuständigkeit zu berücksichtigen. Hier werden die vom BGH (FamRZ 97, 1070) zu Art 4 Haager MSA aufgestellten Kriterien zu berücksichtigen sein. Es ist zu fragen, ob es im konkreten Fall auf die besondere Sachkunde und Kompetenz des Ehegerichts ankommt oder ob die Behörden oder Gerichte des Aufenthaltsstaates des Kindes nicht gewillt oder in der Lage sind, eine im Interesse des Kindes gebotene Entscheidung zu treffen.

10 **3. Dauer der Zuständigkeit** (Abs 3) für Verfahren nach Abs 1 11 und 2. Diese endet bei Vorliegen einer der drei Alternativen. – **a) Für neue Sorgerechtsverfahren** bei Vorliegen eines rechtskräftigen Eheurteils (Buchst a). Sobald ein Rechtsmittel nach dem innerstaatlichen Recht des Mitgliedstaats gegen das Eheurteil nicht mehr möglich ist, kann ein neues Sorgerechtsverfahren im Mitgliedstaat, bei dem die Ehesache rechtshängig war, nicht mehr nach Abs 1 oder 2 anhängig

gemacht werden. Die Zuständigkeit für ein neues Sorgerechtsverfahren endet ab diesem Zeitpunkt und richtet sich von da an nach nationalem Recht (§ 621a Abs 1 iVm §§ 64, 43, 35b FGG) oder Staatsverträgen, insb nach dem Haager MSA. – **b) Für anhängige Sorgerechtsver-** 12 **fahren** bei Vorliegen eines rechtskräftigen Eheurteils (Buchst b). In diesem Fall ist die Zuständigkeit nach Abs 1 oder 2 bis zu dem Zeitpunkt gegeben, zu dem die Entscheidung über die elterliche Verantwortung bindend geworden ist, was sich nach nationalem Recht und in deutschen Verfahren nach §§ 629a, 621e beurteilt. – **c) Auffangtat-** 13 **bestand** (Buchst c). Die Zuständigkeit für ein Verfahren nach Abs 1 oder 2 endet auch, wenn das Eheverfahren aus sonstigen Gründen beendet wird, zB durch Rücknahme des Antrags oder durch Tod eines Elternteils. In diesem Fall beurteilt sich die Zuständigkeit wiederum nach dem autonomen nationalen Recht oder nach Staatsverträgen, insb dem Haager MSA.

4. Kindesentführung iSv Art 3 HKiEntÜ (hierzu eingehend Bauer 14 IPRax 02, 179). Liegt eine solche vor, ist trotz Vorliegens der Voraussetzungen für eine internationale Zuständigkeit wegen Art 4 das Sorgerechtsverfahren auszusetzen bis über den Rückführungsantrag entschieden ist (vgl Art 16 HKiEntÜ; BGH FamRZ 00, 1502).

5. Auffangzuständigkeit (Art 8). Ist eine Ehesache in einem Mit- 15 gliedstaat anhängig, besteht aber eine Zuständigkeit für das Sorgerecht nach Art 3 nicht, so kann, sofern Art 7 nicht entgegensteht, auf die Restzuständigkeit nach Art 8 zurückgegriffen werden (dort Rn 1).

Art. 4 [Kindesentführung]

Die nach Maßgabe von Artikel 3 zuständigen Gerichte haben ihre Zuständigkeit im Einklang mit den Bestimmungen des Haager Übereinkommens vom 25. Oktober 1980 über die zivilrechtlichen Aspekte internationaler Kindesentführung, insbesondere dessen Artikel 3 und 16, auszuüben.

Zweck. Im Falle einer internationalen Kindesentführung durch 1 einen Elternteil iSv Art 3 HKiEntÜ (BGBl 90 II 207; Text und Kommentierung bei Palandt/Heldrich Anh zu Art 24 EGBGB Rn 59ff) soll der Ort des rechtmäßigen Aufenthalts des Kindes weiterhin zuständig sein für die Entscheidung über das Sorgerecht (eingehend Bauer IPRax 02, 179). Das widerrechtliche Zurückhalten oder Verbringen eines Kindes soll nicht für die Ausübung einer Zuständigkeit, insb nach Art 3 Abs 2, zuständigkeitsbegründend sein. Ist gleichwohl ein Sorgerechtsantrag am neuen tatsächlichen Aufenthaltsort des Kindes gestellt worden, so ist dieses auszusetzen, um vorrangig gem Art 16 HKiEntÜ über einen Rückführungsantrag zu entscheiden (hierzu BGH FamRZ 00, 1502). Einzelheiten zum Verhältnis von Art 4 zum HKiEntÜ sind streitig (vgl hierzu Gruber Rpfleger 02, 545/547 mwN).

Art. 5 [Gegenantrag]

Das Gericht, bei dem ein Antrag auf der Grundlage der Artikel 2 bis 4 anhängig ist, ist auch für einen Gegenantrag zuständig, sofern dieser in den Anwendungsbereich dieser Verordnung fällt.

1 **1. Zweck.** Mit dieser Vorschrift sollen vor allem Probleme, die durch eine doppelte Rechtshängigkeit (vgl Art 11) entstehen können, vermieden werden.

2 **2. Voraussetzung** für die Zulässigkeit des Gegenantrags ist, dass auch dieser in den Anwendungsbereich der VO fällt. Art 5 erweitert also nicht die Zuständigkeit für andere nicht von Art 1 erfasste Materien. Die Zuständigkeit hierfür richtet sich nach autonomen nationalem Recht bzw Staatsverträgen, für Unterhalt insb nach dem EuGVÜ/LGVÜ. Die prozessuale Zulässigkeit eines Gegenantrags mit Ausnahme der internationalen Zuständigkeit beurteilt sich nach nationalem Verfahrensrecht, in Deutschland also nach §§ 610 Abs 2, 623.

Art. 6 [Umwandlung einer Trennung ohne Auflösung des Ehebandes in eine Ehescheidung]

Unbeschadet des Artikels 2 ist das Gericht eines Mitgliedstaats, das eine Entscheidung über eine Trennung ohne Auflösung des Ehebandes erlassen hat, auch für die Umwandlung dieser Entscheidung in eine Ehescheidung zuständig, sofern dies im Recht dieses Mitgliedstaats vorgesehen ist.

1 **1. Umwandlung** einer Trennung ohne Auflösung des Ehebandes in eine Ehescheidung ist im BGB nicht vorgesehen. Gleichwohl können deutsche Gerichte eine solche auf Grund des analog Art 17 Abs 1 EG-BGB anwendbaren ausländischen Rechts aussprechen (BGH FamRZ 87, 793).

2 **2. Zuständigkeit.** Diese kann sich, sofern die Gerichte des angerufenen Mitgliedstaates nicht bereits nach Art 2 zuständig sind, aus Art 5 ergeben, sofern dieses Gericht die Trennung ohne Auflösung des Ehebandes ausgesprochen hat.

Art. 7 [Ausschließlicher Charakter der Zuständigkeiten nach den Artikeln 2 bis 6]

Gegen einen Ehegatten, der
a) seinen gewöhnlichen Aufenthalt im Hoheitsgebiet eines Mitgliedstaats hat oder
b) Staatsangehöriger eines Mitgliedstaats ist oder – im Falle des Vereinigten Königreichs und Irlands – sein „domicile" im Hoheitsgebiet eines dieser Mitgliedstaaten hat, darf ein Verfahren vor den Gerichten eines anderen Mitgliedstaats nur nach Maßgabe der Artikel 2 bis 6 geführt werden.

1. Anwendungsbereich. Die Vorschrift bezieht sich nur auf Ehe- 1
sachen und die damit in Zusammenhang stehenden Fragen der elterlichen Verantwortung gem Art 1. Aus Art 8 Abs 1 und Art 38 Abs 1
folgt, dass soweit darüber hinaus ein Regelungsbedürfnis besteht, Art 7
die Zuständigkeit nach anderen Vorschriften nicht einschränkt. Zu beachten ist, dass Art 7 auf den Antragsgegner abstellt.

2. Ausschließliche Zuständigkeit. Die Art 2–6 dürfen zwar als 2
Alternativmöglichkeiten und ohne jede Rangordnung untereinander
angewendet werden, sie enthalten aber insoweit eine ausschließliche
Regelung der internationalen Zuständigkeit als für die Bestimmung der
internationalen Zuständigkeit für die in Art 1 genannten Materien der
gewöhnliche Aufenthalt des Antragsgegners in einem Mitgliedstaat oder
die Staatsangehörigkeit eines Mitgliedstaates (bei Doppelstaater vgl
Art 2 Rn 3) bzw das domicile im Vereinigten Königreich oder Irland
maßgeblich ist. Liegt nur eines dieser beiden Anknüpfungsmerkmale
vor, so ist der Antragsgegner nur nach Maßgabe der Art 2–6 in einem
anderen Mitgliedsstaat gerichtspflichtig. **Beispiel:** Eine mit einem
Franzosen verheiratete Deutsche wohnt ausschließlich in den USA. Einer der Ehegatten will sich in Deutschland scheiden lassen. Eine Zuständigkeit der deutschen Gerichte gem Art 2 besteht mangels Bestehens der dort genannten Anknüpfungspunkte nicht. Es kann dann auf
die Restzuständigkeit nach Art 8 Abs 1 iVm § 606a Nr 1 zurückgegriffen werden, wenn der französische Ehegatte die Scheidung beantragt, nicht aber der deutsche, denn in diesem Fall steht die französische
Staatsangehörigkeit einer Zuständigkeit gem Buchst b) entgegen. Der
französische Ehegatte könnte in Frankreich verklagt werden, wenn die
dortigen Gerichte gem Art 8 iVm dem nationalen Recht zuständig
sind.

Art. 8 [Restzuständigkeiten]

(1) **Soweit sich aus den Artikeln 2 bis 6 keine Zuständigkeit
eines Gerichts eines Mitgliedstaats ergibt, bestimmt sich die
Zuständigkeit in jedem Mitgliedstaat nach dessen eigenem
Recht.**

(2) **Jeder Staatsangehörige eines Mitgliedstaats, der seinen gewöhnlichen Aufenthalt im Hoheitsgebiet eines anderen Mitgliedstaats hat, kann die in diesem Staat geltenden Zuständigkeitsvorschriften wie ein Inländer gegenüber einem Antragsgegner
geltend machen, wenn dieser weder seinen gewöhnlichen Aufenthalt im Hoheitsgebiet eines Mitgliedstaats hat noch die
Staatsangehörigkeit eines Mitgliedstaats besitzt oder – im Falle
des Vereinigten Königreichs und Irlands – sein „domicile" im
Hoheitsgebiet eines dieser Mitgliedstaaten hat.**

1. Zweck. Die Vorschrift ist eine Auffangnorm für den Fall, dass sich 1
die internationale Zuständigkeit für die in Art 1 genannten Materien
nicht nach den Art 2–6 bestimmen lässt. Für diesen Fall wird auf die na-

tionalen Vorschriften, in Deutschland vor allem auf § 606 a für Ehesachen und auf §§ 621 Abs 1 Nr 1–3, 621 a Abs 1 iVm §§ 64, 43, 35 b FGG und das Haager MSA für Sorgerechtsangelegenheiten verwiesen.

2   **2. Voraussetzung.** Art 8 regelt zwei verschiedene Fälle. **– a) Abs 1** schafft einen Auffangtatbestand, falls Art 2–6 keine internationale Zuständigkeit weder im Aufenthalt- noch im Heimatstaat des Antragsgegners, noch in einem anderen Mitgliedstaat, ergeben. Art 7 darf also die Ausübung der internationalen Zuständigkeit nicht verbieten (vgl Art 7 Rn 2; Nagel/Gottwald § 3 Rn 191; aA Gruber Rpfleger 02, 545/548). –

3   **b) Abs 2** stellt EU-Ausländer Inländern gleich, so dass für diese dieselben Zuständigkeitsvorschriften gelten, falls folgende Voraussetzungen bestehen: **(1)** Staatsangehörigkeit eines Mitgliedstaates seitens des Antragstellers; **(2)** Gewöhnlicher Aufenthalt des Antragstellers in einem anderen Mitgliedstaat; **(3)** Gewöhnlicher Aufenthalt des Antragsgegners außerhalb der Mitgliedstaaten; **(4)** Keine Staatsangehörigkeit eines Mitgliedstaates oder domicile im Vereinigten Königreich oder Irland seitens des Antragsgegners. **Beispiel:** Antragsteller Franzose mit gewöhnlichem Aufenthalt von 5 Monaten im Zeitpunkt der Antragstellung in Deutschland, Antragsgegner US-Amerikaner mit gewöhnlichem Aufenthalt in den USA. Letzter gemeinsamer gewöhnlicher Aufenthalt in Kanada (weitere Beispiele Hau FamRZ 00, 1333/1340; Puskajler IPRax 01, 81/83; Hausmann EuLF 01, 271/279). Rechtsfolge: Es gilt § 606 a Abs 1 Nr 1 für die Bestimmung der internationalen Zuständigkeit.

4   **3. Rechtsfolge.** Es ist das nationale autonome Recht, in Deutschland also § 606 a oder ein einschlägiger Staatsvertrag zur Bestimmung der internationalen Zuständigkeit anzuwenden, wobei für den Antragsteller dieselben Vorschriften wie für Inländer gelten.

Abschnitt 2. Prüfung der Zuständigkeit und der Zulässigkeit des Verfahrens

Art. 9 [Prüfung der Zuständigkeit]

Das Gericht eines Mitgliedstaats hat sich von Amts wegen für unzuständig zu erklären, wenn es in einer Sache angerufen wird, für die es nach dieser Verordnung keine Zuständigkeit hat und für die das Gericht eines anderen Mitgliedstaats aufgrund dieser Verordnung zuständig ist.

1   **Prüfung von Amts wegen** bedeutet auch hier nicht Amtsermittlung, sondern dasselbe wie vor § 253 Rn 12.

Art. 10 [Prüfung der Zulässigkeit]

(1) Läßt sich eine Person, die ihren gewöhnlichen Aufenthalt nicht in dem Mitgliedstaat hat, in welchem das Verfahren eingeleitet wurde, auf das Verfahren nicht ein, so hat das zuständige Gericht das Verfahren so lange auszusetzen, bis festgestellt

ist, dass es dem Antragsgegner möglich war, das verfahrenseinleitende Schriftstück oder ein gleichwertiges Schriftstück so
rechtzeitig zu empfangen, dass er sich verteidigen konnte, oder
dass alle hierzu erforderlichen Maßnahmen getroffen worden
sind.

(2) An die Stelle von Absatz 1 tritt Artikel 19 der Verordnung (EG) Nr. 1348/2000 des Rates vom 29. Mai 2000 über die
Zustellung gerichtlicher und außergerichtlicher Schriftstücke
in Zivil- oder Handelssachen in den Mitgliedstaaten, wenn
das verfahrenseinleitende Schriftstück oder ein gleichwertiges
Schriftstück nach Maßgabe jener Verordnung von einem Mitgliedstaat in einen anderen zu übermitteln war.

(3) Sind die Bestimmungen der Verordnung (EG) Nr. 1348/
2000 nicht anwendbar, so gilt Artikel 15 des Haager Übereinkommens vom 15. November 1965 über die Zustellung gerichtlicher und außergerichtlicher Schriftstücke im Ausland in Zivil-
und Handelssachen, wenn das verfahrenseinleitende Schriftstück oder ein gleichwertiges Schriftstück nach Maßgabe des
genannten Übereinkommens ins Ausland zu übermitteln war.

1. Zweck. Mit dieser Vorschrift soll das Recht des Antragsgegners 1
auf eine effektive Verteidigung gewährleistet werden. Ferner soll gewährleistet werden, dass das Gericht prüfen kann, ob seine Zuständigkeit begründet ist und deshalb mit einer Anerkennung seiner Entscheidung zu rechnen sein wird.

2. Abs 1. – **a)** Die Vorschrift entspricht Art 26 EuGVVO (vgl Art 26 2
EuGVVO Rn 1 u 7). – **b) Verfahrenseinleitendes Schriftstück.** Wie 3
Art 34 EuGVVO Rn 6. – **c) Rechtzeitige Zustellung.** Wie Art 34 4
EuGVVO Rn 7 ff.

3. Abs 2. Diese VO ist im ABl L 160, S 37 veröffentlicht und tritt 5
gem seinem Art 25 am 31. 5. 01 in Kraft (Text vgl im Anh).

4. Abs 3. Das Haager Zustellungsübereinkommen vom 15. 11. 65 6
wird vor allem auf Verfahren anzuwenden sein, die zwischen dem 1. 3.
01 und dem 30. 5. 01 eingeleitet worden sind oder wenn die Zustellung wegen Art 8 in einem nicht EU-Staat bzw in Dänemark zu erfolgen hat.

Abschnitt 3. Rechtshängigkeit und abhängige Verfahren

Art. 11 [Doppelte Rechtshängigkeit]

(1) **Werden bei Gerichten verschiedener Mitgliedstaaten Anträge wegen desselben Anspruchs zwischen denselben Parteien
gestellt, so setzt das später angerufene Gericht das Verfahren
von Amts wegen aus, bis die Zuständigkeit des zuerst angerufenen Gerichts geklärt ist.**

(2) **Werden bei Gerichten verschiedener Mitgliedstaaten Anträge auf Ehescheidung, Trennung ohne Auflösung des Ehebandes oder Ungültigerklärung einer Ehe, die nicht denselben Anspruch betreffen, zwischen denselben Parteien gestellt, so setzt das später angerufene Gericht das Verfahren von Amts wegen aus, bis die Zuständigkeit des zuerst angerufenen Gerichts geklärt ist.**

(3) [1]**Sobald die Zuständigkeit des zuerst angerufenen Gerichts feststeht, erklärt sich das später angerufene Gericht zugunsten dieses Gerichts für unzuständig.** [2]**In diesem Fall kann der Antragsteller, der den Antrag bei dem später angerufenen Gericht gestellt hat, diesen Antrag dem zuerst angerufenen Gericht vorlegen.**

(4) **Für die Zwecke dieses Artikels gilt ein Gericht als angerufen**

a) **zu dem Zeitpunkt, zu dem das verfahrenseinleitende Schriftstück oder ein gleichwertiges Schriftstück bei Gericht eingereicht worden ist, vorausgesetzt, dass der Antragsteller es in der Folge nicht versäumt hat, die ihm obliegenden Maßnahmen zu treffen, um die Zustellung des Schriftstücks an den Antragsgegner zu bewirken, oder**

b) **falls die Zustellung an den Antragsgegner vor Einreichung des Schriftstücks bei Gericht zu bewirken ist, zu dem Zeitpunkt, zu dem die für die Zustellung verantwortliche Stelle das Schriftstück erhalten hat, vorausgesetzt, dass der Antragsteller es in der Folge nicht versäumt hat, die ihm obliegenden Maßnahmen zu treffen, um das Schriftstück bei Gericht einzureichen.**

1 **1. Allgemeines.** Hierzu ausführlich Gruber FamRZ 00, 1129/1131 ff; Hausmann EuLF 00/01, 345 ff. Die Vorschrift entspricht in den Abs 1, 3 S 1 und 4 den Art 27 und 30 EuGVVO und regelt den Verfahrensablauf bei doppelter Rechtshängigkeit einer Streitsache. Abs 2 trägt den Unterschieden in den Rechtsordnungen der Mitgliedstaaten hinsichtlich der Ehetrennung, der Ehescheidung und der Ungültigkeitserklärung einer Ehe Rechnung. Abs 3 regelt die Rechtsfolgen, falls sich das zuerst angerufene Gericht für zuständig erklärt. Auf eine positive Anerkennungsprognose kommt es nicht an (Hau FamRZ 00, 1333/1339).

2 **2. Doppelte Antragstellung** (Abs 1). – a) **Anwendungsbereich.** Abs 1 erfasst im Gegensatz zu Abs 2 Ehesachen und Sorgerechtsangele-
3 genheiten iSv Art 1 (Bauer IPRax 02, 179/183). – b) **Maßgeblicher Zeitpunkt.** Dieser wird durch Abs 4 bestimmt, der mit Art 30 EuGVVO übereinstimmt (vgl dort Rn 1 ff). Entscheidend ist demnach (abhän-
4 gig von der jeweiligen lex fori) entweder (1) (Abs 4 Buchst a) die Anhängigkeit des Antrags bei Gericht, falls der Antragsteller alles Erforderliche getan hat, damit der Antrag dem Antragsgegner zugestellt werden
5 kann oder (2) (Abs 4 Buchst b) die Übergabe der Antragsschrift zur

Zustellung an den Gegner durch den Antragsteller, wenn die maßgebliche Prozessordnung dieses vorsieht, falls der Antragsteller anschließend dafür Sorge trägt, dass die Antragsschrift bei Gericht eingeht. Was die erforderlichen Maßnahmen nach Abs 4 Buchst a) oder b) sind, bestimmt die jeweilige Verfahrensordnung (Gruber FamRZ 00, 1129/1133). Im deutschen Recht kann auf die Rechtsprechung zu § 167 nF zurückgegriffen werden (Gruber aaO; vgl § 167 Rn 10). Hierzu gehören die richtige Adresse, die erforderlichen Abschriften der Antragsschrift, die Einzahlung eines Kostenvorschusses nach Aufforderung durch das Gericht gem § 65 GKG, ordnungsgemäßer PKH-Antrag (MüKo/Gottwald 7). Werden die erforderlichen Maßnahmen nicht getroffen, um die Zustellung zu bewirken, so tritt die Rechtshängigkeit mit Behebung des Mangels ein (Gruber aaO). – **c) Derselbe Anspruch** muss betroffen sein. Maßgeblich ist nicht der Streitgegenstandsbegriff der ZPO (Gruber FamRZ 00, 1129/1133; vgl auch Art 27 EuGVVO Rn 5). Der Begriff ist vielmehr autonom auszulegen (Hausmann EuLF 00/01, 345/346) und erfordert keine Identität zwischen Klageantrag und Klagegrund. Gegenstand beider Verfahren muss im Kernpunkt eine Streitigkeit sein, die die Ehetrennung, Ehescheidung, Ungültigkeitserklärung der Ehe (Art 1 Abs 1 Buchst a) oder die elterliche Verantwortung für ein gemeinsames Kind (Art 1 Abs 1 Buchst b) betrifft. Derselbe Anspruch liegt also vor bei Scheidungsantrag im Staat A und späterem Antrag auf Ungültigerklärung im Staat B (Kohler NJW 01, 10/12; Hau FamRZ 00, 1333/1339; aA MüKo/Gottwald 3, der die Kernpunkttheorie hier ablehnt; zustimmend Schlosser 2); bei einem Antrag auf Ehetrennung in Italien und späterem Scheidungsantrag in Deutschland (Hausmann EuLF 00/01, 345/346). Bei einem auf Feststellung gerichteten Antrag des Bestehens der Ehe liegt derselbe Anspruch nur hins der Ehenichtigkeitsklage vor (Hausmann EuLF 00/01, 345/346). Selbständige Versöhnungsverfahren vor Rechtshängigkeit der Scheidung können keine entgegenstehende Rechtshängigkeit begründen, anders wenn sie Teil des Scheidungsverfahrens sind. Bei Sorgerechtsverfahren kommt es nicht darauf an, ob diese von Amts wegen oder auf Antrag durchgeführt werden (Gruber FamRZ 00, 1129/1132). Ein Verfahren im einstweiligen Rechtsschutz (Art 12) und ein Hauptsacheverfahren haben niemals denselben Streitgegenstand. Nach Helms (FamRZ 02, 1593/1597) hat auch ein im Zusammenhang mit der Trennung eingeleitetes Sorgerechtsverfahren nicht die Rechtshängigkeitssperre gegenüber einem mit einem später eingeleiteten Scheidungsverfahren zur Folge. Ob ein isoliert eingeleitetes Sorgerechtsverfahren eine Rechtshängigkeitssperre auslöst, beurteilt sich nach dem nationalen Verfahrensrecht (Helms aaO), also danach, ob die Entscheidung anzuerkennen sein wird, was sich nach Art 7 S 1 MSA oder nach § 16a FGG beurteilt. – **d) Rechtsfolge:** Abs 3. 7

3. Keine Antragsidentität (Abs 2). – **a) Anwendungsbereich.** 8
Abs 2 erfasst nur Ehesachen. – **b) Voraussetzung** der Aussetzung. Es 9

muss nicht derselbe Streitgegenstand in beiden Verfahren betroffen sein, aber aus dem Sachzusammenhang ergibt sich, dass die beiden Verfahren voneinander abhängig sind, das Ergebnis des einen Verfahrens das andere beeinflusst, zB Antrag auf Scheidung einerseits und Antrag auf Aufhebung der Ehe andererseits. Dies gilt auch für Feststellungsklagen iSv § 632. Ein früher rechtshängig gewordenes Verfahren auf Trennung ohne Auflösung des Ehebandes blockiert daher ein späteres ausländisches Scheidungsverfahren (Gruber FamRZ 00, 1129/1134). –

10 **c) Maßgeblicher Zeitpunkt.** Dieser ergibt sich aus Abs 4 (hierzu
11 Rn 3 ff). – **d) Rechtsfolge:** Abs 3.

12 **4. Rechtsfolge. – a) Antragsabweisung** (Abs 3 S 1). Zunächst kommt nur von Amts wegen eine Aussetzung analog § 148 (Gruber FamRZ 00, 1129/1133 FN 43) des später eingeleiteten Verfahrens durch das zuletzt angerufene Gericht in Betracht. Erst wenn die Zuständigkeit des zuerst angerufenen Gerichts von diesem geklärt wurde, wird die Klage nach Abs 3 S 1 wegen doppelter Rechtshängigkeit als unzulässig abgewiesen. Hierfür ist jedoch Unanfechtbarkeit der Entscheidung des zuerst angerufenen Gerichts notwendig, um einen Kompetenzkonflikt zu vermeiden (Geimer/Schütze EuZVR Art 21 Rn 44; Gruber FamRZ 00, 1129/1133). Die Prüfung seiner Zuständigkeit nach Art 2–6, hilfsweise autonomem Recht, obliegt nur diesem. Maßgebender Zeitpunkt für diese Feststellung ist der der Verfahrenseinleitung gem Abs 4. Für die in Abs 3 S 1 vorgesehene Rechtsfolge ist eine angebliche Prozessverschleppung durch das zuerst angerufene Gericht unbeachtlich, es sei denn, diese verstößt gegen Art 6 Abs 1 EMRK (EGMR NJW 97, 2809; Sangmeister NJW 98, 2952). Die Blockadewirkung nach Abs 1 oder 2 endet aber, wenn die Rechtskraftwirkung des Erstverfahrens enger ist als die des Zweitverfahrens. Daher kann das Scheidungsverfahren nach Rechtskraft der Entscheidung über die Trennung ohne Auflösung des Ehebandes erneut betrieben werden (Gruber FamRZ 00, 1129/1135; Hausmann EuLF 00/01, 345/347). –

13 **b) Antragsvorlage** an das zuerst angerufene Gericht (Abs 3 S 2). Diese ist frühestens nach Antragsabweisung gem S 1 möglich. Die VO sagt nicht, ob über den Antrag zu entscheiden ist. Wird er als Gegenantrag gestellt, so unterliegt er den Voraussetzungen des Art 5. Die Bedeutung des S 2 ist unklar. Es wird vertreten, dass dem nationalen Gericht überlassen bleiben muss, nach seiner Verfahrensordnung darüber zu befinden, ob dieser Antrag einer sachlichen Entscheidung zugänglich ist (Vogel MDR 00, 1045/1049) oder zB wegen Verfristung zurückzuweisen ist. Nach aA (Gruber FamRZ 00, 1129/1134; Hausmann EuLF 00/01, 345/347; MüKo/Gottwald 8) sollen durch die Vorlage prozessuale Einwände nach der lex fori des erstbefassten Gerichts ausgeschlossen werden. – **c) Fortsetzung** des Verfahrens des zuletzt angerufenen Gerichts kommt in Betracht, wenn das erstbefasste Gericht seine Unzuständigkeit festgestellt hat. Dasselbe gilt, wenn es zwar seine internationale Zuständigkeit bejaht hat, aber den Antrag als unbegründet abgewiesen hat (wegen Nr 15 der Erwägungsgründe iVm Art 13 besteht insoweit keine Anerkennungspflicht gem Art 14) oder nicht im Umfang des beim zuletzt befassten Gerichts gestellten Antrag entschieden hat (Gruber FamRZ 00, 1129/1135).

Abschnitt 4. Einstweilige Maßnahmen einschließlich Sicherungsmaßnahmen

Art. 12 [Einstweilige Maßnahmen]

In dringenden Fällen können die Gerichte eines Mitgliedstaats ungeachtet der Bestimmungen dieser Verordnung die nach dem Recht dieses Mitgliedstaats vorgesehenen einstweiligen Maßnahmen einschließlich Sicherungsmaßnahmen in bezug auf in diesem Staat befindliche Personen oder Güter auch dann ergreifen, wenn für die Entscheidung in der Hauptsache gemäß dieser Verordnung ein Gericht eines anderen Mitgliedstaats zuständig ist.

Einstweilige Maßnahmen. – a) Begriff. Wie Art 31 EuGVVO 1 Rn 2. – **b) Dringlichkeit** ist weitere Voraussetzung für den Erlass von 2 einstweiligen Maßnahmen einschließlich Sicherungsmaßnahmen. – **c) Internationale Zuständigkeit.** Diese kann sich ergeben aus **(1)** den 3 Art 2–6, wenn der Anwendungsbereich der VO gem Art 1 eröffnet ist, 4 **(2)** auf Grund der Verweisung in Art 12 auch aus dem nationalen 5 Recht, selbst wenn danach das Gericht des einstweiligen Rechtsschutzes nicht Gericht der Hauptsache wäre; insoweit stellt Art 12 deklaratorisch klar, dass diese Zuständigkeit auch über den Anwendungsbereich des Art 1 hinaus ausgeübt werden und sich auch auf das vermögender Ehegatten beziehen kann. – **d) Wirkung.** Im Hinblick 6 auf die Entscheidungen des EuGH EuZW 99, 414 und EuZW 99, 727 wird man grds nur eine territoriale Wirkung der einstweiligen Maßnahmen annehmen können, wenn sie zu einer Leistung verpflichten (vgl Borrás-Bericht (vor Art 1 Rn 9) Rn 59; sa Art 31 EuGVVO Rn 3). – **e) Außerkrafttreten.** Erlässt das nach Art 2–6 zuständige 7 Gericht eine Hauptsacheentscheidung im Rahmen von Art 1, so tritt die einstweilige Maßnahme außer Kraft. Andere Maßnahmen, die nicht in den Anwendungsbereich der VO fallen, treten nach dem jeweiligen nationalen Recht außer Kraft.

Kapitel III. Anerkennung und Vollstreckung

Vorbemerkung vor Art. 13

1. Anwendungsbereich. Der des Art 1 muss eröffnet sein. Wegen 1 Nr 10 S 2 der Erwägungsgründe werden nur die Ehe scheidende, trennende oder für ungültig erklärende, nicht aber entsprechende abweisende Urteile von der Anerkennung erfasst. Darüber hinaus werden wegen Nr 10 S 3 der Erwägungsgründe mit in Ehesachen zugleich getroffene Entscheidungen, die zB das Scheidungsverschulden, das Güterrecht, den Unterhalt (hierfür gilt weiterhin die EuGVVO bzw das Haager Übereinkommen über die Anerkennung und Vollstreckung von Unterhaltsentscheidungen v 2. 10. 73, BGBl 86 II 826), den Hausrat und die Ehewohnung oder den Versorgungsausgleich betreffen von der Anerkennung nicht erfasst.

2   **2. Verhältnis zu Staatsverträgen.** Die VO geht in ihrem Anwendungsbereich (vgl Art 1 iVm Art 38) Staatsverträgen, die die Mitgliedstaaten geschlossen haben und denselben Anwendungsbereich haben wie die VO (vgl Art 36, 37), vor. Gem Art 39 können die Mitgliedstaaten untereinander Übereinkünfte zur Ergänzung der VO oder zur Erleichterung ihrer Durchführung schließen.

3   **3. Verhältnis zum nationalen Recht.** Hierfür enthalten die Art 14–20 (Anerkennung) und Art 21–31 (Vollstreckung) jeweils iVm Art 13, 32–35 ggü dem nationalen Recht vorrangige Vorschriften. §§ 328, 722, 723 und § 16 a FGG werden durch die VO verdrängt. Für Entscheidungen in Ehesachen aus einem Mitgliedstaat ist wegen Art 14 das Anerkennungsverfahren nach Art 7 § 1 FamRÄndG (BGBl 61, 1221; vgl § 328 Rn 24 ff) nicht mehr durchzuführen (Helms FamRZ 01, 257/261; dies gilt jedoch nicht für dänische Entscheidungen, vgl vor Art 1 Rn 2).

Art. 13 [Bedeutung des Begriffs „Entscheidung"]

(1) Unter „Entscheidung" im Sinne dieser Verordnung ist jede von einem Gericht eines Mitgliedstaats erlassene Entscheidung über die Ehescheidung, die Trennung ohne Auflösung des Ehebandes oder die Ungültigerklärung einer Ehe sowie jede aus Anlaß eines solchen Verfahrens in Ehesachen ergangene Entscheidung über die elterliche Verantwortung der Ehegatten zu verstehen, ohne Rücksicht auf die Bezeichnung der jeweiligen Entscheidung, wie Urteil oder Beschluß.

(2) Die Bestimmungen dieses Kapitels gelten auch für die Festsetzung der Kosten für die nach dieser Verordnung eingeleiteten Verfahren und die Vollstreckung eines Kostenfestsetzungsbeschlusses.

(3) Für die Durchführung dieser Verordnung werden öffentliche Urkunden, die in einem Mitgliedstaat aufgenommen und vollstreckbar sind, sowie vor einem Richter im Laufe eines Verfahrens geschlossene Vergleiche, die in dem Mitgliedstaat, in dem sie zustande gekommen sind, vollstreckbar sind, unter denselben Bedingungen wie die in Absatz 1 genannten Entscheidungen anerkannt und für vollstreckbar erklärt.

1. Entscheidung. – a) Begriff (Abs 1, 2). Gemeint sind nur posi- 1
tive (Borrás-Bericht (vor Art 1 Rn 9) Rn 60; Wagner IPRax 01, 73/
76; Hausmann EuLF 00/01, 345/348; Helms FamRZ 01, 257/25 u
FamRZ 02, 1593/1598; abl Finger JR 01, 177/178), dh nicht einen
Antrag abweisende Sachentscheidungen im Rahmen des Anwendungsbereichs der VO (Art 1). Klageabweisende Entscheidungen können
aber nach nationalem Recht anerkennungsfähig sein (Helms FamRZ
02, 1593/1598 mwN). Auf die Bezeichnung der Entscheidung kommt
es nicht an. Abs 2 stellt deklaratorisch klar, dass auch Kostenentscheidungen und Kostenfestsetzungsbeschlüsse für Verfahren im Anwendungsbereich der VO unter den Begriff fallen; diese werden also nach
Art 21 ff für vollstreckbar erklärt (Wagner IPRax 01, 73/79). Erfasst
werden iÜ nur Statusentscheidungen (Art 1 Rn 3, 4). – **b) Rechtskraft** 2
ist für die Anerkennung und Vollstreckung nicht notwendig, es sei
denn die ausländische Entscheidung ist Grundlage für eine Beischreibung
in einem Personenstandsbuch (Art 14 Abs 2). – **c) Eilmaßnahmen.** 3
Obwohl Art 13 diese nicht ausdrücklich vom Anwendungsbereich ausnimmt, werden diese auf Grund der bisher zu Art 25 EuGVÜ
(= Art 31 EuGVVO) ergangenen Rspr des EuGH nur dann unter
Art 13 fallen, wenn sie in einem Verfahren nach Gewährung rechtlichen Gehörs für beide Parteien erlassen wurden (EuGH IPRax 81, 95;
85, 339; vgl auch BGH IPRax 99, 371; zweifelnd Helms FamRZ 01,
257/260). Stellt die einstweilige Maßnahme eine Leistungsverfügung
dar, so wird sie nur eine territoriale Wirkung entfalten und ist daher
keine Entscheidung iSv Art 13 (vgl EuGH EuZW 99, 414 und 99, 727;
Hausmann EuLF 00/01, 345/348; vgl auch Art 12 Rn 6; ferner Art 31
EuGVVO Rn 3; Art 32 EuGVVO Rn 4).

2. Gericht. Wie Art 32 EuGVVO Rn 7, worunter zusätzlich auch 4
die in Art 1 Abs 2 aufgeführten Behörden fallen. Reine Privatentschei-
dungen ohne Beteiligung eines Gerichts oder einer Behörde werden
also nicht erfasst (Wagner IPRax 01, 73/76; Helms FamRZ 01, 257/
259).

3. Öffentliche Urkunden (Abs 3). Wie Art 57 EuGVVO Rn 2–4. 5
Diese werden den gerichtlichen Entscheidungen bei der Anerkennung
und Vollstreckung gleichgestellt, dh auf diese sind dieselben Vorschriften anzuwenden.

4. Prozessvergleich (Abs 3). Wie Art 58 EuGVVO Rn 1–3. Diese 6
sind unter denselben Voraussetzungen wie Entscheidungen anerkennungsfähig und vollstreckbar.

Abschnitt 1. Anerkennung

Art. 14 [Anerkennung einer Entscheidung]

(1) **Die in einem Mitgliedstaat ergangenen Entscheidungen
werden in den anderen Mitgliedstaaten anerkannt, ohne dass es
hierfür eines besonderen Verfahrens bedarf.**

(2) Insbesondere bedarf es unbeschadet des Absatzes 3 keines besonderen Verfahrens für die Beischreibung in den Personenstandsbüchern eines Mitgliedstaats auf der Grundlage einer in einem anderen Mitgliedstaat ergangenen Entscheidung über Ehescheidung, Trennung ohne Auflösung des Ehebandes oder Ungültigerklärung einer Ehe, gegen die nach dessen Recht keine weiteren Rechtsbehelfe eingelegt werden können.

(3) Jede Partei, die ein Interesse hat, kann im Rahmen der Verfahren nach den Abschnitten 2 und 3 dieses Kapitels die Feststellung beantragen, dass eine Entscheidung anzuerkennen oder nicht anzuerkennen ist.

(4) Ist in einem Rechtsstreit vor einem Gericht eines Mitgliedstaats die Frage der Anerkennung einer Entscheidung als Vorfrage zu klären, so kann dieses Gericht hierüber befinden.

1 **1. Allgemeines.** Abs 1 stellt klar, dass **(1)** der Grundsatz die Aner-
2 kennung von Entscheidungen der Mitgliedstaaten ist; **(2)** es für die Anerkennung einer Entscheidung im Anwendungsbereich der VO (Art 1) keines besonderen Verfahrens bedarf. Aus letzterem folgt insb, dass das Anerkennungsverfahren nach Art 7 § 1 FamRÄndG auf Entscheidungen in Ehesachen (hierzu § 328 Rn 24 ff) aus anderen Mitgliedstaaten (mit Ausnahme Dänemarks, vgl vor Art 1 Rn 2) nicht mehr anwendbar ist (Wagner IPRax 01, 73/79; Helms FamRZ 01, 257/261). Die Versagungsgründe für die Anerkennung sind abschließend in Art 15, 16 aufgeführt. Die Gründe für eine Ablehnung sind von Amts wegen zu prüfen. Die Beweislast für die Ablehnungsgründe (mit Ausnahme der nach Art 32, 33 beizubringenden Voraussetzungen) trägt derjenige, der die Anerkennung bestreitet.

3 **2. Entscheidung.** Vgl Art 13.

4 **3. Anerkennung. – a) Begriff.** Wie Art 33 EuGVVO Rn 2. Soll auf Grund einer ausländischen Entscheidung eine Beischreibung in einem Personenstandsbuch erfolgen, ist jedoch Rechtskraft der Entschei-
5 dung nach dem Recht des Erststaates notwendig (Abs 2). – **b) Umfang.** Vgl vor Art 13 Rn 1.

6 **4. Verfahren. – a) Grundsatz.** Grds erfolgt die Anerkennung ipse iure (Abs 1 und 2), im standesamtlichen Verfahren nach Gewährung rechtlichen Gehörs im Verfahren nach § 12 FGG, §§ 48 Abs 2, 12 ff PStG; im Zweifel Vorlage an das zuständige Amtsgericht nach § 45 II PStG (Heß JZ 01, 573/576 FN 45). Schwebt ein förmliches Anerkennungsverfahren nach Abs 3, so dürfen andere Gerichte und Behörden insoweit nicht mehr tätig werden, da die VO allein dem örtlich zuständigen (Art 22 Abs 3) FamG die Befugnis übertragen hat, über die Aner-
7 kennung zu entscheiden (Sturm StAZ 02, 193/199). – **b) Selbständiges Anerkennungsverfahren** (Abs 3). **aa) Voraussetzungen.** Dieses ist nach den Art 21–35 durchzuführen, falls ein rechtliches Interesse einer Partei daran besteht, dass festgestellt wird, dass die Voraussetzungen

für eine Anerkennung oder Nichtanerkennung vorliegen. Das rechtliche Interesse ist insb zu bejahen, wenn Behörden oder Gerichte im Anerkennungsstaat diese Frage unterschiedlich beurteilen oder der andere Ehepartner die Wirkung der ausländischen Entscheidung verneint. Antragsberechtigt können neben den Ehegatten bei Bestehen eines rechtlichen Interesses auch deren Kinder, Erben oder Behörden sein (Helms FamRZ 01, 257/261; Hub NJW 01, 3145/3149). Das Urteil entfaltet nur Wirkung inter partes (Hausmann EuLF 00/01, 345/351). Das Verfahren nach Abs 3 schließt eine Zwischenfeststellungsklage (§ 256 Abs 2) nicht aus (Hausmann aaO). – **bb) Sachliche Zuständigkeit.** 8 Art 22 Abs 1 iVm Anh I: Familiengericht. – **cc) Örtliche Zuständig-** 9 **keit.** Art 22 Abs 3. – **dd) Vorzulegende Urkunden:** Art 32–34, wo- 10 bei eine Legalisation nicht notwendig ist (Art 35). – **c) Aussetzung** 11 des Anerkennungsverfahrens im Falle von Art 20 möglich.

5. Inzidentanerkennung (Abs 4). Vorfrage bedeutet, dass die An- 12 erkennung für die Entscheidung des Gerichts erheblich ist, von der Anerkennung also abhängt. Dies ist zB der Fall bei einer im Ausland ausgesprochenen Ehescheidung und erneutem Scheidungsantrag im Inland. IÜ wie Art 33 EuGVVO Rn 6. Die Inzidententscheidung erwächst nicht in Rechtskraft (aA Vogel MDR 00, 1045/1049). Dies ist nur dann der Fall, wenn ausdrücklich ein entsprechender Zwischenfeststellungsantrag gestellt wird. Hierzu gibt Abs 4 die Befugnis. Dieser ist aus Gründen der Prozessökonomie und Rechtssicherheit zuzulassen, um ein selbständiges Anerkennungsverfahren zu vermeiden.

Art. 15 [Gründe für die Nichtanerkennung einer Entscheidung]

(1) **Eine Entscheidung, die die Ehescheidung, die Trennung ohne Auflösung des Ehebandes oder die Ungültigerklärung einer Ehe betrifft, wird nicht anerkannt,**

a) **wenn die Anerkennung der öffentlichen Ordnung (ordre public) des Mitgliedstaats, in dem sie beantragt wird, offensichtlich widerspricht;**

b) **wenn dem Antragsgegner, der sich auf das Verfahren nicht eingelassen hat, das verfahrenseinleitende Schriftstück oder ein gleichwertiges Schriftstück nicht so rechtzeitig und in einer Weise zugestellt worden ist, dass er sich verteidigen konnte, es sei denn, es wird festgestellt, dass er mit der Entscheidung eindeutig einverstanden ist;**

c) **wenn die Entscheidung mit einer Entscheidung unvereinbar ist, die in einem Verfahren zwischen denselben Parteien in dem Mitgliedstaat, in dem die Anerkennung beantragt wird, ergangen ist; oder**

d) **wenn die Entscheidung mit einer früheren Entscheidung unvereinbar ist, die in einem anderen Mitgliedstaat oder in einem Drittland zwischen denselben Parteien ergangen ist,** sofern die frühere Entscheidung die notwendigen Voraussetzungen für ihre Anerkennung in dem Mitgliedstaat erfüllt, in dem die Anerkennung beantragt wird.

(2) Eine Entscheidung betreffend die elterliche Verantwortung, die aus Anlaß der in Artikel 13 genannten Verfahren in Ehesachen ergangen ist, wird nicht anerkannt,

a) wenn die Anerkennung der öffentlichen Ordnung (ordre public) des Mitgliedstaats, in dem sie beantragt wird, offensichtlich widerspricht, wobei das Wohl des Kindes zu berücksichtigen ist;

b) wenn die Entscheidung – ausgenommen in dringenden Fällen – ergangen ist, ohne dass das Kind die Möglichkeit hatte, gehört zu werden, und damit wesentliche verfahrensrechtliche Grundsätze des Mitgliedstaats, in dem die Anerkennung beantragt wird, verletzt werden;

c) wenn der betreffenden Person, die sich auf das Verfahren nicht eingelassen hat, das verfahrenseinleitende Schriftstück oder ein gleichwertiges Schriftstück nicht so rechtzeitig und in einer Weise zugestellt worden ist, dass sie sich verteidigen konnte, es sei denn, es wird festgestellt, dass sie mit der Entscheidung eindeutig einverstanden ist;

d) wenn eine Person dies mit der Begründung beantragt, dass die Entscheidung in ihre elterliche Verantwortung eingreift, falls die Entscheidung ergangen ist, ohne dass die Person die Möglichkeit hatte, gehört zu werden;

e) wenn die Entscheidung mit einer späteren Entscheidung betreffend die elterliche Verantwortung unvereinbar ist, die in dem Mitgliedstaat, in dem die Anerkennung beantragt wird, ergangen ist; oder

f) wenn die Entscheidung mit einer späteren Entscheidung betreffend die elterliche Verantwortung unvereinbar ist, die in einem anderen Mitgliedstaat oder in dem Drittland, in dem das Kind seinen gewöhnlichen Aufenthalt hat, ergangen ist, sofern die spätere Entscheidung die notwendigen Voraussetzungen für ihre Anerkennung in dem Mitgliedstaat erfüllt, in dem die Anerkennung beantragt wird.

1   **1. Allgemeines.** Art 15 und 16 nennen abschließend die Gründe, auf denen eine Nichtanerkennung der ausländischen Entscheidung beruhen kann. Abs 1 gilt nur für Entscheidungen in Ehesachen, Abs 2 nur für solche in Sorgerechtssachen. Die internationale Zuständigkeit des Erstgerichts ist gem Art 17 ebenso niemals Prüfungsmaßstab für die Nichtanerkennung wie grds auch nicht die inhaltliche Überprüfung der Entscheidung (Art 19). Die Vorschrift entspricht weitgehend der EuGVVO und der zu § 328 ergangenen Rechtsprechung. Deshalb kann hierauf verwiesen werden.

2. Ehesachen (Abs 1). – **a) Ordre public** (Buchst a). Vgl Art 34   2
EuGVVO Rn 2 und § 328 Rn 15–19. Die dortigen Ausführungen gelten entsprechend (Hausmann EuLF 00/01, 345/349). Die ordre-pub-
lic-Prüfung wird eingeschränkt durch Art 17 S 2 (keine Nachprüfung
der internationalen Zuständigkeit des Erstgerichts) und Art 18 (Unterschiede im anzuwendenden Recht). Da der Verstoß offensichtlich
sein muss, reicht im Falle einer Sorgerechtsregelung eine kindeswohl-
widrige Entscheidung nicht aus, anders aber, wenn das Kindeswohl gar
nicht geprüft wurde. Im ersten Fall kommt nur eine Abänderung durch
das zuständige Gericht in Betracht. – **b) Nichteinlassung** (Buchst b).   3
Vgl Art 34 EuGVVO Rn 3–6 und 10–13. Die Vorschrift stellt darauf
ab, dass die Zustellung dem Antragsgegner die Möglichkeit der Verteidigung eröffnet hat. Hieran wird es vor allem fehlen, wenn der Antragsgegner die Antragsschrift nicht verstehen konnte, weil sie nicht in
einer in Art 8 der ZustellungsVO v 29. 5. 00 (vgl Art 10 Abs 2) genannten Sprachen verfasst bzw übersetzt ist. Das Anerkennungshindernis ist unbeachtlich, wenn der Antragsgegner mit der Entscheidung
eindeutig einverstanden ist. Dieses setzt die Bekanntgabe eines diesbezüglichen Willens voraus, zB Zustimmung zur Anerkennung, Eheschließung nach der ausgesprochenen Scheidung, Verlangen von nach-
ehelichem Unterhalt, Durchführung des Versorgungsausgleichs (soweit
dies nach Art 17 Abs 3 EGBGB möglich ist), einvernehmliche Verteilung der ehelichen Güter, nicht aber per se der Verzicht auf ein
Rechtsmittel (Helms FamRZ 01, 257/264; MüKo/Gottwald 5). –
c) Unvereinbarkeit mit einer Entscheidung aus dem Anerken-   4
nungsstaat (Buchst c). Das Anerkennungshindernis besteht unabhängig
davon, ob die letztere Entscheidung vor oder nach der im Ursprungsstaat ergangenen Entscheidung erlassen wurde. Es muss nicht derselbe
Streitgegenstand vorgelegen haben (Borrás-Bericht (vor Art 1 Rn 9)
Rn 71). Antragsabweisende Entscheidungen des Anerkennungsstaats
fallen nicht hierunter (Kohler NJW 01, 10/13; MüKo/Gottwald 6; aA
Helms FamRZ 01, 257/265 u FamRZ 02, 1593/1599), so dass sich die
statusvernichtende Entscheidung gegenüber der statuserhaltenden Entscheidung immer durchsetzt. IÜ wie Art 34 EuGVVO Rn 14–17. –
d) Unvereinbarkeit mit einer früheren Mitgliedstaat- oder   5
Nichtmitgliedstaatentscheidung (Buchst d). Die Vorschrift ergänzt
Buchst c) und bezieht sowohl frühere Entscheidungen eines Mitgliedstaats als auch eines Drittstaats ein. Voraussetzung ist die Anerkennungsfähigkeit der Entscheidung. Dies beurteilt sich nach der VO, sofern deren Anwendungsbereich gem Art 1 eröffnet ist, sonst nach
§ 328, falls nicht ein Staatsvertrag vorrangig anzuwenden ist. IÜ wie
Art 34 EuGVVO Rn 18–20. Buchst c) und Buchst d) wollen die Anerkennung insb der prozessual überholten Entscheidungen verhindern.
Beispiel (nach Borrás-Bericht (vor Art 1 Rn 9) Rn 71): Trennung ohne
Auflösung des Ehebandes in Staat A, dann Scheidung in Staat B. Die
Scheidung ist im Staat A anzuerkennen, wohingegen die Trennung
ohne Auflösung des Ehebandes in Staat B nicht anzuerkennen ist.

6 **3. Elterliche Verantwortung.** Die Vorschrift erfasst gerichtliche und behördliche Entscheidungen (vgl Art 1 Abs 2), die im zeitlichen und sachlichen Zusammenhang mit einer Entscheidung in einer Ehesache durch die Gerichte desselben Mitgliedstaats ergangen sind (vgl Art 1
7 Rn 4 ff). – **a) Ordre public.** Zusätzlich zu einem Verstoß hiergegen muss die Nichtanerkennung der Entscheidung dem Wohle des Kindes entsprechen. Dieser Begriff ist nach der Rechtsordnung des Anerkennungsstaates auszulegen, weil es bei der Frage, ob der ordre public tangiert ist, ebenfalls auf die innerstaatlichen Rechtsvorstellungen des Aner-
8 kennungsstaates ankommt. – **b) Nichtanhörung des Kindes.** Hierbei handelt es sich um eine Spezialvorschrift zum verfahrensrechtlichen ordre public. Ob eine Anhörung des Kindes geboten war, ist an Hand
9 des § 50 b FGG zu beurteilen. – **c) Nichteinlassung** (Buchst c). Wie
10 Rn 3. – **d) Fehlendes rechtliches Gehör** (Buchst d). Es handelt sich um eine Spezialvorschrift zum verfahrensrechtlichen ordre public. Die Vorschrift will den Grundsatz des rechtlichen Gehörs schützen. Wie
11 § 328 Rn 18. – **e) Unvereinbarkeit mit einer späteren Entscheidung aus dem Anerkennungsstaat** (Buchst e). Mit dieser Vorschrift sollen vor allem Widersprüche vermieden werden, die sich zB aus einer in einem Mitgliedstaat erlassenen Sorgerechtsentscheidung und einer inländischen Entscheidung über die Feststellung der Vaterschaft ergeben
12 können (Borrás-Bericht (vor Art 1 Rn 9) Rn 73). – **f) Unvereinbarkeit mit einer späteren Entscheidung aus einem Mitglied- oder**
13 **Drittstaat** (Buchst f). Voraussetzung ist, **(1)** dass das Kind seinen gewöhnlichen Aufenthalt in einem der genannten Staaten hat; Begriff wie
14 Art 2 Rn 2, **(2)** dass diese Entscheidung anerkennungsfähig ist. Dies beurteilt sich entweder nach der VO, sofern deren Anwendungsbereich gem Art 1 eröffnet ist, sonst nach dem autonomen nationalen Recht, insb Art 16 a FGG, sofern kein Staatsvertrag, insb das Haager MSA, anwendbar ist.

Art. 16 [Übereinkünfte mit Drittstaaten]

Ein Gericht eines Mitgliedstaats hat die Möglichkeit, auf der Grundlage einer Übereinkunft über die Anerkennung und Vollstreckung von Entscheidungen eine in einem anderen Mitgliedstaat ergangene Entscheidung nicht anzuerkennen, wenn in Fällen des Artikels 8 die Entscheidung nur auf in den Artikeln 2 bis 7 nicht genannte Zuständigkeitskriterien gestützt werden konnte.

1 Die Vorschrift schafft ein zusätzliches Anerkennungshindernis, das jedoch nur relevant wird, wenn **(1)** zwischen dem anderen Mitgliedstaat, dessen Entscheidung anerkannt werden soll und einem Drittstaat ein Vertrag über die in Art 1 geregelten Materien besteht, **(2)** die Zuständigkeit für eine Entscheidung auf eine Vorschrift gestützt wird, die nicht dem Zuständigkeitskatalog der Art 2–7 entspricht. Daraus ergibt sich, dass der ersuchte Mitgliedstaat die Zuständigkeitskriterien zu prü-

fen hat, auf deren Grundlage die Entscheidung im Ursprungsstaat ergangen ist (Borrás-Bericht (vor Art 1 Rn 9) Rn 75). Art 17 gilt auch hier.

Art. 17 [Verbot der Nachprüfung der Zuständigkeit des Gerichts des Ursprungsmitgliedstaats]

[1] **Die Zuständigkeit des Gerichts des Ursprungsmitgliedstaats darf nicht nachgeprüft werden.** [2] **Die Überprüfung der Vereinbarkeit mit der öffentlichen Ordnung (ordre public) gemäß Artikel 15 Absatz 1 Buchstabe a) und Absatz 2 Buchstabe a) darf sich nicht auf die in den Artikeln 2 bis 8 vorgesehenen Vorschriften über die Zuständigkeit erstrecken.**

S 1 stellt klar, dass die internationale Zuständigkeit des Ursprungge- **1** richts nicht Prüfungsmaßstab im Rahmen der Anerkennung ist. S 2 will verhindern, dass diese Frage in den ordre public einbezogen wird. Dies gilt selbst dann, wenn eine Restzuständigkeit nach Art 8 zu Unrecht in Anspruch genommen wurde (Helms FamRZ 01, 257/262). Die Vorschrift entspricht iÜ Art 35 Abs 3 EuGVVO (dort Rn 1).

Art. 18 [Unterschiede beim anzuwendenden Recht]

Die Anerkennung einer Entscheidung, die die Ehescheidung, die Trennung ohne Auflösung des Ehebandes oder die Ungültigerklärung einer Ehe betrifft, darf nicht deshalb abgelehnt werden, weil eine Ehescheidung, Trennung ohne Auflösung des Ehebandes oder Ungültigerklärung einer Ehe nach dem Recht des Mitgliedstaats, in dem die Anerkennung beantragt wird, unter Zugrundelegung desselben Sachverhalts nicht zulässig wäre.

1. Zweck. Die Vorschrift will verhindern, dass der ordre public **1** gem Art 15 Abs 1 Buchst a) zu extensiv ausgelegt wird. Bestehen im Ursprungsstaat flexiblere materiell-rechtliche Ehescheidungsvorschriften als in dem Anerkennungsstaat, so sollen Sachverhalte, die nur im Ursprungsstaat zu einer Ehescheidung berechtigen, einer Anerkennung im Zweitstaat nicht entgegen stehen.

2. Recht des Anerkennungsstaats. Umfasst sowohl das IPR (MüKo/ **2** Gottwald 1) als auch die innerstaatlichen materiell-rechtlichen Vorschriften dieses Staates (Borrás-Bericht (vor Art 1 Rn 9) Rn 76; Helms FamRZ 01, 257/263).

Art. 19 [Ausschluss einer Nachprüfung in der Sache]

Die Entscheidung darf keinesfalls in der Sache selbst nachgeprüft werden.

Die Vorschrift verbietet die révision au fond. Wie Art 36 EuGVVO **1** Rn 1. Bei Sorgerechtsentscheidungen steht die Vorschrift jedoch einer

Abänderung nicht entgegen, wenn sich die ursprünglichen Umstände geändert haben.

Art. **20** [Aussetzung des Anerkennungsverfahrens]

(1) **Das Gericht eines Mitgliedstaats, vor dem die Anerkennung einer in einem anderen Mitgliedstaat ergangenen Entscheidung beantragt wird, kann das Verfahren aussetzen, wenn gegen die Entscheidung ein ordentlicher Rechtsbehelf eingelegt worden ist.**

(2) **Das Gericht eines Mitgliedstaats, bei dem die Anerkennung einer in Irland oder im Vereinigten Königreich ergangenen Entscheidung beantragt wird, kann das Verfahren aussetzen, wenn die Vollstreckung der Entscheidung im Ursprungsmitgliedstaat wegen der Einlegung eines Rechtsbehelfs einstweilen eingestellt ist.**

1 **1. Allgemeines.** Diese Vorschrift ist vor allem im förmlichen Anerkennungsverfahren nach Art 14 Abs 3 anwendbar und ergänzt diese Vorschrift. Aber auch in anderen Verfahren, in denen die Anerkennung eine Vorfrage darstellt, kann das Verfahren bei Vorliegen der Voraussetzungen ausgesetzt werden. Abs 2 ist im Hinblick auf die Besonderheiten in den genannten Ländern zu sehen (vgl Art 28 Abs 2).

2 **2. Voraussetzung. – a) Ordentlicher Rechtsbehelf.** Wie Art 46
3 EuGVVO Rn 2. – **b) Ermessen.** Wie Art 28 Rn 3 und Art 46 EuGV-
4 VO Rn 3. – **c) Kein Antrag** für die Aussetzung nötig (im Gegensatz zu Art 28).

Abschnitt 2. Vollstreckung

Art. **21** [Vollstreckbare Entscheidungen]

(1) **Die in einem Mitgliedstaat ergangenen Entscheidungen betreffend die elterliche Verantwortung für ein gemeinsames Kind, die in diesem Mitgliedstaat vollstreckbar sind und die zugestellt worden sind, werden in einem anderen Mitgliedstaat vollstreckt, wenn sie dort auf Antrag einer berechtigten Partei für vollstreckbar erklärt worden sind.**

(2) **Im Vereinigten Königreich jedoch wird eine derartige Entscheidung in England und Wales, in Schottland oder in Nordirland vollstreckt, wenn sie auf Antrag einer berechtigten Partei zur Vollstreckung in dem betreffenden Teil des Vereinigten Königreichs registriert worden ist.**

1 **1. Allgemeines.** Die ZwVollstr aus Titeln der Mitgliedstaaten wird vereinheitlicht und vereinfacht durch ein in der ersten Instanz einseitiges Klauselerteilungsverfahren. Die eigentliche ZwVollstr richtet sich nach den Regeln des Vollstreckungsstaates. Für die Vollstreckbarerklärung steht ausschließlich nur das Verfahren nach den Art 21 ff offen,

soweit es um die Vollstreckung geht. Ergänzt wird die VO durch das AVAG (vgl insb §§ 50 ff AVAG). Wegen Art 13 Abs 2 sind Art 21 ff auch auf Kostentscheidungen in Ehesachen anzuwenden (Wagner IPRax 01, 73/79). Soll die Rückführung eines Kindes nach dem HKiEntÜ (vgl Art 4) angeordnet werden, so ist dieses Übereinkommen vorrangig. Das Europäische Übereinkommen v 20. 5. 80 über die Anerkennung und Vollstreckung von Entscheidungen über das Sorgerecht für Kinder und die Wiederherstellung des Sorgeverhältnisses ist nicht anwendbar, soweit der Anwendungsbereich der VO gem Art 1 Abs 1 und 2 Buchst b) eröffnet ist (Art 37 3. Spiegelstrich iVm Art 38).

2. Voraussetzungen der Vollstreckbarerklärung (Abs 1). – **a) Titel.** **2**
Entscheidungen (Art 13 Abs 1), öffentliche Urkunden (Art 13 Abs 3) oder Prozessvergleiche (Art 13 Abs 3). Übersetzung ist nur vorzulegen, falls das Gericht dies verlangt (Art 34 Abs 2 S 1). – **b) Elterliche Ver-** **3**
antwortung iSv Art 1 Abs 1 Buchst b). Nur die im Titel getroffene Regelung hinsichtlich der elterlichen Verantwortung für gemeinsame Kinder der Ehegatten (Art 1 Rn 4 ff) wird für vollstreckbar erklärt. Dies gilt auch, wenn zugleich über weitere vollstreckbare Ansprüche, zB den Unterhalt, entschieden wurde. Für diese ist die eigenes Verfahren nach den einschlägigen Vorschriften durchzuführen. – **c) Antrag** **4**
eines Berechtigten. Für die Form des Antrags gilt Art 23 iVm Art 32, 33. Berechtigt sind nicht nur die Ehegatten und Kinder, sondern in den Staaten, in denen dies vorgesehen ist, auch die staatliche Gewalt (Staatsanwalt, Jugendamt; vgl Borrás-Bericht (vor Art 1 Rn 9 Rn 80). – **d) Vollstreckbarkeit** des Titels nach dem Recht des Ursprungstaats. **5**
Rechtskraft wird nicht verlangt. Nachweis durch Urkunden gem Art 32 und 33 iVm Formblatt gem Anh V. – **e) Vorherige Zustellung** des **6**
Titels. Diese wird vom Ursprungsgericht gem Art 33 iVm Formblatt gem Anh V nach Art 10 der ZustellungsVO v 29. 5. 00 (vgl Art 10 Rn 5) bestätigt. Fehlt sie, muss sie nachgeholt werden, was analog § 750 Abs 1 bis zum Beginn der ZwVollstr zulässig ist, auch noch im Rechtsbehelfsverfahren gem Art 26 (EuGH EuZW 96, 240; vgl Art 47 EuGVÜ Rn 6).

3. Verfahren erster Instanz. Es gelten die Art 22–25, 29–30, 32–35 **7**
iVm §§ 1 Abs 1 Nr 2, 50 AVAG. Beschränkung des Antrags ist möglich und ggf geboten (Art 29). Entscheidung: Art 24 Abs 1. Prüfungsmaßstab: Art 24 Abs 2, 3 iVm Art 15–17. Der stattgebende Beschluss muss wegen Art 26 Abs 5 S 1 gem Art 25 zugestellt werden. Rechtsbehelf gegen stattgebenden Beschluss: befristete Beschwerde zum OLG, Art 26 Abs 1, 2, 5 iVm Anh II; gegen ablehnenden Beschluss: unbefristete Beschwerde zum OLG gem Art 26 Abs 1, 2, 4.

Art. 22 [Örtlich zuständige Gerichte]

(1) **Ein Antrag auf Vollstreckbarerklärung ist bei dem Gericht zu stellen, das in der Liste in Anhang I aufgeführt ist.**

(2) ¹Das örtlich zuständige Gericht wird durch den gewöhnlichen Aufenthalt der Person, gegen die die Vollstreckung erwirkt werden soll, oder durch den gewöhnlichen Aufenthalt eines Kindes, auf das sich der Antrag bezieht, bestimmt. ²Befindet sich keiner der in Unterabsatz 1 angegebenen Orte in dem Mitgliedstaat, in dem die Vollstreckung erwirkt werden soll, so wird das örtlich zuständige Gericht durch den Ort der Vollstreckung bestimmt.

(3) Hinsichtlich der Verfahren nach Artikel 14 Absatz 3 wird das örtlich zuständige Gericht durch das innerstaatliche Recht des Mitgliedstaats bestimmt, in dem der Antrag auf Anerkennung oder Nichtanerkennung gestellt wird.

1 **1. Sachliche Zuständigkeit** (Abs 1 iVm Anh I): FamG.

2 **2. Örtliche Zuständigkeit** (Abs 2 iVm Anh I). Durch den Anh I wird die örtliche Zuständigkeit bei bestimmten Gerichten konzentriert. Die örtliche Zuständigkeit wird grds durch den gewöhnlichen Aufenthalt des Vollstreckungsgegners bzw des Kindes, auf den sich der Antrag bezieht, in einem Oberlandesgerichtsbezirk bestimmt, wobei gem Anh I nur das Familiengericht am Sitz des OLG bzw das Familiengericht Pankow/Weißensee für den Bezirk des KG zuständig ist. Liegt der gewöhnliche Aufenthalt des anderen Ehegatten oder des Kindes nicht im Inland, dann kommt es gem Art 22 Abs 2 Unterabs 2 iVm Anh I auf den OLG-Bezirk an, in dem die Vollstreckung betrieben wird.

3 **3. Selbständiges Anerkennungsverfahren** (Abs 3). Die Zuständigkeit hierfür wird durch § 51 AVAG bestimmt.

Art. 23 [Stellung des Antrags auf Vollstreckbarerklärung]

(1) **Für die Stellung des Antrags ist das Recht des Mitgliedstaats maßgebend, in dem die Vollstreckung erwirkt werden soll.**

(2) ¹**Der Antragsteller hat für die Zustellung im Bezirk des angerufenen Gerichts ein Wahldomizil zu begründen.** ²**Ist das Wahldomizil im Recht des Mitgliedstaats, in dem die Vollstreckung erwirkt werden soll, nicht vorgesehen, so hat der Antragsteller einen Zustellungsbevollmächtigten zu benennen.**

(3) **Dem Antrag sind die in den Artikeln 32 und 33 aufgeführten Urkunden beizufügen.**

1 **Anforderungen** (Abs 1). Form, Inhalt und Gerichtssprache folgen dem Recht des Vollstreckungsstaates, in der BRep dem zur VO ergangenen AVAG. Für die Übersetzung des Titels gilt Art 34 Abs 2. **Wahldomizil** (Abs 2 S 1). Wie Art 40 EuGVVO Rn 2. **Zustellungsbevollmächtigter** (Abs 2 S 2). Wie Art 40 EuGVVO Rn 3.

Art. 24 [Entscheidung des Gerichts]

(1) **Das mit dem Antrag befaßte Gericht erläßt seine Entscheidung ohne Verzug, ohne dass die Person, gegen die die Vollstreckung erwirkt werden soll, in diesem Abschnitt des Verfahrens Gelegenheit erhält, eine Erklärung abzugeben.**

(2) **Der Antrag darf nur aus einem der in den Artikeln 15, 16 und 17 aufgeführten Gründe abgelehnt werden.**

(3) **Die ausländische Entscheidung darf keinesfalls in der Sache selbst nachgeprüft werden.**

1. Verfahren. IdR weder mdl Verhandlung noch Anhörung des **1** Schuldners, auch nicht in Ausnahmefällen. Kein Anwaltszwang.

2. Prüfungsumfang (vom Amts wegen). **(1)** Anwendbarkeit der **2** VO gem Art 1 (vor Art 1 Rn 1–9). **(2)** Zuständigkeit: Art 22 iVm Anh I. **(3)** Sachliche Voraussetzungen (Art 21 Rn 2–6) mit Nachweisen (Art 23 Abs 3 iVm Art 32, 33). **(4)** Ablehnungsgründe (von Amts wegen zu prüfen) der Art 15–16, unter Berücksichtigung von Art 17; aber keine Amtsermittlung. **(5)** Verbot der Gesetzmäßigkeitsprüfung: wie Art 19.

3. Entscheidung: Zu begründender Beschluss gem § 8 AVAG. **3** **Kosten:** § 50 Abs 1 S 2 AVAG, § 13a FGG. **Wirksamwerden:** § 53 AVAG, mit Rechtskraft des Beschlusses. Daher kann der Beschluss erst danach mit der Vollstreckungsklausel versehen werden. Vorher ist nur der Beschluss gem Art 25 iVm § 10 AVAG zuzustellen.

Art. 25 [Mitteilung der Entscheidung]

Die Entscheidung, die über den Antrag ergangen ist, wird dem Antragsteller vom Urkundsbeamten der Geschäftsstelle unverzüglich in der Form mitgeteilt, die das Recht des Mitgliedstaats, in dem die Vollstreckung erwirkt werden soll, vorsieht.

Wie Art 42 EuGVVO Rn 1 iVm §§ 50 Abs 2, 10 AVAG mit der **1** sich aus Art 24 Rn 3 ergebenden Ausnahme.

Art. 26 [Rechtsbehelf gegen eine Entscheidung über die Zulassung der Vollstreckung]

(1) **Gegen die Entscheidung über den Antrag auf Vollstreckbarerklärung kann jede Partei einen Rechtsbehelf einlegen.**

(2) **Der Rechtsbehelf wird bei dem Gericht eingelegt, das in der Liste in Anhang II aufgeführt ist.**

(3) **Über den Rechtsbehelf wird nach den Vorschriften entschieden, die für Verfahren mit beiderseitigem rechtlichen Gehör maßgebend sind.**

(4) [1]Wird der Rechtsbehelf von der Person eingelegt, die den Antrag auf Vollstreckbarerklärung gestellt hat, so wird die Partei, gegen die die Vollstreckung erwirkt werden soll, aufgefordert, sich auf das Verfahren einzulassen, das bei dem mit dem Rechtsbehelf befaßten Gericht anhängig ist. [2]Läßt sich die betreffende Person auf das Verfahren nicht ein, so gelten die Bestimmungen des Artikels 10.

(5) [1]Der Rechtsbehelf gegen die Vollstreckbarerklärung ist innerhalb eines Monats nach ihrer Zustellung einzulegen. [2]Hat die Partei, gegen die die Vollstreckung erwirkt werden soll, ihren gewöhnlichen Aufenthalt in einem anderen Mitgliedstaat als dem, in dem die Vollstreckbarerklärung erteilt worden ist, so beträgt die Frist für den Rechtsbehelf zwei Monate und beginnt mit dem Tag, an dem die Vollstreckbarerklärung ihr entweder persönlich oder in ihrer Wohnung zugestellt worden ist. [3]Eine Verlängerung dieser Frist wegen weiter Entfernung ist ausgeschlossen.

1 **1. Allgemeines.** Die Vorschrift gilt sowohl für die stattgebende (also im Falle der Vollstreckbarerklärung) als auch für die ablehnende Entscheidung. Im ersten Fall handelt es sich um eine befristete Beschwerde (Abs 5). Art 26, 27 iVm §§ 50, 11 ff AVAG stellen ein in sich geschlossenes Rechtsbehelfsystem dar. Unklar ist, ob auch das Kind Partei iSv Abs 1 ist. Hierfür spricht Art 21 Rn 4 (vgl Wagner IPRax 01, 73/80; Hub NJW 01, 3145/3148 Fn 43).

2 **2. Verfahren** (Abs 3, 4). Es findet ein kontradiktorisches Verfahren statt. Zuständig ist der FamSenat am OLG (Abs 2 iVm Anh II), nicht der ER, da in §§ 50, 13 Abs 1 AVAG im Gegensatz zu § 27 Abs 4 3 AVAG nicht auf § 568 verwiesen wird. – **a) Rechtliches Gehör.** Dieses ist dem Beschwerdegegner stets zu gewähren. Das Verfahren im 4 Übrigen regelt sich nach dem AVAG. – **b) Aufforderung** an den Antragsgegner sich auf das Verfahren einzulassen (Abs 4 S 1). Gilt nur bei Antragsablehnung. Lässt er sich nicht ein, so gilt Art 10 entsprechend, dh, es ist zu prüfen, ob dem Antragsgegner der Antrag (Art 23) und die notwendigen Urkunden (Art 32, 33) zugestellt worden sind, damit er sich verteidigen kann. Sonst kommt eine Aussetzung des Rechtsbehelfsverfahrens in Betracht, um die notwendigen Zustellungen vorzunehmen. Denn dem Antragsgegner steht keine weitere Tatsacheninstanz zu, so dass es ihm ermöglicht werden muss, in diesem Verfahrensstadium seine Rechte wahrzunehmen.

5 **3. Zulässigkeit** des Rechtsbehelfs. – **a) Statthaft** gegen eine Ent-
6 scheidung nach Art 24. – **b) Form.** Einreichung einer Beschwerdeschrift oder zu Protokoll der Geschäftsstelle beim OLG gem Abs 2 iVm Anh II, § 11 Abs 1 S 1 AVAG. Kein Anwaltszwang, § 78 Abs 3. –
7 **c) Frist** (Abs 5). Nur einzuhalten bei einer Vollstreckbarerklärung. –
8 **aa) Inländischer gewöhnlicher Aufenthalt** des Antragsgegners (S 1):

einen Monat ab Zustellung. – **bb) Ausländischer** gewöhnlicher Auf-   9
enthalt in einem anderen Mitgliedstaat (S 2): zwei Monate nach ordnungsgemäßer Zustellung der Vollstreckbarerklärung, wobei die Frist
nur beginnt bei persönlicher Zustellung oder Zustellung in der Wohnung nach der ZustellungsVO (vgl Art 10 Rn 5). Keine Verlängerungsmöglichkeit. Liegt der gewöhnliche Aufenthalt nicht in einem Mitgliedstaat, so gilt grds S 1, sofern nicht § 50 Abs 2 S 4, 5 iVm § 10
Abs 2 AVAG eine Verlängerungsmöglichkeit vorsehen. Die Zustellung
erfolgt dann nach dem Haager Zustellungsübereinkommen v 15. 11. 65
oder nach dem Haager Zivilprozessübereinkommen v 1. 3. 54 (§ 328
Rn 30). – **cc) Berechnung** der Frist erfolgt nach § 222 iVm §§ 187 ff   10
BGB.

4. Begründetheit. – a) Beschwerde des Antragstellers. Das   11
OLG prüft nach, ob die Voraussetzungen für eine Vollstreckbarerklärung vorliegen (wie Art 24 Rn 2) und keine zulässigen Einwendungen
b) Beschwerde des Antragsgegners im Falle der Vollstreckbarerklä-   12
rung bestehen. – **(1)** Fehlende Voraussetzungen für die Vollstreckbarer-   13
klärung können gerügt werden (Art 21 Rn 2–6). **(2)** Bestehen von An-   14
erkennungshindernissen nach Art 15–16, unter Berücksichtigung von
Art 17. **(3) Zulässige Einwendungen** (§ 12 Abs 1 AVAG), die nach   15
Erlass der Erstentscheidung entstanden sind. Wegen § 50 Abs 3 AVAG
gilt dies jedoch nur für titulierte Geldforderungen. Dies können im
Anwendungsbereich der EheVO nur Kostenentscheidungen sein (Hub
NJW 01, 3145/3147). Einwendungen sind nur solche, die die Rechtskraft des ausländischen Urteils unberührt lassen, aber den rechtskräftig
zuerkannten Anspruch nachträglich vernichten oder in seiner Durchsetzbarkeit hemmen (wie § 767), nicht aber Einwendungen iS von
§ 323 (BGH NJW 90, 1419; Köln FamRZ 01, 177). Vor Erlass der
ausländischen Entscheidung entstandene sachliche Einwendungen können nur mit nach dem Recht des Erststaats zulässigen Rechtsmitteln
dort geltend gemacht werden. Bis zur Entscheidung darüber kommt
eine Aussetzung gem Art 28 iVm § 36 Abs 1 AVAG in Betracht. Unterlässt der Schuldner die Einlegung eines Rechtsbehelfs im Erststaat, so
sind die Einwendungen auch im Inland auf Grund der anzuerkennenden Rechtskraft präkludiert (BGH NJW 83, 2773). Wird die ZwVollstr
aus einer öffentlichen Urkunde (Art 50) oder einem Prozessvergleich
(Art 51) betrieben, so gilt diese Einschränkung nicht (§ 12 Abs 2 AVAG).
Nach Erlass der ausländischen Entscheidung entstandene Einwendungen können sowohl im Erststaat mit den dort zulässigen Rechtsbehelfen
(dann Aussetzung gem Art 28 Abs 1), als auch mit der Beschwerde gegen die Vollstreckbarerklärung gem § 12 Abs 1 AVAG geltend gemacht
werden. Entscheidend ist, wann die Einwendung objektiv entstanden
ist und ausgeübt werden konnte (BGH NJW 80, 528; vgl auch § 767
Rn 22). Unterlässt der Schuldner die Geltendmachung dieser Einwendung im Beschwerdeverfahren, so ist er unter den Voraussetzungen des
§ 14 Abs 1 AVAG präkludiert. Liegen die Voraussetzungen des § 14

Abs 1 AVAG in Bezug auf titulierte Geldforderungen (§ 50 Abs 3 AVAG) vor, kann er noch eine Vollstreckungsabwehrklage (§ 767) erheben, und zwar zum LG, das über die Vollstreckbarerklärung entschieden hat (§ 14 Abs 2 AVAG). Fällt der Titel nach Abschluss des Beschwerdeverfahrens weg oder wird er geändert, so gilt § 27 AVAG.

16 **5. Wirksamwerden:** § 53 AVAG, grds erst mit Rechtskraft.

Art. 27 [Für den Rechtsbehelf zuständiges Gericht und Anfechtung der Entscheidung über den Rechtsbehelf]

Die Entscheidung, die über den Rechtsbehelf ergangen ist, kann nur im Wege der in Anhang III genannten Verfahren angefochten werden.

1 Gegen die Entscheidung nach Art 26 findet nur die **Rechtsbeschwerde** zum BGH gem Anh III statt. Die weiteren Zulässigkeitsvoraussetzungen ergeben sich aus §§ 50 Abs 1, 3, 15 ff AVAG (vgl auch Art 44 EuGVVO Rn 2–6). Das OLG muss die Rechtsbeschwerde also nicht zulassen, da sie kraft Gesetzes zulässig ist (§ 574 Abs 1 Nr 1, § 15 Abs 1 AVAG).

Art. 28 [Aussetzung des Verfahrens]

(1) ¹Das nach Artikel 26 oder Artikel 27 mit dem Rechtsbehelf befaßte Gericht kann auf Antrag der Partei, gegen die die Vollstreckung erwirkt werden soll, das Verfahren aussetzen, wenn im Ursprungsmitgliedstaat ein ordentlicher Rechtsbehelf eingelegt oder die Frist für einen solchen Rechtsbehelf noch nicht verstrichen ist. ²In letzterem Fall kann das Gericht eine Frist bestimmen, innerhalb deren der Rechtsbehelf einzulegen ist.

(2) Ist die Entscheidung in Irland oder im Vereinigten Königreich ergangen, so gilt jeder im Ursprungsmitgliedstaat statthafte Rechtsbehelf als ordentlicher Rechtsbehelf im Sinne von Absatz 1.

1 **1. Aussetzung** des Rechtsbehelfsverfahrens, nicht des Vollstreckungsverfahrens. Für die Aussetzung des Anerkennungsverfahrens vgl Art 20.

2 **2. Voraussetzungen. – a) Antrag** desjenigen, gegen den die Voll-
3 streckung erwirkt wurde. – **b) Ordentlicher Rechtsbehelf** im Ursprungsstaat oder noch offene Frist für dessen Einlegung (dann Fristsetzung gem S 2). Begriff: wie Art 46 EuGVVO Rn 2.

4 **3. Entscheidung.** Ermessen, ob ausgesetzt werden soll. Dabei sind die mutmaßlichen Erfolgsaussichten des Rechtsmittels im Ursprungsstaat zu berücksichtigen. IÜ wie Art 46 EuGVVO Rn 3.

Art. 29 [Teilvollstreckung]

(1) Ist durch die Entscheidung über mehrere geltend gemachte Ansprüche erkannt worden und kann die Entscheidung
nicht in vollem Umfang zur Vollstreckung zugelassen werden,
so läßt das Gericht sie für einen oder mehrere Ansprüche zu.

(2) Der Antragsteller kann auch eine teilweise Vollstreckung
der Entscheidung beantragen.

Wie Art 48 EuGVÜ Rn 1 und 2.   1

Art. 30 [Prozesskostenhilfe]

Ist dem Antragsteller in dem Ursprungsmitgliedstaat ganz
oder teilweise Prozeßkostenhilfe oder Kostenbefreiung gewährt
worden, so genießt er in dem Verfahren nach den Artikeln 22
bis 25 hinsichtlich der Prozeßkostenhilfe oder der Kostenbefreiung die günstigste Behandlung, die das Recht des Mitgliedstaats, in dem er die Vollstreckung beantragt, vorsieht.

Wegen der Verweisung in Art 14 Abs 3 auf die Vorschriften der   1
Vollstreckbarerklärung gilt Art 30 nicht nur im Verfahren zur Vollstreckbarerklärung nach Art 22–25, sondern auch im selbständigen Anerkennungsverfahren. IÜ wie Art 50 EuGVVO 1–4.

Art. 31 [Sicherheitsleistung oder Hinterlegung]

Der Partei, die in einem Mitgliedstaat die Vollstreckung einer in einem anderen Mitgliedstaat ergangenen Entscheidung
beantragt, darf eine Sicherheitsleistung oder Hinterlegung,
unter welcher Bezeichnung es auch sei, nicht aus einem der
folgenden Gründe auferlegt werden:
a) weil sie in dem Mitgliedstaat, in dem die Vollstreckung erwirkt werden soll, nicht ihren gewöhnlichen Aufenthalt hat,
b) weil sie nicht die Staatsangehörigkeit dieses Staates besitzt
   oder, wenn die Vollstreckung im Vereinigten Königreich
   oder in Irland erwirkt werden soll, ihr „domicile" nicht in
   einem dieser Mitgliedstaaten hat.

Wie Art 51 EuGVVO Rn 1.   1

Abschnitt 3. Gemeinsame Vorschriften

Art. 32 [Urkunden]

(1) Die Partei, die die Anerkennung oder Nichtanerkennung
einer Entscheidung anstrebt oder den Antrag auf Vollstreckbarerklärung stellt, hat vorzulegen:
a) eine Ausfertigung der Entscheidung, die die für ihre Beweiskraft erforderlichen Voraussetzungen erfüllt, und
b) eine Bescheinigung nach Artikel 33.

(2) **Bei einer im Versäumnisverfahren ergangenen Entscheidung hat die Partei, die die Anerkennung einer Entscheidung anstrebt oder deren Vollstreckbarerklärung, ferner vorzulegen**
a) **entweder die Urschrift oder eine beglaubigte Abschrift der Urkunde, aus der sich ergibt, dass das verfahrenseinleitende Schriftstück oder ein gleichwertiges Schriftstück der säumigen Partei zugestellt worden ist, oder**
b) **eine Urkunde, aus der hervorgeht, dass der Antragsgegner mit der Entscheidung eindeutig einverstanden ist.**

1   **1. Allgemeines.** Die Vorschrift gilt sowohl für das Anerkennungs- als auch für das Vollstreckungsverfahren. Unter Entscheidung ist die des Art 13 zu verstehen (dort Rn 1 ff).

2   **2. Ausfertigung einer Entscheidung** (Abs 1). – **a) Beweiskraft**
3 (Buchst a). Wie Art 53 EuGVVO Rn 2. – **b) Weitere Urkunden** (Buchst b). Vgl Art 33.

4   **3. Versäumnisentscheidung** (Abs 2). – **a) Begriff.** Hierunter fällt nicht nur die Versäumnisentscheidung im technischen Sinne, sondern entspr dem Zweck der Vorschrift jede andere Entscheidung, die in einem einseitigen Verfahren ergangen ist und auf die sich der Antragsgeg-
5 ner nicht eingelassen hat (Düsseldorf RIW 96, 67). – **b) Beispiele:** Echtes Versäumnisurteil und vergleichbare Verfahren nach ausländischem Recht (zum belgischen „dagvaarding" vgl Düsseldorf IPRax 00, 307 m Anm Hüßtege S 289), Vergütungsfestsetzung nach § 19 BRAGO (Hamm IPRax 96, 414); nicht aber der Kostenfestsetzungsbeschluss im Anschluss an ein streitiges Verfahren; ferner nicht im einseitigen Verfahren erlassene Arreste und einstweilige Verfügungen. –
6 **c) Zustellungsnachweis.** Er dient der Nachprüfung des Versagungsgrundes gem Art 15 Abs 2 Buchst c); vgl dort Rn 3. Aus der Urkunde muss die Tatsache der Zustellung des den Rechtsstreit einleitenden Schriftstücks oder eines gleichwertigen Schriftstücks hervorgehen (hierzu Art 34 EuGVVO Rn 6). Die in Art 15 Buchst b) verlangte Rechtzeitigkeit braucht sich aus der Urkunde nicht zu ergeben; sie wird vom Zweitrichter selbständig geprüft. Wird der Zustellungsnachweis nicht
7 erbracht, gilt Art 34 Abs 1. – **d) Einverständnis** (Buchst b). Der Nachweis ist durch Urkunden zu führen. Die Vorschrift verlangt keine öffentlichen Urkunden. Es reichen also auch private Urkunden, sofern sie den notwendigen Beweis erbringen. Zweifel gehen zu Lasten des Antragstellers.

Art. 33 [Weitere Urkunden]

Das zuständige Gericht oder die zuständige Behörde eines Mitgliedstaats, in dem eine Entscheidung ergangen ist, stellt auf Antrag einer berechtigten Partei eine Bescheinigung unter Verwendung des Formblatts in Anhang IV (Entscheidungen in Ehesachen) oder Anhang V (Entscheidungen betreffend die elterliche Verantwortung) aus.

Mit diesen vereinheitlichten Bescheinigungen soll im Zweitstaat die   1
Nachprüfung der Formalien erleichtert werden. Die Zuständigkeit für
die Erteilung der Bescheinigung für inländische Titel ergibt sich aus
§ 54 AVAG. Die Bescheinigung ist in allen Amtssprachen der Gemeinschaft identisch abgefasst, ihr Inhalt wird (überwiegend) durch schlichtes Ankreuzen vervollständigt. Anhand des einheitlichen Formulars
können die Standesbeamten im Zweitstaat auch ohne Sprachkenntnisse
erkennen, um welchen Typ von Entscheidung es geht (Heß JZ 01,
573/577; Sturm StAZ 02, 193).

Art. 34 [Fehlen von Urkunden]

(1) **Werden die in Artikel 32 Absatz 1 Buchstabe b) oder Absatz 2 aufgeführten Urkunden nicht vorgelegt, so kann das Gericht eine Frist einräumen, innerhalb deren die Urkunden vorzulegen sind, oder sich mit gleichwertigen Urkunden begnügen
oder von der Vorlage der Urkunden befreien, wenn es eine
weitere Klärung nicht für erforderlich hält.**

(2) [1]**Auf Verlangen des Gerichts ist eine Übersetzung dieser
Urkunden vorzulegen.** [2]**Die Übersetzung ist von einer hierzu
in einem der Mitgliedstaaten befugten Personen zu beglaubigen.**

Wie Art 55 EuGVVO Rn 1 ff.   1

Art. 35 [Legalisation oder ähnliche Förmlichkeit]

**Die in den Artikeln 32 und 33 und in Artikel 34 Absatz 2
aufgeführten Urkunden sowie die Urkunde über die Prozeßvollmacht, falls eine solche erteilt wird, bedürfen weder der
Legalisation noch einer ähnlichen Förmlichkeit.**

Wie Art 56 EuGVVO Rn 1.   1

Kapitel IV. Allgemeine Bestimmungen

Art. 36 [Verhältnis zu anderen Übereinkünften]

(1) **Diese Verordnung ersetzt – unbeschadet der Artikel 38
und 42 und des nachstehenden Absatzes 2 – die zum Zeitpunkt
des Inkrafttretens dieser Verordnung bestehenden, zwischen
zwei oder mehr Mitgliedstaaten geschlossenen Übereinkünfte,
die in dieser Verordnung geregelte Bereiche betreffen.**

(2)
a) [1]**Finnland und Schweden steht es frei zu erklären, dass anstelle dieser Verordnung das Übereinkommen vom 6. Februar 1931 zwischen Dänemark, Finnland, Island, Norwegen
und Schweden mit Bestimmungen des internationalen Ver-**

fahrensrechts über Ehe, Adoption und Vormundschaft einschließlich des Schlußprotokolls ganz oder teilweise auf ihre
gegenseitigen Beziehungen anwendbar ist. [2]Diese Erklärungen werden in den Anhang zu der Verordnung aufgenommen und im *Amtsblatt der Europäischen Gemeinschaften* veröffentlicht. [3]Die betreffenden Mitgliedstaaten können ihre
Erklärung jederzeit ganz oder teilweise widerrufen.
b) Eine Diskriminierung von Bürgern der Union aus Gründen
der Staatsangehörigkeit ist verboten.
c) Die Zuständigkeitskriterien in künftigen Übereinkünften
zwischen den unter Buchstabe a) genannten Mitgliedstaaten,
die in dieser Verordnung geregelte Bereiche betreffen, müssen mit den Kriterien dieser Verordnung im Einklang stehen.
d) Entscheidungen, die in einem der nordischen Staaten, der
eine Erklärung nach Buchstabe a) abgegeben hat, aufgrund
eines Zuständigkeitskriteriums erlassen werden, das einem
der in Kapitel II vorgesehenen Zuständigkeitskriterien entspricht, werden in den anderen Mitgliedstaaten gemäß den
Bestimmungen des Kapitels III anerkannt und vollstreckt.
(3) Die Mitgliedstaaten übermitteln der Kommission
a) eine Abschrift der Übereinkünfte sowie der einheitlichen
Gesetze zur Durchführung dieser Übereinkünfte gemäß Absatz 2 Buchstaben a) und c),
b) jede Kündigung oder Änderung dieser Übereinkünfte oder
dieser einheitlichen Gesetze.

1   Die in Abs 2 Buchst a) S 3 genannten Erklärungen wurden von
Finnland und Schweden mittlerweile abgegeben (Jayme/Kohler IPRax
01, 501/508).

Art. 37 [Verhältnis zu bestimmten multilateralen Überein-kommen]

Diese Verordnung hat in den Beziehungen zwischen den
Mitgliedstaaten insoweit Vorrang vor den nachstehenden Übereinkommen, als diese Bereiche betreffen, die in dieser Verordnung geregelt sind:
– Haager Übereinkommen vom 5. Oktober 1961 über die Zuständigkeit der Behörden und das anzuwendende Recht auf
dem Gebiet des Schutzes von Minderjährigen,
– Luxemburger Übereinkommen vom 8. September 1967 über
die Anerkennung von Entscheidungen in Ehesachen,
– Haager Übereinkommen vom 1. Juni 1970 über die Anerkennung von Ehescheidungen und der Trennung von Tisch
und Bett,
– Europäisches Übereinkommen vom 20. Mai 1980 über die
Anerkennung und Vollstreckung von Entscheidungen über

das Sorgerecht für Kinder und die Wiederherstellung des Sorgeverhältnisses,
– Haager Übereinkommen vom 19. Oktober 1996 über die Zuständigkeit, das anzuwendende Recht, die Anerkennung, Vollstreckung und Zusammenarbeit auf dem Gebiet der elterlichen Verantwortung und der Maßnahmen zum Schutz von Kindern, sofern das Kind seinen gewöhnlichen Aufenthalt in einem Mitgliedstaat hat.

Die aufgeführten Staatsverträge gelten, soweit sie von Deutschland **1** ratifiziert wurden, jedoch weiter, soweit der sachliche (Art 1 iVm Art 38) oder der zeitliche Anwendungsbereich (Art 42) der VO nicht eröffnet ist.

Art. 38 [Fortbestand der Wirksamkeit]

(1) Die in Artikel 36 Absatz 1 und Artikel 37 genannten Übereinkünfte behalten ihre Wirksamkeit für die Rechtsgebiete, auf die diese Verordnung nicht anwendbar ist.

(2) Sie bleiben auch weiterhin für die Entscheidungen und die öffentlichen Urkunden wirksam, die vor Inkrafttreten dieser Verordnung ergangen beziehungsweise aufgenommen sind.

Hierdurch wird klar gestellt, dass der Vorrang der VO nur gilt, so- **1** weit der Anwendungsbereich der VO nicht eröffnet ist. Dies ist insb im Hinblick auf das Haager MSA (Art 37 1. Spiegelstrich) von Bedeutung.

Art. 39 [Übereinkünfte zwischen den Mitgliedstaaten]

(1) [1] Zwei oder mehr Mitgliedstaaten können untereinander Übereinkünfte zur Ergänzung dieser Verordnung oder zur Erleichterung ihrer Durchführung schließen.
[2] Die Mitgliedstaaten übermitteln der Kommission
a) eine Abschrift der Entwürfe dieser Übereinkünfte sowie
b) jede Kündigung oder Änderung dieser Übereinkünfte.

(2) Die Übereinkünfte dürfen keinesfalls von Kapitel II und Kapitel III dieser Verordnung abweichen.

Art. 40 [Verträge mit dem Heiligen Stuhl]
(nicht abgedruckt; hierzu Sturm StAZ 02, 193/195)

Art. 41 [Mitgliedstaaten mit zwei oder mehr Rechtssystemen]

Für einen Mitgliedstaat, in dem die in dieser Verordnung behandelten Fragen in verschiedenen Gebietseinheiten durch zwei oder mehr Rechtssysteme oder Regelwerke geregelt werden, gilt folgendes:

a) Jede Bezugnahme auf den gewöhnlichen Aufenthalt in diesem Mitgliedstaat betrifft den gewöhnlichen Aufenthalt in einer Gebietseinheit;

b) jede Bezugnahme auf die Staatsangehörigkeit oder, im Falle des Vereinigten Königreichs, auf das „domicile" betrifft die durch die Rechtsvorschriften dieses Staats bezeichnete Gebietseinheit;

c) jede Bezugnahme auf den Mitgliedstaat, dessen Behörde mit einem Antrag auf Ehescheidung, Trennung ohne Auflösung des Ehebandes oder Ungültigerklärung einer Ehe befaßt ist, betrifft die Gebietseinheit, deren Behörde mit einem solchen Antrag befaßt ist;

d) jede Bezugnahme auf die Vorschriften des ersuchten Mitgliedstaats betrifft die Vorschriften der Gebietseinheit, in der die Zuständigkeit geltend gemacht oder die Anerkennung oder die Vollstreckung beantragt wird.

1   Die Vorschrift löst den Konflikt, der dadurch entsteht, dass auf dem Hoheitsgebiet eines Mitgliedstaats zwei oder mehrere Rechtssysteme nebeneinander bestehen. Soweit es in den Zuständigkeitsvorschriften (Art 2–7) auf den gewöhnlichen Aufenthalt bzw auf das domicile in einem Teilrechtsgebiet oder auf die Staatsangehörigkeit eines Teilrechtsgebiets ankommt, ist die Unteranknüpfung nach Art 41 vorzunehmen.

Kapitel V. Übergangsvorschriften

Art. 42 [Zeitlicher Anwendungsbereich]

(1) Diese Verordnung gilt nur für gerichtliche Verfahren, öffentliche Urkunden und vor einem Richter im Laufe eines Verfahrens geschlossene Vergleiche, die nach Inkrafttreten dieser Verordnung eingeleitet, aufgenommen beziehungsweise geschlossen worden sind.

(2) Entscheidungen, die nach Inkrafttreten dieser Verordnung in einem vor diesem Inkrafttreten eingeleiteten Verfahren ergangen sind, werden nach Maßgabe des Kapitels III anerkannt und vollstreckt, sofern das Gericht aufgrund von Vorschriften zuständig war, die mit den Zuständigkeitsvorschriften des Kapitels II oder eines Abkommens übereinstimmen, das zum Zeitpunkt der Einleitung des Verfahrens zwischen dem Ursprungsmitgliedstaat und dem ersuchten Mitgliedstaat in Kraft war.

1   **1. Allgemeines.** Die Vorschrift regelt in den Abs 1 und 2 den zeitlichen Anwendungsbereich der VO (hierzu Sturm StAZ 02, 193/196; Bamberg OLGR 03, 63). Abs 1 gilt sowohl für die erstmalige Antragstellung als auch für die Anerkennung und Vollstreckung einer ausländischen Entscheidung. Für letztere wird jedoch in Abs 2 der Anwendungsbereich der VO erweitert.

2. Verfahrenseinleitung (Abs 1). Gemeint ist die Anhängigkeit ei- **2** nes Verfahrens, die analog Art 11 Abs 4 mit Antragstellung bei Gericht oder einer Behörde des Erststaates eintritt (aA Wagner IPRax 01, 73/80, Hausmann EuLF 01, 271/275, die diese Frage nach dem Recht des betroffenen Staates beurteilen wollen). Diese muss nach dem 1. 3. 01 liegen (vgl Art 46). Öffentliche Urkunden und Vergleiche müssen nach diesem Datum aufgenommen worden sein. Für den Fall einer doppelten Rechtshängigkeit zwischen zwei Verfahren, von denen eines vor dem Inkrafttreten der VO und eines danach eingeleitet wurde, vgl Art 66 EuGVVO Rn 3.

3. Anerkennung und Vollstreckung (Abs 2). – **a) Grundsatz.** **3** Grds muss die Entscheidung auf Grund eines nach dem 1. 3. 01 eingeleiteten Verfahrens ergangen sein, damit sie nach der VO anerkannt bzw für vollstreckbar erklärt wird. Ergangen ist die Entscheidung, wenn sie nach dem Recht des Ursprungsstaats wirksam geworden ist (Wagner IPRax 01, 73/81). – **b) Ausnahme.** Ist die Entscheidung nach dem **4** 1. 3. 01 auf Grund eines vor diesem Datum eingeleiteten Verfahrens erlassen worden, so kann sie dennoch nach der VO anerkannt bzw für vollstreckbar erklärt werden, sofern die vom Gericht des Ursprungsstaates angewandten Zuständigkeitsregeln mit denen des Kapitels II (Art 2–12) oder eines Abkommens übereinstimmen, das zum Zeitpunkt der Einleitung des Verfahrens zwischen dem Ursprungsstaat und dem Zweitstaat in Kraft war. Dieses bedeutet, dass das Gericht des ersuchten Staats die Zuständigkeit des Gerichts des Ursprungsstaats in Abweichung von Art 17, 24 Abs 2 zu prüfen hat, da die Zuständigkeitsvorschriften der VO dort nicht auf Betreiben des Antragsgegners geprüft werden konnten. – **c) Fehlen** die Voraussetzungen des Abs 2, kommt eine An- **5** erkennung und Vollstreckung nur nach §§ 328, 722, 723, § 16a FGG oder Staatsverträgen in Betracht. Das Verfahren nach Art 7 § 1 FamRÄndG ist durchzuführen, wenn Abs 2 nicht eingreift.

Kapitel VI. Schlußbestimmungen

Art. **43** [Überprüfung]

(nicht abgedruckt)

Art. **44** [Änderung der Listen mit den zuständigen Gerichten und den Rechtsbehelfen]

(nicht abgedruckt)

Art. **45** [Ausschuss]

(nicht abgedruckt)

Art. **46** [Inkrafttreten]

Diese Verordnung tritt am 1. März 2001 in Kraft.

ANHANG I

Anträge gemäß Artikel 22 sind bei folgenden Gerichten oder zuständigen Behörden zu stellen:
- in Deutschland:
  - im Bezirk des Kammergerichts: beim „Familiengericht Pankow/Weißensee"
  - in den Bezirken der übrigen Oberlandesgerichte: beim „Familiengericht am Sitz des betreffenden Oberlandesgerichts"

(vom Abdruck der die anderen Mitgliedstaaten betreffenden Zuständigkeiten wurde abgesehen)

ANHANG II

Der Rechtsbehelf gemäß Artikel 26 ist bei folgenden Gerichten einzulegen:
- in Deutschland beim „Oberlandesgericht"

(vom Abdruck der die anderen Mitgliedstaaten betreffenden Zuständigkeiten wurde abgesehen)

ANHANG III

Rechtsbehelfe gemäß Artikel 27 können nur eingelegt werden:
- in Deutschland: mit der „Rechtsbeschwerde"

(vom Abdruck der die anderen Mitgliedstaaten betreffenden Zuständigkeiten wurde abgesehen)

ANHANG IV

Bescheinigung gemäß Artikel 33 bei Entscheidungen in Ehesachen
(nicht abgedruckt, Text siehe ABl L 160 S 33 v 30. 6. 00; ferner Beilage zu Heft 1 NJW 01, S. 10 ff; MüKo/Gottwald nach Art 46)

ANHANG V

Bescheinigung gemäß Artikel 33 bei Entscheidungen betreffend die elterliche Verantwortung
(nicht abgedruckt, Text siehe ABl L 160 S. 35 v 30. 6. 00; ferner Beilage zu Heft 1 NJW 01, S 10 ff; MüKoGottwald nach Art 46)

Verordnung (EG) Nr. 1348/2000
des Rates über die Zustellung gerichtlicher und außergerichtlicher Schriftstücke in Zivil- oder Handelssachen in den Mitgliedstaaten

Vom 29. Mai 2000 (ABl L 160 S 37)

DER RAT DER EUROPÄISCHEN UNION –

gestützt auf den Vertrag zur Gründung der Europäischen Gemeinschaft, insbesondere auf Artikel 61 Buchstabe c) und Artikel 67 Absatz 1,

auf Vorschlag der Kommission,
nach Stellungnahme des Europäischen Parlaments,
nach Stellungnahme des Wirtschafts- und Sozialausschusses,
in Erwägung nachstehender Gründe:

(1) [1]Die Union hat sich zum Ziel gesetzt, einen Raum der Freiheit, der Sicherheit und des Rechts, in dem der freie Personenverkehr gewährleistet ist, zu erhalten und weiterzuentwickeln. [2]Zum schrittweisen Aufbau dieses Raums erläßt die Gemeinschaft unter anderem im Bereich der justitiellen Zusammenarbeit in Zivilsachen die für das reibungslose Funktionieren des Binnenmarkts erforderlichen Maßnahmen.

(2) Für das reibungslose Funktionieren des Binnenmarkts muß die Übermittlung gerichtlicher und außergerichtlicher Schriftstücke in Zivil- oder Handelssachen, die in einem anderen Mitgliedstaat zugestellt werden sollen, zwischen den Mitgliedstaaten verbessert und beschleunigt werden.

(3) Dieser Bereich unterliegt nunmehr Artikel 65 des Vertrags.

(4) [1]Nach dem in Artikel 5 des Vertrags niedergelegten Subsidiaritäts- und Verhältnismäßigkeitsprinzip können die Ziele dieser Verordnung auf der Ebene der Mitgliedstaaten nicht ausreichend erreicht werden; sie können daher besser auf Gemeinschaftsebene erreicht werden. [2]Diese Verordnung geht nicht über das für die Erreichung dieser Ziele erforderliche Maß hinaus.

(5) [1]Der Rat hat mit Rechtsakt vom 26. Mai 1997 ein Übereinkommen über die Zustellung gerichtlicher und außergerichtlicher Schriftstücke in Zivil- oder Handelssachen in den Mitgliedstaaten der Europäischen Union erstellt und das Übereinkommen den Mitgliedstaaten zur Annahme gemäß ihren verfassungsrechtlichen Vorschriften empfohlen. [2]Dieses Übereinkommen ist nicht in Kraft getreten. [3]Die bei der Aushandlung dieses Übereinkommens erzielten Ergebnisse sind zu wahren. [4]Daher übernimmt die Verordnung weitgehend den wesentlichen Inhalt des Übereinkommens.

(6) [1] Die Wirksamkeit und Schnelligkeit der gerichtlichen Verfahren in Zivilsachen setzt voraus, daß die Übermittlung gerichtlicher und außergerichtlicher Schriftstücke unmittelbar und auf schnellstmöglichem Wege zwischen den von den Mitgliedstaaten benannten örtlichen Stellen erfolgt. [2] Die Mitgliedstaaten müssen jedoch erklären können, daß sie nur eine Übermittlungs- oder Empfangsstelle oder eine Stelle, die beide Funktionen zugleich wahrnimmt, für einen Zeitraum von fünf Jahren benennen wollen. [3] Diese Benennung kann jedoch alle fünf Jahre erneuert werden.

(7) [1] Eine schnelle Übermittlung erfordert den Einsatz aller geeigneten Mittel, wobei bestimmte Anforderungen an die Lesbarkeit und die Übereinstimmung des empfangenen Schriftstücks mit dem Inhalt des versandten Schriftstücks zu beachten sind. [2] Aus Sicherheitsgründen muß das zu übermittelnde Schriftstück mit einem Formblatt versehen sein, das in der Sprache des Ortes auszufüllen ist, an dem die Zustellung erfolgen soll, oder in einer anderen vom Empfängerstaat anerkannten Sprache.

(8) Um die Wirksamkeit dieser Verordnung zu gewährleisten, ist die Möglichkeit, die Zustellung von Schriftstücken zu verweigern, auf Ausnahmefälle beschränkt.

(9) [1] Auf eine schnelle Übermittlung muß auch eine schnelle Zustellung des Schriftstücks in den Tagen nach seinem Eingang folgen. [2] Konnte das Schriftstück nach Ablauf eines Monats nicht zugestellt werden, so setzt die Empfangsstelle die Übermittlungsstelle davon in Kenntnis. [3] Der Ablauf dieser Frist bedeutet nicht, daß der Antrag an die Übermittlungsstelle zurückgesandt werden muß, wenn feststeht, daß die Zustellung innerhalb einer angemessenen Frist möglich ist.

(10) Um die Interessen des Empfängers zu wahren, erfolgt die Zustellung in der Amtssprache oder einer der Amtssprachen des Orts, an dem sie vorgenommen wird, oder in einer anderen Sprache des Übermittlungsmitgliedstaats, die der Empfänger versteht.

(11) [1] Aufgrund der verfahrensrechtlichen Unterschiede zwischen den Mitgliedstaaten bestimmt sich der Zustellungszeitpunkt in den einzelnen Mitgliedstaaten nach unterschiedlichen Kriterien. [2] Unter diesen Umständen und in Anbetracht der möglicherweise daraus entstehenden Schwierigkeiten sollte diese Verordnung deshalb eine Regelung vorsehen, bei der sich der Zustellungszeitpunkt nach dem Recht des Empfangsmitgliedstaats bestimmt. [3] Müssen jedoch die betreffenden Schriftstücke im Rahmen von Verfahren, die im Übermittlungsmitgliedstaat eingeleitet werden sollen oder schon anhängig sind, innerhalb einer bestimmte Frist zugestellt werden, so bestimmt sich der Zustellungszeitpunkt im Verhältnis zum Antragsteller nach dem Recht des Übermittlungsmitgliedstaats. [4] Ein Mitgliedstaat kann jedoch aus angemessenen Gründen während eines Übergangszeitraums von fünf Jahren von den vorgenannten Bestimmungen abweichen. [5] Er kann diese Abweichung

aus Gründen, die sich aus seinem Rechtssystem ergeben, in Abständen von fünf Jahren erneuern.

(12) [1] In den Beziehungen zwischen den Mitgliedstaaten, die Vertragsparteien der von den Mitgliedstaaten geschlossenen bilateralen oder multilateralen Übereinkünfte oder Vereinbarungen sind, insbesondere des Protokolls zum Brüsseler Übereinkommen vom 27. September 1968 und des Haager Übereinkommens vom 15. November 1965, hat diese Verordnung in ihrem Anwendungsbereich Vorrang vor den Bestimmungen der Übereinkünfte oder Vereinbarungen mit demselben Anwendungsbereich. [2] Es steht den Mitgliedstaaten frei, Übereinkünfte oder Vereinbarungen zur Beschleunigung oder Vereinfachung der Übermittlung von Schriftstücken beizubehalten oder zu schließen, sofern diese Übereinkünfte oder Vereinbarungen mit dieser Verordnung vereinbar sind.

(13) [1] Die nach dieser Verordnung übermittelten Daten müssen angemessen geschützt werden. [2] Diese Frage wird durch die Richtlinie 95/46/EG des Europäischen Parlaments und des Rates vom 24. Oktober 1995 zum Schutz natürlicher Personen bei der Verarbeitung personenbezogener Daten und zum freien Datenverkehr und die Richtlinie 97/66/EG des Europäischen Parlaments und des Rates vom 15. Dezember 1997 über die Verarbeitung personenbezogener Daten und den Schutz der Privatsphäre im Bereich der Telekommunikation geregelt.

(14) Die zur Durchführung dieser Verordnung erforderlichen Maßnahmen sollten gemäß dem Beschluß 1999/468/EG des Rates vom 28. Juni 1999 zur Festlegung der Modalitäten für die Ausübung der der Kommission übertragenen Durchführungsbefugnisse erlassen werden.

(15) Diese Maßnahmen umfassen auch die Erstellung und Aktualisierung eines Handbuchs unter Verwendung geeigneter moderner Mittel.

(16) Spätestens drei Jahre nach Inkrafttreten dieser Verordnung hat die Kommission die Anwendung der Verordnung zu prüfen und gegebenenfalls erforderliche Änderungen vorzuschlagen.

(17) Das Vereinigte Königreich und Irland haben gemäß Artikel 3 des dem Vertrag über die Europäische Union und dem Vertrag zur Gründung der Europäischen Gemeinschaft beigefügten Protokolls über die Position des Vereinigten Königreichs und Irlands mitgeteilt, daß sie sich an der Annahme und Anwendung dieser Verordnung beteiligen möchten.

(18) [1] Dänemark wirkt gemäß den Artikeln 1 und 2 des dem Vertrag über die Europäische Union und dem Vertrag zur Gründung der Europäischen Gemeinschaft beigefügten Protokolls über die Position Dänemarks an der Annahme dieser Verordnung nicht mit. [2] Diese Verordnung ist daher für diesen Staat nicht verbindlich und ihm gegenüber nicht anwendbar –

HAT FOLGENDE VERORDNUNG ERLASSEN:

Anmerkung: Die VO wird von Schlosser (EU-Zivilprozessrecht, 2. Aufl), Nagel/Gottwald § 7 Rn 45 ff, Lindacher, ZZP 114, 179 ff, Stadler IPRax 01, 514 ff und 02, 471 ff, Heß, NJW 02, 2417 und Jastrow NJW 02, 3382 erläutert. Sie wird durch das im Anschluss abgedruckte Durchführungsgesetz v 9. 7. 01 ergänzt. Die die anderen Mitgliedstaaten betreffenden Angaben (vgl Art 23) sind im ABl C 151, S 4 vom 22. 5. 01 veröffentlicht (auch in Bülow/Böckstiegel/Geimer/Schütze, Nr 556, S 1 ff abgedruckt; ferner kurz zusammengefasst in NJW 02, 2451). Die in Art 17 ZustellungsVO angesprochenen Durchführungsmaßnahmen (Handbuch über die Empfangsstellen und Glossar über die Schriftstücke, die nach Maßgabe der VO in den Mitgliedstaaten zugestellt werden können) sind in der Form einer Entscheidung der Kommission vom 25.9.01 im ABl L 298, S 1 abgedruckt. Das Handbuch und das Glossar sind auf der Internetseite der Europäischen Union (www.europa.eu.int) veröffentlicht.

Kapitel I. Allgemeine Bestimmungen

Art. 1 Anwendungsbereich

(1) Diese Verordnung ist in Zivil- oder Handelssachen anzuwenden, in denen ein gerichtliches oder außergerichtliches Schriftstück von einem in einen anderen Mitgliedstaat zum Zwecke der Zustellung zu übermitteln ist.

(2) Diese Verordnung gilt nicht, wenn die Anschrift des Empfängers des Schriftstücks unbekannt ist.

Art. 2 Übermittlungs- und Empfangsstellen

(1) Jeder Mitgliedstaat benennt die Behörden, Amtspersonen oder sonstigen Personen, die für die Übermittlung gerichtlicher und außergerichtlicher Schriftstücke, die in einem anderen Mitgliedstaat zuzustellen sind, zuständig sind, im folgenden „Übermittlungsstellen" genannt.

(2) Jeder Mitgliedstaat benennt die Behörden, Amtspersonen oder sonstigen Personen, die für die Entgegennahme gerichtlicher und außergerichtlicher Schriftstücke aus einem anderen Mitgliedstaat zuständig sind, im folgenden „Empfangsstellen" genannt.

(3) [1] Die Mitgliedstaaten können entweder eine Übermittlungsstelle und eine Empfangsstelle oder eine Stelle für beide Aufgaben benennen. [2] Bundesstaaten, Staaten mit mehreren Rechtssystemen oder Staaten mit autonomen Gebietskörperschaften können mehrere derartige Stellen benennen. [3] Diese Benennung ist für einen Zeitraum von fünf Jahren gültig und kann alle fünf Jahre erneuert werden.

(4) [1] Jeder Mitgliedstaat teilt der Kommission folgende Angaben mit:
a) die Namen und Anschriften der Empfangsstellen nach den Absätzen 2 und 3,

b) den Bereich, für den diese örtlich zuständig sind,
c) die ihnen zur Verfügung stehenden Möglichkeiten für den Empfang von Schriftstücken und
d) die Sprachen, in denen das Formblatt im Anhang ausgefüllt werden darf.
[2] Die Mitgliedstaaten teilen der Kommission jede Änderung dieser Angaben mit.

Art. 3 Zentralstelle

[1] Jeder Mitgliedstaat benennt eine Zentralstelle, die
a) den Übermittlungsstellen Auskünfte erteilt;
b) nach Lösungswegen sucht, wenn bei der Übermittlung von Schriftstücken zum Zwecke der Zustellung Schwierigkeiten auftreten;
c) in Ausnahmefällen auf Ersuchen einer Übermittlungsstelle einen Zustellungsantrag an die zuständige Empfangsstelle weiterleitet.
[2] Bundesstaaten, Staaten mit mehreren Rechtssystemen oder Staaten mit autonomen Gebietskörperschaften können mehrere Zentralstellen benennen.

Kapitel II. Gerichtliche Schriftstücke

Abschnitt 1. Übermittlung und Zustellung von gerichtlichen Schriftstücken

Art. 4 Übermittlung von Schriftstücken

(1) Gerichtliche Schriftstücke sind zwischen den nach Artikel 2 benannten Stellen unmittelbar und so schnell wie möglich zu übermitteln.

(2) Die Übermittlung von Schriftstücken, Anträgen, Zeugnissen, Empfangsbestätigungen, Bescheinigungen und sonstigen Dokumenten zwischen den Übermittlungs- und Empfangsstellen kann auf jedem geeigneten Übermittlungsweg erfolgen, sofern das empfangene Dokument mit dem versandten Dokument inhaltlich genau übereinstimmt und alle darin enthaltenen Angaben mühelos lesbar sind.

(3) [1] Dem zu übermittelnden Schriftstück ist ein Antrag beizufügen, der nach dem Formblatt im Anhang erstellt wird. [2] Das Formblatt ist in der Amtssprache des Empfangsmitgliedstaats oder, wenn es in diesem Mitgliedstaat mehrere Amtssprachen gibt, der Amtssprache oder einer der Amtssprachen des Ortes, an dem die Zustellung erfolgen soll, oder in einer sonstigen Sprache, die der Empfangsmitgliedstaat zugelassen hat, auszufüllen. [3] Jeder Mitgliedstaat hat die Amtssprache oder die Amtssprachen der Europäischen Union anzugeben, die er außer seiner oder seinen eigenen für die Ausfüllung des Formblatts zuläßt.

(4) Die Schriftstücke sowie alle Dokumente, die übermittelt werden, bedürfen weder der Beglaubigung noch einer anderen gleichwertigen Formalität.

(5) Wünscht die Übermittlungsstelle die Rücksendung einer Abschrift des Schriftstücks zusammen mit der Bescheinigung nach Artikel 10, so übermittelt sie das betreffende Schriftstück in zweifacher Ausfertigung.

Art. 5 Übersetzung der Schriftstücke

(1) Der Verfahrensbeteiligte wird von der Übermittlungsstelle, der er das Schriftstück zum Zweck der Übermittlung übergibt, davon in Kenntnis gesetzt, daß der Empfänger die Annahme des Schriftstücks verweigern darf, wenn es nicht in einer der in Artikel 8 genannten Sprachen abgefaßt ist.

(2) Der Verfahrensbeteiligte trägt etwaige vor der Übermittlung des Schriftstücks anfallende Übersetzungskosten unbeschadet einer etwaigen späteren Kostenentscheidung des zuständigen Gerichts oder der zuständigen Behörde.

Art. 6 Entgegennahme der Schriftstücke durch die Empfangsstelle

(1) Nach Erhalt des Schriftstücks übersendet die Empfangsstelle der Übermittlungsstelle auf schnellstmöglichem Wege und so bald wie möglich, auf jeden Fall aber innerhalb von sieben Tagen nach Erhalt des Schriftstücks, eine Empfangsbestätigung unter Verwendung des Formblatts im Anhang.

(2) Kann der Zustellungsantrag aufgrund der übermittelten Angaben oder Dokumente nicht erledigt werden, so nimmt die Empfangsstelle auf schnellstmöglichem Wege Verbindung zu der Übermittlungsstelle auf, um die fehlenden Angaben oder Schriftstücke zu beschaffen.

(3) Fällt der Zustellungsantrag offenkundig nicht in den Anwendungsbereich dieser Verordnung oder ist die Zustellung wegen Nichtbeachtung der erforderlichen Formvorschriften nicht möglich, sind der Zustellungsantrag und die übermittelten Schriftstücke sofort nach Erhalt zusammen mit dem Formblatt im Anhang für die Benachrichtigung über Rücksendung an die Übermittlungsstelle zurückzusenden.

(4) [1] Eine Empfangsstelle, die ein Schriftstück erhält, für dessen Zustellung sie örtlich nicht zuständig ist, leitet dieses Schriftstück zusammen mit dem Zustellungsantrag an die örtlich zuständige Empfangsstelle in demselben Mitgliedstaat weiter, sofern der Antrag den Voraussetzungen in Artikel 4 Absatz 3 entspricht; sie setzt die Übermittlungsstelle unter Verwendung des Formblatts im Anhang davon in Kenntnis. [2] Die örtlich zuständige Empfangsstelle teilt der Übermittlungsstelle gemäß Absatz 1 den Eingang des Schriftstücks mit.

Art. 7 Zustellung der Schriftstücke

(1) Die Zustellung des Schriftstücks wird von der Empfangsstelle bewirkt oder veranlaßt, und zwar entweder nach dem Recht des Emp-

fangsmitgliedstaats oder in einer von der Übermittlungsstelle gewünschten besonderen Form, sofern dieses Verfahren mit dem Recht des Empfangsmitgliedstaats vereinbar ist.

(2) [1]Alle für die Zustellung erforderlichen Schritte sind so bald wie möglich vorzunehmen. [2]Konnte die Zustellung nicht binnen einem Monat nach Eingang des Schriftstücks vorgenommen werden, teilt die Empfangsstelle dies der Übermittlungsstelle unter Verwendung der Bescheinigung mit, die in dem Formblatt im Anhang vorgesehen und gemäß Artikel 10 Absatz 2 auszustellen ist. [3]Die Frist wird nach dem Recht des Empfangsmitgliedstaats berechnet.

Art. 8 Verweigerung der Annahme eines Schriftstücks

(1) Die Empfangsstelle setzt den Empfänger davon in Kenntnis, daß er die Annahme des zuzustellenden Schriftstücks verweigern darf, wenn dieses in einer anderen als den folgenden Sprachen abgefaßt ist:
a) der Amtssprache des Empfangsmitgliedstaats oder, wenn es im Empfangsmitgliedstaat mehrere Amtssprachen gibt, der Amtssprache oder einer der Amtssprachen des Ortes, an dem die Zustellung erfolgen soll, oder
b) einer Sprache des Übermittlungsmitgliedstaats, die der Empfänger versteht.

(2) Wird der Empfangsstelle mitgeteilt, daß der Empfänger die Annahme des Schriftstücks gemäß Absatz 1 verweigert, setzt sie die Übermittlungsstelle unter Verwendung der Bescheinigung nach Artikel 10 unverzüglich davon in Kenntnis und sendet den Antrag sowie die Schriftstücke, um deren Übersetzung ersucht wird, zurück.

Art. 9 Datum der Zustellung

(1) Unbeschadet des Artikels 8 ist für das Datum der nach Artikel 7 erfolgten Zustellung eines Schriftstücks das Recht des Empfangsmitgliedstaats maßgeblich.

(2) Wenn jedoch die Zustellung eines Schriftstücks im Rahmen eines im Übermittlungsmitgliedstaat einzuleitenden oder anhängigen Verfahrens innerhalb einer bestimmten Frist zu erfolgen hat, ist im Verhältnis zum Antragsteller als Datum der Zustellung der Tag maßgeblich, der sich aus dem Recht des Übermittlungsmitgliedstaats ergibt.

(3) [1]Ein Mitgliedstaat kann aus angemessenen Gründen während eines Übergangszeitraums von fünf Jahren von den Absätzen 1 und 2 abweichen. [2]Dieser Übergangszeitraum kann von einem Mitgliedstaat aus Gründen, die sich aus seinem Rechtssystem ergeben, in Abständen von fünf Jahren erneuert werden. [3]Der Mitgliedstaat teilt der Kommission den Inhalt der Abweichung und die konkreten Einzelheiten mit.

Art. 10 Bescheinigung über die Zustellung und Abschrift des zugestellten Schriftstücks

(1) [1]Nach Erledigung der für die Zustellung des Schriftstücks vorzunehmenden Schritte wird nach dem Formblatt im Anhang eine entsprechende Bescheinigung ausgestellt, die der Übermittlungsstelle übersandt wird. [2]Bei Anwendung von Artikel 4 Absatz 5 wird der Bescheinigung eine Abschrift des zugestellten Schriftstücks beigefügt.

(2) [1]Die Bescheinigung ist in der Amtssprache oder in einer der Amtssprachen des Übermittlungsmitgliedstaats oder in einer sonstigen Sprache, die der Übermittlungsmitgliedstaat zugelassen hat, auszufüllen. [2]Jeder Mitgliedstaat hat die Amtssprache oder die Amtssprachen der Europäischen Union anzugeben, die er außer seiner oder seinen eigenen für die Ausfüllung des Formblatts zuläßt.

Art. 11 Kosten der Zustellung

(1) Für die Zustellung gerichtlicher Schriftstücke aus einem anderen Mitgliedstaat darf keine Zahlung oder Erstattung von Gebühren und Auslagen für die Tätigkeit des Empfangsmitgliedstaats verlangt werden.

(2) Der Verfahrensbeteiligte hat jedoch die Auslagen zu zahlen oder zu erstatten, die dadurch entstehen,
a) daß bei der Zustellung eine Amtsperson oder eine andere nach dem Recht des Empfangsmitgliedstaats zuständige Person mitwirkt;
b) daß eine besondere Form der Zustellung eingehalten wird.

Abschnitt 2. Andere Arten der Übermittlung und Zustellung gerichtlicher Schriftstücke

Art. 12 Übermittlung auf konsularischem oder diplomatischem Weg

Jedem Mitgliedstaat steht es in Ausnahmefällen frei, den nach Artikel 2 oder Artikel 3 benannten Stellen eines anderen Mitgliedstaats gerichtliche Schriftstücke zum Zweck der Zustellung auf konsularischem oder diplomatischem Weg zu übermitteln.

Art. 13 Zustellung von Schriftstücken durch die diplomatischen oder konsularischen Vertretungen

(1) Jedem Mitgliedstaat steht es frei, Personen, die ihren Wohnsitz in einem anderen Mitgliedstaat haben, gerichtliche Schriftstücke unmittelbar durch seine diplomatischen oder konsularischen Vertretungen ohne Anwendung von Zwang zustellen zu lassen.

(2) Jeder Mitgliedstaat kann nach Artikel 23 Absatz 1 mitteilen, daß er eine solche Zustellung in seinem Hoheitsgebiet nicht zuläßt, außer wenn das Schriftstück einem Staatsangehörigen des Übermittlungsmitgliedstaats zuzustellen ist.

Art. **14** Zustellung durch die Post

(1) Jedem Mitgliedstaat steht es frei, Personen, die ihren Wohnsitz in einem anderen Mitgliedstaat haben, gerichtliche Schriftstücke unmittelbar durch die Post zustellen zu lassen.

(2) Jeder Mitgliedstaat kann nach Artikel 23 Absatz 1 die Bedingungen bekanntgeben, unter denen er eine Zustellung gerichtlicher Schriftstücke durch die Post zuläßt.

Art. **15** Unmittelbare Zustellung

(1) Diese Verordnung schließt nicht aus, daß jeder an einem gerichtlichen Verfahren Beteiligte gerichtliche Schriftstücke unmittelbar durch Amtspersonen, Beamte oder sonstige zuständige Personen des Empfangsmitgliedstaats zustellen lassen kann.

(2) Jeder Mitgliedstaat kann nach Artikel 23 Absatz 1 erklären, daß er die Zustellung gerichtlicher Schriftstücke nach Absatz 1 in seinem Hoheitsgebiet nicht zuläßt.

Kapitel III. Außergerichtliche Schriftstücke

Art. **16** Übermittlung

Außergerichtliche Schriftstücke können zum Zweck der Zustellung in einem anderen Mitgliedstaat nach Maßgabe dieser Verordnung übermittelt werden.

Kapitel IV. Schlußbestimmungen

Art. **17** Durchführungsbestimmungen

(nicht abgedruckt)

Art. **18** Ausschuß

(nicht abgedruckt)

Art. **19** Nichteinlassung des Beklagten

(1) War ein verfahrenseinleitendes Schriftstück oder ein gleichwertiges Schriftstück nach dieser Verordnung zum Zweck der Zustellung in einen anderen Mitgliedstaat zu übermitteln und hat sich der Beklagte nicht auf das Verfahren eingelassen, so hat das Gericht das Verfahren auszusetzen, bis festgestellt ist,

a) daß das Schriftstück in einer Form zugestellt worden ist, die das Recht des Empfangsmitgliedstaats für die Zustellung der in seinem Hoheitsgebiet ausgestellten Schriftstücke an dort befindliche Personen vorschreibt, oder

b) daß das Schriftstück tatsächlich entweder dem Beklagten persönlich ausgehändigt oder nach einem anderen in dieser Verordnung vorgesehenen Verfahren in seiner Wohnung abgegeben worden ist,

und daß in jedem dieser Fälle das Schriftstück so rechtzeitig ausgehändigt bzw. abgegeben worden ist, daß der Beklagte sich hätte verteidigen können.

(2) Jeder Mitgliedstaat kann nach Artikel 23 Absatz 1 mitteilen, daß seine Gerichte ungeachtet des Absatzes 1 den Rechtsstreit entscheiden können, auch wenn keine Bescheinigung über die Zustellung oder die Aushändigung bzw. Abgabe eingegangen ist, sofern folgende Voraussetzungen gegeben sind:

a) Das Schriftstück ist nach einem in dieser Verordnung vorgesehenen Verfahren übermittelt worden.

b) Seit der Absendung des Schriftstücks ist eine Frist von mindestens sechs Monaten verstrichen, die das Gericht nach den Umständen des Falles als angemessen erachtet.

c) Trotz aller zumutbaren Schritte bei den zuständigen Behörden oder Stellen des Empfangsmitgliedstaats war eine Bescheinigung nicht zu erlangen.

(3) Unbeschadet der Absätze 1 und 2 kann das Gericht in dringenden Fällen einstweilige Maßnahmen oder Sicherungsmaßnahmen anordnen.

(4) [1] War ein verfahrenseinleitendes Schriftstück oder ein gleichwertiges Schriftstück nach dieser Verordnung zum Zweck der Zustellung in einen anderen Mitgliedstaat zu übermitteln und ist eine Entscheidung gegen einen Beklagten ergangen, der sich nicht auf das Verfahren eingelassen hat, so kann ihm das Gericht in bezug auf Rechtsmittelfristen die Wiedereinsetzung in den vorigen Stand bewilligen, sofern

a) der Beklagte ohne sein Verschulden nicht so rechtzeitig Kenntnis von dem Schriftstück erlangt hat, daß er sich hätte verteidigen können, und nicht so rechtzeitig Kenntnis von der Entscheidung erlangt hat, daß er sie hätte anfechten können, und

b) die Verteidigung des Beklagten nicht von vornherein aussichtslos scheint.

[2] Ein Antrag auf Wiedereinsetzung in den vorigen Stand kann nur innerhalb einer angemessenen Frist, nachdem der Beklagte von der Entscheidung Kenntnis erhalten hat, gestellt werden.

[3] Jeder Mitgliedstaat kann nach Artikel 23 Absatz 1 erklären, daß dieser Antrag nach Ablauf einer in seiner Mitteilung anzugebenden Frist unzulässig ist; diese Frist muß jedoch mindestens ein Jahr ab Erlaß der Entscheidung betragen.

(5) Absatz 4 gilt nicht für Entscheidungen, die den Personenstand betreffen.

Art. 20 Verhältnis zu Übereinkünften oder Vereinbarungen, die die Mitgliedstaaten abgeschlossen haben

(1) Die Verordnung hat in ihrem Anwendungsbereich Vorrang vor den Bestimmungen, die in den von den Mitgliedstaaten geschlossenen bilateralen oder multilateralen Übereinkünften oder Vereinbarungen enthalten sind, insbesondere vor Artikel IV des Protokolls zum Brüsseler Übereinkommen von 1968 und vor dem Haager Übereinkommen vom 15. November 1956.

(2) Die Verordnung hindert einzelne Mitgliedstaaten nicht daran, Übereinkünfte oder Vereinbarungen zur weiteren Beschleunigung oder Vereinfachung der Übermittlung von Schriftstücken beizubehalten oder zu schließen, sofern sie mit dieser Verordnung vereinbar sind.

(3) Die Mitgliedstaaten übermitteln der Kommission
a) eine Abschrift der zwischen den Mitgliedstaaten geschlossenen Übereinkünfte oder Vereinbarungen nach Absatz 2 sowie Entwürfe dieser von ihnen geplanten Übereinkünfte oder Vereinbarungen sowie
b) jede Kündigung oder Änderung dieser Übereinkünfte oder Vereinbarungen.

Art. 21 Prozeßkostenhilfe

Artikel 23 des Abkommens über den Zivilprozeß vom 17. Juli 1905, Artikel 24 des Übereinkommens über den Zivilprozeß vom 1. März 1954 und Artikel 13 des Abkommens über die Erleichterung des internationalen Zugangs zu den Gerichten vom 25. Oktober 1980 bleiben im Verhältnis zwischen den Mitgliedstaaten, die Vertragspartei dieser Übereinkünfte sind, von dieser Verordnung unberührt.

Art. 22 Datenschutz

(1) Die Empfangsstelle darf die nach dieser Verordnung übermittelten Informationen – einschließlich personenbezogener Daten – nur zu dem Zweck verwenden, zu dem sie übermittelt wurden.

(2) Die Empfangsstelle stellt die Vertraulichkeit derartiger Informationen nach Maßgabe ihres nationalen Rechts sicher.

(3) Die Absätze 1 und 2 berühren nicht das Auskunftsrecht von Betroffenen über die Verwendung der nach dieser Verordnung übermittelten Informationen, das ihnen nach dem einschlägigen nationalen Recht zusteht.

(4) Die Richtlinien 95/46/EG und 97/66/EG bleiben von dieser Verordnung unberührt.

Art. 23 Mitteilung und Veröffentlichung

(1) Die Mitgliedstaaten teilen der Kommission die Angaben nach den Artikeln 2, 3, 4, 9, 10, 13, 14 und 15, Artikel 17 Buchstabe a) und Artikel 19 mit.

(2) Die Kommission veröffentlicht die Angaben nach Absatz 1 im *Amtsblatt der Europäischen Gemeinschaften.*

Art. **24** Überprüfung

(nicht abgedruckt)

Art. **25** Inkrafttreten

Diese Verordnung tritt am 31. Mai 2001 in Kraft.

Anhang

(nicht abgedruckt; Text siehe ABl L 160 S 44 ff v 30. 6. 00; ferner Beilage zu Heft 1 NJW 01, S. 12 ff).

Gesetz zur Durchführung gemeinschaftsrechtlicher Vorschriften über die Zustellung gerichtlicher und außergerichtlicher Schriftstücke in Zivil- oder Handelssachen in den Mitgliedstaaten (EG-Zustellungsdurchführungsgesetz – ZustDG)

Vom 9. Juli 2001 (BGBl I S 1536)

§ 1 Zustellung durch diplomatische oder konsularische Vertretungen

Eine Zustellung nach Artikel 13 Abs. 1 der Verordnung (EG) Nr. 1348/2000 des Rates vom 29. Mai 2000 über die Zustellung gerichtlicher und außergerichtlicher Schriftstücke in Zivil- oder Handelssachen in den Mitgliedstaaten (ABl. EG Nr. L 160 S. 37), die in der Bundesrepublik Deutschland bewirkt werden soll, ist nur zulässig, wenn der Adressat des zuzustellenden Schriftstücks Staatsangehöriger des Übermittlungsmitgliedstaats ist.

§ 2 Zustellung durch die Post

(1) [1] Eine Zustellung nach Artikel 14 Abs. 1 der Verordnung (EG) Nr. 1348/2000, die in der Bundesrepublik Deutschland bewirkt werden soll, ist nur in der Versandform des Einschreibens mit Rückschein zulässig. [2] Hierbei muss das zuzustellende Schriftstück in einer der folgenden Sprachen abgefasst oder es muss ihm eine Übersetzung in eine dieser Sprachen beigefügt sein:
1. Deutsch oder
2. Amtssprache oder eine der Amtssprachen des Übermittlungsmitgliedstaats, sofern der Adressat Staatsangehöriger dieses Mitgliedstaats ist.

(2) Ein Schriftstück, dessen Zustellung eine deutsche Empfangsstelle im Rahmen von Artikel 7 der Verordnung (EG) Nr. 1348/2000 zu bewirken oder zu veranlassen hat, kann ebenfalls durch Einschreiben mit Rückschein zugestellt werden.

§ 3 Zustellung im Parteibetrieb

Eine Zustellung nach Artikel 15 Abs. 1 der Verordnung (EG) Nr. 1348/2000 ist in der Bundesrepublik Deutschland unzulässig.

§ 4 Zuständigkeiten

(1) Für Zustellung im Ausland sind als deutsche Übermittlungsstelle im Sinne von Artikel 2 Abs. 1 der Verordnung (EG) Nr. 1348/2000 zuständig:

1. für gerichtliche Schriftstücke das die Zustellung betreibende Gericht und

2. für außergerichtliche Schriftstücke dasjenige Amtsgericht, in dessen Bezirk die Person, welche die Zustellung betreibt, ihren Wohnsitz oder gewöhnlichen Aufenthalt hat; bei notariellen Urkunden auch dasjenige Amtsgericht, in dessen Bezirk der beurkundende Notar seinen Amtssitz hat; bei juristischen Personen tritt an die Stelle des Wohnsitzes oder des gewöhnlichen Aufenthalts der Sitz; die Landesregierungen können die Aufgaben der Übermittlungsstelle einem Amtsgericht für die Bezirke mehrerer Amtsgerichte durch Rechtsverordnung zuweisen.

(2) [1] Für Zustellungen in der Bundesrepublik Deutschland ist als deutsche Empfangsstelle im Sinne von Artikel 2 Abs. 2 der Verordnung (EG) Nr. 1348/2000 dasjenige Amtsgericht zuständig, in dessen Bezirk das Schriftstück zugestellt werden soll. [2] Die Landesregierungen können die Aufgaben der Empfangsstelle einem Amtsgericht für die Bezirke mehrerer Amtsgerichte durch Rechtsverordnung zuweisen.

(3) [1] Die Landesregierungen bestimmen durch Rechtsverordnung die Stelle, die in dem jeweiligen Land als deutsche Zentralstelle im Sinne von Artikel 3 Satz 1 der Verordnung (EG) Nr. 1348/2000 zuständig ist. [2] Die Aufgaben der Zentralstelle können in jedem Land nur einer Stelle zugewiesen werden.

(4) Die Landesregierungen können die Befugnis zum Erlass einer Rechtsverordnung nach Absatz 1 Nr. 2, Absatz 2 Satz 2 und Absatz 3 Satz 1 einer obersten Landesbehörde übertragen.

§ 5 Inkrafttreten

Dieses Gesetz tritt am Tag nach der Verkündung in Kraft.
(Das Gesetz ist am 13. 7. 2001 in Kraft getreten)

Gesetz zur Ausführung zwischenstaatlicher Verträge und zur Durchführung von Verordnungen der Europäischen Gemeinschaft auf dem Gebiet der Anerkennung und Vollstreckung in Zivil- und Handelssachen (Anerkennungs- und Vollstreckungsausführungsgesetz – AVAG)

Vom 19. Februar 2001 (BGBl I S 288), zuletzt geänd durch Gesetz
vom 30. Januar 2002 (BGBl I S 564)

1. Vorbemerkung. Das AVAG ersetzt, soweit es anwendbar ist, das 1
Verfahren nach §§ 722, 723 ZPO. In Ehesachen wird das Verfahren
nach Art 7 § 1 FamRÄndG verdrängt, soweit die EheVO v 29. 5. 00
anzuwenden ist (vgl §§ 33, 50 Abs 1 AVAG; Wagner IPRax 01, 73/79).
2. Vollstreckungsklausel für ausländische Titel. Dieses verein- 2
fachte Verfahren ist seit Inkrafttreten des AVAG id Fassung des Gesetzes vom 30. 5. 88 (BGBl I 662), nämlich seit 8. 6. 88 anzuwenden.
Durch die Neufassung des AVAG (hierzu Hub NJW 01, 3145 ff) und
die weiteren Änderungen wurde der Anwendungsbereich auf die Ehe-
VO und die EuGVVO erweitert. Das AVAG in der neuen Fassung trat
gem Art 3 des Gesetzes v 19. 2. 01 am 1. 3. 01 unter Aufhebung des
AVAG aF v 30. 5. 88 in Kraft. Die durch die EuGVVO bedingten Änderungen durch das Gesetz vom 30. 1. 02 traten zum 1. 3. 02 in Kraft. –
a) Anwendungsbereich. Er ergibt sich aus § 1 AVAG: das EuGVÜ, 3
das LGVÜ, das HUÜ vom 2. 10. 73, die Verträge mit Norwegen, Israel (hierzu BGH WM 01, 2121) und Spanien (vgl Rn 5 zu Anh nach
§ 723), die EuGVVO und die EheVO. – **b) Zuständigkeit:** Die Un- 4
zuständigkeit kann in der Beschwerdeinstanz gerügt werden; § 513
Abs 2 gilt nicht (ZöGeimer Anh III § 3 AVAG Rn 1). Wegen Art 45
EuGVVO (dort Rn 3) gilt dies aber nicht im Anwendungsbereich dieser
VO. Es ist zu differenzieren: **aa)** Für die in § 1 Nr 1 aufgeführten Ver- 5
träge und Übereinkommen der Vorsitzende der nach Geschäftsverteilung zuständigen Kammer des LG, in dessen Bezirk der Wohnsitz des
Schuldners liegt; hat er keinen Wohnsitz, das LG im Bezirk der durchzuführenden Vollstreckung (§ 3 AVAG). – **bb)** Für die EheVO ergibt 6
sich die Zuständigkeit aus Art 22 EheVO iVm Anh I unmittelbar (vgl
den Ausschluss von § 3 AVAG in § 50 Abs 1 AVAG). Nur für das
selbständige Anerkennungsverfahren nach Art 14 Abs 3 EheVO regelt
§ 51 AVAG die Zuständigkeit. – **cc)** Für die EuGVVO regelt Art 39
EuGVVO iVm Anh II die Zuständigkeit (vgl auch § 55 I AVAG). –

7 **c) Voraussetzungen. aa) Allgemeines.** Die Voraussetzungen für die
Erteilung der Vollstreckungsklausel ergeben sich grds aus den in § 1
Abs 1 AVAG aufgeführten Verträgen, der EuGVVO und der EheVO.
Diese werden ergänzt durch das AVAG, wobei wegen § 1 Abs 2 A-
VAG iVm § 50 AVAG für die EheVO bzw iVm § 55 AVAG für die
EuGVVO einige Vorschriften des allgemeinen Teils ausgeschlossen
sind, weil sich insoweit die Verfahrensregeln unmittelbar aus der EheVO
8 bzw der EuGVVO ergeben. – **bb) Voraussetzungen in den Fällen
des § 1 Nr 1 AVAG: (1)** Antrag eines aus dem Titel Berechtigten,
schriftlich oder zu Protokoll der Geschäftsstelle (§ 4 AVAG). Inhalt: § 4
AVAG. **(2)** Beizufügende Urkunden, zB gem Art 46, 47 EuGVÜ, 53,
54 EuGVVO. **(3)** Anwendbarkeit des Übereinkommens, Vertrags oder
der VO. **(4)** Fehlen von Nichtanerkennungsgründen (nicht zu prüfen
im Anwendungsbereich der EuGVVO, vgl Art 41 EuGVVO). Es findet
keine Nachprüfung statt, ob die ausländische Entscheidung gesetzmäßig
9 ist. – **d) Verfahren in den Fällen des § 1 Nr 1 AVAG:** grundsätzlich ohne mdl Vhdlg und ohne Anwaltszwang (§ 6 AVAG). Hängt
nach dem Titelinhalt die Zwangsvollstreckung von Sicherheitsleistung,
Fristablauf oder Eintritt bestimmter Tatsachen ab, soll für oder gegen
andere Personen vollstreckt werden, ist das Recht des Staates anzuwenden, aus dem der Titel stammt (§ 7 AVAG, auch zum Nachweis). –
10 **e) Entscheidung.** Der Vorsitzende ordnet entweder die Erteilung der
Vollstreckungsklausel an (§ 8 Abs 1 AVAG) oder weist den Antrag
durch einen zu begründenden Beschluss zurück (§ 8 Abs 2 AVAG).
Kosten: § 8 Abs 1 S 4 iVm § 788 ZPO. Die Klausel erteilt der Urkunds-
11 beamte (§ 9 AVAG). – **f) Rechtsbehelfe in den Fällen des § 1 Nr 1
AVAG: aa) Befristete Beschwerde** an das OLG gegen Anordnung
oder Beschluss des Vorsitzenden (Rn 8) gem §§ 11–14 AVAG. Entschei-
12 dung: vgl insb Art 43 EuGVVO Rn 18 ff. **bb) Rechtsbeschwerde**
(§§ 15–17 AVAG) mit Notfrist von einem Monat an den BGH gegen
den Beschluss des OLG durch einen beim BGH zugelassenen RA (BGH
13 WM 02, 1512). **cc) Erinnerung** (§ 766) oder der jeweils vorgesehene Rechtsbehelf der ZwVollstr (vgl 53–56 vor § 704), soweit es um
die Beschränkung der ZwVollstr während des Verfahrens geht (§ 19
14 AVAG). **dd) Aufhebungs- oder Änderungsantrag** an das LG, das
die Klausel erteilt hat, wenn der Titel aufgehoben oder abgeändert wor-
15 den ist (§ 27 AVAG). Für die Kostenfestsetzung im Verfahren der
Vollstreckbarerklärung ist das AG als Vollstreckungsgericht gem § 8
Abs 1 S 4, § 788 Abs 2 ZPO zuständig (München FamRZ 02, 408).

Teil 1. Allgemeines

Abschnitt 1. Anwendungsbereich; Begriffsbestimmungen

§ 1 Anwendungsbereich

(1) Diesem Gesetz unterliegen

1. die Ausführung folgender zwischenstaatlicher Verträge (Anerkennungs- und Vollstreckungsverträge):
    a) Übereinkommen vom 27. September 1968 über die gerichtliche Zuständigkeit und die Vollstreckung gerichtlicher Entscheidungen in Zivil- und Handelssachen (BGBl. 1972 II S. 773);
    b) Übereinkommen vom 16. September 1988 über die gerichtliche Zuständigkeit und die Vollstreckung gerichtlicher Entscheidungen in Zivil- und Handelssachen (BGBl. 1994 II S. 2658);
    c) Haager Übereinkommen vom 2. Oktober 1973 über die Anerkennung und Vollstreckung von Unterhaltsentscheidungen (BGBl. 1986 II S. 825);
    d) Vertrag vom 17. Juni 1977 zwischen der Bundesrepublik Deutschland und dem Königreich Norwegen über die gegenseitige Anerkennung und Vollstreckung gerichtlicher Entscheidungen und anderer Schuldtitel in Zivil- und Handelssachen (BGBl. 1981 II S. 341);
    e) Vertrag vom 20. Juli 1977 zwischen der Bundesrepublik Deutschland und dem Staat Israel über die gegenseitige Anerkennung und Vollstreckung gerichtlicher Entscheidungen in Zivil- und Handelssachen (BGBl. 1980 II S. 925);
    f) Vertrag vom 14. November 1983 zwischen der Bundesrepublik Deutschland und Spanien über die Anerkennung und Vollstreckung von gerichtlichen Entscheidungen und Vergleichen sowie vollstreckbaren öffentlichen Urkunden in Zivil- und Handelssachen (BGBl. 1987 II S. 34);
2. die Durchführung folgender Verordnungen der Europäischen Gemeinschaften:
    a) der Verordnung (EG) Nr. 1347/2000 des Rates vom 29. Mai 2000 über die Zuständigkeit und die Anerkennung und Vollstreckung von Entscheidungen in Ehesachen und in Verfahren betreffend die elterliche Verantwortung für die gemeinsamen Kinder der Ehegatten (ABl. EG Nr. L 160 S. 19);
    b) der Verordnung (EG) Nr. 44/2001 des Rates vom 22. Dezember 2000 über die gerichtliche Zuständigkeit und die Anerkennung und Vollstreckung von Entscheidungen in Zivil- und Handelssachen (ABl. EG Nr. L 12 S. 1).

(2) [1] Die Regelungen der in Absatz 1 Nr. 2 genannten Verordnungen werden als unmittelbar geltendes Recht der Europäischen Gemeinschaft durch die Durchführungsbestimmungen dieses Gesetzes nicht berührt. [2] Unberührt bleiben auch die Regelungen der zwischenstaatlichen Verträge; dies gilt insbesondere für die Regelungen über
1. den sachlichen Anwendungsbereich,
2. die Art der Entscheidungen und sonstigen Titel, die im Inland anerkannt oder zur Zwangsvollstreckung zugelassen werden können,
3. das Erfordernis der Rechtskraft der Entscheidungen,
4. die Art der Urkunden, die im Verfahren vorzulegen sind, und

5. die Gründe, die zur Versagung der Anerkennung oder Zulassung der
Zwangsvollstreckung führen.

§ 2 Begriffsbestimmungen

Im Sinne dieses Gesetzes sind
1. unter Mitgliedstaaten die Mitgliedstaaten der Europäischen Union,
in denen die in § 1 Abs. 1 Nr. 2 genannten Verordnungen gelten,
und
2. unter Titeln Entscheidungen, gerichtliche Vergleiche und öffentliche
Urkunden, auf welche der jeweils auszuführende Anerkennungs-
und Vollstreckungsvertrag oder die jeweils durchzuführende Verordnung Anwendung findet,
zu verstehen.

Abschnitt 2. Zulassung der Zwangsvollstreckung
aus ausländischen Titeln

§ 3 Zuständigkeit

(1) Für die Vollstreckbarerklärung von Titeln aus einem anderen
Staat ist das Landgericht ausschließlich zuständig.

(2) [1]Örtlich zuständig ist ausschließlich das Gericht, in dessen Bezirk
der Verpflichtete seinen Wohnsitz hat, oder, wenn er im Inland keinen
Wohnsitz hat, das Gericht, in dessen Bezirk die Zwangsvollstreckung
durchgeführt werden soll. [2]Der Sitz von Gesellschaften und juristischen
Personen steht dem Wohnsitz gleich.

(3) Über den Antrag auf Erteilung der Vollstreckungsklausel entscheidet der Vorsitzende einer Zivilkammer.

§ 4 Antragstellung

(1) Der in einem anderen Staat vollstreckbare Titel wird dadurch zur
Zwangsvollstreckung zugelassen, dass er auf Antrag mit der Vollstreckungsklausel versehen wird.

(2) Der Antrag auf Erteilung der Vollstreckungsklausel kann bei dem
zuständigen Gericht schriftlich eingereicht oder mündlich zu Protokoll
der Geschäftsstelle erklärt werden.

(3) Ist der Antrag entgegen § 184 des Gerichtsverfassungsgesetzes
nicht in deutscher Sprache abgefasst, so kann das Gericht dem Antragsteller aufgeben, eine Übersetzung des Antrags beizubringen, deren
Richtigkeit von einer
1. in einem Mitgliedstaat der Europäischen Union oder in einem anderen Vertragsstaat des Abkommens über den Europäischen Wirtschaftsraum oder
2. in einem Vertragsstaat des jeweils auszuführenden Anerkennungs-
und Vollstreckungsvertrags
hierzu befugten Person bestätigt worden ist.

(4) Der Ausfertigung des Titels, der mit der Vollstreckungsklausel versehen werden soll, und seiner Übersetzung, soweit eine solche vorgelegt wird, sollen zwei Abschriften beigefügt werden.

§ 5 Erfordernis eines Zustellungsbevollmächtigten

(1) Hat der Antragsteller in dem Antrag keinen Zustellungsbevollmächtigten benannt, so können bis zur nachträglichen Benennung eines Zustellungsbevollmächtigten alle Zustellungen an ihn durch Aufgabe zur Post (§ 184 Abs. 1 Satz 2, Abs. 2 der Zivilprozessordnung) bewirkt werden.

(2) [1]Zustellungsbevollmächtigter im Sinne des Absatzes 1 kann nur sein, wer im Bezirk des angerufenen Gerichts wohnt. [2]Das Gericht kann die Bestellung einer Person mit einem anderen inländischen Wohnsitz zulassen.

(3) [1]Absatz 1 gilt nicht, wenn der Antragsteller einen bei einem deutschen Gericht zugelassenen Rechtsanwalt oder eine andere Person zu seinem Bevollmächtigten für das Verfahren bestellt hat. [2]Der Bevollmächtigte, der nicht bei einem deutschen Gericht zugelassener Rechtsanwalt ist, muss im Bezirk des angerufenen Gerichts wohnen; das Gericht kann von diesem Erfordernis absehen, wenn der Bevollmächtigte einen anderen Wohnsitz im Inland hat.

(4) § 31 des Gesetzes über die Tätigkeit europäischer Rechtsanwälte in Deutschland vom 9. März 2000 (BGBl. I S. 182) bleibt unberührt.

§ 6 Verfahren

(1) Das Gericht entscheidet ohne Anhörung des Verpflichteten.

(2) [1]Die Entscheidung ergeht ohne mündliche Verhandlung. [2]Jedoch kann eine mündliche Erörterung mit dem Antragsteller oder seinem Bevollmächtigten stattfinden, wenn der Antragsteller oder der Bevollmächtigte hiermit einverstanden ist und die Erörterung der Beschleunigung dient.

(3) Im ersten Rechtszug ist die Vertretung durch einen Rechtsanwalt nicht erforderlich.

§ 7 Vollstreckbarkeit ausländischer Titel in Sonderfällen

(1) [1]Hängt die Zwangsvollstreckung nach dem Inhalt des Titels von einer dem Berechtigten obliegenden Sicherheitsleistung, dem Ablauf einer Frist oder dem Eintritt einer anderen Tatsache ab oder wird die Vollstreckungsklausel zugunsten eines anderen als des in dem Titel bezeichneten Berechtigten oder gegen einen anderen als den darin bezeichneten Verpflichteten beantragt, so ist die Frage, inwieweit die Zulassung der Zwangsvollstreckung von dem Nachweis besonderer Voraussetzungen abhängig oder ob der Titel für oder gegen den anderen vollstreckbar ist, nach dem Recht des Staates zu entscheiden, in

dem der Titel errichtet ist. [2] Der Nachweis ist durch Urkunden zu führen, es sei denn, dass die Tatsachen bei dem Gericht offenkundig sind.

(2) [1] Kann der Nachweis durch Urkunden nicht geführt werden, so ist auf Antrag des Berechtigten der Verpflichtete zu hören. [2] In diesem Fall sind alle Beweismittel zulässig. [3] Das Gericht kann auch die mündliche Verhandlung anordnen.

§ 8 Entscheidung

(1) [1] Ist die Zwangsvollstreckung aus dem Titel zuzulassen, so beschließt das Gericht, dass der Titel mit der Vollstreckungsklausel zu versehen ist. [2] In dem Beschluss ist die zu vollstreckende Verpflichtung in deutscher Sprache wiederzugeben. [3] Zur Begründung des Beschlusses genügt in der Regel die Bezugnahme auf die durchzuführende Verordnung der Europäischen Gemeinschaft oder den auszuführenden Anerkennungs- und Vollstreckungsvertrag sowie auf von dem Antragsteller vorgelegte Urkunden. [4] Auf die Kosten des Verfahrens ist § 788 der Zivilprozessordnung entsprechend anzuwenden.

(2) [1] Ist der Antrag nicht zulässig oder nicht begründet, so lehnt ihn das Gericht durch mit Gründen versehenen Beschluss ab. [2] Die Kosten sind dem Antragsteller aufzuerlegen.

§ 9 Vollstreckungsklausel

(1) [1] Aufgrund des Beschlusses nach § 8 Abs. 1 erteilt der Urkundsbeamte der Geschäftsstelle die Vollstreckungsklausel in folgender Form: „Vollstreckungsklausel nach § 4 des Anerkennungs- und Vollstreckungsausführungsgesetzes vom 19. 2. 2001 (BGBl. I S. 288). Gemäß dem Beschluß des ... (Bezeichnung des Gerichts und des Beschlusses) ist die Zwangsvollstreckung aus ... (Bezeichnung des Titels) zugunsten ... (Bezeichnung des Berechtigten) gegen ... (Bezeichnung des Verpflichteten) zulässig.

Die zu vollstreckende Verpflichtung lautet:

... (Angabe der dem Verpflichteten aus dem ausländischen Titel obliegenden Verpflichtung in deutscher Sprache; aus dem Beschluss nach § 8 Abs. 1 zu übernehmen). Die Zwangsvollstreckung darf über Maßregeln zur Sicherung nicht hinausgehen, bis der Gläubiger eine gerichtliche Anordnung oder ein Zeugnis vorlegt, dass die Zwangsvollstreckung unbeschränkt stattfinden darf."

[2] Lautet der Titel auf Leistung von Geld, so ist der Vollstreckungsklausel folgender Zusatz anzufügen: „Solange die Zwangsvollstreckung über Maßregeln zur Sicherung nicht hinausgehen darf, kann der Schuldner die Zwangsvollstreckung durch Leistung einer Sicherheit in Höhe von ... (Angabe des Betrages, wegen dessen der Berechtigte vollstrecken darf) abwenden."

(2) Wird die Zwangsvollstreckung nur für einen oder mehrere der durch die ausländische Entscheidung zuerkannten oder in einem anderen

ausländischen Titel niedergelegten Ansprüche oder nur für einen Teil des Gegenstands der Verpflichtung zugelassen, so ist die Vollstreckungsklausel als „Teil-Vollstreckungsklausel nach § 4 des Anerkennungs- und Vollstreckungsausführungsgesetzes vom 19. 2. 2001 (BGBl. I S. 288) zu bezeichnen.

(3) ¹Die Vollstreckungsklausel ist von dem Urkundsbeamten der Geschäftsstelle zu unterschreiben und mit dem Gerichtssiegel zu versehen. ²Sie ist entweder auf die Ausfertigung des Titels oder auf ein damit zu verbindendes Blatt zu setzen. ³Falls eine Übersetzung des Titels vorliegt, ist sie mit der Ausfertigung zu verbinden.

§ 10 Bekanntgabe der Entscheidung

(1) Im Falle des § 8 Abs. 1 sind dem Verpflichteten eine beglaubigte Abschrift des Beschlusses, eine beglaubigte Abschrift des mit der Vollstreckungsklausel versehenen Titels und gegebenenfalls seiner Übersetzung sowie der gemäß § 8 Abs. 1 Satz 3 in Bezug genommenen Urkunden von Amts wegen zuzustellen.

(2) ¹Muss die Zustellung an den Verpflichteten im Ausland oder durch öffentliche Bekanntmachung erfolgen und hält das Gericht die Beschwerdefrist nach § 11 Abs. 3 Satz 1 nicht für ausreichend, so bestimmt es in dem Beschluss nach § 8 Abs. 1 oder nachträglich durch besonderen Beschluss, der ohne mündliche Verhandlung ergeht, eine längere Beschwerdefrist. ²Die Bestimmungen über den Beginn der Beschwerdefrist bleiben auch im Fall der nachträglichen Festsetzung unberührt.

(3) ¹Dem Antragsteller sind eine beglaubigte Abschrift des Beschlusses nach § 8, im Falle des § 8 Abs. 1 ferner die mit der Vollstreckungsklausel versehene Ausfertigung des Titels und eine Bescheinigung über die bewirkte Zustellung, zu übersenden. ²In den Fällen des Absatzes 2 ist die festgesetzte Frist für die Einlegung der Beschwerde auf der Bescheinigung über die bewirkte Zustellung zu vermerken.

Abschnitt 3. Beschwerde, Vollstreckungsgegenklage

§ 11 Einlegung der Beschwerde; Beschwerdefrist

(1) ¹Die Beschwerde gegen die im ersten Rechtszug ergangene Entscheidung über den Antrag auf Erteilung der Vollstreckungsklausel wird bei dem Beschwerdegericht durch Einreichen einer Beschwerdeschrift oder durch Erklärung zu Protokoll der Geschäftsstelle eingelegt. ²Beschwerdegericht ist das Oberlandesgericht. ³Der Beschwerdeschrift soll die für ihre Zustellung erforderliche Zahl von Abschriften beigefügt werden.

(2) Die Zulässigkeit der Beschwerde wird nicht dadurch berührt, dass sie statt bei dem Beschwerdegericht bei dem Gericht des ersten Rechts-

zuges eingelegt wird; die Beschwerde ist unverzüglich von Amts wegen an das Beschwerdegericht abzugeben.

(3) [1] Die Beschwerde des Verpflichteten gegen die Zulassung der Zwangsvollstreckung ist innerhalb eines Monats, im Falle des § 10 Abs. 2 Satz 1 innerhalb der nach dieser Vorschrift bestimmten längeren Frist einzulegen. [2] Die Beschwerdefrist beginnt mit der Zustellung nach § 10 Abs. 1. [3] Sie ist eine Notfrist.

(4) Die Beschwerde ist dem Beschwerdegegner von Amts wegen zuzustellen.

§ 12 Einwendungen gegen den zu vollstreckenden Anspruch im Beschwerdeverfahren

(1) Der Verpflichtete kann mit der Beschwerde, die sich gegen die Zulassung der Zwangsvollstreckung aus einer Entscheidung richtet, auch Einwendungen gegen den Anspruch selbst insoweit geltend machen, als die Gründe, auf denen sie beruhen, erst nach dem Erlass der Entscheidung entstanden sind.

(2) Mit der Beschwerde, die sich gegen die Zulassung der Zwangsvollstreckung aus einem gerichtlichen Vergleich oder einer öffentlichen Urkunde richtet, kann der Verpflichtete die Einwendungen gegen den Anspruch selbst ungeachtet der in Absatz 1 enthaltenen Beschränkung geltend machen.

§ 13 Verfahren und Entscheidung über die Beschwerde

(1) [1] Das Beschwerdegericht entscheidet durch Beschluss, der mit Gründen zu versehen ist und ohne mündliche Verhandlung ergehen kann. [2] Der Beschwerdegegner ist vor der Entscheidung zu hören.

(2) [1] Solange eine mündliche Verhandlung nicht angeordnet ist, können zu Protokoll der Geschäftsstelle Anträge gestellt und Erklärungen abgegeben werden. [2] Wird die mündliche Verhandlung angeordnet, so gilt für die Ladung § 215 der Zivilprozessordnung.

(3) Eine vollständige Ausfertigung des Beschlusses ist dem Berechtigten und dem Verpflichteten auch dann vom Amts wegen zuzustellen, wenn der Beschluss verkündet worden ist.

(4) [1] Soweit nach dem Beschluss des Beschwerdegerichts die Zwangsvollstreckung aus dem Titel erstmals zuzulassen ist, erteilt der Urkundsbeamte der Geschäftsstelle des Beschwerdegerichts die Vollstreckungsklausel. [2] § 8 Abs. 1 Satz 2 und 4, §§ 9 und 10 Abs. 1 und 3 Satz 1 sind entsprechend anzuwenden. [3] Ein Zusatz, dass die Zwangsvollstreckung über Maßregeln zur Sicherung nicht hinausgehen darf, ist nur aufzunehmen, wenn das Beschwerdegericht eine Anordnung nach diesem Gesetz (§ 22 Abs. 2, § 40 Abs. 1 Nr. 1 oder § 45 Abs. 1 Nr. 1) erlassen hat. [4] Der Inhalt des Zusatzes bestimmt sich nach dem Inhalt der Anordnung.

§ 14 Vollstreckungsgegenklage

(1) Ist die Zwangsvollstreckung aus einem Titel zugelassen, so kann der Verpflichtete Einwendungen gegen den Anspruch selbst in einem Verfahren nach § 767 der Zivilprozessordnung nur geltend machen, wenn die Gründe, auf denen seine Einwendungen beruhen, erst

1. nach Ablauf der Frist, innerhalb deren er die Beschwerde hätte einlegen können, oder
2. falls die Beschwerde eingelegt worden ist, nach Beendigung dieses Verfahrens entstanden sind.

(2) [1] Die Klage nach § 767 der Zivilprozessordnung ist bei dem Gericht zu erheben, das über den Antrag auf Erteilung der Vollstreckungsklausel entschieden hat. [2] Soweit die Klage einen Unterhaltstitel zum Gegenstand hat, ist das Familiengericht zuständig; für die örtliche Zuständigkeit gelten die Vorschriften der Zivilprozessordnung für Unterhaltssachen.

Abschnitt 4. Rechtsbeschwerde

§ 15 Statthaftigkeit und Frist

(1) Gegen den Beschluss des Beschwerdegerichts findet die Rechtsbeschwerde nach Maßgabe des § 574 Abs. 1 Nr. 1, Abs. 2 der Zivilprozessordnung statt.

(2) Die Rechtsbeschwerde ist innerhalb eines Monats einzulegen.

(3) Die Rechtsbeschwerdefrist ist eine Notfrist und beginnt mit der Zustellung des Beschlusses (§ 13 Abs. 3).

§ 16 Einlegung und Begründung

(1) Die Rechtsbeschwerde wird durch Einreichen der Beschwerdeschrift bei dem Bundesgerichtshof eingelegt.

(2) [1] Die Rechtsbeschwerde ist zu begründen. [2] § 575 Abs. 2 bis 4 der Zivilprozessordnung ist entsprechend anzuwenden. [3] Insoweit die Rechtsbeschwerde darauf gestützt wird, dass das Beschwerdegericht von einer Entscheidung des Gerichtshofs der Europäischen Gemeinschaften abgewichen sei, muss die Entscheidung, von der der angefochtene Beschluss abweicht, bezeichnet werden.

(3) Mit der Beschwerdeschrift soll eine Ausfertigung oder beglaubigte Abschrift des Beschlusses, gegen den sich die Rechtsbeschwerde richtet, vorgelegt werden.

§ 17 Verfahren und Entscheidung

(1) [1] Der Bundesgerichtshof kann nur überprüfen, ob der Beschluss auf einer Verletzung des Rechts der Europäischen Gemeinschaft, eines Anerkennungs- und Vollstreckungsvertrags, sonstigen Bundesrechts oder einer anderen Vorschrift beruht, deren Geltungsbereich sich über den

Bezirk eines Oberlandesgerichts hinaus erstreckt. [2] Er darf nicht prüfen, ob das Gericht seine örtliche Zuständigkeit zu Unrecht angenommen hat.

(2) [1] Der Bundesgerichtshof kann über die Rechtsbeschwerde ohne mündliche Verhandlung entscheiden. [2] Auf das Verfahren über die Rechtsbeschwerde sind § 574 Abs. 4, § 576 Abs. 3 und § 577 der Zivilprozessordnung entsprechend anzuwenden.

(3) [1] Soweit die Zwangsvollstreckung aus dem Titel erstmals durch den Bundesgerichtshof zugelassen wird, erteilt der Urkundsbeamte der Geschäftsstelle dieses Gerichts die Vollstreckungsklausel. [2] § 8 Abs. 1 Satz 2 und 4, §§ 9 und 10 Abs. 1 und 3 Satz 1 gelten entsprechend. [3] Ein Zusatz über die Beschränkung der Zwangsvollstreckung entfällt.

Abschnitt 5. Beschränkung der Zwangsvollstreckung auf Sicherungsmaßregeln und unbeschränkte Fortsetzung der Zwangsvollstreckung

§ 18 Beschränkung kraft Gesetzes

Die Zwangsvollstreckung ist auf Sicherungsmaßregeln beschränkt, solange die Frist zur Einlegung der Beschwerde noch läuft und solange über die Beschwerde noch nicht entschieden ist.

§ 19 Prüfung der Beschränkung

Einwendungen des Verpflichteten, dass bei der Zwangsvollstreckung die Beschränkung auf Sicherungsmaßregeln nach der durchzuführenden Verordnung der Europäischen Gemeinschaft, nach dem auszuführenden Anerkennungs- und Vollstreckungsvertrag, nach § 18 dieses Gesetzes oder aufgrund einer auf diesem Gesetz beruhenden Anordnung (§ 22 Abs. 2, §§ 40, 45) nicht eingehalten werde, oder Einwendungen des Berechtigten, dass eine bestimmte Maßnahme der Zwangsvollstreckung mit dieser Beschränkung vereinbar sei, sind im Wege der Erinnerung nach § 766 der Zivilprozessordnung bei dem Vollstreckungsgericht (§ 764 der Zivilprozessordnung) geltend zu machen.

§ 20 Sicherheitsleistung durch den Verpflichteten

(1) Solange die Zwangsvollstreckung aus einem Titel, der auf Leistung von Geld lautet, nicht über Maßregeln der Sicherung hinausgehen darf, ist der Verpflichtete befugt, die Zwangsvollstreckung durch Leistung einer Sicherheit in Höhe des Betrags abzuwenden, wegen dessen der Berechtigte vollstrecken darf.

(2) Die Zwangsvollstreckung ist einzustellen und bereits getroffene Vollstreckungsmaßregeln sind aufzuheben, wenn der Verpflichtete durch eine öffentliche Urkunde die zur Abwendung der Zwangsvollstreckung erforderliche Sicherheitsleistung nachweist.

§ 21 Versteigerung beweglicher Sachen

Ist eine bewegliche Sache gepfändet und darf die Zwangsvollstreckung nicht über Maßregeln zur Sicherung hinausgehen, so kann das Vollstreckungsgericht auf Antrag anordnen, dass die Sache versteigert und der Erlös hinterlegt werde, wenn sie der Gefahr einer beträchtlichen Wertminderung ausgesetzt ist oder wenn ihre Aufbewahrung unverhältnismäßige Kosten verursachen würde.

§ 22 Unbeschränkte Fortsetzung der Zwangsvollstreckung; besondere gerichtliche Anordnungen

(1) Weist das Beschwerdegericht die Beschwerde des Verpflichteten gegen die Zulassung der Zwangsvollstreckung zurück oder lässt es auf die Beschwerde des Berechtigten die Zwangsvollstreckung aus dem Titel zu, so kann die Zwangsvollstreckung über Maßregeln zur Sicherung hinaus fortgesetzt werden.

(2) [1] Auf Antrag des Verpflichteten kann das Beschwerdegericht anordnen, dass bis zum Ablauf der Frist zur Einlegung der Rechtsbeschwerde (§ 15) oder bis zur Entscheidung über diese Beschwerde die Zwangsvollstreckung nicht oder nur gegen Sicherheitsleistung über Maßregeln zur Sicherung hinausgehen darf. [2] Die Anordnung darf nur erlassen werden, wenn glaubhaft gemacht wird, dass die weitergehende Vollstreckung dem Verpflichteten einen nicht zu ersetzenden Nachteil bringen würde. [3] § 713 der Zivilprozessordnung ist entsprechend anzuwenden.

(3) [1] Wird Rechtsbeschwerde eingelegt, so kann der Bundesgerichtshof auf Antrag des Verpflichteten eine Anordnung nach Absatz 2 erlassen. [2] Der Bundesgerichtshof kann auf Antrag des Berechtigten eine nach Absatz 2 erlassene Anordnung des Beschwerdegerichts abändern oder aufheben.

§ 23 Unbeschränkte Fortsetzung der durch das Gericht des ersten Rechtszuges zugelassenen Zwangsvollstreckung

(1) Die Zwangsvollstreckung aus dem Titel, den der Urkundsbeamte der Geschäftsstelle des Gerichts des ersten Rechtszuges mit der Vollstreckungsklausel versehen hat, ist auf Antrag des Berechtigten über Maßregeln zur Sicherung hinaus fortzusetzen, wenn das Zeugnis des Urkundsbeamten der Geschäftsstelle dieses Gerichts vorgelegt wird, dass die Zwangsvollstreckung unbeschränkt stattfinden darf.

(2) Das Zeugnis ist dem Berechtigten auf seinen Antrag zu erteilen,
1. wenn der Verpflichtete bis zum Ablauf der Beschwerdefrist keine Beschwerdeschrift eingereicht hat;
2. wenn das Beschwerdegericht die Beschwerde des Verpflichteten zurückgewiesen und keine Anordnung nach § 22 Abs. 2 erlassen hat;
3. wenn der Bundesgerichtshof die Anordnung des Beschwerdegerichts nach § 22 Abs. 2 aufgehoben hat (§ 22 Abs. 3 Satz 2) oder

4. wenn der Bundesgerichtshof den Titel zur Zwangsvollstreckung zugelassen hat.

(3) Aus dem Titel darf die Zwangsvollstreckung, selbst wenn sie auf Maßregeln der Sicherung beschränkt ist, nicht mehr stattfinden, sobald ein Beschluss des Beschwerdegerichts, dass der Titel zur Zwangsvollstreckung nicht zugelassen werde, verkündet oder zugestellt ist.

§ 24 Unbeschränkte Fortsetzung der durch das Beschwerdegericht zugelassenen Zwangsvollstreckung

(1) Die Zwangsvollstreckung aus dem Titel, zu dem der Urkundsbeamte der Geschäftsstelle des Beschwerdegerichts die Vollstreckungsklausel mit dem Zusatz erteilt hat, dass die Zwangsvollstreckung aufgrund der Anordnung des Gerichts nicht über Maßregeln zur Sicherung hinausgehen darf (§ 13 Abs. 4 Satz 3), ist auf Antrag des Berechtigten über Maßregeln zur Sicherung hinaus fortzusetzen, wenn das Zeugnis des Urkundsbeamten der Geschäftsstelle dieses Gerichts vorgelegt wird, dass die Zwangsvollstreckung unbeschränkt stattfinden darf.

(2) Das Zeugnis ist dem Berechtigten auf seinen Antrag zu erteilen,
1. wenn der Verpflichtete bis zum Ablauf der Frist zur Einlegung der Rechtsbeschwerde (§ 15 Abs. 2) keine Beschwerdeschrift eingereicht hat;
2. wenn der Bundesgerichtshof die Anordnung des Beschwerdegerichts nach § 22 Abs. 2 aufgehoben hat (§ 22 Abs. 3 Satz 2) oder
3. wenn der Bundesgerichtshof die Rechtsbeschwerde des Verpflichteten zurückgewiesen hat.

Abschnitt 6. Feststellung der Anerkennung einer ausländischen Entscheidung

§ 25 Verfahren und Entscheidung in der Hauptsache

(1) Auf das Verfahren, das die Feststellung zum Gegenstand hat, ob eine Entscheidung aus einem anderen Staat anzuerkennen ist, sind die §§ 3 bis 6, § 8 Abs. 2, die §§ 10 bis 12, § 13 Abs. 1 bis 3, die §§ 15 und 16 sowie § 17 Abs. 1 bis 3 entsprechend anzuwenden.

(2) Ist der Antrag auf Feststellung begründet, so beschließt das Gericht, dass die Entscheidung anzuerkennen ist.

§ 26 Kostenentscheidung

[1] In den Fällen des § 25 Abs. 2 sind die Kosten dem Antragsgegner aufzuerlegen. [2] Dieser kann die Beschwerde (§ 11) auf die Entscheidung über den Kostenpunkt beschränken. [3] In diesem Falle sind die Kosten dem Antragsteller aufzuerlegen, wenn der Antragsgegner nicht durch sein Verhalten zu dem Antrag auf Feststellung Veranlassung gegeben hat.

Abschnitt 7. Aufhebung oder Änderung der Beschlüsse über die Zulassung der Zwangsvollstreckung oder die Anerkennung

§ 27 Verfahren nach Aufhebung oder Änderung des für vollstreckbar erklärten ausländischen Titels im Ursprungsstaat

(1) Wird der Titel in dem Staat, in dem er errichtet worden ist, aufgehoben oder geändert und kann der Verpflichtete diese Tatsache in dem Verfahren der Zulassung der Zwangsvollstreckung nicht mehr geltend machen, so kann er die Aufhebung oder Änderung der Zulassung in einem besonderen Verfahren beantragen.

(2) Für die Entscheidung über den Antrag ist das Gericht ausschließlich zuständig, das im ersten Rechtszug über den Antrag auf Erteilung der Vollstreckungsklausel entschieden hat.

(3) [1] Der Antrag kann bei dem Gericht schriftlich oder durch Erklärung zu Protokoll der Geschäftsstelle gestellt werden. [2] Über den Antrag kann ohne mündliche Verhandlung entschieden werden. [3] Vor der Entscheidung, die durch Beschluss ergeht, ist der Berechtigte zu hören. [4] § 13 Abs. 2 und 3 gilt entsprechend.

(4) [1] Der Beschluss unterliegt der sofortigen Beschwerde nach den §§ 567 bis 577 der Zivilprozessordnung. [2] Die Notfrist für die Einlegung der sofortigen Beschwerde beträgt einen Monat.

(5) [1] Für die Einstellung der Zwangsvollstreckung und die Aufhebung bereits getroffener Vollstreckungsmaßregeln sind die §§ 769 und 770 der Zivilprozessordnung entsprechend anzuwenden. [2] Die Aufhebung einer Vollstreckungsmaßregel ist auch ohne Sicherheitsleistung zulässig.

§ 28 Schadensersatz wegen ungerechtfertigter Vollstreckung

(1) [1] Wird die Zulassung der Zwangsvollstreckung auf die Beschwerde (§ 11) oder die Rechtsbeschwerde (§ 15) aufgehoben oder abgeändert, so ist der Berechtigte zum Ersatz des Schadens verpflichtet, der dem Verpflichteten durch die Vollstreckung des Titels oder durch eine Leistung zur Abwendung der Vollstreckung entstanden ist. [2] Das Gleiche gilt, wenn die Zulassung der Zwangsvollstreckung nach § 27 aufgehoben oder abgeändert wird, sofern die zur Zwangsvollstreckung zugelassene Entscheidung zum Zeitpunkt der Zulassung nach dem Recht des Staats, in dem sie ergangen ist, noch mit einem ordentlichen Rechtsmittel angefochten werden konnte.

(2) Für die Geltendmachung des Anspruchs ist das Gericht ausschließlich zuständig, das im ersten Rechtszug über den Antrag, den Titel mit der Vollstreckungsklausel zu versehen, entschieden hat.

§ 29 Aufhebung oder Änderung ausländischer Entscheidungen, deren Anerkennung festgestellt ist

Wird die Entscheidung in dem Staat, in dem sie ergangen ist, aufgehoben oder abgeändert und kann die davon begünstigte Partei diese Tatsache nicht mehr in dem Verfahren über den Antrag auf Feststellung der Anerkennung (§ 25) geltend machen, so ist § 27 Abs. 1 bis 4 entsprechend anzuwenden.

Abschnitt 8. Vorschriften für Entscheidungen deutscher Gerichte und für das Mahnverfahren

§ 30 Vervollständigung inländischer Entscheidungen zur Verwendung im Ausland

(1) [1] Will eine Partei ein Versäumnis- oder Anerkenntnisurteil, das nach § 313 b der Zivilprozessordnung in verkürzter Form abgefasst worden ist, in einem anderen Vertrags- oder Mitgliedstaat geltend machen, so ist das Urteil auf ihren Antrag zu vervollständigen. [2] Der Antrag kann bei dem Gericht schriftlich oder durch Erklärung zu Protokoll der Geschäftsstelle gestellt werden. [3] Über den Antrag wird ohne mündliche Verhandlung entschieden.

(2) Zur Vervollständigung des Urteils sind der Tatbestand und die Entscheidungsgründe nachträglich abzufassen, von den Richtern besonders zu unterschreiben und der Geschäftsstelle zu übergeben; der Tatbestand und die Entscheidungsgründe können auch von Richtern unterschrieben werden, die bei dem Urteil nicht mitgewirkt haben.

(3) [1] Für die Berichtigung des nachträglich abgefassten Tatbestands gilt § 320 der Zivilprozessordnung entsprechend. [2] Jedoch können bei der Entscheidung über einen Antrag auf Berichtigung auch solche Richter mitwirken, die bei dem Urteil oder der nachträglichen Anfertigung des Tatbestands nicht mitgewirkt haben.

(4) Die vorstehenden Absätze gelten entsprechend für die Vervollständigung von Arrestbefehlen, einstweiligen Anordnungen und einstweiligen Verfügungen, die in einem anderen Vertrags- oder Mitgliedstaat geltend gemacht werden sollen und nicht mit einer Begründung versehen sind.

§ 31 Vollstreckungsklausel zur Verwendung im Ausland

Vollstreckungsbescheide, Arrestbefehle und einstweilige Verfügungen, deren Zwangsvollstreckung in einem anderen Vertrags- oder Mitgliedstaat betrieben werden soll, sind auch dann mit der Vollstreckungsklausel zu versehen, wenn dies für eine Zwangsvollstreckung im Inland nach § 796 Abs. 1, § 929 Abs. 1 und § 936 der Zivilprozessordnung nicht erforderlich wäre.

§ 32 Mahnverfahren mit Zustellung im Ausland

(1) [1]Das Mahnverfahren findet auch statt, wenn die Zustellung des Mahnbescheids in einem anderen Vertrags- oder Mitgliedstaat erfolgen muss. [2]In diesem Fall kann der Anspruch auch die Zahlung einer bestimmten Geldsumme in ausländischer Währung zum Gegenstand haben.

(2) Macht der Antragsteller geltend, dass das Gericht aufgrund einer Gerichtsstandsvereinbarung zuständig sei, so hat er dem Mahnantrag die erforderlichen Schriftstücke über die Vereinbarung beizufügen.

(3) Die Widerspruchsfrist (§ 692 Abs. 1 Nr. 3 der Zivilprozessordnung) beträgt einen Monat.

Abschnitt 9. Verhältnis zu besonderen Anerkennungsverfahren; Konzentrationsermächtigung

§ 33 Verhältnis zu besonderen Anerkennungsverfahren

Soweit nicht anders bestimmt, bleibt Artikel 7 des Familienrechtsänderungsgesetzes vom 11. August 1961 (BGBl. I S. 1221), zuletzt geändert durch Artikel 3 § 5 des Gesetzes vom 25. Juni 1998 (BGBl. I S. 1580), unberührt.

§ 34 Konzentrationsermächtigung

(1) [1]Die Landesregierungen werden für die Ausführung von Anerkennungs- und Vollstreckungsverträgen nach diesem Gesetz und die Durchführung der Verordnung (EG) Nr. 44/2001 ermächtigt, durch Rechtsverordnung die Entscheidung über Anträge auf Erteilung der Vollstreckungsklausel zu ausländischen Titeln in Zivil- und Handelssachen, über Anträge auf Aufhebung oder Abänderung dieser Vollstreckungsklausel und über Anträge auf Feststellung der Anerkennung einer ausländischen Entscheidung für die Bezirke mehrerer Landgerichte einem von ihnen zuzuweisen, sofern dies der sachlichen Förderung oder schnelleren Erledigung der Verfahren dient. [2]Die Ermächtigung kann für die Übereinkommen über die gerichtliche Zuständigkeit und die Vollstreckung gerichtlicher Entscheidungen in Zivil- und Handelssachen vom 27. September 1968 (BGBl. 1972 II S. 773) und vom 16. September 1988 (BGBl. 1994 II S. 2658) und die Verordnung (EG) Nr. 44/2001 jeweils allein ausgeübt werden.

(2) Die Landesregierungen können die Ermächtigung durch Rechtsverordnung auf die Landesjustizverwaltungen übertragen.

Teil 2. Besonderes

Abschnitt 1. Übereinkommen über die gerichtliche Zuständigkeit und die Vollstreckung gerichtlicher Entscheidungen in Zivil- und Handelssachen vom 27. September 1968 und vom 16. September 1988

§ 35 Sonderregelungen über die Beschwerdefrist

[1] Die Frist für die Beschwerde des Verpflichteten gegen die Entscheidung über die Zulassung der Zwangsvollstreckung beträgt zwei Monate und beginnt von dem Tage an zu laufen, an dem die Entscheidung dem Verpflichteten entweder in Person oder in seiner Wohnung zugestellt worden ist, wenn der Verpflichtete seinen Wohnsitz oder seinen Sitz in einem anderen Vertragsstaat dieser Übereinkommen hat. [2] Eine Verlängerung dieser Frist wegen weiter Entfernung ist ausgeschlossen. [3] § 10 Abs. 2 und 3 Satz 2 sowie § 11 Abs. 3 Satz 1 und 2 finden in diesen Fällen keine Anwendung.

§ 36 Aussetzung des Beschwerdeverfahrens

(1) [1] Das Oberlandesgericht kann auf Antrag des Verpflichteten seine Entscheidung über die Beschwerde gegen die Zulassung der Zwangsvollstreckung aussetzen, wenn gegen die Entscheidung im Ursprungsstaat ein ordentliches Rechtsmittel eingelegt oder die Frist hierfür noch nicht verstrichen ist; im letzteren Fall kann das Oberlandesgericht eine Frist bestimmen, innerhalb deren das Rechtsmittel einzulegen ist. [2] Das Gericht kann die Zwangsvollstreckung auch von einer Sicherheitsleistung abhängig machen.

(2) Absatz 1 ist im Verfahren auf Feststellung der Anerkennung einer Entscheidung (§§ 25 und 26) entsprechend anzuwenden.

Abschnitt 2. Haager Übereinkommen vom 2. Oktober 1973 über die Anerkennung und Vollstreckung von Unterhaltsentscheidungen

(vom Abdruck wird abgesehen)

Abschnitt 3. Vertrag vom 17. Juni 1977 zwischen der Bundesrepublik Deutschland und dem Königreich Norwegen über die gegenseitige Anerkennung und Vollstreckung gerichtlicher Entscheidungen und anderer Schuldtitel in Zivil- und Handelssachen

(vom Abdruck wird abgesehen)

Abschnitt 4. Vertrag vom 20. Juli 1977 zwischen der Bundesrepublik Deutschland und dem Staat Israel über die gegenseitige Anerkennung und Vollstreckung gerichtlicher Entscheidungen in Zivil- und Handelssachen

(vom Abdruck wird abgesehen)

Abschnitt 5. Verordnung (EG) Nr. 1347/2000 des Rates vom 29. Mai 2000 über die Zuständigkeit und die Anerkennung und Vollstreckung von Entscheidungen in Ehesachen und in Verfahren betreffend die elterliche Verantwortung für die gemeinsamen Kinder der Ehegatten

§ 50 Abweichungen von Vorschriften des Allgemeinen Teils; ergänzende Regelungen

(1) [1]Die §§ 3, 4 Abs. 4, § 6 Abs. 1 und 3, § 7 Abs. 1 Satz 2 und Abs. 2, § 11 Abs. 1 Satz 2 und 3, Abs. 3 Satz 1 erster Halbsatz und Satz 2, § 13 Abs. 2 Satz 2, §§ 18 bis 24 und 33 sowie die Verweisung auf § 575 Abs. 4 Satz 1, § 133 Abs. 1 Satz 1 der Zivilprozessordnung in § 16 Abs. 2 Satz 2 finden keine Anwendung. [2]Für die Kostenerstattung gelten abweichend von § 8 Abs. 1 Satz 4 und Abs. 2 Satz 2 und von § 26 die Bestimmungen des § 13a Abs. 1 und 3 des Gesetzes über die Angelegenheiten der freiwilligen Gerichtsbarkeit.

(2) [1]§ 9 gilt mit der Maßgabe, dass der letzte Satz des in Absatz 1 Satz 1 vorgesehenen Wortlauts der Vollstreckungsklausel und der Zusatz nach Absatz 1 Satz 2 entfallen. [2]§ 10 ist mit der Maßgabe anzuwenden, dass im Falle des § 8 Abs. 1 dem Verpflichteten eine beglaubigte Abschrift des noch nicht mit der Vollstreckungsklausel versehenen Titels zuzustellen und dem Berechtigten die mit der Vollstreckungsklausel versehene Ausfertigung des Titels erst dann zu übersenden ist, wenn der Beschluss nach § 8 Abs. 1 wirksam geworden (§ 53 Abs. 1 Satz 1) und die Vollstreckungsklausel erteilt ist. [3]Ein Beschluss nach § 8 Abs. 2 ist dem Verpflichteten formlos mitzuteilen. [4]Artikel 26 Abs. 5 Satz 2 und 3 der Verordnung ist sinngemäß auch dann anzuwenden, wenn der Verpflichtete seinen gewöhnlichen Aufenthalt in einem Mitgliedstaat der Europäischen Union, in dem die Verordnung nicht gilt, oder in einem nicht der Europäischen Union angehörenden Vertragsstaat des Übereinkommens vom 16. September 1988 über die gerichtliche Zuständigkeit und die Vollstreckung gerichtlicher Entscheidungen in Zivil- und Handelssachen (BGBl. 1994 II S. 2658) hat. [5]Dementsprechend finden § 10 Abs. 2 und 3 Satz 2 sowie § 11 Abs. 3 Satz 1 zweiter Halbsatz keine Anwendung, wenn der Verpflichtete seinen gewöhnlichen Aufenthalt in einem anderen Mitgliedstaat der Europäischen Union oder in einem anderen Vertragsstaat dieses Übereinkommens hat.

(3) [1]Die §§ 12, 14, 27 Abs. 5 und § 28 gelten nur, soweit der zu vollstreckende Titel auf Leistung von Geld lautet. [2]§ 12 Abs. 2 findet keine Anwendung; § 12 Abs. 1 gilt für die Beschwerde, die sich gegen die Zulassung der Zwangsvollstreckung aus einem gerichtlichen Vergleich oder einer öffentlichen Urkunde richtet, sinngemäß. [3]Bei der Anwendung des § 17 Abs. 2 Satz 2 bleibt die Verweisung auf § 574 Abs. 4 und § 577 Abs. 2 Satz 1 bis 3 sowie die Verweisung auf § 556 in § 576 Abs. 3 der Zivilprozessordnung außer Betracht.

(4) Ergänzend sind § 6 Abs. 1 und 2 Satz 1 und § 14 des Sorgerechtsübereinkommens-Ausführungsgesetzes vom 5. April 1990 (BGBl. I S. 701), das zuletzt durch Artikel 2 Abs. 6 des Gesetzes vom 19. 2. 2001 (BGBl. I S. 288) geändert worden ist, entsprechend anzuwenden.

§ 51 Zuständigkeit für Verfahren auf Feststellung der Anerkennung

Für ein Verfahren, das die Feststellung zum Gegenstand hat, ob eine in einem anderen Mitgliedstaat ergangene Entscheidung anzuerkennen ist (Artikel 14 Abs. 3 der Verordnung), ist das Familienrecht, in dessen Zuständigkeitsbereich gemäß Anhang I zu der Verordnung
1. der Antragsgegner oder ein Kind, auf das sich die Entscheidung bezieht, sich gewöhnlich aufhält oder
2. bei Fehlen einer Zuständigkeit nach Nummer 1 das Interesse an der Feststellung hervortritt,
3. sonst das im Bezirk des Kammergerichts zur Entscheidung berufene Gericht örtlich ausschließlich zuständig.

§ 52 Äußerung im Verfahren vor dem Familiengericht; weitere Zustellungsempfänger

(1) Im Verfahren vor dem Familiengericht erhält nur der Antragsteller Gelegenheit, sich zu dem Antrag auf Erteilung der Vollstreckungsklausel oder auf Feststellung, ob die Entscheidung anzuerkennen ist, zu äußern.

(2) In einem Verfahren, das die Vollstreckbarerklärung oder die Feststellung der Anerkennung oder Nichtanerkennung einer die elterliche Verantwortung betreffenden Entscheidung zum Gegenstand hat, sind Zustellungen auch an den gesetzlichen Vertreter des Kindes, an dessen Vertreter im Verfahren und an das mindestens vierzehn Jahre alte Kind selbst sowie an einen Elternteil, der nicht am Verfahren beteiligt war, zu bewirken.

§ 53 Wirksamwerden von Entscheidungen

(1) [1]Ein Beschluss des Familiengerichts oder des Oberlandesgerichts nach den §§ 8, 13, 25 bis 27 oder 29 wird erst mit der Rechtskraft wirksam. [2]Hierauf ist in dem Beschluss hinzuweisen.

(2) [1]Das Oberlandesgericht kann in Verbindung mit der Entscheidung über die Beschwerde die sofortige Wirksamkeit eines Beschlusses anordnen; § 8 Abs. 1 Satz 2, §§ 9 und 10 Abs. 1 und 3 Satz 1 gelten entsprechend. [2]Wird Rechtsbeschwerde eingelegt, so kann der Bundesgerichtshof auf Antrag des Verpflichteten eine Anordnung nach Satz 1 aufheben oder auf Antrag des Berechtigten erstmals eine Anordnung nach Satz 1 treffen.

§ 54 Bescheinigung zu inländischen Titeln

Die Bescheinigung nach Artikel 33 der Verordnung wird von dem Urkundsbeamten der Geschäftsstelle des Gerichts des ersten Rechtszuges und, wenn das Verfahren bei einem höheren Gericht anhängig ist, von dem Urkundsbeamten der Geschäftsstelle dieses Gerichts ausgestellt.

Abschnitt 6. Verordnung (EG) Nr. 44/2001 des Rates vom 22. Dezember 2000 über die gerichtliche Zuständigkeit und die Anerkennung und Vollstreckung von Entscheidungen in Zivil- und Handelssachen

§ 55 Abweichungen von Vorschriften des Allgemeinen Teils; ergänzende Regelungen

(1) [1]Die §§ 3, 6 Abs. 1, § 7 Abs. 1 Satz 2 und Abs. 2, § 11 Abs. 1 Satz 2 und Abs. 3 Satz 1 erster Halbsatz und Satz 2 sowie § 18 finden keine Anwendung.

(2) [1]Artikel 43 Abs. 5 Satz 2 und 3 der Verordnung ist sinngemäß auch dann anzuwenden, wenn der Verpflichtete seinen Wohnsitz oder seinen Sitz in einem Mitgliedstaat der Europäischen Union, in dem die Verordnung nicht gilt, oder in einem nicht der Europäischen Union angehörenden Vertragsstaat des Übereinkommens vom 16. September 1988 über die gerichtliche Zuständigkeit und die Vollstreckung gerichtlicher Entscheidungen in Zivil- und Handelssachen (BGBl. 1994 II S. 2658) hat. [2]Dementsprechend finden die § 10 Abs. 2 und 3 Satz 2 sowie § 11 Abs. 3 Satz 1 zweiter Halbsatz keine Anwendung, wenn der Verpflichtete seinen Wohnsitz oder seinen Sitz in einem anderen Mitgliedstaat der Europäischen Union oder in einem anderen Vertragstaat dieses Übereinkommens hat.

(3) [1]In einem Verfahren, das die Vollstreckbarerklärung einer notariellen Urkunde zum Gegenstand hat, kann diese Urkunde auch von einem Notar für vollstreckbar erklärt werden. [2]Die Vorschriften für das Verfahren der Vollstreckbarerklärung durch ein Gericht gelten sinngemäß.

§ 56 Bescheinigungen zu inländischen Titeln

[1]Die Bescheinigungen nach den Artikeln 54, 57 und 58 der Verordnung werden von dem Gericht, der Behörde oder der mit öffentlichem

Glauben versehenen Person ausgestellt, der die Erteilung einer vollstreckbaren Ausfertigung des Titels obliegt. [2] Soweit danach die Gerichte für die Ausstellung der Bescheinigung zuständig sind, wird diese von dem Gericht des ersten Rechtszuges und, wenn das Verfahren bei einem höheren Gericht anhängig ist, von diesem Gericht ausgestellt. [3] Funktionell zuständig ist die Stelle, der die Erteilung einer vollstreckbaren Ausfertigung des Titels obliegt. [4] Für die Anfechtbarkeit der Entscheidung über die Ausstellung der Bescheinigung gelten die Vorschriften über die Anfechtbarkeit der Entscheidung über die Erteilung der Vollstreckungsklausel sinngemäß.

Sachverzeichnis

Fette Ziffern = Paragraph oder Artikel, magere Ziffern = Randnummern

Sachverzeichnis

Sachverzeichnis

Sachverzeichnis

Sachverzeichnis

Fette Ziffern = Paragraph/Artikel

Sachverzeichnis

Sachverzeichnis

Sachverzeichnis

Fette Ziffern = Paragraph/Artikel

Sachverzeichnis

Sachverzeichnis

Sachverzeichnis

Sachverzeichnis

Sachverzeichnis

Sachverzeichnis

Sachverzeichnis

Sachverzeichnis

Sachverzeichnis

Buchanzeigen

Nicht lange suchen – schnell finden

Der prägnante BGB-Kommentar

Jauernig · BGB

Herausgegeben von Prof. Dr. Dr. h. c. Othmar Jauernig. Bearbeitet von Dr. Christian Berger, o. Prof. an der Universität Leipzig, Dr. Dr. h. c. Othmar Jauernig, em. o. Prof. an der Univ. Heidelberg, Dr. Heinz-Peter Mansel, o. Prof. an der Univ. zu Köln, Dr. Dr. h.c. Peter Schlechtriem, o. Prof. an der Univ. Freiburg, Dr. Astrid Stadler, o. Professorin an der Univ. Konstanz, Dr. Rolf Stürner, o. Prof. an der Univ. Freiburg, Richter am Oberlandesgericht Karlsruhe, Dr. Arndt Teichmann, o. Prof. an der Univ. Mainz, Richter am Oberlandesgericht Koblenz, Dr. Max Vollkommer, o. Prof. an der Univ. Erlangen-Nürnberg

10., neubearbeitete Auflage. 2003
XXXVI, 1965 Seiten. In Leinen € 55,–
ISBN 3-406-49529-X

Im „Jauernig" werden sie rasch fündig

Der handliche Kommentar erläutert das BGB griffig, prägnant und konzentriert. Eine klare Systematik, die praxisgerechte Auswertung der maßgeblichen Rechtsprechung und sprachliche Präzision gehören zu seinen Vorzügen. Das lesefreundliche Druckbild, der weitgehende Verzicht auf Abkürzungen, ein ausführliches Sachregister und Randnummern sorgen für Übersichtlichkeit. Damit ist der „Jauernig" der ideale Begleiter in der täglichen Praxis und für die Ausbildung.

Beste Qualität zum fairen Preis

Der Taschenkommentar beantwortet zuverlässig alle wesentlichen Fragen des Bürgerlichen Rechts und ermöglicht durch weiterführende Hinweise eine vertiefende Beschäftigung mit Einzelthemen. Trotz seines Umfanges von rund 2000 Seiten kostet er nur € 55,– und ist damit auch für Studenten und Referendare besonders attraktiv.

Die Neuauflage kommentiert ein in wesentlichen Teilen grundlegend verändertes Bürgerliches Gesetzbuch. Den tiefsten Einschnitt brachte das Gesetz zur Modernisierung des Schuldrechts, das am 1. Januar 2002 in Kraft getreten ist. Damit werden auch die Bestimmungen bislang eigenständiger Verbraucherschutzgesetze (wie das AGB-Gesetz, das Haustürwiderrufsgesetz oder das Verbraucherkreditgesetz) im BGB behandelt.
Weitere wichtige Änderungen erfolgten 2001 durch das • Gesetz über Fernabsatzverträge • das Signaturgesetz • das Lebenspartnerschaftsgesetz • das Zweite Gesetz zur Änderung reiserechtlicher Vorschriften • das Mietrechtsreformgesetz und • das Gewaltschutzgesetz.

Seit dem 1. Januar 2002 ist das BGB schon wieder durch zahlreiche Gesetze geändert worden, u. a. durch das
• Kinderrechteverbesserungsgesetz vom 9. April 2002,
• Gesetz zur Modernisierung des Stiftungsrechts vom 15. Juli 2002,
• Zweites Gesetz zur Änderung schadensersatzrechtlicher Vorschriften vom 19. Juli 2002,
• OLG-Vertretungsänderungsgesetz vom 23. Juli 2002.
Gesetzesänderungen, neue Rechtsprechung und neues Schrifttum sind bis Anfang September 2002 eingearbeitet.

Kompetente Autoren arbeiten für Sie

Die Verfasser des Kommentars sind bekannte Hochschullehrer mit großer wissenschaftlicher und didaktischer Erfahrung. Teilweise waren oder sind sie zudem als Richter tätig. Dank dieser idealen Verbindung von Wissenschaft und Praxis profitieren Rechtsanwälte und Richter, Steuerberater und Wirtschaftspraktiker ebenso vom „Jauernig" wie Studenten und Referendare.

Verlag C. H. Beck · 80791 München

Wieder neu: Der Kopp/Schenke 2003

Kopp/Schenke · Verwaltungsgerichtsordnung

Kommentar. Begründet von Dr. Ferdinand O. Kopp †, ehem. o. Professor an der Universität Passau, fortgeführt von Dr. Wolf-Rüdiger Schenke, o. Professor an der Universität Mannheim

13., neubearbeitete Auflage. 2003

XXIX, 1879 Seiten. In Leinen € 56,–
ISBN 3-406-49876-0

Der erfolgreiche Handkommentar
bietet eine aktuelle und ausführliche Erläuterung der Verwaltungsgerichtsordnung. Die Darstellung bleibt trotz der enormen Materialfülle aus Rechtsprechung und Literatur immer leicht lesbar und strikt an der Praxis orientiert.

Typisch Kopp/Schenke:
• Optimales Preis-Leistungs-Verhältnis
• Umfassende Rechtsprechungs-Auswertung: Neben dem BVerwG werden auch die Instanzgerichte der Länder eingehend berücksichtigt
• Kompaktes Format, übersichtliche Darstellung

Die Neuauflage berücksichtigt insbesondere:
• das am 1. Januar 2002 in Kraft getretene Gesetz zur Bereinigung des Rechtsmittelrechts im Verwaltungsprozess (RmBereinVpG) mit zentralen Änderungen, wie: Neufassung der § 124 a (Zulassung und Begründung der Berufung), neue § 127 (Anschlussberufung), neue Regelung des § 124 b (Vorlagepflicht des Oberverwaltungsgerichts). Der Kopp/Schenke klärt die schwierigen Anwendungsfragen nach der Rechtsmittelreform prägnant und praxisnah,
• das neue „elektronische Prozeßrecht" (§ 86 a, eingefügt durch G zur Anpassung der Formvorschriften des Privatrechts und anderer Vorschriften an den modernen Rechtsgeschäftsverkehr vom 13. 7. 2001)
• das neue Zustellungsrecht (ZustellungsreformG, in Kraft seit 1. 7. 2002)
• die Neuregelung des sog. „in-camera"-Verfahrens (§ 99)
• die aktuellen Entwicklungen des Europäischen Gemeinschaftsrechts
• Gesetzesänderungen sind bis September 2002 berücksichtigt, Rechtsprechung und Literatur bis Mai 2002, zum Teil auch darüber hinaus.

Noch benutzerfreundlicher:
Die Lesbarkeit des Kommentars wurde durch Straffung und Überarbeitung der Fundstellen weiter optimiert. Speziell für Referendare wichtig: Der Kommentar ist noch stärker mit dem Parallelwerk „Kopp/Ramsauer, VwVfG" abgestimmt. So sind z. B. unterschiedliche Auffassungen in beiden Kommentaren zu gleichen Sachfragen klar gekennzeichnet.

Unentbehrlich
für Rechtsanwälte, Unternehmensjustitiare, Verbandsjuristen, Verwaltungsrichter, Referenten in Bundes-, Landes- und Kommunalbehörden, Referendare, Studenten und Professoren.

Verlag C. H. Beck · 80791 München